# CÓDIGO DE PROCESSO CIVIL

## Constituição Federal • Legislação

2 0 1 2

Atualização gratuita na internet: **www.juridicorideel.com.br**
As atualizações de 2011 encontram-se destacadas em negrito e itálico

# CÓDIGO DE PROCESSO CIVIL

## Constituição Federal • Legislação

2 0 1 2

Organização
**Anne Joyce Angher**

18ª EDIÇÃO

Quem tem Rideel tem mais.

## Expediente

| | |
|---|---|
| Presidente e Editor | Italo Amadio |
| Diretora Editorial | Katia F. Amadio |
| Editora Assistente | Ana Paula Alexandre |
| Equipe Técnica | Bianca Conforti |
| | Flavia G. Falcão de Oliveira |
| | Marcella Pâmela da Costa Silva |
| Projeto Gráfico | Sergio A. Pereira |
| Diagramação | Projeto e Imagem |
| Produção Gráfica | Hélio Ramos |
| Impressão | RR Donnelley |

---

Dados Internacionais de Catalogação na Publicação (CIP)
(Câmara Brasileira do Livro, SP, Brasil)

---

Brasil
   [Código de Processo Civil]
   Código de Processo Civil / Anne Joyce Angher, organização. – 18. ed. – São Paulo : Rideel, 2012. – (Coleção de leis Rideel. Série Compacta)

   Inclui Constituição Federal e Legislação Complementar
   ISBN 978-85-339-2035-4

   1. Processo civil – Leis e legislação – Brasil I. Título. II. Série.

11-14218                                                                                   CDU-347.9(81)(094.4)

Índices para catálogo sistemático:
1. Brasil : Código de processo civil    347.9(81)(094.4)
2. Código de processo civil : Brasil    347.9(81)(094.4)

Edição Atualizada até 6-1-2012

© Copyright - Todos os direitos reservados à

Av. Casa Verde, 455 – Casa Verde
CEP 02519-000 – São Paulo – SP
e-mail: sac@rideel.com.br
www.editorarideel.com.br
www.juridicorideel.com.br

Proibida qualquer reprodução, mecânica ou eletrônica,
total ou parcial, sem prévia permissão por escrito do editor.

1 3 5 7 9 8 6 4 2
0 1 1 2

# Índice Geral da Obra

Apresentação .................................................................................................................. VII

Lista de Abreviaturas ...................................................................................................... VIII

Índice Cronológico da Legislação por Tipo de Ato Normativo ......................................... IX

**Constituição Federal**

Índice Sistemático da Constituição da República Federativa do Brasil ............................. 3
Constituição da República Federativa do Brasil ............................................................... 7
Ato das Disposições Constitucionais Transitórias ............................................................. 102
Índice Alfabético-Remissivo da Constituição da República Federativa do Brasil
e de suas Disposições Transitórias ................................................................................... 123

**Código de Processo Civil**

Índice Sistemático do Código de Processo Civil ............................................................... 151
Exposição de Motivos do Código de Processo Civil ......................................................... 157
Código de Processo Civil .................................................................................................. 169
Índice Alfabético-Remissivo do Código de Processo Civil ............................................... 275

Lei de Introdução às normas do Direito Brasileiro ........................................................... 305

Legislação Complementar ................................................................................................ 309

**Regimentos Internos**

Regimento Interno do Supremo Tribunal Federal (Excertos) ............................................ 513
Regimento Interno do Superior Tribunal de Justiça ......................................................... 543

**Súmulas**

Vinculantes do Supremo Tribunal Federal ........................................................................ 579
Supremo Tribunal Federal ................................................................................................ 581
Tribunal Federal de Recursos ............................................................................................ 590
Superior Tribunal de Justiça ............................................................................................. 594
Súmulas do Conselho Pleno do Conselho Federal da Ordem dos Advogados do Brasil .... 607

Índice por Assuntos da Legislação Complementar ao Código de Processo Civil e Súmulas ........ 609

# Apresentação

A Editora Rideel, reconhecida no mercado editorial pela excelência de suas publicações, oferece, em 2012, a nova Série Compacta.

Esta série contém 16 títulos:

- Constituição Federal
- Código Civil
- Código de Processo Civil
- Código Penal
- Código de Processo Penal
- Código Penal Militar e Código de Processo Penal Militar
- Código Comercial (contendo os Livros I a III do Código Civil de 2002)
- Código de Defesa do Consumidor
- Código Tributário Nacional
- Código Eleitoral
- Código de Trânsito Brasileiro
- Consolidação das Leis do Trabalho
- Legislação de Direito Previdenciário
- Legislação de Direito Administrativo
- Legislação de Direito Ambiental
- Legislação de Direito Internacional

Totalmente reformulada e com novo *layout*, a edição 2012 traz seu conteúdo rigorosamente revisto e atualizado, e mantém cada título organizado por conceituados nomes do cenário jurídico, preservando a tradicional qualidade Rideel.

Seu formato e projeto gráfico conjugam praticidade e comodidade e os diversos facilitadores de consulta continuam sendo um diferencial da obra, apreciados pelos profissionais, professores e acadêmicos do Direito, a saber:

- Índice Cronológico Geral, contendo todos os diplomas legais publicados na obra
- Notas remissivas a outros artigos, diplomas legais e súmulas
- Índices Sistemático e Alfabético-Remissivo para cada Código
- Índices por assuntos da legislação extravagante
- Atualizações de 2011 em destaque e apontamento especial para todas as novas normas inseridas no produto
- Tarjas laterais identificativas
- Indicação do número dos artigos no cabeçalho dos Códigos e do número das leis no cabeçalho da legislação

Todos os diplomas legais estão rigorosamente atualizados, e a Rideel oferece, gratuitamente, as atualizações publicadas até 31 de outubro de 2012, em seu *site* **www.juridicorideel.com.br**, disponíveis para *download* até 31 de dezembro de 2012.

Esta Editora, sempre empenhada em oferecer o melhor, continua seguindo seus objetivos de constante aprimoramento e atualização, mantendo-se sempre receptiva às críticas e sugestões pelo *e-mail*: sac@rideel.com.br.

O Editor

# Lista de Abreviaturas Utilizadas nas Notas

| | | | |
|---|---|---|---|
| ADCT | Ato das Disposições Constitucionais Transitórias | IN | Instrução Normativa |
| | | LC | Lei Complementar |
| ADECON | Ação Declaratória de Constitucionalidade | LCP | Lei das Contravenções Penais |
| | | LEP | Lei de Execução Penal |
| ADIN | Ação Direta de Inconstitucionalidade | LICC | Lei de Introdução ao Código Civil, cuja ementa foi alterada para Lei de Introdução às normas do Direito Brasileiro pela Lei nº 12.376, de 30-12-2010 |
| Art. | Artigo | | |
| Arts. | Artigos | | |
| CADE | Conselho Administrativo de Defesa Econômica | | |
| c/c | combinado com | MP | Medida Provisória |
| CC/1916 | Código Civil de 1916 | OAB | Ordem dos Advogados do Brasil |
| CC/2002 | Código Civil de 2002 | Port. | Portaria |
| CCom. | Código Comercial | REFIS | Programa de Recuperação Fiscal |
| CDC | Código de Defesa do Consumidor | Res. | Resolução |
| CE | Código Eleitoral | Res. Adm. | Resolução Administrativa |
| CEF | Caixa Econômica Federal | Res. Norm. | Resolução Normativa |
| CF | Constituição Federal de 1988 | RFB | Secretaria da Receita Federal do Brasil |
| CLT | Consolidação das Leis do Trabalho | | |
| CONAMA | Conselho Nacional do Meio Ambiente | RISTF | Regimento Interno do Supremo Tribunal Federal |
| CONTRAN | Conselho Nacional de Trânsito | RISTJ | Regimento Interno do Superior Tribunal de Justiça |
| CP | Código Penal | | |
| CPM | Código Penal Militar | SDE | Secretaria de Direito Econômico |
| CPP | Código de Processo Penal | SEAE | Secretaria de Acompanhamento Econômico |
| CPPM | Código de Processo Penal Militar | | |
| CTB | Código de Trânsito Brasileiro | SECEX | Secretaria de Comércio Exterior |
| CTN | Código Tributário Nacional | | |
| CTVV | Convenção de Viena sobre Trânsito Viário | STF | Supremo Tribunal Federal |
| | | STJ | Superior Tribunal de Justiça |
| Dec. | Decreto | STM | Superior Tribunal Militar |
| Dec.-lei | Decreto-lei | Súm. | Súmula |
| Del. | Deliberação | TDA | Títulos da Dívida Agrária |
| DOU | Diário Oficial da União | TFR | Tribunal Federal de Recursos |
| EC | Emenda Constitucional | TRF | Tribunal Regional Federal |
| ECA | Estatuto da Criança e do Adolescente | TRT | Tribunal Regional do Trabalho |
| ECR | Emenda Constitucional de Revisão | TSE | Tribunal Superior Eleitoral |
| ER | Emenda Regimental | TST | Tribunal Superior do Trabalho |

# Índice Cronológico da Legislação
## por Tipo de Ato Normativo

**Lei Complementar**
- 35, de 14 de março de 1979 – Dispõe sobre a Lei Orgânica da Magistratura Nacional (Excertos) .................. 340

**Decretos-Leis**
- 1.608, de 18 de setembro de 1939 – Código de Processo Civil de 1939 – Disposições em vigor (Excertos) ....... 271
- 3.365, de 21 de junho de 1941 – Dispõe sobre desapropriação por utilidade pública ..................................... 309
- 4.657, de 4 de setembro de 1942 – Lei de Introdução às normas do Direito Brasileiro .................................. 305
- 70, de 21 de novembro de 1966 – Autoriza o funcionamento de associações de poupança e empréstimo, institui a cédula hipotecária e dá outras providências (Excertos) .................. 321
- 167, de 14 de fevereiro de 1967 – Dispõe sobre títulos de crédito rural e dá outras providências (Excertos) .... 324
- 413, de 9 de janeiro de 1969 – Dispõe sobre títulos de crédito industrial e dá outras providências (Excertos).. 327
- 911, de 1º de outubro de 1969 – Altera a redação do artigo 66 da Lei nº 4.728, de 14 de julho de 1965, estabelece normas de processo sobre alienação fiduciária e dá outras providências .................. 327
- 1.075, de 22 de janeiro de 1970 – Regula a imissão de posse, *initio litis*, em imóveis residenciais urbanos ..... 329

**Leis**
- 662, de 6 de abril de 1949 – Declara feriados nacionais os dias 1º de janeiro, 1º de maio, 7 de setembro, 15 de novembro e 25 de dezembro .................. 313
- 810, de 6 de setembro de 1949 – Define o ano civil .................. 313
- 1.060, de 5 de fevereiro de 1950 – Estabelece normas para a concessão de assistência judiciária aos necessitados .................. 313
- 1.408, de 9 de agosto de 1951 – Prorroga vencimentos de prazos judiciais e dá outras providências ............ 315
- 2.770, de 4 de maio de 1956 – Suprime a concessão de medidas liminares nas ações e procedimentos judiciais de qualquer natureza que visem à liberação de bens, mercadorias ou coisas de procedência estrangeira, e dá outras providências .................. 316
- 3.764, de 25 de abril de 1960 – Estabelece rito sumaríssimo para retificações no registro civil .................... 316
- 4.132, de 10 de setembro de 1962 – Define os casos de desapropriação por interesse social e dispõe sobre sua aplicação .................. 316
- 4.337, de 1º de junho de 1964 – Regula a declaração de inconstitucionalidade para os efeitos do art. 7º, VII, da Constituição Federal .................. 317
- 4.504, de 30 de novembro de 1964 – Dispõe sobre o Estatuto da Terra e dá outras providências (Excertos) ..... 318
- 4.717, de 29 de junho de 1965 – Regula a ação popular .................. 318
- 5.478, de 25 de julho de 1968 – Dispõe sobre ação de alimentos e dá outras providências .................. 324
- 5.741, de 1º de dezembro de 1971 – Dispõe sobre a proteção do financiamento de bens imóveis vinculados ao Sistema Financeiro da Habitação .................. 329
- 5.869, de 11 de janeiro de 1973 – Institui o Código de Processo Civil .................. 169
- 6.015, de 31 de dezembro de 1973 – Dispõe sobre os registros públicos e dá outras providências (Excertos) .... 330
- 6.338, de 7 de junho de 1976 – Inclui as ações de indenização por acidente do trabalho entre as que têm curso nas férias forenses .................. 336
- 6.515, de 26 de dezembro de 1977 – Regula os casos de dissolução da sociedade conjugal e do casamento, seus efeitos e respectivos processos, e dá outras providências .................. 336
- 6.766, de 19 de dezembro de 1979 – Dispõe sobre o parcelamento do solo urbano e dá outras providências (Excertos) .................. 354
- 6.830, de 22 de setembro de 1980 – Dispõe sobre a cobrança judicial da Dívida Ativa da Fazenda Pública e dá outras providências .................. 356
- 6.858, de 24 de novembro de 1980 – Dispõe sobre o pagamento, aos dependentes ou sucessores, de valores não recebidos em vida pelos respectivos titulares .................. 361

- 6.899, de 8 de abril de 1981 – Determina a aplicação da correção monetária nos débitos oriundos de decisão judicial e dá outras providências........................................................................................................................ 362
- 6.969, de 10 de dezembro de 1981 – Dispõe sobre a aquisição, por usucapião especial, de imóveis rurais, altera a redação do § 2º do art. 589 do Código Civil e dá outras providências......................................... 362
- 7.115, de 29 de agosto de 1983 – Dispõe sobre prova documental nos casos que indica, e dá outras providências...................................................................................................................................................... 363
- 7.347, de 24 de julho de 1985 – Disciplina a ação civil pública de responsabilidade por danos causados ao meio ambiente, ao consumidor, a bens e direitos de valor artístico, estético, histórico, turístico e paisagístico (VETADO) e dá outras providências.................................................................................................................. 364
- 8.009, de 29 de março de 1990 – Dispõe sobre a impenhorabilidade do bem de família................................. 366
- 8.038, de 28 de maio de 1990 – Institui normas procedimentais para os processos que especifica, perante o Superior Tribunal de Justiça e o Supremo Tribunal Federal........................................................... 367
- 8.069, de 13 de julho de 1990 – Dispõe sobre o Estatuto da Criança e do Adolescente, e dá outras providências...................................................................................................................................................... 371
- 8.078, de 11 de setembro de 1990 – Dispõe sobre a proteção do consumidor e dá outras providências........ 406
- 8.245, de 18 de outubro de 1991 – Dispõe sobre as locações dos imóveis urbanos e os procedimentos a elas pertinentes....................................................................................................................................................... 422
- 8.397, de 6 de janeiro de 1992 – Institui medida cautelar fiscal e dá outras providências............................... 432
- 8.437, de 30 de junho de 1992 – Dispõe sobre a concessão de medidas cautelares contra atos do Poder Público e dá outras providências..................................................................................................................... 434
- 8.625, de 12 de fevereiro de 1993 – Institui a Lei Orgânica Nacional do Ministério Público, dispõe sobre normas gerais para a organização do Ministério Público dos Estados e dá outras providências................ 435
- 8.866, de 11 de abril de 1994 – Dispõe sobre o depositário infiel de valor pertencente à Fazenda Pública e dá outras providências................................................................................................................................... 446
- 8.906, de 4 de julho de 1994 – Dispõe sobre o Estatuto da Advocacia e a Ordem dos Advogados do Brasil – OAB..................................................................................................................................................................... 447
- 8.929, de 22 de agosto de 1994 – Institui a Cédula de Produto Rural, e dá outras providências (Excertos)...... 460
- 9.051, de 18 de maio de 1995 – Dispõe sobre a expedição de certidões para a defesa de direitos e esclarecimentos de situações.......................................................................................................................... 465
- 9.093, de 12 de setembro de 1995 – Dispõe sobre feriados................................................................................ 466
- 9.099, de 26 de setembro de 1995 – Dispõe sobre os Juizados Especiais Cíveis e Criminais e dá outras providências (Excertos)..................................................................................................................................... 466
- 9.289, de 4 de julho de 1996 – Dispõe sobre as custas devidas à União, na Justiça Federal de primeiro e segundo graus e dá outras providências........................................................................................................ 471
- 9.307, de 23 de setembro de 1996 – Dispõe sobre a arbitragem........................................................................ 473
- 9.469, de 10 de julho de 1997 – Regulamenta o disposto no inciso VI do art. 4º da Lei Complementar nº 73, de 10 de fevereiro de 1993; dispõe sobre a intervenção da União nas causas em que figurarem, como autores ou réus, entes da administração indireta; regula os pagamentos devidos pela Fazenda Pública em virtude de sentença judiciária; revoga a Lei nº 8.197, de 27 de junho de 1991, e a Lei nº 9.081, de 19 de julho de 1995, e dá outras providências........................................................................................................................................... 477
- 9.494, de 10 de setembro de 1997 – Disciplina a aplicação da tutela antecipada contra a Fazenda Pública, altera a Lei nº 7.347, de 24 de julho de 1985, e dá outras providências....................................................... 479
- 9.507, de 12 de novembro de 1997 – Regula o direito de acesso a informações e disciplina o rito processual do *habeas data*........................................................................................................................................................ 482
- 9.703, de 17 de novembro de 1998 – Dispõe sobre os depósitos judiciais e extrajudiciais de tributos e contribuições federais....................................................................................................................................... 483
- 9.800, de 26 de maio de 1999 – Permite às partes a utilização de sistema de transmissão de dados para a prática de atos processuais.............................................................................................................................. 484
- 9.868, de 10 de novembro de 1999 – Dispõe sobre o processo e julgamento da ação direta de inconstitucionalidade e da ação declaratória de constitucionalidade perante o Supremo Tribunal Federal....... 484
- 9.882, de 3 de dezembro de 1999 – Dispõe sobre o processo e julgamento da arguição de descumprimento de preceito fundamental, nos termos do § 1º do art. 102 da Constituição Federal...................................... 488
- 10.259, de 12 de julho de 2001 – Dispõe sobre a instituição dos Juizados Especiais Cíveis e Criminais no âmbito da Justiça Federal.................................................................................................................................. 489

- 10.819, de 16 de dezembro de 2003 – Dispõe sobre os depósitos judiciais de tributos, no âmbito dos Municípios, e dá outras providências .................................................................................................... 492

- 11.417, de 19 de dezembro de 2006 – Regulamenta o art. 103-A da Constituição Federal e altera a Lei nº 9.784, de 29 de janeiro de 1999, disciplinando a edição, a revisão e o cancelamento de enunciado de súmula vinculante pelo Supremo Tribunal Federal, e dá outras providências ................................. 494

- 11.419, de 19 de dezembro de 2006 – Dispõe sobre a informatização do processo judicial; altera a Lei nº 5.869, de 11 de janeiro de 1973 – Código de Processo Civil; e dá outras providências ................. 495

- 11.429, de 26 de dezembro de 2006 – Dispõe sobre os depósitos judiciais de tributos, no âmbito dos Estados e do Distrito Federal; revoga a Lei nº 10.482, de 3 de julho de 2002; e dá outras providências ......... 497

- 11.804, de 5 de novembro de 2008 – Disciplina o direito a alimentos gravídicos e a forma como ele será exercido e dá outras providências .................................................................................................... 501

- 11.971, de 6 de julho de 2009 – Dispõe sobre as certidões expedidas pelos Ofícios do Registro de Distribuição e Distribuidores Judiciais .................................................................................................... 502

- 12.010, de 3 de agosto de 2009 – Dispõe sobre adoção; altera as Leis nos 8.069, de 13 de julho de 1990 – Estatuto da Criança e do Adolescente, 8.560, de 29 de dezembro de 1992; revoga dispositivos da Lei nº 10.406, de 10 de janeiro de 2002 – Código Civil, e da Consolidação das Leis do Trabalho – CLT, aprovada pelo Decreto-Lei nº 5.452, de 1º de maio de 1943; e dá outras providências ......................................... 502

- 12.016, de 7 de agosto de 2009 – Disciplina o mandado de segurança individual e coletivo e dá outras providências ....................................................................................................................................... 503

- 12.153, de 22 de dezembro de 2009 – Dispõe sobre os Juizados Especiais da Fazenda Pública no âmbito dos Estados, do Distrito Federal, dos Territórios e dos Municípios .............................................................. 506

- 12.318, de 26 de agosto de 2010 – Dispõe sobre a alienação parental e altera o art. 236 da Lei nº 8.069, de 13 de julho de 1990 ......................................................................................................................... 508

- 12.562, de 23 de dezembro de 2011 – Regulamenta o inciso III do art. 36 da Constituição Federal, para dispor sobre o processo e julgamento da representação interventiva perante o Supremo Tribunal Federal ............. 509

### Medida Provisória

- 2.172-32, de 23 de agosto de 2001 – Estabelece a nulidade das disposições contratuais que menciona e inverte, nas hipóteses que prevê, o ônus da prova nas ações intentadas para sua declaração .................. 491

### Decreto

- 2.346, de 10 de outubro de 1997 – Consolida normas de procedimentos a serem observadas pela Administração Pública Federal em razão de decisões judiciais, regulamenta os dispositivos legais que menciona, e dá outras providências ...................................................................................................................... 480

### Códigos de Ética

- da OAB ................................................................................................................................................. 461
- da Magistratura Nacional ...................................................................................................................... 499

# Constituição Federal

Constituição
Federal

# Índice Sistemático da Constituição da República Federativa do Brasil

## PREÂMBULO

## TÍTULO I
## DOS PRINCÍPIOS FUNDAMENTAIS

Arts. 1º a 4º .................................................................................................................. 7

## TÍTULO II
## DOS DIREITOS E GARANTIAS FUNDAMENTAIS

Arts. 5º a 17 ................................................................................................................. 8
Capítulo I – Dos direitos e deveres individuais e coletivos – art. 5º ................................ 8
Capítulo II – Dos direitos sociais – arts. 6º a 11 ............................................................ 15
Capítulo III – Da nacionalidade – arts. 12 e 13 ............................................................. 18
Capítulo IV – Dos direitos políticos – arts. 14 a 16 ....................................................... 19
Capítulo V – Dos partidos políticos – art. 17 ................................................................ 20

## TÍTULO III
## DA ORGANIZAÇÃO DO ESTADO

Arts. 18 a 43 ................................................................................................................ 21
Capítulo I – Da organização político-administrativa – arts. 18 e 19 ............................... 21
Capítulo II – Da União – arts. 20 a 24 .......................................................................... 21
Capítulo III – Dos Estados federados – arts. 25 a 28 ..................................................... 27
Capítulo IV – Dos Municípios – arts. 29 a 31 ................................................................ 28
Capítulo V – Do Distrito Federal e dos Territórios – arts. 32 e 33 .................................. 31
   Seção I – Do Distrito Federal – art. 32 ..................................................................... 31
   Seção II – Dos Territórios – art. 33 ........................................................................... 31
Capítulo VI – Da intervenção – arts. 34 a 36 ................................................................ 31
Capítulo VII – Da administração pública – arts. 37 a 43 ............................................... 32
   Seção I – Disposições gerais – arts. 37 e 38 ............................................................. 32
   Seção II – Dos servidores públicos – arts. 39 a 41 .................................................... 35
   Seção III – Dos Militares dos Estados, do Distrito Federal e dos Territórios – art. 42 .... 38
   Seção IV – Das regiões – art. 43 .............................................................................. 39

## TÍTULO IV
## DA ORGANIZAÇÃO DOS PODERES

Arts. 44 a 135 .............................................................................................................. 39
Capítulo I – Do Poder Legislativo – arts. 44 a 75 .......................................................... 39
   Seção I – Do Congresso Nacional – arts. 44 a 47 ..................................................... 39
   Seção II – Das atribuições do Congresso Nacional – arts. 48 a 50 ............................ 39
   Seção III – Da Câmara dos Deputados – art. 51 ....................................................... 40
   Seção IV – Do Senado Federal – art. 52 ................................................................... 41
   Seção V – Dos Deputados e dos Senadores – arts. 53 a 56 ...................................... 41
   Seção VI – Das reuniões – art. 57 ............................................................................ 42
   Seção VII – Das comissões – art. 58 ........................................................................ 43
   Seção VIII – Do processo legislativo – arts. 59 a 69 ................................................. 43
   Subseção I – Disposição geral – art. 59 ................................................................... 43
   Subseção II – Da Emenda à Constituição – art. 60 ................................................... 44
   Subseção III – Das leis – arts. 61 a 69 ...................................................................... 44
   Seção IX – Da fiscalização contábil, financeira e orçamentária – arts. 70 a 75 .......... 46
Capítulo II – Do Poder Executivo – arts. 76 a 91 .......................................................... 47
   Seção I – Do Presidente e do Vice-Presidente da República – arts. 76 a 83 ............. 47
   Seção II – Das atribuições do Presidente da República – art. 84 .............................. 48
   Seção III – Da responsabilidade do Presidente da República – arts. 85 e 86 ............ 49
   Seção IV – Dos Ministros de Estado – arts. 87 e 88 ................................................. 49
   Seção V – Do Conselho da República e do Conselho de Defesa Nacional – arts. 89 a 91 .... 49

| | | |
|---|---|---|
| Subseção I – | Do Conselho da República – arts. 89 e 90 | 49 |
| Subseção II – | Do Conselho de Defesa Nacional – art. 91 | 50 |
| Capítulo III – | Do Poder Judiciário – arts. 92 a 126 | 50 |
| Seção I – | Disposições gerais – arts. 92 a 100 | 50 |
| Seção II – | Do Supremo Tribunal Federal – arts. 101 a 103-B | 54 |
| Seção III – | Do Superior Tribunal de Justiça – arts. 104 e 105 | 57 |
| Seção IV – | Dos Tribunais Regionais Federais e dos juízes federais – arts. 106 a 110 | 58 |
| Seção V – | Dos Tribunais e Juízes do Trabalho – arts. 111 a 117 | 60 |
| Seção VI – | Dos Tribunais e Juízes Eleitorais – arts. 118 a 121 | 61 |
| Seção VII – | Dos Tribunais e Juízes Militares – arts. 122 a 124 | 62 |
| Seção VIII – | Dos Tribunais e Juízes dos Estados – arts. 125 e 126 | 62 |
| Capítulo IV – | Das funções essenciais à justiça – arts. 127 a 135 | 62 |
| Seção I – | Do Ministério Público – arts. 127 a 130-A | 62 |
| Seção II – | Da Advocacia Pública – arts. 131 e 132 | 65 |
| Seção III – | Da Advocacia e da Defensoria Pública – arts. 133 a 135 | 65 |

## TÍTULO V
## DA DEFESA DO ESTADO E DAS INSTITUIÇÕES DEMOCRÁTICAS

| | | |
|---|---|---|
| Arts. 136 a 144 | | 65 |
| Capítulo I – | Do estado de defesa e do estado de sítio – arts. 136 a 141 | 65 |
| Seção I – | Do estado de defesa – art. 136 | 65 |
| Seção II – | Do estado de sítio – arts. 137 a 139 | 66 |
| Seção III – | Disposições gerais – arts. 140 e 141 | 66 |
| Capítulo II – | Das Forças Armadas – arts. 142 e 143 | 67 |
| Capítulo III – | Da segurança pública – art. 144 | 67 |

## TÍTULO VI
## DA TRIBUTAÇÃO E DO ORÇAMENTO

| | | |
|---|---|---|
| Arts. 145 a 169 | | 68 |
| Capítulo I – | Do sistema tributário nacional – arts. 145 a 162 | 68 |
| Seção I – | Dos princípios gerais – arts. 145 a 149-A | 68 |
| Seção II – | Das limitações do poder de tributar – arts. 150 a 152 | 70 |
| Seção III – | Dos impostos da União – arts. 153 e 154 | 71 |
| Seção IV – | Dos impostos dos Estados e do Distrito Federal – art. 155 | 72 |
| Seção V – | Dos impostos dos Municípios – art. 156 | 74 |
| Seção VI – | Da repartição das receitas tributárias – arts. 157 a 162 | 74 |
| Capítulo II – | Das finanças públicas – arts. 163 a 169 | 76 |
| Seção I – | Normas gerais – arts. 163 e 164 | 76 |
| Seção II – | Dos orçamentos – arts. 165 a 169 | 77 |

## TÍTULO VII
## DA ORDEM ECONÔMICA E FINANCEIRA

| | | |
|---|---|---|
| Arts. 170 a 192 | | 79 |
| Capítulo I – | Dos princípios gerais da atividade econômica – arts. 170 a 181 | 79 |
| Capítulo II – | Da política urbana – arts. 182 e 183 | 82 |
| Capítulo III – | Da política agrícola e fundiária e da reforma agrária – arts. 184 a 191 | 83 |
| Capítulo IV – | Do sistema financeiro nacional – art. 192 | 84 |

## TÍTULO VIII
## DA ORDEM SOCIAL

| | | |
|---|---|---|
| Arts. 193 a 232 | | 84 |
| Capítulo I – | Disposição geral – art. 193 | 84 |
| Capítulo II – | Da seguridade social – arts. 194 a 204 | 84 |
| Seção I – | Disposições gerais – arts. 194 e 195 | 85 |
| Seção II – | Da saúde – arts. 196 a 200 | 86 |
| Seção III – | Da previdência social – arts. 201 e 202 | 88 |
| Seção IV – | Da assistência social – arts. 203 e 204 | 89 |
| Capítulo III – | Da educação, da cultura e do desporto – arts. 205 a 217 | 90 |
| Seção I – | Da educação – arts. 205 a 214 | 90 |
| Seção II – | Da cultura – arts. 215 e 216 | 93 |
| Seção III – | Do desporto – art. 217 | 94 |

Capítulo IV – Da ciência e tecnologia – arts. 218 e 219 .......................................................................... 94
Capítulo V – Da comunicação social – arts. 220 a 224 .......................................................................... 94
Capítulo VI – Do meio ambiente – art. 225 .......................................................................... 96
Capítulo VII – Da família, da criança, do adolescente, do jovem e do idoso – arts. 226 a 230 ...................... 97
Capítulo VIII – Dos índios – arts. 231 e 232 .......................................................................... 99

## TÍTULO IX
## DAS DISPOSIÇÕES CONSTITUCIONAIS GERAIS

Arts. 233 a 250 .......................................................................... 100

## ATO DAS DISPOSIÇÕES
## CONSTITUCIONAIS TRANSITÓRIAS

Arts. 1º a 97 .......................................................................... 102

# CONSTITUIÇÃO DA
# REPÚBLICA FEDERATIVA DO BRASIL

## PREÂMBULO

Nós, representantes do povo brasileiro, reunidos em Assembleia Nacional Constituinte para instituir um Estado Democrático, destinado a assegurar o exercício dos direitos sociais e individuais, a liberdade, a segurança, o bem-estar, o desenvolvimento, a igualdade e a justiça como valores supremos de uma sociedade fraterna, pluralista e sem preconceitos, fundada na harmonia social e comprometida, na ordem interna e internacional, com a solução pacífica das controvérsias, promulgamos, sob a proteção de Deus, a seguinte CONSTITUIÇÃO DA REPÚBLICA FEDERATIVA DO BRASIL.

▶ Publicada no DOU nº 191-A, de 5-10-1988.

## TÍTULO I – DOS PRINCÍPIOS FUNDAMENTAIS

**Art. 1º** A República Federativa do Brasil, formada pela união indissolúvel dos Estados e Municípios e do Distrito Federal, constitui-se em Estado Democrático de Direito e tem como fundamentos:

▶ No plebiscito realizado em 21-4-1993, disciplinado na EC nº 2, de 25-8-1992, foram mantidos a república e o presidencialismo, como forma e sistema de governo, respectivamente.

▶ Arts.18, caput, e 60, § 4º, I e II, desta Constituição.

I – a soberania;

▶ Arts. 20, VI, 21, I e III, 84, VII, VIII, XIX e XX, desta Constituição.
▶ Arts. 201, 202, 210 e 211 do CPC.
▶ Arts. 780 a 790 do CPP.
▶ Arts. 215 a 229 do RISTF.

II – a cidadania;

▶ Arts. 5º, XXXIV, LIV, LXXI, LXXIII e LXXVII, e 60, § 4º, desta Constituição.
▶ Lei nº 9.265, de 12-2-1996, estabelece a gratuidade dos atos necessários ao exercício da cidadania.
▶ Lei nº 10.835, de 8-1-2004, institui a renda básica de cidadania.

III – a dignidade da pessoa humana;

▶ Arts. 5º, XLII, XLIII, XLVIII, XLIX, L, 34, VII, b, 226, § 7º, 227 e 230 desta Constituição.
▶ Art. 8º, III, da Lei nº 11.340, de 7-8-2006 (Lei que Coíbe a Violência Doméstica e Familiar Contra a Mulher).
▶ Súmulas Vinculantes nºs 6, 11 e 14 do STF.

IV – os valores sociais do trabalho e da livre iniciativa;

▶ Arts. 6º a 11 e 170 desta Constituição.

V – o pluralismo político.

▶ Art. 17 desta Constituição.
▶ Lei nº 9.096, de 19-9-1995 (Lei dos Partidos Políticos).

Parágrafo único. Todo o poder emana do povo, que o exerce por meio de representantes eleitos ou diretamente, nos termos desta Constituição.

▶ Arts. 14, 27, § 4º, 29, XIII, 60, § 4º, II, e 61, § 2º, desta Constituição.
▶ Art. 1º da Lei nº 9.709, de 19-11-1998, regulamenta a execução do disposto nos incisos I, II e III do art. 14 desta Constituição.

**Art. 2º** São Poderes da União, independentes e harmônicos entre si, o Legislativo, o Executivo e o Judiciário.

▶ Art. 60, § 4º, III, desta Constituição.
▶ Súm. nº 649 do STF.

**Art. 3º** Constituem objetivos fundamentais da República Federativa do Brasil:

I – construir uma sociedade livre, justa e solidária;

▶ Art. 29, 1, d, do Dec. nº 99.710, de 21-11-1990, que promulga a convenção sobre os direitos das crianças.
▶ Art. 10, 1, do Dec. nº 591, de 6-7-1992, que promulga o Pacto Internacional Sobre Direitos Econômicos, Sociais e Culturais.

II – garantir o desenvolvimento nacional;

▶ Arts. 23, parágrafo único, e 174, § 1º, desta Constituição.

III – erradicar a pobreza e a marginalização e reduzir as desigualdades sociais e regionais;

▶ Arts. 23, X, e 214 desta Constituição.
▶ Arts. 79 a 81 do ADCT.
▶ LC nº 111, de 6-7-2001, dispõe sobre o Fundo de Combate e Erradicação da Pobreza.

IV – promover o bem de todos, sem preconceitos de origem, raça, sexo, cor, idade e quaisquer outras formas de discriminação.

▶ Art. 4º, VIII, desta Constituição.
▶ Lei nº 7.716, de 5-1-1989 (Lei do Racismo).
▶ Lei nº 8.081, de 21-9-1990, dispõe sobre os crimes e penas aplicáveis aos atos discriminatórios ou de preconceito de raça, cor, religião, etnia ou procedência nacional, praticados pelos meios de comunicação ou por publicação de qualquer natureza.
▶ Lei nº 11.340, de 7-8-2006 (Lei que Coíbe a Violência Doméstica e Familiar Contra a Mulher).
▶ Dec. nº 3.956, de 8-10-2001, promulga a Convenção Interamericana para Eliminação de Todas as Formas de Discriminação contra as Pessoas Portadoras de Deficiência.
▶ Dec. nº 4.377, de 13-9-2002, promulga a Convenção sobre a Eliminação de Todas as Formas de Discriminação contra a Mulher, de 1979.
▶ Dec. nº 4.886, de 20-11-2003, dispõe sobre a Política Nacional de Promoção de Igualdade Racial – PNPIR.
▶ Dec. nº 5.397, de 22-3-2005, dispõe sobre a composição, competência e funcionamento do Conselho Nacional de Combate à Discriminação – CNCD.
▶ O STF, por unanimidade de votos, julgou procedentes a ADPF nº 132 (como ação direta de inconstitucionalidade) e a ADIN nº 4.277, com eficácia erga omnes e efeito vinculante, para dar ao art. 1.723 do CC in-

terpretação conforme à CF para dele excluir qualquer significado que impeça o reconhecimento da união contínua, pública e duradoura entre pessoas do mesmo sexo como entidade familiar (*DOU* de 13-5-2011).

**Art. 4º** A República Federativa do Brasil rege-se nas suas relações internacionais pelos seguintes princípios:
- Arts. 21, I, e 84, VII e VIII, desta Constituição.
- Art. 39, V, da Lei nº 9.082 de 25-7-1995, que dispõe sobre a intensificação das relações internacionais do Brasil com os seus parceiros comerciais, em função de um maior apoio do Banco do Brasil S.A. ao financiamento dos setores exportador e importador.

I – independência nacional;
- Arts. 78, *caput*, e 91, § 1º, III e IV, desta Constituição.
- Lei nº 8.183, de 11-4-1991, dispõe sobre a organização e o funcionamento do Conselho de Defesa Nacional, regulamentada pelo Dec. nº 893, de 12-8-1993.

II – prevalência dos direitos humanos;
- Dec. nº 678, de 6-11-1992, promulga a Convenção Americana sobre Direitos Humanos – Pacto de São José da Costa Rica.
- Dec. nº 4.463, de 8-11-2002, dispõe sobre a declaração de reconhecimento da competência obrigatória da Corte Interamericana em todos os casos relativos à interpretação ou aplicação da Convenção Americana sobre Diretos Humanos.
- Dec. nº 6.980, de 13-10-2009, dispõe sobre a estrutura regimental da Secretaria Especial dos Direitos Humanos da Presidência da República, transformada em Secretaria de Direitos Humanos da Presidência da República pelo art. 3º, I, da Lei nº 12.314, de 19-8-2010.

III – autodeterminação dos povos;
IV – não intervenção;
V – igualdade entre os Estados;
VI – defesa da paz;
VII – solução pacífica dos conflitos;
VIII – repúdio ao terrorismo e ao racismo;
- Art. 5º, XLII e XLIII, desta Constituição.
- Lei nº 7.716, de 5-1-1989 (Lei do Racismo).
- Lei nº 8.072, de 25-7-1990 (Lei dos Crimes Hediondos).
- Dec. nº 5.639, de 26-12-2005, promulga a Convenção Interamericana contra o Terrorismo.

IX – cooperação entre os povos para o progresso da humanidade;
X – concessão de asilo político.
- Lei nº 9.474, de 22-7-1997, define mecanismos para a implementação do Estatuto dos Refugiados de 1951.
- Dec. nº 55.929, de 14-4-1965, promulgou a Convenção sobre Asilo Territorial.
- Art. 98, II, do Dec. nº 99.244, de 10-5-1990, que dispõe sobre a reorganização e o funcionamento dos órgãos da Presidência da República.

Parágrafo único. A República Federativa do Brasil buscará a integração econômica, política, social e cultural dos povos da América Latina, visando à formação de uma comunidade latino-americana de nações.
- Dec. nº 350, de 21-11-1991, promulgou o Tratado de Assunção que estabeleceu o Mercado Comum entre o Brasil, Paraguai, Argentina e Uruguai – MERCOSUL.
- Dec. nº 922, de 10-9-1993, promulga o Protocolo para Solução de Controvérsias no âmbito do Mercado Comum do Sul – MERCOSUL.

## TÍTULO II – DOS DIREITOS E GARANTIAS FUNDAMENTAIS

Capítulo I

### DOS DIREITOS E DEVERES INDIVIDUAIS E COLETIVOS

**Art. 5º** Todos são iguais perante a lei, sem distinção de qualquer natureza, garantindo-se aos brasileiros e aos estrangeiros residentes no País a inviolabilidade do direito à vida, à liberdade, à igualdade, à segurança e à propriedade, nos termos seguintes:
- Arts. 5º, §§ 1º e 2º, 14, *caput*, e 60, § 4º, IV, desta Constituição.
- Lei nº 1.542, de 5-1-1952, dispõe sobre o casamento dos funcionários da carreira de diplomata com pessoa de nacionalidade estrangeira.
- Lei nº 5.709, de 7-10-1971, regula a aquisição de imóvel rural por estrangeiro residente no país ou pessoa jurídica estrangeira autorizada a funcionar no Brasil.
- Lei nº 6.815, de 19-8-1980 (Estatuto do Estrangeiro), regulamentada pelo Dec. nº 86.715, de 10-10-1981.
- Arts. 4º e 24 do Pacto de São José da Costa Rica.
- Súmulas Vinculantes nºs 6 e 11 do STF.
- Súm. nº 683 do STF.

I – homens e mulheres são iguais em direitos e obrigações, nos termos desta Constituição;
- Arts. 143, § 2º, e 226, § 5º, desta Constituição.
- Art. 372 da CLT.
- Art. 4º da Lei nº 8.159, de 8-1-1991, que dispõe sobre a política nacional de arquivos públicos e privados.
- Lei nº 9.029, de 13-4-1995, proíbe a exigência de atestado de gravidez e esterilização e outras práticas discriminatórias, para efeitos admissionais ou de permanência da relação jurídica de trabalho.
- Lei nº 12.318, de 26-8-2010 (Lei da Alienação Parental).
- Dec. nº 86.715, de 10-12-1981, que regulamenta a Lei nº 6.815, de 19-8-1980 (Estatuto do Estrangeiro).
- Dec. nº 678, de 6-11-1992, promulga a Convenção Americana sobre Direitos Humanos – Pacto de São José da Costa Rica.
- Dec. nº 4.377, de 13-9-2002, promulga a Convenção sobre a Eliminação de todas as Formas de Discriminação contra a Mulher, de 1979.
- Port. do MTE nº 1.246, de 28-5-2010, orienta as empresas e os trabalhadores em relação à testagem relacionada ao vírus da imunodeficiência adquirida – HIV.

II – ninguém será obrigado a fazer ou deixar de fazer alguma coisa senão em virtude de lei;
- Arts. 14, § 1º, I, e 143 desta Constituição.
- Súmulas nºs 636 e 686 do STF.

III – ninguém será submetido a tortura nem a tratamento desumano ou degradante;
- Incisos XLIII, XLVII, e, XLIX, LXII, LXIII, LXV e LXVI deste artigo.
- Art. 4º, b, da Lei nº 4.898, de 9-12-1965 (Lei do Abuso de Autoridade).
- Arts. 2º e 8º da Lei nº 8.072, de 25-7-1990 (Lei dos Crimes Hediondos).
- Lei nº 9.455, de 7-4-1997 (Lei dos Crimes de Tortura).
- Dec. nº 40, de 15-2-1991, promulga a Convenção contra a Tortura e Outros Tratamentos ou Penas Cruéis, Desumanos ou Degradantes.
- Art. 5º, nº 2º, do Pacto de São José da Costa Rica.
- Súm. Vinc. nº 11 do STF.

IV – é livre a manifestação do pensamento, sendo vedado o anonimato;
- Art. 220, § 1º, desta Constituição.
- Art. 6º, XIV, e, da LC nº 75, de 20-5-1993 (Lei Orgânica do Ministério Público da União).
- Art. 1º da Lei nº 7.524 de 17-7-1986, que dispõe sobre a manifestação, por militar inativo, de pensamento e opinião políticos e filosóficos.
- Art. 2º, a, da Lei nº 8.389, de 30-12-1991, que institui o Conselho Nacional de Comunicação Social.
- Art. 13 do Pacto de São José da Costa Rica.

V – é assegurado o direito de resposta, proporcional ao agravo, além da indenização por dano material, moral ou à imagem;
- Art. 220, § 1º, desta Constituição.
- Lei nº 7.524, de 17-7-1986, dispõe sobre a manifestação, por militar inativo, de pensamento e opinião políticos ou filosóficos.
- Art. 6º da Lei nº 8.159, de 8-1-1991, que dispõe sobre a Política Nacional de arquivos públicos e privados.
- Dec. nº 1.171, de 22-6-1994, aprova o código de ética profissional do servidor público civil do Poder Executivo Federal.
- Art. 14 do Pacto de São José da Costa Rica.
- Súmulas nºs 37, 227, 362, 387, 388 e 403 do STJ.

VI – é inviolável a liberdade de consciência e de crença, sendo assegurado o livre exercício dos cultos religiosos e garantida, na forma da lei, a proteção aos locais de culto e a suas liturgias;
- Arts. 208 a 212 do CP.
- Art. 24 da LEP.
- Arts. 16, II, e 124, XIV, do ECA.
- Art. 3º, d, e e, da Lei nº 4.898, de 9-12-1965 (Lei do Abuso de Autoridade).
- Art. 39 da Lei nº 8.313, de 23-12-1991, que restabelece princípios da Lei nº 7.505, de 2-7-1986, instituu o Programa Nacional de Apoio a Cultura – PRONAC.
- Arts. 23 a 26 da Lei nº 12.288, de 20-7-2010 (Estatuto da Igualdade Racial).
- Art. 12, 1, do Pacto de São José da Costa Rica.

VII – é assegurada, nos termos da lei, a prestação de assistência religiosa nas entidades civis e militares de internação coletiva;
- Art. 24 da LEP.
- Art. 124, XIV, do ECA.
- Lei nº 6.923, de 29-6-1981, dispõe sobre o serviço de assistência religiosa nas Forças Armadas.
- Lei nº 9.982, de 14-7-2000, dispõe sobre prestação de assistência religiosa nas entidades hospitalares públicas e privadas, bem como nos estabelecimentos prisionais civis e militares.

VIII – ninguém será privado de direitos por motivo de crença religiosa ou de convicção filosófica ou política, salvo se as invocar para eximir-se de obrigação legal a todos imposta e recusar-se a cumprir prestação alternativa, fixada em lei;
- Arts. 15, IV, e 143, §§ 1º e 2º, desta Constituição.
- Lei nº 7.210 de 11-7-1984 (Lei de Execução Penal).
- Lei nº 8.239, de 4-10-1991, dispõe sobre a prestação de serviço alternativo ao serviço militar obrigatório.
- Dec.-lei nº 1.002, de 21-10-1969 (Código de Processo Penal Militar).
- Art. 12 do Pacto de São José da Costa Rica.

IX – é livre a expressão da atividade intelectual, artística, científica e de comunicação, independentemente de censura ou licença;
- Art. 220, § 2º, desta Constituição.
- Art. 5º, d, da LC nº 75, de 20-5-1993 (Lei Orgânica do Ministério Público da União).
- Art. 39 da Lei nº 8.313, de 23-12-1991, que restabelece princípios da Lei nº 7.505, de 2-7-1986, instituu o Programa Nacional de Apoio a Cultura – PRONAC.
- Lei nº 9.456, de 25-4-1997, instituu a Lei de Proteção de Cultivares.
- Lei nº 9.609, de 19-2-1998, dispõe sobre a proteção da propriedade intelectual de programa de computador e sua comercialização no país.
- Lei nº 9.610, de 19-2-1998 (Lei de Direitos Autorais).

X – são invioláveis a intimidade, a vida privada, a honra e a imagem das pessoas, assegurado o direito à indenização pelo dano material ou moral decorrente de sua violação;
- Art. 37, § 3º, II, desta Constituição.
- Arts. 4º e 6º da Lei nº 8.159, de 8-1-1981, que dispõe sobre a Política Nacional de Arquivos Públicos e Privados.
- Art. 30, V, da Lei nº 8.935, de 18-11-1994 (Lei dos Serviços Notariais e de Registro).
- Art. 101, § 1º, da Lei nº 11.101, de 9-2-2005 (Lei de Recuperação de Empresas e Falências).
- Art. 11, 2, do Pacto de São José da Costa Rica.
- Súm. Vinc. nº 11 do STF.
- Súm. nº 714 do STF.
- Súmulas nºs 227, 387, 388, 403 e 420 do STJ.

XI – a casa é asilo inviolável do indivíduo, ninguém nela podendo penetrar sem consentimento do morador, salvo em caso de flagrante delito ou desastre, ou para prestar socorro, ou, durante o dia, por determinação judicial;
- Arts. 172 a 176 do CPC.
- Art. 150, §§ 1º a 5º, do CP.
- Art. 301 do CPP.
- Art. 266, §§ 1º a 5º, do CPM.
- Art. 11 do Pacto de São José da Costa Rica.

XII – é inviolável o sigilo da correspondência e das comunicações telegráficas, de dados e das comunicações telefônicas, salvo, no último caso, por ordem judicial, nas hipóteses e na forma que a lei estabelecer para fins de investigação criminal ou instrução processual penal;
- Arts.136, § 1º, I, b e c, e 139, III, desta Constituição.
- Arts. 151 a 152 do CP.
- Art. 233 do CPP.
- Art. 227 do CPM.
- Art. 6º, XVIII, a, da LC nº 75, de 20-5-1993 (Lei Orgânica do Ministério Público da União).
- Arts. 55 a 57 da Lei nº 4.117, de 24-8-1962 (Código Brasileiro de Telecomunicações).
- Art. 3º, c, da Lei nº 4.898, de 9-12-1965 (Lei do Abuso de Autoridade).
- Lei nº 6.538, de 22-6-1978, dispõe sobre os serviços postais.
- Art. 7º, II, da Lei nº 8.906, de 4-7-1994 (Estatuto da Advocacia e da OAB).
- Lei nº 9.296, de 24-7-1996 (Lei das Interceptações Telefônicas).
- Art. 11 do Pacto de São José da Costa Rica.

► Dec. nº 3.505, de 13-6-2000, institui a Política de Segurança da Informação nos órgãos e entidades da Administração Pública Federal.
► Res. do CNJ nº 59, de 9-9-2008, disciplina e uniformiza as rotinas visando ao aperfeiçoamento do procedimento de interceptação de comunicações telefônicas e de sistemas de informática e telemática nos órgãos jurisdicionais do Poder Judiciário.

XIII – é livre o exercício de qualquer trabalho, ofício ou profissão, atendidas as qualificações profissionais que a lei estabelecer;

► Arts. 170 e 220, § 1º, desta Constituição.
► Art. 6º do Pacto de São José da Costa Rica.

XIV – é assegurado a todos o acesso à informação e resguardado o sigilo da fonte, quando necessário ao exercício profissional;

► Art. 220, § 1º, desta Constituição.
► Art. 154 do CP.
► Art. 8º, § 2º, da LC nº 75, de 20-5-1993 (Lei Orgânica do Ministério Público da União).
► Art. 6º da Lei nº 8.394, de 30-12-1991, que dispõe sobre a preservação, organização e proteção dos acervos documentais privados dos Presidentes da República.

XV – é livre a locomoção no território nacional em tempo de paz, podendo qualquer pessoa, nos termos da lei, nele entrar, permanecer ou dele sair com seus bens;

► Arts. 109, X, e 139 desta Constituição.
► Art. 3º, a, da Lei nº 4.898, de 9-12-1965 (Lei do Abuso de Autoridade).
► Art. 2º, III, da Lei nº 7.685, de 2-12-1988, que dispõe sobre o registro provisório para o estrangeiro em situação ilegal em território nacional.
► Art. 22 do Pacto de São José da Costa Rica.

XVI – todos podem reunir-se pacificamente, sem armas, em locais abertos ao público, independentemente de autorização, desde que não frustrem outra reunião anteriormente convocada para o mesmo local, sendo apenas exigido prévio aviso à autoridade competente;

► Arts. 109, X, 136, § 1º, I, a, e 139, IV, desta Constituição.
► Art. 3º, a, da Lei nº 4.898, de 9-12-1965 (Lei do Abuso de Autoridade).
► Art. 2º, III, da Lei nº 7.685, de 2-12-1988, que dispõe sobre o registro provisório para o estrangeiro em situação ilegal em território nacional.
► Art. 21 do Dec. nº 592, de 6-7-1992, que promulga o Pacto Internacional sobre Direitos Civis e Políticos.
► Art. 15 do Pacto de São José da Costa Rica.

XVII – é plena a liberdade de associação para fins lícitos, vedada a de caráter paramilitar;

► Arts. 8º, 17, § 4º, e 37, VI, desta Constituição.
► Art. 199 do CP.
► Art. 3º, f, da Lei nº 4.898, de 9-12-1965 (Lei do Abuso de Autoridade).
► Art. 117, VII, da Lei nº 8.112, de 11-12-1990 (Estatuto dos Servidores Públicos Civis da União, Autarquias e Fundações Públicas Federais).
► Art. 16 do Pacto de São José da Costa Rica.

XVIII – a criação de associações e, na forma da lei, de cooperativas independem de autorização, sendo vedada a interferência estatal em seu funcionamento;

► Arts. 8º, I, e 37, VI, desta Constituição.
► Lei nº 5.764, de 16-12-1971 (Lei das Cooperativas).

► Lei nº 9.867, de 10-11-1999, dispõe sobre a criação e o funcionamento de Cooperativas Sociais, visando à integração social dos cidadãos.

XIX – as associações só poderão ser compulsoriamente dissolvidas ou ter suas atividades suspensas por decisão judicial, exigindo-se, no primeiro caso, o trânsito em julgado;

XX – ninguém poderá ser compelido a associar-se ou a permanecer associado;

► Arts. 4º, II, a, e 5º, V, do CDC.
► Art. 117, VII, da Lei nº 8.112, de 11-12-1990 (Estatuto dos Servidores Públicos Civis da União, Autarquias e Fundações Públicas Federais).
► Art. 16 do Pacto de São José da Costa Rica.

XXI – as entidades associativas, quando expressamente autorizadas, têm legitimidade para representar seus filiados judicial ou extrajudicialmente;

► Art. 82, VI, do CDC.
► Art. 210, III, do ECA.
► Art. 5º da Lei nº 7.347, de 24-7-1985 (Lei da Ação Civil Pública).
► Arts. 3º e 5º, I e III, da Lei nº 7.853, de 24-10-1989 (Lei de Apoio às Pessoas Portadoras de Deficiência), regulamentada pelo Dec. nº 3.298, de 20-12-1999.
► Súm. nº 629 do STF.

XXII – é garantido o direito de propriedade;

► Art. 243 desta Constituição.
► Arts. 1.228 a 1.368 do CC.
► Lei nº 4.504, de 30-10-1964 (Estatuto da Terra).
► Arts. 1º, 4º e 15 da Lei nº 8.257, de 26-10-1991, que dispõe sobre a expropriação das glebas nas quais se localizem culturas ilegais de plantas psicotrópicas.

XXIII – a propriedade atenderá a sua função social;

► Arts.156, § 1º, 170, III, 182, § 2º, e 186 desta Constituição.
► Art. 5º da LICC.
► Arts. 2º, 12, 18, a, e 47, I, da Lei nº 4.504, de 30-10-1964 (Estatuto da Terra).
► Art. 2º, I, da Lei nº 8.171, de 17-1-1991 (Lei da Política Agrícola).
► Arts. 2º, § 1º, 5º, § 2º, e 9º, da Lei nº 8.629, de 25-2-1993, que regula os dispositivos constitucionais relativos à reforma agrária.
► Art. 1º da Lei nº 8.884, de 11-6-1994 (Lei Antitruste).
► Arts. 27 a 37 da Lei nº 12.288, de 20-7-2010 (Estatuto da Igualdade Racial).
► Art. 1º da Lei nº 12.529, de 30-11-2011 (Lei do Sistema Brasileiro de Defesa da Concorrência) publicada no *DOU* de 1º-12-2011, para vigorar 180 dias após a data de sua publicação, quando ficarão revogados os arts. 1º a 85 e 88 a 93 da Lei nº 8.884, de 11-6-1994.

XXIV – a lei estabelecerá o procedimento para desapropriação por necessidade ou utilidade pública, ou por interesse social, mediante justa e prévia indenização em dinheiro, ressalvados os casos previstos nesta Constituição;

► Arts. 22, II, 182, § 4º, 184, *caput*, e 185, I e II,desta Constituição.
► Art. 1.275, V, do CC.
► LC nº 76, de 6-7-1993 (Lei de Desapropriação de Imóvel Rural para fins de Reforma Agrária).
► Lei nº 4.132, de 10-9-1962 (Lei da Desapropriação por Interesse Social).

Constituição Federal – Art. 5º  11

► Arts. 17, a, 18, 19, §§ 1º a 4º, 31, IV, e 35, caput, da Lei nº 4.504, de 30-11-1964 (Estatuto da Terra).
► Lei nº 6.602, de 7-12-1978, altera a redação do art. 5º do Dec.-lei nº 3.365, de 21-6-1941 (Lei das Desapropriações).
► Arts. 28, 29 e 32 da Lei nº 6.662, de 25-6-1979, que dispõe sobre a política nacional de irrigação.
► Arts. 2º, § 1º, 5º, § 2º, e 7º, IV, da Lei nº 8.629, de 25-2-1993, que regula os dispositivos constitucionais relativos à reforma agrária.
► Art. 10 da Lei nº 9.074, de 7-7-1995, que estabelece normas para outorga e prorrogações das concessões e permissões de serviços públicos.
► Art. 34, IV, da Lei nº 9.082, de 25-7-1995, que dispõe sobre as diretrizes para a elaboração da lei orçamentária de 1996.
► Dec.-lei nº 1.075, de 22-1-1970 (Lei da Imissão de Posse).
► Dec.-lei nº 3.365, de 21-6-1941 (Lei das Desapropriações).
► Súmulas nºs 23, 111, 157, 164, 218, 345, 378, 416, 561, 618 e 652 do STF.
► Súmulas nºs 56, 69, 70, 113, 114 e 119 do STJ.

XXV – no caso de iminente perigo público, a autoridade competente poderá usar de propriedade particular, assegurada ao proprietário indenização ulterior, se houver dano;

XXVI – a pequena propriedade rural, assim definida em lei, desde que trabalhada pela família, não será objeto de penhora para pagamento de débitos decorrentes de sua atividade produtiva, dispondo a lei sobre os meios de financiar o seu desenvolvimento;

► Art. 185 desta Constituição.
► Art. 4º, I, da LC nº 76, de 6-7-1993 (Lei de Desapropriação de Imóvel Rural para fins de Reforma Agrária).
► Lei nº 4.504, de 30-11-1964 (Estatuto da Terra).
► Art. 19, IX, da Lei nº 4.595, de 31-12-1964 (Lei do Sistema Financeiro Nacional).
► Art. 4º, § 2º, da Lei nº 8.009, de 29-3-1990 (Lei da Impenhorabilidade do Bem de Família).
► Art. 4º, II, e parágrafo único, da Lei nº 8.629, de 25-2-1993, que regula os dispositivos constitucionais relativos à reforma agrária.
► Súm. nº 364 do STJ.

XXVII – aos autores pertence o direito exclusivo de utilização, publicação ou reprodução de suas obras, transmissível aos herdeiros pelo tempo que a lei fixar;

► Art. 842, § 3º, do CPC.
► Art. 184 do CP.
► Art. 30 da Lei nº 8.977, de 6-1-1995, que dispõe sobre o serviço de TV a cabo, regulamentado pelo Dec. nº 2.206, de 8-4-1997.
► Lei nº 9.456, de 25-4-1997, institui a Lei de Proteção de Cultivares.
► Lei nº 9.609, de 19-2-1998, dispõe sobre a proteção da propriedade intelectual de programa de computador e sua comercialização no país.
► Lei nº 9.610, de 19-2-1998 (Lei de Direitos Autorais).
► Súm. nº 386 do STF.

XXVIII – são assegurados, nos termos da lei:

a) a proteção às participações individuais em obras coletivas e à reprodução da imagem e voz humanas, inclusive nas atividades desportivas;

► Lei nº 6.533 de 24-5-1978, dispõe sobre a regulamentação das profissões de Artista e de Técnico em Espetáculos de Diversões.

► Lei nº 9.610, de 19-2-1998 (Lei de Direitos Autorais).

b) o direito de fiscalização do aproveitamento econômico das obras que criarem ou de que participarem aos criadores, aos intérpretes e às respectivas representações sindicais e associativas;

XXIX – a lei assegurará aos autores de inventos industriais privilégio temporário para sua utilização, bem como proteção às criações industriais, à propriedade das marcas, aos nomes de empresas e a outros signos distintivos, tendo em vista o interesse social e o desenvolvimento tecnológico e econômico do País;

► Art. 4º, VI, do CDC.
► Lei nº 9.279, de 14-5-1996 (Lei da Propriedade Industrial).
► Lei nº 9.456, de 25-4-1997, institui a Lei de Proteção de Cultivares.
► Art. 48, IV, da Lei nº 11.101, de 9-2-2005 (Lei de Recuperação de Empresas e Falências).

XXX – é garantido o direito de herança;

► Arts. 1.784 a 2.027 do CC.
► Arts. 856, § 2º, 1.138 e 1.158 do CPC.
► Lei nº 8.971, de 29-12-1994, regula o direito dos companheiros a alimentos e sucessão.
► Lei nº 9.278, de 10-5-1996 (Lei da União Estável).

XXXI – a sucessão de bens de estrangeiros situados no País será regulada pela lei brasileira em benefício do cônjuge ou dos filhos brasileiros, sempre que não lhes seja mais favorável a lei pessoal do de cujus;

► Art. 10, §§ 1º e 2º, da LICC.

XXXII – o Estado promoverá, na forma da lei, a defesa do consumidor;

► Art. 48 do ADCT.
► Lei nº 8.078, de 11-9-1990 (Código de Defesa do Consumidor).
► Lei nº 8.884, de 11-6-1994 (Lei Antitruste).
► Lei nº 4º da Lei nº 8.137, de 27-12-1990 (Lei dos Crimes contra a Ordem Tributária, Econômica e contra as Relações de Consumo).
► Lei nº 8.178, de 1º-3-1991, estabelece regras sobre preços e salários.
► Lei nº 8.884, de 11-6-1994 (Lei Antitruste).
► Lei nº 12.529, de 30-11-2011 (Lei do Sistema Brasileiro de Defesa da Concorrência) publicada no DOU de 1º-12-2011, para vigorar 180 dias após a data de sua publicação, quando ficarão revogados os arts. 1º a 85 e 88 a 93 da Lei nº 8.884, de 11-6-1994.

XXXIII – todos têm direito a receber dos órgãos públicos informações de seu interesse particular, ou de interesse coletivo ou geral, que serão prestadas no prazo da lei, sob pena de responsabilidade, ressalvadas aquelas cujo sigilo seja imprescindível à segurança da sociedade e do Estado;

► Arts. 5º, LXXII, e 37, § 3º, II, desta Constituição.
► Lei nº 12.527, de 18-11-2011 (Lei do Acesso à Informação) DOU de 18-11-2011, edição extra, para vigorar 180 dias após a data de sua publicação, quando ficará revogada a Lei nº 11.111, de 5-5-2005.
► Dec. nº 5.301, de 9-12-2004, regulamenta a Lei nº 11.111, de 5-5-2005.
► Súm. Vinc. nº 14 do STF.
► Súm. nº 202 do STJ.

XXXIV – são a todos assegurados, independentemente do pagamento de taxas:

a) o direito de petição aos Poderes Públicos em defesa de direitos ou contra ilegalidade ou abuso de poder;

▶ Súm. Vinc. nº 21 do STF.
▶ Súm. nº 373 do STJ.

b) a obtenção de certidões em repartições públicas, para defesa de direitos e esclarecimento de situações de interesse pessoal;

▶ Art. 6º da LICC.
▶ Lei nº 9.051, de 18-5-1995, dispõe sobre a expedição de certidões para defesa de direitos e esclarecimentos de situações.
▶ Lei nº 9.307, de 23-9-1996 (Lei da Arbitragem).
▶ Art. 40 da Lei nº 11.101, de 9-2-2005 (Lei de Recuperação de Empresas e Falências).

XXXV – a lei não excluirá da apreciação do Poder Judiciário lesão ou ameaça a direito;

▶ Lei nº 9.307, de 23-9-1996 (Lei da Arbitragem).
▶ Súm. Vinc. nº 28 do STF.

XXXVI – a lei não prejudicará o direito adquirido, o ato jurídico perfeito e a coisa julgada;

▶ Art. 6º, *caput*, da LICC.
▶ Súmulas Vinculantes nºs 1 e 9 do STF.
▶ Súmulas nºs 654, 667, 678 e 684 do STF.
▶ Súm. nº 315 do TST.

XXXVII – não haverá juízo ou tribunal de exceção;
XXXVIII – é reconhecida a instituição do júri, com a organização que lhe der a lei, assegurados:

▶ Arts. 406 a 432 do CPP.
▶ Arts. 18 e 19 da Lei nº 11.697, de 13-6-2008 (Lei da Organização Judiciária do Distrito Federal e dos Territórios).

a) a plenitude de defesa;
b) o sigilo das votações;
c) a soberania dos veredictos;
d) a competência para o julgamento dos crimes dolosos contra a vida;

▶ Arts. 74, § 1º, e 406 a 502 do CPP.
▶ Súm. nº 721 do STF.

XXXIX – não há crime sem lei anterior que o defina, nem pena sem prévia cominação legal;

▶ Art. 1º do CP.
▶ Art. 1º do CPM.
▶ Art. 9º do Pacto de São José da Costa Rica.

XL – a lei penal não retroagirá, salvo para beneficiar o réu;

▶ Art. 2º, parágrafo único, do CP.
▶ Art. 2º, § 1º, do CPM.
▶ Art. 66, I, da LEP.
▶ Súmulas Vinculantes nºs 3, 5, 14, 21, 24 e 28 do STF.

XLI – a lei punirá qualquer discriminação atentatória dos direitos e liberdades fundamentais;

▶ Lei nº 7.716, de 5-1-1989 (Lei do Racismo).
▶ Lei nº 8.081, de 21-9-1990, estabelece os crimes e as penas aplicáveis aos atos discriminatórios ou de preconceito de raça, cor, religião, etnia ou procedência de qualquer natureza.

▶ Dec. nº 3.956, de 8-10-2001, promulga a Convenção Interamericana para eliminação de todas as Formas de Discriminação contra as Pessoas Portadoras de Deficiência.
▶ Dec. nº 4.377, de 13-9-2002, promulga a Convenção Sobre a Eliminação de Todas as Formas de Discriminação Contra a Mulher, de 1979.
▶ Dec. nº 4.886, de 20-11-2003, institui a Política Nacional de Promoção da Igualdade Racial – PNPIR.
▶ Dec. nº 5.397, de 22-3-2005, dispõe sobre a composição, competência e funcionamento do Conselho Nacional de Combate à Discriminação – CNCD.

XLII – a prática do racismo constitui crime inafiançável e imprescritível, sujeito à pena de reclusão, nos termos da lei;

▶ Art. 323, I, do CPP.
▶ Lei nº 7.716, de 5-1-1989 (Lei do Racismo).
▶ Lei nº 10.678, de 23-5-2003, cria a Secretaria Especial de Políticas de Promoção da Igualdade Racial, da Presidência da República.
▶ Lei nº 12.288, de 20-7-2010 (Estatuto da Igualdade Racial).

XLIII – a lei considerará crimes inafiançáveis e insuscetíveis de graça ou anistia a prática da tortura, o tráfico ilícito de entorpecentes e drogas afins, o terrorismo e os definidos como crimes hediondos, por eles responderão os mandantes, os executores e os que, podendo evitá-los, se omitirem;

▶ Lei nº 8.072, de 25-7-1990 (Lei dos Crimes Hediondos).
▶ Lei nº 9.455, de 7-4-1997 (Lei dos Crimes de Tortura).
▶ Lei nº 11.343, de 23-8-2006 (Lei Antidrogas).
▶ Dec. nº 5.639, de 29-12-2005, promulga a Convenção Interamericana contra o Terrorismo.

XLIV – constitui crime inafiançável e imprescritível a ação de grupos armados, civis ou militares, contra a ordem constitucional e o Estado Democrático;

▶ Lei nº 9.034, de 3-5-1995 (Lei do Crime Organizado).

XLV – nenhuma pena passará da pessoa do condenado, podendo a obrigação de reparar o dano e a decretação do perdimento de bens ser, nos termos da lei, estendidas aos sucessores e contra eles executadas, até o limite do valor do patrimônio transferido;

▶ Arts. 932 e 935 do CC.
▶ Arts. 32 a 52 do CP.
▶ Art. 5º, nº 3, do Pacto de São José da Costa Rica.

XLVI – a lei regulará a individualização da pena e adotará, entre outras, as seguintes:

▶ Arts. 32 a 52 do CP.
▶ Súm. Vinc. nº 26 do STF.

a) privação ou restrição da liberdade;

▶ Arts. 33 a 42 do CP.

b) perda de bens;

▶ Art. 43, II, do CP.

c) multa;

▶ Art. 49 do CP.

d) prestação social alternativa;

▶ Arts. 44 e 46 do CP.

e) suspensão ou interdição de direitos;

▶ Art. 47 do CP.

Constituição Federal – Art. 5º

XLVII – não haverá penas:
- Art. 60, § 4º, IV, desta Constituição.
- Arts. 32 a 52 do CP.
- Súm. Vinc. nº 26 do STF.

a) de morte, salvo em caso de guerra declarada, nos termos do artigo 84, XIX;
- Arts. 55 a 57 do CPM.
- Arts. 707 e 708 do CPPM.
- Art. 4º, n$^{os}$ 2 a 6, do Pacto de São José da Costa Rica.

b) de caráter perpétuo;
c) de trabalhos forçados;
- Art. 6º, nº 2, do Pacto de São José da Costa Rica.

d) de banimento;
e) cruéis;
- Art. 7º, 7, do Pacto de São José da Costa Rica.
- Súmulas n$^{os}$ 280, 309 e 419 do STJ.

XLVIII – a pena será cumprida em estabelecimentos distintos, de acordo com a natureza do delito, a idade e o sexo do apenado;
- Arts. 32 a 52 do CP.
- Arts. 82 a 104 da LEP.

XLIX – é assegurado aos presos o respeito à integridade física e moral;
- Art. 5º, III, desta Constituição.
- Art. 38 do CP.
- Art. 40 da LEP.
- Lei nº 8.653, de 10-5-1993, dispõe sobre o transporte de presos.
- Art. 5º, nº 1, do Pacto de São José da Costa Rica.
- Súm. Vinc. nº 11 do STF.

L – às presidiárias serão asseguradas condições para que possam permanecer com seus filhos durante o período de amamentação;
- Art. 89 da LEP.

LI – nenhum brasileiro será extraditado, salvo o naturalizado, em caso de crime comum, praticado antes da naturalização, ou de comprovado envolvimento em tráfico ilícito de entorpecentes e drogas afins, na forma da lei;
- Art. 12, II, desta Constituição.
- Arts. 76 a 94 da Lei nº 6.815, de 19-8-1980 (Estatuto do Estrangeiro).
- Lei nº 11.343, de 23-8-2006 (Lei Antidrogas).
- Art. 110 do Dec. nº 86.715, de 10-12-1981, que regulamenta a Lei nº 6.815, de 19-8-1980 (Estatuto do Estrangeiro).

LII – não será concedida extradição de estrangeiro por crime político ou de opinião;
- Arts. 76 a 94 da Lei nº 6.815, de 19-8-1980 (Estatuto do Estrangeiro).
- Art. 100 do Dec. nº 86.715, de 10-12-1981, que regulamenta a Lei nº 6.815, de 19-8-1980 (Estatuto do Estrangeiro).

LIII – ninguém será processado nem sentenciado senão pela autoridade competente;
- Art. 8º, nº 1, do Pacto de São José da Costa Rica.
- Súm. nº 704 do STF.

LIV – ninguém será privado da liberdade ou de seus bens sem o devido processo legal;
- Súmulas Vinculantes n$^{os}$ 3 e 14 do STF.
- Súm. nº 704 do STF.
- Súmulas n$^{os}$ 255 e 347 do STJ.

LV – aos litigantes, em processo judicial ou administrativo, e aos acusados em geral são assegurados o contraditório e ampla defesa, com os meios e recursos a ela inerentes;
- Lei nº 8.112, de 11-12-1990 (Estatuto dos Servidores Públicos Civis da União, Autarquias e Fundações Públicas Federais).
- Lei nº 9.784, de 29-1-1999 (Lei do Processo Administrativo Federal).
- Súmulas Vinculantes n$^{os}$ 3, 5, 14, 21, 24 e 28 do STF.
- Súmulas n$^{os}$ 701, 704, 705, 707 e 712 do STF.
- Súmulas n$^{os}$ 196, 255, 312, 347 e 373 do STJ.

LVI – são inadmissíveis, no processo, as provas obtidas por meios ilícitos;
- Arts. 332 a 443 do CPC.
- Art. 157 do CPP.
- Lei nº 9.296, de 24-7-1996 (Lei das Interceptações Telefônicas).

LVII – ninguém será considerado culpado até o trânsito em julgado de sentença penal condenatória;
- Art. 8º, nº 2, do Pacto de São José da Costa Rica.
- Súm. nº 9 do STJ.

LVIII – o civilmente identificado não será submetido à identificação criminal, salvo nas hipóteses previstas em lei;
- Lei nº 12.037, de 1º-10-2009, regulamenta este inciso.
- Art. 6º, VIII, do CPP.
- Súm. nº 568 do STF.

LIX – será admitida ação privada nos crimes de ação pública, se esta não for intentada no prazo legal;
- Art. 100, § 3º, do CP.
- Art. 29 do CPP.

LX – a lei só poderá restringir a publicidade dos atos processuais quando a defesa da intimidade ou o interesse social o exigirem;
- Art. 93, IX, desta Constituição.
- Arts. 155, caput, I e II, e 444 do CPC.
- Art. 20 do CPP.
- Lei nº 9.800, de 26-5-1999, dispõe sobre sistemas de transmissão de dados para a prática de atos processuais.
- Art. 8º, nº 5, do Pacto de São José da Costa Rica.
- Súm. nº 708 do STF.

LXI – ninguém será preso senão em flagrante delito ou por ordem escrita e fundamentada de autoridade judiciária competente, salvo nos casos de transgressão militar ou crime propriamente militar, definidos em lei;
- Art. 93, IX, desta Constituição.
- Art. 302 do CPP.
- Dec.-lei nº 1.001, de 21-10-1969 (Código Penal Militar).
- Art. 244 do CPPM.
- Lei nº 6.880, de 9-12-1980 (Estatuto dos Militares).
- Art. 7º, nº 2, do Pacto de São José da Costa Rica.
- Súmulas n$^{os}$ 9 e 280 do STJ.

LXII – a prisão de qualquer pessoa e o local onde se encontre serão comunicados imediatamente ao juiz competente e à família do preso ou à pessoa por ele indicada;

▶ Art. 136, § 3º, IV, desta Constituição.

LXIII – o preso será informado de seus direitos, entre os quais o de permanecer calado, sendo-lhe assegurada a assistência da família e de advogado;

▶ Art. 289-A, § 4º, do CPP.
▶ Art. 8º, nº 2, g, do Pacto de São José da Costa Rica.

LXIV – o preso tem direito à identificação dos responsáveis por sua prisão ou por seu interrogatório policial;

▶ Art. 306, § 2º, do CPP.

LXV – a prisão ilegal será imediatamente relaxada pela autoridade judiciária;

▶ Art. 310, I, do CPP.
▶ Art. 224 do CPPM.
▶ Art. 7º, nº 6, do Pacto de São José da Costa Rica.
▶ Súm. nº 697 do STF.

LXVI – ninguém será levado à prisão ou nela mantido, quando a lei admitir a liberdade provisória, com ou sem fiança;

▶ Art. 310, III, do CPP.
▶ Arts. 270 e 271 do CPPM.

LXVII – não haverá prisão civil por dívida, salvo a do responsável pelo inadimplemento voluntário e inescusável de obrigação alimentícia e a do depositário infiel;

▶ Art. 652 do CC.
▶ Art. 733, § 1º, do CPC.
▶ Arts. 466 a 480 do CPPM.
▶ Arts. 19 e 22 da Lei nº 5.478, de 25-7-1968 (Lei da Ação de Alimentos).
▶ Lei nº 8.866, de 11-4-1994 (Lei do Depositário Infiel).
▶ Dec.-lei nº 911, de 1-10-1969 (Lei das Alienações Fiduciárias).
▶ Art. 7º, 7, do Pacto de São José da Costa Rica.
▶ Súm. Vinc. nº 25 do STF.
▶ Súmulas nºs 280, 309 e 419 do STJ.

LXVIII – conceder-se-á habeas corpus sempre que alguém sofrer ou se achar ameaçado de sofrer violência ou coação em sua liberdade de locomoção, por ilegalidade ou abuso de poder;

▶ Art. 142, § 2º, desta Constituição.
▶ Arts. 647 a 667 do CPP.
▶ Arts. 466 a 480 do CPPM.
▶ Art. 5º da Lei nº 9.289, de 4-7-1996 (Regimento de Custas da Justiça Federal).
▶ Súmulas nºs 693 a 695 do STF.

LXIX – conceder-se-á mandado de segurança para proteger direito líquido e certo, não amparado por habeas corpus ou habeas data, quando o responsável pela ilegalidade ou abuso de poder for autoridade pública ou agente de pessoa jurídica no exercício de atribuições do Poder Público;

▶ Lei nº 9.507, de 12-11-1997 (Lei do Habeas Data).
▶ Lei nº 12.016, de 7-8-2009 (Lei do Mandado de Segurança Individual e Coletivo).
▶ Súm. nº 632 do STF.

LXX – o mandado de segurança coletivo pode ser impetrado por:

▶ Súm. nº 630 do STF.

a) partido político com representação no Congresso Nacional;
b) organização sindical, entidade de classe ou associação legalmente constituída e em funcionamento há pelo menos um ano, em defesa dos interesses de seus membros ou associados;

▶ Art. 5º da Lei nº 7.347, de 24-7-1985 (Lei da Ação Civil Pública).
▶ Súm. nº 629 do STF.

LXXI – conceder-se-á mandado de injunção sempre que a falta de norma regulamentadora torne inviável o exercício dos direitos e liberdades constitucionais e das prerrogativas inerentes à nacionalidade, à soberania e à cidadania;

▶ Lei nº 9.265, de 12-2-1996, estabelece a gratuidade dos atos necessários ao exercício da cidadania.

LXXII – conceder-se-á habeas data:

▶ Art. 5º da Lei nº 9.289, de 4-7-1996 (Regimento de Custas da Justiça Federal).
▶ Lei nº 9.507, de 12-11-1997 (Lei do Habeas Data).
▶ Súm. nº 368 do STJ.

a) para assegurar o conhecimento de informações relativas à pessoa do impetrante, constantes de registros ou bancos de dados de entidades governamentais ou de caráter público;

▶ Súm. nº 2 do STJ.

b) para a retificação de dados, quando não se prefira fazê-lo por processo sigiloso, judicial ou administrativo;

▶ Súm. nº 368 do STJ.

LXXIII – qualquer cidadão é parte legítima para propor ação popular que vise a anular ato lesivo ao patrimônio público ou de entidade de que o Estado participe, à moralidade administrativa, ao meio ambiente e ao patrimônio histórico e cultural, ficando o autor, salvo comprovada má-fé, isento de custas judiciais e do ônus da sucumbência;

▶ Lei nº 4.717, de 29-6-1965 (Lei da Ação Popular).
▶ Lei nº 6.938, de 31-8-1981 (Lei da Política Nacional do Meio Ambiente).

LXXIV – o Estado prestará assistência jurídica integral e gratuita aos que comprovarem insuficiência de recursos;

▶ Art. 134 desta Constituição.
▶ LC nº 80, de 12-1-1994 (Lei da Defensoria Pública).
▶ Lei nº 1.060, de 5-2-1950 (Lei de Assistência Judiciária).
▶ Art. 8º, nº 2, e, do Pacto de São José da Costa Rica.
▶ Súm. nº 102 do STJ.

LXXV – o Estado indenizará o condenado por erro judiciário, assim como o que ficar preso além do tempo fixado na sentença;

▶ Art. 10 do Pacto de São José da Costa Rica.

LXXVI – são gratuitos para os reconhecidamente pobres, na forma da lei:

▶ Art. 30 da Lei nº 6.015, de 31-12-1973 (Lei dos Registros Públicos).

Constituição Federal – Arts. 6º e 7º    15

- Art. 45 da Lei nº 8.935, de 18-11-1994 (Lei dos Serviços Notariais e de Registro).
- Lei nº 9.265, de 12-2-1996, estabelece a gratuidade dos atos necessários ao exercício da cidadania.
- Dec. nº 6.190, de 20-8-2007, regulamenta o disposto no art. 1º do Decreto-Lei nº 1.876, de 15-7-1981, para dispor sobre a isenção do pagamento de foros, taxas de ocupação e laudêmios, referentes a imóveis de propriedade da União, para as pessoas consideradas carentes ou de baixa renda.

a) o registro civil de nascimento;

- Art. 46 da Lei nº 6.015, de 31-12-1973 (Lei dos Registros Públicos).

b) a certidão de óbito;

- Arts. 77 a 88 da Lei nº 6.015, de 31-12-1973 (Lei dos Registros Públicos).

LXXVII – são gratuitas as ações de *habeas corpus* e *habeas data* e, na forma da lei, os atos necessários ao exercício da cidadania;

- Lei nº 9.265, de 12-2-1996, estabelece a gratuidade dos atos necessários ao exercício da cidadania.
- Lei nº 9.507, de 12-11-1997 (Lei do *Habeas Data*).

LXXVIII – a todos, no âmbito judicial e administrativo, são assegurados a razoável duração do processo e os meios que garantam a celeridade de sua tramitação.

- Inciso LXXVIII acrescido pela EC nº 45, de 8-12-2004.
- Art. 75, parágrafo único, da Lei nº 11.101, de 9-2-2005 (Lei de Recuperação de Empresas e Falências).
- Art. 7º, nº 5º, do Pacto de São José da Costa Rica.

§ 1º As normas definidoras dos direitos e garantias fundamentais têm aplicação imediata.

§ 2º Os direitos e garantias expressos nesta Constituição não excluem outros decorrentes do regime e dos princípios por ela adotados, ou dos tratados internacionais em que a República Federativa do Brasil seja parte.

- Súm. Vinc. nº 25 do STF.

§ 3º Os tratados e convenções internacionais sobre direitos humanos que forem aprovados, em cada Casa do Congresso Nacional, em dois turnos, por três quintos dos votos dos respectivos membros, serão equivalentes às emendas constitucionais.

§ 4º O Brasil se submete à jurisdição de Tribunal Penal Internacional a cuja criação tenha manifestado adesão.

- §§ 3º e 4º acrescidos pela EC nº 45, de 8-12-2004.
- Dec. nº 4.388, de 25-9-2002, promulga o Estatuto de Roma do Tribunal Penal Internacional.

CAPÍTULO II

DOS DIREITOS SOCIAIS

Art. 6º São direitos sociais a educação, a saúde, a alimentação, o trabalho, a moradia, o lazer, a segurança, a previdência social, a proteção à maternidade e à infância, a assistência aos desamparados, na forma desta Constituição.

- Artigo com a redação dada pela EC nº 64, de 4-2-2010.
- Arts. 208, 212, § 4º, e 227 desta Constituição.
- Lei nº 10.689, de 13-6-2003, cria o Programa Nacional de Acesso à Alimentação – PNAA.
- Lei nº 10.836, de 9-1-2004, cria o programa "Bolsa-Família", que tem por finalidade a unificação dos procedimentos da gestão e execução das ações de transferência de renda do Governo Federal, incluindo o "Bolsa-Alimentação".
- Art. 6º da Lei nº 12.288, de 20-7-2010 (Estatuto da Igualdade Racial).
- MP nº 2.206-1, de 6-9-2001, que até o encerramento desta edição não havia sido convertida em Lei, cria o Programa Nacional de Renda Mínima vinculado à saúde: "Bolsa-Alimentação", regulamentada pelo Dec. nº 3.934, de 30-9-2001.
- Dec. nº 3.964, de 10-10-2001, dispõe sobre o Fundo Nacional de Saúde.

Art. 7º São direitos dos trabalhadores urbanos e rurais, além de outros que visem à melhoria de sua condição social:

- Lei nº 9.799, de 26-5-1999, insere na CLT regras de acesso da mulher ao mercado de trabalho.
- Arts. 38 e 39 da Lei nº 12.288, de 20-7-2010 (Estatuto da Igualdade Racial).

I – relação de emprego protegida contra despedida arbitrária ou sem justa causa, nos termos de lei complementar, que preverá indenização compensatória, dentre outros direitos;

- Art. 10 do ADCT.

II – seguro-desemprego, em caso de desemprego involuntário;

- Art. 201, IV, desta Constituição.
- Art. 12 da CLT.
- Leis nºs 7.998, de 11-1-1990; 8.019, de 11-4-1990; 8.178, de 1º-3-1991; e 8.900, de 30-6-1994, dispõem sobre seguro-desemprego.
- Lei nº 10.779, de 25-11-2003, dispõe sobre a concessão do benefício de seguro-desemprego, durante o período de defeso, ao pescador profissional que exerce a atividade pesqueira de forma artesanal.
- Dec. nº 3.361, de 10-2-2000, regulamenta dispositivos da Lei nº 5.859, de 11-12-1972 (Lei do Empregado Doméstico).

III – Fundo de Garantia do Tempo de Serviço;

- Arts. 7º, 477, 478 e 492 da CLT.
- LC nº 110, de 29-6-2001, institui contribuições sociais, autoriza créditos de complementos de atualização monetária em contas vinculadas do FGTS, regulamentadas pelos Decretos nºs 3.913, de 11-9-2001, e 3.914, de 11-9-2001.
- Lei nº 8.036, de 11-5-1990, Dec. nº 99.684, de 8-11-1990 (Regulamento), e Lei nº 8.844, de 20-1-1994, dispõem sobre o FGTS.
- Dec. nº 3.361, de 10-2-2000, regulamenta dispositivos da Lei nº 5.859, de 11-12-1972 (Lei do Empregado Doméstico).
- Súm. nº 353 do STJ.

IV – salário mínimo, fixado em lei, nacionalmente unificado, capaz de atender a suas necessidades vitais básicas e às de sua família com moradia, alimentação, educação, saúde, lazer, vestuário, higiene, transporte e previdência social, com reajustes periódicos que lhe preservem o poder aquisitivo, sendo vedada sua vinculação para qualquer fim;

- Art. 39, § 3º, desta Constituição.
- Lei nº 6.205, de 29-4-1975, estabelece a descaracterização do salário mínimo como fator de correção monetária.
- Súmulas Vinculantes nºs 4, 6, 15 e 16 do STF.
- Súm. nº 201 do STJ.

## Constituição Federal – Art. 7º

V – piso salarial proporcional à extensão e à complexidade do trabalho;
- LC nº 103, de 14-7-2000, autoriza os Estados e o Distrito Federal a instituir o piso salarial a que se refere este inciso.
- OJ da SBDI-I nº 358 do TST.

VI – irredutibilidade do salário, salvo o disposto em convenção ou acordo coletivo;
- Súm. nº 391 do TST.
- Orientações Jurisprudenciais da SBDI-I nºs 358 e 396 do TST.

VII – garantia de salário, nunca inferior ao mínimo, para os que percebem remuneração variável;
- Art. 39, § 3º, desta Constituição.
- Lei nº 8.716, de 11-10-1993, dispõe sobre a garantia do salário mínimo.
- Lei nº 9.032, de 28-4-1995, dispõe sobre o valor do salário mínimo.

VIII – décimo terceiro salário com base na remuneração integral ou no valor da aposentadoria;
- Arts. 39, § 3º, e 142, § 3º, VIII, desta Constituição.
- Leis nºs 4.090, de 13-7-1962; 4.749, de 12-8-1965; Decretos nºs 57.155, de 3-11-1965; e 63.912, de 26-12-1968, dispõem sobre o 13º salário.
- OJ da SBDI-I nº 358 do TST.
- Súm. nº 349 do STJ.

IX – remuneração do trabalho noturno superior à do diurno;
- Art. 39, § 3º, desta Constituição.
- Art. 73, §§ 1º a 5º, da CLT.

X – proteção do salário na forma da lei, constituindo crime sua retenção dolosa;

XI – participação nos lucros, ou resultados, desvinculada da remuneração, e, excepcionalmente, participação na gestão da empresa, conforme definido em lei;
- Arts. 543 e 621 da CLT.
- Lei nº 10.101, de 19-12-2000 (Lei da Participação nos Lucros e Resultados).
- OJ da SBDI-I nº 390 do TST.
- OJ da SBDI-I Transitória nº 73 do TST.

XII – salário-família pago em razão do dependente do trabalhador de baixa renda nos termos da lei;
- Inciso XII com a redação dada pela EC nº 20, de 15-12-1998.
- Arts. 39, § 3º, e 142, § 3º, VIII, desta Constituição.
- Art. 12 da CLT.
- Leis nºs 4.266, de 3-10-1963; 5.559, de 11-12-1968; e Dec. nº 53.153, de 10-12-1963, dispõem sobre salário-família.
- Arts. 18, 26, 28, 65 a 70 da Lei nº 8.213, de 24-7-1991 (Lei dos Planos de Benefícios da Previdência Social).
- Arts. 5º, 25, 30 a 32, 42, 81 a 92, 173, 217, § 6º, 218, 225 e 255 do Dec. nº 3.048, de 6-5-1999 (Regulamento da Previdência Social).
- OJ da SBDI-I nº 358 do TST.

XIII – duração do trabalho normal não superior a oito horas diárias e quarenta e quatro semanais, facultada a compensação de horários e a redução da jornada, mediante acordo ou convenção coletiva de trabalho;
- Art. 39, § 3º, desta Constituição.

- Arts. 57 a 75 e 224 a 350 da CLT.
- OJ da SBDI-I nº 393 do TST.

XIV – jornada de seis horas para o trabalho realizado em turnos ininterruptos de revezamento, salvo negociação coletiva;
- Art. 58 da CLT.
- Súm. nº 675 do STF.
- Súm. nº 360 do TST.
- Orientações Jurisprudenciais da SBDI-I nºs 360 e 395 do TST.

XV – repouso semanal remunerado, preferencialmente aos domingos;
- Art. 39, §§ 2º e 3º, desta Constituição.
- Art. 67 da CLT.
- Lei nº 605, de 5-1-1949 (Lei do Repouso Semanal Remunerado).
- Dec. nº 27.048, de 12-8-1949, regulamenta a Lei nº 605, de 5-1-1949 (Lei do Repouso Semanal Remunerado).
- Orientações Jurisprudenciais nºs 394 e 410 do TST.

XVI – remuneração do serviço extraordinário superior, no mínimo, em cinquenta por cento à do normal;
- Art. 39, §§ 2º e 3º, desta Constituição.
- Art. 59 da CLT.

XVII – gozo de férias anuais remuneradas com, pelo menos, um terço a mais do que o salário normal;
- Art. 39, §§ 2º e 3º, desta Constituição.
- Arts. 7º e 129 a 153 da CLT.
- Súm. nº 386 do STJ.
- Súmulas nºs 171 e 328 do TST.

XVIII – licença à gestante, sem prejuízo do emprego e do salário, com a duração de cento e vinte dias;
- O STF, por unanimidade de votos, julgou parcialmente procedente a ADIN nº 1.946-5, para dar, ao art. 14 da EC nº 20, de 15-12-1998, interpretação conforme a CF, excluindo-se sua aplicação ao salário da licença gestante, a que se refere este inciso (DJU de 16-5-2003 e DOU de 3-6-2003).
- Art. 39, §§ 2º e 3º, desta Constituição.
- Art. 10, II, b, do ADCT.
- Arts. 391 e 392 da CLT.
- Arts. 71 a 73 da Lei nº 8.213, de 24-7-1991 (Lei dos Planos de Benefícios da Previdência Social).
- Lei nº 10.421, de 15-4-2002, estende à mãe adotiva o direito à licença-maternidade e ao salário-maternidade.
- Lei nº 11.770, de 9-9-2008 (Lei do Programa Empresa Cidadã), regulamentada pelo Dec. nº 7.052, de 23-12-2009.
- Dec. nº 4.377, de 13-9-2002, promulga a Convenção Sobre a Eliminação de Todas as Formas de Discriminação Contra a Mulher, de 1979.

XIX – licença-paternidade, nos termos fixados em lei;
- Art. 39, §§ 2º e 3º, desta Constituição.
- Art. 10, § 1º, do ADCT.

XX – proteção do mercado de trabalho da mulher, mediante incentivos específicos, nos termos da lei;
- Art. 39, §§ 2º e 3º, desta Constituição.
- Arts. 372 a 401 da CLT.
- Dec. nº 4.377, de 13-9-2002, promulga a Convenção sobre a Eliminação de Todas as Formas de Discriminação contra a Mulher, de 1979.

Constituição Federal – Art. 7º

XXI – aviso prévio proporcional ao tempo de serviço, sendo no mínimo de trinta dias, nos termos da lei;
► Arts. 7º e 487 a 491 da CLT.
► Lei nº 12.506, de 11-10-2011 (Lei do Aviso Prévio).

XXII – redução dos riscos inerentes ao trabalho, por meio de normas de saúde, higiene e segurança;
► Art. 39, §§ 2º e 3º, desta Constituição.
► Arts. 154 a 159 e 192 da CLT.

XXIII – adicional de remuneração para as atividades penosas, insalubres ou perigosas, na forma da lei;
► Art. 39, § 2º, desta Constituição.
► Arts. 189 a 197 da CLT.
► Súm. Vinc. nº 4 do STF.
► Orientações Jurisprudenciais nºs 385 e 406 do TST.

XXIV – aposentadoria;
► Art. 154 da CLT.
► Arts. 42 a 58 da Lei nº 8.213, de 24-7-1991 (Lei dos Planos de Benefícios da Previdência Social).
► Lei nº 9.477, de 24-7-1997, instituiu o Fundo de Aposentadoria Programa Individual – FAPI e o Plano de Incentivo à Aposentadoria Programa Individual.
► Arts. 25, 29, 30, 43 a 70, 120, 135, 167, 168, 173, 180, 181-A, 181-B, 183, 184, 187, 188, 188-A, 189, parágrafo único, e 202 do Dec. nº 3.048, de 6-5-1999 (Regulamento da Previdência Social).

XXV – assistência gratuita aos filhos e dependentes desde o nascimento até 5 (cinco) anos de idade em creches e pré-escolas;
► Inciso XXV com a redação dada pela EC nº 53, de 19-12-2006.
► Art. 208, IV, desta Constituição.

XXVI – reconhecimento das convenções e acordos coletivos de trabalho;
► Arts. 611 a 625 da CLT.
► Orientações Jurisprudenciais da SBDI-I Transitória nºs 61 e 73 do TST.

XXVII – proteção em face da automação, na forma da lei;

XXVIII – seguro contra acidentes de trabalho, a cargo do empregador, sem excluir a indenização a que este está obrigado, quando incorrer em dolo ou culpa;
► Art. 114, VI, desta Constituição.
► Art. 154 da CLT.
► Lei nº 6.338, de 7-6-1976, inclui as ações de indenização por acidentes do trabalho entre as que têm curso nas férias forenses.
► Lei nº 8.212, de 24-7-1991 (Lei Orgânica da Seguridade Social).
► Lei nº 8.213, de 24-7-1991 (Lei dos Planos de Benefícios da Previdência Social).
► Lei nº 9.307, de 23-9-1996 (Lei da Arbitragem).
► Art. 40 da Lei nº 11.101, de 9-2-2005 (Lei de Recuperação de Empresas e Falências).
► Dec. nº 3.048, de 6-5-1999 (Regulamento da Previdência Social).
► Súm. Vinc. nº 22 do STF.

XXIX – ação, quanto aos créditos resultantes das relações de trabalho, com prazo prescricional de cinco anos para os trabalhadores urbanos e rurais, até o limite de dois anos após a extinção do contrato de trabalho;
► Inciso XXIX com a redação dada pela EC nº 28, de 25-5-2000.
► Art. 11, I e II, da CLT.
► Art. 10 da Lei nº 5.889, de 8-6-1973 (Lei do Trabalho Rural).
► Súmulas nºs 308 e 409 do TST.
► Orientações Jurisprudenciais da SBDI-I nºs 359, 384 e 399 do TST.

a e b) Revogadas. EC nº 28, de 25-5-2000.

XXX – proibição de diferença de salários, de exercício de funções e de critério de admissão por motivo de sexo, idade, cor ou estado civil;
► Art. 39, § 3º, desta Constituição.
► Lei nº 9.029, de 13-4-1995, proíbe a exigência de atestados de gravidez e esterilização, e outras praticas discriminatórias, para efeitos admissionais ou de permanência da relação jurídica de trabalho.
► Dec. nº 4.377, de 13-9-2002, promulga a Convenção sobre a Eliminação de Todas as Formas de Discriminação contra a Mulher, de 1979.
► Port. do MTE nº 1.246, de 28-5-2010, orienta as empresas e os trabalhadores em relação à testagem relacionada ao vírus da imunodeficiência adquirida – HIV.
► Súm. nº 683 do STF.

XXXI – proibição de qualquer discriminação no tocante a salário e critérios de admissão do trabalhador portador de deficiência;
► Dec. nº 3.298, de 20-12-1999, dispõe sobre a Política Nacional para Integração da Pessoa Portadora de Deficiência e consolida as normas de proteção.

XXXII – proibição de distinção entre trabalho manual, técnico e intelectual ou entre os profissionais respectivos;
► Súm. nº 84 do TST.

XXXIII – proibição de trabalho noturno, perigoso ou insalubre a menores de dezoito e de qualquer trabalho a menores de dezesseis anos, salvo na condição de aprendiz, a partir de quatorze anos;
► Inciso XXXIII com a redação dada pela EC nº 20, de 15-12-1998.
► Art. 227 desta Constituição.
► Arts. 192, 402 a 410 e 792 da CLT.
► Arts. 60 a 69 do ECA.
► Arts. 27, V, e 78, XVIII, da Lei nº 8.666, de 21-6-1993 (Lei de Licitações e Contratos Administrativos).
► Art. 13 da Lei nº 11.685, de 2-6-2008 (Estatuto do Garimpeiro).
► Dec. nº 4.134, de 15-2-2002, promulga a Convenção nº 138 e a Recomendação nº 146 da OIT sobre Idade Mínima de Admissão ao Emprego.

XXXIV – igualdade de direitos entre o trabalhador com vínculo empregatício permanente e o trabalhador avulso.

Parágrafo único. São asseguradas à categoria dos trabalhadores domésticos os direitos previstos nos incisos IV, VI, VIII, XV, XVII, XVIII, XIX, XXI e XXIV, bem como a sua integração à previdência social.
► Art. 7º da CLT.

- Leis n°s 5.859, de 11-12-1972, e 7.195, de 12-6-1984; Decretos n°s 71.885, de 9-3-1973, e 1.197, de 14-7-1994, dispõem sobre empregado doméstico.
- Arts. 93 a 103 do Dec. n° 3.048, de 6-5-1999 (Regulamento da Previdência Social).
- Dec. n° 3.361, de 10-2-2000, regulamenta dispositivos da Lei n° 5.859, de 11-12-1972 (Lei do Empregado Doméstico).

**Art. 8°** É livre a associação profissional ou sindical, observado o seguinte:

- Arts. 511 a 515, 524, 537, 543, 553, 558 e 570 da CLT.
- Súm. n° 4 do STJ.

I – a lei não poderá exigir autorização do Estado para a fundação de sindicato, ressalvado o registro no órgão competente, vedadas ao Poder Público a interferência e a intervenção na organização sindical;

- Súm. n° 677 do STF.

II – é vedada a criação de mais de uma organização sindical, em qualquer grau, representativa de categoria profissional ou econômica, na mesma base territorial, que será definida pelos trabalhadores ou empregadores interessados, não podendo ser inferior à área de um município;

- Súm. n° 677 do STF.

III – ao sindicato cabe a defesa dos direitos e interesses coletivos ou individuais da categoria, inclusive em questões judiciais ou administrativas;

- Orientações Jurisprudenciais da SBDI-I n°s 359 e 365 do TST.

IV – a assembleia-geral fixará a contribuição que, em se tratando de categoria profissional, será descontada em folha, para custeio do sistema confederativo da representação sindical respectiva, independentemente da contribuição prevista em lei;

- Súm. n° 666 do STF.
- Súm. n° 396 do STJ.

V – ninguém será obrigado a filiar-se ou manter-se filiado a sindicato;

- Art. 199 do CP.
- OJ da SDC n° 20 do TST.

VI – é obrigatória a participação dos sindicatos nas negociações coletivas de trabalho;
VII – o aposentado filiado tem direito a votar e ser votado nas organizações sindicais;
VIII – é vedada a dispensa do empregado sindicalizado, a partir do registro da candidatura a cargo de direção ou representação sindical e, se eleito, ainda que suplente, até um ano após o final do mandato, salvo se cometer falta grave nos termos da lei.

- Art. 543 da CLT.

Parágrafo único. As disposições deste artigo aplicam-se à organização de sindicatos rurais e de colônias de pescadores, atendidas as condições que a lei estabelecer.

- Lei n° 11.699, de 13-6-2008, dispõe sobre as Colônias, Federações e Confederação Nacional dos Pescadores, regulamentando este parágrafo.

**Art. 9°** É assegurado o direito de greve, competindo aos trabalhadores decidir sobre a oportunidade de exercê-lo e sobre os interesses que devam por meio dele defender.

- Arts. 37, VII, 114, II, e 142, § 3°, IV, desta Constituição.
- Lei n° 7.783, de 28-6-1989 (Lei de Greve).

§ 1° A lei definirá os serviços ou atividades essenciais e disporá sobre o atendimento das necessidades inadiáveis da comunidade.

§ 2° Os abusos cometidos sujeitam os responsáveis às penas da lei.

**Art. 10.** É assegurada a participação dos trabalhadores e empregadores nos colegiados dos órgãos públicos em que seus interesses profissionais ou previdenciários sejam objeto de discussão e deliberação.

**Art. 11.** Nas empresas de mais de duzentos empregados, é assegurada a eleição de um representante destes com a finalidade exclusiva de promover-lhes o entendimento direto com os empregadores.

- Art. 543 da CLT.

**Capítulo III**

**DA NACIONALIDADE**

- Art. 5°, LXXI, desta Constituição.
- Dec. n° 4.246, de 22-5-2002, promulga a Convenção sobre o Estatuto dos Apátridas.

**Art. 12.** São brasileiros:

I – natos:
a) os nascidos na República Federativa do Brasil, ainda que de pais estrangeiros, desde que estes não estejam a serviço de seu país;
b) os nascidos no estrangeiro, de pai brasileiro ou mãe brasileira, desde que qualquer deles esteja a serviço da República Federativa do Brasil;
c) os nascidos no estrangeiro de pai brasileiro ou de mãe brasileira, desde que sejam registrados em repartição brasileira competente ou venham a residir na República Federativa do Brasil e optem, em qualquer tempo, depois de atingida a maioridade, pela nacionalidade brasileira;

- Alínea c com a redação dada pela EC n° 54, de 20-9-2007.
- Art. 95 do ADCT.

II – naturalizados:

- Lei n° 818, de 18-9-1949 (Lei da Nacionalidade Brasileira).
- Arts. 111 a 121 da Lei n° 6.815, de 19-8-1980 (Estatuto do Estrangeiro).
- Arts. 119 a 134 do Dec. n° 86.715, de 10-12-1981, que regulamenta a Lei n° 6.815, de 19-8-1980 (Estatuto do Estrangeiro).
- Dec. n° 3.453, de 9-5-2000, delega competência ao Ministro de Estado da Justiça para declarar a perda e a reaquisição da nacionalidade Brasileira.

a) os que, na forma da lei, adquiram a nacionalidade brasileira, exigidas aos originários de países de língua portuguesa apenas residência por um ano ininterrupto e idoneidade moral;
b) os estrangeiros de qualquer nacionalidade, residentes na República Federativa do Brasil há mais de

Constituição Federal – Arts. 13 e 14

quinze anos ininterruptos e sem condenação penal, desde que requeiram a nacionalidade brasileira.

▶ Alínea b com a redação dada pela ECR nº 3, de 7-6-1994.

§ 1º Aos portugueses com residência permanente no País, se houver reciprocidade em favor de brasileiros, serão atribuídos os direitos inerentes ao brasileiro, salvo os casos previstos nesta Constituição.

▶ § 1º com a redação dada pela ECR nº 3, de 7-6-1994.

§ 2º A lei não poderá estabelecer distinção entre brasileiros natos e naturalizados, salvo nos casos previstos nesta Constituição.

§ 3º São privativos de brasileiro nato os cargos:

I – de Presidente e Vice-Presidente da República;
II – de Presidente da Câmara dos Deputados;
III – de Presidente do Senado Federal;
IV – de Ministro do Supremo Tribunal Federal;
V – da carreira diplomática;
VI – de oficial das Forças Armadas;

▶ LC nº 97, de 9-6-1999, dispõe sobre as normas gerais para organização, o preparo e o emprego das Forças Armadas.

VII – de Ministro de Estado da Defesa.

▶ Inciso VII acrescido pela EC nº 23, de 2-9-1999.
▶ LC nº 97, de 9-6-1999, dispõe sobre a criação do Ministério de Defesa.

§ 4º Será declarada a perda da nacionalidade do brasileiro que:

I – tiver cancelada sua naturalização, por sentença judicial, em virtude de atividade nociva ao interesse nacional;
II – adquirir outra nacionalidade, salvo nos casos:

a) de reconhecimento de nacionalidade originária pela lei estrangeira;
b) de imposição de naturalização, pela norma estrangeira, ao brasileiro residente em Estado estrangeiro, como condição para permanência em seu território ou para o exercício de direitos civis.

▶ Inciso II, alíneas a e b, com a redação dada pela ECR nº 3, de 7-6-1994.
▶ Lei nº 818, de 18-9-1949 (Lei da Nacionalidade Brasileira).
▶ Dec. nº 3.453, de 9-5-2000, delega competência ao Ministro de Estado da Justiça para declarar a perda e a reaquisição da nacionalidade brasileira.

**Art. 13.** A língua portuguesa é o idioma oficial da República Federativa do Brasil.

▶ Dec. nº 5.002, de 3-3-2004, promulga a Declaração Constitutiva e os Estatutos da Comunidade dos Países de Língua Portuguesa.

§ 1º São símbolos da República Federativa do Brasil a bandeira, o hino, as armas e o selo nacionais.

▶ Lei nº 5.700, de 1º-9-1971, dispõe sobre a forma e a apresentação dos Símbolos Nacionais.
▶ Dec. nº 98.068, de 18-8-1989, dispõe sobre o hasteamento da bandeira nacional nas repartições públicas federais e nos estabelecimentos de ensino.

§ 2º Os Estados, o Distrito Federal e os Municípios poderão ter símbolos próprios.

CAPÍTULO IV

DOS DIREITOS POLÍTICOS

▶ Art. 5º, LXXI, desta Constituição.

**Art. 14.** A soberania popular será exercida pelo sufrágio universal e pelo voto direto e secreto, com valor igual para todos, e, nos termos da lei, mediante:

▶ Lei nº 4.737, de 15-7-1965 (Código Eleitoral).
▶ Lei nº 9.709, de 18-11-1998, regulamenta a execução do disposto nos incisos I, II e III do artigo supratranscrito.

I – plebiscito;

▶ Arts. 18, §§ 3º e 4º, e 49, XV, desta Constituição.
▶ Art. 2º do ADCT.

II – referendo;

▶ Arts. 1º, II, 2º, § 2º, 3º, 6º, 8º e 10 a 12 da Lei nº 9.709, de 18-11-1998, que regulamenta a execução do disposto nos incisos I, II e III deste artigo.

III – iniciativa popular.

▶ Art. 61, § 2º, desta Constituição.
▶ Arts. 1º, III, 13 e 14 da Lei nº 9.709, de 18-11-1998, que regulamenta a execução do disposto nos incisos I, II e III deste artigo.
▶ Arts. 42 a 81 e 133 a 157 do CE.

§ 1º O alistamento eleitoral e o voto são:

I – obrigatórios para os maiores de dezoito anos;

▶ Lei nº 9.274, de 7-5-1996, dispõe sobre anistia relativamente às eleições de 3 de outubro e de 15 de novembro dos anos de 1992 e 1994.

II – facultativos para:

a) os analfabetos;
b) os maiores de setenta anos;
c) os maiores de dezesseis e menores de dezoito anos.

§ 2º Não podem alistar-se como eleitores os estrangeiros e, durante o período do serviço militar obrigatório, os conscritos.

§ 3º São condições de elegibilidade, na forma da lei:

I – a nacionalidade brasileira;
II – o pleno exercício dos direitos políticos;

▶ Art. 47, I, do CP.

III – o alistamento eleitoral;
IV – o domicílio eleitoral na circunscrição;
V – a filiação partidária;

▶ Lei nº 9.096, de 19-9-1995 (Lei dos Partidos Políticos).
▶ Res. do TSE nº 23.282, de 22-6-2010, disciplina a criação, organização, fusão, incorporação e extinção de partidos políticos.

VI – a idade mínima de:

a) trinta e cinco anos para Presidente e Vice-Presidente da República e Senador;
b) trinta anos para Governador e Vice-Governador de Estado e do Distrito Federal;
c) vinte e um anos para Deputado Federal, Deputado Estadual ou Distrital, Prefeito, Vice-Prefeito e juiz de paz;

▶ Dec.-lei nº 201, de 27-2-1967 (Lei de Responsabilidade dos Prefeitos e Vereadores).

*d)* dezoito anos para Vereador.
▶ Dec.-lei nº 201, de 27-2-1967 (Lei de Responsabilidade dos Prefeitos e Vereadores).

§ 4º São inelegíveis os inalistáveis e os analfabetos.

§ 5º O Presidente da República, os Governadores de Estado e do Distrito Federal, os Prefeitos e quem os houver sucedido ou substituído no curso dos mandatos poderão ser reeleitos para um único período subsequente.
▶ § 5º com a redação dada pela EC nº 16, de 4-6-1997.
▶ Súm. nº 8 do TSE.

§ 6º Para concorrerem a outros cargos, o Presidente da República, os Governadores de Estado e do Distrito Federal e os Prefeitos devem renunciar aos respectivos mandatos até seis meses antes do pleito.

§ 7º São inelegíveis, no território de jurisdição do titular, o cônjuge e os parentes consanguíneos ou afins, até o segundo grau ou por adoção, do Presidente da República, de Governador de Estado ou Território, do Distrito Federal, de Prefeito ou de quem os haja substituído dentro dos seis meses anteriores ao pleito, salvo se já titular de mandato eletivo e candidato à reeleição.
▶ Súm. Vinc. nº 18 do STF.
▶ Súmulas nºs 6 e 12 do TSE.

§ 8º O militar alistável é elegível, atendidas as seguintes condições:

I – se contar menos de dez anos de serviço, deverá afastar-se da atividade;
II – se contar mais de dez anos de serviço, será agregado pela autoridade superior e, se eleito, passará automaticamente, no ato da diplomação, para a inatividade.
▶ Art. 42, § 1º, desta Constituição.

§ 9º Lei complementar estabelecerá outros casos de inelegibilidade e os prazos de sua cessação, a fim de proteger a probidade administrativa, a moralidade para o exercício do mandato, considerada a vida pregressa do candidato, e a normalidade e legitimidade das eleições contra a influência do poder econômico ou o abuso do exercício de função, cargo ou emprego na administração direta ou indireta.
▶ § 9º com a redação dada pela ECR nº 4, de 7-6-1994.
▶ Art. 37, § 4º, desta Constituição.
▶ LC nº 64, de 18-5-1990 (Lei dos Casos de Inelegibilidade).
▶ Súm. nº 13 do TSE.

§ 10. O mandato eletivo poderá ser impugnado ante a Justiça Eleitoral no prazo de quinze dias contados da diplomação, instruída a ação com provas de abuso do poder econômico, corrupção ou fraude.

§ 11. A ação de impugnação de mandato tramitará em segredo de justiça, respondendo o autor, na forma da lei, se temerária ou de manifesta má-fé.

**Art. 15.** É vedada a cassação de direitos políticos, cuja perda ou suspensão só se dará nos casos de:
▶ Lei nº 9.096, de 19-9-1995 (Lei dos Partidos Políticos).

I – cancelamento da naturalização por sentença transitada em julgado;
II – incapacidade civil absoluta;
III – condenação criminal transitada em julgado, enquanto durarem seus efeitos;
▶ Art. 92, I e parágrafo único, do CP.

▶ Súm. nº 9 do TSE.

IV – recusa de cumprir obrigação a todos imposta ou prestação alternativa, nos termos do artigo 5º, VIII;
▶ Art. 143 desta Constituição.
▶ Lei nº 8.239, de 4-10-1991, dispõe sobre a prestação de serviço alternativo ao Serviço Militar Obrigatório.

V – improbidade administrativa, nos termos do artigo 37, § 4º.

**Art. 16.** A lei que alterar o processo eleitoral entrará em vigor na data de sua publicação, não se aplicando à eleição que ocorra até um ano da data de sua vigência.
▶ Artigo com a redação dada pela EC nº 4, de 14-9-1993.
▶ Lei nº 9.504, de 30-9-1997 (Lei das Eleições).

CAPÍTULO V

**DOS PARTIDOS POLÍTICOS**

**Art. 17.** É livre a criação, fusão, incorporação e extinção de partidos políticos, resguardados a soberania nacional, o regime democrático, o pluripartidarismo, os direitos fundamentais da pessoa humana e observados os seguintes preceitos:
▶ Lei nº 9.096, de 19-9-1995 (Lei dos Partidos Políticos).
▶ Lei nº 9.504, de 30-9-1997 (Lei das Eleições).
▶ Res. do TSE nº 23.282, de 22-6-2010, disciplina a criação, organização, fusão, incorporação e extinção de partidos políticos.

I – caráter nacional;
II – proibição de recebimento de recursos financeiros de entidade ou governo estrangeiros ou de subordinação a estes;
III – prestação de contas à Justiça Eleitoral;
▶ Lei nº 9.096, de 19-9-1995 (Lei dos Partidos Políticos).

IV – funcionamento parlamentar de acordo com a lei.

§ 1º É assegurada aos partidos políticos autonomia para definir sua estrutura interna, organização e funcionamento e para adotar os critérios de escolha e o regime de suas coligações eleitorais, sem obrigatoriedade de vinculação entre as candidaturas em âmbito nacional, estadual, distrital ou municipal, devendo seus estatutos estabelecer normas de disciplina e fidelidade partidária.
▶ § 1º com a redação dada pela EC nº 52, de 8-3-2006.
▶ O STF, por maioria de votos, julgou procedente a ADIN nº 3.685-8, para fixar que este parágrafo, com a redação dada pela EC nº 52, de 8-3-2006, não se aplica às eleições de 2006, remanescendo aplicável a tal eleição a redação original (*DOU* de 31-3-2006 e *DJU* de 10-8-2006).

§ 2º Os partidos políticos, após adquirirem personalidade jurídica, na forma da lei civil, registrarão seus estatutos no Tribunal Superior Eleitoral.

§ 3º Os partidos políticos têm direito a recursos do fundo partidário e acesso gratuito ao rádio e à televisão, na forma da lei.
▶ Art. 241 do CE.

§ 4º É vedada a utilização pelos partidos políticos de organização paramilitar.

# TÍTULO III – DA ORGANIZAÇÃO DO ESTADO

## Capítulo I
### DA ORGANIZAÇÃO POLÍTICO-ADMINISTRATIVA

**Art. 18.** A organização político-administrativa da República Federativa do Brasil compreende a União, os Estados, o Distrito Federal e os Municípios, todos autônomos, nos termos desta Constituição.

§ 1º Brasília é a Capital Federal.

§ 2º Os Territórios Federais integram a União, e sua criação, transformação em Estado ou reintegração ao Estado de origem serão reguladas em lei complementar.

§ 3º Os Estados podem incorporar-se entre si, subdividir-se ou desmembrar-se para se anexarem a outros, ou formarem novos Estados ou Territórios Federais, mediante aprovação da população diretamente interessada, através de plebiscito, e do Congresso Nacional, por lei complementar.

▶ Arts. 3º e 4º da Lei nº 9.709, de 18-11-1998, que dispõe sobre a convocação do plebiscito e o referendo nas questões de relevância nacional, de competência do Poder Legislativo ou do Poder Executivo.

§ 4º A criação, a incorporação, a fusão e o desmembramento de Municípios, far-se-ão por lei estadual, dentro do período determinado por lei complementar federal, e dependerão de consulta prévia, mediante plebiscito, às populações dos Municípios envolvidos, após divulgação dos Estudos de Viabilidade Municipal, apresentados e publicados na forma da lei.

▶ § 4º com a redação dada pela EC nº 15, de 12-9-1996.
▶ Art. 5º da Lei nº 9.709, de 18-11-1998, que dispõe sobre o plebiscito destinado à criação, à incorporação, à fusão e ao desmembramento de Municípios.
▶ Lei nº 10.521, de 18-7-2002, assegura a instalação de Municípios criados por lei estadual.

**Art. 19.** É vedado à União, aos Estados, ao Distrito Federal e aos Municípios:

I – estabelecer cultos religiosos ou igrejas, subvencioná-los, embaraçar-lhes o funcionamento ou manter com eles ou seus representantes relações de dependência ou aliança, ressalvada, na forma da lei, a colaboração de interesse público;

II – recusar fé aos documentos públicos;

III – criar distinções entre brasileiros ou preferências entre si.

▶ Art. 325 da CLT.

## Capítulo II
### DA UNIÃO

**Art. 20.** São bens da União:

▶ Art. 176, §§ 1º a 4º, desta Constituição.
▶ Art. 99 do CC.
▶ Dec.-lei nº 9.760, de 5-9-1946 (Lei dos Bens Imóveis da União).

I – os que atualmente lhe pertencem e os que lhe vierem a ser atribuídos;

▶ Súm. nº 650 do STF.

II – as terras devolutas indispensáveis à defesa das fronteiras, das fortificações e construções militares, das vias federais de comunicação e à preservação ambiental, definidas em lei;

▶ Lei nº 4.504, de 30-11-1964 (Estatuto da Terra).
▶ Lei nº 6.383, de 7-12-1976 (Lei das Ações Discriminatórias).
▶ Lei nº 6.431, de 11-7-1977, autoriza a doação de porções de terras devolutas a Municípios incluídos na região da Amazônia Legal, para os fins que especifica.
▶ Lei nº 6.634, de 2-5-1979, dispõe sobre a faixa de fronteira.
▶ Lei nº 6.938, de 31-8-1981 (Lei da Política Nacional do Meio Ambiente).
▶ Dec.-lei nº 227, de 28-2-1967 (Código de Mineração).
▶ Dec.-lei nº 1.135, de 3-12-1970, dispõe sobre a organização, a competência e o funcionamento do Conselho de Segurança Nacional.
▶ Dec.-lei nº 1.414, de 18-8-1975, dispõe sobre o processo de ratificação das concessões e alterações de terras devolutas na faixa de fronteiras.
▶ Súm. nº 477 do STF.

III – os lagos, rios e quaisquer correntes de água em terrenos de seu domínio, ou que banhem mais de um Estado, sirvam de limites com outros países, ou se estendam a território estrangeiro ou dele provenham, bem como os terrenos marginais e as praias fluviais;

▶ Dec. nº 1.265, de 11-10-1994, aprova a Política Marítima Nacional – PMN.

IV – as ilhas fluviais e lacustres nas zonas limítrofes com outros países; as praias marítimas; as ilhas oceânicas e as costeiras, excluídas, destas, as que contenham a sede de Municípios, exceto aquelas áreas afetadas ao serviço público e a unidade ambiental federal, e as referidas no art. 26, II;

▶ Inciso IV com a redação dada pela EC nº 46, de 5-5-2005.
▶ Dec. nº 1.265, de 11-10-1994, aprova a Política Marítima Nacional – PMN.

V – os recursos naturais da plataforma continental e da zona econômica exclusiva;

▶ Lei nº 8.617, de 4-1-1993, dispõe sobre o mar territorial, a zona contígua, a zona econômica exclusiva e a plataforma continental brasileiros.
▶ Dec. nº 1.265, de 11-10-1994, aprova a Política Marítima Nacional – PMN.

VI – o mar territorial;

▶ Lei nº 8.617, de 4-1-1993, dispõe sobre o mar territorial, a zona contígua, a zona econômica exclusiva e a plataforma continental brasileiros.
▶ Dec. nº 1.265, de 11-10-1994, aprova a Política Marítima Nacional – PMN.

VII – os terrenos de marinha e seus acrescidos;
VIII – os potenciais de energia hidráulica;
IX – os recursos minerais, inclusive os do subsolo;
X – as cavidades naturais subterrâneas e os sítios arqueológicos e pré-históricos;
XI – as terras tradicionalmente ocupadas pelos índios.

▶ Súm. nº 650 do STF.

§ 1º É assegurada, nos termos da lei, aos Estados, ao Distrito Federal e aos Municípios, bem como a órgãos da administração direta da União, participação no resultado da exploração de petróleo ou gás natural, de recursos hídricos para fins de geração de energia elétrica e de outros recursos minerais no respectivo território, plataforma continental, mar territorial ou zona econômica exclusiva, ou compensação financeira por essa exploração.

- Art. 177 desta Constituição.
- Lei nº 7.990, de 28-12-1989, institui, para os Estados, Distrito Federal e Municípios, compensação financeira pelo resultado da exploração de petróleo ou gás natural, de recursos hídricos para fins de geração de energia elétrica, de recursos minerais em seus respectivos territórios, plataforma continental, mar territorial ou zona econômica exclusiva.
- Lei nº 8.001, de 13-3-1990, define os percentuais da distribuição da compensação financeira instituída pela Lei nº 7.990, de 28-12-1989.
- Lei nº 9.427, de 26-12-1996, institui a Agência Nacional de Energia Elétrica (ANEEL), e disciplina o regime de concessões de serviços públicos de energia elétrica.
- Lei nº 9.478, de 6-8-1997, dispõe sobre a Política Energética Nacional, as atividades relativas a o monopólio do petróleo, institui o Conselho Nacional de Política Energética e a Agência Nacional de Petróleo – ANP.
- Lei nº 9.984, de 17-7-2000, dispõe sobre a Agência Nacional de Águas – ANA.
- Dec. nº 1, de 11-1-1991, regulamenta o pagamento da compensação financeira instituída pela Lei nº 7.990, de 28-12-1989.

§ 2º A faixa de até cento e cinquenta quilômetros de largura, ao longo das fronteiras terrestres, designada como faixa de fronteira, é considerada fundamental para defesa do território nacional, e sua ocupação e utilização serão reguladas em lei.

- Lei nº 6.634, de 2-5-1979, dispõe sobre a faixa de fronteira.
- Art. 10, § 3º, da Lei nº 11.284, de 2-3-2006 (Lei de Gestão de Florestas Públicas).
- Dec.-lei nº 1.135, de 3-12-1970, dispõe sobre a organização, a competência e o funcionamento do Conselho de Segurança Nacional.

**Art. 21.** Compete à União:

I – manter relações com Estados estrangeiros e participar de organizações internacionais;
II – declarar a guerra e celebrar a paz;
III – assegurar a defesa nacional;
IV – permitir, nos casos previstos em lei complementar, que forças estrangeiras transitem pelo território nacional ou nele permaneçam temporariamente;

- LC nº 90, de 1º-10-1997, regulamenta este inciso e determina os casos em que forças estrangeiras possam transitar pelo território nacional ou nele permanecer temporariamente.
- Dec. nº 97.464, de 20-1-1989, estabelece procedimentos para a entrada no Brasil e o sobrevoo de seu território por aeronaves civis estrangeiras, que não estejam em serviço aéreo internacional regular.

V – decretar o estado de sítio, o estado de defesa e a intervenção federal;
VI – autorizar e fiscalizar a produção e o comércio de material bélico;
VII – emitir moeda;
VIII – administrar as reservas cambiais do País e fiscalizar as operações de natureza financeira, especialmente as de crédito, câmbio e capitalização, bem como as de seguros e de previdência privada;

- LC nº 108, de 29-5-2001, dispõe sobre a relação entre União, os Estados o Distrito Federal e os Municípios, suas autarquias, fundações, sociedades de economia mista e outras entidades públicas e suas respectivas entidades fechadas de previdência complementar.
- LC nº 109, de 29-5-2001 (Lei do Regime de Previdência Complementar).
- Lei nº 4.595, de 31-12-1964 (Lei do Sistema Financeiro Nacional).
- Lei nº 4.728, de 14-7-1965 (Lei do Mercado de Capitais).
- Dec. nº 73, de 21-11-1966, regulamentado pelo Dec. nº 60.459, de 13-3-1967, dispõe sobre o sistema nacional de seguros privados e regula as operações de seguros e resseguros.

IX – elaborar e executar planos nacionais e regionais de ordenação do território e de desenvolvimento econômico e social;

- Lei nº 9.491, de 9-9-1997, altera procedimentos relativos ao programa nacional de desestatização.

X – manter o serviço postal e o correio aéreo nacional;

- Lei nº 6.538, de 22-6-1978, dispõe sobre os serviços postais.

XI – explorar, diretamente ou mediante autorização, concessão ou permissão, os serviços de telecomunicações, nos termos da lei, que disporá sobre a organização dos serviços, a criação de um órgão regulador e outros aspectos institucionais;

- Inciso XI com a redação dada pela EC nº 8, de 15-8-1995.
- Art. 246 desta Constituição.
- Lei nº 8.987, de 13-2-1995 (Lei da Concessão e Permissão da Prestação de Serviços Públicos).
- Lei nº 9.295, de 19-7-1996, dispõe sobre serviços de telecomunicações, organizações e órgão regulador.
- Lei nº 9.472, de 16-7-1997, dispõe sobre a organização dos serviços de telecomunicações, a criação e funcionamento de um Órgão Regulador e outros aspectos institucionais.
- Lei nº 10.052, de 28-11-2000, institui o Fundo para o Desenvolvimento Tecnológico das Telecomunicações – FUNTTEL.
- Dec. nº 3.896, de 23-8-2001, dispõe sobre a regência dos serviços de telecomunicações.

XII – explorar, diretamente ou mediante autorização, concessão ou permissão:

- Lei nº 4.117, de 24-8-1962 (Código Brasileiro de Telecomunicações).
- Dec. nº 2.196, de 8-4-1997, aprova o Regulamento de Serviços Especiais.
- Dec. nº 2.197, de 8-4-1997, aprova o Regulamento de Serviços Limitados.
- Dec. nº 2.198, de 8-4-1997, aprova o Regulamento de Serviços Público-Restritos.

a) os serviços de radiodifusão sonora e de sons e imagens;

- Alínea *a* com a redação dada pela EC nº 8, de 15-8-1995.
- Art. 246 desta Constituição.
- Lei nº 9.472, de 16-7-1997, dispõe sobre a organização dos serviços de telecomunicações, a criação e funcio-

namento de um Órgão Regulador e outros aspectos institucionais.

▶ Lei nº 10.052, de 28-11-2000, institui o Fundo para o Desenvolvimento Tecnológico das Telecomunicações – FUNTTEL.

b) os serviços e instalações de energia elétrica e o aproveitamento energético dos cursos de água, em articulação com os Estados onde se situam os potenciais hidroenergéticos;

▶ Lei nº 9.427, de 26-12-1996, institui a Agência Nacional de Energia Elétrica – ANEEL e disciplina o regime de concessão de serviços públicos de energia elétrica.

▶ Lei nº 9.648, de 27-5-1998, regulamentada pelo Dec. nº 2.655, de 2-7-1998, autoriza o Poder Executivo a promover a reestruturação da Centrais Elétricas Brasileiras – ELETROBRÁS e de suas subsidiárias.

▶ Lei nº 12.111, de 9-12-2009, dispõe sobre os serviços de energia elétrica nos Sistemas Isolados.

c) a navegação aérea, aeroespacial e a infraestrutura aeroportuária;

▶ Lei nº 7.565, de 19-12-1986 (Código Brasileiro de Aeronáutica).

▶ Lei nº 8.630, de 25-2-1993, dispõe sobre o Regime Jurídico da Exploração dos Portos Organizados e das Instalações Portuárias, regulamentado pelos Decretos nºs 1.886, de 29-4-1996, e 4.391, de 26-9-2002.

▶ Lei nº 9.994, de 24-7-2000, institui o Programa de Desenvolvimento Científico e Tecnológico do Setor Espacial.

d) os serviços de transporte ferroviário e aquaviário entre portos brasileiros e fronteiras nacionais, ou que transponham os limites de Estado ou Território;

▶ Lei nº 9.277, de 10-5-1996, autoriza a União a delegar aos Municípios, Estados da Federação e ao Distrito Federal a Administração e Exploração de Rodovias e Portos Federais.

e) os serviços de transporte rodoviário interestadual e internacional de passageiros;

f) os portos marítimos, fluviais e lacustres;

▶ Lei nº 10.233, de 5-6-2001, dispõe sobre a reestruturação dos transportes aquaviário e terrestre, cria o Conselho Nacional de Integração de Políticas de Transporte, a Agência Nacional de Transportes Terrestres, a Agência Nacional de Transportes Aquaviários e o Departamento Nacional de Infraestrutura de Transportes.

▶ Dec. nº 1.265, de 11-10-1994, aprova a Política Marítima Nacional – PMN.

XIII – organizar e manter o Poder Judiciário, o Ministério Público e a Defensoria Pública do Distrito Federal e dos Territórios;

XIV – organizar e manter a polícia civil, a polícia militar e o corpo de bombeiros militar do Distrito Federal, bem como prestar assistência financeira ao Distrito Federal para a execução de serviços públicos, por meio de fundo próprio;

▶ Inciso XIV com a redação dada pela EC nº 19, de 4-6-1998.

▶ Art. 25 da EC nº 19, de 4-6-1998 (Reforma Administrativa).

▶ Lei nº 10.633, de 27-12-2002, institui o Fundo Constitucional do Distrito Federal – FCDF, para atender ao disposto neste inciso.

▶ Dec. nº 3.169, de 14-9-1999, institui Comissão de Estudo para criação do fundo de que trata este inciso.

▶ Súm. nº 647 do STF.

XV – organizar e manter os serviços oficiais de estatística, geografia, geologia e cartografia de âmbito nacional;

▶ Art. 71, § 3º, da Lei nº 11.355, de 19-10-2006, que dispõe sobre plano de carreiras e cargos do Instituto Brasileiro de Geografia e Estatística – IBGE.

▶ Dec. nº 243, de 28-2-1967, fixa as diretrizes e bases da Cartografia Brasileira.

XVI – exercer a classificação, para efeito indicativo, de diversões públicas e de programas de rádio e televisão;

▶ Art. 23 do ADCT.

XVII – conceder anistia;

XVIII – planejar e promover a defesa permanente contra as calamidades públicas, especialmente as secas e as inundações;

XIX – instituir sistema nacional de gerenciamento de recursos hídricos e definir critérios de outorga de direitos de seu uso;

▶ Lei nº 9.433, de 8-1-1997, institui a Política Nacional de Recursos Hídricos, cria o Sistema Nacional de Gerenciamento de Recursos Hídricos e regulamenta o inciso acima transcrito.

XX – instituir diretrizes para o desenvolvimento urbano, inclusive habitação, saneamento básico e transportes urbanos;

▶ Lei nº 5.318, de 26-9-1967, institui a Política Nacional de Saneamento e cria o Conselho Nacional de Saneamento.

▶ Lei nº 7.196, de 13-6-1984, institui o Plano Nacional de Moradia – PLAMO.

▶ Lei nº 10.188, de 12-2-2001, cria o Programa de Arrendamento Residencial e institui o arrendamento residencial com opção de compra.

▶ Lei nº 10.233, de 5-6-2001, dispõe sobre a reestruturação dos transportes aquaviário e terrestre, cria o Conselho Nacional de Integração de Políticas de Transporte, a Agência Nacional de Transportes Terrestres, a Agência Nacional de Transportes Aquaviários e o Departamento Nacional de Infraestrutura de Transportes.

▶ Lei nº 11.445, de 5-1-2007, estabelece diretrizes nacionais para o saneamento básico, regulamentada pelo Dec. nº 7.217, de 21-6-2010.

XXI – estabelecer princípios e diretrizes para o sistema nacional de viação;

▶ Lei nº 10.233, de 5-6-2001, dispõe sobre a reestruturação dos transportes aquaviário e terrestre, cria o Conselho Nacional de Integração de Políticas de Transporte, a Agência Nacional de Transportes Terrestres, a Agência Nacional de Transportes Aquaviários e o Departamento Nacional de Infraestrutura de Transportes.

XXII – executar os serviços de polícia marítima, aeroportuária e de fronteiras;

▶ Inciso XXII com a redação dada pela EC nº 19, de 4-6-1998.

XXIII – explorar os serviços e instalações nucleares de qualquer natureza e exercer monopólio estatal sobre a pesquisa, a lavra, o enriquecimento e reprocessamento, a industrialização e o comércio de minérios nucleares e seus derivados, atendidos os seguintes princípios e condições:

▶ Lei nº 10.308, de 20-11-2001, estabelece normas para o destino final dos rejeitos radioativos produzidos em

território nacional, incluídos a seleção de locais, a construção, o licenciamento, a operação, a fiscalização, os custos, a indenização e a responsabilidade civil.
▶ Dec.-lei nº 1.982, de 28-12-1982, dispõe sobre o exercício das atividades nucleares incluídas no monopólio da União e o controle do desenvolvimento de pesquisas no campo da energia nuclear.

a) toda atividade nuclear em Território Nacional somente será admitida para fins pacíficos e mediante aprovação do Congresso Nacional;
▶ Dec.-lei nº 1.809, de 7-10-1980, regulamentado pelo Dec. nº 2.210, de 22-4-1997, instituiu o Sistema de Proteção ao Programa Nuclear Brasileiro – SIPRON.

b) sob regime de permissão, são autorizadas a comercialização e a utilização de radioisótopos para a pesquisa e usos médicos, agrícolas e industriais;
c) sob regime de permissão, são autorizadas a produção, comercialização e utilização de radioisótopos de meia-vida igual ou inferior a duas horas;
▶ Alíneas b e c com a redação dada pela EC nº 49, de 8-2-2006.
▶ Lei nº 10.308, de 20-11-2001, dispõe sobre a seleção de locais, a construção, o licenciamento, a operação, a fiscalização, os custos, a indenização, a responsabilidade civil e as garantias referentes aos depósitos de rejeitos radioativos.

d) a responsabilidade civil por danos nucleares independe da existência de culpa;
▶ Alínea d acrescida pela EC nº 49, de 8-2-2006.
▶ Lei nº 6.453, de 17-10-1977, dispõe sobre a responsabilidade civil por danos nucleares e responsabilidade criminal por atos relacionados às atividades nucleares.
▶ Lei nº 9.425, de 24-12-1996, dispõe sobre a concessão de pensão especial às vítimas do acidente nuclear ocorrido em Goiânia, Goiás.
▶ Lei nº 10.308, de 20-11-2001, estabelece normas para o destino final dos rejeitos radioativos produzidos e território nacional, incluídos a seleção de locais, a construção, o licenciamento, a operação, a fiscalização, os custos, a indenização, a responsabilidade civil.

XXIV – organizar, manter e executar a inspeção do trabalho;
▶ Art. 174 desta Constituição.

XXV – estabelecer as áreas e as condições para o exercício da atividade de garimpagem, em forma associativa.
▶ Lei nº 7.805, de 18-7-1989, regulamentada pelo Dec. nº 98.812, de 9-1-1990, disciplina o regime de permissão de lavra garimpeira.

**Art. 22.** Compete privativamente à União legislar sobre:

I – direito civil, comercial, penal, processual, eleitoral, agrário, marítimo, aeronáutico, espacial e do trabalho;
▶ Lei nº 556, de 25-6-1850 (Código Comercial).
▶ Lei nº 4.504, de 30-11-1964 (Estatuto da Terra).
▶ Lei nº 4.737, de 15-7-1965 (Código Eleitoral).
▶ Lei nº 4.947, de 6-4-1966, fixa normas de direito agrário, dispõe sobre o sistema de organização e funcionamento do Instituto Brasileiro de Reforma Agrária – IBRA.
▶ Lei nº 5.869, de 11-1-1973 (Código de Processo Civil).
▶ Lei nº 7.565, de 19-12-1986 (Código Brasileiro de Aeronáutica).
▶ Lei nº 10.406, de 10-1-2002 (Código Civil).
▶ Dec.-lei nº 2.848, de 7-12-1940 (Código Penal).
▶ Dec.-lei nº 3.689, de 3-10-1941 (Código de Processo Penal).
▶ Dec.-lei nº 5.452, de 1-5-1943 (Consolidação das Leis do Trabalho).
▶ Dec.-lei nº 1.001, de 21-10-1969 (Código Penal Militar).
▶ Dec.-lei nº 1.002, de 21-10-1969 (Código de Processo Penal Militar).
▶ Dec. nº 1.265, de 11-10-1994, aprova a Política Marítima Nacional – PMN.
▶ Súm. nº 722 do STF.

II – desapropriação;
▶ Arts. 184 e 185, I e II, desta Constituição.
▶ Arts. 1.228, § 3º, e 1.275, V, do CC.
▶ LC nº 76, de 6-7-1993 (Lei de Desapropriação de Imóvel Rural para fins de Reforma Agrária).
▶ Leis nº 4.132, de 10-9-1962, 8.257, de 26-11-1991, e 8.629, de 25-2-1993, dispõem sobre desapropriação por interesse social.
▶ Dec.-lei nº 3.365, de 21-6-1941 (Lei das Desapropriações).
▶ Dec.-lei nº 1.075, de 22-1-1970 (Lei da Imissão de Posse).

III – requisições civis e militares, em caso de iminente perigo e em tempo de guerra;
IV – águas, energia, informática, telecomunicações e radiodifusão;
▶ Lei nº 4.117, de 24-8-1962 (Código Brasileiro de Telecomunicações).
▶ Lei nº 9.295, de 19-7-1996, dispõe sobre os serviços de telecomunicações e sua organização e sobre o órgão regulador.
▶ Lei nº 9.472, de 16-7-1997, dispõe sobre a organização dos serviços de telecomunicações, a criação e funcionamento de um Órgão Regulador e outros aspectos institucionais.
▶ Lei nº 9.984, de 17-7-2000, dispõe sobre a criação da Agência Nacional de Águas – ANA.
▶ Dec. nº 2.196, de 8-4-1997, aprova o Regulamento de Serviços Especiais.
▶ Dec. nº 2.197, de 8-4-1997, aprova o Regulamento de Serviços Limitados.
▶ Dec. nº 2.198, de 8-4-1997, aprova o regulamento de Serviços Público-Restritos.

V – serviço postal;
▶ Lei nº 6.538, de 22-6-1978, dispõe sobre serviços postais.

VI – sistema monetário e de medidas, títulos e garantias dos metais;
▶ Leis nº 9.069, de 26-9-1995, e 10.192, de 14-2-2001, dispõem sobre o Plano Real.

VII – política de crédito, câmbio, seguros e transferência de valores;
VIII – comércio exterior e interestadual;
IX – diretrizes da política nacional de transportes;
▶ Decretos nºs 4.122, de 13-2-2002, e 4.130, de 13-2-2002, dispõem sobre o Conselho Nacional de Integração de Políticas de Transportes.

X – regime dos portos, navegação lacustre, fluvial, marítima, aérea e aeroespacial;
▶ Lei nº 8.630, de 25-2-1993, dispõe sobre o Regime Jurídico da Exploração dos Portos Organizados e das Instalações Portuárias, regulamentada pelos Decretos nº 1.886, de 29-4-1996, e 4.391, de 26-9-2002.

## Constituição Federal – Art. 23

▶ Lei nº 9.277, de 10-5-1996, autoriza a União a delegar aos Municípios, Estados da Federação e ao Distrito Federal a Administração e Exploração de Rodovias e Portos Federais.

▶ Lei nº 9.994, de 24-7-2000, institui o Programa de Desenvolvimento Científico e Tecnológico do Setor Espacial.

XI – trânsito e transporte;

▶ Lei nº 9.503, de 23-9-1997 (Código de Trânsito Brasileiro).

XII – jazidas, minas, outros recursos minerais e metalurgia;

▶ Dec.-lei nº 227, de 28-2-1967 (Código de Mineração).

XIII – nacionalidade, cidadania e naturalização;

▶ Lei nº 6.815, de 19-8-1980 (Estatuto do Estrangeiro).
▶ Dec. nº 86.715, de 10-12-1981, cria o Conselho Nacional de Imigração.

XIV – populações indígenas;

▶ Art. 231 desta Constituição.
▶ Lei nº 6.001, de 19-12-1973 (Estatuto do Índio).

XV – emigração e imigração, entrada, extradição e expulsão de estrangeiros;

▶ Lei nº 6.815, de 19-8-1980 (Estatuto do Estrangeiro).
▶ Dec. nº 840, de 22-6-1993, dispõe sobre a organização e o funcionamento do Conselho Nacional de Imigração.

XVI – organização do sistema nacional de emprego e condições para o exercício de profissões;

XVII – organização judiciária, do Ministério Público e da Defensoria Pública do Distrito Federal e dos Territórios, bem como organização administrativa destes;

▶ LC nº 75, de 20-5-1993 (Lei Orgânica do Ministério Público da União).
▶ LC nº 80, de 12-1-1994 (Lei da Defensoria Pública).

XVIII – sistema estatístico, sistema cartográfico e de geologia nacionais;

▶ Art. 71, § 3º, da Lei nº 11.355, de 19-10-2006, que dispõe sobre plano de carreiras e cargos do Instituto Brasileiro de Geografia e Estatística – IBGE.

XIX – sistemas de poupança, captação e garantia da poupança popular;

▶ Leis nºs 8.177, de 1º-3-1991, 9.069, de 29-6-1995, e 10.192, de 14-2-2001, dispõem sobre regras para a remuneração das cadernetas de poupança.
▶ Dec.-lei nº 70, de 21-11-1966 (Lei de Execução de Cédula Hipotecária).

XX – sistemas de consórcios e sorteios;

▶ Lei nº 5.768, de 20-12-1971, regulamentada pelo Dec. nº 70.951, de 9-8-1972, dispõe sobre a distribuição gratuita de prêmios, mediante sorteio, vale-brinde ou concurso, a título de propaganda, e estabelece normas de proteção à poupança popular.
▶ Súm. Vinc. nº 2 do STF.

XXI – normas gerais de organização, efetivos, material bélico, garantias, convocação e mobilização das Polícias Militares e Corpos de Bombeiros Militares;

XXII – competência da Polícia Federal e das Polícias Rodoviária e Ferroviária Federais;

▶ Lei nº 9.654, de 2-6-1998, cria a carreira de Policial Rodoviário Federal.

XXIII – seguridade social;

▶ Lei nº 8.212, de 24-7-1991 (Lei Orgânica da Seguridade Social).

XXIV – diretrizes e bases da educação nacional;

▶ Lei nº 9.394, de 20-12-1996 (Lei das Diretrizes e Bases da Educação Nacional).

XXV – registros públicos;

▶ Lei nº 6.015, de 31-12-1973 (Lei dos Registros Públicos).

XXVI – atividades nucleares de qualquer natureza;

▶ Lei nº 10.308, de 20-11-2001, dispõe sobre a seleção de locais, a construção, o licenciamento, a operação, a fiscalização, os custos, a indenização, a responsabilidade civil e as garantias referentes aos depósitos de rejeitos radioativos.

XXVII – normas gerais de licitação e contratação, em todas as modalidades, para as administrações públicas diretas, autárquicas e fundacionais da União, Estados, Distrito Federal e Municípios, obedecido o disposto no artigo 37, XXI, e para as empresas públicas e sociedades de economia mista, nos termos do artigo 173, § 1º, III;

▶ Inciso XXVII com a redação dada pela EC nº 19, de 4-6-1998.
▶ Art. 37, XXI, desta Constituição.
▶ Lei nº 8.666, de 21-6-1993 (Lei de Licitações).
▶ Lei nº 10.520, de 17-7-2002 (Lei do Pregão), regulamentada pelo Dec. nº 3.555, de 8-8-2000.

XXVIII – defesa territorial, defesa aeroespacial, defesa marítima, defesa civil e mobilização nacional;

▶ Lei nº 12.340, de 1º-12-2010, dispõe sobre o Sistema Nacional de Defesa Civil – SINDEC, sobre as transferências de recursos para ações de socorro, assistência às vítimas, restabelecimento de serviços essenciais e reconstrução nas áreas atingidas por desastre, e sobre o Fundo Especial para Calamidades Públicas.
▶ Dec. nº 5.376, de 17-2-2005, dispõe sobre o Sistema Nacional de Defesa Civil – SINDEC e o Conselho Nacional de Defesa Civil.
▶ Dec. nº 7.294, de 6-9-2010, dispõe sobre a Política de Mobilização Nacional.

XXIX – propaganda comercial.

▶ Lei nº 8.078, de 11-9-1990 (Código de Defesa do Consumidor).

Parágrafo único. Lei complementar poderá autorizar os Estados a legislar sobre questões específicas das matérias relacionadas neste artigo.

▶ LC nº 103, de 14-7-2000, autoriza os Estados e o Distrito Federal a instituir o piso salarial a que se refere o inciso V do art. 7º desta Constituição.

**Art. 23.** É competência comum da União, dos Estados, do Distrito Federal e dos Municípios:

I – zelar pela guarda da Constituição, das leis e das instituições democráticas e conservar o patrimônio público;

II – cuidar da saúde e assistência pública, da proteção e garantia das pessoas portadoras de deficiência;

▶ Art. 203, V, desta Constituição.
▶ Lei nº 10.436, de 24-4-2002, dispõe sobre a Língua Brasileira de Sinais – LIBRAS.
▶ Lei nº 12.319, de 1º-9-2010, regulamenta a profissão de Tradutor e Intérprete da Língua Brasileira de Sinais – LIBRAS.

► Dec. nº 3.956, de 8-10-2001, promulga a Convenção Interamericana para eliminação de todas as Formas de Discriminação contra as Pessoas Portadoras de Deficiência.
► Dec. nº 3.964, de 10-10-2001, dispõe sobre o Fundo Nacional de Saúde.

III – proteger os documentos, as obras e outros bens de valor histórico, artístico e cultural, os monumentos, as paisagens naturais notáveis e os sítios arqueológicos;

► LC nº 140, de 8-12-2011, fixa normas, nos termos deste inciso, para a cooperação entre a União, os Estados, o Distrito Federal e os Municípios nas ações administrativas decorrentes do exercício da competência comum relativas à proteção das paisagens naturais notáveis, à proteção do meio ambiente, ao combate à poluição em qualquer de suas formas e à preservação das florestas, da fauna e da flora.
► Dec.-lei nº 25, de 30-11-1937, organiza a Proteção do Patrimônio Histórico e Artístico Nacional.

IV – impedir a evasão, a destruição e a descaracterização de obras de arte e de outros bens de valor histórico, artístico ou cultural;
V – proporcionar os meios de acesso à cultura, à educação e à ciência;
VI – proteger o meio ambiente e combater a poluição em qualquer de suas formas;

► LC nº 140, de 8-12-2011, fixa normas, nos termos deste inciso, para a cooperação entre a União, os Estados, o Distrito Federal e os Municípios nas ações administrativas decorrentes do exercício da competência comum relativas à proteção das paisagens naturais notáveis, à proteção do meio ambiente, ao combate à poluição em qualquer de suas formas e à preservação das florestas, da fauna e da flora.
► Lei nº 6.938, de 31-8-1981 (Lei da Política Nacional do Meio Ambiente).
► Lei nº 9.605, de 12-2-1998 (Lei dos Crimes Ambientais).
► Lei nº 9.966, de 28-4-2000, dispõe sobre a prevenção, o controle e a fiscalização da poluição causada por lançamento de óleo e outras substâncias nocivas ou perigosas em águas sob jurisdição nacional.
► Lei nº 11.284, de 2-3-2006 (Lei de Gestão de Florestas Públicas).
► Lei nº 12.305, de 2-8-2010 (Lei da Política Nacional de Resíduos Sólidos).
► Dec. nº 4.297, de 10-7-2002, regulamenta o inciso II do art. 9º da Lei nº 6.938, de 31-8-1981 (Lei da Política Nacional do Meio Ambiente), estabelecendo critério para o Zoneamento Ecológico-Econômico do Brasil – ZEE.
► Dec. nº 6.514, de 22-7-2008, dispõe sobre as infrações e sanções administrativas ao meio ambiente e estabelece o processo administrativo federal para apuração destas infrações.

VII – preservar as florestas, a fauna e a flora;

► LC nº 140, de 8-12-2011, fixa normas, nos termos deste inciso, para a cooperação entre a União, os Estados, o Distrito Federal e os Municípios nas ações administrativas decorrentes do exercício da competência comum relativas à proteção das paisagens naturais notáveis, à proteção do meio ambiente, ao combate à poluição em qualquer de suas formas e à preservação das florestas, da fauna e da flora.
► Lei nº 4.771, de 15-9-1965 (Código Florestal).
► Lei nº 5.197, de 3-1-1967 (Lei de Proteção à Fauna).
► Lei nº 11.284, de 2-3-2006 (Lei de Gestão de Florestas Públicas).
► Dec.-lei nº 221, de 28-2-1967 (Lei de Proteção e Estímulos à Pesca).

► Dec. nº 3.420, de 20-4-2000, cria o Programa Nacional de Florestas.

VIII – fomentar a produção agropecuária e organizar o abastecimento alimentar;

► Lei nº 10.836, de 9-1-2004, cria o programa "Bolsa-Família", que tem por finalidade a unificação do procedimentos da gestão e execução das ações de transferência de renda do Governo Federal, incluindo o "Bolsa-Alimentação".
► MP nº 2.206-1, de 6-9-2001, que até o encerramento desta edição não havia sido convertida em Lei, cria o programa Nacional de Renda Mínima vinculado a saúde: "bolsa-alimentação", regulamentada pelo Dec. nº 3.934, de 30-9-2001.

IX – promover programas de construção de moradias e a melhoria das condições habitacionais e de saneamento básico;

► Lei nº 10.188, de 12-2-2001, cria o Programa de Arrendamento Residencial e institui o arrendamento residencial com opção de compra.
► Lei nº 11.445, de 5-1-2007, estabelece diretrizes nacionais para o saneamento básico, regulamentada pelo Dec. nº 7.217, de 21-6-2010.

X – combater as causas da pobreza e os fatores de marginalização, promovendo a integração social dos setores desfavorecidos;

► EC nº 31, de 14-12-2000, altera o ADCT, introduzindo artigos que criam o Fundo de Combate e Erradicação da Pobreza.
► LC nº 111, de 6-7-2001, dispõe sobre o Fundo de Combate e Erradicação da Pobreza, na forma prevista nos arts. 19, 80 e 81 do ADCT.

XI – registrar, acompanhar e fiscalizar as concessões de direitos de pesquisa e exploração de recursos hídricos e minerais em seus territórios;

► Lei nº 9.433, de 8-1-1997, institui a Política Nacional de Recursos Hídricos, e cria o Sistema Nacional de Gerenciamento de Recursos Hídricos.

XII – estabelecer e implantar política de educação para a segurança do trânsito.

Parágrafo único. Leis complementares fixarão normas para a cooperação entre a União e os Estados, o Distrito Federal e os Municípios, tendo em vista o equilíbrio do desenvolvimento e do bem-estar em âmbito nacional.

► Parágrafo único com a redação dada pela EC nº 53, de 19-12-2006.
► LC nº 140, de 8-12-2011, fixa normas, nos termos deste parágrafo único, para a cooperação entre a União, os Estados, o Distrito Federal e os Municípios nas ações administrativas decorrentes do exercício da competência comum relativas à proteção das paisagens naturais notáveis, à proteção do meio ambiente, ao combate à poluição em qualquer de suas formas e à preservação das florestas, da fauna e da flora.

**Art. 24.** Compete à União, aos Estados e ao Distrito Federal legislar concorrentemente sobre:

I – direito tributário, financeiro, penitenciário, econômico e urbanístico;

► Lei nº 4.320, de 17-3-1964, estatui normas gerais de direito financeiro para elaboração e controle dos orçamentos e balanços da União, dos Estados, dos Municípios e do Distrito Federal.
► Lei nº 5.172, de 25-10-1966 (Código Tributário Nacional).
► Lei nº 7.210, de 11-7-1984 (Lei de Execução Penal).

Constituição Federal – Art. 25

II – orçamento;

III – juntas comerciais;

► Lei nº 8.934, de 18-11-1994 (Lei do Registro Público de Empresas Mercantis), regulamentada pelo Dec. nº 1.800, de 30-1-1996.

IV – custas dos serviços forenses;

► Lei nº 9.289, de 4-7-1996 (Regimento de Custas da Justiça Federal).
► Súm. nº 178 do STJ.

V – produção e consumo;

VI – florestas, caça, pesca, fauna, conservação da natureza, defesa do solo e dos recursos naturais, proteção do meio ambiente e controle da poluição;

► Lei nº 4.771, de 15-9-1965 (Código Florestal).
► Lei nº 5.197, de 3-1-1967 (Lei de Proteção à Fauna).
► Lei nº 9.605, de 12-2-1998 (Lei dos Crimes Ambientais).
► Lei nº 9.795, de 27-4-1999, dispõe sobre a educação ambiental e institui a Política Nacional de Educação Ambiental.
► Lei nº 9.966, de 24-4-2000, dispõe sobre a prevenção, o controle e a fiscalização da poluição causada por lançamentos de óleo e outras substâncias nocivas ou perigosas em águas sob jurisdição nacional.
► Dec.-lei nº 221, de 28-2-1967 (Lei de Proteção e Estímulos à Pesca).
► Dec. nº 3.420, de 20-4-2000, cria o Programa Nacional de Florestas.
► Dec. nº 6.514, de 22-7-2008, dispõe sobre as infrações e sanções administrativas ao meio ambiente e estabelece o processo administrativo federal para apuração destas infrações.

VII – proteção ao patrimônio histórico, cultural, artístico, turístico e paisagístico;

► Lei nº 4.771, de 15-9-1965 (Código Florestal).
► Lei nº 5.197, de 3-1-1967 (Lei de Proteção à Fauna).
► Dec.-lei nº 221, de 28-2-1967 (Lei de Proteção e Estímulos à Pesca).

VIII – responsabilidade por dano ao meio ambiente, ao consumidor, a bens e direitos de valor artístico, estético, histórico, turístico e paisagístico;

► Arts. 6º, VII, b, e 37, II, da LC nº 75, de 20-5-1993 (Lei Orgânica do Ministério Público da União).
► Lei nº 7.347, de 24-7-1985 (Lei da Ação Civil Pública).
► Art. 25, VI, a, da Lei nº 8.625, de 12-2-1993 (Lei Orgânica Nacional do Ministério Público).
► Lei nº 9.605, de 12-2-1998 (Lei de Crimes Ambientais).
► Dec. nº 1.306, de 9-11-1994, regulamenta o Fundo de Defesa de Direitos Difusos, e seu conselho gestor.
► Dec nº 2.181, de 20-3-1997, dispõe sobre a organização do Sistema Nacional de Defesa do Consumidor – SNDC, e estabelece as normas gerais de aplicação das sanções administrativas previstas no CDC.
► Dec. nº 6.514, de 22-7-2008, dispõe sobre as infrações e sanções administrativas ao meio ambiente, estabelece o processo administrativo federal para apuração destas infrações.

IX – educação, cultura, ensino e desporto;

► Lei nº 9.394, de 20-12-1996 (Lei das Diretrizes e Bases da Educação Nacional).
► Lei nº 9.615, de 24-3-1998, institui normas gerais sobre desporto.

X – criação, funcionamento e processo do juizado de pequenas causas;

► Art. 98, I, desta Constituição.

► Lei nº 9.099, de 26-9-1995 (Lei dos Juizados Especiais).
► Lei nº 10.259, de 12-7-2001 (Lei dos Juizados Especiais Federais).

XI – procedimentos em matéria processual;

► Art. 98, I, desta Constituição.
► Lei nº 9.099, de 26-9-1995 (Lei dos Juizados Especiais).
► Lei nº 10.259, de 12-7-2001 (Lei dos Juizados Especiais Federais).

XII – previdência social, proteção e defesa da saúde;

► Lei nº 8.080, de 19-9-1990, dispõe sobre as condições para a promoção, proteção e recuperação da saúde e a organização e o funcionamento dos serviços correspondentes.
► Lei nº 8.213, de 24-7-1991 (Lei dos Planos de Benefícios da Previdência Social).
► Lei nº 9.273, de 3-5-1996, torna obrigatória a inclusão de dispositivo de segurança que impeça a reutilização das seringas descartáveis.
► Dec. nº 3.048, de 6-5-1999 (Regulamento da Previdência Social).

XIII – assistência jurídica e defensoria pública;

► LC nº 80, de 12-1-1994 (Lei da Defensoria Pública).
► Lei nº 1.060, de 5-2-1950 (Lei de Assistência Judiciária).

XIV – proteção e integração social das pessoas portadoras de deficiência;

► Art. 203, V, desta Constituição.
► Lei nº 7.853, de 24-10-1989 (Lei de Apoio às Pessoas Portadoras de Deficiência), regulamentada pelo Dec. nº 3.298, de 20-12-1999.
► Dec. nº 6.949, de 25-8-2009, promulga a Convenção Internacional sobre os Direitos das Pessoas com Deficiência.

XV – proteção à infância e à juventude;

► Lei nº 8.069, de 13-7-1990 (Estatuto da Criança e do Adolescente).
► Lei nº 10.515, de 11-7-2002, que institui o 12 de agosto como Dia Nacional da Juventude.

XVI – organização, garantias, direitos e deveres das polícias civis.

§ 1º No âmbito da legislação concorrente, a competência da União limitar-se-á a estabelecer normas gerais.

§ 2º A competência da União para legislar sobre normas gerais não exclui a competência suplementar dos Estados.

§ 3º Inexistindo lei federal sobre normas gerais, os Estados exercerão a competência legislativa plena, para atender a suas peculiaridades.

§ 4º A superveniência de lei federal sobre normas gerais suspende a eficácia da lei estadual, no que lhe for contrário.

CAPÍTULO III

DOS ESTADOS FEDERADOS

**Art. 25.** Os Estados organizam-se e regem-se pelas Constituições e leis que adotarem, observados os princípios desta Constituição.

► Súm. nº 681 do STF.

§ 1º São reservadas aos Estados as competências que não lhes sejam vedadas por esta Constituição.

► Art. 19 desta Constituição.

§ 2º Cabe aos Estados explorar diretamente, ou mediante concessão, os serviços locais de gás canalizado, na forma da lei, vedada a edição de medida provisória para a sua regulamentação.

▶ § 2º com a redação dada pela EC nº 5, de 15-8-1995.
▶ Art. 246 desta Constituição.
▶ Lei nº 9.478, de 6-8-1997, dispõe sobre a Política Nacional, as atividades relativas ao monopólio do petróleo, institui o Conselho Nacional de Política Energética e a Agência Nacional do Petróleo – ANP.

§ 3º Os Estados poderão, mediante lei complementar, instituir regiões metropolitanas, aglomerações urbanas e microrregiões, constituídas por agrupamentos de municípios limítrofes, para integrar a organização, o planejamento e a execução de funções públicas de interesse comum.

**Art. 26.** Incluem-se entre os bens dos Estados:

I – as águas superficiais ou subterrâneas, fluentes, emergentes e em depósito, ressalvadas, neste caso, na forma da lei, as decorrentes de obras da União;

▶ Lei nº 9.984, de 17-7-2000, dispõe sobre a criação da Agência Nacional de Águas – ANA.
▶ Art. 29 do Dec. nº 24.643, de 10-7-1934 (Código de Águas).

II – as áreas, nas ilhas oceânicas e costeiras, que estiverem no seu domínio, excluídas aquelas sob domínio da União, Municípios ou terceiros;

▶ Art. 20, IV, desta Constituição.

III – as ilhas fluviais e lacustres não pertencentes à União;
IV – as terras devolutas não compreendidas entre as da União.

**Art. 27.** O número de Deputados à Assembleia Legislativa corresponderá ao triplo da representação do Estado na Câmara dos Deputados e, atingido o número de trinta e seis, será acrescido de tantos quantos forem os Deputados Federais acima de doze.

▶ Art. 32 desta Constituição.

§ 1º Será de quatro anos o mandato dos Deputados Estaduais, aplicando-se-lhes as regras desta Constituição sobre sistema eleitoral, inviolabilidade, imunidades, remuneração, perda de mandato, licença, impedimentos e incorporação às Forças Armadas.

§ 2º O subsídio dos Deputados Estaduais será fixado por lei de iniciativa da Assembleia Legislativa, na razão de, no máximo, setenta e cinco por cento daquele estabelecido, em espécie, para os Deputados Federais, observado o que dispõem os artigos 39, § 4º, 57, § 7º, 150, II, 153, III, e 153, § 2º, I.

▶ § 2º com a redação dada pela EC nº 19, de 4-6-1998.

§ 3º Compete às Assembleias Legislativas dispor sobre seu regimento interno, polícia e serviços administrativos de sua Secretaria, e prover os respectivos cargos.

▶ Art. 6º da Lei nº 9.709, de 18-11-1998, que dispõe sobre a convocação de plebiscitos e referendos pelos Estados, Distrito Federal e Municípios.

§ 4º A lei disporá sobre a iniciativa popular no processo legislativo estadual.

▶ Art. 6º da Lei nº 9.709, de 18-11-1998, regulamenta a execução do disposto nos incisos I, II e III do art. 14 desta Constituição.

**Art. 28.** A eleição do Governador e do Vice-Governador de Estado, para mandato de quatro anos, realizar-se-á no primeiro domingo de outubro, em primeiro turno, e no último domingo de outubro, em segundo turno, se houver, do ano anterior ao do término do mandato de seus antecessores, e a posse ocorrerá no dia 1º de janeiro do ano subsequente, observado, quanto ao mais, o disposto no artigo 77.

▶ *Caput* com a redação dada pela EC nº 16, de 4-6-1997.
▶ Lei nº 9.504, de 30-9-1997 (Lei das Eleições).

§ 1º Perderá o mandato o Governador que assumir outro cargo ou função na administração pública direta ou indireta, ressalvada a posse em virtude de concurso público e observado o disposto no artigo 38, I, IV e V.

▶ Parágrafo único transformado em § 1º pela EC nº 19, de 4-6-1998.
▶ Art. 29, XIV, desta Constituição.

§ 2º Os subsídios do Governador, do Vice-Governador e dos Secretários de Estado serão fixados por lei de iniciativa da Assembleia Legislativa, observado o que dispõem os artigos 37, XI, 39, § 4º, 150, II, 153, III, e 153, § 2º, I.

▶ § 2º acrescido pela EC nº 19, de 4-6-1998.

CAPÍTULO IV

## DOS MUNICÍPIOS

**Art. 29.** O Município reger-se-á por lei orgânica, votada em dois turnos, com o interstício mínimo de dez dias, e aprovada por dois terços dos membros da Câmara Municipal, que a promulgará, atendidos os princípios estabelecidos nesta Constituição, na Constituição do respectivo Estado e os seguintes preceitos:

I – eleição do Prefeito, do Vice-Prefeito e dos Vereadores, para mandato de quatro anos, mediante pleito direto e simultâneo realizado em todo o País;

▶ Lei nº 9.504, de 30-9-1997 (Lei das Eleições).

II – eleição do Prefeito e do Vice-Prefeito realizada no primeiro domingo de outubro do ano anterior ao término do mandato dos que devam suceder, aplicadas as regras do artigo 77 no caso de Municípios com mais de duzentos mil eleitores;

▶ Inciso II com a redação dada pela EC nº 16, de 4-6-1997.

III – posse do Prefeito e do Vice-Prefeito no dia 1º de janeiro do ano subsequente ao da eleição;
IV – para a composição das Câmaras Municipais, será observado o limite máximo de:

▶ *Caput* do inciso IV com a redação dada pela EC nº 58, de 23-9-2009 (*DOU* de 24-9-2009), produzindo efeitos a partir do processo eleitoral de 2008.
▶ O STF, por maioria de votos, referendou as medidas cautelares concedidas nas Ações Diretas de Inconstitucionalidade nºs 4.307 e 4.310, com eficácia *ex tunc*, para sustar os efeitos do art. 3º, I, da EC nº 58, de 23-9-2009, que altera este inciso IV (*DJE* de 8-10-2009).

a) 9 (nove) Vereadores, nos Municípios de até 15.000 (quinze mil) habitantes;
b) 11 (onze) Vereadores, nos Municípios de mais de 15.000 (quinze mil) habitantes e de até 30.000 (trinta mil) habitantes;

c) 13 (treze) Vereadores, nos Municípios com mais de 30.000 (trinta mil) habitantes e de até 50.000 (cinquenta mil) habitantes;

▶ Alíneas *a* a *c* com a redação dada pela EC nº 58, de 23-9-2009 (*DOU* de 24-9-2009), produzindo efeitos a partir do processo eleitoral de 2008.

d) 15 (quinze) Vereadores, nos Municípios de mais de 50.000 (cinquenta mil) habitantes e de até 80.000 (oitenta mil) habitantes;
e) 17 (dezessete) Vereadores, nos Municípios de mais de 80.000 (oitenta mil) habitantes e de até 120.000 (cento e vinte mil) habitantes;
f) 19 (dezenove) Vereadores, nos Municípios de mais de 120.000 (cento e vinte mil) habitantes e de até 160.000 (cento e sessenta mil) habitantes;
g) 21 (vinte e um) Vereadores, nos Municípios de mais de 160.000 (cento e sessenta mil) habitantes e de até 300.000 (trezentos mil) habitantes;
h) 23 (vinte e três) Vereadores, nos Municípios de mais de 300.000 (trezentos mil) habitantes e de até 450.000 (quatrocentos e cinquenta mil) habitantes;
i) 25 (vinte e cinco) Vereadores, nos Municípios de mais de 450.000 (quatrocentos e cinquenta mil) habitantes e de até 600.000 (seiscentos mil) habitantes;
j) 27 (vinte e sete) Vereadores, nos Municípios de mais de 600.000 (seiscentos mil) habitantes e de até 750.000 (setecentos e cinquenta mil) habitantes;
k) 29 (vinte e nove) Vereadores, nos Municípios de mais de 750.000 (setecentos e cinquenta mil) habitantes e de até 900.000 (novecentos mil) habitantes;
l) 31 (trinta e um) Vereadores, nos Municípios de mais de 900.000 (novecentos mil) habitantes e de até 1.050.000 (um milhão e cinquenta mil) habitantes;
m) 33 (trinta e três) Vereadores, nos Municípios de mais de 1.050.000 (um milhão e cinquenta mil) habitantes e de até 1.200.000 (um milhão e duzentos mil) habitantes;
n) 35 (trinta e cinco) Vereadores, nos Municípios de mais de 1.200.000 (um milhão e duzentos mil) habitantes e de até 1.350.000 (um milhão e trezentos e cinquenta mil) habitantes;
o) 37 (trinta e sete) Vereadores, nos Municípios de mais de 1.350.000 (um milhão e trezentos e cinquenta mil) habitantes e de até 1.500.000 (um milhão e quinhentos mil) habitantes;
p) 39 (trinta e nove) Vereadores, nos Municípios de mais de 1.500.000 (um milhão e quinhentos mil) habitantes e de até 1.800.000 (um milhão e oitocentos mil) habitantes;
q) 41 (quarenta e um) Vereadores, nos Municípios de mais de 1.800.000 (um milhão e oitocentos mil) habitantes e de até 2.400.000 (dois milhões e quatrocentos mil) habitantes;
r) 43 (quarenta e três) Vereadores, nos Municípios de mais de 2.400.000 (dois milhões e quatrocentos mil) habitantes e de até 3.000.000 (três milhões) de habitantes;
s) 45 (quarenta e cinco) Vereadores, nos Municípios de mais de 3.000.000 (três milhões) de habitantes e de até 4.000.000 (quatro milhões) de habitantes;
t) 47 (quarenta e sete) Vereadores, nos Municípios de mais de 4.000.000 (quatro milhões) de habitantes e de até 5.000.000 (cinco milhões) de habitantes;

u) 49 (quarenta e nove) Vereadores, nos Municípios de mais de 5.000.000 (cinco milhões) de habitantes e de até 6.000.000 (seis milhões) de habitantes;
v) 51 (cinquenta e um) Vereadores, nos Municípios de mais de 6.000.000 (seis milhões) de habitantes e de até 7.000.000 (sete milhões) de habitantes;
w) 53 (cinquenta e três) Vereadores, nos Municípios de mais de 7.000.000 (sete milhões) de habitantes e de até 8.000.000 (oito milhões) de habitantes; e
x) 55 (cinquenta e cinco) Vereadores, nos Municípios de mais de 8.000.000 (oito milhões) de habitantes;

▶ Alíneas *d* a *x* acrescidas pela EC nº 58, de 23-9-2009 (*DOU* de 24-9-2009), produzindo efeitos a partir do processo eleitoral de 2008.

V – subsídios do Prefeito, do Vice-Prefeito e dos Secretários municipais fixados por lei de iniciativa da Câmara Municipal, observado o que dispõem os artigos 37, XI, 39, § 4º, 150, II, 153, III, e 153, § 2º, I;

▶ Inciso V com a redação dada pela EC nº 19, de 4-6-1998.

VI – o subsídio dos Vereadores será fixado pelas respectivas Câmaras Municipais em cada legislatura para a subsequente, observado o que dispõe esta Constituição, observados os critérios estabelecidos na respectiva Lei Orgânica e os seguintes limites máximos:

a) em Municípios de até dez mil habitantes, o subsídio máximo dos Vereadores corresponderá a vinte por cento do subsídio dos Deputados Estaduais;
b) em Municípios de dez mil e um a cinquenta mil habitantes, o subsídio máximo dos Vereadores corresponderá a trinta por cento do subsídio dos Deputados Estaduais;
c) em Municípios de cinquenta mil e um a cem mil habitantes, o subsídio máximo dos Vereadores corresponderá a quarenta por cento do subsídio dos Deputados Estaduais;
d) em Municípios de cem mil e um a trezentos mil habitantes, o subsídio máximo dos Vereadores corresponderá a cinquenta por cento do subsídio dos Deputados Estaduais;
e) em Municípios de trezentos mil e um a quinhentos mil habitantes, o subsídio máximo dos Vereadores corresponderá a sessenta por cento do subsídio dos Deputados Estaduais;
f) em Municípios de mais de quinhentos mil habitantes, o subsídio máximo dos Vereadores corresponderá a setenta e cinco por cento do subsídio dos Deputados Estaduais;

▶ Inciso VI com a redação dada pela EC nº 25, de 14-2-2000.

VII – o total da despesa com a remuneração dos Vereadores não poderá ultrapassar o montante de cinco por cento da receita do Município;

▶ Inciso VII acrescido pela EC nº 1, de 31-3-1992, renumerando os demais.

VIII – inviolabilidade dos Vereadores por suas opiniões, palavras e votos no exercício do mandato e na circunscrição do Município;

▶ Inciso VIII renumerado pela EC nº 1, de 31-3-1992.

IX – proibições e incompatibilidades, no exercício da vereança, similares, no que couber, ao disposto nesta Constituição para os membros do Congresso Nacional

e, na Constituição do respectivo Estado, para os membros da Assembleia Legislativa;
▶ Inciso IX renumerado pela EC nº 1, de 31-3-1992.

X – julgamento do Prefeito perante o Tribunal de Justiça;
▶ Inciso X renumerado pela EC nº 1, de 31-3-1992.
▶ Dec.-lei nº 201, de 27-2-1967 (Lei de Responsabilidade dos Prefeitos e Vereadores).
▶ Súmulas nºs 702 e 703 do STF.
▶ Súm. nº 209 do STJ.

XI – organização das funções legislativas e fiscalizadoras da Câmara Municipal;
▶ Inciso XI renumerado pela EC nº 1, de 31-3-1992.
▶ Lei nº 9.452, de 20-3-1997, determina que as Câmaras Municipais sejam obrigatoriamente notificadas da liberação de recursos federais para os respectivos Municípios.

XII – cooperação das associações representativas no planejamento municipal;
▶ Inciso XII renumerado pela EC nº 1, de 31-3-1992.

XIII – iniciativa popular de projetos de lei de interesse específico do Município, da cidade ou de bairros, através de manifestação de, pelo menos, cinco por cento do eleitorado;
▶ Inciso XIII renumerado pela EC nº 1, de 31-3-1992.

XIV – perda do mandato do Prefeito, nos termos do artigo 28, parágrafo único.
▶ Inciso XIV renumerado pela EC nº 1, de 31-3-1992.

**Art. 29-A.** O total da despesa do Poder Legislativo Municipal, incluídos os subsídios dos Vereadores e excluídos os gastos com inativos, não poderá ultrapassar os seguintes percentuais, relativos ao somatório da receita tributária e das transferências previstas no § 5º do artigo 153 e nos artigos 158 e 159, efetivamente realizado no exercício anterior:
▶ Artigo acrescido pela EC nº 25, de 14-2-2000.

I – 7% (sete por cento) para Municípios com população de até 100.000 (cem mil) habitantes;
II – 6% (seis por cento) para Municípios com população entre 100.000 (cem mil) e 300.000 (trezentos mil) habitantes;
III – 5% (cinco por cento) para Municípios com população entre 300.001 (trezentos mil e um) e 500.000 (quinhentos mil) habitantes;
IV – 4,5% (quatro inteiros e cinco décimos por cento) para Municípios com população entre 500.001 (quinhentos mil e um) e 3.000.000 (três milhões) de habitantes;
▶ Incisos I a IV com a redação dada pela EC nº 58, de 23-9-2009 (DOU de 24-9-2009), para vigorar na data de sua promulgação, produzindo efeitos a partir de 1º de janeiro do ano subsequente ao da promulgação desta Emenda.

V – 4% (quatro por cento) para Municípios com população entre 3.000.001 (três milhões e um) e 8.000.000 (oito milhões) de habitantes;
VI – 3,5% (três inteiros e cinco décimos por cento) para Municípios com população acima de 8.000.001 (oito milhões e um) habitantes.
▶ Incisos V e VI acrescidos pela EC nº 58, de 23-9-2009 (DOU de 24-9-2009), para vigorar na data de sua promulgação, produzindo efeitos a partir de 1º de janeiro do ano subsequente ao da promulgação desta Emenda.

§ 1º A Câmara Municipal não gastará mais de setenta por cento de sua receita com folha de pagamento, incluído o gasto com o subsídio de seus Vereadores.

§ 2º Constitui crime de responsabilidade do Prefeito Municipal:
I – efetuar repasse que supere os limites definidos neste artigo;
II – não enviar o repasse até o dia vinte de cada mês; ou
III – enviá-lo a menor em relação à proporção fixada na Lei Orçamentária.

§ 3º Constitui crime de responsabilidade do Presidente da Câmara Municipal o desrespeito ao § 1º deste artigo.
▶ §§ 1º a 3º acrescidos pela EC nº 25, de 14-2-2000.

**Art. 30.** Compete aos Municípios:
I – legislar sobre assuntos de interesse local;
▶ Súm. nº 645 do STF.

II – suplementar a legislação federal e a estadual no que couber;
III – instituir e arrecadar os tributos de sua competência, bem como aplicar suas rendas, sem prejuízo da obrigatoriedade de prestar contas e publicar balancetes nos prazos fixados em lei;
▶ Art. 156 desta Constituição.

IV – criar, organizar e suprimir distritos, observada a legislação estadual;
V – organizar e prestar, diretamente ou sob regime de concessão ou permissão, os serviços públicos de interesse local, incluído o de transporte coletivo, que tem caráter essencial;
VI – manter, com a cooperação técnica e financeira da União e do Estado, programas de educação infantil e de ensino fundamental;
▶ Inciso VI com a redação dada pela EC nº 53, de 19-12-2006.

VII – prestar, com a cooperação técnica e financeira da União e do Estado, serviços de atendimento à saúde da população;
▶ Dec. nº 3.964, de 10-10-2001, dispõe sobre o Fundo Nacional de Saúde.

VIII – promover, no que couber, adequado ordenamento territorial, mediante planejamento e controle do uso, do parcelamento e da ocupação do solo urbano;
▶ Art. 182 desta Constituição.

IX – promover a proteção do patrimônio histórico-cultural local, observada a legislação e a ação fiscalizadora federal e estadual.

**Art. 31.** A fiscalização do Município será exercida pelo Poder Legislativo Municipal, mediante controle externo, e pelos sistemas de controle interno do Poder Executivo Municipal, na forma da lei.

§ 1º O controle externo da Câmara Municipal será exercido com o auxílio dos Tribunais de Contas dos Estados ou do Município ou dos Conselhos ou Tribunais de Contas dos Municípios, onde houver.

§ 2º O parecer prévio, emitido pelo órgão competente sobre as contas que o Prefeito deve anualmente prestar, só deixará de prevalecer por decisão de dois terços dos membros da Câmara Municipal.

Constituição Federal – Arts. 32 a 35

§ 3º As contas dos Municípios ficarão, durante sessenta dias, anualmente, à disposição de qualquer contribuinte, para exame e apreciação, o qual poderá questionar-lhes a legitimidade, nos termos da lei.

§ 4º É vedada a criação de Tribunais, Conselhos ou órgãos de Contas Municipais.

## CAPÍTULO V
## DO DISTRITO FEDERAL E DOS TERRITÓRIOS
### SEÇÃO I
### DO DISTRITO FEDERAL

**Art. 32.** O Distrito Federal, vedada sua divisão em Municípios, reger-se-á por lei orgânica, votada em dois turnos com interstício mínimo de dez dias, e aprovada por dois terços da Câmara Legislativa, que a promulgará, atendidos os princípios estabelecidos nesta Constituição.

§ 1º Ao Distrito Federal são atribuídas as competências legislativas reservadas aos Estados e Municípios.

▶ Súm. nº 642 do STF.

§ 2º A eleição do Governador e do Vice-Governador, observadas as regras do artigo 77, e dos Deputados Distritais coincidirá com a dos Governadores e Deputados Estaduais, para mandato de igual duração.

§ 3º Aos Deputados Distritais e à Câmara Legislativa aplica-se o disposto no artigo 27.

§ 4º Lei federal disporá sobre a utilização, pelo Governo do Distrito Federal, das Polícias Civil e Militar e do Corpo de Bombeiros Militar.

▶ Lei nº 6.450, de 14-10-1977, dispõe sobre a organização básica da Polícia Militar do Distrito Federal.
▶ Lei nº 7.289, de 18-12-1984, dispõe sobre o Estatuto dos Policiais Militares da Polícia Militar do Distrito Federal.
▶ Lei nº 7.479, de 2-6-1986, aprova o Estatuto dos Bombeiros Militares do Corpo de Bombeiros do Distrito Federal.
▶ Lei nº 12.086, de 6-11-2009, dispõe sobre os militares da Polícia Militar do Distrito Federal e do Corpo de Bombeiros Militar do Distrito Federal.
▶ Dec.-lei nº 667, de 2-7-1969, reorganiza as Polícias Militares e os Corpos de Bombeiros Militares dos Estados, dos Territórios e do Distrito Federal.

### SEÇÃO II
### DOS TERRITÓRIOS

**Art. 33.** A lei disporá sobre a organização administrativa e judiciária dos Territórios.

▶ Lei nº 8.185, de 14-5-1991 (Lei de Organização Judiciária do Distrito Federal).

§ 1º Os Territórios poderão ser divididos em Municípios, aos quais se aplicará, no que couber, o disposto no Capítulo IV deste Título.

§ 2º As contas do Governo do Território serão submetidas ao Congresso Nacional, com parecer prévio do Tribunal de Contas da União.

§ 3º Nos Territórios Federais com mais de cem mil habitantes, além do Governador nomeado na forma desta Constituição, haverá órgãos judiciários de primeira e segunda instância, membros do Ministério Público e defensores públicos federais; a lei disporá sobre as eleições para a Câmara Territorial e sua competência deliberativa.

## CAPÍTULO VI
## DA INTERVENÇÃO

**Art. 34.** A União não intervirá nos Estados nem no Distrito Federal, exceto para:

I – manter a integridade nacional;

▶ Art. 1º desta Constituição.

II – repelir invasão estrangeira ou de uma Unidade da Federação em outra;

III – pôr termo a grave comprometimento da ordem pública;

IV – garantir o livre exercício de qualquer dos Poderes nas Unidades da Federação;

▶ Art. 36, I, desta Constituição.

V – reorganizar as finanças da Unidade da Federação que:

a) suspender o pagamento da dívida fundada por mais de dois anos consecutivos, salvo motivo de força maior;

b) deixar de entregar aos Municípios receitas tributárias fixadas nesta Constituição, dentro dos prazos estabelecidos em lei;

▶ Art. 10 da LC nº 63, de 11-1-1990, que dispõe sobre critérios e prazos de crédito das parcelas do produto da arrecadação de impostos de competência dos Estados e de transferências por estes recebidas, pertencentes aos Municípios.

VI – prover a execução de lei federal, ordem ou decisão judicial;

▶ Art. 36, § 3º, desta Constituição.
▶ Súm. nº 637 do STF.

VII – assegurar a observância dos seguintes princípios constitucionais:

▶ Art. 36, III e § 3º, desta Constituição.

a) forma republicana, sistema representativo e regime democrático;
b) direitos da pessoa humana;
c) autonomia municipal;
d) prestação de contas da administração pública, direta e indireta;
e) aplicação do mínimo exigido da receita resultante de impostos estaduais, compreendida a proveniente de transferências, na manutenção e desenvolvimento do ensino e nas ações e serviços públicos de saúde.

▶ Alínea e com a redação dada pela EC nº 29, de 13-9-2000.
▶ Art. 212 desta Constituição.

**Art. 35.** O Estado não intervirá em seus Municípios, nem a União nos Municípios localizados em Território Federal, exceto quando:

I – deixar de ser paga, sem motivo de força maior, por dois anos consecutivos, a dívida fundada;

II – não forem prestadas contas devidas, na forma da lei;

III – não tiver sido aplicado o mínimo exigido da receita municipal na manutenção e desenvolvimento do ensino e nas ações e serviços públicos de saúde;

▶ Inciso III com a redação dada pela EC nº 29, de 13-9-2000.
▶ Art. 212 desta Constituição.

IV – o Tribunal de Justiça der provimento a representação para assegurar a observância de princípios indicados na Constituição Estadual, ou para prover a execução de lei, de ordem ou de decisão judicial.

**Art. 36.** A decretação da intervenção dependerá:

I – no caso do artigo 34, IV, de solicitação do Poder Legislativo ou do Poder Executivo coacto ou impedido, ou de requisição do Supremo Tribunal Federal, se a coação for exercida contra o Poder Judiciário;

II – no caso de desobediência a ordem ou decisão judiciária, de requisição do Supremo Tribunal Federal, do Superior Tribunal de Justiça ou do Tribunal Superior Eleitoral;

▶ Arts. 19 a 22 da Lei nº 8.038, de 28-5-1990, que institui normas procedimentais para os processos que especifica, perante o STJ e o STF.

III – de provimento, pelo Supremo Tribunal Federal, de representação do Procurador-Geral da República, na hipótese do art. 34, VII, e no caso de recusa à execução de lei federal.

▶ Inciso III com a redação dada pela EC nº 45, de 8-12-2004.
▶ Lei nº 12.562, de 23-12-2011, regulamenta este inciso para dispor sobre o processo e julgamento da representação interventiva perante o STF.

IV – *Revogado*. EC nº 45, de 8-12-2004.

§ 1º O decreto de intervenção, que especificará a amplitude, o prazo e as condições de execução e que, se couber, nomeará o interventor, será submetido à apreciação do Congresso Nacional ou da Assembleia Legislativa do Estado, no prazo de vinte e quatro horas.

§ 2º Se não estiver funcionando o Congresso Nacional ou a Assembleia Legislativa, far-se-á convocação extraordinária, no mesmo prazo de vinte e quatro horas.

§ 3º Nos casos do artigo 34, VI e VII, ou do artigo 35, IV, dispensada a apreciação pelo Congresso Nacional ou pela Assembleia Legislativa, o decreto limitar-se-á a suspender a execução do ato impugnado, se essa medida bastar ao restabelecimento da normalidade.

§ 4º Cessados os motivos da intervenção, as autoridades afastadas de seus cargos a estes voltarão, salvo impedimento legal.

CAPÍTULO VII

## DA ADMINISTRAÇÃO PÚBLICA

▶ Lei nº 8.112, de 11-12-1990 (Estatuto dos Servidores Públicos Civis da União, Autarquias e Fundações Públicas Federais).
▶ Lei nº 8.727, de 5-11-1993, estabelece diretrizes para consolidação e o reescalonamento pela União, de dívidas internas da administração direta e indireta dos Estados, do Distrito Federal e dos Municípios.
▶ Lei nº 9.784, de 29-1-1999 (Lei do Processo Administrativo Federal).

SEÇÃO I

## DISPOSIÇÕES GERAIS

**Art. 37.** A administração pública direta e indireta de qualquer dos Poderes da União, dos Estados, do Distrito Federal e dos Municípios obedecerá aos princípios de legalidade, impessoalidade, moralidade, publicidade e eficiência e, também, ao seguinte:

▶ *Caput* com a redação dada pela EC nº 19, de 4-6-1998.
▶ Art. 19 do ADCT.
▶ Arts. 3º e 5º, I a VI, §§ 1º e 2º, da Lei nº 8.112, de 11-12-1990 (Estatuto dos Servidores Públicos Civis da União, Autarquias e Fundações Públicas Federais).
▶ Lei nº 8.727, de 5-11-1993, estabelece diretrizes para a consolidação e o reescalonamento, pela União, de dívidas internas das administrações direta e indireta dos Estados, do Distrito Federal e dos Municípios.
▶ Lei nº 8.730, de 10-11-1993, estabelece a obrigatoriedade da declaração de bens e rendas para o exercício de cargos, empregos, e funções nos Poderes Executivo, Legislativo e Judiciário.
▶ Súm. Vinc. nº 13 do STF.

I – os cargos, empregos e funções públicas são acessíveis aos brasileiros que preencham os requisitos estabelecidos em lei, assim como aos estrangeiros, na forma da lei;

▶ Inciso I com a redação dada pela EC nº 19, de 4-6-1998.
▶ Art. 7º da CLT.
▶ Arts. 3º a 5º, I a VI, §§ 1º e 2º, da Lei nº 8.112, de 11-12-1990 (Estatuto dos Servidores Públicos Civis da União, Autarquias e Fundações Públicas Federais).
▶ Lei nº 8.730, de 10-11-1993, estabelece a obrigatoriedade da declaração de bens e rendas para o exercício de cargos, empregos e funções nos Poderes Executivo, Legislativo e Judiciário.
▶ Súm. nº 686 do STF.
▶ Súm. nº 266 do STJ.

II – a investidura em cargo ou emprego público depende de aprovação prévia em concurso público de provas ou de provas e títulos, de acordo com a natureza e a complexidade do cargo ou emprego, na forma prevista em lei, ressalvadas as nomeações para cargo em comissão declarado em lei de livre nomeação e exoneração;

▶ Inciso II com a redação dada pela EC nº 19, de 4-6-1998.
▶ Art. 7º da CLT.
▶ Arts. 11 e 12 da Lei nº 8.112, de 11-12-1990 (Estatuto dos Servidores Públicos Civis da União, Autarquias e Fundações Públicas Federais).
▶ Lei nº 9.962, de 22-2-2000, disciplina o regime de emprego público do pessoal da administração federal direta, autárquica e fundacional.
▶ Dec. nº 7.203, de 4-6-2010, dispõe sobre a vedação do nepotismo no âmbito da administração pública federal.
▶ Súm. nº 685 do STF.
▶ Súmulas nºs 331 e 363 do TST.
▶ OJ da SBDI-I nº 366 do TST.

III – o prazo de validade do concurso público será de até dois anos, prorrogável uma vez, por igual período;

▶ Art. 12 da Lei nº 8.112, de 11-12-1990 (Estatuto dos Servidores Públicos Civis da União, Autarquias e Fundações Públicas Federais).
▶ Lei nº 12.562, de 23-12-2011, regulamenta este inciso para dispor sobre o processo e julgamento da representação interventiva perante o STF.

IV – durante o prazo improrrogável previsto no edital de convocação, aquele aprovado em concurso público de provas ou de provas e títulos será convocado com prioridade sobre novos concursados para assumir cargo ou emprego, na carreira;

▶ Art. 7º da CLT.

V – as funções de confiança, exercidas exclusivamente por servidores ocupantes de cargo efetivo, e os cargos em comissão, a serem preenchidos por servidores de carreira nos casos, condições e percentuais mínimos previstos em lei, destinam-se apenas às atribuições de direção, chefia e assessoramento;

▶ Inciso V com a redação dada pela EC nº 19, de 4-6-1998.

VI – é garantido ao servidor público civil o direito à livre associação sindical;

VII – o direito de greve será exercido nos termos e nos limites definidos em lei específica;

▶ Inciso VII com a redação dada pela EC nº 19, de 4-6-1998.
▶ Dec. nº 1.480, de 3-5-1995, dispõe sobre os procedimentos a serem adotados em casos de paralisações dos serviços públicos federais.

VIII – a lei reservará percentual dos cargos e empregos públicos para as pessoas portadoras de deficiência e definirá os critérios de sua admissão;

▶ Lei nº 7.853, de 24-10-1989 (Lei de Apoio às Pessoas Portadoras de Deficiência), regulamentada pelo Dec. nº 3.298, de 20-12-1999.
▶ Art. 5º, § 2º, da Lei nº 8.112, de 11-12-1990 (Estatuto dos Servidores Públicos Civis da União, Autarquias e Fundações Públicas Federais).
▶ Dec. nº 6.949, de 25-8-2009, promulga a Convenção Internacional sobre os Direitos das Pessoas com Deficiência.
▶ Súm. nº 377 do STJ.

IX – a lei estabelecerá os casos de contratação por tempo determinado para atender a necessidade temporária de excepcional interesse público;

▶ Lei nº 8.745, de 9-12-1993, dispõe sobre a contratação de servidor público por tempo determinado, para atender a necessidade temporária de excepcional interesse público.
▶ Art. 30 da Lei nº 10.871, de 20-5-2004, dispõe sobre a criação de carreiras e organização de cargos efetivos das autarquias especiais denominadas Agências Reguladoras.
▶ MP nº 2.165-36, de 23-8-2001, que até o encerramento desta edição não havia sido convertida em Lei, institui o auxílio-transporte.

X – a remuneração dos servidores públicos e o subsídio de que trata o § 4º do artigo 39 somente poderão ser fixados ou alterados por lei específica, observada a iniciativa privativa em cada caso, assegurada revisão geral anual, sempre na mesma data e sem distinção de índices;

▶ Inciso X com a redação dada pela EC nº 19, de 4-6-1998.
▶ Arts. 39, § 4º, 95, III, e 128, § 5º, I, c, desta Constituição.
▶ Lei nº 7.706, de 21-12-1988, dispõe sobre a revisão dos vencimentos, salários, soldos e proventos dos servidores, civis e militares, da Administração Federal Direta, das Autarquias, dos extintos Territórios Federais e das Fundações Públicas.
▶ Lei nº 10.331, de 18-12-2001, regulamenta este inciso.
▶ Súm. nº 672 do STF.

XI – a remuneração e o subsídio dos ocupantes de cargos, funções e empregos públicos da administração direta, autárquica e fundacional, dos membros de qualquer dos Poderes da União, dos Estados, do Distrito Federal e dos Municípios, dos detentores de mandato eletivo e dos demais agentes políticos e os proventos, pensões ou outra espécie remuneratória, percebidos cumulativamente ou não, incluídas as vantagens pessoais ou de qualquer outra natureza, não poderão exceder o subsídio mensal, em espécie, dos Ministros do Supremo Tribunal Federal, aplicando-se como limite, nos Municípios, o subsídio do Prefeito, e nos Estados e no Distrito Federal, o subsídio mensal do Governador no âmbito do Poder Executivo, o subsídio dos Deputados Estaduais e Distritais no âmbito do Poder Legislativo e o subsídio dos Desembargadores do Tribunal de Justiça, limitado a noventa inteiros e vinte e cinco centésimos por cento do subsídio mensal, em espécie, dos Ministros do Supremo Tribunal Federal, no âmbito do Poder Judiciário, aplicável este limite aos membros do Ministério Público, aos Procuradores e aos Defensores Públicos;

▶ Inciso XI com a redação dada pela EC nº 41, de 19-12-2003.
▶ O STF, por maioria de votos, concedeu a liminar na ADIN nº 3.854-1, para dar interpretação conforme a CF ao art. 37, XI e § 12, o primeiro dispositivo com a redação dada pela EC nº 41, de 19-12-2003, e o segundo introduzido pela EC nº 47, de 5-7-2005, excluindo a submissão dos membros da magistratura estadual ao subteto de remuneração (*DOU* de 8-3-2007).
▶ Arts. 27, § 2º, 28, § 2º, 29, V e VI, 39, §§ 4º e 5º, 49, VII, e VIII, 93, V, 95, III, 128, § 5º, I, c, e 142, § 3º, VIII, desta Constituição.
▶ Art. 3º, § 3º, da EC nº 20, de 15-12-1998 (Reforma Previdenciária).
▶ Arts. 7º e 8º da EC nº 41, de 19-12-2003.
▶ Art. 4º da EC nº 47, de 5-7-2005.
▶ Lei nº 8.112, de 11-12-1990 (Estatuto dos Servidores Públicos Civis da União, Autarquias e Fundações Públicas Federais).
▶ Leis nº 8.448, de 21-7-1992, e 8.852, de 4-2-1994, dispõem sobre este inciso.
▶ Art. 3º da Lei nº 10.887, de 18-6-2004, que dispõe sobre a aplicação de disposições da EC nº 41, de 19-12-2003.
▶ Lei nº 12.042, de 8-10-2009, dispõe sobre a revisão do subsídio do Procurador-Geral da República.
▶ Lei Delegada nº 13, de 27-8-1982, institui Gratificações de Atividade para os servidores civis do Poder Executivo, revê vantagens.

XII – os vencimentos dos cargos do Poder Legislativo e do Poder Judiciário não poderão ser superiores aos pagos pelo Poder Executivo;

▶ Art. 135 desta Constituição.
▶ Art. 42 da Lei nº 8.112, de 11-12-1990 (Estatuto dos Servidores Públicos Civis da União, Autarquias e Fundações Públicas Federais).
▶ Lei nº 8.852, de 4-2-1994, dispõe sobre a aplicação deste inciso.

XIII – é vedada a vinculação ou equiparação de quaisquer espécies remuneratórias para o efeito de remuneração de pessoal do serviço público;

▶ Inciso XIII com a redação dada pela EC nº 19, de 4-6-1998.
▶ Art. 142, § 3º, VIII, desta Constituição.
▶ OJ da SBDI-I nº 353 do TST.

XIV – os acréscimos pecuniários percebidos por servidor público não serão computados nem acumulados para fins de concessão de acréscimos ulteriores;

▶ Inciso XIV com a redação dada pela EC nº 19, de 4-6-1998.
▶ Art. 142, § 3º, VIII, desta Constituição.

XV – o subsídio e os vencimentos dos ocupantes de cargos e empregos públicos são irredutíveis, ressalvado o

disposto nos incisos XI e XIV deste artigo e nos artigos 39, § 4º, 150, II, 153, III, e 153, § 2º, I;
- Inciso XV com a redação dada pela EC nº 19, de 4-6-1998.
- Art. 142, § 3º, VIII, desta Constituição.

XVI – é vedada a acumulação remunerada de cargos públicos, exceto, quando houver compatibilidade de horários, observado em qualquer caso o disposto no inciso XI:
- Inciso XVI com a redação dada pela EC nº 19, de 4-6-1998.

a) a de dois cargos de professor;
b) a de um cargo de professor com outro, técnico ou científico;
- Alíneas *a* e *b* com a redação dada pela EC nº 19, de 4-6-1998.

c) a de dois cargos ou empregos privativos de profissionais de saúde, com profissões regulamentadas;
- Alínea *c* com a redação dada pela EC nº 34, de 13-12-2001.
- Arts. 118 a 120 da Lei nº 8.112, de 11-12-1990 (Estatuto dos Servidores Públicos Civis da União, Autarquias e Fundações Públicas Federais).

XVII – a proibição de acumular estende-se a empregos e funções e abrange autarquias, fundações, empresas públicas, sociedades de economia mista, suas subsidiárias, e sociedades controladas, direta ou indiretamente, pelo Poder Público;
- Inciso XVII com a redação dada pela EC nº 19, de 4-6-1998.
- Art. 118, § 1º, da Lei nº 8.112, de 11-12-1990 (Estatuto dos Servidores Públicos Civis da União, Autarquias e Fundações Públicas Federais).

XVIII – a administração fazendária e seus servidores fiscais terão, dentro de suas áreas de competência e jurisdição, precedência sobre os demais setores administrativos, na forma da lei;
XIX – somente por lei específica poderá ser criada autarquia e autorizada a instituição de empresa pública, de sociedade de economia mista e de fundação, cabendo a lei complementar, neste último caso, definir as áreas de sua atuação;
- Inciso XIX com a redação dada pela EC nº 19, de 4-6-1998.

XX – depende de autorização legislativa, em cada caso, a criação de subsidiárias das entidades mencionadas no inciso anterior, assim como a participação de qualquer delas em empresa privada;
XXI – ressalvados os casos especificados na legislação, as obras, serviços, compras e alienações serão contratados mediante processo de licitação pública que assegure igualdade de condições a todos os concorrentes, com cláusulas que estabeleçam obrigações de pagamento, mantidas as condições efetivas da proposta, nos termos da lei, o qual somente permitirá as exigências de qualificação técnica e econômica indispensáveis à garantia do cumprimento das obrigações;
- Art. 22, XXVII, desta Constituição.
- Lei nº 8.666, de 21-6-1993 (Lei de Licitações e Contratos Administrativos).
- Lei nº 10.520, de 17-7-2002 (Lei do Pregão).
- Dec. nº 3.555, de 8-8-2000, regulamenta a modalidade de licitação denominada pregão.
- Súm. nº 333 do STJ.

XXII – as administrações tributárias da União, dos Estados, do Distrito Federal e dos Municípios, atividades essenciais ao funcionamento do Estado, exercidas por servidores de carreiras específicas, terão recursos prioritários para a realização de suas atividades e atuarão de forma integrada, inclusive com o compartilhamento de cadastros e de informações fiscais, na forma da lei ou convênio.
- Inciso XXII acrescido pela EC nº 42, de 19-12-2003.
- Art. 137, IV, desta Constituição.

§ 1º A publicidade dos atos, programas, obras, serviços e campanhas dos órgãos públicos deverá ter caráter educativo, informativo ou de orientação social, dela não podendo constar nomes, símbolos ou imagens que caracterizem promoção pessoal de autoridades ou servidores públicos.
- Lei nº 8.389, de 30-12-1991, institui o Conselho de Comunicação Social.
- Dec. nº 4.799, de 4-8-2003, dispõe sobre a comunicação de Governo do Poder Executivo Federal.

§ 2º A não observância do disposto nos incisos II e III implicará a nulidade do ato e a punição da autoridade responsável, nos termos da lei.
- Arts. 116 a 142 da Lei nº 8.112, de 11-12-1990 (Estatuto dos Servidores Públicos Civis da União, Autarquias e Fundações Públicas Federais).
- Lei nº 8.429, de 2-6-1992 (Lei da Improbidade Administrativa).
- Súm. nº 466 do STJ.
- Súm. nº 363 do TST.

§ 3º A lei disciplinará as formas de participação do usuário na administração pública direta e indireta, regulando especialmente:
I – as reclamações relativas à prestação dos serviços públicos em geral, asseguradas a manutenção de serviços de atendimento ao usuário e a avaliação periódica, externa e interna, da qualidade dos serviços;
II – o acesso dos usuários a registros administrativos e a informações sobre atos de governo, observado o disposto no artigo 5º, X e XXXIII;
- Lei nº 12.527, de 18-11-2011 (Lei do Acesso à Informação) *DOU* de 18-11-2011, edição extra, para vigorar 180 dias após a data de sua publicação, quando ficará revogada a Lei nº 11.111, de 5-5-2005.

III – a disciplina da representação contra o exercício negligente ou abusivo de cargo, emprego ou função na administração pública.
- § 3º e incisos I a III com a redação dada pela EC nº 19, de 4-6-1998.

§ 4º Os atos de improbidade administrativa importarão a suspensão dos direitos políticos, a perda da função pública, a indisponibilidade dos bens e o ressarcimento ao erário, na forma e gradação previstas em lei, sem prejuízo da ação penal cabível.
- Art. 15, V, desta Constituição.
- Arts. 312 a 327 do CP.
- Lei nº 8.026, de 12-4-1990, dispõe sobre a aplicação de pena de demissão a funcionário publico.
- Lei nº 8.027, de 12-4-1990, dispõe sobre normas de conduta dos servidores públicos civis da União, das Autarquias e das Fundações Públicas.
- Lei nº 8.112, de 11-12-1990 (Estatuto dos Servidores Públicos Civis da União, Autarquias e Fundações Públicas Federais).

▶ Art. 3º da Lei nº 8.137, de 27-12-1990 (Lei dos Crimes Contra a Ordem Tributária, Econômica e Contra as Relações de Consumo).
▶ Lei nº 8.429, de 2-6-1992 (Lei da Improbidade Administrativa).
▶ Dec.-lei nº 3.240, de 8-5-1941 sujeita a sequestro os bens de pessoas indiciadas por crimes de que resulta prejuízo para a Fazenda Pública.
▶ Dec. nº 4.410, de 7-10-2002, promulga a Convenção Interamericana contra a Corrupção.

§ 5º A lei estabelecerá os prazos de prescrição para ilícitos praticados por qualquer agente, servidor ou não, que causem prejuízos ao erário, ressalvadas as respectivas ações de ressarcimento.

▶ Lei nº 8.112, de 11-12-1990 (Estatuto dos Servidores Públicos Civis da União, Autarquias e Fundações Públicas Federais).
▶ Lei nº 8.429, de 2-6-1992 (Lei da Improbidade Administrativa).

§ 6º As pessoas jurídicas de direito público e as de direito privado prestadoras de serviços públicos responderão pelos danos que seus agentes, nessa qualidade, causarem a terceiros, assegurado o direito de regresso contra o responsável nos casos de dolo ou culpa.

▶ Art. 43 do CC.
▶ Lei nº 6.453, de 17-10-1977, dispõe sobre a responsabilidade civil por danos nucleares e a responsabilidade criminal por atos relacionados com atividades nucleares.

§ 7º A lei disporá sobre os requisitos e as restrições ao ocupante de cargo ou emprego da administração direta e indireta que possibilite o acesso a informações privilegiadas.

§ 8º A autonomia gerencial, orçamentária e financeira dos órgãos e entidades da administração direta e indireta poderá ser ampliada mediante contrato, a ser firmado entre seus administradores e o poder público, que tenha por objeto a fixação de metas de desempenho para o órgão ou entidade, cabendo à lei dispor sobre:

I – o prazo de duração do contrato;
II – os controles e critérios de avaliação de desempenho, direitos, obrigações e responsabilidade dos dirigentes;
III – a remuneração do pessoal.

§ 9º O disposto no inciso XI aplica-se às empresas públicas e às sociedades de economia mista, e suas subsidiárias, que receberem recursos da União, dos Estados, do Distrito Federal ou dos Municípios para pagamento de despesas de pessoal ou de custeio em geral.

▶ §§ 7º a 9º acrescidos pela EC nº 19, de 4-6-1998.

§ 10. É vedada a percepção simultânea de proventos de aposentadoria decorrentes do disposto no art. 40 ou dos artigos 42 e 142 com a remuneração de cargo, emprego ou função pública, ressalvados os cargos acumuláveis na forma desta Constituição, os cargos eletivos e os cargos em comissão declarados em lei de livre nomeação e exoneração.

▶ § 10 acrescido pela EC nº 20, de 15-12-1998.

§ 11. Não serão computadas, para efeito dos limites remuneratórios de que trata o inciso XI do *caput* deste artigo, as parcelas de caráter indenizatório previstas em lei.

▶ Art. 4º da EC nº 47, de 5-7-2005.

§ 12. Para os fins do disposto no inciso XI do *caput* deste artigo, fica facultado aos Estados e ao Distrito Federal fixar, em seu âmbito, mediante emenda às respectivas Constituições e Lei Orgânica, como limite único, o subsídio mensal dos Desembargadores do respectivo Tribunal de Justiça, limitado a noventa inteiros e vinte e cinco centésimos por cento do subsídio mensal dos Ministros do Supremo Tribunal Federal, não se aplicando o disposto neste parágrafo aos subsídios dos Deputados Estaduais e Distritais e dos Vereadores.

▶ §§ 11 e 12 acrescidos pela EC nº 47, de 5-7-2005.
▶ O STF, por maioria de votos, concedeu a liminar na ADIN nº 3.854-1, para dar interpretação conforme a CF ao art. 37, XI e § 12, o primeiro dispositivo com a redação dada pela EC nº 41, de 19-12-2003, e o segundo introduzido pela EC nº 47, de 5-7-2005, excluindo a submissão dos membros da magistratura estadual ao subteto de remuneração (*DOU* de 8-3-2007).

**Art. 38.** Ao servidor público da administração direta, autárquica e fundacional, no exercício de mandato eletivo, aplicam-se as seguintes disposições:

▶ *Caput* com a redação dada pela EC nº 19, de 4-6-1998.
▶ Art. 28 desta Constituição.
▶ Lei nº 8.112, de 11-12-1990 (Estatuto dos Servidores Públicos Civis da União, Autarquias e Fundações Públicas Federais).

I – tratando-se de mandato eletivo federal, estadual ou distrital, ficará afastado de seu cargo, emprego ou função;

▶ Art. 28, § 1º, desta Constituição.

II – investido no mandato de Prefeito será afastado do cargo, emprego ou função, sendo-lhe facultado optar pela sua remuneração;
III – investido no mandato de Vereador, havendo compatibilidade de horários, perceberá as vantagens de seu cargo, emprego ou função, sem prejuízo da remuneração do cargo eletivo, e, não havendo compatibilidade, será aplicada a norma do inciso anterior;
IV – em qualquer caso que exija o afastamento para o exercício de mandato eletivo, seu tempo de serviço será contado para todos os efeitos legais, exceto para promoção por merecimento;

▶ Art. 28, § 1º, desta Constituição.

V – para efeito de benefício previdenciário, no caso de afastamento, os valores serão determinados como se no exercício estivesse.

▶ Art. 28, § 1º, desta Constituição.

Seção II

## DOS SERVIDORES PÚBLICOS

▶ Denominação desta Seção dada pela EC nº 18, de 5-2-1998.
▶ Lei nº 8.026, de 12-4-1990, dispõe sobre a aplicação de pena de demissão a funcionário público.
▶ Lei nº 8.027, de 12-4-1990, dispõe sobre normas de conduta dos servidores públicos civis da União, das autarquias e das fundações públicas.
▶ Lei nº 8.112, de 11-12-1990 (Estatuto dos Servidores Públicos Civis da União, Autarquias e Fundações Públicas Federais).
▶ Súm. nº 378 do STJ.

**Art. 39.** A União, os Estados, o Distrito Federal e os Municípios instituirão conselho de política de adminis-

tração e remuneração de pessoal, integrado por servidores designados pelos respectivos Poderes.
- *Caput* com a redação dada pela EC nº 19, de 4-6-1998.
- O STF, por maioria de votos, deferiu parcialmente a medida cautelar na ADIN nº 2.135-4, para suspender, com efeitos *ex nunc*, a eficácia do *caput* deste artigo, razão pela qual continuará em vigor a redação original: "Art. 39. A União, os Estados, o Distrito Federal e os Municípios instituirão, no âmbito de sua competência, regime jurídico único e planos de carreira para os servidores da administração pública direta, das autarquias e das fundações públicas" (*DOU* de 14-8-2007).
- Art. 24 do ADCT.
- Lei nº 8.026, de 12-4-1990, dispõe sobre a aplicação de pena de demissão a funcionário público.
- Lei nº 8.027, de 12-4-1990, dispõe sobre normas de conduta dos servidores públicos civis da União, das Autarquias e das Fundações Públicas.
- Lei nº 8.112, de 11-12-1990 (Estatuto dos Servidores Públicos Civis da União, Autarquias e Fundações Públicas Federais).
- Súm. Vinc. nº 4 do STF.
- Súm. nº 97 do STJ.

§ 1º A fixação dos padrões de vencimento e dos demais componentes do sistema remuneratório observará:
I – a natureza, o grau de responsabilidade e a complexidade dos cargos componentes de cada carreira;
II – os requisitos para a investidura;
III – as peculiaridades dos cargos.
- Art. 41, § 4º, da Lei nº 8.112, de 11-12-1990 (Estatuto dos Servidores Públicos Civis da União, Autarquias e Fundações Públicas Federais).
- Lei nº 8.448, de 21-7-1992, regulamenta este parágrafo.
- Lei nº 8.852, de 4-2-1994, dispõe sobre a aplicação deste parágrafo.
- Lei nº 9.367, de 16-12-1996, fixa critérios para a progressiva unificação das tabelas de vencimentos dos servidores.
- Súm. Vinc. nº 4 do STF.

§ 2º A União, os Estados e o Distrito Federal manterão escolas de governo para a formação e o aperfeiçoamento dos servidores públicos, constituindo-se a participação nos cursos um dos requisitos para a promoção na carreira, facultada, para isso, a celebração de convênios ou contratos entre os entes federados.
- §§ 1º e 2º com a redação dada pela EC nº 19, de 4-6-1998.

§ 3º Aplica-se aos servidores ocupantes de cargo público o disposto no artigo 7º, IV, VII, VIII, IX, XII, XIII, XV, XVI, XVII, XVIII, XIX, XX, XXII e XXX, podendo a lei estabelecer requisitos diferenciados de admissão quando a natureza do cargo o exigir.
- Dec.-lei nº 5.452, de 1-5-1943 (Consolidação das Leis do Trabalho).
- Súmulas Vinculantes nºs 4 e 16 do STF.
- Súmulas nºs 683 e 684 do STF.

§ 4º O membro de Poder, o detentor de mandato eletivo, os Ministros de Estado e os Secretários Estaduais e Municipais serão remunerados exclusivamente por subsídio fixado em parcela única, vedado o acréscimo de qualquer gratificação, adicional, abono, prêmio, verba de representação ou outra espécie remuneratória, obedecido, em qualquer caso, o disposto no artigo 37, X e XI.
- Arts. 27, § 2º, 28, § 2º, 29, V, e VI, 37, XV, 48, XV, 49, VII e VIII, 93, V, 95, III, 128, § 5º, I, c, e 135 desta Constituição.
- Lei nº 11.144, de 26-7-2005, dispõe sobre o subsídio do Procurador-Geral da República.
- Lei nº 12.042, de 8-10-2009, dispõe sobre a revisão do subsídio do Procurador-Geral da República.

§ 5º Lei da União, dos Estados, do Distrito Federal e dos Municípios poderá estabelecer a relação entre a maior e a menor remuneração dos servidores públicos, obedecido, em qualquer caso, o disposto no artigo 37, XI.

§ 6º Os Poderes Executivo, Legislativo e Judiciário publicarão anualmente os valores do subsídio e da remuneração dos cargos e empregos públicos.

§ 7º Lei da União, dos Estados, do Distrito Federal e dos Municípios disciplinará a aplicação de recursos orçamentários provenientes da economia com despesas correntes em cada órgão, autarquia e fundação, para aplicação no desenvolvimento de programas de qualidade e produtividade, treinamento e desenvolvimento, modernização, reaparelhamento e racionalização do serviço público, inclusive sob a forma de adicional ou prêmio de produtividade.

§ 8º A remuneração dos servidores públicos organizados em carreira poderá ser fixada nos termos do § 4º.
- §§ 3º a 8º acrescidos pela EC nº 19, de 4-6-1998.

**Art. 40.** Aos servidores titulares de cargos efetivos da União, dos Estados, do Distrito Federal e dos Municípios, incluídas suas autarquias e fundações, é assegurado regime de previdência de caráter contributivo e solidário, mediante contribuição do respectivo ente público, dos servidores ativos e inativos e dos pensionistas, observados critérios que preservem o equilíbrio financeiro e atuarial e o disposto neste artigo.
- *Caput* com a redação dada pela EC nº 41, de 19-12-2003.
- Arts. 37, § 10, 73, § 3º, e 93, VI, desta Constituição.
- Arts. 4º e 6º da EC nº 41, de 19-12-2003.
- Art. 3º da EC nº 47, de 5-7-2005.

§ 1º Os servidores abrangidos pelo regime de previdência de que trata este artigo serão aposentados, calculados os seus proventos a partir dos valores fixados na forma dos §§ 3º e 17:
- § 1º com a redação dada pela EC nº 41, de 19-12-2003.
- Art. 2º, § 5º, da EC nº 41, de 19-12-2003.
- Súm. nº 726 do STF.

I – por invalidez permanente, sendo os proventos proporcionais ao tempo de contribuição, exceto se decorrente de acidente em serviço, moléstia profissional ou doença grave, contagiosa ou incurável, na forma da lei;
- Inciso I com a redação dada pela EC nº 41, de 19-12-2003.

II – compulsoriamente, aos setenta anos de idade, com proventos proporcionais ao tempo de contribuição;
- Arts. 2º, § 5º, e 3º, § 1º, da EC nº 41, de 19-12-2003.

III – voluntariamente, desde que cumprido tempo mínimo de dez anos de efetivo exercício no serviço público

Constituição Federal – Art. 40

e cinco anos no cargo efetivo em que se dará a aposentadoria, observadas as seguintes condições:
▶ Incisos II e III acrescidos pela EC nº 20, de 15-12-1998.
▶ Art. 2º, § 1º, da EC nº 41, de 19-12-2003.

a) sessenta anos de idade e trinta e cinco de contribuição, se homem, e cinquenta e cinco anos de idade e trinta de contribuição, se mulher;
▶ Art. 3º, III, da EC nº 47, de 5-7-2005.

b) sessenta e cinco anos de idade, se homem, e sessenta anos de idade, se mulher, com proventos proporcionais ao tempo de contribuição.
▶ Alíneas a e b, acrescidas pela EC nº 20, de 15-12-1998.

§ 2º Os proventos de aposentadoria e as pensões, por ocasião de sua concessão, não poderão exceder a remuneração do respectivo servidor, no cargo efetivo em que se deu a aposentadoria ou que serviu de referência para a concessão da pensão.
▶ § 2º com a redação dada pela EC nº 20, de 15-12-1998.

§ 3º Para o cálculo dos proventos de aposentadoria, por ocasião da sua concessão, serão consideradas as remunerações utilizadas como base para as contribuições do servidor aos regimes de previdência de que tratam este artigo e o art. 201, na forma da lei.
▶ § 3º com a redação dada pela EC nº 41, de 19-12-2003.
▶ Art. 2º da EC nº 41, de 19-12-2003.
▶ Art. 1º da Lei nº 10.887, de 18-6-2004, que dispõe sobre a aplicação de disposições da EC nº 41, de 19-12-2003.

§ 4º É vedada a adoção de requisitos e critérios diferenciados para a concessão de aposentadoria aos abrangidos pelo regime de que trata este artigo, ressalvados, nos termos definidos em leis complementares, os casos de servidores:
▶ Caput do § 4º com a redação dada pela EC nº 47, de 5-7-2005.
▶ Súm. nº 680 do STF.

I – portadores de deficiência;
II – que exerçam atividades de risco;
III – cujas atividades sejam exercidas sob condições especiais que prejudiquem a saúde ou integridade física.
▶ Incisos I a III acrescidos pela EC nº 47, de 5-7-2005.

§ 5º Os requisitos de idade e de tempo de contribuição serão reduzidos em cinco anos, em relação ao disposto no § 1º, III, a, para o professor que comprove exclusivamente tempo de efetivo exercício das funções de magistério na educação infantil e no ensino fundamental e médio.
▶ Arts. 2º, § 1º, e 6º, caput, da EC nº 41, de 19-12-2003.
▶ Art. 67, § 2º, da Lei nº 9.394, de 20-12-1996 (Lei das Diretrizes e Bases da Educação Nacional).
▶ Súm. nº 726 do STF.

§ 6º Ressalvadas as aposentadorias decorrentes dos cargos acumuláveis na forma desta Constituição, é vedada a percepção de mais de uma aposentadoria à conta do regime de previdência previsto neste artigo.
▶ §§ 5º e 6º com a redação dada pela EC nº 20, de 15-12-1998.

§ 7º Lei disporá sobre a concessão do benefício de pensão por morte, que será igual:
▶ Art. 42, § 2º, desta Constituição.

I – ao valor da totalidade dos proventos do servidor falecido, até o limite máximo estabelecido para os benefícios do regime geral de previdência social de que trata o art. 201, acrescido de setenta por cento da parcela excedente a este limite, caso aposentado à data do óbito; ou
II – ao valor da totalidade da remuneração do servidor no cargo efetivo em que se deu o falecimento, até o limite máximo estabelecido para os benefícios do regime geral de previdência social de que trata o art. 201, acrescido de setenta por cento da parcela excedente a este limite, caso em atividade na data do óbito.
▶ § 7º com a redação dada pela EC nº 41, de 19-12-2003.

§ 8º É assegurado o reajustamento dos benefícios para preservar-lhes, em caráter permanente, o valor real, conforme critérios estabelecidos em lei.
▶ § 8º com a redação dada pela EC nº 41, de 19-12-2003.
▶ Art. 2º, § 6º, da EC nº 41, de 19-12-2003.
▶ Súm. Vinc. nº 20 do STF.

§ 9º O tempo de contribuição federal, estadual ou municipal será contado para efeito de aposentadoria e o tempo de serviço correspondente para efeito de disponibilidade.
▶ Art. 42, § 1º, desta Constituição.

§ 10. A lei não poderá estabelecer qualquer forma de contagem de tempo de contribuição fictício.
▶ Art. 4º da EC nº 20, de 15-12-1998 (Reforma Previdenciária).

§ 11. Aplica-se o limite fixado no artigo 37, XI, à soma total dos proventos de inatividade, inclusive quando decorrentes da acumulação de cargos ou empregos públicos, bem como de outras atividades sujeitas a contribuição para o regime geral de previdência social, e ao montante resultante da adição de proventos de inatividade com remuneração de cargo acumulável na forma desta Constituição, cargo em comissão declarado em lei de livre nomeação e exoneração, e de cargo eletivo.

§ 12. Além do disposto neste artigo, o regime de previdência dos servidores públicos titulares de cargo efetivo observará, no que couber, os requisitos e critérios fixados para o regime geral de previdência social.

§ 13. Ao servidor ocupante, exclusivamente, de cargo em comissão declarado em lei de livre nomeação e exoneração bem como de outro cargo temporário ou de emprego público, aplica-se o regime geral de previdência social.
▶ Lei nº 9.962, de 22-2-2000, disciplina o regime de emprego público do pessoal da administração federal direta, autárquica e fundacional.

§ 14. A União, os Estados, o Distrito Federal e os Municípios, desde que instituam regime de previdência complementar para os seus respectivos servidores titulares de cargo efetivo, poderão fixar, para o valor das aposentadorias e pensões a serem concedidas pelo regime de que trata este artigo, o limite máximo estabelecido para os benefícios do regime geral de previdência social de que trata o artigo 201.
▶ §§ 9º a 14 acrescidos pela EC nº 20, de 15-12-1998.

► LC nº 108, de 29-5-2001, dispõe sobre a relação entre a União, e os Estados, o Distrito Federal e os Municípios, suas autarquias, fundações, sociedades de economia mista e outras entidades públicas e suas respectivas entidades fechadas de previdência complementar.

§ 15. O regime de previdência complementar de que trata o § 14 será instituído por lei de iniciativa do respectivo Poder Executivo, observado o disposto no art. 202 e seus parágrafos, no que couber, por intermédio de entidades fechadas de previdência complementar, de natureza pública, que oferecerão aos respectivos participantes planos de benefícios somente na modalidade de contribuição definida.

► § 15 com a redação dada pela EC nº 41, de 19-12-2003.

§ 16. Somente mediante sua prévia e expressa opção, o disposto nos §§ 14 e 15 poderá ser aplicado ao servidor que tiver ingressado no serviço público até a data da publicação do ato de instituição do correspondente regime de previdência complementar.

► § 16 acrescido pela EC nº 20, de 15-12-1998.
► Lei nº 9.717, de 27-11-1998, dispõe sobre regras gerais para a organização e o funcionamento dos regimes próprios de previdência dos servidores públicos da União, dos Estados, do Distrito Federal e dos Municípios, bem como dos militares dos Estados e do Distrito Federal.
► Lei nº 9.783, de 28-1-1999, dispõe sobre contribuição para o custeio da previdência social dos servidores públicos ativos, inativos e pensionistas dos três Poderes da União.

§ 17. Todos os valores de remuneração considerados para o cálculo do benefício previsto no § 3º serão devidamente atualizados, na forma da lei.

► Art. 2º da EC nº 41, de 19-12-2003.

§ 18. Incidirá contribuição sobre os proventos de aposentadorias e pensões concedidas pelo regime de que trata este artigo que superem o limite máximo estabelecido para os benefícios do regime geral de previdência social de que trata o art. 201, com percentual igual ao estabelecido para os servidores titulares de cargos efetivos.

► Art. 4º, I e II, da EC nº 41, de 19-12-2003.

§ 19. O servidor de que trata este artigo que tenha completado as exigências para aposentadoria voluntária estabelecidas no § 1º, III, a, e que opte por permanecer em atividade fará jus a um abono de permanência equivalente ao valor da sua contribuição previdenciária até completar as exigências para aposentadoria compulsória contidas no § 1º, II.

§ 20. Fica vedada a existência de mais de um regime próprio de previdência social para os servidores titulares de cargos efetivos, e de mais de uma unidade gestora do respectivo regime em cada ente estatal, ressalvado o disposto no art. 142, § 3º, X.

► §§ 17 a 20 acrescidos pela EC nº 41, de 19-12-2003.
► Art. 28 da EC nº 19, de 4-6-1998 (Reforma Administrativa).

§ 21. A contribuição prevista no § 18 deste artigo incidirá apenas sobre as parcelas de proventos de aposentadoria e de pensão que superem o dobro do limite máximo estabelecido para os benefícios do regime geral de previdência social de que trata o artigo 201 desta Constituição, quando o beneficiário, na forma da lei, for portador de doença incapacitante.

► § 21 acrescido pela EC nº 47, de 5-7-2005, em vigor na data de sua publicação, com efeitos retroativos à data de vigência da EC nº 41, de 19-12-2003 (DOU de 6-7-2005).

**Art. 41.** São estáveis após três anos de efetivo exercício os servidores nomeados para cargo de provimento efetivo em virtude de concurso público.

► Súm. nº 390 do TST.

§ 1º O servidor público estável só perderá o cargo:

I – em virtude de sentença judicial transitada em julgado;
II – mediante processo administrativo em que lhe seja assegurada ampla defesa;
III – mediante procedimento de avaliação periódica de desempenho, na forma de lei complementar, assegurada ampla defesa.

► Art. 247 desta Constituição.

§ 2º Invalidada por sentença judicial a demissão do servidor estável, será ele reintegrado, e o eventual ocupante da vaga, se estável, reconduzido ao cargo de origem, sem direito a indenização, aproveitado em outro cargo ou posto em disponibilidade com remuneração proporcional ao tempo de serviço.

§ 3º Extinto o cargo ou declarada a sua desnecessidade, o servidor estável ficará em disponibilidade, com remuneração proporcional ao tempo de serviço, até seu adequado aproveitamento em outro cargo.

§ 4º Como condição para a aquisição da estabilidade, é obrigatória a avaliação especial de desempenho por comissão instituída para essa finalidade.

► Art. 41 com a redação dada pela EC nº 19, de 4-6-1998.
► Art. 28 da EC nº 19, de 4-6-1998 (Reforma Administrativa).

*Seção III*

### DOS MILITARES DOS ESTADOS, DO DISTRITO FEDERAL E DOS TERRITÓRIOS

► Denominação desta Seção dada pela EC nº 18, de 5-2-1998.

**Art. 42.** Os membros das Polícias Militares e Corpos de Bombeiros Militares, instituições organizadas com base na hierarquia e disciplina, são militares dos Estados, do Distrito Federal e dos Territórios.

► Caput com a redação dada pela EC nº 18, de 5-2-1998.
► Art. 37, § 10, desta Constituição.
► Art. 89 do ADCT.

§ 1º Aplicam-se aos militares dos Estados, do Distrito Federal e dos Territórios, além do que vier a ser fixado em lei, as disposições do artigo 14, § 8º; do artigo 40, § 9º; e do artigo 142, §§ 2º e 3º, cabendo a lei estadual específica dispor sobre as matérias do artigo 142, § 3º, X, sendo as patentes dos oficiais conferidas pelos respectivos governadores.

► § 1º com a redação dada pela EC nº 20, de 15-12-1998.
► Súm. Vinc. nº 4 do STF.

Constituição Federal – Arts. 43 a 48

§ 2º Aos pensionistas dos militares dos Estados, do Distrito Federal e dos Territórios aplica-se o que for fixado em lei específica do respectivo ente estatal.

▶ § 2º com a redação dada pela EC nº 41, de 19-12-2003.

SEÇÃO IV

## DAS REGIÕES

**Art. 43.** Para efeitos administrativos, a União poderá articular sua ação em um mesmo complexo geoeconômico e social, visando a seu desenvolvimento e à redução das desigualdades regionais.

§ 1º Lei complementar disporá sobre:

I – as condições para integração de regiões em desenvolvimento;

II – a composição dos organismos regionais que executarão, na forma da lei, os planos regionais, integrantes dos planos nacionais de desenvolvimento econômico e social, aprovados juntamente com estes.

▶ LC nº 124, de 3-1-2007, institui a Superintendência do Desenvolvimento da Amazônia – SUDAM.

▶ LC nº 125, de 3-1-2007, institui a Superintendência do Desenvolvimento do Nordeste – SUDENE.

▶ LC nº 134, de 14-1-2010, dispõe sobre a composição do Conselho de Administração da Superintendência da Zona Franca de Manaus – SUFRAMA.

§ 2º Os incentivos regionais compreenderão, além de outros, na forma da lei:

I – igualdade de tarifas, fretes, seguros e outros itens de custos e preços de responsabilidade do Poder Público;

II – juros favorecidos para financiamento de atividades prioritárias;

III – isenções, reduções ou diferimento temporário de tributos federais devidos por pessoas físicas ou jurídicas;

IV – prioridade para o aproveitamento econômico e social dos rios e das massas de água represadas ou represáveis nas regiões de baixa renda, sujeitas a secas periódicas.

§ 3º Nas áreas a que se refere o § 2º, IV, a União incentivará a recuperação de terras áridas e cooperará com os pequenos e médios proprietários rurais para o estabelecimento, em suas glebas, de fontes de água e de pequena irrigação.

**TÍTULO IV – DA ORGANIZAÇÃO DOS PODERES**

CAPÍTULO I

## DO PODER LEGISLATIVO

SEÇÃO I

### DO CONGRESSO NACIONAL

**Art. 44.** O Poder Legislativo é exercido pelo Congresso Nacional, que se compõe da Câmara dos Deputados e do Senado Federal.

Parágrafo único. Cada legislatura terá a duração de quatro anos.

**Art. 45.** A Câmara dos Deputados compõe-se de representantes do povo, eleitos, pelo sistema proporcional, em cada Estado, em cada Território e no Distrito Federal.

§ 1º O número total de Deputados, bem como a representação por Estado e pelo Distrito Federal, será estabelecido por lei complementar, proporcionalmente à população, procedendo-se aos ajustes necessários, no ano anterior às eleições, para que nenhuma daquelas Unidades da Federação tenha menos de oito ou mais de setenta Deputados.

▶ Arts. 1º a 3º da LC nº 78, de 30-12-1993, que disciplina a fixação do número de Deputados, nos termos deste parágrafo.

§ 2º Cada Território elegerá quatro Deputados.

**Art. 46.** O Senado Federal compõe-se de representantes dos Estados e do Distrito Federal, eleitos segundo o princípio majoritário.

§ 1º Cada Estado e o Distrito Federal elegerão três Senadores, com mandato de oito anos.

§ 2º A representação de cada Estado e do Distrito Federal será renovada de quatro em quatro anos, alternadamente, por um e dois terços.

§ 3º Cada Senador será eleito com dois suplentes.

**Art. 47.** Salvo disposição constitucional em contrário, as deliberações de cada Casa e de suas Comissões serão tomadas por maioria dos votos, presente a maioria absoluta de seus membros.

SEÇÃO II

### DAS ATRIBUIÇÕES DO CONGRESSO NACIONAL

**Art. 48.** Cabe ao Congresso Nacional, com a sanção do Presidente da República, não exigida esta para o especificado nos artigos 49, 51 e 52, dispor sobre todas as matérias de competência da União, especialmente sobre:

I – sistema tributário, arrecadação e distribuição de rendas;

II – plano plurianual, diretrizes orçamentárias, orçamento anual, operações de crédito, dívida pública e emissões de curso forçado;

III – fixação e modificação do efetivo das Forças Armadas;

IV – planos e programas nacionais, regionais e setoriais de desenvolvimento;

V – limites do território nacional, espaço aéreo e marítimo e bens do domínio da União;

VI – incorporação, subdivisão ou desmembramento de áreas de Territórios ou Estados, ouvidas as respectivas Assembleias Legislativas;

▶ Art. 4º da Lei nº 9.709, de 18-11-1998, que regulamenta o art. 14 desta Constituição.

VII – transferência temporária da sede do Governo Federal;

VIII – concessão de anistia;

▶ Art. 187 da LEP.

IX – organização administrativa, judiciária, do Ministério Público e da Defensoria Pública da União e dos Territórios e organização judiciária, do Ministério Público e da Defensoria Pública do Distrito Federal;

X – criação, transformação e extinção de cargos, empregos e funções públicas, observado o que estabelece o art. 84, VI, *b*;

XI – criação e extinção de Ministérios e órgãos da administração pública;
► Incisos X e XI com a redação dada pela EC nº 32, de 11-9-2001.

XII – telecomunicações e radiodifusão;
► Lei nº 9.295, de 19-7-1996, dispõe sobre serviços de telecomunicações, organizações e órgão regulador.
► Lei nº 9.472, de 16-7-1997, dispõe sobre a organização dos serviços de telecomunicações, a criação e funcionamento de um órgão regulador e outros aspectos institucionais.
► Lei nº 9.612, de 19-2-1998, institui o serviço de radiodifusão comunitária.

XIII – matéria financeira, cambial e monetária, instituições financeiras e suas operações;
XIV – moeda, seus limites de emissão, e montante da dívida mobiliária federal;
XV – fixação do subsídio dos Ministros do Supremo Tribunal Federal, observado o que dispõem os arts. 39, § 4º; 150, II; 153, III; e 153, § 2º, I.
► Inciso XV com a redação dada pela EC nº 41, de 19-12-2003.
► Lei nº 10.474, de 27-6-2002, dispõe sobre remuneração da Magistratura da União.
► Lei nº 11.143, de 26-7-2005, dispõe sobre o subsídio de Ministro do STF.
► Lei nº 12.041, de 8-10-2009, dispõe sobre a revisão do subsídio de Ministro do STF.

**Art. 49.** É da competência exclusiva do Congresso Nacional:
► Art. 48 desta Constituição.

I – resolver definitivamente sobre tratados, acordos ou atos internacionais que acarretem encargos ou compromissos gravosos ao patrimônio nacional;
II – autorizar o Presidente da República a declarar guerra, a celebrar a paz, a permitir que forças estrangeiras transitem pelo território nacional ou nele permaneçam temporariamente, ressalvados os casos previstos em lei complementar;
III – autorizar o Presidente e o Vice-Presidente da República a se ausentarem do País, quando a ausência exceder a quinze dias;
IV – aprovar o estado de defesa e a intervenção federal, autorizar o estado de sítio, ou suspender qualquer uma dessas medidas;
V – sustar os atos normativos do Poder Executivo que exorbitem do poder regulamentar ou dos limites de delegação legislativa;
VI – mudar temporariamente sua sede;
VII – fixar idêntico subsídio para os Deputados Federais e os Senadores, observado o que dispõem os artigos 37, XI, 39, § 4º, 150, II, 153, III, e 153, § 2º, I;
VIII – fixar os subsídios do Presidente e do Vice-Presidente da República e dos Ministros de Estado, observado o que dispõem os artigos 37, XI, 39, § 4º, 150, II, 153, III, e 153, § 2º, I;
► Incisos VII e VIII com a redação dada pela EC nº 19, de 4-6-1998.

IX – julgar anualmente as contas prestadas pelo Presidente da República e apreciar os relatórios sobre a execução dos planos de governo;

X – fiscalizar e controlar, diretamente, ou por qualquer de suas Casas, os atos do Poder Executivo, incluídos os da administração indireta;
XI – zelar pela preservação de sua competência legislativa em face da atribuição normativa dos outros Poderes;
XII – apreciar os atos de concessão e renovação de concessão de emissoras de rádio e televisão;
XIII – escolher dois terços dos membros do Tribunal de Contas da União;
► Dec. Legislativo nº 6, de 22-4-1993, regulamenta a escolha de Ministro do Tribunal de Contas da União pelo Congresso Nacional.

XIV – aprovar iniciativas do Poder Executivo referentes a atividades nucleares;
XV – autorizar referendo e convocar plebiscito;
► Arts. 1º a 12 da Lei nº 9.709, de 18-11-1998, que regulamenta o art. 14 desta Constituição.

XVI – autorizar, em terras indígenas, a exploração e o aproveitamento de recursos hídricos e a pesquisa e lavra de riquezas minerais;
XVII – aprovar, previamente, a alienação ou concessão de terras públicas com área superior a dois mil e quinhentos hectares.

**Art. 50.** A Câmara dos Deputados e o Senado Federal, ou qualquer de suas Comissões, poderão convocar Ministro de Estado ou quaisquer titulares de órgãos diretamente subordinados à Presidência da República para prestarem, pessoalmente, informações sobre assunto previamente determinado, importando em crime de responsabilidade a ausência sem justificação adequada.
► *Caput* com a redação dada pela ECR nº 2, de 7-6-1994.

§ 1º Os Ministros de Estado poderão comparecer ao Senado Federal, à Câmara dos Deputados, ou a qualquer de suas Comissões, por sua iniciativa e mediante entendimentos com a Mesa respectiva, para expor assunto de relevância de seu Ministério.

§ 2º As Mesas da Câmara dos Deputados e do Senado Federal poderão encaminhar pedidos escritos de informação a Ministros de Estado ou a qualquer das pessoas referidas no *caput* deste artigo, importando em crime de responsabilidade a recusa, ou o não atendimento, no prazo de trinta dias, bem como a prestação de informações falsas.
► § 2º com a redação dada pela ECR nº 2, de 7-6-1994.

*Seção III*

## DA CÂMARA DOS DEPUTADOS

**Art. 51.** Compete privativamente à Câmara dos Deputados:
► Art. 48 desta Constituição.

I – autorizar, por dois terços de seus membros, a instauração de processo contra o Presidente e o Vice-Presidente da República e os Ministros de Estado;
II – proceder à tomada de contas do Presidente da República, quando não apresentadas ao Congresso Nacional dentro de sessenta dias após a abertura da sessão legislativa;
III – elaborar seu regimento interno;
IV – dispor sobre sua organização, funcionamento, polícia, criação, transformação ou extinção dos cargos, empregos e funções de seus serviços, e a iniciativa de

lei para fixação da respectiva remuneração, observados os parâmetros estabelecidos na lei de diretrizes orçamentárias;

▶ Inciso IV com a redação dada pela EC nº 19, de 4-6-1998.

V – eleger membros do Conselho da República, nos termos do artigo 89, VII.

## SEÇÃO IV
### DO SENADO FEDERAL

**Art. 52.** Compete privativamente ao Senado Federal:

▶ Art. 48 desta Constituição.

I – processar e julgar o Presidente e o Vice-Presidente da República nos crimes de responsabilidade, bem como os Ministros de Estado e os Comandantes da Marinha, do Exército e da Aeronáutica nos crimes da mesma natureza conexos com aqueles;

▶ Inciso I com a redação dada pela EC nº 23, de 2-9-1999.
▶ Art. 102, I, c, desta Constituição.
▶ Lei nº 1.079, de 10-4-1950 (Lei dos Crimes de Responsabilidade).

II – processar e julgar os Ministros do Supremo Tribunal Federal, os membros do Conselho Nacional de Justiça e do Conselho Nacional do Ministério Público, o Procurador-Geral da República e o Advogado-Geral da União nos crimes de responsabilidade;

▶ Inciso II com a redação dada pela EC nº 45, de 8-12-2004.
▶ Arts. 103-B, 130-A, 131 e 132 desta Constituição.
▶ Art. 5º da EC nº 45, de 8-12-2004 (Reforma do Judiciário).

III – aprovar previamente, por voto secreto, após arguição pública, a escolha de:
a) magistrados, nos casos estabelecidos nesta Constituição;
b) Ministros do Tribunal de Contas da União indicados pelo Presidente da República;
c) Governador de Território;
d) presidente e diretores do Banco Central;
e) Procurador-Geral da República;
f) titulares de outros cargos que a lei determinar;

IV – aprovar previamente, por voto secreto, após arguição em sessão secreta, a escolha dos chefes de missão diplomática de caráter permanente;
V – autorizar operações externas de natureza financeira, de interesse da União, dos Estados, do Distrito Federal, dos Territórios e dos Municípios;
VI – fixar, por proposta do Presidente da República, limites globais para o montante da dívida consolidada da União, dos Estados, do Distrito Federal e dos Municípios;
VII – dispor sobre limites globais e condições para as operações de crédito externo e interno da União, dos Estados, do Distrito Federal e dos Municípios, de suas autarquias e demais entidades controladas pelo Poder Público Federal;
VIII – dispor sobre limites e condições para a concessão de garantia da União em operações de crédito externo e interno;
IX – estabelecer limites globais e condições para o montante da dívida mobiliária dos Estados, do Distrito Federal e dos Municípios;

X – suspender a execução, no todo ou em parte, de lei declarada inconstitucional por decisão definitiva do Supremo Tribunal Federal;
XI – aprovar, por maioria absoluta e por voto secreto, a exoneração, de ofício, do Procurador-Geral da República antes do término de seu mandato;
XII – elaborar seu regimento interno;
XIII – dispor sobre sua organização, funcionamento, polícia, criação, transformação ou extinção dos cargos, empregos e funções de seus serviços, e a iniciativa de lei para fixação da respectiva remuneração, observados os parâmetros estabelecidos na lei de diretrizes orçamentárias;

▶ Inciso XIII com a redação dada pela EC nº 19, de 4-6-1998.

XIV – eleger membros do Conselho da República, nos termos do artigo 89, VII;
XV – avaliar periodicamente a funcionalidade do Sistema Tributário Nacional, em sua estrutura e seus componentes, e o desempenho das administrações tributárias da União, dos Estados e do Distrito Federal e dos Municípios.

▶ Inciso XV acrescido pela EC nº 42, de 19-12-2003.

Parágrafo único. Nos casos previstos nos incisos I e II, funcionará como Presidente o do Supremo Tribunal Federal, limitando-se a condenação, que somente será proferida por dois terços dos votos do Senado Federal, à perda do cargo, com inabilitação, por oito anos, para o exercício de função pública, sem prejuízo das demais sanções judiciais cabíveis.

## SEÇÃO V
### DOS DEPUTADOS E DOS SENADORES

▶ Lei nº 9.504, de 30-9-1997 (Lei das Eleições).

**Art. 53.** Os Deputados e Senadores são invioláveis, civil e penalmente, por quaisquer de suas opiniões, palavras e votos.

▶ Caput com a redação dada pela EC nº 35, de 20-12-2001.

§ 1º Os Deputados e Senadores, desde a expedição do diploma, serão submetidos a julgamento perante o Supremo Tribunal Federal.

▶ Art. 102, I, b, desta Constituição.

§ 2º Desde a expedição do diploma, os membros do Congresso Nacional não poderão ser presos, salvo em flagrante de crime inafiançável. Nesse caso, os autos serão remetidos dentro de vinte e quatro horas à Casa respectiva, para que, pelo voto da maioria de seus membros, resolva sobre a prisão.

▶ Arts. 43, III, e 301 do CPP.

§ 3º Recebida a denúncia contra o Senador ou Deputado, por crime ocorrido após a diplomação, o Supremo Tribunal Federal dará ciência à Casa respectiva, que, por iniciativa de partido político nela representado e pelo voto da maioria de seus membros, poderá, até a decisão final, sustar o andamento da ação.

§ 4º O pedido de sustação será apreciado pela Casa respectiva no prazo improrrogável de quarenta e cinco dias do seu recebimento pela Mesa Diretora.

§ 5º A sustação do processo suspende a prescrição, enquanto durar o mandato.

§ 6º Os Deputados e Senadores não serão obrigados a testemunhar sobre informações recebidas ou prestadas em razão do exercício do mandato, nem sobre as pessoas que lhes confiaram ou deles receberam informações.

§ 7º A incorporação às Forças Armadas de Deputados e Senadores, embora militares e ainda que em tempo de guerra, dependerá de prévia licença da Casa respectiva.

▶ §§ 1º a 7º com a redação dada pela EC nº 35, de 20-12-2001.

§ 8º As imunidades de Deputados ou Senadores subsistirão durante o estado de sítio, só podendo ser suspensas mediante o voto de dois terços dos membros da Casa respectiva, nos casos de atos praticados fora do recinto do Congresso Nacional, que sejam incompatíveis com a execução da medida.

▶ § 8º acrescido pela EC nº 35, de 20-12-2001.
▶ Arts. 137 a 141 desta Constituição.
▶ Arts. 138 a 145 do CP.

**Art. 54.** Os Deputados e Senadores não poderão:

I – desde a expedição do diploma:

a) firmar ou manter contrato com pessoa jurídica de direito público, autarquia, empresa pública, sociedade de economia mista ou empresa concessionária de serviço público, salvo quando o contrato obedecer a cláusulas uniformes;
b) aceitar ou exercer cargo, função ou emprego remunerado, inclusive os de que sejam demissíveis *ad nutum*, nas entidades constantes da alínea anterior;

II – desde a posse:

a) ser proprietários, controladores ou diretores de empresa que goze de favor decorrente de contrato com pessoa jurídica de direito público, ou nela exercer função remunerada;
b) ocupar cargo ou função de que sejam demissíveis *ad nutum*, nas entidades referidas no inciso I, *a*;
c) patrocinar causa em que seja interessada qualquer das entidades a que se refere o inciso I, *a*;
d) ser titulares de mais de um cargo ou mandato público eletivo.

**Art. 55.** Perderá o mandato o Deputado ou Senador:

I – que infringir qualquer das proibições estabelecidas no artigo anterior;

▶ Art. 1º do Dec. Legislativo nº 16, de 24-3-1994, que submete à condição suspensiva a renúncia de parlamentar contra o qual pende procedimento fundado nos termos deste inciso.

II – cujo procedimento for declarado incompatível com o decoro parlamentar;

▶ Art. 1º do Dec. Legislativo nº 16, de 24-3-1994, que submete à condição suspensiva a renúncia de parlamentar contra o qual pende procedimento fundado nos termos deste inciso.

III – que deixar de comparecer, em cada sessão legislativa, à terça parte das sessões ordinárias da Casa a que pertencer, salvo licença ou missão por esta autorizada;
IV – que perder ou tiver suspensos os direitos políticos;
V – quando o decretar a Justiça Eleitoral, nos casos previstos nesta Constituição;

VI – que sofrer condenação criminal em sentença transitada em julgado.

▶ Art. 92, I, do CP.

§ 1º É incompatível com o decoro parlamentar, além dos casos definidos no regimento interno, o abuso das prerrogativas asseguradas a membro do Congresso Nacional ou a percepção de vantagens indevidas.

§ 2º Nos casos dos incisos I, II e VI, a perda do mandato será decidida pela Câmara dos Deputados ou pelo Senado Federal, por voto secreto e maioria absoluta, mediante provocação da respectiva Mesa ou de partido político representado no Congresso Nacional, assegurada ampla defesa.

§ 3º Nos casos previstos nos incisos III a V, a perda será declarada pela Mesa da Casa respectiva, de ofício ou mediante provocação de qualquer de seus membros, ou de partido político representado no Congresso Nacional, assegurada ampla defesa.

§ 4º A renúncia de parlamentar submetido a processo que vise ou possa levar à perda do mandato, nos termos deste artigo, terá seus efeitos suspensos até as deliberações finais de que tratam os §§ 2º e 3º.

▶ § 4º acrescido pela ECR nº 6, de 7-6-1994.

**Art. 56.** Não perderá o mandato o Deputado ou Senador:

I – investido no cargo de Ministro de Estado, Governador de Território, Secretário de Estado, do Distrito Federal, de Território, de Prefeitura de Capital ou chefe de missão diplomática temporária;
II – licenciado pela respectiva Casa por motivo de doença, ou para tratar, sem remuneração, de interesse particular, desde que, neste caso, o afastamento não ultrapasse cento e vinte dias por sessão legislativa.

§ 1º O suplente será convocado nos casos de vaga, de investidura em funções previstas neste artigo ou de licença superior a cento e vinte dias.

§ 2º Ocorrendo vaga e não havendo suplente, far-se-á eleição para preenchê-la se faltarem mais de quinze meses para o término do mandato.

§ 3º Na hipótese do inciso I, o Deputado ou Senador poderá optar pela remuneração do mandato.

Seção VI

## DAS REUNIÕES

**Art. 57.** O Congresso Nacional reunir-se-á, anualmente, na Capital Federal, de 2 de fevereiro a 17 de julho e de 1º de agosto a 22 de dezembro.

▶ *Caput* com a redação dada pela EC nº 50, de 14-2-2006.

§ 1º As reuniões marcadas para essas datas serão transferidas para o primeiro dia útil subsequente, quando recaírem em sábados, domingos ou feriados.

§ 2º A sessão legislativa não será interrompida sem a aprovação do projeto de lei de diretrizes orçamentárias.

§ 3º Além de outros casos previstos nesta Constituição, a Câmara dos Deputados e o Senado Federal reunir-se-ão em sessão conjunta para:

I – inaugurar a sessão legislativa;
II – elaborar o regimento comum e regular a criação de serviços comuns às duas Casas;

Constituição Federal – Arts. 58 e 59

III – receber o compromisso do Presidente e do Vice-Presidente da República;
IV – conhecer do veto e sobre ele deliberar.

§ 4º Cada uma das Casas reunir-se-á em sessões preparatórias, a partir de 1º de fevereiro, no primeiro ano da legislatura, para a posse de seus membros e eleição das respectivas Mesas, para mandato de 2 (dois) anos, vedada a recondução para o mesmo cargo na eleição imediatamente subsequente.

▶ § 4º com a redação dada pela EC nº 50, de 14-2-2006.

§ 5º A Mesa do Congresso Nacional será presidida pelo Presidente do Senado Federal, e os demais cargos serão exercidos, alternadamente, pelos ocupantes de cargos equivalentes na Câmara dos Deputados e no Senado Federal.

§ 6º A convocação extraordinária do Congresso Nacional far-se-á:

▶ § 6º com a redação dada pela EC nº 50, de 14-2-2006.

I – pelo Presidente do Senado Federal, em caso de decretação de estado de defesa ou de intervenção federal, de pedido de autorização para a decretação de estado de sítio e para o compromisso e a posse do Presidente e do Vice-Presidente da República;
II – pelo Presidente da República, pelos Presidentes da Câmara dos Deputados e do Senado Federal ou a requerimento da maioria dos membros de ambas as Casas, em caso de urgência ou interesse público relevante, em todas as hipóteses deste inciso com a aprovação da maioria absoluta de cada uma das Casas do Congresso Nacional.

▶ Inciso II com a redação dada pela EC nº 50, de 14-2-2006.

§ 7º Na sessão legislativa extraordinária, o Congresso Nacional somente deliberará sobre a matéria para a qual foi convocado, ressalvada a hipótese do § 8º deste artigo, vedado o pagamento de parcela indenizatória, em razão da convocação.

▶ § 7º com a redação dada pela EC nº 50, de 14-2-2006.

§ 8º Havendo medidas provisórias em vigor na data de convocação extraordinária do Congresso Nacional, serão elas automaticamente incluídas na pauta da convocação.

▶ § 8º acrescido pela EC nº 32, de 11-9-2001.

Seção VII

DAS COMISSÕES

Art. 58. O Congresso Nacional e suas Casas terão comissões permanentes e temporárias, constituídas na forma e com as atribuições previstas no respectivo regimento ou no ato de que resultar sua criação.

§ 1º Na constituição das Mesas e de cada Comissão, é assegurada, tanto quanto possível, a representação proporcional dos partidos ou dos blocos parlamentares que participam da respectiva Casa.

§ 2º Às comissões, em razão da matéria de sua competência, cabe:

I – discutir e votar projeto de lei que dispensar, na forma do regimento, a competência do Plenário, salvo se houver recurso de um décimo dos membros da Casa;
II – realizar audiências públicas com entidades da sociedade civil;

III – convocar Ministros de Estado para prestar informações sobre assuntos inerentes a suas atribuições;
IV – receber petições, reclamações, representações ou queixas de qualquer pessoa contra atos ou omissões das autoridades ou entidades públicas;
V – solicitar depoimento de qualquer autoridade ou cidadão;
VI – apreciar programas de obras, planos nacionais, regionais e setoriais de desenvolvimento e sobre eles emitir parecer.

§ 3º As comissões parlamentares de inquérito, que terão poderes de investigação próprios das autoridades judiciais, além de outros previstos nos regimentos das respectivas Casas, serão criadas pela Câmara dos Deputados e pelo Senado Federal, em conjunto ou separadamente, mediante requerimento de um terço de seus membros, para a apuração de fato determinado e por prazo certo, sendo suas conclusões, se for o caso, encaminhadas ao Ministério Público, para que promova a responsabilidade civil ou criminal dos infratores.

▶ Lei nº 1.579, de 18-3-1952 (Lei das Comissões Parlamentares de Inquérito).
▶ Lei nº 10.001, de 4-9-2000, dispõe sobre a prioridade nos procedimentos a serem adotados pelo Ministério Público e por outros órgãos a respeito das conclusões das Comissões Parlamentares de Inquérito.

§ 4º Durante o recesso, haverá uma Comissão Representativa do Congresso Nacional, eleita por suas Casas na última sessão ordinária do período legislativo, com atribuições definidas no regimento comum, cuja composição reproduzirá, quanto possível, a proporcionalidade da representação partidária.

Seção VIII

DO PROCESSO LEGISLATIVO

Subseção I

DISPOSIÇÃO GERAL

Art. 59. O processo legislativo compreende a elaboração de:

I – emendas à Constituição;
II – leis complementares;
III – leis ordinárias;
IV – leis delegadas;
V – medidas provisórias;

▶ Arts. 70 e 73 do ADCT.

VI – decretos legislativos;

▶ Art. 3º da Lei nº 9.709, de 18-11-1998, que dispõe sobre a convocação do plebiscito e o referendo nas questões de relevância nacional, de competência do Poder Legislativo ou do Poder Executivo.

VII – resoluções.

Parágrafo único. Lei complementar disporá sobre a elaboração, redação, alteração e consolidação das leis.

▶ LC nº 95, de 26-2-1998, trata do disposto neste parágrafo único.
▶ Dec. nº 4.176, de 28-3-2002, estabelece normas e diretrizes para a elaboração, a redação, a alteração, a consolidação e o encaminhamento ao Presidente da República de projetos de atos normativos de competência dos órgãos do Poder Executivo Federal.

## Subseção II
### DA EMENDA À CONSTITUIÇÃO

**Art. 60.** A Constituição poderá ser emendada mediante proposta:

I – de um terço, no mínimo, dos membros da Câmara dos Deputados ou do Senado Federal;
II – do Presidente da República;
III – de mais da metade das Assembleias Legislativas das Unidades da Federação, manifestando-se, cada uma delas, pela maioria relativa de seus membros.

§ 1º A Constituição não poderá ser emendada na vigência de intervenção federal, de estado de defesa ou de estado de sítio.

▶ Arts. 34 a 36, e 136 a 141 desta Constituição.

§ 2º A proposta será discutida e votada em cada Casa do Congresso Nacional, em dois turnos, considerando-se aprovada se obtiver, em ambos, três quintos dos votos dos respectivos membros.

§ 3º A emenda à Constituição será promulgada pelas Mesas da Câmara dos Deputados e do Senado Federal, com o respectivo número de ordem.

§ 4º Não será objeto de deliberação a proposta de emenda tendente a abolir:

I – a forma federativa de Estado;

▶ Arts. 1º e 18 desta Constituição.

II – o voto direto, secreto, universal e periódico;

▶ Arts. 1º, 14 e 81, § 1º, desta Constituição.
▶ Lei nº 9.709, de 18-11-1998, regulamenta o art. 14 desta Constituição.

III – a separação dos Poderes;

▶ Art. 2º desta Constituição.

IV – os direitos e garantias individuais.

▶ Art. 5º desta Constituição.

§ 5º A matéria constante de proposta de emenda rejeitada ou havida por prejudicada não pode ser objeto de nova proposta na mesma sessão legislativa.

## Subseção III
### DAS LEIS

**Art. 61.** A iniciativa das leis complementares e ordinárias cabe a qualquer membro ou Comissão da Câmara dos Deputados, do Senado Federal ou do Congresso Nacional, ao Presidente da República, ao Supremo Tribunal Federal, aos Tribunais Superiores, ao Procurador-Geral da República e aos cidadãos, na forma e nos casos previstos nesta Constituição.

§ 1º São de iniciativa privativa do Presidente da República as leis que:

I – fixem ou modifiquem os efetivos das Forças Armadas;
II – disponham sobre:

▶ Súmulas nºs 679 e 681 do STF.

a) criação de cargos, funções ou empregos públicos na administração direta e autárquica ou aumento de sua remuneração;

▶ Súm. nº 679 do STF.

b) organização administrativa e judiciária, matéria tributária e orçamentária, serviços públicos e pessoal da administração dos Territórios;
c) servidores públicos da União e Territórios, seu regime jurídico, provimento de cargos, estabilidade e aposentadoria;

▶ Alínea c com a redação dada pela EC nº 18, de 5-2-1998.

d) organização do Ministério Público e da Defensoria Pública da União, bem como normas gerais para a organização do Ministério Público e da Defensoria Pública dos Estados, do Distrito Federal e dos Territórios;
e) criação e extinção de Ministérios e órgãos da administração pública, observado o disposto no artigo 84, VI;

▶ Alínea e com a redação dada pela EC nº 32, de 11-9-2001.

f) militares das Forças Armadas, seu regime jurídico, provimento de cargos, promoções, estabilidade, remuneração, reforma e transferência para a reserva.

▶ Alínea f acrescida pela EC nº 18, de 5-2-1998.

§ 2º A iniciativa popular pode ser exercida pela apresentação à Câmara dos Deputados de projeto de lei subscrito por, no mínimo, um por cento do eleitorado nacional, distribuído pelo menos por cinco Estados, com não menos de três décimos por cento dos eleitores de cada um deles.

▶ Arts.1º, III, 13 e 14 da Lei nº 9.709, de 18-11-1998, que regulamenta o art. 14 desta Constituição.

**Art. 62.** Em caso de relevância e urgência, o Presidente da República poderá adotar medidas provisórias, com força de lei, devendo submetê-las de imediato ao Congresso Nacional.

▶ Caput com a redação dada pela EC nº 32, de 11-9-2001.
▶ Arts. 167, § 3º, e 246 desta Constituição.
▶ Art. 2º da EC nº 32, de 11-9-2001.
▶ Súm. nº 651 do STF.

§ 1º É vedada a edição de medidas provisórias sobre matéria:

I – relativa a:

a) nacionalidade, cidadania, direitos políticos, partidos políticos e direito eleitoral;
b) direito penal, processual penal e processual civil;
c) organização do Poder Judiciário e do Ministério Público, a carreira e a garantia de seus membros;
d) planos plurianuais, diretrizes orçamentárias, orçamento e créditos adicionais e suplementares, ressalvado o previsto no artigo 167, § 3º;

II – que vise a detenção ou sequestro de bens, de poupança popular ou qualquer outro ativo financeiro;
III – reservada a lei complementar;
IV – já disciplinada em projeto de lei aprovado pelo Congresso Nacional e pendente de sanção ou veto do Presidente da República.

§ 2º Medida provisória que implique instituição ou majoração de impostos, exceto os previstos nos artigos 153, I, II, IV, V, e 154, II, só produzirá efeitos no exercício financeiro seguinte se houver sido convertida em lei até o último dia daquele em que foi editada.

§ 3º As medidas provisórias, ressalvado o disposto nos §§ 11 e 12 perderão eficácia, desde a edição, se não forem convertidas em lei no prazo de sessenta dias, prorrogável, nos termos do § 7º, uma vez por igual período, devendo o Congresso Nacional disciplinar, por decreto legislativo, as relações jurídicas delas decorrentes.

§ 4º O prazo a que se refere o § 3º contar-se-á da publicação da medida provisória, suspendendo-se durante os períodos de recesso do Congresso Nacional.

§ 5º A deliberação de cada uma das Casas do Congresso Nacional sobre o mérito das medidas provisórias dependerá de juízo prévio sobre o atendimento de seus pressupostos constitucionais.

§ 6º Se a medida provisória não for apreciada em até quarenta e cinco dias contados de sua publicação, entrará em regime de urgência, subsequentemente, em cada uma das Casas do Congresso Nacional, ficando sobrestadas, até que se ultime a votação, todas as demais deliberações legislativas da Casa em que estiver tramitando.

§ 7º Prorrogar-se-á uma única vez por igual período a vigência de medida provisória que, no prazo de sessenta dias, contado de sua publicação, não tiver a sua votação encerrada nas duas Casas do Congresso Nacional.

§ 8º As medidas provisórias terão sua votação iniciada na Câmara dos Deputados.

§ 9º Caberá à comissão mista de Deputados e Senadores examinar as medidas provisórias e sobre elas emitir parecer, antes de serem apreciadas, em sessão separada, pelo plenário de cada uma das Casas do Congresso Nacional.

§ 10. É vedada a reedição, na mesma sessão legislativa, de medida provisória que tenha sido rejeitada ou que tenha perdido sua eficácia por decurso de prazo.

§ 11. Não editado o decreto legislativo a que se refere o § 3º até sessenta dias após a rejeição ou perda de eficácia de medida provisória, as relações jurídicas constituídas e decorrentes de atos praticados durante sua vigência conservar-se-ão por ela regidas.

§ 12. Aprovado projeto de lei de conversão alterando o texto original da medida provisória, esta manter-se-á integralmente em vigor até que seja sancionado ou vetado o projeto.

▶ §§ 1º a 12 acrescidos pela EC nº 32, de 11-9-2001.

**Art. 63.** Não será admitido aumento da despesa prevista:

I – nos projetos de iniciativa exclusiva do Presidente da República, ressalvado o disposto no artigo 166, §§ 3º e 4º;

II – nos projetos sobre organização dos serviços administrativos da Câmara dos Deputados, do Senado Federal, dos Tribunais Federais e do Ministério Público.

**Art. 64.** A discussão e votação dos projetos de lei de iniciativa do Presidente da República, do Supremo Tribunal Federal e dos Tribunais Superiores terão início na Câmara dos Deputados.

§ 1º O Presidente da República poderá solicitar urgência para apreciação de projetos de sua iniciativa.

§ 2º Se, no caso do § 1º, a Câmara dos Deputados e o Senado Federal não se manifestarem sobre a proposição, cada qual sucessivamente, em até quarenta e cinco dias, sobrestar-se-ão todas as demais deliberações legislativas da respectiva Casa, com exceção das que tenham prazo constitucional determinado, até que se ultime a votação.

▶ § 2º com a redação dada pela EC nº 32, de 11-9-2001.

§ 3º A apreciação das emendas do Senado Federal pela Câmara dos Deputados far-se-á no prazo de dez dias, observado quanto ao mais o disposto no parágrafo anterior.

§ 4º Os prazos do § 2º não correm nos períodos de recesso do Congresso Nacional, nem se aplicam aos projetos de código.

**Art. 65.** O projeto de lei aprovado por uma Casa será revisto pela outra, em um só turno de discussão e votação, e enviado à sanção ou promulgação, se a Casa revisora o aprovar, ou arquivado, se o rejeitar.

Parágrafo único. Sendo o projeto emendado, voltará à Casa iniciadora.

**Art. 66.** A Casa na qual tenha sido concluída a votação enviará o projeto de lei ao Presidente da República, que, aquiescendo, o sancionará.

§ 1º Se o Presidente da República considerar o projeto, no todo ou em parte, inconstitucional ou contrário ao interesse público, vetá-lo-á total ou parcialmente, no prazo de quinze dias úteis, contados da data do recebimento, e comunicará, dentro de quarenta e oito horas, ao Presidente do Senado Federal os motivos do veto.

§ 2º O veto parcial somente abrangerá texto integral de artigo, de parágrafo, de inciso ou de alínea.

§ 3º Decorrido o prazo de quinze dias, o silêncio do Presidente da República importará sanção.

§ 4º O veto será apreciado em sessão conjunta, dentro de trinta dias a contar de seu recebimento, só podendo ser rejeitado pelo voto da maioria absoluta dos Deputados e Senadores, em escrutínio secreto.

§ 5º Se o veto não for mantido, será o projeto enviado, para promulgação, ao Presidente da República.

§ 6º Esgotado sem deliberação o prazo estabelecido no § 4º, o veto será colocado na ordem do dia da sessão imediata, sobrestadas as demais proposições, até sua votação final.

▶ § 6º com a redação dada pela EC nº 32, de 11-9-2001.

§ 7º Se a lei não for promulgada dentro de quarenta e oito horas pelo Presidente da República, nos casos dos §§ 3º e 5º, o Presidente do Senado a promulgará, e, se este não o fizer em igual prazo, caberá ao Vice-Presidente do Senado fazê-lo.

**Art. 67.** A matéria constante de projeto de lei rejeitado somente poderá constituir objeto de novo projeto, na mesma sessão legislativa, mediante proposta da maioria absoluta dos membros de qualquer das Casas do Congresso Nacional.

**Art. 68.** As leis delegadas serão elaboradas pelo Presidente da República, que deverá solicitar a delegação ao Congresso Nacional.

§ 1º Não serão objeto de delegação os atos de competência exclusiva do Congresso Nacional, os de competência privativa da Câmara dos Deputados ou do Senado Federal, a matéria reservada à lei complementar, nem a legislação sobre:

I – organização do Poder Judiciário e do Ministério Público, a carreira e a garantia de seus membros;

II – nacionalidade, cidadania, direitos individuais, políticos e eleitorais;

III – planos plurianuais, diretrizes orçamentárias e orçamentos.

§ 2º A delegação ao Presidente da República terá a forma de resolução do Congresso Nacional, que especificará seu conteúdo e os termos de seu exercício.

§ 3º Se a resolução determinar a apreciação do projeto pelo Congresso Nacional, este a fará em votação única, vedada qualquer emenda.

**Art. 69.** As leis complementares serão aprovadas por maioria absoluta.

Seção IX

**DA FISCALIZAÇÃO CONTÁBIL, FINANCEIRA E ORÇAMENTÁRIA**

▶ Dec. nº 3.590, de 6-9-2000, dispõe sobre o Sistema de Administração Financeira Federal.

▶ Dec. nº 3.591, de 6-9-2000, dispõe sobre o Sistema de Controle Interno do Poder Executivo Federal.

▶ Dec. nº 6.976, de 7-10-2009, dispõe sobre o Sistema de Contabilidade Federal.

**Art. 70.** A fiscalização contábil, financeira, orçamentária, operacional e patrimonial da União e das entidades da administração direta e indireta, quanto à legalidade, legitimidade, economicidade, aplicação das subvenções e renúncia de receitas, será exercida pelo Congresso Nacional, mediante controle externo, e pelo sistema de controle interno de cada Poder.

Parágrafo único. Prestará contas qualquer pessoa física ou jurídica, pública ou privada, que utilize, arrecade, guarde, gerencie ou administre dinheiros, bens e valores públicos ou pelos quais a União responda, ou que, em nome desta, assuma obrigações de natureza pecuniária.

▶ Parágrafo único com a redação dada pela EC nº 19, de 4-6-1998.

**Art. 71.** O controle externo, a cargo do Congresso Nacional, será exercido com o auxílio do Tribunal de Contas da União, ao qual compete:

▶ Lei nº 8.443, de 16-7-1992, dispõe sobre a Lei Orgânica do Tribunal de Contas da União – TCU.

I – apreciar as contas prestadas anualmente pelo Presidente da República, mediante parecer prévio que deverá ser elaborado em sessenta dias a contar de seu recebimento;

II – julgar as contas dos administradores e demais responsáveis por dinheiros, bens e valores públicos da administração direta e indireta, incluídas as fundações e sociedades instituídas e mantidas pelo Poder Público federal, e as contas daqueles que derem causa a perda, extravio ou outra irregularidade de que resulte prejuízo ao erário público;

III – apreciar, para fins de registro, a legalidade dos atos de admissão de pessoal, a qualquer título, na administração direta e indireta, incluídas as fundações instituídas e mantidas pelo Poder Público, excetuadas as nomeações para cargo de provimento em comissão, bem como a das concessões de aposentadorias, reformas e pensões, ressalvadas as melhorias posteriores que não alterem o fundamento legal do ato concessório;

▶ Súm. Vinc. nº 3 do STF.

IV – realizar, por iniciativa própria, da Câmara dos Deputados, do Senado Federal, de Comissão técnica ou de inquérito, inspeções e auditorias de natureza contábil, financeira, orçamentária, operacional e patrimonial, nas unidades administrativas dos Poderes Legislativo, Executivo e Judiciário, e demais entidades referidas no inciso II;

V – fiscalizar as contas nacionais das empresas supranacionais de cujo capital social a União participe, de forma direta ou indireta, nos termos do tratado constitutivo;

VI – fiscalizar a aplicação de quaisquer recursos repassados pela União mediante convênio, acordo, ajuste ou outros instrumentos congêneres, a Estado, ao Distrito Federal ou a Município;

VII – prestar as informações solicitadas pelo Congresso Nacional, por qualquer de suas Casas, ou por qualquer das respectivas Comissões, sobre a fiscalização contábil, financeira, orçamentária, operacional e patrimonial e sobre resultados de auditorias e inspeções realizadas;

VIII – aplicar aos responsáveis, em caso de ilegalidade de despesa ou irregularidade de contas, as sanções previstas em lei, que estabelecerá, entre outras cominações, multa proporcional ao dano causado ao erário;

IX – assinar prazo para que o órgão ou entidade adote as providências necessárias ao exato cumprimento da lei, se verificada ilegalidade;

X – sustar, se não atendido, a execução do ato impugnado, comunicando a decisão à Câmara dos Deputados e ao Senado Federal;

XI – representar ao Poder competente sobre irregularidades ou abusos apurados.

§ 1º No caso de contrato, o ato de sustação será adotado diretamente pelo Congresso Nacional, que solicitará, de imediato, ao Poder Executivo as medidas cabíveis.

§ 2º Se o Congresso Nacional ou o Poder Executivo, no prazo de noventa dias, não efetivar as medidas previstas no parágrafo anterior, o Tribunal decidirá a respeito.

§ 3º As decisões do Tribunal de que resulte imputação de débito ou multa terão eficácia de título executivo.

§ 4º O Tribunal encaminhará ao Congresso Nacional, trimestral e anualmente, relatório de suas atividades.

**Art. 72.** A Comissão mista permanente a que se refere o artigo 166, § 1º, diante de indícios de despesas não autorizadas, ainda que sob a forma de investimentos não programados ou de subsídios não aprovados, poderá solicitar à autoridade governamental responsável que, no prazo de cinco dias, preste os esclarecimentos necessários.

▶ Art. 16, § 2º, do ADCT.

§ 1º Não prestados os esclarecimentos, ou considerados estes insuficientes, a Comissão solicitará ao Tribunal pronunciamento conclusivo sobre a matéria, no prazo de trinta dias.

§ 2º Entendendo o Tribunal irregular a despesa, a Comissão, se julgar que o gasto possa causar dano irreparável ou grave lesão à economia pública, proporá ao Congresso Nacional sua sustação.

**Art. 73.** O Tribunal de Contas da União, integrado por nove Ministros, tem sede no Distrito Federal, quadro próprio de pessoal e jurisdição em todo o Território Nacional, exercendo, no que couber, as atribuições previstas no artigo 96.

▶ Art. 84, XV, desta Constituição.
▶ Lei nº 8.443, de 16-7-1992, dispõe sobre a Lei Orgânica do Tribunal de Contas da União –TCU.

§ 1º Os Ministros do Tribunal de Contas da União serão nomeados dentre brasileiros que satisfaçam os seguintes requisitos:

I – mais de trinta e cinco e menos de sessenta e cinco anos de idade;
II – idoneidade moral e reputação ilibada;
III – notórios conhecimentos jurídicos, contábeis, econômicos e financeiros ou de administração pública;
IV – mais de dez anos de exercício de função ou de efetiva atividade profissional que exija os conhecimentos mencionados no inciso anterior.

▶ Dec. Legislativo nº 6, de 22-4-1993, dispõe sobre a escolha de Ministro do Tribunal de Contas da União.

§ 2º Os Ministros do Tribunal de Contas da União serão escolhidos:

▶ Súm. nº 653 do STF.

I – um terço pelo Presidente da República, com aprovação do Senado Federal, sendo dois alternadamente dentre auditores e membros do Ministério Público junto ao Tribunal, indicados em lista tríplice pelo Tribunal, segundo os critérios de antiguidade e merecimento;
II – dois terços pelo Congresso Nacional.

▶ Dec. Legislativo nº 6, de 22-4-1993, dispõe sobre a escolha de Ministro do Tribunal de Contas da União.

§ 3º Os Ministros do Tribunal de Contas da União terão as mesmas garantias, prerrogativas, impedimentos, vencimentos e vantagens dos Ministros do Superior Tribunal de Justiça, aplicando-se-lhes, quanto à aposentadoria e pensão, as normas constantes do art. 40.

▶ § 3º com a redação dada pela EC nº 20, de 15-12-1998.

§ 4º O auditor, quando em substituição a Ministro, terá as mesmas garantias e impedimentos do titular e, quando no exercício das demais atribuições da judicatura, as de juiz de Tribunal Regional Federal.

**Art. 74.** Os Poderes Legislativo, Executivo e Judiciário manterão, de forma integrada, sistema de controle interno com a finalidade de:

I – avaliar o cumprimento das metas previstas no plano plurianual, a execução dos programas de governo e dos orçamentos da União;
II – comprovar a legalidade e avaliar os resultados, quanto à eficácia e eficiência, da gestão orçamentária, financeira e patrimonial nos órgãos e entidades da administração federal, bem como da aplicação de recursos públicos por entidades de direito privado;
III – exercer o controle das operações de crédito, avais e garantias, bem como dos direitos e haveres da União;

IV – apoiar o controle externo no exercício de sua missão institucional.

§ 1º Os responsáveis pelo controle interno, ao tomarem conhecimento de qualquer irregularidade ou ilegalidade, dela darão ciência ao Tribunal de Contas da União, sob pena de responsabilidade solidária.

§ 2º Qualquer cidadão, partido político, associação ou sindicato é parte legítima para, na forma da lei, denunciar irregularidades ou ilegalidades perante o Tribunal de Contas da União.

▶ Arts. 1º, XVI, e 53, da Lei nº 8.443, de 16-7-1992, que dispõe sobre a Lei Orgânica do Tribunal de Contas da União – TCU.

**Art. 75.** As normas estabelecidas nesta seção aplicam-se, no que couber, à organização, composição e fiscalização dos Tribunais de Contas dos Estados e do Distrito Federal, bem como dos Tribunais e Conselhos de Contas dos Municípios.

▶ Súm. nº 653 do STF.

Parágrafo único. As Constituições estaduais disporão sobre os Tribunais de Contas respectivos, que serão integrados por sete Conselheiros.

CAPÍTULO II

# DO PODER EXECUTIVO

SEÇÃO I

## DO PRESIDENTE E DO VICE-PRESIDENTE DA REPÚBLICA

▶ Lei nº 10.683, de 28-5-2003, dispõe sobre a organização da Presidência da República e dos Ministérios.

**Art. 76.** O Poder Executivo é exercido pelo Presidente da República, auxiliado pelos Ministros de Estado.

**Art. 77.** A eleição do Presidente e do Vice-Presidente da República realizar-se-á, simultaneamente, no primeiro domingo de outubro, em primeiro turno, e no último domingo de outubro, em segundo turno, se houver, do ano anterior ao do término do mandato presidencial vigente.

▶ *Caput* com a redação dada pela EC nº 16, de 4-6-1997.
▶ Arts. 28, 29, II, 32, § 2º, desta Constituição.
▶ Lei nº 9.504, de 30-9-1997 (Lei das Eleições).

§ 1º A eleição do Presidente da República importará a do Vice-Presidente com ele registrado.

§ 2º Será considerado eleito Presidente o candidato que, registrado por partido político, obtiver a maioria absoluta de votos, não computados os em branco e os nulos.

§ 3º Se nenhum candidato alcançar maioria absoluta na primeira votação, far-se-á nova eleição em até vinte dias após a proclamação do resultado, concorrendo os dois candidatos mais votados e considerando-se eleito aquele que obtiver a maioria dos votos válidos.

§ 4º Se, antes de realizado o segundo turno, ocorrer morte, desistência ou impedimento legal de candidato, convocar-se-á, dentre os remanescentes, o de maior votação.

§ 5º Se, na hipótese dos parágrafos anteriores, remanescer, em segundo lugar, mais de um candidato com a mesma votação, qualificar-se-á o mais idoso.

**Art. 78.** O Presidente e o Vice-Presidente da República tomarão posse em sessão do Congresso Nacional, prestando o compromisso de manter, defender e cumprir a Constituição, observar as leis, promover o bem geral do povo brasileiro, sustentar a união, a integridade e a independência do Brasil.

Parágrafo único. Se, decorridos dez dias da data fixada para a posse, o Presidente ou o Vice-Presidente, salvo motivo de força maior, não tiver assumido o cargo, este será declarado vago.

**Art. 79.** Substituirá o Presidente, no caso de impedimento, e suceder-lhe-á, no de vaga, o Vice-Presidente.

Parágrafo único. O Vice-Presidente da República, além de outras atribuições que lhe forem conferidas por lei complementar, auxiliará o Presidente, sempre que por ele convocado para missões especiais.

**Art. 80.** Em caso de impedimento do Presidente e do Vice-Presidente, ou vacância dos respectivos cargos, serão sucessivamente chamados ao exercício da Presidência o Presidente da Câmara dos Deputados, o do Senado Federal e o do Supremo Tribunal Federal.

**Art. 81.** Vagando os cargos de Presidente e Vice-Presidente da República, far-se-á eleição noventa dias depois de aberta a última vaga.

§ 1º Ocorrendo a vacância nos últimos dois anos do período presidencial, a eleição para ambos os cargos será feita trinta dias depois da última vaga, pelo Congresso Nacional, na forma da lei.

§ 2º Em qualquer dos casos, os eleitos deverão completar o período de seus antecessores.

**Art. 82.** O mandato do Presidente da República é de quatro anos e terá início em primeiro de janeiro do ano subsequente ao da sua eleição.

▶ Artigo com a redação dada pela EC nº 16, de 4-6-1997.

**Art. 83.** O Presidente e o Vice-Presidente da República não poderão, sem licença do Congresso Nacional, ausentar-se do País por período superior a quinze dias, sob pena de perda do cargo.

SEÇÃO II

## DAS ATRIBUIÇÕES DO PRESIDENTE DA REPÚBLICA

**Art. 84.** Compete privativamente ao Presidente da República:

▶ Arts. 55 a 57 do CPM.
▶ Arts. 466 a 480 do CPPM.

I – nomear e exonerar os Ministros de Estado;
II – exercer, com o auxílio dos Ministros de Estado, a direção superior da administração federal;
III – iniciar o processo legislativo, na forma e nos casos previstos nesta Constituição;
IV – sancionar, promulgar e fazer publicar as leis, bem como expedir decretos e regulamentos para sua fiel execução;
V – vetar projetos de lei, total ou parcialmente;

▶ Art. 66, §§ 1º a 7º, desta Constituição.

VI – dispor, mediante decreto, sobre:

▶ Art. 61, § 1º, II, e, desta Constituição.

a) organização e funcionamento da administração federal, quando não implicar aumento de despesa nem criação ou extinção de órgãos públicos;
b) extinção de funções ou cargos públicos, quando vagos;

▶ Inciso VI com a redação dada pela EC nº 32, de 11-9-2001.
▶ Art. 48, X, desta Constituição.

VII – manter relações com Estados estrangeiros e acreditar seus representantes diplomáticos;
VIII – celebrar tratados, convenções e atos internacionais, sujeitos a referendo do Congresso Nacional;
IX – decretar o estado de defesa e o estado de sítio;
X – decretar e executar a intervenção federal;
XI – remeter mensagem e plano de governo ao Congresso Nacional por ocasião da abertura da sessão legislativa, expondo a situação do País e solicitando as providências que julgar necessárias;
XII – conceder indulto e comutar penas, com audiência, se necessário, dos órgãos instituídos em lei;

▶ Dec. nº 1.860, de 11-4-1996, concede indulto especial e condicional.
▶ Dec. nº 2.002, de 9-9-1996, concede indulto e comuta penas.

XIII – exercer o comando supremo das Forças Armadas, nomear os Comandantes da Marinha, do Exército e da Aeronáutica, promover seus oficiais-generais e nomeá-los para os cargos que lhes são privativos;

▶ Inciso XIII com a redação dada pela EC nº 23, de 2-9-1999.
▶ Art. 49, I, desta Constituição.
▶ LC nº 97, de 9-6-1999, dispõe sobre as normas gerais para a organização, o preparo e o emprego das Forças Armadas.

XIV – nomear, após aprovação pelo Senado Federal, os Ministros do Supremo Tribunal Federal e dos Tribunais Superiores, os Governadores de Territórios, o Procurador-Geral da República, o presidente e os diretores do Banco Central e outros servidores, quando determinado em lei;
XV – nomear, observado o disposto no artigo 73, os Ministros do Tribunal de Contas da União;
XVI – nomear os magistrados, nos casos previstos nesta Constituição, e o Advogado-Geral da União;

▶ Arts. 131 e 132 desta Constituição.

XVII – nomear membros do Conselho da República, nos termos do artigo 89, VII;
XVIII – convocar e presidir o Conselho da República e o Conselho de Defesa Nacional;
XIX – declarar guerra, no caso de agressão estrangeira, autorizado pelo Congresso Nacional ou referendado por ele, quando ocorrida no intervalo das sessões legislativas, e, nas mesmas condições, decretar, total ou parcialmente, a mobilização nacional;

▶ Art. 5º, XLVII, a, desta Constituição.
▶ Dec. nº 7.294, de 6-9-2010, dispõe sobre a Política de Mobilização Nacional.

XX – celebrar a paz, autorizado ou com o referendo do Congresso Nacional;
XXI – conferir condecorações e distinções honoríficas;

XXII – permitir, nos casos previstos em lei complementar, que forças estrangeiras transitem pelo Território Nacional ou nele permaneçam temporariamente;

▶ LC nº 90, de 1º-10-1997, regulamenta este inciso e determina os casos em que forças estrangeiras possam transitar pelo território nacional ou nele permanecer temporariamente.

XXIII – enviar ao Congresso Nacional o plano plurianual, o projeto de lei de diretrizes orçamentárias e as propostas de orçamento previstos nesta Constituição;
XXIV – prestar anualmente, ao Congresso Nacional, dentro de sessenta dias após a abertura da sessão legislativa, as contas referentes ao exercício anterior;
XXV – prover e extinguir os cargos públicos federais, na forma da lei;
XXVI – editar medidas provisórias com força de lei, nos termos do artigo 62;
XXVII – exercer outras atribuições previstas nesta Constituição.

Parágrafo único. O Presidente da República poderá delegar as atribuições mencionadas nos incisos VI, XII e XXV, primeira parte, aos Ministros de Estado, ao Procurador-Geral da República ou ao Advogado-Geral da União, que observarão os limites traçados nas respectivas delegações.

*Seção III*

## DA RESPONSABILIDADE DO PRESIDENTE DA REPÚBLICA

**Art. 85.** São crimes de responsabilidade os atos do Presidente da República que atentem contra a Constituição Federal e, especialmente, contra:

▶ Lei nº 1.079, de 10-4-1950 (Lei dos Crimes de Responsabilidade).
▶ Lei nº 8.429, de 2-6-1992 (Lei da Improbidade Administrativa).

I – a existência da União;
II – o livre exercício do Poder Legislativo, do Poder Judiciário, do Ministério Público e dos Poderes Constitucionais das Unidades da Federação;
III – o exercício dos direitos políticos, individuais e sociais;
IV – a segurança interna do País;

▶ LC nº 90, de 1º-10-1997, determina os casos em que forças estrangeiras possam transitar pelo território nacional ou nele permanecer temporariamente.

V – a probidade na administração;

▶ Art. 37, § 4º, desta Constituição.

VI – a lei orçamentária;
VII – o cumprimento das leis e das decisões judiciais.

Parágrafo único. Estes crimes serão definidos em lei especial, que estabelecerá as normas de processo e julgamento.

▶ Lei nº 1.079, de 10-4-1950 (Lei dos Crimes de Responsabilidade).
▶ Súm. nº 722 do STF.

**Art. 86.** Admitida a acusação contra o Presidente da República, por dois terços da Câmara dos Deputados, será ele submetido a julgamento perante o Supremo Tribunal Federal, nas infrações penais comuns, ou perante o Senado Federal, nos crimes de responsabilidade.

§ 1º O Presidente ficará suspenso de suas funções:

I – nas infrações penais comuns, se recebida a denúncia ou queixa-crime pelo Supremo Tribunal Federal;
II – nos crimes de responsabilidade, após a instauração do processo pelo Senado Federal.

§ 2º Se, decorrido o prazo de cento e oitenta dias, o julgamento não estiver concluído, cessará o afastamento do Presidente, sem prejuízo do regular prosseguimento do processo.

§ 3º Enquanto não sobrevier sentença condenatória, nas infrações comuns, o Presidente da República não estará sujeito à prisão.

§ 4º O Presidente da República, na vigência de seu mandato, não pode ser responsabilizado por atos estranhos ao exercício de suas funções.

*Seção IV*

## DOS MINISTROS DE ESTADO

▶ Lei nº 10.683, de 28-5-2003, e Dec. nº 4.118, de 7-2-2002, dispõem sobre a organização da Presidência da República e dos Ministérios.

**Art. 87.** Os Ministros de Estado serão escolhidos dentre brasileiros maiores de vinte e um anos e no exercício dos direitos políticos.

Parágrafo único. Compete ao Ministro de Estado, além de outras atribuições estabelecidas nesta Constituição e na lei:

I – exercer a orientação, coordenação e supervisão dos órgãos e entidades da administração federal na área de sua competência e referendar os atos e decretos assinados pelo Presidente da República;
II – expedir instruções para a execução das leis, decretos e regulamentos;
III – apresentar ao Presidente da República relatório anual de sua gestão no Ministério;
IV – praticar os atos pertinentes às atribuições que lhe forem outorgadas ou delegadas pelo Presidente da República.

**Art. 88.** A lei disporá sobre a criação e extinção de Ministérios e órgãos da administração pública.

▶ Artigo com a redação dada pela EC nº 32, de 11-9-2001.

*Seção V*

## DO CONSELHO DA REPÚBLICA E DO CONSELHO DE DEFESA NACIONAL

*Subseção I*

## DO CONSELHO DA REPÚBLICA

▶ Lei nº 8.041, de 5-6-1990, dispõe sobre a organização e o funcionamento do Conselho da República.
▶ Art. 14 do Dec. nº 4.118, de 7-2-2002, que dispõe sobre a organização da Presidência da República e dos Ministérios.

**Art. 89.** O Conselho da República é órgão superior de consulta do Presidente da República, e dele participam:

▶ Lei nº 8.041, de 5-6-1990, dispõe sobre a organização e o funcionamento do Conselho da República.

I – o Vice-Presidente da República;
II – o Presidente da Câmara dos Deputados;
III – o Presidente do Senado Federal;

IV – os líderes da maioria e da minoria na Câmara dos Deputados;
V – os líderes da maioria e da minoria no Senado Federal;
VI – o Ministro da Justiça;
VII – seis cidadãos brasileiros natos, com mais de trinta e cinco anos de idade, sendo dois nomeados pelo Presidente da República, dois eleitos pelo Senado Federal e dois eleitos pela Câmara dos Deputados, todos com mandato de três anos, vedada a recondução.

▶ Arts. 51, V, 52, XIV, e 84, XVII, desta Constituição.

**Art. 90.** Compete ao Conselho da República pronunciar-se sobre:

I – intervenção federal, estado de defesa e estado de sítio;
II – as questões relevantes para a estabilidade das instituições democráticas.

§ 1º O Presidente da República poderá convocar Ministro de Estado para participar da reunião do Conselho, quando constar da pauta questão relacionada com o respectivo Ministério.

§ 2º A lei regulará a organização e o funcionamento do Conselho da República.

▶ Lei nº 8.041, de 5-6-1990, dispõe sobre a organização e o funcionamento do Conselho da República.

SUBSEÇÃO II

### DO CONSELHO DE DEFESA NACIONAL

▶ Lei nº 8.183, de 11-4-1991, dispõe sobre a organização e o funcionamento do Conselho de Defesa Nacional.
▶ Dec. nº 893, de 12-8-1993, aprova o regulamento do Conselho de Defesa Nacional.
▶ Art. 15 do Dec. nº 4.118, de 7-2-2002, que dispõe sobre o Conselho de Defesa Nacional.

**Art. 91.** O Conselho de Defesa Nacional é órgão de consulta do Presidente da República nos assuntos relacionados com a soberania nacional e a defesa do Estado democrático, e dele participam como membros natos:

▶ Lei nº 8.183, de 11-4-1991, dispõe sobre a organização e funcionamento do Conselho de Defesa Nacional.
▶ Dec. nº 893, de 12-8-1993, aprova o regulamento do Conselho de Defesa Nacional.

I – o Vice-Presidente da República;
II – o Presidente da Câmara dos Deputados;
III – o Presidente do Senado Federal;
IV – o Ministro da Justiça;
V – o Ministro de Estado da Defesa;

▶ Inciso V com a redação dada pela EC nº 23, de 2-9-1999.

VI – o Ministro das Relações Exteriores;
VII – o Ministro do Planejamento;
VIII – os Comandantes da Marinha, do Exército e da Aeronáutica.

▶ Inciso VIII acrescido pela EC nº 23, de 2-9-1999.

§ 1º Compete ao Conselho de Defesa Nacional:

I – opinar nas hipóteses de declaração de guerra e de celebração da paz, nos termos desta Constituição;
II – opinar sobre a decretação do estado de defesa, do estado de sítio e da intervenção federal;
III – propor os critérios e condições de utilização de áreas indispensáveis à segurança do território nacional e opinar sobre seu efetivo uso, especialmente na faixa de fronteira e nas relacionadas com a preservação e a exploração dos recursos naturais de qualquer tipo;
IV – estudar, propor e acompanhar o desenvolvimento de iniciativas necessárias a garantir a independência nacional e a defesa do Estado democrático.

§ 2º A lei regulará a organização e o funcionamento do Conselho de Defesa Nacional.

▶ Lei nº 8.183, de 11-4-1991, dispõe sobre a organização e o funcionamento do Conselho de Defesa Nacional.
▶ Dec. nº 893, de 12-8-1993, aprova o Regulamento do Conselho de Defesa Nacional.

CAPÍTULO III

## DO PODER JUDICIÁRIO

SEÇÃO I

### DISPOSIÇÕES GERAIS

**Art. 92.** São órgãos do Poder Judiciário:

I – o Supremo Tribunal Federal;
I-A – O Conselho Nacional de Justiça;

▶ Inciso I-A acrescido pela EC nº 45, de 8-12-2004.
▶ Art. 103-B desta Constituição.
▶ Art. 5º da EC nº 45, de 8-12-2004 (Reforma do Judiciário).

II – o Superior Tribunal de Justiça;
III – os Tribunais Regionais Federais e Juízes Federais;
IV – os Tribunais e Juízes do Trabalho;
V – os Tribunais e Juízes Eleitorais;
VI – os Tribunais e Juízes Militares;
VII – os Tribunais e Juízes dos Estados e do Distrito Federal e Territórios.

§ 1º O Supremo Tribunal Federal, o Conselho Nacional de Justiça e os Tribunais Superiores têm sede na Capital Federal.

▶ Art. 103-B desta Constituição.

§ 2º O Supremo Tribunal Federal e os Tribunais Superiores têm jurisdição em todo o território nacional.

▶ §§ 1º e 2º acrescidos pela EC nº 45, de 8-12-2004.

**Art. 93.** Lei complementar, de iniciativa do Supremo Tribunal Federal, disporá sobre o Estatuto da Magistratura, observados os seguintes princípios:

▶ LC nº 35, de 14-3-1979 (Lei Orgânica da Magistratura Nacional).
▶ Lei nº 5.621, de 4-11-1970, dispõe sobre organização e divisão judiciária.

I – ingresso na carreira, cujo cargo inicial será o de juiz substituto, mediante concurso público de provas e títulos, com a participação da Ordem dos Advogados do Brasil em todas as fases, exigindo-se do bacharel em direito, no mínimo, três anos de atividade jurídica e obedecendo-se, nas nomeações, à ordem de classificação;

▶ Inciso I com a redação dada pela EC nº 45, de 8-12-2004.

II – promoção de entrância para entrância, alternadamente, por antiguidade e merecimento, atendidas as seguintes normas:

Constituição Federal – Arts. 94 e 95

a) é obrigatória a promoção do juiz que figure por três vezes consecutivas ou cinco alternadas em lista de merecimento;
b) a promoção por merecimento pressupõe dois anos de exercício na respectiva entrância e integrar o juiz a primeira quinta parte da lista de antiguidade desta, salvo se não houver com tais requisitos quem aceite o lugar vago;
c) aferição do merecimento conforme o desempenho e pelos critérios objetivos de produtividade e presteza no exercício da jurisdição e pela frequência e aproveitamento em cursos oficiais ou reconhecidos de aperfeiçoamento;
d) na apuração de antiguidade, o tribunal somente poderá recusar o juiz mais antigo pelo voto fundamentado de dois terços de seus membros, conforme procedimento próprio, e assegurada ampla defesa, repetindo-se a votação até fixar-se a indicação;

▶ Alíneas c e d com a redação dada pela EC nº 45, de 8-12-2004.

e) não será promovido o juiz que, injustificadamente, retiver autos em seu poder além do prazo legal, não podendo devolvê-los ao cartório sem o devido despacho ou decisão;

▶ Alínea e acrescida pela EC nº 45, de 8-12-2004.

III – o acesso aos tribunais de segundo grau far-se-á por antiguidade e merecimento, alternadamente, apurados na última ou única entrância;
IV – previsão de cursos oficiais de preparação, aperfeiçoamento e promoção de magistrados, constituindo etapa obrigatória do processo de vitaliciamento a participação em curso oficial ou reconhecido por escola nacional de formação e aperfeiçoamento de magistrados;

▶ Incisos III e IV com a redação dada pela EC nº 45, de 8-12-2004.

V – o subsídio dos Ministros dos Tribunais Superiores corresponderá a noventa e cinco por cento do subsídio mensal fixado para os Ministros do Supremo Tribunal Federal e os subsídios dos demais magistrados serão fixados em lei e escalonados, em nível federal e estadual, conforme as respectivas categorias da estrutura judiciária nacional, não podendo a diferença entre uma e outra ser superior a dez por cento ou inferior a cinco por cento, nem exceder a noventa e cinco por cento do subsídio mensal dos Ministros dos Tribunais Superiores, obedecido, em qualquer caso, o disposto nos artigos 37, XI, e 39, § 4º;

▶ Inciso V com a redação dada pela EC nº 19, de 4-6-1998.
▶ Lei nº 9.655, de 2-6-1998, altera o percentual de diferença entre a remuneração dos cargos de Ministros do Superior Tribunal de Justiça e dos Juízes da Justiça Federal de Primeiro e Segundo Graus.

VI – a aposentadoria dos magistrados e a pensão de seus dependentes observarão o disposto no artigo 40;

▶ Inciso VI com a redação dada pela EC nº 20, de 15-12-1998.

VII – o juiz titular residirá na respectiva comarca, salvo autorização do tribunal;
VIII – o ato de remoção, disponibilidade e aposentadoria do magistrado, por interesse público, fundar-se-á em decisão por voto de maioria absoluta do respectivo tribunal ou do Conselho Nacional de Justiça, assegurada ampla defesa;

▶ Incisos VII e VIII com a redação dada pela EC nº 45, de 8-12-2004.
▶ Arts. 95, II, e 103-B desta Constituição.
▶ Art. 5º da EC nº 45, de 8-12-2004 (Reforma do Judiciário).

VIII-A – a remoção a pedido ou a permuta de magistrados de comarca de igual entrância atenderá, no que couber, ao disposto nas alíneas a, b, c e e do inciso II;

▶ Inciso VIII-A acrescido pela EC nº 45, de 8-12-2004.

IX – todos os julgamentos dos órgãos do Poder Judiciário serão públicos, e fundamentadas todas as decisões, sob pena de nulidade, podendo a lei limitar a presença, em determinados atos, às próprias partes e a seus advogados, ou somente a estes, em casos nos quais a preservação do direito à intimidade do interessado no sigilo não prejudique o interesse público à informação;

▶ Súm. nº 123 do STJ.

X – as decisões administrativas dos tribunais serão motivadas e em sessão pública, sendo as disciplinares tomadas pelo voto da maioria absoluta de seus membros;
XI – nos tribunais com número superior a vinte e cinco julgadores, poderá ser constituído órgão especial, com o mínimo de onze e o máximo de vinte e cinco membros, para o exercício das atribuições administrativas e jurisdicionais delegadas da competência do tribunal pleno, provendo-se metade das vagas por antiguidade e a outra metade por eleição pelo tribunal pleno;

▶ Incisos IX a XI com a redação dada pela EC nº 45, de 8-12-2004.

XII – a atividade jurisdicional será ininterrupta, sendo vedado férias coletivas nos juízos e tribunais de segundo grau, funcionando, nos dias em que não houver expediente forense normal, juízes em plantão permanente;
XIII – o número de juízes na unidade jurisdicional será proporcional à efetiva demanda judicial e à respectiva população;
XIV – os servidores receberão delegação para a prática de atos de administração e atos de mero expediente sem caráter decisório;
XV – a distribuição de processos será imediata, em todos os graus de jurisdição.

▶ Incisos XII a XV acrescidos pela EC nº 45, de 8-12-2004.

**Art. 94.** Um quinto dos lugares dos Tribunais Regionais Federais, dos Tribunais dos Estados, e do Distrito Federal e Territórios será composto de membros, do Ministério Público, com mais de dez anos de carreira, e de advogados de notório saber jurídico e de reputação ilibada, com mais de dez anos de efetiva atividade profissional, indicados em lista sêxtupla pelos órgãos de representação das respectivas classes.

▶ Arts. 104, II, e 115, II, desta Constituição.

Parágrafo único. Recebidas as indicações, o Tribunal formará lista tríplice, enviando-a ao Poder Executivo, que, nos vinte dias subsequentes, escolherá um de seus integrantes para nomeação.

**Art. 95.** Os juízes gozam das seguintes garantias:

I – vitaliciedade, que, no primeiro grau, só será adquirida após dois anos de exercício, dependendo a perda do cargo, nesse período, de deliberação do Tribunal a que o juiz estiver vinculado, e, nos demais casos, de sentença judicial transitada em julgado;
II – inamovibilidade, salvo por motivo de interesse público, na forma do artigo 93, VIII;
III – irredutibilidade de subsídio, ressalvado o disposto nos artigos 37, X e XI, 39, § 4º, 150, II, 153, III, e 153, § 2º, I.

▶ Inciso III com a redação dada pela EC nº 19, de 4-6-1998.

Parágrafo único. Aos juízes é vedado:
I – exercer, ainda que em disponibilidade, outro cargo ou função, salvo uma de magistério;
II – receber, a qualquer título ou pretexto, custas ou participação em processo;
III – dedicar-se à atividade político-partidária;
IV – receber, a qualquer título ou pretexto, auxílios ou contribuições de pessoas físicas, entidades públicas ou privadas, ressalvadas as exceções previstas em lei;
V – exercer a advocacia no juízo ou tribunal do qual se afastou, antes de decorridos três anos do afastamento do cargo por aposentadoria ou exoneração.

▶ Incisos IV e V acrescidos pela EC nº 45, de 8-12-2004.
▶ Art. 128, § 6º, desta Constituição.

**Art. 96.** Compete privativamente:

▶ Art. 4º da EC nº 45, de 8-12-2004.

I – aos Tribunais:
a) eleger seus órgãos diretivos e elaborar seus regimentos internos, com observância das normas de processo e das garantias processuais das partes, dispondo sobre a competência e o funcionamento dos respectivos órgãos jurisdicionais e administrativos;
b) organizar suas secretarias e serviços auxiliares e os dos juízos que lhes forem vinculados, velando pelo exercício da atividade correicional respectiva;
c) prover, na forma prevista nesta Constituição, os cargos de juiz de carreira da respectiva jurisdição;
d) propor a criação de novas varas judiciárias;
e) prover, por concurso público de provas, ou de provas e títulos, obedecido o disposto no artigo 169, parágrafo único, os cargos necessários à administração da Justiça, exceto os de confiança assim definidos em lei;

▶ De acordo com a alteração processada pela EC nº 19, de 4-6-1998, a referência passa a ser ao art. 169, § 1º.

f) conceder licença, férias e outros afastamentos a seus membros e aos juízes e servidores que lhes forem imediatamente vinculados;
II – ao Supremo Tribunal Federal, aos Tribunais Superiores e aos Tribunais de Justiça propor ao Poder Legislativo respectivo, observado o disposto no artigo 169:
a) a alteração do número de membros dos Tribunais inferiores;
b) a criação e a extinção de cargos e a remuneração dos seus serviços auxiliares e dos juízos que lhes forem vinculados, bem como a fixação do subsídio de seus membros e dos juízes, inclusive dos tribunais inferiores, onde houver;

▶ Alínea b com a redação dada pela EC nº 41, de 19-12-2003.
▶ Lei nº 10.475 de 27-6-2002, reestrutura as carreiras dos servidores do Poder Judiciário da União.

c) a criação ou extinção dos Tribunais inferiores;
d) a alteração da organização e da divisão judiciárias;

III – aos Tribunais de Justiça julgar os juízes estaduais e do Distrito Federal e Territórios, bem como os membros do Ministério Público, nos crimes comuns e de responsabilidade, ressalvada a competência da Justiça Eleitoral.

**Art. 97.** Somente pelo voto da maioria absoluta de seus membros ou dos membros do respectivo órgão especial poderão os Tribunais declarar a inconstitucionalidade de lei ou ato normativo do Poder Público.

▶ Súm. Vinc. nº 10 do STF.

**Art. 98.** A União, no Distrito Federal e nos Territórios, e os Estados criarão:
I – juizados especiais, providos por juízes togados, ou togados e leigos, competentes para a conciliação, o julgamento e a execução de causas cíveis de menor complexidade e infrações penais de menor potencial ofensivo, mediante os procedimentos oral e sumaríssimo, permitidos, nas hipóteses previstas em lei, a transação e o julgamento de recursos por turmas de juízes de primeiro grau;

▶ Lei nº 9.099, de 26-9-1995 (Lei dos Juizados Especiais).
▶ Lei nº 10.259, de 12-7-2001 (Lei dos Juizados Especiais Federais).
▶ Lei nº 12.053, de 22-12-2009 (Lei dos Juizados Especiais da Fazenda Pública).
▶ Súm. Vinc. nº 27 do STF.
▶ Súm. nº 376 do STJ.

II – justiça de paz, remunerada, composta de cidadãos eleitos pelo voto direto, universal e secreto, com mandato de quatro anos e competência para, na forma da lei, celebrar casamentos, verificar, de ofício ou em face de impugnação apresentada, o processo de habilitação e exercer atribuições conciliatórias, sem caráter jurisdicional, além de outras previstas na legislação.

▶ Art. 30 do ADCT.

§ 1º Lei federal disporá sobre a criação de juizados especiais no âmbito da Justiça Federal.

▶ Antigo parágrafo único renumerado para § 1º pela EC nº 45, de 8-12-2004.
▶ Lei nº 10.259, de 12-7-2001 (Lei dos Juizados Especiais Federais).
▶ Súm. nº 428 do STJ.

§ 2º As custas e emolumentos serão destinados exclusivamente ao custeio dos serviços afetos às atividades específicas da Justiça.

▶ § 2º acrescido pela EC nº 45, de 8-12-2004.

**Art. 99.** Ao Poder Judiciário é assegurada autonomia administrativa e financeira.

§ 1º Os Tribunais elaborarão suas propostas orçamentárias dentro dos limites estipulados conjuntamente com os demais Poderes na lei de diretrizes orçamentárias.

▶ Art. 134, § 2º, desta Constituição.

§ 2º O encaminhamento da proposta, ouvidos os outros Tribunais interessados, compete:
▶ Art. 134, § 2º, desta Constituição.

I – no âmbito da União, aos Presidentes do Supremo Tribunal Federal e dos Tribunais Superiores, com a aprovação dos respectivos Tribunais;
II – no âmbito dos Estados e no do Distrito Federal e Territórios, aos Presidentes dos Tribunais de Justiça, com a aprovação dos respectivos Tribunais.

§ 3º Se os órgãos referidos no § 2º não encaminharem as respectivas propostas orçamentárias dentro do prazo estabelecido na lei de diretrizes orçamentárias, o Poder Executivo considerará, para fins de consolidação da proposta orçamentária anual, os valores aprovados na lei orçamentária vigente, ajustados de acordo com os limites estipulados na forma do § 1º deste artigo.

§ 4º Se as propostas orçamentárias de que trata este artigo forem encaminhadas em desacordo com os limites estipulados na forma do § 1º, o Poder Executivo procederá aos ajustes necessários para fins de consolidação da proposta orçamentária anual.

§ 5º Durante a execução orçamentária do exercício, não poderá haver a realização de despesas ou a assunção de obrigações que extrapolem os limites estabelecidos na lei de diretrizes orçamentárias, exceto se previamente autorizadas, mediante a abertura de créditos suplementares ou especiais.
▶ §§ 3º a 5º acrescidos pela EC nº 45, de 8-12-2004.

**Art. 100.** Os pagamentos devidos pelas Fazendas Públicas Federal, Estaduais, Distrital e Municipais, em virtude de sentença judiciária, far-se-ão exclusivamente na ordem cronológica de apresentação dos precatórios e à conta dos créditos respectivos, proibida a designação de casos ou de pessoas nas dotações orçamentárias e nos créditos adicionais abertos para este fim.
▶ Caput com a redação dada pela EC nº 62, de 9-12-2009.
▶ Arts. 33, 78, 86, 87 e 97 do ADCT.
▶ Art. 4º da EC nº 62, de 9-12-2009.
▶ Art. 6º da Lei nº 9.469, de 10-7-1997, que regula os pagamentos devidos pela Fazenda Pública em virtude de sentença judiciária.
▶ Res. do CNJ nº 92, de 13-10-2009, dispõe sobre a Gestão de Precatórios no âmbito do Poder Judiciário.
▶ Súm. nº 655 do STF.
▶ Súmulas nºs 144 e 339 do STJ.
▶ Orientações Jurisprudenciais do Tribunal Pleno nºs 12 e 13 do TST.

§ 1º Os débitos de natureza alimentícia compreendem aqueles decorrentes de salários, vencimentos, proventos, pensões e suas complementações, benefícios previdenciários e indenizações por morte ou por invalidez, fundadas em responsabilidade civil, em virtude de sentença judicial transitada em julgado, e serão pagos com preferência sobre todos os demais débitos, exceto sobre aqueles referidos no § 2º deste artigo.

§ 2º Os débitos de natureza alimentícia cujos titulares tenham 60 (sessenta) anos de idade ou mais na data de expedição do precatório, ou sejam portadores de doença grave, definidos na forma da lei, serão pagos com preferência sobre todos os demais débitos, até o valor equivalente ao triplo do fixado em lei para os fins do disposto no § 3º deste artigo, admitido o fracionamento para essa finalidade, sendo que o restante será pago na ordem cronológica de apresentação do precatório.
▶ Art. 97, § 17, do ADCT.

§ 3º O disposto no *caput* deste artigo relativamente à expedição de precatórios não se aplica aos pagamentos de obrigações definidas em leis como de pequeno valor que as Fazendas referidas devam fazer em virtude de sentença judicial transitada em julgado.
▶ Art. 87 do ADCT.
▶ Lei nº 10.099, de 19-12-2000, regulamenta este parágrafo.
▶ Art. 17, § 1º, da Lei nº 10.259, de 12-7-2001 (Lei dos Juizados Especiais Federais).
▶ Art. 13 da Lei nº 12.153, de 22-12-2009 (Lei dos Juizados Especiais da Fazenda Pública).

§ 4º Para os fins do disposto no § 3º, poderão ser fixados, por leis próprias, valores distintos às entidades de direito público, segundo as diferentes capacidades econômicas, sendo o mínimo igual ao valor do maior benefício do regime geral de previdência social.
▶ Art. 97, § 12º, do ADCT.

§ 5º É obrigatória a inclusão, no orçamento das entidades de direito público, de verba necessária ao pagamento de seus débitos, oriundos de sentenças transitadas em julgado, constantes de precatórios judiciários apresentados até 1º de julho, fazendo-se o pagamento até o final do exercício seguinte, quando terão seus valores atualizados monetariamente.
▶ Súm. Vinc. nº 17 do STF.

§ 6º As dotações orçamentárias e os créditos abertos serão consignados diretamente ao Poder Judiciário, cabendo ao Presidente do Tribunal que proferir a decisão exequenda determinar o pagamento integral e autorizar, a requerimento do credor e exclusivamente para os casos de preterimento de seu direito de precedência ou de não alocação orçamentária do valor necessário à satisfação do seu débito, o sequestro da quantia respectiva.
▶ §§ 1º a 6º com a redação dada pela EC nº 62, de 9-12-2009.
▶ Súm. nº 733 do STF.

§ 7º O Presidente do Tribunal competente que, por ato comissivo ou omissivo, retardar ou tentar frustrar a liquidação regular de precatórios incorrerá em crime de responsabilidade e responderá, também, perante o Conselho Nacional de Justiça.
▶ Lei nº 1.079, de 10-4-1950 (Lei dos Crimes de Responsabilidade).

§ 8º É vedada a expedição de precatórios complementares ou suplementares de valor pago, bem como o fracionamento, repartição ou quebra do valor da execução para fins de enquadramento de parcela do total ao que dispõe o § 3º deste artigo.
▶ Art. 87 do ADCT.

§ 9º No momento da expedição dos precatórios, independentemente de regulamentação, deles deverá ser abatido, a título de compensação, valor correspondente aos débitos líquidos e certos, inscritos ou não em dívida ativa e constituídos contra o credor original pela Fazenda Pública devedora, incluídas parcelas vincendas de parcelamentos, ressalvados aqueles cuja execução esteja suspensa em virtude de contestação administrativa ou judicial.

▶ Orient. Norm. do CJF nº 4, de 8-6-2010, estabelece regra de transição para os procedimentos de compensação previstos neste inciso.

§ 10. Antes da expedição dos precatórios, o Tribunal solicitará à Fazenda Pública devedora, para resposta em até 30 (trinta) dias, sob pena de perda do direito de abatimento, informação sobre os débitos que preencham as condições estabelecidas no § 9º, para os fins nele previstos.

▶ Orient. Norm. do CJF nº 4, de 8-6-2010, estabelece regra de transição para os procedimentos de compensação previstos neste inciso.

§ 11. É facultada ao credor, conforme estabelecido em lei da entidade federativa devedora, a entrega de créditos em precatórios para compra de imóveis públicos do respectivo ente federado.

§ 12. A partir da promulgação desta Emenda Constitucional, a atualização de valores de requisitórios, após sua expedição, até o efetivo pagamento, independentemente de sua natureza, será feita pelo índice oficial de remuneração básica da caderneta de poupança, e, para fins de compensação da mora, incidirão juros simples no mesmo percentual de juros incidentes sobre a caderneta de poupança, ficando excluída a incidência de juros compensatórios.

§ 13. O credor poderá ceder, total ou parcialmente, seus créditos em precatórios a terceiros, independentemente da concordância do devedor, não se aplicando ao cessionário o disposto nos §§ 2º e 3º.

▶ Art. 5º da EC nº 62, de 9-12-2009, que convalida todas as cessões de precatórios efetuadas antes da sua promulgação, independentemente da concordância da entidade devedora.
▶ Arts. 286 a 298 do CC.

§ 14. A cessão de precatórios somente produzirá efeitos após comunicação, por meio de petição protocolizada, ao tribunal de origem e à entidade devedora.

§ 15. Sem prejuízo do disposto neste artigo, lei complementar a esta Constituição Federal poderá estabelecer regime especial para pagamento de crédito de precatórios de Estados, Distrito Federal e Municípios, dispondo sobre vinculações à receita corrente líquida e forma e prazo de liquidação.

▶ Art. 97, *caput*, do ADCT.

§ 16. A seu critério exclusivo e na forma de lei, a União poderá assumir débitos, oriundos de precatórios, de Estados, Distrito Federal e Municípios, refinanciando-os diretamente.

▶ §§ 7º a 16 acrescidos pela EC nº 62, de 9-12-2009.

SEÇÃO II

## DO SUPREMO TRIBUNAL FEDERAL

**Art. 101.** O Supremo Tribunal Federal compõe-se de onze Ministros, escolhidos dentre cidadãos com mais de trinta e cinco anos e menos de sessenta e cinco anos de idade, de notável saber jurídico e reputação ilibada.

▶ Lei nº 8.038, de 28-5-1990, institui normas procedimentais para os processos que especifica, perante o STJ e o STF.

Parágrafo único. Os Ministros do Supremo Tribunal Federal serão nomeados pelo Presidente da República, depois de aprovada a escolha pela maioria absoluta do Senado Federal.

**Art. 102.** Compete ao Supremo Tribunal Federal, precipuamente, a guarda da Constituição, cabendo-lhe:

I – processar e julgar, originariamente:

▶ Res. do STF nº 427, de 20-4-2010, regulamenta o processo eletrônico no âmbito do Supremo Tribunal Federal.

a) a ação direta de inconstitucionalidade de lei ou ato normativo federal ou estadual e a ação declaratória de constitucionalidade de lei ou ato normativo federal;

▶ Alínea *a* com a redação dada pela EC nº 3, de 17-3-1993.
▶ Lei nº 9.868, de 10-11-1999 (Lei da ADIN e da ADECON).
▶ Dec. nº 2.346, de 10-10-1997, consolida as normas de procedimentos a serem observadas pela administração pública federal em razão de decisões judiciais.
▶ Súmulas nºs 642 e 735 do STF.

b) nas infrações penais comuns, o Presidente da República, o Vice-Presidente, os membros do Congresso Nacional, seus próprios Ministros e o Procurador-Geral da República;

c) nas infrações penais comuns e nos crimes de responsabilidade, os Ministros de Estado e os Comandantes da Marinha, do Exército e da Aeronáutica, ressalvado o disposto no artigo 52, I, os membros dos Tribunais Superiores, os do Tribunal de Contas da União e os chefes de missão diplomática de caráter permanente;

▶ Alínea *c* com a redação dada pela EC nº 23, de 2-9-1999.
▶ Lei nº 1.079, de 10-4-1950 (Lei dos Crimes de Responsabilidade).

d) o *habeas corpus*, sendo paciente qualquer das pessoas referidas nas alíneas anteriores; o mandado de segurança e o *habeas data* contra atos do Presidente da República, das Mesas da Câmara dos Deputados e do Senado Federal, do Tribunal de Contas da União, do Procurador-Geral da República e do próprio Supremo Tribunal Federal;

▶ Lei nº 9.507, de 12-11-1997 (Lei do *Habeas Data*).
▶ Lei nº 12.016, de 7-8-2009 (Lei do Mandado de Segurança Individual e Coletivo).
▶ Súm. nº 624 do STF.

e) o litígio entre Estado estrangeiro ou organismo internacional e a União, o Estado, o Distrito Federal ou o Território;

f) as causas e os conflitos entre a União e os Estados, a União e o Distrito Federal, ou entre uns e outros, inclusive as respectivas entidades da administração indireta;

g) a extradição solicitada por Estado estrangeiro;

h) Revogada. EC nº 45, de 8-12-2004;

i) o *habeas corpus*, quando o coator for Tribunal Superior ou quando o coator ou o paciente for autoridade ou funcionário cujos atos estejam sujeitos diretamente à jurisdição do Supremo Tribunal Fede-

ral, ou se trate de crime sujeito à mesma jurisdição em uma única instância;
▶ Alínea *i* com a redação dada pela EC nº 22, de 18-3-1999.
▶ Súmulas nºs 691, 692 e 731 do STF.

*j)* a revisão criminal e a ação rescisória de seus julgados;
▶ Arts. 485 a 495 do CPC.
▶ Arts. 621 a 631 do CPP.

*l)* a reclamação para a preservação de sua competência e garantia da autoridade de suas decisões;
▶ Arts. 13 a 18 da Lei nº 8.038, de 28-5-1990, que institui normas procedimentais para os processos que especifica, perante o STJ e o STF.

*m)* a execução de sentença nas causas de sua competência originária, facultada a delegação de atribuições para a prática de atos processuais;

*n)* a ação em que todos os membros da magistratura sejam direta ou indiretamente interessados, e aquela em que mais da metade dos membros do Tribunal de origem estejam impedidos ou sejam direta ou indiretamente interessados;
▶ Súmulas nºs 623 e 731 do STF.

*o)* os conflitos de competência entre o Superior Tribunal de Justiça e quaisquer Tribunais, entre Tribunais Superiores, ou entre estes e qualquer outro Tribunal;
▶ Arts. 105, I, *d*, 108, I, *e*, e 114, V, desta Constituição.

*p)* o pedido de medida cautelar das ações diretas de inconstitucionalidade;

*q)* o mandado de injunção, quando a elaboração da norma regulamentadora for atribuição do Presidente da República, do Congresso Nacional, da Câmara dos Deputados, do Senado Federal, das Mesas de uma dessas Casas Legislativas, do Tribunal de Contas da União, de um dos Tribunais Superiores, ou do próprio Supremo Tribunal Federal;

*r)* as ações contra o Conselho Nacional de Justiça e contra o Conselho Nacional do Ministério Público;
▶ Alínea *r* acrescida pela EC nº 45, de 8-12-2004.
▶ Arts. 103-A e 130-B desta Constituição.

II – julgar, em recurso ordinário:
*a)* o *habeas corpus*, o mandado de segurança, o *habeas data* e o mandado de injunção decididos em única instância pelos Tribunais Superiores, se denegatória a decisão;
▶ Lei nº 9.507, de 12-11-1997 (Lei do *Habeas Data*).
▶ Lei nº 12.016, de 7-8-2009 (Lei do Mandado de Segurança Individual e Coletivo).

*b)* o crime político;

III – julgar, mediante recurso extraordinário, as causas decididas em única ou última instância, quando a decisão recorrida:
▶ Lei nº 8.658, de 26-5-1993, dispõe sobre a aplicação, nos Tribunais de Justiça e nos Tribunais Regionais Federais, das normas da Lei nº 8038, de 28-5-1990.
▶ Súm. nº 640 do STF.

*a)* contrariar dispositivo desta Constituição;
▶ Súmulas nºs 400 e 735 do STF.

*b)* declarar a inconstitucionalidade de tratado ou lei federal;
*c)* julgar válida lei ou ato de governo local contestado em face desta Constituição;
*d)* julgar válida lei local contestada em face de lei federal.
▶ Alínea *d* acrescida pela EC nº 45, de 8-12-2004.

§ 1º A arguição de descumprimento de preceito fundamental decorrente desta Constituição será apreciada pelo Supremo Tribunal Federal, na forma da lei.
▶ Parágrafo único transformado em § 1º pela EC nº 3, de 17-3-1993.
▶ Lei nº 9.882, de 3-12-1999 (Lei da Ação de Descumprimento de Preceito Fundamental).

§ 2º As decisões definitivas de mérito, proferidas pelo Supremo Tribunal Federal, nas ações diretas de inconstitucionalidade e nas ações declaratórias de constitucionalidade, produzirão eficácia contra todos e efeito vinculante, relativamente aos demais órgãos do Poder Judiciário e à administração pública direta e indireta, nas esferas federal, estadual e municipal.
▶ § 2º com a redação dada pela EC nº 45, de 8-12-2004.
▶ Lei nº 9.868, de 10-11-1999 (Lei da ADIN e da ADECON).

§ 3º No recurso extraordinário o recorrente deverá demonstrar a repercussão geral das questões constitucionais discutidas no caso, nos termos da lei, a fim de que o Tribunal examine a admissão do recurso, somente podendo recusá-lo pela manifestação de dois terços de seus membros.
▶ § 3º acrescido pela EC nº 45, de 8-12-2004.
▶ Lei nº 11.418, de 19-12-2006, regulamenta este parágrafo.
▶ Arts. 543-A e 543-B do CPC.

**Art. 103.** Podem propor a ação direta de inconstitucionalidade e a ação declaratória de constitucionalidade:
▶ *Caput* com a redação dada pela EC nº 45, de 8-12-2004.
▶ Arts. 2º, 12-A e 13 da Lei nº 9.868, de 10-11-1999 (Lei da ADIN e da ADECON).

I – o Presidente da República;
II – a Mesa do Senado Federal;
III – a Mesa da Câmara dos Deputados;
IV – a Mesa de Assembleia Legislativa ou da Câmara Legislativa do Distrito Federal;
V – o Governador de Estado ou do Distrito Federal;
▶ Incisos IV e V com a redação dada pela EC nº 45, de 8-12-2004.

VI – o Procurador-Geral da República;
VII – o Conselho Federal da Ordem dos Advogados do Brasil;
VIII – partido político com representação no Congresso Nacional;
IX – confederação sindical ou entidade de classe de âmbito nacional.

§ 1º O Procurador-Geral da República deverá ser previamente ouvido nas ações de inconstitucionalidade e em todos os processos de competência do Supremo Tribunal Federal.

§ 2º Declarada a inconstitucionalidade por omissão de medida para tornar efetiva norma constitucional, será dada ciência ao Poder competente para a adoção das providências necessárias e, em se tratando de órgão administrativo, para fazê-lo em trinta dias.

► Art. 12-H da Lei nº 9.868, de 10-11-1999 (Lei da ADIN e da ADECON).

§ 3º Quando o Supremo Tribunal Federal apreciar a inconstitucionalidade, em tese, de norma legal ou ato normativo, citará, previamente, o Advogado-Geral da União, que defenderá o ato ou texto impugnado.

§ 4º *Revogado.* EC nº 45, de 8-12-2004.

**Art. 103-A.** O Supremo Tribunal Federal poderá, de ofício ou por provocação, mediante decisão de dois terços dos seus membros, após reiteradas decisões sobre matéria constitucional, aprovar súmula que, a partir de sua publicação na imprensa oficial, terá efeito vinculante em relação aos demais órgãos do Poder Judiciário e à administração pública direta e indireta, nas esferas federal, estadual e municipal, bem como proceder à sua revisão ou cancelamento, na forma estabelecida em lei.

► Art. 8º da EC nº 45, de 8-12-2004 (Reforma do Judiciário).
► Lei nº 11.417, de 19-12-2006 (Lei da Súmula Vinculante), regulamenta este artigo.

§ 1º A súmula terá por objetivo a validade, a interpretação e a eficácia de normas determinadas, acerca das quais haja controvérsia atual entre órgãos judiciários ou entre esses e a administração pública que acarrete grave insegurança jurídica e relevante multiplicação de processos sobre questão idêntica.

§ 2º Sem prejuízo do que vier a ser estabelecido em lei, a aprovação, revisão ou cancelamento de súmula poderá ser provocada por aqueles que podem propor a ação direta de inconstitucionalidade.

§ 3º Do ato administrativo ou decisão judicial que contrariar a súmula aplicável ou que indevidamente a aplicar, caberá reclamação ao Supremo Tribunal Federal que, julgando-a procedente, anulará o ato administrativo ou cassará a decisão judicial reclamada, e determinará que outra seja proferida com ou sem a aplicação da súmula, conforme o caso.

► Art. 103-A acrescido pela EC nº 45, de 8-12-2004.

**Art. 103-B.** O Conselho Nacional de Justiça compõe-se de 15 (quinze) membros com mandato de 2 (dois) anos, admitida 1 (uma) recondução, sendo:

► *Caput* com a redação dada pela EC nº 61, de 11-11-2009.
► Art. 5º da EC nº 45, de 8-12-2004 (Reforma do Judiciário).
► Lei nº 11.364, de 26-10-2006, dispõe sobre as atividades de apoio ao Conselho Nacional de Justiça.

I – o Presidente do Supremo Tribunal Federal;

► Inciso I com a redação dada pela EC nº 61, de 11-11-2009.

II – um Ministro do Superior Tribunal de Justiça, indicado pelo respectivo tribunal;
III – um Ministro do Tribunal Superior do Trabalho, indicado pelo respectivo tribunal;
IV – um desembargador de Tribunal de Justiça, indicado pelo Supremo Tribunal Federal;
V – um juiz estadual, indicado pelo Supremo Tribunal Federal;
VI – um juiz de Tribunal Regional Federal, indicado pelo Superior Tribunal de Justiça;
VII – um juiz federal, indicado pelo Superior Tribunal de Justiça;
VIII – um juiz de Tribunal Regional do Trabalho, indicado pelo Tribunal Superior do Trabalho;
IX – um juiz do trabalho, indicado pelo Tribunal Superior do Trabalho;
X – um membro do Ministério Público da União, indicado pelo Procurador-Geral da República;
XI – um membro do Ministério Público estadual, escolhido pelo Procurador-Geral da República dentre os nomes indicados pelo órgão competente de cada instituição estadual;
XII – dois advogados, indicados pelo Conselho Federal da Ordem dos Advogados do Brasil;
XIII – dois cidadãos, de notável saber jurídico e reputação ilibada, indicados um pela Câmara dos Deputados e outro pelo Senado Federal.

► Incisos II a XIII acrescidos pela EC nº 45, de 8-12-2004.

§ 1º O Conselho será presidido pelo Presidente do Supremo Tribunal Federal e, nas suas ausências e impedimentos, pelo Vice-Presidente do Supremo Tribunal Federal.

§ 2º Os demais membros do Conselho serão nomeados pelo Presidente da República, depois de aprovada a escolha pela maioria absoluta do Senado Federal.

► §§ 1º e 2º com a redação dada pela EC nº 61, de 11-11-2009.

§ 3º Não efetuadas, no prazo legal, as indicações previstas neste artigo, caberá a escolha ao Supremo Tribunal Federal.

§ 4º Compete ao Conselho o controle da atuação administrativa e financeira do Poder Judiciário e do cumprimento dos deveres funcionais dos juízes, cabendo-lhe, além de outras atribuições que lhe forem conferidas pelo Estatuto da Magistratura:

I – zelar pela autonomia do Poder Judiciário e pelo cumprimento do Estatuto da Magistratura, podendo expedir atos regulamentares, no âmbito de sua competência, ou recomendar providências;

II – zelar pela observância do art. 37 e apreciar, de ofício ou mediante provocação, a legalidade dos atos administrativos praticados por membros ou órgãos do Poder Judiciário, podendo desconstituí-los, revê-los ou fixar prazo para que se adotem as providências necessárias ao exato cumprimento da lei, sem prejuízo da competência do Tribunal de Contas da União;

III – receber e conhecer das reclamações contra membros ou órgãos do Poder Judiciário, inclusive contra seus serviços auxiliares, serventias e órgãos prestadores de serviços notariais e de registro que atuem por delegação do poder público ou oficializados, sem prejuízo da competência disciplinar e correicional dos tribunais, podendo avocar processos disciplinares em curso e determinar a remoção, a disponibilidade ou a aposentadoria com subsídios ou proventos proporcionais ao tempo de serviço e aplicar outras sanções administrativas, assegurada ampla defesa;

IV – representar ao Ministério Público, no caso de crime contra a administração pública ou de abuso de autoridade;

V – rever, de ofício ou mediante provocação, os processos disciplinares de juízes e membros de tribunais julgados há menos de um ano;

VI – elaborar semestralmente relatório estatístico sobre processos e sentenças prolatadas, por unidade da Federação, nos diferentes órgãos do Poder Judiciário;

VII – elaborar relatório anual, propondo as providências que julgar necessárias, sobre a situação do Poder Judiciário no País e as atividades do Conselho, o qual deve integrar mensagem do Presidente do Supremo Tribunal Federal a ser remetida ao Congresso Nacional, por ocasião da abertura da sessão legislativa.

§ 5º O Ministro do Superior Tribunal de Justiça exercerá a função de Ministro-Corregedor e ficará excluído da distribuição de processos no Tribunal, competindo-lhe, além das atribuições que lhe forem conferidas pelo Estatuto da Magistratura, as seguintes:

I – receber as reclamações e denúncias, de qualquer interessado, relativas aos magistrados e aos serviços judiciários;

II – exercer funções executivas do Conselho, de inspeção e de correição geral;

III – requisitar e designar magistrados, delegando-lhes atribuições, e requisitar servidores de juízos ou tribunais, inclusive nos Estados, Distrito Federal e Territórios.

§ 6º Junto ao Conselho oficiarão o Procurador-Geral da República e o Presidente do Conselho Federal da Ordem dos Advogados do Brasil.

§ 7º A União, inclusive no Distrito Federal e nos Territórios, criará ouvidorias de justiça, competentes para receber reclamações e denúncias de qualquer interessado contra membros ou órgãos do Poder Judiciário, ou contra seus serviços auxiliares, representando diretamente ao Conselho Nacional de Justiça.

▶ §§ 3º a 7º acrescidos pela EC nº 45, de 8-12-2004.
▶ Res. do CNJ nº 103, de 24-2-2010, dispõe sobre as atribuições da Ouvidoria do Conselho Nacional de Justiça e determina a criação de ouvidorias no âmbito dos Tribunais.

SEÇÃO III

DO SUPERIOR TRIBUNAL DE JUSTIÇA

▶ Lei nº 8.038, de 28-5-1990, institui normas procedimentais para os processos que especifica, perante o STJ e o STF.

**Art. 104.** O Superior Tribunal de Justiça compõe-se de, no mínimo, trinta e três Ministros.

Parágrafo único. Os Ministros do Superior Tribunal de Justiça serão nomeados pelo Presidente da República, dentre brasileiros com mais de trinta e cinco e menos de sessenta e cinco anos, de notável saber jurídico e reputação ilibada, depois de aprovada a escolha pela maioria absoluta do Senado Federal, sendo:

▶ Parágrafo único com a redação dada pela EC nº 45, de 8-12-2004.
▶ Lei nº 8.038, de 28-5-1990, institui normas procedimentais para os processos que especifica, perante o STJ e o STF.

I – um terço dentre juízes dos Tribunais Regionais Federais e um terço dentre desembargadores dos Tribunais de Justiça, indicados em lista tríplice elaborada pelo próprio Tribunal;

II – um terço, em partes iguais, dentre advogados e membros do Ministério Público Federal, Estadual, do Distrito Federal e Territórios, alternadamente, indicados na forma do artigo 94.

**Art. 105.** Compete ao Superior Tribunal de Justiça:

I – processar e julgar, originariamente:

a) nos crimes comuns, os Governadores dos Estados e do Distrito Federal, e, nestes e nos de responsabilidade, os desembargadores dos Tribunais de Justiça dos Estados e do Distrito Federal, os membros dos Tribunais de Contas dos Estados e do Distrito Federal, os dos Tribunais Regionais Federais, dos Tribunais Regionais Eleitorais e do Trabalho, os membros dos Conselhos ou Tribunais de Contas dos Municípios e os do Ministério Público da União que oficiem perante tribunais;

b) os mandados de segurança e os *habeas data* contra ato de Ministro de Estado, dos Comandantes da Marinha, do Exército e da Aeronáutica ou do próprio Tribunal;

▶ Alínea b com a redação dada pela EC nº 23, de 2-9-1999.
▶ Lei nº 9.507, de 12-11-1997 (Lei do *Habeas Data*).
▶ Lei nº 12.016, de 7-8-2009 (Lei do Mandado de Segurança Individual e Coletivo).
▶ Súm. nº 41 do STJ.

c) os *habeas corpus*, quando o coator ou paciente for qualquer das pessoas mencionadas na alínea a, ou quando o coator for tribunal sujeito à sua jurisdição, Ministro de Estado ou Comandante da Marinha, do Exército ou da Aeronáutica, ressalvada a competência da Justiça Eleitoral;

▶ Alínea c com a redação dada pela EC nº 23, de 2-9-1999.

d) os conflitos de competência entre quaisquer tribunais, ressalvado o disposto no artigo 102, I, o, bem como entre Tribunal e juízes a ele não vinculados e entre juízes vinculados a Tribunais diversos;

▶ Súm. nº 22 do STJ.

e) as revisões criminais e as ações rescisórias de seus julgados;

▶ Arts. 485 a 495 do CPC.
▶ Arts. 621 a 631 do CPP.

f) a reclamação para a preservação de sua competência e garantia da autoridade de suas decisões;

▶ Arts. 13 a 18 da Lei nº 8.038, de 28-5-1990, que institui normas procedimentais para os processos que especifica, perante o STJ e o STF.

g) os conflitos de atribuições entre autoridades administrativas e judiciárias da União, ou entre autoridades judiciárias de um Estado e administrativas de outro ou do Distrito Federal, ou entre as deste e da União;

h) o mandado de injunção, quando a elaboração da norma regulamentadora for atribuição de órgão, entidade ou autoridade federal, da administração direta ou indireta, excetuados os casos de competência do Supremo Tribunal Federal e dos órgãos da Justiça Militar, da Justiça Eleitoral, da Justiça do Trabalho e da Justiça Federal;

▶ Art. 109 desta Constituição.

- Arts. 483 e 484 do CPC.

*i)* a homologação de sentenças estrangeiras e a concessão de *exequatur* às cartas rogatórias;
- Alínea *i* acrescida pela EC nº 45, de 8-12-2004.
- Art. 109, X, desta Constituição.
- Arts. 483 e 484 do CPC.

II – julgar, em recurso ordinário:

a) os *habeas corpus* decididos em única ou última instância pelos Tribunais Regionais Federais ou pelos Tribunais dos Estados, do Distrito Federal e Territórios, quando a decisão for denegatória;

b) os mandados de segurança decididos em única instância pelos Tribunais Regionais Federais ou pelos Tribunais dos Estados, do Distrito Federal e Territórios, quando denegatória a decisão;
- Lei nº 12.016, de 7-8-2009 (Lei do Mandado de Segurança Individual e Coletivo).

c) as causas em que forem partes Estado estrangeiro ou organismo internacional, de um lado, e, do outro, Município ou pessoa residente ou domiciliada no País;

III – julgar, em recurso especial, as causas decididas, em única ou última instância, pelos Tribunais Regionais Federais ou pelos Tribunais dos Estados, do Distrito Federal e Territórios, quando a decisão recorrida:
- Lei nº 8.658, de 26-5-1993, dispõe sobre a aplicação, nos Tribunais de Justiça e nos Tribunais Regionais Federais, das normas da Lei nº 8038, de 28-5-1990.
- Súmulas nºs 5, 7, 86, 95, 203, 207, 320 e 418 do STJ.

a) contrariar tratado ou lei federal, ou negar-lhes vigência;

b) julgar válido ato de governo local contestado em face de lei federal;
- Alínea *b* com a redação dada pela EC nº 45, de 8-12-2004.

c) der a lei federal interpretação divergente da que lhe haja atribuído outro Tribunal.
- Súm. nº 13 do STJ.

Parágrafo único. Funcionarão junto ao Superior Tribunal de Justiça:
- Parágrafo único com a redação dada pela EC nº 45, de 8-12-2004.

I – a escola nacional de formação e aperfeiçoamento de magistrados, cabendo-lhe, dentre outras funções, regulamentar os cursos oficiais para o ingresso e promoção na carreira;

II – o Conselho da Justiça Federal, cabendo-lhe exercer, na forma da lei, a supervisão administrativa e orçamentária da Justiça Federal de primeiro e segundo graus, como órgão central do sistema e com poderes correicionais, cujas decisões terão caráter vinculante.
- Incisos I e II acrescidos pela EC nº 45, de 8-12-2004.

SEÇÃO IV

## DOS TRIBUNAIS REGIONAIS FEDERAIS E DOS JUÍZES FEDERAIS

**Art. 106.** São órgãos da Justiça Federal:
- Lei nº 7.727, de 9-1-1989, dispõe sobre a composição inicial dos Tribunais Regionais Federais e sua instalação, cria os respectivos quadros de pessoal.

I – os Tribunais Regionais Federais;
II – os Juízes Federais.

**Art. 107.** Os Tribunais Regionais Federais compõem-se de, no mínimo, sete juízes, recrutados, quando possível, na respectiva região e nomeados pelo Presidente da República dentre brasileiros com mais de trinta anos e menos de sessenta e cinco anos, sendo:

I – um quinto dentre advogados com mais de dez anos de efetiva atividade profissional e membros do Ministério Público Federal com mais de dez anos de carreira;

II – os demais, mediante promoção de juízes federais com mais de cinco anos de exercício, por antiguidade e merecimento, alternadamente.
- Art. 27, § 9º, do ADCT.
- Lei nº 9.967, de 10-5-2000, dispõe sobre as reestruturações dos Tribunais Regionais Federais das cinco Regiões.

§ 1º A lei disciplinará a remoção ou a permuta de juízes dos Tribunais Regionais Federais e determinará sua jurisdição e sede.
- Parágrafo único transformado em § 1º pela EC nº 45, de 8-12-2004.
- Art. 1º da Lei nº 9.967, de 10-5-2000, que dispõe sobre as reestruturações dos Tribunais Regionais Federais das cinco regiões.
- Lei nº 9.968, de 10-5-2000, dispõe sobre a reestruturação do Tribunal Regional Federal da 3ª Região.

§ 2º Os Tribunais Regionais Federais instalarão a justiça itinerante, com a realização de audiências e demais funções da atividade jurisdicional, nos limites territoriais da respectiva jurisdição, servindo-se de equipamentos públicos e comunitários.

§ 3º Os Tribunais Regionais Federais poderão funcionar descentralizadamente, constituindo Câmaras regionais, a fim de assegurar o pleno acesso do jurisdicionado à justiça em todas as fases do processo.
- §§ 2º e 3º acrescidos pela EC nº 45, de 8-12-2004.

**Art. 108.** Compete aos Tribunais Regionais Federais:

I – processar e julgar, originariamente:

a) os juízes federais da área de sua jurisdição, incluídos os da Justiça Militar e da Justiça do Trabalho, nos crimes comuns e de responsabilidade, e os membros do Ministério Público da União, ressalvada a competência da Justiça Eleitoral;

b) as revisões criminais e as ações rescisórias de julgados seus ou dos juízes federais da região;
- Arts. 485 a 495 do CPC.
- Arts. 621 a 631 do CPP.

c) os mandados de segurança e os *habeas data* contra ato do próprio Tribunal ou de juiz federal;
- Lei nº 9.507, de 12-11-1997 (Lei do *Habeas Data*).
- Lei nº 12.016, de 7-8-2009 (Lei do Mandado de Segurança Individual e Coletivo).

d) os *habeas corpus*, quando a autoridade coatora for juiz federal;

e) os conflitos de competência entre juízes federais vinculados ao Tribunal;
- Súmulas nºs 3 e 428 do STJ.

Constituição Federal – Arts. 109 e 110

II – julgar, em grau de recurso, as causas decididas pelos juízes federais e pelos juízes estaduais no exercício da competência federal da área de sua jurisdição.
▶ Súm. nº 55 do STJ.

**Art. 109.** Aos juízes federais compete processar e julgar:
▶ Lei nº 7.492, de 16-6-1986 (Lei dos Crimes Contra o Sistema Financeiro Nacional).
▶ Lei nº 9.469, de 9-7-1997, dispõe sobre a intervenção da União nas causas em que figurarem, como autores ou réus, entes da Administração indireta.
▶ Lei nº 10.259, de 12-7-2001 (Lei dos Juizados Especiais Federais).
▶ Art. 70 da Lei nº 11.343, de 23-8-2006 (Lei Antidrogas).
▶ Súmulas nºs 15, 32, 42, 66, 82, 150, 173, 324, 349 e 365 do STJ.

I – as causas em que a União, entidade autárquica ou empresa pública federal forem interessadas na condição de autoras, rés, assistentes ou oponentes, exceto as de falência, as de acidentes de trabalho e as sujeitas à Justiça Eleitoral e à Justiça do Trabalho;
▶ Súmulas Vinculantes nºs 22 e 27 do STF.
▶ Súmulas nºs 15, 32, 42, 66, 82, 150, 173, 324, 365 e 374 do STJ.

II – as causas entre Estado estrangeiro ou organismo internacional e Município ou pessoa domiciliada ou residente no País;
III – as causas fundadas em tratado ou contrato da União com Estado estrangeiro ou organismo internacional;
▶ Súm. nº 689 do STF.

IV – os crimes políticos e as infrações penais praticadas em detrimento de bens, serviços ou interesse da União ou de suas entidades autárquicas ou empresas públicas, excluídas as contravenções e ressalvada a competência da Justiça Militar e da Justiça Eleitoral;
▶ Art. 9º do CPM.
▶ Súmulas nºs 38, 42, 62, 73, 104, 147, 165 e 208 do STJ.

V – os crimes previstos em tratado ou convenção internacional, quando, iniciada a execução no País, o resultado tenha ou devesse ter ocorrido no estrangeiro, ou reciprocamente;
V-A – as causas relativas a direitos humanos a que se refere o § 5º deste artigo;
▶ Inciso V-A acrescido pela EC nº 45, de 8-12-2004.

VI – os crimes contra a organização do trabalho e, nos casos determinados por lei, contra o sistema financeiro e a ordem econômico-financeira;
▶ Arts. 197 a 207 do CP.
▶ Lei nº 7.492, de 16-6-1986 (Lei dos Crimes contra o Sistema Financeiro Nacional).
▶ Lei nº 8.137, de 27-12-1990 (Lei dos Crimes Contra a Ordem Tributária, Econômica e contra as Relações de Consumo).
▶ Lei nº 8.176, de 8-2-1991 (Lei dos Crimes contra a Ordem Econômica).

VII – os *habeas corpus*, em matéria criminal de sua competência ou quando o constrangimento provier de autoridade cujos atos não estejam diretamente sujeitos a outra jurisdição;

VIII – os mandados de segurança e os *habeas data* contra ato de autoridade federal, excetuados os casos de competência dos Tribunais federais;
▶ Lei nº 9.507, de 12-11-1997 (Lei do *Habeas Data*).
▶ Lei nº 12.016, de 7-8-2009 (Lei do Mandado de Segurança Individual e Coletivo).

IX – os crimes cometidos a bordo de navios ou aeronaves, ressalvada a competência da Justiça Militar;
▶ Art. 125, § 4º, desta Constituição.
▶ Art. 9º do CPM.

X – os crimes de ingresso ou permanência irregular de estrangeiro, a execução de carta rogatória, após o *exequatur*, e de sentença estrangeira após a homologação, as causas referentes à nacionalidade, inclusive a respectiva opção, e à naturalização;
▶ Art. 105, I, *i*, desta Constituição.
▶ Art. 484 do CPC.

XI – a disputa sobre direitos indígenas.
▶ Súm. nº 140 do STJ.

§ 1º As causas em que a União for autora serão aforadas na seção judiciária onde tiver domicílio a outra parte.

§ 2º As causas intentadas contra a União poderão ser aforadas na seção judiciária em que for domiciliado o autor, naquela onde houver ocorrido o ato ou fato que deu origem à demanda ou onde esteja situada a coisa, ou, ainda, no Distrito Federal.

§ 3º Serão processadas e julgadas na justiça estadual, no foro do domicílio dos segurados ou beneficiários, as causas em que forem parte instituição de previdência social e segurado, sempre que a comarca não seja sede de vara do juízo federal, e, se verificada essa condição, a lei poderá permitir que outras causas sejam também processadas e julgadas pela justiça estadual.
▶ Lei nº 5.010, de 30-5-1966 (Lei de Organização da Justiça Federal).
▶ Súmulas nºs 11, 15 e 32 do STJ.

§ 4º Na hipótese do parágrafo anterior, o recurso cabível será sempre para o Tribunal Regional Federal na área de jurisdição do juiz de primeiro grau.
▶ Súm. nº 32 do STJ.

§ 5º Nas hipóteses de grave violação de direitos humanos, o Procurador-Geral da República, com a finalidade de assegurar o cumprimento de obrigações decorrentes de tratados internacionais de direitos humanos dos quais o Brasil seja parte, poderá suscitar, perante o Superior Tribunal de Justiça, em qualquer fase do inquérito ou processo, incidente de deslocamento de competência para a Justiça Federal.
▶ § 5º acrescido pela EC nº 45, de 8-12-2004.

**Art. 110.** Cada Estado, bem como o Distrito Federal, constituirá uma seção judiciária que terá por sede a respectiva Capital, e varas localizadas segundo o estabelecido em lei.
▶ Lei nº 5.010, de 30-5-1966 (Lei de Organização da Justiça Federal).

Parágrafo único. Nos Territórios Federais, a jurisdição e as atribuições cometidas aos juízes federais caberão aos juízes da justiça local, na forma da lei.

▶ Lei nº 9.788, de 19-2-1999, dispõe sobre a reestruturação da Justiça Federal de Primeiro Grau, nas cinco regiões, com a criação de cem Varas Federais.

## SEÇÃO V
### DOS TRIBUNAIS E JUÍZES DO TRABALHO

▶ Art. 743 e seguintes da CLT.
▶ Lei nº 9.957, de 12-1-2000, institui o procedimento sumaríssimo no processo trabalhista.
▶ Lei nº 9.958, de 12-1-2000, criou as Comissões de Conciliação Prévia no âmbito na Justiça do Trabalho.

**Art. 111.** São órgãos da Justiça do Trabalho:

I – o Tribunal Superior do Trabalho;
II – os Tribunais Regionais do Trabalho;
III – Juízes do Trabalho.

▶ Inciso III com a redação dada pela EC nº 24, de 9-12-1999.

§§ 1º a 3º *Revogados*. EC nº 45, de 8-12-2004.

**Art. 111-A.** O Tribunal Superior do Trabalho compor-se-á de vinte e sete Ministros, escolhidos dentre brasileiros com mais de trinta e cinco e menos de sessenta e cinco anos, nomeados pelo Presidente da República após aprovação pela maioria absoluta do Senado Federal, sendo:

I – um quinto dentre advogados com mais de dez anos de efetiva atividade profissional e membros do Ministério Público do Trabalho com mais de dez anos de efetivo exercício, observado o disposto no art. 94;
II – os demais dentre juízes do Trabalho dos Tribunais Regionais do Trabalho, oriundos da magistratura da carreira, indicados pelo próprio Tribunal Superior.

§ 1º A lei disporá sobre a competência do Tribunal Superior do Trabalho.

§ 2º Funcionarão junto ao Tribunal Superior do Trabalho:

I – a Escola Nacional de Formação e Aperfeiçoamento de Magistrados do Trabalho, cabendo-lhe, dentre outras funções, regulamentar os cursos oficiais para o ingresso e promoção na carreira;
II – o Conselho Superior da Justiça do Trabalho, cabendo-lhe exercer, na forma da lei, a supervisão administrativa, orçamentária, financeira e patrimonial da Justiça do Trabalho de primeiro e segundo graus, como órgão central do sistema, cujas decisões terão efeito vinculante.

▶ Art. 111-A acrescido pela EC nº 45, de 8-12-2004.
▶ Art. 6º da EC nº 45, de 8-12-2004 (Reforma do Judiciário).

**Art. 112.** A lei criará varas da Justiça do Trabalho, podendo, nas comarcas não abrangidas por sua jurisdição, atribuí-la aos juízes de direito, com recurso para o respectivo Tribunal Regional do Trabalho.

▶ Artigo com a redação dada pela EC nº 45, de 8-12-2004.

**Art. 113.** A lei disporá sobre a constituição, investidura, jurisdição, competência, garantias e condições de exercício dos órgãos da Justiça do Trabalho.

▶ Artigo com a redação dada pela EC nº 24, de 9-12-1999.
▶ Arts. 643 a 673 da CLT.
▶ LC nº 35, de 14-3-1979 (Lei Orgânica da Magistratura Nacional).

**Art. 114.** Compete à Justiça do Trabalho processar e julgar:

▶ *Caput* com a redação dada pela EC nº 45, de 8-12-2004.
▶ Art. 6º, § 2º, da Lei nº 11.101, de 9-2-2005 (Lei de Recuperação de Empresas e Falências).
▶ Súm. Vinc. nº 22 do STF.
▶ Súmulas nºs 349 e 736 do STF.
▶ Súmulas nºs 57, 97, 137, 180, 222 e 349 do STJ.
▶ Súm. nº 392 do TST.

I – as ações oriundas da relação de trabalho, abrangidos os entes de direito público externo e da administração pública direta e indireta da União, dos Estados, do Distrito Federal e dos Municípios;

▶ O STF, por maioria de votos, referendou a liminar concedida na ADIN nº 3.395-6, com efeito *ex tunc*, para dar interpretação conforme a CF a este inciso, com a redação dada pela EC nº 45, de 8-12-2004, suspendendo toda e qualquer interpretação dada a este inciso que inclua, na competência da Justiça do Trabalho, a "(...) apreciação (...) de causas que (...) sejam instauradas entre o Poder Público e seus servidores, a ele vinculados por típica relação de ordem estatutária ou de caráter jurídico-administrativo" (*DJU* de 4-2-2005 e 10-11-2006).

II – as ações que envolvam exercício do direito de greve;

▶ Art. 9º desta Constituição.
▶ Lei nº 7.783, de 28-6-1989 (Lei de Greve).
▶ Súm. Vinc. nº 23 do STF.

III – as ações sobre representação sindical, entre sindicatos, entre sindicatos e trabalhadores, e entre sindicatos e empregadores;

▶ Lei nº 8.984, de 7-2-1995, estende a competência da Justiça do Trabalho.

IV – os mandados de segurança, *habeas corpus* e *habeas data*, quando o ato questionado envolver matéria sujeita à sua jurisdição;

▶ Arts. 5º, LXVIII, LXIX, LXXII, 7º, XXVIII, desta Constituição.
▶ Lei nº 9.507, de 12-11-1997 (Lei do *Habeas Data*).
▶ Lei nº 12.016, de 7-8-2009 (Lei do Mandado de Segurança Individual e Coletivo).

V – os conflitos de competência entre órgãos com jurisdição trabalhista, ressalvado o disposto no art. 102, I, *o*;
VI – as ações de indenização por dano moral ou patrimonial, decorrentes da relação de trabalho;

▶ Súmulas nºs 362 e 376 do STJ.

VII – as ações relativas às penalidades administrativas impostas aos empregadores pelos órgãos de fiscalização das relações de trabalho;
VIII – a execução, de ofício, das contribuições sociais previstas no art. 195, I, *a*, e II, e seus acréscimos legais, decorrentes das sentenças que proferir;

IX – outras controvérsias decorrentes da relação de trabalho, na forma da lei.
▶ Incisos I a IX acrescidos pela EC nº 45, de 8-12-2004.
▶ O STF, por unanimidade de votos, concedeu a liminar na ADIN nº 3.684-0, com efeito *ex tunc*, para dar interpretação conforme a CF ao art. 114, I, IV e IX, com a redação dada pela EC nº 45, de 8-12-2004, no sentido de que não se atribui à Justiça do Trabalho competência para processar e julgar ações penais (*DJU* de 3-8-2007).
▶ Súm. nº 736 do STF.

§ 1º Frustrada a negociação coletiva, as partes poderão eleger árbitros.

§ 2º Recusando-se qualquer das partes à negociação coletiva ou à arbitragem, é facultado às mesmas, de comum acordo, ajuizar dissídio coletivo de natureza econômica, podendo a Justiça do Trabalho decidir o conflito, respeitadas as disposições mínimas legais de proteção ao trabalho, bem como as convencionadas anteriormente.

§ 3º Em caso de greve em atividade essencial, com possibilidade de lesão do interesse público, o Ministério Público do Trabalho poderá ajuizar dissídio coletivo, competindo à Justiça do Trabalho decidir o conflito.

▶ §§ 2º e 3º com a redação dada pela EC nº 45, de 8-12-2004.
▶ Art. 9º, § 1º, desta Constituição.
▶ Lei nº 7.783, de 28-6-1989 (Lei de Greve).

**Art. 115.** Os Tribunais Regionais do Trabalho compõem-se de, no mínimo, sete juízes, recrutados, quando possível, na respectiva região, e nomeados pelo Presidente da República dentre brasileiros com mais de trinta e menos de sessenta e cinco anos, sendo:

▶ *Caput* com a redação dada pela EC nº 45, de 8-12-2004.

I – um quinto dentre advogados com mais de dez anos de efetiva atividade profissional e membros do Ministério Público do Trabalho com mais de dez anos de efetivo exercício, observado o disposto no art. 94;

II – os demais, mediante promoção de juízes do trabalho por antiguidade e merecimento, alternadamente.

▶ Incisos I e II acrescidos pela EC nº 45, de 8-12-2004.

§ 1º Os Tribunais Regionais do Trabalho instalarão a justiça itinerante, com a realização de audiências e demais funções de atividade jurisdicional, nos limites territoriais da respectiva jurisdição, servindo-se de equipamentos públicos e comunitários.

§ 2º Os Tribunais Regionais do Trabalho poderão funcionar descentralizadamente, constituindo Câmaras regionais, a fim de assegurar o pleno acesso do jurisdicionado à justiça em todas as fases do processo.

▶ §§ 1º e 2º acrescidos pela EC nº 45, de 8-12-2004.

**Art. 116.** Nas Varas do Trabalho, a jurisdição será exercida por um juiz singular.

▶ *Caput* com a redação dada pela EC nº 24, de 9-12-1999.

Parágrafo único. *Revogado.* EC nº 24, de 9-12-1999.

**Art. 117.** *Revogado.* EC nº 24, de 9-12-1999.

### Seção VI
### DOS TRIBUNAIS E JUÍZES ELEITORAIS

▶ Arts. 12 a 41 do CE.

**Art. 118.** São órgãos da Justiça Eleitoral:

I – o Tribunal Superior Eleitoral;
II – os Tribunais Regionais Eleitorais;
III – os Juízes Eleitorais;
IV – as Juntas Eleitorais.

**Art. 119.** O Tribunal Superior Eleitoral compor-se-á, no mínimo, de sete membros, escolhidos:

I – mediante eleição, pelo voto secreto:

a) três juízes dentre os Ministros do Supremo Tribunal Federal;
b) dois juízes dentre os Ministros do Superior Tribunal de Justiça;

II – por nomeação do Presidente da República, dois juízes dentre seis advogados de notável saber jurídico e idoneidade moral, indicados pelo Supremo Tribunal Federal.

Parágrafo único. O Tribunal Superior Eleitoral elegerá seu Presidente e o Vice-Presidente dentre os Ministros do Supremo Tribunal Federal, e o Corregedor Eleitoral dentre os Ministros do Superior Tribunal de Justiça.

**Art. 120.** Haverá um Tribunal Regional Eleitoral na Capital de cada Estado e no Distrito Federal.

§ 1º Os Tribunais Regionais Eleitorais compor-se-ão:

I – mediante eleição, pelo voto secreto:

a) de dois juízes dentre os desembargadores do Tribunal de Justiça;
b) de dois juízes, dentre juízes de direito, escolhidos pelo Tribunal de Justiça;

II – de um juiz do Tribunal Regional Federal com sede na Capital do Estado ou no Distrito Federal, ou, não havendo, de juiz federal, escolhido, em qualquer caso, pelo Tribunal Regional Federal respectivo;

III – por nomeação, pelo Presidente da República, de dois juízes dentre seis advogados de notável saber jurídico e idoneidade moral, indicados pelo Tribunal de Justiça.

§ 2º O Tribunal Regional Eleitoral elegerá seu Presidente e o Vice-Presidente dentre os desembargadores.

**Art. 121.** Lei complementar disporá sobre a organização e competência dos Tribunais, dos juízes de direito e das juntas eleitorais.

▶ Arts. 22, 23, 29, 30, 34, 40 e 41 do CE.
▶ Súm. nº 368 do STJ.

§ 1º Os membros dos Tribunais, os juízes de direito e os integrantes das juntas eleitorais, no exercício de suas funções, e no que lhes for aplicável, gozarão de plenas garantias e serão inamovíveis.

§ 2º Os juízes dos Tribunais eleitorais, salvo motivo justificado, servirão por dois anos, no mínimo, e nunca por mais de dois biênios consecutivos, sendo os substitutos escolhidos na mesma ocasião e pelo mesmo processo, em número igual para cada categoria.

§ 3º São irrecorríveis as decisões do Tribunal Superior Eleitoral, salvo as que contrariarem esta Constituição e as denegatórias de *habeas corpus* ou mandado de segurança.

§ 4º Das decisões dos Tribunais Regionais Eleitorais somente caberá recurso quando:

I – forem proferidas contra disposição expressa desta Constituição ou de lei;

II – ocorrer divergência na interpretação de lei entre dois ou mais Tribunais eleitorais;
III – versarem sobre inelegibilidade ou expedição de diplomas nas eleições federais ou estaduais;
IV – anularem diplomas ou decretarem a perda de mandatos eletivos federais ou estaduais;
V – denegarem *habeas corpus*, mandado de segurança, *habeas data* ou mandado de injunção.

## Seção VII
### DOS TRIBUNAIS E JUÍZES MILITARES

**Art. 122.** São órgãos da Justiça Militar:
► Lei nº 8.457, de 4-9-1992, organiza a Justiça Militar da União e regula o funcionamento de seus Serviços Auxiliares.
► Art. 90-A da Lei nº 9.099, de 26-9-1995 (Lei dos Juizados Especiais).

I – o Superior Tribunal Militar;
II – os Tribunais e Juízes Militares instituídos por lei.

**Art. 123.** O Superior Tribunal Militar compor-se-á de quinze Ministros vitalícios, nomeados pelo Presidente da República, depois de aprovada a indicação pelo Senado Federal, sendo três dentre oficiais-generais da Marinha, quatro dentre oficiais-generais do Exército, três dentre oficiais-generais da Aeronáutica, todos da ativa e do posto mais elevado da carreira, e cinco dentre civis.

Parágrafo único. Os Ministros civis serão escolhidos pelo Presidente da República dentre brasileiros maiores de trinta e cinco anos, sendo:
I – três dentre advogados de notório saber jurídico e conduta ilibada, com mais de dez anos de efetiva atividade profissional;
II – dois, por escolha paritária, dentre juízes auditores e membros do Ministério Público da Justiça Militar.

**Art. 124.** À Justiça Militar compete processar e julgar os crimes militares definidos em lei.
► Dec.-lei nº 1.002, de 21-10-1969 (Código de Processo Penal Militar).
► Art. 90-A da Lei nº 9.099, de 26-9-1995 (Lei dos Juizados Especiais).

Parágrafo único. A lei disporá sobre a organização, o funcionamento e a competência da Justiça Militar.
► Lei nº 8.457, de 4-9-1992, organiza a Justiça Militar da União e regula o funcionamento de seus Serviços Auxiliares.

## Seção VIII
### DOS TRIBUNAIS E JUÍZES DOS ESTADOS

**Art. 125.** Os Estados organizarão sua Justiça, observados os princípios estabelecidos nesta Constituição.
► Art. 70 do ADCT.
► Súm. nº 721 do STF.

§ 1º A competência dos Tribunais será definida na Constituição do Estado, sendo a lei de organização judiciária de iniciativa do Tribunal de Justiça.
► Súm. nº 721 do STF.
► Súm. nº 238 do STJ.

§ 2º Cabe aos Estados a instituição de representação de inconstitucionalidade de leis ou atos normativos estaduais ou municipais em face da Constituição Estadual, vedada a atribuição da legitimação para agir a um único órgão.

§ 3º A lei estadual poderá criar, mediante proposta do Tribunal de Justiça, a Justiça Militar estadual, constituída, em primeiro grau, pelos juízes de direito e pelos Conselhos de Justiça e, em segundo grau, pelo próprio Tribunal de Justiça, ou por Tribunal de Justiça Militar nos Estados em que o efetivo militar seja superior a vinte mil integrantes.

§ 4º Compete à Justiça Militar estadual processar e julgar os militares dos Estados, nos crimes militares definidos em lei e as ações judiciais contra atos disciplinares militares, ressalvada a competência do júri quando a vítima for civil, cabendo ao tribunal competente decidir sobre a perda do posto e da patente dos oficiais e da graduação das praças.
► §§ 3º e 4º com a redação dada pela EC nº 45, de 8-12-2004.
► Súm. nº 673 do STF.
► Súmulas nºs 6, 53 e 90 do STJ.

§ 5º Compete aos juízes de direito do juízo militar processar e julgar, singularmente, os crimes militares cometidos contra civis e as ações judiciais contra atos disciplinares militares, cabendo ao Conselho de Justiça, sob a presidência de juiz de direito, processar e julgar os demais crimes militares.

§ 6º O Tribunal de Justiça poderá funcionar descentralizadamente, constituindo Câmaras regionais, a fim de assegurar o pleno acesso do jurisdicionado à justiça em todas as fases do processo.

§ 7º O Tribunal de Justiça instalará a justiça itinerante, com a realização de audiências e demais funções da atividade jurisdicional, nos limites territoriais da respectiva jurisdição, servindo-se de equipamentos públicos e comunitários.
► §§ 5º a 7º acrescidos pela EC nº 45, de 8-12-2004.

**Art. 126.** Para dirimir conflitos fundiários, o Tribunal de Justiça proporá a criação de varas especializadas, com competência exclusiva para questões agrárias.
► *Caput* com a redação dada pela EC nº 45, de 8-12-2004.

Parágrafo único. Sempre que necessário e eficiente prestação jurisdicional, o juiz far-se-á presente no local do litígio.

## Capítulo IV
### DAS FUNÇÕES ESSENCIAIS À JUSTIÇA

#### Seção I
##### DO MINISTÉRIO PÚBLICO

► LC nº 75, de 20-5-1993 (Lei Orgânica do Ministério Público da União).
► Lei nº 8.625, de 12-2-1993 (Lei Orgânica do Ministério Público).

**Art. 127.** O Ministério Público é instituição permanente, essencial à função jurisdicional do Estado, incumbindo-lhe a defesa da ordem jurídica, do regime democrático e dos interesses sociais e individuais indisponíveis.

§ 1º São princípios institucionais do Ministério Público a unidade, a indivisibilidade e a independência funcional.

§ 2º Ao Ministério Público é assegurada autonomia funcional e administrativa, podendo, observado o disposto no artigo 169, propor ao Poder Legislativo a criação e extinção de seus cargos e serviços auxiliares, provendo-os por concurso público de provas ou de provas e títulos, a política remuneratória e os planos de carreira; a lei disporá sobre sua organização e funcionamento.

▶ § 2º com a redação dada pela EC nº 19, de 4-6-1998.
▶ Lei nº 11.144, de 26-7-2005, dispõe sobre o subsídio do Procurador-Geral da República.
▶ Lei nº 12.042, de 8-10-2009, dispõe sobre a revisão do subsídio do Procurador-Geral da República.

§ 3º O Ministério Público elaborará sua proposta orçamentária dentro dos limites estabelecidos na lei de diretrizes orçamentárias.

§ 4º Se o Ministério Público não encaminhar a respectiva proposta orçamentária dentro do prazo estabelecido na lei de diretrizes orçamentárias, o Poder Executivo considerará, para fins de consolidação da proposta orçamentária anual, os valores aprovados na lei orçamentária vigente, ajustados de acordo com os limites estipulados na forma do § 3º.

§ 5º Se a proposta orçamentária de que trata este artigo for encaminhada em desacordo com os limites estipulados na forma do § 3º, o Poder Executivo procederá aos ajustes necessários para fins de consolidação da proposta orçamentária anual.

§ 6º Durante a execução orçamentária do exercício, não poderá haver a realização de despesas ou a assunção de obrigações que extrapolem os limites estabelecidos na lei de diretrizes orçamentárias, exceto se previamente autorizadas, mediante a abertura de créditos suplementares ou especiais.

▶ §§ 4º a 6º acrescidos pela EC nº 45, de 8-12-2004.

**Art. 128.** O Ministério Público abrange:

▶ LC nº 75, de 20-5-1993 (Lei Orgânica do Ministério Público da União).

I – o Ministério Público da União, que compreende:

a) o Ministério Público Federal;
b) o Ministério Público do Trabalho;
c) o Ministério Público Militar;
d) o Ministério Público do Distrito Federal e Territórios;

II – os Ministérios Públicos dos Estados.

§ 1º O Ministério Público da União tem por chefe o Procurador-Geral da República, nomeado pelo Presidente da República dentre integrantes da carreira, maiores de trinta e cinco anos, após a aprovação de seu nome pela maioria absoluta dos membros do Senado Federal, para mandato de dois anos, permitida a recondução.

§ 2º A destituição do Procurador-Geral da República, por iniciativa do Presidente da República, deverá ser precedida de autorização da maioria absoluta do Senado Federal.

§ 3º Os Ministérios Públicos dos Estados e o do Distrito Federal e Territórios formarão lista tríplice dentre integrantes da carreira, na forma da lei respectiva, para escolha de seu Procurador-Geral, que será nomeado pelo Chefe do Poder Executivo, para mandato de dois anos, permitida uma recondução.

§ 4º Os Procuradores-Gerais nos Estados e no Distrito Federal e Territórios poderão ser destituídos por deliberação da maioria absoluta do Poder Legislativo, na forma da lei complementar respectiva.

§ 5º Leis complementares da União e dos Estados, cuja iniciativa é facultada aos respectivos Procuradores-Gerais, estabelecerão a organização, as atribuições e o estatuto de cada Ministério Público, observadas, relativamente a seus membros:

I – as seguintes garantias:

a) vitaliciedade, após dois anos de exercício, não podendo perder o cargo senão por sentença judicial transitada em julgado;
b) inamovibilidade, salvo por motivo de interesse público, mediante decisão do órgão colegiado competente do Ministério Público, pelo voto da maioria absoluta de seus membros, assegurada ampla defesa;

▶ Alínea b com a redação dada pela EC nº 45, de 8-12-2004.

c) irredutibilidade de subsídio, fixado na forma do artigo 39, § 4º, e ressalvado o disposto nos artigos 37, X e XI, 150, II, 153, III, 153, § 2º, I;

▶ Alínea c com a redação dada pela EC nº 19, de 4-6-1998.
▶ Lei nº 11.144, de 26-7-2005, dispõe sobre o subsídio do Procurador-Geral da República.
▶ Lei nº 12.042, de 8-10-2009, dispõe sobre a revisão do subsídio do Procurador-Geral da República.

II – as seguintes vedações:

a) receber, a qualquer título e sob qualquer pretexto, honorários, percentagens ou custas processuais;
b) exercer a advocacia;
c) participar de sociedade comercial, na forma da lei;
d) exercer, ainda que em disponibilidade, qualquer outra função pública, salvo uma de magistério;
e) exercer atividade político-partidária;

▶ Alínea e com a redação dada pela EC nº 45, de 8-12-2004.

f) receber, a qualquer título ou pretexto, auxílios ou contribuições de pessoas físicas, entidades públicas ou privadas, ressalvadas as exceções previstas em lei.

▶ Alínea f acrescida pela EC nº 45, de 8-12-2004.

§ 6º Aplica-se aos membros do Ministério Público o disposto no art. 95, parágrafo único, V.

▶ § 6º acrescido pela EC nº 45, de 8-12-2004.

**Art. 129.** São funções institucionais do Ministério Público:

I – promover, privativamente, a ação penal pública, na forma da lei;

▶ Art. 100, § 1º, do CP.
▶ Art. 24 do CPP.
▶ Lei nº 8.625, de 12-2-1993 (Lei Orgânica Nacional do Ministério Público).
▶ Súm. nº 234 do STJ.

II – zelar pelo efetivo respeito dos Poderes Públicos e dos serviços de relevância pública aos direitos assegurados nesta Constituição, promovendo as medidas necessárias a sua garantia;

III – promover o inquérito civil e a ação civil pública, para a proteção do patrimônio público e social, do meio ambiente e de outros interesses difusos e coletivos;
► Lei nº 7.347, de 24-7-1985 (Lei da Ação Civil Pública).
► Súm. nº 643 do STF.
► Súm. nº 329 do STJ.

IV – promover a ação de inconstitucionalidade ou representação para fins de intervenção da União e dos Estados, nos casos previstos nesta Constituição;
► Arts. 34 a 36 desta Constituição.

V – defender judicialmente os direitos e interesses das populações indígenas;
► Art. 231 desta Constituição.

VI – expedir notificações nos procedimentos administrativos de sua competência, requisitando informações e documentos para instruí-los, na forma da lei complementar respectiva;
► Súm. nº 234 do STJ.

VII – exercer o controle externo da atividade policial, na forma da lei complementar mencionada no artigo anterior;
► LC nº 75, de 20-5-1993 (Lei Orgânica do Ministério Público da União).

VIII – requisitar diligências investigatórias e a instauração de inquérito policial, indicados os fundamentos jurídicos de suas manifestações processuais;
IX – exercer outras funções que lhe forem conferidas, desde que compatíveis com sua finalidade, sendo-lhe vedada a representação judicial e a consultoria jurídica de entidades públicas.

§ 1º A legitimação do Ministério Público para as ações civis previstas neste artigo não impede a de terceiros, nas mesmas hipóteses, segundo o disposto nesta Constituição e na lei.
► Lei nº 7.347, de 24-7-1985 (Lei da Ação Civil Pública).

§ 2º As funções do Ministério Público só podem ser exercidas por integrantes da carreira, que deverão residir na comarca da respectiva lotação, salvo autorização do chefe da instituição.

§ 3º O ingresso na carreira do Ministério Público far-se-á mediante concurso público de provas e títulos, assegurada a participação da Ordem dos Advogados do Brasil em sua realização, exigindo-se do bacharel em direito, no mínimo, três anos de atividade jurídica e observando-se, nas nomeações, a ordem de classificação.

§ 4º Aplica-se ao Ministério Público, no que couber, o disposto no art. 93.
► §§ 2º a 4º com a redação dada pela EC nº 45, de 8-12-2004.

§ 5º A distribuição de processos no Ministério Público será imediata.
► § 5º acrescido pela EC nº 45, de 8-12-2004.

**Art. 130.** Aos membros do Ministério Público junto aos Tribunais de Contas aplicam-se as disposições desta seção pertinentes a direitos, vedações e forma de investidura.

**Art. 130-A.** O Conselho Nacional do Ministério Público compõe-se de quatorze membros nomeados pelo Presidente da República, depois de aprovada a escolha pela maioria absoluta do Senado Federal, para um mandato de dois anos, admitida uma recondução, sendo:
► Art. 5º da EC nº 45, de 8-12-2004 (Reforma do Judiciário).

I – o Procurador-Geral da República, que o preside;
II – quatro membros do Ministério Público da União, assegurada a representação de cada uma de suas carreiras;
III – três membros do Ministério Público dos Estados;
IV – dois juízes, indicados um pelo Supremo Tribunal Federal e outro pelo Superior Tribunal de Justiça;
V – dois advogados, indicados pelo Conselho Federal da Ordem dos Advogados do Brasil;
VI – dois cidadãos de notável saber jurídico e reputação ilibada, indicados um pela Câmara dos Deputados e outro pelo Senado Federal.

§ 1º Os membros do Conselho oriundos do Ministério Público serão indicados pelos respectivos Ministérios Públicos, na forma da lei.
► Lei nº 11.372, de 28-11-2006, regulamenta este parágrafo.

§ 2º Compete ao Conselho Nacional do Ministério Público o controle da atuação administrativa e financeira do Ministério Público e do cumprimento dos deveres funcionais de seus membros, cabendo-lhe:

I – zelar pela autonomia funcional e administrativa do Ministério Público, podendo expedir atos regulamentares, no âmbito de sua competência, ou recomendar providências;
II – zelar pela observância do art. 37 e apreciar, de ofício ou mediante provocação, a legalidade dos atos administrativos praticados por membros ou órgãos do Ministério Público da União e dos Estados, podendo desconstituí-los, revê-los ou fixar prazo para que se adotem as providências necessárias ao exato cumprimento da lei, sem prejuízo da competência dos Tribunais de Contas;
III – receber e conhecer das reclamações contra membros ou órgãos do Ministério Público da União ou dos Estados, inclusive contra seus serviços auxiliares, sem prejuízo da competência disciplinar e correicional da instituição, podendo avocar processos disciplinares em curso, determinar a remoção, a disponibilidade ou a aposentadoria com subsídios ou proventos proporcionais ao tempo de serviço e aplicar outras sanções administrativas, assegurada ampla defesa;
IV – rever, de ofício ou mediante provocação, os processos disciplinares de membros do Ministério Público da União ou dos Estados julgados há menos de um ano;
V – elaborar relatório anual, propondo as providências que julgar necessárias sobre a situação do Ministério Público no País e as atividades do Conselho, o qual deve integrar a mensagem prevista no art. 84, XI.

§ 3º O Conselho escolherá, em votação secreta, um Corregedor nacional, dentre os membros do Ministério Público que o integram, vedada a recondução, competindo-lhe, além das atribuições que lhe forem conferidas pela lei, as seguintes:

I – receber reclamações e denúncias, de qualquer interessado, relativas aos membros do Ministério Público e dos seus serviços auxiliares;

II – exercer funções executivas do Conselho, de inspeção e correição geral;

III – requisitar e designar membros do Ministério Público, delegando-lhes atribuições, e requisitar servidores de órgãos do Ministério Público.

§ 4º O Presidente do Conselho Federal da Ordem dos Advogados do Brasil oficiará junto ao Conselho.

§ 5º Leis da União e dos Estados criarão ouvidorias do Ministério Público, competentes para receber reclamações e denúncias de qualquer interessado contra membros dos órgãos do Ministério Público, inclusive contra seus serviços auxiliares, representando diretamente ao Conselho Nacional do Ministério Público.

▶ Art. 130-A acrescido pela EC nº 45, de 8-12-2004.

Seção II

## DA ADVOCACIA PÚBLICA

▶ Denominação da Seção dada pela EC nº 19, de 4-6-1998.
▶ LC nº 73, de 10-2-1993 (Lei Orgânica da Advocacia-Geral da União).
▶ Lei nº 9.028, de 12-4-1995, dispõe sobre o exercício das atribuições institucionais da Advocacia-Geral da União, em caráter emergencial e provisório.
▶ Dec. nº 767, de 5-3-1993, dispõe sobre as atividades de controle interno da Advocacia-Geral da União.

**Art. 131.** A Advocacia-Geral da União é a instituição que, diretamente ou através de órgão vinculado, representa a União, judicial e extrajudicialmente, cabendo-lhe, nos termos da lei complementar que dispuser sobre sua organização e funcionamento, as atividades de consultoria e assessoramento jurídico do Poder Executivo.

▶ LC nº 73, de 10-2-1993 (Lei Orgânica da Advocacia-Geral da União).
▶ Lei nº 9.028, de 12-4-1995, dispõe sobre o exercício das atribuições institucionais da Advocacia-Geral da União, em caráter emergencial e provisório.
▶ Dec. nº 767, de 5-3-1993, dispõe sobre as atividades de controle interno da Advocacia-Geral da União.
▶ Dec. nº 7.153, de 9-4-2010, dispõe sobre a representação e a defesa extrajudicial dos órgãos e entidades da administração federal junto ao Tribunal de Contas da União, por intermédio da Advocacia-Geral da União.

§ 1º A Advocacia-Geral da União tem por chefe o Advogado-Geral da União, de livre nomeação pelo Presidente da República dentre cidadãos maiores de trinta e cinco anos, de notável saber jurídico e reputação ilibada.

§ 2º O ingresso nas classes iniciais das carreiras da instituição de que trata este artigo far-se-á mediante concurso público de provas e títulos.

§ 3º Na execução da dívida ativa de natureza tributária, a representação da União cabe à Procuradoria-Geral da Fazenda Nacional, observado o disposto em lei.

▶ Súm. nº 139 do STJ.

**Art. 132.** Os Procuradores dos Estados e do Distrito Federal, organizados em carreira, na qual o ingresso dependerá de concurso público de provas e títulos, com a participação da Ordem dos Advogados do Brasil em todas as suas fases, exercerão a representação judicial e a consultoria jurídica das respectivas unidades federadas.

Parágrafo único. Aos procuradores referidos neste artigo é assegurada estabilidade após três anos de efetivo exercício, mediante avaliação de desempenho perante os órgãos próprios, após relatório circunstanciado das corregedorias.

▶ Art. 132 com a redação dada pela EC nº 19, de 4-6-1998.

Seção III

## DA ADVOCACIA E DA DEFENSORIA PÚBLICA

**Art. 133.** O advogado é indispensável à administração da justiça, sendo inviolável por seus atos e manifestações no exercício da profissão, nos limites da lei.

▶ Lei nº 8.906, de 4-7-1994 (Estatuto da Advocacia e da OAB).
▶ Súm. nº 329 do TST.

**Art. 134.** A Defensoria Pública é instituição essencial à função jurisdicional do Estado, incumbindo-lhe a orientação jurídica e a defesa, em todos os graus, dos necessitados, na forma do artigo 5º, LXXIV.

▶ LC nº 80, de 12-1-1994 (Lei da Defensoria Pública).

§ 1º Lei complementar organizará a Defensoria Pública da União e do Distrito Federal e dos Territórios e prescreverá normas gerais para sua organização nos Estados, em cargos de carreira, providos, na classe inicial, mediante concurso público de provas e títulos, assegurada a seus integrantes a garantia da inamovibilidade e vedado o exercício da advocacia fora das atribuições institucionais.

▶ Parágrafo único transformado em § 1º pela EC nº 45, de 8-12-2004.
▶ Súm. nº 421 do STJ.

§ 2º Às Defensorias Públicas Estaduais é assegurada autonomia funcional e administrativa, e a iniciativa de sua proposta orçamentária dentro dos limites estabelecidos na lei de diretrizes orçamentárias e subordinação ao disposto no art. 99, § 2º.

▶ § 2º acrescido pela EC nº 45, de 8-12-2004.

**Art. 135.** Os servidores integrantes das carreiras disciplinadas nas Seções II e III deste Capítulo serão remunerados na forma do artigo 39, § 4º.

▶ Artigo com a redação dada pela EC nº 19, de 4-6-1998.
▶ Art. 132 desta Constituição.

## TÍTULO V – DA DEFESA DO ESTADO E DAS INSTITUIÇÕES DEMOCRÁTICAS

Capítulo I

### DO ESTADO DE DEFESA E DO ESTADO DE SÍTIO

Seção I

## DO ESTADO DE DEFESA

**Art. 136.** O Presidente da República pode, ouvidos o Conselho da República e o Conselho de Defesa Nacional, decretar estado de defesa para preservar ou prontamente restabelecer, em locais restritos e determinados, a ordem pública ou a paz social ameaçadas por grave e iminente instabilidade institucional ou

atingidas por calamidades de grandes proporções na natureza.
▶ Arts. 89 a 91 desta Constituição.
▶ Lei nº 8.041, de 5-6-1990, dispõe sobre a organização e o funcionamento do Conselho da República.
▶ Lei nº 8.183, de 11-4-1991, dispõe sobre a organização e o funcionamento do Conselho de Defesa Nacional.
▶ Dec. nº 893, de 12-8-1993, aprova o regulamento do Conselho de Defesa Nacional.

§ 1º O decreto que instituir o estado de defesa determinará o tempo de sua duração, especificará as áreas a serem abrangidas e indicará, nos termos e limites da lei, as medidas coercitivas a vigorarem, dentre as seguintes:

I – restrições aos direitos de:
a) reunião, ainda que exercida no seio das associações;
b) sigilo de correspondência;
c) sigilo de comunicação telegráfica e telefônica;

II – ocupação e uso temporário de bens e serviços públicos, na hipótese de calamidade pública, respondendo a União pelos danos e custos decorrentes.

§ 2º O tempo de duração do estado de defesa não será superior a trinta dias, podendo ser prorrogado uma vez, por igual período, se persistirem as razões que justificaram a sua decretação.

§ 3º Na vigência do estado de defesa:

I – a prisão por crime contra o Estado, determinada pelo executor da medida, será por este comunicada imediatamente ao juiz competente, que a relaxará, se não for legal, facultado ao preso requerer exame de corpo de delito à autoridade policial;
II – a comunicação será acompanhada de declaração, pela autoridade, do estado físico e mental do detido no momento de sua autuação;
III – a prisão ou detenção de qualquer pessoa não poderá ser superior a dez dias, salvo quando autorizada pelo Poder Judiciário;
IV – é vedada a incomunicabilidade do preso.

§ 4º Decretado o estado de defesa ou sua prorrogação, o Presidente da República, dentro de vinte e quatro horas, submeterá o ato com a respectiva justificação ao Congresso Nacional, que decidirá por maioria absoluta.

§ 5º Se o Congresso Nacional estiver em recesso, será convocado, extraordinariamente, no prazo de cinco dias.

§ 6º O Congresso Nacional apreciará o decreto dentro de dez dias contados de seu recebimento, devendo continuar funcionando enquanto vigorar o estado de defesa.

§ 7º Rejeitado o decreto, cessa imediatamente o estado de defesa.

*Seção II*

## DO ESTADO DE SÍTIO

**Art. 137.** O Presidente da República pode, ouvidos o Conselho da República e o Conselho de Defesa Nacional, solicitar ao Congresso Nacional autorização para decretar o estado de sítio nos casos de:

I – comoção grave de repercussão nacional ou ocorrência de fatos que comprovem a ineficácia de medida tomada durante o estado de defesa;

II – declaração de estado de guerra ou resposta a agressão armada estrangeira.

Parágrafo único. O Presidente da República, ao solicitar autorização para decretar o estado de sítio ou sua prorrogação, relatará os motivos determinantes do pedido, devendo o Congresso Nacional decidir por maioria absoluta.

**Art. 138.** O decreto do estado de sítio indicará sua duração, as normas necessárias a sua execução e as garantias constitucionais que ficarão suspensas, e, depois de publicado, o Presidente da República designará o executor das medidas específicas e as áreas abrangidas.

§ 1º O estado de sítio, no caso do artigo 137, I, não poderá ser decretado por mais de trinta dias, nem prorrogado, de cada vez, por prazo superior; no do inciso II, poderá ser decretado por todo o tempo que perdurar a guerra ou a agressão armada estrangeira.

§ 2º Solicitada autorização para decretar o estado de sítio durante o recesso parlamentar, o Presidente do Senado Federal, de imediato, convocará extraordinariamente o Congresso Nacional para se reunir dentro de cinco dias, a fim de apreciar o ato.

§ 3º O Congresso Nacional permanecerá em funcionamento até o término das medidas coercitivas.

**Art. 139.** Na vigência do estado de sítio decretado com fundamento no artigo 137, I, só poderão ser tomadas contra as pessoas as seguintes medidas:

I – obrigação de permanência em localidade determinada;
II – detenção em edifício não destinado a acusados ou condenados por crimes comuns;
III – restrições relativas à inviolabilidade da correspondência, ao sigilo das comunicações, à prestação de informações e à liberdade de imprensa, radiodifusão e televisão, na forma da lei;
▶ Lei nº 9.296, de 24-7-1996 (Lei das Interceptações Telefônicas).

IV – suspensão da liberdade de reunião;
▶ Lei nº 9.296, de 24-7-1996 (Lei das Interceptações Telefônicas).

V – busca e apreensão em domicílio;
VI – intervenção nas empresas de serviços públicos;
VII – requisição de bens.

Parágrafo único. Não se inclui nas restrições do inciso III a difusão de pronunciamentos de parlamentares efetuados em suas Casas Legislativas, desde que liberada pela respectiva Mesa.

*Seção III*

## DISPOSIÇÕES GERAIS

**Art. 140.** A Mesa do Congresso Nacional, ouvidos os líderes partidários, designará Comissão composta de cinco de seus membros para acompanhar e fiscalizar a execução das medidas referentes ao estado de defesa e ao estado de sítio.

**Art. 141.** Cessado o estado de defesa ou o estado de sítio, cessarão também seus efeitos, sem prejuízo da responsabilidade pelos ilícitos cometidos por seus executores ou agentes.

Parágrafo único. Logo que cesse o estado de defesa ou o estado de sítio, as medidas aplicadas em sua vigência serão relatadas pelo Presidente da República, em mensagem ao Congresso Nacional, com especificação e justificação das providências adotadas, com relação nominal dos atingidos, e indicação das restrições aplicadas.

CAPÍTULO II

## DAS FORÇAS ARMADAS

▶ Dec. nº 3.897, de 24-8-2001, fixa as diretrizes para o emprego das Forças Armadas na garantia da Lei e da Ordem.

**Art. 142.** As Forças Armadas, constituídas pela Marinha, pelo Exército e pela Aeronáutica, são instituições nacionais permanentes e regulares, organizadas com base na hierarquia e na disciplina, sob a autoridade suprema do Presidente da República, e destinam-se à defesa da Pátria, à garantia dos poderes constitucionais e, por iniciativa de qualquer destes, da lei e da ordem.

▶ Art. 37, X, desta Constituição.
▶ LC nº 69, de 23-7-1991, dispõe sobre a organização e emprego das Forças Armadas.
▶ Lei nº 8.071, de 17-7-1990, dispõe sobre os efetivos do Exército em tempo de paz.

§ 1º Lei complementar estabelecerá as normas gerais a serem adotadas na organização, no preparo e no emprego das Forças Armadas.

▶ LC nº 97, de 9-6-1999, dispõe sobre as normas gerais para a organização, o preparo e o emprego das Forças Armadas.

§ 2º Não caberá *habeas corpus* em relação a punições disciplinares militares.

▶ Art. 42, § 1º, desta Constituição.
▶ Dec.-lei nº 1.001, de 21-10-1969 (Código Penal Militar).
▶ Dec. nº 76.322, de 22-9-1975 (Regulamento Disciplinar da Aeronáutica).
▶ Dec. nº 88.545, de 26-7-1983 (Regulamento Disciplinar para a Marinha).
▶ Dec. nº 4.346, de 26-8-2002 (Regulamento Disciplinar do Exército).

§ 3º Os membros das Forças Armadas são denominados militares, aplicando-se-lhes, além das que vierem a ser fixadas em lei, as seguintes disposições:

▶ § 3º acrescido pela EC nº 18, de 5-2-1998.
▶ Art. 42, § 1º, desta Constituição.
▶ Lei nº 9.786, de 8-2-1999, dispõe sobre o ensino do Exército Brasileiro.
▶ Dec. nº 3.182, de 23-9-1999, regulamenta a Lei nº 9.786, de 8-2-1999, que dispõe sobre o ensino do Exército Brasileiro.

I – as patentes, com prerrogativas, direitos e deveres a elas inerentes, são conferidas pelo Presidente da República e asseguradas em plenitude aos oficiais da ativa, da reserva ou reformados, sendo-lhes privativos os títulos e postos militares e, juntamente com os demais membros, o uso dos uniformes das Forças Armadas;
II – o militar em atividade que tomar posse em cargo ou emprego público civil permanente será transferido para a reserva, nos termos da lei;
III – o militar da ativa que, de acordo com a lei, tomar posse em cargo, emprego ou função pública civil temporária, não eletiva, ainda que da administração indireta, ficará agregado ao respectivo quadro e somente poderá, enquanto permanecer nessa situação, ser promovido por antiguidade, contando-se-lhe o tempo de serviço apenas para aquela promoção e transferência para a reserva, sendo depois de dois anos de afastamento, contínuos ou não, transferido para a reserva, nos termos da lei;
IV – ao militar são proibidas a sindicalização e a greve;
V – o militar, enquanto em serviço ativo, não pode estar filiado a partidos políticos;
VI – o oficial só perderá o posto e a patente se for julgado indigno do oficialato ou com ele incompatível, por decisão de Tribunal militar de caráter permanente, em tempo de paz, ou de Tribunal especial, em tempo de guerra;
VII – o oficial condenado na justiça comum ou militar a pena privativa de liberdade superior a dois anos, por sentença transitada em julgado, será submetido ao julgamento previsto no inciso anterior;
VIII – aplica-se aos militares o disposto no artigo 7º, VIII, XII, XVII, XVIII, XIX e XXV e no artigo 37, XI, XIII, XIV e XV;

▶ Súm. Vinc. nº 6 do STF.

IX – *Revogado*. EC nº 41, de 19-12-2003;
X – a lei disporá sobre o ingresso nas Forças Armadas, os limites de idade, a estabilidade e outras condições de transferência do militar para a inatividade, os direitos, os deveres, a remuneração, as prerrogativas e outras situações especiais dos militares, consideradas as peculiaridades de suas atividades, inclusive aquelas cumpridas por força de compromissos internacionais e de guerra.

▶ Incisos I a X acrescidos pela EC nº 18, de 5-2-1998.
▶ Arts. 40, § 20, e 42, § 1º, desta Constituição.
▶ Súm. Vinc. nº 4 do STF.

**Art. 143.** O serviço militar é obrigatório nos termos da lei.

▶ Lei nº 4.375, de 17-8-1964 (Lei do Serviço Militar), regulamentada pelo Dec. nº 57.654, de 20-1-1966.
▶ Dec. nº 3.289, de 15-12-1999, aprova o Plano Geral de Convocação para o Serviço Militar Inicial nas Forças Armadas em 2001.

§ 1º Às Forças Armadas compete, na forma da lei, atribuir serviço alternativo aos que, em tempo de paz, após alistados, alegarem imperativo de consciência, entendendo-se como tal o decorrente de crença religiosa e de convicção filosófica ou política, para se eximirem de atividades de caráter essencialmente militar.

▶ Art. 5º, VIII, desta Constituição.

§ 2º As mulheres e os eclesiásticos ficam isentos do serviço militar obrigatório em tempo de paz, sujeitos, porém, a outros encargos que a lei lhes atribuir.

▶ Lei nº 8.239, de 4-10-1991, regulamenta os §§ 1º e 2º deste artigo.
▶ Súm. Vinc. nº 6 do STF.

CAPÍTULO III

## DA SEGURANÇA PÚBLICA

▶ Dec. nº 5.289, de 29-11-2004, disciplina a organização e o funcionamento da administração pública federal, para o desenvolvimento do programa de cooperação federativa denominado Força Nacional de Segurança Pública.

**Art. 144.** A segurança pública, dever do Estado, direito e responsabilidade de todos, é exercida para a preservação da ordem pública e da incolumidade das pessoas e do patrimônio, através dos seguintes órgãos:

▶ Dec. nº 4.332, de 12-8-2002, estabelece normas para o planejamento, a coordenação e a execução de medidas de segurança a serem implementadas durante as viagens presidenciais em território nacional, ou em eventos na capital federal.

I – polícia federal;
II – polícia rodoviária federal;

▶ Dec. nº 1.655, de 3-10-1995, define a competência da Polícia Rodoviária Federal.

III – polícia ferroviária federal;
IV – polícias civis;
V – polícias militares e corpos de bombeiros militares.

§ 1º A polícia federal, instituída por lei como órgão permanente, organizado e mantido pela União e estruturado em carreira, destina-se a:

▶ § 1º com a redação dada pela EC nº 19, de 4-6-1998.

I – apurar infrações penais contra a ordem política e social ou em detrimento de bens, serviços e interesses da União ou de suas entidades autárquicas e empresas públicas, assim como outras infrações cuja prática tenha repercussão interestadual ou internacional e exija repressão uniforme, segundo se dispuser em lei;

▶ Lei nº 8.137, de 27-12-1990 (Lei dos Crimes contra a Ordem Tributária, Econômica e contra as Relações de Consumo).

▶ Lei nº 10.446, de 8-5-2002, dispõe sobre infrações penais de repercussão interestadual ou internacional que exigem repressão uniforme, para os fins de aplicação do disposto neste inciso.

II – prevenir e reprimir o tráfico ilícito de entorpecentes e drogas afins, o contrabando e o descaminho, sem prejuízo da ação fazendária e de outros órgãos públicos nas respectivas áreas de competência;

▶ Lei nº 11.343, de 23-8-2006 (Lei Antidrogas).

▶ Dec. nº 2.781, de 14-9-1998, instituiu o Programa Nacional de Combate ao Contrabando e o Descaminho.

III – exercer as funções de polícia marítima, aeroportuária e de fronteiras;

▶ Inciso III com a redação dada pela EC nº 19, de 4-6-1998.

IV – exercer, com exclusividade, as funções de polícia judiciária da União.

§ 2º A polícia rodoviária federal, órgão permanente, organizado e mantido pela União e estruturado em carreira, destina-se, na forma da lei, ao patrulhamento ostensivo das rodovias federais.

▶ Lei nº 9.654, de 2-3-1998, cria a carreira de Policial Rodoviário Federal.

§ 3º A polícia ferroviária federal, órgão permanente, organizado e mantido pela União e estruturado em carreira, destina-se, na forma da lei, ao patrulhamento ostensivo das ferrovias federais.

▶ §§ 2º e 3º com a redação dada pela EC nº 19, de 4-6-1998.

§ 4º Às polícias civis, dirigidas por delegados de polícia de carreira, incumbem, ressalvada a competência da União, as funções de polícia judiciária e a apuração de infrações penais, exceto as Militares.

▶ Art. 9º do CPM.

▶ Art. 7º do CPPM.

§ 5º Às polícias militares cabem a polícia ostensiva e a preservação da ordem pública; aos corpos de bombeiros militares, além das atribuições definidas em lei, incumbe a execução de atividades de defesa civil.

▶ Dec.-lei nº 667, de 2-7-1969, reorganiza as Polícias Militares e os Corpos de Bombeiros Militares dos Estados, dos Território e do Distrito Federal.

§ 6º As polícias militares e corpos de bombeiros militares, forças auxiliares e reserva do Exército, subordinam-se, juntamente com as polícias civis, aos Governadores dos Estados, do Distrito Federal e dos Territórios.

§ 7º A lei disciplinará a organização e o funcionamento dos órgãos responsáveis pela segurança pública, de maneira a garantir a eficiência de suas atividades.

▶ Dec. nº 6.950, de 26-8-2009, dispõe sobre o Conselho Nacional de Segurança Pública – CONASP.

§ 8º Os Municípios poderão constituir guardas municipais destinadas à proteção de seus bens, serviços e instalações, conforme dispuser a lei.

§ 9º A remuneração dos servidores policiais integrantes dos órgãos relacionados neste artigo será fixada na forma do § 4º do artigo 39.

▶ § 9º acrescido pela EC nº 19, de 4-6-1998.

## TÍTULO VI – DA TRIBUTAÇÃO E DO ORÇAMENTO

▶ Lei nº 5.172, de 27-12-1990 (Código Tributário Nacional).

CAPÍTULO I

### DO SISTEMA TRIBUTÁRIO NACIONAL

▶ Lei nº 8.137, de 27-12-1990 (Lei de Crimes contra a Ordem Tributária, Econômica e contra as Relações de Consumo).

▶ Lei nº 8.176, de 8-2-1991, define crimes contra a ordem econômica e cria o sistema de estoque de combustíveis.

▶ Dec. nº 2.730, de 10-8-1998, dispõe sobre o encaminhamento ao Ministério Público da representação fiscal para os crimes contra a ordem tributária.

Seção I

### DOS PRINCÍPIOS GERAIS

**Art. 145.** A União, os Estados, o Distrito Federal e os Municípios poderão instituir os seguintes tributos:

▶ Arts. 1º a 5º do CTN.
▶ Súm. nº 667 do STF.

I – impostos;

▶ Arts. 16 a 76 do CTN.

II – taxas, em razão do exercício do poder de polícia ou pela utilização, efetiva ou potencial, de serviços públicos específicos e divisíveis, prestados ao contribuinte ou postos a sua disposição;

▶ Arts. 77 a 80 do CTN.
▶ Súm. Vinc. nº 19 do STF.
▶ Súmulas nºs 665 e 670 do STF.

III – contribuição de melhoria, decorrente de obras públicas.

▶ Arts. 81 e 82 do CTN.

▶ Dec.-lei nº 195, de 24-2-1967 (Lei da Contribuição de Melhoria).

**§ 1º** Sempre que possível, os impostos terão caráter pessoal e serão graduados segundo a capacidade econômica do contribuinte, facultado à administração tributária, especialmente para conferir efetividade a esses objetivos, identificar, respeitados os direitos individuais e nos termos da lei, o patrimônio, os rendimentos e as atividades econômicas do contribuinte.

▶ Lei nº 8.021, de 12-4-1990, dispõe sobre a identificação dos contribuintes para fins fiscais.
▶ Súmulas nºˢ 656 e 668 do STF.

**§ 2º** As taxas não poderão ter base de cálculo própria de impostos.

▶ Art. 77, parágrafo único, do CTN.
▶ Súm. Vinc. nº 29 do STF.
▶ Súm. nº 665 do STF.

**Art. 146.** Cabe à lei complementar:

I – dispor sobre conflitos de competência, em matéria tributária, entre a União, os Estados, o Distrito Federal e os Municípios;

▶ Arts. 6º a 8º do CTN.

II – regular as limitações constitucionais ao poder de tributar;

▶ Arts. 9º a 15 do CTN.

III – estabelecer normas gerais em matéria de legislação tributária, especialmente sobre:

▶ Art. 149 desta Constituição.

a) definição de tributos e de suas espécies, bem como, em relação aos impostos discriminados nesta Constituição, a dos respectivos fatos geradores, bases de cálculo e contribuintes;

b) obrigação, lançamento, crédito, prescrição e decadência tributários;

▶ Súm. Vinc. nº 8 do STF.

c) adequado tratamento tributário ao ato cooperativo praticado pelas sociedades cooperativas;

d) definição de tratamento diferenciado e favorecido para as microempresas e para as empresas de pequeno porte, inclusive regimes especiais ou simplificados no caso do imposto previsto no art. 155, II, das contribuições previstas no art. 195, I e §§ 12 e 13, e da contribuição a que se refere o art. 239.

▶ Alínea d acrescida pela EC nº 42, de 19-12-2003.
▶ Art. 94 do ADCT.
▶ LC nº 123, de 14-12-2006 (Estatuto Nacional da Microempresa e da Empresa de Pequeno Porte).

Parágrafo único. A lei complementar de que trata o inciso III, d, também poderá instituir um regime único de arrecadação dos impostos e contribuições da União, dos Estados, do Distrito Federal e dos Municípios, observado que:

I – será opcional para o contribuinte;
II – poderão ser estabelecidas condições de enquadramento diferenciadas por Estado;
III – o recolhimento será unificado e centralizado e a distribuição da parcela de recursos pertencentes aos respectivos entes federados será imediata, vedada qualquer retenção ou condicionamento;

IV – a arrecadação, a fiscalização e a cobrança poderão ser compartilhadas pelos entes federados, adotado cadastro nacional único de contribuintes.

▶ Parágrafo único acrescido pela EC nº 42, de 19-12-2003.

**Art. 146-A.** Lei complementar poderá estabelecer critérios especiais de tributação, com o objetivo de prevenir desequilíbrios da concorrência, sem prejuízo da competência da União, por lei, estabelecer normas de igual objetivo.

▶ Art. 146-A acrescido pela EC nº 42, de 19-12-2003.

**Art. 147.** Competem à União, em Território Federal, os impostos estaduais e, se o Território não for dividido em Municípios, cumulativamente, os impostos municipais; ao Distrito Federal cabem os impostos municipais.

**Art. 148.** A União, mediante lei complementar, poderá instituir empréstimos compulsórios:

I – para atender a despesas extraordinárias, decorrentes de calamidade pública, de guerra externa ou sua iminência;
II – no caso de investimento público de caráter urgente e de relevante interesse nacional, observado o disposto no artigo 150, III, b.

▶ Art. 34, § 12, do ADCT.

Parágrafo único. A aplicação dos recursos provenientes de empréstimo compulsório será vinculada à despesa que fundamentou sua instituição.

**Art. 149.** Compete exclusivamente à União instituir contribuições sociais, de intervenção no domínio econômico e de interesse das categorias profissionais ou econômicas, como instrumento de sua atuação nas respectivas áreas, observado o disposto nos artigos 146, III, e 150, I e III, e sem prejuízo do previsto no artigo 195, § 6º, relativamente às contribuições a que alude o dispositivo.

▶ Lei nº 10.336, de 19-12-2001, institui a Contribuição de Intervenção no Domínio Econômico incidente sobre a importação e a comercialização de petróleo e seus derivados, gás natural e seus derivados e álcool etílico combustível – CIDE a que se refere este artigo.

**§ 1º** Os Estados, o Distrito Federal e os Municípios instituirão contribuição, cobrada de seus servidores, para o custeio, em benefício destes, do regime previdenciário de que trata o art. 40, cuja alíquota não será inferior à da contribuição dos servidores titulares de cargos efetivos da União.

▶ § 1º com a redação dada pela EC nº 41, de 19-12-2003.

**§ 2º** As contribuições sociais e de intervenção no domínio econômico de que trata o caput deste artigo:

I – não incidirão sobre as receitas decorrentes de exportação;
II – incidirão também sobre a importação de produtos estrangeiros ou serviços;

▶ Inciso II com a redação dada pela EC nº 42, de 19-12-2003.
▶ Lei nº 10.336, de 19-12-2001, institui Contribuição de Intervenção no Domínio Econômico incidente sobre a importação e a comercialização de petróleo e seus derivados, e álcool etílico combustível – CIDE.
▶ Lei nº 10.865, de 30-4-2004, dispõe sobre o PIS/PASEP-Importação e a COFINS-Importação.

III – poderão ter alíquotas:

a) *ad valorem*, tendo por base o faturamento, a receita bruta ou o valor da operação e, no caso de importação, o valor aduaneiro;

b) específica, tendo por base a unidade de medida adotada.

§ 3º A pessoa natural destinatária das operações de importação poderá ser equiparada a pessoa jurídica, na forma da lei.

§ 4º A lei definirá as hipóteses em que as contribuições incidirão uma única vez.

▶ §§ 2º a 4º acrescidos pela EC nº 33, de 11-12-2001.

**Art. 149-A.** Os Municípios e o Distrito Federal poderão instituir contribuição, na forma das respectivas leis, para o custeio do serviço de iluminação pública, observado o disposto no art. 150, I e III.

Parágrafo único. É facultada a cobrança da contribuição a que se refere o *caput*, na fatura de consumo de energia elétrica.

▶ Art. 149-A acrescido pela EC nº 39, de 19-12-2002.

Seção II

## DAS LIMITAÇÕES DO PODER DE TRIBUTAR

**Art. 150.** Sem prejuízo de outras garantias asseguradas ao contribuinte, é vedado à União, aos Estados, ao Distrito Federal e aos Municípios:

▶ Lei nº 5.172 de 25-10-1966 (Código Tributário Nacional).

I – exigir ou aumentar tributo sem lei que o estabeleça;

▶ Arts. 3º e 97, I e II, do CTN.

II – instituir tratamento desigual entre contribuintes que se encontrem em situação equivalente, proibida qualquer distinção em razão de ocupação profissional ou função por eles exercida, independentemente da denominação jurídica dos rendimentos, títulos ou direitos;

▶ Art. 5º, *caput*, desta Constituição.
▶ Súm. nº 658 do STF.

III – cobrar tributos:

a) em relação a fatos geradores ocorridos antes do início da vigência da lei que os houver instituído ou aumentado;

▶ Art. 9º, II, do CTN.

b) no mesmo exercício financeiro em que haja sido publicada a lei que os instituiu ou aumentou;

▶ Art. 195, § 6º, desta Constituição.

c) antes de decorridos noventa dias da data em que haja sido publicada a lei que os instituiu ou aumentou, observado o disposto na alínea *b*;

▶ Alínea c acrescida pela EC nº 42, de 19-12-2003.

IV – utilizar tributo com efeito de confisco;

V – estabelecer limitações ao tráfego de pessoas ou bens, por meio de tributos interestaduais ou intermunicipais, ressalvada a cobrança de pedágio pela utilização de vias conservadas pelo Poder Público;

▶ Art. 9º, III, do CTN.

VI – instituir impostos sobre:

a) patrimônio, renda ou serviços, uns dos outros;

▶ Art. 9º, IV, *a*, do CTN.

b) templos de qualquer culto;

▶ Art. 9º, IV, *b*, do CTN.

c) patrimônio, renda ou serviços dos partidos políticos, inclusive suas fundações, das entidades sindicais dos trabalhadores, das instituições de educação e de assistência social, sem fins lucrativos, atendidos os requisitos da lei;

▶ Art. 9º, IV, *c*, e 14 do CTN.
▶ Lei nº 3.193, de 4-7-1957, dispõe sobre isenção de impostos em templos de qualquer culto, bens e serviços de partidos políticos e instituições de educação e assistência social.
▶ Súmulas nºs 724 e 730 do STF.

d) livros, jornais, periódicos e o papel destinado à sua impressão.

▶ Lei nº 10.753, de 30-10-2003, institui a Política Internacional do Livro.
▶ Art. 1º, *caput*, I e II, da Lei nº 11.945, de 4-6-2009, que dispõe sobre o Registro Especial na Secretaria da Receita Federal do Brasil.
▶ Súm. nº 657 do STF.

§ 1º A vedação do inciso III, *b*, não se aplica aos tributos previstos nos arts. 148, I, 153, I, II, IV e V; e 154, II; e a vedação do inciso III, *c*, não se aplica aos tributos previstos nos arts. 148, I, 153, I, II, III e V; e 154, II, nem à fixação da base de cálculo dos impostos previstos nos arts. 155, III, e 156, I.

▶ § 1º com a redação dada pela EC nº 42, de 19-12-2003.

§ 2º A vedação do inciso VI, *a*, é extensiva às autarquias e às fundações instituídas e mantidas pelo Poder Público, no que se refere ao patrimônio, à renda e aos serviços, vinculados a suas finalidades essenciais ou às delas decorrentes.

§ 3º As vedações do inciso VI, *a*, e do parágrafo anterior não se aplicam ao patrimônio, à renda e aos serviços, relacionados com exploração de atividades econômicas regidas pelas normas aplicáveis a empreendimentos privados, ou em que haja contraprestação ou pagamento de preços ou tarifas pelo usuário, nem exonera o promitente comprador da obrigação de pagar imposto relativamente ao bem imóvel.

§ 4º As vedações expressas no inciso VI, alíneas *b* e *c*, compreendem somente o patrimônio, a renda e os serviços, relacionados com as finalidades essenciais das entidades nelas mencionadas.

§ 5º A lei determinará medidas para que os consumidores sejam esclarecidos acerca dos impostos que incidam sobre mercadorias e serviços.

§ 6º Qualquer subsídio ou isenção, redução de base de cálculo, concessão de crédito presumido, anistia ou remissão, relativos a impostos, taxas ou contribuições, só poderá ser concedido mediante lei específica, federal, estadual ou municipal, que regule exclusivamente as matérias acima enumeradas ou o correspondente tributo ou contribuição, sem prejuízo do disposto no artigo 155, § 2º, XII, *g*.

§ 7º A lei poderá atribuir a sujeito passivo de obrigação tributária a condição de responsável pelo pagamento de imposto ou contribuição, cujo fato gerador deva ocorrer posteriormente, assegurada a imediata e preferencial restituição da quantia paga, caso não se realize o fato gerador presumido.

▶ §§ 6º e 7º acrescidos pela EC nº 3, de 17-3-1993.

**Art. 151.** É vedado à União:

I – instituir tributo que não seja uniforme em todo o Território Nacional ou que implique distinção ou preferência em relação a Estado, ao Distrito Federal ou a Município, em detrimento de outro, admitida a concessão de incentivos fiscais destinados a promover o equilíbrio do desenvolvimento socioeconômico entre as diferentes regiões do País;

▶ Art. 10 do CTN.
▶ Lei nº 9.440, de 14-3-1997, estabelece incentivos fiscais para o desenvolvimento regional.
▶ Lei nº 11.508, de 20-7-2007 (Lei das Zonas de Processamento de Exportação).

II – tributar a renda das obrigações da dívida pública dos Estados, do Distrito Federal e dos Municípios, bem como a remuneração e os proventos dos respectivos agentes públicos, em níveis superiores aos que fixar para suas obrigações e para seus agentes;

III – instituir isenções de tributos da competência dos Estados, do Distrito Federal ou dos Municípios.

▶ Súm. nº 185 do STJ.

**Art. 152.** É vedado aos Estados, ao Distrito Federal e aos Municípios estabelecer diferença tributária entre bens e serviços, de qualquer natureza, em razão de sua procedência ou destino.

▶ Art. 11 do CTN.

*Seção III*

### DOS IMPOSTOS DA UNIÃO

**Art. 153.** Compete à União instituir impostos sobre:

I – importação de produtos estrangeiros;

▶ Arts. 60, § 2º, e 154, I, desta Constituição.
▶ Lei nº 7.810, de 30-8-1989, dispõe sobre a redução de impostos na importação.
▶ Lei nº 8.032, de 12-4-1990, dispõe sobre a isenção ou redução de imposto de importação.
▶ Lei nº 9.449, de 14-3-1997, reduz o Imposto de Importação para os produtos que especifica.

II – exportação, para o exterior, de produtos nacionais ou nacionalizados;

▶ Art. 60, § 2º, desta Constituição.

III – renda e proventos de qualquer natureza;

▶ Arts. 27, § 2º, 28, § 2º, 29, V e VI, 37, XV, 48, XV, 49, VII e VIII, 95, III, 128, § 5º, I, c, desta Constituição.
▶ Art. 34, § 2º, I, do ADCT.
▶ Lei nº 8.166, de 11-1-1991, dispõe sobre a não incidência do imposto de renda sobre lucros ou dividendos distribuídos a residentes ou domiciliados no exterior, doados a instituições sem fins lucrativos.
▶ Lei nº 9.430, de 27-12-1996, dispõe sobre a legislação tributária federal, as contribuições para a Seguridade Social, o processo administrativo de consulta.
▶ Dec. nº 3.000, de 26-3-1999, regulamenta a tributação, fiscalização, arrecadação e administração do Imposto sobre a Renda e proventos de qualquer natureza.
▶ Súmulas nºs 125, 136 e 386 do STJ.

IV – produtos industrializados;

▶ Art. 60, § 2º, desta Constituição.
▶ Art. 34, § 2º, I, do ADCT.
▶ Lei nº 9.363, de 13-12-1996, dispõe sobre a instituição de crédito presumido do Imposto sobre Produtos Industrializados, para ressarcimento do valor do PIS/PASEP e COFINS nos casos que especifica.
▶ Lei nº 9.493, de 10-9-1997, concede isenção do Imposto sobre Produtos Industrializados – IPI na aquisição de equipamentos, máquinas, aparelhos e instrumentos, dispõe sobre período de apuração e prazo de recolhimento do referido imposto para as microempresas e empresas de pequeno porte, e estabelece suspensão do IPI na saída de bebidas alcoólicas, acondicionadas para venda a granel, dos estabelecimentos produtores e dos estabelecimentos equiparados a industrial.
▶ Dec. nº 7.212, de 15-6-2010, regulamenta a cobrança, fiscalização, arrecadação e administração do Imposto sobre Produtos Industrializados – IPI.

V – operações de crédito, câmbio e seguro, ou relativas a títulos ou valores mobiliários;

▶ Art. 60, § 2º, desta Constituição.
▶ Arts. 63 a 67 do CTN.
▶ Lei nº 8.894, de 21-6-1994, dispõe sobre o Imposto sobre Operações de Crédito, Câmbio e Seguro, ou relativas a Títulos e Valores Mobiliários.
▶ Dec. nº 6.306, de 14-12-2007, regulamenta o imposto sobre Operações de Crédito, Câmbio e Seguro, ou relativas a Títulos e Valores Mobiliários – IOF.
▶ Sum. Vinc. nº 32 do STF.
▶ Súm. nº 664 do STF.

VI – propriedade territorial rural;

▶ Lei nº 8.847, de 28-1-1994, dispõe sobre o Imposto sobre a Propriedade Territorial Rural – ITR.
▶ Lei nº 9.393, de 19-12-1996, dispõe sobre a Propriedade Territorial Rural – ITR, e sobre o pagamento da dívida representada por Títulos da Dívida Agrária – TDA.
▶ Dec. nº 4.382, de 19-9-2002, regulamenta a tributação, fiscalização, arrecadação e administração do Imposto sobre a Propriedade Territorial Rural – ITR.
▶ Súm. nº 139 do STJ.

VII – grandes fortunas, nos termos de lei complementar.

▶ LC nº 111, de 6-7-2001, dispõe sobre o Fundo de Combate e Erradicação da Pobreza, na forma prevista nos arts. 79 a 81 do ADCT.

§ 1º É facultado ao Poder Executivo, atendidas as condições e os limites estabelecidos em lei, alterar as alíquotas dos impostos enumerados nos incisos I, II, IV e V.

▶ Art. 150, § 1º, desta Constituição.
▶ Lei nº 8.088, de 30-10-1990, dispõe sobre a atualização do Bônus do Tesouro Nacional e dos depósitos de poupança.

§ 2º O imposto previsto no inciso III:

I – será informado pelos critérios da generalidade, da universalidade e da progressividade, na forma da lei;

▶ Arts. 27, § 2º, 28, § 2º, 29, V e VI, 37, XV, 48, XV, 49, VII e VIII, 95, III, e 128, § 5º, I, c, desta Constituição.

II – *Revogado*. EC nº 20, de 15-12-1998.

§ 3º O imposto previsto no inciso IV:

I – será seletivo, em função da essencialidade do produto;

II – será não cumulativo, compensando-se o que for devido em cada operação com o montante cobrado nas anteriores;
III – não incidirá sobre produtos industrializados destinados ao exterior;
IV – terá reduzido seu impacto sobre a aquisição de bens de capital pelo contribuinte do imposto, na forma da lei.
▶ Inciso IV acrescido pela EC nº 42, de 19-12-2003.

§ 4º O imposto previsto no inciso VI do *caput*:
▶ *Caput* com a redação dada pela EC nº 42, de 19-12-2003.
▶ Lei nº 8.629, de 25-2-1993, regula os dispositivos constitucionais relativos à reforma agrária.

I – será progressivo e terá suas alíquotas fixadas de forma a desestimular a manutenção de propriedades improdutivas;
II – não incidirá sobre pequenas glebas rurais, definidas em lei, quando as explore o proprietário que não possua outro imóvel;
III – será fiscalizado e cobrado pelos Municípios que assim optarem, na forma da lei, desde que não implique redução do imposto ou qualquer outra forma de renúncia fiscal.
▶ Incisos I a III acrescidos pela EC nº 42, de 19-12-2003.
▶ Lei nº 11.250, de 27-12-2005, regulamenta este inciso.

§ 5º O ouro, quando definido em lei como ativo financeiro ou instrumento cambial, sujeita-se exclusivamente à incidência do imposto de que trata o inciso V do *caput* deste artigo, devido na operação de origem; a alíquota mínima será de um por cento, assegurada a transferência do montante da arrecadação nos seguintes termos:
▶ Art. 74, § 2º, do ADCT.
▶ Lei nº 7.766, de 11-5-1989, dispõe sobre o ouro, ativo financeiro e sobre seu tratamento tributário.

I – trinta por cento para o Estado, o Distrito Federal ou o Território, conforme a origem;
II – setenta por cento para o Município de origem.
▶ Arts. 72, § 3º, 74, § 2º, 75 e 76, § 1º, do ADCT.
▶ Lei nº 7.766, de 11-5-1989, dispõe sobre o ouro, ativo financeiro e sobre seu tratamento tributário.

**Art. 154.** A União poderá instituir:
I – mediante lei complementar, impostos não previstos no artigo anterior, desde que sejam não cumulativos e não tenham fato gerador ou base de cálculo próprios dos discriminados nesta Constituição;
▶ Art. 195, § 4º, desta Constituição.
▶ Arts. 74, § 2º, e 75 do ADCT.

II – na iminência ou no caso de guerra externa, impostos extraordinários, compreendidos ou não em sua competência tributária, os quais serão suprimidos, gradativamente, cessadas as causas de sua criação.
▶ Arts. 62, § 2º, 150, § 1º, desta Constituição.

*Seção IV*

## DOS IMPOSTOS DOS ESTADOS E DO DISTRITO FEDERAL

**Art. 155.** Compete aos Estados e ao Distrito Federal instituir impostos sobre:
▶ *Caput* com a redação dada pela EC nº 3, de 17-3-1993.

I – transmissão *causa mortis* e doação de quaisquer bens ou direitos;
II – operações relativas à circulação de mercadorias e sobre prestações de serviços de transporte interestadual e intermunicipal e de comunicação, ainda que as operações e as prestações se iniciem no exterior;
▶ Art. 60, § 2º, do ADCT.
▶ LC nº 24, de 7-1-1975, dispõe sobre os convênios para a concessão de isenções do imposto sobre operações relativas à circulação de mercadorias.
▶ LC nº 87, de 13-9-1996 (Lei Kandir – ICMS).
▶ Súm. nº 662 do STF.
▶ Súmulas nºs 334 e 457 do STJ.

III – propriedade de veículos automotores;
▶ Incisos I a III acrescidos pela EC nº 3, de 17-3-1993.

§ 1º O imposto previsto no inciso I:
▶ § 1º com a redação dada pela EC nº 3, de 17-3-1993.

I – relativamente a bens imóveis e respectivos direitos, compete ao Estado da situação do bem, ou ao Distrito Federal;
II – relativamente a bens móveis, títulos e créditos, compete ao Estado onde se processar o inventário ou arrolamento, ou tiver domicílio o doador, ou ao Distrito Federal;
III – terá a competência para sua instituição regulada por lei complementar:
a) se o doador tiver domicílio ou residência no exterior;
b) se o *de cujus* possuía bens, era residente ou domiciliado ou teve o seu inventário processado no exterior;
IV – terá suas alíquotas máximas fixadas pelo Senado Federal.

§ 2º O imposto previsto no inciso II atenderá ao seguinte:
▶ *Caput* do § 2º com a redação dada pela EC nº 3, de 17-3-1993.
▶ LC nº 24, de 7-1-1975, dispõe sobre os convênios para a concessão de isenções do imposto sobre operações relativas à circulação de mercadorias.
▶ LC nº 101, de 4-5-2000 (Lei da Responsabilidade Fiscal).
▶ Dec.-lei nº 406, de 31-12-1968, estabelece normas gerais de direito financeiro, aplicáveis aos Impostos sobre Operações relativas à Circulação de Mercadorias e sobre Serviços de Qualquer Natureza.

I – será não cumulativo, compensando-se o que for devido em cada operação relativa à circulação de mercadorias ou prestação de serviços com o montante cobrado nas anteriores pelo mesmo ou outro Estado ou pelo Distrito Federal;
II – a isenção ou não incidência, salvo determinação em contrário da legislação:
▶ LC nº 24, de 7-1-1975, dispõe sobre os convênios para concessão para isenções do Imposto sobre Obrigações Relativas a Circulação de Mercadorias.
▶ LC nº 87, de 13-9-1996 (Lei Kandir – ICMS).
▶ Súm. nº 662 do STF.

a) não implicará crédito para compensação com o montante devido nas operações ou prestações seguintes;

*b)* acarretará a anulação do crédito relativo às operações anteriores;

III – poderá ser seletivo, em função da essencialidade das mercadorias e dos serviços;

IV – resolução do Senado Federal, de iniciativa do Presidente da República ou de um terço dos Senadores, aprovada pela maioria absoluta de seus membros, estabelecerá as alíquotas aplicáveis às operações e prestações, interestaduais e de exportação;

V – é facultado ao Senado Federal:

a) estabelecer alíquotas mínimas nas operações internas, mediante resolução de iniciativa de um terço e aprovada pela maioria absoluta de seus membros;

b) fixar alíquotas máximas nas mesmas operações para resolver conflito específico que envolva interesse de Estados, mediante resolução de iniciativa da maioria absoluta e aprovada por dois terços de seus membros;

VI – salvo deliberação em contrário dos Estados e do Distrito Federal, nos termos do disposto no inciso XII, *g*, as alíquotas internas, nas operações relativas à circulação de mercadorias e nas prestações de serviços, não poderão ser inferiores às previstas para as operações interestaduais;

VII – em relação às operações e prestações que destinem bens e serviços a consumidor final localizado em outro Estado, adotar-se-á:

a) a alíquota interestadual, quando o destinatário for contribuinte do imposto;

b) a alíquota interna, quando o destinatário não for contribuinte dele;

VIII – na hipótese da alínea *a* do inciso anterior, caberá ao Estado da localização do destinatário o imposto correspondente à diferença entre a alíquota interna e a interestadual;

IX – incidirá também:

▶ Súmulas nºˢ 660 e 661 do STF.
▶ Súm. nº 155 do STJ.

a) sobre a entrada de bem ou mercadoria importados do exterior por pessoa física ou jurídica, ainda que não seja contribuinte habitual do imposto, qualquer que seja a sua finalidade, assim como sobre o serviço prestado no exterior, cabendo o imposto ao Estado onde estiver situado o domicílio ou o estabelecimento do destinatário da mercadoria, bem ou serviço;

▶ Alínea *a* com a redação dada pela EC nº 33, de 11-12-2001.
▶ Súmulas nºˢ 660 e 661 do STF.
▶ Súm. nº 198 do STJ.

b) sobre o valor total da operação, quando mercadorias forem fornecidas com serviços não compreendidos na competência tributária dos Municípios;

X – não incidirá:

a) sobre operações que destinem mercadorias para o exterior, nem sobre serviços prestados a destinatários no exterior, assegurada a manutenção e o aproveitamento do montante do imposto cobrado nas operações e prestações anteriores;

▶ Alínea *a* com a redação dada pela EC nº 42, de 19-12-2003.
▶ Súm. nº 433 do STJ.

b) sobre operações que destinem a outros Estados petróleo, inclusive lubrificantes, combustíveis líquidos e gasosos dele derivados, e energia elétrica;

c) sobre o ouro, nas hipóteses definidas no artigo 153, § 5º;

▶ Lei nº 7.766, de 11-5-1989, dispõe sobre o ouro, ativo financeiro, e sobre seu tratamento tributário.

d) nas prestações de serviço de comunicação nas modalidades de radiodifusão sonora e de sons e imagens de recepção livre e gratuita;

▶ Alínea *d* acrescida pela EC nº 42, de 19-12-2003.

XI – não compreenderá, em sua base de cálculo, o montante do imposto sobre produtos industrializados, quando a operação, realizada entre contribuintes e relativa a produto destinado à industrialização ou à comercialização, configure fato gerador dos dois impostos;

XII – cabe à lei complementar:

▶ Art. 4º da EC nº 42, de 19-12-2003.

a) definir seus contribuintes;
b) dispor sobre substituição tributária;
c) disciplinar o regime de compensação do imposto;
d) fixar, para efeito de sua cobrança e definição do estabelecimento responsável, o local das operações relativas à circulação de mercadorias e das prestações de serviços;
e) excluir da incidência do imposto, nas exportações para o exterior, serviços e outros produtos além dos mencionados no inciso X, *a*;
f) prever casos de manutenção de crédito, relativamente à remessa para outro Estado e exportação para o exterior, de serviços e de mercadorias;
g) regular a forma como, mediante deliberação dos Estados e do Distrito Federal, isenções, incentivos e benefícios fiscais serão concedidos e revogados;

▶ Art. 22, parágrafo único, da LC nº 123, de 14-12-2006 (Estatuto Nacional da Microempresa e da Empresa de Pequeno Porte).

h) definir os combustíveis e lubrificantes sobre os quais o imposto incidirá uma única vez, qualquer que seja a sua finalidade, hipótese em que não se aplicará o disposto no inciso X, *b*;

▶ Alínea *h* acrescida pela EC nº 33, de 11-12-2001.
▶ Conforme o art. 4º da EC nº 33, de 11-12-2001, enquanto não entrar em vigor a lei complementar de que trata esta alínea, os Estados e o Distrito Federal, mediante convênio celebrado nos termos do § 2º, XII, *g*, deste artigo, fixarão normas para regular provisoriamente a matéria.

i) fixar a base de cálculo, de modo que o montante do imposto a integre, também na importação do exterior de bem, mercadoria ou serviço.

▶ Alínea *i* acrescida pela EC nº 33, de 11-12-2001.
▶ Súm. nº 457 do STJ.

§ 3º À exceção dos impostos de que tratam o inciso II do *caput* deste artigo e o artigo 153, I e II, nenhum outro imposto poderá incidir sobre operações relativas a energia elétrica, serviços de telecomunicações, derivados de petróleo, combustíveis e minerais do País.

▶ § 3º com a redação dada pela EC nº 33, de 11-12-2001.
▶ Súm. nº 659 do STF.

§ 4º Na hipótese do inciso XII, *h*, observar-se-á o seguinte:

I – nas operações com os lubrificantes e combustíveis derivados de petróleo, o imposto caberá ao Estado onde ocorrer o consumo;
II – nas operações interestaduais, entre contribuintes, com gás natural e seus derivados, e lubrificantes e combustíveis não incluídos no inciso I deste parágrafo, o imposto será repartido entre os Estados de origem e de destino, mantendo-se a mesma proporcionalidade que ocorre nas operações com as demais mercadorias;
III – nas operações interestaduais com gás natural e seus derivados, e lubrificantes e combustíveis não incluídos no inciso I deste parágrafo, destinadas a não contribuinte, o imposto caberá ao Estado de origem;
IV – as alíquotas do imposto serão definidas mediante deliberação dos Estados e Distrito Federal, nos termos do § 2º, XII, *g*, observando-se o seguinte:

a) serão uniformes em todo o território nacional, podendo ser diferenciadas por produto;
b) poderão ser específicas, por unidade de medida adotada, ou *ad valorem*, incidindo sobre o valor da operação ou sobre o preço que o produto ou seu similar alcançaria em uma venda em condições de livre concorrência;
c) poderão ser reduzidas e restabelecidas, não se lhes aplicando o disposto no artigo 150, III, *b*.

§ 5º As regras necessárias à aplicação do disposto no § 4º, inclusive as relativas à apuração e à destinação do imposto, serão estabelecidas mediante deliberação dos Estados e do Distrito Federal, nos termos do § 2º, XII, *g*.

▶ §§ 4º e 5º acrescidos pela EC nº 33, de 11-12-2001.

§ 6º O imposto previsto no inciso III:

I – terá alíquotas mínimas fixadas pelo Senado Federal;
II – poderá ter alíquotas diferenciadas em função do tipo e utilização.

▶ § 6º acrescido pela EC nº 42, de 19-12-2003.

SEÇÃO V

## DOS IMPOSTOS DOS MUNICÍPIOS

**Art. 156.** Compete aos Municípios instituir impostos sobre:

▶ Art. 167, § 4º, desta Constituição.

I – propriedade predial e territorial urbana;

▶ Arts. 32 a 34 do CTN.
▶ Súm. nº 589 do STF.
▶ Súm. nº 399 do STJ.

II – transmissão *inter vivos*, a qualquer título, por ato oneroso, de bens imóveis, por natureza ou acessão física, e de direitos reais sobre imóveis, exceto os de garantia, bem como cessão de direitos à sua aquisição;

▶ Arts. 34 a 42 do CTN.
▶ Súm. nº 656 do STF.

III – serviços de qualquer natureza, não compreendidos no artigo 155, II, definidos em lei complementar.

▶ Inciso III com a redação dada pela EC nº 3, de 17-3-1993.
▶ LC nº 116, de 31-4-2003 (Lei do ISS).
▶ Súm. Vinc. nº 31 do STF.
▶ Súm. nº 424 do STJ.

IV – *Revogado*. EC nº 3, de 17-3-1993.

§ 1º Sem prejuízo da progressividade no tempo a que se refere o artigo 182, § 4º, inciso II, o imposto previsto no inciso I poderá:

▶ Arts. 182, §§ 2º e 4º, e 186 desta Constituição.
▶ Súm. nº 589 do STF.

I – ser progressivo em razão do valor do imóvel; e
II – ter alíquotas diferentes de acordo com a localização e o uso do imóvel.

▶ § 1º com a redação dada pela EC nº 29, de 13-9-2000.
▶ Lei nº 10.257, de 10-7-2001 (Estatuto da Cidade).

§ 2º O imposto previsto no inciso II:

I – não incide sobre a transmissão de bens ou direitos incorporados ao patrimônio de pessoa jurídica em realização de capital, nem sobre a transmissão de bens ou direitos decorrentes de fusão, incorporação, cisão ou extinção de pessoa jurídica, salvo se, nesses casos, a atividade preponderante do adquirente for a compra e venda desses bens ou direitos, locação de bens imóveis ou arrendamento mercantil;
II – compete ao Município da situação do bem.

§ 3º Em relação ao imposto previsto no inciso III do *caput* deste artigo, cabe à lei complementar:

▶ § 3º com a redação dada pela EC nº 37, de 12-6-2002.

I – fixar as suas alíquotas máximas e mínimas;

▶ Inciso I com a redação dada pela EC nº 37, de 12-6-2002.
▶ Art. 88 do ADCT.

II – excluir da sua incidência exportações de serviços para o exterior;

▶ Inciso II com a redação dada pela EC nº 3, de 17-3-1993.

III – regular a forma e as condições como isenções, incentivos e benefícios fiscais serão concedidos e revogados.

▶ Inciso III acrescido pela EC nº 37, de 12-6-2002.
▶ Art. 88 do ADCT.

§ 4º *Revogado*. EC nº 3, de 17-3-1993.

SEÇÃO VI

## DA REPARTIÇÃO DAS RECEITAS TRIBUTÁRIAS

**Art. 157.** Pertencem aos Estados e ao Distrito Federal:

▶ Art. 167, § 4º, desta Constituição.

I – o produto da arrecadação do imposto da União sobre renda e proventos de qualquer natureza, incidente na fonte, sobre rendimentos pagos, a qualquer título, por eles, suas autarquias e pelas fundações que instituírem e mantiverem;

▶ Art. 159, § 1º, desta Constituição.
▶ Art. 76, § 1º, do ADCT.
▶ Dec. nº 3.000, de 26-3-1999, regulamenta a tributação, fiscalização e administração do Imposto sobre a Renda e proventos de qualquer natureza.
▶ Súm. nº 447 do STJ.

II – vinte por cento do produto da arrecadação do imposto que a União instituir no exercício da competência que lhe é atribuída pelo artigo 154, I.

▶ Art. 72, § 3º, do ADCT.

**Art. 158.** Pertencem aos Municípios:

▶ Art. 167, IV, desta Constituição.

▶ LC nº 63, de 11-1-1990, dispõe sobre critérios e prazos de crédito das parcelas do produto da arrecadação de impostos de competência dos Estados e de transferências por estes recebidas, pertencentes aos Municípios.

I – o produto da arrecadação do imposto da União sobre renda e proventos de qualquer natureza, incidente na fonte, sobre rendimentos pagos, a qualquer título, por eles, suas autarquias e pelas fundações que instituírem e mantiverem;

▶ Art. 159, § 1º, desta Constituição.

▶ Art. 76, § 1º, do ADCT.

II – cinquenta por cento do produto da arrecadação do imposto da União sobre a propriedade territorial rural, relativamente aos imóveis neles situados, cabendo a totalidade na hipótese da opção a que se refere o art. 153, § 4º, III;

▶ Inciso II com a redação dada pela EC nº 42, de 19-12-2003.

▶ Arts. 72, § 4º, e 76, § 1º, do ADCT.

▶ Súm. nº 139 do STJ.

III – cinquenta por cento do produto da arrecadação do imposto do Estado sobre a propriedade de veículos automotores licenciados em seus territórios;

▶ Art. 1º da LC nº 63, de 11-1-1990, que dispõe sobre critérios e prazos de crédito das parcelas do produto da arrecadação de impostos de competência dos Estados e de transferências por estes recebidas, pertencentes aos Municípios.

IV – vinte e cinco por cento do produto da arrecadação do imposto do Estado sobre operações relativas à circulação de mercadorias e sobre prestações de serviços de transporte interestadual e intermunicipal e de comunicação.

▶ Arts. 60, § 2º, e 82, § 1º, do ADCT.

▶ Art. 1º da LC nº 63, de 11-1-1990, que dispõe sobre critérios e prazos de crédito das parcelas do produto da arrecadação de impostos de competência dos Estados e de transferências por estes recebidas, pertencentes aos Municípios.

Parágrafo único. As parcelas de receita pertencentes aos Municípios, mencionadas no inciso IV, serão creditadas conforme os seguintes critérios:

I – três quartos, no mínimo, na proporção do valor adicionado nas operações relativas à circulação de mercadorias e nas prestações de serviços, realizadas em seus territórios;

II – até um quarto, de acordo com o que dispuser lei estadual ou, no caso dos Territórios, lei federal.

**Art. 159.** A União entregará:

▶ Art. 167, IV, desta Constituição.

▶ Arts. 72, §§ 2º e 4º, e 80, § 1º, do ADCT.

▶ LC nº 62, de 28-12-1989, dispõe sobre normas para cálculo, entrega e controle de liberações de recursos dos Fundos de Participação.

I – do produto da arrecadação dos impostos sobre renda e proventos de qualquer natureza e sobre produtos industrializados quarenta e oito por cento na seguinte forma:

▶ Inciso I com a redação dada pela EC nº 55, de 20-9-2007.

▶ Art. 3º da EC nº 17, de 22-11-1997.

▶ Art. 2º da EC nº 55, de 20-9-2007, que determina que as alterações inseridas neste artigo somente se aplicam sobre a arrecadação dos impostos sobre renda e proventos de qualquer natureza e sobre produtos industrializados realizada a partir de 1º-9-2007.

▶ Art. 60, § 2º, do ADCT.

a) vinte e um inteiros e cinco décimos por cento ao Fundo de Participação dos Estados e do Distrito Federal;

▶ Arts. 34, § 2º, II e 60, § 2º, 76, § 1º, do ADCT.

▶ LC nº 62, de 28-12-1989, estabelece normas sobre o cálculo, a entrega e o controle das liberações dos recursos dos fundos de participação dos Estados, do Distrito Federal e dos Municípios.

b) vinte e dois inteiros e cinco décimos por cento ao Fundo de Participação dos Municípios;

▶ Art. 76, § 1º, do ADCT.

▶ LC nº 62, de 28-12-1989, estabelece normas sobre o cálculo, a entrega e o controle das liberações dos recursos dos fundos de participação dos Estados, do Distrito Federal e dos Municípios.

▶ LC nº 91, de 22-12-1997, dispõe sobre a fixação dos coeficientes do Fundo de Participação dos Municípios.

c) três por cento, para aplicação em programas de financiamento ao setor produtivo das Regiões Norte, Nordeste e Centro-Oeste, através de suas instituições financeiras de caráter regional, de acordo com os planos regionais de desenvolvimento, ficando assegurada ao semiárido do Nordeste a metade dos recursos destinados à Região, na forma que a lei estabelecer;

▶ Lei nº 7.827, de 22-9-1989, regulamenta esta alínea.

d) um por cento ao Fundo de Participação dos Municípios, que será entregue no primeiro decêndio do mês de dezembro de cada ano;

▶ Alínea d acrescida pela EC nº 55, de 20-9-2007.

▶ Art. 2º da EC nº 55, de 20-9-2007, estabelece que as alterações inseridas neste artigo somente se aplicam sobre a arrecadação dos impostos sobre renda e proventos de qualquer natureza e sobre produtos industrializados realizada a partir de 1º-9-2007.

II – do produto da arrecadação do imposto sobre produtos industrializados, dez por cento aos Estados e ao Distrito Federal, proporcionalmente ao valor das respectivas exportações de produtos industrializados;

▶ Arts. 60, § 2º, e 76, § 1º, do ADCT.

▶ Art. 1º da LC nº 63, de 11-1-1990, que dispõe sobre critérios e prazos de crédito das parcelas do produto da arrecadação de impostos de competência dos Estados e de transferências por estes recebidas, pertencentes aos Municípios.

▶ Lei nº 8.016, de 8-4-1990, dispõe sobre a entrega das quotas de participação dos Estados e do Distrito Federal na arrecadação do Imposto sobre Produtos Industrializados – IPI, a que se refere este inciso.

III – do produto da arrecadação da contribuição de intervenção no domínio econômico prevista no art. 177, § 4º, 29% (vinte e nove por cento) para os Estados e o Distrito Federal, distribuídos na forma da lei, observada

a destinação a que se refere o inciso II, c, do referido parágrafo.
▶ Inciso III com a redação dada pela EC nº 44, de 30-6-2004.
▶ Art. 93 do ADCT.

§ 1º Para efeito de cálculo da entrega a ser efetuada de acordo com o previsto no inciso I, excluir-se-á a parcela da arrecadação do imposto de renda e proventos de qualquer natureza pertencente aos Estados, ao Distrito Federal e aos Municípios, nos termos do disposto nos artigos 157, I, e 158, I.

§ 2º A nenhuma unidade federada poderá ser destinada parcela superior a vinte por cento do montante a que se refere o inciso II, devendo o eventual excedente ser distribuído entre os demais participantes, mantido, em relação a esses, o critério de partilha nele estabelecido.

▶ LC nº 61, de 26-12-1989, dispõe sobre normas para participação dos Estados e do Distrito Federal no produto de arrecadação do Imposto sobre Produtos Industrializados – IPI, relativamente às exportações.

§ 3º Os Estados entregarão aos respectivos Municípios vinte e cinco por cento dos recursos que receberem nos termos do inciso II, observados os critérios estabelecidos no artigo 158, parágrafo único, I e II.

▶ LC nº 63, de 11-1-1990, dispõe sobre critérios e prazos de crédito das parcelas do produto da arrecadação de impostos de competência dos Estados e de transferências por estes recebidas, pertencentes aos Municípios.

§ 4º Do montante de recursos de que trata o inciso III que cabe a cada Estado, vinte e cinco por cento serão destinados aos seus Municípios, na forma da lei a que se refere o mencionado inciso.

▶ § 4º acrescido pela EC nº 42, de 19-12-2003.
▶ Art. 93 do ADCT.

**Art. 160.** É vedada a retenção ou qualquer restrição à entrega e ao emprego dos recursos atribuídos, nesta seção, aos Estados, ao Distrito Federal e aos Municípios, neles compreendidos adicionais e acréscimos relativos a impostos.

▶ Art. 3º da EC nº 17, de 22-11-1997.

Parágrafo único. A vedação prevista neste artigo não impede a União e os Estados de condicionarem a entrega de recursos:

▶ Caput do parágrafo único com a redação dada pela EC nº 29, de 13-9-2000.

I – ao pagamento de seus créditos, inclusive de suas autarquias;
II – ao cumprimento do disposto no artigo 198, § 2º, incisos II e III.

▶ Incisos I e II acrescidos pela EC nº 29, de 13-9-2000.

**Art. 161.** Cabe à lei complementar:
I – definir valor adicionado para fins do disposto no artigo 158, parágrafo único, I;

▶ LC nº 63, de 11-1-1990, dispõe sobre critérios e prazos de crédito das parcelas do produto da arrecadação de impostos de competência dos Estados e de transferências por estes recebidas, pertencentes aos Municípios.

II – estabelecer normas sobre a entrega dos recursos de que trata o artigo 159, especialmente sobre os critérios de rateio dos fundos previstos em seu inciso I, objetivando promover o equilíbrio socioeconômico entre Estados e entre Municípios;

▶ Art. 34, § 2º, do ADCT.
▶ LC nº 62, de 28-12-1989, estabelece normas sobre o cálculo, a entrega e o controle das liberações dos recursos dos fundos de participação dos Estados, do Distrito Federal e dos Municípios.

III – dispor sobre o acompanhamento, pelos beneficiários, do cálculo das quotas e da liberação das participações previstas nos artigos 157, 158 e 159.

▶ LC nº 62, de 28-12-1989, estabelece normas sobre o cálculo, a entrega e o controle das liberações dos recursos dos fundos de participação dos Estados, do Distrito Federal e dos Municípios.

Parágrafo único. O Tribunal de Contas da União efetuará o cálculo das quotas referentes aos fundos de participação a que alude o inciso II.

**Art. 162.** A União, os Estados, o Distrito Federal e os Municípios divulgarão, até o último dia do mês subsequente ao da arrecadação, os montantes de cada um dos tributos arrecadados, os recursos recebidos, os valores de origem tributária entregues e a entregar e a expressão numérica dos critérios de rateio.

Parágrafo único. Os dados divulgados pela União serão discriminados por Estado e por Município; os dos Estados, por Município.

CAPÍTULO II

## DAS FINANÇAS PÚBLICAS

SEÇÃO I

### NORMAS GERAIS

**Art. 163.** Lei complementar disporá sobre:
▶ Art. 30 da EC nº 19, de 4-6-1998.
▶ Lei nº 4.320, de 17-3-1964, estatui normas gerais de direito financeiro para elaboração e controle dos orçamentos e balanços da União, dos Estados, dos Municípios e do Distrito Federal.
▶ Lei nº 6.830, de 22-9-1980 (Lei das Execuções Fiscais).

I – finanças públicas;
▶ LC nº 101, de 4-5-2000 (Lei da Responsabilidade Fiscal).

II – dívida pública externa e interna, incluída a das autarquias, fundações e demais entidades controladas pelo Poder Público;
▶ Lei nº 8.388, de 30-12-1991, estabelece diretrizes para que a União possa realizar a consolidação e o reescalonamento de dívidas das administrações direta e indireta dos Estados, do Distrito Federal e dos Municípios.

III – concessão de garantias pelas entidades públicas;
IV – emissão e resgate de títulos da dívida pública;
▶ Art. 34, § 2º, I, do ADCT.

V – fiscalização financeira da administração pública direta e indireta;
▶ Inciso V com a redação dada pela EC nº 40, de 29-5-2003.
▶ Lei nº 4.595, de 31-12-1964 (Lei do Sistema Financeiro Nacional).

VI – operações de câmbio realizadas por órgãos e entidades da União, dos Estados, do Distrito Federal e dos Municípios;

▶ Lei nº 4.131, de 3-9-1962, disciplina a aplicação do capital estrangeiro e as remessas de valores para o exterior.
▶ Dec.-lei nº 9.025, de 27-2-1946, dispõe sobre as operações de cambio e regulamenta o retorno de capitais estrangeiros.
▶ Dec.-lei nº 9.602, de 16-8-1946, e Lei nº 1.807, de 7-1-1953, dispõem sobre operações de câmbio.

VII – compatibilização das funções das instituições oficiais de crédito da União, resguardadas as características e condições operacionais plenas das voltadas ao desenvolvimento regional.

▶ Art. 30 da EC nº 19, de 4-6-1998 (Reforma Administrativa).
▶ LC nº 101, de 4-5-2000 (Lei da Responsabilidade Fiscal).
▶ Lei nº 4.595, de 31-12-1964 (Lei do Sistema Financeiro Nacional).

**Art. 164.** A competência da União para emitir moeda será exercida exclusivamente pelo Banco Central.

§ 1º É vedado ao Banco Central conceder, direta ou indiretamente, empréstimos ao Tesouro Nacional e a qualquer órgão ou entidade que não seja instituição financeira.

§ 2º O Banco Central poderá comprar e vender títulos de emissão do Tesouro Nacional, com o objetivo de regular a oferta de moeda ou a taxa de juros.

§ 3º As disponibilidades de caixa da União serão depositadas no Banco Central; as dos Estados, do Distrito Federal, dos Municípios e dos órgãos ou entidades do Poder Público e das empresas por ele controladas, em instituições financeiras oficiais, ressalvados os casos previstos em lei.

*Seção II*

**DOS ORÇAMENTOS**

**Art. 165.** Leis de iniciativa do Poder Executivo estabelecerão:

I – o plano plurianual;
II – as diretrizes orçamentárias;
III – os orçamentos anuais.

§ 1º A lei que instituir o plano plurianual estabelecerá, de forma regionalizada, as diretrizes, os objetivos e metas da administração pública federal para as despesas de capital e outras delas decorrentes e para as relativas aos programas de duração continuada.

§ 2º A lei de diretrizes orçamentárias compreenderá as metas e prioridades da administração pública federal, incluindo as despesas de capital para o exercício financeiro subsequente, orientará a elaboração da lei orçamentária anual, disporá sobre as alterações na legislação tributária e estabelecerá a política de aplicação das agências financeiras oficiais de fomento.

▶ Art. 4º da LC nº 101, de 4-5-2000 (Lei da Responsabilidade Fiscal).

§ 3º O Poder Executivo publicará, até trinta dias após o encerramento de cada bimestre, relatório resumido da execução orçamentária.

§ 4º Os planos e programas nacionais, regionais e setoriais previstos nesta Constituição serão elaborados em consonância com o plano plurianual e apreciados pelo Congresso Nacional.

▶ Lei nº 9.491, de 9-9-1997, altera procedimentos relativos ao Programa Nacional de Desestatização.

§ 5º A lei orçamentária anual compreenderá:

I – o orçamento fiscal referente aos Poderes da União, seus fundos, órgãos e entidades da administração direta e indireta, inclusive fundações instituídas e mantidas pelo Poder Público;
II – o orçamento de investimento das empresas em que a União, direta ou indiretamente, detenha a maioria do capital social com direito a voto;
III – o orçamento da seguridade social, abrangendo todas as entidades e órgãos a ela vinculados, da administração direta ou indireta, bem como os fundos e fundações instituídos e mantidos pelo Poder Público.

§ 6º O projeto de lei orçamentária será acompanhado de demonstrativo regionalizado do efeito, sobre as receitas e despesas, decorrente de isenções, anistias, remissões, subsídios e benefícios de natureza financeira, tributária e creditícia.

§ 7º Os orçamentos previstos no § 5º, I e II, deste artigo, compatibilizados com o plano plurianual, terão entre suas funções a de reduzir desigualdades inter-regionais, segundo critério populacional.

▶ Art. 35 do ADCT.

§ 8º A lei orçamentária anual não conterá dispositivo estranho à previsão da receita e à fixação da despesa, não se incluindo na proibição a autorização para abertura de créditos suplementares e contratação de operações de crédito, ainda que por antecipação de receita, nos termos da lei.

▶ Art. 167, IV, desta Constituição.

§ 9º Cabe à lei complementar:

▶ Art. 168 desta Constituição.
▶ Art. 35, § 2º, do ADCT.
▶ Lei nº 4.320, de 17-3-1964, estatui normas gerais de direito financeiro para elaboração e controle dos orçamentos da União, dos Estados, dos Municípios e do Distrito Federal.
▶ Dec.-lei nº 200, de 25-2-1967, dispõe sobre a organização da Administração Federal, estabelece diretrizes para a Reforma Administrativa.

I – dispor sobre o exercício financeiro, a vigência, os prazos, a elaboração e a organização do plano plurianual, da lei de diretrizes orçamentárias e da lei orçamentária anual;
II – estabelecer normas de gestão financeira e patrimonial da administração direta e indireta, bem como condições para a instituição e funcionamento de fundos.

▶ Arts. 35, § 2º, 71, § 1º, e 81, § 3º, do ADCT.
▶ LC nº 89, de 18-2-1997, institui o Fundo para Aparelhamento e Operacionalização das Atividades-fim da Polícia Federal – FUNAPOL.
▶ LC nº 101, de 4-5-2000 (Lei da Responsabilidade Fiscal).

**Art. 166.** Os projetos de lei relativos ao plano plurianual, às diretrizes orçamentárias, ao orçamento anual e aos créditos adicionais serão apreciados pelas duas

Casas do Congresso Nacional, na forma do regimento comum.

§ 1º Caberá a uma Comissão mista permanente de Senadores e Deputados:

I – examinar e emitir parecer sobre os projetos referidos neste artigo e sobre as contas apresentadas anualmente pelo Presidente da República;

II – examinar e emitir parecer sobre os planos e programas nacionais, regionais e setoriais previstos nesta Constituição e exercer o acompanhamento e a fiscalização orçamentária, sem prejuízo da atuação das demais comissões do Congresso Nacional e de suas Casas, criadas de acordo com o artigo 58.

§ 2º As emendas serão apresentadas na Comissão mista, que sobre elas emitirá parecer, e apreciadas, na forma regimental, pelo Plenário das duas Casas do Congresso Nacional.

§ 3º As emendas ao projeto de lei do orçamento anual ou aos projetos que o modifiquem somente podem ser aprovadas caso:

I – sejam compatíveis com o plano plurianual e com a lei de diretrizes orçamentárias;

II – indiquem os recursos necessários, admitidos apenas os provenientes de anulação de despesa, excluídas as que incidam sobre:

a) dotações para pessoal e seus encargos;
b) serviço da dívida;
c) transferências tributárias constitucionais para Estados, Municípios e Distrito Federal; ou

III – sejam relacionadas:

a) com a correção de erros ou omissões; ou
b) com os dispositivos do texto do projeto de lei.

§ 4º As emendas ao projeto de lei de diretrizes orçamentárias não poderão ser aprovadas quando incompatíveis com o plano plurianual.

▶ Art. 63, I, desta Constituição.

§ 5º O Presidente da República poderá enviar mensagem ao Congresso Nacional para propor modificação nos projetos a que se refere este artigo enquanto não iniciada a votação, na Comissão mista, da parte cuja alteração é proposta.

§ 6º Os projetos de lei do plano plurianual, das diretrizes orçamentárias e do orçamento anual serão enviados pelo Presidente da República ao Congresso Nacional, nos termos da lei complementar a que se refere o artigo 165, § 9º.

§ 7º Aplicam-se aos projetos mencionados neste artigo, no que não contrariar o disposto nesta seção, as demais normas relativas ao processo legislativo.

§ 8º Os recursos que, em decorrência de veto, emenda ou rejeição do projeto de lei orçamentária anual, ficarem sem despesas correspondentes poderão ser utilizados, conforme o caso, mediante créditos especiais ou suplementares, com prévia e específica autorização legislativa.

**Art. 167.** São vedados:

I – o início de programas ou projetos não incluídos na lei orçamentária anual;

II – a realização de despesas ou a assunção de obrigações diretas que excedam os créditos orçamentários ou adicionais;

III – a realização de operações de créditos que excedam o montante das despesas de capital, ressalvadas as autorizadas mediante créditos suplementares ou especiais com finalidade precisa, aprovados pelo Poder Legislativo por maioria absoluta;

▶ Art. 37 do ADCT.
▶ Art. 38, § 1º, da LC nº 101, de 4-5-2000 (Lei da Responsabilidade Fiscal).

IV – a vinculação de receita de impostos a órgão, fundo ou despesa, ressalvadas a repartição do produto da arrecadação dos impostos a que se referem os arts. 158 e 159, a destinação de recursos para as ações e serviços públicos de saúde, para manutenção e desenvolvimento do ensino e para realização de atividades da administração tributária, como determinado, respectivamente, pelos arts. 198, § 2º, 212 e 37, XXII, e a prestação de garantias às operações de crédito por antecipação de receita, previstas no art. 165, § 8º, bem como o disposto no § 4º deste artigo;

▶ Inciso IV com a redação dada pela EC nº 42, de 19-12-2003.
▶ Art. 80, § 1º, do ADCT.
▶ Art. 2º, parágrafo único, da LC nº 111, de 6-7-2001, que dispõe sobre o Fundo de Combate e Erradicação da Pobreza, na forma prevista nos arts. 79 a 81 do ADCT.

V – a abertura de crédito suplementar ou especial sem prévia autorização legislativa e sem indicação dos recursos correspondentes;

VI – a transposição, o remanejamento ou a transferência de recursos de uma categoria de programação para outra ou de um órgão para o outro, sem prévia autorização legislativa;

VII – a concessão ou utilização de créditos ilimitados;

VIII – a utilização, sem autorização legislativa específica, de recursos dos orçamentos fiscal e da seguridade social para suprir necessidade ou cobrir déficit de empresas, fundações e fundos, inclusive dos mencionados no artigo 165, § 5º;

IX – a instituição de fundos de qualquer natureza, sem prévia autorização legislativa;

X – a transferência voluntária de recursos e a concessão de empréstimos, inclusive por antecipação de receita, pelos Governos Federal e Estaduais e suas instituições financeiras, para pagamento de despesas com pessoal ativo, inativo e pensionista, dos Estados, do Distrito Federal e dos Municípios;

▶ Inciso X acrescido pela EC nº 19, de 4-6-1998.

XI – a utilização dos recursos provenientes das contribuições sociais de que trata o artigo 195, I, a, e II, para realização de despesas distintas do pagamento de benefícios do regime geral de previdência social de que trata o artigo 201.

▶ Inciso XI acrescido pela EC nº 20, de 15-12-1998.

§ 1º Nenhum investimento cuja execução ultrapasse um exercício financeiro poderá ser iniciado sem prévia inclusão no plano plurianual, ou sem lei que autorize a inclusão, sob pena de crime de responsabilidade.

§ 2º Os créditos especiais e extraordinários terão vigência no exercício financeiro em que forem autorizados, salvo se o ato de autorização for promulgado nos últimos quatro meses daquele exercício, caso em que, reabertos nos limites de seus saldos, serão incorporados ao orçamento do exercício financeiro subsequente.

§ 3º A abertura de crédito extraordinário somente será admitida para atender a despesas imprevisíveis e urgentes, como as decorrentes de guerra, comoção interna ou calamidade pública, observado o disposto no artigo 62.

§ 4º É permitida a vinculação de receitas próprias geradas pelos impostos a que se referem os artigos 155 e 156, e dos recursos de que tratam os artigos 157, 158 e 159, I, a e b, e II, para a prestação de garantia ou contra garantia à União e para pagamento de débitos para com esta.

▶ § 4º acrescido pela EC nº 3, de 17-3-1993.

**Art. 168.** Os recursos correspondentes às dotações orçamentárias, compreendidos os créditos suplementares e especiais, destinados aos órgãos dos Poderes Legislativo e Judiciário, do Ministério Público e da Defensoria Pública, ser-lhes-ão entregues até o dia 20 de cada mês, em duodécimos, na forma da lei complementar a que se refere o art. 165, § 9º.

▶ Artigo com a redação dada pela EC nº 45, de 8-12-2004.

**Art. 169.** A despesa com pessoal ativo e inativo da União, dos Estados, do Distrito Federal e dos Municípios não poderá exceder os limites estabelecidos em lei complementar.

▶ Arts. 96, II, e 127, § 2º, desta Constituição.
▶ Arts. 19 a 23 da LC nº 101, de 4-5-2000 (Lei da Responsabilidade Fiscal).
▶ Lei nº 9.801, de 14-6-1999, dispõe sobre normas gerais para a perda de cargo público por excesso de despesa.

§ 1º A concessão de qualquer vantagem ou aumento de remuneração, a criação de cargos, empregos e funções ou alteração de estrutura de carreiras, bem como a admissão ou contratação de pessoal, a qualquer título, pelos órgãos e entidades da administração direta ou indireta, inclusive fundações instituídas e mantidas pelo poder público, só poderão ser feitas:

▶ Art. 96, I, e, desta Constituição.

I – se houver prévia dotação orçamentária suficiente para atender às projeções de despesa de pessoal e aos acréscimos dela decorrentes;
II – se houver autorização específica na lei de diretrizes orçamentárias, ressalvadas as empresas públicas e as sociedades de economia mista.

▶ § 1º com a redação dada pela EC nº 19, de 4-6-1998.

§ 2º Decorrido o prazo estabelecido na lei complementar referida neste artigo para a adaptação aos parâmetros ali previstos, serão imediatamente suspensos todos os repasses de verbas federais ou estaduais aos Estados, ao Distrito Federal e aos Municípios que não observarem os referidos limites.

§ 3º Para o cumprimento dos limites estabelecidos com base neste artigo, durante o prazo fixado na lei complementar referida no caput, a União, os Estados, o Distrito Federal e os Municípios adotarão as seguintes providências:

I – redução em pelo menos vinte por cento das despesas com cargos em comissão e funções de confiança;

II – exoneração dos servidores não estáveis.

▶ Art. 33 da EC nº 19, de 4-6-1998 (Reforma Administrativa).

§ 4º Se as medidas adotadas com base no parágrafo anterior não forem suficientes para assegurar o cumprimento da determinação da lei complementar referida neste artigo, o servidor estável poderá perder o cargo, desde que ato normativo motivado de cada um dos Poderes especifique a atividade funcional, o órgão ou unidade administrativa objeto da redução de pessoal.

▶ Art. 198, § 6º, desta Constituição.

§ 5º O servidor que perder o cargo na forma do parágrafo anterior fará jus à indenização correspondente a um mês de remuneração por ano de serviço.

§ 6º O cargo objeto da redução prevista nos parágrafos anteriores será considerado extinto, vedada a criação de cargo, emprego ou função com atribuições iguais ou assemelhadas pelo prazo de quatro anos.

§ 7º Lei federal disporá sobre as normas gerais a serem obedecidas na efetivação do disposto no § 4º.

▶ §§ 2º a 7º acrescidos pela EC nº 19, de 4-6-1998.
▶ Art. 247 desta Constituição.
▶ Lei nº 9.801, de 14-6-1999, dispõe sobre as normas gerais para a perda de cargo público por excesso de despesa.

### TÍTULO VII – DA ORDEM ECONÔMICA E FINANCEIRA

#### Capítulo I

#### DOS PRINCÍPIOS GERAIS DA ATIVIDADE ECONÔMICA

▶ Lei nº 8.137, de 27-12-1990 (Lei dos Crimes contra a Ordem Tributária, Econômica e contra as Relações de Consumo).
▶ Lei nº 8.176, de 8-2-1991, define crimes contra a ordem econômica e cria o sistema de estoque de combustíveis.
▶ Lei nº 8.884, de 11-6-1994 (Lei Antitruste).
▶ Lei nº 12.529, de 30-11-2011 (Lei do Sistema Brasileiro de Defesa da Concorrência) publicada no DOU de 1º-12-2011, para vigorar 180 dias após a data de sua publicação, quando ficarão revogados os arts. 1º a 85 e 88 a 93 da Lei nº 8.884, de 11-6-1994.

**Art. 170.** A ordem econômica, fundada na valorização do trabalho humano e na livre iniciativa, tem por fim assegurar a todos existência digna, conforme os ditames da justiça social, observados os seguintes princípios:

I – soberania nacional;

▶ Art. 1º, I, desta Constituição.

II – propriedade privada;

▶ Art. 5º, XXII, desta Constituição.
▶ Arts. 1.228 a 1.368 do CC.

III – função social da propriedade;

▶ Lei nº 8.884, de 11-6-1994 (Lei Antitruste).
▶ Lei nº 12.529, de 30-11-2011 (Lei do Sistema Brasileiro de Defesa da Concorrência) publicada no DOU de 1º-12-2011, para vigorar 180 dias após a data de sua publicação, quando ficarão revogados os arts. 1º a 85 e 88 a 93 da Lei nº 8.884, de 11-6-1994.

IV – livre concorrência;
► Arts. 1º, caput, 20, I, 21, VIII, 54, caput, da Lei nº 8.884, de 11-6-1994 (Lei Antitruste).
► Lei nº 12.529, de 30-11-2011 (Lei do Sistema Brasileiro de Defesa da Concorrência) publicada no *DOU* de 1º-12-2011, para vigorar 180 dias após a data de sua publicação, quando ficarão revogados os arts. 1º a 85 e 88 a 93 da Lei nº 8.884, de 11-6-1994.
► Art. 52 do Dec. nº 2.594, de 15-4-1998, que dispõe sobre a defesa da concorrência na desestatização.
► Súm. nº 646 do STF.

V – defesa do consumidor;
► Lei nº 8.078, de 11-9-1990 (Código de Defesa do Consumidor).
► Lei nº 10.504, de 8-7-2002, institui o Dia Nacional do Consumidor, que é comemorado anualmente, no dia 15 de março.
► Dec. nº 2.181, de 20-3-1997, dispõe sobre a organização do Sistema Nacional de Defesa do Consumidor – SNDC e estabelece normas gerais de aplicação das sanções administrativas previstas no CDC.
► Súm. nº 646 do STF.

VI – defesa do meio ambiente, inclusive mediante tratamento diferenciado conforme o impacto ambiental dos produtos e serviços e de seus processos de elaboração e prestação;
► Inciso VI com a redação dada pela EC nº 42, de 19-12-2003.
► Art. 5º, LXXIII, desta Constituição.
► Lei nº 7.347, de 24-7-1985 (Lei da Ação Civil Pública).
► Lei nº 9.605, de 12-2-1998 (Lei dos Crimes Ambientais).
► Dec. nº 6.514, de 22-7-2008, dispõe sobre as infrações e sanções administrativas ao meio ambiente e estabelece o processo administrativo federal para apuração destas infrações.
► Res. do CONAMA nº 369, de 28-3-2006, dispõe sobre os casos excepcionais, de utilidade pública, interesse social ou baixo impacto ambiental, que possibilitam a intervenção ou supressão de vegetação em Área de Preservação Permanente – APP.

VII – redução das desigualdades regionais e sociais;
► Art. 3º, III, desta Constituição.

VIII – busca do pleno emprego;
► Arts. 6º e 7º desta Constituição.
► Art. 47 da Lei nº 11.101, de 9-2-2005 (Lei de Recuperação de Empresas e Falências).

IX – tratamento favorecido para as empresas de pequeno porte constituídas sob as leis brasileiras e que tenham sua sede e administração no País.
► Inciso IX com a redação dada pela EC nº 6, de 15-8-1995.
► Art. 246 desta Constituição.
► LC nº 123, de 14-12-2006 (Estatuto Nacional da Microempresa e da Empresa de Pequeno Porte).
► Lei nº 6.174, de 1-8-2007, institui e regulamenta o Fórum Permanente das Microempresas e Empresa de Pequeno Porte.

Parágrafo único. É assegurado a todos o livre exercício de qualquer atividade econômica, independentemente de autorização de órgãos públicos, salvo nos casos previstos em lei.
► Súm. nº 646 do STF.

**Art. 171.** *Revogado.* EC nº 6, de 15-8-1995.

**Art. 172.** A lei disciplinará, com base no interesse nacional, os investimentos de capital estrangeiro, incentivará os reinvestimentos e regulará a remessa de lucros.
► Lei nº 4.131, de 3-9-1962, disciplina a aplicação do capital estrangeiro e as remessas de valores para o exterior.
► Dec.-lei nº 37, de 18-11-1966 (Lei do Imposto de Importação).

**Art. 173.** Ressalvados os casos previstos nesta Constituição, a exploração direta de atividade econômica pelo Estado só será permitida quando necessária aos imperativos da segurança nacional ou a relevante interesse coletivo, conforme definidos em lei.
► OJ da SBDI-I nº 364 do TST.

§ 1º A lei estabelecerá o estatuto jurídico da empresa pública, da sociedade de economia mista e de suas subsidiárias que explorem atividade econômica de produção ou comercialização de bens ou de prestação de serviços, dispondo sobre:
► § 1º com a redação dada pela EC nº 19, de 4-6-1998.

I – sua função social e formas de fiscalização pelo Estado e pela sociedade;
II – a sujeição ao regime jurídico próprio das empresas privadas, inclusive quanto aos direitos e obrigações civis, comerciais, trabalhistas e tributários;
► OJ da SBDI-I nº 353 do TST.

III – licitação e contratação de obras, serviços, compras e alienações, observados os princípios da administração pública;
► Art. 22, XXVII, desta Constituição.
► Súm. nº 333 do STJ.

IV – a constituição e o funcionamento dos conselhos de administração e fiscal, com a participação de acionistas minoritários;
V – os mandatos, a avaliação de desempenho e a responsabilidade dos administradores.
► Incisos I a V com a redação dada pela EC nº 19, de 4-6-1998.

§ 2º As empresas públicas e as sociedades de economia mista não poderão gozar de privilégios fiscais não extensivos ao do setor privado.

§ 3º A lei regulamentará as relações da empresa pública com o Estado e a sociedade.

§ 4º A lei reprimirá o abuso do poder econômico que vise à dominação dos mercados, à eliminação da concorrência e ao aumento arbitrário dos lucros.
► Lei nº 8.137, de 27-12-1990 (Lei dos Crimes Contra a Ordem Tributária, Econômica e Contra as Relações de Consumo).
► Lei nº 8.176, de 8-2-1991 (Lei dos Crimes Contra a Ordem Econômica).
► Lei nº 8.884, de 11-6-1994 (Lei Antitruste).
► Lei nº 9.069, de 29-6-1995, dispõe sobre o Plano Real, o Sistema Monetário Nacional, estabelece as regras e condições de emissão do Real e os critérios para conversão das obrigações para o Real.
► Lei nº 12.529, de 30-11-2011 (Lei do Sistema Brasileiro de Defesa da Concorrência) publicada no *DOU* de 1º-12-2011, para vigorar 180 dias após a data de sua publicação, quando ficarão revogados os arts. 1º a 85 e 88 a 93 da Lei nº 8.884, de 11-6-1994.
► Súm. nº 646 do STF.

**§ 5º** A lei, sem prejuízo da responsabilidade individual dos dirigentes da pessoa jurídica, estabelecerá a responsabilidade desta, sujeitando-a às punições compatíveis com sua natureza, nos atos praticados contra a ordem econômica e financeira e contra a economia popular.

▶ Lei Delegada nº 4, de 26-9-1962, dispõe sobre a intervenção no domínio econômico para assegurar a livre distribuição de produtos necessários ao consumo do povo.

**Art. 174.** Como agente normativo e regulador da atividade econômica, o Estado exercerá, na forma da lei, as funções de fiscalização, incentivo e planejamento, sendo este determinante para o setor público e indicativo para o setor privado.

**§ 1º** A lei estabelecerá as diretrizes e bases do planejamento do desenvolvimento nacional equilibrado, o qual incorporará e compatibilizará os planos nacionais e regionais de desenvolvimento.

**§ 2º** A lei apoiará e estimulará o cooperativismo e outras formas de associativismo.

▶ Lei nº 5.764, de 16-12-1971 (Lei das Cooperativas).
▶ Lei nº 9.867, de 10-11-1999, dispõe sobre a criação e o funcionamento de Cooperativas Sociais, visando à integração social dos cidadãos.

**§ 3º** O Estado favorecerá a organização da atividade garimpeira em cooperativas, levando em conta a proteção do meio ambiente e a promoção econômico-social dos garimpeiros.

▶ Dec.-lei nº 227, de 28-2-1967 (Código de Mineração).

**§ 4º** As cooperativas a que se refere o parágrafo anterior terão prioridade na autorização ou concessão para pesquisa e lavra dos recursos e jazidas de minerais garimpáveis, nas áreas onde estejam atuando, e naquelas fixadas de acordo com o artigo 21, XXV, na forma da lei.

**Art. 175.** Incumbe ao Poder Público, na forma da lei, diretamente ou sob regime de concessão ou permissão, sempre através de licitação, a prestação de serviços públicos.

▶ Lei nº 8.987, de 13-2-1995 (Lei da Concessão e Permissão da Prestação de Serviços Públicos).
▶ Lei nº 9.074, de 7-7-1995, estabelece normas para outorga e prorrogações das concessões e permissões de serviços públicos.
▶ Lei nº 9.427, de 26-12-1996, institui a Agência Nacional de Energia Elétrica – ANEEL e disciplina o regime das concessões de serviços públicos de energia elétrica.
▶ Lei nº 9.791, de 24-3-1999, dispõe sobre a obrigatoriedade de as concessionárias de serviços públicos estabelecerem ao consumidor e ao usuário datas opcionais para o vencimento de seus débitos.
▶ Dec. nº 2.196, de 8-4-1997, aprova o Regulamento de Serviços Especiais.

Parágrafo único. A lei disporá sobre:

I – o regime das empresas concessionárias e permissionárias de serviços públicos, o caráter especial de seu contrato e de sua prorrogação, bem como as condições de caducidade, fiscalização e rescisão da concessão ou permissão;
II – os direitos dos usuários;
III – política tarifária;

▶ Súm. nº 407 do STJ.

IV – a obrigação de manter serviço adequado.

**Art. 176.** As jazidas, em lavra ou não, e demais recursos minerais e os potenciais de energia hidráulica constituem propriedade distinta da do solo, para efeito de exploração ou aproveitamento, e pertencem à União, garantida ao concessionário a propriedade do produto da lavra.

**§ 1º** A pesquisa e a lavra de recursos minerais e o aproveitamento dos potenciais a que se refere o *caput* deste artigo somente poderão ser efetuados mediante autorização ou concessão da União, no interesse nacional, por brasileiros ou empresa constituída sob as leis brasileiras e que tenha sua sede e administração no País, na forma da lei, que estabelecerá as condições específicas quando essas atividades se desenvolverem em faixa de fronteira ou terras indígenas.

▶ § 1º com a redação dada pela EC nº 6, de 15-8-1995.
▶ Art. 246 desta Constituição.
▶ Dec.-lei nº 227, de 28-2-1967 (Código de Mineração).

**§ 2º** É assegurada participação ao proprietário do solo nos resultados da lavra, na forma e no valor que dispuser a lei.

▶ Lei nº 8.901, de 30-6-1995, regulamenta este parágrafo.
▶ Dec.-lei nº 227, de 28-2-1967 (Código de Mineração).

**§ 3º** A autorização de pesquisa será sempre por prazo determinado, e as autorizações e concessões previstas neste artigo não poderão ser cedidas ou transferidas, total ou parcialmente, sem prévia anuência do poder concedente.

**§ 4º** Não dependerá de autorização ou concessão o aproveitamento do potencial de energia renovável de capacidade reduzida.

**Art. 177.** Constituem monopólio da União:

▶ Lei nº 9.478, de 6-8-1997, dispõe sobre a política energética nacional, as atividades relativas ao monopólio do petróleo, institui o Conselho Nacional de Política Energética e a Agência Nacional do Petróleo – ANP.

I – a pesquisa e a lavra das jazidas de petróleo e gás natural e outros hidrocarbonetos fluidos;

▶ Lei nº 12.304, de 2-8-2010, autoriza o Poder Executivo a criar a empresa pública denominada Empresa Brasileira de Administração de Petróleo e Gás Natural S.A. – Pré-Sal Petróleo S.A. (PPSA).

II – a refinação do petróleo nacional ou estrangeiro;

▶ Art. 45 do ADCT.

III – a importação e exportação dos produtos e derivados básicos resultantes das atividades previstas nos incisos anteriores;

▶ Lei nº 11.909, de 4-3-2009, dispõe sobre as atividades relativas à importação, exportação, transporte por meio de condutos, tratamento, processamento, estocagem, liquefação, regaseificação e comercialização de gás natural.

IV – o transporte marítimo do petróleo bruto de origem nacional ou de derivados básicos de petróleo produzidos no País, bem assim o transporte, por meio de conduto, de petróleo bruto, seus derivados e gás natural de qualquer origem;

▶ Lei nº 11.909, de 4-3-2009, dispõe sobre as atividades relativas à importação, exportação, transporte por meio de condutos, tratamento, processamento, estocagem, liquefação, regaseificação e comercialização de gás natural.

V – a pesquisa, a lavra, o enriquecimento, o reprocessamento, a industrialização e o comércio de minérios e minerais nucleares e seus derivados, com exceção dos radioisótopos cuja produção, comercialização e utilização poderão ser autorizadas sob regime de permissão, conforme as alíneas *b* e *c* do inciso XXIII do *caput* do art. 21 desta Constituição Federal.

▶ Inciso V com a redação dada pela EC nº 49, de 8-2-2006.

§ 1º A União poderá contratar com empresas estatais ou privadas a realização das atividades previstas nos incisos I a IV deste artigo, observadas as condições estabelecidas em Lei.

▶ § 1º com a redação dada pela EC nº 9, de 9-11-1995.
▶ Lei nº 12.304, de 2-8-2010, autoriza o Poder Executivo a criar a empresa pública denominada Empresa Brasileira de Administração de Petróleo e Gás Natural S.A. – Pré-Sal Petróleo S.A. (PPSA).

§ 2º A lei a que se refere o § 1º disporá sobre:

▶ Lei nº 9.478, de 6-8-1997, dispõe sobre a Política Energética Nacional, as atividades relativas ao monopólio do petróleo, institui o Conselho Nacional de Política Energética e a Agência Nacional de Petróleo – ANP.
▶ Lei nº 9.847, de 26-10-1999, dispõe sobre a fiscalização das atividades relativas ao abastecimento nacional de combustíveis de que trata a Lei nº 9.478, de 6-8-1997, e estabelece sanções administrativas.

I – a garantia do fornecimento dos derivados de petróleo em todo o Território Nacional;
II – as condições de contratação;
III – a estrutura e atribuições do órgão regulador do monopólio da União.

▶ § 2º acrescido pela EC nº 9, de 9-11-1995.
▶ Lei nº 9.478, de 6-8-1997, dispõe sobre a política energética nacional, as atividades relativas ao monopólio do petróleo, que institui o Conselho Nacional de Política Energética e a Agência Nacional de Petróleo – ANP.

§ 3º A lei disporá sobre transporte e a utilização de materiais radioativos no Território Nacional.

▶ Antigo § 2º transformado em § 3º pela EC nº 9, de 9-11-1995.
▶ Art. 3º da EC nº 9, de 9-11-1995.

§ 4º A lei que instituir contribuição de intervenção no domínio econômico relativa às atividades de importação ou comercialização de petróleo e seus derivados, gás natural e seus derivados e álcool combustível deverá atender aos seguintes requisitos:
I – a alíquota da contribuição poderá ser:
a) diferenciada por produto ou uso;
b) reduzida e restabelecida por ato do Poder Executivo, não se lhe aplicando o disposto no artigo 150, III, *b*;
II – os recursos arrecadados serão destinados:
a) ao pagamento de subsídios a preços ou transporte de álcool combustível, gás natural e seus derivados e derivados de petróleo;

▶ Lei nº 10.453, de 13-5-2002, dispõe sobre subvenções ao preço e ao transporte do álcool combustível e subsídios ao preço do gás liquefeito de petróleo – GLP.

b) ao financiamento de projetos ambientais relacionados com a indústria do petróleo e do gás;
c) ao financiamento de programas de infraestrutura de transportes.

▶ § 4º acrescido pela EC nº 33, de 11-12-2001.
▶ O STF, por maioria de votos, julgou parcialmente procedente a ADIN nº 2.925-8, para dar interpretação conforme a CF, no sentido de que a abertura de crédito suplementar deve ser destinada às três finalidades enumeradas nas alíneas *a* a *c*, deste inciso (*DJ* de 4-3-2005).

▶ Lei nº 10.336, de 19-12-2001, institui Contribuição de Intervenção no Domínio Econômico incidente sobre a importação e a comercialização de petróleo e seus derivados, gás natural e seus derivados, e álcool etílico combustível – CIDE.
▶ Art. 1º da Lei nº 10.453, de 13-5-2002, que dispõe sobre subvenções ao preço e ao transporte do álcool combustível e subsídios ao preço do gás liquefeito de petróleo – GLP.

**Art. 178.** A lei disporá sobre a ordenação dos transportes aéreo, aquático e terrestre, devendo, quanto à ordenação do transporte internacional, observar os acordos firmados pela União, atendido o princípio da reciprocidade.

▶ Art. 246 desta Constituição.
▶ Lei nº 7.565, de 19-15-1986, dispõe sobre o Código Brasileiro de Aeronáutica.
▶ Lei nº 11.442, de 5-1-2007, dispõe sobre o transporte rodoviário de cargas por conta de terceiros e mediante remuneração.
▶ Dec.-lei nº 116, de 25-1-1967, dispõe sobre as operações inerentes ao transporte de mercadorias por via d'água nos portos brasileiros, delimitando suas responsabilidades e tratando das faltas e avarias.

Parágrafo único. Na ordenação do transporte aquático, a lei estabelecerá as condições em que o transporte de mercadorias na cabotagem e a navegação interior poderão ser feitos por embarcações estrangeiras.

▶ Art. 178 com a redação dada pela EC nº 7, de 15-8-1995.
▶ Art. 246 desta Constituição.
▶ Lei nº 10.233, de 5-6-2001, dispõe sobre a reestruturação dos transportes aquaviário e terrestre, cria o Conselho Nacional de Integração de Políticas de Transporte, a Agência Nacional de Transportes Terrestres, a Agência Nacional de Transportes Aquaviários e o Departamento Nacional de Infraestrutura de Transportes.
▶ Dec. nº 4.130, de 13-2-2002, aprova o Regulamento e o Quadro Demonstrativo dos Cargos Comissionados e dos Cargos Comissionados Técnicos da Agência Nacional de Transporte Terrestre – ANTT.
▶ Dec. nº 4.244, de 22-5-2002, dispõe sobre o transporte aéreo, no País, de autoridades em aeronave do comando da aeronáutica.

**Art. 179.** A União, os Estados, o Distrito Federal e os Municípios dispensarão às microempresas e às empresas de pequeno porte, assim definidas em lei, tratamento jurídico diferenciado, visando a incentivá-las pela simplificação de suas obrigações administrativas, tributárias, previdenciárias e creditícias, ou pela eliminação ou redução destas por meio de lei.

▶ Art. 47, § 1º, do ADCT.
▶ LC nº 123, de 14-12-2006 (Estatuto Nacional da Microempresa e da Empresa de Pequeno Porte).

**Art. 180.** A União, os Estados, o Distrito Federal e os Municípios promoverão e incentivarão o turismo como fator de desenvolvimento social e econômico.

**Art. 181.** O atendimento de requisição de documento ou informação de natureza comercial, feita por autoridade administrativa ou judiciária estrangeira, a pessoa física ou jurídica residente ou domiciliada no País dependerá de autorização do Poder competente.

## Capítulo II
### DA POLÍTICA URBANA

▶ Lei nº 10.257, de 10-7-2001 (Estatuto da Cidade).

**Art. 182.** A política de desenvolvimento urbano, executada pelo Poder Público municipal, conforme diretrizes gerais fixadas em lei, tem por objetivo ordenar o pleno desenvolvimento das funções sociais da cidade e garantir o bem-estar de seus habitantes.

▶ Lei nº 10.257, de 10-7-2001 (Estatuto da Cidade), regulamenta este artigo.

§ 1º O plano diretor, aprovado pela Câmara Municipal, obrigatório para cidades com mais de vinte mil habitantes, é o instrumento básico da política de desenvolvimento e de expansão urbana.

§ 2º A propriedade urbana cumpre sua função social quando atende às exigências fundamentais de ordenação da cidade expressas no plano diretor.

▶ Art. 186 desta Constituição.
▶ Súm. nº 668 do STF.

§ 3º As desapropriações de imóveis urbanos serão feitas com prévia e justa indenização em dinheiro.

▶ Art. 46 da LC nº 101, de 4-5-2000 (Lei da Responsabilidade Fiscal).
▶ Dec.-lei nº 3.365, de 21-6-1941 (Lei das Desapropriações).
▶ Súmulas nos 113 e 114 do STJ.

§ 4º É facultado ao Poder Público municipal, mediante lei específica para área incluída no plano diretor, exigir, nos termos da lei federal, do proprietário do solo urbano não edificado, subutilizado ou não utilizado, que promova seu adequado aproveitamento, sob pena, sucessivamente, de:

I – parcelamento ou edificação compulsórios;
II – imposto sobre a propriedade predial e territorial urbana progressivo no tempo;

▶ Art. 156, § 1º, desta Constituição.
▶ Súm. nº 668 do STF.

III – desapropriação com pagamento mediante títulos da dívida pública de emissão previamente aprovada pelo Senado Federal, com prazo de resgate de até dez anos, em parcelas anuais, iguais e sucessivas, assegurados o valor real da indenização e os juros legais.

▶ Lei nº 10.257, de 10-7-2001 (Estatuto da Cidade).
▶ Dec.-lei nº 3.365, de 21-6-1941 (Lei das Desapropriações).

**Art. 183.** Aquele que possuir como sua área urbana de até duzentos e cinquenta metros quadrados, por cinco anos, ininterruptamente e sem oposição, utilizando-a para sua moradia ou de sua família, adquirir-lhe-á o domínio, desde que não seja proprietário de outro imóvel urbano ou rural.

▶ Arts. 1.238 e 1.240 do CC.
▶ Lei nº 10.257, de 10-7-2001 (Estatuto da Cidade), regulamenta este artigo.

§ 1º O título de domínio e a concessão de uso serão conferidos ao homem ou à mulher, ou a ambos, independentemente do estado civil.

▶ MP nº 2.220, de 4-9-2001, que até o encerramento desta edição não havia sido convertida em Lei, dispõe sobre a concessão de uso especial de que trata este parágrafo.

§ 2º Esse direito não será reconhecido ao mesmo possuidor mais de uma vez.

§ 3º Os imóveis públicos não serão adquiridos por usucapião.

▶ Lei nº 10.257, de 10-7-2001 (Estatuto da Cidade), regulamenta este artigo.

## Capítulo III

### DA POLÍTICA AGRÍCOLA E FUNDIÁRIA E DA REFORMA AGRÁRIA

▶ LC nº 93, de 4-2-1998, cria o Fundo de Terras e da Reforma Agrária – Banco da Terra, e seu Dec. regulamentador nº 2.622, de 9-6-1998.
▶ Lei nº 4.504, de 30-11-1964 (Estatuto da Terra).
▶ Lei nº 8.174, de 30-1-1991, dispõe sobre princípios de política agrícola, estabelecendo atribuições ao Conselho Nacional de Política Agrícola – CNPA, tributação compensatória de produtos agrícolas, amparo ao pequeno produtor e regras de fixação e liberação dos estoques públicos.
▶ Lei nº 8.629, de 25-2-1993, regulamenta os dispositivos constitucionais relativos à reforma agrária.
▶ Lei nº 9.126, de 10-11-1995, dispõe sobre a concessão de subvenção econômica nas operações de crédito rural.
▶ Lei nº 9.138, de 29-11-1995, dispõe sobre o crédito rural.
▶ Lei nº 9.393, de 19-12-1996, dispõe sobre o ITR.

**Art. 184.** Compete à União desapropriar por interesse social, para fins de reforma agrária, o imóvel rural que não esteja cumprindo sua função social, mediante prévia e justa indenização em títulos da dívida agrária, com cláusula de preservação do valor real, resgatáveis no prazo de até vinte anos, a partir do segundo ano de sua emissão, e cuja utilização será definida em lei.

▶ Lei nº 8.629, de 25-2-1993, regula os dispositivos constitucionais relativos à reforma agrária.

§ 1º As benfeitorias úteis e necessárias serão indenizadas em dinheiro.

§ 2º O decreto que declarar o imóvel como de interesse social, para fins de reforma agrária, autoriza a União a propor a ação de desapropriação.

§ 3º Cabe à lei complementar estabelecer procedimento contraditório especial, de rito sumário, para o processo judicial de desapropriação.

▶ LC nº 76, de 6-7-1993 (Lei de Desapropriação de Imóvel Rural para fins de Reforma Agrária).

§ 4º O orçamento fixará anualmente o volume total de títulos da dívida agrária, assim como o montante de recursos para atender ao programa de reforma agrária no exercício.

§ 5º São isentas de impostos federais, estaduais e municipais as operações de transferência de imóveis desapropriados para fins de reforma agrária.

**Art. 185.** São insuscetíveis de desapropriação para fins de reforma agrária:

▶ Lei nº 8.629, de 25-2-1993, regula os dispositivos constitucionais relativos à reforma agrária.

I – a pequena e média propriedade rural, assim definida em lei, desde que seu proprietário não possua outra;
II – a propriedade produtiva.

Parágrafo único. A lei garantirá tratamento especial à propriedade produtiva e fixará normas para o cumprimento dos requisitos relativos à sua função social.

**Art. 186.** A função social é cumprida quando a propriedade rural atende, simultaneamente, segundo critérios e graus de exigência estabelecidos em lei, aos seguintes requisitos:

► Lei nº 8.629, de 25-2-1993, regula os dispositivos constitucionais relativos à reforma agrária.

I – aproveitamento racional e adequado;
II – utilização adequada dos recursos naturais disponíveis e preservação do meio ambiente;

► Res. do CONAMA nº 369, de 28-3-2006, dispõe sobre os casos excepcionais, de utilidade pública, interesse social ou baixo impacto ambiental, que possibilitam a intervenção ou supressão de vegetação em Área de Preservação Permanente – APP.

III – observância das disposições que regulam as relações de trabalho;
IV – exploração que favoreça o bem-estar dos proprietários e dos trabalhadores.

**Art. 187.** A política agrícola será planejada e executada na forma da lei, com a participação efetiva do setor de produção, envolvendo produtores e trabalhadores rurais, bem como dos setores de comercialização, de armazenamento e de transportes, levando em conta, especialmente:

► Lei nº 8.171, de 17-1-1991 (Lei da Política Agrícola).
► Lei nº 8.174, de 30-1-1991, dispõe sobre princípios de política agrícola, estabelecendo atribuições ao Conselho Nacional de Política Agrícola – CNPA, tributação compensatória de produtos agrícolas, amparo ao pequeno produtor e regras de fixação e liberação dos estoques públicos.
► Súm. nº 298 do STJ.

I – os instrumentos creditícios e fiscais;
II – os preços compatíveis com os custos de produção e a garantia de comercialização;
III – o incentivo à pesquisa e à tecnologia;
IV – a assistência técnica e extensão rural;
V – o seguro agrícola;
VI – o cooperativismo;
VII – a eletrificação rural e irrigação;
VIII – a habitação para o trabalhador rural.

§ 1º Incluem-se no planejamento agrícola as atividades agroindustriais, agropecuárias, pesqueiras e florestais.
§ 2º Serão compatibilizadas as ações de política agrícola e de reforma agrária.

**Art. 188.** A destinação de terras públicas e devolutas será compatibilizada com a política agrícola e com o plano nacional de reforma agrária.

§ 1º A alienação ou a concessão, a qualquer título, de terras públicas com área superior a dois mil e quinhentos hectares a pessoa física ou jurídica, ainda que por interposta pessoa, dependerá de prévia aprovação do Congresso Nacional.
§ 2º Excetuam-se do disposto no parágrafo anterior as alienações ou as concessões de terras públicas para fins de reforma agrária.

**Art. 189.** Os beneficiários da distribuição de imóveis rurais pela reforma agrária receberão títulos de domínio ou de concessão de uso, inegociáveis, pelo prazo de dez anos.

► Lei nº 8.629, de 25-2-1993, regula os dispositivos constitucionais relativos à reforma agrária.
► Art. 6º, II, da Lei nº 11.284, de 2-3-2006 (Lei de Gestão de Florestas Públicas).

Parágrafo único. O título de domínio e a concessão de uso serão conferidos ao homem ou à mulher, ou a ambos, independentemente do estado civil, nos termos e condições previstos em lei.

**Art. 190.** A lei regulará e limitará a aquisição ou o arrendamento de propriedade rural por pessoa física ou jurídica estrangeira e estabelecerá os casos que dependerão de autorização do Congresso Nacional.

► Lei nº 5.709, de 7-10-1971, regula a aquisição de imóveis rurais por estrangeiro residente no País ou pessoa jurídica estrangeira autorizada a funcionar no Brasil.
► Lei nº 8.629, de 25-2-1993, regula os dispositivos constitucionais relativos à reforma agrária.

**Art. 191.** Aquele que, não sendo proprietário de imóvel rural ou urbano, possua como seu, por cinco anos ininterruptos, sem oposição, área de terra, em zona rural, não superior a cinquenta hectares, tornando-a produtiva por seu trabalho ou de sua família, tendo nela sua moradia, adquirir-lhe-á a propriedade.

► Art. 1.239 do CC.
► Lei nº 6.969, de 10-12-1981 (Lei do Usucapião Especial).

Parágrafo único. Os imóveis públicos não serão adquiridos por usucapião.

## Capítulo IV
### DO SISTEMA FINANCEIRO NACIONAL

**Art. 192.** O sistema financeiro nacional, estruturado de forma a promover o desenvolvimento equilibrado do País e a servir aos interesses da coletividade, em todas as partes que o compõem, abrangendo as cooperativas de crédito, será regulado por leis complementares que disporão, inclusive, sobre a participação do capital estrangeiro nas instituições que o integram.

► *Caput* com a redação dada pela EC nº 40, de 29-5-2003.

I a VIII – *Revogados*. EC nº 40, de 29-5-2003.
§§ 1º a 3º *Revogados*. EC nº 40, de 29-5-2003.

## TÍTULO VIII – DA ORDEM SOCIAL

### Capítulo I
#### DISPOSIÇÃO GERAL

**Art. 193.** A ordem social tem como base o primado do trabalho, e como objetivo o bem-estar e a justiça sociais.

### Capítulo II
#### DA SEGURIDADE SOCIAL

► Lei nº 8.212, de 24-7-1991 (Lei Orgânica da Seguridade Social).
► Lei nº 8.213, de 24-7-1991 (Lei dos Planos de Benefícios da Previdência Social).
► Lei nº 8.742, de 7-12-1993 (Lei Orgânica da Assistência Social).
► Dec. nº 3.048, de 6-5-1999 (Regulamento da Previdência Social).

## SEÇÃO I

### DISPOSIÇÕES GERAIS

**Art. 194.** A seguridade social compreende um conjunto integrado de ações de iniciativa dos Poderes Públicos e da sociedade, destinadas a assegurar os direitos relativos à saúde, à previdência e à assistência social.

► Lei nº 8.212, de 24-7-1991 (Lei Orgânica da Seguridade Social).
► Lei nº 8.213, de 24-7-1991 (Lei dos Planos de Benefícios da Previdência Social).

Parágrafo único. Compete ao Poder Público, nos termos da lei, organizar a seguridade social, com base nos seguintes objetivos:

I – universalidade da cobertura e do atendimento;
II – uniformidade e equivalência dos benefícios e serviços às populações urbanas e rurais;
III – seletividade e distributividade na prestação dos benefícios e serviços;
IV – irredutibilidade do valor dos benefícios;
V – equidade na forma de participação no custeio;
VI – diversidade da base de financiamento;
VII – caráter democrático e descentralizado da administração, mediante gestão quadripartite, com participação dos trabalhadores, dos empregadores, dos aposentados e do Governo nos órgãos colegiados.

► Inciso VII com a redação dada pela EC nº 20, de 15-12-1998.

**Art. 195.** A seguridade social será financiada por toda a sociedade, de forma direta e indireta, nos termos da lei, mediante recursos provenientes dos orçamentos da União, dos Estados, do Distrito Federal e dos Municípios, e das seguintes contribuições sociais:

► Art. 12 da EC nº 20, de 15-12-1998 (Reforma Previdenciária).
► LC nº 70, de 30-12-1991, institui contribuição para financiamento da Seguridade Social, eleva a alíquota da contribuição social sobre o lucro das instituições financeiras.
► Lei nº 7.689, de 15-12-1988 (Lei da Contribuição Social Sobre o Lucro das Pessoas Jurídicas).
► Lei nº 7.894, de 24-11-1989, dispõe sobre as contribuições para o Finsocial e PIS/PASEP.
► Lei nº 9.363, de 13-12-1996, dispõe sobre a instituição de crédito presumido do Imposto sobre Produtos Industrializados, para ressarcimento do valor do PIS/PASEP e COFINS nos casos que especifica.
► Lei nº 9.477, de 24-7-1997, institui o Fundo de Aposentadoria Programada Individual – FAPI e o plano de incentivo à aposentadoria programada individual.
► Súmulas nºˢ 658, 659 e 688 do STF.
► Súm. nº 423 do STJ.

I – do empregador, da empresa e da entidade a ela equiparada na forma da lei, incidentes sobre:

► Súm. nº 688 do STF.

a) a folha de salários e demais rendimentos do trabalho pagos ou creditados, a qualquer título, à pessoa física que lhe preste serviço, mesmo sem vínculo empregatício;

► Art. 114, VIII, desta Constituição.

b) a receita ou o faturamento;
c) o lucro;

► Alíneas a a c acrescidas pela EC nº 20, de 15-12-1998.

► Art. 195, § 9º, desta Constituição.
► LC nº 70, de 30-12-1991, institui contribuição para o funcionamento da Seguridade Social e eleva alíquota da contribuição social sobre o lucro das instituições financeiras.

II – do trabalhador e dos demais segurados da previdência social, não incidindo contribuição sobre aposentadoria e pensão concedidas pelo regime geral de previdência social de que trata o artigo 201;

► Incisos I e II com a redação dada pela EC nº 20, de 15-12-1998.
► Arts. 114, VIII, e 167, IX, desta Constituição.
► Lei nº 9.477, de 24-7-1997, institui o Fundo de Aposentadoria Programada Individual – FAPI e o Plano de Incentivo à Aposentadoria Programada Individual.

III – sobre a receita de concursos de prognósticos;

► Art. 4º da Lei nº 7.856, de 24-10-1989, que dispõe sobre a destinação da renda de concursos de prognósticos.

IV – do importador de bens ou serviços do exterior, ou de quem a lei a ele equiparar.

► Inciso IV acrescido pela EC nº 42, de 19-12-2003.
► Lei nº 10.865, de 30-4-2004, dispõe sobre o PIS/PASEP-Importação e a COFINS-Importação.

§ 1º As receitas dos Estados, do Distrito Federal e dos Municípios destinadas à seguridade social constarão dos respectivos orçamentos, não integrando o orçamento da União.

§ 2º A proposta de orçamento da seguridade social será elaborada de forma integrada pelos órgãos responsáveis pela saúde, previdência social e assistência social, tendo em vista as metas e prioridades estabelecidas na lei de diretrizes orçamentárias, assegurada a cada área a gestão de seus recursos.

§ 3º A pessoa jurídica em débito com o sistema da seguridade social, como estabelecido em lei, não poderá contratar com o Poder Público nem dele receber benefícios ou incentivos fiscais ou creditícios.

► Lei nº 8.212, de 24-7-1991 (Lei Orgânica da Seguridade Social).

§ 4º A lei poderá instituir outras fontes destinadas a garantir a manutenção ou expansão da seguridade social, obedecido o disposto no artigo 154, I.

► Lei nº 9.876, de 26-11-1999, dispõe sobre a contribuição previdenciária do contribuinte individual e o cálculo do benefício.

§ 5º Nenhum benefício ou serviço da seguridade social poderá ser criado, majorado ou estendido sem a correspondente fonte de custeio total.

► Art. 24 da LC nº 101, de 4-5-2000 (Lei da Responsabilidade Fiscal).

§ 6º As contribuições sociais de que trata este artigo só poderão ser exigidas após decorridos noventa dias da data da publicação da lei que as houver instituído ou modificado, não se lhes aplicando o disposto no artigo 150, III, b.

► Art. 74, § 4º, do ADCT.
► Súm. nº 669 do STF.

§ 7º São isentas de contribuição para a seguridade social as entidades beneficentes de assistência social que atendam às exigências estabelecidas em lei.
► Súm. nº 659 do STF.
► Súm. nº 352 do STJ.

§ 8º O produtor, o parceiro, o meeiro e o arrendatário rurais e o pescador artesanal, bem como os respectivos cônjuges, que exerçam suas atividades em regime de economia familiar, sem empregados permanentes, contribuirão para a seguridade social mediante a aplicação de uma alíquota sobre o resultado da comercialização da produção e farão jus aos benefícios nos termos da lei.
► § 8º com a redação dada pela EC nº 20, de 15-12-1998.
► Súm. nº 272 do STJ.

§ 9º As contribuições sociais previstas no inciso I do *caput* deste artigo poderão ter alíquotas ou bases de cálculo diferenciadas, em razão da atividade econômica, da utilização intensiva de mão de obra, do porte da empresa ou da condição estrutural do mercado de trabalho.
► § 9º com a redação dada pela EC nº 47, de 5-7-2005, para vigorar a partir da data de sua publicação, produzindo efeitos retroativos a partir da data de vigência da EC nº 41, de 19-12-2003 (*DOU* de 31-12-2003).

§ 10. A lei definirá os critérios de transferência de recursos para o sistema único de saúde e ações de assistência social da União para os Estados, o Distrito Federal e os Municípios, e dos Estados para os Municípios, observada a respectiva contrapartida de recursos.

§ 11. É vedada a concessão de remissão ou anistia das contribuições sociais de que tratam os incisos I, *a*, e II deste artigo, para débitos em montante superior ao fixado em lei complementar.
► §§ 10 e 11 acrescidos pela EC nº 20, de 15-12-1998.

§ 12. A lei definirá os setores de atividade econômica para os quais as contribuições incidentes na forma dos incisos I, *b*; e IV do *caput*, serão não cumulativas.

§ 13. Aplica-se o disposto no § 12 inclusive na hipótese de substituição gradual, total ou parcial, da contribuição incidente na forma do inciso I, *a*, pela incidente sobre a receita ou o faturamento.
► §§ 12 e 13 acrescidos pela EC nº 42, de 19-12-2003.

SEÇÃO II

## DA SAÚDE

► Lei nº 8.147, de 28-12-1990, dispõe sobre a alíquota do Finsocial.
► Lei nº 9.790, de 23-3-1999, dispõe sobre a qualificação de pessoas jurídicas de direito privado, sem fins lucrativos, como organizações da sociedade civil de interesse público e institui e disciplina o termo de parceria.
► Lei nº 9.961, de 28-1-2000, cria a Agência Nacional de Saúde Suplementar – ANS, regulamentada pelo Dec. nº 3.327, de 5-1-2000.
► Lei nº 10.216, de 6-4-2001, dispõe sobre a proteção e os direitos das pessoas portadoras de transtornos mentais e redireciona o modelo assistencial em saúde mental.
► Dec. nº 3.964, de 10-10-2001, dispõe sobre o Fundo Nacional de Saúde.

**Art. 196.** A saúde é direito de todos e dever do Estado, garantido mediante políticas sociais e econômicas que visem à redução do risco de doença e de outros agravos e ao acesso universal e igualitário às ações e serviços para sua promoção, proteção e recuperação.
► Lei nº 9.273, de 3-5-1996, torna obrigatória a inclusão de dispositivo de segurança que impeça a reutilização das seringas descartáveis.
► Lei nº 9.313, de 13-11-1996, dispõe sobre a distribuição gratuita de medicamentos aos portadores do HIV e doentes de AIDS.
► Lei nº 9.797, de 5-6-1999, Dispõe sobre a obrigatoriedade da cirurgia plástica reparadora da mama pela rede de unidades integrantes do Sistema Único de Saúde – SUS nos casos de mutilação decorrentes de tratamento de câncer.

**Art. 197.** São de relevância pública as ações e serviços de saúde, cabendo ao Poder Público dispor, nos termos da lei, sobre sua regulamentação, fiscalização e controle, devendo sua execução ser feita diretamente ou através de terceiros e, também, por pessoa física ou jurídica de direito privado.
► Lei nº 8.080, de 19-9-1990, dispõe sobre as condições para a promoção, proteção e recuperação da saúde, a organização e o funcionamento dos serviços correspondentes.
► Lei nº 9.273, de 3-5-1996, torna obrigatória a inclusão de dispositivo de segurança que impeça a reutilização das seringas descartáveis.

**Art. 198.** As ações e serviços públicos de saúde integram uma rede regionalizada e hierarquizada e constituem um sistema único, organizado de acordo com as seguintes diretrizes:

I – descentralização, com direção única em cada esfera de governo;
► Lei nº 8.080, de 19-9-1990, dispõe sobre as condições para a promoção, proteção e recuperação da saúde, a organização e o funcionamento dos serviços correspondentes.

II – atendimento integral, com prioridade para as atividades preventivas, sem prejuízo dos serviços assistenciais;

III – participação da comunidade.

§ 1º O sistema único de saúde será financiado, nos termos do artigo 195, com recursos do orçamento da seguridade social, da União, dos Estados, do Distrito Federal e dos Municípios, além de outras fontes.
► Parágrafo único transformado em § 1º pela EC nº 29, de 13-9-2000.

§ 2º União, os Estados, o Distrito Federal e os Municípios aplicarão, anualmente, em ações e serviços públicos de saúde recursos mínimos derivados da aplicação de percentuais calculados sobre:
► Art. 167, IV, desta Constituição.

I – no caso da União, na forma definida nos termos da lei complementar prevista no § 3º;

II – no caso dos Estados e do Distrito Federal, o produto da arrecadação dos impostos a que se refere o artigo 155 e dos recursos de que tratam os artigos 157 e 159, inciso I, alínea a e inciso II, deduzidas as parcelas que forem transferidas aos respectivos Municípios;

III – no caso dos Municípios e do Distrito Federal, o produto da arrecadação dos impostos a que se refere o artigo 156 e dos recursos de que tratam os artigos 158 e 159, inciso I, alínea *b* e § 3º.

Constituição Federal – Arts. 199 e 200

§ 3º Lei complementar, que será reavaliada pelo menos a cada cinco anos, estabelecerá:
I – os percentuais de que trata o § 2º;
II – os critérios de rateio dos recursos da União vinculados à saúde destinados aos Estados, ao Distrito Federal e aos Municípios, e dos Estados destinados a seus respectivos Municípios, objetivando a progressiva redução das disparidades regionais;
III – as normas de fiscalização, avaliação e controle das despesas com saúde nas esferas federal, estadual, distrital e municipal;
IV – as normas de cálculo do montante a ser aplicado pela União.
▶ §§ 2º e 3º acrescidos pela EC nº 29, de 13-9-2000.

§ 4º Os gestores locais do sistema único de saúde poderão admitir agentes comunitários de saúde e agentes de combate às endemias por meio de processo seletivo público, de acordo com a natureza e complexidade de suas atribuições e requisitos específicos para sua atuação.
▶ § 4º acrescido pela EC nº 51, de 14-2-2006.
▶ Art. 2º da EC nº 51, de 14-2-2006, que dispõe sobre a contratação dos agentes comunitários de saúde e de combate às endemias.

§ 5º Lei federal disporá sobre o regime jurídico, o piso salarial profissional nacional, as diretrizes para os Planos de Carreira e a regulamentação das atividades de agente comunitário de saúde e agente de combate às endemias, competindo à União, nos termos da lei, prestar assistência financeira complementar aos Estados, ao Distrito Federal e aos Municípios, para o cumprimento do referido piso salarial.
▶ § 5º com a redação dada pela EC nº 63, de 4-2-2010.
▶ Lei nº 11.350, de 5-10-2006, regulamenta este parágrafo.

§ 6º Além das hipóteses previstas no § 1º do art. 41 e no § 4º do art. 169 da Constituição Federal, o servidor que exerça funções equivalentes às de agente comunitário de saúde ou de agente de combate às endemias poderá perder o cargo em caso de descumprimento dos requisitos específicos, fixados em lei, para o seu exercício.
▶ § 6º acrescido pela EC nº 51, de 14-2-2006.

**Art. 199.** A assistência à saúde é livre à iniciativa privada.
▶ Lei nº 9.656, de 3-6-1998 (Lei dos Planos e Seguros Privados de Saúde).

§ 1º As instituições privadas poderão participar de forma complementar do sistema único de saúde, segundo diretrizes deste, mediante contrato de direito público ou convênio, tendo preferência as entidades filantrópicas e as sem fins lucrativos.

§ 2º É vedada a destinação de recursos públicos para auxílios ou subvenções às instituições privadas com fins lucrativos.

§ 3º É vedada a participação direta ou indireta de empresas ou capitais estrangeiros na assistência à saúde no País, salvo nos casos previstos em lei.
▶ Lei nº 8.080, de 19-9-1990, dispõe sobre as condições para a promoção, proteção e recuperação da saúde, a organização e o funcionamento dos serviços correspondentes.

§ 4º A lei disporá sobre as condições e os requisitos que facilitem a remoção de órgãos, tecidos e substâncias humanas para fins de transplante, pesquisa e tratamento, bem como a coleta, processamento e transfusão de sangue e seus derivados, sendo vedado todo tipo de comercialização.
▶ Lei nº 8.501, de 30-11-1992, dispõe sobre a utilização de cadáver não reclamado, para fins de estudos ou pesquisas científicas.
▶ Lei nº 9.434, de 4-2-1997 (Lei de Remoção de Órgãos e Tecidos), regulamentada pelo Dec. nº 2.268, de 30-6-1997.
▶ Lei nº 10.205, de 21-3-2001, regulamenta este parágrafo, relativo à coleta, processamento, estocagem, distribuição e aplicação do sangue, seus componentes e derivados.
▶ Lei nº 10.972, de 2-12-2004, autoriza o Poder Executivo a criar a empresa pública denominada Empresa Brasileira de Hemoderivados e Biotecnologia – HEMOBRÁS.
▶ Dec. nº 5.402, de 28-5-2005, aprova o Estatuto da Empresa Brasileira de Hemoderivados e Biotecnologia – HEMOBRÁS.

**Art. 200.** Ao sistema único de saúde compete, além de outras atribuições, nos termos da lei:
▶ Lei nº 8.080, de 19-9-1990, dispõe sobre as condições para a promoção, proteção e recuperação da saúde e a organização e o funcionamento dos serviços correspondentes.
▶ Lei nº 8.142, de 28-12-1990, dispõe sobre a participação da comunidade na gestão do Sistema Único de Saúde – SUS e sobre as transferências intergovernamentais de recursos financeiros na área da saúde.

I – controlar e fiscalizar procedimentos, produtos e substâncias de interesse para a saúde e participar da produção de medicamentos, equipamentos, imunobiológicos, hemoderivados e outros insumos;
▶ Lei nº 9.431, de 6-1-1997, dispõe sobre a obrigatoriedade da manutenção de programa de controle de infecções hospitalares pelos hospitais do País.
▶ Lei nº 9.677, de 2-7-1998, dispõe sobre a obrigatoriedade da cirurgia plástica reparadora da mama pela rede de unidades integrantes do Sistema Único de Saúde – SUS, nos casos de mutilação decorrente do tratamento de câncer.
▶ Lei nº 9.695, de 20-8-1998, incluíram na classificação dos delitos considerados hediondos determinados crimes contra a saúde pública.

II – executar as ações de vigilância sanitária e epidemiológica, bem como as de saúde do trabalhador;
III – ordenar a formação de recursos humanos na área de saúde;
IV – participar da formulação da política e da execução das ações de saneamento básico;
V – incrementar em sua área de atuação o desenvolvimento científico e tecnológico;
VI – fiscalizar e inspecionar alimentos, compreendido o controle de seu teor nutricional, bem como bebidas e águas para consumo humano;
VII – participar do controle e fiscalização da produção, transporte, guarda e utilização de substâncias e produtos psicoativos, tóxicos e radioativos;
▶ Lei nº 7.802, de 11-7-1989, dispõe sobre a pesquisa, a experimentação, a produção, a embalagem e rotula-

gem, o transporte, o armazenamento, a comercialização, a propaganda comercial, a utilização, a importação, a exportação, o destino final dos resíduos e embalagens, o registro, a classificação, o controle, a inspeção e a fiscalização, de agrotóxicos, seus componentes, e afins.

VIII – colaborar na proteção do meio ambiente, nele compreendido o do trabalho.

## SEÇÃO III
### DA PREVIDÊNCIA SOCIAL

▶ Lei nº 8.147, de 28-12-1990, dispõe sobre a alíquota do Finsocial.
▶ Lei nº 8.213, de 24-7-1991 (Lei dos Planos de Benefícios da Previdência Social).
▶ Lei nº 9.796, de 5-5-1999, dispõe sobre a compensação financeira entre o Regime Geral de Previdência Social e os Regimes de previdência dos servidores da União, dos Estados, do Distrito Federal e dos Municípios, nos casos de contagem recíproca de tempo de contribuição para efeito de aposentadoria.
▶ Dec. nº 3.048, de 6-5-1999 (Regulamento da Previdência Social).

**Art. 201.** A previdência social será organizada sob a forma de regime geral, de caráter contributivo e de filiação obrigatória, observados critérios que preservem o equilíbrio financeiro e atuarial, e atenderá, nos termos da lei, a:

▶ *Caput* com a redação dada pela EC nº 20, de 15-12-1998.
▶ Arts. 40, 167, XI e 195, II, desta Constituição.
▶ Art. 14 da EC nº 20, de 15-12-1998 (Reforma Previdenciária).
▶ Arts. 4º, parágrafo único, I e II, e 5º, da EC nº 41, de 19-12-2003.
▶ Lei nº 8.212, de 24-7-1991 (Lei Orgânica da Seguridade Social).
▶ Lei nº 8.213, de 24-7-1991 (Lei dos Planos de Benefícios da Previdência Social).
▶ Dec. nº 3.048, de 6-5-1999 (Regulamento da Previdência Social).

I – cobertura dos eventos de doença, invalidez, morte e idade avançada;
II – proteção à maternidade, especialmente à gestante;
III – proteção ao trabalhador em situação de desemprego involuntário;

▶ Lei nº 7.998, de 11-1-1990 (Lei do Seguro-Desemprego).
▶ Lei nº 10.779, de 25-11-2003, dispõe sobre a concessão do benefício de seguro-desemprego, durante o período de defeso, ao pescador profissional que exerce a atividade pesqueira de forma artesanal.

IV – salário-família e auxílio-reclusão para os dependentes dos segurados de baixa renda;
V – pensão por morte do segurado, homem ou mulher, ao cônjuge ou companheiro e dependentes, observado o disposto no § 2º.

▶ Incisos I a V com a redação dada pela EC nº 20, de 15-12-1998.

§ 1º É vedada a adoção de requisitos e critérios diferenciados para a concessão de aposentadoria aos beneficiários do regime geral de previdência social, ressalvados os casos de atividades exercidas sob condições especiais que prejudiquem a saúde ou a integridade física e quando se tratar de segurados portadores de deficiência, nos termos definidos em lei complementar.

▶ § 1º com a redação dada pela EC nº 47, de 5-7-2005.
▶ Art. 15 da EC nº 20, de 15-12-1998 (Reforma Previdenciária).

§ 2º Nenhum benefício que substitua o salário de contribuição ou o rendimento do trabalho do segurado terá valor mensal inferior ao salário mínimo.

§ 3º Todos os salários de contribuição considerados para o cálculo de benefício serão devidamente atualizados, na forma da lei.

▶ Súm. nº 456 do STJ.

§ 4º É assegurado o reajustamento dos benefícios para preservar-lhes, em caráter permanente, o valor real, conforme critérios definidos em lei.

§ 5º É vedada a filiação ao regime geral de previdência social, na qualidade de segurado facultativo, de pessoa participante de regime próprio de previdência.

§ 6º A gratificação natalina dos aposentados e pensionistas terá por base o valor dos proventos do mês de dezembro de cada ano.

▶ §§ 2º a 6º com a redação dada pela EC nº 20, de 15-12-1998.
▶ Leis nºs 4.090, de 13-7-1962; 4.749, de 12-8-1965; e Decretos nºs 57.155, de 3-11-1965; e 63.912, de 26-12-1968, dispõem sobre o 13º salário.
▶ Súm. nº 688 do STF.

§ 7º É assegurada aposentadoria no regime geral de previdência social, nos termos da lei, obedecidas as seguintes condições:

▶ *Caput* com a redação dada pela EC nº 20, de 15-12-1998.

I – trinta e cinco anos de contribuição, se homem, e trinta anos de contribuição, se mulher;
II – sessenta e cinco anos de idade, se homem, e sessenta anos de idade, se mulher, reduzido em cinco anos o limite para os trabalhadores rurais de ambos os sexos e para os que exerçam suas atividades em regime de economia familiar, nestes incluídos o produtor rural, o garimpeiro e o pescador artesanal.

▶ Incisos I e II acrescidos pela EC nº 20, de 15-12-1998.

§ 8º Os requisitos a que se refere o inciso I do parágrafo anterior serão reduzidos em cinco anos, para o professor que comprove exclusivamente tempo de efetivo exercício das funções de magistério na educação infantil e no ensino fundamental e médio.

▶ § 8º com a redação dada pela EC nº 20, de 15-12-1998.
▶ Art. 67, § 2º, da Lei nº 9.394, de 20-12-1996 (Lei das Diretrizes e Bases da Educação Nacional).

§ 9º Para efeito de aposentadoria, é assegurada a contagem recíproca do tempo de contribuição na administração pública e na atividade privada, rural e urbana, hipótese em que os diversos regimes de previdência social se compensarão financeiramente, segundo critérios estabelecidos em lei.

▶ Lei nº 9.796, de 5-5-1999, dispõe sobre a compensação financeira entre o Regime Geral de Previdência Social e os Regimes de Previdência dos Servidores da União, dos Estados, do Distrito Federal e dos Municípios, nos casos de contagem recíproca de tempo de contribuição para efeito de aposentadoria.

- Dec. nº 3.112, de 6-7-1999, regulamenta a Lei nº 9.796, de 5-5-1999.

**§ 10.** Lei disciplinará a cobertura do risco de acidente do trabalho, a ser atendida concorrentemente pelo regime geral de previdência social e pelo setor privado.

**§ 11.** Os ganhos habituais do empregado, a qualquer título, serão incorporados ao salário para efeito de contribuição previdenciária e consequente repercussão em benefícios, nos casos e na forma da lei.

- §§ 9º a 11 acrescidos pela EC nº 20, de 15-12-1998.
- Art. 3º da EC nº 20, de 15-12-1998 (Reforma Previdenciária).
- Lei nº 8.213, de 24-7-1991 (Lei dos Planos de Benefícios da Previdência Social).
- Dec. nº 3.048, de 6-5-1999 (Regulamento da Previdência Social).

**§ 12.** Lei disporá sobre sistema especial de inclusão previdenciária para atender a trabalhadores de baixa renda e àqueles sem renda própria que se dediquem exclusivamente ao trabalho doméstico no âmbito de sua residência, desde que pertencentes a famílias de baixa renda, garantindo-lhes acesso a benefícios de valor igual a um salário mínimo.

- § 12 com a redação dada pela EC nº 47, de 5-7-2005.

**§ 13.** O sistema especial de inclusão previdenciária de que trata o § 12 deste artigo terá alíquotas e carências inferiores às vigentes para os demais segurados do regime geral de previdência social.

- § 13 acrescido pela EC nº 47, de 5-7-2005.

**Art. 202.** O regime de previdência privada, de caráter complementar e organizado de forma autônoma em relação ao regime geral de previdência social, será facultativo, baseado na constituição de reservas que garantam o benefício contratado, e regulado por lei complementar.

- *Caput* com a redação dada pela EC nº 20, de 15-12-1998.
- Art. 40, § 15, desta Constituição.
- Art. 7º da EC nº 20, de 15-12-1998 (Reforma Previdenciária).
- LC nº 109, de 29-5-2001 (Lei do Regime de Previdência Complementar), regulamentada pelo Dec. nº 4.206, de 23-4-2002.
- Lei nº 9.656, de 3-6-1998 (Lei dos Planos e Seguros Privados de Saúde).
- Lei nº 10.185, de 12-2-2001, dispõe sobre a especialização das sociedades seguradoras em planos privados de assistência à saúde.
- Dec. nº 3.745, de 5-2-2001, institui o Programa de Interiorização do Trabalho em Saúde.
- Dec. nº 7.123, de 3-3-2010, dispõe sobre o Conselho Nacional de Previdência Complementar – CNPC e sobre a Câmara de Recursos de Previdência Complementar – CRPC.
- Súm. nº 149 do STJ.

**§ 1º** A lei complementar de que trata este artigo assegurará ao participante de planos de benefícios de entidades de previdência privada o pleno acesso às informações relativas à gestão de seus respectivos planos.

**§ 2º** As contribuições do empregador, os benefícios e as condições contratuais previstas nos estatutos, regulamentos e planos de benefícios das entidades de previdência privada não integram o contrato de trabalho dos participantes, assim como, à exceção dos benefícios concedidos, não integram a remuneração dos participantes, nos termos da lei.

- §§ 1º e 2º com a redação dada pela EC nº 20, de 15-12-1998.

**§ 3º** É vedado o aporte de recursos a entidade de previdência privada pela União, Estados, Distrito Federal e Municípios, suas autarquias, fundações, empresas públicas, sociedades de economia mista e outras entidades públicas, salvo na qualidade de patrocinador, situação na qual, em hipótese alguma, sua contribuição normal poderá exceder a do segurado.

- Art. 5º da EC nº 20, de 15-12-1998 (Reforma Previdenciária).
- LC nº 108, de 29-5-2001, regulamenta este parágrafo.

**§ 4º** Lei complementar disciplinará a relação entre a União, Estados, Distrito Federal ou Municípios, inclusive suas autarquias, fundações, sociedades de economia mista e empresas controladas direta ou indiretamente, enquanto patrocinadoras de entidades fechadas de previdência privada, e suas respectivas entidades fechadas de previdência privada.

- Art. 40, § 14, desta Constituição.
- LC nº 108, de 29-5-2001, regulamenta este parágrafo.

**§ 5º** A lei complementar de que trata o parágrafo anterior aplicar-se-á, no que couber, às empresas privadas permissionárias ou concessionárias de prestação de serviços públicos, quando patrocinadoras de entidades fechadas de previdência privada.

- LC nº 108, de 29-5-2001, regulamenta este parágrafo.

**§ 6º** A lei complementar a que se refere o § 4º deste artigo estabelecerá os requisitos para a designação dos membros das diretorias das entidades fechadas de previdência privada e disciplinará a inserção dos participantes nos colegiados e instâncias de decisão em que seus interesses sejam objeto de discussão e deliberação.

- §§ 3º a 6º acrescidos pela EC nº 20, de 15-12-1998.
- LC nº 108, de 29-5-2001, regulamenta este parágrafo.
- LC nº 109, de 29-5-2001 (Lei do Regime de Previdência Complementar).

Seção IV

## DA ASSISTÊNCIA SOCIAL

- Lei nº 8.147, de 28-12-1990, dispõe sobre a alíquota do Finsocial.
- Lei nº 8.742, de 7-12-1993 (Lei Orgânica da Assistência Social).
- Lei nº 8.909, de 6-7-1994, dispõe sobre a prestação de serviços por entidades de assistência social, entidades beneficentes de assistência social e entidades de fins filantrópicos e estabelece prazos e procedimentos para o recadastramento de entidades junto ao Conselho Nacional de Assistência Social.
- Lei nº 9.790, de 23-3-1999, dispõe sobre a promoção da assistência social por meio de organizações da sociedade civil de interesse público.

**Art. 203.** A assistência social será prestada a quem dela necessitar, independentemente de contribuição à seguridade social, e tem por objetivos:

- Lei nº 8.213, de 24-7-1991 (Lei dos Planos de Benefícios da Previdência Social).
- Lei nº 8.742, de 7-12-1993 (Lei Orgânica da Assistência Social).
- Lei nº 8.909, de 6-7-1994, dispõe, em caráter emergencial, sobre a prestação de serviços por entidades de assistência social, entidades beneficentes de assistência social e entidades de fins filantrópicos e estabelece prazos e procedimentos para o recadastramento de entidades junto ao Conselho Nacional de Assistência Social.
- Lei nº 9.429, de 26-12-1996, dispõe sobre prorrogação de prazo para renovação de Certificado de Entidades de Fins Filantrópicos e de recadastramento junto ao Conselho Nacional de Assistência Social – CNAS e anulação de atos emanados do Instituto Nacional do Seguro Social – INSS contra instituições que gozavam de isenção da contribuição social, pela não apresentação do pedido de renovação do certificado em tempo hábil.

I – a proteção à família, à maternidade, à infância, à adolescência e à velhice;
II – o amparo às crianças e adolescentes carentes;
III – a promoção da integração ao mercado de trabalho;
IV – a habilitação e reabilitação das pessoas portadoras de deficiência e a promoção de sua integração à vida comunitária;

- Dec. nº 6.949, de 25-8-2009, promulga a Convenção Internacional sobre os Direitos das Pessoas com Deficiência.

V – a garantia de um salário mínimo de benefício mensal à pessoa portadora de deficiência e ao idoso que comprovem não possuir meios de prover à própria manutenção ou de tê-la provida por sua família, conforme dispuser a lei.

- Lei nº 10.741, de 1º-10-2003 (Estatuto do Idoso).

**Art. 204.** As ações governamentais na área da assistência social serão realizadas com recursos do orçamento da seguridade social, previstos no artigo 195, além de outras fontes, e organizadas com base nas seguintes diretrizes:

I – descentralização político-administrativa, cabendo a coordenação e as normas gerais à esfera federal e a coordenação e a execução dos respectivos programas às esferas estadual e municipal, bem como a entidades beneficentes e de assistência social;
II – participação da população, por meio de organizações representativas, na formulação das políticas e no controle das ações em todos os níveis.

Parágrafo único. É facultado aos Estados e ao Distrito Federal vincular a programa de apoio à inclusão e promoção social até cinco décimos por cento de sua receita tributária líquida, vedada a aplicação desses recursos no pagamento de:

I – despesas com pessoal e encargos sociais;
II – serviço da dívida;
III – qualquer outra despesa corrente não vinculada diretamente aos investimentos ou ações apoiados.

- Parágrafo único acrescido pela EC nº 42, de 19-12-2003.

## Capítulo III
## DA EDUCAÇÃO, DA CULTURA E DO DESPORTO

### Seção I
### DA EDUCAÇÃO

- Lei nº 9.394, de 20-12-1996 (Lei das Diretrizes e Bases da Educação Nacional).
- Lei nº 9.424, de 24-12-1996, dispõe sobre o fundo de manutenção e desenvolvimento e de valorização do magistério.
- Lei nº 9.766, de 18-12-1998, altera a legislação que rege o salário-educação.
- Lei nº 10.219, de 11-4-2001, cria o Programa Nacional de Renda Mínima vinculado à educação – "Bolsa-Escola", regulamentada pelo Dec. nº 4.313, de 24-7-2002.
- Lei nº 10.558, de 13-11-2002, cria o Programa Diversidade na Universidade.
- Art. 27, X, g, da Lei nº 10.683, de 28-5-2003, que dispõe sobre a organização da Presidência da República e dos Ministérios.
- Lei nº 11.096, de 13-1-2005, institui o Programa Universidade para Todos – PROUNI.
- Lei nº 11.274, de 6-2-2006, fixa a idade de seis anos para o início do ensino fundamental obrigatório e altera para nove anos seu período de duração.
- Lei nº 12.089, de 11-11-2009, proíbe que uma mesma pessoa ocupe 2 (duas) vagas simultaneamente em instituições públicas de ensino superior.

**Art. 205.** A educação, direito de todos e dever do Estado e da família, será promovida e incentivada com a colaboração da sociedade, visando ao pleno desenvolvimento da pessoa, seu preparo para o exercício da cidadania e sua qualificação para o trabalho.

- Lei nº 8.147, de 28-12-1990, dispõe sobre a alíquota do Finsocial.
- Lei nº 9.394, de 20-12-1996 (Lei das Diretrizes e Bases da Educação Nacional).

**Art. 206.** O ensino será ministrado com base nos seguintes princípios:

I – igualdade de condições para o acesso e permanência na escola;
II – liberdade de aprender, ensinar, pesquisar e divulgar o pensamento, a arte e o saber;
III – pluralismo de ideias e de concepções pedagógicas, e coexistência de instituições públicas e privadas de ensino;
IV – gratuidade do ensino público em estabelecimentos oficiais;

- Art. 242 desta Constituição.
- Súm. Vinc. nº 12 do STF.

V – valorização dos profissionais da educação escolar, garantidos, na forma da lei, planos de carreira, com ingresso exclusivamente por concurso público de provas e títulos, aos das redes públicas;

- Inciso V com a redação dada pela EC nº 53, de 19-12-2006.
- Lei nº 9.424, de 24-12-1996, dispõe sobre o Fundo de Manutenção e Desenvolvimento do Ensino Fundamental e de Valorização do Magistério.

VI – gestão democrática do ensino público, na forma da lei;

- Lei nº 9.394, de 20-12-1996 (Lei das Diretrizes e Bases da Educação Nacional).

VII – garantia de padrão de qualidade;
VIII – piso salarial profissional nacional para os profissionais da educação escolar pública, nos termos de lei federal.

▶ Inciso VIII acrescido pela EC nº 53, de 19-12-2006.

Parágrafo único. A lei disporá sobre as categorias de trabalhadores considerados profissionais da educação básica e sobre a fixação de prazo para a elaboração ou adequação de seus planos de carreira, no âmbito da União, dos Estados, do Distrito Federal e dos Municípios.

▶ Parágrafo único acrescido pela EC nº 53, de 19-12-2006.

**Art. 207.** As universidades gozam de autonomia didático-científica, administrativa e de gestão financeira e patrimonial, e obedecerão ao princípio de indissociabilidade entre ensino, pesquisa e extensão.

§ 1º É facultado às universidades admitir professores, técnicos e cientistas estrangeiros, na forma da lei.

§ 2º O disposto neste artigo aplica-se às instituições de pesquisa científica e tecnológica.

▶ §§ 1º e 2º acrescidos pela EC nº 11, de 30-4-1996.

**Art. 208.** O dever do Estado com a educação será efetivado mediante a garantia de:

I – educação básica obrigatória e gratuita dos 4 (quatro) aos 17 (dezessete) anos de idade, assegurada inclusive sua oferta gratuita para todos os que a ela não tiveram acesso na idade própria;

▶ Inciso I com a redação dada pela EC nº 59, de 11-11-2009.
▶ Art. 6º da EC nº 59, de 11-11-2009, determina que o disposto neste inciso deverá ser implementado progressivamente, até 2016, nos termos do Plano Nacional de Educação, com apoio técnico e financeiro da União.

II – progressiva universalização do ensino médio gratuito;

▶ Inciso II com a redação dada pela EC nº 14, de 12-9-1996.
▶ Art. 6º da EC nº 14, de 12-9-1996.

III – atendimento educacional especializado aos portadores de deficiência, preferencialmente na rede regular de ensino;

▶ Lei nº 7.853, de 24-10-1989 (Lei de Apoio às Pessoas Portadoras de Deficiência), regulamentada pelo Dec. nº 3.298, de 20-12-1999.
▶ Lei nº 10.436, de 24-4-2002, dispõe sobre a Língua Brasileira de Sinais – LIBRA.
▶ Lei nº 10.845, de 5-3-2004, institui o Programa de Complementação ao Atendimento Educacional Especializado às Pessoas Portadoras de Deficiência – PAED.
▶ Dec. nº 3.956, de 8-10-2001, promulga a Convenção Interamericana para a Eliminação de todas as Formas de Discriminação contra as Pessoas Portadoras de Deficiências.
▶ Dec. nº 6.949, de 25-8-2009, promulga a Convenção Internacional sobre os Direitos das Pessoas com Deficiência.

IV – educação infantil, em creche e pré-escola, às crianças até 5 (cinco) anos de idade;

▶ Inciso IV com a redação dada pela EC nº 53, de 19-12-2006.

▶ Art. 6º, XXV, desta Constituição.

V – acesso aos níveis mais elevados do ensino, da pesquisa e da criação artística, segundo a capacidade de cada um;

▶ Lei nº 10.260, de 10-7-2001, dispõe sobre o Fundo de Financiamento ao Estudante do Ensino Superior.
▶ Lei nº 12.089, de 11-11-2009, proíbe que uma mesma pessoa ocupe 2 (duas) vagas simultaneamente em instituições públicas de ensino superior.

VI – oferta de ensino noturno regular, adequado às condições do educando;

VII – atendimento ao educando, em todas as etapas da educação básica, por meio de programas suplementares de material didático-escolar, transporte, alimentação e assistência à saúde.

▶ Inciso VII com a redação dada pela EC nº 59, de 11-11-2009.
▶ Arts. 6º e 212, § 4º, desta Constituição.

§ 1º O acesso ao ensino obrigatório e gratuito é direito público subjetivo.

§ 2º O não oferecimento do ensino obrigatório pelo Poder Público, ou sua oferta irregular, importa responsabilidade da autoridade competente.

§ 3º Compete ao Poder Público recensear os educandos no ensino fundamental, fazer-lhes a chamada e zelar, junto aos pais ou responsáveis, pela frequência à escola.

**Art. 209.** O ensino é livre à iniciativa privada, atendidas as seguintes condições:

I – cumprimento das normas gerais da educação nacional;

II – autorização e avaliação de qualidade pelo Poder Público.

**Art. 210.** Serão fixados conteúdos mínimos para o ensino fundamental, de maneira a assegurar formação básica comum e respeito aos valores culturais e artísticos, nacionais e regionais.

§ 1º O ensino religioso, de matrícula facultativa, constituirá disciplina dos horários normais das escolas públicas de ensino fundamental.

§ 2º O ensino fundamental regular será ministrado em língua portuguesa, assegurada às comunidades indígenas também a utilização de suas línguas maternas e processos próprios de aprendizagem.

**Art. 211.** A União, os Estados, o Distrito Federal e os Municípios organizarão em regime de colaboração seus sistemas de ensino.

▶ Art. 60 do ADCT.
▶ Art. 6º da EC nº 14, de 12-9-1996.

§ 1º A União organizará o sistema federal de ensino e o dos Territórios, financiará as instituições de ensino públicas federais e exercerá, em matéria educacional, função redistributiva e supletiva, de forma a garantir equalização de oportunidades educacionais e padrão mínimo de qualidade de ensino mediante assistência técnica e financeira aos Estados, ao Distrito Federal e aos Municípios.

§ 2º Os Municípios atuarão prioritariamente no ensino fundamental e na educação infantil.
▶ §§ 1º e 2º com a redação dada pela EC nº 14, de 12-9-1996.

§ 3º Os Estados e o Distrito Federal atuarão prioritariamente no ensino fundamental e médio.
▶ § 3º acrescido pela EC nº 14, de 12-9-1996.

§ 4º Na organização de seus sistemas de ensino, a União, os Estados, o Distrito Federal e os Municípios definirão formas de colaboração, de modo a assegurar a universalização do ensino obrigatório.
▶ § 4º com a redação dada pela EC nº 59, de 11-11-2009.

§ 5º A educação básica pública atenderá prioritariamente ao ensino regular.
▶ § 5º acrescido pela EC nº 53, de 19-12-2006.

**Art. 212.** A União aplicará, anualmente, nunca menos de dezoito, e os Estados, o Distrito Federal e os Municípios vinte e cinco por cento, no mínimo, da receita resultante de impostos, compreendida a proveniente de transferências, na manutenção e desenvolvimento do ensino.
▶ Arts. 34, VII, e, 35, III, e 167, IV, desta Constituição.
▶ Arts. 60, caput, § 6º, 72, §§ 2º e 3º, e 76, § 3º, do ADCT.
▶ Lei nº 9.424, de 24-12-1996, dispõe sobre o Fundo de Manutenção e Desenvolvimento do Ensino Fundamental e de Valorização do Magistério.

§ 1º A parcela da arrecadação de impostos transferida pela União aos Estados, ao Distrito Federal e aos Municípios, ou pelos Estados aos respectivos Municípios, não é considerada, para efeito do cálculo previsto neste artigo, receita do governo que a transferir.

§ 2º Para efeito do cumprimento do disposto no caput deste artigo, serão considerados os sistemas de ensino federal, estadual e municipal e os recursos aplicados na forma do artigo 213.

§ 3º A distribuição dos recursos públicos assegurará prioridade ao atendimento das necessidades do ensino obrigatório, no que se refere a universalização, garantia de padrão de qualidade e equidade, nos termos do plano nacional de educação.
▶ § 3º com a redação dada pela EC nº 59, de 11-11-2009.

§ 4º Os programas suplementares de alimentação e assistência à saúde previstos no artigo 208, VII, serão financiados com recursos provenientes de contribuições sociais e outros recursos orçamentários.

§ 5º A educação básica pública terá como fonte adicional de financiamento a contribuição social do salário-educação, recolhida pelas empresas na forma da lei.
▶ § 5º com a redação dada pela EC nº 53, de 19-12-2006.
▶ Art. 76, § 2º, do ADCT.
▶ Lei nº 9.424, de 24-12-1996, dispõe sobre o Fundo de Manutenção e Desenvolvimento do Ensino Fundamental e de Valorização do Magistério.
▶ Lei nº 9.766, de 18-12-1998, dispõe sobre o salário-educação.
▶ Dec. nº 3.142, de 16-8-1999, regulamenta a contribuição social do salário-educação.

▶ Dec. nº 6.003, de 28-12-2006, regulamenta a arrecadação, a fiscalização e a cobrança da contribuição social do salário-educação.
▶ Súm. nº 732 do STF

§ 6º As cotas estaduais e municipais da arrecadação da contribuição social do salário-educação serão distribuídas proporcionalmente ao número de alunos matriculados na educação básica nas respectivas redes públicas de ensino.
▶ § 6º acrescido pela EC nº 53, de 19-12-2006.

**Art. 213.** Os recursos públicos serão destinados às escolas públicas, podendo ser dirigidos a escolas comunitárias, confessionais ou filantrópicas, definidas em lei, que:
▶ Art. 212 desta Constituição.
▶ Art. 61 do ADCT.
▶ Lei nº 9.394, de 20-12-1996 (Lei das Diretrizes e Bases da Educação Nacional).

I – comprovem finalidade não lucrativa e apliquem seus excedentes financeiros em educação;
II – assegurem a destinação de seu patrimônio a outra escola comunitária, filantrópica ou confessional, ou ao Poder Público, no caso de encerramento de suas atividades.
▶ Art. 61 do ADCT.

§ 1º Os recursos de que trata este artigo poderão ser destinados a bolsas de estudo para o ensino fundamental e médio, na forma da lei, para os que demonstrarem insuficiência de recursos, quando houver falta de vagas e cursos regulares da rede pública na localidade da residência do educando, ficando o Poder Público obrigado a investir prioritariamente na expansão de sua rede na localidade.
▶ Lei nº 9.394, de 20-12-1996 (Lei das Diretrizes e Bases da Educação Nacional).

§ 2º As atividades universitárias de pesquisa e extensão poderão receber apoio financeiro do Poder Público.
▶ Lei nº 8.436, de 25-6-1992, institucionaliza o Programa de Crédito Educativo para estudantes carentes.

**Art. 214.** A lei estabelecerá o plano nacional de educação, de duração decenal, com o objetivo de articular o sistema nacional de educação em regime de colaboração e definir diretrizes, objetivos, metas e estratégias de implementação para assegurar a manutenção e desenvolvimento do ensino em seus diversos níveis, etapas e modalidades por meio de ações integradas dos poderes públicos das diferentes esferas federativas que conduzam a:
▶ Caput com a redação dada pela EC nº 59, de 11-11-2009.

I – erradicação do analfabetismo;
II – universalização do atendimento escolar;
III – melhoria da qualidade do ensino;
IV – formação para o trabalho;
V – promoção humanística, científica e tecnológica do País;
▶ Lei nº 10.172, de 9-1-2001, aprova o Plano Nacional de Educação.

Constituição Federal – Arts. 215 e 216

VI – estabelecimento de meta de aplicação de recursos públicos em educação como proporção do produto interno bruto.
- Inciso VI acrescido pela EC nº 59, de 11-11-2009.
- Lei nº 9.394, de 20-12-1996 (Lei das Diretrizes e Bases da Educação Nacional).
- Lei nº 10.172, de 9-1-2001, aprova o Plano Nacional de Educação.

SEÇÃO II

## DA CULTURA

**Art. 215.** O Estado garantirá a todos o pleno exercício dos direitos culturais e acesso às fontes da cultura nacional, e apoiará e incentivará a valorização e a difusão das manifestações culturais.
- Lei nº 8.313, de 23-12-1991, institui o Programa Nacional de Apoio à Cultura – PRONAC), regulamentada pelo Dec. nº 5.761, de 27-4-2002.
- Lei nº 8.685, de 20-7-1993, cria mecanismos de fomento à atividade audiovisual.
- Lei nº 10.454, de 13-5-2002, dispõe sobre remissão da Contribuição para o Desenvolvimento da Indústria Cinematográfica – CONDECINE.
- MP nº 2.228-1, de 6-9-2001, que até o encerramento desta edição não havia sido convertida em Lei, cria a Agência Nacional do Cinema – ANCINE.
- Dec. nº 2.290, de 4-8-1997, regulamenta o art. 5º, VIII, da Lei nº 8.313, de 23-12-1991.

§ 1º O Estado protegerá as manifestações das culturas populares, indígenas e afro-brasileiras, e das de outros grupos participantes do processo civilizatório nacional.

§ 2º A lei disporá sobre a fixação de datas comemorativas de alta significação para os diferentes segmentos étnicos nacionais.

§ 3º A lei estabelecerá o Plano Nacional de Cultura, de duração plurianual, visando ao desenvolvimento cultural do País e à integração das ações do poder público que conduzem à:
- Lei nº 12.343, de 2-12-2010, institui o Plano Nacional de Cultura – PNC e cria o Sistema Nacional de Informações e Indicadores Culturais – SNIIC.

I – defesa e valorização do patrimônio cultural brasileiro;
II – produção, promoção e difusão de bens culturais;
III – formação de pessoal qualificado para a gestão da cultura em suas múltiplas dimensões;
IV – democratização do acesso aos bens de cultura;
V – valorização da diversidade étnica e regional.
- § 3º acrescido pela EC nº 48, de 10-8-2005.

**Art. 216.** Constituem patrimônio cultural brasileiro os bens de natureza material e imaterial, tomados individualmente ou em conjunto, portadores de referência à identidade, à ação, à memória dos diferentes grupos formadores da sociedade brasileira, nos quais se incluem:

I – as formas de expressão;
II – os modos de criar, fazer e viver;
III – as criações científicas, artísticas e tecnológicas;
- Lei nº 9.610, de 19-2-1998 (Lei de Direitos Autorais).

IV – as obras, objetos, documentos, edificações e demais espaços destinados às manifestações artístico-culturais;

V – os conjuntos urbanos e sítios de valor histórico, paisagístico, artístico, arqueológico, paleontológico, ecológico e científico.
- Lei nº 3.924, de 26-7-1961 (Lei dos Monumentos Arqueológicos e Pré-Históricos).
- Arts. 1º, 20, 28, I, II e parágrafo único, da Lei nº 7.542, de 26-9-1986, que dispõe sobre a pesquisa, exploração, remoção e demolição de coisas ou bens afundados, submersos, encalhados e perdidos em águas sob jurisdição nacional, em terreno de marinha e seus acrescidos e em terrenos marginais, em decorrência de sinistro, alijamento ou fortuna do mar.

§ 1º O Poder Público, com a colaboração da comunidade, promoverá e protegerá o patrimônio cultural brasileiro, por meio de inventários, registros, vigilância, tombamento e desapropriação, e de outras formas de acautelamento e preservação.
- Lei nº 7.347, de 24-7-1985 (Lei da Ação Civil Pública).
- Lei nº 8.394, de 30-12-1991, dispõe sobre a preservação, organização e proteção dos acervos documentais privados dos presidentes da República.
- Dec. nº 3.551, de 4-8-2000, institui o registro de bens culturais de natureza imaterial que constituem Patrimônio Cultural Brasileiro e cria o Programa Nacional do Patrimônio Imaterial.

§ 2º Cabem à administração pública, na forma da lei, a gestão da documentação governamental e as providências para franquear sua consulta a quantos dela necessitem.
- Lei nº 8.159, de 8-1-1991, dispõe sobre a Política Nacional de arquivos públicos e privados.
- Lei nº 12.527, de 18-11-2011 (Lei do Acesso à Informação) DOU de 18-11-2011, edição extra, para vigorar 180 dias após a data de sua publicação, quando ficará revogada a Lei nº 11.111, de 5-5-2005.

§ 3º A lei estabelecerá incentivos para a produção e o conhecimento de bens e valores culturais.
- Lei nº 7.505, de 2-7-1986, dispõe sobre benefícios fiscais na área do imposto de renda concedidos a operações de caráter cultural ou artístico.
- Lei nº 8.313, de 23-12-1991, dispõe sobre benefícios fiscais concedidos a operações de caráter cultural ou artístico e cria o Programa Nacional de Apoio a Cultura – PRONAC.
- Lei nº 8.685, de 20-7-1993, cria mecanismos de fomento à atividade audiovisual.
- Lei nº 10.454, de 13-5-2002, dispõe sobre remissão da Contribuição para o Desenvolvimento da Indústria Cinematográfica – CONDECINE.
- MP nº 2.228-1, de 6-9-2001, que até o encerramento desta edição não havia sido convertida em Lei, cria a Agência Nacional do Cinema – ANCINE.

§ 4º Os danos e ameaças ao patrimônio cultural serão punidos, na forma da lei.
- Lei nº 3.924, de 26-7-1961 (Lei dos Monumentos Arqueológicos e Pré-Históricos).
- Lei nº 4.717, de 29-6-1965 (Lei da Ação Popular).
- Lei nº 7.347, de 24-7-1985 (Lei da Ação Civil Pública).

§ 5º Ficam tombados todos os documentos e os sítios detentores de reminiscências históricas dos antigos quilombos.

§ 6º É facultado aos Estados e ao Distrito Federal vincular a fundo estadual de fomento à cultura até cinco décimos por cento de sua receita tributária líquida, para o financiamento de programas e projetos culturais, vedada a aplicação desses recursos no pagamento de:

I – despesas com pessoal e encargos sociais;

II – serviço da dívida;
III – qualquer outra despesa corrente não vinculada diretamente aos investimentos ou ações apoiados.
▶ § 6º acrescido pela EC nº 42, de 19-12-2003.

SEÇÃO III

## DO DESPORTO

▶ Lei nº 9.615, de 24-3-1998, institui normas gerais sobre desportos.
▶ Lei nº 10.891, de 9-7-2004, institui a Bolsa-Atleta.

**Art. 217.** É dever do Estado fomentar práticas desportivas formais e não formais, como direito de cada um, observados:

I – a autonomia das entidades desportivas dirigentes e associações, quanto a sua organização e funcionamento;
II – a destinação de recursos públicos para a promoção prioritária do desporto educacional e, em casos específicos, para a do desporto de alto rendimento;
III – o tratamento diferenciado para o desporto profissional e o não profissional;
IV – a proteção e o incentivo às manifestações desportivas de criação nacional.

§ 1º O Poder Judiciário só admitirá ações relativas à disciplina e às competições desportivas após esgotarem-se as instâncias da justiça desportiva, regulada em lei.

§ 2º A justiça desportiva terá o prazo máximo de sessenta dias, contados da instauração do processo, para proferir decisão final.

§ 3º O Poder Público incentivará o lazer, como forma de promoção social.

CAPÍTULO IV

## DA CIÊNCIA E TECNOLOGIA

▶ Lei nº 9.257, de 9-1-1996, dispõe sobre o Conselho Nacional de Ciência e Tecnologia.
▶ Lei nº 10.168, de 29-12-2000, institui Contribuição de Intervenção de Domínio Econômico destinado a financiar o Programa de Estímulo à Interação Universidade-Empresa para o apoio à inovação.
▶ Lei nº 10.332, de 19-12-2001, institui mecanismo de financiamento para o Programa de Ciência e Tecnologia para o Agronegócio, para o Programa de Fomento à Pesquisa em Saúde, para o Programa Biotecnologia e Recursos Genéticos, para o Programa de Ciência e Tecnologia para o Setor Aeronáutico e para o Programa de Inovação para Competitividade.

**Art. 218.** O Estado promoverá e incentivará o desenvolvimento científico, a pesquisa e a capacitação tecnológicas.

▶ Lei nº 10.973, de 2-12-2004, estabelece medidas de incentivo à inovação e à pesquisa científica e tecnológica no ambiente produtivo, com vistas à capacitação e ao alcance da autonomia tecnológica e ao desenvolvimento industrial do país, nos termos deste artigo e do art. 219.

§ 1º A pesquisa científica básica receberá tratamento prioritário do Estado, tendo em vista o bem público e o progresso das ciências.

§ 2º A pesquisa tecnológica voltar-se-á preponderantemente para a solução dos problemas brasileiros e para o desenvolvimento do sistema produtivo nacional e regional.

§ 3º O Estado apoiará a formação de recursos humanos nas áreas de ciência, pesquisa e tecnologia, e concederá aos que delas se ocupem meios e condições especiais de trabalho.

§ 4º A lei apoiará e estimulará as empresas que invistam em pesquisa, criação de tecnologia adequada ao País, formação e aperfeiçoamento de seus recursos humanos e que pratiquem sistemas de remuneração que assegurem ao empregado, desvinculada do salário, participação nos ganhos econômicos resultantes da produtividade de seu trabalho.

▶ Lei nº 9.257, de 9-1-1996, dispõe sobre o Conselho Nacional de Ciência e Tecnologia.

§ 5º É facultado aos Estados e ao Distrito Federal vincular parcela de sua receita orçamentária a entidades públicas de fomento ao ensino e à pesquisa científica e tecnológica.

▶ Lei nº 8.248, de 23-10-1991, dispõe sobre a capacitação e competitividade do setor de informática e automação.

**Art. 219.** O mercado interno integra o patrimônio nacional e será incentivado de modo a viabilizar o desenvolvimento cultural e socioeconômico, o bem-estar da população e a autonomia tecnológica do País, nos termos de lei federal.

▶ Lei nº 10.973, de 2-12-2004, estabelece medidas de incentivo à inovação e à pesquisa científica e tecnológica no ambiente produtivo, com vistas à capacitação e ao alcance da autonomia tecnológica e ao desenvolvimento industrial do país, nos termos deste artigo e do art. 218.

CAPÍTULO V

## DA COMUNICAÇÃO SOCIAL

**Art. 220.** A manifestação do pensamento, a criação, a expressão e a informação, sob qualquer forma, processo ou veículo não sofrerão qualquer restrição, observado o disposto nesta Constituição.

▶ Arts. 1º, III e IV, 3º, III e IV, 4º, II, 5º, IX, XII, XIV, XXVII, XXVIII e XXIX, desta Constituição.
▶ Arts. 36, 37, 43 e 44 do CDC.
▶ Lei nº 4.117, de 24-8-1962 (Código Brasileiro de Telecomunicações).
▶ Art. 1º da Lei nº 7.524, de 17-7-1986, que dispõe sobre a manifestação, por militar inativo, de pensamento e opinião políticos ou filosóficos.
▶ Art. 2º da Lei nº 8.389, de 30-12-1991, que instituí o Conselho de Comunicação Social.
▶ Lei nº 9.472, de 16-7-1997, dispõe sobre a organização dos serviços de telecomunicações, a criação e funcionamento de um Órgão Regulador e outros aspectos institucionais.
▶ Art. 7º da Lei nº 9.610, de 19-2-1998 (Lei de Direitos Autorais).

§ 1º Nenhuma lei conterá dispositivo que possa constituir embaraço à plena liberdade de informação jornalística em qualquer veículo de comunicação social, observado o disposto no artigo 5º, IV, V, X, XIII e XIV.

▶ Art. 45 da Lei nº 9.504, de 30-9-1997 (Lei das Eleições).

§ 2º É vedada toda e qualquer censura de natureza política, ideológica e artística.

§ 3º Compete à lei federal:

I – regular as diversões e espetáculos públicos, cabendo ao Poder Público informar sobre a natureza deles,

as faixas etárias a que não se recomendem, locais e horários em que sua apresentação se mostre inadequada;
▶ Art. 21, XVI, desta Constituição.
▶ Arts. 74, 80, 247 e 258 do ECA.

II – estabelecer os meios legais que garantam à pessoa e à família a possibilidade de se defenderem de programas ou programações de rádio e televisão que contrariem o disposto no artigo 221, bem como da propaganda de produtos, práticas e serviços que possam ser nocivos à saúde e ao meio ambiente.
▶ Arts. 9º e 10 do CDC.
▶ Art. 5º da Lei nº 8.389, de 30-12-1991, que institui o Conselho de Comunicação Social.

§ 4º A propaganda comercial de tabaco, bebidas alcoólicas, agrotóxicos, medicamentos e terapias estará sujeita a restrições legais, nos termos do inciso II do parágrafo anterior, e conterá, sempre que necessário, advertência sobre os malefícios decorrentes de seu uso.
▶ Lei nº 9.294, de 15-7-1996, dispõe sobre as restrições ao uso e à propaganda de produtos fumígenos, bebidas alcoólicas, medicamentos, terapias e defensivos agrícolas referidos neste parágrafo.
▶ Lei nº 10.359, de 27-12-2001, dispõe sobre a obrigatoriedade de os novos aparelhos de televisão conterem dispositivo que possibilite o bloqueio temporário da recepção de programação inadequada.

§ 5º Os meios de comunicação social não podem, direta ou indiretamente, ser objeto de monopólio ou oligopólio.
▶ Art. 20, II e IV, da Lei nº 8.884, de 11-6-1994 (Lei Antitruste).
▶ Arts. 36 e segs. da Lei nº 12.529, de 30-11-2011 (Lei do Sistema Brasileiro de Defesa da Concorrência) publicada no DOU de 1º-12-2011, para vigorar 180 dias após a data de sua publicação, quando ficarão revogados os arts. 1º a 85 e 88 a 93 da Lei nº 8.884, de 11-6-1994.

§ 6º A publicação de veículo impresso de comunicação independe de licença de autoridade.
▶ Art. 114, parágrafo único, da Lei nº 6.015, de 31-12-1973 (Lei dos Registros Públicos).

**Art. 221.** A produção e a programação das emissoras de rádio e televisão atenderão aos seguintes princípios:

I – preferência a finalidades educativas, artísticas, culturais e informativas;
▶ Dec. nº 4.901, de 26-11-2003, institui o Sistema Brasileiro de Televisão Digital – SBTVD.

II – promoção da cultura nacional e regional e estímulo à produção independente que objetive sua divulgação;
▶ Art. 2º da MP nº 2.228-1, de 6-9-2001, cria a Agência Nacional do Cinema – ANCINE.
▶ Lei nº 10.454, de 13-5-2002, dispõe sobre remissão da Contribuição para o Desenvolvimento da Indústria Cinematográfica – CONDECINE.

III – regionalização da produção cultural, artística e jornalística, conforme percentuais estabelecidos em lei;
▶ Art. 3º, III, desta Constituição.

IV – respeito aos valores éticos e sociais da pessoa e da família.
▶ Arts. 1º, III, 5º, XLII, XLIII, XLVIII, XLIX, L, 34, VII, b, 225 a 227 e 230 desta Constituição.

▶ Art. 8º, III, da Lei nº 11.340, de 7-8-2006 (Lei que Coíbe a Violência Doméstica e Familiar Contra a Mulher).

**Art. 222.** A propriedade de empresa jornalística e de radiodifusão sonora e de sons e imagens é privativa de brasileiros natos ou naturalizados há mais de dez anos, ou de pessoas jurídicas constituídas sob as leis brasileiras e que tenham sede no País.
▶ Caput com a redação dada pela EC nº 36, de 28-5-2002.

§ 1º Em qualquer caso, pelo menos setenta por cento do capital total e do capital votante das empresas jornalísticas e de radiodifusão sonora e de sons e imagens deverá pertencer, direta ou indiretamente, a brasileiros natos ou naturalizados há mais de dez anos, que exercerão obrigatoriamente a gestão das atividades e estabelecerão o conteúdo da programação.

§ 2º A responsabilidade editorial e as atividades de seleção e direção da programação veiculada são privativas de brasileiros natos ou naturalizados há mais de dez anos, em qualquer meio de comunicação social.
▶ §§ 1º e 2º com a redação dada pela EC nº 36, de 28-5-2002.

§ 3º Os meios de comunicação social eletrônica, independentemente da tecnologia utilizada para a prestação do serviço, deverão observar os princípios enunciados no art. 221, na forma de lei específica, que também garantirá a prioridade de profissionais brasileiros na execução de produções nacionais.

§ 4º Lei disciplinará a participação de capital estrangeiro nas empresas de que trata o § 1º.
▶ Lei nº 10.610, de 20-12-2002, dispõe sobre a participação de capital estrangeiro nas empresas jornalísticas e de radiodifusão sonora e de sons e imagens.

§ 5º As alterações de controle societário das empresas de que trata o § 1º serão comunicadas ao Congresso Nacional.
▶ §§ 3º a 5º acrescidos pela EC nº 36, de 28-5-2002.

**Art. 223.** Compete ao Poder Executivo outorgar e renovar concessão, permissão e autorização para o serviço de radiodifusão sonora e de sons e imagens, observado o princípio da complementaridade dos sistemas privado, público e estatal.
▶ Lei nº 9.612, de 19-2-1998, institui o serviço de radiodifusão comunitária.
▶ Arts. 2º, 10 e 32 do Dec. nº 52.795, de 31-10-1963, que aprova regulamento dos serviços de radiodifusão.

§ 1º O Congresso Nacional apreciará o ato no prazo do artigo 64, §§ 2º e 4º, a contar do recebimento da mensagem.

§ 2º A não renovação da concessão ou permissão dependerá de aprovação de, no mínimo, dois quintos do Congresso Nacional, em votação nominal.

§ 3º O ato de outorga ou renovação somente produzirá efeitos legais após deliberação do Congresso Nacional, na forma dos parágrafos anteriores.

§ 4º O cancelamento da concessão ou permissão, antes de vencido o prazo, depende de decisão judicial.

§ 5º O prazo da concessão ou permissão será de dez anos para as emissoras de rádio e de quinze para as de televisão.

**Art. 224.** Para os efeitos do disposto neste Capítulo, o Congresso Nacional instituirá, como seu órgão auxiliar, o Conselho de Comunicação Social, na forma da lei.

▶ Lei nº 6.650, de 23-5-1979, dispõe sobre a criação, na Presidência da República, da Secretaria de Comunicação Social.
▶ Lei nº 8.389, de 30-12-1991, institui o Conselho de Comunicação Social.
▶ Dec. nº 4.799, de 4-8-2003, dispõe sobre a comunicação de Governo do Poder Executivo Federal.

## CAPÍTULO VI
### DO MEIO AMBIENTE

▶ Lei nº 7.802, de 11-7-1989, dispõe sobre a pesquisa, a experimentação, a produção, a embalagem e rotulagem, o transporte, o armazenamento, a comercialização, a propaganda comercial, a utilização, a importação, a exportação, o destino final dos resíduos e embalagens, o registro, a classificação, o controle, a inspeção e a fiscalização, de agrotóxicos, seus componentes, e afins.
▶ Lei nº 9.605, de 12-2-1998 (Lei dos Crimes Ambientais).
▶ Arts. 25, XV, 27, XV, e 29, XV, da Lei nº 10.683, de 28-5-2003, que dispõem sobre a organização do Ministério do Meio Ambiente.
▶ Dec. nº 4.339, de 22-8-2002, institui princípios e diretrizes para a implementação Política Nacional da Biodiversidade.
▶ Dec. nº 4.411, de 7-10-2002, dispõe sobre a atuação das Forças Armadas e da Polícia Federal nas unidades de conservação.

**Art. 225.** Todos têm direito ao meio ambiente ecologicamente equilibrado, bem de uso comum do povo e essencial à sadia qualidade de vida, impondo-se ao Poder Público e à coletividade o dever de defendê-lo e preservá-lo para as presentes e futuras gerações.

▶ Lei nº 7.735, de 22-2-1989, dispõe sobre a extinção de órgão e de entidade autárquica, cria o Instituto Brasileiro do Meio Ambiente e dos Recursos Naturais Renováveis.
▶ Lei nº 7.797, de 10-7-1989 (Lei do Fundo Nacional de Meio Ambiente).
▶ Lei nº 11.284, de 2-3-2006 (Lei de Gestão de Florestas Públicas).
▶ Dec. nº 4.339, de 22-8-2002, institui princípios e diretrizes para a implementação Política Nacional da Biodiversidade.

§ 1º Para assegurar a efetividade desse direito, incumbe ao Poder Público:

▶ Lei nº 9.985, de 18-7-2000 (Lei do Sistema Nacional de Unidades de Conservação da Natureza).

I – preservar e restaurar os processos ecológicos essenciais e prover o manejo ecológico das espécies e ecossistemas;

▶ Lei nº 9.985, de 18-7-2000 (Lei do Sistema Nacional de Unidades de Conservação da Natureza), regulamentada pelo Dec. nº 4.340, de 22-8-2002.

II – preservar a diversidade e a integridade do patrimônio genético do País e fiscalizar as entidades dedicadas à pesquisa e manipulação de material genético;

▶ Inciso regulamentado pela MP nº 2.186-16, de 23-8-2001, que até o encerramento desta edição não havia sido convertida em Lei.

▶ Lei nº 9.985, de 18-7-2000 (Lei do Sistema Nacional de Unidades de Conservação da Natureza), regulamentada pelo Dec. nº 4.340, de 22-8-2002.
▶ Lei nº 11.105, de 24-3-2005 (Lei de Biossegurança), regulamenta este inciso.
▶ Dec. nº 5.705, de 16-2-2006, promulga o Protocolo de Cartagena sobre Biossegurança da Convenção sobre Diversidade Biológica.

III – definir, em todas as Unidades da Federação, espaços territoriais e seus componentes a serem especialmente protegidos, sendo a alteração e a supressão permitidas somente através de lei, vedada qualquer utilização que comprometa a integridade dos atributos que justifiquem sua proteção;

▶ Lei nº 9.985, de 18-7-2000 (Lei do Sistema Nacional de Unidades de Conservação da Natureza), regulamentada pelo Dec. nº 4.340, de 22-8-2002.
▶ Res. do CONAMA nº 369, de 28-3-2006, dispõe sobre os casos excepcionais, de utilidade pública, interesse social ou baixo impacto ambiental, que possibilitam a intervenção ou supressão de vegetação em Área de Preservação Permanente – APP.

IV – exigir, na forma da lei, para instalação de obra ou atividade potencialmente causadora de significativa degradação do meio ambiente, estudo prévio de impacto ambiental, a que se dará publicidade;

▶ Lei nº 11.105, de 24-3-2005 (Lei de Biossegurança), regulamenta este inciso.

V – controlar a produção, a comercialização e o emprego de técnicas, métodos e substâncias que comportem risco para a vida, a qualidade de vida e o meio ambiente;

▶ Lei nº 7.802, de 11-7-1989, dispõe sobre a pesquisa, a experimentação, a produção, a embalagem e rotulagem, o transporte, o armazenamento, a comercialização, a propaganda comercial, a utilização, a importação, a exportação, o destino final dos resíduos e embalagens, o registro, a classificação, o controle, a inspeção e a fiscalização, de agrotóxicos, seus componentes, e afins.
▶ Lei nº 9.985, de 18-7-2000 (Lei do Sistema Nacional de Unidades de Conservação da Natureza), regulamentada pelo Dec. nº 4.340, de 22-8-2002.
▶ Lei nº 11.105, de 24-3-2005 (Lei de Biossegurança), regulamenta este inciso.

VI – promover a educação ambiental em todos os níveis de ensino e a conscientização pública para a preservação do meio ambiente;

▶ Lei nº 9.795, de 27-4-1999, dispõe sobre a educação ambiental e a instituição da Política Nacional de Educação Ambiental.

VII – proteger a fauna e a flora, vedadas, na forma da lei, as práticas que coloquem em risco sua função ecológica, provoquem a extinção de espécies ou submetam os animais à crueldade.

▶ Lei nº 4.771, de 15-9-1965 (Código Florestal).
▶ Lei nº 5.197, de 3-1-1967 (Lei de Proteção à Fauna).
▶ Lei nº 7.802, de 11-7-1989, dispõe sobre a pesquisa, a experimentação, a produção, a embalagem e rotulagem, o transporte, o armazenamento, a comercialização, a propaganda comercial, a utilização, a importação, a exportação, o destino final dos resíduos e embalagens, o registro, a classificação, o controle, a inspeção e a fiscalização, de agrotóxicos, seus componentes, e afins.

- Lei nº 9.605, de 12-2-1998 (Lei dos Crimes Ambientais).
- Lei nº 9.985, de 18-7-2000 (Lei do Sistema Nacional de Unidades de Conservação da Natureza), regulamentada pelo Dec. nº 4.340, de 22-8-2002.
- Dec.-lei nº 221, de 28-2-1967 (Lei de Proteção e Estímulos à Pesca).
- Lei nº 11.794, de 8-10-2008, regulamenta este inciso, estabelecendo procedimentos para o uso científico de animais.

§ 2º Aquele que explorar recursos minerais fica obrigado a recuperar o meio ambiente degradado, de acordo com solução técnica exigida pelo órgão público competente, na forma da lei.

- Dec.-lei nº 227, de 28-2-1967 (Código de Mineração).

§ 3º As condutas e atividades consideradas lesivas ao meio ambiente sujeitarão os infratores, pessoas físicas ou jurídicas, a sanções penais e administrativas, independentemente da obrigação de reparar os danos causados.

- Art. 3º, caput, e parágrafo único, da Lei nº 9.605, de 12-2-1998 (Lei dos Crimes Ambientais).
- Dec. nº 6.514, de 22-7-2008, dispõe sobre as infrações e sanções administrativas ao meio ambiente e estabelece o processo administrativo federal para apuração destas infrações.

§ 4º A Floresta Amazônica brasileira, a Mata Atlântica, a Serra do Mar, o Pantanal Mato-Grossense e a Zona Costeira são patrimônio nacional, e sua utilização far-se-á, na forma da lei, dentro de condições que assegurem a preservação do meio ambiente, inclusive quanto ao uso dos recursos naturais.

- Lei nº 6.902, de 27-4-1981 (Lei das Estações Ecológicas e das Áreas de Proteção Ambiental).
- Lei nº 6.938, de 31-8-1981 (Lei da Política Nacional do Meio Ambiente).
- Lei nº 7.347, de 24-7-1985 (Lei da Ação Civil Pública).
- Dec. nº 4.297, de 10-7-2002, regulamenta o inciso II do art. 9º da Lei nº 6.938, de 31-8-1981 (Lei da Política Nacional do Meio Ambiente), estabelecendo critério para o Zoneamento Ecológico-Econômico do Brasil – ZEE.
- Res. do CONAMA nº 369, de 28-3-2006, dispõe sobre os casos excepcionais, de utilidade pública, interesse social ou baixo impacto ambiental, que possibilitam a intervenção ou supressão de vegetação em Área de Preservação Permanente – APP.

§ 5º São indisponíveis as terras devolutas ou arrecadadas pelos Estados, por ações discriminatórias, necessárias à proteção dos ecossistemas naturais.

- Lei nº 6.383, de 7-12-1976 (Lei das Ações Discriminatórias).
- Dec.-lei nº 9.760, de 5-9-1946 (Lei dos Bens Imóveis da União).
- Dec.-lei nº 1.414, de 18-8-1975, dispõe sobre o processo de ratificação das concessões e alterações de terras devolutas na faixa de fronteiras.
- Arts. 1º, 5º e 164 do Dec. nº 87.620, de 21-9-1982, que dispõe sobre o procedimento administrativo para o reconhecimento da aquisição, por usucapião especial, de imóveis rurais compreendidos em terras devolutas.
- Res. do CONAMA nº 369, de 28-3-2006, dispõe sobre os casos excepcionais, de utilidade pública, interesse social ou baixo impacto ambiental, que possibilitam a intervenção ou supressão de vegetação em Área de Preservação Permanente – APP.

§ 6º As usinas que operem com reator nuclear deverão ter sua localização definida em lei federal, sem o que não poderão ser instaladas.

- Dec.-lei nº 1.809, de 7-10-1980, instituiu o Sistema de Proteção ao Programa Nuclear Brasileiro – SIPRON.

CAPÍTULO VII

## DA FAMÍLIA, DA CRIANÇA, DO ADOLESCENTE, DO JOVEM E DO IDOSO

- Capítulo VII com a denominação dada pela EC nº 65, de 13-7-2010.
- Lei nº 8.069, de 13-7-1990 (Estatuto da Criança e do Adolescente).
- Lei nº 8.842, de 4-1-1994, dispõe sobre a composição, estruturação, competência e funcionamento do Conselho Nacional dos Direitos do Idoso – CNDI.
- Lei nº 10.741, de 1º-10-2003 (Estatuto do Idoso).
- Lei nº 12.010, de 3-8-2009 (Lei da Adoção).

**Art. 226.** A família, base da sociedade, tem especial proteção do Estado.

- Arts. 1.533 a 1.542 do CC.
- Lei nº 6.015, de 31-12-1973 (Lei dos Registros Públicos).
- Lei nº 8.069, de 13-7-1990 (Estatuto da Criança e do Adolescente).

§ 1º O casamento é civil e gratuita a celebração.

- Arts. 1.511 a 1.570 do CC.
- Arts. 67 a 76 da Lei nº 6.015, de 31-12-1973 (Lei dos Registros Públicos).

§ 2º O casamento religioso tem efeito civil, nos termos da lei.

- Lei nº 1.110, de 23-5-1950, regula o reconhecimento dos efeitos civis ao casamento religioso.
- Arts. 71 a 75 da Lei nº 6.015, de 31-12-1973 (Lei dos Registros Públicos).
- Lei nº 9.278, de 10-5-1996 (Lei da União Estável).
- Art. 5º do Dec.-lei nº 3.200, de 19-4-1941, que dispõe sobre a organização e proteção da família.

§ 3º Para efeito da proteção do Estado, é reconhecida a união estável entre o homem e a mulher como entidade familiar, devendo a lei facilitar sua conversão em casamento.

- Arts. 1.723 a 1.727 do CC.
- Lei nº 8.971, de 29-12-1994, regula o direito dos companheiros a alimentos e sucessão.
- Lei nº 9.278, de 10-5-1996 (Lei da União Estável).
- O STF, por unanimidade de votos, julgou procedentes a ADPF nº 132 (como ação direta de inconstitucionalidade) e a ADIN nº 4.277, com eficácia erga omnes e efeito vinculante, para dar ao art. 1.723 do CC interpretação conforme à CF para dele excluir qualquer significado que impeça o reconhecimento da união contínua, pública e duradoura entre pessoas do mesmo sexo como entidade familiar (DOU de 13-5-2011).

§ 4º Entende-se, também, como entidade familiar a comunidade formada por qualquer dos pais e seus descendentes.

§ 5º Os direitos e deveres referentes à sociedade conjugal são exercidos igualmente pelo homem e pela mulher.

- Arts. 1.511 a 1.570 do CC.
- Arts. 2º a 8º da Lei nº 6.515, de 26-12-1977 (Lei do Divórcio).

§ 6º O casamento civil pode ser dissolvido pelo divórcio.
▶ § 6º com a redação dada pela EC nº 66, de 13-7-2010.
▶ Lei nº 6.515, de 26-12-1977 (Lei do Divórcio).

§ 7º Fundado nos princípios da dignidade da pessoa humana e da paternidade responsável, o planejamento familiar é livre decisão do casal, competindo ao Estado propiciar recursos educacionais e científicos para o exercício desse direito, vedada qualquer forma coercitiva por parte de instituições oficiais ou privadas.
▶ Lei nº 9.263, de 12-1-1996 (Lei do Planejamento Familiar), regulamenta este parágrafo.

§ 8º O Estado assegurará a assistência à família na pessoa de cada um dos que a integram, criando mecanismos para coibir a violência no âmbito de suas relações.
▶ Lei nº 11.340, de 7-8-2006 (Lei que Coíbe a Violência Doméstica e Familiar Contra a Mulher).

**Art. 227.** É dever da família, da sociedade e do Estado assegurar à criança, ao adolescente e ao jovem, com absoluta prioridade, o direito à vida, à saúde, à alimentação, à educação, ao lazer, à profissionalização, à cultura, à dignidade, ao respeito, à liberdade e à convivência familiar e comunitária, além de colocá-los a salvo de toda forma de negligência, discriminação, exploração, violência, crueldade e opressão.
▶ Caput com a redação dada pela EC nº 65, de 13-7-2010.
▶ Arts. 6º, 208 e 212, § 4º, desta Constituição.
▶ Lei nº 8.069, de 13-7-1990 (Estatuto da Criança e do Adolescente).
▶ Lei nº 12.318, de 26-8-2010 (Lei da Alienação Parental).
▶ Dec. nº 3.413, de 14-4-2000, promulga a Convenção sobre os Aspectos Civis do Sequestro Internacional de Crianças, concluída na cidade de Haia, em 25-10-1980.
▶ Dec. nº 3.597, de 12-9-2000, promulga a Convenção 182 e a Recomendação 190 da Organização Internacional do Trabalho - OIT sobre a proibição das piores formas de trabalho infantil e a ação imediata para sua eliminação, concluídas em Genebra em 17-6-1999.
▶ Dec. nº 3.951, de 4-10-2001, designa a Autoridade Central para dar cumprimento às obrigações impostas pela Convenção sobre os Aspectos Civis do Sequestro Internacional de Crianças, cria o Conselho da Autoridade Central Administrativa Federal Contra o Sequestro Internacional de Crianças e institui o Programa Nacional para Cooperação no Regresso de Crianças e Adolescentes Brasileiros Sequestrados Internacionalmente.
▶ Dec. Legislativo nº 79, de 15-9-1999, aprova o texto da Convenção sobre os Aspectos Civis do Sequestro Internacional de Crianças, concluída na cidade de Haia, em 25-10-1980, com vistas a adesão pelo governo brasileiro.
▶ Res. do CNJ nº 94, de 27-10-2009, determina a criação de Coordenadorias da Infância e da Juventude no âmbito dos Tribunais de Justiça dos Estados e do Distrito Federal.

§ 1º O Estado promoverá programas de assistência integral à saúde da criança, do adolescente e do jovem, admitida a participação de entidades não governamentais, mediante políticas específicas e obedecendo aos seguintes preceitos:
▶ § 1º com a redação dada pela EC nº 65, de 13-7-2010.
▶ Lei nº 8.642, de 31-3-1993, dispõe sobre a instituição do Programa Nacional de Atenção à Criança e ao Adolescente – PRONAICA.

I – aplicação de percentual dos recursos públicos destinados à saúde na assistência materno-infantil;
II – criação de programas de prevenção e atendimento especializado para as pessoas portadoras de deficiência física, sensorial ou mental, bem como de integração social do adolescente e do jovem portador de deficiência, mediante o treinamento para o trabalho e a convivência, e a facilitação do acesso aos bens e serviços coletivos, com a eliminação de obstáculos arquitetônicos e de todas as formas de discriminação.
▶ Inciso II com a redação dada pela EC nº 65, de 13-7-2010.
▶ Lei nº 7.853, de 24-10-1989 (Lei de Apoio às Pessoas Portadoras de Deficiência), regulamentada pelo Dec. nº 3.298, de 20-12-1999.
▶ Lei nº 8.069, de 13-7-1990 (Estatuto da Criança e do Adolescente).
▶ Lei nº 10.216, de 6-4-2001, dispõe sobre a proteção e os direitos das pessoas portadoras de transtornos mentais e redireciona o modelo assistencial em saúde mental.
▶ Dec. nº 3.956, de 8-10-2001, promulga a Convenção Interamericana para Eliminação de Todas as Formas de Discriminação contra as Pessoas Portadoras de Deficiência.
▶ Dec. nº 6.949, de 25-8-2009, promulga a Convenção Internacional sobre os Direitos das Pessoas com Deficiência.

§ 2º A lei disporá sobre normas de construção dos logradouros e dos edifícios de uso público e de fabricação de veículos de transporte coletivo, a fim de garantir acesso adequado às pessoas portadoras de deficiência.
▶ Art. 244 desta Constituição.
▶ Art. 3º da Lei nº 7.853, de 24-10-1989 (Lei de Apoio às Pessoas Portadoras de Deficiência), regulamentada pelo Dec. nº 3.298, de 20-12-1999.
▶ Dec. nº 6.949, de 25-8-2009, promulga a Convenção Internacional sobre os Direitos das Pessoas com Deficiência.

§ 3º O direito a proteção especial abrangerá os seguintes aspectos:

I – idade mínima de quatorze anos para admissão ao trabalho, observado o disposto no artigo 7º, XXXIII;
▶ O art. 7º, XXXIII, desta Constituição, foi alterado pela EC nº 20, de 15-12-1998, e agora fixa em dezesseis anos a idade mínima para admissão ao trabalho.

II – garantia de direitos previdenciários e trabalhistas;
III – garantia de acesso do trabalhador adolescente e jovem à escola;
▶ Inciso III com a redação dada pela EC nº 65, de 13-7-2010.

IV – garantia de pleno e formal conhecimento da atribuição de ato infracional, igualdade na relação processual e defesa técnica por profissional habilitado, segundo dispuser a legislação tutelar específica;
V – obediência aos princípios de brevidade, excepcionalidade e respeito à condição peculiar de pessoa em desenvolvimento, quando da aplicação de qualquer medida privativa da liberdade;
VI – estímulo do Poder Público, através de assistência jurídica, incentivos fiscais e subsídios, nos termos da

lei, ao acolhimento, sob a forma de guarda, de criança ou adolescente órfão ou abandonado;
▶ Arts. 33 a 35 do ECA.

VII – programas de prevenção e atendimento especializado à criança, ao adolescente e ao jovem dependente de entorpecentes e drogas afins.
▶ Inciso VII com a redação dada pela EC nº 65, de 13-7-2010.
▶ Lei nº 11.343, de 23-8-2006 (Lei Antidrogas).

§ 4º A lei punirá severamente o abuso, a violência e a exploração sexual da criança e do adolescente.
▶ Arts. 217-A a 218-B e 224 do CP.
▶ Arts. 225 a 258 do ECA.

§ 5º A adoção será assistida pelo Poder Público, na forma da lei, que estabelecerá casos e condições de sua efetivação por parte de estrangeiros.
▶ Arts. 1.618 e 1.619 do CC.
▶ Arts. 39 a 52 do ECA.
▶ Lei nº 12.010, de 3-8-2009 (Lei da Adoção).
▶ Dec. nº 3.087, de 21-6-1999, promulga a Convenção Relativa a Proteção das Crianças e a Cooperação em Matéria de Adoção Internacional, concluída em Haia, em 29-5-1993.

§ 6º Os filhos, havidos ou não da relação do casamento, ou por adoção, terão os mesmos direitos e qualificações, proibidas quaisquer designações discriminatórias relativas à filiação.
▶ Art. 41, §§ 1º e 2º, do ECA.
▶ Lei nº 8.560, de 29-12-1992 (Lei de Investigação de Paternidade).
▶ Lei nº 10.317, de 6-12-2001, dispõe sobre a gratuidade no exame de DNA nos casos que especifica.
▶ Lei nº 12.010, de 3-8-2009 (Lei da Adoção).

§ 7º No atendimento dos direitos da criança e do adolescente levar-se-á em consideração o disposto no artigo 204.

§ 8º A lei estabelecerá:
I – o estatuto da juventude, destinado a regular os direitos dos jovens;
II – o plano nacional de juventude, de duração decenal, visando à articulação das várias esferas do poder público para a execução de políticas públicas.
▶ § 8º acrescido pela EC nº 65, de 13-7-2010.

**Art. 228.** São penalmente inimputáveis os menores de dezoito anos, sujeitos às normas da legislação especial.
▶ Art. 27 do CP.
▶ Arts. 101, 104 e 112 do ECA.

**Art. 229.** Os pais têm o dever de assistir, criar e educar os filhos menores, e os filhos maiores têm o dever de ajudar e amparar os pais na velhice, carência ou enfermidade.
▶ Art. 22 do ECA.

**Art. 230.** A família, a sociedade e o Estado têm o dever de amparar as pessoas idosas, assegurando sua participação na comunidade, defendendo sua dignidade e bem-estar e garantindo-lhes o direito à vida.
▶ Lei nº 8.842, de 4-1-1994, dispõe sobre a política nacional do idoso.
▶ Lei nº 10.741, de 1º-10-2003 (Estatuto do Idoso).

§ 1º Os programas de amparo aos idosos serão executados preferencialmente em seus lares.

§ 2º Aos maiores de sessenta e cinco anos é garantida a gratuidade dos transportes coletivos urbanos.

Capítulo VIII

DOS ÍNDIOS

**Art. 231.** São reconhecidos aos índios sua organização social, costumes, línguas, crenças e tradições, e os direitos originários sobre as terras que tradicionalmente ocupam, competindo à União demarcá-las, proteger e fazer respeitar todos os seus bens.
▶ Lei nº 6.001, de 19-12-1973 (Estatuto do Índio).
▶ Dec. nº 26, de 4-2-1991, dispõe sobre a educação indígena no Brasil.
▶ Dec. nº 1.141, de 19-5-1994, dispõe sobre ações de proteção ambiental, saúde e apoio às atividades produtivas para as comunidades indígenas.
▶ Dec. nº 1.775, de 8-1-1996, dispõe sobre o procedimento administrativo de demarcação de terras indígenas.
▶ Dec. nº 3.156, de 7-10-1999, dispõe sobre as condições para a prestação de assistência à saúde dos povos indígenas, no âmbito do Sistema Único de Saúde.
▶ Dec. nº 4.412, de 7-10-2002, dispõe sobre a atuação das Forças Armadas e da Polícia Federal nas terras indígenas.
▶ Dec. nº 6.040, de 7-2-2007, institui a Política Nacional de Desenvolvimento Sustentável dos Povos e Comunidades Tradicionais.

§ 1º São terras tradicionalmente ocupadas pelos índios as por eles habitadas em caráter permanente, as utilizadas para suas atividades produtivas, as imprescindíveis à preservação dos recursos ambientais necessários a seu bem-estar e as necessárias a sua reprodução física e cultural, segundo seus usos, costumes e tradições.

§ 2º As terras tradicionalmente ocupadas pelos índios destinam-se a sua posse permanente, cabendo-lhes o usufruto exclusivo das riquezas do solo, dos rios e dos lagos nelas existentes.

§ 3º O aproveitamento dos recursos hídricos, incluídos os potenciais energéticos, a pesquisa e a lavra das riquezas minerais em terras indígenas só podem ser efetivados com autorização do Congresso Nacional, ouvidas as comunidades afetadas, ficando-lhes assegurada participação nos resultados da lavra, na forma da lei.

§ 4º As terras de que trata este artigo são inalienáveis e indisponíveis, e os direitos sobre elas, imprescritíveis.

§ 5º É vedada a remoção dos grupos indígenas de suas terras, salvo, ad referendum do Congresso Nacional, em caso de catástrofe ou epidemia que ponha em risco sua população, ou no interesse da soberania do País, após deliberação do Congresso Nacional, garantindo, em qualquer hipótese, o retorno imediato logo que cesse o risco.

§ 6º São nulos e extintos, não produzindo efeitos jurídicos, os atos que tenham por objeto a ocupação, o domínio e a posse das terras a que se refere este artigo, ou a exploração das riquezas naturais do solo, dos rios e dos lagos nelas existentes, ressalvado relevante interesse público da União, segundo o que dispuser lei complementar, não gerando a nulidade e a extinção direito a indenização ou ações contra a União, salvo, na forma da lei, quanto às benfeitorias derivadas da ocupação de boa-fé.

▶ Art. 62 da Lei nº 6.001, de 19-12-1973 (Estatuto do Índio).

§ 7º Não se aplica às terras indígenas o disposto no artigo 174, §§ 3º e 4º.

**Art. 232.** Os índios, suas comunidades e organizações são partes legítimas para ingressar em juízo em defesa de seus direitos e interesses, intervindo o Ministério Público em todos os atos do processo.

▶ Lei nº 6.001, de 19-12-1973 (Estatuto do Índio).

## TÍTULO IX – DAS DISPOSIÇÕES CONSTITUCIONAIS GERAIS

**Art. 233.** *Revogado.* EC nº 28, de 25-5-2000.

§§ 1º a 3º *Revogados.* EC nº 28, de 25-5-2000.

**Art. 234.** É vedado à União, direta ou indiretamente, assumir, em decorrência da criação de Estado, encargos referentes a despesas com pessoal inativo e com encargos e amortizações da dívida interna ou externa da administração pública, inclusive da indireta.

▶ Art. 13, § 6º, do ADCT.

**Art. 235.** Nos dez primeiros anos da criação de Estado, serão observadas as seguintes normas básicas:

I – a Assembleia Legislativa será composta de dezessete Deputados se a população do Estado for inferior a seiscentos mil habitantes, e de vinte e quatro, se igual ou superior a esse número, até um milhão e quinhentos mil;
II – o Governo terá no máximo dez Secretarias;
III – o Tribunal de Contas terá três membros, nomeados pelo Governador eleito, dentre brasileiros de comprovada idoneidade e notório saber;
IV – o Tribunal de Justiça terá sete Desembargadores;
V – os primeiros Desembargadores serão nomeados pelo Governador eleito, escolhidos da seguinte forma:
a) cinco dentre os magistrados com mais de trinta e cinco anos de idade, em exercício na área do novo Estado ou do Estado originário;
b) dois dentre promotores, nas mesmas condições, e advogados de comprovada idoneidade e saber jurídico, com dez anos, no mínimo, de exercício profissional, obedecido o procedimento fixado na Constituição;
VI – no caso de Estado proveniente de Território Federal, os cinco primeiros Desembargadores poderão ser escolhidos dentre juízes de direito de qualquer parte do País;
VII – em cada Comarca, o primeiro Juiz de Direito, o primeiro Promotor de Justiça e o primeiro Defensor Público serão nomeados pelo Governador eleito após concurso público de provas e títulos;
VIII – até a promulgação da Constituição Estadual, responderão pela Procuradoria-Geral, pela Advocacia-Geral e pela Defensoria-Geral do Estado advogados de notório saber, com trinta e cinco anos de idade, no mínimo, nomeados pelo Governador eleito e demissíveis *ad nutum*;
IX – se o novo Estado for resultado de transformação de Território Federal, a transferência de encargos financeiros da União para pagamento dos servidores optantes que pertenciam à Administração Federal ocorrerá da seguinte forma:
a) no sexto ano de instalação, o Estado assumirá vinte por cento dos encargos financeiros para fazer face ao pagamento dos servidores públicos, ficando ainda o restante sob a responsabilidade da União;
b) no sétimo ano, os encargos do Estado serão acrescidos de trinta por cento e, no oitavo, dos restantes cinquenta por cento;

X – as nomeações que se seguirem às primeiras, para os cargos mencionados neste artigo, serão disciplinadas na Constituição Estadual;
XI – as despesas orçamentárias com pessoal não poderão ultrapassar cinquenta por cento da receita do Estado.

**Art. 236.** Os serviços notariais e de registro são exercidos em caráter privado, por delegação do Poder Público.

▶ Art. 32 do ADCT.
▶ Lei nº 8.935, de 18-11-1994 (Lei dos Serviços Notariais e de Registro).

§ 1º Lei regulará as atividades, disciplinará a responsabilidade civil e criminal dos notários, dos oficiais de registro e de seus prepostos, e definirá a fiscalização de seus atos pelo Poder Judiciário.

§ 2º Lei federal estabelecerá normas gerais para fixação de emolumentos relativos aos atos praticados pelos serviços notariais e de registro.

▶ Lei nº 10.169, de 29-12-2000, dispõe sobre normas gerais para a fixação de emolumentos relativos aos atos praticados pelos serviços notariais e de registro.

§ 3º O ingresso na atividade notarial e de registro depende de concurso público de provas e títulos, não se permitindo que qualquer serventia fique vaga, sem abertura de concurso de provimento ou de remoção, por mais de seis meses.

**Art. 237.** A fiscalização e o controle sobre o comércio exterior, essenciais à defesa dos interesses fazendários nacionais, serão exercidos pelo Ministério da Fazenda.

▶ Dec. nº 2.781, de 14-9-1998, instituiu o Programa Nacional de Combate ao Contrabando e ao Descaminho.
▶ Dec. nº 4.732, de 10-6-2003, dispõe sobre a CAMEX – Câmara de Comércio Exterior, que tem por objetivo a formulação, a doação, implementação e a coordenação das políticas e atividades relativas ao comércio exterior de bens de serviço, incluindo o turismo.

**Art. 238.** A lei ordenará a venda e revenda de combustíveis de petróleo, álcool carburante e outros combustíveis derivados de matérias-primas renováveis, respeitados os princípios desta Constituição.

▶ Lei nº 9.478, de 6-8-1997, dispõe sobre a Política Energética Nacional, as atividades relativas ao monopólio do petróleo, institui o Conselho Nacional de Política Energética e a Agência Nacional de Petróleo – ANP.
▶ Lei nº 9.847, de 26-10-1999, disciplina a fiscalização das atividades relativas ao abastecimento nacional de combustíveis, de que trata a Lei nº 9.478, de 6-8-1997, e estabelece sanções.

**Art. 239.** A arrecadação decorrente das contribuições para o Programa de Integração Social, criado pela Lei Complementar nº 7, de 7 de setembro de 1970, e para o Programa de Formação do Patrimônio do Servidor Público, criado pela Lei Complementar nº 8, de 3 de dezembro de 1970, passa, a partir da promulgação desta Constituição, a financiar, nos termos que a lei dispuser, o programa do seguro-desemprego e o abono de que trata o § 3º deste artigo.

▶ Art. 72, §§ 2º e 3º, do ADCT.
▶ Lei nº 7.998, de 11-1-1990 (Lei do Seguro-Desemprego).
▶ Lei nº 9.715, de 25-11-1998, dispõe sobre as contribuições para os Programas de Integração Social e de Formação do Patrimônio do Servidor Público – PIS/PASEP.

§ 1º Dos recursos mencionados no *caput* deste artigo, pelo menos quarenta por cento serão destinados a financiar programas de desenvolvimento econômico, através do Banco Nacional de Desenvolvimento Econômico e Social, com critérios de remuneração que lhes preservem o valor.

▶ Dec. nº 4.418, de 11-10-2002, aprovou novo Estatuto Social da empresa pública Banco Nacional de Desenvolvimento Econômico e Social – BNDES.

§ 2º Os patrimônios acumulados do Programa de Integração Social e do Programa de Formação do Patrimônio do Servidor Público são preservados, mantendo-se os critérios de saque nas situações previstas nas leis específicas, com exceção da retirada por motivo de casamento, ficando vedada a distribuição da arrecadação de que trata o *caput* deste artigo, para depósito nas contas individuais dos participantes.

§ 3º Aos empregados que percebam de empregadores que contribuem para o Programa de Integração Social ou para o Programa de Formação do Patrimônio do Servidor Público, até dois salários mínimos de remuneração mensal, é assegurado o pagamento de um salário mínimo anual, computado neste valor o rendimento das contas individuais, no caso daqueles que já participavam dos referidos programas, até a data da promulgação desta Constituição.

▶ Lei nº 7.859, de 25-10-1989, regula a concessão e o pagamento de abono previsto neste parágrafo.

§ 4º O financiamento do seguro-desemprego receberá uma contribuição adicional da empresa cujo índice de rotatividade da força de trabalho superar o índice médio da rotatividade do setor, na forma estabelecida por lei.

▶ Lei nº 7.998, de 11-1-1990 (Lei do Seguro-Desemprego).
▶ Lei nº 8.352, de 28-12-1991, dispõe sobre as disponibilidades financeiras do Fundo de Amparo ao Trabalhador – FAT.

**Art. 240.** Ficam ressalvadas do disposto no artigo 195 as atuais contribuições compulsórias dos empregadores sobre a folha de salários, destinadas às entidades privadas de serviço social e de formação profissional vinculadas ao sistema sindical.

▶ Art. 13, § 3º, da LC nº 123, de 14-12-2006 (Estatuto Nacional da Microempresa e da Empresa de Pequeno Porte).

**Art. 241.** A União, os Estados, o Distrito Federal e os Municípios disciplinarão por meio de lei os consórcios públicos e os convênios de cooperação entre os entes federados, autorizando a gestão associada de serviços públicos, bem como a transferência total ou parcial de encargos, serviços, pessoal e bens essenciais à continuidade dos serviços transferidos.

▶ Artigo com a redação dada pela EC nº 19, de 4-6-1998.

▶ Lei nº 11.107, de 6-4-2005 (Lei de Consórcios Públicos), regulamenta este artigo.

**Art. 242.** O princípio do artigo 206, IV, não se aplica às instituições educacionais oficiais criadas por lei estadual ou municipal e existentes na data da promulgação desta Constituição, que não sejam total ou preponderantemente mantidas com recursos públicos.

§ 1º O ensino da História do Brasil levará em conta as contribuições das diferentes culturas e etnias para a formação do povo brasileiro.

§ 2º O Colégio Pedro II, localizado na cidade do Rio de Janeiro, será mantido na órbita federal.

**Art. 243.** As glebas de qualquer região do País onde forem localizadas culturas ilegais de plantas psicotrópicas serão imediatamente expropriadas e especificamente destinadas ao assentamento de colonos, para o cultivo de produtos alimentícios e medicamentosos, sem qualquer indenização ao proprietário e sem prejuízo de outras sanções previstas em lei.

▶ Lei nº 8.257, de 26-11-1991, dispõe sobre a expropriação das glebas nas quais se localizem culturas ilegais de plantas psicotrópicas, regulamentada pelo Dec. nº 577, de 24-6-1992.

Parágrafo único. Todo e qualquer bem de valor econômico apreendido em decorrência do tráfico ilícito de entorpecentes e drogas afins será confiscado e reverterá em benefício de instituições e pessoal especializados no tratamento e recuperação de viciados e no aparelhamento e custeio de atividades de fiscalização, controle, prevenção e repressão do crime de tráfico dessas substâncias.

▶ Lei nº 11.343, de 23-8-2006 (Lei Antidrogas).

**Art. 244.** A lei disporá sobre a adaptação dos logradouros, dos edifícios de uso público e dos veículos de transporte coletivo atualmente existentes a fim de garantir acesso adequado às pessoas portadoras de deficiência, conforme o disposto no art. 227, § 2º.

▶ Lei nº 7.853, de 24-10-1989 (Lei de Apoio às Pessoas Portadoras de Deficiência), regulamentada pelo Dec. nº 3.298, de 20-12-1999.
▶ Lei nº 8.899, de 29-6-1994, concede passe livre às pessoas portadoras de deficiência, no sistema de transporte coletivo interestadual.
▶ Lei nº 10.098, de 19-12-2000, estabelece normas gerais e critérios básicos para a promoção da acessibilidade das pessoas portadoras de deficiência ou com mobilidade reduzida.
▶ Dec. nº 6.949, de 25-8-2009, promulga a Convenção Internacional sobre os Direitos das Pessoas com Deficiência.

**Art. 245.** A lei disporá sobre as hipóteses e condições em que o Poder Público dará assistência aos herdeiros e dependentes carentes de pessoas vitimadas por crime doloso, sem prejuízo da responsabilidade civil do autor do ilícito.

▶ LC nº 79, de 7-1-1994, cria o Fundo Penitenciário Nacional – FUNPEN.

**Art. 246.** É vedada a adoção de medida provisória na regulamentação de artigo da Constituição cuja redação tenha sido alterada por meio de emenda promul-

gada entre 1º de janeiro de 1995 até a promulgação desta emenda, inclusive.
▶ Artigo com a redação dada pela EC nº 32, de 11-9-2001.
▶ Art. 62 desta Constituição.

**Art. 247.** As leis previstas no inciso III do § 1º do artigo 41 e no § 7º do artigo 169 estabelecerão critérios e garantias especiais para a perda do cargo pelo servidor público estável que, em decorrência das atribuições de seu cargo efetivo, desenvolva atividades exclusivas de Estado.

Parágrafo único. Na hipótese de insuficiência de desempenho, a perda do cargo somente ocorrerá mediante processo administrativo em que lhe sejam assegurados o contraditório e a ampla defesa.
▶ Art. 247 acrescido pela EC nº 19, de 4-6-1998.

**Art. 248.** Os benefícios pagos, a qualquer título, pelo órgão responsável pelo regime geral de previdência social, ainda que à conta do Tesouro Nacional, e os não sujeitos ao limite máximo de valor fixado para os benefícios concedidos por esse regime observarão os limites fixados no artigo 37, XI.

**Art. 249.** Com o objetivo de assegurar recursos para o pagamento de proventos de aposentadoria e pensões concedidas aos respectivos servidores e seus dependentes, em adição aos recursos dos respectivos tesouros, a União, os Estados, o Distrito Federal e os Municípios poderão constituir fundos integrados pelos recursos provenientes de contribuições e por bens, direitos e ativos de qualquer natureza, mediante lei que disporá sobre a natureza e administração desses fundos.

**Art. 250.** Com o objetivo de assegurar recursos para o pagamento dos benefícios concedidos pelo regime geral de previdência social, em adição aos recursos de sua arrecadação, a União poderá constituir fundo integrado por bens, direitos e ativos de qualquer natureza, mediante lei que disporá sobre a natureza e administração desse fundo.
▶ Arts. 248 a 250 acrescidos pela EC nº 20, de 15-12-1998.

## ATO DAS DISPOSIÇÕES CONSTITUCIONAIS TRANSITÓRIAS

**Art. 1º** O Presidente da República, o Presidente do Supremo Tribunal Federal e os membros do Congresso Nacional prestarão o compromisso de manter, defender e cumprir a Constituição, no ato e na data de sua promulgação.

**Art. 2º** No dia 7 de setembro de 1993 o eleitorado definirá, através de plebiscito, a forma (república ou monarquia constitucional) e o sistema de governo (parlamentarismo ou presidencialismo) que devem vigorar no País.
▶ EC nº 2, de 25-8-1992.
▶ Lei nº 8.624, de 4-2-1993, dispõe sobre o plebiscito que definirá a Forma e o Sistema de Governo, regulamentando este artigo.
▶ No plebiscito realizado em 21-4-1993, disciplinado pela EC nº 2, de 25-8-1992, foram mantidos a República e o Presidencialismo, como forma e sistema de Governo, respectivamente.

§ 1º Será assegurada gratuidade na livre divulgação dessas formas e sistemas, através dos meios de comunicação de massa cessionários de serviço público.

§ 2º O Tribunal Superior Eleitoral, promulgada a Constituição, expedirá as normas regulamentadoras deste artigo.

**Art. 3º** A revisão constitucional será realizada após cinco anos, contados da promulgação da Constituição, pelo voto da maioria absoluta dos membros do Congresso Nacional, em sessão unicameral.
▶ Emendas Constitucionais de Revisão nºs 1 a 6.

**Art. 4º** O mandato do atual Presidente da República terminará em 15 de março de 1990.

§ 1º A primeira eleição para Presidente da República após a promulgação da Constituição será realizada no dia 15 de novembro de 1989, não se lhe aplicando o disposto no artigo 16 da Constituição.

§ 2º É assegurada a irredutibilidade da atual representação dos Estados e do Distrito Federal na Câmara dos Deputados.

§ 3º Os mandatos dos Governadores e dos Vice-Governadores eleitos em 15 de novembro de 1986 terminarão em 15 de março de 1991.

§ 4º Os mandatos dos atuais Prefeitos, Vice-Prefeitos e Vereadores terminarão no dia 1º de janeiro de 1989, com a posse dos eleitos.

**Art. 5º** Não se aplicam às eleições previstas para 15 de novembro de 1988 o disposto no artigo 16 e as regras do artigo 77 da Constituição.

§ 1º Para as eleições de 15 de novembro de 1988 será exigido domicílio eleitoral na circunscrição pelo menos durante os quatro meses anteriores ao pleito, podendo os candidatos que preencham este requisito, atendidas as demais exigências da lei, ter seu registro efetivado pela Justiça Eleitoral após a promulgação da Constituição.

§ 2º Na ausência de norma legal específica, caberá ao Tribunal Superior Eleitoral editar as normas necessárias à realização das eleições de 1988, respeitada a legislação vigente.

§ 3º Os atuais parlamentares federais e estaduais eleitos Vice-Prefeitos, se convocados a exercer a função de Prefeito, não perderão o mandato parlamentar.

§ 4º O número de vereadores por município será fixado, para a representação a ser eleita em 1988, pelo respectivo Tribunal Regional Eleitoral, respeitados os limites estipulados no artigo 29, IV, da Constituição.

§ 5º Para as eleições de 15 de novembro de 1988, ressalvados os que já exercem mandato eletivo, são inelegíveis para qualquer cargo, no território de jurisdição do titular, o cônjuge e os parentes por consanguinidade ou afinidade, até o segundo grau, ou por adoção, do Presidente da República, do Governador de Estado, do Governador do Distrito Federal e do Prefeito que tenham exercido mais da metade do mandato.

**Art. 6º** Nos seis meses posteriores à promulgação da Constituição, parlamentares federais, reunidos em número não inferior a trinta, poderão requerer ao Tribunal Superior Eleitoral o registro de novo partido político, juntando ao requerimento o manifesto, o estatuto e o programa devidamente assinados pelos requerentes.

§ 1º O registro provisório, que será concedido de plano pelo Tribunal Superior Eleitoral, nos termos deste artigo, defere ao novo partido todos os direitos, deveres e prerrogativas dos atuais, entre eles o de participar, sob legenda própria, das eleições que vierem a ser realizadas nos doze meses seguintes à sua formação.

§ 2º O novo partido perderá automaticamente seu registro provisório se, no prazo de vinte e quatro meses, contados de sua formação, não obtiver registro definitivo no Tribunal Superior Eleitoral, na forma que a lei dispuser.

**Art. 7º** O Brasil propugnará pela formação de um Tribunal Internacional dos Direitos Humanos.

- ▶ Dec. nº 4.388, de 25-9-2002, promulga o Estatuto de Roma do Tribunal Penal Internacional.
- ▶ Dec. nº 4.463, de 8-11-2002, promulga a Declaração de Reconhecimento da Competência Obrigatória da Corte Interamericana em todos os casos relativos à interpretação ou aplicação da Convenção Americana sobre Direitos Humanos.

**Art. 8º** É concedida anistia aos que, no período de 18 de setembro de 1946 até a data da promulgação da Constituição, foram atingidos, em decorrência de motivação exclusivamente política, por atos de exceção, institucionais ou complementares, aos que foram abrangidos pelo Decreto Legislativo nº 18, de 15 de dezembro de 1961, e aos atingidos pelo Decreto-Lei nº 864, de 12 de setembro de 1969, asseguradas as promoções, na inatividade, ao cargo, emprego, posto ou graduação a que teriam direito se estivessem em serviço ativo, obedecidos os prazos de permanência em atividade previstos nas leis e regulamentos vigentes, respeitadas as características e peculiaridades das carreiras dos servidores públicos civis e militares e observados os respectivos regimes jurídicos.

- ▶ Lei nº 10.559, de 13-11-2002, regulamenta este artigo.
- ▶ Lei nº 12.528, de 18-11-2011, cria a Comissão Nacional da Verdade no âmbito da Casa Civil da Presidência da República.
- ▶ Súm. nº 674 do STF.

§ 1º O disposto neste artigo somente gerará efeitos financeiros a partir da promulgação da Constituição, vedada a remuneração de qualquer espécie em caráter retroativo.

§ 2º Ficam assegurados os benefícios estabelecidos neste artigo aos trabalhadores do setor privado, dirigentes e representantes sindicais que, por motivos exclusivamente políticos, tenham sido punidos, demitidos ou compelidos ao afastamento das atividades remuneradas que exerciam, bem como aos que foram impedidos de exercer atividades profissionais em virtude de pressões ostensivas ou expedientes oficiais sigilosos.

§ 3º Aos cidadãos que foram impedidos de exercer, na vida civil, atividade profissional específica, em decorrência das Portarias Reservadas do Ministério da Aeronáutica nº S-50-GM5, de 19 de junho de 1964, e nº S-285-GM5 será concedida reparação de natureza econômica, na forma que dispuser lei de iniciativa do Congresso Nacional e a entrar em vigor no prazo de doze meses a contar da promulgação da Constituição.

§ 4º Aos que, por força de atos institucionais, tenham exercido gratuitamente mandato eletivo de vereador serão computados, para efeito de aposentadoria no serviço público e Previdência Social, os respectivos períodos.

§ 5º A anistia concedida nos termos deste artigo aplica-se aos servidores públicos civis e aos empregados em todos os níveis de governo ou em suas fundações, empresas públicas ou empresas mistas sob controle estatal, exceto nos Ministérios militares, que tenham sido punidos ou demitidos por atividades profissionais interrompidas em virtude de decisão de seus trabalhadores, bem como em decorrência do Decreto-lei nº 1.632, de 4 de agosto de 1978, ou por motivos exclusivamente políticos, assegurada a readmissão dos que foram atingidos a partir de 1979, observado o disposto no § 1º.

- ▶ O referido Decreto-lei foi revogado pela Lei nº 7.783, de 28-6-1989 (Lei de Greve).

**Art. 9º** Os que, por motivos exclusivamente políticos, foram cassados ou tiveram seus direitos políticos suspensos no período de 15 de julho a 31 de dezembro de 1969, por ato do então Presidente da República, poderão requerer ao Supremo Tribunal Federal o reconhecimento dos direitos e vantagens interrompidos pelos atos punitivos, desde que comprovem terem sido estes eivados de vício grave.

Parágrafo único. O Supremo Tribunal Federal proferirá a decisão no prazo de cento e vinte dias, a contar do pedido do interessado.

**Art. 10.** Até que seja promulgada a lei complementar a que se refere o artigo 7º, I, da Constituição:

I – fica limitada a proteção nele referida ao aumento, para quatro vezes, da porcentagem prevista no artigo 6º, *caput* e § 1º, da Lei nº 5.107, de 13 de setembro de 1966;

- ▶ A referida Lei foi revogada pela Lei nº 7.839, de 12-10-1989, e essa pela Lei nº 8.036, de 11-5-1990.
- ▶ Art. 18 da Lei nº 8.036, de 11-5-1990 (Lei do FGTS).

II – fica vedada a dispensa arbitrária ou sem justa causa:

a) do empregado eleito para cargo de direção de comissões internas de prevenção de acidentes, desde o registro de sua candidatura até um ano após o final de seu mandato;

- ▶ Súm. nº 676 do STF.
- ▶ Súm. nº 339 do TST.

b) da empregada gestante, desde a confirmação da gravidez até cinco meses após o parto.

§ 1º Até que a lei venha a disciplinar o disposto no artigo 7º, XIX, da Constituição, o prazo da licença-paternidade a que se refere o inciso é de cinco dias.

§ 2º Até ulterior disposição legal, a cobrança das contribuições para o custeio das atividades dos sindicatos rurais será feita juntamente com a do imposto territorial rural, pelo mesmo órgão arrecadador.

§ 3º Na primeira comprovação do cumprimento das obrigações trabalhistas pelo empregador rural, na forma do artigo 233, após a promulgação da Constituição, será certificado perante a Justiça do Trabalho a regularidade do contrato e das atualizações das obrigações trabalhistas de todo o período.

► O referido art. 233 foi revogado pela EC nº 28, de 25-5-2000.

**Art. 11.** Cada Assembleia Legislativa, com poderes constituintes, elaborará a Constituição do Estado, no prazo de um ano, contado da promulgação da Constituição Federal, obedecidos os princípios desta.

Parágrafo único. Promulgada a Constituição do Estado, caberá à Câmara Municipal, no prazo de seis meses, votar a Lei Orgânica respectiva, em dois turnos de discussão e votação, respeitado o disposto na Constituição Federal e na Constituição Estadual.

**Art. 12.** Será criada, dentro de noventa dias da promulgação da Constituição, Comissão de Estudos Territoriais, com dez membros indicados pelo Congresso Nacional e cinco pelo Poder Executivo, com a finalidade de apresentar estudos sobre o território nacional e anteprojetos relativos a novas unidades territoriais, notadamente na Amazônia Legal e em áreas pendentes de solução.

§ 1º No prazo de um ano, a Comissão submeterá ao Congresso Nacional os resultados de seus estudos para, nos termos da Constituição, serem apreciados nos doze meses subsequentes, extinguindo-se logo após.

§ 2º Os Estados e os Municípios deverão, no prazo de três anos, a contar da promulgação da Constituição, promover, mediante acordo ou arbitramento, a demarcação de suas linhas divisórias atualmente litigiosas, podendo para isso fazer alterações e compensações de área que atendam aos acidentes naturais, critérios históricos, conveniências administrativas e comodidade das populações limítrofes.

§ 3º Havendo solicitação dos Estados e Municípios interessados, a União poderá encarregar-se dos trabalhos demarcatórios.

§ 4º Se, decorrido o prazo de três anos, a contar da promulgação da Constituição, os trabalhos demarcatórios não tiverem sido concluídos, caberá à União determinar os limites das áreas litigiosas.

§ 5º Ficam reconhecidos e homologados os atuais limites do Estado do Acre com os Estados do Amazonas e de Rondônia, conforme levantamentos cartográficos e geodésicos realizados pela Comissão Tripartite integrada por representantes dos Estados e dos serviços técnico-especializados do Instituto Brasileiro de Geografia e Estatística.

**Art. 13.** É criado o Estado do Tocantins, pelo desmembramento da área descrita neste artigo, dando-se sua instalação no quadragésimo sexto dia após a eleição prevista no § 3º, mas não antes de 1º de janeiro de 1989.

§ 1º O Estado do Tocantins integra a Região Norte e limita-se com o Estado de Goiás pelas divisas norte dos Municípios de São Miguel do Araguaia, Porangatu, Formoso, Minaçu, Cavalcante, Monte Alegre de Goiás e Campos Belos, conservando a leste, norte e oeste as divisas atuais de Goiás com os Estados da Bahia, Piauí, Maranhão, Pará e Mato Grosso.

§ 2º O Poder Executivo designará uma das cidades do Estado para sua Capital provisória até a aprovação da sede definitiva do governo pela Assembleia Constituinte.

§ 3º O Governador, o Vice-Governador, os Senadores, os Deputados Federais e os Deputados Estaduais serão eleitos, em um único turno, até setenta e cinco dias após a promulgação da Constituição, mas não antes de 15 de novembro de 1988, a critério do Tribunal Superior Eleitoral, obedecidas, entre outras, as seguintes normas:

I – o prazo de filiação partidária dos candidatos será encerrado setenta e cinco dias antes da data das eleições;

II – as datas das convenções regionais partidárias destinadas a deliberar sobre coligações e escolha de candidatos, de apresentação de requerimento de registro dos candidatos escolhidos e dos demais procedimentos legais serão fixadas em calendário especial, pela Justiça Eleitoral;

III – são inelegíveis os ocupantes de cargos estaduais ou municipais que não se tenham deles afastado, em caráter definitivo, setenta e cinco dias antes da data das eleições previstas neste parágrafo;

IV – ficam mantidos os atuais diretórios regionais dos partidos políticos do Estado de Goiás, cabendo às Comissões Executivas Nacionais designar comissões provisórias no Estado do Tocantins, nos termos e para os fins previstos na lei.

§ 4º Os mandatos do Governador, do Vice-Governador, dos Deputados Federais e Estaduais eleitos na forma do parágrafo anterior extinguir-se-ão concomitantemente aos das demais Unidades da Federação; o mandato do Senador eleito menos votado extinguir-se-á nessa mesma oportunidade, e os dos outros dois, juntamente com os dos Senadores eleitos em 1986 nos demais Estados.

§ 5º A Assembleia Estadual Constituinte será instalada no quadragésimo sexto dia da eleição de seus integrantes, mas não antes de 1º de janeiro de 1989, sob a presidência do Presidente do Tribunal Regional Eleitoral do Estado de Goiás, e dará posse, na mesma data, ao Governador e ao Vice-Governador eleitos.

§ 6º Aplicam-se à criação e instalação do Estado do Tocantins, no que couber, as normas legais disciplinadoras da divisão do Estado de Mato Grosso, observado o disposto no artigo 234 da Constituição.

§ 7º Fica o Estado de Goiás liberado dos débitos e encargos decorrentes de empreendimentos no território do novo Estado, e autorizada a União, a seu critério, a assumir os referidos débitos.

**Art. 14.** Os Territórios Federais de Roraima e do Amapá são transformados em Estados Federados, mantidos seus atuais limites geográficos.

§ 1º A instalação dos Estados dar-se-á com a posse dos Governadores eleitos em 1990.

§ 2º Aplicam-se à transformação e instalação dos Estados de Roraima e Amapá as normas e critérios seguidos na criação do Estado de Rondônia, respeitado o disposto na Constituição e neste Ato.

§ 3º O Presidente da República, até quarenta e cinco dias após a promulgação da Constituição, encaminhará à apreciação do Senado Federal os nomes dos Governadores dos Estados de Roraima e do Amapá que exercerão o Poder Executivo até a instalação dos novos Estados com a posse dos Governadores eleitos.

§ 4º Enquanto não concretizada a transformação em Estados, nos termos deste artigo, os Territórios Federais de Roraima e do Amapá serão beneficiados pela transferência de recursos prevista nos artigos 159, I, a, da Constituição, e 34, § 2º, II, deste Ato.

**Art. 15.** Fica extinto o Território Federal de Fernando de Noronha, sendo sua área reincorporada ao Estado de Pernambuco.

**Art. 16.** Até que se efetive o disposto no artigo 32, § 2º, da Constituição, caberá ao Presidente da República, com a aprovação do Senado Federal, indicar o Governador e o Vice-Governador do Distrito Federal.

§ 1º A competência da Câmara Legislativa do Distrito Federal, até que se instale, será exercida pelo Senado Federal.

§ 2º A fiscalização contábil, financeira, orçamentária, operacional e patrimonial do Distrito Federal, enquanto não for instalada a Câmara Legislativa, será exercida pelo Senado Federal, mediante controle externo, com o auxílio do Tribunal de Contas do Distrito Federal, observado o disposto no artigo 72 da Constituição.

§ 3º Incluem-se entre os bens do Distrito Federal aqueles que lhe vierem a ser atribuídos pela União na forma da lei.

**Art. 17.** Os vencimentos, a remuneração, as vantagens e os adicionais, bem como os proventos de aposentadoria que estejam sendo percebidos em desacordo com a Constituição serão imediatamente reduzidos aos limites dela decorrentes, não se admitindo, neste caso, invocação de direito adquirido ou percepção de excesso a qualquer título.

▶ Art. 9º da EC nº 41, de 19-12-2003, dispõe sobre a Reforma Previdenciária.

§ 1º É assegurado o exercício cumulativo de dois cargos ou empregos privativos de médico que estejam sendo exercidos por médico militar na administração pública direta ou indireta.

§ 2º É assegurado o exercício cumulativo de dois cargos ou empregos privativos de profissionais de saúde que estejam sendo exercidos na administração pública direta ou indireta.

**Art. 18.** Ficam extintos os efeitos jurídicos de qualquer ato legislativo ou administrativo, lavrado a partir da instalação da Assembleia Nacional Constituinte, que tenha por objeto a concessão de estabilidade a servidor admitido sem concurso público, da administração direta ou indireta, inclusive das fundações instituídas e mantidas pelo Poder Público.

**Art. 19.** Os servidores públicos civis da União, dos Estados, do Distrito Federal e dos Municípios, da administração direta, autárquica e das fundações públicas, em exercício na data da promulgação da Constituição, há pelo menos cinco anos continuados, que não tenham sido admitidos na forma regulada no artigo 37, da Constituição, são considerados estáveis no serviço público.

▶ OJ da SBDI-I nº 364 do TST.

§ 1º O tempo de serviço dos servidores referidos neste artigo será contado como título quando se submeterem a concurso para fins de efetivação, na forma da lei.

§ 2º O disposto neste artigo não se aplica aos ocupantes de cargos, funções e empregos de confiança ou em comissão, nem aos que a lei declare de livre exoneração, cujo tempo de serviço não será computado para os fins do *caput* deste artigo, exceto se se tratar de servidor.

§ 3º O disposto neste artigo não se aplica aos professores de nível superior, nos termos da lei.

**Art. 20.** Dentro de cento e oitenta dias, proceder-se-á à revisão dos direitos dos servidores públicos inativos e pensionistas e à atualização dos proventos e pensões a eles devidos, a fim de ajustá-los ao disposto na Constituição.

▶ EC nº 41, de 19-12-2003, dispõe sobre a Reforma Previdenciária.

▶ Lei nº 8.112, de 11-12-1990 (Estatuto dos Servidores Públicos Civis da União, Autarquias e Fundações Públicas Federais).

**Art. 21.** Os juízes togados de investidura limitada no tempo, admitidos mediante concurso público de provas e títulos e que estejam em exercício na data da promulgação da Constituição, adquirem estabilidade, observado o estágio probatório, e passam a compor quadro em extinção, mantidas as competências, prerrogativas e restrições da legislação a que se achavam submetidos, salvo as inerentes à transitoriedade da investidura.

Parágrafo único. A aposentadoria dos juízes de que trata este artigo regular-se-á pelas normas fixadas para os demais juízes estaduais.

**Art. 22.** É assegurado aos defensores públicos investidos na função até a data de instalação da Assembleia Nacional Constituinte o direito de opção pela carreira, com a observância das garantias e vedações previstas no artigo 134, parágrafo único, da Constituição.

▶ O referido parágrafo único foi renumerado para § 1º, pela EC nº 45, de 8-12-2004.

**Art. 23.** Até que se edite a regulamentação do artigo 21, XVI, da Constituição, os atuais ocupantes do cargo de Censor Federal continuarão exercendo funções com este compatíveis, no Departamento de Polícia Federal, observadas as disposições constitucionais.

▶ Lei nº 9.688, de 6-7-1998, dispõe sobre a extinção dos cargos de Censor Federal e o enquadramento de seus ocupantes.

Parágrafo único. A lei referida disporá sobre o aproveitamento dos Censores Federais, nos termos deste artigo.

**Art. 24.** A União, os Estados, o Distrito Federal e os Municípios editarão leis que estabeleçam critérios para a compatibilização de seus quadros de pessoal ao disposto no artigo 39 da Constituição e à reforma administrativa dela decorrente, no prazo de dezoito meses, contados da sua promulgação.

**Art. 25.** Ficam revogados, a partir de cento e oitenta dias da promulgação da Constituição, sujeito este prazo a prorrogação por lei, todos os dispositivos legais que atribuam ou deleguem a órgão do Poder Executivo competência assinalada pela Constituição ao Congresso Nacional, especialmente no que tange à:

I – ação normativa;
II – alocação ou transferência de recursos de qualquer espécie.

§ 1º Os decretos-leis em tramitação no Congresso Nacional e por este não apreciados até a promulgação da Constituição terão seus efeitos regulados da seguinte forma:

I – se editados até 2 de setembro de 1988, serão apreciados pelo Congresso Nacional no prazo de até cento e oitenta dias a contar da promulgação da Constituição, não computado o recesso parlamentar;
II – decorrido o prazo definido no inciso anterior, e não havendo apreciação, os decretos-leis ali mencionados serão considerados rejeitados;
III – nas hipóteses definidas nos incisos I e II, terão plena validade os atos praticados na vigência dos respectivos decretos-leis, podendo o Congresso Nacional, se necessário, legislar sobre os efeitos deles remanescentes.

§ 2º Os decretos-leis editados entre 3 de setembro de 1988 e a promulgação da Constituição serão convertidos, nesta data, em medidas provisórias, aplicando-se-lhes as regras estabelecidas no artigo 62, parágrafo único.

▶ Art. 62, § 3º, desta Constituição.

**Art. 26.** No prazo de um ano a contar da promulgação da Constituição, o Congresso Nacional promoverá, através de Comissão Mista, exame analítico e pericial dos atos e fatos geradores do endividamento externo brasileiro.

§ 1º A Comissão terá a força legal de Comissão Parlamentar de Inquérito para os fins de requisição e convocação, e atuará com o auxílio do Tribunal de Contas da União.

§ 2º Apurada irregularidade, o Congresso Nacional proporá ao Poder Executivo a declaração de nulidade do ato e encaminhará o processo ao Ministério Público Federal, que formalizará, no prazo de sessenta dias, a ação cabível.

**Art. 27.** O Superior Tribunal de Justiça será instalado sob a Presidência do Supremo Tribunal Federal.

§ 1º Até que se instale o Superior Tribunal de Justiça, o Supremo Tribunal Federal exercerá as atribuições e competências definidas na ordem constitucional precedente.

§ 2º A composição inicial do Superior Tribunal de Justiça far-se-á:

I – pelo aproveitamento dos Ministros do Tribunal Federal de Recursos;
II – pela nomeação dos Ministros que sejam necessários para completar o número estabelecido na Constituição.

§ 3º Para os efeitos do disposto na Constituição, os atuais Ministros do Tribunal Federal de Recursos serão considerados pertencentes à classe de que provieram, quando de sua nomeação.

§ 4º Instalado o Tribunal, os Ministros aposentados do Tribunal Federal de Recursos tornar-se-ão, automaticamente, Ministros aposentados do Superior Tribunal de Justiça.

§ 5º Os Ministros a que se refere o § 2º, II, serão indicados em lista tríplice pelo Tribunal Federal de Recursos, observado o disposto no artigo 104, parágrafo único, da Constituição.

§ 6º Ficam criados cinco Tribunais Regionais Federais, a serem instalados no prazo de seis meses a contar da promulgação da Constituição, com a jurisdição e sede que lhes fixar o Tribunal Federal de Recursos, tendo em conta o número de processos e sua localização geográfica.

▶ Lei nº 7.727, de 9-1-1989, dispõe sobre a composição inicial dos Tribunais Regionais Federais e sua instalação, cria os respectivos quadros de pessoal.

§ 7º Até que se instalem os Tribunais Regionais Federais, o Tribunal Federal de Recursos exercerá a competência a eles atribuída em todo o território nacional, cabendo-lhe promover sua instalação e indicar os candidatos a todos os cargos da composição inicial, mediante lista tríplice, podendo desta constar juízes federais de qualquer região, observado o disposto no § 9º.

§ 8º É vedado, a partir da promulgação da Constituição, o provimento de vagas de Ministros do Tribunal Federal de Recursos.

§ 9º Quando não houver juiz federal que conte o tempo mínimo previsto no artigo 107, II, da Constituição, a promoção poderá contemplar juiz com menos de cinco anos no exercício do cargo.

§ 10. Compete à Justiça Federal julgar as ações nela propostas até a data da promulgação da Constituição, e aos Tribunais Regionais Federais bem como ao Superior Tribunal de Justiça julgar as ações rescisórias das decisões até então proferidas pela Justiça Federal, inclusive daquelas cuja matéria tenha passado à competência de outro ramo do Judiciário.

▶ Súmulas nºs 38, 104, 147 e 165 do STJ.

**Art. 28.** Os juízes federais de que trata o artigo 123, § 2º, da Constituição de 1967, com a redação dada pela Emenda Constitucional nº 7, de 1977, ficam investidos na titularidade de varas na Seção Judiciária para a qual tenham sido nomeados ou designados; na inexistência de vagas, proceder-se-á ao desdobramento das varas existentes.

▶ Dispunha o artigo citado: "A lei poderá atribuir a juízes federais exclusivamente funções de substituição, em uma ou mais seções judiciárias e, ainda, as de auxílio a juízes titulares de Varas, quando não se encontrarem no exercício de substituição".

Parágrafo único. Para efeito de promoção por antiguidade, o tempo de serviço desses juízes será computado a partir do dia de sua posse.

**Art. 29.** Enquanto não aprovadas as leis complementares relativas ao Ministério Público e à Advocacia-Geral da União, o Ministério Público Federal, a Procuradoria-Geral da Fazenda Nacional, as Consultorias Jurídicas dos Ministérios, as Procuradorias e Departamentos Jurídicos de autarquias federais com representação própria e os membros das Procuradorias das Universidades fundacionais públicas continuarão a exercer suas atividades na área das respectivas atribuições.

▶ LC nº 73, de 10-2-1993 (Lei Orgânica da Advocacia-Geral da União).
▶ LC nº 75, de 20-5-1993 (Lei Orgânica do Ministério Público da União).

▶ Dec. nº 767, de 5-3-1993, dispõe sobre as atividades de controle interno da Advocacia-Geral da União.

§ 1º O Presidente da República, no prazo de cento e vinte dias, encaminhará ao Congresso Nacional projeto de lei complementar dispondo sobre a organização e o funcionamento da Advocacia-Geral da União.

§ 2º Aos atuais Procuradores da República, nos termos da lei complementar, será facultada a opção, de forma irretratável, entre as carreiras do Ministério Público Federal e da Advocacia-Geral da União.

§ 3º Poderá optar pelo regime anterior, no que respeita às garantias e vantagens, o membro do Ministério Público admitido antes da promulgação da Constituição, observando-se, quanto às vedações, a situação jurídica na data desta.

§ 4º Os atuais integrantes do quadro suplementar dos Ministérios Públicos do Trabalho e Militar que tenham adquirido estabilidade nessas funções passam a integrar o quadro da respectiva carreira.

§ 5º Cabe à atual Procuradoria-Geral da Fazenda Nacional, diretamente ou por delegação, que pode ser ao Ministério Público Estadual, representar judicialmente a União nas causas de natureza fiscal, na área da respectiva competência, até a promulgação das leis complementares previstas neste artigo.

**Art. 30.** A legislação que criar a Justiça de Paz manterá os atuais juízes de paz até a posse dos novos titulares, assegurando-lhes os direitos e atribuições conferidos a estes, e designará o dia para a eleição prevista no artigo 98, II, da Constituição.

**Art. 31.** Serão estatizadas as serventias do foro judicial, assim definidas em lei, respeitados os direitos dos atuais titulares.

▶ Lei nº 8.935, de 18-11-1994 (Lei dos Serviços Notariais e de Registro).

**Art. 32.** O disposto no artigo 236 não se aplica aos serviços notariais e de registro que já tenham sido oficializados pelo Poder Público, respeitando-se o direito de seus servidores.

**Art. 33.** Ressalvados os créditos de natureza alimentar, o valor dos precatórios judiciais pendentes de pagamento na data da promulgação da Constituição, incluído o remanescente de juros e correção monetária, poderá ser pago em moeda corrente, com atualização, em prestações anuais, iguais e sucessivas, no prazo máximo de oito anos, a partir de 1º de julho de 1989, por decisão editada pelo Poder Executivo até cento e oitenta dias da promulgação da Constituição.

▶ Res. do CNJ nº 92, de 13-10-2009, dispõe sobre a Gestão de Precatórios no âmbito do Poder Judiciário.
▶ Art. 97, § 15, deste Ato.

Parágrafo único. Poderão as entidades devedoras, para o cumprimento do disposto neste artigo, emitir, em cada ano, no exato montante do dispêndio, títulos de dívida pública não computáveis para efeito do limite global de endividamento.

▶ Súm. nº 144 do STJ.

**Art. 34.** O sistema tributário nacional entrará em vigor a partir do primeiro dia do quinto mês seguinte ao da promulgação da Constituição, mantido, até então, o da Constituição de 1967, com a redação dada pela Emenda nº 1, de 1969, e pelas posteriores.

§ 1º Entrarão em vigor com a promulgação da Constituição os artigos 148, 149, 150, 154, I, 156, III, e 159, I, c, revogadas as disposições em contrário da Constituição de 1967 e das Emendas que a modificaram, especialmente de seu artigo 25, III.

§ 2º O Fundo de Participação dos Estados e do Distrito Federal e o Fundo de Participação dos Municípios obedecerão às seguintes determinações:

I – a partir da promulgação da Constituição, os percentuais serão, respectivamente, de dezoito por cento e de vinte por cento, calculados sobre o produto da arrecadação dos impostos referidos no artigo 153, III e IV, mantidos os atuais critérios de rateio até a entrada em vigor da lei complementar a que se refere o artigo 161, II;

II – o percentual relativo ao Fundo de Participação dos Estados e do Distrito Federal será acrescido de um ponto percentual no exercício financeiro de 1989 e, a partir de 1990, inclusive, à razão de meio ponto por exercício, até 1992, inclusive, atingindo em 1993 o percentual estabelecido no artigo 159, I, a;

III – o percentual relativo ao Fundo de Participação dos Municípios, a partir de 1989, inclusive, será elevado à razão de meio ponto percentual por exercício financeiro, até atingir o estabelecido no artigo 159, I, b.

§ 3º Promulgada a Constituição, a União, os Estados, o Distrito Federal e os Municípios poderão editar as leis necessárias à aplicação do sistema tributário nacional nela previsto.

§ 4º As leis editadas nos termos do parágrafo anterior produzirão efeitos a partir da entrada em vigor do sistema tributário nacional previsto na Constituição.

§ 5º Vigente o novo sistema tributário nacional, fica assegurada a aplicação da legislação anterior, no que não seja incompatível com ele e com a legislação referida nos §§ 3º e 4º.

▶ Súm. nº 663 do STF.
▶ Súm. nº 198 do STJ.

§ 6º Até 31 de dezembro de 1989, o disposto no artigo 150, III, b, não se aplica aos impostos de que tratam os artigos 155, I, a e b, e 156, II e III, que podem ser cobrados trinta dias após a publicação da lei que os tenha instituído ou aumentado.

▶ Com a alteração determinada pela EC nº 3, de 17-3-1993, a referência ao art. 155, I, b, passou a ser ao art. 155, II.

§ 7º Até que sejam fixadas em lei complementar, as alíquotas máximas do imposto municipal sobre vendas a varejo de combustíveis líquidos e gasosos não excederão a três por cento.

§ 8º Se, no prazo de sessenta dias contados da promulgação da Constituição, não for editada a lei complementar necessária à instituição do imposto de que trata o artigo 155, I, b, os Estados e o Distrito Federal, mediante convênio celebrado nos termos da Lei Complementar nº 24, de 7 de janeiro de 1975, fixarão normas para regular provisoriamente a matéria.

▶ De acordo com a nova redação dada pela EC nº 3, de 17-3-1993, a referência ao art. 155, I, b passou a ser art. 155, II.

- LC nº 24, de 7-1-1975, dispõe sobre os convênios para a concessão de isenções de imposto sobre operações relativas à circulação de mercadorias.
- LC nº 87, de 13-9-1996 (Lei Kandir – ICMS).
- Súm. nº 198 do STJ.

§ 9º Até que lei complementar disponha sobre a matéria, as empresas distribuidoras de energia elétrica, na condição de contribuintes ou de substitutos tributários, serão as responsáveis, por ocasião da saída do produto de seus estabelecimentos, ainda que destinado a outra Unidade da Federação, pelo pagamento do Imposto sobre Operações Relativas à Circulação de mercadorias incidente sobre energia elétrica, desde a produção ou importação até a última operação, calculado o imposto sobre o preço então praticado na operação final e assegurado seu recolhimento ao Estado ou ao Distrito Federal, conforme o local onde deva ocorrer essa operação.

§ 10. Enquanto não entrar em vigor a lei prevista no artigo 159, I, c, cuja promulgação se fará até 31 de dezembro de 1989, é assegurada a aplicação dos recursos previstos naquele dispositivo da seguinte maneira:

- Lei nº 7.827, de 27-9-1989, regulamenta o art. 159, inciso I, alínea c, desta Constituição, institui o Fundo Constitucional de Financiamento do Norte – FNO, o Fundo Constitucional de Financiamento do Nordeste – FNE e o Fundo Constitucional de Financiamento do Centro-Oeste – FCO.

I – seis décimos por cento na Região Norte, através do Banco da Amazônia S/A;
II – um inteiro e oito décimos por cento na Região Nordeste, através do Banco do Nordeste do Brasil S/A;
III – seis décimos por cento na Região Centro-Oeste, através do Banco do Brasil S/A.

§ 11. Fica criado, nos termos da lei, o Banco de Desenvolvimento do Centro-Oeste, para dar cumprimento, na referida região, ao que determinam os artigos 159, I, c, e 192, § 2º, da Constituição.

- O referido § 2º foi revogado pela EC nº 40, de 29-5-2003.

§ 12. A urgência prevista no artigo 148, II, não prejudica a cobrança do empréstimo compulsório instituído, em benefício das Centrais Elétricas Brasileiras S/A (ELETROBRÁS), pela Lei nº 4.156, de 28 de novembro de 1962, com as alterações posteriores.

**Art. 35.** O disposto no artigo 165, § 7º, será cumprido de forma progressiva, no prazo de até dez anos, distribuindo-se os recursos entre as regiões macroeconômicas em razão proporcional à população, a partir da situação verificada no biênio 1986/1987.

§ 1º Para aplicação dos critérios de que trata este artigo, excluem-se das despesas totais as relativas:
I – aos projetos considerados prioritários no plano plurianual;
II – à segurança e defesa nacional;
III – à manutenção dos órgãos federais no Distrito Federal;
IV – ao Congresso Nacional, ao Tribunal de Contas da União e ao Poder Judiciário;
V – ao serviço da dívida da administração direta e indireta da União, inclusive fundações instituídas e mantidas pelo Poder Público Federal.

§ 2º Até a entrada em vigor da lei complementar a que se refere o artigo 165, § 9º, I e II, serão obedecidas as seguintes normas:
I – o projeto do plano plurianual, para vigência até o final do primeiro exercício financeiro do mandato presidencial subsequente, será encaminhado até quatro meses antes do encerramento do primeiro exercício financeiro e devolvido para sanção até o encerramento da sessão legislativa;
II – o projeto de lei de diretrizes orçamentárias será encaminhado até oito meses e meio antes do encerramento do exercício financeiro e devolvido para sanção até o encerramento do primeiro período da sessão legislativa;
III – o projeto de lei orçamentária da União será encaminhado até quatro meses antes do encerramento do exercício financeiro e devolvido para sanção até o encerramento da sessão legislativa.

**Art. 36.** Os fundos existentes na data da promulgação da Constituição, excetuados os resultantes de isenções fiscais que passem a integrar patrimônio privado e os que interessem à defesa nacional, extinguir-se-ão, se não forem ratificados pelo Congresso Nacional no prazo de dois anos.

**Art. 37.** A adaptação ao que estabelece o artigo 167, III, deverá processar-se no prazo de cinco anos, reduzindo-se o excesso à base de, pelo menos, um quinto por ano.

**Art. 38.** Até a promulgação da lei complementar referida no artigo 169, a União, os Estados, o Distrito Federal e os Municípios não poderão despender com pessoal mais do que sessenta e cinco por cento do valor das respectivas receitas correntes.

Parágrafo único. A União, os Estados, o Distrito Federal e os Municípios, quando a respectiva despesa de pessoal exceder o limite previsto neste artigo, deverão retornar àquele limite, reduzindo o percentual excedente à razão de um quinto por ano.

**Art. 39.** Para efeito do cumprimento das disposições constitucionais que impliquem variações de despesas e receitas da União, após a promulgação da Constituição, o Poder Executivo deverá elaborar e o Poder Legislativo apreciar projeto de revisão da lei orçamentária referente ao exercício financeiro de 1989.

Parágrafo único. O Congresso Nacional deverá votar no prazo de doze meses a lei complementar prevista no artigo 161, II.

**Art. 40.** É mantida a Zona Franca de Manaus, com suas características de área livre de comércio, de exportação e importação, e de incentivos fiscais, pelo prazo de vinte e cinco anos, a partir da promulgação da Constituição.

- Art. 92 deste Ato.
- Dec. nº 205, de 5-9-1991, dispõe sobre a apresentação de guias de importação ou documento de efeito equivalente, na Zona Franca de Manaus e suspende a fixação de limites máximos globais anuais de importação, durante o prazo de que trata este artigo.

Parágrafo único. Somente por lei federal podem ser modificados os critérios que disciplinaram ou venham a disciplinar a aprovação dos projetos na Zona Franca de Manaus.

**Art. 41.** Os Poderes Executivos da União, dos Estados, do Distrito Federal e dos Municípios reavaliarão todos os incentivos fiscais de natureza setorial ora em vigor, propondo aos Poderes Legislativos respectivos as medidas cabíveis.

▶ Arts. 151, I, 155, XII, *g*, 195, § 3º, e 227, § 3º, VI, desta Constituição.

▶ Lei nº 8.402, de 8-1-1992, restabelece os incentivos fiscais que menciona.

§ 1º Considerar-se-ão revogados após dois anos, a partir da data da promulgação da Constituição, os incentivos que não forem confirmados por lei.

§ 2º A revogação não prejudicará os direitos que já tiverem sido adquiridos, àquela data, em relação a incentivos concedidos sob condição e com prazo certo.

§ 3º Os incentivos concedidos por convênio entre Estados, celebrados nos termos do artigo 23, § 6º, da Constituição de 1967, com a redação da Emenda nº 1, de 17 de outubro de 1969, também deverão ser reavaliados e reconfirmados nos prazos deste artigo.

**Art. 42.** Durante 25 (vinte e cinco) anos, a União aplicará, dos recursos destinados à irrigação:

▶ *Caput* com a redação dada pela EC nº 43, de 15-4-2004.

I – vinte por cento na Região Centro-Oeste;
II – cinquenta por cento na Região Nordeste, preferencialmente no semiárido.

**Art. 43.** Na data da promulgação da lei que disciplinar a pesquisa e a lavra de recursos e jazidas minerais, ou no prazo de um ano, a contar da promulgação da Constituição, tornar-se-ão sem efeito as autorizações, concessões e demais títulos atributivos de direitos minerários, caso os trabalhos de pesquisa ou de lavra não hajam sido comprovadamente iniciados nos prazos legais ou estejam inativos.

▶ Lei nº 7.886, de 20-11-1989, regulamenta este artigo.

**Art. 44.** As atuais empresas brasileiras titulares de autorização de pesquisa, concessão de lavra de recursos minerais e de aproveitamento dos potenciais de energia hidráulica em vigor terão quatro anos, a partir da promulgação da Constituição, para cumprir os requisitos do artigo 176, § 1º.

§ 1º Ressalvadas as disposições de interesse nacional previstas no texto constitucional, as empresas brasileiras ficarão dispensadas do cumprimento do disposto no artigo 176, § 1º, desde que, no prazo de até quatro anos da data da promulgação da Constituição, tenham o produto de sua lavra e beneficiamento destinado a industrialização no território nacional, em seus próprios estabelecimentos ou em empresa industrial controladora ou controlada.

§ 2º Ficarão também dispensadas do cumprimento do disposto no artigo 176, § 1º, as empresas brasileiras titulares de concessão de energia hidráulica para uso em seu processo de industrialização.

§ 3º As empresas brasileiras referidas no § 1º somente poderão ter autorizações de pesquisa e concessões de lavra ou potenciais de energia hidráulica, desde que a energia e o produto da lavra sejam utilizados nos respectivos processos industriais.

**Art. 45.** Ficam excluídas do monopólio estabelecido pelo artigo 177, II, da Constituição as refinarias em funcionamento no País amparadas pelo artigo 43 e nas condições do artigo 45 da Lei nº 2.004, de 3 de outubro de 1953.

▶ A referida Lei foi revogada pela Lei nº 9.478, de 6-8-1997.

Parágrafo único. Ficam ressalvados da vedação do artigo 177, § 1º, os contratos de risco feitos com a Petróleo Brasileiro S/A (PETROBRAS), para pesquisa de petróleo, que estejam em vigor na data da promulgação da Constituição.

**Art. 46.** São sujeitos à correção monetária desde o vencimento, até seu efetivo pagamento, sem interrupção ou suspensão, os créditos junto a entidades submetidas aos regimes de intervenção ou liquidação extrajudicial, mesmo quando esses regimes sejam convertidos em falência.

▶ Súm. nº 304 do TST.

Parágrafo único. O disposto neste artigo aplica-se também:

I – às operações realizadas posteriormente à decretação dos regimes referidos no *caput* deste artigo;
II – às operações de empréstimo, financiamento, refinanciamento, assistência financeira de liquidez, cessão ou sub-rogação de créditos ou cédulas hipotecárias, efetivação de garantia de depósitos do público ou de compra de obrigações passivas, inclusive as realizadas com recursos de fundos que tenham essas destinações;
III – aos créditos anteriores à promulgação da Constituição;
IV – aos créditos das entidades da administração pública anteriores à promulgação da Constituição, não liquidados até 1º de janeiro de 1988.

**Art. 47.** Na liquidação dos débitos, inclusive suas renegociações e composições posteriores, ainda que ajuizados, decorrentes de quaisquer empréstimos concedidos por bancos e por instituições financeiras, não existirá correção monetária desde que o empréstimo tenha sido concedido:

I – aos micro e pequenos empresários ou seus estabelecimentos no período de 28 de fevereiro de 1986 a 28 de fevereiro de 1987;
II – aos mini, pequenos e médios produtores rurais no período de 28 de fevereiro de 1986 a 31 de dezembro de 1987, desde que relativos a crédito rural.

§ 1º Consideram-se, para efeito deste artigo, microempresas as pessoas jurídicas e as firmas individuais com receitas anuais de até dez mil Obrigações do Tesouro Nacional, e pequenas empresas as pessoas jurídicas e as firmas individuais com receita anual de até vinte e cinco mil Obrigações do Tesouro Nacional.

▶ Art. 179 desta Constituição.

§ 2º A classificação de mini, pequeno e médio produtor rural será feita obedecendo-se às normas de crédito rural vigentes à época do contrato.

§ 3º A isenção da correção monetária a que se refere este artigo só será concedida nos seguintes casos:

I – se a liquidação do débito inicial, acrescido de juros legais e taxas judiciais, vier a ser efetivada no prazo de noventa dias, a contar da data da promulgação da Constituição;

II – se a aplicação dos recursos não contrariar a finalidade do financiamento, cabendo o ônus da prova à instituição credora;

III – se não for demonstrado pela instituição credora que o mutuário dispõe de meios para o pagamento de seu débito, excluído desta demonstração seu estabelecimento, a casa de moradia e os instrumentos de trabalho e produção;

IV – se o financiamento inicial não ultrapassar o limite de cinco mil Obrigações do Tesouro Nacional;

V – se o beneficiário não for proprietário de mais de cinco módulos rurais.

§ 4º Os benefícios de que trata este artigo não se estendem aos débitos já quitados e aos devedores que sejam constituintes.

§ 5º No caso de operações com prazos de vencimento posteriores à data-limite de liquidação da dívida, havendo interesse do mutuário, os bancos e as instituições financeiras promoverão, por instrumento próprio, alteração nas condições contratuais originais de forma a ajustá-las ao presente benefício.

§ 6º A concessão do presente benefício por bancos comerciais privados em nenhuma hipótese acarretará ônus para o Poder Público, ainda que através de refinanciamento e repasse de recursos pelo Banco Central.

§ 7º No caso de repasse a agentes financeiros oficiais ou cooperativas de crédito, o ônus recairá sobre a fonte de recursos originária.

**Art. 48.** O Congresso Nacional, dentro de cento e vinte dias da promulgação da Constituição, elaborará Código de Defesa do Consumidor.

▶ Lei nº 8.078, de 11-9-1990 (Código de Defesa do Consumidor).

**Art. 49.** A lei disporá sobre o instituto da enfiteuse em imóveis urbanos, sendo facultada aos foreiros, no caso de sua extinção, a remição dos aforamentos mediante aquisição do domínio direto, na conformidade do que dispuserem os respectivos contratos.

▶ Dec.-lei nº 9.760, de 5-9-1946 (Lei dos Bens Imóveis da União).

§ 1º Quando não existir cláusula contratual, serão adotados os critérios e bases hoje vigentes na legislação especial dos imóveis da União.

§ 2º Os direitos dos atuais ocupantes inscritos ficam assegurados pela aplicação de outra modalidade de contrato.

▶ Lei nº 9.636, de 15-5-1998, regulamenta este parágrafo.

§ 3º A enfiteuse continuará sendo aplicada aos terrenos de marinha e seus acrescidos, situados na faixa de segurança, a partir da orla marítima.

▶ Art. 2.038, § 2º, do CC.
▶ Dec.-lei nº 9.760, de 5-9-1946 (Lei dos Bens Imóveis da União).

§ 4º Remido o foro, o antigo titular do domínio direto deverá, no prazo de noventa dias, sob pena de responsabilidade, confiar à guarda do registro de imóveis competente toda a documentação a ele relativa.

**Art. 50.** Lei agrícola a ser promulgada no prazo de um ano disporá, nos termos da Constituição, sobre os objetivos e instrumentos de política agrícola, prioridades, planejamento de safras, comercialização, abastecimento interno, mercado externo e instituição de crédito fundiário.

▶ Lei nº 8.171, de 17-1-1991 (Lei da Política Agrícola).

**Art. 51.** Serão revistos pelo Congresso Nacional, através de Comissão Mista, nos três anos a contar da data da promulgação da Constituição, todas as doações, vendas e concessões de terras públicas com área superior a três mil hectares, realizadas no período de 1º de janeiro de 1962 a 31 de dezembro de 1987.

§ 1º No tocante às vendas, a revisão será feita com base exclusivamente no critério de legalidade da operação.

§ 2º No caso de concessões e doações, a revisão obedecerá aos critérios de legalidade e de conveniência do interesse público.

§ 3º Nas hipóteses previstas nos parágrafos anteriores, comprovada a ilegalidade, ou havendo interesse público, as terras reverterão ao patrimônio da União, dos Estados, do Distrito Federal ou dos Municípios.

**Art. 52.** Até que sejam fixadas as condições do art. 192, são vedados:

▶ Caput com a redação dada pela EC nº 40, de 29-5-2003.

I – a instalação, no País, de novas agências de instituições financeiras domiciliadas no exterior;

II – o aumento do percentual de participação, no capital de instituições financeiras com sede no País, de pessoas físicas ou jurídicas residentes ou domiciliadas no exterior.

Parágrafo único. A vedação a que se refere este artigo não se aplica às autorizações resultantes de acordos internacionais, de reciprocidade, ou de interesse do Governo brasileiro.

**Art. 53.** Ao ex-combatente que tenha efetivamente participado de operações bélicas durante a Segunda Guerra Mundial, nos termos da Lei nº 5.315, de 12 de setembro de 1967, serão assegurados os seguintes direitos:

▶ Lei nº 8.059, de 4-7-1990, dispõe sobre a pensão especial devida aos ex-combatentes da Segunda Guerra Mundial e a seus dependentes.

I – aproveitamento no serviço público, sem a exigência de concurso, com estabilidade;

II – pensão especial correspondente à deixada por segundo-tenente das Forças Armadas, que poderá ser requerida a qualquer tempo, sendo inacumulável com quaisquer rendimentos recebidos dos cofres públicos, exceto os benefícios previdenciários, ressalvado o direito de opção;

III – em caso de morte, pensão à viúva ou companheira ou dependente, de forma proporcional, de valor igual à do inciso anterior;

IV – assistência médica, hospitalar e educacional gratuita, extensiva aos dependentes;

V – aposentadoria com proventos integrais aos vinte e cinco anos de serviço efetivo, em qualquer regime jurídico;

VI – prioridade na aquisição da casa própria, para os que não a possuam ou para suas viúvas ou companheiras.

Parágrafo único. A concessão da pensão especial do inciso II substitui, para todos os efeitos legais, qualquer outra pensão já concedida ao ex-combatente.

**Art. 54.** Os seringueiros recrutados nos termos do Decreto-Lei nº 5.813, de 14 de setembro de 1943, e amparados pelo Decreto-Lei nº 9.882, de 16 de setembro de 1946, receberão, quando carentes, pensão mensal vitalícia no valor de dois salários mínimos.

▶ Lei nº 7.986, de 28-12-1989, dispõe sobre a concessão do benefício previsto neste artigo.

▶ Lei nº 9.882, de 3-12-1999 (Lei da Ação de Descumprimento de Preceito Fundamental).

▶ Dec.-lei nº 5.813, de 14-9-1943, aprova o acordo relativo ao recrutamento, encaminhamento e colocação de trabalhadores para a Amazônia.

§ 1º O benefício é estendido aos seringueiros que, atendendo a apelo do Governo brasileiro, contribuíram para o esforço de guerra, trabalhando na produção de borracha, na Região Amazônica, durante a Segunda Guerra Mundial.

§ 2º Os benefícios estabelecidos neste artigo são transferíveis aos dependentes reconhecidamente carentes.

§ 3º A concessão do benefício far-se-á conforme lei a ser proposta pelo Poder Executivo dentro de cento e cinquenta dias da promulgação da Constituição.

**Art. 55.** Até que seja aprovada a lei de diretrizes orçamentárias, trinta por cento, no mínimo, do orçamento da seguridade social, excluído o seguro-desemprego, serão destinados ao setor de saúde.

**Art. 56.** Até que a lei disponha sobre o artigo 195, I, a arrecadação decorrente de, no mínimo, cinco dos seis décimos percentuais correspondentes à alíquota da contribuição de que trata o Decreto-Lei nº 1.940, de 25 de maio de 1982, alterada pelo Decreto-Lei nº 2.049, de 1º de agosto de 1983, pelo Decreto nº 91.236, de 8 de maio de 1985, e pela Lei nº 7.611, de 8 de julho de 1987, passa a integrar a receita da seguridade social, ressalvados, exclusivamente no exercício de 1988, os compromissos assumidos com programas e projetos em andamento.

▶ LC nº 70, de 30-12-1991, institui contribuição para financiamento da Seguridade Social e eleva alíquota da contribuição social sobre o lucro das instituições financeiras.

▶ Dec.-lei nº 1.940, de 25-5-1982, institui contribuição social para financiamento da Seguridade Social e cria o Fundo de Investimento Social – FINSOCIAL.

▶ Súm. nº 658 do STF.

**Art. 57.** Os débitos dos Estados e dos Municípios relativos às contribuições previdenciárias até 30 de junho de 1988 serão liquidados, com correção monetária, em cento e vinte parcelas mensais, dispensados os juros e multas sobre eles incidentes, desde que os devedores requeiram o parcelamento e iniciem seu pagamento no prazo de cento e oitenta dias a contar da promulgação da Constituição.

§ 1º O montante a ser pago em cada um dos dois primeiros anos não será inferior a cinco por cento do total do débito consolidado e atualizado, sendo o restante dividido em parcelas mensais de igual valor.

§ 2º A liquidação poderá incluir pagamentos na forma de cessão de bens e prestação de serviços, nos termos da Lei nº 7.578, de 23 de dezembro de 1986.

§ 3º Em garantia do cumprimento do parcelamento, os Estados e os Municípios consignarão, anualmente, nos respectivos orçamentos as dotações necessárias ao pagamento de seus débitos.

§ 4º Descumprida qualquer das condições estabelecidas para concessão do parcelamento, o débito será considerado vencido em sua totalidade, sobre ele incidindo juros de mora; nesta hipótese, parcela dos recursos correspondentes aos Fundos de Participação, destinada aos Estados e Municípios devedores, será bloqueada e repassada à Previdência Social para pagamento de seus débitos.

**Art. 58.** Os benefícios de prestação continuada, mantidos pela Previdência Social na data da promulgação da Constituição, terão seus valores revistos, a fim de que seja restabelecido o poder aquisitivo, expresso em número de salários mínimos, que tinham na data de sua concessão, obedecendo-se a esse critério de atualização até a implantação do plano de custeio e benefícios referidos no artigo seguinte.

▶ Súm. nº 687 do STF.

Parágrafo único. As prestações mensais dos benefícios atualizadas de acordo com este artigo serão devidas e pagas a partir do sétimo mês a contar da promulgação da Constituição.

**Art. 59.** Os projetos de lei relativos à organização da seguridade social e aos planos de custeio e de benefício serão apresentados no prazo máximo de seis meses da promulgação da Constituição ao Congresso Nacional, que terá seis meses para apreciá-los.

Parágrafo único. Aprovados pelo Congresso Nacional, os planos serão implantados progressivamente nos dezoito meses seguintes.

▶ Lei nº 8.212, de 24-7-1991 (Lei Orgânica da Seguridade Social).

▶ Lei nº 8.213, de 24-7-1991 (Lei dos Planos de Benefícios da Previdência Social).

**Art. 60.** Até o 14º (décimo quarto) ano a partir da promulgação desta Emenda Constitucional, os Estados, o Distrito Federal e os Municípios destinarão parte dos recursos a que se refere o caput do art. 212 da Constituição Federal à manutenção e desenvolvimento da educação básica e à remuneração condigna dos trabalhadores da educação, respeitadas as seguintes disposições:

▶ *Caput* com a redação dada pela EC nº 53, de 19-12-2006.

▶ Lei nº 11.494, de 20-6-2007, regulamenta o Fundo de Manutenção e Desenvolvimento da Educação Básica e de Valorização dos Profissionais da Educação – FUNDEB, regulamentada pelo Dec. nº 6.253, de 13-11-2007.

I – a distribuição dos recursos e de responsabilidades entre o Distrito Federal, os Estados e seus Municípios é assegurada mediante a criação, no âmbito de cada Estado e do Distrito Federal, de um Fundo de Manutenção e Desenvolvimento da Educação Básica e de Valorização dos Profissionais da Educação – FUNDEB, de natureza contábil;

II – os Fundos referidos no inciso I do *caput* deste artigo serão constituídos por 20% (vinte por cento) dos recursos a que se referem os incisos I, II e III do art. 155; o inciso II do *caput* do art. 157; os incisos II, III e IV do *caput* do art. 158; e as alíneas *a* e *b* do inciso I e o inciso II do *caput* do art. 159, todos da Constituição Federal, e distribuídos entre cada Estado e seus Municípios, proporcionalmente ao número de alunos das diversas etapas e modalidades da educação básica presencial, matriculados nas respectivas redes, nos respectivos âmbitos de atuação prioritária estabelecidos nos §§ 2º e 3º do art. 211 da Constituição Federal;
III – observadas as garantias estabelecidas nos incisos I, II, III e IV do *caput* do art. 208 da Constituição Federal e as metas de universalização da educação básica estabelecidas no Plano Nacional de Educação, a lei disporá sobre:
a) a organização dos Fundos, a distribuição proporcional de seus recursos, as diferenças e as ponderações quanto ao valor anual por aluno entre etapas e modalidades da educação básica e tipos de estabelecimento de ensino;
b) a forma de cálculo do valor anual mínimo por aluno;
c) os percentuais máximos de apropriação dos recursos dos Fundos pelas diversas etapas e modalidades da educação básica, observados os arts. 208 e 214 da Constituição Federal, bem como as metas do Plano Nacional de Educação;
d) a fiscalização e o controle dos Fundos;
e) prazo para fixar, em lei específica, piso salarial profissional nacional para os profissionais do magistério público da educação básica;

▶ Lei nº 11.738, de 16-7-2008, regulamenta esta alínea.

IV – os recursos recebidos à conta dos Fundos instituídos nos termos do inciso I do *caput* deste artigo serão aplicados pelos Estados e Municípios exclusivamente nos respectivos âmbitos de atuação prioritária, conforme estabelecido nos §§ 2º e 3º do art. 211 da Constituição Federal;
V – a União complementará os recursos dos Fundos a que se refere o inciso II do *caput* deste artigo sempre que, no Distrito Federal e em cada Estado, o valor por aluno não alcançar o mínimo definido nacionalmente, fixado em observância ao disposto no inciso VII do *caput* deste artigo, vedada a utilização dos recursos a que se refere o § 5º do art. 212 da Constituição Federal;
VI – até 10% (dez por cento) da complementação da União prevista no inciso V do *caput* deste artigo poderá ser distribuída para os Fundos por meio de programas direcionados para a melhoria da qualidade da educação, na forma da lei a que se refere o inciso III do *caput* deste artigo;
VII – a complementação da União de que trata o inciso V do *caput* deste artigo será de, no mínimo:
a) R$ 2.000.000.000,00 (dois bilhões de reais), no primeiro ano de vigência dos Fundos;
b) R$ 3.000.000.000,00 (três bilhões de reais), no segundo ano de vigência dos Fundos;
c) R$ 4.500.000.000,00 (quatro bilhões e quinhentos milhões de reais), no terceiro ano de vigência dos Fundos;
d) 10% (dez por cento) do total dos recursos a que se refere o inciso II do *caput* deste artigo, a partir do quarto ano de vigência dos Fundos;

VIII – a vinculação de recursos à manutenção e desenvolvimento do ensino estabelecida no art. 212 da Constituição Federal suportará, no máximo, 30% (trinta por cento) da complementação da União, considerando-se para os fins deste inciso os valores previstos no inciso VII do *caput* deste artigo;
IX – os valores a que se referem as alíneas *a*, *b*, e *c* do inciso VII do *caput* deste artigo serão atualizados, anualmente, a partir da promulgação desta Emenda Constitucional, de forma a preservar, em caráter permanente, o valor real da complementação da União;
X – aplica-se à complementação da União o disposto no art. 160 da Constituição Federal;
XI – o não cumprimento do disposto nos incisos V e VII do *caput* deste artigo importará crime de responsabilidade da autoridade competente;
XII – proporção não inferior a 60% (sessenta por cento) de cada Fundo referido no inciso I do *caput* deste artigo será destinada ao pagamento dos profissionais do magistério da educação básica em efetivo exercício.

▶ Incisos I a XII acrescidos pela EC nº 53, de 19-12-2006.

§ 1º A União, os Estados, o Distrito Federal e os Municípios deverão assegurar, no financiamento da educação básica, a melhoria da qualidade de ensino, de forma a garantir padrão mínimo definido nacionalmente.

§ 2º O valor por aluno do ensino fundamental, no Fundo de cada Estado e do Distrito Federal, não poderá ser inferior ao praticado no âmbito do Fundo de Manutenção e Desenvolvimento do Ensino Fundamental e de Valorização do Magistério – FUNDEF, no ano anterior à vigência desta Emenda Constitucional.

§ 3º O valor anual mínimo por aluno do ensino fundamental, no âmbito do Fundo de Manutenção e Desenvolvimento da Educação Básica e de Valorização dos Profissionais da Educação – FUNDEB, não poderá ser inferior ao valor mínimo fixado nacionalmente no ano anterior ao da vigência desta Emenda Constitucional.

§ 4º Para efeito de distribuição de recursos dos Fundos a que se refere o inciso I do *caput* deste artigo, levar-se-á em conta a totalidade das matrículas no ensino fundamental e considerar-se-á para a educação infantil, para o ensino médio e para a educação de jovens e adultos 1/3 (um terço) das matrículas no primeiro ano, 2/3 (dois terços) no segundo ano e sua totalidade a partir do terceiro ano.

▶ §§ 1º a 4º com a redação dada pela EC nº 53, de 19-12-2006.

§ 5º A porcentagem dos recursos de constituição dos Fundos, conforme o inciso II do *caput* deste artigo, será alcançada gradativamente nos primeiros 3 (três) anos de vigência dos Fundos, da seguinte forma:

▶ *Caput* do § 5º com a redação dada pela EC nº 53, de 19-12-2006.

I – no caso dos impostos e transferências constantes do inciso II do *caput* do art. 155; do inciso IV do *caput* do art. 158; e das alíneas *a* e *b* do inciso I e do inciso II do *caput* do art. 159 da Constituição Federal:
a) 16,66% (dezesseis inteiros e sessenta e seis centésimos por cento), no primeiro ano;
b) 18,33% (dezoito inteiros e trinta e três centésimos por cento), no segundo ano;
c) 20% (vinte por cento), a partir do terceiro ano;

II – no caso dos impostos e transferências constantes dos incisos I e III do *caput* do art. 155; do inciso II do *caput* do art. 157; e dos incisos II e III do *caput* do art. 158 da Constituição Federal:

a) **6,66%** (seis inteiros e sessenta e seis centésimos por cento), no primeiro ano;
b) **13,33%** (treze inteiros e trinta e três centésimos por cento), no segundo ano;
c) **20%** (vinte por cento), a partir do terceiro ano.

▶ Incisos I e II acrescidos pela EC nº 53, de 19-12-2006.

**§§ 6º e 7º** *Revogados.* EC nº 53, de 19-12-2006.

**Art. 61.** As entidades educacionais a que se refere o artigo 213, bem como as fundações de ensino e pesquisa cuja criação tenha sido autorizada por lei, que preencham os requisitos dos incisos I e II do referido artigo e que, nos últimos três anos, tenham recebido recursos públicos, poderão continuar a recebê-los, salvo disposição legal em contrário.

**Art. 62.** A lei criará o Serviço Nacional de Aprendizagem Rural (SENAR) nos moldes da legislação relativa ao Serviço Nacional de Aprendizagem Industrial (SENAI) e ao Serviço Nacional de Aprendizagem do Comércio (SENAC), sem prejuízo das atribuições dos órgãos públicos que atuam na área.

▶ Lei nº 8.315, de 13-12-1991, dispõe sobre a criação do Serviço Nacional de Aprendizagem Rural – SENAR.

**Art. 63.** É criada uma Comissão composta de nove membros, sendo três do Poder Legislativo, três do Poder Judiciário e três do Poder Executivo, para promover as comemorações do centenário da proclamação da República e da promulgação da primeira Constituição republicana do País, podendo, a seu critério, desdobrar-se em tantas subcomissões quantas forem necessárias.

Parágrafo único. No desenvolvimento de suas atribuições, a Comissão promoverá estudos, debates e avaliações sobre a evolução política, social, econômica e cultural do País, podendo articular-se com os governos estaduais e municipais e com instituições públicas e privadas que desejem participar dos eventos.

**Art. 64.** A Imprensa Nacional e demais gráficas da União, dos Estados, do Distrito Federal e dos Municípios, da administração direta ou indireta, inclusive fundações instituídas e mantidas pelo Poder Público, promoverão edição popular do texto integral da Constituição, que será posta à disposição das escolas e dos cartórios, dos sindicatos, dos quartéis, das igrejas e de outras instituições representativas da comunidade, gratuitamente, de modo que cada cidadão brasileiro possa receber do Estado um exemplar da Constituição do Brasil.

**Art. 65.** O Poder Legislativo regulamentará, no prazo de doze meses, o artigo 220, § 4º.

**Art. 66.** São mantidas as concessões de serviços públicos de telecomunicações atualmente em vigor, nos termos da lei.

▶ Lei nº 9.472, de 16-7-1997, dispõe sobre a organização dos serviços de telecomunicações, a criação e funcionamento de um Órgão Regulador e outros aspectos institucionais.

**Art. 67.** A União concluirá a demarcação das terras indígenas no prazo de cinco anos a partir da promulgação da Constituição.

**Art. 68.** Aos remanescentes das comunidades dos quilombos que estejam ocupando suas terras é reconhecida a propriedade definitiva, devendo o Estado emitir-lhes os títulos respectivos.

▶ Dec. nº 4.887, de 20-11-2003, regulamenta o procedimento para identificação, reconhecimento, delimitação, demarcação e titulação das terras ocupadas por remanescentes das comunidades dos quilombos de que trata este artigo.

▶ Dec. nº 6.040, de 7-2-2007, institui a Política Nacional de Desenvolvimento Sustentável dos Povos e Comunidades Tradicionais.

**Art. 69.** Será permitido aos Estados manter consultorias jurídicas separadas de suas Procuradorias-Gerais ou Advocacias-Gerais, desde que, na data da promulgação da Constituição, tenham órgãos distintos para as respectivas funções.

**Art. 70.** Fica mantida a atual competência dos tribunais estaduais até que a mesma seja definida na Constituição do Estado, nos termos do artigo 125, § 1º, da Constituição.

▶ Art. 4º da EC nº 45, de 8-12-2004 (Reforma do Judiciário).

**Art. 71.** É instituído, nos exercícios financeiros de 1994 e 1995, bem assim nos períodos de 1º de janeiro de 1996 a 30 de junho de 1997 e 1º de julho de 1997 a 31 de dezembro de 1999, o Fundo Social de Emergência, com o objetivo de saneamento financeiro da Fazenda Pública Federal e de estabilização econômica, cujos recursos serão aplicados prioritariamente no custeio das ações dos sistemas de saúde e educação, incluindo a complementação de recursos de que trata o § 3º do artigo 60 do Ato das Disposições Constitucionais Transitórias, benefícios previdenciários e auxílios assistenciais de prestação continuada, inclusive liquidação de passivo previdenciário, e despesas orçamentárias associadas a programas de relevante interesse econômico e social.

▶ *Caput* com a redação dada pela EC nº 17, de 22-11-1997.

**§ 1º** Ao Fundo criado por este artigo não se aplica o disposto na parte final do inciso II do § 9º do artigo 165 da Constituição.

**§ 2º** O Fundo criado por este artigo passa a ser denominado Fundo de Estabilização Fiscal a partir do início do exercício financeiro de 1996.

**§ 3º** O Poder Executivo publicará demonstrativo da execução orçamentária, de periodicidade bimestral, no qual se discriminarão as fontes e usos do Fundo criado por este artigo.

▶ §§ 1º a 3º acrescidos pela EC nº 10, de 4-3-1996.

**Art. 72.** Integram o Fundo Social de Emergência:

▶ Art. 72 acrescido pela ECR nº 1, de 1º-3-1994.

I – o produto da arrecadação do imposto sobre renda e proventos de qualquer natureza incidente na fonte sobre pagamentos efetuados, a qualquer título, pela União, inclusive suas autarquias e fundações;

II – a parcela do produto da arrecadação do imposto sobre renda e proventos de qualquer natureza e do imposto sobre operações de crédito, câmbio e seguro, ou relativas a títulos e valores mobiliários, decorrente das alterações produzidas pela Lei nº 8.894, de 21 de junho de 1994, e pelas Leis nºs 8.849 e 8.848, ambas de 28 de janeiro de 1994, e modificações posteriores;

III – a parcela do produto da arrecadação resultante da elevação da alíquota da contribuição social sobre o lucro dos contribuintes a que se refere o § 1º do artigo 22 da Lei nº 8.212, de 24 de julho de 1991, a qual, nos exercícios financeiros de 1994 e 1995, bem assim no período de 1º de janeiro de 1996 a 30 de junho de 1997, passa a ser de trinta por cento, sujeita a alteração por lei ordinária, mantidas as demais normas da Lei nº 7.689, de 15 de dezembro de 1988;

IV – vinte por cento do produto da arrecadação de todos os impostos e contribuições da União, já instituídos ou a serem criados, excetuado o previsto nos incisos I, II e III, observado o disposto nos §§ 3º e 4º;

▶ Incisos II a IV com a redação dada pela EC nº 10, de 4-3-1996.

V – a parcela do produto da arrecadação da contribuição de que trata a Lei Complementar nº 7, de 7 de setembro de 1970, devida pelas pessoas jurídicas a que se refere o inciso III deste artigo, a qual será calculada, nos exercícios financeiros de 1994 a 1995, bem assim nos períodos de 1º de janeiro de 1996 a 30 de junho de 1997 e de 1º de julho de 1997 a 31 de dezembro de 1999, mediante a aplicação da alíquota de setenta e cinco centésimos por cento, sujeita a alteração por lei ordinária posterior, sobre a receita bruta operacional, como definida na legislação do imposto sobre renda e proventos de qualquer natureza;

▶ Inciso V com a redação dada pela EC nº 17, de 22-11-1997.

VI – outras receitas previstas em lei específica.

§ 1º As alíquotas e a base de cálculo previstas nos incisos III e IV aplicar-se-ão a partir do primeiro dia do mês seguinte aos noventa dias posteriores à promulgação desta Emenda.

§ 2º As parcelas de que tratam os incisos I, II, III e V serão previamente deduzidas da base de cálculo de qualquer vinculação ou participação constitucional ou legal, não se lhes aplicando o disposto nos artigos 159, 212 e 239 da Constituição.

§ 3º A parcela de que trata o inciso IV será previamente deduzida da base de cálculo das vinculações ou participações constitucionais previstas nos artigos 153, § 5º, 157, II, 212 e 239 da Constituição.

§ 4º O disposto no parágrafo anterior não se aplica aos recursos previstos nos artigos 158, II, e 159 da Constituição.

§ 5º A parcela dos recursos provenientes do imposto sobre renda e proventos de qualquer natureza, destinada ao Fundo Social de Emergência, nos termos do inciso II deste artigo, não poderá exceder a cinco inteiros e seis décimos por cento do total do produto da sua arrecadação.

▶ §§ 2º a 5º acrescidos pela EC nº 10, de 4-3-1996.

**Art. 73.** Na regulação do Fundo Social de Emergência não poderá ser utilizado o instrumento previsto no inciso V do artigo 59 da Constituição.

▶ Artigo acrescido pela ECR nº 1, de 1º-3-1994.

**Art. 74.** A União poderá instituir contribuição provisória sobre movimentação ou transmissão de valores e de créditos e direitos de natureza financeira.

▶ Art. 84 deste Ato.

§ 1º A alíquota da contribuição de que trata este artigo não excederá a vinte e cinco centésimos por cento, facultado ao Poder Executivo reduzi-la ou restabelecê-la, total ou parcialmente, nas condições e limites fixados em lei.

▶ Alíquota alterada pela EC nº 21, de 18-3-1999.

§ 2º À contribuição de que trata este artigo não se aplica o disposto nos artigos 153, § 5º, e 154, I, da Constituição.

§ 3º O produto da arrecadação da contribuição de que trata este artigo será destinado integralmente ao Fundo Nacional de Saúde, para financiamento das ações e serviços de saúde.

§ 4º A contribuição de que trata este artigo terá sua exigibilidade subordinada ao disposto no artigo 195, § 6º, da Constituição, e não poderá ser cobrada por prazo superior a dois anos.

▶ Art. 74 acrescido pela EC nº 12, de 15-8-1996.
▶ Lei nº 9.311 de 24-10-1996, institui a Contribuição Provisória sobre Movimentação ou Transmissão de Valores e de Créditos e Direitos de Natureza Financeira – CPMF.

**Art. 75.** É prorrogada, por trinta e seis meses, a cobrança da contribuição provisória sobre movimentação ou transmissão de valores e de créditos e direitos de natureza financeira de que trata o artigo 74, instituída pela Lei nº 9.311, de 24 de outubro de 1996, modificada pela Lei nº 9.539, de 12 de dezembro de 1997, cuja vigência é também prorrogada por idêntico prazo.

▶ Arts. 80, I, e 84 deste Ato.

§ 1º Observado o disposto no § 6º do artigo 195 da Constituição Federal, a alíquota da contribuição será de trinta e oito centésimos por cento, nos primeiros doze meses, e de trinta centésimos, nos meses subsequentes, facultado ao Poder Executivo reduzi-la total ou parcialmente, nos limites aqui definidos.

§ 2º O resultado do aumento da arrecadação, decorrente da alteração da alíquota, nos exercícios financeiros de 1999, 2000 e 2001, será destinado ao custeio da Previdência Social.

§ 3º É a União autorizada a emitir títulos da dívida pública interna, cujos recursos serão destinados ao custeio da saúde e da Previdência Social, em montante equivalente ao produto da arrecadação da contribuição, prevista e não realizada em 1999.

▶ Art. 75 acrescido pela EC nº 21, de 18-3-1999.
▶ O STF, por maioria de votos, julgou parcialmente procedente a ADIN nº 2.031-5, para declarar a inconstitucionalidade deste parágrafo, acrescido pela EC nº 21, de 18-3-1999 (DOU de 5-11-2003).
▶ LC nº 111, de 6-7-2001, dispõe sobre o Fundo de Combate e Erradicação da Pobreza, na forma prevista nos arts. 79, 80 e 81 do ADCT.

*Art. 76. São desvinculados de órgão, fundo ou despesa, até 31 de dezembro de 2015, 20% (vinte por cento) da arrecadação da União de impostos, contribuições sociais e de intervenção no domínio econômico, já instituídos ou que vierem a ser* criados até a referida data, seus adicionais e respectivos acréscimos legais.

**§ 1º** O disposto no caput não reduzirá a base de cálculo das transferências a Estados, Distrito Federal e Municípios, na forma do § 5º do art. 153, do inciso I do art. 157, dos incisos I e II do art. 158 e das alíneas a, b e d do inciso I e do inciso II do art. 159 da Constituição Federal, nem a base de cálculo das destinações a que se refere a alínea c do inciso I do art. 159 da Constituição Federal.

**§ 2º** Excetua-se da desvinculação de que trata o caput a arrecadação da contribuição social do salário-educação a que se refere o § 5º do art. 212 da Constituição Federal.

**§ 3º** Para efeito do cálculo dos recursos para manutenção e desenvolvimento do ensino de que trata o art. 212 da Constituição Federal, o percentual referido no caput será nulo.

▶ Art. 76 com a redação dada pela EC nº 68, de 21-12-2011.

**Art. 77.** Até o exercício financeiro de 2004, os recursos mínimos aplicados nas ações e serviços públicos de saúde serão equivalentes:

I – no caso da União:

a) no ano 2000, o montante empenhado em ações e serviços públicos de saúde no exercício financeiro de 1999 acrescido de, no mínimo, cinco por cento;
b) do ano de 2001 ao ano de 2004, o valor apurado no ano anterior, corrigido pela variação nominal do Produto Interno Bruto – PIB;

II – no caso dos Estados e do Distrito Federal, doze por cento do produto da arrecadação dos impostos a que se refere o artigo 155 e dos recursos de que tratam os artigos 157 e 159, inciso I, alínea a e inciso II, deduzidas as parcelas que forem transferidas aos respectivos Municípios; e

III – no caso dos Municípios e do Distrito Federal, quinze por cento do produto da arrecadação dos impostos a que se refere o artigo 156 e dos recursos de que tratam os artigos 158 e 159, inciso I, alínea b e § 3º.

**§ 1º** Os Estados, o Distrito Federal e os municípios que apliquem percentuais inferiores aos fixados nos incisos II e III deverão elevá-los gradualmente, até o exercício financeiro de 2004, reduzida a diferença à razão de, pelo menos, um quinto por ano, sendo que, a partir de 2000, a aplicação será de pelo menos sete por cento.

**§ 2º** Dos recursos da União apurados nos termos deste artigo, quinze por cento, no mínimo, serão aplicados nos Municípios, segundo o critério populacional, em ações e serviços básicos de saúde, na forma da lei.

**§ 3º** Os recursos dos Estados, do Distrito Federal e dos Municípios destinados às ações e serviços públicos de saúde e os transferidos pela União para a mesma finalidade serão aplicados por meio de Fundo de Saúde que será acompanhado e fiscalizado por Conselho de Saúde, sem prejuízo do disposto no artigo 74 da Constituição Federal.

**§ 4º** Na ausência da lei complementar a que se refere o artigo 198, § 3º, a partir do exercício financeiro de 2005, aplicar-se-á à União, aos Estados, ao Distrito Federal e aos Municípios o disposto neste artigo.

▶ Art. 77 acrescido pela EC nº 29, de 13-9-2000.

**Art. 78.** Ressalvados os créditos definidos em lei como de pequeno valor, os de natureza alimentícia, os de que trata o artigo 33 deste Ato das Disposições Constitucionais Transitórias e suas complementações e os que já tiverem os seus respectivos recursos liberados ou depositados em juízo, os precatórios pendentes na data da publicação desta Emenda e os que decorrem de ações iniciais ajuizadas até 31 de dezembro de 1999 serão liquidados pelo seu valor real, em moeda corrente, acrescido de juros legais, em prestações anuais, iguais e sucessivas, no prazo máximo de dez anos, permitida a cessão dos créditos.

▶ O STF, por maioria de votos, deferiu as cautelares, nas Ações Diretas de Inconstitucionalidade nºs 2.356 e 2.362, para suspender a eficácia do art. 2º da EC nº 30/2000, que introduziu este artigo ao ADCT (DOU de 7-12-2010).
▶ Arts. 86, 87 e 97, § 15, do ADCT.
▶ Res. do CNJ nº 92, de 13-10-2009, dispõe sobre a Gestão de Precatórios no âmbito do Poder Judiciário.

**§ 1º** É permitida a decomposição de parcelas, a critério do credor.

**§ 2º** As prestações anuais a que se refere o caput deste artigo terão, se não liquidadas até o final do exercício a que se referem, poder liberatório do pagamento de tributos da entidade devedora.

▶ Art. 6º da EC nº 62, de 9-12-2009, que convalida todas as compensações de precatórios com tributos vencidos até 31-10-2009 da entidade devedora, efetuadas na forma deste parágrafo, realizadas antes da promulgação desta Emenda Constitucional.

**§ 3º** O prazo referido no caput deste artigo fica reduzido para dois anos, nos casos de precatórios judiciais originários de desapropriação de imóvel residencial do credor, desde que comprovadamente único à época da imissão na posse.

**§ 4º** O Presidente do Tribunal competente deverá, vencido o prazo ou em caso de omissão no orçamento, ou preterição ao direito de precedência, a requerimento do credor, requisitar ou determinar o sequestro de recursos financeiros da entidade executada, suficientes à satisfação da prestação.

▶ Art. 78 acrescido pela EC nº 30, de 13-12-2000.

**Art. 79.** É instituído, para vigorar até o ano de 2010, no âmbito do Poder Executivo Federal, o Fundo de Combate e Erradicação da Pobreza, a ser regulado por lei complementar com o objetivo de viabilizar a todos os brasileiros acesso a níveis dignos de subsistência, cujos recursos serão aplicados em ações suplementares de nutrição, habitação, educação, saúde, reforço de renda familiar e outros programas de relevante interesse social voltados para melhoria da qualidade de vida.

▶ Art. 4º da EC nº 42, de 19-12-2003.
▶ EC nº 67, de 22-12-2010, prorroga, por tempo indeterminado, o prazo de vigência do Fundo de Combate e Erradicação da Pobreza.

Parágrafo único. O Fundo previsto neste artigo terá Conselho Consultivo e de Acompanhamento que conte com a participação de representantes da sociedade civil, nos termos da lei.

▶ Art. 79 acrescido pela EC nº 31, de 14-12-2000.
▶ LC nº 111, de 6-7-2001, dispõe sobre o Fundo de Combate e Erradicação da Pobreza, na forma prevista nos arts. 79 a 81 do ADCT.
▶ Dec. nº 3.997, de 1º-11-2001, define o órgão gestor do Fundo de Combate e Erradicação da Pobreza, e regulamenta a composição e o funcionamento do seu Conselho Consultivo e de Acompanhamento.

**Art. 80.** Compõem o Fundo de Combate e Erradicação da Pobreza:

▶ Art. 31, III, do Dec. nº 6.140, de 3-7-2007, que regulamenta a Contribuição Provisória sobre Movimentação ou Transmissão de Valores e de Créditos e Direitos de Natureza Financeira – CPMF.

I – a parcela do produto da arrecadação correspondente a um adicional de oito centésimos por cento, aplicável de 18 de junho de 2000 a 17 de junho de 2002, na alíquota da contribuição social de que trata o art. 75 do Ato das Disposições Constitucionais Transitórias;

▶ Art. 84 deste Ato.
▶ Art. 4º da EC nº 42, de 19-12-2003.

II – a parcela do produto da arrecadação correspondente a um adicional de cinco pontos percentuais na alíquota do Imposto sobre Produtos Industrializados – IPI, ou do imposto que vier a substituí-lo, incidente sobre produtos supérfluos e aplicável até a extinção do Fundo;
III – o produto da arrecadação do imposto de que trata o artigo 153, inciso VII, da Constituição;
IV – dotações orçamentárias;
V – doações, de qualquer natureza, de pessoas físicas ou jurídicas do País ou do exterior;
VI – outras receitas, a serem definidas na regulamentação do referido Fundo.

§ 1º Aos recursos integrantes do Fundo de que trata este artigo não se aplica o disposto nos artigos 159 e 167, inciso IV, da Constituição, assim como qualquer desvinculação de recursos orçamentários.

§ 2º A arrecadação decorrente do disposto no inciso I deste artigo, no período compreendido entre 18 de junho de 2000 e o início da vigência da lei complementar a que se refere o artigo 79, será integralmente repassada ao Fundo, preservando o seu valor real, em títulos públicos federais, progressivamente resgatáveis após 18 de junho de 2002, na forma da lei.

▶ Art. 80 acrescido pela EC nº 31, de 14-12-2000.
▶ LC nº 111, de 6-7-2001, dispõe sobre o Fundo de Combate e Erradicação da Pobreza, na forma prevista nos arts. 79 a 81 do ADCT.

**Art. 81.** É instituído Fundo constituído pelos recursos recebidos pela União em decorrência da desestatização de sociedades de economia mista ou empresas públicas por ela controladas, direta ou indiretamente, quando a operação envolver a alienação do respectivo controle acionário a pessoa ou entidade não integrante da Administração Pública, ou de participação societária remanescente após a alienação, cujos rendimentos, gerados a partir de 18 de junho de 2002, reverterão ao Fundo de Combate e Erradicação da Pobreza.

▶ Art. 31, III, do Dec. nº 6.140, de 3-7-2007, que regulamenta a Contribuição Provisória sobre Movimentação ou Transmissão de Valores e de Créditos e Direitos de Natureza Financeira – CPMF.

§ 1º Caso o montante anual previsto nos rendimentos transferidos ao Fundo de Combate e Erradicação da Pobreza, na forma deste artigo, não alcance o valor de quatro bilhões de reais, far-se-á complementação na forma do artigo 80, inciso IV, do Ato das Disposições Constitucionais Transitórias.

§ 2º Sem prejuízo do disposto no § 1º, o Poder Executivo poderá destinar o Fundo a que se refere este artigo outras receitas decorrentes da alienação de bens da União.

§ 3º A constituição do Fundo a que se refere o *caput*, a transferência de recursos ao Fundo de Combate e Erradicação da Pobreza e as demais disposições referentes ao § 1º deste artigo serão disciplinadas em lei, não se aplicando o disposto no artigo 165, § 9º, inciso II, da Constituição.

▶ Art. 81 acrescido pela EC nº 31, de 13-12-2000.
▶ LC nº 111, de 6-7-2001, dispõe sobre o Fundo de Combate e Erradicação da Pobreza, na forma prevista nos arts. 79 a 81 do ADCT.

**Art. 82.** Os Estados, o Distrito Federal e os Municípios devem instituir Fundos de Combate à Pobreza, com os recursos de que trata este artigo e outros que vierem a destinar, devendo os referidos Fundos ser geridos por entidades que contém com a participação da sociedade civil.

▶ Art. 4º da EC nº 42, de 19-12-2003.

§ 1º Para o financiamento dos Fundos Estaduais e Distrital, poderá ser criado adicional de até dois pontos percentuais na alíquota do Imposto sobre Circulação de Mercadorias e Serviços – ICMS, sobre os produtos e serviços supérfluos e nas condições definidas na lei complementar de que trata o art. 155, § 2º, XII, da Constituição, não se aplicando, sobre este percentual, o disposto no art. 158, IV, da Constituição.

▶ § 1º com a redação dada pela EC nº 42, de 19-12-2003.

§ 2º Para o financiamento dos Fundos Municipais, poderá ser criado adicional de até meio ponto percentual na alíquota do Imposto sobre serviços ou do imposto que vier a substituí-lo, sobre os serviços supérfluos.

▶ Art. 82 acrescido pela EC nº 31, de 14-12-2000.

**Art. 83.** Lei federal definirá os produtos e serviços supérfluos a que se referem os arts. 80, II, e 82, § 2º.

▶ Artigo com a redação dada pela EC nº 42, de 19-12-2003.

**Art. 84.** A contribuição provisória sobre movimentação ou transmissão de valores e de créditos e direitos de natureza financeira, prevista nos arts. 74, 75 e 80, I, deste Ato das Disposições Constitucionais Transitórias, será cobrada até 31 de dezembro de 2004.

▶ Art. 90 deste Ato.
▶ Dec. nº 6.140, de 3-7-2007, regulamenta a Contribuição Provisória sobre Movimentação ou Transmissão de Valores e de Créditos e Direitos de Natureza Financeira – CPMF.

§ 1º Fica prorrogada, até a data referida no *caput* deste artigo, a vigência da Lei nº 9.311, de 24 de outubro de 1996, e suas alterações.

§ 2º Do produto da arrecadação da contribuição social de que trata este artigo será destinada a parcela correspondente à alíquota de:

▶ Art. 31 do Dec. nº 6.140, de 3-7-2007, que regulamenta a Contribuição Provisória sobre Movimentação ou Transmissão de Valores e de Créditos e Direitos de Natureza Financeira – CPMF.

I – vinte centésimos por cento ao Fundo Nacional de Saúde, para financiamento das ações e serviços de saúde;
II – dez centésimos por cento ao custeio da previdência social;
III – oito centésimos por cento ao Fundo de Combate e Erradicação da Pobreza, de que tratam os arts. 80 e 81 deste Ato das Disposições Constitucionais Transitórias.

§ 3º A alíquota da contribuição de que trata este artigo será de:

I – trinta e oito centésimos por cento, nos exercícios financeiros de 2002 e 2003;
II – *Revogado*. EC nº 42, de 19-12-2003.

▶ Art. 84 acrescido pela EC nº 37, de 12-6-2002.

**Art. 85.** A contribuição a que se refere o art. 84 deste Ato das Disposições Constitucionais Transitórias não incidirá, a partir do trigésimo dia da data de publicação desta Emenda Constitucional, nos lançamentos:

▶ Art. 3º do Dec. nº 6.140, de 3-7-2007, que regulamenta a Contribuição Provisória sobre Movimentação ou Transmissão de Valores e de Créditos e Direitos de Natureza Financeira – CPMF.

I – em contas correntes de depósito especialmente abertas e exclusivamente utilizadas para operações de:

▶ Art. 2º da Lei nº 10.892, de 13-7-2004, que dispõe sobre multas nos casos de utilização diversa da prevista na legislação das contas correntes de depósitos beneficiárias da alíquota 0 (zero), bem como da inobservância de normas baixadas pelo BACEN que resultem na falta de cobrança do CPMF devida.

a) câmaras e prestadoras de serviços de compensação e de liquidação de que trata o parágrafo único do art. 2º da Lei nº 10.214, de 27 de março de 2001;
b) companhias securitizadoras de que trata a Lei nº 9.514, de 20 de novembro de 1997;
c) sociedades anônimas que tenham por objeto exclusivo a aquisição de créditos oriundos de operações praticadas no mercado financeiro;

▶ Art. 2º, § 3º, da Lei nº 10.892, de 13-7-2004, que altera os arts. 8º e 16 da Lei nº 9.311, de 24-10-1996, que institui a Contribuição Provisória sobre Movimentação ou Transmissão de Valores e de Créditos e Direitos de Natureza Financeira – CPMF.

II – em contas correntes de depósito, relativos a:

a) operações de compra e venda de ações, realizadas em recintos ou sistemas de negociação de bolsas de valores e no mercado de balcão organizado;
b) contratos referenciados em ações ou índices de ações, em suas diversas modalidades, negociados em bolsas de valores, de mercadorias e de futuros;

III – em contas de investidores estrangeiros, relativos a entradas no País e a remessas para o exterior de recursos financeiros empregados, exclusivamente, em operações e contratos referidos no inciso II deste artigo.

§ 1º O Poder Executivo disciplinará o disposto neste artigo no prazo de trinta dias da data de publicação desta Emenda Constitucional.

§ 2º O disposto no inciso I deste artigo aplica-se somente às operações relacionadas em ato do Poder Executivo, dentre aquelas que constituam o objeto social das referidas entidades.

§ 3º O disposto no inciso II deste artigo aplica-se somente a operações e contratos efetuados por intermédio de instituições financeiras, sociedades corretoras de títulos e valores mobiliários, sociedades distribuidoras de títulos e valores mobiliários e sociedades corretoras de mercadorias.

▶ Art. 85 acrescido pela EC nº 37, de 12-6-2002.

**Art. 86.** Serão pagos conforme disposto no art. 100 da Constituição Federal, não se lhes aplicando a regra de parcelamento estabelecida no *caput* do art. 78 deste Ato das Disposições Constitucionais Transitórias, os débitos da Fazenda Federal, Estadual, Distrital ou Municipal oriundos de sentenças transitadas em julgado, que preencham, cumulativamente, as seguintes condições:

I – ter sido objeto de emissão de precatórios judiciários;

▶ Res. do CNJ nº 92, de 13-10-2009, dispõe sobre a Gestão de Precatórios no âmbito do Poder Judiciário.

II – ter sido definidos como de pequeno valor pela lei de que trata o § 3º do art. 100 da Constituição Federal ou pelo art. 87 deste Ato das Disposições Constitucionais Transitórias;
III – estar, total ou parcialmente, pendentes de pagamento na data da publicação desta Emenda Constitucional.

§ 1º Os débitos a que se refere o *caput* deste artigo, ou os respectivos saldos, serão pagos na ordem cronológica de apresentação dos respectivos precatórios, com precedência sobre os de maior valor.

▶ Res. do CNJ nº 92, de 13-10-2009, dispõe sobre a Gestão de Precatórios no âmbito do Poder Judiciário.

§ 2º Os débitos a que se refere o *caput* deste artigo, se ainda não tiverem sido objeto de pagamento parcial, nos termos do art. 78 deste Ato das Disposições Constitucionais Transitórias, poderão ser pagos em duas parcelas anuais, se assim dispuser a lei.

§ 3º Observada a ordem cronológica de sua apresentação, os débitos de natureza alimentícia previstos neste artigo terão precedência para pagamento sobre todos os demais.

▶ Art. 86 acrescido pela EC nº 37, de 12-6-2002.

**Art. 87.** Para efeito do que dispõem o § 3º do art. 100 da Constituição Federal e o art. 78 deste Ato das Disposições Constitucionais Transitórias serão considerados de pequeno valor, até que se dê a publicação oficial das respectivas leis definidoras pelos entes da Federação, observado o disposto no § 4º do art. 100 da Constituição Federal, os débitos ou obrigações consignados em precatório judiciário, que tenham valor igual ou inferior a:

I – quarenta salários mínimos, perante a Fazenda dos Estados e do Distrito Federal;

II – trinta salários mínimos, perante a Fazenda dos Municípios.

Parágrafo único. Se o valor da execução ultrapassar o estabelecido neste artigo, o pagamento far-se-á, sempre, por meio de precatório, sendo facultada à parte exequente a renúncia ao crédito do valor excedente, para que possa optar pelo pagamento do saldo sem o precatório, da forma prevista no § 3º do art. 100.

▶ Art. 87 acrescido pela EC nº 37, de 12-6-2002.
▶ Res. do CNJ nº 92, de 13-10-2009, dispõe sobre a Gestão de Precatórios no âmbito do Poder Judiciário.

**Art. 88.** Enquanto lei complementar não disciplinar o disposto nos incisos I e III do § 3º do art. 156 da Constituição Federal, o imposto a que se refere o inciso III do *caput* do mesmo artigo:

I – terá alíquota mínima de dois por cento, exceto para os serviços a que se referem os itens 32, 33 e 34 da Lista de Serviços anexa ao Decreto-Lei nº 406, de 31 de dezembro de 1968;

II – não será objeto de concessão de isenções, incentivos e benefícios fiscais, que resulte, direta ou indiretamente, na redução da alíquota mínima estabelecida no inciso I.

▶ Art. 88 acrescido pela EC nº 37, de 12-6-2002.

**Art. 89.** Os integrantes da carreira policial militar e os servidores municipais do ex-Território Federal de Rondônia que, comprovadamente, se encontravam no exercício regular de suas funções prestando serviço àquele ex-Território na data em que foi transformado em Estado, bem como os servidores e os policiais militares alcançados pelo disposto no art. 36 da Lei Complementar nº 41, de 22 de dezembro de 1981, e aqueles admitidos regularmente nos quadros do Estado de Rondônia até a data de posse do primeiro Governador eleito, em 15 de março de 1987, constituirão, mediante opção, quadro em extinção da administração federal, assegurados os direitos e as vantagens a eles inerentes, vedado o pagamento, a qualquer título, de diferenças remuneratórias.

▶ *Caput* com a redação dada pela EC nº 60, de 11-11-2009.
▶ Art. 1º da EC nº 60, de 11-11-2009, que veda o pagamento, a qualquer título, em virtude da alteração pela referida Emenda, de ressarcimentos ou indenizações, de qualquer espécie, referentes a períodos anteriores à data de sua publicação (*DOU* de 12-11-2009).

§ 1º Os membros da Polícia Militar continuarão prestando serviços ao Estado de Rondônia, na condição de cedidos, submetidos às corporações da Polícia Militar, observadas as atribuições de função compatíveis com o grau hierárquico.

§ 2º Os servidores a que se refere o *caput* continuarão prestando serviços ao Estado de Rondônia na condição de cedidos, até seu aproveitamento em órgão ou entidade da administração federal direta, autárquica ou fundacional.

▶ §§ 1º e 2º acrescidos pela EC nº 60, de 11-11-2009.

**Art. 90.** O prazo previsto no *caput* do art. 84 deste Ato das Disposições Constitucionais Transitórias fica prorrogado até 31 de dezembro de 2007.

§ 1º Fica prorrogada, até a data referida no *caput* deste artigo, a vigência da Lei nº 9.311, de 24 de outubro de 1996, e suas alterações.

§ 2º Até a data referida no *caput* deste artigo, a alíquota da contribuição de que trata o art. 84 deste Ato das Disposições Constitucionais Transitórias será de trinta e oito centésimos por cento.

▶ Art. 90 acrescido pela EC nº 42, de 19-12-2003.

**Art. 91.** A União entregará aos Estados e ao Distrito Federal o montante definido em lei complementar, de acordo com critérios, prazos e condições nela determinados, podendo considerar as exportações para o exterior de produtos primários e semielaborados, a relação entre as exportações e as importações, os créditos decorrentes de aquisições destinadas ao ativo permanente e a efetiva manutenção e aproveitamento do crédito do imposto a que se refere o art. 155, § 2º, X, *a*.

§ 1º Do montante de recursos que cabe a cada Estado, setenta e cinco por cento pertencem ao próprio Estado, e vinte e cinco por cento, aos seus Municípios, distribuídos segundo os critérios a que se refere o art. 158, parágrafo único, da Constituição.

§ 2º A entrega de recursos prevista neste artigo perdurará, conforme definido em lei complementar, até que o imposto a que se refere o art. 155, II, tenha o produto de sua arrecadação destinado predominantemente, em proporção não inferior a oitenta por cento, ao Estado onde ocorrer o consumo das mercadorias, bens ou serviços.

§ 3º Enquanto não for editada a lei complementar de que trata o *caput*, em substituição ao sistema de entrega de recursos nele previsto, permanecerá vigente o sistema de entrega de recursos previsto no art. 31 e Anexo da Lei Complementar nº 87, de 13 de setembro de 1996, com a redação dada pela Lei Complementar nº 115, de 26 de dezembro de 2002.

§ 4º Os Estados e o Distrito Federal deverão apresentar à União, nos termos das instruções baixadas pelo Ministério da Fazenda, as informações relativas ao imposto de que trata o art. 155, II, declaradas pelos contribuintes que realizarem operações ou prestações com destino ao exterior.

▶ Art. 91 acrescido pela EC nº 42, de 19-12-2003.

**Art. 92.** São acrescidos dez anos ao prazo fixado no art. 40 deste Ato das Disposições Constitucionais Transitórias.

▶ Artigo acrescido pela EC nº 42, de 19-12-2003.

**Art. 93.** A vigência do disposto no art. 159, III, e § 4º, iniciará somente após a edição da lei de que trata o referido inciso III.

▶ Artigo acrescido pela EC nº 42, de 19-12-2003.

**Art. 94.** Os regimes especiais de tributação para microempresas e empresas de pequeno porte próprios da União, dos Estados, do Distrito Federal e dos Municípios cessarão a partir da entrada em vigor do regime previsto no art. 146, III, *d*, da Constituição.

▶ Artigo acrescido pela EC nº 42, de 19-12-2003.

**Art. 95.** Os nascidos no estrangeiro entre 7 de junho de 1994 e a data da promulgação desta Emenda Constitu-

cional, filhos de pai brasileiro ou mãe brasileira, poderão ser registrados em repartição diplomática ou consular brasileira competente ou em ofício de registro, se vierem a residir na República Federativa do Brasil.
▶ Artigo acrescido pela EC nº 54, de 20-9-2007.
▶ Art. 12 desta Constituição.

**Art. 96.** Ficam convalidados os atos de criação, fusão, incorporação e desmembramento de Municípios, cuja lei tenha sido publicada até 31 de dezembro de 2006, atendidos os requisitos estabelecidos na legislação do respectivo Estado à época de sua criação.
▶ Artigo acrescido pela EC nº 57, de 18-12-2008.

**Art. 97.** Até que seja editada a Lei Complementar de que trata o § 15 do art. 100 da Constituição Federal, os Estados, o Distrito Federal e os Municípios que, na data de publicação desta Emenda Constitucional, estejam em mora na quitação de precatórios vencidos, relativos às suas administrações direta e indireta, inclusive os emitidos durante o período de vigência do regime especial instituído por este artigo, farão esses pagamentos de acordo com as normas a seguir estabelecidas, sendo inaplicável o disposto no art. 100 desta Constituição Federal, exceto em seus §§ 2º, 3º, 9º, 10, 11, 12, 13 e 14, e sem prejuízo dos acordos de juízos conciliatórios já formalizados na data de promulgação desta Emenda Constitucional.
▶ Art. 3º da EC nº 62, de 9-12-2009, estabelece que a implantação do regime de pagamento criado por este artigo deverá ocorrer no prazo de até 90 (noventa dias), contados da data de sua publicação (*DOU* de 10-12-2009).

§ 1º Os Estados, o Distrito Federal e os Municípios sujeitos ao regime especial de que trata este artigo optarão, por meio de ato do Poder Executivo:
▶ Art. 4º da EC nº 62, de 9-12-2009, que estabelece os casos em que a entidade federativa violará a observar somente o disposto no art. 100 da CF.

I – pelo depósito em conta especial do valor referido pelo § 2º deste artigo; ou
II – pela adoção do regime especial pelo prazo de até 15 (quinze) anos, caso em que o percentual a ser depositado na conta especial a que se refere o § 2º deste artigo corresponderá, anualmente, ao saldo total dos precatórios devidos, acrescido do índice oficial de remuneração básica da caderneta de poupança e de juros simples no mesmo percentual de juros incidentes sobre a caderneta de poupança para fins de compensação da mora, excluída a incidência de juros compensatórios, diminuído das amortizações e dividido pelo número de anos restantes no regime especial de pagamento.

§ 2º Para saldar os precatórios, vencidos e a vencer, pelo regime especial, os Estados, o Distrito Federal e os Municípios devedores depositarão mensalmente, em conta especial criada para tal fim, 1/12 (um doze avos) do valor calculado percentualmente sobre as respectivas receitas correntes líquidas, apuradas no segundo mês anterior ao mês de pagamento, sendo que esse percentual, calculado no momento de opção pelo regime e mantido fixo até o final do prazo a que se refere o § 14 deste artigo, será:

I – para os Estados e para o Distrito Federal:

a) de, no mínimo, 1,5% (um inteiro e cinco décimos por cento), para os Estados das regiões Norte, Nordeste e Centro-Oeste, além do Distrito Federal, ou cujo estoque de precatórios pendentes das suas administrações direta e indireta corresponder a até 35% (trinta e cinco por cento) do total da receita corrente líquida;
b) de, no mínimo, 2% (dois por cento), para os Estados das regiões Sul e Sudeste, cujo estoque de precatórios pendentes das suas administrações direta e indireta corresponder a mais de 35% (trinta e cinco por cento) da receita corrente líquida;

II – para Municípios:

a) de, no mínimo, 1% (um por cento), para Municípios das regiões Norte, Nordeste e Centro-Oeste, ou cujo estoque de precatórios pendentes das suas administrações direta e indireta corresponder a até 35% (trinta e cinco por cento) da receita corrente líquida;
b) de, no mínimo, 1,5% (um inteiro e cinco décimos por cento), para Municípios das regiões Sul e Sudeste, cujo estoque de precatórios pendentes das suas administrações direta e indireta corresponder a mais de 35 % (trinta e cinco por cento) da receita corrente líquida.

§ 3º Entende-se como receita corrente líquida, para os fins de que trata este artigo, o somatório das receitas tributárias, patrimoniais, industriais, agropecuárias, de contribuições e de serviços, transferências correntes e outras receitas correntes, incluindo as oriundas do § 1º do art. 20 da Constituição Federal, verificado no período compreendido pelo mês de referência e os 11 (onze) meses anteriores, excluídas as duplicidades, e deduzidas:

I – nos Estados, as parcelas entregues aos Municípios por determinação constitucional;
II – nos Estados, no Distrito Federal e nos Municípios, a contribuição dos servidores para custeio do seu sistema de previdência e assistência social e as receitas provenientes da compensação financeira referida no § 9º do art. 201 da Constituição Federal.

§ 4º As contas especiais de que tratam os §§ 1º e 2º serão administradas pelo Tribunal de Justiça local, para pagamento de precatórios expedidos pelos tribunais.

§ 5º Os recursos depositados nas contas especiais de que tratam os §§ 1º e 2º deste artigo não poderão retornar para Estados, Distrito Federal e Municípios devedores.

§ 6º Pelo menos 50% (cinquenta por cento) dos recursos de que tratam os §§ 1º e 2º deste artigo serão utilizados para pagamento de precatórios em ordem cronológica de apresentação, respeitadas as preferências definidas no § 1º, para os requisitórios do mesmo ano e no § 2º do art. 100, para requisitórios de todos os anos.

§ 7º Nos casos em que não se possa estabelecer a precedência cronológica entre 2 (dois) precatórios, pagar-se-á primeiramente o precatório de menor valor.

§ 8º A aplicação dos recursos restantes dependerá de opção a ser exercida por Estados, Distrito Federal e Municípios devedores, por ato do Poder Executivo, obedecendo à seguinte forma, que poderá ser aplicada isoladamente ou simultaneamente:

I – destinados ao pagamento dos precatórios por meio do leilão;

II – destinados a pagamento a vista de precatórios não quitados na forma do § 6º e do inciso I, em ordem única e crescente de valor por precatório;

III – destinados a pagamento por acordo direto com os credores, na forma estabelecida por lei própria da entidade devedora, que poderá prever criação e forma de funcionamento de câmara de conciliação.

§ 9º Os leilões de que trata o inciso I do § 8º deste artigo:

I – serão realizados por meio de sistema eletrônico administrado por entidade autorizada pela Comissão de Valores Mobiliários ou pelo Banco Central do Brasil;

II – admitirão a habilitação de precatórios, ou parcela de cada precatório indicada pelo seu detentor, em relação aos quais não esteja pendente, no âmbito do Poder Judiciário, recurso ou impugnação de qualquer natureza, permitida por iniciativa do Poder Executivo a compensação com débitos líquidos e certos, inscritos ou não em dívida ativa e constituídos contra devedor originário pela Fazenda Pública devedora até a data da expedição do precatório, ressalvados aqueles cuja exigibilidade esteja suspensa nos termos da legislação, ou que já tenham sido objeto de abatimento nos termos do § 9º do art. 100 da Constituição Federal;

III – ocorrerão por meio de oferta pública a todos os credores habilitados pelo respectivo ente federativo devedor;

IV – considerarão automaticamente habilitado o credor que satisfaça o que consta no inciso II;

V – serão realizados tantas vezes quanto necessário em função do valor disponível;

VI – a competição por parcela do valor total ocorrerá a critério do credor, com deságio sobre o valor desta;

VII – ocorrerão na modalidade deságio, associado ao maior volume ofertado cumulado ou não com o maior percentual de deságio, pelo maior percentual de deságio, podendo ser fixado valor máximo por credor, ou por outro critério a ser definido em edital;

VIII – o mecanismo de formação de preço constará nos editais publicados para cada leilão;

IX – a quitação parcial dos precatórios será homologada pelo respectivo Tribunal que o expediu.

§ 10. No caso de não liberação tempestiva dos recursos de que tratam o inciso II do § 1º e os §§ 2º e 6º deste artigo:

I – haverá o sequestro de quantia nas contas de Estados, Distrito Federal e Municípios devedores, por ordem do Presidente do Tribunal referido no § 4º, até o limite do valor não liberado;

II – constituir-se-á, alternativamente, por ordem do Presidente do Tribunal requerido, em favor dos credores de precatórios, contra Estados, Distrito Federal e Municípios devedores, direito líquido e certo, autoaplicável e independentemente de regulamentação, à compensação automática com débitos líquidos lançados por esta contra aqueles, e, havendo saldo em favor do credor, o valor terá automaticamente poder liberatório do pagamento de tributos de Estados, Distrito Federal e Municípios devedores, até onde se compensarem;

III – o chefe do Poder Executivo responderá na forma da legislação de responsabilidade fiscal e de improbidade administrativa;

IV – enquanto perdurar a omissão, a entidade devedora:

a) não poderá contrair empréstimo externo ou interno;

b) ficará impedida de receber transferências voluntárias;

V – a União reterá os repasses relativos ao Fundo de Participação dos Estados e do Distrito Federal e ao Fundo de Participação dos Municípios, e os depositará nas contas especiais referidas no § 1º, devendo sua utilização obedecer ao que prescreve o § 5º, ambos deste artigo.

§ 11. No caso de precatórios relativos a diversos credores, em litisconsórcio, admite-se o desmembramento do valor, realizado pelo Tribunal de origem do precatório, por credor, e, por este, a habilitação do valor total a que tem direito, não se aplicando, neste caso, a regra do § 3º do art. 100 da Constituição Federal.

§ 12. Se a lei a que se refere o § 4º do art. 100 não estiver publicada em até 180 (cento e oitenta) dias, contados da data de publicação desta Emenda Constitucional, será considerado, para os fins referidos, em relação a Estados, Distrito Federal e Municípios devedores, omissos na regulamentação, o valor de:

I – 40 (quarenta) salários mínimos para Estados e para o Distrito Federal;

II – 30 (trinta) salários mínimos para Municípios.

§ 13. Enquanto Estados, Distrito Federal e Municípios devedores estiverem realizando pagamentos de precatórios pelo regime especial, não poderão sofrer sequestro de valores, exceto no caso de não liberação tempestiva dos recursos de que tratam o inciso II do § 1º e o § 2º deste artigo.

§ 14. O regime especial de pagamento de precatório previsto no inciso I do § 1º vigorará enquanto o valor dos precatórios devidos for superior ao valor dos recursos vinculados, nos termos do § 2º, ambos deste artigo, ou pelo prazo fixo de até 15 (quinze) anos, no caso da opção prevista no inciso II do § 1º.

§ 15. Os precatórios parcelados na forma do art. 33 ou do art. 78 deste Ato das Disposições Constitucionais Transitórias e ainda pendentes de pagamento ingressarão no regime especial com o valor atualizado das parcelas não pagas relativas a cada precatório, bem como o saldo dos acordos judiciais e extrajudiciais.

§ 16. A partir da promulgação desta Emenda Constitucional, a atualização de valores de requisitórios, até o efetivo pagamento, independentemente de sua natureza, será feita pelo índice oficial de remuneração básica da caderneta de poupança, e, para fins de compensação da mora, incidirão juros simples no mesmo percentual de juros incidentes sobre a caderneta de poupança, ficando excluída a incidência de juros compensatórios.

§ 17. O valor que exceder o limite previsto no § 2º do art. 100 da Constituição Federal será pago, durante a vigência do regime especial, na forma prevista nos §§ 6º e 7º ou nos incisos I, II e III do § 8º deste artigo, devendo os valores dispendidos para o atendimento do disposto no § 2º do art. 100 da Constituição Federal serem computados para efeito do § 6º deste artigo.

§ 18. Durante a vigência do regime especial a que se refere este artigo, gozarão também da preferência a que se refere o § 6º os titulares originais de precatórios que tenham completado 60 (sessenta) anos de idade até a data da promulgação desta Emenda Constitucional.

▶ Art. 97 acrescido pela EC nº 62, de 9-12-2009.

Brasília, 5 de outubro de 1988.

ULYSSES GUIMARÃES – Presidente,
MAURO BENEVIDES – 1º Vice-Presidente,
JORGE ARBAGE – 2º Vice-Presidente,
MARCELO CORDEIRO – 1º Secretário,
MÁRIO MAIA – 2º Secretário,
ARNALDO FARIA DE SÁ – 3º Secretário,
BENEDITA DA SILVA – 1º Suplente de Secretário,
Luiz Soyer – 2º Suplente de Secretário,
SOTERO CUNHA – 3º Suplente de Secretário,
BERNARDO CABRAL – Relator Geral,
ADOLFO OLIVEIRA – Relator Adjunto,
ANTÔNIO CARLOS KONDER REIS – Relator Adjunto,
JOSÉ FOGAÇA – Relator Adjunto.

# Índice Alfabético-Remissivo da Constituição da República Federativa do Brasil e de suas Disposições Transitórias

## A

**ABASTECIMENTO ALIMENTAR:** art. 23, VIII, CF

**ABUSO DE PODER**
- concessão de *habeas corpus*: art. 5º, LXVIII, CF; Súms. 693 a 695, STF
- concessão de mandado de segurança: art. 5º, LXIX, CF; Súm. 632, STF
- direito de petição: art. 5º, XXXIV, a, CF; Súm. Vinc. 21, STF; Súm. 373, STJ

**ABUSO DE PRERROGATIVAS:** art. 55, § 1º, CF

**ABUSO DO DIREITO DE GREVE:** art. 9º, § 2º, CF

**ABUSO DO EXERCÍCIO DE FUNÇÃO:** art. 14, § 9º, *in fine*, CF; Súm. 13, TSE

**ABUSO DO PODER ECONÔMICO:** art. 173, § 4º, CF; Súm. 646, STF

**AÇÃO CIVIL PÚBLICA:** art. 129, III e § 1º, CF; Súm. 643, STF; Súm. 329, STJ

**AÇÃO DE GRUPOS ARMADOS CONTRA O ESTADO:** art. 5º, XLIV, CF

**AÇÃO DE *HABEAS CORPUS*:** art. 5º, LXXVII, CF

**AÇÃO DE *HABEAS DATA*:** art. 5º, LXXVII, CF

**AÇÃO DE IMPUGNAÇÃO DE MANDATO ELETIVO:** art. 14, §§ 10 e 11, CF

**AÇÃO DECLARATÓRIA DE CONSTITUCIONALIDADE (ADECON)**
- eficácia de decisões definitivas de mérito proferidas pelo STF: art. 102, § 2º, CF
- legitimação ativa: art. 103, CF
- processo e julgamento: art. 102, I, a, CF; Súms. 642 e 735, STF

**AÇÃO DIRETA DE INCONSTITUCIONALIDADE (ADIN)**
- audiência prévia do Procurador-Geral da República: art. 103, § 1º, CF
- citação prévia do Advogado-Geral da União: art. 103, § 3º, CF
- competência do STF: art. 102, I, a, CF; Súms. 642 e 735, STF
- legitimação ativa: arts. 103 e 129, IV, CF
- omissão de medida: art. 103, § 2º, CF
- processo e julgamento I: art. 102, I, a, CF; Súms. 642 e 735, STF
- recurso extraordinário: art. 102, III, CF
- suspensão da execução de lei: art. 52, X, CF

**AÇÃO PENAL:** art. 37, § 4º, CF

**AÇÃO PENAL PRIVADA:** art. 5º, LIX, CF

**AÇÃO PENAL PÚBLICA:** art. 129, I, CF; Súm. 234, STJ

**AÇÃO POPULAR:** art. 5º, LXXIII, CF

**AÇÃO PÚBLICA:** art. 5º, LIX, CF

**AÇÃO RESCISÓRIA**
- competência originária; STF: art. 102, I, j, CF
- competência originária; STJ: art. 105, I, e, CF
- competência originária; TRF: art. 108, I, b, CF
- de decisões anteriores à promulgação da CF: art. 27, § 10, ADCT; Súms. 38, 104, 147 e 165, STJ

**ACESSO À CULTURA, À EDUCAÇÃO E À CIÊNCIA:** art. 23, V, CF

**ACESSO À INFORMAÇÃO:** art. 5º, XIV, CF

**ACIDENTES DO TRABALHO**
- cobertura pela previdência social: art. 201, I e § 10, CF
- seguro: art. 7º, XXVIII, CF; Súm. Vinc. 22, STF

**AÇÕES TRABALHISTAS:** arts. 7º, XXIX, e 114, CF; Súm. Vinc. 22, STF; Súm. 349, STF; Súms. 308, 392 e 409, TST

**ACORDOS COLETIVOS DE TRABALHO:** art. 7º, XXVI, CF

**ACORDOS INTERNACIONAIS:** arts. 49, I, e 84, VIII, CF

**ACRE:** art. 12, § 5º, ADCT

**ADICIONAIS:** art. 17, ADCT

**ADICIONAL DE REMUNERAÇÃO:** art. 7º, XXIII, CF; Súm. Vinc. 4, STF

**ADMINISTRAÇÃO PÚBLICA:** arts. 37 a 43, CF; Súm. Vinc. 13, STF
- acumulação de cargos públicos: art. 37, XVI e XVII, CF
- aposentadoria de servidor; casos: art. 40, § 1º, CF; Súm. 726, STF
- atos; fiscalização e controle: art. 49, X, CF
- cargo em comissão: art. 37, II, *in fine*, e V, CF; Súm. 685, STF; Súms. 331 e 363, TST
- cômputo de tempo de serviço: art. 40, § 9º, CF
- concurso público: art. 37, II, III e IV, CF; Súm. 685, STF; Súm. 363, TST
- contas: art. 71, CF
- contratação de servidores por prazo determinado: art. 37, IX, CF
- controle interno: art. 74, CF
- despesas com pessoal: art. 169; art. 38, par. ún., ADCT
- empresa pública: art. 37, XIX, CF
- estabilidade de servidores: art. 41, CF; Súm. 390, TST
- extinção de cargo: art. 41, § 3º, CF
- federal: arts. 84, VI, a, 87, par. ún., e 165, §§ 1º e 2º, CF
- função de confiança: art. 37, V e XVII, CF
- gestão da documentação governamental: art. 216, § 2º, CF
- gestão financeira e patrimonial: art. 165, § 9º, CF; art. 35, § 2º, ADCT
- improbidade administrativa: art. 37, § 4º, CF
- incentivos regionais: art. 43, § 2º, CF
- militares: art. 42, CF
- Ministérios e órgãos: arts. 48, XI, 61, § 1º, II, e, CF
- pessoas jurídicas; responsabilidade: art. 37, § 6º, CF
- princípios: art. 37, CF; Súm. Vinc. 13, STF
- profissionais de saúde: art. 17, § 2º, ADCT
- publicidade: art. 37, § 1º, CF
- regiões: art. 43, CF
- reintegração de servidor estável: art. 41, § 2º, CF
- remuneração de servidores: art. 37, X, CF
- servidor público: arts. 38 a 41, CF; Súm. 390, TST
- sindicalização de servidores públicos: art. 37, VI, CF
- tributárias: arts. 37, XXII, 52, XV, e 167, IV, CF
- vencimentos: art. 37, XII e XIII, CF

**ADOÇÃO:** art. 227, §§ 5º e 6º, CF

**ADOLESCENTE:** art. 227, CF
- assistência social: art. 203, I e II, CF
- imputabilidade penal: art. 228, CF
- proteção: art. 24, XV, CF

**ADVOCACIA E DEFENSORIA PÚBLICA:** arts. 133 a 135, CF; Súm. 421, STJ; Súms. 219 e 329, TST

**ADVOCACIA-GERAL DA UNIÃO**
- *vide* ADVOCACIA PÚBLICA
- defesa de ato ou texto impugnado em ação de inconstitucionalidade: art. 103, § 3º, CF
- organização e funcionamento: art. 29, § 1º, ADCT
- Procuradores da República: art. 29, § 2º, ADCT

**ADVOCACIA PÚBLICA:** arts. 131 e 132, CF
- *vide* ADVOGADO-GERAL DA UNIÃO
- crimes de responsabilidade: art. 52, II, CF
- organização e funcionamento: art. 29, *caput*, e § 1º, ADCT

**ADVOGADO**
- assistência ao preso: art. 5º, LXIII, CF
- composição STJ: art. 104, par. ún., II, CF
- composição STM: art. 123, par. ún., I, CF

- composição TREs: art. 120, § 1º, III, CF
- composição TRF: arts. 94 e 107, I, CF
- composição Tribunais do DF, dos Estados e dos Territórios: art. 94, CF
- composição TSE: art. 119, II, CF
- composição TST: art. 111-A, I, CF
- inviolabilidade de seus atos e manifestações: art. 133, CF
- necessidade na administração da Justiça: art. 133, CF
- OAB; proposição de ADIN e ADECON: art. 103, VII, CF

**ADVOGADO-GERAL DA UNIÃO**
- vide ADVOCACIA PÚBLICA
- citação prévia pelo STF: art. 103, § 3º, CF
- crimes de responsabilidade: art. 52, II, CF
- estabilidade: art. 132, par. ún., CF
- ingresso na carreira: art. 131, § 2º, CF
- nomeação: arts. 84, XVI, e 131, § 1º, CF

**AEROPORTOS:** art. 21, XII, c, CF

**AGÊNCIAS FINANCEIRAS OFICIAIS DE FOMENTO:** art. 165, § 2º, CF

**AGROPECUÁRIA:** art. 23, VIII, CF

**AGROTÓXICOS:** art. 220, § 4º, CF; e art. 65, ADCT

**ÁGUAS**
- vide RECURSOS HÍDRICOS
- bens dos Estados: art. 26, I a III, CF
- competência privativa da União: art. 22, IV, CF
- fiscalização: art. 200, VI, CF

**ÁLCOOL CARBURANTE:** art. 238, CF

**ALIENAÇÕES:** art. 37, XXI, CF

**ALIMENTAÇÃO**
- vide ALIMENTOS
- abastecimento: art. 23, VIII, CF
- direito social: art. 6º, CF
- fiscalização: art. 200, VI, CF
- programas suplementares: art. 212, § 4º, CF

**ALIMENTOS**
- pagamento por precatórios: art. 100, caput, e §§ 1º e 2º, CF; Súm. 655, STF; Súm. 144, STJ
- prisão civil: art. 5º, LXVII, CF; Súm. Vinc. 25, STF; Súms. 280 e 419, STJ

**ALÍQUOTAS:** art. 153, § 1º, CF

**ALISTAMENTO ELEITORAL:** art. 14, §§ 1º e 2º e 3º, III, CF

**AMAMENTAÇÃO:** art. 5º, L, CF

**AMAPÁ:** art. 14, ADCT

**AMAZÔNIA LEGAL:** art. 12, ADCT

**AMEAÇA A DIREITO:** art. 5º, XXXV, CF

**AMÉRICA LATINA:** art. 4º, par. ún., CF

**AMPLA DEFESA:** art. 5º, LV, CF; Súms. Vincs. 3, 5, 14, 21 e 24, STF; Súms. 701, 704, 705, 707 e 712, STF; Súms. 196, 312 e 373, STJ

**ANALFABETISMO:** art. 214, I, CF; e art. 60, § 6º, ADCT

**ANALFABETO**
- alistamento e voto: art. 14, § 1º, II, a, CF
- inelegibilidade: art. 14, § 4º, CF

**ANISTIA**
- competência da União: art. 21, XVII, CF
- concessão: art. 48, VIII, CF
- fiscal: art. 150, § 6º, CF
- punidos por razões políticas: arts. 8º e 9º, ADCT; Súm. 674, STF

**APOSENTADO SINDICALIZADO:** art. 8º, VII, CF

**APOSENTADORIA**
- cálculo do benefício: art. 201, CF
- contagem recíproca do tempo de contribuição: art. 201, § 9º, CF
- direito social: art. 7º, XXIV, CF
- ex-combatente: art. 53, V, ADCT
- homem e da mulher: art. 201, § 7º, CF

- juízes togados; art. 21, par. ún., ADCT
- magistrado: art. 93, VI e VIII, CF
- percepção simultânea de proventos: art. 37, § 10, CF
- professores: arts. 40, § 5º, e 201, § 8º, CF; Súm. 726, STF
- proporcional: arts. 3º e 9º da EC no 20/1998
- proventos em desacordo com a CF: art. 17, ADCT
- requisitos e critérios diferenciados; vedação: art. 40, § 4º, CF; Súm. 680, STF
- servidor público: art. 40, CF
- tempo de contribuição: art. 201, §§ 7º a 9º, CF
- trabalhadores rurais: art. 201, § 7º, II, CF

**APRENDIZ:** art. 7º, XXXIII, CF

**ARGUIÇÃO DE DESCUMPRIMENTO DE PRECEITO FUNDAMENTAL (ADPF):** art. 102, § 1º, CF

**ASILO POLÍTICO:** art. 4º, X, CF

**ASSEMBLEIA ESTADUAL CONSTITUINTE**
- elaboração da Constituição Estadual: art. 11, ADCT
- Tocantins: art. 13, §§ 2º e 5º, ADCT

**ASSEMBLEIAS LEGISLATIVAS**
- ADIN: art. 103, IV, CF
- competência: art. 27, § 3º, CF
- composição: arts. 27, caput, e 235, I, CF
- elaboração da Constituição Estadual: art. 11, ADCT
- emendas à CF Federal: art. 60, III, CF
- incorporação de Estados: art. 48, VI, CF
- intervenção estadual: art. 36, §§ 1º a 3º, CF

**ASSISTÊNCIA**
- desamparados: art. 6º, CF
- filhos e dependentes do trabalhador: art. 7º, XXV, CF
- gratuita dever do Estado: art. 5º, CF
- jurídica: arts. 5º, LXXIV, 24, XIII, e 227, § 3º, VI, CF
- médica; ex-combatente: art. 53, IV, ADCT
- pública: arts. 23, II, e 245, CF
- religiosa: art. 5º, VII, CF
- saúde: art. 212, § 4º, CF
- social: arts. 150, VI, c, 203 e 204, CF

**ASSOCIAÇÃO**
- apoio e estímulo: art. 174, § 2º, CF
- atividade garimpeira: arts. 21, XXV, e 174, §§ 3º e 4º, CF
- colônias de pescadores: art. 8º, par. ún., CF
- compulsória: art. 5º, XX, CF
- criação: art. 5º, XVIII, CF
- denúncia: art. 74, § 2º, CF
- desportiva: art. 217, I, CF
- dissolução: art. 5º, XIX, CF
- filiados: art. 5º, XXI, CF
- fiscalização: art. 5º, XXVIII, b, CF
- mandado de segurança coletivo: art. 5º, LXX, b, CF; Súm. 629, STF
- paramilitar: art. 5º, XVII, CF
- profissional: art. 8º, CF
- sindicatos rurais: art. 8º, par. ún., CF

**ASSOCIAÇÃO PROFISSIONAL OU SINDICAL:** art. 8º, CF; Súm. 4, STJ
- filiados: art. 5º, XXI, CF
- sindical de servidor público civil: art. 37, VI, CF
- sindical de servidor público militar: art. 142, § 3º, IV, CF

**ATIVIDADE**
- desportiva: art. 5º, XXVIII, a, in fine, CF
- econômica: arts. 170 a 181, CF
- essencial: art. 9º, § 1º, CF
- exclusiva do Estado: art. 247, CF
- garimpeira associação: arts. 21, XXV, e 174, §§ 3º e 4º, CF
- insalubre: art. 7º, XXIII, CF
- intelectual: art. 5º, IX, CF
- nociva ao interesse nacional: art. 12, § 4º, I, CF
- notarial e de registro: art. 236, CF
- nuclear: arts. 21, XXIII, 22, XXVI, 49, XIV, 177, V, e 225, § 6º, CF
- penosa: art. 7º, XXIII, CF
- perigosa: art. 7º, XXIII, CF

## ATO
- administrativo: art. 103-A, § 3º, CF
- governo local: art. 105, III, b, CF
- internacional: arts. 49, I, e 84, VIII, CF
- jurídico perfeito: art. 5º, XXXVI, CF; Súms. Vincs. 1 e 9, STF; Súm. 654, STF
- mero expediente: art. 93, XIV, CF
- normativo: arts. 49, V, e 102, I, a, CF
- processual: art. 5º, LX, CF
- remoção: art. 93, VIII e VIII-A, CF

## B

**BANCO CENTRAL:** art. 164, CF
- Presidente e diretores: arts. 52, III, d, e 84, XIV, CF

**BANDEIRA NACIONAL:** art. 13, § 1º, CF

**BANIMENTO:** art. 5º, XLVII, d, CF

**BENEFÍCIOS PREVIDENCIÁRIOS**
- vide PREVIDÊNCIA SOCIAL
- contribuintes: art. 201, CF
- fundos: art. 250, CF
- irredutibilidade de seu valor: art. 194, par. ún., IV, CF
- limites: art. 248, CF

**BENS**
- competência para legislar sobre responsabilidade por dano: art. 24, VIII, CF
- confisco: art. 243, par. ún., CF
- Distrito Federal: art. 16, § 3º, ADCT
- Estados federados: art. 26, CF
- estrangeiros: art. 5º, XXXI, CF
- indisponibilidade: art. 37, § 4º, CF
- limitações ao tráfego: art. 150, V, CF
- móveis e imóveis: arts. 155, § 1º, I e II, e 156, II e § 2º, CF; Súm. 656, STF
- ocupação e uso temporário: art. 136, § 1º, II, CF
- perda: art. 5º, XLV, e XLVI, b, CF
- privação: art. 5º, LIV, CF
- requisição: art. 139, VII, CF
- União: arts. 20, 48, V, e 176, caput, CF
- valor artístico: arts. 23, III, IV, e 24, VIII, CF
- valor: art. 24, VIII, CF

**BRASILEIRO:** art. 12, CF
- adoção por estrangeiros: art. 227, § 5º, CF
- cargos, empregos e funções públicas: art. 37, I, CF; Súm. 686, STF; Súm. 266, STJ
- direitos fundamentais: art. 5º, CF; Súm. 683, STF
- Ministro de Estado: art. 87, CF
- nascidos no estrangeiro: art. 12, I, b e c, CF
- recursos minerais e energia hidráulica: art. 176, § 1º, CF

**BRASILEIRO NATO**
- caracterização: art. 12, I, CF
- cargos privativos: art. 12, § 3º, CF
- Conselho da República: art. 89, VII, CF
- distinção: art. 12, § 2º, CF
- perda da nacionalidade: art. 12, § 4º, CF
- propriedade de empresas jornalísticas: art. 222, § 2º, CF

**BRASILEIRO NATURALIZADO**
- cancelamento de naturalização: art. 15, I, CF
- caracterização: art. 12, II, CF
- distinção: art. 12, § 2º, CF
- extradição: art. 5º, LI, CF
- perda da nacionalidade: art. 12, § 4º, CF
- propriedade de empresa jornalística: art. 222, § 2º, CF

## C

**CALAMIDADE PÚBLICA**
- empréstimo compulsório: art. 148, I, CF
- estado de defesa: art. 136, § 1º, II, CF
- planejamento e promoção da defesa: art. 21, XVIII, CF

**CÂMARA DOS DEPUTADOS**
- acusação contra o Presidente da República: art. 86, caput, CF

- ADECON: art. 103, III, CF
- ADIN: art. 103, III, CF
- cargo privativo de brasileiro nato: art. 12, § 3º, II, CF
- CPI: art. 58, § 3º, CF
- comissões permanentes e temporárias: art. 58, CF
- competência privativa: arts. 51 e 68, § 1º, CF
- composição: art. 45, CF
- Congresso Nacional: art. 44, caput, CF
- Conselho da República: art. 89, II, IV e VII, CF
- Conselho de Defesa Nacional: art. 91, II, CF
- despesa: art. 63, II, CF
- emenda constitucional: art. 60, I, CF
- emendas em projetos de lei: art. 64, § 3º, CF
- estado de sítio: art. 53, § 8º, CF
- exercício da Presidência da República: art. 80, CF
- informações a servidores públicos: art. 50, § 2º, CF
- iniciativa de leis: art. 61, CF
- irredutibilidade da representação dos Estados e do DF na: art. 4º, § 2º, ADCT
- legislatura: art. 44, par. ún., CF
- licença prévia a Deputados: art. 53, § 7º, CF
- Mesa; CF: art. 58, § 1º, CF
- Ministros de Estado: art. 50, CF
- projetos de lei: art. 64, CF
- quorum: art. 47, CF
- reunião em sessão conjunta com o Senado Federal: art. 57, § 3º, CF

**CÂMARA LEGISLATIVA:** art. 32, CF; art. 16, §§ 1º e 2º, ADCT

**CÂMARA MUNICIPAL**
- composição: art. 29, IV, CF
- controle externo: art. 31, §§ 1º e 2º, CF
- despesas: art. 29-A, CF
- funções legislativas e fiscalizadoras: art. 29, XI, CF
- iniciativa de lei: art. 29, V, CF
- lei orgânica: art. 11, par. ún., ADCT
- plano diretor: art. 182, § 1º, CF
- quorum: art. 29, caput, CF
- subsídios dos Vereadores: art. 29, VI, CF

**CAPITAL**
- estrangeiros: arts. 172 e 199, § 3º, CF
- social de empresa jornalística ou de radiodifusão: art. 222, §§ 1º, 2º e 4º, CF

**CAPITAL FEDERAL:** art. 18, § 1º, CF

**CARGOS PRIVATIVOS DE BRASILEIROS NATOS:** art. 12, § 3º, CF

**CARGOS PÚBLICOS**
- acesso por concurso: art. 37, I a IV, e § 2º, CF; Súm. 266, STJ; Súm. 363, TST
- acumulação: art. 37, XVI e XVII, CF; art. 17, §§ 1º e 2º, ADCT
- comissão: art. 37, V, CF
- criação, transformação e extinção: arts. 48, X, 61, § 1º, II, a, e 96, II, b, CF
- deficiência física: art. 37, VIII, CF; Súm. 377, STJ
- estabilidade: art. 41, CF, art. 19, ADCT; Súm. 390, TST
- Estado: art. 235, X, CF
- extinção: art. 41, § 3º, CF
- federais: art. 84, XXV, CF
- perda: arts. 41, § 1º, e 247, CF
- Poder Judiciário: art. 96, I, c e e, CF
- subsídios: art. 37, X e XI, CF

**CARTAS ROGATÓRIAS:** arts. 105, I, i, e 109, X, CF
- inadmissibilidade: art. 5º, IX, CF
- proibição: art. 220, caput e § 2º, CF

**CIDADANIA**
- atos necessários ao exercício: art. 5º, LXXVII, CF
- competência privativa da União para legislar: arts. 22, XIII, e 68, § 1º, II, CF
- fundamento da República Federativa do Brasil: art. 1º, II, CF
- mandado de injunção: art. 5º, LXXI, CF

**CIDADÃO**
- direito a um exemplar da CF: art. 64, ADCT

- direito de denúncia: art. 74, § 2º, CF
- iniciativa de leis: art. 61, *caput* e § 2º, CF

**COISA JULGADA:** art. 5º, XXXVI, CF; Súm. 315, TST

**COMANDANTES DA MARINHA, EXÉRCITO E AERONÁUTICA**
- Conselho de Defesa Nacional: art. 91, VIII, CF
- crimes comuns e de responsabilidade: art. 102, I, c, CF
- crimes conexos: art. 52, I, CF
- mandados de segurança, *habeas data* e *habeas corpus*: art. 105, I, *b* e *c*, CF

**COMBUSTÍVEIS**
- imposto municipal: art. 34, § 7º, ADCT
- tributos: art. 155, XII, *h*, e §§ 3º a 5º, CF; Súm. 659, STF
- venda e revenda: art. 238, CF

**COMÉRCIO EXTERIOR**
- competência privativa da União: art. 22, VIII, CF
- fiscalização e controle: art. 237, CF

**COMÉRCIO INTERESTADUAL:** art. 22, VIII, CF

**COMISSÃO DE ESTUDOS TERRITORIAIS:** art. 12, ADCT

**COMISSÃO DO CONGRESSO NACIONAL**
- competência: art. 58, § 2º, CF
- constituição: art. 58, *caput* e § 1º, CF
- mistas: arts. 26 e 51, ADCT
- mista permanente orçamentária: arts. 72 e 166, §§ 1º a 5º, CF
- parlamentares de inquérito (CPI): art. 58, § 3º, CF
- representativa durante o recesso: art. 58, § 4º, CF

**COMISSÃO ESPECIAL**
- mista; instalação pelo Congresso Nacional: art. 7º, da EC nº 45/2004
- mista do Congresso Nacional: art. 72; art. 51, ADCT

**COMISSÃO INTERNA DE PREVENÇÃO DE ACIDENTES:** art. 10, II, *a*, ADCT

**COMPENSAÇÃO DE HORÁRIOS DE TRABALHO:** art. 7º, XIII, CF

**COMPETÊNCIA**
- comum da União, dos Estados, do DF e dos Municípios: art. 23, CF
- concorrente: art. 24, CF
- Congresso Nacional: arts. 48 e 49, CF
- Conselho da República: art. 90, CF
- Conselho de Defesa Nacional: art. 91, CF
- Conselho Nacional de Justiça: art. 103-B, § 4º, CF
- Conselho Nacional do Ministério Público: art. 130-A, § 2º, CF
- DF: art. 32, § 1º, CF; Súm. 642, STF
- Júri: art. 5º, XXXVIII, *d*, CF; Súm. 721, STF
- juízes federais: art. 109, CF; Súms. 32, 66, 82, 150, 173, 324, 349 e 365, STJ
- Justiça do Trabalho: art. 114, CF; Súm. Vinc. 22, STF; Súms. 349 e 736, STF; Súms. 57, 97, 180, STJ; Súm. 392, TST
- Justiça Federal: art. 27, § 10, ADCT; Súms. 38, 104, 147 e 165, STJ
- Justiça Militar: art. 124, CF
- Justiça Militar estadual: art. 125, § 4º, CF; Súm. 90, STJ
- Municípios: art. 30, CF
- Municípios; interesse local: art. 30, I, CF; Súm. 645, STF
- privativa da Câmara dos Deputados: art. 51, CF
- privativa da União: art. 22, CF
- privativa do Presidente da República: art. 84, CF
- privativa do Senado Federal: art. 52, CF
- privativa dos Tribunais: art. 96, CF
- STJ: art. 105, CF
- STF: art. 102, CF; art. 27, § 10, ADCT
- STF até a instalação do STJ: art. 27, § 1º, ADCT
- TCU: art. 71, CF
- Tribunais Estaduais: art. 125, § 1º, CF; art. 70, ADCT; Súms. 104 e 137, STJ
- Tribunais Federais: art. 27, § 10, ADCT; Súms. 32, 66, 147, 150 e 165, STJ
- TRE: art. 121, CF
- TRF: art. 108, CF
- União: arts. 21 e 184, CF

**COMUNICAÇÃO:** arts. 220 a 224, CF
- *vide* ORDEM SOCIAL
- impostos sobre prestações de serviços: art. 155, II, e § 2º, CF; Súm. 662, STF; Súm. 334, STJ
- propaganda comercial: art. 220, § 4º, CF, art. 65, ADCT
- serviço de radiodifusão: arts. 49, XII, e 223, CF
- sigilo: arts. 5º, XII, 136, § 1º, I, c, e 139, III, CF

**CONCESSÃO DE ASILO POLÍTICO:** art. 4º, X, CF

**CONCUBINATO**
- *vide* UNIÃO ESTÁVEL

**CONCURSO PÚBLICO**
- ingresso na atividade notarial e de registro: art. 236, § 3º, CF
- ingresso no magistério público: art. 206, V, CF
- ingresso no Poder Judiciário: art. 96, I, e, CF
- investidura em cargo ou emprego público; exigência: art. 37, II, e § 2º, CF; Súm. 685, STF; Súm. 363, TST
- prazo de convocação dos aprovados: art. 37, IV, CF
- prazo de validade: art. 37, III, CF

**CONGRESSO NACIONAL:** arts. 44 a 50, CF
- apresentação de estudos territoriais: art. 12, § 1º, ADCT
- CDC: art. 48, ADCT
- comissões de estudos territoriais: art. 12, ADCT
- comissões permanentes: art. 58, CF
- competência assinalada pela CF; revogação: art. 25, II, ADCT
- compromisso de seus membros: art. 1º, ADCT
- Conselho de Comunicação Social: art. 224, CF
- convocação extraordinária: arts. 57, § 6º, 136, § 5º, e 138, § 2º, CF
- CPI: art. 58, § 3º, CF
- doações: art. 51, ADCT
- estado de defesa: art. 136, § 5º, e 140, CF
- estado de sítio: art. 138, § 3º e 140, CF
- fiscalização pelo Congresso Nacional: art. 70, CF
- fundos existentes: art. 36, ADCT
- intervenção federal: art. 36, §§ 2º e 3º, CF
- irregularidades; apuração: art. 26, § 2º, ADCT
- membros: art. 102, I, *b* e 1º, ADCT
- posse de seus membros: art. 57, § 4º, CF
- presidência da mesa: art. 57, § 5º, CF
- projetos de lei: art. 59, CF
- recesso: art. 58, § 4º, CF
- representação partidária: art. 58, § 1º, CF
- reuniões: art. 57, CF
- revisão constitucional: art. 3º, ADCT
- Senado Federal; convocação de Ministro de estado: art. 50, §§ 1º e 2º, CF
- sessão extraordinária: art. 57, § 7º, CF

**CONSELHO DA JUSTIÇA FEDERAL:** art. 105, par. ún., CF

**CONSELHO DA REPÚBLICA**
- convocação e presidência: art. 84, XVIII, CF
- eleição de membros: arts. 51, V, e 52, XIV, CF
- estado de defesa: arts. 90, I, e 136, *caput*, CF
- estado de sítio: arts. 90, I, e 137, *caput*, CF
- intervenção federal: art. 90, I, CF
- membros: arts. 51, V, 89 e 84, XVII, CF

**CONSELHO DE DEFESA NACIONAL**
- convocação e presidência: art. 84, XVIII, CF
- estado de defesa: art. 91, § 1º, II, CF
- estado de sítio: arts. 91, § 1º, II, e 137, *caput*, CF
- função: art. 91, *caput*, CF
- intervenção federal: art. 91, § 1º, II, CF
- membros: art. 91, CF
- organização e funcionamento: art. 91, § 2º, CF

**CONSELHO FEDERAL DA OAB:** art. 103, VII, CF

**CONSELHO NACIONAL DE JUSTIÇA:** art. 103-B, CF
- ação contra: art. 102, I, *r*, CF
- órgãos do Poder Judiciário: art. 92, CF

**CONSELHO NACIONAL DO MINISTÉRIO PÚBLICO:** art. 130-A, CF

**CONSELHO SUPERIOR DA JUSTIÇA DO TRABALHO:** art. 111-A, § 2º, II, CF

- prazo de instalação: art. 6º, da EC nº 45/2004

**CONSÓRCIOS:** art. 22, XX, CF; Súm. Vinc. 2, STF

**CONSULTORIA JURÍDICA DOS MINISTÉRIOS:** art. 29, ADCT

**CONSUMIDOR**
- Código de Defesa: art. 5º, XXXII, CF; e art. 48, ADCT
- dano: art. 24, VIII, CF
- defesa da ordem econômica: art. 170, V, CF; Súm. 646, STF

**CONTAS DO PRESIDENTE DA REPÚBLICA:** art. 49, IX, CF

**CONTRABANDO:** art. 144, II, CF

**CONTRADITÓRIO:** art. 5º, LV, CF; Súms. Vincs. 5 e 21, STF; Súms. 701, 704 e 712, STF; Súms. 196, 312 e 373, STJ

**CONTRATAÇÃO**
- licitação: art. 37, XXI, CF; Súm. 333, STJ
- normas gerais: art. 22, XXVII, CF
- servidores por tempo determinado: art. 37, IX, CF

**CONTRIBUIÇÃO**
- compulsória: art. 240, CF
- interesse das categorias profissionais ou econômicas: art. 149, CF
- intervenção no domínio econômico: arts. 149, 159, III, e 177, § 4º, CF
- melhoria: art. 145, III, CF
- previdenciária: art. 249, CF
- provisória: art. 75, ADCT
- sindical: art. 8º, IV, CF; Súm. 666, STF; Súm. 396, STJ
- sobre a movimentação ou transmissão de créditos: arts. 74, 75, 80, I, 84 e 85, ADCT
- social: arts. 114, § 3º, 149, 167, XI, 195, CF; art. 34, § 1º, ADCT
- social da União: art. 76, ADCT
- social do salário-educação: art. 212, § 5º, CF; art. 76, § 2º, ADCT; Súm. 732, STF
- subsídio: art. 150, § 6º, CF

**CONTRIBUINTE**
- capacidade econômica: art. 145, § 1º, CF; Súms. 656 e 668, STF
- definição: art. 155, § 2º, XII, a, CF
- exame das contas do Município: art. 31, § 3º, CF
- tratamento desigual: art. 150, II, CF

**CONTROLE EXTERNO**
- apoio: art. 74, IV, CF
- competência do Congresso Nacional: art. 71, CF
- Municipal: art. 31, CF

**CONTROLE INTERNO**
- finalidade: art. 74, CF
- Municipal: art. 31, CF

**CONVENÇÕES E ACORDOS COLETIVOS DE TRABALHO:** art. 7º, XXVI, CF

**CONVENÇÕES INTERNACIONAIS:** arts. 49, I, e 84, VIII, CF

**CONVÊNIOS DE COOPERAÇÃO:** art. 241, CF

**CONVICÇÃO FILOSÓFICA OU POLÍTICA:** arts. 5º, VIII, e 143, § 1º, CF

**COOPERAÇÃO ENTRE OS POVOS:** art. 4º, IX, CF

**COOPERATIVAS**
- atividade garimpeira: arts. 21, XXV, e 174, §§ 3º e 4º, CF
- criação na forma da lei: art. 5º, XVIII, CF
- crédito: art. 192, CF
- estímulo: art. 174, § 2º, CF
- política agrícola: art. 187, VI, CF

**CORPO DE BOMBEIROS MILITAR**
- competência: arts. 22, XXI, e 144, § 5º, CF
- Distrito Federal: arts. 21, XIV, e 32, § 4º, CF
- organização: art. 42, CF
- órgão da segurança pública: art. 144, V, CF
- subordinação: art. 144, § 6º, CF

**CORREÇÃO MONETÁRIA:** arts. 46 e 47, ADCT; Súm. 304, TST

**CORREIO AÉREO NACIONAL:** art. 21, X, CF

**CORRESPONDÊNCIA:** arts. 5º, XII, 136, § 1º, I, b, e 139, III, CF

**CRECHES**
- assistência gratuita: art. 7º, XXV, CF
- garantia: art. 208, IV, CF

**CRÉDITO(S)**
- adicionais: art. 166, caput, CF
- competência privativa da União: art. 22, VII, CF
- controle: art. 74, III, CF
- externo e interno: art. 52, VII e VIII, CF
- extraordinário: art. 167, §§ 2º e 3º, CF
- ilimitados: art. 167, VII, CF
- operações: art. 21, VIII, CF
- pagamentos por precatórios: art. 100, CF; Súm. 655, STF; Súm. 144, STJ
- suplementar ou especial: arts. 165, § 8º, 166, § 8º, 167, III, V, e § 2º, e 168, CF
- União: art. 163, VII, CF
- União e Estados: art. 160, par. ún., I, CF

**CRENÇA RELIGIOSA**
- liberdade: art. 5º, VI e VII, CF
- restrições de direitos: art. 5º, VIII, CF
- serviço militar: art. 143, § 1º, CF

**CRIANÇA:** arts. 203, 227 a 229, CF

**CRIME(S)**
- ação pública: art. 5º, LIX, CF
- cometidos a bordo de navios ou aeronaves: art. 109, IX, CF
- comuns: arts. 86, 105, I, a, 108, I, a, CF
- contra o Estado: art. 136, § 3º, I, CF
- contra o sistema financeiro nacional: art. 109, VI, CF
- dolosos contra a vida: art. 5º, XXXVIII, d, CF; Súm. 721, STF
- hediondos: art. 5º, XLIII, CF
- inafiançável; cometido por Senador ou Deputado: arts. 5º, XLII, XLIV, 53, §§ 2º a 4º, CF
- inexistência de: art. 5º, XXXIX, CF
- ingresso ou permanência irregular de estrangeiro: art. 109, X, CF
- militar: arts. 5º, LXI, 124 e 125, § 4º, CF
- politico: arts. 5º, LII, 102, II, b, e 109, IV, CF
- previstos em tratado internacional: art. 109, V, CF
- retenção dolosa de salário: art. 7º, X, CF

**CRIME DE RESPONSABILIDADE**
- acusação pela Câmara dos Deputados: art. 86, caput e § 1º, II, CF
- competência privativa do Senado Federal: arts. 52, I e par. ún., e 86, CF
- definição em lei especial: art. 85, par. ún., CF; Súm. 722, STF
- desembargadores (TJ/TCE/TRF/TRE/TRT), membros (TCM/MPU): art. 105, I, a, CF
- juízes federais/MPU: art. 108, I, a, CF
- Ministros Estado, Comandantes (Mar./Exérc./Aeron.), membros (Tribunais Superiores/TCU), chefes de missão diplomática: art. 102, I, c, CF
- Ministros Estado: art. 50, CF
- Ministros do STF/PGR/AGU: art. 52, II e par. ún., CF
- Presidente da República: arts. 85 e 86, § 1º, II, CF
- Presidente do Tribunal: art. 100, § 7º, CF
- prisão: art. 86, § 3º, CF

**CULTOS RELIGIOSOS**
- liberdade de exercício: art. 5º, VI, CF
- limitações constitucionais: art. 19, I, CF

**CULTURA(S)**
- vide ORDEM SOCIAL
- acesso: art. 23, V, CF
- afro-brasileiras: art. 215, § 1º, CF
- bens de valor cultural: arts. 23, III e IV, e 30, IX, CF
- competência legislativa: art. 24, VII, VIII e IX, CF
- garantia do Estado: art. 215, CF
- ilegais: art. 243, CF
- incentivos: art. 216, § 3º, CF
- indígenas: art. 215, § 1º, CF
- patrimônio cultural: arts. 5º, LXXIII, e 216, CF
- quilombos: art. 216, § 5º, CF

**CUSTAS JUDICIAIS**
- competência: art. 24, IV, CF

- emolumentos: art. 98, § 2º, CF
- isenção: art. 5º, LXXIII, *in fine*, CF
- vedação: art. 95, par. ún., II, CF

# D

## DANO
- material, moral ou à imagem: art. 5º, V e X, CF; Súm. Vinc. 11, STF; Súms. 37, 227, 362 e 403, STJ
- meio ambiente: art. 225, § 3º, CF
- moral ou patrimonial: art. 114, VI, CF; Súms. 362 e 376, STJ
- nucleares: art. 21, XXIII, c, CF
- patrimônio cultural: art. 216, § 4º, CF
- reparação: art. 5º, XLV, CF
- responsabilidade: art. 37, § 6º, CF

**DATAS COMEMORATIVAS:** art. 215, § 2º, CF

## DÉBITOS
- Fazenda Federal, Estadual ou Municipal: art. 100, CF; Súm. 655, STF; Súms. 144 e 339, STJ
- natureza alimentícia: art. 100, §§ 1º e 2º, CF
- previdenciários de Estados e Municípios: art. 57, ADCT
- seguridade social: art. 195, § 3º, CF

**DÉCIMO TERCEIRO SALÁRIO:** arts. 7º, VIII, e 201, § 6º, CF; Súm. 688, STF; Súm. 349, STJ

**DECISÃO JUDICIAL:** arts. 34, VI, 35, IV, e 36, II, e § 3º, CF; Súm. 637, STF

**DECLARAÇÃO DE GUERRA:** art. 21, II, CF

**DECORO PARLAMENTAR:** art. 55, II, e §§ 1º e 2º, CF

## DECRETO
- Dec.-leis: art. 25, § 1º, ADCT
- estado de defesa: art. 136, § 1º, CF
- estado de sítio: art. 138, CF
- regulamentadores: art. 84, IV, CF
- legislativo: art. 59, VI, CF

**DEFENSORES PÚBLICOS:** art. 22, ADCT

**DEFENSORIA PÚBLICA:** arts. 133 a 135, CF; Súm. 329, TST
- competência: art. 24, XIII, CF
- DF e dos Territórios: arts. 21, XIII, e 22, XVII, CF
- iniciativa de lei: arts. 61, § 1º, II, d, e 134, § 1º, CF; Súm. 421, STJ
- opção pela carreira: art. 22, ADCT
- organização nos Estados: art. 134, § 1º, CF; Súm. 421, STJ
- União e dos Territórios: art. 48, IX, CF

## DEFESA
- ampla: art. 5º, LV, CF; Súms. Vincs. 5, 21 e 24, STF; Súms. 701, 704 e 712, STF; Súms. 196, 312 e 373, STJ
- civil: art. 144, § 5º, CF
- consumidor: arts. 5º, XXXII, 170, V, CF; e art. 48, ADCT; Súm. 646, STF
- direitos: art. 5º, XXXIV, CF
- júri: art. 5º, XXXVIII, a, CF
- Ministro de Estado: art. 12, § 3º, VII, CF
- nacional: art. 21, III, CF
- pátria: art. 142, caput, CF
- paz: art. 4º, VI, CF
- solo: art. 24, VI, CF
- territorial: art. 22, XXVIII, CF

**DEFESA DO ESTADO E DAS INSTITUIÇÕES DEMOCRÁTICAS:** arts. 136 a 144, CF

## DEFICIENTES
- acesso a edifícios públicos e transportes coletivos: art. 227, § 2º, CF
- adaptação de logradouros e veículos de transporte coletivo: art. 244, CF
- cargos e empregos públicos: art. 37, VIII, CF; Súm. 377, STJ
- criação de programas de prevenção e atendimento: art. 227, § 1º, II, CF
- discriminação: art. 7º, XXXI, CF
- educação: art. 208, III, CF
- habilitação e reabilitação: art. 203, IV e V, CF
- integração social: art. 227, § 1º, II, CF
- proteção e garantia: art. 23, II, CF
- proteção e integração social: art. 24, XIV, CF
- salário mínimo garantido: art. 203, V, CF

**DELEGAÇÃO LEGISLATIVA:** art. 68, CF

**DELEGADOS DE POLÍCIA:** art. 144, § 4º, CF

**DEMARCAÇÃO DE TERRAS:** art. 12 e §§, ADCT

**DENÚNCIA DE IRREGULARIDADES:** art. 74, § 2º, CF

**DEPARTAMENTO DE POLÍCIA FEDERAL:** art. 54, § 2º, ADCT

**DEPOSITÁRIO INFIEL:** art. 5º, LXVII, CF; Súm. Vinc. 25, STF; Súms. 280 e 419, STJ

## DEPUTADOS DISTRITAIS
- eleição: art. 32, § 2º, CF
- idade mínima: art. 14, § 3º, VI, c, CF
- número: art. 32, § 3º, CF

## DEPUTADOS ESTADUAIS: art. 27, CF
- vide ASSEMBLEIAS LEGISLATIVAS
- idade mínima: art. 14, § 3º, VI, c, CF
- servidor público: art. 38, I, CF

## DEPUTADOS FEDERAIS
- vide CÂMARA DOS DEPUTADOS e CONGRESSO NACIONAL
- decoro parlamentar: art. 55, II, e §§ 1º e 2º, CF
- duração do mandato: art. 44, par. ún., CF
- idade mínima: art. 14, § 3º, VI, c, CF
- imunidades: arts. 53 e 139, par. ún., CF
- incorporação às Forças Armadas: art. 53, § 7º, CF
- inviolabilidade: art. 53, CF
- julgamento perante o STF: arts. 53, § 1º, e 102, I, b, d e q, CF
- perda de mandato: arts. 55 e 56, CF
- prisão: art. 53, § 2º, CF
- restrições: art. 54, CF
- servidor público: art. 38, I, CF
- sistema eleitoral: art. 45, caput, CF
- subsídio: art. 49, VII, CF
- suplente: art. 56, § 1º, CF
- sustação do andamento da ação: art. 53, §§ 3º a 5º, CF
- testemunho: art. 53, § 6º, CF
- vacância: art. 56, § 2º, CF

## DESAPROPRIAÇÃO
- competência: art. 22, II, CF
- glebas com culturas ilegais de plantas psicotrópicas: art. 243, CF
- imóveis urbanos: arts. 182, §§ 3º e 4º, III, e 183, CF
- interesse social: arts. 184 e 185, CF
- necessidade, utilidade pública ou interesse social: art. 5º, XXIV, CF
- requisitos: art. 5º, XXIV, CF

**DESCUMPRIMENTO DE PRECEITO FUNDAMENTAL:** art. 102, § 1º, CF

## DESENVOLVIMENTO
- científico e tecnológico: arts. 200, V, e 218, CF
- cultural e socioeconômico: art. 219, CF
- econômico e social: art. 21, IX, CF
- equilíbrio: art. 23, par. ún., CF
- nacional: arts. 3º, II, 48, IV, 58, § 2º, VI, e 174, § 1º, CF
- regional: arts. 43 e 151, I, CF
- urbano: arts. 21, XX, e 182, CF

**DESIGUALDADES SOCIAIS E REGIONAIS:** arts. 3º, III, e 170, VII, CF

## DESPEDIDA SEM JUSTA CAUSA
- vide DISPENSA SEM JUSTA CAUSA

## DESPESAS
- aumento: art. 63, CF
- excedam os créditos orçamentários: art. 167, II, CF
- extraordinárias: art. 148, CF
- ilegalidade: art. 71, VIII, CF
- não autorizadas: art. 72, CF
- pessoal: arts. 167, X, 169, e § 1º, I, CF; e art. 38, ADCT
- Poder Legislativo Municipal: art. 29-A, CF
- União: art. 39, ADCT
- vinculação de receita de impostos: art. 167, IV, CF

## DESPORTO
- vide ORDEM SOCIAL
- competência: art. 24, IX, CF
- fomento pelo Estado: art. 217, CF
- imagem e voz humanas: art. 5º, XXVIII, a, CF

## DIPLOMATAS
- brasileiro nato: art. 12, § 3º, V, CF
- chefes de missão diplomática: art. 52, IV, CF
- infrações penais: art. 102, I, c, CF

## DIREITO
- adquirido: art. 5º, XXXVI, CF; Súms. Vincs. 1 e 9, STF; Súm. 654, STF
- aeronáutico: art. 22, I, CF
- agrário: art. 22, I, CF
- associação: art. 5º, XVII a XXI, CF
- autoral: art. 5º, XXVII e XXVIII, CF; Súm. 386, STF
- civil: art. 22, I, CF
- comercial: art. 22, I, CF
- disposições transitórias: art. 10, ADCT
- econômico: art. 24, I, CF
- eleitoral: arts. 22, I, e 68, § 1º, II, CF
- espacial: art. 22, I, CF
- Estado Democrático de: art. 1º, caput, CF
- financeiro: art. 24, I, CF
- fundamentais: arts. 5º a 17, CF
- greve; arts. 9º e 37, VII, CF
- herança; garantia do direito respectivo: art. 5º, XXX, CF
- humanos: arts. 4º, II, 109, § 5º, CF; art. 7º, ADCT
- igualdade: art. 5º, caput, e I, CF
- lesão ou ameaça: art. 5º, XXXV, CF
- líquido e certo: art. 5º, LXIX, CF
- marítimo: art. 22, I, CF
- penal: art. 22, I, CF
- penitenciário: art. 24, I, CF
- petição: art. 5º, XXXIV, a, CF; Súm. Vinc. 21, STF; Súm. 373, STJ
- políticos: arts. 14 a 16, CF
- políticos; cassação; condenação criminal: art. 15, III, CF; Súm. 9, TSE
- preso: art. 5º, LXII, LXIII e LXIV, CF
- processual: art. 22, I, CF
- propriedade: art. 5º, XXII, CF; e art. 68, ADCT
- resposta: art. 5º, V, CF
- reunião: arts. 5º, XVI, e 136, § 1º, I, a, CF
- servidores públicos inativos: art. 20, ADCT
- sociais: arts. 6º a 11, CF
- suspensão ou interdição: art. 5º, XLVI, e, CF
- trabalhadores urbanos e rurais: art. 7º, CF
- trabalho: art. 22, I, CF
- tributário: art. 24, I, CF
- urbanístico: art. 24, I, CF

**DIRETRIZES E BASES DA EDUCAÇÃO NACIONAL:** art. 22, XXIV, CF

## DIRETRIZES ORÇAMENTÁRIAS
- atribuição ao Congresso Nacional: art. 48, II, CF
- projetos de lei: art. 166, CF
- seguridade social: art. 195, § 2º, CF
- União: art. 35, § 2º, II, ADCT

**DISCIPLINA PARTIDÁRIA:** art. 17, § 1º, in fine, CF

## DISCRIMINAÇÃO
- punição: art. 5º, XLI, CF
- vedação: art. 3º, IV, CF

**DISPENSA DE EMPREGADO SINDICALIZADO:** art. 8º, VIII, CF

## DISPENSA SEM JUSTA CAUSA
- empregada gestante: art. 10, II, b, ADCT
- empregado eleito para cargo de CIPA: art. 10, II, a, ADCT; Súm. 339, TST
- proibição: art. 10, II, ADCT
- proteção contra: art. 7º, I, CF

**DISPOSIÇÕES CONSTITUCIONAIS GERAIS:** arts. 234 a 250, CF

**DISSÍDIOS COLETIVOS E INDIVIDUAIS:** art. 114, CF

**DISTINÇÕES HONORÍFICAS:** art. 84, XXI, CF

## DISTRITO FEDERAL: art. 32, CF
- aposentadorias e pensões: art. 249, CF
- autonomia: art. 18, caput, CF
- bens: art. 16, § 3º, ADCT
- Câmara Legislativa: art. 16, § 1º, ADCT
- competência comum: art. 23, CF
- competência legislativa: art. 24, CF
- conflitos com a União: art. 102, I, f, CF
- contribuição: art. 149, § 1º, CF
- Defensoria Pública: arts. 22, XVII, e 48, IX, CF
- Deputados distritais: art. 45, CF
- despesa com pessoal: art. 169, CF; art. 38, ADCT
- disponibilidades de caixa: art. 164, § 3º
- dívida consolidada: art. 52, VI, CF
- dívida mobiliária: art. 52, IX, CF
- eleição: art. 32, § 2º, CF
- empresas de pequeno porte: art. 179, CF
- ensino: arts. 212 e 218, § 5º, CF
- fiscalização: arts. 75, caput, CF; e 16, § 2º, ADCT
- Fundo de Participação: art. 34, § 2º, ADCT
- fundos; aposentadorias e pensões: art. 249, CF
- Governador e Deputados distritais: art. 14, § 3º, VI, b e c, CF
- Governador e Vice-Governador: art. 16, caput, ADCT
- impostos: arts. 147 e 155, CF
- intervenção da União: art. 34, CF
- lei orgânica: art. 32, caput, CF
- limitações: art. 19, CF
- litígio com Estado estrangeiro ou organismo internacional: art. 102, I, e, CF
- microempresas: art. 179, CF
- Ministério Público: arts. 22, XVII, 48, IX, e 128, I, d, CF
- operações de crédito externo e interno: art. 52, VII, CF
- pesquisa científica e tecnológica: art. 218, § 5º, CF
- petróleo ou gás natural: art. 20, § 1º, CF
- Polícias Civil e Militar e Corpo de Bombeiros Militar: art. 32, § 4º, CF
- princípios: art. 37, CF; Súm. Vinc. 13, STF
- receitas tributárias: arts. 153, § 5º, I, e 157 a 162, CF
- representação judicial e consultoria jurídica: art. 132, CF
- representação na Câmara dos Deputados: art. 4º, § 2º, ADCT
- representação no Senado Federal: art. 46, CF
- Senadores distritais: art. 46, § 1º, CF
- símbolos: art. 13, § 2º, CF
- sistema de ensino: art. 211, CF
- sistema tributário nacional: art. 34, § 3º, ADCT
- sistema único de saúde: art. 198, §§ 1º a 3º, CF
- TCU: art. 73, caput, CF
- tributos: arts. 145, 150 e 152, CF
- turismo: art. 180, CF

## DIVERSÕES E ESPETÁCULOS PÚBLICOS
- classificação: art. 21, XVI, CF
- lei federal: art. 220, § 3º, I, CF

**DÍVIDA AGRÁRIA:** art. 184, § 4º, CF

## DÍVIDA MOBILIÁRIA
- atribuição ao Congresso Nacional: art. 48, XIV, CF
- limites globais: art. 52, IX, CF

## DÍVIDA PÚBLICA
- atribuição ao Congresso Nacional: art. 48, II, CF
- externa e interna: arts. 163, II, e 234, CF
- externa do Brasil: art. 26, ADCT
- limites globais: art. 52, VI, CF
- pagamento: arts. 34, V, a, e 35, I, CF
- títulos: art. 163, IV, CF
- tributação da renda das obrigações da: art. 151, II, CF

**DIVÓRCIO:** art. 226, § 6º, CF

## DOMICÍLIO: art. 6º, CF
- busca e apreensão: art. 139, V, CF
- eleitoral na circunscrição: art. 14, § 3º, IV, CF; art. 5º, § 1º, ADCT

# E

**ECLESIÁSTICOS:** art. 143, § 2º, CF
**ECONOMIA POPULAR:** art. 173, § 5º, CF
**EDUCAÇÃO**
- arts. 205 a 214, CF
- vide ENSINO e ORDEM SOCIAL
- acesso à: art. 23, V, CF
- alimentação: art. 212, § 4º, CF
- ambiental: art. 225, § 1º, VI, CF
- atividades universitárias: art. 213, § 2º, CF
- autonomia das universidades: art. 207, CF
- bolsas de estudo: art. 213, § 1º, CF
- competência: art. 24, IX, CF
- custeio: art. 71, ADCT
- deficiente: art. 208, III, CF
- dever do Estado: arts. 205, caput, e 208, CF
- direito de todos: art. 205, caput, CF
- direito social: art. 6º, CF
- ensino obrigatório e gratuito: art. 208, §§ 1º e 2º, CF
- ensino religioso: art. 210, § 1º, CF
- escolas filantrópicas: art. 213, CF; art. 61, ADCT
- escolas públicas: art. 213, CF
- garantia de acesso do trabalhador adolescente e jovem à escola: art. 227, § 3º, III, CF
- garantias: art. 208, CF
- impostos: art. 150, VI, c, e § 4º, CF; Súm. 724, STF
- iniciativa privada: art. 209, CF
- municípios: arts. 30, VI, e 211, § 2º, CF
- nacional: art. 22, XXIV, CF
- plano nacional; distribuição de recursos: arts. 212, § 3º, e 214, CF
- princípios: art. 206, CF
- promoção e incentivo: art. 205, caput, CF
- recursos públicos: arts. 212 e 213, CF
- sistemas de ensino: art. 211, CF

**ELEIÇÃO**
- alistamento eleitoral: art. 14, §§ 1º e 2º, CF
- Câmara Territorial: art. 33, § 3º, CF
- condições de elegibilidade: art. 14, §§ 3º a 8º, CF
- Deputados Federais: art. 45, CF
- exigibilidade: art. 5º, § 1º, ADCT
- Governadores, Vice-Governadores e Deputados Estaduais e Distritais: arts. 28 e 32, § 2º, CF
- inaplicabilidades: art. 5º, ADCT
- inelegibilidade: art. 5º, § 4º, ADCT
- inelegíveis: art. 14, §§ 4º, 7º e 9º, CF; Súm. Vinc. 18, STF; Súm. 13, TSE
- Prefeito; Vice-Prefeito e Vereadores: art. 29, CF
- Presidente da República: art. 4º, § 1º, ADCT
- Presidente e Vice-Presidente da República: art. 77, CF
- processo eleitoral: art. 16, CF
- Senadores: art. 46, CF
- voto direto e secreto: art. 14, caput, CF

**EMENDAS À CF:** arts. 59, I, e 60, CF
- deliberação: art. 60, §§ 4º e 5º, CF
- iniciativa: art. 60, CF
- intervenção federal, estado de defesa ou estado de sítio: art. 60, § 1º, CF
- promulgação: art. 60, § 3º, CF
- rejeição: art. 60, § 5º, CF
- votação e requisito de aprovação: art. 60, § 2º, CF

**EMIGRAÇÃO:** art. 22, XV, CF
**EMPREGADORES**
- participação nos colegiados dos órgãos públicos: art. 10, CF
- rurais: art. 10, § 3º, ADCT

**EMPREGADOS**
- vide TRABALHADOR

**EMPREGO**
- gestante: art. 7º, XVIII, CF; art. 10, II, b, ADCT
- pleno: art. 170, VIII, CF

- proteção: art. 7º, I, CF
- sistema nacional de: art. 22, XVI, CF

**EMPREGOS PÚBLICOS**
- acumulação: art. 37, XVI e XVII, CF; art. 17, §§ 1º e 2º, ADCT
- concurso: art. 37, I a IV, e § 2º, CF; Súm. 266, STJ; Súm. 363, TST
- criação: arts. 48, X, e 61, § 1º, II, a, CF
- deficiência física: art. 37, VIII, CF; Súm. 377, STJ
- subsídios: art. 37, X e XI, CF; Súm. 672, STF

**EMPRESA(S)**
- apoio e estímulo: art. 218, § 4º, CF
- concessionárias e permissionárias: art. 175, par. ún., I, CF
- gestão: art. 7º, XI, CF
- mais de 200 empregados: art. 11, CF
- pequeno porte e microempresas: arts. 146, III, d, e par. ún., 170, IX, e 179, CF

**EMPRESAS ESTATAIS**
- exploração: art. 21, XI, CF
- orçamento de investimento: art. 165, § 5º, II, CF

**EMPRESA JORNALÍSTICA E DE RADIODIFUSÃO:** art. 222, CF

**EMPRESAS PÚBLICAS**
- compras e alienações: art. 37, XXI, CF; Súm. 333, STJ
- criação: art. 37, XIX e XX, CF
- disponibilidade de caixa: art. 164, § 3º, CF
- estatuto jurídico: art. 173, § 1º
- federais: art. 109, I, CF
- infrações penais: art. 144, § 1º, I, CF
- licitação: art. 22, XXVII, CF
- licitação e contratação de obras, serviços, compras e alienações: art. 173, § 1º, III, CF; Súm. 333, STJ
- orçamento de investimento: art. 165, § 5º, II, CF
- privilégios fiscais: art. 173, § 2º, CF
- relações com o Estado e a sociedade: art. 173, § 3º, CF
- supranacionais: art. 71, V, CF

**EMPRÉSTIMO AO TESOURO NACIONAL:** art. 164, § 1º, CF

**EMPRÉSTIMO COMPULSÓRIO**
- Eletrobrás: art. 34, § 12, ADCT
- instituição e finalidades: art. 148, CF
- vigência imediata: art. 34, § 1º, ADCT

**ENERGIA**
- competência privativa da União: art. 22, IV, CF
- elétrica; ICMS: art. 155, § 3º, CF; e art. 34, § 9º, ADCT
- elétrica; instalações: art. 21, XII, b, CF
- elétrica; participação no resultado da exploração: art. 20, § 1º, CF
- elétrica; terras indígenas: art. 231, § 3º, CF
- hidráulica; bens da União: art. 20, VIII, CF
- hidráulica; exploração: art. 176, CF; e art. 44, ADCT
- nuclear; competência privativa da União: art. 22, XXVI, CF
- nuclear; iniciativas do Poder Executivo: art. 49, XIV, CF
- nuclear; usinas; localização: art. 225, § 6º, CF

**ENFITEUSE EM IMÓVEIS URBANOS:** art. 49, ADCT

**ENSINO**
- vide EDUCAÇÃO
- acesso: arts. 206, I, 208, V, e § 1º, CF
- competência concorrente: art. 24, IX, CF
- entidades públicas de fomento: art. 218, § 5º, CF
- fundamental público; salário-educação: art. 212, § 5º, CF; Súm. 732, STF
- fundamental; competência dos Municípios: art. 30, VI, CF
- fundamental; conteúdos: art. 210, caput, CF
- fundamental; língua portuguesa: art. 210, § 2º, CF
- fundamental; obrigatoriedade e gratuidade: art. 208, I, CF
- fundamental; programas suplementares: arts. 208, VII, e 212, § 4º, CF
- fundamental; recenseamento dos educandos: art. 208, § 3º, CF
- gratuidade; estabelecimentos oficiais: art. 206, IV, CF; Súm. Vinc. 12, STF
- História do Brasil: art. 242, § 1º, CF
- iniciativa privada: art. 209, CF
- médio gratuito: art. 208, II, CF
- Municípios; áreas de atuação: art. 211, § 2º, CF

Índice Alfabético-Remissivo da CF e ADCT     131

- noturno: art. 208, VI, CF
- obrigatório e gratuito: art. 208, §§ 1º e 2º, CF
- obrigatório; prioridade no atendimento: art. 212, § 3º, CF
- percentuais aplicados pela União: art. 212, CF
- princípios: art. 206, CF
- qualidade; melhoria: art. 214, III, CF
- religioso: art. 210, § 1º, CF
- sistemas: art. 211, CF
- superior: art. 207, CF

**ENTORPECENTES E DROGAS AFINS**
- dependente; criança e adolescente: art. 227, § 3º, VII, CF
- extradição: art. 5º, LI, CF
- tráfico; confisco de bens: art. 243, par. ún., CF
- tráfico; crime inafiançável: art. 5º, XLIII, CF
- tráfico; prevenção: art. 144, § 1º, II, CF

**ESTADO DE DEFESA**
- apreciação; Congresso Nacional: art. 136, §§ 4º a 7º, CF
- aprovação; Congresso Nacional: art. 49, IV, CF
- cabimento: art. 136, caput, CF
- calamidade pública: art. 136, § 1º, II, CF
- cessação dos efeitos: art. 141, CF
- Conselho da República: arts. 90, I, e 136, caput, CF
- Conselho de Defesa Nacional: arts. 91, § 1º, II, e 136, caput, CF
- decretação: arts. 21, V, e 84, IX, CF
- decreto; conteúdo: art. 136, § 1º, CF
- disposições gerais: arts. 140 e 141, CF
- duração e abrangência territorial: art. 136, §§ 1º e 2º, CF
- emendas à CF na vigência de; vedação: art. 60, § 1º, CF
- fiscalização da execução: art. 140, CF
- medidas coercitivas: art. 136, §§ 1º e 3º, CF
- prisão ou detenção: art. 136, § 3º, CF
- pronunciamento: art. 90, I, CF
- suspensão: art. 49, IV, CF

**ESTADO DEMOCRÁTICO DE DIREITO:** art. 1º, caput, CF

**ESTADO DE SÍTIO:** arts. 137 a 139, CF
- cabimento: art. 137, CF
- cessação dos efeitos: art. 141, CF
- Congresso Nacional; apreciação: art. 138, §§ 2º e 3º, CF
- Congresso Nacional; aprovação: art. 49, IV, CF
- Congresso Nacional; suspensão: art. 49, IV, CF
- Conselho da República e Conselho de Defesa Nacional: arts. 90, I, 91, § 1º, II, e 137, caput, CF
- decretação: arts. 21, V, 84, IX, e 137, caput, CF
- decreto; conteúdo: art. 138, CF
- disposições gerais: arts. 140 e 141, CF
- duração máxima: art. 138, § 1º, CF
- emendas à CF; vedação: art. 60, § 1º, CF
- fiscalização da execução: art. 140, CF
- imunidades; Deputados ou Senadores: art. 53, § 8º, CF
- medidas coercitivas: arts. 138, § 3º, e 139, CF
- pronunciamento de parlamentares: art. 139, par. ún., CF
- prorrogação: arts. 137, par. ún., e 138, § 1º, CF

**ESTADO ESTRANGEIRO**
- cartas rogatórias: arts. 105, I, i, e 109, X, CF
- extradição: art. 102, I, g, CF
- litígio com os entes federados: art. 102, I, e, CF
- litígio com pessoa residente ou domiciliada no Brasil: arts. 105, II, c, 109, II, CF
- litígio fundado em tratado ou contrato da União: art. 109, III, CF
- relações: arts. 21, I, e 84, VII, CF

**ESTADOS FEDERADOS:** arts. 25 a 28, CF
- aposentadorias e pensões: art. 249, CF
- autonomia: arts. 18 e 25, CF
- bens: art. 26, CF
- Câmara dos Deputados; representação: art. 4º, § 2º, ADCT
- competência comum: art. 23, CF
- competência legislativa concorrente: art. 24, CF
- competência legislativa plena: art. 24, §§ 3º e 4º, CF
- competência legislativa supletiva: art. 24, § 2º, CF
- competência legislativa; questões específicas: art. 22, par. ún., CF
- competência residual: art. 25, § 1º, CF

- competência; Assembleias Legislativas: art. 27, § 3º, CF
- competência; tribunais: art. 125, § 1º, CF
- conflitos com a União: art. 102, I, f, CF
- conflitos fundiários: art. 126, CF
- consultoria jurídica: art. 132, CF
- contribuição; regime previdenciário: art. 149, § 1º, CF
- criação: arts. 18, § 3º, e 235, CF
- Deputados Estaduais: art. 27, CF
- desmembramento: arts. 18, § 3º, e 48, VI, CF
- despesa; limite: art. 169, CF; art. 38, ADCT
- disponibilidades de caixa: art. 164, § 3º, CF
- dívida consolidada: art. 52, VI, CF
- dívida mobiliária: art. 52, IX, CF
- empresas de pequeno porte: art. 179, CF
- encargos com pessoal inativo: art. 234, CF
- ensino; aplicação de receita: art. 212, CF
- ensino; vinculação de receita orçamentária: art. 218, § 5º, CF
- fiscalização: art. 75, caput, CF
- Fundo de Participação; determinações: art. 34, § 2º, ADCT
- fundos; aposentadorias e pensões: art. 249, CF
- gás canalizado: art. 25, § 2º, CF
- Governador; eleição: art. 28, CF
- Governador; perda do mandato: art. 28, §§ 1º e 2º, CF
- Governador; posse: art. 28, caput, CF
- impostos: arts. 155 e 160, CF
- incentivos fiscais; reavaliação: art. 41, ADCT
- inconstitucionalidade de leis: art. 125, § 2º, CF
- incorporação: arts. 18, § 3º, e 48, VI, CF
- iniciativa popular: art. 27, § 4º, CF
- intervenção da União: art. 34, CF
- intervenção nos Municípios: art. 35, CF
- Juizados Especiais; criação: art. 98, I, CF
- Justiça de Paz; criação: art. 98, II, CF
- Justiça Militar estadual: art. 125, §§ 3º e 4º, CF
- limitações: art. 19, CF
- litígio com Estado estrangeiro ou organismo internacional: art. 102, I, e, CF
- microempresas; tratamento diferenciado: art. 179, CF
- microrregiões: art. 25, § 3º, CF
- Ministério Público: art. 128, II, CF
- normas básicas: art. 235, CF
- operações de crédito externo e interno: art. 52, VII, CF
- organização judiciária: art. 125, CF
- pesquisa científica e tecnológica: art. 218, § 5º, CF
- petróleo ou gás natural; exploração: art. 20, § 1º, CF
- precatórios; pagamento: art. 100, CF; Súm. 655, STF; Súms. 144 e 339, STJ
- princípios; administração pública: art. 37, caput, CF; Súm. Vinc. 13, STF
- receitas tributárias: arts. 153, § 5º, I, 157, 158, III, IV, e par. ún., e 159 a 162, CF
- reforma administrativa: art. 24, ADCT
- regiões metropolitanas: art. 25, § 3º, CF
- Senado Federal; representação: art. 46, CF
- símbolos: art. 13, § 2º, CF
- sistema de ensino: art. 211, CF
- sistema tributário nacional: art. 34, § 3º, ADCT
- sistema único de saúde (SUS): art. 198, §§ 1º a 3º, CF
- subdivisão; requisitos: arts. 18, § 3º, e 48, VI, CF
- terras em litígio: art. 12, § 2º, ADCT
- Território; reintegração: art. 18, § 2º, CF
- tributos: arts. 145, 150 e 152, CF
- turismo: art. 180, CF

**ESTADO-MEMBRO**
- Acre: art. 12, § 5º, ADCT
- Amapá: art. 14, ADCT
- Goiás: art. 13, § 7º, ADCT
- Roraima: art. 14, ADCT
- Tocantins: art. 13, ADCT

**ESTADO; ORGANIZAÇÃO:** arts. 18 a 43, CF
- administração pública: arts. 37 a 43, CF
- Distrito Federal: art. 32, CF
- estados federados: arts. 25 a 28, CF
- intervenção estadual: arts. 35 e 36, CF

- intervenção federal: arts. 34 e 36, CF
- militares: art. 42, CF
- municípios: arts. 29 a 31, CF
- organização político-administrativa: arts. 18 e 19, CF
- regiões: art. 43, CF
- servidores públicos: arts. 39 a 41, CF; Súm. Vinc. 4, STF; Súm. 390, TST
- Territórios: art. 33, CF
- União: arts. 20 a 24, CF

**ESTATUTO DA MAGISTRATURA:** art. 93, CF

**ESTRANGEIROS**
- adoção de brasileiro: art. 227, § 5º, CF
- alistamento eleitoral: art. 14, § 2º, CF
- crimes de ingresso ou permanência irregular: art. 109, X, CF
- emigração, imigração, entrada, extradição e expulsão: art. 22, XV, CF
- entrada no país: art. 22, XV, CF
- extradição: art. 5º, LII, CF
- naturalização: art. 12, II, CF
- originários de países de língua portuguesa: art. 12, II, a, CF
- propriedade rural; aquisição: art. 190, CF
- residentes no País: art. 5º, caput, CF
- sucessão de bens: art. 5º, XXXI, CF

**EXPULSÃO DE ESTRANGEIROS:** art. 22, XV, CF

**EXTRADIÇÃO**
- brasileiro nato; inadmissibilidade: art. 5º, LI, CF
- brasileiro naturalizado: art. 5º, LI, CF
- estrangeiro: art. 5º, LII, CF
- estrangeiro; competência privativa: art. 22, XV, CF
- solicitada por Estado estrangeiro; competência originária do STF: art. 102, I, g, CF

# F

**FAIXA DE FRONTEIRA**
- vide FRONTEIRA

**FAMÍLIA:** arts. 226 a 230, CF
- adoção: art. 227, § 5º, CF
- assistência pelo Estado: art. 226, § 8º, CF
- caracterização: art. 226, §§ 3º, 4º e 6º, CF
- casamento: art. 226, §§ 1º e 2º, CF
- dever; criança e adolescente: art. 227, CF
- dever; filhos maiores: art. 229, CF
- dever; idosos: art. 230, CF
- dever; pais: art. 229, CF
- entidade familiar: art. 226, § 4º, CF
- planejamento familiar: art. 226, § 7º, CF
- proteção do Estado: art. 226, caput, CF
- proteção; objetivo da assistência social: art. 203, I, CF
- sociedade conjugal: art. 226, § 5º, CF
- união estável: art. 226, § 3º, CF
- violência; coibição: art. 226, § 8º, CF

**FAUNA**
- legislação; competência concorrente: art. 24, VI, CF
- preservação; competência comum: art. 23, VII, CF
- proteção: art. 225, § 1º, VII, CF

**FAZENDA FEDERAL, ESTADUAL OU MUNICIPAL:** art. 100, CF; arts. 33 e 78, ADCT; Súm. 339, STJ

**FILHO**
- adoção: art. 227, § 6º, CF
- havidos fora do casamento: art. 227, § 6º, CF
- maiores: art. 229, CF
- menores: art. 229, CF
- pai ou mãe brasileiros; nascimento no estrangeiro: art. 90, ADCT

**FILIAÇÃO PARTIDÁRIA:** arts. 14, § 3º, V, e 142, § 3º, V, CF

**FINANÇAS PÚBLICAS:** arts. 163 a 169, CF

**FLORA**
- preservação: art. 23, VII, CF
- proteção: art. 225, § 1º, VII, CF

**FLORESTA**
- legislação; competência concorrente: art. 24, VI, CF
- preservação; competência comum: art. 23, VII, CF

**FORÇAS ARMADAS:** arts. 142 e 143, CF
- cargo privativo de brasileiro nato: art. 12, § 3º, VI, CF
- comando supremo: arts. 84, XIII, e 142, caput, CF
- conceito: art. 142, CF
- Deputados e Senadores: art. 53, § 7º, CF
- Deputados Estaduais: art. 27, § 1º, CF
- eclesiásticos; isenção: art. 143, § 2º, CF
- efetivo; fixação e modificação: arts. 48, III, e 61, § 1º, I, CF
- mulheres; isenção: art. 143, § 2º, CF
- obrigatório; serviço militar: art. 143, CF
- punições disciplinares: art. 142, § 2º, CF
- serviço alternativo: art. 143, § 1º, CF

**FORÇAS ESTRANGEIRAS:** arts. 21, IV, 49, II, e 84, XXII, CF

**FORMA DE GOVERNO:** art. 1º, CF; art. 2º, ADCT

**FORMA FEDERATIVA DE ESTADO:** arts. 1º e 60, § 4º, I, CF

**FRONTEIRA**
- faixa; defesa do Território Nacional: arts. 20, § 2º, e 91, § 1º, III, CF
- pesquisa, lavra e aproveitamento de recursos minerais: art. 176, § 1º, CF

**FUNÇÃO SOCIAL**
- cidade; política urbana: art. 182, CF
- imóvel rural; desapropriação: arts. 184 e 185, CF
- propriedade rural: art. 186, CF
- propriedade urbana: art. 182, § 2º, CF; Súm. 668, STF
- propriedade; atendimento: art. 5º, XXIII, CF

**FUNCIONÁRIOS PÚBLICOS**
- vide SERVIDOR PÚBLICO

**FUNÇÕES ESSENCIAIS À JUSTIÇA:** arts. 127 a 135, CF

**FUNÇÕES PÚBLICAS**
- acesso a todos os brasileiros: art. 37, I, CF
- acumulação: art. 37, XVI e XVII, CF
- confiança: art. 37, V, CF
- criação: arts. 48, X, e 61, § 1º, II, a, CF
- perda; atos de improbidade: art. 37, § 4º, CF
- subsídios: art. 37, X e XI, CF

**FUNDAÇÕES**
- compras e alienações: art. 37, XXI, CF
- controle externo: art. 71, II, III e IV, CF
- criação: art. 37, XIX e XX, CF
- dívida pública externa e interna: art. 163, II, CF
- educacionais: art. 61, ADCT
- impostos sobre patrimônio; vedação: art. 150, § 2º, CF
- licitação: art. 22, XXVII, CF
- pessoal: art. 169, § 1º, CF
- pública: art. 37, XIX, CF

**FUNDO DE COMBATE E ERRADICAÇÃO DA POBREZA:** arts. 79 a 83, ADCT

**FUNDO DE ESTABILIZAÇÃO FISCAL:** art. 71, § 2º, ADCT

**FUNDO DE GARANTIA DO TEMPO DE SERVIÇO:** art. 7º, III, CF; e art. 3º, da EC nº 45/2004; Súm. 353, STJ

**FUNDO DE PARTICIPAÇÃO DOS ESTADOS E DO DISTRITO FEDERAL**
- normas: art. 34, § 2º, ADCT
- repartição das receitas tributárias: arts. 159, I, a, e 161, II, III, e par. ún., CF

**FUNDO DE PARTICIPAÇÃO DOS MUNICÍPIOS**
- normas: art. 34, § 2º, ADCT
- repartição das receitas tributárias: arts. 159, I, b, e 161, II, III, e par. ún., CF

**FUNDO INTEGRADO:** art. 250, CF

**FUNDO NACIONAL DE SAÚDE:** art. 74, § 3º, ADCT

**FUNDO PARTIDÁRIO:** art. 17, § 3º, CF

**FUNDO SOCIAL DE EMERGÊNCIA:** arts. 71 a 73, ADCT

# G

**GARANTIAS DA MAGISTRATURA:** arts. 95 e 121, § 1º, CF

**GARANTIAS FUNDAMENTAIS:** art. 5º, § 1º, CF

**GARIMPAGEM**
- áreas e condições: art. 21, XXV, CF
- organização em cooperativas: art. 174, §§ 3º e 4º, CF

**GÁS**
- canalizado: art. 25, § 2º, CF
- importação e exportação: art. 177, III, CF
- participação; resultado da exploração: art. 20, § 1º, CF
- pesquisa e lavra: art. 177, I, e § 1º, CF
- transporte: art. 177, IV, CF

**GESTANTE**
- dispensa sem justa causa; proibição: art. 10, II, b, ADCT
- licença; duração: art. 7º, XVIII, CF
- proteção; previdência social: art. 201, II, CF

**GOVERNADOR**
- vide ESTADOS FEDERADOS e VICE-GOVERNADOR DE ESTADO
- ADIN; legitimidade: art. 103, V, CF
- crimes comuns: art. 105, I, a, CF
- eleição: art. 28, caput, CF
- habeas corpus: art. 105, I, c, CF
- idade mínima: art. 14, § 3º, VI, b, CF
- inelegibilidade; cônjuge e parentes: art. 14, § 7º, CF; art. 5º, § 5º, ADCT; Súm. Vinc. 18, STF
- mandato; duração: art. 28, caput, CF
- mandato; perda: art. 28, § 1º, CF
- mandatos; promulgação da CF: art. 4º, § 3º, ADCT
- posse: art. 28, caput, CF
- reeleição: art. 14, § 5º, CF
- subsídios: art. 28, § 2º, CF

**GOVERNADOR DE TERRITÓRIO**
- aprovação: art. 52, III, c, CF
- nomeação: art. 84, XIV, CF

**GOVERNADOR DO DISTRITO FEDERAL**
- eleição: art. 32, § 2º, CF
- idade mínima: art. 14, § 3º, VI, b, CF

**GRATIFICAÇÃO NATALINA:** arts. 7º, VIII, e 201, § 6º, CF

**GREVE**
- competência para julgar: art. 114, II, CF; Súm. Vinc. 23, STF
- direito e abusos: art. 9º, CF
- serviços ou atividades essenciais: art. 9º, § 1º, CF
- servidor público: art. 37, VII, CF
- servidor público militar: art. 142, § 3º, IV, CF

**GUERRA**
- Congresso Nacional; autorização: art. 49, II, CF
- Conselho de Defesa Nacional; opinião: art. 91, § 1º, CF
- declaração; competência: arts. 21, II, e 84, XIX, CF
- estado de sítio: art. 137, II, CF
- impostos extraordinários: art. 154, II, CF
- pena de morte: art. 5º, XLVII, a, CF
- requisições; tempo de guerra: art. 22, III, CF

# H

***HABEAS CORPUS***
- competência; juízes federais: art. 109, VII, CF
- competência; STF: art. 102, I, d e i, e II, a, CF; Súm. 691, STF
- competência; STJ: art. 105, I, c, e II, a, CF
- competência; TRF: art. 108, I, d, CF
- concessão: art. 5º, LXVIII, CF
- decisão denegatória proferida por TRE: art. 121, § 4º, V, CF
- gratuidade: art. 5º, LXXVII, CF
- inadmissibilidade; militar: art. 142, § 2º, CF

***HABEAS DATA***
- competência; juízes federais: art. 109, VIII, CF
- competência; STF: art. 102, I, d, e II, a, CF
- competência; STJ: art. 105, I, b, CF
- competência; TRF: art. 108, I, c, CF
- concessão: art. 5º, LXXII, CF
- corretivo: art. 5º, LXXII, b, CF
- decisão denegatória do TRE: art. 121, § 4º, V, CF
- direito à informação: art. 5º, XXXIII e LXXII, CF; Súm. Vinc. 14, STF
- gratuidade da ação: art. 5º, LXXVII, CF
- preventivo: art. 5º, LXXII, a, CF; Súm. 2, STJ

**HABITAÇÃO**
- competência comum: art. 23, IX, CF
- diretrizes: art. 21, XX, CF

**HERANÇA:** art. 5º, XXX, CF

**HIGIENE E SEGURANÇA DO TRABALHO:** art. 7º, XXII, CF

**HORA EXTRA:** art. 7º, XVI, CF

# I

**IDADE:** art. 3º, IV, CF

**IDENTIFICAÇÃO CRIMINAL:** art. 5º, LVIII, CF; Súm. 568, STF

**IDOSOS**
- amparo; filhos: art. 229, CF
- assistência social: art. 203, I, CF
- direitos: art. 230, CF
- salário mínimo: art. 203, V, CF
- transportes coletivos urbanos; gratuidade: art. 230, § 2º, CF

**IGUALDADE**
- acesso à escola: art. 206, I, CF
- empregado e trabalhador avulso: art. 7º, XXXIV, CF
- Estados; relações internacionais: art. 4º, V, CF
- homens e mulheres: art. 5º, I, CF
- perante a lei: art. 5º, caput, CF

**ILEGALIDADE OU ABUSO DE PODER:** art. 5º, LXVIII, CF

**ILHAS**
- fluviais e lacustres: arts. 20, IV, e 26, III, CF
- oceânicas e costeiras: arts. 20, IV, e 26, II, CF

**IMIGRAÇÃO:** art. 22, XV, CF

**IMÓVEIS PÚBLICOS:** arts. 183, § 3º, e 191, par. ún., CF

**IMÓVEIS RURAIS:** arts. 184 e 189, CF

**IMÓVEIS URBANOS**
- desapropriação: art. 182, §§ 3º e 4º, III, CF
- enfiteuse: art. 49, ADCT

**IMPOSTO**
- anistia ou remissão: art. 150, § 6º, CF
- capacidade contributiva: art. 145, § 1º, CF; Súms. 656 e 668, STF
- caráter pessoal: art. 145, § 1º, CF
- classificação: art. 145, I, CF
- criação; vigência imediata: art. 34, § 1º, CF
- distribuição da arrecadação; regiões Norte, Nordeste e Centro-Oeste: art. 34, § 1º, ADCT
- Estadual e Distrito Federal: arts. 147 e 155, CF
- imunidades: art. 150, IV, CF
- instituição: art. 145, caput, CF
- isenção; crédito presumido: art. 150, § 6º, CF
- limitações; poder de tributar: arts. 150 a 152, CF
- mercadorias e serviços: art. 150, § 5º, CF
- Municipais: art. 156, CF; e art. 34, § 1º, ADCT
- reforma agrária: art. 184, § 5º, CF
- repartição das receitas tributárias: arts. 157 a 162, CF
- serviços; alíquota: art. 86, ADCT
- telecomunicações: art. 155, § 3º, CF; Súm. 659, STF
- União: arts. 153 e 154, CF

**IMPOSTOS EXTRAORDINÁRIOS:** arts. 150, § 1º, e 154, II, CF

**IMPOSTO SOBRE COMBUSTÍVEIS LÍQUIDOS E GASOSOS:** art. 155, §§ 3º a 5º, CF; Súm. 659, STF

**IMPOSTO SOBRE DIREITOS REAIS EM IMÓVEIS:** art. 156, II, CF

**IMPOSTO SOBRE DOAÇÕES:** art. 155, I, e § 1º, CF

**IMPOSTO SOBRE EXPORTAÇÃO**
- alíquotas: art. 153, § 1º, CF
- competência: art. 153, II, CF
- limitações ao poder de tributar: art. 150, § 1º, CF

**IMPOSTO SOBRE GRANDES FORTUNAS:** art. 153, VII, CF

**IMPOSTO SOBRE IMPORTAÇÃO**
- alíquotas: art. 153, § 1º, CF
- competência: art. 153, I, CF
- limitações ao poder de tributar: art. 150, § 1º, CF

**IMPOSTO SOBRE LUBRIFICANTES:** art. 155, §§ 3º a 5º, CF; Súm. 659, STF

**IMPOSTO SOBRE MINERAIS:** art. 155, § 3º, CF; Súm. 659, STF

**IMPOSTO SOBRE OPERAÇÕES DE CRÉDITO, CÂMBIO E SEGURO, OU RELATIVAS A TÍTULOS OU VALORES MOBILIÁRIOS**
- alíquotas: art. 153, § 1º, CF
- competência: art. 153, V, e § 5º, CF
- limitações ao poder de tributar: art. 150, § 1º, CF

**IMPOSTO SOBRE OPERAÇÕES RELATIVAS À CIRCULAÇÃO DE MERCADORIAS E SOBRE PRESTAÇÕES DE SERVIÇOS DE TRANSPORTE INTERESTADUAL E INTERMUNICIPAL E DE COMUNICAÇÃO:** art. 155, II, e §§ 2º a 5º, CF; Súm. 662, STF; Súms. 334 e 457, STJ

**IMPOSTO SOBRE PRESTAÇÃO DE SERVIÇOS:** art. 155, II, CF

**IMPOSTO SOBRE PRODUTOS INDUSTRIALIZADOS**
- alíquotas: art. 153, § 1º, CF
- competência: art. 153, IV, e § 3º, CF
- limitações ao poder de tributar: art. 150, § 1º, CF
- repartição das receitas tributárias: art. 159, CF

**IMPOSTO SOBRE PROPRIEDADE DE VEÍCULOS AUTOMOTORES:** art. 155, III e § 6º, CF

**IMPOSTO SOBRE PROPRIEDADE PREDIAL E TERRITORIAL URBANA:** art. 156, I, e § 1º, 182, § 4º, II, CF; Súms. 589 e 668, STF; Súm. 399, STJ

**IMPOSTO SOBRE PROPRIEDADE TERRITORIAL RURAL:** art. 153, VI, e § 4º, CF; Súm. 139, STJ

**IMPOSTO SOBRE RENDA E PROVENTOS DE QUALQUER NATUREZA**
- competência: art. 153, III, CF; Súms. 125, 136 e 386, STJ
- critérios: art. 153, § 2º, CF
- limitações: art. 150, VI, a e c, e §§ 2º a 4º, CF; Súm. 730, STF
- repartição das receitas tributárias: arts. 157, I, 158, I, e 159, I, e § 1º, CF; Súm. 447, STJ

**IMPOSTO SOBRE SERVIÇOS DE QUALQUER NATUREZA:** art. 156, III, § 3º, CF; art. 88, ADCT; Súm. Vinc. 31, STF; Súm. 424, STJ

**IMPOSTO SOBRE TRANSMISSÃO** *CAUSA MORTIS*: art. 155, I, e § 1º, I a III, CF

**IMPOSTO SOBRE TRANSMISSÃO** *INTER VIVOS*: art. 156, II, e § 2º, CF; Súm. 656, STF

**IMPRENSA NACIONAL:** art. 64, ADCT

**IMPROBIDADE ADMINISTRATIVA:** arts. 15, V, e 37, § 4º, CF

**IMUNIDADE:** art. 53, CF

**INAMOVIBILIDADE**
- Defensoria Pública: art. 134, § 1º, CF
- juízes: art. 95, II, CF
- Ministério Público: art. 128, § 5º, I, b, CF

**INCENTIVOS FISCAIS**
- concessão; União: art. 151, I, CF
- Municipais: art. 156, § 3º, III, CF
- reavaliação: art. 41, ADCT
- Zona Franca de Manaus: art. 40, *caput*, ADCT

**INCENTIVOS REGIONAIS:** art. 43, § 2º, CF

**INCONSTITUCIONALIDADE**
- ação direta: arts. 102, I, a, e 103, CF; Súm. 642, STF
- declaração pelos Tribunais; *quorum*: art. 97, CF
- legitimação ativa: arts. 103 e 129, IV, CF

- recurso extraordinário: art. 102, III, CF
- representação pelo estado federado: art. 125, § 2º, CF
- suspensão da execução de lei: art. 52, X, CF

**INDENIZAÇÃO**
- acidente de trabalho: art. 7º, XXVIII, CF; Súm. Vinc. 22, STF
- compensatória do trabalhador: art. 7º, I, CF
- dano material, moral ou à imagem: art. 5º, V e X, CF; Súms. 227, 403 e 420, STJ
- desapropriações: arts. 5º, XXIV, 182, § 3º, 184, *caput* e § 1º, CF; Súms. 378 e 416, STF; Súms. 113, 114 e 119, STJ
- erro judiciário: art. 5º, LXXV, CF
- uso de propriedade particular por autoridade: art. 5º, XXV, CF

**INDEPENDÊNCIA NACIONAL:** art. 4º, I, CF

**ÍNDIOS**
- bens; proteção: art. 231, *caput*, CF
- capacidade processual: art. 232, CF
- culturas indígenas: art. 215, § 1º, CF
- direitos e interesses: arts. 129, V, e 231, CF
- disputa; direitos: art. 109, XI, CF; Súm. 140, STJ
- ensino: art. 210, § 2º, CF
- legislação; competência privativa: art. 22, XIV, CF
- ocupação de terras: art. 231, § 6º, CF
- processo; Ministério Público: art. 232, CF
- recursos hídricos: art. 231, § 3º, CF
- remoção: art. 231, § 5º, CF
- terras; bens da União: art. 20, XI, CF; Súm. 650, STF
- terras; especificação: art. 231, § 1º, CF
- terras; inalienabilidade, indisponibilidade e imprescritibilidade: art. 231, § 4º, CF

**INDULTO:** art. 84, XII, CF

**INELEGIBILIDADE**
- analfabetos: art. 14, § 4º, CF
- casos; lei complementar: art. 14, § 9º, CF; Súm. 13, TSE
- inalistáveis: art. 14, § 4º, CF
- parentes dos ocupantes de cargos políticos: art. 14, § 7º, CF; Súms. Vincs. 13 e 18, STF

**INFÂNCIA**
- *vide* ADOLESCENTE e CRIANÇA
- direitos sociais: art. 6º, CF
- legislação; competência concorrente: art. 24, XV, CF
- proteção; assistência social: art. 203, I, CF

**INICIATIVA POPULAR:** art. 61, *caput*, CF
- âmbito federal: art. 61, § 2º, CF
- âmbito municipal: art. 29, XIII, CF
- Estados: art. 27, § 4º, CF

**INICIATIVA PRIVADA:** arts. 199 e 209, CF

**INICIATIVA PRIVATIVA DO PRESIDENTE DA REPÚBLICA:** arts. 61, § 1º, 63, I, e 64, CF

**INIMPUTABILIDADE PENAL:** art. 228, CF

**INQUÉRITO:** art. 129, III e VIII, CF

**INSALUBRIDADE:** art. 7º, XXIII, CF

**INSPEÇÃO DO TRABALHO:** art. 21, XXIV, CF

**INSTITUIÇÕES FINANCEIRAS**
- aumento no capital: art. 52, II, ADCT
- Congresso Nacional; atribuição: art. 48, XIII, CF
- domiciliadas no exterior: art. 52, I, ADCT
- fiscalização: art. 163, V, CF
- oficiais: art. 164, § 3º, CF
- vedação: art. 52, par. ún., ADCT

**INSTITUTO BRASILEIRO DE GEOGRAFIA E ESTATÍSTICA (IBGE):** art. 12, § 5º, ADCT

**INTEGRAÇÃO**
- povos da América Latina: art. 4º, par. ún., CF
- social dos setores desfavorecidos: art. 23, X, CF

**INTERVENÇÃO ESTADUAL:** arts. 35 e 36, CF

**INTERVENÇÃO FEDERAL:** arts. 34 a 36, CF
- Congresso Nacional; aprovação: art. 49, IV, CF

- Congresso Nacional; suspensão: art. 49, IV, CF
- Conselho da República; pronunciamento: art. 90, I, CF
- Conselho de Defesa Nacional; opinião: art. 91, § 1º, II, CF
- decretação; competência da União: art. 21, V, CF
- emendas à Constituição: art. 60, § 1º, CF
- execução; competência privativa do Presidente da República: art. 84, X, CF
- motivos: art. 34, CF
- requisitos: art. 36, CF

**INTERVENÇÃO INTERNACIONAL:** art. 4º, IV, CF

**INTERVENÇÃO NO DOMÍNIO ECONÔMICO**
- contribuição de: art. 177, § 4°, CF
- pelo Estado: arts. 173 e 174, CF

**INTIMIDADE:** art. 5º, X, CF

**INVALIDEZ:** art. 201, I, CF

**INVENTOS INDUSTRIAIS:** art. 5º, XXIX, CF

**INVESTIMENTOS DE CAPITAL ESTRANGEIRO:** art. 172, CF

**INVIOLABILIDADE**
- advogados: art. 133, CF
- casa: art. 5º, XI, CF
- Deputados e Senadores: art. 53, *caput*, CF
- intimidade, vida privada, honra e imagem das pessoas: art. 5º, X, CF; Súms. 227 e 403, STJ
- sigilo da correspondência, comunicações telegráficas, dados e comunicações telefônicas: art. 5º, XII, CF
- Vereadores: art. 29, VIII, CF

**ISENÇÕES DE CONTRIBUIÇÕES À SEGURIDADE SOCIAL:** art. 195, § 7º, CF; Súm. 659, STF; Súm. 352, STJ

**ISENÇÕES FISCAIS**
- concessão: art. 150, § 6º, CF
- incentivos regionais: art. 43, § 2º, CF
- limitações de sua concessão pela União: art. 151, III, CF
- Municipais: art. 156, § 3º, III, CF

# J

**JAZIDAS**
- legislação; competência privativa: art. 22, XII, CF
- minerais garimpáveis: art. 174, § 3º, CF
- pesquisa e lavra: art. 44, ADCT
- petróleo e gás natural; monopólio da União: art. 177, I, CF
- propriedade: art. 176, *caput*, CF

**JORNADA DE TRABALHO:** art. 7º, XIII e XIV, CF; Súm. 675, STF; Súm. 360, TST

**JOVEM:** art. 227, CF

**JUIZ**
- recusa pelo Tribunal; casos: art. 93, II, *d*, CF
- substituto; ingresso na carreira; requisitos: art. 93, I, CF
- vedação: art. 95, par. ún., CF

**JUIZ DE PAZ:** art. 14, § 3º, VI, c, CF

**JUIZADO DE PEQUENAS CAUSAS:** arts. 24, X, e 98, I, CF; Súm. 376, STJ

**JUIZADOS ESPECIAIS:** art. 98, I, e § 1º, CF; Súms. 376 e 428, STJ

**JUIZ**
- acesso aos tribunais: art. 93, III, CF
- aposentadoria: art. 93, VI e VIII, CF
- aprovação; Senado Federal: art. 52, III, *a*, CF
- cursos; preparação e aperfeiçoamento: art. 93, IV, CF
- disponibilidade: art. 93, VIII, CF
- eleitoral: arts. 118 a 121, CF
- estadual: arts. 125 e 126, CF
- federal: arts. 106 a 110, CF
- garantia: arts. 95 e 121, § 1º, CF
- ingresso; carreira: art. 93, I, CF
- justiça militar: art. 108, I, *a*, CF
- militar: arts. 122 a 124, CF
- nomeação: arts. 84, XVI, e 93, I, CF

- pensão: art. 93, VI, CF
- promoção: art. 93, II, CF
- remoção: art. 93, VIII, CF
- subsídio: arts. 93, V, e 95, III, CF
- titular: art. 93, VII, CF
- togado: art. 21, ADCT
- trabalho: arts. 111 a 116, CF
- vedações: art. 95, par. ún., CF

**JUÍZO DE EXCEÇÃO:** art. 5º, XXXVII, CF

**JUNTAS COMERCIAIS:** art. 24, III, CF

**JÚRI:** art. 5º, XXXVIII, *d*, CF; Súm. 721, STF

**JURISDIÇÃO:** art. 93, XII, CF

**JUROS**
- favorecidos: art. 43, § 2º, II, CF
- taxa; controle Banco Central: art. 164, § 2º, CF

***JUS SANGUINIS:*** art. 12, I, *b* e *c*, CF

***JUS SOLI:*** art. 12, I, *a*, CF

**JUSTIÇA**
- desportiva: art. 217, CF
- eleitoral: arts. 118 a 121, CF
- estadual: arts. 125 e 126, CF
- federal: arts. 106 a 110, CF
- itinerante; direito do trabalho: art. 115, § 1º, CF
- itinerante; instalação: art. 107, § 2º, CF
- militar estadual: art. 125, § 3º, CF
- militar: arts. 122 a 124, CF
- paz: art. 98, II, CF
- social: art. 193, CF
- trabalho: arts. 111 a 116, CF

# L

**LAGOS:** art. 20, III, CF

**LEI:** arts. 61 a 69, CF

**LEI AGRÍCOLA:** art. 50, ADCT

**LEI COMPLEMENTAR**
- aprovação; *quorum*: art. 69, CF
- incorporação estados federados: art. 18, § 3º, CF
- matéria reservada: art. 68, § 1º, CF
- matéria tributária: art. 146, III, CF
- normas de cooperação: art. 23, par. ún., CF
- processo legislativo: art. 59, II, CF

**LEI DE DIRETRIZES ORÇAMENTÁRIAS:** art. 165, II, e § 2º, CF

**LEI DELEGADA:** art. 68, CF
- processo legislativo: art. 59, IV, CF

**LEI ESTADUAL**
- ADIN: art. 102, I, *a*, CF; Súm. 642, STF
- suspensão de eficácia: art. 24, §§ 3º e 4º, CF

**LEI FEDERAL**
- ADECON: art. 102, I, *a*, CF; Súm. 642, STF
- ADIN: art. 102, I, *a*, CF; Súms. 642, STF

**LEI INCONSTITUCIONAL:** art. 52, X, CF

**LEI ORÇAMENTÁRIA:** arts. 39 e 165, CF

**LEI ORÇAMENTÁRIA ANUAL**
- critérios; exclusões: art. 35, § 1º, ADCT
- normas aplicáveis: art. 35, § 2º, ADCT

**LEI ORDINÁRIA:** art. 59, III, CF

**LEI ORGÂNICA DE MUNICÍPIOS:** art. 29, CF

**LEI ORGÂNICA DO DISTRITO FEDERAL:** art. 32, CF

**LEI PENAL**
- anterioridade: art. 5º, XXXIX, CF
- irretroatividade: art. 5º, XL, CF; Súm. Vinc. 24, STF

**LESÃO OU AMEAÇA A DIREITO:** art. 5º, XXXV, CF

**LESÕES AO MEIO AMBIENTE:** art. 225, § 3º, CF

## LIBERDADE
- aprender, ensinar: art. 206, II, CF
- associação: arts. 5º, XVII e XX, e 8º, CF
- consciência e crença; inviolabilidade: art. 5º, VI, CF
- direito: art. 5º, *caput*, CF
- exercício de trabalho ou profissão: art. 5º, XIII, CF
- expressão da atividade intelectual: art. 5º, IX, CF
- fundamental: art. 5º, XLI, CF
- informação; proibição de censura: art. 220, CF
- iniciativa: art. 1º, IV, CF
- locomoção: arts. 5º, XV e LXVIII, e 139, I, CF
- manifestação do pensamento: art. 5º, IV, CF
- ofício: art. 5º, XIII, CF
- privação ou restrição: art. 5º, XLVI, *a*, e LIV, CF; Súm. Vinc. 14, STF; Súm. 704, STF; Súm. 347, STJ
- provisória: art. 5º, LXVI, CF
- reunião: arts. 5º, XVI, 136, § 1º, I, *a*, e 139, IV, CF

**LICENÇA À GESTANTE:** arts. 7º, XVIII, e 39, § 3º, CF

**LICENÇA-PATERNIDADE:** arts. 7º, XIX, e 39, § 3º, CF; art. 10, § 1º, ADCT

**LICITAÇÃO:** arts. 22, XXVII, 37, XXI, e 175, CF; Súm. 333, STJ

## LIMITAÇÕES AO PODER DE TRIBUTAR
- Estados, DF e Municípios: art. 152, CF
- inaplicabilidade: art. 34, § 6º, ADCT
- União: art. 151, CF
- União, Estados, DF e Municípios: art. 150, CF
- vedações; livros, jornais, periódicos e o papel destinado à sua impressão: art. 150, VI, *d*, CF; Súm. 657, STF
- vigência imediata: art. 34, § 1º, ADCT

## LIMITES DO TERRITÓRIO NACIONAL
- Congresso Nacional; atribuição: art. 48, V, CF
- outros países: art. 20, III e IV, CF

**LÍNGUA INDÍGENA:** art. 210, § 2º, CF

## LÍNGUA PORTUGUESA
- emprego; ensino fundamental: art. 210, § 2º, CF
- idioma oficial: art. 13, *caput*, CF

# M

## MAGISTRADOS
- *vide* JUIZ

## MAIORES
- 16 anos; alistamento eleitoral: art. 14, § 1º, II, *c*, CF
- 70 anos; alistamento eleitoral: art. 14, § 1º, II, *b*, CF

## MANDADO DE INJUNÇÃO
- competência STF: art. 102, I, *q*, e II, *a*, CF
- competência STJ: art. 105, I, *h*, CF
- concessão: art. 5º, LXXI, CF
- decisão denegatória do TRE: art. 121, § 4º, V, CF

## MANDADO DE SEGURANÇA
- competência juízes federais: art. 109, VIII, CF
- competência STF: art. 102, I, *d*, e II, *a*, CF; Súm. 624, STF
- competência STJ: art. 105, I, *b*, e II, *b*, CF; Súms. 41 e 177, STJ
- competência TRF: art. 108, I, *c*, CF
- concessão: art. 5º, LXIX, CF
- decisão denegatória do TRE: art. 121, § 4º, V, CF
- decisão denegatória do TSE: art. 121, § 3º, CF

**MANDADO DE SEGURANÇA COLETIVO:** art. 5º, LXX, CF; Súm. 630, STF

## MANDATO
- Deputado Estadual: art. 27, § 1º, CF
- Deputado Federal: art. 44, par. ún., CF
- Deputado ou Senador; perda: arts. 55 e 56, CF
- eletivo; ação de impugnação: art. 14, §§ 10 e 11, CF
- eletivo; servidor público: art. 38, CF
- Governador e Vice-Governador Estadual: art. 28, CF; art. 4º, § 3º, ADCT
- Governador, Vice-Governador e Deputado Distrital: art. 32, §§ 2º e 3º, CF
- Prefeito e Vice-prefeito: art. 4º, § 4º, ADCT
- Prefeito, Vice-Prefeito e Vereadores: art. 29, I e II, CF

- Prefeito; perda: art. 29, XIV, CF
- Presidente da República: art. 82, CF; e art. 4º, ADCT
- Senador: art. 46, § 1º, CF
- Vereador: art. 4º, § 4º, ADCT

**MANIFESTAÇÃO DO PENSAMENTO:** arts. 5º, IV, e 220, CF

## MARGINALIZAÇÃO
- combate aos fatores: art. 23, X, CF
- erradicação: art. 3º, III, CF

**MAR TERRITORIAL:** art. 20, VI, CF

**MATERIAIS RADIOATIVOS:** art. 177, § 3º, CF

## MATERIAL BÉLICO
- fiscalização; competência da União: art. 21, VI, CF
- legislação; competência privativa: art. 22, XXI, CF

## MATERNIDADE
- proteção; direito social: arts. 6º e 7º, XVIII, CF
- proteção; objetivo da assistência social: art. 203, I, CF
- proteção; previdência social: art. 201, II, CF

## MEDICAMENTOS
- produção; SUS: art. 200, I, CF
- propaganda comercial: art. 220, § 4º, CF; e art. 65, ADCT

**MEDIDA CAUTELAR:** art. 102, I, *p*, CF

## MEDIDAS PROVISÓRIAS
- Congresso Nacional; apreciação: art. 62, §§ 5º a 9º, CF
- conversão em lei: art. 62, §§ 3º, 4º e 12, CF
- convocação extraordinária: art. 57, § 8º, CF
- edição; competência privativa: art. 84, XXVI, CF
- impostos; instituição ou majoração: art. 62, § 2º, CF
- perda de eficácia: art. 62, § 3º, CF
- reedição: art. 62, § 10, CF
- rejeitadas: art. 62, §§ 3º e 11, CF
- requisitos: art. 62, *caput*, CF
- vedação: arts. 62, §§ 1º e 10, e 246, CF
- votação: art. 62, § 8º, CF

## MEIO AMBIENTE
- ato lesivo; ação popular: art. 5º, LXXIII, CF
- bem de uso comum do povo: art. 225, *caput*, CF
- defesa e preservação: art. 225, *caput*, CF
- defesa; ordem econômica: art. 170, VI, CF
- exploração; responsabilidade: art. 225, § 2º, CF
- Floresta Amazônica, Mata Atlântica, Serra do Mar, Pantanal Mato-Grossense e Zona Costeira; uso: art. 225, § 4º, CF
- legislação; competência concorrente: art. 24, VI, CF
- propaganda nociva: art. 220, § 3º, II, CF
- proteção; colaboração do SUS: art. 200, VIII, CF
- proteção; competência: art. 23, VI e VII, CF
- reparação dos danos: arts. 24, VIII; e 225, § 3º, CF
- sanções penais e administrativas: art. 225, § 3º, CF
- usinas nucleares: art. 225, § 6º, CF

**MEIOS DE COMUNICAÇÃO SOCIAL:** art. 220, § 5º, CF

## MENOR
- direitos previdenciários e trabalhistas: art. 227, § 3º, II, CF
- direitos sociais: art. 227, § 3º, CF
- idade mínima para o trabalho: art. 227, § 3º, I, CF
- inimputabilidade penal: art. 228, CF
- trabalho noturno; proibição: art. 7º, XXXIII, CF
- violência: arts. 226, § 8º, e 227, § 4º, CF

**MESAS DO CONGRESSO:** art. 57, § 4º, CF

## MICROEMPRESAS
- débitos: art. 47, ADCT
- tratamento jurídico diferenciado: arts. 146, III, *d*, e par. ún., e 179, CF

**MICRORREGIÕES:** art. 25, § 3º, CF

## MILITAR(ES)
- ativa: art. 142, § 3º, III, CF
- elegibilidade: arts. 14, § 8º, e 42, § 1º, CF
- estabilidade: arts. 42, § 1º, e 142, § 3º, X, CF
- Estados, do Distrito Federal e dos Territórios: art. 42, CF
- filiação a partido político: art. 142, § 3º, V, CF

Índice Alfabético-Remissivo da CF e ADCT

- Forças Armadas; disposições aplicáveis: art. 142, § 3º, CF
- Forças Armadas; regime jurídico: art. 61, § 1º, II, *f*, CF
- *habeas corpus*; não cabimento: art. 142, § 2º, CF
- inatividade: art. 142, § 3º, X, CF
- justiça comum ou militar; julgamento: art. 142, § 3º, VII, CF
- limites de idade: art. 142, § 3º, X, CF
- patentes: arts. 42, § 1º, e 142, § 3º, I e X, CF
- perda do posto e da patente: art. 142, 3º, VI, CF
- prisão; crime propriamente militar: art. 5º, LXI, CF
- prisão; transgressão: art. 5º, LXI, CF
- proventos e pensão: arts. 40, §§ 7º e 8º, e 42, § 2º, CF
- remuneração e subsídios: arts. 39, § 4º, 142, § 3º, X, e 144, § 9º, CF
- reserva: art. 142, § 3º, II e III, CF
- sindicalização e greve; proibição: art. 142, § 3º, IV, CF

**MINÉRIOS:** art. 23, XI, CF

**MINÉRIOS NUCLEARES**
- legislação; competência da União: art. 21, XXIII, CF
- monopólio da União: art. 177, V, CF

**MINISTÉRIO PÚBLICO:** arts. 127 a 130-A, CF
- abrangência: art. 128, CF
- ação civil pública: art. 129, III, CF; Súm. 643, STF; Súm. 329, STJ
- ação penal pública: art. 129, I, CF
- ADIN: art. 129, IV, CF
- atividade policial: art. 129, VII, CF
- aumento da despesa: art. 63, II, CF
- autonomia administrativa e funcional: art. 127, § 2º, CF
- carreira; ingresso: art. 129, § 3º, CF
- consultoria jurídica de entidades públicas: art. 129, IX, CF
- CPI: art. 58, § 3º, CF
- crimes comuns e de responsabilidade: art. 96, III, CF
- diligências investigatórias: art. 129, VIII, CF
- estatuto; princípios: arts. 93, II e VI, e 129, § 4º, CF
- federal; composição dos TRF: art. 107, I, CF
- funções institucionais: art. 129, CF
- funções; exercício: art. 129, § 2º, CF
- garantias: art. 128, § 5º, I, CF
- incumbência: art. 127, CF
- índios: arts. 129, V, e 232, CF
- inquérito civil: art. 129, III, CF
- inquérito policial: art. 129, VIII, CF
- interesses difusos e coletivos; proteção: art. 129, III, CF; Súm. 329, STJ
- intervenção da União e dos Estados: art. 129, IV, CF
- membros; STJ: art. 104, par. ún., II, CF
- membros; Tribunais de Contas: art. 130, CF
- membros; Tribunais: art. 94, CF
- membros; TST: art. 111-A, CF
- notificações: art. 129, VI, CF
- organização, atribuições e estatuto: art. 128, § 5º, CF
- organização; competência da União: art. 21, XIII, CF
- organização; vedação de delegação: art. 68, § 1º, I, CF
- órgãos: art. 128, CF
- princípios institucionais: art. 127, § 1º, CF
- Procurador-Geral da República: art. 128, § 2º, CF
- promoção: art. 129, § 4º, CF
- proposta orçamentária: art. 127, § 3º, CF
- provimento de cargos: art. 127, § 2º, CF
- União: art. 128, § 1º, CF
- vedações: arts. 128, § 5º, II, e 129, IX, CF

**MINISTÉRIO PÚBLICO DA UNIÃO**
- chefia: art. 128, § 1º, CF
- crimes comuns e responsabilidade: arts. 105, I, *a*, e 108, I, *a*, CF
- *habeas corpus*: art. 105, I, c, CF
- organização: arts. 48, IX, e 61, § 1º, II, *d*, CF
- órgãos: art. 128, I, CF

**MINISTÉRIO PÚBLICO DO DISTRITO FEDERAL E TERRITÓRIOS**
- organização: arts. 21, XIII, 22, XVII, 48, IX, e 61, § 1º, II, *d*, CF
- órgão do Ministério Público da União: art. 128, I, *d*, CF
- Procuradores-Gerais: art. 128, §§ 3º 4º, CF

**MINISTÉRIO PÚBLICO DOS ESTADOS:** art. 128, II, e §§ 3º e 4º, CF

**MINISTÉRIO PÚBLICO DO TRABALHO**
- estabilidade: art. 29, § 4º, ADCT
- membros; TRT: art. 115, I e II, CF
- membros; TST: art. 111-A, CF
- organização: art. 61, § 1º, II, *d*, CF
- órgão do Ministério Público da União: art. 128, I, *b*, CF

**MINISTÉRIO PÚBLICO FEDERAL**
- atribuições: art. 29, § 2º, ADCT
- atuais procuradores: art. 29, § 2º, ADCT
- composição dos TRF: art. 107, I, CF
- integrantes dos Ministérios Públicos do Trabalho e Militar: art. 29, § 4º, ADCT
- opção pelo regime anterior: art. 29, § 3º, ADCT
- órgão do Ministério Público da União: art. 128, I, *a*, CF

**MINISTÉRIO PÚBLICO MILITAR**
- estabilidade: art. 29, § 4º, ADCT
- membro; Superior Tribunal Militar: art. 123, par. ún., II, CF
- órgão do Ministério Público da União: art. 128, I, c, CF

**MINISTÉRIOS**
- criação e extinção; disposições em lei: arts. 48, XI, 61, § 1º, II, e, e 88, CF
- Defesa: arts. 52, I, 84, XIII, e 91, I a VIII, CF

**MINISTROS**
- aposentados; TFR: art. 27, § 4º, ADCT
- Estado: art. 50 e §§ 1º e 2º, CF
- Ministros do TFR para o STJ: art. 27, § 2º, I, ADCT
- STJ; indicação e lista tríplice: art. 27, § 5º, ADCT
- STJ; nomeação: art. 27, § 2º, II, ADCT
- TFR; classe: art. 27, § 3º, ADCT

**MINISTRO DA JUSTIÇA:** arts. 89, VI, e 91, IV, CF

**MINISTRO DE ESTADO:** arts. 87 e 88, CF
- atribuições: art. 84, par. ún., CF
- auxílio; Presidente da República: arts. 76 e 84, II, CF
- comparecimento; Senado Federal ou Câmara dos Deputados: art. 50, §§ 1º e 2º, CF
- competência: art. 87, par. ún., CF
- Conselho da República; participação: art. 90, § 1º, CF
- crimes comuns e de responsabilidade: arts. 52, I, e 102, I, *b* e *c*, CF
- escolha: art. 87, *caput*, CF
- exoneração: art. 84, I, CF
- *habeas corpus*: art. 102, I, *d*, CF
- *habeas data*: art. 105, I, *b*, CF
- nomeação: art. 84, I, CF
- processo contra; autorização: art. 51, I, CF
- requisitos: art. 87, *caput*, CF
- subsídios: art. 49, VIII, CF

**MINISTRO DO STF**
- brasileiro nato: art. 12, § 3º, VI, CF
- nomeação: art. 84, XIV, CF
- processo e julgamento: art. 52, II, CF

**MINISTROS DO TRIBUNAL DE CONTAS DA UNIÃO**
- aprovação; Senado Federal: art. 52, III, *b*, CF
- nomeação: art. 84, XV, CF
- número: art. 73, *caput*, CF
- prerrogativas: art. 73, § 3º, CF
- requisitos: art. 73, §§ 1º e 2º, CF

**MISSÃO DIPLOMÁTICA:** arts. 52, IV, e 102, I, c, CF

**MOEDA**
- emissão: arts. 21, VII, e 164, *caput*, CF
- limites: art. 48, XIV, CF

**MONUMENTOS:** art. 23, III, CF

**MORADIAS:** art. 23, IX, CF

**MULHER**
- igualdade em direitos: art. 5º, I, CF
- proteção; mercado de trabalho: art. 7º, XX, CF
- serviço militar obrigatório; isenção: art. 143, § 2º, CF

**MUNICÍPIOS:** arts. 29 a 31, CF
- aposentadorias e pensões: art. 249, CF
- autonomia: art. 18, *caput*, CF
- competência: arts. 23 e 30, CF
- Conselhos de Contas: art. 31, § 4º, CF
- contas; apreciação pelos contribuintes: art. 31, § 3º, CF
- contribuição: art. 149, § 1º, CF
- controle externo: art. 31, § 1º, CF
- criação: art. 18, § 4º, CF
- desmembramento: art. 18, § 4º, CF
- despesa; limite: art. 169; art. 38, ADCT
- disponibilidades de caixa: art. 164, § 3º, CF
- Distrito Federal: art. 32, *caput*, CF
- dívida consolidada: art. 52, VI, CF
- dívida mobiliária: art. 52, IX, CF
- empresas de pequeno porte: art. 179, CF
- ensino: arts. 211, § 2º, e 212, CF
- fiscalização: arts. 31 e 75, CF
- Fundo de Participação: art. 34, § 2º, ADCT
- fusão: art. 18, § 4º, CF
- guardas municipais: art. 144, § 8º, CF
- impostos: arts. 156, 158 e 160, CF
- incentivos fiscais: art. 41, ADCT
- incorporação: art. 18, § 4º, CF
- iniciativa popular: art. 29, XIII, CF
- intervenção: art. 35, CF
- lei orgânica: art. 29, CF; art. 11, par. ún., ADCT
- limitações: art. 19, CF
- microempresas: art. 179, CF
- operações de crédito externo e interno: art. 52, VII, CF
- pensões: art. 249, CF
- petróleo ou gás natural e outros recursos: art. 20, § 1º, CF
- precatórios: art. 100, CF; Súm. 655, STF; Súm. 144, STJ
- princípios: art. 37, *caput*, CF; Súm. Vinc. 13, STF
- receita; ITR: art. 158, II, CF; Súm. 139, STJ
- reforma administrativa: art. 24, ADCT
- símbolos: art. 13, § 2º, CF
- sistema tributário nacional: art. 34, § 3º, ADCT
- sistema único de saúde: art. 198, §§ 1º a 3º, CF
- sistemas de ensino: art. 211, CF
- terras em litígio; demarcação: art. 12, § 2º, ADCT
- Tribunal de Contas: art. 31, § 4º, CF
- tributos: arts. 145, 150 e 152, CF
- turismo: art. 180, CF

## N

**NACIONALIDADE:** arts. 12 e 13, CF
- brasileiros natos: art. 12, I, CF
- brasileiros naturalizados: art. 12, II, CF
- cargos privativos de brasileiro nato: art. 12, § 3º, CF
- causas referentes à: 109, X, CF
- delegação legislativa; vedação: art. 68, § 1º, II, CF
- distinção entre brasileiros natos e naturalizados: art. 12, § 2º, CF
- legislação; competência privativa: art. 22, XIII, CF
- perda: art. 12, § 4º, CF
- portugueses: art. 12, II, *a*, e § 1º, CF

**NASCIMENTO**
- estrangeiro: art. 95, ADCT
- registro civil: art. 5º, LXXVI, *a*, CF

**NATURALIZAÇÃO**
- direitos políticos; cancelamento: art. 15, I, CF
- foro competente: 109, X, CF
- legislação; competência privativa: art. 22, XIII, CF
- perda da nacionalidade: art. 12, § 4º, II, CF
- perda da nacionalidade; cancelamento: art. 12, § 4º, I, CF

**NATUREZA**
- vide MEIO AMBIENTE

**NAVEGAÇÃO**
- aérea e aeroespacial: arts. 21, XII, *c*, e 22, X, CF
- cabotagem: art. 178, par. ún., CF
- fluvial: art. 22, X, CF
- lacustre: art. 22, X, CF
- marítima: art. 22, X, CF

**NEGOCIAÇÕES COLETIVAS DE TRABALHO:** art. 8º, VI, CF

**NOTÁRIOS**
- atividades: art. 236, § 1º, CF
- carreira: art. 236, § 3º, CF

## O

**OBRAS**
- coletivas: art. 5º, XXVIII, *a*, CF
- direitos autorais: art. 5º, XXVII e XXVIII, CF; Súm. 386, STF
- patrimônio cultural brasileiro: art. 216, IV, CF
- proteção: art. 23, III e IV, CF
- públicas: art. 37, XXI, CF; Súm. 333, STJ

**OBRIGAÇÃO ALIMENTÍCIA:** art. 5º, LXVII, CF

**OFICIAL**
- forças armadas: art. 12, § 3º, VI, CF
- general: art. 84, XIII, CF
- registro: art. 236, CF

**OLIGOPÓLIO:** art. 220, § 5º, CF

**OPERAÇÃO DE CRÉDITO**
- adaptação: art. 37, ADCT
- Congresso Nacional; atribuição: art. 48, II, CF
- controle: art. 74, III, CF
- externo e interno: art. 52, VII e VIII, CF

**OPERAÇÃO FINANCEIRA**
- externas: art. 52, V, CF
- fiscalização: art. 21, VIII, CF

**ORÇAMENTO:** arts. 165 a 169, CF
- anual: art. 48, II, CF
- delegação legislativa; vedação: art. 68, § 1º, III, CF
- diretrizes orçamentárias: art. 165, II, e § 2º, CF
- legislação; competência concorrente: art. 24, II, CF
- lei orçamentária anual; conteúdo: art. 165, § 5º, CF
- plano plurianual: art. 165, I, e § 1º, CF
- projetos de lei; envio, apreciação e tramitação: arts. 84, XXIII, e 166, CF
- vedações: art. 167, CF

**ORDEM DOS ADVOGADOS DO BRASIL:** art. 103, VII, CF

**ORDEM ECONÔMICA E FINANCEIRA:** arts. 170 a 192, CF
- política agrícola e fundiária e reforma agrária: arts. 184 a 191, CF
- política urbana: arts. 182 e 183, CF
- princípios gerais da atividade econômica: arts. 170 a 181, CF
- sistema financeiro nacional: art. 192, CF

**ORDEM JUDICIAL:** art. 5º, XIII, CF

**ORDEM SOCIAL** arts. 193 a 232, CF
- assistência social: arts. 203 e 204, CF
- ciência e tecnologia: arts. 218 e 219, CF
- comunicação social: arts. 220 a 224, CF
- cultura: arts. 215 e 216, CF
- desporto: art. 217, CF
- educação: arts. 205 a 214, CF
- família, criança, adolescente e idoso: arts. 226 a 230, CF
- idosos: art. 230, CF
- índios: arts. 231 e 232, CF
- meio ambiente: art. 225, CF
- objetivos: art. 193, CF
- previdência social: arts. 201 e 202, CF
- saúde: arts. 196 a 200, CF
- seguridade social: arts. 194 a 204, CF

**ORGANISMOS REGIONAIS:** art. 43, § 1º, II, CF

**ORGANIZAÇÃO JUDICIÁRIA:** art. 22, XVII, CF

**ORGANIZAÇÃO POLÍTICO-ADMINISTRATIVA DO ESTADO BRASILEIRO:** art. 18, CF

**ORGANIZAÇÃO SINDICAL**
- criação: art. 8º, II, CF
- interferência: art. 8º, I, CF; Súm. 677, STF

- mandado de segurança coletivo: art. 5º, LXX, b, CF; Súm. 629, STF

**ORGANIZAÇÕES INTERNACIONAIS:** art. 21, I, CF

**ÓRGÃOS PÚBLICOS**
- disponibilidades de caixa: art. 164, § 3º, CF
- publicidade dos atos: art. 37, § 1º, CF

**OURO:** art. 153, § 5º, CF

# P

**PAGAMENTO**
- precatórios judiciais: art. 33, CF

**PAÍS:** art. 230, CF

**PARLAMENTARISMO:** art. 2º, ADCT

**PARTICIPAÇÃO NOS LUCROS:** art. 7º, XI, CF

**PARTIDOS POLÍTICOS:** art. 17, CF
- ADIN; legitimidade: art. 103, VIII, CF

**PATRIMÔNIO:** art. 150, VI, c, CF; Súms. 724 e 730, STF

**PATRIMÔNIO CULTURAL BRASILEIRO:** art. 216, CF

**PATRIMÔNIO HISTÓRICO, ARTÍSTICO, CULTURAL E ARQUEOLÓGICO:** art. 23, III e IV, CF

**PATRIMÔNIO HISTÓRICO, CULTURAL, ARTÍSTICO, TURÍSTICO E PAISAGÍSTICO:** art. 24, VII e VIII, CF

**PATRIMÔNIO HISTÓRICO E CULTURAL:** art. 5º, LXXIII, CF

**PATRIMÔNIO NACIONAL**
- encargos ou compromissos gravosos: art. 49, I, CF
- Floresta Amazônica, Mata Atlântica, Serra do Mar, Pantanal Mato-Grossense e Zona Costeira: art. 225, § 4º, CF
- mercado interno: art. 219, CF

**PATRIMÔNIO PÚBLICO:** art. 23, I, CF

**PAZ**
- Congresso Nacional; autorização: art. 49, II, CF
- Conselho de Defesa Nacional; opinião: art. 91, § 1º, I, CF
- defesa; princípio adotado pelo Brasil: art. 4º, VI, CF
- Presidente da República; competência: art. 84, XX, CF
- União; competência: art. 21, II, CF

**PENA(S)**
- comutação: art. 84, XII, CF
- cruéis: art. 5º, XLVII, e, CF; Súm. 280, STJ
- espécies adotadas: art. 5º, XLVI, CF
- espécies inadmissíveis: art. 5º, XLVII, CF
- estabelecimentos específicos: art. 5º, XLVIII, CF
- individualização: art. 5º, XLV e XLVI, CF; Súm. Vinc. 26, STF
- morte: art. 5º, XLVII, a, CF
- perpétua: art. 5º, XLVII, b, CF
- prévia cominação legal: art. 5º, XXXIX, CF
- reclusão: art. 5º, XLII, CF

**PENSÃO**
- especial para ex-combatente da 2ª Guerra Mundial: art. 53, ADCT
- gratificação natalina: art. 201, § 6º, CF
- mensal vitalícia; seringueiros: art. 54, § 3º, ADCT
- militares: art. 42, § 2º, CF
- morte do segurado: art. 201, V, CF
- revisão dos direitos: art. 20, CF
- seringueiros que contribuíram durante a 2ª Guerra Mundial: art. 54, § 1º, ADCT
- seringueiros; benefícios transferíveis: art. 54, § 2º, ADCT
- servidor público: art. 40, §§ 2º, 7º, 8º e 14, CF

**PETRÓLEO**
- exploração e participação nos resultados: art. 20, § 1º, CF
- pesquisa e lavra: art. 177, I, CF
- refinação; monopólio da União: art. 177, II, e § 1º, CF
- transporte marítimo: art. 177, IV, e § 1º, CF
- venda e revenda: art. 238, CF

**PETRÓLEO BRASILEIRO S/A – PETROBRAS:** art. 45, par. ún., ADCT

**PISO SALARIAL:** art. 7º, V, CF

**PLANEJAMENTO AGRÍCOLA:** art. 187, § 1º, CF

**PLANEJAMENTO DO DESENVOLVIMENTO NACIONAL:** arts. 21, IX, 48, IV, e 174, § 1º, CF

**PLANEJAMENTO FAMILIAR:** art. 226, § 7º, CF

**PLANO DE CUSTEIO E DE BENEFÍCIO:** art. 59, CF

**PLANO DIRETOR:** art. 182, § 1º, CF

**PLANO NACIONAL DE EDUCAÇÃO:** arts. 212, § 3º, e 214, CF

**PLANO PLURIANUAL**
- Congresso Nacional; atribuição: art. 48, II, CF
- elaboração e organização: art. 165, § 9º, I, CF
- estabelecimento em lei: art. 165, I, e § 1º, CF
- lei orçamentária: art. 35, § 1º, I, ADCT
- Presidente da República; competência privativa: art. 84, XXIII, CF
- projeto; encaminhamento: art. 35, § 2º, I, ADCT
- projetos de lei: art. 166, CF

**PLANOS DA PREVIDÊNCIA SOCIAL:** art. 201, CF

**PLEBISCITO**
- anexação de estados federados: art. 18, § 3º, CF
- Congresso Nacional; competência: art. 49, XV, CF
- criação, incorporação, fusão e desmembramento de municípios: art. 18, § 4º, CF
- escolha da forma e do regime de governo: art. 2º, ADCT
- incorporação, subdivisão ou desmembramento de estados federados: art. 18, § 3º, CF
- instrumento de exercício da soberania popular: art. 14, I, CF

**PLURALISMO POLÍTICO:** art. 1º, V, CF

**PLURIPARTIDARISMO:** art. 17, caput, CF

**POBREZA**
- combate às causas; competência comum: art. 23, X, CF
- erradicação: art. 3º, III, CF
- Fundo de Combate e Erradicação da Pobreza: arts. 79 a 83, ADCT

**PODER DE TRIBUTAR:** arts. 150 a 152, CF

**PODER ECONÔMICO:** art. 14, § 9º, CF; Súm. 13, TSE

**PODER EXECUTIVO:** arts. 76 a 91, CF
- atividades nucleares; aprovação: art. 49, XIV, CF
- atos normativos regulamentares; sustação: art. 49, V, CF
- atos; fiscalização e controle: art. 49, X, CF
- comissão de estudos territoriais; indicação: art. 12, ADCT
- Conselho da República: arts. 89 e 90, CF
- Conselho de Defesa Nacional: art. 91, CF
- controle interno: art. 74, CF
- exercício; Presidente da República: art. 76, CF
- impostos; alteração da alíquota: art. 153, § 1º, CF
- independência e harmonia com os demais poderes: art. 2º, CF
- Ministros de Estado: arts. 87 e 88, CF
- Presidente da República; atribuições: art. 84, CF
- Presidente da República; autorização de ausência: art. 49, III, CF
- Presidente da República; eleição: art. 77, CF
- Presidente da República; responsabilidade: arts. 85 e 86, CF
- radiodifusão; concessão: art. 223, caput, CF
- reavaliação de incentivos fiscais: art. 41, ADCT
- revisão da lei orçamentária de 1989: art. 39, ADCT
- vencimentos dos cargos do: art. 37, XII, CF

**PODER JUDICIÁRIO:** arts. 92 a 126, CF
- ações desportivas: art. 217, § 1º, CF
- atos notariais: art. 236, § 1º, CF
- autonomia administrativa e financeira: art. 99, CF
- competência privativa dos tribunais: art. 96, CF
- conflitos fundiários: art. 126, CF
- controle interno: art. 74, CF
- Distrito Federal e Territórios: art. 21, XIII, CF
- Estados federados: art. 125, CF
- Estatuto da Magistratura: art. 93, CF
- garantias da magistratura: art. 95, CF
- independência e harmonia com os demais poderes: art. 2º, CF
- juizados especiais; criação: art. 98, I, CF; Súm. 376, STJ

- juízes; proibições: art. 95, par. ún., CF
- julgamentos; publicidade: art. 93, IX, CF
- justiça de paz: art. 98, II, CF
- Justiça Eleitoral: art. 118, CF
- Justiça Militar: arts. 122 a 124, CF
- órgãos que o integram: art. 92, CF
- quinto constitucional: art. 94, CF
- seções judiciárias: art. 110, caput, CF
- STF: arts. 101 a 103-B, CF
- STJ: arts. 104 e 105, CF
- Superior Tribunal Militar; composição: art. 123, CF
- Territórios Federais: art. 110, par. ún., CF
- Tribunais e Juízes do Trabalho: arts. 111 a 116, CF
- Tribunais e Juízes Eleitorais: arts. 118 a 121, CF
- Tribunais e Juízes Estaduais: arts. 125 a 126, CF; Súm. 721, STF
- Tribunais e Juízes Militares: arts. 122 a 124, CF
- Tribunais Regionais e Juízes Federais: arts. 106 a 110, CF
- vencimentos dos cargos do: art. 37, XII, CF

**PODER LEGISLATIVO:** arts. 44 a 75, CF
- Câmara dos Deputados: arts. 44, 45 e 51, CF
- comissão mista; dívida externa brasileira: art. 26, ADCT
- comissões permanentes e temporárias: art. 58, CF
- competência exclusiva: art. 68, § 1º, CF
- Congresso Nacional: arts. 44, 48 e 49, CF
- controle interno: art. 74, CF
- delegação legislativa: art. 68, CF
- Deputados: arts. 54 a 56, CF
- fiscalização contábil: arts. 70 a 75, CF
- imunidades: art. 53, CF
- incentivos fiscais: art. 41, ADCT
- independência e harmonia com os demais poderes: art. 2º, CF
- legislatura: art. 44, par. ún., CF
- lei orçamentária de 1989: art. 39, ADCT
- processo legislativo: arts. 59 a 69, CF
- propaganda comercial: art. 65, ADCT
- recesso: art. 58, § 4º, CF
- reuniões: art. 57, CF
- sanção presidencial: art. 48, caput, CF
- Senado Federal: arts. 44, 46 e 52, CF
- Senador: arts. 46, 54 a 56, CF
- sessão legislativa: art. 57, CF
- Territórios: art. 45, § 2º, CF
- vencimentos dos cargos: art. 37, XII, CF

**POLÍCIA AEROPORTUÁRIA**
- exercício da função pela polícia federal: art. 144, § 1º, III, CF
- serviços; competência da União: art. 21, XXII, CF

**POLÍCIA DE FRONTEIRA**
- exercício da função pela polícia federal: ar. 144, § 1º, III, CF
- serviços; competência da União: art. 21, XXII, CF

**POLÍCIA FEDERAL**
- funções: art. 144, § 1º, CF
- legislação; competência privativa: art. 22, XXII, CF
- órgão da segurança pública: art. 144, I, CF

**POLÍCIA FERROVIÁRIA**
- federal; órgão da segurança pública: art. 144, II, e § 3º, CF
- legislação; competência privativa: art. 22, XXII, CF

**POLÍCIA MARÍTIMA**
- exercício da função pela polícia federal: art. 144, § 1º, III, CF
- serviços; competência da União: art. 21, XXII, CF

**POLÍCIA RODOVIÁRIA**
- federal; órgão da segurança pública; funções: art. 144, II, e § 2º, CF
- legislação; competência privativa: art. 22, XXII, CF

**POLÍCIAS CIVIS**
- Distrito Federal: arts. 21, XIV, e 32, § 4º, CF; Súm. 647, STF
- funções: art. 144, § 4º, CF
- legislação; competência concorrente: art. 24, XVI, CF
- órgão da segurança pública: art. 144, IV, CF
- subordinação: art. 144, § 6º, CF

**POLÍCIAS MILITARES**
- Distrito Federal: arts. 21, XIV, e 32, § 4º, CF; Súm. 647, STF

- funções: art. 144, § 5º, CF
- legislação; competência privativa: art. 22, XXI, CF
- membros: art. 42, CF
- órgão da segurança pública: art. 144, V, CF
- subordinação: art. 144, § 6º, CF

**POLÍTICA AGRÍCOLA E FUNDIÁRIA:** arts. 184 a 191, CF

**POLÍTICA DE DESENVOLVIMENTO URBANO:** art. 182, caput, CF

**POLÍTICA NACIONAL DE TRANSPORTES:** art. 22, IX, CF

**POLÍTICA URBANA:** arts. 182 e 183, CF

**PORTADORES DE DEFICIÊNCIA FÍSICA:** art. 37, VIII, CF; Súm. 377, STJ

**PORTOS:** arts. 21, XII, f, e 22, X, CF

**PRAIAS**
- fluviais: art. 20, III, CF
- marítimas: art. 20, IV, CF

**PRECATÓRIOS**
- assumidos pela união; possibilidade: art. 100, § 16, CF
- complementares ou suplementares; expedição: art. 100, § 8º, CF
- natureza alimentícia: art. 100, caput, e §§ 1º e 2º, CF; Súm. 655, STF; Súm. 144, STJ
- pagamento: art. 100, CF; Súm. 655, STF; Súm. 144, STJ
- pagamento; regime especial: art. 97, ADCT
- pendentes de pagamento: arts. 33, 78 e 86, ADCT; Súm. 144, STJ
- pequeno valor: art. 100, §§ 3º e 4º, CF
- produção de efeitos; comunicação por meio de petição protocolizada: art. 100, § 14, CF
- regime especial para pagamento: art. 100, § 15, CF

**PRECONCEITOS:** art. 3º, IV, CF

**PRÉ-ESCOLA**
- assistência gratuita: art. 7º, XXV, CF
- crianças de até seis anos de idade: art. 208, IV, CF

**PREFEITO MUNICIPAL**
- contas; fiscalização: art. 31, § 2º, CF
- crimes de responsabilidade: art. 29-A, § 2º, CF
- eleição: art. 29, I e II, CF
- idade mínima: art. 14, § 3º, VI, c, CF
- inelegibilidade de cônjuge e de parentes até o segundo grau: art. 14, § 7º, CF; Súm. Vinc. 18, STF
- julgamento: arts. 29, X, CF; Súms. 702 e 703, STF; Súm. 209, STJ
- perda do mandato: art. 29, XIV, CF
- posse: art. 29, III, CF
- reeleição: art. 14, § 5º, CF
- servidor público: art. 38, II, CF
- subsídios: art. 29, V, CF

**PRESIDENCIALISMO:** art. 2º, ADCT

**PRESIDENTE DA CÂMARA DOS DEPUTADOS:** art. 12, § 3º, II, CF

**PRESIDENTE DA REPÚBLICA E VICE-PRESIDENTE:** arts. 76 a 86, CF
- ADECON e ADIN; legitimidade: art. 103, I, CF
- afastamento; cessação: art. 86, § 2º, CF
- atos estranhos ao exercício de suas funções: art. 86, § 4º, CF
- ausência do País por mais de 15 dias: arts. 49, III, e 83, CF
- cargo privativo de brasileiro nato: art. 12, § 3º, I, CF
- Chefia de Estado: art. 84, VII, VIII, XIX, XX e XXII, CF
- Chefia de Governo: art. 84, I a VI, IX a XVIII, XXI, XXIII a XXVII, CF
- competência privativa: art. 84, CF
- compromisso: art. 1º, ADCT
- Congresso Nacional; convocação extraordinária: art. 57, § 6º, CF
- Conselho da República; órgão de consulta: art. 89, caput, CF
- Conselho de Defesa Nacional; órgão de consulta: art. 91, caput, CF
- contas; apreciação: arts. 49, IX, 51, II, e 71, I, CF
- crimes de responsabilidade: arts. 52, I, e par. ún., 85 e 86, CF
- delegação legislativa: art. 68, CF
- Distrito Federal: art. 16, ADCT
- eleição: art. 77, CF; art. 4º, § 1º, ADCT

## Índice Alfabético-Remissivo da CF e ADCT

- exercício do Poder Executivo: art. 76, CF
- governadores de Roraima e do Amapá; indicação: art. 14, § 3º, ADCT
- *habeas corpus* e *habeas data*: art. 102, I, d, CF
- idade mínima: art. 14, § 3º, VI, a, CF
- impedimento: arts. 79, *caput*, e 80, CF
- inelegibilidade de cônjuge e de parentes até o segundo grau: art. 14, § 7º, CF; Súm. Vinc. 18, STF
- infrações penais comuns: arts. 86 e 102, I, b, CF
- iniciativa de leis: arts. 60, II, 61, § 1º, 63, I, 64, CF
- leis orçamentárias: art. 165, CF
- mandado de injunção: art. 102, I, q, CF
- mandado de segurança: art. 102, I, d, CF
- mandato: art. 82; art. 4º, ADCT
- medidas provisórias: arts. 62 e 84, XXVI, CF; Súm. 651, STF
- morte de candidato, antes de realizado o segundo turno: art. 77, § 4º, CF
- Poder Executivo; exercício: art. 76, CF
- posse: art. 78, *caput*, CF
- prisão: art. 86, § 3º, CF
- processo contra; autorização da Câmara dos Deputados: arts. 51, I, e 86, CF
- promulgação de lei: art. 66, §§ 5º e 7º, CF
- reeleição: art. 14, § 5º, CF
- responsabilidade: arts. 85 e 86, CF
- sanção: arts. 48, *caput*, 66, *caput* e § 3º, CF
- subsídios: art. 49, VIII, CF
- substituição: art. 79, CF
- sucessão: art. 79, CF
- suspensão de suas funções: art. 86, § 1º, CF
- tomada de contas: art. 51, II, CF
- vacância do cargo: arts. 78, par. ún., 79, 80 e 81, CF
- veto: art. 66, §§ 1º a 6º, CF

**PRESIDENTE DO BANCO CENTRAL:** art. 52, III, d, CF

**PRESIDENTE DO SENADO FEDERAL:** art. 12, § 3º, III, CF

**PREVIDÊNCIA COMPLEMENTAR:** art. 5º, XLVI, d, CF

**PREVIDÊNCIA PRIVADA**
- complementar: art. 202, CF
- fiscalização; competência da União: art. 21, VIII, *in fine*, CF
- planos de benefícios e serviços: art. 6º da EC no 20/1998
- subvenção oficial: art. 202, § 3º; art. 5º da EC no 20/1998

**PREVIDÊNCIA SOCIAL:** arts. 201 e 202, CF
- aposentadoria: art. 201, §§ 7º a 9º, CF
- aposentadoria; contagem recíproca do tempo de contribuição: art. 201, § 9º, CF
- benefício; limite: art. 248, CF; art. 14 da EC nº 20/1998
- benefício; reajustamento: art. 201, § 4º, CF
- benefício; revisão dos valores: art. 58, ADCT
- benefício; valor mínimo mensal: art. 201, § 2º, CF
- benefício; vinculação da receita ao pagamento: art. 167, XI, CF
- contribuintes: art. 201, CF
- correção monetária; salários de contribuição: art. 201, § 3º, CF; Súm. 456, STJ
- custeio: art. 149, § 1º, CF
- direito social: art. 6º, CF
- fundos: arts. 249 e 250, CF
- ganhos habituais do empregado; incorporação ao salário: art. 201, § 11, CF
- gratificação natalina de aposentados e pensionistas: art. 201, § 6º, CF
- legislação; competência concorrente: art. 24, XII, CF
- prestação continuada; revisão de valores: art. 58, ADCT; Súm. 687, STJ
- prestações mensais dos benefícios atualizados: art. 58, par. ún., ADCT
- princípios: art. 201, CF
- subvenção a entidade de previdência privada: art. 202, § 3º, CF
- trabalhadores de baixa renda; inclusão previdenciária: art. 201, § 12, CF

**PRINCÍPIO**
- ampla defesa: art. 5º, LV, CF; Súms. Vincs. 5, 21 e 24, STF; Súms. 701, 704 e 712, STF; Súms. 196, 312 e 373, STJ

- contraditório: art. 5º, LV, CF; Súms. Vincs. 5, 21 e 24, STF; Súms. 701, 704 e 712, STF; Súms. 196, 312 e 373, STJ
- eficiência: art. 37, *caput*, CF; Súm. Vinc. 13, STF
- fundamentais: arts. 1º a 4º, CF
- impessoalidade: art. 37, *caput*, CF; Súm. Vinc. 13, STF
- legalidade: arts. 5º, II, e 37, *caput*, CF; Súm. Vinc. 13, STF; Súms. 636 e 686, STF
- livre concorrência: art. 170, IV, CF; Súm. 646, STF
- moralidade: art. 37, *caput*, CF; Súm. Vinc. 13, STF
- publicidade: art. 37, *caput*, CF

**PRISÃO**
- civil: art. 5º, LXVII, CF; Súm. Vinc. 25, STF; Súms. 280 e 419, STJ
- comunicação ao Judiciário e à família do preso: art. 5º, LXII, CF
- durante o estado de defesa: art. 136, § 3º, III, CF
- flagrante delito: art. 5º, LXI, CF
- ilegal: art. 5º, LXV, CF
- perpétua: art. 5º, XLVII, b, CF

**PROCESSO**
- autoridade competente: art. 5º, LIII, CF
- distribuição imediata: arts. 93, XV, e 129, § 5º, CF
- inadmissibilidade de provas ilícitas: art. 5º, LVI, CF
- judicial ou administrativo: art. 5º, LV, CF; Súms. Vincs. 5 e 21, STF; Súms. 701, 704 e 712, STF; Súms. 196, 312 e 373, STJ
- julgamento de militares do Estado: art. 125, §§ 4º e 5º, CF; Súms. 6, 53 e 90, STJ
- legislação; competência concorrente: art. 24, XI, CF
- necessidade: art. 5º, LIV, CF
- razoável duração: art. 5º, LXXVIII, CF

**PROCESSO ELEITORAL:** art. 16, CF

**PROCESSO LEGISLATIVO:** arts. 59 a 69, CF
- diplomas legais: art. 59, CF
- emenda constitucional: art. 60, CF
- iniciativa popular: art. 61, § 2º, CF
- iniciativa popular; estadual: art. 27, § 4º, CF
- iniciativa; leis complementares e ordinárias: art. 61, CF
- iniciativa; Presidente da República: arts. 61, § 1º, e 84, III, CF
- início; Câmara dos Deputados: art. 64, CF
- leis complementares; *quorum*: art. 69, CF
- leis delegadas: art. 68, CF
- medidas provisórias: art. 62, CF; Súm. 651, STF
- projetos de codificação: art. 64, § 4º, CF
- promulgação: arts. 65 e 66, §§ 5º e 7º, CF
- sanção presidencial: art. 66, CF
- veto presidencial: art. 66, CF

**PROCURADORES DOS ESTADOS E DO DISTRITO FEDERAL:** art. 132, CF

**PROCURADOR-GERAL DA REPÚBLICA**
- ADIN; legitimidade: art. 103, VI, CF
- audiência prévia: art. 103, § 1º, CF
- crimes de responsabilidade: art. 52, II, CF
- destituição: art. 128, § 2º, CF
- *habeas corpus* e *habeas data*: art. 102, I, d, CF
- infrações penais comuns: art. 102, I, b, CF
- mandado de segurança: art. 102, I, d, CF
- Ministério Público da União; chefe: art. 128, § 1º, CF
- nomeação; requisitos: art. 128, § 1º, CF
- opção: art. 29, § 2º, ADCT
- Presidente da República; atribuições: art. 84, par. ún., CF
- Presidente da República; nomeação: art. 84, XIV, CF
- recondução: art. 128, § 1º, CF
- Senado Federal; aprovação: art. 52, III, e, CF
- Senado Federal; exoneração de ofício: art. 52, XI, CF

**PROCURADORIA-GERAL DA FAZENDA NACIONAL**
- representação da União; causas fiscais: art. 29, § 5º, ADCT
- representação da União; execuções da dívida: art. 131, § 3º, CF; Súm. 139, STJ

**PROGRAMA**
- formação do patrimônio do servidor público: art. 239, *caput*, e § 3º, CF
- integração social: art. 239, CF

- nacionais, regionais e setoriais; atribuição do Congresso Nacional: art. 48, IV, CF
- nacionais, regionais e setoriais; elaboração e apreciação: art. 165, § 4º, CF

**PROJETO DE LEI**
- *vide* PROCESSO LEGISLATIVO

**PROPRIEDADE**
- direito; garantia: art. 5º, XXII, CF
- função social: arts. 5º, XXIII, e 170, III, CF
- particular: art. 5º, XXV, CF
- predial e territorial urbana; impostos: art. 156, I, CF; Súm. 589, STF; Súm. 399, STJ
- privada: art. 170, II, CF
- produtiva: art. 185, par. ún., CF
- veículos automotores; imposto: art. 155, III, CF

**PROPRIEDADE RURAL**
- aquisição; pessoa estrangeira: art. 190, CF
- desapropriação para fins de reforma agrária: art. 185, CF
- desapropriação por interesse social: art. 184, CF
- função social: arts. 184 e 186, CF
- média: art. 185, I, CF
- penhora: art. 5º, XXVI, CF
- pequena; definição em lei: art. 5º, XXVI, CF
- pequena; impenhorabilidade: art. 5º, XXVI, CF; Súm. 364, STJ
- usucapião: art. 191, CF

**PROPRIEDADE URBANA**
- aproveitamento: art. 182, § 4º, CF
- concessão de uso: art. 183, § 1º, CF
- desapropriação: art. 182, §§ 3º e 4º, III, CF; Súms. 113 e 114, STJ
- função social; art. 182, § 2º, CF; Súm. 668, STF
- título de domínio: art. 183, § 1º, CF
- usucapião: art. 183, CF

**PUBLICIDADE DE ATOS PROCESSUAIS:** art. 5º, LX, CF; Súm. 708, STF

## Q

**QUILOMBOS**
- propriedade de seus remanescentes: art. 68, ADCT
- tombamento: art. 216, § 5º, CF

**QUINTO CONSTITUCIONAL:** arts. 94, 107, I e 111-A, I, CF

## R

**RAÇA:** art. 3º, IV, CF

**RACISMO**
- crime inafiançável e imprescritível: art. 5º, XLII, CF
- repúdio: art. 4º, VIII, CF

**RÁDIO**
- acesso gratuito dos partidos políticos: art. 17, § 3º, CF
- concessão e renovação à emissora: art. 48, XII, CF
- produção e programação: arts. 220, § 3º, II, e 221, CF
- programas; classificação: art. 21, XVI, CF

**RADIODIFUSÃO**
- dispor; competência do Congresso Nacional: art. 48, XII, CF
- empresa: art. 222, CF
- exploração; competência da União: art. 21, XII, a, CF
- legislação; competência privativa: art. 22, IV, CF
- serviço de: art. 223, CF

**RADIOISÓTOPOS**
- meia-vida igual ou inferior a duas horas: art. 21, XXIII, b, CF
- utilização; regime de concessão ou permissão: art. 21, XXIII, b, CF

**RECEITAS TRIBUTÁRIAS**
- Estados e do Distrito Federal: arts. 157, 159, I, a, II, §§ 1º e 2º, CF
- Municípios: arts. 158, 159, I, b, §§ 1º e 3º, CF
- repartição: arts. 157 a 162, CF
- União; exercício 1989: art. 39, ADCT

**RECURSO ESPECIAL:** art. 105, III, CF

**RECURSO EXTRAORDINÁRIO:** art. 102, III, CF; Súm. 640, STF

**RECURSO ORDINÁRIO**
- competência; STJ: art. 105, II, CF
- competência; STF: art. 102, II, CF

**RECURSOS HÍDRICOS**
- fiscalização; competência comum: art. 23, XI, CF
- participação no resultado da exploração: art. 20, § 1º, CF
- sistema nacional de gerenciamento; competência da União: art. 21, XIX, CF

**RECURSOS MINERAIS**
- bens da União: art. 20, IX, CF
- exploração: art. 225, § 2º, CF
- fiscalização; competência comum: art. 23, XI, CF
- legislação; competência privativa: art. 22, XII, CF
- participação no resultado da exploração: art. 20, § 1º, CF
- pesquisa e lavra: art. 176, §§ 1º e 3º, CF; art. 43, ADCT
- terras indígenas; exploração: art. 49, XVI, CF

**RECURSOS NATURAIS**
- bens da União: art. 20, V, CF
- defesa; competência concorrente: art. 24, VI, CF

**REELEIÇÃO:** art. 14, § 5º, CF

**REFERENDO**
- autorização; competência do Congresso Nacional: art. 49, XV, CF
- instrumento de exercício da soberania popular: art. 14, I, CF

**REFINAÇÃO DE PETRÓLEO:** art. 177, II, CF

**REFINARIAS:** art. 45, ADCT

**REFORMA AGRÁRIA**
- beneficiários: art. 189, CF
- compatibilização; política agrícola: art. 187, § 2º, CF
- compatibilização; terras públicas: art. 188, CF
- desapropriação: arts. 184 e 185, CF

**REGIÕES**
- criação; objetivos: art. 43, CF
- metropolitanas: art. 25, § 3º, CF

**REGISTRO**
- civil de nascimento: art. 5º, LXXVI, a, CF
- filhos nascidos no estrangeiro: art. 90, ADCT
- públicos: art. 22, XXV, CF

**RELAÇÕES EXTERIORES:** art. 21, I, CF

**RELAÇÕES INTERNACIONAIS DO BRASIL:** art. 4º, CF

**RELAXAMENTO DA PRISÃO ILEGAL:** art. 5º, LXV, CF

**RELIGIÃO:** art. 210, § 1º, CF

**RENÚNCIA A CARGOS POLÍTICOS:** art. 14, § 6º, CF

**REPARAÇÃO DE DANO:** art. 5º, XLV, CF

**REPARTIÇÃO DAS RECEITAS TRIBUTÁRIAS:** arts. 157 a 162, CF

**REPOUSO SEMANAL REMUNERADO:** art. 7º, XV, CF

**REPÚBLICA FEDERATIVA DO BRASIL**
- apreciação popular mediante plebiscito: art. 2º, ADCT
- fundamentos: art. 1º, CF
- integração da América Latina: art. 4º, par. ún., CF
- objetivos fundamentais: art. 3º, CF
- organização político-administrativa: art. 18, *caput*, CF
- relações internacionais da; princípios: art. 4º, *caput*, CF

**RESERVAS CAMBIAIS DO PAÍS:** art. 21, VIII, CF

**RETROATIVIDADE DA LEI PENAL:** art. 5º, XL, CF

**REVISÃO CONSTITUCIONAL:** art. 3º, ADCT

**REVISÃO CRIMINAL**
- competência; STJ: art. 105, I, e, CF
- competência; STF: art. 102, I, j, CF
- competência; TRF: art. 108, I, b, CF

## S

**SALÁRIO(S)**
- décimo terceiro: art. 7º, VIII, CF
- de contribuição: art. 201, § 3º, CF; Súm. 456, STJ

- diferença; proibição: art. 7º, XXX, CF
- discriminação: art. 7º, XXXI, CF
- educação: art. 212, § 5º, CF; Súm. 732, STF
- família: art. 7º, XII, CF
- irredutibilidade: art. 7º, VI, CF
- mínimo anual: art. 239, § 3º, CF
- mínimo; garantia: art. 7º, VII, CF
- mínimo; vinculação: art. 7º, IV, CF: Súms. Vincs. 4, 6 e 15, STF; Súm. 201, STJ
- proteção: art. 7º, X, CF

**SANEAMENTO BÁSICO**
- ações; competência do SUS: art. 200, IV, CF
- diretrizes; competência da União: art. 21, XX, CF
- promoção; competência comum: art. 23, IX, CF

**SANGUE:** art. 199, § 4º, CF

**SAÚDE:** arts. 196 a 200, CF
- aplicação de percentual do orçamento da seguridade social: art. 55, ADCT
- cuidar; competência comum: art. 23, II, CF
- custeio do sistema: art. 71, ADCT
- direito da criança e do adolescente: art. 227, § 1º, CF
- direito de todos e dever do Estado: art. 196, CF
- direito social: art. 6º, CF
- diretrizes dos serviços: art. 198, CF
- execução; Poder Público ou terceiros: art. 197, CF
- iniciativa privada: art. 199, CF
- propaganda de produtos, práticas e serviços nocivos à: art. 220, § 3º, II, CF
- proteção e defesa; competência concorrente: art. 24, XII, CF
- regulamentação, fiscalização e controle: art. 197, CF
- serviços; competência dos Municípios: art. 30, VII, CF
- serviços; relevância pública: art. 197, CF
- sistema único: arts. 198 e 200, CF

**SEDE DO GOVERNO FEDERAL:** art. 48, VII, CF

**SEGREDO DE JUSTIÇA:** art. 14, § 11, CF

**SEGURANÇA**
- direito social: arts. 6º e 7º, XXII, CF
- trabalho: art. 7º, XXII, CF

**SEGURANÇA PÚBLICA**
- corpos de bombeiros militares: art. 144, §§ 5º e 6º, CF
- dever do Estado: art. 144, caput, CF
- direito e responsabilidade de todos: art. 144, caput, CF
- guardas municipais: art. 144, § 8º, CF
- objetivos: art. 144, caput, CF
- órgãos: art. 144, I a V, e § 7º, CF
- polícia civil: art. 144, §§ 5º e 6º, CF
- polícia federal: art. 144, § 1º, CF
- polícia ferroviária federal: art. 144, § 3º, CF
- polícia militar: art. 144, §§ 5º e 6º, CF
- polícia rodoviária federal: art. 144, § 2º, CF

**SEGURIDADE SOCIAL:** arts. 194 a 204, CF
- arrecadação; integrar a receita: art. 56, ADCT; Súm. 658, STF
- assistência social: arts. 203 e 204, CF
- atividade em regime de economia familiar; alíquota: art. 195, § 8º, CF; Súm. 272, STJ
- benefícios: art. 248, CF
- débito; sanções: art. 195, § 3º, CF
- estrutura: art. 194, CF
- finalidade: art. 194, caput, CF
- financiamento pela sociedade: arts. 195 e 240, CF; Súms. 658 e 659, STF
- isenções de entidades beneficentes: art. 195, § 7º, CF; Súm. 352, STJ
- legislação; competência privativa: art. 22, XXIII, CF
- objetivos: art. 194, par. ún., CF
- orçamento: art. 165, § 5º, III, CF
- orçamento destinado ao serviço de saúde: art. 55, CF
- organização: art. 194, par. ún., CF
- previdência social: arts. 201 e 202, CF
- projeto de lei relativo à organização: art. 59, ADCT
- proposta de orçamento: art. 195, § 2º, CF

- receitas estaduais, municipais e do Distrito Federal: art. 195, § 1º, CF
- saúde: arts. 196 a 200, CF

**SEGURO**
- contra acidentes do trabalho: art. 7º, XXVIII, CF
- fiscalização; competência da União: art. 21, VIII, CF
- legislação; competência privativa: art. 22, VII, CF
- seguro-desemprego: arts. 7º, II, e 239, caput, e § 4º, CF

**SENADO FEDERAL:** art. 52, CF
- ADECON; legitimidade: art. 103, § 4º, CF
- Câmara Legislativa do Distrito Federal; competência: art. 16, §§ 1 e 2º, CF
- comissões permanentes e temporárias: art. 58, CF
- competência privativa: art. 52, CF
- competência privativa; vedação de delegação: art. 68, § 1º, CF
- composição: art. 46, CF
- Congresso Nacional; composição: art. 44, caput, CF
- Conselho da República; participação: art. 89, III, V e VII, CF
- Conselho de Defesa Nacional; participação: art. 91, III, CF
- CPI; criação e poderes: art. 58, § 3º, CF
- crimes de responsabilidade; Presidente da República: art. 86, CF
- despesa: art. 63, II, CF
- emenda constitucional; proposta: art. 60, I, CF
- emendas em projetos de lei: art. 64, § 3º, CF
- estado de sítio: art. 53, § 8º, CF
- impostos; alíquotas: art. 155, §§ 1º, IV, e 2º, IV e V, CF
- iniciativa de leis: art. 61, CF
- legislatura: art. 44, par. ún., CF
- licença prévia a Senadores; incorporação às Forças Armadas: art. 53, § 7º, CF
- Mesa: art. 58, § 1º, CF
- Ministros de Estado: art. 50, CF
- Presidente; cargo privativo de brasileiro nato: art. 12, § 3º, III, CF
- Presidente; exercício da Presidência da República: art. 80, CF
- projetos de lei; discussão e votação: art. 64, CF
- promulgação de leis pelo Presidente: art. 66, § 7º, CF
- quorum: art. 47, CF
- reunião; sessão conjunta com a Câmara dos Deputados: art. 57, § 3º, CF

**SENADORES**
- vide SENADO FEDERAL e CONGRESSO NACIONAL
- decoro parlamentar: art. 55, II, e §§ 1º e 2º, CF
- duração do mandato: art. 46, § 1º, CF
- Forças Armadas; requisito: art. 53, § 7º, CF
- idade mínima: art. 14, § 3º, VI, a, CF
- impedimentos: art. 54, CF
- imunidades: arts. 53, § 8º, e 139, par. ún., CF
- inviolabilidade: art. 53, CF
- julgamento perante o STF: arts. 53, § 1º, e 102, I, b, d e q, CF
- perda de mandato: arts. 55 e 56, CF
- prisão: art. 53, § 2º, CF
- servidor público; afastamento: art. 38, I, CF
- sistema eleitoral: art. 46, caput, CF
- subsídio: art. 49, VII, CF
- suplente; convocação: arts. 46, § 3º, 56, § 1º, CF
- sustação do andamento da ação: art. 53, §§ 3º a 5º, CF
- testemunho: art. 53, § 6º, CF
- vacância: art. 56, § 2º, CF

**SENTENÇA**
- estrangeira; homologação: art. 105, I, i, CF
- penal condenatória; trânsito em julgado: art. 5º, LVII, CF
- perda do cargo de servidor público estável: art. 41, §§ 1º, I, e 2º, CF
- proferida pela autoridade competente: art. 5º, LIII, CF

**SEPARAÇÃO DE PODERES:** art. 60, § 4º, III, CF

**SEPARAÇÃO JUDICIAL:** art. 226, § 6º, CF

**SERINGUEIROS:** art. 54, ADCT

**SERVENTIAS DO FORO JUDICIAL:** art. 31, ADCT

**SERVIÇO(S)**
- energia elétrica: art. 21, XII, b, CF
- essenciais: arts. 9º, § 1º, e 30, V, CF

- forenses: art. 24, IV, CF
- gás canalizado: art. 25, § 2º, CF
- navegação aérea: art. 21, XII, c, CF
- notariais e de registro: art. 236, CF
- nucleares: art. 21, XXIII, CF
- oficiais de estatística: art. 21, XV, CF
- postal: arts. 21, X, e 22, V, CF
- públicos; de interesse local: art. 30, V, CF
- públicos; dever do Poder Público: art. 175, CF
- públicos; licitação: art. 37, XXI, CF; Súm. 333, STJ
- públicos; prestação; política tarifária: art. 175, par. ún., III, CF; Súm. 407, STJ
- públicos; reclamações: art. 37, § 3º, I, CF
- radiodifusão: arts. 21, XII, a, e 223, CF
- registro: art. 236 e §§ 1º a 3º, CF
- saúde: art. 197, CF
- telecomunicações: art. 21, XI, CF
- transporte ferroviário, aquaviário e rodoviário: art. 21, XII, d e e, CF

**SERVIÇO EXTRAORDINÁRIO:** art. 7º, XVI, CF

**SERVIÇO MILITAR**
- imperativo de consciência: art. 143, § 1º, CF
- mulheres e eclesiásticos: art. 143, § 2º, CF; Súm. Vinc. 6, STF
- obrigatoriedade: art. 143, caput, CF
- obrigatório; alistamento eleitoral dos conscritos: art. 14, § 2º, CF

**SERVIDOR PÚBLICO:** arts. 39 a 41, CF; Súm. Vinc. 4, STF; Súms. 683 e 684, STF; Súms. 97 e 378, STJ; Súm. 390, TST
- acréscimos pecuniários: art. 37, XIV, CF
- acumulação remunerada de cargos: art. 37, XVI e XVII, CF
- adicional noturno: art. 39, § 3º, CF
- adicional por serviço extraordinário: art. 39, § 3º, CF
- administração fazendária: art. 37, XVIII, CF
- anistia: art. 8º, § 5º, ADCT
- aposentadoria: art. 40, CF
- aposentadoria; legislação anterior à EC no 20/98: arts. 3º e 8º da EC nº 20/98
- associação sindical: art. 37, VI, CF
- ato de improbidade administrativa: art. 37, § 4º, CF
- ato ilícito: art. 37, § 5º, CF
- avaliação especial de desempenho: art. 41, § 4º, CF
- benefício; atualização: art. 37, § 17, CF
- benefício; limite máximo: art. 14 da EC no 20/98
- cargo efetivo: art. 37, V, CF
- cargo em comissão: art. 40, § 13, CF
- concorrência; prevenção de desequilíbrio: art. 146-A, CF
- contratação por tempo determinado: art. 37, IX, CF
- décimo terceiro salário: art. 39, § 3º, CF
- desnecessidade de cargo: art. 41, § 3º, CF
- direito: art. 39, § 3º, CF
- direito de greve: art. 37, VII, CF
- discriminação: art. 39, § 3º, CF
- disponibilidade remunerada: art. 41, § 3º, CF
- estabilidade: art. 41, CF; art. 19, ADCT; Súm. 390, TST
- exercício de mandato eletivo: art. 38, CF
- extinção de cargo: art. 41, § 3º, CF
- férias e adicional: art. 39, § 3º, CF
- formação e aperfeiçoamento: art. 39, § 2º, CF
- funções de confiança: art. 37, V, CF
- informações privilegiadas; acesso: art. 37, § 7º, CF
- jornada de trabalho: art. 39, § 3º, CF
- licença à gestante: art. 39, § 3º, CF
- licença-paternidade: art. 39, § 3º, CF
- microempresas: art. 146, III, d, e par. ún., CF
- pensão por morte: art. 40, §§ 7º e 8º, CF
- perda do cargo: arts. 41, § 1º, 169, § 4º, e 247, CF
- recursos orçamentários: art. 39, § 7º, CF
- regime de previdência complementar: art. 40, §§ 14, 15 e 16, CF
- regime de previdência de caráter contributivo: arts. 40 e 249, CF
- reintegração: art. 41, § 2º, CF
- remuneração: art. 37, X a XIII, CF; Súm. 672, STF
- repouso semanal remunerado: art. 39, § 3º, CF
- riscos do trabalho; redução: art. 39, § 3º, CF
- salário-família: art. 39, § 3º, CF
- salário mínimo: art. 39, § 3º, CF

- subsídios e vencimentos: art. 37, XV, CF
- subsídios: art. 37, XI, CF
- tempo de contribuição e de serviço: art. 40, § 9º, CF
- tempo de serviço: art. 4º da EC nº 20/98
- Tribunais; licenças e férias: art. 96, I, f, CF
- União e Territórios: art. 61, § 1º, II, c, CF
- vencimento; peculiaridades dos cargos: art. 39, § 1º, III, CF
- vencimento e sistema remuneratório: arts. 37, XI, XII e XIV, e 39, §§ 1º, 4º, 5º e 8º, CF

**SESSÃO LEGISLATIVA DO CONGRESSO NACIONAL:** art. 57, CF

**SIGILO DA CORRESPONDÊNCIA E DAS COMUNICAÇÕES TELEGRÁFICAS E TELEFÔNICAS**
- estado de defesa; restrições: art. 136, § 1º, I, b e c, CF
- estado de sítio; restrições: art. 139, III, CF
- inviolabilidade; ressalva: art. 5º, XII, CF

**SIGILO DAS VOTAÇÕES:** art. 5º, XXXVIII, b, CF

**SÍMBOLOS:** art. 13, §§ 1º e 2º, CF

**SINDICATOS:** art. 8º, CF; Súm. 4, STJ
- denúncia de irregularidades; legitimidade: art. 74, § 2º, CF
- direitos; interesses coletivos ou individuais; defesa: art. 8º, III, CF
- impostos; vedação de instituição: art. 150, VI, c, e § 4º, CF
- liberdade de filiação: art. 8º, V, CF
- rurais; normas aplicáveis: art. 8º, par. ún., CF; art. 10, § 2º, ADCT

**SISTEMA CARTOGRÁFICO**
- legislação; competência privativa: art. 22, XVIII, CF
- manutenção; competência da União: art. 21, XV, CF

**SISTEMA DE GOVERNO:** art. 2º, ADCT

**SISTEMA DE MEDIDAS:** art. 22, VI, CF

**SISTEMA ESTATÍSTICO:** art. 22, XVIII, CF

**SISTEMA FEDERAL DE ENSINO:** art. 22, VI, CF

**SISTEMA FINANCEIRO NACIONAL:** art. 192, CF

**SISTEMA MONETÁRIO E DE MEDIDAS:** art. 22, VI, CF

**SISTEMA NACIONAL DE EMPREGO:** art. 22, XVI, CF

**SISTEMA NACIONAL DE VIAÇÃO:** art. 21, XXI, CF

**SISTEMA TRIBUTÁRIO NACIONAL:** arts. 145 a 162, CF
- administrações tributárias: art. 37, XXII, CF
- Congresso Nacional; atribuição: art. 48, I, CF
- impostos da União: arts. 153 e 154, CF
- impostos dos Estados federados e do Distrito Federal: art. 155, CF
- impostos municipais: art. 156, CF
- limitações do poder de tributar: arts. 150 a 152, CF
- princípios gerais: arts. 145 a 149, CF
- repartição das receitas tributárias: arts. 157 a 162, CF
- Senado Federal; avaliação: art. 52, XV, CF
- vigência; início: art. 34, ADCT

**SISTEMA ÚNICO DE SAÚDE:** arts. 198 a 200, CF

**SÍTIOS ARQUEOLÓGICOS**
- bens da União: art. 20, X, CF
- patrimônio cultural brasileiro: art. 216, V, CF
- proteção; competência comum: art. 23, III, CF

**SÍTIOS PRÉ-HISTÓRICOS:** art. 20, X, CF

**SOBERANIA DOS VEREDICTOS DO JÚRI:** art. 5º, XXXVIII, c, CF

**SOBERANIA NACIONAL**
- fundamento do Estado brasileiro: art. 1º, caput, I, CF
- respeitada pelos partidos políticos: art. 17, caput, CF

**SOBERANIA POPULAR:** art. 14, CF

**SOCIEDADE CONJUGAL:** art. 226, § 5º, CF

**SOCIEDADE DE ECONOMIA MISTA**
- criação; autorização: art. 37, XIX e XX, CF
- privilégios fiscais não admitidos: art. 173, § 2º, CF
- regime jurídico: art. 173, § 1º, CF

**SOLO:** art. 24, VI, CF

**SORTEIOS:** art. 22, XX, CF

**SUBSÍDIOS**
- Deputados Estaduais; fixação: art. 27, § 2º, CF
- fiscal: art. 150, § 6º, CF
- fixação; alteração por lei específica: art. 37, X, CF
- fixação; parcela única: art. 39, § 4º, CF
- Governador, Vice-Governador e Secretários de Estado; fixação: art. 28, § 2º, CF
- irredutibilidade: art. 37, XV, CF
- limite: art. 37, XI, CF
- Ministros do STF; fixação: art. 48, XV, CF
- Ministros dos Tribunais Superiores: art. 93, V, CF
- Prefeito, Vice-Prefeito e Secretários municipais; fixação: art. 29, V, CF
- publicação anual: art. 39, § 6º, CF
- revisão geral anual: art. 37, X, CF; Súm. 672, STF
- Vereadores; fixação: art. 29, VI, CF

**SUCESSÃO DE BENS DE ESTRANGEIROS:** art. 5º, XXXI, CF

**SUCUMBÊNCIA:** art. 5º, LXXIII, in fine, CF

**SUFRÁGIO UNIVERSAL:** art. 14, caput, CF

**SÚMULAS**
- efeito vinculante: art. 8º, da EC nº 45/2004
- efeito vinculante; objetivo: art. 103-A, §§ 1º e 2º, CF

**SUPERIOR TRIBUNAL DE JUSTIÇA:** arts. 104 e 105, CF
- ações rescisórias: art. 105, I, e, CF
- competência originária: art. 105, I, CF
- competência privativa: art. 96, I e II, CF
- composição: art. 104, CF; art. 27, § 2º, ADCT
- conflitos de atribuições: art. 105, I, g, CF
- conflitos de competência: art. 105, I, d, CF
- Conselho da Justiça Federal: art. 105, par. ún., CF
- crimes comuns e de responsabilidade: art. 105, I, a, CF
- exequatur às cartas rogatórias: art. 105, I, i, CF
- habeas corpus: art. 105, I, c, e II, a, CF
- habeas data: art. 105, I, b, CF
- homologação de sentenças estrangeiras: art. 105, I, i, CF
- iniciativa de leis: art. 61, caput, CF
- instalação: art. 27, ADCT
- jurisdição: art. 92, § 2º, CF
- lei federal; interpretação divergente: art. 105, III, c, CF;
- mandado de injunção: art. 105, I, h, CF
- mandado de segurança: art. 105, I, b, e II, b, CF; Súms. 41 e 177, STJ
- Ministros: arts. 84, XIV, e 104, par. ún., CF
- Ministros; processo e julgamento: art. 102, I, c, d e i, CF
- órgão do Poder Judiciário: art. 92, II, CF
- projetos de lei: art. 64, caput, CF
- reclamação: art. 105, I, f, CF
- recurso especial: art. 105, III, CF
- recurso ordinário: art. 105, II, CF
- revisões criminais: art. 105, I, e, CF
- sede: art. 92, § 1º, CF

**SUPERIOR TRIBUNAL MILITAR**
- competência privativa: art. 96, I e II, CF
- composição: art. 123, CF
- iniciativa de leis: art. 61, caput, CF
- jurisdição: art. 92, § 2º, CF
- Ministros militares e civis: art. 123, CF
- Ministros; nomeação: arts. 84, XIV, e 123, CF
- Ministros; processo e julgamento: art. 102, I, c, d e i, CF
- organização e funcionamento: art. 124, CF
- órgão da Justiça Militar: art. 122, I, CF
- projetos de lei de iniciativa: art. 64, caput, CF
- sede: art. 92, § 1º, CF

**SUPREMO TRIBUNAL FEDERAL:** arts. 101 a 103, CF
- ação rescisória: art. 102, I, j, CF
- ADECON: art. 102, I, a, e § 2º, CF
- ADIN: arts. 102, I, a, 103, CF; Súm. 642, STF
- ADPF: art. 102, § 1º, CF
- atribuições: art. 27, § 1º, ADCT
- causas e conflitos entre a União e os estados federados: art. 102, I, f, CF
- competência originária: art. 102, I, CF
- competência privativa: art. 96, I e II, CF
- composição: art. 101, CF
- conflitos de competência: art. 102, I, o, CF
- contrariedade à CF: art. 102, III, a, CF; Súm. 400, STF
- crime político: art. 102, II, b, CF
- crimes de responsabilidade: art. 102, I, c, CF
- decisões definitivas de mérito: art. 102, § 2º, CF
- Estatuto da Magistratura: art. 93, CF
- execução de sentença: art. 102, I, m, CF
- extradição: art. 102, I, g, CF
- habeas corpus: art. 102, I, d e i, e II, a, CF; Súm. 691, STF
- habeas data: art. 102, I, d, e II, a, CF
- inconstitucionalidade em tese: art. 103, § 3º, CF
- inconstitucionalidade por omissão: art. 103, § 2º, CF
- infrações penais comuns: art. 102, I, b e c, CF
- iniciativa de leis: art. 61, caput, CF
- jurisdição: art. 92, § 2º, CF
- litígio entre Estado estrangeiro e a União, o Estado, o DF ou Território: art. 102, I, e, CF
- mandado de injunção: art. 102, I, q, e II, a, CF
- mandado de segurança: art. 102, I, d, e II, a, CF; Súm. 624, STF
- medida cautelar na ADIN: art. 102, I, p, CF
- membros da magistratura: art. 102, I, n, CF; Súms. 623 e 731, STF
- Ministro; cargo privativo de brasileiro nato: art. 12, § 3º, IV, CF
- Ministros; crimes de responsabilidade: art. 52, II, e par. ún., CF
- Ministro; idade mínima e máxima: art. 101, CF
- Ministro; nomeação: arts. 101, par. ún., e 84, XIV, CF
- órgão do Poder Judiciário: art. 92, I, CF
- Presidente; compromisso; disposições constitucionais transitórias: art. 1º, ADCT
- Presidente; exercício da Presidência da República: art. 80, CF
- projetos de lei de iniciativa: art. 64, caput, CF
- reclamações: art. 102, I, l, CF
- reconhecimento dos direitos: art. 9º, ADCT
- recurso extraordinário: art. 102, III, CF
- recurso ordinário; art. 102, II, CF
- revisão criminal: art. 102, I, j, CF
- sede: art. 92, § 1º, CF
- súmula vinculante: art. 103-A, CF

**SUSPENSÃO DE DIREITOS:** art. 5º, XLVI, e, CF

**SUSPENSÃO DE DIREITOS POLÍTICOS:** art. 15, CF

# T

**TABACO**
- propaganda comercial; competência: art. 65, ADCT
- propaganda comercial; restrições legais: art. 220, § 4º, CF

**TAXAS**
- inexigibilidade: art. 5º, XXXIV, a, CF
- instituição: art. 145, II, e § 2º, CF; Súm. Vinc. 29, STF; Súms. 665 e 670, STF
- subsídio: art. 150, § 6º, CF

**TECNOLOGIA:** arts. 218 e 219, CF
- vide ORDEM SOCIAL

**TELECOMUNICAÇÕES**
- atribuição; competência do Congresso Nacional: art. 48, XII, CF
- exploração dos serviços: art. 21, XI e XII, a, CF
- legislação; competência privativa: art. 22, IV, CF
- serviços públicos; concessões mantidas: art. 66, ADCT

**TELEVISÃO**
- concessão; competência exclusiva do Congresso Nacional: art. 48, XII, CF
- partidos políticos; gratuidade: art. 17, § 3º, CF
- produção e programação: arts. 220, § 3º, II, e 221, CF

**TEMPLOS DE QUALQUER CULTO:** art. 150, VI, b, CF

**TERRAS DEVOLUTAS**
- bens da União e dos Estados federados: arts. 20, II, e 26, IV, CF; Súm. 477, STF
- destinação: art. 188, CF
- necessárias: art. 225, § 5º, CF

## TERRAS INDÍGENAS
- bens da União: art. 20, XI, CF; Súm. 650, STF
- demarcação: art. 231, *caput*, CF; art. 67, ADCT
- exploração; autorização pelo Congresso Nacional: art. 49, XVI, CF
- inalienabilidade, indisponibilidade e imprescritibilidade: art. 231, § 4º, CF
- posse e usufruto: art. 231, §§ 2º e 6º, CF
- recursos hídricos; aproveitamento: art. 231, § 3º, CF
- remoção; grupos indígenas: art. 231, § 5º, CF

## TERRAS PÚBLICAS
- alienação ou concessão: art. 188, §§ 1º e 2º, CF
- alienação ou concessão; aprovação pelo Congresso Nacional: art. 49, XVII, CF
- destinação: art. 188, CF
- doações, vendas e concessões: art. 51, ADCT

## TERRENOS DE MARINHA
- bens da União: art. 20, VII, CF
- enfiteuse: art. 49, § 3º, ADCT

## TERRENOS MARGINAIS: art. 20, III, CF

## TERRITÓRIO NACIONAL
- liberdade de locomoção: art. 5º, XV, CF
- limites; atribuição ao Congresso Nacional: art. 48, V, CF
- trânsito ou permanência de forças estrangeiras: art. 49, II, CF

## TERRITÓRIOS FEDERAIS: art. 33, CF
- Amapá; transformação em estado federado: art. 14, ADCT
- competência; Câmara Territorial: art. 33, § 3º, *in fine*, CF
- contas; apreciação pelo Congresso Nacional: art. 33, § 2º, CF
- criação; lei complementar: art. 18, § 2º, CF
- defensores públicos federais: art. 33, § 3º, CF
- deputados; número: art. 45, § 2º, CF
- divisão em municípios: art. 33, § 1º, CF
- eleições; Câmara Territorial: art. 33, § 3º, *in fine*, CF
- Fernando de Noronha; extinção: art. 15, ADCT
- Governador; escolha e nomeação: arts. 33, § 3º, 52, III, c, e 84, XIV, CF
- impostos: art. 147, CF
- incorporação; atribuição do Congresso Nacional: art. 48, VI, CF
- integram a União: art. 18, § 2º, CF
- litígio com Estado estrangeiro ou organismo internacional: art. 102, I, e, CF
- Ministério Público: art. 33, § 3º, CF
- organização administrativa e judiciária: arts. 33, *caput*, e 61, § 1º, II, b, CF
- organização administrativa; competência privativa: art. 22, XVII, CF
- órgãos judiciários: art. 33, § 3º, CF
- reintegração ao Estado de origem; lei complementar: art. 18, § 2º, CF
- Roraima: art. 14, ADCT
- sistema de ensino: art. 211, § 1º, CF
- transformação em Estado: art. 18, § 2º, CF

## TERRORISMO
- crime inafiançável: art. 5º, XLIII, CF
- repúdio: art. 4º, VIII, CF

## TESOURO NACIONAL: art. 164, CF

## TÍTULOS
- crédito; impostos: art. 155, § 1º, II, CF
- dívida agrária; indenização; desapropriação para fins de reforma agrária: art. 184, CF
- dívida pública; emissão e resgate: art. 163, IV, CF
- dívida pública; indenização; desapropriação: art. 182, § 4º, III, CF
- domínio ou de concessão de uso: arts. 183, § 1º, e 189, CF
- emitidos pelo Tesouro Nacional: art. 164, § 2º, CF
- impostos; incidência: art. 155, I, e § 1º, II, CF
- legislação; competência privativa: art. 22, VI, CF

## TOMBAMENTO: art. 216, § 5º, CF

## TORTURA
- crime inafiançável: art. 5º, XLIII, CF
- proibição: art. 5º, III, CF

## TRABALHADOR
- ação trabalhista; prescrição: art. 7º, XXIX, CF; Súm. 308, TST
- avulsos: art. 7º, XXXIV, CF
- baixa renda: art. 201, § 12, CF
- direitos sociais: art. 7º, CF
- domésticos: art. 7º, par. ún., CF
- participação nos colegiados de órgãos públicos: art. 10, CF
- sindicalizados: art. 8º, VIII, CF

## TRABALHO
- avulso: art. 7º, XXXVI, CF
- direito social: art. 6º, CF
- duração: art. 7º, XIII, CF
- férias; remuneração: art. 7º, XVII, CF; Súm. 386, STJ; Súms. 171 e 328, TST
- forçado: art. 5º, XLVII, c, CF
- inspeção; competência da União: art. 21, XXIV, CF
- intelectual: art. 7º, XXXII, CF
- livre exercício: art. 5º, XIII, CF
- manual: art. 7º XXXII, CF
- noturno, perigoso ou insalubre: art. 7º, XXXIII, CF
- primado; objetivo da ordem social: art. 193, CF
- técnico; distinção proibitiva: art. 7º, XXXII, CF
- turnos ininterruptos de revezamento: art. 7º, XIV, CF; Súm. 675, STF; Súm. 360, TST
- valores sociais: art. 1º, IV, CF

## TRÁFICO ILÍCITO DE ENTORPECENTES E DROGAS AFINS
- crime; extradição de brasileiro naturalizado: art. 5º, LI, CF
- crime inafiançável: art. 5º, XLIII, CF
- prevenção e repressão: art. 144, II, CF

## TRÂNSITO
- forças estrangeiras no território nacional: art. 21, IV, CF
- legislação; competência privativa: art. 22, XI, CF
- segurança; competência: art. 23, XII, CF

## TRANSMISSÃO *CAUSA MORTIS*: art. 155, I, CF

## TRANSPORTE
- aéreo, aquático e terrestre: art. 178, CF
- aquaviário e ferroviário: art. 21, XII, d, CF
- coletivo: arts. 30, V , 227, § 2º, e 244, CF
- gás natural, petróleo e derivados; monopólio da União: art. 177, IV, CF
- gratuito aos maiores de 75 anos: art. 230, § 2º, CF
- internacional: art. 178, CF
- legislação; competência privativa: art. 22, IX e XI, CF
- rodoviário interestadual e internacional de passageiros: art. 21, XII, e, CF
- urbano: art. 21, XX, CF

## TRATADOS INTERNACIONAIS
- celebração e referendo: arts. 49, I, e 84, VIII, CF
- direitos e garantias constitucionais: art. 5º, § 2º, CF
- equivalente às emendas constitucionais: art. 5º, § 3º, CF

## TRATAMENTO DESUMANO OU DEGRADANTE: art. 5º, III, CF

## TRIBUNAL DE ALÇADA: art. 4º da EC nº 45/2004

## TRIBUNAL DE CONTAS DA UNIÃO
- aplicação; sanções: art. 71, VIII, CF
- auditor substituto de Ministro: art. 73, § 4º, CF
- cálculo de quotas; fundos de participação: art. 161, par. ún., CF
- competência: art. 71, CF
- competência privativa: art. 96, CF
- composição: art. 73, CF
- controle externo: arts. 70 e 71, CF
- débito ou multa; eficácia de título executivo: art. 71, § 3º, CF
- denúncias de irregularidades ou ilegalidades: art. 74, § 2º, CF
- infrações penais comuns e crimes de responsabilidade: art. 102, I, c, CF
- jurisdição: art. 73, CF
- membros; escolha de 2/3 pelo Congresso Nacional: art. 49, XIII, CF
- membros; *habeas corpus*, mandado de segurança, *habeas data* e mandado de injunção: art. 102, I, d e q, CF
- Ministros; escolha: arts. 52, III, b, e 73, § 2º, CF
- Ministros; nomeação: art. 84, XV, CF

- Ministros; número: art. 73, *caput*, CF
- Ministros; prerrogativas: art. 73, § 3º, CF
- Ministros; requisitos: art. 73, § 1º, CF
- parecer prévio: art. 33, § 2º, CF
- prestação de informações: art. 71, VII, CF
- relatório de suas atividades: art. 71, § 4º, CF
- representação: art. 71, XI, CF
- sede: art. 73, CF
- sustação de contrato: art. 71, §§ 1º e 2º, CF

**TRIBUNAL DE CONTAS DOS ESTADOS E DO DISTRITO FEDERAL**
- crimes comuns e de responsabilidade: art. 105, I, a, CF
- organização, composição e fiscalização: art. 75, CF; Súm. 653, STF

**TRIBUNAL DE EXCEÇÃO:** art. 5º, XXXVII, CF

**TRIBUNAL ESTADUAL:** arts. 125 e 126, CF; Súm. 721, STF
- competência anterior à CF: art. 70, ADCT
- competência privativa: art. 96, CF
- competência; definição: art. 125, § 1º, CF
- conflitos fundiários: art. 126, CF
- Justiça Militar estadual: art. 125, §§ 3º e 4º, CF; Súm. 673, STF; Súms. 53 e 90, STJ
- órgão do Poder Judiciário: art. 92, VII, CF
- quinto constitucional: art. 94, CF

**TRIBUNAL INTERNACIONAL DOS DIREITOS HUMANOS:** art. 7º, ADCT

**TRIBUNAL MILITAR:** arts. 122 a 124, CF

**TRIBUNAL PENAL INTERNACIONAL:** art. 5º, § 4º, CF

**TRIBUNAL REGIONAL DO TRABALHO:** arts. 111 a 117, CF
- competência privativa: art. 96, CF
- composição: art. 115, CF
- distribuição pelos Estados e no Distrito Federal: art. 112, CF
- órgãos da Justiça do Trabalho: art. 111, II, CF
- órgãos do Poder Judiciário: art. 92, IV, CF

**TRIBUNAL REGIONAL ELEITORAL:** arts. 118 a 121, CF
- competência privativa: art. 96, CF
- composição: art. 120, § 1º, CF
- distribuição pelos Estados e o Distrito Federal: art. 120, CF
- garantias de seus membros: art. 121, § 1º, CF
- órgãos da Justiça Eleitoral: art. 118, II, CF
- órgãos do Poder Judiciário: art. 92, V, CF
- prazos: art. 121, § 2º, CF
- recurso; cabimento: art. 121, § 4º, CF

**TRIBUNAL REGIONAL FEDERAL:** arts. 106 a 108, CF
- competência: art. 108, CF; Súms. 3 e 428, STJ
- competência privativa: art. 96, CF
- composição: art. 107, CF
- conflito de competência: art. 108, I, e, CF
- criação: art. 27, § 6º, ADCT
- órgão do Poder Judiciário: art. 92, III, CF
- órgãos da Justiça Federal: art. 106, I, CF
- quinto constitucional: arts. 94 e 107, I, CF

**TRIBUNAIS SUPERIORES**
- competência privativa: art. 96, CF
- conflito de competência: art. 102, I, o, CF
- *habeas corpus*, mandado de segurança, *habeas data* e mandado de injunção: art. 102, I, d, i e q, e II, a, CF; Súms. 691 e 692, STF
- infrações penais comuns e crimes de responsabilidade: art. 102, I, c, CF
- jurisdição: art. 92, § 2º, CF
- Ministros; nomeação: art. 84, XIV, CF
- sede: art. 92, § 1º, CF

**TRIBUNAL SUPERIOR DO TRABALHO**
- competência: art. 111, § 3º, CF
- competência privativa: art. 96, CF
- composição: art. 111, § 1º, CF
- iniciativa de leis: art. 61, *caput*, CF
- jurisdição: art. 92, § 2º, CF
- Ministro; nomeação: arts. 84, XIV, e 111, § 1º, CF
- Ministro; processo e julgamento: art. 102, I, c, *d* e *i*, CF

- órgão da Justiça do Trabalho: art. 111, I, CF
- órgão do Poder Judiciário: art. 92, IV, CF
- projetos de lei de iniciativa: art. 64, *caput*, CF
- quinto constitucional: art. 111, § 2º, CF
- sede: art. 92, § 1º, CF

**TRIBUNAL SUPERIOR ELEITORAL**
- competência privativa: art. 96, CF
- composição: art. 119, CF
- garantias de seus membros: art. 121, § 1º, CF
- iniciativa de leis: art. 61, *caput*, CF
- irrecorribilidade de suas decisões: art. 121, § 3º, CF
- jurisdição: art. 92, § 2º, CF
- Ministro; nomeação: arts. 84, XIV, e 119, CF
- Ministro; processo e julgamento: art. 102, I, c, *d* e *i*, CF
- órgão da Justiça Eleitoral: art. 118, I, CF
- órgão do Poder Judiciário: art. 92, V, CF
- pedido de registro de partido político: art. 6º, ADCT
- projetos de lei de iniciativa: art. 64, *caput*, CF
- sede: art. 92, § 1º, CF

**TRIBUTAÇÃO E ORÇAMENTO:** arts. 145 a 169, CF
- finanças públicas: arts. 163 a 169, CF
- impostos municipais: art. 156, CF
- impostos; Estados e Distrito Federal: art. 155, CF
- impostos; União: arts. 153 e 154, CF
- limitações ao poder de tributar: arts. 150 a 152, CF
- orçamentos: arts. 165 a 169, CF
- repartição das receitas tributárias: arts. 157 a 162, CF
- sistema tributário nacional: arts. 145 a 162, CF

**TRIBUTOS**
- efeito de confisco: art. 150, IV, CF
- cobrança vedada: art. 150, III, e § 1º, CF
- espécies que podem ser instituídas: art. 145, CF
- exigência ou aumento sem lei; vedação: art. 150, I, CF
- instituição de impostos; vedação: art. 150, VI, CF
- limitação do tráfego de pessoas ou bens: art. 150, V, CF
- limitações: art. 150, CF
- subsídio, isenção: art. 150, § 6º, CF

**TURISMO:** art. 180, CF

# U

**UNIÃO:** arts. 20 a 24, CF
- AGU: arts. 131 e 132, CF
- aposentadorias e pensões: art. 249, CF
- autonomia: art. 18, CF
- bens: arts. 20 e 176, CF
- causas contra si: art. 109, § 2º, CF
- causas e conflitos com os Estados e DF: art. 102, I, f, CF
- causas em que for autora: art. 109, § 1º, CF
- competência: art. 21, CF
- competência comum: art. 23, CF
- competência concorrente: art. 24, CF
- competência privativa: art. 22, CF
- competência; emissão de moeda: art. 164, CF
- competência; instituição de contribuições sociais: art. 149, CF
- competência; proteção de terras indígenas: art. 231, CF
- despesa com pessoal: art. 38, ADCT
- disponibilidades de caixa: art. 164, § 3º, CF
- dívida consolidada: art. 52, VI, CF
- dívida mobiliária: art. 52, IX, CF
- empresas de pequeno porte: art. 179, CF
- empréstimos compulsórios: art. 148, CF
- encargos com pessoal inativo: art. 234, CF
- encargos de novos Estados federados: art. 234, CF
- ensino: arts. 211 e 212, CF
- fiscalização contábil: arts. 70 a 74, CF
- fundos, aposentadorias e pensões: art. 249, CF
- impostos estaduais e municipais dos Territórios: art. 147, CF
- impostos: arts. 153, 154 e 160, CF
- incentivos fiscais: art. 41, ADCT
- intervenção nos Estados e DF: art. 34, CF
- Juizados Especiais e Justiça de Paz: art. 98, CF
- limitações: art. 19, CF

- limitações ao poder de tributar: arts. 150 e 151, CF
- microempresas: art. 179, CF
- Ministério Público: art. 128, I, CF
- monopólio: art. 177, CF
- operações de crédito externo e interno: art. 52, VII, CF
- poderes; independência e harmonia: art. 2º, CF; Súm. 649, STF
- precatórios: art. 100, CF; Súm. 655, STF; Súm. 144, STJ
- princípios: art. 37, *caput*, CF; Súm. Vinc. 13, STF
- receitas tributárias: arts. 157 a 162, CF
- representação judicial e extrajudicial: art. 131, CF
- sistema tributário nacional: art. 34, § 3º, ADCT
- sistema único de saúde: art. 198, §§ 1º a 3º, CF
- tributos: arts. 145, 150 e 151, CF
- turismo: art. 180, CF

**UNIVERSIDADES:** art. 207, CF

**USINAS NUCLEARES:** art. 225, § 6º, CF

**USUCAPIÃO**
- imóveis públicos: arts. 183, § 3º, e 191, par. ún., CF
- imóvel rural: art. 191, CF
- imóvel urbano: art. 183, CF

# V

**VARAS DO TRABALHO:** art. 116, CF

**VEREADOR(ES)**
- eleição: art. 29, I, CF
- idade mínima: art. 14, § 3º, VI, *d*, CF
- inviolabilidade: art. 29, VIII, CF
- mandato por força de atos institucionais: art. 8º, § 4º, ADCT
- mandatos: art. 29, I, CF; e art. 4º, § 4º, ADCT
- número proporcional à população do município: art. 29, IV, CF
- proibições e incompatibilidades: art. 29, IX, CF
- servidor público: art. 38, III, CF
- subsídios: art. 29, VI e VII, CF

**VEREDICTOS:** art. 5º, XXXVIII, c, CF

**VERTICALIZAÇÃO:** art. 17, § 1º, CF

**VETO**
- características: art. 66, §§ 1º a 5º, CF
- competência: art. 84, V, CF
- deliberação pelo Congresso Nacional: art. 57, § 3º, IV, CF

**VICE-GOVERNADOR DE ESTADO**
- eleição: art. 28, *caput*, CF

- idade mínima: art. 14, § 3º, VI, *b*, CF
- mandatos: art. 4º, § 3º, ADCT
- posse: art. 28, *caput*, CF

**VICE-GOVERNADOR DO DISTRITO FEDERAL:** art. 32, § 2º, CF

**VICE-PREFEITO**
- eleição: art. 29, I e II, CF
- idade mínima: art. 14, § 3º, VI, c, CF
- inelegibilidade de cônjuge e parentes até o segundo grau: art. 14, § 7º, CF; Súm. Vinc. 18, STF
- mandatos: art. 4º, § 4º, ADCT
- posse: art. 29, III, CF
- reeleição: art. 14, § 5º, CF
- subsídios: art. 29, V, CF

**VICE-PRESIDENTE DA REPÚBLICA**
- atribuições: art. 79, par. ún., CF
- ausência do País superior a 15 dias: arts. 49, III, e 83, CF
- cargo privativo de brasileiro nato: art. 12, § 3º, I, CF
- crimes de responsabilidade: art. 52, I, e par. ún., CF
- eleição: art. 77, *caput*, e § 1º, CF
- idade mínima: art. 14, § 3º, VI, a, CF
- impedimento: art. 80, CF
- inelegibilidade de cônjuge e parentes até o segundo grau: art. 14, § 7º, CF; Súm. Vinc. 18, STF
- infrações penais comuns: art. 102, I, *b*, CF
- missões especiais: art. 79, par. ún., CF
- posse: art. 78, CF
- processos: art. 51, I, CF
- subsídios: art. 49, VIII, CF
- substituição ou sucessão do Presidente: art. 79, CF
- vacância do cargo: arts. 78, par. ún., 80 e 81, CF

**VIDA**
- direito: art. 5º, *caput*, CF
- privada: art. 5º, X, CF

**VIGILÂNCIA SANITÁRIA E EPIDEMIOLÓGICA:** art. 200, II, CF

**VOTO**
- direto, secreto, universal e periódico: art. 60, § 4º, II, CF
- facultativo: art. 14, § 1º, II, CF
- obrigatório: art. 14, § 1º, I, CF

# Z

**ZONA COSTEIRA:** art. 225, § 4º, CF
**ZONA FRANCA DE MANAUS:** art. 40, ADCT

# Código de Processo Civil

# Índice Sistemático do Código de Processo Civil

(Lei nº 5.869, de 11-1-1973)

## Livro I – DO PROCESSO DE CONHECIMENTO

### TÍTULO I – DA JURISDIÇÃO E DA AÇÃO

| | | |
|---|---|---|
| Capítulo I – | Da jurisdição – arts. 1º e 2º | 169 |
| Capítulo II – | Da ação – arts. 3º a 6º | 169 |

### TÍTULO II – DAS PARTES E DOS PROCURADORES

| | | |
|---|---|---|
| Capítulo I – | Da capacidade processual – arts. 7º a 13 | 169 |
| Capítulo II – | Dos deveres das partes e dos seus procuradores – arts. 14 a 35 | 170 |
| Seção I – | Dos deveres – arts. 14 e 15 | 170 |
| Seção II – | Da responsabilidade das partes por dano processual – arts. 16 a 18 | 171 |
| Seção III – | Das despesas e das multas – arts. 19 a 35 | 171 |
| Capítulo III – | Dos procuradores – arts. 36 a 40 | 173 |
| Capítulo IV – | Da substituição das partes e dos procuradores – arts. 41 a 45 | 174 |
| Capítulo V – | Do litisconsórcio e da assistência – arts. 46 a 55 | 174 |
| Seção I – | Do litisconsórcio – arts. 46 a 49 | 174 |
| Seção II – | Da assistência – arts. 50 a 55 | 174 |
| Capítulo VI – | Da intervenção de terceiros – arts. 56 a 80 | 175 |
| Seção I – | Da oposição – arts. 56 a 61 | 175 |
| Seção II – | Da nomeação à autoria – arts. 62 a 69 | 175 |
| Seção III – | Da denunciação da lide – arts. 70 a 76 | 175 |
| Seção IV – | Do chamamento ao processo – arts. 77 a 80 | 176 |

### TÍTULO III – DO MINISTÉRIO PÚBLICO

| | |
|---|---|
| Arts. 81 a 85 | 176 |

### TÍTULO IV – DOS ÓRGÃOS JUDICIÁRIOS E DOS AUXILIARES DA JUSTIÇA

| | | |
|---|---|---|
| Capítulo I – | Da competência – arts. 86 e 87 | 177 |
| Capítulo II – | Da competência internacional – arts. 88 a 90 | 177 |
| Capítulo III – | Da competência interna – arts. 91 a 124 | 177 |
| Seção I – | Da competência em razão do valor e da matéria – arts. 91 e 92 | 177 |
| Seção II – | Da competência funcional – art. 93 | 177 |
| Seção III – | Da competência territorial – arts. 94 a 101 | 177 |
| Seção IV – | Das modificações da competência – arts. 102 a 111 | 178 |
| Seção V – | Da declaração de incompetência – arts. 112 a 124 | 179 |
| Capítulo IV – | Do juiz – arts. 125 a 138 | 180 |
| Seção I – | Dos poderes, dos deveres e da responsabilidade do juiz – arts. 125 a 133 | 180 |
| Seção II – | Dos impedimentos e da suspeição – arts. 134 a 138 | 180 |
| Capítulo V – | Dos auxiliares da justiça – arts. 139 a 153 | 181 |
| Seção I – | Do serventuário e do oficial de justiça – arts. 140 a 144 | 181 |
| Seção II – | Do perito – arts. 145 a 147 | 181 |
| Seção III – | Do depositário e do administrador – arts. 148 a 150 | 182 |
| Seção IV – | Do intérprete – arts. 151 a 153 | 182 |

### TÍTULO V – DOS ATOS PROCESSUAIS

| | | |
|---|---|---|
| Capítulo I – | Da forma dos atos processuais – arts. 154 a 171 | 182 |
| Seção I – | Dos atos em geral – arts. 154 a 157 | 182 |
| Seção II – | Dos atos da parte – arts. 158 a 161 | 183 |
| Seção III – | Dos atos do juiz – arts. 162 a 165 | 183 |
| Seção IV – | Dos atos do escrivão ou do chefe de secretaria – arts. 166 a 171 | 183 |

| | | |
|---|---|---|
| Capítulo II – | Do tempo e do lugar dos atos processuais – arts. 172 a 176 | 184 |
| Seção I – | Do tempo – arts. 172 a 175 | 184 |
| Seção II – | Do lugar – art. 176 | 184 |
| Capítulo III – | Dos prazos – arts. 177 a 199 | 184 |
| Seção I – | Das disposições gerais – arts. 177 a 192 | 184 |
| Seção II – | Da verificação dos prazos e das penalidades – arts. 193 a 199 | 185 |
| Capítulo IV – | Das comunicações dos atos – arts. 200 a 242 | 186 |
| Seção I – | Das disposições gerais – arts. 200 e 201 | 186 |
| Seção II – | Das cartas – arts. 202 a 212 | 186 |
| Seção III – | Das citações – arts. 213 a 233 | 186 |
| Seção IV – | Das intimações – arts. 234 a 242 | 189 |
| Capítulo V – | Das nulidades – arts. 243 a 250 | 190 |
| Capítulo VI – | De outros atos processuais – arts. 251 a 261 | 190 |
| Seção I – | Da distribuição e do registro – arts. 251 a 257 | 190 |
| Seção II – | Do valor da causa – arts. 258 a 261 | 190 |

## TÍTULO VI – DA FORMAÇÃO, DA SUSPENSÃO E DA EXTINÇÃO DO PROCESSO

| | | |
|---|---|---|
| Capítulo I – | Da formação do processo – arts. 262 a 264 | 191 |
| Capítulo II – | Da suspensão do processo – arts. 265 e 266 | 191 |
| Capítulo III – | Da extinção do processo – arts. 267 a 269 | 191 |

## TÍTULO VII – DO PROCESSO E DO PROCEDIMENTO

| | | |
|---|---|---|
| Capítulo I – | Das disposições gerais – arts. 270 a 273 | 192 |
| Capítulo II – | Do procedimento ordinário – art. 274 | 193 |
| Capítulo III – | Do procedimento sumário – arts. 275 a 281 | 193 |

## TÍTULO VIII – DO PROCEDIMENTO ORDINÁRIO

| | | |
|---|---|---|
| Capítulo I – | Da petição inicial – arts. 282 a 296 | 194 |
| Seção I – | Dos requisitos da petição inicial – arts. 282 a 285-A | 194 |
| Seção II – | Do pedido – arts. 286 a 294 | 194 |
| Seção III – | Do indeferimento da petição inicial – arts. 295 e 296 | 195 |
| Capítulo II – | Da resposta do réu – arts. 297 a 318 | 195 |
| Seção I – | Das disposições gerais – arts. 297 a 299 | 195 |
| Seção II – | Da contestação – arts. 300 a 303 | 195 |
| Seção III – | Das exceções – arts. 304 a 314 | 196 |
| Subseção I – | Da incompetência – arts. 307 a 311 | 196 |
| Subseção II – | Do impedimento e da suspeição – arts. 312 a 314 | 196 |
| Seção IV – | Da reconvenção – arts. 315 a 318 | 196 |
| Capítulo III – | Da revelia – arts. 319 a 322 | 197 |
| Capítulo IV – | Das providências preliminares – arts. 323 a 328 | 197 |
| Seção I – | Do efeito da revelia – art. 324 | 197 |
| Seção II – | Da declaração incidente – art. 325 | 197 |
| Seção III – | Dos fatos impeditivos, modificativos ou extintivos do pedido – art. 326 | 197 |
| Seção IV – | Das alegações do réu – arts. 327 e 328 | 197 |
| Capítulo V – | Do julgamento conforme o estado do processo – arts. 329 a 331 | 197 |
| Seção I – | Da extinção do processo – art. 329 | 197 |
| Seção II – | Do julgamento antecipado da lide – art. 330 | 197 |
| Seção III – | Da audiência preliminar – art. 331 | 198 |
| Capítulo VI – | Das provas – arts. 332 a 443 | 198 |
| Seção I – | Das disposições gerais – arts. 332 a 341 | 198 |
| Seção II – | Do depoimento pessoal – arts. 342 a 347 | 199 |
| Seção III – | Da confissão – arts. 348 a 354 | 199 |
| Seção IV – | Da exibição de documento ou coisa – arts. 355 a 363 | 199 |
| Seção V – | Da prova documental – arts. 364 a 399 | 200 |
| Subseção I – | Da força probante dos documentos – arts. 364 a 389 | 200 |
| Subseção II – | Da arguição de falsidade – arts. 390 a 395 | 202 |
| Subseção III – | Da produção da prova documental – arts. 396 a 399 | 202 |
| Seção VI – | Da prova testemunhal – arts. 400 a 419 | 202 |
| Subseção I – | Da admissibilidade e do valor da prova testemunhal – arts. 400 a 406 | 202 |
| Subseção II – | Da produção da prova testemunhal – arts. 407 a 419 | 203 |

Índice Sistemático do Código de Processo Civil 153

| | | |
|---|---|---|
| Seção VII – | Da prova pericial – arts. 420 a 439 | 204 |
| Seção VIII – | Da inspeção judicial – arts. 440 a 443 | 206 |
| Capítulo VII – | Da audiência – arts. 444 a 457 | 206 |
| Seção I – | Das disposições gerais – arts. 444 a 446 | 206 |
| Seção II – | Da conciliação – arts. 447 a 449 | 206 |
| Seção III – | Da instrução e julgamento – arts. 450 a 457 | 206 |
| Capítulo VIII – | Da sentença e da coisa julgada – arts. 458 a 475 | 207 |
| Seção I – | Dos requisitos e dos efeitos da sentença – arts. 458 a 466-C | 207 |
| Seção II – | Da coisa julgada – arts. 467 a 475 | 208 |
| Capítulo IX – | Da liquidação de sentença – arts. 475-A a 475-H | 209 |
| Capítulo X – | Do cumprimento da sentença – arts. 475-I a 475-R | 209 |

## TÍTULO IX – DO PROCESSO NOS TRIBUNAIS

| | | |
|---|---|---|
| Capítulo I – | Da uniformização da jurisprudência – arts. 476 a 479 | 211 |
| Capítulo II – | Da declaração de inconstitucionalidade – arts. 480 a 482 | 212 |
| Capítulo III – | Da homologação de sentença estrangeira – arts. 483 e 484 | 212 |
| Capítulo IV – | Da ação rescisória – arts. 485 a 495 | 212 |

## TÍTULO X – DOS RECURSOS

| | | |
|---|---|---|
| Capítulo I – | Das disposições gerais – arts. 496 a 512 | 213 |
| Capítulo II – | Da apelação – arts. 513 a 521 | 215 |
| Capítulo III – | Do agravo – arts. 522 a 529 | 216 |
| Capítulo IV – | Dos embargos infringentes – arts. 530 a 534 | 217 |
| Capítulo V – | Dos embargos de declaração – arts. 535 a 538 | 217 |
| Capítulo VI – | Dos recursos para o Supremo Tribunal Federal e o Superior Tribunal de Justiça – arts. 539 a 546 | 217 |
| Seção I – | Dos recursos ordinários – arts. 539 e 540 | 217 |
| Seção II – | Do recurso extraordinário e do recurso especial – arts. 541 a 546 | 218 |
| Capítulo VII – | Da ordem dos processos no tribunal – arts. 547 a 565 | 220 |

## Livro II – DO PROCESSO DE EXECUÇÃO

### TÍTULO I – DA EXECUÇÃO EM GERAL

| | | |
|---|---|---|
| Capítulo I – | Das partes – arts. 566 a 574 | 221 |
| Capítulo II – | Da competência – arts. 575 a 579 | 222 |
| Capítulo III – | Dos requisitos necessários para realizar qualquer execução – arts. 580 a 590 | 222 |
| Seção I – | Do inadimplemento do devedor – arts. 580 a 582 | 222 |
| Seção II – | Do título executivo – arts. 583 a 590 | 223 |
| Capítulo IV – | Da responsabilidade patrimonial – arts. 591 a 597 | 223 |
| Capítulo V – | Das disposições gerais – arts. 598 a 602 | 224 |
| Capítulo VI – | Da liquidação da sentença – arts. 603 a 611 (Revogados) | 224 |

### TÍTULO II – DAS DIVERSAS ESPÉCIES DE EXECUÇÃO

| | | |
|---|---|---|
| Capítulo I – | Das disposições gerais – arts. 612 a 620 | 224 |
| Capítulo II – | Da execução para a entrega de coisa – arts. 621 a 631 | 225 |
| Seção I – | Da entrega de coisa certa – arts. 621 a 628 | 225 |
| Seção II – | Da entrega de coisa incerta – arts. 629 a 631 | 226 |
| Capítulo III – | Da execução das obrigações de fazer e de não fazer – arts. 632 a 645 | 226 |
| Seção I – | Da obrigação de fazer – arts. 632 a 641 | 226 |
| Seção II – | Da obrigação de não fazer – arts. 642 e 643 | 226 |
| Seção III – | Das disposições comuns às seções precedentes – arts. 644 e 645 | 227 |
| Capítulo IV – | Da execução por quantia certa contra devedor solvente – arts. 646 a 731 | 227 |
| Seção I – | Da penhora, da avaliação e da expropriação de bens – arts. 646 a 707 | 227 |
| Subseção I – | Das disposições gerais – arts. 646 a 651 | 227 |
| Subseção II – | Da citação do devedor e da indicação de bens – arts. 652 a 658 | 228 |
| Subseção III – | Da penhora e do depósito – arts. 659 a 670 | 229 |
| Subseção IV – | Da penhora de créditos e de outros direitos patrimoniais – arts. 671 a 676 | 230 |
| Subseção V – | Da penhora, do depósito e da administração de empresa e de outros estabelecimentos – arts. 677 a 679 | 231 |

## 154     Índice Sistemático do Código de Processo Civil

| | | |
|---|---|---|
| Subseção VI – | Da avaliação – arts. 680 a 685 | 231 |
| Subseção VI-A – | Da adjudicação – arts. 685-A e 685-B | 232 |
| Subseção VI-B – | Da alienação por iniciativa particular – art. 685-C | 232 |
| Subseção VII – | Da alienação em hasta pública – arts. 686 a 707 | 233 |
| Seção II – | Do pagamento ao credor – arts. 708 a 729 | 235 |
| Subseção I – | Das disposições gerais – art. 708 | 235 |
| Subseção II – | Da entrega do dinheiro – arts. 709 a 713 | 235 |
| Subseção III – | Da adjudicação de imóvel – arts. 714 e 715 (Revogados) | 235 |
| Subseção IV – | Do usufruto de móvel ou imóvel – arts. 716 a 729 | 236 |
| Seção III – | Da execução contra a Fazenda Pública – arts. 730 e 731 | 236 |
| Capítulo V – | Da execução de prestação alimentícia – arts. 732 a 735 | 236 |

### TÍTULO III – DOS EMBARGOS DO DEVEDOR

| | | |
|---|---|---|
| Capítulo I – | Das disposições gerais – arts. 736 a 740 | 237 |
| Capítulo II – | Dos embargos à execução contra a Fazenda Pública – arts. 741 a 743 | 238 |
| Capítulo III – | Dos embargos à execução – arts. 744 a 746 | 238 |
| Capítulo IV – | Dos embargos na execução por carta – art. 747 | 239 |

### TÍTULO IV – DA EXECUÇÃO POR QUANTIA CERTA CONTRA DEVEDOR INSOLVENTE

| | | |
|---|---|---|
| Capítulo I – | Da insolvência – arts. 748 a 753 | 239 |
| Capítulo II – | Da insolvência requerida pelo credor – arts. 754 a 758 | 239 |
| Capítulo III – | Da insolvência requerida pelo devedor ou pelo seu espólio – arts. 759 e 760 | 240 |
| Capítulo IV – | Da declaração judicial de insolvência – arts. 761 e 762 | 240 |
| Capítulo V – | Das atribuições do administrador – arts. 763 a 767 | 240 |
| Capítulo VI – | Da verificação e da classificação dos créditos – arts. 768 a 773 | 240 |
| Capítulo VII – | Do saldo devedor – arts. 774 a 776 | 240 |
| Capítulo VIII – | Da extinção das obrigações – arts. 777 a 782 | 241 |
| Capítulo IX – | Das disposições gerais – arts. 783 a 786-A | 241 |

### TÍTULO V – DA REMIÇÃO

| | | |
|---|---|---|
| Arts. 787 a 790 | (Revogados) | 241 |

### TÍTULO VI – DA SUSPENSÃO E DA EXTINÇÃO DO PROCESSO DE EXECUÇÃO

| | | |
|---|---|---|
| Capítulo I – | Da suspensão – arts. 791 a 793 | 241 |
| Capítulo II – | Da extinção – arts. 794 e 795 | 241 |

### Livro III – DO PROCESSO CAUTELAR

### TÍTULO ÚNICO – DAS MEDIDAS CAUTELARES

| | | |
|---|---|---|
| Capítulo I – | Das disposições gerais – arts. 796 a 812 | 241 |
| Capítulo II – | Dos procedimentos cautelares específicos – arts. 813 a 889 | 243 |
| Seção I – | Do arresto – arts. 813 a 821 | 243 |
| Seção II – | Do sequestro – arts. 822 a 825 | 243 |
| Seção III – | Da caução – arts. 826 a 838 | 244 |
| Seção IV – | Da busca e apreensão – arts. 839 a 843 | 244 |
| Seção V – | Da exibição – arts. 844 e 845 | 244 |
| Seção VI – | Da produção antecipada de provas – arts. 846 a 851 | 245 |
| Seção VII – | Dos alimentos provisionais – arts. 852 a 854 | 245 |
| Seção VIII – | Do arrolamento de bens – arts. 855 a 860 | 245 |
| Seção IX – | Da justificação – arts. 861 a 866 | 245 |
| Seção X – | Dos protestos, notificações e interpelações – arts. 867 a 873 | 246 |
| Seção XI – | Da homologação do penhor legal – arts. 874 a 876 | 246 |
| Seção XII – | Da posse em nome do nascituro – arts. 877 e 878 | 246 |
| Seção XIII – | Do atentado – arts. 879 a 881 | 246 |
| Seção XIV – | Do protesto e da apreensão de títulos – arts. 882 a 887 | 247 |
| Seção XV – | De outras medidas provisionais – arts. 888 e 889 | 247 |

## Livro IV – DOS PROCEDIMENTOS ESPECIAIS

### TÍTULO I – DOS PROCEDIMENTOS ESPECIAIS DE JURISDIÇÃO CONTENCIOSA

| | | |
|---|---|---:|
| Capítulo I – | Da ação de consignação em pagamento – arts. 890 a 900 | 247 |
| Capítulo II – | Da ação de depósito – arts. 901 a 906 | 248 |
| Capítulo III – | Da ação de anulação e substituição de títulos ao portador – arts. 907 a 913 | 249 |
| Capítulo IV – | Da ação de prestação de contas – arts. 914 a 919 | 249 |
| Capítulo V – | Das ações possessórias – arts. 920 a 933 | 250 |
| Seção I – | Das disposições gerais – arts. 920 a 925 | 250 |
| Seção II – | Da manutenção e da reintegração de posse – arts. 926 a 931 | 250 |
| Seção III – | Do interdito proibitório – arts. 932 e 933 | 250 |
| Capítulo VI – | Da ação de nunciação de obra nova – arts. 934 a 940 | 251 |
| Capítulo VII – | Da ação de usucapião de terras particulares – arts. 941 a 945 | 251 |
| Capítulo VIII – | Da ação de divisão e da demarcação de terras particulares – arts. 946 a 981 | 251 |
| Seção I – | Das disposições gerais – arts. 946 a 949 | 251 |
| Seção II – | Da demarcação – arts. 950 a 966 | 252 |
| Seção III – | Da divisão – arts. 967 a 981 | 253 |
| Capítulo IX – | Do inventário e da partilha – arts. 982 a 1.045 | 254 |
| Seção I – | Das disposições gerais – arts. 982 a 986 | 254 |
| Seção II – | Da legitimidade para requerer o inventário – arts. 987 a 989 | 254 |
| Seção III – | Do inventariante e das primeiras declarações – arts. 990 a 998 | 255 |
| Seção IV – | Das citações e das impugnações – arts. 999 a 1.002 | 256 |
| Seção V – | Da avaliação e do cálculo do imposto – arts. 1.003 a 1.013 | 256 |
| Seção VI – | Das colações – arts. 1.014 a 1.016 | 257 |
| Seção VII – | Do pagamento das dívidas – arts. 1.017 a 1.021 | 257 |
| Seção VIII – | Da partilha – arts. 1.022 a 1.030 | 258 |
| Seção IX – | Do arrolamento – arts. 1.031 a 1.038 | 258 |
| Seção X – | Das disposições comuns às seções precedentes – arts. 1.039 a 1.045 | 259 |
| Capítulo X – | Dos embargos de terceiro – arts. 1.046 a 1.054 | 260 |
| Capítulo XI – | Da habilitação – arts. 1.055 a 1.062 | 260 |
| Capítulo XII – | Da restauração de autos – arts. 1.063 a 1.069 | 261 |
| Capítulo XIII – | Das vendas a crédito com reserva de domínio – arts. 1.070 e 1.071 | 261 |
| Capítulo XIV – | Do juízo arbitral – arts. 1.072 a 1.102 (*Revogados*) | 261 |
| Seção I – | Do compromisso – arts. 1.072 a 1.102 (*Revogados*) | 261 |
| Capítulo XV – | Da ação monitória – arts.1.102-A a 1.102-C | 261 |

### TÍTULO II – DOS PROCEDIMENTOS ESPECIAIS DE JURISDIÇÃO VOLUNTÁRIA

| | | |
|---|---|---:|
| Capítulo I – | Das disposições gerais – arts. 1.103 a 1.112 | 262 |
| Capítulo II – | Das alienações judiciais – arts. 1.113 a 1.119 | 262 |
| Capítulo III – | Da separação consensual – arts. 1.120 a 1.124-A | 263 |
| Capítulo IV – | Dos testamentos e codicilos – arts. 1.125 a 1.141 | 264 |
| Seção I – | Da abertura, do registro e do cumprimento – arts. 1.125 a 1.129 | 264 |
| Seção II – | Da confirmação do testamento particular – arts. 1.130 a 1.133 | 264 |
| Seção III – | Do testamento militar, marítimo, nuncupativo e do codicilo – art. 1.134 | 264 |
| Seção IV – | Da execução dos testamentos – arts. 1.135 a 1.141 | 264 |
| Capítulo V – | Da herança jacente – arts. 1.142 a 1.158 | 265 |
| Capítulo VI – | Dos bens dos ausentes – arts. 1.159 a 1.169 | 266 |
| Capítulo VII – | Das coisas vagas – arts. 1.170 a 1.176 | 266 |
| Capítulo VIII – | Da curatela dos interditos – arts. 1.177 a 1.186 | 267 |
| Capítulo IX – | Das disposições comuns à tutela e à curatela – arts. 1.187 a 1.198 | 267 |
| Seção I – | Da nomeação do tutor ou curador – arts. 1.187 a 1.193 | 267 |
| Seção II – | Da remoção e dispensa de tutor ou curador – arts. 1.194 a 1.198 | 268 |
| Capítulo X – | Da organização e da fiscalização das fundações – arts. 1.199 a 1.204 | 268 |
| Capítulo XI – | Da especialização da hipoteca legal – arts. 1.205 a 1.210 | 268 |

### Livro V – DAS DISPOSIÇÕES FINAIS E TRANSITÓRIAS

| | |
|---|---:|
| Arts. 1.211 a 1.220 | 269 |

## DISPOSIÇÕES DO DECRETO-LEI Nº 1.608, DE 18-9-1939, MANTIDAS EM VIGOR PELO ARTIGO 1.218 DO CÓDIGO DE PROCESSO CIVIL

### (EXCERTOS)

Do loteamento e venda de imóveis a prestações – arts. 345 a 349 .................................................. 271
Da dissolução e liquidação das sociedades – arts. 655 a 674 ........................................................ 271
Dos protestos formados a bordo – arts. 725 a 729 ........................................................................ 272
Do dinheiro a risco – arts. 754 e 755 .............................................................................................. 273
Da vistoria de fazendas avariadas – art. 756 .................................................................................. 273
Da apreensão de embarcações – arts. 757 a 761 ........................................................................... 273
Da avaria a cargo do segurador – arts. 762 a 764 .......................................................................... 273
Das avarias – arts. 765 a 768 .......................................................................................................... 273
Das arribadas forçadas – arts. 772 a 775 ........................................................................................ 274

# EXPOSIÇÃO DE MOTIVOS DO CÓDIGO DE PROCESSO CIVIL
## LEI Nº 5.869, DE 11 DE JANEIRO DE 1973

Excelentíssimos Senhores Membros do Congresso Nacional:

Nos termos do art. 56 da Constituição, tenho a honra de submeter à elevada deliberação de Vossas Excelências, acompanhado de Exposição de Motivos do Senhor Ministro de Estado da Justiça, o anexo projeto de lei de "Código de Processo Civil".

Brasília, 2 de agosto de 1972

**Emílio G. Médici**

GM/473-B

Brasília, 31 de julho de 1972.

Excelentíssimo Senhor Presidente da República

"*Convien decidersi a una riforma fondamentale o rinunciare alla speranza di un serio progresso*" (CHIOVENDA, *La riforma del procedimento civile*, Roma, 1911, p. 4).

Tenho a honra de apresentar à alta consideração de Vossa Excelência o projeto de Código de Processo Civil.

CAPÍTULO I

### REVISÃO OU CÓDIGO NOVO?

**1.** As palavras do insigne mestre italiano, que servem de epígrafe a esta Exposição de Motivos, constituem grave advertência ao legislador que aspira a reformar o Código de Processo Civil. Foi sob a inspiração e também sob o temor desse conselho que empreendemos a tarefa de redigir o projeto, a fim de pôr o sistema processual civil brasileiro em consonância com o progresso científico dos tempos atuais.

Ao iniciarmos os estudos depararam-se-nos duas sugestões: rever o Código vigente ou elaborar Código novo. A primeira tinha a vantagem de não interromper a continuidade legislativa. O plano de trabalho, bem que compreendendo a quase-totalidade dos preceitos legais, cingir-se-ia a manter tudo quanto estava conforme com os enunciados da ciência, emendando o que fosse necessário, preenchendo lacunas e suprimindo o supérfluo, que retarda o andamento dos feitos.

Mas a pouco e pouco nos convencemos de que era mais difícil corrigir o Código velho que escrever um novo. A emenda ao Código atual requeria um concerto de opiniões, precisamente nos pontos em que a fidelidade aos princípios não tolera transigências. E quando a dissensão é insuperável, a tendência é de resolvê-la mediante concessões, que não raro sacrificam a verdade científica a meras razões de oportunidade. O grande mal das reformas parciais é o de transformar o Código em mosaico, com coloridos diversos que traduzem as mais variadas direções. Dessas várias reformas tem experiência o país; mas, como observou LOPES DA COSTA, umas foram para melhor; mas em outras saiu a emenda pior que o soneto.[1]

Depois de demorada reflexão, verificamos que o problema era muito mais amplo, grave e profundo, atingindo a substância das instituições, a disposição ordenada das matérias e a íntima correlação entre a função do processo civil e a estrutura orgânica do Poder Judiciário. Justamente por isso a nossa tarefa não se limitou à mera revisão. Impunha-se refazer o Código em suas linhas fundamentais, dando-lhe novo plano de acordo com as conquistas modernas e as experiências dos povos cultos. Nossa preocupação foi a de realizar um trabalho unitário, assim no plano dos princípios, como no de suas aplicações práticas.

**2.** Propondo uma reforma *total*, pode parecer que queremos deitar abaixo as instituições do Código vigente, substituindo-as por outras inteiramente novas. Não. Introduzimos modificações substanciais, a fim de simplificar a estrutura do Código, facilitar-lhe o manejo, racionalizar-lhe o sistema e torná-lo um instrumento dúctil para a administração da justiça.

Bem presentes em nosso espírito estiveram as recomendações de NICETO ALCALÁ-ZAMORA Y CASTILLO, que classificou os princípios em duas espécies: "Suponiendo que se trate de sustitución plena de un código por otro, la primera questión que se plantea es la de si debe hacerse tabla rasa del pasado o si, por el contrario, conviene aprovechar, y en qué escala, elementos del texto precedente. Entran aqui en juego dos contrapuestos principios de técnica legislativa, que bien cabría denominar de *conservación* y de *innovación*, pero lo fundamental no son los nombres que reciban, sino el criterio conforme a cual funcionen. Como es natural, no se puede sentar de una vez para todas una pauta absoluta, y muchísimo menos proporciones o porcentajes, porque el predominio de uno de esos principios sobre el otro, dependerá de las deficiencias que presente el código de cuya derogación se trate, apreciadas por la persona o comisión llamadas a reformarlo. Cabría, sin embargo, aconsejar que el principio de conservación sirva para hacer menos perturbador el cambio y el de innovación para remediar los males advertidos durante la vigencia del ordenamiento anterior. Nada más dañino que alterar por completo la estructura y redacción de un código, si sus fallas e inconveniences subsisten o se agravan en el que venga a reemplazarlo. El reformador no debe olvidar nunca que 'por muy viejo que sea un edificio siempre de su derribo se obtienen materiales para construcciones futuras'; y si, verbigracia, en el código antiguo existe una buena distribución de materiales o cuenta con preceptos de correcta formulación jurídica y gramatical, seria absurdo llevar el prurito innovador hasta prescindir por completo de aquélla y de éstos, suponiendo que al huir del precedente nacional quepa también escapar de los modelos extranjeros y con olvido de que la asimilación por jueces, abogados, secretarios etc., de un nuevo código civil, penal o mercantil es mucho más rápida y sencilla que la de *nuevas leyes procesales*, que son vividas a diario por

---

[1] Lopes da Costa, *Direito processual civil brasileiro*, 2. ed., v. 1, p. 29.

las profesiones forenses y no meramente invocadas o aplicadas".[2]

Entram em jogo dois princípios antagônicos de técnica legislativa: o da *conservação* e o da *inovação*. Ambos se harmonizam, porque, se o primeiro torna menos perturbadora a mudança, o segundo remedeia os males observados durante a aplicação do Código. O reformador não deve olvidar que, por mais velho que seja um edifício, sempre se obtêm, quando demolido, materiais para construções futuras.

## Capítulo II
### DO SISTEMA DO CÓDIGO DE PROCESSO CIVIL VIGENTE

**3.** No Código de Processo Civil vigente podem distinguir-se quatro partes fundamentais.

A primeira se ocupa com o chamado processo de conhecimento (arts. 1º a 297). A segunda, a maior de todas, abrange numerosos procedimentos especiais (arts. 298 a 781). A terceira é dedicada aos recursos e processos de competência originária dos tribunais (arts. 782 a 881). A quarta e última tem por objeto o processo de execução (arts. 882 a 1.030).

O processo de conhecimento, elaborou-o o legislador segundo os princípios modernos da ciência do processo. Serviram-lhe de paradigma os Códigos da Áustria, da Alemanha e de Portugal; nesses diplomas, bem como nos trabalhos preparatórios de revisão legislativa feitos na Itália, foi o legislador brasileiro buscar a soma de experiências e encontrar os altos horizontes, que a ciência pudera dilatar, a fim de construir uma sistemática de fecundos resultados práticos.[3]

**4.** O legislador brasileiro não foi, porém, feliz nas outras partes. Manteve injustificavelmente uma série exaustiva de ações especiais, minuciosamente reguladas em cerca de quinhentos artigos, que compreendem quase a metade do Código.[4] Vergando ao peso da tradição, conservou as linhas básicas dos recursos que herdamos de Portugal, com as distinções sutis que os tornam de trato difícil. O processo de execução, que produz o sistema do direito anterior, não avançou senão algumas tímidas inovações.

Os princípios informativos do Código, embora louváveis do ponto de vista dogmático, não lograram plena efetivação. A extensão territorial do país, as promoções dos magistrados de entrância para entrância, o surto do progresso que deu lugar à formação de um grande parque industrial e o aumento da densidade demográfica vieram criar considerável embaraço à aplicação dos princípios da oralidade e da identidade da pessoa física do juiz, consagrados em termos rígidos no sistema do Código. Os inconvenientes resultavam não do sistema, mas de sua adaptação às nossas condições geográficas, a cujo respeito falharam as previsões do legislador. Não se duvidava, pois, da excelência do princípio da oralidade, mas se apontavam os males de uma aplicação irrestrita e incondicional à realidade brasileira.

Malgrado esses defeitos e outros que serão adiante indicados, reconhecemos que o Código de Processo Civil representa um assinalado esforço para adequar o direito brasileiro à nova orientação legislativa dos povos civilizados.

## Capítulo III
### DO MÉTODO DA REFORMA

*I — Os Modelos do Projeto*

**5.** Na elaboração do projeto tomamos por modelo os monumentos legislativos mais notáveis do nosso tempo. Não se veja nessa confissão mero espírito de mimetismo, que se compraz antes em repetir do que em criar, nem desapreço aos méritos do nosso desenvolvimento cultural. Um Código de Processo é uma instituição eminentemente técnica. E a técnica não é apanágio de um povo, senão conquista de valor universal.

O processo civil é um instrumento que o Estado põe à disposição dos litigantes, a fim de administrar justiça. Não se destina a simples definição de direitos na luta privada entre os contendores. Atua, como já observara Betti, não no interesse de uma ou de outra parte, mas por meio do interesse de ambos. O interesse das partes não é senão um meio, que serve para conseguir a finalidade do processo na medida em que dá lugar àquele impulso destinado a satisfazer o interesse público da atuação da lei na composição dos conflitos. A aspiração de cada uma das partes é a de ter razão: a finalidade do processo é a de dar razão a quem efetivamente a tem. Ora, dar razão a quem a tem é, na realidade, não um interesse privado das partes, mas um interesse público de toda sociedade.[5]

Assim entendido, o processo civil é preordenado a assegurar a observância da lei; há de ter, pois, tantos atos quantos sejam necessários para alcançar essa finalidade. Diversamente de outros ramos da ciência jurídica, que traduzem a índole do povo através de longa tradição, o processo civil deve ser dotado exclusivamente de meios racionais, tendentes a obter a atuação do direito. As duas exigências que concorrem para aperfeiçoá-lo são a rapidez e a justiça. Força é, portanto, estruturá-lo de tal modo que ele se torne efetivamente apto a administrar, sem delongas, a justiça.

As nações mais adiantadas não se pejaram de exaltar os méritos dos Códigos de outros países. Na França, tão ciosa de sua elevada cultura, Tissier reconheceu que o Código de Processo Civil da Áustria é "la meilleure procédure civile du continent".[6]

---

[2] Niceto Alcalá-Zamora y Castillo, *Principios técnicos y políticos de una reforma procesal*, Honduras, 1950, p. 7 e segs.
[3] Alfredo Buzaid, Ensaio para uma revisão do sistema de recursos no Código de Processo Civil brasileiro, *Revista da Faculdade de Direito*, v. 52, p. 181 e segs.; José Frederico Marques, *Instituições de direito processual civil*, v. 1, p. 66 e segs.; Alcides de Mendonça Lima, A recorribilidade dos despachos interlocutórios no Código de Processo Civil brasileiro, *Estudios jurídicos en memoria de Eduardo Couture*, Montevideo, 1957, p. 483 e segs.
[4] O Prof. Hugo Alsina não escondeu a sua perplexidade, ao verificar que o Código regulou sessenta e um processos especiais, malgrado o confessado propósito de instituir um tipo único para as ações (Hugo Alsina, El nuevo regimen procesal en el Brasil, *Revista Forense*, v. 81, p. 314).
[5] Betti, *Diritto processuale civile*, p. 5.
[6] Tissier, *Le centenaire du Code de Procédure Civile*, 1906, p. 43.

## II – Da Terminologia do Projeto

**6.** Fiel a essa orientação, esforça-se o projeto por aplicar os princípios da técnica legislativa, um dos quais é o rigor da terminologia na linguagem jurídica.

Haja vista, por exemplo, o vocábulo "lide". No Código de Processo Civil vigente ora significa processo (art. 96), ora o mérito da causa (arts. 287, 684, IV, e 687, § 2º). O projeto só usa a palavra "lide" para designar o mérito da causa. Lide é, consoante a lição de Carnelutti, o conflito de interesses qualificado pela pretensão de um dos litigantes e pela resistência do outro. O julgamento desse conflito de pretensões, mediante o qual o juiz, acolhendo ou rejeitando o pedido, dá razão a uma das partes e nega-a à outra, constitui uma sentença definitiva de mérito. A lide é, portanto, o objeto principal do processo e nela se exprimem as aspirações em conflito de ambos os litigantes.[7]

Outra expressão, que o projeto eliminou, é instância. Dela se serve o Código de Processo Civil vigente para designar o instituto da suspensão, da absolvição e da cessação do processo (arts. 196-207). Todavia, a palavra é equívoca. Nas fontes romanas significa atividade, empenho, diligência e pedido.[8] Também exprime o exercício da ação desde a litiscontestação até a sentença.[9] Para Pereira e Sousa e Ramalho, a instância é o tempo dentro do qual se trata e determina a causa com a decisão final.[10] João Mendes Júnior define-a como a existência fluente do litígio.[11]

João Monteiro distingue-lhe duas acepções: legítima discussão da causa até a sentença passada em julgado e grau de jurisdição.[12] No antigo direito português se dizia que com a apelação ou o agravo começava nova instância.[13] Mas, como já adverte João Mendes Júnior,[14] não se deve confundir instância com grau de jurisdição, porque pode dar-se o caso de dois graus de jurisdição funcionando em uma só e mesma instância; assim a execução é uma outra instância no mesmo primeiro grau de jurisdição.[15] Finalmente, para Machado Guimarães, Eliézer Rosa, José Alberto dos Reis e Barbosa Magalhães, instância significa processo, entendido como relação jurídica.[16]

---

[7] Carnelutti, *Sistema*, v. 1, p. 40; Betti, *Diritto processuale civile*, p. 445.
[8] Matos Peixoto, *Recurso extraordinário*, p. 196; D. 22-1-33 pr.; D. 13-7-43, I.
[9] Pereira, *Elucidarium*, p. 536: "Instantia dicitur tempus exercendi iudicii, videlicet e litiscontestatione ad sententiam usque". (Cf. também Manuel de Almeida e Souza, *Segundas linhas*, nota 228.)
[10] Pereira e Sousa, *Primeiras linhas*, § 103; Ramalho, *Praxe*, § 122.
[11] João Mendes Júnior, *Direito judiciário*, p. 241.
[12] João Monteiro, *Processo civil*, § 78, nota 2.
[13] Ord. Afons. III, 23, 3; Man. III, 18,1; Fil. III, 27, pr.
[14] João Mendes Júnior, *Direito judiciário*, p. 482 e segs.
[15] Pereira e Sousa, *Primeiras linhas*, nota 780; Manuel de Almeida e SouzA, *Execução*, Cap. V, art. I; Ramalho, *Praxe*, § 123; Liebman, *Processo de execução*, p. 83.
[16] Machado Guimarães, *A instância e a relação processual*, p. 69; Eliézer Rosa, *Dicionário de processo civil*, p. 238; José Alberto dos Reis, *Comentários ao Código de Processo Civil*, v. 3, p. 20 e segs.; Barbosa Magalhães, *Estudo sobre o novo Código de Processo Civil*, p. 239 e segs.

---

Bastam estas considerações para se ver que a palavra *instância* é uma fonte de dúvidas e equívocos. O projeto a substitui por *processo* e, assim, no Capítulo VI do Livro I e Capítulo VI do Livro II, fala de *Formação, Suspensão* e *Extinção do Processo*, empregando este vocábulo porque ele traduz, com todo o rigor científico, o fenômeno jurídico que o Código define.

**7.** Ainda quanto à linguagem, cabe-nos explicar a denominação do Livro III. Empregamos aí a expressão *processo cautelar*. Cautelar não figura, nos nossos dicionários, como adjetivo, mas tão só como verbo, já em desuso. O projeto o adotou, porém, como adjetivo, a fim de qualificar um tipo de processo autônomo. Na tradição de nosso direito processual era a função cautelar distribuída, por três espécies de processos, designados por preparatórios, preventivos e incidentes.[17] O projeto, reconhecendo-lhe caráter autônomo, reuniu os vários procedimentos preparatórios, preventivos e incidentes sob fórmula geral, não tendo encontrado melhor vocábulo que o adjetivo cautelar para designar a função que exercem. A expressão processo cautelar tem a virtude de abranger todas as medidas preventivas, conservatórias e incidentes que o projeto ordena no Livro III, e, pelo vigor e amplitude do seu significado, traduz melhor que qualquer outra palavra a tutela legal.

As razões de nossa preferência por essa expressão se fundam também no precedente legislativo português, cujo Código de Processo Civil a consagrou (arts. 381 e segs.) e no uso corrente da doutrina nacional e portuguesa.[18] No direito italiano, argentino e uruguaio também a doutrina manifestou o seu assentimento à expressão processo cautelar.[19]

## III – Das Definições Legais

**8.** À força de ser repetido, passou à categoria de adágio jurídico o conselho das fontes romanas, segundo o qual *omnis definitio in jure civile periculosa est* (D. 50.17.202). Sem discutir o valor dessa recomendação, de cujo acerto não pomos dúvida, ousamos, contudo, em vários lugares do projeto, desatendê-la, formulando algumas definições, que reputamos estritamente necessárias.

O Código de Processo Civil vigente alude à conexão, ora para autorizar a reunião de ações (art. 116), ora para considerá-la critério de determinação da competência (art. 133, IV), ora como fundamento de prorrogação da competência (art. 148). Notando a falta

---

[17] Assim o Código de Processo do Estado de São Paulo (Título do Livro III); do Distrito Federal (Livro III Título I); do Paraná (Lei nº 1.915, de 23 de fevereiro de 1920), Parte Especial, Título II; da Bahia com o título "Dos processos preventivos, assecuratórios e preparatórios" (Livro I, Título II, Capítulo V, Seção XVII); do Rio Grande do Sul (Parte segunda, Título IV); de Minas Gerais (Livro II, Título I).
[18] Pontes de Miranda, *Comentários ao Código de Processo Civil*, 2. ed., v. 7, p. 293; Lopes da Costa, *Medidas preventivas*, 2. ed., p. 17; José Alberto dos Reis, *A figura do processo cautelar*, p. 9.
[19] Calamandrei *Introduzione allo studio sistematico dei provvedimenti cautelari*, passim, Carnelutti, *Diritto e processo*, p. 353; Liebman, *Manuale*, v. 1, p. 91; Couture, *Fundamentos del derecho procesal civil*, p. 321.

de um conceito legal de conexão, o Professor FRANCISCO MORATO aconselhou que o legislador a definisse.

PEDRO BATISTA MARTINS, autor do projeto do Código de Processo Civil atual, não lhe acolheu a sugestão. "O conceito de conexão", escrevia, "não pode ser realmente fixado em princípios aprioristicos e abstratos. Defini-lo seria um erro de consequências incalculáveis, porque bem poderia acontecer que a experiência viesse a apresentar novas figuras de conexão que se não pudessem ajustar às categorias discriminadas na lei".[20]

Os argumentos expedidos por este eminente escritor não procedem. A conexão pode e deve ser conceituada pelo legislador, precisamente para eliminar as vacilações da doutrina e da jurisprudência. O ideal é que a lei seja sempre clara e explícita. Adotando esta orientação, o projeto define não só a conexão (art. 108) como a continência (art. 109).

**9.** Também por falta de definição legal, o conceito de litispendência andou de envolta com o de prevenção de jurisdição. Sustentaram alguns escritores que a litispendência tem por efeito obstar a que, perante o mesmo juiz, seja reproduzida ação idêntica à anterior. A litispendência distingue-se da prevenção, porque esta tende a impedir que a mesma ação, iniciada perante juiz competente, seja renovada perante outro juiz, embora de igual competência. Assim a litispendência e a prevenção têm de comum que, em ambas, se dá o concurso de duas ações idênticas; e diferem entre si em que na litispendência há um só juiz, e na prevenção, mais de um.[21] Para CARVALHO SANTOS, no entanto, há litispendência quando duas demandas são formuladas sobre o mesmo objeto, entre as mesmas partes, mas perante dois juízos diferentes.[22] LIEBMAN,[23] com observar que nenhuma dessas restrições se justifica, ressalta ainda que a doutrina portuguesa não apresentava ideias suficientemente claras acerca da litispendência e da prevenção.[24] Na doutrina estrangeira, nomeadamente alemã e italiana, a litispendência indica a existência de uma ação, produzindo a plenitude de seus efeitos, isto é, a situação jurídica em que se encontra uma causa submetida ao conhecimento do Poder Judiciário.[25]

A fim de dirimir as incertezas acima apontadas, o projeto formulou a definição de identificação de ações (art. 305, § 2º) e, em seguida, a de litispendência (art. 305, § 3º).

▶ Em lugar de art. 305, conforme consta da publicação oficial, entenda-se art. 301.

[20] Pedro Batista Martins, *Comentários ao Código de Processo Civil*, Forense, v. 2, p. 45 e segs.
[21] Gusmão, *Processo civil e comercial*, 4. ed., v. 1, p. 441. No mesmo sentido: João Monteiro, *Processo civil e comercial*, § 110, notas 6 e 8.
[22] Carvalho Santos, *Código de Processo Civil interpretado*, obs. nº 5 ao art. 182.
[23] Liebman, in Chiovenda, *Instituições de direito processual civil*, v. 2, p. 386. No mesmo sentido: José Frederico Marques, *Instituições de direito processual civil*, v. 3, p. 212 e segs.; Moacyr Amaral Santos, *Primeiras linhas de direito processual civil*, v. 2, p. 145.
[24] Pereira e Sousa, *Primeiras linhas*, nota 291; Manuel de Almeida e Souza, *Segundas linhas*, nota 291.
[25] Chiovenda, *Saggi*, v. 1, p. 298; Goldschmidt, *Zivilprozessrecht*, § 55; Rosenberg, *Lehrbuch*, § 96; Redenti, *Profili*, p. 337; Zanzucchi, *Diritto processuale civile*, v. 1, p. 334.

**10.** Para arrematar esta ordem de considerações, convém lembrar o conceito de coisa julgada. A atual Lei de Introdução ao Código Civil prescreve, no art. 6º, § 3º: "Chama-se coisa julgada ou caso julgado a decisão judicial de que já não caiba recurso". Esta disposição, que reproduz o art. 3º, da antiga Lei de Introdução, não está, porém, isenta de críticas. Senão, vejamos. O Projeto do Código Civil falava de recurso ordinário,[26] inspirando-se, por certo, na lição de PAULA BATISTA e de RAMALHO.[27] O Senado eliminou-lhe, entretanto, o epíteto.[28]

O direito brasileiro não distingue, para efeito de coisa julgada, recurso ordinário e recurso extraordinário. Uma sentença, enquanto pode ser modificada ou revogada mediante recurso, não passa em julgado; ou, em outras palavras, uma sentença passa em julgado quando não está mais sujeita a nenhum recurso.[29] Apesar da clareza destas ideias, reinam discrepâncias acerca da condição da sentença sujeita a recurso extraordinário, cujos reflexos repercutem substancialmente na doutrina geral da execução.

O projeto tentou solucionar esses problemas, perfilhando o conceito de coisa julgada elaborado por LIEBMAN e seguido por vários autores nacionais.[30]

## CAPÍTULO IV

### DO PLANO DA REFORMA

*I – Da Distribuição da Matéria*

**11.** O projeto está dividido em cinco livros. O primeiro se ocupa com o processo de conhecimento; o segundo, com o processo de execução; o terceiro, com o processo cautelar; o quarto, com os procedimentos especiais; e o quinto, com as disposições gerais e transitórias.

A matéria dos três primeiros livros corresponde à função jurisdicional de conhecimento, de execução e cautelar. A dogmática do processo civil moderno sanciona esta classificação.[31] O processo cautelar foi regulado no Livro III, porque é um *tertium genus*, que contém a um tempo as funções do processo de conhecimento e de execução.[32] O seu elemento específico é a prevenção.[33] O quarto livro abrange procedimentos especiais, distri-

[26] *Trabalhos*, v. 3, p. 26, e v. 4, p. 27; Ruy Barbosa, *Parecer*, Rio, 1902, p. 22.
[27] Paula Batista, *Teoria e prática do processo*, § 182; Ramalho, *Praxe*, § 227.
[28] Bevilaqua, *Código Civil*, obs. 6 ao art. 3º.
[29] Luís Eulálio de Bueno Vidigal, Execução de sentença na pendência de recursos de revista e extraordinário, *Revista dos Tribunais*, v. 321, p. 11 e segs.
[30] Liebman, *Eficácia e autoridade da sentença*, p. 153 e segs.; José Frederico Marques, *Instituições de direito processual civil*, v. 5, p. 35; Pedro Batista Martins, *Comentários ao Código de Processo Civil*, Forense, v. 3, p. 304 e segs.; Moacyr Amaral Santos, *Primeiras linhas de direito processual civil*, v. 3, p. 58 e segs.
[31] Carnelutti, *Diritto e processo*, p. 353; Liebman, *Manuale di diritto processuale civile*, Milão, 1957, v. 1, p. 31 e segs.; Rosenberg, *Lehrbuch*, 8ª ed., p. 3; Niceto Alcalá-Zamora y Castillo, *Princípios técnicos y políticos de una reforma procesal*, Honduras, 1950, p. 10.
[32] Carnelutti, *Diritto e processo*, p. 365.
[33] Niceto Alcalá-Zamora y Castillo, op. cit., p. 11. Os autores alemães tratam geralmente das medidas cautelares no processo de execução (Lent-Jauernig, *Zwangsvolsstreckungs-und-Konkursrecht*, 9ª ed., 1963, p. 104).

buídos em dois títulos: os de jurisdição contenciosa e os de jurisdição voluntária. Estará certa a colocação dos procedimentos de jurisdição voluntária no Livro IV? O tema tem sido objeto de larga controvérsia. No direito alemão constitui objeto de lei especial (*Gesetz uber die Angelegenheiten der freiwilligen Gerichtsbarkeit*,[34] de 17 de maio de 1898), modificada por leis posteriores. Mas nem a lei alemã abrange toda a jurisdição voluntária, nem o Código de Processo Civil se absteve completamente de tratar dela.[35] Na Áustria, a lei de 1º de agosto de 1895, denominada *Jurisdiktionsnorm*, dedica o Capítulo III aos negócios não contenciosos (§§ 105 – 122), mas de modo também incompleto.

**12.** Os autores, que trataram *ex professo* da matéria, reconhecem que a sistematização dos procedimentos de jurisdição voluntária está ainda por se fazer.[36] LOPES DA COSTA, em monografia fundamental sobre o tema, diz que "sobre ela não temos lei especial. Dela, o Código de Processo Civil trata de envolta com outros procedimentos especiais, de jurisdição contenciosa. Salvo a coisa julgada (art. 288), não diz quais as normas gerais do processo que não se aplicam à jurisdição voluntária".[37]

O voto de NICETO ALCALÁ-ZAMORA Y CASTILLO é de considerá-la objeto de lei especial, como na Alemanha; não sendo possível substituir a intervenção do juiz por notários, deveria figurar como apêndice ao Código de Processo Civil, com numeração própria.[38]

JOSÉ FREDERICO MARQUES, que escreveu também uma obra clássica sobre o tema, afirma que "a administração pública dos interesses privados, mesmo quando se realiza através da jurisdição voluntária, está afeta, no que diz com a sua regulamentação, às leis processuais. Cabe ao Direito Processual apenas a forma e o *modus faciendi* dos atos forenses da atividade de jurisdição voluntária".[39]

No projeto figura a jurisdição voluntária como título especial no Livro IV, porque, por larga tradição, em tais casos sempre coube ao juiz a função de administrar os interesses privados.

*II – Do Processo Oral*

**13.** O projeto manteve, quanto ao processo oral, o sistema vigente, mitigando-lhe o rigor, a fim de atender a peculiaridades da extensão territorial do país. O ideal seria atingir a oralidade em toda a sua pureza. Os elementos que a caracterizam são: a) a identidade da pessoa física do juiz, de modo que este dirija o processo desde o seu início até o julgamento; b) a concentração, isto é, que em uma ou em poucas audiências próximas se realize a produção das provas; c) a irrecorribilidade das decisões interlocutórias, evitando a cisão do processo ou a sua interrupção contínua, mediante recursos, que devolvem ao Tribunal o julgamento da decisão impugnada.[40]

Falando de processo oral em sua pureza, cumpre esclarecer que se trata de um tipo ideal, resultante da experiência legislativa de vários povos e condensado pela doutrina em alguns princípios. Mas, na realidade, há diversos tipos de processo oral, dos quais dois são os mais importantes: o austríaco e o alemão. Entre estes, a diferença, que sobreleva notar, concerne ao princípio da concentração.[41]

Ocorre, porém, que o projeto, por amor aos princípios, não deve sacrificar as condições próprias da realidade nacional. O Código de Processo Civil se destina a servir ao Brasil. Atendendo a estas ponderações, julgamos de bom aviso limitar o sistema de processo oral, não só no que toca ao princípio da identidade da pessoa física do juiz, como também quanto à irrecorribilidade das decisões interlocutórias.

O Brasil não poderia consagrar uma aplicação rígida e inflexível de princípio da identidade, sobretudo porque, quando o juiz é promovido para comarca distante, tem grande dificuldade para retornar ao juízo de origem e concluir as audiências iniciadas. O projeto preservou o princípio da identidade física do juiz, salvo nos casos de remoção, promoção ou aposentadoria (art. 137). A exceção aberta à regra geral confirma-lhe a eficácia e o valor científico. "O que importa", diz CHIOVENDA, "é que a oralidade e a concentração sejam observadas rigorosamente como regra".[42]

**15.**[(*)] Outro ponto é o da irrecorribilidade, em separado, das decisões interlocutórias. A aplicação deste princípio entre nós provou que os litigantes, impacientes de qualquer demora no julgamento do recurso, acabaram por engendrar esdrúxulas formas de impugnação. Podem ser lembradas, a título de exemplo, a correição parcial e o mandado de segurança. Não sendo possível modificar a natureza das coisas, o projeto preferiu admitir agravo de instrumento de todas as decisões interlocutórias. É mais uma exceção. O projeto a introduziu para ser fiel à realidade da prática nacional.

Finalmente, em alguns processos, especialmente naqueles em que toda prova é produzida em audiência, a oralidade se ostenta em sua plenitude.[43] Em outros se torna menos evidente, como nos casos em que a audiência é suprimida em virtude da antecipação do julgamento do mérito (art. 334). Os articulados, nestes casos, lhe esgotam toda a discussão. Pareceu-nos, então, supérfluo manter a audiência tão só para o debate oral. Não cremos, pois, que o projeto mereça, nesse ponto, qualquer censura por condensar, em vez de dilatar, a discussão e o julgamento do mérito.

*III – Das Inovações*

**16.** O projeto contém numerosas inovações. Não sendo possível, nos estreitos limites desta Exposição de

---

[34] Texto da lei em Schlegelberger, *Gesetz uber die Angelegenheiten der freiwilligen Gerichtsbarkeit*, 1952, v. 1, p. 22 e segs.
[35] Niceto Alcalá-Zamora y Castillo, Premisas para determinar la índole de la llamada jurisdicción voluntaria, *Studi in onore di Redenti*, v. 1, p. 9.
[36] Fazzallari, *La giurisdizione volontaria*, p. 41.
[37] Lopes da Costa, *A administração pública e a ordem jurídica privada*, p. 1.
[38] Niceto Alcalá-Zamora y Castillo, *Principios técnicos y políticos de una reforma procesal*, p. 11.
[39] José Frederico Marques, *Ensaio sobre a jurisdição voluntária*, 2ª ed., p. 109.

[40] Chiovenda, *La riforma del processo civile*, separata, Roma, 1911, p. 10 e segs.
[41] Chiovenda, *La riforma*, cit.. p. 15 e segs.
[42] Chiovenda, *La riforma*, cit., p. 22.
[(*)] O nº 14 não consta da publicação oficial.
[43] Chiovenda, *La riforma*, cit., p. 22.

Motivos, esmiuar as particularidades de cada uma, cingimo-nos a indicar as mais evidentes e persuasivas. O projeto enfrenta desassombradamente todos os problemas, tomando posição em face das controvérsias doutrinárias. Não foi seu intuito, porém, fazer obra acadêmica, antes solucionar com nitidez "los problemas que la realidad social, económica, cultural y social presenta al legislador".[44]

a) Das inovações constantes do Livro I

**17.** Posto que o processo civil seja, de sua índole, eminentemente dialético, é reprovável que as partes se sirvam dele, faltando ao dever, da verdade, agindo com deslealdade e empregando artifícios fraudulentos; porque tal conduta não se compadece com a dignidade de um instrumento que o Estado põe à disposição dos contendores para atuação do direito e realização da justiça. Tendo em conta estas razões ético-jurídicas, definiu o projeto como dever das partes: a) expor os fatos em juízo conforme a verdade; b) proceder com lealdade e boa-fé; c) não formular pretensões, nem alegar defesa, cientes de que são destituídas de fundamento; d) não produzir provas, nem praticar atos inúteis ou desnecessários à declaração ou defesa do direito (art. 17). E, em seguida, dispôs que "responde por perdas e danos todo aquele que pleitear de má-fé como autor, réu ou interveniente" (art. 19). No art. 20, prescreveu: "Reputar-se-á litigante de má-fé aquele que: a) deduzir pretensão ou defesa, cuja falta de fundamento não possa razoavelmente desconhecer; b) alterar intencionalmente a verdade dos fatos; c) omitir intencionalmente fatos essenciais ao julgamento da causa; d) usar do processo com o intuito de conseguir objetivo ilegal; e) opuser resistência injustificada ao andamento do processo; f) proceder de modo temerário em qualquer incidente ou ato do processo; g) provocar incidentes manifestamente infundados".

O projeto adota o princípio do sucumbimento, pelo qual o vencido responde por custas e honorários advocatícios em benefício do vencedor (art. 23). "O fundamento desta condenação", como escreveu Chiovenda, "é o fato objetivo da derrota; e a justificação deste instituto está em que a atuação da lei não deve representar uma diminuição patrimonial para a parte a cujo favor se efetiva; por ser interesse do Estado que o emprego do processo não se resolva em prejuízo de quem tem razão e por ser, de outro turno, que os direitos tenham um valor tanto quanto possível nítido e constante".[45]

No capítulo "Da Intervenção de Terceiros", foi incluído o instituto do "Chamamento ao Processo", à semelhança do Código de Processo Civil português (art. 330). O projeto admite o chamamento do devedor na ação intentada contra o fiador: dos outros fiadores, quando a ação for proposta contra um deles; e de todos os devedores solidários, quando o credor exigir de um ou de alguns deles, parcial ou totalmente, a dívida comum (art. 82). A vantagem deste instituto está em que a sentença, julgando procedente a ação, condenará os devedores, valendo como título executivo em favor do que satisfez a dívida, para exigi-la, por inteiro, do devedor principal, ou de cada um dos codevedores, a sua quota, na proporção que lhe tocar (art. 85).

O Ministério Público é considerado em sua dupla função de órgão agente e de órgão interveniente (art. 86). Quando exerce a ação civil nos casos prescritos em lei, competem-lhe os mesmos poderes e ônus das partes.

A competência é regulada no plano interno e internacional. Distribuiu-se a competência interna em razão do valor e da matéria (arts. 96 e segs.), da função (arts. 98 e segs.) e do território (arts. 99 e segs.).

**18.** O projeto consagra o princípio dispositivo (art. 266), mas reforça a autoridade do Poder Judiciário, armando-o de poderes para prevenir ou reprimir qualquer ato atentatório à dignidade da justiça (art. 130, III). Este fenômeno ocorre mais frequentemente no processo de execução que no processo de conhecimento. É que o processo de conhecimento se desenvolve num sistema de igualdade entre as partes, segundo o qual ambas procuram alcançar uma sentença de mérito. Na execução, ao contrário, há desigualdade entre o exequente e o executado. O exequente tem posição de preeminência; o executado, estado de sujeição. Graças a essa situação de primado que a lei atribui ao exequente, realizam-se atos de execução forçada contra o devedor, que não pode impedi-los, nem subtrair-se a seus efeitos. A execução se presta, contudo, a manobras protelatórias, que arrastam os processos por anos, sem que o Poder Judiciário possa adimplir a prestação jurisdicional.

Para coibir abusos, considerou o projeto atentatório à dignidade da justiça o ato do executado: a) que frauda a execução; b) que se opõe maliciosamente à execução, empregando ardis e meios artificiosos; c) que resiste injustificadamente às ordens judiciais, a ponto de o juiz precisar requisitar a intervenção da força policial; d) que não indica ao juiz onde se encontram os bens sujeitos à execução (art. 612). Se o executado, advertido pelo juiz, perseverar na prática de quaisquer desses atos, a sanção que o projeto lhe impõe é a de perder o direito de falar no processo (art. 613).

**19.** Modificação substancial no procedimento consta do Título VII, Capítulos IV e V. Findo o prazo para resposta do réu, sobem os autos à conclusão do juiz para diversas providências. Se o réu, reconhecendo o fato em que se funda a ação, outro lhe opuser impeditivo, modificativo, ou extintivo do direito do autor, este será ouvido no prazo de 10 (dez) dias, facultando-lhe o juiz a produção de prova documental (art. 330). Se o réu também alegar qualquer das matérias enumeradas no art. 305, o autor será ouvido no prazo de 10 (dez) dias. Verificando-se a existência de irregularidade ou de nulidade, o juiz mandará supri-la (art. 331). Se o réu não contestar a ação, reputar-se-ão verdadeiros os fatos afirmados pelo autor (art. 323). A revelia não produz, contudo, este efeito: a) se, havendo pluralidade de réus, algum deles contestar a ação; b) se o litígio versar sobre direitos indisponíveis; c) se a petição inicial não estiver instruída com instrumento público, que a lei considere indispensável à prova do ato (art. 324). E, finalmente, se o réu contestar o direito que constitui fundamento

---

[44] Couture, *Proyecto de Código de Procedimiento Civil*, Montevideo, 1945, p. 31.
[45] Chiovenda, *Instituições de direito processual civil*, trad. bras., com notas de Liebman, v. 3, p. 285.

do pedido, o autor poderá requerer que o juiz profira sentença incidente, quando a declaração da existência ou da inexistência do direito depender, no todo ou em parte, do julgamento da lide (arts. 5º, 329 e 474).

Cumpridas as providências preliminares ou não havendo necessidade delas, o juiz profere *julgamento conforme o estado do processo*. Esta atribuição lhe permite, logo após os articulados, ou extinguir o processo ocorrendo qualquer das hipóteses previstas nos arts. 271 e 273, II, III, IV e V; ou decidir imediatamente a causa, quando ocorrer a revelia ou quando a questão de mérito for unicamente de direito, ou, sendo de direito e de fato, não houver necessidade de produzir provas em audiência (arts. 333 e 334). O que o processo ganha em condensação e celeridade, bem podem avaliar os que lidam no foro. Suprime-se a audiência, porque nela nada há de particular a discutir. Assim, não se pratica ato inútil. De outra parte, não sofre o processo paralisação, dormindo meses nas estantes dos cartórios, enquanto aguarda uma audiência, cuja realização nenhum proveito trará ao esclarecimento da causa, porque esta já se acha amplamente discutida na inicial e na resposta do réu.

Com a adoção desta nova técnica, bem se vê quanto ficou simplificado o sistema do processo civil.

**20.** A doutrina das provas sofreu importantes modificações. O art. 336 declara que "todos os meios legais, bem como os moralmente legítimos, ainda que não especificados neste Código, serão hábeis para provar a verdade dos fatos, em que se fundam a ação ou a defesa". Mas não é só. Permite o projeto que o juiz, em falta de normas jurídicas particulares, aplique as regras da experiência comum, subministradas pela observação do que ordinariamente acontece (art. 339).

Passa depois à disciplina particular das várias espécies de provas. Trata, em seções distintas, do depoimento pessoal e da confissão (arts. 346 e segs.). Disciplina com rigor a exibição de documento ou coisa, considerando em particular os motivos de escusa (art. 367). Dispõe sobre a força probante dos documentos (arts. 368 e segs.), a arguição de falsidade (arts. 394 e segs.) e a oportunidade da produção da prova documental (arts. 400 e segs.). E confere ao juiz o poder de inspeção direta e pessoal (arts. 444 e segs.).

*b)* Das inovações constantes do Livro II

**21.** Dentre as inovações constantes do Livro II, duas merecem especial relevo. A primeira respeitante à unidade do processo de execução; a segunda, à criação do instituto da insolvência civil.

O direito luso-brasileiro conhece dois meios de realizar a função executiva: *a)* pela *parata executio*; *b)* pela ação executiva. Esta se funda em título extrajudicial; aquela, em sentença condenatória.

Mas, como observa LIEBMAN, diferentes foram os resultados da evolução histórica nos países do continente europeu. O direito costumeiro francês reafirmou energicamente a equivalência das sentenças e dos instrumentos públicos (*lettres obligatoires faites par devant notaire ou passées sous Seel Royal*); e reconheceu a ambos a *exécution parée*. Este princípio foi acolhido pelas Ordenações reais e, depois, pelo *Code de Procédure Civile* napoleônico, de 1806, do qual passou para a maior parte das legislações modernas.[46] Adotaram, nos nossos dias, o sistema unificado os Códigos de Processo Civil da Itália (art. 474), da Alemanha (§§ 704 e 794), de Portugal (art. 46) e a Lei de Execução da Áustria (§ 1º).

O projeto segue esta orientação porque, na verdade, a ação executiva nada mais é do que uma espécie da execução geral; e assim parece aconselhável reunir os títulos executivos judiciais e extrajudiciais. Sob o aspecto prático são evidentes as vantagens que resultam dessa unificação, pois o projeto suprime a ação executiva e o executivo fiscal como ações autônomas.

**22.** O projeto distingue execução contra devedor solvente e execução contra o devedor insolvente. Enquanto o devedor possui bens livres e desembaraçados, o credor obtém a satisfação do seu direito em execução singular. Pela penhora adquire o credor um direito real sobre os bens penhorados, a exemplo do que dispõe o § 804 do Código de Processo alemão. Quando, porém, as dívidas excedem às importâncias dos bens do devedor, dar-se-á insolvência civil. A declaração de insolvência produz o vencimento antecipado das dívidas, a arrecadação dos bens do devedor e a execução por concurso universal (art. 763).

Neste sistema, o devedor civil se equipara ao comerciante. Se este tem direito à extinção das obrigações, decorrido o prazo de 5 (cinco) anos contados do encerramento da falência (Dec.-lei nº 7.661, art. 135, III), nenhuma razão justifica que o devedor civil continue sujeito aos longos prazos prescricionais, em cujo decurso fica praticamente inabilitado para a prática, em seu próprio nome, dos atos da vida civil.

Escrevendo sobre este tema, em 1952, formulamos votos no sentido de se instituir o concurso universal de credores, estendendo-se ao devedor civil os benefícios que a Lei de Falências concede ao comerciante.[47]

*c)* Das inovações constantes do Livro III

**23.** O Livro III, relativo ao processo cautelar, se divide em dois capítulos. O primeiro contém disposições gerais sobre medidas inominadas e o procedimento que deve ser observado assim em relação a estas como aos procedimentos cautelares específicos, regulados no capítulo seguinte.

O projeto disciplina os seguintes procedimentos cautelares específicos: o arresto, o sequestro, a caução, a busca e apreensão, a produção antecipada de provas, os alimentos provisionais, o arrolamento de bens, o atentado, a posse em nome do nascituro, protestos, notificações e interpelações, justificação, nunciação de obra nova e outras medidas, como obras de conservação em coisa litigiosa, entrega de objeto e bens de uso pessoal da mulher e dos filhos, a posse provisória, guarda e a educação dos filhos, o depósito de menor e o afastamento temporário de um dos cônjuges da morada do casal.

*d)* Das inovações constantes do Livro IV

---

[46] Liebman, *Processo de execução*, nº 6, nota 10.
[47] Alfredo Buzaid, *Do concurso de credores no processo de execução*, p. 358 e segs.

**24.** O Livro IV está dividido em dois títulos: *a)* procedimentos de jurisdição contenciosa; *b)* procedimentos de jurisdição voluntária.

O primeiro abrange as ações de consignação, de depósito, de anulação e substituição de títulos ao portador, de prestação de contas, de usucapião de terras particulares, de divisão e demarcação de terras, de inventário e partilha, de embargos de terceiros, de habilitação e de restauração de autos, bem como as ações possessórias e o juízo arbitral.

O segundo contém regras gerais sobre a jurisdição voluntária e procedimentos especiais. O art. 1.119 do projeto dispõe: "Quando este Código não estabelecer procedimento especial, regem a jurisdição voluntária as disposições constantes deste Capítulo". O projeto simplificou a matéria, porque submeteu às regras enunciadas na seção geral vários institutos que no Código de Processo Civil vigente são regulamentados em particular. O projeto só disciplinou, pois, de modo autônomo, os procedimentos que, por suas peculiaridades, demandavam tratamento especial. Eles ficaram reduzidos a nove e são: 1. das vendas judiciais; 2. do desquite por mútuo consentimento; 3. dos testamentos e codicilos; 4. da herança jacente; 5. dos bens dos ausentes; 6. das coisas vagas; 7. da curatela dos interditos; 8. das disposições comuns à tutela e curatela; e 9. da organização e fiscalização das fundações.

Notar-se-á, por outro lado, que o projeto não incluiu alguns procedimentos especiais que constam do Código de Processo Civil vigente, como, por exemplo, Averbações e Retificações do Registro Civil, Habilitação para o Casamento, Casamento em Iminente Risco de Vida, Bem de Família, Registro Torrens, Nulidade de Patente de Invenção e de Marca de Indústria e Comércio, Loteamento e Venda de Imóveis a Prestações, Despejo, Locação Comercial regida pelo Decreto nº 24.150, Dissolução e Liquidação de Sociedades e outros. A exclusão foi intencional. No regime jurídico atual figuram tais institutos, ao mesmo tempo, em vários diplomas legais, onde têm regulamentação paralela. Essa fragmentação não se coaduna com a boa técnica legislativa, que recomenda, tanto quanto possível, tratamento unitário. O Código Civil e algumas leis extravagantes as disciplinam, estabelecendo regras de direito material. Por que então dividi-los, regulamentando-os parte no Código de Processo Civil e parte em leis especiais? Parece mais lógico incluir os procedimentos desses institutos em suas respectivas leis especiais, onde serão exauridos completa e satisfatoriamente.

e) Das inovações constantes do Livro V

**25.** O Livro V reúne disposições gerais e transitórias. Destas, ressaem duas inovações que devem ser postas em relevo. Uma entende com o sistema de recursos. Declara o projeto que o novo sistema se aplica a todas as leis especiais, como as que regulam o mandado de segurança, a desapropriação, a ação popular e outras. O seu objetivo é implantar a harmonia no sistema jurídico nacional.

Outra concerne à incineração de autos arquivados. O foro está abarrotado de processos, cuja conservação é tão dispendiosa quanto desnecessária. A cremação não causa dano às partes, porque lhes foi ressalvado o direito de requerer o desentranhamento dos documentos e de microfilmar os autos. Nos processos onde há documentos de valor histórico, a autoridade competente os recolherá ao Arquivo Público.

CAPÍTULO V

### DOS RECURSOS

**26.** Não poderíamos encerrar esta Exposição de Motivos sem uma análise aprofundada do sistema de recursos, a fim de justificar a inovação preconizada pelo projeto. O direito brasileiro se ressente, entre outros, de dois defeitos fundamentais: *a)* sob o aspecto terminológico, o emprego de uma expressão única para designar institutos diferentes; *b)* sob o aspecto sistemático, uma quantidade excessiva de meios de impugnar as decisões.

O rigor da ciência jurídica depende substancialmente da pureza da linguagem não devendo designar com um nome comum institutos diversos, nem institutos iguais com nomes diferentes. O direito brasileiro, ao nomear os recursos, não observou essa exigência da técnica jurídica. Sob o nome comum de agravo de petição, reúne cinco recursos, cujas condições de admissibilidade são essencialmente diversas. Assim é que cabe: *a)* da decisão que põe termo ao processo, sem entrar no julgamento do mérito (Código de Processo Civil, art. 846); *b)* da decisão terminativa da instância e da sentença proferida sobre o pedido das partes (Dec.-lei nº 960, de 17 de novembro de 1938, art. 45); *c)* da decisão de mérito proferida em ações de acidente de trabalho e de alimentos (Lei nº 5.316, de 14 de novembro de 1967, art. 15, § 2º, e Lei nº 5.478, de 25 de julho de 1968, art. 14); *d)* nos casos expressamente indicados na Lei de Falências (Dec.-lei nº 7.661, de 21 de junho de 1945, arts. 18, § 3º; 19; 69, § 4º; 77, § 4º; 79, § 2º; 97; 137, § 4º, e 155, § 3º); e e) da decisão que nega ou concede mandado de segurança (Lei nº 1.533, de 31 de dezembro de 1951, art. 12).

▶ A Lei nº 1.533, de 31-12-1951, foi revogada pela Lei nº 12.016, de 7-8-2009 (Lei do Mandado de Segurança Individual e Coletivo).

**27.** Admitindo agravo de petição, quer de decisão terminativa, quer de decisão definitiva, quer de outras providências jurisdicionais de índole diversa, o legislador brasileiro abandonou a ideia de uniformidade. Ora, o sistema de recursos deve fundar-se, antes de mais nada, em um critério, qualquer que seja, contanto que seja um critério. O legislador poderá reduzir a uma denominação única todos os recursos, chamando-os simplesmente apelação, ou atendendo à natureza do provimento jurisdicional, conceder a apelação de sentença definitiva de mérito e agravo das demais decisões.

O legislador brasileiro não abraçou, porém, nenhum critério. Divorciado de qualquer preocupação científica ou sistemática, preferiu, em cada lei, as soluções puramente empíricas.

**28.** Sob o aspecto sistemático, o legislador mantém uma variedade considerável de recursos. Os autores nacionais não escondem a sua perplexidade diante de tamanha confusão legislativa e chegaram ao ponto de propor reformas substanciais, consideradas inadiáveis.[48] E. D. MONIZ DE ARAGÃO, animado do propósito de colaborar na tarefa de revisão legislativa, apresenta, num substancioso estudo, as linhas fundamentais de uma nova sistemática de recursos.[49]

Era indispensável apontar essa ausência de unidade, especialmente porque várias leis extravagantes serão atingidas pela reforma do Código, devendo submeter-se às normas que regem o novo sistema de recursos. Não se justificava que, tratando-se de ações, gozassem de um tratamento especial, com recursos próprios, diferentes daqueles aplicados às ações em geral. Na tarefa de uniformizar a teoria geral dos recursos, foi preciso não só refundi-los, atendendo a razões práticas, mas até suprimir alguns, cuja manutenção não mais se explica à luz da ciência. O projeto aboliu os agravos de petição e no auto do processo.

**29.** Duas razões principais nos levaram a eliminar o agravo de petição. A primeira é que deixou de ser um recurso próprio e específico, passando a recurso de conteúdo genérico e variável. Basta esta única circunstância para se ver que ele não deve subsistir no sistema geral, pelo menos com a função que atualmente exerce. Carecendo de precisão terminológica e de individuação científica, aplica-se indiferentemente a uma pluralidade de decisões, constituindo por isso fonte de graves incertezas.

A segunda razão é que o Código vigente admitiu apelação de sentença definitiva (art. 820) e agravo de petição, de decisão terminativa (art. 846). O elemento que aproxima e, ao mesmo tempo, exclui os dois recursos é o mérito da causa. Quando o juiz o decide, cabe apelação; quando põe termo ao processo sem decidi-lo, cabe agravo de petição.[50]

O critério é lógico, mas não prático. Definir o que seja o mérito é um dos problemas mais árduos da ciência do processo e tendo o Código adotado um critério distintivo entre esses dois recursos, de índole eminentemente conceitual, manteve dúvidas que não foram dissipadas ao longo de trinta anos de sua aplicação.[51] Ainda não se tranquilizaram as opiniões, na doutrina e na jurisprudência, acerca do recurso hábil para impugnar as decisões que resolvem a questão de carência de ação, de legitimidade *ad causam* e de prescrição do direito".[52]

**30.** O projeto também aboliu o agravo no auto do processo. Uma das características do processo oral e concentrado é a irrecorribilidade em separado das decisões interlocutórias.[53] Esse é o sistema adotado por algumas legislações.[54] Assim, também, o entendimento da doutrina nacional.[55] De todas as figuras de agravo que herdamos de Portugal, aquela cuja índole se amolda ao princípio da irrecorribilidade em separado das interlocutórias é o agravo no auto do processo.[56]

Coube ao eminente processualista MACHADO GUIMARÃES, o mérito de haver sugerido a revivescência desse recurso, por entender que ele se harmonizava com o processo oral e concentrado.[57] Foi provavelmente sob a influência dessas ideias que MONIZ DE ARAGÃO conservou no projeto que escreveu, ao lado do agravo de instrumento, o agravo no auto do processo.[58]

Embora reconheçamos que esse recurso se ajuste aos princípios fundamentais que estruturam o Código, pareceu-nos melhor conceder, para os casos que ele especifica, o agravo de instrumento, que apresenta sobre o agravo no auto do processo algumas vantagens dignas de realce.

Nenhuma dessas figuras de agravo suspende o andamento do processo principal. O agravo no auto do processo, ínsito no bojo dos autos, aguarda a ascensão da causa ao Tribunal, onde será conhecido como preliminar, no julgamento da apelação (Código de Processo Civil, art. 877). Só então é que se separará o gravame. O agravo de instrumento, sem interromper a marcha do processo, assegura, todavia, a verificação da decisão impugnada antes que o juiz profira sentença definitiva. O Tribunal corrigirá os erros cometidos pelo juiz, em cada oportunidade, sem embaraçar o andamento da ação.

**31.** Convém, ainda, tecer alguns comentários sobre a nomenclatura do Código vigente.

Os recursos de agravo de instrumento e no auto do processo (arts. 842 e 851) se fundam num critério meramente casuístico, que não exaure a totalidade dos casos que se apresentam na vida cotidiana dos tribunais. Daí a razão por que o dinamismo da vida judiciária teve de suprir as lacunas da ordem jurídica positiva, concedendo dois sucedâneos de recurso, a saber, a correição parcial e o mandado de segurança.

A experiência demonstrou que esses dois remédios foram úteis corrigindo injustiças ou ilegalidades flagrantes, mas representavam uma grave deformação no sistema, pelo uso de expedientes estranhos ao quadro de recursos.

É certo que, para obviar aos inconvenientes da interposição errônea de um recurso por outro, o Código vigen-

---

[48] E. D. Moniz de Aragão, *Estudo sobre os embargos de nulidade e infringentes do julgado*, Curitiba, 1959, p. 127; Costa Carvalho, *Direito judiciário civil*, 3. ed., v. 4, p. 39; Chryssolito de Gusmão, *Direito judiciário e direito constitucional*, p. 38; Alcides de Mendonça Lima, *Estudios en honor de Couture*, p. 495; José Frederico Marques, *Instituições*, v. 4, p. 13.

[49] Moniz de Aragão, *Dos recursos cíveis*, p. 11 e segs.

[50] Liebman, Nota in Chiovenda, *Instituições*, v. 3, p. 295.

[51] Alfredo Buzaid, *Do agravo de petição*, 2. ed., p. 115 e segs.; E. D. Moniz de Aragão, *Estudos sobre os embargos de nulidade e infringentes do julgado*, Curitiba, 1959, p. 130.

[52] Alfredo Buzaid, *Do agravo de petição*, 2. ed., p. 134 e segs.

[53] Chiovenda, *Instituições*, v. 3, p. 81; *Saggi*, v. 2, p. 32.

[54] Código de Processo Civil da Alemanha, § 511; da Áustria, § 462; da Hungria, § 479; da Basileia, § 221; de Lucerna, § 443.

[55] Francisco Morato, A oralidade, *Revista Forense*, v. 74, p. 145; Luís Machado Guimarães, O processo oral e o processo escrito, *Revista Forense*, v. 74, p. 166; Alcides de Mendonça Lima, *Estudios en honor de Couture*, p. 483.

[56] LIEBMAN, *Instituições*, v. 3, p. 295; E. D. Moniz de Aragão, *Estudo*, cit., p. 129; Eliézer Rosa, *Dicionário*, verbete Agravo no auto do processo; José Olympio de Castro Filho, Agravo no auto do processo, *Revista Forense*, v. 151, p. 185; Alfredo Buzaid, Agravio nel auto del processo, *Revista de Derecho Procesal*, 1951, v. 1, p. 153 e segs.

[57] Eliézer Rosa, *Revista Forense*, v. 124, p. 348.

[58] Moniz de Aragão, op. cit., p. 30.

te admite o seu conhecimento pela instância superior e ordena a remessa à câmara ou turma, desde que não esteja viciado por má-fé ou erro grosseiro (art. 810). O Código consagrou, nesse preceito legal, a teoria do "recurso indiferente" (Sowohls-auch-Theorie), como ensinam os autores alemães.[59]

Esta solução não serviu, porém, para melhorar o sistema, porque a frequência com que os recursos, erroneamente interpostos, não são conhecidos pelo Tribunal evidenciou que a aplicação do art. 810 tem valor limitadíssimo.

**32.** Por outro lado, o enunciado de algumas disposições gerais (Livro VII, Título I) denota imprecisão e ambiguidade justamente nos pontos em que a lei deveria ser exata e explícita. Haja vista, por exemplo, o art. 814, assim no que concerne à parte, como ao Ministério Público e ainda o art. 815, ao conceder recurso ao terceiro prejudicado.

O pressuposto do recurso é o estado de sucumbimento, cuja medida é dada pela existência de um prejuízo. Ora, esta ideia não aparece claramente no referido título, que sempre fala de parte, sem aludir, uma vez sequer, à circunstância de ser "vencida". O réu pode sofrer prejuízo, ainda quando o juiz lhe dá ganho de causa. É o que ocorre, quando o magistrado declara o autor carecedor da ação, ao invés de julgar improcedente a ação.[60]

Mas não é só. Prescreve o Código que compete ao órgão do Ministério Público o direito de recorrer "quando expresso em lei" (art. 814). O Ministério Público oficia, no processo civil, ora como parte, ora como fiscal da lei. A locução empregada pelo referido preceito, sem qualquer individuação, assim no Código como em Lei especial, deu lugar a fundas divergências, que era preciso afastar a bem da segurança dos negócios jurídicos e da missão atribuída ao Ministério Público.[61]

Em relação ao terceiro, o Código diz simplesmente que ele "poderá recorrer" (art. 815), deixando de mencionar os pressupostos de sua admissibilidade; a doutrina, diante de regra tão extensa, construiu duas soluções distintas: uma que permite o recurso como intervenção *ad coadjuvandum*[62] e outra, *ad infringendum*.[63]

**33.** Diversamente do Código vigente, o projeto simplifica o sistema de recursos. Concede apelação só de sentença; de todas as decisões interlocutórias, agravo de instrumento. Esta solução atende plenamente aos princípios fundamentais do Código, sem sacrificar o andamento da causa e sem retardar injustificavelmente a resolução de questões incidentes, muitas das quais são de importância decisiva para a apreciação do mérito. O critério que distingue os dois recursos é simples. Se o juiz põe termo ao processo, cabe apelação. Não importa indagar se decidiu ou não o mérito. A condição do recurso é que tenha havido julgamento final no processo. Cabe agravo de instrumento de toda a decisão, proferida no curso do processo, pela qual o juiz resolve questão incidente.

**34.** No sistema do projeto, o recurso extraordinário sobe por instrumento. Na verdade, partindo-se da ideia de que compete aos Tribunais estaduais e ao Tribunal Federal de Recursos o julgamento das causas em segundo grau de jurisdição, daí se segue que, perante a sua justiça, hão de exaurir-se os recursos ordinários conferidos pelo Código de Processo Civil. Ora, depois que a ação percorre os dois graus de jurisdição, é de se supor que a causa tenha sido amplamente apreciada, sob o duplo aspecto de fato e de direito; e, se apesar disso, a parte vencida ainda não se sente convencida e pretende interpor recurso extraordinário, é verdadeiramente paradoxal que o vencedor tenha de extrair carta de sentença, às suas expensas, para executar o julgado, só porque o recurso foi admitido pelo Presidente do Tribunal. Esta solução do direito vigente encerra uma inversão na ordem das coisas, impondo que o vencedor suporte ainda um ônus, depois de ter sido decretada a procedência do seu pedido. Mais lógico seria que o recurso extraordinário se processasse em separado, com a trasladação das peças por conta do recorrente.

### Capítulo VI

### DO PROCEDIMENTO SUMARÍSSIMO

**37.**[(*)] No antigo direito luso-brasileiro, o procedimento era ordinário, sumário, sumaríssimo e executivo (cf. Neves de Castro, *Manual do processo civil ordinário*, 2. ed., nº 2, nota 5; Pereira e Sousa, *Primeiras linhas sobre o processo civil*, § 7º; Correia Telles, *Doutrina das ações*, § 15; Paula Batista, *Processo civil*, § 75; Ramalho, *Praxe*, § 298; Gusmão, *Processo civil e comercial*, Cap. 17). A virtude do procedimento sumaríssimo está em que ele se desenvolve *simpliciter et de plano ac sine strepitu*. O que o caracteriza é a simplificação de atos, de modo que as demandas sejam processadas e decididas em curto espaço de tempo e com o mínimo de despesas.

A Constituição vigente estabelece que "para as causas ou litígios, que a lei definirá, poderão ser instituídos processos e julgamento de rito sumaríssimo, observados os critérios de descentralização, de economia e de comodidade das partes" (art. 112, parágrafo único). Em cumprimento ao disposto neste preceito constitucional, dedica o projeto um capítulo no *procedimento sumaríssimo*, cuja disciplina atendeu a dois critérios: a) o do valor das causas; b) o da matéria. Assim, obedecerão a esse tipo de procedimento os pleitos cujo valor não exceder 50 (cinquenta) vezes o maior salário mínimo vigente no País e também as causas, qualquer que seja o valor, enumeradas no art. 279.

### Capítulo VII

### CONCLUSÃO

**38.** Estas são, Senhor Presidente, as linhas fundamentais do Projeto de Código de Processo Civil. Pela sua leitura, ver-se-á que foram cumpridas as recomendações constantes da Mensagem enviada ao Congresso, da qual peço vênia para transcrever o seguinte passo: "Na reforma das leis processuais, cujos projetos se en-

---

[59] Goldschmidt, Zivilprozessrecht, § 64.
[60] Goldschmidt, op. cit., § 64.
[61] Moniz de Aragão, *Estudo*, cit., p. 28; José Frederico Marques, *Instituições*, v. 4, p. 81.
[62] Liebman, *Instituições*, v. 3, p. 387.
[63] Pedro Lins Palmeira, *Da intervenção de terceiros*, p. 125; E. D. Moniz de Aragão é partidário de um conceito amplo (*Estudo*, p. 29).

(*) Os nºs 35 e 36 não constam da publicação oficial.

contram em vias de encaminhamento à consideração do Congresso Nacional, cuida-se, por isso, de modo todo especial, em conferir aos órgãos jurisdicionais os meios de que necessitam para que a prestação da justiça se efetue com a presteza indispensável à eficaz atuação do direito. Cogita-se, pois, de racionalizar o procedimento, assim na ordem civil como na penal, simplificando-lhe os termos de tal sorte que os trâmites processuais levem à prestação da sentença com economia de tempo e despesas para os litigantes. Evitar-se-á, assim, o retardamento na decisão das causas ou na execução dos direitos já reconhecidos em juízo. No tutelar-se por essa forma o interesse das partes e a dignidade da justiça, seguir-se-á, aliás, o caminho facultado pela Constituição vigente, quando no art. 112, parágrafo único, dispõe: 'Para as causas ou litígios, que a lei definirá, poderão ser instituídos processos e julgamento de rito sumaríssimo, observados os critérios de descentralização, de economia e de comodidade das partes'" (*Diário do Congresso Nacional*, ano XXVII, nº I, p. 5).

Aproveito a oportunidade para renovar a Vossa Excelência protestos do mais profundo respeito.

**Alfredo Buzaid**
*Ministro da Justiça*

# CÓDIGO DE PROCESSO CIVIL
## LEI Nº 5.869, DE 11 DE JANEIRO DE 1973

*Institui o Código de Processo Civil.*

▶ Publicada no *DOU* de 17-1-1973.

O Presidente da República.

Faço saber que o Congresso Nacional decreta e eu sanciono a seguinte Lei:

### Livro I – Do Processo de Conhecimento

### TÍTULO I – DA JURISDIÇÃO E DA AÇÃO

#### Capítulo I
#### DA JURISDIÇÃO

**Art. 1º** A jurisdição civil, contenciosa e voluntária, é exercida pelos juízes, em todo o território nacional, conforme as disposições que este Código estabelece.

▶ Art. 5º, XXXVII, da CF.
▶ Art. 1.211 deste Código.

**Art. 2º** Nenhum juiz prestará a tutela jurisdicional senão quando a parte ou o interessado a requerer, nos casos e forma legais.

▶ Art. 5º, XXXV, da CF.
▶ Arts. 128, 262 e 286 a 296 deste Código.

#### Capítulo II
#### DA AÇÃO

**Art. 3º** Para propor ou contestar ação é necessário ter interesse e legitimidade.

▶ Arts. 267, VI, e 295, II e III, deste Código.

**Art. 4º** O interesse do autor pode limitar-se à declaração:

I – da existência ou da inexistência de relação jurídica;

▶ Art. 325 deste Código.
▶ Súmulas nºs 181 e 242 do STJ.

II – da autenticidade ou falsidade de documento.

▶ Súm. nº 258 do STF.

Parágrafo único. É admissível a ação declaratória, ainda que tenha ocorrido a violação do direito.

▶ Art. 265, IV, a, e § 5º, deste Código.

**Art. 5º** Se, no curso do processo, se tornar litigiosa relação jurídica de cuja existência ou inexistência depender o julgamento da lide, qualquer das partes poderá requerer que o juiz a declare por sentença.

▶ *Caput* com a redação dada pela Lei nº 5.925, de 1º-10-1973.
▶ Arts. 34, 109, 265, IV, c, 325 e 470 deste Código.

**Art. 6º** Ninguém poderá pleitear, em nome próprio, direito alheio, salvo quando autorizado por lei.

▶ Arts. 5º, XXI e LXX, e 8º, III, da CF.
▶ Arts. 267, VI, e 295, II, deste Código.
▶ Arts. 81 e 82 do CDC.

▶ Lei nº 1.134, de 14-6-1950, faculta representação perante as autoridades administrativas e a justiça ordinária dos associados de classes que especifica.
▶ Art. 5º da Lei nº 7.347, de 24-7-1985 (Lei da Ação Civil Pública).

### TÍTULO II – DAS PARTES E DOS PROCURADORES

#### Capítulo I
#### DA CAPACIDADE PROCESSUAL

**Art. 7º** Toda pessoa que se acha no exercício dos seus direitos tem capacidade para estar em juízo.

▶ Arts. 12 e 13 deste Código.
▶ Art. 8º da Lei nº 9.099, de 26-9-1995 (Lei dos Juizados Especiais Cíveis e Criminais).

**Art. 8º** Os incapazes serão representados ou assistidos por seus pais, tutores ou curadores, na forma da lei civil.

▶ Art. 82, I, deste Código.
▶ Arts. 3º a 5º, 1.690, 1.692, 1.747, I, 1.748, V, 1.767, 1.774, 1.779, 1.780 e 1.782 do CC.
▶ Arts. 7º a 11 da Lei nº 6.001, de 19-12-1973 (Estatuto do Índio).

**Art. 9º** O juiz dará curador especial:

I – ao incapaz, se não tiver representante legal, ou se os interesses deste colidirem com os daquele;

▶ Arts. 218, §§ 2º e 3º, 302, parágrafo único, 1.042 e 1.179 deste Código.
▶ Art. 1.692 do CC.

II – ao réu preso, bem como ao revel citado por edital ou com hora certa.

▶ Arts. 227, 228, 231 a 233 e 319 a 322 deste Código.
▶ Súm. nº 196 do STJ.

Parágrafo único. Nas comarcas onde houver representante judicial de incapazes ou de ausentes, a este competirá a função de curador especial.

**Art. 10.** O cônjuge somente necessitará do consentimento do outro para propor ações que versem sobre direitos reais imobiliários.

▶ *Caput* com a redação dada pela Lei nº 8.952, de 13-12-1994.
▶ Arts. 1.647, II, e 1.648 a 1.650 do CC.

§ 1º Ambos os cônjuges serão necessariamente citados para as ações:

▶ Parágrafo único transformado em § 1º pela Lei nº 8.952, de 13-12-1994.
▶ Arts. 47 e 284 deste Código.

I – que versem sobre direitos reais imobiliários;

▶ Inciso I com a redação dada pela Lei nº 8.952, de 13-12-1994.
▶ Art. 1.225 do CC.

II – resultantes de fatos que digam respeito a ambos os cônjuges ou de atos praticados por eles;

III – fundadas em dívidas contraídas pelo marido a bem da família, mas cuja execução tenha de recair sobre o produto do trabalho da mulher ou os seus bens reservados;

▶ Art. 226, § 5º, da CF.

IV – que tenham por objeto o reconhecimento, a constituição ou a extinção de ônus sobre imóveis de um ou de ambos os cônjuges.

▶ Incisos II a IV com a redação dada pela Lei nº 5.925, de 1º-10-1973.
▶ Arts. 1.642 e 1.647, I, do CC.

§ 2º Nas ações possessórias, a participação do cônjuge do autor ou do réu somente é indispensável nos casos de composse ou de ato por ambos praticados.

▶ § 2º acrescido pela Lei nº 8.952, de 13-12-1994.

**Art. 11.** A autorização do marido e a outorga da mulher podem suprir-se judicialmente, quando um cônjuge a recuse ao outro sem justo motivo, ou lhe seja impossível dá-la.

▶ Art. 1.648 do CC.

Parágrafo único. A falta, não suprida pelo juiz, da autorização ou da outorga, quando necessária, invalida o processo.

**Art. 12.** Serão representados em juízo, ativa e passivamente:

I – a União, os Estados, o Distrito Federal e os Territórios, por seus procuradores;

▶ Arts. 131 e 132 da CF.

II – o Município, por seu Prefeito ou Procurador;
III – a massa falida, pelo síndico;

▶ Art. 766, II, deste Código.
▶ Art. 22, III, c, l, n e o, da Lei nº 11.101, de 9-2-2005 (Lei de Recuperação de Empresas e Falências).

IV – a herança jacente ou vacante, por seu curador;

▶ Arts. 1.144, I, e 1.160 deste Código.
▶ Arts. 1.819 a 1.823 do CC.

V – o espólio, pelo inventariante;

▶ Art. 991, I, deste Código.

VI – as pessoas jurídicas, por quem os respectivos estatutos designarem, ou, não os designando, por seus diretores;

▶ Art. 46, III, do CC.

VII – as sociedades sem personalidade jurídica, pela pessoa a quem couber a administração dos seus bens;

▶ Arts. 986 a 996 do CC.

VIII – a pessoa jurídica estrangeira, pelo gerente, representante ou administrador de sua filial, agência ou sucursal aberta ou instalada no Brasil (artigo 88, parágrafo único);
IX – o condomínio, pelo administrador ou pelo síndico.

▶ Arts. 43, 766, II, 990, V e VI, 991, 1.143 e 1.160 deste Código.
▶ Arts. 1.323 e 1.348, II, do CC.
▶ Art. 22, § 1º, da Lei nº 4.591, de 16-12-1964 (Lei do Condomínio e Incorporações).

§ 1º Quando o inventariante for dativo, todos os herdeiros e sucessores do falecido serão autores ou réus nas ações em que o espólio for parte.

▶ Art. 991, I, deste Código.

§ 2º As sociedades sem personalidade jurídica, quando demandadas, não poderão opor a irregularidade de sua constituição.

▶ Arts. 986 a 996 do CC.

§ 3º O gerente da filial ou agência presume-se autorizado, pela pessoa jurídica estrangeira, a receber citação inicial para o processo de conhecimento, de execução, cautelar e especial.

▶ Art. 88, parágrafo único, deste Código.

**Art. 13.** Verificando a incapacidade processual ou a irregularidade da representação das partes, o juiz, suspendendo o processo, marcará prazo razoável para ser sanado o defeito. Não sendo cumprido o despacho dentro do prazo, se a providência couber:

▶ Arts. 265, I, e 301, VIII, deste Código.

I – ao autor, o juiz decretará a nulidade do processo;

▶ Arts. 267, IV, e 284 deste Código.

II – ao réu, reputar-se-á revel;

▶ Arts. 39, parágrafo único, 319 a 322 deste Código.

III – ao terceiro, será excluído do processo.

▶ Art. 265, I, deste Código.

CAPÍTULO II

### DOS DEVERES DAS PARTES E DOS SEUS PROCURADORES

SEÇÃO I

### DOS DEVERES

**Art. 14.** São deveres das partes e de todos aqueles que de qualquer forma participam do processo:

▶ Caput com a redação dada pela Lei nº 10.358, de 27-12-2001.
▶ Arts. 16 a 18, 340, 341 e 485, III, deste Código.

I – expor os fatos em juízo conforme a verdade;

▶ Arts. 17, II, 339 a 341, 347 e 406 deste Código.

II – proceder com lealdade e boa-fé;
III – não formular pretensões, nem alegar defesa, cientes de que são destituídas de fundamento;

▶ Art. 17, I e VI, deste Código.

IV – não produzir provas, nem praticar atos inúteis ou desnecessários à declaração ou defesa do Direito;

▶ Art. 130 deste Código.

V – cumprir com exatidão os provimentos mandamentais e não criar embaraços à efetivação de provimentos judiciais, de natureza antecipatória ou final.

▶ Inciso V acrescido pela Lei nº 10.358, de 27-12-2001.

Parágrafo único. Ressalvados os advogados que se sujeitam exclusivamente aos estatutos da OAB, a violação do disposto no inciso V deste artigo constitui ato atentatório ao exercício da jurisdição, podendo o juiz, sem prejuízo das sanções criminais, civis e processuais cabíveis, aplicar ao responsável multa em montante a ser fixado de acordo com a gravidade da conduta e não superior a vinte por cento do valor da causa; não sendo

Código de Processo Civil – Arts. 15 a 19        171

paga no prazo estabelecido, contado do trânsito em julgado da decisão final da causa, a multa será inscrita sempre como dívida ativa da União ou do Estado.

▶ Parágrafo único acrescido pela Lei nº 10.358, de 27-12-2001.
▶ Arts. 15 a 18, 445, 446, 599 a 601 e 656, § 1º, deste Código.
▶ Arts. 31 a 33 da Lei nº 8.906, de 4-7-1994 (Estatuto da Advocacia e da OAB).
▶ O STF, por unanimidade de votos, julgou procedente a ADIN nº 2.652-6, para, sem redução de texto, emprestar à expressão "ressalvados os advogados que se sujeitam exclusivamente aos estatutos da OAB", contida neste parágrafo único, interpretação conforme a Carta, a abranger advogados do setor privado e do setor público (DOU de 3-12-2003).

**Art. 15.** É defeso às partes e seus advogados empregar expressões injuriosas nos escritos apresentados no processo, cabendo ao juiz, de ofício ou a requerimento do ofendido, mandar riscá-las.

▶ Art. 142, I, e parágrafo único, do CP.
▶ Art. 7º, § 2º, da Lei nº 8.906, de 4-7-1994 (Estatuto da Advocacia e da OAB).

Parágrafo único. Quando as expressões injuriosas forem proferidas em defesa oral, o juiz advertirá o advogado que não as use, sob pena de lhe ser cassada a palavra.

▶ Arts. 161, 445, I e II, deste Código.

SEÇÃO II

## DA RESPONSABILIDADE DAS PARTES POR DANO PROCESSUAL

**Art. 16.** Responde por perdas e danos aquele que pleitear de má-fé como autor, réu ou interveniente.

▶ Arts. 35, 69, 574, 593, 599 a 601, 811 e 881, parágrafo único, deste Código.
▶ Arts. 187, 402 a 405, 927 e 940 do CC.

**Art. 17.** Reputa-se litigante de má-fé aquele que:

▶ Caput com a redação dada pela Lei nº 6.771, de 27-3-1980.

I – deduzir pretensão ou defesa contra texto expresso de lei ou fato incontroverso;

▶ Arts. 14, III, e 334 deste Código.
▶ Art. 32, parágrafo único, da Lei nº 8.906, de 4-7-1994 (Estatuto da Advocacia e da OAB).

II – alterar a verdade dos fatos;

▶ Arts. 14, I, 339 a 341 e 347 deste Código.

III – usar do processo para conseguir objetivo ilegal;

▶ Arts. 129 e 485, III, deste Código.

IV – opuser resistência injustificada ao andamento do processo;

▶ Arts. 31 e 668 deste Código.

V – proceder de modo temerário em qualquer incidente ou ato do processo;
VI – provocar incidentes manifestamente infundados;

▶ Incisos I a VI com a redação dada pela Lei nº 6.771, de 27-3-1980.
▶ Arts. 14, III, 31, 557, § 2º, e 668 deste Código.

VII – interpuser recurso com intuito manifestamente protelatório.

▶ Inciso VII acrescido pela Lei nº 9.668, de 23-6-1998.
▶ Arts. 31, 538, parágrafo único, 557, § 2º, e 740, parágrafo único, deste Código.
▶ Art. 4º, parágrafo único, da Lei nº 9.800, de 26-5-1999, que permite às partes a utilização de sistema de transmissão de dados para a prática de atos processuais.

**Art. 18.** O juiz ou tribunal, de ofício ou a requerimento, condenará o litigante de má-fé a pagar multa não excedente a um por cento sobre o valor da causa e a indenizar a parte contrária dos prejuízos que esta sofreu, mais os honorários advocatícios e todas as despesas que efetuou.

▶ Caput com a redação dada pela Lei nº 9.668, de 23-6-1998.
▶ Art. 5º, LV, da CF.
▶ Arts. 35, 739-B, 740, parágrafo único, e 746, § 3º, deste Código.
▶ Art. 87 do CDC.
▶ Art. 17 da Lei nº 7.347, de 24-7-1985 (Lei da Ação Civil Pública).
▶ Art. 27 da Lei nº 9.307, de 23-9-1996 (Lei de Arbitragem).
▶ OJ da SBDI-I nº 409 do TST.

§ 1º Quando forem dois ou mais os litigantes de má-fé, o juiz condenará cada um na proporção do seu respectivo interesse na causa, ou solidariamente aqueles que se coligaram para lesar a parte contrária.

▶ Art. 77, III, deste Código.
▶ Arts. 275 a 285 e 942 do CC.
▶ Art. 32, parágrafo único, da Lei nº 8.906, de 4-7-1994 (Estatuto da Advocacia e da OAB).

§ 2º O valor da indenização será desde logo fixado pelo juiz, em quantia não superior a vinte por cento sobre o valor da causa, ou liquidado por arbitramento.

▶ § 2º com a redação dada pela Lei nº 8.952, de 13-12-1994.
▶ Arts. 475-C, 475-D e 615-A, § 4º, deste Código.
▶ Arts. 275 a 285 do CC.

SEÇÃO III

## DAS DESPESAS E DAS MULTAS

**Art. 19.** Salvo as disposições concernentes à justiça gratuita, cabe às partes prover as despesas dos atos que realizam ou requerem no processo, antecipando-lhes o pagamento desde o início até sentença final; e bem ainda, na execução, até a plena satisfação do direito declarado pela sentença.

▶ Art. 5º, LXIII, LXIV e LXXVII, da CF.
▶ Lei nº 1.060, de 5-2-1950 (Lei de Assistência Judiciária).
▶ Art. 1º da Lei nº 5.478, de 25-7-1968 (Lei da Ação de Alimentos).
▶ Súm. nº 232 do STJ.

§ 1º O pagamento de que trata este artigo será feito por ocasião de cada ato processual.

§ 2º Compete ao autor adiantar as despesas relativas a atos, cuja realização o juiz determinar de ofício ou a requerimento do Ministério Público.

▶ Arts. 24, 27, 33, 208, 212 e 419 deste Código.

**Art. 20.** A sentença condenará o vencido a pagar ao vencedor as despesas que antecipou e os honorários advocatícios. Essa verba honorária será devida, também, nos casos em que o advogado funcionar em causa própria.

▶ *Caput* com a redação dada pela Lei nº 6.355, de 8-9-1976.
▶ Art. 494 deste Código.
▶ Arts. 23 a 26 da Lei nº 8.906, de 4-7-1994 (Estatuto da Advocacia e da OAB) e Código de Ética Profissional.
▶ Súmulas nºs 234, 256, 257, 389, 512 e 616 do STF.
▶ Súmulas nºs 14, 29, 105, 110, 111, 131, 141, 201, 303, 306, 325, 326 e 453 do STJ.

§ 1º O juiz, ao decidir qualquer incidente ou recurso, condenará nas despesas o vencido.

§ 2º As despesas abrangem não só as custas dos atos do processo, como também a indenização de viagem, diária de testemunha e remuneração do assistente técnico.

§ 3º Os honorários serão fixados entre o mínimo de dez por cento e o máximo de vinte por cento sobre o valor da condenação, atendidos:

▶ §§ 1º a 3º com a redação dada pela Lei nº 5.925, de 1º-10-1973.

a) o grau de zelo do profissional;
b) o lugar de prestação do serviço;
c) a natureza e importância da causa, o trabalho realizado pelo advogado e o tempo exigido para o seu serviço.

§ 4º Nas causas de pequeno valor, nas de valor inestimável, naquelas em que não houver condenação ou for vencida a Fazenda Pública, e nas execuções, embargadas ou não, os honorários serão fixados consoante apreciação equitativa do juiz, atendidas as normas das alíneas a, b e c do parágrafo anterior.

▶ § 4º com a redação dada pela Lei nº 8.952, de 13-12-1994.
▶ Art. 652-A deste Código.
▶ Art. 1º-D da Lei nº 9.494, de 10-9-1997, que disciplina a aplicação da tutela antecipada contra a Fazenda Pública.
▶ Súmulas nºs 153 e 345 do STJ.

§ 5º Nas ações de indenização por ato ilícito contra pessoa, o valor da condenação será a soma das prestações vencidas com o capital necessário a produzir a renda correspondente às prestações vincendas (artigo 602), podendo estas ser pagas, também mensalmente, na forma do § 2º do referido artigo 602, inclusive em consignação na folha de pagamentos do devedor.

▶ § 5º acrescido pela Lei nº 6.745, de 5-12-1979.
▶ A Lei nº 11.232, de 11-12-2005, revogou o art. 602 do CPC. A referência deve ser entendida como ao art. 475-Q, que trata atualmente do assunto.
▶ Súmulas nºs 111 e 313 do STJ.

**Art. 21.** Se cada litigante for em parte vencedor e vencido, serão recíproca e proporcionalmente distribuídos e compensados entre eles os honorários e as despesas.

▶ Súmulas nºs 306 e 326 do STJ.

Parágrafo único. Se um litigante decair de parte mínima do pedido, o outro responderá, por inteiro, pelas despesas e honorários.

**Art. 22.** O réu que, por não arguir na sua resposta fato impeditivo, modificativo ou extintivo do direito do autor, dilatar o julgamento da lide, será condenado nas custas a partir do saneamento do processo e perderá, ainda que vencedor na causa, o direito a haver do vencido honorários advocatícios.

▶ Artigo com a redação dada pela Lei nº 5.925, de 1º-10-1973.
▶ Art. 300 deste Código.

**Art. 23.** Concorrendo diversos autores ou diversos réus, os vencidos respondem pelas despesas e honorários em proporção.

▶ Art. 257 do CC.

**Art. 24.** Nos procedimentos de jurisdição voluntária, as despesas serão adiantadas pelo requerente, mas rateadas entre os interessados.

▶ Arts. 34, 1.103 a 1.210 deste Código.

**Art. 25.** Nos juízos divisórios, não havendo litígio, os interessados pagarão as despesas proporcionalmente aos seus quinhões.

▶ Arts. 946 a 981 deste Código.

**Art. 26.** Se o processo terminar por desistência ou reconhecimento do pedido, as despesas e os honorários serão pagos pela parte que desistiu ou reconheceu.

▶ Arts. 158, parágrafo único, 267, VIII e § 4º, 269, II e V, e 569, parágrafo único, deste Código.

§ 1º Sendo parcial a desistência ou o reconhecimento, a responsabilidade pelas despesas e honorários será proporcional à parte de que se desistiu ou que se reconheceu.

§ 2º Havendo transação e nada tendo as partes disposto quanto às despesas, estas serão divididas igualmente.

▶ Art. 269, III, deste Código.

**Art. 27.** As despesas dos atos processuais, efetuados a requerimento do Ministério Público ou da Fazenda Pública, serão pagas a final pelo vencido.

▶ Art. 39 da Lei nº 6.830, de 22-9-1980 (Lei das Execuções Fiscais).
▶ Súm. nº 232 do STJ.

**Art. 28.** Quando, a requerimento do réu, o juiz declarar extinto o processo sem julgar o mérito (artigo 267, § 2º), o autor não poderá intentar de novo a ação, sem pagar ou depositar em cartório as despesas e os honorários, em que foi condenado.

**Art. 29.** As despesas dos atos, que forem adiados ou tiverem de repetir-se, ficarão a cargo da parte, do serventuário, do órgão do Ministério Público ou do juiz que, sem justo motivo, houver dado causa ao adiamento ou à repetição.

▶ Arts. 133, 193 e 194 deste Código.

**Art. 30.** Quem receber custas indevidas ou excessivas é obrigado a restituí-las, incorrendo em multa equivalente ao dobro de seu valor.

**Art. 31.** As despesas dos atos manifestamente protelatórios, impertinentes ou supérfluos serão pagas pela parte que os tiver promovido ou praticado, quando impugnados pela outra.

▶ Arts. 17, IV, VI e VII, e 18 deste Código.

**Art. 32.** Se o assistido ficar vencido, o assistente será condenado nas custas em proporção à atividade que houver exercido no processo.
▶ Art. 52 deste Código.

**Art. 33.** Cada parte pagará a remuneração do assistente técnico que houver indicado; a do perito será paga pela parte que houver requerido o exame, ou pelo autor, quando requerido por ambas as partes ou determinado de ofício pelo juiz.
▶ Arts. 20, § 2º, 145 a 147 e 420 a 439 deste Código.
▶ Súm. nº 232 do STJ.

Parágrafo único. O juiz poderá determinar que a parte responsável pelo pagamento dos honorários do perito deposite em juízo o valor correspondente a essa remuneração. O numerário, recolhido em depósito bancário à ordem do juízo e com correção monetária, será entregue ao perito após a apresentação do laudo, facultada a sua liberação parcial, quando necessária.
▶ Parágrafo único acrescido pela Lei nº 8.952, de 13-12-1994.

**Art. 34.** Aplicam-se à reconvenção, à oposição, à ação declaratória incidental e aos procedimentos de jurisdição voluntária, no que couber, as disposições constantes desta seção.
▶ Artigo com a redação dada pela Lei nº 5.925, de 1º-10-1973.
▶ Arts. 5º, 56 a 61, 315 a 318, 325 e 1.103 a 1.210 deste Código.

**Art. 35.** As sanções impostas às partes em consequência de má-fé serão contadas como custas e reverterão em benefício da parte contrária; as impostas aos serventuários pertencerão ao Estado.
▶ Arts. 16 a 18 e 144 deste Código.
▶ OJ da SBDI-I nº 409 do TST.

## Capítulo III
## DOS PROCURADORES

**Art. 36.** A parte será representada em juízo por advogado legalmente habilitado. Ser-lhe-á lícito, no entanto, postular em causa própria, quando tiver habilitação legal ou, não a tendo, no caso de falta de advogado no lugar ou recusa ou impedimento dos que houver.
▶ Arts. 44, 254, 265, § 2º, deste Código.
▶ Art. 9º da Lei nº 9.469, de 10-7-1997, que dispõe sobre a intervenção da União nas causas em que figurarem, como autores ou réus, entes da administração indireta.
§§ 1º e 2º *Revogados*. Lei nº 9.649, de 27-5-1998.

**Art. 37.** Sem instrumento de mandato, o advogado não será admitido a procurar em juízo. Poderá, todavia, em nome da parte intentar ação, a fim de evitar decadência ou prescrição, bem como intervir, no processo, para praticar atos reputados urgentes. Nestes casos, o advogado se obrigará, independentemente de caução, a exibir o instrumento de mandato no prazo de quinze dias, prorrogável até outros quinze, por despacho do juiz.
▶ Art. 254, III, deste Código.
▶ Art. 692 do CC.
▶ Arts. 5º e 15, § 3º, da Lei nº 8.906, de 4-7-1994 (Estatuto da Advocacia e da OAB).
▶ Súm. nº 644 do STF.
▶ Súm. nº 115 do STJ.

Parágrafo único. Os atos, não ratificados no prazo, serão havidos por inexistentes, respondendo o advogado por despesas e perdas e danos.
▶ Arts. 402 a 405 e 927 do CC.

**Art. 38.** A procuração geral para o foro, conferida por instrumento público, ou particular assinado pela parte, habilita o advogado a praticar todos os atos do processo, salvo para receber citação inicial, confessar, reconhecer a procedência do pedido, transigir, desistir, renunciar ao direito sobre que se funda a ação, receber, dar quitação e firmar compromisso.
▶ *Caput* com a redação dada pela Lei nº 8.952, de 13-12-1994.
▶ Arts. 653 e 692 do CC.

Parágrafo único. A procuração pode ser assinada digitalmente com base em certificado emitido por Autoridade Certificadora credenciada, na forma da lei específica.
▶ Parágrafo único acrescido pela Lei nº 11.419, de 19-12-2006.
▶ MP nº 2.200-2, de 24-8-2001, que até o encerramento desta edição não havia sido convertida em Lei, instituiu a Infraestrutura de Chaves Públicas Brasileira – ICP-Brasil, para garantir a autenticidade, a integridade e a validade jurídica de documentos em forma eletrônica.

**Art. 39.** Compete ao advogado, ou à parte quando postular em causa própria:
I – declarar, na petição inicial ou na contestação, o endereço em que receberá intimação;
II – comunicar ao escrivão do processo qualquer mudança de endereço.

Parágrafo único. Se o advogado não cumprir o disposto no nº I deste artigo, o juiz, antes de determinar a citação do réu, mandará que se supra a omissão no prazo de quarenta e oito horas, sob pena de indeferimento da petição; se infringir o previsto no nº II, reputar-se-ão válidas as intimações enviadas, em carta registrada, para o endereço constante dos autos.
▶ Arts. 13, 238, parágrafo único, 267, I, 284 e 295, VI, deste Código.

**Art. 40.** O advogado tem direito de:
▶ Art. 7º da Lei nº 8.906, de 4-7-1994 (Estatuto da Advocacia e da OAB).

I – examinar, em cartório de justiça e secretaria de tribunal, autos de qualquer processo, salvo o disposto no artigo 155;
II – requerer, como procurador, vista dos autos de qualquer processo pelo prazo de cinco dias;
III – retirar os autos do cartório ou secretaria, pelo prazo legal, sempre que lhe competir falar neles por determinação do juiz, nos casos previstos em lei.

§ 1º Ao receber os autos, o advogado assinará carga no livro competente.

§ 2º Sendo comum às partes o prazo, só em conjunto ou mediante prévio ajuste por petição nos autos, poderão os seus procuradores retirar os autos, ressalvada a obtenção de cópias para a qual cada procurador poderá retirá-los pelo prazo de 1 (uma) hora independentemente de ajuste.
▶ § 2º com a redação dada pela Lei nº 11.969, de 6-7-2009.
▶ Arts. 177 e 195 deste Código.

## Capítulo IV
### DA SUBSTITUIÇÃO DAS PARTES E DOS PROCURADORES

**Art. 41.** Só é permitida, no curso do processo, a substituição voluntária das partes nos casos expressos em lei.

▶ Arts. 264 e 566 a 568 deste Código.

**Art. 42.** A alienação da coisa ou do direito litigioso, a título particular, por ato entre vivos, não altera a legitimidade das partes.

▶ Arts. 219, 593, 626 e 879 deste Código.

§ 1º O adquirente ou o cessionário não poderá ingressar em juízo, substituindo o alienante, ou o cedente, sem que o consinta a parte contrária.

▶ Art. 1.061 deste Código.

§ 2º O adquirente ou o cessionário poderá, no entanto, intervir no processo, assistindo o alienante ou o cedente.

▶ Arts. 50 a 55 deste Código.

§ 3º A sentença, proferida entre as partes originárias, estende os seus efeitos ao adquirente ou ao cessionário.

▶ Arts. 567, 568, 592, I, e 626 deste Código.

**Art. 43.** Ocorrendo a morte de qualquer das partes, dar-se-á a substituição pelo seu espólio ou pelos seus sucessores, observado o disposto no artigo 265.

▶ Arts. 12, V, 180, 265, 991, I, e 1.055 a 1.062 deste Código.

**Art. 44.** A parte, que revogar o mandato outorgado ao seu advogado, no mesmo ato constituirá outro que assuma o patrocínio da causa.

▶ Arts. 683 a 687 do CC.

**Art. 45.** O advogado poderá, a qualquer tempo, renunciar ao mandato, provando que cientificou o mandante a fim de que este nomeie substituto. Durante os dez dias seguintes, o advogado continuará a representar o mandante, desde que necessário para lhe evitar prejuízo.

▶ Artigo com a redação dada pela Lei nº 8.952, de 13-12-1994.
▶ Art. 688 do CC.

## Capítulo V
### DO LITISCONSÓRCIO E DA ASSISTÊNCIA

▶ Art. 454, §§ 1º e 2º, deste Código.

#### Seção I
##### DO LITISCONSÓRCIO

**Art. 46.** Duas ou mais pessoas podem litigar, no mesmo processo, em conjunto, ativa ou passivamente, quando:

I – entre elas houver comunhão de direitos ou de obrigações relativamente à lide;
II – os direitos ou as obrigações derivarem do mesmo fundamento de fato ou de direito;
III – entre as causas houver conexão pelo objeto ou pela causa de pedir;

▶ Art. 103 deste Código.

IV – ocorrer afinidade de questões por um ponto comum de fato ou de direito.

Parágrafo único. O juiz poderá limitar o litisconsórcio facultativo quanto ao número de litigantes, quando este comprometer a rápida solução do litígio ou dificultar a defesa. O pedido de limitação interrompe o prazo para resposta, que recomeça na intimação da decisão.

▶ Parágrafo único acrescido pela Lei nº 8.952, de 13-12-1994.
▶ Art. 125, II, deste Código.

**Art. 47.** Há litisconsórcio necessário, quando, por disposição de lei ou pela natureza da relação jurídica, o juiz tiver de decidir a lide de modo uniforme para todas as partes; caso em que a eficácia da sentença dependerá da citação de todos os litisconsortes no processo.

Parágrafo único. O juiz ordenará ao autor que promova a citação de todos os litisconsortes necessários, dentro do prazo que assinar, sob pena de declarar extinto o processo.

▶ Arts. 267 e 329 deste Código.
▶ Súm. nº 631 do STF.
▶ Súm. nº 77 do STJ.

**Art. 48.** Salvo disposição em contrário, os litisconsortes serão considerados, em suas relações com a parte adversa, como litigantes distintos; os atos e as omissões de um não prejudicarão nem beneficiarão os outros.

▶ Arts. 501 e 509 deste Código.

**Art. 49.** Cada litisconsorte tem o direito de promover o andamento do processo e todos devem ser intimados dos respectivos atos.

▶ Art. 191 deste Código.

#### Seção II
##### DA ASSISTÊNCIA

▶ Lei nº 9.469, de 10-7-1997, dispõe sobre a intervenção da União nas causas em que figurarem, como autores ou réus, entes da administração indireta.

**Art. 50.** Pendendo uma causa entre duas ou mais pessoas, o terceiro, que tiver interesse jurídico em que a sentença seja favorável a uma delas, poderá intervir no processo para assisti-la.

Parágrafo único. A assistência tem lugar em qualquer dos tipos de procedimento e em todos os graus da jurisdição; mas o assistente recebe o processo no estado em que se encontra.

**Art. 51.** Não havendo impugnação dentro de cinco dias, o pedido do assistente será deferido. Se qualquer das partes alegar, no entanto, que falece ao assistente interesse jurídico para intervir a bem do assistido, o juiz:

I – determinará, sem suspensão do processo, o desentranhamento da petição e da impugnação, a fim de serem autuadas em apenso;

▶ Art. 265 deste Código.

II – autorizará a produção de provas;

▶ Art. 332 e seguintes deste Código.

III – decidirá, dentro de cinco dias, o incidente.

▶ Art. 54, parágrafo único, deste Código.

**Art. 52.** O assistente atuará como auxiliar da parte principal, exercerá os mesmos poderes e sujeitar-se-á aos mesmos ônus processuais que o assistido.

▶ Art. 32 deste Código.

Parágrafo único. Sendo revel o assistido, o assistente será considerado seu gestor de negócios.
► Art. 319 deste Código.
► Arts. 861 a 875 do CC.

**Art. 53.** A assistência não obsta a que a parte principal reconheça a procedência do pedido, desista da ação ou transija sobre direitos controvertidos; casos em que, terminando o processo, cessa a intervenção do assistente.
► Arts. 26, 158, parágrafo único, 267, VIII e § 4º, e 269, II e III, deste Código.

**Art. 54.** Considera-se litisconsorte da parte principal o assistente, toda vez que a sentença houver de influir na relação jurídica entre ele e o adversário do assistido.
► Arts. 46 a 49 deste Código.

Parágrafo único. Aplica-se ao assistente litisconsorcial, quanto ao pedido de intervenção, sua impugnação e julgamento do incidente, o disposto no artigo 51.

**Art. 55.** Transitada em julgado a sentença, na causa em que interveio o assistente, este não poderá, em processo posterior, discutir a justiça da decisão, salvo se alegar e provar que:

I – pelo estado em que recebera o processo, ou pelas declarações e atos do assistido, fora impedido de produzir provas suscetíveis de influir na sentença;
II – desconhecia a existência de alegações ou de provas, de que o assistido, por dolo ou culpa, não se valeu.

### Capítulo VI
### DA INTERVENÇÃO DE TERCEIROS
► Arts. 109 e 454, §§ 1º e 2º, deste Código.

#### Seção I
#### DA OPOSIÇÃO
► Art. 34 deste Código.

**Art. 56.** Quem pretender, no todo ou em parte, a coisa ou o direito sobre que controvertem autor e réu, poderá, até ser proferida a sentença, oferecer oposição contra ambos.
► Art. 454, § 2º, deste Código.

**Art. 57.** O oponente deduzirá o seu pedido, observando os requisitos exigidos para a propositura da ação (artigos 282 e 283). Distribuída a oposição por dependência, serão os opostos citados, na pessoa dos seus respectivos advogados, para contestar o pedido no prazo comum de quinze dias.
► Arts. 213 a 233 e 300 a 303 deste Código.

Parágrafo único. Se o processo principal correr à revelia do réu, este será citado na forma estabelecida no Título V, Capítulo IV, Seção III, deste Livro.
► Arts. 213 a 233 e 319 deste Código.

**Art. 58.** Se um dos opostos reconhecer a procedência do pedido, contra o outro prosseguirá o oponente.
► Art. 269, II, deste Código.

**Art. 59.** A oposição, oferecida antes da audiência, será apensada aos autos principais e correrá simultaneamente com a ação, sendo ambas julgadas pela mesma sentença.
► Art. 109 deste Código.

**Art. 60.** Oferecida depois de iniciada a audiência, seguirá a oposição o procedimento ordinário, sendo julgada sem prejuízo da causa principal. Poderá o juiz, todavia, sobrestar no andamento do processo, por prazo nunca superior a noventa dias, a fim de julgá-la conjuntamente com a oposição.
► Arts. 265 e 282 a 475 deste Código.

**Art. 61.** Cabendo ao juiz decidir simultaneamente a ação e a oposição, desta conhecerá em primeiro lugar.
► Arts. 109 e 454, § 2º, deste Código.

#### Seção II
#### DA NOMEAÇÃO À AUTORIA

**Art. 62.** Aquele que detiver a coisa em nome alheio, sendo-lhe demandada em nome próprio, deverá nomear à autoria o proprietário ou o possuidor.
► Art. 1.198 do CC.

**Art. 63.** Aplica-se também o disposto no artigo antecedente à ação de indenização, intentada pelo proprietário ou pelo titular de um direito sobre a coisa, toda vez que o responsável pelos prejuízos alegar que praticou o ato por ordem, ou em cumprimento de instruções de terceiro.

**Art. 64.** Em ambos os casos, o réu requererá a nomeação no prazo para a defesa; o juiz, ao deferir o pedido, suspenderá o processo e mandará ouvir o autor no prazo de cinco dias.
► Arts. 265 e 297 deste Código.

**Art. 65.** Aceitando o nomeado, ao autor incumbirá promover-lhe a citação; recusando-o, ficará sem efeito a nomeação.
► Arts. 213 a 233 deste Código.

**Art. 66.** Se o nomeado reconhecer a qualidade que lhe é atribuída, contra ele correrá o processo; se a negar, o processo continuará contra o nomeante.

**Art. 67.** Quando o autor recusar o nomeado, ou quando este negar a qualidade que lhe é atribuída, assinar-se-á ao nomeante novo prazo para contestar.

**Art. 68.** Presume-se aceita a nomeação se:
I – o autor nada requereu, no prazo em que, a seu respeito, lhe competia manifestar-se;
II – o nomeado não comparecer, ou, comparecendo, nada alegar.
► Art. 319 deste Código.

**Art. 69.** Responderá por perdas e danos aquele a quem incumbia a nomeação:
► Arts. 16 a 18 deste Código.
► Arts. 402 a 405 e 927 do CC.

I – deixando de nomear à autoria, quando lhe competir;
II – nomeando pessoa diversa daquela em cujo nome detém a coisa demandada.

#### Seção III
#### DA DENUNCIAÇÃO DA LIDE

**Art. 70.** A denunciação da lide é obrigatória:
I – ao alienante, na ação em que terceiro reivindica a coisa, cujo domínio foi transferido à parte, a fim de que esta possa exercer o direito que da evicção lhe resulta;
► Arts. 456 e 1.197 do CC.

II – ao proprietário ou ao possuidor indireto quando, por força de obrigação ou direito, em casos como o do usufrutuário, do credor pignoratício, do locatário, o réu, citado em nome próprio, exerça a posse direta da coisa demandada;

▶ Arts. 569, III, 1.197, 1.406 e 1.435, II, do CC.

III – àquele que estiver obrigado, pela lei ou pelo contrato, a indenizar, em ação regressiva, o prejuízo do que perder a demanda.

▶ Art. 927 e seguintes do CC.
▶ Súm. nº 188 do STF.

**Art. 71.** A citação do denunciado será requerida, juntamente com a do réu, se o denunciante for o autor; e, no prazo para contestar, se o denunciante for o réu.

▶ Art. 297 deste Código.

**Art. 72.** Ordenada a citação, ficará suspenso o processo.

▶ Arts. 213 a 233 e 265 deste Código.

§ 1º A citação do alienante, do proprietário, do possuidor indireto ou do responsável pela indenização far-se-á:

a) quando residir na mesma comarca, dentro de dez dias;

b) quando residir em outra comarca, ou em lugar incerto, dentro de trinta dias.

§ 2º Não se procedendo à citação no prazo marcado, a ação prosseguirá unicamente em relação ao denunciante.

**Art. 73.** Para os fins do disposto no artigo 70, o denunciado, por sua vez, intimará do alienante, o proprietário, o possuidor indireto ou o responsável pela indenização e, assim, sucessivamente, observando-se, quanto aos prazos, o disposto no artigo antecedente.

**Art. 74.** Feita a denunciação pelo autor, o denunciado, comparecendo, assumirá a posição de litisconsorte do denunciante e poderá aditar a petição inicial, procedendo-se em seguida à citação do réu.

▶ Arts. 46 a 49, 213 a 233 e 294 deste Código.

**Art. 75.** Feita a denunciação pelo réu:

I – se o denunciado a aceitar e contestar o pedido, o processo prosseguirá entre o autor, de um lado, e de outro, como litisconsortes, o denunciante e o denunciado;

▶ Arts. 46 a 49 deste Código.

II – se o denunciado for revel, ou comparecer apenas para negar a qualidade que lhe foi atribuída, cumprirá ao denunciante prosseguir na defesa até final;

▶ Arts. 319 a 322 e 324 deste Código.

III – se o denunciado confessar os fatos alegados pelo autor, poderá o denunciante prosseguir na defesa.

▶ Arts. 348 a 354 deste Código.

**Art. 76.** A sentença, que julgar procedente a ação, declarará, conforme o caso, o direito do evicto, ou a responsabilidade por perdas e danos, valendo como título executivo.

▶ Arts. 402 a 405 e 927 do CC.

SEÇÃO IV

## DO CHAMAMENTO AO PROCESSO

**Art. 77.** É admissível o chamamento ao processo:

I – do devedor, na ação em que o fiador for réu;

II – dos outros fiadores, quando para a ação for citado apenas um deles;

III – de todos os devedores solidários, quando o credor exigir de um ou de alguns deles, parcial ou totalmente, a dívida comum.

▶ Art. 77 com a redação dada pela Lei nº 5.925, de 1º-10-1973.
▶ Arts. 275 a 285 e 818 a 839 do CC.
▶ Súm. nº 492 do STF.

**Art. 78.** Para que o juiz declare, na mesma sentença, as responsabilidades dos obrigados, a que se refere o artigo antecedente, o réu requererá, no prazo para contestar, a citação do chamado.

▶ Arts. 213 a 233 e 297 deste Código.

**Art. 79.** O juiz suspenderá o processo, mandando observar, quanto à citação e aos prazos, o disposto nos artigos 72 e 74.

▶ Art. 265 deste Código.

**Art. 80.** A sentença, que julgar procedente a ação, condenando os devedores, valerá como título executivo, em favor do que satisfizer a dívida, para exigi-la, por inteiro, do devedor principal, ou de cada um dos codevedores a sua quota, na proporção que lhes tocar.

▶ Art. 475-N deste Código.
▶ Arts. 283 a 285 e 831 do CC.

### TÍTULO III – DO MINISTÉRIO PÚBLICO

▶ Arts. 127 a 130-A da CF.
▶ Lei nº 8.625, de 12-2-1993 (Lei Orgânica Nacional do Ministério Público).

**Art. 81.** O Ministério Público exercerá o direito de ação nos casos previstos em lei, cabendo-lhe, no processo, os mesmos poderes e ônus que às partes.

▶ Arts. 14 a 18, 27, 29, 138, I, 188, 197 e 302, parágrafo único, deste Código.

**Art. 82.** Compete ao Ministério Público intervir:

I – nas causas em que há interesses de incapazes;

II – nas causas concernentes ao estado da pessoa, pátrio poder, tutela, curatela, interdição, casamento, declaração de ausência e disposição de última vontade;

▶ A Lei nº 10.406, de 10-1-2002 (Código Civil), substituiu a expressão "pátrio poder" por "poder familiar".

III – nas ações que envolvam litígios coletivos pela posse da terra rural e nas demais causas em que há interesse público evidenciado pela natureza da lide ou qualidade da parte.

▶ Inciso III com a redação dada pela Lei nº 9.415, de 23-12-1996.
▶ Súm. nº 226 do STJ.

**Art. 83.** Intervindo como fiscal da lei, o Ministério Público:

I – terá vista dos autos depois das partes, sendo intimado de todos os atos do processo;

II – poderá juntar documentos e certidões, produzir prova em audiência e requerer medidas ou diligências necessárias ao descobrimento da verdade.

▶ Arts. 195 a 197, 236, § 2º, 246 e 487, III, a, deste Código.

**Art. 84.** Quando a lei considerar obrigatória a intervenção do Ministério Público, a parte promover-lhe-á a intimação sob pena de nulidade do processo.

▶ Arts. 236, § 2º, 246 e 487, III, a, deste Código.

**Art. 85.** O órgão do Ministério Público será civilmente responsável quando, no exercício de suas funções, proceder com dolo ou fraude.

▶ Arts. 16 a 18 deste Código.
▶ Arts. 187, 402 a 405, 927 e 940 do CC.

## TÍTULO IV – DOS ÓRGÃOS JUDICIÁRIOS E DOS AUXILIARES DA JUSTIÇA

### Capítulo I
### DA COMPETÊNCIA

**Art. 86.** As causas cíveis serão processadas e decididas, ou simplesmente decididas, pelos órgãos jurisdicionais, nos limites de sua competência, ressalvada às partes a faculdade de instituírem juízo arbitral.

▶ Art. 5º, XXXV, da CF.
▶ Lei nº 9.307, de 23-9-1996 (Lei da Arbitragem).

**Art. 87.** Determina-se a competência no momento em que a ação é proposta. São irrelevantes as modificações do estado de fato ou de direito ocorridas posteriormente, salvo quando suprimirem o órgão judiciário ou alterarem a competência em razão da matéria ou da hierarquia.

▶ Art. 263 deste Código.
▶ Súm. nº 10 do STJ.

### Capítulo II
### DA COMPETÊNCIA INTERNACIONAL

**Art. 88.** É competente a autoridade judiciária brasileira quando:

I – o réu, qualquer que seja a sua nacionalidade, estiver domiciliado no Brasil;

▶ Arts. 70 a 78 do CC.

II – no Brasil tiver de ser cumprida a obrigação;

III – a ação se originar de fato ocorrido ou de ato praticado no Brasil.

Parágrafo único. Para o fim do disposto no nº 1, reputa-se domiciliada no Brasil a pessoa jurídica estrangeira que aqui tiver agência, filial ou sucursal.

▶ Arts. 9º e 12, VIII, e § 3º, deste Código.
▶ Art. 12 da LICC.

**Art. 89.** Compete à autoridade judiciária brasileira, com exclusão de qualquer outra:

I – conhecer de ações relativas a imóveis situados no Brasil;

▶ Arts . 8º e 12, § 1º, da LICC.

II – proceder a inventário e partilha de bens, situados no Brasil, ainda que o autor da herança seja estrangeiro e tenha residido fora do território nacional.

▶ Arts. 96 e 982 deste Código.
▶ Arts. 7º, 10, 14 e 18 da LICC.

**Art. 90.** A ação intentada perante tribunal estrangeiro não induz litispendência, nem obsta a que a autoridade judiciária brasileira conheça da mesma causa e das que lhe são conexas.

▶ Arts. 103 e 301, §§ 1º a 3º, deste Código.

### Capítulo III
### DA COMPETÊNCIA INTERNA

#### Seção I
#### DA COMPETÊNCIA EM RAZÃO DO VALOR E DA MATÉRIA

**Art. 91.** Regem a competência em razão do valor e da matéria as normas de organização judiciária, ressalvados os casos expressos neste Código.

▶ Arts. 92, 102 a 111 deste Código.

**Art. 92.** Compete, porém, exclusivamente ao juiz de direito processar e julgar:

I – o processo de insolvência;

▶ Arts. 748 a 786 deste Código.
▶ Lei nº 11.101, de 9-2-2005 (Lei de Recuperação de Empresas e Falências).

II – as ações concernentes ao estado e à capacidade da pessoa.

▶ Art. 82, II, deste Código.

#### Seção II
#### DA COMPETÊNCIA FUNCIONAL

**Art. 93.** Regem a competência dos tribunais as normas da Constituição da República e de organização judiciária. A competência funcional dos juízes de primeiro grau é disciplinada neste Código.

▶ Arts. 102, 105, 108, 109, 114, 121, 124 e 125, §§ 1º, 4º e 5º, da CF.

#### Seção III
#### DA COMPETÊNCIA TERRITORIAL

**Art. 94.** A ação fundada em direito pessoal e a ação fundada em direito real sobre bens móveis serão propostas, em regra, no foro do domicílio do réu.

▶ Art. 111 deste Código.
▶ Arts. 70 a 78 do CC.

§ 1º Tendo mais de um domicílio, o réu será demandado no foro de qualquer deles.

§ 2º Sendo incerto ou desconhecido o domicílio do réu, ele será demandado onde for encontrado ou no foro do domicílio do autor.

§ 3º Quando o réu não tiver domicílio nem residência no Brasil, a ação será proposta no foro do domicílio do autor. Se este também residir fora do Brasil, a ação será proposta em qualquer foro.

§ 4º Havendo dois ou mais réus, com diferentes domicílios, serão demandados no foro de qualquer deles, à escolha do autor.

**Art. 95.** Nas ações fundadas em direito real sobre imóveis é competente o foro da situação da coisa. Pode o autor, entretanto, optar pelo foro do domicílio ou de eleição, não recaindo o litígio sobre direito de propriedade, vizinhança, servidão, posse, divisão e demarcação de terras e nunciação de obra nova.
▶ Arts. 920 a 981 deste Código.

**Art. 96.** O foro do domicílio do autor da herança, no Brasil, é o competente para o inventário, a partilha, a arrecadação, o cumprimento de disposições de última vontade e todas as ações em que o espólio for réu, ainda que o óbito tenha ocorrido no estrangeiro.
▶ Arts. 89, II, 982 a 1.045 e 1.125 a 1.158 deste Código.
▶ Súm. nº 58 do TFR.

Parágrafo único. É, porém, competente o foro:
I – da situação dos bens, se o autor da herança não possuía domicílio certo;
II – do lugar em que ocorreu o óbito, se o autor da herança não tinha domicílio certo e possuía bens em lugares diferentes.

**Art. 97.** As ações em que o ausente for réu correm no foro de seu último domicílio, que é também o competente para a arrecadação, o inventário, a partilha e o cumprimento de disposições testamentárias.
▶ Arts. 982 e 1.159 a 1.169 deste Código.

**Art. 98.** A ação em que o incapaz for réu se processará no foro do domicílio de seu representante.
▶ Art. 76 do CC.

**Art. 99.** O foro da Capital do Estado ou do Território é competente:
I – para as causas em que a União for autora, ré ou interveniente;
II – para as causas em que o Território for autor, réu ou interveniente.
▶ Arts. 109, I, e 110 da CF.
▶ Súm. nº 206 do STJ.

Parágrafo único. Correndo o processo perante outro juiz, serão os autos remetidos ao juiz competente da Capital do Estado ou Território tanto que neles intervenha uma das entidades mencionadas neste artigo.
Excetuam-se:
I – o processo de insolvência;
II – os casos previstos em lei.

**Art. 100.** É competente o foro:
I – da residência da mulher, para a ação de separação dos cônjuges e a conversão desta em divórcio e para a anulação de casamento;
▶ Inciso I com a redação dada pela Lei nº 6.515, de 26-12-1977.
▶ EC nº 66, de 13-7-2010, suprimiu o requisito da prévia separação judicial para a dissolução do casamento civil pelo divórcio.
▶ Arts. 5º, I, e 226, §§ 5º e 6º, da CF.
▶ Arts. 1.120 a 1.124-A deste Código.
▶ Arts. 1.548 a 1.564 e 1.571 a 1.582 do CC.
▶ Lei nº 6.515, de 26-12-1977 (Lei do Divórcio).

II – do domicílio ou da residência do alimentando, para a ação em que se pedem alimentos;
▶ Arts. 227, 229 e 230 da CF.
▶ Súm. nº 1 do STJ.

III – do domicílio do devedor, para a ação de anulação de títulos extraviados ou destruídos;
▶ Arts. 907 a 913 deste Código.

IV – do lugar:
a) onde está a sede, para a ação em que for ré a pessoa jurídica;
▶ Art. 75 do CC.
b) onde se acha a agência ou sucursal, quanto às obrigações que ela contraiu;
▶ Súm. nº 363 do STF.
c) onde exerce a sua atividade principal, para a ação em que for ré a sociedade, que carece de personalidade jurídica;
d) onde a obrigação deve ser satisfeita, para a ação em que se lhe exigir o cumprimento;

V – do lugar do ato ou fato:
a) para a ação de reparação do dano;
▶ Arts. 43, 186, 402 a 405 e 927 a 954 do CC.
b) para a ação em que for réu o administrador ou gestor de negócios alheios.
▶ Arts. 861 a 875, 1.010 a 1.021 e 1.060 a 1.065 do CC.

Parágrafo único. Nas ações de reparação do dano sofrido em razão de delito ou de acidente de veículos, será competente o foro do domicílio do autor ou do local do fato.
▶ Art. 275, II, d, deste Código.

**Art. 101.** Revogado. Lei nº 9.307, de 23-9-1996.

SEÇÃO IV

## DAS MODIFICAÇÕES DA COMPETÊNCIA

**Art. 102.** A competência, em razão do valor e do território, poderá modificar-se pela conexão ou continência, observado o disposto nos artigos seguintes.
▶ Art. 253 deste Código.
▶ Súm. nº 235 do STJ.

**Art. 103.** Reputam-se conexas duas ou mais ações, quando lhes for comum o objeto ou a causa de pedir.
▶ Arts. 46, III, 90 e 301 deste Código.

**Art. 104.** Dá-se a continência entre duas ou mais ações sempre que há identidade quanto às partes e à causa de pedir, mas o objeto de uma, por ser mais amplo, abrange o das outras.

**Art. 105.** Havendo conexão ou continência, o juiz, de ofício ou a requerimento de qualquer das partes, pode ordenar a reunião de ações propostas em separado, a fim de que sejam decididas simultaneamente.
▶ Arts. 115 e 253, I, deste Código.
▶ Súm. nº 235 do STJ.

**Art. 106.** Correndo em separado ações conexas perante juízes que têm a mesma competência territorial, considera-se prevento aquele que despachou em primeiro lugar.
▶ Arts. 219 e 263 deste Código.
▶ Súm. nº 235 do STJ.

**Art. 107.** Se o imóvel se achar situado em mais de um Estado ou comarca, determinar-se-á o foro pela prevenção, estendendo-se a competência sobre a totalidade do imóvel.

▶ Arts. 106 e 219 deste Código.

**Art. 108.** A ação acessória será proposta perante o juiz competente para a ação principal.

▶ Art. 800 deste Código.

**Art. 109.** O juiz da causa principal é também competente para a reconvenção, a ação declaratória incidente, as ações de garantia e outras que respeitam ao terceiro interveniente.

▶ Arts. 5º, 315 a 318 e 325 deste Código.

**Art. 110.** Se o conhecimento da lide depender necessariamente da verificação da existência de fato delituoso, pode o juiz mandar sobrestar no andamento do processo até que se pronuncie a justiça criminal.

▶ Art. 935 do CC.

▶ Súm. nº 18 do STF.

Parágrafo único. Se a ação penal não for exercida dentro de trinta dias, contados da intimação do despacho de sobrestamento, cessará o efeito deste, decidindo o juiz cível a questão prejudicial.

**Art. 111.** A competência em razão da matéria e da hierarquia é inderrogável por convenção das partes; mas estas podem modificar a competência em razão do valor e do território, elegendo foro onde serão propostas as ações oriundas de direitos e obrigações.

▶ Art. 78 do CC.

▶ Súm. nº 335 do STF.

§ 1º O acordo, porém, só produz efeito, quando constar de contrato escrito e aludir expressamente a determinado negócio jurídico.

§ 2º O foro contratual obriga os herdeiros e sucessores das partes.

SEÇÃO V

**DA DECLARAÇÃO DE INCOMPETÊNCIA**

**Art. 112.** Argúi-se, por meio de exceção, a incompetência relativa.

▶ Arts. 304, 305, parágrafo único, e 307 a 311 deste Código.

▶ Súmulas nºs 33 e 187 do STJ.

Parágrafo único. A nulidade da cláusula de eleição de foro, em contrato de adesão, pode ser declarada de ofício pelo juiz, que declinará de competência para o juízo de domicílio do réu.

▶ Parágrafo único acrescido pela Lei nº 11.280, de 16-2-2006.

▶ Art. 114 deste Código.

▶ Art. 101, I, do CDC.

**Art. 113.** A incompetência absoluta deve ser declarada de ofício e pode ser alegada, em qualquer tempo e grau de jurisdição, independentemente de exceção.

§ 1º Não sendo, porém, deduzida no prazo da contestação, ou na primeira oportunidade em que lhe couber falar nos autos, a parte responderá integralmente pelas custas.

§ 2º Declarada a incompetência absoluta, somente os atos decisórios serão nulos, remetendo-se os autos ao juiz competente.

**Art. 114.** Prorrogar-se-á a competência se dela o juiz não declinar na forma do parágrafo único do art. 112 desta Lei ou o réu não opuser exceção declinatória nos casos e prazos legais.

▶ Artigo com a redação dada pela Lei nº 11.280, de 16-2-2006.

▶ Arts. 297 a 311 deste Código.

**Art. 115.** Há conflito de competência:

I – quando dois ou mais juízes se declaram competentes;

II – quando dois ou mais juízes se consideram incompetentes;

III – quando entre dois ou mais juízes surge controvérsia acerca da reunião ou separação de processos.

▶ Art. 105 deste Código.

▶ Súm. nº 59 do STJ.

**Art. 116.** O conflito pode ser suscitado por qualquer das partes, pelo Ministério Público ou pelo juiz.

Parágrafo único. O Ministério Público será ouvido em todos os conflitos de competência; mas terá qualidade de parte naqueles que suscitar.

**Art. 117.** Não pode suscitar conflito a parte que, no processo, ofereceu exceção de incompetência.

Parágrafo único. O conflito de competência não obsta, porém, a que a parte, que o não suscitou, ofereça exceção declinatória do foro.

**Art. 118.** O conflito será suscitado ao presidente do tribunal:

I – pelo juiz, por ofício;

II – pela parte e pelo Ministério Público, por petição.

Parágrafo único. O ofício e a petição serão instruídos com os documentos necessários à prova do conflito.

**Art. 119.** Após a distribuição, o relator mandará ouvir os juízes em conflito, ou apenas o suscitado, se um deles for suscitante; dentro do prazo assinado pelo relator, caberá ao juiz ou juízes prestar as informações.

**Art. 120.** Poderá o relator, de ofício, ou a requerimento de qualquer das partes, determinar, quando o conflito for positivo, seja sobrestado o processo, mas, neste caso, bem como no de conflito negativo, designará um dos juízes para resolver, em caráter provisório, as medidas urgentes.

Parágrafo único. Havendo jurisprudência dominante do tribunal sobre a questão suscitada, o relator poderá decidir de plano o conflito de competência, cabendo agravo, no prazo de cinco dias, contado da intimação da decisão às partes, para o órgão recursal competente.

▶ Parágrafo único acrescido pela Lei nº 9.756, de 17-12-1998.

**Art. 121.** Decorrido o prazo, com informações ou sem elas, será ouvido, em cinco dias, o Ministério Público; em seguida o relator apresentará o conflito em sessão de julgamento.

**Art. 122.** Ao decidir o conflito, o tribunal declarará qual o juiz competente, pronunciando-se também sobre a validade dos atos do juiz incompetente.

Parágrafo único. Os autos do processo, em que se manifestou o conflito, serão remetidos ao juiz declarado competente.

**Art. 123.** No conflito entre turmas, seções, câmaras, Conselho Superior da Magistratura, juízes de segundo grau e desembargadores, observar-se-á o que dispuser a respeito o regimento interno do tribunal.

**Art. 124.** Os regimentos internos dos tribunais regularão o processo e julgamento do conflito de atribuições entre autoridade judiciária e autoridade administrativa.

## CAPÍTULO IV
## DO JUIZ

### Seção I
### DOS PODERES, DOS DEVERES E DA RESPONSABILIDADE DO JUIZ

**Art. 125.** O juiz dirigirá o processo conforme as disposições deste Código, competindo-lhe:

I – assegurar às partes igualdade de tratamento;
II – velar pela rápida solução do litígio;

► Art. 49 da LC nº 35, de 14-3-1979 (Lei Orgânica da Magistratura Nacional).

III – prevenir ou reprimir qualquer ato contrário à dignidade da justiça;

► Arts. 14, V, e parágrafo único, 15 a 18, 445, 446 e 599 a 601 deste Código.

IV – tentar, a qualquer tempo, conciliar as partes.

► Inciso IV acrescido pela Lei nº 8.952, de 13-12-1994.
► Arts. 447 a 449 deste Código.

**Art. 126.** O juiz não se exime de sentenciar ou despachar alegando lacuna ou obscuridade da lei. No julgamento da lide caber-lhe-á aplicar as normas legais; não as havendo, recorrerá à analogia, aos costumes e aos princípios gerais de direito.

► Artigo com a redação dada pela Lei nº 5.925, de 1º-10-1973.
► Art. 4º da LICC.

**Art. 127.** O juiz só decidirá por equidade nos casos previstos em lei.

► Art. 1.109 deste Código.

**Art. 128.** O juiz decidirá a lide nos limites em que foi proposta, sendo-lhe defeso conhecer de questões, não suscitadas, a cujo respeito a lei exige a iniciativa da parte.

► Arts. 293 e 460 deste Código.

**Art. 129.** Convencendo-se, pelas circunstâncias da causa, de que autor e réu se serviram do processo para praticar ato simulado ou conseguir fim proibido por lei, o juiz proferirá sentença que obste aos objetivos das partes.

► Arts. 17, III, e 485, III, deste Código.

**Art. 130.** Caberá ao juiz, de ofício ou a requerimento da parte, determinar as provas necessárias à instrução do processo, indeferindo as diligências inúteis ou meramente protelatórias.

► Art. 14, IV, deste Código.

**Art. 131.** O juiz apreciará livremente a prova, atendendo aos fatos e circunstâncias constantes dos autos, ainda que não alegados pelas partes; mas deverá indicar, na sentença, os motivos que lhe formaram o convencimento.

► Artigo com a redação dada pela Lei nº 5.925, de 1º-10-1973.

**Art. 132.** O juiz, titular ou substituto, que concluir a audiência, julgará a lide, salvo se estiver convocado, licenciado, afastado por qualquer motivo, promovido ou aposentado, casos em que passará os autos ao seu sucessor.

► Caput com a redação dada pela Lei nº 8.637, de 31-3-1993.

Parágrafo único. Em qualquer hipótese, o juiz que proferir a sentença, se entender necessário, poderá mandar repetir as provas já produzidas.

► Parágrafo único acrescido pela Lei nº 8.637, de 31-3-1993.

**Art. 133.** Responderá por perdas e danos o juiz, quando:

I – no exercício de suas funções, proceder com dolo ou fraude;
II – recusar, omitir ou retardar, sem justo motivo, providência que deva ordenar de ofício, ou a requerimento da parte.

► Art. 49 da LC nº 35, de 14-3-1979 (Lei Orgânica da Magistratura Nacional).
► Arts. 187, 402 a 405, 927, 940 e 1.744 do CC.

Parágrafo único. Reputar-se-ão verificadas as hipóteses previstas no nº II só depois que a parte, por intermédio do escrivão, requerer ao juiz que determine a providência e este não lhe atender o pedido dentro de dez dias.

### Seção II
### DOS IMPEDIMENTOS E DA SUSPEIÇÃO

**Art. 134.** É defeso ao juiz exercer as suas funções no processo contencioso ou voluntário:

► Súm. nº 252 do STF.

I – de que for parte;
II – em que interveio como mandatário da parte, oficiou como perito, funcionou como órgão do Ministério Público, ou prestou depoimento como testemunha;
III – que conheceu em primeiro grau de jurisdição, tendo-lhe proferido sentença ou decisão;
IV – quando nele estiver postulando, como advogado da parte, o seu cônjuge ou qualquer parente seu, consanguíneo ou afim, em linha reta; ou na linha colateral até o segundo grau;
V – quando cônjuge, parente, consanguíneo ou afim, de alguma das partes, em linha reta ou, na colateral, até o terceiro grau;
VI – quando for órgão de direção ou de administração de pessoa jurídica, parte na causa.

► Arts. 304 a 306 e 312 a 314 deste Código.

Parágrafo único. No caso do nº IV, o impedimento só se verifica quando o advogado já estava exercendo o patrocínio da causa; é, porém, vedado ao advogado pleitear no processo, a fim de criar o impedimento do juiz.

**Art. 135.** Reputa-se fundada a suspeição de parcialidade do juiz, quando:

I – amigo íntimo ou inimigo capital de qualquer das partes;
II – alguma das partes for credora ou devedora do juiz, de seu cônjuge ou de parentes destes, em linha reta ou na colateral até o terceiro grau;
III – herdeiro presuntivo, donatário ou empregador de alguma das partes;
IV – receber dádivas antes ou depois de iniciado o processo; aconselhar alguma das partes acerca do objeto da causa, ou subministrar meios para atender às despesas do litígio;
V – interessado no julgamento da causa em favor de uma das partes.

▶ Arts. 304 a 306 e 312 a 314 deste Código.

Parágrafo único. Poderá ainda o juiz declarar-se suspeito por motivo íntimo.

**Art. 136.** Quando dois ou mais juízes forem parentes, consanguíneos ou afins, em linha reta e no segundo grau na linha colateral, o primeiro, que conhecer da causa no tribunal, impede que o outro participe do julgamento; caso em que o segundo se escusará, remetendo o processo ao seu substituto legal.

**Art. 137.** Aplicam-se os motivos de impedimento e suspeição aos juízes de todos os tribunais. O juiz que violar o dever de abstenção, ou não se declarar suspeito, poderá ser recusado por qualquer das partes (artigo 304).

**Art. 138.** Aplicam-se também os motivos de impedimento e de suspeição:

I – ao órgão do Ministério Público, quando não for parte, e, sendo parte, nos casos previstos nos n°s I a IV do artigo 135;
II – ao serventuário de justiça;
III – ao perito;

▶ Inciso III com a redação dada pela Lei n° 8.455, de 24-8-1992.
▶ Art. 423 deste Código.

IV – ao intérprete.

§ 1º A parte interessada deverá arguir o impedimento ou a suspeição, em petição fundamentada e devidamente instruída, na primeira oportunidade em que lhe couber falar nos autos; o juiz mandará processar o incidente em separado e sem suspensão da causa, ouvindo o arguido no prazo de cinco dias, facultando a prova quando necessária e julgando o pedido.

§ 2º Nos tribunais caberá ao relator processar e julgar o incidente.

CAPÍTULO V

**DOS AUXILIARES DA JUSTIÇA**

**Art. 139.** São auxiliares do juízo, além de outros, cujas atribuições são determinadas pelas normas de organização judiciária, o escrivão, o oficial de justiça, o perito, o depositário, o administrador e o intérprete.

SEÇÃO I

**DO SERVENTUÁRIO E DO OFICIAL DE JUSTIÇA**

**Art. 140.** Em cada juízo haverá um ou mais ofícios de justiça, cujas atribuições são determinadas pelas normas de organização judiciária.

**Art. 141.** Incumbe ao escrivão:

I – redigir, em forma legal, os ofícios, mandados, cartas precatórias e mais atos que pertencem ao seu ofício;
II – executar as ordens judiciais, promovendo citações e intimações, bem como praticando todos os demais atos, que lhe forem atribuídos pelas normas de organização judiciária;
III – comparecer às audiências, ou, não podendo fazê-lo, designar para substituí-lo escrevente juramentado, de preferência datilógrafo ou taquígrafo;
IV – ter, sob sua guarda e responsabilidade, os autos, não permitindo que saiam de cartório, exceto:

a) quando tenham de subir à conclusão do juiz;
b) com vista aos procuradores, ao Ministério Público ou à Fazenda Pública;
c) quando devam ser remetidos ao contador ou ao partidor;
d) quando, modificando-se a competência, forem transferidos a outro juízo;

V – dar, independentemente de despacho, certidão de qualquer ato ou termo do processo, observado o disposto no artigo 155.

**Art. 142.** No impedimento do escrivão, o juiz convocar-lhe-á o substituto, e, não o havendo, nomeará pessoa idônea para o ato.

▶ Art. 138, II, deste Código.

**Art. 143.** Incumbe ao oficial de justiça:

I – fazer pessoalmente as citações, prisões, penhoras, arrestos e mais diligências próprias do seu ofício, certificando no mandado o ocorrido, com menção de lugar, dia e hora. A diligência, sempre que possível, realizar-se-á na presença de duas testemunhas;
II – executar as ordens do juiz a que estiver subordinado;
III – entregar, em cartório, o mandado, logo depois de cumprido;
IV – estar presente às audiências e coadjuvar o juiz na manutenção da ordem;
V – efetuar avaliações.

▶ Inciso V acrescido pela Lei n° 11.382, de 6-12-2006.

**Art. 144.** O escrivão e o oficial de justiça são civilmente responsáveis:

I – quando, sem justo motivo, se recusarem a cumprir, dentro do prazo, os atos que lhes impõe a lei, ou os que o juiz, a que estão subordinados, lhes comete;
II – quando praticarem ato nulo com dolo ou culpa.

SEÇÃO II

**DO PERITO**

**Art. 145.** Quando a prova do fato depender de conhecimento técnico ou científico, o juiz será assistido por perito, segundo o disposto no artigo 421.

▶ Arts. 218, § 1º, 420 a 439 deste Código.

§ 1º Os peritos serão escolhidos entre profissionais de nível universitário, devidamente inscritos no órgão de classe competente, respeitado o disposto no Capítulo VI, Seção VII, deste Código.

§ 2º Os peritos comprovarão sua especialidade na matéria sobre que deverão opinar, mediante certidão do órgão profissional em que estiverem inscritos.

§ 3º Nas localidades onde não houver profissionais qualificados que preencham os requisitos dos parágrafos anteriores, a indicação dos peritos será de livre escolha do juiz.

▶ §§ 1º a 3º acrescidos pela Lei nº 7.270, de 10-12-1984.

**Art. 146.** O perito tem o dever de cumprir o ofício, no prazo que lhe assina a lei, empregando toda a sua diligência; pode, todavia, escusar-se do encargo alegando motivo legítimo.

▶ Arts. 138, III, 153, 423, 433, 435, parágrafo único, deste Código.

Parágrafo único. A escusa será apresentada dentro de cinco dias, contados da intimação, ou do impedimento superveniente, sob pena de se reputar renunciado o direito a alegá-la (artigo 423).

▶ Parágrafo único com a redação dada pela Lei nº 8.455, de 24-8-1992.

**Art. 147.** O perito que, por dolo ou culpa, prestar informações inverídicas, responderá pelos prejuízos que causar à parte, ficará inabilitado, por dois anos, a funcionar em outras perícias e incorrerá na sanção que a lei penal estabelecer.

▶ Art. 342 do CP.

### Seção III
### DO DEPOSITÁRIO E DO ADMINISTRADOR

**Art. 148.** A guarda e conservação de bens penhorados, arrestados, sequestrados ou arrecadados serão confiadas a depositário ou a administrador, não dispondo a lei de outro modo.

▶ Art. 1.144, parágrafo único, deste Código.
▶ Súmulas nºs 304 e 305 do STJ.

**Art. 149.** O depositário ou o administrador perceberá, por seu trabalho, remuneração que o juiz fixará, atendendo à situação dos bens, ao tempo do serviço e às dificuldades de sua execução.

▶ Arts. 665, IV, e 666 deste Código.

Parágrafo único. O juiz poderá nomear, por indicação do depositário ou do administrador, um ou mais prepostos.

**Art. 150.** O depositário ou o administrador responde pelos prejuízos que, por dolo ou culpa, causar à parte, perdendo a remuneração que lhe foi arbitrada; mas tem o direito a haver o que legitimamente despendeu no exercício do encargo.

▶ Art. 919 deste Código.

### Seção IV
### DO INTÉRPRETE

**Art. 151.** O juiz nomeará intérprete toda vez que o repute necessário para:

I – analisar documento de entendimento duvidoso, redigido em língua estrangeira;
II – verter em português as declarações das partes e das testemunhas que não conhecerem o idioma nacional;
III – traduzir a linguagem mímica dos surdos-mudos, que não puderem transmitir a sua vontade por escrito.

▶ Arts. 138, IV, e 157 deste Código.

**Art. 152.** Não pode ser intérprete quem:

I – não tiver a livre administração dos seus bens;
II – for arrolado como testemunha ou servir como perito no processo;
III – estiver inabilitado ao exercício da profissão por sentença penal condenatória, enquanto durar o seu efeito.

**Art. 153.** O intérprete, oficial ou não, é obrigado a prestar o seu ofício, aplicando-se-lhe o disposto nos artigos 146 e 147.

## TÍTULO V – DOS ATOS PROCESSUAIS

### Capítulo I
### DA FORMA DOS ATOS PROCESSUAIS

*Seção I*

#### DOS ATOS EM GERAL

**Art. 154.** Os atos e termos processuais não dependem de forma determinada senão quando a lei expressamente a exigir, reputando-se válidos os que, realizados de outro modo, lhe preencham a finalidade essencial.

▶ Arts. 243, 244 e 515, § 4º, deste Código.
▶ Lei nº 9.800, de 26-5-1999, dispõe sobre utilização de sistema de transmissão de dados para a prática de atos processuais.

Parágrafo único. Os tribunais, no âmbito da respectiva jurisdição, poderão disciplinar a prática e a comunicação oficial dos atos processuais por meios eletrônicos, atendidos os requisitos de autenticidade, integridade, validade jurídica e interoperabilidade da Infraestrutura de Chaves Públicas Brasileira – ICP – Brasil.

▶ Parágrafo único com a redação dada pela Lei nº 11.280, de 16-2-2006.
▶ A alteração que seria introduzida neste parágrafo único pela Lei nº 11.419, de 19-12-2006, foi vetada, razão pela qual mantivemos a sua redação. A referida Lei acrescentou o § 2º abaixo, mas não dispôs sobre a renumeração deste parágrafo único para § 1º.

§ 2º Todos os atos e termos do processo podem ser produzidos, transmitidos, armazenados e assinados por meio eletrônico, na forma da lei.

▶ § 2º acrescido pela Lei nº 11.419, de 19-12-2006.

**Art. 155.** Os atos processuais são públicos. Correm, todavia, em segredo de justiça os processos:

▶ Arts. 5º, LX, e 93, IX, da CF.
▶ Arts. 40, I, 141, IV, 444, 815, 823 e 841 deste Código.

I – em que o exigir o interesse público;
II – que digam respeito a casamento, filiação, separação dos cônjuges, conversão desta em divórcio, alimentos e guarda de menores.

▶ Inciso II com a redação dada pela Lei nº 6.515, de 26-12-1977.

Parágrafo único. O direito de consultar os autos e de pedir certidões de seus atos é restrito às partes e a seus procuradores. O terceiro, que demonstrar interesse jurídico, pode requerer ao juiz certidão do dispositivo da sentença, bem como de inventário e partilha resultante do desquite.

▶ A Lei nº 6.515, de 26-12-1997 (Lei do Divórcio), transformou o desquite em separação.
▶ Arts. 982 e 1.124-A deste Código.

**Art. 156.** Em todos os atos e termos do processo é obrigatório o uso do vernáculo.

**Art. 157.** Só poderá ser junto aos autos documento redigido em língua estrangeira, quando acompanhado de versão em vernáculo, firmada por tradutor juramentado.

▶ Art. 224 do CC.
▶ Súm. nº 259 do STF.

### Seção II
### DOS ATOS DA PARTE

**Art. 158.** Os atos das partes, consistentes em declarações unilaterais ou bilaterais de vontade, produzem imediatamente a constituição, a modificação ou a extinção de direitos processuais.

Parágrafo único. A desistência da ação só produzirá efeito depois de homologada por sentença.

▶ Arts. 26, 253, II, 267, VIII, 298, parágrafo único, 317, 485, VIII, e 569, parágrafo único, deste Código.

**Art. 159.** Salvo no Distrito Federal e nas Capitais dos Estados, todas as petições e documentos que instruírem o processo, não constantes de registro público, serão sempre acompanhados de cópia, datada e assinada por quem os oferecer.

▶ Arts. 167, 1.063, parágrafo único, e 1.067, § 2º, deste Código.

§ 1º Depois de conferir a cópia, o escrivão ou chefe da secretaria irá formando autos suplementares, dos quais constará a reprodução de todos os atos e termos do processo original.

§ 2º Os autos suplementares só sairão de cartório para conclusão ao juiz, na falta dos autos originais.

**Art. 160.** Poderão as partes exigir recibo de petições, arrazoados, papéis e documentos que entregarem em cartório.

**Art. 161.** É defeso lançar, nos autos, cotas marginais ou interlineares; o juiz mandará riscá-las, impondo a quem as escrever multa correspondente à metade do salário mínimo vigente na sede do juízo.

▶ Art. 15 deste Código.

### Seção III
### DOS ATOS DO JUIZ

**Art. 162.** Os atos do juiz consistirão em sentenças, decisões interlocutórias e despachos.

§ 1º Sentença é o ato do juiz que implica alguma das situações previstas nos arts. 267 e 269 desta Lei.

▶ § 1º com a redação dada pela Lei nº 11.232, de 22-12-2005.

§ 2º Decisão interlocutória é o ato pelo qual o juiz, no curso do processo, resolve questão incidente.

§ 3º São despachos todos os demais atos do juiz praticados no processo, de ofício ou a requerimento da parte, a cujo respeito a lei não estabelece outra forma.

§ 4º Os atos meramente ordinatórios, como a juntada e a vista obrigatória, independem de despacho, devendo ser praticados de ofício pelo servidor e revistos pelo juiz quando necessários.

▶ § 4º acrescido pela Lei nº 8.952, de 13-12-1994.

**Art. 163.** Recebe a denominação de acórdão o julgamento proferido pelos tribunais.

**Art. 164.** Os despachos, decisões, sentenças e acórdãos serão redigidos, datados e assinados pelos juízes. Quando forem proferidos verbalmente, o taquígrafo ou o datilógrafo os registrará, submetendo-os aos juízes para revisão e assinatura.

▶ Arts. 141 e 170 deste Código.

Parágrafo único. A assinatura dos juízes, em todos os graus de jurisdição, pode ser feita eletronicamente, na forma da lei.

▶ Parágrafo único acrescido pela Lei nº 11.419, de 19-12-2006.

**Art. 165.** As sentenças e acórdãos serão proferidos com observância do disposto no artigo 458; as demais decisões serão fundamentadas, ainda que de modo conciso.

▶ Art. 93, IX, da CF.

### Seção IV
### DOS ATOS DO ESCRIVÃO OU DO CHEFE DE SECRETARIA

**Art. 166.** Ao receber a petição inicial de qualquer processo, o escrivão a autuará, mencionando o juízo, a natureza do feito, o número de seu registro, os nomes das partes e a data do seu início; e procederá do mesmo modo quanto aos volumes que se forem formando.

**Art. 167.** O escrivão numerará e rubricará todas as folhas dos autos, procedendo da mesma forma quanto aos suplementares.

Parágrafo único. Às partes, aos advogados, aos órgãos do Ministério Público, aos peritos e às testemunhas é facultado rubricar as folhas correspondentes aos atos em que intervieram.

**Art. 168.** Os termos de juntada, vista, conclusão e outros semelhantes constarão de notas datadas e rubricadas pelo escrivão.

**Art. 169.** Os atos e termos do processo serão datilografados ou escritos com tinta escura e indelével, assinando-os as pessoas que neles intervieram. Quando estas não puderem ou não quiserem firmá-los, o escrivão certificará, nos autos, a ocorrência.

§ 1º É vedado usar abreviaturas.

▶ Parágrafo único transformado em § 1º pela Lei nº 11.419, de 19-12-2006.

§ 2º Quando se tratar de processo total ou parcialmente eletrônico, os atos processuais praticados na presença do juiz poderão ser produzidos e armazenados de modo integralmente digital em arquivo eletrônico inviolável, na forma da lei, mediante registro em termo que será assinado digitalmente pelo juiz e pelo escrivão ou chefe de secretaria, bem como pelos advogados das partes.

§ 3º No caso do § 2º deste artigo, eventuais contradições na transcrição deverão ser suscitadas oralmente no momento da realização do ato, sob pena de preclusão, devendo o juiz decidir de plano, registrando-se a alegação e a decisão no termo.

▶ §§ 2º e 3º acrescidos pela Lei nº 11.419, de 19-12-2006.

**Art. 170.** É lícito o uso da taquigrafia, da estenotipia, ou de outro método idôneo, em qualquer juízo ou tribunal.
▶ Artigo com a redação dada pela Lei nº 8.952, de 13-12-1994.
▶ Arts. 141, III, e 164 deste Código.

**Art. 171.** Não se admitem, nos atos e termos, espaços em branco, bem como entrelinhas, emendas ou rasuras, salvo se aqueles forem inutilizados e estas expressamente ressalvadas.
▶ Art. 386 deste Código.

## CAPÍTULO II
## DO TEMPO E DO LUGAR DOS ATOS PROCESSUAIS

### SEÇÃO I
### DO TEMPO

**Art. 172.** Os atos processuais realizar-se-ão em dias úteis, das seis às vinte horas.
▶ *Caput* com a redação dada pela Lei nº 8.952, de 13-12-1994.

§ 1º Serão, todavia, concluídos depois das vinte horas os atos iniciados antes, quando o adiamento prejudicar a diligência ou causar grave dano.
▶ Arts. 689, 860 e 1.146 deste Código.

§ 2º A citação e a penhora poderão, em casos excepcionais, e mediante autorização expressa do juiz, realizar-se em domingos e feriados, ou nos dias úteis, fora do horário estabelecido neste artigo, observado o disposto no artigo 5º, inciso XI, da Constituição Federal.
▶ §§ 1º e 2º com a redação dada pela Lei nº 8.952, de 13-12-1994.
▶ Arts. 213 a 233, 646 e 679 deste Código.

§ 3º Quando o ato tiver que ser praticado em determinado prazo, por meio de petição, esta deverá ser apresentada no protocolo, dentro do horário de expediente, nos termos da lei de organização judiciária local.
▶ § 3º acrescido pela Lei nº 8.952, de 13-12-1994.

**Art. 173.** Durante as férias e nos feriados não se praticarão atos processuais. Excetuam-se:
I – a produção antecipada de provas (artigo 846);
II – a citação, a fim de evitar o perecimento de direito; e bem assim o arresto, o sequestro, a penhora, a arrecadação, a busca e apreensão, o depósito, a prisão, a separação de corpos, a abertura de testamento, os embargos de terceiro, a nunciação de obra nova e outros atos análogos.
▶ Arts. 646 e 679, 801 a 803, 813 a 825, 888, 889, 934 a 940, 1.046 a 1.054, 1.125 a 1.129, 1.142 a 1.151, 1.159 a 1.161 e 1.170 deste Código.

Parágrafo único. O prazo para a resposta do réu só começará a correr no primeiro dia útil seguinte ao feriado ou às férias.

**Art. 174.** Processam-se durante as férias e não se suspendem pela superveniência delas:
I – os atos de jurisdição voluntária bem como os necessários à conservação de direitos, quando possam ser prejudicados pelo adiamento;

II – as causas de alimentos provisionais, de dação ou remoção de tutores e curadores, bem como as mencionadas no artigo 275;
▶ Arts. 732 a 735 e 852 a 854 e deste Código.

III – todas as causas que a lei federal determinar.
▶ Lei nº 6.338, de 7-6-1976, inclui as ações de indenização por acidente do trabalho entre as que têm curso nas férias forenses.

**Art. 175.** São feriados, para efeito forense, os domingos e os dias declarados por lei.
▶ A alteração que seria introduzida no art. 175 pela Lei nº 10.358, de 27-12-2001, foi vetada, razão pela qual mantivemos a sua redação.

### SEÇÃO II
### DO LUGAR

**Art. 176.** Os atos processuais realizam-se de ordinário na sede do juízo. Podem, todavia, efetuar-se em outro lugar, em razão de deferência, de interesse da justiça, ou de obstáculo arguido pelo interessado e acolhido pelo juiz.
▶ Arts. 411, 440 a 443 deste Código.

## CAPÍTULO III
## DOS PRAZOS

### SEÇÃO I
### DAS DISPOSIÇÕES GERAIS

**Art. 177.** Os atos processuais realizar-se-ão nos prazos prescritos em lei. Quando esta for omissa, o juiz determinará os prazos, tendo em conta a complexidade da causa.
▶ Arts. 40, § 2º, 236, 240 a 242 e 506 deste Código.
▶ Lei nº 9.800, de 26-5-1999, dispõe sobre utilização de sistema de transmissão de dados para a prática de atos processuais.

**Art. 178.** O prazo, estabelecido pela lei ou pelo juiz, é contínuo, não se interrompendo nos feriados.
▶ A alteração que seria introduzida no art. 178 pela Lei nº 10.358, de 27-12-2001, foi vetada, razão pela qual mantivemos a sua redação.
▶ Arts. 173, 175 e 184, § 1º, e 173 deste Código.

**Art. 179.** A superveniência de férias suspenderá o curso do prazo; o que lhe sobejar recomeçará a correr do primeiro dia útil seguinte ao termo das férias.

**Art. 180.** Suspende-se também o curso do prazo por obstáculo criado pela parte ou ocorrendo qualquer das hipóteses do artigo 265, I e III; casos em que o prazo será restituído por tempo igual ao que faltava para a sua complementação.
▶ Súm. nº 173 do STF.

**Art. 181.** Podem as partes, de comum acordo, reduzir ou prorrogar o prazo dilatório; a convenção, porém, só tem eficácia se, requerida antes do vencimento do prazo, se fundar em motivo legítimo.
▶ Art. 40, § 2º, deste Código.

§ 1º O juiz fixará o dia do vencimento do prazo da prorrogação.

§ 2º As custas acrescidas ficarão a cargo da parte em favor de quem foi concedida a prorrogação.

**Art. 182.** É defeso às partes, ainda que todas estejam de acordo, reduzir ou prorrogar os prazos peremptórios. O juiz poderá, nas comarcas onde for difícil o transporte, prorrogar quaisquer prazos, mas nunca por mais de sessenta dias.

Parágrafo único. Em caso de calamidade pública, poderá ser excedido o limite previsto neste artigo para a prorrogação de prazos.

▶ Art. 507 deste Código.

**Art. 183.** Decorrido o prazo, extingue-se, independentemente de declaração judicial, o direito de praticar o ato, ficando salvo, porém, à parte provar que o não realizou por justa causa.

§ 1º Reputa-se justa causa o evento imprevisto, alheio à vontade da parte e que a impediu de praticar o ato por si ou por mandatário.

§ 2º Verificada a justa causa o juiz permitirá à parte a prática do ato no prazo que lhe assinar.

**Art. 184.** Salvo disposição em contrário, computar-se-ão os prazos, excluindo o dia do começo e incluindo o do vencimento.

▶ *Caput* com a redação dada pela Lei nº 5.925, de 1º-10-1973.

§ 1º Considera-se prorrogado o prazo até o primeiro dia útil se o vencimento cair em feriado ou em dia em que:

I – for determinado o fechamento do fórum;
II – o expediente forense for encerrado antes da hora normal.

▶ § 1º com a redação dada pela Lei nº 5.925, de 1º-10-1973.
▶ Lei nº 1.408, de 9-8-1951, prorroga vencimentos de prazos judiciais.

§ 2º Os prazos somente começam a correr do primeiro dia útil após a intimação (artigo 240 e parágrafo único).

▶ § 2º com a redação dada pela Lei nº 8.079, de 13-9-1990.
▶ Súm. nº 310 do STF.

**Art. 185.** Não havendo preceito legal nem assinação pelo juiz, será de cinco dias o prazo para a prática de ato processual a cargo da parte.

**Art. 186.** A parte poderá renunciar ao prazo estabelecido exclusivamente em seu favor.

**Art. 187.** Em qualquer grau de jurisdição, havendo motivo justificado, pode o juiz exceder, por igual tempo, os prazos que este Código lhe assina.

▶ Arts. 198 e 199 deste Código.

**Art. 188.** Computar-se-á em quádruplo o prazo para contestar e em dobro para recorrer quando a parte for a Fazenda Pública ou o Ministério Público.

▶ Art. 10 da Lei nº 9.469, de 10-7-1997, que dispõe sobre a intervenção da União nas causas em que figurarem, como autores ou réus, entes da administração indireta.
▶ Súm. nº 116 do STJ.

**Art. 189.** O juiz proferirá:

I – os despachos de expediente, no prazo de dois dias;
II – as decisões, no prazo de dez dias.

**Art. 190.** Incumbirá ao serventuário remeter os autos conclusos no prazo de vinte e quatro horas e executar os atos processuais no prazo de quarenta e oito horas, contados:

▶ Arts. 193 e 194 deste Código.

I – da data em que houver concluído o ato processual anterior, se lhe foi imposto pela lei;
II – da data em que tiver ciência da ordem, quando determinada pelo juiz.

Parágrafo único. Ao receber os autos, certificará o serventuário o dia e a hora em que ficou ciente da ordem, referida no nº II.

**Art. 191.** Quando os litisconsortes tiverem diferentes procuradores, ser-lhes-ão contados em dobro os prazos para contestar, para recorrer e, de modo geral, para falar nos autos.

▶ Arts. 40, § 2º, 49, 297, 298 e 738, § 3º, deste Código.
▶ Súm. nº 641 do STF.

**Art. 192.** Quando a lei não marcar outro prazo, as intimações somente obrigarão a comparecimento depois de decorridas vinte e quatro horas.

*Seção II*

**DA VERIFICAÇÃO DOS PRAZOS E DAS PENALIDADES**

**Art. 193.** Compete ao juiz verificar se o serventuário excedeu, sem motivo legítimo, os prazos que este Código estabelece.

**Art. 194.** Apurada a falta, o juiz mandará instaurar procedimento administrativo, na forma da Lei de Organização Judiciária.

**Art. 195.** O advogado deve restituir os autos no prazo legal. Não o fazendo, mandará o juiz, de ofício, riscar o que neles houver escrito e desentranhar as alegações e documentos que apresentar.

▶ Art. 40 deste Código.
▶ Art. 7º, XV e XVI, § 1º, 3, da Lei nº 8.906, de 4-7-1994 (Estatuto da Advocacia e da OAB).

**Art. 196.** É lícito a qualquer interessado cobrar os autos ao advogado que exceder o prazo legal. Se, intimado, não os devolver dentro em vinte e quatro horas, perderá o direito à vista fora de cartório e incorrerá em multa, correspondente à metade do salário mínimo vigente na sede do juízo.

Parágrafo único. Apurada a falta, o juiz comunicará o fato à seção local da Ordem dos Advogados do Brasil, para o procedimento disciplinar e imposição da multa.

**Art. 197.** Aplicam-se ao órgão do Ministério Público e ao representante da Fazenda Pública as disposições constantes dos artigos 195 e 196.

**Art. 198.** Qualquer das partes ou o órgão do Ministério Público poderá representar ao Presidente do Tribunal de Justiça contra o juiz que excedeu os prazos previstos em lei. Distribuída a representação ao órgão competente, instaurar-se-á procedimento para apuração da responsabilidade. O relator, conforme as circunstâncias, poderá avocar os autos em que ocorreu excesso de prazo, designando outro juiz para decidir a causa.

**Art. 199.** A disposição do artigo anterior aplicar-se-á aos tribunais superiores, na forma que dispuser o seu regimento interno.

CAPÍTULO IV

DAS COMUNICAÇÕES DOS ATOS

SEÇÃO I

DAS DISPOSIÇÕES GERAIS

**Art. 200.** Os atos processuais serão cumpridos por ordem judicial ou requisitados por carta, conforme hajam de realizar-se dentro ou fora dos limites territoriais da comarca.

**Art. 201.** Expedir-se-á carta de ordem se o juiz for subordinado ao tribunal de que ela emanar; carta rogatória, quando dirigida à autoridade judiciária estrangeira; e carta precatória, nos demais casos.

▶ A concessão de *exequatur* às cartas rogatórias passou a ser da competência do STJ, conforme art. 105, I, *i*, da CF, com a redação dada pela EC nº 45, de 8-12-2004.
▶ Arts. 658 e 747 deste Código.

SEÇÃO II

DAS CARTAS

**Art. 202.** São requisitos essenciais da carta de ordem, da carta precatória e da carta rogatória:

▶ A concessão de *exequatur* às cartas rogatórias passou a ser da competência do STJ, conforme art. 105, I, *i*, da CF, com a redação dada pela EC nº 45, de 8-12-2004.

I – a indicação dos juízes de origem e de cumprimento do ato;
II – o inteiro teor da petição, do despacho judicial e do instrumento do mandato conferido ao advogado;
III – a menção do ato processual, que lhe constitui o objeto;
IV – o encerramento com a assinatura do juiz.

§ 1º O juiz mandará trasladar, na carta, quaisquer outras peças, bem como instruí-la com mapa, desenho ou gráfico, sempre que estes documentos devam ser examinados, na diligência, pelas partes, peritos ou testemunhas.

§ 2º Quando o objeto da carta for exame pericial sobre documento, este será remetido em original, ficando nos autos reprodução fotográfica.

▶ Art. 428 deste Código.

§ 3º A carta de ordem, carta precatória ou carta rogatória pode ser expedida por meio eletrônico, situação em que a assinatura do juiz deverá ser eletrônica, na forma da lei.

▶ § 3º acrescido pela Lei nº 11.419, de 19-12-2006.
▶ A concessão de *exequatur* às cartas rogatórias passou a ser da competência do STJ, conforme art. 105, I, *i*, da CF, com a redação dada pela EC nº 45, de 8-12-2004.

**Art. 203.** Em todas as cartas declarará o juiz o prazo dentro do qual deverão ser cumpridas, atendendo à facilidade das comunicações e à natureza da diligência.

**Art. 204.** A carta tem caráter itinerante; antes ou depois de lhe ser ordenado o cumprimento, poderá ser apresentada a juízo diverso do que dela consta, a fim de se praticar o ato.

**Art. 205.** Havendo urgência, transmitir-se-ão a carta de ordem e a carta precatória por telegrama, radiograma ou telefone.

**Art. 206.** A carta de ordem e a carta precatória, por telegrama ou radiograma, conterão, em resumo substancial, os requisitos mencionados no artigo 202, bem como a declaração, pela agência expedidora, de estar reconhecida a assinatura do juiz.

**Art. 207.** O secretário do tribunal ou escrivão do juízo deprecante transmitirá, pelo telefone, a carta de ordem, ou a carta precatória ao juízo, em que houver de cumprir-se o ato, por intermédio do escrivão do primeiro ofício da primeira vara, se houver na comarca mais de um ofício ou de uma vara, observando, quanto aos requisitos, o disposto no artigo antecedente.

§ 1º O escrivão, no mesmo dia ou no dia útil imediato, telefonará ao secretário do tribunal ou ao escrivão do juízo deprecante, lendo-lhe os termos da carta e solicitando-lhe que lha confirme.

§ 2º Sendo confirmada, o escrivão submeterá a carta a despacho.

**Art. 208.** Executar-se-ão, de ofício, os atos requisitados por telegrama, radiograma ou telefone. A parte depositará, contudo, na secretaria do tribunal ou no cartório do juízo deprecante, a importância correspondente às despesas que serão feitas no juízo em que houver de praticar-se o ato.

▶ Art. 19 deste Código.

**Art. 209.** O juiz recusará cumprimento à carta precatória, devolvendo-a com despacho motivado:

I – quando não estiver revestida dos requisitos legais;
II – quando carecer de competência, em razão da matéria ou da hierarquia;
III – quando tiver dúvida acerca de sua autenticidade.

**Art. 210.** A carta rogatória obedecerá, quanto à sua admissibilidade e modo de seu cumprimento, ao disposto na convenção internacional; à falta desta, será remetida à autoridade judiciária estrangeira, por via diplomática, depois de traduzida para a língua do país em que há de praticar-se o ato.

▶ A concessão de *exequatur* às cartas rogatórias passou a ser da competência do STJ, conforme art. 105, I, *i*, da CF, com a redação dada pela EC nº 45, de 8-12-2004.

**Art. 211.** A concessão de exequibilidade às cartas rogatórias das justiças estrangeiras obedecerá ao disposto no Regimento Interno do Supremo Tribunal Federal.

▶ A concessão de *exequatur* às cartas rogatórias passou a ser da competência do STJ, conforme art. 105, I, *i*, da CF, com a redação dada pela EC nº 45, de 8-12-2004.
▶ Art. 109, X, da CF.

**Art. 212.** Cumprida a carta, será devolvida ao juízo de origem, no prazo de dez dias, independentemente de traslado, pagas as custas pela parte.

▶ Art. 19 deste Código.

SEÇÃO III

DAS CITAÇÕES

**Art. 213.** Citação é o ato pelo qual se chama a juízo o réu ou o interessado a fim de se defender.

**Art. 214.** Para a validade do processo, é indispensável a citação inicial do réu.

▶ Arts. 213 e 214 com a redação dada pela Lei nº 5.925, de 1º-10-1973.

§ 1º O comparecimento espontâneo do réu supre, entretanto, a falta de citação.

§ 2º Comparecendo o réu apenas para arguir a nulidade e sendo esta decretada, considerar-se-á feita a citação na data em que ele ou seu advogado for intimado da decisão.

**Art. 215.** Far-se-á a citação pessoalmente ao réu, ao seu representante legal ou ao procurador legalmente autorizado.

▶ Arts. 8º e 12 deste Código.

§ 1º Estando o réu ausente, a citação far-se-á na pessoa de seu mandatário, administrador, feitor ou gerente, quando a ação se originar de atos por eles praticados.

§ 2º O locador que se ausentar do Brasil sem cientificar o locatário de que deixou na localidade, onde estiver situado o imóvel, procurador com poderes para receber citação, será citado na pessoa do administrador do imóvel encarregado do recebimento dos aluguéis.

**Art. 216.** A citação efetuar-se-á em qualquer lugar em que se encontre o réu.

Parágrafo único. O militar, em serviço ativo, será citado na unidade em que estiver servindo se não for conhecida a sua residência ou nela não for encontrado.

**Art. 217.** Não se fará, porém, a citação, salvo para evitar o perecimento do direito:

I – a quem estiver assistindo a qualquer ato de culto religioso;

II – ao cônjuge ou a qualquer parente do morto, consanguíneo ou afim, em linha reta, ou na linha colateral em segundo grau, no dia do falecimento e nos sete dias seguintes;

III – aos noivos, nos três primeiros dias de bodas;

IV – aos doentes, enquanto grave o seu estado.

▶ Incisos I a IV com a redação dada pela Lei nº 8.952, de 13-12-1994.

**Art. 218.** Também não se fará citação, quando se verificar que o réu é demente ou está impossibilitado de recebê-la.

▶ Art. 1.775 do CC.

§ 1º O oficial de justiça passará certidão, descrevendo minuciosamente a ocorrência. O juiz nomeará um médico, a fim de examinar o citando. O laudo será apresentado em cinco dias.

§ 2º Reconhecida a impossibilidade, o juiz dará ao citando um curador, observando, quanto à sua escolha, a preferência estabelecida na lei civil. A nomeação é restrita à causa.

▶ Art. 9º, I, deste Código.

§ 3º A citação será feita na pessoa do curador, a quem incumbirá a defesa do réu.

**Art. 219.** A citação válida torna prevento o juízo, induz litispendência e faz litigiosa a coisa; e, ainda quando ordenada por juiz incompetente, constitui em mora o devedor e interrompe a prescrição.

▶ Caput com a redação dada pela Lei nº 5.925, de 1º-10-1973.

▶ Arts. 42, 106, 263, 301, §§ 1º a 3º, e 617 deste Código.

▶ Arts. 202 a 204 e 397 do CC.

▶ Súmulas nºs 204 e 426 do STJ.

§ 1º A interrupção da prescrição retroagirá à data da propositura da ação.

§ 2º Incumbe à parte promover a citação do réu nos dez dias subsequentes ao despacho que a ordenar, não ficando prejudicada pela demora imputável exclusivamente ao serviço judiciário.

▶ Súm. nº 106 do STJ.

§ 3º Não sendo citado o réu, o juiz prorrogará o prazo até o máximo de noventa dias.

▶ §§ 1º a 3º com a redação dada pela Lei nº 8.952, de 13-12-1994.

§ 4º Não se efetuando a citação nos prazos mencionados nos parágrafos antecedentes, haver-se-á por não interrompida a prescrição.

▶ § 4º com a redação dada pela Lei nº 5.925, de 1º-10-1973.

§ 5º O juiz pronunciará, de ofício, a prescrição.

▶ § 5º com a redação dada pela Lei nº 11.280, de 16-2-2006.

▶ Art. 295, IV, deste Código.

▶ Súmulas nºs 204 e 409 do STJ.

§ 6º Passada em julgado a sentença, a que se refere o parágrafo anterior, o escrivão comunicará ao réu o resultado do julgamento.

▶ § 6º com a redação dada pela Lei nº 5.925, de 1º-10-1973.

**Art. 220.** O disposto no artigo anterior aplica-se a todos os prazos extintivos previstos na lei.

**Art. 221.** A citação far-se-á:

I – pelo correio;

▶ Arts. 222, 223 e 241, I, deste Código.

II – por oficial de justiça;

▶ Arts. 224 a 230 e 241, II, III e IV, deste Código.

III – por edital;

▶ Arts. 231 a 233 e 241, V, deste Código.

IV – por meio eletrônico, conforme regulado em lei própria.

▶ Inciso IV acrescido pela Lei nº 11.419, de 19-12-2006.

**Art. 222.** A citação será feita pelo correio, para qualquer comarca do País, exceto:

▶ Caput com a redação dada pela Lei nº 8.710, de 24-9-1993.

a) nas ações de estado;
b) quando for ré pessoa incapaz;
c) quando for ré pessoa de direito público;
d) nos processos de execução;
e) quando o réu residir em local não atendido pela entrega domiciliar de correspondência;
f) quando o autor a requerer de outra forma.

▶ Alíneas a a f acrescidas pela Lei nº 8.710, de 24-9-1993.

**Art. 223.** Deferida a citação pelo correio, o escrivão ou chefe da secretaria remeterá ao citando cópias da petição inicial e do despacho do juiz, expressamente consignada em seu inteiro teor a advertência a que se refere o artigo 285, segunda parte, comunicando, ainda, o prazo para a resposta e o juízo e cartório, com o respectivo endereço.

▸ *Caput* com a redação dada pela Lei nº 8.710, de 24-9-1993.

Parágrafo único. A carta será registrada para entrega ao citando, exigindo-lhe o carteiro, ao fazer a entrega, que assine o recibo. Sendo o réu pessoa jurídica, será válida a entrega a pessoa com poderes de gerência geral ou de administração.

▸ Parágrafo único acrescido pela Lei nº 8.710, de 24-9-1993.
▸ Arts. 241, I, e 225 deste Código.
▸ Súm. nº 429 do STJ.

**Art. 224.** Far-se-á a citação por meio de oficial de justiça nos casos ressalvados no artigo 222, ou quando frustrada a citação pelo correio.

▸ Artigo com a redação dada pela Lei nº 8.710, de 24-9-1993.

**Art. 225.** O mandado, que o oficial de justiça tiver de cumprir, deverá conter:

I – os nomes do autor e do réu, bem como os respectivos domicílios ou residências;
II – o fim da citação, com todas as especificações constantes da petição inicial, bem como a advertência a que se refere o artigo 285, segunda parte, se o litígio versar sobre direitos disponíveis;
III – a cominação, se houver;

▸ Art. 287 deste Código.

IV – o dia, hora e lugar do comparecimento;
V – a cópia do despacho;
VI – o prazo para defesa;
VII – a assinatura do escrivão e a declaração de que o subscreve por ordem do juiz.

Parágrafo único. O mandado poderá ser em breve relatório, quando o autor entregar em cartório, com a petição inicial, tantas cópias desta quantos forem os réus; caso em que as cópias, depois de conferidas com o original, farão parte integrante do mandado.

▸ Art. 225 com a redação dada pela Lei nº 5.925, de 1º-10-1973.

**Art. 226.** Incumbe ao oficial de justiça procurar o réu e, onde o encontrar, citá-lo:

I – lendo-lhe o mandado e entregando-lhe a contrafé;
II – portando por fé se recebeu ou recusou a contrafé;
III – obtendo a nota de ciente, ou certificando que o réu não a apôs no mandado.

▸ Art. 173, II, deste Código.

**Art. 227.** Quando, por três vezes, o oficial de justiça houver procurado o réu em seu domicílio ou residência, sem o encontrar, deverá, havendo suspeita de ocultação, intimar a qualquer pessoa da família, ou em sua falta a qualquer vizinho, que, no dia imediato voltará, a fim de efetuar a citação, na hora que designar.

**Art. 228.** No dia e hora designados, o oficial de justiça, independentemente de novo despacho, comparecerá ao domicílio ou residência do citando, a fim de realizar a diligência.

▸ Arts. 70 a 78 do CC.

§ 1º Se o citando não estiver presente, o oficial de justiça procurará informar-se das razões da ausência, dando por feita a citação, ainda que o citando se tenha ocultado em outra comarca.

§ 2º Da certidão da ocorrência, o oficial de justiça deixará contrafé com pessoa da família ou com qualquer vizinho, conforme o caso, declarando-lhe o nome.

**Art. 229.** Feita a citação com hora certa, o escrivão enviará ao réu carta, telegrama ou radiograma, dando-lhe de tudo ciência.

▸ Súm. nº 196 do STJ.

**Art. 230.** Nas comarcas contíguas, de fácil comunicação, e nas que se situem na mesma região metropolitana, o oficial de justiça poderá efetuar citações ou intimações em qualquer delas.

▸ Artigo com a redação dada pela Lei nº 8.710, de 24-9-1993.
▸ Art. 238 deste Código.

**Art. 231.** Far-se-á a citação por edital:

▸ Súm. nº 282 do STJ.

I – quando desconhecido ou incerto o réu;
II – quando ignorado, incerto ou inacessível o lugar em que se encontrar;
III – nos casos expressos em lei.

▸ Art. 654 deste Código.

§ 1º Considera-se inacessível, para efeito de citação por edital, o país que recusar o cumprimento de carta rogatória.

▸ A concessão de *exequatur* às cartas rogatórias passou a ser da competência do STJ, conforme art. 105, I, *i*, da CF, com a redação dada pela EC nº 45, de 8-12-2004.

§ 2º No caso de ser inacessível o lugar em que se encontrar o réu, a notícia de sua citação será divulgada também pelo rádio, se na comarca houver emissora de radiodifusão.

**Art. 232.** São requisitos da citação por edital:

▸ *Caput* com a redação dada pela Lei nº 5.925, de 1º-10-1973.

I – a afirmação do autor, ou a certidão do oficial, quanto às circunstâncias previstas nos nºs I e II do artigo antecedente;
II – a afixação do edital, na sede do juízo, certificada pelo escrivão;
III – a publicação do edital no prazo máximo de quinze dias, uma vez no órgão oficial e pelo menos duas vezes em jornal local, onde houver;

▸ Art. 241, III, deste Código.

IV – a determinação, pelo juiz, do prazo, que variará entre vinte e sessenta dias, correndo da data da primeira publicação;

▸ Incisos I a IV com a redação dada pela Lei nº 5.925, de 1º-10-1973.
▸ Art. 942 deste Código.

V – a advertência a que se refere o artigo 285, segunda parte, se o litígio versar sobre direitos disponíveis.

▸ Inciso V acrescido pela Lei nº 5.925, de 1º-10-1973.

§ 1º Juntar-se-á aos autos um exemplar de cada publicação, bem como do anúncio, de que trata o nº II deste artigo.

**§ 2º** A publicação do edital será feita apenas no órgão oficial quando a parte for beneficiária da Assistência Judiciária.

▶ Súm. nº 196 do STJ.

**Art. 233.** A parte que requerer a citação por edital, alegando dolosamente os requisitos do artigo 231, I e II, incorrerá em multa de cinco vezes o salário mínimo vigente na sede do juízo.

Parágrafo único. A multa reverterá em benefício do citando.

## Seção IV
### DAS INTIMAÇÕES

**Art. 234.** Intimação é o ato pelo qual se dá ciência a alguém dos atos e termos do processo, para que faça ou deixe de fazer alguma coisa.

**Art. 235.** As intimações efetuam-se de ofício, em processos pendentes, salvo disposição em contrário.

**Art. 236.** No Distrito Federal e nas Capitais dos Estados e dos Territórios, consideram-se feitas as intimações pela só publicação dos atos no órgão oficial.

**§ 1º** É indispensável, sob pena de nulidade, que da publicação constem os nomes das partes e de seus advogados, suficientes para sua identificação.

**§ 2º** A intimação do Ministério Público, em qualquer caso, será feita pessoalmente.

▶ Arts. 84, 246 e 487, III, a, deste Código.

**Art. 237.** Nas demais comarcas aplicar-se-á o disposto no artigo antecedente, se houver órgão de publicação dos atos oficiais; não o havendo, competirá ao escrivão intimar, de todos os atos do processo, os advogados das partes:

I – pessoalmente, tendo domicílio na sede do juízo;

▶ Art. 1.007 deste Código.

II – por carta registrada, com aviso de recebimento, quando domiciliado fora do juízo.

Parágrafo único. As intimações podem ser feitas de forma eletrônica, conforme regulado em lei própria.

▶ Parágrafo único acrescido pela Lei nº 11.419, de 19-12-2006.

**Art. 238.** Não dispondo a lei de outro modo, as intimações serão feitas às partes, aos seus representantes legais e aos advogados pelo correio ou, se presentes em cartório, diretamente pelo escrivão ou chefe de secretaria.

▶ Caput com a redação dada pela Lei nº 8.710, de 24-9-1993.
▶ Art. 230 deste Código.

Parágrafo único. Presumem-se válidas as comunicações e intimações dirigidas ao endereço residencial ou profissional declinado na inicial, contestação ou embargos, cumprindo às partes atualizar o respectivo endereço sempre que houver modificação temporária ou definitiva.

▶ Parágrafo único acrescido pela Lei nº 11.382, de 6-12-2006.
▶ Art. 39, parágrafo único, deste Código.

**Art. 239.** Far-se-á a intimação por meio de oficial de justiça quando frustrada a realização pelo correio.

▶ Caput com a redação dada pela Lei nº 8.710, de 24-9-1993.

Parágrafo único. A certidão de intimação deve conter:

▶ Parágrafo único com a redação dada pela Lei nº 8.710, de 24-9-1993.

I – a indicação do lugar e a descrição da pessoa intimada, mencionando, quando possível, o número de sua carteira de identidade e o órgão que a expediu;

II – a declaração de entrega da contrafé;

III – a nota de ciente ou certidão de que o interessado não a apôs no mandado.

▶ Inciso III com a redação dada pela Lei nº 8.952, de 13-12-1994.
▶ Mantivemos "interessado", conforme publicação oficial; a expressão deve ser entendida como "intimado".

**Art. 240.** Salvo disposição em contrário, os prazos para as partes, para a Fazenda Pública e para o Ministério Público contar-se-ão da intimação.

Parágrafo único. As intimações consideram-se realizadas no primeiro dia útil seguinte, se tiverem ocorrido em dia em que não tenha havido expediente forense.

▶ Parágrafo único acrescido pela Lei nº 8.079, de 13-9-1993.

**Art. 241.** Começa a correr o prazo:

I – quando a citação ou intimação for pelo correio, da data de juntada aos autos do aviso de recebimento;

▶ Súm. nº 429 do STJ.

II – quando a citação ou intimação for por oficial de justiça, da data de juntada aos autos do mandado cumprido;

III – quando houver vários réus, da data de juntada aos autos do último aviso de recebimento ou mandado citatório cumprido;

IV – quando o ato se realizar em cumprimento de carta de ordem, precatória ou rogatória, da data de sua juntada aos autos devidamente cumprida;

V – quando a citação for por edital, finda a dilação assinada pelo juiz.

▶ Art. 241 com a redação dada pela Lei nº 8.710, de 24-9-1993.

**Art. 242.** O prazo para a interposição de recurso conta-se da data, em que os advogados são intimados da decisão, da sentença ou do acórdão.

▶ Lei nº 9.800, de 26-5-1999, dispõe sobre utilização de sistema de transmissão de dados para a prática de atos processuais.

**§ 1º** Reputam-se intimados na audiência, quando nesta é publicada a decisão ou a sentença.

**§ 2º** Havendo antecipação da audiência, o juiz, de ofício ou a requerimento da parte, mandará intimar pessoalmente os advogados para ciência da nova designação.

▶ §§ 1º e 2º com a redação dada pela Lei nº 8.952, de 13-12-1994.

## CAPÍTULO V

### DAS NULIDADES

**Art. 243.** Quando a lei prescrever determinada forma, sob pena de nulidade, a decretação desta não pode ser requerida pela parte que lhe deu causa.

**Art. 244.** Quando a lei prescrever determinada forma, sem cominação de nulidade, o juiz considerará válido o ato se, realizado de outro modo, lhe alcançar a finalidade.

▶ Art. 154 deste Código.

**Art. 245.** A nulidade dos atos deve ser alegada na primeira oportunidade em que couber à parte falar nos autos, sob pena de preclusão.

Parágrafo único. Não se aplica esta disposição às nulidades que o juiz deva decretar de ofício, nem prevalece a preclusão, provando a parte legítimo impedimento.

**Art. 246.** É nulo o processo, quando o Ministério Público não for intimado a acompanhar o feito em que deva intervir.

▶ Arts. 84, 236, § 2º, e 487, III, *a*, deste Código.
▶ Art. 25, parágrafo único, da Lei nº 8.625, de 12-2-1993 (Lei Orgânica Nacional do Ministério Público).

Parágrafo único. Se o processo tiver corrido, sem conhecimento do Ministério Público, o juiz o anulará a partir do momento em que o órgão devia ter sido intimado.

**Art. 247.** As citações e as intimações serão nulas, quando feitas sem observância das prescrições legais.

▶ Arts. 213 a 233 e 241 deste Código.

**Art. 248.** Anulado o ato, reputam-se de nenhum efeito todos os subsequentes, que dele dependam; todavia, a nulidade de uma parte do ato não prejudicará as outras, que dela sejam independentes.

▶ Art. 184 do CC.

**Art. 249.** O juiz, ao pronunciar a nulidade, declarará que atos são atingidos, ordenando as providências necessárias, a fim de que sejam repetidos, ou retificados.

▶ Arts. 154 e 515, § 4º, deste Código.

§ 1º O ato não se repetirá nem se lhe suprirá a falta quando não prejudicar a parte.

§ 2º Quando puder decidir do mérito a favor da parte a quem aproveite a declaração da nulidade, o juiz não a pronunciará nem mandará repetir o ato, ou suprir-lhe a falta.

**Art. 250.** O erro de forma do processo acarreta unicamente a anulação dos atos que não possam ser aproveitados, devendo praticar-se os que forem necessários, a fim de se observarem, quanto possível, as prescrições legais.

Parágrafo único. Dar-se-á o aproveitamento dos atos praticados, desde que não resulte prejuízo à defesa.

## CAPÍTULO VI

### DE OUTROS ATOS PROCESSUAIS

*Seção I*

#### DA DISTRIBUIÇÃO E DO REGISTRO

**Art. 251.** Todos os processos estão sujeitos a registro, devendo ser distribuídos onde houver mais de um juiz ou mais de um escrivão.

**Art. 252.** Será alternada a distribuição entre juízes e escrivães, obedecendo a rigorosa igualdade.

**Art. 253.** Distribuir-se-ão por dependência as causas de qualquer natureza:

▶ Caput com a redação dada pela Lei nº 10.358, de 27-12-2001.

I – quando se relacionarem, por conexão ou continência, com outra já ajuizada;

▶ Inciso I acrescido pela Lei nº 10.358, de 27-12-2001.
▶ Súm. nº 235 do STJ.

II – quando, tendo sido extinto o processo, sem julgamento de mérito, for reiterado o pedido, ainda que em litisconsórcio com outros autores ou que sejam parcialmente alterados os réus da demanda;

▶ Inciso II com a redação dada pela Lei nº 11.280, de 16-2-2006.
▶ Arts. 26, 102 a 106 e 158, parágrafo único, deste Código.

III – quando houver ajuizamento de ações idênticas, ao juízo prevento.

▶ Inciso III acrescido pela Lei nº 11.280, de 16-2-2006.
▶ Arts. 26, 102 a 106, 268 e 301, § 2º, deste Código.

Parágrafo único. Havendo reconvenção ou intervenção de terceiro, o juiz, de ofício, mandará proceder à respectiva anotação pelo distribuidor.

▶ Art. 315 deste Código.

**Art. 254.** É defeso distribuir a petição não acompanhada do instrumento do mandato, salvo:

I – se o requerente postular em causa própria;
II – se a procuração estiver junta aos autos principais;
III – no caso previsto no artigo 37.

**Art. 255.** O juiz, de ofício ou a requerimento do interessado, corrigirá o erro ou a falta de distribuição, compensando-a.

**Art. 256.** A distribuição poderá ser fiscalizada pela parte ou por seu procurador.

**Art. 257.** Será cancelada a distribuição do feito que, em trinta dias, não for preparado no cartório em que deu entrada.

*Seção II*

#### DO VALOR DA CAUSA

**Art. 258.** A toda causa será atribuído um valor certo, ainda que não tenha conteúdo econômico imediato.

▶ Art. 259 deste Código.

**Art. 259.** O valor da causa constará sempre da petição inicial e será:

I – na ação de cobrança de dívida, a soma do principal, da pena e dos juros vencidos até a propositura da ação;
II – havendo cumulação de pedidos, a quantia correspondente à soma dos valores de todos eles;
III – sendo alternativos os pedidos, o de maior valor;
IV – se houver também pedido subsidiário, o valor do pedido principal;
V – quando o litígio tiver por objeto a existência, validade, cumprimento, modificação ou rescisão de negócio jurídico, o valor do contrato;
VI – na ação de alimentos, a soma de doze prestações mensais, pedidas pelo autor;

VII – na ação de divisão, de demarcação e de reivindicação, a estimativa oficial para lançamento do imposto.

▶ Arts. 946 a 981 deste Código.

**Art. 260.** Quando se pedirem prestações vencidas e vincendas, tomar-se-á em consideração o valor de umas e outras. O valor das prestações vincendas será igual a uma prestação anual, se a obrigação for por tempo indeterminado, ou por tempo superior a um ano; se, por tempo inferior, será igual à soma das prestações.

▶ Art. 290 deste Código.

**Art. 261.** O réu poderá impugnar, no prazo da contestação, o valor atribuído à causa pelo autor. A impugnação será autuada em apenso, ouvindo-se o autor no prazo de cinco dias. Em seguida o juiz, sem suspender o processo, servindo-se, quando necessário, do auxílio de perito, determinará, no prazo de dez dias, o valor da causa.

▶ Art. 297 deste Código.

Parágrafo único. Não havendo impugnação, presume-se aceito o valor atribuído à causa na petição inicial.

## TÍTULO VI – DA FORMAÇÃO, DA SUSPENSÃO E DA EXTINÇÃO DO PROCESSO

### Capítulo I
### DA FORMAÇÃO DO PROCESSO

**Art. 262.** O processo civil começa por iniciativa da parte, mas se desenvolve por impulso oficial.

▶ Arts. 125, 128 e 130 deste Código.

**Art. 263.** Considera-se proposta a ação, tanto que a petição inicial seja despachada pelo juiz, ou simplesmente distribuída, onde houver mais de uma vara. A propositura da ação, todavia, só produz, quanto ao réu, os efeitos mencionados no artigo 219 depois que for validamente citado.

▶ Arts. 87 e 106 deste Código.

**Art. 264.** Feita a citação, é defeso ao autor modificar o pedido ou a causa de pedir, sem o consentimento do réu, mantendo-se as mesmas partes, salvo as substituições permitidas por lei.

▶ Arts. 41 a 43 e 1.055 a 1.062 deste Código.

Parágrafo único. A alteração do pedido ou da causa de pedir em nenhuma hipótese será permitida após o saneamento do processo.

▶ Art. 264 com a redação dada pela Lei nº 5.925, de 1º-10-1973.

### Capítulo II
### DA SUSPENSÃO DO PROCESSO

**Art. 265.** Suspende-se o processo:

I – pela morte ou perda da capacidade processual de qualquer das partes, de seu representante legal ou de seu procurador;

▶ Arts. 12, 13, 43, 45, 180 e 991 deste Código.

II – pela convenção das partes;
III – quando for oposta exceção de incompetência do juízo, da câmara ou do tribunal, bem como de suspeição ou impedimento do juiz;

▶ Arts. 304 a 312 e 791, II, deste Código.

IV – quando a sentença de mérito:
a) depender do julgamento de outra causa, ou da declaração da existência ou inexistência da relação jurídica, que constitua o objeto principal de outro processo pendente;
b) não puder ser proferida senão depois de verificado determinado fato, ou de produzida certa prova, requisitada a outro juízo;

▶ Art. 338 deste Código.

c) tiver por pressuposto o julgamento de questão de estado, requerido como declaração incidente;

V – por motivo de força maior;
VI – nos demais casos, que este Código regula.

▶ Arts. 43, 51, I, 60, 64, 72, 394 e 881 deste Código.

§ 1º No caso de morte ou perda da capacidade processual de qualquer das partes, ou de seu representante legal, provado o falecimento ou a incapacidade, o juiz suspenderá o processo, salvo se já tiver iniciado a audiência de instrução e julgamento; caso em que:

a) o advogado continuará no processo até o encerramento da audiência;
b) o processo só se suspenderá a partir da publicação da sentença ou do acórdão.

§ 2º No caso de morte do procurador de qualquer das partes, ainda que iniciada a audiência de instrução e julgamento, o juiz marcará, a fim de que a parte constitua novo mandatário, o prazo de vinte dias, findo o qual extinguirá o processo sem julgamento do mérito, se o autor não nomear novo mandatário, ou mandará prosseguir no processo, à revelia do réu, tendo falecido o advogado deste.

▶ Arts. 267 e 322 deste Código.

§ 3º A suspensão do processo por convenção das partes, de que trata o nº II, nunca poderá exceder seis meses; findo o prazo, o escrivão fará os autos conclusos ao juiz, que ordenará o prosseguimento do processo.

§ 4º No caso do nº III, a exceção, em primeiro grau de jurisdição, será processada na forma do disposto neste Livro, Título VIII, Capítulo II, Seção III; e, no tribunal, consoante lhe estabelecer o regimento interno.

▶ Arts. 304 a 314 deste Código.

§ 5º Nos casos enumerados nas letras a, b e c do nº IV, o período de suspensão nunca poderá exceder um ano. Findo este prazo, o juiz mandará prosseguir no processo.

**Art. 266.** Durante a suspensão é defeso praticar qualquer ato processual; poderá o juiz, todavia, determinar a realização de atos urgentes, a fim de evitar dano irreparável.

▶ Arts. 180 e 793 deste Código.

### Capítulo III
### DA EXTINÇÃO DO PROCESSO

▶ Arts. 162, § 1º, e 329 deste Código.

**Art. 267.** Extingue-se o processo, sem resolução de mérito:

▶ Caput com a redação dada pela Lei nº 11.232, de 22-12-2005.

I – quando o juiz indeferir a petição inicial;
▶ Art. 295 deste Código.

II – quando ficar parado durante mais de um ano por negligência das partes;

III – quando, por não promover os atos e diligências que lhe competir, o autor abandonar a causa por mais de trinta dias;
▶ Súm. nº 240 do STJ.

IV – quando se verificar a ausência de pressupostos de constituição e de desenvolvimento válido e regular do processo;

V – quando o juiz acolher a alegação de perempção, litispendência ou de coisa julgada;
▶ Art. 268, parágrafo único, deste Código.

VI – quando não concorrer qualquer das condições da ação, como a possibilidade jurídica, a legitimidade das partes e o interesse processual;

VII – pela convenção de arbitragem;
▶ Inciso VII com a redação dada pela Lei nº 9.307, de 23-9-1996.

VIII – quando o autor desistir da ação;
▶ Arts. 26, 158, parágrafo único, 253, II, 298, parágrafo único, 317, 485, VIII, e 569, parágrafo único, deste Código.

IX – quando a ação for considerada intransmissível por disposição legal;

X – quando ocorrer confusão entre autor e réu;
▶ Arts. 381 a 384 do CC.

XI – nos demais casos prescritos neste Código.

§ 1º O juiz ordenará, nos casos dos nºs II e III, o arquivamento dos autos, declarando a extinção do processo, se a parte, intimada pessoalmente, não suprir a falta em quarenta e oito horas.

§ 2º No caso do parágrafo anterior, quanto ao nº II, as partes pagarão proporcionalmente as custas e, quanto ao nº III, o autor será condenado ao pagamento das despesas e honorários de advogado (artigo 28).
▶ Arts. 26 e 28 deste Código.

§ 3º O juiz conhecerá de ofício, em qualquer tempo e grau de jurisdição, enquanto não proferida a sentença de mérito, da matéria constante dos nºs IV, V e VI; todavia, o réu que a não alegar, na primeira oportunidade em que lhe caiba falar nos autos, responderá pelas custas de retardamento.
▶ Art. 301, § 4º, deste Código.

§ 4º Depois de decorrido o prazo para a resposta, o autor não poderá, sem o consentimento do réu, desistir da ação.
▶ Arts. 26 e 297 deste Código.

**Art. 268.** Salvo o disposto no artigo 267, V, a extinção do processo não obsta a que o autor intente de novo a ação. A petição inicial, todavia, não será despachada sem a prova do pagamento ou do depósito das custas e dos honorários de advogado.
▶ Art. 810 deste Código.

Parágrafo único. Se o autor der causa, por três vezes, à extinção do processo pelo fundamento previsto no nº III do artigo anterior, não poderá intentar nova ação contra o réu com o mesmo objeto, ficando-lhe ressalvada, entretanto, a possibilidade de alegar em defesa o seu direito.

**Art. 269.** Haverá resolução de mérito:
▶ Caput com a redação dada pela Lei nº 11.232, de 22-12-2005.

I – quando o juiz acolher ou rejeitar o pedido do autor;

II – quando o réu reconhecer a procedência do pedido;
▶ Art. 26 deste Código.

III – quando as partes transigirem;
▶ Arts. 840 a 850 do CC.

IV – quando o juiz pronunciar a decadência ou a prescrição;
▶ Art. 219, § 5º, deste Código.
▶ Súmulas nºs 149, 150, 151, 153, 154, 383, 443, 445 e 494 do STF.
▶ Súmulas nºs 101 e 119 do STJ.

V – quando o autor renunciar ao direito sobre que se funda a ação.
▶ Incisos I a V com a redação pela Lei nº 5.925, de 1º-10-1973.
▶ Art. 26 deste Código.

## TÍTULO VII – DO PROCESSO E DO PROCEDIMENTO

### Capítulo I

### DAS DISPOSIÇÕES GERAIS

**Art. 270.** Este Código regula o processo de conhecimento (Livro I), de execução (Livro II), cautelar (Livro III) e os procedimentos especiais (Livro IV).

**Art. 271.** Aplica-se a todas as causas o procedimento comum, salvo disposição em contrário deste Código ou de lei especial.

**Art. 272.** O procedimento comum é ordinário ou sumário.
▶ Caput com a redação dada pela Lei nº 8.952, de 13-12-1994.

Parágrafo único. O procedimento especial e o procedimento sumário regem-se pelas disposições que lhes são próprias, aplicando-se-lhes, subsidiariamente, as disposições gerais do procedimento ordinário.
▶ Parágrafo único acrescido pela Lei nº 8.952, de 13-12-1994.

**Art. 273.** O juiz poderá, a requerimento da parte, antecipar, total ou parcialmente, os efeitos da tutela pretendida no pedido inicial, desde que, existindo prova inequívoca, se convença da verossimilhança da alegação e:
▶ Caput com a redação dada pela Lei nº 8.952, de 13-12-1994.

I – haja fundado receio de dano irreparável ou de difícil reparação; ou

II – fique caracterizado o abuso de direito de defesa ou o manifesto propósito protelatório do réu.
▶ Incisos I e II acrescidos pela Lei nº 8.952, de 13-12-1994.
▶ Art. 5º, LXXVIII, da CF.
▶ Art. 7º, § 5º, da Lei nº 12.016, de 7-8-2009 (Lei do Mandado de Segurança Individual e Coletivo).
▶ Súm. nº 212 do STJ.

§ 1º Na decisão que antecipar a tutela, o juiz indicará, de modo claro e preciso, as razões do seu convencimento.

§ 2º Não se concederá a antecipação da tutela quando houver perigo de irreversibilidade do provimento antecipado.

▶ §§ 1º e 2º acrescidos pela Lei nº 8.952, de 13-12-1994.

§ 3º A efetivação da tutela antecipada observará, no que couber e conforme sua natureza, as normas previstas nos arts. 588, 461, §§ 4º e 5º, e 461-A.

▶ § 3º com a redação dada pela Lei nº 10.444, de 7-5-2002.
▶ A Lei nº 11.232, de 11-12-2005, revogou o art. 588 do CPC.
▶ A referência ao art. 588 deve ser entendida como ao art. 475-O, que trata atualmente da execução provisória.

§ 4º A tutela antecipada poderá ser revogada ou modificada a qualquer tempo, em decisão fundamentada.

§ 5º Concedida ou não a antecipação da tutela, prosseguirá o processo até final julgamento.

▶ §§ 4º e 5º acrescidos pela Lei nº 8.952, de 13-12-1994.

§ 6º A tutela antecipada também poderá ser concedida quando um ou mais dos pedidos cumulados, ou parcela deles, mostrar-se incontroverso.

§ 7º Se o autor, a título de antecipação de tutela, requerer providência de natureza cautelar, poderá o juiz, quando presentes os respectivos pressupostos, deferir a medida cautelar em caráter incidental do processo ajuizado.

▶ §§ 6º e 7º acrescidos pela Lei nº 10.444, de 7-5-2002.

Capítulo II

**DO PROCEDIMENTO ORDINÁRIO**

**Art. 274.** O procedimento ordinário reger-se-á segundo as disposições dos Livros I e II deste Código.

Capítulo III

**DO PROCEDIMENTO SUMÁRIO**

**Art. 275.** Observar-se-á o procedimento sumário:

▶ Caput com a redação dada pela Lei nº 9.245, de 26-12-1995.

I – nas causas cujo valor não exceda a sessenta vezes o valor do salário mínimo;

▶ Inciso I com a redação dada pela Lei nº 10.444, de 7-5-2002.

II – nas causas, qualquer que seja o valor:

▶ Inciso II com a redação dada pela Lei nº 9.245, de 26-12-1995, e retificada no DOU de 4-1-1996.

a) de arrendamento rural e de parceria agrícola;
b) de cobrança ao condômino de quaisquer quantias devidas ao condomínio;
c) de ressarcimento por danos em prédio urbano ou rústico;
d) de ressarcimento por danos causados em acidente de veículo de via terrestre;

▶ Art. 475-A, § 3º, deste Código.

e) de cobrança de seguro, relativamente aos danos causados em acidente de veículo, ressalvados os casos de processo de execução;

▶ Art. 475-A, § 3º, deste Código.

f) de cobrança de honorários dos profissionais liberais, ressalvado o disposto em legislação especial;

▶ Alíneas a a f com a redação dada pela Lei nº 9.245, de 26-12-1995.

g) que versem sobre revogação de doação;

▶ Alínea g acrescida pela Lei nº 12.122, de 15-12-2009.

h) nos demais casos previstos em lei.

▶ Anterior alínea g reordenada para alínea h pela Lei nº 12.122, de 15-12-2009.

Parágrafo único. Este procedimento não será observado nas ações relativas ao estado e à capacidade das pessoas.

▶ Parágrafo único com a redação dada pela Lei nº 9.245, de 26-12-1995.

**Art. 276.** Na petição inicial, o autor apresentará o rol de testemunhas e, se requerer perícia, formulará quesitos, podendo indicar assistente técnico.

▶ Artigo com a redação dada pela Lei nº 9.245, de 26-12-1995.

**Art. 277.** O juiz designará a audiência de conciliação a ser realizada no prazo de trinta dias, citando-se o réu com a antecedência mínima de dez dias e sob a advertência prevista no § 2º deste artigo, determinando o comparecimento das partes. Sendo ré a Fazenda Pública, os prazos contar-se-ão em dobro.

▶ Caput com a redação dada pela Lei nº 9.245, de 26-12-1995.

§ 1º A conciliação será reduzida a termo e homologada por sentença, podendo o juiz ser auxiliado por conciliador.

§ 2º Deixando injustificadamente o réu de comparecer à audiência, reputar-se-ão verdadeiros os fatos alegados na petição inicial (artigo 319), salvo se o contrário resultar da prova dos autos, proferindo o juiz, desde logo, a sentença.

§ 3º As partes comparecerão pessoalmente à audiência, podendo fazer-se representar por preposto com poderes para transigir.

§ 4º O juiz, na audiência, decidirá de plano a impugnação ao valor da causa ou a controvérsia sobre a natureza da demanda, determinando, se for o caso, a conversão do procedimento sumário em ordinário.

§ 5º A conversão também ocorrerá quando houver necessidade de prova técnica de maior complexidade.

▶ §§ 1º a 5º acrescidos pela Lei nº 9.245, de 26-12-1995.

**Art. 278.** Não obtida a conciliação, oferecerá o réu, na própria audiência, resposta escrita ou oral, acompanhada de documentos e rol de testemunhas e, se requerer perícia, formulará seus quesitos desde logo, podendo indicar assistente técnico.

§ 1º É lícito ao réu, na contestação, formular pedido em seu favor, desde que fundado nos mesmos fatos referidos na inicial.

§ 2º Havendo necessidade de produção de prova oral e não ocorrendo qualquer das hipóteses previstas nos ar-

tigos 329 e 330, I e II, será designada audiência de instrução e julgamento para data próxima, não excedente de trinta dias, salvo se houver determinação de perícia.
▶ Art. 278 com a redação dada pela Lei nº 9.245, de 26-12-1995.

**Art. 279.** Os atos probatórios realizados em audiência poderão ser documentados mediante taquigrafia, estenotipia ou outro método hábil de documentação, fazendo-se a respectiva transcrição se a determinar o juiz.
▶ *Caput* com a redação dada pela Lei nº 9.245, de 26-12-1995.

Parágrafo único. Nas comarcas ou varas em que não for possível a taquigrafia, a estenotipia, ou outro método de documentação, os depoimentos serão reduzidos a termo, do qual constará apenas o essencial.
▶ Parágrafo único acrescido pela Lei nº 9.245, de 26-12-1995.

**Art. 280.** No procedimento sumário não são admissíveis a ação declaratória incidental e a intervenção de terceiros, salvo a assistência, o recurso de terceiro prejudicado e a intervenção fundada em contrato de seguro.
▶ Artigo com a redação dada pela Lei nº 10.444, de 7-5-2002.

**Art. 281.** Findos a instrução e os debates orais, o juiz proferirá sentença na própria audiência ou no prazo de dez dias.
▶ Artigo com a redação dada pela Lei nº 9.245, de 26-12-1995.

## TÍTULO VIII – DO PROCEDIMENTO ORDINÁRIO

### CAPÍTULO I

### DA PETIÇÃO INICIAL
*Seção I*

#### DOS REQUISITOS DA PETIÇÃO INICIAL

**Art. 282.** A petição inicial indicará:
I – o juiz ou tribunal, a que é dirigida;
II – os nomes, prenomes, estado civil, profissão, domicílio e residência do autor e do réu;
III – o fato e os fundamentos jurídicos do pedido;
IV – o pedido, com as suas especificações;
V – o valor da causa;
VI – as provas com que o autor pretende demonstrar a verdade dos fatos alegados;
VII – o requerimento para a citação do réu.
▶ Arts. 57, 284 a 296, 488, 801, 936 e 967 deste Código.

**Art. 283.** A petição inicial será instruída com os documentos indispensáveis à propositura da ação.
▶ Art. 396 deste Código.

**Art. 284.** Verificando o juiz que a petição inicial não preenche os requisitos exigidos nos artigos 282 e 283, ou que apresenta defeitos e irregularidades capazes de dificultar o julgamento de mérito, determinará que o autor a emende, ou a complete, no prazo de dez dias.

Parágrafo único. Se o autor não cumprir a diligência, o juiz indeferirá a petição inicial.
▶ Art. 295, VI, deste Código.

**Art. 285.** Estando em termos a petição inicial, o juiz a despachará, ordenando a citação do réu, para responder; do mandado constará que, não sendo contestada a ação, se presumirão aceitos pelo réu, como verdadeiros, os fatos articulados pelo autor.
▶ Artigo com a redação dada pela Lei nº 5.925, de 1º-10-1973.
▶ Arts. 223, 225 e 232, V, deste Código.

**Art. 285-A.** Quando a matéria controvertida for unicamente de direito e no juízo já houver sido proferida sentença de total improcedência em outros casos idênticos, poderá ser dispensada a citação e proferida sentença, reproduzindo-se o teor da anteriormente prolatada.
▶ Art. 513 e seguintes deste Código.

§ 1º Se o autor apelar, é facultado ao juiz decidir, no prazo de 5 (cinco) dias, não manter a sentença e determinar o prosseguimento da ação.

§ 2º Caso seja mantida a sentença, será ordenada a citação do réu para responder ao recurso.
▶ Art. 285-A acrescido pela Lei nº 11.277, de 7-2-2006.

*SEÇÃO II*

#### DO PEDIDO

**Art. 286.** O pedido deve ser certo ou determinado. É lícito, porém, formular pedido genérico:
I – nas ações universais, se não puder o autor individuar na petição os bens demandados;
II – quando não for possível determinar, de modo definitivo, as consequências do ato ou do fato ilícito;
III – quando a determinação do valor da condenação depender de ato que deva ser praticado pelo réu.
▶ Art. 286 com a redação dada pela Lei nº 5.925, de 1º-10-1973.

**Art. 287.** Se o autor pedir que seja imposta ao réu a abstenção da prática de algum ato, tolerar alguma atividade, prestar ato ou entregar coisa, poderá requerer cominação de pena pecuniária para o caso de descumprimento da sentença ou da decisão antecipatória de tutela (arts. 461, § 4º, e 461-A).
▶ Artigo com a redação dada pela Lei nº 10.444, de 7-5-2002.
▶ Súm. nº 500 do STF.

**Art. 288.** O pedido será alternativo, quando, pela natureza da obrigação, o devedor puder cumprir a prestação de mais de um modo.
▶ Art. 259, III, deste Código.
▶ Arts. 252 a 256 do CC.

Parágrafo único. Quando, pela lei ou pelo contrato, a escolha couber ao devedor, o juiz lhe assegurará o direito de cumprir a prestação de um ou de outro modo, ainda que o autor não tenha formulado pedido alternativo.

**Art. 289.** É lícito formular mais de um pedido em ordem sucessiva, a fim de que o juiz conheça do posterior, em não podendo acolher o anterior.

**Art. 290.** Quando a obrigação consistir em prestações periódicas, considerar-se-ão elas incluídas no pedido, independentemente de declaração expressa do autor; se o devedor, no curso do processo, deixar de pagá-las ou de consigná-las, a sentença as incluirá na condenação, enquanto durar a obrigação.
▶ Art. 892 deste Código.

**Art. 291.** Na obrigação indivisível com pluralidade de credores, aquele que não participou do processo receberá a sua parte, deduzidas as despesas na proporção de seu crédito.

▶ Arts. 892 a 895 deste Código.

**Art. 292.** É permitida a cumulação, num único processo, contra o mesmo réu, de vários pedidos, ainda que entre eles não haja conexão.

§ 1º São requisitos de admissibilidade da cumulação:

I – que os pedidos sejam compatíveis entre si;
II – que seja competente para conhecer deles o mesmo juízo;
III – que seja adequado para todos os pedidos o tipo de procedimento.

§ 2º Quando, para cada pedido, corresponder tipo diverso de procedimento, admitir-se-á a cumulação, se o autor empregar o procedimento ordinário.

▶ Arts. 274 e 295, V, deste Código.

**Art. 293.** Os pedidos são interpretados restritivamente compreendendo-se, entretanto, no principal os juros legais.

▶ Arts. 128, 274, 295, V, 460, 475-G e 743 deste Código.
▶ Súmulas nºs 163 e 254 do STF.

**Art. 294.** Antes da citação, o autor poderá aditar o pedido, correndo à sua conta as custas acrescidas em razão dessa iniciativa.

▶ Artigo com a redação dada pela Lei nº 8.718, de 14-10-1993.
▶ Art. 74 deste Código.

Seção III

## DO INDEFERIMENTO DA PETIÇÃO INICIAL

**Art. 295.** A petição inicial será indeferida:

I – quando for inepta;
II – quando a parte for manifestamente ilegítima;
III – quando o autor carecer de interesse processual;

▶ Arts. 51 e 82, III, deste Código.

IV – quando o juiz verificar, desde logo, a decadência ou a prescrição (artigo 219, § 5º);
V – quando o tipo de procedimento, escolhido pelo autor, não corresponder à natureza da causa, ou ao valor da ação; caso em que só não será indeferida, se puder adaptar-se ao tipo de procedimento legal;

▶ Arts. 250 e 286 a 294 deste Código.

VI – quando não atendidas as prescrições do artigo 39, parágrafo único, primeira parte, e artigo 284.

Parágrafo único. Considera-se inepta a petição inicial quando:

I – lhe faltar pedido ou causa de pedir;
II – da narração dos fatos não decorrer logicamente a conclusão;
III – o pedido for juridicamente impossível;
IV – contiver pedidos incompatíveis entre si.

▶ Art. 295 com a redação dada pela Lei nº 5.925, de 1º-10-1973.
▶ Arts. 267, I, 284, parágrafo único, 490 e 739 deste Código.

**Art. 296.** Indeferida a petição inicial, o autor poderá apelar, facultado ao juiz, no prazo de quarenta e oito horas, reformar sua decisão.

Parágrafo único. Não sendo reformada a decisão, os autos serão imediatamente encaminhados ao tribunal competente.

▶ Art. 296 com a redação dada pela Lei nº 8.952, de 13-12-1994.

Capítulo II

## DA RESPOSTA DO RÉU

Seção I

## DAS DISPOSIÇÕES GERAIS

**Art. 297.** O réu poderá oferecer, no prazo de quinze dias, em petição escrita, dirigida ao juiz da causa, contestação, exceção e reconvenção.

▶ Arts. 57, 64, 71, 283, 304 a 314 e 396 deste Código.

**Art. 298.** Quando forem citados para a ação vários réus, o prazo para responder ser-lhes-á comum, salvo o disposto no artigo 191.

Parágrafo único. Se o autor desistir da ação quanto a algum réu ainda não citado, o prazo para a resposta correrá da intimação do despacho que deferir a desistência.

**Art. 299.** A contestação e a reconvenção serão oferecidas simultaneamente, em peças autônomas; a exceção será processada em apenso aos autos principais.

Seção II

## DA CONTESTAÇÃO

**Art. 300.** Compete ao réu alegar, na contestação, toda a matéria de defesa, expondo as razões de fato e de direito, com que impugna o pedido do autor e especificando as provas que pretende produzir.

▶ Arts. 22, 57, 64, 71, 396 e 397 deste Código.

**Art. 301.** Compete-lhe, porém, antes de discutir o mérito, alegar:

▶ Caput com a redação dada pela Lei nº 5.925, de 1º-10-1973.
▶ Art. 327 deste Código.

I – inexistência ou nulidade da citação;
II – incompetência absoluta;

▶ Arts. 112 e 307 a 311 deste Código.

III – inépcia da petição inicial;
IV – perempção;

▶ Art. 268, parágrafo único, deste Código.

V – litispendência;
VI – coisa julgada;

▶ Art. 5º, XXXVI, da CF.

VII – conexão;

▶ Arts. 90, 103, 105, 106 e 253, I, deste Código.

VIII – incapacidade da parte, defeito de representação ou falta de autorização;

▶ Incisos I a VIII com a redação dada pela Lei nº 5.925, de 1º-10-1973.

IX – convenção de arbitragem;

▶ Inciso IX com a redação dada pela Lei nº 9.307, de 23-9-1996.

X – carência de ação;
▶ Inciso X com a redação dada pela Lei nº 5.925, de 1º-10-1973.
XI – falta de caução ou de outra prestação, que a lei exige como preliminar.
▶ Inciso XI acrescido pela Lei nº 5.925, de 1º-10-1973.
▶ Súm. nº 237 do STF.

§ 1º Verifica-se a litispendência ou a coisa julgada, quando se reproduz ação anteriormente ajuizada.
▶ Art. 90 deste Código.

§ 2º Uma ação é idêntica à outra quando tem as mesmas partes, a mesma causa de pedir e o mesmo pedido.

§ 3º Há litispendência, quando se repete ação, que está em curso; há coisa julgada, quando se repete ação que já foi decidida por sentença, de que não caiba recurso.
▶ Art. 219 deste Código.

§ 4º Com exceção do compromisso arbitral, o juiz conhecerá de ofício da matéria enumerada neste artigo.
▶ §§ 1º a 4º com a redação dada pela Lei nº 5.925, de 1º-10-1973.
▶ Art. 86 deste Código.
▶ A expressão "compromisso arbitral" foi substituída por "convenção de arbitragem" conforme alterações determinadas pela Lei nº 9.307, de 23-9-1996 (Lei da Arbitragem).

**Art. 302.** Cabe também ao réu manifestar-se precisamente sobre os fatos narrados na petição inicial. Presumem-se verdadeiros os fatos não impugnados, salvo:

I – se não for admissível, a seu respeito, a confissão;
▶ Arts. 351 e 320, II, deste Código.

II – se a petição inicial não estiver acompanhada do instrumento público que a lei considerar da substância do ato;
▶ Art. 366 deste Código.
▶ Arts. 108 e 215 do CC.

III – se estiverem em contradição com a defesa, considerada em seu conjunto.
▶ Arts. 285 e 320 deste Código.

Parágrafo único. Esta regra, quanto ao ônus da impugnação especificada dos fatos, não se aplica ao advogado dativo, ao curador especial e ao órgão do Ministério Público.
▶ Arts. 9º e 81 deste Código.

**Art. 303.** Depois da contestação, só é lícito deduzir novas alegações quando:

I – relativas a direito superveniente;
II – competir ao juiz conhecer delas de ofício;
▶ Arts. 219, § 5º, 267, § 3º, e 301, § 4º, deste Código.

III – por expressa autorização legal, puderem ser formuladas em qualquer tempo e juízo.

*Seção III*

## DAS EXCEÇÕES

**Art. 304.** É lícito a qualquer das partes arguir, por meio de exceção, a incompetência (artigo 112), o impedimento (artigo 134) ou a suspeição (artigo 135).
▶ Art. 137 deste Código.

**Art. 305.** Este direito pode ser exercido em qualquer tempo, ou grau de jurisdição, cabendo à parte oferecer exceção, no prazo de quinze dias, contado do fato que ocasionou a incompetência, o impedimento ou a suspeição.

Parágrafo único. Na exceção de incompetência (art. 112 desta Lei), a petição pode ser protocolizada no juízo de domicílio do réu, com requerimento de sua imediata remessa ao juízo que determinou a citação.
▶ Parágrafo único acrescido pela Lei nº 11.280, de 16-2-2006.

**Art. 306.** Recebida a exceção, o processo ficará suspenso (artigo 265, III), até que seja definitivamente julgada.
▶ Art. 180 deste Código.

*Subseção I*

## DA INCOMPETÊNCIA

**Art. 307.** O excipiente arguirá a incompetência em petição fundamentada e devidamente instruída, indicando o juízo para o qual declina.
▶ Art. 265, III, e § 4º, deste Código.

**Art. 308.** Conclusos os autos, o juiz mandará processar a exceção, ouvindo o excepto dentro em dez dias e decidindo em igual prazo.

**Art. 309.** Havendo necessidade de prova testemunhal, o juiz designará audiência de instrução, decidindo dentro de dez dias.
▶ Arts. 444 a 446 e 450 a 457 deste Código.

**Art. 310.** O juiz indeferirá a petição inicial da exceção, quando manifestamente improcedente.
▶ Arts. 309 e 310 com a redação dada pela Lei nº 5.925, de 1º-10-1973.

**Art. 311.** Julgada procedente a exceção, os autos serão remetidos ao juiz competente.

*Subseção II*

## DO IMPEDIMENTO E DA SUSPEIÇÃO

**Art. 312.** A parte oferecerá a exceção de impedimento ou de suspeição, especificando o motivo da recusa (artigos 134 e 135). A petição, dirigida ao juiz da causa, poderá ser instruída com documentos em que o excipiente fundar a alegação e conterá o rol de testemunhas.
▶ Art. 265, III, deste Código.

**Art. 313.** Despachada a petição, o juiz, se reconhecer o impedimento ou a suspeição, ordenará a remessa dos autos ao seu substituto legal; em caso contrário, dentro de dez dias, dará as suas razões, acompanhadas de documentos e de rol de testemunhas, se houver, ordenando a remessa dos autos ao tribunal.

**Art. 314.** Verificando que a exceção não tem fundamento legal, o tribunal determinará o seu arquivamento; no caso contrário condenará o juiz nas custas, mandando remeter os autos ao seu substituto legal.

*Seção IV*

## DA RECONVENÇÃO

▶ Art. 34 deste Código.
▶ Súm. nº 258 do STF.

**Art. 315.** O réu pode reconvir ao autor no mesmo processo, toda vez que a reconvenção seja conexa com a ação principal ou com o fundamento da defesa.

Parágrafo único. Não pode o réu, em seu próprio nome, reconvir ao autor, quando este demandar em nome de outrem.

▶ De acordo com a Lei nº 9.245, de 26-12-1995, o § 2º do art. 315 foi revogado, e o § 1º transformado em parágrafo único.

**Art. 316.** Oferecida a reconvenção, o autor reconvindo será intimado, na pessoa do seu procurador, para contestá-la no prazo de quinze dias.

▶ Arts. 188 e 191 deste Código.

**Art. 317.** A desistência da ação, ou a existência de qualquer causa que a extinga, não obsta ao prosseguimento da reconvenção.

▶ Arts. 158, parágrafo único, 267 e 269 deste Código.

**Art. 318.** Julgar-se-ão na mesma sentença a ação e a reconvenção.

CAPÍTULO III

DA REVELIA

**Art. 319.** Se o réu não contestar a ação, reputar-se-ão verdadeiros os fatos afirmados pelo autor.

▶ Arts. 9º, I, 277, § 2º, 285, 330 e 803 deste Código.
▶ Súm. nº 231 do STF.

**Art. 320.** A revelia não induz, contudo, o efeito mencionado no artigo antecedente:

I – se, havendo pluralidade de réus, algum deles contestar a ação;
II – se o litígio versar sobre direitos indisponíveis;
III – se a petição inicial não estiver acompanhada do instrumento público, que a lei considere indispensável à prova do ato.

▶ Arts. 302 e 366 deste Código.
▶ Arts. 108 e 215 do CC.

**Art. 321.** Ainda que ocorra revelia, o autor não poderá alterar o pedido, ou a causa de pedir, nem demandar declaração incidente, salvo promovendo nova citação do réu, a quem será assegurado o direito de responder no prazo de quinze dias.

▶ Arts. 264 e 286 a 294 deste Código.

**Art. 322.** Contra o revel que não tenha patrono nos autos, correrão os prazos independentemente de intimação, a partir da publicação de cada ato decisório.

▶ *Caput* com a redação dada pela Lei nº 11.280, de 16-2-2006.
▶ Súm. nº 231 do STF.

Parágrafo único. O revel poderá intervir no processo em qualquer fase, recebendo-o no estado em que se encontrar.

▶ Parágrafo único acrescido pela Lei nº 11.280, de 16-2-2006.

CAPÍTULO IV

DAS PROVIDÊNCIAS PRELIMINARES

**Art. 323.** Findo o prazo para a resposta do réu, o escrivão fará a conclusão dos autos. O juiz, no prazo de dez dias, determinará, conforme o caso, as providências preliminares, que constam das Seções deste Capítulo.

SEÇÃO I

DO EFEITO DA REVELIA

**Art. 324.** Se o réu não contestar a ação, o juiz, verificando que não ocorreu o efeito da revelia, mandará que o autor especifique as provas que pretenda produzir na audiência.

▶ Artigo com a redação dada pela Lei nº 5.925, de 1º-10-1973.
▶ Art. 330 deste Código.
▶ Súm. nº 231 do STF.

SEÇÃO II

DA DECLARAÇÃO INCIDENTE

**Art. 325.** Contestando o réu o direito que constitui fundamento do pedido, o autor poderá requerer, no prazo de dez dias, que sobre ele o juiz profira sentença incidente, se da declaração da existência ou da inexistência do direito depender, no todo ou em parte, o julgamento da lide (artigo 5º).

▶ Arts. 34 e 470 deste Código.

SEÇÃO III

DOS FATOS IMPEDITIVOS, MODIFICATIVOS OU EXTINTIVOS DO PEDIDO

**Art. 326.** Se o réu, reconhecendo o fato em que se fundou a ação, outro lhe opuser impeditivo, modificativo ou extintivo do direito do autor, este será ouvido no prazo de dez dias, facultando-lhe o juiz a produção de prova documental.

SEÇÃO IV

DAS ALEGAÇÕES DO RÉU

**Art. 327.** Se o réu alegar qualquer das matérias enumeradas no artigo 301, o juiz mandará ouvir o autor no prazo de dez dias, permitindo-lhe a produção de prova documental. Verificando a existência de irregularidades ou de nulidades sanáveis, o juiz mandará supri-las, fixando à parte prazo nunca superior a trinta dias.

▶ Arts. 243 a 250 deste Código.

**Art. 328.** Cumpridas as providências preliminares, ou não havendo necessidade delas, o juiz proferirá julgamento conforme o estado do processo, observando o que dispõe o capítulo seguinte.

CAPÍTULO V

DO JULGAMENTO CONFORME O ESTADO DO PROCESSO

SEÇÃO I

DA EXTINÇÃO DO PROCESSO

**Art. 329.** Ocorrendo qualquer das hipóteses previstas nos artigos 267 e 269, II a V, o juiz declarará extinto o processo.

▶ Art. 278, § 2º, deste Código.

SEÇÃO II

DO JULGAMENTO ANTECIPADO DA LIDE

**Art. 330.** O juiz conhecerá diretamente do pedido, proferindo sentença:

I – quando a questão de mérito for unicamente de direito, ou, sendo de direito e de fato, não houver necessidade de produzir prova em audiência;

II – quando ocorrer a revelia (artigo 319).
► Art. 330 com a redação dada pela Lei nº 5.925, de 1º-10-1973.
► Arts. 278, § 2º, 740 e 955 deste Código.

*Seção III*

## DA AUDIÊNCIA PRELIMINAR

► Denominação da Seção com a redação dada pela Lei nº 10.444, de 7-5-2002.

**Art. 331.** Se não ocorrer qualquer das hipóteses previstas nas seções precedentes, e versar a causa sobre direitos que admitam transação, o juiz designará audiência preliminar, a realizar-se no prazo de trinta dias, para a qual serão as partes intimadas a comparecer, podendo fazer-se representar por procurador ou preposto, com poderes para transigir.

► *Caput* com a redação dada pela Lei nº 10.444, de 7-5-2002.

§ 1º Obtida a conciliação, será reduzida a termo e homologada por sentença.

§ 2º Se, por qualquer motivo, não for obtida a conciliação, o juiz fixará os pontos controvertidos, decidirá as questões processuais pendentes e determinará as provas a serem produzidas, designando audiência de instrução e julgamento, se necessário.

► §§ 1º e 2º acrescidos pela Lei nº 8.952, de 13-12-1994.
► Súm. nº 424 do STF.

§ 3º Se o direito em litígio não admitir transação, ou se as circunstâncias da causa evidenciarem ser improvável sua obtenção, o juiz poderá, desde logo, sanear o processo e ordenar a produção da prova, nos termos do § 2º.

► § 3º acrescido pela Lei nº 10.444, de 7-5-2002.

**Capítulo VI**

## DAS PROVAS

*Seção I*

## DAS DISPOSIÇÕES GERAIS

**Art. 332.** Todos os meios legais, bem como os moralmente legítimos, ainda que não especificados neste Código, são hábeis para provar a verdade dos fatos, em que se funda a ação ou a defesa.

► Art. 212 do CC.
► Súm. nº 231 do STF.

**Art. 333.** O ônus da prova incumbe:

► Arts. 319 e 320 deste Código.

I – ao autor, quanto ao fato constitutivo do seu direito;
II – ao réu, quanto à existência de fato impeditivo, modificativo ou extintivo do direito do autor.

► Súm. nº 301 do STJ.

Parágrafo único. É nula a convenção que distribui de maneira diversa o ônus da prova quando:

I – recair sobre direito indisponível da parte;
II – tornar excessivamente difícil a uma parte o exercício do direito.

**Art. 334.** Não dependem de prova os fatos:

I – notórios;

II – afirmados por uma parte e confessados pela parte contrária;

► Art. 348 deste Código.

III – admitidos, no processo, como incontroversos;
IV – em cujo favor milita presunção legal de existência ou de veracidade.

► Súm. nº 301 do STJ.

**Art. 335.** Em falta de normas jurídicas particulares, o juiz aplicará as regras de experiência comum subministradas pela observação do que ordinariamente acontece e ainda as regras da experiência técnica, ressalvado, quanto a esta, o exame pericial.

► Art. 126 deste Código.

**Art. 336.** Salvo disposição especial em contrário, as provas devem ser produzidas em audiência.

► Arts. 410 e 452 deste Código.

Parágrafo único. Quando a parte, ou a testemunha, por enfermidade, ou por outro motivo relevante, estiver impossibilitada de comparecer à audiência, mas não de prestar depoimento, o juiz designará, conforme as circunstâncias, dia, hora e lugar para inquiri-la.

► Arts. 846 a 848 e 851 deste Código.

**Art. 337.** A parte, que alegar direito municipal, estadual, estrangeiro ou consuetudinário, provar-lhe-á o teor e a vigência, se assim o determinar o juiz.

**Art. 338.** A carta precatória e a carta rogatória suspenderão o processo, no caso previsto na alínea *b* do inciso IV do art. 265 desta Lei, quando, tendo sido requeridas antes da decisão de saneamento, a prova nelas solicitada apresentar-se imprescindível.

► *Caput* com a redação dada pela Lei nº 11.280, de 16-2-2006.
► Arts. 202 a 212 e 331, § 2º, deste Código.

Parágrafo único. A carta precatória e a carta rogatória, não devolvidas dentro do prazo ou concedidas sem efeito suspensivo, poderão ser juntas aos autos até o julgamento final.

► A concessão de *exequatur* às cartas rogatórias passou a ser da competência do STJ, conforme art. 105, I, *i*, da CF, com a redação dada pela EC nº 45, de 8-12-2004.

**Art. 339.** Ninguém se exime do dever de colaborar com o Poder Judiciário para o descobrimento da verdade.

► Art. 399, I, deste Código.

**Art. 340.** Além dos deveres enumerados no artigo 14, compete à parte:

I – comparecer em juízo, respondendo ao que lhe for interrogado;

► Arts. 342 a 347 e 447 deste Código.

II – submeter-se à inspeção judicial, que for julgada necessária;

► Arts. 440 a 443 deste Código.

III – praticar o ato que lhe for determinado.

**Art. 341.** Compete ao terceiro, em relação a qualquer pleito:

I – informar ao juiz os fatos e as circunstâncias, de que tenha conhecimento;
II – exibir coisa ou documento que esteja em seu poder.

► Arts. 360 a 363 deste Código.

## SEÇÃO II
### DO DEPOIMENTO PESSOAL

**Art. 342.** O juiz pode, de ofício, em qualquer estado do processo, determinar o comparecimento pessoal das partes, a fim de interrogá-las sobre os fatos da causa.

**Art. 343.** Quando o juiz não o determinar de ofício, compete a cada parte requerer o depoimento pessoal da outra, a fim de interrogá-la na audiência de instrução e julgamento.

§ 1º A parte será intimada pessoalmente, constando do mandado que se presumirão confessados os fatos contra ela alegados, caso não compareça ou, comparecendo, se recuse a depor.

§ 2º Se a parte intimada não comparecer, ou comparecendo, se recusar a depor, o juiz lhe aplicará a pena de confissão.

**Art. 344.** A parte será interrogada na forma prescrita para a inquirição de testemunhas.

Parágrafo único. É defeso, a quem ainda não depôs, assistir ao interrogatório da outra parte.

**Art. 345.** Quando a parte, sem motivo justificado, deixar de responder ao que lhe for perguntado, ou empregar evasivas, o juiz, apreciando as demais circunstâncias e elementos de prova, declarará, na sentença, se houve recusa de depor.

**Art. 346.** A parte responderá pessoalmente sobre os fatos articulados, não podendo servir-se de escritos adrede preparados; o juiz lhe permitirá, todavia, a consulta a notas breves, desde que objetivem completar esclarecimentos.

**Art. 347.** A parte não é obrigada a depor de fatos:

I – criminosos ou torpes, que lhe forem imputados;
II – a cujo respeito, por estado ou profissão, deva guardar sigilo.

Parágrafo único. Esta disposição não se aplica às ações de filiação, de separação judicial e de anulação de casamento.

► Art. 39 da Lei nº 6.515, de 26-12-1977 (Lei do Divórcio).

## SEÇÃO III
### DA CONFISSÃO

**Art. 348.** Há confissão, quando a parte admite a verdade de um fato, contrário ao seu interesse e favorável ao adversário. A confissão é judicial ou extrajudicial.

► Art. 131 deste Código.

**Art. 349.** A confissão judicial pode ser espontânea ou provocada. Da confissão espontânea, tanto que requerida pela parte, se lavrará o respectivo termo nos autos; a confissão provocada constará do depoimento pessoal prestado pela parte.

Parágrafo único. A confissão espontânea pode ser feita pela própria parte, ou por mandatário com poderes especiais.

► Art. 38 deste Código.

**Art. 350.** A confissão judicial faz prova contra o confitente, não prejudicando, todavia, os litisconsortes.

► Arts. 75, III, e 334, II, deste Código.

Parágrafo único. Nas ações que versarem sobre bens imóveis ou direitos sobre imóveis alheios, a confissão de um cônjuge não valerá sem a do outro.

**Art. 351.** Não vale como confissão a admissão, em juízo, de fatos relativos a direitos indisponíveis.

► Art. 841 do CC.

**Art. 352.** A confissão, quando emanar de erro, dolo ou coação, pode ser revogada:

► Arts. 138 a 155 do CC.

I – por ação anulatória, se pendente o processo em que foi feita;
► Art. 486 deste Código.

II – por ação rescisória, depois de transitada em julgado a sentença, da qual constituir o único fundamento.
► Art. 485, VIII, deste Código.

Parágrafo único. Cabe ao confitente o direito de propor a ação, nos casos de que trata este artigo; mas, uma vez iniciada, passa aos seus herdeiros.

**Art. 353.** A confissão extrajudicial, feita por escrito à parte ou a quem a represente, tem a mesma eficácia probatória da judicial; feita a terceiro, ou contida em testamento, será livremente apreciada pelo juiz.

Parágrafo único. Todavia, quando feita verbalmente, só terá eficácia nos casos em que a lei não exija prova literal.

**Art. 354.** A confissão é, de regra, indivisível, não podendo a parte, que a quiser invocar como prova, aceitá-la no tópico que a beneficiar e rejeitá-la no que lhe for desfavorável. Cindir-se-á, todavia, quando o confitente lhe aduzir fatos novos, suscetíveis de constituir fundamento de defesa de direito material ou de reconvenção.

► Arts. 315 a 318, 373, parágrafo único, e 380 deste Código.

## SEÇÃO IV
### DA EXIBIÇÃO DE DOCUMENTO OU COISA

► Arts. 844 e 845 deste Código.
► Súm. nº 372 do STJ.

**Art. 355.** O juiz pode ordenar que a parte exiba documento ou coisa, que se ache em seu poder.

► Art. 341 deste Código.

**Art. 356.** O pedido formulado pela parte conterá:

I – a individuação, tão completa quanto possível, do documento ou da coisa;
II – a finalidade da prova, indicando os fatos que se relacionam com o documento ou a coisa;
III – as circunstâncias em que se funda o requerente para afirmar que o documento ou a coisa existe e se acha em poder da parte contrária.

**Art. 357.** O requerido dará a sua resposta nos cinco dias subsequentes à sua intimação. Se afirmar que não possui o documento ou a coisa, o juiz permitirá ao requerente prove, por qualquer meio, que a declaração não corresponde à verdade.

► Art. 359, I, deste Código.

**Art. 358.** O juiz não admitirá a recusa:

I – se o requerido tiver obrigação legal de exibir;

II – se o requerido aludiu ao documento ou à coisa, no processo, com o intuito de constituir prova;
III – se o documento, por seu conteúdo, for comum às partes.

**Art. 359.** Ao decidir o pedido, o juiz admitirá como verdadeiros os fatos que, por meio do documento ou da coisa, a parte pretendia provar:
I – se o requerido não efetuar a exibição, nem fizer qualquer declaração no prazo do artigo 357;
II – se a recusa for havida por ilegítima.

**Art. 360.** Quando o documento ou a coisa estiver em poder de terceiro, o juiz mandará citá-lo para responder no prazo de dez dias.

▶ Art. 341, II, deste Código.

**Art. 361.** Se o terceiro negar a obrigação de exibir, ou a posse do documento ou da coisa, o juiz designará audiência especial, tomando-lhe o depoimento, bem como o das partes e, se necessário, de testemunhas; em seguida proferirá a sentença.

**Art. 362.** Se o terceiro, sem justo motivo, se recusar a efetuar a exibição, o juiz lhe ordenará que proceda ao respectivo depósito em cartório ou noutro lugar designado, no prazo de cinco dias, impondo ao requerente que o embolse das despesas que tiver; se o terceiro descumprir a ordem, o juiz expedirá mandado de apreensão, requisitando, se necessário, força policial, tudo sem prejuízo da responsabilidade por crime de desobediência.

▶ Art. 475-B, § 2º, deste Código.

**Art. 363.** A parte e o terceiro se escusam de exibir, em juízo, o documento ou a coisa:
I – se concernente a negócios da própria vida da família;
II – se a sua apresentação puder violar dever de honra;
III – se a publicidade do documento redundar em desonra à parte ou ao terceiro, bem como a seus parentes consanguíneos ou afins até o terceiro grau; ou lhes representar perigo de ação penal;
IV – se a exibição acarretar a divulgação de fatos, a cujo respeito, por estado ou profissão, devam guardar segredo;
V – se subsistirem outros motivos graves que, segundo o prudente arbítrio do juiz, justifiquem a recusa da exibição.
Parágrafo único. Se os motivos de que tratam os nºˢ I a V disserem respeito só a uma parte do conteúdo do documento, da outra se extrairá uma suma para ser apresentada em juízo.

▶ Art. 363 com a redação dada pela Lei nº 5.925, de 1º-10-1973.

## SEÇÃO V
### DA PROVA DOCUMENTAL

#### Subseção I
### DA FORÇA PROBANTE DOS DOCUMENTOS

▶ MP nº 2.200-2, de 24-8-2001, que até o encerramento desta edição não havia sido convertida em Lei, instituiu a Infraestrutura de Chaves Públicas Brasileira – ICP-Brasil, para garantir a autenticidade, a integridade e a validade jurídica de documentos em forma eletrônica.

**Art. 364.** O documento público faz prova não só da sua formação, mas também dos fatos que o escrivão, o tabelião, ou o funcionário declarar que ocorreram em sua presença.

**Art. 365.** Fazem a mesma prova que os originais:

▶ Art. 217 do CC.

I – as certidões textuais de qualquer peça dos autos, do protocolo das audiências, ou de outro livro a cargo do escrivão, sendo extraídas por ele ou sob sua vigilância e por ele subscritas;
II – os traslados e as certidões extraídas por oficial público, de instrumentos ou documentos lançados em suas notas;
III – as reproduções dos documentos públicos, desde que autenticadas por oficial público ou conferidas em cartório, com os respectivos originais;
IV – as cópias reprográficas de peças do próprio processo judicial declaradas autênticas pelo próprio advogado sob sua responsabilidade pessoal, se não lhes for impugnada a autenticidade.

▶ Inciso IV acrescido pela Lei nº 11.382, de 6-12-2006.

V – os extratos digitais de bancos de dados, públicos e privados, desde que atestado pelo seu emitente, sob as penas da lei, que as informações conferem com o que consta na origem;
VI – as reproduções digitalizadas de qualquer documento, público ou particular, quando juntados aos autos pelos órgãos da Justiça e seus auxiliares, pelo Ministério Público e seus auxiliares, pelas procuradorias, pelas repartições públicas em geral e por advogados públicos ou privados, ressalvada a alegação motivada e fundamentada de adulteração antes ou durante o processo de digitalização.

▶ Incisos V e VI acrescidos pela Lei nº 11.419, de 19-12-2006.

§ 1º Os originais dos documentos digitalizados, mencionados no inciso VI do caput deste artigo, deverão ser preservados pelo seu detentor até o final do prazo para interposição de ação rescisória.

§ 2º Tratando-se de cópia digital de título executivo extrajudicial ou outro documento relevante à instrução do processo, o juiz poderá determinar o seu depósito em cartório ou secretaria.

▶ §§ 1º e 2º acrescidos pela Lei nº 11.419, de 19-12-2006.

**Art. 366.** Quando a lei exigir, como da substância do ato, o instrumento público, nenhuma outra prova, por mais especial que seja, pode suprir-lhe a falta.

▶ Arts. 108 e 215 do CC.

**Art. 367.** O documento, feito por oficial público incompetente, ou sem a observância das formalidades legais, sendo subscrito pelas partes, tem a mesma eficácia probatória do documento particular.

**Art. 368.** As declarações constantes do documento particular, escrito e assinado, ou somente assinado, presumem-se verdadeiras em relação ao signatário.

▶ Lei nº 7.115, de 29-8-1983, dispõe sobre prova documental nos casos que indica.

Parágrafo único. Quando, todavia, contiver declaração de ciência, relativa a determinado fato, o documento particular prova a declaração, mas não o fato declarado, competindo ao interessado em sua veracidade o ônus de provar o fato.

**Art. 369.** Reputa-se autêntico o documento, quando o tabelião reconhecer a firma do signatário, declarando que foi aposta em sua presença.

**Art. 370.** A data do documento particular, quando a seu respeito surgir dúvida ou impugnação entre os litigantes, provar-se-á por todos os meios de direito. Mas, em relação a terceiros, considerar-se-á datado o documento particular:

I – no dia em que foi registrado;
II – desde a morte de algum dos signatários;
III – a partir da impossibilidade física, que sobreveio a qualquer dos signatários;
IV – da sua apresentação em repartição pública ou em juízo;
V – do ato ou fato que estabeleça, de modo certo, a anterioridade da formação do documento.

**Art. 371.** Reputa-se autor do documento particular:

I – aquele que o fez e o assinou;
II – aquele, por conta de quem foi feito, estando assinado;
III – aquele que, mandando compô-lo, não o firmou, porque, conforme a experiência comum, não se costuma assinar, como livros comerciais e assentos domésticos.

▶ Arts. 376 a 382 deste Código.

**Art. 372.** Compete à parte, contra quem foi produzido documento particular, alegar, no prazo estabelecido no artigo 390, se lhe admite ou não a autenticidade da assinatura e a veracidade do contexto; presumindo-se, com o silêncio, que o tem por verdadeiro.

Parágrafo único. Cessa, todavia, a eficácia da admissão expressa ou tácita, se o documento houver sido obtido por erro, dolo ou coação.

▶ Arts. 138 a 155 do CC.

**Art. 373.** Ressalvado o disposto no parágrafo único do artigo anterior, o documento particular, de cuja autenticidade se não duvida, prova que o seu autor fez a declaração, que lhe é atribuída.

Parágrafo único. O documento particular, admitido expressa ou tacitamente, é indivisível, sendo defeso à parte, que pretende utilizar-se dele, aceitar os fatos que lhe são favoráveis e recusar os que são contrários ao seu interesse, salvo se provar que estes se não verificaram.

▶ Arts. 354 e 380 deste Código.

**Art. 374.** O telegrama, o radiograma ou qualquer outro meio de transmissão tem a mesma força probatória do documento particular, se o original constante da estação expedidora foi assinado pelo remetente.

▶ Súm. nº 216 do STJ.

Parágrafo único. A firma do remetente poderá ser reconhecida pelo tabelião, declarando-se essa circunstância no original depositado na estação expedidora.

**Art. 375.** O telegrama ou o radiograma presume-se conforme com o original, provando a data de sua expedição e do recebimento pelo destinatário.

▶ Artigo com a redação dada pela Lei nº 5.925, de 1º-10-1973.

**Art. 376.** As cartas, bem como os registros domésticos, provam contra quem os escreveu quando:

I – enunciam o recebimento de um crédito;
II – contêm anotação, que visa a suprir a falta de título em favor de quem é apontado como credor;
III – expressam conhecimento de fatos para os quais não se exija determinada prova.

**Art. 377.** A nota escrita pelo credor em qualquer parte de documento representativo de obrigação, ainda que não assinada, faz prova em benefício do devedor.

Parágrafo único. Aplica-se esta regra tanto para o documento, que o credor conservar em seu poder, como para aquele que se achar em poder do devedor.

**Art. 378.** Os livros comerciais provam contra o seu autor. É lícito ao comerciante, todavia, demonstrar, por todos os meios permitidos em Direito, que os lançamentos não correspondem à verdade dos fatos.

**Art. 379.** Os livros comerciais, que preencham os requisitos exigidos por lei, provam também a favor do seu autor no litígio entre comerciantes.

**Art. 380.** A escrituração contábil é indivisível; se dos fatos que resultam dos lançamentos, uns são favoráveis ao interesse de seu autor e outros lhe são contrários, ambos serão considerados em conjunto como unidade.

▶ Arts. 354 e 373, parágrafo único, deste Código.

**Art. 381.** O juiz pode ordenar, a requerimento da parte, a exibição integral dos livros comerciais e dos documentos do arquivo:

I – na liquidação de sociedade;
II – na sucessão por morte de sócio;
III – quando e como determinar a lei.

▶ Art. 845 deste Código.

**Art. 382.** O juiz pode, de ofício, ordenar à parte a exibição parcial dos livros e documentos, extraindo-se deles a suma que interessar ao litígio, bem como reproduções autenticadas.

▶ Art. 845 deste Código.
▶ Súm. nº 260 do STF.

**Art. 383.** Qualquer reprodução mecânica, como a fotográfica, cinematográfica, fonográfica ou de outra espécie, faz prova dos fatos ou das coisas representadas, se aquele contra quem foi produzida lhe admitir a conformidade.

Parágrafo único. Impugnada a autenticidade da reprodução mecânica, o juiz ordenará a realização de exame pericial.

**Art. 384.** As reproduções fotográficas ou obtidas por outros processos de repetição, dos documentos particulares, valem como certidões, sempre que o escrivão portar por fé a sua conformidade com o original.

**Art. 385.** A cópia de documento particular tem o mesmo valor probante que o original, cabendo ao escrivão, intimadas as partes, proceder à conferência e certificar a conformidade entre a cópia e o original.

§ 1º Quando se tratar de fotografia, esta terá de ser acompanhada do respectivo negativo.

§ 2º Se a prova for uma fotografia publicada em jornal, exigir-se-ão o original e o negativo.

**Art. 386.** O juiz apreciará livremente a fé que deva merecer o documento, quando em ponto substancial e sem ressalva contiver entrelinha, emenda, borrão ou cancelamento.

**Art. 387.** Cessa a fé do documento, público ou particular, sendo-lhe declarada judicialmente a falsidade.

Parágrafo único. A falsidade consiste:

I – em formar documento não verdadeiro;
II – em alterar documento verdadeiro.

**Art. 388.** Cessa a fé do documento particular quando:

I – lhe for contestada a assinatura e enquanto não se lhe comprovar a veracidade;
II – assinado em branco, for abusivamente preenchido.

Parágrafo único. Dar-se-á abuso quando aquele, que recebeu documento assinado, com texto não escrito no todo ou em parte, o formar ou o completar, por si ou por meio de outrem, violando o pacto feito com o signatário.

**Art. 389.** Incumbe o ônus da prova quando:

I – se tratar de falsidade de documento, à parte que a arguir;
II – se tratar de contestação de assinatura, à parte que produziu o documento.

*SUBSEÇÃO II*

### DA ARGUIÇÃO DE FALSIDADE

**Art. 390.** O incidente de falsidade tem lugar em qualquer tempo e grau de jurisdição, incumbindo à parte, contra quem foi produzido o documento, suscitá-lo na contestação ou no prazo de dez dias, contados da intimação da sua juntada aos autos.

▶ Arts. 372 e 389 deste Código.

**Art. 391.** Quando o documento for oferecido antes de encerrada a instrução, a parte o arguirá de falso, em petição dirigida ao juiz da causa, expondo os motivos em que funda a sua pretensão e os meios com que provará o alegado.

**Art. 392.** Intimada a parte, que produziu o documento, a responder no prazo de dez dias, o juiz ordenará o exame pericial.

Parágrafo único. Não se procederá ao exame pericial, se a parte, que produziu o documento, concordar em retirá-lo e a parte contrária não se opuser ao desentranhamento.

**Art. 393.** Depois de encerrada a instrução, o incidente de falsidade correrá em apenso aos autos principais; no tribunal processar-se-á perante o relator, observando-se o disposto no artigo antecedente.

**Art. 394.** Logo que for suscitado o incidente de falsidade, o juiz suspenderá o processo principal.

**Art. 395.** A sentença, que resolver o incidente, declarará a falsidade ou autenticidade do documento.

*SUBSEÇÃO III*

### DA PRODUÇÃO DA PROVA DOCUMENTAL

**Art. 396.** Compete à parte instruir a petição inicial (artigo 283), ou a resposta (artigo 297), com os documentos destinados a provar-lhe as alegações.

▶ Arts. 326, 327, 397, 517 e 524 deste Código.

**Art. 397.** É lícito às partes, em qualquer tempo, juntar aos autos documentos novos, quando destinados a fazer prova de fatos ocorridos depois dos articulados, ou para contrapô-los aos que foram produzidos nos autos.

**Art. 398.** Sempre que uma das partes requerer a juntada de documento aos autos, o juiz ouvirá, a seu respeito, a outra, no prazo de cinco dias.

**Art. 399.** O juiz requisitará às repartições públicas, em qualquer tempo ou grau de jurisdição:

▶ Art. 5º, XXXIII e XXXIV, *b*, da CF.

I – as certidões necessárias à prova das alegações das partes;
II – os procedimentos administrativos nas causas em que forem interessados a União, o Estado, o Município, ou as respectivas entidades da administração indireta.

§ 1º Recebidos os autos, o juiz mandará extrair, no prazo máximo e improrrogável de trinta dias, certidões ou reproduções fotográficas das peças indicadas pelas partes ou de ofício; findo o prazo, devolverá os autos à repartição de origem.

▶ Parágrafo único transformado em § 1º pela Lei nº 11.419, de 19-12-2006.

§ 2º As repartições públicas poderão fornecer todos os documentos em meio eletrônico conforme disposto em lei, certificando, pelo mesmo meio, que se trata de extrato fiel do que consta em seu banco de dados ou do documento digitalizado.

▶ § 2º acrescido pela Lei nº 11.419, de 19-12-2006.

*SEÇÃO VI*

### DA PROVA TESTEMUNHAL

*SUBSEÇÃO I*

### DA ADMISSIBILIDADE E DO VALOR DA PROVA TESTEMUNHAL

**Art. 400.** A prova testemunhal é sempre admissível, não dispondo a lei de modo diverso. O juiz indeferirá a inquirição de testemunhas sobre fatos:

I – já provados por documento ou confissão da parte;
II – que só por documento ou por exame pericial puderem ser provados.

**Art. 401.** A prova exclusivamente testemunhal só se admite nos contratos cujo valor não exceda o décuplo do maior salário mínimo vigente no país, ao tempo em que foram celebrados.

▶ Art. 227 do CC.

**Art. 402.** Qualquer que seja o valor do contrato, é admissível a prova testemunhal, quando:

I – houver começo de prova por escrito, reputando-se tal o documento emanado da parte contra quem se pretende utilizar o documento como prova;

▶ Art. 227, parágrafo único, do CC.

II – o credor não pode ou não podia, moral ou materialmente, obter a prova escrita da obrigação, em casos como o de parentesco, depósito necessário ou hospedagem em hotel.

**Art. 403.** As normas estabelecidas nos dois artigos antecedentes aplicam-se ao pagamento e à remissão da dívida.

▶ Arts. 319 e 385 a 388 do CC.

**Art. 404.** É lícito à parte inocente provar com testemunhas:

I – nos contratos simulados, a divergência entre a vontade real e a vontade declarada;

▶ Art. 167 do CC.

II – nos contratos em geral, os vícios do consentimento.

**Art. 405.** Podem depor como testemunhas todas as pessoas, exceto as incapazes, impedidas ou suspeitas.

§ 1º São incapazes:

I – o interdito por demência;
II – o que, acometido por enfermidade, ou debilidade mental, ao tempo em que ocorreram os fatos, não podia discerni-los; ou, ao tempo em que deve depor, não está habilitado a transmitir as percepções;
III – o menor de dezesseis anos;
IV – o cego e o surdo, quando a ciência do fato depender dos sentidos que lhes faltam.

▶ Art. 228 do CC.

§ 2º São impedidos:

I – o cônjuge, bem como o ascendente e o descendente em qualquer grau, ou colateral, até o terceiro grau, de alguma das partes, por consanguinidade ou afinidade, salvo se o exigir o interesse público, ou, tratando-se de causa relativa ao estado da pessoa, não se puder obter de outro modo a prova, que o juiz repute necessária ao julgamento do mérito;
II – o que é parte na causa;
III – o que intervém em nome de uma parte, como o tutor na causa do menor, o representante legal da pessoa jurídica, o juiz, o advogado e outros, que assistam ou tenham assistido as partes.

§ 3º São suspeitos:

I – o condenado por crime de falso testemunho, havendo transitado em julgado a sentença;
II – o que, por seus costumes, não for digno de fé;
III – o inimigo capital da parte, ou o seu amigo íntimo;
IV – o que tiver interesse no litígio.

§ 4º Sendo estritamente necessário, o juiz ouvirá testemunhas impedidas ou suspeitas; mas os seus depoimentos serão prestados independentemente de compromisso (artigo 415) e o juiz lhes atribuirá o valor que possam merecer.

▶ Art. 405 com a redação dada pela Lei nº 5.925, de 1º-10-1973.

**Art. 406.** A testemunha não é obrigada a depor de fatos:

I – que lhe acarretem grave dano, bem como ao seu cônjuge e aos seus parentes consanguíneos ou afins, em linha reta, ou na colateral em segundo grau;
II – a cujo respeito, por estado ou profissão, deva guardar sigilo.

▶ Art. 414, § 2º, deste Código.
▶ Art. 229, I, do CC.
▶ Arts. 153 e 154 do CP.

SUBSEÇÃO II

**DA PRODUÇÃO DA PROVA TESTEMUNHAL**

**Art. 407.** Incumbe às partes, no prazo que o juiz fixará ao designar a data da audiência, depositar em cartório o rol de testemunhas, precisando-lhes o nome, profis-são, residência e o local de trabalho; omitindo-se o juiz, o rol será apresentado até dez dias antes da audiência.

▶ Caput com a redação dada pela Lei nº 10.358, de 27-12-2001.

Parágrafo único. É lícito a cada parte oferecer, no máximo, dez testemunhas; quando qualquer das partes oferecer mais de três testemunhas para a prova de cada fato, o juiz poderá dispensar as restantes.

**Art. 408.** Depois de apresentado o rol, de que trata o artigo antecedente, a parte só pode substituir a testemunha:

I – que falecer;
II – que, por enfermidade, não estiver em condições de depor;
III – que, tendo mudado de residência, não for encontrada pelo oficial de justiça.

**Art. 409.** Quando for arrolado como testemunha o juiz da causa, este:

I – declarar-se-á impedido, se tiver conhecimento de fatos, que possam influir na decisão; caso em que será defeso à parte, que o incluiu no rol, desistir de seu depoimento;
II – se nada souber, mandará excluir o seu nome.

**Art. 410.** As testemunhas depõem, na audiência de instrução, perante o juiz da causa, exceto:

I – as que prestam depoimento antecipadamente;

▶ Arts. 846 a 848 e 851 deste Código.

II – as que são inquiridas por carta;
III – as que, por doença, ou outro motivo relevante, estão impossibilitadas de comparecer em juízo (artigo 336, parágrafo único);
IV – as designadas no artigo seguinte.

▶ Arts. 176 e 336 deste Código.

**Art. 411.** São inquiridos em sua residência, ou onde exercem a sua função:

I – o Presidente e o Vice-Presidente da República;
II – o Presidente do Senado e o da Câmara dos Deputados;
III – os Ministros de Estado;
IV – os ministros do Supremo Tribunal Federal, do Superior Tribunal de Justiça, do Superior Tribunal Militar, do Tribunal Superior Eleitoral, do Tribunal Superior do Trabalho e do Tribunal de Contas da União;

▶ Inciso IV com a redação dada pela Lei nº 11.382, de 6-12-2006.

V – o Procurador-Geral da República;
VI – os Senadores e Deputados Federais;
VII – os Governadores dos Estados, dos Territórios e do Distrito Federal;
VIII – os Deputados Estaduais;
IX – os Desembargadores dos Tribunais de Justiça, os Juízes dos Tribunais de Alçada, os Juízes dos Tribunais Regionais do Trabalho e dos Tribunais Regionais Eleitorais e os Conselheiros dos Tribunais de Contas dos Estados e do Distrito Federal;

▶ Art. 4º da EC nº 45, de 8-12-2004, que determina a extinção dos Tribunais de Alçada.

X – o Embaixador de país que, por lei ou tratado, concede idêntica prerrogativa ao agente diplomático do Brasil.

Parágrafo único. O juiz solicitará à autoridade que designe dia, hora e local a fim de ser inquirida, remetendo-lhe cópia da petição inicial ou da defesa oferecida pela parte, que a arrolou como testemunha.

**Art. 412.** A testemunha é intimada a comparecer à audiência, constando do mandado dia, hora e local, bem como os nomes das partes e a natureza da causa. Se a testemunha deixar de comparecer, sem motivo justificado, será conduzida, respondendo pelas despesas do adiamento.

▶ *Caput* com a redação dada pela Lei nº 5.925, de 1º-10-1973.

§ 1º A parte pode comprometer-se a levar à audiência a testemunha, independentemente de intimação; presumindo-se, caso não compareça, que desistiu de ouvi-la.

§ 2º Quando figurar no rol de testemunhas funcionário público ou militar, o juiz o requisitará ao chefe da repartição ou ao comando do corpo em que servir.

▶ §§ 1º e 2º com a redação dada pela Lei nº 5.925, de 1º-10-1973.

§ 3º A intimação poderá ser feita pelo correio, sob registro ou com entrega em mão própria, quando a testemunha tiver residência certa.

▶ § 3º acrescido pela Lei nº 8.710, de 24-9-1993.

**Art. 413.** O juiz inquirirá as testemunhas separada e sucessivamente; primeiro as do autor e depois as do réu, providenciando de modo que uma não ouça o depoimento das outras.

**Art. 414.** Antes de depor, a testemunha será qualificada, declarando o nome por inteiro, a profissão, a residência e o estado civil, bem como se tem relações de parentesco com a parte, ou interesse no objeto do processo.

§ 1º É lícito à parte contraditar a testemunha, arguindo-lhe a incapacidade, o impedimento ou a suspeição. Se a testemunha negar os fatos que lhe são imputados, a parte poderá provar a contradita com documentos ou com testemunhas, até três, apresentadas no ato e inquiridas em separado. Sendo provados ou confessados os fatos, o juiz dispensará a testemunha, ou lhe tomará o depoimento, observando o disposto no artigo 405, § 4º.

§ 2º A testemunha pode requerer ao juiz que a escuse de depor, alegando os motivos de que trata o artigo 406; ouvidas as partes, o juiz decidirá de plano.

**Art. 415.** Ao início da inquirição, a testemunha prestará o compromisso de dizer a verdade do que souber e do que lhe for perguntado.

Parágrafo único. O juiz advertirá à testemunha que incorre em sanção penal quem faz afirmação falsa, cala ou oculta a verdade.

▶ Art. 405, § 4º, deste Código.
▶ Art. 342 do CP.

**Art. 416.** O juiz interrogará a testemunha sobre os fatos articulados, cabendo, primeiro à parte que a arrolou, e depois à parte contrária, formular perguntas tendentes a esclarecer ou completar o depoimento.

§ 1º As partes devem tratar as testemunhas com urbanidade, não lhes fazendo perguntas ou considerações impertinentes, capciosas ou vexatórias.

§ 2º As perguntas que o juiz indeferir serão obrigatoriamente transcritas no termo se a parte o requerer.

▶ § 2º com a redação dada pela Lei nº 7.005, de 28-6-1982.

**Art. 417.** O depoimento, datilografado ou registrado por taquigrafia, estenotipia ou outro método idôneo de documentação, será assinado pelo juiz, pelo depoente e pelos procuradores, facultando-se às partes a sua gravação.

▶ *Caput* com a redação dada pela Lei nº 8.952, de 13-12-1994.

§ 1º O depoimento será passado para a versão datilográfica quando houver recurso da sentença, ou noutros casos, quando o juiz o determinar, de ofício ou a requerimento da parte.

▶ Parágrafo único transformado em § 1º pela Lei nº 11.419, de 19-12-2006.

§ 2º Tratando-se de processo eletrônico, observar-se-á o disposto nos §§ 2º e 3º do art. 169 desta Lei.

▶ § 2º acrescido pela Lei nº 11.419, de 19-12-2006.

**Art. 418.** O juiz pode ordenar, de ofício ou a requerimento da parte:

I – a inquirição de testemunhas referidas nas declarações da parte ou das testemunhas;

II – a acareação de duas ou mais testemunhas ou de alguma delas com a parte, quando, sobre fato determinado, que possa influir na decisão da causa, divergirem as suas declarações.

**Art. 419.** A testemunha pode requerer ao juiz o pagamento da despesa que efetuou por comparecimento à audiência, devendo a parte pagá-la logo que arbitrada, ou depositá-la em cartório dentro de três dias.

▶ Art. 20 deste Código.

Parágrafo único. O depoimento prestado em juízo é considerado serviço público. A testemunha, quando sujeita ao regime da legislação trabalhista, não sofre, por comparecer à audiência, perda de salário nem desconto no tempo de serviço.

*Seção VII*

## DA PROVA PERICIAL

▶ Art. 850 deste Código.

**Art. 420.** A prova pericial consiste em exame, vistoria ou avaliação.

Parágrafo único. O juiz indeferirá a perícia quando:

I – a prova do fato não depender do conhecimento especial de técnico;

II – for desnecessária em vista de outras provas produzidas;

III – a verificação for impraticável.

**Art. 421.** O juiz nomeará o perito, fixando de imediato o prazo para a entrega do laudo.

▶ *Caput* com a redação dada pela Lei nº 8.455, de 24-8-1992.

▶ Arts. 20, § 2º, 33 e 145 a 147 deste Código.

§ 1º Incumbe às partes, dentro em cinco dias, contados da intimação do despacho de nomeação do perito:

I – indicar o assistente técnico;

II – apresentar quesitos.

§ 2º Quando a natureza do fato o permitir, a perícia poderá consistir apenas na inquirição pelo juiz do perito e dos assistentes, por ocasião da audiência de instrução e julgamento a respeito das coisas que houverem informalmente examinado ou avaliado.

▶ § 2º com a redação dada pela Lei nº 8.455, de 24-8-1992.

**Art. 422.** O perito cumprirá escrupulosamente o encargo que lhe foi cometido, independentemente de termo de compromisso. Os assistentes técnicos são de confiança da parte, não sujeitos a impedimento ou suspeição.

**Art. 423.** O perito pode escusar-se (artigo 146), ou ser recusado por impedimento ou suspeição (artigo 138, III); ao aceitar a escusa ou julgar procedente a impugnação, o juiz nomeará novo perito.

▶ Arts. 422 e 423 com a redação dada pela Lei nº 8.455, de 24-8-1992.

**Art. 424.** O perito pode ser substituído quando:

▶ *Caput* com a redação dada pela Lei nº 8.455, de 24-8-1992.

I – carecer de conhecimento técnico ou científico;
II – sem motivo legítimo, deixar de cumprir o encargo no prazo que lhe foi assinado.

▶ Inciso II com a redação dada pela Lei nº 8.455, de 24-8-1992.

Parágrafo único. No caso previsto no inciso II, o juiz comunicará a ocorrência à corporação profissional respectiva, podendo, ainda, impor multa ao perito, fixada tendo em vista o valor da causa e o possível prejuízo decorrente do atraso no processo.

▶ Parágrafo único com a redação dada pela Lei nº 8.455, de 24-8-1992.

**Art. 425.** Poderão as partes apresentar, durante a diligência, quesitos suplementares. Da juntada dos quesitos aos autos dará o escrivão ciência à parte contrária.

**Art. 426.** Compete ao juiz:

I – indeferir quesitos impertinentes;
II – formular os que entender necessários ao esclarecimento da causa.

**Art. 427.** O juiz poderá dispensar prova pericial quando as partes, na inicial e na contestação, apresentarem sobre as questões de fato pareceres técnicos ou documentos elucidativos que considerar suficientes.

▶ Artigo com a redação dada pela Lei nº 8.455, de 24-8-1992.

**Art. 428.** Quando a prova tiver de realizar-se por carta, poderá proceder-se à nomeação de perito e indicação de assistentes técnicos no juízo, ao qual se requisitar a perícia.

**Art. 429.** Para o desempenho de sua função, podem o perito e os assistentes técnicos utilizar-se de todos os meios necessários, ouvindo testemunhas, obtendo informações, solicitando documentos que estejam em poder de parte ou em repartições públicas, bem como instruir o laudo com plantas, desenhos, fotografias e outras quaisquer peças.

**Arts. 430 e 431.** *Revogados.* Lei nº 8.455, de 24-8-1992.

**Art. 431-A.** As partes terão ciência da data e local designados pelo juiz ou indicados pelo perito para ter início a produção da prova.

**Art. 431-B.** Tratando-se de perícia complexa, que abranja mais de uma área de conhecimento especializado, o juiz poderá nomear mais de um perito e a parte indicar mais de um assistente técnico.

▶ Arts. 431-A e 431-B acrescidos pela Lei nº 10.358, de 27-12-2001.

**Art. 432.** Se o perito, por motivo justificado, não puder apresentar o laudo dentro do prazo, o juiz concederlhe-á, por uma vez, prorrogação, segundo o seu prudente arbítrio.

▶ Arts. 427 e 433 deste Código.

Parágrafo único. *Revogado.* Lei nº 8.455, de 24-8-1992.

**Art. 433.** O perito apresentará o laudo em cartório, no prazo fixado pelo juiz, pelo menos vinte dias antes da audiência de instrução e julgamento.

▶ *Caput* com a redação dada pela Lei nº 8.455, de 24-8-1992.

Parágrafo único. Os assistentes técnicos oferecerão seus pareceres no prazo comum de dez dias, após intimadas as partes da apresentação do laudo.

▶ Parágrafo único com a redação dada pela Lei nº 10.358, de 27-12-2001.

**Art. 434.** Quando o exame tiver por objeto a autenticidade ou a falsidade de documento, ou for de natureza médico-legal, o perito será escolhido, de preferência, entre os técnicos dos estabelecimentos oficiais especializados. O juiz autorizará a remessa dos autos, bem como do material sujeito a exame, ao diretor do estabelecimento.

▶ *Caput* com a redação dada pela Lei nº 8.952, de 13-12-1994.

Parágrafo único. Quando o exame tiver por objeto a autenticidade da letra e firma, o perito poderá requisitar, para efeito de comparação, documentos existentes em repartições públicas; na falta destes, poderá requerer ao juiz que a pessoa, a quem se atribuir a autoria do documento, lance em folha de papel, por cópia, ou sob ditado, dizeres diferentes, para fins de comparação.

**Art. 435.** A parte, que desejar esclarecimento do perito e do assistente técnico, requererá ao juiz que mande intimá-lo a comparecer à audiência, formulando desde logo as perguntas, sob forma de quesitos.

▶ Art. 452, I, deste Código.

Parágrafo único. O perito e o assistente técnico só estarão obrigados a prestar os esclarecimentos a que se refere este artigo, quando intimados cinco dias antes da audiência.

**Art. 436.** O juiz não está adstrito ao laudo pericial, podendo formar a sua convicção com outros elementos ou fatos provados nos autos.

**Art. 437.** O juiz poderá determinar, de ofício ou a requerimento da parte, a realização de nova perícia, quando a matéria não lhe parecer suficientemente esclarecida.

**Art. 438.** A segunda perícia tem por objeto os mesmos fatos sobre que recaiu a primeira e destina-se a corrigir eventual omissão ou inexatidão dos resultados a que esta conduziu.

**Art. 439.** A segunda perícia rege-se pelas disposições estabelecidas para a primeira.

▶ Art. 437 deste Código.

Parágrafo único. A segunda perícia não substitui a primeira, cabendo ao juiz apreciar livremente o valor de uma e de outra.

SEÇÃO VIII

## DA INSPEÇÃO JUDICIAL

**Art. 440.** O juiz, de ofício ou a requerimento da parte, pode, em qualquer fase do processo, inspecionar pessoas ou coisas, a fim de se esclarecer sobre fato, que interesse à decisão da causa.

**Art. 441.** Ao realizar a inspeção direta, o juiz poderá ser assistido de um ou mais peritos.

**Art. 442.** O juiz irá ao local, onde se encontre a pessoa ou coisa, quando:

I – julgar necessário para a melhor verificação ou interpretação dos fatos que deva observar;

II – a coisa não puder ser apresentada em juízo, sem consideráveis despesas ou graves dificuldades;

III – determinar a reconstituição dos fatos.

Parágrafo único. As partes têm sempre direito a assistir à inspeção, prestando esclarecimentos e fazendo observações que reputem de interesse para a causa.

**Art. 443.** Concluída a diligência, o juiz mandará lavrar auto circunstanciado, mencionando nele tudo quanto for útil ao julgamento da causa.

Parágrafo único. O auto poderá ser instruído com desenho, gráfico ou fotografia.

▶ Art. 443 com a redação dada pela Lei nº 5.925, de 1º-10-1973.

CAPÍTULO VII

## DA AUDIÊNCIA

SEÇÃO I

## DAS DISPOSIÇÕES GERAIS

**Art. 444.** A audiência será pública; nos casos de que trata o artigo 155, realizar-se-á a portas fechadas.

**Art. 445.** O juiz exerce o poder de polícia, competindo-lhe:

I – manter a ordem e o decoro na audiência;

II – ordenar que se retirem da sala da audiência os que se comportarem inconvenientemente;

III – requisitar, quando necessário, a força policial.

▶ Arts. 15 e 125, III, deste Código.

**Art. 446.** Compete ao juiz em especial:

I – dirigir os trabalhos da audiência;

II – proceder direta e pessoalmente à colheita das provas;

III – exortar os advogados e o órgão do Ministério Público a que discutam a causa com elevação e urbanidade.

▶ Arts. 15 e 125, III, deste Código.

▶ Art. 7º, § 2º, da Lei nº 8.906, de 4-7-1994 (Estatuto da Advocacia e da OAB).

Parágrafo único. Enquanto depuserem as partes, o perito, os assistentes técnicos e as testemunhas, os advogados não podem intervir ou apartear, sem licença do juiz.

SEÇÃO II

## DA CONCILIAÇÃO

**Art. 447.** Quando o litígio versar sobre direitos patrimoniais de caráter privado, o juiz, de ofício, determinará o comparecimento das partes ao início da audiência de instrução e julgamento.

Parágrafo único. Em causas relativas à família, terá lugar igualmente a conciliação, nos casos e para os fins em que a lei consente a transação.

▶ Art. 1.123 deste Código.
▶ Art. 841 do CC.

**Art. 448.** Antes de iniciar a instrução, o juiz tentará conciliar as partes. Chegando a acordo, o juiz mandará tomá-lo por termo.

▶ Art. 125, IV, deste Código.

**Art. 449.** O termo de conciliação, assinado pelas partes e homologado pelo juiz, terá valor de sentença.

▶ Art. 475-N, III, deste Código.
▶ Art. 849 do CC.

SEÇÃO III

## DA INSTRUÇÃO E JULGAMENTO

**Art. 450.** No dia e hora designados, o juiz declarará aberta a audiência, mandando apregoar as partes e os seus respectivos advogados.

**Art. 451.** Ao iniciar a instrução, o juiz, ouvidas as partes, fixará os pontos controvertidos sobre que incidirá a prova.

**Art. 452.** As provas serão produzidas na audiência nesta ordem:

I – o perito e os assistentes técnicos responderão aos quesitos de esclarecimentos, requeridos no prazo e na forma do artigo 435;

II – o juiz tomará os depoimentos pessoais, primeiro do autor e depois do réu;

▶ Arts. 342 a 348 deste Código.

III – finalmente, serão inquiridas as testemunhas arroladas pelo autor e pelo réu.

▶ Arts. 400 a 419 deste Código.

**Art. 453.** A audiência poderá ser adiada:

I – por convenção das partes, caso em que só será admissível uma vez;

II – se não puderem comparecer, por motivo justificado, o perito, as partes, as testemunhas ou os advogados.

§ 1º Incumbe ao advogado provar o impedimento até a abertura da audiência; não o fazendo, o juiz procederá à instrução.

§ 2º Pode ser dispensada pelo juiz a produção das provas requeridas pela parte cujo advogado não compareceu à audiência.

§ 3º Quem der causa ao adiamento responderá pelas despesas acrescidas.

**Art. 454.** Finda a instrução, o juiz dará a palavra ao advogado do autor e ao do réu, bem como ao órgão do Ministério Público, sucessivamente, pelo prazo de vinte minutos para cada um, prorrogável por dez, a critério do juiz.

§ 1º Havendo litisconsorte ou terceiro, o prazo, que formará com o da prorrogação um só todo, dividir-se-á entre os do mesmo grupo, se não convencionarem de modo diverso.

▶ Arts. 46 a 80 deste Código.

§ 2º No caso previsto no artigo 56, o opoente sustentará as suas razões em primeiro lugar, seguindo-se-lhe os opostos, cada qual pelo prazo de vinte minutos.

§ 3º Quando a causa apresentar questões complexas de fato ou de direito, o debate oral poderá ser substituído por memoriais, caso em que o juiz designará dia e hora para o seu oferecimento.

**Art. 455.** A audiência é una e contínua. Não sendo possível concluir, num só dia, a instrução, o debate e o julgamento, o juiz marcará o seu prosseguimento para dia próximo.

**Art. 456.** Encerrado o debate ou oferecidos os memoriais, o juiz proferirá a sentença desde logo ou no prazo de dez dias.

▶ Artigo com a redação dada pela Lei nº 5.925, de 1º-10-1973.

**Art. 457.** O escrivão lavrará, sob ditado do juiz, termo que conterá, em resumo, o ocorrido na audiência, bem como, por extenso, os despachos e a sentença, se esta for proferida no ato.

§ 1º Quando o termo for datilografado, o juiz lhe rubricará as folhas, ordenando que sejam encadernadas em volume próprio.

§ 2º Subscreverão o termo o juiz, os advogados, o órgão do Ministério Público e o escrivão.

§ 3º O escrivão trasladará para os autos cópia autêntica do termo de audiência.

§ 4º Tratando-se de processo eletrônico, observar-se-á o disposto nos §§ 2º e 3º do art. 169 desta Lei.

▶ § 4º acrescido pela Lei nº 11.419, de 19-12-2006.

CAPÍTULO VIII

**DA SENTENÇA E DA COISA JULGADA**

SEÇÃO I

*DOS REQUISITOS E DOS EFEITOS DA SENTENÇA*

**Art. 458.** São requisitos essenciais da sentença:

I – o relatório, que conterá os nomes das partes, a suma do pedido e da resposta do réu, bem como o registro das principais ocorrências havidas no andamento do processo;

II – os fundamentos, em que o juiz analisará as questões de fato e de direito;

III – o dispositivo, em que o juiz resolverá as questões que as partes lhe submeterem.

▶ Arts. 126, 131 e 165 deste Código.

▶ Lei nº 6.899, de 8-4-1981, determina a aplicação da correção monetária nos débitos oriundos de decisão judicial.

**Art. 459.** O juiz proferirá a sentença, acolhendo ou rejeitando, no todo ou em parte, o pedido formulado pelo autor. Nos casos de extinção do processo sem julgamento do mérito, o juiz decidirá em forma concisa.

▶ Arts. 20, 128, 267, 269 e 513 deste Código.

Parágrafo único. Quando o autor tiver formulado pedido certo, é vedado ao juiz proferir sentença ilíquida.

▶ Súm. nº 318 do STJ.

**Art. 460.** É defeso ao juiz proferir sentença, a favor do autor, de natureza diversa da pedida, bem como condenar o réu em quantidade superior ou em objeto diverso do que lhe foi demandado.

▶ Arts. 128 e 293 deste Código.

Parágrafo único. A sentença deve ser certa, ainda quando decida relação jurídica condicional.

▶ Parágrafo único acrescido pela Lei nº 8.952, de 13-12-1994.

**Art. 461.** Na ação que tenha por objeto o cumprimento de obrigação de fazer ou não fazer, o juiz concederá a tutela específica da obrigação ou, se procedente o pedido, determinará providências que assegurem o resultado prático equivalente ao do adimplemento.

▶ *Caput* com a redação dada pela Lei nº 8.952, de 13-12-1994.

▶ Arts. 475-I e 644 deste Código.

▶ Art. 22, § 4º, da Lei nº 11.340, de 7-8-2006 (Lei que Coíbe a Violência Doméstica e Familiar Contra a Mulher).

▶ Art. 7º, § 5º, da Lei nº 12.016, de 7-8-2009 (Lei do Mandado de Segurança Individual e Coletivo).

§ 1º A obrigação somente se converterá em perdas e danos se o autor o requerer ou se impossível a tutela específica ou a obtenção do resultado prático correspondente.

▶ Arts. 402 a 405 e 927 do CC.

§ 2º A indenização por perdas e danos dar-se-á sem prejuízo da multa (artigo 287).

§ 3º Sendo relevante o fundamento da demanda e havendo justificado receio de ineficácia do provimento final, é lícito ao juiz conceder a tutela liminarmente ou mediante justificação prévia, citado o réu. A medida liminar poderá ser revogada ou modificada, a qualquer tempo, em decisão fundamentada.

§ 4º O juiz poderá, na hipótese do parágrafo anterior ou na sentença, impor multa diária ao réu, independentemente de pedido do autor, se for suficiente ou compatível com a obrigação, fixando-lhe prazo razoável para o cumprimento do preceito.

▶ Art. 287 deste Código.

▶ §§ 1º a 4º acrescidos pela Lei nº 8.952, de 13-12-1994.

§ 5º Para a efetivação da tutela específica ou a obtenção do resultado prático equivalente, poderá o juiz, de ofício ou a requerimento, determinar as medidas necessárias, tais como a imposição de multa por tempo de atraso, busca e apreensão, remoção de pessoas e coisas, desfazimento de obras e impedimento de atividade nociva, se necessário com requisição de força policial.

▶ § 5º com a redação dada pela Lei nº 10.444, de 7-5-2002.

**§ 6º** O juiz poderá, de ofício, modificar o valor ou a periodicidade da multa, caso verifique que se tornou insuficiente ou excessiva.

▶ § 6º acrescido pela Lei nº 10.444, de 7-5-2002.

**Art. 461-A.** Na ação que tenha por objeto a entrega de coisa, o juiz, ao conceder a tutela específica, fixará o prazo para o cumprimento da obrigação.

▶ Arts. 287 e 475-I deste Código.

**§ 1º** Tratando-se de entrega de coisa determinada pelo gênero e quantidade, o credor a individualizará na petição inicial, se lhe couber a escolha; cabendo ao devedor escolher, este a entregará individualizada, no prazo fixado pelo juiz.

**§ 2º** Não cumprida a obrigação no prazo estabelecido, expedir-se-á em favor do credor mandado de busca e apreensão ou de imissão na posse, conforme se tratar de coisa móvel ou imóvel.

**§ 3º** Aplica-se à ação prevista neste artigo o disposto nos §§ 1º a 6º do art. 461.

▶ Art. 461-A acrescido pela Lei nº 10.444, de 7-5-2002.

**Art. 462.** Se, depois da propositura da ação, algum fato constitutivo, modificativo ou extintivo do direito influir no julgamento da lide, caberá ao juiz tomá-lo em consideração, de ofício ou a requerimento da parte, no momento de proferir a sentença.

▶ Artigo com a redação dada pela Lei nº 5.925, de 1º-10-1973.

▶ Art. 303, I, deste Código.

**Art. 463.** Publicada a sentença, o juiz só poderá alterá-la:

▶ *Caput* com a redação dada pela Lei nº 11.232, de 22-12-2005.

▶ Súm. nº 453 do STJ.

I – para lhe corrigir, de ofício a ou requerimento da parte, inexatidões materiais, ou lhe retificar erros de cálculo;

II – por meio de embargos de declaração.

▶ Arts. 535 a 538 deste Código.

▶ Súm. nº 317 do STF.

**Arts. 464 e 465.** *Revogados.* Lei nº 8.950, de 13-12-1994.

**Art. 466.** A sentença que condenar o réu no pagamento de uma prestação, consistente em dinheiro ou em coisa, valerá como título constitutivo de hipoteca judiciária, cuja inscrição será ordenada pelo juiz na forma prescrita na Lei de Registros Públicos.

▶ Arts. 521, 587 e 813 a 821 deste Código.

Parágrafo único. A sentença condenatória produz a hipoteca judiciária:

I – embora a condenação seja genérica;
II – pendente arresto de bens do devedor;
III – ainda quando o credor possa promover a execução provisória da sentença.

**Art. 466-A.** Condenado o devedor a emitir declaração de vontade, a sentença, uma vez transitada em julgado, produzirá todos os efeitos da declaração não emitida.

**Art. 466-B.** Se aquele que se comprometeu a concluir um contrato não cumprir a obrigação, a outra parte, sendo isso possível e não excluído pelo título, poderá obter uma sentença que produza o mesmo efeito do contrato a ser firmado.

▶ Súm. nº 239 do STJ.

**Art. 466-C.** Tratando-se de contrato que tenha por objeto a transferência da propriedade de coisa determinada, ou de outro direito, a ação não será acolhida se a parte que a intentou não cumprir a sua prestação, nem a oferecer, nos casos e formas legais, salvo se ainda não exigível.

▶ Arts. 466-A a 466-C acrescidos pela Lei nº 11.232, de 22-12-2005.

## Seção II

### DA COISA JULGADA

**Art. 467.** Denomina-se coisa julgada material a eficácia, que torna imutável e indiscutível a sentença, não mais sujeita a recurso ordinário ou extraordinário.

▶ Art. 301, § 1º, deste Código.

**Art. 468.** A sentença, que julgar total ou parcialmente a lide, tem força de lei nos limites da lide e das questões decididas.

**Art. 469.** Não fazem coisa julgada:

I – os motivos, ainda que importantes para determinar o alcance da parte dispositiva da sentença;

II – a verdade dos fatos, estabelecida como fundamento da sentença;

III – a apreciação da questão prejudicial, decidida incidentemente no processo.

**Art. 470.** Faz, todavia, coisa julgada a resolução da questão prejudicial, se a parte o requerer (artigos 5º e 325), o juiz for competente em razão da matéria e constituir pressuposto, necessário para o julgamento da lide.

**Art. 471.** Nenhum juiz decidirá novamente as questões já decididas, relativas à mesma lide, salvo:

I – se, tratando-se de relação jurídica continuativa, sobreveio modificação no estado de fato ou de direito; caso em que poderá a parte pedir a revisão do que foi estatuído na sentença;

▶ Art. 15 da Lei nº 5.478, de 25-7-1968 (Lei da Ação de Alimentos).

II – nos demais casos prescritos em lei.

**Art. 472.** A sentença faz coisa julgada às partes entre as quais é dada, não beneficiando, nem prejudicando terceiros. Nas causas relativas ao estado de pessoa, se houverem sido citados no processo, em litisconsórcio necessário, todos os interessados, a sentença produz coisa julgada em relação a terceiros.

**Art. 473.** É defeso à parte discutir, no curso do processo, as questões já decididas, a cujo respeito se operou a preclusão.

**Art. 474.** Passada em julgado a sentença de mérito, reputar-se-ão deduzidas e repelidas todas as alegações e defesas, que a parte poderia opor assim ao acolhimento como à rejeição do pedido.

▶ Art. 269 deste Código.

**Art. 475.** Está sujeita ao duplo grau de jurisdição, não produzindo efeito senão depois de confirmada pelo tribunal, a sentença:
▶ *Caput* com a redação dada pela Lei nº 10.352, de 26-12-2001.

I – proferida contra a União, o Estado, o Distrito Federal, o Município, e as respectivas autarquias e fundações de direito público;
▶ Súm. nº 620 do STF.
▶ Súm. nº 34 do TFR.
▶ Súm. nº 45 do STJ.

II – que julgar procedentes, no todo ou em parte, os embargos à execução de dívida ativa da Fazenda Pública (artigo 585, VI).
▶ Incisos I e II com a redação dada pela Lei nº 10.352, de 26-12-2001.
▶ A referência ao art. 585, VI, deve ser entendida como ao art. 585, VII.
▶ Art. 13, § 1º, da LC nº 76, de 6-7-1993 (Lei de Desapropriação de Imóvel Rural para fins de Reforma Agrária).
▶ Lei nº 6.830, de 22-9-1980 (Lei das Execuções Fiscais).
▶ Art. 10 da Lei nº 9.469, de 10-7-1997, que dispõe sobre a intervenção da União nas causas em que figurarem, como autores ou réus, entes da administração indireta.
▶ Art. 14, § 1º, da Lei nº 12.016, de 7-8-2009 (Lei do Mandado de Segurança Individual e Coletivo).
▶ Súm. nº 620 do STF.
▶ Súm. nº 77 do TFR.
▶ Súmulas nºs 254 e 325 do STJ.

§ 1º Nos casos previstos neste artigo, o juiz ordenará a remessa dos autos ao tribunal, haja ou não apelação; não o fazendo, deverá o presidente do tribunal avocá-los.
▶ Súm. nº 390 do STJ.

§ 2º Não se aplica o disposto neste artigo sempre que a condenação, ou o direito controvertido, for de valor certo não excedente a sessenta salários mínimos, bem como no caso de procedência dos embargos do devedor na execução de dívida ativa do mesmo valor.

§ 3º Também não se aplica o disposto neste artigo quando a sentença estiver fundada em jurisprudência do plenário do Supremo Tribunal Federal ou em súmula deste Tribunal ou do tribunal superior competente.
▶ §§ 1º a 3º acrescidos pela Lei nº 10.352, de 26-12-2001.

CAPÍTULO IX

**DA LIQUIDAÇÃO DE SENTENÇA**

**Art. 475-A.** Quando a sentença não determinar o valor devido, procede-se à sua liquidação.
▶ Súmulas nºs 318 e 344 do STJ.

§ 1º Do requerimento de liquidação de sentença será a parte intimada, na pessoa de seu advogado.

§ 2º A liquidação poderá ser requerida na pendência de recurso, processando-se em autos apartados, no juízo de origem, cumprindo ao liquidante instruir o pedido com cópias das peças processuais pertinentes.

§ 3º Nos processos sob procedimento comum sumário, referidos no art. 275, inciso II, alíneas *d* e *e* desta Lei, é defesa a sentença ilíquida, cumprindo ao juiz, se for o caso, fixar de plano, a seu prudente critério, o valor devido.

**Art. 475-B.** Quando a determinação do valor da condenação depender apenas de cálculo aritmético, o credor requererá o cumprimento da sentença, na forma do art. 475-J desta Lei, instruindo o pedido com a memória discriminada e atualizada do cálculo.
▶ Lei nº 6.899, de 8-4-1981, determina a aplicação da correção monetária nos débitos oriundos de decisão judicial.

§ 1º Quando a elaboração da memória do cálculo depender de dados existentes em poder do devedor ou de terceiro, o juiz, a requerimento do credor, poderá requisitá-los, fixando prazo de até trinta dias para o cumprimento da diligência.

§ 2º Se os dados não forem, injustificadamente, apresentados pelo devedor, reputar-se-ão corretos os cálculos apresentados pelo credor, e, se não o forem pelo terceiro, configurar-se-á a situação prevista no art. 362.

§ 3º Poderá o juiz valer-se do contador do juízo, quando a memória apresentada pelo credor aparentemente exceder os limites da decisão exequenda e, ainda, nos casos de assistência judiciária.

§ 4º Se o credor não concordar com os cálculos feitos nos termos do § 3º deste artigo, far-se-á a execução pelo valor originariamente pretendido, mas a penhora terá por base o valor encontrado pelo contador.

**Art. 475-C.** Far-se-á a liquidação por arbitramento quando:

I – determinado pela sentença ou convencionado pelas partes;
▶ Súm. nº 344 do STJ.

II – o exigir a natureza do objeto da liquidação.

**Art. 475-D.** Requerida a liquidação por arbitramento, o juiz nomeará o perito e fixará o prazo para a entrega do laudo.

Parágrafo único. Apresentado o laudo, sobre o qual poderão as partes manifestar-se no prazo de dez dias, o juiz proferirá decisão ou designará, se necessário, audiência.

**Art. 475-E.** Far-se-á a liquidação por artigos, quando, para determinar o valor da condenação, houver necessidade de alegar e provar fato novo.

**Art. 475-F.** Na liquidação por artigos, observar-se-á, no que couber, o procedimento comum (art. 272).

**Art. 475-G.** É defeso, na liquidação, discutir de novo a lide ou modificar a sentença que a julgou.

**Art. 475-H.** Da decisão de liquidação caberá agravo de instrumento.
▶ Arts. 475-A a 475-H acrescidos pela Lei nº 11.232, de 22-12-2005.
▶ Súm. 522 e seguintes deste Código.

CAPÍTULO X

**DO CUMPRIMENTO DA SENTENÇA**

**Art. 475-I.** O cumprimento da sentença far-se-á conforme os arts. 461 e 461-A desta Lei ou, tratando-se de obrigação por quantia certa, por execução, nos termos dos demais artigos deste Capítulo.

§ 1º É definitiva a execução da sentença transitada em julgado e provisória quando se tratar de sentença impugnada mediante recurso ao qual não foi atribuído efeito suspensivo.

▶ Arts. 475-O, 497, 520, 521, 558 e 587 deste Código.
▶ Súm. nº 317 do STJ.

§ 2º Quando na sentença houver uma parte líquida e outra ilíquida, ao credor é lícito promover simultaneamente a execução daquela e, em autos apartados, a liquidação desta.

▶ Arts. 475-A a 475-H deste Código.

**Art. 475-J.** Caso o devedor, condenado ao pagamento de quantia certa ou já fixada em liquidação, não o efetue no prazo de quinze dias, o montante da condenação será acrescido de multa no percentual de dez por cento e, a requerimento do credor e observado o disposto no art. 614, inciso II, desta Lei, expedir-se-á mandado de penhora e avaliação.

▶ Arts. 475-B e 475-N, parágrafo único, deste Código.
▶ Súm. nº 328 do STJ.

§ 1º Do auto de penhora e de avaliação será de imediato intimado o executado, na pessoa de seu advogado (arts. 236 e 237), ou, na falta deste, o seu representante legal, ou pessoalmente, por mandado ou pelo correio, podendo oferecer impugnação, querendo, no prazo de quinze dias.

§ 2º Caso o oficial de justiça não possa proceder à avaliação, por depender de conhecimentos especializados, o juiz, de imediato, nomeará avaliador, assinando-lhe breve prazo para a entrega do laudo.

§ 3º O exequente poderá, em seu requerimento, indicar desde logo os bens a serem penhorados.

§ 4º Efetuado o pagamento parcial no prazo previsto no *caput* deste artigo, a multa de dez por cento incidirá sobre o restante.

§ 5º Não sendo requerida a execução no prazo de seis meses, o juiz mandará arquivar os autos, sem prejuízo de seu desarquivamento a pedido da parte.

**Art. 475-L.** A impugnação somente poderá versar sobre:

I – falta ou nulidade da citação, se o processo correu à revelia;
II – inexigibilidade do título;
III – penhora incorreta ou avaliação errônea;
IV – ilegitimidade das partes;
V – excesso de execução;

▶ Art. 743 deste Código.

VI – qualquer causa impeditiva, modificativa ou extintiva da obrigação, como pagamento, novação, compensação, transação ou prescrição, desde que superveniente à sentença.

§ 1º Para efeito do disposto no inciso II do *caput* deste artigo, considera-se também inexigível o título judicial fundado em lei ou ato normativo declarados inconstitucionais pelo Supremo Tribunal Federal, ou fundado em aplicação ou interpretação da lei ou ato normativo tidas pelo Supremo Tribunal Federal como incompatíveis com a Constituição Federal.

§ 2º Quando o executado alegar que o exequente, em excesso de execução, pleiteia quantia superior à resultante da sentença, cumprir-lhe-á declarar de imediato o valor que entende correto, sob pena de rejeição liminar dessa impugnação.

**Art. 475-M.** A impugnação não terá efeito suspensivo, podendo o juiz atribuir-lhe tal efeito desde que relevantes seus fundamentos e o prosseguimento da execução seja manifestamente suscetível de causar ao executado grave dano de difícil ou incerta reparação.

§ 1º Ainda que atribuído efeito suspensivo à impugnação, é lícito ao exequente requerer o prosseguimento da execução, oferecendo e prestando caução suficiente e idônea, arbitrada pelo juiz e prestada nos próprios autos.

§ 2º Deferido efeito suspensivo, a impugnação será instruída e decidida nos próprios autos e, caso contrário, em autos apartados.

§ 3º A decisão que resolver a impugnação é recorrível mediante agravo de instrumento, salvo quando importar extinção da execução, caso em que caberá apelação.

▶ Arts. 513 a 529 deste Código.

**Art. 475-N.** São títulos executivos judiciais:

I – a sentença proferida no processo civil que reconheça a existência de obrigação de fazer, não fazer, entregar coisa ou pagar quantia;
II – a sentença penal condenatória transitada em julgado;
III – a sentença homologatória de conciliação ou de transação, ainda que inclua matéria não posta em juízo;
IV – a sentença arbitral;

▶ Art. 31 da Lei nº 9.307, de 23-9-1996 (Lei de Arbitragem).

V – o acordo extrajudicial, de qualquer natureza, homologado judicialmente;

▶ Art. 57 da Lei nº 9.099, de 26-9-1995 (Lei dos Juizados Especiais).

VI – a sentença estrangeira, homologada pelo Superior Tribunal de Justiça;

▶ A homologação de sentença estrangeira passou a ser da competência do STJ, conforme art. 105, I, *i*, da CF, com a redação dada pela EC nº 45, de 8-12-2004.
▶ Arts. 483 e 484 deste Código.

VII – o formal e a certidão de partilha, exclusivamente em relação ao inventariante, aos herdeiros e aos sucessores a título singular ou universal.

Parágrafo único. Nos casos dos incisos II, IV e VI, o mandado inicial (art. 475-J) incluirá a ordem de citação do devedor, no juízo cível, para liquidação ou execução, conforme o caso.

▶ Arts. 475-I a 475-N acrescidos pela Lei nº 11.232, de 22-12-2005.

**Art. 475-O.** A execução provisória da sentença far-se-á, no que couber, do mesmo modo que a definitiva, observadas as seguintes normas:

▶ Artigo acrescido pela Lei nº 11.232, de 22-12-2005.
▶ Arts. 475-I, § 1º, e 587 deste Código.

I – corre por iniciativa, conta e responsabilidade do exequente, que se obriga, se a sentença for reformada, a reparar os danos que o executado haja sofrido;

II – fica sem efeito, sobrevindo acórdão que modifique ou anule a sentença objeto da execução, restituindo-se as partes ao estado anterior e liquidados eventuais prejuízos nos mesmos autos, por arbitramento;
III – o levantamento de depósito em dinheiro e a prática de atos que importem alienação de propriedade ou dos quais possa resultar grave dano ao executado dependem de caução suficiente e idônea, arbitrada de plano pelo juiz e prestada nos próprios autos.

▶ Incisos I a III acrescidos pela Lei nº 11.232, de 22-12-2005.

§ 1º No caso do inciso II do *caput* deste artigo, se a sentença provisória for modificada ou anulada apenas em parte, somente nesta ficará sem efeito a execução.

▶ § 1º acrescido pela Lei nº 11.232, de 22-12-2005, e retificado no *DOU* de 26-6-2006.

§ 2º A caução a que se refere o inciso III do *caput* deste artigo poderá ser dispensada:

▶ *Caput* do § 2º acrescido pela Lei nº 11.232, de 22-12-2005.

I – quando, nos casos de crédito de natureza alimentar ou decorrente de ato ilícito, até o limite de sessenta vezes o valor do salário mínimo, o exequente demonstrar situação de necessidade;

▶ Inciso I acrescido pela Lei nº 11.232, de 22-12-2005.

II – nos casos de execução provisória em que penda agravo perante o Supremo Tribunal Federal ou o Superior Tribunal de Justiça (art. 544), salvo quando da dispensa possa manifestamente resultar risco de grave dano, de difícil ou incerta reparação.

▶ Inciso II com a redação dada pela Lei nº 12.322, de 9-9-2010.

§ 3º Ao requerer a execução provisória, o exequente instruirá a petição com cópias autenticadas das seguintes peças do processo, podendo o advogado declarar a autenticidade, sob sua responsabilidade pessoal:

▶ *Caput* do § 3º com a redação dada pela Lei nº 12.322, de 9-9-2010.

I – sentença ou acórdão exequendo;
II – certidão de interposição do recurso não dotado de efeito suspensivo;
III – procurações outorgadas pelas partes;
IV – decisão de habilitação, se for o caso;
V – facultativamente, outras peças processuais que o exequente considere necessárias.

▶ Incisos I a V acrescidos pela Lei nº 11.232, de 22-12-2005.

**Art. 475-P.** O cumprimento da sentença efetuar-se-á perante:

I – os tribunais, nas causas de sua competência originária;
II – o juízo que processou a causa no primeiro grau de jurisdição;
III – o juízo cível competente, quando se tratar de sentença penal condenatória, de sentença arbitral ou de sentença estrangeira.

Parágrafo único. No caso do inciso II do *caput* deste artigo, o exequente poderá optar pelo juízo do local onde se encontram bens sujeitos à expropriação ou pelo do atual domicílio do executado, casos em que a remessa dos autos do processo será solicitada ao juízo de origem.

**Art. 475-Q.** Quando a indenização por ato ilícito incluir prestação de alimentos, o juiz, quanto a esta parte, poderá ordenar ao devedor constituição de capital, cuja renda assegure o pagamento do valor mensal da pensão.

▶ Art. 20, § 5º, deste Código.
▶ Súm. nº 313 do STJ.

§ 1º Este capital, representado por imóveis, títulos da dívida pública ou aplicações financeiras em banco oficial, será inalienável e impenhorável enquanto durar a obrigação do devedor.

§ 2º O juiz poderá substituir a constituição do capital pela inclusão do beneficiário da prestação em folha de pagamento de entidade de direito público ou de empresa de direito privado de notória capacidade econômica, ou, a requerimento do devedor, por fiança bancária ou garantia real, em valor a ser arbitrado de imediato pelo juiz.

§ 3º Se sobrevier modificação nas condições econômicas, poderá a parte requerer, conforme as circunstâncias, redução ou aumento da prestação.

§ 4º Os alimentos podem ser fixados tomando por base o salário mínimo.

§ 5º Cessada a obrigação de prestar alimentos, o juiz mandará liberar o capital, cessar o desconto em folha ou cancelar as garantias prestadas.

**Art. 475-R.** Aplicam-se subsidiariamente ao cumprimento da sentença, no que couber, as normas que regem o processo de execução de título extrajudicial.

▶ Arts. 475-P a 475-R acrescidos pela Lei nº 11.232, de 22-12-2005.
▶ Art. 612 e segs. deste Código.

## TÍTULO IX – DO PROCESSO NOS TRIBUNAIS

### Capítulo I

### DA UNIFORMIZAÇÃO DA JURISPRUDÊNCIA

**Art. 476.** Compete a qualquer juiz, ao dar o voto na turma, câmara, ou grupo de câmaras, solicitar o pronunciamento prévio do tribunal acerca da interpretação do direito quando:

I – verificar que, a seu respeito, ocorre divergência;
II – no julgamento recorrido a interpretação for diversa da que lhe haja dado outra turma, câmara, grupo de câmaras ou câmaras cíveis reunidas.

Parágrafo único. A parte poderá, ao arrazoar o recurso ou em petição avulsa, requerer, fundamentadamente, que o julgamento obedeça ao disposto neste artigo.

**Art. 477.** Reconhecida a divergência, será lavrado o acórdão, indo os autos ao presidente do tribunal para designar a sessão de julgamento. A secretaria distribuirá a todos os juízes cópia do acórdão.

**Art. 478.** O tribunal, reconhecendo a divergência, dará a interpretação a ser observada, cabendo a cada juiz emitir o seu voto em exposição fundamentada.

Parágrafo único. Em qualquer caso, será ouvido o chefe do Ministério Público que funciona perante o tribunal.

**Art. 479.** O julgamento, tomado pelo voto da maioria absoluta dos membros que integram o tribunal, será objeto de súmula e constituirá precedente na uniformização da jurisprudência.

Parágrafo único. Os regimentos internos disporão sobre a publicação no órgão oficial das súmulas de jurisprudência predominante.

## Capítulo II
## DA DECLARAÇÃO DE INCONSTITUCIONALIDADE

**Art. 480.** Arguida a inconstitucionalidade de lei ou de ato normativo do poder público, o relator, ouvido o Ministério Público, submeterá a questão à turma ou câmara, a que tocar o conhecimento do processo.

▶ Arts. 102, I, a, e 103 da CF.

**Art. 481.** Se a alegação for rejeitada, prosseguirá o julgamento; se for acolhida, será lavrado o acórdão, a fim de ser submetida a questão ao tribunal pleno.

Parágrafo único. Os órgãos fracionários dos tribunais não submeterão ao plenário, ou ao órgão especial, a arguição de inconstitucionalidade, quando já houver pronunciamento destes ou do plenário do Supremo Tribunal Federal sobre a questão.

▶ Parágrafo único acrescido pela Lei nº 9.756, de 17-12-1998.

**Art. 482.** Remetida a cópia do acórdão a todos os juízes, o Presidente do Tribunal designará a sessão de julgamento.

§ 1º O Ministério Público e as pessoas jurídicas de direito público responsáveis pela edição do ato questionado, se assim o requererem, poderão manifestar-se no incidente de inconstitucionalidade, observados os prazos e condições fixados no Regimento Interno do Tribunal.

§ 2º Os titulares do direito de propositura referidos no art. 103 da Constituição poderão manifestar-se, por escrito, sobre a questão constitucional objeto de apreciação pelo órgão especial ou pelo Pleno do Tribunal, no prazo fixado em Regimento, sendo-lhes assegurado o direito de apresentar memoriais ou de pedir a juntada de documentos.

§ 3º O relator, considerando a relevância da matéria e a representatividade dos postulantes, poderá admitir, por despacho irrecorrível, a manifestação de outros órgãos ou entidades.

▶ §§ 1º a 3º acrescidos pela Lei nº 9.868, de 10-11-1999.
▶ Súmulas nºs 293 e 455 do STF.

## Capítulo III

## DA HOMOLOGAÇÃO DE SENTENÇA ESTRANGEIRA

**Art. 483.** A sentença proferida por tribunal estrangeiro não terá eficácia no Brasil senão depois de homologada pelo Supremo Tribunal Federal.

▶ A homologação de sentença estrangeira passou a ser da competência do STJ, conforme art. 105, I, i, da CF, com a redação dada pela EC nº 45, de 8-12-2004.
▶ Súm. nº 420 do STF.

Parágrafo único. A homologação obedecerá ao que dispuser o regimento interno do Supremo Tribunal Federal.

▶ A homologação de sentença estrangeira passou a ser da competência do STJ, conforme art. 105, I, i, da CF, com a redação dada pela EC nº 45, de 8-12-2004.
▶ Art. 109, X, da CF.
▶ Art. 475-N, VI, deste Código.
▶ Art. 37 da Lei nº 9.307, de 23-9-1996 (Lei da Arbitragem).

**Art. 484.** A execução far-se-á por carta de sentença extraída dos autos da homologação e obedecerá às regras estabelecidas para a execução da sentença nacional da mesma natureza.

▶ A homologação de sentença estrangeira passou a ser da competência do STJ, conforme art. 105, I, i, da CF, com a redação dada pela EC nº 45, de 8-12-2004.
▶ Art. 475-O, § 3º, deste Código.

## Capítulo IV
## DA AÇÃO RESCISÓRIA

**Art. 485.** A sentença de mérito, transitada em julgado, pode ser rescindida quando:

▶ Súm. nº 514 do STF.

I – se verificar que foi dada por prevaricação, concussão ou corrupção do juiz;

▶ Arts. 316, 317, 319 e 333 do CP.

II – proferida por juiz impedido ou absolutamente incompetente;

▶ Arts. 134, 136 e 137 deste Código.

III – resultar de dolo da parte vencedora em detrimento da parte vencida, ou de colusão entre as partes, a fim de fraudar a lei;

▶ Arts. 17, III, 129 e 487, III, deste Código.

IV – ofender a coisa julgada;

▶ Arts. 467 a 472 e 474 deste Código.

V – violar literal disposição de lei;

▶ Súm. nº 343 do STF.
▶ Súm. nº 134 do TFR.

VI – se fundar em prova, cuja falsidade tenha sido apurada em processo criminal ou seja provada na própria ação rescisória;

VII – depois da sentença, o autor obtiver documento novo, cuja existência ignorava, ou de que não pôde fazer uso, capaz, por si só, de lhe assegurar pronunciamento favorável;

VIII – houver fundamento para invalidar confissão, desistência ou transação, em que se baseou a sentença;

IX – fundada em erro de fato, resultante de atos ou de documentos da causa.

▶ Art. 1.030 deste Código.

§ 1º Há erro, quando a sentença admitir um fato inexistente, ou quando considerar inexistente um fato efetivamente ocorrido.

§ 2º É indispensável, num como noutro caso, que não tenha havido controvérsia, nem pronunciamento judicial sobre o fato.

**Art. 486.** Os atos judiciais, que não dependem de sentença, ou em que esta for meramente homologatória, podem ser rescindidos, como os atos jurídicos em geral, nos termos da lei civil.

**Art. 487.** Tem legitimidade para propor a ação:

I – quem foi parte no processo ou o seu sucessor a título universal ou singular;

II – o terceiro juridicamente interessado;

III – o Ministério Público:

a) se não foi ouvido no processo, em que lhe era obrigatória a intervenção;

▶ Arts. 84, 236, § 2º, e 246 deste Código.

b) quando a sentença é o efeito de colusão das partes, a fim de fraudar a lei.

**Art. 488.** A petição inicial será elaborada com observância dos requisitos essenciais do artigo 282, devendo o autor:

I – cumular ao pedido de rescisão, se for o caso, o de novo julgamento da causa;

II – depositar a importância de cinco por cento sobre o valor da causa, a título de multa, caso a ação seja, por unanimidade de votos, declarada inadmissível, ou improcedente.

▶ Art. 490, II, deste Código.
▶ Súm. nº 175 do STJ.

Parágrafo único. Não se aplica o disposto no nº II à União, ao Estado, ao Município e ao Ministério Público.

**Art. 489.** O ajuizamento da ação rescisória não impede o cumprimento da sentença ou acórdão rescindendo, ressalvada a concessão, caso imprescindíveis e sob os pressupostos previstos em lei, de medidas de natureza cautelar ou antecipatória de tutela.

▶ Artigo com a redação dada pela Lei nº 11.280, de 16-2-2006.
▶ Art. 273 deste Código.
▶ De acordo com o art. 15 da MP nº 2.180-35, de 24-8-2001, que até o encerramento desta edição não havia sido convertida em Lei, aplica-se à ação rescisória o poder geral de cautela de que trata o art. 798 deste Código.

**Art. 490.** Será indeferida a petição inicial:

I – nos casos previstos no artigo 295;

II – quando não efetuado o depósito, exigido pelo artigo 488, II.

**Art. 491.** O relator mandará citar o réu, assinando-lhe prazo nunca inferior a quinze dias nem superior a trinta para responder aos termos da ação. Findo o prazo com ou sem resposta, observar-se-á no que couber o disposto no Livro I, Título VIII, Capítulos IV e V.

▶ Arts. 323 a 331 deste Código.

**Art. 492.** Se os fatos alegados pelas partes dependerem de prova, o relator delegará a competência ao juiz de direito da comarca onde deva ser produzida, fixando prazo de quarenta e cinco a noventa dias para a devolução dos autos.

**Art. 493.** Concluída a instrução, será aberta vista, sucessivamente, ao autor e ao réu, pelo prazo de dez dias, para razões finais. Em seguida, os autos subirão ao relator, procedendo-se ao julgamento:

▶ Súm. nº 252 do STF.

I – no Supremo Tribunal Federal e no Superior Tribunal de Justiça, na forma dos seus regimentos internos;

▶ Inciso I com a redação dada pela Lei nº 11.382, de 6-12-2006.

II – nos Estados, conforme dispuser a norma de organização judiciária.

**Art. 494.** Julgando procedente a ação, o tribunal rescindirá a sentença, proferirá, se for o caso, novo julgamento e determinará a restituição do depósito; declarando inadmissível ou improcedente a ação, a importância do depósito reverterá a favor do réu sem prejuízo do disposto no artigo 20.

**Art. 495.** O direito de propor ação rescisória se extingue em dois anos, contados do trânsito em julgado da decisão.

▶ Súm. nº 264 do STF.
▶ Súm. nº 401 do STJ.

## TÍTULO X – DOS RECURSOS

### Capítulo I

### DAS DISPOSIÇÕES GERAIS

**Art. 496.** São cabíveis os seguintes recursos:

▶ *Caput* com a redação dada pela Lei nº 8.038, de 28-5-1990.

I – apelação;

▶ Inciso I com a redação dada pela Lei nº 8.038, de 28-5-1990.
▶ Arts. 513 a 521 deste Código.

II – agravo;

▶ Inciso II com a redação dada pela Lei nº 8.950, de 13-12-1994.
▶ Arts. 522 a 529, 539 e 544 deste Código.

III – embargos infringentes;

▶ Arts. 530 a 534 deste Código.

IV – embargos de declaração;

▶ Arts. 535 a 538 deste Código.

V – recurso ordinário;

▶ Arts. 539 e 540 deste Código.

VI – recurso especial;

VII – recurso extraordinário;

▶ Incisos III a VII com a redação dada pela Lei nº 8.038, de 28-5-1990.

VIII – embargos de divergência em recurso especial e em recurso extraordinário.

▶ Inciso VIII acrescido pela Lei nº 8.950, de 13-12-1994.
▶ Súmulas nºs 158, 168, 315, 316 e 420 do STJ.

**Art. 497.** O recurso extraordinário e o recurso especial não impedem a execução da sentença; a interposição do agravo de instrumento não obsta o andamento do processo, ressalvado o disposto no artigo 558 desta Lei.

▶ Artigo com a redação dada pela Lei nº 8.038, de 28-5-1990.
▶ Art. 475-I, § 1º, deste Código.

**Art. 498.** Quando o dispositivo do acórdão contiver julgamento por maioria de votos e julgamento unâni-

me, e forem interpostos embargos infringentes, o prazo para recurso extraordinário ou recurso especial, relativamente ao julgamento unânime, ficará sobrestado até a intimação da decisão nos embargos.
▶ *Caput* com a redação dada pela Lei nº 10.352, de 26-12-2001.

Parágrafo único. Quando não forem interpostos embargos infringentes, o prazo relativo à parte unânime da decisão terá como dia de início aquele em que transitar em julgado a decisão por maioria de votos.
▶ Parágrafo único acrescido pela Lei nº 10.352, de 26-12-2001.

**Art. 499.** O recurso pode ser interposto pela parte vencida, pelo terceiro prejudicado e pelo Ministério Público.
▶ Súmulas nºs 99 e 226 do STJ.

§ 1º Cumpre ao terceiro demonstrar o nexo de interdependência entre o seu interesse de intervir e a relação jurídica submetida à apreciação judicial.
▶ Súm. nº 202 do STJ.

§ 2º O Ministério Público tem legitimidade para recorrer assim no processo em que é parte, como naqueles em que oficiou como fiscal da lei.

**Art. 500.** Cada parte interporá o recurso, independentemente, no prazo e observadas as exigências legais. Sendo, porém, vencidos autor e réu, ao recurso interposto por qualquer deles poderá aderir a outra parte. O recurso adesivo fica subordinado ao recurso principal e se rege pelas disposições seguintes:
▶ *Caput* com a redação dada pela Lei nº 5.925, de 1º-10-1973.

I – será interposto perante a autoridade competente para admitir o recurso principal, no prazo de que a parte dispõe para responder;
▶ Inciso I com a redação dada pela Lei nº 8.950, de 13-12-1994.

II – será admissível na apelação, nos embargos infringentes, no recurso extraordinário e no recurso especial;
▶ Inciso II com a redação dada pela Lei nº 8.038, de 28-5-1990.

III – não será conhecido, se houver desistência do recurso principal, ou se for ele declarado inadmissível ou deserto.
▶ Inciso III com a redação dada pela Lei nº 5.925, de 1º-10-1973.
▶ Arts. 519, 527, § 1º, e 545 deste Código.

Parágrafo único. Ao recurso adesivo se aplicam as mesmas regras do recurso independente, quanto às condições de admissibilidade, preparo e julgamento no tribunal superior.
▶ Parágrafo único com a redação dada pela Lei nº 5.925, de 1º-10-1973.

**Art. 501.** O recorrente poderá, a qualquer tempo, sem a anuência do recorrido ou dos litisconsortes, desistir do recurso.
▶ Arts. 48 e 509 deste Código.

**Art. 502.** A renúncia ao direito de recorrer independe da aceitação da outra parte.

**Art. 503.** A parte, que aceitar expressa ou tacitamente a sentença ou a decisão, não poderá recorrer.

Parágrafo único. Considera-se aceitação tácita a prática, sem reserva alguma, de um ato incompatível com a vontade de recorrer.

**Art. 504.** Dos despachos não cabe recurso.
▶ Artigo com a redação dada pela Lei nº 11.276, de 7-2-2006.
▶ Art. 522 deste Código.

**Art. 505.** A sentença pode ser impugnada no todo ou em parte.
▶ Súm. nº 354 do STF.

**Art. 506.** O prazo para a interposição do recurso, aplicável em todos os casos o disposto no artigo 184 e seus parágrafos, contar-se-á da data:
I – da leitura da sentença em audiência;
II – da intimação às partes, quando a sentença não for proferida em audiência;
III – da publicação do dispositivo do acórdão no órgão oficial.
▶ Inciso III com a redação dada pela Lei nº 11.276, de 7-2-2006.

Parágrafo único. No prazo para a interposição do recurso, a petição será protocolada em cartório ou segundo a norma de organização judiciária, ressalvado o disposto no § 2º do art. 525 desta Lei.
▶ Parágrafo único com a redação dada pela Lei nº 11.276, de 7-2-2006.

**Art. 507.** Se, durante o prazo para a interposição do recurso, sobrevier o falecimento da parte ou de seu advogado, ou ocorrer motivo de força maior, que suspenda o curso do processo, será tal prazo restituído em proveito da parte, do herdeiro ou do sucessor, contra quem começará a correr novamente depois da intimação.
▶ Art. 182 deste Código.

**Art. 508.** Na apelação, nos embargos infringentes, no recurso ordinário, no recurso especial, no recurso extraordinário e nos embargos de divergência, o prazo para interpor e para responder é de quinze dias.
▶ *Caput* com a redação dada pela Lei nº 8.950, de 13-12-1994.
▶ Súm. nº 728 do STF.
▶ Súm. nº 216 do STJ.

Parágrafo único. *Revogado*. Lei nº 6.314, de 16-12-1975.

**Art. 509.** O recurso interposto por um dos litisconsortes a todos aproveita, salvo se distintos ou opostos os seus interesses.
▶ Arts. 48 e 501 deste Código.

Parágrafo único. Havendo solidariedade passiva, o recurso interposto por um devedor aproveitará aos outros, quando as defesas opostas ao credor lhes forem comuns.
▶ Arts. 904 a 915 deste Código.

**Art. 510.** Transitado em julgado o acórdão, o escrivão, ou secretário, independentemente de despacho, providenciará a baixa dos autos ao juízo de origem, no prazo de cinco dias.

**Art. 511.** No ato de interposição do recurso, o recorrente comprovará, quando exigido pela legislação pertinente, o respectivo preparo, inclusive porte de remessa e de retorno, sob pena de deserção.
► Caput com a redação dada pela Lei nº 9.756, de 17-12-1998.
► Súm. nº 187 do STJ.

§ 1º São dispensados de preparo os recursos interpostos pelo Ministério Público, pela União, pelos Estados e Municípios e respectivas autarquias, e pelos que gozam de isenção legal.
► Parágrafo único transformado em § 1º pela Lei nº 9.756, de 17-12-1998.

§ 2º A insuficiência no valor do preparo implicará deserção, se o recorrente, intimado, não vier a supri-lo no prazo de cinco dias.
► § 2º acrescido pela Lei nº 9.756, de 17-12-1998.

**Art. 512.** O julgamento proferido pelo tribunal substituirá a sentença ou a decisão recorrida no que tiver sido objeto de recurso.
► Arts. 505 e 515 deste Código.

CAPÍTULO II

## DA APELAÇÃO

**Art. 513.** Da sentença caberá apelação (artigos 267 e 269).
► Arts. 459 e 522 deste Código.

**Art. 514.** A apelação, interposta por petição dirigida ao juiz, conterá:
I – os nomes e a qualificação das partes;
II – os fundamentos de fato e de direito;
III – o pedido de nova decisão.
Parágrafo único. *Revogado.* Lei nº 8.950, de 13-12-1994.

**Art. 515.** A apelação devolverá ao tribunal o conhecimento da matéria impugnada.

§ 1º Serão, porém, objeto de apreciação e julgamento pelo tribunal todas as questões suscitadas e discutidas no processo, ainda que a sentença não as tenha julgado por inteiro.
► Súm. nº 393 do TST.

§ 2º Quando o pedido ou a defesa tiver mais de um fundamento e o juiz acolher apenas um deles, a apelação devolverá ao tribunal o conhecimento dos demais.

§ 3º Nos casos de extinção do processo sem julgamento do mérito (artigo 267), o tribunal pode julgar desde logo a lide, se a causa versar questão exclusivamente de direito e estiver em condições de imediato julgamento.
► § 3º acrescido pela Lei nº 10.352, de 26-12-2001.

§ 4º Constatando a ocorrência de nulidade sanável, o tribunal poderá determinar a realização ou renovação do ato processual, intimadas as partes; cumprida a diligência, sempre que possível prosseguirá o julgamento da apelação.
► § 4º acrescido pela Lei nº 11.276, de 7-2-2006.
► Arts. 249 e 560, parágrafo único, deste Código.

**Art. 516.** Ficam também submetidas ao tribunal as questões anteriores à sentença, ainda não decididas.
► Artigo com a redação dada pela Lei nº 8.950, de 13-12-1994.

**Art. 517.** As questões de fato, não propostas no juízo inferior, poderão ser suscitadas na apelação, se a parte provar que deixou de fazê-lo por motivo de força maior.

**Art. 518.** Interposta a apelação, o juiz, declarando os efeitos em que a recebe, mandará dar vista ao apelado para responder.
► Caput com a redação dada pela Lei nº 8.950, de 13-12-1994.
► Art. 522 deste Código.

§ 1º O juiz não receberá o recurso de apelação quando a sentença estiver em conformidade com súmula do Superior Tribunal de Justiça ou do Supremo Tribunal Federal.
► § 1º acrescido pela Lei nº 11.276, de 7-2-2006.

§ 2º Apresentada a resposta, é facultado ao juiz, em cinco dias, o reexame dos pressupostos de admissibilidade do recurso.
► Parágrafo único transformado em § 2º e com a redação dada pela Lei nº 11.276, de 7-2-2006.

**Art. 519.** Provando o apelante justo impedimento, o juiz relevará a pena de deserção, fixando-lhe prazo para efetuar o preparo.

Parágrafo único. A decisão referida neste artigo será irrecorrível, cabendo ao tribunal apreciar-lhe a legitimidade.
► Art. 519 com a redação dada pela Lei nº 8.950, de 13-12-1994.

**Art. 520.** A apelação será recebida em seu efeito devolutivo e suspensivo. Será, no entanto, recebida só no efeito devolutivo, quando interposta de sentença que:
► Caput com a redação dada pela Lei nº 5.925, de 1º-10-1973.
► Arts. 475-I, § 1º, 522 e 558 deste Código.
► Súm. nº 331 do STJ.

I – homologar a divisão ou a demarcação;
► Arts. 966 e 980 deste Código.

II – condenar à prestação de alimentos;
► Incisos I e II com a redação dada pela Lei nº 5.925, de 1º-10-1973.
► Art. 852 deste Código.

III – *Revogado.* Lei nº 11.232, de 22-12-2005;
IV – decidir o processo cautelar;
► Inciso IV com a redação dada pela Lei nº 5.925, de 1º-10-1973.
► Art. 3º da Lei nº 8.437, de 30-6-1992 (Lei de Medidas Cautelares contra Atos do Poder Público).

V – rejeitar liminarmente embargos à execução ou julgá-los improcedentes;
► Inciso V com a redação dada pela Lei nº 8.950, de 13-12-1994.
► Súmulas nºs 317 e 331 do STJ.

VI – julgar procedente o pedido de instituição de arbitragem;
► Inciso VI acrescido pela Lei nº 9.307, de 23-9-1996.

VII – confirmar a antecipação dos efeitos da tutela.
► Inciso VII acrescido pela Lei nº 10.352, de 26-12-2001.

**Art. 521.** Recebida a apelação em ambos os efeitos, o juiz não poderá inovar no processo; recebida só no efeito devolutivo, o apelado poderá promover, desde logo, a execução provisória da sentença, extraindo a respectiva carta.
► Arts. 475-I, § 1º, 475-O, § 3º, e 587 deste Código.

## CAPÍTULO III

### DO AGRAVO

► Denominação do Capítulo III com a redação dada pela Lei nº 9.139, de 30-11-1995.

**Art. 522.** Das decisões interlocutórias caberá agravo, no prazo de dez dias, na forma retida, salvo quando se tratar de decisão suscetível de causar à parte lesão grave e de difícil reparação, bem como nos casos de inadmissão da apelação e nos relativos aos efeitos em que a apelação é recebida, quando será admitida a sua interposição por instrumento.
► *Caput* com a redação dada pela Lei nº 11.187, de 19-10-2005.
► Art. 475-H deste Código.
► Súm. nº 255 do STJ.

Parágrafo único. O agravo retido independe de preparo.
► Parágrafo único com a redação dada pela Lei nº 9.139, de 30-11-1995.

**Art. 523.** Na modalidade de agravo retido o agravante requererá que o tribunal dele conheça, preliminarmente, por ocasião do julgamento da apelação.
► *Caput* com a redação dada pela Lei nº 9.139, de 30-11-1995.

§ 1º Não se conhecerá do agravo se a parte não requerer expressamente, nas razões ou na resposta da apelação, sua apreciação pelo Tribunal.
► § 1º com a redação dada pela Lei nº 9.139, de 30-11-1995.

§ 2º Interposto o agravo, e ouvido o agravado no prazo de dez dias, o juiz poderá reformar sua decisão.
► § 2º com a redação dada pela Lei nº 10.352, de 26-12-2001.

§ 3º Das decisões interlocutórias proferidas na audiência de instrução e julgamento caberá agravo na forma retida, devendo ser interposto oral e imediatamente, bem como constar do respectivo termo (art. 457), nele expostas sucintamente as razões do agravante.
► § 3º com a redação dada pela Lei nº 11.187, de 19-10-2005.

§ 4º *Revogado*. Lei nº 11.187, de 19-10-2005.

**Art. 524.** O agravo de instrumento será dirigido diretamente ao tribunal competente, através de petição com os seguintes requisitos:

I – a exposição do fato e do direito;
II – as razões do pedido de reforma da decisão;
► Súm. nº 182 do STJ.

III – o nome e o endereço completo dos advogados, constantes do processo.
► Art. 524 com a redação dada pela Lei nº 9.139, de 30-11-1995.

**Art. 525.** A petição de agravo de instrumento será instruída:
► *Caput* com a redação dada pela Lei nº 9.139, de 30-11-1995.

I – obrigatoriamente, com cópias da decisão agravada, da certidão da respectiva intimação e das procurações outorgadas aos advogados do agravante e do agravado;
► Súm. nº 223 do STJ.

II – facultativamente, com outras peças que o agravante entender úteis.
► Incisos I e II com a redação dada pela Lei nº 9.139, de 30-11-1995.

§ 1º Acompanhará a petição o comprovante do pagamento das respectivas custas e do porte de retorno, quando devidos, conforme tabela que será publicada pelos tribunais.

§ 2º No prazo do recurso, a petição será protocolada no tribunal, ou postada no correio sob registro com aviso de recebimento, ou, ainda, interposta por outra forma prevista na lei local.
► §§ 1º e 2º com a redação dada pela Lei nº 9.139, de 30-11-1995.
► Art. 506, parágrafo único, deste Código.

**Art. 526.** O agravante, no prazo de três dias, requererá juntada, aos autos do processo, de cópia da petição do agravo de instrumento e do comprovante de sua interposição, assim como a relação dos documentos que instruíram o recurso.
► *Caput* com a redação dada pela Lei nº 9.139, de 30-11-1995.

Parágrafo único. O não cumprimento do disposto neste artigo, desde que arguido e provado pelo agravado, importa inadmissibilidade do agravo.
► Parágrafo único acrescido pela Lei nº 10.352, de 26-12-2001.

**Art. 527.** Recebido o agravo de instrumento no tribunal, e distribuído *incontinenti*, o relator:
► *Caput* com a redação dada pela Lei nº 10.352, de 26-12-2001.

I – negar-lhe-á seguimento, liminarmente, nos casos do artigo 557;
► Inciso I com a redação dada pela Lei nº 10.352, de 26-12-2001.

II – converterá o agravo de instrumento em agravo retido, salvo quando se tratar de decisão suscetível de causar à parte lesão grave e de difícil reparação, bem como nos casos de inadmissão da apelação e nos relativos aos efeitos em que a apelação é recebida, mandando remeter os autos ao juiz da causa;
► Inciso II com a redação dada pela Lei nº 11.187, de 19-10-2005.

III – poderá atribuir efeito suspensivo ao recurso (artigo 558), ou deferir, em antecipação de tutela, total ou parcialmente, a pretensão recursal, comunicando ao juiz sua decisão;

IV – poderá requisitar informações ao juiz da causa, que as prestará no prazo de dez dias;
► Incisos III e IV com a redação dada pela Lei nº 10.352, de 26-12-2001.

V – mandará intimar o agravado, na mesma oportunidade, por ofício dirigido ao seu advogado, sob registro e com aviso de recebimento, para que responda no prazo de dez dias (art. 525, § 2º), facultando-lhe juntar a documentação que entender conveniente, sendo que, nas comarcas sede de tribunal e naquelas em que o expediente forense for divulgado no diário oficial, a intimação far-se-á mediante publicação no órgão oficial; VI – ultimadas as providências referidas nos incisos III a V do *caput* deste artigo, mandará ouvir o Ministério Público, se for o caso, para que se pronuncie no prazo de dez dias.

▶ Incisos V e VI com a redação dada pela Lei nº 11.187, de 19-10-2005.

Parágrafo único. A decisão liminar, proferida nos casos dos incisos II e III do *caput* deste artigo, somente é passível de reforma no momento do julgamento do agravo, salvo se o próprio relator a reconsiderar.

▶ Parágrafo único com a redação dada pela Lei nº 11.187, de 19-10-2005.

**Art. 528.** Em prazo não superior a trinta dias da intimação do agravado, o relator pedirá dia para julgamento.

▶ Súm. nº 86 do STJ.

**Art. 529.** Se o juiz comunicar que reformou inteiramente a decisão, o relator considerará prejudicado o agravo.

▶ Arts. 528 e 429 com a redação dada pela Lei nº 9.139, de 30-11-1995.

## Capítulo IV
### DOS EMBARGOS INFRINGENTES

**Art. 530.** Cabem embargos infringentes quando o acórdão não unânime houver reformado, em grau de apelação, a sentença de mérito, ou houver julgado procedente ação rescisória. Se o desacordo for parcial, os embargos serão restritos à matéria objeto da divergência.

▶ Artigo com a redação dada pela Lei nº 10.352, de 26-12-2001.
▶ Art. 498 deste Código.
▶ Súm. nº 354 do STF.
▶ Súmulas nºs 88, 169, 207, 255 e 390 do STJ.

**Art. 531.** Interpostos os embargos, abrir-se-á vista ao recorrido para contrarrazões; após, o relator do acórdão embargado apreciará a admissibilidade do recurso.

▶ *Caput* com a redação dada pela Lei nº 10.352, de 26-12-2001.

Parágrafo único. Revogado. Lei nº 8.950, de 13-12-1994.

**Art. 532.** Da decisão que não admitir os embargos caberá agravo, em cinco dias, para o órgão competente para o julgamento do recurso.

▶ Artigo com a redação dada pela Lei nº 8.950, de 13-12-1994.

**Art. 533.** Admitidos os embargos, serão processados e julgados conforme dispuser o regimento do tribunal.

**Art. 534.** Caso a norma regimental determine a escolha de novo relator, esta recairá, se possível, em juiz que não haja participado do julgamento anterior.

▶ Arts. 533 e 534 com a redação dada pela Lei nº 10.352, de 26-12-2001.

## Capítulo V
### DOS EMBARGOS DE DECLARAÇÃO

**Art. 535.** Cabem embargos de declaração quando:
I – houver, na sentença ou no acórdão, obscuridade ou contradição;
II – for omitido ponto sobre o qual devia pronunciar-se o juiz ou tribunal.

▶ Súmulas nºs 211 e 453 do STJ.

**Art. 536.** Os embargos serão opostos, no prazo de cinco dias, em petição dirigida ao juiz ou relator, com indicação do ponto obscuro, contraditório ou omisso, não estando sujeitos a preparo.

**Art. 537.** O juiz julgará os embargos em cinco dias; nos tribunais, o relator apresentará os embargos em mesa na sessão subsequente, proferindo voto.

**Art. 538.** Os embargos de declaração interrompem o prazo para a interposição de outros recursos, por qualquer das partes.

▶ Súm. nº 418 do STJ.

Parágrafo único. Quando manifestamente protelatórios os embargos, o juiz ou o tribunal, declarando que o são, condenará o embargante a pagar ao embargado multa não excedente de um por cento sobre o valor da causa. Na reiteração de embargos protelatórios, a multa é elevada a até dez por cento, ficando condicionada a interposição de qualquer outro recurso ao depósito do valor respectivo.

▶ Arts. 535 a 538 com a redação dada pela Lei nº 8.950, de 13-12-1994.
▶ Arts. 14, III e IV, 17, VI e VII, e 557, § 2º, deste Código.
▶ Súm. nº 98 do STJ.
▶ Súm. nº 353 do TST.

## Capítulo VI
### DOS RECURSOS PARA O SUPREMO TRIBUNAL FEDERAL E O SUPERIOR TRIBUNAL DE JUSTIÇA

#### Seção I
### DOS RECURSOS ORDINÁRIOS

▶ Denominação do Capítulo e da Seção com a redação dada pela Lei nº 8.950, de 13-12-1994.

**Art. 539.** Serão julgados em recurso ordinário:

▶ *Caput* com a redação dada pela Lei nº 8.950, de 13-12-1994.
▶ Arts. 102, II, e 105, II, da CF.

I – pelo Supremo Tribunal Federal, os mandados de segurança, os *habeas data* e os mandados de injunção decididos em única instância pelos Tribunais Superiores, quando denegatória a decisão;
II – pelo Superior Tribunal de Justiça:
a) os mandados de segurança decididos em única instância pelos Tribunais Regionais Federais ou pelos Tribunais dos Estados e do Distrito Federal e Territórios, quando denegatória a decisão;
b) as causas em que forem partes, de um lado, Estado estrangeiro ou organismo internacional e, do outro, Município ou pessoa residente ou domiciliada no País.

▶ Incisos I e II com a redação dada pela Lei nº 8.950, de 13-12-1994.

**Parágrafo único.** Nas causas referidas no inciso II, alínea b, caberá agravo das decisões interlocutórias.
▶ Parágrafo único acrescido pela Lei nº 8.950, de 13-12-1994.

**Art. 540.** Aos recursos mencionados no artigo anterior aplica-se, quanto aos requisitos de admissibilidade e ao procedimento no juízo de origem, o disposto nos Capítulos II e III deste Título, observando-se, no Supremo Tribunal Federal e no Superior Tribunal de Justiça, o disposto nos seus regimentos internos.
▶ Artigo com a redação dada pela Lei nº 8.950, de 13-12-1994.

SEÇÃO II

**DO RECURSO EXTRAORDINÁRIO E DO RECURSO ESPECIAL**

▶ Denominação da Seção com a redação dada pela Lei nº 8.950, de 13-12-1994.
▶ Lei nº 8.038, de 28-5-1990, instituiu normas procedimentais para os processos que especifica, perante o STJ e o STF.
▶ Súmulas nos 288, 633 a 640, 733 e 735 do STF.
▶ Súmulas nos 5, 7, 83, 86, 126, 203, 207, 211, 256, 320 e 418 do STJ.

**Art. 541.** O recurso extraordinário e o recurso especial, nos casos previstos na Constituição Federal, serão interpostos perante o presidente ou o vice-presidente do tribunal recorrido, em petições distintas, que conterão:
▶ Caput com a redação dada pela Lei nº 8.950, de 13-12-1994.

I – a exposição do fato e do direito;
II – a demonstração do cabimento do recurso interposto;
III – as razões do pedido de reforma da decisão recorrida.
▶ Incisos I a III com a redação dada pela Lei nº 8.950, de 13-12-1994.

**Parágrafo único.** Quando o recurso fundar-se em dissídio jurisprudencial, o recorrente fará a prova da divergência mediante certidão, cópia autenticada ou pela citação do repositório de jurisprudência, oficial ou credenciado, inclusive em mídia eletrônica, em que tiver sido publicada a decisão divergente, ou ainda pela reprodução de julgado disponível na Internet, com indicação da respectiva fonte, mencionando, em qualquer caso, as circunstâncias que identifiquem ou assemelhem os casos confrontados.
▶ Parágrafo único com a redação dada pela Lei nº 11.341, de 7-8-2006.

**Art. 542.** Recebida a petição pela secretaria do tribunal, será intimado o recorrido, abrindo-se-lhe vista, para apresentar contrarrazões.
▶ Caput com a redação dada pela Lei nº 10.352, de 26-12-2001.

**§ 1º** Findo esse prazo, serão os autos conclusos para admissão ou não do recurso, no prazo de quinze dias, em decisão fundamentada.
▶ Súm. nº 123 do STJ.

**§ 2º** Os recursos extraordinário e especial serão recebidos no efeito devolutivo.
▶ §§ 1º e 2º com a redação dada pela Lei nº 8.950, de 13-12-1994.
▶ Súmulas nos 634 e 635 do STF.

**§ 3º** O recurso extraordinário, ou o recurso especial, quando interpostos contra decisão interlocutória em processo de conhecimento, cautelar, ou embargos à execução ficará retido nos autos e somente será processado se o reiterar a parte, no prazo para a interposição do recurso contra a decisão final, ou para as contrarrazões.
▶ § 3º acrescido pela Lei nº 9.756, de 17-12-1998.

**Art. 543.** Admitidos ambos os recursos, os autos serão remetidos ao Superior Tribunal de Justiça.

**§ 1º** Concluído o julgamento do recurso especial, serão os autos remetidos ao Supremo Tribunal Federal, para apreciação do recurso extraordinário, se este não estiver prejudicado.

**§ 2º** Na hipótese de o relator do recurso especial considerar que o recurso extraordinário é prejudicial àquele, em decisão irrecorrível sobrestará o seu julgamento e remeterá os autos ao Supremo Tribunal Federal, para o julgamento do recurso extraordinário.

**§ 3º** No caso do parágrafo anterior, se o relator do recurso extraordinário, em decisão irrecorrível, não o considerar prejudicial, devolverá os autos ao Superior Tribunal de Justiça, para o julgamento do recurso especial.
▶ Art. 543 com a redação dada pela Lei nº 8.950, de 13-12-1994.
▶ Art. 544, § 3º, deste Código.

**Art. 543-A.** O Supremo Tribunal Federal, em decisão irrecorrível, não conhecerá do recurso extraordinário, quando a questão constitucional nele versada não oferecer repercussão geral, nos termos deste artigo.
▶ Art. 102, § 3º, da CF.

**§ 1º** Para efeito da repercussão geral, será considerada a existência, ou não, de questões relevantes do ponto de vista econômico, político, social ou jurídico, que ultrapassem os interesses subjetivos da causa.

**§ 2º** O recorrente deverá demonstrar, em preliminar do recurso, para apreciação exclusiva do Supremo Tribunal Federal, a existência da repercussão geral.

**§ 3º** Haverá repercussão geral sempre que o recurso impugnar decisão contrária a súmula ou jurisprudência dominante do Tribunal.

**§ 4º** Se a Turma decidir pela existência da repercussão geral por, no mínimo, 4 (quatro) votos, ficará dispensada a remessa do recurso ao Plenário.

**§ 5º** Negada a existência da repercussão geral, a decisão valerá para todos os recursos sobre matéria idêntica, que serão indeferidos liminarmente, salvo revisão da tese, tudo nos termos do Regimento Interno do Supremo Tribunal Federal.

**§ 6º** O Relator poderá admitir, na análise da repercussão geral, a manifestação de terceiros, subscrita por procurador habilitado, nos termos do Regimento Interno do Supremo Tribunal Federal.

**§ 7º** A Súmula da decisão sobre a repercussão geral constará de ata, que será publicada no Diário Oficial e valerá como acórdão.

**Art. 543-B.** Quando houver multiplicidade de recursos com fundamento em idêntica controvérsia, a análise da repercussão geral será processada nos termos do Regimento Interno do Supremo Tribunal Federal, observado o disposto neste artigo.
▶ Arts. 328 e 328-A do RISTF.

§ 1º Caberá ao Tribunal de origem selecionar um ou mais recursos representativos da controvérsia e encaminhá-los ao Supremo Tribunal Federal, sobrestando os demais até o pronunciamento definitivo da Corte.

§ 2º Negada a existência de repercussão geral, os recursos sobrestados considerar-se-ão automaticamente não admitidos.

§ 3º Julgado o mérito do recurso extraordinário, os recursos sobrestados serão apreciados pelos Tribunais, Turmas de Uniformização ou Turmas Recursais, que poderão declará-los prejudicados ou retratar-se.

§ 4º Mantida a decisão e admitido o recurso, poderá o Supremo Tribunal Federal, nos termos do Regimento Interno, cassar ou reformar, liminarmente, o acórdão contrário à orientação firmada.

§ 5º O Regimento Interno do Supremo Tribunal Federal disporá sobre as atribuições dos Ministros, das Turmas e de outros órgãos, na análise da repercussão geral.

▶ Arts. 543-A e 543-B acrescidos pela Lei nº 11.418, de 19-12-2006.

**Art. 543-C.** Quando houver multiplicidade de recursos com fundamento em idêntica questão de direito, o recurso especial será processado nos termos deste artigo.

§ 1º Caberá ao presidente do tribunal de origem admitir um ou mais recursos representativos da controvérsia, os quais serão encaminhados ao Superior Tribunal de Justiça, ficando suspensos os demais recursos especiais até o pronunciamento definitivo do Superior Tribunal de Justiça.

§ 2º Não adotada a providência descrita no § 1º deste artigo, o relator no Superior Tribunal de Justiça, ao identificar que sobre a controvérsia já existe jurisprudência dominante ou que a matéria já está afeta ao colegiado, poderá determinar a suspensão, nos tribunais de segunda instância, dos recursos nos quais a controvérsia esteja estabelecida.

§ 3º O relator poderá solicitar informações, a serem prestadas no prazo de quinze dias, aos tribunais federais ou estaduais a respeito da controvérsia.

§ 4º O relator, conforme dispuser o regimento interno do Superior Tribunal de Justiça e considerando a relevância da matéria, poderá admitir manifestação de pessoas, órgãos ou entidades com interesse na controvérsia.

§ 5º Recebidas as informações e, se for o caso, após cumprido o disposto no § 4º deste artigo, terá vista o Ministério Público pelo prazo de quinze dias.

§ 6º Transcorrido o prazo para o Ministério Público e remetida cópia do relatório aos demais Ministros, o processo será incluído em pauta na seção ou na Corte Especial, devendo ser julgado com preferência sobre os demais feitos, ressalvados os que envolvam réu preso e os pedidos de *habeas corpus*.

§ 7º Publicado o acórdão do Superior Tribunal de Justiça, os recursos especiais sobrestados na origem:

I – terão seguimento denegado na hipótese de o acórdão recorrido coincidir com a orientação do Superior Tribunal de Justiça; ou

II – serão novamente examinados pelo tribunal de origem na hipótese de o acórdão recorrido divergir da orientação do Superior Tribunal de Justiça.

§ 8º Na hipótese prevista no inciso II do § 7º deste artigo, mantida a decisão divergente pelo tribunal de origem, far-se-á o exame de admissibilidade do recurso especial.

§ 9º O Superior Tribunal de Justiça e os tribunais de segunda instância regulamentarão, no âmbito de suas competências, os procedimentos relativos ao processamento e julgamento do recurso especial nos casos previstos neste artigo.

▶ Art. 543-C acrescido pela Lei nº 11.672, de 8-5-2008.

▶ Res. do STJ nº 8, de 7-8-2008, estabelece os procedimentos relativos ao processamento e julgamento de recursos especiais repetitivos.

**Art. 544.** Não admitido o recurso extraordinário ou o recurso especial, caberá agravo nos próprios autos, no prazo de 10 (dez) dias.

▶ *Caput* com a redação dada pela Lei nº 12.322, de 9-9-2010.

▶ Arts. 475-O, § 2º, II, e 496 deste Código.

▶ Res. do STF nº 450, de 3-12-2010, institui o Recurso Extraordinário com Agravo para o processamento de agravo interposto contra decisão que não admite recurso extraordinário ao STF.

▶ Res. do STF nº 451, de 3-12-2010, dispõe sobre a aplicação da Lei nº 12.322, de 9-9-2010, para os recursos extraordinários e agravos sobre matéria penal e processual penal.

▶ Res. do STJ nº 7, de 9-12-2010, institui o Agravo em Recurso Especial para o processamento de agravo interposto contra decisão que inadmite Recurso Especial.

▶ Súmulas nºs 288, 639 e 727 do STF.

▶ Súm. nº 315 do STJ.

§ 1º O agravante deverá interpor um agravo para cada recurso não admitido.

▶ § 1º com a redação dada pela Lei nº 12.322, de 9-9-2010.

§ 2º A petição de agravo será dirigida à presidência do tribunal de origem, não dependendo do pagamento de custas e despesas postais. O agravado será intimado, de imediato, para no prazo de dez dias oferecer resposta, podendo instruí-la com cópias das peças que entender convenientes. Em seguida, subirá o agravo ao tribunal superior, onde será processado na forma regimental.

▶ § 2º com a redação dada pela Lei nº 10.352, de 26-12-2001.

§ 3º O agravado será intimado, de imediato, para no prazo de 10 (dez) dias oferecer resposta. Em seguida, os autos serão remetidos à superior instância, observando-se o disposto no art. 543 deste Código e, no que couber, na Lei nº 11.672, de 8 de maio de 2008.

▶ § 3º com a redação dada pela Lei nº 12.322, de 9-9-2010.

▶ Art. 543-C deste Código.

§ 4º No Supremo Tribunal Federal e no Superior Tribunal de Justiça, o julgamento do agravo obedecerá ao disposto no respectivo regimento interno, podendo o relator:

▶ *Caput* do § 4º com a redação dada pela Lei nº 12.322, de 9-9-2010.

I – não conhecer do agravo manifestamente inadmissível ou que não tenha atacado especificamente os fundamentos da decisão agravada;
II – conhecer do agravo para:
a) negar-lhe provimento, se correta a decisão que não admitiu o recurso;
▶ Súm. nº 315 do STJ.
b) negar seguimento ao recurso manifestamente inadmissível, prejudicado ou em confronto com súmula ou jurisprudência dominante no tribunal;
c) dar provimento ao recurso, se o acórdão recorrido estiver em confronto com súmula ou jurisprudência dominante no tribunal.
▶ Incisos I e II acrescidos pela Lei nº 12.322, de 9-9-2010.

**Art. 545.** Da decisão do relator que não conhecer do agravo, negar-lhe provimento ou decidir, desde logo, o recurso não admitido na origem, caberá agravo, no prazo de 5 (cinco) dias, ao órgão competente, observado o disposto nos §§ 1º e 2º do art. 557.
▶ Artigo com a redação dada pela Lei nº 12.322, de 9-9-2010.
▶ Súm. nº 622 do STF.
▶ Súmulas nºs 182 e 316 do STJ.

**Art. 546.** É embargável a decisão da turma que:
I – em recurso especial, divergir do julgamento de outra turma, da seção ou do órgão especial;
▶ Súmulas nºs 158, 168, 315, 316 e 420 do STJ.
II – em recurso extraordinário, divergir do julgamento da outra turma ou do plenário.
Parágrafo único. Observar-se-á, no recurso de embargos, o procedimento estabelecido no regimento interno.
▶ Art. 546 com a redação dada pela Lei nº 8.950, de 13-12-1994.
▶ Súmulas nºs 315 e 316 do STJ.

## CAPÍTULO VII
### DA ORDEM DOS PROCESSOS NO TRIBUNAL

**Art. 547.** Os autos remetidos ao tribunal serão registrados no protocolo no dia de sua entrada, cabendo à secretaria verificar-lhes a numeração das folhas e ordená-los para distribuição.
Parágrafo único. Os serviços de protocolo poderão, a critério do tribunal, ser descentralizados, mediante delegação a ofícios de justiça de primeiro grau.
▶ Parágrafo único acrescido pela Lei nº 10.352, de 26-12-2001.

**Art. 548.** Far-se-á a distribuição de acordo com o regimento interno do tribunal, observando-se os princípios da publicidade, da alternatividade e do sorteio.

**Art. 549.** Distribuídos, os autos subirão, no prazo de quarenta e oito horas, à conclusão do relator, que, depois de estudá-los, os restituirá à secretaria com o seu "visto".
Parágrafo único. O relator fará nos autos uma exposição dos pontos controvertidos sobre que versar o recurso.

**Art. 550.** Os recursos interpostos nas causas de procedimento sumário deverão ser julgados no tribunal, dentro de quarenta dias.
▶ Arts. 281, 575 e seguintes deste Código.
▶ Conforme art. 3º da Lei nº 9.245, de 27-12-1995, a expressão "procedimento sumaríssimo" foi substituída pela "procedimento sumário".

**Art. 551.** Tratando-se de apelação, de embargos infringentes e de ação rescisória, os autos serão conclusos ao revisor.
§ 1º Será revisor o juiz que se seguir ao relator na ordem descendente de antiguidade.
§ 2º O revisor aporá nos autos o seu "visto", cabendo-lhe pedir dia para julgamento.
§ 3º Nos recursos interpostos nas causas de procedimentos sumários, de despejo e nos casos de indeferimento liminar da petição inicial, não haverá revisor.
▶ § 3º com a redação dada pela Lei nº 8.950, de 13-12-1994.

**Art. 552.** Os autos serão, em seguida, apresentados ao presidente, que designará dia para julgamento, mandando publicar a pauta no órgão oficial.
§ 1º Entre a data da publicação da pauta e a sessão de julgamento mediará, pelo menos, o espaço de quarenta e oito horas.
▶ Súm. nº 117 do STJ.
§ 2º Afixar-se-á a pauta na entrada da sala em que se realizar a sessão de julgamento.
§ 3º Salvo caso de força maior, participará do julgamento do recurso o juiz que houver lançado o "visto" nos autos.

**Art. 553.** Nos embargos infringentes e na ação rescisória, devolvidos os autos pelo relator, a secretaria do tribunal expedirá cópias autenticadas do relatório e as distribuirá entre os juízes que compuserem o tribunal competente para o julgamento.

**Art. 554.** Na sessão de julgamento, depois de feita a exposição da causa pelo relator, o presidente, se o recurso não for de embargos declaratórios ou de agravo de instrumento, dará a palavra, sucessivamente, ao recorrente e ao recorrido, pelo prazo improrrogável de quinze minutos para cada um, a fim de sustentarem as razões do recurso.

**Art. 555.** No julgamento de apelação ou de agravo, a decisão será tomada, na câmara ou turma, pelo voto de três juízes.
▶ Caput com a redação dada pela Lei nº 10.352, de 26-12-2001.
§ 1º Ocorrendo relevante questão de direito, que faça conveniente prevenir ou compor divergência entre câmaras ou turmas do tribunal, poderá o relator propor seja o recurso julgado pelo órgão colegiado que o regimento indicar; reconhecendo o interesse público na assunção de competência, esse órgão colegiado julgará o recurso.
▶ § 1º acrescido pela Lei nº 10.352, de 26-12-2001.
§ 2º Não se considerando habilitado a proferir imediatamente seu voto, a qualquer juiz é facultado pedir vista do processo, devendo devolvê-lo no prazo de 10 (dez) dias, contados da data em que o recebeu; o julgamento prosseguirá na 1ª (primeira) sessão ordinária subsequente à devolução, dispensada nova publicação em pauta.
▶ § 2º com a redação dada pela Lei nº 11.280, de 16-2-2006.

**§ 3º** No caso do § 2º deste artigo, não devolvidos os autos no prazo, nem solicitada expressamente sua prorrogação pelo juiz, o presidente do órgão julgador requisitará o processo e reabrirá o julgamento na sessão ordinária subsequente, com publicação em pauta.

▶ § 3º acrescido pela Lei nº 11.280, de 16-2-2006.

**Art. 556.** Proferidos os votos, o presidente anunciará o resultado do julgamento, designando para redigir o acórdão o relator, ou, se este for vencido, o autor do primeiro voto vencedor.

▶ Arts. 163 a 165 deste Código.

Parágrafo único. Os votos, acórdãos e demais atos processuais podem ser registrados em arquivo eletrônico inviolável e assinados eletronicamente, na forma da lei, devendo ser impressos para juntada aos autos do processo quando este não for eletrônico.

▶ Parágrafo único acrescido pela Lei nº 11.419, de 19-12-2006.

**Art. 557.** O relator negará seguimento a recurso manifestamente inadmissível, improcedente, prejudicado ou em confronto com súmula ou com jurisprudência dominante do respectivo tribunal, do Supremo Tribunal Federal, ou do Tribunal Superior.

▶ *Caput* com a redação dada pela Lei nº 9.756, de 17-12-1998.
▶ Súm. nº 622 do STF.
▶ Súm. nº 253 do STJ.

**§ 1º-A.** Se a decisão recorrida estiver em manifesto confronto com súmula ou com jurisprudência dominante do Supremo Tribunal Federal, ou de Tribunal Superior, o relator poderá dar provimento ao recurso.

▶ Súm. nº 353 do TST.

**§ 1º** Da decisão caberá agravo, no prazo de cinco dias, ao órgão competente para o julgamento do recurso, e, se não houver retratação, o relator apresentará o processo em mesa, proferindo voto, provido o agravo, o recurso terá seguimento.

▶ Súm. nº 316 do STJ.

**§ 2º** Quando manifestamente inadmissível ou infundado o agravo, o tribunal condenará o agravante a pagar ao agravado multa entre um e dez por cento do valor corrigido da causa, ficando a interposição de qualquer outro recurso condicionada ao depósito do respectivo valor.

▶ §§ 1º-A a 2º acrescidos pela Lei nº 9.756, de 17-12-1998.
▶ Arts. 14, III e IV, 17, VI e VII, 538, parágrafo único, e 545 deste Código.
▶ Súm. nº 353 do TST.

**Art. 558.** O relator poderá, a requerimento do agravante, nos casos de prisão civil, adjudicação, remição de bens, levantamento de dinheiro sem caução idônea e em outros casos dos quais possa resultar lesão grave e de difícil reparação, sendo relevante a fundamentação, suspender o cumprimento de decisão até o pronunciamento definitivo da turma ou câmara.

Parágrafo único. Aplicar-se-á o disposto neste artigo às hipóteses do artigo 520.

▶ Art. 558 com a redação dada pela Lei nº 9.139, de 30-11-1995.
▶ Arts. 497 e 904 deste Código.

**Art. 559.** A apelação não será incluída em pauta antes do agravo de instrumento interposto no mesmo processo.

Parágrafo único. Se ambos os recursos houverem de ser julgados na mesma sessão, terá precedência o agravo.

**Art. 560.** Qualquer questão preliminar suscitada no julgamento será decidida antes do mérito, deste não se conhecendo se incompatível com a decisão daquela.

Parágrafo único. Versando a preliminar sobre nulidade suprível, o tribunal, havendo necessidade, converterá o julgamento em diligência, ordenando a remessa dos autos ao juiz, a fim de ser sanado o vício.

▶ Art. 560 com a redação dada pela Lei nº 5.925, de 1º-10-1973.
▶ Art. 515, § 4º, deste Código.

**Art. 561.** Rejeitada a preliminar, ou se com ela for compatível a apreciação do mérito, seguir-se-ão a discussão e julgamento da matéria principal, pronunciando-se sobre esta os juízes vencidos na preliminar.

**Art. 562.** Preferirá aos demais o recurso cujo julgamento tenha sido iniciado.

**Art. 563.** Todo acórdão conterá ementa.

▶ Artigo com a redação dada pela Lei nº 8.950, de 13-12-1994.

**Art. 564.** Lavrado o acórdão, serão as suas conclusões publicadas no órgão oficial dentro de dez dias.

**Art. 565.** Desejando proferir sustentação oral, poderão os advogados requerer que na sessão imediata seja o feito julgado em primeiro lugar, sem prejuízo das preferências legais.

Parágrafo único. Se tiverem subscrito o requerimento os advogados de todos os interessados, a preferência será concedida para a própria sessão.

LIVRO II – DO PROCESSO DE EXECUÇÃO

TÍTULO I – DA EXECUÇÃO EM GERAL

CAPÍTULO I

DAS PARTES

**Art. 566.** Podem promover a execução forçada:

I – o credor a quem a lei confere título executivo;
II – o Ministério Público, nos casos prescritos em lei.

**Art. 567.** Podem também promover a execução, ou nela prosseguir:

I – o espólio, os herdeiros ou os sucessores do credor, sempre que, por morte deste, lhes for transmitido o direito resultante do título executivo;
II – o cessionário, quando o direito resultante do título executivo lhe foi transferido por ato entre vivos;
III – o sub-rogado, nos casos de sub-rogação legal ou convencional.

▶ Arts. 673, 1.056 e 1.061 deste Código.
▶ Arts. 346 a 351 do CC.

**Art. 568.** São sujeitos passivos na execução:

▶ Súm. nº 268 do STJ.

I – o devedor, reconhecido como tal no título executivo;

II – o espólio, os herdeiros ou os sucessores do devedor;
III – o novo devedor, que assumiu, com o consentimento do credor, a obrigação resultante do título executivo;
IV – o fiador judicial;
V – o responsável tributário, assim definido na legislação própria.

▶ Art. 568 com a redação dada pela Lei nº 5.925, de 1º-10-1973.

**Art. 569.** O credor tem a faculdade de desistir de toda a execução ou de apenas algumas medidas executivas.

▶ Arts. 26, 158, parágrafo único, 253, II, 267, VIII, 298, parágrafo único, 317 e 485, VIII, deste Código.

Parágrafo único. Na desistência da execução, observar-se-á o seguinte:

a) serão extintos os embargos que versarem apenas sobre questões processuais, pagando o credor as custas e os honorários advocatícios;
b) nos demais casos, a extinção dependerá da concordância do embargante.

▶ Parágrafo único e alíneas acrescidas pela Lei nº 8.953, de 13-12-1994.

**Art. 570.** *Revogado.* Lei nº 11.232, de 22-12-2005.

**Art. 571.** Nas obrigações alternativas, quando a escolha couber ao devedor, este será citado para exercer a opção e realizar a prestação dentro em dez dias, se outro prazo não lhe foi determinado em lei, no contrato, ou na sentença.

§ 1º Devolver-se-á ao credor a opção, se o devedor não a exercitou no prazo marcado.

§ 2º Se a escolha couber ao credor, este a indicará na petição inicial da execução.

▶ Arts. 252 a 256 do CC.

**Art. 572.** Quando o juiz decidir relação jurídica sujeita a condição ou termo, o credor não poderá executar a sentença sem provar que se realizou a condição ou que ocorreu o termo.

▶ Arts. 614, III, 618, III, e 743, V, deste Código.
▶ Arts. 121 a 137 do CC.

**Art. 573.** É lícito ao credor, sendo o mesmo o devedor, cumular várias execuções, ainda que fundadas em títulos diferentes, desde que para todas elas seja competente o juiz e idêntica a forma do processo.

▶ Arts. 741, IV, e 745, III, deste Código.
▶ Súm. nº 27 do STJ.

**Art. 574.** O credor ressarcirá ao devedor os danos que este sofreu, quando a sentença, passada em julgado, declarar inexistente, no todo ou em parte, a obrigação, que deu lugar à execução.

CAPÍTULO II

DA COMPETÊNCIA

**Art. 575.** A execução, fundada em título judicial, processar-se-á perante:

I – os tribunais superiores, nas causas de sua competência originária;
II – o juízo que decidiu a causa no primeiro grau de jurisdição;

▶ Arts. 94 a 100 e 102 a 124 deste Código.

III – *Revogado.* Lei nº 10.358, de 27-12-2001;

IV – o juízo cível competente, quando o título executivo for sentença penal condenatória ou sentença arbitral.

▶ Inciso IV com a redação dada pela Lei nº 10.358, de 27-12-2001.

**Art. 576.** A execução, fundada em título extrajudicial, será processada perante o juízo competente, na conformidade do disposto no Livro I, Título IV, Capítulos II e III.

▶ Arts. 88 a 124 deste Código.

**Art. 577.** Não dispondo a lei de modo diverso, o juiz determinará os atos executivos e os oficiais de justiça os cumprirão.

**Art. 578.** A execução fiscal (artigo 585, VI) será proposta no foro do domicílio do réu; se não o tiver, no de sua residência ou no do lugar onde for encontrado.

▶ A referência ao art. 585, VI, deve ser entendida como ao art. 585, VII.
▶ Lei nº 6.830, de 22-9-1980 (Lei das Execuções Fiscais).

Parágrafo único. Na execução fiscal, a Fazenda Pública poderá escolher o foro de qualquer um dos devedores, quando houver mais de um, ou o foro de qualquer dos domicílios do réu; a ação poderá ainda ser proposta no foro do lugar em que se praticou o ato ou ocorreu o fato que deu origem à dívida, embora nele não mais resida o réu, ou, ainda, no foro da situação dos bens, quando a dívida deles se originar.

**Art. 579.** Sempre que, para efetivar a execução, for necessário o emprego da força policial, o juiz a requisitará.

▶ Art. 662 deste Código.

CAPÍTULO III

DOS REQUISITOS NECESSÁRIOS PARA REALIZAR QUALQUER EXECUÇÃO

SEÇÃO I

DO INADIMPLEMENTO DO DEVEDOR

**Art. 580.** A execução pode ser instaurada caso o devedor não satisfaça a obrigação certa, líquida e exigível, consubstanciada em título executivo.

▶ *Caput* com a redação dada pela Lei nº 11.382, de 6-12-2006.
▶ Lei nº 6.899, de 8-4-1981, determina a aplicação da correção monetária nos débitos oriundos de decisão judicial.

Parágrafo único. *Revogado.* Lei nº 11.382, de 6-12-2006.

**Art. 581.** O credor não poderá iniciar a execução, ou nela prosseguir, se o devedor cumprir a obrigação; mas poderá recusar o recebimento da prestação, estabelecido no título executivo, se ela não corresponder ao direito ou à obrigação; caso em que requererá ao juiz a execução, ressalvado ao devedor o direito de embargá-la.

▶ Arts. 736 a 747 deste Código.
▶ Art. 313 do CC.

**Art. 582.** Em todos os casos em que é defeso a um contraente, antes de cumprida a sua obrigação, exigir o implemento da do outro, não se procederá à execução, se o devedor se propõe satisfazer a prestação, com meios considerados idôneos pelo juiz, mediante a

execução da contraprestação pelo credor, e este, sem justo motivo, recusar a oferta.
▸ Arts. 615, III, e 743, III e IV, deste Código.
▸ Arts. 475 a 477 do CC.

Parágrafo único. O devedor poderá, entretanto, exonerar-se da obrigação, depositando em juízo a prestação ou a coisa; caso em que o juiz suspenderá a execução, não permitindo que o credor a receba, sem cumprir a contraprestação, que lhe tocar.

## Seção II

### DO TÍTULO EXECUTIVO

**Art. 583.** *Revogado.* Lei nº 11.382, de 6-12-2006.

**Art. 584.** *Revogado.* Lei nº 11.232, de 22-12-2005.

**Art. 585.** São títulos executivos extrajudiciais:
▸ *Caput* com a redação dada pela Lei nº 5.925, de 1º-10-1973.

I – a letra de câmbio, a nota promissória, a duplicata, a debênture e o cheque;
▸ Súm. nº 600 do STF.
▸ Súmulas nºs 60 e 258 do STJ.

II – a escritura pública ou outro documento público assinado pelo devedor; o documento particular assinado pelo devedor e por duas testemunhas; o instrumento de transação referendado pelo Ministério Público, pela Defensoria Pública ou pelos advogados dos transatores;
▸ Incisos I e II com a redação dada pela Lei nº 8.953, de 13-12-1994.
▸ Súmulas nºs 233, 247 e 300 do STJ.

III – os contratos garantidos por hipoteca, penhor, anticrese e caução, bem como os de seguro de vida;
IV – o crédito decorrente de foro e laudêmio;
V – o crédito, documentalmente comprovado, decorrente de aluguel de imóvel, bem como de encargos acessórios, tais como taxas e despesas de condomínio;
VI – o crédito de serventuário de justiça, de perito, de intérprete, ou de tradutor, quando as custas, emolumentos ou honorários forem aprovados por decisão judicial;
VII – a certidão de dívida ativa da Fazenda Pública da União, dos Estados, do Distrito Federal, dos Territórios e dos Municípios, correspondente aos créditos inscritos na forma da lei;
▸ Incisos III a VII com a redação pela Lei nº 11.382, de 6-12-2006.
▸ Arts. 475, II, e 578 deste Código.
▸ Súm. nº 392 do STJ.

VIII – todos os demais títulos a que, por disposição expressa, a lei atribuir força executiva.
▸ Inciso VIII acrescido pela Lei nº 11.382, de 6-12-2006.

§ 1º A propositura de qualquer ação relativa ao débito constante do título executivo não inibe o credor de promover-lhe a execução.
▸ § 1º com a redação dada pela Lei nº 8.953, de 13-12-1994.

§ 2º Não dependem de homologação pelo Supremo Tribunal Federal, para serem executados, os títulos executivos extrajudiciais, oriundos de país estrangeiro. O título, para ter eficácia executiva, há de satisfazer aos requisitos de formação exigidos pela lei do lugar de sua celebração e indicar o Brasil como o lugar de cumprimento da obrigação.
▸ § 2º com a redação dada pela Lei nº 5.925, de 1º-10-1973.

**Art. 586.** A execução para cobrança de crédito fundar-se-á sempre em título de obrigação certa, líquida e exigível.
▸ *Caput* com a redação dada pela Lei nº 11.382, de 6-12-2006.
▸ Arts. 618, I, e 754 deste Código.

§§ 1º e 2º *Revogados.* Lei nº 11.382, de 6-12-2006.

**Art. 587.** É definitiva a execução fundada em título extrajudicial; é provisória enquanto pendente apelação da sentença de improcedência dos embargos do executado, quando recebidos com efeito suspensivo (art. 739).
▸ Artigo com a redação Lei nº 11.382, de 6-12-2006.
▸ A referência ao art. 739 deve ser entendida como ao art. 739-A.
▸ Arts. 520, V, e 585 deste Código.
▸ Súm. nº 317 do STJ.

**Arts. 588 a 590.** *Revogados.* Lei nº 11.232, de 22-12-2005.

## Capítulo IV

### DA RESPONSABILIDADE PATRIMONIAL

**Art. 591.** O devedor responde, para o cumprimento de suas obrigações, com todos os seus bens presentes e futuros, salvo as restrições estabelecidas em lei.
▸ Art. 646 deste Código.

**Art. 592.** Ficam sujeitos à execução os bens:

I – do sucessor a título singular, tratando-se de execução fundada em direito real ou obrigação reipersecutória;
▸ Inciso I com a redação dada pela Lei nº 11.382, de 6-12-2006.

II – do sócio, nos termos da lei;
▸ Art. 596 deste Código.

III – do devedor, quando em poder de terceiros;
IV – do cônjuge, nos casos em que os seus bens próprios, reservados ou de sua meação respondem pela dívida;
V – alienados ou gravados com ônus real em fraude de execução.
▸ Súm. nº 375 do STJ.

**Art. 593.** Considera-se em fraude de execução a alienação ou oneração de bens:

I – quando sobre eles pender ação fundada em direito real;
II – quando, ao tempo da alienação ou oneração, corria contra o devedor demanda capaz de reduzi-lo à insolvência;
▸ Súm. nº 375 do STJ.

III – nos demais casos expressos em lei.
▸ Arts. 42, 600, I, 615-A, 672, § 3º, e 879 deste Código.

**Art. 594.** O credor, que estiver, por direito de retenção, na posse de coisa pertencente ao devedor, não poderá promover a execução sobre outros bens senão depois de excutida a coisa que se achar em seu poder.

**Art. 595.** O fiador, quando executado, poderá nomear à penhora bens livres e desembargados do devedor. Os bens do fiador ficarão, porém, sujeitos à execução, se os do devedor forem insuficientes à satisfação do direito do credor.

▶ Arts. 655 e 656 deste Código.

Parágrafo único. O fiador, que pagar a dívida, poderá executar o afiançado nos autos do mesmo processo.

**Art. 596.** Os bens particulares dos sócios não respondem pelas dívidas da sociedade senão nos casos previstos em lei; o sócio, demandado pelo pagamento da dívida, tem direito a exigir que sejam primeiro excutidos os bens da sociedade.

§ 1º Cumpre ao sócio, que alegar o benefício deste artigo, nomear bens da sociedade, sitos na mesma comarca, livres e desembargados, quantos bastem para pagar o débito.

§ 2º Aplica-se aos casos deste artigo o disposto no parágrafo único do artigo anterior.

**Art. 597.** O espólio responde pelas dívidas do falecido; mas, feita a partilha, cada herdeiro responde por elas na proporção da parte que na herança lhe coube.

▶ Art. 1.997 do CC.

## CAPÍTULO V

### DAS DISPOSIÇÕES GERAIS

**Art. 598.** Aplicam-se subsidiariamente à execução as disposições que regem o processo de conhecimento.

▶ Súm. nº 196 do STJ.

**Art. 599.** O juiz pode, em qualquer momento do processo:

I – ordenar o comparecimento das partes;

II – advertir ao devedor que o seu procedimento constitui ato atentatório à dignidade da justiça.

▶ Art. 599 com a redação dada pela Lei nº 5.925, de 1º-10-1973.

**Art. 600.** Considera-se atentatório à dignidade da Justiça o ato do executado que:

▶ Caput com a redação dada pela Lei nº 11.382, de 6-12-2006.

I – frauda a execução;

▶ Arts. 593, 601, 626, 672, § 3º, 813, II, b, e III, deste Código.

II – se opõe maliciosamente à execução, empregando ardis e meios artificiosos;

III – resiste injustificadamente às ordens judiciais;

▶ Incisos I a III com a redação dada pela Lei nº 5.925, de 1º-10-1973.

IV – intimado, não indica ao juiz, em 5 (cinco) dias, quais são e onde se encontram os bens sujeitos à penhora e seus respectivos valores.

▶ Inciso IV com a redação dada pela Lei nº 11.382, de 6-12-2006.

▶ Art. 656, § 1º, deste Código.

**Art. 601.** Nos casos previstos no artigo anterior, o devedor incidirá em multa fixada pelo juiz, em montante não superior a vinte por cento do valor atualizado do débito em execução, sem prejuízo de outras sanções de natureza processual ou material, multa essa que reverterá em proveito do credor, exigível na própria execução.

▶ Caput com a redação dada pela Lei nº 8.953, de 13-12-1994.

Parágrafo único. O juiz relevará a pena, se o devedor se comprometer a não mais praticar qualquer dos atos definidos no artigo antecedente e der fiador idôneo, que responda ao credor pela dívida principal, juros, despesas e honorários advocatícios.

▶ Parágrafo único com a redação dada pela Lei nº 5.925, de 1º-10-1973.

**Art. 602.** *Revogado*. Lei nº 11.232, de 22-12-2005.

▶ Art. 475-Q deste Código.

## CAPÍTULO VI

### DA LIQUIDAÇÃO DA SENTENÇA

▶ Capítulo revogado pela Lei nº 11.232, de 22-12-2005.

▶ Arts. 475-A a 475-H deste Código.

**Arts. 603 a 611.** *Revogados*. Lei nº 11.232, de 22-12-2005.

## TÍTULO II – DAS DIVERSAS ESPÉCIES DE EXECUÇÃO

## CAPÍTULO I

### DAS DISPOSIÇÕES GERAIS

**Art. 612.** Ressalvado o caso de insolvência do devedor, em que tem lugar o concurso universal (artigo 751, III), realiza-se a execução no interesse do credor, que adquire, pela penhora, o direito de preferência sobre os bens penhorados.

▶ Arts. 709, I, 711, 712 e 784 deste Código.

**Art. 613.** Recaindo mais de uma penhora sobre os mesmos bens, cada credor conservará o seu título de preferência.

**Art. 614.** Cumpre ao credor, ao requerer a execução, pedir a citação do devedor e instruir a petição inicial:

I – com o título executivo extrajudicial;

▶ Inciso I com a redação dada pela Lei nº 11.382, de 6-12-2006.

II – com o demonstrativo do débito atualizado até a data da propositura da ação, quando se tratar de execução por quantia certa;

III – com a prova de que se verificou a condição, ou ocorreu o termo (artigo 572);

▶ Incisos II e III com a redação dada pela Lei nº 8.953, de 13-12-1994.

▶ Arts. 618, III, e 743, V, deste Código.

**Art. 615.** Cumpre ainda ao credor:

I – indicar a espécie de execução que prefere, quando por mais de um modo pode ser efetuada;

▶ Art. 620 deste Código.

II – requerer a intimação do credor pignoratício, hipotecário, ou anticrético, ou usufrutuário, quando a penhora recair sobre bens gravados por penhor, hipoteca, anticrese ou usufruto;

▶ Arts. 619 e 698 deste Código.

III – pleitear medidas acautelatórias urgentes;
IV – provar que adimpliu a contraprestação, que lhe corresponde, ou que lhe assegura o cumprimento, se o executado não for obrigado a satisfazer a sua prestação senão mediante a contraprestação do credor.

▶ Art. 582 deste Código.

**Art. 615-A.** O exequente poderá, no ato da distribuição, obter certidão comprobatória do ajuizamento da execução, com identificação das partes e valor da causa, para fins de averbação no registro de imóveis, registro de veículos ou registro de outros bens sujeitos à penhora ou arresto.

§ 1º O exequente deverá comunicar ao juízo as averbações efetivadas, no prazo de 10 (dez) dias de sua concretização.

§ 2º Formalizada penhora sobre bens suficientes para cobrir o valor da dívida, será determinado o cancelamento das averbações de que trata este artigo relativas àqueles que não tenham sido penhorados.

§ 3º Presume-se em fraude à execução a alienação ou oneração de bens efetuada após a averbação (art. 593).

▶ Art. 659, § 4º, deste Código.
▶ Súm. nº 375 do STJ.

§ 4º O exequente que promover averbação manifestamente indevida indenizará a parte contrária, nos termos do § 2º do art. 18 desta Lei, processando-se o incidente em autos apartados.

§ 5º Os tribunais poderão expedir instruções sobre o cumprimento deste artigo.

▶ Art. 615-A acrescido pela Lei nº 11.382, de 6-12-2006.

**Art. 616.** Verificando o juiz que a petição inicial está incompleta, ou não se acha acompanhada dos documentos indispensáveis à propositura da execução, determinará que o credor a corrija, no prazo de dez dias, sob pena de ser indeferida.

**Art. 617.** A propositura da execução, deferida pelo juiz, interrompe a prescrição, mas a citação do devedor deve ser feita com observância do disposto no artigo 219.

▶ Súm. nº 150 do STF.

**Art. 618.** É nula a execução:
I – se o título executivo extrajudicial não corresponder a obrigação certa, líquida e exigível (art. 586);

▶ Inciso I com a redação dada pela Lei nº 11.382, de 6-12-2006.

II – se o devedor não for regularmente citado;

▶ Art. 214 deste Código.

III – se instaurada antes de se verificar a condição ou de ocorrido o termo, nos casos do artigo 572.

▶ Arts. 614, III, 743, V, 745, I, e 746 deste Código.

**Art. 619.** A alienação de bem aforado ou gravado por penhor, hipoteca, anticrese ou usufruto será ineficaz em relação ao senhorio direto, ou ao credor pignoratício, hipotecário, anticrético, ou usufrutuário, que não houver sido intimado.

▶ Arts. 615, II, e 698 deste Código.

**Art. 620.** Quando por vários meios o credor puder promover a execução, o juiz mandará que se faça pelo modo menos gravoso para o devedor.

▶ Arts. 615, I, e 716 deste Código.
▶ Súm. nº 417 do STJ.

Capítulo II

## DA EXECUÇÃO PARA A ENTREGA DE COISA

Seção I

### DA ENTREGA DE COISA CERTA

▶ Arts. 233 a 242 do CC.

**Art. 621.** O devedor de obrigação de entrega de coisa certa, constante de título executivo extrajudicial, será citado para, dentro de dez dias, satisfazer a obrigação ou, seguro o juízo (art. 737, II), apresentar embargos.

▶ *Caput* com a redação dada pela Lei nº 10.444, de 7-5-2002.
▶ O referido art. 737 foi revogado pela Lei nº 11.382, de 6-12-2006.
▶ Arts. 628 e 745, IV, §§ 1º e 2º, deste Código.
▶ Súm. nº 196 do STJ.

Parágrafo único. O juiz, ao despachar a inicial, poderá fixar multa por dia de atraso no cumprimento da obrigação, ficando o respectivo valor sujeito a alteração, caso se revele insuficiente ou excessivo.

▶ Parágrafo único acrescido pela Lei nº 10.444, de 7-5-2002.

**Art. 622.** O devedor poderá depositar a coisa, em vez de entregá-la, quando quiser opor embargos.

▶ Artigo com a redação dada pela Lei nº 5.925, de 1º-10-1973.
▶ Art. 736 deste Código.

**Art. 623.** Depositada a coisa, o exequente não poderá levantá-la antes do julgamento dos embargos.

▶ Artigo com a redação dada pela Lei nº 8.953, de 13-12-1994.
▶ Art. 791, I, deste Código.

**Art. 624.** Se o executado entregar a coisa, lavrar-se-á o respectivo termo e dar-se-á por finda a execução, salvo se esta tiver de prosseguir para o pagamento de frutos ou ressarcimento de prejuízos.

▶ Artigo com a redação dada pela Lei nº 10.444, de 7-5-2002.

**Art. 625.** Não sendo a coisa entregue ou depositada, nem admitidos embargos suspensivos da execução, expedir-se-á, em favor do credor, mandado de imissão na posse ou de busca e apreensão, conforme se tratar de imóvel ou de móvel.

▶ Artigo com a redação dada pela Lei nº 5.925, de 1º-10-1973.

**Art. 626.** Alienada a coisa quando já litigiosa, expedir-se-á mandado contra o terceiro adquirente, que somente será ouvido depois de depositá-la.

▶ Arts. 42, 219, *caput*, 568, II, 592, V, 628 e 1.046 deste Código.

**Art. 627.** O credor tem direito a receber, além de perdas e danos, o valor da coisa, quando esta não lhe for entregue, se deteriorou, não for encontrada ou não for reclamada do poder do terceiro adquirente.

▶ Arts. 475-A a 475-H deste Código.
▶ Arts. 402 a 405 e 927 do CC.

§ 1º Não constando do título o valor da coisa, ou sendo impossível a sua avaliação, o exequente far-lhe-á a estimativa, sujeitando-se ao arbitramento judicial.

§ 2º Serão apurados em liquidação o valor da coisa e os prejuízos.

▶ §§ 1º e 2º com a redação dada pela Lei nº 10.444, de 7-5-2002.

**Art. 628.** Havendo benfeitorias indenizáveis feitas na coisa pelo devedor ou por terceiros, de cujo poder ela houver sido tirada, a liquidação prévia é obrigatória. Se houver saldo em favor do devedor, o credor o depositará ao requerer a entrega da coisa; se houver saldo em favor do credor, este poderá cobrá-lo nos autos do mesmo processo.

▶ Arts. 475-A a 475-H e 745, IV, e §§ 1º e 2º, deste Código.

### Seção II
### DA ENTREGA DE COISA INCERTA

▶ Arts. 243 a 246 do CC.

**Art. 629.** Quando a execução recair sobre coisas determinadas pelo gênero e quantidade, o devedor será citado para entregá-las individualizadas, se lhe couber a escolha; mas se essa couber ao credor, este a indicará na petição inicial.

**Art. 630.** Qualquer das partes poderá, em quarenta e oito horas, impugnar a escolha feita pela outra, e o juiz decidirá de plano, ou, se necessário, ouvindo perito de sua nomeação.

**Art. 631.** Aplicar-se-á à execução para entrega de coisa incerta o estatuído na seção anterior.

### Capítulo III
### DA EXECUÇÃO DAS OBRIGAÇÕES DE FAZER E DE NÃO FAZER

### Seção I
### DA OBRIGAÇÃO DE FAZER

▶ Arts. 247 a 249 do CC.

**Art. 632.** Quando o objeto da execução for obrigação de fazer, o devedor será citado para satisfazê-la no prazo que o juiz lhe assinar, se outro não estiver determinado no título executivo.

▶ Artigo com a redação dada pela Lei nº 8.953, de 13-12-1994.
▶ Art. 645 deste Código.
▶ Súmulas nºs 196 e 410 do STJ.

**Art. 633.** Se, no prazo fixado, o devedor não satisfizer a obrigação, é lícito ao credor, nos próprios autos do processo, requerer que ela seja executada à custa do devedor, ou haver perdas e danos; caso em que ela se converte em indenização.

▶ Arts. 249, 402 a 405 e 927 do CC.

Parágrafo único. O valor das perdas e danos será apurado em liquidação, seguindo-se a execução para cobrança de quantia certa.

▶ Arts. 475-A a 475-H, 638, parágrafo único, e 646 a 724 deste Código.

**Art. 634.** Se o fato puder ser prestado por terceiro, é lícito ao juiz, a requerimento do exequente, decidir que aquele o realize à custa do executado.

▶ *Caput* com a redação dada pela Lei nº 11.382, de 6-12-2006.

Parágrafo único. O exequente adiantará as quantias previstas na proposta que, ouvidas as partes, o juiz houver aprovado.

▶ Parágrafo único acrescido pela Lei nº 11.382, de 6-12-2006.
▶ Art. 637, parágrafo único, deste Código.

§§ 1º a 7º *Revogados*. Lei nº 11.382, de 6-12-2006.

**Art. 635.** Prestado o fato, o juiz ouvirá as partes no prazo de dez dias; não havendo impugnação, dará por cumprida a obrigação; em caso contrário, decidirá a impugnação.

**Art. 636.** Se o contratante não prestar o fato no prazo, ou se o praticar de modo incompleto ou defeituoso, poderá o credor requerer ao juiz, no prazo de dez dias, que o autorize a concluí-lo, ou a repará-lo, por conta do contratante.

Parágrafo único. Ouvido o contratante no prazo de cinco dias, o juiz mandará avaliar o custo das despesas necessárias e condenará o contratante a pagá-lo.

**Art. 637.** Se o credor quiser executar, ou mandar executar, sob sua direção e vigilância, as obras e trabalhos necessários à prestação do fato, terá preferência, em igualdade de condições de oferta, ao terceiro.

Parágrafo único. O direito de preferência será exercido no prazo de 5 (cinco) dias, contados da apresentação da proposta pelo terceiro (art. 634, parágrafo único).

▶ Parágrafo único com a redação dada pela Lei nº 11.382, de 6-12-2006.

**Art. 638.** Nas obrigações de fazer, quando for convencionado que o devedor a faça pessoalmente, o credor poderá requerer ao juiz que lhe assine prazo para cumpri-la.

Parágrafo único. Havendo recusa ou mora do devedor, a obrigação pessoal do devedor converter-se-á em perdas e danos, aplicando-se outrossim o disposto no artigo 633.

▶ Arts. 1.059 a 1.061 deste Código.
▶ Arts. 402 a 405 e 927 do CC.

**Arts. 639 a 641.** *Revogados*. Lei nº 11.232, de 22-12-2005.

### Seção II
### DA OBRIGAÇÃO DE NÃO FAZER

▶ Arts. 250 e 251 do CC.

**Art. 642.** Se o devedor praticou o ato, a cuja abstenção estava obrigado pela lei ou pelo contrato, o credor requererá ao juiz que lhe assine prazo para desfazê-lo.

▶ Art. 645 deste Código.

**Art. 643.** Havendo recusa ou mora do devedor, o credor requererá ao juiz que mande desfazer o ato à sua custa, respondendo o devedor por perdas e danos.

▶ Arts. 402 a 405 e 927 do CC.

Parágrafo único. Não sendo possível desfazer-se o ato, a obrigação resolve-se em perdas e danos.

## SEÇÃO III
### DAS DISPOSIÇÕES COMUNS ÀS SEÇÕES PRECEDENTES

**Art. 644.** A sentença relativa à obrigação de fazer ou não fazer cumpre-se de acordo com o art. 461, observando-se, subsidiariamente, o disposto neste Capítulo.

▶ Artigo com a redação dada pela Lei nº 10.444, de 7-5-2002.

**Art. 645.** Na execução de obrigação de fazer ou não fazer, fundada em título extrajudicial, o juiz, ao despachar a inicial, fixará multa por dia de atraso no cumprimento da obrigação e a data a partir da qual será devida.

▶ Caput com a redação dada pela Lei nº 8.953, de 13-12-1994.
▶ Art. 287 deste Código.

Parágrafo único. Se o valor da multa estiver previsto no título, o juiz poderá reduzi-lo, se excessivo.

▶ Parágrafo único acrescido pela Lei nº 8.953, de 13-12-1994.

## CAPÍTULO IV
### DA EXECUÇÃO POR QUANTIA CERTA CONTRA DEVEDOR SOLVENTE

### SEÇÃO I
### DA PENHORA, DA AVALIAÇÃO E DA EXPROPRIAÇÃO DE BENS

▶ Denominação da Seção I com a redação dada pela Lei nº 11.382, de 6-12-2006.

#### SUBSEÇÃO I
### DAS DISPOSIÇÕES GERAIS

**Art. 646.** A execução por quantia certa tem por objeto expropriar bens do devedor, a fim de satisfazer o direito do credor (artigo 591).

**Art. 647.** A expropriação consiste:

▶ Art. 685, parágrafo único, deste Código.

I – na adjudicação em favor do exequente ou das pessoas indicadas no § 2º do art. 685-A desta Lei;

▶ Arts. 685-A e 685-B deste Código.

II – na alienação por iniciativa particular;

▶ Art. 685-C deste Código.

III – na alienação em hasta pública;

▶ Incisos I a III com a redação dada pela Lei nº 11.382, de 6-12-2006.
▶ Arts. 686 a 707 deste Código.

IV – no usufruto de bem móvel ou imóvel.

▶ Inciso IV acrescido pela Lei nº 11.382, de 6-12-2006.
▶ Arts. 716 a 724 deste Código.

**Art. 648.** Não estão sujeitos à execução os bens que a lei considera impenhoráveis ou inalienáveis.

▶ Arts. 649 e 650 deste Código.
▶ Lei nº 8.009, de 29-3-1990 (Lei da Impenhorabilidade do Bem de Família).
▶ Súm. nº 364 do STJ.

**Art. 649.** São absolutamente impenhoráveis:

▶ Lei nº 8.009, de 29-3-1990 (Lei da Impenhorabilidade do Bem de Família).

▶ Súm. nº 242 do TFR.
▶ Súm. nº 364 do STJ.

I – os bens inalienáveis e os declarados, por ato voluntário, não sujeitos à execução;

II – os móveis, pertences e utilidades domésticas que guarnecem a residência do executado, salvo os de elevado valor ou que ultrapassem as necessidades comuns correspondentes a um médio padrão de vida;

III – os vestuários, bem como os pertences de uso pessoal do executado, salvo se de elevado valor;

IV – os vencimentos, subsídios, soldos, salários, remunerações, proventos de aposentadoria, pensões, pecúlios e montepios; as quantias recebidas por liberalidade de terceiro e destinadas ao sustento do devedor e sua família, os ganhos de trabalhador autônomo e os honorários de profissional liberal, observado o disposto no § 3º deste artigo;

▶ Art. 655-A, § 2º, deste Código.
▶ Art. 813 do CC.

V – os livros, as máquinas, as ferramentas, os utensílios, os instrumentos ou outros bens móveis necessários ou úteis ao exercício de qualquer profissão;

▶ Súm. nº 451 do STJ.

VI – o seguro de vida;
VII – os materiais necessários para obras em andamento, salvo se essas forem penhoradas;
VIII – a pequena propriedade rural, assim definida em lei, desde que trabalhada pela família;
IX – os recursos públicos recebidos por instituições privadas para aplicação compulsória em educação, saúde ou assistência social;
X – até o limite de 40 (quarenta) salários mínimos, a quantia depositada em caderneta de poupança;

▶ Incisos I a X com a redação dada pela Lei nº 11.382, de 6-12-2006.

XI – os recursos públicos do fundo partidário recebidos, nos termos da lei, por partido político.

▶ Inciso XI acrescido pela Lei nº 11.694, de 12-6-2008.

§ 1º A impenhorabilidade não é oponível à cobrança do crédito concedido para a aquisição do próprio bem.

§ 2º O disposto no inciso IV do caput deste artigo não se aplica no caso de penhora para pagamento de prestação alimentícia.

▶ §§ 1º e 2º acrescidos pela Lei nº 11.382, de 6-12-2006.

§ 3º VETADO.

**Art. 650.** Podem ser penhorados, à falta de outros bens, os frutos e rendimentos dos bens inalienáveis, salvo se destinados à satisfação de prestação alimentícia.

▶ Caput com a redação dada pela Lei nº 11.382, de 6-12-2006.

I e II – Suprimidos. Lei nº 11.382, de 6-12-2006.

Parágrafo único. VETADO.

**Art. 651.** Antes de adjudicados ou alienados os bens, pode o executado, a todo tempo, remir a execução, pagando ou consignando a importância atualizada da dívida, mais juros, custas e honorários advocatícios.

▶ Artigo com a redação dada pela Lei nº 11.382, de 6-12-2006.
▶ Arts. 685-B, 685-C, § 2º, 694 e 1.048 deste Código.

## Subseção II
### DA CITAÇÃO DO DEVEDOR E DA INDICAÇÃO DE BENS

- Denominação da Subseção II com a redação dada pela Lei nº 11.382, de 6-12-2006.

**Art. 652.** O executado será citado para, no prazo de 3 (três) dias, efetuar o pagamento da dívida.

- *Caput* com a redação dada pela Lei nº 11.382, de 6-12-2006.
- Arts. 738 e 745-A deste Código.

§ 1º Não efetuado o pagamento, munido da segunda via do mandado, o oficial de justiça procederá de imediato à penhora de bens e a sua avaliação, lavrando-se o respectivo auto e de tais atos intimando, na mesma oportunidade, o executado.

- Arts. 657, 680 e 683 deste Código.

§ 2º O credor poderá, na inicial da execução, indicar bens a serem penhorados (art. 655).

- §§ 1º e 2º com a redação dada pela Lei nº 11.382, de 6-12-2006.

§ 3º O juiz poderá, de ofício ou a requerimento do exequente, determinar, a qualquer tempo, a intimação do executado para indicar bens passíveis de penhora.

- Arts. 600, IV, e 656, § 1º, deste Código.

§ 4º A intimação do executado far-se-á na pessoa de seu advogado; não o tendo, será intimado pessoalmente.

- Art. 659, § 4º, deste Código.

§ 5º Se não localizar o executado para intimá-lo da penhora, o oficial certificará detalhadamente as diligências realizadas, caso em que o juiz poderá dispensar a intimação ou determinará novas diligências.

- §§ 3º a 5º acrescidos pela Lei nº 11.382, de 6-12-2006.

**Art. 652-A.** Ao despachar a inicial, o juiz fixará, de plano, os honorários de advogado a serem pagos pelo executado (art. 20, § 4º).

Parágrafo único. No caso de integral pagamento no prazo de 3 (três) dias, a verba honorária será reduzida pela metade.

- Art. 652-A acrescido pela Lei nº 11.382, de 6-12-2006.

**Art. 653.** O oficial de justiça, não encontrando o devedor, arrestar-lhe-á tantos bens quantos bastem para garantir a execução.

- Art. 813 deste Código.

Parágrafo único. Nos dez dias seguintes à efetivação do arresto, o oficial de justiça procurará o devedor três vezes em dias distintos; não o encontrando, certificará o ocorrido.

**Art. 654.** Compete ao credor, dentro de dez dias, contados da data em que foi intimado do arresto a que se refere o parágrafo único do artigo anterior, requerer a citação por edital do devedor. Findo o prazo do edital, terá o devedor o prazo a que se refere o artigo 652, convertendo-se o arresto em penhora em caso de não pagamento.

- Arts. 231 a 233, 813 e 818 deste Código.

**Art. 655.** A penhora observará, preferencialmente, a seguinte ordem:

- *Caput* com a redação dada pela Lei nº 11.382, de 6-12-2006.
- Art. 656, I, deste Código.

I – dinheiro, em espécie ou em depósito ou aplicação em instituição financeira;

- Art. 655-A deste Código.
- Súmulas nºs 328 e 417 do STJ.

II – veículos de via terrestre;
III – bens móveis em geral;
IV – bens imóveis;
V – navios e aeronaves;
VI – ações e quotas de sociedades empresárias;

- Art. 685-A, § 4º, deste Código.

VII – percentual do faturamento de empresa devedora;

- Art. 655-A, § 3º, deste Código.

VIII – pedras e metais preciosos;
IX – títulos da dívida pública da União, Estados e Distrito Federal com cotação em mercado;
X – títulos e valores mobiliários com cotação em mercado;

- Incisos I a X com a redação dada pela Lei nº 11.382, de 6-12-2006.

XI – outros direitos.

- Inciso XI acrescido pela Lei nº 11.382, de 6-12-2006.
- Art. 652, § 2º, deste Código.
- Súm. nº 406 do STJ.

§ 1º Na execução de crédito com garantia hipotecária, pignoratícia ou anticrética, a penhora recairá, preferencialmente, sobre a coisa dada em garantia; se a coisa pertencer a terceiro garantidor, será também esse intimado da penhora.

§ 2º Recaindo a penhora em bens imóveis, será intimado também o cônjuge do executado.

- §§ 1º e 2º com a redação dada pela Lei nº 11.382, de 6-12-2006.
- Arts. 655-B e 656, § 3º, deste Código.
- Súm. nº 134 do STJ.

**Art. 655-A.** Para possibilitar a penhora de dinheiro em depósito ou aplicação financeira, o juiz, a requerimento do exequente, requisitará à autoridade supervisora do sistema bancário, preferencialmente por meio eletrônico, informações sobre a existência de ativos em nome do executado, podendo no mesmo ato determinar sua indisponibilidade, até o valor indicado na execução.

- Art. 655-A acrescido pela Lei nº 11.382, de 6-12-2006.
- Art. 659, § 6º, deste Código.

§ 1º As informações limitar-se-ão à existência ou não de depósito ou aplicação até o valor indicado na execução.

§ 2º Compete ao executado comprovar que as quantias depositadas em conta corrente referem-se à hipótese do inciso IV do *caput* do art. 649 desta Lei ou que estão revestidas de outra forma de impenhorabilidade.

§ 3º Na penhora de percentual do faturamento da empresa executada, será nomeado depositário, com a atribuição de submeter à aprovação judicial a forma de efetivação da constrição, bem como de prestar contas mensalmente, entregando ao exequente as quantias recebidas, a fim de serem imputadas no pagamento da dívida.

- §§ 1º a 3º acrescidos pela Lei nº 11.382, de 6-12-2006.

§ 4º Quando se tratar de execução contra partido político, o juiz, a requerimento do exequente, requisitará à autoridade supervisora do sistema bancário, nos termos do que estabelece o *caput* deste artigo, informações sobre a existência de ativos tão somente em nome do órgão partidário que tenha contraído a dívida executada ou que tenha dado causa a violação de direito ou ao dano, ao qual cabe exclusivamente a responsabilidade pelos atos praticados, de acordo com o disposto no art. 15-A da Lei nº 9.096, de 19 de setembro de 1995.

▶ § 4º acrescido pela Lei nº 11.694, de 12-6-2008.
▶ Art. 666 deste Código.
▶ Súm. nº 319 do STJ.

**Art. 655-B.** Tratando-se de penhora em bem indivisível, a meação do cônjuge alheio à execução recairá sobre o produto da alienação do bem.

▶ Art. 655-B acrescido pela Lei nº 11.382, de 6-12-2006.
▶ Arts. 655, § 2º, e 656, § 3º, deste Código.
▶ Súm. nº 134 do STJ.

**Art. 656.** A parte poderá requerer a substituição da penhora:

▶ *Caput* com a redação dada pela Lei nº 11.382, de 6-12-2006.
▶ Súm. nº 406 do STJ.

I – se não obedecer à ordem legal;

▶ Art. 655 deste Código.

II – se não incidir sobre os bens designados em lei, contrato ou ato judicial para o pagamento;
III – se, havendo bens no foro da execução, outros houverem sido penhorados;
IV – se, havendo bens livres, a penhora houver recaído sobre bens já penhorados ou objeto de gravame;
V – se incidir sobre bens de baixa liquidez;
VI – se fracassar a tentativa de alienação judicial do bem; ou

▶ Incisos I a VI com a redação dada pela Lei nº 11.382, de 6-12-2006.
▶ Arts. 686 a 707 deste Código.

VII – se o devedor não indicar o valor dos bens ou omitir qualquer das indicações a que se referem os incisos I a IV do parágrafo único do art. 668 desta Lei.

▶ Inciso VII acrescido pela Lei nº 11.382, de 6-12-2006.

§ 1º É dever do executado (art. 600), no prazo fixado pelo juiz, indicar onde se encontram os bens sujeitos à execução, exibir a prova de sua propriedade e, se for o caso, certidão negativa de ônus, bem como abster-se de qualquer atitude que dificulte ou embarace a realização da penhora (art. 14, parágrafo único).

▶ Parágrafo único transformado em § 1º e com a redação dada pela Lei nº 11.382, de 6-12-2006.
▶ Art. 652, § 3º, deste Código.

§ 2º A penhora pode ser substituída por fiança bancária ou seguro garantia judicial, em valor não inferior ao do débito constante da inicial, mais 30% (trinta por cento).

§ 3º O executado somente poderá oferecer bem imóvel em substituição caso o requeira com a expressa anuência do cônjuge.

▶ §§ 2º e 3º acrescidos pela Lei nº 11.382, de 6-12-2006.
▶ Arts. 655, § 2º, e 655-B deste Código.

**Art. 657.** Ouvida em 3 (três) dias a parte contrária, se os bens forem penhorados (art. 652) forem substituídos por outros, lavrar-se-á o respectivo termo.

Parágrafo único. O juiz decidirá de plano quaisquer questões suscitadas.

▶ Art. 657 com a redação dada pela Lei nº 11.382, de 6-12-2006.

**Art. 658.** Se o devedor não tiver bens no foro da causa, far-se-á a execução por carta, penhorando-se, avaliando-se e alienando-se os bens no foro da situação (artigo 747).

▶ Súm. nº 46 do STJ.

*SUBSEÇÃO III*

**DA PENHORA E DO DEPÓSITO**

**Art. 659.** A penhora deverá incidir em tantos bens quantos bastem para o pagamento do principal atualizado, juros, custas e honorários advocatícios.

▶ *Caput* com a redação dada pela Lei nº 11.382, de 6-12-2006.
▶ Súmulas nºs 319 e 328 do STJ.

§ 1º Efetuar-se-á a penhora onde quer que se encontrem os bens, ainda que sob a posse, detenção ou guarda de terceiros.

▶ § 1º com a redação dada pela Lei nº 11.382, de 6-12-2006.

§ 2º Não se levará a efeito a penhora, quando evidente que o produto da execução dos bens encontrados será totalmente absorvido pelo pagamento das custas da execução.

§ 3º No caso do parágrafo anterior e bem assim quando não encontrar quaisquer bens penhoráveis, o oficial descreverá na certidão os que guarnecem a residência ou o estabelecimento do devedor.

§ 4º A penhora de bens imóveis realizar-se-á mediante auto ou termo de penhora, cabendo ao exequente, sem prejuízo da imediata intimação do executado (art. 652, § 4º), providenciar, para presunção absoluta de conhecimento por terceiros, a respectiva averbação no ofício imobiliário, mediante a apresentação de certidão de inteiro teor do ato, independen-temente de mandado judicial.

▶ § 4º com a redação dada pela Lei nº 11.382, de 6-12-2006.
▶ Arts. 593, II, e 615-A, § 3º, deste Código.
▶ Súm. nº 375 do STJ.

§ 5º Nos casos do § 4º, quando apresentada certidão da respectiva matrícula, a penhora de imóveis, independentemente de onde se localizem, será realizada por termo nos autos, do qual será intimado o executado, pessoalmente ou na pessoa de seu advogado, e por este ato constituído depositário.

▶ § 5º acrescido pela Lei nº 10.444, de 7-5-2002.
▶ Art. 655, § 2º, deste Código.
▶ Súmulas nºs 319 e 375 do STJ.

§ 6º Obedecidas as normas de segurança que forem instituídas, sob critérios uniformes, pelos Tribunais, a penhora de numerário e as averbações de penhoras de bens imóveis e móveis podem ser realizadas por meios eletrônicos.

▶ § 6º acrescido pela Lei nº 11.382, de 6-12-2006.
▶ Art. 655-A deste Código.

**Art. 660.** Se o devedor fechar as portas da casa, a fim de obstar a penhora dos bens, o oficial de justiça comunicará o fato ao juiz, solicitando-lhe ordem de arrombamento.

**Art. 661.** Deferido o pedido mencionado no artigo antecedente, dois oficiais de justiça cumprirão o mandado, arrombando portas, móveis e gavetas, onde presumirem que se achem os bens, e lavrando de tudo auto circunstanciado, que será assinado por duas testemunhas, presentes à diligência.

**Art. 662.** Sempre que necessário, o juiz requisitará força policial, a fim de auxiliar os oficiais de justiça na penhora dos bens e na prisão de quem resistir à ordem.

► Art. 579 deste Código.
► Art. 329 do CP.

**Art. 663.** Os oficiais de justiça lavrarão em duplicata o auto de resistência, entregando uma via ao escrivão do processo para ser junta aos autos e a outra à autoridade policial, a quem entregarão o preso.

Parágrafo único. Do auto de resistência constará o rol de testemunhas, com a sua qualificação.

**Art. 664.** Considerar-se-á feita a penhora mediante a apreensão e o depósito dos bens, lavrando-se um só auto se as diligências forem concluídas no mesmo dia.

Parágrafo único. Havendo mais de uma penhora, lavrar-se-á para cada qual um auto.

**Art. 665.** O auto de penhora conterá:

I – a indicação do dia, mês, ano e lugar em que foi feita;
II – os nomes do credor e do devedor;
III – a descrição dos bens penhorados, com os seus característicos;
IV – a nomeação do depositário dos bens.

► Súm. nº 319 do STJ.

**Art. 666.** Os bens penhorados serão preferencialmente depositados:

► *Caput* com a redação dada pela Lei nº 11.382, de 6-12-2006.

I – no Banco do Brasil, na Caixa Econômica Federal, ou em um banco, de que o Estado-Membro da União possua mais de metade do capital social integralizado; ou, em falta de tais estabelecimentos de crédito, ou agências suas no lugar, em qualquer estabelecimento de crédito, designado pelo juiz, as quantias em dinheiro, as pedras e os metais preciosos, bem como os papéis de crédito;
II – em poder do depositário judicial, os móveis e os imóveis urbanos;

► Súm. nº 619 do STF.

III – em mãos de depositário particular, os demais bens.

► Inciso III com a redação dada pela Lei nº 11.382, de 6-12-2006.
► Art. 655-A, § 3º, deste Código.
► Súm. nº 319 do STJ.

§ 1º Com a expressa anuência do exequente ou nos casos de difícil remoção, os bens poderão ser depositados em poder do executado.

§ 2º As joias, pedras e objetos preciosos deverão ser depositados com registro do valor estimado de resgate.

§ 3º A prisão de depositário judicial infiel será decretada no próprio processo, independentemente de ação de depósito.

► §§ 1º a 3º acrescidos pela Lei nº 11.382, de 6-12-2006.
► Art. 5º, LXVII, da CF.
► Art. 652 do CC.
► Arts. 902 a 906 deste Código.
► Art. 4º, §§ 1º e 2º, da Lei nº 8.866, de 11-4-1994 (Lei do Depositário Infiel).
► Art. 4º do Dec.-lei nº 911, de 1º-10-1969 (Lei das Alienações Fiduciárias).
► Art. 11 do Dec. nº 592, de 6-7-1992, que promulga o Pacto Internacional sobre Direitos Civis e Políticos.
► Art. 7º, 7, do Pacto de São José da Costa Rica.
► Súm. Vinc. nº 25 do STF.
► Súmulas nºs 304, 305 e 419 do STJ.

**Art. 667.** Não se procede à segunda penhora, salvo se:

I – a primeira for anulada;
II – executados os bens, o produto da alienação não bastar para o pagamento do credor;
III – o credor desistir da primeira penhora, por serem litigiosos os bens, ou por estarem penhorados, arrestados ou onerados.

**Art. 668.** O executado pode, no prazo de 10 (dez) dias após intimado da penhora, requerer a substituição do bem penhorado, desde que comprove cabalmente que a substituição não trará prejuízo algum ao exequente e será menos onerosa para ele devedor (art. 17, incisos IV e VI, e art. 620).

► *Caput* com a redação dada pela Lei nº 11.382, de 6-12-2006.
► Art. 656 deste Código.

Parágrafo único. Na hipótese prevista neste artigo, ao executado incumbe:

I – quanto aos bens imóveis, indicar as respectivas matrículas e registros, situá-los e mencionar as divisas e confrontações;
II – quanto aos móveis, particularizar o estado e o lugar em que se encontram;
III – quanto aos semoventes, especificá-los, indicando o número de cabeças e o imóvel em que se encontram;
IV – quanto aos créditos, identificar o devedor e qualificá-lo, descrevendo a origem da dívida, o título que a representa e a data do vencimento; e
V – atribuir valor aos bens indicados à penhora.

► Parágrafo único acrescido pela Lei nº 11.382, de 6-12-2006.
► Arts. 656, VII, 680, 683, III, e 684, I, deste Código.

**Art. 669.** *Revogado.* Lei nº 11.382, de 6-12-2006.

**Art. 670.** O juiz autorizará a alienação antecipada dos bens penhorados quando:

I – sujeitos a deterioração ou depreciação;
II – houver manifesta vantagem.

Parágrafo único. Quando uma das partes requerer a alienação antecipada dos bens penhorados, o juiz ouvirá sempre a outra antes de decidir.

*Subseção IV*

**DA PENHORA DE CRÉDITOS E DE OUTROS DIREITOS PATRIMONIAIS**

**Art. 671.** Quando a penhora recair em crédito do devedor, o oficial de justiça o penhorará. Enquanto não ocorrer a hipótese prevista no artigo seguinte, considerar-se-á feita a penhora pela intimação:

I – ao terceiro devedor para que não pague ao seu credor;

II – ao credor do terceiro para que não pratique ato de disposição do crédito.

▶ Art. 671 com a redação dada pela Lei nº 5.925, de 1º-10-1973.

▶ Art. 312 do CC.

**Art. 672.** A penhora de crédito, representada por letra de câmbio, nota promissória, duplicata, cheque ou outros títulos, far-se-á pela apreensão do documento, esteja ou não em poder do devedor.

§ 1º Se o título não for apreendido, mas o terceiro confessar a dívida, será havido como depositário da importância.

▶ Súm. nº 319 do STJ.

§ 2º O terceiro só se exonerará da obrigação, depositando em juízo a importância da dívida.

▶ Art. 344 do CC.

§ 3º Se o terceiro negar o débito em conluio com o devedor, a quitação, que este lhe der, considerar-se-á em fraude de execução.

▶ Art. 593 deste Código.

§ 4º A requerimento do credor, o juiz determinará o comparecimento, em audiência especialmente designada, do devedor e do terceiro, a fim de lhes tomar os depoimentos.

**Art. 673.** Feita a penhora em direito e ação do devedor, e não tendo este oferecido embargos, ou sendo estes rejeitados, o credor fica sub-rogado nos direitos do devedor até à concorrência do seu crédito.

§ 1º O credor pode preferir, em vez da sub-rogação, a alienação judicial do direito penhorado, caso em que declarará a sua vontade no prazo de dez dias contados da realização da penhora.

§ 2º A sub-rogação não impede ao sub-rogado, se não receber o crédito do devedor, de prosseguir na execução, nos mesmos autos, penhorando outros bens do devedor.

**Art. 674.** Quando o direito estiver sendo pleiteado em juízo, averbar-se-á no rosto dos autos a penhora, que recair nele e na ação que lhe corresponder, a fim de se efetivar nos bens, que forem adjudicados ou vierem a caber ao devedor.

▶ Art. 1.021 deste Código.

**Art. 675.** Quando a penhora recair sobre dívidas de dinheiro a juros, de direito a rendas, ou de prestações periódicas, o credor poderá levantar os juros, os rendimentos ou as prestações à medida que forem sendo depositadas, abatendo-se do crédito as importâncias recebidas, conforme as regras da imputação em pagamento.

▶ Arts. 352 a 355 do CC.

**Art. 676.** Recaindo a penhora sobre direito, que tenha por objeto prestação ou restituição de coisa determinada, o devedor será intimado para, no vencimento, depositá-la, correndo sobre ela a execução.

SUBSEÇÃO V

**DA PENHORA, DO DEPÓSITO E DA ADMINISTRAÇÃO DE EMPRESA E DE OUTROS ESTABELECIMENTOS**

**Art. 677.** Quando a penhora recair em estabelecimento comercial, industrial ou agrícola, bem como em sementes, plantações ou edifício em construção, o juiz nomeará um depositário, determinando-lhe que apresente em dez dias a forma de administração.

▶ Art. 655-A, § 3º, deste Código.

▶ Súm. nº 319 do STJ.

§ 1º Ouvidas as partes, o juiz decidirá.

§ 2º É lícito, porém, às partes ajustarem a forma de administração, escolhendo o depositário; caso em que o juiz homologará por despacho a indicação.

**Art. 678.** A penhora de empresa, que funcione mediante concessão ou autorização, far-se-á, conforme o valor do crédito, sobre a renda, sobre determinados bens, ou sobre todo o patrimônio, nomeando o juiz como depositário, de preferência, um dos seus diretores.

▶ Súm. nº 319 do STJ.

Parágrafo único. Quando a penhora recair sobre a renda, ou sobre determinados bens, o depositário apresentará a forma de administração e o esquema de pagamento observando-se, quanto ao mais, o disposto nos artigos 716 a 720; recaindo, porém, sobre todo o patrimônio, prosseguirá a execução os seus ulteriores termos, ouvindo-se, antes da arrematação ou da adjudicação, o poder público, que houver outorgado a concessão.

**Art. 679.** A penhora sobre navio ou aeronave não obsta a que continue navegando ou operando até a alienação; mas o juiz, ao conceder a autorização para navegar ou operar, não permitirá que saia do porto ou aeroporto antes que o devedor faça o seguro usual contra riscos.

SUBSEÇÃO VI

**DA AVALIAÇÃO**

**Art. 680.** A avaliação será feita pelo oficial de justiça (art. 652), ressalvada a aceitação do valor estimado pelo executado (art. 668, parágrafo único, inciso V); caso sejam necessários conhecimentos especializados, o juiz nomeará avaliador, fixando-lhe prazo não superior a 10 (dez) dias para entrega do laudo.

▶ Artigo com a redação dada pela Lei nº 11.382, de 6-12-2006.

▶ Arts. 683, 684 e 685-C deste Código.

**Art. 681.** O laudo da avaliação integrará o auto de penhora ou, em caso de perícia (art. 680), será apresentado no prazo fixado pelo juiz, devendo conter:

▶ *Caput* com a redação dada pela Lei nº 11.382, de 6-12-2006.

I – a descrição dos bens, com os seus característicos, e a indicação do estado em que se encontram;

II – o valor dos bens.

▶ Art. 1.004 deste Código.

Parágrafo único. Quando o imóvel for suscetível de cômoda divisão, o avaliador, tendo em conta o crédito

reclamado, o avaliará em partes, sugerindo os possíveis desmembramentos.
► Parágrafo único com a redação dada pela Lei nº 11.382, de 6-12-2006.
► Art. 702 deste Código.

**Art. 682.** O valor dos títulos da dívida pública, das ações das sociedades e dos títulos de crédito negociáveis em bolsa será o da cotação oficial do dia, provada por certidão ou publicação no órgão oficial.
► Art. 1.004 deste Código.

**Art. 683.** É admitida nova avaliação quando:
I – qualquer das partes arguir, fundamentadamente, a ocorrência de erro na avaliação ou dolo do avaliador;
II – se verificar, posteriormente à avaliação, que houve majoração ou diminuição no valor do bem; ou
III – houver fundada dúvida sobre o valor atribuído ao bem (art. 668, parágrafo único, inciso V).
► Art. 683 com a redação dada pela Lei nº 11.382, de 6-12-2006.
► Art. 1.004 deste Código.

**Art. 684.** Não se procederá à avaliação se:
► Art. 680 deste Código.

I – o exequente aceitar a estimativa feita pelo executado (art. 668, parágrafo único, inciso V);
► Inciso I com a redação dada pela Lei nº 11.382, de 6-12-2006.
► Art. 683, III, deste Código.

II – se tratar de títulos ou de mercadorias, que tenham cotação em bolsa, comprovada por certidão ou publicação oficial;
► Art. 686, § 1º, deste Código.

III – *Revogado*. Lei nº 11.382, de 6-12-2006.

**Art. 685.** Após a avaliação, poderá mandar o juiz, a requerimento do interessado e ouvida a parte contrária:
I – reduzir a penhora aos bens suficientes, ou transferi-la para outros, que bastem à execução, se o valor dos penhorados for consideravelmente superior ao crédito do exequente e acessórios;
► Art. 668 deste Código.

II – ampliar a penhora, ou transferi-la para outros bens mais valiosos, se o valor dos penhorados for inferior ao referido crédito.
Parágrafo único. Uma vez cumpridas essas providências, o juiz dará início aos atos de expropriação de bens.
► Parágrafo único com a redação dada pela Lei nº 11.382, de 6-12-2006.
► Art. 647 deste Código.

*Subseção VI-A*

## DA ADJUDICAÇÃO

► Subseção VI-A acrescida pela Lei nº 11.382, de 6-12-2006.

**Art. 685-A.** É lícito ao exequente, oferecendo preço não inferior ao da avaliação, requerer lhe sejam adjudicados os bens penhorados.
► Arts. 652, § 1º, e 680 deste Código.

§ 1º Se o valor do crédito for inferior ao dos bens, o adjudicante depositará de imediato a diferença, ficando esta à dispo-sição do executado; se superior, a execução prosseguirá pelo saldo remanescente.

§ 2º Idêntico direito pode ser exercido pelo credor com garantia real, pelos credores concorrentes que hajam penhorado o mesmo bem, pelo cônjuge, pelos descendentes ou ascendentes do executado.
► Art. 647, I, deste Código.

§ 3º Havendo mais de um pretendente, proceder-se-á entre eles à licitação; em igualdade de oferta, terá preferência o cônjuge, descendente ou ascendente, nessa ordem.

§ 4º No caso de penhora de quota, procedida por exequente alheio à sociedade, esta será intimada, assegurando preferência aos sócios.
► Art. 655, VI, deste Código.

§ 5º Decididas eventuais questões, o juiz mandará lavrar o auto de adjudicação.

**Art. 685-B.** A adjudicação considera-se perfeita e acabada com a lavratura e assinatura do auto pelo juiz, pelo adjudicante, pelo escrivão e, se for presente, pelo executado, expedindo-se a respectiva carta, se bem imóvel, ou mandado de entrega ao adjudicante, se bem móvel.
► Arts. 746 e 1.048 deste Código.

Parágrafo único. A carta de adjudicação conterá a descrição do imóvel, com remissão a sua matrícula e registros, a cópia do auto de adjudicação e a prova de quitação do imposto de transmissão.
► Arts. 685-A e 685-B acrescidos pela Lei nº 11.382, de 6-12-2006.

*Subseção VI-B*

## DA ALIENAÇÃO POR INICIATIVA PARTICULAR

► Subseção VI-B acrescida pela Lei nº 11.382, de 6-12-2006.

**Art. 685-C.** Não realizada a adjudicação dos bens penhorados, o exequente poderá requerer sejam eles alienados por sua própria iniciativa ou por intermédio de corretor credenciado perante a autoridade judiciária.

§ 1º O juiz fixará o prazo em que a alienação deve ser efetivada, a forma de publicidade, o preço mínimo (art. 680), as condições de pagamento e as garantias, bem como, se for o caso, a comissão de corretagem.

§ 2º A alienação será formalizada por termo nos autos, assinado pelo juiz, pelo exequente, pelo adquirente e, se for pre-sente, pelo executado, expedindo-se carta de alienação do imóvel para o devido registro imobiliário, ou, se bem móvel, mandado de entrega ao adquirente.
► Arts. 746 e 1.048 deste Código.

§ 3º Os Tribunais poderão expedir provimentos detalhando o procedimento da alienação prevista neste artigo, inclusive com o concurso de meios eletrônicos, e dispondo sobre o credenciamento dos corretores, os quais deverão estar em exercício profissional por não menos de 5 (cinco) anos.
► Art. 685-C acrescido pela Lei nº 11.382, de 6-12-2006.

## Subseção VII
### DA ALIENAÇÃO EM HASTA PÚBLICA

▶ Denominação da Subseção VII com a redação dada pela Lei nº 11.382, de 6-12-2006.

**Art. 686.** Não requerida a adjudicação e não realizada a alienação particular do bem penhorado, será expedido o edital de hasta pública, que conterá:

▶ Caput com a redação pela Lei nº 11.382, de 6-12-2006.

I – a descrição do bem penhorado, com suas características e, tratando-se de imóvel, a situação e divisas, com remissão à matrícula e aos registros;

▶ Inciso I com a redação dada pela Lei nº 11.382, de 6-12-2006.

II – o valor do bem;
III – o lugar onde estiverem os móveis, veículos e semoventes; e, sendo direito e ação, os autos do processo, em que foram penhorados;

▶ Incisos II e III com a redação dada pela Lei nº 5.925, de 1º-10-1973.

IV – o dia e a hora de realização da praça, se bem imóvel, ou o local, dia e hora de realização do leilão, se bem móvel;

▶ Inciso IV com a redação dada pela Lei nº 11.382, de 6-12-2006.

V – menção da existência de ônus, recurso ou causa pendente sobre os bens a serem arrematados;

▶ Art. 694, § 1º, III, deste Código.

VI – a comunicação de que, se o bem não alcançar lanço superior à importância da avaliação, seguir-se-á, em dia e hora que forem desde logo designados entre os dez e os vinte dias seguintes, a sua alienação pelo maior lanço (artigo 692).

▶ Incisos V e VI com a redação dada pela Lei nº 8.953, de 13-12-1994.
▶ Art. 701, § 4º, deste Código.

§ 1º No caso do artigo 684, II, constará do edital o valor da última cotação anterior à expedição deste.

§ 2º A praça realizar-se-á no átrio do edifício do Fórum; o leilão, onde estiverem os bens, ou no lugar designado pelo juiz.

▶ §§ 1º e 2º com a redação dada pela Lei nº 5.925, de 1º-10-1973.

§ 3º Quando o valor dos bens penhorados não exceder 60 (sessenta) vezes o valor do salário mínimo vigente na data da avaliação, será dispensada a publicação de editais; nesse caso, o preço da arrematação não será inferior ao da avaliação.

▶ § 3º com a redação dada pela Lei nº 11.382, de 6-12-2006.
▶ Art. 680 deste Código.

**Art. 687.** O edital será afixado no local de costume e publicado, em resumo, com antecedência mínima de cinco dias, pelo menos uma vez em jornal de ampla circulação local.

§ 1º A publicação do edital será feita no órgão oficial, quando o credor for beneficiário da justiça gratuita.

▶ Caput e § 1º com a redação dada pela Lei nº 8.953, de 13-12-1994.

§ 2º Atendendo ao valor dos bens e às condições da comarca, o juiz poderá alterar a forma e a frequência da publicida-de na imprensa, mandar divulgar avisos em emissora local e adotar outras providências tendentes a mais ampla publici-dade da alienação, inclusive recorrendo a meios eletrônicos de divulgação.

▶ § 2º com a redação dada pela Lei nº 11.382, de 6-12-2006.

§ 3º Os editais de praça serão divulgados pela imprensa preferencialmente na seção ou local reservado à publicidade de negócios imobiliários.

§ 4º O juiz poderá determinar a reunião de publicações em listas referentes a mais de uma execução.

▶ §§ 3º e 4º com a redação dada pela Lei nº 8.953, de 13-12-1994.

§ 5º O executado terá ciência do dia, hora e local da alienação judicial por intermédio de seu advogado ou, se não tiver procurador constituído nos autos, por meio de mandado, carta registrada, edital ou outro meio idôneo.

▶ § 5º com a redação dada pela Lei nº 11.382, de 6-12-2006.

**Art. 688.** Não se realizando, por motivo justo, a praça ou o leilão, o juiz mandará publicar pela imprensa local e no órgão oficial a transferência.

Parágrafo único. O escrivão, o porteiro ou o leiloeiro, que culposamente der causa à transferência, responde pelas despesas da nova publicação, podendo o juiz aplicar-lhe a pena de suspensão por cinco a trinta dias.

**Art. 689.** Sobrevindo a noite, prosseguirá a praça ou o leilão no dia útil imediato, à mesma hora em que teve início, independentemente de novo edital.

▶ Art. 172 deste Código.

**Art. 689-A.** O procedimento previsto nos arts. 686 e 689 poderá ser substituído, a requerimento do exequente, por alienação realizada por meio da rede mundial de computadores, com uso de páginas virtuais criadas pelos Tribunais ou por entidades públicas ou privadas em convênio com eles firmado.

Parágrafo único. O Conselho da Justiça Federal e os Tribunais de Justiça, no âmbito das suas respectivas competências, regulamentarão esta modalidade de alienação, atendendo aos requisitos de ampla publicidade, autenticidade e segurança, com observância das regras estabelecidas na legislação sobre certificação digital.

▶ Art. 689-A acrescido pela Lei nº 11.382, de 6-12-2006.
▶ MP nº 2.200-2, de 24-8-2001, que até o encerramento desta edição não havia sido convertida em Lei, instituiu a Infraestrutura de Chaves Públicas Brasileira – ICP-Brasil, para garantir a autenticidade, a integridade e a validade jurídica de documentos em forma eletrônica.

**Art. 690.** A arrematação far-se-á mediante pagamento imediato do preço pelo arrematante ou, no prazo de até 15 (quinze) dias, mediante caução.

▶ Caput com a redação dada pela Lei nº 11.382, de 6-12-2006.
▶ Arts. 694, § 1º, II, e 695 deste Código.

§ 1º Tratando-se de bem imóvel, quem estiver interessado em adquiri-lo em prestações poderá apresentar por escrito sua proposta, nunca inferior à avaliação, com oferta de pelo menos 30% (trinta por cento) à vista, sendo o restante garantido por hipoteca sobre o próprio imóvel.

▶ § 1º com a redação dada pela Lei nº 11.382, de 6-12-2006.
▶ Art. 680 deste Código.

I a III – *Revogados*. Lei nº 11.382, de 6-12-2006.

§ 2º As propostas para aquisição em prestações, que serão juntadas aos autos, indicarão o prazo, a modalidade e as condições de pagamento do saldo.

▶ § 2º com a redação dada pela Lei nº 11.382, de 6-12-2006.

§ 3º O juiz decidirá por ocasião da praça, dando o bem por arrematado pelo apresentante do melhor lanço ou proposta mais conveniente.

§ 4º No caso de arrematação a prazo, os pagamentos feitos pelo arrematante pertencerão ao exequente até o limite de seu crédito, e os subsequentes ao executado.

▶ §§ 3º e 4º acrescidos pela Lei nº 11.382, de 6-12-2006.

**Art. 690-A.** É admitido a lançar todo aquele que estiver na livre administração de seus bens, com exceção:

I – dos tutores, curadores, testamenteiros, administradores, síndicos ou liquidantes, quanto aos bens confiados a sua guarda e responsabilidade;

II – dos mandatários, quanto aos bens de cuja administração ou alienação estejam encarregados;

III – do juiz, membro do Ministério Público e da Defensoria Pública, escrivão e demais servidores e auxiliares da Justiça.

Parágrafo único. O exequente, se vier a arrematar os bens, não estará obrigado a exibir o preço; mas, se o valor dos bens exceder o seu crédito, depositará, dentro de 3 (três) dias, a diferença, sob pena de ser tornada sem efeito a arrematação e, neste caso, os bens serão levados a nova praça ou leilão à custa do exequente.

▶ Art. 690-A acrescido pela Lei nº 11.382, de 6-12-2006.

**Art. 691.** Se a praça ou o leilão for de diversos bens e houver mais de um lançador, será preferido aquele que se propuser a arrematá-los englobadamente, oferecendo para os que não tiverem licitante preço igual ao da avaliação e para os demais o de maior lanço.

**Art. 692.** Não será aceito lanço que, em segunda praça ou leilão, ofereça preço vil.

▶ Arts. 686, VI, e 694, § 1º, V, deste Código.

Parágrafo único. Será suspensa a arrematação logo que o produto da alienação dos bens bastar para o pagamento do credor.

▶ Art. 692 com a redação dada pela Lei nº 8.953, de 13-12-1994.

**Art. 693.** A arrematação constará de auto que será lavrado de imediato, nele mencionadas as condições pelas quais foi alienado o bem.

▶ *Caput* com a redação dada pela Lei nº 11.382, de 6-12-2006.

Parágrafo único. A ordem de entrega do bem móvel ou a carta de arrematação do bem imóvel será expedida depois de efetuado o depósito ou prestadas as garantias pelo arrematante.

▶ Parágrafo único acrescido pela Lei nº 11.382, de 6-12-2006.

**Art. 694.** Assinado o auto pelo juiz, pelo arrematante e pelo serventuário da justiça ou leiloeiro, a arrematação considerar-se-á perfeita, acabada e irretratável, ainda que venham a ser julgados procedentes os embargos do executado.

▶ *Caput* com a redação dada pela Lei nº 11.382, de 6-12-2006.
▶ Arts. 746 e 1.048 deste Código.

§ 1º A arrematação poderá, no entanto, ser tornada sem efeito:

I – por vício de nulidade;

II – se não for pago o preço ou se não for prestada a caução;

▶ Art. 690 deste Código.

III – quando o arrematante provar, nos 5 (cinco) dias seguintes, a existência de ônus real ou de gravame (art. 686, inciso V) não mencionado no edital;

IV – a requerimento do arrematante, na hipótese de embargos à arrematação (art. 746, §§ 1º e 2º);

V – quando realizada por preço vil (art. 692);

VI – nos casos previstos neste Código (art. 698).

▶ Parágrafo único transformado em § 1º e com a redação dada pela Lei nº 11.382, de 6-12-2006.

§ 2º No caso de procedência dos embargos, o executado terá direito a haver do exequente o valor por este recebido como produto da arrematação; caso inferior ao valor do bem, haverá do exequente também a diferença.

▶ § 2º acrescido pela Lei nº 11.382, de 6-12-2006.

**Art. 695.** Se o arrematante ou seu fiador não pagar o preço no prazo estabelecido, o juiz impor-lhe-á, em favor do exequente, a perda da caução, voltando os bens a nova praça ou leilão, dos quais não serão admitidos a participar o arrematante e o fiador remissos.

▶ *Caput* com a redação dada pela Lei nº 11.382, de 6-12-2006.
▶ §§ 1º a 3º *Revogados*. Lei nº 11.382, de 6-12-2006.

**Art. 696.** O fiador do arrematante, que pagar o valor do lanço e a multa, poderá requerer que a arrematação lhe seja transferida.

**Art. 697.** *Revogado.* Lei nº 11.382, de 6-12-2006.

**Art. 698.** Não se efetuará a adjudicação ou alienação de bem do executado sem que da execução seja cientificado, por qualquer modo idôneo e com pelo menos 10 (dez) dias de antecedência, o senhorio direto, o credor com garantia real ou com penhora anteriormente averbada, que não seja de qualquer modo parte na execução.

▶ Artigo com a redação dada pela Lei nº 11.382, de 6-12-2006.
▶ Arts. 615, 619 e 694, § 1º, VI, deste Código.
▶ Art. 1.501 do CC.

**Arts. 699 e 700.** *Revogados.* Lei nº 11.382, de 6-12-2006.

**Art. 701.** Quando o imóvel de incapaz não alcançar em praça pelo menos oitenta por cento do valor da avaliação, o juiz o confiará à guarda e administração de depositário idôneo, adiando a alienação por prazo não superior a um ano.

§ 1º Se, durante o adiamento, algum pretendente assegurar, mediante caução idônea, o preço da avaliação, o juiz ordenará a alienação em praça.

§ 2º Se o pretendente à arrematação se arrepender, o juiz lhe imporá a multa de vinte por cento sobre o valor da avaliação, em benefício do incapaz, valendo a decisão como título executivo.

§ 3º Sem prejuízo do disposto nos dois parágrafos antecedentes, o juiz poderá autorizar a locação do imóvel no prazo do adiamento.

§ 4º Findo o prazo do adiamento, o imóvel será alienado, na forma prevista no artigo 686, VI.

**Art. 702.** Quando o imóvel admitir cômoda divisão, o juiz, a requerimento do devedor, ordenará a alienação judicial de parte dele, desde que suficiente para pagar o credor.

▶ Art. 681, parágrafo único, deste Código.

Parágrafo único. Não havendo lançador, far-se-á a alienação do imóvel em sua integridade.

**Art. 703.** A carta de arrematação conterá:

▶ *Caput* com a redação dada pela Lei nº 5.925, de 1º-10-1973.

I – a descrição do imóvel, com remissão à sua matrícula e registros;

II – a cópia do auto de arrematação; e

▶ Art. 693 deste Código.

III – a prova de quitação do imposto de transmissão.

▶ Incisos I a III com a redação dada pela Lei nº 11.382, de 6-12-2006.

IV – *Revogado.* Lei nº 11.382, de 6-12-2006.

**Art. 704.** Ressalvados os casos de alienação de bens imóveis e aqueles de atribuição de corretores da Bolsa de Valores, todos os demais bens serão alienados em leilão público.

▶ Artigo com a redação dada pela Lei nº 11.382, de 6-12-2006.

**Art. 705.** Cumpre ao leiloeiro:

I – publicar o edital, anunciando a alienação;

II – realizar o leilão onde se encontrem os bens, ou no lugar designado pelo juiz;

III – expor aos pretendentes os bens ou as amostras das mercadorias;

IV – receber do arrematante a comissão estabelecida em lei ou arbitrada pelo juiz;

V – receber e depositar, dentro em vinte e quatro horas, à ordem do juiz, o produto da alienação;

VI – prestar contas nas quarenta e oito horas subsequentes ao depósito.

**Art. 706.** O leiloeiro público será indicado pelo exequente.

**Art. 707.** Efetuado o leilão, lavrar-se-á o auto, que poderá abranger bens penhorados em mais de uma execução, expedindo-se, se necessário, ordem judicial de entrega ao arrematante.

▶ Arts. 706 e 707 com a redação dada pela Lei nº 11.382, de 6-12-2006.

## Seção II
### DO PAGAMENTO AO CREDOR

*Subseção I*

### DAS DISPOSIÇÕES GERAIS

**Art. 708.** O pagamento ao credor far-se-á:

▶ Art. 745-A deste Código.

I – pela entrega do dinheiro;

▶ Arts. 709 a 713 deste Código.

II – pela adjudicação dos bens penhorados;

▶ Arts. 685-A e 685-B deste Código.

III – pelo usufruto de bem imóvel ou de empresa.

▶ Arts. 716 a 724 deste Código.

*Subseção II*

### DA ENTREGA DO DINHEIRO

**Art. 709.** O juiz autorizará que o credor levante, até a satisfação integral de seu crédito, o dinheiro depositado para segurar o juízo ou o produto dos bens alienados quando:

I – a execução for movida só a benefício do credor singular, a quem, por força da penhora, cabe o direito de preferência sobre os bens penhorados e alienados;

▶ Arts. 612, 613, 711 e 712 deste Código.

II – não houver sobre os bens alienados qualquer outro privilégio ou preferência, instituído anteriormente à penhora.

▶ Art. 675 deste Código.

Parágrafo único. Ao receber o mandado de levantamento, o credor dará ao devedor, por termo nos autos, quitação da quantia paga.

**Art. 710.** Estando o credor pago do principal, juros, custas e honorários, a importância que sobejar será restituída ao devedor.

**Art. 711.** Concorrendo vários credores, o dinheiro ser-lhes-á distribuído e entregue consoante a ordem das respectivas prelações; não havendo título legal à preferência, receberá em primeiro lugar o credor que promoveu a execução, cabendo aos demais concorrentes direito sobre a importância restante, observada a anterioridade de cada penhora.

▶ Art. 613 deste Código.

**Art. 712.** Os credores formularão as suas pretensões, requerendo as provas que irão produzir em audiência; mas a disputa entre eles versará unicamente sobre o direito de preferência e a anterioridade da penhora.

**Art. 713.** Findo o debate, o juiz decidirá.

▶ Artigo com a redação dada pela Lei nº 11.382, de 6-12-2006.

*Subseção III*

### DA ADJUDICAÇÃO DE IMÓVEL

▶ Subseção III revogada pela Lei nº 11.382, de 6-12-2006.

**Arts. 714 e 715.** *Revogados.* Lei nº 11.382, de 6-12-2006.

## Subseção IV
### DO USUFRUTO DE MÓVEL OU IMÓVEL

- Denominação da Subseção IV com a redação dada pela Lei nº 11.382, de 6-12-2006.
- Arts. 1.390 a 1.411 do CC.

**Art. 716.** O juiz pode conceder ao exequente o usufruto de móvel ou imóvel, quando o reputar menos gravoso ao executado e eficiente para o recebimento do crédito.

- Art. 620 deste Código.

**Art. 717.** Decretado o usufruto, perde o executado o gozo do móvel ou imóvel, até que o exequente seja pago do principal, juros, custas e honorários advocatícios.

- Art. 1.394 do CC.

**Art. 718.** O usufruto tem eficácia, assim em relação ao executado como a terceiros, a partir da publicação da decisão que o conceda.

- Arts. 716 a 718 com a redação dada pela Lei nº 11.382, de 6-12-2006.

**Art. 719.** Na sentença, o juiz nomeará administrador que será investido de todos os poderes que concernem ao usufrutuário.

Parágrafo único. Pode ser administrador:

I – o credor, consentindo o devedor;

- Art. 1.394 do CC.

II – o devedor, consentindo o credor.

**Art. 720.** Quando o usufruto recair sobre o quinhão do condômino na copropriedade, o administrador exercerá os direitos que cabiam ao executado.

- Artigo com a redação dada pela Lei nº 11.382, de 6-12-2006.

**Art. 721.** É lícito ao credor, antes da realização da praça, requerer lhe seja atribuído, em pagamento do crédito, o usufruto do imóvel penhorado.

**Art. 722.** Ouvido o executado, o juiz nomeará perito para avaliar os frutos e rendimentos do bem e calcular o tempo ne-cessário para o pagamento da dívida.

- Caput com a redação dada pela Lei nº 11.382, de 6-12-2006.

I e II – *Revogados*. Lei nº 11.382, de 6-12-2006.

§ 1º Após a manifestação das partes sobre o laudo, proferirá o juiz decisão; caso deferido o usufruto de imóvel, ordenará a expedição de carta para averbação no respectivo registro.

§ 2º Constarão da carta a identificação do imóvel e cópias do laudo e da decisão.

- §§ 1º e 2º com a redação dada pela Lei nº 11.382, de 6-12-2006.
- Art. 1.391 do CC.
- Art. 167, I, nº 7, da Lei nº 6.015, de 31-12-1973 (Lei dos Registros Públicos).

§ 3º *Revogado*. Lei nº 11.382, de 6-12-2006.

**Art. 723.** Se o imóvel estiver arrendado, o inquilino pagará o aluguel diretamente ao usufrutuário, salvo se houver administrador.

**Art. 724.** O exequente usufrutuário poderá celebrar locação do móvel ou imóvel, ouvido o executado.

- Caput com a redação dada pela Lei nº 11.382, de 6-12-2006.

Parágrafo único. Havendo discordância, o juiz decidirá a melhor forma de exercício do usufruto.

- Parágrafo único acrescido pela Lei nº 11.382, de 6-12-2006.

**Arts. 725 a 729.** *Revogados*. Lei nº 11.382, de 6-12-2006.

### Seção III
### DA EXECUÇÃO CONTRA A FAZENDA PÚBLICA

- Arts. 741 a 743 deste Código.
- Arts. 1º, 2º e 6º da Lei nº 9.469, de 10-7-1997, que regula os pagamentos devidos pela Fazenda Pública em virtude de sentença judiciária.
- Súmulas nºs 279 e 339 do STJ.

**Art. 730.** Na execução por quantia certa contra a Fazenda Pública, citar-se-á a devedora para opor embargos em trinta dias; se esta não os opuser, no prazo legal, observar-se-ão as seguintes regras:

- Prazo alterado de 10 (dez) para 30 (trinta) dias, conforme art. 1º-B da Lei nº 9.494, de 10-9-1997, acrescido pela MP nº 2.180-35, de 24-8-2001, que até o encerramento desta edição não havia sido convertida em Lei.
- O STF, por unanimidade de votos, deferiu a medida cautelar na ADECON nº 11, para suspender todos os processos em que se discuta a constitucionalidade do art. 1º-B da Lei nº 9.494, de 10-9-1997, acrescido pela MP nº 2.180-35, de 24-8-2001 (*DOU* de 10-4-2007).

I – o juiz requisitará o pagamento por intermédio do presidente do tribunal competente;

II – far-se-á o pagamento na ordem de apresentação do precatório e à conta do respectivo crédito.

- Arts. 1º-D a 1-F da Lei nº 9.494, de 10-9-1997, que disciplina a aplicação da tutela antecipada contra a Fazenda Pública.
- Súmulas nºs 655 e 733 do STF.
- Súmulas nºs 144 e 311 do STJ.

**Art. 731.** Se o credor for preterido no seu direito de preferência, o presidente do tribunal, que expediu a ordem, poderá, depois de ouvido o chefe do Ministério Público, ordenar o sequestro da quantia necessária para satisfazer o débito.

## Capítulo V
### DA EXECUÇÃO DE PRESTAÇÃO ALIMENTÍCIA

- Lei nº 5.478, de 25-7-1968 (Lei da Ação de Alimentos).
- Lei nº 11.804, de 5-11-2008 (Lei dos Alimentos Gravídicos).
- Súm. nº 358 do STJ.

**Art. 732.** A execução de sentença, que condena ao pagamento de prestação alimentícia, far-se-á conforme o disposto no Capítulo IV deste Título.

- Arts. 646 a 731 deste Código.
- Arts. 1.694 a 1.710 do CC.

Parágrafo único. Recaindo a penhora em dinheiro, o oferecimento de embargos não obsta a que o exequente levante mensalmente a importância da prestação.

▶ Art. 649, § 2º, deste Código.

**Art. 733.** Na execução de sentença ou de decisão, que fixa os alimentos provisionais, o juiz mandará citar o devedor para, em três dias, efetuar o pagamento, provar que o fez ou justificar a impossibilidade de efetuá-lo.

▶ Arts. 852 a 854 deste Código.

§ 1º Se o devedor não pagar, nem se escusar, o juiz decretar-lhe-á a prisão pelo prazo de um a três meses.

▶ Art. 5º, LXVII, da CF.
▶ Súm. nº 309 do STJ.

§ 2º O cumprimento da pena não exime o devedor do pagamento das prestações vencidas e vincendas.

▶ § 2º com a redação dada pela Lei nº 6.515, de 26-12-1977.

§ 3º Paga a prestação alimentícia, o juiz suspenderá o cumprimento da ordem de prisão.

**Art. 734.** Quando o devedor for funcionário público, militar, diretor ou gerente de empresa, bem como empregado sujeito à legislação do trabalho, o juiz mandará descontar em folha de pagamento a importância da prestação alimentícia.

▶ Art. 475-Q deste Código.

Parágrafo único. A comunicação será feita à autoridade, à empresa ou ao empregador por ofício, de que constarão os nomes do credor, do devedor, a importância da prestação e o tempo de sua duração.

**Art. 735.** Se o devedor não pagar os alimentos provisionais a que foi condenado, pode o credor promover a execução da sentença, observando-se o procedimento estabelecido no Capítulo IV deste Título.

▶ Arts. 646 a 731 deste Código.

## TÍTULO III – DOS EMBARGOS DO DEVEDOR

### Capítulo I

### DAS DISPOSIÇÕES GERAIS

**Art. 736.** O executado, independentemente de penhora, depósito ou caução, poderá opor-se à execução por meio de embargos.

▶ Caput com a redação dada pela Lei nº 11.382, de 6-12-2006.
▶ Súm. nº 196 do STJ.

Parágrafo único. Os embargos à execução serão distribuídos por dependência, autuados em apartado e instruídos com cópias das peças processuais relevantes, que poderão ser declaradas autênticas pelo advogado, sob sua responsabilidade pessoal.

▶ Parágrafo único com a redação dada pela Lei nº 12.322, de 9-9-2010.
▶ Art. 365, IV, deste Código.

**Art. 737.** Revogado. Lei nº 11.382, de 6-12-2006.

**Art. 738.** Os embargos serão oferecidos no prazo de 15 (quinze) dias, contados da data da juntada aos autos do mandado de citação.

▶ Caput com a redação dada pela Lei nº 11.382, de 6-2-2006.
▶ Arts. 652 e 745-A deste Código.
I a IV – Revogados. Lei nº 11.382, de 6-12-2006.

§ 1º Quando houver mais de um executado, o prazo para cada um deles embargar conta-se a partir da juntada do respectivo mandado citatório, salvo tratando-se de cônjuges.

▶ Súm. nº 134 do STJ.

§ 2º Nas execuções por carta precatória, a citação do executado será imediatamente comunicada pelo juiz deprecado ao juiz deprecante, inclusive por meios eletrônicos, contando-se o prazo para embargos a partir da juntada aos autos de tal comunicação.

▶ Art. 747 deste Código.

§ 3º Aos embargos do executado não se aplica o disposto no art. 191 desta Lei.

▶ §§ 1º a 3º acrescidos pela Lei nº 11.382, de 6-12-2006.

**Art. 739.** O juiz rejeitará liminarmente os embargos:

I – quando intempestivos;
II – quando inepta a petição (art. 295); ou
III – quando manifestamente protelatórios.

▶ Incisos I a III com a redação dada pela Lei nº 11.382, de 6-12-2006.
▶ Art. 740, parágrafo único, deste Código.
§§ 1º a 3º Revogados. Lei nº 11.382, de 6-12-2006.

**Art. 739-A.** Os embargos do executado não terão efeito suspensivo.

▶ Arts. 587 e 791, I, deste Código.
▶ Súm. nº 317 do STJ.

§ 1º O juiz poderá, a requerimento do embargante, atribuir efeito suspensivo aos embargos quando, sendo relevantes seus fundamentos, o prosseguimento da execução manifestamente possa causar ao executado grave dano de difícil ou incerta reparação, e desde que a execução já esteja garantida por penhora, depósito ou caução suficientes.

§ 2º A decisão relativa aos efeitos dos embargos poderá, a requerimento da parte, ser modificada ou revogada a qualquer tempo, em decisão fundamentada, cessando as circunstâncias que a motivaram.

§ 3º Quando o efeito suspensivo atribuído aos embargos disser respeito apenas a parte do objeto da execução, essa prosseguirá quanto à parte restante.

§ 4º A concessão de efeito suspensivo aos embargos oferecidos por um dos executados não suspenderá a execução contra os que não embargaram, quando o respectivo fundamento disser respeito exclusivamente ao embargante.

§ 5º Quando o excesso de execução for fundamento dos embargos, o embargante deverá declarar na petição inicial o valor que entende correto, apresentando memória do cálculo, sob pena de rejeição liminar dos embargos ou de não conhecimento desse fundamento.

▶ Arts. 743 e 745, III, deste Código.

§ 6º A concessão de efeito suspensivo não impedirá a efetivação dos atos de penhora e de avaliação dos bens.

**Art. 739-B.** A cobrança de multa ou de indenizações decorrentes de litigância de má-fé (arts. 17 e 18) será promovida no próprio processo de execução, em autos apensos, operando-se por compensação ou por execução.

▶ Arts. 739-A e 739-B acrescidos pela Lei nº 11.382, de 6-12-2006.

**Art. 740.** Recebidos os embargos, será o exequente ouvido no prazo de 15 (quinze) dias; a seguir, o juiz julgará imedia-tamente o pedido (art. 330) ou designará audiência de conciliação, instrução e julgamento, proferindo sentença no prazo de 10 (dez) dias.

Parágrafo único. No caso de embargos manifestamente protelatórios, o juiz imporá, em favor do exequente, multa ao embargante em valor não superior a 20% (vinte por cento) do valor em execução.

▶ Art. 740 com a redação dada pela Lei nº 11.382, de 6-12-2006.
▶ Art. 739, III, deste Código.

CAPÍTULO II

## DOS EMBARGOS À EXECUÇÃO CONTRA A FAZENDA PÚBLICA

▶ Denominação do Capítulo II com a redação dada pela Lei nº 11.232, de 22-12-2005.
▶ Arts. 730 e 731 deste Código.

**Art. 741.** Na execução contra a Fazenda Pública, os embargos só poderão versar sobre:

▶ *Caput* com a redação dada pela Lei nº 11.232, de 22-12-2005.

I – falta ou nulidade da citação, se o processo correu à revelia;

▶ Inciso I com a redação dada pela Lei nº 11.232, de 22-12-2005.

II – inexigibilidade do título;

▶ Art. 618 deste Código.

III – ilegitimidade das partes;

▶ Arts. 566 a 568 deste Código.

IV – cumulação indevida de execuções;

▶ Art. 573 deste Código.

V – excesso de execução;

▶ Arts. 739-A, § 5º, e 743 deste Código.

VI – qualquer causa impeditiva, modificativa ou extintiva da obrigação, como pagamento, novação, compensação, transação ou prescrição, desde que superveniente à sentença;

▶ Incisos V e VI com a redação dada pela Lei nº 11.232, de 22-12-2005.
▶ Arts. 304 a 380 do CC.
▶ Súm. nº 394 do STJ.

VII – incompetência do juízo da execução, bem como suspeição ou impedimento do juiz.

▶ Arts. 134, 135, 575 a 578, 738 e 756, I, deste Código.
▶ Art. 33, § 3º, da Lei nº 9.307, de 23-9-1996 (Lei de Arbitragem).

Parágrafo único. Para efeito do disposto no inciso II do *caput* deste artigo, considera-se também inexigível o título judicial fundado em lei ou ato normativo declarados inconstitucionais pelo Supremo Tribunal Federal, ou fundado em aplicação ou interpretação da lei ou ato normativo tidas pelo Supremo Tribunal Federal como incompatíveis com a Constituição Federal.

▶ Parágrafo único com a redação dada pela Lei nº 11.232, de 22-12-2005.
▶ Lei nº 9.868, de 10-11-1999 (Lei da ADIN e da ADECON).

**Art. 742.** Será oferecida, juntamente com os embargos, a exceção de incompetência do juízo, bem como a de suspeição ou de impedimento do juiz.

▶ Arts. 304 a 312 e 756, I, deste Código.

**Art. 743.** Há excesso de execução:

I – quando o credor pleiteia quantia superior à do título;
II – quando recai sobre coisa diversa daquela declarada no título;
III – quando se processa de modo diferente do que foi determinado na sentença;
IV – quando o credor, sem cumprir a prestação que lhe corresponde, exige o adimplemento da do devedor (artigo 582);
V – se o credor não provar que a condição se realizou.

▶ Arts. 572, 614, III, 618, III, 739-A, § 5º, e 741, V, deste Código.

CAPÍTULO III

## DOS EMBARGOS À EXECUÇÃO

▶ Denominação do Capítulo III com a redação dada pela Lei nº 11.382, de 6-12-2006.

**Art. 744.** *Revogado.* Lei nº 11.382, de 6-12-2006.

**Art. 745.** Nos embargos, poderá o executado alegar:

▶ *Caput* com a redação dada pela Lei nº 11.382, de 6-12-2006.

I – nulidade da execução, por não ser executivo o título apresentado;

▶ Art. 618 deste Código.

II – penhora incorreta ou avaliação errônea;
III – excesso de execução ou cumulação indevida de execuções;

▶ Arts. 739-A, § 5º, e 743 deste Código.

IV – retenção por benfeitorias necessárias ou úteis, nos casos de título para entrega de coisa certa (art. 621);

▶ Art. 628 deste Código.
▶ Art. 96, §§ 2º e 3º, do CC.

V – qualquer matéria que lhe seria lícito deduzir como defesa em processo de conhecimento.

▶ Incisos I a V acrescidos pela Lei nº 11.382, de 6-12-2006.
▶ Art. 756, I, deste Código.

§ 1º Nos embargos de retenção por benfeitorias, poderá o exequente requerer a compensação de seu valor com o dos frutos ou danos considerados devidos pelo executado, cumprindo ao juiz, para a apuração dos respectivos valores, nomear perito, fixando-lhe breve prazo para entrega do laudo.

§ 2º O exequente poderá, a qualquer tempo, ser imitido na posse da coisa, prestando caução ou depositando o valor devido pelas benfeitorias ou resultante da compensação.
▶ §§ 1º e 2º acrescidos pela Lei nº 11.382, de 6-12-2006.

**Art. 745-A.** No prazo para embargos, reconhecendo o crédito do exequente e comprovando o depósito de 30% (trinta por cento) do valor em execução, inclusive custas e honorários de advogado, poderá o executado requerer seja admitido a pagar o restante em até 6 (seis) parcelas mensais, acrescidas de correção monetária e juros de 1% (um por cento) ao mês.
▶ Arts. 652 e 738 deste Código.

§ 1º Sendo a proposta deferida pelo juiz, o exequente levantará a quantia depositada e serão suspensos os atos executivos; caso indeferida, seguir-se-ão os atos executivos, mantido o depósito.

§ 2º O não pagamento de qualquer das prestações implicará, de pleno direito, o vencimento das subsequentes e o prosseguimento do processo, com o imediato início dos atos executivos, imposta ao executado multa de 10% (dez por cento) sobre o valor das prestações não pagas e vedada a oposição de embargos.
▶ Art. 745-A acrescido pela Lei nº 11.382, de 6-12-2006.

**Art. 746.** É lícito ao executado, no prazo de 5 (cinco) dias, contados da adjudicação, alienação ou arrematação, oferecer embargos fundados em nulidade da execução, ou em causa extintiva da obrigação, desde que superveniente à penhora, aplicando-se, no que couber, o disposto neste Capítulo.
▶ *Caput* com a redação dada pela Lei nº 11.382, de 6-12-2006.
▶ Arts. 618, 685-B, 685-C, § 2º, e 694 deste Código.
▶ Súm. nº 331 do STJ.

§ 1º Oferecidos embargos, poderá o adquirente desistir da aquisição.

§ 2º No caso do § 1º deste artigo, o juiz deferirá de plano o requerimento, com a imediata liberação do depósito feito pelo adquirente (art. 694, § 1º, inciso IV).

§ 3º Caso os embargos sejam declarados manifestamente protelatórios, o juiz imporá multa ao embargante, não superior a 20% (vinte por cento) do valor da execução, em favor de quem desistiu da aquisição.
▶ §§ 1º a 3º acrescidos pela Lei nº 11.382, de 6-12-2006.
▶ Art. 746 transferido para este Capítulo III pela Lei nº 11.382, de 6-12-2006.

### Capítulo IV
#### DOS EMBARGOS NA EXECUÇÃO POR CARTA
▶ Capítulo V renumerado para Capítulo IV pela Lei nº 11.382, de 6-12-2006.

**Art. 747.** Na execução por carta, os embargos serão oferecidos no juízo deprecante ou no juízo deprecado, mas a competência para julgá-los é do juízo deprecante, salvo se versarem unicamente vícios ou defeitos da penhora, avaliação ou alienação dos bens.
▶ Artigo com a redação dada pela Lei nº 8.953, de 13-12-1994.
▶ Arts. 575, 576, 658 e 738, § 2º, deste Código.
▶ Súm. nº 46 do STJ.

### TÍTULO IV – DA EXECUÇÃO POR QUANTIA CERTA CONTRA DEVEDOR INSOLVENTE

### Capítulo I
#### DA INSOLVÊNCIA

**Art. 748.** Dá-se a insolvência toda vez que as dívidas excederem à importância dos bens do devedor.
▶ Arts. 92, I, e 991, VIII, deste Código.

**Art. 749.** Se o devedor for casado e o outro cônjuge, assumindo a responsabilidade por dívidas, não possuir bens próprios que bastem ao pagamento de todos os credores, poderá ser declarada, nos autos do mesmo processo, a insolvência de ambos.

**Art. 750.** Presume-se a insolvência quando:

I – o devedor não possuir outros bens livres e desembaraçados para nomear à penhora;

II – forem arrestados bens do devedor, com fundamento no artigo 813, I, II e III.

**Art. 751.** A declaração de insolvência do devedor produz:

I – o vencimento antecipado das suas dívidas;

II – a arrecadação de todos os seus bens suscetíveis de penhora, quer os atuais, quer os adquiridos no curso do processo;

III – a execução por concurso universal dos seus credores.
▶ Art. 612 deste Código.

**Art. 752.** Declarada a insolvência, o devedor perde o direito de administrar os seus bens e de dispor deles, até a liquidação total da massa.

**Art. 753.** A declaração de insolvência pode ser requerida:

I – por qualquer credor quirografário;

II – pelo devedor;

III – pelo inventariante do espólio do devedor.

### Capítulo II
#### DA INSOLVÊNCIA REQUERIDA PELO CREDOR

**Art. 754.** O credor requererá a declaração de insolvência do devedor, instruindo o pedido com título executivo judicial ou extrajudicial (artigo 586).

**Art. 755.** O devedor será citado para, no prazo de dez dias, opor embargos; se os não oferecer, o juiz proferirá, em dez dias, a sentença.

**Art. 756.** Nos embargos pode o devedor alegar:

I – que não paga por ocorrer alguma das causas enumeradas nos artigos 741, 742 e 745, conforme o pedido de insolvência se funde em título judicial ou extrajudicial;

II – que o seu ativo é superior ao passivo.

**Art. 757.** O devedor ilidirá o pedido de insolvência se, no prazo para opor embargos, depositar a importância do crédito, para lhe discutir a legitimidade ou o valor.

**Art. 758.** Não havendo provas a produzir, o juiz dará a sentença em dez dias; havendo-as, designará audiência de instrução e julgamento.

## Capítulo III
### DA INSOLVÊNCIA REQUERIDA PELO DEVEDOR OU PELO SEU ESPÓLIO

**Art. 759.** É lícito ao devedor ou ao seu espólio, a todo tempo, requerer a declaração de insolvência.

**Art. 760.** A petição, dirigida ao juiz da comarca em que o devedor tem o seu domicílio, conterá:

I – a relação nominal de todos os credores, com a indicação do domicílio de cada um, bem como da importância e da natureza dos respectivos créditos;

II – a individuação de todos os bens, com a estimativa do valor de cada um;

III – o relatório do estado patrimonial, com a exposição das causas que determinaram a insolvência.

## Capítulo IV
### DA DECLARAÇÃO JUDICIAL DE INSOLVÊNCIA

**Art. 761.** Na sentença, que declarar a insolvência, o juiz:

▶ Arts. 763 a 767 deste Código.

I – nomeará, dentre os maiores credores, um administrador da massa;

II – mandará expedir edital, convocando os credores para que apresentem, no prazo de vinte dias, a declaração do crédito, acompanhada do respectivo título.

**Art. 762.** Ao juízo da insolvência concorrerão todos os credores do devedor comum.

§ 1º As execuções movidas por credores individuais serão remetidas ao juízo da insolvência.

§ 2º Havendo, em alguma execução, dia designado para a praça ou o leilão, far-se-á a arrematação, entrando para a massa o produto dos bens.

## Capítulo V
### DAS ATRIBUIÇÕES DO ADMINISTRADOR

**Art. 763.** A massa dos bens do devedor insolvente ficará sob a custódia e responsabilidade de um administrador, que exercerá as suas atribuições, sob a direção e superintendência do juiz.

**Art. 764.** Nomeado o administrador, o escrivão o intimará a assinar, dentro de vinte e quatro horas, termo de compromisso de desempenhar bem e fielmente o cargo.

**Art. 765.** Ao assinar o termo, o administrador entregará a declaração de crédito, acompanhada do título executivo. Não o tendo em seu poder, juntá-lo-á no prazo fixado pelo artigo 761, II.

**Art. 766.** Cumpre ao administrador:

I – arrecadar todos os bens do devedor, onde quer que estejam, requerendo para esse fim as medidas judiciais necessárias;

II – representar a massa, ativa e passivamente, contratando advogado, cujos honorários serão previamente ajustados e submetidos à aprovação judicial;

III – praticar todos os atos conservatórios de direitos e de ações, bem como promover a cobrança das dívidas ativas;

IV – alienar em praça ou em leilão, com autorização judicial, os bens da massa.

**Art. 767.** O administrador terá direito a uma remuneração, que o juiz arbitrará, atendendo à sua diligência, ao trabalho, à responsabilidade da função e à importância da massa.

## Capítulo VI
### DA VERIFICAÇÃO E DA CLASSIFICAÇÃO DOS CRÉDITOS

**Art. 768.** Findo o prazo, a que se refere o nº II do artigo 761, o escrivão, dentro de cinco dias, ordenará todas as declarações, autuando cada uma com o seu respectivo título. Em seguida intimará, por edital, todos os credores para, no prazo de vinte dias, que lhes é comum, alegarem as suas preferências, bem como a nulidade, simulação, fraude, ou falsidade de dívidas e contratos.

Parágrafo único. No prazo, a que se refere este artigo, o devedor poderá impugnar quaisquer créditos.

**Art. 769.** Não havendo impugnações, o escrivão remeterá os autos ao contador, que organizará o quadro geral dos credores, observando, quanto à classificação dos créditos e dos títulos legais de preferência, o que dispõe a lei civil.

▶ Arts. 776 e 783 deste Código.
▶ Arts. 955 a 965 do CC.

Parágrafo único. Se concorrerem aos bens apenas credores quirografários, o contador organizará o quadro, relacionando-os em ordem alfabética.

**Art. 770.** Se, quando for organizado o quadro geral dos credores, os bens da massa já tiverem sido alienados, o contador indicará a percentagem, que caberá a cada credor no rateio.

**Art. 771.** Ouvidos todos os interessados, no prazo de dez dias, sobre o quadro geral dos credores, o juiz proferirá sentença.

**Art. 772.** Havendo impugnação pelo credor ou pelo devedor, o juiz deferirá, quando necessário, a produção de provas e em seguida proferirá sentença.

▶ Arts. 444 a 457 deste Código.

§ 1º Se for necessária prova oral, o juiz designará audiência de instrução e julgamento.

§ 2º Transitada em julgado a sentença, observar-se-á o que dispõem os três artigos antecedentes.

**Art. 773.** Se os bens não foram alienados antes da organização do quadro geral, o juiz determinará a alienação em praça ou em leilão, destinando-se o produto ao pagamento dos credores.

▶ Arts. 686 a 707 deste Código.

## Capítulo VII
### DO SALDO DEVEDOR

**Art. 774.** Liquidada a massa sem que tenha sido efetuado o pagamento integral a todos os credores, o devedor insolvente continua obrigado pelo saldo.

**Art. 775.** Pelo pagamento dos saldos respondem os bens penhoráveis que o devedor adquirir, até que se lhe declare a extinção das obrigações.

▶ Arts. 648 a 650 e 777 a 782 deste Código.

**Art. 776.** Os bens do devedor poderão ser arrecadados nos autos do mesmo processo, a requerimento de qualquer credor incluído no quadro geral, a que se refere o artigo 769, procedendo-se à sua alienação e

à distribuição do respectivo produto aos credores, na proporção dos seus saldos.
► Arts. 778 e 780, II, deste Código.

CAPÍTULO VIII

## DA EXTINÇÃO DAS OBRIGAÇÕES

**Art. 777.** A prescrição das obrigações, interrompida com a instauração do concurso universal de credores, recomeça a correr no dia em que passar em julgado a sentença que encerrar o processo de insolvência.
► Art. 202 do CC.

**Art. 778.** Consideram-se extintas todas as obrigações do devedor, decorrido o prazo de cinco anos, contados da data do encerramento do processo de insolvência.

**Art. 779.** É lícito ao devedor requerer ao juízo da insolvência a extinção das obrigações; o juiz mandará publicar edital, com o prazo de trinta dias, no órgão oficial e em outro jornal de grande circulação.

**Art. 780.** No prazo, estabelecido no artigo antecedente, qualquer credor poderá opor-se ao pedido, alegando que:

I – não transcorreram cinco anos da data do encerramento da insolvência;

II – o devedor adquiriu bens, sujeitos à arrecadação (artigo 776).

**Art. 781.** Ouvido o devedor no prazo de dez dias, o juiz proferirá sentença; havendo provas a produzir, o juiz designará audiência de instrução e julgamento.

**Art. 782.** A sentença, que declarar extintas as obrigações, será publicada por edital, ficando o devedor habilitado a praticar todos os atos da vida civil.

CAPÍTULO IX

## DAS DISPOSIÇÕES GERAIS

**Art. 783.** O devedor insolvente poderá, depois da aprovação do quadro a que se refere o artigo 769, acordar com os seus credores, propondo-lhes a forma de pagamento. Ouvidos os credores, se não houver oposição, o juiz aprovará a proposta por sentença.

**Art. 784.** Ao credor retardatário é assegurado o direito de disputar, por ação direta, antes do rateio final, a prelação ou a cota proporcional ao seu crédito.

**Art. 785.** O devedor, que caiu em estado de insolvência sem culpa sua, pode requerer ao juiz, se a massa o comportar, que lhe arbitre uma pensão, até a alienação dos bens. Ouvidos os credores, o juiz decidirá.

**Art. 786.** As disposições deste Título aplicam-se às sociedades civis, qualquer que seja a sua forma.

**Art. 786-A.** Os editais referidos neste Título também serão publicados, quando for o caso, nos órgãos oficiais dos Estados em que o devedor tenha filiais ou representantes.
► Artigo acrescido pela Lei nº 9.462, de 19-6-1997.

## TÍTULO V – DA REMIÇÃO

► Título revogado pela Lei nº 11.382, de 6-12-2006.

**Arts. 787 a 790.** *Revogados.* Lei nº 11.382, de 6-12-2006.
► Art. 651 deste Código.

## TÍTULO VI – DA SUSPENSÃO E DA EXTINÇÃO DO PROCESSO DE EXECUÇÃO

CAPÍTULO I

## DA SUSPENSÃO

**Art. 791.** Suspende-se a execução:

I – no todo ou em parte, quando recebidos com efeito suspensivo os embargos à execução (art. 739-A);
► Inciso I com a redação dada pela Lei nº 11.382, de 6-12-2006.
► Arts. 623 e 741 deste Código.

II – nas hipóteses previstas no artigo 265, I a III;

III – quando o devedor não possuir bens penhoráveis.

**Art. 792.** Convindo as partes, o juiz declarará suspensa a execução durante o prazo concedido pelo credor, para que o devedor cumpra voluntariamente a obrigação.

Parágrafo único. Findo o prazo sem cumprimento da obrigação, o processo retomará o seu curso.
► Parágrafo único acrescido pela Lei nº 8.953, de 13-12-1994.

**Art. 793.** Suspensa a execução, é defeso praticar quaisquer atos processuais. O juiz poderá, entretanto, ordenar providências cautelares urgentes.
► Artigo com a redação dada pela Lei nº 5.925, de 1º-10-1973.
► Art. 266 deste Código.

CAPÍTULO II

## DA EXTINÇÃO

**Art. 794.** Extingue-se a execução quando:
► Arts. 267, 269 e 598 deste Código.
► Súm. nº 224 do TFR.

I – o devedor satisfaz a obrigação;
► Arts. 624 a 635 deste Código.

II – o devedor obtém, por transação ou por qualquer outro meio, a remissão total da dívida;
► Arts. 385 a 388 e 840 a 850 do CC.

III – o credor renunciar ao crédito.
► Arts. 385 a 388 do CC.

**Art. 795.** A extinção só produz efeito quando declarada por sentença.
► Súm. nº 150 do STF.

LIVRO III – DO PROCESSO CAUTELAR

## TÍTULO ÚNICO – DAS MEDIDAS CAUTELARES

CAPÍTULO I

## DAS DISPOSIÇÕES GERAIS

**Art. 796.** O procedimento cautelar pode ser instaurado antes ou no curso do processo principal e deste é sempre dependente.

**Art. 797.** Só em casos excepcionais, expressamente autorizados por lei, determinará o juiz medidas cautelares sem a audiência das partes.
▶ Arts. 796 e 804 deste Código.

**Art. 798.** Além dos procedimentos cautelares específicos, que este Código regula no Capítulo II deste Livro, poderá o juiz determinar as medidas provisórias que julgar adequadas, quando houver fundado receio de que uma parte, antes do julgamento da lide, cause ao direito da outra lesão grave e de difícil reparação.
▶ Arts. 813 a 889 deste Código.
▶ De acordo com o art. 15 da MP nº 2.180-35, de 24-8-2001, que até o encerramento desta edição não havia sido convertida em Lei, o poder geral de cautela de que trata este artigo aplica-se à ação rescisória.
▶ Súm. nº 212 do STJ.

**Art. 799.** No caso do artigo anterior, poderá o juiz, para evitar o dano, autorizar ou vedar a prática de determinados atos, ordenar a guarda judicial de pessoas e depósito de bens e impor a prestação de caução.
▶ Arts. 826 a 838 deste Código.

**Art. 800.** As medidas cautelares serão requeridas ao juiz da causa; e, quando preparatórias, ao juiz competente para conhecer da ação principal.
▶ Art. 108 deste Código.

Parágrafo único. Interposto o recurso, a medida cautelar será requerida diretamente ao tribunal.
▶ Parágrafo único com a redação dada pela Lei nº 8.952, de 13-12-1994.
▶ Súmulas nºs 634 e 635 do STF.
▶ Súm. nº 263 do TFR.

**Art. 801.** O requerente pleiteará a medida cautelar em petição escrita, que indicará:
I – a autoridade judiciária, a que for dirigida;
II – o nome, o estado civil, a profissão e a residência do requerente e do requerido;
III – a lide e seu fundamento;
IV – a exposição sumária do direito ameaçado e o receio da lesão;
V – as provas que serão produzidas.
▶ Arts. 282 e 889 deste Código.

Parágrafo único. Não se exigirá o requisito do nº III senão quando a medida cautelar for requerida em procedimento preparatório.

**Art. 802.** O requerido será citado, qualquer que seja o procedimento cautelar, para, no prazo de cinco dias, contestar o pedido, indicando as provas que pretende produzir.
▶ Arts. 188 e 191, 880, 889 e 1.058 deste Código.

Parágrafo único. Conta-se o prazo, da juntada aos autos do mandado:
I – de citação devidamente cumprido;
II – da execução da medida cautelar, quando concedida liminarmente ou após justificação prévia.

**Art. 803.** Não sendo contestado o pedido, presumir-se-ão aceitos pelo requerido, como verdadeiros, os fatos alegados pelo requerente (artigos 285 e 319); caso em que o juiz decidirá dentro em cinco dias.

Parágrafo único. Se o requerido contestar no prazo legal, o juiz designará audiência de instrução e julgamento, havendo prova a ser nela produzida.
▶ Arts. 880, 889, 939, 1.053, 1.058, 1.065, § 2º, 1.119, parágrafo único, e 1.196 deste Código.

**Art. 804.** É lícito ao juiz conceder liminarmente ou após justificação prévia a medida cautelar, sem ouvir o réu, quando verificar que este, sendo citado, poderá torná-la ineficaz, caso em que poderá determinar que o requerente preste caução real ou fidejussória de ressarcir os danos que o requerido possa vir a sofrer.
▶ Arts. 803 e 804 com a redação dada pela Lei nº 5.925, de 1º-10-1973.
▶ Arts. 797, 811, II, 816, II, e 826 a 838 deste Código.

**Art. 805.** A medida cautelar poderá ser substituída, de ofício ou a requerimento de qualquer das partes, pela prestação de caução ou outra garantia menos gravosa para o requerido, sempre que adequada e suficiente para evitar a lesão ou repará-la integralmente.
▶ Artigo com a redação dada pela Lei nº 8.952, de 13-12-1994.

**Art. 806.** Cabe à parte propor a ação, no prazo de trinta dias, contados da data da efetivação da medida cautelar, quando esta for concedida em procedimento preparatório.
▶ Arts. 263 e 808, I, deste Código.

**Art. 807.** As medidas cautelares conservam a sua eficácia no prazo do artigo antecedente e na pendência do processo principal; mas podem, a qualquer tempo, ser revogadas ou modificadas.

Parágrafo único. Salvo decisão judicial em contrário, a medida cautelar conservará a eficácia durante o período de suspensão do processo.

**Art. 808.** Cessa a eficácia da medida cautelar:
I – se a parte não intentar a ação no prazo estabelecido no artigo 806;
II – se não for executada dentro de trinta dias;
III – se o juiz declarar extinto o processo principal, com ou sem julgamento do mérito.

Parágrafo único. Se por qualquer motivo cessar a medida, é defeso à parte repetir o pedido, salvo por novo fundamento.
▶ Arts. 265, 267, 269, 811, III, 810 e 817 deste Código.

**Art. 809.** Os autos do procedimento cautelar serão apensados aos do processo principal.

**Art. 810.** O indeferimento da medida não obsta a que a parte intente a ação, nem influi no julgamento desta, salvo se o juiz, no procedimento cautelar, acolher a alegação de decadência ou de prescrição do direito do autor.
▶ Arts. 219, § 5º, 811, IV, e 817 deste Código.

**Art. 811.** Sem prejuízo do disposto no artigo 16, o requerente do procedimento cautelar responde ao requerido pelo prejuízo que lhe causar a execução da medida:
I – se a sentença no processo principal lhe for desfavorável;
II – se, obtida liminarmente a medida no caso do artigo 804 deste Código, não promover a citação do requerido dentro em cinco dias;

Código de Processo Civil – Arts. 812 a 824    243

III – se ocorrer a cessação da eficácia da medida, em qualquer dos casos previstos no artigo 808 deste Código;

IV – se o juiz acolher, no procedimento cautelar, a alegação de decadência ou de prescrição do direito do autor (artigo 810).

Parágrafo único. A indenização será liquidada nos autos do procedimento cautelar.

▶ Arts. 475-A a 475-H deste Código.

**Art. 812.** Aos procedimentos cautelares específicos, regulados no Capítulo seguinte, aplicam-se as disposições gerais deste Capítulo.

▶ Arts. 813 a 889 deste Código.

## CAPÍTULO II

### DOS PROCEDIMENTOS CAUTELARES ESPECÍFICOS

*Seção I*

#### DO ARRESTO

**Art. 813.** O arresto tem lugar:

I – quando o devedor sem domicílio certo intenta ausentar-se ou alienar os bens que possui, ou deixa de pagar a obrigação no prazo estipulado;

II – quando o devedor, que tem domicílio:

a) se ausenta ou tenta ausentar-se furtivamente;
b) caindo em insolvência, aliena ou tenta alienar bens que possui; contrai ou tenta contrair dívidas extraordinárias; põe ou tenta pôr os seus bens em nome de terceiros; ou comete outro qualquer artifício fraudulento, a fim de frustrar a execução ou lesar credores;

III – quando o devedor, que possui bens de raiz, intenta aliená-los, hipotecá-los ou dá-los em anticrese, sem ficar com algum ou alguns, livres e desembargados, equivalentes às dívidas;

▶ Arts. 750, II, 805 a 808 deste Código.

IV – nos demais casos expressos em lei.

▶ Arts. 173, II, 653 e 654 deste Código.

**Art. 814.** Para a concessão do arresto é essencial:

▶ *Caput* com a redação dada pela Lei nº 5.925, de 1º-10-1973.

I – prova literal da dívida líquida e certa;

II – prova documental ou justificação de algum dos casos mencionados no artigo antecedente.

▶ Incisos I e II com a redação dada pela Lei nº 5.925, de 1º-10-1973.

Parágrafo único. Equipara-se à prova literal da dívida líquida e certa, para efeito de concessão de arresto, a sentença, líquida ou ilíquida, pendente de recurso, condenando o devedor ao pagamento de dinheiro ou de prestação que em dinheiro possa converter-se.

▶ Parágrafo único com a redação dada pela Lei nº 10.444, de 7-5-2002.

**Art. 815.** A justificação prévia, quando ao juiz parecer indispensável, far-se-á em segredo e de plano, reduzindo-se a termo o depoimento das testemunhas.

▶ Art. 155 deste Código.

**Art. 816.** O juiz concederá o arresto independentemente de justificação prévia:

I – quando for requerido pela União, Estado ou Município, nos casos previstos em lei;

II – se o credor prestar caução (artigo 804).

**Art. 817.** Ressalvado o disposto no artigo 810, a sentença proferida no arresto não faz coisa julgada na ação principal.

**Art. 818.** Julgada procedente a ação principal, o arresto se resolve em penhora.

▶ Art. 654 deste Código.

**Art. 819.** Ficará suspensa a execução do arresto se o devedor:

I – tanto que intimado, pagar ou depositar em juízo a importância da dívida, mais os honorários de advogado que o juiz arbitrar, e custas;

II – der fiador idôneo, ou prestar caução para garantir a dívida, honorários do advogado do requerente e custas.

▶ Arts. 826 a 838 deste Código.

**Art. 820.** Cessa o arresto:

▶ Art. 808 deste Código.

I – pelo pagamento;

▶ Arts. 794, I, 819, I, deste Código.
▶ Arts. 304 a 359 do CC.

II – pela novação;

▶ Arts. 360 a 367 do CC.

III – pela transação.

▶ Arts. 840 a 850 do CC.

**Art. 821.** Aplicam-se ao arresto as disposições referentes à penhora, não alteradas na presente Seção.

▶ Arts. 646 e 679 e 823 deste Código.

*Seção II*

#### DO SEQUESTRO

**Art. 822.** O juiz, a requerimento da parte, pode decretar o sequestro:

I – de bens móveis, semoventes ou imóveis, quando lhes for disputada a propriedade ou a posse, havendo fundado receio de rixas ou danificações;

II – dos frutos e rendimentos do imóvel reivindicando, se o réu, depois de condenado por sentença ainda sujeita a recurso, os dissipar;

III – dos bens do casal, nas ações de desquite e de anulação de casamento, se o cônjuge os estiver dilapidando;

▶ A Lei nº 6.515, de 26-12-1997 (Lei do Divórcio), transformou o desquite em separação.

IV – nos demais casos expressos em lei.

**Art. 823.** Aplica-se ao sequestro, no que couber, o que este Código estatui acerca do arresto.

▶ Arts. 813 a 821 deste Código.

**Art. 824.** Incumbe ao juiz nomear o depositário dos bens sequestrados. A escolha poderá, todavia, recair:

I – em pessoa indicada, de comum acordo, pelas partes;

II – em uma das partes, desde que ofereça maiores garantias e preste caução idônea.

▶ Súm. nº 319 do STJ.

**Art. 825.** A entrega dos bens ao depositário far-se-á logo depois que este assinar o compromisso.

Parágrafo único. Se houver resistência, o depositário solicitará ao juiz a requisição de força policial.

### Seção III
### DA CAUÇÃO

**Art. 826.** A caução pode ser real ou fidejussória.
▶ Arts. 940, 1.051 e 1.166 deste Código.

**Art. 827.** Quando a lei não determinar a espécie de caução, esta poderá ser prestada mediante depósito em dinheiro, papéis de crédito, títulos da União ou dos Estados, pedras e metais preciosos, hipoteca, penhor e fiança.
▶ Arts. 818 a 839, 1.431 a 1.436 e 1.473 a 1.501 do CC.

**Art. 828.** A caução pode ser prestada pelo interessado ou por terceiro.

**Art. 829.** Aquele que for obrigado a dar caução requererá a citação da pessoa a favor de quem tiver de ser prestada, indicando na petição inicial:

I – o valor a caucionar;
II – o modo pelo qual a caução vai ser prestada;
III – a estimativa dos bens;
IV – a prova da suficiência da caução ou da idoneidade do fiador.
▶ Art. 834 deste Código.

**Art. 830.** Aquele em cujo favor há de ser dada a caução requererá a citação do obrigado para que a preste, sob pena de incorrer na sanção que a lei ou o contrato cominar para a falta.
▶ Art. 834 deste Código.

**Art. 831.** O requerido será citado para, no prazo de cinco dias, aceitar a caução (artigo 829), prestá-la (artigo 830), ou contestar o pedido.

**Art. 832.** O juiz proferirá imediatamente a sentença:
I – se o requerido não contestar;
II – se a caução oferecida ou prestada for aceita;
III – se a matéria for somente de direito ou, sendo de direito e de fato, já não houver necessidade de outra prova.

**Art. 833.** Contestado o pedido, o juiz designará audiência de instrução e julgamento, salvo o disposto no nº III do artigo anterior.
▶ Arts. 444 a 457 deste Código.

**Art. 834.** Julgando procedente o pedido, o juiz determinará a caução e assinará o prazo em que deve ser prestada, cumprindo-se as diligências que forem determinadas.

Parágrafo único. Se o requerido não cumprir a sentença no prazo estabelecido, o juiz declarará:
I – no caso do artigo 829, não prestada a caução;
II – no caso do artigo 830, efetivada a sanção que cominou.

**Art. 835.** O autor, nacional ou estrangeiro, que residir fora do Brasil ou dele se ausentar na pendência da demanda, prestará, nas ações que intentar, caução suficiente às custas e honorários de advogado da parte contrária, se não tiver no Brasil bens imóveis que lhes assegurem o pagamento.

**Art. 836.** Não se exigirá, porém, a caução, de que trata o artigo antecedente:
I – na execução fundada em título extrajudicial;
▶ Art. 585 deste Código.
II – na reconvenção.
▶ Arts. 315 a 318 deste Código.

**Art. 837.** Verificando-se no curso do processo que se desfalcou a garantia, poderá o interessado exigir reforço da caução. Na petição inicial, o requerente justificará o pedido, indicando a depreciação do bem dado em garantia e a importância do reforço que pretende obter.

**Art. 838.** Julgando procedente o pedido, o juiz assinará prazo para que o obrigado reforce a caução. Não sendo cumprida a sentença, cessarão os efeitos da caução prestada, presumindo-se que o autor tenha desistido da ação ou o recorrente desistido do recurso.

### Seção IV
### DA BUSCA E APREENSÃO

▶ Arts. 173, II, e 1.129, parágrafo único, deste Código.

**Art. 839.** O juiz pode decretar a busca e apreensão de pessoas ou de coisas.

**Art. 840.** Na petição inicial exporá o requerente as razões justificativas da medida e da ciência de estar a pessoa ou a coisa no lugar designado.

**Art. 841.** A justificação prévia far-se-á em segredo de justiça, se for indispensável. Provado quanto baste o alegado, expedir-se-á o mandado que conterá:
▶ Arts. 155, 802, 811 e 812 deste Código.

I – a indicação da casa ou do lugar em que deve efetuar-se a diligência;
II – a descrição da pessoa ou da coisa procurada e o destino a lhe dar;
III – a assinatura do juiz, de quem emanar a ordem.

**Art. 842.** O mandado será cumprido por dois oficiais de justiça, um dos quais o lerá ao morador, intimando-o a abrir as portas.

§ 1º Não atendidos, os oficiais de justiça arrombarão as portas externas, bem como as internas e quaisquer móveis onde presumam que esteja oculta a pessoa ou a coisa procurada.

§ 2º Os oficiais de justiça far-se-ão acompanhar de duas testemunhas.

§ 3º Tratando-se de direito autoral ou direito conexo do artista, intérprete ou executante, produtores de fonogramas e organismos de radiodifusão, o juiz designará, para acompanharem os oficiais de justiça, dois peritos, aos quais incumbirá confirmar a ocorrência da violação, antes de ser efetivada a apreensão.
▶ Arts. 102 e 103 da Lei nº 9.610, de 19-2-1998 (Lei de Direitos Autorais).

**Art. 843.** Finda a diligência, lavrarão os oficiais de justiça auto circunstanciado, assinando-o com as testemunhas.

### Seção V
### DA EXIBIÇÃO

**Art. 844.** Tem lugar, como procedimento preparatório, a exibição judicial:
▶ Súm. nº 372 do STJ.

I – de coisa móvel em poder de outrem e que o requerente repute sua ou tenha interesse em conhecer;
II – de documento próprio ou comum, em poder de cointeressado, sócio, condômino, credor ou devedor; ou em poder de terceiro que o tenha em sua guarda, como inventariante, testamenteiro, depositário ou administrador de bens alheios;
III – da escrituração comercial por inteiro, balanços e documentos de arquivo, nos casos expressos em lei.

▶ Arts. 1.191 e 1.192 do CC.
▶ Súmulas n<sup>os</sup> 260 e 390 do STF.
▶ Súmulas n<sup>os</sup> 372 e 389 do STJ.

**Art. 845.** Observar-se-á, quanto ao procedimento, no que couber, o disposto nos artigos 355 a 363, e 381 e 382.

SEÇÃO VI

DA PRODUÇÃO ANTECIPADA DE PROVAS

**Art. 846.** A produção antecipada da prova pode consistir em interrogatório da parte, inquirição de testemunhas e exame pericial.

▶ Arts. 173, I, 342 a 347 e 400 a 439 deste Código.

**Art. 847.** Far-se-á o interrogatório da parte ou a inquirição das testemunhas antes da propositura da ação, ou na pendência desta, mas antes da audiência de instrução:
I – se tiver de ausentar-se;
II – se, por motivo de idade ou de moléstia grave, houver justo receio de que ao tempo da prova já não exista, ou esteja impossibilitada de depor.

▶ Arts. 342, 407 e 420 deste Código.

**Art. 848.** O requerente justificará sumariamente a necessidade da antecipação e mencionará com precisão os fatos sobre que há de recair a prova.

Parágrafo único. Tratando-se de inquirição de testemunha, serão intimados os interessados a comparecer à audiência em que prestará o depoimento.

**Art. 849.** Havendo fundado receio de que venha a tornar-se impossível ou muito difícil a verificação de certos fatos na pendência da ação, é admissível o exame pericial.

**Art. 850.** A prova pericial realizar-se-á conforme o disposto nos artigos 420 a 439.

**Art. 851.** Tomado o depoimento ou feito exame pericial, os autos permanecerão em cartório, sendo lícito aos interessados solicitar as certidões que quiserem.

SEÇÃO VII

DOS ALIMENTOS PROVISIONAIS

▶ Arts. 1.694 a 1.710 do CC.
▶ Lei nº 5.478, de 25-7-1968 (Lei da Ação de Alimentos).

**Art. 852.** É lícito pedir alimentos provisionais:
I – nas ações de desquite e de anulação de casamento, desde que estejam separados os cônjuges;

▶ Art. 39 da Lei nº 6.515, de 26-12-1977 (Lei do Divórcio).
▶ Art. 1.124-A deste Código.

II – nas ações de alimentos, desde o despacho da petição inicial;

▶ Arts. 2º e 3º da Lei nº 5.478, de 25-7-1968 (Lei da Ação de Alimentos).

III – nos demais casos expressos em lei.

Parágrafo único. No caso previsto no nº I deste artigo, a prestação alimentícia devida ao requerente abrange, além do que necessitar para sustento, habitação e vestuário, as despesas para custear a demanda.

**Art. 853.** Ainda que a causa principal penda de julgamento no tribunal, processar-se-á no primeiro grau de jurisdição o pedido de alimentos provisionais.

**Art. 854.** Na petição inicial, exporá o requerente as suas necessidades e as possibilidades do alimentante.

Parágrafo único. O requerente poderá pedir que o juiz, ao despachar a petição inicial e sem audiência do requerido, lhe arbitre desde logo uma mensalidade para mantença.

SEÇÃO VIII

DO ARROLAMENTO DE BENS

**Art. 855.** Procede-se ao arrolamento sempre que há fundado receio de extravio ou de dissipação de bens.

**Art. 856.** Pode requerer o arrolamento todo aquele que tem interesse na conservação dos bens.

§ 1º O interesse do requerente pode resultar de direito já constituído ou que deva ser declarado em ação própria.

▶ Arts. 1.142 a 1.152 deste Código.

§ 2º Aos credores só é permitido requerer arrolamento nos casos em que tenha lugar a arrecadação de herança.

**Art. 857.** Na petição inicial exporá o requerente:
I – o seu direito aos bens;
II – os fatos em que funda o receio de extravio ou de dissipação dos bens.

**Art. 858.** Produzidas as provas em justificação prévia, o juiz, convencendo-se de que o interesse do requerente corre sério risco, deferirá a medida, nomeando depositário dos bens.

Parágrafo único. O possuidor ou detentor dos bens será ouvido se a audiência não comprometer a finalidade da medida.

**Art. 859.** O depositário lavrará auto, descrevendo minuciosamente todos os bens e registrando quaisquer ocorrências que tenham interesse para a sua conservação.

**Art. 860.** Não sendo possível efetuar desde logo o arrolamento ou concluí-lo no dia em que foi iniciado, apor-se-ão selos nas portas da casa ou nos móveis em que estejam os bens, continuando-se a diligência no dia que for designado.

SEÇÃO IX

DA JUSTIFICAÇÃO

**Art. 861.** Quem pretender justificar a existência de algum fato ou relação jurídica, seja para simples documento e sem caráter contencioso, seja para servir de prova em processo regular, exporá, em petição circunstanciada, a sua intenção.

**Art. 862.** Salvo nos casos expressos em lei, é essencial a citação dos interessados.

Parágrafo único. Se o interessado não puder ser citado pessoalmente, intervirá no processo o Ministério Público.

**Art. 863.** A justificação consistirá na inquirição de testemunhas sobre os fatos alegados, sendo facultado ao requerente juntar documentos.

**Art. 864.** Ao interessado é lícito contraditar as testemunhas, reinquiri-las e manifestar-se sobre os documentos, dos quais terá vista em cartório por vinte e quatro horas.

▶ Art. 414, § 1º, deste Código.

**Art. 865.** No processo de justificação não se admite defesa nem recurso.

**Art. 866.** A justificação será afinal julgada por sentença e os autos serão entregues ao requerente independentemente de traslado, decorridas quarenta e oito horas da decisão.

Parágrafo único. O juiz não se pronunciará sobre o mérito da prova, limitando-se a verificar se foram observadas as formalidades legais.

*Seção X*

### DOS PROTESTOS, NOTIFICAÇÕES E INTERPELAÇÕES

**Art. 867.** Todo aquele que desejar prevenir responsabilidade, prover a conservação e ressalva de seus direitos ou manifestar qualquer intenção de modo formal, poderá fazer por escrito o seu protesto, em petição dirigida ao juiz, e requerer que do mesmo se intime a quem de direito.

**Art. 868.** Na petição o requerente exporá os fatos e os fundamentos do protesto.

**Art. 869.** O juiz indeferirá o pedido, quando o requerente não houver demonstrado legítimo interesse e o protesto, dando causa a dúvidas e incertezas, possa impedir a formação de contrato ou a realização de negócio lícito.

**Art. 870.** Far-se-á a intimação por editais:

▶ Arts. 231 a 233 deste Código.

I – se o protesto for para conhecimento do público em geral, nos casos previstos em lei, ou quando a publicidade seja essencial para que o protesto, notificação ou interpelação atinja seus fins;
II – se o citando for desconhecido, incerto ou estiver em lugar ignorado ou de difícil acesso;
III – se a demora da intimação pessoal puder prejudicar os efeitos da interpelação ou do protesto.

Parágrafo único. Quando se tratar de protesto contra a alienação de bens, pode o juiz ouvir, em três dias, aquele contra quem foi dirigido, desde que lhe pareça haver no pedido ato emulativo, tentativa de extorsão, ou qualquer outro fim ilícito, decidindo em seguida sobre o pedido de publicação de editais.

**Art. 871.** O protesto ou interpelação não admite defesa nem contraprotesto nos autos; mas o requerido pode contraprotestar em processo distinto.

**Art. 872.** Feita a intimação, ordenará o juiz que, pagas as custas, e decorridas quarenta e oito horas, sejam os autos entregues à parte independentemente de traslado.

**Art. 873.** Nos casos previstos em lei processar-se-á a notificação ou interpelação na conformidade dos artigos antecedentes.

*Seção XI*

### DA HOMOLOGAÇÃO DO PENHOR LEGAL

**Art. 874.** Tomado o penhor legal nos casos previstos em lei, requererá o credor, ato contínuo, a homologação. Na petição inicial, instruída com a conta pormenorizada das despesas, a tabela dos preços e a relação dos objetos retidos, pedirá a citação do devedor para, em vinte e quatro horas, pagar ou alegar defesa.

▶ Arts. 1.467 a 1.472 do CC.

Parágrafo único. Estando suficientemente provado o pedido nos termos deste artigo, o juiz poderá homologar de plano o penhor legal.

**Art. 875.** A defesa só pode consistir em:
I – nulidade do processo;
II – extinção da obrigação;
III – não estar a dívida compreendida entre as previstas em lei ou não estarem os bens sujeitos a penhor legal.

**Art. 876.** Em seguida, o juiz decidirá; homologando o penhor, serão os autos entregues ao requerente quarenta e oito horas depois, independentemente de traslado, salvo se, dentro desse prazo, a parte houver pedido certidão; não sendo homologado, o objeto será entregue ao réu, ressalvado ao autor o direito de cobrar a conta por ação ordinária.

*Seção XII*

### DA POSSE EM NOME DO NASCITURO

**Art. 877.** A mulher que, para garantia dos direitos do filho nascituro, quiser provar seu estado de gravidez, requererá ao juiz que, ouvido o órgão do Ministério Público, mande examiná-la por um médico de sua nomeação.

§ 1º O requerimento será instruído com a certidão de óbito da pessoa, de quem o nascituro é sucessor.

§ 2º Será dispensado o exame se os herdeiros do falecido aceitarem a declaração da requerente.

§ 3º Em caso algum a falta do exame prejudicará os direitos do nascituro.

**Art. 878.** Apresentado o laudo que reconheça a gravidez, o juiz, por sentença, declarará a requerente investida na posse dos direitos que assistam ao nascituro.

Parágrafo único. Se à requerente não couber o exercício do pátrio poder, o juiz nomeará curador ao nascituro.

▶ A Lei nº 10.406, de 10-1-2002 (Código Civil), substituiu a expressão "pátrio poder" por "poder familiar".
▶ Arts. 1.630 a 1638, 1.779 e 1.780 do CC.

*Seção XIII*

### DO ATENTADO

**Art. 879.** Comete atentado a parte que no curso do processo:

I – viola penhora, arresto, sequestro ou imissão na posse;

▶ Arts. 664, 821 e 823 deste Código.

II – prossegue em obra embargada;

▶ Art. 934 deste Código.

III – pratica outra qualquer inovação ilegal no estado de fato.
► Arts. 42, 593 e 626 deste Código.

**Art. 880.** A petição inicial será autuada em separado, observando-se, quanto ao procedimento, o disposto nos artigos 802 e 803.

Parágrafo único. A ação de atentado será processada e julgada pelo juiz que conheceu originariamente da causa principal, ainda que esta se encontre no tribunal.

**Art. 881.** A sentença, que julgar procedente a ação, ordenará o restabelecimento do estado anterior, a suspensão da causa principal e a proibição de o réu falar nos autos até a purgação do atentado.

► Arts. 402 a 405 e 927 do CC.

Parágrafo único. A sentença poderá condenar o réu a ressarcir à parte lesada as perdas e danos que sofreu em consequência do atentado.

## Seção XIV

### DO PROTESTO E DA APREENSÃO DE TÍTULOS

**Art. 882.** O protesto de títulos e contas judicialmente verificadas far-se-á nos casos e com observância da lei especial.

► Lei nº 9.492, de 10-9-1997 (Lei do Protesto de Títulos).
► Art. 94, § 3º, da Lei nº 11.101, de 9-2-2005 (Lei de Recuperação de Empresas e Falências).

**Art. 883.** O oficial intimará do protesto o devedor, por carta registrada ou entregando-lhe em mãos o aviso.

Parágrafo único. Far-se-á, todavia, por edital a intimação:
I – se o devedor não for encontrado na comarca;
II – quando se tratar de pessoa desconhecida ou incerta.

**Art. 884.** Se o oficial opuser dúvidas ou dificuldades à tomada do protesto ou à entrega do respectivo instrumento, poderá a parte reclamar ao juiz. Ouvido o oficial, o juiz proferirá sentença, que será transcrita no instrumento.

**Art. 885.** O juiz poderá ordenar a apreensão de título não restituído ou sonegado pelo emitente, sacado ou aceitante; mas só decretará a prisão de quem o recebeu para firmar aceite ou efetuar pagamento, se o portador provar, com justificação ou por documento, a entrega do título e a recusa da devolução.

Parágrafo único. O juiz mandará processar de plano o pedido, ouvirá depoimentos se for necessário e, estando provada a alegação, ordenará a prisão.

**Art. 886.** Cessará a prisão:
I – se o devedor restituir o título, ou pagar o seu valor e as despesas feitas, ou o exibir para ser levado a depósito;
II – quando o requerente desistir;
III – não sendo iniciada a ação penal dentro do prazo da lei;
► Arts. 10 e 46 do CPP.
IV – não sendo proferido o julgado dentro de noventa dias da data da execução do mandado.

**Art. 887.** Havendo contestação do crédito, o depósito das importâncias referido no artigo precedente não será levantado antes de passada em julgado a sentença.

## Seção XV

### DE OUTRAS MEDIDAS PROVISIONAIS

**Art. 888.** O juiz poderá ordenar ou autorizar, na pendência da ação principal ou antes de sua propositura:

I – obras de conservação em coisa litigiosa ou judicialmente apreendida;
II – a entrega de bens de uso pessoal do cônjuge e dos filhos;
III – a posse provisória dos filhos, nos casos de desquite ou anulação de casamento;
► A Lei nº 6.515, de 26-12-1997 (Lei do Divórcio), transformou o desquite em separação.
IV – o afastamento do menor autorizado a contrair casamento contra a vontade dos pais;
V – o depósito de menores ou incapazes castigados imoderadamente por seus pais, tutores ou curadores, ou por eles induzidos à prática de atos contrários à lei ou à moral;
VI – o afastamento temporário de um dos cônjuges da morada do casal;
**VII – a guarda e a educação dos filhos, regulado o direito de visita que, no interesse da criança ou do adolescente, pode, a critério do juiz, ser extensivo a cada um dos avós;**
► Inciso VII com a redação dada pela Lei nº 12.398, de 28-3-2011.
VIII – a interdição ou a demolição de prédio para resguardar a saúde, a segurança ou outro interesse público.

**Art. 889.** Na aplicação das medidas enumeradas no artigo antecedente observar-se-á o procedimento estabelecido nos artigos 801 a 803.

Parágrafo único. Em caso de urgência, o juiz poderá autorizar ou ordenar as medidas, sem audiência do requerido.

**Livro IV – Dos Procedimentos Especiais**

**TÍTULO I – DOS PROCEDIMENTOS ESPECIAIS DE JURISDIÇÃO CONTENCIOSA**

Capítulo I

### DA AÇÃO DE CONSIGNAÇÃO EM PAGAMENTO

**Art. 890.** Nos casos previstos em lei, poderá o devedor ou terceiro requerer, com efeito de pagamento, a consignação da quantia ou da coisa devida.

► Arts. 334 a 345 do CC.

§ 1º Tratando-se de obrigação em dinheiro, poderá o devedor ou terceiro optar pelo depósito da quantia devida, em estabelecimento bancário oficial, onde houver, situado no lugar do pagamento, em conta com correção monetária, cientificando-se o credor por carta com aviso de recepção, assinado o prazo de dez dias para a manifestação de recusa.

**§ 2º** Decorrido o prazo referido no parágrafo anterior, sem a manifestação de recusa, reputar-se-á o devedor liberado da obrigação, ficando à disposição do credor a quantia depositada.

**§ 3º** Ocorrendo a recusa, manifestada por escrito ao estabelecimento bancário, o devedor ou terceiro poderá propor, dentro de trinta dias, a ação de consignação, instruindo a inicial com a prova do depósito e da recusa.

▶ Art. 893 deste Código.

**§ 4º** Não proposta a ação no prazo do parágrafo anterior, ficará sem efeito o depósito, podendo levantá-lo o depositante.

▶ §§ 1º a 4º acrescidos pela Lei nº 8.951, de 13-12-1994.

**Art. 891.** Requerer-se-á a consignação no lugar do pagamento, cessando para o devedor, tanto que se efetue o depósito, os juros e os riscos, salvo se for julgada improcedente.

Parágrafo único. Quando a coisa devida for corpo que deva ser entregue no lugar em que está, poderá o devedor requerer a consignação no foro em que ela se encontra.

**Art. 892.** Tratando-se de prestações periódicas, uma vez consignada a primeira, pode o devedor continuar a consignar, no mesmo processo e sem mais formalidades, as que se forem vencendo, desde que os depósitos sejam efetuados até cinco dias, contados da data do vencimento.

**Art. 893.** O autor, na petição inicial, requererá:

I – o depósito da quantia ou da coisa devida, a ser efetivado no prazo de cinco dias contado do deferimento, ressalvada a hipótese do § 3º do artigo 890;

II – a citação do réu para levantar o depósito ou oferecer resposta.

▶ Artigo com a redação dada pela Lei nº 8.951, de 13-12-1994.

**Art. 894.** Se o objeto da prestação for coisa indeterminada e a escolha couber ao credor, será este citado para exercer o direito dentro de cinco dias, se outro prazo não constar de lei ou do contrato, ou para aceitar que o devedor o faça, devendo o juiz, ao despachar a petição inicial, fixar lugar, dia e hora em que se fará a entrega, sob pena de depósito.

▶ Art. 629 deste Código.
▶ Arts. 252 a 256 e 334 a 345 do CC.

**Art. 895.** Se ocorrer dúvida sobre quem deva legitimamente receber o pagamento, o autor requererá o depósito e a citação dos que o disputam para provarem o seu direito.

▶ Art. 898 deste Código.

**Art. 896.** Na contestação, o réu poderá alegar que:

I – não houve recusa ou mora em receber a quantia ou coisa devida;
II – foi justa a recusa;
III – o depósito não se efetuou no prazo ou no lugar do pagamento;
IV – o depósito não é integral.

Parágrafo único. No caso do inciso IV, a alegação será admissível se o réu indicar o montante que entende devido.

▶ Art. 896 com a redação dada pela Lei nº 8.951, de 13-12-1994.

**Art. 897.** Não oferecida a contestação, e ocorrentes os efeitos da revelia, o juiz julgará procedente o pedido, declarará extinta a obrigação e condenará o réu nas custas e honorários advocatícios.

▶ Caput com a redação dada pela Lei nº 8.951, de 13-12-1994.

Parágrafo único. Proceder-se-á do mesmo modo se o credor receber e der quitação.

**Art. 898.** Quando a consignação se fundar em dúvida sobre quem deva legitimamente receber, não comparecendo nenhum pretendente, converter-se-á o depósito em arrecadação de bens de ausentes; comparecendo apenas um, o juiz decidirá de plano; comparecendo mais de um, o juiz declarará efetuado o depósito e extinta a obrigação, continuando o processo a correr unicamente entre os credores; caso em que se observará o procedimento ordinário.

**Art. 899.** Quando na contestação o réu alegar que o depósito não é integral, é lícito ao autor completá-lo, dentro em dez dias, salvo se corresponder a prestação, cujo inadimplemento acarrete a rescisão do contrato.

**§ 1º** Alegada a insuficiência do depósito, poderá o réu levantar, desde logo, a quantia ou a coisa depositada, com a consequente liberação parcial do autor, prosseguindo o processo quanto à parcela controvertida.

**§ 2º** A sentença que concluir pela insuficiência do depósito determinará, sempre que possível, o montante devido, e, neste caso, valerá como título executivo, facultado ao credor promover-lhe a execução nos mesmos autos.

▶ §§ 1º e 2º acrescidos pela Lei nº 8.951, de 13-12-1994.

**Art. 900.** Aplica-se o procedimento estabelecido neste Capítulo, no que couber, ao resgate do aforamento.

▶ Artigo com a redação dada pela Lei nº 5.925, de 1º-10-1973.

CAPÍTULO II

## DA AÇÃO DE DEPÓSITO

**Art. 901.** Esta ação tem por fim exigir a restituição da coisa depositada.

**Art. 902.** Na petição inicial instruída com a prova literal do depósito e a estimativa do valor da coisa, se não constar do contrato, o autor pedirá a citação do réu para no prazo de cinco dias:

I – entregar a coisa, depositá-la em juízo ou consignar-lhe o equivalente em dinheiro;
II – contestar a ação.

**§ 1º** Do pedido poderá constar, ainda, a cominação da pena de prisão até um ano, que o juiz decretará na forma do artigo 904, parágrafo único.

▶ Art. 5º, LXVII, da CF.
▶ Art. 666, § 3º, deste Código.
▶ Art. 652 do CC.
▶ Art. 4º, §§ 1º e 2º, da Lei nº 8.866, de 11-4-1994 (Lei do Depositário Infiel).

- Art. 4º do Dec.-lei nº 911, de 1º-10-1969 (Lei das Alienações Fiduciárias).
- Art. 11 do Dec. nº 592, de 6-7-1992, que promulga o Pacto Internacional sobre Direitos Civis e Políticos.
- Art. 7º, 7, do Pacto de São José da Costa Rica.
- Súm. Vinc. nº 25 do STF.
- Súmulas nos 304, 305 e 419 do STJ.

§ 2º O réu poderá alegar, além da nulidade ou falsidade do título e da extinção das obrigações, as defesas previstas na lei civil.

- Arts. 901 e 902 com a redação dada pela Lei nº 5.925, de 1º-10-1973.

**Art. 903.** Se o réu contestar a ação, observar-se-á o procedimento ordinário.

**Art. 904.** Julgada procedente a ação, ordenará o juiz a expedição de mandado para a entrega, em vinte e quatro horas, da coisa ou do equivalente em dinheiro.

- Arts. 558 e 902, § 1º, deste Código.

Parágrafo único. Não sendo cumprido o mandado, o juiz decretará a prisão do depositário infiel.

- Art. 558 deste Código.
- Súm. Vinc. nº 25 do STF.
- Súmulas nos 304, 305 e 419 do STJ.

**Art. 905.** Sem prejuízo do depósito ou da prisão do réu, é lícito ao autor promover a busca e apreensão da coisa. Se esta for encontrada ou entregue voluntariamente pelo réu, cessará a prisão e será devolvido o equivalente em dinheiro.

- Arts. 839 a 843 deste Código.
- Art. 652 do CC.
- Súm. Vinc. nº 25 do STF.
- Súmulas nos 304, 305 e 419 do STJ.

**Art. 906.** Quando não receber a coisa ou o equivalente em dinheiro, poderá o autor prosseguir nos próprios autos para haver o que lhe for reconhecido na sentença, observando-se o procedimento da execução por quantia certa.

CAPÍTULO III

DA AÇÃO DE ANULAÇÃO E SUBSTITUIÇÃO DE TÍTULOS AO PORTADOR

- Art. 100, III, deste Código.

**Art. 907.** Aquele que tiver perdido título ao portador ou dele houver sido injustamente desapossado poderá:

I – reivindicá-lo da pessoa que o detiver;
II – requerer-lhe a anulação e substituição por outro.

- Art. 909 do CC.

**Art. 908.** No caso do nº II do artigo antecedente, exporá o autor, na petição inicial, a quantidade, espécie, valor nominal do título e atributos que o individualizem, a época e o lugar em que o adquiriu, as circunstâncias em que o perdeu e quando recebeu os últimos juros e dividendos, requerendo:

I – a citação do detentor e, por edital, de terceiros interessados para contestarem o pedido;
II – a intimação do devedor, para que deposite em juízo o capital, bem como juros ou dividendos vencidos ou vincendos;

III – a intimação da Bolsa de Valores, para conhecimento de seus membros, a fim de que estes não negociem os títulos.

**Art. 909.** Justificado quanto baste o alegado, ordenará o juiz a citação do réu e o cumprimento das providências enumeradas nos nos II e III do artigo anterior.

Parágrafo único. A citação abrangerá também terceiros interessados, para responderem à ação.

**Art. 910.** Só se admitirá a contestação quando acompanhada do título reclamado.

Parágrafo único. Recebida a contestação do réu, observar-se-á o procedimento ordinário.

**Art. 911.** Julgada procedente a ação, o juiz declarará caduco o título reclamado e ordenará ao devedor que lavre outro em substituição, dentro do prazo que a sentença lhe assinar.

**Art. 912.** Ocorrendo destruição parcial, o portador, exibindo o que restar do título, pedirá a citação do devedor para que em dez dias substituí-lo ou contestar a ação.

Parágrafo único. Não havendo contestação, o juiz proferirá desde logo a sentença; em caso contrário, observar-se-á o procedimento ordinário.

**Art. 913.** Comprado o título em bolsa ou leilão público, o dono que pretender a restituição é obrigado a indenizar ao adquirente o preço que este pagou, ressalvado o direito de reavê-lo do vendedor.

CAPÍTULO IV

DA AÇÃO DE PRESTAÇÃO DE CONTAS

**Art. 914.** A ação de prestação de contas competirá a quem tiver:

- Súm. nº 259 do STJ.

I – o direito de exigi-las;
II – a obrigação de prestá-las.

- Arts. 668 e 861 do CC.

**Art. 915.** Aquele que pretender exigir a prestação de contas requererá a citação do réu para, no prazo de cinco dias, as apresentar ou contestar a ação.

§ 1º Prestadas as contas, terá o autor cinco dias para dizer sobre elas; havendo necessidade de produzir provas, o juiz designará audiência de instrução e julgamento; em caso contrário, proferirá desde logo a sentença.

§ 2º Se o réu não contestar a ação ou não negar a obrigação de prestar contas, observar-se-á o disposto no artigo 330; a sentença, que julgar procedente a ação, condenará o réu a prestar as contas no prazo de quarenta e oito horas, sob pena de não lhe ser lícito impugnar as que o autor apresentar.

§ 3º Se o réu apresentar as contas dentro do prazo estabelecido no parágrafo anterior, seguir-se-á o procedimento do § 1º deste artigo; caso contrário, apresentá-las-á o autor dentro em dez dias, sendo as contas julgadas segundo o prudente arbítrio do juiz, que poderá determinar, se necessário, a realização do exame pericial contábil.

**Art. 916.** Aquele que estiver obrigado a prestar contas requererá a citação do réu para, no prazo de cinco dias, aceitá-las ou contestar a ação.

▶ Arts. 444 a 457 deste Código.

**§ 1º** Se o réu não contestar a ação ou se declarar que aceita as contas oferecidas, serão estas julgadas dentro de dez dias.

**§ 2º** Se o réu contestar a ação ou impugnar as contas e houver necessidade de produzir provas, o juiz designará audiência de instrução e julgamento.

**Art. 917.** As contas assim do autor como do réu, serão apresentadas em forma mercantil, especificando-se as receitas e a aplicação das despesas, bem como o respectivo saldo; e serão instruídas com os documentos justificativos.

**Art. 918.** O saldo credor declarado na sentença poderá ser cobrado em execução forçada.

**Art. 919.** As contas do inventariante, do tutor, do curador, do depositário e de outro qualquer administrador serão prestadas em apenso aos autos do processo em que tiver sido nomeado. Sendo condenado a pagar o saldo e não o fazendo no prazo legal, o juiz poderá destituí-lo, sequestrar os bens sob sua guarda e glosar o prêmio ou gratificação a que teria direito.

▶ Art. 822, IV, deste Código.

## Capítulo V
## DAS AÇÕES POSSESSÓRIAS

*Seção I*

### DAS DISPOSIÇÕES GERAIS

**Art. 920.** A propositura de uma ação possessória em vez de outra não obstará a que o juiz conheça do pedido e outorgue a proteção legal correspondente àquela, cujos requisitos estejam provados.

▶ Art. 95 deste Código.

**Art. 921.** É lícito ao autor cumular ao pedido possessório o de:

I – condenação em perdas e danos;

▶ Arts. 402 a 405 e 927 do CC.

II – cominação de pena para caso de nova turbação ou esbulho;

▶ Arts. 287 e 644 deste Código.

III – desfazimento de construção ou plantação feita em detrimento de sua posse.

**Art. 922.** É lícito ao réu, na contestação, alegando que foi o ofendido em sua posse, demandar a proteção possessória e a indenização pelos prejuízos resultantes da turbação ou do esbulho cometido pelo autor.

**Art. 923.** Na pendência do processo possessório é defeso, assim ao autor como ao réu, intentar ação de reconhecimento do domínio.

▶ Artigo com a redação dada pela Lei nº 6.820, de 16-9-1980.
▶ Súm. nº 487 do STF.

**Art. 924.** Regem o procedimento de manutenção e de reintegração de posse as normas da seção seguinte, quando intentado dentro de ano e dia da turbação ou do esbulho; passado esse prazo, será ordinário, não perdendo, contudo, o caráter possessório.

**Art. 925.** Se o réu provar, em qualquer tempo, que o autor provisoriamente mantido ou reintegrado na posse carece de idoneidade financeira para, no caso de decair da ação, responder por perdas e danos, o juiz assinar-lhe-á o prazo de cinco dias para requerer caução sob pena de ser depositada a coisa litigiosa.

▶ Arts. 822, I, e 826 deste Código.

*Seção II*

### DA MANUTENÇÃO E DA REINTEGRAÇÃO DE POSSE

**Art. 926.** O possuidor tem direito a ser mantido na posse em caso de turbação e reintegrado no de esbulho.

**Art. 927.** Incumbe ao autor provar:

I – a sua posse;

II – a turbação ou o esbulho praticado pelo réu;

III – a data da turbação ou do esbulho;

IV – a continuação da posse, embora turbada, na ação de manutenção; a perda da posse, na ação de reintegração.

**Art. 928.** Estando a petição inicial devidamente instruída, o juiz deferirá, sem ouvir o réu, a expedição do mandado liminar de manutenção ou de reintegração; no caso contrário, determinará que o autor justifique previamente o alegado, citando-se o réu para comparecer à audiência que for designada.

▶ Arts. 861 a 866 e 930, parágrafo único, deste Código.
▶ Súm. nº 262 do STF.

Parágrafo único. Contra as pessoas jurídicas de direito público não será deferida a manutenção ou a reintegração liminar sem prévia audiência dos respectivos representantes judiciais.

**Art. 929.** Julgada procedente a justificação, o juiz fará logo expedir mandado de manutenção ou de reintegração.

**Art. 930.** Concedido ou não o mandado liminar de manutenção ou de reintegração, o autor promoverá, nos cinco dias subsequentes, a citação do réu para contestar a ação.

▶ Arts. 300 a 302 deste Código.

Parágrafo único. Quando for ordenada a justificação prévia (artigo 928), o prazo para contestar contar-se-á da intimação do despacho que deferir ou não a medida liminar.

**Art. 931.** Aplica-se, quanto ao mais, o procedimento ordinário.

*Seção III*

### DO INTERDITO PROIBITÓRIO

**Art. 932.** O possuidor direto ou indireto, que tenha justo receio de ser molestado na posse, poderá impetrar ao juiz que o segure da turbação ou esbulho iminente, mediante mandado proibitório, em que se comine ao réu determinada pena pecuniária, caso transgrida o preceito.

**Art. 933.** Aplica-se ao interdito proibitório o disposto na seção anterior.

## Capítulo VI
### DA AÇÃO DE NUNCIAÇÃO DE OBRA NOVA

**Art. 934.** Compete esta ação:

I – ao proprietário ou possuidor, a fim de impedir que a edificação de obra nova em imóvel vizinho lhe prejudique o prédio, suas servidões ou fins a que é destinado;

▶ Arts. 1.277 a 1.281 do CC.

II – ao condômino, para impedir que o coproprietário execute alguma obra com prejuízo ou alteração da coisa comum;

III – ao Município, a fim de impedir que o particular construa em contravenção da lei, do regulamento ou de postura.

**Art. 935.** Ao prejudicado também é lícito, se o caso for urgente, fazer o embargo extrajudicial, notificando verbalmente, perante duas testemunhas, o proprietário ou, em sua falta, o construtor, para não continuar a obra.

Parágrafo único. Dentro de três dias requererá o nunciante a ratificação em juízo, sob pena de cessar o efeito do embargo.

**Art. 936.** Na petição inicial, elaborada com observância dos requisitos do artigo 282, requererá o nunciante:

I – o embargo para que fique suspensa a obra e se mande afinal reconstituir, modificar ou demolir o que estiver feito em seu detrimento;

II – a cominação de pena para o caso de inobservância do preceito;

III – a condenação em perdas e danos.

▶ Arts. 402 a 405 e 927 do CC.

Parágrafo único. Tratando-se de demolição, colheita, corte de madeiras, extração de minérios e obras semelhantes, pode incluir-se o pedido de apreensão e depósito dos materiais e produtos já retirados.

**Art. 937.** É lícito ao juiz conceder o embargo liminarmente ou após justificação prévia.

**Art. 938.** Deferido o embargo, o oficial de justiça, encarregado de seu cumprimento, lavrará auto circunstanciado, descrevendo o estado em que se encontra a obra; e, ato contínuo, intimará o construtor e os operários a que não continuem a obra sob pena de desobediência e citará o proprietário a contestar em cinco dias a ação.

**Art. 939.** Aplica-se a esta ação o disposto no artigo 803.

**Art. 940.** O nunciado poderá, a qualquer tempo e em qualquer grau de jurisdição, requerer o prosseguimento da obra, desde que preste caução e demonstre prejuízo resultante da suspensão dela.

▶ Art. 826 deste Código.

§ 1º A caução será prestada no juízo de origem, embora a causa se encontre no tribunal.

§ 2º Em nenhuma hipótese terá lugar o prosseguimento, tratando-se de obra nova levantada contra determinação de regulamentos administrativos.

## Capítulo VII
### DA AÇÃO DE USUCAPIÃO DE TERRAS PARTICULARES

**Art. 941.** Compete a ação de usucapião ao possuidor para que se lhe declare, nos termos da lei, o domínio do imóvel ou a servidão predial.

▶ Arts. 183, §§1º a 3º, e 191 da CF.
▶ Arts. 1.238 a 1.244 do CC.
▶ Lei nº 6.969, de 10-12-1981 (Lei da Usucapião Especial).
▶ Súmulas nºs 340 e 445 do STF.

**Art. 942.** O autor, expondo na petição inicial o fundamento do pedido e juntando planta do imóvel, requererá a citação daquele em cujo nome estiver registrado o imóvel usucapiendo, bem como dos confinantes e, por edital, dos réus em lugar incerto e dos eventuais interessados, observado quanto ao prazo o disposto no inciso IV do artigo 232.

▶ Artigo com a redação dada pela Lei nº 8.951, de 13-12-1994.
▶ Súmulas nºs 263 e 391 do STF.

**Art. 943.** Serão intimados por via postal, para que manifestem interesse na causa, os representantes da Fazenda Pública da União, dos Estados, do Distrito Federal, dos Territórios e dos Municípios.

▶ Artigo com a redação dada pela Lei nº 8.951, de 13-12-1994.

**Art. 944.** Intervirá obrigatoriamente em todos os atos do processo o Ministério Público.

**Art. 945.** A sentença, que julgar procedente a ação, será transcrita, mediante mandado, no registro de imóveis, satisfeitas as obrigações fiscais.

## Capítulo VIII
### DA AÇÃO DE DIVISÃO E DA DEMARCAÇÃO DE TERRAS PARTICULARES

#### Seção I
##### DAS DISPOSIÇÕES GERAIS

**Art. 946.** Cabe:

I – a ação de demarcação ao proprietário para obrigar o seu confinante a estremar os respectivos prédios, fixando-se novos limites entre eles ou aviventando-se os já apagados;

II – a ação de divisão, ao condômino para obrigar os demais consortes, a partilhar a coisa comum.

▶ Arts. 967 a 981 deste Código.
▶ Arts. 1.297, 1.298 e 1.320 do CC.

**Art. 947.** É lícita a cumulação destas ações; caso em que deverá processar-se primeiramente a demarcação total ou parcial da coisa comum, citando-se os confinantes e condôminos.

**Art. 948.** Fixados os marcos da linha de demarcação, os confinantes considerar-se-ão terceiros quanto ao processo divisório; fica-lhes, porém, ressalvado o direito de vindicarem os terrenos de que se julguem despojados por invasão das linhas limítrofes constitutivas do perímetro ou a reclamarem uma indenização pecuniária correspondente ao seu valor.

▶ Arts. 949 a 974 deste Código.

**Art. 949.** Serão citados para a ação todos os condôminos, se ainda não transitou em julgado a sentença homologatória da divisão; e todos os quinhoeiros dos terrenos vindicados, se proposta posteriormente.
► Art. 949 com a redação dada pela Lei nº 5.925, de 1º-10-1973.

Parágrafo único. Neste último caso, a sentença que julga procedente a ação, condenando a restituir os terrenos ou a pagar a indenização, valerá como título executivo em favor dos quinhoeiros para haverem dos outros condôminos, que forem parte na divisão, ou de seus sucessores por título universal, na proporção que lhes tocar, a composição pecuniária do desfalque sofrido.

SEÇÃO II

## DA DEMARCAÇÃO

**Art. 950.** Na petição inicial, instruída com os títulos da propriedade, designar-se-á o imóvel pela situação e denominação, descrever-se-ão os limites por constituir, aviventar ou renovar e nomear-se-ão todos os confinantes da linha demarcanda.

**Art. 951.** O autor pode requerer a demarcação com queixa de esbulho ou turbação, formulando também o pedido de restituição do terreno invadido com os rendimentos que deu, ou a indenização dos danos pela usurpação verificada.

**Art. 952.** Qualquer condômino é parte legítima para promover a demarcação do imóvel comum, citando-se os demais como litisconsortes.
► Art. 981 deste Código.

**Art. 953.** Os réus que residirem na comarca serão citados pessoalmente; os demais, por edital.
► Arts. 968 e 981 deste Código.

**Art. 954.** Feitas as citações, terão os réus o prazo comum de vinte dias para contestar.
► Arts. 297 a 314, 968 e 981 deste Código.

**Art. 955.** Havendo contestação, observar-se-á o procedimento ordinário; não havendo, aplica-se o disposto no artigo 330, II.
► Arts. 968 e 981 deste Código.

**Art. 956.** Em qualquer dos casos do artigo anterior, o juiz, antes de proferir a sentença definitiva, nomeará dois arbitradores e um agrimensor para levantarem o traçado da linha demarcanda.

**Art. 957.** Concluídos os estudos, apresentarão os arbitradores minucioso laudo sobre o traçado da linha demarcanda, tendo em conta os títulos, marcos, rumos, a fama da vizinhança, as informações do lugar e outros elementos que coligirem.

Parágrafo único. Ao laudo anexará o agrimensor a planta da região e o memorial das operações de campo, os quais serão juntos aos autos, podendo as partes, no prazo comum de dez dias, alegar o que julgarem conveniente.

**Art. 958.** A sentença, que julgar procedente a ação, determinará o traçado da linha demarcanda.

**Art. 959.** Tanto que passe em julgado a sentença, o agrimensor efetuará a demarcação, colocando os marcos necessários. Todas as operações serão consignadas em planta e memorial descritivo com as referências convenientes para a identificação, em qualquer tempo, dos pontos assinalados.

**Art. 960.** Nos trabalhos de campo observar-se-ão as seguintes regras:

I – a declinação magnética da agulha será determinada na estação inicial;
II – empregar-se-ão os instrumentos aconselhados pela técnica;
III – quando se utilizarem fitas metálicas ou correntes, as medidas serão tomadas horizontalmente, em lances determinados pelo declive, de vinte metros no máximo;
IV – as estações serão marcadas por pequenas estacas, fortemente cravadas, colocando-se ao lado estacas maiores, numeradas;
V – quando as estações não tiverem afastamento superior a cinquenta metros, as visadas serão feitas sobre balizas com o diâmetro máximo de doze milímetros;
VI – tomar-se-ão por aneroides ou por cotas obtidas mediante levantamento taqueométrico as altitudes dos pontos mais acidentados.

► Art. 972 deste Código.

**Art. 961.** A planta será orientada segundo o meridiano do marco primordial, determinada a declinação magnética e conterá:

I – as altitudes relativas de cada estação do instrumento e a conformação altimétrica ou orográfica aproximativa dos terrenos;
II – as construções existentes, com indicação dos seus fins, bem como os marcos, valos, cercas, muros divisórios e outros quaisquer vestígios que possam servir ou tenham servido de base à demarcação;
III – as águas principais, determinando-se, quanto possível, os volumes, de modo que se lhes possa calcular o valor mecânico;
IV – a indicação, por cores convencionais, das culturas existentes, pastos, campos, matas, capoeiras e divisas do imóvel.

► Arts. 972 e 975 deste Código.

Parágrafo único. As escalas das plantas podem variar entre os limites de um para quinhentos a um para cinco mil conforme a extensão das propriedades rurais, sendo admissível a de um para dez mil nas propriedades de mais de cinco quilômetros quadrados.

**Art. 962.** Acompanharão as plantas as cadernetas de operações de campo e o memorial descritivo, que conterá:

I – o ponto de partida, os rumos seguidos e a aviventação dos antigos com os respectivos cálculos;
II – os acidentes encontrados, as cercas, valos, marcos antigos, córregos, rios, lagoas e outros;
III – a indicação minuciosa dos novos marcos cravados, das culturas existentes e sua produção anual;
IV – a composição geológica dos terrenos, bem como a qualidade e extensão dos campos, matas e capoeiras;
V – as vias de comunicação;
VI – as distâncias à estação da estrada de ferro, ao porto de embarque e ao mercado mais próximo;
VII – a indicação de tudo o mais que for útil para o levantamento da linha ou para a identificação da linha já levantada.

► Arts. 972 e 975 deste Código.

**Art. 963.** É obrigatória a colocação de marcos assim na estação inicial — marco primordial — como nos vértices dos ângulos, salvo se algum destes últimos pontos for assinalado por acidentes naturais de difícil remoção ou destruição.

► Arts. 959, 972, 975 e 979 deste Código.

**Art. 964.** A linha será percorrida pelos arbitradores, que examinarão os marcos e rumos, consignando em relatório escrito a exatidão do memorial e planta apresentados pelo agrimensor ou as divergências porventura encontradas.

► Art. 979 deste Código.

**Art. 965.** Junto aos autos o relatório dos arbitradores, determinará o juiz que as partes se manifestem sobre ele no prazo comum de dez dias. Em seguida, executadas as correções e retificações que ao juiz pareçam necessárias, lavrar-se-á o auto de demarcação em que os limites demarcandos serão minuciosamente descritos de acordo com o memorial e a planta.

► Art. 980 deste Código.

**Art. 966.** Assinado o auto pelo juiz, arbitradores e agrimensor, será proferida a sentença homologatória da demarcação.

SEÇÃO III

DA DIVISÃO

**Art. 967.** A petição inicial, elaborada com observância dos requisitos do artigo 282 e instruída com os títulos de domínio do promovente, conterá:

I – a indicação da origem da comunhão e a denominação, situação, limites e características do imóvel;
II – o nome, o estado civil, a profissão e a residência de todos os condôminos, especificando-se os estabelecidos no imóvel com benfeitorias e culturas;
III – as benfeitorias comuns.

**Art. 968.** Feitas as citações como preceitua o artigo 953, prosseguir-se-á na forma dos artigos 954 e 955.

**Art. 969.** Prestado o compromisso pelos arbitradores e agrimensor, terão início, pela medição do imóvel, as operações de divisão.

**Art. 970.** Todos os condôminos serão intimados a apresentar, dentro em dez dias, os seus títulos, se ainda não o tiverem feito; e a formular os seus pedidos sobre a constituição dos quinhões.

**Art. 971.** O juiz ouvirá as partes no prazo comum de dez dias.

Parágrafo único. Não havendo impugnação, o juiz determinará a divisão geodésica do imóvel; se houver, proferirá, no prazo de dez dias, decisão sobre os pedidos e os títulos que devam ser atendidos na formação dos quinhões.

**Art. 972.** A medição será efetuada na forma dos artigos 960 a 963.

**Art. 973.** Se qualquer linha do perímetro atingir benfeitorias permanentes dos confinantes, feitas há mais de um ano, serão elas respeitadas, bem como os terrenos onde estiverem, os quais não se computarão na área dividenda.

Parágrafo único. Consideram-se benfeitorias, para os efeitos deste artigo, as edificações, muros, cercas, culturas e pastos fechados, não abandonados há mais de dois anos.

**Art. 974.** É lícito aos confinantes do imóvel dividendo demandar a restituição dos terrenos que lhes tenham sido usurpados.

§ 1º Serão citados para a ação todos os condôminos, se ainda não transitou em julgado a sentença homologatória da divisão; e todos os quinhoeiros dos terrenos vindicados, se proposta posteriormente.

§ 2º Neste último caso terão os quinhoeiros o direito, pela mesma sentença que os obrigar à restituição, a haver dos outros condôminos do processo divisório, ou de seus sucessores a título universal, a composição pecuniária proporcional ao desfalque sofrido.

► Art. 974 com a redação dada pela Lei nº 5.925, de 1º-10-1973.

**Art. 975.** Concluídos os trabalhos de campo levantará o agrimensor a planta do imóvel e organizará o memorial descritivo das operações, observado o disposto nos artigos 961 a 963.

§ 1º A planta assinalará também:

I – as povoações e vias de comunicação existentes no imóvel;
II – as construções e benfeitorias, com a indicação dos seus fins, proprietários e ocupantes;
III – as águas principais que banham o imóvel;
IV – a composição geológica, qualidade e vestimenta dos terrenos, bem como o valor destes e das culturas.

§ 2º O memorial descritivo indicará mais:

I – a composição geológica, a qualidade e o valor dos terrenos, bem como a cultura e o destino a que melhor possam adaptar-se;
II – as águas que banham o imóvel, determinando-lhes, tanto quanto possível, o volume, de modo que se lhes possa calcular o valor mecânico;
III – a qualidade e a extensão aproximada de campos e matas;
IV – as indústrias exploradas e as suscetíveis de exploração;
V – as construções, benfeitorias e culturas existentes, mencionando-se os respectivos proprietários e ocupantes;
VI – as vias de comunicação estabelecidas e as que devam ser abertas;
VII – a distância aproximada à estação de transporte de mais fácil acesso;
VIII – quaisquer outras informações que possam concorrer para facilitar a partilha.

**Art. 976.** Durante os trabalhos de campo procederão os arbitradores ao exame, classificação e avaliação das terras, culturas, edifícios e outras benfeitorias, entregando o laudo ao agrimensor.

**Art. 977.** O agrimensor avaliará o imóvel no seu todo, se os arbitradores reconhecerem que a homogeneidade das terras não determina variedade de preços; ou o classificará em áreas, se houver diversidade de valores.

**Art. 978.** Em seguida os arbitradores e o agrimensor proporão, em laudo fundamentado, a forma da divisão, devendo consultar, quanto possível, a comodidade das partes, respeitar, para adjudicação a cada condômino, a preferência dos terrenos contíguos às suas residências e benfeitorias e evitar o retalhamento dos quinhões em glebas separadas.

§ 1º O cálculo será precedido do histórico das diversas transmissões efetuadas a partir do ato ou fato gerador da comunhão, atualizando-se os valores primitivos.

§ 2º Seguir-se-ão, em títulos distintos, as contas de cada condômino, mencionadas todas as aquisições e alterações em ordem cronológica, bem como as respectivas datas e as folhas dos autos onde se encontrem os documentos correspondentes.

§ 3º O plano de divisão será também consignado em um esquema gráfico.

**Art. 979.** Ouvidas as partes, no prazo comum de dez dias, sobre o cálculo e o plano da divisão, deliberará o juiz a partilha. Em cumprimento desta decisão, procederá o agrimensor, assistido pelos arbitradores, à demarcação dos quinhões, observando, além do disposto nos artigos 963 e 964, as seguintes regras:

I – as benfeitorias comuns, que não comportarem divisão cômoda, serão adjudicadas a um dos condôminos mediante compensação;

II – instituir-se-ão as servidões que forem indispensáveis, em favor de uns quinhões sobre os outros, incluindo o respectivo valor no orçamento para que, não se tratando de servidões naturais, seja compensado o condômino aquinhoado com o prédio serviente;

III – as benfeitorias particulares dos condôminos, que excederem a área a que têm direito, serão adjudicadas ao quinhoeiro vizinho mediante reposição;

IV – se outra coisa não acordarem as partes, as compensações e reposições serão feitas em dinheiro.

**Art. 980.** Terminados os trabalhos e desenhados na planta os quinhões e as servidões aparentes, organizará o agrimensor o memorial descritivo. Em seguida, cumprido o disposto no artigo 965, o escrivão lavrará o auto de divisão, seguido de uma folha de pagamento para cada condômino. Assinado o auto pelo juiz, agrimensor e arbitradores, será proferida sentença homologatória da divisão.

§ 1º O auto conterá:

I – a confinação e a extensão superficial do imóvel;

II – a classificação das terras com o cálculo das áreas de cada consorte e a respectiva avaliação, ou a avaliação do imóvel na sua integridade, quando a homogeneidade das terras não determinar diversidade de valores;

III – o valor e a quantidade geométrica que couber a cada condômino, declarando-se as reduções e compensações resultantes da diversidade de valores das glebas componentes de cada quinhão.

§ 2º Cada folha de pagamento conterá:

I – a descrição das linhas divisórias do quinhão, mencionadas as confinantes;

II – a relação das benfeitorias e culturas do próprio quinhoeiro e das que lhe foram adjudicadas por serem comuns ou mediante compensação;

III – a declaração das servidões instituídas, especificados os lugares, a extensão e modo de exercício.

**Art. 981.** Aplica-se às divisões o disposto nos artigos 952 a 955.

▶ Arts. 980 e 981 com a redação dada pela Lei nº 5.925, de 1º-10-1973.

CAPÍTULO IX

## DO INVENTÁRIO E DA PARTILHA

▶ Arts. 89, II, e 96 deste Código.

*Seção I*

### DAS DISPOSIÇÕES GERAIS

**Art. 982.** Havendo testamento ou interessado incapaz, proceder-se-á ao inventário judicial; se todos forem capazes e concordes, poderá fazer-se o inventário e a partilha por escritura pública, a qual constituirá título hábil para o registro imobiliário.

▶ *Caput* com a redação dada pela Lei nº 11.441, de 4-1-2007.

§ 1º O tabelião somente lavrará a escritura pública se todas as partes interessadas estiverem assistidas por advogado comum ou advogados de cada uma delas ou por defensor público, cuja qualificação e assinatura constarão do ato notarial.

▶ Parágrafo único transformado em § 1º e com a redação dada pela Lei nº 11.965, de 3-7-2009.

§ 2º A escritura e demais atos notariais serão gratuitos àqueles que se declararem pobres sob as penas da lei.

▶ § 2º acrescido pela Lei nº 11.965, de 3-7-2009.

**Art. 983.** O processo de inventário e partilha deve ser aberto dentro de 60 (sessenta) dias a contar da abertura da sucessão, ultimando-se nos 12 (doze) meses subsequentes, podendo o juiz prorrogar tais prazos, de ofício ou a requerimento de parte.

▶ *Caput* com a redação dada pela Lei nº 11.441, de 4-1-2007.
▶ Art. 987 deste Código.
▶ Art. 1.796 do CC.
▶ Súm. nº 542 do STF.

Parágrafo único. *Revogado.* Lei nº 11.441, de 4-1-2007.

**Art. 984.** O juiz decidirá todas as questões de direito e também as questões de fato, quando este se achar provado por documento, só remetendo para os meios ordinários as que demandarem alta indagação ou dependerem de outras provas.

**Art. 985.** Até que o inventariante preste o compromisso (artigo 990, parágrafo único), continuará o espólio na posse do administrador provisório.

**Art. 986.** O administrador provisório representa ativa e passivamente o espólio, é obrigado a trazer ao acervo os frutos que desde a abertura da sucessão percebeu, tem direito ao reembolso das despesas necessárias e úteis que fez e responde pelo dano a que, por dolo ou culpa, der causa.

*Seção II*

### DA LEGITIMIDADE PARA REQUERER O INVENTÁRIO

**Art. 987.** A quem estiver na posse e administração do espólio incumbe, no prazo estabelecido no artigo 983, requerer o inventário e a partilha.

Parágrafo único. O requerimento será instruído com a certidão de óbito do autor da herança.

**Art. 988.** Tem, contudo, legitimidade concorrente:

I – o cônjuge supérstite;
II – o herdeiro;
III – o legatário;
IV – o testamenteiro;
V – o cessionário do herdeiro ou do legatário;
VI – o credor do herdeiro, do legatário ou do autor da herança;
VII – o síndico da falência do herdeiro, do legatário, do autor da herança ou do cônjuge supérstite;

▶ Arts. 21 a 25 da Lei nº 11.101, de 9-2-2005 ( (Lei de Recuperação de Empresas e Falências).), que dispõem sobre o administrador judicial.

VIII – o Ministério Público, havendo herdeiros incapazes;
IX – a Fazenda Pública, quando tiver interesse.

**Art. 989.** O juiz determinará, de ofício, que se inicie o inventário, se nenhuma das pessoas mencionadas nos artigos antecedentes o requerer no prazo legal.

SEÇÃO III

### DO INVENTARIANTE E DAS PRIMEIRAS DECLARAÇÕES

**Art. 990.** O juiz nomeará inventariante:

I – o cônjuge ou companheiro sobrevivente, desde que estivesse convivendo com o outro ao tempo da morte deste;
II – o herdeiro que se achar na posse e administração do espólio, se não houver cônjuge ou companheiro sobrevivente ou estes não puderem ser nomeados;

▶ Incisos I e II com a redação dada pela Lei nº 12.195, de 14-1-2010.

III – qualquer herdeiro, nenhum estando na posse e administração do espólio;
IV – o testamenteiro, se lhe foi confiada a administração do espólio ou toda a herança estiver distribuída em legados;
V – o inventariante judicial, se houver;
VI – pessoa estranha idônea, onde não houver inventariante judicial.

▶ Art. 997 deste Código.

Parágrafo único. O inventariante, intimado da nomeação, prestará, dentro de cinco dias, o compromisso de bem e fielmente desempenhar o cargo.

▶ Art. 985 deste Código.

**Art. 991.** Incumbe ao inventariante:

I – representar o espólio ativa e passivamente, em juízo ou fora dele, observando-se, quanto ao dativo, o disposto no artigo 12, § 1º;
II – administrar o espólio, velando-lhe os bens com a mesma diligência como se seus fossem;
III – prestar as primeiras e últimas declarações pessoalmente ou por procurador com poderes especiais;
IV – exibir em cartório, a qualquer tempo, para exame das partes, os documentos relativos ao espólio;
V – juntar aos autos certidão do testamento, se houver;
VI – trazer à colação os bens recebidos pelo herdeiro ausente, renunciante ou excluído;

▶ Arts. 1.014 a 1.016 deste Código.

VII – prestar contas de sua gestão ao deixar o cargo ou sempre que o juiz lhe determinar;
VIII – requerer a declaração de insolvência (artigo 748).

**Art. 992.** Incumbe ainda ao inventariante, ouvidos os interessados e com autorização do juiz:

I – alienar bens de qualquer espécie;
II – transigir em juízo ou fora dele;

▶ Arts. 840 a 850 do CC.

III – pagar dívidas do espólio;
IV – fazer as despesas necessárias com a conservação e o melhoramento dos bens do espólio.

**Art. 993.** Dentro de vinte dias, contados da data em que prestou o compromisso, fará o inventariante as primeiras declarações, das quais se lavrará termo circunstanciado. No termo, assinado pelo juiz, escrivão e inventariante, serão exarados:

I – o nome, estado, idade e domicílio do autor da herança, dia e lugar em que faleceu e bem ainda se deixou testamento;
II – o nome, estado, idade e residência dos herdeiros e, havendo cônjuge supérstite, o regime de bens do casamento;
III – a qualidade dos herdeiros e o grau de seu parentesco com o inventariado;
IV – a relação completa e individuada de todos os bens do espólio e dos alheios que nele forem encontrados, descrevendo-se:

a) os imóveis, com as suas especificações, nomeadamente local em que se encontram, extensão da área, limites, confrontações, benfeitorias, origem dos títulos, números das transcrições aquisitivas e ônus que os gravam;
b) os móveis, com os sinais característicos;
c) os semoventes, seu número, espécies, marcas e sinais distintivos;
d) o dinheiro, as joias, os objetos de ouro e prata e as pedras preciosas, declarando-se-lhes especificadamente a qualidade, o peso e a importância;
e) os títulos da dívida pública, bem como as ações, cotas e títulos de sociedade, mencionando-se-lhes o número, o valor e a data;
f) as dívidas ativas e passivas, indicando-se-lhes as datas, títulos, origem da obrigação, bem como os nomes dos credores e dos devedores;
g) direitos e ações;
h) o valor corrente de cada um dos bens do espólio.

Parágrafo único. O juiz determinará que se proceda:

I – ao balanço do estabelecimento, se o autor da herança era comerciante em nome individual;
II – a apuração de haveres, se o autor da herança era sócio de sociedade que não anônima.

▶ Art. 993 com a redação dada pela Lei nº 5.925, de 1º-10-1973.
▶ Arts. 1.003 e 1.032 deste Código.

**Art. 994.** Só se pode arguir de sonegação ao inventariante depois de encerrada a descrição dos bens, com a declaração, por ele feita, de não existirem outros por inventariar.

▶ Art. 1.996 do CC.

**Art. 995.** O inventariante será removido:

I – se não prestar, no prazo legal, as primeiras e as últimas declarações;

II – se não der ao inventário andamento regular, suscitando dúvidas infundadas ou praticando atos meramente protelatórios;

III – se, por culpa sua, se deteriorarem, forem dilapidados ou sofrerem dano bens do espólio;

IV – se não defender o espólio nas ações em que для citado, deixar de cobrar dívidas ativas ou não promover as medidas necessárias para evitar o perecimento de direitos;

V – se não prestar contas ou as que prestar não forem julgadas boas;

VI – se sonegar, ocultar ou desviar bens do espólio.

**Art. 996.** Requerida a remoção com fundamento em qualquer dos números do artigo antecedente, será intimado o inventariante para, no prazo de cinco dias, defender-se e produzir provas.

Parágrafo único. O incidente da remoção correrá em apenso aos autos do inventário.

**Art. 997.** Decorrido o prazo com a defesa do inventariante ou sem ela, o juiz decidirá. Se remover o inventariante, nomeará outro, observada a ordem estabelecida no artigo 990.

**Art. 998.** O inventariante removido entregará imediatamente ao substituto os bens do espólio; deixando de fazê-lo, será compelido mediante mandado de busca e apreensão, ou de imissão de posse, conforme se tratar de bem móvel ou imóvel.

*Seção IV*

### DAS CITAÇÕES E DAS IMPUGNAÇÕES

**Art. 999.** Feitas as primeiras declarações, o juiz mandará citar, para os termos do inventário e partilha, o cônjuge, os herdeiros, os legatários, a Fazenda Pública, o Ministério Público, se houver herdeiro incapaz ou ausente e o testamenteiro, se o finado deixou testamento.

§ 1º Citar-se-ão, conforme o disposto nos artigos 224 a 230, somente as pessoas domiciliadas na comarca por onde corre o inventário ou que aí forem encontradas; e por edital, com o prazo de vinte a sessenta dias, todas as demais, residentes, assim no Brasil como no estrangeiro.

§ 2º Das primeiras declarações extrair-se-ão tantas cópias quantas forem as partes.

§ 3º O oficial de justiça, ao proceder à citação, entregará um exemplar a cada parte.

§ 4º Incumbe ao escrivão remeter cópias à Fazenda Pública, ao Ministério Público, ao testamenteiro se houver, e ao advogado, se a parte já estiver representada nos autos.

▶ Art. 999 com a redação dada pela Lei nº 5.925, de 1º-10-1973.

**Art. 1.000.** Concluídas as citações, abrir-se-á vista às partes, em cartório e pelo prazo comum de dez dias, para dizerem sobre as primeiras declarações. Cabe à parte:

▶ Art. 1.014 deste Código.

I – arguir erros e omissões;

II – reclamar contra a nomeação do inventariante;

III – contestar a qualidade de quem foi incluído no título de herdeiro.

Parágrafo único. Julgando procedente a impugnação referida no nº I, o juiz mandará retificar as primeiras declarações. Se acolher o pedido, de que trata o nº II, nomeará outro inventariante, observada a preferência legal. Verificando que a disputa sobre a qualidade de herdeiro, a que alude o nº III, constitui matéria de alta indagação, remeterá a parte para os meios ordinários e sobrestará, até o julgamento da ação, na entrega do quinhão que na partilha couber ao herdeiro admitido.

▶ Art. 1.039, I, deste Código.

**Art. 1.001.** Aquele que se julgar preterido poderá demandar a sua admissão no inventário, requerendo-o antes da partilha. Ouvidas as partes no prazo de dez dias, o juiz decidirá. Se não acolher o pedido, remeterá o requerente para os meios ordinários, mandando reservar, em poder do inventariante, o quinhão do herdeiro excluído, até que se decida o litígio.

▶ Art. 1.039, I, deste Código.

**Art. 1.002.** A Fazenda Pública, no prazo de vinte dias, após a vista de que trata o artigo 1.000, informará ao juízo, de acordo com os dados que constam de seu cadastro imobiliário, o valor dos bens de raiz descritos nas primeiras declarações.

▶ Artigo com a redação dada pela Lei nº 5.925, de 1º-10-1973.

*Seção V*

### DA AVALIAÇÃO E DO CÁLCULO DO IMPOSTO

**Art. 1.003.** Findo o prazo do artigo 1.000, sem impugnação ou decidida a que houver sido oposta, o juiz nomeará um perito para avaliar os bens do espólio, se não houver na comarca avaliador judicial.

Parágrafo único. No caso previsto no artigo 993, parágrafo único, o juiz nomeará um contador para levantar o balanço ou apurar os haveres.

**Art. 1.004.** Ao avaliar os bens do espólio, observará o perito, no que for aplicável, o disposto nos artigos 681 a 683.

**Art. 1.005.** O herdeiro que requerer, durante a avaliação, a presença do juiz e do escrivão, pagará as despesas da diligência.

**Art. 1.006.** Não se expedirá carta precatória para a avaliação de bens situados fora da comarca por onde corre o inventário, se eles forem de pequeno valor ou perfeitamente conhecidos do perito nomeado.

**Art. 1.007.** Sendo capazes todas as partes, não se procederá à avaliação, se a Fazenda Pública, intimada na forma do artigo 237, I, concordar expressamente com o valor atribuído, nas primeiras declarações, aos bens do espólio.

**Art. 1.008.** Se os herdeiros concordarem com o valor dos bens declarados pela Fazenda Pública, a avaliação cingir-se-á aos demais.

▶ Arts. 1.007 e 1.008 com a redação dada pela Lei nº 5.925, de 1º-10-1973.

**Art. 1.009.** Entregue o laudo de avaliação, o juiz mandará que sobre ele se manifestem as partes no prazo de dez dias, que correrá em cartório.

§ 1º Versando a impugnação sobre o valor dado pelo perito, o juiz a decidirá de plano, à vista do que constar dos autos.

§ 2º Julgando procedente a impugnação, determinará o juiz que o perito retifique a avaliação, observando os fundamentos da decisão.

**Art. 1.010.** O juiz mandará repetir a avaliação:

I – quando viciada por erro ou dolo do perito;

II – quando se verificar, posteriormente à avaliação, que os bens apresentam defeito que lhes diminui o valor.

**Art. 1.011.** Aceito o laudo ou resolvidas as impugnações suscitadas a seu respeito lavrar-se-á em seguida o termo de últimas declarações, no qual o inventariante poderá emendar, aditar ou completar as primeiras.

**Art. 1.012.** Ouvidas as partes sobre as últimas declarações no prazo comum de dez dias, proceder-se-á ao cálculo do imposto.

▶ Súmulas nºˢ 112 a 116 e 331 do STF.

**Art. 1.013.** Feito o cálculo, sobre ele serão ouvidas todas as partes no prazo comum de cinco dias, que correrá em cartório e, em seguida, a Fazenda Pública.

§ 1º Se houver impugnação julgada procedente, ordenará o juiz novamente a remessa dos autos ao contador, determinando as alterações que devam ser feitas no cálculo.

§ 2º Cumprido o despacho, o juiz julgará o cálculo do imposto.

### Seção VI
### DAS COLAÇÕES

▶ Arts. 2.002 a 2.012 do CC.

**Art. 1.014.** No prazo estabelecido no artigo 1.000, o herdeiro obrigado à colação conferirá por termo nos autos os bens que recebeu ou, se já os não possuir, trar-lhes-á o valor.

Parágrafo único. Os bens que devem ser conferidos na partilha, assim como as acessões e benfeitorias que o donatário fez, calcular-se-ão pelo valor que tiverem ao tempo da abertura da sucessão.

**Art. 1.015.** O herdeiro que renunciou à herança ou o que dela foi excluído não se exime, pelo fato da renúncia ou da exclusão, de conferir, para o efeito de repor a parte inoficiosa, as liberalidades que houve do doador.

§ 1º É lícito ao donatário escolher, dos bens doados, tantos quantos bastem para perfazer a legítima e a metade disponível, entrando na partilha o excedente para ser dividido entre os demais herdeiros.

§ 2º Se a parte inoficiosa da doação recair sobre bem imóvel, que não comporte divisão cômoda, o juiz determinará que sobre ela se proceda entre os herdeiros à licitação; o donatário poderá concorrer na licitação e, em igualdade de condições, preferirá aos herdeiros.

**Art. 1.016.** Se o herdeiro negar o recebimento dos bens ou a obrigação de os conferir, o juiz, ouvidas as partes no prazo comum de cinco dias, decidirá à vista das alegações e provas produzidas.

§ 1º Declarada improcedente a oposição, se o herdeiro, no prazo improrrogável de cinco dias, não proceder à conferência, o juiz mandará sequestrar-lhe, para serem inventariados e partilhados, os bens sujeitos à colação, ou imputar ao seu quinhão hereditário o valor deles, se já os não possuir.

§ 2º Se a matéria for de alta indagação, o juiz remeterá as partes para os meios ordinários, não podendo o herdeiro receber o seu quinhão hereditário, enquanto pender a demanda, sem prestar caução correspondente ao valor dos bens sobre que versar a conferência.

### Seção VII
### DO PAGAMENTO DAS DÍVIDAS

**Art. 1.017.** Antes da partilha, poderão os credores do espólio requerer ao juízo do inventário o pagamento das dívidas vencidas e exigíveis.

▶ Art. 1.997 do CC.

§ 1º A petição, acompanhada de prova literal da dívida, será distribuída por dependência e autuada em apenso aos autos do processo de inventário.

§ 2º Concordando as partes com o pedido, o juiz, ao declarar habilitado o credor, mandará que se faça a separação de dinheiro ou, em sua falta, de bens suficientes para o seu pagamento.

§ 3º Separados os bens, tantos quantos forem necessários para o pagamento dos credores habilitados, o juiz mandará aliená-los em praça ou leilão, observadas, no que forem aplicáveis, as regras do Livro II, Título II, Capítulo IV, Seção I, Subseção VII e Seção II, Subseções I e II.

▶ Art. 1.022 deste Código.

§ 4º Se o credor requerer que, em vez de dinheiro, lhe sejam adjudicados, para o seu pagamento, os bens já reservados, o juiz deferir-lhe-á o pedido, concordando todas as partes.

**Art. 1.018.** Não havendo concordância de todas as partes sobre o pedido de pagamento feito pelo credor, será ele remetido para os meios ordinários.

▶ Art. 1.039, I, deste Código.

Parágrafo único. O juiz mandará, porém, reservar em poder do inventariante bens suficientes para pagar o credor, quando a dívida constar de documento que comprove suficientemente a obrigação e a impugnação não se fundar em quitação.

**Art. 1.019.** O credor de dívida líquida e certa, ainda não vencida, pode requerer habilitação no inventário. Concordando as partes com o pedido, o juiz, ao julgar habilitado o crédito, mandará que se faça separação de bens para o futuro pagamento.

**Art. 1.020.** O legatário é parte legítima para manifestar-se sobre as dívidas do espólio:

I – quando toda a herança for dividida em legados;

II – quando o reconhecimento das dívidas importar redução dos legados.

**Art. 1.021.** Sem prejuízo do disposto no artigo 674, é lícito aos herdeiros, ao separarem bens para o pagamento de dívidas, autorizar que o inventariante os nomeie à penhora no processo em que o espólio for executado.

## Seção VIII
### DA PARTILHA

**Art. 1.022.** Cumprido o disposto no artigo 1.017, § 3º, o juiz facultará às partes que, no prazo comum de dez dias, formulem o pedido de quinhão; em seguida proferirá, no prazo de dez dias, o despacho de deliberação da partilha, resolvendo os pedidos das partes e designando os bens que devam constituir quinhão de cada herdeiro e legatário.

**Art. 1.023.** O partidor organizará o esboço da partilha de acordo com a decisão, observando nos pagamentos a seguinte ordem:

I – dívidas atendidas;
II – meação do cônjuge;
III – meação disponível;
IV – quinhões hereditários, a começar pelo co-herdeiro mais velho.

**Art. 1.024.** Feito o esboço, dirão sobre ele as partes no prazo comum de cinco dias. Resolvidas as reclamações, será a partilha lançada nos autos.

**Art. 1.025.** A partilha constará:

I – de um auto de orçamento, que mencionará:
a) os nomes do autor da herança, do inventariante, do cônjuge supérstite, dos herdeiros, dos legatários e dos credores admitidos;
b) o ativo, o passivo e o líquido partível, com as necessárias especificações;
c) o valor de cada quinhão;

II – de uma folha de pagamento para cada parte, declarando a quota a pagar-lhe, a razão do pagamento, a relação dos bens que lhe compõem o quinhão, as características que os individualizam e os ônus que os gravam.

Parágrafo único. O auto e cada uma das folhas serão assinados pelo juiz e pelo escrivão.

**Art. 1.026.** Pago o imposto de transmissão a título de morte, e junta aos autos certidão ou informação negativa de dívida para com a Fazenda Pública, o juiz julgará por sentença a partilha.

**Art. 1.027.** Passada em julgado a sentença mencionada no artigo antecedente, receberá o herdeiro os bens que lhe tocarem e um formal de partilha, do qual constarão as seguintes peças:

I – termo de inventariante e título de herdeiros;
II – avaliação dos bens que constituíram o quinhão do herdeiro;
III – pagamento do quinhão hereditário;
IV – quitação dos impostos;
V – sentença.

Parágrafo único. O formal de partilha poderá ser substituído por certidão do pagamento do quinhão hereditário, quando este não exceder cinco vezes o salário mínimo vigente na sede do juízo; caso em que se transcreverá nela a sentença de partilha transitada em julgado.

**Art. 1.028.** A partilha, ainda depois de passar em julgado a sentença (artigo 1.026), pode ser emendada nos mesmos autos do inventário, convindo todas as partes, quando tenha havido erro de fato na descrição dos bens; o juiz, de ofício ou a requerimento da parte, poderá, a qualquer tempo, corrigir-lhe as inexatidões materiais.

**Art. 1.029.** A partilha amigável, lavrada em instrumento público, reduzida a termo nos autos do inventário ou constante de escrito particular homologado pelo juiz, pode ser anulada, por dolo, coação, erro essencial ou intervenção de incapaz.

Parágrafo único. O direito de propor ação anulatória de partilha amigável prescreve em um ano, contado este prazo:

I – no caso de coação, do dia em que ela cessou;
II – no de erro ou dolo, do dia em que se realizou o ato;
III – quanto ao incapaz, do dia em que cessar a incapacidade.

▶ Art. 1.029 com a redação dada pela Lei nº 5.925, de 1º-10-1973.

**Art. 1.030.** É rescindível a partilha julgada por sentença:

I – nos casos mencionados no artigo antecedente;
II – se feita com preterição de formalidades legais;
III – se preteriu herdeiro ou incluiu quem não o seja.

▶ Art. 485 deste Código.

## Seção IX
### DO ARROLAMENTO

**Art. 1.031.** A partilha amigável, celebrada entre partes capazes, nos termos do art. 2.015 da Lei nº 10.406, de 10 de janeiro de 2002 – Código Civil, será homologada de plano pelo juiz, mediante a prova da quitação dos tributos relativos aos bens do espólio e às suas rendas, com observância dos arts. 1.032 a 1.035 desta Lei.

▶ Caput com a redação dada pela Lei nº 11.441, de 4-1-2007.
▶ Art. 2.015 do CC.

§ 1º O disposto neste artigo aplica-se, também, ao pedido de adjudicação, quando houver herdeiro único.

§ 2º Transitada em julgado a sentença de homologação de partilha ou adjudicação, o respectivo formal, bem como os alvarás referentes aos bens por ela abrangidos, só serão expedidos e entregues às partes após comprovação, verificada pela Fazenda Pública, do pagamento de todos os tributos.

▶ §§ 1º e 2º com a redação dada pela Lei nº 9.280, de 30-5-1996.

**Art. 1.032.** Na petição de inventário, que se processará na forma de arrolamento sumário, independentemente da lavratura de termos de qualquer espécie, os herdeiros:

▶ Caput com a redação dada pela Lei nº 7.019, de 31-8-1992.

I – requererão ao juiz a nomeação do inventariante que designarem;
II – declararão os títulos dos herdeiros e os bens do espólio, observado o disposto no artigo 993 desta Lei;

▶ Incisos I e II com a redação dada pela Lei nº 7.019, de 31-8-1992.

III – atribuirão o valor dos bens do espólio, para fins de partilha.

▶ Inciso III acrescido pela Lei nº 7.019, de 31-8-1992.

**Art. 1.033.** Ressalvada a hipótese prevista no parágrafo único do artigo 1.035 desta Lei, não se procederá à avaliação dos bens do espólio para qualquer finalidade.

**Art. 1.034.** No arrolamento, não serão conhecidas ou apreciadas questões relativas ao lançamento, ao pagamento ou à quitação de taxas judiciárias e de tributos incidentes sobre a transmissão da propriedade dos bens do espólio.

§ 1º A taxa judiciária, se devida, será calculada com base no valor atribuído pelos herdeiros, cabendo ao fisco, se apurar em processo administrativo valor diverso do estimado, exigir a eventual diferença pelos meios adequados ao lançamento de créditos tributários em geral.

§ 2º O imposto de transmissão será objeto de lançamento administrativo, conforme dispuser a legislação tributária, não ficando as autoridades fazendárias adstritas aos valores dos bens do espólio atribuídos pelos herdeiros.

**Art. 1.035.** A existência de credores do espólio não impedirá a homologação da partilha ou da adjudicação, se forem reservados bens suficientes para o pagamento da dívida.

Parágrafo único. A reserva de bens será realizada pelo valor estimado pelas partes, salvo se o credor, regularmente notificado, impugnar a estimativa, caso em que se promoverá a avaliação dos bens a serem reservados.

▶ Art. 1.033 deste Código.

**Art. 1.036.** Quando o valor dos bens do espólio for igual ou inferior a duas mil Obrigações do Tesouro Nacional – OTN, o inventário processar-se-á na forma de arrolamento, cabendo ao inventariante nomeado, independentemente da assinatura de termo de compromisso, apresentar, com suas declarações, a atribuição do valor dos bens do espólio e o plano da partilha.

§ 1º Se qualquer das partes ou o Ministério Público impugnar a estimativa, o juiz nomeará um avaliador que oferecerá laudo em dez dias.

§ 2º Apresentado o laudo, o juiz, em audiência que designar, deliberará sobre a partilha, decidindo de plano todas as reclamações e mandando pagar as dívidas não impugnadas.

§ 3º Lavrar-se-á de tudo um só termo, assinado pelo juiz e pelas partes presentes.

§ 4º Aplicam-se a esta espécie de arrolamento, no que couberem, as disposições do artigo 1.034 e seus parágrafos, relativamente ao lançamento, ao pagamento e à quitação da taxa judiciária e do imposto sobre a transmissão da propriedade dos bens do espólio.

§ 5º Provada a quitação dos tributos relativos aos bens do espólio e às suas rendas, o juiz julgará a partilha.

**Art. 1.037.** Independerá de inventário ou arrolamento o pagamento dos valores previstos na Lei nº 6.858, de 24 de novembro de 1980.

▶ Lei nº 6.858, de 24-11-1980, dispõe sobre o pagamento, aos dependentes ou sucessores, de valores não recebidos em vida pelos respectivos titulares.

**Art. 1.038.** Aplicam-se subsidiariamente a esta Seção as disposições das seções antecedentes, bem como as da seção subsequente.

▶ Arts. 1.033 a 1.038 com a redação dada pela Lei nº 7.019, de 31-8-1992.

## SEÇÃO X
### DAS DISPOSIÇÕES COMUNS ÀS SEÇÕES PRECEDENTES

**Art. 1.039.** Cessa a eficácia das medidas cautelares previstas nas várias seções deste Capítulo:

I – se a ação não for proposta em trinta dias, contados da data em que da decisão foi intimado o impugnante (artigo 1.000, parágrafo único), o herdeiro excluído (artigo 1.001) ou o credor não admitido (artigo 1.018);

II – se o juiz declarar extinto o processo de inventário com ou sem julgamento do mérito.

**Art. 1.040.** Ficam sujeitos à sobrepartilha os bens:

I – sonegados;
II – da herança que se descobrirem depois da partilha;
III – litigiosos, assim como os de liquidação difícil ou morosa;
IV – situados em lugar remoto da sede do juízo onde se processa o inventário.

Parágrafo único. Os bens mencionados nos nos III e IV deste artigo serão reservados à sobrepartilha sob a guarda e administração do mesmo ou de diverso inventariante, a aprazimento da maioria dos herdeiros.

**Art. 1.041.** Observar-se-á na sobrepartilha dos bens o processo de inventário e partilha.

Parágrafo único. A sobrepartilha correrá nos autos do inventário do autor da herança.

**Art. 1.042.** O juiz dará curador especial:

I – ao ausente, se o não tiver;
II – ao incapaz, se concorrer na partilha com o seu representante.

▶ Art. 302, parágrafo único, deste Código.

**Art. 1.043.** Falecendo o cônjuge meeiro supérstite antes da partilha dos bens do pré-morto, as duas heranças serão cumulativamente inventariadas e partilhadas, se os herdeiros de ambos forem os mesmos.

§ 1º Haverá um só inventariante para os dois inventários.

§ 2º O segundo inventário será distribuído por dependência, processando-se em apenso ao primeiro.

**Art. 1.044.** Ocorrendo a morte de algum herdeiro na pendência do inventário em que foi admitido e não possuindo outros bens além do seu quinhão na herança, poderá este ser partilhado juntamente com os bens do monte.

**Art. 1.045.** Nos casos previstos nos dois artigos antecedentes prevalecerão as primeiras declarações, assim como o laudo de avaliação, salvo se se alterou o valor dos bens.

Parágrafo único. No inventário a que se proceder por morte do cônjuge herdeiro supérstite, é lícito, independentemente de sobrepartilha, descrever e partilhar bens omitidos no inventário do cônjuge pré-morto.

## Capítulo X
## DOS EMBARGOS DE TERCEIRO

**Art. 1.046.** Quem, não sendo parte no processo, sofrer turbação ou esbulho na posse de seus bens por ato de apreensão judicial, em casos como o de penhora, depósito, arresto, sequestro, alienação judicial, arrecadação, arrolamento, inventário, partilha, poderá requerer lhes sejam manutenidos ou restituídos por meio de embargos.

► Súmulas nºs 84 e 303 do STJ.

§ 1º Os embargos podem ser de terceiro senhor e possuidor, ou apenas possuidor.

§ 2º Equipara-se a terceiro a parte que, posto figure no processo, defende bens que, pelo título de sua aquisição ou pela qualidade em que os possuir, não podem ser atingidos pela apreensão judicial.

§ 3º Considera-se também terceiro o cônjuge quando defende a posse de bens dotais, próprios, reservados ou de sua meação.

► Súm. nº 134 do STJ.

**Art. 1.047.** Admitem-se ainda embargos de terceiro:
I – para a defesa da posse, quando nas ações de divisão ou de demarcação, for o imóvel sujeito a atos materiais, preparatórios ou definitivos, da partilha ou da fixação de rumos;
II – para o credor com garantia real obstar alienação judicial do objeto da hipoteca, penhor ou anticrese.

**Art. 1.048.** Os embargos podem ser opostos a qualquer tempo no processo de conhecimento enquanto não transitada em julgado a sentença, e, no processo de execução, até cinco dias depois da arrematação, adjudicação ou remição, mas sempre antes da assinatura da respectiva carta.

► Arts. 651, 685-B, 685-C, § 2º, e 694 deste Código.

**Art. 1.049.** Os embargos serão distribuídos por dependência e correrão em autos distintos perante o mesmo juiz que ordenou a apreensão.

**Art. 1.050.** O embargante, em petição elaborada com observância do disposto no artigo 282, fará a prova sumária de sua posse e a qualidade de terceiro, oferecendo documentos e rol de testemunhas.

§ 1º É facultada a prova da posse em audiência preliminar designada pelo juiz.

§ 2º O possuidor direto pode alegar, com a sua posse, domínio alheio.

► Art. 1.197 do CC.

§ 3º A citação será pessoal, se o embargado não tiver procurador constituído nos autos da ação principal.

► § 3º acrescido pela Lei nº 12.125, de 16-12-2009.

**Art. 1.051.** Julgando suficientemente provada a posse, o juiz deferirá liminarmente os embargos e ordenará a expedição de mandado de manutenção ou de restituição em favor do embargante, que só receberá os bens depois de prestar caução de os devolver com seus rendimentos, caso sejam a final declarados improcedentes.

► Arts. 826 a 838 deste Código.

**Art. 1.052.** Quando os embargos versarem sobre todos os bens, determinará o juiz a suspensão do curso do processo principal; versando sobre alguns deles, prosseguirá o processo principal somente quanto aos bens não embargados.

**Art. 1.053.** Os embargos poderão ser contestados no prazo de dez dias, findo o qual proceder-se-á de acordo com o disposto no artigo 803.

**Art. 1.054.** Contra os embargos do credor com garantia real, somente poderá o embargado alegar que:
I – o devedor comum é insolvente;
II – o título é nulo ou não obriga a terceiro;
III – outra é a coisa dada em garantia.

## Capítulo XI
## DA HABILITAÇÃO

**Art. 1.055.** A habilitação tem lugar quando, por falecimento de qualquer das partes, os interessados houverem de suceder-lhe no processo.

► Arts. 12, V, 43, 180, 265 e 991, I, deste Código.

**Art. 1.056.** A habilitação pode ser requerida:
I – pela parte, em relação aos sucessores do falecido;
II – pelos sucessores do falecido, em relação à parte.

► Art. 567 deste Código.

**Art. 1.057.** Recebida a petição inicial, ordenará o juiz a citação dos requeridos para contestar a ação no prazo de cinco dias.

► Art. 1.164 deste Código.

Parágrafo único. A citação será pessoal, se a parte não tiver procurador constituído na causa.

**Art. 1.058.** Findo o prazo da contestação, observar-se-á o disposto nos artigos 802 e 803.

**Art. 1.059.** Achando-se a causa no tribunal, a habilitação processar-se-á perante o relator e será julgada conforme o disposto no regimento interno.

**Art. 1.060.** Proceder-se-á à habilitação nos autos da causa principal e independentemente de sentença quando:
I – promovida pelo cônjuge e herdeiros necessários, desde que provem por documento o óbito do falecido e a sua qualidade;
II – em outra causa, sentença passada em julgado houver atribuído ao habilitando a qualidade de herdeiro ou sucessor;
III – o herdeiro for incluído sem qualquer oposição no inventário;
IV – estiver declarada a ausência ou determinada a arrecadação da herança jacente;
V – oferecidos os artigos de habilitação, a parte reconhecer a procedência do pedido e não houver oposição de terceiros.

**Art. 1.061.** Falecendo o alienante ou o cedente, poderá o adquirente ou o cessionário prosseguir na causa juntando aos autos o respectivo título e provando a sua identidade.

► Artigo com a redação dada pela Lei nº 5.925, de 1º-10-1973.

► Art. 42 deste Código.

**Art. 1.062.** Passada em julgado a sentença de habilitação, ou admitida a habilitação nos casos em que independer de sentença, a causa principal retomará o seu curso.

## Capítulo XII
### DA RESTAURAÇÃO DE AUTOS

**Art. 1.063.** Verificado o desaparecimento dos autos, pode qualquer das partes promover-lhes a restauração.

Parágrafo único. Havendo autos suplementares, nestes prosseguirá o processo.

**Art. 1.064.** Na petição inicial declarará a parte o estado da causa ao tempo do desaparecimento dos autos, oferecendo:

I – certidões dos atos constantes do protocolo de audiências do cartório por onde haja corrido o processo;
II – cópia dos requerimentos que dirigiu ao juiz;
III – quaisquer outros documentos que facilitem a restauração.

**Art. 1.065.** A parte contrária será citada para contestar o pedido no prazo de cinco dias, cabendo-lhe exibir as cópias, contrafés e mais reproduções dos atos e documentos que estiverem em seu poder.

§ 1º Se a parte concordar com a restauração, lavrar-se-á o respectivo auto que, assinado pelas partes e homologado pelo juiz, suprirá o processo desaparecido.

§ 2º Se a parte não contestar ou se a concordância for parcial, observar-se-á o disposto no artigo 803.

**Art. 1.066.** Se o desaparecimento dos autos tiver ocorrido depois da produção das provas em audiência, o juiz mandará repeti-las.

§ 1º Serão reinquiridas as mesmas testemunhas; mas se estas tiverem falecido ou se acharem impossibilitadas de depor e não houver meio de comprovar de outra forma o depoimento, poderão ser substituídas.

§ 2º Não havendo certidão ou cópia do laudo, far-se-á nova perícia, sempre que for possível e de preferência pelo mesmo perito.

§ 3º Não havendo certidão de documentos, estes serão reconstituídos mediante cópias e, na falta, pelos meios ordinários de prova.

§ 4º Os serventuários e auxiliares da justiça não podem eximir-se de depor como testemunhas a respeito de atos que tenham praticado ou assistido.

§ 5º Se o juiz houver proferido sentença da qual possua cópia, esta será junta aos autos e terá a mesma autoridade da original.

**Art. 1.067.** Julgada a restauração, seguirá o processo os seus termos.

§ 1º Aparecendo os autos originais, nestes se prosseguirá sendo-lhes apensados os autos da restauração.

§ 2º Os autos suplementares serão restituídos ao cartório, deles se extraindo certidões de todos os atos e termos a fim de completar os autos originais.

**Art. 1.068.** Se o desaparecimento dos autos tiver ocorrido no tribunal, a ação será distribuída, sempre que possível, *ao relator do processo*.

§ 1º A restauração far-se-á no juízo de origem quanto aos atos que neste se tenham realizado.

§ 2º Remetidos os autos ao tribunal, aí se completará a restauração e se procederá ao julgamento.

**Art. 1.069.** Quem houver dado causa ao desaparecimento dos autos responderá pelas custas da restauração e honorários de advogado, sem prejuízo da responsabilidade civil ou penal em que incorrer.

## Capítulo XIII
### DAS VENDAS A CRÉDITO COM RESERVA DE DOMÍNIO

**Art. 1.070.** Nas vendas a crédito com reserva de domínio, quando as prestações estiverem representadas por título executivo, o credor poderá cobrá-las, observando-se o disposto no Livro II, Título II, Capítulo IV.

§ 1º Efetuada a penhora da coisa vendida, é lícito a qualquer das partes, no curso do processo, requerer-lhe a alienação judicial em leilão.

▶ Arts. 646 a 741 deste Código.

§ 2º O produto do leilão será depositado, sub-rogando-se nele a penhora.

**Art. 1.071.** Ocorrendo mora do comprador, provada com o protesto do título, o vendedor poderá requerer liminarmente e sem audiência do comprador, a apreensão e depósito da coisa vendida.

§ 1º Ao deferir o pedido, nomeará o juiz perito, que procederá à vistoria da coisa e arbitramento do seu valor, descrevendo-lhe o estado e individuando-a com todos os característicos.

§ 2º Feito o depósito, será citado o comprador para, dentro em cinco dias, contestar a ação. Neste prazo poderá o comprador, que houver pago mais de quarenta por cento do preço, requerer ao juiz que lhe conceda trinta dias para reaver a coisa, liquidando as prestações vencidas, juros, honorários e custas.

▶ Arts. 297 a 314 deste Código.

§ 3º Se o réu não contestar, deixar de pedir a concessão do prazo ou não efetuar o pagamento referido no parágrafo anterior, poderá o autor, mediante a apresentação dos títulos vencidos e vincendos, requerer a reintegração imediata na posse da coisa depositada; caso em que, descontada do valor arbitrado a importância da dívida acrescida das despesas judiciais e extrajudiciais, o autor restituirá ao réu o saldo, depositando-o em pagamento.

§ 4º Se a ação for contestada, observar-se-á o procedimento ordinário, sem prejuízo da reintegração liminar.

## Capítulo XIV

### DO JUÍZO ARBITRAL

*Seção I*

#### DO COMPROMISSO

**Arts. 1.072 a 1.102.** *Revogados.* Lei nº 9.307, de 23-9-1996.

## Capítulo XV

### DA AÇÃO MONITÓRIA

▶ Capítulo acrescido pela Lei nº 9.079, de 14-7-1995.

**Art. 1.102-A.** A ação monitória compete a quem pretender, com base em prova escrita sem eficácia de títu-

lo executivo, pagamento de soma em dinheiro, entrega de coisa fungível ou de determinado bem móvel.
▶ Súmulas nºs 233, 247, 299, 339 e 384 do STJ.

**Art. 1.102-B.** Estando a petição inicial devidamente instruída, o juiz deferirá de plano a expedição do mandado de pagamento ou de entrega da coisa no prazo de quinze dias.
▶ Arts. 1.102-A e 1.102-B acrescidos pela Lei nº 9.079, de 14-7-1995.
▶ Súm. nº 282 do STJ.

**Art. 1.102-C.** No prazo previsto no art. 1.102-B, poderá o réu oferecer embargos, que suspenderão a eficácia do mandado inicial. Se os embargos não forem opostos, constituir-se-á, de pleno direito, o título executivo judicial, convertendo-se o mandado inicial em mandado executivo e prosseguindo-se na forma do Livro I, Título VIII, Capítulo X, desta Lei.
▶ *Caput* com a redação dada pela Lei nº 11.232, de 22-12-2005.
▶ Arts. 475-I a 475-R deste Código.

§ 1º Cumprindo o réu o mandado, ficará isento de custas e honorários advocatícios.
▶ Arts. 19 e 20 deste Código.

§ 2º Os embargos independem de prévia segurança do juízo e serão processados nos próprios autos, pelo procedimento ordinário.
▶ §§ 1º e 2º acrescidos pela Lei nº 9.079, de 14-7-1995.
▶ Súm. nº 292 do STJ.

§ 3º Rejeitados os embargos, constituir-se-á, de pleno direito, o título executivo judicial, intimando-se o devedor e prosseguindo-se na forma prevista no Livro I, Título VIII, Capítulo X, desta Lei.
▶ § 3º com a redação dada pela Lei nº 11.232, de 22-12-2005.
▶ Arts. 475-I a 475-R deste Código.

## TÍTULO II – DOS PROCEDIMENTOS ESPECIAIS DE JURISDIÇÃO VOLUNTÁRIA

### CAPÍTULO I
### DAS DISPOSIÇÕES GERAIS

**Art. 1.103.** Quando este Código não estabelecer procedimento especial, regem a jurisdição voluntária as disposições constantes deste Capítulo.

**Art. 1.104.** O procedimento terá início por provocação do interessado ou do Ministério Público, cabendo-lhes formular o pedido em requerimento dirigido ao juiz, devidamente instruído com os documentos necessários e com a indicação da providência judicial.
▶ Art. 24 deste Código.

**Art. 1.105.** Serão citados, sob pena de nulidade, todos os interessados, bem como o Ministério Público.

**Art. 1.106.** O prazo para responder é de dez dias.

**Art. 1.107.** Os interessados podem produzir as provas destinadas a demonstrar as suas alegações; mas ao juiz é lícito investigar livremente os fatos e ordenar de ofício a realização de quaisquer provas.

**Art. 1.108.** A Fazenda Pública será sempre ouvida nos casos em que tiver interesse.

**Art. 1.109.** O juiz decidirá o pedido no prazo de dez dias; não é, porém, obrigado a observar critério de legalidade estrita, podendo adotar em cada caso a solução que reputar mais conveniente ou oportuna.
▶ Art. 127 deste Código.

**Art. 1.110.** Da sentença caberá apelação.

**Art. 1.111.** A sentença poderá ser modificada, sem prejuízo dos efeitos já produzidos, se ocorrerem circunstâncias supervenientes.

**Art. 1.112.** Processar-se-á na forma estabelecida neste Capítulo o pedido de:

I – emancipação;
II – sub-rogação;
III – alienação, arrendamento ou oneração de bens dotais, de menores, de órfãos e de interditos;
IV – alienação, locação e administração da coisa comum;
V – alienação de quinhão em coisa comum;
VI – extinção de usufruto e de fideicomisso.

### CAPÍTULO II
### DAS ALIENAÇÕES JUDICIAIS

**Art. 1.113.** Nos casos expressos em lei e sempre que os bens depositados judicialmente forem de fácil deterioração, estiverem avariados ou exigirem grandes despesas para a sua guarda, o juiz, de ofício ou a requerimento do depositário ou de qualquer das partes, mandará aliená-los em leilão.

§ 1º Poderá o juiz autorizar, da mesma forma, a alienação de semoventes e outros bens de guarda dispendiosa; mas não o fará se alguma das partes se obrigar a satisfazer ou garantir as despesas de conservação.

§ 2º Quando uma das partes requerer a alienação judicial, o juiz ouvirá sempre a outra antes de decidir.

§ 3º Far-se-á a alienação independentemente de leilão, se todos os interessados forem capazes e nisso convierem expressamente.

**Art. 1.114.** Os bens serão avaliados por um perito nomeado pelo juiz quando:

I – não o hajam sido anteriormente;
II – tenham sofrido alteração em seu valor.

**Art. 1.115.** A alienação será feita pelo maior lanço oferecido, ainda que seja inferior ao valor da avaliação.

**Art. 1.116.** Efetuada a alienação e deduzidas as despesas, depositar-se-á o preço, ficando nele sub-rogados os ônus ou responsabilidades a que estivem sujeitos os bens.

Parágrafo único. Não sendo caso de se levantar o depósito antes de trinta dias, inclusive na ação ou na execução, o juiz determinará a aplicação do produto da alienação ou do depósito, em obrigações ou títulos da dívida pública da União ou dos Estados.
▶ Art. 1.116 com a redação dada pela Lei nº 5.925, de 1º-10-1973.

**Art. 1.117.** Também serão alienados em leilão, procedendo-se como nos artigos antecedentes:

I – o imóvel que, na partilha, não couber no quinhão de um só herdeiro ou não admitir divisão cômoda, salvo se adjudicado a um ou mais herdeiros acordes;

II – a coisa comum indivisível ou que, pela divisão, se tornar imprópria ao seu destino, verificada previamente a existência de desacordo quanto à adjudicação a um dos condôminos;
III – os bens móveis e imóveis de órfãos nos casos em que a lei o permite e mediante autorização do juiz.

**Art. 1.118.** Na alienação judicial de coisa comum, será preferido:

I – em condições iguais, o condômino ao estranho;
II – entre os condôminos, o que tiver benfeitorias de maior valor;
III – o condômino proprietário de quinhão maior, se não houver benfeitorias.

**Art. 1.119.** Verificada a alienação de coisa comum sem observância das preferências legais, o condômino prejudicado poderá requerer, antes da assinatura da carta, o depósito do preço e adjudicação da coisa.

Parágrafo único. Serão citados o adquirente e os demais condôminos para dizerem de seu direito, observando-se, quanto ao procedimento, o disposto no artigo 803.

CAPÍTULO III

## DA SEPARAÇÃO CONSENSUAL

▶ EC nº 66, de 13-7-2010, suprimiu o requisito da prévia separação judicial para a dissolução do casamento civil pelo divórcio.
▶ Art. 100, I, deste Código.
▶ Art. 34 da Lei nº 6.515, de 26-12-1977 (Lei do Divórcio).

**Art. 1.120.** A separação consensual será requerida em petição assinada por ambos os cônjuges.

▶ EC nº 66, de 13-7-2010, suprimiu o requisito da prévia separação judicial para a dissolução do casamento civil pelo divórcio.

§ 1º Se os cônjuges não puderem ou não souberem escrever, é lícito que outrem assine a petição a rogo deles.

§ 2º As assinaturas, quando não lançadas na presença do juiz, serão reconhecidas por tabelião.

**Art. 1.121.** A petição, instruída com a certidão de casamento e o contrato antenupcial se houver, conterá:

I – a descrição dos bens do casal e a respectiva partilha;
II – o acordo relativo à guarda dos filhos menores e ao regime de visitas;

▶ Inciso II com a redação dada pela Lei nº 11.112, de 13-5-2005.
▶ Art. 1.584 do CC.

III – o valor da contribuição para criar e educar os filhos;
IV – a pensão alimentícia do marido à mulher, se esta não possuir bens suficientes para se manter.

▶ Súm. nº 305 do STF.
▶ Súm. nº 64 do TFR.

§ 1º Se os cônjuges não acordarem sobre a partilha dos bens, far-se-á esta, depois de homologada a separação consensual, na forma estabelecida neste Livro, Título I, Capítulo IX.

▶ Parágrafo único transformado em § 1º pela Lei nº 11.112, de 13-5-2005.

▶ EC nº 66, de 13-7-2010, suprimiu o requisito da prévia separação judicial para a dissolução do casamento civil pelo divórcio.
▶ Arts. 982 a 1.045 deste Código.

§ 2º Entende-se por regime de visitas a forma pela qual os cônjuges ajustarão a permanência dos filhos em companhia daquele que não ficar com sua guarda, compreendendo encontros periódicos regularmente estabelecidos, repartição das férias escolares e dias festivos.

▶ § 2º acrescido pela Lei nº 11.112, de 13-5-2005.

**Art. 1.122.** Apresentada a petição ao juiz, este verificará se ela preenche os requisitos exigidos nos dois artigos antecedentes; em seguida, ouvirá os cônjuges sobre os motivos da separação consensual, esclarecendo-lhes as consequências da manifestação de vontade.

▶ EC nº 66, de 13-7-2010, suprimiu o requisito da prévia separação judicial para a dissolução do casamento civil pelo divórcio.

§ 1º Convencendo-se o juiz de que ambos, livremente e sem hesitações, desejam a separação consensual, mandará reduzir a termo as declarações e, depois de ouvir o Ministério Público no prazo de cinco dias, a homologará; em caso contrário, marcar-lhes-á dia e hora, com quinze a trinta dias de intervalo, para que voltem, a fim de ratificar o pedido de separação consensual.

§ 2º Se qualquer dos cônjuges não comparecer à audiência designada ou não ratificar o pedido, o juiz mandará autuar a petição e documentos e arquivar o processo.

**Art. 1.123.** É lícito às partes, a qualquer tempo, no curso da separação judicial, lhe requererem a conversão em separação consensual; caso em que será observado o disposto no artigo 1.121 e primeira parte do § 1º do artigo antecedente.

▶ EC nº 66, de 13-7-2010, suprimiu o requisito da prévia separação judicial para a dissolução do casamento civil pelo divórcio.

**Art. 1.124.** Homologada a separação consensual, averbar-se-á a sentença no registro civil e, havendo bens imóveis, na circunscrição onde se acham registrados.

▶ EC nº 66, de 13-7-2010, suprimiu o requisito da prévia separação judicial para a dissolução do casamento civil pelo divórcio.

**Art. 1.124-A.** A separação consensual e o divórcio consensual, não havendo filhos menores ou incapazes do casal e observados os requisitos legais quanto aos prazos, poderão ser realizados por escritura pública, da qual constarão as disposições relativas à descrição e à partilha dos bens comuns e à pensão alimentícia e, ainda, ao acordo quanto à retomada pelo cônjuge de seu nome de solteiro ou à manutenção do nome adotado quando se deu o casamento.

▶ EC nº 66, de 13-7-2010, suprimiu o requisito da prévia separação judicial para a dissolução do casamento civil pelo divórcio.

§ 1º A escritura não depende de homologação judicial e constitui título hábil para o registro civil e o registro de imóveis.

§ 2º O tabelião somente lavrará a escritura se os contratantes estiverem assistidos por advogado comum ou advogados de cada um deles ou por defensor público, cuja qualificação e assinatura constarão do ato notarial.

▶ § 2º com a redação dada pela Lei nº 11.965, de 3-7-2009.

§ 3º A escritura e demais atos notariais serão gratuitos àqueles que se declararem pobres sob as penas da lei.

▶ Art. 1.124-A acrescido pela Lei nº 11.441, de 4-1-2007.

## Capítulo IV
### DOS TESTAMENTOS E CODICILOS

*Seção I*

### DA ABERTURA, DO REGISTRO E DO CUMPRIMENTO

**Art. 1.125.** Ao receber testamento cerrado, o juiz, após verificar se está intacto, o abrirá e mandará que o escrivão o leia em presença de quem o entregou.

▶ Arts. 1.868 a 1.875 do CC.

Parágrafo único. Lavrar-se-á em seguida o ato de abertura que, rubricado pelo juiz e assinado pelo apresentante, mencionará:

I – a data e o lugar em que o testamento foi aberto;
II – o nome do apresentante e como houve ele o testamento;
III – a data e o lugar do falecimento do testador;
IV – qualquer circunstância digna de nota, encontrada no invólucro ou no interior do testamento.

**Art. 1.126.** Conclusos os autos, o juiz, ouvido o órgão do Ministério Público, mandará registrar, arquivar e cumprir o testamento, se lhe não achar vício externo, que o torne suspeito de nulidade ou falsidade.

▶ Art. 1.875 do CC.

Parágrafo único. O testamento será registrado e arquivado no cartório a que tocar, dele remetendo o escrivão uma cópia, no prazo de oito dias, à repartição fiscal.

**Art. 1.127.** Feito o registro, o escrivão intimará o testamenteiro nomeado a assinar, no prazo de cinco dias, o termo da testamentaria; se não houver testamenteiro nomeado, estiver ele ausente ou não aceitar o encargo, o escrivão certificará a ocorrência e fará os autos conclusos; caso em que o juiz nomeará testamenteiro dativo, observando-se a preferência legal.

▶ Art. 1.984 do CC.

Parágrafo único. Assinado o termo de aceitação da testamentaria, o escrivão extrairá cópia autêntica do testamento para ser juntada aos autos de inventário ou de arrecadação da herança.

**Art. 1.128.** Quando o testamento for público, qualquer interessado, exibindo-lhe o traslado ou certidão, poderá requerer ao juiz que ordene o seu cumprimento.

Parágrafo único. O juiz mandará processá-lo conforme o disposto nos artigos 1.125 e 1.126.

**Art. 1.129.** O juiz, de ofício ou a requerimento de qualquer interessado, ordenará ao detentor de testamento que o exiba em juízo para os fins legais, se ele, após a morte do testador, não o tiver antecipado em fazê-lo.

Parágrafo único. Não sendo cumprida a ordem, proceder-se-á à busca e apreensão do testamento, de conformidade com o disposto nos artigos 839 a 843.

▶ Art. 1.129 com a redação dada pela Lei nº 5.925, de 1º-10-1973.
▶ Arts. 330, 337 e 356 do CP.

*Seção II*

### DA CONFIRMAÇÃO DO TESTAMENTO PARTICULAR

**Art. 1.130.** O herdeiro, o legatário ou o testamenteiro poderá requerer, depois da morte do testador, a publicação em juízo do testamento particular, inquirindo-se as testemunhas que lhe ouviram a leitura e, depois disso, o assinaram.

▶ Arts. 1.876 a 1.880 do CC.

Parágrafo único. A petição será instruída com a cédula do testamento particular.

**Art. 1.131.** Serão intimados para a inquirição:

I – aqueles a quem caberia a sucessão legítima;
II – o testamenteiro, os herdeiros e os legatários que não tiverem requerido a publicação;
III – o Ministério Público.

Parágrafo único. As pessoas, que não forem encontradas na comarca, serão intimadas por edital.

**Art. 1.132.** Inquiridas as testemunhas, poderão os interessados, no prazo comum de cinco dias, manifestar-se sobre o testamento.

**Art. 1.133.** Se pelo menos três testemunhas contestes reconhecerem que é autêntico o testamento, o juiz, ouvido o órgão do Ministério Público, o confirmará, observando-se quanto ao mais o disposto nos artigos 1.126 e 1.127.

▶ Art. 1.878 do CC.

*Seção III*

### DO TESTAMENTO MILITAR, MARÍTIMO, NUNCUPATIVO E DO CODICILO

**Art. 1.134.** As disposições da seção precedente aplicam-se:

I – ao testamento marítimo;
II – ao testamento militar;
III – ao testamento nuncupativo;
IV – ao codicilo.

▶ Arts. 1.885, 1.888 e 1.893 do CC.

*Seção IV*

### DA EXECUÇÃO DOS TESTAMENTOS

**Art. 1.135.** O testamenteiro deverá cumprir as disposições testamentárias no prazo legal, se outro não tiver sido assinado pelo testador e prestar contas, no juízo do inventário, do que recebeu e despendeu.

▶ Art. 1.983 do CC.

Parágrafo único. Será ineficaz a disposição testamentária que eximir o testamenteiro da obrigação de prestar contas.

**Art. 1.136.** Se dentro de três meses, contados do registro do testamento, não estiver inscrita a hipoteca legal da mulher casada, do menor e do interdito instituídos herdeiros ou legatários, o testamenteiro requerer-lhe-á a inscrição; sem a qual não se haverão por cumpridas as disposições do testamento.

▶ Arts. 1.205 a 1.210 deste Código.

**Art. 1.137.** Incumbe ao testamenteiro:

I – cumprir as obrigações do testamento;
II – propugnar a validade do testamento;
III – defender a posse dos bens da herança;
IV – requerer ao juiz que lhe conceda os meios necessários para cumprir as disposições testamentárias.

**Art. 1.138.** O testamenteiro tem direito a um prêmio que, se o testador não o houver fixado, o juiz arbitrará, levando em conta o valor da herança e o trabalho de execução do testamento.

▶ Arts. 1.987 a 1.989 do CC.

§ 1º O prêmio, que não excederá cinco por cento, será calculado sobre a herança líquida e deduzido somente da metade disponível quando houver herdeiros necessários, e de todo o acervo líquido nos demais casos.

§ 2º Sendo o testamenteiro casado, sob o regime de comunhão de bens, com herdeiro ou legatário do testador, não terá direito ao prêmio; ser-lhe-á lícito, porém, preferir o prêmio à herança ou legado.

**Art. 1.139.** Não se efetuará o pagamento do prêmio mediante adjudicação de bens do espólio, salvo se o testamenteiro for meeiro.

**Art. 1.140.** O testamenteiro será removido e perderá o prêmio se:

I – lhe forem glosadas as despesas por ilegais ou em discordância com o testamento;
II – não cumprir as disposições testamentárias.

**Art. 1.141.** O testamenteiro, que quiser demitir-se do encargo, poderá requerer ao juiz a escusa, alegando causa legítima. Ouvidos os interessados e o órgão do Ministério Público, o juiz decidirá.

### CAPÍTULO V

### DA HERANÇA JACENTE

**Art. 1.142.** Nos casos em que a lei civil considere jacente a herança, o juiz, em cuja comarca tiver domicílio o falecido, procederá sem perda de tempo à arrecadação de todos os seus bens.

**Art. 1.143.** A herança jacente ficará sob a guarda, conservação e administração de um curador até a respectiva entrega ao sucessor legalmente habilitado, ou até a declaração de vacância; caso em que será incorporada ao domínio da União, do Estado ou do Distrito Federal.

▶ Art. 1.822 do CC.

▶ A Lei nº 8.049, de 20-6-1990, que alterou o art. 1.594 do CC/1916, excluiu o Estado da sucessão nas heranças vacantes.

**Art. 1.144.** Incumbe ao curador:

I – representar a herança em juízo ou fora dele, com assistência do órgão do Ministério Público;
II – ter em boa guarda e conservação os bens arrecadados e promover a arrecadação de outros porventura existentes;
III – executar as medidas conservatórias dos direitos da herança;
IV – apresentar mensalmente ao juiz um balancete da receita e da despesa;

V – prestar contas a final de sua gestão.

Parágrafo único. Aplica-se ao curador o disposto nos artigos 148 a 150.

**Art. 1.145.** Comparecendo à residência do morto, acompanhado do escrivão e do curador, o juiz mandará arrolar os bens e descrevê-los em auto circunstanciado.

§ 1º Não estando ainda nomeado o curador, o juiz designará um depositário e lhe entregará os bens, mediante simples termo nos autos, depois de compromissado.

§ 2º O órgão do Ministério Público e o representante da Fazenda Pública serão intimados a assistir à arrecadação, que se realizará, porém, estejam presentes ou não.

**Art. 1.146.** Quando a arrecadação não terminar no mesmo dia, o juiz procederá à aposição de selos, que serão levantados à medida que se efetuar o arrolamento, mencionando-se o estado em que foram encontrados os bens.

**Art. 1.147.** O juiz examinará reservadamente os papéis, cartas missivas e os livros domésticos; verificando que não apresentam interesse, mandará empacotá-los e lacrá-los para serem assim entregues aos sucessores do falecido, ou queimados quando os bens forem declarados vacantes.

**Art. 1.148.** Não podendo comparecer imediatamente por motivo justo ou por estarem os bens em lugar muito distante, o juiz requisitará à autoridade policial que proceda à arrecadação e ao arrolamento dos bens.

Parágrafo único. Duas testemunhas assistirão às diligências e, havendo necessidade de apor selos, estes só poderão ser abertos pelo juiz.

**Art. 1.149.** Se constar ao juiz a existência de bens em outra comarca, mandará expedir carta precatória a fim de serem arrecadados.

**Art. 1.150.** Durante a arrecadação o juiz inquirirá os moradores da casa e da vizinhança sobre a qualificação do falecido, o paradeiro de seus sucessores e a existência de outros bens, lavrando-se de tudo um auto de inquirição e informação.

**Art. 1.151.** Não se fará a arrecadação ou suspender-se-á esta quando iniciada, se se apresentar para reclamar os bens o cônjuge, herdeiro ou testamenteiro notoriamente conhecido e não houver oposição motivada do curador, de qualquer interessado, do órgão do Ministério Público ou do representante da Fazenda Pública.

**Art. 1.152.** Ultimada a arrecadação, o juiz mandará expedir edital, que será estampado três vezes, com intervalo de trinta dias para cada um, no órgão oficial e na imprensa da comarca, para que venham a habilitar-se os sucessores do finado no prazo de seis meses contados da primeira publicação.

▶ Art. 1.157 deste Código.

§ 1º Verificada a existência de sucessor ou testamenteiro em lugar certo, far-se-á a sua citação, sem prejuízo do edital.

§ 2º Quando o finado for estrangeiro, será também comunicado o fato à autoridade consular.

**Art. 1.153.** Julgada a habilitação do herdeiro, reconhecida a qualidade do testamenteiro ou provada a identidade do cônjuge, a arrecadação converter-se-á em inventário.

**Art. 1.154.** Os credores da herança poderão habilitar-se como nos inventários ou propor a ação de cobrança.

▶ Arts. 1.017 a 1.021 deste Código.

**Art. 1.155.** O juiz poderá autorizar a alienação:

I – de bens móveis, se forem de conservação difícil ou dispendiosa;
II – de semoventes, quando não empregados na exploração de alguma indústria;
III – de títulos e papéis de crédito, havendo fundado receio de depreciação;
IV – de ações de sociedade quando, reclamada a integralização, não dispuser a herança de dinheiro para o pagamento;
V – de bens imóveis:

a) se ameaçarem ruína, não convindo a reparação;
b) se estiverem hipotecados e vencer-se a dívida, não havendo dinheiro para o pagamento.

Parágrafo único. Não se procederá, entretanto, à venda se a Fazenda Pública ou o habilitando adiantar a importância para as despesas.

**Art. 1.156.** Os bens com valor de afeição, como retratos, objetos de uso pessoal, livros e obras de arte, só serão alienados depois de declarada a vacância da herança.

**Art. 1.157.** Passado um ano da primeira publicação do edital (artigo 1.152) e não havendo herdeiro habilitado nem habilitação pendente, será a herança declarada vacante.

Parágrafo único. Pendendo habilitação, a vacância será declarada pela mesma sentença que a julgar improcedente. Sendo diversas as habilitações, aguardar-se-á o julgamento da última.

**Art. 1.158.** Transitada em julgado a sentença que declarou a vacância, o cônjuge, os herdeiros e os credores só poderão reclamar o seu direito por ação direta.

CAPÍTULO VI

### DOS BENS DOS AUSENTES

▶ Art. 97 deste Código.
▶ Súm. nº 331 do STF.

**Art. 1.159.** Desaparecendo alguém do seu domicílio sem deixar representante a quem caiba administrar-lhe os bens, ou deixando mandatário que não queira ou não possa continuar a exercer o mandato, declarar-se-á a sua ausência.

**Art. 1.160.** O juiz mandará arrecadar os bens do ausente e nomear-lhe-á curador na forma estabelecida no capítulo antecedente.

**Art. 1.161.** Feita a arrecadação, o juiz mandará publicar editais durante um ano, reproduzidos de dois em dois meses, anunciando a arrecadação e chamando o ausente a entrar na posse de seus bens.

**Art. 1.162.** Cessa a curadoria:

I – pelo comparecimento do ausente, do seu procurador ou de quem o represente;
II – pela certeza da morte do ausente;
III – pela sucessão provisória.

**Art. 1.163.** Passado um ano da publicação do primeiro edital sem que se saiba do ausente e não tendo comparecido seu procurador ou representante, poderão os interessados requerer que se abra provisoriamente a sucessão.

§ 1º Consideram-se para este efeito interessados:

I – o cônjuge não separado judicialmente;
II – os herdeiros presumidos legítimos e os testamentários;
III – os que tiverem sobre os bens do ausente direito subordinado à condição de morte;
IV – os credores de obrigações vencidas e não pagas.

§ 2º Findo o prazo deste artigo e não havendo absolutamente interessados na sucessão provisória, cumpre ao órgão do Ministério Público requerê-la.

**Art. 1.164.** O interessado, ao requerer a abertura da sucessão provisória, pedirá a citação pessoal dos herdeiros presentes e do curador e, por editais, a dos ausentes para oferecerem artigos de habilitação.

Parágrafo único. A habilitação dos herdeiros obedecerá ao processo do artigo 1.057.

**Art. 1.165.** A sentença que determinar a abertura da sucessão provisória só produzirá efeito seis meses depois de publicada pela imprensa; mas, logo que passe em julgado, se procederá à abertura do testamento, se houver, e ao inventário e partilha dos bens, como se o ausente fosse falecido.

Parágrafo único. Se dentro em trinta dias não comparecer interessado ou herdeiro, que requeira o inventário, a herança será considerada jacente.

**Art. 1.166.** Cumpre aos herdeiros, imitidos na posse dos bens do ausente, prestar caução de os restituir.

**Art. 1.167.** A sucessão provisória cessará pelo comparecimento do ausente e converter-se-á em definitiva:

I – quando houver certeza da morte do ausente;
II – dez anos depois de passada em julgado a sentença de abertura da sucessão provisória;
III – quando o ausente contar oitenta anos de idade e houverem decorridos cinco anos das últimas notícias suas.

**Art. 1.168.** Regressando o ausente nos dez anos seguintes à abertura da sucessão definitiva ou algum dos seus descendentes ou ascendentes, aqueles ou estes só poderão requerer ao juiz a entrega dos bens existentes no estado em que se acharem, ou sub-rogados em seu lugar ou o preço que os herdeiros e demais interessados houverem recebido pelos alienados depois daquele tempo.

**Art. 1.169.** Serão citados para lhe contestarem o pedido os sucessores provisórios ou definitivos, o órgão do Ministério Público e o representante da Fazenda Pública.

Parágrafo único. Havendo contestação, seguir-se-á o procedimento ordinário.

CAPÍTULO VII

### DAS COISAS VAGAS

**Art. 1.170.** Aquele que achar coisa alheia perdida, não lhe conhecendo o dono ou legítimo possuidor, a entregará à autoridade judiciária ou policial, que a arreca-

dará, mandando lavrar o respectivo auto, dele constando a sua descrição e as declarações do inventor.
► Arts. 1.233 a 1.237 do CC.

Parágrafo único. A coisa, com o auto, será logo remetida ao juiz competente, quando a entrega tiver sido feita à autoridade policial ou a outro juiz.

**Art. 1.171.** Depositada a coisa, o juiz mandará publicar edital, por duas vezes, no órgão oficial, com intervalo de dez dias, para que o dono ou legítimo possuidor a reclame.

§ 1º O edital conterá a descrição da coisa e as circunstâncias em que foi encontrada.

§ 2º Tratando-se de coisa de pequeno valor, o edital será apenas afixado no átrio do edifício do fórum.

**Art. 1.172.** Comparecendo o dono ou o legítimo possuidor dentro do prazo do edital e provando o seu direito, o juiz, ouvido o órgão do Ministério Público e o representante da Fazenda Pública, mandará entregar-lhe a coisa.

**Art. 1.173.** Se não for reclamada, será a coisa avaliada e alienada em hasta pública e, deduzidas do preço as despesas e a recompensa do inventor, o saldo pertencerá, na forma da lei, à União, ao Estado ou ao Distrito Federal.

**Art. 1.174.** Se o dono preferir abandonar a coisa, poderá o inventor requerer que lhe seja adjudicada.

**Art. 1.175.** O procedimento estabelecido neste Capítulo aplica-se aos objetos deixados nos hotéis, oficinas e outros estabelecimentos, não sendo reclamados dentro de um mês.

**Art. 1.176.** Havendo fundada suspeita de que a coisa foi criminosamente subtraída, a autoridade policial converterá a arrecadação em inquérito; caso em que competirá ao juiz criminal mandar entregar a coisa a quem provar que é o dono ou legítimo possuidor.

## Capítulo VIII
### DA CURATELA DOS INTERDITOS

**Art. 1.177.** A interdição pode ser promovida:
► Arts. 446 a 462 deste Código.

I – pelo pai, mãe ou tutor;
II – pelo cônjuge ou algum parente próximo;
III – pelo órgão do Ministério Público.

**Art. 1.178.** O órgão do Ministério Público só requererá a interdição:

I – no caso de anomalia psíquica;
II – se não existir ou não promover a interdição alguma das pessoas designadas no artigo antecedente, nºˢ I e II;
III – se, existindo, forem menores ou incapazes.

**Art. 1.179.** Quando a interdição for requerida pelo órgão do Ministério Público, o juiz nomeará ao interditando curador à lide (artigo 9º).

**Art. 1.180.** Na petição inicial, o interessado provará a sua legitimidade, especificará os fatos que revelam a anomalia psíquica e assinalará a incapacidade do interditando para reger a sua pessoa e administrar os seus bens.

**Art. 1.181.** O interditando será citado para, em dia designado, comparecer perante o juiz, que o examinará, interrogando-o minuciosamente acerca de sua vida, negócios, bens e do mais que lhe parecer necessário para ajuizar do seu estado mental, reduzidas a auto as perguntas e respostas.
► Art. 450 deste Código.

**Art. 1.182.** Dentro do prazo de cinco dias contados da audiência de interrogatório, poderá o interditando impugnar o pedido.

§ 1º Representará o interditando nos autos do procedimento o órgão do Ministério Público ou, quando for este o requerente, o curador à lide.

§ 2º Poderá o interditando constituir advogado para defender-se.

§ 3º Qualquer parente sucessível poderá constituir-lhe advogado com os poderes judiciais que teria se nomeado pelo interditando, respondendo pelos honorários.

**Art. 1.183.** Decorrido o prazo a que se refere o artigo antecedente, o juiz nomeará perito para proceder ao exame do interditando. Apresentado o laudo, o juiz designará audiência de instrução e julgamento.

Parágrafo único. Decretando a interdição, o juiz nomeará curador ao interdito.

**Art. 1.184.** A sentença de interdição produz efeito desde logo, embora sujeita a apelação. Será inscrita no Registro de Pessoas Naturais e publicada pela imprensa local e pelo órgão oficial por três vezes, com intervalo de dez dias, constando do edital os nomes do interdito e do curador, a causa da interdição e os limites da curatela.

**Art. 1.185.** Obedecerá às disposições dos artigos antecedentes, no que for aplicável, a interdição do pródigo, a do surdo-mudo sem educação que o habilite a enunciar precisamente a sua vontade e a dos viciados pelo uso de substâncias entorpecentes quando acometidos de perturbações mentais.
► Art. 1.782 do CC.

**Art. 1.186.** Levantar-se-á a interdição, cessando a causa que a determinou.

§ 1º O pedido de levantamento poderá ser feito pelo interditado e será apensado aos autos da interdição. O juiz nomeará perito para proceder ao exame de sanidade no interditado e após a apresentação do laudo designará audiência de instrução e julgamento.

§ 2º Acolhido o pedido, o juiz decretará o levantamento da interdição e mandará publicar a sentença, após o trânsito em julgado, pela imprensa local e órgão oficial por três vezes, com intervalo de dez dias, seguindo-se a averbação no Registro de Pessoas Naturais.

## Capítulo IX
### DAS DISPOSIÇÕES COMUNS À TUTELA E À CURATELA

*Seção I*

### DA NOMEAÇÃO DO TUTOR OU CURADOR

**Art. 1.187.** O tutor ou curador será intimado a prestar compromisso no prazo de cinco dias contados:

I – da nomeação feita na conformidade da lei civil;

II – da intimação do despacho que mandar cumprir o testamento ou o instrumento público que o houver instituído.

**Art. 1.188.** Prestado o compromisso por termo em livro próprio rubricado pelo juiz, o tutor ou curador, antes de entrar em exercício, requererá, dentro em dez dias, a especialização em hipoteca legal de imóveis necessários para acautelar os bens que serão confiados à sua administração.

Parágrafo único. Incumbe ao órgão do Ministério Público promover a especialização de hipoteca legal, se o tutor ou curador não a tiver requerido no prazo assinado neste artigo.

**Art. 1.189.** Enquanto não for julgada a especialização, incumbirá ao órgão do Ministério Público reger a pessoa do incapaz e administrar-lhe os bens.

**Art. 1.190.** Se o tutor ou curador for de reconhecida idoneidade, poderá o juiz admitir que entre em exercício, prestando depois a garantia, ou dispensando-a desde logo.

**Art. 1.191.** Ressalvado o disposto no artigo antecedente, a nomeação ficará sem efeito se o tutor ou curador não puder garantir a sua gestão.

**Art. 1.192.** O tutor ou curador poderá eximir-se do encargo, apresentando escusa ao juiz no prazo de cinco dias. Contar-se-á o prazo:

I – antes de aceitar o encargo, da intimação para prestar compromisso;
II – depois de entrar em exercício, do dia em que sobrevier o motivo da escusa.

Parágrafo único. Não sendo requerida a escusa no prazo estabelecido neste artigo, reputar-se-á renunciado o direito de alegá-la.

► Arts. 1.736 a 1.739 do CC.

**Art. 1.193.** O juiz decidirá de plano o pedido de escusa. Se não a admitir, exercerá o nomeado a tutela ou curatela enquanto não for dispensado por sentença transitada em julgado.

► Art. 1.739 do CC.

*Seção II*

### DA REMOÇÃO E DISPENSA DE TUTOR OU CURADOR

**Art. 1.194.** Incumbe ao órgão do Ministério Público, ou a quem tenha legítimo interesse, requerer, nos casos previstos na lei civil, a remoção do tutor ou curador.

**Art. 1.195.** O tutor ou curador será citado para contestar a arguição no prazo de cinco dias.

**Art. 1.196.** Findo o prazo, observar-se-á o disposto no artigo 803.

**Art. 1.197.** Em caso de extrema gravidade, poderá o juiz suspender do exercício de suas funções o tutor ou curador, nomeando-lhe interinamente substituto.

**Art. 1.198.** Cessando as funções do tutor ou curador pelo decurso do prazo em que era obrigado a servir, ser-lhe-á lícito requerer a exoneração do encargo; não o fazendo dentro dos dez dias seguintes à expiração do termo, entender-se-á reconduzido, salvo se o juiz o dispensar.

### Capítulo X
### DA ORGANIZAÇÃO E DA FISCALIZAÇÃO DAS FUNDAÇÕES

► Arts. 62 a 69 do CC.

**Art. 1.199.** O instituidor, ao criar a fundação, elaborará o seu estatuto ou designará quem o faça.

**Art. 1.200.** O interessado submeterá o estatuto ao órgão do Ministério Público, que verificará se foram observadas as bases da fundação e se os bens são suficientes ao fim a que ela se destina.

**Art. 1.201.** Autuado o pedido, o órgão do Ministério Público, no prazo de quinze dias, aprovará o estatuto, indicará as modificações que entender necessárias ou lhe denegará a aprovação.

§ 1º Nos dois últimos casos, pode o interessado, em petição motivada, requerer ao juiz o suprimento da aprovação.

§ 2º O juiz, antes de suprir a aprovação, poderá mandar fazer no estatuto modificações a fim de adaptá-lo ao objetivo do instituidor.

**Art. 1.202.** Incumbirá ao órgão do Ministério Público elaborar o estatuto e submetê-lo à aprovação do juiz:

I – quando o instituidor não o fizer nem nomear quem o faça;
II – quando a pessoa encarregada não cumprir o encargo no prazo assinado pelo instituidor ou, não havendo prazo, dentro em seis meses.

**Art. 1.203.** A alteração do estatuto ficará sujeita à aprovação do órgão do Ministério Público. Sendo-lhe denegada, observar-se-á o disposto no artigo 1.201, §§ 1º e 2º.

Parágrafo único. Quando a reforma não houver sido deliberada por votação unânime, os administradores, ao submeterem ao órgão do Ministério Público o estatuto, pedirão que se dê ciência à minoria vencida para impugná-la no prazo de dez dias.

**Art. 1.204.** Qualquer interessado ou o órgão do Ministério Público promoverá a extinção da fundação quando:

I – se tornar ilícito o seu objeto;
II – for impossível a sua manutenção;
III – se vencer o prazo de sua existência.

### Capítulo XI
### DA ESPECIALIZAÇÃO DA HIPOTECA LEGAL

**Art. 1.205.** O pedido para especialização da hipoteca legal declarará a estimativa da responsabilidade e será instruído com a prova do domínio dos bens, livres de ônus, dados em garantia.

**Art. 1.206.** O arbitramento do valor da responsabilidade e a avaliação dos bens far-se-á por perito nomeado pelo juiz.

§ 1º O valor da responsabilidade será calculado de acordo com a importância dos bens e dos saldos prováveis dos rendimentos que devem ficar em poder dos tutores e curadores durante a administração, não se computando, porém, o preço do imóvel.

§ 2º Será dispensado o arbitramento do valor da responsabilidade nas hipotecas legais em favor:

I – da mulher casada, para garantia do dote, caso em que o valor será o da estimação, constante da escritura antenupcial;

II – da Fazenda Pública, nas cauções prestadas pelos responsáveis, caso em que será o valor caucionado.

§ 3º Dispensa-se a avaliação, quando estiverem mencionados na escritura os bens do marido, que devam garantir o dote.

**Art. 1.207.** Sobre o laudo manifestar-se-ão os interessados no prazo comum de cinco dias. Em seguida, o juiz homologará ou corrigirá o arbitramento e a avaliação; e, achando livres e suficientes os bens designados, julgará por sentença a especialização, mandando que se proceda à inscrição da hipoteca.

Parágrafo único. Da sentença constarão expressamente o valor da hipoteca e os bens do responsável, com a especificação do nome, situação e características.

**Art. 1.208.** Sendo insuficientes os bens oferecidos para hipoteca legal em favor do menor, de interdito ou de mulher casada e não havendo reforço mediante caução real ou fidejussória, ordenará o juiz a avaliação de outros bens; tendo-os, proceder-se-á como nos artigos antecedentes; não os tendo, será julgada improcedente a especialização.

**Art. 1.209.** Nos demais casos de especialização, prevalece a hipoteca legal dos bens oferecidos, ainda que inferiores ao valor da responsabilidade, ficando salvo aos interessados completar a garantia pelos meios regulares.

**Art. 1.210.** Não dependerá de intervenção judicial a especialização de hipoteca legal sempre que o interessado, capaz de contratar, a convencionar, por escritura pública, com o responsável.

LIVRO V – DAS DISPOSIÇÕES FINAIS E TRANSITÓRIAS

**Art. 1.211.** Este Código regerá o processo civil em todo o território brasileiro. Ao entrar em vigor, suas disposições aplicar-se-ão desde logo aos processos pendentes.

**Art. 1.211-A.** Os procedimentos judiciais em que figure como parte ou interessado pessoa com idade igual ou superior a 60 (sessenta) anos, ou portadora de doença grave, terão prioridade de tramitação em todas as instâncias.

▶ *Caput* com a redação dada pela Lei nº 12.008, de 29-7-2009.

Parágrafo único. VETADO. Lei nº 12.008, de 29-7-2009.

**Art. 1.211-B.** A pessoa interessada na obtenção do benefício, juntando prova de sua condição, deverá requerê-lo à autoridade judiciária competente para decidir o feito, que determinará ao cartório do juízo as providências a serem cumpridas.

▶ *Caput* com a redação dada pela Lei nº 12.008, de 29-7-2009.

§ 1º Deferida a prioridade, os autos receberão identificação própria que evidencie o regime de tramitação prioritária.

▶ § 1º acrescido pela Lei nº 12.008, de 29-7-2009.

§§ 2º e 3º VETADOS. Lei nº 12.008, de 29-7-2009.

**Art. 1.211-C.** Concedida a prioridade, essa não cessará com a morte do beneficiado, estendendo-se em favor do cônjuge supérstite, companheiro ou companheira, em união estável.

▶ Artigo com a redação dada pela Lei nº 12.008, de 29-7-2009.

**Art. 1.212.** A cobrança da dívida ativa da União incumbe aos seus procuradores e, quando a ação for proposta em foro diferente do Distrito Federal ou das Capitais dos Estados ou Territórios, também aos membros do Ministério Público Estadual e dos Territórios, dentro dos limites territoriais fixados pela organização judiciária local.

Parágrafo único. As petições, arrazoados ou atos processuais praticados pelos representantes da União perante as justiças dos Estados, do Distrito Federal e dos Territórios, não estão sujeitos a selos, emolumentos, taxas ou contribuições de qualquer natureza.

**Art. 1.213.** As cartas precatórias, citatórias, probatórias, executórias e cautelares, expedidas pela Justiça Federal, poderão ser cumpridas nas comarcas do interior pela Justiça Estadual.

**Art. 1.214.** Adaptar-se-ão às disposições deste Código as resoluções sobre organização judiciária e os regimentos internos dos tribunais.

**Art. 1.215.** Os autos poderão ser eliminados por incineração, destruição mecânica ou por outro meio adequado, findo o prazo de cinco anos, contado da data do arquivamento, publicando-se previamente no órgão oficial e em jornal local, onde houver, aviso aos interessados, com o prazo de trinta dias.

§ 1º É lícito, porém, às partes e interessados requerer, às suas expensas, o desentranhamento dos documentos que juntaram aos autos, ou a microfilmagem total ou parcial do feito.

§ 2º Se, a juízo da autoridade competente, houver, nos autos, documentos de valor histórico, serão eles recolhidos ao Arquivo Público.

▶ Art. 1.215 com a redação dada pela Lei nº 5.925, de 1º-10-1973.

▶ A Lei nº 6.246, de 7-10-1975, suspendeu a vigência deste artigo, até que lei especial discipline a matéria nele contida.

**Art. 1.216.** O órgão oficial da União e os dos Estados publicarão gratuitamente, no dia seguinte ao da entrega dos originais, os despachos, intimações, atas das sessões dos tribunais e notas de expediente dos cartórios.

**Art. 1.217.** Ficam mantidos os recursos dos processos regulados em leis especiais e as disposições que lhes regem o procedimento constantes do Decreto-Lei nº 1.608, de 18 de setembro de 1939, até que seja publicada a lei que os adaptará ao sistema deste Código.

**Art. 1.218.** Continuam em vigor até serem incorporados nas leis especiais os procedimentos regulados pelo Decreto-Lei nº 1.608, de 18 de setembro de 1939, concernentes:

▶ Tais procedimentos, com as modificações posteriores, *acham-se transcritos* após o texto do Código de Processo Civil vigente.

I – ao loteamento e venda de imóveis a prestações (artigos 345 a 349);

► Arts. 2º, 16 e seguintes do Dec.-lei nº 58, de 10-12-1937, que dispõe sobre o loteamento e a venda de terrenos para pagamento em prestações.

II – ao despejo (artigos 350 a 353);

► Disciplinam a matéria, atualmente, os arts. 59 a 66 da Lei nº 8.245, de 18-10-1991 (Lei das Locações).

III – à renovação de contrato de locação de imóveis destinados a fins comerciais (artigos 354 a 365);

► Disciplinam a matéria, atualmente, os arts. 71 a 75 da Lei nº 8.245, de 18-10-1991 (Lei das Locações).

IV – ao Registro Torrens (artigos 457 a 464);

► Disciplinam a matéria os arts. 277 a 288 da Lei nº 6.015, de 31-12-1973 (Lei dos Registros Públicos).

V – às averbações ou retificações do registro civil (artigos 595 a 599);

► Disciplinam a matéria, atualmente, os arts. 97 a 113 da Lei nº 6.015, de 31-12-1973 (Lei dos Registros Públicos).

VI – ao bem de família (artigos 647 a 651);

► Arts. 1.711 a 1.722 do CC.
► Arts. 260 a 265 da Lei nº 6.015, de 31-12-1973 (Lei dos Registros Públicos).

VII – à dissolução e liquidação das sociedades (artigos 655 a 674);

► Arts. 1.028 a 1.038, 1.085 a 1.087 e 1.102 a 1.112 do CC.

VIII – aos protestos formados a bordo (artigos 725 a 729);

► Inciso VIII com a redação dada pela Lei nº 6.780, de 12-5-1980, renumerando os demais.

IX – à habilitação para casamento (artigos 742 a 745);

► Disciplinam a matéria, atualmente, os arts. 67 a 69 da Lei nº 6.015, de 31-12-1973 (Lei dos Registros Públicos).
► Arts. 1.525 a 1.532 do CC.

X – ao dinheiro a risco (artigos 754 e 755);
XI – à vistoria de fazendas avariadas (artigo 756);
XII – à apreensão de embarcações (artigos 757 a 761);
XIII – à avaria a cargo do segurador (artigos 762 a 764);
XIV – às avarias (artigos 765 a 768);
XV – *Revogado*. Lei nº 7.542, de 26-9-1986;
XVI – às arribadas forçadas (artigos 772 a 775).

► Incisos IX a XVI renumerados pela Lei nº 6.780, de 12-5-1980.

**Art. 1.219.** Em todos os casos em que houver recolhimento de importância em dinheiro, esta será depositada em nome da parte ou do interessado, em conta especial, movimentada por ordem do juiz.

► Artigo acrescido pela Lei nº 5.925, de 1º-10-1973.

**Art. 1.220.** Este Código entrará em vigor no dia 1º de janeiro de 1974, revogadas as disposições em contrário.

► Artigo renumerado pela Lei nº 5.925, de 1º-10-1973.

Brasília, 11 de janeiro de 1973;
152º da Independência e
85º da República.

**Emílio G. Médici**
**Alfredo Buzaid**

# Disposições do Decreto-Lei nº 1.608, de 18 de setembro de 1939, mantidas em vigor pelo artigo 1.218 do Código de Processo Civil

(EXCERTOS)

## DO LOTEAMENTO E VENDA DE IMÓVEIS A PRESTAÇÕES

► Arts. 2º, 16 e seguintes do Dec.-lei nº 58, de 10-12-1937, que dispõe sobre o loteamento e a venda de terrenos para pagamento em prestações.

**Art. 345.** Quando terceiro impugnar o registro de imóvel loteado para venda em prestações, ou quando o oficial tiver dúvida em registrá-lo, os autos serão conclusos ao juiz competente para conhecer da impugnação ou dúvida.

§ 1º A impugnação não fundada em direito real comprovado será rejeitada in limine.

§ 2º Se a impugnação for acompanhada de prova de direito real, o juiz dará vista ao impugnado pelo prazo de cinco (5) dias, findo o qual proferirá a decisão, que será publicada pelo oficial, em cartório, para ciência dos interessados.

§ 3º Em caso de dúvida manifestada pelo oficial, o juiz poderá ouvir quem promoveu o registro.

**Art. 346.** Recusando-se o compromitente a outorgar escritura definitiva de compra e venda, será intimado, se o requerer o compromissário, a dá-la nos cinco (5) dias seguintes, que correrão em cartório.

§ 1º Se o compromitente nada alegar, o juiz, depositado o restante do preço, adjudicará o lote ao comprador, mandando:

a) que se consignem no termo, além de outras especificações, as cláusulas do compromisso;
b) que se expeça a carta de adjudicação, depois de pagos os impostos devidos, inclusive o de transmissão;
c) que se cancele a inscrição hipotecária relativa aos lotes adjudicados.

§ 2º Se, no prazo referido neste artigo, o compromitente alegar matéria relevante, o juiz mandará que o compromissário a conteste em cinco (5) dias.

§ 3º Havendo alegações que dependam de prova, proceder-se-á de conformidade com o disposto no art. 685.

§ 4º Estando a propriedade hipotecada, será também citado o credor para autorizar o cancelamento parcial da inscrição, quanto aos lotes comprometidos.

**Art. 347.** O compromitente que houver recebido todas as prestações, e apresentar documento comprobatório do registro, poderá requerer a notificação do compromissário, para, no prazo de trinta (30) dias, que correrá em cartório, receber a escritura definitiva de compra e venda.

Parágrafo único. Não sendo assinada a escritura nesse prazo, o lote comprometido será depositado, por conta e risco do compromissário, que responderá pelas despesas judiciais e custas do depósito.

**Art. 348.** No mesmo despacho em que conceder penhora, arresto ou sequestro de imóvel loteado, o juiz, ex officio, mandará fazer, no registro, as devidas anotações.

**Art. 349.** As multas previstas na lei civil serão impostas pelo juiz, à vista de comunicação documentada do oficial, e inscritas e cobradas pela União.

## DA DISSOLUÇÃO E LIQUIDAÇÃO DAS SOCIEDADES

► Arts. 1.028 a 1.038, 1.085 a 1.087 e 1.102 a 1.112 do CC.
► Arts. 206 a 219 da Lei nº 6.404, de 15-12-1976 (Lei das Sociedades por Ações).

**Art. 655.** A dissolução da sociedade civil, ou mercantil, nos casos previstos em lei ou no contrato social, poderá ser declarada, a requerimento de qualquer interessado, para o fim de ser promovida a liquidação judicial.

**Art. 656.** A petição inicial será instruída com o contrato social ou com os estatutos.

§ 1º Nos casos de dissolução de pleno direito, o juiz ouvirá os interessados no prazo de quarenta e oito horas e decidirá.

§ 2º Nos casos de dissolução contenciosa, apresentada a petição e ouvidos os interessados no prazo de cinco dias, o juiz proferirá imediatamente a sentença, se julgar provadas as alegações do requerente. Se a prova não for suficiente, o juiz designará audiência para instrução e julgamento, e procederá de conformidade com o disposto nos artigos 267 a 272.

**Art. 657.** Se o juiz declarar, ou decretar, a dissolução, na mesma sentença nomeará liquidante a pessoa a que, pelo contrato, pelos estatutos, ou pela lei, competir tal função.

§ 1º Se a lei, o contrato e os estatutos nada dispuserem a respeito, o liquidante será escolhido pelos interessados, por meio de votos entregues em cartório.

A decisão tomar-se-á por maioria, computada pelo capital dos sócios que votarem e, nas sociedades de capital variável, naquelas em que houver divergência sobre o capital de cada sócio e nas de fins não econômicos, pelo número de sócios votantes, tendo os sucessores apenas um voto.

§ 2º Se forem somente dois os sócios e divergirem, a escolha do liquidante será feita pelo juiz entre pessoas estranhas à sociedade.

§ 3º Em qualquer caso, porém, poderão os interessados, se concordes, indicar, em petição, o liquidante.

**Art. 658.** Nomeado, o liquidante assinará, dentro de quarenta e oito horas, o respectivo termo; não comparecendo ou recusando a nomeação, o juiz nomeará o imediato em votos, ou terceiro estranho, se por aquele também recusada a nomeação.

**Art. 659.** Se houver fundado receio de rixa, crime, ou extravio, ou danificação de bens sociais, o juiz poderá, a requerimento do interessado, decretar o sequestro daqueles bens e nomear depositário idôneo para administrá-los, até nomeação do liquidante.

**Art. 660.** O liquidante deverá:

I – levantar o inventário dos bens e fazer o balanço da sociedade, nos quinze dias seguintes à nomeação, prazo que o juiz poderá prorrogar por motivo justo;

II – promover a cobrança das dívidas ativas e pagar as passivas, certas e exigíveis, reclamando dos sócios, na proporção de suas cotas na sociedade, os fundos necessários, quando insuficientes os da caixa;

III – vender, com autorização do juiz, os bens de fácil deterioração ou de guarda dispendiosa, e os indispensáveis para os encargos da liquidação, quando se recusarem os sócios a suprir os fundos necessários;

IV – praticar os atos necessários para assegurar os direitos da sociedade, e representá-la ativa e passivamente nas ações que interessarem à liquidação, podendo contratar advogado e empregados com autorização do juiz e ouvidos os sócios;

V – apresentar, mensalmente, ou sempre que o juiz o determinar, balancete da liquidação;

VI – propor a forma da divisão, ou partilha, ou do pagamento dos sócios, quando ultimada a liquidação, apresentando o relatório dos atos e operações que houver praticado;

VII – prestar contas de sua gestão, quando terminados os trabalhos, ou destituído das funções.

**Art. 661.** Os liquidantes serão destituídos pelo juiz, ex officio, ou a requerimento de qualquer interessado, se faltarem ao cumprimento do dever, ou retardarem injustificadamente o andamento do processo, ou procederem com dolo ou má-fé, ou tiverem interesse contrário ao da liquidação.

**Art. 662.** As reclamações contra a nomeação do liquidante e os pedidos de sua destituição serão processados e julgados na forma do Título XXVIII deste Livro.

**Art. 663.** Feito o inventário e levantado o balanço, os interessados serão ouvidos no prazo comum de cinco dias, e o juiz decidirá as reclamações, se as comportar a natureza do processo, ou, em caso contrário, remeterá os reclamantes para as vias ordinárias.

**Art. 664.** Apresentado o plano de partilha, sobre ele dirão os interessados, em prazo comum de cinco dias, que correrá em cartório; e o liquidante, em seguida, dirá, em igual prazo, sobre as reclamações.

**Art. 665.** Vencidos os prazos do artigo antecedente e conclusos os autos, o juiz aprovará, ou não, o plano de partilha, homologando-a por sentença ou mandando proceder ao respectivo cálculo, depois de decidir as dúvidas e reclamações.

**Art. 666.** Se a impugnação formulada pelos interessados exigir prova, o juiz designará dia e hora para a audiência de instrução e julgamento.

**Art. 667.** Ao liquidante estranho o juiz arbitrará a comissão de um a cinco por cento sobre o ativo líquido, atendendo à importância do acervo social e ao trabalho da liquidação.

**Art. 668.** Se a morte ou a retirada de qualquer dos sócios não causar a dissolução da sociedade, serão apurados exclusivamente os seus haveres, fazendo-se o pagamento pelo modo estabelecido no contrato social, ou pelo convencionado, ou, ainda, pelo determinado na sentença.

▶ Súm. nº 265 do STF.

**Art. 669.** A liquidação de firma individual far-se-á no juízo onde for requerido o inventário.

**Art. 670.** A sociedade civil com personalidade jurídica, que promover atividade ilícita ou imoral, será dissolvida por ação direta, mediante denúncia de qualquer do povo, ou do órgão do Ministério Público.

**Art. 671.** A divisão e a partilha dos bens sociais serão feitas de acordo com os princípios que regem a partilha dos bens da herança.

Parágrafo único. Os bens que aparecerem depois de julgada a partilha serão sobrepartilhados pelo mesmo processo estabelecido para a partilha dos bens da herança.

**Art. 672.** Não sendo mercantil a sociedade, as importâncias em dinheiro pertencentes à liquidação serão recolhidas ao Banco do Brasil, ou, se não houver agências desse banco, a outro estabelecimento acreditado, de onde só por alvará do juiz poderão ser retiradas.

**Art. 673.** Não havendo contrato ou instrumento de constituição de sociedade, que regule os direitos e obrigações dos sócios, a dissolução judicial será requerida pela forma do processo ordinário e a liquidação far-se-á pelo modo estabelecido para a liquidação das sentenças.

**Art. 674.** A dissolução das sociedades anônimas far-se-á na forma do processo ordinário. Se não for contestada, o juiz mandará que se proceda à liquidação, na forma estabelecida para a liquidação das sociedades civis ou mercantis.

## DOS PROTESTOS FORMADOS A BORDO

▶ Os artigos pertinentes a esta matéria foram revigorados pela Lei nº 6.780, de 12-5-1980.

**Art. 725.** O protesto ou processo testemunhável formado a bordo declarará os motivos da determinação do capitão, conterá relatório circunstanciado do sinistro e referirá, em resumo, a derrota até o ponto do mesmo sinistro, declarando a altura em que ocorreu.

**Art. 726.** O protesto ou processo testemunhável será escrito pelo piloto, datado e assinado pelo capitão, pelos maiores da tripulação – imediato, chefe de máquina, médico, pilotos, mestres, e por igual número de passageiros, com a indicação dos respectivos domicílios.

Parágrafo único. Lavrar-se-á no diário de navegação ata, que precederá o protesto e conterá a determinação motivada do capitão.

**Art. 727.** Dentro das vinte e quatro horas úteis da entrada do navio no porto, o capitão se apresentará ao juiz, fazendo-lhe entrega do protesto ou processo testemunhável, formado a bordo, e do diário de navegação. O juiz não admitirá a ratificação, se a ata não constar do diário.

**Art. 728.** Feita a notificação dos interessados, o juiz, nomeando curador aos ausentes, procederá na forma do artigo 685.

**Art. 729.** Finda a inquirição e conclusos os autos, o juiz, por sentença, ratificará o protesto, mandando dar instrumento à parte.

### DO DINHEIRO A RISCO

**Art. 754.** Para que o capitão, à falta de outros meios, possa tomar dinheiro a risco sobre o casco e pertenças do navio e remanescentes dos fretes, ou vender mercadorias da carga, é indispensável:

I – que prove o pagamento das soldadas;
II – que prove absoluta falta de fundos em seu poder, pertencentes à embarcação;
III – que não se ache presente o proprietário da embarcação, ou mandatário, ou consignatário, nem qualquer interessado na carga, ou que, presente qualquer deles, prove o capitão haver-lhe, sem resultado, pedido providências;
IV – que seja a deliberação tomada de acordo com os oficiais, lavrando-se, no diário de navegação, termo de que conste a necessidade da medida.

**Art. 755.** A justificação desses requisitos far-se-á perante o juiz de direito do porto onde se tomar o dinheiro a risco ou se venderem as mercadorias, e será julgada procedente para produzir os efeitos de direito.

### DA VISTORIA DE FAZENDAS AVARIADAS

**Art. 756.** Salvo prova em contrário, o recebimento de bagagem ou mercadoria, sem protesto do destinatário, constituirá presunção de que foram entregues em bom estado e em conformidade com o documento de transporte.

► Súm. nº 261 do STF.

§ 1º Em caso de avaria, o destinatário deverá protestar junto ao transportador dentro em três dias do recebimento da bagagem, e em cinco da data do recebimento da mercadoria.

§ 2º A reclamação, por motivo de atraso, far-se-á dentro de quinze dias, contados daquele em que a bagagem ou mercadoria tiver sido posta à disposição do destinatário.

§ 3º O protesto, nos casos acima, far-se-á mediante ressalva no próprio documento de transporte, ou em separado.

§ 4º Salvo o caso de fraude do transportador, contra ele não se admitirá ação, se não houver protesto nos prazos deste artigo.

### DA APREENSÃO DE EMBARCAÇÕES

**Art. 757.** Provando-se que navio registrado como nacional obteve o registro sub-repticiamente, ou que perdeu, há mais de seis meses, as condições para continuar considerado nacional, a autoridade fiscal competente do lugar, em que se houver realizado o registro, ou do lugar onde se verificar a infração dos preceitos legais, apreenderá o navio, pondo-o imediatamente à disposição do juiz de direito da comarca.

**Art. 758.** Enquanto o juiz não nomear depositário, exercerá tal função a autoridade a quem competia o registro, a qual procederá ao arrolamento e inventário do que existir a bordo, mediante termo assinado pelo capitão, ou pelo mestre, se o quiser assinar.

**Art. 759.** As mercadorias encontradas a bordo serão, para todos os efeitos, havidas como contrabando.

Parágrafo único. Serão da competência das autoridades fiscais a apreensão do contrabando e o processo administrativo, inclusive a aplicação de multas.

**Art. 760.** O juiz julgará por sentença a apreensão e mandará proceder à venda, em hasta pública, da coisa apreendida.

**Art. 761.** Efetuada a venda e deduzidas as despesas, inclusive a percentagem do depositário, arbitrada pelo juiz, depositar-se-á o saldo para ser levantado por quem de direito.

### DA AVARIA A CARGO DO SEGURADOR

**Art. 762.** Para que o dano sofrido pelo navio ou por sua carga se considere avaria, a cargo do segurador, dois peritos arbitradores declararão, após os exames necessários:

I – a causa do dano;
II – a parte da carga avariada, com indicação de marcas, números ou volumes;
III – o valor dos objetos avariados e o custo provável do conserto ou restauração, se se tratar de navios ou de suas pertenças.

§ 1º As diligências, vistorias e exames se processarão com a presença dos interessados, por ordem do juiz de direito da comarca, que, na ausência das partes, nomeará, ex officio, pessoa idônea que as represente.

§ 2º As diligências, vistorias e exames relativos ao casco do navio e suas pertenças serão realizados antes de iniciado o conserto.

**Art. 763.** Os efeitos avariados serão vendidos em leilão público a quem mais der, e pagos no ato da arrematação. Quando o navio tiver de ser vendido, o juiz determinará a venda, em separado, do casco e de cada pertença, se lhe parecer conveniente.

**Art. 764.** A estimação do preço para o cálculo da avaria será feita em conformidade com o disposto na lei comercial.

► Art. 774 do CCom.

### DAS AVARIAS

**Art. 765.** O capitão, antes de abrir as escotilhas do navio, poderá exigir dos consignatários da carga que caucionem o pagamento da avaria, a que suas respectivas mercadorias foram obrigadas no rateio da contribuição comum. Recusando-se os consignatários a prestar a caução, o capitão poderá requerer depósito judicial dos efeitos obrigados à contribuição, ficando o preço da venda sub-rogado para com ele efetuar-se o pagamento da avaria comum, logo que se proceda ao rateio.

**Art. 766.** Nos prazos de sessenta dias, se se tratar de embarcadores residentes no Brasil, e de cento e vinte, se de residentes no estrangeiro, contados do dia em que tiver sido requerida a caução de que trata o artigo antecedente, o armador fornecerá os documentos necessários ao ajustador para regular a avaria, sob pena de ficar sujeito aos juros da mora. O ajustador terá o prazo de um ano, contado da data da entrega dos documentos, para apresentar o regulamento da avaria, sob pena de desconto de dez por cento dos honorários, por mês de retardamento, aplicada pelo juiz, *ex officio*, e cobrável em selos, quando conclusos os autos para o despacho de homologação.

**Art. 767.** Oferecido o regulamento da avaria, dele terão vista os interessados em cartório, por vinte dias. Não havendo impugnação, o regulamento será homologado; em caso contrário, terá o ajustador o prazo de dez dias para contrariá-la, subindo o processo, em seguida, ao juiz.

**Art. 768.** A sentença que homologar a repartição das avarias comuns mandará indenizar cada um dos contribuintes, tendo força de definitiva e sendo exequível desde logo, ainda que dela se recorra.

### DAS ARRIBADAS FORÇADAS

**Art. 772.** Nos portos não alfandegados ou não habilitados, competirá ao juiz autorizar a descarga do navio arribado que necessitar de conserto. O juiz que autorizar a descarga comunicará logo o ocorrido à alfândega ou mesa-de-rendas mais próxima, a fim de que providencie de acordo com as leis alfandegárias.

**Art. 773.** As providências do artigo precedente serão também autorizadas nos seguintes casos:

I – quando, abandonado o navio arribado, ou havido por inavegável, o capitão requererá depósito da carga ou baldeação desta para outro navio;
II – quando a descarga for necessária para aliviar navio encalhado em baixio ou banco, em águas jurisdicionais.

**Art. 774.** Nas hipóteses dos artigos anteriores, se necessária a venda de mercadorias da carga do navio arribado, para pagamento de despesas com seu conserto, ou com a descarga, ou com o depósito e reembarque das mercadorias, ou seu aparelhamento para navegação, ou outras despesas semelhantes, o capitão, ou o consignatário, requererá ao juiz, nos casos em que este for competente, autorização para a venda.

§ 1º A venda não será autorizada sem caução para garantia do pagamento dos impostos devidos.

§ 2º O juiz que autorizar a venda comunicará logo o fato à alfândega ou mesa-de-rendas mais próxima e ao Ministério da Fazenda.

§ 3º Igualmente se procederá no caso de ser requerida venda de mercadorias avariadas não suscetíveis de beneficiamento.

**Art. 775.** A decisão das dúvidas e contestações sobre a entrega das mercadorias, ou do seu produto, competirá privativamente ao juiz de direito, ainda que se trate de embarcação estrangeira, quando não houver, na localidade, agente consular do país com o qual o Brasil tenha celebrado tratado ou convenção.

Parágrafo único. Ouvido, no prazo de cinco dias, o órgão do Ministério Público, ou o Procurador da República, se o houver na comarca, o juiz decidirá no mesmo prazo, à vista da promoção e das alegações e provas produzidas pelos interessados.

# Índice Alfabético-Remissivo do Código de Processo Civil
## (Lei nº 5.869, de 11-1-1973)

## A

**AÇÃO ACESSÓRIA:** art. 108

**AÇÃO ANULATÓRIA**
- confissão: art. 352, I
- partilha: art. 1.029, par. ún.

**AÇÃO CAUTELAR**
- vide MEDIDAS CAUTELARES e PROCESSO CAUTELAR

**AÇÃO COMINATÓRIA:** arts. 287, 461 e 461-A

**AÇÃO DE ALIMENTOS**
- alimentos provisionais: arts. 852 a 854
- competência: art. 100, II
- execução de prestação alimentícia: arts. 732 a 735
- segredo de justiça: art. 155, II
- sentença condenatória; efeito devolutivo: art. 520, II
- valor de causa: art. 259, VI

**AÇÃO DE ANULAÇÃO DE CASAMENTO**
- alimentos provisionais: art. 852, I e par. ún.
- competência: art. 100, I
- depoimento pessoal: art. 347, par. ún.
- posse provisória de filhos: art. 888, III
- sequestro de bens do casal: art. 822, III

**AÇÃO DE ANULAÇÃO E SUBSTITUIÇÃO DE TÍTULOS AO PORTADOR:** arts. 907 a 913
- competência: art. 100, III

**AÇÃO DECLARATÓRIA**
- vide DECLARAÇÃO INCIDENTE
- declaração de autenticidade de documento: art. 4º
- incidental: arts. 5º e 325
- incidental; competência: art. 109

**AÇÃO DE COBRANÇA**
- propositura por credor de herança: art. 1.154
- valor da causa: art. 259, I

**AÇÃO DE CONSIGNAÇÃO EM PAGAMENTO:** arts. 890 a 900
- competência: art. 891
- contestação: art. 896
- conversão do depósito em arrecadação de bens: art. 898
- depósito; insuficiência; complementação: art. 899
- dúvida sobre quem deva receber: arts. 895 e 898
- escolha pelo credor de coisa indeterminada: art. 894
- legitimidade ativa: art. 890
- petição inicial: art. 893
- prazo: art. 890, § 2º
- prestações periódicas: art. 892
- recebimento pelo credor: art. 897, par. ún.
- resgate do aforamento: art. 900
- revelia: art. 897

**AÇÃO DE DEMARCAÇÃO:** arts. 946 a 966
- apelação: art. 520, I
- auto de demarcação: arts. 965 e 966
- cabimento: art. 946, I
- citação: arts. 953 e 954
- competência territorial: art. 95
- confinantes: art. 948
- contestação: arts. 954 e 955
- cumulação com ação de divisão: art. 947
- cumulação com manutenção ou reintegração de posse: art. 951
- despesas processuais: art. 25
- embargos de terceiro; cabimento: art. 1.047, I
- julgamento antecipado: art. 955
- legitimidade ativa: arts. 946, I, e 952
- linha demarcanda: art. 956
- marcos: arts. 948, 959, 963 e 964

- petição inicial: arts. 950 e 951
- planta; elaboração: arts. 961 e 962
- procedimento ordinário: art. 955
- sentença homologatória: arts. 956, 958 e 966
- trabalhos de campo; regras: art. 960
- valor da causa: art. 259, VII

**AÇÃO DE DEPÓSITO:** arts. 901 a 906
- busca e apreensão: art. 905
- contestada; rito ordinário: art. 903
- defesa do réu: art. 902, § 2º
- execução por quantia certa: art. 906
- finalidade: art. 901
- mandado para a entrega: art. 904
- petição inicial: art. 902
- prisão de depositário infiel: arts. 904, par. ún., e 905

**AÇÃO DE DIVISÃO:** arts. 946 a 949 e 967 a 981
- apelação: art. 520, I
- arbitradores e agrimensor: art. 969
- auto de divisão: art. 980
- benfeitorias de confinantes: art. 973
- cabimento: art. 946, II
- citações: art. 968
- competência territorial: art. 95
- condôminos: art. 970
- confinantes: arts. 948 e 974
- cumulação com ação de demarcação: art. 947
- demarcação dos quinhões: art. 979
- despesas processuais: art. 25
- embargos de terceiro: art. 1.047, I
- exame, classificação e avaliação: arts. 976 e 977
- legitimidade ativa: art. 946, II
- marcos: art. 948
- operações de divisão: art. 969
- partilha: art. 979
- petição inicial: art. 967
- plano da divisão: art. 978, § 3º
- planta e memorial descritivo: art. 975
- valor da causa: art. 259, VII

**AÇÃO DE ESTADO**
- competência: art. 92, II
- conciliação: art. 447, par. ún.
- Ministério Público; intervenção: art. 82, II
- procedimento sumário: art. 275, par. ún.

**AÇÃO DE EXECUÇÃO**
- vide EXECUÇÃO

**AÇÃO DE FILIAÇÃO:** art. 347, par. ún.

**AÇÃO DE GARANTIA:** art. 109

**AÇÃO DE MANUTENÇÃO NA POSSE:** arts. 920 a 931
- caso de turbação na posse: art. 926
- caução: art. 925
- citação de ambos os cônjuges: art. 10, § 2º
- citação do réu: art. 930
- competência territorial: art. 95
- contestação: art. 922
- contra pessoas jurídicas de direito público: art. 928, par. ún.
- cumulação com ação demarcatória: art. 951
- fungibilidade: art. 920
- mandado: arts. 928 e 929
- procedimento: arts. 927 a 931
- prova: art. 927
- reivindicatória: art. 923

**AÇÃO DE NUNCIAÇÃO DE OBRA NOVA:** arts. 934 a 940
- atentado: art. 879, II

- auto circunstanciado: art. 938
- cabimento: art. 934
- caução: art. 940, § 1º
- competência territorial: art. 95
- embargo extrajudicial: art. 935
- legitimação: art. 934
- liminar: art. 937
- petição inicial: art. 936
- processamento em férias e feriados: art. 173, II
- prosseguimento da obra: art. 940

**AÇÃO DE PETIÇÃO DE HERANÇA:** art. 1.001
- competência: art. 96

**AÇÃO DE PRESTAÇÃO DE CONTAS:** arts. 914 a 919

**AÇÃO DE REINTEGRAÇÃO NA POSSE:** arts. 920 a 931
- caso de esbulho: art. 926
- caução: art. 925
- citação de ambos os cônjuges: art. 10, § 2º
- citação do réu: art. 930
- competência territorial: art. 95
- contestação: art. 922
- contra pessoas jurídicas de direito público: art. 928, par. ún.
- cumulação com ação demarcatória: art. 951
- fungibilidade: art. 920
- mandado: arts. 928 e 929
- procedimento: arts. 927 a 931
- prova: art. 927
- reintegração provisória: art. 925
- reivindicatória: art. 923

**AÇÃO DE REIVINDICAÇÃO**
- vide AÇÃO REIVINDICATÓRIA

**AÇÃO DE REPARAÇÃO DE DANO:** art. 100, V, e par. ún.

**AÇÃO DE SEPARAÇÃO JUDICIAL**
- alimentos provisionais: art. 852, I
- competência: art. 100, I
- depoimento pessoal: art. 347, par. ún.
- posse provisória de filho: art. 888, III
- sequestro de bens do casal: art. 822, III

**AÇÃO DE USUCAPIÃO:** arts. 941 a 945
- competência territorial: art. 95

**AÇÃO FUNDADA EM DIREITO REAL:** arts. 94 e 95

**AÇÃO IDÊNTICA:** art. 301, § 2º

**AÇÃO MONITÓRIA:** arts. 1.102-A a 1.102-C

**AÇÃO PAULIANA**
- vide FRAUDE CONTRA CREDORES

**AÇÃO PENAL**
- cessação de prisão: art. 886, III
- sobrestamento da ação civil: art. 110

**AÇÃO PRINCIPAL**
- ações acessórias: arts. 108 e 109
- medidas cautelares: art. 800, caput

**AÇÃO REGRESSIVA**
- competência: art. 109
- denunciação da lide; obrigatoriedade: art. 70, III
- fiador: art. 595, par. ún.
- sócio: art. 596, § 2º

**AÇÃO REIVINDICATÓRIA**
- citação de ambos os cônjuges: art. 10, § 1º, I
- competência territorial: art. 95
- de título ao portador: art. 907, I
- sequestro de frutos e rendimentos: art. 822, II
- valor da causa: art. 259, VII

**AÇÃO RESCISÓRIA:** arts. 485 a 495
- decadência: art. 495
- efeito suspensivo: art. 489
- hipóteses de cabimento: art. 485
- julgamento não unânime: art. 530
- julgamento: arts. 493 e 494
- legitimidade ativa: art. 487
- multa; depósito: art. 488, II
- partilha julgada por sentença: art. 1.030
- petição inicial; indeferimento: art. 490
- petição inicial; requisitos: art. 488
- procedimento: arts. 491 a 494
- provas; competência: art. 492
- razões finais: art. 493
- relatório: art. 553
- revisor: art. 551
- sentença fundamentada na confissão viciada: art. 352, II

**AÇÃO UNIVERSAL:** art. 286, I

**ACIDENTE DE VEÍCULOS**
- competência: art. 100, par. ún.
- procedimento sumário: art. 275, II, d e e

**AÇÕES POSSESSÓRIAS:** arts. 920 a 933
- vide AÇÃO DE MANUTENÇÃO NA POSSE, AÇÃO DE REINTEGRAÇÃO NA POSSE e INTERDITO PROIBITÓRIO

**ACÓRDÃO**
- definição: art. 163
- ementa; obrigatoriedade: art. 563
- publicação das conclusões: art. 564
- redação: art. 556
- requisitos essenciais: arts. 165 e 458
- substituição da decisão recorrida: art. 512
- transitado em julgado: art. 510

**ACORDO**
- vide TRANSAÇÃO

**ADJUDICAÇÃO DE BENS**
- ciência a quem seja de qualquer modo parte na execução: art. 698
- embargos: art. 746
- modalidade de expropriação: art. 647, II
- pagamento ao credor: art. 708, II
- penhorados: arts. 685-A e 685-B
- sustação: art. 558

**ADMINISTRADOR**
- vide DEPOSITÁRIO
- auxiliar da justiça: arts. 148 a 150
- espólio; provisório: arts. 985 e 986
- imóvel ou empresa concedida a usufruto em execução: arts. 719, 720, 727 a 729
- massa dos bens do devedor insolvente: arts. 763 a 767
- prestação de contas: art. 919
- réu ausente: art. 215, §§ 1º e 2º

**ADVOGADO**
- causa própria: arts. 36 e 254, I
- contratação por administrador da massa de insolvente: art. 766, II
- dativo: art. 302, par. ún.
- direitos: art. 40
- discussão da causa com elevação e urbanidade: art. 446, III
- endereço: art. 39
- excesso de prazo: arts. 195 e 196
- expressões injuriosas: art. 15
- falecimento: art. 265, I, § 2º
- falecimento; restituição de prazo: art. 507
- honorários: arts. 20, 28, 267, § 2º, e 268
- ingresso em juízo: art. 36
- intimação de decisão: art. 242
- mandato: art. 37
- procuração geral para o foro: art. 38
- renúncia ao mandato: art. 45
- representação das partes em juízo: art. 36
- responsabilidade por despesas e perdas e danos quando não exibir procuração: art. 37, par. ún.
- revogação do mandato: art. 44
- sustentação de recurso perante tribunal: art. 554
- sustentação oral no tribunal: art. 565

# Índice Alfabético-Remissivo do Código de Processo Civil

**AERONAVE:** arts. 655, IX, e 679

**AFORAMENTO:** art. 900

**AGÊNCIA**
- competência: art. 100, IV, *b*
- pessoa jurídica estrangeira: art. 12, § 3º

**AGRAVO**
- cabimento; decisão do relator: arts. 545 e 557, §§ 1º e 2º
- cabimento; decisão que não admite recurso especial ou extraordinário: art. 544

**AGRAVO DE INSTRUMENTO**
- cabimento: art. 522
- cabimento; decisão que não admite embargos infringentes: art. 532
- comprovação da interposição: art. 526
- conversão em agravo retido: art. 527, II
- dia para julgamento: art. 528
- efeitos: arts. 497, 527, III, e 558
- indeferimento liminar: arts. 527, I, e 557
- instrução; peças obrigatórias e facultativas: art. 525
- interposição; formas: art. 525, § 2º
- julgamento: arts. 528 e 555
- julgamento; precedência: art. 559
- manifestamente infundado; multa: art. 557, § 2º
- oitiva do Ministério Público: art. 527, VI
- prazo: arts. 522 e 557, § 1º
- preparo: art. 525, § 1º
- recebimento de recurso no tribunal: art. 527
- reforma da decisão pelo juiz: art. 529
- requisição de informações ao juiz da causa: art. 527, IV
- requisitos da petição: art. 524
- resposta do agravado: art. 527, V

**AGRAVO RETIDO**
- cabimento: art. 522
- conhecimento preliminar: art. 523
- conversão do agravo de instrumento em: art. 527, II
- das decisões interlocutórias proferidas em audiência: art. 523, § 3º
- não conhecimento caso a parte não requeira expressamente: art. 523, § 1º
- prazo: art. 522
- preparo; dispensa: art. 522, par. ún.
- reforma da decisão pelo juiz: art. 523, § 2º
- resposta do agravado: art. 523, § 2º

**ALEGAÇÕES FINAIS**
- procedimento ordinário: art. 454
- procedimento sumário: art. 281

**ALIENAÇÃO**
- bens de herança jacente: art. 1.155
- bens de incapazes: art. 1.112, III
- bens penhorados: art. 685-C
- coisa comum: arts. 1.112, IV, 1.117, I e II, 1.118 e 1.119
- embargos de terceiro: arts. 1.046 e 1.047, II
- judicial; avaliação dos bens: art. 1.114
- judicial; casos: arts. 1.113 e 1.117
- judicial; ciência ao executado: art. 687, § 5º
- judicial; depósito do preço: art. 1.116
- judicial; leilão: art. 1.117
- judicial; maior lanço oferecido: art. 1.115
- quinhão em coisa comum: art. 1.112, V

**ALIENANTE:** art. 1.061

**ALIMENTOS**
- *vide* EXECUÇÃO DE PRESTAÇÃO ALIMENTÍCIA e PRESTAÇÃO ALIMENTÍCIA
- impenhorabilidade: art. 649, II
- prisão do devedor: art. 733, § 1º
- provisionais; medida cautelar: arts. 852 e 854
- provisionais; processamento durante as férias forenses: art. 174, II
- segredo de justiça: art. 155, II

**ALUGUEL DE IMÓVEL**
- crédito decorrente; natureza de título executivo: art. 585, V
- dado em usufruto: arts. 723 e 724

**ANALOGIA:** art. 126

**ANTECIPAÇÃO DA TUTELA**
- *vide* TUTELA ANTECIPADA

**ANTICRESE**
- alienação de bem gravado por: art. 619
- embargos de terceiro: art. 1.047, II
- execução: arts. 615, II, e 619
- penhora: art. 655, § 2º
- título executivo extrajudicial: art. 585, III

**ANULAÇÃO DE ATO JUDICIAL**
- *vide* AÇÃO ANULATÓRIA

**ANULAÇÃO DE CASAMENTO**
- *vide* AÇÃO DE ANULAÇÃO DE CASAMENTO

**ANULAÇÃO DE TÍTULOS AO PORTADOR**
- *vide* AÇÃO DE ANULAÇÃO E SUBSTITUIÇÃO DE TÍTULOS AO PORTADOR

**APELAÇÃO:** arts. 513 a 521
- cabimento: arts. 496, I, 513 e 1.110
- decisão em jurisdição voluntária: art. 1.110
- deserção: art. 519
- devolução ao tribunal da matéria: art. 515
- efeitos devolutivo e suspensivo: arts. 515 e 521
- extinção do processo sem julgamento do mérito: art. 515, § 3º
- indeferimento da inicial: art. 296
- julgamento: arts. 554 a 557 e 559 a 565
- julgamento não unânime: art. 530
- pena de deserção; irrecorribilidade: art. 519, par. ún.
- petição; requisitos: art. 514
- prazo para interposição: art. 508
- preliminar: art. 523
- preparo: art. 519
- recebimento: art. 518
- recurso adesivo: art. 500, II
- reexame dos pressupostos de admissibilidade do recurso: art. 518, par. ún.
- revisor: art. 551

**APELAÇÃO *EX OFFICIO***
- inaplicabilidade: art. 475, §§ 2º e 3º
- sujeição: art. 475

**APENSAMENTO DE AUTOS**
- embargos à execução: art. 736
- exceção: art. 299
- interdição: art. 1.186, § 1º
- oposição: art. 59
- pedido de pagamento de dívida em inventário: art. 1.017, § 1º
- prestação de contas do inventariante: art. 919
- procedimento cautelar: art. 809
- remoção de inventariante: art. 996, par. ún.
- restaurados, aos originais: art. 1.067, § 1º

**APREENSÃO**
- coisa vendida com reserva de domínio: art. 1.071
- documento ou coisa em poder de terceiro: art. 362, parte final
- embarcações; regula-se pelo Código anterior: art. 1.218, XII
- título; cessação da prisão: art. 886
- título; contestação do crédito: art. 887
- título, não restituído ou sonegado: art. 885

**ARBITRAGEM**
- *vide* JUÍZO ARBITRAL

**ARBITRAMENTO**
- especialização da hipoteca legal: art. 1.206
- fixação de perdas e danos na execução para entrega de coisa certa: art. 627, §§ 1º e 2º
- liquidação de indenização por dano processual: art. 18, § 2º

## ARRECADAÇÃO
- bens do devedor insolvente: art. 751, II
- competência: arts. 96 e 97
- processamento durante as férias: art. 173, II

## ARREMATAÇÃO
- adiamento de praça ou leilão: art. 688
- adjudicação; processamento: arts. 714 e 715
- auto: arts. 693 e 694
- bens de insolvente: art. 762, § 2º
- carta; conteúdo: arts. 703 e 707
- desfazimento: art. 694, par. ún.
- edital de praça: art. 686
- edital; publicação: arts. 687 e 786-A
- embargos: art. 746
- embargos procedentes: art. 694, § 2º
- execução por quantia certa contra devedor solvente: arts. 686 a 707
- imóveis: arts. 697, 698 e 700 a 702
- intimação do credor hipotecário ou senhorio direto: art. 698
- intimação do devedor: art. 687, § 5º
- lanço; preço vil: art. 692
- leilão; local de realização: art. 686, § 2º
- mediante pagamento imediato ou em 15 dias: art. 690
- pagamento do preço: arts. 695 e 696
- praça; local de realização: art. 686, § 2º
- preço inferior ao da avaliação; impossibilidade: art. 686, § 3º
- preferência ao arrematante da totalidade dos bens: art. 691
- propostas para aquisição em prestações: art. 690, §§ 1º ao 4º
- quem pode lançar: art. 690, § 1º
- sem efeito: art. 694, § 1º
- suspensão: art. 692, par. ún.

## ARREMATANTE
- não pagamento no prazo estipulado: art. 695
- quem não pode ser: art. 690, § 1º
- remisso; sanções: art. 695

## ARRENDAMENTO
- bens dotais: art. 1.112, III
- rural: art. 275, II, a

## ARRESTO: arts. 813 a 821
- bens do devedor; presunção de insolvência: art. 750, II
- bens do devedor executado: arts. 653 e 654
- embargos de terceiro: art. 1.046
- guarda dos bens: art. 148
- realização em férias e feriados: art. 173, II

## ARROLAMENTO: arts. 1.031 a 1.038
- avaliação dos bens do espólio: art. 1.033
- cabimento: arts. 1.031 e 1.036
- disposições aplicáveis: art. 1.038
- homologação da partilha: arts. 1.031 e 1.035
- imposto de transmissão: arts. 1.034, § 2º, e 1.036, § 4º
- pedido de adjudicação: art. 1.031, §§ 1º e 2º
- petição: art. 1.032
- taxa judiciária e tributos: arts. 1.034, § 1º, e 1.036, § 4º

## ARROLAMENTO DE BENS: arts. 855 a 860
- auto: art. 859
- cabimento: art. 855
- depositário; nomeação: art. 858
- diligência não concluída no mesmo dia: art. 860
- herança jacente: arts. 1.146 a 1.148
- justificação prévia: art. 858
- legitimação ativa: art. 856
- petição; conteúdo: art. 857

## ARROMBAMENTO
- busca e apreensão: art. 842, § 1º
- penhora: art. 660

## ASCENDENTE
- citação: art. 217, II
- impedimento para depor: arts. 405, § 2º, I, e § 4º, e 406, I

## ASSINATURA
- atos e termos do processo: art. 169
- auto de busca e apreensão: art. 843
- compromisso de administrador de bens do insolvente: arts. 764 e 765
- compromisso de depositário em sequestro: art. 825, *caput*
- depoimento: art. 417
- despachos, decisões, sentenças e acórdãos: art. 164
- termo de conciliação: art. 449

## ASSISTÊNCIA: arts. 50 a 55
- adquirente ou cessionário: art. 42, § 2º
- despesas processuais devidas pelo assistente vencido: art. 32
- incapazes: arts. 8º e 9º

## ASSISTÊNCIA JUDICIÁRIA: art. 19

## ASSISTENTE
- *vide* ASSISTÊNCIA
- adquirente ou cessionário: art. 42, § 2º
- auxiliar da parte principal, com os mesmos ônus e poderes: art. 52
- litisconsorcial: art. 54
- não poderá discutir a justiça da decisão; ressalva: art. 55

## ASSISTENTE TÉCNICO
- esclarecimentos: art. 435
- impedimentos ou suspeição: art. 422
- indicação; procedimento ordinário: arts. 421, § 1º, I, e 428
- indicação; procedimento sumário: arts. 276 e 278
- perícia complexa; indicação de mais de um: art. 431-B
- prazo para apresentar laudo: art. 433, par. ún.
- remuneração: arts. 20, § 2º, e 33

## ATENTADO: arts. 879 a 881

## ATO ATENTATÓRIO À DIGNIDADE DA JUSTIÇA
- advertência ao devedor: art. 599, II
- caracterização: art. 600
- sanções: art. 601

## ATOS PROCESSUAIS
- abreviaturas: art. 169, par. ún.
- assinaturas: art. 169
- cópias para autos suplementares: art. 159
- cotas marginais ou interlineares: art. 161
- cumprimento: art. 200
- estenotipia: arts. 164 e 170
- extinção do direito de praticá-los: art. 183
- férias e feriados: arts. 173 e 174
- forma: arts. 154 a 171
- horário de realização: art. 172
- inúteis ou desnecessários: art. 14, IV
- local de sua realização: art. 176
- meios eletrônicos: art. 154, par. ún.
- ordinatórios: art. 162, § 4º
- protelatórios: art. 31
- publicidade: art. 155
- segredo de justiça: art. 155
- supérfluos: art. 31
- tempo e lugar: arts. 172 a 176
- uso obrigatório do vernáculo: art. 156

## AUDIÊNCIA
- adiamento: art. 453
- antecipação; intimação: art. 242, § 2º
- boa ordem e decoro: art. 445, I
- conciliação: arts. 331, 447 e 448
- concurso de credores: arts. 712 e 713
- debates: art. 454
- decisões interlocutórias: art. 523, § 3º
- depoimento das partes: art. 446, par. ún.
- depoimento pessoal: art. 343
- direção dos trabalhos: art. 446, I
- embargos do devedor: art. 740
- extinção de obrigações de insolvente: art. 781
- instrução e julgamento; designação: art. 331, § 2º
- instrução e julgamento; procedimento sumário: art. 277

- litisconsorte ou terceiro: art. 454, § 1º
- morte ou perda da capacidade processual: art. 265, § 1º
- perito e assistente: art. 435
- pontos controvertidos: arts. 331, § 2º, e 451
- pregão das partes e advogados: art. 450
- preliminar: art. 331
- procedimento sumário: art. 278, § 1º
- prova testemunhal: arts. 336 e 410
- provas; ordem de produção: art. 452
- publicação de sentença: art. 242, § 1º
- publicidade: art. 444
- sentença: art. 506, I
- termo: art. 457
- unidade e continuidade: art. 455
- vinculação do juiz: art. 132

### AUSÊNCIA
- declaração: arts. 1.159 a 1.169
- intervenção do Ministério Público: arts. 82, II, e 999
- locador: art. 215, § 2º
- réu: art. 215, § 1º

### AUSENTE
- *vide* BENS DOS AUSENTES
- ações em que for réu; competência: art. 97
- intervenção do Ministério Público: arts. 82, II, e 999
- nomeação de curador especial: arts. 9º, par. ún., e 1.042, I

### AUTARQUIAS
- preparo de recurso: art. 511, § 1º
- reexame necessário: art. 475, I

### AUTENTICAÇÃO DE REPRODUÇÃO DE DOCUMENTOS: art. 384

### AUTO
- arrematação; assinaturas: art. 694
- arrematação; lavratura: art. 693
- busca e apreensão: art. 843
- demarcação: art. 965
- divisão: art. 980, § 1º
- embargo de obra nova: art. 938
- inspeção judicial: art. 443
- interrogatório do interditando: art. 1.181
- orçamento de partilha: art. 1.025, I
- resistência à penhora: art. 663
- restauração de autos: art. 1.065, § 1º

### AUTORIDADE
- administrativa: art. 124
- judiciária: art. 124

### AUTOS PROCESSUAIS
- *vide* APENSAMENTO DE AUTOS
- arquivamento na extinção do processo: art. 267, § 1º
- baixa: art. 510
- cobrança ao advogado: art. 196
- consulta: art. 155, par. ún.
- devolução fora do prazo: art. 195
- documentos de valor histórico: art. 1.215, § 2º
- eliminação após cinco anos do arquivamento: art. 1.215
- guarda: art. 141, IV
- penhora no rosto dos autos: art. 674
- restauração: arts. 1.063 a 1.069
- suplementares; formação: arts. 159 e 589
- vista; direito do advogado: art. 40

### AUTUAÇÃO DA PETIÇÃO INICIAL: art. 166

### AUXILIARES DA JUSTIÇA: art. 139

### AVALIAÇÃO DE BENS INVENTARIADOS: arts. 1.003 a 1.011

### AVALIAÇÃO DE BENS PENHORADOS
- laudo pericial: art. 681
- não se procederá: art. 684
- *nomeação de avaliador*: art. 680
- nova avaliação: art. 683
- repetição; quando ocorrerá: art. 683

### AVALIADOR: art. 690, § 1º, III

### AVARIA: art. 1.218, XIV

### AVERBAÇÃO
- cancelamento da penhora: art. 615-A, § 2º
- dever do exequente de comunicá-las ao juízo: art. 615-A, § 1º
- indevida: art. 615-A, § 4º

### AVOCAÇÃO DE AUTOS: arts. 198 e 475, § 1º

## B

### BANCOS
- consignação em pagamento: art. 890, §§ 1º a 4º
- depósito de dinheiro: art. 666, I

### BENFEITORIAS
- ação de divisão: arts. 973 e 979
- indenização na execução: art. 628

### BENS
- adjudicação em inventário: art. 1.017, § 4º
- alienação judicial: arts. 1.112, III a V, e 1.113 a 1.119
- alienação ou oneração em fraude de execução: art. 593
- arrolamento como medida cautelar: arts. 855 a 860
- casal; sequestro: art. 822, III
- espólio; avaliação: arts. 1.004 e 1.033
- guarda e conservação: art. 148
- herança jacente: arts. 1.142 a 1.158
- imóveis divisíveis; alienação judicial: art. 702
- imóveis suscetíveis de divisão cômoda: art. 681, par. ún.
- imóveis; consentimento e citação do cônjuge: art. 10
- imóveis; penhora e alienação em praça: arts. 669, par. ún., e 697
- impenhoráveis; enumeração: arts. 648 e 649
- indicação à penhora: art. 652, § 2º
- móveis; alienação em leilão: art. 704
- penhora; mais de uma: art. 613
- penhorados; admissibilidade: art. 668
- penhorados; substituição: art. 657
- penhoráveis; admissibilidade: art. 650
- reservados da mulher: art. 10, § 1º, III
- sujeitos à execução: arts. 591 e 592

### BENS DOS AUSENTES
- arrecadação: arts. 1.160 e 1.161
- caução pelos herdeiros: art. 1.166
- cessação da curadoria: art. 1.162
- cessação da sucessão provisória: art. 1.167
- citação: arts. 1.164 e 1.169
- consignação em pagamento: art. 898
- conversão da sucessão provisória em definitiva: art. 1.167
- declaração de ausência: art. 1.159
- intervenção do Ministério Público: arts. 82, II, e 999
- regresso do ausente: arts. 1.162, I, 1.167 e 1.168
- requerimento de entrega de bens pelo ausente: art. 1.169
- sucessão provisória: arts. 1.163 a 1.167

### BENS VAGOS
- *vide* COISAS VAGAS

### BOA-FÉ: art. 14, II

### BOLSA DE VALORES
- ação de anulação e substituição de títulos: art. 908, III
- título comprado em: art. 913

### BUSCA E APREENSÃO: arts. 839 a 843
- arrombamento para cumprimento do mandado: art. 842, § 1º
- auto circunstanciado: art. 843
- coisa depositada: art. 905
- coisa vendida com reserva de domínio: art. 1.071
- direito autoral ou conexo: art. 842, § 3º
- execução para entrega de coisa certa: art. 625
- justificação prévia: art. 841
- mandado; conteúdo: art. 841
- mandado; cumprimento: art. 842
- *materiais em ação de nunciação de obra nova*: art. 936, par. ún.
- pessoas ou de coisas: art. 839

- petição inicial: art. 840
- realização em férias e feriados: art. 173, II

## C

**CALAMIDADE PÚBLICA:** art. 182, par. ún.

**CAPACIDADE DA PESSOA**
- ações concernentes: art. 92, II
- inadmissibilidade do procedimento sumário: art. 275, par. ún.

**CAPACIDADE PROCESSUAL**
- assistência e representação de incapazes: art. 8º
- cônjuge: arts. 10 e 11
- curador especial: art. 9º
- definição: art. 7º
- irregularidade; efeitos: art. 13, I a III
- perda; suspensão do processo: art. 265, I, e § 1º
- representação ativa e passiva: art. 12

**CARÊNCIA DE AÇÃO**
- alegação preliminar na contestação: arts. 301, X, e 327
- extinção do processo: art. 267, VI, e § 3º

**CARTA**
- citação com hora certa: art. 229
- citação pelo correio: arts. 221, I, 222 e 223
- valor probante: art. 376

**CARTA DE ADJUDICAÇÃO:** arts. 685-B, par. ún., e 715

**CARTA DE ARREMATAÇÃO**
- alienação em leilão: art. 707
- conteúdo: art. 703

**CARTA DE ORDEM**
- caráter itinerante: art. 204
- devolução: art. 212
- expedição: art. 201
- prazo para cumprimento: art. 203
- requisitos essenciais: art. 202
- telegrama, radiograma e telefone: arts. 205 a 208

**CARTA DE USUFRUTO:** art. 722, § 2º

**CARTA PRECATÓRIA**
- arrecadação de bens de herança jacente: art. 1.149
- caráter itinerante: art. 204
- cumprimento de ato processual: art. 201
- devolução após cumprimento: art. 212
- execução: art. 747
- expedidas pela Justiça Federal: art. 1.213
- juntada aos autos: art. 241, IV
- juntada até julgamento final: art. 338, par. ún.
- penhora, avaliação e alienação de bens: art. 658
- prazo para cumprimento: art. 203
- realização de prova pericial: arts. 202, §§ 1º e 2º, e 428
- requisitos essenciais: art. 202
- suspensão do processo se requerida antes do saneador: art. 338
- telegrama, radiograma e telefone: arts. 205 a 208

**CARTA ROGATÓRIA**
- caráter itinerante: art. 204
- concessão de exequibilidade no Brasil: art. 211
- devolução após cumprimento: art. 212
- expedição: art. 201
- obediência a convenções internacionais: art. 210
- prazo para cumprimento: art. 203
- recusa de cumprimento; citação por edital: art. 231, § 1º
- remessa por via diplomática: art. 210
- requisitos essenciais: art. 202
- tradução: art. 210

**CASAMENTO**
- causas concernentes: art. 82, II
- segredo de justiça: art. 155, II

**CAUÇÃO:** arts. 826 a 838
- ação possessória: art. 925
- arrematação: art. 690

- audiência de instrução e julgamento: art. 833
- autor residente no exterior: arts. 835 e 836
- citação: arts. 829 a 831
- contestação: art. 831
- embargos de terceiro: art. 1.051
- espécies: art. 827
- falta de prestação: art. 301, XI
- herdeiros do ausente: art. 1.166
- medida cautelar: arts. 799, 805 e 826 a 838
- prosseguimento da obra embargada: art. 940
- quem pode prestar: art. 828
- real ou fidejussória: art. 826
- reforço: arts. 837 e 838
- requerida pelo obrigado a dá-la: art. 829
- requerida pelo que tem direito à prestação: art. 830
- sentença: arts. 832 e 834
- título executivo extrajudicial: art. 585, III

**CAUSA DE PEDIR**
- conexão: arts. 46, III, e 103
- continência; definição: art. 104
- identidade de ações: art. 301, § 2º
- modificações após a citação: arts. 264 e 321
- não especificada na petição inicial: art. 295, I, e par. ún., I

**CAUSA PRÓPRIA**
- advogado: arts. 36 e 39
- honorário de advogado: art. 20

**CAUSAS**
- cujo valor não exceda 20 salários mínimos: art. 275, I
- pequeno valor ou de valor inestimável: art. 20, § 4º
- que se processam em férias: art. 174

**CEGOS:** art. 405, § 1º, IV

**CERTIDÃO**
- comprobatória de ajuizamento de execução; possibilidade de obtenção pelo exequente: art. 615-A
- dívida ativa da Fazenda Pública: art. 585, VI
- óbito; instrução da posse em nome de nascituro: art. 887, § 1º
- óbito; instrução do inventário: art. 987, par. ún.
- requerimento pelas partes ou terceiro interessado: art. 155, par. ún.
- requisição pelo juiz: art. 399, I, e par. ún.
- valor do original: art. 365

**CERTIFICAÇÃO DIGITAL:** art. 689-A, par. ún.

**CESSIONÁRIO**
- título executivo: art. 567, II
- herdeiro ou legatário: art. 988, V

**CHAMAMENTO AO PROCESSO:** arts. 77 a 80

**CHEQUE**
- penhora: art. 672
- título executivo extrajudicial: art. 585, I

**CITAÇÃO:** arts. 213 a 233
- ação de consignação em pagamento: arts. 893 a 895
- aditamento do pedido antes: art. 294
- carta de ordem: art. 241, IV
- casos em que não se fará: art. 217
- comarcas contíguas: art. 230
- como se faz: art. 221
- comparecimento espontâneo do réu suprirá sua falta: art. 214, § 1º
- cônjuge: art. 10, §§ 1º e 2º
- correio: arts. 221, I, 222, 223 e 241, I
- definição: art. 213
- demente: art. 218
- denunciação da lide: arts. 71 a 73
- despacho na petição inicial: art. 285
- devedor de obrigação de entrega de coisa certa: art. 621
- devedor em execução: art. 652
- dispensa; caso: art. 285-A
- edital em execução por quantia certa: art. 654
- edital; casos: art. 231

- edital; início do prazo: art. 241, V
- edital; requerimento doloso, sanção: art. 233
- edital; requisitos: art. 232
- edital; réu revel; nomeação de curador: art. 9º, II
- efeitos quanto ao pedido: art. 264
- efeitos: arts. 219 e 263
- execução por carta precatória: art. 738, § 2º
- execução por quantia certa: arts. 652 a 654 e 755
- execução; interrupção da prescrição: art. 617
- falta ou nulidade: art. 741, I
- hora certa: arts. 9º, II, 227 a 229
- indispensável para validade do processo: art. 214
- inexistência; preliminar em contestação: art. 301, I
- mandado; requisitos: arts. 225 e 285
- militar: art. 216, par. ún.
- nulidade pelo descumprimento de prescrições legais: art. 247
- nulidade; arguição: art. 214, § 2º
- nulidade; preliminar em contestação: art. 301, I
- oficial de justiça: arts. 224 a 230
- oficial de justiça; início do prazo: art. 241, II
- onde pode ser feita: art. 216
- oposição: art. 57
- ordenada por juiz incompetente: art. 219
- pessoal: art. 215
- pessoal; procurador não constituído nos autos: art. 1.050, § 3º
- postal: arts. 221, I, a 223
- procedimento sumário: art. 277
- procedimentos de jurisdição voluntária: art. 1.105
- realização em férias e feriados: art. 173, II
- realização fora de horário: art. 172, § 2º
- réu ausente: art. 215, §§ 1º e 2º
- vários réus: art. 241, III

**COAÇÃO:** art. 404, II

**CODICILO:** art. 1.134, IV

**CÓDIGO DE PROCESSO CIVIL**
- 1939: art. 1.218
- processos que regula: art. 270

**COISA CERTA:** arts. 621 a 628

**COISA INCERTA:** arts. 629 a 631

**COISA JULGADA**
- ação rescisória: art. 485, IV
- acolhimento: arts. 267, V, e 268
- alegação pelo réu em preliminar na contestação: art. 301, VI
- arresto: art. 817
- conhecimento de ofício pelo juiz: art. 267, § 3º
- definição: arts. 301, §§ 1º e 3º, e 467
- duplo grau de jurisdição obrigatório: art. 475
- limites objetivos: arts. 468 a 471
- limites subjetivos: art. 472
- não fazem coisa julgada: art. 469
- questão prejudicial: arts. 469, III, e 470

**COISAS VAGAS:** art. 1.170 a 1.176

**COLAÇÕES:** arts. 1.014 a 1.016
- vide INVENTÁRIO

**COMINAÇÃO DE PENA PECUNIÁRIA:** art. 287

**COMPENSAÇÃO:** arts. 741, VI, e 756

**COMPANHEIRO**
- sobrevivente: art. 990, I e II

**COMPETÊNCIA**
- vide INCOMPETÊNCIA
- absoluta e relativa: arts. 111 a 114 e 485, II
- ação acessória: art. 108
- ação de consignação em pagamento: art. 891
- ação de garantia: art. 109
- ação de terceiro interveniente: art. 109
- ação declaratória incidente: art. 109
- causas cíveis: art. 86
- causas da União e Territórios: art. 99
- conflito de: arts. 115 a 124
- determinação; propositura da ação: art. 87

- domicílio do réu: art. 94
- exclusiva dos juízes de direito: art. 92
- execução fiscal: art. 578
- execução fundada em título extrajudicial: art. 576
- execução fundada em título judicial: art. 575
- funcional; normas de regência: art. 93
- interna funcional: art. 93
- interna territorial: arts. 94 a 100
- interna; declaração de incompetência: arts. 112, 113 e 124
- internacional: arts. 88 a 90
- prorrogação; quando ocorre: art. 114
- razão da matéria e da hierarquia: art. 111
- razão do valor e da matéria: arts. 91, 92, 102 e 111, § 1º
- reconvenção: art. 109
- territorial; ação de alimentos: art. 100, II
- territorial; ações contra ausente: art. 97
- territorial; ações contra incapaz: art. 98
- territorial; ações contra pessoa jurídica: art. 100, IV, a a c
- territorial; ações fundadas em direito pessoal: art. 94
- territorial; ações fundadas em direito real sobre imóveis: art. 95
- territorial; ações fundadas em direito real sobre móveis: art. 94
- territorial; domicílio do autor da herança: art. 96
- territorial; domicílio do devedor: art. 100, III
- territorial; foro de eleição: arts. 95 e 111
- territorial; lugar do ato ou fato: art. 100, V
- territorial; lugar do cumprimento da obrigação: art. 100, IV, d
- territorial; modificação por conexão ou continência: art. 102
- territorial; prevenção: arts. 106 e 107
- territorial; reparação de danos por acidente de veículo: art. 100, par. ún.
- territorial; separação, divórcio e anulação de casamento: art. 100, I

**COMPROMISSO ARBITRAL**
- extinção do processo: art. 267, VII
- preliminar de contestação: art. 301, IX

**CONCILIAÇÃO**
- audiência de: arts. 331 e 447 a 449
- causas relativas à família: art. 447, par. ún.
- em audiência de instrução e julgamento: arts. 447 a 449
- procedimento sumário: art. 277
- tentativa: art. 125, IV
- termo: arts. 331, § 1º, e 449

**CONCURSO DE CREDORES:** arts. 711 a 713

**CONCUSSÃO:** art. 485, I

**CONDIÇÃO**
- execução de relação jurídica sujeita a condição: art. 572
- não realizada: art. 743, V
- não verificada: art. 618, III
- prova da ocorrência na petição inicial de execução: art. 614, III

**CONDIÇÕES DA AÇÃO:** art. 267, VI

**CONDOMÍNIOS**
- cobrança ao condômino: art. 275, II, b
- encargo documentalmente comprovado: art. 585, V
- usufruto sobre quinhão concedido em execução: art. 720

**CONDÔMINOS**
- ação de demarcação: art. 952
- ação de nunciação de obra nova: art. 934, II

**CONEXÃO DE AÇÕES**
- arguição preliminar na contestação: art. 301, VII
- caracterização: art. 103
- distribuição por dependência: art. 253, I
- modificação da competência: art. 102
- pelo objeto ou pela causa de pedir: art. 46, III

**CONFINANTES**
- ação de divisão: arts. 948 e 974
- usucapião: art. 942

**CONFISSÃO:** arts. 348 a 354
- caracterização: art. 348

- cônjuge: art. 350, par. ún.
- direitos indisponíveis: art. 351
- dívida: art. 585, II
- extrajudicial: art. 353
- ficta em ação cautelar: art. 803
- ficta em exibição de documento ou coisa: art. 359
- ficta; fatos não impugnados pelo réu: art. 302
- ficta; revelia: arts. 319 e 320
- indivisibilidade: art. 354
- judicial, espontânea ou provocada: art. 349
- litisconsorte: art. 350
- parte: art. 343, § 2º
- por mandatário: art. 349, par. ún.
- presumida: art. 285
- revogação: arts. 352 e 485, VIII

### CONFLITO DE COMPETÊNCIA
- autoridade judiciária e autoridade administrativa: art. 124
- casos: art. 115
- decisão do relator: art. 120, par. ún.
- decisão; remessa dos autos ao juiz competente: art. 122
- entre turmas: art. 123
- forma de suscitá-lo: art. 118
- informações dos juízes: art. 119
- legitimidade: art. 116
- Ministério Público: art. 121
- não pode suscitar a parte que ofereceu exceção de incompetência: art. 117
- negativo: art. 115, II
- positivo: art. 115, I
- procedimento: arts. 119 a 122
- reunião ou separação de processos: art. 115, III
- sobrestamento do processo: art. 120

### CONFUSÃO ENTRE AUTOR E RÉU: art. 267, X

### CÔNJUGES
- afastamento temporário da morada: art. 888, VI
- anuência para substituição de penhora por bem imóvel: art. 656, § 3º
- citação de ambos: art. 10, §§ 1º e 2º
- confissão, nas ações imobiliárias: art. 350, par. ún.
- consentimento para a propositura de ações imobiliárias: art. 10
- embargos de terceiro; legitimidade: art. 1.046, § 3º
- executado; penhora de bem imóvel: art. 655, § 2º
- responsabilidade quanto aos bens na execução: art. 592, IV
- separação; segredo de justiça: art. 155, II
- suprimento judicial de autorização marital ou outorga uxória: art. 11

### CONSELHEIROS DOS TRIBUNAIS DE CONTAS: art. 411, IX

### CONSIGNAÇÃO EM PAGAMENTO
- vide AÇÃO DE CONSIGNAÇÃO EM PAGAMENTO

### CONTAS
- vide AÇÃO DE PRESTAÇÃO DE CONTAS

### CONTESTAÇÃO
- vide RESPOSTA DO RÉU
- ação cautelar; prazo: art. 802
- ação de anulação e substituição de título ao portador: arts. 910 e 912
- ação de demarcação: art. 954
- ação de prestação de contas: arts. 915 e 916
- alegação de fato impeditivo: art. 326
- alegação de matéria defesa: art. 300
- alegações novas: art. 303
- assinatura de documento: art. 389, II
- audiência do autor sobre preliminares: art. 327
- direito que fundamenta o pedido: art. 325
- embargos de terceiro: art. 1.053
- habilitação: arts. 1.057 e 1.058
- incidente de falsidade: art. 390
- instrução com prova documental: art. 396
- interesse e legitimidade: art. 3º
- oferecimento simultâneo à reconvenção: art. 299

- ônus da impugnação especificada: art. 302
- oposição: art. 57
- pedido de caução: art. 831
- pedido de restauração de autos: art. 1.065
- prazo: arts. 173, par. ún., 191, 241, 297 e 298, par. ún.
- preliminares: art. 301
- procedimento sumário: art. 278
- reconvenção: art. 316
- valor da causa; impugnação: art. 261

### CONTINÊNCIA DE CAUSAS
- distribuição por dependência: art. 253, I
- modificação da competência: art. 102
- ocorrência: art. 104

### CONTRADIÇÃO EM SENTENÇA: art. 535, I

### CONTRADITA À TESTEMUNHA: art. 414, § 1º

### CONTRAPRESTAÇÃO: art. 582

### CONTRATO
- adesão: art. 112, par. ún.
- não cumprido: arts. 466-B e 466-C
- prova testemunhal: arts. 401, 402 e 404

### CONVENÇÃO DAS PARTES
- distribuição de ônus da prova: art. 333, par. ún.
- redução ou prorrogação de prazo: art. 181
- suspensão da execução: art. 792
- suspensão do processo: art. 265, II

### CONVENÇÃO DE ARBITRAGEM
- extinção do processo: art. 267, VII
- preliminar de contestação: art. 301, IX, e § 4º

### CÓPIAS
- atos das partes: art. 159
- peças para agravo de instrumento: arts. 525, I e II, e 544, §§ 1º e 2º
- declaradas autênticas pelo advogado: art. 365, IV
- valor probante: arts. 383 e 385

### CORREIO
- citação por via postal: arts. 221 a 223
- intimação por carta: arts. 237, II, e 238

### CORRETORES: art. 704

### CORRUPÇÃO: art. 485, I

### COTAS MARGINAIS: art. 161

### CRÉDITO(S)
- vide TÍTULOS EXECUTIVOS
- execução com garantia: art. 655, § 1º
- execução para cobrança: art. 586
- exequente: art. 745-A

### CREDOR(ES)
- administrador da massa de insolvente: art. 761, I
- convocação para declaração de crédito em insolvência: art. 761, II
- direito de retenção: art. 594
- execução no seu interesse: art. 612
- execução; instrução com título executivo extrajudicial: art. 614, I
- inadimplente: art. 743, IV
- legitimidade para execução: arts. 566, I, e 567
- legitimidade para pedir insolvência do devedor: arts. 753, I, e 754
- pignoratício: art. 615, II
- preferência sobre bens penhorados: arts. 612, 613, 711 e 712
- quirografários: art. 769, par. ún.
- requerimento de insolvência: arts. 754 a 758
- sujeito a contraprestação: art. 615, IV
- usufruto do imóvel penhorado: art. 721

### CULTO RELIGIOSO: art. 217, I

### CUMPRIMENTO DA SENTENÇA: arts. 475, I, a 475-R
- aplicação subsidiária: art. 475-R
- auto de penhora e avaliação: art. 475-J, § 1º

- competência: art. 475-P
- condenação: art. 475-J, § 4º
- execução de sentença: art. 475-I
- execução provisória; caução; dispensa: art. 475-O,
- execução; requerimento: art. 475-J, § 5º
- expedição de mandado de penhora e avaliação: art. 475-J, *caput*
- impugnação à execução e penhora: arts. 475-L e 475-M
- indenização por ato ilícito; alimentos: art. 475-Q,
- nomeação de perito: art. 475-J, § 2º
- penhora; indicação de bens pelo exequente: art. 475-J, § 3º
- previsão de multa: art. 475-J, *caput*
- procedimento: art. 475-I, *caput*
- sentença: art. 475-I, § 2º
- títulos executivos judiciais: art. 475-N

**CUMULAÇÃO DE EXECUÇÕES**
- contra o mesmo devedor: art. 573
- indevida: art. 741, IV

**CUMULAÇÃO DE PEDIDOS**
- ação possessória: art. 921
- ação rescisória: art. 488, I
- demarcação e divisão: art. 947
- mesmo processo: art. 292
- valor da causa: art. 259, II

**CURADOR**
- assistência e representação de incapaz: arts. 8º e 9º
- ausentes: arts. 1.160 e 1.162
- demente para a causa: art. 218, §§ 2º e 3º
- escusa do encargo: arts. 1.192 e 1.193
- especial; conflito de interesses do incapaz com os do representante legal: art. 9º
- especial; não sujeição ao ônus da impugnação especificada: art. 302, par. ún.
- especialização de hipoteca legal: arts. 1.188 e 1.189
- exoneração; requerimento: art. 1.198
- herança jacente: art. 1.143
- nomeação e remoção em férias: art. 174, II
- nomeação sem efeito: art. 1.191
- nomeação; compromisso: art. 1.187
- prestação de contas: art. 919
- remoção ou dispensa; contestação ao pedido: art. 1.195
- remoção: art. 1.194
- suspensão; substituição: art. 1.197

**CURATELA:** arts. 1.187 a 1.198
- intervenção do Ministério Público: art. 82

**CUSTAS:** art. 585, VI
- *vide* DESPESAS JUDICIAIS e PREPARO

# D

**DANO(S)**
- causados em acidente de veículo: art. 275, II, *d* e *e*
- causados pelo atentado: art. 881
- causados pelo credor em execução: art. 574
- prédio urbano ou rústico: art. 275, II, c
- processual: arts. 16 a 18, 811 e 881

**DEBATES ORAIS**
- procedimento ordinário: art. 454
- procedimento sumário: art. 281

**DEBÊNTURES:** art. 585, I

**DECADÊNCIA**
- ação rescisória: art. 495
- acolhimento em ação cautelar: art. 810
- aplicação das normas referentes à prescrição: art. 220
- extinção de processo: art. 269, IV
- indeferimento da petição inicial: art. 295, IV

**DECISÃO**
- fundamentação: art. 165
- interlocutórias proferidas em audiência: art. 523, § 3º
- interlocutórias; cabimento de agravo: art. 522
- interlocutórias; definição: art. 162, § 2º
- prazo: art. 189, II
- reforma pelo juiz; indeferimento de petição inicial: art. 296
- turma; embargos de divergência: art. 546

**DECISÃO SANEADORA**
- disposições: art. 331
- inalterabilidade do pedido: art. 264, par. ún.

**DECLARAÇÃO DE INCONSTITUCIONALIDADE:** arts. 480 a 482

**DECLARAÇÃO DE VONTADE**
- constituição, modificação e extinção de direitos: art. 158
- devedor condenado a emiti-la: art. 466-A

**DECLARAÇÃO INCIDENTE**
- cabimento: art. 5º
- despesas processuais: art. 34
- quando poderá ser requerida: art. 325
- suspensão do processo: art. 265, IV

**DECLARAÇÃO JUDICIAL DE INSOLVÊNCIA:** arts. 761 e 762
- *vide* INSOLVÊNCIA

**DEFESA**
- *vide* CONTESTAÇÃO e RESPOSTA DO RÉU

**DELITO**
- ação de reparação: art. 100, par. ún.
- questão prejudicial: art. 110

**DEMARCAÇÃO**
- *vide* AÇÃO DE DEMARCAÇÃO

**DEMENTE:** art. 218

**DENUNCIAÇÃO DA LIDE:** arts. 70 a 76

**DEPOIMENTO**
- assinaturas: art. 417
- documentação: art. 279
- gravação: art. 417
- intervenção do advogado: art. 446, par. ún.
- produção antecipada de provas: arts. 846 a 851
- testemunhal: arts. 405, 406 e 410 a 419

**DEPOIMENTO PESSOAL:** arts. 342 a 347
- inquirição fora da audiência: art. 336, par. ún.
- produção antecipada de provas: arts. 846 a 851

**DEPOSITÁRIO**
- arrolamento de bens: art. 859
- bens penhorados: arts. 659, § 5º, 666, 672, § 1º, 677 e 678
- bens sequestrados: arts. 824 e 825
- infiel; prisão: art. 904, par. ún.
- infiel; suspensão da prisão: art. 558
- judicial: art. 148
- prepostos: art. 149, par. ún.
- prestação de contas: art. 919
- remuneração: art. 149, *caput*
- responsabilidade por danos: art. 150

**DEPÓSITO**
- *vide* AÇÃO DE DEPÓSITO
- bens penhorados: arts. 664 a 666
- bens; medida cautelar: art. 799
- coisa litigiosa em ação possessória: art. 925
- coisa vendida com reserva de domínio: art. 1.071
- feito do adquirente: art. 746, § 2º
- joias, pedras e objetos preciosos; condições: art. 666, § 2º
- materiais e produtos em ação de nunciação de obra nova: art. 936, par. ún.
- menores ou incapazes: art. 888, V
- prestação ou coisa executada: art. 582, par. ún.
- realização em férias e feriados: art. 173, II

**DEPÓSITO EM JUÍZO**
- *vide* AÇÃO DE CONSIGNAÇÃO EM PAGAMENTO

**DEPÓSITO NECESSÁRIO:** art. 402

**DEPUTADOS:** art. 411, VI e VIII

**DESEMBARGADORES:** art. 411, IX

**DESENTRANHAMENTO:** art. 195

**DESERÇÃO**
- *vide* PREPARO
- pena: art. 511
- prazo para o preparo: art. 519

**DESISTÊNCIA DA AÇÃO**
- assistência não é obstáculo: art. 53
- decorrido o prazo para resposta do réu: art. 267, § 4º
- execução: art. 569
- extinção do processo: art. 267, VIII
- homologação por sentença: art. 158, par. ún.
- pelo advogado: art. 38
- prosseguimento da reconvenção: art. 317
- quanto a litisconsorte não citado: art. 298, par. ún.
- recurso: art. 501

**DESPACHO SANEADOR**
- *vide* DECISÃO SANEADORA

**DESPACHOS**
- atos meramente ordinatórios: art. 162, § 4º
- citação: art. 285
- definição: art. 162, § 3º
- forma: art. 164
- irrecorribilidade: art. 504
- mero expediente: art. 189, I

**DESPEJO:** art. 551, § 3º

**DESPESAS PROCESSUAIS:** arts. 19 a 35
- abrangência: art. 20, § 2º
- ação de consignação em pagamento: art. 897
- adiamento de audiência: art. 453, § 3º
- adiantamento pelo autor: art. 19, § 2º
- atos adiados ou repetidos: art. 29
- atos de advogado sem procuração: art. 37, par. ún.
- atos efetuados a requerimento do Ministério Público: art. 27
- atos por telegrama: art. 208
- atos protelatórios: art. 31
- condenação em sentença: art. 20
- custas de retardamento: art. 267, § 3º
- devidas pelo assistente: art. 32
- devolução de custas indevidas ou excessivas: art. 30
- encargo das partes: art. 19
- extinção do processo: arts. 28 e 267, § 2º
- honorários de advogado: art. 20, §§ 3º e 4º
- juízos divisórios; rateio: art. 25
- justiça gratuita: art. 19
- pagamento das despesas e dos honorários: arts. 28 e 268
- preparo: arts. 511 e 519
- procedimentos de jurisdição voluntária: arts. 24 e 34
- reconvenção, oposição, ação declaratória incidental e procedimentos de jurisdição voluntária: art. 34
- remuneração de perito e de assistente técnico: art. 33
- sucumbência recíproca; distribuição proporcional: art. 21
- testemunha: art. 419
- transação; divisão entre as partes: art. 26, § 2º

**DEVEDOR**
- alienação judicial dos seus bens: art. 687, § 5º
- citação; execução de obrigação de fazer ou não fazer: art. 632
- citação; execução por quantia certa: art. 652
- cumprimento da obrigação ou direito de embargar a execução: art. 581
- embargos à arrematação e à adjudicação: art. 746
- embargos à execução de sentença: arts. 741 e 743
- embargos à execução de título extrajudicial: art. 745
- insolvência do: arts. 748 a 786-A
- legitimidade passiva para execução: art. 568
- não satisfação de obrigação certa, líquida e exigível: art. 580
- nomeação de bens à penhora: art. 655
- responsabilidade patrimonial: art. 591

**DEVER DE COLABORAR COM A JUSTIÇA**
- partes: art. 339
- terceiro: art. 341

**DEVER DO JUIZ:** arts. 125 a 132

**DIGNIDADE DA JUSTIÇA:** arts. 599, II, e 600

**DILIGÊNCIA(S)**
- conversão de julgamento: art. 560, par. ún.
- inúteis ou protelatórias: art. 130

**DINHEIRO**
- entrega ao credor em execução: arts. 709 a 713
- penhora: art. 655-A
- preferência na nomeação de bens pelo devedor: art. 655, I

**DIREITO(S)**
- ação pelo Ministério Público: art. 81
- autoral ou conexo; busca e apreensão: art. 842, § 3º
- defesa; abuso: art. 273, II
- indisponíveis; confissão judicial sem valor: art. 351
- indisponíveis; nulidade da distribuição do ônus da prova: art. 333, par. ún., I
- indisponíveis; revelia não induz efeitos: art. 320, II
- litigioso; alienação: art. 42
- municipal, estadual, estrangeiro ou consuetudinário; prova: art. 337
- preferência: arts. 634, § 4º, e 637, par. ún.
- princípios gerais: art. 126
- reais imobiliários: art. 10, § 1º, I
- retenção: art. 594
- superveniente; alegação após a contestação: art. 303, I
- superveniente; consideração na sentença: art. 462
- visita; medida cautelar: art. 888, VII
- vizinhança: art. 95

**DISSÍDIO JURISPRUDENCIAL:** art. 541, par. ún.

**DISSOLUÇÃO E LIQUIDAÇÃO DAS SOCIEDADES:** art. 1.218, VII

**DISTRIBUIÇÃO DE AÇÕES**
- alternância entre juízes e escrivães: art. 252
- cancelamento de feito não preparado: art. 257
- considera-se proposta a ação: art. 263
- erro: art. 255
- exigência onde há mais de um juiz: art. 251
- fiscalização pelas partes: art. 256
- oposição: art. 57
- petição sem procuração: art. 254
- por dependência: art. 253
- reconvenção ou intervenção de terceiro: art. 253, par. ún.
- tribunal: art. 548

**DISTRITO FEDERAL:** art. 12, I

**DÍVIDA ATIVA**
- certidão: art. 585, VII
- cobrança: art. 1.212

**DIVISÃO**
- *vide* AÇÃO DE DIVISÃO

**DOCUMENTO**
- *vide* EXIBIÇÃO DE DOCUMENTO OU COISA
- abuso no preenchimento: art. 388, II, e par. ún.
- autêntico; caracterização: art. 369
- declaração de autenticidade ou falsidade: art. 4º, II
- desentranhamento: art. 195
- dever de exibição: art. 341, II
- entrelinhas: art. 386
- estrangeiro: arts. 151 e 157
- exibição: arts. 355 a 363, 381, 382 e 844
- falsidade: arts. 387 a 395
- incidente de falsidade: arts. 390 a 395
- indispensável na instrução da petição inicial: art. 283
- instrução da petição inicial e da resposta: art. 396
- instrução de embargos de terceiro: art. 1.050
- instrumento público: art. 366
- juntada: art. 398

Índice Alfabético-Remissivo do Código de Processo Civil    285

- microfilmagem: art. 1.215, § 1º
- novo; ação rescisória: art. 485, VII
- novo; juntada em qualquer tempo: art. 397
- oficial incompetente: art. 367
- particular; admissão de autenticidade: arts. 368, 370 a 373, 377, 388 e 585, II
- perícia: arts. 434
- público: art. 364 e 585, II
- reprodução autenticada: art. 365, III
- reprodução fotográfica: art. 384
- reprodução mecânica: art. 383
- telegrama e radiograma: arts. 374 e 375
- traslado: art. 365, II

**DOLO**
- confissão; revogação: art. 352
- escrivão ou oficial de justiça: art. 144, II
- juiz: art. 133
- Ministério Público: art. 85
- partes; ação rescisória: art. 485, III
- perito: art. 147
- prova testemunhal: art. 404, II

**DOMICÍLIO**
- autor sem domicílio no Brasil: art. 94, § 3º
- citação com hora certa: arts. 227 e 228
- incerto ou desconhecido: art. 94, § 2º
- réu com mais de um: art. 94, § 1º
- réu; regra de competência territorial: art. 94

**DOMINGOS:** art. 175

**DUPLICATA**
- natureza de título executivo extrajudicial: art. 585, I
- penhora; apreensão do título: art. 672

**DUPLO GRAU DE JURISDIÇÃO:** art. 475

# E

**EDITAL(AIS)**
- anulação ou substituição de título ao portador: art. 908, I
- arrecadação de bem de ausente: art. 1.161
- arrecadação de coisa vaga: art. 1.171
- citação de revel: art. 9º, II
- citação dolosa: art. 233
- execução por quantia certa contra devedor insolvente: arts. 761, II, 768, 779 e 786-A
- intimação de protesto: art. 883, par. ún.

**EDITAL DE CITAÇÃO:** arts. 231 e 232

**EDITAL DE PRAÇA**
- conteúdo: art. 686
- exigências anteriores: art. 685, par. ún.
- fixação e publicação: art. 687
- meios eletrônicos de divulgação: art. 687, § 2º

**ELEIÇÃO DE FORO:** arts. 111 e 112

**EMANCIPAÇÃO:** art. 1.112, I

**EMBARGOS À EXECUÇÃO**
- vide EMBARGOS DO DEVEDOR e EXECUÇÃO CONTRA A FAZENDA PÚBLICA
- alegações permitidas: art. 745
- casos de rejeição: art. 739
- não terão efeito suspensivo: art. 739-A
- prazo para oferta: art. 738 e § 1º
- procedimento: arts. 736, par. ún., e 740

**EMBARGOS DE DECLARAÇÃO**
- cabimento: arts. 496, IV, e 535
- dispensa de preparo: art. 536
- interrupção de prazo para interposição de outros recursos: art. 538
- julgamento: art. 537
- manifestamente protelatórios: art. 538, par. ún.
- possibilidade de alteração da sentença de mérito: art. 463, II
- prazo: art. 536

**EMBARGOS DE DIVERGÊNCIA**
- em recurso especial e em recurso extraordinário: arts. 496, VIII, e 546
- prazo para interposição e resposta: art. 508

**EMBARGOS DE RETENÇÃO POR BENFEITORIAS:** art. 745, § 1º

**EMBARGOS DE TERCEIRO**
- apresentação durante férias e feriados: art. 173, II
- cabimento: arts. 1.046 e 1.047
- contestação: arts. 1.053 e 1.054
- deferimento liminar: art. 1.051
- distribuição por dependência: art. 1.049
- legitimação ativa: art. 1.046
- mandado liminar de manutenção na reintegração: art. 1.051
- petição: art. 1.050
- prova da posse: art. 1.050, caput, e § 1º
- quando podem ser opostos: art. 1.048
- suspensão do processo principal: art. 1.052

**EMBARGOS DO DEVEDOR:** arts. 736 a 747
- vide EMBARGOS DE RETENÇÃO POR BENFEITORIAS
- desistência: art. 569, par. ún., a
- execução contra a Fazenda Pública: arts. 741 a 743
- execução fundada em título extrajudicial: arts. 744 e 745
- execução fundada na entrega de coisa: arts. 621 a 623, e 738, II
- execução para entrega de coisa: arts. 622, 623 e 738, II
- execução por carta: art. 747
- improcedência: art. 520, V
- impugnação: art. 740
- prazo para oferecimento: art. 738
- procedimento: art. 740
- rejeição liminar: arts. 739 e 520, V
- requerimento de insolvência: arts. 755 e 758
- sentença; prazo: art. 740, par. ún.

**EMBARGOS INFRINGENTES**
- cabimento: arts. 496, III, e 530
- contrarrazões: art. 531
- juízo de admissibilidade: arts. 531 e 532
- prazo para interposição e resposta: art. 508
- processamento: arts. 533, 534, 551 e 553
- recurso de agravo contra o indeferimento; prazo: art. 532
- relatório; cópia destinada aos juízes: art. 553
- revisão: art. 551
- sobrestamento do prazo para recurso extraordinário e recurso especial: art. 498

**EMBARGOS MONITÓRIOS:** art. 1.102-C

**EMENTA:** art. 563

**EMPRESA**
- executada; penhora de percentual do faturamento; procedimento: art. 655-A, § 3º
- penhora: art. 678
- usufruto: arts. 716 a 729

**ENFITEUSE:** art. 619

**ENTREGA DE BENS:** art. 888, II

**ENTREGA DE COISA**
- execução para: arts. 621 a 631
- vaga à autoridade: art. 1.170
- vaga ao dono: art. 1.172

**ENTREGA DE DINHEIRO:** arts. 708, I, e 709 a 713

**ERRO**
- cálculo: art. 463, I
- confissão emanada: art. 352
- descrição dos bens partilhados: art. 1.028
- distribuição: art. 255
- fato: art. 485, IX, §§ 1º e 2º
- forma do processo: art. 250
- prova testemunhal: art. 404, II

**ESBULHO:** arts. 926 a 931
- *vide* AÇÕES POSSESSÓRIAS
- queixa em ação de demarcação: art. 951

**ESCRITURAÇÃO CONTÁBIL**
- *vide* LIVROS COMERCIAIS
- indivisibilidade: art. 380

**ESCRITURA PÚBLICA**
- inventário e partilha: art. 982, § 1º e § 2º
- separação/divórcio consensual; requisitos: art. 1.124-A

**ESCRIVÃO:** arts. 166 a 171
- *vide* SERVENTUÁRIO DE JUSTIÇA
- atribuições: art. 141
- distribuição: arts. 251 e 252
- impedimento: art. 142
- intimação de advogados: art. 237
- responsabilidade civil: art. 144

**ESPECIALIZAÇÃO DE HIPOTECA LEGAL:** arts.1.205 a 1.210

**ESPÓLIO**
- competência territorial: art. 96
- representação em juízo pelo inventariante: arts. 12, V, § 1º, e 991, I
- responde pelas dívidas do falecido: art. 597
- substitui a parte falecida: art. 43

**ESTADO DE FATO:** art. 879, III

**ESTADO DE PESSOA**
- *vide* CAPACIDADE DA PESSOA

**ESTADO DO PROCESSO:** arts. 329 a 331

**ESTADO(S)**
- preparo de recurso: art. 511, § 1º
- sentença proferida contra: art. 475, I

**ESTENOTIPIA**
- depoimento testemunhal: art. 417
- uso lícito: art. 170

**EVICÇÃO:** art. 70, I

**EXAME**
- *vide* PROVA PERICIAL
- autenticidade ou falsidade de documento: art. 434
- pericial; impugnação da autenticidade do documento: art. 383, par. ún.
- pericial; incidente de falsidade: art. 392
- pericial; produção antecipada de provas: arts. 849 e 850

**EXCEÇÃO DECLINATÓRIA DE FORO:** art. 112
- oferecimento pela parte que não suscitou conflito de competência: art. 117, par. ún.
- prorrogação de competência: art. 114

**EXCEÇÃO DE CONTRATO NÃO CUMPRIDO:** art. 582

**EXCEÇÃO DE IMPEDIMENTO**
- *vide* IMPEDIMENTO
- arguição a qualquer tempo: arts. 304 a 306
- autuação em apenso: art. 299
- causas: art. 134
- execução: arts. 741, VII, e 742
- processamento: arts. 312 a 314
- suspensão do curso do prazo: art. 180
- suspensão do processo: arts. 265, III, e 306

**EXCEÇÃO DE INCOMPETÊNCIA**
- *vide* INCOMPETÊNCIA
- arguição a qualquer tempo: arts. 304 a 306
- autuação em apenso: art. 299
- exclui oferecimento de conflito de competência: art. 117
- execução: arts. 741, VII, e 742
- processamento: arts. 265, § 4º, e 307 a 311
- relativa: arts. 112 e 114
- suspensão do curso do prazo: art. 180
- suspensão do processo: arts. 265, III, e 306

**EXCEÇÃO DE SUSPEIÇÃO**
- *vide* SUSPEIÇÃO
- arguição a qualquer tempo: arts. 304 a 306
- autuação em apenso: art. 299
- causas: art. 135
- execução: arts. 741, VII, e 742
- processamento: arts. 312 a 314
- suspensão do curso do prazo: art. 180
- suspensão do processo: arts. 265, III, e 306

**EXCESSO DE EXECUÇÃO:** art. 743

**EXECUÇÃO**
- *vide* EMBARGOS DO DEVEDOR
- atos atentatórios à dignidade da justiça: arts. 600 e 601
- bens a ela sujeitos: arts. 591 e 592
- citação irregular: art. 618, II
- competência: art. 575
- concurso universal: art. 751, III
- contraprestação: arts. 582 e 615, IV
- cumprimento da obrigação: art. 581
- cumulação: art. 573
- danos causados ao devedor: art. 574
- definitiva: art. 587
- desistência: art. 569
- embargos à adjudicação e à arrematação: art. 746
- embargos de nulidade: art. 746
- embargos; título extrajudicial: arts. 744 e 745
- embargos; título judicial: arts. 741 a 743
- escolha do modo pelo credor: art. 615, I
- excesso: art. 743
- extinção: arts. 794 e 795
- força policial: art. 579
- fraude: art. 615-A, § 3º
- honorários advocatícios: art. 20, § 4º
- inadimplemento do devedor: art. 580
- instruções para cumprimento: art. 615-A, § 5º
- intimação do credor pignoratício: art. 615, II
- legitimação passiva: art. 568
- legitimidade ativa: arts. 566 e 567
- menos gravosa para o devedor: arts. 620 e 716
- nulidade: art. 618
- obrigação certa, líquida e exigível: art. 580
- obrigações alternativas: art. 571
- partes: arts. 566 a 574
- petição inicial: arts. 614 e 616
- prestação alimentícia: arts. 732 a 735
- prestação de contas: art. 918
- processo de conhecimento: art. 598
- protelatórios: art. 746, § 3º
- provisória: arts. 521 e 587
- relação jurídica condicional ou a termo: art. 572
- suspensão: arts. 791 a 793
- título executivo líquido, certo e exigível: arts. 583 e 586
- título extrajudicial: arts. 576, 583 e 585
- título judicial: arts. 575 e 583

**EXECUÇÃO CONTRA A FAZENDA PÚBLICA:** arts. 730 e 731
- embargos: art. 741

**EXECUÇÃO DEFINITIVA:** art. 587

**EXECUÇÃO DE OBRIGAÇÃO DE FAZER:** arts. 632 a 638, 644 e 645
- embargos do executado: arts. 736 a 747
- multa por atraso no cumprimento: art. 645

**EXECUÇÃO DE OBRIGAÇÃO DE NÃO FAZER:** arts. 641 a 645

**EXECUÇÃO DE PRESTAÇÃO ALIMENTÍCIA:** arts. 732 a 735
- *vide* ALIMENTOS e PRESTAÇÃO ALIMENTÍCIA

**EXECUÇÃO DE TÍTULO EXTRAJUDICIAL**
- *vide* TÍTULOS EXECUTIVOS
- embargos: art. 745
- inexigibilidade de caução: art. 836, I

## EXECUÇÃO DE TÍTULO JUDICIAL
- vide TÍTULOS EXECUTIVOS
- embargos: art. 741
- sentença estrangeira: art. 484

## EXECUÇÃO FISCAL
- certidão de dívida ativa; titulo executivo: art. 585, VII
- competência: art. 578
- divida ativa da União: art. 1.212

## EXECUÇÃO PARA ENTREGA DE COISA CERTA: arts. 621 a 628

## EXECUÇÃO PARA ENTREGA DE COISA INCERTA: arts. 629 a 631

## EXECUÇÃO POR QUANTIA CERTA CONTRA DEVEDOR SOLVENTE: arts. 646 a 731
- vide ADJUDICAÇÃO DE BENS, ARREMATAÇÃO, AVALIAÇÃO DE BENS PENHORADOS e PENHORA
- adjudicação: art. 708, II
- arrematação: arts. 686 a 707
- arresto de bens: arts. 653 e 654
- avaliação: arts. 680 a 685
- carta: art. 658
- citação do executado: arts. 652 a 654
- concurso de credores: arts. 711 a 713
- contra a Fazenda Pública: arts. 730 e 731
- depósito: arts. 664 a 666
- dinheiro que sobejar; restituição ao devedor: art. 710
- embargos do devedor: arts. 736 a 747
- entrega do dinheiro ao credor: arts. 708, I, e 709 a 713
- expropriação: art. 647
- nomeação de bens à penhora: arts. 652 e 655 a 657
- objeto: art. 646
- pagamento ao credor: art. 708
- penhora: arts. 659 a 679
- rateio do dinheiro entre os credores: art. 711
- remição de execução: art. 651
- usufruto de imóvel ou de empresa: arts. 708, III, e 716 a 724

## EXECUÇÃO POR QUANTIA CERTA CONTRA DEVEDOR INSOLVENTE: arts. 748 a 786-A
- administrador; atribuições: arts. 763 a 767
- declaração judicial de insolvência: arts. 761 e 762
- disposições gerais: arts. 783 a 786-A
- extinção das obrigações: arts. 777 a 782
- insolvência: arts. 748 a 753
- requerida pelo credor: arts. 754 a 758
- requerida pelo devedor ou seu espólio: arts. 759 e 760
- saldo devedor: arts. 774 a 776
- verificação e classificação dos créditos: arts. 768 a 773

## EXECUÇÃO PROVISÓRIA
- apelação com efeito meramente devolutivo: arts. 521 e 587
- definição: art. 587
- processamento: art. 588

## EXECUTADO
- alienação judicial dos seus bens: art. 687, § 5º
- ato atentatório à dignidade da justiça: art. 600, IV
- citação; execução de obrigação de fazer ou não fazer: art. 632
- citação; execução por quantia certa: art. 652
- cumprimento da obrigação: art. 581
- deveres: art. 656-A, § 1º
- direito de embargar a execução: art. 581
- embargos à arrematação e à adjudicação: art. 746
- embargos à execução de sentença: arts. 741 a 743
- embargos à execução de título extrajudicial: art. 745
- embargos independentemente de penhora: art. 736
- insolvência: arts. 748 a 786-A
- legitimidade ativa para execução: art. 570
- legitimidade passiva para execução: art. 568
- não localização para intimação da penhora: art. 655, § 5º
- não satisfação de obrigação certa, líquida e exigível: art. 580
- nomeação de bens à penhora; intimação: art. 655, § 3º
- responsabilidade patrimonial: art. 591

## EXEQUENTE
- adiantamento de custas para serviço: art. 634, par. ún.
- possibilidade de arrematar bens: art. 690-A, par. ún.
- usufrutuário: art. 724

## EXIBIÇÃO
- ação cautelar de: arts. 844 e 845
- coisa móvel: art. 844, I
- disposições aplicáveis: art. 845
- documento próprio ou comum: art. 844, II
- escrituração comercial: art. 844, III

## EXIBIÇÃO DE DOCUMENTO OU COISA: arts. 355 a 363
- obrigação do terceiro: arts. 341, II, e 360 a 362
- ordem judicial: art. 355
- parcial: art. 363, par. ún.
- pedido; requisitos: art. 356
- recusa; causas justificativas: art. 363
- recusa; efeitos processuais: art. 359
- recusa; hipóteses não admitidas: art. 358
- resposta do requerido: art. 357

## EXPEDIENTE FORENSE: art. 184, § 1º, II

## EXPROPRIAÇÃO
- bens: art. 685, par. ún.
- execução por quantia certa: art. 647

## EXTINÇÃO DO PROCESSO: arts. 267 a 269, e 301
- custas e despesas processuais: arts. 28, 267, § 2º, e 268
- execução: arts. 794 e 795
- litisconsortes necessários; citação: art. 47, par. ún.

# F

## FALECIMENTO
- vide HABILITAÇÃO e MORTE

## FALSIDADE
- vide INCIDENTE DE FALSIDADE
- documental; declaração: art. 4º, II
- documental; definição: art. 387, par. ún.
- documental; ônus da prova: art. 389
- prova: art. 485, VI

## FATO: arts. 333 e 334

## FAZENDA PÚBLICA
- arresto: art. 816, I
- despesas processuais: art. 27
- excesso de prazo: art. 197
- execução: arts. 730 e 731
- inventário; citação: art. 999
- inventário; legitimidade para requerer: art. 988, IX
- prazos para contestar e recorrer: art. 188
- preparo dos recursos: art. 511, § 1º
- procedimentos de jurisdição voluntária: art. 1.108
- vencida: art. 20, § 4º

## FERIADOS E FÉRIAS FORENSES: arts. 173 a 179

## FIADOR
- arrematação: arts. 695 e 696
- arresto: art. 819, II
- caução: arts. 826 a 829, IV
- chamamento ao processo: art. 77, I e II
- execução regressiva: art. 595, par. ún.
- nomeação de bens à penhora: art. 595
- responsabilidade nas execuções: arts. 568, IV, 595 e 601, par. ún.

## FIANÇA: art. 656, § 2º

## FIDEICOMISSO: art. 1.112, VI

## FILIAÇÃO: art. 155, II

## FILIAL: art. 12, § 3º

## FIRMA: art. 374, par. ún.

## FORÇA MAIOR
- perda de prazo: art. 183

- prorrogação de prazo: art. 184
- suspensão do processo: art. 265, V

**FORÇA POLICIAL:** art. 579

**FORMA**
- atos e termos processuais: art. 154
- nulidade: arts. 243 a 250

**FORMAÇÃO DO PROCESSO:** arts. 262 a 264

**FORMAL DE PARTILHA:** art. 1.027

**FORO**
- vide COMPETÊNCIA
- crédito decorrente: art. 585, IV
- eleição: arts. 111 e 112, par. ún.

**FÓRUM:** art. 184, § 1º, I

**FOTOGRAFIA:** arts. 383 a 385

**FRAUDE**
- juiz; responsabilidade: art. 133, I
- Ministério Público; responsabilidade: art. 85

**FRAUDE À EXECUÇÃO**
- arresto: art. 813, II, b
- ato atentatório à dignidade da justiça: art. 600, I
- bens alienados ou gravados: art. 592, V
- caracterização: arts. 593 e 615-A, § 3º
- conluio do devedor com terceiro: art. 672, § 3º

**FRAUDE À LEI:** art. 485, III

**FRAUDE CONTRA CREDORES:** art. 813, II, b, e III

**FRUTOS CIVIS**
- inventário: art. 986
- pagamento: art. 624, parte final

**FUNCIONÁRIOS PÚBLICOS**
- impenhorabilidade de seus vencimentos: art. 649, IV
- militar: art. 216, par. ún.
- prestação alimentícia: art. 734
- testemunha: art. 412, § 2º

**FUNDAÇÕES**
- alteração estatutária: art. 1.203
- direito público: art. 475, I
- estatuto: arts. 1.199 e 1.202
- extinção: art. 1.204
- organização e fiscalização: arts. 1.199 a 1.204
- prazo para aprovação do estatuto: art. 1.201
- verificação do estatuto pelo Ministério Público: arts. 1.200 a 1.204

**FUNDAMENTAÇÃO:** arts. 131, 165, e 458, II

**FUNGIBILIDADE**
- possessórias: art. 920
- pedidos de antecipação da tutela e cautelar: art. 273, § 7º

# G

**GESTOR DE NEGÓCIOS**
- ações contra: art. 100, V, b
- assistente de assistido revel: art. 52, par. ún.

**GOVERNADORES:** art. 411, VII

**GUARDA JUDICIAL DE MENORES**
- filhos: arts. 888, III e VII, e 1.121, II
- segredo de justiça: art. 155, II

**GUARDA JUDICIAL DE PESSOAS:** art. 799

# H

**HABEAS DATA:** art. 539, I

**HABILITAÇÃO:** arts. 1.055 a 1.062

**HASTA PÚBLICA**
- vide PRAÇA
- admitidos a lançar: art. 690-A

- edital; requisitos: art. 686
- locação de imóvel em usufruto: art. 724

**HERANÇA**
- vide ESPÓLIO

**HERANÇA JACENTE:** arts. 1.142 a 1.158
- alienação: art. 1.155
- arrecadação dos bens: arts. 1.142 e 1.145 a 1.151
- competência: art. 1.142
- conversão em inventário: art. 1.153
- credores: arts. 1.060, IV, e 1.154
- curador: arts. 1.143 e 1.144
- curador; representação em juízo: art. 12, IV
- declaração da vacância: arts. 1.143 e 1.158
- edital de convocação de sucessores: art. 1.152
- estrangeiro: art. 1.152, § 2º
- sucessão de ausente: art. 1.165, par. ún.

**HERANÇA VACANTE**
- vide HERANÇA JACENTE
- curador: art. 12, IV
- declaração de vacância: arts. 1.156 a 1.158

**HERDEIRO:** art. 597

**HIPOTECA**
- alienação ineficaz: art. 619
- bens insuficientes: art. 1.208
- bens: arts. 615, II, 619 e 698
- caução real: art. 827
- competência: art. 95
- embargos de terceiros: art. 1.047, II
- execução provisória: art. 466, par. ún., II
- intimação de praça: art. 698
- judiciária: art. 466
- legal: arts. 1.136, 1.188 e 1.205 a 1.210
- penhora: art. 655, § 2º
- título executivo extrajudicial: art. 585, III

**HIPOTECA JUDICIÁRIA:** art. 466

**HIPOTECA LEGAL**
- arbitramento da responsabilidade e avaliação dos bens: art. 1.206
- arbitramento do valor da responsabilidade; dispensa: art. 1.206, § 2º
- bens inferiores ao valor da responsabilidade: art. 1.209
- bens insuficientes: art.1.208
- especialização extrajudicial: art. 1.210
- especialização; pedido: art. 1.205
- especialização; promoção pelo Ministério Público: art. 1.188, par. ún.
- homologação ou correção do arbitramento e da avaliação: art. 1.207
- penhora: art. 655, § 2º
- sentença; o que deve conter: art. 1.207, par. ún.

**HOMOLOGAÇÃO DE PENHOR LEGAL**
- decisão e entrega dos autos: art. 876
- defesa: art. 875
- homologação de plano: art. 874, par. ún.
- requerimento: art. 874

**HOMOLOGAÇÃO DE SENTENÇA ESTRANGEIRA:** art. 483

**HONORÁRIOS**
- cobrança: art. 275, II, f
- perito: art. 33

**HONORÁRIOS ADVOCATÍCIOS**
- cobrança: art. 275, II, f
- condenação do litigante de má-fé: art. 18
- distribuição recíproca e proporcional entre as partes: arts. 21 e 23
- fixação de plano em execução: art. 652-A
- fixação; critérios: art. 20, §§ 3º a 5º
- processo sem julgamento do mérito: art. 28
- redução; casos: art. 652-A, par. ún.

## Índice Alfabético-Remissivo do Código de Processo Civil

**HORA CERTA:** arts. 227 a 229

## I

**IDENTIDADE FÍSICA DO JUIZ:** art. 132

**IGUALDADE DE TRATAMENTO DAS PARTES:** art. 125, I

**ILEGITIMIDADE DE PARTE**
- embargos à declaração de insolvência: art. 756, I
- execução de sentença: art. 741, III
- extinção do processo: arts. 267, VI, e 329
- indeferimento da inicial: art. 295, II

**IMISSÃO NA POSSE**
- atentado: arts. 879, I a 881 e par. ún.
- contra inventariante removido: art. 998
- mandado: art. 625
- meio de caução: art. 745, § 2º

**IMÓVEL**
- ação para reconhecimento, constituição ou extinção de ônus: art. 10, § 1º, IV
- ação sobre direito real imobiliário: art. 10, § 1º, I
- adjudicação: arts. 714 e 715
- consentimento do cônjuge para propositura de ações: art. 10
- mandado de imissão na posse: art. 625
- rural: art. 649, X
- situado em mais de uma comarca: art. 107
- situado no Brasil: art. 89, I

**IMPEDIMENTO**
- advogado: art. 134, IV e par. ún.
- dirigente de pessoa jurídica: art. 134, VI
- escusa do perito ou assistente técnico: art. 423
- exceção: arts. 312 a 314
- exceção; suspensão do processo: arts. 304 a 306
- intérprete: art. 138, IV
- juiz: arts. 134 a 138, 313, 409, I, 485, II, 741, VII, e 742
- órgão do Ministério Público: art. 138, I
- perito: art. 138, III
- sentença prolatada por juiz impedido: art. 485, II
- serventuário da justiça: art. 138, II

**IMPENHORABILIDADE:** arts. 649 a 650

**IMPOSTO EM INVENTÁRIOS E PARTILHAS**
- arrolamento: arts. 1.034, § 2º, e 1.036, § 4º
- cálculo: arts. 1.012 e 1.013, § 1º
- inventário: arts. 1.012, 1.013 e 1.026
- julgamento do cálculo: art. 1.013, § 2º
- transmissão *causa mortis*: art. 1.026

**IMPUGNAÇÃO(ÕES)**
- atos protelatórios: art. 31
- inventário: art. 1.000, par. ún.
- laudo de avaliação: arts. 1.009, §§ 1º e 2º, e 1.011
- nomeação de inventariante: art. 1.000, par. ún., segunda parte
- suscitadas sobre laudo: art. 1.011
- valor da causa: art. 261, par. ún.

**IMPULSO OFICIAL:** art. 262

**INADIMPLEMENTO DO DEVEDOR:** art. 580

***INAUDITA ALTERA PARS:*** arts. 797 e 804

**INCAPACIDADE DA PARTE:** art. 301, VIII

**INCAPACIDADE PROCESSUAL:** art. 13

**INCAPAZES**
- arrematação de bem imóvel de sua propriedade: art. 701
- citação: art. 218
- curador especial: art. 9º, I
- intervenção do Ministério Público: arts. 82, I, e 84
- representação ou assistência: art. 8º
- réu; alegações: art. 301, VIII
- réu; foro do domicílio de seu representante: art. 98
- testemunha; depoimento: art. 405, § 1º

**INCIDENTE DE FALSIDADE**
- apensamento aos autos principais: art. 393
- contestação: art. 390
- exame pericial: art. 392, par. ún.
- quando ocorre: art. 390
- resposta; prazo: art. 392
- sentença declaratória de falsidade: art. 395
- suspensão do processo: art. 394

**INCINERAÇÃO DE AUTOS**
- desentranhamento ou microfilmagem de documentos: art. 1.215, § 1º
- prazo: art. 1.215
- preservação de documentos históricos: art. 1.215, § 2º

**INCOMPETÊNCIA**
- absoluta: arts. 113, 301, II, 485, II
- alegação nos embargos à execução: arts. 741, VII, e 742
- arguição mediante exceção: arts. 304 a 311
- declaração de incompetência: arts. 112 a 124
- exceção: art. 310
- procedência da exceção: art. 311
- prova testemunhal: art. 309
- relativa: art. 112

**INCONSTITUCIONALIDADE:** arts. 480 a 482
- *vide* DECLARAÇÃO DE INCONSTITUCIONALIDADE

**INDENIZAÇÃO**
- vide RESPONSABILIDADE CIVIL
- ação demarcatória: arts. 948 e 949, par. ún.
- liquidação: art. 811, par. ún.
- litigância de má-fé: art. 18, § 1º
- por danos processuais: arts. 18, § 2º, e 615, § 4º

**INÉPCIA DA PETIÇÃO INICIAL:** arts. 295 e 301, III

**INICIATIVA DA AÇÃO:** art. 2º

**INICIATIVA DA PARTE:** art. 262

**INJÚRIAS:** art. 15

**INQUIRIÇÃO:** art. 411, IV

**INQUIRIÇÃO DE TESTEMUNHAS:** arts. 336 e 410

**INSOLVÊNCIA**
- acordo com credores: art. 783
- administrador: arts. 761, I, 763 a 767
- alienação dos bens em praça ou leilão: art. 773
- arrecadação dos bens por administrador: art. 766, I
- arrecadação e alienação de bens: art. 776
- arrematação dos bens: art. 751, II
- arresto dos bens: art. 813, *b*
- competência exclusiva do juiz de direito: art. 92, I
- conceito: art. 748
- cônjuges: art. 749
- convocação dos credores: art. 761, II
- credor retardatário: art. 784
- credores do devedor comum: art. 762
- declaração judicial: arts. 761 e 762
- depósito do crédito: art. 757
- designação de praça e leilão: art. 762, § 2º
- devedor casado: art. 749
- efeitos da declaração: art. 751
- embargos do devedor: art. 756
- espólio: arts. 759 e 760
- execução; fraude: art. 593, II
- extinção das obrigações: arts. 779 a 782
- pensão: art. 785
- petição: art. 760
- prescrição das obrigações: art. 777
- presunção: art. 750
- quadro geral de credores: arts. 769 e 770
- quem pode requerer: art. 753
- remição: art. 651
- representação da massa: art. 766, II
- requerida pelo credor: arts. 754 a 758

- requerida pelo devedor: arts. 759 e 760
- saldo devedor: arts. 774 a 776
- sentença: arts. 771 e 772
- sociedades civis: art. 786
- verificação e classificação dos créditos: arts. 768 a 773

**INSPEÇÃO JUDICIAL:** arts. 440 a 443

**INSTRUMENTO PÚBLICO:** art. 366

**INTERDIÇÃO**
- advogado; constituição: art. 1.182, §§ 2º e 3º
- audiência de instrução e julgamento: art. 1.183
- curador; nomeação: art. 1.183, par. ún.
- exame pessoal: art. 1.181
- impugnação do pedido pelo interditando: art. 1.182
- incapaz; curatela: arts. 1.187 a 1.198
- intervenção do Ministério Público: art. 82, II
- levantamento; cessação da causa determinante: art. 1.186
- perito; nomeação: art. 1.183
- petição inicial: art. 1.180
- prédio; medidas provisionais: art. 888, VIII
- prédio; nunciação de obra nova: art. 934, III
- pródigo: art. 1.185
- quem pode promovê-la: arts. 1.177 e 1.178
- representação do interditado: art. 1.182
- requerimento do Ministério Público; nomeação de curador: arts. 1.179 e 1.182, § 1º
- sentença; efeitos: art. 1.184
- surdo-mudo: art. 1.185
- viciados em entorpecentes: art. 1.185

**INTERDITO PROIBITÓRIO**
- cabimento: art. 932
- citação de ambos os cônjuges: art. 10, § 2º
- disposições aplicáveis: art. 933
- fungibilidade: art. 920

**INTERESSE PROCESSUAL**
- ação: art. 3º
- falta; extinção: art. 267, VI
- falta; indeferimento da inicial: art. 295, III
- intervenção do Ministério Público: art. 82
- reconvenção: art. 315

**INTERLOCUTÓRIA**
- vide DECISÃO

**INTERPELAÇÃO:** arts. 867 a 873

**INTERPRETAÇÃO DO DIREITO PELOS TRIBUNAIS:** arts. 476 a 479

**INTERPRETAÇÃO RESTRITIVA:** art. 293

**INTÉRPRETE:** arts. 151 a 153
- impedimento ou suspeição: art. 138, IV
- tradutor; honorários; título executivo extrajudicial: art. 585, VI

**INTERROGATÓRIO**
- vide DEPOIMENTO PESSOAL

**INTERVENÇÃO DE TERCEIROS:** arts. 56 a 80
- anotação pelo distribuidor: art. 253, par. ún.
- competência; juiz da causa principal: art. 109

**INTIMAÇÃO:** arts. 234 a 242
- agravo de instrumento: art. 527, V
- apelação: art. 518
- curador: art. 1.187
- edital; casos: arts. 870, 883, par. ún., e 1.131, par. ún.
- executado para indicar bens à penhora: art. 652, §§ 3º e 4º
- incidente de falsidade: arts. 390 e 392
- litisconsortes: art. 49
- Ministério Público: arts. 236, § 2º
- nome das partes: art. 236, §1º
- obrigatoriedade de comparecimento: art. 192
- oficial de justiça: art. 239
- perito: art. 435
- pessoal: arts. 237 e 242

- prazo: arts. 184, § 2º, e 241
- prazo; contagem: art. 240
- protesto: arts. 870 e 883, par. ún.
- publicação oficial: art. 236
- testamenteiro: arts. 1.127 e 1.131, II
- testemunha: art. 412
- tutor: art. 1.187, II
- via postal: arts. 237, II, e 943

**INVENTARIANTE**
- dativo: art. 12, § 1º
- incumbências: arts. 991 e 992
- judicial: art. 990, V e VI
- morte de qualquer das partes: art. 43
- nomeação: art. 990
- prestação de compromisso: art. 985
- prestação de contas em autos apensados: arts. 919, 991, VII, e 995, V
- remoção: arts. 995 a 998
- representação do espólio: art. 12, V
- requerimento de insolvência do espólio devedor: art. 753, III
- sonegação: art. 994

**INVENTÁRIO**
- vide ARROLAMENTO
- abertura de ofício: art. 989
- adjudicação de bens para pagamento de dívidas: art. 1.017, § 4º
- administrador provisório: arts. 985 e 986
- admissão de sucessor preterido: art. 1.001
- autos de orçamento de partilha: art. 1.025, I
- avaliação dos bens: arts. 1.003, 1.006 a 1.008 e 1.010
- bens situados no Brasil: art. 89, II
- cálculo de impostos: art. 1.013
- citações: art. 999
- colação: arts. 1.014 a 1.016
- comerciante: art. 993, par. ún., I
- competência: arts. 96 e 97
- cônjuge: art. 999
- cônjuges: arts. 1.043 e 1.045
- credor de dívida líquida e certa: art. 1.019
- curador especial: art. 1.042
- declaração de insolvência: art. 991, VIII
- dívida impugnada: art. 1.018
- emenda da partilha: art. 1.028
- escritura pública: art. 982, § 1º e § 2º
- esboço da partilha: art. 1.023
- Fazenda Estadual: arts. 999 e 1.002
- herdeiro ausente: art. 1.042, I
- herdeiro; citação: art. 999
- herdeiro; contestação: art. 1.000, III
- incapaz; curador especial: art. 1.042, II
- incidente de negativa de colação: art. 1.016
- incidente de remoção de inventariante: arts. 995 a 998
- inventariante: arts. 990 a 992, 994, 995 e 1.000, II e par. ún.
- judicial: art. 982
- lançamento da partilha nos autos: art. 1.024
- laudo de avaliação: art. 1.009
- legatários; citação: art. 999
- legitimidade para seu requerimento: arts. 987 e 988
- medidas cautelares incidentes: art. 1.039
- nomeação de bens à penhora: art. 1.021
- pagamento das dívidas: art. 1.017
- pagamento das dívidas; legatário é parte legítima: art. 1.020
- partilha: arts. 1.022 a 1.030, 1.044 e 1.045
- prazo para requerimento: art. 983
- primeiras declarações: arts. 993 e 1.000
- procedimento judicial: art. 982
- questões de alta indagação: art. 984
- requerimento: arts. 987 e 988
- sobrepartilha: arts. 1.040, par. ún., e 1.041
- sonegação de bens: arts. 994 e 995, VI
- últimas declarações: art. 1.011
- valor dos bens: art. 1.002

## INVESTIGAÇÃO DE PATERNIDADE
- ação; segredo de justiça: art. 155, II
- depoimento pessoal: art. 347, par. ún.

**INVIOLABILIDADE DO DOMICÍLIO:** art. 172, § 2º

**IRREGULARIDADES E NULIDADES SANÁVEIS**
- vide NULIDADE
- prazo para supri-las: art. 327, segunda parte

## J

**JUIZ(ES)**
- advertência a advogado: art. 15
- afastamento: art. 132
- alterações em sentença de mérito já publicada: art. 463
- alternância na distribuição das ações: art. 252
- analogia; costumes e princípios gerais de direito: art. 126
- aplicação de regras de experiência comum: art. 335
- apreciação de prova: art. 131
- apreensão de título não restituído ou sonegado: art. 885
- arrolado como testemunha: art. 409
- assistência por perito: art. 145
- ato atentatório à dignidade da justiça: arts. 600 e 601
- atos contrários à dignidade da justiça: art. 125, III
- atos processuais de seu encargo: arts. 162 a 165
- atos simulados: art. 129
- audiência de conciliação: art. 277
- audiência: art. 446, I
- auto de inspeção: art. 443
- autorização de alienação antecipada: art. 670
- carta precatória: art. 209
- citação do réu: art. 285
- competências: arts. 88, 89 e 92
- conciliação das partes: arts. 125, IV, 277, § 1º
- condenação nas custas nas exceções de impedimento e suspeição: art. 314
- conhecimento de questões preliminares: art. 301
- cumprimento de prazo pelo serventuário: art. 193
- de direito: art. 92
- de todos os tribunais: art. 137
- decisão da lide: art. 128
- decisão de matéria anteriormente decidida: art. 471
- decisão por equidade: art. 127
- declaração de insolvência: art. 761
- defesa da dignidade da Justiça: art. 125, III
- determinação de atos executivos: art. 577
- determinação do comparecimento das partes: art. 599, I
- dilação de prazo: art. 181
- direção do processo: art. 125
- distribuição de ações: arts. 251 e 252
- excesso de prazo: arts. 187, 198 e 199
- execução; uso da força policial: art. 579
- exercício da jurisdição: art. 1º
- fiscalização dos prazos: art. 193
- igualdade de tratamento das partes: art. 125, I
- impedimento ou incompetência: art. 485, II
- impedimento: arts.134, 312 a 314
- indeferimento de diligências inúteis ou protelatórias: art. 130
- inspeção de pessoas ou coisas: arts. 440 a 443
- julgamento nos limites em que a ação foi proposta: art. 128
- lacuna ou obscuridade da lei: art. 126
- laudo pericial: art. 436
- limites da propositura da lide: art. 128
- livre apreciação da prova: art. 131
- não obrigatoriedade de observação de critério de legalidade estrita: art. 1.109
- não prestação da tutela jurisdicional senão quando requerida: art. 2º
- nulidade: art. 249
- pagamento de: art. 29
- parentesco entre juízes: art. 136
- pedido de protesto: art. 869
- pedido de vista: art. 555, § 2º
- perdas e danos: art. 133
- perícia: art. 437
- poder de polícia: art. 445
- poderes, deveres e responsabilidades: arts. 125 a 133
- prazo para decidir: art. 189
- prazo para providências preliminares: art. 323
- prazo processual: art. 187
- pronunciação de prescrição: art. 219, § 5º
- prorrogação de prazo: art. 180
- provas: art. 130
- providências preliminares: art. 323
- questões não suscitadas pelas partes: art. 128
- recusa: arts. 133, II e par. ún., e 137
- regras de experiência comum: art. 335
- requisição de documentos e procedimentos administrativos: art. 399, par. ún.
- responsabilidade por perdas e danos: art. 133
- restauração dos autos: art. 1.066
- sentença; dada por prevaricação: art. 485, I
- sequestro: art. 822
- substituto: art. 132
- suspeição: arts. 135, 312 a 314
- TRT e TRE: art. 411, IX
- vínculo ao processo cuja audiência iniciou: art. 132

**JUÍZO**
- capacidade de estar em: art. 7º
- competente: arts. 800 e 575
- divisório: art. 25
- representação ativa e passiva: art. 12
- universal da insolvência: art. 762

**JUÍZO ARBITRAL**
- instituição facultativa das partes: art. 86
- sentença: art. 575, IV

**JUÍZO DE ADMISSIBILIDADE**
- apelação: art. 518
- embargos infringentes: art. 531

**JULGAMENTO**
- ação rescisória: art. 553
- antecipado da lide: art. 330
- apelação ou agravo: art. 555
- audiência: art. 456
- caução: art. 834
- embargos infringentes: art. 553

**JULGAMENTO ANTECIPADO DA LIDE:** art. 330
- ação de demarcação não contestada: art. 955
- ação de prestação de contas: art. 915, § 2º
- não necessidade de produção de prova: art. 330, I
- questão unicamente de direito: art. 330, I
- revelia: art. 330, II

**JULGAMENTO CONFORME O ESTADO DO PROCESSO:** arts. 328 a 330

**JUNTADA**
- quesitos suplementares: art. 425
- termo respectivo: art. 168

**JURISDIÇÃO**
- civil, contenciosa e voluntária: art. 1º
- ofício jurisdicional: art. 463
- tutela jurisdicional: art. 2º
- voluntária: arts. 1.103 a 1.210

**JURISDIÇÃO VOLUNTÁRIA**
- atos processados nas férias: art. 174, I
- citação dos interessados: art. 1.105
- decisão; prazo: art. 1.109
- decisão; solução mais conveniente: art. 1.109
- despesas processuais: arts. 24 e 34
- iniciativa: art. 1.104
- provas produzidas pelos interessados e ordenadas pelo juiz: art. 1.107
- resposta: art. 1.106

- sentença: arts. 1.110 e 1.111
- **JURISPRUDÊNCIA:** art. 476
- **JUROS LEGAIS:** art. 293
- **JUSTA CAUSA:** art. 183

**JUSTIÇA**
- ato atentatório à dignidade da justiça: arts. 600 e 601
- ato contrário à dignidade da justiça: art. 125, III
- gratuita: art. 19

**JUSTIFICAÇÃO:** arts. 861 a 866
- prévia; busca e apreensão: art. 841
- prévia em medida cautelar: arts. 802, par. ún., II, e 804
- recurso; inadmissibilidade: art. 965

## L

**LACUNAS DA LEI:** art. 126

**LAUDÊMIO:** art. 585, IV

**LAUDO**
- apresentação: art. 433
- instrução: art. 429, parte final
- prorrogação: art. 432

**LEALDADE:** art. 14, II

**LEGATÁRIO**
- manifestação sobre dívidas do espólio: art. 1.020
- requerimento de confirmação de testamento: arts. 1.130 e 1.131
- requerimento de inventário: art. 998, III

**LEGITIMIDADE**
- ativa; execução: arts. 566 e 567
- não se altera para alienação da coisa: art. 42
- para propor ou contestar ação: art. 3º
- passiva; execução: art. 568

**LEGITIMIDADE DAS PARTES:** art. 267, VI

**LEI**
- lacuna ou obscuridade: art. 126
- violação: art. 485, V

**LEILÃO**
- vide ARREMATAÇÃO, LEILOEIRO e REMIÇÃO
- bens penhorados: art. 704
- carta de arrematação: art. 707
- local para realização: art. 686, § 1º
- público; ressalvas: art. 704
- venda ao maior lanço: arts. 686, VI, e 701, § 4º

**LEILOEIRO**
- atribuições e deveres: art. 705
- indicado pelo exequente: art. 706

**LETRA DE CÂMBIO**
- penhorada: art. 672
- título executivo extrajudicial: art. 585, I

**LEVANTAMENTO DE DINHEIRO**
- quitação por termo nos autos: art. 709, par. ún.
- suspensão a requerimento do agravante: art. 558

**LICITAÇÃO:** arts. 714, § 2º, e 715, § 2º

**LIQUIDAÇÃO DE SENTENÇA:** arts. 475-A a 475-H
- arbitramento: arts. 475-C, 475-D e 1.206
- arbitramento das perdas e danos na execução para entrega de coisa certa: art. 627, §§ 1º e 2º
- arbitramento de indenização por dano processual: art. 18, § 2º
- artigos: arts. 475-E e 475-F
- cabimento: art. 475-A
- cálculo aritmético: art. 475-B
- dados em poder do devedor ou terceiros: art. 604, § 1º
- discussão da lide ou modificação da sentença; proibição: art. 475-G
- por arbitramento: arts. 606 e 607
- procedimento sumário: art. 475-A, § 3º
- processamento em autos apartados: art. 475-A, § 2º
- recurso cabível: art. 475-H
- requerimento; intimação: art. 475-A

**LITIGANTE DE MÁ-FÉ**
- vide PARTE
- condenação por dano processual: art. 18
- disposições gerais: art. 17
- resultando em multas: art. 739-B
- sanção contada como custas: art. 35

**LITISCONSÓRCIO:** arts. 46 a 49
- assistência: art. 54
- citação: art. 241, III
- facultativo: art. 46
- necessário: arts. 10, § 1º, e 47
- necessário; efeito da coisa julgada: art. 472, 2ª parte
- quando pode ocorrer: art. 46
- recurso interposto por litisconsorte: art. 509

**LITISCONSORTE**
- considerados litigantes distintos: art. 48
- debates em audiência: art. 454, § 1º
- direito de promover o andamento do processo: art. 49
- efeitos de confissão judicial: art. 350
- intimação de todos dos atos processuais: art. 49
- legitimidade ativa; ação demarcatória: art. 952
- litigantes de má-fé: art. 18, § 1º
- prazo em dobro: art. 191
- prazo para contestação: art. 298
- prova pericial: art. 421, § 2º

**LITISPENDÊNCIA**
- ação intentada no estrangeiro: art. 90
- alegação em contestação: art. 301, V
- citação válida: art. 219
- conhecimento de ofício: art. 267, § 3º
- distribuição por dependência: art. 253, III
- extinção do processo: art. 267, V
- quando ocorre: art. 301, §§ 1º a 3º

**LIVROS COMERCIAIS**
- exibição: arts. 381 e 382
- prova a favor do autor: art. 379
- prova contra seu autor: art. 378

**LOTEAMENTO E VENDA DE IMÓVEIS A PRESTAÇÕES:** art. 1.218, I

**LUGAR INACESSÍVEL:** art. 231

## M

**MÁ-FÉ DE LITIGANTE**
- caracterização: art. 17
- condenação: art. 18
- sanções impostas: art. 35

**MANDADO**
- apreensão: art. 362
- arrombamento: art. 660
- busca e apreensão: arts. 841 a 843
- citação; conteúdo: arts. 225 e 285
- imissão na posse: art. 625
- intimação para depoimento pessoal: art. 343, § 1º
- liminar; na ação possessória: arts. 925 a 928, 932 e 933

**MANDADOS DE INJUNÇÃO:** art. 539, I

**MANDATÁRIO**
- réu ausente; citação: art. 215, §§ 1º e 2º
- poder especial para confessar: art. 349, par. ún.

**MANDATO**
- vide PROCURAÇÃO
- conteúdo: art. 38
- instrumento respectivo: art. 37
- renúncia: art. 45
- revogação: art. 44

## MANUTENÇÃO NA POSSE
• vide AÇÃO DE MANUTENÇÃO NA POSSE

## MARIDO
• vide CÔNJUGES

## MASSA DE BENS
• vide INSOLVÊNCIA

**MASSA FALIDA:** art. 12, III

**MATERIAIS:** art. 649, VIII

## MEDIDAS CAUTELARES
• vide PROCEDIMENTO CAUTELAR
• alimentos provisionais: arts. 852 a 854
• arrolamento de bens: arts. 855 a 860
• atentado: arts. 879 a 881
• busca e apreensão: arts. 839 a 843
• caução real ou fidejussória: art. 826
• cessação da eficácia: art. 808
• cessada a medida: art. 808, par. ún.
• concessão *inaudita altera pars*: arts. 797 e 804
• duração da eficácia: art. 807
• enumeração; podem ser ordenadas pelo juiz: art. 888
• exibição: arts. 844 e 845
• fungibilidade; tutela antecipada: art. 273, § 7º
• homologação de penhor legal: arts. 874 a 876
• indeferimento: art. 810
• inventários e arrolamentos: art. 1.039
• juízo competente: art. 800
• justificação de fato ou relação jurídica: arts. 861 a 866
• petição inicial: art. 801
• posse em nome do nascituro: arts. 877 e 878
• preparatórias: arts. 806 e 807
• procedimento preparatório; petição inicial: art. 801, par. ún.
• procedimento; audiência de instrução e julgamento: art. 803, par. ún.
• procedimento; autos em apenso aos do principal: art. 809
• procedimento; citação e contestação: art. 802
• produção antecipada de provas: arts. 846 a 851
• protesto e apreensão de títulos: arts. 882 a 887
• protestos, notificações e interpelações: arts. 867 a 873
• revogadas ou modificadas: art. 807
• sequestro: arts. 822 a 825
• substituição: art. 805

**MEDIDAS PROVISIONAIS:** arts. 888 e 889

## MEMORIAIS
• descritivos: arts. 962, 972, 975 e 980
• substituição do debate oral: art. 454, § 3º

## MENORES
• medidas provisionais: art. 888, III, IV, V, VII
• regência de sua pessoa e bens pelo Ministério Público: art. 1.189

## MÉRITO
• extinção do processo, com o julgamento: art. 269
• extinção do processo, sem o julgamento: arts. 28 e 267
• julgamento antecipado: art. 330

## MILITAR(ES)
• alimentos: art. 734
• impenhorabilidade de equipamentos: art. 649, V
• penhora do soldo: art. 649, IV
• testemunha: art. 412, § 2º

## MINISTÉRIO PÚBLICO
• ato processual efetuado: art. 27
• causas em que intervirá: art. 82
• conflito de competência: art. 116
• discussão da causa: art. 446, III
• entrega de bens de ausentes: art. 1.169
• entrega de coisa vaga: art. 1.172
• especialização de hipoteca de tutor e curador: art. 1.188
• excesso de prazo: art. 197
• exercício do direito de ação: art. 81

• falta de intimação: art. 246
• fiscal da lei: art. 83
• impedimento: art. 138, I, e §§
• iniciativa de procedimento de jurisdição voluntária: art. 1.104
• inquirição das testemunhas: art. 1.131, III
• intervenção em ação de usucapião: art. 944
• intervenção em processo de justificação: art. 862, par. ún.
• intimação pessoal: art. 236, § 2º
• inventário; citação: art. 999
• legitimidade ativa para ação rescisória: art. 487, III
• legitimidade para recorrer: art. 499, *caput* e § 2º
• legitimidade para requerer inventário e partilha: art. 988, VIII
• não sujeição ao ônus da impugnação: art. 302, par. ún.
• oitiva em processo de escusa de testamenteiro: art. 1.141
• oitiva em processo de sequestro de quantia da Fazenda Pública: art. 731
• pagamento de despesas processuais: art. 29
• prazos processuais: art. 188
• prejudicados: art. 478, par. ún.
• preparo de recurso: art. 511, § 1º
• regência de pessoas e bens de incapaz: art. 1.189
• requerimento de interdição: arts. 1.177, III, 1.178 e 1.179
• requerimento de remoção de tutor ou curador: art. 1.194
• requerimento de sucessão provisória: art. 1.163, § 2º
• responsabilidade civil: art. 85

**MINISTROS:** art. 411, III e IV

**MONTEPIO:** art. 649, VII

## MORA
• ação de consignação em pagamento: art. 891
• citação: art. 219

## MORTE
• parente de pessoa falecida: art. 217, II
• parte, representante ou procurador: art. 180
• parte; suspensão do processo: art. 265, I

## MULHER
• vide CÔNJUGES

## MULTA
• ação rescisória inadmissível ou improcedente: art. 488, II
• advogado ou promotor de justiça: arts. 196 e 197
• arrematação de bem imóvel de incapaz: art. 701, § 2º
• citação por edital requerida dolosamente: art. 233
• cobrança indevida de custas: art. 30
• cumprimento de obrigação: art. 644
• embargos manifestamente protelatórios: art. 538, par. ún.
• imposição contra autor de cota marginal: art. 161
• insuficiente ou excessiva: art. 461, § 6º
• limite: art. 601
• litigante de má-fé: art. 35
• modificação pelo juiz da execução: art. 645, par. ún.
• obrigação de fazer: art. 645
• recebimento indevido de custas: art. 30
• serventuário de má-fé: art. 35
• tempo de atraso: art. 461, § 5º

## MUNICÍPIO
• ação de nunciação de obra nova: art. 934, III
• ação de usucapião: art. 943
• preparo de recurso: art. 511, § 1º
• reexame necessário: art. 475, I
• representação em juízo: art. 12, II

# N

**NASCITURO:** arts. 877 e 878

**NAVIO:** arts. 655, IX, e 679

**NOMEAÇÃO À AUTORIA:** arts. 62 a 69

**NOMEAÇÃO DE BENS À PENHORA:** arts. 655 e 656

## NOTA PROMISSÓRIA
• penhora: art. 672
• título executivo: art. 585, I

**NOTIFICAÇÕES:** arts. 867 a 873

**NOVAÇÃO**
- causa impeditiva da execução: art. 741, VI
- cessação de arresto: art. 820, II
- embargos à arrematação e à adjudicação: art. 746
- embargos à declaração de insolvência: art. 756

**NULIDADE:** arts. 243 a 250
- citação: art. 214, § 2º
- desfazimento da arrematação: art. 694, par. ún.
- eleição de foro em contrato de adesão: art. 112, par. ún.
- execução, alegável em embargos: art. 741
- execução; matéria de embargos à arrematação: art. 746
- extinção do processo: art. 267, IV
- falta de citação: art. 214
- incompetência absoluta: art. 113, § 2º
- por falta de intimação do Ministério Público: arts. 84 e 246
- praça: art. 694, par. ún., I
- processo; falta de autorização ou de outorga: art. 11, par. ún.
- sanável: art. 328
- sanável; constatação em apelação: art. 515, § 4º
- suprível: art. 560, par. ún.

**NULIDADE PROCESSUAL**
- falta de autorização ou outorga: art. 11, par. ún.
- falta de intimação do Ministério Público: art. 84
- incapacidade processual não sanada: art. 13

**NUNCIAÇÃO DE OBRA NOVA**
- vide AÇÃO DE NUNCIAÇÃO DE OBRA NOVA
- atentado; violação: art. 879, II
- competência territorial: art. 95
- processamento em férias ou feriados: art. 173, II
- prosseguimento da obra mediante caução: art. 940

# O

**OBRA EMBARGADA:** art. 879, II

**OBRIGAÇÃO ALTERNATIVA:** art. 571

**OBRIGAÇÃO DE FAZER E DE NÃO FAZER:** art. 461

**OBRIGAÇÃO INDIVISÍVEL:** art. 291

**OBSCURIDADE DA LEI:** art. 126

**OBSCURIDADE DE ACÓRDÃO OU SENTENÇA:** art. 535, I

**OFICIAL DE JUSTIÇA**
- atribuições e deveres: art. 143
- certidão para citação por edital: art. 232, I
- citação: arts. 221, II, 224 a 228 e 230
- citação; prazo: art. 241, II
- citação; procedimentos: art. 226
- cumprimento de mandado de execução: art. 577
- cumprimento de penhora: arts. 652, 653, 659, 660 a 663 e 669
- embargos de obra nova: art. 938
- intimação: art. 239
- responsabilidade civil: art. 144

**OMISSÃO**
- acórdão: art. 535, II
- lei: art. 126
- pedido: art. 294
- sentença: art. 535, I

**ÔNUS**
- impugnação: art. 302
- prova; incumbência: arts. 333 e 389
- sobre imóvel: art. 10, § 1º, IV

**OPOSIÇÃO:** arts. 56 a 61
- despesas processuais: art. 34

**ORDEM DE ARROMBAMENTO:** arts. 600 e 661

**ORDEM DE ENTREGA:** art. 693, par. ún.

**ORDEM JUDICIAL**
- cumprimento de atos: art. 200
- entrega do bem arrematado: art. 707

**ORGANIZAÇÃO JUDICIÁRIA**
- adaptação ao Código de Processo Civil: art. 1.214
- competência funcional dos Tribunais: art. 93
- competência pelo valor e pela matéria: art. 91
- excesso de prazo: art. 194
- serventuários e oficiais de justiça: art. 140

**OUTORGA**
- cônjuge: art. 10
- falta alegada em contestação: art. 301, VIII
- uxória ou marital: art. 11

# P

**PAGAMENTO**
- vide AÇÃO DE CONSIGNAÇÃO EM PAGAMENTO
- causa impeditiva da execução: art. 741, VI
- cessação do arresto: art. 820, I
- embargos à arrematação e à adjudicação: art. 746
- embargos à declaração de insolvência: art. 756
- forma: art. 708
- impede a execução: art. 741, VI
- não efetuado: art. 652, § 1º
- prova: art. 403

**PAGAMENTO AO CREDOR:** art. 708

**PARCERIA AGRÍCOLA:** art. 275, II, a

**PARENTES**
- citação: art. 217, II
- impedimento para depor: arts. 405, § 2º, I, e § 4º, e 406, I

**PARENTESCO**
- impedimento do juiz: arts. 134, IV e V, 135, II, e 136
- impedimento do promotor de justiça: art. 138, I
- impedimento dos auxiliares de justiça: art. 138

**PARTE**
- aceitação da sentença: art. 503
- deveres: art. 340
- deveres processuais: arts. 14 e 15
- execução: art. 566
- execução; comparecimento ordenado pelo juiz: art. 599, II
- falecimento: art. 507
- idade igual ou superior a 65 anos: arts. 1.211-A a 1.211-C
- igualdade de tratamento: art. 125, I
- má-fé: arts. 16 a 18
- manifestamente ilegítima: art. 295, II
- Ministério Público: art. 81
- morte; substituição: art. 43
- morte; suspensão do processo: art. 265
- perda da capacidade processual: art. 265, I e § 1º
- responsabilidade por danos processuais: arts. 16 a 18
- substituição: arts. 41 a 43
- vencida: interposição de recurso: art. 499

**PARTIDOR**
- esboço de partilha: art. 1.023
- remessa dos autos a este órgão: art. 141, IV, c

**PARTILHA DE BENS:** arts. 1.022 a 1.030
- vide INVENTÁRIO e ARROLAMENTO
- amigável: art. 1.029
- auto de orçamento: art. 1.025, I
- bens situados no Brasil: art. 89, II
- bens sujeitos a sobrepartilha: art. 1.040
- certidão de pagamento: art. 1.027, par. ún.
- competência territorial: arts. 96, par. ún., e 97
- erros de fato: art. 1.028
- esboço: art. 1.023
- escritura pública: art. 982, § 1º e § 2º
- folha de pagamento: art. 1.025, II
- formal de partilha: art. 1.027
- julgamento por sentença: art. 1.026
- lançamento nos autos: art. 1.024
- pedidos de quinhões e deliberação de partilha: art. 1.022
- rescisão: art. 1.030

Índice Alfabético-Remissivo do Código de Processo Civil    295

- separação consensual: arts. 1.120 e 1.121

**PÁTRIO PODER:** art. 82, II

**PAUTA**
- julgamento: art. 552
- preferência de recurso adiado: art. 562

**PEDIDO(S)**
- acolhimento ou rejeição: arts. 267 a 269 e 459
- aditamento antes da citação: art. 294
- alteração: art. 264, par. ún.
- alternativo: art. 288
- causa de pedir: art. 295, par. ún., I
- certo ou determinado: art. 286
- certo; sentença ilíquida: art. 459, par. ún.
- contestação: art. 831
- cumulação: art. 292
- falta na inicial: art. 295, par. ún.
- genérico: art. 286
- inalterabilidade; revelia: art. 321
- incompatível: art. 295, par. ún., IV
- incontroverso: art. 273 § 6º
- interpretação restritiva: art. 293
- juros legais: art. 293, parte final
- modificação posterior à citação: art. 264
- reconhecimento pelo réu: art. 269, II

**PEDIDO ALTERNATIVO:** art. 288, par. ún.

**PEDIDO DE PRESTAÇÕES PERIÓDICAS:** art. 290

**PEDIDOS CUMULADOS:** art. 292

**PEDIDOS SUCESSIVOS:** art. 289

**PENA DE CONFISSÃO:** art. 343, § 2º

**PENHOR**
- caução: art. 827
- execução: art. 594
- legal; homologação: arts. 874 a 876
- título executivo extrajudicial: art. 585, III

**PENHORA**
- vide ARREMATAÇÃO, EXECUÇÃO POR QUANTIA CERTA e NOMEAÇÃO DE BENS
- aeronave: art. 679
- alienação antecipada: art. 670
- ampliação ou transferência por outros bens: arts. 685, II, e 821
- arrematação pelo credor: art. 690, § 2º
- arresto: art. 818
- auto conjunto com o de depósito: art. 664
- auto respectivo: art. 665
- avaliação: arts. 680 a 684
- bem indivisível; meação de cônjuge alheio à execução: art. 655-B
- bens do devedor: art. 659
- bens gravados: art. 615, II
- bens imóveis; registro imobiliário: art. 659, § 4º
- bens que guarnecem a residência: art. 659, § 3º
- caução real: art. 827
- crédito: arts. 671 e 472
- depositário: art. 666
- depósito: art. 664
- devedor sem bens: art. 750, I
- domingos e feriados: art. 172, 2º
- efetivação: art. 659, § 1º
- empresa: art. 678
- estabelecimento: art. 677
- execução de prestação alimentícia: art. 475-Q
- guarda de bens pelo depositário: art. 148
- incidência: art. 569 e § 1º
- insolvência: art. 750, I
- insuficiência dos bens: art. 659, § 2º
- letra de câmbio: art. 672
- meios eletrônicos: art. 659, § 6º
- nomeação de bens pelo inventariante: art. 1.021
- nomeação de bens: arts. 652 a 655 e 657

- ordem de arrombamento: arts. 660 e 661
- ordem de preferência: art. 655
- preferência de credor pelo bem penhorado: arts. 612 e 613
- prestação ou restituição de coisa determinada: art. 676
- quando se considera feita: art. 664
- realização em férias e feriados: art. 173, II
- realização fora do horário: art. 172, § 2º
- redução aos bens suficientes: art. 685, I
- resistência; auto respectivo: arts. 662 e 663
- rosto dos autos: art. 674
- segunda penhora: art. 667
- sobre dívida de dinheiro a juros: art. 675
- substituição do bem penhorado por dinheiro: arts. 656 e 668
- vários credores; concurso de preferência: arts. 711 a 713
- violação; atentado: art. 879, I

**PENSÃO(ÕES)**
- alimentícia: arts. 732 a 735
- impenhorabilidade: art. 649, VII

**PERDAS E DANOS**
- ação possessória: art. 921, I
- evicção: art. 76
- nunciação de obra nova: art. 936, III
- responsabilidade do litigante de má-fé: arts. 16 a 18
- ressarcimento, em execução: arts. 624 e 627
- ressarcimento, na improcedência da execução: art. 574

**PEREMPÇÃO**
- alegação na contestação: art. 301, IV
- conhecimento de ofício: art. 267, § 3º
- extinção do processo: art. 267, V
- ocorrência: art. 268, par. ún.

**PERÍCIA(S)**
- vide PERITO
- arguição de falsidade: arts. 390 a 392
- complexa: art. 431-B
- conteúdo: art. 420
- documento: art. 202, § 2º
- impugnação da autenticidade de reprodução mecânica: art. 383, par. ún.
- início: art. 431-A
- prova: art. 435
- quesitos: arts. 421, § 1º, II, 425 e 426, I

**PERITO**
- vide, PROVA PERICIAL
- escusa do encargo: art. 146
- fato que depende de conhecimento técnico ou científico: art. 145
- honorários; caráter de título executivo: art. 585, VI
- honorários; depósito: art. 33, par. ún.
- impedimentos e suspeição: art. 138, III
- inspeção judicial: art. 441
- nomeação para avaliar os frutos e rendimentos do bem: art. 722
- nomeação para estimar bens penhorados: art. 680
- nomeação; perícia complexa: art. 431-B
- poder de pesquisas: art. 429
- remuneração: art. 33
- responsabilidade: art. 147
- técnico de estabelecimento oficial: art. 434

**PESSOA JURÍDICA**
- competência do foro: art. 100, IV, a a c
- estrangeiro; domicílio no Brasil: art. 88, par. ún.
- prazo para contestação ou recurso: art. 188
- representação em juízo: art. 12, VI a VIII, e §§ 2º e 3º

**PESSOA JURÍDICA ESTRANGEIRA:** art. 12, VIII e § 3º

**PESSOAS JURÍDICAS DE DIREITO PÚBLICO:** art. 928, par. ún.

**PETIÇÃO DE HERANÇA:** arts. 1.000, par. ún., 2ª parte, e 1.001

**PETIÇÃO INICIAL**
- ação de anulação e substituição de títulos ao portador: art. 908
- ação de consignação em pagamento: art. 893
- ação de divisão: art. 967

- ação demarcatória: arts. 950 e 951
- ação rescisória: art. 488
- aditamento na denunciação à lide: art. 74
- aditamento pelo autor: art. 294
- alimentos provisionais: art. 854
- arrolamento de bens: art. 857
- busca e apreensão: art. 840
- casos em que será protocolada em cartório: art. 506,
- cominação de pena pecuniária: art. 287
- cópia destinada à citação: art. 225, par. ún.
- deferimento: art. 285
- documentos indispensáveis à propositura da ação: art. 396
- embargos de terceiro: art. 1.050
- exceção de incompetência: art. 307
- execução: art. 614
- execução; indeferimento: art. 616
- faculdade de reformar a decisão do seu indeferimento: art. 296
- indeferimento: arts. 267, I, 284, par. ún., 295 e 296
- inépcia: art. 295, par. ún.
- interdição: art. 1.180
- irregular; indeferimento: art. 295, VI
- omissão de pedido: art. 294
- oposição: art. 57
- procedimento de caução: art. 829
- procedimento do atentado: art. 880
- procedimento sumário: art. 276
- protesto judicial: arts. 868 e 869
- recibo fornecido pelo cartório: art. 160
- regularização: art. 284
- requisitos: art. 282
- restauração dos autos: art. 1.064

**PLANTAÇÃO:** art. 921, III

**POSSE:** art. 95

**POSSE DOS FILHOS:** art. 888, III

**POSSE EM NOME DO NASCITURO:** arts. 877 e 878
- vide NASCITURO

**PRAÇA**
- vide ARREMATAÇÃO, LEILÃO e REMIÇÃO
- adiamento: art. 688
- bens de devedor insolvente: arts. 766, IV, e 773
- bens diversos: art. 691
- local: art. 686, § 2º
- quem não pode lançar: art. 690, § 1º
- sobrevindo a noite: art. 689
- transferência culposa: art. 688, par. ún.

**PRAZO(S)**
- afixação de edital em caso de arrematação: art. 687, caput, e §§ 1º a 5º
- agravo das decisões interlocutórias: art. 522
- agravo interposto: art. 523, § 2º
- ato praticado com prazo determinado por meio de petição: art. 172, § 3º
- audiência preliminar: art. 331, caput
- beneficiária; renúncia: art. 186
- citação do réu: art. 219, §§ 2º e 3º
- citação: art. 241, I a V
- comparecimento: art. 192
- comum entre as partes; retirada de autos: art. 40, § 2º
- conclusão dos atos processuais: art. 172, § 1º
- contagem: arts. 184 e 240
- continuidade: art. 178
- contra o revel: art. 322
- contrarrazões em recurso extraordinário ou especial: art. 542, § 1º
- denegação de recurso: art. 557, § 1º
- dilação: arts. 181 e 182
- excesso por advogado: art. 195
- excesso por juiz: arts. 187, 198 e 199
- excesso por serventuário: arts. 193 e 194
- Fazenda Pública: art. 188

- férias: art. 179
- indeferimento da petição inicial: art. 296, caput
- julgamento: art. 528
- juntada de carta precatória: art. 241, IV
- justa causa por excesso: art. 183
- litisconsortes: art. 191
- Ministério Público: arts. 188 e 527, VI
- oferecimento de embargos do devedor: art. 738
- peremptório: art. 182
- pode ser excedido pelo juiz: art. 187
- prescrição legal ou determinação judicial: art. 177
- prescrição: art. 220
- propositura de ação de consignação: art. 890, §§ 3º e 4º
- prorrogação: arts. 180, 181 e 184, § 1º
- recursos: art. 508
- requerimento de juntada de cópia da petição do agravo de instrumento: art. 526
- resposta do réu após férias e feriados: art. 173, par. ún.
- serventuário: art. 190
- suspensão por obstáculo criado pela parte: art. 180

**PRECATÓRIO:** art. 730, II

**PRECLUSÃO**
- decurso de prazo: art. 183
- discussão sobre matéria preclusa: art. 473
- nulidade não alegada na oportunidade: art. 245

**PRÉDIO**
- ação por ressarcimento por danos: art. 275, II, e
- condomínio: art. 275, II, b

**PREFEITO MUNICIPAL:** art. 12, II

**PREFERÊNCIA:** arts. 612, 613, 709, I, 711 e 712

**PREJUDICIAL**
- decisão a ser tomada na justiça criminal: art. 110, par. ún.
- decisão de questão: arts. 469, III, e 470
- suspensão do processo: art. 265, IV

**PREJULGADO:** arts. 476 a 479

**PRELAÇÃO:** art. 784

**PRELIMINAR**
- apelação: art. 523
- competentes ao réu: art. 301

**PREPARO**
- vide CUSTAS
- agravo retido: art. 522, par. ún.
- distribuição de feito; cancelamento: art. 257
- Fazenda Pública: art. 511, § 1º

**PRESCRIÇÃO**
- embargos à arrematação e à adjudicação: art. 746
- embargos à declaração de insolvência: art. 756, I
- extinção do processo: art. 269, IV
- impedirá a execução: art. 741, VI
- indeferimento da petição inicial: art. 295, IV
- interrupção: arts. 219, 617 e 777
- processo cautelar: arts. 810 e 811, IV
- pronunciamento de ofício: art. 219, § 5º
- prorrogação de prazo: art. 219, § 3º

**PRESIDENTE DA CÂMARA DOS DEPUTADOS:** art. 411, II

**PRESIDENTE DA REPÚBLICA:** art. 411, I

**PRESIDENTE DO SENADO:** art. 411, II

**PRESIDENTE DO TRIBUNAL**
- avocação: art. 475, § 1º
- execução contra a Fazenda Pública: arts. 730 e 731

**PRESO:** art. 9º, II

**PRESSUPOSTOS:** art. 267, IV

**PRESTAÇÃO ALIMENTÍCIA:** arts. 732 a 735
- vide ALIMENTOS e EXECUÇÃO DE PRESTAÇÃO ALIMENTÍCIA

**PRESTAÇÕES PERIÓDICAS E VINCENDAS:** art. 290

**PRESUNÇÃO:** art. 334, IV

**PRETENSÃO:** art. 17, I

**PREVARICAÇÃO:** art. 485, I

**PREVENÇÃO**
- efeitos da citação válida: arts. 219 e 263
- foro: art. 107
- quando ocorre: art. 106

**PRINCÍPIO DA IDENTIDADE:** art. 132

**PRINCÍPIOS GERAIS DE DIREITO:** art. 126

**PRISÃO**
- depositário infiel; sustação: art. 558
- depositário judicial: art. 666, § 3º
- devedor de alimentos: art. 733, §§ 1º a 3º
- realização em férias e feriados: art. 173, II
- resistência ao cumprimento de mandado judicial de penhora: art. 662

**PROCEDIMENTO:** arts. 272 e 295, V

**PROCEDIMENTO CAUTELAR**
- autos apensados aos principais: art. 809
- decadência ou prescrição: art. 811, IV
- específico: art. 812
- instauração antes ou no curso do processo principal: art. 796
- medida liminar obtida: art. 811, II
- medida provisória: arts. 798 e 799
- não propositura da ação principal: art. 811, III
- sentença desfavorável: art. 811, I
- sentença: art. 520, IV

**PROCEDIMENTO COMUM:** arts. 271 e 272

**PROCEDIMENTO ESPECIAL:** art. 272, par. ún.

**PROCEDIMENTO ORDINÁRIO:** art. 272

**PROCEDIMENTO SUMÁRIO**
- abrangência: art. 275
- ação declaratória incidental e intervenção de terceiros: art. 280
- ações relativas ao estado e à capacidade das pessoas: art. 275, par. ún.
- audiência de conciliação: art. 277
- causas em que é observado: art. 275
- citação: art. 277
- contestação: art. 278, §§ 1º e 2º
- designação da audiência: art. 277
- petição inicial: art. 276
- prazo para encerramento: art. 281
- reconvenção: arts. 278, § 1º, e 280
- recurso; prazo para julgamento: art. 550
- recurso; prazo: art. 508
- recursos interpostos: art. 551, § 3º
- redução a termo dos depoimentos: art. 279
- regência: art. 272, par. ún.
- rol de testemunhas: arts. 276 e 278, § 2º
- sentença: art. 281

**PROCESSO**
- vide EXTINÇÃO DO PROCESSO, FORMAÇÃO DO PROCESSO e SUSPENSÃO DO PROCESSO
- andamento: art. 17, IV
- negligência: art. 267, II
- objetivo ilegal: art. 17, III
- prioridade na tramitação: arts. 1.211-A a 1.211-C
- sem apreciação do mérito; renovação: art. 28
- suspensão: arts. 64 e 265

**PROCESSO CAUTELAR**
- apelação com efeito meramente devolutivo: art. 520, IV
- autos apensados aos principais: art. 809
- instauração anterior ou durante o processo principal: art. 796
- medida provisória: arts. 798 e 799
- sentença desfavorável; efeito: art. 811, I

**PROCESSO NOS TRIBUNAIS**
- vide AÇÃO RESCISÓRIA, DECLARAÇÃO DE INCONSTITUCIONA-LIDADE e HOMOLOGAÇÃO DE SENTENÇA ESTRANGEIRA
- acórdão: arts. 563 e 564
- câmara: art. 555
- conferência de acórdão: art. 563
- dia para julgamento: arts. 551, § 2º, e 552
- distribuição: art. 548
- julgamento do mérito: arts. 560 a 561
- pauta de julgamento: art. 552
- pauta; apelação e agravo no mesmo processo: art. 559
- pedido de vista: art. 555, § 2º
- preferência de recurso; julgamento iniciado: art. 562
- protocolo e registro: art. 547
- questão preliminar: art. 560
- recurso em procedimento sumário: art. 550
- relator: arts. 549 e 558
- revisor: art. 551
- sustentação do recurso: art. 554
- sustentação oral: art. 565
- turma: art. 555

**PROCESSO SIMULADO:** art. 129

**PROCURAÇÃO**
- vide MANDATO
- advogado: art. 37
- distribuição de petição sem instrumento de mandato: art. 254
- geral para o foro: art. 38
- ratificação de atos anteriores à sua exibição: art. 37, par. ún.
- requisito para ingresso em juízo: art. 37
- revogação: art. 44

**PROCURADORES:** arts. 36 a 40
- vide ADVOGADO
- citação do representado: art. 215
- deveres processuais: arts. 14 e 15
- procuração geral para o foro: art. 38
- representação em juízo: art. 12

**PROCURADOR-GERAL DA REPÚBLICA:** art. 411, V

**PRODUÇÃO ANTECIPADA DE PROVA:** arts. 846 a 851

**PROIBIÇÃO DE ATO:** art. 799

**PROPÓSITO PROTELATÓRIO:** art. 273, II

**PROPOSITURA:** art. 263

**PROTESTO E APREENSÃO DE TÍTULOS:** arts. 882 a 887

**PROTESTOS, NOTIFICAÇÕES E INTERPELAÇÕES:** arts. 867 a 873

**PROTESTOS FORMADOS A BORDO:** art. 1.218, VIII

**PROVA**
- vide PRODUÇÃO ANTECIPADA DE PROVAS
- advogado; não comparecimento em audiência: art. 453, § 2º
- começo de prova escrita: art. 402, I
- contrato: arts. 401 e 402
- depósito necessário: art. 402, II
- determinação pelo juiz: art. 130
- direito municipal, estadual, estrangeiro ou consuetudinário: art. 337
- documental: arts. 364 e 399
- falsidade; ação rescisória: art. 485, VI
- fatos que não dependem: art. 334
- indivisibilidade: arts. 354, 373, par. ún., e 380
- inúteis: art. 14, IV
- já produzidas: arts. 132, par. ún., e 1.066
- livre apreciação judicial: art. 131
- meios legais e moralmente legítimos; admissibilidade: art. 332
- ônus; a quem caberá: art. 333
- pericial: arts. 420 a 439
- prazo para apresentação do laudo: arts. 432 e 433
- produção em audiência: art. 452
- produção pelo Ministério Público: art. 83, II
- realização em férias e feriados: art. 173, I

- restauração de autos; repetição: art. 1.066
- testemunhal: arts. 400 a 419

**PROVA DOCUMENTAL:** arts. 364 a 399
- vide DOCUMENTO

**PROVA PERICIAL:** arts. 420 a 439
- assistente técnico: art. 421, § 1º, I
- compromisso do perito e dos assistentes técnicos: art. 422
- escusa do perito: art. 423
- grafotécnica: art. 434, par. ún.
- impedimento do perito: art. 423
- indeferimento: art. 420, par. ún.
- início da produção: art. 431-A
- laudo: art. 436
- laudo; peças de instrução: art. 429
- laudo; prazo para entrega: art. 433
- perícia; tempo e lugar: arts. 431-B e 433
- perito e assistentes: art. 435
- perito; nomeação: art. 421
- perito; pesquisas e meios de instrução: art. 429
- perito; preferência de técnicos de órgãos oficiais: art. 434
- perito; substituição: art. 424
- perito; suspeição: art. 423
- prazo para apresentação de laudo: arts. 432 e 433
- quesitos formulados pelo juiz: art. 426, II
- quesitos suplementares: art. 425
- quesitos; apresentação pelas partes: art. 421, § 1º
- segunda perícia: arts. 437, 438 e 439

**PROVA TESTEMUNHAL:** arts. 400 a 419
- vide TESTEMUNHA
- admissibilidade: art. 400
- contradita de testemunha: art. 414, § 1º
- contrato simulado: art. 404, I
- incomunicabilidade das testemunhas: art. 413
- indeferimento: art. 400
- juiz da causa: art. 409
- limite por contrato: art. 401
- número de testemunhas: art. 407, par. ún.
- procedimento sumário: arts. 276 e 278, § 2º
- produção em audiência: art. 410
- quesitos: art. 435
- rol de testemunhas: art. 407
- substituição de testemunhas: art. 408

**PROVIDÊNCIAS PRELIMINARES:** art. 323

**PUBLICAÇÃO**
- acórdão: art. 564
- edital de arrematação: art. 687
- em órgão oficial: art. 1.216

## Q

**QUADRO GERAL DE CREDORES NA INSOLVÊNCIA:** art. 769

**QUESITOS**
- impertinentes; indeferimento: art. 426, I
- prazo de apresentação: art. 421, § 1º, II
- suplementares: art. 425

**QUESTÃO PREJUDICIAL**
- vide PREJUDICIAL

**QUESTÕES PRELIMINARES**
- vide PRELIMINAR

**QUITAÇÃO:** art. 709, par. ún.

## R

**RADIOGRAMA**
- conformidade com o original: art. 375
- documento particular: art. 374

**RASURAS:** art. 171

**RATEIO:** art. 711

**RATIFICAÇÃO DE ATOS PROCESSUAIS:** art. 37

**RECIBO:** art. 160

**RECONHECIMENTO DE FIRMA:** art. 369

**RECONHECIMENTO DO FATO:** arts. 326, 330, II, 832, 915, § 2º

**RECONHECIMENTO DO PEDIDO**
- assistência: art. 53
- custas e honorários: art. 26
- extinção do processo: art. 269, II
- oposição: art. 58

**RECONVENÇÃO**
- anotação pelo distribuidor: art. 253, par. ún.
- competência: art. 109
- desistência ou extinção da ação: art. 317
- despesas processuais: art. 34
- dispensa de caução: art. 836, II
- julgamento com a ação: art. 318
- prazo para contestação: art. 316
- procedimento sumário: arts. 278, § 1º, e 280
- réu: art. 315
- simultaneidade com a contestação: art. 299

**RECURSO**
- adesivo: art. 500
- adiamento; preferência no julgamento: art. 562
- agravo; cabimento: art. 557, § 1º
- baixa dos autos: art. 510
- decisão denegatória: art. 557, § 1º
- desistência a qualquer tempo: art. 501
- despachos irrecorríveis: art. 504
- embargos infringentes: art. 532
- extraordinário e especial: arts. 541 a 546
- interposição: art. 500
- legitimidade para interposição: art. 499
- multiplicidade de: fundamentação em idêntica questão de direito, requisitos para processar o recurso especial: art. 543-C
- ordinários: arts. 539 e 540
- para o STF e o STJ: arts. 539 a 546
- parte que aceita a sentença: art. 503, par. ún.
- prazo para interposição: art. 506
- prazo; restituição: art. 507
- preparo; dispensa: art. 511, § 1º
- recurso manifestamente contrário à súmula: art. 557
- renúncia do direito de recorrer: art. 502
- sentença; impugnação no todo ou em parte: art. 505
- solidariedade passiva: art. 509, par. ún.
- suspensão da decisão do agravo: art. 558
- sustentação perante o Tribunal: art. 554

**RECURSO ESPECIAL**
- adesivo: art. 500, II
- agravo nos próprios autos: art. 544
- cabimento: art. 496, VI
- conclusão: art. 543, § 1º
- embargos à decisão da turma: art. 546, I
- embargos de divergência: art. 496, VIII
- interposição: art. 541
- não impede a execução da sentença: art. 497
- prazo para interposição: art. 508
- prazo para resposta: art. 508
- recebimento; efeitos: arts. 543 e 542, § 2º
- sobrestamento: art. 498

**RECURSO EXTRAORDINÁRIO:** art. 496, VII
- adesivo: art. 500, II
- agravo nos próprios autos: art. 544
- cabimento: art. 541
- conclusão do julgamento do recurso especial: art. 543, § 1º
- contrarrazões: art. 542, § 1º
- denegação: art. 544
- embargos à decisão da turma: art. 546, II
- embargos de divergência: arts. 496, VIII, 546, par. ún.
- execução da sentença: art. 497
- interposição: art. 541

- não admitido: art. 544
- prazo para interposição: art. 508
- recebimento e intimação do recorrido: art. 542
- recebimento e remessa ao STJ: art. 543, *caput*
- recebimento; efeitos: art. 542, § 2º
- sobrestamento até o julgamento dos embargos infringentes: art. 498

**RECURSO OFICIAL:** art. 475

**RECURSO ORDINÁRIO:** arts. 496, V, 539 e 540
- adesivo: art. 500, II
- agravo; cabimento: art. 539, par. ún.
- cabimento: art. 496, V
- julgamento pelo STF: art. 539, I
- julgamento pelo STJ: art. 539, II
- prazo para interposição: art. 508
- prazo para resposta: art. 508

**REEXAME NECESSÁRIO:** art. 475

**REGIMENTO INTERNO DO SUPREMO TRIBUNAL FEDERAL**
- ação rescisória: art. 493, I
- concessão de exequibilidade de carta rogatória: art. 211
- recursos: art. 540

**REGIMENTO INTERNO DOS TRIBUNAIS**
- adaptação ao CPC: art. 1.214
- conflito de competência: arts. 123 e 124
- distribuição de processos: art. 548
- exceção de incompetência e de suspeição: art. 265, § 4º
- súmulas: art. 479, par. ún.

**REGISTRO**
- processo remetido ao tribunal: art. 547
- processos: art. 251

**REGISTRO IMOBILIÁRIO:** art. 945

**REGISTRO DOMÉSTICO:** art. 376

**REGRAS DE EXPERIÊNCIA:** art. 335

**RELATOR**
- agravo: art. 557, § 1º
- arguição de impedimento ou suspeição: art. 138, § 2º
- competência nas medidas cautelares: art. 800, par. ún.
- embargos: art. 534
- processo de habilitação: art. 1.059
- redação de acórdão: art. 556
- restauração de autos: art. 1.068

**RELATÓRIO:** art. 553

**REMIÇÃO**
- anterior à arrematação ou adjudicação: art. 651
- bens: art. 558

**REMISSÃO DE DÍVIDA**
- extinção da execução: art. 794, II
- prova: art. 403

**REMOÇÃO DE BENS:** art. 666, § 1º

**RENÚNCIA**
- direito de recorrer: art. 502
- direito; extinção: art. 269, V
- prazo: art. 186

**REPRESENTAÇÃO**
- advogado: art. 36
- bens do insolvente: art. 766, II
- parte, defeito: art. 301, VIII
- partes: art. 13
- pessoas jurídicas: art. 12, VI

**REPRESENTANTE**
- incapazes: art. 9º, par. ún.
- legal: art. 215

**RESERVA DE DOMÍNIO**
- *vide* VENDA A CRÉDITO COM RESERVA DE DOMÍNIO

**RESPONSABILIDADE DAS PARTES:** arts. 16 a 18

**RESPONSABILIDADE CIVIL**
- advogado: art. 37, par. ún.
- atentado: art. 881, par. ún.
- depositário: art. 150
- escrivão e oficial: art. 144
- juiz: art. 133
- partes: arts. 16 a 18
- perito: art. 147
- requerente de medida cautelar: art. 811

**RESPOSTA DO RÉU:** arts. 297 a 318
- *vide* CONTESTAÇÃO, EXCEÇÃO e RECONVENÇÃO
- instrução com prova documental: art. 396
- prazo; início: arts. 173, par. ún., 241, 297 e 298, par. ún.

**RESTAURAÇÃO DE AUTOS:** arts. 1.063 a 1.069

**RETIFICAÇÃO**
- ato processual anulado: art. 249
- primeiras declarações no inventário: art. 1.000, par. ún.

**RÉU**
- citação por edital: art. 231
- comparecimento espontâneo: art. 214, § 1º
- defesa escrita ou oral: art. 278
- não contestação da ação: arts. 285 e 324
- prazo para contestar: art. 297
- prazo para razões finais: art. 493
- responsabilidade por perdas e danos: art. 16

**REVELIA:** arts. 319 a 322
- alteração do pedido: art. 321
- caracterização: arts. 319 e 320
- curador especial: art. 9º, II
- efeito: arts. 319, 324 e 330, II
- julgamento antecipado: art. 330, II
- prazos: art. 322
- representação irregular: art. 13, II
- revelia do oposto: art. 57, par. ún.

**REVISOR:** art. 551

**RIXAS:** art. 822, I

**ROL DE TESTEMUNHAS**
- prazo para apresentação: art. 278, § 2º
- prazo para depósito em cartório: art. 407
- procedimento sumário: arts. 276 e 278, § 2º

**RUBRICA DOS AUTOS:** art. 167

# S

**SANEAMENTO DO PROCESSO**
- condenação do réu nas custas: art. 22
- designação de audiência: art. 331

**SEGREDO**
- *vide* SIGILO PROFISSIONAL

**SEGREDO DE JUSTIÇA**
- conversão de separação em divórcio: art. 155, II
- justificação prévia: arts. 815, 823 e 841
- processos em que se aplica: art. 155

**SEGURO; CONTRATO:** art. 585, III

**SEGURO DE VIDA:** art. 649, IX

**SENADORES:** art. 411, VI

**SENTENÇA**
- *vide* COISA JULGADA, CUMPRIMENTO DA SENTENÇA, EMBARGOS DE DECLARAÇÃO e HOMOLOGAÇÃO DE SENTENÇA ESTRANGEIRA
- ação de atentado; efeitos: art. 881
- ação de usucapião: art. 945
- ação demarcatória: art. 958
- ação rescisória: art. 485
- aceitação tácita ou expressa: art. 503, par. ún.
- *ações juntadas* por conexão ou continência: art. 105
- acolhimento ou rejeição do pedido: art. 459

- alteração: art. 463
- apelação com efeito suspensivo: art. 587
- arbitral: art. 575, IV
- arresto: art. 817
- ato decisório: art. 113, § 2º
- cautelar de justificação: art. 866
- certa: art. 460, par. ún.
- chamamento ao processo: art. 80
- como é proferida: art. 165
- conceito: art. 162, § 1º
- concisa: art. 459
- condenação; declaração de vontade: art. 466-A
- condenação; pagamento das despesas e honorários advocatícios: art. 20
- condenatória de prestação em dinheiro: art. 814, par. ún.
- correção de inexatidões materiais e erros de cálculo: art. 463, I
- declaratória de insolvência: art. 758
- denunciação da lide; efeitos: art. 76
- dispositivo decisório: art. 458, III
- efeito de contrato: art. 466-B
- entrega da coisa: art. 461-A
- extinção da execução: art. 795
- *extra petita*: art. 460
- fato ou direito superveniente: art. 462
- Fazenda Pública: art. 475, II
- força de lei: art. 468
- fundamento de fato: art. 469, II
- fundamentos: art. 459, II
- homologatória de desistência: art. 158, par. ún.
- ilíquida: art. 459, par. ún.
- inalterabilidade: art. 463
- intimação das partes: art. 506, II
- intimação do advogado: art. 242
- leitura em audiência: art. 506, I
- matéria já decidida: art. 471
- mérito: art. 474
- motivação: art. 469, I
- mutabilidade: art. 1.111
- objeto e pedido; relação: art. 460
- prazo: art. 456
- procedimento de jurisdição voluntária: art. 1.109
- procedimento sumário: art. 281
- processo de caução: arts. 832 e 834
- publicação: art. 463
- publicação pela imprensa: art. 506, III
- questão prejudicial incidente e coisa julgada: arts. 469, III, e 470
- questões anteriores: art. 516
- reconvenção: art. 318
- recurso oficial: art. 475
- relatório; conteúdo: art. 458, I
- requisitos essenciais: art. 458
- submete ao Tribunal questões anteriormente não decididas: art. 516
- termo de conciliação: art. 449
- título de hipoteca judiciária: art. 466
- transferência de propriedade de coisa ou direito: art. 466-C
- *ultra petita*: art. 460

**SENTENÇA PENAL:** art. 575, IV

**SEPARAÇÃO CONSENSUAL**
- arquivamento do processo: art. 1.122, § 2º
- audiência do Ministério Público: art. 1.122, § 1º
- audiência dos cônjuges: art. 1.122
- conversão da separação judicial em separação consensual: art. 1.123
- homologação do pedido: art. 1.122, § 1º
- motivos: art. 1.122
- partilha posterior: art. 1.121, § 1º
- prazo para nova audiência: art. 1.122, § 1º
- realizado por escritura pública; requisitos: art. 1.124-A
- redução a termo: art. 1.122, § 1º
- requerimento: art. 1.120

**SEPARAÇÃO DE CORPOS:** art. 173, II

**SEQUESTRO DE BENS:** arts. 822 a 825
- bens confiados a guarda; custas do administrador não aprovadas: art. 919
- coisa litigiosa em ação possessória: art. 925
- guarda de bens: art. 148
- realização em férias e feriados: art. 173, II
- violação; atentado: art. 879, I

**SERVENTUÁRIO DA JUSTIÇA**
- *vide* ESCRIVÃO e OFICIAL DE JUSTIÇA
- atos adiados ou repetidos por sua causa: art. 29
- custas: art. 585, VI
- excesso de prazo: arts. 193 e 194
- impedimentos: art. 138, II, e §§
- má-fé: art. 35
- prazos para os atos respectivos: art. 190

**SERVIDÃO PREDIAL**
- ação de usucapião: arts. 941
- ação: art. 95

**SIGILO PROFISSIONAL**
- exibição de documentos ou coisa: art. 363, IV
- não obrigatoriedade de testemunhar: art. 347, II
- prova testemunhal: art. 406, II

**SIMULAÇÃO DAS PARTES**
- durante o processo: art. 129
- prova testemunhal: art. 404

**SOCIEDADE:** art. 596

**SOCIEDADE DE FATO**
- foro competente: art. 100, IV, c
- representação em juízo: art. 12, VII

**SOCIEDADES CIVIS:** art. 786

**SÓCIO:** arts. 592 e 596

**SOLIDARIEDADE**
- chamamento ao processo: art. 77, III
- passiva: art. 509, par. ún.

**SUB-ROGAÇÃO**
- alienação judicial; ônus: art. 1.116
- fiador; interesse na execução: art. 567, III
- procedimento de jurisdição voluntária: art. 1.112, II

**SUBSTITUIÇÃO DAS PARTES:** arts. 41 a 45

**SUBSTITUIÇÃO PROCESSUAL:** art. 6º

**SUCESSÃO PROVISÓRIA**
- *vide* BENS DOS AUSENTES

**SUCESSOR:** art. 592, I

**SÚMULA**
- recurso contrário: art. 557
- tribunais: art. 479

**SUPERIOR TRIBUNAL DE JUSTIÇA:** art. 539, II

**SUPREMO TRIBUNAL FEDERAL**
- carta rogatória: art. 211
- recursos: arts. 539 a 546

**SURDOS**
- incapacidade para depor: art. 405, § 1º, IV
- mímica; nomeação de intérprete: art. 151, III

**SUSPEIÇÃO**
- impedirá a execução: arts. 741, VII, e 742
- intérprete: art. 138, IV
- juiz; embargos à declaração de insolvência: art. 756, I
- juiz; enumeração dos casos: art. 135
- juiz; impedimento da execução: arts. 741, VII, e 742
- juiz; motivo íntimo: art. 135, par. ún.
- juiz; recusa pela parte: art. 137
- Ministério Público: art. 138, I, e §§
- motivo íntimo; alegação: art. 135, par. ún.
- perito: art. 138, III, e §§

- serventuário da justiça: art. 138, II

**SUSPENSÃO:** arts. 791 e 792

**SUSPENSÃO DO PROCESSO:** arts. 265 e 266
- atentado: art. 881

**SUSTENTAÇÃO:** art. 565

**T**

**TABELIÃO:** art. 369

**TAQUIGRAFIA**
- audiência: arts. 141, III, e 279
- depoimento: art. 417, caput
- permissão: art. 170

**TELEGRAMA:** arts. 374 e 375

**TERCEIRO INTERESSADO:** art. 487, II

**TERCEIRO PREJUDICADO:** art. 499, caput, e § 1º

**TERCEIROS**
- ação de anulação e substituição de títulos: art. 909, par. ún.
- adquirente de coisa litigiosa: art. 626
- bens do devedor: art. 592, III
- documentos em seu poder: art. 844, II
- exclusão processual: art. 13, III
- limites da coisa julgada: art. 472
- penhora de crédito: art. 672
- prestador de caução: art. 828

**TERMO**
- audiência: art. 457
- execução de sentença: art. 572
- não ocorrido: art. 618, III
- prova de que ocorreu: art. 614, III

**TERMOS PROCESSUAIS**
- vide ATOS PROCESSUAIS

**TERRITÓRIO NACIONAL:** art. 1º

**TERRITÓRIOS:** art. 12, I

**TESTAMENTEIRO**
- atribuições: art. 1.137
- escusa do encargo: art. 1.141
- intimação para assinar termo de testamentária: art. 1.127
- obrigação de prestar contas: art. 1.135, par. ún.
- prêmio: arts. 1.138 e 1.139
- remoção: art. 1.140

**TESTAMENTO**
- abertura em férias e feriados: art. 173, II
- ações respectivas: arts. 96 e 97
- busca e apreensão: art. 1.129, par. ún.
- causas concernentes: art. 82, II
- cerrado; abertura: arts. 1.125 a 1.127
- cópia autêntica para juntada ao inventário: art. 1.127, par. ún.
- cumprimento pelo testamenteiro: art. 1.135
- detentor: art. 1.129
- inscrição de hipoteca legal da mulher: art. 1.136
- intimação do testamenteiro: art. 1.127
- marítimo: art. 1.134, I
- militar: art. 1.134, II
- nuncupativo: art. 1.134, III
- particular; inquirição das testemunhas que assinaram: arts. 1.130 a 1.133
- público; pedido de cumprimento: art. 1.128
- registro e arquivamento: art. 1.126, par. ún.
- remessa de cópia à repartição fiscal: art. 1.126, par. ún.
- testamenteiro dativo: art. 1.127

**TESTEMUNHA**
- acareação: art. 418, II
- comparecimento; despesas: art. 419
- compromisso: art. 415
- condução: art. 412
- contradita: art. 414, § 1º
- escusa do depoimento: arts. 406 e 414, § 2º
- falsidade ou ocultação da verdade: art. 415, par. ún.
- fatos: art. 406
- funcionário público ou militar: art. 412, § 2º
- impedimento: art. 405, §§ 2º e 4º
- incapazes: art. 405, § 1º
- incomunicabilidade: art. 413
- indenização: art. 20, § 2º
- inquiridas em casa ou onde exerçam a sua função: art. 411
- intérprete: art. 151, II
- intimação e condução: art. 412
- intimação; dispensa: art. 412, § 1º
- juiz da causa; arrolamento: art. 409
- não há perda de salário: art. 419, par. ún.
- ordem de inquirição: art. 413
- perguntas das partes: art. 416
- suspeita: art. 405, §§ 3º e 4º
- tomada de depoimento: art. 416

**TÍTULO**
- compra em bolsa ou leilão: art. 913
- crédito; penhora: art. 672
- executivo por força da lei: art. 585, VIII
- obrigação líquida e certa: art. 586

**TÍTULO EXECUTIVO JUDICIAL:** art. 575
- arrematação; aplicação de multa: art. 701, § 2º

**TÍTULOS AO PORTADOR:** arts. 907 a 913

**TÍTULOS EXECUTIVOS**
- vide EXECUÇÃO
- extrajudicial; espécies: art. 585
- extrajudicial; execução: art. 576
- extrajudicial; instrução da petição inicial na execução: art. 614, I
- legitimação do credor para a execução: art. 566, I
- legitimação dos sucessores do credor para a execução: art. 567, I
- obrigação ilíquida, incerta ou inexigível: art. 618, I

**TRADUTOR:** art. 585, VI

**TRANSAÇÃO**
- vide CONCILIAÇÃO
- cessação de arresto: art. 820, III
- despesas processuais: art. 26, § 2º
- embargos à arrematação e à adjudicação: art. 746
- embargos à declaração de insolvência: art. 756, I
- extinção da execução: art. 794, II
- extinção do processo: art. 269, III
- impedirá a execução: art. 741, VI
- invalidação mediante rescisória: art. 485, VIII
- não impedimento da assistência: art. 53
- por inventariante: art. 992, II

**TRASLADOS:** art. 365, II

**TRIBUNAIS**
- competência funcional: art. 93
- execução em causas de competência originária: art. 575, I

**TURBAÇÃO:** arts. 926 a 931
- vide AÇÕES POSSESSÓRIAS
- queixa em ação de demarcação: art. 951

**TUTELA:** arts. 1.187 a 1.198
- Ministério Público: art. 82

**TUTELA ANTECIPADA:** art. 273
- apelação; efeito meramente devolutivo: art. 520, VII
- obrigação de fazer ou não fazer: art. 461
- para entrega de coisa: art. 461-A
- recursal; concessão: art. 527, III

**TUTELA ESPECÍFICA:** arts. 461 e 461-A
- vide CURADOR
- assistência e representação de incapaz: art. 8º
- nomeação e remoção: art. 174
- prestação de contas: art. 919

## U

**UNIÃO**
- foro competente: art. 99, I
- preparo de recurso: art. 511, § 1º
- representação em juízo: art. 12, I
- sentença proferida contra: art. 475, I

**USUCAPIÃO:** arts. 941 a 945

**USUFRUTO**
- concedido ao exequente: arts. 716 a 722
- empresa: arts. 716 a 724
- execução; locação de prédio: arts. 723 e 724
- exercício em caso de discordância: art. 724, par. ún.
- extinção; jurisdição voluntária: art. 1.112, VI
- imóvel ou empresa em execução: art. 647, III
- imóvel ou empresa em execução; nomeação de administrador: art. 719
- imóvel; carta para averbação no respectivo registro: art. 722, § 1º
- sobre o quinhão do condômino na copropriedade: art. 720

**USUFRUTUÁRIO**
- intimação de penhora sobre a propriedade: art. 615, II
- não intimado para a execução: art. 619

## V

**VALOR DA CAUSA**
- atribuição a todas as causas: art. 258
- estimativa: art. 259
- impugnação: art. 261
- integrará a petição inicial: art. 259
- prestações vencidas e vincendas: art. 260
- procedimento sumário: art. 275, I

**VENCIMENTOS:** art. 649, IV

**VENDA**
- vide ALIENAÇÃO

**VENDA A CRÉDITO COM RESERVA DE DOMÍNIO:** arts. 1.070 e 1.071

**VERDADE**
- alteração; má-fé: art. 17, II
- dever processual: arts. 14, I, 339 e 341

**VERNÁCULO**
- uso obrigatório nos atos processuais: art. 156
- tradução de documentos escritos em língua estrangeira: art. 157

**VICE-PRESIDENTE DA REPÚBLICA:** art. 411, I

**VÍCIO DE CONSENTIMENTO:** art. 404, II

**VIOLAÇÃO DA LEI:** art. 485, V

**VISITA DE FILHOS:** art. 1.121, II, e § 2º

**VISTA DOS AUTOS**
- advogado: art. 40
- procuradores e partes: art. 155, par. ún.

**VISTORIA *AD PERPETUAM REI MEMORIAM:*** art. 846

**VISTORIA DE FAZENDA AVARIADA:** art. 1.218, XI

# Lei de Introdução às normas do Direito Brasileiro

Lei de Introdução
às normas do
Direito Brasileiro

# LEI DE INTRODUÇÃO ÀS NORMAS DO DIREITO BRASILEIRO
## DECRETO-LEI Nº 4.657, DE 4 DE SETEMBRO DE 1942

*Lei de Introdução às normas do Direito Brasileiro.*

► Antiga Lei de Introdução ao Código Civil (LICC), cuja ementa foi alterada pela Lei nº 12.376, de 30-12-2010.
► Publicado no *DOU* de 9-9-1942, retificado no *DOU* de 8-10-1942 e no *DOU* de 17-6-1943.

O Presidente da República, usando da atribuição que lhe confere o artigo 180 da Constituição, decreta:

**Art. 1º** Salvo disposição contrária, a lei começa a vigorar em todo o País quarenta e cinco dias depois de oficialmente publicada.

► Art. 8º da LC nº 95, de 26-2-1998, que dispõe sobre a elaboração, a redação, a alteração e a consolidação das leis.

§ 1º Nos Estados estrangeiros, a obrigatoriedade da lei brasileira, quando admitida, se inicia três meses depois de oficialmente publicada.

§ 2º *Revogado.* Lei nº 12.036, de 1º-10-2009.

§ 3º Se, antes de entrar a lei em vigor, ocorrer nova publicação de seu texto, destinada à correção, o prazo deste artigo e dos parágrafos anteriores começará a correr da nova publicação.

§ 4º As correções a texto de lei já em vigor consideram-se lei nova.

**Art. 2º** Não se destinando à vigência temporária, a lei terá vigor até que outra a modifique ou revogue.

§ 1º A lei posterior revoga a anterior quando expressamente o declare, quando seja com ela incompatível ou quando regule inteiramente a matéria de que tratava a lei anterior.

§ 2º A lei nova, que estabeleça disposições gerais ou especiais a par das já existentes, não revoga nem modifica a lei anterior.

§ 3º Salvo disposição em contrário, a lei revogada não se restaura por ter a lei revogadora perdido a vigência.

**Art. 3º** Ninguém se escusa de cumprir a lei, alegando que não a conhece.

**Art. 4º** Quando a lei for omissa, o juiz decidirá o caso de acordo com a analogia, os costumes e os princípios gerais de direito.

► Arts. 126, 127 e 335 do CPC.

**Art. 5º** Na aplicação da lei, o juiz atenderá aos fins sociais a que ela se dirige e às exigências do bem comum.

**Art. 6º** A Lei em vigor terá efeito imediato e geral, respeitados o ato jurídico perfeito, o direito adquirido e a coisa julgada.

► Art. 5º, XXXVI, da CF.
► Súm. Vinc. nº 1 do STF.

§ 1º Reputa-se ato jurídico perfeito o já consumado segundo a lei vigente ao tempo em que se efetuou.

§ 2º Consideram-se adquiridos assim os direitos que o seu titular, ou alguém por ele, possa exercer, como aqueles cujo começo do exercício tenha termo prefixo, ou condição preestabelecida inalterável, a arbítrio de outrem.

► Arts. 131 e 135 do CC.

§ 3º Chama-se coisa julgada ou caso julgado a decisão judicial de que já não caiba recurso.

► Art. 6º com a redação dada pela Lei nº 3.238, de 1º-8-1957.
► Art. 467 do CPC.

**Art. 7º** A lei do país em que for domiciliada a pessoa determina as regras sobre o começo e o fim da personalidade, o nome, a capacidade e os direitos de família.

► Arts. 2º, 6º e 8º do CC.
► Arts. 31, 42 e segs. da Lei nº 6.815, de 19-8-1980 (Estatuto do Estrangeiro).
► Dec. nº 66.605, de 20-5-1970, promulgou a Convenção sobre Consentimento para Casamento.

§ 1º Realizando-se o casamento no Brasil, será aplicada a lei brasileira quanto aos impedimentos dirimentes e às formalidades da celebração.

► Art. 1.511 e segs. do CC.

§ 2º O casamento de estrangeiros poderá celebrar-se perante autoridades diplomáticas ou consulares do país de ambos os nubentes.

► § 2º com a redação dada pela Lei nº 3.238, de 1º-8-1957.

§ 3º Tendo os nubentes domicílio diverso, regerá os casos de invalidade do matrimônio a lei do primeiro domicílio conjugal.

§ 4º O regime de bens, legal ou convencional, obedece à lei do país em que tiverem os nubentes domicílio, e, se este for diverso, à do primeiro domicílio conjugal.

► Arts. 1.658 a 1.666 do CC.

§ 5º O estrangeiro casado, que se naturalizar brasileiro, pode, mediante expressa anuência de seu cônjuge, requerer ao juiz, no ato de entrega do decreto de naturalização, se apostile ao mesmo a adoção do regime de comunhão parcial de bens, respeitados os direitos de terceiros e dada esta adoção ao competente registro.

► § 5º com a redação dada pela Lei nº 6.515, de 26-12-1977 (Lei do Divórcio).
► Arts. 1.658 a 1.666 do CC.

§ 6º O divórcio realizado no estrangeiro, se um ou ambos os cônjuges forem brasileiros, só será reconhecido no Brasil depois de 1 (um) ano da data da sentença, salvo se houver sido antecedida de separação judicial por igual prazo, caso em que a homologação produzirá efeito imediato, obedecidas as condições estabelecidas para a eficácia das sentenças estrangeiras no país. O Superior Tribunal de Justiça, na forma de seu regimento interno, poderá reexaminar, a requerimento do interessado, decisões já proferidas em pedidos de homologação de sentenças estrangeiras de divórcio de brasileiros, a fim de que passem a produzir todos os efeitos legais.

► § 6º com a redação dada pela Lei nº 12.036, de 1º-10-2009.
► Art. 226, § 6º, da CF.

§ 7º Salvo o caso de abandono, o domicílio do chefe da família estende-se ao outro cônjuge e aos filhos não emancipados, e o do tutor ou curador aos incapazes sob sua guarda.

**§ 8º** Quando a pessoa não tiver domicílio, considerar-se-á domiciliada no lugar de sua residência ou naquele em que se encontre.

**Art. 8º** Para qualificar os bens e regular as relações a eles concernentes, aplicar-se-á a lei do país em que estiverem situados.

**§ 1º** Aplicar-se-á a lei do país em que for domiciliado o proprietário, quanto aos bens móveis que ele trouxer ou se destinarem a transporte para outros lugares.

**§ 2º** O penhor regula-se pela lei do domicílio que tiver a pessoa, em cuja posse se encontre a coisa apenhada.

**Art. 9º** Para qualificar e reger as obrigações, aplicar-se-á a lei do país em que se constituírem.

**§ 1º** Destinando-se a obrigação a ser executada no Brasil e dependendo de forma essencial, será esta observada, admitidas as peculiaridades da lei estrangeira quanto aos requisitos extrínsecos do ato.

**§ 2º** A obrigação resultante do contrato reputa-se constituída no lugar em que residir o proponente.

**Art. 10.** A sucessão por morte ou por ausência obedece à lei do país em que era domiciliado o defunto ou o desaparecido, qualquer que seja a natureza e a situação dos bens.

▶ Arts. 26 a 39, 1.784 e segs. do CC.

**§ 1º** A sucessão de bens de estrangeiros, situados no País, será regulada pela lei brasileira em benefício do cônjuge ou dos filhos brasileiros, ou de quem os represente, sempre que não lhes seja mais favorável a lei pessoal do *de cujus*.

▶ § 1º com a redação dada pela Lei nº 9.047, de 18-5-1995.
▶ Art. 5º, XXXI, da CF.

**§ 2º** A lei do domicílio do herdeiro ou legatário regula a capacidade para suceder.

▶ Arts. 1.798 a 1.803 do CC.

**Art. 11.** As organizações destinadas a fins de interesse coletivo, como as sociedades e as fundações, obedecem à lei do Estado em que se constituírem.

▶ Arts. 40 a 69, 981 e segs. do CC.

**§ 1º** Não poderão, entretanto, ter no Brasil filiais, agências ou estabelecimentos antes de serem os atos constitutivos aprovados pelo Governo brasileiro, ficando sujeitas à lei brasileira.

**§ 2º** Os Governos estrangeiros, bem como as organizações de qualquer natureza, que eles tenham constituído, dirijam ou hajam investido de funções públicas, não poderão adquirir no Brasil bens imóveis ou suscetíveis de desapropriação.

**§ 3º** Os Governos estrangeiros podem adquirir a propriedade dos prédios necessários à sede dos representantes diplomáticos ou dos agentes consulares.

**Art. 12.** É competente a autoridade judiciária brasileira, quando for o réu domiciliado no Brasil ou aqui tiver de ser cumprida a obrigação.

▶ Arts. 88 a 90 do CPC.

**§ 1º** Só à autoridade judiciária brasileira compete conhecer das ações relativas a imóveis situados no Brasil.

**§ 2º** A autoridade judiciária brasileira cumprirá, concedido o *exequatur* e segundo a forma estabelecida pela lei brasileira, as diligências deprecadas por autoridade estrangeira competente, observando a lei desta, quanto ao objeto das diligências.

▶ A concessão de *exequatur* às cartas rogatórias passou a ser da competência do STJ, conforme art. 105, I, *i*, da CF, com a redação dada pela EC nº 45, de 8-12-2004.

**Art. 13.** A prova dos fatos ocorridos em país estrangeiro rege-se pela lei que nele vigorar, quanto ao ônus e aos meios de produzir-se, não admitindo os tribunais brasileiros provas que a lei brasileira desconheça.

▶ Arts. 333 e 334 do CPC.

**Art. 14.** Não conhecendo a lei estrangeira, poderá o juiz exigir de quem a invoca prova do texto e da vigência.

**Art. 15.** Será executada no Brasil a sentença proferida no estrangeiro, que reúna os seguintes requisitos:

a) haver sido proferida por juiz competente;
b) terem sido as partes citadas ou haver-se legalmente verificado à revelia;
c) ter passado em julgado e estar revestida das formalidades necessárias para a execução no lugar em que foi proferida;
d) estar traduzida por intérprete autorizado;
e) ter sido homologada pelo Supremo Tribunal Federal.

▶ A concessão de *exequatur* às cartas rogatórias passou a ser da competência do STJ, conforme art. 105, I, *i*, da CF, com a redação dada pela EC nº 45, de 8-12-2004.

Parágrafo único. *Revogado*. Lei nº 12.036, de 1º-10-2009.

**Art. 16.** Quando, nos termos dos artigos precedentes, se houver de aplicar a lei estrangeira, ter-se-á em vista a disposição desta, sem considerar-se qualquer remissão por ela feita a outra lei.

**Art. 17.** As leis, atos e sentenças de outro país, bem como quaisquer declarações de vontade, não terão eficácia no Brasil, quando ofenderem a soberania nacional, a ordem pública e os bons costumes.

**Art. 18.** Tratando-se de brasileiros, são competentes as autoridades consulares brasileiras para lhes celebrar o casamento e os mais atos de registro civil e de tabelionato, inclusive o registro de nascimento e de óbito dos filhos de brasileiro ou brasileira nascidos no país da sede do consulado.

▶ Artigo com a redação dada pela Lei nº 3.238, de 1º-8-1957.

**Art. 19.** Reputam-se válidos todos os atos indicados no artigo anterior e celebrados pelos cônsules brasileiros na vigência do Decreto-Lei nº 4.657, de 4 de setembro de 1942, desde que satisfaçam todos os requisitos legais.

Parágrafo único. No caso em que a celebração desses atos tiver sido recusada pelas autoridades consulares, com fundamento no artigo 18 do mesmo Decreto-Lei, ao interessado é facultado renovar o pedido dentro de noventa dias contados da data da publicação desta Lei.

▶ Art. 19 acrescido pela Lei nº 3.238, de 1º-8-1957.

Rio de Janeiro, 4 de setembro de 1942;
121º da Independência e
54º da República.

**Getúlio Vargas**

# Legislação Complementar

# Legislação Complementar

# DECRETO-LEI Nº 3.365, DE 21 DE JUNHO DE 1941

*Dispõe sobre desapropriação por utilidade pública.*

- Publicado no *DOU* de 18-7-1941.
- Lei nº 4.132, de 10-9-1962 (Lei da Desapropriação por Interesse Social).
- Dec.-lei nº 1.075, de 22-1-1970, regula a imissão, *initio litis*, em imóveis residenciais urbanos.

## DISPOSIÇÕES PRELIMINARES

**Art. 1º** A desapropriação por utilidade pública regular-se-á por esta Lei, em todo o território nacional.

- Arts. 5º, XXIV, 182, §§ 3º e 4º, III, e 184 a 186 da CF.
- Arts. 17, a, e 18 da Lei nº 4.504, de 30-11-1964 (Estatuto da Terra).

**Art. 2º** Mediante declaração de utilidade pública, todos os bens poderão ser desapropriados, pela União, pelos Estados, Municípios, Distrito Federal e Territórios.

- Súm. nº 479 do STF.
- Súm. nº 142 do TFR.

§ 1º A desapropriação do espaço aéreo ou do subsolo só se tornará necessária, quando de sua utilização resultar prejuízo patrimonial do proprietário do solo.

§ 2º Os bens do domínio dos Estados, Municípios, Distrito Federal e Territórios poderão ser desapropriados pela União, e os dos Municípios pelos Estados, mas, em qualquer caso, ao ato deverá preceder autorização legislativa.

§ 3º É vedada a desapropriação, pelos Estados, Distrito Federal, Territórios e Municípios, de ações, cotas e direitos representativos do capital de instituições e empresas cujo funcionamento dependa de autorização do governo federal e se subordine à sua fiscalização, salvo mediante prévia autorização, por decreto do Presidente da República.

- § 3º acrescido pelo Dec.-lei nº 856, de 11-9-1969.
- Súm. nº 157 do STF.
- Súm. nº 62 do TFR.

**Art. 3º** Os concessionários de serviços públicos e os estabelecimentos de caráter público ou que exerçam funções delegadas de poder público poderão promover desapropriações mediante autorização expressa, constante de lei ou contrato.

**Art. 4º** A desapropriação poderá abranger a área contígua necessária ao desenvolvimento da obra a que se destina, e as zonas que se valorizarem extraordinariamente, em consequência da realização do serviço. Em qualquer caso, a declaração de utilidade pública deverá compreendê-las, mencionando-se quais as indispensáveis à continuação da obra e as que se destinam à revenda.

**Art. 5º** Consideram-se casos de utilidade pública:

a) a segurança nacional;
b) a defesa do Estado;
c) o socorro público em caso de calamidade;
d) a salubridade pública;
e) a criação e melhoramento de centros de população, seu abastecimento regular de meios de subsistência;
f) o aproveitamento industrial das minas e das jazidas minerais, das águas e da energia hidráulica;
g) a assistência pública, as obras de higiene e decoração, casas de saúde, clínicas, estações de clima e fontes medicinais;
h) a exploração e a conservação dos serviços públicos;
i) a abertura, conservação e melhoramento de vias ou logradouros públicos; a execução de planos de urbanização; o parcelamento do solo com ou sem edificação, para sua melhor utilização econômica, higiênica ou estética; a construção ou ampliação de distritos industriais;

- Alínea *i* com a redação dada pela Lei nº 9.785, de 29-1-1999.

j) o funcionamento dos meios de transporte coletivo;
k) a preservação e conservação dos monumentos históricos e artísticos, isolados ou integrados em conjuntos urbanos ou rurais, bem como as medidas necessárias a manter-lhes e realçar-lhes os aspectos mais valiosos ou característicos e, ainda, a proteção de paisagens e locais particularmente dotados pela natureza;
l) a preservação e a conservação adequada de arquivos, documentos e outros bens móveis de valor histórico ou artístico;
m) a construção de edifícios públicos, monumentos comemorativos e cemitérios;
n) a criação de estádios, aeródromos ou campos de pouso para aeronaves;
o) a reedição ou divulgação de obra ou invento de natureza científica, artística ou literária;
p) os demais casos previstos por leis especiais.

§ 1º A construção ou ampliação de distritos industriais, de que trata a alínea *i* do *caput* deste artigo, inclui o loteamento das áreas necessárias à instalação de indústrias e atividades correlatas, bem como a revenda ou locação dos respectivos lotes a empresas previamente qualificadas.

§ 2º A efetivação da desapropriação para fins de criação ou ampliação de distritos industriais depende de aprovação, prévia e expressa, pelo Poder Público competente, do respectivo projeto de implantação.

- §§ 1º e 2º acrescidos pela Lei nº 6.602, de 7-12-1978.

§ 3º Ao imóvel desapropriado para implantação de parcelamento popular, destinado às classes de menor renda, não se dará outra utilização nem haverá retrocessão.

- § 3º acrescido pela Lei nº 9.785, de 29-1-1999.

**Art. 6º** A declaração de utilidade pública far-se-á por decreto do Presidente da República, Governador, Interventor ou Prefeito.

**Art. 7º** Declarada a utilidade pública, ficam as autoridades administrativas autorizadas a penetrar nos prédios compreendidos na declaração, podendo recorrer, em caso de oposição, ao auxílio de força policial.

- Súm. nº 23 do STF.

Àquele que for molestado por excesso ou abuso de poder, cabe indenização por perdas e danos, sem prejuízo da ação penal.

**Art. 8º** O Poder Legislativo poderá tomar a iniciativa da desapropriação, cumprindo, neste caso, ao Executivo, praticar os atos necessários à sua efetivação.

**Art. 9º** Ao Poder Judiciário é vedado, no processo de desapropriação, decidir se se verificam ou não os casos de utilidade pública.

**Art. 10.** A desapropriação deverá efetivar-se mediante acordo ou intentar-se judicialmente dentro de cinco anos, contados da data da expedição do respectivo decreto e findos os quais este caducará.

Neste caso, somente decorrido um ano, poderá ser o mesmo bem objeto de nova declaração.

Parágrafo único. Extingue-se em cinco anos o direito de propor ação que vise a indenização por restrições decorrentes de atos do Poder Público.

▶ Parágrafo único acrescido pela MP nº 2.183-56, de 24-8-2001, que até o encerramento desta edição não havia sido convertida em Lei.
▶ Súmulas nºs 23 e 476 do STF.

### DO PROCESSO JUDICIAL

**Art. 11.** A ação, quando a União for autora, será proposta no Distrito Federal ou no foro da capital do Estado onde for domiciliado o réu, perante o juízo privativo, se houver; sendo outro o autor, no foro da situação dos bens.

▶ Súm. nº 218 do STF.

**Art. 12.** Somente os juízes que tiverem garantia de vitaliciedade, inamovibilidade e irredutibilidade de vencimentos poderão conhecer dos processos de desapropriação.

▶ Art. 95, I, da CF.

**Art. 13.** A petição inicial, além dos requisitos previstos no Código de Processo Civil, conterá a oferta do preço e será instruída com um exemplar do contrato, ou do jornal oficial que houver publicado o decreto de desapropriação, ou cópia autenticada dos mesmos, e a planta ou descrição dos bens e suas confrontações.

▶ Arts. 282 a 284 do CPC.

Parágrafo único. Sendo o valor da causa igual ou inferior a dois contos de réis, dispensam-se os autos suplementares.

▶ Art. 159 do CPC.

**Art. 14.** Ao despachar a inicial, o juiz designará um perito de sua livre escolha, sempre que possível técnico, para proceder à avaliação dos bens.

▶ Art. 421 do CPC.

Parágrafo único. O autor e o réu poderão indicar assistente técnico do perito.

▶ Arts. 20, § 2º, 33 e 421, § 1º, I, do CPC.

**Art. 15.** Se o expropriante alegar urgência e depositar quantia arbitrada de conformidade com o artigo 685 do Código de Processo Civil, o juiz mandará imiti-lo provisoriamente na posse dos bens.

▶ Refere-se ao CPC/1939. Arts. 826 a 838 do CPC vigente.
▶ Súm. nº 476 do STF.
▶ Súmulas nºs 69 e 70 do STJ.

§ 1º A imissão provisória poderá ser feita, independentemente da citação do réu, mediante o depósito:

▶ Súm. nº 652 do STF.

a) do preço oferecido, se este for superior a vinte vezes o valor locativo, caso o imóvel esteja sujeito ao imposto predial;
b) da quantia correspondente a vinte vezes o valor locativo, estando o imóvel sujeito ao imposto predial e sendo menor o preço oferecido;
c) do valor cadastral do imóvel, para fins de lançamento do imposto territorial, urbano ou rural, caso o referido valor tenha sido atualizado no ano fiscal imediatamente anterior;
d) não tendo havido a atualização a que se refere o inciso c, o juiz fixará, independentemente de avaliação, a importância do depósito, tendo em vista a época em que houver sido fixado originariamente o valor cadastral e a valorização ou desvalorização posterior do imóvel.

▶ Súm. nº 652 do STF.

§ 2º A alegação de urgência, que não poderá ser renovada, obrigará o expropriante a requerer a imissão provisória dentro do prazo improrrogável de cento e vinte dias.

§ 3º Excedido o prazo fixado no parágrafo anterior não será concedida a imissão provisória.

▶ §§ 1º a 3º com a redação dada pela Lei nº 2.786, de 21-5-1956.

§ 4º A imissão provisória na posse será registrada no registro de imóveis competente.

▶ § 4º acrescido pela Lei nº 11.977, de 7-7-2009.

**Art. 15-A.** No caso de imissão prévia na posse, na desapropriação por necessidade ou utilidade pública e interesse social, inclusive para fins de reforma agrária, havendo divergência entre o preço ofertado em juízo e o valor do bem, fixado na sentença, expressos em termos reais, incidirão juros compensatórios de até seis por cento ao ano sobre o valor da diferença eventualmente apurada, a contar da imissão na posse, vedado o cálculo de juros compostos.

▶ O STF, por maioria de votos, deferiu a medida liminar na ADIN nº 2.332-2, para suspender, neste artigo, a eficácia da expressão "de até seis por cento ao ano" e concedeu, ainda, a liminar para dar ao final do *caput* do art. 15-A, interpretação conforme a CF, no sentido de que a base de cálculo dos juros compensatórios será a diferença eventualmente apurada entre 80% do preço ofertado em juízo e o valor do bem fixado na sentença (*DJ* de 2-4-2004).
▶ Súm. nº 618 do STF.
▶ Súm. nº 408 do STJ.

§ 1º Os juros compensatórios destinam-se, apenas, a compensar a perda de renda comprovadamente sofrida pelo proprietário.

▶ O STF, por maioria de votos, deferiu a medida liminar na ADIN nº 2.332-2, para suspender a eficácia deste parágrafo (*DJ* de 2-4-2004).

§ 2º Não serão devidos juros compensatórios quando o imóvel possuir graus de utilização da terra e de eficiência na exploração iguais a zero.

▶ O STF, por maioria de votos, deferiu a medida liminar na ADIN nº 2.332-2, para suspender a eficácia deste parágrafo (*DJ* de 2-4-2004).

§ 3º O disposto no *caput* deste artigo aplica-se também às ações ordinárias de indenização por apossamento administrativo ou desapropriação indireta, bem assim às ações que visem a indenização por restrições decorrentes de atos do Poder Público, em especial aqueles destinados à proteção ambiental, incidindo os juros sobre o valor fixado na sentença.

§ 4º Nas ações referidas no § 3º, não será o Poder Público onerado por juros compensatórios relativos a período anterior à aquisição da propriedade ou posse titulada pelo autor da ação.

- O STF, por maioria de votos, deferiu a medida liminar na ADIN nº 2.332-2, para suspender a eficácia deste parágrafo (*DJ* de 2-4-2004).
- Dec.-lei nº 1.075, de 22-1-1970 (Lei da Imissão de Posse).

**Art. 15-B.** Nas ações a que se refere o artigo 15-A, os juros moratórios destinam-se a recompor a perda decorrente do atraso no efetivo pagamento da indenização fixada na decisão final de mérito, e somente serão devidos à razão de até seis por cento ao ano, a partir de 1º de janeiro do exercício seguinte àquele em que o pagamento deveria ser feito, nos termos do artigo 100 da Constituição.

- Arts. 15-A e 15-B acrescidos pela MP nº 2.183-56, de 24-8 2001, que até o encerramento desta edição não havia sido convertida em Lei.
- Súm. nº 618 do STF.
- Súm. nº 408 do STJ.

**Art. 16.** A citação far-se-á por mandado na pessoa do proprietário dos bens; a do marido dispensa a da mulher; a de um sócio, ou administrador, a dos demais, quando o bem pertencer à sociedade; a do administrador da coisa, no caso de condomínio, exceto o de edifício de apartamentos constituindo cada um propriedade autônoma, a dos demais condôminos, e a do inventariante, e, se não houver, a do cônjuge, herdeiro, ou legatário, detentor da herança, a dos demais interessados, quando o bem pertencer a espólio.

Parágrafo único. Quando não encontrar o citando, mas ciente de que se encontra no território da jurisdição do juiz, o oficial portador do mandado marcará desde logo hora certa para a citação, ao fim de quarenta e oito horas, independentemente de nova diligência ou despacho.

**Art. 17.** Quando a ação não for proposta no foro do domicílio ou da residência do réu, a citação far-se-á por precatória, se o mesmo estiver em lugar certo, fora do território da jurisdição do juiz.

- Arts. 202 a 212 do CPC.

**Art. 18.** A citação far-se-á por edital se o citando não for conhecido, ou estiver em lugar ignorado, incerto ou inacessível, ou, ainda, no estrangeiro, o que dois oficiais do juízo certificarão.

**Art. 19.** Feita a citação, a causa seguirá com o rito ordinário.

- Arts. 274 e 297 a 475 do CPC.
- Súm. nº 118 do TFR.

**Art. 20.** A contestação só poderá versar sobre vício do processo judicial ou impugnação do preço; qualquer outra questão deverá ser decidida por ação direta.

**Art. 21.** A instância não se interrompe. No caso de falecimento do réu, ou perda de sua capacidade civil, o juiz, logo que disso tenha conhecimento, nomeará curador à lide, até que se habilite o interessado.

Parágrafo único. Os atos praticados da data do falecimento ou perda da capacidade à investidura do curador à lide poderão ser ratificados ou impugnados por ele, ou pelo representante do espólio ou do incapaz.

**Art. 22.** Havendo concordância sobre o preço, o juiz o homologará por sentença no despacho saneador.

- Arts. 162, § 1º, 269, III, e 330 do CPC.

**Art. 23.** Findo o prazo para a contestação e não havendo concordância expressa quanto ao preço, o perito apresentará o laudo em cartório, até cinco dias, pelo menos, antes da audiência de instrução e julgamento.

§ 1º O perito poderá requisitar das autoridades públicas os esclarecimentos ou documentos que se tornarem necessários à elaboração do laudo, e deverá indicar nele, entre outras circunstâncias atendíveis para a fixação da indenização, as enumeradas no artigo 27.

Ser-lhe-ão abonadas, como custas, as despesas com certidões e, a arbítrio do juiz, as dos outros documentos que juntar ao laudo.

§ 2º Antes de proferido o despacho saneador, poderá o perito solicitar prazo especial para apresentação do laudo.

**Art. 24.** Na audiência de instrução e julgamento proceder-se-á na conformidade do Código de Processo Civil. Encerrado o debate, o juiz proferirá sentença fixando o preço da indenização.

- Arts. 444 a 457 do CPC.
- Súmulas nºs 164, 254 e 618 do STF.
- Súmulas nºs 70 o 110 do TFR.
- Súmulas nºs 12, 56, 102 e 113 do STJ.

Parágrafo único. Se não se julgar habilitado a decidir, o juiz designará desde logo outra audiência que se realizará dentro de dez dias, a fim de publicar a sentença.

**Art. 25.** O principal e os acessórios serão computados em parcelas autônomas.

- Art. 42 da Lei nº 6.766, de 19-12-1979 (Lei do Parcelamento do Solo).

Parágrafo único. O juiz poderá arbitrar quantia módica para desmonte e transporte de maquinismos instalados e em funcionamento.

**Art. 26.** No valor da indenização que será contemporâneo da avaliação não se incluirão os direitos de terceiros contra o expropriado.

- *Caput* com a redação dada pela Lei nº 2.786, de 21-5-1956.

§ 1º Serão atendidas as benfeitorias necessárias feitas após a desapropriação; as úteis, quando feitas com autorização do expropriante.

- Antigo parágrafo único transformado em § 1º pela Lei nº 4.686, de 21-6-1965.
- Súm. nº 23 do STF.

§ 2º Decorrido prazo superior a um ano a partir da avaliação, o juiz ou tribunal, antes da decisão final, determinará a correção monetária do valor apurado, con-

forme índice que será fixado, trimestralmente, pela Secretaria de Planejamento da Presidência da República.
- § 2º com a redação dada pela Lei nº 6.306, de 15-12-1975.
- Súmulas nºˢ 475 e 561 do STF.
- Súmulas nºˢ 69, 70, 74 e 75 do TFR.
- Súmulas nºˢ 12, 67, 70, 79, 102, 113 e 114 do STJ.

**Art. 27.** O juiz indicará na sentença os fatos que motivaram o seu convencimento e deverá atender, especialmente, à estimação dos bens para efeitos fiscais; ao preço de aquisição o interesse que deles aufere o proprietário; à sua situação, estado de conservação e segurança; ao valor venal dos da mesma espécie, nos últimos cinco anos, e à valorização ou depreciação de área remanescente, pertencente ao réu.

§ 1º A sentença que fixar o valor da indenização quando este for superior ao preço oferecido condenará o desapropriante a pagar honorários do advogado, que serão fixados entre meio e cinco por cento do valor da diferença, observado o disposto no § 4º do artigo 20 do Código de Processo Civil, não podendo os honorários ultrapassar R$ 151.000,00 (cento e cinquenta e um mil reais).

- § 1º com a redação dada pela MP nº 2.183-56, de 24-8-2001, que até o encerramento desta edição não havia sido convertida em Lei.
- O STF, por maioria de votos, deferiu a medida liminar na ADIN nº 2.332-2, para suspender, neste parágrafo, a eficácia da expressão "não podendo os honorários ultrapassar R$ 151.000,00" (DJ de 2-4-2004).
- Súm. nº 617 do STF.
- Súm. nº 141 do TFR.
- Súmulas nºˢ 131 e 141 do STJ.

§ 2º A transmissão da propriedade decorrente de desapropriação amigável ou judicial, não ficará sujeita ao imposto de lucro imobiliário.

- § 2º acrescido pela Lei nº 2.786, de 21-5-1956.
- Art. 42 da Lei nº 6.766, de 19-12-1979 (Lei do Parcelamento do Solo).
- Súm. nº 39 do TFR.

§ 3º O disposto no § 1º deste artigo se aplica:
I – ao procedimento contraditório especial, de rito sumário, para o processo de desapropriação de imóvel rural, por interesse social, para fins de reforma agrária;
II – às ações de indenização por apossamento administrativo ou desapropriação indireta.

§ 4º O valor a que se refere o § 1º será atualizado, a partir de maio de 2000, no dia 1º de janeiro de cada ano, com base na variação acumulada do Índice de Preços ao Consumidor Amplo – IPCA do respectivo período.

- §§ 3º e 4º acrescidos pela MP nº 2.183-56, de 24-8-2001, que até o encerramento desta edição não havia sido convertida em Lei.

**Art. 28.** Da sentença que fixar o preço da indenização caberá apelação com efeito simplesmente devolutivo, quando interposta pelo expropriado, e com ambos os efeitos, quando o for pelo expropriante.

§ 1º A sentença que condenar a Fazenda Pública em quantia superior ao dobro da oferecida fica sujeita ao duplo grau de jurisdição.

§ 2º Nas causas de valor igual ou inferior a dois contos de réis, observar-se-á o disposto no artigo 839 do Código de Processo Civil.

- Dispositivo sem efeito com o advento do atual CPC.

**Art. 29.** Efetuado o pagamento ou a consignação, expedir-se-á em favor do expropriante mandado de imissão de posse, valendo a sentença como título hábil para a transcrição no registro de imóveis.

**Art. 30.** As custas serão pagas pelo autor se o réu aceitar o preço oferecido; em caso contrário, pelo vencido, ou em proporção, na forma da lei.

## DISPOSIÇÕES FINAIS

**Art. 31.** Ficam sub-rogados no preço quaisquer ônus ou direitos que recaiam sobre o bem expropriado.

**Art. 32.** O pagamento do preço será prévio e em dinheiro.

- Caput com a redação dada pela Lei nº 2.786, de 21-5-1956.
- Arts. 5º, XXIV, e 182, § 3º, da CF.
- Súm. nº 416 do STF.

§ 1º As dívidas fiscais serão deduzidas dos valores depositados, quando inscritas e ajuizadas.

§ 2º Incluem-se na disposição prevista no § 1º as multas decorrentes de inadimplemento e de obrigações fiscais.

§ 3º A discussão acerca dos valores inscritos ou executados será realizada em ação própria.

- §§ 1º a 3º acrescidos pela Lei nº 11.977, de 7-7-2009.

**Art. 33.** O depósito do preço fixado por sentença, à disposição do juiz da causa, é considerado pagamento prévio da indenização.

§ 1º O depósito far-se-á no Banco do Brasil ou, onde este não tiver agência, em estabelecimento bancário acreditado, a critério do juiz.

§ 2º O desapropriado, ainda que discorde do preço oferecido, do arbitrado ou do fixado pela sentença, poderá levantar até oitenta por cento do depósito feito para o fim previsto neste e no artigo 15, observado o processo estabelecido no artigo 34.

**Art. 34.** O levantamento do preço será deferido mediante prova de propriedade, de quitação de dívidas fiscais que recaiam sobre o bem expropriado, e publicação de editais, com o prazo de dez dias, para conhecimento de terceiros.

Parágrafo único. Se o juiz verificar que há dúvida fundada sobre o domínio, o preço ficará em depósito, ressalvada aos interessados a ação própria para disputá-lo.

- Art. 5º do Dec.-lei nº 1.075, de 22-1-1970 (Lei da Imissão de Posse).
- Súm. nº 42 do TFR.

**Art. 35.** Os bens expropriados, uma vez incorporados à Fazenda Pública, não podem ser objeto de reivindicação, ainda que fundada em nulidade do processo de desapropriação. Qualquer ação, julgada procedente, resolver-se-á em perdas e danos.

- Art. 519 do CC.

**Art. 36.** É permitida a ocupação temporária, que será indenizada, afinal, por ação própria, de terrenos não edificados, vizinhos às obras e necessários à sua realização.

▶ Arts. 826 a 838 do CPC.

O expropriante prestará caução, quando exigida.

**Art. 37.** Aquele cujo bem for prejudicado extraordinariamente em sua destinação econômica pela desapropriação de áreas contíguas terá direito a reclamar perdas e danos do expropriante.

**Art. 38.** O réu responderá perante terceiros, e por ação própria, pela omissão ou sonegação de quaisquer informações que possam interessar à marcha do processo ou ao recebimento da indenização.

**Art. 39.** A ação de desapropriação pode ser proposta durante as férias forenses, e não se interrompe pela superveniência destas.

▶ Art. 93, XII, da CF.
▶ Arts. 173 e 174 do CPC.

**Art. 40.** O expropriante poderá constituir servidões, mediante indenização na forma desta Lei.

**Art. 41.** As disposições desta Lei aplicam-se aos processos de desapropriação em curso, não se permitindo depois de sua vigência outros termos e atos além dos por ela admitidos, nem o seu processamento por forma diversa da que por ela é regulada.

**Art. 42.** No que esta Lei for omissa aplica-se o Código de Processo Civil.

▶ Súm. n° 218 do TFR.

**Art. 43.** Esta Lei entrará em vigor dez dias depois de publicada, no Distrito Federal, e trinta dias nos Estados e Território do Acre; revogadas as disposições em contrário.

Rio de Janeiro, 21 de junho de 1941;
120° da Independência e
53° da República.

**Getúlio Vargas**

## LEI N° 662,
## DE 6 DE ABRIL DE 1949

*Declara feriados nacionais os dias 1º de janeiro, 1º de maio, 7 de setembro, 15 de novembro e 25 de dezembro.*

▶ Publicada no *DOU* de 13-4-1949.
▶ Lei n° 605, de 5-1-1949, e Dec.-lei n° 86, de 27-12-1966, dispõem sobre feriados nacionais. A Lei n° 6.802, de 30-6-1980, decretou feriado nacional o dia 12 de outubro, consagrado a Nossa Senhora Aparecida. A Lei n° 7.466, de 23-4-1986, dispõe sobre a comemoração do feriado de 1º de maio – Dia do Trabalho.
▶ Lei n° 9.093, de 12-9-1995, dispõe sobre feriados.

**Art. 1°** São feriados nacionais os dias 1º de janeiro, 21 de abril, 1º de maio, 7 de setembro, 2 de novembro, 15 de novembro e 25 de dezembro.

▶ Artigo com a redação dada pela Lei n° 10.607, de 19-12-2002.

**Art. 2°** Só serão permitidas nos feriados nacionais atividades privadas e administrativas absolutamente indispensáveis.

**Art. 3°** Os chamados "pontos facultativos" que os Estados, Distrito Federal ou os Municípios decretarem não suspenderão as horas normais do ensino nem prejudicarão os atos da vida forense, dos tabeliães e dos cartórios de registro.

**Art. 4°** Esta Lei entrará em vigor na data de sua publicação, revogadas as disposições em contrário.

Rio de Janeiro, 6 de abril de 1949;
128° da Independência e
61° da República.

**Eurico G. Dutra**

## LEI N° 810,
## DE 6 DE SETEMBRO DE 1949

*Define o ano civil.*

▶ Publicada no *DOU* de 16-9-1949.

**Art. 1°** Considera-se ano o período de doze meses contado do dia do início ao dia e mês correspondentes do ano seguinte.

**Art. 2°** Considera-se mês o período de tempo contado do dia do início ao dia correspondente do mês seguinte.

**Art. 3°** Quando no ano ou mês do vencimento não houver o dia correspondente ao do início do prazo, este findará no primeiro dia subsequente.

**Art. 4°** Revogam-se as disposições em contrário.

Rio de Janeiro, 6 de setembro de 1949;
128° da Independência e
61° da República.

**Eurico G. Dutra**

## LEI N° 1.060,
## DE 5 DE FEVEREIRO DE 1950

*Estabelece normas para a concessão de assistência judiciária aos necessitados.*

▶ Publicada no *DOU* de 13-2-1950.
▶ Art. 51 da Lei n° 10.741, de 1°-10-2003 (Estatuto do Idoso).

**Art. 1°** Os poderes públicos federal e estadual, independentemente da colaboração que possam receber dos municípios e da Ordem dos Advogados do Brasil – OAB, concederão assistência judiciária aos necessitados, nos termos desta Lei (VETADO).

▶ Artigo com a redação dada pela Lei n° 7.510, de 4-7-1986.
▶ Arts. 5°, LXXIV, e 134 da CF.
▶ Art. 19 do CPC.

**Art. 2°** Gozarão dos benefícios desta Lei os nacionais ou estrangeiros residentes no país, que necessitarem recorrer à Justiça penal, civil, militar ou do trabalho.

Parágrafo único. Considera-se necessitado, para os fins legais, todo aquele cuja situação econômica não lhe permita pagar as custas do processo e os honorários de advogado, sem prejuízo do sustento próprio ou da família.

**Art. 3º** A assistência judiciária compreende as seguintes isenções:

I – das taxas judiciárias e dos selos;
II – dos emolumentos e custas devidos aos juízes, órgãos do Ministério Público e serventuários da Justiça;
III – das despesas com as publicações indispensáveis no jornal encarregado da divulgação dos atos oficiais;
IV – das indenizações devidas às testemunhas que, quando empregados, receberão do empregador salário integral, como se em serviço estivessem, ressalvado o direito regressivo contra o poder público federal, no Distrito Federal e nos Territórios; ou contra o poder público estadual, nos Estados;
V – dos honorários de advogado e peritos;
VI – das despesas com a realização do exame de código genético – DNA que for requisitado pela autoridade judiciária nas ações de investigação de paternidade ou maternidade;

▶ Inciso VI acrescido pela Lei nº 10.317, de 6-12-2001.

VII – dos depósitos previstos em lei para interposição de recurso, ajuizamento de ação e demais atos processuais inerentes ao exercício da ampla defesa e do contraditório.

▶ Inciso VII acrescido pela LC nº 132, de 7-10-2009.

Parágrafo único. A publicação de edital em jornal encarregado da divulgação de atos oficiais, na forma do inciso III, dispensa a publicação em outro jornal.

▶ Parágrafo único com a redação dada pela Lei nº 7.288, de 18-12-1984.

**Art. 4º** A parte gozará dos benefícios da assistência judiciária, mediante simples afirmação, na própria petição inicial, de que não está em condições de pagar as custas do processo e os honorários de advogado, sem prejuízo próprio ou de sua família.

▶ Lei nº 7.115, de 29-8-1983, dispõe sobre prova documental nos casos que indica.

§ 1º Presume-se pobre, até prova em contrário, quem afirmar essa condição nos termos desta Lei, sob pena de pagamento até o décuplo das custas judiciais.

§ 2º A impugnação do direito à assistência judiciária não suspende o curso do processo e será feita em autos apartados.

§ 3º A apresentação da Carteira de Trabalho e Previdência Social, devidamente legalizada, onde o juiz verificará a necessidade da parte, substituirá os atestados exigidos nos §§ 1º e 2º deste artigo.

▶ Este parágrafo foi acrescido pela Lei nº 6.654, de 30-5-1979. Posteriormente, a Lei nº 7.510, de 4-7-1986, alterou a redação do art. 4º, porém não fez qualquer menção ao § 3º, razão pela qual está sendo mantido nesta edição.

**Art. 5º** O juiz, se não tiver fundadas razões para indeferir o pedido, deverá julgá-lo de plano, motivando ou não o deferimento, dentro do prazo de setenta e duas horas.

§ 1º Deferido o pedido, o juiz determinará que o serviço de assistência judiciária, organizado e mantido pelo Estado, onde houver, indique, no prazo de dois dias úteis, o advogado que patrocinará a causa do necessitado.

§ 2º Se no Estado não houver serviço de assistência judiciária, por ele mantido, caberá a indicação à Ordem dos Advogados, por suas Seções Estaduais, ou Subseções Municipais.

§ 3º Nos municípios em que não existirem subseções da Ordem dos Advogados do Brasil, o próprio juiz fará a nomeação do advogado que patrocinará a causa do necessitado.

§ 4º Será preferido para a defesa da causa o advogado que o interessado indicar e que declare aceitar o encargo.

§ 5º Nos Estados onde a Assistência Judiciária seja organizada e por eles mantida, o Defensor Público, ou quem exerça cargo equivalente, será intimado pessoalmente de todos os atos do processo, em ambas as instâncias, contando-se-lhes em dobro todos os prazos.

▶ § 5º acrescido pela Lei nº 7.871, de 8-11-1989.

**Art. 6º** O pedido, quando formulado no curso da ação, não a suspenderá, podendo o juiz, em face das provas, conceder ou denegar de plano o benefício de assistência. A petição, neste caso, será autuada em separado, apensando-se os respectivos autos aos da causa principal, depois de resolvido o incidente.

**Art. 7º** A parte contrária poderá, em qualquer fase da lide, requerer a revogação dos benefícios de assistência, desde que prove a inexistência ou o desaparecimento dos requisitos essenciais à sua concessão.

Parágrafo único. Tal requerimento não suspenderá o curso da ação, e se processará pela forma estabelecida no final do artigo 6º desta Lei.

**Art. 8º** Ocorrendo as circunstâncias mencionadas no artigo anterior, poderá o juiz, *ex officio*, decretar a revogação dos benefícios, ouvida a parte interessada dentro de quarenta e oito horas improrrogáveis.

**Art. 9º** Os benefícios da assistência judiciária compreendem todos os atos do processo até decisão final do litígio, em todas as instâncias.

**Art. 10.** São individuais e concedidos em cada caso ocorrente os benefícios de assistência judiciária, que se não transmitem ao cessionário de direito e se extinguem pela morte do beneficiário, podendo, entretanto, ser concedidos aos herdeiros que continuarem a demanda e que necessitarem de tais favores, na forma estabelecida nesta Lei.

**Art. 11.** Os honorários de advogado e peritos, as custas do processo, as taxas e selos judiciários serão pagos pelo vencido, quando o beneficiário de assistência for vencedor na causa.

§ 1º Os honorários do advogado serão arbitrados pelo juiz até o máximo de quinze por cento sobre o líquido apurado na execução da sentença.

§ 2º A parte vencida poderá acionar a vencedora para reaver as despesas do processo, inclusive honorários do advogado, desde que prove ter a última perdido a condição legal de necessitada.

**Art. 12.** A parte beneficiada pela isenção do pagamento das custas ficará obrigada a pagá-las, desde que possa fazê-lo, sem prejuízo do sustento próprio ou da família. Se dentro de cinco anos, a contar da sentença final, o assistido não puder satisfazer tal pagamento, a obrigação ficará prescrita.

**Art. 13.** Se o assistido puder atender, em parte, as despesas do processo, o juiz mandará pagar as custas, que serão rateadas entre os que tiverem direito ao seu recebimento.

**Art. 14.** Os profissionais liberais designados para o desempenho do encargo de defensor ou de perito, conforme o caso, salvo justo motivo previsto em lei ou, na sua omissão, a critério da autoridade judiciária competente, são obrigados ao respectivo cumprimento, sob pena de multa de Cr$ 1.000,00 (mil cruzeiros) a Cr$ 10.000,00 (dez mil cruzeiros), sujeita ao reajustamento estabelecido na Lei nº 6.205, de 29 de abril de 1975, sem prejuízo da sanção disciplinar cabível.

▶ *Caput* com a redação dada pela Lei nº 6.465, de 14-11-1977.

§ 1º Na falta de indicação pela assistência ou pela própria parte, o juiz solicitará a do órgão de classe respectivo.

▶ § 1º acrescido pela Lei nº 6.465, de 14-11-1977.

§ 2º A multa prevista neste artigo reverterá em benefício do profissional que assumir o encargo na causa.

▶ Antigo parágrafo único transformado em § 2º e com a redação dada pela Lei nº 6.465, de 14-11-1977.

**Art. 15.** São motivos para a recusa do mandato pelo advogado designado ou nomeado:

1º) estar impedido de exercer a advocacia;
2º) ser procurador constituído pela parte contrária ou ter com ela relações profissionais de interesse atual;
3º) ter necessidade de se ausentar da sede do juízo para atender a outro mandato anteriormente outorgado ou para defender interesses próprios inadiáveis;
4º) já haver manifestado por escrito sua opinião contrária ao direito que o necessitado pretende pleitear;
5º) haver dado à parte contrária parecer escrito sobre a contenda.

Parágrafo único. A recusa será solicitada ao juiz, que, de plano, a concederá, temporária ou definitivamente, ou a denegará.

**Art. 16.** Se o advogado, ao comparecer em juízo, não exibir o instrumento do mandato outorgado pelo assistido, o juiz determinará que se exarem na ata da audiência os termos da referida outorga.

Parágrafo único. O instrumento de mandato não será exigido, quando a parte for representada em juízo por advogado integrante de entidade de direito público incumbido, na forma da lei, de prestação de assistência judiciária gratuita, ressalvados:

▶ Parágrafo único acrescido pela Lei nº 6.248, de 8-10-1975.

a) os atos previstos no artigo 38 do Código de Processo Civil;
b) o *requerimento de abertura de inquérito por crime de ação privada, a proposição de ação penal privada ou o oferecimento de representação por crime de ação pública condicionada.*

**Art. 17.** Caberá apelação das decisões proferidas em consequência da aplicação desta Lei; a apelação será recebida somente no efeito devolutivo quando a sentença conceder o pedido.

▶ Artigo com a redação dada pela Lei nº 6.014, de 27-12-1973.

**Art. 18.** Os acadêmicos de direito, a partir da 4ª série, poderão ser indicados pela assistência judiciária, ou nomeados pelo juiz para auxiliar o patrocínio das causas dos necessitados, ficando sujeitos às mesmas obrigações impostas por esta Lei aos advogados.

**Art. 19.** Esta Lei entrará em vigor trinta dias depois da sua publicação no *Diário Oficial da União*, revogadas as disposições em contrário.

Rio de Janeiro, 5 de fevereiro de 1950;
129º da Independência e
62º da República.

**Eurico G. Dutra**

## LEI Nº 1.408, DE 9 DE AGOSTO DE 1951

*Prorroga vencimentos de prazos judiciais e dá outras providências.*

▶ Publicada no *DOU* de 13-8-1951.

**Art. 1º** Sempre que, por motivo de ordem pública, se fizer necessário o fechamento do Foro, de edifícios anexos ou de quaisquer dependências do serviço judiciário ou o respectivo expediente tiver de ser encerrado antes da hora legal, observar-se-á o seguinte:

a) os prazos serão restituídos aos interessados na medida em que houverem sido atingidos pela providência tomada;
b) as audiências, que ficarem prejudicadas, serão realizadas em outro dia mediante designação da autoridade competente.

**Art. 2º** O fechamento extraordinário do Foro e dos edifícios anexos e as demais medidas, a que se refere o artigo 1º, poderão ser determinados pelo presidente dos Tribunais de Justiça, nas comarcas onde esses tribunais tiverem a sede e pelos juízes de direito nas respectivas comarcas.

**Art. 3º** Os prazos judiciais que se iniciarem ou vencerem aos sábados, serão prorrogados por um dia útil.

▶ Art. 798, § 3º, do CPP.

**Art. 4º** Se o jornal, que divulgar o expediente oficial do Foro, se publicar à tarde, serão dilatados de um dia os prazos que devam correr de sua inserção nessa folha e feitas, na véspera da realização do ato oficial, as publicações que devam ser efetuadas no dia fixado para esse ato.

**Art. 5º** Não haverá expediente do Foro e nos ofícios de justiça, no "Dia da Justiça", nos feriados nacionais, na terça-feira de Carnaval, na Sexta-feira Santa, e nos dias que a lei estadual designar.

Parágrafo único. Os casamentos e atos de registro civil serão realizados em qualquer dia.

**Art. 6º** Esta Lei entrará em vigor na data de sua publicação, revogadas as disposições em contrário.

Rio de Janeiro, 9 de agosto de 1951;
130º da Independência e
63º da República.

**Getúlio Vargas**

## LEI Nº 2.770, DE 4 DE MAIO DE 1956

*Suprime a concessão de medidas liminares nas ações e procedimentos judiciais de qualquer natureza que visem à liberação de bens, mercadorias ou coisas de procedência estrangeira, e dá outras providências.*

▶ Publicada no *DOU* de 5-5-1956.

**Art. 1º** Nas ações e procedimentos judiciais de qualquer natureza, que visem obter a liberação de mercadorias, bens ou coisas de qualquer espécie procedentes do estrangeiro, não se concederá, em caso algum, medida preventiva ou liminar que, direta ou indiretamente, importe na entrega da mercadoria, bem ou coisa.

**Art. 2º** No curso da lide ou enquanto pender recurso, mesmo sem efeito suspensivo, da sentença ou acórdão, a execução de julgado que determinar a entrega ou a vinda do exterior de mercadorias, bens ou coisas de qualquer natureza, não será ordenada pelo juiz ou tribunal antes que o autor ou requerente preste garantias de restituição do respectivo valor, para o caso de, afinal, decair da ação ou procedimento.

§ 1º As garantias referidas neste artigo consistirão no oferecimento de fiança bancária idônea, aceita pela autoridade alfandegária competente, ou de caução em títulos da Dívida Pública Federal, de valor nominal correspondente a cento e cinquenta por cento *ad valorem* das mercadorias, bens e coisas objeto de litígio, na forma do artigo 6º, § 4º, da Lei nº 2.145, de 29 de dezembro de 1953.

§ 2º O valor exigível, tanto para a fiança bancária quanto para a caução, de que trata o parágrafo anterior, será comprovado com documento expedido pela Carteira de Comércio Exterior, do qual constarão todos os dados indispensáveis à precisa caracterização da mercadoria, bem ou coisa.

**Art. 3º** As sentenças que julgarem a liquidação por arbitramento ou artigos nas execuções de sentenças ilíquidas contra a União, o Estado ou Município, ficam sujeitas ao duplo grau de jurisdição.

**Art. 4º** As disposições desta Lei, que entrará em vigor na data de sua publicação, inclusive quanto à sua obrigatoriedade nos Estados estrangeiros, revogado, para esse efeito, o § 1º do artigo 1º do Decreto-Lei nº 4.657, de 4 de setembro de 1942, se aplicam aos processos em curso.

**Art. 5º** Revogam-se as disposições em contrário.

Rio de Janeiro, em 4 de maio de 1956;
135º da Independência e
68º da República.

**Juscelino Kubitschek**

## LEI Nº 3.764, DE 25 DE ABRIL DE 1960

*Estabelece rito sumaríssimo para retificações no registro civil.*

▶ Publicada no *DOU* de 28-4-1960.
▶ Arts. 109 a 113 da Lei nº 6.015, de 31-12-1973 (Lei dos Registros Públicos).

**Art. 1º** A retificação de registro de pessoa natural poderá ser processada no próprio cartório onde se encontrar o assentamento, mediante petição assinada pelo interessado, ou procurador, independentemente do pagamento de selos e taxas.

**Art. 2º** Recebida a petição, protocolada e autuada, o oficial de registro a submeterá com documentos ao órgão do Ministério Público e fará os autos conclusos ao juiz togado da circunscrição, que despachará em quarenta e oito horas.

§ 1º Quando a prova depender de dados existentes no próprio cartório, poderá o oficial certificá-lo nos autos.

§ 2º A identidade do requerente e a veracidade de suas declarações poderão ser atestadas pelo próprio oficial ou por duas testemunhas idôneas.

**Art. 3º** Deferido o pedido, o oficial averbará a retificação à margem do registro, mencionando número do protocolo, a data da decisão e seu trânsito em julgado.

**Art. 4º** Entendendo o juiz que o pedido exige maior indagação, ou sendo impugnado pelo órgão do Ministério Público, mandará distribuir os autos a um dos cartórios judiciais da circunscrição, procedendo-se à retificação na forma da lei processual, assistida por advogado.

**Art. 5º** Os atos praticados no cartório do registro vencerão emolumentos, conforme o regimento de custas, dispensado delas o requerente reconhecidamente pobre.

Parágrafo único. Quando o erro do registro for atribuível ao oficial, não lhe serão devidos emolumentos pela retificação.

**Art. 6º** Esta Lei entrará em vigor na data de sua publicação, revogadas as disposições em contrário.

Brasília, 25 de abril de 1960;
139º da Independência e
72º da República.

**Juscelino Kubitschek**

## LEI Nº 4.132, DE 10 DE SETEMBRO DE 1962

*Define os casos de desapropriação por interesse social e dispõe sobre sua aplicação.*

▶ Publicada no *DOU* de 7-11-1962.
▶ Dec.-lei nº 3.365, de 21-6-1941 (Lei das Desapropriações).

**Art. 1º** A desapropriação por interesse social será decretada para promover a justa distribuição da propriedade ou condicionar o seu uso ao bem-estar social na forma do artigo 147 da Constituição Federal.

▶ Refere-se à CF/1946. Arts. 184 a 185 da CF/1988.

**Art. 2º** Considera-se de interesse social:

I – o aproveitamento de todo bem improdutivo ou explorado sem correspondência com as necessidades de habitação, trabalho e consumo dos centros de população a que deve ou possa suprir por seu destino econômico;

II – a instalação ou a intensificação das culturas nas áreas em cuja exploração não se obedeça a plano de zoneamento agrícola (VETADO);

III – o estabelecimento e a manutenção de colônias ou cooperativas de povoamento e trabalho agrícola;

IV – a manutenção de posseiros em terrenos urbanos onde, com a tolerância expressa ou tácita do proprietário, tenham construído sua habitação, formando núcleos residenciais de mais de dez famílias;

V – a construção de casas populares;

VI – as terras e águas suscetíveis de valorização extraordinária, pela conclusão de obras e serviços públicos, notadamente de saneamento, portos, transporte, eletrificação, armazenamento de água e irrigação, no caso em que não sejam ditas áreas socialmente aproveitadas;

VII – a proteção do solo e a preservação de cursos e mananciais de água e de reservas florestais;

VIII – a utilização de áreas, locais ou bens que, por suas características, sejam apropriados ao desenvolvimento de atividades turísticas.

▶ Inciso VIII com a redação dada pela Lei nº 6.513, de 20-12-1977.

§ 1º O disposto no item I deste artigo só se aplicará nos casos de bens retirados de produção ou tratando-se de imóveis rurais cuja produção, por ineficientemente explorados, seja inferior à média da região, atendidas as condições naturais do seu solo e sua situação em relação aos mercados.

§ 2º As necessidades de habitação, trabalho e consumo serão apuradas anualmente segundo a conjuntura e condições econômicas locais, cabendo o seu estudo e verificação às autoridades encarregadas de velar pelo bem-estar e pelo abastecimento das respectivas populações.

**Art. 3º** O expropriante tem o prazo de dois anos, a partir da decretação da desapropriação por interesse social, para efetivar a aludida desapropriação e iniciar as providências de aproveitamento do bem expropriado.

Parágrafo único. VETADO.

**Art. 4º** Os bens desapropriados serão objeto de venda ou locação, a quem estiver em condições de dar-lhes a destinação social prevista.

**Art. 5º** No que esta Lei for omissa aplicam-se as normas legais que regulam a desapropriação por utilidade pública, inclusive no tocante ao processo e à justa indenização devida ao proprietário.

▶ Dec.-lei nº 3.365, de 21-6-1941 (Lei das Desapropriações por Utilidade Pública).

**Art. 6º** Revogam-se as disposições em contrário.

Brasília, 10 de setembro de 1962;
141º da Independência e
74º da República.

João Goulart

## LEI Nº 4.337, DE 1º DE JUNHO DE 1964

Regula a declaração de inconstitucionalidade para os efeitos do art. 7º, VII, da Constituição Federal.

▶ Publicada no DOU de 4-6-1964.
▶ Refere-se à CF/1946. Arts. 34 e 36 da CF vigente.
▶ Lei nº 9.868, de 10-11-1999 (Lei da ADIN e da ADECON).

**Art. 1º** Cabe ao Procurador-Geral da República, ao ter conhecimento de ato dos poderes estaduais que infrinja qualquer dos princípios estatuídos no artigo 7º, inciso VII, da Constituição Federal, promover a declaração de inconstitucionalidade perante o Supremo Tribunal Federal.

**Art. 2º** Se o conhecimento da inconstitucionalidade resultar de representação que lhe seja dirigida por qualquer interessado, o Procurador-Geral da República terá o prazo de trinta dias, a contar do recebimento da representação, para apresentar a arguição perante o Supremo Tribunal Federal.

**Art. 3º** O relator que for designado ouvirá, em trinta dias, os órgãos que hajam elaborado ou praticado o ato arguido e, findo esse termo, terá prazo igual para apresentar o relatório.

**Art. 4º** Apresentado o relatório, do qual se remeterá cópia a todos os Ministros, o Presidente designará dia para que o Tribunal Pleno decida a espécie, cientes os interessados.

Parágrafo único. Na sessão de julgamento, findo o relatório, poderão usar da palavra, na forma do Regimento Interno do Tribunal, o Procurador-Geral da República, sustentando a arguição, e o Procurador dos órgãos estaduais interessados, defendendo a constitucionalidade do ato impugnado.

**Art. 5º** Se, ao receber os autos, ou no curso do processo, o Ministro Relator entender que a decisão de espécie é urgente em face de relevante interesse de ordem pública, poderá requerer, com prévia ciência das partes, a imediata convocação do Tribunal, e este, sentindo-se esclarecido, poderá suprimir os prazos do artigo 3º desta Lei e proferir seu pronunciamento, com as cautelas do artigo 200 da Constituição Federal.

**Art. 6º** Só caberão embargos, que se processarão na forma da legislação em vigor, quando, na decisão, forem três ou mais os votos divergentes.

**Art. 7º** Se a decisão final for pela inconstitucionalidade, o Presidente do Supremo Tribunal Federal imediatamente a comunicará aos órgãos estaduais interessados e, publicado que seja o acórdão, levá-lo-á ao conhecimento do Congresso Nacional para os fins dos artigos 8º, parágrafo único, e 13 da Constituição Federal.

**Art. 8º** Caso não sejam suficientes as providências determinadas no artigo anterior e, sem prejuízo da iniciativa que possa competir ao Poder Legislativo, o Procurador-Geral da República representará ao Congresso Nacional para que seja decretada a intervenção federal nos termos do art. 8º, parágrafo único, da Constituição Federal.

**Art. 9º** Revogam-se as disposições em contrário, especialmente a Lei nº 2.271, de 22 de julho de 1954, entrando a presente lei em vigor na data de sua publicação.

Brasília, 1º de julho de 1964;
143º da Independência e
76º da República.

H. Castello Branco

## LEI Nº 4.504, DE 30 DE NOVEMBRO DE 1964

*Dispõe sobre o Estatuto da Terra e dá outras providências.*

**(EXCERTOS)**

► Publicada no *DOU* de 30-11-1964 e retificada no *DOU* de 17-12-1964.

### TÍTULO IV – DAS DISPOSIÇÕES GERAIS E TRANSITÓRIAS

**Art. 107.** Os litígios judiciais entre proprietários e arrendatários rurais obedecerão ao rito processual previsto pelo artigo 685, do Código de Processo Civil.

► Refere-se ao CPC/1939. Art. 275 do CPC vigente.

§ 1º Não terão efeito suspensivo os recursos interpostos contra as decisões proferidas nos processos de que trata o presente artigo.

§ 2º Os litígios relativos às relações de trabalho rural em geral, inclusive as reclamações de trabalhadores agrícolas, pecuários, agroindustriais ou extrativos, são de competência da Justiça do Trabalho, regendo-se o seu processo pelo rito processual trabalhista.

**Art. 128.** Esta Lei entrará em vigor na data de sua publicação, revogadas as disposições em contrário.

Brasília, 30 de novembro de 1964;
143º da Independência e
76º da República.

H. Castello Branco

## LEI Nº 4.717, DE 29 DE JUNHO DE 1965

*Regula a ação popular.*

► Publicada no *DOU* de 5-7-1965.
► Art. 5º, LXXIII, da CF.

### DA AÇÃO POPULAR

**Art. 1º** Qualquer cidadão será parte legítima para pleitear a anulação ou a declaração de nulidade de atos lesivos ao patrimônio da União, do Distrito Federal, dos Estados e dos Municípios, de entidades autárquicas, de sociedades de economia mista (Constituição, artigo 141, § 38), de sociedades mútuas de seguro nas quais a União represente os segurados ausentes, de empresas públicas, de serviços sociais autônomos, de instituições ou fundações para cuja criação ou custeio o tesouro público haja concorrido ou concorra com mais de cinquenta por cento do patrimônio ou da receita ânua de empresas incorporadas ao patrimônio da União, do Distrito Federal, dos Estados e dos Municípios e de quaisquer pessoas jurídicas ou entidades subvencionadas pelos cofres públicos.

► Refere-se à CF/1946.
► Súm. nº 365 do STF.
► Súm. nº 329 do STJ.

§ 1º Consideram-se patrimônio público para os fins referidos neste artigo, os bens e direitos de valor econômico, artístico, estético, histórico ou turístico.

► § 1º com a redação dada pela Lei nº 6.513, de 20-12-1977.

§ 2º Em se tratando de instituições ou fundações, para cuja criação ou custeio o tesouro público concorra com menos de cinquenta por cento do patrimônio ou da receita ânua, bem como de pessoas jurídicas ou entidades subvencionadas, as consequências patrimoniais da invalidez dos atos lesivos terão por limite a repercussão deles sobre a contribuição dos cofres públicos.

§ 3º A prova da cidadania, para ingresso em juízo, será feita com o título eleitoral, ou com documento que a ele corresponda.

§ 4º Para instruir a inicial, o cidadão poderá requerer às entidades a que se refere este artigo, as certidões e informações que julgar necessárias, bastando para isso indicar a finalidade das mesmas.

§ 5º As certidões e informações, a que se refere o parágrafo anterior, deverão ser fornecidas dentro de quinze dias da entrega, sob recibo, dos respectivos requerimentos, e só poderão ser utilizadas para a instrução de ação popular.

§ 6º Somente nos casos em que o interesse público, devidamente justificado, impuser sigilo, poderá ser negada certidão ou informação.

§ 7º Ocorrendo a hipótese do parágrafo anterior, a ação poderá ser proposta desacompanhada das certidões ou informações negadas, cabendo ao juiz, após apreciar os motivos do indeferimento, e salvo em se tratando de razão de segurança nacional, requisitar umas e outras; feita a requisição, o processo correrá em segredo de justiça, que cessará com o trânsito em julgado de sentença condenatória.

**Art. 2º** São nulos os atos lesivos ao patrimônio das entidades mencionadas no artigo anterior, nos casos de:

a) incompetência;
b) vício de forma;
c) ilegalidade do objeto;
d) inexistência dos motivos;
e) desvio de finalidade.

Parágrafo único. Para a conceituação dos casos de nulidade observar-se-ão as seguintes normas:

a) a incompetência fica caracterizada quando o ato não se incluir nas atribuições legais do agente que o praticou;
b) o vício de forma consiste na omissão ou na observância incompleta ou irregular de formalidades indispensáveis à existência ou seriedade do ato;

c) a ilegalidade do objeto ocorre quando o resultado do ato importa em violação de lei, regulamento ou outro ato normativo;
d) a inexistência dos motivos se verifica quando a matéria de fato ou de direito, em que se fundamenta o ato, é materialmente inexistente ou juridicamente inadequada ao resultado obtido;
e) o desvio da finalidade se verifica quando o agente pratica o ato visando a fim diverso daquele previsto, explícita ou implicitamente, na regra de competência.

**Art. 3º** Os atos lesivos ao patrimônio das pessoas de direito público ou privado, ou das entidades mencionadas no artigo 1º, cujos vícios não se compreendam nas especificações do artigo anterior, serão anuláveis, segundo as prescrições legais, enquanto compatíveis com a natureza deles.

**Art. 4º** São também nulos os seguintes atos ou contratos, praticados ou celebrados por quaisquer das pessoas ou entidades referidas no artigo 1º:

I – a admissão ao serviço público remunerado, com desobediência, quanto às condições de habilitação das normas legais, regulamentares ou constantes de instruções gerais;
II – a operação bancária ou de crédito real, quando:
a) for realizada com desobediência a normas legais, regulamentares, estatutárias, regimentais ou internas;
b) o valor real do bem dado em hipoteca ou penhor for inferior ao constante de escritura, contrato ou avaliação;
III – a empreitada, a tarefa e a concessão do serviço público, quando:
a) o respectivo contrato houver sido celebrado sem prévia concorrência pública ou administrativa, sem que essa condição seja estabelecida em lei, regulamento ou norma geral;
b) no edital de concorrência forem incluídas cláusulas ou condições, que comprometam o seu caráter competitivo;
c) a concorrência administrativa for processada em condições que impliquem na limitação das possibilidades normais de competição;
IV – as modificações ou vantagens, inclusive prorrogações que forem admitidas, em favor do adjudicatário, durante a execução dos contratos de empreitada, tarefa e concessão de serviço público, sem que estejam previstas em lei ou nos respectivos instrumentos;
V – a compra e venda de bens móveis ou imóveis, nos casos em que não for cabível concorrência pública ou administrativa, quando:
a) for realizada com desobediência a normas legais regulamentares, ou constantes de instruções gerais;
b) o preço de compra dos bens for superior ao corrente no mercado, na época da operação;
c) o preço de venda dos bens for inferior ao corrente no mercado, na época da operação;
VI – a concessão de licença de exportação ou importação, qualquer que seja a sua modalidade, quando:

a) houver sido praticada com violação das normas legais e regulamentares ou de instruções e ordens de serviço;
b) resultar em exceção ou privilégio, em favor de exportador ou importador;

VII – a operação de redesconto quando, sob qualquer aspecto, inclusive o limite de valor, desobedecer a normas legais, regulamentares ou constantes de instruções gerais;

VIII – o empréstimo concedido pelo Banco Central da República, quando:
a) concedido com desobediência de quaisquer normas legais, regulamentares, regimentais ou constantes de instruções gerais;
b) o valor dos bens dados em garantia, na época da operação, for inferior ao da avaliação;

IX – a emissão, quando efetuada sem observância das normas constitucionais, legais e regulamentadoras que regem a espécie.

## DA COMPETÊNCIA

**Art. 5º** Conforme a origem do ato impugnado, é competente para conhecer da ação, processá-la e julgá-la, o juiz que, de acordo com a organização judiciária de cada Estado, o for para as causas que interessem à União, ao Distrito Federal, ao Estado ou ao Município.

▶ Arts. 108, II, e 109, I, da CF.

§ 1º Para fins de competência, equiparam-se a atos da União, do Distrito Federal, do Estado ou dos Municípios os atos das pessoas criadas ou mantidas por essas pessoas jurídicas de direito público, bem como os atos das sociedades de que elas sejam acionistas e os das pessoas ou entidades por elas subvencionadas ou em relação às quais tenham interesse patrimonial.

§ 2º Quando o pleito interessar simultaneamente à União e a qualquer outra pessoa ou entidade, será competente o juiz das causas da União, se houver; quando interessar simultaneamente ao Estado e ao Município, será competente o juiz das causas do Estado, se houver.

§ 3º A propositura da ação prevenirá a jurisdição do juízo para todas as ações, que forem posteriormente intentadas contra as mesmas partes e sob os mesmos fundamentos.

§ 4º Na defesa do patrimônio público caberá a suspensão liminar do ato lesivo impugnado.

▶ § 4º acrescido pela Lei nº 6.513, de 20-12-1977.

## DOS SUJEITOS PASSIVOS DA AÇÃO E DOS ASSISTENTES

**Art. 6º** A ação será proposta contra as pessoas públicas ou privadas e as entidades referidas no artigo 1º, contra as autoridades, funcionários ou administradores que houverem autorizado, aprovado, ratificado ou praticado o ato impugnado, ou que, por omissão tiverem dado oportunidade à lesão, e contra os beneficiários diretos do mesmo.

▶ Arts. 46 a 55 do CPC.

§ 1º Se não houver beneficiário direto do ato lesivo, ou se for ele indeterminado ou desconhecido, a ação será proposta somente contra as outras pessoas indicadas neste artigo.

§ 2º No caso de que trata o inciso II, b, do artigo 4º, quando o valor real do bem for inferior ao da avaliação, citar-se-ão como réus, além das pessoas públicas ou privadas e entidades referidas no artigo 1º, apenas os responsáveis pela avaliação inexata e os beneficiários da mesma.

§ 3º A pessoa jurídica de direito público ou de direito privado, cujo ato seja objeto de impugnação, poderá abster-se de contestar o pedido, ou poderá atuar ao lado do autor, desde que isso se afigure útil ao interesse público, a juízo do respectivo representante legal ou dirigente.

§ 4º O Ministério Público acompanhará a ação, cabendo-lhe apressar a produção da prova e promover a responsabilidade, civil ou criminal, dos que nela incidirem, sendo-lhe vedado, em qualquer hipótese, assumir a defesa do ato impugnado ou dos seus autores.

§ 5º É facultado a qualquer cidadão habilitar-se como litisconsorte ou assistente do autor da ação popular.

## DO PROCESSO

**Art. 7º** A ação obedecerá ao procedimento ordinário, previsto no Código de Processo Civil, observadas as seguintes normas modificativas:

▶ Arts. 282 a 475 do CPC.

I – ao despachar a inicial o juiz ordenará:
a) além da citação dos réus, a intimação do representante do Ministério Público;
b) a requisição às entidades indicadas na petição inicial, dos documentos que tiverem sido referidos pelo autor (artigo 1º, § 6º), bem como a de outros que se lhe afigurem necessários ao esclarecimento dos fatos, fixando o prazo de quinze a trinta dias para o atendimento.

§ 1º O representante do Ministério Público providenciará para que as requisições, a que se refere o inciso anterior, sejam atendidas dentro dos prazos fixados pelo juiz.

§ 2º Se os documentos e informações não puderem ser oferecidos nos prazos assinalados, o juiz poderá autorizar prorrogação dos mesmos, por prazo razoável.

II – quando o autor o preferir, a citação dos beneficiários far-se-á por edital com o prazo de trinta dias, afixado na sede do juízo e publicado três vezes no jornal oficial do Distrito Federal, ou da Capital do Estado ou Território em que seja ajuizada a ação. A publicação será gratuita e deverá iniciar-se no máximo três dias após a entrega, na repartição competente, sob protocolo, de uma via autenticada do mandado;

III – qualquer pessoa, beneficiada ou responsável pelo ato impugnado, cuja existência ou identidade se torne conhecida no curso do processo e antes de proferida a sentença final de primeira instância, deverá ser citada para a integração do contraditório, sendo-lhe restituído o prazo para contestação e produção de provas. Salvo, quanto a beneficiário, se a citação se houver feito na forma do inciso anterior;

IV – o prazo de contestação é de vinte dias prorrogáveis por mais vinte, a requerimento do interessado, se particularmente difícil a produção de prova documental, e será comum a todos os interessados, correndo da entrega em cartório do mandado cumprido, ou, quando for o caso, do decurso do prazo assinado em edital;

V – caso não requerida, até o despacho saneador, a produção de prova testemunhal ou pericial, o juiz ordenará vista às partes por dez dias, para alegações, sendo-lhe os autos conclusos, para sentença, quarenta e oito horas após a expiração desse prazo; havendo requerimento de prova, o processo tomará o rito ordinário;

▶ Art. 274 do CPC.

VI – a sentença, quando não prolatada em audiência de instrução e julgamento, deverá ser proferida dentro de quinze dias do recebimento dos autos pelo juiz.

Parágrafo único. O proferimento da sentença além do prazo estabelecido privará o juiz da inclusão em lista de merecimento para promoção, durante dois anos, e acarretará a perda, para efeito de promoção por antiguidade, de tantos dias, quantos forem os do retardamento; salvo motivo justo, declinado nos autos e comprovado perante o órgão disciplinar competente.

▶ Arts. 282 a 475 do CPC.

**Art. 8º** Ficará sujeita à pena de desobediência, salvo motivo justo devidamente comprovado, à autoridade, o administrador ou o dirigente, que deixar de fornecer, no prazo fixado no artigo 1º, § 5º, ou naquele que tiver sido estipulado pelo juiz (artigo 7º, I, b), informações e certidão ou fotocópia de documentos necessários à instrução da causa.

▶ Art. 330 do CP.

Parágrafo único. O prazo contar-se-á do dia em que entregue, sob recibo, o requerimento do interessado ou o ofício de requisição (artigo 1º, § 5º, e artigo 7º, I, b).

**Art. 9º** Se o autor desistir da ação ou der motivo à absolvição da instância, serão publicados editais nos prazos e condições previstos no artigo 7º, II, ficando assegurado a qualquer cidadão, bem como ao representante do Ministério Público, dentro do prazo de noventa dias da última publicação feita, promover o prosseguimento da ação.

**Art. 10.** As partes só pagarão custas e preparo a final.

**Art. 11.** A sentença que julgando procedente a ação popular decretar a invalidade do ato impugnado, condenará ao pagamento de perdas e danos os responsáveis pela sua prática e os beneficiários dele, ressalvada a ação regressiva contra os funcionários causadores de dano, quando incorrerem em culpa.

**Art. 12.** A sentença incluirá sempre, na condenação dos réus, o pagamento, ao autor, das custas e demais despesas, judiciais e extrajudiciais, diretamente relacionadas com a ação e comprovadas, bem como o dos honorários de advogado.

▶ Arts. 5º, LXXIII, e 98, § 2º, da CF.
▶ Arts. 19 a 35 do CPC.

**Art. 13.** A sentença que, apreciando o fundamento de direito do pedido, julgar a lide manifestamente temerária, condenará o autor ao pagamento do décuplo das custas.

▶ Arts. 5º, LXXIII, e 98, § 2º, da CF.

**Art. 14.** Se o valor da lesão ficar provado no curso da causa, será indicado na sentença; se depender da avaliação ou perícia, será apurado na execução.

§ 1º Quando a lesão resultar da falta ou isenção de qualquer pagamento, a condenação imporá o pagamento devido, com acréscimo de juros de mora e multa legal ou contratual, se houver.

► Arts. 405 e 407 do CC.
► Art. 219, *caput*, do CPC.

§ 2º Quando a lesão resultar da execução fraudulenta, simulada ou irreal de contratos, a condenação versará sobre a reposição do débito, com juros de mora.

§ 3º Quando o réu condenado perceber dos cofres públicos, a execução far-se-á por desconto em folha até o integral ressarcimento de dano causado, se assim mais convier ao interesse público.

§ 4º A parte condenada a restituir bens ou valores ficará sujeita a sequestro e penhora, desde a prolação da sentença condenatória.

► Arts. 659 a 679 e 822 a 825 do CPC.

**Art. 15.** Se, no curso da ação, ficar provada a infringência da lei penal ou a prática de falta disciplinar a que a lei comine a pena de demissão ou a de rescisão de contrato de trabalho, o juiz, *ex officio*, determinará a remessa de cópia autenticada das peças necessárias às autoridades ou aos administradores a quem competir aplicar a sanção.

**Art. 16.** Caso decorridos sessenta dias de publicação da sentença condenatória de segunda instância, sem que o autor ou terceiro promova a respectiva execução, o representante do Ministério Público a promoverá nos trinta dias seguintes, sob pena de falta grave.

**Art. 17.** É sempre permitido às pessoas ou entidades referidas no artigo 1º, ainda que hajam contestado a ação, promover, em qualquer tempo, e no que as beneficiar, a execução da sentença contra os demais réus.

**Art. 18.** A sentença terá eficácia de coisa julgada oponível *erga omnes*, exceto no caso de haver sido a ação julgada improcedente por deficiência de prova; neste caso, qualquer cidadão poderá intentar outra ação com idêntico fundamento, valendo-se de nova prova.

**Art. 19.** A sentença que concluir pela carência ou pela improcedência da ação está sujeita ao duplo grau de jurisdição, não produzindo efeito senão depois de confirmada pelo tribunal; da que julgar a ação procedente, caberá apelação, com efeito suspensivo.

§ 1º Das decisões interlocutórias cabe agravo de instrumento.

► Arts. 496, II, 522 a 529, 557 e 558 do CPC.

§ 2º Das sentenças e decisões proferidas contra o autor da ação e suscetíveis de recurso, poderá recorrer qualquer cidadão e também o Ministério Público.

► Art. 19 com a redação dada pela Lei nº 6.014, de 27-12-1973.

### DISPOSIÇÕES GERAIS

**Art. 20.** Para os fins desta Lei, consideram-se entidades autárquicas:

a) o serviço estatal descentralizado com personalidade jurídica, custeado mediante orçamento próprio, independente do orçamento geral;
b) as pessoas jurídicas especialmente instituídas por lei, para a execução de serviços de interesse público ou social, custeados por tributos de qualquer natureza ou por outros recursos oriundos do Tesouro Público;
c) as entidades de direito público ou privado a que a lei tiver atribuído competência para receber e aplicar contribuições parafiscais.

**Art. 21.** A ação prevista nesta Lei prescreve em cinco anos.

**Art. 22.** Aplicam-se à ação popular as regras do Código de Processo Civil, naquilo em que não contrariem os dispositivos desta Lei, nem à natureza específica da ação.

► Art. 1.217 do CPC.

Brasília, 29 de junho de 1965;
144º da Independência e
77º da República.

H. Castello Branco

---

**DECRETO-LEI Nº 70,
DE 21 DE NOVEMBRO DE 1966**

*Autoriza o funcionamento de associações de poupança e empréstimo, institui a cédula hipotecária e dá outras providências.*

**(EXCERTOS)**

► Publicado no *DOU* de 22-11-1966.
► Súm. nº 327 do STJ.

.................................................................................

CAPÍTULO II

### DA CÉDULA HIPOTECÁRIA

**Art. 9º** Os contratos de empréstimo com garantia hipotecária, com exceção das que consubstanciam operações de crédito rural, poderão prever o reajustamento das respectivas prestações de amortização e juros com a consequente correção monetária da dívida.

§ 1º Nas hipotecas não vinculadas ao Sistema Financeiro da Habitação, a correção monetária da dívida obedecerá ao que for disposto para o Sistema Financeiro da Habitação.

§ 2º A menção a Obrigações Reajustáveis do Tesouro Nacional nas operações mencionadas no § 2º do artigo 1º do Decreto-Lei nº 19, de 30 de agosto de 1966, e neste Decreto-Lei entende-se como equivalente a menção de Unidades-padrão de Capital do Banco Nacional da Habitação e o valor destas será sempre corrigido monetariamente durante a vigência do contrato, segundo os critérios do artigo 7º, § 1º, da Lei nº 4.357/1964.

§ 3º A cláusula de correção monetária utilizável nas operações do Sistema Financeiro da Habitação poderá ser aplicada em todas as operações mencionadas no § 2º do artigo 1º do Decreto-Lei nº 19, de 30-8-1966, que vierem a ser pactuadas por pessoas não integrantes daquele Sistema, desde que os atos jurídicos se refiram a operações imobiliárias.

**Art. 10.** É instituída a cédula hipotecária para hipotecas inscritas no Registro Geral de Imóveis, como instrumento hábil para a representação dos respectivos créditos hipotecários, a qual poderá ser emitida pelo credor hipotecário nos casos de:

I – operações compreendidas no Sistema Financeiro da Habitação;

▶ Súmulas nºs 422 e 450 do STJ.

II – hipotecas de que sejam credores instituições financeiras em geral, e companhias de seguro;

III – hipotecas entre outras partes, desde que a cédula hipotecária seja originariamente emitida em favor das pessoas jurídicas a que se refere o inciso II supra.

§ 1º A cédula hipotecária poderá ser integral, quando representar a totalidade do crédito hipotecário, ou fracionária, quando representar parte dele, entendido que a soma do principal das cédulas hipotecárias fracionárias emitidas sobre uma determinada hipoteca e ainda em circulação não poderá exceder, em hipótese alguma, o valor total do respectivo crédito hipotecário em nenhum momento.

§ 2º Para os efeitos do valor total mencionado no parágrafo anterior, admite-se o cômputo das correções efetivamente realizadas, na forma do artigo 9º, do valor monetário da dívida envolvida.

§ 3º As cédulas hipotecárias fracionárias poderão ser emitidas em conjunto ou isoladamente a critério do credor, a qualquer momento antes do vencimento da correspondente dívida hipotecária.

.................

## Capítulo III

**Art. 29.** As hipotecas a que se referem os artigos 9º e 10 e seus incisos, quando não pagas no vencimento, poderão, à escolha do credor, ser objeto de execução na forma do Código de Processo Civil (artigos 298 e 301) ou deste Decreto-Lei (artigos 31 a 38).

▶ Referência ao CPC/1939. Regulam a matéria o art. 566 e seguintes do CPC vigente.

Parágrafo único. A falta de pagamento do principal, no todo ou em parte, ou de qualquer parcela de juros, nas épocas próprias, bem como o descumprimento das obrigações constantes do artigo 21, importará, automaticamente, salvo disposição diversa do contrato de hipoteca, em exigibilidade imediata de toda a dívida.

▶ Conforme art. 21 da Lei nº 8.004, de 14-3-1990, que dispõe sobre transferência de financiamento no âmbito do Sistema Financeiro da Habitação, somente serão objeto da execução prevista neste Decreto-Lei os financiamentos em que se verificar atraso de pagamento de três ou mais prestações.

**Art. 30.** Para os efeitos de exercício da opção do artigo 29, será agente fiduciário, com as funções determinadas nos artigos 31 a 38:

I – nas hipotecas compreendidas no Sistema Financeiro da Habitação, o Banco Nacional da Habitação;

II – nas demais, as instituições financeiras inclusive sociedades de crédito imobiliário, credenciadas a tanto pelo Banco Central da República do Brasil, nas condições que o Conselho Monetário Nacional venha a autorizar.

§ 1º O Conselho de Administração do Banco Nacional da Habitação poderá determinar que este exerça as funções de agente fiduciário, conforme o inciso I, diretamente ou através das pessoas jurídicas mencionadas no inciso II, fixando os critérios de atuação delas.

§ 2º As pessoas jurídicas mencionadas no inciso II, a fim de poderem exercer as funções de agente fiduciário deste Decreto-Lei, deverão ter sido escolhidas para tanto, de comum acordo entre o credor e o devedor no contrato originário de hipoteca ou em aditamento ao mesmo, salvo se estiverem agindo em nome do Banco Nacional da Habitação ou nas hipóteses do artigo 41.

§ 3º Os agentes fiduciários não poderão ter ou manter vínculos societários com os credores ou devedores das hipotecas em que sejam envolvidos.

§ 4º É lícito às partes, em qualquer tempo, substituir o agente fiduciário eleito, em aditamento ao contrato de hipoteca.

**Art. 31.** Vencida e não paga a dívida hipotecária, no todo ou em parte, o credor que houver preferido executá-la de acordo com este Decreto-Lei formalizará ao agente fiduciário a solicitação de execução da dívida, instruindo-a com os seguintes documentos:

I – o título da dívida devidamente registrado;

II – a indicação discriminada do valor das prestações e encargos não pagos;

III – o demonstrativo do saldo devedor, discriminando as parcelas relativas a principal, juros, multa e outros encargos contratuais e legais; e

IV – cópia dos avisos reclamando pagamento da dívida, expedidos segundo instruções regulamentares relativas ao SFH.

§ 1º Recebida a solicitação da execução da dívida, o agente fiduciário, nos 10 (dez) dias subsequentes, promoverá a notificação do devedor, por intermédio de Cartório de Títulos e Documentos, concedendo-lhe o prazo de vinte dias para a purgação da mora.

§ 2º Quando o devedor se encontrar em lugar incerto ou não sabido, o oficial certificará o fato, cabendo, então, ao agente fiduciário promover a notificação por edital, publicado por três dias, pelo menos, em um dos jornais de maior circulação local, ou noutro de comarca de fácil acesso, se no local não houver imprensa diária.

▶ Art. 31 com a redação dada pela Lei nº 8.004, de 14-3-1990.

**Art. 32.** Não acudindo o devedor à purgação do débito, o agente fiduciário estará de pleno direito autorizado a publicar editais e a efetuar, no decurso dos quinze dias imediatos, o primeiro público leilão do imóvel hipotecado.

§ 1º Se, no primeiro público leilão, o maior lance obtido for inferior ao saldo devedor no momento, acrescido das despesas constantes do artigo 33 mais as do anúncio e contratação da praça, será realizado o segundo público leilão, nos quinze dias seguintes, no qual será aceito o maior lance apurado, ainda que inferior à soma das aludidas quantias.

§ 2º Se o maior lance do segundo público leilão for inferior àquela soma, serão pagas inicialmente as despesas componentes da mesma soma, e a diferença entregue ao credor, que poderá cobrar do devedor, por via executiva, o valor remanescente de seu crédito, sem nenhum direito de retenção ou indenização sobre o imóvel alienado.

§ 3º Se o lance de alienação do imóvel, em qualquer dos dois públicos leilões, for superior ao total das importâncias referidas no *caput* deste artigo, a diferença afinal apurada será entregue ao devedor.

§ 4º A morte do devedor pessoa física, ou a falência, concordata ou dissolução do devedor pessoa jurídica, não impede a aplicação deste artigo.

► Lei nº 11.101, de 9-2-2005 (Lei de Recuperação de Empresas e Falências).

**Art. 33.** Compreende-se no montante do débito hipotecado, para os efeitos do artigo 32, a qualquer momento de sua execução, as demais obrigações contratuais vencidas, especialmente em relação à fazenda pública, federal, estadual ou municipal, e a prêmios de seguro, que serão pagos com preferência sobre o credor hipotecário.

Parágrafo único. Na hipótese do segundo público leilão não cobrir sequer as despesas do artigo supra, o credor nada receberá, permanecendo íntegra a responsabilidade de adquirente do imóvel por este garantida, em relação aos créditos remanescentes da Fazenda Pública e das seguradoras.

**Art. 34.** É lícito ao devedor, a qualquer momento, até a assinatura do auto de arrematação, purgar o débito totalizado de acordo com o artigo 33, e acrescido ainda dos seguintes encargos:

I – se a purgação se efetuar conforme o § 1º do artigo 31, o débito será acrescido das penalidades previstas no contrato de hipoteca, até dez por cento do valor do mesmo débito, e da remuneração do agente fiduciário;

II – daí em diante, o débito, para os efeitos de purgação, abrangerá ainda os juros de mora e a correção monetária incidente até o momento da purgação.

**Art. 35.** O agente fiduciário é autorizado, independentemente de mandato do credor ou do devedor, a receber as quantias que resultarem da purgação do débito ou do primeiro ou segundo públicos leilões, que deverá entregar ao credor ou ao devedor, conforme o caso, deduzidas de sua própria remuneração.

§ 1º A entrega em causa será feita até cinco dias após o recebimento das quantias envolvidas, sob pena de cobrança, contra o agente fiduciário, pela parte que tiver direito às quantias, por ação executiva.

§ 2º Os créditos previstos neste artigo, contra agente fiduciário, são privilegiados, em caso de falência ou concordata.

► Lei nº 11.101, de 9-2-2005 (Lei de Recuperação de Empresas e Falências).

**Art. 36.** Os públicos leilões regulados pelo artigo 32 serão anunciados e realizados, no que este Decreto-Lei não prever, de acordo com o que estabelecer o contrato de hipoteca, ou, quando se tratar do Sistema Financeiro da Habitação, o que o Conselho de Administração do Banco Nacional da Habitação estabelecer.

Parágrafo único. Considera-se não escrita a cláusula contratual que sob qualquer pretexto preveja condições que subtraiam ao devedor o conhecimento dos públicos leilões de imóvel hipotecado, ou que autorizem sua promoção e realização sem publicidade pelo menos igual à usualmente adotada pelos leiloeiros públicos em sua atividade corrente.

**Art. 37.** Uma vez efetivada a alienação do imóvel, de acordo com o artigo 32, será emitida a respectiva carta de arrematação, assinada pelo leiloeiro, pelo credor, pelo agente fiduciário, e por cinco pessoas físicas idôneas, absolutamente capazes, como testemunhas, documento que servirá como título para a transcrição no Registro Geral de Imóveis.

§ 1º O devedor, se estiver presente ao público leilão, deverá assinar a carta de arrematação que, em caso contrário, conterá necessariamente a constatação de sua ausência ou de sua recusa em subscrevê-la.

§ 2º Uma vez transcrita no Registro Geral de Imóveis a carta de arrematação, poderá o adquirente requerer ao Juízo competente imissão de posse no imóvel, que lhe será concedida liminarmente, após decorridas as quarenta e oito horas mencionadas no § 3º deste artigo, sem prejuízo de se prosseguir no feito, em rito ordinário, para o debate das alegações que o devedor porventura aduzir em contestação.

§ 3º A concessão da medida liminar do parágrafo anterior só será negada se o devedor, citado, comprovar, no prazo de quarenta e oito horas, que resgatou ou consignou judicialmente o valor de seu débito, antes da realização do primeiro ou do segundo público leilão.

**Art. 38.** No período que mediar entre a transcrição da carta de arrematação no Registro Geral de Imóveis e a efetiva imissão do adquirente na posse do imóvel alienado em público leilão, o Juiz arbitrará uma taxa mensal de ocupação compatível com o rendimento que deveria proporcionar o investimento realizado na aquisição, cobrável por ação executiva.

**Art. 39.** O contrato de hipoteca deverá prever os honorários do agente fiduciário, que somente lhe serão devidos se se verificar sua intervenção na cobrança do crédito; tais honorários não poderão ultrapassar a cinco por cento do mesmo crédito, no momento da intervenção.

Parágrafo único. Para as hipotecas do Sistema Financeiro da Habitação o Conselho de Administração do Banco Nacional da Habitação poderá fixar tabelas de remuneração do agente fiduciário, dentro dos limites fixados neste artigo.

**Art. 40.** O agente fiduciário que, mediante ato ilícito, fraude, simulação ou comprovada má-fé, alienar imóvel hipotecado em prejuízo do credor ou devedor envolvido, responderá por seus atos, perante as autoridades competentes, na forma do Capítulo V da Lei nº 4.595, de 31 de dezembro de 1964, e, perante a parte lesada, por perdas e danos, que levarão em conta os critérios de correção monetária adotados neste Decreto-Lei ou no contrato hipotecário.

**Art. 41.** Se, por qualquer motivo, o agente fiduciário eleito no contrato hipotecário não puder continuar no exercício da função, deverá comunicar o fato imediatamente ao credor e ao devedor, que, se não chegarem a um acordo para eleger outro, em aditamento ao mesmo contrato, poderão pedir ao Juízo competente nomeação de substituto.

§ 1º Se o credor ou o devedor, a qualquer tempo antes do início da execução conforme o artigo 31, tiverem fundadas razões para pôr em dúvida a imparcialidade ou idoneidade do agente fiduciário eleito no contrato hipotecário, e se não houver acordo entre eles para substituí-lo, qualquer dos dois poderá pedir ao Juízo competente sua destituição.

§ 2º Os pedidos a que se referem este artigo e o parágrafo anterior serão processados segundo o que determina o Código de Processo Civil para as ações declaratórias, com a citação das outras partes envolvidas no contrato hipotecário e do agente fiduciário.

§ 3º O pedido previsto no § 2º pode ser de iniciativa do agente fiduciário.

§ 4º Destituído o agente fiduciário, o Juiz nomeará outro em seu lugar, que assumirá imediatamente as funções, mediante termo lavrado nos autos, que será levado a averbação no Registro Geral de Imóveis e passará a constituir parte integrante do contrato hipotecário.

§ 5º Até a sentença destitutória transitar em julgado, o agente fiduciário destituído continuará no pleno exercício de suas funções, salvo nos casos do parágrafo seguinte.

§ 6º Sempre que o Juiz julgar necessário, poderá, nos casos deste artigo, nomear liminarmente o novo agente fiduciário, mantendo-o ou substituindo-o na decisão final do pedido.

§ 7º A destituição do agente fiduciário não exclui a aplicação de sanções cabíveis em virtude de sua ação ou omissão dolosa.

**Art. 45.** Este Decreto-lei entra em vigor na data de sua publicação.

**Art. 46.** Revogam-se as disposições em contrário.

Brasília, 21 de novembro de 1966;
145º da Independência e
78º da República.

H. Castello Branco

---

**DECRETO-LEI Nº 167,
DE 14 DE FEVEREIRO DE 1967**

*Dispõe sobre títulos de crédito rural e dá outras providências.*

**(EXCERTOS)**

▶ Publicado no *DOU* de 15-2-1967.

CAPÍTULO IV

**DA AÇÃO PARA COBRANÇA DE CÉDULA DE CRÉDITO RURAL**

**Art. 41.** Cabe ação executiva para a cobrança da cédula de crédito rural.

§ 1º Penhorados os bens constitutivos da garantia real, assistirá ao credor o direito de promover, a qualquer tempo, contestada ou não a ação, a venda daqueles bens, observado o disposto nos artigos 704 e 705 do Código de Processo Civil, podendo ainda levantar desde logo, mediante caução idônea, o produto líquido da venda, à conta e no limite de seu crédito, prosseguindo-se na ação.

▶ Referência a dispositivos do CPC/1939. Arts. 1.118 e 1.119 do CPC vigente.

§ 2º Decidida a ação por sentença passada em julgado, o credor restituirá a quantia ou o excesso levantado, conforme seja a ação julgada improcedente, total ou parcialmente, sem prejuízo doutras cominações da lei processual.

§ 3º Da caução a que se refere o § 1º dispensam-se as cooperativas rurais e as instituições financeiras públicas (artigo 22 da Lei nº 4.595, de 31 de dezembro de 1964), inclusive o Banco do Brasil S.A.

**Art. 69.** Os bens objeto de penhor ou de hipoteca constituídos pela cédula de crédito rural não serão penhorados, arrestados ou sequestrados por outras dívidas do emitente ou do terceiro empenhador ou hipotecante, cumprindo ao emitente ou ao terceiro empenhador ou hipotecante denunciar a existência da cédula às autoridades incumbidas da diligência ou a quem a determinou, sob pena de responderem pelos prejuízos resultantes de sua omissão.

**Art. 71.** Em caso de cobrança em processo contencioso ou não, judicial ou administrativo, o emitente da cédula de crédito rural, da nota promissória rural, ou o aceitante da duplicata rural responderá ainda pela multa de dez por cento sobre o principal e acessórios em débito, devida a partir do primeiro despacho da autoridade competente na petição de cobrança ou de habilitação de crédito.

▶ Súmulas nºs 16 e 93 do STJ.

**Art. 79.** Este Decreto-lei entrará em vigor noventa dias depois de publicado, revogando-se a Lei nº 3.253, de 27 de agosto de 1957, e as disposições em contrário.

H. Castello Branco

---

**LEI Nº 5.478,
DE 25 DE JULHO DE 1968**

*Dispõe sobre ação de alimentos e dá outras providências.*

▶ Publicada no *DOU* de 26-7-1968 e retificada no *DOU* de 14-8-1968.
▶ Arts. 1.694 a 1.710 do CC.
▶ Lei nº 11.804, de 5-11-2008 (Lei dos Alimentos Gravídicos).
▶ Súm. nº 358 do STJ.

**Art. 1º** A ação de alimentos é de rito especial, independe de prévia distribuição e de anterior concessão do benefício de gratuidade.

▶ Arts. 100, II, 155, II, 259, VI, 520, II, 1.121, III e IV, do CPC.

§ 1º A distribuição será determinada posteriormente por ofício do juízo, inclusive para o fim de registro do feito.

§ 2º A parte que não estiver em condições de pagar as custas do processo, sem prejuízo do sustento próprio ou de sua família, gozará do benefício da gratuidade, por simples afirmativa dessas condições perante o juiz, sob pena de pagamento até o décuplo das custas judiciais.

§ 3º Presume-se pobre, até prova em contrário, quem afirmar essa condição, nos termos desta Lei.

§ 4º A impugnação do direito à gratuidade não suspende o curso do processo de alimentos e será feita em autos apartados.

**Art. 2º** O credor, pessoalmente, ou por intermédio de advogado, dirigir-se-á ao juiz competente, qualificando-se, e exporá suas necessidades, provando, apenas, o parentesco ou a obrigação de alimentar do devedor, indicando seu nome e sobrenome, residência ou local de trabalho, profissão e naturalidade, quanto ganha aproximadamente ou os recursos de que dispõe.

▶ Art. 100, II, do CPC.

§ 1º Dispensar-se-á a produção inicial de documentos probatórios:

I – quando existente em notas, registros, repartições ou estabelecimentos públicos e ocorrer impedimento ou demora em extrair certidões;
II – quando estiverem em poder do obrigado, as prestações alimentícias ou de terceiro residente em lugar incerto ou não sabido.

§ 2º Os documentos públicos ficam isentos de reconhecimento de firma.

§ 3º Se o credor comparecer pessoalmente e não indicar profissional que haja concordado em assisti-lo, o juiz designará desde logo quem o deva fazer.

**Art. 3º** O pedido será apresentado por escrito, em três vias, e deverá conter a indicação do juiz a quem for dirigido, os elementos referidos no artigo anterior e um histórico sumário dos fatos.

▶ Arts. 259, VI, 282 e seguintes do CPC.

§ 1º Se houver sido designado pelo juiz defensor para assistir o solicitante, na forma prevista no artigo 2º, formulará o designado, dentro de vinte e quatro horas da nomeação, o pedido, por escrito, podendo, se achar conveniente, indicar seja a solicitação verbal reduzida a termo.

§ 2º O termo previsto no parágrafo anterior será em três vias, datadas e assinadas pelo escrivão, observado, no que couber, o disposto no *caput* do presente artigo.

**Art. 4º** Ao despachar o pedido, o juiz fixará desde logo alimentos provisórios a serem pagos pelo devedor, salvo se o credor expressamente declarar que deles não necessita.

▶ Arts. 852 a 854 do CPC.

Parágrafo único. Se se tratar de alimentos provisórios pedidos pelo cônjuge, casado pelo regime da comunhão universal de bens, o juiz determinará igualmente que seja entregue ao credor, mensalmente, parte da renda líquida dos bens comuns, administrados pelo devedor.

**Art. 5º** O escrivão, dentro de quarenta e oito horas, remeterá ao devedor a segunda via da petição ou do termo, juntamente com a cópia do despacho do juiz, e a comunicação do dia e hora da realização da audiência de conciliação e julgamento.

§ 1º Na designação da audiência, o juiz fixará o prazo razoável que possibilite ao réu a contestação da ação proposta e a eventualidade de citação por edital.

§ 2º A comunicação, que será feita mediante registro postal isento de taxas e com aviso de recebimento, importa em citação, para todos os efeitos legais.

§ 3º Se o réu criar embaraços ao recebimento da citação, ou não for encontrado, repetir-se-á a diligência por intermédio do oficial de justiça, servindo de mandado a terceira via da petição ou do termo.

§ 4º Impossibilitada a citação do réu por qualquer dos modos acima previstos, será ele citado por edital afixado na sede do juízo e publicado três vezes consecutivas no órgão oficial do Estado, correndo a despesa por conta do vencido, a final, sendo previamente a conta juntada aos autos.

§ 5º O edital deverá conter um resumo do pedido inicial, a íntegra do despacho nele exarado, a data e a hora da audiência.

§ 6º O autor será notificado da data e hora da audiência no ato de recebimento da petição, ou da lavratura do termo.

§ 7º O juiz, ao marcar a audiência, oficiará ao empregador do réu, ou, se o mesmo for funcionário público, ao responsável por sua repartição, solicitando o envio, no máximo até a data marcada para a audiência, de informações sobre o salário ou os vencimentos do devedor, sob as penas previstas no artigo 22 desta Lei.

§ 8º A citação do réu, mesmo no caso dos artigos 200 e 201 do Código do Processo Civil, far-se-á na forma do § 2º, do artigo 5º desta Lei.

**Art. 6º** Na audiência de conciliação e julgamento deverão estar presentes autor e réu, independentemente de intimação e de comparecimento de seus representantes.

**Art. 7º** O não comparecimento do autor determina o arquivamento do pedido, e a ausência do réu importa em revelia, além de confissão quanto à matéria de fato.

▶ Arts. 319 a 322 do CPC.

**Art. 8º** Autor e réu comparecerão à audiência acompanhados de suas testemunhas, três no máximo, apresentando, nessa ocasião, as demais provas.

**Art. 9º** Aberta a audiência, lida a petição, ou o termo, e a resposta, se houver, ou dispensada a leitura, o juiz ouvirá as partes litigantes e o representante do Ministério Público, propondo conciliação.

§ 1º Se houver acordo, lavrar-se-á o respectivo termo, que será assinado pelo juiz, escrivão, partes e representantes do Ministério Público.

§ 2º Não havendo acordo, o juiz tomará o depoimento pessoal das partes e das testemunhas, ouvidos os peritos se houver, podendo julgar o feito sem a mencionada produção de provas, se as partes concordarem.

**Art. 10.** A audiência de julgamento será contínua; mas, se não for possível, por motivo de força maior, concluí-la no mesmo dia, o juiz marcará a sua continuação para o primeiro dia desimpedido, independentemente de novas intimações.

**Art. 11.** Terminada a instrução, poderão as partes e o Ministério Público aduzir alegações finais, em prazo não excedente de dez minutos para cada um.

Parágrafo único. Em seguida, o juiz renovará a proposta de conciliação e, não sendo aceita, ditará sua sentença, que conterá sucinto relatório do ocorrido na audiência.

**Art. 12.** Da sentença serão as partes intimadas, pessoalmente ou através de seus representantes, na própria audiência, ainda quando ausentes, desde que intimadas de sua realização.

**Art. 13.** O disposto nesta Lei aplica-se igualmente, no que couber, às ações ordinárias de desquite, nulidade e anulação de casamento, à revisão de sentenças proferidas em pedidos de alimentos e respectivas execuções.

§ 1º Os alimentos provisórios fixados na inicial poderão ser revistos a qualquer tempo, se houver modificação na situação financeira das partes, mas o pedido será sempre processado em apartado.

▶ Súm. nº 277 do STJ.

§ 2º Em qualquer caso, os alimentos fixados retroagem à data da citação.

▶ Súm. nº 277 do STJ.

§ 3º Os alimentos provisórios serão devidos até a decisão final, inclusive o julgamento do recurso extraordinário.

▶ Súm. nº 226 do STF.

**Art. 14.** Da sentença caberá apelação no efeito devolutivo.

▶ Art. 520 do CPC.

**Art. 15.** A decisão judicial sobre alimentos não transita em julgado e pode a qualquer tempo ser revista, em face da modificação da situação financeira dos interessados.

**Art. 16.** Na execução da sentença ou do acordo nas ações de alimentos será observado o disposto no artigo 734 e seu parágrafo único do Código de Processo Civil.

**Art. 17.** Quando não for possível a efetivação executiva da sentença ou do acordo mediante desconto em folha, poderão ser as prestações cobradas de aluguéis de prédios ou de quaisquer outros rendimentos do devedor, que serão recebidos diretamente pelo alimentando ou por depositário nomeado pelo juiz.

▶ Art. 734 do CPC.

**Art. 18.** Se, ainda assim, não for possível a satisfação do débito, poderá o credor requerer a execução da sentença na forma dos artigos 732, 733 e 735 do Código de Processo Civil.

**Art. 19.** O juiz, para instrução da causa ou na execução da sentença ou do acordo, poderá tomar todas as providências necessárias para seu esclarecimento ou para o cumprimento do julgado ou do acordo, inclusive a decretação de prisão do devedor até sessenta dias.

▶ Súm. nº 309 do STJ.

§ 1º O cumprimento integral da pena de prisão não eximirá o devedor do pagamento das prestações alimentícias, vincendas ou vencidas e não pagas.

§ 2º Da decisão que decretar a prisão do devedor, caberá agravo de instrumento.

§ 3º A interposição do agravo não suspende a execução da ordem de prisão.

**Art. 20.** As repartições públicas, civis ou militares, inclusive do Imposto de Renda, darão todas as informações necessárias à instrução dos processos previstos nesta Lei e à execução do que for decidido ou acordado em juízo.

**Art. 21.** O artigo 244 do Código Penal passa a vigorar com a seguinte redação:

"Art. 244. Deixar, sem justa causa, de prover a subsistência do cônjuge, ou de filho menor de dezoito anos ou inapto para o trabalho ou de ascendente inválido ou valetudinário, não lhes proporcionando os recursos necessários ou faltando ao pagamento de pensão alimentícia judicialmente acordada, fixada ou majorada; deixar, sem justa causa, de socorrer descendente ou ascendente gravemente enfermo:

▶ A redação do *caput* do art. 244 foi alterada pela Lei nº 10.741, de 1º-10-2003, que incluiu no rol das pessoas a quem se deve prestar subsistência os maiores de sessenta anos de idade.

Pena – Detenção de um a quatro anos e multa.

Parágrafo único. Nas mesmas penas incide quem, sendo solvente, frustra ou ilide, de qualquer modo, inclusive por abandono injustificado de emprego ou função, o pagamento de pensão alimentícia judicialmente acordada, fixada ou majorada".

**Art. 22.** Constitui crime contra a administração da justiça deixar o empregador ou funcionário público de prestar ao juízo competente as informações necessárias à instrução de processo ou execução de sentença ou acordo que fixe pensão alimentícia:

Pena – Detenção de seis meses a um ano, sem prejuízo da pena acessória de suspensão do emprego de trinta a noventa dias.

Parágrafo único. Nas mesmas penas incide quem, de qualquer modo, ajuda o devedor a eximir-se ao pagamento de pensão alimentícia judicialmente acordada, fixada ou majorada, ou se recusa, ou procrastina a executar ordem de descontos em folhas de pagamento, expedida pelo juiz competente.

**Art. 23.** A prescrição quinquenal referida no artigo 178, § 10, inciso I, do Código Civil só alcança as prestações mensais e não o direito a alimentos, que, embora irrenunciável, pode ser provisoriamente dispensado.

**Art. 24.** A parte responsável pelo sustento da família, e que deixar a residência comum por motivo, que não necessitará declarar, poderá tomar a iniciativa de comunicar ao juízo os rendimentos de que dispõe e de pedir a citação do credor, para comparecer à audiência de conciliação e julgamento destinada à fixação dos alimentos a que está obrigado.

**Art. 25.** A prestação não pecuniária estabelecida no artigo 403 do Código Civil, só pode ser autorizada pelo juiz se a ela anuir o alimentando capaz.

▶ Refere-se ao CC/1916. Art. 1.701 do CC/2002.

**Art. 26.** É competente para as ações de alimentos decorrentes da aplicação do Decreto Legislativo nº 10, de 13 de novembro de 1958, e Decreto nº 56.826, de 2 de setembro de 1965, o juízo federal da capital da Unidade Federativa Brasileira em que reside o devedor, sendo considerada instituição intermediária, para os fins dos referidos decretos, a Procuradoria-Geral da República.

Parágrafo único. Nos termos do inciso III, artigo 2º, da Convenção Internacional sobre ações de alimentos, o governo brasileiro comunicará, sem demora, ao Secretário Geral das Nações Unidas, o disposto neste artigo.

**Art. 27.** Aplicam-se supletivamente nos processos regulados por esta Lei as disposições do Código de Processo Civil.

**Art. 28.** Esta Lei entrará em vigor trinta dias depois de sua publicação.

**Art. 29.** Revogam-se as disposições em contrário.

Brasília, 25 de julho de 1968;
147º da Independência e
80º da República.

A. Costa e Silva

### DECRETO-LEI Nº 413, DE 9 DE JANEIRO DE 1969

*Dispõe sobre títulos de crédito industrial e dá outras providências.*

(EXCERTOS)

▶ Publicado no *DOU* de 10-1-1969 e retificado no *DOU* de 10-2-1969.

CAPÍTULO VI

### DA AÇÃO PARA COBRANÇA DA CÉDULA DE CRÉDITO INDUSTRIAL

**Art. 41.** Independentemente da inscrição de que trata o artigo 30 deste Decreto-Lei, o processo judicial para cobrança da cédula de crédito industrial seguirá o procedimento seguinte:

1º) despachada a petição, serão os réus, sem que haja preparo ou expedição de mandado, citados pela simples entrega de outra via do requerimento, para, dentro de vinte e quatro horas, pagar a dívida;

2º) não depositado, naquele prazo, o montante do débito, proceder-se-á à penhora ou ao sequestro dos bens constitutivos da garantia ou, em se tratando de nota de crédito industrial, à daqueles enumerados no artigo 1.563 do Código Civil (artigo 17 deste Decreto-Lei);

3º) no que não colidirem com este Decreto-Lei, observar-se-ão, quanto à penhora, as disposições do Capítulo III, Título III, do Livro VIII, do Código de Processo Civil;

▶ Referido Capítulo tratava da penhora no CPC/1939. Arts. 659 a 676 do CPC vigente.

4º) feita a penhora, terão os réus, dentro de quarenta e oito horas, prazo para impugnar o pedido;

5º) findo o termo referido no item anterior, o juiz, impugnado ou não o pedido, procederá a uma instrução sumária, facultando às partes a produção de provas, decidindo em seguida;

6º) a decisão será proferida dentro de trinta dias, a contar da efetivação da penhora;

7º) não terão efeito suspensivo os recursos interpostos das decisões proferidas na ação de cobrança a que se refere este artigo;

8º) o foro competente será o da praça do pagamento da cédula de crédito industrial.

▶ Súm. nº 93 do STJ.

**Art. 57.** Os bens vinculados à cédula de crédito industrial não serão penhorados ou sequestrados por outras dívidas do emitente ou do terceiro prestante da garantia real, cumprindo a qualquer deles denunciar a existência da cédula às autoridades incumbidas da diligência, ou a quem a determinou, sob pena de responderem pelos prejuízos resultantes de sua omissão.

**Art. 58.** Em caso de cobrança em processo contencioso ou não, judicial ou administrativo, o emitente da cédula de crédito industrial responderá ainda pela multa de dez por cento sobre o principal e acessórios em débito, devida a partir do primeiro despacho da autoridade competente na petição de cobrança ou de habilitação do crédito.

**Art. 59.** No caso de execução judicial, os bens adquiridos ou pagos com o crédito concedido pela cédula de crédito industrial responderão primeiramente pela satisfação do título, não podendo ser vinculados ao pagamento de dívidas privilegiadas, enquanto não for liquidada a cédula.

**Art. 66.** Este Decreto-Lei entrará em vigor noventa dias depois de publicado, revogando-se os Decretos-Leis nºˢ 265, de 28 de fevereiro de 1967, 320, de 29 de março de 1967, e 331, de 21 de setembro de 1967, na parte referente à cédula industrial pignoratícia, 1.271, de 16 de maio de 1939, 1.697, de 23 de outubro de 1939, 2.064, de 7 de março de 1940, 3.169, de 2 de abril de 1941, 4.191, de 18 de março de 1942, 4.312, de 20 de maio de 1942, e Leis nºˢ 2.931, de 27 de outubro de 1956, e 3.408, de 16 de junho de 1958, e as demais disposições em contrário.

A. Costa e Silva

### DECRETO-LEI Nº 911, DE 1º DE OUTUBRO DE 1969

*Altera a redação do artigo 66, da Lei nº 4.728, de 14 de julho de 1965, estabelece normas de processo sobre alienação fiduciária e dá outras providências.*

▶ Publicado no *DOU* de 3-10-1969.
▶ Arts. 1.361 a 1.368-A do CC.
▶ Art. 66-B da Lei nº 4.728, de 14-7-1965 (Lei do Mercado de Capitais).
▶ Lei nº 9.514, de 20-11-1997, dispõe sobre alienação fiduciária de coisa imóvel.

**Art. 1º** O artigo 66, da Lei nº 4.728, de 14 de julho de 1965, passa a ter a seguinte redação:

▶ Art. 66 revogado pela Lei nº 10.931, de 2-8-2004.

**Art. 2º** No caso de inadimplemento ou mora nas obrigações contratuais garantidas mediante alienação fiduciária, o proprietário fiduciário ou credor poderá *vender a coisa a terceiros, independentemente de leilão, hasta pública, avaliação prévia ou qualquer ou-*

tra medida judicial ou extrajudicial, salvo disposição expressa em contrário prevista no contrato, devendo aplicar o preço da venda no pagamento de seu crédito e das despesas decorrentes e entregar ao devedor o saldo apurado, se houver.

► Súmulas nᵒˢ 28, 72, 284 e 384 do STJ.

§ 1º O crédito a que se refere o presente artigo abrange o principal, juros e comissões, além das taxas, cláusula penal e correção monetária, quando expressamente convencionado pelas partes.

§ 2º A mora decorrerá do simples vencimento do prazo para pagamento e poderá ser comprovada por carta registrada expedida por intermédio de Cartório de Títulos e Documentos ou pelo protesto do título, a critério do credor.

► Art. 882 do CPC.
► Súmulas nᵒˢ 72 e 245 do STJ.

§ 3º A mora e o inadimplemento de obrigações contratuais garantidas por alienação fiduciária, ou a ocorrência legal ou convencional de algum dos casos de antecipação de vencimento da dívida facultarão ao credor considerar, de pleno direito, vencidas todas as obrigações contratuais, independentemente de aviso ou notificação judicial ou extrajudicial.

**Art. 3º** O proprietário fiduciário ou credor poderá requerer contra o devedor ou terceiro a busca e apreensão do bem alienado fiduciariamente, a qual será concedida liminarmente, desde que comprovada a mora ou o inadimplemento do devedor.

► Arts. 839 a 843 do CPC.

§ 1º Cinco dias após executada a liminar mencionada no *caput*, consolidar-se-ão a propriedade e a posse plena e exclusiva do bem no patrimônio do credor fiduciário, cabendo às repartições competentes, quando for o caso, expedir novo certificado de registro de propriedade em nome do credor, ou de terceiro por ele indicado, livre do ônus da propriedade fiduciária.

§ 2º No prazo do § 1º, o devedor fiduciante poderá pagar a integralidade da dívida pendente, segundo os valores apresentados pelo credor fiduciário na inicial, hipótese na qual o bem lhe será restituído livre do ônus.

► Súm. nº 284 do STJ.

§ 3º O devedor fiduciante apresentará resposta no prazo de quinze dias da execução da liminar.

§ 4º A resposta poderá ser apresentada ainda que o devedor tenha se utilizado da faculdade do § 2º, caso entenda ter havido pagamento a maior e deseje restituição.

§ 5º Da sentença cabe apelação apenas no efeito devolutivo.

§ 6º Na sentença que decretar a improcedência da ação de busca e apreensão, o juiz condenará o credor fiduciário ao pagamento de multa, em favor do devedor fiduciante, equivalente a cinquenta por cento do valor originalmente financiado, devidamente atualizado, caso o bem já tenha sido alienado.

► §§ 1º a 6º com a redação dada pela Lei nº 10.931, de 2-8-2004.

§ 7º A multa mencionada no § 6º não exclui a responsabilidade do credor fiduciário por perdas e danos.

► Arts. 85 a 93 da Lei nº 11.101, de 9-2-2005 (Lei de Falências).

§ 8º A busca e apreensão prevista no presente artigo constitui processo autônomo e independente de qualquer procedimento posterior.

► §§ 7º e 8º acrescidos pela Lei nº 10.931, de 2-8-2004.

**Art. 4º** Se o bem alienado fiduciariamente não for encontrado ou não se achar na posse do devedor, o credor poderá requerer a conversão do pedido de busca e apreensão, nos mesmos autos, em ação de depósito, na forma prevista no Capítulo II, do Título I, do Livro IV, do Código de Processo Civil.

► Artigo com a redação dada pela Lei nº 6.071, de 3-7-1974.
► Súm. Vinc. nº 25 do STF.
► Súmulas nᵒˢ 304, 305 e 419 do STJ.
► Arts. 901 a 906 do CPC.

**Art. 5º** Se o credor preferir recorrer à ação executiva ou, se for o caso, ao executivo fiscal, serão penhorados, a critério do autor da ação, bens do devedor quantos bastem para assegurar a execução.

Parágrafo único. Não se aplica à alienação fiduciária o disposto nos incisos VI e VIII do artigo 649 do Código de Processo Civil.

► Parágrafo único com a redação dada pela Lei nº 6.071, de 3-7-1974.

**Art. 6º** O avalista, fiador ou terceiro interessado que pagar a dívida do alienante ou devedor, se sub-rogará, de pleno direito, no crédito e na garantia constituída pela alienação fiduciária.

**Art. 7º** Na falência do devedor alienante, fica assegurado ao credor ou proprietário fiduciário o direito de pedir, na forma prevista na lei, a restituição do bem alienado fiduciariamente.

► Arts. 85 a 93 da Lei nº 11.101, de 9-2-2005 (Lei de Recuperação de Empresas e Falências).

Parágrafo único. Efetivada a restituição o proprietário fiduciário agirá na forma prevista neste Decreto-Lei.

**Art. 8º** O Conselho Nacional de Trânsito, no prazo máximo de sessenta dias, a contar da vigência do presente Decreto-Lei, expedirá normas regulamentares relativas à alienação fiduciária de veículos automotores.

**Art. 8º-A.** O procedimento judicial disposto neste Decreto-Lei aplica-se exclusivamente às hipóteses da Seção XIV da Lei nº 4.728, de 14 de julho de 1965, ou quando o ônus da propriedade fiduciária tiver sido constituído para fins de garantia de débito fiscal ou previdenciário.

► Art. 8º-A acrescido pela Lei nº 10.931, de 2-8-2004.

**Art. 9º** O presente Decreto-Lei entrará em vigor na data de sua publicação, aplicando-se, desde logo, aos processos em curso, revogadas as disposições em contrário.

Brasília, 1º de outubro de 1969;
148º da Independência e
81º da República.
**Augusto Hamann Rademaker Grunewald**

## DECRETO-LEI Nº 1.075, DE 22 DE JANEIRO DE 1970

*Regula a imissão de posse, initio litis, em imóveis residenciais urbanos.*

▶ Publicado no *DOU* de 22-1-1970.

**Art. 1º** Na desapropriação por utilidade pública de prédio urbano residencial, o expropriante, alegando urgência, poderá imitir-se provisoriamente na posse do bem, mediante o depósito do preço oferecido, se este não for impugnado pelo expropriado em cinco dias da intimação da oferta.

▶ Art. 1º, *caput* e § 1º, do Dec.-lei nº 3.365, de 21-6-1941 (Lei das Desapropriações).

**Art. 2º** Impugnada a oferta pelo expropriado, o juiz, servindo-se, caso necessário, de perito avaliador, fixará em quarenta e oito horas o valor provisório do imóvel.

Parágrafo único. O perito, quando designado, deverá apresentar o laudo no prazo máximo de cinco dias.

**Art. 3º** Quando o valor arbitrado for superior à oferta, o juiz só autorizará a imissão provisória na posse do imóvel, se o expropriante complementar o depósito para que este atinja a metade do valor arbitrado.

**Art. 4º** No caso do artigo anterior, fica, porém, fixado em dois mil e trezentos salários mínimos vigentes na região, o máximo do depósito a que será obrigado o expropriante.

▶ Art. 2º da Lei nº 6.205, de 29-4-1975, que descaracteriza o salário mínimo como fator de correção monetária.

**Art. 5º** O expropriado, observadas as cautelas previstas no artigo 34 do Decreto-lei nº 3.365, de 21 de junho de 1941, poderá levantar toda a importância depositada e complementada nos termos do artigo 3º.

Parágrafo único. Quando o valor arbitrado for inferior ou igual ao dobro do preço oferecido, é lícito ao expropriado optar entre o levantamento de oitenta por cento do preço oferecido ou da metade do valor arbitrado.

**Art. 6º** O disposto neste Decreto-Lei só se aplica à desapropriação de prédio residencial urbano, habitado pelo proprietário ou compromissário comprador, cuja promessa de compra esteja devidamente inscrita no registro de imóveis.

▶ Art. 167 e seguintes da Lei nº 6.015, de 31-12-1973 (Lei dos Registros Públicos).

**Art. 7º** Este Decreto-Lei entra em vigor na data de sua publicação, aplicando-se às ações já ajuizadas.

**Art. 8º** Revogam-se as disposições em contrário.

Brasília, 22 de janeiro de 1970;
149º da Independência e
82º da República.

Emílio G. Médici

## LEI Nº 5.741, DE 1º DE DEZEMBRO DE 1971

*Dispõe sobre a proteção do financiamento de bens imóveis vinculados ao Sistema Financeiro da Habitação.*

▶ Publicada no *DOU* de 2-12-1971.
▶ Súmulas n<sup>os</sup> 422, 450 e 454 do STJ.

**Art. 1º** Para a cobrança de crédito hipotecário vinculado ao Sistema Financeiro da Habitação, criado pela Lei nº 4.380, de 21 de agosto de 1964, é lícito ao credor promover a execução de que tratam os artigos 31 e 32 do Decreto-Lei nº 70, de 21 de novembro de 1966, ou ajuizar a ação executiva na forma da presente Lei.

▶ Conforme art. 21 da Lei nº 8.004, de 14-3-1990, que dispõe sobre transferência de financiamento no âmbito do Sistema Financeiro da Habitação, somente serão objeto da execução prevista nesta Lei os financiamentos em que se verificar atraso de pagamento de três ou mais prestações.

**Art. 2º** A execução terá início por petição escrita, com os requisitos do artigo 282 do Código de Processo Civil, apresentada em três vias, servindo a segunda e a terceira de mandado e contrafé, e sendo a primeira instruída com:

I – o título da dívida devidamente inscrita;
II – a indicação do valor das prestações e encargos cujo não pagamento deu lugar ao vencimento do contrato;
III – o saldo devedor, discriminadas as parcelas relativas a principal, juros, multa e outros encargos contratuais, fiscais e honorários advocatícios;
IV – cópia dos avisos regulamentares reclamando o pagamento da dívida, expedidos segundo instruções do Banco Nacional da Habitação.

▶ Art. 2º com a redação dada pela Lei nº 6.071, de 3-7-1974.
▶ Súm. nº 199 do STJ.

**Art. 3º** O devedor será citado para pagar o valor do crédito reclamado ou depositá-lo em juízo no prazo de 24 (vinte e quatro) horas, sob pena de lhe ser penhorado o imóvel hipotecado.

§ 1º A citação far-se-á na pessoa do réu e de seu cônjuge ou de seus representantes legais.

▶ § 1º com a redação dada pela Lei nº 8.004, de 14-3-1990.

§ 2º Se o executado e seu cônjuge se acharem fora da jurisdição da situação do imóvel, a citação far-se-á por meio de edital, pelo prazo de dez dias, publicado, uma vez no órgão oficial do Estado e, pelo menos, duas vezes em jornal local de grande circulação, onde houver.

**Art. 4º** Se o executado não pagar a dívida indicada no inciso II do artigo 2º, acrescida das custas e honorários de advogado ou não depositar o saldo devedor, efetuar-se-á a penhora do imóvel hipotecado, sendo nomeado depositário o exequente ou quem este indicar.

§ 1º Se o executado não estiver na posse direta do imóvel, o juiz ordenará a expedição de mandado de desocupação contra a pessoa que o estiver ocupando, para entregá-lo ao exequente no prazo de dez dias.

**§ 2º** Se o executado estiver na posse direta do imóvel, o juiz ordenará que o desocupe no prazo de trinta dias, entregando-o ao exequente.

**Art. 5º** O executado poderá opor embargos no prazo de dez dias contados da penhora e que serão recebidos com efeito suspensivo, desde que alegue e prove:

I – que depositou por inteiro a importância reclamada na inicial;

II – que resgatou a dívida, oferecendo desde logo a prova da quitação.

Parágrafo único. Os demais fundamentos de embargos, previstos no artigo 741 do Código de Processo Civil, não suspendem a execução.

▶ Art. 5º com a redação dada pela Lei nº 6.014, de 27-12-1973.

**Art. 6º** Rejeitados os embargos referidos no *caput* do artigo anterior, o juiz ordenará a venda do imóvel hipotecado em praça pública por preço não inferior ao saldo devedor, expedindo-se edital pelo prazo de dez dias.

Parágrafo único. O edital será afixado à porta do edifício onde tiver sede o juízo, e publicado três vezes, por extrato, em um dos jornais locais de maior circulação, onde houver.

**Art. 7º** Não havendo licitante na praça pública, o Juiz adjudicará, dentro de quarenta e oito horas, ao exequente o imóvel hipotecado, ficando exonerado o executado da obrigação de pagar o restante da dívida.

**Art. 8º** É lícito ao executado remir o imóvel penhorado, desde que deposite em juízo, até a assinatura do auto de arrematação, a importância que baste ao pagamento da dívida reclamada, mais custas e honorários advocatícios; caso em que convalescerá o contrato hipotecário.

**Art. 9º** Constitui crime de ação pública, punido com a pena de detenção de seis meses a dois anos e multa de cinco a vinte salários mínimos, invadir alguém ou ocupar, com o fim de esbulho possessório, terreno ou unidade residencial, construída ou em construção, objeto de financiamento do Sistema Financeiro da Habitação.

**§ 1º** Se o agente usa de violência, incorre também nas penas a esta cominadas.

**§ 2º** É isento da pena de esbulho o agente que, espontaneamente, desocupa o imóvel antes de qualquer medida coativa.

**§ 3º** O salário a que se refere este artigo é o maior mensal vigente no País, à época do fato.

**Art. 10.** A ação executiva, fundada em outra causa que não a falta de pagamento pelo executado das prestações vencidas, será processada na forma do Código de Processo Civil, que se aplicará, subsidiariamente, à ação executiva de que trata esta lei.

**Art. 11.** Ficam dispensadas de averbação no Registro de Imóveis as alterações contratuais de qualquer natureza, desde que não importem em novação objetiva da dívida, realizadas em operações do Sistema Financeiro da Habitação, criado pela Lei nº 4.380, de 21 de agosto de 1964, sejam as operações consubstanciadas em instrumentos públicos ou particulares, ou em cédulas hipotecárias.

Parágrafo único. O registro da cédula hipotecária limitar-se-á à averbação de suas características originais, a que se refere o artigo 13 do Decreto-Lei nº 70, de 21 de novembro de 1966, ficando dispensadas de averbação também as alterações que decorram da circulação do título.

**Art. 12.** As entidades credoras integrantes do Sistema Financeiro da Habitação ficam obrigadas a fornecer por escrito, no prazo de cinco dias, as informações sobre as alterações de que trata o artigo 11, quando requeridas por interessados.

**Art. 13.** Esta Lei entra em vigor na data de sua publicação.

**Art. 14.** Revogam-se as disposições em contrário.

Brasília, 1º de dezembro de 1971;
150º da Independência e
83º da República.

Emílio G. Medici

## LEI Nº 6.015, DE 31 DE DEZEMBRO DE 1973

*Dispõe sobre os registros públicos e dá outras providências.*

**(EXCERTOS)**

▶ Publicada no *DOU* de 31-12-1973, republicada no *DOU* de 16-9-1975 e retificada no *DOU* de 30-10-1975.

▶ Lei nº 7.433, de 18-12-1985, dispõe sobre os requisitos para a lavratura de escrituras públicas, regulamentada pelo Dec. nº 93.240, de 9-9-1986.

▶ Lei nº 8.935, de 18-11-1994 (Lei dos Serviços Notariais e de Registro).

▶ Lei nº 10.169, de 29-12-2000, regula o § 2º do art. 236 da CF, mediante o estabelecimento de normas gerais para a fixação de emolumentos relativos aos atos praticados pelos serviços notariais e de registro.

▶ Dec. nº 6.289, de 6-12-2007, estabelece o Compromisso Nacional pela Erradicação do Sub-registro Civil de Nascimento e Ampliação do Acesso à Documentação Básica, institui o Comitê Gestor Nacional do Plano Social Registro Civil de Nascimento e Documentação Básica e a Semana Nacional de Mobilização para o Registro Civil de Nascimento e a Documentação Básica.

### TÍTULO II – DO REGISTRO CIVIL DAS PESSOAS NATURAIS

#### Capítulo V

### DA HABILITAÇÃO PARA O CASAMENTO

▶ O disposto neste Capítulo revoga implicitamente os arts. 742 a 745 do CPC antigo, que haviam sido mantidos pelo atual CPC (art. 1.218, IX).

**Art. 67.** Na habilitação para o casamento, os interessados, apresentando os documentos exigidos pela lei civil, requererão ao oficial do registro do distrito de residência de um dos nubentes, que lhes expeça certidão de que se acham habilitados para se casarem.

▶ Arts. 1.525 a 1.532 do CC.

§ 1º Autuada a petição com os documentos, o oficial mandará afixar proclamas de casamento em lugar ostensivo de seu cartório e fará publicá-los na imprensa local, se houver. Em seguida, abrirá vista dos autos ao órgão do Ministério Público, para manifestar-se sobre o pedido e requerer o que for necessário à sua regularidade, podendo exigir a apresentação de atestado de residência, firmado por autoridade policial, ou qualquer outro elemento de convicção admitido em direito.

§ 2º Se o órgão do Ministério Público impugnar o pedido ou a documentação, os autos serão encaminhados ao juiz, que decidirá sem recurso.

§ 3º Decorrido o prazo de quinze dias a contar da afixação do edital em cartório, se não aparecer quem oponha impedimento nem constar algum dos que de ofício deva declarar, ou se tiver sido rejeitada a impugnação do órgão do Ministério Público, o oficial do registro certificará a circunstância nos autos e entregará aos nubentes certidão de que estão habilitados para se casar dentro do prazo previsto em lei.

§ 4º Se os nubentes residirem em diferentes distritos do Registro Civil, em um e em outro se publicará e se registrará o edital.

§ 5º Se houver apresentação de impedimento, o oficial dará ciência do fato aos nubentes, para que indiquem em três dias prova que pretendam produzir, e remeterá os autos a juízo; produzidas as provas pelo oponente e pelos nubentes, no prazo de dez dias, com ciência do Ministério Público, e ouvidos os interessados e o órgão do Ministério Público em cinco dias, decidirá o juiz em igual prazo.

§ 6º Quando o casamento se der em circunscrição diferente daquela da habilitação, o oficial do registro comunicará ao da habilitação esse fato, com os elementos necessários às anotações nos respectivos autos.

**Art. 68.** Se o interessado quiser justificar fato necessário à habilitação para o casamento, deduzirá sua intenção perante o juiz competente, em petição circunstanciada, indicando testemunhas e apresentando documentos que comprovem as alegações.

§ 1º Ouvidas as testemunhas, se houver, dentro do prazo de cinco dias, com a ciência do órgão do Ministério Público, este terá o prazo de vinte e quatro horas para manifestar-se, decidindo o juiz em igual prazo, sem recurso.

§ 2º Os autos da justificação serão encaminhados ao oficial do registro para serem anexados ao processo da habilitação matrimonial.

CAPÍTULO XII

DA AVERBAÇÃO

**Art. 97.** A averbação será feita pelo oficial do cartório em que constar o assento à vista da carta de sentença, de mandado ou de petição acompanhada de certidão ou documento legal e autêntico, com audiência do Ministério Público.

**Art. 98.** A averbação será feita à margem do assento, quando não houver espaço, no livro corrente, com as notas e remissões recíprocas, que facilitem a busca.

**Art. 99.** A averbação será feita mediante a indicação minuciosa da sentença ou ato que a determinar.

**Art. 100.** No livro de casamento, será feita averbação da sentença de nulidade e anulação de casamento, bem como de desquite, declarando-se a data em que o juiz a proferiu, a sua conclusão, os nomes das partes e o trânsito em julgado.

§ 1º Antes de averbação, as sentenças não produzirão efeito contra terceiros.

§ 2º As sentenças de nulidade ou anulação de casamento não serão averbadas enquanto sujeitas a recurso, qualquer que seja o seu efeito.

§ 3º A averbação a que se refere o parágrafo anterior será feita a vista da carta de sentença, subscrita pelo presidente ou outro juiz do tribunal que julgar a ação em grau de recurso, da qual constem os requisitos mencionados neste artigo e, ainda, certidão do trânsito em julgado do acórdão.

§ 4º O oficial do registro comunicará, dentro de quarenta e oito horas, o lançamento da averbação respectiva ao juiz que houver subscrito a carta de sentença mediante ofício sob registro postal.

§ 5º Ao oficial, que deixar de cumprir as obrigações consignadas nos parágrafos anteriores, será imposta a multa de cinco salários mínimos da região e a suspensão do cargo até seis meses; em caso de reincidência ser-lhe-á aplicada, em dobro, a pena pecuniária, ficando sujeito à perda do cargo.

**Art. 101.** Será também averbado, com as mesmas indicações e efeitos, o ato de restabelecimento de sociedade conjugal.

**Art. 102.** No livro de nascimento, serão averbados:

▶ Lei nº 8.069, de 13-7-1990 (ECA).

1º) as sentenças que julgarem ilegítimos os filhos concebidos na constância do casamento;
2º) as sentenças que declararem legítima a filiação;
3º) as escrituras de adoção e os atos que a dissolverem;
4º) o reconhecimento judicial ou voluntário dos filhos ilegítimos;
5º) a perda de nacionalidade brasileira, quando comunicada pelo Ministério da Justiça;
6º) a perda e a suspensão do pátrio poder.

▶ A Lei nº 10.406, de 10-1-2002 (Código Civil), substituiu a expressão "pátrio poder" por "poder familiar".

**Art. 103.** Será feita, ainda de ofício, diretamente quando no mesmo cartório, ou por comunicação do oficial que registrar o casamento, a averbação da legitimação dos filhos por subsequente matrimônio dos pais, quando tal circunstância constar do assento de casamento.

▶ Art. 227, § 6º, da CF.

**Art. 104.** No livro de emancipação, interdições e ausências, será feita a averbação das sentenças que puserem termo à interdição, das substituições dos curadores de interditos ou ausentes, das alterações dos limites de curatela, da cessação ou mudança de internação, bem como da cessação de ausência pelo aparecimento do ausente, de acordo com o disposto nos artigos anteriores.

Parágrafo único. Averbar-se-á, também, no assento de ausência, a sentença de abertura de sucessão provisória, após o trânsito em julgado, com referência especial ao testamento do ausente se houver e indicação de seus herdeiros habilitados.

**Art. 105.** Para a averbação de escritura de adoção de pessoa cujo registro de nascimento haja sido feito fora do país, será trasladado, sem ônus para os interessados, no Livro "A" do Cartório do 1º Ofício ou da 1ª subdivisão judiciária da comarca em que for domiciliado o adotante, aquele registro, legalmente traduzido, se for o caso, para que se faça, à margem dele, a competente averbação.

▶ Artigo revogado tacitamente pelo ECA cujo art. 47 dispõe em contrário sobre a matéria. Arts. 39 a 52, sobre adoção, do referido Estatuto.

## CAPÍTULO XIII
### DAS ANOTAÇÕES

**Art. 106.** Sempre que o oficial fizer algum registro ou averbação, deverá, no prazo de cinco dias, anotá-lo nos atos anteriores, com remissões recíprocas, se lançados em seu cartório, ou fará comunicação, com resumo do assento, ao oficial em cujo cartório estiverem os registros primitivos, obedecendo-se sempre à forma prescrita no artigo 98.

Parágrafo único. As comunicações serão feitas mediante cartas relacionadas em protocolo, anotando-se à margem ou sob o ato comunicado o número do protocolo e ficarão arquivadas no cartório que as receber.

**Art. 107.** O óbito deverá ser anotado, com as remissões recíprocas, nos assentos de casamento e nascimento, e o casamento no deste.

§ 1º A emancipação, a interdição e a ausência serão anotadas pela mesma forma, nos assentos de nascimento e casamento, bem como a mudança do nome da mulher, em virtude de casamento, ou sua dissolução, anulação ou desquite.

§ 2º A dissolução e a anulação do casamento e o restabelecimento da sociedade conjugal serão, também, anotadas nos assentos de nascimento dos cônjuges.

**Art. 108.** Os oficiais, além das penas disciplinares em que incorrerem, são responsáveis civil e criminalmente pela omissão ou atraso na remessa de comunicações a outros cartórios.

## CAPÍTULO XIV
### DAS RETIFICAÇÕES, RESTAURAÇÕES E SUPRIMENTOS

▶ Lei nº 3.764, de 25-4-1960, estabelece rito sumaríssimo para retificações no registro civil.

**Art. 109.** Quem pretender que se restaure, supra ou retifique assentamento no Registro Civil, requererá, em petição fundamentada e instruída com documentos ou com indicação de testemunhas, que o juiz o ordene, ouvido o órgão do Ministério Público e os interessados, no prazo de cinco dias, que correrá em cartório.

§ 1º Se qualquer interessado ou o órgão do Ministério Público impugnar o pedido, o juiz determinará a produção da prova, dentro do prazo de dez dias e ouvidos, sucessivamente, em três dias, os interessados e o órgão do Ministério Público, decidirá em cinco dias.

§ 2º Se não houver impugnação ou necessidade de mais provas, o juiz decidirá no prazo de cinco dias.

§ 3º Da decisão do juiz, caberá o recurso de apelação com ambos os efeitos.

▶ Súm. nº 120 do TFR.

§ 4º Julgado procedente o pedido, o juiz ordenará que se expeça mandado para que seja lavrado, restaurado ou retificado o assentamento, indicando, com precisão, os fatos ou circunstâncias que devam ser retificados, e em que sentido, ou os que devam ser objeto do novo assentamento.

§ 5º Se houver de ser cumprido em jurisdição diversa, o mandado será remetido, por ofício, ao juiz sob cuja jurisdição estiver o cartório do Registro Civil e, com o seu "cumpra-se", executar-se-á.

§ 6º As retificações serão feitas à margem do registro, com as indicações necessárias ou, quando for o caso, com a trasladação do mandado, que ficará arquivado. Se não houver espaço, far-se-á o transporte do assento, com as remissões à margem do registro original.

▶ Arts. 513 a 519 e 521 do CPC.

**Art. 110.** Os erros que não exijam qualquer indagação para a constatação imediata de necessidade de sua correção poderão ser corrigidos de ofício pelo oficial de registro no próprio cartório onde se encontrar o assentamento, mediante petição assinada pelo interessado, representante legal ou procurador, independentemente de pagamento de selos e taxas, após manifestação conclusiva do Ministério Público.

§ 1º Recebido o requerimento instruído com os documentos que comprovem o erro, o oficial submetê-lo-á ao órgão do Ministério Público que o despachará em 5 (cinco) dias.

§ 2º Quando a prova depender de dados existentes no próprio cartório, poderá o oficial certificá-lo nos autos.

§ 3º Entendendo o órgão do Ministério Público que o pedido exige maior indagação, requererá ao juiz a distribuição dos autos a um dos cartórios da circunscrição, caso em que se processará a retificação, com assistência de advogado, observado o rito sumaríssimo.

§ 4º Deferido o pedido, o oficial averbará a retificação à margem do registro, mencionando o número do protocolo e a data da sentença e seu trânsito em julgado, quando for o caso.

▶ Art. 110 com a redação dada pela Lei nº 12.100, de 27-11-2009.
▶ Arts. 275 a 281 do CPC.

**Art. 111.** Nenhuma justificação em matéria de registro civil, para retificação, restauração ou abertura de assento, será entregue à parte.

**Art. 112.** Em qualquer tempo poderá ser apreciado o valor probante da justificação, em original ou por traslado, pela autoridade judiciária competente, ao conhecer de ações que se relacionem com os fatos justificados.

**Art. 113.** As questões de filiação legítima ou ilegítima serão decididas em processo contencioso para anulação ou reforma de assento.

# TÍTULO V – DO REGISTRO DE IMÓVEIS

## CAPÍTULO III
### DO PROCESSO DE REGISTRO

**Art. 198.** Havendo exigência a ser satisfeita, o oficial indicá-la-á por escrito. Não se conformando o apresentante com a exigência do oficial, ou não a podendo satisfazer, será o título, a seu requerimento e com a declaração de dúvida, remetido ao juízo competente para dirimi-la, obedecendo-se ao seguinte:

I – no protocolo, anotará o oficial, à margem da prenotação, a ocorrência da dúvida;
II – após certificar, no título, a prenotação e a suscitação da dúvida rubricará o oficial todas as suas folhas;
III – em seguida, o oficial dará ciência dos termos da dúvida ao apresentante, fornecendo-lhe cópia da suscitação e notificando-o para impugná-la, perante o juízo competente, no prazo de quinze dias;
IV – certificado o cumprimento do disposto no item anterior, remeter-se-ão ao juízo competente, mediante carga, as razões da dúvida, acompanhadas do título.

**Art. 199.** Se o interessado não impugnar a dúvida no prazo referido no item III do artigo anterior, será ela, ainda assim, julgada por sentença.

**Art. 200.** Impugnada a dúvida com os documentos que o interessado apresentar, será ouvido o Ministério Público, no prazo de dez dias.

**Art. 201.** Se não forem requeridas diligências, o juiz proferirá decisão no prazo de quinze dias, com base nos elementos constantes dos autos.

**Art. 202.** Da sentença, poderão interpor apelação, com os efeitos devolutivo e suspensivo, o interessado, o Ministério Público e o terceiro prejudicado.

▶ Arts. 513 a 519 e 521 do CPC.

**Art. 203.** Transitada em julgado a decisão da dúvida, proceder-se-á do seguinte modo:

I – se for julgada procedente, os documentos serão restituídos à parte independentemente de traslado, dando-se ciência da decisão ao oficial, para que a consigne no protocolo e cancele a prenotação;
II – se for julgada improcedente o interessado apresentará, de novo, os seus documentos, com o respectivo mandado, ou certidão da sentença, que ficarão arquivados, para que, desde logo, se proceda ao registro, declarando o oficial o fato na coluna de anotações do Protocolo.

**Art. 204.** A decisão da dúvida tem natureza administrativa e não impede o uso do processo contencioso competente.

**Art. 205.** Cessarão automaticamente os efeitos da prenotação se, decorridos trinta dias do seu lançamento no Protocolo, o título não tiver sido registrado, por omissão do interessado em atender às exigências legais.

**Art. 206.** Se o documento, uma vez prenotado, não puder ser registrado ou o apresentante desistir de seu registro, a importância relativa às despesas previstas no artigo 14 será restituída, deduzida a quantia correspondente às buscas e à prenotação.

**Art. 207.** No processo de dúvida, somente serão devidas custas, a serem pagas pelo interessado, quando a dúvida for julgada procedente.

**Art. 208.** O registro começado dentro das horas fixadas não será interrompido, salvo motivo de força maior declarado, prorrogando-se o expediente até ser concluído.

**Art. 209.** Durante a prorrogação nenhuma nova apresentação será admitida, lavrando o termo de encerramento no Protocolo.

**Art. 210.** Todos os atos serão assinados e encerrados pelo oficial, por seu substituto legal, ou por escrevente expressamente designado pelo oficial ou por seu substituto legal e autorizado pelo juiz competente ainda que os primeiros não estejam nem afastados nem impedidos.

**Art. 211.** Nas vias dos títulos restituídas aos apresentantes, serão declarados resumidamente, por carimbo, os atos praticados.

**Art. 212.** Se o registro ou a averbação for omissa, imprecisa ou não exprimir a verdade, a retificação será feita pelo Oficial do Registro de Imóveis competente, a requerimento do interessado, por meio do procedimento administrativo previsto no art. 213, facultado ao interessado requerer a retificação por meio de procedimento judicial.

▶ *Caput* com a redação dada pela Lei nº 10.931, de 2-8-2004.

Parágrafo único. A opção pelo procedimento administrativo previsto no art. 213 não exclui a prestação jurisdicional, a requerimento da parte prejudicada.

▶ Parágrafo único acrescido pela Lei nº 10.931, de 2-8-2004.

**Art. 213.** O oficial retificará o registro ou a averbação:

▶ *Caput* com a redação dada pela Lei nº 10.931, de 2-8-2004.

I – de ofício ou a requerimento do interessado nos casos de:

a) omissão ou erro cometido na transposição de qualquer elemento do título;
b) indicação ou atualização de confrontação;
c) alteração de denominação de logradouro público, comprovada por documento oficial;
d) retificação que vise a indicação de rumos, ângulos de deflexão ou inserção de coordenadas georreferenciadas, em que não haja alteração das medidas perimetrais;
e) alteração ou inserção que resulte de mero cálculo matemático feito a partir das medidas perimetrais constantes do registro;
f) reprodução de descrição de linha divisória de imóvel confrontante que já tenha sido objeto de retificação;
g) inserção ou modificação dos dados de qualificação pessoal das partes, comprovada por documentos oficiais, ou mediante despacho judicial quando houver necessidade de produção de outras provas;

II – a requerimento do interessado, no caso de inserção ou alteração de medida perimetral de que resulte, ou não, alteração de área, instruído com planta e memorial descritivo assinado por profissional legalmente habilitado, com prova de anotação de responsabilidade técnica no competente Conselho Regional de Engenharia e Arquitetura – CREA, bem assim pelos confrontantes.

▶ Incisos I e II acrescidos pela Lei nº 10.931, de 2-8-2004.

§ 1º Uma vez atendidos os requisitos de que trata o *caput* do art. 225, o oficial averbará a retificação.

§ 2º Se a planta não contiver a assinatura de algum confrontante, este será notificado pelo Oficial de Registro de Imóveis competente, a requerimento do interessado, para se manifestar em quinze dias, promovendo-se a notificação pessoalmente ou pelo correio, com aviso de recebimento, ou, ainda, por solicitação do Oficial de Registro de Imóveis, pelo Oficial de Registro de Títulos e Documentos da comarca da situação do imóvel ou do domicílio de quem deva recebê-la.

§ 3º A notificação será dirigida ao endereço do confrontante constante do Registro de Imóveis, podendo ser dirigida ao próprio imóvel contíguo ou àquele fornecido pelo requerente; não sendo encontrado o confrontante ou estando em lugar incerto e não sabido, tal fato será certificado pelo oficial encarregado da diligência, promovendo-se a notificação do confrontante mediante edital, com o mesmo prazo fixado no § 2º, publicado por duas vezes em jornal local de grande circulação.

§ 4º Presumir-se-á a anuência do confrontante que deixar de apresentar impugnação no prazo da notificação.

§ 5º Findo o prazo sem impugnação, o oficial averbará a retificação requerida; se houver impugnação fundamentada por parte de algum confrontante, o oficial intimará o requerente e o profissional que houver assinado a planta e o memorial a fim de que, no prazo de cinco dias, se manifestem sobre a impugnação.

▶ §§ 1º a 5º com a redação dada pela Lei nº 10.931, de 2-8-2004.

§ 6º Havendo impugnação e se as partes não tiverem formalizado transação amigável para solucioná-la, o oficial remeterá o processo ao juiz competente, que decidirá de plano ou após instrução sumária, salvo se a controvérsia versar sobre o direito de propriedade de alguma das partes, hipótese em que remeterá o interessado para as vias ordinárias.

§ 7º Pelo mesmo procedimento previsto neste artigo poderão ser apurados os remanescentes de áreas parcialmente alienadas, caso em que serão considerados como confrontantes tão somente os confinantes das áreas remanescentes.

§ 8º As áreas públicas poderão ser demarcadas ou ter seus registros retificados pelo mesmo procedimento previsto neste artigo, desde que constem do registro ou sejam logradouros devidamente averbados.

§ 9º Independentemente de retificação, dois ou mais confrontantes poderão, por meio de escritura pública, alterar ou estabelecer as divisas entre si e, se houver transferência de área, com o recolhimento do devido imposto de transmissão e desde que preservadas, se rural o imóvel, a fração mínima de parcelamento e, quando urbano, a legislação urbanística.

§ 10. Entendem-se como confrontantes não só os proprietários dos imóveis contíguos, mas, também, seus eventuais ocupantes; o condomínio geral, de que tratam os arts. 1.314 e seguintes do Código Civil, será representado por qualquer dos condôminos e o condomínio edilício, de que tratam os arts. 1.331 e seguintes do Código Civil, será representado, conforme o caso, pelo síndico ou pela Comissão de Representantes.

§ 11. Independe de retificação:

I – a regularização fundiária de interesse social realizada em Zonas Especiais de Interesse Social, nos termos da Lei nº 10.257, de 10 de julho de 2001, promovida por Município ou pelo Distrito Federal, quando os lotes já estiverem cadastrados individualmente ou com lançamento fiscal há mais de vinte anos;

II – a adequação da descrição de imóvel rural às exigências dos arts. 176, §§ 3º e 4º, e 225, § 3º, desta Lei.

§ 12. Poderá o oficial realizar diligências no imóvel para a constatação de sua situação em face dos confrontantes e localização na quadra.

§ 13. Não havendo dúvida quanto à identificação do imóvel, o título anterior à retificação poderá ser levado a registro desde que requerido pelo adquirente, promovendo-se o registro em conformidade com a nova descrição.

§ 14. Verificado a qualquer tempo não serem verdadeiros os fatos constantes do memorial descritivo, responderão os requerentes e o profissional que o elaborou pelos prejuízos causados, independentemente das sanções disciplinares e penais.

§ 15. Não são devidos custas ou emolumentos notariais ou de registro decorrentes de regularização fundiária de interesse social a cargo da administração pública.

▶ §§ 6º a 15 acrescidos pela Lei nº 10.931, de 2-8-2004.

**Art. 214.** As nulidades de pleno direito do registro, uma vez provadas, invalidam-no, independentemente de ação direta.

§ 1º A nulidade será decretada depois de ouvidos os atingidos.

§ 2º Da decisão tomada no caso do § 1º caberá apelação ou agravo conforme o caso.

§ 3º Se o juiz entender que a superveniência de novos registros poderá causar danos de difícil reparação poderá determinar de ofício, a qualquer momento, ainda que sem oitiva das partes, o bloqueio da matrícula do imóvel.

§ 4º Bloqueada a matrícula, o oficial não poderá mais nela praticar qualquer ato, salvo com autorização judicial, permitindo-se, todavia, aos interessados a prenotação de seus títulos, que ficarão com o prazo prorrogado até a solução do bloqueio.

§ 5º A nulidade não será decretada se atingir terceiro de boa-fé que já tiver preenchido as condições de usucapião do imóvel.

▶ §§ 1º a 5º acrescidos pela Lei nº 10.931, de 2-8-2004.

**Art. 215.** São nulos os registros efetuados após sentença de abertura de falência, ou do termo legal nele fixado, salvo se a apresentação tiver sido feita anteriormente.

**Art. 216.** O registro poderá também ser retificado ou anulado por sentença em processo contencioso, ou por efeito do julgado em ação de anulação ou de declaração de nulidade de ato jurídico, ou de julgado sobre fraude à execução.
▶ Art. 486 do CPC.

## Capítulo IX
### DO BEM DE FAMÍLIA

▶ Súm. nº 449 do STJ.

**Art. 260.** A instituição do bem de família far-se-á por escritura pública, declarando o instituidor que determinado prédio se destina a domicílio de sua família e ficará isento de execução por dívida.

▶ Ao disciplinar a matéria sobre o bem de família, a Lei dos Registros Públicos revogou os arts. 647 a 651 do CPC/1939, que tratavam do assunto, mantidos em vigor, até então, pelo CPC vigente.
▶ Arts. 1.711 a 1.722 do CC.
▶ Lei nº 8.009, de 29-3-1990 (Lei da Impenhorabilidade do Bem de Família).

**Art. 261.** Para a inscrição do bem de família, o instituidor apresentará ao oficial do registro a escritura pública de instituição, para que mande publicá-la na imprensa local e, à falta, na da Capital do Estado ou do Território.

**Art. 262.** Se não ocorrer razão para dúvida, o oficial fará a publicação, em forma de edital, do qual constará:

I – o resumo da escritura, nome, naturalidade e profissão do instituidor, data do instrumento e nome do tabelião que o fez, situação e característicos do prédio;

II – o aviso de que, se alguém se julgar prejudicado, deverá, dentro em trinta dias, contados da data da publicação, reclamar contra a instituição, por escrito e perante o oficial.

**Art. 263.** Findo o prazo do nº II do artigo anterior, sem que tenha havido reclamação, o oficial transcreverá a escritura, integralmente, no Livro nº 3 e fará a inscrição na competente matrícula, arquivando um exemplar do jornal em que a publicação houver sido feita e restituindo o instrumento ao apresentante, com a nota da inscrição.

**Art. 264.** Se for apresentada reclamação, dela fornecerá o oficial, ao instituidor, cópia autêntica e lhe restituirá a escritura, com a declaração de haver sido suspenso o registro, cancelando a prenotação.

§ 1º O instituidor poderá requerer ao juiz que ordene o registro, sem embargo da reclamação.

§ 2º Se o juiz determinar que se proceda ao registro, ressalvará ao reclamante o direito de recorrer à ação competente para anular a instituição ou de fazer execução sobre o prédio instituído, na hipótese de tratar-se de dívida anterior e cuja solução se tornou inexequível em virtude do ato da instituição.

§ 3º O despacho do juiz será irrecorrível e, se deferir o pedido, será transcrito integralmente, juntamente com o instrumento.

**Art. 265.** Quando o bem de família for instituído juntamente com a transmissão da propriedade (Decreto-Lei nº 3.200, de 14 de abril de 1941, artigo 8º, § 5º), a inscrição far-se-á imediatamente após o registro da transmissão ou, se for o caso, com a matrícula.

## Capítulo XI
### DO REGISTRO TORRENS

**Art. 277.** Requerida a inscrição de imóvel rural no registro Torrens, o oficial protocolará e autuará o requerimento e documentos que o instruírem e verificará se o pedido se acha em termos de ser despachado.

**Art. 278.** O requerimento será instruído com:

I – os documentos comprobatórios do domínio do requerente;

II – a prova de quaisquer atos que modifiquem ou limitem a sua propriedade;

III – o memorial de que constem os encargos do imóvel, os nomes dos ocupantes, confrontantes, quaisquer interessados, e a indicação das respectivas residências;

IV – a planta do imóvel, cuja escala poderá variar entre os limites: 1:500 m (1/500) e 1:5 000 m (1/5 000).

§ 1º O levantamento da planta obedecerá às seguintes regras:

a) empregar-se-ão goniômetros ou outros instrumentos de maior precisão;
b) a planta será orientada segundo o mediano do lugar, determinada a declinação magnética;
c) fixação dos pontos de referência necessários a verificações ulteriores e de marcos especiais, ligados a pontos certos e estáveis nas sedes das propriedades, de maneira que a planta possa incorporar-se à carta geral cadastral.

§ 2º Às plantas serão anexadas o memorial e as cadernetas das operações de campo, autenticadas pelo agrimensor.

**Art. 279.** O imóvel sujeito a hipoteca ou ônus real não será admitido a registro sem consentimento expresso do credor hipotecário ou da pessoa em favor de quem se tenha instituído o ônus.

**Art. 280.** Se o oficial considerar irregular o pedido ou a documentação, poderá conceder o prazo de trinta dias para que o interessado os regularize. Se o requerente não estiver de acordo com a exigência do oficial, este suscitará dúvida.

**Art. 281.** Se o oficial considerar em termos o pedido, remetê-lo-á a juízo para ser despachado.

**Art. 282.** O juiz, distribuído o pedido a um dos cartórios judiciais, se entender que os documentos justificam a propriedade do requerente, mandará expedir edital que será afixado no lugar de costume e publicado uma vez no órgão oficial do Estado e três vezes na imprensa local, se houver, marcando prazo não menor de dois meses, nem maior de quatro meses para que se ofereça oposição.

**Art. 283.** O juiz ordenará, de ofício ou a requerimento da parte, que, à custa do peticionário, se notifiquem do requerimento as pessoas nele indicadas.

**Art. 284.** Em qualquer hipótese, será ouvido o órgão do Ministério Público, que poderá impugnar o registro *por falta de prova completa do domínio* ou preterição de outra formalidade legal.

**Art. 285.** Feita a publicação do edital, a pessoa que se julgar com direito sobre o imóvel, no todo ou em parte, poderá contestar o pedido no prazo de quinze dias.

§ 1º A contestação mencionará o nome e a residência do réu, fará a descrição exata do imóvel e indicará os direitos reclamados e os títulos em que se fundarem.

§ 2º Se não houver contestação, e se o Ministério Público não impugnar o pedido, o juiz ordenará que se inscreva o imóvel, que ficará, assim, submetido aos efeitos do registro Torrens.

**Art. 286.** Se houver contestação ou impugnação, o procedimento será ordinário, cancelando-se, mediante mandado, a prenotação.

**Art. 287.** Da sentença que deferir, ou não, o pedido, cabe o recurso de apelação, com ambos os efeitos.

**Art. 288.** Transitada em julgado a sentença que deferir o pedido, o oficial inscreverá, na matrícula, o julgado que determinou a submissão do imóvel aos efeitos do registro Torrens, arquivando em cartório a documentação autuada.

.............................................................................

Brasília, 31 de dezembro de 1973;
152º da Independência e
85º da República.
**Emílio G. Médici**

## LEI Nº 6.338,
## DE 7 DE JUNHO DE 1976

*Inclui as ações de indenização por acidente do trabalho entre as que têm curso nas férias forenses.*

▶ Publicada no *DOU* de 8-6-1976.

**Art. 1º** As ações relativas à reclamação de direitos decorrentes da Lei nº 5.316, de 14 de setembro de 1967, processar-se-ão durante as férias forenses e não se suspenderão pela superveniência delas, de conformidade com o disposto no artigo 174, III, do Código de Processo Civil.

▶ A Lei nº 5.316, de 14-9-1967, foi revogada pela Lei nº 6.367, de 19-10-1976, sobre acidentes no trabalho (*DOU* de 21-10-1976).

**Art. 2º** Esta Lei entrará em vigor na data de sua publicação, revogadas as disposições em contrário.

Brasília, 7 de junho de 1976;
155º da Independência e
88º da República.
**Ernesto Geisel**

## LEI Nº 6.515,
## DE 26 DE DEZEMBRO DE 1977

*Regula os casos de dissolução da sociedade conjugal e do casamento, seus efeitos e respectivos processos, e dá outras providências.*

▶ Publicada no *DOU* de 27-12-1977.
▶ Arts. 1.571 a 1.582 do CC.

**Art. 1º** A separação judicial, a dissolução do casamento, ou a cessação de seus efeitos civis, de que trata a Emenda Constitucional nº 9, de 28 de junho de 1977, ocorrerão nos casos e segundo a forma que esta Lei regula.

▶ EC nº 66, de 13-7-2010, suprimiu o requisito da prévia separação judicial para a dissolução do casamento civil pelo divórcio.
▶ Art. 226, § 6º, da CF.

### CAPÍTULO I
### DA DISSOLUÇÃO DA SOCIEDADE CONJUGAL

**Art. 2º** A sociedade conjugal termina:

I – pela morte de um dos cônjuges;
II – pela nulidade ou anulação do casamento;
III – pela separação judicial;

▶ EC nº 66, de 13-7-2010, suprimiu o requisito da prévia separação judicial para a dissolução do casamento civil pelo divórcio.

IV – pelo divórcio.

Parágrafo único. O casamento válido somente se dissolve pela morte de um dos cônjuges ou pelo divórcio.

▶ Art. 226, § 6º, da CF.

*SEÇÃO I*
### DOS CASOS E EFEITOS
### DA SEPARAÇÃO JUDICIAL

▶ EC nº 66, de 13-7-2010, suprimiu o requisito da prévia separação judicial para a dissolução do casamento civil pelo divórcio.

**Art. 3º** A separação judicial põe termo aos deveres de coabitação, fidelidade recíproca e ao regime matrimonial de bens, como se o casamento fosse dissolvido.

▶ Arts. 1.566 e 1.639 a 1.688 do CC.

§ 1º O procedimento judicial da separação caberá somente aos cônjuges, e, no caso de incapacidade, serão representados por curador, ascendente ou irmão.

§ 2º O juiz deverá promover todos os meios para que as partes se reconciliem ou transijam, ouvindo pessoal e separadamente cada uma delas e, a seguir, reunindo-as em sua presença, se assim considerar necessário.

§ 3º Após a fase prevista no parágrafo anterior, se os cônjuges pedirem, os advogados deverão ser chamados a assistir aos entendimentos e deles participar.

**Art. 4º** Dar-se-á a separação judicial por mútuo consentimento dos cônjuges, se forem casados há mais de dois anos, manifestado perante o juiz e devidamente homologado.

▶ Art. 1.574 do CC.
▶ Arts. 1.120 a 1.124-A do CPC.

**Art. 5º** A separação judicial pode ser pedida por um só dos cônjuges quando imputar ao outro conduta desonrosa ou qualquer ato que importe em grave violação dos deveres do casamento e tornem insuportável a vida em comum.

§ 1º A separação judicial pode, também, ser pedida se um dos cônjuges provar a ruptura da vida em comum há mais de um ano consecutivo, e a impossibilidade de sua reconstituição.

▶ § 1º com a redação dada pela Lei nº 8.408, de 13-2-1992.

§ 2º O cônjuge pode ainda pedir a separação judicial quando o outro estiver acometido de grave doença mental, manifestada após o casamento, que torne impossível a continuação da vida em comum, desde que, após uma duração de cinco anos, a enfermidade tenha sido reconhecida de cura improvável.

§ 3º Nos casos dos parágrafos anteriores, reverterão, ao cônjuge que não houver pedido a separação judicial, os remanescentes dos bens que levou para o casamento, e, se o regime de bens adotado o permitir, também a meação nos adquiridos na constância da sociedade conjugal.

**Art. 6º** Nos casos dos §§ 1º e 2º do artigo anterior, a separação judicial poderá ser negada, se constituir, respectivamente, causa de agravamento das condições pessoais ou da doença do outro cônjuge, ou determinar, em qualquer caso, consequências morais de excepcional gravidade para os filhos menores.

**Art. 7º** A separação judicial importará na separação de corpos e na partilha de bens.

§ 1º A separação de corpos poderá ser determinada como medida cautelar (artigo 796 do Código de Processo Civil).

▶ Art. 1.562 do CC.

§ 2º A partilha de bens poderá ser feita mediante proposta dos cônjuges e homologada pelo juiz ou por este decidida.

**Art. 8º** A sentença que julgar a separação judicial produz seus efeitos à data de seu trânsito em julgado, ou à da decisão que tiver concedido separação cautelar.

Seção II

DA PROTEÇÃO DA PESSOA DOS FILHOS

▶ EC nº 66, de 13-7-2010, suprimiu o requisito da prévia separação judicial para a dissolução do casamento civil pelo divórcio.
▶ Arts. 1.583 a 1.590 do CC.

**Art. 9º** No caso de dissolução da sociedade conjugal pela separação judicial consensual (artigo 4º), observar-se-á o que os cônjuges acordarem sobre a guarda dos filhos.

**Art. 10.** Na separação judicial fundada no *caput* do artigo 5º, os filhos menores ficarão com o cônjuge que a ela não houver dado causa.

§ 1º Se pela separação judicial forem responsáveis ambos os cônjuges, os filhos menores ficarão em poder da mãe, salvo se o juiz verificar que de tal solução possa advir prejuízo de ordem moral para eles.

§ 2º Verificado que não devem os filhos permanecer em poder da mãe nem do pai, deferirá o juiz a sua guarda a pessoa notoriamente idônea da família de qualquer dos cônjuges.

**Art. 11.** Quando a separação judicial ocorrer com fundamento no § 1º do artigo 5º, os filhos ficarão em poder do cônjuge em cuja companhia estavam durante o tempo de ruptura da vida em comum.

**Art. 12.** Na separação judicial fundada no § 2º do artigo 5º, o juiz deferirá a entrega dos filhos ao cônjuge que estiver em condições de assumir, normalmente, a responsabilidade de sua guarda e educação.

**Art. 13.** Se houver motivos graves, poderá o juiz, em qualquer caso, a bem dos filhos, regular por maneira diferente da estabelecida nos artigos anteriores a situação deles com os pais.

**Art. 14.** No caso de anulação do casamento, havendo filhos comuns, observar-se-á o disposto nos artigos 10 e 13.

Parágrafo único. Ainda que nenhum dos cônjuges esteja de boa-fé ao contrair o casamento, seus efeitos civis aproveitarão aos filhos comuns.

▶ Art. 1.561 do CC.

**Art. 15.** Os pais, em cuja guarda não estejam os filhos, poderão visitá-los e tê-los em sua companhia, segundo fixar o juiz, bem como fiscalizar sua manutenção e educação.

**Art. 16.** As disposições relativas à guarda e à prestação de alimentos aos filhos menores estendem-se aos filhos maiores inválidos.

Seção III

DO USO DO NOME

▶ EC nº 66, de 13-7-2010, suprimiu o requisito da prévia separação judicial para a dissolução do casamento civil pelo divórcio.

**Art. 17.** Vencida na ação de separação judicial (artigo 5º, *caput*), voltará a mulher a usar o nome de solteira.

▶ Arts. 5º, I, e 226, § 5º, da CF.
▶ Art. 1.571, § 2º, do CC.

§ 1º Aplica-se, ainda, o disposto neste artigo, quando é da mulher a iniciativa da separação judicial com fundamento nos §§ 1º e 2º do artigo 5º.

§ 2º Nos demais casos, caberá à mulher a opção pela conservação do nome de casada.

**Art. 18.** Vencedora na ação de separação judicial (artigo 5º, *caput*), poderá a mulher renunciar, a qualquer momento, ao direito de usar o nome do marido.

Seção IV

DOS ALIMENTOS

▶ EC nº 66, de 13-7-2010, suprimiu o requisito da prévia separação judicial para a dissolução do casamento civil pelo divórcio.
▶ Arts. 1.694 a 1.710 do CC.
▶ Lei nº 5.478, de 25-7-1968 (Lei da Ação de Alimentos).

**Art. 19.** O cônjuge responsável pela separação judicial prestará ao outro, se dela necessitar, a pensão que o juiz fixar.

▶ Súm. nº 337 do STJ.

**Art. 20.** Para manutenção dos filhos, os cônjuges, separados judicialmente, contribuirão na proporção de seus recursos.

**Art. 21.** Para assegurar o pagamento da pensão alimentícia, o juiz poderá determinar a constituição de garantia real ou fidejussória.

§ 1º Se o cônjuge credor preferir, o juiz poderá determinar que a pensão consista no usufruto de determinados bens do cônjuge devedor.

§ 2º Aplica-se, também, o disposto no parágrafo anterior, se o cônjuge credor justificar a possibilidade do não recebimento regular da pensão.

**Art. 22.** Salvo decisão judicial, as prestações alimentícias, de qualquer natureza, serão corrigidas monetariamente na forma dos índices de atualização das Obrigações do Tesouro Nacional – OTN.

Parágrafo único. No caso do não pagamento das referidas prestações no vencimento, o devedor responderá, ainda, por custas e honorários de advogado apurados simultaneamente.

**Art. 23.** A obrigação de prestar alimentos transmite-se aos herdeiros do devedor, na forma do artigo 1.796 do Código Civil.

## Capítulo II

### DO DIVÓRCIO

▶ EC nº 66, de 13-7-2010, suprimiu o requisito da prévia separação judicial para a dissolução do casamento civil pelo divórcio.

**Art. 24.** O divórcio põe termo ao casamento e aos efeitos civis do matrimônio religioso.

Parágrafo único. O pedido somente competirá aos cônjuges, podendo, contudo, ser exercido, em caso de incapacidade, por curador, ascendente ou irmão.

**Art. 25.** A conversão em divórcio da separação judicial dos cônjuges existente há mais de um ano, contada da data da decisão ou da que concedeu a medida cautelar correspondente (artigo 8º), será decretada por sentença, da qual não constará referência à causa que a determinou.

▶ *Caput* com a redação dada pela Lei nº 8.408, de 13-2-1992.

Parágrafo único. A sentença de conversão determinará que a mulher volte a usar o nome que tinha antes de contrair matrimônio, só conservando o nome de família do ex-marido se a alteração prevista neste artigo acarretar:

I – evidente prejuízo para a sua identificação;
II – manifesta distinção entre o seu nome de família e o dos filhos havidos da união dissolvida;
III – dano grave reconhecido em decisão judicial.

▶ Art. 1.571, § 2º, do CC.

**Art. 26.** No caso de divórcio resultante da separação prevista nos §§ 1º e 2º do artigo 5º, o cônjuge que teve a iniciativa da separação continuará com o dever de assistência ao outro (Código Civil, artigo 231, nº III).

**Art. 27.** O divórcio não modificará os direitos e deveres dos pais em relação aos filhos.

▶ Arts. 1.583 a 1.590, 1.630 a 1.638 e 1.696 do CC.

Parágrafo único. O novo casamento de qualquer dos pais ou de ambos também não importará restrição a esses direitos e deveres.

**Art. 28.** Os alimentos devidos pelos pais e fixados na sentença de separação poderão ser alterados a qualquer tempo.

**Art. 29.** O novo casamento do cônjuge credor da pensão extinguirá a obrigação do cônjuge devedor.

**Art. 30.** Se o cônjuge devedor da pensão vier a casar-se, o novo casamento não alterará sua obrigação.

**Art. 31.** Não se decretará o divórcio se ainda não houver sentença definitiva de separação judicial, ou se esta não tiver decidido sobre a partilha dos bens.

▶ Súm. nº 197 do STJ.

**Art. 32.** A sentença definitiva do divórcio produzirá efeitos depois de registrada no registro público competente.

**Art. 33.** Se os cônjuges divorciados quiserem restabelecer a união conjugal só poderão fazê-lo mediante novo casamento.

## Capítulo III

### DO PROCESSO

▶ EC nº 66, de 13-7-2010, suprimiu o requisito da prévia separação judicial para a dissolução do casamento civil pelo divórcio.

**Art. 34.** A separação judicial consensual se fará pelo procedimento previsto nos artigos 1.120 e 1.124 do Código de Processo Civil, e as demais pelo procedimento ordinário.

▶ Art. 1.124-A do CPC.

§ 1º A petição será também assinada pelos advogados das partes ou pelo advogado escolhido de comum acordo.

§ 2º O juiz pode recusar a homologação e não decretar a separação judicial, se comprovar que a convenção não preserva suficientemente os interesses dos filhos ou de um dos cônjuges.

§ 3º Se os cônjuges não puderem ou não souberem assinar, é lícito que outrem o faça a rogo deles.

§ 4º As assinaturas, quando não lançadas na presença do juiz, serão, obrigatoriamente, reconhecidas por tabelião.

**Art. 35.** A conversão da separação judicial em divórcio será feita mediante pedido de qualquer dos cônjuges.

▶ Art. 1.124-A do CPC.

Parágrafo único. O pedido será apensado aos autos da separação judicial (artigo 48).

**Art. 36.** Do pedido referido no artigo anterior, será citado o outro cônjuge, em cuja resposta não caberá reconvenção.

Parágrafo único. A contestação só pode fundar-se em:

I – falta do decurso de um ano da separação judicial;

▶ Inciso I com a redação dada pela Lei nº 7.841, de 17-10-1989.

II – descumprimento das obrigações assumidas pelo requerente na separação.

**Art. 37.** O juiz conhecerá diretamente do pedido, quando não houver contestação ou necessidade de produzir prova em audiência, e proferirá sentença dentro em dez dias.

▶ Art. 330 do CPC.

§ 1º A sentença limitar-se-á à conversão da separação em divórcio, que não poderá ser negada, salvo se provada qualquer das hipóteses previstas no parágrafo único do artigo anterior.

§ 2º A improcedência do pedido de conversão não impede que o mesmo cônjuge o renove, desde que satisfeita a condição anteriormente descumprida.

**Art. 38.** *Revogado.* Lei nº 7.841, de 17-10-1989.

**Art. 39.** No Capítulo III do Título II do Livro IV do Código de Processo Civil, as expressões "desquite por mútuo consentimento", "desquite" e "desquite litigioso" são substituídas por "separação consensual" e "separação judicial".

CAPÍTULO IV

### DAS DISPOSIÇÕES FINAIS E TRANSITÓRIAS

▶ EC nº 66, de 13-7-2010, suprimiu o requisito da prévia separação judicial para a dissolução do casamento civil pelo divórcio.

**Art. 40.** No caso de separação de fato, e desde que completados dois anos consecutivos, poderá ser promovida ação de divórcio, na qual deverá ser comprovado decurso do tempo da separação.

§ 1º *Revogado.* Lei nº 7.841, de 17-10-1989.

§ 2º No divórcio consensual, o procedimento adotado será o previsto nos artigos 1.120 a 1.124 do Código de Processo Civil, observadas, ainda, as seguintes normas:

I – a petição conterá a indicação dos meios probatórios da separação de fato, e será instruída com a prova documental já existente;

II – a petição fixará o valor da pensão do cônjuge que dela necessitar para sua manutenção, e indicará as garantias para o cumprimento da obrigação assumida;

III – se houver prova testemunhal, ela será produzida na audiência de ratificação do pedido de divórcio, a qual será obrigatoriamente realizada;

IV – a partilha dos bens deverá ser homologada pela sentença do divórcio.

§ 3º Nos demais casos, adotar-se-á o procedimento ordinário.

**Art. 41.** As causas de desquite em curso na data da vigência desta Lei, tanto as que se processam pelo procedimento especial quanto as de procedimento ordinário, passam automaticamente a visar à separação judicial.

**Art. 42.** As sentenças já proferidas em causas de desquite são equiparadas, para os efeitos desta Lei, às de separação judicial.

**Art. 43.** Se, na sentença do desquite, não tiver sido homologada ou decidida a partilha dos bens, ou quando esta não tenha sido feita posteriormente, a decisão de conversão disporá sobre ela.

**Art. 44.** Contar-se-á o prazo de separação judicial a partir da data em que, por decisão judicial proferida em qualquer processo, mesmo nos de jurisdição voluntária, for determinada ou presumida a separação dos cônjuges.

**Art. 45.** Quando o casamento se seguir a uma comunhão de vida entre os nubentes, existente antes de 28 de junho de 1977, que haja perdurado por dez anos consecutivos ou da qual tenha resultado filhos, o regime matrimonial de bens será estabelecido livremente, não se lhe aplicando o disposto no artigo 258, parágrafo único, nº II, do Código Civil.

**Art. 46.** Seja qual for a causa da separação judicial, e o modo como esta se faça, é permitido aos cônjuges restabelecer a todo o tempo a sociedade conjugal, nos termos em que fora constituída, contanto que o façam mediante requerimento nos autos da ação de separação.

Parágrafo único. A reconciliação em nada prejudicará os direitos de terceiros, adquiridos antes e durante a separação, seja qual for o regime de bens.

**Art. 47.** Se os autos do desquite ou os da separação judicial tiverem sido extraviados, ou se encontrarem em outra circunscrição judiciária, o pedido de conversão em divórcio será instruído com a certidão da sentença, ou da sua averbação no assento de casamento.

**Art. 48.** Aplica-se o disposto no artigo anterior, quando a mulher desquitada tiver domicílio diverso daquele em que se julgou o desquite.

**Art. 49.** Os §§ 5º e 6º, do artigo 7º da Lei de Introdução ao Código Civil passam a vigorar com a seguinte redação:

"Art. 7º ........................................................................

§ 5º O estrangeiro casado, que se naturalizar brasileiro, pode, mediante expressa anuência do seu cônjuge, requerer ao juiz, no ato de entrega do decreto de naturalização, se apostile ao mesmo a adoção do regime de comunhão parcial de bens, respeitados os direitos de terceiros e dada esta adoção ao competente registro.

§ 6º O divórcio realizado no estrangeiro, se um ou ambos os cônjuges forem brasileiros, só será reconhecido no Brasil depois de três anos da data da sentença, salvo se houver sido antecedida de separação judicial por igual prazo, caso em que a homologação produzirá efeito imediato, obedecidas as condições estabelecidas para a eficácia das sentenças estrangeiras no país. O Supremo Tribunal Federal, na forma de seu regimento interno, poderá reexaminar, a requerimento do interessado, decisões já proferidas em pedidos de homologação de sentenças estrangeiras de divórcio de brasileiros, a fim de que passem a produzir todos os efeitos legais".

▶ A referida Lei de Introdução ao Código Civil teve a sua ementa alterada para Lei de Introdução às normas do Direito Brasileiro pela Lei nº 12.376, de 30-12-2010.

▶ A homologação de sentença estrangeira passou a ser da competência do STJ, conforme art. 105, I, *i*, da CF, com a redação dada pela EC nº 45, de 8-12-2004.

**Art. 50.** São introduzidas no Código Civil as alterações seguintes:

▶ Refere-se ao CC/1916.

1) "Art. 12. ..........................................................................

I – os nascimentos, casamentos, separações judiciais, divórcios e óbitos".

2) "Art. 180. .......................................................................

V – certidão de óbito do cônjuge falecido, da anulação do casamento anterior ou do registro da sentença de divórcio".

3) "Art. 186. Discordando eles entre si, prevalecerá a vontade paterna, ou, sendo o casal separado, divorciado ou tiver sido o seu casamento anulado, a vontade do cônjuge, com quem estiverem os filhos".

4) "Art. 195. ......................................................................

VII – o regime de casamento, com a declaração da data e do cartório em cujas notas foi passada a escritura antenupcial, quando o regime não for o de comunhão parcial, ou o legal estabelecido no Título III deste Livro, para outros casamentos".

5) "Art. 240. A mulher, com o casamento, assume a condição de companheira, consorte e colaboradora do marido nos encargos de família, cumprindo-lhe velar pela direção material e moral desta.

Parágrafo único. A mulher poderá acrescer aos seus os apelidos do marido".

6) "Art. 248. ..................................................
VIII – propor a separação judicial e o divórcio".
7) "Art. 258. Não havendo convenção, ou sendo nula, vigorará, quanto aos bens entre os cônjuges, o regime de comunhão parcial".
8) "Art. 267. ..................................................
III – pela separação judicial;
IV – pelo divórcio".
9) "Art. 1.611. À falta de descendentes ou ascendentes será deferida a sucessão ao cônjuge sobrevivente, se, ao tempo da morte do outro, não estava dissolvida a sociedade conjugal".

**Art. 51.** A Lei nº 883, de 21 de outubro de 1949, passa a vigorar com as seguintes alterações:
► A Lei nº 883, de 21-10-1949, foi revogada pela Lei nº 12.004, de 29-7-2009.

1) "Art. 1º ..................................................
Parágrafo único. Ainda na vigência do casamento, qualquer dos cônjuges poderá reconhecer o filho havido fora do matrimônio, em testamento cerrado, aprovado antes ou depois do nascimento do filho, e, nessa parte, irrevogável".
► Arts. 1.868 a 1.875 do CC.

2) "Art. 2º Qualquer que seja a natureza da filiação, o direito à herança será reconhecido em igualdade de condições".

3) "Art. 4º ..................................................
Parágrafo único. Dissolvida a sociedade conjugal do que foi condenado a prestar alimentos, quem os obteve não precisa propor ação de investigação para ser reconhecido, cabendo, porém, aos interessados o direito de impugnar a filiação".

4) "Art. 9º O filho havido fora do casamento e reconhecido pode ser privado da herança nos casos dos artigos 1.595 e 1.744 do Código Civil".

**Art. 52.** O nº I do artigo 100, o nº II do artigo 155 e o § 2º do artigo 733 do Código de Processo Civil passam a vigorar com a seguinte redação:
► Alterações inseridas no texto do referido Código.

**Art. 53.** A presente Lei entrará em vigor na data de sua publicação.

**Art. 54.** Revogam-se os artigos 315 a 328 e o § 1º do artigo 1.605 do Código Civil e as demais disposições em contrário.
► Refere-se ao CC/1916.

Brasília, 26 de dezembro de 1977;
156º da Independência e
89º da República.

**Ernesto Geisel**

---

## LEI COMPLEMENTAR Nº 35, DE 14 DE MARÇO DE 1979

*Dispõe sobre a Lei Orgânica da Magistratura Nacional.*

**(EXCERTOS)**
► Publicada no *DOU* de 14-3-1979.

### TÍTULO I – DO PODER JUDICIÁRIO
► Arts. 112 a 144 da CF.

### Capítulo I
### DOS ÓRGÃOS DO PODER JUDICIÁRIO

**Art. 1º** O Poder Judiciário é exercido pelos seguintes órgãos:
I – Supremo Tribunal Federal;
II – Conselho Nacional da Magistratura;
III – Tribunal Federal de Recursos e juízes federais;
► A CF/1988 extinguiu o TFR, criou o STJ e os Tribunais Regionais Federais.

IV – tribunais e juízes militares;
V – tribunais e juízes eleitorais;
VI – tribunais e juízes do trabalho;
VII – tribunais e juízes estaduais;
VIII – tribunal e juízes do Distrito Federal e dos Territórios.

**Art. 2º** O Supremo Tribunal Federal, com sede na Capital da União e jurisdição em todo o território nacional, compõe-se de onze Ministros vitalícios, nomeados pelo Presidente da República, depois de aprovada a escolha pelo Senado Federal, dentre cidadãos maiores de trinta e cinco anos, de notável saber jurídico e reputação ilibada.

**Art. 3º** O Conselho Nacional da Magistratura, com sede na Capital da União e jurisdição em todo o território nacional, compõe-se de sete Ministros do Supremo Tribunal Federal, por este escolhidos, mediante votação nominal para um período de dois anos, inadmitida a recusa do encargo.

§ 1º A eleição far-se-á juntamente com a do presidente e vice-presidente do Supremo Tribunal Federal, os quais passam a integrar, automaticamente, o Conselho, nele exercendo as funções de Presidente e Vice-Presidente, respectivamente.

§ 2º Os Ministros não eleitos poderão ser convocados pelo Presidente, observada a ordem decrescente de antiguidade, para substituir os membros do Conselho, nos casos de impedimento ou afastamento temporário.

§ 3º Junto ao Conselho funcionará um Procurador-Geral da República.

**Art. 4º** O Tribunal Federal de Recursos, com sede na Capital da União e jurisdição em todo o território nacional, compõe-se de vinte e sete Ministros vitalícios, nomeados pelo Presidente da República, após aprovada a escolha pelo Senado Federal, salvo quanto à dos Juízes Federais, sendo quinze dentre Juízes Federais, indicados em lista tríplice pelo próprio Tribunal; quatro dentre membros do Ministério Público Federal; quatro dentre advogados maiores de trinta e cinco anos, de notável saber jurídico e de reputação ilibada; e quatro dentre magistrados ou membros do Ministério Público dos Estados e do Distrito Federal.
► O TFR foi extinto pela Constituição Federal de 1988.

**Art. 5º** Os juízes federais serão nomeados pelo Presidente da República, escolhidos, sempre que possível, em lista tríplice, organizada pelo Tribunal Federal de Recursos, dentre os candidatos com idade superior a vinte e cinco anos, de reconhecida idoneidade moral, aprovados em concurso público de provas e títulos, além da satisfação de outros requisitos especificados em lei.

§ 1º Cada Estado, bem como o Distrito Federal, constitui uma Seção Judiciária, que tem por sede a respectiva Capital, e varas localizadas segundo o estabelecido em lei.

§ 2º Nos Territórios do Amapá, Roraima e Rondônia, a jurisdição e as atribuições cometidas aos juízes federais caberão aos juízes da Justiça local, na forma que a lei dispuser. O Território de Fernando de Noronha está compreendido na Seção Judiciária do Estado de Pernambuco.

**Art. 6º** O Superior Tribunal Militar, com sede na Capital da União e jurisdição em todo o território nacional, compõe-se de quinze Ministros vitalícios, nomeados pelo Presidente da República, depois de aprovada a escolha pelo Senado Federal, sendo três dentre oficiais-generais da Marinha, quatro dentre Oficiais-Generais do Exército e três dentre oficiais-generais da Aeronáutica, todos da ativa, e cinco dentre civis, maiores de trinta e cinco anos, dos quais três cidadãos de notório saber jurídico e idoneidade moral, com mais de dez anos de prática forense, e dois juízes auditores ou membros do Ministério Público da Justiça Militar, de comprovado saber jurídico.

**Art. 7º** São órgãos da Justiça Militar da União, além do Superior Tribunal Militar, os juízes auditores e os Conselhos de Justiça, cujos números, organização e competência são definidos em lei.

**Art. 8º** O Tribunal Superior Eleitoral, com sede na Capital da União e jurisdição em todo o território nacional, é composto de sete juízes, dos quais três Ministros do Supremo Tribunal Federal e dois Ministros do Tribunal Federal de Recursos, escolhidos pelo respectivo Tribunal, mediante eleição, pelo voto secreto, e três nomeados pelo Presidente da República, dentre seis advogados de notável saber jurídico e idoneidade moral, indicados pelo Supremo Tribunal Federal.

**Art. 9º** Os Tribunais Regionais Eleitorais, com sede na Capital do Estado em que tenham jurisdição e no Distrito Federal, compõem-se de quatro juízes eleitos, pelo voto secreto, pelo respectivo Tribunal de Justiça, sendo dois dentre desembargadores e dois dentre juízes de direito; um juiz federal, escolhido pelo Tribunal Federal de Recursos, se na Seção Judiciária houver mais de um, e, por nomeação do Presidente da República, de dois dentre seis cidadãos de notável saber jurídico e idoneidade moral, indicados pelo Tribunal de Justiça.

**Art. 10.** Os juízes do Tribunal Superior Eleitoral e dos Tribunais Regionais Eleitorais, bem como os respectivos substitutos, escolhidos na mesma ocasião e por igual processo, salvo motivo justificado, servirão, obrigatoriamente, por dois anos, no mínimo, e nunca por mais de dois biênios consecutivos.

**Art. 11.** Os juízes de direito exercem as funções de juízes eleitorais, nos termos da lei.

§ 1º A lei pode outorgar a outros juízes competência para funções não decisórias.

§ 2º Para a apuração de eleições, constituir-se-ão Juntas Eleitorais, presididas por juiz de direito, e cujos membros, indicados conforme dispuser a legislação eleitoral, serão aprovados pelo Tribunal Regional Eleitoral e nomeados pelo seu presidente.

**Art. 12.** O Tribunal Superior do Trabalho, com sede na Capital da União e jurisdição em todo o território nacional, compõe-se de dezessete Ministros, nomeados pelo Presidente da República, onze dos quais, togados e vitalícios, depois de aprovada a escolha pelo Senado Federal, sendo sete dentre magistrados da Justiça do Trabalho, dois dentre advogados no exercício efetivo da profissão, e dois dentre membros do Ministério Público da Justiça do Trabalho, maiores de trinta e cinco anos, de notável saber jurídico e reputação ilibada, e seis classistas e temporários, em representação paritária dos empregadores e dos trabalhadores, de conformidade com a lei, e vedada a recondução por mais de dois períodos de três anos.

▶ EC nº 24, de 9-12-1999, altera dispositivos da CF pertinentes à representação classista na Justiça do Trabalho.

**Art. 13.** Os Tribunais Regionais do Trabalho, com sede, jurisdição e número definidos em lei, compõem-se de dois terços de juízes togados e vitalícios e um terço de juízes classistas e temporários, todos nomeados pelo Presidente da República, observada, quanto aos juízes togados, a proporcionalidade fixada no artigo 12 relativamente aos juízes de carreira, advogados e membros do Ministério Público da Justiça do Trabalho e, em relação aos juízes classistas, a proibição constante da parte final do artigo anterior.

▶ EC nº 24, de 9-12-1999, altera dispositivos da CF pertinentes à representação classista na Justiça do Trabalho.

**Art. 14.** As Juntas de Conciliação e Julgamento têm a sede, a jurisdição e a composição definidas em lei, assegurada a paridade de representação entre empregadores e trabalhadores, e inadmitida a recondução dos representantes classistas por mais de dois períodos de três anos.

▶ EC nº 24, de 9-12-1999, altera dispositivos da CF pertinentes à representação classista na Justiça do Trabalho.

§ 1º Nas comarcas onde não for instituída Junta de Conciliação e Julgamento, poderá a lei atribuir as suas funções aos juízes de direito.

▶ Arts. 668 e 669 da CLT.

§ 2º Poderão ser criados por lei outros órgãos da Justiça do Trabalho.

**Art. 15.** Os órgãos do Poder Judiciário da União (artigo 1º, I a VI) têm a organização e a competência definidas na Constituição, na lei, quanto aos tribunais, ainda, no respectivo Regimento Interno.

**Art. 16.** Os Tribunais de Justiça dos Estados, com sede nas respectivas Capitais e jurisdição em território estadual, e os Tribunais de Alçada, onde forem criados, têm a composição, a organização e a competência estabelecidas na Constituição, nesta Lei, na legislação estadual e nos seus regimentos internos.

▶ Art. 4º da EC nº 45, de 8-12-2004, que determina a extinção dos Tribunais de Alçada.

Parágrafo único. Nos Tribunais de Justiça com mais de vinte e cinco desembargadores, será constituído Órgão Especial, com o mínimo de onze e o máximo de vinte e cinco membros, para o exercício das atribuições administrativas e jurisdicionais, da competência do tribunal pleno, bem como para uniformização da jurisprudência no caso de divergência entre suas Seções.

**Art. 17.** Os juízes de direito, onde não houver juízes substitutos, e estes, onde os houver, serão nomeados mediante concurso público de provas e títulos.

§ 1º VETADO.

§ 2º Antes de decorrido o biênio do estágio, e desde que seja apresentada a proposta do tribunal ao Chefe do Poder Executivo, para o ato de exoneração, o juiz substituto ficará automaticamente afastado de suas funções e perderá o direito à vitaliciedade, ainda que o ato de exoneração seja assinado após o decurso daquele período.

§ 3º Os juízes de direito e os juízes substitutos têm a sede, a jurisdição e a competência fixadas em lei.

§ 4º Poderão os Estados instituir, mediante proposta do respectivo Tribunal de Justiça, ou Órgão Especial, juízes togados, com investidura limitada no tempo e competência para o julgamento de causas de pequeno valor e crimes a que não seja cominada pena de reclusão, bem como para a substituição dos juízes vitalícios.

§ 5º Podem, ainda, os Estados criar justiça de paz temporária, competente para o processo de habilitação e celebração de casamento.

**Art. 18.** São órgãos da Justiça Militar estadual os Tribunais de Justiça e os Conselhos de Justiça, cuja composição, organização e competência são definidas na Constituição e na lei.

Parágrafo único. Nos Estados de Minas Gerais, Paraná, Rio Grande do Sul e São Paulo, a segunda instância da Justiça Militar estadual é constituída pelo respectivo Tribunal Militar, integrado por oficiais do mais alto posto da Polícia Militar e por civis, sempre em número ímpar, excedendo os primeiros aos segundos em uma unidade.

**Art. 19.** O Tribunal de Justiça do Distrito Federal e dos Territórios, com sede na Capital da União, tem a composição, a organização e a competência estabelecidas em lei.

**Art. 20.** Os juízes de direito e os juízes substitutos da Justiça do Distrito Federal e dos Territórios, vitalícios após dois anos de exercício, investidos mediante concurso público de provas e títulos, e os juízes togados temporários, todos nomeados pelo Presidente da República, têm a sede, a jurisdição e a competência prescritas em lei.

## Capítulo II
### DOS TRIBUNAIS

**Art. 21.** Compete aos tribunais, privativamente:

I – eleger seus presidentes e demais titulares de sua direção, observado o disposto na presente Lei;

II – organizar seus serviços auxiliares, provendo-lhes os cargos, na forma da lei; propor ao Poder Legislativo a criação ou a extinção de cargos e a fixação dos respectivos vencimentos;

III – elaborar seus regimentos internos e neles estabelecer, observada esta Lei, a competência de suas câmaras ou turmas isoladas, grupos, seções ou outros órgãos com funções jurisdicionais ou administrativas;

IV – conceder licença e férias, nos termos da lei, aos seus membros e aos juízes e serventuários que lhes são imediatamente subordinados;

V – exercer a direção e a disciplina dos órgãos e serviços que lhes forem subordinados;

VI – julgar, originariamente, os mandados de segurança contra seus atos, dos respectivos Presidentes e os de suas Câmaras, Turmas ou Seções.

▶ Súm. nº 624 do STF.
▶ Súm. nº 376 do STJ.

## Capítulo III
### DOS MAGISTRADOS

**Art. 22.** São vitalícios:

I – a partir da posse:

a) os Ministros do Supremo Tribunal Federal;
b) os Ministros do Tribunal Federal de Recursos;
c) os Ministros do Superior Tribunal Militar;
d) os Ministros e juízes togados do Tribunal Superior do Trabalho e dos Tribunais Regionais do Trabalho;
e) os desembargadores, os juízes dos Tribunais de Alçada e dos Tribunais de segunda instância da Justiça Militar dos Estados;

▶ Art. 4º da EC nº 45, de 8-12-2004, que determina a extinção dos Tribunais de Alçada.

II – após dois anos de exercício:

a) os juízes federais;
b) os juízes auditores e juízes auditores substitutos da Justiça Militar da União;
c) os juízes do Trabalho Presidentes de Junta de Conciliação e Julgamento e os juízes do Trabalho substitutos;

▶ EC nº 24, de 9-12-1999, altera dispositivos da CF pertinentes à representação classista na Justiça do Trabalho.

d) os juízes de direito e os juízes substitutos da Justiça dos Estados, do Distrito Federal e dos Territórios, bem assim os juízes auditores da Justiça Militar dos Estados.

§ 1º Os juízes mencionados no inciso II deste artigo, mesmo que não hajam adquirido a vitaliciedade, não poderão perder o cargo senão por proposta do Tribunal ou do Órgão Especial competente, adotada pelo voto de dois terços de seus membros efetivos.

§ 2º Os juízes a que se refere o inciso II deste artigo, mesmo que não hajam adquirido a vitaliciedade, poderão praticar todos os atos reservados por lei aos juízes vitalícios.

**Art. 23.** Os juízes e membros de tribunais e Juntas Eleitorais, no exercício de suas funções e no que lhes for aplicável, gozarão de plenas garantias e serão inamovíveis.

**Art. 24.** O juiz togado, de investidura temporária (artigo 17, § 4º), poderá ser demitido, em caso de falta grave, por proposta do tribunal ou do órgão especial, adotada pelo voto de dois terços de seus membros efetivos.

Parágrafo único. O *quorum* de dois terços de membros efetivos do Tribunal, ou de seu Órgão Especial, será apurado com relação ao número de desembargadores em condições legais de votar, como tal se considerando os não atingidos por impedimento ou suspeição e os não licenciados por motivo de saúde.

## TÍTULO II – DAS GARANTIAS DA MAGISTRATURA E DAS PRERROGATIVAS DO MAGISTRADO

### Capítulo I
#### DAS GARANTIAS DA MAGISTRATURA

*Seção I*

##### DA VITALICIEDADE

**Art. 25.** Salvo as restrições expressas na Constituição, os magistrados gozam das garantias de vitaliciedade, inamovibilidade e irredutibilidade de vencimentos.

**Art. 26.** O magistrado vitalício somente perderá o cargo (VETADO):

I – em ação penal por crime comum ou de responsabilidade;

II – em procedimento administrativo para a perda do cargo nas hipóteses seguintes:

a) exercício, ainda que em disponibilidade, de qualquer outra função, salvo um cargo de magistério superior, público ou particular;
b) recebimento, a qualquer título e sob qualquer pretexto, de percentagens ou custas nos processos sujeitos a seu despacho e julgamento;
c) exercício de atividade político-partidária.

§ 1º O exercício de cargo de magistério superior, público ou particular, somente será permitido se houver correlação de matérias e compatibilidade de horários, vedado, em qualquer hipótese, o desempenho de função de direção administrativa ou técnica de estabelecimento de ensino.

§ 2º Não se considera exercício do cargo o desempenho de função docente em curso oficial de preparação para judicatura ou aperfeiçoamento de magistrados.

**Art. 27.** O procedimento para a decretação da perda do cargo terá início por determinação do tribunal, ou do seu Órgão Especial, a que pertença ou esteja subordinado o magistrado, de ofício ou mediante representação fundamental do Poder Executivo ou Legislativo, do Ministério Público ou do Conselho Federal ou Seccional da Ordem dos Advogados do Brasil.

§ 1º Em qualquer hipótese, a instauração do processo proceder-se-á da defesa prévia do magistrado, no prazo de quinze dias, contado da entrega da cópia do teor da acusação e das provas existentes, que lhe remeterá o Presidente do Tribunal, mediante ofício, nas quarenta e oito horas imediatamente seguintes à apresentação da acusação.

§ 2º Findo o prazo da defesa prévia, haja ou não sido apresentada, o Presidente, no dia útil imediato, convocará o tribunal ou o seu Órgão Especial para que, em sessão secreta, decida sobre a instauração do processo, e, caso determinada esta, no mesmo dia distribuirá o feito e fará entregá-lo ao relator.

§ 3º O tribunal ou o seu Órgão Especial, na sessão em que ordenar a instauração do processo, como no curso dele, poderá afastar o magistrado do exercício das suas funções, sem prejuízo dos vencimentos e das vantagens, até a decisão final.

§ 4º As provas requeridas e deferidas, bem como as que o Relator determinar de ofício, serão produzidas no prazo de vinte dias, cientes o Ministério Público, o magistrado ou o procurador por ele constituído, a fim de que possam delas participar.

§ 5º Finda a instrução, o Ministério Público e o magistrado ou seu Procurador terão, sucessivamente, vista dos autos por dez dias, para razões.

§ 6º O julgamento será realizado em sessão secreta do Tribunal ou de seu Órgão Especial, depois de relatório oral, e a decisão no sentido da penalização do magistrado só será tomada pelo voto de dois terços dos membros do colegiado, em escrutínio secreto.

§ 7º Da decisão publicar-se-á somente a conclusão.

§ 8º Se a decisão concluir pela perda do cargo, será comunicada, imediatamente, ao Poder Executivo, para a formalização do ato.

**Art. 28.** O magistrado vitalício poderá ser compulsoriamente aposentado ou posto em disponibilidade, nos termos da Constituição e da presente Lei.

**Art. 29.** Quando, pela natureza ou gravidade da infração penal, se torne aconselhável o recebimento de denúncia ou de queixa contra magistrado, o tribunal, ou seu Órgão Especial, poderá, em decisão tomada pelo voto de dois terços de seus membros, determinar o afastamento do cargo do magistrado denunciado.

SEÇÃO II

## DA INAMOVIBILIDADE

**Art. 30.** O juiz não poderá ser removido ou promovido senão com seu assentimento, manifestado na forma da lei, ressalvado o disposto no artigo 45, I.

**Art. 31.** Em caso de mudança da sede do juízo será facultado ao juiz remover-se para ela ou para comarca de igual entrância, ou obter a disponibilidade com vencimentos integrais.

SEÇÃO III

## DA IRREDUTIBILIDADE DE VENCIMENTOS

**Art. 32.** Os vencimentos dos magistrados são irredutíveis, sujeitos, entretanto, aos impostos gerais, inclusive o de renda, e aos impostos extraordinários.

Parágrafo único. A irredutibilidade dos vencimentos dos magistrados não impede os descontos fixados em lei, em base igual à estabelecida para os servidores públicos, para fins previdenciários.

CAPÍTULO II

## DAS PRERROGATIVAS DO MAGISTRADO

**Art. 33.** São prerrogativas do magistrado:

I – ser ouvido como testemunha em dia, hora e local previamente ajustados com a autoridade ou juiz de instância igual ou inferior;
II – não ser preso senão por ordem escrita do Tribunal ou do Órgão Especial competente para o julgamento, salvo em flagrante de crime inafiançável, caso em que a autoridade fará imediata comunicação e apresentação do magistrado ao Presidente do Tribunal a que esteja vinculado (VETADO);
III – ser recolhido a prisão especial, ou a sala especial de Estado-Maior, por ordem e à disposição do Tribunal ou do Órgão Especial competente, quando sujeito a prisão antes do julgamento final;
IV – não estar sujeito a notificação ou a intimação para comparecimento, salvo se expedida por autoridade judicial;
V – portar arma de defesa pessoal.

Parágrafo único. Quando, no curso de investigação, houver indício da prática de crime por parte do magistrado, a autoridade policial, civil ou militar, remeterá os respectivos autos ao Tribunal ou Órgão Especial competente para o julgamento, a fim de que prossiga na investigação.

▶ Art. 411, IV e IX, do CPC.

**Art. 34.** Os membros do Supremo Tribunal Federal, do Tribunal Federal de Recursos, do Superior Tribunal

Militar, do Tribunal Superior Eleitoral e do Tribunal Superior do Trabalho têm o título de Ministro; os dos Tribunais de Justiça, o de desembargador; sendo o de juiz privativo dos integrantes dos outros Tribunais e da magistratura de primeira instância.

## TÍTULO III – DA DISCIPLINA JUDICIÁRIA

### Capítulo I

#### DOS DEVERES DO MAGISTRADO

**Art. 35.** São deveres do magistrado:

I – cumprir e fazer cumprir, com independência, serenidade e exatidão, as disposições legais e os atos de ofício;
II – não exceder injustificadamente os prazos para sentenciar ou despachar;

▶ Arts. 125, II, 133, II e parágrafo único, 187, 189, 198 e 199 do CPC.

III – determinar as providências necessárias para que os atos processuais se realizem nos prazos legais;
IV – tratar com urbanidade as partes, os membros do Ministério Público, os advogados, as testemunhas, os funcionários e auxiliares da justiça, e atender aos que o procurarem, a qualquer momento, quando se trate de providência que reclame e possibilite solução de urgência;
V – residir na sede da comarca, salvo autorização do órgão disciplinar a que estiver subordinado;
VI – comparecer pontualmente à hora de iniciar-se o expediente ou a sessão; e não se ausentar injustificadamente antes de seu término;
VII – exercer assídua fiscalização sobre os subordinados, especialmente no que se refere à cobrança de custas e emolumentos, embora não haja reclamação das partes;
VIII – manter conduta irrepreensível na vida pública e particular.

**Art. 36.** É vedado ao magistrado:

I – exercer o comércio ou participar de sociedade comercial, inclusive de economia mista, exceto como acionista ou quotista;
II – exercer cargo de direção ou técnico de sociedade civil, associação ou fundação, de qualquer natureza ou finalidade, salvo de associação de classe, e sem remuneração;
III – manifestar, por qualquer meio de comunicação, opinião sobre processo pendente de julgamento, seu ou de outrem, ou juízo depreciativo sobre despachos, votos ou sentenças, de órgãos judiciais, ressalvada a crítica nos autos e em obras técnicas ou no exercício do magistério.

Parágrafo único. VETADO.

**Art. 37.** Os tribunais farão publicar, mensalmente, no órgão oficial, dados estatísticos sobre seus trabalhos no mês anterior, entre os quais: o número de votos que cada um de seus membros, nominalmente indicado, proferiu como relator e revisor; o número de feitos que lhe foram distribuídos no mesmo período; o número de processos que recebeu em consequência de pedido de vista ou como revisor; a relação dos feitos que lhe foram conclusos para voto, despacho e lavratura de acórdão, ainda não devolvidos, embora decorridos os prazos legais, com as datas das respectivas conclusões.

Parágrafo único. Compete ao presidente do tribunal velar pela regularidade e pela exatidão das publicações.

**Art. 38.** Sempre que, encerrada a sessão, restarem em pauta ou em mesa mais de vinte feitos sem julgamento, o Presidente fará realizar uma ou mais sessões extraordinárias, destinadas ao julgamento daqueles processos.

**Art. 39.** Os juízes remeterão, até o dia 10 de cada mês, ao órgão corregedor competente de segunda instância, informação a respeito dos feitos em seu poder, cujos prazos para despacho ou decisão hajam sido excedidos, bem como indicação do número de sentenças proferidas no mês anterior.

▶ Arts. 187, 189 e 456 do CPC.

### Capítulo II

#### DAS PENALIDADES

**Art. 40.** A atividade censória de Tribunais e Conselhos é exercida com o resguardo devido à dignidade e à independência do magistrado.

**Art. 41.** Salvo os casos de impropriedade ou excesso de linguagem, o magistrado não pode ser punido ou prejudicado pelas opiniões que manifestar ou pelo teor das decisões que proferir.

**Art. 42.** São penas disciplinares:

I – advertência;
II – censura;
III – remoção compulsória;
IV – disponibilidade com vencimentos proporcionais ao tempo de serviço;
V – aposentadoria compulsória com vencimentos proporcionais ao tempo de serviço;
VI – demissão.

Parágrafo único. As penas de advertência e de censura somente são aplicáveis aos juízes de primeira instância.

**Art. 43.** A pena de advertência aplicar-se-á reservadamente, por escrito, no caso de negligência no cumprimento dos deveres do cargo.

**Art. 44.** A pena de censura será aplicada reservadamente, por escrito, no caso de reiterada negligência no cumprimento dos deveres do cargo, ou no de procedimento incorreto, se a infração não justificar punição mais grave.

Parágrafo único. O juiz punido com a pena de censura não poderá figurar em lista de promoção por merecimento pelo prazo de um ano, contado da imposição da pena.

**Art. 45.** O Tribunal ou seu Órgão Especial poderá determinar, por motivo de interesse público, em escrutínio secreto e pelo voto de dois terços de seus membros efetivos:

I – a remoção de juiz de instância inferior;
II – a disponibilidade de membro do próprio Tribunal ou de juiz de instância inferior, com vencimentos proporcionais ao tempo de serviço.

Parágrafo único. Na determinação de *quorum* de decisão, aplicar-se-á o disposto no parágrafo único do artigo 24.

► A Res. nº 12, de 26-3-1990, do Senado Federal, suspende, de acordo com a decisão proferida pelo STF, em acórdão de 5-3-1986, a execução deste parágrafo único, nos termos do que dispõe o art. 52, X, da CF.

**Art. 46.** O procedimento para a decretação da remoção ou disponibilidade de magistrado obedecerá ao prescrito no artigo 27 desta Lei.

**Art. 47.** A pena de demissão será aplicada:

I – aos magistrados vitalícios, nos casos previstos no artigo 26, I e II;

II – aos juízes nomeados mediante concurso de provas e títulos, enquanto não adquirirem a vitaliciedade, e aos juízes togados temporários, em caso de falta grave, inclusive nas hipóteses previstas no artigo 56.

**Art. 48.** Os regimentos internos dos Tribunais estabelecerão o procedimento para a apuração de faltas puníveis com advertência ou censura.

## CAPÍTULO III

### DA RESPONSABILIDADE CIVIL DO MAGISTRADO

► Art. 133 do CPC.

**Art. 49.** Responderá por perdas e danos o magistrado, quando:

I – no exercício de suas funções, proceder com dolo ou fraude;

II – recusar, omitir ou retardar, sem justo motivo, providência que deva ordenar de ofício, ou a requerimento das partes.

Parágrafo único. Reputar-se-ão verificadas as hipóteses previstas no inciso II somente depois que a parte, por intermédio do escrivão, requerer ao magistrado que determine a providência, e este não lhe atender o pedido dentro de dez dias.

## CAPÍTULO IV

### DO CONSELHO NACIONAL DA MAGISTRATURA

**Art. 50.** Ao Conselho Nacional da Magistratura cabe conhecer de reclamações contra membros de tribunais, podendo avocar processos disciplinares contra juízes de primeira instância e, em qualquer caso, determinar a disponibilidade ou a aposentadoria de uns e outros, com vencimentos proporcionais ao tempo de serviço.

**Art. 51.** Ressalvado o poder de avocação, a que se refere o artigo anterior, o exercício das atribuições específicas do Conselho Nacional da Magistratura não prejudica a competência disciplinar dos tribunais, estabelecida em lei, nem interfere nela.

**Art. 52.** A reclamação contra membro de tribunal será formulada em petição, devidamente fundamentada e acompanhada de elementos comprobatórios das alegações.

§ 1º A petição a que se refere este artigo deve ter firma reconhecida, sob pena de arquivamento liminar, salvo se assinada pelo Procurador-Geral da República, pelo presidente do Conselho Federal ou Seccional da Ordem dos Advogados do Brasil ou pelo *Procurador-Geral da Justiça do Estado.*

§ 2º Distribuída a reclamação, poderá o relator, desde logo, propor ao Conselho o arquivamento, se considerar manifesta a sua improcedência.

§ 3º Caso o relator não use da faculdade prevista no parágrafo anterior, mandará ouvir o reclamado, no prazo de quinze dias, a fim de que, por si ou por Procurador, alegue, querendo, o que entender conveniente a bem de seu direito.

§ 4º Com a resposta do reclamado, ou sem ela, deliberará o Conselho sobre o arquivamento ou a conveniência de melhor instrução do processo, fixando prazo para a produção de provas e para as diligências que determinar.

§ 5º Se desnecessárias outras provas ou diligências, e se o Conselho não concluir pelo arquivamento da reclamação, abrir-se-á vista para alegações, sucessivamente, pelo prazo de dez dias, ao reclamado, ou a seu advogado, e ao Procurador-Geral da República.

§ 6º O julgamento será realizado em sessão secreta do Conselho, com a presença de todos os seus membros, publicando-se somente a conclusão do acórdão.

§ 7º Em todos os atos e termos do processo, poderá o reclamado fazer-se acompanhar ou representar por advogado, devendo o Procurador-Geral da República oficiar neles como fiscal da lei.

**Art. 53.** A avocação de processo disciplinar contra juiz de instância inferior dar-se-á mediante representação fundamentada do Procurador-Geral da República, do presidente do Conselho Federal ou Seccional da Ordem dos Advogados do Brasil ou do Procurador-Geral da Justiça do Estado, oferecida dentro de sessenta dias da ciência da decisão disciplinar final do órgão a que estiver sujeito o juiz, ou, a qualquer tempo, se, decorridos mais de três meses do início do processo, não houver sido proferido o julgamento.

§ 1º Distribuída a representação, mandará o relator ouvir, em quinze dias, o juiz e o órgão disciplinar que proferiu a decisão ou que deveria havê-la proferido.

§ 2º Findo o prazo de quinze dias, com ou sem as informações, deliberará o Conselho sobre o arquivamento da representação ou a evocação do processo, procedendo-se, neste caso, na conformidade dos §§ 4º a 7º do artigo anterior.

**Art. 54.** O processo e o julgamento das representações e reclamações serão sigilosos, para resguardar a dignidade do magistrado, sem prejuízo de poder o relator delegar a instrução a juiz de posição funcional igual ou superior à do indiciado.

**Art. 55.** As reuniões do Conselho Nacional da Magistratura serão secretas, cabendo a um de seus membros, designado pelo presidente, lavrar-lhes as respectivas atas, das quais constarão os nomes dos juízes presentes e, em resumo, os processos apreciados e as decisões adotadas.

**Art. 56.** O Conselho Nacional da Magistratura poderá determinar a aposentadoria, com vencimentos proporcionais ao tempo de serviço, do magistrado:

I – manifestamente negligente no cumprimento dos deveres do cargo;

II – *de procedimento incompatível com a dignidade, a honra e o decoro de suas funções;*

**III** – de escassa ou insuficiente capacidade de trabalho, ou cujo proceder funcional seja incompatível com o bom desempenho das atividades do Poder Judiciário.

**Art. 57.** O Conselho Nacional da Magistratura poderá determinar a disponibilidade de magistrado, com vencimentos proporcionais ao tempo de serviço, no caso em que a gravidade das faltas a que se reporta o artigo anterior não justifique a decretação da aposentadoria.

§ 1º O magistrado, posto em disponibilidade por determinação do Conselho, somente poderá pleitear o seu aproveitamento, decorridos dois anos do afastamento.

§ 2º O pedido, devidamente instruído e justificado, acompanhado de parecer do tribunal competente, ou de seu Órgão Especial, será apreciado pelo Conselho Nacional da Magistratura, após parecer do Procurador-Geral da República. Deferido o pedido, o aproveitamento far-se-á a critério do tribunal ou seu Órgão Especial.

§ 3º Na hipótese deste artigo, o tempo de disponibilidade não será computado, senão para efeito de aposentadoria.

§ 4º O aproveitamento de magistrado, posto em disponibilidade nos termos do item IV do artigo 42 e do item II do artigo 45, observará as normas dos parágrafos deste artigo.

**Art. 58.** A aplicação da pena de disponibilidade ou aposentadoria será imediatamente comunicada ao presidente do tribunal a que pertencer ou a que estiver sujeito o magistrado, para imediato afastamento das suas funções. Igual comunicação far-se-á ao Chefe do Poder Executivo competente, a fim de que formalize o ato de declaração da disponibilidade ou aposentadoria do magistrado.

**Art. 59.** O Conselho Nacional da Magistratura, se considerar existente crime de ação pública, pelo que constar de reclamação ou representação, remeterá ao Ministério Público cópia das peças que entender necessárias ao oferecimento da denúncia ou à instauração de inquérito policial.

**Art. 60.** O Conselho Nacional da Magistratura estabelecerá, em seu regimento interno, disposições complementares das constantes deste Capítulo.

## TÍTULO IV – DOS VENCIMENTOS, VANTAGENS E DIREITOS DOS MAGISTRADOS

### Capítulo I
### DOS VENCIMENTOS E VANTAGENS PECUNIÁRIAS

**Art. 61.** Os vencimentos dos magistrados são fixados em lei, em valor certo, atendido o que estatui o artigo 32, parágrafo único.

Parágrafo único. À magistratura de primeira instância da União assegurar-se-ão vencimentos não inferiores a dois terços dos valores fixados para os membros de segunda instância respectiva, assegurados aos Ministros do Supremo Tribunal Federal vencimentos pelo menos iguais aos dos Ministros de Estado, e garantidos aos juízes vitalícios do mesmo grau de jurisdição iguais vencimentos.

**Art. 62.** Os Ministros militares e togados do Superior Tribunal Militar, bem como os Ministros do Tribunal Superior do Trabalho, têm vencimentos iguais aos dos Ministros do Tribunal Federal de Recursos.

**Art. 63.** Os vencimentos dos desembargadores dos Tribunais de Justiça dos Estados e do Tribunal de Justiça do Distrito Federal e dos Territórios não serão inferiores, no primeiro caso, aos dos secretários de Estado, e no segundo, aos dos secretários de Governo do Distrito Federal, não podendo ultrapassar, porém, os fixados para os Ministros do Supremo Tribunal Federal. Os juízes vitalícios dos Estados têm os seus vencimentos fixados com diferença não excedente a vinte por cento de uma para outra entrância, atribuindo-se aos da entrância mais elevada não menos de dois terços dos vencimentos dos desembargadores.

§ 1º Os juízes de direito da Justiça do Distrito Federal e dos Territórios têm seus vencimentos fixados em proporção não inferior a dois terços do que percebem os desembargadores e os juízes substitutos, da mesma justiça, em percentual não inferior a vinte por cento dos vencimentos daqueles.

§ 2º Para o efeito de equivalência e limite de vencimentos previstos neste artigo, são excluídas de cômputo apenas as vantagens de caráter pessoal ou de natureza transitória.

**Art. 64.** Os vencimentos dos magistrados estaduais serão pagos na mesma data fixada para o pagamento dos vencimentos dos secretários de Estado ou dos subsídios dos membros do Poder Legislativo, considerando-se que desatende às garantias do Poder Judiciário atraso que ultrapasse o décimo dia útil do mês seguinte ao vencimento.

**Art. 65.** Além dos vencimentos, poderão ser outorgados, aos magistrados, nos termos da lei, as seguintes vantagens:

I – ajuda de custo, para despesas de transporte e mudança;
II – ajuda de custo, para moradia, nas localidades em que não houver residência oficial à disposição do Magistrado;
III – salário-família;
IV – diárias;
V – representação;
VI – gratificação pela prestação de serviço à Justiça Eleitoral;
VII – gratificação pela prestação de serviço à Justiça do Trabalho, nas comarcas onde não forem instituídas Juntas de Conciliação e Julgamento;

▶ A EC nº 24, de 9-12-1999, extinguiu a representação pelos juízes classistas na Justiça do Trabalho e substituiu as Juntas de Conciliação e Julgamento por Varas do Trabalho.

VIII – gratificação adicional de cinco por cento por quinquênio de serviço, até o máximo de sete;
IX – gratificação de magistério, por aula proferida em curso oficial de preparação para a magistratura ou em Escola Oficial de Aperfeiçoamento de Magistrados (artigos 78, § 1º, e 87, § 1º), exceto quando receba remuneração específica para esta atividade;
X – gratificação pelo efetivo exercício em comarca de difícil provimento, assim definida e indicada em lei.

§ 1º A verba de representação, salvo quando concedida em razão do exercício de cargo em função temporária, integra os vencimentos para todos os efeitos legais.

§ 2º É vedada a concessão de adicionais ou vantagens pecuniárias não previstas na presente Lei, bem como em bases e limites superiores aos nela fixados.

§ 3º Caberá ao respectivo tribunal, para aplicação do disposto nos incisos I e II deste artigo, conceder ao magistrado auxílio-transporte em até vinte e cinco por cento, auxílio-moradia em até trinta por cento, calculados os respectivos percentuais sobre os vencimentos e cessando qualquer benefício indireto que, ao mesmo título, venha sendo recebido (VETADO).

▶ A Res. nº 31, de 27-4-1993, do Senado Federal, suspendeu por inconstitucionalidade a execução deste parágrafo.

## Capítulo II

### DAS FÉRIAS

**Art. 66.** Os magistrados terão direito a férias anuais, por sessenta dias, coletivas ou individuais.

§ 1º Os membros dos Tribunais, salvo os dos Tribunais Regionais do Trabalho, que terão férias individuais, gozarão de férias coletivas, nos períodos de 2 a 31 de janeiro e de 2 a 31 de julho. Os juízes de primeiro grau gozarão de férias coletivas ou individuais, conforme dispuser a lei.

§ 2º Os tribunais iniciarão e encerrarão seus trabalhos, respectivamente, nos primeiro e último dias úteis de cada período, com a realização de sessão.

**Art. 67.** Se a necessidade do serviço judiciário lhes exigir a contínua presença nos Tribunais, gozarão de trinta dias consecutivos de férias individuais, por semestre:

I – os presidentes e vice-presidentes dos tribunais;
II – os corregedores;
III – os juízes das turmas ou câmaras de férias.

§ 1º As férias individuais não podem fracionar-se em períodos inferiores a trinta dias, e somente podem acumular-se, por imperiosa necessidade do serviço e pelo máximo de dois meses.

§ 2º É vedado o afastamento do Tribunal ou de qualquer de seus órgãos judicantes, em gozo de férias individuais, no mesmo período, de juízes em número que possa comprometer o *quorum* de julgamento.

§ 3º As turmas ou câmaras de férias terão a composição e competência estabelecidas no regimento interno do tribunal.

**Art. 68.** Durante as férias coletivas, nos Tribunais em que não houver turma ou câmara de férias, poderá o presidente, ou seu substituto legal, decidir de pedidos de liminar em mandado de segurança, determinar liberdade provisória ou sustação de ordem de prisão, e demais medidas que reclamem urgência.

## Capítulo III

### DAS LICENÇAS

**Art. 69.** Conceder-se-á licença:

I – para tratamento de saúde;
II – por motivo de doença em pessoa da família;
III – para repouso à gestante;
IV – VETADO.

**Art. 70.** A licença para tratamento de saúde por prazo superior a trinta dias, bem como as prorrogações que importem em licença por período ininterrupto, também superior a trinta dias, dependem de inspeção por junta médica.

**Art. 71.** O magistrado licenciado não pode exercer qualquer das suas funções jurisdicionais ou administrativas, nem exercitar qualquer função pública ou particular (VETADO).

§ 1º Os períodos de licenças concedidos aos magistrados não terão limites inferiores aos reconhecidos por lei ao funcionalismo da mesma pessoa de direito público.

§ 2º Salvo contraindicação médica, o magistrado licenciado poderá proferir decisões em processos que, antes da licença, lhe hajam sido conclusos para julgamento ou tenham recebido o seu visto como relator ou revisor.

## Capítulo IV

### DAS CONCESSÕES

**Art. 72.** Sem prejuízo do vencimento, remuneração ou de qualquer direito ou vantagem legal, o magistrado poderá afastar-se de suas funções até oito dias consecutivos por motivo de:

I – casamento;
II – falecimento de cônjuge, ascendente, descendente ou irmão.

**Art. 73.** Conceder-se-á afastamento ao magistrado, sem prejuízo de seus vencimentos e vantagens:

I – para frequência a cursos ou seminários de aperfeiçoamento e estudos, a critério do tribunal ou de seu Órgão Especial, pelo prazo máximo de dois anos;
II – para a prestação de serviços, exclusivamente à Justiça Eleitoral;
III – para exercer a presidência de associação de classe.

## Capítulo V

### DA APOSENTADORIA

**Art. 74.** A aposentadoria dos magistrados vitalícios será compulsória, aos setenta anos de idade ou por invalidez comprovada, e facultativa, após trinta anos de serviço público, com vencimentos integrais, ressalvado o disposto nos artigos 50 e 56.

Parágrafo único. Lei ordinária disporá sobre a aposentadoria dos juízes temporários de qualquer instância.

**Art. 75.** Os proventos da aposentadoria serão reajustados na mesma proporção dos aumentos de vencimentos concedidos, a qualquer título, aos magistrados em atividade.

**Art. 76.** Os tribunais disciplinarão, nos regimentos internos, o processo de verificação da invalidez do magistrado para o fim de aposentadoria, com a observância dos seguintes requisitos:

I – o processo terá início a requerimento do magistrado, por ordem do presidente do tribunal, de ofício, em cumprimento de deliberação do tribunal ou de seu Órgão Especial ou por provocação da Corregedoria de Justiça;
II – tratando-se de incapacidade mental, o presidente do tribunal nomeará curador ao paciente, sem prejuízo

da defesa que este queira oferecer pessoalmente, ou por Procurador que constituir;

III – o paciente deverá ser afastado, desde logo, do exercício do cargo, até final decisão, devendo ficar concluído o processo no prazo de sessenta dias;

IV – a recusa do paciente em submeter-se a perícia médica permitirá o julgamento baseado em quaisquer outras provas;

V – o magistrado que, por dois anos consecutivos, afastar-se, ao todo, por seis meses ou mais, para tratamento de saúde, deverá submeter-se, ao requerer nova licença por igual fim, dentro de dois anos, a exame para verificação de invalidez;

VI – se o tribunal ou seu órgão especial concluir pela incapacidade do magistrado, comunicará imediatamente a decisão ao Poder Executivo, para os devidos fins.

**Art. 77.** Computar-se-á, para efeito de aposentadoria e disponibilidade, o tempo de exercício da advocacia, até o máximo de quinze anos, em favor dos Ministros do Supremo Tribunal Federal e dos membros dos demais tribunais que tenham sido nomeados para os lugares reservados a advogados, nos termos da Constituição Federal.

## TÍTULO V – DA MAGISTRATURA DE CARREIRA

### Capítulo I

#### DO INGRESSO

**Art. 78.** O ingresso na magistratura de carreira dar-se-á mediante nomeação, após concurso público de provas e títulos, organizado e realizado com a participação do Conselho Seccional da Ordem dos Advogados do Brasil.

§ 1º A lei pode exigir dos candidatos, para a inscrição no concurso, título de habilitação em curso oficial de preparação para a magistratura.

§ 2º Os candidatos serão submetidos a investigação, relativa aos aspectos moral e social, e a exame de sanidade física e mental, conforme dispuser a lei.

§ 3º Serão indicados para nomeação, pela ordem de classificação, candidatos em número correspondente às vagas, mais dois, para cada vaga, sempre que possível.

**Art. 79.** O juiz, no ato da posse, deverá apresentar a declaração pública de seus bens, e prestará o compromisso de desempenhar com retidão as funções do cargo, cumprindo a Constituição e as leis.

### Capítulo II

#### DA PROMOÇÃO, DA REMOÇÃO E DO ACESSO

**Art. 80.** A lei regulará o processo de promoção, prescrevendo a observância dos critérios de antiguidade e de merecimento, alternadamente, e o da indicação dos candidatos à promoção por merecimento, em lista tríplice, sempre que possível.

§ 1º Na Justiça dos Estados:

I – apurar-se-ão na entrância a antiguidade e o merecimento, este em lista tríplice, sendo obrigatória a promoção do juiz que figurar pela quinta vez consecutiva em lista de merecimento; havendo empate na antiguidade, terá precedência o juiz mais antigo na carreira;

II – para efeito da composição da lista tríplice, o merecimento será apurado na entrância e aferido com prevalência de critérios de ordem objetiva, na forma do regulamento baixado pelo Tribunal de Justiça, tendo-se em conta a conduta do juiz, sua operosidade no exercício do cargo, número de vezes que tenha figurado na lista, tanto para entrância a prover, como para as anteriores, bem como o aproveitamento em cursos de aperfeiçoamento;

III – no caso de antiguidade, o Tribunal de Justiça, ou seu Órgão Especial, somente poderá recusar o juiz mais antigo pelo voto da maioria absoluta de seus membros, repetindo-se a votação até fixar-se a indicação;

IV – somente após dois anos de exercício na entrância, poderá o juiz ser promovido, salvo se não houver, com tal requisito, quem aceite o lugar vago, ou se forem recusados, pela maioria absoluta dos membros do Tribunal de Justiça, ou de seu Órgão Especial, candidatos que hajam completado o período.

§ 2º Aplica-se, no que couber, aos juízes togados da Justiça do Trabalho, o disposto no parágrafo anterior.

**Art. 81.** Na magistratura de carreira dos Estados, ao provimento inicial e à promoção por merecimento precederá a remoção.

§ 1º A remoção far-se-á mediante escolha pelo Poder Executivo, sempre que possível, de nome constante de lista tríplice organizada pelo Tribunal de Justiça e contendo os nomes dos candidatos com mais de dois anos de efetivo exercício na entrância.

§ 2º A juízo do Tribunal de Justiça, ou de seu Órgão Especial, poderá, ainda, ser provida, pelo mesmo critério fixado no parágrafo anterior, vaga decorrente de remoção, destinando-se a seguinte, obrigatoriamente, ao provimento por promoção.

**Art. 82.** Para cada vaga destinada ao preenchimento por promoção ou por remoção, abrir-se-á inscrição distinta, sucessivamente, com a indicação da comarca ou vara a ser provida.

Parágrafo único. Ultimado o preenchimento das vagas, se mais de uma deva ser provida por merecimento, a lista conterá número de juízes igual ao das vagas mais dois.

**Art. 83.** A notícia da ocorrência de vaga a ser preenchida, mediante promoção ou remoção, deve ser imediatamente veiculada pelo órgão oficial próprio, com a indicação, no caso de provimento através de promoção, das que devam ser preenchidas segundo o critério de antiguidade ou de merecimento.

**Art. 84.** O acesso de juízes federais ao Tribunal Federal de Recursos far-se-á por escolha do Presidente da República dentre os indicados em lista tríplice, elaborada pelo tribunal.

**Art. 85.** O acesso de juízes auditores e membros do Ministério Público da Justiça Militar ao Superior Tribunal Militar far-se-á por livre escolha do Presidente da República.

**Art. 86.** O acesso dos juízes do trabalho, presidentes de Juntas de Conciliação e Julgamento ao Tribunal Regional do Trabalho, e dos juízes do trabalho substitutos àqueles cargos, far-se-á, alternadamente, por antiguidade e por merecimento, este através de lista tríplice votada por juízes vitalícios do tribunal e encaminhada ao Presidente da República.

▶ A EC nº 24, de 9-12-1999, extinguiu a representação pelos juízes classistas na Justiça do Trabalho e substituiu as Juntas de Conciliação e Julgamento por Varas do Trabalho.

**Art. 87.** Na Justiça dos Estados e do Distrito Federal e dos Territórios, o acesso dos juízes de direito aos Tribunais de Justiça far-se-á, alternadamente, por antiguidade e merecimento.

§ 1º A lei poderá condicionar o acesso por merecimento aos tribunais, como a promoção por igual critério, à frequência, com aprovação, a curso ministrado por escola oficial de aperfeiçoamento de magistrados.

§ 2º O disposto no parágrafo anterior aplica-se ao acesso dos juízes federais ao Tribunal Federal de Recursos.

**Art. 88.** Nas promoções ou acessos, havendo mais de uma vaga a ser preenchida por merecimento, a lista conterá, se possível, número de magistrados igual ao das vagas mais dois para cada uma delas.

**TÍTULO VII – DA JUSTIÇA DO TRABALHO**

▶ Arts. 643 a 735 da CLT.

CAPÍTULO ÚNICO

**Art. 91.** Os cargos da magistratura do trabalho são os seguintes:

I – Ministro do Tribunal Superior do Trabalho;
II – Juiz de Tribunal Regional do Trabalho;
III – Juiz do trabalho presidente de Junta de Conciliação e Julgamento;

▶ A EC nº 24, de 9-12-1999, extinguiu a representação pelos juízes classistas na Justiça do Trabalho e substituiu as Juntas de Conciliação e Julgamento por Varas do Trabalho.

IV – Juiz do trabalho substituto.

**Art. 92.** O ingresso na magistratura do trabalho dar-se-á no cargo de juiz do trabalho substituto.

**Art. 93.** Aplica-se à Justiça do Trabalho, inclusive quanto à convocação de Juiz de Tribunal Regional do Trabalho para substituir Ministro do Tribunal Superior do Trabalho, o disposto no artigo 118 desta Lei.

Parágrafo único. O sorteio, para efeito de substituição nos Tribunais Regionais do Trabalho, será feito entre os juízes presidentes de Junta de Conciliação e Julgamento da sede da Região respectiva.

▶ A EC nº 24, de 9-12-1999, extinguiu a representação pelos juízes classistas na Justiça do Trabalho e substituiu as Juntas de Conciliação e Julgamento por Varas do Trabalho.

**Art. 94.** Aos cargos de direção do Tribunal Superior do Trabalho e dos Tribunais Regionais do Trabalho aplica-se o disposto no artigo 102 e seu parágrafo único.

**TÍTULO VIII – DA JUSTIÇA DOS ESTADOS**

CAPÍTULO I

**DA ORGANIZAÇÃO JUDICIÁRIA**

**Art. 95.** Os Estados organizarão a sua justiça com observância do disposto na Constituição Federal e na presente Lei.

**Art. 96.** Para a administração da justiça, a lei dividirá o território do Estado em comarcas, podendo agrupá-las em circunscrição e dividi-las em distritos.

**Art. 97.** Para a criação, extinção e classificação de comarcas, a legislação estadual estabelecerá critérios uniformes, levando em conta:

I – a extensão territorial;
II – o número de habitantes;
III – o número de eleitores;
IV – a receita tributária;
V – o movimento forense.

§ 1º Os critérios a serem fixados, conforme previsto no caput deste artigo, deverão orientar, conforme índices também estabelecidos em lei estadual, o desdobramento de juízos ou a criação de novas varas, nas comarcas de maior importância.

§ 2º Os índices mínimos estabelecidos em lei poderão ser dispensados, para efeito do disposto no caput deste artigo, em relação a município com precários meios de comunicação.

**Art. 98.** Quando o regular exercício das funções do Poder Judiciário for impedido por falta de recursos decorrentes de injustificada redução de sua proposta orçamentária, ou pela não satisfação oportuna das dotações que lhe corresponderem, caberá ao Tribunal de Justiça, pela maioria absoluta de seus membros, solicitar ao Supremo Tribunal Federal a intervenção da União no Estado.

CAPÍTULO II

**DOS TRIBUNAIS DE JUSTIÇA**

**Art. 99.** Compõem o Órgão Especial a que se refere o parágrafo único do artigo 16 o Presidente, o Vice-Presidente do Tribunal de Justiça e o Corregedor da Justiça, que exercerão nele iguais funções, os desembargadores, de maior antiguidade no cargo, respeitada a representação de advogados e membros do Ministério Público, e inadmitida a recusa do encargo.

§ 1º Na composição do Órgão Especial observar-se-á, tanto quanto possível, a representação, em número paritário, de todas as Câmaras, Turmas ou Seções especializadas.

§ 2º Os desembargadores não integrantes do Órgão Especial, observada a ordem decrescente de antiguidade, poderão ser convocados pelo Presidente para substituir os que o componham, nos casos de afastamento ou impedimento.

**Art. 100.** Na composição de qualquer Tribunal, um quinto dos lugares será preenchido por advogados, em efetivo exercício da profissão, e membros do Ministério Público, todos de notório merecimento e idoneidade moral, com dez anos, pelo menos, de prática forense.

§ 1º Os lugares reservados a membros do Ministério Público ou advogados serão preenchidos, respectivamente, por membros do Ministério Público ou por advogados, indicados em lista tríplice pelo Tribunal de Justiça ou seu Órgão Especial.

§ 2º Nos tribunais em que for ímpar o número de vagas destinadas ao quinto constitucional, uma delas será, alternada e sucessivamente, preenchida por advogado e por membro do Ministério Público, de tal forma que, também sucessiva e alternadamente, os representantes de uma dessas classes superem os da outra em uma unidade.

§ 3º Nos Estados em que houver Tribunal de Alçada, constitui este, para efeito de acesso ao Tribunal de Justiça, a mais alta entrância da magistratura estadual.

▶ Art. 4º da EC nº 45, de 8-12-2004, que determina a extinção dos Tribunais de Alçada.

§ 4º Os juízes que integrem os Tribunais de Alçada somente concorrerão às vagas no Tribunal de Justiça correspondente à classe dos magistrados.

▶ Art. 4º da EC nº 45, de 8-12-2004, que determina a extinção dos Tribunais de Alçada.

§ 5º Não se consideram membros do Ministério Público, para preenchimento de vagas nos tribunais, os juristas estranhos à carreira, nomeados em comissão para o cargo de Procurador-Geral ou outro de chefia.

**Art. 101.** Os Tribunais compor-se-ão de Câmaras ou Turmas, especializadas ou agrupadas em Seções especializadas. A composição e competência das Câmaras ou Turmas serão fixadas na lei e no regimento interno.

§ 1º Salvo nos casos de embargos infringentes ou de divergência, do julgamento das Câmaras ou Turmas participarão apenas três dos seus membros, se maior o número de composição de umas ou outras.

§ 2º As seções especializadas serão integradas, conforme disposto no Regimento Interno, pelas Turmas ou Câmaras da respectiva área de especialização.

§ 3º A cada uma das Seções caberá processar e julgar:

a) os embargos infringentes ou de divergência das decisões das Turmas da respectiva área de especialização;

b) os conflitos de jurisdição relativamente às matérias das respectivas áreas de especialização;

c) a uniformização da jurisprudência, quando ocorrer divergência na interpretação do direito entre as Turmas que a integram;

▶ Arts. 476 a 479 do CPC.

d) os mandados de segurança contra ato de juiz de direito;

e) as revisões criminais e as ações rescisórias dos julgamentos de primeiro grau, da própria Seção ou das respectivas Turmas.

§ 4º Cada Câmara, Turma ou Seção especializada funcionará como Tribunal distinto das demais, cabendo ao Tribunal Pleno, ou ao seu Órgão Especial, onde houver, o julgamento dos feitos que, por lei, excedam a competência de Seção.

**Art. 102.** Os Tribunais, pela maioria dos seus membros efetivos, por votação secreta, elegerão dentre seus juízes mais antigos, em número correspondente ao dos cargos de direção, os titulares destes, com mandato por dois anos, proibida a reeleição. Quem tiver exercido quaisquer cargos de direção por quatro anos, ou o de Presidente, não figurará mais entre os elegíveis, até que se esgotem todos os nomes, na ordem de antiguidade. É obrigatória a aceitação do cargo, salvo recusa manifestada e aceita antes da eleição.

Parágrafo único. O disposto neste artigo não se aplica ao juiz eleito, para completar período de mandato inferior a um ano.

**Art. 103.** O Presidente e o Corregedor da Justiça não integrarão as Câmaras ou Turmas. A lei estadual poderá estender a mesma proibição também aos Vice-Presidentes.

§ 1º Nos Tribunais com mais de trinta desembargadores a lei de organização judiciária poderá prever a existência de mais de um vice-presidente, com as funções que a lei e o regimento interno determinarem, observado quanto a eles, inclusive, o disposto no *caput* deste artigo.

§ 2º Nos Estados com mais de cem comarcas e duzentas varas, poderá haver até dois Corregedores, com as funções que a lei e o Regimento Interno determinarem.

**Art. 104.** Haverá nos Tribunais de Justiça um Conselho de Magistratura, com função disciplinar, do qual serão membros natos o Presidente, o Vice-Presidente e o Corregedor, não devendo, tanto quanto possível, seus demais integrantes ser escolhidos dentre os outros do respectivo Órgão Especial, onde houver. A composição, a competência e o funcionamento desse Conselho, que terá como órgão superior o Tribunal Pleno ou o Órgão Especial, serão estabelecidos no regimento interno.

**Art. 105.** A lei estabelecerá o número mínimo de comarcas a serem visitadas, anualmente, pelo Corregedor, em correição geral ordinária, sem prejuízo das correições extraordinárias, gerais ou parciais, que entenda fazer, ou haja de realizar por determinação do Conselho da Magistratura.

**Art. 106.** Dependerá de proposta do Tribunal de Justiça, ou de seu Órgão Especial, a alteração numérica dos membros do próprio Tribunal ou dos Tribunais inferiores de segunda instância e dos juízes de direito de primeira instância.

§ 1º Somente será majorado o número de membros do Tribunal se o total de processos distribuídos e julgados, durante o ano anterior, superar o índice de trezentos feitos por juiz.

§ 2º Se o total de processos judiciais distribuídos no Tribunal de Justiça, durante o ano anterior, superar o índice de seiscentos feitos por juiz e não for proposto o aumento de número de desembargadores, o acúmulo de serviços não excluirá a aplicação das sanções previstas nos artigos 56 e 57 desta Lei.

§ 3º Para efeito do cálculo a que se referem os parágrafos anteriores, não serão computados os membros do Tribunal que, pelo exercício de cargos de direção, não integrarem as Câmaras, Turmas ou Seções, ou que, integrando-as, nelas não serviram como relator ou revisor.

§ 4º Elevado o número de membros do Tribunal de Justiça ou o dos Tribunais inferiores de segunda instância, ou neles ocorrendo vaga, serão previamente aproveitados os em disponibilidade, salvo o disposto no § 1º do artigo 202 da Constituição Federal e no § 1º do artigo 57 desta Lei, nas vagas reservadas aos magistrados.

§ 5º No caso do parágrafo anterior, havendo mais de um concorrente à mesma vaga, terá preferência o de maior tempo de disponibilidade, e, sendo este o mesmo, o de maior antiguidade, sucessivamente, na substituição e no cargo.

**Art. 107.** É vedada a convocação ou designação de juiz para exercer cargo ou função nos Tribunais, ressalvada a substituição ocasional de seus integrantes (artigo 118).

CAPÍTULO III

## DOS TRIBUNAIS DE ALÇADA

▶ Art. 4º da EC nº 45, de 8-12-2004, que determina a extinção dos Tribunais de Alçada.

**Art. 108.** Poderão ser criados nos Estados, mediante proposta dos respectivos Tribunais de Justiça, Tribunais inferiores de segunda instância, denominados Tribunais de Alçada, observados os seguintes requisitos:

▶ Art. 4º da EC nº 45, de 8-12-2004, que determina a extinção dos Tribunais de Alçada.

I – ter o Tribunal de Justiça número de desembargadores igual ou superior a trinta;

II – haver o número de processos distribuídos no Tribunal de Justiça, nos dois últimos anos, superado o índice de trezentos feitos por desembargador, em cada ano;

III – limitar-se a competência do Tribunal de Alçada, em matéria cível, a recursos:

▶ Art. 4º da EC nº 45, de 8-12-2004, que determina a extinção dos Tribunais de Alçada.

a) em quaisquer ações relativas à locação de imóveis, bem assim nas possessórias;
b) nas ações relativas a matéria fiscal da competência dos municípios;
c) nas ações de acidentes do trabalho;
d) nas ações de procedimento sumaríssimo, em razão da matéria;
e) nas execuções por título extrajudicial, exceto as relativas à matéria fiscal da competência dos Estados;

IV – limitar-se a competência do Tribunal de Alçada, em matéria penal, a *habeas corpus* e recursos:

▶ Art. 4º da EC nº 45, de 8-12-2004, que determina a extinção dos Tribunais de Alçada.

a) nos crimes contra o patrimônio, seja qual for a natureza da pena cominada;
b) nas demais infrações a que não seja cominada pena de reclusão, isolada, cumulativa ou alternativamente, excetuados os crimes ou contravenções relativas a tóxicos ou entorpecentes, e a falência.

Parágrafo único. Nos Estados em que houver mais de um Tribunal de Alçada, caberá privativamente a um deles, pelo menos, exercer a competência prevista no inciso IV deste artigo.

▶ Art. 4º da EC nº 45, de 8-12-2004, que determina a extinção dos Tribunais de Alçada.

**Art. 109.** Nos casos de conexão ou continência entre ações de competência do Tribunal de Justiça e do Tribunal de Alçada, prorrogar-se-á a do primeiro, o mesmo ocorrendo quando, em matéria penal, houver desclassificação para crime de competência do último.

▶ Art. 4º da EC nº 45, de 8-12-2004, que determina a extinção dos Tribunais de Alçada.
▶ Arts. 103 a 105 do CPC.

**Art. 110.** Os Tribunais de Alçada terão jurisdição na totalidade ou em parte do território do Estado, e sede na Capital ou em cidade localizada na área de sua jurisdição.

▶ Art. 4º da EC nº 45, de 8-12-2004, que determina a extinção dos Tribunais de Alçada.

Parágrafo único. Aplica-se, no que couber, aos Tribunais de Alçada, o disposto nos artigos 100, *caput*, §§ 1º, 2º e 5º, 101 e 102.

▶ Art. 4º da EC nº 45, de 8-12-2004, que determina a extinção dos Tribunais de Alçada.

**Art. 111.** Nos Estados com mais de um Tribunal de Alçada é assegurado aos seus juízes o direito de remoção de um para outro tribunal, mediante prévia aprovação do Tribunal de Justiça, observado o quinto constitucional.

▶ Art. 4º da EC nº 45, de 8-12-2004, que determina a extinção dos Tribunais de Alçada.

CAPÍTULO IV

## DA JUSTIÇA DE PAZ

**Art. 112.** A Justiça de Paz temporária, criada por lei, mediante proposta do Tribunal de Justiça, tem competência somente para o processo de habilitação e a celebração do casamento.

§ 1º O juiz de paz será nomeado pelo Governador, mediante escolha em lista tríplice, organizada pelo presidente do Tribunal de Justiça, ouvido o juiz de direito da comarca, e composta de eleitores residentes no distrito, não pertencentes a órgão de direção ou de ação de partido político. Os demais nomes constantes da lista tríplice serão nomeados primeiro e segundo suplentes.

§ 2º O exercício efetivo da função de juiz de paz constitui serviço público relevante e assegurará prisão especial, em caso de crime comum, até definitivo julgamento.

§ 3º Nos casos de falta, ausência ou impedimento do juiz de paz e de seus suplentes, caberá ao juiz de direito da comarca a nomeação de juiz de paz *ad hoc*.

**Art. 113.** A impugnação à regularidade do processo de habilitação matrimonial e a contestação a impedimento oposto serão decididas pelo juiz de direito.

## TÍTULO IX – DA SUBSTITUIÇÃO NOS TRIBUNAIS

**Art. 114.** O Presidente do Tribunal é substituído pelo Vice-Presidente, e este e o Corregedor, pelos demais membros, na ordem decrescente de antiguidade.

**Art. 115.** Revogado. LC nº 54, de 22-12-1986.

**Art. 116.** Quando o afastamento for por período igual ou superior a três dias, serão redistribuídos, mediante oportuna compensação, os *habeas corpus*, os mandados de segurança e os feitos que, consoante fundada alegação do interessado, reclamem solução urgente. Em caso de vaga, ressalvados esses processos, os demais serão atribuídos ao nomeado para preenchê-la.

**Art. 117.** Para compor *quorum* de julgamento, o magistrado, nos casos de ausência ou impedimento eventual, será substituído por outro da mesma Câmara ou Turma, na ordem de antiguidade, ou, se impossível, de outra, de preferência da mesma Seção especializada, na forma prevista no regimento interno. Na ausência de critérios objetivos, a convocação far-se-á mediante sorteio público, realizado pelo Presidente da Câmara, Turma ou Seção especializada.

**Art. 118.** Em caso de vaga ou afastamento, por prazo superior a trinta dias, de membro dos Tribunais Superiores, dos Tribunais Regionais, dos Tribunais de Justiça e dos Tribunais de Alçada, (VETADO) poderão ser convocados juízes, em substituição (VETADO) escolhidos (VETADO) por decisão da maioria absoluta do Tribunal respectivo, ou, se houver, de seu Órgão Especial.

▶ Art. 4º da EC nº 45, de 8-12-2004, que determina a extinção dos Tribunais de Alçada.

§ 1º A convocação far-se-á mediante sorteio público dentre:

I – os juízes federais, para o Tribunal Federal de Recursos;
II – o Corregedor e juízes-auditores, para a substituição de Ministro togado do Superior Tribunal Militar;
III – os juízes da comarca da Capital, para os Tribunais de Justiça dos Estados onde não houver Tribunal de Alçada e, onde houver, dentre os membros deste, para os Tribunais de Justiça, e dentre os juízes da comarca da sede do Tribunal de Alçada, para o mesmo;

▶ Art. 4º da EC nº 45, de 8-12-2004, que determina a extinção dos Tribunais de Alçada.

IV – os juízes de direito do Distrito Federal, para o Tribunal de Justiça do Distrito Federal e dos Territórios;
V – os juízes Presidentes de Junta de Conciliação e Julgamento da sede da Região para os Tribunais Regionais do Trabalho.

▶ A EC nº 24, de 9-12-1999, extinguiu a representação pelos juízes classistas na Justiça do Trabalho e substituiu as Juntas de Conciliação e Julgamento por Varas do Trabalho.

§ 2º Não poderão ser convocados juízes punidos com as penas previstas no artigo 42, I, II, III e IV, nem os que estejam respondendo ao procedimento previsto no artigo 27.

§ 3º A convocação de Juiz de Tribunal do Trabalho, para substituir Ministro do Tribunal Superior do Trabalho, obedecerá ao disposto neste artigo.

§ 4º Em nenhuma hipótese, salvo vacância do cargo, haverá redistribuição de processos aos juízes convocados.

**Art. 119.** A redistribuição de feitos, a substituição nos casos de ausência ou impedimento eventual e a convocação para completar *quorum* de julgamento não autorizam a concessão de qualquer vantagem, salvo diárias e transporte, se for o caso.

## TÍTULO X – DISPOSIÇÕES FINAIS E TRANSITÓRIAS

**Art. 120.** Os regimentos internos dos tribunais disporão sobre a devolução e julgamento dos feitos, no sentido de que, ressalvadas as preferências legais, se obedeça tanto quanto possível, na organização das pautas, a igualdade numérica entre os processos em que o juiz funcione como relator e revisor.

**Art. 121.** Nos julgamentos, o pedido de vista não impede votem os juízes que se tenham por habilitados a fazê-lo, e o juiz que o formular restituirá os autos ao Presidente dentro em dez dias, no máximo, contados do dia do pedido, devendo prosseguir o julgamento do feito na primeira sessão subsequente a este prazo.

**Art. 122.** Os Presidentes e Vice-Presidentes de Tribunal, assim como os Corregedores, não poderão participar de Tribunal Eleitoral.

**Art. 123.** Poderão ter seus mandatos prorrogados, por igual período, o Presidente, o Vice-Presidente e o Corregedor que, por força de disposição regimental, estejam, na data da publicação desta Lei, cumprindo mandato de um ano.

**Art. 124.** O Magistrado que for convocado para substituir, em primeira ou segunda instância, perceberá a diferença de vencimentos correspondentes ao cargo que passa a exercer, inclusive diárias e transporte, se for o caso.

▶ Artigo com a redação dada pela LC nº 54, de 22-12-1986.

**Art. 125.** O Presidente do Tribunal, de comum acordo com o Vice-Presidente, poderá delegar-lhe atribuições.

**Art. 126.** O Conselho da Justiça Federal compõe-se do Presidente e do Vice-Presidente do Tribunal Federal de Recursos, e de mais três ministros eleitos pelo Tribunal, com mandato de dois anos.

Parágrafo único. O Tribunal Federal de Recursos ao eleger os três ministros que integrarão o Conselho, indicará, dentre eles, o Corregedor-Geral, bem como elegerá os respectivos suplentes.

**Art. 127.** Nas Justiças da União, dos Estados e do Distrito Federal e dos Territórios, poderão existir outros órgãos com funções disciplinares e de correição, nos termos da lei, ressalvadas as competências dos previstos nesta.

**Art. 128.** Nos tribunais, não poderão ter assento na mesma Turma, Câmara ou Seção, cônjuges e parentes consanguíneos ou afins em linha reta, bem como em linha colateral até o terceiro grau.

Parágrafo único. Nas sessões do Tribunal Pleno ou órgão que o substituir, onde houver, o primeiro dos membros mutuamente impedidos, que votar, excluirá a participação do outro no julgamento.

**Art. 129.** O magistrado, pelo exercício em órgão disciplinar ou de correição, nenhuma vantagem pecuniária perceberá, salvo transporte e diária para alimentação e pousada, quando se deslocar de sua sede.

**Art. 130.** *Revogado.* LC nº 37, de 13-11-1979.

**Art. 131.** Ao magistrado que responder a processo disciplinar, findo este, dar-se-á certidão de suas peças, se o requerer.

**Art. 132.** Aplicam-se à Justiça do Distrito Federal e dos Territórios, no que couber, as normas referentes à Justiça dos Estados.

**Art. 133.** O Presidente do Supremo Tribunal Federal adotará as providências necessárias à instalação do Conselho Nacional da Magistratura no prazo de trinta dias, contado da entrada em vigor desta Lei.

**Art. 134.** Concluídas as instalações que possam atender à nova composição do Tribunal Federal de Recursos, serão preenchidos oito cargos de Ministro, para completar o número de vinte e sete, nos termos do artigo 4º, devendo o Presidente do Tribunal, no prazo de trinta dias, tornar efetiva a reorganização determinada nesta Lei e promover a adaptação do regimento interno às regras nela estabelecidas.

Parágrafo único. As disposições dos artigos 115 e 118 da Lei Complementar nº 35, de 14-3-1979, não se aplicarão ao Tribunal Federal de Recursos, enquanto não forem preenchidos os oito cargos de ministro, para completar o número de vinte e sete, nos termos previstos neste artigo.

**Art. 135.** O mandato dos membros do Conselho Nacional da Magistratura eleitos no prazo do artigo anterior, com início na data de sua eleição, terminará juntamente com o do Presidente e do Vice-Presidente do Supremo Tribunal Federal eleitos em substituição aos atuais.

**Art. 136.** Para efeito do aumento do número de desembargadores, previsto no artigo 106, § 1º, poderá ser computado o número de processos distribuídos durante o ano anterior, e que, por força desta Lei, passaram à competência dos Tribunais de Justiça.

**Art. 137.** Os cargos de desembargadores criados após a promulgação da Emenda Constitucional nº 7, de 13 de abril de 1977, e ainda não providos à data da vigência desta Lei, somente o serão uma vez satisfeito o requisito constante no artigo 106, § 1º.

**Art. 138.** Aos juízes togados, nomeados mediante concurso de provas e ainda sujeitos a concurso de títulos consoante as legislações estaduais, computar-se-á, no período de dois anos de estágio para aquisição da vitaliciedade, o tempo de exercício anterior a 13 de abril de 1977.

**Art. 139.** Dentro de seis meses, contados da vigência desta Lei, os Estados adaptarão sua organização judiciária aos preceitos nela estabelecidos e aos constantes da Constituição Federal.

§ 1º Nos Estados em que houver Tribunal de Alçada, os Tribunais de Justiça observarão, quanto à competência, o disposto no artigo 108, III e IV.

▶ Art. 4º da EC nº 45, de 8-12-2004, que determina a extinção dos Tribunais de Alçada.

§ 2º Os Tribunais de Justiça e os de Alçada conservarão, residualmente, sua competência, para o processo e julgamento dos feitos e recursos que houverem sido entregues, nas respectivas Secretarias, até a data da entrada em vigor da lei estadual de adaptação prevista no artigo 202 da Constituição, ainda que não tenham sido registrados ou autuados.

▶ Art. 4º da EC nº 45, de 8-12-2004, que determina a extinção dos Tribunais de Alçada.

**Art. 140.** Vencido o prazo do artigo anterior, ficarão extintos os cargos de juiz substituto de segunda instância, qualquer que seja a sua denominação, e seus ocupantes, em disponibilidade, com vencimentos integrais até serem aproveitados.

§ 1º O aproveitamento far-se-á por promoção, ao Tribunal de Justiça ou ao Tribunal de Alçada, conforme o caso, respeitado o quinto constitucional, alternadamente, pelos critérios de antiguidade e merecimento, e, enquanto não for possível, nas varas da comarca da Capital, de entrância igual à dos ocupantes dos cargos extintos.

▶ Art. 4º da EC nº 45, de 8-12-2004, que determina a extinção dos Tribunais de Alçada.

§ 2º No Estado do Rio de Janeiro, nas primeiras vagas que ocorrerem ou vierem a ser criadas no Tribunal de Justiça, ressalvada a faculdade do Governador, de prévio aproveitamento dos atuais desembargadores em disponibilidade (Emenda Constitucional nº 7, art. 202, § 2º) e observado o quinto constitucional, serão aproveitados os atuais juízes de direito substitutos de desembargador, sem prejuízo da antiguidade que tiverem os demais juízes de direito de entrância especial, na oportunidade do acesso ao Tribunal.

§ 3º Os juízes substitutos dos Tribunais de Alçada do mesmo Estado serão aproveitados nas primeiras vagas que ocorrerem ou vierem a ser criadas em qualquer desses Tribunais, observados os mesmos critérios deste artigo.

▶ Art. 4º da EC nº 45, de 8-12-2004, que determina a extinção dos Tribunais de Alçada.

§ 4º Os juízes que, na data da entrada em vigor desta Lei, estejam no exercício de função substituinte, mediante convocação temporária, reassumirão o exercício das varas de que sejam titulares.

§ 5º É vedado o aproveitamento por forma diversa da prevista nos artigos anteriores, inclusive como assessor, assistente ou auxiliar de desembargador ou de juiz de Tribunal de Alçada.

**Art. 141.** Independentemente do disposto no § 3º, do artigo 100, desta Lei, fica assegurado o acesso aos Tribunais de Justiça, pelo critério de antiguidade, de todos os juízes de direito que, à data da promulgação desta Lei, integrem a mais elevada entrância, desde que, segundo as disposições estaduais então vigentes, tenham igual ou maior antiguidade do que a daqueles que integram os Tribunais de Alçada, ressalvada a recusa prevista no inciso III, do artigo 144, da Constituição Federal.

▶ Art. 4º da EC nº 45, de 8-12-2004, que determina a extinção dos Tribunais de Alçada.

**Art. 142.** No Estado do Rio de Janeiro a aplicação do disposto no § 3º do artigo 100 não poderá afetar a antiguidade que tiverem, na data da entrada em vigor desta Lei, os juízes que atualmente compõem a entrância especial, entre os quais se incluem os juízes que integram os Tribunais de Alçada.

▶ Art. 4º da EC nº 45, de 8-12-2004, que determina a extinção dos Tribunais de Alçada.

**Art. 143.** O disposto no § 4º do artigo 100 não se aplica às vagas correntes antes da data da entrada em vigor desta Lei.

**Art. 144.** VETADO.

Parágrafo único. VETADO.

**Art. 145.** As gratificações e adicionais atualmente atribuídos a magistrados, não previstos no artigo 65, ou excedentes das percentagens e limites nele fixados, ficam extintos e seus valores atuais passam a ser percebidos como vantagem pessoal inalterável no seu *quantum*, a ser absorvida em futuros aumentos ou reajustes de vencimentos.

Parágrafo único. A absorção a que se refere este artigo não se aplica ao excesso decorrente do número de quinquênios e não excederá de vinte por cento em cada aumento ou reajuste de vencimento.

**Art. 146.** Esta Lei entrará em vigor sessenta dias após sua publicação.

**Art. 147.** Revogam-se as disposições em contrário.

Brasília, 14 de março de 1979;
158º da Independência e
91º da República.

**Ernesto Geisel**

---

## LEI Nº 6.766, DE 19 DE DEZEMBRO DE 1979

*Dispõe sobre o parcelamento do solo urbano e dá outras providências.*

**(EXCERTOS)**

▶ Publicada no *DOU* de 20-12-1979.

▶ Dec.-lei nº 58, de 10-12-1937, dispõe sobre o loteamento e a venda de terrenos para pagamento em prestações.

▶ Dec.-lei nº 271, de 28-2-1967, dispõe sobre loteamento urbano, responsabilidade do loteador, concessão de uso do espaço aéreo.

..............................................................

### CAPÍTULO VII

### DOS CONTRATOS

**Art. 25.** São irretratáveis os compromissos de compra e venda, cessões e promessas de cessão, os que atribuam direito a adjudicação compulsória e, estando registrados, confiram direito real oponível a terceiros.

▶ Arts. 29 e 30 desta Lei.

▶ Arts. 16 e 22 do Dec.-lei nº 58, de 10-12-1937, que dispõe sobre o loteamento e a venda de terrenos para pagamento em prestações.

▶ Súm. nº 239 do STJ.

**Art. 26.** Os compromissos de compra e venda, as cessões ou promessas de cessão poderão ser feitos por escritura pública ou por instrumento particular, de acordo com o modelo depositado na forma do inciso VI do artigo 18 e conterão, pelo menos, as seguintes indicações:

I – nome, registro civil, cadastro fiscal no Ministério da Fazenda, nacionalidade, estado civil e residência dos contratantes;

II – denominação e situação do loteamento, número e data da inscrição;

III – descrição do lote ou dos lotes que forem objeto de compromissos, confrontações, área e outras características;

IV – preço, prazo, forma e local de pagamento bem como a importância do sinal;

V – taxa de juros incidentes sobre o débito em aberto e sobre as prestações vencidas e não pagas, bem como a cláusula penal, nunca excedente a dez por cento do débito e só exigível nos casos de intervenção judicial ou de mora superior a três meses;

▶ Art. 32, § 1º, desta Lei.

VI – indicação sobre a quem incumbe o pagamento dos impostos e taxas incidentes sobre o lote compromissado;

VII – declaração das restrições urbanísticas convencionais do loteamento, supletivas da legislação pertinente.

§ 1º O contrato deverá ser firmado em três vias ou extraído em três traslados, sendo um para cada parte e o terceiro para arquivo no registro imobiliário, após o registro e anotações devidas.

§ 2º Quando o contrato houver sido firmado por procurador de qualquer das partes, será obrigatório o arquivamento da procuração no registro imobiliário.

▶ Art. 11, § 3º, do Dec.-lei nº 58, de 10-12-1937, que dispõe sobre o loteamento e a venda de terrenos para pagamento em prestações.

§ 3º Admite-se, nos parcelamentos populares, a cessão da posse em que estiverem provisoriamente imitidas a União, Estados, Distrito Federal, Municípios e suas entidades delegadas, o que poderá ocorrer por instrumento particular, ao qual se atribui, para todos os fins de direito, caráter de escritura pública, não se aplicando a disposição do inciso II do art. 134 do Código Civil.

§ 4º A cessão da posse referida no § 3º, cumpridas as obrigações do cessionário, constitui crédito contra o expropriante, de aceitação obrigatória em garantia de contratos de financiamentos habitacionais.

§ 5º Com o registro da sentença que, em processo de desapropriação, fixar o valor da indenização, a posse referida no § 3º converte-se-á em propriedade e a sua cessão, em compromisso de compra e venda ou venda e compra, conforme haja obrigações a cumprir ou estejam elas cumpridas, circunstância que, demonstradas ao Registro de Imóveis, serão averbadas na matrícula relativa ao lote.

§ 6º Os compromissos de compra e venda, as cessões e as promessas de cessão valerão como título para o registro da propriedade do lote adquirido, quando acompanhados da respectiva prova de quitação.

▶ §§ 3º a 6º acrescidos pela Lei nº 9.785, de 29-1-1999.

**Art. 27.** Se aquele que se obrigou a concluir contrato de promessa de venda ou de cessão não cumprir a obrigação, o credor poderá notificar o devedor para outorga do contrato ou oferecimento de impugnação no prazo de quinze dias, sob pena de proceder-se ao registro do pré-contrato, passando as relações entre as partes a serem regidas pelo contrato-padrão.

▶ Art. 18, VI, desta Lei.

§ 1º Para fins deste artigo, terão o mesmo valor de pré-contrato a promessa de cessão, a proposta de compra, a reserva de lote ou qualquer outro instrumento, do qual conste a manifestação da vontade das partes, a indicação do lote, o preço e modo de pagamento, e a promessa de contratar.

§ 2º O registro de que trata este artigo não será procedido se a parte que o requereu não comprovar haver cumprido a sua prestação, nem a oferecer na forma devida, salvo se ainda não exigível.

§ 3º Havendo impugnação daquele que se comprometeu a concluir o contrato, observar-se-á o disposto nos artigos 639 e 640 do Código de Processo Civil.
▶ Art. 272 do CPC.

**Art. 28.** Qualquer alteração ou cancelamento parcial do loteamento registrado dependerá de acordo entre o loteador e os adquirentes de lotes atingidos pela alteração, bem como da aprovação pela Prefeitura Municipal, ou do Distrito Federal quando for o caso, devendo ser depositada no Registro de Imóveis, em complemento ao projeto original, com a devida averbação.

**Art. 29.** Aquele que adquirir a propriedade loteada mediante ato *inter vivos*, ou por sucessão *causa mortis*, sucederá o transmitente em todos os seus direitos e obrigações, ficando obrigado a respeitar os compromissos de compra e venda ou as promessas de cessão, em todas as suas cláusulas, sendo nula qualquer disposição em contrário, ressalvado o direito do herdeiro ou legatário de renunciar à herança ou ao legado.

**Art. 30.** A sentença declaratória de falência ou da insolvência de qualquer das partes não rescindirá os contratos de compromisso de compra e venda ou de promessa de cessão que tenham por objeto a área loteada ou lotes da mesma. Se a falência ou insolvência for do proprietário da área loteada ou do titular de direito sobre ela, incumbirá ao síndico ou ao administrador dar cumprimento aos referidos contratos; se do adquirente do lote, seus direitos serão levados à praça.
▶ Art. 751 do CPC.
▶ Arts. 21 a 25 da Lei nº 11.101, de 9-2-2005 (Lei de Recuperação de Empresas e Falências).

**Art. 31.** O contrato particular pode ser transferido por simples trespasse, lançado no verso das vias em poder das partes, ou por instrumento em separado, declarando-se o número do registro do loteamento, o valor da cessão e a qualificação do cessionário para o devido registro.

§ 1º A cessão independe da anuência do loteador, mas, em relação a este, seus efeitos só se produzem depois de cientificado, por escrito, pelas partes ou quando registrada a cessão.

§ 2º Uma vez registrada a cessão, feita sem anuência do loteador, o oficial do registro dar-lhe-á ciência, por escrito, dentro de dez dias.
▶ Art. 13 do Dec.-lei nº 58, de 10-12-1937, que dispõe sobre loteamento e a venda de terrenos para pagamento em prestações.

**Art. 32.** Vencida e não paga a prestação, o contrato será considerado rescindido trinta dias depois de constituído em mora o devedor.
▶ Dec.-lei nº 745, de 7-8-1969, dispõe sobre escrituras de compromisso de compra e venda de imóveis não loteados.

§ 1º Para os fins deste artigo o devedor-adquirente será intimado, a requerimento do credor, pelo oficial do registro de imóveis, a satisfazer as prestações vencidas e as que se vencerem até a data do pagamento, os juros convencionados e as custas de intimação.
▶ Art. 49 desta Lei.

§ 2º Purgada a mora, convalescerá o contrato.

§ 3º Com a certidão de não haver sido feito o pagamento em cartório, o vendedor requererá ao oficial do registro o cancelamento da averbação.
▶ Art. 36, III, desta Lei.

**Art. 33.** Se o credor das prestações se recusar a recebê-las ou furtar-se ao seu recebimento, será constituído em mora mediante notificação do oficial do registro de imóveis para vir receber as importâncias depositadas pelo devedor no próprio Registro de Imóveis. Decorridos quinze dias após o recebimento da intimação, considerar-se-á efetuado o pagamento, a menos que o credor impugne o depósito e, alegando inadimplemento do devedor, requeira a intimação deste para os fins do disposto no artigo 32 desta Lei.
▶ Art. 49 desta Lei.

**Art. 34.** Em qualquer caso de rescisão por inadimplemento do adquirente, as benfeitorias necessárias ou úteis por ele levadas a efeito no imóvel deverão ser indenizadas, sendo de nenhum efeito qualquer disposição contratual em contrário.

Parágrafo único. Não serão indenizadas as benfeitorias feitas em desconformidade com o contrato ou com a lei.
▶ Arts. 96 e 97 do CC.

**Art. 35.** Ocorrendo o cancelamento do registro por inadimplemento do contrato e tendo havido o pagamento de mais de um terço do preço ajustado, o oficial do registro de imóveis mencionará este fato no ato do cancelamento e a quantia paga; somente será efetuado o novo registro relativo ao mesmo lote, se for comprovada a restituição do valor pago pelo vendedor ao titular do registro cancelado, ou mediante depósito em dinheiro à sua disposição junto ao Registro de Imóveis.

§ 1º Ocorrendo o depósito a que se refere este artigo, o oficial do registro de imóveis intimará o interessado para vir recebê-lo no prazo de dez dias, sob pena de ser devolvido ao depositante.

§ 2º No caso de não ser encontrado o interessado, o oficial do registro de imóveis depositará a quantia em estabelecimento de crédito, segundo a ordem prevista no inciso I do artigo 666 do Código de Processo Civil, em conta com incidência de juros e correção monetária.
▶ Art. 38, § 1º, desta Lei.

**Art. 36.** O registro do compromisso, cessão ou promessa de cessão só poderá ser cancelado:
I – por decisão judicial;
II – a requerimento conjunto das partes contratantes;
III – quando houver rescisão comprovada do contrato.

CAPÍTULO VIII

## DISPOSIÇÕES GERAIS

**Art. 38.** Verificado que o loteamento ou desmembramento não se acha registrado ou regularmente executado ou notificado pela Prefeitura Municipal, ou pelo Distrito Federal quando for o caso, deverá o adquirente do lote suspender o pagamento das prestações restantes e notificar o loteador para suprir a falta.

§ 1º Ocorrendo a *suspensão do pagamento das* prestações restantes, na forma do *caput* deste artigo, o adquirente efetuará o depósito das prestações devidas junto ao Registro de Imóveis competente, que as depositará em estabelecimento de crédito, segundo a ordem prevista no inciso I do artigo 666 do Código de Processo Civil, em conta com incidência de juros e correção monetária, cuja movimentação dependerá de prévia autorização judicial.

§ 2º A Prefeitura Municipal, ou Distrito Federal quando for o caso, ou o Ministério Público, poderá promover a notificação ao loteador prevista no *caput* deste artigo.

§ 3º Regularizado o loteamento pelo loteador, este promoverá judicialmente a autorização para levantar as prestações depositadas, com os acréscimos de correção monetária e juros, sendo necessária a citação da Prefeitura, ou do Distrito Federal quando for o caso, para integrar o processo judicial aqui previsto, bem como audiência do Ministério Público.

► Art. 272 do CPC.

§ 4º Após o reconhecimento judicial de regularidade do loteamento, o loteador notificará os adquirentes dos lotes, por intermédio do Registro de Imóveis competente, para que passem a pagar diretamente as prestações restantes, a contar da data da notificação.

§ 5º No caso de o loteador deixar de atender à notificação até o vencimento do prazo contratual, ou quando o loteamento ou desmembramento for regularizado pela Prefeitura Municipal, ou pelo Distrito Federal quando for o caso, nos termos do artigo 40 desta Lei, o loteador não poderá, a qualquer título, exigir o recebimento das prestações depositadas.

**Art. 39.** Será nula de pleno direito a cláusula de rescisão de contrato por inadimplemento do adquirente, quando o loteamento não estiver regularmente inscrito.

**Art. 46.** O loteador não poderá fundamentar qualquer ação ou defesa na presente Lei sem apresentação dos registros e contratos a que ela se refere.

**Art. 47.** Se o loteador integrar grupo econômico ou financeiro, qualquer pessoa física ou jurídica desse grupo, beneficiária de qualquer forma do loteamento ou desmembramento irregular, será solidariamente responsável pelos prejuízos por ele causados aos compradores de lotes e ao Poder Público.

► Art. 40, §§ 2º e 3º, desta Lei.
► Arts. 275 a 285 do CC.

**Art. 48.** O foro competente para os procedimentos judiciais previstos nesta Lei será sempre o da comarca da situação do lote.

► Art. 95 do CPC.

**Art. 49.** As intimações e notificações previstas nesta Lei deverão ser feitas pessoalmente ao intimado ou notificado, que assinará o comprovante do recebimento, e poderão igualmente ser promovidas por meio dos Cartórios de Registro de Títulos e Documentos da comarca da situação do imóvel ou do domicílio de quem deva recebê-las.

► Arts. 32, § 1º, e 33 desta Lei.

§ 1º Se o destinatário se recusar a dar recibo ou se furtar ao recebimento, ou se for desconhecido o seu paradeiro, o funcionário incumbido da diligência informará esta circunstância ao oficial competente que a certificará, sob sua responsabilidade.

§ 2º Certificada a ocorrência dos fatos mencionados no parágrafo anterior, a intimação ou notificação será feita por edital na forma desta Lei, começando o prazo a correr dez dias após a última publicação.

► Art. 19, § 3º, desta Lei.

CAPÍTULO X

## DISPOSIÇÕES PENAIS

**Art. 53-A.** São considerados de interesse público os parcelamentos vinculados a planos ou programas habitacionais de iniciativa das Prefeituras Municipais e do Distrito Federal, ou entidades autorizadas por lei, em especial as regularizações de parcelamentos e de assentamentos.

► Art. 53-A acrescido pela Lei nº 9.785, de 29-1-1999.

Parágrafo único. Às ações e intervenções de que trata este artigo não será exigível documentação que não seja a mínima necessária e indispensável aos registros no cartório competente, inclusive sob a forma de certidões, vedadas as exigências e as sanções pertinentes aos particulares, especialmente aquelas que visem garantir a realização de obras e serviços, ou que visem prevenir questões de domínio de glebas, que se presumirão asseguradas pelo Poder Público respectivo.

► Art. 53-A acrescido pela Lei nº 9.785, de 29-1-1999.

**Art. 54.** Esta Lei entrará em vigor na data de sua publicação.

**Art. 55.** Revogam-se as disposições em contrário.

Brasília, em 19 de dezembro de 1979;
158º da Independência e
91º da República.

João Figueiredo

## LEI Nº 6.830, DE 22 DE SETEMBRO DE 1980

*Dispõe sobre a cobrança judicial da Dívida Ativa da Fazenda Pública e dá outras providências.*

► Publicada no *DOU* de 24-9-1980.

**Art. 1º** A execução judicial para cobrança da Dívida Ativa da União, dos Estados, do Distrito Federal, dos Municípios e respectivas autarquias será regida por esta Lei e, subsidiariamente, pelo Código de Processo Civil.

► Arts. 578 e 579 do CPC.
► Súmulas nºs 8, 40, 44, 48, 99, 112, 117, 154 e 168 do TFR.
► Súm. nº 190 do STJ.

**Art. 2º** Constitui Dívida Ativa da Fazenda Pública aquela definida como tributária ou não tributária na Lei nº 4.320, de 17 de março de 1964, com as alterações posteriores, que estatui normas gerais de direito financeiro para elaboração e controle dos orçamentos e balanços da União, dos Estados, dos Municípios e do Distrito Federal.

► Art. 39 da Lei nº 4.320, de 17-3-1964, que estatui normas gerais de direito financeiro para elaboração e controle dos orçamentos e balanços da União, dos Estados, dos Municípios e do Distrito Federal.

§ 1º Qualquer valor, cuja cobrança seja atribuída por lei às entidades de que trata o artigo 1º, será considerado Dívida Ativa da Fazenda Pública.

§ 2º A Dívida Ativa da Fazenda Pública, compreendendo a tributária e a não tributária, abrange atualização monetária, juros e multa de mora e demais encargos previstos em lei ou contrato.

§ 3º A inscrição, que se constitui no ato de controle administrativo da legalidade, será feita pelo órgão competente para apurar a liquidez e certeza do crédito e suspenderá a prescrição, para todos os efeitos de direito, por cento e oitenta dias ou até a distribuição da execução fiscal, se esta ocorrer antes de findo aquele prazo.

▶ Art. 71 da CF.
▶ Arts. 174 e 201 do CTN.
▶ Art. 75, I, da Lei nº 4.320, de 17-3-1964, que estatui normas gerais de direito financeiro para elaboração e controle dos orçamentos e balanços da União, dos Estados, dos Municípios e do Distrito Federal.
▶ Súm. Vinc. nº 8 do STF.

§ 4º A Dívida Ativa da União será apurada e inscrita na Procuradoria da Fazenda Nacional.

▶ Art. 58 da Lei nº 11.941, de 27-5-2009, que altera a legislação tributária federal relativa ao parcelamento ordinário de débitos tributários.

§ 5º O Termo de Inscrição de Dívida Ativa deverá conter:

▶ Art. 202 do CTN.

I – o nome do devedor, dos corresponsáveis, e, sempre que conhecido, o domicílio ou residência de um e de outros;
II – o valor originário da dívida, bem como o termo inicial e a forma de calcular os juros de mora e demais encargos previstos em lei ou contrato;
III – a origem, a natureza e o fundamento legal ou contratual da dívida;
IV – a indicação, se for o caso, de estar a dívida sujeita à atualização monetária, bem como o respectivo fundamento legal e o termo inicial para o cálculo;
V – a data e o número da inscrição, no Registro de Dívida Ativa; e
VI – o número do processo administrativo ou do auto de infração, se neles estiver apurado o valor da dívida.

§ 6º A Certidão de Dívida Ativa conterá os mesmos elementos do Termo de Inscrição e será autenticada pela autoridade competente.

§ 7º O Termo de Inscrição e a Certidão de Dívida Ativa poderão ser preparados e numerados por processo manual, mecânico ou eletrônico.

§ 8º Até a decisão de primeira instância, a Certidão de Dívida Ativa poderá ser emendada ou substituída, assegurada ao executado a devolução do prazo para embargos.

▶ Súm. nº 392 do STJ.

§ 9º O prazo para a cobrança das contribuições previdenciárias continua a ser o estabelecido no artigo 144 da Lei nº 3.807, de 26 de agosto de 1960.

▶ Arts. 173 e 174 do CTN.
▶ Arts. 45 e 46 da Lei nº 8.212, de 24-7-1991 (Lei Orgânica da Seguridade Social).

**Art. 3º** A Dívida Ativa regularmente inscrita goza da presunção de certeza e liquidez.

▶ Art. 204 do CTN.

Parágrafo único. A presunção a que se refere este artigo é relativa e pode ser ilidida por prova inequívoca, a cargo do executado ou de terceiro, a quem aproveite.

**Art. 4º** A execução fiscal poderá ser promovida contra:
I – o devedor;
II – o fiador;
III – o espólio;
IV – a massa;
V – o responsável, nos termos da lei, por dívidas, tributárias ou não, de pessoas físicas ou pessoas jurídicas de direito privado; e

▶ Súmulas nºs 430 e 435 do STJ.

VI – os sucessores a qualquer título.

§ 1º Ressalvado o disposto no artigo 31, o síndico, o comissário, o liquidante, o inventariante e o administrador, nos casos de falência, concordata, liquidação, inventário, insolvência ou concurso de credores, se, antes de garantidos os créditos da Fazenda Pública, alienarem ou derem em garantia quaisquer dos bens administrados, respondem, solidariamente, pelo valor desses bens.

▶ Arts. 21 a 25 da Lei nº 11.101, de 9-2-2005 (Lei de Recuperação de Empresas e Falências), que dispõem sobre o administrador judicial.
▶ Lei nº 11.101, de 9-2-2005 (Lei de Recuperação de Empresas e Falências).

§ 2º À Dívida Ativa da Fazenda Pública, de qualquer natureza, aplicam-se as normas relativas à responsabilidade prevista na legislação tributária, civil e comercial.

§ 3º Os responsáveis, inclusive as pessoas indicadas no § 1º deste artigo, poderão nomear bens livres e desembaraçados do devedor, tantos quantos bastem para pagar a dívida. Os bens dos responsáveis ficarão, porém, sujeitos à execução, se os do devedor forem insuficientes à satisfação da dívida.

§ 4º Aplica-se à Dívida Ativa da Fazenda Pública de natureza não tributária o disposto nos artigos 186 e 188 a 192 do Código Tributário Nacional.

**Art. 5º** A competência para processar e julgar a execução da Dívida Ativa da Fazenda Pública exclui a de qualquer outro juízo, inclusive o da falência, da concordata, da liquidação, da insolvência ou do inventário.

▶ Art. 114, VII e VIII, da CF.

**Art. 6º** A petição inicial indicará apenas:
I – o juiz a quem é dirigida;
II – o pedido; e
III – o requerimento para a citação.

§ 1º A petição inicial será instruída com a Certidão da Dívida Ativa, que dela fará parte integrante, como se estivesse transcrita.

§ 2º A petição inicial e a Certidão de Dívida Ativa poderão constituir um único documento, preparado inclusive por processo eletrônico.

§ 3º A produção de provas pela Fazenda Pública independe de requerimento na petição inicial.

§ 4º O valor da causa será o da dívida constante da certidão, com os encargos legais.

**Art. 7º** O despacho do juiz que deferir a inicial importa em ordem para:

I – citação, pelas sucessivas modalidades previstas no artigo 8º;
II – penhora, se não for paga a dívida, nem garantida a execução, por meio de depósito ou fiança;
III – arresto, se o executado não tiver domicílio ou dele se ocultar;
IV – registro da penhora ou do arresto, independentemente do pagamento de custas ou outras despesas, observado o disposto no artigo 14; e
V – avaliação dos bens penhorados ou arrestados.

**Art. 8º** O executado será citado para, no prazo de cinco dias, pagar a dívida com os juros e multa de mora e encargos indicados na Certidão de Dívida Ativa, ou garantir a execução, observadas as seguintes normas:

▶ Arts. 222 a 224 do CPC.
▶ Súm. nº 393 do STJ.

I – a citação será feita pelo correio, com aviso de recepção, se a Fazenda Pública não a requerer por outra forma;

▶ Súm. nº 429 do STJ.

II – a citação pelo correio considera-se feita na data da entrega da carta no endereço do executado; ou, se a data for omitida, no aviso de recepção, dez dias após a entrega da carta à agência postal;
III – se o aviso de recepção não retornar no prazo de quinze dias da entrega da carta à agência postal, a citação será feita por oficial de justiça ou por edital;
IV – o edital de citação será afixado na sede do juízo, publicado uma só vez no órgão oficial, gratuitamente, como expediente judiciário, com o prazo de trinta dias, e conterá, apenas, a indicação da exequente, o nome do devedor e dos corresponsáveis, a quantia devida, a natureza da dívida, a data e o número da inscrição no Registro da Dívida Ativa, o prazo e o endereço da sede do juízo.

▶ Súm. nº 414 do STJ.

§ 1º O executado ausente do País será citado por edital, com o prazo de sessenta dias.

§ 2º O despacho do juiz, que ordenar a citação, interrompe a prescrição.

▶ Art. 174, parágrafo único, I, do CTN.
▶ Art. 219 do CPC.

**Art. 9º** Em garantia da execução, pelo valor da dívida, juros e multa de mora e encargos indicados na Certidão da Dívida Ativa, o executado poderá:

I – efetuar depósito em dinheiro, à ordem do juízo em estabelecimento oficial de crédito, que assegure atualização monetária;
II – oferecer fiança bancária;
III – nomear bens à penhora, observada a ordem do artigo 11; ou
IV – indicar à penhora bens oferecidos por terceiros e aceitos pela Fazenda Pública.

§ 1º O executado só poderá indicar e o terceiro oferecer bem imóvel à penhora com o consentimento expresso do respectivo cônjuge.

§ 2º Juntar-se-á aos autos a prova do depósito, da fiança bancária ou da penhora dos bens do executado ou de terceiros.

§ 3º A garantia da execução, por meio de depósito em dinheiro ou fiança bancária, produz os mesmos efeitos da penhora.

§ 4º Somente o depósito em dinheiro, na forma do artigo 32, faz cessar a responsabilidade pela atualização monetária e juros de mora.

§ 5º A fiança bancária prevista no inciso II obedecerá às condições preestabelecidas pelo Conselho Monetário Nacional.

§ 6º O executado poderá pagar parcela da dívida, que julgar incontroversa, e garantir a execução do saldo devedor.

**Art. 10.** Não ocorrendo o pagamento, nem a garantia da execução de que trata o artigo 9º, a penhora poderá recair em qualquer bem do executado, exceto os que a lei declare absolutamente impenhoráveis.

▶ Art. 649 do CPC.
▶ Lei nº 8.009, de 29-3-1990 (Lei da Impenhorabilidade do Bem de Família).

**Art. 11.** A penhora ou arresto de bens obedecerá à seguinte ordem:

▶ Art. 655 do CPC.

I – dinheiro;

▶ Súm. nº 417 do STJ.

II – título da dívida pública, bem como título de crédito, que tenham cotação em Bolsa;
III – pedras e metais preciosos;
IV – imóveis;
V – navios e aeronaves;
VI – veículos;

▶ Arts. 671 a 676 do CPC.

VII – móveis ou semoventes; e
VIII – direito e ações.

§ 1º Excepcionalmente, a penhora poderá recair sobre estabelecimento comercial, industrial ou agrícola, bem como em plantações ou edifícios em construção.

▶ Art. 677 do CPC.
▶ Súm. nº 451 do STJ.

§ 2º A penhora efetuada em dinheiro será convertida no depósito de que trata o inciso I do artigo 9º.

§ 3º O juiz ordenará a remoção do bem penhorado para depósito judicial, particular ou da Fazenda Pública exequente, sempre que esta o requerer, em qualquer fase do processo.

**Art. 12.** Na execução fiscal, far-se-á a intimação da penhora ao executado, mediante publicação, no órgão oficial, do ato de juntada do termo ou do auto de penhora.

▶ Súm. nº 190 do TFR.

§ 1º Nas comarcas do interior dos Estados, a intimação poderá ser feita pela remessa de cópia do termo ou do auto de penhora, pelo correio, na forma estabelecida no artigo 8º, I e II, para a citação.

§ 2º Se a penhora recair sobre o imóvel, far-se-á a intimação ao cônjuge, observadas as normas previstas para a citação.

§ 3º Far-se-á a intimação da penhora pessoalmente ao executado se, na citação feita pelo correio, o aviso de recepção não contiver a assinatura do próprio executado, ou de seu representante legal.

**Art. 13.** O termo ou auto de penhora conterá, também, a avaliação dos bens penhorados, efetuada por quem o lavrar.

§ 1º Impugnada a avaliação, pelo executado, ou pela Fazenda Pública, antes de publicado o edital de leilão, o juiz, ouvida a outra parte, nomeará avaliador oficial para proceder a nova avaliação dos bens penhorados.

§ 2º Se não houver, na comarca, avaliador oficial ou este não puder apresentar o laudo de avaliação no prazo de quinze dias, será nomeada pessoa ou entidade habilitada, a critério do juiz.

§ 3º Apresentado o laudo, o juiz decidirá de plano sobre a avaliação.

**Art. 14.** O oficial de justiça entregará contrafé e cópia do termo ou do auto de penhora ou arresto, com a ordem de registro de que trata o artigo 7º, IV:

▶ Art. 659, § 4º, do CPC.

I – no ofício próprio, se o bem for imóvel ou a ele equiparado;
II – na repartição competente para emissão de certificado de registro, se for veículo;
III – na Junta Comercial, na Bolsa de Valores, e na sociedade comercial, se forem ações, debênture, parte beneficiária, quota ou qualquer outro título, crédito ou direito societário nominativo.

**Art. 15.** Em qualquer fase do processo, será deferida pelo juiz:

I – ao executado, a substituição da penhora por depósito em dinheiro ou fiança bancária; e
II – à Fazenda Pública, a substituição dos bens penhorados por outros, independentemente da ordem enumerada no artigo 11, bem como o reforço da penhora insuficiente.

▶ Súm. nº 406 do STJ.

**Art. 16.** O executado oferecerá embargos, no prazo de trinta dias, contados:

I – do depósito;
II – da juntada da prova da fiança bancária;
III – da intimação da penhora.

§ 1º Não são admissíveis embargos do executado antes de garantida a execução.

▶ Súm. nº 393 do STJ.

§ 2º No prazo dos embargos, o executado deverá alegar toda matéria útil à defesa, requerer provas e juntar aos autos os documentos e rol de testemunhas, até três, ou, a critério do juiz, até o dobro desse limite.

§ 3º Não será admitida reconvenção, nem compensação, e as exceções, salvo as de suspeição, incompetência e impedimento, serão arguidas como matéria preliminar e serão processadas e julgadas com os embargos.

**Art. 17.** Recebidos os embargos, o juiz mandará intimar a Fazenda, para impugná-los no prazo de trinta dias, designando, em seguida, audiência de instrução e julgamento.

▶ Art. 740 do CPC.
▶ Súm. nº 277 do STF.

Parágrafo único. Não se realizará audiência, se os embargos versarem sobre matéria de direito ou, sendo de direito e de fato, a prova for exclusivamente documental, caso em que o juiz proferirá a sentença no prazo de trinta dias.

▶ Art. 330 do CPC.

**Art. 18.** Caso não sejam oferecidos os embargos, a Fazenda Pública manifestar-se-á sobre a garantia da execução.

▶ Art. 330 do CPC.

**Art. 19.** Não sendo embargada a execução ou sendo rejeitados os embargos, no caso de garantia prestada por terceiro, será este intimado, sob pena de contra ele prosseguir a execução nos próprios autos, para, no prazo de quinze dias:

I – remir o bem, se a garantia for real; ou
II – pagar o valor da dívida, juros e multa de mora e demais encargos, indicados na Certidão de Dívida Ativa, pelos quais se obrigou, se a garantia for fidejussória.

**Art. 20.** Na execução por carta, os embargos do executado serão oferecidos no juízo deprecado, que os remeterá ao juízo deprecante, para instrução e julgamento.

▶ Súm. nº 46 do STJ.

Parágrafo único. Quando os embargos tiverem por objeto vícios ou irregularidades de atos do próprio juízo deprecado, caber-lhe-á unicamente o julgamento dessa matéria.

**Art. 21.** Na hipótese de alienação antecipada dos bens penhorados, o produto será depositado em garantia da execução, nos termos previstos no artigo 9º, I.

▶ Art. 1.113 do CPC.

**Art. 22.** A arrematação será precedida de edital, afixado no local do costume, na sede do juízo, e publicado em resumo, uma só vez, gratuitamente, como expediente judiciário, no órgão oficial.

▶ Arts. 686 e 687 do CPC.

§ 1º O prazo entre as datas de publicação do edital e do leilão não poderá ser superior a trinta, nem inferior a dez dias.

§ 2º O representante judicial da Fazenda Pública será intimado, pessoalmente, da realização do leilão, com a antecedência prevista no parágrafo anterior.

**Art. 23.** A alienação de quaisquer bens penhorados será feita em leilão público, no lugar designado pelo juiz.

▶ Arts. 705 a 707 do CPC.

§ 1º A Fazenda Pública e o executado poderão requerer que os bens sejam leiloados englobadamente ou em lotes que indicarem.

§ 2º Cabe ao arrematante o pagamento da comissão do leiloeiro e demais despesas indicadas no edital.

**Art. 24.** A Fazenda Pública poderá adjudicar os bens penhorados:
- Arts. 714 e 715 do CPC.

I – antes do leilão, pelo preço da avaliação, se a execução não for embargada ou se rejeitados os embargos;
II – findo o leilão:
 a) se não houver licitante, pelo preço da avaliação;
 b) havendo licitantes, com preferência, em igualdade de condições com a melhor oferta, no prazo de trinta dias.

Parágrafo único. Se o preço da avaliação ou o valor da melhor oferta for superior ao dos créditos da Fazenda Pública, a adjudicação somente será deferida pelo juiz se a diferença for depositada, pela exequente, à ordem do juízo, no prazo de trinta dias.
- Art. 71 da Lei nº 11.941, de 27-5-2009, que altera a legislação tributária federal relativa ao parcelamento ordinário de débitos tributários.

**Art. 25.** Na execução fiscal, qualquer intimação ao representante judicial da Fazenda Pública será feita pessoalmente.
- Art. 125, I, do CPC.
- Súmulas nºs 117 e 240 do TFR.

Parágrafo único. A intimação de que trata este artigo poderá ser feita mediante vista dos autos, com imediata remessa ao representante judicial da Fazenda Pública, pelo cartório ou secretaria.

**Art. 26.** Se, antes da decisão de primeira instância, a inscrição de Dívida Ativa for, a qualquer título, cancelada, a execução fiscal será extinta, sem qualquer ônus para as partes.
- Art. 26 do CPC.

**Art. 27.** As publicações de atos processuais poderão ser feitas resumidamente ou reunir num só texto os de diferentes processos.

Parágrafo único. As publicações farão sempre referência ao número do processo no respectivo juízo e ao número da correspondente inscrição de Dívida Ativa, bem como ao nome das partes e de seus advogados, suficientes para a sua identificação.

**Art. 28.** O juiz, a requerimento das partes, poderá, por conveniência da unidade da garantia da execução, ordenar a reunião de processos contra o mesmo devedor.

Parágrafo único. Na hipótese deste artigo, os processos serão redistribuídos ao juízo da primeira distribuição.

**Art. 29.** A cobrança judicial da Dívida Ativa da Fazenda Pública não é sujeita a concurso de credores ou habilitação em falência, concordata, liquidação, inventário ou arrolamento.
- Art. 187 do CTN.
- Lei nº 11.101, de 9-2-2005 (Lei de Recuperação de Empresas e Falências).

Parágrafo único. O concurso de preferência somente se verifica entre pessoas jurídicas de direito público, na seguinte ordem:
- Art. 19, II, da CF.
- Súm. nº 563 do STF.
- Súm. nº 244 do TFR.

I – União e suas autarquias;
II – Estados, Distrito Federal e Territórios e suas autarquias, conjuntamente e *pro rata*;
III – Municípios e suas autarquias, conjuntamente e *pro rata*.

**Art. 30.** Sem prejuízo dos privilégios especiais sobre determinados bens, que sejam previstos em lei, responde pelo pagamento da Dívida Ativa da Fazenda Pública a totalidade dos bens e das rendas, de qualquer origem ou natureza, do sujeito passivo, seu espólio ou sua massa, inclusive os gravados por ônus real ou cláusula de inalienabilidade ou impenhorabilidade, seja qual for a data da constituição do ônus ou da cláusula, excetuados unicamente os bens e rendas que a lei declara absolutamente impenhoráveis.
- Art. 649 do CPC.
- Art. 184 do CTN.

**Art. 31.** Nos processos de falência, concordata, liquidação, inventário, arrolamento ou concurso de credores, nenhuma alienação será judicialmente autorizada sem a prova de quitação da Dívida Ativa ou a concordância da Fazenda Pública.
- Art. 187 do CTN.
- Lei nº 11.101, de 9-2-2005 (Lei de Recuperação de Empresas e Falências).

**Art. 32.** Os depósitos judiciais em dinheiro serão obrigatoriamente feitos:

I – na Caixa Econômica Federal, de acordo com o Decreto-Lei nº 1.737, de 20 de dezembro de 1979, quando relacionados com a execução fiscal proposta pela União ou suas autarquias;
II – na Caixa Econômica ou no banco oficial da unidade federativa ou, à sua falta, na Caixa Econômica Federal, quando relacionados com execução fiscal proposta pelo Estado, Distrito Federal, Municípios e suas autarquias.

§ 1º Os depósitos de que trata este artigo estão sujeitos à atualização monetária, segundo os índices estabelecidos para os débitos tributários federais.

§ 2º Após o trânsito em julgado da decisão, o depósito, monetariamente atualizado, será devolvido ao depositante ou entregue à Fazenda Pública, mediante ordem do juízo competente.

**Art. 33.** O juízo, de ofício, comunicará à repartição competente da Fazenda Pública, para fins de averbação no Registro da Dívida Ativa, a decisão final, transitada em julgado, que der por improcedente a execução, total ou parcialmente.

**Art. 34.** Das sentenças de primeira instância proferidas em execuções de valor igual ou inferior a cinquenta Obrigações do Tesouro Nacional – OTN, só se admitirão embargos infringentes e de declaração.
- Arts. 5º, LV, e 108, II, da CF.

§ 1º Para os efeitos deste artigo, considerar-se-á o valor da dívida monetariamente atualizado e acrescido de multa e juros de mora e demais encargos legais, na data da distribuição.

§ 2º Os embargos infringentes, instruídos, ou não, com documentos novos, serão deduzidos, no prazo de dez dias perante o mesmo juízo, em petição fundamentada.

§ 3º Ouvido o embargado, no prazo de dez dias, serão os autos conclusos ao juiz, que, dentro de vinte dias, os rejeitará ou reformará a sentença.

**Art. 35.** Nos processos regulados por esta Lei, poderá ser dispensada a audiência de revisor, no julgamento das apelações.

▶ Arts. 102, III, e 105, III, da CF.

**Art. 36.** Compete à Fazenda Pública baixar normas sobre o recolhimento da Dívida Ativa respectiva, em juízo ou fora dele, e aprovar, inclusive, os modelos de documentos de arrecadação.

**Art. 37.** O auxiliar de justiça que, por ação ou omissão, culposa ou dolosa, prejudicar a execução, será responsabilizado, civil, penal e administrativamente.

▶ Art. 139 do CPC.

Parágrafo único. O oficial de justiça deverá efetuar, em dez dias, as diligências que lhe forem ordenadas, salvo motivo de força maior devidamente justificado perante o juízo.

**Art. 38.** A discussão judicial da Dívida Ativa da Fazenda Pública só é admissível em execução, na forma desta Lei, salvo as hipóteses de mandado de segurança, ação de repetição do indébito ou ação anulatória do ato declarativo da dívida, esta precedida do depósito preparatório do valor do débito, monetariamente corrigido e acrescido dos juros e multa de mora e demais encargos.

▶ Art. 5º, XXXV, da CF.
▶ Súm. Vinc. nº 28 do STF.
▶ Súm. nº 247 do TFR.
▶ Súm. nº 112 do STJ.

Parágrafo único. A propositura, pelo contribuinte, da ação prevista neste artigo importa em renúncia ao poder de recorrer na esfera administrativa e desistência do recurso acaso interposto.

**Art. 39.** A Fazenda Pública não está sujeita ao pagamento de custas e emolumentos. A prática dos atos judiciais de seu interesse independerá de preparo ou de prévio depósito.

▶ Art. 27 do CPC.
▶ Súm. nº 154 do TFR.

Parágrafo único. Se vencida, a Fazenda Pública ressarcirá o valor das despesas feitas pela parte contrária.

▶ Art. 730 do CPC.

**Art. 40.** O juiz suspenderá o curso da execução, enquanto não for localizado o devedor ou encontrados bens sobre os quais possa recair a penhora, e, nesses casos, não correrá o prazo de prescrição.

▶ Art. 791, III, do CPC.
▶ Art. 174 do CTN.
▶ Súm. nº 314 do STJ.
▶ Súm. nº 210 do TFR.

§ 1º Suspenso o curso da execução, será aberta vista dos autos ao representante judicial da Fazenda Pública.

§ 2º Decorrido o prazo máximo de um ano, sem que seja localizado o devedor ou encontrados bens penhoráveis, o juiz ordenará o arquivamento dos autos.

§ 3º Encontrados que sejam, a qualquer tempo, o devedor ou os bens, serão desarquivados os autos para prosseguimento da execução.

§ 4º Se da decisão que ordenar o arquivamento tiver ocorrido o prazo prescricional, o juiz, depois de ouvida a Fazenda Pública, poderá, de ofício, reconhecer a prescrição intercorrente e decretá-la de imediato.

▶ § 4º acrescido pela Lei nº 11.051, de 29-12-2004.
▶ Súm. nº 314 do STF.
▶ Súm. nº 409 do STJ.

§ 5º A manifestação prévia da Fazenda Pública prevista no § 4º deste artigo será dispensada no caso de cobranças judiciais cujo valor seja inferior ao mínimo fixado por ato do Ministro de Estado da Fazenda.

▶ § 5º acrescido pela Lei nº 11.960, de 29-6-2009.

**Art. 41.** O processo administrativo correspondente à inscrição de Dívida Ativa, à execução fiscal ou à ação proposta contra a Fazenda Pública será mantido na repartição competente, dele se extraindo as cópias autenticadas ou certidões, que forem requeridas pelas partes ou requisitadas pelo juiz ou pelo Ministério Público.

Parágrafo único. Mediante requisição do juiz à repartição competente, com dia e hora previamente marcados, poderá o processo administrativo ser exibido, na sede do juízo, pelo funcionário para esse fim designado, lavrando o serventuário termo da ocorrência, com indicação, se for o caso, das peças a serem trasladadas.

▶ Art. 399, II, parágrafo único, do CPC.

**Art. 42.** Revogadas as disposições em contrário, esta Lei entrará em vigor noventa dias após a data de sua publicação.

▶ Art. 1º desta Lei.

Brasília, 22 de setembro de 1980;
159º da Independência e
92º da República.

**João Baptista de Figueiredo**

## LEI Nº 6.858,
## DE 24 DE NOVEMBRO DE 1980

*Dispõe sobre o pagamento, aos dependentes ou sucessores, de valores não recebidos em vida pelos respectivos titulares.*

▶ Publicada no *DOU* de 25-11-1980.
▶ Dec. nº 85.845, de 26-3-1981, regulamenta esta Lei.

**Art. 1º** Os valores devidos pelos empregadores aos empregados e os montantes das contas individuais do Fundo de Garantia do Tempo de Serviço e do Fundo de Participação PIS-PASEP, não recebidos em vida pelos respectivos titulares, serão pagos, em quotas iguais, aos dependentes habilitados perante a Previdência Social ou na forma da legislação específica dos servidores civis e militares, e, na sua falta, aos sucessores previstos na lei civil, indicados em alvará judicial, independentemente de inventário ou arrolamento.

§ 1º As quotas atribuídas a menores ficarão depositadas em caderneta de poupança, rendendo juros e correção monetária, e só serão disponíveis após o menor completar dezoito anos, salvo autorização do Juiz para aquisição de imóvel destinado à residência do menor e de sua família ou para dispêndio necessário à subsistência e educação do menor.

§ 2º Inexistindo dependentes ou sucessores, os valores de que trata este artigo reverterão em favor, respectivamente, do Fundo de Previdência e Assistência Social, do Fundo de Garantia do Tempo de Serviço ou do Fundo de Participação PIS-PASEP, conforme se tratar de quantias devidas pelo empregador ou de contas de FGTS e do Fundo PIS-PASEP.

**Art. 2º** O disposto nesta Lei se aplica às restituições relativas ao Imposto de Renda e outros tributos, recolhidos por pessoa física, e, não existindo outros bens sujeitos a inventário, aos saldos bancários e de contas de cadernetas de poupança e fundos de investimento de valor até quinhentas Obrigações do Tesouro Nacional.

Parágrafo único. Na hipótese de inexistirem dependentes ou sucessores do titular, os valores referidos neste artigo reverterão em favor do Fundo de Previdência e Assistência Social.

**Art. 3º** Esta Lei entrará em vigor na data de sua publicação.

**Art. 4º** Revogam-se as disposições em contrário.

Brasília, 24 de novembro de 1980;
159º da Independência e
92º da República.

João Figueiredo

## LEI Nº 6.899, DE 8 DE ABRIL DE 1981

*Determina a aplicação da correção monetária nos débitos oriundos de decisão judicial e dá outras providências.*

▶ Publicada no *DOU* de 9-4-1981.

**Art. 1º** A correção monetária incide sobre qualquer débito resultante de decisão judicial, inclusive sobre custas e honorários advocatícios.

▶ Súmulas nºs 14, 29, 36 e 67 do STJ.

§ 1º Nas execuções de títulos de dívida líquida e certa, a correção será calculada a contar do respectivo vencimento.

§ 2º Nos demais casos, o cálculo far-se-á a partir do ajuizamento da ação.

▶ Súm. nº 362 do STJ.

**Art. 2º** O Poder Executivo, no prazo de sessenta dias, regulamentará a forma pela qual será efetuado o cálculo da correção monetária.

**Art. 3º** O disposto nesta Lei aplica-se a todas as causas pendentes de julgamento.

**Art. 4º** Esta Lei entrará em vigor na data de sua publicação.

**Art. 5º** Revogam-se as disposições em contrário.

Brasília, 8 de abril de 1981;
160º da Independência e
93º da República.

João Figueiredo

## LEI Nº 6.969, DE 10 DE DEZEMBRO DE 1981

*Dispõe sobre a aquisição, por usucapião especial, de imóveis rurais, altera a redação do § 2º do art. 589 do Código Civil e dá outras providências.*

▶ Publicada no *DOU* de 11-12-1981.
▶ Refere-se ao CC/1916. Art. 1.276 do CC/2002.
▶ Arts. 1.238 a 1.244 e 1.260 a 1.262 do CC.

**Art. 1º** Todo aquele que, não sendo proprietário rural nem urbano, possuir como sua, por cinco anos ininterruptos, sem oposição, área rural contínua, não excedente de vinte e cinco hectares, e a houver tornado produtiva com seu trabalho e nela tiver sua morada, adquirir-lhe-á o domínio, independentemente de justo título e boa-fé, podendo requerer ao juiz que assim o declare por sentença, a qual servirá de título para transcrição no Registro de Imóveis.

▶ Art. 191 da CF.
▶ Art. 1.239 do CC.

Parágrafo único. Prevalecerá a área do módulo rural aplicável à espécie, na forma da legislação específica, se aquele for superior a vinte e cinco hectares.

**Art. 2º** A usucapião especial, a que se refere esta Lei, abrange as terras particulares e as terras devolutas, em geral, sem prejuízo de outros direitos conferidos ao possuiro, pelo Estatuto da Terra ou pelas leis que dispõem sobre processo discriminatório de terras devolutas.

**Art. 3º** A usucapião especial não ocorrerá nas áreas indispensáveis à segurança nacional, nas terras habitadas por silvícolas, nem nas áreas de interesse ecológico, consideradas como tais as reservas biológicas ou florestais e os parques nacionais, estaduais ou municipais, assim declarados pelo Poder Executivo, assegurada aos atuais ocupantes a preferência para assentamento em outras regiões, pelo órgão competente.

Parágrafo único. O Poder Executivo, ouvido o Conselho de Segurança Nacional, especificará, mediante decreto, no prazo de noventa dias, contados da publicação desta Lei, as áreas indispensáveis à segurança nacional, insuscetíveis de usucapião.

**Art. 4º** A ação de usucapião especial será processada e julgada na comarca da situação do imóvel.

§ 1º Observado o disposto no artigo 126 da Constituição Federal, no caso de usucapião especial em terras devolutas federais, a ação será promovida na comarca da situação do imóvel, perante a Justiça do Estado, com recurso para o Tribunal Federal de Recursos, cabendo ao Ministério Público local, na primeira instância, a representação judicial da União.

▶ Refere-se à CF/1967. Art. 109 da CF.
▶ Súm. nº 11 do STJ.

§ 2º No caso de terras devolutas, em geral, a usucapião especial poderá ser reconhecida administrativamente, com a consequente expedição do título definitivo de domínio, para transcrição no Registro de Imóveis.

§ 3º O Poder Executivo, dentro de noventa dias, contados da publicação desta Lei, estabelecerá, por decreto, a forma do procedimento administrativo a que se refere o parágrafo anterior.

▶ Dec. nº 87.620, de 21-9-1982, dispõe sobre o procedimento administrativo para o reconhecimento da aquisição, por usucapião especial, de imóveis rurais compreendidos em terras devolutas.

§ 4º Se, decorridos noventa dias do pedido ao órgão administrativo, não houver a expedição do título de domínio, o interessado poderá ingressar com a ação de usucapião especial, na forma prevista nesta Lei, vedada a concomitância dos pedidos administrativo e judicial.

**Art. 5º** Adotar-se-á, na ação de usucapião especial, o procedimento sumaríssimo, assegurada a preferência à sua instrução e julgamento.

§ 1º O autor, expondo o fundamento do pedido e individualizando o imóvel, com dispensa da juntada da respectiva planta, poderá requerer, na petição inicial, designação de audiência preliminar, a fim de justificar a posse, e, se comprovada esta, será nela mantido, liminarmente, até a decisão final da causa.

§ 2º O autor requererá também a citação pessoal daquele em cujo nome esteja transcrito o imóvel usucapiendo, bem como dos confinantes e, por edital, dos réus ausentes, incertos e desconhecidos, na forma do artigo 232 do Código de Processo Civil, valendo a citação para todos os atos do processo.

§ 3º Serão cientificados por carta, para que manifestem interesse na causa, os representantes da Fazenda Pública da União, dos Estados, do Distrito Federal, dos Territórios e dos Municípios, no prazo de quarenta e cinco dias.

§ 4º O prazo para contestar a ação correrá da intimação da decisão que declarar justificada a posse.

§ 5º Intervirá, obrigatoriamente, em todos os atos do processo, o Ministério Público.

**Art. 6º** O autor da ação de usucapião especial terá, se o pedir, o benefício da assistência judiciária gratuita, inclusive para o Registro de Imóveis.

▶ Lei nº 1.060, de 5-2-1950 (Lei de Assistência Judiciária).

Parágrafo único. Provado que o autor tinha situação econômica bastante para pagar as custas do processo e os honorários de advogado, sem prejuízo do sustento próprio e da família, o juiz lhe ordenará que pague, com correção monetária, o valor das isenções concedidas, ficando suspensa a transcrição da sentença até o pagamento devido.

**Art. 7º** A usucapião especial poderá ser invocada como matéria de defesa, valendo a sentença que a reconhecer como título para transcrição no Registro de Imóveis.

**Art. 8º** Observar-se-á, quanto ao imóvel usucapido, a imunidade específica, estabelecida no § 6º do artigo 21 da Constituição Federal.

▶ Refere-se à CF/1967. Art. 153, § 4º, II, da CF vigente.

Parágrafo único. Quando prevalecer a área do módulo rural, de acordo com o previsto no parágrafo único do artigo 1º desta Lei, o Imposto Territorial Rural não incidirá sobre o imóvel usucapido.

**Art. 9º** O juiz de causa, a requerimento do autor da ação de usucapião especial, determinará que a autoridade policial garanta a permanência no imóvel e a integridade física de seus ocupantes, sempre que necessário.

**Art. 10.** O § 2º do artigo 589 do Código Civil passa a vigorar com a seguinte redação:

"Art. 589. ................................................................

................................................................

§ 2º O imóvel abandonado arrecadar-se-á como bem vago e passará ao domínio do Estado, do Território ou do Distrito Federal se se achar nas respectivas circunscrições:

a) 10 (dez) anos depois, quando se tratar de imóvel localizado em zona urbana;

b) 3 (três) anos depois, quando se tratar de imóvel localizado em zona rural.

▶ Refere-se ao CC/1916. Art. 1.276 do CC/2002.

**Art. 11.** Esta Lei entrará em vigor quarenta e cinco dias após sua publicação.

**Art. 12.** Revogam-se as disposições em contrário.

Brasília, 10 de dezembro de 1981;
160º da Independência e
93º da República.

**João Figueiredo**

## LEI Nº 7.115,
## DE 29 DE AGOSTO DE 1983

*Dispõe sobre prova documental
nos casos que indica,
e dá outras providências.*

▶ Publicada no DOU de 30-8-1983.

**Art. 1º** A declaração destinada a fazer prova de vida, residência, pobreza, dependência econômica, homonímia ou bons antecedentes, quando firmada pelo próprio interessado ou por procurador bastante, e sob as penas da lei, presume-se verdadeira.

Parágrafo único. O disposto neste artigo não se aplica para fins de prova em processo penal.

**Art. 2º** Se comprovadamente falsa a declaração, sujeitar-se-á o declarante às sanções civis, administrativas e criminais previstas na legislação aplicável.

**Art. 3º** A declaração mencionará expressamente a responsabilidade do declarante.

**Art. 4º** Esta Lei entra em vigor na data de sua publicação.

**Art. 5º** Revogam-se as disposições em contrário.

Brasília, 29 de agosto de 1983;
162º da Independência e
95º da República.

**João Figueiredo**

## LEI Nº 7.347,
## DE 24 DE JULHO DE 1985

*Disciplina a ação civil pública de responsabilidade por danos causados ao meio ambiente, ao consumidor, a bens e direitos de valor artístico, estético, histórico, turístico e paisagístico (VETADO) e dá outras providências.*

- Publicada no *DOU* de 25-7-1985.
- Art. 129, III, da CF.
- Lei nº 4.717, de 29-6-1965 (Lei da Ação Popular).
- Lei nº 7.797, de 10-7-1989 (Lei do Fundo Nacional de Meio Ambiente).
- Lei nº 12.016, de 7-8-2009 (Lei do Mandado de Segurança Individual e Coletivo).

**Art. 1º Regem-se pelas disposições desta Lei, sem prejuízo da ação popular, as ações de responsabilidade por danos morais e patrimoniais causados:**

- *Caput* com a redação dada pela Lei nº 12.529, de 30-11-2011 (*DOU* de 1º-12-2011) para vigorar 180 dias após a data de sua publicação.
- Art. 5º, LXXIII, da CF.
- Lei nº 4.717, de 29-6-1965 (Lei da Ação Popular).
- Lei nº 7.853, de 24-10-1989 (Lei de Apoio às Pessoas Portadoras de Deficiência).
- Lei nº 7.913, de 7-12-1989, dispõe sobre a ação civil pública de responsabilidade por danos causados aos investidores no mercado de valores mobiliários.
- Súmulas nºs 37 e 329 do STJ.

**I – ao meio ambiente;**

- Arts. 200, VIII, e 225 da CF.
- Lei nº 9.605, de 12-2-1998 (Lei dos Crimes Ambientais).

**II – ao consumidor;**

- Arts. 81 e 90 do CDC.
- Súm. nº 643 do STF.

**III – aos bens e direitos de valor artístico, estético, histórico, turístico e paisagístico;**
**IV – a qualquer outro interesse difuso ou coletivo;**

- Inciso IV acrescido pela Lei nº 8.078, de 11-9-1990.
- Arts. 208 a 224 do ECA.
- Lei nº 7.853, de 24-10-1989 (Lei de Apoio às Pessoas Portadoras de Deficiência), regulamentada pelo Dec. nº 3.298, de 20-12-1999.

**V – por infração da ordem econômica;**

- Inciso V com a redação dada pela Lei nº 12.529, de 30-11-2011 (*DOU* de 1º-12-2011) para vigorar 180 dias após a data de sua publicação.
- Lei nº 7.913, de 7-12-1989, dispõe sobre ação civil de responsabilidade por danos causados aos investidores no mercado de valores imobiliários.

**VI – à ordem urbanística.**

- Incisos V e VI com a redação dada pela MP nº 2.180-35, de 24-8-2001, que até o encerramento desta edição não havia sido convertida em Lei.
- Lei nº 10.257, de 10-7-2001 (Estatuto da Cidade).
- Súm. nº 329 do STJ.

Parágrafo único. Não será cabível ação civil pública para veicular pretensões que envolvam tributos, contribuições previdenciárias, o Fundo de Garantia do Tempo de Serviço – FGTS ou outros fundos de natureza institucional cujos beneficiários podem ser individualmente determinados.

- Parágrafo único acrescido pela MP nº 2.180-35, de 24-8-2001, que até o encerramento desta edição não havia sido convertida em Lei.

**Art. 2º** As ações previstas nesta Lei serão propostas no foro do local onde ocorrer o dano, cujo juízo terá competência funcional para processar e julgar a causa.

- Art. 109, § 3º, da CF.
- Art. 93 do CDC.
- Art. 100, V, *a*, do CPC.

Parágrafo único. A propositura da ação prevenirá a jurisdição do juízo para todas as ações posteriormente intentadas que possuam a mesma causa de pedir ou o mesmo objeto.

- Parágrafo único acrescido pela MP nº 2.180-35, de 24-8-2001, que até o encerramento desta edição não havia sido convertida em Lei.

**Art. 3º** A ação civil poderá ter por objeto a condenação em dinheiro ou o cumprimento de obrigação de fazer ou não fazer.

- Art. 84 do CDC.

**Art. 4º** Poderá ser ajuizada ação cautelar para os fins desta Lei, objetivando, inclusive, evitar o dano ao meio ambiente, ao consumidor, à ordem urbanística ou aos bens e direitos de valor artístico, estético, histórico, turístico e paisagístico VETADO.

- Artigo com a redação dada pela Lei nº 10.257, de 10-7-2001.
- Arts. 273, 461, 461-A, 796 e seguintes do CPC.
- Art. 84, § 3º, do CDC.

**Art. 5º** Têm legitimidade para propor a ação principal e a ação cautelar:

- *Caput* com a redação dada pela Lei nº 11.448, de 15-1-2007.

**I – o Ministério Público;**

- Súm. nº 643 do STF.
- Súm. nº 329 do STJ.

**II – a Defensoria Pública;**

- Incisos I e II com a redação dada pela Lei nº 11.448, de 15-1-2007.

**III – a União, os Estados, o Distrito Federal e os Municípios;**
**IV – a autarquia, empresa pública, fundação ou sociedade de economia mista;**
**V – a associação que, concomitantemente:**

*a)* esteja constituída há pelo menos 1 (um) ano nos termos da lei civil;

- Arts. 45 e 53 do CC.

*b)* inclua, entre suas finalidades institucionais, a proteção ao meio ambiente, ao consumidor, à ordem econômica, à livre concorrência ou ao patrimônio artístico, estético, histórico, turístico e paisagístico.

- Incisos III a V acrescidos pela Lei nº 11.448, de 15-1-2007.
- Art. 5º, XXI e LXX, da CF.
- Art. 82 do CDC.

§ 1º O Ministério Público, se não intervier no processo como parte, atuará obrigatoriamente como fiscal da lei.
► Art. 82, III, do CPC.
► Art. 92 do CDC.

§ 2º Fica facultado ao Poder Público e a outras associações legitimadas nos termos deste artigo habilitar-se como litisconsortes de qualquer das partes.
► Arts. 46 a 49 e 509 do CPC.

§ 3º Em caso de desistência infundada ou abandono da ação por associação legitimada, o Ministério Público ou outro legitimado assumirá a titularidade ativa.
► § 3º com a redação dada pela Lei nº 8.078, de 11-9-1990.

§ 4º O requisito da pré-constituição poderá ser dispensado pelo juiz, quando haja manifesto interesse social evidenciado pela dimensão ou característica do dano, ou pela relevância do bem jurídico a ser protegido.
► Art. 82, § 1º, do CDC.

§ 5º Admitir-se-á o litisconsórcio facultativo entre os Ministérios Públicos da União, do Distrito Federal e dos Estados na defesa dos interesses e direitos de que cuida esta Lei.

§ 6º Os órgãos públicos legitimados poderão tomar dos interessados compromisso de ajustamento de sua conduta às exigências legais, mediante cominações, que terá eficácia de título executivo extrajudicial.
► §§ 4º a 6º acrescidos pela Lei nº 8.078, de 11-9-1990.
► Art. 585, VII, do CPC.
► Art. 6º do Dec. nº 2.181, de 20-3-1997, que dispõe sobre a organização do Sistema Nacional de Defesa do Consumidor – SNDC, e estabelece normas gerais de aplicação das sanções administrativas previstas no CDC.

**Art. 6º** Qualquer pessoa poderá e o servidor público deverá provocar a iniciativa do Ministério Público, ministrando-lhe informações sobre fatos que constituam objeto da ação civil e indicando-lhe os elementos de convicção.
► Art. 129, VI, da CF.
► Art. 26, I e IV, da Lei nº 8.625, de 12-2-1993 (Lei Orgânica Nacional do Ministério Público).

**Art. 7º** Se, no exercício de suas funções, os juízes e tribunais tiverem conhecimento de fatos que possam ensejar a propositura da ação civil, remeterão peças ao Ministério Público para as providências cabíveis.

**Art. 8º** Para instruir a inicial, o interessado poderá requerer às autoridades competentes as certidões e informações que julgar necessárias, a serem fornecidas no prazo de quinze dias.
► Arts. 282 e 283 do CPC.

§ 1º O Ministério Público poderá instaurar, sob sua presidência, inquérito civil, ou requisitar, de qualquer organismo público ou particular, certidões, informações, exames ou perícias, no prazo que assinalar, o qual não poderá ser inferior a dez dias úteis.

§ 2º Somente nos casos em que a lei impuser sigilo, poderá ser negada certidão ou informação, hipótese em que a ação poderá ser proposta desacompanhada daqueles documentos, cabendo ao juiz requisitá-los.

**Art. 9º** Se o órgão do Ministério Público, esgotadas todas as diligências, se convencer da inexistência de fundamento para a propositura da ação civil, promoverá o arquivamento dos autos do inquérito civil ou das peças informativas, fazendo-o fundamentadamente.
► Art. 223 do ECA.

§ 1º Os autos do inquérito civil ou das peças de informação arquivadas serão remetidos, sob pena de se incorrer em falta grave, no prazo de 3 (três) dias, ao Conselho Superior do Ministério Público.

§ 2º Até que, em sessão do Conselho Superior do Ministério Público, seja homologada ou rejeitada a promoção de arquivamento, poderão as associações legitimadas apresentar razões escritas ou documentos, que serão juntados aos autos do inquérito ou anexados às peças de informação.

§ 3º A promoção de arquivamento será submetida a exame e deliberação do Conselho Superior do Ministério Público, conforme dispuser o seu regimento.

§ 4º Deixando o Conselho Superior de homologar a promoção de arquivamento, designará, desde logo, outro órgão do Ministério Público para o ajuizamento da ação.

**Art. 10.** Constitui crime, punido com pena de reclusão de um a três anos, mais multa de dez a mil Obrigações Reajustáveis do Tesouro Nacional – ORTN, a recusa, o retardamento ou a omissão de dados técnicos indispensáveis à propositura da ação civil, quando requisitados pelo Ministério Público.
► Lei nº 7.730, de 31-1-1989, extinguiu a OTN.

**Art. 11.** Na ação que tenha por objeto o cumprimento de obrigação de fazer ou não fazer, o juiz determinará o cumprimento da prestação da atividade devida ou a cessação da atividade nociva, sob pena de execução específica, ou de cominação de multa diária, se esta for suficiente ou compatível, independentemente de requerimento do autor.
► Art. 461 do CPC.
► Art. 84 do CDC.
► Art. 2º, I, do Dec. nº 1.306, de 9-11-1994, que regulamenta o Fundo de Defesa de Direitos Difusos.

**Art. 12.** Poderá o juiz conceder mandado liminar, com ou sem justificação prévia, em decisão sujeita a agravo.
► Art. 14 desta Lei.
► Arts. 273 e 522 a 529 do CPC.

§ 1º A requerimento de pessoa jurídica de direito público interessada, e para evitar grave lesão à ordem, à saúde, à segurança e à economia pública, poderá o Presidente do Tribunal a que competir o conhecimento do respectivo recurso suspender a execução da liminar, em decisão fundamentada, da qual caberá agravo para uma das turmas julgadoras, no prazo de cinco dias a partir da publicação do ato.
► Arts. 527, III, e 558 do CPC.

§ 2º A multa cominada liminarmente só será exigível do réu após o trânsito em julgado da decisão favorável ao autor, mas será devida desde o dia em que se houver configurado o descumprimento.

**Art. 13.** Havendo condenação em dinheiro, a indenização pelo dano causado reverterá a um fundo gerido por um Conselho Federal ou por Conselhos Estaduais de que participarão necessariamente o Ministério Público e representantes da comunidade, sendo seus recursos destinados à reconstituição dos bens lesados.

§ 1º Enquanto o fundo não for regulamentado, o dinheiro ficará depositado em estabelecimento oficial de crédito, em conta com correção monetária.

▶ Antigo parágrafo único renumerado para § 1º pela Lei nº 12.288, de 20-7-2010.
▶ Lei nº 9.008, de 21-3-1995, cria, na estrutura organizacional do Ministério da Justiça, o Conselho Federal Gestor do Fundo de Defesa de Direitos Difusos.
▶ Dec. nº 1.306, de 9-11-1994, regulamenta o Fundo de Defesa de Direitos Difusos.

§ 2º Havendo acordo ou condenação com fundamento em dano causado por ato de discriminação étnica nos termos do disposto no art. 1º desta Lei, a prestação em dinheiro reverterá diretamente ao fundo de que trata o *caput* e será utilizada para ações de promoção da igualdade étnica, conforme definição do Conselho Nacional de Promoção da Igualdade Racial, na hipótese de extensão nacional, ou dos Conselhos de Promoção de Igualdade Racial estaduais ou locais, nas hipóteses de danos com extensão regional ou local, respectivamente.

▶ § 2º acrescido pela Lei nº 12.288, de 20-7-2010.

**Art. 14.** O juiz poderá conferir efeito suspensivo aos recursos, para evitar dano irreparável à parte.

▶ Arts. 527, III, e 558 do CPC.

**Art. 15.** Decorridos sessenta dias do trânsito em julgado da sentença condenatória, sem que a associação autora lhe promova a execução, deverá fazê-lo o Ministério Público, facultada igual iniciativa aos demais legitimados.

▶ Artigo com a redação dada pela Lei nº 8.078, de 11-9-1990.

**Art. 16.** A sentença civil fará coisa julgada *erga omnes*, nos limites da competência territorial do órgão prolator, exceto se o pedido for julgado improcedente por insuficiência de provas, hipótese em que qualquer legitimado poderá intentar outra ação com idêntico fundamento, valendo-se de nova prova.

▶ Artigo com a redação dada pela Lei nº 9.494, de 19-9-1997.
▶ Art. 103 do CDC.
▶ Art. 2º-A da Lei nº 9.494, de 10-9-1997, que disciplina a aplicação da tutela antecipada contra a Fazenda Pública.

**Art. 17.** Em caso de litigância de má-fé, a associação autora e os diretores responsáveis pela propositura da ação serão solidariamente condenados em honorários advocatícios e ao décuplo das custas, sem prejuízo da responsabilidade por perdas e danos.

▶ Artigo com a redação dada pela Lei nº 8.078, de 11-9-1990, retificada no *DOU* de 10-1-2007.
▶ Art. 87, parágrafo único, do CDC.

**Art. 18.** Nas ações de que trata esta Lei, não haverá adiantamento de custas, emolumentos, honorários periciais e quaisquer outras despesas, nem condenação da associação autora, salvo comprovada má-fé, em honorários de advogado, custas e despesas processuais.

▶ Artigo com a redação dada pela Lei nº 8.078, de 11-9-1990.
▶ Art. 87 do CDC.

**Art. 19.** Aplica-se à ação civil pública, prevista nesta Lei, o Código de Processo Civil, aprovado pela Lei nº 5.869, de 11 de janeiro de 1973, naquilo em que não contrarie suas disposições.

**Art. 20.** O fundo de que trata o artigo 13 desta Lei será regulamentado pelo Poder Executivo no prazo de noventa dias.

▶ Dec. nº 1.306, de 9-11-1994, regulamenta o Fundo de Defesa de Direitos Difusos.

**Art. 21.** Aplicam-se à defesa dos direitos e interesses difusos, coletivos e individuais, no que for cabível, os dispositivos do Título III da Lei que instituiu o Código de Defesa do Consumidor.

▶ Artigo acrescido pela Lei nº 8.078, de 11-9-1990.
▶ Arts. 81 a 104 do CDC.

**Art. 22.** Esta Lei entra em vigor na data de sua publicação.

▶ Art. 21 renumerado para art. 22 pela Lei nº 8.078, de 11-9-1990.

**Art. 23.** Revogam-se as disposições em contrário.

▶ Art. 22 renumerado para art. 23 pela Lei nº 8.078, de 11-9-1990.

Brasília, 24 de julho de 1985;
164º da Independência e
97º da República.
**José Sarney**

---

## LEI Nº 8.009,
## DE 29 DE MARÇO DE 1990

*Dispõe sobre a impenhorabilidade do bem de família.*

▶ Publicada no *DOU* de 30-3-1990.
▶ Arts. 1.711 a 1.722 do CC.
▶ Arts. 648 e 649 do CPC.
▶ Súmulas nºs 205, 364 e 449 do STJ.

**Art. 1º** O imóvel residencial próprio do casal, ou da entidade familiar, é impenhorável e não responderá por qualquer tipo de dívida civil, comercial, fiscal, previdenciária ou de outra natureza, contraída pelos cônjuges ou pelos pais ou filhos que sejam seus proprietários e nele residam, salvo nas hipóteses previstas nesta Lei.

Parágrafo único. A impenhorabilidade compreende o imóvel sobre o qual se assentam a construção, as plantações, as benfeitorias de qualquer natureza e todos os equipamentos, inclusive os de uso profissional, ou móveis que guarneçam a casa, desde que quitados.

**Art. 2º** Excluem-se da impenhorabilidade os veículos de transporte, obras de arte e adornos suntuosos.

Parágrafo único. No caso de imóvel locado, a impenhorabilidade aplica-se aos bens móveis quitados que guarneçam a residência e que sejam de propriedade do locatário, observado o disposto neste artigo.

**Art. 3º** A impenhorabilidade é oponível em qualquer processo de execução civil, fiscal, previdenciária, trabalhista ou de outra natureza, salvo se movido:

I – em razão dos créditos de trabalhadores da própria residência e das respectivas contribuições previdenciárias;
II – pelo titular do crédito decorrente do financiamento destinado à construção ou à aquisição do imóvel, no limite dos créditos e acréscimos constituídos em função do respectivo contrato;
III – pelo credor de pensão alimentícia;
IV – para cobrança de imposto, predial ou territorial, taxas e contribuições devidas em função do imóvel familiar;
V – para execução de hipoteca sobre o imóvel oferecido como garantia real pelo casal ou pela entidade familiar;
VI – por ter sido adquirido com produto de crime ou para execução de sentença penal condenatória a ressarcimento, indenização ou perdimento de bens;
VII – por obrigação decorrente de fiança concedida em contrato de locação.

▶ Inciso VII acrescido pela Lei nº 8.245, de 18-10-1991.

**Art. 4º** Não se beneficiará do disposto nesta Lei aquele que, sabendo-se insolvente, adquire de má-fé imóvel mais valioso para transferir a residência familiar, desfazendo-se ou não da moradia antiga.

§ 1º Neste caso poderá o juiz, na respectiva ação do credor, transferir a impenhorabilidade para a moradia familiar anterior, ou anular-lhe a venda, liberando a mais valiosa para execução ou concurso, conforme a hipótese.

§ 2º Quando a residência familiar constituir-se em imóvel rural, a impenhorabilidade restringir-se-á à sede de moradia, com os respectivos bens móveis, e, nos casos do artigo 5º, inciso XXVI, da Constituição, à área limitada como pequena propriedade rural.

▶ Art. 5º, XXVI, da CF.

**Art. 5º** Para os efeitos de impenhorabilidade, de que trata esta Lei, considera-se residência um único imóvel utilizado pelo casal ou pela entidade familiar para moradia permanente.

Parágrafo único. Na hipótese de o casal, ou entidade familiar, ser possuidor de vários imóveis utilizados como residência, a impenhorabilidade recairá sobre o de menor valor, salvo se outro tiver sido registrado, para esse fim, no Registro de Imóveis e na forma do artigo 70 do Código Civil.

▶ Refere-se ao CC/1916.

**Art. 6º** São canceladas as execuções suspensas pela Medida Provisória nº 143, de 8 de março de 1990, que deu origem a esta Lei.

**Art. 7º** Esta Lei entra em vigor na data de sua publicação.

**Art. 8º** Revogam-se as disposições em contrário.

Senado Federal, 29 de março de 1990;
169º da Independência e
102º da República.

**Nelson Carneiro**

## LEI Nº 8.038, DE 28 DE MAIO DE 1990

*Institui normas procedimentais para os processos que especifica, perante o Superior Tribunal de Justiça e o Supremo Tribunal Federal.*

▶ Publicada no *DOU* de 29-5-1990.
▶ Lei nº 11.419, de 19-12-2006 (Lei da Informatização do Processo Judicial).
▶ Res. do STF nº 427, de 20-4-2010, regulamenta o processo eletrônico no âmbito do Supremo Tribunal Federal.
▶ Res. do STJ nº 1, de 10-2-2010, regulamenta o processo judicial eletrônico no âmbito do Superior Tribunal de Justiça.

### TÍTULO I – PROCESSOS DE COMPETÊNCIA ORIGINÁRIA

### Capítulo I

#### AÇÃO PENAL ORIGINÁRIA

▶ Conforme o art. 1º da Lei nº 8.658, de 26-5-1993, os arts. 1º a 12 da Lei nº 8.038, de 28-5-1990, aplicam-se às ações penais de competência originária dos Tribunais de Justiça dos Estados e do Distrito Federal e dos Tribunais Regionais Federais.

**Art. 1º** Nos crimes de ação penal pública, o Ministério Público terá o prazo de quinze dias para oferecer denúncia ou pedir arquivamento do inquérito ou das peças informativas.

§ 1º Diligências complementares poderão ser deferidas pelo relator, com interrupção do prazo deste artigo.

§ 2º Se o indiciado estiver preso:

a) o prazo para oferecimento da denúncia será de cinco dias;
b) as diligências complementares não interromperão o prazo, salvo se o relator, ao deferi-las, determinar o relaxamento da prisão.

**Art. 2º** O relator, escolhido na forma regimental, será o juiz da instrução, que se realizará segundo o disposto neste capítulo, no Código de Processo Penal, no que for aplicável, e no Regimento Interno do Tribunal.

Parágrafo único. O relator terá as atribuições que a legislação processual confere aos juízes singulares.

**Art. 3º** Compete ao relator:

I – determinar o arquivamento do inquérito ou de peças informativas, quando o requerer o Ministério Público, ou submeter o requerimento à decisão competente do Tribunal;
II – decretar a extinção da punibilidade, nos casos previstos em lei;
III – convocar desembargadores de Turmas Criminais dos Tribunais de Justiça ou dos Tribunais Regionais Federais, bem como juízes de varas criminais da Justiça dos Estados e da Justiça Federal, pelo prazo de 6 (seis) meses, prorrogável por igual período, até o máximo de 2 (dois) anos, para a realização do interrogatório e

de outros atos da instrução, na sede do tribunal ou no local onde se deva produzir o ato.

▶ Inciso III acrescido pela Lei nº 12.019, de 21-8-2009.

**Art. 4º** Apresentada a denúncia ou a queixa ao Tribunal, far-se-á a notificação do acusado para oferecer resposta no prazo de quinze dias.

§ 1º Com a notificação, serão entregues ao acusado cópia da denúncia ou da queixa, do despacho do relator e dos documentos por este indicados.

§ 2º Se desconhecido o paradeiro do acusado, ou se este criar dificuldades para que o oficial cumpra a diligência, proceder-se-á a sua notificação por edital, contendo o teor resumido da acusação, para que compareça ao Tribunal, em cinco dias, onde terá vista dos autos pelo prazo de quinze dias, a fim de apresentar a resposta prevista neste artigo.

**Art. 5º** Se, com a resposta, forem apresentados novos documentos, será intimada a parte contrária para sobre eles se manifestar, no prazo de cinco dias.

Parágrafo único. Na ação de iniciativa privada, será ouvido, em igual prazo, o Ministério Público.

**Art. 6º** A seguir, o relator pedirá dia para que o Tribunal delibere sobre o recebimento, a rejeição da denúncia ou da queixa, ou a improcedência da acusação, se a decisão não depender de outras provas.

§ 1º No julgamento de que trata este artigo, será facultada sustentação oral pelo prazo de quinze minutos, primeiro à acusação, depois à defesa.

§ 2º Encerrados os debates, o Tribunal passará a deliberar, determinando o Presidente as pessoas que poderão permanecer no recinto, observado o disposto no inciso II do art. 12 desta lei.

**Art. 7º** Recebida a denúncia ou a queixa, o relator designará dia e hora para o interrogatório, mandando citar o acusado ou querelado e intimar o órgão do Ministério Público, bem como o querelante ou o assistente, se for o caso.

**Art. 8º** O prazo para defesa prévia será de cinco dias, contado do interrogatório ou da intimação do defensor dativo.

**Art. 9º** A instrução obedecerá, no que couber, ao procedimento comum do Código de Processo Penal.

§ 1º O relator poderá delegar a realização do interrogatório ou de outro ato da instrução ao juiz ou membro de tribunal com competência territorial no local de cumprimento da carta de ordem.

§ 2º Por expressa determinação do relator, as intimações poderão ser feitas por carta registrada com aviso de recebimento.

**Art. 10.** Concluída a inquirição de testemunhas, serão intimadas a acusação e a defesa, para requerimento de diligências no prazo de cinco dias.

**Art. 11.** Realizadas as diligências, ou não sendo estas requeridas nem determinadas pelo relator, serão intimadas a acusação e a defesa para, sucessivamente, apresentarem, no prazo de quinze dias, alegações escritas.

§ 1º Será comum o prazo do acusador e do assistente, bem como o dos corréus.

§ 2º Na ação penal de iniciativa privada, o Ministério Público terá vista, por igual prazo, após as alegações das partes.

§ 3º O relator poderá, após as alegações escritas, determinar de ofício a realização de provas reputadas imprescindíveis para o julgamento da causa.

**Art. 12.** Finda a instrução, o Tribunal procederá ao julgamento, na forma determinada pelo regimento interno, observando-se o seguinte:

I – a acusação e a defesa terão, sucessivamente, nessa ordem, prazo de uma hora para sustentação oral, assegurado ao assistente um quarto do tempo da acusação;
II – encerrados os debates, o Tribunal passará a proferir o julgamento, podendo o Presidente limitar a presença no recinto às partes e seus advogados, ou somente a estes, se o interesse público exigir.

Capítulo II

## RECLAMAÇÃO

**Art. 13.** Para preservar a competência do Tribunal ou garantir a autoridade das suas decisões, caberá reclamação da parte interessada ou do Ministério Público.

Parágrafo único. A reclamação, dirigida ao Presidente do Tribunal, instruída com prova documental, será autuada e distribuída ao relator da causa principal, sempre que possível.

**Art. 14.** Ao despachar a reclamação, o relator:

I – requisitará informações da autoridade a quem foi imputada a prática do ato impugnado, que as prestará no prazo de dez dias;
II – ordenará, se necessário, para evitar dano irreparável, a suspensão do processo ou do ato impugnado.

**Art. 15.** Qualquer interessado poderá impugnar o pedido do reclamante.

**Art. 16.** O Ministério Público, nas reclamações que não houver formulado, terá vista do processo, por cinco dias, após o decurso do prazo para informações.

**Art. 17.** Julgando procedente a reclamação, o Tribunal cassará a decisão exorbitante de seu julgado ou determinará medida adequada à preservação de sua competência.

**Art. 18.** O Presidente determinará o imediato cumprimento da decisão, lavrando-se o acórdão posteriormente.

Capítulo III

## INTERVENÇÃO FEDERAL

**Art. 19.** A requisição de intervenção federal prevista nos incisos II e IV do artigo 36 da Constituição Federal será promovida:

I – de ofício, ou mediante pedido de Presidente de Tribunal de Justiça do Estado, ou de Presidente de Tribunal Federal, quando se tratar de prover a execução de ordem ou decisão judicial, com ressalva, conforme a matéria, da competência do Supremo Tribunal Federal ou do Tribunal Superior Eleitoral;
II – de ofício, ou mediante pedido da parte interessada, quando se tratar de prover a execução de ordem ou decisão do Superior Tribunal de Justiça;
III – mediante representação do Procurador-Geral da República, quando se tratar de prover a execução de lei federal.

**Art. 20.** O Presidente, ao receber o pedido:

I – tomará as providências que lhe parecerem adequadas para remover, administrativamente, a causa do pedido;

II – mandará arquivá-lo, se for manifestamente infundado, cabendo do seu despacho agravo regimental.

**Art. 21.** Realizada a gestão prevista no inciso I do artigo anterior, solicitadas informações à autoridade estadual e ouvido o Procurador-Geral, o pedido será distribuído a um relator.

Parágrafo único. Tendo em vista o interesse público, poderá ser permitida a presença no recinto às partes e seus advogados, ou somente a estes.

**Art. 22.** Julgado procedente o pedido, o Presidente do Superior Tribunal de Justiça comunicará, imediatamente, a decisão aos órgãos do poder público interessados e requisitará a intervenção ao Presidente da República.

## CAPÍTULO IV

### HABEAS CORPUS

**Art. 23.** Aplicam-se ao habeas corpus perante o Superior Tribunal de Justiça as normas do Livro III, Título II, Capítulo X do Código de Processo Penal.

## CAPÍTULO V

### OUTROS PROCEDIMENTOS

**Art. 24.** Na ação rescisória, nos conflitos de competência, de jurisdição e de atribuições, na revisão criminal e no mandado de segurança, será aplicada a legislação processual em vigor.

Parágrafo único. No mandado de injunção e no habeas data, serão observadas, no que couber, as normas do mandado de segurança, enquanto não editada legislação específica.

► Art. 5º, LXXI e LXXII, da CF.
► Arts. 485 a 495 e 530 do CPC.
► Lei nº 9.507, de 12-11-1997 (Lei do Habeas Data).
► Lei nº 12.016, de 7-8-2009 (Lei do Mandado de Segurança Individual e Coletivo).

**Art. 25.** Salvo quando a causa tiver por fundamento matéria constitucional, compete ao Presidente do Superior Tribunal de Justiça, a requerimento do Procurador-Geral da República ou da pessoa jurídica de direito público interessada, e para evitar grave lesão à ordem, à saúde, à segurança e à economia pública, suspender, em despacho fundamentado, a execução de liminar ou de decisão concessiva de mandado de segurança, proferida, em única ou última instância, pelos Tribunais Regionais Federais ou pelos Tribunais dos Estados e do Distrito Federal.

§ 1º O Presidente pode ouvir o impetrante, em cinco dias, e o Procurador-Geral quando não for o requerente, em igual prazo.

§ 2º Do despacho que conceder a suspensão caberá agravo regimental.

§ 3º A suspensão de segurança vigorará enquanto pender o recurso, ficando sem efeito, se a decisão concessiva for mantida pelo Superior Tribunal de Justiça ou transitar em julgado.

► Súm. nº 626 do STF.

## TÍTULO II – RECURSOS

## CAPÍTULO I

### RECURSO EXTRAORDINÁRIO E RECURSO ESPECIAL

► Arts. 102, III, e 105, III, da CF.
► Arts. 541 a 546 do CPC.
► Res. do STJ nº 7, de 9-12-2010, institui o Agravo em Recurso Especial para o processamento de agravo interposto contra decisão que inadmite recurso especial.
► Súmulas nºs 5, 7, 83, 86, 126, 203, 207, 211, 256 e 320 do STJ.

**Art. 26.** Os recursos extraordinário e especial, nos casos previstos na Constituição Federal, serão interpostos no prazo comum de quinze dias, perante o Presidente do Tribunal recorrido, em petições distintas, que conterão:

I – exposição do fato e do direito;
II – a demonstração do cabimento do recurso interposto;
III – as razões do pedido de reforma da decisão recorrida.

Parágrafo único. Quando o recurso se fundar em dissídio entre a interpretação da lei federal adotada pelo julgado recorrido e a que lhe haja dado outro Tribunal, o recorrente fará a prova da divergência mediante certidão, ou indicação do número e da página do jornal oficial, ou do repertório autorizado de jurisprudência, que o houver publicado.

**Art. 27.** Recebida a petição pela Secretaria do Tribunal e aí protocolada, será intimado o recorrido, abrindo-se-lhe vista pelo prazo de quinze dias para apresentar contrarrazões.

§ 1º Findo esse prazo, serão os autos conclusos para admissão ou não do recurso, no prazo de cinco dias.

► Súm. nº 123 do STJ.

§ 2º Os recursos extraordinário e especial serão recebidos no efeito devolutivo.

§ 3º Admitidos os recursos, os autos serão imediatamente remetidos ao Superior Tribunal de Justiça.

§ 4º Concluído o julgamento do recurso especial, serão os autos remetidos ao Supremo Tribunal Federal para apreciação do recurso extraordinário, se este não estiver prejudicado.

§ 5º Na hipótese de o relator do recurso especial considerar que o recurso extraordinário é prejudicial daquele em decisão irrecorrível, sobrestará o seu julgamento e remeterá os autos ao Supremo Tribunal Federal, para julgar o extraordinário.

§ 6º No caso do parágrafo anterior, se o relator do recurso extraordinário, em despacho irrecorrível, não o considerar prejudicial, devolverá os autos ao Superior Tribunal de Justiça, para o julgamento do recurso especial.

**Art. 28.** Denegado o recurso extraordinário ou o recurso especial, caberá agravo de instrumento, no prazo de cinco dias, para o Supremo Tribunal Federal ou para o Superior Tribunal de Justiça, conforme o caso.

► Arts. 522 a 529 do CPC.
► Res. do STF nº 451, de 3-12-2010, dispõe sobre a aplicação da Lei nº 12.322, de 9-9-2010, para os recursos

extraordinários e agravos sobre matéria penal e processual penal.

**§ 1º** Cada agravo de instrumento será instruído com as peças que forem indicadas pelo agravante e pelo agravado, dele constando, obrigatoriamente, além das mencionadas no parágrafo único do artigo 523 do Código de Processo Civil, o acórdão recorrido, a petição de interposição do recurso e as contrarrazões, se houver.

**§ 2º** Distribuído o agravo de instrumento, o relator proferirá decisão.

**§ 3º** Na hipótese de provimento, se o instrumento contiver os elementos necessários ao julgamento do mérito do recurso especial, o relator determinará, desde logo, sua inclusão em pauta, observando-se, daí por diante, o procedimento relativo àqueles recursos, admitida a sustentação oral.

**§ 4º** O disposto no parágrafo anterior aplica-se também ao agravo de instrumento contra denegação de recurso extraordinário, salvo quando, na mesma causa, houver recurso especial admitido e que deva ser julgado em primeiro lugar.

**§ 5º** Da decisão do relator que negar seguimento ou provimento ao agravo de instrumento, caberá agravo para o órgão julgador no prazo de cinco dias.

▶ Súm. nº 116 do STJ.

**Art. 29.** É embargável, no prazo de quinze dias, a decisão da turma que, em recurso especial, divergir do julgamento de outra turma, da seção ou do órgão especial, observando-se o procedimento estabelecido no regimento interno.

CAPÍTULO II

### RECURSO ORDINÁRIO EM *HABEAS CORPUS*

**Art. 30.** O recurso ordinário para o Superior Tribunal de Justiça, das decisões denegatórias de *habeas corpus*, proferidas pelos Tribunais Regionais Federais ou pelos Tribunais dos Estados e do Distrito Federal, será interposto no prazo de cinco dias, com as razões do pedido de reforma.

**Art. 31.** Distribuído o recurso, a Secretaria, imediatamente, fará os autos com vista ao Ministério Público, pelo prazo de dois dias.

Parágrafo único. Conclusos os autos ao relator, este submeterá o feito a julgamento independentemente de pauta.

**Art. 32.** Será aplicado, no que couber, ao processo e julgamento do recurso, o disposto com relação ao pedido originário de *habeas corpus*.

CAPÍTULO III

### RECURSO ORDINÁRIO EM MANDADO DE SEGURANÇA

▶ Arts. 539 e 540 do CPC.

**Art. 33.** O recurso ordinário para o Superior Tribunal de Justiça, das decisões denegatórias de mandado de segurança, proferidas em única instância pelos Tribunais Regionais Federais ou pelos Tribunais de Estados e do Distrito Federal, será interposto no prazo de quinze dias, com as razões do pedido de reforma.

**Art. 34.** Serão aplicadas, quanto aos requisitos de admissibilidade e ao procedimento no Tribunal recorrido, as regras do Código de Processo Civil relativas à apelação.

**Art. 35.** Distribuído o recurso, a Secretaria, imediatamente, fará os autos com vista ao Ministério Público, pelo prazo de cinco dias.

Parágrafo único. Conclusos os autos ao relator, este pedirá dia para julgamento.

CAPÍTULO IV

### APELAÇÃO CÍVEL E AGRAVO DE INSTRUMENTO

**Art. 36.** Nas causas em que forem partes, de um lado, Estado estrangeiro ou organismo internacional e, de outro, município ou pessoa domiciliada ou residente no País, caberá:

I – apelação da sentença;

II – agravo de instrumento, das decisões interlocutórias.

**Art. 37.** Os recursos mencionados no artigo anterior serão interpostos para o Superior Tribunal de Justiça, aplicando-se-lhes, quanto aos requisitos de admissibilidade e ao procedimento, o disposto no Código de Processo Civil.

▶ Arts. 513 a 529 e 547 a 565 do CPC.

## TÍTULO III – DISPOSIÇÕES GERAIS

**Art. 38.** O Relator, no Supremo Tribunal Federal ou no Superior Tribunal de Justiça, decidirá o pedido ou o recurso que haja perdido seu objeto, bem como negará seguimento a pedido ou recurso manifestamente intempestivo, incabível ou, improcedente ou ainda, que contrariar, nas questões predominantemente de direito, Súmula do respectivo Tribunal.

**Art. 39.** Da decisão do Presidente do Tribunal, de Seção, de Turma ou de Relator que causar gravame à parte, caberá agravo para o órgão especial, Seção ou Turma, conforme o caso, no prazo de cinco dias.

▶ Súm. nº 116 do STJ.

**Art. 40.** Haverá revisão, no Superior Tribunal de Justiça, nos seguintes processos:

I – ação rescisória;

II – ação penal originária;

III – revisão criminal.

**Art. 41.** Em caso de vaga ou afastamento de Ministro do Superior Tribunal de Justiça, por prazo superior a trinta dias, poderá ser convocado Juiz de Tribunal Regional Federal ou Desembargador, para substituição, pelo voto da maioria absoluta dos seus membros.

**Art. 41-A.** A decisão de Turma, no Superior Tribunal de Justiça, será tomada pelo voto da maioria absoluta de seus membros.

Parágrafo único. Em *habeas corpus* originário ou recursal, havendo empate, prevalecerá a decisão mais favorável ao paciente.

**Art. 41-B.** As despesas do porte de remessa e retorno dos autos serão recolhidas mediante documento de arrecadação, de conformidade com instruções e tabela expedidas pelo Supremo Tribunal Federal e pelo Superior Tribunal de Justiça.

Parágrafo único. A secretaria do tribunal local zelará pelo recolhimento das despesas postais.
▶ Arts. 41-A e 41-B acrescidos pela Lei nº 9.756, de 17-12-1998.

**Art. 42.** Os artigos 496, 497, 498, inciso II do artigo 500, e 508 da Lei nº 5.869, de 11 de janeiro de 1973 – Código de Processo Civil, passam a vigorar com a seguinte redação:
▶ Alterações inseridas no texto do referido Código.

**Art. 43.** Esta Lei entra em vigor na data de sua publicação.

**Art. 44.** Revogam-se as disposições em contrário, especialmente os artigos 541 a 546 do Código de Processo Civil e a Lei nº 3.396, de 2 de junho de 1958.
▶ Arts. 541 a 546 foram revigorados pela Lei nº 8.950, de 13-12-1994.

Brasília, 28 de maio de 1990;
169º da Independência e
102º da República.

**Fernando Collor**

## LEI Nº 8.069, DE 13 DE JULHO DE 1990

*Dispõe sobre o Estatuto da Criança e do Adolescente, e dá outras providências.*

▶ Publicada no *DOU* de 16-7-1990 e retificada no *DOU* de 27-9-1990.
▶ Lei nº 12.010, de 3-8-2009 (Lei da Adoção).
▶ Lei nº 12.318, de 26-8-2010 (Lei da Alienação Parental).
▶ Dec. nº 5.089, de 20-5-2004, dispõe sobre a composição, competências e funcionamento do Conselho Nacional dos Direitos da Criança e do Adolescente – CONANDA.
▶ Dec. nº 5.598, de 1º-12-2005, regulamenta a contratação de aprendizes.
▶ Dec. nº 6.230, de 11-10-2007, estabelece o Compromisso pela Redução da Violência contra Crianças e Adolescentes, com vistas à implementação de ações de promoção e defesa dos direitos da criança e do adolescente, por parte da União Federal, em regime de colaboração com Municípios, Estados e Distrito Federal, institui o Comitê Gestor de Políticas de Enfrentamento à Violência contra Criança e Adolescente.
▶ Dec. nº 6.231, de 11-10-2007, institui o Programa de Proteção a Crianças e Adolescentes Ameaçados de Morte – PPCAAM.
▶ Res. do CNJ nº 94, de 27-10-2009, determina a criação de Coordenadorias da Infância e da Juventude no âmbito dos Tribunais de Justiça dos Estados e do Distrito Federal.

LIVRO I

PARTE GERAL

### TÍTULO I – DAS DISPOSIÇÕES PRELIMINARES

**Art. 1º** Esta Lei dispõe sobre a proteção integral à criança e ao adolescente.
▶ Art. 75, II, *a* e *b*, da Lei nº 6.815, de 19-8-1980 (Estatuto do Estrangeiro).
▶ Súm. nº 1 do STF.

**Art. 2º** Considera-se criança, para os efeitos desta Lei, a pessoa até doze anos de idade incompletos, e adolescente aquela entre doze e dezoito anos de idade.
▶ Art. 2º do CC.

Parágrafo único. Nos casos expressos em lei, aplica-se excepcionalmente este Estatuto às pessoas entre dezoito e vinte e um anos de idade.

**Art. 3º** A criança e o adolescente gozam de todos os direitos fundamentais inerentes à pessoa humana, sem prejuízo da proteção integral de que trata esta Lei, assegurando-se-lhes, por lei ou por outros meios, todas as oportunidades e facilidades, a fim de lhes facultar o desenvolvimento físico, mental, moral, espiritual e social, em condições de liberdade e de dignidade.
▶ Arts. 5º, 6º, 7º, XXV e XXXIII, e 227 a 229 da CF.

**Art. 4º** É dever da família, da comunidade, da sociedade em geral e do Poder Público assegurar, com absoluta prioridade, a efetivação dos direitos referentes à vida, à saúde, à alimentação, à educação, ao esporte, ao lazer, à profissionalização, à cultura, à dignidade, ao respeito, à liberdade e à convivência familiar e comunitária.
▶ Arts. 5º, 6º, 7º, XXV e XXXIII, e 227 a 229 da CF.
▶ Arts. 61 e 62 da Lei nº 6.015, de 31-12-1973 (Lei dos Registros Públicos).

Parágrafo único. A garantia de prioridade compreende:
a) primazia de receber proteção e socorro em quaisquer circunstâncias;
b) precedência de atendimento nos serviços públicos ou de relevância pública;
c) preferência na formulação e na execução das políticas sociais públicas;
d) destinação privilegiada de recursos públicos nas áreas relacionadas com a proteção à infância e à juventude.

**Art. 5º** Nenhuma criança ou adolescente será objeto de qualquer forma de negligência, discriminação, exploração, violência, crueldade e opressão, punido na forma da lei qualquer atentado, por ação ou omissão, aos seus direitos fundamentais.
▶ Arts. 1º, III, 3º, III e IV, e 5º, III, XLIII e XLVII, e, da CF.

**Art. 6º** Na interpretação desta Lei levar-se-ão em conta os fins sociais a que ela se dirige, as exigências do bem comum, os direitos e deveres individuais e coletivos, e a condição peculiar da criança e do adolescente como pessoas em desenvolvimento.
▶ Art. 5º da LICC.

### TÍTULO II – DOS DIREITOS FUNDAMENTAIS

CAPÍTULO I

#### DO DIREITO À VIDA E À SAÚDE

**Art. 7º** A criança e o adolescente têm direito a proteção à vida e à saúde, mediante a efetivação de políticas sociais públicas que permitam o nascimento e o desenvolvimento sadio e harmonioso, em condições dignas de existência.

**Art. 8º** É assegurado à gestante, através do Sistema Único de Saúde, o atendimento pré e perinatal.
▶ Art. 5º, L, da CF.

§ 1º A gestante será encaminhada aos diferentes níveis de atendimento, segundo critérios médicos específicos, obedecendo-se aos princípios de regionalização e hierarquização do Sistema.

§ 2º A parturiente será atendida preferencialmente pelo mesmo médico que a acompanhou na fase pré-natal.

§ 3º Incumbe ao Poder Público propiciar apoio alimentar à gestante e à nutriz que dele necessitem.

§ 4º Incumbe ao poder público proporcionar assistência psicológica à gestante e à mãe, no período pré e pós-natal, inclusive como forma de prevenir ou minorar as consequências do estado puerperal.

§ 5º A assistência referida no § 4º deste artigo deverá ser também prestada a gestantes ou mães que manifestem interesse em entregar seus filhos para adoção.

▶ §§ 4º e 5º acrescidos pela Lei nº 12.010, de 3-8-2009.

**Art. 9º** O Poder Público, as instituições e os empregadores propiciarão condições adequadas ao aleitamento materno, inclusive aos filhos de mães submetidas a medida privativa de liberdade.

**Art. 10.** Os hospitais e demais estabelecimentos de atenção à saúde de gestantes, públicos e particulares, são obrigados a:

I – manter registro das atividades desenvolvidas, através de prontuários individuais, pelo prazo de dezoito anos;
II – identificar o recém-nascido mediante o registro de sua impressão plantar e digital e da impressão digital da mãe, sem prejuízo de outras formas normatizadas pela autoridade administrativa competente;
III – proceder a exames visando ao diagnóstico e terapêutica de anormalidades no metabolismo do recém-nascido, bem como prestar orientação aos pais;
IV – fornecer declaração de nascimento onde constem necessariamente as intercorrências do parto e do desenvolvimento do neonato;
V – manter alojamento conjunto, possibilitando ao neonato a permanência junto à mãe.

**Art. 11.** É assegurado atendimento integral à saúde da criança e do adolescente, por intermédio do Sistema Único de Saúde, garantido o acesso universal e igualitário às ações e serviços para promoção, proteção e recuperação da saúde.

▶ Caput com a redação dada pela Lei nº 11.185, de 7-10-2005.

§ 1º A criança e o adolescente portadores de deficiência receberão atendimento especializado.

§ 2º Incumbe ao Poder Público fornecer gratuitamente àqueles que necessitarem os medicamentos, próteses e outros recursos relativos ao tratamento, habilitação ou reabilitação.

**Art. 12.** Os estabelecimentos de atendimento à saúde deverão proporcionar condições para a permanência em tempo integral de um dos pais ou responsável, nos casos de internação de criança ou adolescente.

**Art. 13.** Os casos de suspeita ou confirmação de maus-tratos contra criança ou adolescente serão obrigatoriamente comunicados ao Conselho Tutelar da respectiva localidade, sem prejuízo de outras providências legais.

Parágrafo único. As gestantes ou mães que manifestem interesse em entregar seus filhos para adoção serão obrigatoriamente encaminhadas à Justiça da Infância e da Juventude.

▶ Parágrafo único acrescido pela Lei nº 12.010, de 3-8-2009.

**Art. 14.** O Sistema Único de Saúde promoverá programas de assistência médica e odontológica para a prevenção das enfermidades que ordinariamente afetam a população infantil, e campanhas de educação sanitária para pais, educadores e alunos.

Parágrafo único. É obrigatória a vacinação das crianças nos casos recomendados pelas autoridades sanitárias.

CAPÍTULO II

### DO DIREITO À LIBERDADE, AO RESPEITO E À DIGNIDADE

**Art. 15.** A criança e o adolescente têm direito à liberdade, ao respeito e à dignidade como pessoas humanas em processo de desenvolvimento e como sujeitos de direitos civis, humanos e sociais garantidos na Constituição e nas leis.

**Art. 16.** O direito à liberdade compreende os seguintes aspectos:

I – ir, vir e estar nos logradouros públicos e espaços comunitários, ressalvadas as restrições legais;

▶ Art. 5º, LXVIII, da CF.

II – opinião e expressão;
III – crença e culto religioso;
IV – brincar, praticar esportes e divertir-se;
V – participar da vida familiar e comunitária, sem discriminação;
VI – participar da vida política, na forma da lei;
VII – buscar refúgio, auxílio e orientação.

**Art. 17.** O direito ao respeito consiste na inviolabilidade da integridade física, psíquica e moral da criança e do adolescente, abrangendo a preservação da imagem, da identidade, da autonomia, dos valores, ideias e crenças, dos espaços e objetos pessoais.

▶ Art. 5º, X, da CF.

**Art. 18.** É dever de todos velar pela dignidade da criança e do adolescente, pondo-os a salvo de qualquer tratamento desumano, violento, aterrorizante, vexatório ou constrangedor.

CAPÍTULO III

### DO DIREITO À CONVIVÊNCIA FAMILIAR E COMUNITÁRIA

SEÇÃO I

#### DISPOSIÇÕES GERAIS

▶ Lei nº 12.318, de 26-8-2010 (Lei da Alienação Parental).

**Art. 19.** Toda criança ou adolescente tem direito a ser criado e educado no seio da sua família e, excepcionalmente, em família substituta, assegurada a convivência familiar e comunitária, em ambiente livre da presença de pessoas dependentes de substâncias entorpecentes.

§ 1º Toda criança ou adolescente que estiver inserido em programa de acolhimento familiar ou institucional terá sua situação reavaliada, no máximo, a cada 6 (seis) meses, devendo a autoridade judiciária competente, com base em relatório elaborado por equipe interprofissional ou multidisciplinar, decidir de forma fundamentada pela possibilidade de reintegração familiar ou colocação em família substituta, em quaisquer das modalidades previstas no art. 28 desta Lei.

§ 2º A permanência da criança e do adolescente em programa de acolhimento institucional não se prolongará por mais de 2 (dois) anos, salvo comprovada necessidade que atenda ao seu superior interesse, devidamente fundamentada pela autoridade judiciária.

§ 3º A manutenção ou reintegração de criança ou adolescente à sua família terá preferência em relação a qualquer outra providência, caso em que será esta incluída em programas de orientação e auxílio, nos termos do parágrafo único do art. 23, dos incisos I e IV do *caput* do art. 101 e dos incisos I a IV do *caput* do art. 129 desta Lei.

▶ §§ 1º a 3º acrescidos pela Lei nº 12.010, de 3-8-2009.

**Art. 20.** Os filhos, havidos ou não da relação do casamento, ou por adoção, terão os mesmos direitos e qualificações, proibidas quaisquer designações discriminatórias relativas à filiação.

▶ Arts. 226, § 5º, e 227, § 6º, da CF.

**Art. 21.** O poder familiar será exercido, em igualdade de condições, pelo pai e pela mãe, na forma do que dispuser a legislação civil, assegurado a qualquer deles o direito de, em caso de discordância, recorrer à autoridade judiciária competente para a solução da divergência.

▶ Art. 3º da Lei nº 12.010, de 3-8-2009, que determina a substituição da expressão "pátrio poder" por "poder familiar".

▶ A Lei nº 10.406, de 10-1-2002 (Código Civil), substituiu a expressão "pátrio poder" por "poder familiar".

**Art. 22.** Aos pais incumbe o dever de sustento, guarda e educação dos filhos menores, cabendo-lhes ainda, no interesse destes, a obrigação de cumprir e fazer cumprir as determinações judiciais.

**Art. 23.** A falta ou a carência de recursos materiais não constitui motivo suficiente para a perda ou a suspensão do poder familiar.

▶ Art. 3º da Lei nº 12.010, de 3-8-2009, que determina a substituição da expressão "pátrio poder" por "poder familiar".

▶ A Lei nº 10.406, de 10-1-2002 (Código Civil), substituiu a expressão "pátrio poder" por "poder familiar".

Parágrafo único. Não existindo outro motivo que por si só autorize a decretação da medida, a criança ou o adolescente será mantido em sua família de origem, a qual deverá obrigatoriamente ser incluída em programas oficiais de auxílio.

**Art. 24.** A perda e a suspensão do poder familiar serão decretadas judicialmente, em procedimento contraditório, nos casos previstos na legislação civil, bem como na hipótese de descumprimento injustificado dos deveres e obrigações a que alude o artigo 22.

▶ Art. 3º da Lei nº 12.010, de 3-8-2009, que determina a substituição da expressão "pátrio poder" por "poder familiar".

▶ A Lei nº 10.406, de 10-1-2002 (Código Civil), substituiu a expressão "pátrio poder" por "poder familiar".

*Seção II*

## DA FAMÍLIA NATURAL

**Art. 25.** Entende-se por família natural a comunidade formada pelos pais ou qualquer deles e seus descendentes.

▶ Art. 226, § 4º, da CF.

Parágrafo único. Entende-se por família extensa ou ampliada aquela que se estende para além da unidade pais e filhos ou da unidade do casal, formada por parentes próximos com os quais a criança ou adolescente convive e mantém vínculos de afinidade e afetividade.

▶ Parágrafo único acrescido pela Lei nº 12.010, de 3-8-2009.

**Art. 26.** Os filhos havidos fora do casamento poderão ser reconhecidos pelos pais, conjunta ou separadamente, no próprio termo de nascimento, por testamento, mediante escritura ou outro documento público, qualquer que seja a origem da filiação.

▶ Lei nº 8.560, de 29-12-1992, regula a investigação de paternidade dos filhos havidos fora do casamento.

Parágrafo único. O reconhecimento pode preceder o nascimento do filho ou suceder-lhe ao falecimento, se deixar descendentes.

**Art. 27.** O reconhecimento do estado de filiação é direito personalíssimo, indisponível e imprescritível, podendo ser exercitado contra os pais ou seus herdeiros, sem qualquer restrição, observado o segredo de justiça.

*Seção III*

## DA FAMÍLIA SUBSTITUTA

*Subseção I*

### DISPOSIÇÕES GERAIS

**Art. 28.** A colocação em família substituta far-se-á mediante guarda, tutela ou adoção, independentemente da situação jurídica da criança ou adolescente, nos termos desta Lei.

§ 1º Sempre que possível, a criança ou o adolescente será previamente ouvido por equipe interprofissional, respeitado seu estágio de desenvolvimento e grau de compreensão sobre as implicações da medida, e terá sua opinião devidamente considerada.

§ 2º Tratando-se de maior de 12 (doze) anos de idade, será necessário seu consentimento, colhido em audiência.

▶ §§ 1º e 2º com a redação dada pela Lei nº 12.010, de 3-8-2009.

§ 3º Na apreciação do pedido levar-se-á em conta o grau de parentesco e a relação de afinidade ou de afetividade, a fim de evitar ou minorar as consequências decorrentes da medida.

§ 4º Os grupos de irmãos serão colocados sob adoção, tutela ou guarda da mesma família substituta, ressalvada a comprovada existência de risco de abuso ou outra situação que justifique plenamente a excepcionalidade de solução diversa, procurando-se, em qualquer caso, evitar o rompimento definitivo dos vínculos fraternais.

§ 5º A colocação da criança ou adolescente em família substituta será precedida de sua preparação gradativa e acompanhamento posterior, realizados pela equipe interprofissional a serviço da Justiça da Infância e da Juventude, preferencialmente com o apoio dos técnicos responsáveis pela execução da política municipal de garantia do direito à convivência familiar.

§ 6º Em se tratando de criança ou adolescente indígena ou proveniente de comunidade remanescente de quilombo, é ainda obrigatório:

I – que sejam consideradas e respeitadas sua identidade social e cultural, os seus costumes e tradições, bem como suas instituições, desde que não sejam incompatíveis com os direitos fundamentais reconhecidos por esta Lei e pela Constituição Federal;

II – que a colocação familiar ocorra prioritariamente no seio de sua comunidade ou junto a membros da mesma etnia;

III – a intervenção e oitiva de representantes do órgão federal responsável pela política indigenista, no caso de crianças e adolescentes indígenas, e de antropólogos, perante a equipe interprofissional ou multidisciplinar que irá acompanhar o caso.

▶ §§ 3º a 6º acrescidos pela Lei nº 12.010, de 3-8-2009.

**Art. 29.** Não se deferirá colocação em família substituta a pessoa que revele, por qualquer modo, incompatibilidade com a natureza da medida ou não ofereça ambiente familiar adequado.

**Art. 30.** A colocação em família substituta não admitirá transferência da criança ou adolescente a terceiros ou a entidades governamentais ou não governamentais, sem autorização judicial.

**Art. 31.** A colocação em família substituta estrangeira constitui medida excepcional, somente admissível na modalidade de adoção.

▶ Dec. nº 3.174, de 16-9-1999, designa as Autoridades Centrais encarregadas de dar cumprimento às obrigações impostas pela Convenção Relativa da Proteção das Crianças e da Cooperação em Matéria de Adoção Internacional e cria o Conselho das Autoridades Centrais Administrativas Brasileiras.

**Art. 32.** Ao assumir a guarda ou a tutela, o responsável prestará compromisso de bem e fielmente desempenhar o encargo, mediante termo nos autos.

*Subseção II*

*DA GUARDA*

**Art. 33.** A guarda obriga à prestação de assistência material, moral e educacional à criança ou adolescente, conferindo a seu detentor o direito de opor-se a terceiros, inclusive aos pais.

§ 1º A guarda destina-se a regularizar a posse de fato, podendo ser deferida, liminar ou incidentalmente, nos procedimentos de tutela e adoção, exceto no de adoção por estrangeiros.

§ 2º Excepcionalmente, deferir-se-á a guarda, fora dos casos de tutela e adoção, para atender a situações peculiares ou suprir a falta eventual dos pais ou responsável, podendo ser deferido o direito de representação para a prática de atos determinados.

§ 3º A guarda confere à criança ou adolescente a condição de dependente, para todos os fins e efeitos de direito, inclusive previdenciários.

§ 4º Salvo expressa e fundamentada determinação em contrário, da autoridade judiciária competente, ou quando a medida for aplicada em preparação para adoção, o deferimento da guarda de criança ou adolescente a terceiros não impede o exercício do direito de visitas pelos pais, assim como o dever de prestar alimentos, que serão objeto de regulamentação específica, a pedido do interessado ou do Ministério Público.

▶ § 4º acrescido pela Lei nº 12.010, de 3-8-2009.

**Art. 34.** O poder público estimulará, por meio de assistência jurídica, incentivos fiscais e subsídios, o acolhimento, sob a forma de guarda, de criança ou adolescente afastado do convívio familiar.

▶ *Caput* com a redação dada pela Lei nº 12.010, de 3-8-2009.

§ 1º A inclusão da criança ou adolescente em programas de acolhimento familiar terá preferência a seu acolhimento institucional, observado, em qualquer caso, o caráter temporário e excepcional da medida, nos termos desta Lei.

§ 2º Na hipótese do § 1º deste artigo a pessoa ou casal cadastrado no programa de acolhimento familiar poderá receber a criança ou adolescente mediante guarda, observado o disposto nos arts. 28 a 33 desta Lei.

▶ §§ 1º e 2º acrescidos pela Lei nº 12.010, de 3-8-2009.

**Art. 35.** A guarda poderá ser revogada a qualquer tempo, mediante ato judicial fundamentado, ouvido o Ministério Público.

*Subseção III*

*DA TUTELA*

**Art. 36.** A tutela será deferida, nos termos da lei civil, a pessoa de até 18 (dezoito) anos incompletos.

▶ *Caput* com a redação dada pela Lei nº 12.010, de 3-8-2009.

Parágrafo único. O deferimento da tutela pressupõe a prévia decretação da perda ou suspensão do poder familiar e implica necessariamente o dever de guarda.

▶ Art. 3º da Lei nº 12.010, de 3-8-2009, que determina a substituição da expressão "pátrio poder" por "poder familiar".

▶ A Lei nº 10.406, de 10-1-2002 (Código Civil), substituiu a expressão "pátrio poder" por "poder familiar".

**Art. 37.** O tutor nomeado por testamento ou qualquer documento autêntico, conforme previsto no parágrafo único do art. 1.729 da Lei nº 10.406, de 10 de janeiro de 2002 – Código Civil, deverá, no prazo de 30 (trinta) dias após a abertura da sucessão, ingressar com pedido destinado ao controle judicial do ato, observando o procedimento previsto nos arts. 165 a 170 desta Lei.

Parágrafo único. Na apreciação do pedido, serão observados os requisitos previstos nos arts. 28 e 29 desta Lei, somente sendo deferida a tutela à pessoa indicada na disposição de última vontade, se restar comprovado que a medida é vantajosa ao tutelando e que não existe outra pessoa em melhores condições de assumi-la.

▶ Art. 37 com a redação dada pela Lei nº 12.010, de 3-8-2009.

**Art. 38.** Aplica-se à destituição da tutela o disposto no artigo 24.

## Subseção IV
## DA ADOÇÃO

**Art. 39.** A adoção de criança e de adolescente reger-se-á segundo o disposto nesta Lei.

§ 1º A adoção é medida excepcional e irrevogável, à qual se deve recorrer apenas quando esgotados os recursos de manutenção da criança ou adolescente na família natural ou extensa, na forma do parágrafo único do art. 25 desta Lei.

▶ § 1º acrescido pela Lei nº 12.010, de 3-8-2009.

§ 2º É vedada a adoção por procuração.

▶ Parágrafo único transformado em § 2º com a redação dada pela Lei nº 12.010, de 3-8-2009.
▶ Art. 227, § 5º, da CF.

**Art. 40.** O adotando deve contar com, no máximo, dezoito anos à data do pedido, salvo se já estiver sob a guarda ou tutela dos adotantes.

**Art. 41.** A adoção atribui a condição de filho ao adotado, com os mesmos direitos e deveres, inclusive sucessórios, desligando-o de qualquer vínculo com pais e parentes, salvo os impedimentos matrimoniais.

§ 1º Se um dos cônjuges ou concubinos adota o filho do outro, mantêm-se os vínculos de filiação entre o adotado e o cônjuge ou concubino do adotante e os respectivos parentes.

§ 2º É recíproco o direito sucessório entre o adotado, seus descendentes, o adotante, seus ascendentes, descendentes e colaterais até o 4º grau, observada a ordem de vocação hereditária.

**Art. 42.** Podem adotar os maiores de 18 (dezoito) anos, independentemente do estado civil.

▶ *Caput* com a redação dada pela Lei nº 12.010, de 3-8-2009.

§ 1º Não podem adotar os ascendentes e os irmãos do adotando.

§ 2º Para adoção conjunta, é indispensável que os adotantes sejam casados civilmente ou mantenham união estável, comprovada a estabilidade da família.

▶ § 2º com a redação dada pela Lei nº 12.010, de 3-8-2009.

§ 3º O adotante há de ser, pelo menos, dezesseis anos mais velho do que o adotando.

§ 4º Os divorciados, os judicialmente separados e os ex-companheiros podem adotar conjuntamente, contanto que acordem sobre a guarda e o regime de visitas e desde que o estágio de convivência tenha sido iniciado na constância do período de convivência e que seja comprovada a existência de vínculos de afinidade e afetividade com aquele não detentor da guarda, que justifiquem a excepcionalidade da concessão.

§ 5º Nos casos do § 4º deste artigo, desde que demonstrado efetivo benefício ao adotando, será assegurada a guarda compartilhada, conforme previsto no art. 1.584 da Lei nº 10.406, de 10 de janeiro de 2002 – Código Civil.

▶ §§ 4º e 5º com a redação dada pela Lei nº 12.010, de 3-8-2009.

§ 6º A adoção poderá ser deferida ao adotante que, após inequívoca manifestação de vontade, vier a falecer no curso do procedimento, antes de prolatada a sentença.

▶ § 6º acrescido pela Lei nº 12.010, de 3-8-2009.

**Art. 43.** A adoção será deferida quando apresentar reais vantagens para o adotando e fundar-se em motivos legítimos.

**Art. 44.** Enquanto não der conta de sua administração e saldar o seu alcance, não pode o tutor ou curador adotar o pupilo ou o curatelado.

**Art. 45.** A adoção depende do consentimento dos pais ou representante legal do adotando.

§ 1º O consentimento será dispensado em relação à criança ou adolescente cujos pais sejam desconhecidos ou tenham sido destituídos do poder familiar.

▶ Art. 3º da Lei nº 12.010, de 3-8-2009, que determina a substituição da expressão "pátrio poder" por "poder familiar".
▶ A Lei nº 10.406, de 10-1-2002 (Código Civil), substituiu a expressão "pátrio poder" por "poder familiar".

§ 2º Em se tratando de adotando maior de doze anos de idade, será também necessário o seu consentimento.

**Art. 46.** A adoção será precedida de estágio de convivência com a criança ou adolescente, pelo prazo que a autoridade judiciária fixar, observadas as peculiaridades do caso.

§ 1º O estágio de convivência poderá ser dispensado se o adotando já estiver sob a tutela ou guarda legal do adotante durante tempo suficiente para que seja possível avaliar a conveniência da constituição do vínculo.

§ 2º A simples guarda de fato não autoriza, por si só, a dispensa da realização do estágio de convivência.

▶ §§ 1º e 2º com a redação dada pela Lei nº 12.010, de 3-8-2009.

§ 3º Em caso de adoção por pessoa ou casal residente ou domiciliado fora do País, o estágio de convivência, cumprido no território nacional, será de, no mínimo, 30 (trinta) dias.

§ 4º O estágio de convivência será acompanhado pela equipe interprofissional a serviço da Justiça da Infância e da Juventude, preferencialmente com apoio dos técnicos responsáveis pela execução da política de garantia do direito à convivência familiar, que apresentarão relatório minucioso acerca da conveniência do deferimento da medida.

▶ §§ 3º e 4º acrescidos pela Lei nº 12.010, de 3-8-2009.

**Art. 47.** O vínculo da adoção constitui-se por sentença judicial, que será inscrita no registro civil mediante mandado do qual não se fornecerá certidão.

§ 1º A inscrição consignará o nome dos adotantes como pais, bem como o nome de seus ascendentes.

§ 2º O mandado judicial, que será arquivado, cancelará o registro original do adotado.

§ 3º A pedido do adotante, o novo registro poderá ser lavrado no Cartório do Registro Civil do Município de sua residência.

§ 4º Nenhuma observação sobre a origem do ato poderá constar nas certidões do registro.

§ 5º A sentença conferirá ao adotado o nome do adotante e, a pedido de qualquer deles, poderá determinar a modificação do prenome.

§ 6º Caso a modificação de prenome seja requerida pelo adotante, é obrigatória a oitiva do adotando, observado o disposto nos §§ 1º e 2º do art. 28 desta Lei.

▶ §§ 3º a 6º com a redação dada pela Lei nº 12.010, de 3-8-2009.

§ 7º A adoção produz seus efeitos a partir do trânsito em julgado da sentença constitutiva, exceto na hipótese prevista no § 6º do art. 42 desta Lei, caso em que terá força retroativa à data do óbito.

§ 8º O processo relativo à adoção assim como outros a ele relacionados serão mantidos em arquivo, admitindo-se seu armazenamento em microfilme ou por outros meios, garantida a sua conservação para consulta a qualquer tempo.

▶ §§ 7º e 8º acrescidos pela Lei nº 12.010, de 3-8-2009.

**Art. 48.** O adotado tem direito de conhecer sua origem biológica, bem como de obter acesso irrestrito ao processo no qual a medida foi aplicada e seus eventuais incidentes, após completar 18 (dezoito) anos.

▶ Caput com a redação dada pela Lei nº 12.010, de 3-8-2009.

Parágrafo único. O acesso ao processo de adoção poderá ser também deferido ao adotado menor de 18 (dezoito) anos, a seu pedido, assegurada orientação e assistência jurídica e psicológica.

▶ Parágrafo único acrescido pela Lei nº 12.010, de 3-8-2009.

**Art. 49.** A morte dos adotantes não restabelece o poder familiar dos pais naturais.

▶ Art. 3º da Lei nº 12.010, de 3-8-2009, que determina a substituição da expressão "pátrio poder" por "poder familiar".

▶ A Lei nº 10.406, de 10-1-2002 (Código Civil), substituiu a expressão "pátrio poder" por "poder familiar".

**Art. 50.** A autoridade judiciária manterá, em cada comarca ou foro regional, um registro de crianças e adolescentes em condições de serem adotados e outro de pessoas interessadas na adoção.

§ 1º O deferimento da inscrição dar-se-á após prévia consulta aos órgãos técnicos do Juizado, ouvido o Ministério Público.

§ 2º Não será deferida a inscrição se o interessado não satisfizer os requisitos legais, ou verificada qualquer das hipóteses previstas no artigo 29.

§ 3º A inscrição de postulantes à adoção será precedida de um período de preparação psicossocial e jurídica, orientado pela equipe técnica da Justiça da Infância e da Juventude, preferencialmente com apoio dos técnicos responsáveis pela execução da política municipal de garantia do direito à convivência familiar.

▶ Art. 6º da Lei nº 12.010, de 3-8-2009 (Lei da Adoção).

§ 4º Sempre que possível e recomendável, a preparação referida no § 3º deste artigo incluirá o contato com crianças e adolescentes em acolhimento familiar ou institucional em condições de serem adotados, a ser realizado sob a orientação, supervisão e avaliação da equipe técnica da Justiça da Infância e da Juventude,
com apoio dos técnicos responsáveis pelo programa de acolhimento e pela execução da política municipal de garantia do direito à convivência familiar.

▶ Art. 6º da Lei nº 12.010, de 3-8-2009 (Lei da Adoção).

§ 5º Serão criados e implementados cadastros estaduais e nacional de crianças e adolescentes em condições de serem adotados e de pessoas ou casais habilitados à adoção.

§ 6º Haverá cadastros distintos para pessoas ou casais residentes fora do País, que somente serão consultados na inexistência de postulantes nacionais habilitados nos cadastros mencionados no § 5º deste artigo.

§ 7º As autoridades estaduais e federais em matéria de adoção terão acesso integral aos cadastros, incumbindo-lhes a troca de informações e a cooperação mútua, para melhoria do sistema.

§ 8º A autoridade judiciária providenciará, no prazo de 48 (quarenta e oito) horas, a inscrição das crianças e adolescentes em condições de serem adotados que não tiveram colocação familiar na comarca de origem, e das pessoas ou casais que tiveram deferida sua habilitação à adoção nos cadastros estadual e nacional referidos no § 5º deste artigo, sob pena de responsabilidade.

§ 9º Compete à Autoridade Central Estadual zelar pela manutenção e correta alimentação dos cadastros, com posterior comunicação à Autoridade Central Federal Brasileira.

§ 10. A adoção internacional somente será deferida se, após consulta ao cadastro de pessoas ou casais habilitados à adoção, mantido pela Justiça da Infância e da Juventude na comarca, bem como aos cadastros estadual e nacional referidos no § 5º deste artigo, não for encontrado interessado com residência permanente no Brasil.

§ 11. Enquanto não localizada pessoa ou casal interessado em sua adoção, a criança ou o adolescente, sempre que possível e recomendável, será colocado sob guarda de família cadastrada em programa de acolhimento familiar.

§ 12. A alimentação do cadastro e a convocação criteriosa dos postulantes à adoção serão fiscalizadas pelo Ministério Público.

§ 13. Somente poderá ser deferida adoção em favor de candidato domiciliado no Brasil não cadastrado previamente nos termos desta Lei quando:

I – se tratar de pedido de adoção unilateral;

II – for formulada por parente com o qual a criança ou adolescente mantenha vínculos de afinidade e afetividade;

III – oriundo o pedido de quem detém a tutela ou guarda legal de criança maior de 3 (três) anos ou adolescente, desde que o lapso de tempo de convivência comprove a fixação de laços de afinidade e afetividade, e não seja constatada a ocorrência de má-fé ou qualquer das situações previstas nos arts. 237 ou 238 desta Lei.

§ 14. Nas hipóteses previstas no § 13 deste artigo, o candidato deverá comprovar, no curso do procedimento, que preenche os requisitos necessários à adoção, conforme previsto nesta Lei.

▶ §§ 3º a 14 acrescidos pela Lei nº 12.010, de 3-8-2009.

**Art. 51.** Considera-se adoção internacional aquela na qual a pessoa ou casal postulante é residente ou domiciliado fora do Brasil, conforme previsto no artigo 2 da Convenção de Haia, de 29 de maio de 1993, Relativa à Proteção das Crianças e à Cooperação em Matéria de Adoção Internacional, aprovada pelo Decreto Legislativo nº 1, de 14 de janeiro de 1999, e promulgada pelo Decreto nº 3.087, de 21 de junho de 1999.

▶ *Caput* com a redação dada pela Lei nº 12.010, de 3-8-2009.
▶ Art. 277, § 5º, da CF.

§ 1º A adoção internacional de criança ou adolescente brasileiro ou domiciliado no Brasil somente terá lugar quando restar comprovado:

▶ *Caput* do § 1º com a redação dada pela Lei nº 12.010, de 3-8-2009.

I – que a colocação em família substituta é a solução adequada ao caso concreto;
II – que foram esgotadas todas as possibilidades de colocação da criança ou adolescente em família substituta brasileira, após consulta aos cadastros mencionados no art. 50 desta Lei;
III – que, em se tratando de adoção de adolescente, este foi consultado, por meios adequados ao seu estágio de desenvolvimento, e que se encontra preparado para a medida, mediante parecer elaborado por equipe interprofissional, observado o disposto nos §§ 1º e 2º do art. 28 desta Lei.

▶ Incisos I a III acrescidos pela Lei nº 12.010, de 3-8-2009.

§ 2º Os brasileiros residentes no exterior terão preferência aos estrangeiros, nos casos de adoção internacional de criança ou adolescente brasileiro.

§ 3º A adoção internacional pressupõe a intervenção das Autoridades Centrais Estaduais e Federal em matéria de adoção internacional.

▶ §§ 2º e 3º com a redação dada pela Lei nº 12.010, de 3-8-2009.

§ 4º *Revogado*. Lei nº 12.010, de 3-8-2009.

**Art. 52.** A adoção internacional observará o procedimento previsto nos arts. 165 a 170 desta Lei, como as seguintes adaptações:

▶ *Caput* com a redação dada pela Lei nº 12.010, de 3-8-2009.

I – a pessoa ou casal estrangeiro, interessado em adotar criança ou adolescente brasileiro, deverá formular pedido de habilitação à adoção perante a Autoridade Central em matéria de adoção internacional no país de acolhida, assim entendido aquele onde está situada sua residência habitual;
II – se a Autoridade Central do país de acolhida considerar que os solicitantes estão habilitados e aptos para adotar, emitirá um relatório que contenha informações sobre a identidade, a capacidade jurídica e adequação dos solicitantes para adotar, sua situação pessoal, familiar e médica, seu meio social, os motivos que os animam e sua aptidão para assumir uma adoção internacional;
III – a Autoridade Central do país de acolhida enviará o relatório à Autoridade Central Estadual, com cópia para a Autoridade Central Federal Brasileira;
IV – o relatório será instruído com toda a documentação necessária, incluindo estudo psicossocial elaborado por equipe interprofissional habilitada e cópia autenticada da legislação pertinente, acompanhada da respectiva prova de vigência;
V – os documentos em língua estrangeira serão devidamente autenticados pela autoridade consular, observados os tratados e convenções internacionais, e acompanhados da respectiva tradução, por tradutor público juramentado;
VI – a Autoridade Central Estadual poderá fazer exigências e solicitar complementação sobre o estudo psicossocial do postulante estrangeiro à adoção, já realizado no país de acolhida;
VII – verificada, após estudo realizado pela Autoridade Central Estadual, a compatibilidade da legislação estrangeira com a nacional, além do preenchimento por parte dos postulantes à medida dos requisitos objetivos e subjetivos necessários ao seu deferimento, tanto à luz do que dispõe esta Lei como da legislação do país de acolhida, será expedido laudo de habilitação à adoção internacional, que terá validade por, no máximo, 1 (um) ano;
VIII – de posse do laudo de habilitação, o interessado será autorizado a formalizar pedido de adoção perante o Juízo da Infância e da Juventude do local em que se encontra a criança ou adolescente, conforme indicação efetuada pela Autoridade Central Estadual.

▶ Incisos I a VIII acrescidos pela Lei nº 12.010, de 3-8-2009.

§ 1º Se a legislação do país de acolhida assim o autorizar, admite-se que os pedidos de habilitação à adoção internacional sejam intermediados por organismos credenciados.

§ 2º Incumbe à Autoridade Central Federal Brasileira o credenciamento de organismos nacionais e estrangeiros encarregados de intermediar pedidos de habilitação à adoção internacional, com posterior comunicação às Autoridades Centrais Estaduais e publicação nos órgãos oficiais de imprensa e em sítio próprio da internet.

§ 3º Somente será admissível o credenciamento de organismos que:
I – sejam oriundos de países que ratificaram a Convenção de Haia e estejam devidamente credenciados pela Autoridade Central do país onde estiverem sediados e no país de acolhida do adotando para atuar em adoção internacional no Brasil;
II – satisfizerem as condições de integridade moral, competência profissional, experiência e responsabilidade exigidas pelos países respectivos e pela Autoridade Central Federal Brasileira;
III – forem qualificados por seus padrões éticos e sua formação e experiência para atuar na área de adoção internacional;
IV – cumprirem os requisitos exigidos pelo ordenamento jurídico brasileiro e pelas normas estabelecidas pela Autoridade Central Federal Brasileira.

§ 4º Os organismos credenciados deverão ainda:
I – perseguir unicamente fins não lucrativos, nas condições e dentro dos limites fixados pelas autoridades competentes do país onde estiverem sediados, do país de acolhida e pela Autoridade Central Federal Brasileira;

II – ser dirigidos e administrados por pessoas qualificadas e de reconhecida idoneidade moral, com comprovada formação ou experiência para atuar na área de adoção internacional, cadastradas pelo Departamento de Polícia Federal e aprovadas pela Autoridade Central Federal Brasileira, mediante publicação de portaria do órgão federal competente;

III – estar submetidos à supervisão das autoridades competentes do país onde estiverem sediados e no país de acolhida, inclusive quanto à sua composição, funcionamento e situação financeira;

IV – apresentar à Autoridade Central Federal Brasileira, a cada ano, relatório geral das atividades desenvolvidas, bem como relatório de acompanhamento das adoções internacionais efetuadas no período, cuja cópia será encaminhada ao Departamento de Polícia Federal;

V – enviar relatório pós-adotivo semestral para a Autoridade Central Estadual, com cópia para a Autoridade Central Federal Brasileira, pelo período mínimo de 2 (dois) anos. O envio do relatório será mantido até a juntada de cópia autenticada do registro civil, estabelecendo a cidadania do país de acolhida para o adotado;

VI – tomar as medidas necessárias para garantir que os adotantes encaminhem à Autoridade Central Federal Brasileira cópia da certidão de registro de nascimento estrangeira e do certificado de nacionalidade tão logo lhes sejam concedidos.

§ 5º A não apresentação dos relatórios referidos no § 4º deste artigo pelo organismo credenciado poderá acarretar a suspensão de seu credenciamento.

§ 6º O credenciamento de organismo nacional ou estrangeiro encarregado de intermediar pedidos de adoção internacional terá validade de 2 (dois) anos.

§ 7º A renovação do credenciamento poderá ser concedida mediante requerimento protocolado na Autoridade Central Federal Brasileira nos 60 (sessenta) dias anteriores ao término do respectivo prazo de validade.

§ 8º Antes de transitada em julgado a decisão que concedeu a adoção internacional, não será permitida a saída do adotando do território nacional.

§ 9º Transitada em julgado a decisão, a autoridade judiciária determinará a expedição de alvará com autorização de viagem, bem como para obtenção de passaporte, constando, obrigatoriamente, as características da criança ou adolescente adotado, como idade, cor, sexo, eventuais sinais ou traços peculiares, assim como foto recente e a aposição da impressão digital do seu polegar direito, instruindo o documento com cópia autenticada da decisão e certidão de trânsito em julgado.

§ 10. A Autoridade Central Federal Brasileira poderá, a qualquer momento, solicitar informações sobre a situação das crianças e adolescentes adotados.

§ 11. A cobrança de valores por parte dos organismos credenciados, que sejam considerados abusivos pela Autoridade Central Federal Brasileira e que não estejam devidamente comprovados, é causa de seu descredenciamento.

§ 12. Uma mesma pessoa ou seu cônjuge não podem ser representados por mais de uma entidade credenciada para atuar na cooperação em adoção internacional.

§ 13. A habilitação de postulante estrangeiro ou domiciliado fora do Brasil terá validade máxima de 1 (um) ano, podendo ser renovada.

§ 14. É vedado o contato direto de representantes de organismos de adoção, nacionais ou estrangeiros, com dirigentes de programas de acolhimento institucional ou familiar, assim como com crianças e adolescentes em condições de serem adotados, sem a devida autorização judicial.

§ 15. A Autoridade Central Federal Brasileira poderá limitar ou suspender a concessão de novos credenciamentos sempre que julgar necessário, mediante ato administrativo fundamentado.

▶ §§ 1º a 15 acrescidos pela Lei nº 12.010, de 3-8-2009.

**Art. 52-A.** É vedado, sob pena de responsabilidade e descredenciamento, o repasse de recursos provenientes de organismos estrangeiros encarregados de intermediar pedidos de adoção internacional a organismos nacionais ou a pessoas físicas.

Parágrafo único. Eventuais repasses somente poderão ser efetuados via Fundo dos Direitos da Criança e do Adolescente e estarão sujeitos às deliberações do respectivo Conselho de Direitos da Criança e do Adolescente.

**Art. 52-B.** A adoção por brasileiro residente no exterior em país ratificante da Convenção de Haia, cujo processo de adoção tenha sido processado em conformidade com a legislação vigente no país de residência e atendido o disposto na alínea c do artigo 17 da referida Convenção, será automaticamente recepcionada com o reingresso no Brasil.

§ 1º Caso não tenha sido atendido o disposto na alínea c do artigo 17 da Convenção de Haia, deverá a sentença ser homologada pelo Superior Tribunal de Justiça.

§ 2º O pretendente brasileiro residente no exterior em país não ratificante da Convenção de Haia, uma vez reingressado no Brasil, deverá requerer a homologação da sentença estrangeira pelo Superior Tribunal de Justiça.

**Art. 52-C.** Nas adoções internacionais, quando o Brasil for o país de acolhida, a decisão da autoridade competente do país de origem da criança ou do adolescente será conhecida pela Autoridade Central Estadual que tiver processado o pedido de habilitação dos pais adotivos, que comunicará o fato à Autoridade Central Federal e determinará as providências necessárias à expedição do Certificado de Naturalização Provisório.

§ 1º A Autoridade Central Estadual, ouvido o Ministério Público, somente deixará de reconhecer os efeitos daquela decisão se restar demonstrado que a adoção é manifestamente contrária à ordem pública ou não atende ao interesse superior da criança ou do adolescente.

§ 2º Na hipótese de não reconhecimento da adoção, prevista no § 1º deste artigo, o Ministério Público deverá imediatamente requerer o que for de direito para resguardar os interesses da criança ou do adolescente, comunicando-se as providências à Autoridade Central Estadual, que fará a comunicação à Autoridade Central Federal Brasileira e à Autoridade Central do país de origem.

**Art. 52-D.** Nas adoções internacionais, quando o Brasil for o país de acolhida e a adoção não tenha sido deferida no país de origem porque a sua legislação a delega ao país de acolhida, ou, ainda, na hipótese de, mesmo com decisão, a criança ou o adolescente ser oriundo de país que não tenha aderido à Convenção referida, o processo de adoção seguirá as regras da adoção nacional.

▶ Arts. 52-A a 52-D acrescidos pela Lei nº 12.010, de 3-8-2009.

## CAPÍTULO IV
### DO DIREITO À EDUCAÇÃO, À CULTURA, AO ESPORTE E AO LAZER

▶ Arts. 205 a 217 da CF.

**Art. 53.** A criança e o adolescente têm direito à educação, visando ao pleno desenvolvimento de sua pessoa, preparo para o exercício da cidadania e qualificação para o trabalho, assegurando-se-lhes:

I – igualdade de condições para o acesso e permanência na escola;
II – direito de ser respeitado por seus educadores;
III – direito de contestar critérios avaliativos, podendo recorrer às instâncias escolares superiores;
IV – direito de organização e participação em entidades estudantis;
V – acesso a escola pública e gratuita próxima de sua residência.

Parágrafo único. É direito dos pais ou responsáveis ter ciência do processo pedagógico, bem como participar da definição das propostas educacionais.

**Art. 54.** É dever do Estado assegurar à criança e ao adolescente:

I – ensino fundamental, obrigatório e gratuito, inclusive para os que a ele não tiveram acesso na idade própria;
II – progressiva extensão da obrigatoriedade e gratuidade ao ensino médio;
III – atendimento educacional especializado aos portadores de deficiência, preferencialmente na rede regular de ensino;
IV – atendimento em creche e pré-escola às crianças de zero a seis anos de idade;

▶ Art. 7º, XXV, da CF.

V – acesso aos níveis mais elevados do ensino, da pesquisa e da criação artística, segundo a capacidade de cada um;
VI – oferta de ensino noturno regular, adequado às condições do adolescente trabalhador;
VII – atendimento no ensino fundamental, através de programas suplementares de material didático-escolar, transporte, alimentação e assistência à saúde.

§ 1º O acesso ao ensino obrigatório e gratuito é direito público subjetivo.

§ 2º O não oferecimento do ensino obrigatório pelo Poder Público ou sua oferta irregular importa responsabilidade da autoridade competente.

§ 3º Compete ao Poder Público recensear os educandos no ensino fundamental, fazer-lhes a chamada e zelar, junto aos pais ou responsável, pela frequência à escola.

**Art. 55.** Os pais ou responsável têm a obrigação de matricular seus filhos ou pupilos na rede regular de ensino.

**Art. 56.** Os dirigentes de estabelecimentos de ensino fundamental comunicarão ao Conselho Tutelar os casos de:

I – maus-tratos envolvendo seus alunos;

▶ Art. 136 do CP.

II – reiteração de faltas injustificadas e de evasão escolar, esgotados os recursos escolares;
III – elevados níveis de repetência.

**Art. 57.** O Poder Público estimulará pesquisas, experiências e novas propostas relativas a calendário, seriação, currículo, metodologia, didática e avaliação, com vistas à inserção de crianças e adolescentes excluídos do ensino fundamental obrigatório.

**Art. 58.** No processo educacional respeitar-se-ão os valores culturais, artísticos e históricos próprios do contexto social da criança e do adolescente, garantindo-se a estes a liberdade de criação e o acesso às fontes de cultura.

**Art. 59.** Os Municípios, com apoio dos Estados e da União, estimularão e facilitarão a destinação de recursos e espaços para programações culturais, esportivas e de lazer voltadas para a infância e a juventude.

## CAPÍTULO V
### DO DIREITO À PROFISSIONALIZAÇÃO E À PROTEÇÃO NO TRABALHO

**Art. 60.** É proibido qualquer trabalho a menores de quatorze anos de idade, salvo na condição de aprendiz.

▶ Arts. 7º, XXXIII, e 227, § 3º, I, da CF.
▶ Dec. nº 5.598, de 1º-12-2005, regulamenta a contratação de aprendizes.

**Art. 61.** A proteção ao trabalho dos adolescentes é regulada por legislação especial, sem prejuízo do disposto nesta Lei.

**Art. 62.** Considera-se aprendizagem a formação técnico-profissional ministrada segundo as diretrizes e bases da legislação de educação em vigor.

▶ Súm. nº 205 do STF.

**Art. 63.** A formação técnico-profissional obedecerá aos seguintes princípios:

I – garantia de acesso e frequência obrigatória ao ensino regular;
II – atividade compatível com o desenvolvimento do adolescente;
III – horário especial para o exercício das atividades.

**Art. 64.** Ao adolescente até quatorze anos de idade é assegurada bolsa de aprendizagem.

**Art. 65.** Ao adolescente aprendiz, maior de quatorze anos, são assegurados os direitos trabalhistas e previdenciários.

**Art. 66.** Ao adolescente portador de deficiência é assegurado trabalho protegido.

▶ Art. 227, § 1º, II, da CF.

**Art. 67.** Ao adolescente empregado, aprendiz, em regime familiar de trabalho, aluno de escola técnica, assistido em entidade governamental ou não governamental, é vedado trabalho:

I – noturno, realizado entre as vinte e duas horas de um dia e as cinco horas do dia seguinte;
II – perigoso, insalubre ou penoso;
III – realizado em locais prejudiciais à sua formação e ao seu desenvolvimento físico, psíquico, moral e social;
IV – realizado em horários e locais que não permitam a frequência à escola.

**Art. 68.** O programa social que tenha por base o trabalho educativo, sob responsabilidade de entidade governamental ou não governamental sem fins lucrativos, deverá assegurar ao adolescente que dele participe condições de capacitação para o exercício de atividade regular remunerada.

§ 1º Entende-se por trabalho educativo a atividade laboral em que as exigências pedagógicas relativas ao desenvolvimento pessoal e social do educando prevalecem sobre o aspecto produtivo.

▶ Art. 3º, § 5º, da Lei nº 11.180, de 23-9-2005, que institui o projeto escola de fábrica, autoriza a concessão de bolsas de permanência a estudantes beneficiários do programa Universidade Para Todos – PROUNI e institui o Programa de Educação Tutorial – PET.

§ 2º A remuneração que o adolescente recebe pelo trabalho efetuado ou a participação na venda dos produtos de seu trabalho não desfigura o caráter educativo.

**Art. 69.** O adolescente tem direito à profissionalização e à proteção no trabalho, observados os seguintes aspectos, entre outros:

I – respeito à condição peculiar de pessoa em desenvolvimento;
II – capacitação profissional adequada ao mercado de trabalho.

## TÍTULO III – DA PREVENÇÃO

CAPÍTULO I

### DISPOSIÇÕES GERAIS

**Art. 70.** É dever de todos prevenir a ocorrência de ameaça ou violação dos direitos da criança e do adolescente.

**Art. 71.** A criança e o adolescente têm direito a informação, cultura, lazer, esportes, diversões, espetáculos e produtos e serviços que respeitem sua condição peculiar de pessoa em desenvolvimento.

**Art. 72.** As obrigações previstas nesta lei não excluem da prevenção especial outras decorrentes dos princípios por ela adotados.

**Art. 73.** A inobservância das normas de prevenção importará em responsabilidade da pessoa física ou jurídica, nos termos desta Lei.

CAPÍTULO II

### DA PREVENÇÃO ESPECIAL

SEÇÃO I

### DA INFORMAÇÃO, CULTURA, LAZER, ESPORTES, DIVERSÕES E ESPETÁCULOS

**Art. 74.** O Poder Público, através do órgão competente, regulará as diversões e espetáculos públicos, informando sobre a natureza deles, as faixas etárias a que não se recomendem, locais e horários em que sua apresentação se mostre inadequada.

Parágrafo único. Os responsáveis pelas diversões e espetáculos públicos deverão afixar, em lugar visível e de fácil acesso, à entrada do local de exibição, informação destacada sobre a natureza do espetáculo e a faixa etária especificada no certificado de classificação.

**Art. 75.** Toda criança ou adolescente terá acesso às diversões e espetáculos públicos classificados como adequados à sua faixa etária.

Parágrafo único. As crianças menores de dez anos somente poderão ingressar e permanecer nos locais de apresentação ou exibição quando acompanhadas dos pais ou responsável.

**Art. 76.** As emissoras de rádio e televisão somente exibirão, no horário recomendado para o público infanto-juvenil, programas com finalidades educativas, artísticas, culturais e informativas.

Parágrafo único. Nenhum espetáculo será apresentado ou anunciado sem aviso de sua classificação, antes de sua transmissão, apresentação ou exibição.

**Art. 77.** Os proprietários, diretores, gerentes e funcionários de empresas que explorem a venda ou aluguel de fitas de programação em vídeo cuidarão para que não haja venda ou locação em desacordo com a classificação atribuída pelo órgão competente.

Parágrafo único. As fitas a que alude este artigo deverão exibir, no invólucro, informação sobre a natureza da obra e a faixa etária a que se destinam.

**Art. 78.** As revistas e publicações contendo material impróprio ou inadequado a crianças e adolescentes deverão ser comercializadas em embalagem lacrada, com a advertência de seu conteúdo.

Parágrafo único. As editoras cuidarão para que as capas que contenham mensagens pornográficas ou obscenas sejam protegidas com embalagem opaca.

**Art. 79.** As revistas e publicações destinadas ao público infanto-juvenil não poderão conter ilustrações, fotografias, legendas, crônicas ou anúncios de bebidas alcoólicas, tabaco, armas e munições, e deverão respeitar os valores éticos e sociais da pessoa e da família.

**Art. 80.** Os responsáveis por estabelecimentos que explorem comercialmente bilhar, sinuca ou congênere ou por casas de jogos, assim entendidas as que realizem apostas, ainda que eventualmente, cuidarão para que não seja permitida a entrada e a permanência de crianças e adolescentes no local, afixando aviso para orientação do público.

SEÇÃO II

### DOS PRODUTOS E SERVIÇOS

**Art. 81.** É proibida a venda à criança ou ao adolescente de:

I – armas, munições e explosivos;
II – bebidas alcoólicas;
▶ Art. 63 da LCP.

III – produtos cujos componentes possam causar dependência física ou psíquica ainda que por utilização indevida;

IV – fogos de estampido e de artifício, exceto aqueles que pelo seu reduzido potencial sejam incapazes de provocar qualquer dano físico em caso de utilização indevida;
V – revistas e publicações a que alude o artigo 78;
VI – bilhetes lotéricos e equivalentes.

**Art. 82.** É proibida a hospedagem de criança ou adolescente em hotel, motel, pensão ou estabelecimento congênere, salvo se autorizado ou acompanhado pelos pais ou responsável.

SEÇÃO III

## DA AUTORIZAÇÃO PARA VIAJAR

**Art. 83.** Nenhuma criança poderá viajar para fora da comarca onde reside, desacompanhada dos pais ou responsável, sem expressa autorização judicial.

§ 1º A autorização não será exigida quando:
a) tratar-se de comarca contígua à da residência da criança, se na mesma unidade da Federação, ou incluída na mesma região metropolitana;
b) a criança estiver acompanhada:
1 – de ascendente ou colateral maior, até o terceiro grau, comprovado documentalmente o parentesco;
2 – de pessoa maior, expressamente autorizada pelo pai, mãe ou responsável.

§ 2º A autoridade judiciária poderá, a pedido dos pais ou responsável, conceder autorização válida por dois anos.

**Art. 84.** Quando se tratar de viagem ao exterior, a autorização é dispensável, se a criança ou adolescente:
I – estiver acompanhado de ambos os pais ou responsável;
II – viajar na companhia de um dos pais, autorizado expressamente pelo outro através de documento com firma reconhecida.

**Art. 85.** Sem prévia e expressa autorização judicial, nenhuma criança ou adolescente nascido em território nacional poderá sair do País em companhia de estrangeiro residente ou domiciliado no exterior.

LIVRO II

PARTE ESPECIAL

TÍTULO I – DA POLÍTICA DE ATENDIMENTO

CAPÍTULO I

### DISPOSIÇÕES GERAIS

**Art. 86.** A política de atendimento dos direitos da criança e do adolescente far-se-á através de um conjunto articulado de ações governamentais e não governamentais, da União, dos Estados, do Distrito Federal e dos Municípios.

**Art. 87.** São linhas de ação da política de atendimento:
I – políticas sociais básicas;
II – políticas e programas de assistência social, em caráter supletivo, para aqueles que deles necessitem;
III – serviços especiais de prevenção e atendimento médico e psicossocial às vítimas de negligência, maus-tratos, exploração, abuso, crueldade e opressão;
IV – serviço de identificação e localização de pais, responsável, crianças e adolescentes desaparecidos;
V – proteção jurídico-social por entidades de defesa dos direitos da criança e do adolescente;
VI – políticas e programas destinados a prevenir ou abreviar o período de afastamento do convívio familiar e a garantir o efetivo exercício do direito à convivência familiar de crianças e adolescentes;
VII – campanhas de estímulo ao acolhimento sob forma de guarda de crianças e adolescentes afastados do convívio familiar e à adoção, especificamente inter-racial, de crianças maiores ou de adolescentes, com necessidades específicas de saúde ou com deficiências e de grupos de irmãos.

▶ Incisos VI e VII acrescidos pela Lei nº 12.010, de 3-8-2009.

**Art. 88.** São diretrizes da política de atendimento:
I – municipalização do atendimento;
II – criação de conselhos municipais, estaduais e nacional dos direitos da criança e do adolescente, órgãos deliberativos e controladores das ações em todos os níveis, assegurada a participação popular paritária por meio de organizações representativas, segundo leis federal, estaduais e municipais;
III – criação e manutenção de programas específicos, observada a descentralização político-administrativa;
IV – manutenção de fundos nacional, estaduais e municipais vinculados aos respectivos conselhos dos direitos da criança e do adolescente;
V – integração operacional de órgãos do Judiciário, Ministério Público, Defensoria, Segurança Pública e Assistência Social, preferencialmente em um mesmo local, para efeito de agilização do atendimento inicial a adolescente a quem se atribua autoria de ato infracional;
VI – integração operacional de órgãos do Judiciário, Ministério Público, Defensoria, Conselho Tutelar e encarregados da execução das políticas sociais básicas e de assistência social, para efeito de agilização do atendimento de crianças e de adolescentes inseridos em programas de acolhimento familiar ou institucional, com vista na sua rápida reintegração à família de origem ou, se tal solução se mostrar comprovadamente inviável, sua colocação em família substituta, em quaisquer das modalidades previstas no art. 28 desta Lei;

▶ Inciso VI com a redação dada pela Lei nº 12.010, de 3-8-2009.

VII – mobilização da opinião pública para a indispensável participação dos diversos segmentos da sociedade.

▶ Inciso VII acrescido pela Lei nº 12.010, de 3-8-2009.

**Art. 89.** A função de membro do Conselho Nacional e dos conselhos estaduais e municipais dos direitos da criança e do adolescente é considerada de interesse público relevante e não será remunerada.

CAPÍTULO II

### DAS ENTIDADES DE ATENDIMENTO

SEÇÃO I

### DISPOSIÇÕES GERAIS

**Art. 90.** As entidades de atendimento são responsáveis pela manutenção das próprias unidades, assim como pelo planejamento e execução de programas de proteção e socioeducativos destinados a crianças e adolescentes, em regime de:

I – orientação e apoio sócio-familiar;
II – apoio socioeducativo em meio aberto;
III – colocação familiar;
IV – acolhimento institucional;

▶ Inciso IV com a redação dada pela Lei nº 12.010, de 3-8-2009.

V – liberdade assistida;
VI – semiliberdade;
VII – internação.

§ 1º As entidades governamentais e não governamentais deverão proceder à inscrição de seus programas, especificando os regimes de atendimento, na forma definida neste artigo, no Conselho Municipal dos Direitos da Criança e do Adolescente, o qual manterá registro das inscrições e de suas alterações, do que fará comunicação ao Conselho Tutelar e à autoridade judiciária.

▶ Parágrafo único transformado em § 1º e com a redação dada pela Lei nº 12.010, de 3-8-2009.

§ 2º Os recursos destinados à implementação e manutenção dos programas relacionados neste artigo serão previstos nas dotações orçamentárias dos órgãos públicos encarregados das áreas de Educação, Saúde e Assistência Social, dentre outros, observando-se o princípio da prioridade absoluta à criança e ao adolescente preconizado pelo *caput* do art. 227 da Constituição Federal e pelo *caput* e parágrafo único do art. 4º desta Lei.

§ 3º Os programas em execução serão reavaliados pelo Conselho Municipal dos Direitos da Criança e do Adolescente, no máximo, a cada 2 (dois) anos, constituindo-se critérios para renovação da autorização de funcionamento:

I – o efetivo respeito às regras e princípios desta Lei, bem como às resoluções relativas à modalidade de atendimento prestado expedidas pelos Conselhos de Direitos da Criança e do Adolescente, em todos os níveis;
II – a qualidade e eficiência do trabalho desenvolvido, atestadas pelo Conselho Tutelar, pelo Ministério Público e pela Justiça da Infância e da Juventude;
III – em se tratando de programas de acolhimento institucional ou familiar, serão considerados os índices de sucesso na reintegração familiar ou de adaptação à família substituta, conforme o caso.

▶ §§ 2º e 3º acrescidos pela Lei nº 12.010, de 3-8-2009.

**Art. 91.** As entidades não governamentais somente poderão funcionar depois de registradas no Conselho Municipal dos Direitos da Criança e do Adolescente, o qual comunicará o registro ao Conselho Tutelar e à autoridade judiciária da respectiva localidade.

§ 1º Será negado o registro à entidade que:

▶ Parágrafo único transformado em § 1º pela Lei nº 12.010, de 3-8-2009.

a) não ofereça instalações físicas em condições adequadas de habitabilidade, higiene, salubridade e segurança;
b) não apresente plano de trabalho compatível com os princípios desta Lei;

c) esteja irregularmente constituída;
d) tenha em seus quadros pessoas inidôneas;
e) não se adequar ou deixar de cumprir as resoluções e deliberações relativas à modalidade de atendimento prestado expedidas pelos Conselhos de Direitos da Criança e do Adolescente, em todos os níveis.

▶ Alínea e acrescida pela Lei nº 12.010, de 3-8-2009.

§ 2º O registro terá validade máxima de 4 (quatro) anos, cabendo ao Conselho Municipal dos Direitos da Criança e do Adolescente, periodicamente, reavaliar o cabimento de sua renovação, observado o disposto no § 1º deste artigo.

▶ § 2º acrescido pela Lei nº 12.010, de 3-8-2009.

**Art. 92.** As entidades que desenvolvam programas de acolhimento familiar ou institucional deverão adotar os seguintes princípios:

▶ *Caput* com a redação dada pela Lei nº 12.010, de 3-8-2009.

I – preservação dos vínculos familiares e promoção da reintegração familiar;
II – integração em família substituta, quando esgotados os recursos de manutenção na família natural ou extensa;

▶ Incisos I e II com a redação dada pela Lei nº 12.010, de 3-8-2009.

III – atendimento personalizado e em pequenos grupos;
IV – desenvolvimento de atividades em regime de coeducação;
V – não desmembramento de grupos de irmãos;
VI – evitar, sempre que possível, a transferência para outras entidades de crianças e adolescentes abrigados;
VII – participação na vida da comunidade local;
VIII – preparação gradativa para o desligamento;
IX – participação de pessoas da comunidade no processo educativo.

§ 1º O dirigente de entidade que desenvolve programa de acolhimento institucional é equiparado ao guardião, para todos os efeitos de direito.

▶ Parágrafo único transformado em § 1º e com a redação dada pela Lei nº 12.010, de 3-8-2009.

§ 2º Os dirigentes de entidades que desenvolvem programas de acolhimento familiar ou institucional remeterão à autoridade judiciária, no máximo a cada 6 (seis) meses, relatório circunstanciado acerca da situação de cada criança ou adolescente acolhido e sua família, para fins da reavaliação prevista no § 1º do art. 19 desta Lei.

§ 3º Os entes federados, por intermédio dos Poderes Executivo e Judiciário, promoverão conjuntamente a permanente qualificação dos profissionais que atuam direta ou indiretamente em programas de acolhimento institucional e destinados à colocação familiar de crianças e adolescentes, incluindo membros do Poder Judiciário, Ministério Público e Conselho Tutelar.

§ 4º Salvo determinação em contrário da autoridade judiciária competente, as entidades que desenvolvem programas de acolhimento familiar ou institucional, se necessário com o auxílio do Conselho Tutelar e dos órgãos de assistência social, estimularão o contato da criança ou adolescente com seus pais e parentes, em cumprimento ao disposto nos incisos I e VIII do *caput* deste artigo.

§ 5º As entidades que desenvolvem programas de acolhimento familiar ou institucional somente poderão receber recursos públicos se comprovado o atendimento dos princípios, exigências e finalidades desta Lei.

§ 6º O descumprimento das disposições desta Lei pelo dirigente de entidade que desenvolva programas de acolhimento familiar ou institucional é causa de sua destituição, sem prejuízo da apuração de sua responsabilidade administrativa, civil e criminal.

▶ §§ 2º a 6º acrescidos pela Lei nº 12.010, de 3-8-2009.

**Art. 93.** As entidades que mantenham programa de acolhimento institucional poderão, em caráter excepcional e de urgência, acolher crianças e adolescentes sem prévia determinação da autoridade competente, fazendo comunicação do fato em até 24 (vinte e quatro) horas ao Juiz da Infância e da Juventude, sob pena de responsabilidade.

▶ *Caput* com a redação dada pela Lei nº 12.010, de 3-8-2009.

Parágrafo único. Recebida a comunicação, a autoridade judiciária, ouvido o Ministério Público e se necessário com o apoio do Conselho Tutelar local, tomará as medidas necessárias para promover a imediata reintegração familiar da criança ou do adolescente ou, se por qualquer razão não for isso possível ou recomendável, para seu encaminhamento a programa de acolhimento familiar, institucional ou a família substituta, observado o disposto no § 2º do art. 101 desta Lei.

▶ Parágrafo único acrescido pela Lei nº 12.010, de 3-8-2009.

**Art. 94.** As entidades que desenvolvem programas de internação têm as seguintes obrigações, entre outras:

I – observar os direitos e garantias de que são titulares os adolescentes;
II – não restringir nenhum direito que não tenha sido objeto de restrição na decisão de internação;
III – oferecer atendimento personalizado, em pequenas unidades e grupos reduzidos;
IV – preservar a identidade e oferecer ambiente de respeito e dignidade ao adolescente;
V – diligenciar no sentido do restabelecimento e da preservação dos vínculos familiares;
VI – comunicar à autoridade judiciária, periodicamente, os casos em que se mostre inviável ou impossível o reatamento dos vínculos familiares;
VII – oferecer instalações físicas em condições adequadas de habitabilidade, higiene, salubridade e segurança e os objetos necessários à higiene pessoal;
VIII – oferecer vestuário e alimentação suficientes e adequados à faixa etária dos adolescentes atendidos;
IX – oferecer cuidados médicos, psicológicos, odontológicos e farmacêuticos;
X – propiciar escolarização e profissionalização;
XI – propiciar atividades culturais, esportivas e de lazer;
XII – propiciar assistência religiosa àqueles que desejarem, de acordo com suas crenças;

▶ Art. 5º, VI e VII, da CF.

XIII – proceder a estudo social e pessoal de cada caso;
XIV – reavaliar periodicamente cada caso, com intervalo máximo de seis meses, dando ciência dos resultados à autoridade competente;
XV – informar, periodicamente, o adolescente internado sobre sua situação processual;
XVI – comunicar às autoridades competentes todos os casos de adolescentes portadores de moléstias infecto-contagiosas;

▶ Art. 269 do CP.

XVII – fornecer comprovante de depósito dos pertences dos adolescentes;
XVIII – manter programas destinados ao apoio e acompanhamento de egressos;
XIX – providenciar os documentos necessários ao exercício da cidadania àqueles que não os tiverem;
XX – manter arquivos de anotações onde constem data e circunstâncias do atendimento, nome do adolescente, seus pais ou responsável, parentes, endereços, sexo, idade, acompanhamento da sua formação, relação de seus pertences e demais dados que possibilitem sua identificação e a individualização do atendimento.

§ 1º Aplicam-se, no que couber, as obrigações constantes deste artigo às entidades que mantêm programas de acolhimento institucional e familiar.

▶ § 1º com a redação dada pela Lei nº 12.010, de 3-8-2009.

§ 2º No cumprimento das obrigações a que alude este artigo as entidades utilizarão preferencialmente os recursos da comunidade.

*Seção II*

## DA FISCALIZAÇÃO DAS ENTIDADES

▶ Res. do CNJ nº 77, de 26-5-2009, dispõe sobre a inspeção nos estabelecimentos e entidades de atendimento ao adolescente e sobre a implantação do cadastro nacional de adolescentes em conflito com a lei.

**Art. 95.** As entidades governamentais e não governamentais, referidas no artigo 90, serão fiscalizadas pelo Judiciário, pelo Ministério Público e pelos Conselhos Tutelares.

**Art. 96.** Os planos de aplicação e as prestações de contas serão apresentados ao Estado ou ao Município, conforme a origem das dotações orçamentárias.

**Art. 97.** São medidas aplicáveis às entidades de atendimento que descumprirem obrigação constante do artigo 94, sem prejuízo da responsabilidade civil e criminal de seus dirigentes ou prepostos:

I – às entidades governamentais:

a) advertência;
b) afastamento provisório de seus dirigentes;
c) afastamento definitivo de seus dirigentes;
d) fechamento de unidade ou interdição de programa;

II – às entidades não governamentais:

a) advertência;
b) suspensão total ou parcial do repasse de verbas públicas;
c) interdição de unidades ou suspensão de programa;
d) cassação do registro.

§ 1º Em caso de reiteradas infrações cometidas por entidades de atendimento, que coloquem em risco os direitos assegurados nesta Lei, deverá ser o fato comunicado ao Ministério Público ou representado perante autoridade judiciária competente para as providências cabíveis, inclusive suspensão das atividades ou dissolução da entidade.

▶ Parágrafo único transformado em § 1º com a redação dada pela Lei nº 12.010, de 3-8-2009.

§ 2º As pessoas jurídicas de direito público e as organizações não governamentais responderão pelos danos que seus agentes causarem às crianças e aos adolescentes, caracterizado o descumprimento dos princípios norteadores das atividades de proteção específica.

▶ § 2º acrescido pela Lei nº 12.010, de 3-8-2009.

## TÍTULO II – DAS MEDIDAS DE PROTEÇÃO

### Capítulo I
### DISPOSIÇÕES GERAIS

**Art. 98.** As medidas de proteção à criança e ao adolescente são aplicáveis sempre que os direitos reconhecidos nesta Lei forem ameaçados ou violados:

I – por ação ou omissão da sociedade ou do Estado;

▶ Arts. 4º, 8º, 11, 14, 54, 70, 86 a 88, 125 e 208 desta Lei.

II – por falta, omissão ou abuso dos pais ou responsável;

▶ Arts. 4º, 14, parágrafo único, 22, 55, 70, 103, 128 e 129 desta Lei.

III – em razão de sua conduta.

### Capítulo II
### DAS MEDIDAS ESPECÍFICAS DE PROTEÇÃO

**Art. 99.** As medidas previstas neste Capítulo poderão ser aplicadas isolada ou cumulativamente, bem como substituídas a qualquer tempo.

▶ Art. 113 desta Lei.

**Art. 100.** Na aplicação das medidas levar-se-ão em conta as necessidades pedagógicas, preferindo-se aquelas que visem ao fortalecimento dos vínculos familiares e comunitários.

▶ Arts. 19 e 113 desta Lei.

Parágrafo único. São também princípios que regem a aplicação das medidas:

I – condição da criança e do adolescente como sujeitos de direitos: crianças e adolescentes são os titulares dos direitos previstos nesta e em outras Leis, bem como na Constituição Federal;

II – proteção integral e prioritária: a interpretação e aplicação de toda e qualquer norma contida nesta Lei deve ser voltada à proteção integral e prioritária dos direitos de que crianças e adolescentes são titulares;

III – responsabilidade primária e solidária do poder público: a plena efetivação dos direitos assegurados a crianças e a adolescentes por esta Lei e pela Constituição Federal, salvo nos casos por esta expressamente ressalvados, é de responsabilidade primária e solidária das três esferas de governo, sem prejuízo da municipalização do atendimento e da possibilidade da execução de programas por entidades não governamentais;

IV – interesse superior da criança e do adolescente: a intervenção deve atender prioritariamente aos interesses e direitos da criança e do adolescente, sem prejuízo da consideração que for devida a outros interesses legítimos no âmbito da pluralidade dos interesses presentes no caso concreto;

V – privacidade: a promoção dos direitos e proteção da criança e do adolescente deve ser efetuada no respeito pela intimidade, direito à imagem e reserva de sua vida privada;

VI – intervenção precoce: a intervenção das autoridades competentes deve ser efetuada logo que a situação de perigo seja conhecida;

VII – intervenção mínima: a intervenção deve ser exercida exclusivamente pelas autoridades e instituições cuja ação seja indispensável à efetiva promoção dos direitos e à proteção da criança e do adolescente;

VIII – proporcionalidade e atualidade: a intervenção deve ser a necessária e adequada à situação de perigo em que a criança ou o adolescente se encontram no momento em que a decisão é tomada;

IX – responsabilidade parental: a intervenção deve ser efetuada de modo que os pais assumam os seus deveres para com a criança e o adolescente;

X – prevalência da família: na promoção de direitos e na proteção da criança e do adolescente deve ser dada prevalência às medidas que os mantenham ou reintegrem na sua família natural ou extensa ou, se isto não for possível, que promovam a sua integração em família substituta;

XI – obrigatoriedade da informação: a criança e o adolescente, respeitado seu estágio de desenvolvimento e capacidade de compreensão, seus pais ou responsável devem ser informados dos seus direitos, dos motivos que determinaram a intervenção e da forma como esta se processa;

XII – oitiva obrigatória e participação: a criança e o adolescente, em separado ou na companhia dos pais, de responsável ou de pessoa por si indicada, bem como os seus pais ou responsável, têm direito a ser ouvidos e a participar nos atos e na definição da medida de promoção dos direitos e de proteção, sendo sua opinião devidamente considerada pela autoridade judiciária competente, observado o disposto nos §§ 1º e 2º do art. 28 desta Lei.

▶ Parágrafo único acrescido pela Lei nº 12.010, de 3-8-2009.

**Art. 101.** Verificada qualquer das hipóteses previstas no artigo 98, a autoridade competente poderá determinar, dentre outras, as seguintes medidas:

▶ Arts. 105, 112, VII, e 136, I e VI, desta Lei.

I – encaminhamento aos pais ou responsável, mediante termo de responsabilidade;

II – orientação, apoio e acompanhamento temporários;

▶ Art. 129, IV, desta Lei.

III – matrícula e frequência obrigatórias em estabelecimento oficial de ensino fundamental;

▶ Arts. 54, 55, 129, V, e 208, I, desta Lei.

IV – inclusão em programa comunitário ou oficial de auxílio à família, à criança e ao adolescente;

▶ Arts. 23, parágrafo único, e 129, I, desta Lei.

V – requisição de tratamento médico, psicológico ou psiquiátrico, em regime hospitalar ou ambulatorial;

▶ Art. 129, III e VI, desta Lei.

VI – inclusão em programa oficial ou comunitário de auxílio, orientação e tratamento a alcoólatras e toxicômanos;
▶ Art. 129, III e VI, desta Lei.
VII – acolhimento institucional;
▶ Art. 90, IV, desta Lei.
VIII – inclusão em programa de acolhimento familiar;
▶ Incisos VII e VIII com a redação dada pela Lei nº 12.010, de 3-8-2009.
IX – colocação em família substituta.
▶ Inciso IX acrescido pela Lei nº 12.010, de 3-8-2009.
▶ Arts. 28 a 52-D e 165 a 170 desta Lei.

§ 1º O acolhimento institucional e o acolhimento familiar são medidas provisórias e excepcionais, utilizáveis como forma de transição para reintegração familiar ou, não sendo esta possível, para colocação em família substituta, não implicando privação de liberdade.
▶ Parágrafo único transformado em § 1º e com a redação dada pela Lei nº 12.010, de 3-8-2009.

§ 2º Sem prejuízo da tomada de medidas emergenciais para proteção de vítimas de violência ou abuso sexual e das providências a que alude o art. 130 desta Lei, o afastamento da criança ou adolescente do convívio familiar é de competência exclusiva da autoridade judiciária e importará na deflagração, a pedido do Ministério Público ou de quem tenha legítimo interesse, de procedimento judicial contencioso, no qual se garanta aos pais ou ao responsável legal o exercício do contraditório e da ampla defesa.

§ 3º Crianças e adolescentes somente poderão ser encaminhados às instituições que executam programas de acolhimento institucional, governamentais ou não, por meio de uma Guia de Acolhimento, expedida pela autoridade judiciária, na qual obrigatoriamente constará, dentre outros:
I – sua identificação e a qualificação completa de seus pais ou de seu responsável, se conhecidos;
II – o endereço de residência dos pais ou do responsável, com pontos de referência;
III – os nomes de parentes ou de terceiros interessados em tê-los sob sua guarda;
IV – os motivos da retirada ou da não reintegração ao convívio familiar.

§ 4º Imediatamente após o acolhimento da criança ou do adolescente, a entidade responsável pelo programa de acolhimento institucional ou familiar elaborará um plano individual de atendimento, visando à reintegração familiar, ressalvada a existência de ordem escrita e fundamentada em contrário de autoridade judiciária competente, caso em que também deverá contemplar sua colocação em família substituta, observadas as regras e princípios desta Lei.

§ 5º O plano individual será elaborado sob a responsabilidade da equipe técnica do respectivo programa de atendimento e levará em consideração a opinião da criança ou do adolescente e a oitiva dos pais ou do responsável.

§ 6º Constarão do plano individual, dentre outros:
I – os resultados da avaliação interdisciplinar;

II – os compromissos assumidos pelos pais ou responsável; e
III – a previsão das atividades a serem desenvolvidas com a criança ou com o adolescente acolhido e seus pais ou responsável, com vista na reintegração familiar ou, caso seja esta vedada por expressa e fundamentada determinação judicial, as providências a serem tomadas para sua colocação em família substituta, sob direta supervisão da autoridade judiciária.

§ 7º O acolhimento familiar ou institucional ocorrerá no local mais próximo à residência dos pais ou do responsável e, como parte do processo de reintegração familiar, sempre que identificada a necessidade, a família de origem será incluída em programas oficiais de orientação, de apoio e de promoção social, sendo facilitado e estimulado o contato com a criança ou com o adolescente acolhido.

§ 8º Verificada a possibilidade de reintegração familiar, o responsável pelo programa de acolhimento familiar ou institucional fará imediata comunicação à autoridade judiciária, que dará vista ao Ministério Público, pelo prazo de 5 (cinco) dias, decidindo em igual prazo.

§ 9º Em sendo constatada a impossibilidade de reintegração da criança ou do adolescente à família de origem, após seu encaminhamento a programas oficiais ou comunitários de orientação, apoio e promoção social, será enviado relatório fundamentado ao Ministério Público, no qual conste a descrição pormenorizada das providências tomadas e a expressa recomendação, subscrita pelos técnicos da entidade ou responsáveis pela execução da política municipal de garantia do direito à convivência familiar, para a destituição do poder familiar, ou destituição de tutela ou guarda.

§ 10. Recebido o relatório, o Ministério Público terá o prazo de 30 (trinta) dias para o ingresso com a ação de destituição do poder familiar, salvo se entender necessária a realização de estudos complementares ou outras providências que entender indispensáveis ao ajuizamento da demanda.

§ 11. A autoridade judiciária manterá, em cada comarca ou foro regional, um cadastro contendo informações atualizadas sobre as crianças e adolescentes em regime de acolhimento familiar e institucional sob sua responsabilidade, com informações pormenorizadas sobre a situação jurídica de cada um, bem como as providências tomadas para sua reintegração familiar ou colocação em família substituta, em qualquer das modalidades previstas no art. 28 desta Lei.

§ 12. Terão acesso ao cadastro o Ministério Público, o Conselho Tutelar, o órgão gestor da Assistência Social e os Conselhos Municipais dos Direitos da Criança e do Adolescente e da Assistência Social, aos quais incumbe deliberar sobre a implementação de políticas públicas que permitam reduzir o número de crianças e adolescentes afastados do convívio familiar e abreviar o período de permanência em programa de acolhimento.
▶ §§ 2º a 12 acrescidos pela Lei nº 12.010, de 3-8-2009.

**Art. 102.** As medidas de proteção de que trata este Capítulo serão acompanhadas da regularização do registro civil.

§ 1º Verificada a inexistência de registro anterior, o assento de nascimento da criança ou adolescente será feito à vista dos elementos disponíveis, mediante requisição da autoridade judiciária.

§ 2º Os registros e certidões necessárias à regularização de que trata este artigo são isentos de multas, custas e emolumentos, gozando de absoluta prioridade.

§ 3º Caso ainda não definida a paternidade, será deflagrado procedimento específico destinado à sua averiguação, conforme previsto pela Lei nº 8.560, de 29 de dezembro de 1992.

§ 4º Nas hipóteses previstas no § 3º deste artigo, é dispensável o ajuizamento de ação de investigação de paternidade pelo Ministério Público se, após o não comparecimento ou a recusa do suposto pai em assumir a paternidade a ele atribuída, a criança for encaminhada para adoção.

▶ §§ 3º e 4º acrescidos pela Lei nº 12.010, de 3-8-2009.

## TÍTULO III – DA PRÁTICA DE ATO INFRACIONAL

CAPÍTULO I

### DISPOSIÇÕES GERAIS

**Art. 103.** Considera-se ato infracional a conduta descrita como crime ou contravenção penal.

▶ Arts. 171 a 190 desta Lei.
▶ Súm. nº 108 do STJ.

**Art. 104.** São penalmente inimputáveis os menores de dezoito anos sujeitos às medidas previstas nesta Lei.

▶ Art. 228 da CF.
▶ Art. 27 do CP.
▶ Art. 50 do CPM.

Parágrafo único. Para os efeitos desta Lei, deve ser considerada a idade do adolescente à data do fato.

**Art. 105.** Ao ato infracional praticado por criança corresponderão as medidas previstas no artigo 101.

▶ Arts. 136, I, e 262 desta Lei.

CAPÍTULO II

### DOS DIREITOS INDIVIDUAIS

**Art. 106.** Nenhum adolescente será privado de sua liberdade senão em flagrante de ato infracional ou por ordem escrita e fundamentada da autoridade judiciária competente.

▶ Art. 5º, LXI, da CF.
▶ Art. 302, I a IV, do CPP.

Parágrafo único. O adolescente tem direito à identificação dos responsáveis pela sua apreensão, devendo ser informado acerca de seus direitos.

▶ Art. 5º, LXIII e LXIV, da CF.

**Art. 107.** A apreensão de qualquer adolescente e o local onde se encontra recolhido serão incontinenti comunicados à autoridade judiciária competente e à família do apreendido ou à pessoa por ele indicada.

▶ Art. 5º, LXII, da CF.
▶ Arts. 171 e 172 desta Lei.

Parágrafo único. Examinar-se-á, desde logo e sob pena de responsabilidade, a possibilidade de liberação imediata.

▶ Art. 5º, LXV, da CF.
▶ Art. 174 desta Lei.

**Art. 108.** A internação, antes da sentença, pode ser determinada pelo prazo máximo de quarenta e cinco dias.

▶ Arts. 183 a 185 desta Lei.

Parágrafo único. A decisão deverá ser fundamentada e basear-se em indícios suficientes de autoria e materialidade, demonstrada a necessidade imperiosa da medida.

**Art. 109.** O adolescente civilmente identificado não será submetido a identificação compulsória pelos órgãos policiais, de proteção e judiciais, salvo para efeito de confrontação, havendo dúvida fundada.

▶ Art. 5º, LVIII, da CF.

CAPÍTULO III

### DAS GARANTIAS PROCESSUAIS

**Art. 110.** Nenhum adolescente será privado de sua liberdade sem o devido processo legal.

▶ Art. 5º, LIV, da CF.
▶ Arts. 171 a 190 desta Lei.
▶ Súm. nº 342 do STJ.

**Art. 111.** São asseguradas ao adolescente, entre outras, as seguintes garantias:

I – pleno e formal conhecimento da atribuição de ato infracional, mediante citação ou meio equivalente;

▶ Art. 184, § 1º, desta Lei.

II – igualdade na relação processual, podendo confrontar-se com vítimas e testemunhas e produzir todas as provas necessárias à sua defesa;

▶ Arts. 5º, LV, e 227, § 3º, IV, da CF.
▶ Art. 125, I, do CPC.

III – defesa técnica por advogado;

▶ Arts. 5º, LXIII, 133 e 227, § 3º, IV, da CF.
▶ Arts. 184, § 1º, 186, § 2º, 206 e 207 desta Lei.

IV – assistência judiciária gratuita e integral aos necessitados, na forma da lei;

▶ Arts. 5º, LXXIV, e 134 da CF.
▶ Art. 141, §§ 1º e 2º, desta Lei.

V – direito de ser ouvido pessoalmente pela autoridade competente;

▶ Arts. 28, § 1º, 45, § 2º, 124, I, 141, 179 e 186 desta Lei.
▶ Súm. nº 265 do STJ.

VI – direito de solicitar a presença de seus pais ou responsável em qualquer fase do procedimento.

CAPÍTULO IV

### DAS MEDIDAS SOCIOEDUCATIVAS

▶ Lei nº 12.106, de 7-12-2009, cria, no âmbito do Conselho Nacional de Justiça, o Departamento de Monitoramento e Fiscalização do Sistema Carcerário e do Sistema de Execução de Medidas Socioeducativas.

SEÇÃO I

### DISPOSIÇÕES GERAIS

**Art. 112.** Verificada a prática de ato infracional, a autoridade competente poderá aplicar ao adolescente as seguintes medidas:

▶ Arts. 103 e 126 a 128 desta Lei.

I – advertência;
► Arts. 114 e 115 desta Lei.

II – obrigação de reparar o dano;
► Art. 116 desta Lei.
► Art. 186 do CC.

III – prestação de serviços à comunidade;
► Art. 117 desta Lei.

IV – liberdade assistida;
► Arts. 118 e 119 desta Lei.

V – inserção em regime de semiliberdade;
► Art. 120 desta Lei.

VI – internação em estabelecimento educacional;
► Arts. 121 a 125 desta Lei.

VII – qualquer uma das previstas no artigo 101, I a VI.
► Art. 136, VI, desta Lei.

§ 1º A medida aplicada ao adolescente levará em conta a sua capacidade de cumpri-la, as circunstâncias e a gravidade da infração.

§ 2º Em hipótese alguma e sob pretexto algum, será admitida a prestação de trabalho forçado.
► Art. 5º, XLVII, c, da CF.

§ 3º Os adolescentes portadores de doença ou deficiência mental receberão tratamento individual e especializado, em local adequado às suas condições.
► Arts. 101, V, e 112, VII, desta Lei.

**Art. 113.** Aplica-se a este Capítulo o disposto nos artigos 99 e 100.

**Art. 114.** A imposição das medidas previstas nos incisos II a VI do artigo 112 pressupõe a existência de provas suficientes da autoria e da materialidade da infração, ressalvada a hipótese de remissão, nos termos do artigo 127.
► Arts. 98, III, e 112 desta Lei.
► Arts. 158 a 184 do CPP.
► Arts. 314 a 346 do CPPM.

Parágrafo único. A advertência poderá ser aplicada sempre que houver prova da materialidade e indícios suficientes da autoria.

*Seção II*

## DA ADVERTÊNCIA

**Art. 115.** A advertência consistirá em admoestação verbal, que será reduzida a termo e assinada.

*Seção III*

## DA OBRIGAÇÃO DE REPARAR O DANO

**Art. 116.** Em se tratando de ato infracional com reflexos patrimoniais, a autoridade poderá determinar, se for o caso, que o adolescente restitua a coisa, promova o ressarcimento do dano, ou, por outra forma, compense o prejuízo da vítima.
► Art. 112, § 2º, desta Lei.

Parágrafo único. Havendo manifesta impossibilidade, a medida poderá ser substituída por outra adequada.

*Seção IV*

## DA PRESTAÇÃO DE SERVIÇOS À COMUNIDADE

**Art. 117.** A prestação de serviços comunitários consiste na realização de tarefas gratuitas de interesse geral, por período não excedente a seis meses, junto a entidades assistenciais, hospitais, escolas e outros estabelecimentos congêneres, bem como em programas comunitários ou governamentais.
► Art. 46 do CP.

Parágrafo único. As tarefas serão atribuídas conforme as aptidões do adolescente, devendo ser cumpridas durante jornada máxima de oito horas semanais, aos sábados, domingos e feriados ou em dias úteis, de modo a não prejudicar a frequência à escola ou à jornada normal de trabalho.
► Art. 46, § 3º, do CP.

*Seção V*

## DA LIBERDADE ASSISTIDA

**Art. 118.** A liberdade assistida será adotada sempre que se afigurar a medida mais adequada para o fim de acompanhar, auxiliar e orientar o adolescente.

§ 1º A autoridade designará pessoa capacitada para acompanhar o caso, a qual poderá ser recomendada por entidade ou programa de atendimento.
► Arts. 127 e 181, § 1º, desta Lei.

§ 2º A liberdade assistida será fixada pelo prazo mínimo de seis meses, podendo a qualquer tempo ser prorrogada, revogada ou substituída por outra medida, ouvido o orientador, o Ministério Público e o defensor.
► Arts. 126, 127, 186, § 2º, e 207 desta Lei.

**Art. 119.** Incumbe ao orientador, com o apoio e a supervisão da autoridade competente, a realização dos seguintes encargos, entre outros:
► Arts. 118, § 2º, e 181, § 1º, desta Lei.

I – promover socialmente o adolescente e sua família, fornecendo-lhes orientação e inserindo-os, se necessário, em programa oficial ou comunitário de auxílio e assistência social;

II – supervisionar a frequência e o aproveitamento escolar do adolescente, promovendo, inclusive, sua matrícula;

III – diligenciar no sentido da profissionalização do adolescente e de sua inserção no mercado de trabalho;

IV – apresentar relatório do caso.

*Seção VI*

## DO REGIME DE SEMILIBERDADE

**Art. 120.** O regime de semiliberdade pode ser determinado desde o início, ou como forma de transição para o meio aberto, possibilitada a realização de atividades externas, independentemente de autorização judicial.

§ 1º É obrigatória a escolarização e a profissionalização, devendo, sempre que possível, ser utilizados os recursos existentes na comunidade.

§ 2º A medida não comporta prazo determinado, aplicando-se, no que couber, as disposições relativas à internação.
► Arts. 121, § 2º, e 124 desta Lei.

## Seção VII
### DA INTERNAÇÃO

**Art. 121.** A internação constitui medida privativa da liberdade, sujeita aos princípios de brevidade, excepcionalidade e respeito à condição peculiar de pessoa em desenvolvimento.

▶ Art. 227, § 3º, V, da CF.

§ 1º Será permitida a realização de atividades externas, a critério da equipe técnica da entidade, salvo expressa determinação judicial em contrário.

▶ Arts. 94, § 2º, 100 e 113 desta Lei.

§ 2º A medida não comporta prazo determinado, devendo sua manutenção ser reavaliada, mediante decisão fundamentada, no máximo a cada seis meses.

▶ Art. 94, XIV, desta Lei.

§ 3º Em nenhuma hipótese o período máximo de internação excederá a três anos.

▶ Arts. 108 e 183 desta Lei.

§ 4º Atingido o limite estabelecido no parágrafo anterior, o adolescente deverá ser liberado, colocado em regime de semiliberdade ou de liberdade assistida.

▶ Art. 2º, parágrafo único, desta Lei.

§ 5º A liberação será compulsória aos vinte e um anos de idade.

§ 6º Em qualquer hipótese a desinternação será precedida de autorização judicial, ouvido o Ministério Público.

**Art. 122.** A medida de internação só poderá ser aplicada quando:

I – tratar-se de ato infracional cometido mediante grave ameaça ou violência a pessoa;
II – por reiteração no cometimento de outras infrações graves;
III – por descumprimento reiterado e injustificável da medida anteriormente imposta.

▶ Arts. 110 e 111 desta Lei.

§ 1º O prazo de internação na hipótese do inciso III deste artigo não poderá ser superior a três meses.

§ 2º Em nenhuma hipótese será aplicada a internação, havendo outra medida adequada.

**Art. 123.** A internação deverá ser cumprida em entidade exclusiva para adolescentes, em local distinto daquele destinado ao abrigo, obedecida rigorosa separação por critérios de idade, compleição física e gravidade da infração.

▶ Arts. 101, § 1º, e 185 desta Lei.

Parágrafo único. Durante o período de internação, inclusive provisória, serão obrigatórias atividades pedagógicas.

▶ Arts. 94, X e XI, 124, XI e XII, e 208, VIII, desta Lei.

**Art. 124.** São direitos do adolescente privado de liberdade, entre outros, os seguintes:

I – entrevistar-se pessoalmente com o representante do Ministério Público;

▶ Art. 141 desta Lei.

II – peticionar diretamente a qualquer autoridade;

▶ Art. 5º, XXXIV, da CF.

III – avistar-se reservadamente com seu defensor;

▶ Art. 246 desta Lei.
▶ Art. 21, parágrafo único, do CPP.
▶ Art. 7º, III, da Lei nº 8.906, de 4-7-1994 (Estatuto da Advocacia e da OAB).

IV – ser informado de sua situação processual, sempre que solicitada;

▶ Art. 94, VII, desta Lei.

V – ser tratado com respeito e dignidade;

▶ Arts. 15, 17, 18 e 94, IV, desta Lei.

VI – permanecer internado na mesma localidade ou naquela mais próxima ao domicílio de seus pais ou responsável;

▶ Arts. 94, V, e 185, § 1º, desta Lei.

VII – receber visitas, ao menos semanalmente;

▶ Art. 94, VII, desta Lei.

VIII – corresponder-se com seus familiares e amigos;
IX – ter acesso aos objetos necessários à higiene e asseio pessoal;

▶ Art. 94, VII, desta Lei.

X – habitar alojamento em condições adequadas de higiene e salubridade;

▶ Art. 94, VII, desta Lei.

XI – receber escolarização e profissionalização;

▶ Arts. 94, X, 123, parágrafo único, e 208, VIII, desta Lei.

XII – realizar atividades culturais, esportivas e de lazer;

▶ Arts. 94, XII, e 123, parágrafo único, desta Lei.

XIII – ter acesso aos meios de comunicação social;
XIV – receber assistência religiosa, segundo a sua crença, e desde que assim o deseje;

▶ Art. 94, XII, desta Lei.

XV – manter a posse de seus objetos pessoais e dispor de local seguro para guardá-los, recebendo comprovante daqueles porventura depositados em poder da entidade;

▶ Arts. 17 e 94, XVII, desta Lei.

XVI – receber, quando de sua desinternação, os documentos pessoais indispensáveis à vida em sociedade.

§ 1º Em nenhum caso haverá incomunicabilidade.

§ 2º A autoridade judiciária poderá suspender temporariamente a visita, inclusive de pais ou responsável, se existirem motivos sérios e fundados de sua prejudicialidade aos interesses do adolescente.

**Art. 125.** É dever do Estado zelar pela integridade física e mental dos internos, cabendo-lhe adotar as medidas adequadas de contenção e segurança.

▶ Art. 37, § 6º, da CF.

## Capítulo V
### DA REMISSÃO

**Art. 126.** Antes de iniciado o procedimento judicial para apuração de ato infracional, o representante do Ministério Público poderá conceder a remissão, como forma de exclusão do processo, atendendo às circunstâncias e consequências do fato, ao contexto social, bem como à personalidade do adolescente e sua maior ou menor participação no ato infracional.

▶ Arts. 180, II, 181 e 201 desta Lei.

Parágrafo único. Iniciando o procedimento, a concessão da remissão pela autoridade judiciária importará na suspensão ou extinção do processo.

▶ Arts. 126, *caput*, 127, 181, *caput*, 186, § 1º, e 188 desta Lei.

**Art. 127.** A remissão não implica necessariamente o reconhecimento ou comprovação da responsabilidade, nem prevalece para efeito de antecedentes, podendo incluir eventualmente a aplicação de qualquer das medidas previstas em lei, exceto a colocação em regime de semiliberdade e a internação.

▶ Arts. 101, 112 e 114, *caput*, desta Lei.

**Art. 128.** A medida aplicada por força da remissão poderá ser revista judicialmente, a qualquer tempo, mediante pedido expresso do adolescente ou de seu representante legal, ou do Ministério Público.

▶ Arts. 110, 111 e 182 a 190 desta Lei.

### TÍTULO IV – DAS MEDIDAS PERTINENTES AOS PAIS OU RESPONSÁVEL

**Art. 129.** São medidas aplicáveis aos pais ou responsável:

I – encaminhamento a programa oficial ou comunitário de proteção à família;

▶ Arts. 136, I a VII, e 262 desta Lei.

II – inclusão em programa oficial ou comunitário de auxílio, orientação e tratamento a alcoólatras e toxicômanos;
III – encaminhamento a tratamento psicológico ou psiquiátrico;
IV – encaminhamento a cursos ou programas de orientação;
V – obrigação de matricular o filho ou pupilo e acompanhar sua frequência e aproveitamento escolar;

▶ Art. 55 desta Lei.

VI – obrigação de encaminhar a criança ou adolescente a tratamento especializado;
VII – advertência;

▶ Art. 115 desta Lei.

VIII – perda da guarda;

▶ Arts. 35 e 169, parágrafo único, desta Lei.

IX – destituição da tutela;

▶ Art. 164 desta Lei.

X – suspensão ou destituição do poder familiar.

▶ Art. 3º da Lei nº 12.010, de 3-8-2009, que determina a substituição da expressão "pátrio poder" por "poder familiar".
▶ A Lei nº 10.406, de 10-1-2002 (Código Civil), substituiu a expressão "pátrio poder" por "poder familiar".

Parágrafo único. Na aplicação das medidas previstas nos incisos IX e X deste artigo, observar-se-á o disposto nos artigos 23 e 24.

**Art. 130.** Verificada a hipótese de maus-tratos, opressão ou abuso sexual impostos pelos pais ou responsável, a autoridade judiciária poderá determinar, como medida cautelar, o afastamento do agressor da moradia comum.

Parágrafo único. *Da medida cautelar constará, ainda, a fixação provisória dos alimentos de que necessitem a criança ou o adolescente dependentes do agressor.*

▶ Parágrafo único acrescido pela Lei nº 12.415, de 9-6-2011.

### TÍTULO V – DO CONSELHO TUTELAR

▶ Res. do CONANDA nº 139, de 17-3-2010, dispõe sobre os parâmetros para a criação e o funcionamento dos Conselhos Tutelares no Brasil.

### CAPÍTULO I

### DISPOSIÇÕES GERAIS

**Art. 131.** O Conselho Tutelar é órgão permanente e autônomo, não jurisdicional, encarregado pela sociedade de zelar pelo cumprimento dos direitos da criança e do adolescente, definidos nesta Lei.

▶ Arts. 259 e 262 desta Lei.

**Art. 132.** Em cada Município haverá, no mínimo, um Conselho Tutelar composto de cinco membros, escolhidos pela comunidade local para mandato de três anos, permitida uma recondução.

▶ Artigo com a redação dada pela Lei nº 8.242, de 12-10-1991.

**Art. 133.** Para a candidatura a membro do Conselho Tutelar, serão exigidos os seguintes requisitos:

I – reconhecida idoneidade moral;
II – idade superior a vinte e um anos;
III – residir no município.

**Art. 134.** Lei Municipal disporá sobre local, dia e horário de funcionamento do Conselho Tutelar, inclusive quanto a eventual remuneração de seus membros.

▶ Art. 30, I e II, da CF.

Parágrafo único. Constará da Lei Orçamentária Municipal previsão dos recursos necessários ao funcionamento do Conselho Tutelar.

**Art. 135.** O exercício efetivo da função de conselheiro constituirá serviço público relevante, estabelecerá presunção de idoneidade moral e assegurará prisão especial, em caso de crime comum, até o julgamento definitivo.

▶ Art. 295 do CPP.

### CAPÍTULO II

### DAS ATRIBUIÇÕES DO CONSELHO

**Art. 136.** São atribuições do Conselho Tutelar:

▶ Arts. 13, 95 e 194 desta Lei.

I – atender as crianças e adolescentes nas hipóteses previstas nos artigos 98 e 105, aplicando as medidas previstas no artigo 101, I a VII;
II – atender e aconselhar os pais ou responsável, aplicando as medidas previstas no artigo 129, I a VII;
III – promover a execução de suas decisões, podendo para tanto:

a) requisitar serviços públicos nas áreas de saúde, educação, serviço social, previdência, trabalho e segurança;
b) representar junto à autoridade judiciária nos casos de descumprimento injustificado de suas deliberações.

▶ Art. 249 desta Lei.

IV – encaminhar ao Ministério Público notícia de fato que constitua infração administrativa ou penal contra os direitos da criança ou adolescente;

▶ Arts. 245 e 258 desta Lei.

V – encaminhar à autoridade judiciária os casos de sua competência;

▶ Art. 148 desta Lei.

VI – providenciar a medida estabelecida pela autoridade judiciária, dentre as previstas no artigo 101, de I a VI, para o adolescente autor de ato infracional;

▶ Art. 112, VII, desta Lei.

VII – expedir notificações;
VIII – requisitar certidões de nascimento e de óbito de criança ou adolescente quando necessário;

▶ Arts. 102 e 148, parágrafo único, desta Lei.

IX – assessorar o Poder Executivo local na elaboração da proposta orçamentária para planos e programas de atendimento dos direitos da criança e do adolescente;
X – representar, em nome da pessoa e da família, contra a violação dos direitos previstos no artigo 220, § 3º, inciso II, da Constituição Federal;

▶ Arts. 201, V, e 210 desta Lei.

XI – representar ao Ministério Público para efeito das ações de perda ou suspensão do poder familiar, após esgotadas as possibilidades de manutenção da criança ou do adolescente junto à família natural.

▶ Inciso XI com a redação dada pela Lei nº 12.010, de 3-8-2009.
▶ A Lei nº 10.406, de 10-1-2002 (Código Civil), substituiu a expressão "pátrio poder" por "poder familiar".

Parágrafo único. Se, no exercício de suas atribuições, o Conselho Tutelar entender necessário o afastamento do convívio familiar, comunicará incontinenti o fato ao Ministério Público, prestando-lhe informações sobre os motivos de tal entendimento e as providências tomadas para a orientação, o apoio e a promoção social da família.

▶ Parágrafo único acrescido pela Lei nº 12.010, de 3-8-2009.

**Art. 137.** As decisões do Conselho Tutelar somente poderão ser revistas pela autoridade judiciária a pedido de quem tenha legítimo interesse.

▶ Art. 5º, XXXV, da CF.
▶ Art. 249 desta Lei.

Capítulo III

## DA COMPETÊNCIA

**Art. 138.** Aplica-se ao Conselho Tutelar a regra de competência constante do artigo 147.

Capítulo IV

## DA ESCOLHA DOS CONSELHEIROS

**Art. 139.** O processo para a escolha dos membros do Conselho Tutelar será estabelecido em lei municipal e realizado sob a responsabilidade do Conselho Municipal dos Direitos da Criança e do Adolescente, e a fiscalização do Ministério Público.

▶ Artigo com a redação dada pela Lei nº 8.242, de 12-10-1991.
▶ Art. 30, I e II, da CF.

Capítulo V

## DOS IMPEDIMENTOS

**Art. 140.** São impedidos de servir no mesmo Conselho marido e mulher, ascendentes e descendentes, sogro e genro ou nora, irmãos, cunhados, durante o cunhadio, tio e sobrinho, padrasto ou madrasta e enteado.

▶ Art. 226, § 3º, da CF.

Parágrafo único. Estende-se o impedimento do conselheiro, na forma deste artigo, em relação à autoridade judiciária e ao representante do Ministério Público com atuação na Justiça da Infância e da Juventude, em exercício na Comarca, Foro Regional ou Distrital.

# TÍTULO VI – DO ACESSO À JUSTIÇA

Capítulo I

## DISPOSIÇÕES GERAIS

**Art. 141.** É garantido o acesso de toda criança ou adolescente à Defensoria Pública, ao Ministério Público e ao Poder Judiciário, por qualquer de seus órgãos.

▶ Art. 134 da CF.
▶ Art. 4º, parágrafo único, b, desta Lei.

§ 1º A assistência judiciária gratuita será prestada aos que dela necessitarem, através de defensor público ou advogado nomeado.

▶ Art. 5º, LXXIV, da CF.
▶ Arts. 111, 159 e 206 desta Lei.
▶ Lei nº 1.060, de 5-2-1950 (Lei de Assistência Judiciária).

§ 2º As ações judiciais da competência da Justiça da Infância e da Juventude são isentas de custas e emolumentos, ressalvada a hipótese de litigância de má-fé.

▶ Art. 148, IV e V, desta Lei.

**Art. 142.** Os menores de dezesseis anos serão representados e os maiores de dezesseis e menores de vinte e um anos assistidos por seus pais, tutores ou curadores, na forma da legislação civil ou processual.

▶ Art. 5º, LX, da CF.
▶ Art. 2º desta Lei.
▶ Arts. 3º, I, 4º, I, 1.634, V, 1.690, 1.747, I, e 1.774 do CC.

Parágrafo único. A autoridade judiciária dará curador especial à criança ou adolescente, sempre que os interesses destes colidirem com os de seus pais ou responsável, ou quando carecer de representação ou assistência legal ainda que eventual.

▶ Art. 33 do CPP.

**Art. 143.** É vedada a divulgação de atos judiciais, policiais e administrativos que digam respeito a crianças e adolescentes a que se atribua autoria de ato infracional.

▶ Art. 5º, LX, da CF.
▶ Art. 247 desta Lei.

Parágrafo único. Qualquer notícia a respeito do fato não poderá identificar a criança ou adolescente, vedando-se fotografia, referência a nome, apelido, filiação, parentesco, residência e, inclusive, iniciais do nome e sobrenome.

▶ Parágrafo único com a redação dada pela Lei nº 10.764, de 12-11-2003.

**Art. 144.** A expedição de cópia ou certidão de atos a que se refere o artigo anterior somente será deferida pela autoridade judiciária competente, se demonstrado o interesse e justificada a finalidade.

CAPÍTULO II

## DA JUSTIÇA DA INFÂNCIA E DA JUVENTUDE

SEÇÃO I

### DISPOSIÇÕES GERAIS

**Art. 145.** Os Estados e o Distrito Federal poderão criar varas especializadas e exclusivas da infância e da juventude, cabendo ao Poder Judiciário estabelecer sua proporcionalidade por número de habitantes, dotá-las de infraestrutura e dispor sobre o atendimento, inclusive em plantões.

▶ Arts. 150 e 204 desta Lei.

SEÇÃO II

### DO JUIZ

**Art. 146.** A autoridade a que se refere esta Lei é o Juiz da Infância e da Juventude, ou o juiz que exerce essa função, na forma da Lei de Organização Judiciária local.

▶ Arts. 92, VII, e 125, § 1º, da CF.
▶ Arts. 101, 130 e 262 desta Lei.

**Art. 147.** A competência será determinada:

▶ Art. 138 desta Lei.

I – pelo domicílio dos pais ou responsável;

▶ Súm. nº 383 do STJ.

II – pelo lugar onde se encontre a criança ou adolescente, à falta dos pais ou responsável.

§ 1º Nos casos de ato infracional, será competente a autoridade do lugar da ação ou omissão, observadas as regras de conexão, continência e prevenção.

▶ Art. 103 desta Lei.
▶ Arts. 76, 77 e 83 do CPP.

§ 2º A execução das medidas poderá ser delegada à autoridade competente da residência dos pais ou responsável, ou do local onde sediar-se a entidade que abrigar a criança ou adolescente.

▶ Art. 124, VI, desta Lei.

§ 3º Em caso de infração cometida através de transmissão simultânea de rádio ou televisão, que atinja mais de uma comarca, será competente, para aplicação da penalidade, a autoridade judiciária do local da sede estadual da emissora ou rede, tendo a sentença eficácia para todas as transmissoras ou retransmissoras do respectivo Estado.

▶ Arts. 247, § 2º, 253 e 254 desta Lei.

**Art. 148.** A Justiça da Infância e da Juventude é competente para:

▶ Arts. 141, §§ 1º e 2º, 149, 198 e 199 desta Lei

I – conhecer de representações promovidas pelo Ministério Público, para apuração de ato infracional atribuído a adolescente, aplicando as medidas cabíveis;

▶ Arts. 105, 112, 136, I, 182 e 262 desta Lei.

II – conceder a remissão, como forma de suspensão ou extinção do processo;

▶ Art. 126, parágrafo único, desta Lei.

III – conhecer de pedidos de adoção e seus incidentes;

▶ Arts. 33, § 1º, e 39 a 52-D desta Lei.

IV – conhecer de ações civis fundadas em interesses individuais, difusos ou coletivos afetos à criança e ao adolescente, observado o disposto no artigo 209;

▶ Arts. 208 a 224 desta Lei.

V – conhecer de ações decorrentes de irregularidades em entidades de atendimento, aplicando as medidas cabíveis;

▶ Arts. 97, 148 e 191 a 193 desta Lei.

VI – aplicar penalidades administrativas nos casos de infrações contra norma de proteção a criança ou adolescentes;

▶ Arts. 98 a 102, 194 a 197 e 245 a 258 desta Lei.

VII – conhecer de casos encaminhados pelo Conselho Tutelar, aplicando as medidas cabíveis.

▶ Art. 136, III, b, e V, desta Lei.

Parágrafo único. Quando se tratar de criança ou adolescente nas hipóteses do artigo 98, é também competente a Justiça da Infância e da Juventude para o fim de:

▶ Arts. 33 a 35 desta Lei.

a) conhecer de pedidos de guarda e tutela;

▶ Arts. 33 a 38 e 165 a 170 desta Lei.

b) conhecer de ações de destituição do poder familiar, perda ou modificação da tutela ou guarda;

▶ Art. 3º da Lei nº 12.010, de 3-8-2009, que determina a substituição da expressão "pátrio poder" por "poder familiar".
▶ A Lei nº 10.406, de 10-1-2002 (Código Civil), substituiu a expressão "pátrio poder" por "poder familiar".
▶ Arts. 24, 35, 38 e 155 a 164 desta Lei.

c) suprir a capacidade ou o consentimento para o casamento;

d) conhecer de pedidos baseados em discordância paterna ou materna, em relação ao exercício do poder familiar;

▶ Art. 3º da Lei nº 12.010, de 3-8-2009, que determina a substituição da expressão "pátrio poder" por "poder familiar".
▶ A Lei nº 10.406, de 10-1-2002 (Código Civil), substituiu a expressão "pátrio poder" por "poder familiar".
▶ Art. 21 desta Lei.

e) conceder a emancipação, nos termos da lei civil, quando faltarem os pais;

▶ Art. 2º, parágrafo único, desta Lei.
▶ Art. 5º, parágrafo único, I, do CC.

f) designar curador especial em casos de apresentação de queixa ou representação, ou de outros procedimentos judiciais ou extrajudiciais em que haja interesses de criança ou adolescente;

▶ Art. 142, parágrafo único, desta Lei.
▶ Art. 39 do CP.

g) conhecer de ações de alimentos;
► Art. 201, III, desta Lei.

h) determinar o cancelamento, a retificação e o suprimento dos registros de nascimento e óbito.
► Art. 102 desta Lei.

**Art. 149.** Compete à autoridade judiciária disciplinar, através de portaria, ou autorizar, mediante alvará:
► Art. 199 desta Lei.

I – a entrada e permanência de criança ou adolescente, desacompanhado dos pais ou responsável, em:
a) estádio, ginásio e campo desportivo;
b) bailes ou promoções dançantes;
c) boate ou congêneres;
d) casa que explore comercialmente diversões eletrônicas;
e) estúdios cinematográficos, de teatro, rádio e televisão;

II – a participação de criança e adolescente em:
a) espetáculos públicos e seus ensaios;
b) certames de beleza.

§ 1º Para os fins do disposto neste artigo, a autoridade judiciária levará em conta, dentre outros fatores:
a) os princípios desta Lei;
b) as peculiaridades locais;
c) a existência de instalações adequadas;
d) o tipo de frequência habitual ao local;
e) a adequação do ambiente a eventual participação ou frequência de crianças e adolescentes;
f) a natureza do espetáculo.

§ 2º As medidas adotadas na conformidade deste artigo deverão ser fundamentadas, caso a caso, vedadas as determinações de caráter geral.

SEÇÃO III

### DOS SERVIÇOS AUXILIARES

**Art. 150.** Cabe ao Poder Judiciário, na elaboração de sua proposta orçamentária, prever recursos para manutenção de equipe interprofissional, destinada a assessorar a Justiça da Infância e da Juventude.

**Art. 151.** Compete à equipe interprofissional, dentre outras atribuições que lhe forem reservadas pela legislação local, fornecer subsídios por escrito, mediante laudos, ou verbalmente, na audiência, e bem assim desenvolver trabalhos de aconselhamento, orientação, encaminhamento, prevenção e outros, tudo sob a imediata subordinação à autoridade judiciária, assegurada a livre manifestação do ponto de vista técnico.
► Arts. 146, 161, § 1º, 162, § 1º, 167 e 186, § 4º, desta Lei.

CAPÍTULO III

### DOS PROCEDIMENTOS

SEÇÃO I

### DISPOSIÇÕES GERAIS

**Art. 152.** Aos procedimentos regulados nesta Lei aplicam-se subsidiariamente as normas gerais previstas na legislação processual pertinente.
► Art. 206 desta Lei.

Parágrafo único. É assegurada, sob pena de responsabilidade, prioridade absoluta na tramitação dos processos e procedimentos previstos nesta Lei, assim como na execução dos atos e diligências judiciais a eles referentes.
► Parágrafo único acrescido pela Lei nº 12.010, de 3-8-2009.

**Art. 153.** Se a medida judicial a ser adotada não corresponder a procedimento previsto nesta ou em outra lei, a autoridade judiciária poderá investigar os fatos e ordenar de ofício as providências necessárias, ouvido o Ministério Público.
► Arts. 35, 128 e 149 desta Lei.

Parágrafo único. O disposto neste artigo não se aplica para o fim de afastamento da criança ou do adolescente de sua família de origem e em outros procedimentos necessariamente contenciosos.
► Parágrafo único acrescido pela Lei nº 12.010, de 3-8-2009.

**Art. 154.** Aplica-se às multas o disposto no artigo 214.
► Arts. 194 a 197 e 245 a 258 desta Lei.

SEÇÃO II

### DA PERDA E DA SUSPENSÃO DO PODER FAMILIAR

► Art. 3º da Lei nº 12.010, de 3-8-2009, que determina a substituição da expressão "pátrio poder" por "poder familiar".
► A Lei nº 10.406, de 10-1-2002 (Código Civil), substituiu a expressão "pátrio poder" por "poder familiar".

**Art. 155.** O procedimento para a perda ou a suspensão do poder familiar terá início por provocação do Ministério Público ou de quem tenha legítimo interesse.
► Art. 3º da Lei nº 12.010, de 3-8-2009, que determina a substituição da expressão "pátrio poder" por "poder familiar".

**Art. 156.** A petição inicial indicará:
I – a autoridade judiciária a que for dirigida;
II – o nome, o estado civil, a profissão e a residência do requerente e do requerido, dispensada a qualificação em se tratando de pedido formulado por representante do Ministério Público;
III – a exposição sumária do fato e o pedido;
IV – as provas que serão produzidas, oferecendo, desde logo, o rol de testemunhas e documentos.

**Art. 157.** Havendo motivo grave, poderá a autoridade judiciária, ouvido o Ministério Público, decretar a suspensão do poder familiar, liminar ou incidentalmente, até o julgamento definitivo da causa, ficando a criança ou adolescente confiado a pessoa idônea, mediante termo de responsabilidade.
► Art. 3º da Lei nº 12.010, de 3-8-2009, que determina a substituição da expressão "pátrio poder" por "poder familiar".
► A Lei nº 10.406, de 10-1-2002 (Código Civil), substituiu a expressão "pátrio poder" por "poder familiar".

**Art. 158.** O requerido será citado para, no prazo de dez dias, oferecer resposta escrita, indicando as provas a serem produzidas e oferecendo desde logo o rol de testemunhas e documentos.

Parágrafo único. Deverão ser esgotados todos os meios para a citação pessoal.

**Art. 159.** Se o requerido não tiver possibilidade de constituir advogado, sem prejuízo do próprio sustento e de sua família, poderá requerer, em cartório, que lhe seja nomeado dativo, ao qual incumbirá a apresentação de resposta, contando-se o prazo a partir da intimação do despacho de nomeação.

**Art. 160.** Sendo necessário, a autoridade judiciária requisitará de qualquer repartição ou órgão público a apresentação de documento que interesse à causa, de ofício ou a requerimento das partes ou do Ministério Público.

**Art. 161.** Não sendo contestado o pedido, a autoridade judiciária dará vista dos autos ao Ministério Público, por cinco dias, salvo quando este for o requerente, decidindo em igual prazo.

§ 1º A autoridade judiciária, de ofício ou a requerimento das partes ou do Ministério Público, determinará a realização de estudo social ou perícia por equipe interprofissional ou multidisciplinar, bem como a oitiva de testemunhas que comprovem a presença de uma das causas de suspensão ou destituição do poder familiar previstas nos arts. 1.637 e 1.638 da Lei nº 10.406, de 10 de janeiro de 2002 – Código Civil, ou no art. 24 desta Lei.

§ 2º Em sendo os pais oriundos de comunidades indígenas, é ainda obrigatória a intervenção, junto à equipe profissional ou multidisciplinar referida no § 1º deste artigo, de representantes do órgão federal responsável pela política indigenista, observado o disposto no § 6º do art. 28 desta Lei.

▶ §§ 1º e 2º com a redação dada pela Lei nº 12.010, de 3-8-2009.

§ 3º Se o pedido importar em modificação de guarda, será obrigatória, desde que possível e razoável, a oitiva da criança ou adolescente, respeitado seu estágio de desenvolvimento e grau de compreensão sobre as implicações da medida.

§ 4º É obrigatória a oitiva dos pais sempre que esses forem identificados e estiverem em local conhecido.

▶ §§ 3º e 4º acrescidos pela Lei nº 12.010, de 3-8-2009.

**Art. 162.** Apresentada a resposta, a autoridade judiciária dará vista dos autos ao Ministério Público, por cinco dias, salvo quando este for o requerente, designando, desde logo, audiência de instrução e julgamento.

§ 1º A requerimento de qualquer das partes, do Ministério Público, ou de ofício, a autoridade judiciária poderá determinar a realização de estudo social ou, se possível, de perícia por equipe interprofissional.

§ 2º Na audiência, presentes as partes e o Ministério Público, serão ouvidas as testemunhas, colhendo-se oralmente o parecer técnico, salvo quando apresentado por escrito, manifestando-se sucessivamente o requerente, o requerido e o Ministério Público, pelo tempo de vinte minutos cada um, prorrogável por mais dez. A decisão será proferida na audiência, podendo a autoridade judiciária, excepcionalmente, designar data para sua leitura no prazo máximo de cinco dias.

**Art. 163.** O prazo máximo para conclusão do procedimento será de 120 (cento e vinte) dias.

▶ Caput com a redação dada pela Lei nº 12.010, de 3-8-2009.

Parágrafo único. A sentença que decretar a perda ou a suspensão do poder familiar será averbada à margem do registro de nascimento da criança ou do adolescente.

▶ Parágrafo único acrescido pela Lei nº 12.010, de 3-8-2009.
▶ A Lei nº 10.406, de 10-1-2002 (Código Civil), substituiu a expressão "pátrio poder" por "poder familiar".

*Seção III*

## DA DESTITUIÇÃO DA TUTELA

**Art. 164.** Na destituição da tutela, observar-se-á o procedimento para a remoção de tutor previsto na lei processual civil e, no que couber, o disposto na seção anterior.

*Seção IV*

## DA COLOCAÇÃO EM FAMÍLIA SUBSTITUTA

**Art. 165.** São requisitos para a concessão de pedidos de colocação em família substituta:

I – qualificação completa do requerente e de seu eventual cônjuge, ou companheiro, com expressa anuência deste;
II – indicação de eventual parentesco do requerente e de seu cônjuge, ou companheiro, com a criança ou adolescente, especificando se tem ou não parente vivo;
III – qualificação completa da criança ou adolescente e de seus pais, se conhecidos;
IV – indicação do cartório onde foi inscrito nascimento, anexando, se possível, uma cópia da respectiva certidão;
V – declaração sobre a existência de bens, direitos ou rendimentos relativos à criança ou ao adolescente.

Parágrafo único. Em se tratando de adoção, observar-se-ão também os requisitos específicos.

**Art. 166.** Se os pais forem falecidos, tiverem sido destituídos ou suspensos do poder familiar, ou houverem aderido expressamente ao pedido de colocação em família substituta, este poderá ser formulado diretamente em cartório, em petição assinada pelos próprios requerentes, dispensada a assistência de advogado.

▶ Caput com a redação dada pela Lei nº 12.010, de 3-8-2009.
▶ A Lei nº 10.406, de 10-1-2002 (Código Civil), substituiu a expressão "pátrio poder" por "poder familiar".

§ 1º Na hipótese de concordância dos pais, esses serão ouvidos pela autoridade judiciária e pelo representante do Ministério Público, tomando-se por termo as declarações.

▶ Parágrafo único transformado em § 1º e com a redação dada pela Lei nº 12.010, de 3-8-2009.

§ 2º O consentimento dos titulares do poder familiar será precedido de orientações e esclarecimentos prestados pela equipe interprofissional da Justiça da Infância e da Juventude, em especial, no caso de adoção, sobre a irrevogabilidade da medida.

§ 3º O consentimento dos titulares do poder familiar será colhido pela autoridade judiciária competente em audiência, presente o Ministério Público, garantida a livre manifestação de vontade e esgotados os esforços para manutenção da criança ou do adolescente na família natural ou extensa.

§ 4º O consentimento prestado por escrito não terá validade se não for ratificado na audiência a que se refere o § 3º deste artigo.

§ 5º O consentimento é retratável até a data da publicação da sentença constitutiva da adoção.

§ 6º O consentimento somente terá valor se for dado após o nascimento da criança.

§ 7º A família substituta receberá a devida orientação por intermédio de equipe técnica interprofissional a serviço do Poder Judiciário, preferencialmente com apoio dos técnicos responsáveis pela execução da política municipal de garantia do direito à convivência familiar.

▶ §§ 2º a 7º acrescidos pela Lei nº 12.010, de 3-8-2009.

**Art. 167.** A autoridade judiciária, de ofício ou a requerimento das partes ou do Ministério Público, determinará a realização de estudo social ou, se possível, perícia por equipe interprofissional, decidindo sobre a concessão de guarda provisória, bem como, no caso de adoção, sobre o estágio de convivência.

Parágrafo único. Deferida a concessão da guarda provisória ou do estágio de convivência, a criança ou o adolescente será entregue ao interessado, mediante termo de responsabilidade.

▶ Parágrafo único acrescido pela Lei nº 12.010, de 3-8-2009.

**Art. 168.** Apresentado o relatório social ou o laudo pericial, e ouvida, sempre que possível, a criança ou o adolescente, dar-se-á vista dos autos ao Ministério Público, pelo prazo de cinco dias, decidindo a autoridade judiciária em igual prazo.

**Art. 169.** Nas hipóteses em que a destituição da tutela, a perda ou a suspensão do poder familiar constituir pressuposto lógico da medida principal de colocação em família substituta, será observado o procedimento contraditório previsto nas Seções II e III deste Capítulo.

▶ Art. 3º da Lei nº 12.010, de 3-8-2009, que determina a substituição da expressão "pátrio poder" por "poder familiar".

▶ A Lei nº 10.406, de 10-1-2002 (Código Civil), substituiu a expressão "pátrio poder" por "poder familiar".

Parágrafo único. A perda ou a modificação da guarda poderá ser decretada nos mesmos autos do procedimento, observado o disposto no artigo 35.

**Art. 170.** Concedida a guarda ou a tutela, observar-se-á o disposto no artigo 32, e, quanto à adoção, o contido no artigo 47.

Parágrafo único. A colocação de criança ou adolescente sob a guarda de pessoa inscrita em programa de acolhimento familiar será comunicada pela autoridade judiciária à entidade por este responsável no prazo máximo de 5 (cinco) dias.

▶ Parágrafo único acrescido pela Lei nº 12.010, de 3-8-2009.

### Seção V
### DA APURAÇÃO DE ATO INFRACIONAL ATRIBUÍDO A ADOLESCENTE

**Art. 171.** O adolescente apreendido por força de ordem judicial será, desde logo, encaminhado à autoridade judiciária.

▶ Art. 5º, LXI, da CF.
▶ Arts. 106 e 112 desta Lei.

**Art. 172.** O adolescente apreendido em flagrante de ato infracional será, desde logo, encaminhado à autoridade policial competente.

▶ Arts. 105, 136, I, 147, § 1º, e 262 desta Lei.

Parágrafo único. Havendo repartição policial especializada para atendimento de adolescente e em se tratando de ato infracional praticado em coautoria com maior, prevalecerá a atribuição da repartição especializada, que, após as providências necessárias e conforme o caso, encaminhará o adulto à repartição policial própria.

**Art. 173.** Em caso de flagrante de ato infracional cometido mediante violência ou grave ameaça a pessoa, a autoridade policial, sem prejuízo do disposto nos artigos 106, parágrafo único, e 107, deverá:

▶ Arts. 158 a 184 do CPP.

I – lavrar auto de apreensão, ouvidos as testemunhas e o adolescente;

▶ Art. 152 desta Lei.

II – apreender o produto e os instrumentos da infração;
III – requisitar os exames ou perícias necessários à comprovação da materialidade e autoria da infração.

▶ Arts. 158 a 184 do CPP.

Parágrafo único. Nas demais hipóteses de flagrante, a lavratura do auto poderá ser substituída por boletim de ocorrência circunstanciada.

▶ Arts. 112 e 114 desta Lei.

**Art. 174.** Comparecendo qualquer dos pais ou responsável, o adolescente será prontamente liberado pela autoridade policial, sob termo de compromisso e responsabilidade de sua apresentação ao representante do Ministério Público, no mesmo dia ou, sendo impossível, no primeiro dia útil imediato, exceto quando, pela gravidade do ato infracional e sua repercussão social, deva o adolescente permanecer sob internação para garantia de sua segurança pessoal ou manutenção da ordem pública.

▶ Arts. 107, 173 e 179 desta Lei.

**Art. 175.** Em caso de não liberação, a autoridade policial encaminhará, desde logo, o adolescente ao representante do Ministério Público, juntamente com cópia do auto de apreensão ou boletim de ocorrência.

▶ Arts. 107, 173 e 179 desta Lei.

§ 1º Sendo impossível a apresentação imediata, a autoridade policial encaminhará o adolescente a entidade de atendimento, que fará a apresentação ao representante do Ministério Público no prazo de vinte e quatro horas.

▶ Art. 90, VII, desta Lei.

§ 2º Nas localidades onde não houver entidade de atendimento, a apresentação far-se-á pela autoridade policial. À falta de repartição policial especializada, o adolescente aguardará a apresentação em dependência separada da destinada a maiores, não podendo, em qualquer hipótese, exceder o prazo referido no parágrafo anterior.

▶ Art. 185, §§ 1º e 2º, desta Lei.

**Art. 176.** Sendo o adolescente liberado, a autoridade policial encaminhará imediatamente ao representante do Ministério Público cópia do auto de apreensão ou boletim de ocorrência.

▶ Arts. 173 e 179 desta Lei.

**Art. 177.** Se, afastada a hipótese de flagrante, houver indícios de participação de adolescente na prática de ato infracional, a autoridade policial encaminhará ao representante do Ministério Público relatório das investigações e demais documentos.

▶ Art. 179 desta Lei.

**Art. 178.** O adolescente a quem se atribua autoria de ato infracional não poderá ser conduzido ou transportado em compartimento fechado de veículo policial, em condições atentatórias à sua dignidade, ou que impliquem risco à sua integridade física ou mental, sob pena de responsabilidade.

**Art. 179.** Apresentado o adolescente, o representante do Ministério Público, no mesmo dia e à vista do auto de apreensão, boletim de ocorrência ou relatório policial, devidamente autuados pelo cartório judicial e com informação sobre os antecedentes do adolescente, procederá imediata e informalmente à sua oitiva e, em sendo possível, de seus pais ou responsável, vítima e testemunhas.

▶ Art. 147, § 1º, desta Lei.

Parágrafo único. Em caso de não apresentação, o representante do Ministério Público notificará os pais ou responsável para apresentação do adolescente, podendo requisitar o concurso das Polícias Civil e Militar.

**Art. 180.** Adotadas as providências a que alude o artigo anterior, o representante do Ministério Público poderá:

I – promover o arquivamento dos autos;

▶ Art. 126, caput, desta Lei.

II – conceder a remissão;

III – representar à autoridade judiciária para aplicação de medida socioeducativa.

▶ Arts. 112 a 125 desta Lei.

**Art. 181.** Promovido o arquivamento dos autos ou concedida a remissão pelo representante do Ministério Público, mediante termo fundamentado, que conterá o resumo dos fatos, os autos serão conclusos à autoridade judiciária para homologação.

§ 1º Homologado o arquivamento ou a remissão, a autoridade judiciária determinará, conforme o caso, o cumprimento da medida.

▶ Arts. 101 e 112 desta lei.

§ 2º Discordando, a autoridade judiciária fará remessa dos autos ao Procurador-Geral de Justiça, mediante despacho fundamentado, e este oferecerá representação, designará outro membro do Ministério Público para apresentá-la, ou ratificará o arquivamento ou a remissão, que só então estará a autoridade judiciária obrigada a homologar.

▶ Art. 28 do CPP.

**Art. 182.** Se, por qualquer razão, o representante do Ministério Público não promover o arquivamento ou conceder a remissão, oferecerá representação à autoridade judiciária, propondo a instauração de procedimento para aplicação da medida socioeducativa que se afigurar a mais adequada.

▶ Arts. 112, § 1º, 185, §§ 1º e 2º, e 186, §§ 2º e 4º, desta Lei.

§ 1º A representação será oferecida por petição, que conterá o breve resumo dos fatos e a classificação do ato infracional e, quando necessário, o rol de testemunhas, podendo ser deduzida oralmente, em sessão diária instalada pela autoridade judiciária.

§ 2º A representação independe de prova pré-constituída da autoria e materialidade.

**Art. 183.** O prazo máximo e improrrogável para a conclusão do procedimento, estando o adolescente internado provisoriamente, será de quarenta e cinco dias.

▶ Arts. 106 a 108 desta Lei.

**Art. 184.** Oferecida a representação, a autoridade judiciária designará audiência de apresentação do adolescente, decidindo, desde logo, sobre a decretação ou manutenção da internação, observado o disposto no artigo 108 e parágrafo.

▶ Arts. 2º, parágrafo único, 121, § 5º, 171, 182, § 1º, e 190 desta Lei.

§ 1º O adolescente e seus pais ou responsável serão cientificados do teor da representação, e notificados a comparecer à audiência, acompanhados de advogado.

▶ Arts. 111, I, e 207 desta Lei.

§ 2º Se os pais ou responsável não forem localizados, a autoridade judiciária dará curador especial ao adolescente.

▶ Art. 152 desta Lei.

§ 3º Não sendo localizado o adolescente, a autoridade judiciária expedirá mandado de busca e apreensão, determinando o sobrestamento do feito, até a efetiva apresentação.

§ 4º Estando o adolescente internado, será requisitada a sua apresentação, sem prejuízo da notificação dos pais ou responsável.

▶ Art. 112, VI, desta Lei.

**Art. 185.** A internação, decretada ou mantida pela autoridade judiciária, não poderá ser cumprida em estabelecimento prisional.

▶ Arts. 112 e 123 desta Lei.

§ 1º Inexistindo na comarca entidade com as características definidas no artigo 123, o adolescente deverá ser imediatamente transferido para a localidade mais próxima.

▶ Art. 124, VI, desta Lei.

§ 2º Sendo impossível a pronta transferência, o adolescente aguardará sua remoção em repartição policial, desde que em seção isolada dos adultos e com instalações apropriadas, não podendo ultrapassar o prazo máximo de cinco dias, sob pena de responsabilidade.

**Art. 186.** Comparecendo o adolescente, seus pais ou responsável, a autoridade judiciária procederá à oitiva dos mesmos, podendo solicitar opinião de profissional qualificado.

▶ Arts. 101, V, e 112, VII, desta Lei.

§ 1º Se a autoridade judiciária entender adequada a remissão, ouvirá o representante do Ministério Público, proferindo decisão.

▶ Arts. 122, II, 126, parágrafo único, e 127 desta Lei.

§ 2º Sendo o fato grave, passível de aplicação de medida de internação ou colocação em regime de semiliberdade, a autoridade judiciária, verificando que o adolescente não possui advogado constituído, nomeará defensor, designando, desde logo, audiência em continuação, podendo determinar a realização de diligências e estudo do caso.

▶ Arts. 90 a 95, 111, III, 150, 151 e 207 desta Lei.

§ 3º O advogado constituído ou o defensor nomeado, no prazo de três dias contados da audiência de apresentação, oferecerá defesa prévia e rol de testemunhas.

§ 4º Na audiência em continuação, ouvidas as testemunhas arroladas na representação e na defesa prévia, cumpridas as diligências e juntado o relatório da equipe interprofissional, será dada a palavra ao representante do Ministério Público e ao defensor, sucessivamente, pelo tempo de vinte minutos para cada um, prorrogável por mais dez, a critério da autoridade judiciária, que em seguida proferirá decisão.

▶ Arts. 151 e 198 desta Lei.

**Art. 187.** Se o adolescente, devidamente notificado, não comparecer, injustificadamente, à audiência de apresentação, a autoridade judiciária designará nova data, determinando sua condução coercitiva.

▶ Art. 184, § 3º, desta Lei.

**Art. 188.** A remissão, como forma de extinção ou suspensão do processo, poderá ser aplicada em qualquer fase do procedimento, antes da sentença.

**Art. 189.** A autoridade judiciária não aplicará qualquer medida, desde que reconheça na sentença:

▶ Arts. 98, 101, 112, VII, e 114, parágrafo único, desta Lei.

I – estar provada a inexistência do fato;
II – não haver prova da existência do fato;
III – não constituir o fato ato infracional;
IV – não existir prova de ter o adolescente concorrido para o ato infracional.

Parágrafo único. Na hipótese deste artigo, estando o adolescente internado, será imediatamente colocado em liberdade.

**Art. 190.** A intimação da sentença que aplicar medida de internação ou regime de semiliberdade será feita:

I – ao adolescente e ao seu defensor;
II – quando não for encontrado o adolescente, a seus pais ou responsável, sem prejuízo do defensor.

▶ Art. 184, § 2º, desta Lei.

§ 1º Sendo outra a medida aplicada, a intimação far-se-á unicamente na pessoa do defensor.

▶ Art. 152 desta Lei.

§ 2º Recaindo a intimação na pessoa do adolescente, deverá este manifestar se deseja ou não recorrer da sentença.

SEÇÃO VI

**DA APURAÇÃO DE IRREGULARIDADES EM ENTIDADE DE ATENDIMENTO**

**Art. 191.** O procedimento de apuração de irregularidades em entidade governamental e não governamental terá início mediante portaria da autoridade judiciária ou representação do Ministério Público ou do Conselho Tutelar, onde conste, necessariamente, resumo dos fatos.

▶ Arts. 90 a 97 e 131 desta Lei.

Parágrafo único. Havendo motivo grave, poderá a autoridade judiciária, ouvido o Ministério Público, decretar liminarmente o afastamento provisório do dirigente da entidade, mediante decisão fundamentada.

**Art. 192.** O dirigente da entidade será citado para, no prazo de dez dias, oferecer resposta escrita, podendo juntar documentos e indicar as provas a produzir.

**Art. 193.** Apresentada ou não a resposta, e sendo necessário, a autoridade judiciária designará audiência de instrução e julgamento, intimando as partes.

▶ Art. 202 desta Lei.

§ 1º Salvo manifestação em audiência, as partes e o Ministério Público terão cinco dias para oferecer alegações finais, decidindo a autoridade judiciária em igual prazo.

▶ Art. 97 desta Lei.

§ 2º Em se tratando de afastamento provisório ou definitivo de dirigente de entidade governamental, a autoridade judiciária oficiará à autoridade administrativa imediatamente superior ao afastado, marcando prazo para a substituição.

▶ Art. 97, I, b e c, desta Lei.

§ 3º Antes de aplicar qualquer das medidas, a autoridade judiciária poderá fixar prazo para a remoção das irregularidades verificadas. Satisfeitas as exigências, o processo será extinto, sem julgamento de mérito.

§ 4º A multa e a advertência serão impostas ao dirigente da entidade ou programa de atendimento.

▶ Arts. 90 e 97, I, a, e II, b, desta Lei.

SEÇÃO VII

**DA APURAÇÃO DE INFRAÇÃO ADMINISTRATIVA ÀS NORMAS DE PROTEÇÃO À CRIANÇA E AO ADOLESCENTE**

**Art. 194.** O procedimento para imposição de penalidade administrativa por infração às normas de proteção à criança e ao adolescente terá início por representação do Ministério Público, ou do Conselho Tutelar, ou auto de infração elaborado por servidor efetivo ou voluntário credenciado, e assinado por duas testemunhas, se possível.

▶ Art. 131 desta Lei.

§ 1º No procedimento iniciado com o auto de infração, poderão ser usadas fórmulas impressas, especificando-se a natureza e as circunstâncias da infração.

§ 2º Sempre que possível, à verificação da infração seguir-se-á a lavratura do auto, certificando-se, em caso contrário, dos motivos do retardamento.

▶ Arts. 245 a 258 desta Lei.

**Art. 195.** O requerido terá prazo de dez dias para apresentação de defesa, contado da data da intimação, que será feita:

▶ Art. 5º, LV, da CF.
▶ Art. 197, parágrafo único, desta Lei.

I – pelo autuante, no próprio auto, quando este for lavrado na presença do requerido;
II – por oficial de justiça ou funcionário legalmente habilitado, que entregará cópia do auto ou da representação ao requerido, ou a seu representante legal, lavrando certidão;

▶ Art. 152 desta Lei.

III – por via postal, com aviso de recebimento, se não for encontrado o requerido ou seu representante legal;
IV – por edital, com prazo de trinta dias, se incerto ou não sabido o paradeiro do requerido ou de seu representante legal.

**Art. 196.** Não sendo apresentada a defesa no prazo legal, a autoridade judiciária dará vista dos autos ao Ministério Público, por cinco dias, decidindo em igual prazo.

▶ Art. 202 desta Lei.

**Art. 197.** Apresentada a defesa, a autoridade judiciária procederá na conformidade do artigo anterior, ou, sendo necessário, designará audiência de instrução e julgamento.

Parágrafo único. Colhida a prova oral, manifestar-se-ão sucessivamente o Ministério Público e o procurador do requerido, pelo tempo de vinte minutos para cada um, prorrogável por mais dez, a critério da autoridade judiciária, que em seguida proferirá sentença.

SEÇÃO VIII

DA HABILITAÇÃO DE
PRETENDENTES À ADOÇÃO

▶ Seção VIII acrescida pela Lei nº 12.010, de 3-8-2009.

**Art. 197-A.** Os postulantes à adoção, domiciliados no Brasil, apresentarão petição inicial na qual conste:

I – qualificação completa;
II – dados familiares;
III – cópias autenticadas de certidão de nascimento ou casamento, ou declaração relativa ao período de união estável;
IV – cópias da cédula de identidade e inscrição no Cadastro de Pessoas Físicas;
V – comprovante de renda e domicílio;
VI – atestados de sanidade física e mental;
VII – certidão de antecedentes criminais;
VIII – certidão negativa de distribuição cível.

**Art. 197-B.** A autoridade judiciária, no prazo de 48 (quarenta e oito) horas, dará vista dos autos ao Ministério Público, que no prazo de 5 (cinco) dias poderá:

I – apresentar quesitos a serem respondidos pela equipe interprofissional encarregada de elaborar o estudo técnico a que se refere o art. 197-C desta Lei;
II – requerer a designação de audiência para oitiva dos postulantes em juízo e testemunhas;
III – requerer a juntada de documentos complementares e a realização de outras diligências que entender necessárias.

**Art. 197-C.** Intervirá no feito, obrigatoriamente, equipe interprofissional a serviço da Justiça da Infância e da Juventude, que deverá elaborar estudo psicossocial, que conterá subsídios que permitam aferir a capacidade e o preparo dos postulantes para o exercício de uma paternidade ou maternidade responsável, à luz dos requisitos e princípios desta Lei.

§ 1º É obrigatória a participação dos postulantes em programa oferecido pela Justiça da Infância e da Juventude preferencialmente com apoio dos técnicos responsáveis pela execução da política municipal de garantia do direito à convivência familiar, que inclua preparação psicológica, orientação e estímulo à adoção inter-racial, de crianças maiores ou de adolescentes, com necessidades específicas de saúde ou com deficiências e de grupos de irmãos.

§ 2º Sempre que possível e recomendável, a etapa obrigatória da preparação referida no § 1º deste artigo incluirá o contato com crianças e adolescentes em regime de acolhimento familiar ou institucional em condições de serem adotados, a ser realizado sob a orientação, supervisão e avaliação da equipe técnica da Justiça da Infância e da Juventude, com o apoio dos técnicos responsáveis pelo programa de acolhimento familiar ou institucional e pela execução da política municipal de garantia do direito à convivência familiar.

**Art. 197-D.** Certificada nos autos a conclusão da participação no programa referido no art. 197-C desta Lei, a autoridade judiciária, no prazo de 48 (quarenta e oito) horas, decidirá acerca das diligências requeridas pelo Ministério Público e determinará a juntada do estudo psicossocial, designando, conforme o caso, audiência de instrução e julgamento.

Parágrafo único. Caso não sejam requeridas diligências, ou sendo essas indeferidas, a autoridade judiciária determinará a juntada do estudo psicossocial, abrindo a seguir vista dos autos ao Ministério Público, por 5 (cinco) dias, decidindo em igual prazo.

**Art. 197-E.** Deferida a habilitação, o postulante será inscrito nos cadastros referidos no art. 50 desta Lei, sendo a sua convocação para a adoção feita de acordo com ordem cronológica de habilitação e conforme a disponibilidade de crianças ou adolescentes adotáveis.

§ 1º A ordem cronológica das habilitações somente poderá deixar de ser observada pela autoridade judiciária nas hipóteses previstas no § 13 do art. 50 desta Lei, quando comprovado ser essa a melhor solução no interesse do adotando.

§ 2º A recusa sistemática na adoção das crianças ou adolescentes indicados importará na reavaliação da habilitação concedida.

▶ Arts. 197-A a 197-E acrescidos pela Lei nº 12.010, de 3-8-2009.

CAPÍTULO IV

DOS RECURSOS

**Art. 198.** Nos procedimentos afetos à Justiça da Infância e da Juventude fica adotado o sistema recursal do Código de Processo Civil, aprovado pela Lei nº 5.869, de 11 de janeiro de 1973, e suas alterações posteriores, com as seguintes adaptações:

▶ Arts. 148 e 149 desta Lei.

I – os recursos serão interpostos independentemente de preparo;

▶ Art. 141, § 2º, desta Lei.

II – em todos os recursos, salvo o de agravo de instrumento e de embargos de declaração, o prazo para interpor e para responder será sempre de 10 (dez) dias;
III – os recursos terão preferência de julgamento e dispensarão revisor;
IV a VI – *Revogados*. Lei nº 12.010, de 3-8-2009;
VII – antes de determinar a remessa dos autos à superior instância, no caso de apelação, ou do instrumento, no caso de agravo, a autoridade judiciária proferirá despacho fundamentado, mantendo ou reformando a decisão, no prazo de 5 (cinco) dias;
VIII – mantida a decisão apelada ou agravada, o escrivão remeterá os autos ou o instrumento à superior instância dentro de vinte e quatro horas, independentemente de novo pedido do recorrente; se a reformar, a remessa dos autos dependerá de pedido expresso da parte interessada ou do Ministério Público, no prazo de cinco dias, contados da intimação.

**Art. 199.** Contra as decisões proferidas com base no artigo 149 caberá recurso de apelação.

**Art. 199-A.** A sentença que deferir a adoção produz efeito desde logo, embora sujeita a apelação, que será recebida exclusivamente no efeito devolutivo, salvo se se tratar de adoção internacional ou se houver perigo de dano irreparável ou de difícil reparação ao adotando.

**Art. 199-B.** A sentença que destituir ambos ou qualquer dos genitores do poder familiar fica sujeita a apelação, que deverá ser recebida apenas no efeito devolutivo.

**Art. 199-C.** Os recursos nos procedimentos de adoção e de destituição de poder familiar, em face da relevância das questões, serão processados com prioridade absoluta, devendo ser imediatamente distribuídos, ficando vedado que aguardem, em qualquer situação, oportuna distribuição, e serão colocados em mesa para julgamento sem revisão e com parecer urgente do Ministério Público.

**Art. 199-D.** O relator deverá colocar o processo em mesa para julgamento no prazo máximo de 60 (sessenta) dias, contado da sua conclusão.

Parágrafo único. O Ministério Público será intimado da data do julgamento e poderá na sessão, se entender necessário, apresentar oralmente seu parecer.

**Art. 199-E.** O Ministério Público poderá requerer a instauração de procedimento para apuração de responsabilidades se constatar o descumprimento das providências e do prazo previstos nos artigos anteriores.

► Arts. 199-A a 199-E acrescidos pela Lei nº 12.010, de 3-8-2009.

## Capítulo V
### DO MINISTÉRIO PÚBLICO

**Art. 200.** As funções do Ministério Público, previstas nesta Lei, serão exercidas nos termos da respectiva Lei Orgânica.

► Arts. 127 e 128, § 5º, da CF.
► Lei nº 8.625, de 12-2-1993 (Lei Orgânica Nacional do Ministério Público).

**Art. 201.** Compete ao Ministério Público:

I – conceder a remissão como forma de exclusão do processo;

► Arts. 126 a 128 e 180, II, desta Lei.

II – promover e acompanhar os procedimentos relativos às infrações atribuídas a adolescentes;

► Art. 180, III, desta Lei.

III – promover e acompanhar as ações de alimentos e os procedimentos de suspensão e destituição do poder familiar, nomeação e remoção de tutores, curadores e guardiães, bem como oficiar em todos os demais procedimentos da competência da Justiça da Infância e da Juventude;

► Art. 3º da Lei nº 12.010, de 3-8-2009, que determina a substituição da expressão "pátrio poder" por "poder familiar".
► A Lei nº 10.406, de 10-1-2002 (Código Civil), substituiu a expressão "pátrio poder" por "poder familiar".
► Arts. 33 a 38, 142, parágrafo único, 143, 148, 155 a 163 e 184, § 2º, desta Lei.

IV – promover, de ofício ou por solicitação dos interessados, a especialização e a inscrição de hipoteca legal e a prestação de contas dos tutores, curadores e quaisquer administradores de bens de crianças e adolescentes nas hipóteses do artigo 98;

V – promover o inquérito civil e a ação civil pública para a proteção dos interesses individuais, difusos ou coletivos relativos à infância e à adolescência, inclusive os definidos no artigo 220, § 3º, inciso II, da Constituição Federal;

► Arts. 129, III, e 220, § 3º, da CF.
► Arts. 208, 223 e 224 desta Lei.

VI – instaurar procedimentos administrativos e, para instruí-los:
a) expedir notificações para colher depoimentos ou esclarecimentos e, em caso de não comparecimento injustificado, requisitar condução coercitiva, inclusive pela polícia civil ou militar;
b) requisitar informações, exames, perícias e documentos de autoridades municipais, estaduais e federais, da administração direta ou indireta, bem como promover inspeções e diligências investigatórias;
c) requisitar informações e documentos a particulares e instituições privadas;

VII – instaurar sindicâncias, requisitar diligências investigatórias e determinar a instauração de inquérito policial, para apuração de ilícitos ou infrações às normas de proteção à infância e à juventude;

VIII – zelar pelo efetivo respeito aos direitos e garantias legais assegurados às crianças e adolescentes, promovendo as medidas judiciais e extrajudiciais cabíveis;

► Art. 129, II, da CF.

IX – impetrar mandado de segurança, de injunção e *habeas corpus*, em qualquer juízo, instância ou tribunal, na defesa dos interesses sociais e individuais indisponíveis afetos à criança e ao adolescente;

► Art. 5º, LXVIII, LXIX e LXXI, da CF.

X – representar ao juízo visando à aplicação de penalidade por infrações cometidas contra as normas de proteção à infância e à juventude, sem prejuízo da promoção da responsabilidade civil e penal do infrator, quando cabível;

▶ Arts. 194 e 245 a 258 desta Lei.

XI – inspecionar as entidades públicas e particulares de atendimento e os programas de que trata esta Lei, adotando de pronto as medidas administrativas ou judiciais necessárias à remoção de irregularidades porventura verificadas;

▶ Arts. 90, 95 e 191 desta Lei.

XII – requisitar força policial, bem como a colaboração dos serviços médicos, hospitalares, educacionais e de assistência social, públicos ou privados, para o desempenho de suas atribuições.

▶ Art. 330 do CP.

§ 1º A legitimação do Ministério Público para as ações cíveis previstas neste artigo não impede a de terceiros, nas mesmas hipóteses, segundo dispuserem a Constituição e esta Lei.

▶ Art. 129, § 1º, da CF.

§ 2º As atribuições constantes deste artigo não excluem outras, desde que compatíveis com a finalidade do Ministério Público.

▶ Art. 129, IX, da CF.
▶ Art. 139 desta Lei.

§ 3º O representante do Ministério Público, no exercício de suas funções, terá livre acesso a todo local onde se encontre criança ou adolescente.

▶ Art. 5º, XI, da CF.
▶ Art. 150 do CP.
▶ Art. 226 do CPM.

§ 4º O representante do Ministério Público será responsável pelo uso indevido das informações e documentos que requisitar, nas hipóteses legais de sigilo.

▶ Art. 5º, XII, da CF.
▶ Arts. 151 e 152 do CP.

§ 5º Para o exercício da atribuição de que trata o inciso VIII deste artigo, poderá o representante do Ministério Público:

a) reduzir a termo as declarações do reclamante, instaurando o competente procedimento, sob sua presidência;
b) entender-se diretamente com a pessoa ou autoridade reclamada, em dia, local e horário previamente notificados ou acertados;
c) efetuar recomendações visando à melhoria dos serviços públicos e de relevância pública afetos à criança e ao adolescente, fixando prazo razoável para sua perfeita adequação.

**Art. 202.** Nos processos e procedimentos em que não for parte, atuará obrigatoriamente o Ministério Público na defesa dos direitos e interesses de que cuida esta Lei, hipótese em que terá vista dos autos depois das partes, podendo juntar documentos e requerer diligências, usando os recursos cabíveis.

▶ Art. 204 desta Lei.

**Art. 203.** A intimação do Ministério Público, em qualquer caso, será feita pessoalmente.

▶ Art. 41, IV, da Lei nº 8.625, de 12-2-1993 (Lei Orgânica Nacional do Ministério Público).

**Art. 204.** A falta de intervenção do Ministério Público acarreta a nulidade do feito, que será declarada de ofício pelo juiz ou a requerimento de qualquer interessado.

**Art. 205.** As manifestações processuais do representante do Ministério Público deverão ser fundamentadas.

▶ Art. 129, VIII, da CF.

CAPÍTULO VI

## DO ADVOGADO

**Art. 206.** A criança ou o adolescente, seus pais ou responsável, e qualquer pessoa que tenha legítimo interesse na solução da lide poderão intervir nos procedimentos de que trata esta Lei, através de advogado, o qual será intimado para todos os atos, pessoalmente ou por publicação oficial, respeitado o segredo de justiça.

▶ Art. 5º, LV, da CF.
▶ Art. 143 desta Lei.
▶ Arts. 36 e 155, caput, I e II, do CPC.

Parágrafo único. Será prestada assistência judiciária integral e gratuita àqueles que dela necessitarem.

▶ Art. 5º, LXXIV, da CF.
▶ Arts. 141, § 1º, e 159 desta Lei.

**Art. 207.** Nenhum adolescente a quem se atribua a prática de ato infracional, ainda que ausente ou foragido, será processado sem defensor.

▶ Art. 5º, LXIII, da CF.
▶ Arts. 111, I, e 182 desta Lei.
▶ Art. 261 do CPP.

§ 1º Se o adolescente não tiver defensor, ser-lhe-á nomeado pelo juiz, ressalvado o direito de, a todo tempo, constituir outro de sua preferência.

▶ Art. 186, § 2º, desta Lei.

§ 2º A ausência do defensor não determinará o adiamento de nenhum ato do processo, devendo o juiz nomear substituto, ainda que provisoriamente, ou para o só efeito do ato.

§ 3º Será dispensada a outorga de mandato, quando se tratar de defensor nomeado ou, sendo constituído, tiver sido indicado por ocasião de ato formal com a presença da autoridade judiciária.

CAPÍTULO VII

## DA PROTEÇÃO JUDICIAL DOS INTERESSES INDIVIDUAIS, DIFUSOS E COLETIVOS

**Art. 208.** Regem-se pelas disposições desta Lei as ações de responsabilidade por ofensa aos direitos assegurados à criança e ao adolescente, referentes ao não oferecimento ou oferta irregular:

I – do ensino obrigatório;

II – de atendimento educacional especializado aos portadores de deficiência;

III – de atendimento em creche e pré-escola às crianças de 0 (zero) a 6 (seis) anos de idade;

IV – de ensino noturno regular, adequado às condições do educando;

V – de programas suplementares de oferta de material didático-escolar, transporte e assistência à saúde do educando do ensino fundamental;

VI – do serviço de assistência social visando à proteção à família, à maternidade, à infância e à adolescência, bem como ao amparo às crianças e adolescentes que dele necessitem;
VII – de acesso às ações e serviços de saúde;
VIII – de escolarização e profissionalização dos adolescentes privados de liberdade;
IX – de ações, serviços e programas de orientação, apoio e promoção social de famílias e destinados ao pleno exercício do direito à convivência familiar por crianças e adolescentes.

▶ Inciso IX acrescido pela Lei nº 12.010, de 3-8-2009 (DOU de 4-8-2009 e retificado no DOU de 2-9-2009).

§ 1º As hipóteses previstas neste artigo não excluem da proteção judicial outros interesses individuais, difusos ou coletivos, próprios da infância e da adolescência, protegidos pela Constituição e pela Lei.

▶ Antigo parágrafo único renumerado para § 1º pela Lei nº 11.259, de 30-12-2005.

§ 2º A investigação do desaparecimento de crianças ou adolescentes será realizada imediatamente após notificação aos órgãos competentes, que deverão comunicar o fato aos portos, aeroportos, Polícia Rodoviária e companhias de transporte interestaduais e internacionais, fornecendo-lhes todos os dados necessários à identificação do desaparecido.

▶ § 2º acrescido pela Lei nº 11.259, de 30-12-2005.

**Art. 209.** As ações previstas neste capítulo serão propostas no foro do local onde ocorreu ou deva ocorrer a ação ou omissão, cujo juízo terá competência absoluta para processar a causa, ressalvadas a competência da Justiça Federal e a competência originária dos Tribunais Superiores.

**Art. 210.** Para as ações cíveis fundadas em interesses coletivos ou difusos, consideram-se legitimados concorrentemente:
I – o Ministério Público;
II – a União, os Estados, os Municípios, o Distrito Federal e os Territórios;
III – as associações legalmente constituídas há pelo menos um ano e que incluam entre seus fins institucionais a defesa dos interesses e direitos protegidos por esta Lei, dispensada a autorização da assembleia, se houver prévia autorização estatutária.

§ 1º Admitir-se-á litisconsórcio facultativo entre os Ministérios Públicos da União e dos Estados na defesa dos interesses e direitos de que cuida esta Lei.

▶ Arts. 46 a 49 do CPC.

§ 2º Em caso de desistência ou abandono da ação por associação legitimada, o Ministério Público ou outro legitimado poderá assumir a titularidade ativa.

**Art. 211.** Os órgãos públicos legitimados poderão tomar dos interessados compromisso de ajustamento de sua conduta às exigências legais, o qual terá eficácia de título executivo extrajudicial.

**Art. 212.** Para defesa dos direitos e interesses protegidos por esta Lei, são admissíveis todas as espécies de ações pertinentes.

§ 1º Aplicam-se às ações previstas neste capítulo as normas do Código de Processo Civil.

§ 2º Contra atos ilegais ou abusivos de autoridade pública ou agente de pessoa jurídica no exercício de atribuições do Poder Público, que lesem direito líquido e certo previsto nesta Lei, caberá ação mandamental, que se regerá pelas normas da lei do mandado de segurança.

**Art. 213.** Na ação que tenha por objeto o cumprimento de obrigação de fazer ou não fazer, o juiz concederá a tutela específica da obrigação ou determinará providências que assegurem o resultado prático equivalente ao do adimplemento.

§ 1º Sendo relevante o fundamento da demanda e havendo justificado receio de ineficácia do provimento final, é lícito ao juiz conceder a tutela liminarmente ou após justificação prévia, citando o réu.

§ 2º O juiz poderá, na hipótese do parágrafo anterior ou na sentença, impor multa diária ao réu, independentemente de pedido do autor, se for suficiente ou compatível com a obrigação, fixando prazo razoável para o cumprimento do preceito.

§ 3º A multa só será exigível do réu após o trânsito em julgado da sentença favorável ao autor, mas será devida desde o dia em que se houver configurado o descumprimento.

**Art. 214.** Os valores das multas reverterão ao fundo gerido pelo Conselho dos Direitos da Criança e do Adolescente do respectivo município.

§ 1º As multas não recolhidas até trinta dias após o trânsito em julgado da decisão serão exigidas através de execução promovida pelo Ministério Público, nos mesmos autos, facultada igual iniciativa aos demais legitimados.

§ 2º Enquanto o fundo não for regulamentado, o dinheiro ficará depositado em estabelecimento oficial de crédito, em conta com correção monetária.

**Art. 215.** O juiz poderá conferir efeito suspensivo aos recursos, para evitar dano irreparável à parte.

**Art. 216.** Transitada em julgado a sentença que impuser condenação ao Poder Público, o juiz determinará a remessa de peças à autoridade competente, para apuração da responsabilidade civil e administrativa do agente a que se atribua a ação ou omissão.

**Art. 217.** Decorridos sessenta dias do trânsito em julgado da sentença condenatória sem que a associação autora lhe promova a execução, deverá fazê-lo o Ministério Público, facultada igual iniciativa aos demais legitimados.

**Art. 218.** O juiz condenará a associação autora a pagar ao réu os honorários advocatícios arbitrados na conformidade do § 4º do artigo 20 da Lei nº 5.869, de 11 de janeiro de 1973 – Código de Processo Civil, quando reconhecer que a pretensão é manifestamente infundada.

Parágrafo único. Em caso de litigância de má-fé, a associação autora e os diretores responsáveis pela propositura da ação serão solidariamente condenados ao décuplo das custas, sem prejuízo de responsabilidade por perdas e danos.

**Art. 219.** Nas ações de que trata este Capítulo, não haverá adiantamento de custas, emolumentos, honorários periciais e quaisquer outras despesas.

**Art. 220.** Qualquer pessoa poderá e o servidor público deverá provocar a iniciativa do Ministério Público, prestando-lhe informações sobre fatos que constituam objeto de ação civil, e indicando-lhe os elementos de convicção.

**Art. 221.** Se, no exercício de suas funções, os juízes e tribunais tiverem conhecimento de fatos que possam ensejar a propositura de ação civil, remeterão peças ao Ministério Público para as providências cabíveis.

**Art. 222.** Para instruir a petição inicial, o interessado poderá requerer às autoridades competentes as certidões e informações que julgar necessárias, que serão fornecidas no prazo de quinze dias.

**Art. 223.** O Ministério Público poderá instaurar, sob sua presidência, inquérito civil, ou requisitar, de qualquer pessoa, organismo público ou particular, certidões, informações, exames ou perícias, no prazo que assinalar, o qual não poderá ser inferior a dez dias úteis.

§ 1º Se o órgão do Ministério Público, esgotadas todas as diligências, se convencer da inexistência de fundamento para a propositura da ação cível, promoverá o arquivamento dos autos do inquérito civil ou das peças informativas, fazendo-o fundamentadamente.

§ 2º Os autos do inquérito civil ou as peças de informação arquivados serão remetidos, sob pena de se incorrer em falta grave, no prazo de três dias, ao Conselho Superior do Ministério Público.

§ 3º Até que seja homologada ou rejeitada a promoção de arquivamento, em sessão do Conselho Superior do Ministério Público, poderão as associações legitimadas apresentar razões escritas ou documentos, que serão juntados aos autos do inquérito ou anexados às peças de informação.

§ 4º A promoção de arquivamento será submetida a exame e deliberação do Conselho Superior do Ministério Público, conforme dispuser o seu Regimento.

§ 5º Deixando o Conselho Superior de homologar a promoção de arquivamento, designará, desde logo, outro órgão do Ministério Público para o ajuizamento da ação.

**Art. 224.** Aplicam-se subsidiariamente, no que couber, as disposições da Lei nº 7.347, de 24 de julho de 1985.

▶ Lei nº 7.347, de 24-7-1985 (Lei da Ação Civil Pública).

### TÍTULO VII – DOS CRIMES E DAS INFRAÇÕES ADMINISTRATIVAS

#### Capítulo I

#### DOS CRIMES

▶ Art. 313, III, do CPP.

#### Seção I

#### DISPOSIÇÕES GERAIS

**Art. 225.** Este capítulo dispõe sobre crimes praticados contra a criança e o adolescente, por ação ou omissão, sem prejuízo do disposto na legislação penal.

**Art. 226.** Aplicam-se aos crimes definidos nesta Lei as normas da Parte Geral do Código Penal e, quanto ao processo, as pertinentes ao Código de Processo Penal.

**Art. 227.** Os crimes definidos nesta Lei são de ação pública incondicionada.

▶ Art. 118 desta Lei.
▶ Art. 129, I, da CF.
▶ Art. 100 do CP.

#### Seção II

#### DOS CRIMES EM ESPÉCIE

**Art. 228.** Deixar o encarregado de serviço ou o dirigente de estabelecimento de atenção à saúde de gestante de manter registro das atividades desenvolvidas, na forma e prazo referidos no artigo 10 desta Lei, bem como de fornecer à parturiente ou a seu responsável, por ocasião da alta médica, declaração de nascimento, onde constem as intercorrências do parto e do desenvolvimento do neonato:

Pena – detenção de seis meses a dois anos.

Parágrafo único. Se o crime é culposo:

Pena – detenção de dois a seis meses, ou multa.

**Art. 229.** Deixar o médico, enfermeiro ou dirigente de estabelecimento de atenção à saúde de gestante de identificar corretamente o neonato e a parturiente, por ocasião do parto, bem como deixar de proceder aos exames referidos no artigo 10 desta Lei:

▶ Art. 268 do CP.

Pena – detenção de seis meses a dois anos.

Parágrafo único. Se o crime é culposo:

Pena – detenção de dois a seis meses, ou multa.

**Art. 230.** Privar a criança ou o adolescente de sua liberdade, procedendo à sua apreensão sem estar em flagrante de ato infracional ou inexistindo ordem escrita da autoridade judiciária competente:

▶ Art. 148 do CP.
▶ Arts. 301 a 310 do CPP.
▶ Arts. 243 a 253 do CPPM.

Pena – detenção de seis meses a dois anos.

Parágrafo único. Incide na mesma pena aquele que procede à apreensão sem observância das formalidades legais.

▶ Arts. 106, parágrafo único, e 109 desta Lei.

**Art. 231.** Deixar a autoridade policial responsável pela apreensão de criança ou adolescente de fazer imediata comunicação à autoridade judiciária competente e à família do apreendido ou à pessoa por ele indicada:

▶ Art. 107 desta Lei.
▶ Art. 5º, LXII, da CF.

Pena – detenção de seis meses a dois anos.

**Art. 232.** Submeter criança ou adolescente sob sua autoridade, guarda ou vigilância a vexame ou a constrangimento:

▶ Arts. 109 a 178 desta Lei.
▶ Art. 146 do CP.

Pena – detenção de seis meses a dois anos.

**Art. 233.** *Revogado.* Lei nº 9.455, de 7-4-1997.

**Art. 234.** Deixar a autoridade competente, sem justa causa, de ordenar a imediata liberação de criança ou adolescente, tão logo tenha conhecimento da ilegalidade da apreensão:

▶ Art. 107 desta Lei.

Pena – detenção de seis meses a dois anos.

**Art. 235.** Descumprir, injustificadamente, prazo fixado nesta Lei em benefício de adolescente privado de liberdade:

▶ Arts. 108, 121, §§ 1º a 3º e 5º, 175, §§ 1º e 2º, 183 e 185, § 2º, desta Lei.

Pena – detenção de seis meses a dois anos.

**Art. 236.** Impedir ou embaraçar a ação de autoridade judiciária, membro do Conselho Tutelar ou representante do Ministério Público no exercício de função prevista nesta Lei:

▶ Art. 201 desta Lei.

Pena – detenção de seis meses a dois anos.

▶ O parágrafo único que seria acrescido pela Lei nº 12.318, de 26-8-2010 (Lei da Alienação Parental), teve seu texto vetado.

**Art. 237.** Subtrair criança ou adolescente ao poder de quem o tem sob sua guarda em virtude de lei ou ordem judicial, com o fim de colocação em lar substituto:

▶ Art. 249 do CP.

Pena – reclusão de dois a seis anos, e multa.

**Art. 238.** Prometer ou efetivar a entrega de filho ou pupilo a terceiro, mediante paga ou recompensa:

▶ Art. 245, caput, e § 1º, do CP.

Pena – reclusão de um a quatro anos, e multa.

Parágrafo único. Incide nas mesmas penas quem oferece ou efetiva a paga ou recompensa.

**Art. 239.** Promover ou auxiliar a efetivação de ato destinado ao envio de criança ou adolescente para o exterior com inobservância das formalidades legais ou com o fito de obter lucro:

▶ Art. 245, § 2º, do CP.

Pena – reclusão de quatro a seis anos, e multa.

Parágrafo único. Se há emprego de violência, grave ameaça ou fraude:

Pena – reclusão, de seis a oito anos, além da pena correspondente à violência.

▶ Parágrafo único acrescido pela Lei nº 10.764, de 12-11-2003.

**Art. 240.** Produzir, reproduzir, dirigir, fotografar, filmar ou registrar, por qualquer meio, cena de sexo explícito ou pornográfica, envolvendo criança ou adolescente:

▶ Art. 234, parágrafo único, II, do CP.

Pena – reclusão, de 4 (quatro) a 8 (oito) anos, e multa.

§ 1º Incorre nas mesmas penas quem agencia, facilita, recruta, coage, ou de qualquer modo intermedeia a participação de criança ou adolescente nas cenas referidas no caput deste artigo, ou ainda quem com esses contracena.

§ 2º Aumenta-se a pena de 1/3 (um terço) se o agente comete o crime:

I – no exercício de cargo ou função pública ou a pretexto de exercê-la;

II – prevalecendo-se de relações domésticas, de coabitação ou de hospitalidade; ou

III – prevalecendo-se de relações de parentesco consanguíneo ou afim até o terceiro grau, ou por adoção, de tutor, curador, preceptor, empregador da vítima ou de quem, a qualquer outro título, tenha autoridade sobre ela, ou com seu consentimento.

**Art. 241.** Vender ou expor à venda fotografia, vídeo ou outro registro que contenha cena de sexo explícito ou pornográfica envolvendo criança ou adolescente:

Pena – reclusão, de 4 (quatro) a 8 (oito) anos, e multa.

▶ Arts. 240 e 241 com a redação dada pela Lei nº 11.829, de 25-11-2008.

**Art. 241-A.** Oferecer, trocar, disponibilizar, transmitir, distribuir, publicar ou divulgar por qualquer meio, inclusive por meio de sistema de informática ou telemático, fotografia, vídeo ou outro registro que contenha cena de sexo explícito ou pornográfica envolvendo criança ou adolescente:

Pena – reclusão, de 3 (três) a 6 (seis) anos, e multa.

§ 1º Nas mesmas penas incorre quem:

I – assegura os meios ou serviços para o armazenamento das fotografias, cenas ou imagens de que trata o caput deste artigo;

II – assegura, por qualquer meio, o acesso por rede de computadores às fotografias, cenas ou imagens de que trata o caput deste artigo.

§ 2º As condutas tipificadas nos incisos I e II do § 1º deste artigo são puníveis quando o responsável legal pela prestação do serviço, oficialmente notificado, deixa de desabilitar o acesso ao conteúdo ilícito de que trata o caput deste artigo.

**Art. 241-B.** Adquirir, possuir ou armazenar, por qualquer meio, fotografia, vídeo ou outra forma de registro que contenha cena de sexo explícito ou pornográfica envolvendo criança ou adolescente:

Pena – reclusão, de 1 (um) a 4 (quatro) anos, e multa.

§ 1º A pena é diminuída de 1 (um) a 2/3 (dois terços) se de pequena quantidade o material a que se refere o caput deste artigo.

§ 2º Não há crime se a posse ou o armazenamento tem a finalidade de comunicar às autoridades competentes a ocorrência das condutas descritas nos arts. 240, 241, 241-A e 241-C desta Lei, quando a comunicação for feita por:

I – agente público no exercício de suas funções;

II – membro de entidade, legalmente constituída, que inclua, entre suas finalidades institucionais, o recebimento, o processamento e o encaminhamento de notícia dos crimes referidos neste parágrafo;

III – representante legal e funcionários responsáveis de provedor de acesso ou serviço prestado por meio de rede de computadores, até o recebimento do material relativo à notícia feita à autoridade policial, ao Ministério Público ou ao Poder Judiciário.

§ 3º As pessoas referidas no § 2º deste artigo deverão manter sob sigilo o material ilícito referido.

**Art. 241-C.** Simular a participação de criança ou adolescente em cena de sexo explícito ou pornográfica por meio de adulteração, montagem ou modificação de fotografia, vídeo ou qualquer outra forma de representação visual:

Pena – reclusão, de 1 (um) a 3 (três) anos, e multa.

Parágrafo único. Incorre nas mesmas penas quem vende, expõe à venda, disponibiliza, distribui, publica ou divulga por qualquer meio, adquire, possui ou armazena o material produzido na forma do *caput* deste artigo.

**Art. 241-D.** Aliciar, assediar, instigar ou constranger, por qualquer meio de comunicação, criança, com o fim de com ela praticar ato libidinoso:

Pena – reclusão, de 1 (um) a 3 (três) anos, e multa.

Parágrafo único. Nas mesmas penas incorre quem:

I – facilita ou induz o acesso à criança de material contendo cena de sexo explícito ou pornográfica com o fim de com ela praticar ato libidinoso;

II – pratica as condutas descritas no *caput* deste artigo com o fim de induzir criança a se exibir de forma pornográfica ou sexualmente explícita.

**Art. 241-E.** Para efeito dos crimes previstos nesta Lei, a expressão "cena de sexo explícito ou pornográfica" compreende qualquer situação que envolva criança ou adolescente em atividades sexuais explícitas, reais ou simuladas, ou exibição dos órgãos genitais de uma criança ou adolescente para fins primordialmente sexuais.

▶ Arts. 241-A a 241-E acrescidos pela Lei nº 11.829, de 25-11-2008.

**Art. 242.** Vender, fornecer ainda que gratuitamente ou entregar, de qualquer forma, a criança ou adolescente arma, munição ou explosivo:

▶ Art. 16, parágrafo único, V, da Lei nº 10.826, de 22-12-2003 (Estatuto do Desarmamento).

Pena – reclusão, de três a seis anos.

▶ Pena com a redação dada pela Lei nº 10.764, de 12-11-2003.

**Art. 243.** Vender, fornecer ainda que gratuitamente ou entregar, ministrar ou entregar, de qualquer forma, a criança ou adolescente, sem justa causa, produtos cujos componentes possam causar dependência física ou psíquica, ainda que por utilização indevida:

Pena – detenção de dois a quatro anos, e multa, se o fato não constitui crime mais grave.

▶ Pena com a redação dada pela Lei nº 10.764, de 12-11-2003.

**Art. 244.** Vender, fornecer ainda que gratuitamente ou entregar, de qualquer forma, a criança ou adolescente fogos de estampido ou de artifício, exceto aqueles que, pelo seu reduzido potencial, sejam incapazes de provocar qualquer dano físico em caso de utilização indevida:

Pena – detenção de seis meses a dois anos, e multa.

**Art. 244-A.** Submeter a criança ou adolescente, como tais definidos no *caput* do artigo 2º desta Lei, à prostituição ou à exploração sexual.

Pena – reclusão de quatro a dez anos, e multa.

§ 1º Incorrem nas mesmas penas o proprietário, o gerente ou o responsável pelo local em que se verifique a submissão de criança ou adolescente às práticas referidas no caput deste artigo.

§ 2º Constitui efeito obrigatório da condenação a cassação da licença de localização e de funcionamento do estabelecimento.

▶ Art. 244-A acrescido pela Lei nº 9.975, de 23-6-2000.

**Art. 244-B.** Corromper ou facilitar a corrupção de menor de 18 (dezoito) anos, com ele praticando infração penal ou induzindo-o a praticá-la:

Pena – reclusão, de 1 (um) a 4 (quatro) anos.

§ 1º Incorre nas penas previstas no *caput* deste artigo quem pratica as condutas ali tipificadas utilizando-se de quaisquer meios eletrônicos, inclusive salas de bate-papo da internet.

§ 2º As penas previstas no *caput* deste artigo são aumentadas de um terço no caso de a infração cometida ou induzida estar incluída no rol do art. 1º da Lei nº 8.072, de 25 de julho de 1990.

▶ Art. 244-B acrescido pela Lei nº 12.015, de 7-8-2009.

CAPÍTULO II

## DAS INFRAÇÕES ADMINISTRATIVAS

**Art. 245.** Deixar o médico, professor ou responsável por estabelecimento de atenção à saúde e de ensino fundamental, pré-escola ou creche, de comunicar à autoridade competente os casos de que tenha conhecimento, envolvendo suspeita ou confirmação de maus-tratos contra criança ou adolescente:

▶ Arts. 13, 56 e 130 desta Lei.
▶ Art. 136 do CP.
▶ Art. 213 do CPM.

Pena – multa de três a vinte salários de referência, aplicando-se o dobro em caso de reincidência.

**Art. 246.** Impedir o responsável ou funcionário de entidade de atendimento o exercício dos direitos constantes nos incisos II, III, VII, VIII e XI do artigo 124 desta Lei:

Pena – multa de três a vinte salários de referência, aplicando-se o dobro em caso de reincidência.

**Art. 247.** Divulgar, total ou parcialmente, sem autorização devida, por qualquer meio de comunicação, nome, ato ou documento de procedimento policial, administrativo ou judicial relativo a criança ou adolescente a que se atribui ato infracional:

▶ Art. 143 desta Lei.

Pena – multa de três a vinte salários de referência, aplicando-se o dobro em caso de reincidência.

§ 1º Incorre na mesma pena quem exibe, total ou parcialmente, fotografia de criança ou adolescente envolvido em ato infracional, ou qualquer ilustração que lhe diga respeito ou se refira a atos que lhe sejam atribuídos, de forma a permitir sua identificação, direta ou indiretamente.

▶ Art. 143 desta Lei.

§ 2º Se o fato for praticado por órgão de imprensa ou emissora de rádio ou televisão, além da pena prevista neste artigo, a autoridade judiciária poderá determinar a apreensão da publicação ou a suspensão da programação da emissora até por dois dias, bem como da publicação do periódico até por dois números.

▶ O STF, por unanimidade de votos, julgou procedente a ADIN nº 869-2, para declarar a inconstitucionalidade da expressão "ou a suspensão da programação da emissora até por dois dias, bem como da publicação do periódico até por dois números", contida neste parágrafo (DJ de 4-6-2004).

**Art. 248.** Deixar de apresentar à autoridade judiciária de seu domicílio, no prazo de cinco dias, com o fim de regularizar a guarda, adolescente trazido de outra comarca para a prestação de serviço doméstico, mesmo que autorizado pelos pais ou responsável:

▶ Art. 33, § 2º, desta Lei.

Pena – multa de três a vinte salários de referência, aplicando-se o dobro em caso de reincidência, independentemente das despesas de retorno do adolescente, se for o caso.

**Art. 249.** Descumprir, dolosa ou culposamente, os deveres inerentes ao pátrio poder ou decorrente de tutela ou guarda, bem assim determinação da autoridade judiciária ou Conselho Tutelar:

▶ Art. 3º da Lei nº 12.010, de 3-8-2009, que determina a substituição da expressão "pátrio poder" por "poder familiar".

▶ A Lei nº 10.406, de 10-1-2002 (Código Civil), substituiu a expressão "pátrio poder" por "poder familiar".

▶ Arts. 22, 24, 32, 136, II, 137 e 262 desta Lei.

Pena – multa de três a vinte salários de referência, aplicando-se o dobro em caso de reincidência.

**Art. 250.** Hospedar criança ou adolescente desacompanhado dos pais ou responsável, sem autorização escrita desses ou da autoridade judiciária, em hotel, pensão, motel ou congênere:

▶ Art. 82 desta Lei.

Pena – multa.

▶ Caput e pena com a redação dada pela Lei nº 12.038, de 1º-10-2009.

§ 1º Em caso de reincidência, sem prejuízo da pena de multa, a autoridade judiciária poderá determinar o fechamento do estabelecimento por até 15 (quinze) dias.

§ 2º Se comprovada a reincidência em período inferior a 30 (trinta) dias, o estabelecimento será definitivamente fechado e terá sua licença cassada.

▶ §§ 1º e 2º acrescidos dada pela Lei nº 12.038, de 1º-10-2009.

**Art. 251.** Transportar criança ou adolescente, por qualquer meio, com inobservância do disposto nos artigos 83, 84 e 85 desta Lei:

Pena – multa de três a vinte salários de referência, aplicando-se o dobro em caso de reincidência.

**Art. 252.** Deixar o responsável por diversão ou espetáculo público de afixar, em lugar visível e de fácil acesso, à entrada do local de exibição, informação destacada sobre a natureza da diversão ou espetáculo e a faixa etária especificada no certificado de classificação:

▶ Art. 74 desta Lei.

Pena – multa de três a vinte salários de referência, aplicando-se o dobro em caso de reincidência.

**Art. 253.** Anunciar peças teatrais, filmes, ou quaisquer representações ou espetáculos, sem indicar os limites de idade a que não se recomendem:

▶ Art. 76, parágrafo único, desta Lei.

Pena – multa de três a vinte salários de referência, duplicada em caso de reincidência, aplicável, separadamente, à casa de espetáculo e aos órgãos de divulgação ou publicidade.

**Art. 254.** Transmitir, através de rádio ou televisão, espetáculo em horário diverso do autorizado ou sem aviso de sua classificação:

▶ Arts. 74 e 76, parágrafo único, desta Lei.

Pena – multa de vinte a cem salários de referência; duplicada em caso de reincidência a autoridade judiciária poderá determinar a suspensão da programação da emissora por até dois dias.

**Art. 255.** Exibir filme, trailer, peça, amostra ou congênere classificado pelo órgão competente como inadequado às crianças ou adolescentes admitidos ao espetáculo:

▶ Arts. 74 e 75 desta Lei.

Pena – multa de vinte a cem salários de referência; na reincidência, a autoridade poderá determinar a suspensão do espetáculo ou o fechamento do estabelecimento por até quinze dias.

**Art. 256.** Vender ou locar a criança ou adolescente fita de programação em vídeo, em desacordo com a classificação atribuída pelo órgão competente:

▶ Arts. 74, 77 e 88, V, desta Lei.

Pena – multa de três a vinte salários de referência; em caso de reincidência, a autoridade judiciária poderá determinar o fechamento do estabelecimento por até quinze dias.

**Art. 257.** Descumprir obrigação constante dos artigos 78 e 79 desta Lei:

▶ Arts. 194 e 197 desta Lei.

Pena – multa de três a vinte salários de referência, duplicando-se a pena em caso de reincidência, sem prejuízo de apreensão da revista ou publicação.

**Art. 258.** Deixar o responsável pelo estabelecimento ou o empresário de observar o que dispõe esta Lei sobre o acesso de criança ou adolescente aos locais de diversão, ou sobre sua participação no espetáculo:

▶ Arts. 75, 80, 149 e 249 desta Lei.

Pena – multa de três a vinte salários de referência; em caso de reincidência, a autoridade judiciária poderá determinar o fechamento do estabelecimento por até quinze dias.

**Art. 258-A.** Deixar a autoridade competente de providenciar a instalação e operacionalização dos cadastros previstos no art. 50 e no § 11 do art. 101 desta Lei:

Pena – multa de R$ 1.000,00 (mil reais) a R$ 3.000,00 (três mil reais).

Parágrafo único. Incorre nas mesmas penas a autoridade que deixa de efetuar o cadastramento de crianças e de adolescentes em condições de serem adotadas, de pessoas ou casais habilitados à adoção e de crianças e adolescentes em regime de acolhimento institucional ou familiar.

**Art. 258-B.** Deixar o médico, enfermeiro ou dirigente de estabelecimento de atenção à saúde de gestante de efetuar imediato encaminhamento à autoridade judiciária de caso de que tenha conhecimento de mãe ou gestante interessada em entregar seu filho para adoção:

Pena – multa de R$ 1.000,00 (mil reais) a R$ 3.000,00 (três mil reais).

Parágrafo único. Incorre na mesma pena o funcionário de programa oficial ou comunitário destinado à garantia do direito à convivência familiar que deixa de efetuar a comunicação referida no *caput* deste artigo.

► Arts. 258-A e 258-B acrescidos pela Lei nº 12.010, de 3-8-2009.

### DISPOSIÇÕES FINAIS E TRANSITÓRIAS

**Art. 259.** A União, no prazo de noventa dias contados da publicação deste Estatuto, elaborará projeto de lei dispondo sobre a criação ou adaptação de seus órgãos às diretrizes da política de atendimento fixadas no artigo 88 e ao que estabelece o Título V do Livro II.

Parágrafo único. Compete aos Estados e Municípios promoverem a adaptação de seus órgãos e programas às diretrizes e princípios estabelecidos nesta Lei.

**Art. 260.** Os contribuintes poderão deduzir do imposto devido, na declaração do Imposto sobre a Renda, o total das doações feitas aos Fundos dos Direitos da Criança e do Adolescente – nacional, estaduais ou municipais – devidamente comprovadas, obedecidos os limites estabelecidos em decreto do Presidente da República.

► Lei nº 9.532, de 10-12-1997, altera a legislação tributária federal.
► Art. 3º, parágrafo único, da Lei nº 12.213, de 20-1-2010, que institui o Fundo Nacional do Idoso e autoriza a deduzir do imposto de renda devido pelas pessoas físicas e jurídicas as doações efetuadas aos Fundos Municipais, Estaduais e Nacional do Idoso.

§ 1º *Revogado*. Lei nº 9.532, de 10-12-1997.

§ 1º-A. Na definição das prioridades a serem atendidas com os recursos captados pelos Fundos Nacional, Estaduais e Municipais dos Direitos da Criança e do Adolescente, serão consideradas as disposições do Plano Nacional de Promoção, Proteção e Defesa dos Direitos de Crianças e Adolescentes à Convivência Familiar, bem como as regras e princípios relativos à garantia do direito à convivência familiar previstos nesta Lei.

► § 1º-A acrescido pela Lei nº 12.010, de 3-8-2009.

§ 2º Os Conselhos Municipais, Estaduais e Nacional dos Direitos da Criança e do Adolescente fixarão critérios de utilização, através de planos de aplicação das doações subsidiadas e demais receitas, aplicando necessariamente percentual para incentivo ao acolhimento, sob a forma de guarda, de criança ou adolescente, órfão ou abandonado, na forma do disposto no artigo 227, § 3º, VI, da Constituição Federal.

§ 3º O Departamento da Receita Federal, do Ministério da Economia, Fazenda e Planejamento, regulamentará a comprovação das doações feitas aos Fundos, nos termos deste artigo.

§ 4º O Ministério Público determinará em cada comarca a forma de fiscalização da aplicação, pelo Fundo Municipal dos Direitos da Criança e do Adolescente, dos incentivos fiscais referidos neste artigo.

► Art. 2º, VII, do Dec. nº 5.089, de 20-5-2004, que dispõe sobre a composição, estruturação, competências e funcionamento do Conselho Nacional dos Direitos da Criança e do Adolescente – CONANDA.

§ 5º A destinação de recursos provenientes dos fundos mencionados neste artigo não desobriga os Entes Federados à previsão, no orçamento dos respectivos órgãos encarregados da execução das políticas públicas de assistência social, educação e saúde, dos recursos necessários à implementação das ações, serviços e programas de atendimento a crianças, adolescentes e famílias, em respeito ao princípio da prioridade absoluta estabelecido pelo *caput* do art. 227 da Constituição Federal e pelo *caput* e parágrafo único do art. 4º desta Lei.

► § 5º acrescido pela Lei nº 12.010, de 3-8-2009.

**Art. 261.** À falta dos Conselhos Municipais dos Direitos da Criança e do Adolescente, os registros, inscrições e alterações a que se referem os artigos 90, parágrafo único, e 91 desta Lei serão efetuados perante a autoridade judiciária da comarca a que pertencer a entidade.

Parágrafo único. A União fica autorizada a repassar aos Estados e Municípios, e os Estados aos Municípios, os recursos referentes aos programas e atividades previstos nesta Lei, tão logo estejam criados os Conselhos dos Direitos da Criança e do Adolescente nos seus respectivos níveis.

**Art. 262.** Enquanto não instalados os Conselhos Tutelares, as atribuições a eles conferidas serão exercidas pela autoridade judiciária.

► Art. 136 desta Lei.

**Art. 263.** O Decreto-Lei nº 2.848, de 7 de dezembro de 1940, Código Penal, passa a vigorar com as seguintes alterações:

1) "Art. 121. ..............................................................
..............................................................

§ 4º No homicídio culposo, a pena é aumentada de um terço, se o crime resulta de inobservância de regra técnica de profissão, de arte ou ofício, ou se o agente deixa de prestar imediato socorro à vítima, não procura diminuir as consequências do seu ato, ou foge para evitar prisão em flagrante. Sendo doloso o homicídio, a pena é aumentada de um terço, se o crime é praticado contra pessoa menor de quatorze anos."

2) "Art. 129. ..............................................................

§ 7º Aumenta-se a pena de um terço, se ocorrer qualquer das hipóteses do artigo 121, § 4º.

§ 8º Aplica-se à lesão culposa o disposto no § 5º do artigo 121."

3) "Art. 136. ..............................................................

§ 3º Aumenta-se a pena de um terço, se o crime é praticado contra pessoa menor de quatorze anos."

4) "Art. 213. ..............................................................

Parágrafo único. Se a ofendida é menor de quatorze anos:

Pena – reclusão de quatro a dez anos."

5) "Art. 214. ..............................................................

Parágrafo único. Se o ofendido é menor de quatorze anos:

Pena – reclusão de três a nove anos."

**Art. 264.** O artigo 102 da Lei nº 6.015, de 31 de dezembro de 1973, fica acrescido do seguinte item:
▶ Alteração inserida no texto da referida lei.

**Art. 265.** A Imprensa Nacional e demais gráficas da União, da administração direta ou indireta, inclusive fundações instituídas e mantidas pelo Poder Público Federal, promoverão edição popular do texto integral deste Estatuto, que será posto à disposição das escolas e das entidades de atendimento e de defesa dos direitos da criança e do adolescente.

**Art. 266.** Esta Lei entra em vigor noventa dias após sua publicação.

Parágrafo único. Durante o período de vacância deverão ser promovidas atividades e campanhas de divulgação e esclarecimentos acerca do disposto nesta Lei.

**Art. 267.** Revogam-se as Leis nºs 4.513, de 1964, e 6.697, de 10 de outubro de 1979 (Código de Menores), e as demais disposições em contrário.

Brasília, 13 de julho de 1990;
169º da Independência e
102º da República.

**Fernando Collor**

---

## LEI Nº 8.078,
## DE 11 DE SETEMBRO DE 1990

*Dispõe sobre a proteção do consumidor e dá outras providências.*

▶ Publicada no *DOU* de 12-9-1990, edição extra, e retificada no *DOU* de 10-1-2007.
▶ Esta Lei é conhecida como Código de Defesa do Consumidor – CDC.
▶ Lei nº 12.291, de 20-7-2010, torna obrigatória a manutenção de exemplar deste Código nos estabelecimentos comerciais e de prestação de serviços.
▶ Lei nº 12.529, de 30-11-2011 (Lei do Sistema Brasileiro de Defesa da Concorrência), *DOU* de 1º-12-2011, para vigorar 180 dias após a data de sua publicação.
▶ Dec. nº 2.181, de 20-3-1997, dispõe sobre a organização do Sistema Nacional de Defesa do Consumidor – SNDC, e estabelece normas gerais de aplicação das sanções administrativas previstas nesta Lei.
▶ Dec. nº 5.903, de 20-9-2006, regulamenta este Código, no que se refere às formas de afixação de preços de produtos e serviços para o consumidor.
▶ Dec. nº 6.523, de 31-7-2008, regulamenta este Código para fixar normas gerais sobre o Serviço de Atendimento ao Consumidor – SAC por telefone, no âmbito dos fornecedores de serviços regulados pelo Poder Público Federal.
▶ Port. do MJ nº 2.014, de 13-10-2008, estabelece o tempo máximo para o contato direto com o atendente e o horário de funcionamento no Serviço de Atendimento ao Consumidor – SAC.
▶ Sum. nº 469 do STJ.
▶ Súm. nº 2/2011 do CF-OAB.

### TÍTULO I – DOS DIREITOS DO CONSUMIDOR

### Capítulo I

#### DISPOSIÇÕES GERAIS

**Art. 1º** O presente Código estabelece normas de proteção e defesa do consumidor, de ordem pública e interesse social, nos termos dos artigos 5º, inciso XXXII, 170, inciso V, da Constituição Federal e artigo 48 de suas Disposições Transitórias.
▶ Arts. 24, VIII, 150, § 5º, 170, V, da CF.

**Art. 2º** Consumidor é toda pessoa física ou jurídica que adquire ou utiliza produto ou serviço como destinatário final.
▶ Arts. 17 e 29 deste Código.
▶ Súm. nº 321 do STJ.

Parágrafo único. Equipara-se a consumidor a coletividade de pessoas, ainda que indetermináveis, que haja intervindo nas relações de consumo.
▶ Art. 81, parágrafo único, deste Código.
▶ Súm. nº 643 do STF.

**Art. 3º** Fornecedor é toda pessoa física ou jurídica, pública ou privada, nacional ou estrangeira, bem como os entes despersonalizados, que desenvolvem atividades de produção, montagem, criação, construção, transformação, importação, exportação, distribuição ou comercialização de produtos ou prestações de serviços.
▶ Art. 28 deste Código.
▶ Art. 3º da Lei nº 10.671, de 15-5-2003 (Estatuto de Defesa do Torcedor).
▶ Súm. nº 297 do STJ.

§ 1º Produto é qualquer bem, móvel ou imóvel, material ou imaterial.

§ 2º Serviço é qualquer atividade fornecida no mercado de consumo, mediante remuneração, inclusive as de natureza bancária, financeira, de crédito e securitária, salvo as decorrentes das relações de caráter trabalhista.
▶ Súmulas nºs 297 e 321 do STJ.

### Capítulo II

#### DA POLÍTICA NACIONAL DE RELAÇÕES DE CONSUMO

**Art. 4º** A Política Nacional das Relações de Consumo tem por objetivo o atendimento das necessidades dos consumidores, o respeito à sua dignidade, saúde e segurança, a proteção de seus interesses econômicos, a melhoria da sua qualidade de vida, bem como a transparência e harmonia das relações de consumo, atendidos os seguintes princípios:
▶ *Caput* com a redação dada pela Lei nº 9.008, de 21-3-1995.

I – reconhecimento da vulnerabilidade do consumidor no mercado de consumo;

II – ação governamental no sentido de proteger efetivamente o consumidor:
a) por iniciativa direta;
b) por incentivos à criação e desenvolvimento de associações representativas;
c) pela presença do Estado no mercado de consumo;
d) pela garantia dos produtos e serviços com padrões adequados de qualidade, segurança, durabilidade e desempenho;

III – harmonização dos interesses dos participantes das relações de consumo e compatibilização da proteção do consumidor com a necessidade de desenvolvimento econômico e tecnológico, de modo a viabilizar os princípios nos quais se funda a ordem econômica (artigo 170, da Constituição Federal), sempre com base na boa-fé e equilíbrio nas relações entre consumidores e fornecedores;

IV – educação e informação de fornecedores e consumidores, quanto aos seus direitos e deveres, com vistas à melhoria do mercado de consumo;
V – incentivo à criação pelos fornecedores de meios eficientes de controle de qualidade e segurança de produtos e serviços, assim como de mecanismos alternativos de solução de conflitos de consumo;
VI – coibição e repressão eficientes de todos os abusos praticados no mercado de consumo, inclusive a concorrência desleal e utilização indevida de inventos e criações industriais, das marcas e nomes comerciais e signos distintivos, que possam causar prejuízos aos consumidores;

▶ Lei nº 8.884, de 11-6-1994 (Lei Antitruste).
▶ Lei nº 9.279, de 14-5-1996 (Lei da Propriedade Industrial).
▶ Lei nº 12.529, de 30-11-2011 (Lei do Sistema Brasileiro de Defesa da Concorrência) publicada no *DOU* de 1º-12-2011, para vigorar 180 dias após a data de sua publicação, quando ficará revogada a Lei nº 8.884, de 11-6-1994.

VII – racionalização e melhoria dos serviços públicos;
VIII – estudo constante das modificações do mercado de consumo.

**Art. 5º** Para a execução da Política Nacional das Relações de Consumo, contará o Poder Público com os seguintes instrumentos, entre outros:

I – manutenção de assistência jurídica, integral e gratuita, para o consumidor carente;

▶ Art. 5º, LXXIV, da CF.
▶ Lei nº 1.060, de 5-2-1950 (Lei de Assistência Judiciária).

II – instituição de Promotorias de Justiça de Defesa do Consumidor, no âmbito do Ministério Público;
III – criação de delegacias de polícia especializadas no atendimento de consumidores vítimas de infrações penais de consumo;
IV – criação de Juizados Especiais de Pequenas Causas e Varas Especializadas para a solução de litígios de consumo;

▶ Art. 98, I, da CF.
▶ Lei nº 9.099, de 26-9-1995 (Lei dos Juizados Especiais).

V – concessão de estímulos à criação e desenvolvimento das Associações de Defesa do Consumidor.
§§ 1º e 2º VETADOS.

## Capítulo III
### DOS DIREITOS BÁSICOS DO CONSUMIDOR

**Art. 6º** São direitos básicos do consumidor:

I – a proteção da vida, saúde e segurança contra os riscos provocados por práticas no fornecimento de produtos e serviços considerados perigosos ou nocivos;
II – a educação e divulgação sobre o consumo adequado dos produtos e serviços, asseguradas a liberdade de escolha e a igualdade nas contratações;
III – a informação adequada e clara sobre os diferentes produtos e serviços, com especificação correta de quantidade, características, composição, qualidade e preço, bem como sobre os riscos que apresentem;

▶ Arts. 31 e 66 deste Código.
▶ Lei nº 10.962, de 11-10-2004, dispõe sobre a oferta e as formas de afixação de preços de produtos e serviços para o consumidor.
▶ Dec. nº 4.680, de 24-4-2003, regulamenta o direito à informação quanto aos alimentos e ingredientes alimentares destinados ao consumo humano ou animal que contenham ou sejam produzidos a partir de organismos geneticamente modificados.
▶ Dec. nº 5.903, de 20-9-2006, regulamenta a Lei nº 10.962, de 11-10-2004, e dispõe sobre as práticas infracionais que atentam contra o direito básico do consumidor de obter informação clara e adequada sobre produtos e serviços.

IV – a proteção contra a publicidade enganosa e abusiva, métodos comerciais coercitivos ou desleais, bem como contra práticas e cláusulas abusivas ou impostas no fornecimento de produtos e serviços;

▶ Arts. 37, 39 a 41, 51 a 53 e 67 deste Código.

V – a modificação das cláusulas contratuais que estabeleçam prestações desproporcionais ou sua revisão em razão de fatos supervenientes que as tornem excessivamente onerosas;

▶ Arts. 478 a 480 do CC.

VI – a efetiva prevenção e reparação de danos patrimoniais e morais, individuais, coletivos e difusos;

▶ Art. 25 deste Código.
▶ Súm. nº 37 do STJ.

VII – o acesso aos órgãos judiciários e administrativos, com vistas à prevenção ou reparação de danos patrimoniais e morais, individuais, coletivos ou difusos, assegurada a proteção jurídica, administrativa e técnica aos necessitados;

▶ Lei nº 1.060, de 5-2-1950 (Lei da Assistência Judiciária).

VIII – a facilitação da defesa de seus direitos, inclusive com a inversão do ônus da prova, a seu favor, no processo civil, quando, a critério do juiz, for verossímil a alegação ou quando for ele hipossuficiente, segundo as regras ordinárias de experiências;

▶ Arts. 38 e 51, VI, deste Código.

IX – VETADO;
X – a adequada e eficaz prestação dos serviços públicos em geral.

**Art. 7º** Os direitos previstos neste Código não excluem outros decorrentes de tratados ou convenções internacionais de que o Brasil seja signatário, da legislação interna ordinária, de regulamentos expedidos pelas autoridades administrativas competentes, bem como dos que derivem dos princípios gerais do direito, analogia, costumes e equidade.

▶ Art. 4º da LICC.

Parágrafo único. Tendo mais de um autor a ofensa, todos responderão solidariamente pela reparação dos danos previstos nas normas de consumo.

▶ Arts. 12, 18, 19, 25, §§ 1º e 2º, 28, § 3º, e 34 deste Código.
▶ Arts. 275 a 285 do CC.

## Capítulo IV
### DA QUALIDADE DE PRODUTOS E SERVIÇOS, DA PREVENÇÃO E DA REPARAÇÃO DOS DANOS

*Seção I*

#### DA PROTEÇÃO À SAÚDE E SEGURANÇA

**Art. 8º** Os produtos e serviços colocados no mercado de consumo não acarretarão riscos à saúde ou segurança dos consumidores, exceto os considerados normais e previsíveis em decorrência de sua natureza e fruição, obrigando-se os fornecedores, em qualquer hipótese, a dar as informações necessárias e adequadas a seu respeito.

Parágrafo único. Em se tratando de produto industrial, ao fabricante cabe prestar as informações a que se refere este artigo, através de impressos apropriados que devam acompanhar o produto.

**Art. 9º** O fornecedor de produtos e serviços potencialmente nocivos ou perigosos à saúde ou segurança deverá informar, de maneira ostensiva e adequada, a respeito da sua nocividade ou periculosidade, sem prejuízo da adoção de outras medidas cabíveis em cada caso concreto.

▶ Art. 63 deste Código.

**Art. 10.** O fornecedor não poderá colocar no mercado de consumo produto ou serviço que sabe ou deveria saber apresentar alto grau de nocividade ou periculosidade à saúde ou segurança.

▶ Art. 13, II e III, do Dec. nº 2.181, de 20-3-1997, que dispõe sobre a organização do Sistema Nacional de Defesa do Consumidor – SNDC, e estabelece normas gerais de aplicação das sanções administrativas previstas nesta Lei.

§ 1º O fornecedor de produtos e serviços que, posteriormente à sua introdução no mercado de consumo, tiver conhecimento da periculosidade que apresentem, deverá comunicar o fato imediatamente às autoridades competentes e aos consumidores, mediante anúncios publicitários.

▶ Art. 64 deste Código.

§ 2º Os anúncios publicitários a que se refere o parágrafo anterior serão veiculados na imprensa, rádio e televisão, às expensas do fornecedor do produto ou serviço.

§ 3º Sempre que tiverem conhecimento de periculosidade de produtos ou serviços à saúde ou segurança dos consumidores, a União, os Estados, o Distrito Federal e os Municípios deverão informá-los a respeito.

**Art. 11.** VETADO.

*Seção II*

### DA RESPONSABILIDADE PELO FATO DO PRODUTO E DO SERVIÇO

▶ Art. 14 da Lei nº 10.671, de 15-5-2001 (Estatuto de Defesa do Torcedor).

**Art. 12.** O fabricante, o produtor, o construtor, nacional ou estrangeiro, e o importador respondem, independentemente da existência de culpa, pela reparação dos danos causados aos consumidores por defeitos decorrentes de projeto, fabricação, construção, montagem, fórmulas, manipulação, apresentação ou acondicionamento de seus produtos, bem como por informações insuficientes ou inadequadas sobre sua utilização e riscos.

▶ Arts. 7º, parágrafo único, 25, 27, 34 e 51, III, deste Código.

▶ Art. 13, IV, do Dec. nº 2.181, de 20-3-1997, que dispõe sobre a organização do Sistema Nacional de Defesa do Consumidor – SNDC, e estabelece normas gerais de aplicação das sanções administrativas previstas nesta Lei.

§ 1º O produto é defeituoso quando não oferece a segurança que dele legitimamente se espera, levando-se em consideração as circunstâncias relevantes, entre as quais:

I – sua apresentação;

II – o uso e os riscos que razoavelmente dele se esperam;

III – a época em que foi colocado em circulação.

§ 2º O produto não é considerado defeituoso pelo fato de outro de melhor qualidade ter sido colocado no mercado.

§ 3º O fabricante, o construtor, o produtor ou importador só não será responsabilizado quando provar:

I – que não colocou o produto no mercado;

II – que, embora haja colocado o produto no mercado, o defeito inexiste;

III – a culpa exclusiva do consumidor ou de terceiro.

**Art. 13.** O comerciante é igualmente responsável, nos termos do artigo anterior, quando:

I – o fabricante, o construtor, o produtor ou o importador não puderem ser identificados;

II – o produto for fornecido sem identificação clara do seu fabricante, produtor, construtor ou importador;

III – não conservar adequadamente os produtos perecíveis.

Parágrafo único. Aquele que efetivar o pagamento ao prejudicado poderá exercer o direito de regresso contra os demais responsáveis, segundo sua participação na causação do evento danoso.

▶ Art. 88 deste Código.

▶ Art. 283 do CC.

**Art. 14.** O fornecedor de serviços responde, independentemente da existência de culpa, pela reparação dos danos causados aos consumidores por defeitos relativos à prestação dos serviços, bem como por informações insuficientes ou inadequadas sobre sua fruição e riscos.

▶ Arts. 7º, parágrafo único, 25, 27, 34 e 51, III, deste Código.

▶ Art. 13, IV, do Dec. nº 2.181, de 20-3-1997, que dispõe sobre a organização do Sistema Nacional de Defesa do Consumidor – SNDC, e estabelece normas gerais de aplicação das sanções administrativas previstas nesta Lei.

▶ Súmulas nºs 139 e 387 do STJ.

§ 1º O serviço é defeituoso quando não fornece a segurança que o consumidor dele pode esperar, levando-se em consideração as circunstâncias relevantes, entre as quais:

I – o modo de seu fornecimento;

II – o resultado e os riscos que razoavelmente dele se esperam;

III – a época em que foi fornecido.

▶ Art. 63, § 1º, deste Código.

§ 2º O serviço não é considerado defeituoso pela adoção de novas técnicas.

§ 3º O fornecedor de serviços só não será responsabilizado quando provar:

I – que, tendo prestado o serviço, o defeito inexiste;

II – a culpa exclusiva do consumidor ou de terceiro.

§ 4º A responsabilidade pessoal dos profissionais liberais será apurada mediante a verificação de culpa.

**Arts. 15 e 16.** VETADOS.

**Art. 17.** Para os efeitos desta Seção, equiparam-se aos consumidores todas as vítimas do evento.

▶ Art. 2º deste Código.

SEÇÃO III

## DA RESPONSABILIDADE POR VÍCIO DO PRODUTO E DO SERVIÇO

**Art. 18.** Os fornecedores de produtos de consumo duráveis ou não duráveis respondem solidariamente pelos vícios de qualidade ou quantidade que os tornem impróprios ou inadequados ao consumo a que se destinam ou lhes diminuam o valor, assim como por aqueles decorrentes da disparidade, com as indicações constantes do recipiente, da embalagem, rotulagem ou mensagem publicitária, respeitadas as variações decorrentes de sua natureza, podendo o consumidor exigir a substituição das partes viciadas.

▶ Arts. 7º, parágrafo único, 19, caput, 25, 26, 34 e 51, III, deste Código.

▶ Arts. 275 a 285 do CC.

§ 1º Não sendo o vício sanado no prazo máximo de trinta dias, pode o consumidor exigir, alternativamente e à sua escolha:

I – a substituição do produto por outro da mesma espécie, em perfeitas condições de uso;
II – a restituição imediata da quantia paga, monetariamente atualizada, sem prejuízo de eventuais perdas e danos;
III – o abatimento proporcional do preço.

▶ Arts. 13, XXIV, e 22, XXIII, do Dec. nº 2.181, de 20-3-1997, que dispõe sobre a organização do Sistema Nacional de Defesa do Consumidor – SNDC, e estabelece normas gerais de aplicação das sanções administrativas previstas nesta Lei.

§ 2º Poderão as partes convencionar a redução ou ampliação do prazo previsto no parágrafo anterior, não podendo ser inferior a 7 (sete) nem superior a 180 (cento e oitenta) dias. Nos contratos de adesão, a cláusula de prazo deverá ser convencionada em separado, por meio de manifestação expressa do consumidor.

§ 3º O consumidor poderá fazer uso imediato das alternativas do § 1º deste artigo sempre que, em razão da extensão do vício, a substituição das partes viciadas puder comprometer a qualidade ou características do produto, diminuir-lhe o valor ou se tratar de produto essencial.

§ 4º Tendo o consumidor optado pela alternativa do inciso I do § 1º deste artigo, e não sendo possível a substituição do bem, poderá haver substituição por outro de espécie, marca ou modelo diversos, mediante complementação ou restituição de eventual diferença de preço, sem prejuízo do disposto nos incisos II e III do § 1º deste artigo.

§ 5º No caso de fornecimento de produtos in natura, será responsável perante o consumidor o fornecedor imediato, exceto quando identificado claramente seu produtor.

§ 6º São impróprios ao uso e consumo:

I – os produtos cujos prazos de validade estejam vencidos;
II – os produtos deteriorados, alterados, adulterados, avariados, falsificados, corrompidos, fraudados, nocivos à vida ou à saúde, perigosos ou, ainda, aqueles em desacordo com as normas regulamentares de fabricação, distribuição ou apresentação;
III – os produtos que, por qualquer motivo, se revelem inadequados ao fim a que se destinam.

**Art. 19.** Os fornecedores respondem solidariamente pelos vícios de quantidade do produto sempre que, respeitadas as variações decorrentes de sua natureza, seu conteúdo líquido for inferior às indicações constantes do recipiente, da embalagem, rotulagem ou de mensagem publicitária, podendo o consumidor exigir, alternativamente e à sua escolha:

▶ Arts. 7º, parágrafo único, 25, § 1º, 26 e 58 deste Código.

▶ Arts. 275 a 285 do CC.

I – o abatimento proporcional do preço;
II – complementação do peso ou medida;
III – a substituição do produto por outro da mesma espécie, marca ou modelo, sem os aludidos vícios;
IV – a restituição imediata da quantia paga, monetariamente atualizada, sem prejuízo de eventuais perdas e danos.

§ 1º Aplica-se a este artigo o disposto no § 4º do artigo anterior.

§ 2º O fornecedor imediato será responsável quando fizer a pesagem ou a medição e o instrumento utilizado não estiver aferido segundo os padrões oficiais.

**Art. 20.** O fornecedor de serviços responde pelos vícios de qualidade que os tornem impróprios ao consumo ou lhes diminuam o valor, assim como por aqueles decorrentes da disparidade com as indicações constantes da oferta ou mensagem publicitária, podendo o consumidor exigir, alternativamente e à sua escolha:

▶ Arts. 7º, parágrafo único, 25, § 1º, 26 e 58 deste Código.

I – a reexecução dos serviços, sem custo adicional e quando cabível;
II – a restituição imediata da quantia paga, monetariamente atualizada, sem prejuízo de eventuais perdas e danos;
III – o abatimento proporcional do preço.

§ 1º A reexecução dos serviços poderá ser confiada a terceiros devidamente capacitados, por conta e risco do fornecedor.

§ 2º São impróprios os serviços que se mostrem inadequados para os fins que razoavelmente deles se esperam, bem como aqueles que não atendam as normas regulamentares de prestabilidade.

**Art. 21.** No fornecimento de serviços que tenham por objetivo a reparação de qualquer produto considerar-se-á implícita a obrigação do fornecedor de empregar componentes de reposição originais adequados e novos, ou que mantenham as especificações técnicas do fabricante, salvo, quanto a estes últimos, autorização em contrário do consumidor.

▶ Arts. 32 e 70 deste Código.

▶ Art. 13, V, do Dec. nº 2.181, de 20-3-1997, que dispõe sobre a organização do Sistema Nacional de Defesa do Consumidor – SNDC, e estabelece normas gerais de aplicação das sanções administrativas previstas nesta Lei.

**Art. 22.** Os órgãos públicos, por si ou suas empresas, concessionárias, permissionárias ou sob qualquer outra forma de empreendimento, são obrigados a fornecer serviços adequados, eficientes, seguros e, quanto aos essenciais, contínuos.

Parágrafo único. Nos casos de descumprimento, total ou parcial, das obrigações referidas neste artigo, serão as pessoas jurídicas compelidas a cumpri-las e a reparar os danos causados, na forma prevista neste Código.

▶ Art. 44, § 2º, deste Código.
▶ Art. 20 do Dec. nº 2.181, de 20-3-1997, que dispõe sobre a organização do Sistema Nacional de Defesa do Consumidor – SNDC, e estabelece normas gerais de aplicação das sanções administrativas previstas nesta Lei.

**Art. 23.** A ignorância do fornecedor sobre os vícios de qualidade por inadequação dos produtos e serviços não o exime de responsabilidade.

**Art. 24.** A garantia legal de adequação do produto ou serviço independe de termo expresso, vedada a exoneração contratual do fornecedor.

▶ Arts. 50 e 74 deste Código.

**Art. 25.** É vedada a estipulação contratual de cláusula que impossibilite, exonere ou atenue a obrigação de indenizar prevista nesta e nas Seções anteriores.

§ 1º Havendo mais de um responsável pela causação do dano, todos responderão solidariamente pela reparação prevista nesta e nas Seções anteriores.

§ 2º Sendo o dano causado por componente ou peça incorporada ao produto ou serviço, são responsáveis solidários seu fabricante, construtor ou importador e o que realizou a incorporação.

▶ Art. 7º, parágrafo único, deste Código.

*Seção IV*

### DA DECADÊNCIA E DA PRESCRIÇÃO

**Art. 26.** O direito de reclamar pelos vícios aparentes ou de fácil constatação caduca em:

I – trinta dias, tratando-se de fornecimento de serviço e de produto não duráveis;
II – noventa dias, tratando-se de fornecimento de serviço e de produto duráveis.

▶ Arts. 18 a 20 deste Código.

§ 1º Inicia-se a contagem do prazo decadencial a partir da entrega efetiva do produto ou do término da execução dos serviços.

§ 2º Obstam a decadência:

I – a reclamação comprovadamente formulada pelo consumidor perante o fornecedor de produtos e serviços até a resposta negativa correspondente, que deve ser transmitida de forma inequívoca;
II – VETADO;
III – a instauração de inquérito civil, até seu encerramento.

▶ Art. 90 deste Código.
▶ Arts. 8º, § 1º, e 9º, da Lei nº 7.347, de 24-7-1985 (Lei da Ação Civil Pública).

§ 3º Tratando-se de vício oculto, o prazo decadencial inicia-se no momento em que ficar evidenciado o defeito.

**Art. 27.** Prescreve em cinco anos a pretensão à reparação pelos danos causados por fato do produto ou do serviço prevista na Seção II deste Capítulo, iniciando-se a contagem do prazo a partir do conhecimento do dano e de sua autoria.

▶ Arts. 101 e 102 deste Código.
▶ Art. 1º-C da Lei nº 9.494, de 10-9-1997, que disciplina a aplicação da tutela antecipada contra a Fazenda Pública.

Parágrafo único. VETADO.

*Seção V*

### DA DESCONSIDERAÇÃO DA PERSONALIDADE JURÍDICA

**Art. 28.** O juiz poderá desconsiderar a personalidade jurídica da sociedade quando, em detrimento do consumidor, houver abuso de direito, excesso de poder, infração da lei, fato ou ato ilícito ou violação dos estatutos ou contrato social. A desconsideração também será efetivada quando houver falência, estado de insolvência, encerramento ou inatividade da pessoa jurídica provocados por má administração.

▶ Art. 50 do CC.
▶ Art. 18 da Lei nº 8.884, de 11-6-1994 (Lei Antitruste).
▶ Art. 34 da Lei nº 12.529, de 30-11-2011 (Lei do Sistema Brasileiro de Defesa da Concorrência) publicada no DOU de 1º-12-2011, para vigorar 180 dias após a data de sua publicação, quando ficará revogada a Lei nº 8.884, de 11-6-1994.

§ 1º VETADO.

§ 2º As sociedades integrantes dos grupos societários e as sociedades controladas, são subsidiariamente responsáveis pelas obrigações decorrentes deste Código.

▶ Art. 1.098 do CC.

§ 3º As sociedades consorciadas são solidariamente responsáveis pelas obrigações decorrentes deste Código.

▶ Arts. 275 a 285 do CC.

§ 4º As sociedades coligadas só responderão por culpa.

▶ Art. 1.099 do CC.

§ 5º Também poderá ser desconsiderada a pessoa jurídica sempre que sua personalidade for, de alguma forma, obstáculo ao ressarcimento de prejuízos causados aos consumidores.

**Capítulo V**

### DAS PRÁTICAS COMERCIAIS

*Seção I*

### DAS DISPOSIÇÕES GERAIS

**Art. 29.** Para os fins deste Capítulo e do seguinte, equiparam-se aos consumidores todas as pessoas determináveis ou não, expostas às práticas nele previstas.

▶ Art. 2º deste Código.

*Seção II*

### DA OFERTA

**Art. 30.** Toda informação ou publicidade, suficientemente precisa, veiculada por qualquer forma ou meio de comunicação com relação a produtos e serviços oferecidos ou apresentados, obriga o fornecedor que a fizer veicular ou dela se utilizar e integra o contrato que vier a ser celebrado.

▶ Art. 427 do CC.

▶ Art. 13, VI, do Dec. nº 2.181, de 20-3-1997, que dispõe sobre a organização do Sistema Nacional de Defesa do Consumidor – SNDC, e estabelece normas gerais de aplicação das sanções administrativas previstas nesta Lei.

**Art. 31.** A oferta e apresentação de produtos ou serviços devem assegurar informações corretas, claras, precisas, ostensivas e em língua portuguesa sobre suas características, qualidades, quantidade, composição, preço, garantia, prazos de validade e origem, entre outros dados, bem como sobre os riscos que apresentam à saúde e segurança dos consumidores.

▶ Arts. 6º, III, e 66 deste Código.
▶ Lei nº 10.962, de 11-10-2004, que dispõe sobre a oferta e as formas de afixação de preços de produtos e serviços para o consumidor.
▶ Art. 13, I, do Dec. nº 2.181, de 20-3-1997, que dispõe sobre a organização do Sistema Nacional de Defesa do Consumidor – SNDC, e estabelece normas gerais de aplicação das sanções administrativas previstas nesta Lei.
▶ Dec. nº 5.903, de 20-9-2006, regulamenta a Lei nº 10.962, de 11-10-2004, e dispõe sobre as práticas infracionais que atentam contra o direito básico do consumidor de obter informação clara e adequada sobre produtos e serviços.

Parágrafo único. As informações de que trata este artigo, nos produtos refrigerados oferecidos ao consumidor, serão gravadas de forma indelével.

▶ Parágrafo único acrescido pela Lei nº 11.989, de 27-7-2009.

**Art. 32.** Os fabricantes e importadores deverão assegurar a oferta e organização de componentes e peças de reposição enquanto não cessar a fabricação ou importação do produto.

▶ Arts. 21 e 70 deste Código.
▶ Art. 13, V e XXI, do Dec. nº 2.181, de 20-3-1997, que dispõe sobre a organização do Sistema Nacional de Defesa do Consumidor – SNDC, e estabelece normas gerais de aplicação das sanções administrativas previstas nesta Lei.

Parágrafo único. Cessadas a produção ou importação, a oferta deverá ser mantida por período razoável de tempo, na forma da lei.

**Art. 33.** Em caso de oferta ou venda por telefone ou reembolso postal, deve constar o nome do fabricante e endereço na embalagem, publicidade e em todos os impressos utilizados na transação comercial.

▶ Art. 49 deste Código.
▶ Art. 13, VII, do Dec. nº 2.181, de 20-3-1997, que dispõe sobre a organização do Sistema Nacional de Defesa do Consumidor – SNDC, e estabelece normas gerais de aplicação das sanções administrativas previstas nesta Lei.

Parágrafo único. É proibida a publicidade de bens e serviços por telefone, quando a chamada for onerosa ao consumidor que a origina.

▶ Parágrafo único acrescido pela Lei nº 11.800, de 29-10-2008.

**Art. 34.** O fornecedor do produto ou serviço é solidariamente responsável pelos atos de seus prepostos ou representantes autônomos.

▶ Arts. 7º, parágrafo único, e 25, § 1º, deste Código.

**Art. 35.** Se o fornecedor de produtos ou serviços recusar cumprimento à oferta, apresentação ou publicidade, o consumidor poderá, alternativamente e à sua livre escolha:

I – exigir o cumprimento forçado da obrigação, nos termos da oferta, apresentação ou publicidade;

▶ Arts. 48 e 84 deste Código.

II – aceitar outro produto ou prestação de serviço equivalente;

III – rescindir o contrato, com direito à restituição de quantia eventualmente antecipada, monetariamente atualizada, e a perdas e danos.

▶ Art. 13, VI, do Dec. nº 2.181, de 20-3-1997, que dispõe sobre a organização do Sistema Nacional de Defesa do Consumidor – SNDC, e estabelece normas gerais de aplicação das sanções administrativas previstas nesta Lei.

SEÇÃO III

DA PUBLICIDADE

**Art. 36.** A publicidade deve ser veiculada de tal forma que o consumidor, fácil e imediatamente, a identifique como tal.

Parágrafo único. O fornecedor, na publicidade de seus produtos ou serviços, manterá, em seu poder, para informação dos legítimos interessados, os dados fáticos, técnicos e científicos que dão sustentação à mensagem.

▶ Art. 69 deste Código.
▶ Art. 19, parágrafo único, do Dec. nº 2.181, de 20-3-1997, que dispõe sobre a organização do Sistema Nacional de Defesa do Consumidor – SNDC, e estabelece normas gerais de aplicação das sanções administrativas previstas nesta Lei.

**Art. 37.** É proibida toda publicidade enganosa ou abusiva.

▶ Arts. 60, 66 e 67 deste Código.

§ 1º É enganosa qualquer modalidade de informação ou comunicação de caráter publicitário, inteira ou parcialmente falsa, ou, por qualquer outro modo, mesmo por omissão, capaz de induzir em erro o consumidor a respeito da natureza, características, qualidade, quantidade, propriedades, origem, preço e quaisquer outros dados sobre produtos e serviços.

§ 2º É abusiva, dentre outras, a publicidade discriminatória de qualquer natureza, a que incite à violência, explore o medo ou a superstição, se aproveite da deficiência de julgamento e experiência da criança, desrespeite valores ambientais, ou que seja capaz de induzir o consumidor a se comportar de forma prejudicial ou perigosa à sua saúde ou segurança.

▶ Art. 39, IV, deste Código.

§ 3º Para os efeitos deste Código, a publicidade é enganosa por omissão quando deixar de informar sobre dado essencial do produto ou serviço.

▶ Art. 66 deste Código.
▶ Arts. 14 e 19 do Dec. nº 2.181, de 20-3-1997, que dispõe sobre a organização do Sistema Nacional de Defesa do Consumidor – SNDC, e estabelece normas gerais de aplicação das sanções administrativas previstas nesta Lei.

§ 4º VETADO.

**Art. 38.** O ônus da prova da veracidade e correção da informação ou comunicação publicitária cabe a quem as patrocina.

- Arts. 6º, VIII, 51, VI, e 69 deste Código.
- Art. 333 do CPC.
- Art. 14, § 3º, do Dec. nº 2.181, de 20-3-1997, que dispõe sobre a organização do Sistema Nacional de Defesa do Consumidor – SNDC, e estabelece normas gerais de aplicação das sanções administrativas previstas nesta Lei.

## Seção IV
### DAS PRÁTICAS ABUSIVAS

**Art. 39.** É vedado ao fornecedor de produtos ou serviços, dentre outras práticas abusivas:

- Caput com a redação dada pela Lei nº 8.884, de 11-6-1994.
- Art. 12 do Dec. nº 2.181, de 20-3-1997, que dispõe sobre a organização do Sistema Nacional de Defesa do Consumidor – SNDC, e estabelece normas gerais de aplicação das sanções administrativas previstas nesta Lei.

I – condicionar o fornecimento de produto ou de serviço ao fornecimento de outro produto ou serviço, bem como, sem justa causa, a limites quantitativos;
II – recusar atendimento às demandas dos consumidores, na exata medida de suas disponibilidades de estoque, e, ainda, de conformidade com os usos e costumes;

- Art. 2º, I, da Lei nº 1.521, de 26-12-1951 (Lei dos Crimes Contra a Economia Popular).

III – enviar ou entregar ao consumidor, sem solicitação prévia, qualquer produto ou fornecer qualquer serviço;
IV – prevalecer-se da fraqueza ou ignorância do consumidor, tendo em vista sua idade, saúde, conhecimento ou condição social, para impingir-lhe seus produtos ou serviços;
V – exigir do consumidor vantagem manifestamente excessiva;

- Port. da SDE nº 7, de 3-9-2003, considera abusiva, nos termos deste inciso V, para efeitos de fiscalização pelos órgãos públicos de defesa do consumidor, a interrupção da internação hospitalar em leito clínico, cirúrgico ou em centro de terapia intensiva ou similar, por motivos alheios às prescrições médicas.

VI – executar serviços sem a prévia elaboração de orçamento e autorização expressa do consumidor, ressalvadas as decorrentes de práticas anteriores entre as partes;

- Art. 40 deste Código.

VII – repassar informação depreciativa, referente a ato praticado pelo consumidor no exercício de seus direitos;
VIII – colocar, no mercado de consumo, qualquer produto ou serviço em desacordo com as normas expedidas pelos órgãos oficiais competentes ou, se normas específicas não existirem, pela Associação Brasileira de Normas Técnicas ou outra entidade credenciada pelo Conselho Nacional de Metrologia, Normalização e Qualidade Industrial – CONMETRO;

- Art. 2º, III, da Lei nº 1.521, de 26-12-1951 (Lei dos Crimes Contra a Economia Popular).

IX – recusar a venda de bens ou a prestação de serviços, diretamente a quem se disponha a adquiri-los mediante pronto pagamento, ressalvados os casos de intermediação regulados em leis especiais;

- Inciso IX com a redação dada pela Lei nº 8.884, de 11-6-1994.
- Art. 122 do CC.
- Art. 2º, I, da Lei nº 1.521, de 26-12-1951 (Lei dos Crimes Contra a Economia Popular).
- Art. 13, XXIII, do Dec. nº 2.181, de 20-3-1997, que dispõe sobre a organização do Sistema Nacional de Defesa do Consumidor – SNDC, e estabelece normas gerais de aplicação das sanções administrativas previstas nesta Lei.

X – elevar sem justa causa o preço de produtos ou serviços.

- Inciso X acrescido pela Lei nº 8.884, de 11-6-1994.

XI – aplicar fórmula ou índice de reajuste diverso do legal ou contratualmente estabelecido;

- Inciso XI acrescido pela MP nº 1.890-67, de 22-10-1999, convertida na Lei nº 9.870, de 23-11-1999, que dispõe sobre o valor total das anuidades escolares. Todavia, a referida Lei, em vez de convalidar a redação deste inciso, acrescentou o inciso XIII com a mesma redação. Como até o encerramento desta edição a falha ainda não havia sido corrigida, transcrevemos ambos os incisos.
- Art. 2º da Lei nº 10.192, de 14-2-2000, que dispõe sobre medidas complementares ao Plano Real.
- Art. 13, XXII, do Dec. nº 2.181, de 20-3-1997, que dispõe sobre a organização do Sistema Nacional de Defesa do Consumidor – SNDC, e estabelece normas gerais de aplicação das sanções administrativas previstas nesta Lei.

XII – deixar de estipular prazo para o cumprimento de sua obrigação ou deixar a fixação de seu termo inicial a seu exclusivo critério;

- Inciso XII acrescido pela Lei nº 9.008, de 21-3-1995.

XIII – aplicar fórmula ou índice de reajuste diverso do valor legal ou contratualmente estabelecido.

- Inciso XIII acrescido pela Lei nº 9.870, de 23-11-1999.

Parágrafo único. Os serviços prestados e os produtos remetidos ou entregues ao consumidor, na hipótese prevista no inciso III, equiparam-se às amostras grátis, inexistindo obrigação de pagamento.

- Art. 23 do Dec. nº 2.181, de 20-3-1997, que dispõe sobre a organização do Sistema Nacional de Defesa do Consumidor – SNDC, e estabelece normas gerais de aplicação das sanções administrativas previstas nesta Lei.

**Art. 40.** O fornecedor de serviço será obrigado a entregar ao consumidor orçamento prévio discriminando o valor da mão-de-obra, dos materiais e equipamentos a serem empregados, as condições de pagamento, bem como as datas de início e término dos serviços.

- Art. 39, VI, deste Código.
- Art. 427 do CC.

§ 1º Salvo estipulação em contrário, o valor orçado terá validade pelo prazo de dez dias, contado de seu recebimento pelo consumidor.

§ 2º Uma vez aprovado pelo consumidor, o orçamento obriga os contraentes e somente pode ser alterado mediante livre negociação das partes.

§ 3º O consumidor não responde por quaisquer ônus ou acréscimos decorrentes da contratação de serviços de terceiros, não previstos no orçamento prévio.

**Art. 41.** No caso de fornecimento de produtos ou de serviços sujeitos ao regime de controle ou de tabelamento de preços, os fornecedores deverão respeitar os limites oficiais sob pena de, não o fazendo, responderem pela restituição da quantia recebida em excesso, monetariamente atualizada, podendo o consumidor exigir, à sua escolha, o desfazimento do negócio, sem prejuízo de outras sanções cabíveis.

▶ Art. 2º, VI, da Lei nº 1.521, de 26-12-1951 (Lei dos Crimes Contra a Economia Popular).

▶ Art. 13, VIII, do Dec. nº 2.181, de 20-3-1997, que dispõe sobre a organização do Sistema Nacional de Defesa do Consumidor – SNDC, e estabelece normas gerais de aplicação das sanções administrativas previstas nesta Lei.

SEÇÃO V

## DA COBRANÇA DE DÍVIDAS

**Art. 42.** Na cobrança de débitos, o consumidor inadimplente não será exposto a ridículo, nem será submetido a qualquer tipo de constrangimento ou ameaça.

▶ Art. 71 deste Código.

▶ Art. 13, IX, do Dec. nº 2.181, de 20-3-1997, que dispõe sobre a organização do Sistema Nacional de Defesa do Consumidor – SNDC, e estabelece normas gerais de aplicação das sanções administrativas previstas nesta Lei.

Parágrafo único. O consumidor cobrado em quantia indevida tem direito à repetição do indébito, por valor igual ao dobro do que pagou em excesso, acrescido de correção monetária e juros legais, salvo hipótese de engano justificável.

**Art. 42-A.** Em todos os documentos de cobrança de débitos apresentados ao consumidor, deverão constar o nome, o endereço e o número de inscrição no Cadastro de Pessoas Físicas – CPF ou no Cadastro Nacional de Pessoa Jurídica – CNPJ do fornecedor do produto ou serviço correspondente.

▶ Artigo acrescido pela Lei nº 12.039, de 1º-10-2009.

SEÇÃO VI

## DOS BANCOS DE DADOS E CADASTROS DE CONSUMIDORES

**Art. 43.** O consumidor, sem prejuízo do disposto no artigo 86, terá acesso às informações existentes em cadastros, fichas, registros e dados pessoais e de consumo arquivados sobre ele, bem como sobre as suas respectivas fontes.

▶ O referido art. 86 foi vetado.

▶ Art. 72 deste Código.

▶ Art. 13, X, do Dec. nº 2.181, de 20-3-1997, que dispõe sobre a organização do Sistema Nacional de Defesa do Consumidor – SNDC, e estabelece normas gerais de aplicação das sanções administrativas previstas nesta Lei.

§ 1º Os cadastros e dados de consumidores devem ser objetivos, claros, verdadeiros e em linguagem de fácil compreensão, não podendo conter informações negativas referentes a período superior a cinco anos.

▶ Súm. nº 323 do STJ.

§ 2º A abertura de cadastro, ficha, registro e dados pessoais e de consumo deverá ser comunicada por escrito ao consumidor, quando não solicitada por ele.

▶ Art. 13, XIII, do Dec. nº 2.181, de 20-3-1997, que dispõe sobre a organização do Sistema Nacional de Defesa do Consumidor – SNDC, e estabelece normas gerais de aplicação das sanções administrativas previstas nesta Lei.

▶ Súmulas nºs 359, 385 e 404 do STJ.

§ 3º O consumidor, sempre que encontrar inexatidão nos seus dados e cadastros, poderá exigir sua imediata correção, devendo o arquivista, no prazo de cinco dias úteis, comunicar a alteração aos eventuais destinatários das informações incorretas.

▶ Art. 73 deste Código.

▶ Art. 13, XIV e XV, do Dec. nº 2.181, de 20-3-1997, que dispõe sobre a organização do Sistema Nacional de Defesa do Consumidor – SNDC, e estabelece normas gerais de aplicação das sanções administrativas previstas nesta Lei.

§ 4º Os bancos de dados e cadastros relativos a consumidores, os serviços de proteção ao crédito e congêneres são considerados entidades de caráter público.

§ 5º Consumada a prescrição relativa à cobrança de débitos do consumidor, não serão fornecidas, pelos respectivos Sistemas de Proteção ao Crédito, quaisquer informações que possam impedir ou dificultar novo acesso ao crédito junto aos fornecedores.

▶ Art. 5º, LXXII, da CF.

▶ Lei nº 9.507, de 12-11-1997 (Lei do *Habeas Data*).

▶ Súm. nº 323 do STJ.

**Art. 44.** Os órgãos públicos de defesa do consumidor manterão cadastros atualizados de reclamações fundamentadas contra fornecedores de produtos e serviços, devendo divulgá-lo pública e anualmente. A divulgação indicará se a reclamação foi atendida ou não pelo fornecedor.

▶ Arts. 3º, XIII, 4º, V, e 57 a 61 do Dec. nº 2.181, de 20-3-1997, que dispõe sobre a organização do Sistema Nacional de Defesa do Consumidor – SNDC, e estabelece normas gerais de aplicação das sanções administrativas previstas nesta Lei.

§ 1º É facultado o acesso às informações lá constantes para orientação e consulta por qualquer interessado.

§ 2º Aplicam-se a este artigo, no que couber, as mesmas regras enunciadas no artigo anterior e as do parágrafo único do artigo 22 deste Código.

**Art. 45.** VETADO.

CAPÍTULO VI

## DA PROTEÇÃO CONTRATUAL

SEÇÃO I

## DISPOSIÇÕES GERAIS

**Art. 46.** Os contratos que regulam as relações de consumo não obrigarão os consumidores, se não lhes for dada a oportunidade de tomar conhecimento prévio de seu conteúdo, ou se os respectivos instrumentos forem redigidos de modo a dificultar a compreensão de seu sentido e alcance.

**Art. 47.** As cláusulas contratuais serão interpretadas de maneira mais favorável ao consumidor.
- Art. 423 do CC.
- Súm. nº 181 do STJ.

**Art. 48.** As declarações de vontade constantes de escritos particulares, recibos e pré-contratos relativos às relações de consumo vinculam o fornecedor, ensejando inclusive execução específica, nos termos do artigo 84 e parágrafos.
- Art. 35, I, deste Código.
- Art. 13, XVI, do Dec. nº 2.181, de 20-3-1997, que dispõe sobre a organização do Sistema Nacional de Defesa do Consumidor – SNDC, e estabelece normas gerais de aplicação das sanções administrativas previstas nesta Lei.

**Art. 49.** O consumidor pode desistir do contrato, no prazo de 7 (sete) dias a contar de sua assinatura ou do ato de recebimento do produto ou serviço, sempre que a contratação de fornecimento de produtos e serviços ocorrer fora do estabelecimento comercial, especialmente por telefone ou a domicílio.
- Art. 33 deste Código.

Parágrafo único. Se o consumidor exercitar o direito de arrependimento previsto neste artigo, os valores eventualmente pagos, a qualquer título, durante o prazo de reflexão, serão devolvidos, de imediato, monetariamente atualizados.
- Art. 13, XVII e XVIII, do Dec. nº 2.181, de 20-3-1997, que dispõe sobre a organização do Sistema Nacional de Defesa do Consumidor – SNDC, e estabelece normas gerais de aplicação das sanções administrativas previstas nesta Lei.

**Art. 50.** A garantia contratual é complementar à legal e será conferida mediante termo escrito.
- Arts. 24, 66 e 74 deste Código.

Parágrafo único. O termo de garantia ou equivalente deve ser padronizado e esclarecer, de maneira adequada, em que consiste a mesma garantia, bem como a forma, o prazo e o lugar em que pode ser exercitada e os ônus a cargo do consumidor, devendo ser-lhe entregue, devidamente preenchido pelo fornecedor, no ato do fornecimento, acompanhado de manual de instrução, de instalação e uso de produto em linguagem didática, com ilustrações.
- Art. 13, XIX, do Dec. nº 2.181, de 20-3-1997, que dispõe sobre a organização do Sistema Nacional de Defesa do Consumidor – SNDC, e estabelece normas gerais de aplicação das sanções administrativas previstas nesta Lei.

## Seção II
### DAS CLÁUSULAS ABUSIVAS

**Art. 51.** São nulas de pleno direito, entre outras, as cláusulas contratuais relativas ao fornecimento de produtos e serviços que:
- Art. 6º, IV, deste Código.
- Art. 166 do CC.
- MP nº 2.172-32, de 23-8-2001, que até o encerramento desta edição não havia sido convertida em Lei, estabelece a nulidade das disposições contratuais que mencio-

na e inverte, nas hipóteses que prevê, o ônus da prova nas ações intentadas para sua declaração.
- Arts. 22 e 56 do Dec. nº 2.181, de 20-3-1997, que dispõe sobre a organização do Sistema Nacional de Defesa do Consumidor – SNDC, e estabelece normas gerais de aplicação das sanções administrativas previstas nesta Lei.
- Este elenco de cláusulas consideradas abusivas foi complementado pelas Portarias da SDE nº 4, de 13-3-1998, nº 3, de 19-3-1999, nº 3, de 15-3-2001, e nº 5, de 27-8-2002.
- Súm. nº 381 do STJ.

I – impossibilitem, exonerem ou atenuem a responsabilidade do fornecedor por vícios de qualquer natureza dos produtos e serviços ou impliquem renúncia ou disposição de direitos. Nas relações de consumo entre o fornecedor e o consumidor-pessoa jurídica, a indenização poderá ser limitada, em situações justificáveis;
II – subtraiam ao consumidor a opção de reembolso da quantia já paga, nos casos previstos neste Código;
- Arts. 18, § 1º, II, 19, IV, 20, II, e 49, parágrafo único, deste Código.

III – transfiram responsabilidades a terceiros;
IV – estabeleçam obrigações consideradas iníquas, abusivas, que coloquem o consumidor em desvantagem exagerada, ou sejam incompatíveis com a boa-fé ou a equidade;
- Arts. 4º, III, e 53 deste Código.
- Arts. 22, IV, e 56 do Dec. nº 2.181, de 20-3-1997, que dispõe sobre a organização do Sistema Nacional de Defesa do Consumidor – SNDC, e estabelece normas gerais de aplicação das sanções administrativas previstas nesta Lei.
- Súmulas nºs 302 e 381 do STJ.

V – VETADO;
VI – estabeleçam inversão do ônus da prova em prejuízo do consumidor;
- Arts. 6º, VIII, e 38 deste Código.

VII – determinem a utilização compulsória de arbitragem;
- Lei nº 9.307, de 23-9-1996 (Lei da Arbitragem).

VIII – imponham representante para concluir ou realizar outro negócio jurídico pelo consumidor;
- Súm. nº 60 do STJ.

IX – deixem ao fornecedor a opção de concluir ou não o contrato, embora obrigando o consumidor;
- Art. 122 do CC.

X – permitam ao fornecedor, direta ou indiretamente, variação do preço de maneira unilateral;
XI – autorizem o fornecedor a cancelar o contrato unilateralmente, sem que igual direito seja conferido ao consumidor;
XII – obriguem o consumidor a ressarcir os custos de cobrança de sua obrigação, sem que igual direito lhe seja conferido contra o fornecedor;
XIII – autorizem o fornecedor a modificar unilateralmente o conteúdo ou a qualidade do contrato, após sua celebração;
XIV – infrinjam ou possibilitem a violação de normas ambientais;
XV – estejam em desacordo com o sistema de proteção ao consumidor;

XVI – possibilitem a renúncia do direito de indenização por benfeitorias necessárias.

§ 1º Presume-se exagerada, entre outros casos, a vantagem que:

I – ofende os princípios fundamentais do sistema jurídico a que pertence;
II – restringe direitos ou obrigações fundamentais inerentes à natureza do contrato, de tal modo a ameaçar seu objeto ou o equilíbrio contratual;
III – se mostra excessivamente onerosa para o consumidor, considerando-se a natureza e conteúdo do contrato, o interesse das partes e outras circunstâncias peculiares ao caso.

§ 2º A nulidade de uma cláusula contratual abusiva não invalida o contrato, exceto quando de sua ausência, apesar dos esforços de integração, decorrer ônus excessivo a qualquer das partes.

▶ Art. 184 do CC.

§ 3º VETADO.

§ 4º É facultado a qualquer consumidor ou entidade que o represente requerer ao Ministério Público que ajuíze a competente ação para ser declarada a nulidade de cláusula contratual que contrarie o disposto neste Código ou de qualquer forma não assegure o justo equilíbrio entre direitos e obrigações das partes.

▶ Art. 82, I, deste Código.
▶ Art. 3º, VI, do Dec. nº 2.181, de 20-3-1997, que dispõe sobre a organização do Sistema Nacional de Defesa do Consumidor – SNDC, e estabelece normas gerais de aplicação das sanções administrativas previstas nesta Lei.

**Art. 52.** No fornecimento de produtos ou serviços que envolva outorga de crédito ou concessão de financiamento ao consumidor, o fornecedor deverá, entre outros requisitos, informá-lo prévia e adequadamente sobre:

▶ Art. 66 deste Código.
▶ Lei nº 10.962, de 11-10-2004, dispõe sobre a oferta e as formas de afixação de preços de produtos e serviços para o consumidor.
▶ Art. 3º do Dec. nº 5.903, de 20-9-2006, que regulamenta a Lei nº 10.962, de 11-10-2004, e dispõe sobre as práticas infracionais que atentam contra o direito básico do consumidor de obter informação clara e adequada sobre produtos e serviços.

I – preço do produto ou serviço em moeda corrente nacional;
II – montante dos juros de mora e da taxa efetiva anual de juros;
III – acréscimos legalmente previstos;
IV – número e periodicidade das prestações;
V – soma total a pagar, com e sem financiamento.

▶ Art. 13, XX, do Dec. nº 2.181, de 20-3-1997, que dispõe sobre a organização do Sistema Nacional de Defesa do Consumidor – SNDC, e estabelece normas gerais de aplicação das sanções administrativas previstas nesta Lei.

§ 1º As multas de mora decorrentes do inadimplemento de obrigações no seu termo não poderão ser superiores a 2% (dois por cento) do valor da prestação.

▶ § 1º com a redação dada pela Lei nº 9.298, de 1º-8-1996.

▶ Art. 22, XIX, do Dec. nº 2.181, de 20-3-1997, que dispõe sobre a organização do Sistema Nacional de Defesa do Consumidor – SNDC, e estabelece normas gerais de aplicação das sanções administrativas previstas nesta Lei.
▶ Súm. nº 285 do STJ.

§ 2º É assegurada ao consumidor a liquidação antecipada do débito, total ou parcialmente, mediante redução proporcional dos juros e demais acréscimos.

▶ Art. 7º do Dec. nº 22.626, de 7-4-1933 (Lei da Usura).
▶ Art. 22, XX, do Dec. nº 2.181, de 20-3-1997, que dispõe sobre a organização do Sistema Nacional de Defesa do Consumidor – SNDC, e estabelece normas gerais de aplicação das sanções administrativas previstas nesta Lei.

§ 3º VETADO.

**Art. 53.** Nos contratos de compra e venda de móveis ou imóveis mediante pagamento em prestações, bem como nas alienações fiduciárias em garantia, consideram-se nulas de pleno direito as cláusulas que estabeleçam a perda total das prestações pagas em benefício do credor que, em razão do inadimplemento, pleitear a resolução do contrato e a retomada do produto alienado.

▶ Art. 51, IV, deste Código.
▶ Art. 22, XVII, do Dec. nº 2.181, de 20-3-1997, que dispõe sobre a organização do Sistema Nacional de Defesa do Consumidor – SNDC, e estabelece normas gerais de aplicação das sanções administrativas previstas nesta Lei.
▶ Súm. nº 284 do STJ.

§ 1º VETADO.

§ 2º Nos contratos do sistema de consórcio de produtos duráveis, a compensação ou a restituição das parcelas quitadas, na forma deste artigo, terá descontada, além da vantagem econômica auferida com a fruição, os prejuízos que o desistente ou inadimplente causar ao grupo.

▶ Art. 54, § 2º, deste Código.
▶ Lei nº 11.795, de 8-10-2008 (Lei do Sistema de Consórcios).
▶ Súm. nº 35 do STJ.

§ 3º Os contratos de que trata o caput deste artigo serão expressos em moeda corrente nacional.

▶ Art. 1º da Lei nº 10.192, de 14-2-2001, que dispõe sobre medidas complementares ao Plano Real.

SEÇÃO III

## DOS CONTRATOS DE ADESÃO

**Art. 54.** Contrato de adesão é aquele cujas cláusulas tenham sido aprovadas pela autoridade competente ou estabelecidas unilateralmente pelo fornecedor de produtos ou serviços, sem que o consumidor possa discutir ou modificar substancialmente seu conteúdo.

▶ Arts. 423 e 424 do CC.
▶ Art. 22, XXII, do Dec. nº 2.181, de 20-3-1997, que dispõe sobre a organização do Sistema Nacional de Defesa do Consumidor – SNDC, e estabelece normas gerais de aplicação das sanções administrativas previstas nesta Lei.

§ 1º A inserção de cláusula no formulário não desfigura a natureza de adesão do contrato.

§ 2º Nos contratos de adesão admite-se cláusula resolutória, desde que alternativa, cabendo a escolha ao consumidor, ressalvando-se o disposto no § 2º do artigo anterior.

▶ Lei nº 11.795, de 8-10-2008 (Lei do Sistema de Consórcios).

§ 3º Os contratos de adesão escritos serão redigidos em termos claros e com caracteres ostensivos e legíveis, cujo tamanho da fonte não será inferior ao corpo doze, de modo a facilitar sua compreensão pelo consumidor.

▶ § 3º com a redação dada pela Lei nº 11.785, de 22-9-2008.
▶ Art. 46 deste Código.

§ 4º As cláusulas que implicarem limitação de direito do consumidor deverão ser redigidas com destaque, permitindo sua imediata e fácil compreensão.

§ 5º VETADO.

## Capítulo VII

### DAS SANÇÕES ADMINISTRATIVAS

▶ Dec. nº 2.181, de 20-3-1997, dispõe sobre a organização do Sistema Nacional de Defesa do Consumidor – SNDC, e estabelece normas gerais de aplicação das sanções administrativas previstas nesta Lei.

**Art. 55.** A União, os Estados e o Distrito Federal, em caráter concorrente e nas suas respectivas áreas de atuação administrativa, baixarão normas relativas à produção, industrialização, distribuição e consumo de produtos e serviços.

§ 1º A União, os Estados, o Distrito Federal e os Municípios fiscalizarão e controlarão a produção, industrialização, distribuição, a publicidade de produtos e serviços e o mercado de consumo, no interesse da preservação da vida, da saúde, da segurança, da informação e do bem-estar do consumidor, baixando as normas que se fizerem necessárias.

§ 2º VETADO.

§ 3º Os órgãos federais, estaduais, do Distrito Federal e municipais com atribuições para fiscalizar e controlar o mercado de consumo manterão comissões permanentes para elaboração, revisão e atualização das normas referidas no § 1º, sendo obrigatória a participação dos consumidores e fornecedores.

§ 4º Os órgãos oficiais poderão expedir notificações aos fornecedores para que, sob pena de desobediência, prestem informações sobre questões de interesse do consumidor, resguardado o segredo industrial.

▶ Art. 33, § 1º, do Dec. nº 2.181, de 20-3-1997, que dispõe sobre a organização do Sistema Nacional de Defesa do Consumidor – SNDC, e estabelece normas gerais de aplicação das sanções administrativas previstas nesta Lei.

**Art. 56.** As infrações das normas de defesa do consumidor ficam sujeitas, conforme o caso, às seguintes sanções administrativas, sem prejuízo das de natureza civil, penal e das definidas em normas específicas:

I – multa;
II – apreensão do produto;
III – inutilização do produto;
IV – cassação do registro do produto junto ao órgão competente;
V – proibição de fabricação do produto;
VI – suspensão de fornecimento de produtos ou serviço;
VII – suspensão temporária de atividade;
VIII – revogação de concessão ou permissão de uso;
IX – cassação de licença do estabelecimento ou de atividade;
X – interdição, total ou parcial, de estabelecimento, de obra ou de atividade;
XI – intervenção administrativa;
XII – imposição de contrapropaganda.

▶ Arts. 18 e 21 do Dec. nº 2.181, de 20-3-1997, que dispõe sobre a organização do Sistema Nacional de Defesa do Consumidor – SNDC, e estabelece normas gerais de aplicação das sanções administrativas previstas nesta Lei.

Parágrafo único. As sanções previstas neste artigo serão aplicadas pela autoridade administrativa, no âmbito de sua atribuição, podendo ser aplicadas cumulativamente, inclusive por medida cautelar antecedente ou incidente de procedimento administrativo.

**Art. 57.** A pena de multa, graduada de acordo com a gravidade da infração, a vantagem auferida e a condição econômica do fornecedor, será aplicada mediante procedimento administrativo, revertendo para o Fundo de que trata a Lei nº 7.347, de 24 de julho de 1985, os valores cabíveis à União, ou para os fundos estaduais ou municipais de proteção ao consumidor nos demais casos.

▶ *Caput* com a redação dada pela Lei nº 8.656, de 21-5-1993.
▶ Arts. 28 e 29 do Dec. nº 2.181, de 20-3-1997, que dispõe sobre a organização do Sistema Nacional de Defesa do Consumidor – SNDC, e estabelece normas gerais de aplicação das sanções administrativas previstas nesta Lei.

Parágrafo único. A multa será em montante nunca inferior a duzentas e não superior a três milhões de vezes o valor da Unidade Fiscal de Referência (UFIR), ou índice equivalente que venha substituí-lo.

▶ Parágrafo único acrescido pela Lei nº 8.703, de 6-9-1993.
▶ Art. 29, § 3º, da Lei nº 10.522, de 19-7-2002, que dispõe sobre o Cadastro Informativo dos créditos não quitados de órgãos e entidades federais, extinguiu a UFIR.
▶ Art. 2º, III, do Dec. nº 1.306, de 9-11-1994, que regulamenta o Fundo de Defesa de Direitos Difusos.

**Art. 58.** As penas de apreensão, de inutilização de produtos, de proibição de fabricação de produtos, de suspensão do fornecimento de produto ou serviço, de cassação do registro do produto e revogação da concessão ou permissão de uso serão aplicadas pela administração, mediante procedimento administrativo, assegurada ampla defesa, quando forem constatados vícios de quantidade ou de qualidade por inadequação ou insegurança do produto ou serviço.

**Art. 59.** As penas de cassação de alvará de licença, de interdição e de suspensão temporária da atividade, bem como a de intervenção administrativa serão aplicadas mediante procedimento administrativo, assegurada ampla defesa, quando o fornecedor reincidir na prática das infrações de maior gravidade previstas neste Código e na legislação de consumo.

§ 1º A pena de cassação da concessão será aplicada à concessionária de serviço público, quando violar obrigação legal ou contratual.

§ 2º A pena de intervenção administrativa será aplicada sempre que as circunstâncias de fato desaconselharem a cassação de licença, a interdição ou suspensão da atividade.

§ 3º Pendendo ação judicial na qual se discuta a imposição de penalidade administrativa, não haverá reincidência até o trânsito em julgado da sentença.

**Art. 60.** A imposição de contrapropaganda será cominada quando o fornecedor incorrer na prática de publicidade enganosa ou abusiva, nos termos do artigo 36 e seus parágrafos, sempre às expensas do infrator.

▶ A referência deste dispositivo ao art. 36 deve ser entendida como feita ao art. 37 e seus parágrafos, que tratam exatamente da publicidade enganosa, da publicidade abusiva e da publicidade enganosa por omissão, enquanto o art. 36 e seu parágrafo único tratam, respectivamente, da veiculação da publicidade e da disponibilidade dos dados que sustentam a mensagem publicitária.

§ 1º A contrapropaganda será divulgada pelo responsável da mesma forma, frequência e dimensão e, preferencialmente no mesmo veículo, local, espaço e horário, de forma capaz de desfazer o malefício da publicidade enganosa ou abusiva.

▶ Art. 47 do Dec. nº 2.181, de 20-3-1997, que dispõe sobre a organização do Sistema Nacional de Defesa do Consumidor – SNDC, e estabelece normas gerais de aplicação das sanções administrativas previstas nesta Lei.

§§ 2º e 3º VETADOS.

## TÍTULO II – DAS INFRAÇÕES PENAIS

**Art. 61.** Constituem crimes contra as relações de consumo previstas neste Código, sem prejuízo do disposto no Código Penal e leis especiais, as condutas tipificadas nos artigos seguintes.

▶ Art. 7º da Lei nº 8.137, de 27-12-1990 (Lei dos Crimes Contra a Ordem Tributária, Econômica e Contra as Relações de Consumo).

**Art. 62.** VETADO.

**Art. 63.** Omitir dizeres ou sinais ostensivos sobre a nocividade ou periculosidade de produtos, nas embalagens, nos invólucros, recipientes ou publicidade:

Pena – Detenção de seis meses a dois anos e multa.

▶ Art. 9º deste Código.

§ 1º Incorrerá nas mesmas penas quem deixar de alertar, mediante recomendações escritas ostensivas, sobre a periculosidade do serviço a ser prestado.

§ 2º Se o crime é culposo:

Pena – Detenção de um a seis meses ou multa.

**Art. 64.** Deixar de comunicar à autoridade competente e aos consumidores a nocividade ou periculosidade de produtos cujo conhecimento seja posterior à sua colocação no mercado:

Pena – Detenção de seis meses a dois anos e multa.

▶ Art. 10, § 1º, deste Código.

▶ Art. 13, II e III, do Dec. nº 2.181, de 20-3-1997, que dispõe sobre a organização do Sistema Nacional de Defesa do Consumidor – SNDC, e estabelece normas gerais de aplicação das sanções administrativas previstas nesta Lei.

Parágrafo único. Incorrerá nas mesmas penas quem deixar de retirar do mercado, imediatamente quando determinado pela autoridade competente, os produtos nocivos ou perigosos, na forma deste artigo.

**Art. 65.** Executar serviço de alto grau de periculosidade, contrariando determinação de autoridade competente:

Pena – Detenção de seis meses a dois anos e multa.

▶ Art. 10 deste Código.

Parágrafo único. As penas deste artigo são aplicáveis sem prejuízo das correspondentes à lesão corporal e à morte.

**Art. 66.** Fazer afirmação falsa ou enganosa, ou omitir informação relevante sobre a natureza, característica, qualidade, quantidade, segurança, desempenho, durabilidade, preço ou garantia de produtos ou serviços:

Pena – Detenção de três meses a um ano e multa.

▶ Arts. 31, 37 e 52 deste Código.

▶ Art. 13, I, do Dec. nº 2.181, de 20-3-1997, que dispõe sobre a organização do Sistema Nacional de Defesa do Consumidor – SNDC, e estabelece normas gerais de aplicação das sanções administrativas previstas nesta Lei.

§ 1º Incorrerá nas mesmas penas quem patrocinar a oferta.

§ 2º Se o crime é culposo:

Pena – Detenção de um a seis meses ou multa.

**Art. 67.** Fazer ou promover publicidade que sabe ou deveria saber ser enganosa ou abusiva:

Pena – Detenção de três meses a um ano e multa.

▶ Arts. 6º, IV, e 37 deste Código.

▶ Arts. 14 e 19 do Dec. nº 2.181, de 20-3-1997, que dispõe sobre a organização do Sistema Nacional de Defesa do Consumidor – SNDC, e estabelece normas gerais de aplicação das sanções administrativas previstas nesta Lei.

Parágrafo único. VETADO.

**Art. 68.** Fazer ou promover publicidade que sabe ou deveria saber ser capaz de induzir o consumidor a se comportar de forma prejudicial ou perigosa à sua saúde ou segurança:

Pena – Detenção de seis meses a dois anos e multa.

▶ Art. 37, § 2º, deste Código.

▶ Arts. 14 e 19 do Dec. nº 2.181, de 20-3-1997, que dispõe sobre a organização do Sistema Nacional de Defesa do Consumidor – SNDC, e estabelece normas gerais de aplicação das sanções administrativas previstas nesta Lei.

Parágrafo único. VETADO.

**Art. 69.** Deixar de organizar dados fáticos, técnicos e científicos que dão base à publicidade:

Pena – Detenção de um a seis meses ou multa.

▶ Arts. 36, parágrafo único, e 38 deste Código.

**Art. 70.** Empregar, na reparação de produtos, peças ou componentes de reposição usados, sem autorização do consumidor:

Pena – Detenção de três meses a um ano e multa.
▶ Arts. 21 e 32 deste Código.

**Art. 71.** Utilizar, na cobrança de dívidas, de ameaça, coação, constrangimento físico ou moral, afirmações falsas, incorretas ou enganosas ou de qualquer outro procedimento que exponha o consumidor, injustificadamente, a ridículo ou interfira com seu trabalho, descanso ou lazer:
▶ Arts. 146 e 147 do CP.

Pena – Detenção de três meses a um ano e multa.
▶ Art. 42 deste Código.

**Art. 72.** Impedir ou dificultar o acesso do consumidor às informações que sobre ele constem em cadastros, banco de dados, fichas e registros:

Pena – Detenção de seis meses a um ano ou multa.
▶ Art. 43 deste Código.

**Art. 73.** Deixar de corrigir imediatamente informação sobre consumidor constante de cadastro, banco de dados, fichas ou registros que sabe ou deveria saber ser inexata:

Pena – Detenção de um a seis meses ou multa.

**Art. 74.** Deixar de entregar ao consumidor o termo de garantia adequadamente preenchido e com especificação clara de seu conteúdo:

Pena – Detenção de um a seis meses ou multa.
▶ Arts. 24 e 50 deste Código.

**Art. 75.** Quem, de qualquer forma, concorrer para os crimes referidos neste Código incide nas penas a esses cominadas na medida de sua culpabilidade, bem como o diretor, administrador ou gerente da pessoa jurídica que promover, permitir ou por qualquer modo aprovar o fornecimento, oferta, exposição à venda ou manutenção em depósito de produtos ou a oferta e prestação de serviços nas condições por ele proibidas.
▶ Art. 29 do CP.

**Art. 76.** São circunstâncias agravantes dos crimes tipificados neste Código:
▶ Art. 61 do CP.

I – serem cometidos em época de grave crise econômica ou por ocasião de calamidade;
II – ocasionarem grave dano individual ou coletivo;
III – dissimular-se a natureza ilícita do procedimento;
IV – quando cometidos:

a) por servidor público, ou por pessoa cuja condição econômico-social seja manifestamente superior à da vítima;
b) em detrimento de operário ou rurícola; de menor de 18 (dezoito) ou maior de 60 (sessenta) anos ou de pessoas portadoras de deficiência mental, interditadas ou não;

V – serem praticados em operações que envolvam alimentos, medicamentos ou quaisquer outros produtos ou serviços essenciais.

**Art. 77.** A pena pecuniária prevista nesta Seção será fixada em dias-multa, correspondente ao mínimo e ao máximo de dias de duração da pena privativa da liberdade cominada ao crime. Na individualização desta multa, o juiz observará o disposto no artigo 60, § 1º, do Código Penal.

**Art. 78.** Além das penas privativas de liberdade e de multa, podem ser impostas, cumulativa ou alternadamente, observado o disposto nos artigos 44 a 47, do Código Penal:

I – a interdição temporária de direitos;
II – a publicação em órgãos de comunicação de grande circulação ou audiência, às expensas do condenado, de notícia sobre os fatos e a condenação;
III – a prestação de serviços à comunidade.

**Art. 79.** O valor da fiança, nas infrações de que trata este Código, será fixado pelo juiz, ou pela autoridade que presidir o inquérito, entre 100 (cem) e 200 (duzentas) mil vezes o valor do Bônus do Tesouro Nacional – BTN, ou índice equivalente que venha substituí-lo.

Parágrafo único. Se assim recomendar a situação econômica do indiciado ou réu, a fiança poderá ser:

a) reduzida até a metade de seu valor mínimo;
b) aumentada pelo juiz até vinte vezes.

**Art. 80.** No processo penal atinente aos crimes previstos neste Código, bem como a outros crimes e contravenções que envolvam relações de consumo, poderão intervir, como assistentes do Ministério Público, os legitimados indicados no artigo 82, incisos III e IV, aos quais também é facultado propor ação penal subsidiária, se a denúncia não for oferecida no prazo legal.
▶ Art. 5º, LIX, da CF.

## TÍTULO III – DA DEFESA DO CONSUMIDOR EM JUÍZO

Capítulo I

### DISPOSIÇÕES GERAIS

▶ Lei nº 7.347, de 24-7-1985 (Lei da Ação Civil Pública).

**Art. 81.** A defesa dos interesses e direitos dos consumidores e das vítimas poderá ser exercida em juízo individualmente, ou a título coletivo.

Parágrafo único. A defesa coletiva será exercida quando se tratar de:

I – interesses ou direitos difusos, assim entendidos, para efeitos deste Código, os transindividuais, de natureza indivisível, de que sejam titulares pessoas indeterminadas e ligadas por circunstâncias de fato;
▶ Arts. 103, I, § 1º, e 104 deste Código.

II – interesses ou direitos coletivos, assim entendidos, para efeitos deste Código, os transindividuais de natureza indivisível de que seja titular grupo, categoria ou classe de pessoas ligadas entre si ou com a parte contrária por uma relação jurídica base;
▶ Arts. 103, II, § 1º, e 104 deste Código.

III – interesses ou direitos individuais homogêneos, assim entendidos os decorrentes de origem comum.
▶ Art. 103, III, e § 2º, deste Código.

**Art. 82.** Para os fins do artigo 81, parágrafo único, são legitimados concorrentemente:
▶ *Caput* com a redação dada pela Lei nº 9.008, de 21-3-1995.
▶ Arts. 91 e 98 deste Código.

I – o Ministério Público;
- Art. 129, III, da CF.
- Arts. 51, § 4º, 80 e 92 deste Código.
- Arts. 3º, VI, e 56, § 3º, do Dec. nº 2.181, de 20-3-1997, que dispõe sobre a organização do Sistema Nacional de Defesa do Consumidor – SNDC, e estabelece normas gerais de aplicação das sanções administrativas previstas nesta Lei.

II – a União, os Estados, os Municípios e o Distrito Federal;

III – as entidades e órgãos da administração pública, direta ou indireta, ainda que sem personalidade jurídica, especificamente destinados à defesa dos interesses e direitos protegidos por este Código;
- Art. 80 deste Código.

IV – as associações legalmente constituídas há pelo menos um ano e que incluam entre seus fins institucionais a defesa dos interesses e direitos protegidos por este Código, dispensada a autorização assemblear.
- Art. 5º, XXI e LXX, da CF.
- Art. 80 deste Código.
- Arts. 45 e 53 do CC.
- Art. 5º da Lei nº 7.347, de 24-7-1985 (Lei da Ação Civil Pública).
- Art. 7º da Lei nº 9.870, de 23-11-1999, que dispõe sobre o valor total das anuidades escolares.
- Art. 8º do Dec. nº 2.181, de 20-3-1997, que dispõe sobre a organização do Sistema Nacional de Defesa do Consumidor – SNDC, e estabelece normas gerais de aplicação das sanções administrativas previstas nesta Lei.

§ 1º O requisito da pré-constituição pode ser dispensado pelo juiz, nas ações previstas no artigo 91 e seguintes, quando haja manifesto interesse social evidenciado pela dimensão ou característica do dano, ou pela relevância do bem jurídico a ser protegido.

§§ 2º e 3º VETADOS.

**Art. 83.** Para a defesa dos direitos e interesses protegidos por este Código são admissíveis todas as espécies de ações capazes de propiciar sua adequada e efetiva tutela.

Parágrafo único. VETADO.

**Art. 84.** Na ação que tenha por objeto o cumprimento da obrigação de fazer ou não fazer, o juiz concederá a tutela específica da obrigação ou determinará providências que assegurem o resultado prático equivalente ao do adimplemento.
- Arts. 35, I, e 48 deste Código.
- Art. 461 do CPC.

§ 1º A conversão da obrigação em perdas e danos somente será admissível se por elas optar o autor ou se impossível a tutela específica ou a obtenção do resultado prático correspondente.

§ 2º A indenização por perdas e danos se fará sem prejuízo da multa (artigo 287, do Código de Processo Civil).

§ 3º Sendo relevante o fundamento da demanda e havendo justificado receio de ineficácia do provimento final, é lícito ao juiz conceder a tutela liminarmente ou após justificação prévia, citado o réu.

§ 4º O juiz poderá, na hipótese do § 3º ou na sentença, impor multa diária ao réu, independentemente de pedido do autor, se for suficiente ou compatível com a obrigação, fixando prazo razoável para o cumprimento do preceito.

§ 5º Para a tutela específica ou para a obtenção do resultado prático equivalente, poderá o juiz determinar as medidas necessárias, tais como busca e apreensão, remoção de coisas e pessoas, desfazimento de obra, impedimento de atividade nociva, além de requisição de força policial.

**Arts. 85 e 86.** VETADOS.

**Art. 87.** Nas ações coletivas de que trata este Código não haverá adiantamento de custas, emolumentos, honorários periciais e quaisquer outras despesas, nem condenação da associação autora, salvo comprovada má-fé, em honorários de advogados, custas e despesas processuais.
- Art. 18 da Lei nº 7.347, de 24-7-1985 (Lei da Ação Civil Pública).

Parágrafo único. Em caso de litigância de má-fé, a associação autora e os diretores responsáveis pela propositura da ação serão solidariamente condenados em honorários advocatícios e ao décuplo das custas, sem prejuízo da responsabilidade por perdas e danos.
- Arts. 402 a 405 do CC.
- Arts. 16 a 18 e 20 do CPC.

**Art. 88.** Na hipótese do artigo 13, parágrafo único deste Código, a ação de regresso poderá ser ajuizada em processo autônomo, facultada a possibilidade de prosseguir-se nos mesmos autos, vedada a denunciação da lide.
- Arts. 70 a 76 do CPC.

**Art. 89.** VETADO.

**Art. 90.** Aplicam-se às ações previstas neste Título as normas do Código de Processo Civil e da Lei nº 7.347, de 24 de julho de 1985, inclusive no que respeita ao inquérito civil, naquilo que não contrariar suas disposições.
- Art. 26, § 2º, III, deste Código.
- Art. 8º, § 1º, e 9º da Lei nº 7.347, de 24-7-1985 (Lei da Ação Civil Pública).

CAPÍTULO II

## DAS AÇÕES COLETIVAS PARA A DEFESA DE INTERESSES INDIVIDUAIS HOMOGÊNEOS

**Art. 91.** Os legitimados de que trata o artigo 82 poderão propor, em nome próprio e no interesse das vítimas ou seus sucessores, ação civil coletiva de responsabilidade pelos danos individualmente sofridos, de acordo com o disposto nos artigos seguintes.
- Artigo com a redação dada pela Lei nº 9.008, de 21-3-1995.
- Art. 82, § 1º, deste Código.

**Art. 92.** O Ministério Público, se não ajuizar a ação, atuará sempre como fiscal da lei.
- Art. 82, I, deste Código.
- Art. 82, III, do CPC.

Parágrafo único. VETADO.

**Art. 93.** Ressalvada a competência da justiça federal, é competente para a causa a justiça local:
- Art. 109, I, e § 2º, da CF.
- Art. 99 do CPC.

I – no foro do lugar onde ocorreu ou deva ocorrer o dano, quando de âmbito local;
- Art. 100, V, a, do CPC.

II – no foro da Capital do Estado ou no do Distrito Federal, para os danos de âmbito nacional ou regional, aplicando-se as regras do Código de Processo Civil aos casos de competência concorrente.
- Arts. 105 e 106 do CPC.
- Art. 2º da Lei nº 7.347, de 24-7-1985 (Lei da Ação Civil Pública).

**Art. 94.** Proposta a ação, será publicado edital no órgão oficial, a fim de que os interessados possam intervir no processo como litisconsortes, sem prejuízo de ampla divulgação pelos meios de comunicação social por parte dos órgãos de defesa do consumidor.
- Arts. 46 a 49 do CPC.
- Art. 5º, § 2º, da Lei nº 7.347, de 24-7-1985 (Lei da Ação Civil Pública).

**Art. 95.** Em caso de procedência do pedido, a condenação será genérica, fixando a responsabilidade do réu pelos danos causados.
- Art. 475-A do CPC.

**Art. 96.** VETADO.

**Art. 97.** A liquidação e a execução de sentença poderão ser promovidas pela vítima e seus sucessores, assim como pelos legitimados de que trata o artigo 82.
- Art. 103, § 3º, deste Código.
- Arts. 475-A a 475-R do CPC.

Parágrafo único. VETADO.

**Art. 98.** A execução poderá ser coletiva, sendo promovida pelos legitimados de que trata o artigo 82, abrangendo as vítimas cujas indenizações já tiverem sido fixadas em sentença de liquidação, sem prejuízo do ajuizamento de outras execuções.
- Caput com a redação dada pela Lei nº 9.008, de 21-3-1995.
- Art. 103, § 3º, deste Código.

§ 1º A execução coletiva far-se-á com base em certidão das sentenças de liquidação, da qual deverá constar a ocorrência ou não do trânsito em julgado.

§ 2º É competente para a execução o juízo:

I – da liquidação da sentença ou da ação condenatória, no caso de execução individual;
II – da ação condenatória, quando coletiva a execução.

**Art. 99.** Em caso de concurso de créditos decorrentes de condenação prevista na Lei nº 7.347, de 24 de julho de 1985, e de indenizações pelos prejuízos individuais resultantes do mesmo evento danoso, estas terão preferência no pagamento.
- Art. 103, § 3º, deste Código.
- Lei nº 7.347, de 24-7-1985 (Lei da Ação Civil Pública).

Parágrafo único. Para efeito do disposto neste artigo, a destinação da importância recolhida ao Fundo criado pela Lei nº 7.347, de 24 de julho de 1985, ficará sustada enquanto pendentes de decisão de segundo grau as ações de indenização pelos danos individuais, salvo na hipótese de o patrimônio do devedor ser manifestamente suficiente para responder pela integralidade das dívidas.
- Art. 13 da Lei nº 7.347, de 24-7-1985 (Lei da Ação Civil Pública), regulamentado pelo Dec. nº 1.306, de 9-11-1994.

**Art. 100.** Decorrido o prazo de um ano sem habilitação de interessados em número compatível com a gravidade do dano, poderão os legitimados do artigo 82 promover a liquidação e execução da indenização devida.

Parágrafo único. O produto da indenização devida reverterá para o Fundo criado pela Lei nº 7.347, de 24 de julho de 1985.
- Art. 13 da Lei nº 7.347, de 24-7-1985 (Lei da Ação Civil Pública).
- Art. 2º, III, do Dec. nº 1.306, de 9-11-1994, que regulamenta o Fundo de Defesa de Direitos Difusos.

CAPÍTULO III

## DAS AÇÕES DE RESPONSABILIDADE DO FORNECEDOR DE PRODUTOS E SERVIÇOS

**Art. 101.** Na ação de responsabilidade civil do fornecedor de produtos e serviços, sem prejuízo do disposto nos Capítulos I e II deste Título, serão observadas as seguintes normas:
- Arts. 21 a 25 da Lei nº 11.101, de 9-2-2005 (Lei de Recuperação de Empresas e Falências), que dispõem sobre o administrador judicial.
- Arts. 27 e 81 a 100 deste Código.

I – a ação pode ser proposta no domicílio do autor;
II – o réu que houver contratado seguro de responsabilidade poderá chamar ao processo o segurador, vedada a integração do contraditório pelo Instituto de Resseguros do Brasil. Nesta hipótese, a sentença que julgar procedente o pedido condenará o réu nos termos do artigo 80 do Código de Processo Civil. Se o réu houver sido declarado falido, o síndico será intimado a informar a existência de seguro de responsabilidade, facultando-se, em caso afirmativo, o ajuizamento de ação de indenização diretamente contra o segurador, vedada a denunciação da lide ao Instituto de Resseguros do Brasil e dispensado o litisconsórcio obrigatório com este.
- Arts. 77 a 80 do CPC.

**Art. 102.** Os legitimados a agir na forma deste Código poderão propor ação visando compelir o Poder Público competente a proibir, em todo o território nacional, a produção, divulgação, distribuição ou venda, ou a determinar alteração na composição, estrutura, fórmula ou acondicionamento de produto, cujo uso ou consumo regular se revele nocivo ou perigoso à saúde pública e à incolumidade pessoal.
- Art. 82 deste Código.

§§ 1º e 2º VETADOS.

CAPÍTULO IV

## DA COISA JULGADA

**Art. 103.** Nas ações coletivas de que trata este Código, a sentença fará coisa julgada:
- Arts. 467 a 475 do CPC.

I – *erga omnes*, exceto se o pedido for julgado improcedente por insuficiência de provas, hipótese em que qualquer legitimado poderá intentar outra ação, com idêntico fundamento, valendo-se de nova prova, na hipótese do inciso I do parágrafo único do artigo 81;
II – *ultra partes*, mas limitadamente ao grupo, categoria ou classe, salvo improcedência por insuficiência de provas, nos termos do inciso anterior, quando se tratar da hipótese prevista no inciso II do parágrafo único do artigo 81;
▶ Art. 104 deste Código.

III – *erga omnes*, apenas no caso de procedência do pedido, para beneficiar todas as vítimas e seus sucessores, na hipótese do inciso III do parágrafo único do artigo 81.
▶ Art. 104 deste Código.

§ 1º Os efeitos da coisa julgada previstos nos incisos I e II não prejudicarão interesses e direitos individuais dos integrantes da coletividade, do grupo, categoria ou classe.

§ 2º Na hipótese prevista no inciso III, em caso de improcedência do pedido, os interessados que não tiverem intervindo no processo como litisconsortes poderão propor ação de indenização a título individual.

§ 3º Os efeitos da coisa julgada de que cuida o artigo 16, combinado com o artigo 13 da Lei nº 7.347, de 24 de julho de 1985, não prejudicarão as ações de indenização por danos pessoalmente sofridos, propostas individualmente ou na forma prevista neste Código, mas, se procedente o pedido, beneficiarão as vítimas e seus sucessores, que poderão proceder à liquidação e à execução, nos termos dos artigos 96 a 99.
▶ O referido art. 96 foi vetado.
▶ Lei nº 7.347, de 24-7-1985 (Lei da Ação Civil Pública).

§ 4º Aplica-se o disposto no parágrafo anterior à sentença penal condenatória.

**Art. 104.** As ações coletivas, previstas nos incisos I e II do parágrafo único do artigo 81, não induzem litispendência para as ações individuais, mas os efeitos da coisa julgada *erga omnes* ou *ultra partes* a que aludem os incisos II e III do artigo anterior não beneficiarão os autores das ações individuais, se não for requerida sua suspensão no prazo de trinta dias, a contar da ciência nos autos do ajuizamento da ação coletiva.
▶ Art. 301, §§ 1º a 3º, do CPC.

### TÍTULO IV – DO SISTEMA NACIONAL DA DEFESA DO CONSUMIDOR

**Art. 105.** Integram o Sistema Nacional de Defesa do Consumidor – SNDC os órgãos federais, estaduais, do Distrito Federal e municipais e as entidades privadas de defesa do consumidor.
▶ Art. 2º do Dec. nº 2.181, de 20-3-1997, que dispõe sobre a organização do Sistema Nacional de Defesa do Consumidor – SNDC, e estabelece normas gerais de aplicação das sanções administrativas previstas nesta Lei.

**Art. 106.** O Departamento Nacional de Defesa do Consumidor, da Secretaria Nacional de Direito Econômico-MJ, ou órgão federal que venha substituí-lo, é organismo de coordenação da política do Sistema Nacional de Defesa do Consumidor, cabendo-lhe:
▶ Art. 3º do Dec. nº 2.181, de 20-3-1997, que dispõe sobre a organização do Sistema Nacional de Defesa do Consumidor – SNDC, e estabelece normas gerais de aplicação das sanções administrativas previstas nesta Lei.

I – planejar, elaborar, propor, coordenar e executar a política nacional de proteção ao consumidor;
II – receber, analisar, avaliar e encaminhar consultas, denúncias ou sugestões apresentadas por entidades representativas ou pessoas jurídicas de direito público ou privado;
III – prestar aos consumidores orientação permanente sobre seus direitos e garantias;
IV – informar, conscientizar e motivar o consumidor através dos diferentes meios de comunicação;
V – solicitar à polícia judiciária a instauração de inquérito policial para a apreciação de delito contra os consumidores, nos termos da legislação vigente;
VI – representar ao Ministério Público competente para fins de adoção de medidas processuais no âmbito de suas atribuições;
VII – levar ao conhecimento dos órgãos competentes as infrações de ordem administrativa que violarem os interesses difusos, coletivos, ou individuais dos consumidores;
VIII – solicitar o concurso de órgãos e entidades da União, Estados, do Distrito Federal e Municípios, bem como auxiliar a fiscalização de preços, abastecimento, quantidade e segurança de bens e serviços;
IX – incentivar, inclusive com recursos financeiros e outros programas especiais, a formação de entidades de defesa do consumidor pela população e pelos órgãos públicos estaduais e municipais;
X a XII – VETADOS;
XIII – desenvolver outras atividades compatíveis com suas finalidades.

Parágrafo único. Para a consecução de seus objetivos, o Departamento Nacional de Defesa do Consumidor poderá solicitar o concurso de órgãos e entidades de notória especialização técnico-científica.

### TÍTULO V – DA CONVENÇÃO COLETIVA DE CONSUMO

**Art. 107.** As entidades civis de consumidores e as associações de fornecedores ou sindicatos de categoria econômica podem regular, por convenção escrita, relações de consumo que tenham por objeto estabelecer condições relativas ao preço, à qualidade, à quantidade, à garantia e características de produtos e serviços, bem como à reclamação e composição do conflito de consumo.

§ 1º A convenção tornar-se-á obrigatória a partir do registro do instrumento no cartório de títulos e documentos.

§ 2º A convenção somente obrigará aos filiados às entidades signatárias.

§ 3º Não se exime de cumprir a convenção o fornecedor que se desligar da entidade em data posterior ao registro do instrumento.

**Art. 108.** VETADO.

## TÍTULO VI – DISPOSIÇÕES FINAIS

**Art. 109.** VETADO.

**Art. 110.** Acrescente-se o seguinte inciso IV ao artigo 1º da Lei nº 7.347, de 24 de julho de 1985:

▶ Alteração inserida no texto da referida Lei.

**Art. 111.** O inciso II do artigo 5º da Lei nº 7.347, de 24 de julho de 1985, passa a ter a seguinte redação:

▶ Alteração inserida no texto da referida Lei.

**Art. 112.** O § 3º do artigo 5º da Lei nº 7.347, de 24 de julho de 1985, passa a ter a seguinte redação:

▶ Alteração inserida no texto da referida Lei.

**Art. 113.** Acrescente-se os seguintes §§ 4º, 5º e 6º ao artigo 5º da Lei nº 7.347, de 24 de julho de 1985:

▶ Alteração inserida no texto da referida Lei.

**Art. 114.** O artigo 15 da Lei nº 7.347, de 24 de julho de 1985, passa a ter a seguinte redação:

▶ Alteração inserida no texto da referida Lei.

**Art. 115.** Suprima-se o *caput* do artigo 17 da Lei nº 7.347, de 24 de julho de 1985, passando o parágrafo único a constituir o *caput*, com a seguinte redação:

▶ Alteração inserida no texto da referida lei.

**Art. 116.** Dê-se a seguinte redação ao artigo 18 da Lei nº 7.347, de 24 de julho de 1985:

▶ Alteração inserida no texto da referida Lei.

**Art. 117.** Acrescente-se à Lei nº 7.347, de 24 de julho de 1985, o seguinte dispositivo, renumerando-se os seguintes:

▶ Alteração inserida no texto da referida Lei.

**Art. 118.** Este Código entrará em vigor dentro de cento e oitenta dias a contar de sua publicação.

**Art. 119.** Revogam-se as disposições em contrário.

Brasília, 11 de setembro de 1990;
169º da Independência e
102º da República.

**Fernando Collor**

---

## LEI Nº 8.245, DE 18 DE OUTUBRO DE 1991

*Dispõe sobre as locações dos imóveis urbanos e os procedimentos a elas pertinentes.*

▶ Publicada no *DOU* de 21-10-1991.
▶ Arts. 565 a 578 do CC.

### TÍTULO I – DA LOCAÇÃO

**CAPÍTULO I**

#### DISPOSIÇÕES GERAIS

*Seção I*

##### DA LOCAÇÃO EM GERAL

**Art. 1º** A locação de imóvel urbano regula-se pelo disposto nesta Lei.

Parágrafo único. Continuam regulados pelo Código Civil e pelas leis especiais:

a) as locações:

1. de imóveis de propriedade da União, dos Estados e dos Municípios, de suas autarquias e fundações públicas;
2. de vagas autônomas de garagem ou de espaços para estacionamento de veículos;
3. de espaços destinados à publicidade;
4. em apart-hotéis, hotéis-residência ou equiparados, assim considerados aqueles que prestam serviços regulares a seus usuários e como tais sejam autorizados a funcionar;

b) o arrendamento mercantil, em qualquer de suas modalidades.

**Art. 2º** Havendo mais de um locador ou mais de um locatário, entende-se que são solidários se o contrário não se estipulou.

▶ Arts. 264 a 285 do CC.

Parágrafo único. Os ocupantes de habitações coletivas multifamiliares presumem-se locatários ou sublocatários.

**Art. 3º** O contrato de locação pode ser ajustado por qualquer prazo, dependendo de vênia conjugal, se igual ou superior a dez anos.

Parágrafo único. Ausente a vênia conjugal, o cônjuge não estará obrigado a observar o prazo excedente.

**Art. 4º** Durante o prazo estipulado para a duração do contrato, não poderá o locador reaver o imóvel alugado. O locatário, todavia, poderá devolvê-lo, pagando a multa pactuada, proporcionalmente ao período de cumprimento do contrato, ou, na sua falta, a que for judicialmente estipulada.

▶ *Caput* com a redação dada pela Lei nº 12.112, de 9-12-2009.
▶ Art. 413 do CC.

Parágrafo único. O locatário ficará dispensado da multa se a devolução do imóvel decorrer de transferência, pelo seu empregador, privado ou público, para prestar serviços em localidades diversas daquela do início do contrato, e se notificar, por escrito, o locador com prazo de, no mínimo, trinta dias de antecedência.

**Art. 5º** Seja qual for o fundamento do término da locação, a ação do locador para reaver o imóvel é a de despejo.

▶ Arts. 59 a 66 desta Lei.

Parágrafo único. O disposto neste artigo não se aplica se a locação termina em decorrência de desapropriação, com a imissão do expropriante na posse do imóvel.

**Art. 6º** O locatário poderá denunciar a locação por prazo indeterminado mediante aviso por escrito ao locador, com antecedência mínima de trinta dias.

Parágrafo único. Na ausência do aviso, o locador poderá exigir quantia correspondente a um mês de aluguel e encargos, vigentes quando da resilição.

**Art. 7º** Nos casos de extinção de usufruto ou de fideicomisso, a locação celebrada pelo usufrutuário ou fiduciário poderá ser denunciada, com o prazo de trinta dias para a desocupação, salvo se tiver havido aquiescência escrita do nu-proprietário ou do fideicomissário, ou se a propriedade estiver consolidada em mãos do usufrutuário ou do fiduciário.

Parágrafo único. A denúncia deverá ser exercitada no prazo de noventa dias contados da extinção do fideicomisso ou da averbação da extinção do usufruto, presumindo-se, após esse prazo, a concordância na manutenção da locação.

**Art. 8º** Se o imóvel for alienado durante a locação, o adquirente poderá denunciar o contrato, com o prazo de noventa dias para a desocupação, salvo se a locação for por tempo determinado e o contrato contiver cláusula de vigência em caso de alienação e estiver averbado junto à matrícula do imóvel.

▶ Súmulas n ͏ᵒˢ 158 e 442 do STF.

**§ 1º** Idêntico direito terá o promissário comprador e o promissário cessionário, em caráter irrevogável, com imissão na posse do imóvel e título registrado junto à matrícula do mesmo.

**§ 2º** A denúncia deverá ser exercitada no prazo de noventa dias contados do registro da venda ou do compromisso, presumindo-se, após esse prazo, a concordância na manutenção da locação.

**Art. 9º** A locação também poderá ser desfeita:

▶ Arts. 63, § 1º, b, e 64 desta Lei.

I – por mútuo acordo;

▶ Art. 59, § 1º, desta Lei.

II – em decorrência da prática de infração legal ou contratual;

III – em decorrência da falta de pagamento do aluguel e demais encargos;

IV – para a realização de reparações urgentes determinadas pelo Poder Público, que não possam ser normalmente executadas com a permanência do locatário no imóvel ou, podendo, ele se recuse a consenti-las.

▶ Arts. 44, III, 59, § 1º, VI, e 63, § 1º, b, desta Lei.

**Art. 10.** Morrendo o locador, a locação transmite-se aos herdeiros.

**Art. 11.** Morrendo o locatário, ficarão sub-rogados nos seus direitos e obrigações:

▶ Art. 12, § 1º, desta Lei.

I – nas locações com finalidade residencial, o cônjuge sobrevivente ou o companheiro e, sucessivamente, os herdeiros necessários e as pessoas que viviam na dependência econômica do *de cujus*, desde que residentes no imóvel;

▶ Art. 59, IV, desta Lei.

II – nas locações com finalidade não residencial, o espólio e, se for o caso, seu sucessor no negócio.

**Art. 12.** Em casos de separação de fato, separação judicial, divórcio ou dissolução da união estável, a locação residencial prosseguirá automaticamente com o cônjuge ou companheiro que permanecer no imóvel.

▶ *Caput* com a redação dada pela Lei nº 12.112, de 9-12-2009.

**§ 1º** Nas hipóteses previstas neste artigo e no art. 11, a sub-rogação será comunicada por escrito ao locador e ao fiador, se esta for a modalidade de garantia locatícia.

▶ Antigo parágrafo único transformado em § 1º e com a redação dada pela Lei nº 12.112, de 9-12-2009.

**§ 2º** O fiador poderá exonerar-se das suas responsabilidades no prazo de 30 (trinta) dias contado do recebimento da comunicação oferecida pelo sub-rogado, ficando responsável pelos efeitos da fiança durante 120 (cento e vinte) dias após a notificação ao locador.

▶ § 2º acrescido pela Lei nº 12.112, de 9-12-2009.
▶ Art. 40, X, desta Lei.

**Art. 13.** A cessão da locação, a sublocação e o empréstimo do imóvel, total ou parcialmente, dependem do consentimento prévio e escrito do locador.

**§ 1º** Não se presume o consentimento pela simples demora do locador em manifestar formalmente a sua oposição.

**§ 2º** Desde que notificado por escrito pelo locatário, de ocorrência de uma das hipóteses deste artigo, o locador terá o prazo de trinta dias para manifestar formalmente a sua oposição.

**§ 3º** VETADO. Lei nº 12.112, de 9-12-2009.

*SEÇÃO II*

### DAS SUBLOCAÇÕES

**Art. 14.** Aplicam-se às sublocações, no que couber, as disposições relativas às locações.

**Art. 15.** Rescindida ou finda a locação, qualquer que seja sua causa, resolvem-se as sublocações, assegurado o direito de indenização do sublocatário contra o sublocador.

▶ Art. 59, V, desta Lei.

**Art. 16.** O sublocatário responde subsidiariamente ao locador pela importância que dever ao sublocador, quando este for demandado e, ainda, pelos aluguéis que se vencerem durante a lide.

*SEÇÃO III*

### DO ALUGUEL

**Art. 17.** É livre a convenção do aluguel, vedada a sua estipulação em moeda estrangeira e a sua vinculação à variação cambial ou ao salário mínimo.

Parágrafo único. Nas locações residenciais serão observados os critérios de reajustes previstos na legislação específica.

**Art. 18.** É lícito às partes fixar, de comum acordo, novo valor para o aluguel, bem como inserir ou modificar cláusula de reajuste.

**Art. 19.** Não havendo acordo, o locador ou o locatário, após três anos de vigência do contrato ou do acordo anteriormente realizado, poderão pedir revisão judicial do aluguel, a fim de ajustá-lo ao preço de mercado.

**Art. 20.** Salvo as hipóteses do artigo 42 e da locação para temporada, o locador não poderá exigir o pagamento antecipado do aluguel.

**Art. 21.** O aluguel da sublocação não poderá exceder o da locação; nas habitações coletivas multifamiliares, a soma dos aluguéis não poderá ser superior ao dobro do valor da locação.

Parágrafo único. O descumprimento deste artigo autoriza o *sublocatário a reduzir* o aluguel até os limites nele estabelecidos.

## SEÇÃO IV
### DOS DEVERES DO LOCADOR E DO LOCATÁRIO

**Art. 22.** O locador é obrigado a:

I – entregar ao locatário o imóvel alugado em estado de servir ao uso a que se destina;

II – garantir, durante o tempo da locação, o uso pacífico do imóvel locado;

III – manter, durante a locação, a forma e o destino do imóvel;

IV – responder pelos vícios ou defeitos anteriores à locação;

V – fornecer ao locatário, caso este solicite, descrição minuciosa do estado do imóvel, quando de sua entrega, com expressa referência aos eventuais defeitos existentes;

VI – fornecer ao locatário recibo discriminado das importâncias por este pagas, vedada a quitação genérica;

VII – pagar as taxas de administração imobiliária, se houver, e de intermediações, nestas compreendidas as despesas necessárias à aferição da idoneidade do pretendente ou de seu fiador;

VIII – pagar os impostos e taxas, e ainda o prêmio de seguro complementar contra fogo, que incidam ou venham a incidir sobre o imóvel, salvo disposição expressa em contrário no contrato;

IX – exibir ao locatário, quando solicitado, os comprovantes relativos às parcelas que estejam sendo exigidas;

X – pagar as despesas extraordinárias de condomínio.

Parágrafo único. Por despesas extraordinárias de condomínio se entendem aquelas que não se refiram aos gastos rotineiros de manutenção do edifício, especialmente:

a) obras de reformas ou acréscimos que interessem à estrutura integral do imóvel;
b) pintura das fachadas, empenas, poços de aeração e iluminação, bem como das esquadrias externas;
c) obras destinadas a repor as condições de habitabilidade do edifício;
d) indenizações trabalhistas e previdenciárias pela dispensa de empregados, ocorridas em data anterior ao início da locação;
e) instalação de equipamentos de segurança e de incêndio, de telefonia, de intercomunicação, de esporte e de lazer;
f) despesas de decoração e paisagismo nas partes de uso comum;
g) constituição de fundo de reserva.

**Art. 23.** O locatário é obrigado a:

I – pagar pontualmente o aluguel e os encargos da locação, legal ou contratualmente exigíveis, no prazo estipulado ou, em sua falta, até o sexto dia útil do mês seguinte ao vencido, no imóvel locado, quando outro local não tiver sido indicado no contrato;

II – servir-se do imóvel para o uso convencionado ou presumido, compatível com a natureza deste e com o fim a que se destina, devendo tratá-lo com o mesmo cuidado como se fosse seu;

III – restituir o imóvel, finda a locação, no estado em que o recebeu, salvo as deteriorações decorrentes do seu uso normal;

IV – levar imediatamente ao conhecimento do locador o surgimento de qualquer dano ou defeito cuja reparação a este incumba, bem como as eventuais turbações de terceiros;

V – realizar a imediata reparação dos danos verificados no imóvel, ou nas suas instalações, provocados por si, seus dependentes, familiares, visitantes ou prepostos;

VI – não modificar a forma interna ou externa do imóvel sem o consentimento prévio e por escrito do locador;

VII – entregar imediatamente ao locador os documentos de cobrança de tributos e encargos condominiais, bem como qualquer intimação, multa ou exigência de autoridade pública, ainda que dirigida a ele, locatário;

VIII – pagar as despesas de telefone e de consumo de força, luz e gás, água e esgoto;

IX – permitir a vistoria do imóvel pelo locador ou por seu mandatário, mediante combinação prévia de dia e hora, bem como admitir que seja o mesmo visitado e examinado por terceiros, na hipótese prevista no artigo 27;

X – cumprir integralmente a convenção de condomínio e os regulamentos internos;

XI – pagar o prêmio do seguro de fiança;

XII – pagar as despesas ordinárias de condomínio.

§ 1º Por despesas ordinárias de condomínio se entendem as necessárias à administração respectiva, especialmente:

a) salários, encargos trabalhistas, contribuições previdenciárias e sociais dos empregados do condomínio;
b) consumo de água e esgoto, gás, luz e força das áreas de uso comum;
c) limpeza, conservação e pintura das instalações e dependências de uso comum;
d) manutenção e conservação das instalações e equipamentos hidráulicos, elétricos, mecânicos e de segurança, de uso comum;
e) manutenção e conservação das instalações e equipamentos de uso comum destinados à prática de esportes e lazer;
f) manutenção e conservação de elevadores, porteiro eletrônico e antenas coletivas;
g) pequenos reparos nas dependências e instalações elétricas e hidráulicas de uso comum;
h) rateios de saldo devedor, salvo se referentes a período anterior ao início da locação;
i) reposição do fundo de reserva, total ou parcialmente utilizado no custeio ou complementação das despesas referidas nas alíneas anteriores, salvo se referentes a período anterior ao início da locação.

§ 2º O locatário fica obrigado ao pagamento das despesas referidas no parágrafo anterior, desde que comprovadas a previsão orçamentária e o rateio mensal, podendo exigir a qualquer tempo a comprovação das mesmas.

§ 3º No edifício constituído por unidades imobiliárias autônomas, de propriedade da mesma pessoa, os locatários ficam obrigados ao pagamento das despesas referidas no § 1º deste artigo, desde que comprovadas.

**Art. 24.** Nos imóveis utilizados como habitação coletiva multifamiliar, os locatários ou sublocatários poderão depositar judicialmente o aluguel e encargos se a construção for considerada em condições precárias pelo Poder Público.

§ 1º O levantamento dos depósitos somente será deferido com a comunicação, pela autoridade pública, da regularização do imóvel.

§ 2º Os locatários ou sublocatários que deixarem o imóvel estarão desobrigados do aluguel durante a execução das obras necessárias à regularização.

§ 3º Os depósitos efetuados em juízo pelos locatários e sublocatários poderão ser levantados, mediante ordem judicial, para realização das obras ou serviços necessários à regularização do imóvel.

**Art. 25.** Atribuída ao locatário a responsabilidade pelo pagamento dos tributos, encargos e despesas ordinárias de condomínio, o locador poderá cobrar tais verbas juntamente com o aluguel do mês a que se refiram.

Parágrafo único. Se o locador antecipar os pagamentos, a ele pertencerão as vantagens daí advindas, salvo se o locatário reembolsá-lo integralmente.

**Art. 26.** Necessitando o imóvel de reparos urgentes, cuja realização incumba ao locador, o locatário é obrigado a consenti-los.

Parágrafo único. Se os reparos durarem mais de dez dias, o locatário terá direito ao abatimento do aluguel, proporcional ao período excedente; se mais de trinta dias, poderá resilir o contrato.

SEÇÃO V

## DO DIREITO DE PREFERÊNCIA

**Art. 27.** No caso de venda, promessa de venda, cessão ou promessa de cessão de direitos ou dação em pagamento, o locatário tem preferência para adquirir o imóvel locado, em igualdade de condições com terceiros, devendo o locador dar-lhe conhecimento do negócio mediante notificação judicial, extrajudicial ou outro meio de ciência inequívoca.

▶ Art. 23, IX, desta Lei.

Parágrafo único. A comunicação deverá conter todas as condições do negócio e, em especial, o preço, a forma de pagamento, a existência de ônus reais, bem como o local e horário em que pode ser examinada a documentação pertinente.

**Art. 28.** O direito de preferência do locatário caducará se não manifestado, de maneira inequívoca, sua aceitação integral à proposta, no prazo de trinta dias.

**Art. 29.** Ocorrendo aceitação da proposta, pelo locatário, a posterior desistência do negócio pelo locador acarreta, a este, responsabilidade pelos prejuízos ocasionados, inclusive lucros cessantes.

**Art. 30.** Estando o imóvel sublocado em sua totalidade, caberá a preferência ao sublocatário e, em seguida, ao locatário. Se forem vários os sublocatários, a preferência caberá a todos, em comum, ou a qualquer deles, a um só for o interessado.

Parágrafo único. Havendo pluralidade de pretendentes, caberá a preferência ao locatário mais antigo, e, se da mesma data, ao mais idoso.

**Art. 31.** Em se tratando de alienação de mais de uma unidade imobiliária, o direito de preferência incidirá sobre a totalidade dos bens objeto da alienação.

**Art. 32.** O direito de preferência não alcança os casos de perda da propriedade ou venda por decisão judicial, permuta, doação, integralização de capital, cisão, fusão e incorporação.

Parágrafo único. Nos contratos firmados a partir de 1º de outubro de 2001, o direito de preferência de que trata este artigo não alcançará também os casos de constituição da propriedade fiduciária e de perda da propriedade ou venda por quaisquer formas de realização de garantia, inclusive mediante leilão extrajudicial, devendo essa condição constar expressamente em cláusula contratual específica, destacando-se das demais por sua apresentação gráfica.

▶ Parágrafo único com a redação dada pela Lei nº 10.931, de 2-8-2004.

**Art. 33.** O locatário preterido no seu direito de preferência poderá reclamar do alienante as perdas e danos ou, depositando o preço e demais despesas do ato de transferência, haver para si o imóvel locado, se o requerer no prazo de seis meses, a contar do registro do ato no cartório de imóveis, desde que o contrato de locação esteja averbado, pelo menos trinta dias antes da alienação junto à matrícula do imóvel.

Parágrafo único. A averbação far-se-á à vista de qualquer das vias do contrato de locação, desde que subscrito também por duas testemunhas.

**Art. 34.** Havendo condomínio no imóvel, a preferência do condômino terá prioridade sobre a do locatário.

SEÇÃO VI

## DAS BENFEITORIAS

**Art. 35.** Salvo expressa disposição contratual em contrário, as benfeitorias necessárias introduzidas pelo locatário, ainda que não autorizadas pelo locador, bem como as úteis, desde que autorizadas, serão indenizáveis e permitem o exercício do direito de retenção.

▶ Súm. nº 335 do STJ.

**Art. 36.** As benfeitorias voluptuárias não serão indenizáveis, podendo ser levantadas pelo locatário, finda a locação, desde que sua retirada não afete a estrutura e a substância do imóvel.

SEÇÃO VII

## DAS GARANTIAS LOCATÍCIAS

**Art. 37.** No contrato de locação, pode o locador exigir do locatário as seguintes modalidades de garantia:

▶ Art. 59, § 1º, IX, desta Lei.

I – caução;
II – fiança;

▶ Súmulas nºs 214 e 268 do STJ.

III – seguro de fiança locatícia.
IV – cessão fiduciária de quotas de fundo de investimento.

▶ Inciso IV acrescido pela Lei nº 11.196, de 21-11-2005.

Parágrafo único. É vedada, sob pena de nulidade, mais de uma das modalidades de garantia num mesmo contrato de locação.

**Art. 38.** A caução poderá ser em bens móveis ou imóveis.

§ 1º A caução em bens móveis deverá ser registrada em cartório de títulos e documentos; a em bens imóveis deverá ser averbada à margem da respectiva matrícula.

§ 2º A caução em dinheiro, que não poderá exceder o equivalente a três meses de aluguel, será depositada em caderneta de poupança, autorizada pelo Poder Público e por ele regulamentada, revertendo em benefício do locatário todas as vantagens dela decorrentes por ocasião do levantamento da soma respectiva.

§ 3º A caução em títulos e ações deverá ser substituída, no prazo de trinta dias, em caso de concordata, falência ou liquidação das sociedades emissoras.

▶ Lei nº 11.101, de 9-2-2005 (Lei de Recuperação de Empresas e Falências).

**Art. 39.** Salvo disposição contratual em contrário, qualquer das garantias da locação se estende até a efetiva devolução do imóvel, ainda que prorrogada a locação por prazo indeterminado, por força desta Lei.

▶ Artigo com a redação dada pela Lei nº 12.112, de 9-12-2009.
▶ Arts. 46, § 1º, e 47 desta Lei.
▶ Súm. nº 214 do STJ.

**Art. 40.** O locador poderá exigir novo fiador ou a substituição da modalidade de garantia, nos seguintes casos:

I – morte do fiador;
II – ausência, interdição, recuperação judicial, falência ou insolvência do fiador, declaradas judicialmente;

▶ Inciso II com a redação dada pela Lei nº 12.112, de 9-12-2009.

III – alienação ou gravação de todos os bens imóveis do fiador ou sua mudança de residência sem comunicação ao locador;
IV – exoneração do fiador;
V – prorrogação da locação por prazo indeterminado, sendo a fiança ajustada por prazo certo;
VI – desaparecimento dos bens móveis;
VII – desapropriação ou alienação do imóvel;
VIII – exoneração de garantia constituída por quotas de fundo de investimento;
IX – liquidação ou encerramento do fundo de investimento de que trata o inciso IV do art. 37 desta Lei;

▶ Incisos VIII e IX acrescidos pela Lei nº 11.196, de 21-11-2005.

X – prorrogação da locação por prazo indeterminado uma vez notificado o locador pelo fiador de sua intenção de desoneração, ficando obrigado por todos os efeitos da fiança, durante 120 (cento e vinte) dias após a notificação ao locador.

▶ Inciso X acrescido pela Lei nº 12.112, de 9-12-2009.
▶ Art. 12, § 2º, desta Lei.

Parágrafo único. O locador poderá notificar o locatário para apresentar nova garantia locatícia no prazo de 30 (trinta) dias, sob pena de desfazimento da locação.

▶ Parágrafo único acrescido pela Lei nº 12.112, de 9-12-2009.
▶ Art. 59, § 1º, VII, desta Lei.

**Art. 41.** O seguro de fiança locatícia abrangerá a totalidade das obrigações do locatário.

**Art. 42.** Não estando a locação garantida por qualquer das modalidades, o locador poderá exigir do locatário o pagamento do aluguel e encargos até o sexto dia útil do mês vincendo.

▶ Art. 20 desta Lei.

SEÇÃO VIII

## DAS PENALIDADES CRIMINAIS E CIVIS

**Art. 43.** Constitui contravenção penal, punível com prisão simples de cinco dias a seis meses ou multa de três a doze meses do valor do último aluguel atualizado, revertida em favor do locatário:

I – exigir, por motivo de locação ou sublocação, quantia ou valor além do aluguel e encargos permitidos;
II – exigir, por motivo de locação ou sublocação, mais de uma modalidade de garantia num mesmo contrato de locação;
III – cobrar antecipadamente o aluguel, salvo a hipótese do artigo 42 e da locação para temporada.

**Art. 44.** Constitui crime de ação pública, punível com detenção de três meses a um ano, que poderá ser substituída pela prestação de serviços à comunidade:

I – recusar-se o locador ou sublocador, nas habitações coletivas multifamiliares, a fornecer recibo discriminado do aluguel e encargos;
II – deixar o retomante, dentro de cento e oitenta dias após a entrega do imóvel, no caso do inciso III do artigo 47, de usá-lo para o fim declarado ou, usando-o, não o fizer pelo prazo mínimo de um ano;
III – não iniciar o proprietário, promissário comprador ou promissário cessionário, nos casos do inciso IV do artigo 9º, inciso IV do artigo 47, inciso I do artigo 52 e inciso II do artigo 53, a demolição ou a reparação do imóvel, dentro de sessenta dias contados de sua entrega;
IV – executar o despejo com inobservância do disposto no § 2º do artigo 65.

Parágrafo único. Ocorrendo qualquer das hipóteses previstas neste artigo, poderá o prejudicado reclamar, em processo próprio, multa equivalente a um mínimo de doze e um máximo de vinte e quatro meses do valor do último aluguel atualizado ou do que esteja sendo cobrado do novo locatário, se realugado o imóvel.

SEÇÃO IX

## DAS NULIDADES

**Art. 45.** São nulas de pleno direito as cláusulas do contrato de locação que visem a elidir os objetivos da presente Lei, notadamente as que proíbam a prorrogação prevista no artigo 47, ou que afastem o direito à renovação, na hipótese do artigo 51, ou que imponham obrigações pecuniárias para tanto.

CAPÍTULO II

## DAS DISPOSIÇÕES ESPECIAIS

SEÇÃO I

## DA LOCAÇÃO RESIDENCIAL

**Art. 46.** Nas locações ajustadas por escrito e por prazo igual ou superior a trinta meses, a resolução do contrato ocorrerá findo o prazo estipulado, independentemente de notificação ou aviso.

§ 1º Findo o prazo ajustado, se o locatário continuar na posse do imóvel alugado por mais de trinta dias sem oposição do locador, presumir-se-á prorrogada a locação por prazo indeterminado, mantidas as demais cláusulas e condições do contrato.

§ 2º Ocorrendo a prorrogação, o locador poderá denunciar o contrato a qualquer tempo, concedido o prazo de trinta dias para desocupação.

▶ Arts. 61 e 63, § 1º, b, desta Lei.

**Art. 47.** Quando ajustada verbalmente ou por escrito e com prazo inferior a trinta meses, findo o prazo estabelecido, a locação prorroga-se automaticamente, por prazo indeterminado, somente podendo ser retomado o imóvel:

▶ Art. 45 desta Lei.

I – nos casos do artigo 9º;

II – em decorrência de extinção do contrato de trabalho, se a ocupação do imóvel pelo locatário estiver relacionada com o seu emprego;

▶ Arts. 58, III, e 59, II, desta Lei.

III – se for pedido para uso próprio, de seu cônjuge ou companheiro, ou para uso residencial de ascendente ou descendente que não disponha, assim como seu cônjuge ou companheiro, de imóvel residencial próprio;

▶ Arts. 44, II, e 61 desta Lei.

IV – se for pedido para demolição e edificação licenciada ou para a realização de obras aprovadas pelo Poder Público, que aumentem a área construída em, no mínimo, vinte por cento ou, se o imóvel for destinado a exploração de hotel ou pensão, em cinquenta por cento;

▶ Arts. 44, III, e 61 desta Lei.

V – se a vigência ininterrupta da locação ultrapassar cinco anos.

§ 1º Na hipótese do inciso III, a necessidade deverá ser judicialmente demonstrada, se:

a) o retomante, alegando necessidade de usar o imóvel, estiver ocupando, com a mesma finalidade, outro de sua propriedade situado na mesma localidade ou, residindo ou utilizando imóvel alheio, já tiver retomado o imóvel anteriormente;

b) o ascendente ou descendente, beneficiário da retomada, residir em imóvel próprio.

§ 2º Nas hipóteses dos incisos III e IV, o retomante deverá comprovar ser proprietário, promissário comprador ou promissário cessionário, em caráter irrevogável, com imissão na posse do imóvel e título registrado junto à matrícula do mesmo.

*Seção II*

### DA LOCAÇÃO PARA TEMPORADA

**Art. 48.** Considera-se locação para temporada aquela destinada à residência temporária do locatário, para prática de lazer, realização de cursos, tratamento de saúde, feitura de obras em seu imóvel, e outros fatos que decorram tão somente de determinado tempo, e contratada por prazo não superior a noventa dias, esteja ou não mobiliado o imóvel.

Parágrafo único. No caso de a locação envolver imóvel mobiliado, constará do contrato, obrigatoriamente, a descrição dos móveis e utensílios que o guarnecem, bem como o estado em que se encontram.

**Art. 49.** O locador poderá receber de uma só vez e antecipadamente os aluguéis e encargos, bem como exigir qualquer das modalidades de garantia previstas no artigo 37 para atender as demais obrigações do contrato.

**Art. 50.** Findo o prazo ajustado, se o locatário permanecer no imóvel sem oposição do locador por mais de trinta dias, presumir-se-á prorrogada a locação por tempo indeterminado, não sendo mais exigível o pagamento antecipado do aluguel e dos encargos.

▶ Art. 59, III, desta Lei.

Parágrafo único. Ocorrendo a prorrogação, o locador somente poderá denunciar o contrato após trinta meses de seu início ou nas hipóteses do artigo 47.

*Seção III*

### DA LOCAÇÃO NÃO RESIDENCIAL

**Art. 51.** Nas locações de imóveis destinados ao comércio, o locatário terá direito a renovação do contrato, por igual prazo, desde que, cumulativamente:

▶ Arts. 45 e 71 a 75 desta Lei.

I – o contrato a renovar tenha sido celebrado por escrito e com prazo determinado;

II – o prazo mínimo do contrato a renovar ou a soma dos prazos ininterruptos dos contratos escritos seja de cinco anos;

III – o locatário esteja explorando seu comércio, no mesmo ramo, pelo prazo mínimo e ininterrupto de três anos.

§ 1º O direito assegurado neste artigo poderá ser exercido pelos cessionários ou sucessores da locação; no caso de sublocação total do imóvel, o direito a renovação somente poderá ser exercido pelo sublocatário.

§ 2º Quando o contrato autorizar que o locatário utilize o imóvel para as atividades de sociedade de que faça parte e que a esta passe a pertencer o fundo de comércio, o direito a renovação poderá ser exercido pelo locatário ou pela sociedade.

§ 3º Dissolvida a sociedade comercial por morte de um dos sócios, o sócio sobrevivente fica sub-rogado no direito a renovação, desde que continue no mesmo ramo.

§ 4º O direito a renovação do contrato estende-se às locações celebradas por indústrias e sociedades civis com fim lucrativo, regularmente constituídas, desde que ocorrentes os pressupostos previstos neste artigo.

§ 5º Do direito a renovação decai aquele que não propuser a ação no interregno de um ano, no máximo, até seis meses, no mínimo, anteriores à data da finalização do prazo do contrato em vigor.

▶ Súm. nº 482 do STF.

**Art. 52.** O locador não estará obrigado a renovar o contrato se:

I – por determinação do Poder Público, tiver que realizar no imóvel obras que importarem na sua radical transformação; ou para fazer modificação de tal natureza que aumente o valor do negócio ou da *propriedade*;

▶ Art. 44, III, desta Lei.

II – o imóvel vier a ser utilizado por ele próprio ou para transferência de fundo de comércio existente há mais de um ano, sendo detentor da maioria do capital o locador, seu cônjuge, ascendente ou descendente.

► Súm. nº 485 do STF.

§ 1º Na hipótese do inciso II, o imóvel não poderá ser destinado ao uso do mesmo ramo do locatário, salvo se a locação também envolvia o fundo de comércio, com as instalações e pertences.

► Súm. nº 481 do STF.

§ 2º Nas locações de espaço em *shopping centers*, o locador não poderá recusar a renovação do contrato com fundamento no inciso II deste artigo.

§ 3º O locatário terá direito a indenização para ressarcimento dos prejuízos e dos lucros cessantes que tiver que arcar com a mudança, perda do lugar e desvalorização do fundo de comércio, se a renovação não ocorrer em razão de proposta de terceiro, em melhores condições, ou se o locador, no prazo de três meses da entrega do imóvel, não der o destino alegado ou não iniciar as obras determinadas pelo Poder Público ou que declarou pretender realizar.

► A alteração que seria introduzida neste § 3º pela Lei nº 12.112, de 9-12-2009, foi vetada, razão pela qual mantivemos a sua redação.

**Art. 53.** Nas locações de imóveis utilizados por hospitais, unidades sanitárias oficiais, asilos, estabelecimentos de saúde e de ensino autorizados e fiscalizados pelo Poder Público, bem como entidades religiosas devidamente registradas, o contrato somente poderá ser rescindido:

► *Caput* com a redação dada pela Lei nº 9.256, de 9-1-1996.

I – nas hipóteses do artigo 9º;
II – se o proprietário, promissário comprador ou promissário cessionário, em caráter irrevogável e imitido na posse, com título registrado, que haja quitado o preço da promessa ou que, não o tendo feito, seja autorizado pelo proprietário, pedir o imóvel para demolição, edificação licenciada ou reforma que venha a resultar em aumento mínimo de cinquenta por cento da área útil.

► Arts. 44, III, e 63, § 3º, desta Lei.

**Art. 54.** Nas relações entre lojistas e empreendedores de *shopping center*, prevalecerão as condições livremente pactuadas nos contratos de locação respectivos e as disposições procedimentais previstas nesta Lei.

§ 1º O empreendedor não poderá cobrar do locatário em *shopping center*:

a) as despesas referidas nas alíneas *a*, *b* e *d* do parágrafo único do artigo 22; e
b) as despesas com obras ou substituições de equipamentos, que impliquem modificar o projeto ou o memorial descritivo da data do "habite-se" e obras de paisagismo nas partes de uso comum.

§ 2º As despesas cobradas do locatário devem ser previstas em orçamento, salvo casos de urgência ou força maior, devidamente demonstradas, podendo o locatário, a cada sessenta dias, por si ou entidade de classe exigir a comprovação das mesmas.

**Art. 55.** Considera-se locação não residencial quando o locatário for pessoa jurídica e o imóvel destinar-se ao uso de seus titulares, diretores, sócios, gerentes, executivos ou empregados.

**Art. 56.** Nos demais casos de locação não residencial, o contrato por prazo determinado cessa, de pleno direito, findo o prazo estipulado, independentemente de notificação ou aviso.

Parágrafo único. Findo o prazo estipulado, se o locatário permanecer no imóvel por mais de trinta dias sem oposição do locador, presumir-se-á prorrogada a locação nas condições ajustadas, mas sem prazo determinado.

**Art. 57.** O contrato de locação por prazo indeterminado pode ser denunciado por escrito, pelo locador, concedidos ao locatário trinta dias para a desocupação.

## TÍTULO II – DOS PROCEDIMENTOS

### Capítulo I

#### DAS DISPOSIÇÕES GERAIS

**Art. 58.** Ressalvados os casos previstos no parágrafo único do artigo 1º, nas ações de despejo, consignação em pagamento de aluguel e acessório da locação, revisionais de aluguel e renovatórias de locação, observar-se-á o seguinte:

I – os processos tramitam durante as férias forenses e não se suspendem pela superveniência delas;
II – é competente para conhecer e julgar tais ações o foro do lugar da situação do imóvel, salvo se outro houver sido eleito no contrato;
III – o valor da causa corresponderá a doze meses de aluguel, ou, na hipótese do inciso II do artigo 47, a três salários vigentes por ocasião do ajuizamento;
IV – desde que autorizado no contrato, a citação, intimação ou notificação far-se-á mediante correspondência com aviso de recebimento, ou, tratando-se de pessoa jurídica ou firma individual, também mediante telex ou fac-símile, ou, ainda, sendo necessário, pelas demais formas previstas no Código de Processo Civil;
V – os recursos interpostos contra as sentenças terão efeito somente devolutivo.

### Capítulo II

#### DAS AÇÕES DE DESPEJO

**Art. 59.** Com as modificações constantes deste Capítulo, as ações de despejo terão o rito ordinário.

§ 1º Conceder-se-á liminar para desocupação em quinze dias, independentemente da audiência da parte contrária e desde que prestada a caução no valor equivalente a três meses de aluguel, nas ações que tiverem por fundamento exclusivo:

I – o descumprimento do mútuo acordo (artigo 9º, inciso I), celebrado por escrito e assinado pelas partes e por duas testemunhas, no qual tenha sido ajustado o prazo mínimo de seis meses para desocupação, contado da assinatura do instrumento;
II – o disposto no inciso II do artigo 47, havendo prova escrita da rescisão do contrato de trabalho ou sendo ela demonstrada em audiência prévia;

III – o término do prazo da locação para temporada, tendo sido proposta a ação de despejo em até trinta dias após o vencimento do contrato;

▶ Art. 50 desta Lei.

IV – a morte do locatário sem deixar sucessor legítimo na locação de acordo com o referido no inciso I do artigo 11, permanecendo no imóvel pessoas não autorizadas por lei;
V – a permanência do sublocatário no imóvel, extinta a locação, celebrada com o locatário;
VI – o disposto no inciso IV do art. 9º, havendo a necessidade de se produzir reparações urgentes no imóvel, determinadas pelo poder público, que não possam ser normalmente executadas com a permanência do locatário, ou, podendo, ele se recuse a consenti-las;
VII – o término do prazo notificatório previsto no parágrafo único do art. 40, sem apresentação de nova garantia apta a manter a segurança inaugural do contrato;
VIII – o término do prazo da locação não residencial, tendo sido proposta a ação em até 30 (trinta) dias do termo ou do cumprimento de notificação comunicando o intento de retomada;
IX – a falta de pagamento de aluguel e acessórios da locação no vencimento, estando o contrato desprovido de qualquer das garantias previstas no art. 37, por não ter sido contratada ou em caso de extinção ou pedido de exoneração dela, independentemente de motivo.

▶ Incisos VI a IX acrescidos pela Lei nº 12.112, de 9-12-2009.

§ 2º Qualquer que seja o fundamento da ação dar-se-á ciência do pedido aos sublocatários, que poderão intervir no processo como assistentes.

▶ Arts. 50 a 53 do CPC.

§ 3º No caso do inciso IX do § 1º deste artigo, poderá o locatário evitar a rescisão da locação e elidir a liminar de desocupação se, dentro dos 15 (quinze) dias concedidos para a desocupação do imóvel e independentemente de cálculo, efetuar depósito judicial que contemple a totalidade dos valores devidos, na forma prevista no inciso II do art. 62.

▶ § 3º acrescido pela Lei nº 12.112, de 9-12-2009.

**Art. 60.** Nas ações de despejo fundadas no inciso IV do artigo 9º, inciso IV do artigo 47 e inciso II do artigo 53, a petição inicial deverá ser instruída com prova da propriedade do imóvel ou do compromisso registrado.

**Art. 61.** Nas ações fundadas no § 2º do artigo 46 e nos incisos III e IV do artigo 47, se o locatário, no prazo da contestação, manifestar sua concordância com a desocupação do imóvel, o juiz acolherá o pedido fixando prazo de seis meses para a desocupação, contados da citação, impondo ao vencido a responsabilidade pelas custas e honorários advocatícios de vinte por cento sobre o valor dado à causa. Se a desocupação ocorrer dentro do prazo fixado, o réu ficará isento dessa responsabilidade; caso contrário, será expedido mandado de despejo.

**Art. 62.** Nas ações de despejo fundadas na falta de pagamento de aluguel e acessórios da locação, de aluguel provisório, de diferenças de aluguéis, ou somente de quaisquer dos acessórios da locação, observar-se-á o seguinte:

▶ Caput com a redação dada pela Lei nº 12.112, de 9-12-2009.

I – o pedido de rescisão da locação poderá ser cumulado com o pedido de cobrança dos aluguéis e acessórios da locação; nesta hipótese, citar-se-á o locatário para responder ao pedido de rescisão e o locatário e os fiadores para responderem ao pedido de cobrança, devendo ser apresentado, com a inicial, cálculo discriminado do valor do débito;

▶ Inciso I com a redação dada pela Lei nº 12.112, de 9-12-2009.

II – o locatário e o fiador poderão evitar a rescisão da locação efetuando, no prazo de 15 (quinze) dias, contado da citação, o pagamento do débito atualizado, independentemente de cálculo e mediante depósito judicial, incluídos:

▶ Caput do inciso II com a redação dada pela Lei nº 12.112, de 9-12-2009.
▶ Art. 59, § 3º, desta Lei.

a) os aluguéis e acessórios da locação que vencerem até a sua efetivação;
b) as multas ou penalidades contratuais, quando exigíveis;
c) os juros de mora;
d) as custas e os honorários do advogado do locador, fixados em dez por cento sobre o montante devido, se do contrato não constar disposição diversa;

III – efetuada a purga da mora, se o locador alegar que a oferta não é integral, justificando a diferença, o locatário poderá complementar o depósito no prazo de 10 (dez) dias, contado da intimação, que poderá ser dirigida ao locatário ou diretamente ao patrono deste, por carta ou publicação no órgão oficial, a requerimento do locador;
IV – não sendo integralmente complementado o depósito, o pedido de rescisão prosseguirá pela diferença, podendo o locador levantar a quantia depositada;

▶ Incisos III e IV com a redação dada pela Lei nº 12.112, de 9-12-2009.

V – os aluguéis que forem vencendo até a sentença deverão ser depositados à disposição do juízo, nos respectivos vencimentos, podendo o locador levantá-los desde que incontroversos;
VI – havendo cumulação dos pedidos de rescisão da locação e cobrança dos aluguéis, a execução desta pode ter início antes da desocupação do imóvel, caso ambos tenham sido acolhidos.

Parágrafo único. Não se admitirá a emenda da mora se o locatário já houver utilizado essa faculdade nos 24 (vinte e quatro) meses imediatamente anteriores à propositura da ação.

▶ Parágrafo único com a redação dada pela Lei nº 12.112, de 9-12-2009.

**Art. 63.** Julgada procedente a ação de despejo, o juiz determinará a expedição de mandado de despejo, que conterá o prazo de 30 (trinta) dias para a desocupação voluntária, ressalvado o disposto nos parágrafos seguintes.

▶ Caput com a redação dada pela Lei nº 12.112, de 9-12-2009.

§ 1º O prazo será de quinze dias se:
a) entre a citação e a sentença de primeira instância houverem decorrido mais de quatro meses; ou
b) o despejo houver sido decretado com fundamento no art. 9º ou no § 2º do art. 46.
▶ Alínea b com a redação dada pela Lei nº 12.112, de 9-12-2009.

§ 2º Tratando-se de estabelecimento de ensino autorizado e fiscalizado pelo Poder Público, respeitado o prazo mínimo de seis meses e o máximo de um ano, o juiz disporá de modo que a desocupação coincida com o período de férias escolares.

§ 3º Tratando-se de hospitais, repartições públicas, unidades sanitárias oficiais, asilos, estabelecimentos de saúde e de ensino autorizados e fiscalizados pelo Poder Público, bem como por entidades religiosas devidamente registradas, e o despejo for decretado com fundamento no inciso IV do artigo 9º ou no inciso II do artigo 53, o prazo será de um ano, exceto no caso em que entre a citação e a sentença de primeira instância houver decorrido mais de um ano, hipótese em que o prazo será de seis meses.
▶ § 3º com a redação dada pela Lei nº 9.256, de 9-1-1996.

§ 4º A sentença que decretar o despejo fixará o valor da caução para o caso de ser executada provisoriamente.

**Art. 64.** Salvo nas hipóteses das ações fundadas no art. 9º, a execução provisória do despejo dependerá de caução não inferior a 6 (seis) meses nem superior a 12 (doze) meses do aluguel, atualizado até a data da prestação da caução.
▶ Caput com a redação dada pela Lei nº 12.112, de 9-12-2009.

§ 1º A caução poderá ser real ou fidejussória e será prestada nos autos da execução provisória.

§ 2º Ocorrendo a reforma da sentença ou da decisão que concedeu liminarmente o despejo, o valor da caução reverterá em favor do réu, como indenização mínima das perdas e danos, podendo este reclamar, em ação própria, a diferença pelo que a exceder.

**Art. 65.** Findo o prazo assinado para a desocupação, contado da data da notificação, será efetuado o despejo, se necessário com emprego de força, inclusive arrombamento.

§ 1º Os móveis e utensílios serão entregues à guarda de depositário, se não os quiser retirar o despejado.

§ 2º O despejo não poderá ser executado até o trigésimo dia seguinte ao do falecimento do cônjuge, ascendente, descendente ou irmão de qualquer das pessoas que habitem o imóvel.
▶ Art. 44, IV, desta Lei.

**Art. 66.** Quando o imóvel for abandonado após ajuizada a ação, o locador poderá imitir-se na posse do imóvel.

Capítulo III

### DA AÇÃO DE CONSIGNAÇÃO DE ALUGUEL E ACESSÓRIOS DA LOCAÇÃO

**Art. 67.** Na ação que objetivar o pagamento dos aluguéis e acessórios da locação mediante consignação, será observado o seguinte:

I – a petição inicial, além dos requisitos exigidos pelo artigo 282 do Código de Processo Civil, deverá especificar os aluguéis e acessórios da locação com indicação dos respectivos valores;
II – determinada a citação do réu, o autor será intimado a, no prazo de vinte e quatro horas, efetuar o depósito judicial da importância indicada na petição inicial, sob pena de ser extinto o processo;
III – o pedido envolverá a quitação das obrigações que vencerem durante a tramitação do feito e até ser prolatada a sentença de primeira instância, devendo o autor promover os depósitos nos respectivos vencimentos;
IV – não sendo oferecida a contestação, ou se o locador receber os valores depositados, o juiz acolherá o pedido, declarando quitadas as obrigações, condenando o réu ao pagamento das custas e honorários de vinte por cento do valor dos depósitos;
V – a contestação do locador, além da defesa de direito que possa caber, ficará adstrita, quanto à matéria de fato, a:
a) não ter havido recusa ou mora em receber a quantia devida;
b) ter sido justa a recusa;
c) não ter sido efetuado depósito no prazo ou no lugar do pagamento;
d) não ter sido o depósito integral;
VI – além de contestar, o réu poderá, em reconvenção, pedir o despejo e a cobrança dos valores objeto da consignatória ou da diferença do depósito inicial, na hipótese de ter sido alegado não ser o mesmo integral;
VII – o autor poderá complementar o depósito inicial, no prazo de cinco dias contados da ciência do oferecimento da resposta, com acréscimo de dez por cento sobre o valor da diferença. Se tal ocorrer, o juiz declarará quitadas as obrigações, elidindo a rescisão da locação, mas imporá ao autor-reconvindo a responsabilidade pelas custas e honorários advocatícios de vinte por cento sobre o valor dos depósitos;
VIII – havendo, na reconvenção, cumulação dos pedidos de rescisão da locação e cobrança dos valores objeto da consignatória, a execução desta somente poderá ter início após obtida a desocupação do imóvel, caso ambos tenham sido acolhidos.

Parágrafo único. O réu poderá levantar a qualquer momento as importâncias depositadas sobre as quais não penda controvérsia.

Capítulo IV

### DA AÇÃO REVISIONAL DE ALUGUEL

**Art. 68.** Na ação revisional de aluguel, que terá o rito sumário, observar-se-á o seguinte:
▶ Caput com a redação dada pela Lei nº 12.112, de 9-12-2009.

I – além dos requisitos exigidos pelos artigos 276 e 282 do Código de Processo Civil, a petição inicial deverá indicar o valor do aluguel cuja fixação é pretendida;
▶ Art. 3º da Lei nº 9.245, de 26-12-1995 substituiu a expressão "procedimento sumaríssimo", por "procedimento sumário".
▶ Arts. 275 a 281 do CPC.

II – ao designar a audiência de conciliação, o juiz, se houver pedido e com base nos elementos fornecidos tanto pelo locador como pelo locatário, ou nos que indicar, fixará aluguel provisório, que será devido desde a citação, nos seguintes moldes:

▶ Caput do inciso II com a redação dada pela Lei nº 12.112, de 9-12-2009.

a) em ação proposta pelo locador, o aluguel provisório não poderá ser excedente a 80% (oitenta por cento) do pedido;
b) em ação proposta pelo locatário, o aluguel provisório não poderá ser inferior a 80% (oitenta por cento) do aluguel vigente;

▶ Alíneas *a* e *b* acrescidas pela Lei nº 12.112, de 9-12-2009.

III – sem prejuízo da contestação e até a audiência, o réu poderá pedir seja revisto o aluguel provisório, fornecendo os elementos para tanto;
IV – na audiência de conciliação, apresentada a contestação, que deverá conter contraproposta se houver discordância quanto ao valor pretendido, o juiz tentará a conciliação e, não sendo esta possível, determinará a realização de perícia, se necessária, designando, desde logo, audiência de instrução e julgamento;

▶ Inciso IV com a redação dada pela Lei nº 12.112, de 9-12-2009.

V – o pedido de revisão previsto no inciso III deste artigo interrompe o prazo para interposição de recurso contra a decisão que fixar o aluguel provisório.

▶ Inciso V acrescido pela Lei nº 12.112, de 9-12-2009.

§ 1º Não caberá ação revisional na pendência de prazo para desocupação do imóvel (artigos 46, § 2º, e 57), ou quando tenha sido este estipulado amigável ou judicialmente.

§ 2º No curso da ação de revisão, o aluguel provisório será reajustado na periodicidade pactuada ou na fixada em lei.

**Art. 69.** O aluguel fixado na sentença retroage à citação, e as diferenças devidas durante a ação de revisão, descontados os alugueres provisórios satisfeitos, serão pagas corrigidas, exigíveis a partir do trânsito em julgado da decisão que fixar o novo aluguel.

§ 1º Se pedido pelo locador, ou sublocador, a sentença poderá estabelecer periodicidade de reajustamento do aluguel diversa daquela prevista no contrato revisando, bem como adotar outro indexador para reajustamento do aluguel.

§ 2º A execução das diferenças será feita nos autos da ação de revisão.

**Art. 70.** Na ação de revisão do aluguel, o juiz poderá homologar acordo de desocupação, que será executado mediante expedição de mandado de despejo.

CAPÍTULO V

## DA AÇÃO RENOVATÓRIA

▶ Arts. 48 a 57 desta Lei.

**Art. 71.** Além dos demais requisitos exigidos no artigo 282 do Código de Processo Civil, a petição inicial da ação renovatória deverá ser instruída com:

I – prova do preenchimento dos requisitos dos incisos I, II e III do artigo 51;
II – prova do exato cumprimento do contrato em curso;
III – prova da quitação dos impostos e taxas que incidiram sobre o imóvel e cujo pagamento lhe incumbia;
IV – indicação clara e precisa das condições oferecidas para a renovação da locação;
V – indicação do fiador quando houver no contrato a renovar e, quando não for o mesmo, com indicação do nome ou denominação completa, número de sua inscrição no Ministério da Fazenda, endereço e, tratando-se de pessoa natural, a nacionalidade, o estado civil, a profissão e o número da carteira de identidade, comprovando, desde logo, mesmo que não haja alteração do fiador, a atual idoneidade financeira;

▶ Inciso V com a redação dada pela Lei nº 12.112, de 9-12-2009.

VI – prova de que o fiador do contrato ou o que o substituir na renovação, aceita os encargos da fiança, autorizado por seu cônjuge, se casado for;
VII – prova, quando for o caso, de ser cessionário ou sucessor, em virtude de título oponível ao proprietário.

Parágrafo único. Proposta a ação pelo sublocatário do imóvel ou de parte dele, serão citados o sublocador e o locador, como litisconsortes, salvo se, em virtude de locação originária ou renovada, o sublocador dispuser de prazo que admita renovar a sublocação; na primeira hipótese, procedente a ação, o proprietário ficará diretamente obrigado à renovação.

**Art. 72.** A contestação do locador, além da defesa de direito que possa caber, ficará adstrita, quanto à matéria de fato, ao seguinte:

I – não preencher o autor os requisitos estabelecidos nesta Lei;
II – não atender, a proposta do locatário, o valor locativo real do imóvel na época da renovação, excluída a valorização trazida por aquele ao ponto ou lugar;
III – ter proposta de terceiro para a locação, em condições melhores;
IV – não estar obrigado a renovar a locação (incisos I e II do artigo 52).

§ 1º No caso do inciso II, o locador deverá apresentar, em contraproposta, as condições de locação que repute compatíveis com o valor locativo real e atual do imóvel.

§ 2º No caso do inciso III, o locador deverá juntar prova documental da proposta do terceiro, subscrita por este e por duas testemunhas, com clara indicação do ramo a ser explorado, que não poderá ser o mesmo do locatário. Nessa hipótese, o locatário poderá, em réplica, aceitar tais condições para obter a renovação pretendida.

§ 3º No caso do inciso I do artigo 52, a contestação deverá trazer prova da determinação do Poder Público ou relatório pormenorizado das obras a serem realizadas e da estimativa de valorização que sofrerá o imóvel, assinado por engenheiro devidamente habilitado.

§ 4º Na contestação, o locador, ou sublocador, poderá pedir, ainda, a fixação de aluguel provisório, para vigorar a partir do primeiro mês do prazo do contrato a ser renovado, não excedente a oitenta por cento do pedido, desde que apresentados elementos hábeis para aferição do justo valor do aluguel.

§ 5º Se pedido pelo locador, ou sublocador, a sentença poderá estabelecer periodicidade de reajustamento do aluguel diversa daquela prevista no contrato renovando, bem como adotar outro indexador para reajustamento do aluguel.

**Art. 73.** Renovada a locação, as diferenças dos aluguéis vencidos serão executadas nos próprios autos da ação e pagas de uma só vez.

**Art. 74.** Não sendo renovada a locação, o juiz determinará a expedição de mandado de despejo, que conterá o prazo de 30 (trinta) dias para a desocupação voluntária, se houver pedido na contestação.

▶ Caput com a redação dada pela Lei nº 12.112, de 9-12-2009.

§§ 1º a 3º VETADOS. Lei nº 12.112, de 9-12-2009.

**Art. 75.** Na hipótese do inciso III do artigo 72, a sentença fixará desde logo a indenização devida ao locatário em consequência da não prorrogação da locação, solidariamente devida pelo locador e o proponente.

▶ A alteração que seria introduzida no art. 75 pela Lei nº 12.112, de 9-12-2009, foi vetada, razão pela qual mantivemos a sua redação.

### TÍTULO III – DAS DISPOSIÇÕES FINAIS E TRANSITÓRIAS

**Art. 76.** Não se aplicam as disposições desta Lei aos processos em curso.

**Art. 77.** Todas as locações residenciais que tenham sido celebradas anteriormente à vigência desta Lei serão automaticamente prorrogadas por tempo indeterminado, ao término do prazo ajustado no contrato.

**Art. 78.** As locações residenciais que tenham sido celebradas anteriormente à vigência desta Lei e que já vigorem ou venham a vigorar por prazo indeterminado, poderão ser denunciadas pelo locador, concedido o prazo de doze meses para a desocupação.

Parágrafo único. Na hipótese de ter havido revisão judicial ou amigável do aluguel, atingindo o preço do mercado, a denúncia somente poderá ser exercitada após vinte e quatro meses da data da revisão, se esta ocorreu nos doze meses anteriores à data da vigência desta Lei.

**Art. 79.** No que for omissa esta Lei aplicam-se as normas do Código Civil e do Código de Processo Civil.

**Art. 80.** Para os fins do inciso I do artigo 98 da Constituição Federal, as ações de despejo poderão ser consideradas como causas cíveis de menor complexidade.

**Art. 81.** O inciso II do artigo 167 e o artigo 169 da Lei nº 6.015, de 31 de dezembro de 1973, passam a vigorar com as seguintes alterações:

▶ Alterações inseridas no texto da referida lei.

**Art. 82.** O artigo 3º da Lei nº 8.009, de 29 de março de 1990, passa a vigorar acrescido do seguinte inciso VII:

▶ Alterações inseridas no texto da referida lei.

**Art. 83.** Ao artigo 24 da Lei nº 4.591, de 16 de dezembro de 1964, fica acrescido o seguinte § 4º:

▶ Alterações inseridas no texto da referida lei.

**Art. 84.** Reputam-se válidos os registros dos contratos de locação de imóveis, realizados até a data da vigência desta Lei.

**Art. 85.** Nas locações residenciais, é livre a convenção do aluguel quanto a preço, periodicidade e indexador de reajustamento, vedada a vinculação à variação do salário mínimo, variação cambial e moeda estrangeira:

I – dos imóveis novos, com "habite-se" concedido a partir da entrada em vigor desta Lei;

II – dos demais imóveis não enquadrados no inciso anterior, em relação aos contratos celebrados, após cinco anos de entrada em vigor desta Lei.

**Art. 86.** O artigo 8º da Lei nº 4.380, de 21 de agosto de 1964, passa a vigorar com a seguinte redação:

"Art. 8º O sistema financeiro da habitação, destinado a facilitar e promover a construção e a aquisição da casa própria ou moradia, especialmente pelas classes de menor renda da população, será integrado."

**Arts. 87 e 88.** VETADOS.

**Art. 89.** Esta Lei entrará em vigor sessenta dias após a sua publicação.

**Art. 90.** Revogam-se as disposições em contrário, especialmente:

I – o Decreto nº 24.150, de 20 de abril de 1934;
II – a Lei nº 6.239, de 19 de setembro de 1975;
III – a Lei nº 6.649, de 16 de maio de 1979;
IV – a Lei nº 6.698, de 15 de outubro de 1979;
V – a Lei nº 7.355, de 31 de agosto de 1985;
VI – a Lei nº 7.538, de 24 de setembro de 1986;
VII – a Lei nº 7.612, de 9 de julho de 1987; e
VIII – a Lei nº 8.157, de 3 de janeiro de 1991.

Brasília, 18 de outubro de 1991;
170º da Independência e
103º da República.

**Fernando Collor**

---

### LEI Nº 8.397, DE 6 DE JANEIRO DE 1992

*Institui medida cautelar fiscal e dá outras providências.*

▶ Publicada no DOU de 7-1-1992 e retificada no DOU de 16-1-1992.

**Art. 1º** O procedimento cautelar fiscal poderá ser instaurado após a constituição do crédito, inclusive no curso da execução judicial da Dívida Ativa da União, dos Estados, do Distrito Federal, dos Municípios e respectivas autarquias.

Parágrafo único. O requerimento da medida cautelar, na hipótese dos incisos V, alínea b, e VII do artigo 2º, independe da prévia constituição do crédito tributário.

▶ Art. 1º com a redação dada pela Lei nº 9.532, de 10-12-1997.

**Art. 2º** A medida cautelar fiscal poderá ser requerida contra o sujeito passivo de crédito tributário ou não tributário, quando o devedor:

▶ Caput com a redação dada pela Lei nº 9.532, de 10-12-1997.

I – sem domicílio certo, intenta ausentar-se ou alienar bens que possui ou deixa de pagar a obrigação no prazo fixado;

II – tendo domicílio certo, ausenta-se ou tenta se ausentar, visando a elidir o adimplemento da obrigação;

III – caindo em insolvência, aliena ou tenta alienar bens;
IV – contrai ou tenta contrair dívidas que comprometam a liquidez do seu patrimônio;
V – notificado pela Fazenda Pública para que proceda ao recolhimento do crédito fiscal:
a) deixa de pagá-lo no prazo legal, salvo se suspensa sua exigibilidade;
b) põe ou tenta pôr seus bens em nome de terceiros;
► Incisos III a V com a redação dada pela Lei nº 9.532, de 10-12-1997.

VI – possui débitos, inscritos ou não em Dívida Ativa, que somados ultrapassem trinta por cento do seu patrimônio conhecido;
► Arts. 64 e 64-A da Lei nº 9.532, de 10-12-1997, que altera a legislação tributária federal.

VII – aliena bens ou direitos sem proceder à devida comunicação ao órgão da Fazenda Pública competente, quando exigível em virtude de Lei;
VIII – tem sua inscrição no cadastro de contribuintes declarada inapta, pelo órgão fazendário;
IX – pratica outros atos que dificultem ou impeçam a satisfação do crédito.
► Incisos VI a IX acrescidos pela Lei nº 9.532, de 10-12-1997.

**Art. 3º** Para a concessão da medida cautelar fiscal é essencial:
I – prova literal da constituição do crédito fiscal;
II – prova documental de algum dos casos mencionados no artigo antecedente.

**Art. 4º** A decretação da medida cautelar fiscal produzirá, de imediato, a indisponibilidade dos bens do requerido, até o limite da satisfação da obrigação.
► Art. 185-A do CTN.

§ 1º Na hipótese de pessoa jurídica, a indisponibilidade recairá somente sobre os bens do ativo permanente, podendo, ainda, ser estendida aos bens do acionista controlador e aos dos que em razão do contrato social ou estatuto tenham poderes para fazer a empresa cumprir suas obrigações fiscais, ao tempo:
a) do fato gerador, nos casos de lançamento de ofício;
b) do inadimplemento da obrigação fiscal, nos demais casos.

§ 2º A indisponibilidade patrimonial poderá ser estendida em relação aos bens adquiridos a qualquer título do requerido ou daqueles que estejam ou tenham estado na função de administrador (§ 1º), desde que seja capaz de frustrar a pretensão da Fazenda Pública.

§ 3º Decretada a medida cautelar fiscal, será comunicada imediatamente ao registro público de imóveis, ao Banco Central do Brasil, à Comissão de Valores Mobiliários e às demais repartições que processem registros de transferência de bens, a fim de que, no âmbito de suas atribuições, façam cumprir a constrição judicial.

**Art. 5º** A medida cautelar fiscal será requerida ao juiz competente para a execução judicial da Dívida Ativa da Fazenda Pública.

Parágrafo único. Se a execução judicial estiver em Tribunal, será competente o relator do recurso.

**Art. 6º** A Fazenda Pública pleiteará a medida cautelar fiscal em petição devidamente fundamentada, que indicará:
I – o juiz a quem é dirigida;
II – a qualificação e o endereço, se conhecido, do requerido;
III – as provas que serão produzidas;
IV – o requerimento para citação.

**Art. 7º** O juiz concederá liminarmente a medida cautelar fiscal, dispensada a Fazenda Pública de justificação prévia e de prestação de caução.

Parágrafo único. Do despacho que conceder liminarmente a medida cautelar caberá agravo de instrumento.

**Art. 8º** O requerido será citado para, no prazo de quinze dias, contestar o pedido, indicando as provas que pretenda produzir.

Parágrafo único. Conta-se o prazo da juntada aos autos do mandado:
a) de citação, devidamente cumprido;
b) da execução da medida cautelar fiscal, quando concedida liminarmente.

**Art. 9º** Não sendo contestado o pedido, presumir-se-ão aceitos pelo requerido, como verdadeiros, os fatos alegados pela Fazenda Pública, caso em que o juiz decidirá em dez dias.

Parágrafo único. Se o requerido contestar no prazo legal, o juiz designará audiência de instrução e julgamento, havendo prova a ser nela produzida.

**Art. 10.** A medida cautelar fiscal decretada poderá ser substituída, a qualquer tempo, pela prestação de garantia correspondente ao valor da pretensão da Fazenda Pública, na forma do artigo 9º da Lei nº 6.830, de 22 de setembro de 1980.

Parágrafo único. A Fazenda Pública será ouvida necessariamente sobre o pedido de substituição, no prazo de cinco dias, presumindo-se a omissão a sua aquiescência.

**Art. 11.** Quando a medida cautelar fiscal for concedida em procedimento preparatório, deverá a Fazenda Pública propor a execução judicial da Dívida Ativa no prazo de sessenta dias, contados da data em que a exigência se tornar irrecorrível na esfera administrativa.

**Art. 12.** A medida cautelar fiscal conserva a sua eficácia no prazo do artigo antecedente e na pendência do processo de execução judicial da Dívida Ativa, mas pode, a qualquer tempo, ser revogada ou modificada.

Parágrafo único. Salvo decisão em contrário, a medida cautelar fiscal conservará sua eficácia durante o período de suspensão do crédito tributário ou não tributário.

**Art. 13.** Cessa a eficácia da medida cautelar fiscal:
I – se a Fazenda Pública não propuser a execução judicial da Dívida Ativa no prazo fixado no artigo 11 desta Lei;
II – se não for executada dentro de trinta dias;
III – se for julgada extinta a execução judicial da Dívida Ativa da Fazenda Pública;
IV – se o *requerido promover* a quitação do débito que está sendo executado.

Parágrafo único. Se, por qualquer motivo, cessar a eficácia da medida, é defeso à Fazenda Pública repetir o pedido pelo mesmo fundamento.

**Art. 14.** Os autos do procedimento cautelar fiscal serão apensados aos do processo de execução judicial da Dívida Ativa da Fazenda Pública.

**Art. 15.** O indeferimento da medida cautelar fiscal não obsta a que a Fazenda Pública intente a execução judicial da Dívida Ativa, nem influi no julgamento desta, salvo se o juiz, no procedimento cautelar fiscal, acolher alegação de pagamento, de compensação, de transação, de remissão, de prescrição ou decadência, de conversão do depósito em renda, ou qualquer outra modalidade de extinção da pretensão deduzida.

**Art. 16.** Ressalvado o disposto no artigo 15, a sentença proferida na medida cautelar fiscal não faz coisa julgada, relativamente à execução judicial da Dívida Ativa da Fazenda Pública.

**Art. 17.** Da sentença que decretar a medida cautelar fiscal caberá apelação, sem efeito suspensivo, salvo se o requerido oferecer garantia na forma do artigo 10 desta Lei.

**Art. 18.** As disposições desta Lei aplicam-se, também, ao crédito proveniente das contribuições sociais previstas no artigo 195 da Constituição Federal.

**Art. 19.** Esta Lei entra em vigor na data de sua publicação.

**Art. 20.** Revogam-se as disposições em contrário.

Brasília, 6 de janeiro de 1992;
171º da Independência e
104º da República.

**Fernando Collor**

---

## LEI Nº 8.437,
## DE 30 DE JUNHO DE 1992

*Dispõe sobre a concessão de medidas cautelares contra atos do Poder Público e dá outras providências.*

▶ Publicada no *DOU* de 1º-7-1992.

**Art. 1º** Não será cabível medida liminar contra atos do Poder Público, no procedimento cautelar ou em quaisquer outras ações de natureza cautelar ou preventiva, toda vez que providência semelhante não puder ser concedida em ações de mandado de segurança, em virtude de vedação legal.

▶ Lei nº 9.494, de 10-9-1997, dispõe sobre a aplicação da tutela antecipada contra a Fazenda Pública.
▶ Lei nº 12.016, de 7-8-2009 (Lei do Mandado de Segurança Individual e Coletivo).

§ 1º Não será cabível, no juízo de primeiro grau, medida cautelar inominada ou a sua liminar, quando impugnado ato de autoridade sujeita, na via de mandado de segurança, à competência originária de tribunal.

§ 2º O disposto no parágrafo anterior não se aplica aos processos de ação popular e de ação civil pública.

▶ Lei nº 4.717, de 29-6-1965 (Lei da Ação Popular).
▶ Lei nº 7.347, de 24-7-1985 (Lei da Ação Civil Pública).
▶ Art. 22, § 2º, da Lei nº 12.016, de 7-8-2009 (Lei do Mandado de Segurança Individual e Coletivo).

§ 3º Não será cabível medida liminar que esgote, no todo ou em parte, o objeto da ação.

§ 4º Nos casos em que cabível medida liminar, sem prejuízo da comunicação ao dirigente do órgão ou entidade, o respectivo representante judicial dela será imediatamente intimado.

§ 5º Não será cabível medida liminar que defira compensação de créditos tributários ou previdenciários.

▶ §§ 4º e 5º acrescidos pela MP nº 2.180-35, de 24-8-2001, que até o encerramento desta edição não havia sido convertida em Lei.

**Art. 2º** No mandado de segurança coletivo e na ação civil pública, a liminar será concedida, quando cabível, após a audiência do representante judicial da pessoa jurídica de direito público, que deverá se pronunciar no prazo de setenta e duas horas.

▶ Lei nº 7.347, de 24-7-1985 (Lei da Ação Civil Pública).
▶ Art. 22, § 2º, da Lei nº 12.016, de 7-8-2009 (Lei do Mandado de Segurança Individual e Coletivo).

**Art. 3º** O recurso voluntário ou *ex officio*, interposto contra sentença em processo cautelar, proferida contra pessoa jurídica de direito público ou seus agentes, que importe em outorga ou adição de vencimentos ou de reclassificação funcional, terá efeito suspensivo.

▶ Lei nº 9.494, de 10-9-1997, dispõe sobre a aplicação da tutela antecipada contra a Fazenda Pública.

**Art. 4º** Compete ao presidente do tribunal, ao qual couber o conhecimento do respectivo recurso, suspender, em despacho fundamentado, a execução da liminar nas ações movidas contra o Poder Público ou seus agentes, a requerimento do Ministério Público ou da pessoa jurídica de direito público interessada, em caso de manifesto interesse público ou de flagrante ilegitimidade, e para evitar grave lesão à ordem, à saúde, à segurança e à economia públicas.

▶ Lei nº 9.494, de 10-9-1997, dispõe sobre a aplicação da tutela antecipada contra a Fazenda Pública.
▶ Art. 25 da Lei nº 8.038, de 28-5-1990, que institui normas procedimentais para os processos que especifica, perante o STJ e o STF.
▶ Art. 15 da Lei nº 12.016, de 7-8-2009 (Lei do Mandado de Segurança Individual e Coletivo).

§ 1º Aplica-se o disposto neste artigo à sentença proferida em processo de ação cautelar inominada, no processo de ação popular e na ação civil pública, enquanto não transitada em julgado.

§ 2º O Presidente do Tribunal poderá ouvir o autor e o Ministério Público, em setenta e duas horas.

§ 3º Do despacho que conceder ou negar a suspensão, caberá agravo, no prazo de cinco dias, que será levado a julgamento na sessão seguinte a sua interposição.

▶ §§ 2º e 3º com a redação dada pela MP nº 2.180-35, de 24-8-2001, que até o encerramento desta edição não havia sido convertida em Lei.

§ 4º Se do julgamento do agravo de que trata o § 3º resultar a manutenção ou o restabelecimento da decisão que se pretende suspender, caberá novo pedido de suspensão ao Presidente do Tribunal competente para conhecer de eventual recurso especial ou extraordinário.

§ 5º É cabível também o pedido de suspensão a que se refere o § 4º, quando negado provimento a agravo de instrumento interposto contra a liminar a que se refere este artigo.

§ 6º A interposição do agravo de instrumento contra liminar concedida nas ações movidas contra o Poder Público e seus agentes não prejudica nem condiciona o julgamento do pedido de suspensão a que se refere este artigo.

§ 7º O Presidente do Tribunal poderá conferir ao pedido efeito suspensivo liminar, se constatar, em juízo prévio, a plausibilidade do direito invocado e a urgência na concessão da medida.

§ 8º As liminares cujo objeto seja idêntico poderão ser suspensas em uma única decisão, podendo o Presidente do Tribunal estender os efeitos da suspensão a liminares supervenientes, mediante simples aditamento do pedido original.

§ 9º A suspensão deferida pelo Presidente do Tribunal vigorará até o trânsito em julgado da decisão de mérito na ação principal.

▶ §§ 4º a 9º acrescidos pela MP nº 2.180-35, de 24-8-2001, que até o encerramento desta edição não havia sido convertida em Lei.

**Art. 5º** Esta Lei entra em vigor na data de sua publicação.

**Art. 6º** Revogam-se as disposições em contrário.

Brasília, 30 de junho de 1992;
171º da Independência e
104º da República.

**Fernando Collor**

---

## LEI Nº 8.625, DE 12 DE FEVEREIRO DE 1993

*Institui a Lei Orgânica Nacional do Ministério Público, dispõe sobre normas gerais para a organização do Ministério Público dos Estados e dá outras providências.*

▶ Publicada no *DOU* de 15-2-1993.

CAPÍTULO I

### DAS DISPOSIÇÕES GERAIS

**Art. 1º** O Ministério Público é instituição permanente, essencial à função jurisdicional do Estado, incumbindo-lhe a defesa da ordem jurídica, do regime democrático e dos interesses sociais e individuais indisponíveis.

▶ Art. 127 da CF.
▶ Art. 257 do CPP.
▶ Arts. 54 a 59 do CPPM.
▶ Art. 1º da LC nº 75, de 20-5-1993 (Lei Orgânica do Ministério Público da União).

Parágrafo único. São princípios institucionais do Ministério Público a unidade, a indivisibilidade e a independência funcional.

▶ Art. 127, § 1º, da CF.
▶ Art. 4º da LC nº 75, de 20-5-1993 (Lei Orgânica do Ministério Público da União).

**Art. 2º** Lei complementar, denominada Lei Orgânica do Ministério Público, cuja iniciativa é facultada aos Procuradores-Gerais de Justiça dos Estados, estabelecerá, no âmbito de cada uma dessas unidades federativas, normas específicas de organização, atribuições e estatuto do respectivo Ministério Público.

▶ Art. 128, § 5º, da CF.

Parágrafo único. A organização, atribuições e estatuto do Ministério Público do Distrito Federal e Territórios serão objeto da Lei Orgânica do Ministério Público da União.

▶ LC nº 75, de 20-5-1993 (Lei Orgânica do Ministério Público da União).

**Art. 3º** Ao Ministério Público é assegurada autonomia funcional, administrativa e financeira, cabendo-lhe, especialmente:

▶ Art. 127, §§ 2º e 3º, da CF.

I – praticar atos próprios de gestão;
II – praticar atos e decidir sobre a situação funcional e administrativa do pessoal, ativo e inativo, da carreira e dos serviços auxiliares, organizados em quadros próprios;
III – elaborar suas folhas de pagamento e expedir os competentes demonstrativos;
IV – adquirir bens e contratar serviços, efetuando a respectiva contabilização;
V – propor ao Poder Legislativo a criação e a extinção de seus cargos, bem como a fixação e o reajuste dos vencimentos de seus membros;

▶ Art. 127, § 2º, da CF.

VI – propor ao Poder Legislativo a criação e a extinção dos cargos de seus serviços auxiliares, bem como a fixação e o reajuste dos vencimentos de seus servidores;
VII – prover os cargos iniciais da carreira e dos serviços auxiliares, bem como nos casos de remoção, promoção e demais formas de provimento derivado;
VIII – editar atos de aposentadoria, exoneração e outros que importem em vacância de cargos de carreira e dos serviços auxiliares, bem como os de disponibilidade de membros do Ministério Público e de seus servidores;
IX – organizar suas secretarias e os serviços auxiliares das Procuradorias e Promotorias de Justiça;
X – compor os seus órgãos de administração;
XI – elaborar seus regimentos internos;
XII – exercer outras competências dela decorrentes.

Parágrafo único. As decisões do Ministério Público fundadas em sua autonomia funcional, administrativa e financeira, obedecidas as formalidades legais, têm eficácia plena e executoriedade imediata, ressalvada a competência constitucional do Poder Judiciário e do Tribunal de Contas.

**Art. 4º** O Ministério Público elaborará sua proposta orçamentária dentro dos limites estabelecidos na Lei de Diretrizes Orçamentárias, encaminhando-a diretamente ao Governador do Estado, que a submeterá ao Poder Legislativo.

▶ Art. 127, § 3º, da CF.

§ 1º Os recursos correspondentes às suas dotações orçamentárias próprias e globais, compreendidos os créditos suplementares e especiais, ser-lhe-ão entregues até o dia vinte de cada mês, sem vinculação a qualquer tipo de despesa.

§ 2º A fiscalização contábil, financeira, orçamentária, operacional e patrimonial do Ministério Público, quanto à legalidade, legitimidade, economicidade, aplicação de dotações e recursos próprios e renúncia de receitas, será exercida pelo Poder Legislativo, mediante controle externo e pelo sistema de controle interno estabelecido na Lei Orgânica.

## CAPÍTULO II
### DA ORGANIZAÇÃO DO MINISTÉRIO PÚBLICO
SEÇÃO I
#### DOS ÓRGÃOS DE ADMINISTRAÇÃO

**Art. 5º** São órgãos da Administração Superior do Ministério Público:

I – a Procuradoria-Geral de Justiça;
► Arts. 9º a 11 desta Lei.

II – o Colégio de Procuradores de Justiça;
► Arts. 12 e 13 desta Lei.

III – o Conselho Superior do Ministério Público;
► Arts. 14 e 15 desta Lei.

IV – a Corregedoria-Geral do Ministério Público.
► Arts. 16 a 18 desta Lei.

**Art. 6º** São também órgãos de Administração do Ministério Público:

I – as Procuradorias de Justiça;
► Arts. 19 a 22 desta Lei.

II – as Promotorias de Justiça.
► Arts. 23 e 24 desta Lei.

SEÇÃO II
#### DOS ÓRGÃOS DE EXECUÇÃO

**Art. 7º** São órgãos de execução do Ministério Público:

I – o Procurador-Geral de Justiça;
► Art. 29 desta Lei.

II – o Conselho Superior do Ministério Público;
► Art. 30 desta Lei.

III – os Procuradores de Justiça;
► Art. 31 desta Lei.

IV – os Promotores de Justiça.
► Art. 32 desta Lei.

SEÇÃO III
#### DOS ÓRGÃOS AUXILIARES

**Art. 8º** São órgãos auxiliares do Ministério Público, além de outros criados pela Lei Orgânica:

I – os Centros de Apoio Operacional;
► Art. 33 desta Lei.

II – a Comissão de Concurso;
► Art. 34 desta Lei.

III – o Centro de Estudos e Aperfeiçoamento Funcional;
► Art. 35 desta Lei.

IV – os órgãos de apoio administrativo;
► Art. 36 desta Lei.

V – os estagiários.
► Art. 37 desta Lei.

## CAPÍTULO III
### DOS ÓRGÃOS DE ADMINISTRAÇÃO
SEÇÃO I
#### DA PROCURADORIA-GERAL DE JUSTIÇA

**Art. 9º** Os Ministérios Públicos dos Estados formarão lista tríplice, dentre integrantes da carreira, na forma da lei respectiva, para escolha de seu Procurador-Geral, que será nomeado pelo Chefe do Poder Executivo, para mandato de dois anos, permitida uma recondução, observado o mesmo procedimento.

► Art. 128, § 3º, da CF.

§ 1º A eleição da lista tríplice far-se-á mediante voto plurinominal de todos os integrantes da carreira.

§ 2º A destituição do Procurador-Geral de Justiça, por iniciativa do Colégio de Procuradores, deverá ser precedida de autorização de um terço dos membros da Assembleia Legislativa.

► Art. 128, § 4º, da CF.

§ 3º Nos seus afastamentos e impedimentos o Procurador-Geral de Justiça será substituído na forma da Lei Orgânica.

§ 4º Caso o Chefe do Poder Executivo não efetive a nomeação do Procurador-Geral de Justiça, nos quinze dias que se seguirem ao recebimento da lista tríplice, será investido automaticamente no cargo o membro do Ministério Público mais votado, para exercício do mandato.

**Art. 10.** Compete ao Procurador-Geral de Justiça:

I – exercer a chefia do Ministério Público, representando-o judicial e extrajudicialmente;

► Arts. 29, III, e 38, § 2º, desta Lei.

II – integrar, como membro nato, e presidir o Colégio de Procuradores de Justiça e o Conselho Superior do Ministério Público;

► Art. 14, I, desta Lei.

III – submeter ao Colégio de Procuradores de Justiça as propostas de criação e extinção de cargos e serviços auxiliares e de orçamento anual;

IV – encaminhar ao Poder Legislativo os projetos de lei de iniciativa do Ministério Público;

V – praticar atos e decidir questões relativas à administração geral e execução orçamentária do Ministério Público;

VI – prover os cargos iniciais da carreira e dos serviços auxiliares, bem como nos casos de remoção, promoção, convocação e demais formas de provimento derivado;

VII – editar atos de aposentadoria, exoneração e outros que importem em vacância de cargos da carreira ou dos serviços auxiliares e atos de disponibilidade de membros do Ministério Público e de seus servidores;

VIII – delegar suas funções administrativas;

IX – designar membros do Ministério Público para:

a) exercer as atribuições de dirigente dos Centros de Apoio Operacional;

b) ocupar cargo de confiança junto aos órgãos da Administração Superior;

c) integrar organismos estatais afetos a sua área de atuação;

d) oferecer denúncia ou propor ação civil pública nas hipóteses de não confirmação de arquivamento de inquérito policial ou civil, bem como de quaisquer peças de informação;
e) acompanhar inquérito policial ou diligência investigatória, devendo recair a escolha sobre o membro do Ministério Público com atribuição para, em tese, oficiar no feito, segundo as regras ordinárias de distribuição de serviços;
f) assegurar a continuidade dos serviços, em caso de vacância, afastamento temporário, ausência, impedimento ou suspeição de titular de cargo, ou com consentimento deste;
g) por ato excepcional e fundamentado, exercer as funções processuais afetas a outro membro da instituição, submetendo sua decisão previamente ao Conselho Superior do Ministério Público;
h) oficiar perante a Justiça Eleitoral de primeira instância, ou junto ao Procurador-Regional Eleitoral, quando por este solicitado;

X – dirimir conflitos de atribuições entre membros do Ministério Público, designando quem deva oficiar no feito;
XI – decidir processo disciplinar contra membro do Ministério Público, aplicando as sanções cabíveis;
XII – expedir recomendações, sem caráter normativo aos órgãos do Ministério Público, para o desempenho de suas funções;
XIII – encaminhar aos Presidentes dos Tribunais as listas sêxtuplas a que se referem os artigos 94, *caput*, e 104, parágrafo único, II, da Constituição Federal;
XIV – exercer outras atribuições previstas em lei.

**Art. 11.** O Procurador-Geral de Justiça poderá ter em seu Gabinete, no exercício de cargo de confiança, Procuradores ou Promotores de Justiça da mais elevada entrância ou categoria, por ele designados.

Seção II

### DO COLÉGIO DE PROCURADORES DE JUSTIÇA

**Art. 12.** O Colégio de Procuradores de Justiça é composto por todos os Procuradores de Justiça, competindo-lhe:

I – opinar, por solicitação do Procurador-Geral de Justiça ou de um quarto de seus integrantes, sobre matéria relativa à autonomia do Ministério Público, bem como sobre outras de interesse institucional;
II – propor ao Procurador-Geral de Justiça a criação de cargos e serviços auxiliares, modificações na Lei Orgânica e providências relacionadas ao desempenho das funções institucionais;
III – aprovar a proposta orçamentária anual do Ministério Público, elaborada pela Procuradoria-Geral de Justiça, bem como os projetos de criação de cargos e serviços auxiliares;
IV – propor ao Poder Legislativo a destituição do Procurador-Geral de Justiça, pelo voto de dois terços de seus membros e por iniciativa da maioria absoluta de seus integrantes em caso de abuso de poder, conduta incompatível ou grave omissão nos deveres do cargo, assegurada ampla defesa;
V – eleger o Corregedor-Geral do Ministério Público;
▶ Art. 16 desta Lei.

VI – destituir o Corregedor-Geral do Ministério Público, pelo voto de dois terços de seus membros, em caso de abuso de poder, conduta incompatível ou grave omissão nos deveres do cargo, por representação do Procurador-Geral de Justiça ou da maioria de seus integrantes, assegurada ampla defesa;
VII – recomendar ao Corregedor-Geral do Ministério Público a instauração de procedimento administrativo disciplinar contra membro do Ministério Público;
VIII – julgar recurso contra decisão:
a) de vitaliciamento, ou não, de membro do Ministério Público;
b) condenatória em procedimento administrativo disciplinar;
c) proferida em reclamação sobre o quadro geral de antiguidade;
d) de disponibilidade e remoção de membro do Ministério Público, por motivo de interesse público;
▶ Art. 128, § 5º, I, b, da CF.
e) de recusa prevista no § 3º do artigo 15 desta Lei;
IX – decidir sobre pedido de revisão de procedimento administrativo disciplinar;
X – deliberar por iniciativa de um quarto de seus integrantes ou do Procurador-Geral de Justiça, que este ajuíze ação cível de decretação de perda do cargo de membro vitalício do Ministério Público nos casos previstos nesta Lei;
▶ Art. 128, § 5º, I, a, da CF.
XI – rever, mediante requerimento de legítimo interessado, nos termos da Lei Orgânica, decisão de arquivamento de inquérito policial ou peças de informação determinada pelo Procurador-Geral de Justiça, nos casos de sua atribuição originária;
XII – elaborar seu regimento interno;
XIII – desempenhar outras atribuições que lhe forem conferidas por lei.

Parágrafo único. As decisões do Colégio de Procuradores de Justiça serão motivadas e publicadas, por extrato, salvo nas hipóteses legais de sigilo ou por deliberação da maioria de seus integrantes.
▶ Art. 37 da CF.

**Art. 13.** Para exercer as atribuições do Colégio de Procuradores de Justiça com número superior a quarenta Procuradores de Justiça, poderá ser constituído Órgão Especial, cuja composição e número de integrantes a Lei Orgânica fixará.

Parágrafo único. O disposto neste artigo não se aplica às hipóteses previstas nos incisos I, IV, V e VI do artigo anterior, bem como a outras atribuições a serem deferidas à totalidade do Colégio de Procuradores de Justiça pela Lei Orgânica.

Seção III

### DO CONSELHO SUPERIOR DO MINISTÉRIO PÚBLICO

**Art. 14.** Lei Orgânica de cada Ministério Público disporá sobre a composição, inelegibilidade e prazos de sua cessação, posse e duração do mandato dos integrantes do Conselho Superior do Ministério Público, respeitadas as seguintes disposições:

I – o Conselho Superior terá como membros natos apenas o Procurador-Geral de Justiça e o Corregedor-Geral do Ministério Público;
▶ Arts. 10, II, e 16, parágrafo único, desta Lei.

II – são elegíveis somente Procuradores de Justiça que não estejam afastados da carreira;
III – o eleitor poderá votar em cada um dos elegíveis até o número de cargos postos em eleição, na forma da lei complementar estadual.

**Art. 15.** Ao Conselho Superior do Ministério Público compete:
▶ Art. 30 desta Lei.

I – elaborar as listas sêxtuplas a que se referem os artigos 94, caput, e 104, parágrafo único, II, da Constituição Federal;
II – indicar ao Procurador-Geral de Justiça, em lista tríplice, os candidatos a remoção ou promoção por merecimento;
III – eleger, na forma da Lei Orgânica, os membros do Ministério Público que integrarão a Comissão de Concurso de ingresso na carreira;
▶ Art. 34 desta Lei.

IV – indicar o nome do mais antigo membro do Ministério Público para remoção ou promoção por antiguidade;
V – indicar ao Procurador-Geral de Justiça Promotores de Justiça para substituição por convocação;
VI – aprovar os pedidos de remoção por permuta entre membros do Ministério Público;
VII – decidir sobre vitaliciamento de membros do Ministério Público;
▶ Art. 128, § 5º, I, a, da CF.

VIII – determinar por voto de dois terços de seus integrantes a disponibilidade ou remoção de membros do Ministério Público, por interesse público, assegurada ampla defesa;
▶ Art. 128, § 5º, I, b, da CF.

IX – aprovar o quadro geral de antiguidade do Ministério Público e decidir sobre reclamações formuladas a esse respeito;
X – sugerir ao Procurador-Geral a edição de recomendações, sem caráter vinculativo, aos órgãos do Ministério Público para o desempenho de suas funções e a adoção de medidas convenientes ao aprimoramento dos serviços;
XI – autorizar o afastamento de membro do Ministério Público para frequentar curso ou seminário de aperfeiçoamento e estudo, no País ou no exterior;
XII – elaborar seu regimento interno;
XIII – exercer outras atribuições previstas em lei.

§ 1º As decisões do Conselho Superior do Ministério Público serão motivadas e publicadas, por extrato, salvo nas hipóteses legais de sigilo ou por deliberação da maioria de seus integrantes.
▶ Art. 37 da CF.

§ 2º A remoção e a promoção voluntária por antiguidade e por merecimento, bem como a convocação, dependerão de prévia manifestação escrita do interessado.
▶ Art. 128, § 5º, I, b, da CF.

§ 3º Na indicação por antiguidade, o Conselho Superior do Ministério Público somente poderá recusar o membro do Ministério Público mais antigo pelo voto de dois terços de seus integrantes, conforme procedimento próprio, repetindo-se a votação até fixar-se a indicação, após o julgamento de eventual recurso interposto com apoio na alínea e do inciso VIII do artigo 12 desta Lei.

SEÇÃO IV

## DA CORREGEDORIA-GERAL DO MINISTÉRIO PÚBLICO

**Art. 16.** O Corregedor-Geral do Ministério Público será eleito pelo Colégio de Procuradores, dentre os Procuradores de Justiça, para mandato de dois anos, permitida uma recondução, observado o mesmo procedimento.
▶ Arts. 12, V, e 13, parágrafo único, desta Lei.

Parágrafo único. O Corregedor-Geral do Ministério Público é membro nato do Colégio de Procuradores de Justiça e do Conselho Superior do Ministério Público.
▶ Art. 14, I, desta Lei.

**Art. 17.** A Corregedoria-Geral do Ministério Público é o órgão orientador e fiscalizador das atividades funcionais e da conduta dos membros do Ministério Público, incumbindo-lhe, dentre outras atribuições:
I – realizar correições e inspeções;
II – realizar inspeções nas Procuradorias de Justiça, remetendo relatório reservado ao Colégio de Procuradores de Justiça;
III – propor ao Conselho Superior do Ministério Público, na forma da Lei Orgânica, o não vitaliciamento de membro do Ministério Público;
IV – fazer recomendações, sem caráter vinculativo, a órgão de execução;
V – instaurar, de ofício ou por provocação dos demais órgãos da Administração Superior do Ministério Público, processo disciplinar contra membro da instituição, presidindo-o e aplicando as sanções administrativas cabíveis, na forma da Lei Orgânica;
VI – encaminhar ao Procurador-Geral de Justiça os processos administrativos disciplinares que, na forma da Lei Orgânica, incumba a este decidir;
VII – remeter aos demais órgãos da Administração Superior do Ministério Público informações necessárias ao desempenho de suas atribuições;
VIII – apresentar ao Procurador-Geral de Justiça, na primeira quinzena de fevereiro, relatório com dados estatísticos sobre as atividades das Procuradorias e Promotorias de Justiça, relativas ao ano anterior.

**Art. 18.** O Corregedor-Geral do Ministério Público será assessorado por Promotores de Justiça da mais elevada entrância ou categoria, por ele indicados e designados pelo Procurador-Geral de Justiça.

Parágrafo único. Recusando-se o Procurador-Geral de Justiça a designar os Promotores de Justiça que lhe foram indicados, o Corregedor-Geral do Ministério Público poderá submeter a indicação à deliberação do Colégio de Procuradores.

SEÇÃO V

## DAS PROCURADORIAS DE JUSTIÇA

**Art. 19.** As Procuradorias de Justiça são órgãos de Administração do Ministério Público, com cargos de

Procurador de Justiça e serviços auxiliares necessários ao desempenho das funções que lhe forem cometidas pela Lei Orgânica.

§ 1º É obrigatória a presença de Procurador de Justiça nas sessões de julgamento dos processos da respectiva Procuradoria de Justiça.

§ 2º Os Procuradores de Justiça exercerão inspeção permanente dos serviços dos Promotores de Justiça nos autos em que oficiem, remetendo seus relatórios à Corregedoria-Geral do Ministério Público.

**Art. 20.** Os Procuradores de Justiça das Procuradorias de Justiça civis e criminais, que oficiem junto ao mesmo Tribunal, reunir-se-ão para fixar orientações jurídicas, sem caráter vinculativo, encaminhando-as ao Procurador-Geral de Justiça.

**Art. 21.** A divisão interna dos serviços das Procuradorias de Justiça sujeitar-se-á a critérios objetivos definidos pelo Colégio de Procuradores, que visem à distribuição equitativa dos processos por sorteio, observadas, para esse efeito, as regras de proporcionalidade, especialmente a alternância fixada em função da natureza, volume e espécie dos feitos.

Parágrafo único. A norma deste artigo só não incidirá nas hipóteses em que os Procuradores de Justiça definam, consensualmente, conforme critérios próprios, a divisão interna dos serviços.

**Art. 22.** À Procuradoria de Justiça compete, na forma da Lei Orgânica, dentre outras atribuições:

I – escolher o Procurador de Justiça responsável pelos serviços administrativos da Procuradoria;
II – propor ao Procurador-Geral de Justiça a escala de férias de seus integrantes;
III – solicitar ao Procurador-Geral de Justiça, em caso de licença de Procurador de Justiça ou afastamento de suas funções junto à Procuradoria de Justiça, que convoque Promotor de Justiça da mais elevada entrância ou categoria para substituí-lo.

### Seção VI
### DAS PROMOTORIAS DE JUSTIÇA

**Art. 23.** As Promotorias de Justiça são órgãos de administração do Ministério Público com pelo menos um cargo de Promotor de Justiça e serviços auxiliares necessários ao desempenho das funções que lhe forem cometidas pela Lei Orgânica.

§ 1º As Promotorias de Justiça poderão ser judiciais ou extrajudiciais, especializadas, gerais ou cumulativas.

§ 2º As atribuições das Promotorias de Justiça e dos cargos dos Promotores de Justiça que a integram serão fixadas mediante proposta do Procurador-Geral de Justiça, aprovada pelo Colégio de Procuradores de Justiça.

§ 3º A exclusão, inclusão ou outra modificação nas atribuições das Promotorias de Justiça ou dos cargos dos Promotores de Justiça que a integram serão efetuadas mediante proposta do Procurador-Geral de Justiça, aprovada por maioria absoluta do Colégio de Procuradores.

**Art. 24.** O Procurador-Geral de Justiça poderá, com a concordância do Promotor de Justiça titular, designar outro Promotor para funcionar em feito determinado, de atribuição daquele.

### Capítulo IV
### DAS FUNÇÕES DOS ÓRGÃOS DE EXECUÇÃO

### Seção I
### DAS FUNÇÕES GERAIS

**Art. 25.** Além das funções previstas nas Constituições Federal e Estadual, na Lei Orgânica e em outras leis, incumbe, ainda, ao Ministério Público:

I – propor ação de inconstitucionalidade de leis ou atos normativos estaduais ou municipais, face à Constituição Estadual;
II – promover a representação de inconstitucionalidade para efeito de intervenção do Estado nos Municípios;
III – promover, privativamente, a ação penal pública, na forma da lei;
IV – promover o inquérito civil e a ação civil pública, na forma da lei:

a) para a proteção, prevenção e reparação dos danos causados ao meio ambiente, ao consumidor, aos bens e direitos de valor artístico, estético, histórico, turístico e paisagístico, e a outros interesses difusos, coletivos e individuais indisponíveis e homogêneos;

▶ Súm. nº 643 do STF.

b) para a anulação ou declaração de nulidade de atos lesivos ao patrimônio público ou à moralidade administrativa do Estado ou de Município, de suas administrações indiretas ou fundacionais ou de entidades privadas de que participem;

V – manifestar-se nos processos em que sua presença seja obrigatória por lei e, ainda, sempre que cabível a intervenção, para assegurar o exercício de suas funções institucionais, não importando a fase ou grau de jurisdição em que se encontrem os processos;
VI – exercer a fiscalização dos estabelecimentos prisionais e dos que abriguem idosos, menores, incapazes ou pessoas portadoras de deficiência;
VII – deliberar sobre a participação em organismos estatais de defesa do meio ambiente, neste compreendido o do trabalho, do consumidor, de política penal e penitenciária e outros afetos à sua área de atuação;
VIII – ingressar em juízo, de ofício, para responsabilizar os gestores do dinheiro público condenados por tribunais e conselhos de contas;
IX – interpor recursos ao Supremo Tribunal Federal e ao Superior Tribunal de Justiça;
X e XI – VETADOS.

Parágrafo único. É vedado o exercício das funções do Ministério Público a pessoas a ele estranhas, sob pena de nulidade do ato praticado.

**Art. 26.** No exercício de suas funções, o Ministério Público poderá:

I – instaurar inquéritos civis e outras medidas e procedimentos administrativos pertinentes e, para instruí-los:

a) expedir notificações para colher depoimento ou esclarecimentos e, em caso de não comparecimento injustificado, requisitar condução coercitiva, inclusive pela Polícia Civil ou Militar, ressalvadas as prerrogativas previstas em lei;

▶ Art. 129, VI, da CF.

b) requisitar informações, exames periciais e documentos de autoridades federais, estaduais e municipais, bem como dos órgãos e entidades da administração direta, indireta ou fundacional, de qualquer dos Poderes da União, dos Estados, do Distrito Federal e dos Municípios;
- Art. 129, VIII, da CF.
- Art. 47 do CPP.
- Art. 80 do CPPM.

c) promover inspeções e diligências investigatórias junto às autoridades, órgãos e entidades a que se refere a alínea anterior;

II – requisitar informações e documentos a entidades privadas, para instruir procedimentos ou processo em que oficie;
III – requisitar à autoridade competente a instauração de sindicância ou procedimento administrativo cabível;
IV – requisitar diligências investigatórias e a instauração de inquérito policial e de inquérito policial militar, observado o disposto no artigo 129, VIII, da Constituição Federal, podendo acompanhá-los;
V – praticar atos administrativos executórios, de caráter preparatório;
VI – dar publicidade dos procedimentos administrativos não disciplinares que instaurar e das medidas adotadas;
VII – sugerir ao Poder competente a edição de normas e a alteração da legislação em vigor, bem como a adoção de medidas propostas, destinadas à prevenção e controle da criminalidade;
VIII – manifestar-se em qualquer fase dos processos, acolhendo solicitação do juiz, da parte ou por sua iniciativa, quando entender existente interesse em causa que justifique a intervenção.

§ 1º As notificações e requisições previstas neste artigo, quando tiverem como destinatários o Governador do Estado, os membros do Poder Legislativo e os desembargadores, serão encaminhadas pelo Procurador-Geral de Justiça.

§ 2º O membro do Ministério Público será responsável pelo uso indevido das informações e documentos que requisitar, inclusive nas hipóteses legais de sigilo.

§ 3º Serão cumpridas gratuitamente as requisições feitas pelo Ministério Público às autoridades, órgãos e entidades da Administração Pública direta, indireta ou fundacional, de qualquer dos Poderes da União, dos Estados, do Distrito Federal e dos Municípios.

§ 4º A falta ao trabalho, em virtude de atendimento a notificação ou requisição, na forma do inciso I deste artigo, não autoriza desconto de vencimentos ou salário, considerando-se de efetivo exercício, para todos os efeitos, mediante comprovação escrita do membro do Ministério Público.

§ 5º Toda representação ou petição formulada ao Ministério Público será distribuída entre os membros da instituição que tenham atribuições para apreciá-la, observados os critérios fixados pelo Colégio de Procuradores.

**Art. 27.** Cabe ao Ministério Público exercer a defesa dos direitos assegurados nas Constituições Federal e Estadual, sempre que se cuidar de garantir-lhe o respeito:

I – pelos poderes estaduais ou municipais;
II – pelos órgãos da Administração Pública Estadual ou Municipal, direta ou indireta;
III – pelos concessionários e permissionários de serviço público estadual ou municipal;
IV – por entidades que exerçam outra função delegada do Estado ou do Município ou executem serviço de relevância pública.

Parágrafo único. No exercício das atribuições a que se refere este artigo, cabe ao Ministério Público, entre outras providências:

I – receber notícias de irregularidades, petições ou reclamações de qualquer natureza, promover as apurações cabíveis que lhes sejam próprias e dar-lhes as soluções adequadas;
II – zelar pela celeridade e racionalização dos procedimentos administrativos;
III – dar andamento, no prazo de trinta dias, às notícias de irregularidades, petições ou reclamações referidas no inciso I;
IV – promover audiências públicas e emitir relatórios, anual ou especiais, e recomendações dirigidas aos órgãos e entidades mencionadas no *caput* deste artigo, requisitando ao destinatário sua divulgação adequada e imediata, assim como resposta por escrito.

**Art. 28.** VETADO.

SEÇÃO II

## DO PROCURADOR-GERAL DE JUSTIÇA

**Art. 29.** Além das atribuições previstas nas Constituições Federal e Estadual, na Lei Orgânica e em outras leis, compete ao Procurador-Geral de Justiça:
- Art. 10 desta Lei.

I – representar aos Tribunais locais por inconstitucionalidade de leis ou atos normativos estaduais ou municipais, face à Constituição Estadual;
II – representar para fins de intervenção do Estado no Município, com o objetivo de assegurar a observância de princípios indicados na Constituição Estadual ou prover a execução de lei, de ordem ou de decisão judicial;
- Arts. 35, IV, e 36, III, da CF.

III – representar o Ministério Público nas sessões plenárias dos Tribunais;
IV – VETADO;
V – ajuizar ação penal de competência originária dos Tribunais, nela oficiando;
VI – oficiar nos processos de competência originária dos Tribunais, nos limites estabelecidos na Lei Orgânica;
VII – determinar o arquivamento de representação, notícia de crime, peças de informação, conclusão de comissões parlamentares de inquérito ou inquérito policial, nas hipóteses de suas atribuições legais;
VIII – exercer as atribuições do artigo 129, II e III, da Constituição Federal, quando a autoridade reclamada for o Governador do Estado, o Presidente da Assembleia Legislativa ou os Presidentes de Tribunais, bem como quando contra estes, por ato praticado em razão de suas funções, deva ser ajuizada a competente ação;
IX – delegar a membro do Ministério Público suas funções de órgão de execução.

## SEÇÃO III
### DO CONSELHO SUPERIOR DO MINISTÉRIO PÚBLICO

**Art. 30.** Cabe ao Conselho Superior do Ministério Público rever o arquivamento de inquérito civil, na forma da lei.

## SEÇÃO IV
### DOS PROCURADORES DE JUSTIÇA

**Art. 31.** Cabe aos Procuradores de Justiça exercer as atribuições junto aos Tribunais, desde que não cometidas ao Procurador-Geral de Justiça, e inclusive por delegação deste.

► Arts. 15, V, e 22, III, desta Lei.

## SEÇÃO V
### DOS PROMOTORES DE JUSTIÇA

**Art. 32.** Além de outras funções cometidas nas Constituições Federal e Estadual, na Lei Orgânica e demais leis, compete aos Promotores de Justiça, dentro de suas esferas de atribuições:

I – impetrar *habeas corpus* e mandado de segurança e requerer correição parcial, inclusive perante os Tribunais locais competentes;

II – atender a qualquer do povo, tomando as providências cabíveis;

► Art. 43, XIII, desta Lei.

III – oficiar perante a Justiça Eleitoral de primeira instância, com as atribuições do Ministério Público Eleitoral previstas na Lei Orgânica do Ministério Público da União que forem pertinentes, além de outras estabelecidas na legislação eleitoral e partidária.

► Arts. 10, IX, *h*, e 73 desta Lei.

## CAPÍTULO V
### DOS ÓRGÃOS AUXILIARES

## SEÇÃO I
### DOS CENTROS DE APOIO OPERACIONAL

**Art. 33.** Os Centros de Apoio Operacional são órgãos auxiliares da atividade funcional do Ministério Público, competindo-lhes, na forma da Lei Orgânica:

I – estimular a integração e o intercâmbio entre órgãos de execução que atuem na mesma área de atividade e que tenham atribuições comuns;

II – remeter informações técnico-jurídicas, sem caráter vinculativo, aos órgãos ligados à sua atividade;

III – estabelecer intercâmbio permanente com entidades ou órgãos públicos ou privados que atuem em áreas afins, para obtenção de elementos técnicos especializados necessários ao desempenho de suas funções;

IV – remeter, anualmente, ao Procurador-Geral de Justiça relatório das atividades do Ministério Público relativas às suas áreas de atribuições;

V – exercer outras funções compatíveis com suas finalidades, vedado o exercício de qualquer atividade de órgão de execução, bem como a expedição de atos normativos a estes dirigidos.

## SEÇÃO II
### DA COMISSÃO DE CONCURSO

**Art. 34.** À Comissão de Concurso, órgão auxiliar de natureza transitória, incumbe realizar a seleção de candidatos ao ingresso na carreira do Ministério Público, na forma da Lei Orgânica e observado o artigo 129, § 3º, da Constituição Federal.

Parágrafo único. A Lei Orgânica definirá o critério de escolha do Presidente da Comissão de Concurso de ingresso na carreira, cujos demais integrantes serão eleitos na forma do artigo 15, III, desta Lei.

## SEÇÃO III
### DO CENTRO DE ESTUDOS E APERFEIÇOAMENTO FUNCIONAL

**Art. 35.** O Centro de Estudos e Aperfeiçoamento Funcional é órgão auxiliar do Ministério Público destinado a realizar cursos, seminários, congressos, simpósios, pesquisas, atividades, estudos e publicações visando ao aprimoramento profissional e cultural dos membros da instituição, de seus auxiliares e funcionários, bem como a melhor execução de seus serviços e racionalização de seus recursos materiais.

Parágrafo único. A Lei Orgânica estabelecerá a organização, funcionamento e demais atribuições do Centro de Estudos e Aperfeiçoamento Funcional.

## SEÇÃO IV
### DOS ÓRGÃOS DE APOIO ADMINISTRATIVO

**Art. 36.** Lei de iniciativa do Procurador-Geral de Justiça disciplinará os órgãos e serviços auxiliares de apoio administrativo, organizados em quadro próprio de carreiras, com os cargos que atendam às suas peculiaridades e às necessidades da administração e das atividades funcionais.

## SEÇÃO V
### DOS ESTAGIÁRIOS

**Art. 37.** Os estagiários do Ministério Público, auxiliares das Promotorias de Justiça, serão nomeados pelo Procurador-Geral de Justiça, para período não superior a três anos.

Parágrafo único. A Lei Orgânica disciplinará a seleção, investidura, vedações e dispensa dos estagiários, que serão alunos dos três últimos anos do curso de bacharelado de Direito, de escolas oficiais ou reconhecidas.

## CAPÍTULO VI
### DAS GARANTIAS E PRERROGATIVAS DOS MEMBROS DO MINISTÉRIO PÚBLICO

**Art. 38.** Os membros do Ministério Público sujeitam-se a regime jurídico especial e têm as seguintes garantias:

I – vitaliciedade, após dois anos de exercício, não podendo perder o cargo senão por sentença judicial transitada em julgado;

► Art. 128, § 5º, I, *a*, da CF.
► Art. 15, VII, desta Lei.

II – inamovibilidade, salvo por motivo de interesse público;

► Art. 128, § 5º, I, *b*, da CF.

III – irredutibilidade de vencimentos, observado, quanto à remuneração, o disposto na Constituição Federal.

► Art. 128, § 5º, I, *c*, da CF.

§ 1º O membro vitalício do Ministério Público somente perderá o cargo por sentença judicial transitada em julgado, proferida em ação civil própria, nos seguintes casos:

▶ Art. 12, VIII, a, desta Lei.

I – prática de crime incompatível com o exercício do cargo, após decisão judicial transitada em julgado;
II – exercício da advocacia;
III – abandono do cargo por prazo superior a trinta dias ocorridos.

§ 2º A ação civil para a decretação da perda do cargo será proposta pelo Procurador-Geral de Justiça perante o Tribunal de Justiça local, após autorização do Colégio de Procuradores, na forma da Lei Orgânica.

▶ Art. 12, X, desta Lei.

**Art. 39.** Em caso de extinção do órgão de execução, da Comarca ou mudança da sede da Promotoria de Justiça, será facultado ao Promotor de Justiça remover-se para outra Promotoria de igual entrância ou categoria, ou obter a disponibilidade com vencimentos integrais e a contagem do tempo de serviço como se em exercício estivesse.

§ 1º O membro do Ministério Público em disponibilidade remunerada, continuará sujeito às vedações constitucionais e será classificado em quadro especial, provendo-se a vaga que ocorrer.

▶ Art. 128, § 5º, II, da CF.

§ 2º A disponibilidade, nos casos previstos no caput deste artigo, outorga ao membro do Ministério Público o direito à percepção de vencimentos e vantagens integrais e à contagem do tempo de serviço como se em exercício estivesse.

▶ Arts. 45 a 58 desta Lei.

**Art. 40.** Constituem prerrogativas dos membros do Ministério Público, além de outras previstas na Lei Orgânica:

I – ser ouvido, como testemunha ou ofendido, em qualquer processo ou inquérito, em dia, hora e local previamente ajustados com o juiz ou a autoridade competente;

▶ Art. 221 do CPP.
▶ Art. 350, a, do CPPM.

II – estar sujeito a intimação ou convocação para comparecimento, somente se expedida pela autoridade judiciária ou por órgão da Administração Superior do Ministério Público competente, ressalvadas as hipóteses constitucionais;
III – ser preso somente por ordem judicial escrita, salvo em flagrante de crime inafiançável, caso em que a autoridade fará, no prazo máximo de vinte e quatro horas, a comunicação e a apresentação do membro do Ministério Público ao Procurador-Geral de Justiça;
IV – ser processado e julgado originariamente pelo Tribunal de Justiça de seu Estado, nos crimes comuns e de responsabilidade, ressalvada exceção de ordem constitucional;

▶ Art. 96, III, da CF.
▶ Arts. 69, VII, e 87 do CPP.

V – ser custodiado ou recolhido à prisão domiciliar ou à sala especial de Estado Maior, por ordem e à disposição do Tribunal competente, quando sujeito a prisão antes do julgamento final;

▶ Art. 295 do CPP.
▶ Art. 242 do CPPM.

VI – ter assegurado o direito de acesso, retificação e complementação dos dados e informações relativos à sua pessoa, existentes nos órgãos da instituição, na forma da Lei Orgânica.

**Art. 41.** Constituem prerrogativas dos membros do Ministério Público, no exercício de sua função, além de outras previstas na Lei Orgânica:

I – receber o mesmo tratamento jurídico e protocolar dispensado aos membros do Poder Judiciário junto aos quais oficiem;
II – não ser indiciado em inquérito policial, observado o disposto no parágrafo único deste artigo;
III – ter vista dos autos após distribuição às Turmas ou Câmaras e intervir nas sessões de julgamento, para sustentação oral ou esclarecimento de matéria de fato;
IV – receber intimação pessoal em qualquer processo e grau de jurisdição, através da entrega dos autos com vista;
V – gozar de inviolabilidade pelas opiniões que externar ou pelo teor de suas manifestações processuais ou procedimentos, nos limites de sua independência funcional;
VI – ingressar e transitar livremente:

a) nas salas de sessões de Tribunais, mesmo além dos limites que separam a parte reservada aos Magistrados;
b) nas salas e dependências de audiências, secretarias, cartórios, tabelionatos, ofícios da justiça, inclusive dos registros públicos, delegacias de polícia e estabelecimento de internação coletiva;
c) em qualquer recinto público ou privado, ressalvada a garantia constitucional de inviolabilidade de domicílio;

VII – examinar, em qualquer Juízo ou Tribunal, autos de processos findos ou em andamento, ainda que conclusos à autoridade, podendo copiar peças e tomar apontamentos;
VIII – examinar, em qualquer repartição policial, autos de flagrante ou inquérito, findos ou em andamento, ainda que conclusos à autoridade, podendo copiar peças e tomar apontamentos;
IX – ter acesso ao indiciado preso, a qualquer momento, mesmo quando decretada a sua incomunicabilidade;
X – usar as vestes talares e as insígnias privativas do Ministério Público;
XI – tomar assento à direita dos Juízes de primeira instância ou do Presidente do Tribunal, Câmara ou Turma.

Parágrafo único. Quando, no curso de investigação, houver indício da prática de infração penal por parte de membro do Ministério Público, a autoridade policial, civil ou militar, remeterá, imediatamente, sob pena de responsabilidade, os respectivos autos ao Procurador-Geral de Justiça, a quem competirá dar prosseguimento à apuração.

**Art. 42.** Os membros do Ministério Público terão carteira funcional, expedida na forma da Lei Orgânica, valendo em todo o Território Nacional como cédula de

identidade, e porte de arma, independentemente, neste caso, de qualquer ato formal de licença ou autorização.
▶ Art. 19, II, da CF.

## CAPÍTULO VII
### DOS DEVERES E VEDAÇÕES DOS MEMBROS DO MINISTÉRIO PÚBLICO

**Art. 43.** São deveres dos membros do Ministério Público, além de outros previstos em lei:

I – manter ilibada conduta pública e particular;
II – zelar pelo prestígio da Justiça, por suas prerrogativas e pela dignidade de suas funções;
III – indicar os fundamentos jurídicos de seus pronunciamentos processuais, elaborando relatório em sua manifestação final ou recursal;

▶ Art. 129, VIII, da CF.

IV – obedecer aos prazos processuais;
V – assistir aos atos judiciais, quando obrigatória ou conveniente a sua presença;
VI – desempenhar, com zelo e presteza, as suas funções;
VII – declarar-se suspeito ou impedido, nos termos da lei;

▶ Arts. 112 e 258 do CPP.
▶ Art. 137 do CPPM.
▶ Súm. nº 234 do STJ.

VIII – adotar, nos limites de suas atribuições, as providências cabíveis face à irregularidade de que tenha conhecimento ou que ocorra nos serviços a seu cargo;
IX – tratar com urbanidade as partes, testemunhas, funcionários e auxiliares da Justiça;
X – residir, se titular, na respectiva Comarca;
XI – prestar informações solicitadas pelos órgãos da instituição;
XII – identificar-se em suas manifestações funcionais;
XIII – atender aos interessados, a qualquer momento, nos casos urgentes;

▶ Art. 32, II, desta Lei.

XIV – acatar, no plano administrativo, as decisões dos órgãos da Administração Superior do Ministério Público.

**Art. 44.** Aos membros do Ministério Público se aplicam as seguintes vedações:

I – receber, a qualquer título e sob qualquer pretexto, honorários, percentagens ou custas processuais;

▶ Art. 128, § 5º, II, a, da CF.

II – exercer advocacia;

▶ Art. 128, § 5º, II, b, da CF.

III – exercer o comércio ou participar de sociedade comercial, exceto como cotista ou acionista;

▶ Art. 128, § 5º, II, c, da CF.

IV – exercer, ainda que em disponibilidade, qualquer outra função pública, salvo uma de Magistério;

▶ Art. 128, § 5º, II, d, da CF.

V – exercer atividade político-partidária, ressalvada a filiação e as exceções previstas em lei.

▶ O STF, por maioria de votos, julgou parcialmente procedente a ADIN nº 1.377-1, para, sem redução de texto, conferir a este inciso interpretação conforme à CF, definindo como única exegese constitucionalmente possível aquela que apenas admite a filiação partidária de representante do Ministério Público dos Estados-membros, se realizada nas hipóteses de afastamento do integrante do *Parquet* de suas funções institucionais, mediante licença, nos termos da lei (*DOU* de 16-2-2006).

Parágrafo único. Não constituem acumulação, para os efeitos do inciso IV deste artigo, as atividades exercidas em organismos estatais afetos à área de atuação do Ministério Público, em Centro de Estudo e Aperfeiçoamento de Ministério Público, em entidades de representação de classe e o exercício de cargos de confiança na sua administração e nos órgãos auxiliares.

## CAPÍTULO VIII
### DOS VENCIMENTOS, VANTAGENS E DIREITOS

**Art. 45.** O membro do Ministério Público, convocado ou designado para substituição, terá direito à diferença de vencimento entre o seu cargo e o que ocupar.

**Art. 46.** A revisão da remuneração dos membros do Ministério Público far-se-á na forma da lei estadual.

**Art. 47.** Os vencimentos dos membros do Ministério Público serão fixados com diferença não excedente a dez por cento de uma para outra entrância ou categoria, ou da entrância mais elevada para o cargo de Procurador-Geral de Justiça, garantindo-se aos Procuradores de Justiça não menos de noventa e cinco por cento dos vencimentos atribuídos ao Procurador-Geral.

**Art. 48.** A remuneração dos membros dos Ministérios Públicos dos Estados observará, como limite máximo, os valores percebidos como remuneração, em espécie, a qualquer título, pelos membros do Poder Judiciário local.

**Art. 49.** Os vencimentos do Procurador-Geral de Justiça, em cada Estado, para efeito do disposto no § 1º do artigo 39 da Constituição Federal, guardarão equivalência com os vencimentos dos Desembargadores dos Tribunais de Justiça.

▶ O STF, por unanimidade de votos, julgou procedente a ADIN nº 1.274-6, para declarar a inconstitucionalidade deste artigo (*DOU* de 26-2-2003).

**Art. 50.** Além dos vencimentos, poderão ser outorgadas, a membro do Ministério Público, nos termos da lei, as seguintes vantagens:

I – ajuda de custo, para despesas de transporte e mudança;
II – auxílio-moradia, nas Comarcas em que não haja residência oficial condigna para o membro do Ministério Público;
III – salário-família;
IV – diárias;
V – verba de representação de Ministério Público;
VI – gratificação pela prestação de serviço à Justiça Eleitoral, equivalente àquela devida ao Magistrado ante o qual oficiar;
VII – gratificação pela prestação de serviço à Justiça do Trabalho, nas Comarcas em que não haja Junta de Conciliação e Julgamento;

▶ A EC nº 24, de 9-12-1999, extinguiu a representação pelos juízes classistas na Justiça do Trabalho e substituiu as Juntas de Conciliação e Julgamento por Varas do Trabalho.

VIII – gratificação adicional por ano de serviço, incidente sobre o vencimento básico e a verba de representação, observado o disposto no § 3º deste artigo e no inciso XIV do artigo 37 da Constituição Federal;
IX – gratificação pelo efetivo exercício em Comarca de difícil provimento, assim definida e indicada em lei ou em ato do Procurador-Geral de Justiça;
X – gratificação pelo exercício cumulativo de cargos ou funções;
XI – verba de representação pelo exercício de cargos de direção ou de confiança junto aos órgãos da Administração Superior;
XII – outras vantagens previstas em lei, inclusive as concedidas aos servidores públicos em geral.

§ 1º Aplicam-se aos membros do Ministério Público os direitos sociais previstos no artigo 7º, VIII, XII, XVII, XVIII e XIX, da Constituição Federal.

§ 2º Computar-se-á, para efeito de aposentadoria, disponibilidade e adicionais por tempo de serviço, o tempo de exercício da advocacia, até o máximo de quinze anos.

§ 3º Constitui parcela dos vencimentos, para todos os efeitos, a gratificação de representação de Ministério Público.

**Art. 51.** O direito a férias anuais, coletivas e individuais, do membro do Ministério Público, será igual ao dos Magistrados, regulando a Lei Orgânica a sua concessão e aplicando-se o disposto no artigo 7º, XVII, da Constituição Federal.

**Art. 52.** Conceder-se-á licença:
I – para tratamento de saúde;
II – por motivo de doença de pessoa da família;
III – à gestante;
IV – paternidade;
V – em caráter especial;
VI – para casamento, até oito dias;
VII – por luto, em virtude de falecimento do cônjuge, ascendente, descendente, irmãos, sogros, noras e genros, até oito dias;
VIII – em outros casos previstos em lei.

Parágrafo único. A Lei Orgânica disciplinará as licenças referidas neste artigo, não podendo o membro do Ministério Público, nessas situações, exercer qualquer de suas funções.

**Art. 53.** São considerados como de efetivo exercício, para todos os efeitos legais, exceto para vitaliciamento, os dias em que o membro do Ministério Público estiver afastado de suas funções em razão:
I – de licença prevista no artigo anterior;
II – de férias;
III – de cursos ou seminários de aperfeiçoamento e estudos, no País ou no exterior, de duração máxima de dois anos e mediante prévia autorização do Conselho Superior do Ministério Público;
IV – de período de trânsito;
V – de disponibilidade remunerada, exceto para promoção, em caso de afastamento decorrente de punição;
VI – de designação do Procurador-Geral de Justiça para:
a) realização de atividade de relevância para a instituição;
b) direção de Centro de Estudos e Aperfeiçoamento Funcional do Ministério Público;

VII – de exercício de cargos ou de funções de direção de associação representativa de classe, na forma da Lei Orgânica;
VIII – de exercício das atividades previstas no parágrafo único do artigo 44 desta Lei;
IX – de outras hipóteses definidas em lei.

**Art. 54.** O membro do Ministério Público será aposentado, com proventos integrais, compulsoriamente, por invalidez ou aos setenta anos de idade, e, facultativamente, aos trinta anos de serviço, após cinco anos de efetivo exercício na carreira.

▶ Art. 129, § 4º, da CF.

**Art. 55.** Os proventos da aposentadoria, que corresponderão à totalidade dos vencimentos percebidos no serviço ativo, a qualquer título, serão revistos na mesma proporção e na mesma data, sempre que se modificar a remuneração dos membros do Ministério Público em atividade, sendo também estendidos aos inativos quaisquer benefícios ou vantagens posteriormente concedidos àqueles, inclusive quando decorrentes de transformação ou reclassificação do cargo ou função em que se deu a aposentadoria.

Parágrafo único. Os proventos dos membros do Ministério Público aposentados serão pagos na mesma ocasião em que o forem os vencimentos dos membros do Ministério Público em atividade, figurando em folha de pagamento expedida pelo Ministério Público.

**Art. 56.** A pensão por morte, igual à totalidade dos vencimentos ou proventos percebidos pelos membros em atividade ou inatividade do Ministério Público, será reajustada na mesma data e proporção daqueles.

Parágrafo único. A pensão obrigatória não impedirá a percepção de benefícios decorrentes de contribuição voluntária para qualquer entidade de previdência.

**Art. 57.** Ao cônjuge sobrevivente e, em sua falta, aos herdeiros ou dependentes de membro do Ministério Público, ainda que aposentado ou em disponibilidade, será pago o auxílio-funeral, em importância igual a um mês de vencimentos ou proventos percebidos pelo falecido.

**Art. 58.** Para os fins deste Capítulo, equipara-se à esposa a companheira, nos termos da lei.

## Capítulo IX

### DA CARREIRA

**Art. 59.** O ingresso nos cargos iniciais da carreira dependerá da aprovação prévia em concurso público de provas e títulos, organizado e realizado pela Procuradoria-Geral de Justiça, com participação da Ordem dos Advogados do Brasil.

▶ Art. 129, § 3º, da CF.
▶ Art. 10, VI, desta Lei.

§ 1º É obrigatória a abertura do concurso de ingresso quando o número de vagas atingir a um quinto dos cargos iniciais da carreira.

§ 2º Assegurar-se-ão ao candidato aprovado a nomeação e a escolha do cargo, de acordo com a ordem de classificação no concurso.

§ 3º São requisitos para o ingresso na carreira, dentre outros estabelecidos pela Lei Orgânica:

I – ser brasileiro;
II – ter concluído o curso de bacharelado em Direito, em escola oficial ou reconhecida;
III – estar quite com o serviço militar;
IV – estar em gozo dos direitos políticos.

§ 4º O candidato nomeado deverá apresentar, no ato de sua posse, declaração de seus bens e prestar compromisso de desempenhar, com retidão, as funções do cargo e de cumprir a Constituição e as leis.

**Art. 60.** Suspende-se, até definitivo julgamento, o exercício funcional de membro do Ministério Público quando, antes do decurso do prazo de dois anos, houver impugnação de seu vitaliciamento.

§ 1º A Lei Orgânica disciplinará o procedimento de impugnação, cabendo ao Conselho Superior do Ministério Público decidir, no prazo máximo de sessenta dias, sobre o não vitaliciamento e ao Colégio de Procuradores, em trinta dias, eventual recurso.

▶ Arts. 12, VIII, a, e 15, VII, desta Lei.

§ 2º Durante a tramitação do procedimento de impugnação, o membro do Ministério Público perceberá vencimentos integrais, contando-se para todos os efeitos o tempo de suspensão do exercício funcional, no caso de vitaliciamento.

**Art. 61.** A Lei Orgânica regulamentará o regime de remoção e promoção dos membros do Ministério Público, observados os seguintes princípios:

I – promoção voluntária, por antiguidade e merecimento, alternadamente, de uma para outra entrância ou categoria e da entrância ou categoria mais elevada para o cargo de Procurador de Justiça, aplicando-se, por assemelhação, o disposto no artigo 93, III e VI, da Constituição Federal;

▶ Art. 15, II e IV, desta Lei.

II – apurar-se-á a antiguidade na entrância e o merecimento pela atuação do membro do Ministério Público em toda a carreira, com prevalência de critérios de ordem objetiva, levando-se inclusive em conta sua conduta, operosidade e dedicação no exercício do cargo, presteza e segurança nas suas manifestações processuais, o número de vezes que já tenha participado de listas, bem como a frequência e o aproveitamento em cursos oficiais, ou reconhecidos, de aperfeiçoamento;
III – obrigatoriedade de promoção do Promotor de Justiça que figure por três vezes consecutivas ou cinco alternadas em lista de merecimento;
IV – a promoção por merecimento pressupõe dois anos de exercício na respectiva entrância ou categoria e integrar o Promotor de Justiça a primeira quinta parte da lista de antiguidade, salvo se não houver com tais requisitos quem aceite o lugar vago, ou quando o número limitado de membros do Ministério Público inviabilizar a formação de lista tríplice;
V – a lista de merecimento resultará dos três nomes mais votados, desde que obtida maioria de votos, procedendo-se, para alcançá-la, a tantas votações quantas necessárias, examinadas em primeiro lugar os nomes dos remanescentes da lista anterior;
VI – não sendo caso de promoção obrigatória, a escolha recairá no membro do Ministério Público mais votado, observada a ordem dos escrutínios, prevalecendo, em caso de empate, a antiguidade na entrância ou categoria, salvo se preferir o Conselho Superior delegar a competência ao Procurador-Geral de Justiça.

**Art. 62.** Verificada a vaga para remoção ou promoção, o Conselho Superior do Ministério Público expedirá, no prazo máximo de sessenta dias, edital para preenchimento do cargo, salvo se ainda não instalado.

**Art. 63.** Para cada vaga destinada ao preenchimento por remoção ou promoção, expedir-se-á edital distinto, sucessivamente, com a indicação do cargo correspondente à vaga a ser preenchida.

**Art. 64.** Será permitida a remoção por permuta entre membros do Ministério Público da mesma entrância ou categoria, observado, além do disposto na Lei Orgânica:

▶ Art. 15, IV, desta Lei.

I – pedido escrito e conjunto, formulado por ambos os pretendentes;
II – a renovação de remoção por permuta somente permitida após o decurso de dois anos;
III – que a remoção por permuta não confere direito a ajuda de custo.

**Art. 65.** A Lei Orgânica poderá prever a substituição por convocação, em caso de licença do titular de cargo da carreira ou de afastamento de suas funções junto à Procuradoria ou Promotoria de Justiça, somente podendo ser convocados membros do Ministério Público.

▶ Art. 15, V, desta Lei.

**Art. 66.** A reintegração, que decorrerá de sentença transitada em julgado, é o retorno do membro do Ministério Público ao cargo, com ressarcimento dos vencimentos e vantagens deixados de perceber em razão do afastamento, inclusive a contagem do tempo de serviço.

§ 1º Achando-se provido o cargo no qual será reintegrado o membro do Ministério Público, o seu ocupante passará à disponibilidade, até posterior aproveitamento.

§ 2º O membro do Ministério Público reintegrado será submetido a inspeção médica e, se considerado incapaz, será aposentado compulsoriamente, com as vantagens a que teria direito se efetivada a reintegração.

**Art. 67.** A reversão dar-se-á na entrância em que se aposentou o membro do Ministério Público, em vaga a ser provida pelo critério de merecimento, observados os requisitos legais.

**Art. 68.** O aproveitamento é o retorno do membro do Ministério Público em disponibilidade ao exercício funcional.

§ 1º O membro do Ministério Público será aproveitado no órgão de execução que ocupava quando posto em disponibilidade, salvo se aceitar outro de igual entrância ou categoria, ou se for promovido.

§ 2º Ao retornar à atividade, será o membro do Ministério Público submetido à inspeção médica e, se julgado incapaz, será aposentado compulsoriamente, com as vantagens a que teria direito se efetivado o seu retorno.

## CAPÍTULO X
### DAS DISPOSIÇÕES FINAIS E TRANSITÓRIAS

**Art. 69.** Os Ministérios Públicos dos Estados adequarão suas tabelas de vencimentos ao disposto nesta Lei, visando à revisão da remuneração dos seus membros e servidores.

**Art. 70.** Fica instituída a gratificação pela prestação de serviço à Justiça Eleitoral, de que trata o artigo 50, VI, desta Lei.

**Art. 71.** VETADO.

**Art. 72.** Ao membro ou servidor do Ministério Público é vedado manter, sob sua chefia imediata, em cargo ou função de confiança, cônjuge, companheiro, ou parente até o segundo grau civil.

**Art. 73.** Para exercer as funções junto à Justiça Eleitoral, por solicitação do Procurador-Geral da República, os membros do Ministério Público do Estado serão designados, se for o caso, pelo respectivo Procurador-Geral de Justiça.

§ 1º Não ocorrendo designação, exclusivamente para os serviços eleitorais, na forma do *caput* deste artigo, o Promotor Eleitoral será o membro do Ministério Público local que oficie perante o Juízo incumbido daqueles serviços.

§ 2º Havendo impedimento ou recusa justificável, o Procurador-Geral de Justiça designará o substituto.

**Art. 74.** Para fins do disposto no artigo 104, parágrafo único, II, da Constituição Federal e observado o que dispõe o artigo 15, I, desta Lei, a lista sêxtupla de membros do Ministério Público será organizada pelo Conselho Superior de cada Ministério Público dos Estados.

**Art. 75.** Compete ao Procurador-Geral de Justiça, ouvido o Conselho Superior do Ministério Público, autorizar o afastamento da carreira de membro do Ministério Público que tenha exercido a opção de que trata o artigo 29, § 3º, do Ato das Disposições Constitucionais Transitórias, para exercer o cargo, emprego ou função de nível equivalente ou maior na administração direta ou indireta.

Parágrafo único. O período de afastamento da carreira estabelecido neste artigo será considerado de efetivo exercício, para todos os efeitos legais, exceto para remoção ou promoção por merecimento.

**Art. 76.** A Procuradoria-Geral de Justiça deverá propor, no prazo de um ano da promulgação desta Lei, a criação ou transformação de cargos correspondentes às funções não atribuídas aos cargos já existentes.

Parágrafo único. Aos Promotores de Justiça que executem as funções previstas neste artigo assegurar-se-á preferência no concurso de remoção.

**Art. 77.** No âmbito do Ministério Público, para os fins do disposto no artigo 37, XI, da Constituição Federal, ficam estabelecidos como limite de remuneração os valores percebidos em espécie, a qualquer título, pelo Procurador-Geral de Justiça.

**Art. 78.** O Ministério Público poderá firmar convênios com as associações de membros de instituição com vistas à manutenção de serviços assistenciais e culturais a seus associados.

**Art. 79.** O disposto nos artigos 57 e 58 desta Lei aplica-se, a partir de sua publicação, aos proventos e pensões anteriormente concedidos, não gerando efeitos financeiros anteriormente à sua vigência.

**Art. 80.** Aplicam-se aos Ministérios Públicos dos Estados, subsidiariamente, as normas da Lei Orgânica do Ministério Público da União.

**Art. 81.** Os Estados adaptarão a organização de seu Ministério Público aos preceitos desta Lei, no prazo de cento e vinte dias a contar de sua publicação.

**Art. 82.** O dia 14 de dezembro será considerado "Dia Nacional do Ministério Público".

**Art. 83.** Esta Lei entra em vigor na data de sua publicação.

**Art. 84.** Revogam-se as disposições em contrário.

Brasília, 12 de fevereiro de 1993;
172º da Independência e
105º da República.
**Itamar Franco**

## LEI Nº 8.866, DE 11 DE ABRIL DE 1994

*Dispõe sobre o depositário infiel de valor pertencente à Fazenda Pública e dá outras providências.*

▶ Publicada no *DOU* de 13-4-1994.
▶ Art. 5º, LXVII da CF.
▶ Arts. 648 a 652 do CC.
▶ Dec. nº 678, de 6-11-1992, promulga a Convenção Americana sobre Direitos Humanos – Pacto de São José da Costa Rica.

**Art. 1º** É depositário da Fazenda Pública, observado o disposto nos artigos 1.282, I, e 1.283 do Código Civil, a pessoa a que a legislação tributária ou previdenciária imponha a obrigação de reter ou receber de terceiro, e recolher aos cofres públicos, impostos, taxas e contribuições, inclusive à Seguridade Social.

▶ Refere-se ao CC/1916. Arts. 747, I, e 648 do CC/2002.

§ 1º Aperfeiçoa-se o depósito na data da retenção ou recebimento do valor a que esteja obrigada a pessoa física ou jurídica.

§ 2º É depositário infiel aquele que não entrega à Fazenda Pública o valor referido neste artigo, no termo e forma fixados na legislação tributária ou previdenciária.

**Art. 2º** Constituem prova literal para se caracterizar a situação de depositário infiel, dentre outras:

I – a declaração feita pela pessoa física ou jurídica, do valor descontado ou recebido de terceiro, constante em folha de pagamento ou em qualquer outro documento fixado na legislação tributária ou previdenciária, e não recolhido aos cofres públicos;

II – o processo administrativo findo mediante o qual se tenha constituído crédito tributário ou previdenciário, decorrente de valor descontado ou recebido de terceiro e não recolhido aos cofres públicos;

III – a certidão do crédito tributário ou previdenciário decorrente dos valores descontados ou recebidos, inscritos na dívida ativa.

**Art. 3º** Caracterizada a situação de depositário infiel, o Secretário da Receita Federal comunicará ao representante judicial da Fazenda Nacional para que ajuíze ação civil a fim de exigir o recolhimento do valor do imposto, taxa ou contribuição descontado, com os correspondentes acréscimos legais.

Parágrafo único. A comunicação de que trata este artigo, no âmbito dos Estados e do Distrito Federal, caberá às autoridades definidas na legislação específica dessas unidades federadas, feita aos respectivos representantes judiciais competentes; no caso do Instituto Nacional de Seguridade Social – INSS, a iniciativa caberá ao seu presidente, competindo ao representante judicial da autarquia a providência processual de que trata este artigo.

**Art. 4º** Na petição inicial, instruída com a cópia autenticada, pela repartição, da prova literal de depósito de que trata o artigo 2º, o representante judicial da Fazenda Nacional ou, conforme o caso, o representante judicial dos Estados, Distrito Federal ou do INSS requererá ao juízo a citação do depositário para, em dez dias:

I – recolher ou depositar a importância correspondente ao valor do imposto, taxa ou contribuição descontado ou recebido de terceiro, com os respectivos acréscimos legais;

II – contestar a ação.

§ 1º Do pedido constará, ainda, a cominação da pena de prisão.

▶ Súm. Vinc. nº 25 do STF.
▶ Súm. nº 419 do STJ.

§ 2º Não recolhida nem depositada a importância, nos termos deste artigo, o juiz, nos quinze dias seguintes à citação, decretará a prisão do depositário infiel, por período não superior a noventa dias.

▶ O STF, por maioria de votos, deferiu parcialmente a medida liminar na ADIN nº 1.055-7, para suspender os efeitos deste parágrafo (*DJU* de 13-6-1997).
▶ Súm. Vinc. nº 25 do STF.
▶ Súm. nº 419 do STJ.

§ 3º A contestação deverá ser acompanhada do comprovante de depósito judicial do valor integral devido à Fazenda Pública, sob pena de o réu sofrer os efeitos da revelia.

▶ O STF, por maioria de votos, deferiu parcialmente a medida liminar na ADIN nº 1.055-7, para suspender os efeitos deste parágrafo (*DJU* de 13-6-1997).

§ 4º Contestada a ação, observar-se-á o procedimento ordinário.

**Art. 5º** O juiz poderá julgar antecipadamente a ação, se verificados os efeitos da revelia.

**Art. 6º** Julgada procedente a ação, ordenará o juiz a conversão do depósito judicial em renda ou, na sua falta, a expedição de mandado para entrega, em vinte e quatro horas, do valor exigido.

**Art. 7º** Quando o depositário infiel for pessoa jurídica, a prisão referida no § 2º do artigo 4º será decretada contra seus diretores, administradores, gerentes ou empregados que movimentem recursos financeiros isolada ou conjuntamente.

▶ O STF, por maioria de votos, deferiu parcialmente a medida liminar na ADIN nº 1.055-7, para suspender a eficácia das expressões "referida no § 2º do artigo 4º" e "ou empregados" contidas neste *caput* (*DJU* de 13-6-1997).

Parágrafo único. Tratando-se de empresa estrangeira, a prisão recairá sobre seus representantes, dirigentes e empregados no Brasil que revistam a condição mencionada neste artigo.

▶ O STF, por maioria de votos, deferiu parcialmente a medida liminar na ADIN nº 1.055-7, para suspender a eficácia da expressão "empregados" contida neste parágrafo único (*DJU* de 13-6-1997).

**Art. 8º** Cessará a prisão com o recolhimento do valor exigido.

**Art. 9º** Não se aplica ao depósito referido nesta Lei o artigo 1.280 do Código Civil.

▶ Refere-se ao CC/1916. Art. 645 do CC/2002.

**Art. 10.** Ficam convalidados os atos praticados com base na Medida Provisória nº 427, de 11 de fevereiro de 1994.

**Art. 11.** Esta Lei entre em vigor na data de sua publicação.

**Art. 12.** Revogam-se as disposições em contrário.

Senado Federal, 11 de abril de 1994;
173º da Independência e
106º da República.

**Senador Humberto Lucena**

## LEI Nº 8.906, DE 4 DE JULHO DE 1994

*Dispõe sobre o Estatuto da Advocacia e a Ordem dos Advogados do Brasil – OAB.*

▶ Publicada no *DOU* de 5-7-1994.
▶ Súm. nº 2/2011 do CF-OAB.

### TÍTULO I – DA ADVOCACIA

#### Capítulo I

#### DA ATIVIDADE DE ADVOCACIA

**Art. 1º** São atividades privativas de advocacia:

▶ Art. 133 da CF.
▶ Art. 4º desta Lei.
▶ Art. 36 do CPC.

I – a postulação a qualquer órgão do Poder Judiciário e aos Juizados Especiais;

▶ O STF, por maioria de votos, julgou parcialmente procedente a ADIN nº 1.127-8, para declarar a inconstitucionalidade da expressão "qualquer" contida neste inciso (*DOU* de 26-5-2006).

II – as atividades de consultoria, assessoria e direção jurídicas.

§ 1º Não se inclui na atividade privativa de advocacia a impetração de *habeas corpus* em qualquer instância ou Tribunal.

▶ Art. 5º, LXXVII, da CF.
▶ Art. 654 do CPP.
▶ Art. 470 do CPPM.

§ 2º Os atos e contratos constitutivos de pessoas jurídicas, sob pena de nulidade, só podem ser admitidos a registro, nos órgãos competentes, quando visados por advogados.

▶ Art. 9º, § 2º, da LC nº 123, de 14-12-2006 (Estatuto Nacional da Microempresa e da Empresa de Pequeno Porte).

§ 3º É vedada a divulgação de advocacia em conjunto com outra atividade.

▶ Art. 16, *caput*, e § 2º, desta Lei.

**Art. 2º** O advogado é indispensável à administração da Justiça.

▶ Art. 133 da CF.
▶ Art. 9º, § 2º, da LC nº 123, de 14-12-2006 (Estatuto Nacional da Microempresa e da Empresa de Pequeno Porte).
▶ Arts. 9º e 72 da Lei nº 9.099, de 26-9-1995 (Lei dos Juizados Especiais).

§ 1º No seu ministério privado, o advogado presta serviço público e exerce função social.

§ 2º No processo judicial, o advogado contribui, na postulação de decisão favorável ao seu constituinte, ao convencimento do julgador, e seus atos constituem múnus público.

§ 3º No exercício da profissão, o advogado é inviolável por seus atos e manifestações, nos limites desta Lei.

▶ Art. 7º, II, IV e XIX, e §§ 2º e 3º, desta Lei.

**Art. 3º** O exercício da atividade de advocacia no território brasileiro e a denominação de advogado são privativos dos inscritos na Ordem dos Advogados do Brasil – OAB.

▶ Arts. 8º a 14 desta Lei.

§ 1º Exercem atividade de advocacia, sujeitando-se ao regime desta Lei, além do regime próprio a que se subordinem, os integrantes da Advocacia-Geral da União, da Procuradoria da Fazenda Nacional, da Defensoria Pública e das Procuradorias e Consultorias Jurídicas dos Estados, do Distrito Federal, dos Municípios e das respectivas entidades de administração indireta e fundacional.

§ 2º O estagiário de advocacia, regularmente inscrito, pode praticar os atos previstos no artigo 1º, na forma do Regulamento Geral, em conjunto com o advogado e sob responsabilidade deste.

▶ Arts. 9º e 34, XXIX, desta Lei.

**Art. 4º** São nulos os atos privativos de advogado praticados por pessoa não inscrita na OAB, sem prejuízo das sanções civis, penais e administrativas.

Parágrafo único. São também nulos os atos praticados por advogado impedido, no âmbito do impedimento, suspenso, licenciado ou que passar a exercer atividade incompatível com a advocacia.

▶ Art. 2º desta Lei.
▶ Arts. 9º e 72 da Lei nº 9.099, de 26-9-1995 (Lei dos Juizados Especiais).

**Art. 5º** O advogado postula, em Juízo ou fora dele, fazendo prova do mandato.

▶ Art. 15, § 3º, desta Lei.
▶ Arts. 37 e 38 do CPC.
▶ Art. 266 do CPP.
▶ Art. 71, § 1º, do CPPM.

§ 1º O advogado, afirmando urgência, pode atuar sem procuração, obrigando-se a apresentá-la no prazo de quinze dias, prorrogável por igual período.

§ 2º A procuração para o foro em geral habilita o advogado a praticar todos os atos judiciais, em qualquer Juízo ou Instância, salvo os que exijam poderes especiais.

▶ Art. 7º, VI, *d*, desta Lei.
▶ Art. 991, III, do CPC.
▶ Art. 44, 50, 98 e 146 do CPP.
▶ Art. 165 do CPPM.

§ 3º O advogado que renunciar ao mandato continuará, durante os dez dias seguintes à notificação da renúncia, a representar o mandante, salvo se for substituído antes do término desse prazo.

▶ Art. 34, XI, desta Lei.
▶ Art. 45 do CPC.

## Capítulo II
### DOS DIREITOS DO ADVOGADO

**Art. 6º** Não há hierarquia nem subordinação entre advogados, magistrados e membros do Ministério Público, devendo todos tratar-se com consideração e respeito recíprocos.

Parágrafo único. As autoridades, os servidores públicos e os serventuários da justiça devem dispensar ao advogado, no exercício da profissão, tratamento compatível com a dignidade da advocacia e condições adequadas a seu desempenho.

▶ Súm. Vinc. nº 14 do STF.

**Art. 7º** São direitos do advogado:

▶ Art. 40 do CPC.

I – exercer, com liberdade, a profissão em todo o Território Nacional;

II – a inviolabilidade de seu escritório ou local de trabalho, bem como de seus instrumentos de trabalho, de sua correspondência escrita, eletrônica, telefônica e telemática, desde que relativas ao exercício da advocacia;

▶ Inciso II com a redação dada pela Lei nº 11.767, de 7-8-2008.

III – comunicar-se com seus clientes, pessoal e reservadamente, mesmo sem procuração, quando estes se acharem presos, detidos ou recolhidos em estabelecimentos civis ou militares, ainda que considerados incomunicáveis;

▶ Art. 21, parágrafo único, do CPP.

IV – ter a presença de representante da OAB, quando preso em flagrante, por motivo ligado ao exercício da advocacia, para lavratura do auto respectivo, sob pena de nulidade e, nos demais casos, a comunicação expressa à seccional da OAB;

V – não ser recolhido preso, antes de sentença transitada em julgado, senão em sala de Estado-Maior, com instalações e comodidades condignas, assim reconhecidas pela OAB, e, na sua falta, em prisão domiciliar;

▶ O STF, por maioria de votos, julgou parcialmente procedente a ADIN nº 1.127-8, para declarar a inconstitucionalidade da expressão "assim reconhecidas pela OAB" contida neste inciso (*DOU* de 26-5-2006).

VI – ingressar livremente:
a) nas salas de sessões dos Tribunais, mesmo além dos cancelos que separam a parte reservada aos magistrados;
b) nas salas e dependências de audiências, secretarias, cartórios, ofícios de justiça, serviços notariais e de registro, e, no caso de delegacias e prisões, mesmo fora da hora de expediente e independentemente da presença de seus titulares;
c) em qualquer edifício ou recinto em que funcione repartição judicial ou outro serviço público onde o advogado deva praticar ato ou colher prova ou informação útil ao exercício da atividade profissional, dentro do expediente ou fora dele, e ser atendido, desde que se ache presente qualquer servidor ou empregado;
d) em qualquer assembleia ou reunião de que participe ou possa participar o seu cliente, ou perante a qual este deva comparecer, desde que munido de poderes especiais;

VII – permanecer sentado ou em pé e retirar-se de quaisquer locais indicados no inciso anterior, independentemente de licença;

VIII – dirigir-se diretamente aos magistrados nas salas e gabinetes de trabalho, independentemente de horário previamente marcado ou outra condição, observando-se a ordem de chegada;

IX – sustentar oralmente as razões de qualquer recurso ou processo, nas sessões de julgamento, após o voto do relator, em instância judicial ou administrativa, pelo prazo de quinze minutos, salvo se prazo maior for concedido;

▶ O STF, por maioria de votos, julgou procedente as Ações Diretas de Inconstitucionalidade n$^{os}$ 1.105-7 e 1.127-8, para declarar a inconstitucionalidade deste inciso (*DOU* de 26-5-2006).

X – usar da palavra, pela ordem, em qualquer Juízo ou Tribunal, mediante intervenção sumária, para esclarecer equívoco ou dúvida surgida em relação a fatos, documentos ou afirmações que influam no julgamento, bem como para replicar acusação ou censura que lhe forem feitas;

XI – reclamar, verbalmente ou por escrito, perante qualquer Juízo, Tribunal ou autoridade, contra a inobservância de preceito de lei, regulamento ou regimento;

XII – falar, sentado ou em pé, em Juízo, Tribunal ou órgão de deliberação coletiva da Administração Pública ou do Poder Legislativo;

▶ Art. 793 do CPP.
▶ Art. 386 do CPPM.

XIII – examinar, em qualquer órgão dos Poderes Judiciário e Legislativo, ou da Administração Pública em geral, autos de processos findos ou em andamento, mesmo sem procuração, quando não estejam sujeitos a sigilo, assegurada a obtenção de cópias, podendo tomar apontamentos;

▶ Art. 40, I, do CPC.
▶ Súm. Vinc. n$^o$ 14 do STF.

XIV – examinar em qualquer repartição policial, mesmo sem procuração, autos de flagrante e de inquérito, findos ou em andamento, ainda que conclusos à autoridade, podendo copiar peças e tomar apontamentos;

▶ Súm. Vinc. n$^o$ 14 do STF.

XV – ter vista dos processos judiciais ou administrativos de qualquer natureza, em cartório ou na repartição competente, ou retirá-los pelos prazos legais;

▶ Art. 40, II e III, do CPC.
▶ Art. 803 do CPP.

XVI – retirar autos de processos findos, mesmo sem procuração, pelo prazo de dez dias;

▶ Art. 803 do CPP.

XVII – ser publicamente desagravado, quando ofendido no exercício da profissão ou em razão dela;

XVIII – usar os símbolos privativos da profissão de advogado;

XIX – recusar-se a depor como testemunha em processo no qual funcionou ou deva funcionar, ou sobre fato relacionado com pessoa de quem seja ou foi advogado, mesmo quando autorizado ou solicitado pelo constituinte, bem como sobre fato que constitua sigilo profissional;

XX – retirar-se do recinto onde se encontre aguardando pregão para ato judicial, após trinta minutos do horário designado e ao qual ainda não tenha comparecido a autoridade que deva presidir a ele, mediante comunicação protocolizada em Juízo.

§ 1º Não se aplica o disposto nos incisos XV e XVI:
1) aos processos sob regime de Segredo de Justiça;
2) quando existirem nos autos documentos originais de difícil restauração ou ocorrer circunstância relevante que justifique a permanência dos autos no cartório, secretaria ou repartição, reconhecida pela autoridade em despacho motivado, proferido de ofício, mediante representação ou a requerimento da parte interessada;
3) até o encerramento do processo, ao advogado que houver deixado de devolver os respectivos autos no prazo legal, e só o fizer depois de intimado.

▶ Art. 58, VI, desta Lei.
▶ Art. 195 do CPC.

§ 2º O advogado tem imunidade profissional, não constituindo injúria, difamação ou desacato puníveis qualquer manifestação de sua parte, no exercício da sua atividade, em Juízo ou fora dele, sem prejuízo das sanções disciplinares perante a OAB, pelos excessos que cometer.

▶ O STF, por maioria de votos, julgou parcialmente procedente a ADIN nº 1.127-8, para declarar a inconstitucionalidade da expressão "ou desacato" contida neste parágrafo (*DOU* de 26-5-2006).

§ 3º O advogado somente poderá ser preso em flagrante, por motivo de exercício da profissão, em caso de crime inafiançável, observado o disposto no inciso IV deste artigo.

§ 4º O Poder Judiciário e o Poder Executivo devem instalar, em todos os Juizados, fóruns, Tribunais, delegacias de polícia e presídios, salas especiais permanentes para os advogados, com uso e controle assegurados à OAB.

▶ O STF, por maioria de votos, julgou parcialmente procedente a ADIN nº 1.127-8, para declarar a inconstitucionalidade da expressão "e controle" contida neste parágrafo (*DOU* de 26-5-2006).

§ 5º No caso de ofensa a inscrito na OAB, no exercício da profissão ou de cargo ou função de órgão da OAB, o conselho competente deve promover o desagravo público do ofendido, sem prejuízo da responsabilidade criminal em que incorrer o infrator.

▶ A alteração que seria introduzida neste dispositivo pela Lei nº 11.767, de 7-8-2008, foi vetada, razão pela qual mantivemos a sua redação.

§ 6º Presentes indícios de autoria e materialidade da prática de crime por parte de advogado, a autoridade judiciária competente poderá decretar a quebra da inviolabilidade de que trata o inciso II do *caput* deste artigo, em decisão motivada, expedindo mandado de busca e apreensão, específico e pormenorizado, a ser cumprido na presença de representante da OAB, sendo, em qualquer hipótese, vedada a utilização dos documentos, das mídias e dos objetos pertencentes a clientes do advogado averiguado, bem como dos demais instrumentos de trabalho que contenham informações sobre clientes.

§ 7º A ressalva constante do § 6º deste artigo não se estende a clientes do advogado averiguado que estejam sendo formalmente investigados como seus partícipes ou coautores pela prática do mesmo crime que deu causa à quebra da inviolabilidade.

▶ §§ 6º e 7º acrescidos pela Lei nº 11.767, de 7-8-2008.

§§ 8º e 9º VETADOS. Lei nº 11.767, de 7-8-2008.

## Capítulo III

### DA INSCRIÇÃO

**Art. 8º** Para inscrição como advogado é necessário:

I – capacidade civil;

▶ Arts. 34, XXVI, e 61, parágrafo único, *d*, desta Lei.

II – diploma ou certidão de graduação em direito, obtido em instituição de ensino oficialmente autorizada e credenciada;

III – título de eleitor e quitação do serviço militar, se brasileiro;

IV – aprovação em Exame de Ordem;

▶ Art. 84 desta Lei.

V – não exercer atividade incompatível com a advocacia;

▶ Arts. 27 e 28 desta Lei.

VI – idoneidade moral;

▶ Art. 34, XXVII, desta Lei.

VII – prestar compromisso perante o Conselho.

§ 1º O Exame de Ordem é regulamentado em provimento do Conselho Federal da OAB.

▶ Art. 58, VI, desta Lei.

§ 2º O estrangeiro ou brasileiro, quando não graduado em direito no Brasil, deve fazer prova do título de graduação, obtido em instituição estrangeira, devidamente revalidado, além de atender aos demais requisitos previstos neste artigo.

§ 3º A inidoneidade moral, suscitada por qualquer pessoa, deve ser declarada mediante decisão que obtenha no mínimo dois terços dos votos de todos os membros do conselho competente, em procedimento que observe os termos do processo disciplinar.

§ 4º Não atende ao requisito de idoneidade moral aquele que tiver sido condenado por crime infamante, salvo reabilitação judicial.

**Art. 9º** Para inscrição como estagiário é necessário:

▶ Art. 61, parágrafo único, *d*, desta Lei.

I – preencher os requisitos mencionados nos incisos I, III, V, VI e VII do artigo 8º;

II – ter sido admitido em estágio profissional de advocacia.

§ 1º O estágio profissional de advocacia, com duração de dois anos, realizado nos últimos anos do curso jurídico, pode ser mantido pelas respectivas instituições de ensino superior, pelos Conselhos da OAB, ou por setores, órgãos jurídicos e de advocacia credenciados pela OAB, sendo obrigatório o estudo deste Estatuto e do Código de Ética e Disciplina.

§ 2º A inscrição do estagiário é feita no Conselho Seccional em cujo território se localize seu curso jurídico.

§ 3º O aluno de curso jurídico que exerça atividade incompatível com a advocacia pode frequentar o estágio ministrado pela respectiva instituição de ensino superior, para fins de aprendizagem, vedada a inscrição na OAB.

▶ Arts. 27 e 28 desta Lei.

§ 4º O estágio profissional poderá ser cumprido por bacharel em Direito que queira se inscrever na Ordem.

**Art. 10.** A inscrição principal do advogado deve ser feita no Conselho Seccional em cujo território pretende estabelecer o seu domicílio profissional, na forma do Regulamento Geral.

§ 1º Considera-se domicílio profissional a sede principal da atividade de advocacia, prevalecendo, na dúvida, o domicílio da pessoa física do advogado.

§ 2º Além da principal, o advogado deve promover a inscrição suplementar nos Conselhos Seccionais em cujos territórios passar a exercer habitualmente a profissão, considerando-se habitualidade a intervenção judicial que exceder de cinco causas por ano.

§ 3º No caso de mudança efetiva de domicílio profissional para outra unidade federativa, deve o advogado requerer a transferência de sua inscrição para o Conselho Seccional correspondente.

§ 4º O Conselho Seccional deve suspender o pedido de transferência ou de inscrição suplementar, ao verificar a existência de vício ou ilegalidade na inscrição principal, contra ela representando ao Conselho Federal.

**Art. 11.** Cancela-se a inscrição do profissional que:

I – assim o requerer;

II – sofrer penalidade de exclusão;

▶ Art. 38 desta Lei.

III – falecer;

IV – passar a exercer, em caráter definitivo, atividade incompatível com a advocacia;

▶ Arts. 27 e 28 desta Lei.

V – perder qualquer um dos requisitos necessários para inscrição.

▶ Art. 8º desta Lei.

§ 1º Ocorrendo uma das hipóteses dos incisos II, III e IV, o cancelamento deve ser promovido, de ofício, pelo Conselho competente ou em virtude de comunicação por qualquer pessoa.

§ 2º Na hipótese de novo pedido de inscrição – que não restaura o número de inscrição anterior – deve o interessado fazer prova dos requisitos dos incisos I, V, VI e VII do artigo 8º.

§ 3º Na hipótese do inciso II deste artigo, o novo pedido de inscrição também deve ser acompanhado de provas de reabilitação.

**Art. 12.** Licencia-se o profissional que:

I – assim o requerer, por motivo justificado;
II – passar a exercer, em caráter temporário, atividade incompatível com o exercício da advocacia;

▶ Arts. 27 e 28 desta Lei.

III – sofrer doença mental considerada curável.

**Art. 13.** O documento de identidade profissional, na forma prevista no Regulamento Geral, é de uso obrigatório no exercício da atividade de advogado ou de estagiário e constitui prova de identidade civil para todos os fins legais.

**Art. 14.** É obrigatória a indicação do nome e do número de inscrição em todos os documentos assinados pelo advogado, no exercício de sua atividade.

Parágrafo único. É vedado anunciar ou divulgar qualquer atividade relacionada com o exercício da advocacia ou o uso da expressão "escritório de advocacia", sem indicação expressa do nome e do número de inscrição dos advogados que o integrem ou o número de registro da sociedade de advogados na OAB.

▶ Arts. 15 a 17 desta Lei.

CAPÍTULO IV

**DA SOCIEDADE DE ADVOGADOS**

**Art. 15.** Os advogados podem reunir-se em sociedade civil de prestação de serviço de advocacia, na forma disciplinada nesta Lei e no Regulamento Geral.

▶ Arts. 5º e 34, II, desta Lei.
▶ Arts. 37 e 38 do CPC.

§ 1º A sociedade de advogados adquire personalidade jurídica com o registro aprovado dos seus atos constitutivos no Conselho Seccional da OAB em cuja base territorial tiver sede.

§ 2º Aplica-se à sociedade de advogados o Código de Ética e Disciplina, no que couber.

§ 3º As procurações devem ser outorgadas individualmente aos advogados e indicar a sociedade de que façam parte.

§ 4º Nenhum advogado pode integrar mais de uma sociedade de advogados, com sede ou filial na mesma área territorial do respectivo Conselho Seccional.

§ 5º O ato de constituição de filial deve ser averbado no registro da sociedade e arquivado junto ao Conselho Seccional onde se instalar, ficando os sócios obrigados a inscrição suplementar.

§ 6º Os advogados sócios de uma mesma sociedade profissional não podem representar em Juízo clientes de interesses opostos.

▶ Art. 355, parágrafo único, do CP.

**Art. 16.** Não são admitidas a registro, nem podem funcionar, as sociedades de advogados que apresentem forma ou características mercantis, que adotem denominação de fantasia, que realizem atividades estranhas à advocacia, que incluam sócio não inscrito como advogado ou totalmente proibido de advogar.

§ 1º A razão social deve ter, obrigatoriamente, o nome de, pelo menos, um advogado responsável pela sociedade, podendo permanecer o de sócio falecido, desde que prevista tal possibilidade no ato constitutivo.

§ 2º O licenciamento do sócio para exercer atividade incompatível com a advocacia em caráter temporário deve ser averbado no registro da sociedade, não alterando sua constituição.

▶ Arts. 27 e 28 desta Lei.

§ 3º É proibido o registro, nos cartórios de registro civil de pessoas jurídicas e nas juntas comerciais, de sociedade que inclua, entre outras finalidades, a atividade de advocacia.

**Art. 17.** Além da sociedade, o sócio responde subsidiária e ilimitadamente pelos danos causados aos clientes por ação ou omissão no exercício da advocacia, sem prejuízo da responsabilidade disciplinar em que possa incorrer.

CAPÍTULO V

**DO ADVOGADO EMPREGADO**

**Art. 18.** A relação de emprego, na qualidade de advogado, não retira a isenção técnica nem reduz a independência profissional inerentes à advocacia.

Parágrafo único. O advogado empregado não está obrigado à prestação de serviços profissionais de interesse pessoal dos empregadores, fora da relação de emprego.

**Art. 19.** O salário mínimo profissional do advogado será fixado em sentença normativa, salvo se ajustado em acordo ou convenção coletiva de trabalho.

**Art. 20.** A jornada de trabalho do advogado empregado, no exercício da profissão, não poderá exceder a duração diária de quatro horas contínuas e a de vinte horas semanais, salvo acordo ou convenção coletiva ou em caso de dedicação exclusiva.

▶ OJ da SBDI-I nº 403 do TST.

§ 1º Para efeitos deste artigo, considera-se como período de trabalho o tempo em que o advogado estiver à disposição do empregador, aguardando ou executando ordens, no seu escritório ou em atividades externas, sendo-lhe reembolsadas as despesas feitas com transporte, hospedagem e alimentação.

§ 2º As horas trabalhadas que excederem a jornada normal são remuneradas por um adicional não inferior a cem por cento sobre o valor da hora normal, mesmo havendo contrato escrito.

§ 3º As horas trabalhadas no período das vinte horas de um dia até às cinco horas do dia seguinte são remuneradas como noturnas, acrescidas do adicional de vinte e cinco por cento.

**Art. 21.** Nas causas em que for parte o empregador, ou pessoa por este representada, os honorários de sucumbência são devidos aos advogados empregados.

Parágrafo único. Os honorários de sucumbência, percebidos por advogado empregado de sociedade de advogados são partilhados entre ele e a empregadora, na forma estabelecida em acordo.

► O STF, por maioria de votos, julgou parcialmente procedente a ADIN nº 1.194-4, para dar interpretação conforme a CF a este artigo e seu parágrafo único, no sentido da preservação da liberdade contratual quanto à destinação dos honorários de sucumbência fixados judicialmente (*DOU* de 28-5-2009).

### Capítulo VI
### DOS HONORÁRIOS ADVOCATÍCIOS

**Art. 22.** A prestação de serviço profissional assegura aos inscritos na OAB o direito aos honorários convencionados, aos fixados por arbitramento judicial e aos de sucumbência.

► Arts. 23 e 24, §§ 2º a 4º, desta Lei.
► Arts. 20 e 275, II, *f*, do CPC.

§ 1º O advogado, quando indicado para patrocinar causa de juridicamente necessitado, no caso de impossibilidade da Defensoria Pública no local da prestação de serviço, tem direito aos honorários fixados pelo juiz, segundo tabela organizada pelo Conselho Seccional da OAB, e pagos pelo Estado.

§ 2º Na falta de estipulação ou de acordo, os honorários são fixados por arbitramento judicial, em remuneração compatível com o trabalho e o valor econômico da questão, não podendo ser inferiores aos estabelecidos na tabela organizada pelo Conselho Seccional da OAB.

§ 3º Salvo estipulação em contrário, um terço dos honorários é devido no início do serviço, outro terço até a decisão de primeira instância e o restante no final.

§ 4º Se o advogado fizer juntar aos autos o seu contrato de honorários antes de expedir-se o mandado de levantamento ou precatório, o juiz deve determinar que lhe sejam pagos diretamente, por dedução da quantia a ser recebida pelo constituinte, salvo se este provar que já os pagou.

§ 5º O disposto neste artigo não se aplica quando se tratar de mandato outorgado por advogado para defesa em processo oriundo de ato ou omissão praticada no exercício da profissão.

**Art. 23.** Os honorários incluídos na condenação, por arbitramento ou sucumbência, pertencem ao advogado, tendo este direito autônomo para executar a sentença nesta parte, podendo requerer que o precatório, quando necessário, seja expedido em seu favor.

► Art. 26 desta Lei.
► Arts. 28, 267, § 2º, e 268 do CPC.
► Súm. nº 306 do STJ.

**Art. 24.** A decisão judicial que fixar ou arbitrar honorários e o contrato escrito que os estipular são títulos executivos e constituem crédito privilegiado na falência, concordata, concurso de credores, insolvência civil e liquidação extrajudicial.

► Lei nº 11.101, de 9-2-2005 (Lei de Recuperação de Empresas e Falências).

§ 1º A execução dos honorários pode ser promovida nos mesmos autos da ação em que tenha atuado o advogado, se assim lhe convier.

§ 2º Na hipótese de falecimento ou incapacidade civil do advogado, os honorários de sucumbência, proporcionais ao trabalho realizado, são recebidos por seus sucessores ou representantes legais.

§ 3º É nula qualquer disposição, cláusula, regulamento ou convenção individual ou coletiva que retire do advogado o direito ao recebimento dos honorários de sucumbência.

► O STF, por unanimidade de votos, julgou parcialmente procedente a ADIN nº 1.194-4, para declarar a inconstitucionalidade deste parágrafo (*DOU* de 28-5-2009).

§ 4º O acordo feito pelo cliente do advogado e a parte contrária, salvo aquiescência do profissional, não lhe prejudica os honorários, quer os convencionados, quer os concedidos por sentença.

**Art. 25.** Prescreve em cinco anos a ação de cobrança de honorários de advogado, contado o prazo:

► Súm. nº 363 do STJ.

I – do vencimento do contrato, se houver;
II – do trânsito em julgado da decisão que os fixar;
III – da ultimação do serviço extrajudicial;
IV – da desistência ou transação;
V – da renúncia ou revogação do mandato.

**Art. 25-A.** Prescreve em cinco anos a ação de prestação de contas pelas quantias recebidas pelo advogado de seu cliente, ou de terceiros por conta dele (art. 34, XXI).

► Artigo acrescido pela Lei nº 11.902, de 12-1-2009.

**Art. 26.** O advogado substabelecido, com reserva de poderes, não pode cobrar honorários sem a intervenção daquele que lhe conferiu o substabelecimento.

### Capítulo VII
### DAS INCOMPATIBILIDADES E IMPEDIMENTOS

**Art. 27.** A incompatibilidade determina a proibição total, e o impedimento, a proibição parcial do exercício da advocacia.

► Arts. 4º, parágrafo único, e 16, § 2º, do CPC.

**Art. 28.** A advocacia é incompatível, mesmo em causa própria, com as seguintes atividades:

I – chefe do Poder Executivo e membros da Mesa do Poder Legislativo e seus substitutos legais;
II – membros de órgãos do Poder Judiciário, do Ministério Público, dos Tribunais e Conselhos de Contas, dos Juizados Especiais, da Justiça de Paz, Juízes Classistas, bem como de todos os que exerçam função de julgamento em órgãos de deliberação coletiva da Administração Pública direta ou indireta;

► O STF, por maioria de votos, julgou parcialmente procedente a ADIN nº 1.127-8, para excluir apenas os juízes eleitorais e seus suplentes (*DOU* de 26-5-2006).
► EC nº 24, de 9-12-1999, extinguiu a representação pelos juízes classistas na Justiça do Trabalho e substituiu

as Juntas de Conciliação e Julgamento por Varas do Trabalho.
▶ Art. 83 desta Lei.

III – ocupantes de cargos ou funções de direção em órgãos da Administração Pública direta ou indireta, em suas fundações e em suas empresas controladas ou concessionárias de serviço público;
IV – ocupantes de cargos ou funções vinculados direta ou indiretamente a qualquer órgão do Poder Judiciário e os que exercem serviços notariais e de registro;
V – ocupantes de cargos ou funções vinculados direta ou indiretamente a atividade policial de qualquer natureza;
VI – militares de qualquer natureza, na ativa;
VII – ocupantes de cargos ou funções que tenham competência de lançamento, arrecadação ou fiscalização de tributos e contribuições parafiscais;
VIII – ocupantes de funções de direção e gerência em instituições financeiras, inclusive privadas.

§ 1º A incompatibilidade permanece mesmo que o ocupante do cargo ou função deixe de exercê-lo temporariamente.

▶ Art. 16, § 2º, desta Lei.

§ 2º Não se incluem nas hipóteses do inciso III os que não detenham poder de decisão relevante sobre interesses de terceiro, a Juízo do Conselho competente da OAB, bem como a administração acadêmica diretamente relacionada ao magistério jurídico.

**Art. 29.** Os Procuradores-Gerais, Advogados-Gerais, Defensores-Gerais e dirigentes de órgãos jurídicos da Administração Pública direta, indireta e fundacional são exclusivamente legitimados para o exercício da advocacia vinculada à função que exerçam, durante o período da investidura.

**Art. 30.** São impedidos de exercer a advocacia:
I – os servidores da Administração direta, indireta e fundacional, contra a Fazenda Pública que os remunere ou à qual seja vinculada a entidade empregadora;
II – os membros do Poder Legislativo, em seus diferentes níveis, contra ou a favor das pessoas jurídicas de direito público, empresas públicas, sociedades de economia mista, fundações públicas, entidades paraestatais ou empresas concessionárias ou permissionárias de serviço público.

Parágrafo único. Não se incluem nas hipóteses do inciso I os docentes dos cursos jurídicos.

CAPÍTULO VIII

DA ÉTICA DO ADVOGADO

**Art. 31.** O advogado deve proceder de forma que o torne merecedor de respeito e que contribua para o prestígio da classe e da advocacia.

§ 1º O advogado, no exercício da profissão, deve manter independência em qualquer circunstância.

§ 2º Nenhum receio de desagradar a magistrado ou a qualquer autoridade, nem de incorrer em impopularidade, deve deter o advogado no exercício da profissão.

**Art. 32.** O advogado é responsável pelos atos que, no exercício profissional, praticar com dolo ou culpa.

▶ Art. 17 desta Lei.

Parágrafo único. Em caso de lide temerária, o advogado será solidariamente responsável com seu cliente, desde que coligado com este para lesar a parte contrária, o que será apurado em ação própria.

▶ Art. 14 do CPC.

**Art. 33.** O advogado obriga-se a cumprir rigorosamente os deveres consignados no Código de Ética e Disciplina.

Parágrafo único. O Código de Ética e Disciplina regula os deveres do advogado para com a comunidade, o cliente, o outro profissional e, ainda, a publicidade, a recusa do patrocínio, o dever de assistência jurídica, o dever geral de urbanidade e os respectivos procedimentos disciplinares.

CAPÍTULO IX

DAS INFRAÇÕES E SANÇÕES DISCIPLINARES

**Art. 34.** Constitui infração disciplinar:

I – exercer a profissão, quando impedido de fazê-lo, ou facilitar, por qualquer meio, o seu exercício aos não inscritos, proibidos ou impedidos;

▶ Arts. 28 a 30 e 36, I, desta Lei.

II – manter sociedade profissional fora das normas e preceitos estabelecidos nesta Lei;

▶ Arts. 15 a 17 e 36, I, desta Lei.

III – valer-se de agenciador de causas, mediante participação nos honorários a receber;

▶ Art. 36, I, desta Lei.

IV – angariar ou captar causas, com ou sem a intervenção de terceiros;

▶ Art. 36, I, desta Lei.

V – assinar qualquer escrito destinado a processo judicial ou para fim extrajudicial que não tenha feito, ou em que não tenha colaborado;

▶ Art. 36, I, desta Lei.

VI – advogar contra literal disposição de lei, presumindo-se a boa-fé quando fundamentado na inconstitucionalidade, na injustiça da lei ou em pronunciamento judicial anterior;

▶ Arts. 32, parágrafo único, e 36, I, desta Lei.

VII – violar, sem justa causa, sigilo profissional;

▶ Arts. 7º, XIX, e 36, I, desta Lei.

VIII – estabelecer entendimento com a parte adversa sem autorização do cliente ou ciência do advogado contrário;

▶ Art. 36, I, desta Lei.

IX – prejudicar, por culpa grave, interesse confiado ao seu patrocínio;

▶ Art. 36, I, desta Lei.
▶ Art. 355, caput, do CP.

X – acarretar, conscientemente, por ato próprio, a anulação ou a nulidade do processo em que funcione;

▶ Art. 36, I, desta Lei.

XI – abandonar a causa sem justo motivo ou antes de decorridos dez dias da comunicação da renúncia;

▶ Arts. 5º, § 3º, e 36, I, desta Lei.
▶ Art. 45 do CPC.

XII – recusar-se a prestar, sem justo motivo, assistência jurídica, quando nomeado em virtude de impossibilidade da Defensoria Pública;
► Arts. 22, § 1º, e 36, I, desta Lei.

XIII – fazer publicar na imprensa, desnecessária e habitualmente, alegações forenses ou relativas a causas pendentes;
► Art. 36, I, desta Lei.

XIV – deturpar o teor de dispositivo de lei, de citação doutrinária ou de julgado, bem como de depoimentos, documentos e alegações da parte contrária, para confundir o adversário ou iludir o juiz da causa;
► Art. 36, I, desta Lei.
► Art. 17, II, do CPC.

XV – fazer, em nome do constituinte, sem autorização escrita deste, imputação a terceiro de fato definido como crime;
► Art. 36, I, desta Lei.

XVI – deixar de cumprir, no prazo estabelecido, determinação emanada do órgão ou autoridade da Ordem, em matéria da competência desta, depois de regularmente notificado;
► Art. 36, I, desta Lei.

XVII – prestar concurso a clientes ou a terceiros para realização de ato contrário à lei ou destinado a fraudá-la;
► Art. 37, I, desta Lei.

XVIII – solicitar ou receber de constituinte qualquer importância para aplicação ilícita ou desonesta;
► Art. 37, I, desta Lei.
► Art. 317 do CP.
► Art. 308 do CPM.

XIX – receber valores, da parte contrária ou de terceiro, relacionados com o objeto do mandato, sem expressa autorização do constituinte;
► Art. 37, I, desta Lei.

XX – locupletar-se, por qualquer forma, à custa do cliente ou da parte adversa, por si ou interposta pessoa;
► Art. 37, I, desta Lei.

XXI – recusar-se, injustificadamente, a prestar contas ao cliente de quantias recebidas dele ou de terceiros por conta dele;
► Arts. 25-A e 37, I, e § 2º, desta Lei.

XXII – reter, abusivamente, ou extraviar autos recebidos com vista ou em confiança;
► Arts. 7º, § 1º, nº 3, e 37, I, desta Lei.
► Arts. 195 e 196 do CPC.

XXIII – deixar de pagar as contribuições, multas e preços de serviços devidos à OAB, depois de regularmente notificado a fazê-lo;
► Art. 37, I, e § 2º, desta Lei.

XXIV – incidir em erros reiterados que evidenciem inépcia profissional;
► Art. 37, I, e § 3º, desta Lei.

XXV – manter conduta incompatível com a advocacia;
► Arts. 28, 31 e 37, I, desta Lei.

XXVI – fazer falsa prova de qualquer dos requisitos para inscrição na OAB;
► Arts. 8º e 38, II, desta Lei.

XXVII – tornar-se moralmente inidôneo para o exercício da advocacia;
► Arts. 8º, § 3º, e 38, II, desta Lei.

XXVIII – praticar crime infamante;
► Arts. 8º, § 4º, e 38, II, desta Lei.

XXIX – praticar, o estagiário, ato excedente de sua habilitação.
► Arts. 3º, § 2º, e 36, I, desta Lei.

Parágrafo único. Inclui-se na conduta incompatível:
a) prática reiterada de jogo de azar, não autorizado por lei;
b) incontinência pública e escandalosa;
c) embriaguez ou toxicomania habituais.

**Art. 35.** As sanções disciplinares consistem em:
I – censura;
II – suspensão;
III – exclusão;
IV – multa.

Parágrafo único. As sanções devem constar dos assentamentos do inscrito, após o trânsito em julgado da decisão, não podendo ser objeto de publicidade a de censura.

**Art. 36.** A censura é aplicável nos casos de:
I – infrações definidas nos incisos I a XVI e XXIX do artigo 34;
II – violação a preceito do Código de Ética e Disciplina;
III – violação a preceito desta Lei, quando para a infração não se tenha estabelecido sanção mais grave.

Parágrafo único. A censura pode ser convertida em advertência, em ofício reservado, sem registro nos assentamentos do inscrito, quando presente circunstância atenuante.

**Art. 37.** A suspensão é aplicável nos casos de:
I – infrações definidas nos incisos XVII a XXV do artigo 34;
II – reincidência em infração disciplinar.

§ 1º A suspensão acarreta ao infrator a interdição do exercício profissional, em todo o território nacional, pelo prazo de trinta dias a doze meses, de acordo com os critérios de individualização previstos neste Capítulo.

§ 2º Nas hipóteses dos incisos XXI e XXIII do artigo 34, a suspensão perdura até que satisfaça integralmente a dívida, inclusive com correção monetária.

§ 3º Na hipótese do inciso XXIV do artigo 34, a suspensão perdura até que preste novas provas de habilitação.

**Art. 38.** A exclusão é aplicável nos casos de:
I – aplicação, por três vezes, de suspensão;
II – infrações definidas nos incisos XXVI a XXVIII do artigo 34.

Parágrafo único. Para a aplicação da sanção disciplinar de exclusão é necessária a manifestação favorável de dois terços dos membros do Conselho Seccional competente.

**Art. 39.** A multa, variável entre o mínimo correspondente ao valor de uma anuidade e o máximo de seu décuplo, é aplicável cumulativamente com a censura ou suspensão, em havendo circunstâncias agravantes.

**Art. 40.** Na aplicação das sanções disciplinares são consideradas, para fins de atenuação, as seguintes circunstâncias, entre outras:

I – falta cometida na defesa de prerrogativa profissional;
II – ausência de punição disciplinar anterior;
III – exercício assíduo e proficiente de mandato ou cargo em qualquer órgão da OAB;
IV – prestação de relevantes serviços à advocacia ou à causa pública.

Parágrafo único. Os antecedentes profissionais do inscrito, as atenuantes, o grau de culpa por ele revelado, as circunstâncias e as consequências da infração são considerados para o fim de decidir:

a) sobre a conveniência da aplicação cumulativa da multa e de outra sanção disciplinar;
b) sobre o tempo de suspensão e o valor da multa aplicáveis.

**Art. 41.** É permitido ao que tenha sofrido qualquer sanção disciplinar requerer, um ano após seu cumprimento, a reabilitação, em face de provas efetivas de bom comportamento.

Parágrafo único. Quando a sanção disciplinar resultar da prática de crime, o pedido de reabilitação depende também da correspondente reabilitação criminal.

**Art. 42.** Fica impedido de exercer o mandato o profissional a quem forem aplicadas as sanções disciplinares de suspensão ou exclusão.

▶ Art. 4º, parágrafo único, desta Lei.

**Art. 43.** A pretensão à punibilidade das infrações disciplinares prescreve em cinco anos, contados da data da constatação oficial do fato.

▶ Súm. nº 1/2011 do CF-OAB.

§ 1º Aplica-se a prescrição a todo processo disciplinar paralisado por mais de três anos, pendente de despacho ou julgamento, devendo ser arquivado de ofício, ou a requerimento da parte interessada, sem prejuízo de serem apuradas as responsabilidades pela paralisação.

§ 2º A prescrição interrompe-se:

I – pela instauração de processo disciplinar ou pela notificação válida feita diretamente ao representado;
II – pela decisão condenatória recorrível de qualquer órgão julgador da OAB.

**TÍTULO II** – DA ORDEM DOS ADVOGADOS DO BRASIL

CAPÍTULO I

DOS FINS E DA ORGANIZAÇÃO

**Art. 44.** A Ordem dos Advogados do Brasil – OAB, serviço público, dotada de personalidade jurídica e forma federativa, tem por finalidade:

I – defender a Constituição, a ordem jurídica do Estado democrático de direito, os direitos humanos, a justiça social, e pugnar pela boa aplicação das leis, pela rápida administração da Justiça e pelo aperfeiçoamento da cultura e das instituições jurídicas;
II – promover, com exclusividade, a representação, a defesa, a seleção e a disciplina dos advogados em toda a República Federativa do Brasil.

§ 1º A OAB não mantém com órgãos da Administração Pública qualquer vínculo funcional ou hierárquico.

§ 2º O uso da sigla "OAB" é privativo da Ordem dos Advogados do Brasil.

**Art. 45.** São órgãos da OAB:

I – o Conselho Federal;
▶ Arts. 51 a 55 desta Lei.

II – os Conselhos Seccionais;
▶ Arts. 56 a 59 desta Lei.

III – as Subseções;
▶ Arts. 60 e 61 desta Lei.

IV – as Caixas de Assistência dos Advogados.
▶ Art. 62 desta Lei.

§ 1º O Conselho Federal, dotado de personalidade jurídica própria, com sede na capital da República, é o órgão supremo da OAB.

§ 2º Os Conselhos Seccionais, dotados de personalidade jurídica própria, têm jurisdição sobre os respectivos territórios dos Estados-Membros, do Distrito Federal e dos Territórios.

§ 3º As Subseções são partes autônomas do Conselho Seccional, na forma desta Lei e de seu ato constitutivo.

§ 4º As Caixas de Assistência dos Advogados, dotadas de personalidade jurídica própria, são criadas pelos Conselhos Seccionais, quando estes contarem com mais de mil e quinhentos inscritos.

§ 5º A OAB, por constituir serviço público, goza de imunidade tributária total em relação a seus bens, rendas e serviços.

§ 6º Os atos conclusivos dos órgãos da OAB, salvo quando reservados ou de administração interna, devem ser publicados na imprensa oficial ou afixados no fórum, na íntegra ou em resumo.

**Art. 46.** Compete à OAB fixar e cobrar, de seus inscritos, contribuições, preços de serviços e multas.

Parágrafo único. Constitui título executivo extrajudicial a certidão passada pela diretoria do Conselho competente, relativa a crédito previsto neste artigo.

▶ Art. 585, VII, do CPC.

**Art. 47.** O pagamento da contribuição anual à OAB isenta os inscritos nos seus quadros do pagamento obrigatório da contribuição sindical.

**Art. 48.** O cargo de conselheiro ou de membro de diretoria de órgão da OAB e de exercício gratuito e obrigatório, considerado serviço público relevante, inclusive para fins de disponibilidade e aposentadoria.

**Art. 49.** Os Presidentes dos Conselhos e das Subseções da OAB têm legitimidade para agir, judicial e extrajudicialmente, contra qualquer pessoa que infringir as disposições ou os fins desta Lei.

Parágrafo único. As autoridades mencionadas no *caput* deste artigo têm, ainda, legitimidade para intervir, inclusive como assistentes, nos inquéritos e processos em que sejam indiciados, acusados ou ofendidos os inscritos na OAB.

**Art. 50.** Para os fins desta Lei, os Presidentes dos Conselhos da OAB e das Subseções podem requisitar cópias de peças de autos e documentos a qualquer Tribunal, magistrado, cartório e órgão da Administração Pública direta, indireta e fundacional.

▶ O STF, por maioria de votos, julgou parcialmente procedente a ADIN nº 1.127-8, para, sem redução de texto, dar interpretação conforme ao dispositivo, de modo a fazer compreender a palavra "requisitar" como dependente de motivação, compatibilização com as finalidades da lei e atendimento de custos desta requisição, ressalvados os documentos cobertos por sigilo (*DOU* de 26-5-2006).

CAPÍTULO II

### DO CONSELHO FEDERAL

**Art. 51.** O Conselho Federal compõe-se:

I – dos conselheiros federais, integrantes das delegações de cada unidade federativa;
II – dos seus ex-Presidentes, na qualidade de membros honorários vitalícios.

§ 1º Cada delegação é formada por três conselheiros federais.

§ 2º Os ex-Presidentes têm direito apenas a voz nas sessões.

**Art. 52.** Os Presidentes dos Conselhos Seccionais, nas sessões do Conselho Federal, têm lugar reservado junto à delegação respectiva e direito somente a voz.

**Art. 53.** O Conselho Federal tem sua estrutura e funcionamento definidos no Regulamento Geral da OAB.

§ 1º O Presidente, nas deliberações do Conselho, tem apenas o voto de qualidade.

§ 2º O voto é tomado por delegação, e não pode ser exercido nas matérias de interesse da unidade que represente.

§ 3º Na eleição para a escolha da Diretoria do Conselho Federal, cada membro da delegação terá direito a um voto, vedado aos membros honorários vitalícios.

▶ § 3º acrescido pela Lei nº 11.179, de 22-9-2005.

**Art. 54.** Compete ao Conselho Federal:

I – dar cumprimento efetivo às finalidades da OAB;
II – representar, em Juízo ou fora dele, os interesses coletivos ou individuais dos advogados;
III – velar pela dignidade, independência, prerrogativas e valorização da advocacia;
IV – representar, com exclusividade, os advogados brasileiros nos órgãos e eventos internacionais da advocacia;
V – editar e alterar o Regulamento Geral, o Código de Ética e Disciplina, e os Provimentos que julgar necessários;
VI – adotar medidas para assegurar o regular funcionamento dos Conselhos Seccionais;
VII – intervir nos Conselhos Seccionais, onde e quando constatar grave violação desta Lei ou do Regulamento Geral;
VIII – cassar ou modificar, de ofício ou mediante representação, qualquer ato, de órgão ou autoridade da OAB, contrário a esta Lei, ao Regulamento Geral, ao Código de Ética e Disciplina, e aos provimentos, ouvida a autoridade ou o órgão em causa;
IX – julgar, em grau de recurso, as questões decididas pelos Conselhos Seccionais, nos casos previstos neste Estatuto e no Regulamento Geral;
X – dispor sobre a identificação dos inscritos na OAB e sobre os respectivos símbolos privativos;
XI – apreciar o relatório anual e deliberar sobre o balanço e as contas de sua diretoria;
XII – homologar ou mandar suprir relatório anual, o balanço e as contas dos Conselhos Seccionais;
XIII – elaborar as listas constitucionalmente previstas, para o preenchimento dos cargos nos Tribunais Judiciários de âmbito nacional ou interestadual, com advogados que estejam em pleno exercício da profissão, vedada a inclusão de nome de membro do próprio Conselho ou de outro órgão da OAB;

▶ Art. 94 da CF.

XIV – ajuizar Ação Direta de Inconstitucionalidade de normas legais e atos normativos, Ação Civil Pública, Mandado de Segurança Coletivo, Mandado de Injunção e demais ações cuja legitimação lhe seja outorgada por lei;

▶ Art. 103, VII, da CF.

XV – colaborar com o aperfeiçoamento dos cursos jurídicos, e opinar, previamente, nos pedidos apresentados aos órgãos competentes para criação, reconhecimento ou credenciamento desses cursos;
XVI – autorizar, pela maioria absoluta das delegações, a oneração ou alienação de seus bens imóveis;
XVII – participar de concursos públicos, nos casos previstos na Constituição e na lei, em todas as suas fases, quando tiverem abrangência nacional ou interestadual;

▶ Art. 93, I, da CF.

XVIII – resolver os casos omissos neste Estatuto.

Parágrafo único. A intervenção referida no inciso VII deste artigo depende de prévia aprovação por dois terços das delegações, garantido o amplo direito de defesa do Conselho Seccional respectivo, nomeando-se diretoria provisória para o prazo que se fixar.

**Art. 55.** A diretoria do Conselho Federal é composta de um Presidente, de um Vice-Presidente, de um Secretário Geral, de um Secretário-Geral Adjunto e de um Tesoureiro.

§ 1º O Presidente exerce a representação nacional e internacional da OAB, competindo-lhe convocar o Conselho Federal, presidi-lo, representá-lo ativa e passivamente, em Juízo ou fora dele, promover-lhe a administração patrimonial e dar execução às suas decisões.

§ 2º O Regulamento Geral define as atribuições dos membros da diretoria e a ordem de substituição em caso de vacância, licença, falta ou impedimento.

§ 3º Nas deliberações do Conselho Federal, os membros da diretoria votam como membros de suas delegações, cabendo ao Presidente, apenas, o voto de qualidade e o direito de embargar a decisão, se esta não for unânime.

## Capítulo III
### DO CONSELHO SECCIONAL

**Art. 56.** O Conselho Seccional compõe-se de conselheiros em número proporcional ao de seus inscritos, segundo critérios estabelecidos no Regulamento Geral.

§ 1º São membros honorários vitalícios os seus ex-Presidentes, somente com direito a voz em suas sessões.

§ 2º O Presidente do Instituto dos Advogados local é membro honorário, somente com direito a voz nas sessões do Conselho.

§ 3º Quando presentes às sessões do Conselho Seccional, o Presidente do Conselho Federal, os Conselheiros Federais integrantes da respectiva delegação, o Presidente da Caixa de Assistência dos Advogados e os Presidentes das Subseções têm direito a voz.

**Art. 57.** O Conselho Seccional exerce e observa, no respectivo território, as competências, vedações e funções atribuídas ao Conselho Federal, no que couber e no âmbito de sua competência material e territorial, e as normas gerais estabelecidas nesta Lei, no Regulamento Geral, no Código de Ética e Disciplina, e nos Provimentos.

**Art. 58.** Compete privativamente ao Conselho Seccional:

I – editar seu Regimento Interno e Resoluções;
II – criar as Subseções e a Caixa de Assistência dos Advogados;
III – julgar, em grau de recurso, as questões decididas por seu Presidente, por sua diretoria, pelo Tribunal de Ética e Disciplina, pelas diretorias das Subseções e da Caixa de Assistência dos Advogados;
IV – fiscalizar a aplicação da receita, apreciar o relatório anual e deliberar sobre o balanço e as contas de sua diretoria, das diretorias das Subseções e da Caixa de Assistência dos Advogados;
V – fixar a tabela de honorários, válida para todo o território estadual;
VI – realizar o Exame de Ordem;

▶ Art. 8º, § 1º, desta Lei.

VII – decidir os pedidos de inscrição nos quadros de advogados e estagiários;
VIII – manter cadastro de seus inscritos;
IX – fixar, alterar e receber contribuições obrigatórias, preços de serviços e multas;
X – participar da elaboração dos concursos públicos, em todas as suas fases, nos casos previstos na Constituição e nas leis, no âmbito do seu território;

▶ Art. 93, I, da CF.
▶ Art. 54, XVII, desta Lei.

XI – determinar, com exclusividade, critérios para o traje dos advogados, no exercício profissional;
XII – aprovar e modificar seu orçamento anual;
XIII – definir a composição e o funcionamento do Tribunal de Ética e Disciplina, e escolher seus membros;
XIV – eleger as listas, constitucionalmente previstas, para preenchimento dos cargos nos Tribunais Judiciários, no âmbito de sua competência e na forma do Provimento do Conselho Federal, vedada a inclusão de membros do próprio Conselho e de qualquer órgão da OAB;

▶ Art. 94 da CF.
▶ Art. 54, XIII, desta Lei.

XV – intervir nas Subseções e na Caixa de Assistência dos Advogados;

▶ Arts. 60, § 6º, e 62, § 7º, desta Lei.

XVI – desempenhar outras atribuições previstas no Regulamento Geral.

**Art. 59.** A diretoria do Conselho Seccional tem composição idêntica e atribuições equivalentes às do Conselho Federal, na forma do Regimento Interno daquele.

▶ Art. 55, caput, e § 2º, desta Lei.

## Capítulo IV
### DA SUBSEÇÃO

**Art. 60.** A Subseção pode ser criada pelo Conselho Seccional, que fixa sua área territorial e seus limites de competência e autonomia.

§ 1º A área territorial da Subseção pode abranger um ou mais municípios, ou parte de município, inclusive da capital do Estado, contando com um mínimo de quinze advogados, nela profissionalmente domiciliados.

§ 2º A Subseção é administrada por uma diretoria, com atribuições e composição equivalentes à da diretoria do Conselho Seccional.

▶ Arts. 55, § 2º, e 59 desta Lei.

§ 3º Havendo mais de cem advogados, a Subseção pode ser integrada, também, por um Conselho em número de membros fixado pelo Conselho Seccional.

§ 4º Os quantitativos referidos nos §§ 1º e 3º deste artigo podem ser ampliados, na forma do Regimento Interno do Conselho Seccional.

§ 5º Cabe ao Conselho Seccional fixar, em seu orçamento, dotações específicas destinadas à manutenção das Subseções.

§ 6º O Conselho Seccional, mediante o voto de dois terços de seus membros, pode intervir nas Subseções, onde constatar grave violação desta Lei ou do Regimento Interno daquele.

▶ Art. 58, XIV, desta Lei.

**Art. 61.** Compete à Subseção, no âmbito de seu território:

I – dar cumprimento efetivo às finalidades da OAB;
II – velar pela dignidade, independência e valorização da advocacia, e fazer valer as prerrogativas do advogado;
III – representar a OAB perante os poderes constituídos;
IV – desempenhar as atribuições previstas no Regulamento Geral ou por delegação de competência do Conselho Seccional.

Parágrafo único. Ao Conselho da Subseção, quando houver, compete exercer as funções e atribuições do Conselho Seccional, na forma do Regimento Interno deste, e ainda:

▶ Art. 58 desta Lei.

a) editar seu Regimento Interno, a ser referendado pelo Conselho Seccional;
b) editar resoluções, no âmbito de sua competência;
c) instaurar e instruir processos disciplinares, para julgamento pelo Tribunal de Ética e Disciplina;

*d)* receber pedido de inscrição nos quadros de advogado e estagiário, instruindo e emitindo parecer prévio, para decisão do Conselho Seccional.

► Arts. 8º e 9º desta Lei.

Capítulo V

## DA CAIXA DE ASSISTÊNCIA DOS ADVOGADOS

**Art. 62.** A Caixa de Assistência dos Advogados, com personalidade jurídica própria, destina-se a prestar assistência aos inscritos no Conselho Seccional a que se vincule.

§ 1º A Caixa é criada e adquire personalidade jurídica com a aprovação e registro de seu Estatuto pelo respectivo Conselho Seccional da OAB, na forma do Regulamento Geral.

§ 2º A Caixa pode, em benefício dos advogados, promover a seguridade complementar.

§ 3º Compete ao Conselho Seccional fixar contribuição obrigatória devida por seus inscritos, destinada à manutenção do disposto no parágrafo anterior, incidente sobre atos decorrentes do efetivo exercício da advocacia.

§ 4º A diretoria da Caixa é composta de cinco membros, com atribuições definidas no seu Regimento Interno.

§ 5º Cabe à Caixa a metade da receita das anuidades recebidas pelo Conselho Seccional, considerado o valor resultante após as deduções regulamentares obrigatórias.

§ 6º Em caso de extinção ou desativação da Caixa, seu patrimônio se incorpora ao do Conselho Seccional respectivo.

§ 7º O Conselho Seccional, mediante voto de dois terços de seus membros, pode intervir na Caixa de Assistência dos Advogados, no caso de descumprimento de suas finalidades, designando diretoria provisória, enquanto durar a intervenção.

► Art. 58, XV, desta Lei.

Capítulo VI

## DAS ELEIÇÕES E DOS MANDATOS

**Art. 63.** A eleição dos membros de todos os órgãos da OAB será realizada na segunda quinzena do mês de novembro, do último ano do mandato, mediante cédula única e votação direta dos advogados regularmente inscritos.

§ 1º A eleição, na forma e segundo os critérios e procedimentos estabelecidos no Regulamento Geral, é de comparecimento obrigatório para todos os advogados inscritos na OAB.

§ 2º O candidato deve comprovar situação regular junto à OAB, não ocupar cargo exonerável *ad nutum*, não ter sido condenado por infração disciplinar, salvo reabilitação, e exercer efetivamente a profissão há mais de cinco anos.

**Art. 64.** Consideram-se eleitos os candidatos integrantes da chapa que obtiver a maioria dos votos válidos.

§ 1º A chapa para o Conselho Seccional deve ser composta dos candidatos ao Conselho e à sua diretoria e, ainda, à delegação ao Conselho Federal e à diretoria da Caixa de Assistência dos Advogados para eleição conjunta.

§ 2º A chapa para a Subseção deve ser composta com os candidatos à diretoria, e de seu Conselho quando houver.

**Art. 65.** O mandato em qualquer órgão da OAB é de três anos, iniciando-se em primeiro de janeiro do ano seguinte ao da eleição, salvo o Conselho Federal.

Parágrafo único. Os Conselheiros Federais eleitos iniciam seus mandatos em primeiro de fevereiro do ano seguinte ao da eleição.

**Art. 66.** Extingue-se o mandato automaticamente, antes do seu término, quando:

I – ocorrer qualquer hipótese de cancelamento de inscrição ou de licenciamento do profissional;

II – o titular sofrer condenação disciplinar;

III – o titular faltar, sem motivo justificado, a três reuniões ordinárias consecutivas de cada órgão deliberativo do Conselho ou da diretoria da Subseção ou da Caixa de Assistência dos Advogados, não podendo ser reconduzido no mesmo período de mandato.

Parágrafo único. Extinto qualquer mandato, nas hipóteses deste artigo, cabe ao Conselho Seccional escolher o substituto, caso não haja suplente.

**Art. 67.** A eleição da diretoria do Conselho Federal, que tomará posse no dia primeiro de fevereiro, obedecerá às seguintes regras:

I – será admitido registro, junto ao Conselho Federal, de candidatura à presidência, desde seis meses até um mês antes da eleição;

II – o requerimento de registro deverá vir acompanhado do apoiamento de, no mínimo, seis Conselhos Seccionais;

III – até um mês antes das eleições, deverá ser requerido o registro da chapa completa, sob pena de cancelamento da candidatura respectiva;

IV – no dia 31 de janeiro do ano seguinte ao da eleição, o Conselho Federal elegerá, em reunião presidida pelo conselheiro mais antigo, por voto secreto e para mandato de três anos, sua diretoria, que tomará posse no dia seguinte;

V – será considerada eleita a chapa que obtiver maioria simples dos votos dos Conselheiros Federais, presente a metade mais um de seus membros.

► Incisos IV e V com a redação dada pela Lei nº 11.179, de 22-9-2005.

Parágrafo único. Com exceção do candidato a Presidente, os demais integrantes da chapa deverão ser Conselheiros Federais eleitos.

## TÍTULO III – DO PROCESSO NA OAB

Capítulo I

### DISPOSIÇÕES GERAIS

**Art. 68.** Salvo disposição em contrário, aplicam-se subsidiariamente ao processo disciplinar as regras da legislação processual penal comum e, aos demais processos, as regras gerais do procedimento administrativo comum e a legislação processual civil, nessa ordem.

**Art. 69.** Todos os prazos necessários à manifestação de advogados, estagiários e terceiros, nos processos em geral da OAB, são de quinze dias, inclusive para interposição de recursos.

§ 1º Nos casos de comunicação por ofício reservado, ou de notificação pessoal, o prazo se conta a partir do dia útil imediato ao da notificação do recebimento.

§ 2º Nos casos de publicação na imprensa oficial do ato ou da decisão, o prazo inicia-se no primeiro dia útil seguinte.

## Capítulo II
### DO PROCESSO DISCIPLINAR

**Art. 70.** O poder de punir disciplinarmente os inscritos na OAB compete exclusivamente ao Conselho Seccional em cuja base territorial tenha ocorrido a infração, salvo se a falta for cometida perante o Conselho Federal.

▶ Res. do Conselho Federal da OAB nº 1, de 20-9-2011, disciplina o processamento de processos ético-disciplinares previstos neste artigo.

§ 1º Cabe ao Tribunal de Ética e Disciplina, do Conselho Seccional competente, julgar os processos disciplinares, instruídos pelas Subseções ou por relatores do próprio Conselho.

§ 2º A decisão condenatória irrecorrível deve ser imediatamente comunicada ao Conselho Seccional onde o representado tenha inscrição principal, para constar dos respectivos assentamentos.

§ 3º O Tribunal de Ética e Disciplina do Conselho onde o acusado tenha inscrição principal pode suspendê-lo preventivamente, em caso de repercussão prejudicial à dignidade da advocacia, depois de ouvi-lo em sessão especial para a qual deve ser notificado a comparecer, salvo se não atender à notificação. Neste caso, o processo disciplinar deve ser concluído no prazo máximo de noventa dias.

**Art. 71.** A jurisdição disciplinar não exclui a comum e, quando o fato constituir crime ou contravenção, deve ser comunicado às autoridades competentes.

**Art. 72.** O processo disciplinar instaura-se de ofício ou mediante representação de qualquer autoridade ou pessoa interessada.

§ 1º O Código de Ética e Disciplina estabelece os critérios de admissibilidade da representação e os procedimentos disciplinares.

§ 2º O processo disciplinar tramita em sigilo, até o seu término, só tendo acesso às suas informações as partes, seus defensores e a autoridade judiciária competente.

**Art. 73.** Recebida a representação, o Presidente deve designar relator, a quem compete a instrução do processo e o oferecimento de parecer preliminar a ser submetido ao Tribunal de Ética e Disciplina.

§ 1º Ao representado deve ser assegurado amplo direito de defesa, podendo acompanhar o processo em todos os termos, pessoalmente ou por intermédio de procurador, oferecendo defesa prévia após ser notificado, razões finais após a instrução e defesa oral perante o Tribunal de Ética e Disciplina, por ocasião do julgamento.

§ 2º Se, após a defesa prévia, o relator se manifestar pelo indeferimento liminar da representação, este deve ser decidido pelo Presidente do Conselho Seccional, para determinar seu arquivamento.

§ 3º O prazo para defesa prévia pode ser prorrogado por motivo relevante, a juízo do relator.

§ 4º Se o representado não for encontrado, ou for revel, o Presidente do Conselho ou da Subseção deve designar-lhe defensor dativo.

§ 5º É também permitida a revisão do processo disciplinar, por erro de julgamento ou por condenação baseada em falsa prova.

**Art. 74.** O Conselho Seccional pode adotar as medidas administrativas e judiciais pertinentes, objetivando a que o profissional suspenso ou excluído devolva os documentos de identificação.

## Capítulo III
### DOS RECURSOS

**Art. 75.** Cabe recurso ao Conselho Federal de todas as decisões definitivas proferidas pelo Conselho Seccional, quando não tenham sido unânimes ou, sendo unânimes, contrariem esta Lei, decisão do Conselho Federal ou de outro Conselho Seccional e, ainda, o Regulamento Geral, o Código de Ética e Disciplina e os Provimentos.

Parágrafo único. Além dos interessados, o Presidente do Conselho Seccional é legitimado a interpor o recurso referido neste artigo.

▶ Art. 55, § 3º, desta Lei.

**Art. 76.** Cabe recurso ao Conselho Seccional de todas as decisões proferidas por seu Presidente, pelo Tribunal de Ética e Disciplina, ou pela diretoria da Subseção ou da Caixa de Assistência dos Advogados.

**Art. 77.** Todos os recursos têm efeito suspensivo, exceto quando tratarem de eleições (artigos 63 e seguintes), de suspensão preventiva decidida pelo Tribunal de Ética e Disciplina, e de cancelamento da inscrição obtida com falsa prova.

Parágrafo único. O Regulamento Geral disciplina o cabimento de recursos específicos, no âmbito de cada órgão julgador.

## TÍTULO IV – DAS DISPOSIÇÕES GERAIS E TRANSITÓRIAS

**Art. 78.** Cabe ao Conselho Federal da OAB, por deliberação de dois terços, pelo menos, das delegações, editar o Regulamento Geral deste Estatuto, no prazo de seis meses, contados da publicação desta Lei.

**Art. 79.** Aos servidores da OAB, aplica-se o regime trabalhista.

§ 1º Aos servidores da OAB, sujeitos ao regime da Lei nº 8.112, de 11 de dezembro de 1990, é concedido o direito de opção pelo regime trabalhista, no prazo de noventa dias a partir da vigência desta Lei, sendo assegurado aos optantes o pagamento de indenização, quando da aposentadoria, correspondente a cinco vezes o valor da última remuneração.

§ 2º Os servidores que não optarem pelo regime trabalhista serão posicionados no quadro em extinção, assegurado o direito adquirido ao regime legal anterior.

**Art. 80.** Os Conselhos Federal e Seccionais devem promover trienalmente as respectivas Conferências, em data não coincidente com o ano eleitoral, e, periodicamente, reunião do colégio de Presidentes a eles vinculados, com finalidade consultiva.

**Art. 81.** Não se aplicam aos que tenham assumido originariamente o cargo de Presidente do Conselho Federal ou dos Conselhos Seccionais, até a data da publicação desta Lei, as normas contidas no Título II, acerca da composição desses Conselhos, ficando assegurado o pleno direito de voz e voto em suas sessões.

▶ Arts. 51, § 2º, e 56, § 1º, desta Lei.

**Art. 82.** Aplicam-se as alterações previstas nesta Lei, quanto a mandatos, eleições, composição e atribuições dos órgãos da OAB, a partir do término do mandato dos atuais membros, devendo os Conselhos Federal e Seccionais disciplinarem os respectivos procedimentos de adaptação.

Parágrafo único. Os mandatos dos membros dos órgãos da OAB, eleitos na primeira eleição sob a vigência desta Lei, e na forma do Capítulo VI do Título II, terão início no dia seguinte ao término dos atuais mandatos, encerrando-se em 31 de dezembro do terceiro ano do mandato e em 31 de janeiro do terceiro ano do mandato, neste caso com relação ao Conselho Federal.

**Art. 83.** Não se aplica o disposto no artigo 28, inciso II, desta Lei, aos membros do Ministério Público que, na data de promulgação da Constituição, se incluam na previsão do artigo 29, § 3º, do seu Ato das Disposições Constitucionais Transitórias.

**Art. 84.** O estagiário, inscrito no respectivo quadro, fica dispensado do Exame de Ordem, desde que comprove, em até dois anos da promulgação desta Lei, o exercício e resultado do estágio profissional ou a conclusão, com aproveitamento, do estágio de "Prática Forense e Organização Judiciária", realizado junto à respectiva faculdade, na forma da legislação em vigor.

▶ Art. 8º, IV, desta Lei.

**Art. 85.** O Instituto dos Advogados Brasileiros e as instituições a ele filiadas têm qualidade para promover perante a OAB o que julgarem de interesse dos advogados em geral ou de qualquer dos seus membros.

**Art. 86.** Esta Lei entra em vigor na data de sua publicação.

**Art. 87.** Revogam-se as disposições em contrário, especialmente a Lei nº 4.215, de 27 de abril de 1963, a Lei nº 5.390, de 23 fevereiro de 1968, o Decreto-Lei nº 505, de 18 de março de 1969, a Lei nº 5.681, de 20 de julho de 1971, a Lei nº 5.842, de 6 de dezembro de 1972, a Lei nº 5.960, de 10 de dezembro de 1973, a Lei nº 6.743, de 5 de dezembro de 1979, a Lei nº 6.884, de 9 de dezembro de 1980, a Lei nº 6.994, de 26 de maio de 1982, mantidos os efeitos da Lei nº 7.346, de 22 de julho de 1985.

Brasília, 4 de julho de 1994;
173º da Independência e
106º da República.

**Itamar Franco**

## LEI Nº 8.929, DE 22 DE AGOSTO DE 1994

*Institui a Cédula de Produto Rural, e dá outras providências.*

**(EXCERTOS)**

▶ Publicada no *DOU* de 23-8-1994.

**Art. 4º** A CPR é título líquido e certo, exigível pela quantidade e qualidade de produto nela previsto.

**Art. 4º-A** Fica permitida a liquidação financeira da CPR de que trata esta Lei, desde que observadas as seguintes condições:

I – que seja explicitado, em seu corpo, os referenciais necessários à clara identificação do preço ou do índice de preços a ser utilizado no resgate do título, a instituição responsável por sua apuração ou divulgação, a praça ou o mercado de formação do preço e o nome do índice;

II – que os indicadores de preço de que trata o inciso anterior sejam apurados por instituições idôneas e de credibilidade junto às partes contratantes, tenham divulgação periódica, preferencialmente diária, e ampla divulgação ou facilidade de acesso, de forma a estarem facilmente disponíveis para as partes contratantes;

III – que seja caracterizada por seu nome, seguido da expressão "financeira".

§ 1º A CPR com liquidação financeira é um título líquido e certo, exigível, na data de seu vencimento, pelo resultado da multiplicação do preço, apurado segundo os critérios previstos neste artigo, pela quantidade do produto especificado.

§ 2º Para cobrança da CPR com liquidação financeira, cabe ação de execução por quantia certa.

▶ Art. 4º-A e §§ 1º e 2º acrescidos pela Lei nº 10.200, de 14-2-2001.

..................................................................................

**Art. 15.** Para cobrança da CPR, cabe a ação de execução para entrega de coisa incerta.

**Art. 16.** A busca e apreensão do bem alienado fiduciariamente, promovida pelo credor, não elide posterior execução, inclusive da hipoteca e do penhor constituído na mesma cédula, para satisfação do crédito remanescente.

Parágrafo único. No caso a que se refere o presente artigo, o credor tem direito ao desentranhamento do título, após efetuada a busca e apreensão, para instruir a cobrança do saldo devedor em ação própria.

..................................................................................

**Art. 20.** Esta Lei entra em vigor na data de sua publicação.

Brasília, 22 de agosto de 1994;
173º da Independência e
106º da República.

**Itamar Franco**

# CÓDIGO DE ÉTICA E DISCIPLINA DA OAB

▶ Publicado no *DJU* de 1º-3-1995.

## TÍTULO I – DA ÉTICA DO ADVOGADO

### Capítulo I
### DAS REGRAS DEONTOLÓGICAS FUNDAMENTAIS

**Art. 1º** O exercício da advocacia exige conduta compatível com os preceitos deste Código, do Estatuto, do Regulamento Geral, dos Provimentos e com os demais princípios da moral individual, social e profissional.

**Art. 2º** O advogado, indispensável à administração da Justiça, é defensor do estado democrático de direito, da cidadania, da moralidade pública, da Justiça e da paz social, subordinando a atividade do seu Ministério Privado à elevada função pública que exerce.

Parágrafo único. São deveres do advogado:

I – preservar, em sua conduta, a honra, a nobreza e a dignidade da profissão, zelando pelo seu caráter de essencialidade e indispensabilidade;
II – atuar com destemor, independência, honestidade, decoro, veracidade, lealdade, dignidade e boa-fé;
III – velar por sua reputação pessoal e profissional;
IV – empenhar-se, permanentemente, em seu aperfeiçoamento pessoal e profissional;
V – contribuir para o aprimoramento das instituições, do Direito e das leis;
VI – estimular a conciliação entre os litigantes, prevenindo, sempre que possível, a instauração de litígios;
VII – aconselhar o cliente a não ingressar em aventura judicial;
VIII – abster-se de:
a) utilizar de influência indevida, em seu benefício ou do cliente;
b) patrocinar interesses ligados a outras atividades estranhas à advocacia, em que também atue;
c) vincular o seu nome a empreendimentos de cunho manifestamente duvidoso;
d) emprestar concurso aos que atentem contra a ética, a moral, a honestidade e a dignidade da pessoa humana;
e) entender-se diretamente com a parte adversa que tenha patrono constituído, sem o assentimento deste;
IX – pugnar pela solução dos problemas da cidadania e pela efetivação dos seus direitos individuais, coletivos e difusos, no âmbito da comunidade.

**Art. 3º** O advogado deve ter consciência de que o Direito é um meio de mitigar as desigualdades para o encontro de soluções justas e que a lei é um instrumento para garantir a igualdade de todos.

**Art. 4º** O advogado vinculado ao cliente ou constituinte, mediante relação empregatícia ou por contrato de prestação permanente de serviços, integrante de departamento jurídico, ou órgão de assessoria jurídica, público ou privado, deve zelar pela sua liberdade e independência.

Parágrafo único. É legítima a recusa, pelo advogado, do patrocínio de pretensão concernente à lei ou direito que também lhe seja aplicável, ou contrarie expressa orientação sua, manifestada anteriormente.

**Art. 5º** O exercício da advocacia é incompatível com qualquer procedimento de mercantilização.

**Art. 6º** É defeso ao advogado expor os fatos em Juízo falseando deliberadamente a verdade ou estribando-se na má-fé.

**Art. 7º** É vedado o oferecimento de serviços profissionais que impliquem, direta ou indiretamente, inculcação ou captação de clientela.

### Capítulo II
### DAS RELAÇÕES COM O CLIENTE

**Art. 8º** O advogado deve informar o cliente, de forma clara e inequívoca, quanto a eventuais riscos da sua pretensão, e das consequências que poderão advir da demanda.

**Art. 9º** A conclusão ou desistência da causa, com ou sem a extinção do mandato, obriga o advogado à devolução de bens, valores e documentos recebidos no exercício do mandato, e a pormenorizada prestação de contas, não excluindo outras prestações solicitadas, pelo cliente, a qualquer momento.

**Art. 10.** Concluída a causa ou arquivado o processo, presumem-se o cumprimento e a cessação do mandato.

**Art. 11.** O advogado não deve aceitar procuração de quem já tenha patrono constituído, sem prévio conhecimento do mesmo, salvo por motivo justo ou para adoção de medidas judiciais urgentes e inadiáveis.

**Art. 12.** O advogado não deve deixar ao abandono ou ao desamparo os feitos, sem motivo justo e comprovada a ciência do constituinte.

**Art. 13.** A renúncia ao patrocínio implica omissão do motivo e a continuidade da responsabilidade profissional do advogado ou escritório de advocacia, durante o prazo estabelecido em lei; não exclui, todavia, a responsabilidade pelos danos causados dolosa ou culposamente aos clientes ou a terceiros.

**Art. 14.** A revogação do mandato judicial por vontade do cliente não o desobriga do pagamento das verbas honorárias contratadas, bem como não retira o direito do advogado de receber o quanto lhe seja devido em eventual verba honorária de sucumbência, calculada proporcionalmente, em face do serviço efetivamente prestado.

**Art. 15.** O mandato judicial ou extrajudicial deve ser outorgado individualmente aos advogados ou integrem sociedade de que façam parte, e será exercido no interesse do cliente, respeitada a liberdade de defesa.

**Art. 16.** O mandato judicial ou extrajudicial não se extingue pelo decurso de tempo, desde que permaneça a confiança recíproca entre o outorgante e o seu patrono no interesse da causa.

**Art. 17.** Os advogados integrantes da mesma sociedade profissional, ou reunidos em caráter permanente para cooperação recíproca, não podem representar em juízo clientes com interesses opostos.

**Art. 18.** Sobrevindo conflitos de interesse entre seus constituintes, e não estando acordes os interessados, com a devida prudência e discernimento, optará o advogado por um dos mandatos, renunciando-o aos demais, resguardado o sigilo profissional.

**Art. 19.** O advogado, ao postular em nome de terceiros, contra ex-cliente ou ex-empregador, judicial e extrajudicialmente, deve resguardar o segredo profissional e as informações reservadas ou privilegiadas que lhe tenham sido confiadas.

**Art. 20.** O advogado deve abster-se de patrocinar causa contrária à ética, à moral ou à validade de ato jurídico em que tenha colaborado, orientado ou conhecido em consulta; da mesma forma, deve declinar seu impedimento ético quando tenha sido convidado pela outra parte, se esta lhe houver revelado segredos ou obtido seu parecer.

**Art. 21.** É direito e dever do advogado assumir a defesa criminal, sem considerar sua própria opinião sobre a culpa do acusado.

**Art. 22.** O advogado não é obrigado a aceitar a imposição de seu cliente que pretenda ver com ele atuando outros advogados, nem aceitar a indicação de outro profissional para com ele trabalhar no processo.

**Art. 23.** É defeso ao advogado funcionar no mesmo processo, simultaneamente, como patrono e preposto do empregador ou cliente.

**Art. 24.** O substabelecimento do mandato, com reserva de poderes, é ato pessoal do advogado da causa.

§ 1º O substabelecimento do mandato sem reservas de poderes exige o prévio e inequívoco conhecimento do cliente.

§ 2º O substabelecido com reserva de poderes deve ajustar antecipadamente seus honorários com o substabelecente.

## Capítulo III

### DO SIGILO PROFISSIONAL

**Art. 25.** O sigilo profissional é inerente à profissão, impondo-se o seu respeito, salvo grave ameaça ao direito à vida, à honra, ou quando o advogado se veja afrontado pelo próprio cliente e, em defesa própria, tenha que revelar segredo, porém sempre restrito ao interesse da causa.

**Art. 26.** O advogado deve guardar sigilo, mesmo em depoimento judicial, sobre o que saiba em razão de seu ofício, cabendo-lhe recusar-se a depor como testemunha em processo no qual funcionou ou deva funcionar, ou sobre fato relacionado com pessoa de quem seja ou tenha sido advogado, mesmo que autorizado ou solicitado pelo constituinte.

**Art. 27.** As confidências feitas ao advogado pelo cliente podem ser utilizadas nos limites da necessidade da defesa, desde que autorizado aquele pelo constituinte.

Parágrafo único. Presumem-se confidenciais as comunicações epistolares entre advogado e cliente, as quais não podem ser reveladas a terceiros.

## Capítulo IV

### DA PUBLICIDADE

**Art. 28.** O advogado pode anunciar os seus serviços profissionais, individual ou coletivamente, com discrição e moderação, para finalidade exclusivamente informativa, vedada a divulgação em conjunto com outra atividade.

**Art. 29.** O anúncio deve mencionar o nome completo do advogado e o número da inscrição na OAB, podendo fazer referência a títulos ou qualificações profissionais, especialização técnico-científica e associações culturais e científicas, endereços, horário do expediente e meios de comunicação, vedadas a sua veiculação pelo rádio e televisão e a denominação de fantasia.

§ 1º Títulos ou qualificações profissionais são os relativos à profissão de advogado, conferidos por universidades ou instituições de ensino superior, reconhecidas.

§ 2º Especialidades são os ramos do Direito, assim entendidos pelos doutrinadores ou legalmente reconhecidos.

§ 3º Correspondências, comunicados e publicações, versando sobre constituição, colaboração, composição e qualificação de componentes de escritório e especificação de especialidades profissionais, bem como boletins informativos e comentários sobre legislação, somente podem ser fornecidos a colegas, clientes, ou pessoas que os solicitem ou os autorizem previamente.

§ 4º O anúncio de advogado não deve mencionar, direta ou indiretamente, qualquer cargo, função pública ou relação de emprego e patrocínio que tenha exercido, passível de captar clientela.

§ 5º O uso das expressões "escritórios de advocacia" ou "sociedade de advogados" deve estar acompanhada da indicação de número de registro na OAB ou do nome e do número de inscrição dos advogados que o integram.

§ 6º O anúncio, no Brasil, deve adotar o idioma português e, quando em idioma estrangeiro, deve estar acompanhado da respectiva tradução.

**Art. 30.** O anúncio sob a forma de placas, na sede profissional ou na residência do advogado, deve observar discrição quanto ao conteúdo, forma e dimensões, sem qualquer aspecto mercantilista, vedada a utilização de "outdoor" ou equivalente.

**Art. 31.** O anúncio não deve conter fotografias, ilustrações, cores, figuras, desenhos, logotipos, marcas ou símbolos incompatíveis com a sobriedade da advocacia, sendo proibido o uso dos símbolos oficiais e dos que sejam utilizados pela Ordem dos Advogados do Brasil.

§ 1º São vedadas referências a valores dos serviços, tabelas, gratuidade ou forma de pagamento, termos ou expressões que possam iludir ou confundir o público, informações de serviços jurídicos suscetíveis de implicar, direta ou indiretamente, captação de causa ou clientes, bem como menção ao tamanho, qualidade e estrutura da sede profissional.

§ 2º Considera-se imoderado o anúncio profissional do advogado mediante remessa de correspondência a uma coletividade, salvo para comunicar a clientes e colegas a instalação ou mudança de endereço, a indicação expressa do seu nome e escritório em partes externas de veículo, ou a inserção de seu nome em anúncio relativo a outras atividades não advocatícias, faça delas parte ou não.

**Art. 32.** O advogado que eventualmente participar de programa de televisão ou de rádio, de entrevista na imprensa, de reportagem televisionada ou de qualquer outro meio, para manifestação profissional, deve visar a objetivos exclusivamente ilustrativos, educacionais e instrutivos, sem propósito de promoção pessoal ou profissional, vedados pronunciamentos sobre métodos de trabalho usados por seus colegas de profissão.

Parágrafo único. Quando convidado para manifestação pública, por qualquer modo e forma, visando ao esclarecimento de tema jurídico de interesse geral, deve o advogado evitar insinuações e promoção pessoal ou profissional, bem como o debate de caráter sensacionalista.

**Art. 33.** O advogado deve abster-se de:

I – responder com habitualidade consulta sobre matéria jurídica, nos meios de comunicação social, com intuito de promover-se profissionalmente;
II – debater, em qualquer veículo de divulgação, causa sob seu patrocínio ou patrocínio de colega;
III – abordar tema de modo a comprometer a dignidade da profissão e da instituição que o congrega;
IV – divulgar ou deixar que seja divulgada a lista de clientes e demandas;
V – insinuar-se para reportagens e declarações públicas.

**Art. 34.** A divulgação pública, pelo advogado, de assuntos técnicos ou jurídicos de que tenha ciência em razão do exercício profissional como advogado constituído, assessor jurídico ou parecerista, deve limitar-se a aspectos que não quebrem ou violem o segredo ou o sigilo profissional.

Capítulo V

### DOS HONORÁRIOS PROFISSIONAIS

**Art. 35.** Os honorários advocatícios e sua eventual correção, bem como sua majoração decorrente do aumento dos atos judiciais que advierem como necessários, devem ser previstos em contrato escrito, qualquer que seja o objeto e o meio da prestação do serviço profissional, contendo todas as especificações e forma de pagamento, inclusive no caso de acordo.

§ 1º Os honorários da sucumbência não excluem os contratados, porém devem ser levados em conta no acerto final com o cliente ou constituinte, tendo sempre presente o que foi ajustado na aceitação da causa.

§ 2º A compensação ou o desconto dos honorários contratados e de valores que devam ser entregues ao constituinte ou cliente só podem ocorrer se houver prévia autorização ou previsão contratual.

§ 3º A forma e as condições de resgate dos encargos gerais, judiciais e extrajudiciais, inclusive eventual remuneração de outro profissional, advogado ou não, para desempenho de serviço auxiliar ou complementar técnico e especializado, ou com incumbência pertinente fora da Comarca, devem integrar as condições gerais do contrato.

**Art. 36.** Os honorários profissionais devem ser fixados com moderação, atendidos os elementos seguintes:

I – a relevância, o vulto, a complexidade e a dificuldade das questões versadas;
II – o trabalho e o tempo necessários;
III – a possibilidade de ficar o advogado impedido de intervir em outros casos, ou de se desavir com outros clientes ou terceiros;
IV – o valor da causa, a condição econômica do cliente e o proveito para ele resultante do serviço profissional;
V – o caráter da intervenção, conforme se trate de serviço a cliente avulso, habitual ou permanente;
VI – o lugar da prestação dos serviços, fora ou não do domicílio do advogado;
VII – a competência e o renome do profissional;
VIII – a praxe do foro sobre trabalhos análogos.

**Art. 37.** Em face da imprevisibilidade do prazo de tramitação da demanda, devem ser delimitados os serviços profissionais a se prestarem nos procedimentos preliminares, judiciais ou conciliatórios, a fim de que outras medidas, solicitadas ou necessárias, incidentais ou não, diretas ou indiretas, decorrentes da causa, possam ser objeto de novos honorários estimados, e da mesma forma receber do constituinte ou cliente a concordância hábil.

**Art. 38.** Na hipótese da adoção de cláusula *quota litis*, os honorários devem ser necessariamente representados por pecúnia e, quando acrescidos dos de honorários da sucumbência, não podem ser superiores às vantagens advindas em favor do constituinte ou do cliente.

Parágrafo único. A participação do advogado em bens particulares de cliente, comprovadamente sem condições pecuniárias, só é tolerada em caráter excepcional, e desde que contratada por escrito.

**Art. 39.** A celebração de convênios para prestação de serviços jurídicos com redução dos valores estabelecidos na Tabela de Honorários implica captação de clientes ou causa, salvo se as condições peculiares da necessidade e dos carentes puderem ser demonstradas com a devida antecedência ao respectivo Tribunal de Ética e Disciplina, que deve analisar a sua oportunidade.

**Art. 40.** Os honorários advocatícios devidos ou fixados em tabelas no regime da assistência judiciária não podem ser alterados no *quantum* estabelecido; mas a verba honorária decorrente da sucumbência pertence ao advogado.

**Art. 41.** O advogado deve evitar o aviltamento de valores dos serviços profissionais, não os fixando de forma irrisória ou inferior ao mínimo fixado pela Tabela de Honorários, salvo motivo plenamente justificável.

**Art. 42.** O crédito por honorários advocatícios, seja do advogado autônomo, seja de sociedade de advogados, não autoriza o saque de duplicatas ou qualquer outro título de crédito de natureza mercantil, exceto a emissão de fatura, desde que constitua exigência do constituinte ou assistido, decorrente de contrato escrito, vedada a tiragem de protesto.

**Art. 43.** Havendo necessidade de arbitramento e cobrança judicial dos honorários advocatícios, deve o advogado renunciar ao patrocínio da causa, fazendo-se representar por um colega.

Capítulo VI

### DO DEVER DE URBANIDADE

**Art. 44.** Deve o advogado tratar o público, os colegas, as autoridades e os funcionários do Juízo com respeito, discrição e independência, exigindo igual tratamento e zelando pelas prerrogativas a que tem direito.

**Art. 45.** Impõe-se ao advogado lhaneza, emprego de linguagem escorreita e polida, esmero e disciplina na execução dos serviços.

**Art. 46.** O advogado, na condição de defensor nomeado, conveniado ou dativo, deve comportar-se com zelo, empenhando-se para que o cliente se sinta amparado e tenha a expectativa de regular desenvolvimento da demanda.

CAPÍTULO VII

## DAS DISPOSIÇÕES GERAIS

**Art. 47.** A falta ou inexistência, neste Código, de definição ou orientação sobre questão de ética profissional, que seja relevante para o exercício da advocacia ou dele advenha, enseja consulta e manifestação do Tribunal de Ética e Disciplina ou do Conselho Federal.

**Art. 48.** Sempre que tenha conhecimento de transgressão das normas deste Código, do Estatuto, do Regulamento Geral e dos Provimentos, o Presidente do Conselho Seccional, da Subseção, ou do Tribunal de Ética e Disciplina deve chamar a atenção do responsável para o dispositivo violado, sem prejuízo da instauração do competente procedimento para apuração das infrações e aplicação das penalidades cominadas.

## TÍTULO II – DO PROCESSO DISCIPLINAR

CAPÍTULO I

## DA COMPETÊNCIA DO TRIBUNAL DE ÉTICA E DISCIPLINA

**Art. 49.** O Tribunal de Ética e Disciplina é competente para orientar e aconselhar sobre ética profissional, respondendo às consultas em tese, e julgar os processos disciplinares.

Parágrafo único. O Tribunal reunir-se-á mensalmente ou em menor período, se necessário, e todas as sessões serão plenárias.

**Art. 50.** Compete também ao Tribunal de Ética e Disciplina:

I – instaurar, de ofício, processo competente sobre ato ou matéria que considere passível de configurar, em tese, infração a princípio ou norma de ética profissional;
II – organizar, promover e desenvolver cursos, palestras, seminários e discussões a respeito de ética profissional, inclusive junto aos Cursos Jurídicos, visando à formação da consciência dos futuros profissionais para os problemas fundamentais da Ética;
III – expedir provisões ou resoluções sobre o modo de proceder em casos previstos nos regulamentos e costumes do foro;
IV – mediar e conciliar nas questões que envolvam:
a) dúvidas e pendências entre advogados;
b) partilha de honorários contratados em conjunto ou mediante substabelecimento, ou decorrente de sucumbência;
c) controvérsias surgidas quando da dissolução de sociedade de advogados.

CAPÍTULO II

## DOS PROCEDIMENTOS

**Art. 51.** O processo disciplinar instaura-se de ofício ou mediante representação dos interessados, que não pode ser anônima.

§ 1º Recebida a representação, o Presidente do Conselho Seccional ou da Subseção, quando esta dispuser de Conselho, designa relator um de seus integrantes, para presidir a instrução processual.

§ 2º O relator pode propor ao Presidente do Conselho Seccional ou da Subseção o arquivamento da representação, quando estiver desconstituída dos pressupostos de admissibilidade.

§ 3º A representação contra membros do Conselho Federal e Presidentes dos Conselhos Seccionais é processada e julgada pelo Conselho Federal.

**Art. 52.** Compete ao relator do processo disciplinar determinar a notificação dos interessados para esclarecimentos, ou do representado para a defesa prévia, em qualquer caso no prazo de quinze dias.

§ 1º Se o representado não for encontrado ou for revel, o Presidente do Conselho ou da Subseção deve designar-lhe defensor dativo.

§ 2º Oferecida a defesa prévia, que deve estar acompanhada de todos os documentos e o rol de testemunhas, até o máximo de cinco, é proferido o despacho saneador e, ressalvada a hipótese do § 2º do artigo 73 do Estatuto, designada, se reputada necessária, a audiência para oitiva do interessado, do representado e das testemunhas. O interessado e o representado deverão incumbir-se do comparecimento de suas testemunhas, a não ser que prefiram suas intimações pessoais, o que deverá ser requerido na representação e na defesa prévia. As intimações pessoais não serão renovadas em caso de não comparecimento, facultada a substituição de testemunhas, se presente a substituta na audiência.

▶ § 2º com a redação dada pelo Pleno do Conselho Federal da OAB, na sessão ordinária de 9-12-2002 (DJ de 3-2-2003).

§ 3º O relator pode determinar a realização de diligências que julgar convenientes.

§ 4º Concluída a instrução, será aberto o prazo sucessivo de quinze dias para a apresentação de razões finais pelo interessado e pelo representado, após a juntada da última intimação.

§ 5º Extinto o prazo das razões finais, o relator profere parecer preliminar, a ser submetido ao Tribunal.

**Art. 53.** O Presidente do Tribunal, após o recebimento do processo devidamente instruído, designa relator para proferir o voto.

§ 1º O processo é inserido automaticamente na pauta da primeira sessão de julgamento, após o prazo de vinte dias de seu recebimento pelo Tribunal, salvo se o relator determinar diligências.

§ 2º O representado é intimado pela Secretaria do Tribunal para a defesa oral na sessão, com quinze dias de antecedência.

§ 3º A defesa oral é produzida na sessão de julgamento perante o Tribunal, após o voto do relator, no prazo de quinze minutos, pelo representado ou por seu advogado.

**Art. 54.** Ocorrendo a hipótese do artigo 70, § 3º, do Estatuto, na sessão especial designada pelo Presidente do Tribunal, são facultadas ao representado ou ao seu defensor a apresentação de defesa, a produção de prova e a sustentação oral, restritas, entretanto, à questão do cabimento, ou não, da suspensão preventiva.

**Art. 55.** O expediente submetido à apreciação do Tribunal é autuado pela Secretaria, registrado em livro próprio e distribuído às Seções ou Turmas julgadoras, quando houver.

**Art. 56.** As consultas formuladas recebem autuação em apartado, e a esse processo são designados relator e revisor, pelo Presidente.

§ 1º O relator e o revisor têm prazo de dez dias, cada um, para elaboração de seus pareceres, apresentando-os na primeira sessão seguinte, para julgamento.

§ 2º Qualquer dos membros pode pedir vista do processo pelo prazo de uma sessão e desde que a matéria não seja urgente, caso em que o exame deve ser procedido durante a mesma sessão. Sendo vários os pedidos, a Secretaria providencia a distribuição do prazo, proporcionalmente, entre os interessados.

§ 3º Durante o julgamento e para dirimir dúvidas, o relator e o revisor, nessa ordem, têm preferência na manifestação.

§ 4º O relator permitirá aos interessados produzir provas, alegações e arrazoados, respeitado o rito sumário atribuído por este Código.

§ 5º Após o julgamento, os autos vão ao relator designado ou ao membro que tiver parecer vencedor para lavratura de acórdão, contendo ementa a ser publicada no órgão oficial do Conselho Seccional.

**Art. 57.** Aplica-se ao funcionamento das sessões do Tribunal o procedimento adotado no Regimento Interno do Conselho Seccional.

**Art. 58.** Comprovado que os interessados no processo nele tenham intervindo de modo temerário, com sentido de emulação ou procrastinação, tal fato caracteriza falta de ética passível de punição.

**Art. 59.** Considerada a natureza da infração ética cometida, o Tribunal pode suspender temporariamente a aplicação das penas de advertência e censura impostas, desde que o infrator primário, dentro do prazo de cento e vinte dias, passe a frequentar e concIua, comprovadamente, curso, simpósio, seminário ou atividade equivalente, sobre Ética Profissional do Advogado, realizado por entidade de notória idoneidade.

**Art. 60.** Os recursos contra decisões do Tribunal de Ética e Disciplina, ao Conselho Seccional, regem-se pelas disposições do Estatuto, do Regulamento Geral e do Regimento Interno do Conselho Seccional.

Parágrafo único. O Tribunal dará conhecimento de todas as suas decisões ao Conselho Seccional, para que determine periodicamente a publicação de seus julgados.

**Art. 61.** Cabe revisão do processo disciplinar, na forma prescrita no artigo 73, § 5º, do Estatuto.

### CAPÍTULO III
### DAS DISPOSIÇÕES GERAIS E TRANSITÓRIAS

**Art. 62.** O Conselho Seccional deve oferecer os meios e suporte imprescindíveis para o desenvolvimento das atividades do Tribunal.

**Art. 63.** O Tribunal de Ética e Disciplina deve organizar seu Regimento Interno, a ser submetido ao Conselho Seccional e, após, ao Conselho Federal.

**Art. 64.** A pauta de julgamentos do Tribunal é publicada em órgão oficial e no quadro de avisos gerais, na sede do Conselho Seccional, com antecedência de sete dias, devendo ser dada prioridade nos julgamentos para os interessados que estiverem presentes.

**Art. 65.** As regras deste Código obrigam igualmente as sociedades de advogados e os estagiários, no que lhes forem aplicáveis.

**Art. 66.** Este Código entra em vigor, em todo o território nacional, na data de sua publicação, cabendo aos Conselhos Federal e Seccionais e às Subseções da OAB promover a sua ampla divulgação, revogadas as disposições em contrário.

Brasília-DF, 13 de fevereiro de 1995.

**José Roberto Batochio**

---

### LEI Nº 9.051, DE 18 DE MAIO DE 1995

*Dispõe sobre a expedição de certidões para a defesa de direitos e esclarecimentos de situações.*

▶ Publicada no *DOU* de 19-5-1995.
▶ Art. 5º, XXXIII e XXXIV, da CF.
▶ Lei nº 11.971, de 6-7-2009, dispõe sobre as certidões expedidas pelos Ofícios do Registro de Distribuição e Distribuidores Judiciais.

**Art. 1º** As certidões para a defesa de direitos e esclarecimentos de situações, requeridas aos órgãos da administração centralizada ou autárquica, às empresas públicas, às sociedades de economia mista e às fundações públicas da União, dos Estados, do Distrito Federal e dos Municípios, deverão ser expedidas no prazo improrrogável de quinze dias, contado do registro no órgão expedidor.

**Art. 2º** Nos requerimentos que objetivam a obtenção das certidões a que se refere esta Lei, deverão os interessados fazer constar esclarecimentos relativos aos fins e razões do pedido.

**Art. 3º** VETADO.

**Art. 4º** Esta Lei entra em vigor na data de sua publicação.

**Art. 5º** Revogam-se as disposições em contrário.

Brasília, 18 de maio de 1995;
174º da Independência e
107º da República.

**Fernando Henrique Cardoso**

## LEI Nº 9.093, DE 12 DE SETEMBRO DE 1995

*Dispõe sobre feriados.*

► Publicada no *DOU* de 13-9-1995.
► Lei nº 662, de 6-4-1949, declara feriados nacionais os dias 1º de janeiro, 1º de maio, 7 de setembro, 15 de novembro e 25 de dezembro.

**Art. 1º** São feriados civis:

I – os declarados em lei federal;
II – a data magna do Estado fixada em lei estadual;
III – os dias do início e do término do ano do centenário de fundação do Município, fixados em lei municipal.

► Inciso III acrescido pela Lei nº 9.335, de 10-12-1996.

**Art. 2º** São feriados religiosos os dias de guarda, declarados em lei municipal, de acordo com a tradição local e em número não superior a quatro, neste incluída a Sexta-Feira da Paixão.

**Art. 3º** Esta Lei entra em vigor na data de sua publicação.

**Art. 4º** Revogam-se as disposições em contrário, especialmente o art. 11 da Lei nº 605, de 5 de janeiro de 1949.

Brasília, 12 de setembro de 1995;
174º da Independência e
107º da República.

**Fernando Henrique Cardoso**

## LEI Nº 9.099, DE 26 DE SETEMBRO DE 1995

*Dispõe sobre os Juizados Especiais Cíveis e Criminais e dá outras providências.*

**(EXCERTOS)**

► Publicada no *DOU* de 27-9-1995.
► Lei nº 10.259, de 12-7-2001 (Lei dos Juizados Especiais Federais).
► Lei nº 12.153, de 22-12-2009 (Lei dos Juizados Especiais da Fazenda Pública).

### CAPÍTULO I
### DISPOSIÇÕES GERAIS

**Art. 1º** Os Juizados Especiais Cíveis e Criminais, órgãos da Justiça Ordinária, serão criados pela União, no Distrito Federal e nos Territórios, e pelos Estados, para conciliação, processo, julgamento e execução, nas causas de sua competência.

► Art. 24, X, da CF.

**Art. 2º** O processo orientar-se-á pelos critérios da oralidade, simplicidade, informalidade, economia processual e celeridade, buscando, sempre que possível, a conciliação ou a transação.

► Art. 13 desta Lei.

### CAPÍTULO II
### DOS JUIZADOS ESPECIAIS CÍVEIS

*Seção I*

### DA COMPETÊNCIA

**Art. 3º** O Juizado Especial Cível tem competência para conciliação, processo e julgamento das causas cíveis de menor complexidade, assim consideradas:

I – as causas cujo valor não exceda a quarenta vezes o salário mínimo;

► Art. 275, I, do CPC.

II – as enumeradas no artigo 275, inciso II, do Código de Processo Civil;
III – a ação de despejo para uso próprio;

► Lei nº 8.245, de 18-12-1991 (Lei das Locações).

IV – as ações possessórias sobre bens imóveis de valor não excedente ao fixado no inciso I deste artigo.

► Art. 31 desta Lei.

§ 1º Compete ao Juizado Especial promover a execução:

I – dos seus julgados;
II – dos títulos executivos extrajudiciais, no valor de até quarenta vezes o salário mínimo, observado o disposto no § 1º do artigo 8º desta Lei.

§ 2º Ficam excluídas da competência do Juizado Especial as causas de natureza alimentar, falimentar, fiscal e de interesse da Fazenda Pública, e também as relativas a acidentes de trabalho, a resíduos e ao estado e capacidade das pessoas, ainda que de cunho patrimonial.

► Lei nº 5.478, de 25-7-1968 (Lei da Ação de Alimentos).
► Lei nº 6.830, de 22-9-1980 (Lei das Execuções Fiscais).
► Lei nº 8.213, de 24-7-1991 (Lei dos Planos de Benefícios da Previdência Social).
► Lei nº 11.101, de 9-2-2005 (Lei de Recuperação de Empresas e Falências).

§ 3º A opção pelo procedimento previsto nesta Lei importará em renúncia ao crédito excedente ao limite estabelecido neste artigo, excetuada a hipótese de conciliação.

► Art. 21 desta Lei.

**Art. 4º** É competente, para as causas previstas nesta Lei, o Juizado do foro:

I – do domicílio do réu ou, a critério do autor, do local onde aquele exerça atividades profissionais ou econômicas ou mantenha estabelecimento, filial, agência, sucursal ou escritório;
II – do lugar onde a obrigação deva ser satisfeita;
III – do domicílio do autor ou do local do ato ou fato, nas ações para reparação de dano de qualquer natureza.

Parágrafo único. Em qualquer hipótese, poderá a ação ser proposta no foro previsto no inciso I deste artigo.

*Seção II*

### DO JUIZ, DOS CONCILIADORES E DOS JUÍZES LEIGOS

**Art. 5º** O juiz dirigirá o processo com liberdade para determinar as provas a serem produzidas, para apre-

ciá-las e para dar especial valor às regras de experiência comum ou técnica.
▶ Art. 25 desta Lei.

**Art. 6º** O juiz adotará em cada caso a decisão que reputar mais justa e equânime, atendendo aos fins sociais da lei e às exigências do bem comum.
▶ Art. 25 desta Lei.

**Art. 7º** Os conciliadores e Juízes leigos são auxiliares da Justiça, recrutados, os primeiros, preferentemente, entre os bacharéis em Direito, e os segundos, entre advogados com mais de cinco anos de experiência.
▶ Lei nº 8.906, de 4-7-1994 (Estatuto da Advocacia e da OAB).

Parágrafo único. Os Juízes leigos ficarão impedidos de exercer a advocacia perante os Juizados Especiais, enquanto no desempenho de suas funções.

### SEÇÃO III
### DAS PARTES

**Art. 8º** Não poderão ser partes, no processo instituído por esta Lei, o incapaz, o preso, as pessoas jurídicas de direito público, as empresas públicas da União, a massa falida e o insolvente civil.

§ 1º Somente serão admitidas a propor ação perante o Juizado Especial:
▶ Caput do § 1º com a redação dada pela Lei nº 12.126, de 16-12-2009.
▶ Art. 3º, § 1º, II, desta Lei.
▶ Art. 74 da LC nº 123, de 14-12-2006 (Estatuto Nacional da Microempresa e da Empresa de Pequeno Porte).

I – as pessoas físicas capazes, excluídos os cessionários de direito de pessoas jurídicas;
II – as microempresas, assim definidas pela Lei nº 9.841, de 5 de outubro de 1999;
III – as pessoas jurídicas qualificadas como Organização da Sociedade Civil de Interesse Público, nos termos da Lei nº 9.790, de 23 de março de 1999;
IV – as sociedades de crédito ao microempreendedor, nos termos do art. 1º da Lei nº 10.194, de 14 de fevereiro de 2001.
▶ Incisos I a IV acrescidos pela Lei nº 12.126, de 16-12-2009.

§ 2º O maior de dezoito anos poderá ser autor, independentemente de assistência, inclusive para fins de conciliação.

**Art. 9º** Nas causas de valor até vinte salários mínimos, as partes comparecerão pessoalmente, podendo ser assistidas por advogados; nas de valor superior, a assistência é obrigatória.
▶ Art. 1º, I, da Lei nº 8.906, de 4-7-1994 (Estatuto da Advocacia e da OAB).

§ 1º Sendo facultativa a assistência, se uma das partes comparecer assistida por advogado, ou se o réu for pessoa jurídica ou firma individual, terá a outra parte, se quiser, assistência judiciária prestada por órgão instituído junto ao Juizado Especial, na forma da lei local.
▶ Art. 1º da Lei nº 1.060, de 5-2-1950 (Lei de Assistência Judiciária).

§ 2º O juiz alertará as partes da conveniência do patrocínio por advogado, quando a causa o recomendar.

§ 3º O mandato ao advogado poderá ser verbal, salvo quanto aos poderes especiais.
▶ Lei nº 8.906, de 4-7-1994 (Estatuto da Advocacia e da OAB).

§ 4º O réu, sendo pessoa jurídica ou titular de firma individual, poderá ser representado por preposto credenciado.

**Art. 10.** Não se admitirá, no processo, qualquer forma de intervenção de terceiro nem de assistência. Admitir-se-á o litisconsórcio.
▶ Arts. 46 a 55 do CPC.

**Art. 11.** O Ministério Público intervirá nos casos previstos em lei.
▶ Lei nº 8.625, de 12-2-1993 (Lei Orgânica Nacional do Ministério Público).

### SEÇÃO IV
### DOS ATOS PROCESSUAIS

**Art. 12.** Os atos processuais serão públicos e poderão realizar-se em horário noturno, conforme dispuserem as normas de organização judiciária.

**Art. 13.** Os atos processuais serão válidos sempre que preencherem as finalidades para as quais forem realizados, atendidos os critérios indicados no artigo 2º desta Lei.

§ 1º Não se pronunciará qualquer nulidade sem que tenha havido prejuízo.

§ 2º A prática de atos processuais em outras comarcas poderá ser solicitada por qualquer meio idôneo de comunicação.

§ 3º Apenas os atos considerados essenciais serão registrados resumidamente, em notas manuscritas, datilografadas, taquigrafadas ou estenotipadas. Os demais atos poderão ser gravados em fita magnética ou equivalente, que será inutilizada após o trânsito em julgado da decisão.
▶ Art. 44 desta Lei.

§ 4º As normas locais disporão sobre a conservação das peças do processo e demais documentos que o instruem.

### SEÇÃO V
### DO PEDIDO

**Art. 14.** O processo instaurar-se-á com a apresentação do pedido, escrito ou oral, à Secretaria do Juizado.

§ 1º Do pedido constarão, de forma simples e em linguagem acessível:
I – o nome, a qualificação e o endereço das partes;
II – os fatos e os fundamentos, de forma sucinta;
III – o objeto e seu valor.

§ 2º É lícito formular pedido genérico quando não for possível determinar, desde logo, a extensão da obrigação.

§ 3º O pedido oral será reduzido a escrito pela Secretaria do Juizado, podendo ser utilizado o sistema de fichas ou formulários impressos.

**Art. 15.** Os pedidos mencionados no artigo 3º desta Lei poderão ser alternativos ou cumulados; nesta última hipótese, desde que conexos e a soma não ultrapasse o limite fixado naquele dispositivo.

**Art. 16.** Registrado o pedido, independentemente de distribuição e autuação, a Secretaria do Juizado designará a sessão de conciliação, a realizar-se no prazo de quinze dias.

**Art. 17.** Comparecendo inicialmente ambas as partes, instaurar-se-á, desde logo, a sessão de conciliação, dispensados o registro prévio de pedido e a citação.

Parágrafo único. Havendo pedidos contrapostos, poderá ser dispensada a contestação formal e ambos serão apreciados na mesma sentença.

### Seção VI
### DAS CITAÇÕES E INTIMAÇÕES

**Art. 18.** A citação far-se-á:

I – por correspondência, com aviso de recebimento em mão própria;
II – tratando-se de pessoa jurídica ou firma individual, mediante entrega ao encarregado da recepção, que será obrigatoriamente identificado;
III – sendo necessário, por oficial de justiça, independentemente de mandado ou carta precatória.

§ 1º A citação conterá cópia do pedido inicial, dia e hora para comparecimento do citando e advertência de que, não comparecendo este, considerar-se-ão verdadeiras as alegações iniciais, e será proferido julgamento, de plano.

§ 2º Não se fará citação por edital.

§ 3º O comparecimento espontâneo suprirá a falta ou nulidade da citação.

**Art. 19.** As intimações serão feitas na forma prevista para citação, ou por qualquer outro meio idôneo de comunicação.

§ 1º Dos atos praticados na audiência, considerar-se-ão desde logo cientes as partes.

§ 2º As partes comunicarão ao juízo as mudanças de endereço ocorridas no curso do processo, reputando-se eficazes as intimações enviadas ao local anteriormente indicado, na ausência da comunicação.

### Seção VII
### DA REVELIA

**Art. 20.** Não comparecendo o demandado à sessão de conciliação ou à audiência de instrução e julgamento, reputar-se-ão verdadeiros os fatos alegados no pedido inicial, salvo se o contrário resultar da convicção do juiz.

### Seção VIII
### DA CONCILIAÇÃO E DO JUÍZO ARBITRAL

**Art. 21.** Aberta a sessão, o juiz togado ou leigo esclarecerá as partes presentes sobre as vantagens da conciliação, mostrando-lhes os riscos e as consequências do litígio, especialmente quanto ao disposto no § 3º do artigo 3º desta Lei.

**Art. 22.** A conciliação será conduzida pelo juiz togado ou leigo ou por conciliador sob sua orientação.

► Art. 58 desta Lei.
► Art. 15 da Lei nº 12.153, de 22-12-2009 (Lei dos Juizados Especiais da Fazenda Pública).

Parágrafo único. Obtida a conciliação, esta será reduzida a escrito e homologada pelo juiz togado, mediante sentença com eficácia de título executivo.

**Art. 23.** Não comparecendo o demandado, o juiz togado proferirá sentença.

► Art. 58 desta Lei.

**Art. 24.** Não obtida a conciliação, as partes poderão optar, de comum acordo, pelo juízo arbitral, na forma prevista nesta Lei.

► Lei nº 9.307, de 23-9-1996 (Lei da Arbitragem).

§ 1º O juízo arbitral considerar-se-á instaurado, independentemente de termo de compromisso, com a escolha do árbitro pelas partes. Se este não estiver presente, o juiz convocá-lo-á e designará, de imediato, a data para a audiência de instrução.

§ 2º O árbitro será escolhido dentre os juízes leigos.

**Art. 25.** O árbitro conduzirá o processo com os mesmos critérios do juiz, na forma dos artigos 5º e 6º desta Lei, podendo decidir por equidade.

**Art. 26.** Ao término da instrução, ou nos cinco dias subsequentes, o árbitro apresentará o laudo ao juiz togado para homologação por sentença irrecorrível.

### Seção IX
### DA INSTRUÇÃO E JULGAMENTO

**Art. 27.** Não instituído o juízo arbitral, proceder-se-á imediatamente à audiência de instrução e julgamento, desde que não resulte prejuízo para a defesa.

Parágrafo único. Não sendo possível a sua realização imediata, será a audiência designada para um dos quinze dias subsequentes, cientes, desde logo, as partes e testemunhas eventualmente presentes.

**Art. 28.** Na audiência de instrução e julgamento serão ouvidas as partes, colhida a prova e, em seguida, proferida a sentença.

**Art. 29.** Serão decididos de plano todos os incidentes que possam interferir no regular prosseguimento da audiência. As demais questões serão decididas na sentença.

Parágrafo único. Sobre os documentos apresentados por uma das partes, manifestar-se-á imediatamente a parte contrária, sem interrupção da audiência.

### Seção X
### DA RESPOSTA DO RÉU

**Art. 30.** A contestação, que será oral ou escrita, conterá toda matéria de defesa, exceto arguição de suspeição ou impedimento do juiz, que se processará na forma da legislação em vigor.

**Art. 31.** Não se admitirá a reconvenção. É lícito ao réu, na contestação, formular pedido em seu favor, nos limites do artigo 3º desta Lei, desde que fundado nos mesmos fatos que constituem objeto da controvérsia.

Parágrafo único. O autor poderá responder ao pedido do réu na própria audiência ou requerer a designação da nova data, que será desde logo fixada, cientes todos os presentes.

## Seção XI

### DAS PROVAS

**Art. 32.** Todos os meios de prova moralmente legítimos, ainda que não especificados em lei, são hábeis para provar a veracidade dos fatos alegados pelas partes.

**Art. 33.** Todas as provas serão produzidas na audiência de instrução e julgamento, ainda que não requeridas previamente, podendo o juiz limitar ou excluir as que considerar excessivas, impertinentes ou protelatórias.

**Art. 34.** As testemunhas, até o máximo de três para cada parte, comparecerão à audiência de instrução e julgamento levadas pela parte que as tenha arrolado, independentemente de intimação, ou mediante esta, se assim for requerido.

§ 1º O requerimento para intimação das testemunhas será apresentado à Secretaria no mínimo cinco dias antes da audiência de instrução e julgamento.

§ 2º Não comparecendo a testemunha intimada, o juiz poderá determinar sua imediata condução, valendo-se, se necessário, do concurso da força pública.

**Art. 35.** Quando a prova do fato exigir, o juiz poderá inquirir técnicos de sua confiança, permitida às partes a apresentação de parecer técnico.

Parágrafo único. No curso da audiência, poderá o juiz, de ofício ou a requerimento das partes, realizar inspeção em pessoas ou coisas, ou determinar que o faça pessoa de sua confiança, que lhe relatará informalmente o verificado.

**Art. 36.** A prova oral não será reduzida a escrito, devendo a sentença referir, no essencial, os informes trazidos nos depoimentos.

**Art. 37.** A instrução poderá ser dirigida por juiz leigo, sob a supervisão de juiz togado.

► Art. 15 da Lei nº 12.153, de 22-12-2009 (Lei dos Juizados Especiais da Fazenda Pública).

## Seção XII

### DA SENTENÇA

**Art. 38.** A sentença mencionará os elementos de convicção do Juiz, com breve resumo dos fatos relevantes ocorridos em audiência, dispensado o relatório.

Parágrafo único. Não se admitirá sentença condenatória por quantia ilíquida, ainda que genérico o pedido.

**Art. 39.** É ineficaz a sentença condenatória na parte que exceder a alçada estabelecida nesta Lei.

**Art. 40.** O Juiz leigo que tiver dirigido a instrução proferirá sua decisão e imediatamente a submeterá ao juiz togado, que poderá homologá-la, proferir outra em substituição ou, antes de se manifestar, determinar a realização de atos probatórios indispensáveis.

► Art. 15 da Lei nº 12.153, de 22-12-2009 (Lei dos Juizados Especiais da Fazenda Pública).

**Art. 41.** Da sentença, excetuada a homologatória de conciliação ou laudo arbitral, caberá recurso para o próprio Juizado.

§ 1º O recurso será julgado por uma turma composta por três juízes togados, em exercício no primeiro grau de jurisdição, reunidos na sede do Juizado.

► Súm. nº 376 do STJ.

§ 2º No recurso, as partes serão obrigatoriamente representadas por advogado.

► Lei nº 8.906, de 4-7-1994 (Estatuto da Advocacia e da OAB).

**Art. 42.** O recurso será interposto no prazo de dez dias, contados da ciência da sentença, por petição escrita, da qual constarão as razões e o pedido do recorrente.

§ 1º O preparo será feito, independentemente de intimação, nas quarenta e oito horas seguintes à interposição, sob pena de deserção.

► Art. 54, parágrafo único, desta Lei.

§ 2º Após o preparo, a Secretaria intimará o recorrido para oferecer resposta escrita no prazo de dez dias.

**Art. 43.** O recurso terá somente efeito devolutivo, podendo o juiz dar-lhe efeito suspensivo, para evitar dano irreparável para a parte.

**Art. 44.** As partes poderão requerer a transcrição da gravação da fita magnética a que alude o § 3º do artigo 13 desta Lei, correndo por conta do requerente as despesas respectivas.

**Art. 45.** As partes serão intimadas da data da sessão de julgamento.

**Art. 46.** O julgamento em segunda instância constará apenas da ata, com a indicação suficiente do processo, fundamentação sucinta e parte dispositiva. Se a sentença for confirmada pelos próprios fundamentos, a súmula do julgamento servirá de acórdão.

► Súmulas nºs 640 e 727 do STF.

**Art. 47.** VETADO.

## Seção XIII

### DOS EMBARGOS DE DECLARAÇÃO

**Art. 48.** Caberão embargos de declaração quando, na sentença ou acórdão, houver obscuridade, contradição, omissão ou dúvida.

Parágrafo único. Os erros materiais podem ser corrigidos de ofício.

**Art. 49.** Os embargos de declaração serão interpostos por escrito ou oralmente, no prazo de cinco dias, contados da ciência da decisão.

**Art. 50.** Quando interpostos contra sentença, os embargos de declaração suspenderão o prazo para recurso.

## Seção XIV

### DA EXTINÇÃO DO PROCESSO SEM JULGAMENTO DO MÉRITO

**Art. 51.** Extingue-se o processo, além dos casos previstos em lei:

I – quando o autor deixar de comparecer a qualquer das audiências do processo;

II – quando inadmissível o procedimento instituído por esta Lei ou seu prosseguimento, após a conciliação;

III – quando for reconhecida a incompetência territorial;

IV – quando sobrevier qualquer dos impedimentos previstos no artigo 8º desta Lei;
V – quando, falecido o autor, a habilitação depender de sentença ou não se der no prazo de trinta dias;
VI – quando, falecido o réu, o autor não promover a citação dos sucessores no prazo de trinta dias da ciência do fato.

§ 1º A extinção do processo independerá, em qualquer hipótese, de prévia intimação pessoal das partes.

§ 2º No caso do inciso I deste artigo, quando comprovar que a ausência decorre de força maior, a parte poderá ser isentada, pelo Juiz, do pagamento das custas.

## Seção XV
### DA EXECUÇÃO

**Art. 52.** A execução da sentença processar-se-á no próprio Juizado, aplicando-se, no que couber, o disposto no Código de Processo Civil, com as seguintes alterações:

I – as sentenças serão necessariamente líquidas, contendo a conversão em Bônus do Tesouro Nacional – BTN ou índice equivalente;
▶ Lei nº 8.177, de 1º-3-1991, que extingue o BTN.

II – os cálculos de conversão de índices, de honorários, de juros e de outras parcelas serão efetuados por servidor judicial;
III – a intimação da sentença será feita, sempre que possível, na própria audiência em que for proferida. Nessa intimação, o vencido será instado a cumprir a sentença tão logo ocorra seu trânsito em julgado, e advertido dos efeitos do seu descumprimento (inciso V);
IV – não cumprida voluntariamente a sentença transitada em julgado, e tendo havido solicitação do interessado, que poderá ser verbal, proceder-se-á desde logo à execução, dispensada nova citação;
V – nos casos de obrigação de entregar, de fazer, ou de não fazer, o juiz, na sentença ou na fase de execução, cominará multa diária, arbitrada de acordo com as condições econômicas do devedor, para a hipótese de inadimplemento. Não cumprida a obrigação, o credor poderá requerer a elevação da multa ou a transformação da condenação em perdas e danos, que o juiz de imediato arbitrará, seguindo-se a execução por quantia certa, incluída a multa vencida de obrigação de dar, quando evidenciada a malícia do devedor na execução do julgado;
VI – na obrigação de fazer, o juiz pode determinar o cumprimento por outrem, fixado o valor que o devedor deve depositar para as despesas, sob pena de multa diária;
VII – na alienação forçada dos bens, o juiz poderá autorizar o devedor, o credor ou terceira pessoa idônea a tratar da alienação do bem penhorado, a qual se aperfeiçoará em juízo até a data fixada para a praça ou leilão. Sendo o preço inferior ao da avaliação, as partes serão ouvidas. Se o pagamento não for à vista, será oferecida caução idônea, nos casos de alienação de bem móvel, ou hipotecado o imóvel;
VIII – é dispensada a publicação de editais em jornais, quando se tratar de alienação de bens de pequeno valor;
IX – o devedor poderá oferecer embargos, nos autos da execução, versando sobre:
a) falta ou nulidade da citação no processo, se ele correu à revelia;
b) manifesto excesso de execução;
c) erro de cálculo;
d) causa impeditiva, modificativa ou extintiva da obrigação, superveniente à sentença.
▶ Art. 53, § 1º, desta Lei.

**Art. 53.** A execução de título executivo extrajudicial, no valor de até quarenta salários mínimos, obedecerá ao disposto no Código de Processo Civil, com as modificações introduzidas por esta Lei.

§ 1º Efetuada a penhora, o devedor será intimado a comparecer à audiência de conciliação, quando poderá oferecer embargos (artigo 52, IX), por escrito ou verbalmente.

§ 2º Na audiência, será buscado o meio mais rápido e eficaz para a solução do litígio, se possível com dispensa da alienação judicial, devendo o conciliador propor, entre outras medidas cabíveis, o pagamento do débito a prazo ou a prestação, a dação em pagamento ou a imediata adjudicação do bem penhorado.

§ 3º Não apresentados os embargos em audiência, ou julgados improcedentes, qualquer das partes poderá requerer ao juiz a adoção de uma das alternativas do parágrafo anterior.

§ 4º Não encontrado o devedor ou inexistindo bens penhoráveis, o processo será imediatamente extinto, devolvendo-se os documentos ao autor.

## Seção XVI
### DAS DESPESAS

**Art. 54.** O acesso ao Juizado Especial independerá, em primeiro grau de jurisdição, do pagamento de custas, taxas ou despesas.

Parágrafo único. O preparo do recurso, na forma do § 1º do artigo 42 desta Lei, compreenderá todas as despesas processuais, inclusive aquelas dispensadas em primeiro grau de jurisdição, ressalvada a hipótese de assistência judiciária gratuita.

**Art. 55.** A sentença de primeiro grau não condenará o vencido em custas e honorários de advogado, ressalvados os casos de litigância de má-fé. Em segundo grau, o recorrente, vencido, pagará as custas e honorários de advogado, que serão fixados entre dez por cento e vinte por cento do valor de condenação ou, não havendo condenação, do valor corrigido da causa.

Parágrafo único. Na execução não serão contadas custas, salvo quando:
I – reconhecida a litigância de má-fé;
II – improcedentes os embargos do devedor;
III – tratar-se de execução de sentença que tenha sido objeto de recurso improvido do devedor.

## Seção XVII
### DISPOSIÇÕES FINAIS

**Art. 56.** Instituído o Juizado Especial, serão implantadas as curadorias necessárias e o serviço de assistência judiciária.
▶ Lei nº 1.060, de 5-2-1950 (Lei de Assistência Judiciária).

**Art. 57.** O acordo extrajudicial, de qualquer natureza ou valor, poderá ser homologado, no juízo competente, independentemente de termo, valendo a sentença como título executivo judicial.

Parágrafo único. Valerá como título extrajudicial o acordo celebrado pelas partes, por instrumento escrito, referendado pelo órgão competente do Ministério Público.

**Art. 58.** As normas de organização judiciária local poderão estender a conciliação prevista nos artigos 22 e 23 a causas não abrangidas por esta Lei.

**Art. 59.** Não se admitirá ação rescisória nas causas sujeitas ao procedimento instituído por esta Lei.

CAPÍTULO III

### DOS JUIZADOS ESPECIAIS CRIMINAIS

..................................................................

**Art. 72.** Na audiência preliminar, presente o representante do Ministério Público, o autor do fato e a vítima e, se possível, o responsável civil, acompanhados por seus advogados, o juiz esclarecerá sobre a possibilidade da composição dos danos e da aceitação da proposta de aplicação imediata de pena não privativa de liberdade.

▶ Art. 79 desta Lei.

..................................................................

**Art. 74.** A composição dos danos civis será reduzida a escrito e, homologada pelo juiz mediante sentença irrecorrível, terá eficácia de título a ser executado no juízo civil competente.

▶ Art. 87 desta Lei.

Parágrafo único. Tratando-se de ação penal de iniciativa privada ou de ação penal pública condicionada à representação, o acordo homologado acarreta a renúncia ao direito de queixa ou representação.

..................................................................

CAPÍTULO IV

### DISPOSIÇÕES FINAIS COMUNS

**Art. 93.** Lei Estadual disporá sobre o Sistema de Juizados Especiais Cíveis e Criminais, sua organização, composição e competência.

**Art. 94.** Os serviços de cartório poderão ser prestados, e as audiências realizadas fora da sede da Comarca, em bairros ou cidades a ela pertencentes, ocupando instalações de prédios públicos, de acordo com audiências previamente anunciadas.

**Art. 95.** Os Estados, Distrito Federal e Territórios criarão e instalarão os Juizados Especiais no prazo de seis meses, a contar da vigência desta Lei.

**Art. 96.** Esta Lei entra em vigor no prazo de sessenta dias após a sua publicação.

**Art. 97.** Ficam revogadas a Lei nº 4.611, de 2 de abril de 1965 e a Lei nº 7.244, de 7 de novembro de 1984.

Brasília, 26 de setembro de 1995;
174º da Independência e
107º da República.

**Fernando Henrique Cardoso**

## LEI Nº 9.289, DE 4 DE JULHO DE 1996

*Dispõe sobre as custas devidas à União, na Justiça Federal de primeiro e segundo graus e dá outras providências.*

▶ Publicada no *DOU* de 5-7-1996 e republicada no *DOU* de 8-7-1996.

**Art. 1º** As custas devidas à União, na Justiça Federal de primeiro e segundo graus, são cobradas de acordo com as normas estabelecidas nesta Lei.

§ 1º Rege-se pela legislação estadual respectiva a cobrança de custas nas causas ajuizadas perante a Justiça Estadual, no exercício da jurisdição federal.

§ 2º As custas previstas nas tabelas anexas não excluem as despesas estabelecidas na legislação processual não disciplinadas por esta Lei.

**Art. 2º** O pagamento das custas é feito mediante documento de arrecadação das receitas federais, na Caixa Econômica Federal – CEF, ou, não existindo agência desta instituição no local, em outro banco oficial.

**Art. 3º** Incumbe ao Diretor de Secretaria fiscalizar o exato recolhimento das custas.

**Art. 4º** São isentos de pagamentos de custas:

I – a União, os Estados, os Municípios, os Territórios Federais, o Distrito Federal e as respectivas autarquias e fundações;

II – os que provarem insuficiência de recursos e os beneficiários da assistência judiciária gratuita;

III – o Ministério Público;

IV – os autores nas ações populares, nas ações civis públicas e nas ações coletivas de que trata o Código de Defesa do Consumidor, ressalvada a hipótese de litigância de má-fé.

Parágrafo único. A isenção prevista neste artigo não alcança as entidades fiscalizadoras do exercício profissional, nem exime as pessoas jurídicas referidas no inciso I da obrigação de reembolsar as despesas judiciais feitas pela parte vencedora.

**Art. 5º** Não são devidas custas nos processos de *habeas corpus* e *habeas data*.

**Art. 6º** Nas ações penais subdivididas, as custas são pagas a final pelo réu, se condenado.

**Art. 7º** A reconvenção e os embargos à execução não se sujeitam ao pagamento de custas.

**Art. 8º** Os recursos dependentes de instrumento sujeitam-se ao pagamento das despesas de traslado.

Parágrafo único. Se o recurso for unicamente de qualquer das pessoas jurídicas referidas no inciso I do artigo 4º, o pagamento das custas e dos traslados será efetuado a final pelo vencido, salvo se este também for isento.

**Art. 9º** Em caso de incompetência, redistribuído o feito a outro juiz federal, não haverá novo pagamento de custas, nem haverá restituição quando se declinar da competência para outros órgãos jurisdicionais.

**Art. 10.** A remuneração do perito, do intérprete e do tradutor será fixada pelo juiz em despacho fundamentado, ouvidas as partes e à vista da proposta de honorários apresentada, considerados o local da prestação de serviço, a natureza, a complexidade e o tempo estimado do trabalho a realizar, aplicando-se, no que couber, o disposto no artigo 33 do Código de Processo Civil.

**Art. 11.** Os depósitos de pedras e metais preciosos e de quantias em dinheiro e a amortização ou liquidação de dívida ativa serão recolhidos, sob responsabilidade da parte, diretamente na Caixa Econômica Federal, ou, na sua inexistência no local, em outro banco oficial, os quais manterão guias próprias para tal finalidade.

§ 1º Os depósitos efetuados em dinheiro observarão as mesmas regras das cadernetas de poupança, no que se refere à remuneração básica e ao prazo.

§ 2º O levantamento dos depósitos a que se refere este artigo dependerá de alvará ou de ofício do juiz.

**Art. 12.** A unidade utilizada para o cálculo das custas previstas nesta Lei é a mesma utilizada para os débitos de natureza fiscal, considerando-se o valor fixado no primeiro dia do mês.

**Art. 13.** Não se fará levantamento de caução ou de fiança sem o pagamento das custas.

**Art. 14.** O pagamento das custas e contribuições devidas nos feitos e nos recursos que se processam nos próprios autos efetua-se da forma seguinte:

I – o autor ou requerente pagará metade das custas e contribuições tabeladas, por ocasião da distribuição do feito, ou, não havendo distribuição, logo após o despacho do inicial;
II – aquele que recorrer da sentença pagará a outra metade das custas, dentro do prazo de cinco dias, sob pena de deserção;
III – não havendo recurso, e cumprindo o vencido desde logo a sentença, reembolsará ao vencedor as custas e contribuições por este adiantadas, ficando obrigado ao pagamento previsto no inciso II;
IV – se o vencido, embora não recorrendo da sentença, oferecer defesa à sua execução, ou embaraçar seu cumprimento, deverá pagar a outra metade, no prazo marcado pelo juiz, não excedente de três dias, sob pena de não ter apreciada sua defesa ou impugnação.

§ 1º O abandono ou desistência de feito, ou a existência de transação que lhe ponha termo, em qualquer fase do processo, não dispensa o pagamento das custas e contribuições já exigíveis, nem dá direito a restituição.

§ 2º Somente com o pagamento de importância igual à paga até o momento pelo autor serão admitidos o assistente, o litisconsorte ativo voluntário e o oponente.

§ 3º Nas ações em que o valor estimado for inferior ao da liquidação, a parte não pode prosseguir na execução sem efetuar o pagamento da diferença de custas e contribuições, recalculadas de acordo com a importância a final apurada ou resultante da condenação definitiva.

§ 4º As custas e contribuições serão reembolsadas a final pelo vencido, ainda que seja uma das entidades referidas no inciso I do artigo 4º, nos termos da decisão que o condenar, ou pelas partes, na proporção de seus quinhões, nos processos divisórios e demarcatórios, ou suportadas por quem tiver dado causa ao procedimento judicial.

§ 5º Nos recursos a que se refere este artigo o pagamento efetuado por um recorrente não aproveita aos demais, salvo se representados pelo mesmo advogado.

**Art. 15.** A indenização de transporte, de que trata o artigo 60 da Lei nº 8.112, de 11 de dezembro de 1990, destinada ao ressarcimento de despesas realizadas com a utilização do meio próprio de locomoção para a execução de serviços externos, será paga aos Oficiais de Justiça Avaliadores da Justiça Federal de primeiro e segundo graus, de acordo com critérios estabelecidos pelo Conselho da Justiça Federal, que fixará também o percentual correspondente.

Parágrafo único. Para efeito do disposto neste artigo, consideram-se como serviço externo as atividades exercidas no cumprimento das diligências fora das dependências dos Tribunais Regionais Federais ou das Seções Judiciárias em que os Oficiais de Justiça estejam lotados.

**Art. 16.** Extinto o processo, se a parte responsável pelas custas, devidamente intimada, não as pagar dentro de quinze dias, o Diretor da Secretaria encaminhará os elementos necessários à Procuradoria da Fazenda Nacional, para sua inscrição como dívida ativa da União.

**Art. 17.** Esta Lei entra em vigor na data de sua publicação.

**Art. 18.** Revogam-se as disposições em contrário, em especial a Lei nº 6.032, de 30 de abril de 1974, alterada pelas Leis nºs 6.789, de 28 de maio de 1980, e 7.400, de 6 de novembro de 1985.

Brasília, 4 de julho de 1996;
175º da Independência e
108º da República.

**Fernando Henrique Cardoso**

### TABELA DE CUSTAS
### TABELA I
### DAS AÇÕES CÍVEIS EM GERAL

a) Ações cíveis em geral:
um por cento sobre o valor da causa, com o mínimo de dez UFIR e o máximo de mil e oitocentos UFIR;
b) processo cautelar e procedimentos de jurisdição voluntária:
cinquenta por cento dos valores constantes da letra a;
c) causas de valor inestimável e cumprimento de carta rogatória:
dez UFIR.

▶ A concessão de *exequatur* às cartas rogatórias passou a ser da competência do STJ, conforme art. 105, I, *i*, da CF, com a redação dada pela EC nº 45, de 8-12-2004.

### TABELA II
### DAS AÇÕES CRIMINAIS EM GERAL

a) Ações penais em geral, pelo vencido, a final:
duzentas e oitenta UFIR;
b) ações penais privadas:
cem UFIR;

c) notificações, interpelações e procedimentos cautelares:
cinquenta UFIR.

### TABELA III
### DA ARREMATAÇÃO, ADJUDICAÇÃO E REMIÇÃO

Arrematação, adjudicação e remição:

meio por cento do respectivo valor, com o mínimo de dez UFIR e o máximo de mil e oitocentas UFIR.

**Observação:**

As custas serão pagas pelo interessado antes da assinatura do auto correspondente.

### TABELA IV
### DAS CERTIDÕES E CARTAS DE SENTENÇAS

Certidões em geral, por folha expedida:

a) mediante processamento eletrônico de dados: quarenta por cento do valor da UFIR;
b) por cópia reprográfica: dez por cento do valor da UFIR.

---

## LEI Nº 9.307,
## DE 23 DE SETEMBRO DE 1996

*Dispõe sobre a arbitragem.*

▶ Publicada no *DOU* de 24-9-1996.
▶ Arts. 851 a 853 do CC.
▶ Arts. 86 e 301, § 4º, do CPC.

### Capítulo I
### DISPOSIÇÕES GERAIS

**Art. 1º** As pessoas capazes de contratar poderão valer-se da arbitragem para dirimir litígios relativos a direitos patrimoniais disponíveis.

▶ Arts. 851 e 852 do CC.

**Art. 2º** A arbitragem poderá ser de direito ou de equidade, a critério das partes.

§ 1º Poderão as partes escolher, livremente, as regras de direito que serão aplicadas na arbitragem, desde que não haja violação aos bons costumes e à ordem pública.

§ 2º Poderão, também, as partes convencionar que a arbitragem se realize com base nos princípios gerais de direito, nos usos e costumes e nas regras internacionais de comércio.

### Capítulo II
### DA CONVENÇÃO DE ARBITRAGEM E SEUS EFEITOS

**Art. 3º** As partes interessadas podem submeter a solução de seus litígios ao juízo arbitral mediante convenção de arbitragem, assim entendida a cláusula compromissória e o compromisso arbitral.

**Art. 4º** A cláusula compromissória é a convenção através da qual as partes em um contrato comprometem-se a submeter à arbitragem os litígios que possam vir a surgir, relativamente a tal contrato.

▶ Art. 853 do CC.

§ 1º A cláusula compromissória deve ser estipulada por escrito, podendo estar inserta no próprio contrato ou em documento apartado que a ele se refira.

§ 2º Nos contratos de adesão, a cláusula compromissória só terá eficácia se o aderente tomar a iniciativa de instituir a arbitragem ou concordar, expressamente, com a sua instituição, desde que por escrito em documento anexo ou em negrito, com a assinatura ou visto especialmente para essa cláusula.

**Art. 5º** Reportando-se as partes, na cláusula compromissória, às regras de algum órgão arbitral institucional ou entidade especializada, a arbitragem será instituída e processada de acordo com tais regras, podendo, igualmente, as partes estabelecer na própria cláusula, ou em outro documento, a forma convencionada para a instituição da arbitragem.

**Art. 6º** Não havendo acordo prévio sobre a forma de instituir a arbitragem, a parte interessada manifestará à outra parte sua intenção de dar início à arbitragem, por via postal ou por outro meio qualquer de comunicação, mediante comprovação de recebimento, convocando-a para, em dia, hora e local certos, firmar o compromisso arbitral.

Parágrafo único. Não comparecendo a parte convocada ou, comparecendo, recusar-se a firmar o compromisso arbitral, poderá a outra parte propor a demanda de que trata o artigo 7º desta Lei, perante o órgão do Poder Judiciário a que, originariamente, tocaria o julgamento da causa.

**Art. 7º** Existindo cláusula compromissória e havendo resistência quanto à instituição da arbitragem, poderá a parte interessada requerer a citação da outra parte para comparecer em juízo a fim de lavrar-se o compromisso, designando o juiz audiência especial para tal fim.

▶ Arts. 13, § 2º, e 16, § 2º, desta Lei.

§ 1º O autor indicará, com precisão, o objeto da arbitragem, instruindo o pedido com o documento que contiver a cláusula compromissória.

§ 2º Comparecendo as partes à audiência, o juiz tentará, previamente, a conciliação acerca do litígio. Não obtendo sucesso, tentará o juiz conduzir as partes à celebração, de comum acordo, do compromisso arbitral.

§ 3º Não concordando as partes sobre os termos do compromisso, decidirá o juiz, após ouvir o réu, sobre seu conteúdo, na própria audiência ou no prazo de dez dias, respeitadas as disposições da cláusula compromissória e atendendo ao disposto nos artigos 10 e 21, § 2º desta Lei.

§ 4º Se a cláusula compromissória nada dispuser sobre a nomeação de árbitros, caberá ao juiz, ouvidas as partes, estatuir a respeito, podendo nomear árbitro único para a solução do litígio.

§ 5º A ausência do autor, sem justo motivo, à audiência designada para a lavratura do compromisso arbitral, importará a extinção do processo sem julgamento de mérito.

§ 6º Não comparecendo o réu à audiência, caberá ao juiz, ouvido o autor, estatuir a respeito do conteúdo do compromisso, nomeando árbitro único.

§ 7º A sentença que julgar procedente o pedido valerá como compromisso arbitral.

**Art. 8º** A cláusula compromissória é autônoma em relação ao contrato em que estiver inserta, de tal sorte que a nulidade deste não implica, necessariamente, a nulidade da cláusula compromissória.

Parágrafo único. Caberá ao árbitro decidir de ofício, ou por provocação das partes, as questões acerca da existência, validade e eficácia da convenção de arbitragem e do contrato que contenha a cláusula compromissória.

**Art. 9º** O compromisso arbitral é a convenção através da qual as partes submetem um litígio à arbitragem de uma ou mais pessoas, podendo ser judicial ou extrajudicial.

▶ Art. 851 do CC.

§ 1º O compromisso arbitral judicial celebrar-se-á por termo nos autos, perante o juízo ou tribunal, onde tem curso a demanda.

§ 2º O compromisso arbitral extrajudicial será celebrado por escrito particular, assinado por duas testemunhas, ou por instrumento público.

**Art. 10.** Constará, obrigatoriamente, do compromisso arbitral:

▶ Art. 7º, § 3º, desta Lei.

I – o nome, profissão, estado civil e domicílio das partes;
II – o nome, profissão e domicílio do árbitro, ou dos árbitros, ou, se for o caso, a identificação da entidade à qual as partes delegaram a indicação de árbitros;
III – a matéria que será objeto da arbitragem; e
IV – o lugar em que será proferida a sentença arbitral.

**Art. 11.** Poderá, ainda, o compromisso arbitral conter:

I – local, ou locais, onde se desenvolverá a arbitragem;
II – a autorização para que o árbitro ou os árbitros julguem por equidade, se assim for convencionado pelas partes;
III – o prazo para apresentação da sentença arbitral;
IV – a indicação da lei nacional ou das regras corporativas aplicáveis à arbitragem, quando assim convencionarem as partes;
V – a declaração da responsabilidade pelo pagamento dos honorários e das despesas com a arbitragem; e
VI – a fixação dos honorários do árbitro, ou dos árbitros.

Parágrafo único. Fixando as partes os honorários do árbitro, ou dos árbitros, no compromisso arbitral, este constituirá título executivo extrajudicial; não havendo tal estipulação, o árbitro requererá ao órgão do Poder Judiciário que seria competente para julgar, originariamente, a causa que os fixe por sentença.

**Art. 12.** Extingue-se o compromisso arbitral:

I – escusando-se qualquer dos árbitros, antes de aceitar a nomeação, desde que as partes tenham declarado, expressamente, não aceitar substituto;
II – falecendo ou ficando impossibilitado de dar seu voto algum dos árbitros, desde que as partes declarem, expressamente, não aceitar substituto; e
III – tendo expirado o prazo a que se refere o artigo 11, inciso III, desde que a parte interessada tenha notificado o árbitro, ou o presidente do tribunal arbitral,

concedendo-lhe o prazo de dez dias para a prolação e apresentação da sentença arbitral.

▶ Art. 32, VII, desta Lei.

## Capítulo III
### DOS ÁRBITROS

**Art. 13.** Pode ser árbitro qualquer pessoa capaz e que tenha a confiança das partes.

§ 1º As partes nomearão um ou mais árbitros, sempre em número ímpar, podendo nomear, também, os respectivos suplentes.

§ 2º Quando as partes nomearem árbitros em número par, estes estão autorizados, desde logo, a nomear mais um árbitro. Não havendo acordo, requererão as partes ao órgão do Poder Judiciário a que tocaria, originariamente, o julgamento da causa a nomeação do árbitro, aplicável, no que couber, o procedimento previsto no artigo 7º desta Lei.

§ 3º As partes poderão, de comum acordo, estabelecer o processo de escolha dos árbitros ou adotar as regras de um órgão arbitral institucional ou entidade especializada.

§ 4º Sendo nomeados vários árbitros, estes, por maioria, elegerão o presidente do tribunal arbitral. Não havendo consenso, será designado presidente o mais idoso.

§ 5º O árbitro ou o presidente do tribunal designará, se julgar conveniente, um secretário, que poderá ser um dos árbitros.

§ 6º No desempenho de sua função, o árbitro deverá proceder com imparcialidade, independência, competência, diligência e discrição.

§ 7º Poderá o árbitro ou o tribunal arbitral determinar às partes o adiantamento de verbas para despesas e diligências que julgar necessárias.

**Art. 14.** Estão impedidos de funcionar como árbitros as pessoas que tenham, com as partes ou com o litígio que lhes for submetido, algumas das relações que caracterizam os casos de impedimento ou suspeição de juízes, aplicando-se-lhes, no que couber, os mesmos deveres e responsabilidades, conforme previsto no Código de Processo Civil.

▶ Arts. 134 a 138 do CPC.

§ 1º As pessoas indicadas para funcionar como árbitro têm o dever de revelar, antes da aceitação da função, qualquer fato que denote dúvida justificada quanto à sua imparcialidade e independência.

§ 2º O árbitro somente poderá ser recusado por motivo ocorrido após sua nomeação. Poderá, entretanto, ser recusado por motivo anterior à sua nomeação, quando:

a) não for nomeado, diretamente, pela parte; ou
b) o motivo para a recusa do árbitro for conhecido posteriormente à sua nomeação.

**Art. 15.** A parte interessada em arguir a recusa do árbitro apresentará, nos termos do artigo 20, a respectiva exceção, diretamente ao árbitro ou ao presidente do tribunal arbitral, deduzindo suas razões e apresentando as provas pertinentes.

Parágrafo único. Acolhida a exceção, será afastado o árbitro suspeito ou impedido, que será substituído, na forma do artigo 16 desta Lei.

**Art. 16.** Se o árbitro escusar-se antes da aceitação da nomeação, ou, após a aceitação, vier a falecer, tornar-se impossibilitado para o exercício da função, ou for recusado, assumirá seu lugar o substituto indicado no compromisso, se houver.

▶ Art. 20, § 1º, desta lei.

§ 1º Não havendo substituto indicado para o árbitro, aplicar-se-ão as regras do órgão arbitral institucional ou entidade especializada, se as partes as tiverem invocado na convenção de arbitragem.

§ 2º Nada dispondo a convenção de arbitragem e não chegando as partes a um acordo sobre a nomeação do árbitro a ser substituído, procederá a parte interessada da forma prevista no artigo 7º desta Lei, a menos que as partes tenham declarado, expressamente, na convenção de arbitragem, não aceitar substituto.

**Art. 17.** Os árbitros, quando no exercício de suas funções ou em razão delas, ficam equiparados aos funcionários públicos, para os efeitos da legislação penal.

▶ Arts. 312 a 327 do CP.

**Art. 18.** O árbitro é juiz de fato e de direito, e a sentença que proferir não fica sujeita a recurso ou a homologação pelo Poder Judiciário.

### Capítulo IV

#### DO PROCEDIMENTO ARBITRAL

**Art. 19.** Considera-se instituída a arbitragem quando aceita a nomeação pelo árbitro, se for único, ou por todos, se forem vários.

Parágrafo único. Instituída a arbitragem e entendendo o árbitro ou o tribunal arbitral que há necessidade de explicitar alguma questão disposta na convenção de arbitragem, será elaborado, juntamente com as partes, um adendo, firmado por todos, que passará a fazer parte integrante da convenção de arbitragem.

**Art. 20.** A parte que pretender arguir questões relativas à competência, suspeição ou impedimento do árbitro ou dos árbitros, bem como nulidade, invalidade ou ineficácia da convenção de arbitragem, deverá fazê-lo na primeira oportunidade que tiver de se manifestar, após a instituição da arbitragem.

▶ Art. 15 desta Lei.

§ 1º Acolhida a arguição de suspeição ou impedimento, será o árbitro substituído nos termos do artigo 16 desta Lei, reconhecida a incompetência do árbitro ou do tribunal arbitral, bem como a nulidade, invalidade ou ineficácia da convenção de arbitragem, serão as partes remetidas ao órgão do Poder Judiciário competente para julgar a causa.

§ 2º Não sendo acolhida a arguição, terá normal prosseguimento a arbitragem, sem prejuízo de vir a ser examinada a decisão pelo órgão do Poder Judiciário competente, quando da eventual propositura da demanda de que trata o artigo 33 desta Lei.

**Art. 21.** A arbitragem obedecerá ao procedimento estabelecido pelas partes na convenção de arbitragem, que poderá reportar-se às regras de um órgão arbitral institucional ou entidade especializada, facultando-se, ainda, às partes delegar ao próprio árbitro, ou ao tribunal arbitral, regular o procedimento.

§ 1º Não havendo estipulação acerca do procedimento, caberá ao árbitro ou ao tribunal arbitral discipliná-lo.

§ 2º Serão, sempre, respeitados no procedimento arbitral os princípios do contraditório, da igualdade das partes, da imparcialidade do árbitro e de seu livre convencimento.

▶ Arts. 7º, § 3º, e 32, VIII, desta Lei.

§ 3º As partes poderão postular por intermédio de advogado, respeitada, sempre, a faculdade de designar quem as represente ou assista no procedimento arbitral.

§ 4º Competirá ao árbitro ou ao tribunal arbitral, no início do procedimento, tentar a conciliação das partes, aplicando-se, no que couber, o artigo 28 desta Lei.

**Art. 22.** Poderá o árbitro ou o tribunal arbitral tomar o depoimento das partes, ouvir testemunhas e determinar a realização de perícias ou outras provas que julgar necessárias, mediante requerimento das partes ou de ofício.

§ 1º O depoimento das partes e das testemunhas será tomado em local, dia e hora previamente comunicados, por escrito, e reduzido a termo, assinado pelo depoente, ou a seu rogo, e pelos árbitros.

§ 2º Em caso de desatendimento, sem justa causa, da convocação para prestar depoimento pessoal, o árbitro ou o tribunal arbitral levará em consideração o comportamento da parte faltosa, ao proferir sua sentença; se a ausência for de testemunha, nas mesmas circunstâncias, poderá o árbitro ou o presidente do tribunal arbitral requerer à autoridade judiciária que conduza a testemunha renitente, comprovando a existência da convenção de arbitragem.

§ 3º A revelia da parte não impedirá que seja proferida a sentença arbitral.

§ 4º Ressalvado o disposto no § 2º, havendo necessidade de medidas coercitivas ou cautelares, os árbitros poderão solicitá-las ao órgão do Poder Judiciário que seria, originariamente, competente para julgar a causa.

§ 5º Se, durante o procedimento arbitral, um árbitro vier a ser substituído fica a critério do substituto repetir as provas já produzidas.

### Capítulo V

#### DA SENTENÇA ARBITRAL

**Art. 23.** A sentença arbitral será proferida no prazo estipulado pelas partes. Nada tendo sido convencionado, o prazo para a apresentação da sentença é de seis meses, contado da instituição da arbitragem ou da substituição do árbitro.

Parágrafo único. As partes e os árbitros, de comum acordo, poderão prorrogar o prazo estipulado.

**Art. 24.** A decisão do árbitro ou dos árbitros será expressa em documento escrito.

§ 1º Quando forem vários os árbitros, a decisão será tomada por maioria. Se não houver acordo majoritário, prevalecerá o voto do presidente do tribunal arbitral.

§ 2º O árbitro que divergir da maioria poderá, querendo, declarar seu voto em separado.

**Art. 25.** Sobrevindo no curso da arbitragem controvérsia acerca de direitos indisponíveis e verificando-se que de sua existência, ou não, dependerá o julgamento, o árbitro ou o tribunal arbitral remeterá as partes à autoridade competente do Poder Judiciário, suspendendo o procedimento arbitral.

Parágrafo único. Resolvida a questão prejudicial e juntada aos autos a sentença ou acórdão transitados em julgado, terá normal seguimento a arbitragem.

**Art. 26.** São requisitos obrigatórios da sentença arbitral:

▶ Arts. 28 e 32, III, desta Lei.

I – o relatório, que conterá os nomes das partes e um resumo do litígio;
II – os fundamentos da decisão, onde serão analisadas as questões de fato e de direito, mencionando-se, expressamente, se os árbitros julgaram por equidade;
III – o dispositivo, em que os árbitros resolverão as questões que lhes forem submetidas e estabelecerão o prazo para o cumprimento da decisão, se for o caso; e
IV – a data e o lugar em que foi proferida.

Parágrafo único. A sentença arbitral será assinada pelo árbitro ou por todos os árbitros. Caberá ao presidente do tribunal arbitral, na hipótese de um ou alguns dos árbitros não poder ou não querer assinar a sentença, certificar tal fato.

**Art. 27.** A sentença arbitral decidirá sobre a responsabilidade das partes acerca das custas e despesas com a arbitragem, bem como sobre verba decorrente de litigância de má-fé, se for o caso, respeitadas as disposições da convenção de arbitragem, se houver.

▶ Arts. 16 a 18 do CPC.

**Art. 28.** Se, no decurso da arbitragem, as partes chegarem a acordo quanto ao litígio, o árbitro ou o tribunal arbitral poderá, a pedido das partes, declarar tal fato mediante sentença arbitral, que conterá os requisitos do artigo 26 desta Lei.

▶ Art. 21, § 4º, desta Lei.

**Art. 29.** Proferida a sentença arbitral, dá-se por finda a arbitragem, devendo o árbitro, ou o presidente do tribunal arbitral, enviar cópia da decisão às partes, por via postal ou por outro meio qualquer de comunicação, mediante comprovação de recebimento, ou, ainda, entregando-a diretamente às partes, mediante recibo.

▶ Art. 30, parágrafo único, desta Lei.

**Art. 30.** No prazo de cinco dias, a contar do recebimento da notificação ou da ciência pessoal da sentença arbitral, a parte interessada, mediante comunicação à outra parte, poderá solicitar ao árbitro ou ao tribunal arbitral que:

I – corrija qualquer erro material da sentença arbitral;
II – esclareça alguma obscuridade, dúvida ou contradição da sentença arbitral, ou se pronuncie sobre ponto omitido a respeito do qual devia manifestar-se a decisão.

Parágrafo único. O árbitro ou o tribunal arbitral decidirá, no prazo de dez dias, aditando a sentença arbitral e notificando as partes na forma do artigo 29.

**Art. 31.** A sentença arbitral produz, entre as partes e seus sucessores, os mesmos efeitos da sentença proferida pelos órgãos do Poder Judiciário e, sendo condenatória, constitui título executivo.

▶ Art. 475-N, IV, do CPC.

**Art. 32.** É nula a sentença arbitral se:

I – for nulo o compromisso;
II – emanou de quem não podia ser árbitro;
III – não contiver os requisitos do artigo 26 desta Lei;
IV – for proferida fora dos limites da convenção de arbitragem;
V – não decidir todo o litígio submetido à arbitragem;
VI – comprovado que foi proferida por prevaricação, concussão ou corrupção passiva;
VII – proferida fora do prazo, respeitado o disposto no artigo 12, inciso III, desta Lei; e
VIII – forem desrespeitados os princípios de que trata o artigo 21, § 2º, desta Lei.

▶ Art. 32, § 2º, I, desta Lei.

**Art. 33.** A parte interessada poderá pleitear ao órgão do Poder Judiciário competente a decretação da nulidade da sentença arbitral, nos casos previstos nesta Lei.

▶ Art. 20, § 2º, desta Lei.

§ 1º A demanda para a decretação de nulidade da sentença arbitral seguirá o procedimento comum, previsto no Código de Processo Civil, e deverá ser proposta no prazo de até noventa dias após o recebimento da notificação da sentença arbitral ou de seu aditamento.

▶ Art. 270 e seguintes do CPC.

§ 2º A sentença que julgar procedente o pedido:
I – decretará a nulidade da sentença arbitral, nos casos do artigo 32, incisos I, II, VI, VII e VIII;
II – determinará que o árbitro ou o tribunal arbitral profira novo laudo, nas demais hipóteses.

§ 3º A decretação da nulidade da sentença arbitral também poderá ser arguida mediante ação de embargos do devedor, conforme o artigo 741 e seguintes do Código de Processo Civil, se houver execução judicial.

▶ Arts. 475-J a 475-M e 475-N, IV, do CPC.

## Capítulo VI
### DO RECONHECIMENTO E EXECUÇÃO DE SENTENÇAS ARBITRAIS ESTRANGEIRAS

▶ Dec. nº 4.311, de 23-7-2002, promulga a Convenção sobre o Reconhecimento e a Execução de Sentenças Arbitrais Estrangeiras.

**Art. 34.** A sentença arbitral estrangeira será reconhecida ou executada no Brasil de conformidade com os tratados internacionais com eficácia no ordenamento interno e, na sua ausência, estritamente de acordo com os termos desta Lei.

Parágrafo único. Considera-se sentença arbitral estrangeira a que tenha sido proferida fora do Território Nacional.

**Art. 35.** Para ser reconhecida ou executada no Brasil, a sentença arbitral estrangeira está sujeita, unicamente, à homologação do Supremo Tribunal Federal.

▶ A homologação de sentença estrangeira passou a ser da competência do STJ, conforme art. 105, I, i, da CF, com a redação dada pela EC nº 45, de 8-12-2004.

▶ Art. 109, X, da CF.

**Art. 36.** Aplica-se à homologação para reconhecimento ou execução de sentença arbitral estrangeira, no que couber, o disposto nos artigos 483 e 484 do Código de Processo Civil.

▶ A homologação de sentença estrangeira passou a ser da competência do STJ, conforme art. 105, I, *i*, da CF, com a redação dada pela EC nº 45, de 8-12-2004.

**Art. 37.** A homologação de sentença arbitral estrangeira será requerida pela parte interessada, devendo a petição inicial conter as indicações da lei processual, conforme o artigo 282 do Código de Processo Civil, e ser instruída, necessariamente, com:

▶ A homologação de sentença estrangeira passou a ser da competência do STJ, conforme art. 105, I, *i*, da CF, com a redação dada pela EC nº 45, de 8-12-2004.

I – o original da sentença arbitral ou uma cópia devidamente certificada, autenticada pelo consulado brasileiro e acompanhada de tradução oficial;
II – o original da convenção de arbitragem ou cópia devidamente certificada, acompanhada de tradução oficial.

**Art. 38.** Somente poderá ser negada a homologação para o reconhecimento ou execução de sentença arbitral estrangeira, quando o réu demonstrar que:

▶ A homologação de sentença estrangeira passou a ser da competência do STJ, conforme art. 105, I, *i*, da CF, com a redação dada pela EC nº 45, de 8-12-2004.

I – as partes na convenção de arbitragem eram incapazes;
II – a convenção de arbitragem não era válida segundo a lei à qual as partes se submeteram, ou, na falta de indicação, em virtude da lei do país onde a sentença arbitral foi proferida;
III – não foi notificado da designação do árbitro ou do procedimento de arbitragem, ou tenha sido violado o princípio do contraditório, impossibilitando a ampla defesa;
IV – a sentença arbitral foi proferida fora dos limites da convenção de arbitragem, e não foi possível separar a parte excedente daquela submetida à arbitragem;
V – a instituição da arbitragem não está de acordo com o compromisso arbitral ou cláusula compromissória;
VI – a sentença arbitral não se tenha, ainda, tornado obrigatória para as partes, tenha sido anulada, ou, ainda, tenha sido suspensa por órgão judicial do país onde a sentença arbitral for prolatada.

**Art. 39.** Também será denegada a homologação para o reconhecimento ou execução da sentença arbitral estrangeira, se o Supremo Tribunal Federal constatar que:

▶ A homologação de sentença estrangeira passou a ser da competência do STJ, conforme art. 105, I, *i*, da CF, com a redação dada pela EC nº 45, de 8-12-2004.

I – segundo a lei brasileira, o objeto do litígio não é suscetível de ser resolvido por arbitragem;
II – a decisão ofende a ordem pública nacional.

Parágrafo único. Não será considerada ofensa à ordem pública nacional a efetivação da citação da parte residente ou domiciliada no Brasil, nos moldes da convenção de arbitragem ou da lei processual do país onde se realizou arbitragem, admitindo-se, inclusive, a citação postal com prova inequívoca de recebimento,

desde que assegure à parte brasileira tempo hábil para o exercício do direito de defesa.

▶ Súm. nº 429 do STJ.

**Art. 40.** A denegação da homologação para reconhecimento ou execução de sentença arbitral estrangeira por vícios formais, não obsta que a parte interessada renove o pedido, uma vez sanados os vícios apresentados.

▶ A homologação de sentença estrangeira passou a ser da competência do STJ, conforme art. 105, I, *i*, da CF, com a redação dada pela EC nº 45, de 8-12-2004.

CAPÍTULO VII

DISPOSIÇÕES FINAIS

**Art. 41.** Os artigos 267, inciso VII; 301, inciso IX; e 584, inciso III, do Código de Processo Civil passam a ter a seguinte redação:

▶ Alterações inseridas no texto do referido Código.
▶ O art. 584 do CPC foi revogado pela Lei nº 11.232, de 22-12-2005.

**Art. 42.** O artigo 520 do Código de Processo Civil passa a ter mais um inciso, com a seguinte redação:

▶ Alteração inserida no texto do referido Código.

**Art. 43.** Esta Lei entrará em vigor sessenta dias após a data de sua publicação.

**Art. 44.** Ficam revogados os artigos 1.037 a 1.048 da Lei nº 3.071, de 1º de janeiro de 1916, Código Civil Brasileiro; os artigos 101 e 1.072 a 1.102 da Lei nº 5.869, de 11 de janeiro de 1973, Código de Processo Civil; e demais disposições em contrário.

▶ A Lei nº 3.071, de 1º-1-1916, foi revogada pela Lei nº 10.406, de 10-1-2002 (Código Civil).

Brasília, 23 de setembro de 1996;
175º da Independência e
108º da República.

**Fernando Henrique Cardoso**

---

**LEI Nº 9.469,
DE 10 DE JULHO DE 1997**

*Regulamenta o disposto no inciso VI do art. 4º da Lei Complementar nº 73, de 10 de fevereiro de 1993; dispõe sobre a intervenção da União nas causas em que figurarem, como autores ou réus, entes da administração indireta; regula os pagamentos devidos pela Fazenda Pública em virtude de sentença judiciária; revoga a Lei nº 8.197, de 27 de junho de 1991, e a Lei nº 9.081, de 19 de julho de 1995, e dá outras providências.*

▶ Publicada no *DOU* de 11-7-1997.

**Art. 1º** O Advogado-Geral da União, diretamente ou mediante delegação, e os dirigentes máximos das empresas públicas federais poderão autorizar a realização de acordos ou transações, em juízo, para terminar o litígio, nas causas de valor até R$ 500.000,00 (quinhentos mil reais).

▶ *Caput* com a redação dada pela Lei nº 11.941, de 27-5-2009.

§ 1º Quando a causa envolver valores superiores ao limite fixado neste artigo, o acordo ou a transação, sob pena de nulidade, dependerá de prévia e expressa autorização do Advogado-Geral da União e do Ministro de Estado ou do titular da Secretaria da Presidência da República a cuja área de competência estiver afeto o assunto, ou ainda do Presidente da Câmara dos Deputados, do Senado Federal, do Tribunal de Contas da União, de Tribunal ou Conselho, ou do Procurador-Geral da República, no caso de interesse dos órgãos dos Poderes Legislativo e Judiciário, ou do Ministério Público da União, excluídas as empresas públicas federais não dependentes, que necessitarão apenas de prévia e expressa autorização de seu dirigente máximo.

▶ § 1º com a redação dada pela Lei nº 11.941, de 27-5-2009.

§ 2º *Revogado*. Lei nº 12.348, de 15-12-2010.

§ 3º As competências previstas neste artigo podem ser delegadas.

▶ § 3º acrescido pela Lei nº 11.941, de 27-5-2009.

**Art. 1º-A.** O Advogado-Geral da União poderá dispensar a inscrição de crédito, autorizar o não ajuizamento de ações e a não interposição de recursos, assim como o requerimento de extinção das ações em curso ou de desistência dos respectivos recursos judiciais, para cobrança de créditos da União e das autarquias e fundações públicas federais, observados os critérios de custos de administração e cobrança.

▶ Súm. nº 452 do STJ.

Parágrafo único. O disposto neste artigo não se aplica à Dívida Ativa da União e aos processos em que a União seja autora, ré, assistente ou oponente cuja representação judicial seja atribuída à Procuradoria-Geral da Fazenda Nacional.

▶ Art. 1º-A com a redação dada pela Lei nº 11.941, de 27-5-2009.

**Art. 1º-B.** Os dirigentes máximos das empresas públicas federais poderão autorizar a não propositura de ações e a não interposição de recursos, assim como o requerimento de extinção das ações em curso ou de desistência dos respectivos recursos judiciais, para cobrança de créditos, atualizados, de valor igual ou inferior a R$ 10.000,00 (dez mil reais), em que interessadas essas entidades na qualidade de autoras, rés, assistentes ou oponentes, nas condições aqui estabelecidas.

▶ *Caput* com a redação dada pela Lei nº 11.941, de 27-5-2009.

Parágrafo único. Quando a causa envolver valores superiores ao limite fixado neste artigo, o disposto no *caput*, sob pena de nulidade, dependerá de prévia e expressa autorização do Ministro de Estado ou do titular da Secretaria da Presidência da República a cuja área de competência estiver afeto o assunto, excluído o caso das empresas públicas não dependentes que necessitarão apenas de prévia e expressa autorização de seu dirigente máximo.

▶ Parágrafo único acrescido pela Lei nº 11.941, de 27-5-2009.

**Art. 1º-C.** Verificada a prescrição do crédito, o representante judicial da União, das autarquias e fundações públicas federais não efetivará a inscrição em dívida ativa dos créditos, não procederá ao ajuizamento, não recorrerá e desistirá dos recursos já interpostos.

▶ Art. 1º-C acrescido pela Lei nº 11.941, de 27-5-2009.

**Art. 2º** O Procurador-Geral da União, o Procurador-Geral Federal e os dirigentes máximos das empresas públicas federais e do Banco Central do Brasil poderão autorizar a realização de acordos, homologáveis pelo Juízo, nos autos do processo judicial, para o pagamento de débitos de valores não superiores a R$ 100.000,00 (cem mil reais), em parcelas mensais e sucessivas até o máximo de 30 (trinta).

▶ *Caput* com a redação dada pela Lei nº 11.941, de 27-5-2009.

§ 1º O valor de cada prestação mensal, por ocasião do pagamento, será acrescido de juros equivalentes à taxa referencial do Sistema Especial de Liquidação e de Custódia – SELIC para títulos federais, acumulada mensalmente, calculados a partir do mês subsequente ao da consolidação até o mês anterior ao do pagamento, e de 1% (um por cento) relativamente ao mês em que o pagamento estiver sendo efetuado.

▶ § 1º com a redação dada pela Lei nº 11.941, de 27-5-2009.

§ 2º Inadimplida qualquer parcela, pelo prazo de trinta dias, instaura-se-á o processo de execução ou nele prosseguir-se-á, pelo saldo.

**Art. 3º** As autoridades indicadas no *caput* do art. 1º poderão concorda com pedido de desistência da ação, nas causas de quaisquer valores desde que o autor renuncie expressamente ao direito sobre que se funda a ação (art. 269, inciso V, do Código de Processo Civil).

Parágrafo único. Quando a desistência de que trata este artigo decorrer de prévio requerimento do autor dirigido à administração pública federal para apreciação de pedido administrativo com o mesmo objeto da ação, esta não poderá negar o seu deferimento exclusivamente em razão da renúncia prevista no *caput* deste artigo.

▶ Parágrafo único acrescido pela Lei nº 11.941, de 27-5-2009.

**Art. 4º** Não havendo Súmula da Advocacia-Geral da União (arts. 4º, inciso XII, e 43, da Lei Complementar nº 73, de 1993), o Advogado-Geral da União poderá dispensar a propositura de ações ou a interposição de recursos judiciais quando a controvérsia jurídica estiver sendo iterativamente decidida pelo Supremo Tribunal Federal ou pelos Tribunais Superiores.

**Art. 4º-A.** O termo de ajustamento de conduta, para prevenir ou terminar litígios, nas hipóteses que envolvam interesse público da União, suas autarquias e fundações, firmado pela Advocacia-Geral da União, deverá conter:

I – a descrição das obrigações assumidas;

II – o prazo e o modo para o cumprimento das obrigações;

III – a forma de fiscalização da sua observância;

IV – os fundamentos de fato e de direito; e

V – a previsão de multa ou de sanção administrativa, no caso de seu descumprimento.

Parágrafo único. A Advocacia-Geral da União poderá solicitar aos órgãos e entidades públicas federais manifestação sobre a viabilidade técnica, operacional e financeira das obrigações a serem assumidas em termo de ajustamento de conduta, cabendo ao Advogado-Geral da União a decisão final quanto à sua celebração.

▶ Art. 4º-A acrescido pela Lei nº 12.249, de 11-6-2010.

**Art. 5º** A União poderá intervir nas causas em que figurarem, como autoras ou rés, autarquias, fundações públicas, sociedades de economia mista e empresas públicas federais.

Parágrafo único. As pessoas jurídicas de direito público poderão, nas causas cuja decisão possa ter reflexos, ainda que indiretos, de natureza econômica, intervir, independentemente da demonstração de interesse jurídico, para esclarecer questões de fato e de direito, podendo juntar documentos e memoriais reputados úteis ao exame da matéria e, se for o caso, recorrer, hipótese em que, para fins de deslocamento de competência, serão consideradas partes.

**Art. 6º** Os pagamentos devidos pela Fazenda Pública federal, estadual ou municipal e pelas autarquias e fundações públicas, em virtude de sentença judiciária, far-se-ão, exclusivamente, na ordem cronológica da apresentação dos precatórios judiciários e à conta do respectivo crédito.

§ 1º É assegurado o direito de preferência aos credores de obrigação de natureza alimentícia, obedecida, entre eles, a ordem cronológica de apresentação dos respectivos precatórios judiciários.

▶ Antigo parágrafo único renumerado para § 1º pela MP nº 2.226, de 4-9-2001, que até o encerramento desta edição não havia sido convertida em Lei.

§ 2º O acordo ou a transação celebrada diretamente pela parte ou por intermédio de procurador para extinguir ou encerrar processo judicial, inclusive nos casos de extensão administrativa de pagamentos postulados em juízo, implicará sempre a responsabilidade de cada uma das partes pelo pagamento dos honorários de seus respectivos advogados, mesmo que tenham sido objeto de condenação transitada em julgado.

▶ § 2º acrescido pela MP nº 2.226, de 4-9-2001, que até o encerramento desta edição não havia sido convertida em Lei.

**Art. 7º** *Revogado.* Lei nº 11.941, de 27-5-2009.

**Art. 7º-A.** As competências previstas nesta Lei aplicam-se concorrentemente àquelas específicas existentes na legislação em vigor em relação às autarquias, às fundações e às empresas públicas federais não dependentes.

▶ Art. 7º-A acrescido pela Lei nº 11.941, de 27-5-2009.

**Art. 8º** Aplicam-se as disposições desta Lei, no que couber, às ações propostas e aos recursos interpostos pelas entidades legalmente sucedidas pela União.

**Art. 9º** A representação judicial das autarquias e fundações públicas por seus procuradores ou advogados, ocupantes de cargos efetivos dos respectivos quadros, independe da apresentação do instrumento de mandato.

**Art. 10.** Aplica-se às autarquias e fundações públicas o disposto nos arts. 188 e 475, *caput*, e no seu inciso II, do Código de Processo Civil.

**Art. 10-A.** Ficam convalidados os acordos ou transações, em juízo, para terminar o litígio, realizados pela União ou pelas autarquias, fundações ou empresas públicas federais não dependentes durante o período de vigência da Medida Provisória nº 449, de 3 de dezembro de 2008, que estejam de acordo com o disposto nesta Lei.

▶ Art. 10-A acrescido pela Lei nº 11.941, de 27-5-2009.

**Art. 11.** Ficam convalidados os atos praticados com base na Medida Provisória nº 1.561-5, de 15 de maio de 1997.

**Art. 12.** Revogam-se a Lei nº 8.197, de 27 de junho de 1991, e a Lei nº 9.081, de 19 de julho de 1995.

**Art. 13.** Esta Lei entra em vigor na data de sua publicação.

Congresso Nacional, em 10 de julho de 1997; 176º da Independência e 109º da República.

Senador Antonio Carlos Magalhães

## LEI Nº 9.494, DE 10 DE SETEMBRO DE 1997

*Disciplina a aplicação da tutela antecipada contra a Fazenda Pública, altera a Lei nº 7.347, de 24 de julho de 1985, e dá outras providências.*

▶ Publicada no *DOU* de 11-9-1997.
▶ Art. 151, V, do CTN.
▶ Dec. nº 2.346, de 10-10-1997, consolida normas de procedimentos a serem observadas pela Administração Pública Federal em razão de decisões judiciais e regulamenta os dispositivos legais que menciona.

**Art 1º** Aplica-se à tutela antecipada prevista nos artigos 273 e 461 do Código de Processo Civil o disposto nos artigos 5º e seu parágrafo único e 7º da Lei nº 4.348, de 26 de junho de 1964, no artigo 1º e seu § 4º da Lei nº 5.021, de 9 de junho de 1966, e nos artigos 1º, 3º e 4º da Lei nº 8.437, de 30 de junho de 1992.

▶ As Leis nºs 4.348, de 26-6-1964, e 5.021, de 9-6-1966, foram revogadas pela Lei nº 12.016, de 7-8-2009 (Lei do Mandado de Segurança Individual e Coletivo).
▶ Lei nº 8.437, de 30-6-1992, dispõe sobre a concessão de medidas cautelares contra atos do Poder Público.
▶ Súm. nº 729 do STF.

**Art. 1º-A.** Estão dispensadas de depósito prévio, para interposição de recurso, as pessoas jurídicas de direito público federais, estaduais, distritais e municipais.

**Art. 1º-B.** O prazo a que se refere o *caput* dos artigos 730 do Código de Processo Civil, e 884 da Consolidação das Leis do Trabalho, aprovada pelo Decreto-Lei nº 5.452, de 1º de maio de 1943, passa a ser de trinta dias.

**Art. 1º-C.** Prescreverá em cinco anos o direito de obter indenização dos danos causados por agentes de pessoas jurídicas de direito público e de pessoas

jurídicas de direito privado prestadoras de serviços públicos.
▶ Art. 27 do CDC.

**Art. 1º-D.** Não serão devidos honorários advocatícios pela Fazenda Pública nas execuções não embargadas.
▶ Art. 730 do CPC.
▶ Súm. nº 345 do STJ.

**Art. 1º-E.** São passíveis de revisão, pelo Presidente do Tribunal, de ofício ou a requerimento das partes, as contas elaboradas para aferir o valor dos precatórios antes de seu pagamento ao credor.
▶ Arts. 1º-A a 1º-E acrescidos pela MP nº 2.180-35, de 24-8-2001, que até o encerramento desta edição não havia sido convertida em Lei.

**Art. 1º-F.** Nas condenações impostas à Fazenda Pública, independentemente de sua natureza e para fins de atualização monetária, remuneração do capital e compensação da mora, haverá a incidência uma única vez, até o efetivo pagamento, dos índices oficiais de remuneração básica e juros aplicados à caderneta de poupança.
▶ Art. 1º-F com a redação dada pela Lei nº 11.960, de 29-6-2009.

**Art 2º** O artigo 16 da Lei nº 7.347, de 24 de julho de 1985, passa a vigorar com a seguinte redação:
▶ Alteração inserida no texto da referida lei.

**Art. 2º-A.** A sentença civil prolatada em ação de caráter coletivo proposta por entidade associativa, na defesa dos interesses e direitos dos seus associados, abrangerá apenas os substituídos que tenham, na data da propositura da ação, domicílio no âmbito da competência territorial do órgão prolator.

Parágrafo único. Nas ações coletivas propostas contra a União, os Estados, o Distrito Federal, os Municípios e suas autarquias e fundações, a petição inicial deverá obrigatoriamente estar instruída com a ata da assembleia da entidade associativa que a autorizou, acompanhada da relação nominal dos seus associados e indicação dos respectivos endereços.

**Art. 2º-B.** A sentença que tenha por objeto a liberação de recurso, inclusão em folha de pagamento, reclassificação, equiparação, concessão de aumento ou extensão de vantagens a servidores da União, dos Estados, do Distrito Federal e dos Municípios, inclusive de suas autarquias e fundações, somente poderá ser executada após seu trânsito em julgado.
▶ Arts. 2º-A e 2º-B acrescidos pela MP nº 2.180-35, de 24-8-2001, que até o encerramento desta edição não havia sido convertida em Lei.

**Art 3º** Ficam convalidados os atos praticados com base na Medida Provisória nº 1.570-4, de 22 de julho de 1997.

**Art 4º** Esta Lei entra em vigor na data de sua publicação.

Congresso Nacional, 10 de setembro de 1997; 176º da Independência e 109º da República.

**Senador Antonio Carlos Magalhães**

---

## DECRETO Nº 2.346, DE 10 DE OUTUBRO DE 1997

*Consolida normas de procedimentos a serem observadas pela Administração Pública Federal em razão de decisões judiciais, regulamenta os dispositivos legais que menciona, e dá outras providências.*

▶ Publicado no *DOU* de 13-10-1997.
▶ Lei nº 9.868, de 10-11-1999 (Lei da ADIN e da ADECON).

CAPÍTULO I

### DAS DISPOSIÇÕES GERAIS

**Art. 1º** As decisões do Supremo Tribunal Federal que fixem, de forma inequívoca e definitiva, interpretação do texto constitucional deverão ser uniformemente observadas pela administração Pública Federal direta e indireta, obedecidos os procedimentos estabelecidos neste Decreto.

§ 1º Transitada em julgado decisão do Supremo Tribunal Federal que declare a inconstitucionalidade de lei ou ato normativo, em ação direta, a decisão, dotada de eficácia *ex tunc*, produzirá efeitos desde a entrada em vigor da norma declarada inconstitucional, salvo se o ato praticado com base na lei ou ato normativo inconstitucional não mais for suscetível de revisão administrativa ou judicial.

§ 2º O disposto no parágrafo anterior aplica-se, igualmente, à lei ou ao ato normativo que tenha sua inconstitucionalidade proferida, incidentalmente, pelo Supremo Tribunal Federal, após a suspensão de sua execução pelo Senado Federal.

§ 3º O Presidente da República, mediante proposta de ministro de Estado, dirigente de órgão integrante da Presidência da República ou do advogado-geral da União, poderá autorizar a extensão dos efeitos jurídicos de decisão proferida em caso concreto.

**Art. 1º-A.** Concedida cautelar em ação direta de inconstitucionalidade contra lei ou ato normativo federal, ficará também suspensa a aplicação dos atos normativos regulamentadores da disposição questionada.

Parágrafo único. Na hipótese do *caput*, relativamente a matéria tributária, aplica-se o disposto no artigo 151, inciso IV, da Lei nº 5.172, de 25 de outubro de 1966, às normas regulamentares e complementares.

▶ Art. 1-A acrescido pelo Dec. nº 3.001, de 26-3-1999.

**Art. 2º** Firmada jurisprudência pelos Tribunais Superiores, a Advocacia-Geral da União expedirá súmula a respeito da matéria, cujo enunciado deve ser publicado no *Diário Oficial da União*, em conformidade com o disposto no art. 43 da Lei Complementar nº 73, de 10 de fevereiro de 1993.

**Art. 3º** À vista das súmulas de que trata o artigo anterior, o advogado-geral da União poderá dispensar a propositura de ações ou a interposição de recursos judiciais.

**Art. 4º** Ficam o Secretário da Receita Federal e o Procurador-Geral da Fazenda Nacional, relativamente aos créditos tributários, autorizados a determinar, no âmbito de suas competências e com base em decisão definitiva do Supremo Tribunal Federal que declare a inconstitucionalidade de lei, tratado ou ato normativo, que:

I – não sejam constituídos ou que sejam retificados ou cancelados;
II – não sejam efetivadas inscrições de débitos em dívida ativa da União;
III – sejam revistos os valores já inscritos, para retificação ou cancelamento da respectiva inscrição;
IV – sejam formuladas desistências de ações de execução fiscal.

Parágrafo único. Na hipótese de crédito tributário, quando houver impugnação ou recurso ainda não definitivamente julgado contra a sua constituição, devem os órgãos julgadores, singulares ou coletivos, da Administração Fazendária, afastar a aplicação da lei, tratado ou ato normativo federal, declarado inconstitucional pelo Supremo Tribunal Federal.

**Art. 5º** Nas causas em que a representação da União competir à Procuradoria-Geral da Fazenda Nacional, havendo manifestação jurisprudencial reiterada e uniforme e decisões definitivas do Supremo Tribunal Federal ou do Superior Tribunal de Justiça, em suas respectivas áreas de competência, fica o Procurador-Geral da Fazenda Nacional autorizado a declarar, mediante parecer fundamentado, aprovado pelo ministro de Estado da Fazenda, as matérias em relação às quais é de ser dispensada a apresentação de recursos.

**Art. 6º** O Instituto Nacional do Seguro Social (INSS) poderá ser autorizado pelo ministro de Estado da Previdência e Assistência Social, ouvida a Consultoria Jurídica, a desistir ou abster-se de propor ações e recursos em demandas judiciais sempre que a ação versar matéria sobre a qual haja declaração de inconstitucionalidade proferida pelo Supremo Tribunal Federal (STF), súmula ou jurisprudência consolidada do STF ou dos tribunais superiores.

§ 1º Na hipótese prevista no caput, o ministro de Estado da Previdência e Assistência Social poderá determinar que os órgãos administrativos procedam à adequação de seus procedimentos à jurisprudência do Supremo Tribunal Federal ou dos tribunais superiores.

§ 2º O ministro de Estado da Previdência e Assistência Social, relativamente aos créditos previdenciários, com base em lei ou ato normativo federal declarado inconstitucional por decisão definitiva do Supremo Tribunal Federal, em ação processada e julgada originariamente ou mediante recurso extraordinário, conforme o caso, e ouvida a Consultoria Jurídica, poderá autorizar o INSS a:

a) não constituí-los ou, se constituídos, revê-los, para a sua retificação ou cancelamento;
b) não inscrevê-los em dívida ativa ou, se inscritos, revê-los, para a sua retificação ou cancelamento;
c) abster-se de interpor recurso judicial ou a desistir de ação de execução fiscal.

CAPÍTULO II

DAS DISPOSIÇÕES ESPECIAIS

**Art. 7º** O advogado-geral da União e os dirigentes máximos das autarquias, das fundações e das empresas públicas federais poderão autorizar a realização de acordos ou transações, em juízo, para terminar o litígio, nas causas de valor até R$ 50.000,00 (cinquenta mil reais), a não propositura de ações e a não interposição de recursos, assim como requerimento de extinção das ações em curso ou de desistência dos respectivos recursos judiciais, para a cobrança de créditos, atualizados, de valor igual ou inferior a R$ 1.000,00 (mil reais), em que interessadas essas entidades na qualidade de autoras, rés, assistentes ou oponentes, nas condições aqui estabelecidas.

§ 1º Quando a causa envolver valores superiores ao limite fixado no caput, o acordo ou a transação, sob pena de nulidade, dependerá de prévia e expressa autorização do ministro de Estado ou do titular de Secretaria da Presidência da República a cuja área de competência estiver afeto o assunto, no caso da União, ou da autoridade máxima da autarquia, da fundação ou da empresa pública.

§ 2º Não se aplica o disposto neste artigo às causas relativas ao patrimônio imobiliário da União e às de natureza fiscal.

**Art. 8º** O advogado-geral da União e os dirigentes máximos das autarquias, fundações ou empresas públicas federais poderão autorizar a realização de acordos, homologáveis pelo Juízo, nos autos dos processos ajuizados por essas entidades, para o recebimento de débitos de valores não superiores a R$ 50.000,00 (cinquenta mil reais), em parcela mensais e sucessivas até o máximo de trinta, observado o disposto no § 2º do artigo anterior.

§ 1º O saldo devedor será atualizado pelo índice de variação da Unidade Fiscal de Referência (Ufir), e sobre o valor da prestação mensal incidirão juros à taxa de doze por cento ao ano.

§ 2º Deixada de cumprir qualquer parcela, pelo prazo de trinta dias, instaurar-se-á o processo de execução ou nele se prosseguirá, pelo saldo.

**Art. 9º** As autoridades indicadas no caput do artigo anterior poderão concordar com pedido de desistência da ação, nas causas de quaisquer valores, desde que o autor renuncie expressamente ao direito sobre que se funda a ação, ressalvadas as de natureza fiscal, em que a competência será da Procuradoria-Geral da Fazenda Nacional.

CAPÍTULO III

DAS DISPOSIÇÕES FINAIS

**Art. 10.** Ao fim de cada trimestre, os órgãos e as entidades da Administração Pública Federal direta e indireta encaminharão ao ministro de Estado da Justiça, com cópias para o ministro de Estado Chefe da Casa Civil da Presidência da República e para o advogado-geral da União, relatório circunstanciado sobre a fiel execução deste Decreto.

**Art. 11.** Este Decreto entra em vigor na data de sua publicação.

**Art. 12.** Ficam revogados os Decretos nºs 73.529, de 21 de janeiro de 1974, 1.601, de 23 de agosto de 1995, e 2.194, de 7 de abril de 1997.

Brasília, 10 de outubro de 1997;
176º da Independência e
109º da República.

**Fernando Henrique Cardoso**

## LEI Nº 9.507, DE 12 DE NOVEMBRO DE 1997

*Regula o direito de acesso a informações e disciplina o rito processual do habeas data.*

- Publicada no *DOU* de 13-11-1997.
- Arts. 5º, XXXIII, LXXII, e LXXVII, 102, I, *d*, e II, *a*, 105, I, *b*, 108, I, c, 109, VIII, e 121, § 4º, V, da CF.
- Súm. nº 368 do STJ.

**Art. 1º** VETADO.

Parágrafo único. Considera-se de caráter público todo registro ou banco de dados contendo informações que sejam ou que possam ser transmitidas a terceiros ou que não sejam de uso privativo do órgão ou entidade produtora ou depositária das informações.

**Art. 2º** O requerimento será apresentado ao órgão ou entidade depositária do registro ou banco de dados e será deferido ou indeferido no prazo de quarenta e oito horas.

Parágrafo único. A decisão será comunicada ao requerente em vinte e quatro horas.

**Art. 3º** Ao deferir o pedido, o depositário do registro ou do banco de dados marcará dia e hora para que o requerente tome conhecimento das informações.

Parágrafo único. VETADO.

**Art. 4º** Constatada a inexatidão de qualquer dado a seu respeito, o interessado, em petição acompanhada de documentos comprobatórios, poderá requerer sua retificação.

§ 1º Feita a retificação em, no máximo, dez dias após a entrada do requerimento, a entidade ou órgão depositário do registro ou da informação dará ciência ao interessado.

§ 2º Ainda que não se constate a inexatidão do dado, se o interessado apresentar explicação ou contestação sobre o mesmo, justificando possível pendência sobre o fato objeto do dado, tal explicação será anotada no cadastro do interessado.

**Arts. 5º e 6º** VETADOS.

**Art. 7º** Conceder-se-á *habeas data*:

- Súm. nº 2 do STJ.

I – para assegurar o conhecimento de informações relativas à pessoa do impetrante, constantes de registro ou banco de dados de entidades governamentais ou de caráter público;
II – para a retificação de dados, quando não se prefira fazê-lo por processo sigiloso, judicial ou administrativo;
III – para a anotação nos assentamentos do interessado, de contestação ou explicação sobre dado verdadeiro mas justificável e que esteja sob pendência judicial ou amigável.

**Art. 8º** A petição inicial, que deverá preencher os requisitos dos artigos 282 a 285 do Código de Processo Civil, será apresentada em duas vias, e os documentos que instruírem a primeira serão reproduzidos por cópia na segunda.

Parágrafo único. A petição inicial deverá ser instruída com prova:

I – da recusa ao acesso às informações ou do decurso de mais de dez dias sem decisão;

- Súm. nº 2 do STJ.

II – da recusa em fazer-se a retificação ou do decurso de mais de quinze dias, sem decisão; ou
III – da recusa em fazer-se a anotação a que se refere o § 2º do artigo 4º ou do decurso de mais de quinze dias sem decisão.

**Art. 9º** Ao despachar a inicial, o juiz ordenará que se notifique o coator do conteúdo da petição, entregando-lhe a segunda via apresentada pelo impetrante, com as cópias dos documentos, a fim de que, no prazo de dez dias, preste as informações que julgar necessárias.

**Art. 10.** A inicial será desde logo indeferida, quando não for o caso de *habeas data*, ou se lhe faltar algum dos requisitos previstos nesta Lei.

Parágrafo único. Do despacho de indeferimento caberá recurso previsto no artigo 15.

**Art. 11.** Feita a notificação, o serventuário em cujo cartório corra o feito, juntará aos autos cópia autêntica do ofício endereçado ao coator, bem como a prova da sua entrega a este ou da recusa, seja de recebê-lo, seja de dar recibo.

**Art. 12.** Findo o prazo a que se refere o artigo 9º, e ouvido o representante do Ministério Público dentro de cinco dias, os autos serão conclusos ao juiz para decisão a ser proferida em cinco dias.

**Art. 13.** Na decisão, se julgar procedente o pedido, o juiz marcará data e horário para que o coator:

I – apresente ao impetrante as informações a seu respeito, constantes de registros ou bancos de dados; ou
II – apresente em juízo a prova de retificação ou da anotação feita nos assentamentos do impetrante.

**Art. 14.** A decisão será comunicada ao coator, por correio, com aviso de recebimento, ou por telegrama, radiograma ou telefonema, conforme o requerer o impetrante.

Parágrafo único. Os originais, no caso de transmissão telegráfica, radiofônica ou telefônica, deverão ser apresentados à agência expedidora, com a firma do juiz devidamente reconhecida.

**Art. 15.** Da sentença que conceder ou negar o *habeas data* cabe apelação.

- Arts. 513 a 521 do CPC.

Parágrafo único. Quando a sentença conceder o *habeas data*, o recurso terá efeito meramente devolutivo.

**Art. 16.** Quando o *habeas data* for concedido e o Presidente do Tribunal ao qual competir o conhecimento do recurso ordenar ao juiz a suspensão da execução da sentença, desse seu ato caberá agravo para o Tribunal a que presida.

**Art. 17.** Nos casos de competência do Supremo Tribunal Federal e dos demais Tribunais caberá ao relator a instrução do processo.

**Art. 18.** O pedido de *habeas data* poderá ser renovado se a decisão denegatória não lhe houver apreciado o mérito.

**Art. 19.** Os processos de *habeas data* terão prioridade sobre todos os atos judiciais, exceto *habeas corpus* e mandado de segurança. Na instância superior, deverão ser levados a julgamento na primeira sessão que se seguir à data em que, feita a distribuição, forem conclusos ao relator.

Parágrafo único. O prazo para a conclusão não poderá exceder de vinte e quatro horas, a contar da distribuição.

**Art. 20.** O julgamento do *habeas data* compete:

I – originariamente:

a) ao Supremo Tribunal Federal, contra atos do Presidente da República, das Mesas da Câmara dos Deputados e do Senado Federal, do Tribunal de Contas da União, do Procurador-Geral da República e do próprio Supremo Tribunal Federal;

b) ao Superior Tribunal de Justiça, contra atos de Ministro de Estado ou do próprio Tribunal;

c) aos Tribunais Regionais Federais contra atos do próprio Tribunal ou de juiz federal;

d) a juiz federal, contra ato de autoridade federal, excetuados os casos de competência dos tribunais federais;

e) a tribunais estaduais, segundo o disposto na Constituição do Estado;

f) a juiz estadual, nos demais casos;

II – em grau de recurso:

a) ao Supremo Tribunal Federal, quando a decisão denegatória for proferida em única instância pelos Tribunais Superiores;

b) ao Superior Tribunal de Justiça, quando a decisão for proferida em única instância pelos Tribunais Regionais Federais;

c) aos Tribunais Regionais Federais, quando a decisão for proferida por juiz federal;

d) aos Tribunais Estaduais e ao do Distrito Federal e Territórios, conforme dispuserem a respectiva Constituição e a lei que organizar a Justiça do Distrito Federal;

III – mediante recurso extraordinário ao Supremo Tribunal Federal, nos casos previstos na Constituição.

**Art. 21.** São gratuitos o procedimento administrativo para acesso a informações e retificação de dados e para anotação de justificação, bem como a ação de *habeas data*.

**Art. 22.** Esta Lei entra em vigor na data de sua publicação.

**Art. 23.** Revogam-se as disposições em contrário.

Brasília, 12 de novembro de 1997;
176º da Independência e
109º da República.

**Fernando Henrique Cardoso**

---

## LEI Nº 9.703, DE 17 DE NOVEMBRO DE 1998

*Dispõe sobre os depósitos judiciais e extrajudiciais de tributos e contribuições federais.*

▶ Publicada no *DOU* de 18-11-1998.
▶ Lei nº 10.819, de 16-12-2003, dispõe sobre os depósitos judiciais de tributos, no âmbito dos Municípios.
▶ Lei nº 11.429, de 26-12-2006, dispõe sobre os depósitos judiciais de tributos, no âmbito dos Estados e do Distrito Federal.
▶ Dec. nº 2.850, de 27-11-1998, disciplina os procedimentos relativos a depósitos judiciais e extrajudiciais de valores e contribuições federais administrados pela Secretaria da Receita Federal, de que trata esta Lei.
▶ Lei nº 12.099, de 27-11-2009, dispõe sobre a transferência de depósitos judiciais e extrajudiciais de tributos e contribuições federais para a CEF.

**Art. 1º** Os depósitos judiciais e extrajudiciais, em dinheiro, de valores referentes a tributos e contribuições federais, inclusive seus acessórios, administrados pela Secretaria da Receita Federal do Ministério da Fazenda, serão efetuados na Caixa Econômica Federal, mediante Documento de Arrecadação de Receitas Federais – DARF, específico para essa finalidade.

§ 1º O disposto neste artigo aplica-se, inclusive, aos débitos provenientes de tributos e contribuições inscritos em Dívida Ativa da União.

§ 2º Os depósitos serão repassados pela Caixa Econômica Federal para a Conta Única do Tesouro Nacional, independentemente de qualquer formalidade, no mesmo prazo fixado para recolhimento dos tributos e das contribuições federais.

§ 3º Mediante ordem da autoridade judicial ou, no caso de depósito extrajudicial, da autoridade administrativa competente, o valor do depósito, após o encerramento da lide ou do processo litigioso, será:

I – devolvido ao depositante pela Caixa Econômica Federal, no prazo máximo de vinte e quatro horas, quando a sentença lhe for favorável ou na proporção em que o for, acrescido de juros, na forma estabelecida pelo § 4º do artigo 39 da Lei nº 9.250, de 26 de dezembro 1995, e alterações posteriores; ou

II – transformado em pagamento definitivo, proporcionalmente à exigência do correspondente tributo ou contribuição, inclusive seus acessórios, quando se tratar de sentença ou decisão favorável à Fazenda Nacional.

§ 4º Os valores devolvidos pela Caixa Econômica Federal serão debitados à Conta Única do Tesouro Nacional, em subconta de restituição.

§ 5º A Caixa Econômica Federal manterá controle dos valores depositados ou devolvidos.

**Art. 2º** Observada a legislação própria, o disposto nesta Lei aplica-se aos depósitos judiciais e extrajudiciais referentes às contribuições administradas pelo Instituto Nacional do Seguro Social.

**Art. 2º-A.** Aos depósitos efetuados antes de 1º de dezembro de 1998 será aplicada a sistemática prevista nesta Lei de acordo com um cronograma fixado por ato do Ministério da Fazenda, sendo obrigatória a sua transferência à conta única do Tesouro Nacional.

▶ Artigo acrescido pela Lei nº 12.058, de 13-10-2009.

▶ A transferência dos depósitos referidos neste artigo deverá ocorrer até 180 (cento e oitenta) dias a partir da publicação da Lei nº 12.099, de 27-11-2009 (*DOU* de 30-11-2009).

§ 1º Os juros dos depósitos referidos no *caput* serão calculados à taxa originalmente devida até a data da transferência à conta única do Tesouro Nacional.

§ 2º Após a transferência à conta única do Tesouro Nacional, os juros dos depósitos referidos no *caput* serão calculados na forma estabelecida pelo § 4º do art. 39 da Lei nº 9.250, de 26 de dezembro de 1995.

▶ §§ 1º e 2º acrescidos pela Lei nº 12.099, de 27-11-2009.

§ 3º A inobservância da transferência obrigatória de que trata o *caput* sujeita os recursos depositados à remuneração na forma estabelecida pelo § 4º do art. 39 da Lei nº 9.250, de 26 de dezembro de 1995, desde a inobservância, e os administradores das instituições financeiras às penalidades previstas na Lei nº 4.595, de 31 de dezembro de 1964.

▶ Antigo parágrafo único transformado em § 3º e com a redação dada pela Lei nº 12.099, de 27-11-2009.

§ 4º VETADO. Lei nº 12.099, de 27-11-2009.

**Art. 3º** Os procedimentos para execução desta Lei serão disciplinados em regulamento.

**Art. 4º** Esta Lei entra em vigor na data de sua publicação, aplicando-se aos depósitos efetuados a partir de 1º de dezembro de 1998.

Congresso Nacional, 17 de novembro de 1998;
177º da Independência e
110º da República.

**Senador Antonio Carlos Magalhães**

## LEI Nº 9.800,
## DE 26 DE MAIO DE 1999

*Permite às partes a utilização de sistema de transmissão de dados para a prática de atos processuais.*

▶ Publicada no *DOU* de 27-5-1999.

**Art. 1º** É permitida às partes a utilização de sistema de transmissão de dados e imagens tipo fac-símile ou outro similar, para a prática de atos processuais que dependam de petição escrita.

▶ Art. 154 do CPC.

**Art. 2º** A utilização de sistema de transmissão de dados e imagens não prejudica o cumprimento dos prazos, devendo os originais ser entregues em juízo, necessariamente, até cinco dias da data de seu término.

Parágrafo único. Nos atos não sujeitos a prazo, os originais deverão ser entregues, necessariamente, até cinco dias da data da recepção do material.

▶ Art. 177 e seguintes do CPC.

**Art. 3º** Os juízes poderão praticar atos de sua competência à vista de transmissões efetuadas na forma desta Lei, sem prejuízo do disposto no artigo anterior.

**Art. 4º** Quem fizer uso do sistema de transmissão torna-se responsável pela qualidade e fidelidade do material transmitido, e por sua entrega ao órgão judiciário.

Parágrafo único. Sem prejuízo de outras sanções, o usuário do sistema será considerado litigante de má-fé se não houver perfeita concordância entre o original remetido pelo fac-símile e o original entregue em juízo.

▶ Arts. 17 e 18 do CPC.

**Art. 5º** O disposto nesta Lei não obriga a que os órgãos judiciários disponham de equipamentos, para recepção.

**Art. 6º** Esta Lei entra em vigor trinta dias após a data de sua publicação.

Brasília, 26 de maio de 1999;
178º da Independência e
111º da República.

**Fernando Henrique Cardoso**

## LEI Nº 9.868,
## DE 10 DE NOVEMBRO DE 1999

*Dispõe sobre o processo e julgamento da ação direta de inconstitucionalidade e da ação declaratória de constitucionalidade perante o Supremo Tribunal Federal.*

▶ Publicada no *DOU* de 11-11-1999.
▶ Dec. nº 2.346, de 10-10-1997, consolida normas de procedimentos a serem observadas pela Administração Pública Federal em razão de decisões judiciais e regulamenta os dispositivos legais que menciona.

CAPÍTULO I

### DA AÇÃO DIRETA DE INCONSTITUCIONALIDADE E DA AÇÃO DECLARATÓRIA DE CONSTITUCIONALIDADE

**Art. 1º** Esta Lei dispõe sobre o processo e julgamento da ação direta de inconstitucionalidade e da ação declaratória de constitucionalidade perante o Supremo Tribunal Federal.

▶ Art. 5º, VIII e IX, do RISTF.

CAPÍTULO II

### DA AÇÃO DIRETA DE INCONSTITUCIONALIDADE

*Seção I*

### DA ADMISSIBILIDADE E DO PROCEDIMENTO DA AÇÃO DIRETA DE INCONSTITUCIONALIDADE

**Art. 2º** Podem propor a ação direta de inconstitucionalidade:

▶ Art. 103 da CF.
▶ Art. 12-A desta Lei.

I – o Presidente da República;
II – a Mesa do Senado Federal;
III – a Mesa da Câmara dos Deputados;
IV – a Mesa de Assembleia Legislativa ou a Mesa da Câmara Legislativa do Distrito Federal;

V – o Governador de Estado ou o Governador do Distrito Federal;
VI – o Procurador-Geral da República;
▶ Art. 169, *caput* e § 1º, do RISTF.
VII – o Conselho Federal da Ordem dos Advogados do Brasil;
VIII – partido político com representação no Congresso Nacional;
IX – confederação sindical ou entidade de classe de âmbito nacional.
Parágrafo único. VETADO.

**Art. 3º** A petição indicará:
I – o dispositivo da lei ou do ato normativo impugnado e os fundamentos jurídicos do pedido em relação a cada uma das impugnações;
▶ Súm. nº 642 do STF.
II – o pedido, com suas especificações.

Parágrafo único. A petição inicial, acompanhada de instrumento de procuração, quando subscrita por advogado, será apresentada em duas vias, devendo conter cópias da lei ou do ato normativo impugnado e dos documentos necessários para comprovar a impugnação.

**Art. 4º** A petição inicial inepta, não fundamentada e a manifestamente improcedente serão liminarmente indeferidas pelo relator.

Parágrafo único. Cabe agravo da decisão que indeferir a petição inicial.

**Art. 5º** Proposta a ação direta, não se admitirá desistência.
▶ Art. 169, § 1º, do RISTF.
Parágrafo único. VETADO.

**Art. 6º** O relator pedirá informações aos órgãos ou às autoridades das quais emanou a lei ou o ato normativo impugnado.
▶ Art. 170 do RISTF.
Parágrafo único. As informações serão prestadas no prazo de trinta dias contado do recebimento do pedido.
▶ Art. 170, § 2º, do RISTF.

**Art. 7º** Não se admitirá intervenção de terceiros no processo de ação direta de inconstitucionalidade.
§ 1º VETADO.
§ 2º O relator, considerando a relevância da matéria e a representatividade dos postulantes, poderá, por despacho irrecorrível, admitir, observado o prazo fixado no parágrafo anterior, a manifestação de outros órgãos ou entidades.

**Art. 8º** Decorrido o prazo das informações, serão ouvidos, sucessivamente, o Advogado-Geral da União e o Procurador-Geral da República, que deverão manifestar-se, cada qual, no prazo de quinze dias.
▶ Art. 171 do RISTF.

**Art. 9º** Vencidos os prazos do artigo anterior, o relator lançará o relatório, com cópia a todos os Ministros, e pedirá dia para julgamento.

§ 1º Em caso de necessidade de esclarecimento de matéria ou circunstância de fato ou de notória insuficiência das informações existentes nos autos, poderá o relator requisitar informações adicionais, designar perito ou comissão de peritos para que emita parecer sobre a questão, ou fixar data para, em audiência pública, ouvir depoimentos de pessoas com experiência e autoridade na matéria.

§ 2º O relator poderá, ainda, solicitar informações aos Tribunais Superiores, aos Tribunais federais e aos Tribunais estaduais acerca da aplicação da norma impugnada no âmbito de sua jurisdição.

§ 3º As informações, perícias e audiências a que se referem os parágrafos anteriores serão realizadas no prazo de trinta dias, contado da solicitação do relator.

*Seção II*

## DA MEDIDA CAUTELAR EM AÇÃO DIRETA DE INCONSTITUCIONALIDADE

▶ Art. 102, I, *p*, da CF.

**Art. 10.** Salvo no período de recesso, a medida cautelar na ação direta será concedida por decisão da maioria absoluta dos membros do Tribunal, observado o disposto no artigo 22, após a audiência dos órgãos ou autoridades dos quais emanou a lei ou ato normativo impugnado, que deverão pronunciar-se no prazo de cinco dias.
▶ Art. 170, § 1º, do RISTF.

§ 1º O relator, julgando indispensável, ouvirá o Advogado-Geral da União e o Procurador-Geral da República, no prazo de três dias.

§ 2º No julgamento do pedido de medida cautelar, será facultada sustentação oral aos representantes judiciais do requerente e das autoridades ou órgãos responsáveis pela expedição do ato, na forma estabelecida no Regimento do Tribunal.

§ 3º Em caso de excepcional urgência, o Tribunal poderá deferir a medida cautelar sem a audiência dos órgãos ou das autoridades das quais emanou a lei ou o ato normativo impugnado.
▶ Art. 170, *caput*, e § 2º, do RISTF.

**Art. 11.** Concedida a medida cautelar, o Supremo Tribunal Federal fará publicar em seção especial do *Diário Oficial da União* e do *Diário da Justiça da União* a parte dispositiva da decisão, no prazo de dez dias, devendo solicitar as informações à autoridade da qual tiver emanado o ato, observando-se, no que couber, o procedimento estabelecido na Seção I deste Capítulo.

§ 1º A medida cautelar, dotada de eficácia contra todos, será concedida com efeito *ex nunc*, salvo se o Tribunal entender que deva conceder-lhe eficácia retroativa.

§ 2º A concessão da medida cautelar torna aplicável a legislação anterior acaso existente, salvo expressa manifestação em sentido contrário.

**Art. 12.** Havendo pedido de medida cautelar, o relator, em face da relevância da matéria e de seu especial significado para a ordem social e a segurança jurídica, poderá, após a prestação das informações, no prazo de dez dias, e a manifestação do Advogado-Geral da União e do Procurador-Geral da República, sucessivamente, no prazo de cinco dias, submeter o processo diretamente ao Tribunal, que terá a faculdade de julgar definitivamente a ação.

## CAPÍTULO II-A
### DA AÇÃO DIRETA DE INCONSTITUCIONALIDADE POR OMISSÃO

▶ Capítulo II-A acrescido pela Lei nº 12.063, de 27-10-2009.

*Seção I*

#### DA ADMISSIBILIDADE E DO PROCEDIMENTO DA AÇÃO DIRETA DE INCONSTITUCIONALIDADE POR OMISSÃO

**Art. 12-A.** Podem propor a ação direta de inconstitucionalidade por omissão os legitimados à propositura da ação direta de inconstitucionalidade e da ação declaratória de constitucionalidade.

▶ Art. 103 da CF.
▶ Arts. 2º e 13 desta Lei.

**Art. 12-B.** A petição indicará:

I – a omissão inconstitucional total ou parcial quanto ao cumprimento de dever constitucional de legislar ou quanto à adoção de providência de índole administrativa;

II – o pedido, com suas especificações.

Parágrafo único. A petição inicial, acompanhada de instrumento de procuração, se for o caso, será apresentada em 2 (duas) vias, devendo conter cópias dos documentos necessários para comprovar a alegação de omissão.

**Art. 12-C.** A petição inicial inepta, não fundamentada, e a manifestamente improcedente serão liminarmente indeferidas pelo relator.

Parágrafo único. Cabe agravo da decisão que indeferir a petição inicial.

**Art. 12-D.** Proposta a ação direta de inconstitucionalidade por omissão, não se admitirá desistência.

**Art. 12-E.** Aplicam-se ao procedimento da ação direta de inconstitucionalidade por omissão, no que couber, as disposições constantes da Seção I do Capítulo II desta Lei.

§ 1º Os demais titulares referidos no art. 2º desta Lei poderão manifestar-se, por escrito, sobre o objeto da ação e pedir a juntada de documentos reputados úteis para o exame da matéria, no prazo das informações, bem como apresentar memoriais.

§ 2º O relator poderá solicitar a manifestação do Advogado-Geral da União, que deverá ser encaminhada no prazo de 15 (quinze) dias.

§ 3º O Procurador-Geral da República, nas ações em que não for autor, terá vista do processo, por 15 (quinze) dias, após o decurso do prazo para informações.

▶ Arts. 12-A a 12-E acrescidos pela Lei nº 12.063, de 27-10-2009.

*Seção II*

#### DA MEDIDA CAUTELAR EM AÇÃO DIRETA DE INCONSTITUCIONALIDADE POR OMISSÃO

**Art. 12-F.** Em caso de excepcional urgência e relevância da matéria, o Tribunal, por decisão da maioria absoluta de seus membros, observado o disposto no art. 22, poderá conceder medida cautelar, após audiência dos órgãos ou autoridades responsáveis pela omissão inconstitucional, que deverão pronunciar-se no prazo de 5 (cinco) dias.

§ 1º A medida cautelar poderá consistir na suspensão da aplicação da lei ou do ato normativo questionado, no caso de omissão parcial, bem como na suspensão de processos judiciais ou de procedimentos administrativos, ou ainda em outra providência a ser fixada pelo Tribunal.

§ 2º O relator, julgando indispensável, ouvirá o Procurador-Geral da República, no prazo de 3 (três) dias.

§ 3º No julgamento do pedido de medida cautelar, será facultada sustentação oral aos representantes judiciais do requerente e das autoridades ou órgãos responsáveis pela omissão inconstitucional, na forma estabelecida no Regimento do Tribunal.

**Art. 12-G.** Concedida a medida cautelar, o Supremo Tribunal Federal fará publicar, em seção especial do *Diário Oficial da União* e do *Diário da Justiça da União*, a parte dispositiva da decisão no prazo de 10 (dez) dias, devendo solicitar as informações à autoridade ou ao órgão responsável pela omissão inconstitucional, observando-se, no que couber, o procedimento estabelecido na Seção I do Capítulo II desta Lei.

▶ Arts. 12-F e 12-G acrescidos pela Lei nº 12.063, de 27-10-2009.

*Seção III*

#### DA DECISÃO NA AÇÃO DIRETA DE INCONSTITUCIONALIDADE POR OMISSÃO

**Art. 12-H.** Declarada a inconstitucionalidade por omissão, com observância do disposto no art. 22, será dada ciência ao Poder competente para a adoção das providências necessárias.

▶ Art. 103, § 2º, da CF.

§ 1º Em caso de omissão imputável a órgão administrativo, as providências deverão ser adotadas no prazo de 30 (trinta) dias, ou em prazo razoável a ser estipulado excepcionalmente pelo Tribunal, tendo em vista as circunstâncias específicas do caso e o interesse público envolvido.

§ 2º Aplica-se à decisão da ação direta de inconstitucionalidade por omissão, no que couber, o disposto no Capítulo IV desta Lei.

▶ Art. 12-H acrescido pela Lei nº 12.063, de 27-10-2009.

## CAPÍTULO III
### DA AÇÃO DECLARATÓRIA DE CONSTITUCIONALIDADE

*Seção I*

#### DA ADMISSIBILIDADE E DO PROCEDIMENTO DA AÇÃO DECLARATÓRIA DE CONSTITUCIONALIDADE

**Art. 13.** Podem propor a ação declaratória de constitucionalidade de lei ou ato normativo federal:

▶ Art. 103 da CF.
▶ Art. 12-A desta Lei.

I – o Presidente da República;
II – a Mesa da Câmara dos Deputados;
III – a Mesa do Senado Federal;
IV – o Procurador-Geral da República.

**Art. 14.** A petição inicial indicará:

I – o dispositivo da lei ou do ato normativo questionado e os fundamentos jurídicos do pedido;
II – o pedido, com suas especificações;
III – a existência de controvérsia judicial relevante sobre a aplicação da disposição objeto da ação declaratória.

Parágrafo único. A petição inicial, acompanhada de instrumento de procuração, quando subscrita por advogado, será apresentada em duas vias, devendo conter cópias do ato normativo questionado e dos documentos necessários para comprovar a procedência do pedido de declaração de constitucionalidade.

**Art. 15.** A petição inicial inepta, não fundamentada e a manifestamente improcedente serão liminarmente indeferidas pelo relator.

Parágrafo único. Cabe agravo da decisão que indeferir a petição inicial.

**Art. 16.** Proposta a ação declaratória, não se admitirá desistência.

▶ Art. 169, § 1º, do RISTF.

**Art. 17.** VETADO.

**Art. 18.** Não se admitirá intervenção de terceiros no processo de ação declaratória de constitucionalidade.

§§ 1º e 2º VETADOS.

**Art. 19.** Decorrido o prazo do artigo anterior, será aberta vista ao Procurador-Geral da República, que deverá pronunciar-se no prazo de quinze dias.

▶ Art. 171 do RISTF.

**Art. 20.** Vencido o prazo do artigo anterior, o relator lançará o relatório, com cópia a todos os Ministros, e pedirá dia para julgamento.

▶ Art. 172 do RISTF.

§ 1º Em caso de necessidade de esclarecimento de matéria ou circunstância de fato ou de notória insuficiência das informações existentes nos autos, poderá o relator requisitar informações adicionais, designar perito ou comissão de peritos para que emita parecer sobre a questão ou fixar data para, em audiência pública, ouvir depoimentos de pessoas com experiência e autoridade na matéria.

§ 2º O relator poderá solicitar, ainda, informações aos Tribunais Superiores, aos Tribunais federais e aos Tribunais estaduais acerca da aplicação da norma questionada no âmbito da sua jurisdição.

§ 3º As informações, perícias e audiências a que se referem os parágrafos anteriores serão realizadas no prazo de trinta dias, contado da solicitação do relator.

SEÇÃO II

**DA MEDIDA CAUTELAR EM AÇÃO DECLARATÓRIA DE CONSTITUCIONALIDADE**

**Art. 21.** O Supremo Tribunal Federal, por decisão da maioria absoluta de seus membros, poderá deferir pedido de medida cautelar na ação declaratória de constitucionalidade, consistente na determinação de que os juízes e os Tribunais suspendam o julgamento dos processos que envolvam a aplicação da lei ou do ato normativo objeto da ação até seu julgamento definitivo.

Parágrafo único. Concedida a medida cautelar, o Supremo Tribunal Federal fará publicar em seção especial do *Diário Oficial da União* a parte dispositiva da decisão, no prazo de dez dias, devendo o Tribunal proceder ao julgamento da ação no prazo de cento e oitenta dias, sob pena de perda de sua eficácia.

CAPÍTULO IV

**DA DECISÃO NA AÇÃO DIRETA DE INCONSTITUCIONALIDADE E NA AÇÃO DECLARATÓRIA DE CONSTITUCIONALIDADE**

**Art. 22.** A decisão sobre a constitucionalidade ou a inconstitucionalidade da lei ou do ato normativo somente será tomada se presentes na sessão pelo menos oito Ministros.

▶ Art. 97 da CF.
▶ Arts. 12-F e 12-H desta Lei.
▶ Art. 173, *caput*, do RISTF.

**Art. 23.** Efetuado o julgamento, proclamar-se-á a constitucionalidade ou a inconstitucionalidade da disposição ou da norma impugnada se num ou noutro sentido se tiverem manifestado pelo menos seis Ministros, quer se trate de ação direta de inconstitucionalidade ou de ação declaratória de constitucionalidade.

▶ Art. 173, parágrafo único, do RISTF.

Parágrafo único. Se não for alcançada a maioria necessária à declaração de constitucionalidade ou de inconstitucionalidade, estando ausentes Ministros em número que possa influir no julgamento, este será suspenso a fim de aguardar-se o comparecimento dos Ministros ausentes, até que se atinja o número necessário para prolação da decisão num ou noutro sentido.

**Art. 24.** Proclamada a constitucionalidade, julgar-se-á improcedente a ação direta ou procedente eventual ação declaratória; e, proclamada a inconstitucionalidade, julgar-se-á procedente a ação direta ou improcedente eventual ação declaratória.

▶ Art. 174 do RISTF.

**Art. 25.** Julgada a ação, far-se-á a comunicação à autoridade ou ao órgão responsável pela expedição do ato.

**Art. 26.** A decisão que declara a constitucionalidade ou a inconstitucionalidade da lei ou do ato normativo em ação direta ou em ação declaratória é irrecorrível, ressalvada a interposição de embargos declaratórios, não podendo, igualmente, ser objeto de ação rescisória.

**Art. 27.** Ao declarar a inconstitucionalidade de lei ou ato normativo, e tendo em vista razões de segurança jurídica ou de excepcional interesse social, poderá o Supremo Tribunal Federal, por maioria de dois terços de seus membros, restringir os efeitos daquela declaração ou decidir que ela só tenha eficácia a partir de seu trânsito em julgado ou de outro momento que venha a ser fixado.

**Art. 28.** Dentro do prazo de dez dias após o trânsito em julgado da decisão, o Supremo Tribunal Federal fará publicar em seção especial do *Diário da Justiça* e do *Diário Oficial da União* a parte dispositiva do acórdão.

Parágrafo único. A declaração de constitucionalidade ou de inconstitucionalidade, inclusive a interpretação conforme a Constituição e a declaração parcial de inconstitucionalidade sem redução de texto, têm eficácia contra todos e efeito vinculante em relação aos órgãos do Poder Judiciário e à Administração Pública federal, estadual e municipal.

► Art. 102, § 2º, da CF.

## CAPÍTULO V
## DAS DISPOSIÇÕES GERAIS E FINAIS

**Art. 29.** O artigo 482 do Código de Processo Civil fica acrescido dos seguintes parágrafos:

► Alterações inseridas no texto do CPC.

**Art. 30.** O artigo 8º da Lei nº 8.185, de 14 de maio de 1991, passa a vigorar acrescido dos seguintes dispositivos:

► A Lei nº 8.185, de 14-5-1991, foi revogada pela Lei nº 11.697, de 13-6-2008.

**Art. 31.** Esta Lei entra em vigor na data de sua publicação.

Brasília, 10 de novembro de 1999; 178º da Independência e 111º da República.

**Fernando Henrique Cardoso**

---

## LEI Nº 9.882, DE 3 DE DEZEMBRO DE 1999

*Dispõe sobre o processo e julgamento da arguição de descumprimento de preceito fundamental, nos termos do § 1º do art. 102 da Constituição Federal.*

► Publicada no DOU de 6-12-1999.

**Art. 1º** A arguição prevista no § 1º do artigo 102 da Constituição Federal será proposta perante o Supremo Tribunal Federal, e terá por objeto evitar ou reparar lesão a preceito fundamental, resultante de ato do Poder Público.

Parágrafo único. Caberá também arguição de descumprimento de preceito fundamental:

I – quando for relevante o fundamento da controvérsia constitucional sobre lei ou ato normativo federal, estadual ou municipal, incluídos os anteriores à Constituição;

► ADIn nº 2.231-8.

II – VETADO.

**Art. 2º** Podem propor arguição de descumprimento de preceito fundamental:

► Art. 103 da CF.

I – os legitimados para a ação direta de inconstitucionalidade;

II – VETADO.

§ 1º Na hipótese do inciso II, faculta-se ao interessado, mediante representação, solicitar a propositura de arguição de descumprimento de preceito fundamental ao Procurador-Geral da República, que, examinando os fundamentos jurídicos do pedido, decidirá do cabimento do seu ingresso em juízo.

§ 2º VETADO.

**Art. 3º** A petição inicial deverá conter:

I – a indicação do preceito fundamental que se considera violado;

II – a indicação do ato questionado;

III – a prova da violação do preceito fundamental;

IV – o pedido, com suas especificações;

V – se for o caso, a comprovação da existência de controvérsia judicial relevante sobre a aplicação do preceito fundamental que se considera violado.

Parágrafo único. A petição inicial, acompanhada de instrumento de mandato, se for o caso, será apresentada em duas vias, devendo conter cópias do ato questionado e dos documentos necessários para comprovar a impugnação.

**Art. 4º** A petição inicial será indeferida liminarmente, pelo relator, quando não for o caso de arguição de descumprimento de preceito fundamental, faltar algum dos requisitos prescritos nesta Lei ou for inepta.

§ 1º Não será admitida arguição de descumprimento de preceito fundamental quando houver qualquer outro meio eficaz de sanar a lesividade.

§ 2º Da decisão de indeferimento da petição inicial caberá agravo, no prazo de cinco dias.

**Art. 5º** O Supremo Tribunal Federal, por decisão da maioria absoluta de seus membros, poderá deferir pedido de medida liminar na arguição de descumprimento de preceito fundamental.

§ 1º Em caso de extrema urgência ou perigo de lesão grave, ou ainda, em período de recesso, poderá o relator conceder a liminar, *ad referendum* do Tribunal Pleno.

§ 2º O relator poderá ouvir os órgãos ou autoridades responsáveis pelo ato questionado, bem como o Advogado-Geral da União ou o Procurador-Geral da República, no prazo comum de cinco dias.

§ 3º A liminar poderá consistir na determinação de que juízes e tribunais suspendam o andamento de processo ou os efeitos de decisões judiciais, ou de qualquer outra medida que apresente relação com a matéria objeto da arguição de descumprimento de preceito fundamental, salvo se decorrentes da coisa julgada.

► ADIn nº 2.231-8.

§ 4º VETADO.

**Art. 6º** Apreciado o pedido de liminar, o relator solicitará as informações às autoridades responsáveis pela prática do ato questionado, no prazo de dez dias.

§ 1º Se entender necessário, poderá o relator ouvir as partes nos processos que ensejaram a arguição, requisitar informações adicionais, designar perito ou comissão de peritos para que emita parecer sobre a questão, ou ainda, fixar data para declarações, em audiência pública, de pessoas com experiência e autoridade na matéria.

§ 2º Poderão ser autorizadas, a critério do relator, sustentação oral e juntada de memoriais, por requerimento dos interessados no processo.

**Art. 7º** Decorrido o prazo das informações, o relator lançará o relatório, com cópia a todos os ministros, e pedirá dia para julgamento.

Parágrafo único. O Ministério Público, nas arguições que não houver formulado, terá vista do processo, por cinco dias, após o decurso do prazo para informações.

**Art. 8º** A decisão sobre a arguição de descumprimento de preceito fundamental somente será tomada se presentes na sessão pelo menos dois terços dos Ministros.

**§§ 1º e 2º** VETADOS.

**Art. 9º** VETADO.

**Art. 10.** Julgada a ação, far-se-á comunicação às autoridades ou órgãos responsáveis pela prática dos atos questionados, fixando-se as condições e o modo de interpretação e aplicação do preceito fundamental.

**§ 1º** O presidente do Tribunal determinará o imediato cumprimento da decisão, lavrando-se o acórdão posteriormente.

**§ 2º** Dentro do prazo de dez dias contado a partir do trânsito em julgado da decisão, sua parte dispositiva será publicada em seção especial do *Diário da Justiça* e do *Diário Oficial da União*.

**§ 3º** A decisão terá eficácia contra todos e efeito vinculante relativamente aos demais órgãos do Poder Público.

▶ Art. 102, § 1º, da CF.

**Art. 11.** Ao declarar a inconstitucionalidade de lei ou ato normativo, no processo de arguição de descumprimento de preceito fundamental, e tendo em vista razões de segurança jurídica ou de excepcional interesse social, poderá o Supremo Tribunal Federal, por maioria de dois terços de seus membros, restringir os efeitos daquela declaração ou decidir que ela só tenha eficácia a partir de seu trânsito em julgado ou de outro momento que venha a ser fixado.

**Art. 12.** A decisão que julgar procedente ou improcedente o pedido em arguição de descumprimento de preceito fundamental é irrecorrível, não podendo ser objeto de ação rescisória.

**Art. 13.** Caberá reclamação contra o descumprimento da decisão proferida pelo Supremo Tribunal Federal, na forma do seu Regimento Interno.

**Art. 14.** Esta Lei entra em vigor na data de sua publicação.

Brasília, 3 de dezembro de 1999;
178º da Independência e
111º da República.

**Fernando Henrique Cardoso**

---

## LEI Nº 10.259, DE 12 DE JULHO DE 2001

*Dispõe sobre a instituição dos Juizados Especiais Cíveis e Criminais no âmbito da Justiça Federal.*

▶ Publicada no *DOU* de 13-7-2001.
▶ Lei nº 9.099, de 26-9-1995 (Lei dos Juizados Especiais).
▶ Lei nº 12.153, de 22-12-2009 (Lei dos Juizados Especiais da Fazenda Pública).
▶ Dec. nº 4.250, de 27-5-2002, regulamenta a representação judicial da União, autarquias, fundações e empresas públicas federais perante os Juizados Especiais Federais.
▶ Súm. nº 428 do STJ.

**Art. 1º** São instituídos os Juizados Especiais Cíveis e Criminais da Justiça Federal, aos quais se aplica, no que não conflitar com esta Lei, o disposto na Lei nº 9.099, de 26 de setembro de 1995.

▶ Súm. nº 376 do STJ.

**Art. 2º** Compete ao Juizado Especial Federal Criminal processar e julgar os feitos de competência da Justiça Federal relativos às infrações de menor potencial ofensivo, respeitadas as regras de conexão e continência.

Parágrafo único. Na reunião de processos, perante o juízo comum ou tribunal do júri, decorrente da aplicação das regras de conexão e continência, observar-se-ão os institutos da transação penal e da composição dos danos civis.

▶ Art. 2º com a redação dada pela Lei nº 11.313, de 28-6-2006.

**Art. 3º** Compete ao Juizado Especial Federal Cível processar, conciliar e julgar causas de competência da Justiça Federal até o valor de sessenta salários mínimos, bem como executar as suas sentenças.

**§ 1º** Não se incluem na competência do Juizado Especial Cível as causas:

I – referidas no artigo 109, incisos II, III e XI, da Constituição Federal, as ações de mandado de segurança, de desapropriação, de divisão e demarcação, populares, execuções fiscais e por improbidade administrativa e as demandas sobre direitos ou interesses difusos, coletivos ou individuais homogêneos;

II – sobre bens imóveis da União, autarquias e fundações públicas federais;

III – para a anulação ou cancelamento de ato administrativo federal, salvo o de natureza previdenciária e o de lançamento fiscal;

IV – que tenham como objeto a impugnação da pena de demissão imposta a servidores públicos civis ou de sanções disciplinares aplicadas a militares.

▶ Súm. nº 376 do STJ.

**§ 2º** Quando a pretensão versar sobre obrigações vincendas, para fins de competência do Juizado Especial, a soma de doze parcelas não poderá exceder o valor referido no artigo 3º, *caput*.

**§ 3º** No foro onde estiver instalada Vara do Juizado Especial, a sua competência é absoluta.

**Art. 4º** O Juiz poderá, de ofício ou a requerimento das partes, deferir medidas cautelares no curso do processo, para evitar dano de difícil reparação.

**Art. 5º** Exceto nos casos do artigo 4º, somente será admitido recurso de sentença definitiva.

**Art. 6º** Podem ser partes no Juizado Especial Federal Cível:

I – como autores, as pessoas físicas e as microempresas e empresas de pequeno porte, assim definidas na Lei nº 9.317, de 5 de dezembro de 1996;

▶ Art. 74 da LC nº 123, de 14-12-2006 (Estatuto Nacional da Microempresa e da Empresa de Pequeno Porte).

II – como rés, a União, autarquias, fundações e empresas públicas federais.

**Art. 7º** As citações e intimações da União serão feitas na forma prevista nos artigos 35 a 38 da Lei Complementar nº 73, de 10 de fevereiro de 1993.

Parágrafo único. A citação das autarquias, fundações e empresas públicas será feita na pessoa do representante máximo da entidade, no local onde proposta a causa, quando ali instalado seu escritório ou representação; se não, na sede da entidade.

**Art. 8º** As partes serão intimadas da sentença, quando não proferida esta na audiência em que estiver presente seu representante, por ARMP (aviso de recebimento em mão própria).

§ 1º As demais intimações das partes serão feitas na pessoa dos advogados ou dos Procuradores que oficiem nos respectivos autos, pessoalmente ou por via postal.

§ 2º Os tribunais poderão organizar serviço de intimação das partes e de recepção de petições por meio eletrônico.

**Art. 9º** Não haverá prazo diferenciado para a prática de qualquer ato processual pelas pessoas jurídicas de direito público, inclusive a interposição de recursos, devendo a citação para audiência de conciliação ser efetuada com antecedência mínima de trinta dias.

**Art. 10.** As partes poderão designar, por escrito, representantes para a causa, advogado ou não.

▶ O STF, por maioria de votos, julgou parcialmente procedente a ADIN nº 3.168-6, para dar interpretação conforme a CF a este artigo, no sentido de excluir os feitos criminais, respeitado o teto estabelecido no art. 3º desta Lei, e sem prejuízo da aplicação subsidiária integral dos parágrafos do art. 9º da Lei nº 9.099, de 26-9-1995 – Lei dos Juizados Especiais (*DOU* de 17-8-2007).

Parágrafo único. Os representantes judiciais da União, autarquias, fundações e empresas públicas federais, bem como os indicados na forma do *caput*, ficam autorizados a conciliar, transigir ou desistir, nos processos da competência dos Juizados Especiais Federais.

▶ Dec. nº 4.250, de 27-5-2002, regulamenta a representação judicial da União, autarquias, fundações e empresas públicas federais perante os Juizados Especiais Federais.

**Art. 11.** A entidade pública ré deverá fornecer ao Juizado a documentação de que disponha para o esclarecimento da causa, apresentando-a até a instalação da audiência de conciliação.

Parágrafo único. Para a audiência de composição dos danos resultantes de ilícito criminal (artigos 71, 72 e 74 da Lei nº 9.099, de 26 de setembro de 1995), o representante da entidade que comparecer terá poderes para acordar, desistir ou transigir, na forma do artigo 10.

**Art. 12.** Para efetuar o exame técnico necessário à conciliação ou ao julgamento da causa, o Juiz nomeará pessoa habilitada, que apresentará o laudo até cinco dias antes da audiência, independentemente de intimação das partes.

§ 1º Os honorários do técnico serão antecipados à conta de verba orçamentária do respectivo Tribunal e, quando vencida na causa a entidade pública, seu valor será incluído na ordem de pagamento a ser feita em favor do Tribunal.

§ 2º Nas ações previdenciárias e relativas à assistência social, havendo designação de exame, serão as partes intimadas para, em dez dias, apresentar quesitos e indicar assistentes.

**Art. 13.** Nas causas de que trata esta Lei, não haverá reexame necessário.

**Art. 14.** Caberá pedido de uniformização de interpretação de lei federal quando houver divergência entre decisões sobre questões de direito material proferidas por Turmas Recursais na interpretação da lei.

§ 1º O pedido fundado em divergência entre Turmas da mesma Região será julgado em reunião conjunta das Turmas em conflito, sob a presidência do Juiz Coordenador.

§ 2º O pedido fundado em divergência entre decisões de turmas de diferentes regiões ou da proferida em contrariedade a súmula ou jurisprudência dominante do STJ será julgado por Turma de Uniformização, integrada por juízes de Turmas Recursais, sob a presidência do Coordenador da Justiça Federal.

§ 3º A reunião de juízes domiciliados em cidades diversas será feita pela via eletrônica.

§ 4º Quando a orientação acolhida pela Turma de Uniformização, em questões de direito material, contrariar súmula ou jurisprudência dominante no Superior Tribunal de Justiça – STJ, a parte interessada poderá provocar a manifestação deste, que dirimirá a divergência.

§ 5º No caso do § 4º, presente a plausibilidade do direito invocado e havendo fundado receio de dano de difícil reparação, poderá o relator conceder, de ofício ou a requerimento do interessado, medida liminar determinando a suspensão dos processos nos quais a controvérsia esteja estabelecida.

§ 6º Eventuais pedidos de uniformização idênticos, recebidos subsequentemente em quaisquer Turmas Recursais, ficarão retidos nos autos, aguardando-se pronunciamento do Superior Tribunal de Justiça.

§ 7º Se necessário, o relator pedirá informações ao Presidente da Turma Recursal ou Coordenador da Turma de Uniformização e ouvirá o Ministério Público, no prazo de cinco dias. Eventuais interessados, ainda que não sejam partes no processo, poderão se manifestar, no prazo de trinta dias.

§ 8º Decorridos os prazos referidos no § 7º, o relator incluirá o pedido em pauta na Seção, com preferência sobre todos os demais feitos, ressalvados os processos com réus presos, os *habeas corpus* e os mandados de segurança.

§ 9º Publicado o acórdão respectivo, os pedidos retidos referidos no § 6º serão apreciados pelas Turmas Recursais, que poderão exercer juízo de retratação ou declará-los prejudicados, se veicularem tese não acolhida pelo Superior Tribunal de Justiça.

§ 10. Os Tribunais Regionais, o Superior Tribunal de Justiça e o Supremo Tribunal Federal, no âmbito de suas competências, expedirão normas regulamentando a composição dos órgãos e os procedimentos a serem adotados para o processamento e o julgamento do pedido de uniformização e do recurso extraordinário.

**Art. 15.** O recurso extraordinário, para os efeitos desta Lei, será processado e julgado segundo o estabelecido nos §§ 4º a 9º do artigo 14, além da observância das normas do Regimento.

**Art. 16.** O cumprimento do acordo ou da sentença, com trânsito em julgado, que imponham obrigação de fazer, não fazer ou entrega de coisa certa, será efetuado mediante ofício do Juiz à autoridade citada para a causa, com cópia da sentença ou do acordo.

**Art. 17.** Tratando-se de obrigação de pagar quantia certa, após o trânsito em julgado da decisão, o pagamento será efetuado no prazo de sessenta dias, contados da entrega da requisição, por ordem do Juiz, à autoridade citada para a causa, na agência mais próxima da Caixa Econômica Federal ou do Banco do Brasil, independentemente de precatório.

§ 1º Para os efeitos do § 3º do artigo. 100 da Constituição Federal, as obrigações ali definidas como de pequeno valor, a serem pagas independentemente de precatório, terão como limite o mesmo valor estabelecido nesta Lei para a competência do Juizado Especial Federal Cível (artigo 3º, *caput*).

§ 2º Desatendida a requisição judicial, o Juiz determinará o sequestro do numerário suficiente ao cumprimento da decisão.

§ 3º São vedados o fracionamento, repartição ou quebra do valor da execução, de modo que o pagamento se faça, em parte, na forma estabelecida no § 1º deste artigo, e, em parte, mediante expedição do precatório, e a expedição de precatório complementar ou suplementar do valor pago.

§ 4º Se o valor da execução ultrapassar o estabelecido no § 1º, o pagamento far-se-á, sempre, por meio do precatório, sendo facultado à parte exequente a renúncia ao crédito do valor excedente, para que possa optar pelo pagamento do saldo sem o precatório, da forma lá prevista.

**Art. 18.** Os Juizados Especiais serão instalados por decisão do Tribunal Regional Federal. O Juiz presidente do Juizado designará os conciliadores pelo período de dois anos, admitida a recondução. O exercício dessas funções será gratuito, assegurados os direitos e prerrogativas do jurado (artigo 437 do Código de Processo Penal).

Parágrafo único. Serão instalados Juizados Especiais Adjuntos nas localidades cujo movimento forense não justifique a existência de Juizado Especial, cabendo ao Tribunal designar a Vara onde funcionará.

**Art. 19.** No prazo de seis meses, a contar da publicação desta Lei, deverão ser instalados os Juizados Especiais nas capitais dos Estados e no Distrito Federal.

Parágrafo único. Na capital dos Estados, no Distrito Federal e em outras cidades onde for necessário, neste último caso, por decisão do Tribunal Regional Federal, serão instalados Juizados com competência exclusiva para ações previdenciárias.

**Art. 20.** Onde não houver Vara Federal, a causa poderá ser proposta no Juizado Especial Federal mais próximo do foro definido no artigo 4º da Lei nº 9.099, de 26 de setembro de 1995, vedada a aplicação desta Lei no juízo estadual.

**Art. 21.** As Turmas Recursais serão instituídas por decisão do Tribunal Regional Federal, que definirá sua composição e área de competência, podendo abranger mais de uma seção.

§ 1º Não será permitida a recondução, salvo quando não houver outro juiz na sede da Turma Recursal ou na Região.

§ 2º A designação dos juízes das Turmas Recursais obedecerá aos critérios de antiguidade e merecimento.

**Art. 22.** Os Juizados Especiais serão coordenados por Juiz do respectivo Tribunal Regional, escolhido por seus pares, com mandato de dois anos.

Parágrafo único. O Juiz Federal, quando o exigirem as circunstâncias, poderá determinar o funcionamento do Juizado Especial em caráter itinerante, mediante autorização prévia do Tribunal Regional Federal, com antecedência de dez dias.

**Art. 23.** O Conselho da Justiça Federal poderá limitar, por até três anos, contados a partir da publicação desta Lei, a competência dos Juizados Especiais Cíveis, atendendo à necessidade da organização dos serviços judiciários ou administrativos.

**Art. 24.** O Centro de Estudos Judiciários do Conselho da Justiça Federal e as Escolas de Magistratura dos Tribunais Regionais Federais criarão programas de informática necessários para subsidiar a instrução das causas submetidas aos Juizados e promoverão cursos de aperfeiçoamento destinados aos seus magistrados e servidores.

**Art. 25.** Não serão remetidas aos Juizados Especiais as demandas ajuizadas até a data de sua instalação.

**Art. 26.** Competirá aos Tribunais Regionais Federais prestar o suporte administrativo necessário ao funcionamento dos Juizados Especiais.

**Art. 27.** Esta Lei entra em vigor seis meses após a data de sua publicação.

Brasília, 12 de julho de 2001;
180º da Independência e
113º da República.

**Fernando Henrique Cardoso**

## MEDIDA PROVISÓRIA Nº 2.172-32, DE 23 DE AGOSTO DE 2001

*Estabelece a nulidade das disposições contratuais que menciona e inverte, nas hipóteses que prevê, o ônus da prova nas ações intentadas para sua declaração.*

▶ Publicada no *DOU* de 24-8-2001.
▶ Dec. nº 22.626, de 7-4-1933 (Lei da Usura).

**Art. 1º** São nulas de pleno direito as estipulações usurárias, assim consideradas as que estabeleçam:

I – nos contratos civis de mútuo, taxas de juros superiores às legalmente permitidas, caso em que deverá o juiz, se requerido, ajustá-las à medida legal ou, na hipótese de já terem sido cumpridas, ordenar a restituição, em dobro, da quantia paga em excesso, com juros legais a contar da data do pagamento indevido;

▶ Arts. 406 e 591 do CC.
▶ Súm. Vinc. nº 7 do STF.

II – nos negócios jurídicos não disciplinados pelas legislações comercial e de defesa do consumidor, lucros ou vantagens patrimoniais excessivos, estipulados em situação de vulnerabilidade da parte, caso em que deverá o juiz, se requerido, restabelecer o equilíbrio da relação contratual, ajustando-os ao valor corrente, ou, na hipótese de cumprimento da obrigação, ordenar a restituição, em dobro, da quantia recebida em excesso, com juros legais a contar da data do pagamento indevido.

▶ Art. 940 do CC.

Parágrafo único. Para a configuração do lucro ou vantagem excessivos, considerar-se-ão a vontade das partes, as circunstâncias da celebração do contrato, o seu conteúdo e natureza, a origem das correspondentes obrigações, as práticas de mercado e as taxas de juros legalmente permitidas.

**Art. 2º** São igualmente nulas de pleno direito as disposições contratuais que, com o pretexto de conferir ou transmitir direitos, são celebradas para garantir, direta ou indiretamente, contratos civis de mútuo com estipulações usurárias.

**Art. 3º** Nas ações que visem à declaração de nulidade de estipulações com amparo no disposto nesta Medida Provisória, incumbirá ao credor ou beneficiário do negócio o ônus de prova a regularidade jurídica das correspondentes obrigações, sempre que demonstrada pelo prejudicado, ou pelas circunstâncias do caso, a verossimilhança da alegação.

**Art. 4º** As disposições desta Medida Provisória não se aplicam:
I – às instituições financeiras e demais instituições autorizadas a funcionar pelo Banco Central do Brasil, bem como às operações realizadas nos mercados financeiro, de capitais e de valores mobiliários, que continuam regidas pelas normas legais e regulamentares que lhes são aplicáveis;
II – às sociedades de crédito que tenham por objeto social exclusivo a concessão de financiamentos ao microempreendedor;
III – às organizações da sociedade civil de interesse público de que trata a Lei nº 9.790, de 23 de março de 1999, devidamente registradas no Ministério da Justiça, que se dedicam a sistemas alternativos de crédito e não têm qualquer tipo de vinculação com o Sistema Financeiro Nacional.

▶ Súm. nº 596 do STF.
▶ Súm. nº 283 do STJ.

Parágrafo único. Poderão também ser excluídas das disposições desta Medida Provisória, mediante deliberação do Conselho Monetário Nacional, outras modalidades de operações e negócios de natureza subsidiária, complementar ou acessória das atividades exercidas no âmbito dos mercados financeiro, de capitais e de valores mobiliários.

**Art. 5º** Ficam convalidados os atos praticados com base na Medida Provisória nº 2.172-31, de 26 de julho de 2001.

**Art. 6º** Esta Medida Provisória entra em vigor na data de sua publicação.

**Art. 7º** Fica revogado o § 3º do artigo 4º da Lei nº 1.521, de 26 de dezembro de 1951.

Brasília, 23 de agosto de 2001;
180º da Independência e
113º da República.

**Fernando Henrique Cardoso**

## LEI Nº 10.819,
## DE 16 DE DEZEMBRO DE 2003

*Dispõe sobre os depósitos judiciais de tributos, no âmbito dos Municípios, e dá outras providências.*

▶ Publicada no DOU de 17-12-2003.
▶ Lei nº 9.703, de 17-11-1998, dispõe sobre os depósitos judiciais e extrajudiciais de tributos e contribuições federais.
▶ Lei nº 11.429, de 26-12-2006, dispõe sobre os depósitos judiciais de tributos, no âmbito dos Estados e do Distrito Federal.

**Art. 1º** Os depósitos judiciais, em dinheiro, referentes a tributos e seus acessórios, de competência dos Municípios, inclusive os inscritos em dívida ativa, serão efetuados, a partir da data da publicação desta Lei, em instituição financeira oficial da União ou do Estado a que pertença o Município, mediante a utilização de instrumento que identifique sua natureza tributária.

§ 1º Os municípios poderão instituir fundo de reserva, destinado a garantir a restituição da parcela dos depósitos referidos no *caput* que lhes seja repassada nos termos desta Lei.

§ 2º Ao município que instituir o fundo de reserva de que trata o § 1º, será repassada pela instituição financeira referida no *caput* a parcela correspondente a setenta por cento do valor dos depósitos de natureza tributária nela realizados a partir da vigência desta Lei.

§ 3º A parcela dos depósitos não repassada nos termos do § 2º será mantida na instituição financeira recebedora, que a remunerará segundo os critérios originalmente atribuídos aos depósitos.

**Art. 2º** A habilitação do município ao recebimento das transferências referidas no § 2º do art. 1º fica condicionada à apresentação, perante o órgão jurisdicional responsável pelo julgamento dos litígios aos quais se refiram os depósitos, de termo de compromisso firmado pelo Chefe do Poder Executivo Municipal, que preveja:

I – a manutenção do fundo de reserva na instituição financeira responsável pelo repasse das parcelas referidas no § 2º do art. 1º e seus incisos;
II – a destinação automática ao fundo de reserva do valor correspondente à parcela dos depósitos judiciais mantida na instituição financeira nos termos do § 3º do art. 1º, condição esta a ser observada a cada transferência recebida na forma do § 2º do art. 1º;
III – a manutenção no fundo de reserva de saldo jamais inferior ao maior dos seguintes valores:

a) o montante equivalente à parcela dos depósitos judiciais mantida na instituição financeira nos termos do § 3º do art. 1º, acrescida da remuneração que lhe foi originalmente atribuída;
b) a diferença entre a soma dos cinquenta maiores depósitos efetuados nos termos do art. 1º e a soma das parcelas desses depósitos mantidas na instituição financeira na forma do § 3º do mesmo art. 1º, ambas acrescidas da remuneração que lhes foi originalmente atribuída;

IV – a autorização para a movimentação do fundo de reserva para os fins do disposto nos arts. 4º e 6º desta Lei; e

V – a recomposição do fundo de reserva pelo Município, em até quarenta e oito horas, após comunicação da instituição financeira, sempre que o seu saldo estiver abaixo dos limites estabelecidos no inciso III deste artigo.

§ 1º Os fundos de reserva, de que trata o § 1º do art. 1º, terão remuneração de juros equivalente à taxa referencial do Sistema Especial de Liquidação e Custódia – Selic para títulos federais.

§ 2º Compete à instituição financeira gestora do fundo de reserva de que trata este artigo manter escrituração individualizada para cada depósito efetuado na forma do art. 1º, discriminando:

I – o valor total do depósito, acrescido da remuneração que lhe foi originalmente atribuída;

II – o valor da parcela do depósito mantido na instituição financeira, nos termos do § 3º do art. 1º, acrescida da remuneração que lhe foi originalmente atribuída; e

III – o montante do depósito transferido ao fundo de reserva nos termos do § 1º do art. 1º. 2º, acrescido da remuneração que lhe foi originalmente atribuída.

**Art. 3º** Os recursos repassados na forma desta Lei aos Municípios, ressalvados os destinados ao fundo de reserva de que trata o § 1º do art. 1º, serão aplicados, exclusivamente, no pagamento:

I – de precatórios judiciais de qualquer natureza;
II – da dívida fundada do Município.

Parágrafo único. Na hipótese de previsão na lei orçamentária municipal de dotações suficientes para o pagamento da totalidade das despesas referidas nos incisos I e II exigíveis no exercício, o valor excedente dos repasses de que trata o caput poderá ser utilizado para a realização de despesas de capital.

**Art. 4º** Encerrado o processo litigioso com ganho de causa para o depositante, mediante ordem judicial, o valor do depósito efetuado nos termos desta Lei, acrescido da remuneração que lhe foi originalmente atribuída, será colocado à disposição do depositante pela instituição financeira responsável, no prazo de três dias úteis, observada a seguinte composição:

I – a parcela que foi mantida na instituição financeira nos termos do § 3º do art. 1º, acrescida da remuneração que lhe foi originalmente atribuída será de responsabilidade direta e imediata da instituição depositária;

II – a diferença entre o valor referido no inciso I e o total devido ao depositante nos termos do caput será debitada no fundo de reserva de que trata o art. 2º.

§ 1º Na hipótese de o saldo do fundo de reserva, após o débito referido no inciso I, ser inferior ao valor mínimo estabelecido no inciso III do art. 2º, o Município será notificado para recompô-lo na forma do inciso V do mesmo art. 2º.

§ 2º Na hipótese de insuficiência de saldo no fundo de reserva para o débito do montante devido nos termos do inciso II, a instituição financeira restituirá ao depositante o valor disponível no fundo, acrescido do valor referido no inciso I.

§ 3º Na hipótese referida no § 2º, a instituição financeira notificará a autoridade expedidora da ordem de liberação do depósito, informando a composição detalhada dos valores liberados, sua atualização monetária, a parcela efetivamente disponibilizada em favor do depositante, e o saldo a ser pago na recomposição prevista no § 1º deste artigo.

**Art. 5º** Nos casos em que o Município não recompuser o fundo de reserva até o saldo mínimo referido no inciso III do art. 2º, ficará suspenso o repasse das parcelas referentes a novos depósitos até a regularização do saldo.

Parágrafo único. Sem prejuízo do disposto no caput, na hipótese de descumprimento por três vezes da obrigação referida no inciso V do art. 2º, ficará o município excluído da sistemática de que trata o § 2º do art. 1º.

**Art. 6º** Encerrado o processo litigioso com ganho de causa para o Município, ser-lhe-á transferida a parcela do depósito mantida na instituição financeira nos termos do § 3º do art. 1º, acrescida da remuneração que lhe foi originalmente atribuída.

§ 1º Na situação prevista no caput, é facultado ao Município sacar no fundo de reserva a parcela do depósito nele depositada nos termos do inciso II do art. 2º, acrescida da remuneração que lhe foi originalmente atribuída.

§ 2º O saque da parcela de que trata o § 1º somente poderá ser realizado até o limite máximo do qual não resulte saldo inferior ao mínimo exigido no inciso III do art. 2º.

§ 3º Na situação prevista no caput, serão transformados em pagamento definitivo, total ou parcial, proporcionalmente à exigência do correspondente tributo, inclusive seus acessórios, os valores depositados na forma do caput do art. 1º, acrescidos da remuneração que lhes foi originalmente atribuída.

**Art. 7º** O disposto nesta Lei aplica-se, igualmente, aos depósitos judiciais, em dinheiro, referentes a tributos de competência dos Municípios, efetuados entre 1º de janeiro de 1999 e a véspera da data de publicação desta Lei.

**Art. 8º** Os municípios estabelecerão regras de procedimentos, inclusive orçamentários, para a execução do disposto nesta Lei.

**Art. 9º** Esta Lei entra em vigor na data de sua publicação.

Brasília, 16 de dezembro de 2003;
182º da Independência e
115º da República.

**Luiz Inácio Lula da Silva**

## LEI Nº 11.417, DE 19 DE DEZEMBRO DE 2006

Regulamenta o art. 103-A da Constituição Federal e altera a Lei nº 9.784, de 29 de janeiro de 1999, disciplinando a edição, a revisão e o cancelamento de enunciado de súmula vinculante pelo Supremo Tribunal Federal, e dá outras providências.

▶ Publicada no *DOU* de 20-12-2006.

**Art. 1º** Esta Lei disciplina a edição, a revisão e o cancelamento de enunciado de súmula vinculante pelo Supremo Tribunal Federal e dá outras providências.

**Art. 2º** O Supremo Tribunal Federal poderá, de ofício ou por provocação, após reiteradas decisões sobre matéria constitucional, editar enunciado de súmula que, a partir de sua publicação na imprensa oficial, terá efeito vinculante em relação aos demais órgãos do Poder Judiciário e à administração pública direta e indireta, nas esferas federal, estadual e municipal, bem como proceder à sua revisão ou cancelamento, na forma prevista nesta Lei.

§ 1º O enunciado da súmula terá por objeto a validade, a interpretação e a eficácia de normas determinadas, acerca das quais haja, entre órgãos judiciários ou entre esses e a administração pública, controvérsia atual que acarrete grave insegurança jurídica e relevante multiplicação de processos sobre idêntica questão.

§ 2º O Procurador-Geral da República, nas propostas que não houver formulado, manifestar-se-á previamente à edição, revisão ou cancelamento de enunciado de súmula vinculante.

§ 3º A edição, a revisão e o cancelamento de enunciado de súmula com efeito vinculante dependerão de decisão tomada por 2/3 (dois terços) dos membros do Supremo Tribunal Federal, em sessão plenária.

§ 4º No prazo de 10 (dez) dias após a sessão em que editar, rever ou cancelar enunciado de súmula com efeito vinculante, o Supremo Tribunal Federal fará publicar, em seção especial do *Diário da Justiça* e do *Diário Oficial da União*, o enunciado respectivo.

**Art. 3º** São legitimados a propor a edição, a revisão ou o cancelamento de enunciado de súmula vinculante:

I – o Presidente da República;
II – a Mesa do Senado Federal;
III – a Mesa da Câmara dos Deputados;
IV – o Procurador-Geral da República;
V – o Conselho Federal da Ordem dos Advogados do Brasil;
VI – o Defensor Público-Geral da União;
VII – partido político com representação no Congresso Nacional;
VIII – confederação sindical ou entidade de classe de âmbito nacional;
IX – a Mesa de Assembleia Legislativa ou da Câmara Legislativa do Distrito Federal;
X – o Governador de Estado ou do Distrito Federal;
XI – os Tribunais Superiores, os Tribunais de Justiça de Estados ou do Distrito Federal e Territórios, os Tribunais Regionais Federais, os Tribunais Regionais do Trabalho, os Tribunais Regionais Eleitorais e os Tribunais Militares.

§ 1º O Município poderá propor, incidentalmente ao curso de processo em que seja parte, a edição, a revisão ou o cancelamento de enunciado de súmula vinculante, o que não autoriza a suspensão do processo.

§ 2º No procedimento de edição, revisão ou cancelamento de enunciado da súmula vinculante, o relator poderá admitir, por decisão irrecorrível, a manifestação de terceiros na questão, nos termos do Regimento Interno do Supremo Tribunal Federal.

**Art. 4º** A súmula com efeito vinculante tem eficácia imediata, mas o Supremo Tribunal Federal, por decisão de 2/3 (dois terços) dos seus membros, poderá restringir os efeitos vinculantes ou decidir que só tenha eficácia a partir de outro momento, tendo em vista razões de segurança jurídica ou de excepcional interesse público.

**Art. 5º** Revogada ou modificada a lei em que se fundou a edição de enunciado de súmula vinculante, o Supremo Tribunal Federal, de ofício ou por provocação, procederá à sua revisão ou cancelamento, conforme o caso.

**Art. 6º** A proposta de edição, revisão ou cancelamento de enunciado de súmula vinculante não autoriza a suspensão dos processos em que se discuta a mesma questão.

**Art. 7º** Da decisão judicial ou do ato administrativo que contrariar enunciado de súmula vinculante, negar-lhe vigência ou aplicá-lo indevidamente caberá reclamação ao Supremo Tribunal Federal, sem prejuízo dos recursos ou outros meios admissíveis de impugnação.

§ 1º Contra omissão ou ato da administração pública, o uso da reclamação só será admitido após esgotamento das vias administrativas.

§ 2º Ao julgar procedente a reclamação, o Supremo Tribunal Federal anulará o ato administrativo ou cassará a decisão judicial impugnada, determinando que outra seja proferida com ou sem aplicação da súmula, conforme o caso.

**Art. 8º** O art. 56 da Lei nº 9.784, de 29 de janeiro de 1999, passa a vigorar acrescido do seguinte § 3º:

"Art. 56...................................................................
............................................................................

§ 3º Se o recorrente alegar que a decisão administrativa contraria enunciado da súmula vinculante, caberá à autoridade prolatora da decisão impugnada, se não a reconsiderar, explicitar, antes de encaminhar o recurso à autoridade superior, as razões da aplicabilidade ou inaplicabilidade da súmula, conforme o caso."

**Art. 9º** A Lei nº 9.784, de 29 de janeiro de 1999, passa a vigorar acrescida dos seguintes arts. 64-A e 64-B:

"Art. 64-A. Se o recorrente alegar violação de enunciado da súmula vinculante, o órgão competente para decidir o recurso explicitará as razões da aplicabilidade ou inaplicabilidade da súmula, conforme o caso."

"Art. 64-B. Acolhida pelo Supremo Tribunal Federal a reclamação fundada em violação de enunciado da súmula vinculante, dar-se-á ciência à autoridade prolatora e ao órgão competente para o julgamento do recurso, que deverão adequar as futuras decisões administrativas em casos semelhantes, sob pena de responsabilização pessoal nas esferas cível, administrativa e penal."

**Art. 10.** O procedimento de edição, revisão ou cancelamento de enunciado de súmula com efeito vinculante obedecerá, subsidiariamente, ao disposto no Regimento Interno do Supremo Tribunal Federal.

**Art. 11.** Esta Lei entra em vigor 3 (três) meses após a sua publicação.

Brasília, 19 de dezembro de 2006;
185º da Independência e
118º da República.

Luiz Inácio Lula da Silva

## LEI Nº 11.419, DE 19 DE DEZEMBRO DE 2006

*Dispõe sobre a informatização do processo judicial; altera a Lei nº 5.869, de 11 de janeiro de 1973 – Código de Processo Civil; e dá outras providências.*

▶ Publicada no *DOU* de 20-12-2006.
▶ Lei nº 8.038, de 28-5-1990, institui normas procedimentais para os processos que especifica, perante o Superior Tribunal de Justiça e o Supremo Tribunal Federal.
▶ IN do TST nº 30, de 13-9-2007, regulamenta, no âmbito da Justiça do Trabalho, o disposto nesta Lei.
▶ Res. do CNJ nº 100, de 24-11-2009, dispõe sobre a comunicação oficial, por meio eletrônico, no âmbito do Poder Judiciário.
▶ Res. do STF nº 427, de 20-4-2010, regulamenta o processo eletrônico no âmbito do Supremo Tribunal Federal.
▶ Res. do STJ nº 1, de 10-2-2010, regulamenta o processo judicial eletrônico no âmbito do Superior Tribunal de Justiça.

### Capítulo I
### DA INFORMATIZAÇÃO DO PROCESSO JUDICIAL

**Art. 1º** O uso de meio eletrônico na tramitação de processos judiciais, comunicação de atos e transmissão de peças processuais será admitido nos termos desta Lei.

§ 1º Aplica-se o disposto nesta Lei, indistintamente, aos processos civil, penal e trabalhista, bem como aos juizados especiais, em qualquer grau de jurisdição.

§ 2º Para o disposto nesta Lei, considera-se:

I – meio eletrônico qualquer forma de armazenamento ou tráfego de documentos e arquivos digitais;
II – transmissão eletrônica toda forma de comunicação a distância com a utilização de redes de comunicação, preferencialmente a rede mundial de computadores;
III – assinatura eletrônica as seguintes formas de identificação inequívoca do signatário:

a) assinatura digital baseada em certificado digital emitido por Autoridade Certificadora credenciada, na forma de lei específica;
b) mediante cadastro de usuário no Poder Judiciário, conforme disciplinado pelos órgãos respectivos.

**Art. 2º** O envio de petições, de recursos e a prática de atos processuais em geral por meio eletrônico serão admitidos mediante uso de assinatura eletrônica, na forma do art. 1º desta Lei, sendo obrigatório o credenciamento prévio no Poder Judiciário, conforme disciplinado pelos órgãos respectivos.

§ 1º O credenciamento no Poder Judiciário será realizado mediante procedimento no qual esteja assegurada a adequada identificação presencial do interessado.

§ 2º Ao credenciado será atribuído registro e meio de acesso ao sistema, de modo a preservar o sigilo, a identificação e a autenticidade de suas comunicações.

§ 3º Os órgãos do Poder Judiciário poderão criar um cadastro único para o credenciamento previsto neste artigo.

**Art. 3º** Consideram-se realizados os atos processuais por meio eletrônico no dia e hora do seu envio ao sistema do Poder Judiciário, do que deverá ser fornecido protocolo eletrônico.

Parágrafo único. Quando a petição eletrônica for enviada para atender prazo processual, serão consideradas tempestivas as transmitidas até as 24 (vinte e quatro) horas do seu último dia.

### Capítulo II
### DA COMUNICAÇÃO ELETRÔNICA DOS ATOS PROCESSUAIS

**Art. 4º** Os tribunais poderão criar Diário da Justiça eletrônico, disponibilizado em sítio da rede mundial de computadores, para publicação de atos judiciais e administrativos próprios e dos órgãos a eles subordinados, bem como comunicações em geral.

§ 1º O sítio e o conteúdo das publicações de que trata este artigo deverão ser assinados digitalmente com base em certificado emitido por Autoridade Certificadora credenciada na forma da lei específica.

§ 2º A publicação eletrônica na forma deste artigo substitui qualquer outro meio e publicação oficial, para quaisquer efeitos legais, à exceção dos casos que, por lei, exigem intimação ou vista pessoal.

§ 3º Considera-se como data da publicação o primeiro dia útil seguinte ao da disponibilização da informação no *Diário da Justiça eletrônico*.

§ 4º Os prazos processuais terão início no primeiro dia útil que seguir ao considerado como data da publicação.

§ 5º A criação do *Diário da Justiça eletrônico* deverá ser acompanhada de ampla divulgação, e o ato administrativo correspondente será publicado durante 30 (trinta) dias no diário oficial em uso.

**Art. 5º** As intimações serão feitas por meio eletrônico em portal próprio aos que se cadastrarem na forma do art. 2º desta Lei, dispensando-se a publicação no órgão oficial, inclusive eletrônico.

§ 1º Considerar-se-á realizada a intimação no dia em que o intimando efetivar a consulta eletrônica ao teor da intimação, certificando-se nos autos a sua realização.

§ 2º Na hipótese do § 1º deste artigo, nos casos em que a consulta se dê em dia não útil, a intimação será considerada como realizada no primeiro dia útil seguinte.

§ 3º A consulta referida nos §§ 1º e 2º deste artigo deverá ser feita em até 10 (dez) dias corridos contados da data do envio da intimação, sob pena de considerar-se a intimação automaticamente realizada na data do término desse prazo.

§ 4º Em caráter informativo, poderá ser efetivada remessa de correspondência eletrônica, comunicando o envio da intimação e a abertura automática do prazo processual nos termos do § 3º deste artigo, aos que manifestarem interesse por esse serviço.

§ 5º Nos casos urgentes em que a intimação feita na forma deste artigo possa causar prejuízo a quaisquer das partes ou nos casos em que for evidenciada qualquer tentativa de burla ao sistema, o ato processual deverá ser realizado por outro meio que atinja a sua finalidade, conforme determinado pelo juiz.

§ 6º As intimações feitas na forma deste artigo, inclusive da Fazenda Pública, serão consideradas pessoais para todos os efeitos legais.

▶ Res. do STF nº 404, de 7-8-2009, dispõe sobre as intimações das decisões proferidas no âmbito do STF em processos físicos ou eletrônicos.

**Art. 6º** Observadas as formas e as cautelas do art. 5º desta Lei, as citações, inclusive da Fazenda Pública, excetuadas as dos Direitos Processuais Criminal e Infracional, poderão ser feitas por meio eletrônico, desde que a íntegra dos autos seja acessível ao citando.

**Art. 7º** As cartas precatórias, rogatórias, de ordem e, de um modo geral, todas as comunicações oficiais que transitem entre órgãos do Poder Judiciário, bem como entre os deste e os dos demais Poderes, serão feitas preferentemente por meio eletrônico.

▶ Res. do CNJ nº 100, de 24-11-2009, dispõe sobre a comunicação oficial, por meio eletrônico, no âmbito do Poder Judiciário.

Capítulo III

DO PROCESSO ELETRÔNICO

**Art. 8º** Os órgãos do Poder Judiciário poderão desenvolver sistemas eletrônicos de processamento de ações judiciais por meio de autos total ou parcialmente digitais, utilizando, preferencialmente, a rede mundial de computadores e acesso por meio de redes internas e externas.

Parágrafo único. Todos os atos processuais do processo eletrônico serão assinados eletronicamente na forma estabelecida nesta Lei.

**Art. 9º** No processo eletrônico, todas as citações, intimações e notificações, inclusive da Fazenda Pública, serão feitas por meio eletrônico, na forma desta Lei.

§ 1º As citações, intimações, notificações e remessas que viabilizem o acesso à íntegra do processo correspondente serão consideradas vista pessoal do interessado para todos os efeitos legais.

§ 2º Quando, por motivo técnico, for inviável o uso de meio eletrônico para a realização de citação, intimação ou notificação, esses atos processuais poderão ser praticados segundo as regras ordinárias, digitalizando-se o documento físico, que deverá ser posteriormente destruído.

**Art. 10.** A distribuição da petição inicial e a juntada da contestação, dos recursos e das petições em geral, todos em formato digital, nos autos de processo eletrônico, podem ser feitas diretamente pelos advogados públicos e privados, sem necessidade da intervenção do cartório ou secretaria judicial, situação em que a autuação deverá se dar de forma automática, fornecendo-se recibo eletrônico de protocolo.

§ 1º Quando o ato processual tiver que ser praticado em determinado prazo, por meio de petição eletrônica, serão considerados tempestivos os efetivados até as 24 (vinte e quatro) horas do último dia.

§ 2º No caso do § 1º deste artigo, se o Sistema do Poder Judiciário se tornar indisponível por motivo técnico, o prazo fica automaticamente prorrogado para o primeiro dia útil seguinte à resolução do problema.

§ 3º Os órgãos do Poder Judiciário deverão manter equipamentos de digitalização e de acesso à rede mundial de computadores à disposição dos interessados para distribuição de peças processuais.

**Art. 11.** Os documentos produzidos eletronicamente e juntados aos processos eletrônicos com garantia da origem e de seu signatário, na forma estabelecida nesta Lei, serão considerados originais para todos os efeitos legais.

§ 1º Os extratos digitais e os documentos digitalizados e juntados aos autos pelos órgãos da Justiça e seus auxiliares, pelo Ministério Público e seus auxiliares, pelas procuradorias, pelas autoridades policiais, pelas repartições públicas em geral e por advogados públicos e privados têm a mesma força probante dos originais, ressalvada a alegação motivada e fundamentada de adulteração antes ou durante o processo de digitalização.

§ 2º A arguição de falsidade do documento original será processada eletronicamente na forma da lei processual em vigor.

§ 3º Os originais dos documentos digitalizados, mencionados no § 2º deste artigo, deverão ser preservados pelo seu detentor até o trânsito em julgado da sentença ou, quando admitida, até o final do prazo para interposição de ação rescisória.

§ 4º VETADO.

§ 5º Os documentos cuja digitalização seja tecnicamente inviável devido ao grande volume ou por motivo de ilegibilidade deverão ser apresentados ao cartório ou secretaria no prazo de 10 (dez) dias contados do envio de petição eletrônica comunicando o fato, os quais serão devolvidos à parte após o trânsito em julgado.

§ 6º Os documentos digitalizados juntados em processo eletrônico somente estarão disponíveis para acesso por meio da rede externa para suas respectivas partes processuais e para o Ministério Público, respeitado o disposto em lei para as situações de sigilo e de segredo de justiça.

**Art. 12.** A conservação dos autos do processo poderá ser efetuada total ou parcialmente por meio eletrônico.

§ 1º Os autos dos processos eletrônicos deverão ser protegidos por meio de sistemas de segurança de acesso e armazenados em meio que garanta a preservação e integridade dos dados, sendo dispensada a formação de autos suplementares.

§ 2º Os autos de processos eletrônicos que tiverem de ser remetidos a outro juízo ou instância superior que não disponham de sistema compatível deverão ser impressos em papel, autuados na forma dos arts. 166 a 168 da Lei nº 5.869, de 11 de janeiro de 1973 – Código de Processo Civil, ainda que de natureza criminal ou trabalhista, ou pertinentes a juizado especial.

§ 3º No caso do § 2º deste artigo, o escrivão ou o chefe de secretaria certificará os autores ou a origem dos documentos produzidos nos autos, acrescentando, ressalvada a hipótese de existir segredo de justiça, a forma pela qual o banco de dados poderá ser acessado para aferir a autenticidade das peças e das respectivas assinaturas digitais.

§ 4º Feita a autuação na forma estabelecida no § 2º deste artigo, o processo seguirá a tramitação legalmente estabelecida para os processos físicos.

§ 5º A digitalização de autos em mídia não digital, em tramitação ou já arquivados, será precedida de publicação de editais de intimações ou da intimação pessoal das partes e de seus procuradores, para que, no prazo preclusivo de 30 (trinta) dias, se manifestem sobre o desejo de manterem pessoalmente a guarda de algum dos documentos originais.

**Art. 13.** O magistrado poderá determinar que sejam realizados por meio eletrônico a exibição e o envio de dados e de documentos necessários à instrução do processo.

§ 1º Consideram-se cadastros públicos, para os efeitos deste artigo, dentre outros existentes ou que venham a ser criados, ainda que mantidos por concessionárias de serviço público ou empresas privadas, os que contenham informações indispensáveis ao exercício da função judicante.

§ 2º O acesso de que trata este artigo dar-se-á por qualquer meio tecnológico disponível, preferentemente o de menor custo, considerada sua eficiência.

§ 3º VETADO.

CAPÍTULO IV

**DISPOSIÇÕES GERAIS E FINAIS**

**Art. 14.** Os sistemas a serem desenvolvidos pelos órgãos do Poder Judiciário deverão usar, preferencialmente, programas com código aberto, acessíveis ininterruptamente por meio da rede mundial de computadores, priorizando-se a sua padronização.

Parágrafo único. Os sistemas devem buscar identificar os casos de ocorrência de prevenção, litispendência e coisa julgada.

**Art. 15.** Salvo impossibilidade que comprometa o acesso à justiça, a parte deverá informar, ao distribuir a petição inicial de qualquer ação judicial, o número no cadastro de pessoas físicas ou jurídicas, conforme o caso, perante a Secretaria da Receita Federal.

Parágrafo único. Da mesma forma, as peças de acusação criminais deverão ser instruídas pelos membros do Ministério Público ou pelas autoridades policiais com os números de registros dos acusados no Instituto Nacional de Identificação do Ministério da Justiça, se houver.

**Art. 16.** Os livros cartorários e demais repositórios dos órgãos do Poder Judiciário poderão ser gerados e armazenados em meio totalmente eletrônico.

**Art. 17.** VETADO.

**Art. 18.** Os órgãos do Poder Judiciário regulamentarão esta Lei, no que couber, no âmbito de suas respectivas competências.

**Art. 19.** Ficam convalidados os atos processuais praticados por meio eletrônico até a data de publicação desta Lei, desde que tenham atingido sua finalidade e não tenha havido prejuízo para as partes.

**Art. 20.** A Lei nº 5.869, de 11 de janeiro de 1973 – Código de Processo Civil, passa a vigorar com as seguintes alterações:

▶ Alterações inseridas no texto do CPC.

**Art. 21.** VETADO.

**Art. 22.** Esta Lei entra em vigor 90 (noventa) dias depois de sua publicação.

Brasília, 19 de dezembro de 2006;
185º da Independência e
118º da República.

**Luiz Inácio Lula da Silva**

**LEI Nº 11.429,
DE 26 DE DEZEMBRO DE 2006**

*Dispõe sobre os depósitos judiciais de tributos, no âmbito dos Estados e do Distrito Federal; revoga a Lei nº 10.482, de 3 de julho de 2002; e dá outras providências.*

▶ Publicada no *DOU* de 27-12-2006.

▶ Lei nº 9.703, de 17-11-1998, dispõe sobre os depósitos judiciais e extrajudiciais de tributos e contribuições federais.

▶ Lei nº 10.819, de 16-12-2003, dispõe sobre os depósitos judiciais de tributos, no âmbito dos Municípios.

**Art. 1º** Os depósitos judiciais em dinheiro referentes a tributos e seus acessórios, de competência dos Estados e do Distrito Federal, inclusive os inscritos em dívida ativa, serão efetuados em instituição financeira oficial da União ou do Estado, mediante a utilização de instrumento que identifique sua natureza tributária.

▶ Arts. 2º, III, *b*, § 2º, e 6º, § 3º, desta Lei.

§ 1º Os Estados e o Distrito Federal poderão instituir fundo de reserva destinado a garantir a restituição da parcela dos depósitos referidos no *caput* deste artigo que lhes seja repassada nos termos desta Lei.

▶ Arts. 2º, § 1º, e 3º, *caput*, desta Lei.

§ 2º Ao Estado e ao Distrito Federal que instituir o fundo de reserva de que trata o § 1º deste artigo será repassada pela instituição financeira referida no *caput* deste artigo a parcela correspondente a 70% (setenta por cento) do valor dos depósitos de natureza tributária nela realizados.

▶ Arts. 2º, I e II, e 5º, parágrafo único, desta Lei.

§ 3º A parcela dos depósitos não repassada nos termos do § 2º deste artigo será mantida na instituição financeira recebedora, e a remunerará segundo os critérios originalmente atribuídos aos depósitos.

▶ Arts. 2º, III, *a* e *b*, § 2º, II, 4º, I, e 6º, *caput*, desta Lei.

**Art. 2º** A habilitação do Estado ou do Distrito Federal ao recebimento das transferências referidas no § 2º do art. 1º desta Lei fica condicionada à apresentação perante o órgão jurisdicional responsável pelo julgamento dos litígios, aos quais se refiram os depósitos, de termo de compromisso firmado pelo Secretário Estadual ou Distrital de Fazenda que preveja:

▶ Art. 4º, II, desta Lei.

I – a manutenção do fundo de reserva na instituição financeira responsável pelo repasse das parcelas referidas no § 2º do art. 1º desta Lei;

II – a destinação automática ao fundo de reserva do valor correspondente à parcela dos depósitos judiciais mantida na instituição financeira nos termos do § 3º do art. 1º desta Lei, condição esta a ser observada a cada transferência recebida na forma do § 2º do art. 1º desta Lei;

▶ Art. 6º, § 1º, desta Lei.

III – a manutenção no fundo de reserva de saldo jamais inferior ao maior dos seguintes valores:

a) o montante equivalente à parcela dos depósitos judiciais mantida na instituição financeira nos termos do § 3º do art. 1º desta Lei, acrescida da remuneração que lhe foi originalmente atribuída; e
b) a diferença entre a soma dos 5 (cinco) maiores depósitos efetuados nos termos do art. 1º desta Lei e a soma das parcelas desses depósitos mantidas na instituição financeira na forma do § 3º do art. 1º desta Lei, ambas acrescidas da remuneração que lhes foi originalmente atribuída;

▶ Arts. 4º, § 1º, 5º e 6º, § 2º, desta Lei.

IV – a autorização para a movimentação do fundo de reserva para os fins do disposto nos arts. 4º e 6º desta Lei; e
V – a recomposição do fundo de reserva pelo Estado ou Distrito Federal, em até 48 (quarenta e oito) horas, após comunicação da instituição financeira, sempre que o seu saldo estiver abaixo dos limites estabelecidos no inciso III do *caput* deste artigo.

▶ Art. 5º, parágrafo único, desta Lei.

§ 1º Os fundos de reserva de que trata o § 1º do art. 1º desta Lei terão remuneração de juros equivalente à taxa referencial do Sistema Especial de Liquidação e de Custódia – SELIC para títulos federais.

§ 2º Compete à instituição financeira gestora do fundo de reserva de que trata este artigo manter escrituração individualizada para cada depósito efetuado na forma do art. 1º desta Lei, discriminando:

I – o valor total do depósito, acrescido da remuneração que lhe foi originalmente atribuída;
II – o valor da parcela do depósito mantido na instituição financeira, nos termos do § 3º do art. 1º desta Lei, acrescida da remuneração que lhe foi originalmente atribuída; e
III – o montante do depósito transferido ao fundo de reserva nos termos do § 1º do art. 2º desta Lei, acrescido da remuneração que lhe foi originalmente atribuída.

**Art. 3º** Os recursos repassados na forma desta Lei aos Estados ou ao Distrito Federal, ressalvados os destinados ao fundo de reserva de que trata o § 1º do art. 1º desta Lei, serão aplicados, exclusivamente, no pagamento:

I – de precatórios judiciais de qualquer natureza;
II – da dívida fundada do Estado ou do Distrito Federal.

Parágrafo único. Na hipótese de previsão na lei orçamentária estadual ou distrital de dotações suficientes para o pagamento da totalidade das despesas referidas nos incisos I e II do *caput* deste artigo exigíveis no exercício, o valor excedente dos repasses de que trata o *caput* deste artigo poderá ser utilizado para a realização de despesas de capital.

**Art. 4º** Encerrado o processo litigioso com ganho de causa para o depositante, mediante ordem judicial, o valor do depósito efetuado nos termos desta Lei, acrescido da remuneração que lhe foi originalmente atribuída, será colocado à disposição do depositante pela instituição financeira responsável, no prazo de 3 (três) dias úteis, observada a seguinte composição:

▶ Art. 2º, IV, desta Lei.

I – a parcela que foi mantida na instituição financeira nos termos do § 3º do art. 1º desta Lei, acrescida da remuneração que lhe foi originalmente atribuída, será de responsabilidade direta e imediata da instituição depositária;
II – a diferença entre o valor referido no inciso I do *caput* deste artigo e o total devido ao depositante nos termos do *caput* deste artigo será debitada no fundo de reserva de que trata o art. 2º desta Lei.

§ 1º Na hipótese de o saldo do fundo de reserva, após o débito referido no inciso I do *caput* deste artigo, ser inferior ao valor mínimo estabelecido no inciso III do *caput* do art. 2º desta Lei, o Estado ou o Distrito Federal será notificado para recompô-lo na forma do inciso V do *caput* do art. 2º desta Lei.

§ 2º Na hipótese de insuficiência de saldo no fundo de reserva para o débito do montante devido nos termos do inciso II do *caput* deste artigo, a instituição financeira restituirá ao depositante o valor disponível no fundo, acrescido do valor referido no inciso I do *caput* deste artigo.

§ 3º Na hipótese referida no § 2º deste artigo, a instituição financeira notificará a autoridade expedidora da ordem de liberação do depósito, informando a composição detalhada dos valores liberados, sua atualização monetária, a parcela efetivamente disponibilizada em favor do depositante e o saldo a ser pago na recomposição prevista no § 1º deste artigo.

**Art. 5º** Nos casos em que o Estado ou o Distrito Federal não recompuser o fundo de reserva até o saldo mínimo referido no inciso III do *caput* do art. 2º desta Lei, ficará suspenso o repasse das parcelas referentes a novos depósitos até a regularização do saldo.

Parágrafo único. Sem prejuízo do disposto no *caput* deste artigo, na hipótese de descumprimento por 3 (três) vezes da obrigação referida no inciso V do *caput* do art. 2º desta Lei, ficará o Estado ou Distrito Federal excluído da sistemática de que trata o § 2º do art. 1º desta Lei.

**Art. 6º** Encerrado o processo litigioso com ganho de causa para o Estado ou para o Distrito Federal, ser-lhe-á transferida a parcela do depósito mantida na instituição financeira nos termos do § 3º do art. 1º desta Lei, acrescida da remuneração que lhe foi originalmente atribuída.

▶ Art. 2º, IV, desta Lei.

§ 1º Na situação prevista no *caput* deste artigo, é facultado ao Estado ou ao Distrito Federal sacar no fundo de reserva a parcela do depósito nele depositada nos termos do inciso II do *caput* do art. 2º desta Lei, acrescida da remuneração que lhe foi originalmente atribuída.

§ 2º O saque da parcela de que trata o § 1º deste artigo somente poderá ser realizado até o limite máximo do qual não resulte saldo inferior ao mínimo exigido no inciso III do *caput* do art. 2º desta Lei.

§ 3º Na situação prevista no *caput* deste artigo, serão transformados em pagamento definitivo, total ou parcial, proporcionalmente à exigência do correspondente tributo, inclusive seus acessórios, os valores depositados na forma do *caput* do art. 1º desta Lei, acrescidos da remuneração que lhes foi originalmente atribuída.

**Art. 7º** O disposto nesta Lei aplica-se, igualmente, aos depósitos judiciais em dinheiro referentes a tributos de competência dos Estados ou do Distrito Federal, efetuados entre 1º de janeiro de 1999 e a véspera da data de publicação desta Lei.

**Art. 8º** Os Estados e o Distrito Federal estabelecerão regras de procedimentos, inclusive orçamentários, para a execução do disposto nesta Lei.

**Art. 9º** Esta Lei entra em vigor na data de sua publicação.

**Art. 10.** Revoga-se a Lei nº 10.482, de 3 de julho de 2002.

Brasília, 26 de dezembro de 2006;
185º da Independência e
118º da República.

**Luiz Inácio Lula da Silva**

## CÓDIGO DE ÉTICA DA MAGISTRATURA NACIONAL

▶ Aprovado na 68ª Sessão Ordinária do Conselho Nacional de Justiça, do dia 6 de agosto de 2008, nos autos do Processo nº 200820000007337.
▶ Publicado no *DJU* de 18-9-2008.

O Conselho Nacional de Justiça, no exercício da competência que lhe atribuíram a Constituição Federal (art. 103-B, § 4º, I e II), a Lei Orgânica da Magistratura Nacional (art. 60 da LC nº 35/1979) e seu Regimento Interno (art. 19, incisos I e II);

Considerando que a adoção de Código de Ética da Magistratura é instrumento essencial para os juízes incrementarem a confiança da sociedade em sua autoridade moral;

Considerando que o Código de Ética da Magistratura traduz compromisso institucional com a excelência na prestação do serviço público de distribuir Justiça e, assim, mecanismo para fortalecer a legitimidade do Poder Judiciário;

Considerando que é fundamental para a magistratura brasileira cultivar princípios éticos, pois lhe cabe também função educativa e exemplar de cidadania em face dos demais grupos sociais;

Considerando que a Lei veda ao magistrado "procedimento incompatível com a dignidade, a honra e o decoro de suas funções" e comete-lhe o dever de "manter conduta irrepreensível na vida pública e particular" (LC nº 35/1979, arts. 35, inciso VIII, e 56, inciso II); e

Considerando a necessidade de minudenciar os princípios erigidos nas aludidas normas jurídicas;

Resolve aprovar e editar o presente Código de Ética da Magistratura Nacional, exortando todos os juízes brasileiros à sua fiel observância.

### Capítulo I

#### DISPOSIÇÕES GERAIS

**Art. 1º** O exercício da magistratura exige conduta compatível com os preceitos deste Código e do Estatuto da Magistratura, norteando-se pelos princípios da independência, da imparcialidade, do conhecimento e capacitação, da cortesia, da transparência, do segredo profissional, da prudência, da diligência, da integridade profissional e pessoal, da dignidade, da honra e do decoro.

**Art. 2º** Ao magistrado impõe-se primar pelo respeito à Constituição da República e às leis do País, buscando o fortalecimento das instituições e a plena realização dos valores democráticos.

**Art. 3º** A atividade judicial deve desenvolver-se de modo a garantir e fomentar a dignidade da pessoa humana, objetivando assegurar e promover a solidariedade e a justiça na relação entre as pessoas.

### Capítulo II

#### INDEPENDÊNCIA

**Art. 4º** Exige-se do magistrado que seja eticamente independente e que não interfira, de qualquer modo, na atuação jurisdicional de outro colega, exceto em respeito às normas legais.

**Art. 5º** Impõe-se ao magistrado pautar-se no desempenho de suas atividades sem receber indevidas influências externas e estranhas à justa convicção que deve formar para a solução dos casos que lhe sejam submetidos.

**Art. 6º** É dever do magistrado denunciar qualquer interferência que vise a limitar sua independência.

**Art. 7º** A independência judicial implica que ao magistrado é vedado participar de atividade político-partidária.

### Capítulo III

#### IMPARCIALIDADE

**Art. 8º** O magistrado imparcial é aquele que busca nas provas a verdade dos fatos, com objetividade e fundamento, mantendo ao longo de todo o processo uma distância equivalente das partes, e evita todo o tipo de comportamento que possa refletir favoritismo, predisposição ou preconceito.

**Art. 9º** Ao magistrado, no desempenho de sua atividade, cumpre dispensar às partes igualdade de tratamento, vedada qualquer espécie de injustificada discriminação.

Parágrafo único. Não se considera tratamento discriminatório injustificado:

I – a audiência concedida a apenas uma das partes ou seu advogado, contanto que se assegure igual direito à parte contrária, caso seja solicitado;

II – o tratamento diferenciado resultante de lei.

## Capítulo IV

### TRANSPARÊNCIA

**Art. 10.** A atuação do magistrado deve ser transparente, documentando-se seus atos, sempre que possível, mesmo quando não legalmente previsto, de modo a favorecer sua publicidade, exceto nos casos de sigilo contemplado em lei.

**Art. 11.** O magistrado, obedecido o segredo de justiça, tem o dever de informar ou mandar informar aos interessados acerca dos processos sob sua responsabilidade, de forma útil, compreensível e clara.

**Art. 12.** Cumpre ao magistrado, na sua relação com os meios de comunicação social, comportar-se de forma prudente e equitativa, e cuidar especialmente:

I – para que não sejam prejudicados direitos e interesses legítimos de partes e seus procuradores;

II – de abster-se de emitir opinião sobre processo pendente de julgamento, seu ou de outrem, ou juízo depreciativo sobre despachos, votos, sentenças ou acórdãos, de órgãos judiciais, ressalvada a crítica nos autos, doutrinária ou no exercício do magistério.

**Art. 13.** O magistrado deve evitar comportamentos que impliquem a busca injustificada e desmesurada por reconhecimento social, mormente a autopromoção em publicação de qualquer natureza.

**Art. 14.** Cumpre ao magistrado ostentar conduta positiva e de colaboração para com os órgãos de controle e de aferição de seu desempenho profissional.

## Capítulo V

### INTEGRIDADE PESSOAL E PROFISSIONAL

**Art. 15.** A integridade de conduta do magistrado fora do âmbito estrito da atividade jurisdicional contribui para uma fundada confiança dos cidadãos na judicatura.

**Art. 16.** O magistrado deve comportar-se na vida privada de modo a dignificar a função, cônscio de que o exercício da atividade jurisdicional impõe restrições e exigências pessoais distintas das acometidas aos cidadãos em geral.

**Art. 17.** É dever do magistrado recusar benefícios ou vantagens de ente público, de empresa privada ou de pessoa física que possam comprometer sua independência funcional.

**Art. 18.** Ao magistrado é vedado usar para fins privados, sem autorização, os bens públicos ou os meios disponibilizados para o exercício de suas funções.

**Art. 19.** Cumpre ao magistrado adotar as medidas necessárias para evitar que possa surgir qualquer dúvida razoável sobre a legitimidade de suas receitas e de sua situação econômico-patrimonial.

## Capítulo VI

### DILIGÊNCIA E DEDICAÇÃO

**Art. 20.** Cumpre ao magistrado velar para que os atos processuais se celebrem com a máxima pontualidade e para que os processos a seu cargo sejam solucionados em um prazo razoável, reprimindo toda e qualquer iniciativa dilatória ou atentatória à boa-fé processual.

**Art. 21.** O magistrado não deve assumir encargos ou contrair obrigações que perturbem ou impeçam o cumprimento apropriado de suas funções específicas, ressalvadas as acumulações permitidas constitucionalmente.

§ 1º O magistrado que acumular, de conformidade com a Constituição Federal, o exercício da judicatura com o magistério deve sempre priorizar a atividade judicial, dispensando-lhe efetiva disponibilidade e dedicação.

§ 2º O magistrado, no exercício do magistério, deve observar conduta adequada à sua condição de juiz, tendo em vista que, aos olhos de alunos e da sociedade, o magistério e a magistratura são indissociáveis, e faltas éticas na área do ensino refletirão necessariamente no respeito à função judicial.

## Capítulo VII

### CORTESIA

**Art. 22.** O magistrado tem o dever de cortesia para com os colegas, os membros do Ministério Público, os advogados, os servidores, as partes, as testemunhas e todos quantos se relacionem com a administração da Justiça.

Parágrafo único. Impõe-se ao magistrado a utilização de linguagem escorreita, polida, respeitosa e compreensível.

**Art. 23.** A atividade disciplinar, de correição e de fiscalização serão exercidas sem infringência ao devido respeito e consideração pelos correicionados.

## Capítulo VIII

### PRUDÊNCIA

**Art. 24.** O magistrado prudente é o que busca adotar comportamentos e decisões que sejam o resultado de juízo justificado racionalmente, após haver meditado e valorado os argumentos e contra-argumentos disponíveis, à luz do Direito aplicável.

**Art. 25.** Especialmente ao proferir decisões, incumbe ao magistrado atuar de forma cautelosa, atento às consequências que pode provocar.

**Art. 26.** O magistrado deve manter atitude aberta e paciente para receber argumentos ou críticas lançados de forma cortês e respeitosa, podendo confirmar ou retificar posições anteriormente assumidas nos processos em que atua.

## Capítulo IX

### SIGILO PROFISSIONAL

**Art. 27.** O magistrado tem o dever de guardar absoluta reserva, na vida pública e privada, sobre dados ou fatos pessoais de que haja tomado conhecimento no exercício de sua atividade.

**Art. 28.** Aos juízes integrantes de órgãos colegiados impõe-se preservar o sigilo de votos que ainda não hajam sido proferidos e daqueles de cujo teor tomem conhecimento, eventualmente, antes do julgamento.

## Capítulo X

### CONHECIMENTO E CAPACITAÇÃO

**Art. 29.** A exigência de conhecimento e de capacitação permanente dos magistrados tem como fundamento o direito dos jurisdicionados e da sociedade em geral à obtenção de um serviço de qualidade na administração de Justiça.

**Art. 30.** O magistrado bem formado é o que conhece o Direito vigente e desenvolveu as capacidades técnicas e as atitudes éticas adequadas para aplicá-lo corretamente.

**Art. 31.** A obrigação de formação contínua dos magistrados estende-se tanto às matérias especificamente jurídicas quanto no que se refere aos conhecimentos e técnicas que possam favorecer o melhor cumprimento das funções judiciais.

**Art. 32.** O conhecimento e a capacitação dos magistrados adquirem uma intensidade especial no que se relaciona com as matérias, as técnicas e as atitudes que levem à máxima proteção dos direitos humanos e ao desenvolvimento dos valores constitucionais.

**Art. 33.** O magistrado deve facilitar e promover, na medida do possível, a formação dos outros membros do órgão judicial.

**Art. 34.** O magistrado deve manter uma atitude de colaboração ativa em todas as atividades que conduzem à formação judicial.

**Art. 35.** O magistrado deve esforçar-se para contribuir com os seus conhecimentos teóricos e práticos ao melhor desenvolvimento do Direito e à administração da Justiça.

**Art. 36.** É dever do magistrado atuar no sentido de que a instituição de que faz parte ofereça os meios para que sua formação seja permanente.

CAPÍTULO XI

**DIGNIDADE, HONRA E DECORO**

**Art. 37.** Ao magistrado é vedado procedimento incompatível com a dignidade, a honra e o decoro de suas funções.

**Art. 38.** O magistrado não deve exercer atividade empresarial, exceto na condição de acionista ou cotista e desde que não exerça o controle ou gerência.

**Art. 39.** É atentatório à dignidade do cargo qualquer ato ou comportamento do magistrado, no exercício profissional, que implique discriminação injusta ou arbitrária de qualquer pessoa ou instituição.

CAPÍTULO XII

**DISPOSIÇÕES FINAIS**

**Art. 40.** Os preceitos do presente Código complementam os deveres funcionais dos juízes que emanam da Constituição Federal, do Estatuto da Magistratura e das demais disposições legais.

**Art. 41.** Os Tribunais brasileiros, por ocasião da posse de todo Juiz, entregar-lhe-ão um exemplar do Código de Ética da Magistratura Nacional, para fiel observância durante todo o tempo de exercício da judicatura.

**Art. 42.** Este Código entra em vigor, em todo o território nacional, na data de sua publicação, cabendo ao Conselho Nacional de Justiça promover-lhe ampla divulgação.

Brasília, 26 de agosto de 2008.

## LEI Nº 11.804, DE 5 DE NOVEMBRO DE 2008

*Disciplina o direito a alimentos gravídicos e a forma como ele será exercido e dá outras providências.*

▶ Publicada no *DOU* de 6-11-2008.
▶ Art. 5º, LXVII, da CF.
▶ Arts. 1.740, I, 1.920 e 1.928, parágrafo único, do CC.
▶ Arts. 100, II, 732 a 735 e 852 a 854 do CPC.
▶ Art. 244 do CP.
▶ Lei nº 5.478, de 25-7-1968 (Lei da Ação de Alimentos).

**Art. 1º** Esta Lei disciplina o direito de alimentos da mulher gestante e a forma como será exercido.

**Art. 2º** Os alimentos de que trata esta Lei compreenderão os valores suficientes para cobrir as despesas adicionais do período de gravidez e que sejam dela decorrentes, da concepção ao parto, inclusive as referentes a alimentação especial, assistência médica e psicológica, exames complementares, internações, parto, medicamentos e demais prescrições preventivas e terapêuticas indispensáveis, a juízo do médico, além de outras que o juiz considere pertinentes.

Parágrafo único. Os alimentos de que trata este artigo referem-se à parte das despesas que deverá ser custeada pelo futuro pai, considerando-se a contribuição que também deverá ser dada pela mulher grávida, na proporção dos recursos de ambos.

**Arts. 3º a 5º** VETADOS.

**Art. 6º** Convencido da existência de indícios da paternidade, o juiz fixará alimentos gravídicos que perdurarão até o nascimento da criança, sopesando as necessidades da parte autora e as possibilidades da parte ré.

Parágrafo único. Após o nascimento com vida, os alimentos gravídicos ficam convertidos em pensão alimentícia em favor do menor até que uma das partes solicite a sua revisão.

**Art. 7º** O réu será citado para apresentar resposta em 5 (cinco) dias.

**Arts. 8º a 10.** VETADOS.

**Art. 11.** Aplicam-se supletivamente nos processos regulados por esta Lei as disposições das Leis nos 5.478, de 25 de julho de 1968, e 5.869, de 11 de janeiro de 1973 – Código de Processo Civil.

▶ Lei nº 5.478, de 25-7-1968 (Lei da Ação de Alimentos).

**Art. 12.** Esta Lei entra em vigor na data de sua publicação.

Brasília, 5 de novembro de 2008;
187º da Independência e
120º da República.

**Luiz Inácio Lula da Silva**

## LEI Nº 11.971, DE 6 DE JULHO DE 2009

*Dispõe sobre as certidões expedidas pelos Ofícios do Registro de Distribuição e Distribuidores Judiciais.*

► Publicada no *DOU* de 7-7-2009.

► Lei nº 9.051, de 18-5-1995, dispõe sobre a expedição de certidões para a defesa de direitos e esclarecimentos de situações.

**Art. 1º** Esta Lei dispõe sobre os requisitos obrigatórios que devem constar das certidões expedidas pelos Ofícios do Registro de Distribuição, serviços extrajudiciais, e pelos Distribuidores Judiciais.

**Art. 2º** Os Ofícios do Registro de Distribuição, serviços extrajudiciais, e os Distribuidores Judiciais farão constar em suas certidões, obrigatoriamente, a distribuição dos feitos ajuizados ao Poder Judiciário e o resumo de suas respectivas sentenças criminais condenatórias e, na forma da Lei, as baixas e as sentenças absolutórias, quando requeridas.

Parágrafo único. Deverão constar das certidões referidas no caput deste artigo os seguintes dados de identificação, salvo aqueles que não forem disponibilizados pelo Poder Judiciário:

I – nome completo do réu, pessoa natural ou jurídica, proibido o uso de abreviações;
II – nacionalidade;
III – estado civil;
IV – número do documento de identidade e órgão expedidor;
V – número de inscrição do CPF ou CNPJ;
VI – filiação da pessoa natural;
VII – residência ou domicílio, se pessoa natural, e sede, se pessoa jurídica;
VIII – data da distribuição do feito;
IX – tipo da ação;
X – Ofício do Registro de Distribuição ou Distribuidor Judicial competente; e
XI – resumo da sentença criminal absolutória ou condenatória, ou o seu arquivamento.

**Art. 3º** É obrigatória a comunicação pelos Órgãos e Juízos competentes, em consonância com a legislação de cada Estado-membro, aos Ofícios do Registro de Distribuição ou Distribuidores Judiciais do teor das sentenças criminais absolutórias ou condenatórias, para o devido registro e as anotações de praxe.

**Art. 4º** Os Registradores de feitos ajuizados responderão civil e criminalmente, na forma do disposto no inciso I do caput do art. 31 e no art. 32 da Lei nº 8.935, de 18 de novembro de 1994, por danos causados a terceiros, decorrentes da omissão em sua certificação das exigências contidas nesta Lei.

**Art. 5º** Esta Lei entra em vigor na data de sua publicação.

Brasília, 6 de julho de 2009;
188º da Independência e
121º da República.

José Alencar Gomes da Silva

## LEI Nº 12.010, DE 3 DE AGOSTO DE 2009

*Dispõe sobre adoção; altera as Leis nºs 8.069, de 13 de julho de 1990 – Estatuto da Criança e do Adolescente, 8.560, de 29 de dezembro de 1992; revoga dispositivos da Lei nº 10.406, de 10 de janeiro de 2002 – Código Civil, e da Consolidação das Leis do Trabalho – CLT, aprovada pelo Decreto-Lei nº 5.452, de 1º de maio de 1943; e dá outras providências.*

► Publicada no *DOU* de 4-8-2009.

**Art. 1º** Esta Lei dispõe sobre o aperfeiçoamento da sistemática prevista para garantia do direito à convivência familiar a todas as crianças e adolescentes, na forma prevista pela Lei nº 8.069, de 13 de julho de 1990, Estatuto da Criança e do Adolescente.

§ 1º A intervenção estatal, em observância ao disposto no caput do art. 226 da Constituição Federal, será prioritariamente voltada à orientação, apoio e promoção social da família natural, junto à qual a criança e o adolescente devem permanecer, ressalvada absoluta impossibilidade, demonstrada por decisão judicial fundamentada.

§ 2º Na impossibilidade de permanência na família natural, a criança e o adolescente serão colocados sob adoção, tutela ou guarda, observadas as regras e princípios contidos na Lei nº 8.069, de 13 de julho de 1990, e na Constituição Federal.

**Art. 2º** A Lei nº 8.069, de 13 de julho de 1990, Estatuto da Criança e do Adolescente, passa a vigorar com as seguintes alterações:

► Alterações inseridas no texto da referida Lei.

**Art. 3º** A expressão "pátrio poder" contida nos arts. 21, 23, 24, no parágrafo único do art. 36, no § 1º do art. 45, no art. 49, no inciso X do caput do art. 129, nas alíneas b e d do parágrafo único do art. 148, nos arts. 155, 157, 163, 166, 169, no inciso III do caput do art. 201 e no art. 249, todos da Lei nº 8.069, de 13 de julho de 1990, bem como na Seção II do Capítulo III do Título VI da Parte Especial do mesmo Diploma Legal, fica substituída pela expressão "poder familiar".

**Art. 4º** Os arts. 1.618, 1.619 e 1.734 da Lei nº 10.406, de 10 de janeiro de 2002 – Código Civil, passam a vigorar com a seguinte redação:

► Alterações inseridas no texto do referido Código.

**Art. 5º** O art. 2º da Lei nº 8.560, de 29 de dezembro de 1992, fica acrescido do seguinte § 5º, renumerando-se o atual § 5º para § 6º, com a seguinte redação:

"Art. 2º ..................................................................

§ 5º Nas hipóteses previstas no § 4º deste artigo, é dispensável o ajuizamento de ação de investigação de paternidade pelo Ministério Público se, após o não comparecimento ou a recusa do suposto pai em assumir a paternidade a ele atribuída, a criança for encaminhada para adoção.

§ 6º A iniciativa conferida ao Ministério Público não impede a quem tenha legítimo interesse de intentar investigação, visando a obter o pretendido reconhecimento da paternidade."

**Art. 6º** As pessoas e casais já inscritos nos cadastros de adoção ficam obrigados a frequentar, no prazo máximo de 1 (um) ano, contado da entrada em vigor desta Lei, a preparação psicossocial e jurídica a que se referem os §§ 3º e 4º do art. 50 da Lei nº 8.069, de 13 de julho de 1990, acrescidos pelo art. 2º desta Lei, sob pena de cassação de sua inscrição no cadastro.

**Art. 7º** Esta Lei entra em vigor 90 (noventa) dias após a sua publicação.

**Art. 8º** Revogam-se o § 4º do art. 51 e os incisos IV, V e VI do *caput* do art. 198 da Lei nº 8.069, de 13 de julho de 1990, bem como o parágrafo único do art. 1.618, o inciso III do *caput* do art. 10 e os arts. 1.620 a 1.629 da Lei nº 10.406, de 10 de janeiro de 2002 – Código Civil, e os §§ 1º a 3º do art. 392-A da Consolidação das Leis do Trabalho, aprovada pelo Decreto-Lei nº 5.452, de 1º de maio de 1943.

Brasília, 3 de agosto de 2009;
188º da Independência e
121º da República.

**Luiz Inácio Lula da Silva**

---

**LEI Nº 12.016,
DE 7 DE AGOSTO DE 2009**

*Disciplina o mandado de segurança individual e coletivo e dá outras providências.*

▶ Publicada no *DOU* de 10-8-2009.
▶ Arts. 5º, LXIX e LXX, 102, I, *d*, e II, *a*, 105, I, *b*, e II, *b*, 108, I, *c*, 109, VIII, e 121, § 4º, V, da CF.
▶ Lei nº 8.437, de 30-6-1992 (Lei de Medidas Cautelares).
▶ Lei nº 9.494, de 10-9-1997, dispõe sobre a aplicação da tutela antecipada contra a Fazenda Pública.
▶ Súmulas nᵒˢ 622 a 632 do STF.
▶ Súmulas nᵒˢ 41 e 460 do STJ.

**Art. 1º** Conceder-se-á mandado de segurança para proteger direito líquido e certo, não amparado por *habeas corpus* ou *habeas data*, sempre que, ilegalmente ou com abuso de poder, qualquer pessoa física ou jurídica sofrer violação ou houver justo receio de sofrê-la por parte de autoridade, seja de que categoria for e sejam quais forem as funções que exerça.

▶ Art. 5º, LXIX, da CF.
▶ Súm. nº 625 do STF.

§ 1º Equiparam-se às autoridades, para os efeitos desta Lei, os representantes ou órgãos de partidos políticos e os administradores de entidades autárquicas, bem como os dirigentes de pessoas jurídicas ou as pessoas naturais no exercício de atribuições do poder público, somente no que disser respeito a essas atribuições.

§ 2º Não cabe mandado de segurança contra os atos de gestão comercial praticados pelos administradores de empresas públicas, de sociedade de economia mista e de concessionárias de serviço público.

§ 3º Quando o direito ameaçado ou violado couber a várias pessoas, qualquer delas poderá requerer o mandado de segurança.

**Art. 2º** Considerar-se-á federal a autoridade coatora se as consequências de ordem patrimonial do ato contra o qual se requer o mandado houverem de ser suportadas pela União ou entidade por ela controlada.

**Art. 3º** O titular de direito líquido e certo decorrente de direito, em condições idênticas, de terceiro poderá impetrar mandado de segurança a favor do direito originário, se o seu titular não o fizer, no prazo de 30 (trinta) dias, quando notificado judicialmente.

Parágrafo único. O exercício do direito previsto no *caput* deste artigo submete-se ao prazo fixado no art. 23 desta Lei, contado da notificação.

**Art. 4º** Em caso de urgência, é permitido, observados os requisitos legais, impetrar mandado de segurança por telegrama, radiograma, fax ou outro meio eletrônico de autenticidade comprovada.

§ 1º Poderá o juiz, em caso de urgência, notificar a autoridade por telegrama, radiograma ou outro meio que assegure a autenticidade do documento e a imediata ciência pela autoridade.

▶ Art. 11 desta Lei.

§ 2º O texto original da petição deverá ser apresentado nos 5 (cinco) dias úteis seguintes.

§ 3º Para os fins deste artigo, em se tratando de documento eletrônico, serão observadas as regras da Infraestrutura de Chaves Públicas Brasileira – ICP-Brasil.

**Art. 5º** Não se concederá mandado de segurança quando se tratar:

I – de ato do qual caiba recurso administrativo com efeito suspensivo, independentemente de caução;

▶ Art. 5º, XXXV, da CF.
▶ Súm. nº 429 do STF.

II – de decisão judicial da qual caiba recurso com efeito suspensivo;

▶ Súm. nº 267 do STF.
▶ Súm. nº 202 do STJ.

III – de decisão judicial transitada em julgado.

▶ Súm. nº 268 do STF.

Parágrafo único. VETADO.

**Art. 6º** A petição inicial, que deverá preencher os requisitos estabelecidos pela lei processual, será apresentada em duas vias com os documentos que instruírem a primeira reproduzidos na segunda e indicará, além da autoridade coatora, a pessoa jurídica que esta integra, à qual se acha vinculada ou da qual exerce atribuições.

§ 1º No caso em que o documento necessário à prova do alegado se ache em repartição ou estabelecimento público ou em poder de autoridade que se recuse a fornecê-lo por certidão ou de terceiro, o juiz ordenará, preliminarmente, por ofício, a exibição desse documento em original ou em cópia autêntica e marcará, para o cumprimento da ordem, o prazo de 10 (dez) dias. O escrivão extrairá cópias do documento para juntá-las à segunda via da petição.

▶ Art. 399 do CPC.

§ 2º Se a autoridade que tiver procedido dessa maneira for a própria coatora, a ordem far-se-á no próprio instrumento da notificação.

§ 3º Considera-se autoridade coatora aquela que tenha praticado o ato impugnado ou da qual emane a ordem para a sua prática.
▶ Súm. nº 627 do STF.

§ 4º VETADO.

§ 5º Denega-se o mandado de segurança nos casos previstos pelo art. 267 da Lei nº 5.869, de 11 de janeiro de 1973 – Código de Processo Civil.

§ 6º O pedido de mandado de segurança poderá ser renovado dentro do prazo decadencial, se a decisão denegatória não lhe houver apreciado o mérito.
▶ Art. 23 desta Lei.

**Art. 7º** Ao despachar a inicial, o juiz ordenará:

I – que se notifique o coator do conteúdo da petição inicial, enviando-lhe a segunda via apresentada com as cópias dos documentos, a fim de que, no prazo de 10 (dez) dias, preste as informações;
▶ Art. 12 desta Lei.

II – que se dê ciência do feito ao órgão de representação judicial da pessoa jurídica interessada, enviando-lhe cópia da inicial sem documentos, para que, querendo, ingresse no feito;

III – que se suspenda o ato que deu motivo ao pedido, quando houver fundamento relevante e do ato impugnado puder resultar a ineficácia da medida, caso seja finalmente deferida, sendo facultado exigir do impetrante caução, fiança ou depósito, com o objetivo de assegurar o ressarcimento à pessoa jurídica.
▶ Art. 151, IV, do CTN.
▶ Súm. nº 405 do STF.

§ 1º Da decisão do juiz de primeiro grau que conceder ou denegar a liminar caberá agravo de instrumento, observado o disposto na Lei nº 5.869, de 11 de janeiro de 1973 – Código de Processo Civil.

§ 2º Não será concedida medida liminar que tenha por objeto a compensação de créditos tributários, a entrega de mercadorias e bens provenientes do exterior, a reclassificação ou equiparação de servidores públicos e a concessão de aumento ou a extensão de vantagens ou pagamento de qualquer natureza.
▶ Art. 170-A do CTN.
▶ Lei nº 2.770, de 4-5-1956, suprime a concessão de medidas liminares nas ações e procedimentos judiciais de qualquer natureza que visem à liberação de bens, mercadorias ou coisas de procedência estrangeira.
▶ Art. 1º, § 4º, da Lei nº 8.437, de 30-6-1992 (Lei de Medidas Cautelares).
▶ Art. 2º-B da Lei nº 9.494, de 10-9-1997, que disciplina a aplicação da tutela antecipada contra a Fazenda Pública.
▶ Súmulas nºs 212 e 213 do STJ.

§ 3º Os efeitos da medida liminar, salvo se revogada ou cassada, persistirão até a prolação da sentença.

§ 4º Deferida a medida liminar, o processo terá prioridade para julgamento.

§ 5º As vedações relacionadas com a concessão de liminares previstas neste artigo se estendem à tutela antecipada a que se referem os arts. 273 e 461 da Lei nº 5.869, de 11 de janeiro de 1973 – Código de Processo Civil.

**Art. 8º** Será decretada a perempção ou caducidade da medida liminar *ex officio* ou a requerimento do Ministério Público quando, concedida a medida, o impetrante criar obstáculo ao normal andamento do processo ou deixar de promover, por mais de 3 (três) dias úteis, os atos e as diligências que lhe cumprirem.
▶ Súm. nº 631 do STF.

**Art. 9º** As autoridades administrativas, no prazo de 48 (quarenta e oito) horas da notificação da medida liminar, remeterão ao Ministério ou órgão a que se acham subordinadas e ao Advogado-Geral da União ou a quem tiver a representação judicial da União, do Estado, do Município ou da entidade apontada como coatora cópia autenticada do mandado notificatório, assim como indicações e elementos outros necessários às providências a serem tomadas para a eventual suspensão da medida e defesa do ato apontado como ilegal ou abusivo de poder.

**Art. 10.** A inicial será desde logo indeferida, por decisão motivada, quando não for o caso de mandado de segurança ou lhe faltar algum dos requisitos legais ou quando decorrido o prazo legal para a impetração.

§ 1º Do indeferimento da inicial pelo juiz de primeiro grau caberá apelação e, quando a competência para o julgamento do mandado de segurança couber originariamente a um dos tribunais, do ato do relator caberá agravo para o órgão competente do tribunal que integre.
▶ Arts. 513 a 521 do CPC.
▶ Súm. nº 41 do STJ.

§ 2º O ingresso de litisconsorte ativo não será admitido após o despacho da petição inicial.

**Art. 11.** Feitas as notificações, o serventuário em cujo cartório corra o feito juntará aos autos cópia autêntica dos ofícios endereçados ao coator e ao órgão de representação judicial da pessoa jurídica interessada, bem como a prova da entrega a estes ou da sua recusa em aceitá-los ou dar recibo e, no caso do art. 4º desta Lei, a comprovação da remessa.

**Art. 12.** Findo o prazo a que se refere o inciso I do *caput* do art. 7º desta Lei, o juiz ouvirá o representante do Ministério Público, que opinará, dentro do prazo improrrogável de 10 (dez) dias.

Parágrafo único. Com ou sem o parecer do Ministério Público, os autos serão conclusos ao juiz, para a decisão, a qual deverá ser necessariamente proferida em 30 (trinta) dias.

**Art. 13.** Concedido o mandado, o juiz transmitirá em ofício, por intermédio do oficial do juízo, ou pelo correio, mediante correspondência com aviso de recebimento, o inteiro teor da sentença à autoridade coatora e à pessoa jurídica interessada.

Parágrafo único. Em caso de urgência, poderá o juiz observar o disposto no art. 4º desta Lei.

**Art. 14.** Da sentença, denegando ou concedendo o mandado, cabe apelação.
▶ Arts. 513 a 521 do CPC.
▶ Súm. nº 405 do STF.
▶ Súmulas nºs 169 e 177 do STJ.

**§ 1º** Concedida a segurança, a sentença estará sujeita obrigatoriamente ao duplo grau de jurisdição.
▶ Art. 475 do CPC.

**§ 2º** Estende-se à autoridade coatora o direito de recorrer.

**§ 3º** A sentença que conceder o mandado de segurança pode ser executada provisoriamente, salvo nos casos em que for vedada a concessão da medida liminar.
▶ Art. 7, § 2º, desta Lei.
▶ Arts. 475-I, § 1º, e 475-O do CPC.

**§ 4º** O pagamento de vencimentos e vantagens pecuniárias assegurados em sentença concessiva de mandado de segurança a servidor público da administração direta ou autárquica federal, estadual e municipal somente será efetuado relativamente às prestações que se vencerem a contar da data do ajuizamento da inicial.

**Art. 15.** Quando, a requerimento de pessoa jurídica de direito público interessada ou do Ministério Público e para evitar grave lesão à ordem, à saúde, à segurança e à economia públicas, o presidente do tribunal ao qual couber o conhecimento do respectivo recurso suspender, em decisão fundamentada, a execução da liminar e da sentença, dessa decisão caberá agravo, sem efeito suspensivo, no prazo de 5 (cinco) dias, que será levado a julgamento na sessão seguinte à sua interposição.
▶ Art. 25 da Lei nº 8.038, de 28-5-1990, que institui normas procedimentais para os processos que especifica, perante o STJ e o STF.
▶ Art. 4º da Lei nº 8.437, de 30-6-1992 (Lei de Medidas Cautelares).
▶ Súm. nº 626 do STF.

**§ 1º** Indeferido o pedido de suspensão ou provido o agravo a que se refere o *caput* deste artigo, caberá novo pedido de suspensão ao presidente do tribunal competente para conhecer de eventual recurso especial ou extraordinário.

**§ 2º** É cabível também o pedido de suspensão a que se refere o § 1º deste artigo, quando negado provimento a agravo de instrumento interposto contra a liminar a que se refere este artigo.

**§ 3º** A interposição de agravo de instrumento contra liminar concedida nas ações movidas contra o poder público e seus agentes não prejudica nem condiciona o julgamento do pedido de suspensão a que se refere este artigo.

**§ 4º** O presidente do tribunal poderá conferir ao pedido efeito suspensivo liminar se constatar, em juízo prévio, a plausibilidade do direito invocado e a urgência na concessão da medida.

**§ 5º** As liminares cujo objeto seja idêntico poderão ser suspensas em uma única decisão, podendo o presidente do tribunal estender os efeitos da suspensão a liminares supervenientes, mediante simples aditamento do pedido original.

**Art. 16.** Nos casos de competência originária dos tribunais, caberá ao relator a instrução do processo, sendo assegurada a defesa oral na sessão do julgamento.
▶ Súm. nº 624 do STF.

Parágrafo único. Da decisão do relator que conceder ou denegar a medida liminar caberá agravo ao órgão competente do tribunal que integre.

**Art. 17.** Nas decisões proferidas em mandado de segurança e nos respectivos recursos, quando não publicado, no prazo de 30 (trinta) dias, contado da data do julgamento, o acórdão será substituído pelas respectivas notas taquigráficas, independentemente de revisão.

**Art. 18.** Das decisões em mandado de segurança proferidas em única instância pelos tribunais cabe recurso especial e extraordinário, nos casos legalmente previstos, e recurso ordinário, quando a ordem for denegada.
▶ Arts. 102, III, e 105, III, da CF.
▶ Arts. 539 a 546 do CPC.
▶ Arts. 33 a 35 da Lei nº 8.038, de 28-5-1990, que institui normas procedimentais para os processos que especifica, perante o STJ e o STF.

**Art. 19.** A sentença ou o acórdão que denegar mandado de segurança, sem decidir o mérito, não impedirá que o requerente, por ação própria, pleiteie os seus direitos e os respectivos efeitos patrimoniais.
▶ Súmulas nºˢ 271 e 304 do STF.

**Art. 20.** Os processos de mandado de segurança e os respectivos recursos terão prioridade sobre todos os atos judiciais, salvo *habeas corpus*.

**§ 1º** Na instância superior, deverão ser levados a julgamento na primeira sessão que se seguir à data em que forem conclusos ao relator.

**§ 2º** O prazo para a conclusão dos autos não poderá exceder de 5 (cinco) dias.

**Art. 21.** O mandado de segurança coletivo pode ser impetrado por partido político com representação no Congresso Nacional, na defesa de seus interesses legítimos relativos a seus integrantes ou à finalidade partidária, ou por organização sindical, entidade de classe ou associação legalmente constituída e em funcionamento há, pelo menos, 1 (um) ano, em defesa de direitos líquidos e certos da totalidade, ou de parte, dos seus membros ou associados, na forma dos seus estatutos e desde que pertinentes às suas finalidades, dispensada, para tanto, autorização especial.
▶ Art. 5º, LXX, da CF.
▶ Súmulas nºˢ 629 e 630 do STF.

Parágrafo único. Os direitos protegidos pelo mandado de segurança coletivo podem ser:

I – coletivos, assim entendidos, para efeito desta Lei, os transindividuais, de natureza indivisível, de que seja titular grupo ou categoria de pessoas ligadas entre si ou com a parte contrária por uma relação jurídica básica;

II – individuais homogêneos, assim entendidos, para efeito desta Lei, os decorrentes de origem comum e da atividade ou situação específica da totalidade ou de parte dos associados ou membros do impetrante.
▶ Art. 2º-A da Lei nº 9.494, de 10-9-1997, que dispõe sobre a aplicação da tutela antecipada contra a Fazenda Pública.
▶ Súm. nº 630 do STF.

**Art. 22.** No mandado de segurança coletivo, a sentença fará coisa julgada limitadamente aos membros do grupo ou categoria substituídos pelo impetrante.

▶ Art. 2º-A da Lei nº 9.494, de 10-9-1997, que dispõe sobre a aplicação da tutela antecipada contra a Fazenda Pública.

§ 1º O mandado de segurança coletivo não induz litispendência para as ações individuais, mas os efeitos da coisa julgada não beneficiarão o impetrante a título individual se não requerer a desistência de seu mandado de segurança no prazo de 30 (trinta) dias a contar da ciência comprovada da impetração da segurança coletiva.

§ 2º No mandado de segurança coletivo, a liminar só poderá ser concedida após a audiência do representante judicial da pessoa jurídica de direito público, que deverá se pronunciar no prazo de 72 (setenta e duas) horas.

▶ Art. 2º da Lei nº 8.437, de 30-6-1992 (Lei de Medidas Cautelares).

**Art. 23.** O direito de requerer mandado de segurança extinguir-se-á decorridos 120 (cento e vinte) dias, contados da ciência, pelo interessado, do ato impugnado.

▶ Art. 6º, § 6º, desta Lei.
▶ Súm. nº 632 do STF.

**Art. 24.** Aplicam-se ao mandado de segurança os arts. 46 a 49 da Lei nº 5.869, de 11 de janeiro de 1973 – Código de Processo Civil.

▶ Súm. nº 631 do STF.

**Art. 25.** Não cabem, no processo de mandado de segurança, a interposição de embargos infringentes e a condenação ao pagamento dos honorários advocatícios, sem prejuízo da aplicação de sanções no caso de litigância de má-fé.

▶ Súmulas nºs 294, 512 e 597 do STF.
▶ Súmulas nºs 105 e 169 do STJ.

**Art. 26.** Constitui crime de desobediência, nos termos do art. 330 do Decreto-Lei nº 2.848, de 7 de dezembro de 1940, o não cumprimento das decisões proferidas em mandado de segurança, sem prejuízo das sanções administrativas e da aplicação da Lei nº 1.079, de 10 de abril de 1950, quando cabíveis.

**Art. 27.** Os regimentos dos tribunais e, no que couber, as leis de organização judiciária deverão ser adaptados às disposições desta Lei no prazo de 180 (cento e oitenta) dias, contado da sua publicação.

**Art. 28.** Esta Lei entra em vigor na data de sua publicação.

**Art. 29.** Revogam-se as Leis nºs 1.533, de 31 de dezembro de 1951, 4.166, de 4 de dezembro de 1962, 4.348, de 26 de junho de 1964, 5.021, de 9 de junho de 1966; o art. 3º da Lei nº 6.014, de 27 de dezembro de 1973, o art. 1º da Lei nº 6.071, de 3 de julho de 1974, o art. 12 da Lei nº 6.978, de 19 de janeiro de 1982, e o art. 2º da Lei nº 9.259, de 9 de janeiro de 1996.

Brasília, 7 de agosto de 2009;
188º da Independência e
121º da República.

**Luiz Inácio Lula da Silva**

## LEI Nº 12.153, DE 22 DE DEZEMBRO DE 2009

*Dispõe sobre os Juizados Especiais da Fazenda Pública no âmbito dos Estados, do Distrito Federal, dos Territórios e dos Municípios.*

▶ Publicada no *DOU* de 23-12-2009.
▶ Art. 98, I, da CF.
▶ Lei nº 9.099, de 26-9-1995 (Lei dos Juizados Especiais).
▶ Lei nº 10.259, de 12-7-2001 (Lei dos Juizados Especiais Federais).

**Art. 1º** Os Juizados Especiais da Fazenda Pública, órgãos da justiça comum e integrantes do Sistema dos Juizados Especiais, serão criados pela União, no Distrito Federal e nos Territórios, e pelos Estados, para conciliação, processo, julgamento e execução, nas causas de sua competência.

Parágrafo único. O sistema dos Juizados Especiais dos Estados e do Distrito Federal é formado pelos Juizados Especiais Cíveis, Juizados Especiais Criminais e Juizados Especiais da Fazenda Pública.

**Art. 2º** É de competência dos Juizados Especiais da Fazenda Pública processar, conciliar e julgar causas cíveis de interesse dos Estados, do Distrito Federal, dos Territórios e dos Municípios, até o valor de 60 (sessenta) salários mínimos.

§ 1º Não se incluem na competência do Juizado Especial da Fazenda Pública:

I – as ações de mandado de segurança, de desapropriação, de divisão e demarcação, populares, por improbidade administrativa, execuções fiscais e as demandas sobre direitos ou interesses difusos ou coletivos;

II – as causas sobre bens imóveis dos Estados, Distrito Federal, Territórios e Municípios, autarquias e fundações públicas a eles vinculadas;

III – as causas que tenham como objeto a impugnação da pena de demissão imposta a servidores públicos civis ou sanções disciplinares aplicadas a militares.

§ 2º Quando a pretensão versar sobre obrigações vincendas, para fins de competência do Juizado Especial, a soma de 12 (doze) parcelas vincendas e de eventuais parcelas vencidas não poderá exceder o valor referido no *caput* deste artigo.

§ 3º VETADO.

§ 4º No foro onde estiver instalado Juizado Especial da Fazenda Pública, a sua competência é absoluta.

**Art. 3º** O juiz poderá, de ofício ou a requerimento das partes, deferir quaisquer providências cautelares e antecipatórias no curso do processo, para evitar dano de difícil ou de incerta reparação.

▶ Arts. 273, 461, 461-A e 796 a 889 do CPC.

**Art. 4º** Exceto nos casos do art. 3º, somente será admitido recurso contra a sentença.

**Art. 5º** Podem ser partes no Juizado Especial da Fazenda Pública:

I – como autores, as pessoas físicas e as microempresas e empresas de pequeno porte, assim definidas na Lei Complementar nº 123, de 14 de dezembro de 2006;

II – como réus, os Estados, o Distrito Federal, os Territórios e os Municípios, bem como autarquias, fundações e empresas públicas a eles vinculadas.

**Art. 6º** Quanto às citações e intimações, aplicam-se as disposições contidas na Lei nº 5.869, de 11 de janeiro de 1973 – Código de Processo Civil.

▶ Arts. 213 a 242 do CPC.

**Art. 7º** Não haverá prazo diferenciado para a prática de qualquer ato processual pelas pessoas jurídicas de direito público, inclusive a interposição de recursos, devendo a citação para a audiência de conciliação ser efetuada com antecedência mínima de 30 (trinta) dias.

**Art. 8º** Os representantes judiciais dos réus presentes à audiência poderão conciliar, transigir ou desistir nos processos da competência dos Juizados Especiais, nos termos e nas hipóteses previstas na lei do respectivo ente da Federação.

**Art. 9º** A entidade ré deverá fornecer ao Juizado a documentação de que disponha para o esclarecimento da causa, apresentando-a até a instalação da audiência de conciliação.

**Art. 10.** Para efetuar o exame técnico necessário à conciliação ou ao julgamento da causa, o juiz nomeará pessoa habilitada, que apresentará o laudo até 5 (cinco) dias antes da audiência.

**Art. 11.** Nas causas de que trata esta Lei, não haverá reexame necessário.

**Art. 12.** O cumprimento do acordo ou da sentença, com trânsito em julgado, que imponham obrigação de fazer, não fazer ou entrega de coisa certa, será efetuado mediante ofício do juiz à autoridade citada para a causa, com cópia da sentença ou do acordo.

**Art. 13.** Tratando-se de obrigação de pagar quantia certa, após o trânsito em julgado da decisão, o pagamento será efetuado:

I – no prazo máximo de 60 (sessenta) dias, contado da entrega da requisição do juiz à autoridade citada para a causa, independentemente de precatório, na hipótese do § 3º do art. 100 da Constituição Federal; ou

II – mediante precatório, caso o montante da condenação exceda o valor definido como obrigação de pequeno valor.

§ 1º Desatendida a requisição judicial, o juiz, imediatamente, determinará o sequestro do numerário suficiente ao cumprimento da decisão, dispensada a audiência da Fazenda Pública.

§ 2º As obrigações definidas como de pequeno valor a serem pagas independentemente de precatório terão como limite o que for estabelecido na lei do respectivo ente da Federação.

§ 3º Até que se dê a publicação das leis de que trata o § 2º, os valores serão:

I – 40 (quarenta) salários mínimos, quanto aos Estados e ao Distrito Federal;

II – 30 (trinta) salários mínimos, quanto aos Municípios.

§ 4º São vedados o fracionamento, a repartição ou a quebra do valor da execução, de modo que o pagamento se faça, em parte, na forma estabelecida no inciso I do *caput* e, em parte, mediante expedição de precatório, bem como a expedição de precatório complementar ou suplementar do valor pago.

§ 5º Se o valor da execução ultrapassar o estabelecido para pagamento independentemente do precatório, o pagamento far-se-á, sempre, por meio do precatório, sendo facultada à parte exequente a renúncia ao crédito do valor excedente, para que possa optar pelo pagamento do saldo sem o precatório.

§ 6º O saque do valor depositado poderá ser feito pela parte autora, pessoalmente, em qualquer agência do banco depositário, independentemente de alvará.

§ 7º O saque por meio de procurador somente poderá ser feito na agência destinatária do depósito, mediante procuração específica, com firma reconhecida, da qual constem o valor originalmente depositado e sua procedência.

**Art. 14.** Os Juizados Especiais da Fazenda Pública serão instalados pelos Tribunais de Justiça dos Estados e do Distrito Federal.

Parágrafo único. Poderão ser instalados Juizados Especiais Adjuntos, cabendo ao Tribunal designar a Vara onde funcionará.

**Art. 15.** Serão designados, na forma da legislação dos Estados e do Distrito Federal, conciliadores e juízes leigos dos Juizados Especiais da Fazenda Pública, observadas as atribuições previstas nos arts. 22, 37 e 40 da Lei nº 9.099, de 26 de setembro de 1995.

▶ Lei nº 9.099, de 26-9-1995 (Lei dos Juizados Especiais).

§ 1º Os conciliadores e juízes leigos são auxiliares da Justiça, recrutados, os primeiros, preferencialmente, entre os bacharéis em Direito, e os segundos, entre advogados com mais de 2 (dois) anos de experiência.

§ 2º Os juízes leigos ficarão impedidos de exercer a advocacia perante todos os Juizados Especiais da Fazenda Pública instalados em território nacional, enquanto no desempenho de suas funções.

**Art. 16.** Cabe ao conciliador, sob a supervisão do juiz, conduzir a audiência de conciliação.

▶ Art. 26 desta Lei.

§ 1º Poderá o conciliador, para fins de encaminhamento da composição amigável, ouvir as partes e testemunhas sobre os contornos fáticos da controvérsia.

§ 2º Não obtida a conciliação, caberá ao juiz presidir a instrução do processo, podendo dispensar novos depoimentos, se entender suficientes para o julgamento da causa os esclarecimentos já constantes dos autos, e não houver impugnação das partes.

**Art. 17.** As Turmas Recursais do Sistema dos Juizados Especiais são compostas por juízes em exercício no primeiro grau de jurisdição, na forma da legislação dos Estados e do Distrito Federal, com mandato de 2 (dois) anos, e integradas, preferencialmente, por juízes do Sistema dos Juizados Especiais.

§ 1º A designação dos juízes das Turmas Recursais obedecerá aos critérios de antiguidade e merecimento.

§ 2º Não será permitida a recondução, salvo quando não houver outro juiz na sede da Turma Recursal.

**Art. 18.** Caberá pedido de uniformização de interpretação de lei quando houver divergência entre decisões proferidas por Turmas Recursais sobre questões de direito material.

§ 1º O pedido fundado em divergência entre Turmas do mesmo Estado será julgado em reunião conjunta das Turmas em conflito, sob a presidência de desembargador indicado pelo Tribunal de Justiça.

▶ Art. 19, caput, desta Lei.

§ 2º No caso do § 1º, a reunião de juízes domiciliados em cidades diversas poderá ser feita por meio eletrônico.

§ 3º Quando as Turmas de diferentes Estados derem a lei federal interpretações divergentes, ou quando a decisão proferida estiver em contrariedade com súmula do Superior Tribunal de Justiça, o pedido será por este julgado.

▶ Art. 19, § 2º, desta Lei.

**Art. 19.** Quando a orientação acolhida pelas Turmas de Uniformização de que trata o § 1º do art. 18 contrariar súmula do Superior Tribunal de Justiça, a parte interessada poderá provocar a manifestação deste, que dirimirá a divergência.

▶ Art. 21 desta Lei.

§ 1º Eventuais pedidos de uniformização fundados em questões idênticas e recebidos subsequentemente em quaisquer das Turmas Recursais ficarão retidos nos autos, aguardando pronunciamento do Superior Tribunal de Justiça.

§ 2º Nos casos do caput deste artigo e do § 3º do art. 18, presente a plausibilidade do direito invocado e havendo fundado receio de dano de difícil reparação, poderá o relator conceder, de ofício ou a requerimento do interessado, medida liminar determinando a suspensão dos processos nos quais a controvérsia esteja estabelecida.

§ 3º Se necessário, o relator pedirá informações ao Presidente da Turma Recursal ou Presidente da Turma de Uniformização e, nos casos previstos em lei, ouvirá o Ministério Público, no prazo de 5 (cinco) dias.

§ 4º VETADO.

§ 5º Decorridos os prazos referidos nos §§ 3º e 4º, o relator incluirá o pedido em pauta na sessão, com preferência sobre todos os demais feitos, ressalvados os processos com réus presos, os habeas corpus e os mandados de segurança.

§ 6º Publicado o acórdão respectivo, os pedidos retidos referidos no § 1º serão apreciados pelas Turmas Recursais, que poderão exercer juízo de retratação ou os declararão prejudicados, se veicularem tese não acolhida pelo Superior Tribunal de Justiça.

**Art. 20.** Os Tribunais de Justiça, o Superior Tribunal de Justiça e o Supremo Tribunal Federal, no âmbito de suas competências, expedirão normas regulamentando os procedimentos a serem adotados para o processamento e o julgamento do pedido de uniformização e do recurso extraordinário.

**Art. 21.** O recurso extraordinário, para os efeitos desta Lei, será processado e julgado segundo o estabelecido no art. 19, além da observância das normas do Regimento.

**Art. 22.** Os Juizados Especiais da Fazenda Pública serão instalados no prazo de até 2 (dois) anos da vigência desta Lei, podendo haver o aproveitamento total ou parcial das estruturas das atuais Varas da Fazenda Pública.

**Art. 23.** Os Tribunais de Justiça poderão limitar, por até 5 (cinco) anos, a partir da entrada em vigor desta Lei, a competência dos Juizados Especiais da Fazenda Pública, atendendo à necessidade da organização dos serviços judiciários e administrativos.

**Art. 24.** Não serão remetidas aos Juizados Especiais da Fazenda Pública as demandas ajuizadas até a data de sua instalação, assim como as ajuizadas fora do Juizado Especial por força do disposto no art. 23.

**Art. 25.** Competirá aos Tribunais de Justiça prestar o suporte administrativo necessário ao funcionamento dos Juizados Especiais.

**Art. 26.** O disposto no art. 16 aplica-se aos Juizados Especiais Federais instituídos pela Lei nº 10.259, de 12 de julho de 2001.

**Art. 27.** Aplica-se subsidiariamente o disposto nas Leis nºs 5.869, de 11 de janeiro de 1973 – Código de Processo Civil, 9.099, de 26 de setembro de 1995, e 10.259, de 12 de julho de 2001.

▶ Lei nº 9.099, de 26-9-1995 (Lei dos Juizados Especiais).
▶ Lei nº 10.259, de 12-7-2001 (Lei dos Juizados Especiais Federais).

**Art. 28.** Esta Lei entra em vigor após decorridos 6 (seis) meses de sua publicação oficial.

Brasília, 22 de dezembro de 2009;
188º da Independência e
121º da República.

Luiz Inácio Lula da Silva

---

## LEI Nº 12.318,
## DE 26 DE AGOSTO DE 2010

*Dispõe sobre a alienação parental e altera o art. 236 da Lei nº 8.069, de 13 de julho de 1990.*

▶ Publicada no DOU de 27-8-2010.
▶ Art. 227 da CF.
▶ Lei nº 8.069, de 13-7-1990 (Estatuto da Criança e do Adolescente).

**Art. 1º** Esta Lei dispõe sobre a alienação parental.

**Art. 2º** Considera-se ato de alienação parental a interferência na formação psicológica da criança ou do adolescente promovida ou induzida por um dos genitores, pelos avós ou pelos que tenham a criança ou adolescente sob a sua autoridade, guarda ou vigilância para que repudie genitor ou que cause prejuízo ao estabelecimento ou à manutenção de vínculos com este.

Parágrafo único. São formas exemplificativas de alienação parental, além dos atos assim declarados pelo juiz ou constatados por perícia, praticados diretamente ou com auxílio de terceiros:

I – realizar campanha de desqualificação da conduta do genitor no exercício da paternidade ou maternidade;
II – dificultar o exercício da autoridade parental;
III – dificultar contato de criança ou adolescente com genitor;
IV – dificultar o exercício do direito regulamentado de convivência familiar;
V – omitir deliberadamente a genitor informações pessoais relevantes sobre a criança ou adolescente, inclusive escolares, médicas e alterações de endereço;
VI – apresentar falsa denúncia contra genitor, contra familiares deste ou contra avós, para obstar ou dificultar a convivência deles com a criança ou adolescente;
VII – mudar o domicílio para local distante, sem justificativa, visando a dificultar a convivência da criança ou adolescente com o outro genitor, com familiares deste ou com avós.

**Art. 3º** A prática de ato de alienação parental fere direito fundamental da criança ou do adolescente de convivência familiar saudável, prejudica a realização de afeto nas relações com genitor e com o grupo familiar, constitui abuso moral contra a criança ou o adolescente e descumprimento dos deveres inerentes à autoridade parental ou decorrentes de tutela ou guarda.

**Art. 4º** Declarado indício de ato de alienação parental, a requerimento ou de ofício, em qualquer momento processual, em ação autônoma ou incidentalmente, o processo terá tramitação prioritária, e o juiz determinará, com urgência, ouvido o Ministério Público, as medidas provisórias necessárias para preservação da integridade psicológica da criança ou do adolescente, inclusive para assegurar sua convivência com genitor ou viabilizar a efetiva reaproximação entre ambos, se for o caso.

Parágrafo único. Assegurar-se-á à criança ou adolescente e ao genitor garantia mínima de visitação assistida, ressalvados os casos em que há iminente risco de prejuízo à integridade física ou psicológica da criança ou do adolescente, atestado por profissional eventualmente designado pelo juiz para acompanhamento das visitas.

**Art. 5º** Havendo indício da prática de ato de alienação parental, em ação autônoma ou incidental, o juiz, se necessário, determinará perícia psicológica ou biopsicossocial.

§ 1º O laudo pericial terá base em ampla avaliação psicológica ou biopsicossocial, conforme o caso, compreendendo, inclusive, entrevista pessoal com as partes, exame de documentos dos autos, histórico do relacionamento do casal e da separação, cronologia de incidentes, avaliação da personalidade dos envolvidos e exame da forma como a criança ou adolescente se manifesta acerca de eventual acusação contra genitor.

§ 2º A perícia será realizada por profissional ou equipe multidisciplinar habilitados, exigido, em qualquer caso, aptidão comprovada por histórico profissional ou acadêmico para diagnosticar atos de alienação parental.

§ 3º O perito ou equipe multidisciplinar designada para verificar a ocorrência de alienação parental terá prazo de 90 (noventa) dias para apresentação do laudo, prorrogável exclusivamente por autorização judicial baseada em justificativa circunstanciada.

**Art. 6º** Caracterizados atos típicos de alienação parental ou qualquer conduta que dificulte a convivência de criança ou adolescente com genitor, em ação autônoma ou incidental, o juiz poderá, cumulativamente ou não, sem prejuízo da decorrente responsabilidade civil ou criminal e da ampla utilização de instrumentos processuais aptos a inibir ou atenuar seus efeitos, segundo a gravidade do caso:

I – declarar a ocorrência de alienação parental e advertir o alienador;
II – ampliar o regime de convivência familiar em favor do genitor alienado;
III – estipular multa ao alienador;
IV – determinar acompanhamento psicológico e/ou biopsicossocial;
V – determinar a alteração da guarda para guarda compartilhada ou sua inversão;
VI – determinar a fixação cautelar do domicílio da criança ou adolescente;
VII – declarar a suspensão da autoridade parental.

Parágrafo único. Caracterizado mudança abusiva de endereço, inviabilização ou obstrução à convivência familiar, o juiz também poderá inverter a obrigação de levar para ou retirar a criança ou adolescente da residência do genitor, por ocasião das alternâncias dos períodos de convivência familiar.

**Art. 7º** A atribuição ou alteração da guarda dar-se-á por preferência ao genitor que viabiliza a efetiva convivência da criança ou adolescente com o outro genitor nas hipóteses em que seja inviável a guarda compartilhada.

**Art. 8º** A alteração de domicílio da criança ou adolescente é irrelevante para a determinação da competência relacionada às ações fundadas em direito de convivência familiar, salvo se decorrente de consenso entre os genitores ou de decisão judicial.

**Arts. 9º e 10.** VETADOS.

**Art. 11.** Esta Lei entra em vigor na data de sua publicação.

Brasília, 26 de agosto de 2010;
189º da Independência e
122º da República.

**Luiz Inácio Lula da Silva**

## LEI Nº 12.562, DE 23 DE DEZEMBRO DE 2011

*Regulamenta o inciso III do art. 36 da Constituição Federal, para dispor sobre o processo e julgamento da representação interventiva perante o Supremo Tribunal Federal.*

▶ Publicada no *DOU* de 26-12-2011.

**Art. 1º** Esta Lei dispõe sobre o processo e julgamento da representação interventiva prevista no inciso III do art. 36 da Constituição Federal.

**Art. 2º** A representação será proposta pelo Procurador-Geral da República, em caso de violação aos princípios referidos no inciso VII do art. 34 da Constituição

Federal, ou de recusa, por parte de Estado-Membro, à execução de lei federal.

**Art. 3º** A petição inicial deverá conter:

I – a indicação do princípio constitucional que se considera violado ou, se for o caso de recusa à aplicação de lei federal, das disposições questionadas;

II – a indicação do ato normativo, do ato administrativo, do ato concreto ou da omissão questionados;

III – a prova da violação do princípio constitucional ou da recusa de execução de lei federal;

IV – o pedido, com suas especificações.

Parágrafo único. A petição inicial será apresentada em 2 (duas) vias, devendo conter, se for o caso, cópia do ato questionado e dos documentos necessários para comprovar a impugnação.

**Art. 4º** A petição inicial será indeferida liminarmente pelo relator, quando não for o caso de representação interventiva, faltar algum dos requisitos estabelecidos nesta Lei ou for inepta.

Parágrafo único. Da decisão de indeferimento da petição inicial caberá agravo, no prazo de 5 (cinco) dias.

**Art. 5º** O Supremo Tribunal Federal, por decisão da maioria absoluta de seus membros, poderá deferir pedido de medida liminar na representação interventiva.

§ 1º O relator poderá ouvir os órgãos ou autoridades responsáveis pelo ato questionado, bem como o Advogado-Geral da União ou o Procurador-Geral da República, no prazo comum de 5 (cinco) dias.

§ 2º A liminar poderá consistir na determinação de que se suspenda o andamento de processo ou os efeitos de decisões judiciais ou administrativas ou de qualquer outra medida que apresente relação com a matéria objeto da representação interventiva.

**Art. 6º** Apreciado o pedido de liminar ou, logo após recebida a petição inicial, se não houver pedido de liminar, o relator solicitará as informações às autoridades responsáveis pela prática do ato questionado, que as prestarão em até 10 (dez) dias.

§ 1º Decorrido o prazo para prestação das informações, serão ouvidos, sucessivamente, o Advogado-Geral da União e o Procurador-Geral da República, que deverão manifestar-se, cada qual, no prazo de 10 (dez) dias.

§ 2º Recebida a inicial, o relator deverá tentar dirimir o conflito que dá causa ao pedido, utilizando-se dos meios que julgar necessários, na forma do regimento interno.

**Art. 7º** Se entender necessário, poderá o relator requisitar informações adicionais, designar perito ou comissão de peritos para que elabore laudo sobre a questão ou, ainda, fixar data para declarações, em audiência pública, de pessoas com experiência e autoridade na matéria.

Parágrafo único. Poderão ser autorizadas, a critério do relator, a manifestação e a juntada de documentos por parte de interessados no processo.

**Art. 8º** Vencidos os prazos previstos no art. 6º ou, se for o caso, realizadas as diligências de que trata o art. 7º, o relator lançará o relatório, com cópia para todos os Ministros, e pedirá dia para julgamento.

**Art. 9º** A decisão sobre a representação interventiva somente será tomada se presentes na sessão pelo menos 8 (oito) Ministros.

**Art. 10.** Realizado o julgamento, proclamar-se-á a procedência ou improcedência do pedido formulado na representação interventiva se num ou noutro sentido se tiverem manifestado pelo menos 6 (seis) Ministros.

Parágrafo único. Estando ausentes Ministros em número que possa influir na decisão sobre a representação interventiva, o julgamento será suspenso, a fim de se aguardar o comparecimento dos Ministros ausentes, até que se atinja o número necessário para a prolação da decisão.

**Art. 11.** Julgada a ação, far-se-á a comunicação às autoridades ou aos órgãos responsáveis pela prática dos atos questionados, e, se a decisão final for pela procedência do pedido formulado na representação interventiva, o Presidente do Supremo Tribunal Federal, publicado o acórdão, levá-lo-á ao conhecimento do Presidente da República para, no prazo improrrogável de até 15 (quinze) dias, dar cumprimento aos §§ 1º e 3º do art. 36 da Constituição Federal.

Parágrafo único. Dentro do prazo de 10 (dez) dias, contado a partir do trânsito em julgado da decisão, a parte dispositiva será publicada em seção especial do *Diário da Justiça* e do *Diário Oficial da União*.

**Art. 12.** A decisão que julgar procedente ou improcedente o pedido da representação interventiva é irrecorrível, sendo insuscetível de impugnação por ação rescisória.

**Art. 13.** Esta Lei entra em vigor na data de sua publicação.

Brasília, 23 de dezembro de 2011;
190º da Independência e
123º da República.

**Dilma Rousseff**

# Regimentos Internos

# REGIMENTO INTERNO DO SUPREMO TRIBUNAL FEDERAL

▶ Publicado no *DJU* de 27-10-1980.

(EXCERTOS)

## DISPOSIÇÃO INICIAL

**Art. 1º** Este Regimento estabelece a composição e a competência dos órgãos do Supremo Tribunal Federal, regula o processo e o julgamento dos feitos que lhe são atribuídos pela Constituição da República e a disciplina dos seus serviços.

▶ Art. 102, I, c, da CF, com a redação dada pela EC nº 23, de 2-9-1999.

PARTE I – DA ORGANIZAÇÃO E COMPETÊNCIA

### TÍTULO I – DO TRIBUNAL

CAPÍTULO I

## DA COMPOSIÇÃO DO TRIBUNAL

**Art. 2º** O Tribunal compõe-se de onze Ministros, tem sede na Capital da República e jurisdição em todo território nacional.

Parágrafo único. O Presidente e Vice-Presidente são eleitos pelo Tribunal, dentre os Ministros.

**Art. 3º** São órgãos do Tribunal o Plenário, as Turmas e o Presidente.

**Art. 4º** As Turmas são constituídas de cinco Ministros.

§ 1º A Turma é presidida pelo Ministro mais antigo dentre seus membros, por um período de um ano, vedada a recondução, até que todos os seus integrantes hajam exercido a Presidência, observada a ordem decrescente de antiguidade.

§ 2º É facultado ao Ministro mais antigo recusar a Presidência, desde que o faça antes da proclamação de sua escolha.

§ 3º Na hipótese de vacância do cargo de Presidente de Turma, assumir-lhe-á, temporariamente, a Presidência o Ministro mais antigo que nela tiver assento.

§ 4º A escolha do Presidente da Turma, observado o critério estabelecido no § 1º deste artigo, dar-se-á na última sessão ordinária da Turma que preceder a cessação ordinária do mandato anual, ressalvada a situação prevista no parágrafo seguinte.

▶ §§ 1º a 4º com a redação dada pela ER nº 25, de 26-6-2008.

§ 5º Se a Presidência da Turma vagar-se por outro motivo, a escolha a que se refere o § 4º deste artigo dar-se-á na sessão ordinária imediatamente posterior à ocorrência da vaga, hipótese em que o novo Presidente exercerá, por inteiro, o mandato de um ano a contar da data de sua investidura.

§ 6º Considera-se empossado o sucessor, em qualquer das situações a que se referem os §§ 4º e 5º deste artigo, na mesma data de sua escolha para a Presidência da Turma, com início e exercício do respectivo mandato a partir da primeira sessão subsequente.

§ 7º O Presidente da Turma é substituído, nas suas ausências ou impedimentos eventuais ou temporários, pelo Ministro mais antigo dentre os membros que a compõem.

§ 8º O Presidente do Tribunal, ao deixar o cargo, passa a integrar a Turma de que sai o novo Presidente.

§ 9º O Ministro que for eleito Vice-Presidente permanece em sua Turma.

§ 10. O Ministro que se empossa no Supremo Tribunal Federal integra a Turma onde existe a vaga.

▶ §§ 5º a 10 acrescidos pela ER nº 25, de 26-6-2008.

CAPÍTULO II

## DA COMPETÊNCIA DO PLENÁRIO

**Art. 5º** Compete ao Plenário processar e julgar originariamente:

*I – nos crimes comuns, o Presidente da República, o Vice-Presidente, os Deputados e Senadores, os Ministros de Estado, os seus próprios Ministros e o Procurador-Geral da República, bem como apreciar pedidos de arquivamento por atipicidade de conduta;*

*II – nos crimes comuns e de responsabilidade, os Ministros de Estado e os Comandantes da Marinha, do Exército e da Aeronáutica, ressalvado o disposto no art. 52, I, da Constituição Federal, os membros dos Tribunais Superiores, os do Tribunal de Contas da União e os chefes de missão diplomática de caráter permanente, bem como apreciar pedidos de arquivamento por atipicidade de conduta;*

▶ Incisos I e II com a redação dada pela ER nº 44, de 2-6-2011.

III – os litígios entre Estados estrangeiros ou organismos internacionais e a União, os Estados, o Distrito Federal ou os Territórios;

IV – as causas e conflitos entre a União, os Estados, o Distrito Federal e os Territórios ou entre uns e outros, inclusive os respectivos órgãos da administração indireta;

*V – os mandados de segurança contra atos do Presidente da República, das Mesas da Câmara e do Senado Federal, do Supremo Tribunal Federal e do Conselho Nacional de Justiça, bem como os impetrados pela União contra atos de governos estaduais, ou por um Estado contra outro;*

▶ Inciso V com a redação dada pela ER nº 45, de 10-6-2011.

VI – a declaração de suspensão de direitos prevista no art. 154 da Constituição;

VII – a representação do Procurador-Geral da República, por inconstitucionalidade ou para interpretação de lei ou ato normativo federal ou estadual;

VIII – a requisição de intervenção federal nos Estados, ressalvada a competência do Tribunal Superior Eleitoral prevista no art. 11, § 1º, b, da Constituição;

IX – o pedido de avocação e as causas avocadas a que se refere o art. 119, I, o, da Constituição;

X – o pedido de medida cautelar nas representações oferecidas pelo Procurador-Geral da República.

**Art. 6º** Também compete ao Plenário:

I – processar e julgar originariamente:

a) o *habeas corpus*, quando for coator ou paciente o Presidente da República, a Câmara, o Senado, o próprio Tribunal ou qualquer de seus Ministros, o Conselho Nacional da Magistratura, o Procurador-Geral da República, ou quando a coação provier do Tribunal Superior Eleitoral, ou, nos casos do art. 129, § 2º, da Constituição, do Superior Tribunal Militar, bem assim quando se relacionar com extradição requisitada por Estado estrangeiro;
b) a revisão criminal de julgado do Tribunal;
c) a ação rescisória de julgado do Tribunal;
d a f) Revogadas. *ER nº 45, de 10-6-2011*;
g) a reclamação e que vise a preservar a competência do Tribunal, quando se cuidar de competência originária do próprio Plenário, ou a garantir a autoridade de suas decisões plenárias;

▶ Alínea g com a redação dada pela ER nº 9, de 8-10-2001.

h) as arguições de suspeição;
i) Revogada. *ER nº 45, de 10-6-2011*.

II – julgar:

a) além do disposto no art. 5º, VII, as arguições de inconstitucionalidade suscitadas nos demais processos;
b) os processos remetidos pelas Turmas e os incidentes de execução que, de acordo com o art. 343, lhe forem submetidos;
c) os *habeas corpus* remetidos ao seu julgamento pelo Relator;
d) o agravo regimental contra ato do Presidente e contra despacho do Relator nos processos de sua competência;

III – julgar em recurso ordinário:

a) os *habeas corpus* denegados pelo Tribunal Superior Eleitoral ou, nos casos do art. 129, § 2º, da Constituição, pelo Superior Tribunal Militar;
b) os *habeas corpus* denegados pelo Tribunal Federal de Recursos, quando for coator Ministro de Estado;

▶ Art. 105, I, c, da CF.

c) a ação penal julgada pelo Superior Tribunal Militar, quando o acusado for Governador ou Secretário de Estado;
d) as causas em que forem partes Estado estrangeiro ou organismo internacional, de um lado, e, de outro, município ou pessoa domiciliada ou residente no país;

IV – julgar, em grau de embargos, os processos decididos pelo Plenário ou pelas Turmas, nos casos previstos neste regimento.

Parágrafo único. Nos casos das letras *a* e *b* do inciso III, o recurso ordinário não poderá ser substituído por pedido originário.

**Art. 7º** Compete ainda ao Plenário:

I – eleger o Presidente e o Vice-Presidente do Tribunal e os membros do Conselho Nacional da Magistratura;
II – eleger, dentre os Ministros, os que devam compor o Tribunal Superior Eleitoral e organizar, para o mesmo fim, as listas de advogados de notável saber jurídico e idoneidade moral a serem submetidas ao Presidente da República;
III – elaborar e votar o Regimento do Tribunal e nele dispor sobre os recursos do art. 119, III, *a* e *d*, da Constituição, atendendo à natureza, espécie ou valor pecuniário das causas em que forem interpostos, bem como à relevância da questão federal;
IV – resolver as dúvidas que forem submetidas pelo Presidente ou pelos Ministros sobre a ordem do serviço ou a interpretação e a execução do Regimento;
V – criar comissões temporárias;
VI – conceder licença ao Presidente e, por mais de três meses, aos Ministros;
VII – deliberar sobre a inclusão, alteração e cancelamento de enunciados da Súmula da Jurisprudência Predominante do Supremo Tribunal Federal.

**Art. 8º** Compete ao Plenário e às Turmas, nos feitos de sua competência:

I – julgar o agravo regimental, o de instrumento, os embargos declaratórios e as medidas cautelares;
II – censurar ou advertir os juízes das instâncias inferiores e condená-los nas custas, sem prejuízo da competência do Conselho Nacional da Magistratura;
III – homologar as desistências requeridas em sessão, antes de iniciada a votação;
IV – representar à autoridade competente quando, em autos ou documentos de que conhecer, houver indício de crime de ação pública;
V – mandar riscar expressões desrespeitosas em requerimentos, pareceres ou quaisquer alegações submetidas ao Tribunal.

CAPÍTULO III

## DA COMPETÊNCIA DAS TURMAS

**Art. 9º** Além do disposto no art. 8º, compete às Turmas:

I – processar e julgar originariamente:

a) o *habeas corpus*, quando o coator ou paciente for Tribunal, funcionário ou autoridade, cujos atos estejam diretamente subordinados à jurisdição do Supremo Tribunal Federal, ou se tratar de crime sujeito à mesma jurisdição em única instância, ressalvada a competência do Plenário;
b) os incidentes de execução que, de acordo com o art. 343, III, lhes forem submetidos;
c) e a reclamação, ressalvada a competência do Plenário;

▶ Alínea c acrescida pela ER nº 9, de 8-10-2001.

d) *os mandados de segurança contra atos do Tribunal de Contas da União, do Procurador-Geral da República e do Conselho Nacional do Ministério Público;*
e) *os mandados de injunção contra atos do Tribunal de Contas da União e dos Tribunais Superiores;*
f) *os habeas data contra atos do Tribunal de Contas da União e do Procurador-Geral da República;*
g) *a ação em que todos os membros da magistratura sejam direta ou indiretamente interessados, e aquela em que mais da metade dos membros do tribunal de origem estejam impedidos ou sejam direta ou indiretamente interessados;*

*h)* a **extradição requisitada por Estado estrangeiro**.

▶ Alíneas *d* a *h* acrescidas pela ER nº 45, de 10-6-2011.

II – julgar em recurso ordinário:

a) os *habeas corpus* denegados em única ou última instância pelos tribunais locais ou federais, ressalvada a competência do Plenário;
b) a ação penal nos casos do art. 129, § 1º, da Constituição, ressalvada a hipótese prevista no art. 6º, inciso III, letra *c*.

III – julgar, em recurso extraordinário, as causas a que se referem os arts. 119, III, 139 e 143 da Constituição, observado o disposto no art. 11 e seu parágrafo único.

Parágrafo único. No caso da letra *a* do inciso II, o recurso ordinário não poderá ser substituído por pedido originário.

**Art. 10.** A Turma que tiver conhecimento da causa ou de algum de seus incidentes, inclusive de agravo para subida de recurso denegado ou procrastinado na instância de origem, tem jurisdição preventa para os recursos, reclamações e incidentes posteriores, mesmo em execução, ressalvada a competência do Plenário e do Presidente do Tribunal.

▶ *Caput* com a redação dada pela ER nº 9, de 8-10-2001.

§ 1º Prevalece o disposto neste artigo, ainda que a Turma haja submetido a causa, ou algum de seus incidentes, ao julgamento do Plenário.

§ 2º A prevenção, se não reconhecida de ofício, poderá ser arguida por qualquer das partes ou pelo Procurador-Geral até o início do julgamento pela outra Turma.

§ 3º Desaparecerá a prevenção se da Turma não fizer parte nenhum dos Ministros que funcionaram em julgamento anterior ou se tiver havido total alteração da composição das Turmas.

§ 4º Salvo o caso do parágrafo anterior, prevenção do relator que deixe o Tribunal comunica-se à Turma.

▶ § 4º acrescido pela ER nº 34, de 7-8-2009.

**Art. 11.** A Turma remeterá o feito ao julgamento do Plenário independente de acórdão e de nova pauta:

I – quando considerar relevante a arguição de inconstitucionalidade ainda não decidida pelo Plenário, e o Relator não lhe houver afetado o julgamento;
II – quando, não obstante decidida pelo Plenário, a questão de inconstitucionalidade, algum Ministro propuser o seu reexame;
III – quando algum Ministro propuser revisão da jurisprudência compendiada na Súmula.

Parágrafo único. Poderá a Turma proceder da mesma forma, nos casos do art. 22, parágrafo único, quando não o houver feito o Relator.

## Capítulo IV
### DO PRESIDENTE E DO VICE-PRESIDENTE

**Art. 12.** O Presidente e o Vice-Presidente têm mandato por dois anos, vedada a reeleição para o período imediato.

§ 1º Proceder-se-á à eleição, por voto secreto, na segunda sessão ordinária do mês anterior ao da expiração do mandato, ou na segunda sessão ordinária imediatamente posterior à ocorrência de vaga por outro motivo.

§ 2º O *quorum* para a eleição é de oito Ministros; se não alcançado, será designada sessão extraordinária para a data mais próxima, convocados os Ministros ausentes.

§ 3º Considera-se presente à eleição o Ministro, mesmo licenciado, que enviar o seu voto, em sobrecarta fechada, que será aberta publicamente pelo Presidente, depositando-se a cédula na urna, sem quebra do sigilo.

§ 4º Está eleito, em primeiro escrutínio, o Ministro que obtiver número de votos superior à metade dos membros do Tribunal.

§ 5º Em segundo escrutínio, concorrerão somente os dois Ministros mais votados no primeiro.

§ 6º Não alcançada, no segundo escrutínio, a maioria a que se refere o § 4º, proclamar-se-á eleito, dentre os dois, o mais antigo.

§ 7º Realizar-se-á a posse, em sessão solene, em dia e hora marcados naquela em que se proceder à eleição.

§ 8º Os mandatos do Presidente e do Vice-Presidente estender-se-ão até a posse dos respectivos sucessores, se marcada para data excedente do biênio.

**Art. 13.** São atribuições do Presidente:

I – velar pelas prerrogativas do Tribunal;
II – representá-lo perante os demais poderes e autoridades;
III – dirigir-lhe os trabalhos e presidir-lhe as sessões plenárias, cumprindo e fazendo cumprir este Regimento;
IV – *Suprimido*. ER nº 18, de 2-8-2006;
V – despachar:

a) antes da distribuição, o pedido de assistência judiciária;
b) a reclamação por erro de ata referente à sessão que lhe caiba presidir;
c) como Relator, nos termos dos arts. 544, § 3º, e 557 do Código de Processo Civil, até eventual distribuição, os agravos de instrumento, recursos extraordinários e petições ineptos ou de outro modo manifestamente inadmissíveis, inclusive por incompetência, intempestividade, deserção, prejuízo ou ausência de preliminar formal e fundamental de repercussão geral, bem como aqueles cuja matéria seja destituída de repercussão geral, conforme jurisprudência do Tribunal;

▶ Alínea *c* com a redação dada pela ER nº 24, de 20-5-2008.

d) como Relator, nos termos do art. 38 da Lei nº 8.038/1990, até eventual distribuição, os *habeas corpus* que sejam inadmissíveis por incompetência manifesta, encaminhando os autos ao órgão que repute competente.

▶ Alínea *d* acrescida pela ER nº 41, de 16-9-2010.
▶ Lei nº 8.038, de 28-5-1990, institui normas procedimentais para os processos que especifica, perante o Superior Tribunal de Justiça e o Supremo Tribunal Federal.
▶ Res. do STF nº 444, de 28-10-2010, institui e altera procedimentos para prática de atos processuais no âmbito da Secretaria do Tribunal.

VI – executar e fazer cumprir os seus despachos, suas decisões monocráticas, suas resoluções, suas ordens e os acórdãos transitados em julgado e por ele relatados, bem como as deliberações do Tribunal tomadas em sessão administrativa e outras de interesse institucional, facultada a delegação de atribuições para a prática de atos processuais não decisórios;

- Inciso VI com a redação dada pela ER nº 41, de 16-9-2010.
- Arts. 21, II, e 340 deste Regimento Interno.

VII – decidir questões de ordem ou submetê-las ao Tribunal, quando entender necessário;

VIII – decidir questões urgentes nos períodos de recesso ou de férias;

- Inciso VIII com a redação dada pela ER nº 26, de 22-10-2008.

IX – proferir voto de qualidade nas decisões do Plenário, para as quais o Regimento Interno não preveja solução diversa, quando o empate na votação decorra de ausência de Ministro em virtude de:

- Caput do inciso IX com a redação dada pela ER nº 35, de 2-12-2009.
- Arts. 40 e 146, caput, deste Regimento.

a) impedimento ou suspeição;
b) vaga ou licença médica superior a 30 (trinta) dias, quando seja urgente a matéria e não se possa convocar o Ministro licenciado.

- Alíneas a e b acrescidas pela ER nº 35, de 2-12-2009.

X – dar posse aos Ministros e conceder-lhes transferência de Turma;

XI – conceder licença aos Ministros, de até três meses, e aos servidores do Tribunal;

XII – dar posse ao Diretor-Geral, ao Secretário-Geral da Presidência e aos Diretores de Departamento;

XIII – superintender a ordem e a disciplina do Tribunal, bem como aplicar penalidades aos seus servidores;

XIV – apresentar ao Tribunal relatório circunstanciado dos trabalhos do ano;

XV – relatar a arguição de suspeição oposta a Ministro;

XVI – assinar a correspondência destinada ao Presidente da República; ao Vice-Presidente da República; ao Presidente do Senado Federal; aos Presidentes dos Tribunais Superiores, entre estes incluído o Tribunal de Contas da União; ao Procurador-Geral da República; aos Governadores dos Estados e do Distrito Federal; aos Chefes de Governo estrangeiro e seus representantes no Brasil; às autoridades públicas, em resposta a pedidos de informação sobre assunto pertinente ao Poder Judiciário e ao Supremo Tribunal Federal, ressalvado o disposto no inciso XVI do art. 21;

- Inciso XVI acrescido pela ER nº 7, de 6-4-1998.

XVI-A – designar magistrados para atuação como Juiz Auxiliar do Supremo Tribunal Federal em auxílio à Presidência e aos Ministros, sem prejuízo dos direitos e vantagens de seu cargo, além dos definidos pelo Presidente em ato próprio;

- Inciso XVI-A com a redação dada pela ER nº 32, de 7-8-2009.
- Res. do STF nº 413, de 1º-10-2009, regulamenta este inciso.

XVII – convocar audiência pública para ouvir o depoimento de pessoas com experiência e autoridade em determinada matéria, sempre que entender necessário o esclarecimento de questões ou circunstâncias de fato, com repercussão geral e de interesse público relevante, debatidas no âmbito do Tribunal;

XVIII – decidir, de forma irrecorrível, sobre a manifestação de terceiros, subscrita por procurador habilitado, em audiências públicas ou em qualquer processo em curso no âmbito da Presidência;

- Incisos XVII e XVIII acrescidos pela ER nº 29, de 18-2-2009.

XIX – praticar os demais atos previstos na lei e no Regimento;

- Inciso XVII renumerado para inciso XIX pela ER nº 29, de 18-2-2009.

Parágrafo único. O Presidente poderá delegar a outro Ministro o exercício da faculdade prevista no inciso VIII.

**Art. 14.** O Vice-Presidente substitui o Presidente nas licenças, ausências e impedimentos eventuais. Em caso de vaga, assume a presidência até a posse do novo titular.

## CAPÍTULO V

### DOS MINISTROS

SEÇÃO I

#### DISPOSIÇÕES GERAIS

**Art. 15.** Os Ministros tomam posse em sessão solene do Tribunal, ou perante o Presidente, em período de recesso ou de férias.

§ 1º No ato da posse, o Ministro prestará compromisso de bem cumprir os deveres do cargo, de conformidade com a Constituição e as leis da República.

§ 2º Do compromisso de posse será lavrado termo assinado pelo Presidente, pelo empossado, pelos Ministros presentes e pelo Diretor-Geral.

**Art. 16.** Os Ministros têm as prerrogativas, garantias, direitos e incompatibilidades inerentes ao exercício da magistratura.

Parágrafo único. Receberão o tratamento de Excelência, conservando o título e as honras correspondentes, mesmo após a aposentadoria, e usarão vestes talares, nas sessões solenes, e capas, nas sessões ordinárias ou extraordinárias.

**Art. 17.** A antiguidade do Ministro no Tribunal é regulada na seguinte ordem:

I – a posse;
II – a nomeação;
III – a idade.

Parágrafo único. Esgotada a lista, nos casos em que o Regimento manda observar a antiguidade decrescente, o imediato ao Ministro mais moderno será o mais antigo no Tribunal, ou na Turma, conforme o caso.

**Art. 18.** Não podem ter assento, simultaneamente, no Tribunal, parentes consanguíneos ou afins na linha ascendente ou descendente, e na colateral, até o terceiro grau, inclusive.

Parágrafo único. A incompatibilidade resolve-se na seguinte ordem:

I – antes da posse:

a) contra o último nomeado;
b) se a nomeação for da mesma data, contra o menos idoso.

II – depois da posse:

a) contra o que deu causa à incompatibilidade;
b) se a causa for imputável a ambos, contra o mais moderno.

**Art. 19.** O Ministro de uma Turma tem o direito de transferir-se para outra onde haja vaga; havendo mais de um pedido, terá preferência o do mais antigo.

**Art. 20.** Os Ministros têm jurisdição em todo o território nacional.

SEÇÃO II

DO RELATOR

**Art. 21.** São atribuições do Relator:

I – ordenar e dirigir o processo;
II – executar e fazer cumprir os seus despachos, suas decisões monocráticas, suas ordens e seus acórdãos transitados em julgado, bem como determinar às autoridades judiciárias e administrativas providências relativas ao andamento e à instrução dos processos de sua competência, facultada a delegação de atribuições para a prática de atos processuais não decisórios a outros Tribunais e a juízos de primeiro grau de jurisdição;

▶ Inciso II com a redação dada pela ER nº 41, de 16-9-2010.
▶ Arts. 13, VI, e 340 deste Regimento Interno.

III – submeter ao Plenário, à Turma, ou aos Presidentes, conforme a competência, questões de ordem para o bom andamento dos processos;
IV – submeter ao Plenário ou à Turma, nos processos da competência respectiva, medidas cautelares necessárias à proteção de direito suscetível de grave dano de incerta reparação, ou ainda destinadas a garantir a eficácia da ulterior decisão da causa;
V – determinar, em caso de urgência, as medidas do inciso anterior, *ad referendum* do Plenário ou da Turma;
V-A – decidir questões urgentes no plantão judicial realizado nos dias de sábado, domingo, feriados e naqueles em que o Tribunal o determinar, na forma regulamentada em Resolução;

▶ Inciso V-A acrescido pela ER nº 42, de 2-12-2010.

VI – determinar, em agravo de instrumento, a subida, com as razões das partes, de recurso denegado ou procrastinado, para melhor exame;
VII – requisitar os autos originais, quando necessário;
VIII – homologar as desistências, ainda que o feito se ache em mesa para julgamento;
IX – julgar prejudicado pedido ou recurso que haja perdido o objeto;
X – pedir dia para julgamento dos feitos nos quais estiver habilitado a proferir voto, ou passá-los ao Revisor, com o relatório, se for o caso;
XI – remeter *habeas corpus* ou recurso de *habeas corpus* ao julgamento do Plenário;
XII – assinar cartas de sentença;
XIII – delegar atribuições a outras autoridades judiciárias, nos casos previstos em lei e neste Regimento;
XIV – apresentar em mesa para julgamento os feitos que independam de pauta;
XV – *determinar a instauração de inquérito a pedido do Procurador-Geral da República, da autoridade policial ou do ofendido, bem como o seu arquivamento, quando o requerer o Procurador-Geral da República, ou quando verificar:*

▶ Caput do inciso XV com a redação dada pela ER nº 44, de 2-6-2011.

a) *a existência manifesta de causa excludente da ilicitude do fato;*
b) *a existência manifesta de causa excludente da culpabilidade do agente, salvo inimputabilidade;*
c) *que o fato narrado evidentemente não constitui crime;*
d) *extinta a punibilidade do agente;* ou
e) *ausência de indícios mínimos de autoria ou materialidade.*

▶ Alíneas a a e acrescidas pela ER nº 44, de 2-6-2011.

XVI – assinar a correspondência oficial, em nome do Supremo Tribunal Federal, nas matérias e nos processos sujeitos à sua competência jurisdicional, podendo dirigir-se a qualquer autoridade pública, inclusive ao Chefe dos Poderes da República.

▶ Inciso XVI acrescido pela ER nº 7, de 6-4-1998.

XVII – convocar audiência pública para ouvir o depoimento de pessoas com experiência e autoridade em determinada matéria, sempre que entender necessário o esclarecimento de questões ou circunstâncias de fato, com repercussão geral ou de interesse público relevante;
XVIII – decidir, de forma irrecorrível, sobre a manifestação de terceiros, subscrita por procurador habilitado, em audiências públicas ou nos processos de sua relatoria;

▶ Incisos XVII e XVIII acrescidos pela ER nº 29, de 18-2-2009.

XIX – julgar o pedido de assistência judiciária;
XX – praticar os demais atos que lhe incumbam ou sejam facultados em lei e no Regimento.

▶ Incisos XIX e XX acrescidos pela ER nº 33, de 7-8-2009.

§ 1º Poderá o(a) Relator(a) negar seguimento a pedido ou recurso manifestamente inadmissível, improcedente ou contrário à jurisprudência dominante ou à Súmula do Tribunal, deles não conhecer em caso de incompetência manifesta, encaminhando os autos ao órgão que repute competente, bem como cassar ou reformar, liminarmente, acórdão contrário à orientação firmada nos termos do art. 543-B do Código de Processo Civil.

▶ § 1º com a redação dada pela ER nº 21 de 30-4-2007.

§ 2º Poderá ainda o Relator, em caso de manifesta divergência com a Súmula, prover, desde logo, o recurso extraordinário.

▶ § 2º acrescido pela ER nº 2, de 4-12-1985.

§ 3º Ao pedir dia para julgamento ou apresentar o feito em mesa, indicará o Relator, nos autos, se o submete ao Plenário ou Turma, salvo se pela simples designação da classe estiver fixado o órgão competente.

▶ § 2º transformado em § 3º pela ER nº 2, de 4-12-1985.

§ 4º O Relator comunicará à Presidência, para os fins do art. 328 deste Regimento, as matérias sobre as quais proferir decisões de sobrestamento ou devolução de autos, nos termos do art. 543-B do CPC.

▶ § 4º acrescido pela ER nº 22, de 30-11-2007.

**Art. 21-A.** Compete ao relator convocar juízes ou desembargadores para a realização do interrogatório e de outros atos da instrução dos inquéritos criminais e ações penais originárias, na sede do tribunal ou no local onde se deva produzir o ato, bem como definir os limites de sua atuação.

§ 1º Caberá ao magistrado instrutor, convocado na forma do *caput*:

I – designar e realizar as audiências de interrogatório, inquirição de testemunhas, acareação, transação, suspensão condicional do processo, admonitórias e outras;
II – requisitar testemunhas e determinar condução coercitiva, caso necessário;
III – expedir e controlar o cumprimento das cartas de ordem;
IV – determinar intimações e notificações;
V – decidir questões incidentes durante a realização dos atos sob sua responsabilidade;
VI – requisitar documentos ou informações existentes em bancos de dados;
VII – fixar ou prorrogar prazos para a prática de atos durante a instrução;
VIII – realizar inspeções judiciais;
IX – requisitar, junto aos órgãos locais do Poder Judiciário, o apoio de pessoal, equipamentos e instalações adequados para os atos processuais que devam ser produzidos fora da sede do Tribunal;
X – exercer outras funções que lhes sejam delegadas pelo relator ou pelo Tribunal e relacionadas à instrução dos inquéritos criminais e das ações penais originárias.

§ 2º As decisões proferidas pelo magistrado instrutor, no exercício das atribuições previstas no parágrafo anterior, ficam sujeitas ao posterior controle do relator, de ofício ou mediante provocação do interessado, no prazo de 5 (cinco) dias contados da ciência do ato.

▶ Art. 21-A acrescido pela ER nº 36, de 2-12-2009.

**Art. 22.** O Relator submeterá o feito ao julgamento do Plenário, quando houver relevante arguição de inconstitucionalidade ainda não decidida.

Parágrafo único. Poderá o Relator proceder na forma deste artigo:

a) quando houver matérias em que divirjam as Turmas entre si ou alguma delas em relação ao Plenário.
b) quando em razão da relevância da questão jurídica ou da necessidade de prevenir divergência entre as Turmas, convier pronunciamento do Plenário.

*Seção III*

## DO REVISOR

**Art. 23.** Há revisão nos seguintes processos:

I – ação rescisória;
II – revisão criminal;
III – ação penal originária prevista no art. 5º, I e II;
IV – recurso ordinário criminal previsto no art. 6º, III, c;
V – declaração de suspensão de direitos do art. 5º, VI.

Parágrafo único. Nos embargos relativos aos processos referidos, não haverá revisão.

**Art. 24.** Será Revisor o Ministro que se seguir ao Relator na ordem decrescente de antiguidade.

Parágrafo único. Em caso de substituição definitiva do Relator, será também substituído o Revisor, consoante o disposto neste artigo.

**Art. 25.** Compete ao Revisor:

I – sugerir ao Relator medidas ordinatórias do processo que tenham sido omitidas;
II – confirmar, completar ou retificar o relatório;
III – pedir dia para julgamento dos feitos nos quais estiver habilitado a proferir voto.

Capítulo VI

## DAS COMISSÕES

**Art. 26.** As Comissões colaboram no desempenho dos encargos do Tribunal.

**Art. 27.** As Comissões são:

I – Permanentes;
II – Temporárias.

§ 1º São Permanentes:

I – a Comissão de Regimento;
II – a Comissão de Jurisprudência;
III – a Comissão de Documentação;
IV – a Comissão de Coordenação.

§ 2º As Comissões Temporárias podem ser criadas pelo Plenário ou pelo Presidente e se extinguem preenchido o fim a que se destinem.

§ 3º As Comissões Permanentes compõem-se de três membros, podendo funcionar com a presença de dois, sendo que a Comissão de Regimento possui um membro-suplente.

§ 4º As Comissões Temporárias podem ter qualquer número de membros.

**Art. 28.** O Presidente designará os membros das Comissões, com mandatos coincidentes com o seu, assegurada a participação de Ministros das duas Turmas.

▶ Artigo com a redação dada pela ER nº 24, de 20-5-2008.

**Art. 29.** Cada Comissão será presidida pelo mais antigo de seus integrantes.

**Art. 30.** Compete às Comissões Permanentes e Temporárias:

I – expedir normas de serviço e sugerir ao Presidente do Tribunal as que envolvam matéria de sua competência;
II – requisitar ao Presidente do Tribunal os servidores necessários, que não poderão ser deslocados sem audiência dos Ministros perante os quais servirem;
III – entender-se, por seu Presidente, com outras autoridades ou instituições, nas matérias de sua competência, ressalvada a do Presidente do Tribunal.

**Art. 31.** São atribuições da Comissão de Regimento:

I – velar pela atualização do Regimento, propondo emendas no texto em vigor e emitindo parecer àquelas de iniciativa de outras Comissões ou de Ministros;
II – opinar em processo administrativo, quando consultada pelo Presidente.

**Art. 32.** São atribuições da Comissão de Jurisprudência:

I – selecionar os acórdãos que devam publicar-se em seu inteiro teor na Revista Trimestral de Jurisprudência, preferindo os indicados pelos Relatores;
II – promover a divulgação, em sumário, das decisões não publicadas na íntegra, bem como a edição de um

boletim interno, para conhecimento, antes da publicação dos acórdãos, das questões jurídicas decididas pelas Turmas e pelo Plenário;

III – providenciar a publicação abreviada ou por extenso, das decisões sobre matéria constitucional, em volumes seriados;

IV – velar pela expansão, atualização e publicação da Súmula;

V – superintender:

a) os serviços de sistematização e divulgação da jurisprudência do Tribunal;
b) a edição da Revista Trimestral de Jurisprudência e outras publicações, bem como de índices que facilitem a pesquisa de julgados ou processos.

VI – emitir pronunciamento sobre pedido de inscrição como repertório autorizado.

**Art. 33.** São atribuições da Comissão de Documentação:

I – orientar os serviços de guarda e conservação dos processos, livros e documentos do Tribunal;

II – manter serviço de documentação para recolher elementos que sirvam de subsídio à história do Tribunal, com pastas individuais, contendo dados bibliográficos dos Ministros e dos Procuradores-Gerais.

**Art. 34.** É atribuição da Comissão de Coordenação sugerir aos Presidentes do Tribunal e das Turmas, bem como aos Ministros, medidas destinadas a prevenir decisões discrepantes, aumentar o rendimento das sessões, abreviar a publicação dos acórdãos e facilitar a tarefa dos advogados.

CAPÍTULO VII

### DAS LICENÇAS, SUBSTITUIÇÕES E CONVOCAÇÕES

**Art. 35.** A licença é requerida com a indicação do período, começando a correr do dia em que passar a ser utilizada.

**Art. 36.** O Ministro licenciado não poderá exercer qualquer das suas funções jurisdicionais ou administrativas.

Parágrafo único. Salvo contraindicação médica, o Ministro licenciado poderá reassumir o cargo a qualquer tempo, entendendo-se que desistiu do restante do prazo, bem assim proferir decisões em processos que, antes da licença, lhe hajam sido conclusos para julgamento ou tenham recebido o seu visto como Relator ou Revisor.

**Art. 37.** Nas ausências ou impedimentos eventuais ou temporários, são substituídos:

I – o Presidente do Tribunal pelo Vice-Presidente, e este pelos demais Ministros, na ordem decrescente de antiguidade;

II – o Presidente da Turma pelo Ministro mais antigo dentre os seus membros;

III – o Presidente da Comissão pelo mais antigo dentre os seus membros;

IV – qualquer dos membros da Comissão de Regimento pelo suplente.

**Art. 38.** O Relator é substituído:

I – pelo Revisor, se houver, ou pelo Ministro imediato em antiguidade, dentre os do Tribunal ou da Turma, conforme a competência, na vacância, nas licenças ou ausências em razão de missão oficial, de até trinta dias, quando se tratar de deliberação sobre medida urgente;

▶ Inciso I com a redação dada pela ER nº 42, de 2-12-2010.

II – pelo Ministro designado para lavrar o acórdão, quando vencido no julgamento;

III – mediante redistribuição, nos termos do art. 69 deste Regimento Interno;

▶ Inciso III com a redação dada pela ER nº 42, de 2-12-2010.

IV – em caso de aposentadoria, renúncia ou morte:

▶ Arts. 75 e 341 deste Regimento Interno.

a) pelo Ministro nomeado para a sua vaga;
b) pelo Ministro que tiver proferido o primeiro voto vencedor, acompanhando o do Relator, para lavrar ou assinar os acórdãos dos julgamentos anteriores à abertura da vaga;
c) pela mesma forma da letra *b* deste inciso, e enquanto não empossado o novo Ministro, para assinar carta de sentença e admitir recurso.

**Art. 39.** O Revisor é substituído, em caso de vaga, impedimento ou licença por mais de trinta dias, pelo Ministro que se lhe seguir em ordem decrescente de antiguidade.

**Art. 40.** Para completar *quorum* no Plenário, em razão de impedimento ou licença superior a 30 (trinta) dias, o Presidente do Tribunal convocará o Ministro licenciado.

▶ Artigo com a redação dada pela ER nº 35, de 2-12-2009.
▶ Arts. 13, IX, e 146, *caput*, deste Regimento.

**Art. 41.** Para completar *quorum* em uma das Turmas, serão convocados Ministros da outra, na ordem crescente de antiguidade.

CAPÍTULO VIII

### DA POLÍCIA DO TRIBUNAL

**Art. 42.** O Presidente responde pela polícia do Tribunal. No exercício dessa atribuição pode requisitar o auxílio de outras autoridades, quando necessário.

**Art. 43.** Ocorrendo infração à lei penal na sede ou dependência do Tribunal, o Presidente instaurará inquérito, se envolver autoridade ou pessoa sujeita à sua jurisdição, ou delegará esta atribuição a outro Ministro.

§ 1º Nos demais casos, o Presidente poderá proceder na forma deste artigo ou requisitar a instauração de inquérito à autoridade competente.

§ 2º O Ministro incumbido do inquérito designará escrivão dentre os servidores do Tribunal.

**Art. 44.** A polícia das sessões e das audiências compete ao seu Presidente.

**Art. 45.** Os inquéritos administrativos serão realizados consoante as normas próprias.

CAPÍTULO IX

### DA REPRESENTAÇÃO POR DESOBEDIÊNCIA OU DESACATO

**Art. 46.** Sempre que tiver conhecimento de desobediência a ordem emanada do Tribunal ou de seus Ministros, no exercício da função, ou de desacato ao Tribunal ou a seus Ministros, o Presidente comunicará o fato ao órgão competente do Ministério Público, provendo-o dos elementos de que dispuser para a propositura da ação penal.

**Art. 47.** Decorrido o prazo de trinta dias, sem que tenha sido instaurada a ação penal, o Presidente dará ciência ao Tribunal, em sessão secreta, para as providências que julgar necessárias.

## TÍTULO II – DA PROCURADORIA-GERAL DA REPÚBLICA

**Art. 48.** O Procurador-Geral da República toma assento à mesa à direita do Presidente.

Parágrafo único. Os Subprocuradores-Gerais poderão oficiar junto às Turmas mediante delegação do Procurador-Geral.

**Art. 49.** O Procurador-Geral manifestar-se-á nas oportunidades previstas em lei e neste Regimento.

**Art. 50.** Sempre que couber ao Procurador-Geral manifestar-se, o Relator mandará abrir-lhe vista antes de pedir dia para julgamento ou passar os autos ao Revisor.

§ 1º Quando não fixado diversamente neste Regimento, será de quinze dias o prazo para o Procurador-Geral manifestar-se.

§ 2º Excedido o prazo, o Relator poderá requisitar os autos, facultando, se ainda oportuna, a posterior juntada do parecer.

§ 3º Caso omitida a vista, considerar-se-á sanada a falta se não for arguida até a abertura da sessão de julgamento, exceto na ação penal originária ou inquérito de que possa resultar responsabilidade penal.

**Art. 51.** Nos processos em que atuar como representante judicial da União, ou como titular da ação penal, o Procurador-Geral tem os mesmos poderes e ônus que as partes, ressalvadas as disposições expressas em lei ou neste Regimento.

**Art. 52.** O Procurador-Geral terá vista dos autos:

I – nas representações e outras arguições de inconstitucionalidade;
II – nas causas avocadas;
III – nos processos oriundos de Estados estrangeiros;
IV – nos litígios entre Estado estrangeiro ou organismo internacional e a União, os Estados, o Distrito Federal e os Territórios;
V – nas ações penais originárias;
VI – nas ações cíveis originárias;
VII – nos conflitos de jurisdição ou competência e de atribuições;
VIII – nos *habeas corpus* originários e nos recursos de *habeas corpus*;
IX – nos mandados de segurança;
X – nas revisões criminais e ações rescisórias;
XI – nos pedidos de intervenção federal;
XII – nos inquéritos de que possa resultar responsabilidade penal;
XIII – nos recursos criminais;
XIV – nos outros processos em que a lei impuser a intervenção do Ministério Público;
XV – nos demais processos, quando, pela relevância da matéria, ele a requerer, ou for determinado pelo Relator, Turma ou Plenário.

Parágrafo único. Salvo na ação penal originária ou nos inquéritos, poderá o Relator dispensar a vista ao Procurador-Geral quando houver urgência, ou quando sobre a matéria versada no processo já houver o Plenário firmado jurisprudência.

**Art. 53.** O Procurador-Geral poderá pedir preferência para julgamento de processo em pauta.

### Parte II – DO PROCESSO

## TÍTULO I – DISPOSIÇÕES GERAIS

### Capítulo I
#### DO REGISTRO E CLASSIFICAÇÃO

**Art. 54.** As petições iniciais e os processos remetidos, ou incidentes, serão protocolados no dia da entrada, na ordem de recebimento, e registrados no primeiro dia útil imediato.

**Art. 55.** O registro far-se-á em numeração contínua e seriada em cada uma das classes seguintes:

I – Ação Cível Originária;
II – Ação Penal;
III – Ação Rescisória;
IV – Agravo de Instrumento;
V – Apelação Cível;
VI – Arguição de Relevância;
VII – Arguição de Suspeição;
VIII – Carta Rogatória;
► A concessão de *exequatur* às cartas rogatórias passou a ser da competência do STJ, conforme art. 105, I, *i*, da CF, com a redação dada pela EC nº 45, de 8-12-2004.
IX – Comunicação;
X – Conflito de Atribuições;
XI – Conflito de Jurisdição;
XII – Extradição;
XIII – *Habeas Corpus*;
XIV – Inquérito;
XV – Intervenção Federal;
XVI – Mandado de Segurança;
XVII – Pedido de Avocação;
XVIII – Petição;
XIX – Processo Administrativo;
XX – Reclamação;
XXI – Recurso Criminal;
XXII – Recurso Extraordinário;
XXIII – Representação;
XXIV – Revisão Criminal;
XXV – Sentença Estrangeira;
XXVI – Suspensão de Direitos;
XXVII – Suspensão de Segurança;

**Art. 56.** O Presidente resolverá, mediante instrução normativa, as dúvidas que se suscitarem na classificação dos feitos, observando-se as seguintes normas:

I – na classe *habeas corpus* serão incluídos os pedidos originários e os recursos inclusive os da Justiça Eleitoral;
II – na classe Recurso Extraordinário serão incluídos:
a) os recursos eleitorais e trabalhistas fundados em inconstitucionalidade;
b) os recursos extraordinários criminais;

c) os recursos extraordinários em mandado de segurança;

III – na classe Recurso Criminal serão incluídos os recursos criminais ordinários;

IV – na classe Ação Penal serão incluídas as ações penais privadas;

V – na classe Inquérito serão incluídos os policiais e os administrativos, de que possa resultar responsabilidade penal, e que só passarão à classe Ação Penal após o recebimento da denúncia ou queixa;

VI – a classe Intervenção Federal compreende os pedidos autônomos e os formulados em execução de julgado do Tribunal; estes últimos serão autuados em apenso, salvo se os autos principais tiverem sido enviados a outra instância;

VII – na classe Processo Administrativo serão incluídos os que devam ser apreciados pelo Tribunal; os que devam ser submetidos ao Presidente ou ao Diretor-Geral obedecerão à classificação estabelecida pelo Presidente;

VIII – na classe Pedido de Avocação se compreende o julgamento das causas avocadas;

IX – os expedientes que não tenham classificação específica nem sejam acessórios ou incidentes serão incluídos na classe Petição, se contiverem requerimento, ou na classe Comunicação, em qualquer outro caso;

X – não se altera a classe do processo:

a) pela interposição de embargos ou agravo regimental;
b) pela exceção de suspeição de juiz de outra instância;
c) pela arguição de inconstitucionalidade formulada incidentemente pelas partes ou pelo Procurador-Geral;
d) pela reclamação por erro de ata;
e) pelos pedidos incidentes ou acessórios;
f) pelos pedidos de execução, salvo a intervenção federal.

XI – far-se-á na autuação nota distintiva do recurso ou incidente, quando este não alterar a classe e o número do processo.

Capítulo II

## DO PREPARO E DA DESERÇÃO

**Art. 57.** Salvo os casos de isenção, compete às partes antecipar o pagamento do respectivo preparo.

Parágrafo único. O preparo compreende o recolhimento de custas e das despesas de todos os atos do processo, inclusive o porte de remessa e retorno, quando for o caso.

▶ Art. 57 com a redação dada pela ER nº 42, de 2-12-2010.

**Art. 58.** Quando autor e réu recorrerem, cada recurso estará sujeito a preparo integral.

§ 1º Tratando-se de litisconsortes necessários, bastará que um dos recursos seja preparado, para que todos sejam julgados, ainda que não coincidam suas pretensões.

§ 2º O assistente é equiparado para esse efeito ao litisconsorte.

§ 3º O terceiro prejudicado que recorrer fará o preparo do seu recurso, independentemente do preparo dos recursos que, porventura, tenham sido interpostos pelo autor ou pelo réu.

**Art. 59.** O recolhimento do preparo:

▶ *Caput* com a redação dada pela ER nº 42, de 2-12-2010.

I – quando se tratar de recurso, será feito no tribunal de origem, perante as suas secretarias e no prazo previsto na lei processual;

II – quando se tratar de feitos de competência originária, será comprovado no ato de seu protocolo.

▶ Incisos I e II com a redação dada pela ER nº 42, de 2-12-2010.

§ 1º Nenhum recurso subirá ao Supremo Tribunal Federal, salvo caso de isenção, sem a prova do respectivo preparo e do pagamento das despesas de remessa e retorno, no prazo legal.

§ 2º O preparo efetuar-se-á, mediante guia, à repartição arrecadadora competente, juntando-se aos autos o comprovante.

§ 3º A não comprovação do pagamento do preparo no ato do protocolo da ação originária ou seu pagamento parcial serão certificados nos autos pela Secretaria Judiciária.

▶ § 3º com a redação dada pela ER nº 42, de 2-12-2010.

**Art. 60.** Com ou sem o preparo, os autos serão distribuídos ao Relator ou registrados à Presidência, de acordo com a respectiva competência, salvo os casos definidos neste Regimento.

▶ Artigo com a redação dada pela ER nº 42, de 2-12-2010.

**Art. 61.** Cabe às partes prover o pagamento antecipado das despesas dos atos que realizem ou requeiram no processo, ficando o vencido, afinal, responsável pelas custas e despesas pagas pelo vencedor.

§ 1º Haverá isenção do preparo:

I – nos conflitos de jurisdição, nos *habeas corpus* e nos demais processos criminais, salvo a ação penal privada;

II – nos pedidos e recursos formulados ou interpostos pelo Procurador-Geral da República, pela Fazenda Pública em geral ou por beneficiário de assistência judiciária.

§ 2º Nas causas em que forem partes Estados estrangeiros e organismos internacionais, prevalecerá o que dispuserem os tratados ratificados pelo Brasil.

**Art. 62.** A assistência judiciária, perante o Tribunal, será requerida ao Presidente antes da distribuição; nos demais casos, ao relator.

**Art. 63.** Sem prejuízo da nomeação, quando couber, do defensor ou curador dativo, o pedido de assistência judiciária será deferido ou não, de acordo com a legislação em vigor.

Parágrafo único. Prevalecerá no Tribunal a assistência judiciária já concedida em outra instância.

**Art. 64.** O pagamento dos preços cobrados pelo fornecimento de cópias, autenticadas ou não, ou de certidões por fotocópia ou meio equivalente será antecipado ou garantido com depósito na Secretaria, consoante tabela aprovada pelo Presidente.

**Art. 65.** A deserção do recurso por falta de preparo será declarada:

I – pelo Presidente, antes da distribuição;
II – pelo relator;
III – pelo Plenário ou pela Turma, ao conhecer do feito.

Parágrafo único. Do despacho que declarar a deserção caberá agravo regimental.

## Capítulo III

### DA DISTRIBUIÇÃO

▶ Res. do STF nº 393, de 19-3-2009, dispõe sobre a compensação na distribuição de processos no STF.

**Art. 66.** A distribuição será feita por sorteio ou prevenção, mediante sistema informatizado, acionado automaticamente, em cada classe de processo.

▶ *Caput* com a redação dada pela ER nº 38, de 11-2-2010.

§ 1º O sistema informatizado de distribuição automática e aleatória de processos é público, e seus dados são acessíveis aos interessados.

§ 2º Sorteado o Relator, ser-lhe-ão imediatamente conclusos os autos.

▶ §§ 1º e 2º com a redação dada pela ER nº 18, de 2-8-2006.

**Art. 67.** Far-se-á a distribuição entre todos os Ministros, inclusive os ausentes ou licenciados por até trinta dias, excetuado o Presidente.

§ 1º Não haverá distribuição a cargo vago e a Ministro licenciado ou em missão oficial por mais de trinta dias, impondo-se a compensação dos feitos livremente distribuídos ao Ministro que vier assumir o cargo ou retornar da licença ou missão oficial, salvo se o Tribunal dispensar a compensação.

§ 2º Será compensada a distribuição que deixar de ser feita ao Vice-Presidente quando substituir o Presidente.

▶ §§ 1º e 2º com a redação dada pela ER nº 42, de 2-12-2010.

§ 3º Em caso de impedimento do Relator, será feito novo sorteio, compensando-se a distribuição.

▶ § 2º transformado em § 3º pela ER nº 2, de 4-12-1985.

§ 4º Haverá também compensação quando o processo tiver de ser distribuído por prevenção a determinado Ministro.

▶ § 3º transformado em § 4º pela ER nº 2, de 4-12-1985.

§ 5º Ainda quando prevento, o Ministro que estiver ocupando a Presidência do Tribunal Superior Eleitoral será excluído da distribuição de processos com medida liminar, sem posterior compensação, durante os três meses anteriores e o mês posterior ao pleito eleitoral.

▶ § 5º com a redação dada pela ER nº 42, de 2-12-2010.

§ 6º A prevenção deve ser alegada pela parte na primeira oportunidade que se lhe apresente, sob pena de preclusão.

§ 7º O processo que retornar ao Tribunal, por alegado erro material em decisão transitada em julgado, será encaminhado ao relator ou ao sucessor.

§ 8º O processo que tiver como objeto ato de Ministro do Tribunal será distribuído com sua exclusão.

§ 9º O Ministro que tiver exercido a Presidência do Conselho Nacional de Justiça será excluído da distribuição de processo no qual se impugne ato por ele praticado em tal exercício.

§ 10. Nos períodos de recesso e de férias, os processos de que trata o parágrafo anterior serão encaminhados ao Vice-Presidente.

▶ §§ 6º a 10 acrescidos pela ER nº 34, de 7-8-2009.

§ 11. O processo de acervo de cargo vago que determinar a prevenção de outro feito será redistribuído ao Relator sorteado para o processo prevento, com compensação.

§ 12. A prevenção do Ministro Vice-Presidente, ainda quando no exercício da Presidência, não o exclui da distribuição.

▶ §§ 11 e 12 acrescidos pela ER nº 42, de 2-12-2010.

**Art. 68.** Em *habeas corpus*, mandado de segurança, reclamação, extradição, conflitos de jurisdição e de atribuições, diante do risco grave de perecimento de direito ou na hipótese de a prescrição da pretensão punitiva ocorrer nos seis meses seguintes ao início da licença, ausência ou vacância, poderá o Presidente determinar a redistribuição, se o requerer o interessado ou o Ministério Público, quando o Relator estiver licenciado, ausente ou o cargo estiver vago por mais de trinta dias.

▶ Artigo com a redação dada pela ER nº 42, de 2-12-2010.

§ 1º Em caráter excepcional poderá o Presidente do Tribunal, nos demais feitos, fazer uso da faculdade prevista neste artigo.

§ 2º *Revogado*. ER nº 42, de 2-12-2010.

§ 3º Far-se-á compensação, salvo dispensa do Tribunal, quando cessar a licença ou ausência ou preenchido o cargo vago.

▶ § 3º com a redação dada pela ER nº 42, de 2-12-2010.

**Art. 69.** A distribuição da ação ou do recurso gera prevenção para todos os processos a eles vinculados por conexão ou continência.

§ 1º O conhecimento excepcional de processo por outro Ministro que não o prevento prorroga-lhe a competência nos termos do § 6º do art. 67.

§ 2º Não se caracterizará prevenção, se o relator, sem ter apreciado liminar, nem o mérito da causa, não conhecer do pedido, declinar da competência, ou homologar pedido de desistência por decisão transitada em julgado.

▶ Artigo com a redação dada pela ER nº 34, de 7-8-2009.

**Art. 70.** Será distribuída ao relator do feito principal a reclamação que tenha como causa de pedir o descumprimento de decisão cujos efeitos sejam restritos às partes.

▶ *Caput* com a redação dada pela ER nº 34, de 7-8-2009.

§ 1º Será objeto de livre distribuição a reclamação que tenha como causa de pedir o descumprimento de súmula vinculante ou de decisão dotada de efeito *erga omnes*.

§ 2º Se o relator da causa principal já não integrar o Tribunal, a reclamação será distribuída ao sucessor.

§ 3º Se o relator assumir a Presidência do Tribunal, a reclamação será redistribuída ao Ministro que o substituir na Turma.

§ 4º Será distribuída ao Presidente a reclamação que tiver como causa de pedir a usurpação da sua competência ou o descumprimento de decisão sua.

§ 5º Julgada procedente a reclamação por usurpação da competência, fica prevento o relator para o processo avocado.

§ 6º A reclamação, que tiver como causa de pedir a usurpação da competência por prerrogativa de foro, será distribuída ao relator de *habeas corpus* oriundo do mesmo inquérito ou ação penal.

▶ §§ 1º a 6º acrescidos pela ER nº 34, de 7-8-2009.

**Art. 71.** Os embargos declaratórios e as questões incidentes terão como Relator o do processo principal.

**Art. 72.** O prolator do despacho impugnado será o Relator do agravo regimental.

**Art. 73.** A arguição de suspeição a Ministro terá como Relator o Presidente do Tribunal, ou o Vice-Presidente, se aquele for o recusado.

**Art. 74.** A ação penal será distribuída ao mesmo Relator do inquérito.

§ 1º O inquérito ou a ação penal, que retornar ao Tribunal por restabelecimento da competência por prerrogativa de foro, será distribuído ao relator original.

§ 2º Na hipótese anterior, se o relator original já não estiver no Tribunal, o processo será distribuído livremente.

▶ §§ 1º e 2º acrescidos pela ER nº 34, de 7-8-2009.

**Art. 75.** O Ministro eleito Presidente continuará como Relator ou Revisor do processo em que tiver lançado o relatório ou aposto o seu visto.

▶ Arts. 38, IV, e 341 deste Regimento Interno.

**Art. 76.** Se a decisão embargada for de uma Turma, far-se-á a distribuição dos embargos dentre os Ministros da outra; se do Plenário, serão excluídos da distribuição o Relator e o Revisor.

**Art. 77.** Na distribuição de ação rescisória e de revisão criminal, será observado o critério estabelecido no artigo anterior.

Parágrafo único. Tratando-se de recurso extraordinário eleitoral, de *habeas corpus* contra ato do Tribunal Superior Eleitoral, ou de recurso de *habeas corpus* denegado pelo mesmo Tribunal, serão excluídos da distribuição, se possível, os Ministros que ali tenham funcionado no mesmo processo ou no processo originário.

**Art. 77-A.** Serão distribuídos ao mesmo relator a ação cautelar e o processo ou recurso principais.

**Art. 77-B.** Na ação direta de inconstitucionalidade, na ação direta de inconstitucionalidade por omissão, na ação declaratória de constitucionalidade e na arguição de descumprimento de preceito fundamental, aplica-se a regra de distribuição por prevenção quando haja coincidência total ou parcial de objetos.

**Art. 77-C.** Serão distribuídos ao mesmo relator requerimento de prisão preventiva para extradição e outro pedido de extradição da mesma pessoa, ainda que formulado por Estado diferente.

Parágrafo único. Fica prevento para reiteração de pedido de extradição o relator que tenha negado seguimento ao primeiro pedido por decisão transitada em julgado.

**Art. 77-D.** Serão distribuídos por prevenção os *habeas corpus* oriundos do mesmo inquérito ou ação penal.

§ 1º A prevenção para *habeas corpus* relativo a ações penais distintas oriundas de um mesmo inquérito observará os critérios de conexão e de continência.

§ 2º O relator da reclamação que tenha como causa de pedir a usurpação da competência em inquérito ou ação penal, fica prevento para *habeas corpus* a eles relativo.

§ 3º *Habeas corpus* contra ato praticado em inquérito ou ação penal em trâmite no Tribunal será distribuído com exclusão do respectivo relator.

§ 4º Os inquéritos e as ações penais, que passem a ser de competência do Tribunal em virtude de prerrogativa de foro, serão distribuídos por prevenção ao relator de *habeas corpus* a eles relativo.

§ 5º O relator da revisão criminal fica prevento para *habeas corpus* relativo ao mesmo processo.

▶ Arts. 77-A a 77-D acrescidos pela ER nº 34, de 7-8-2009.

CAPÍTULO IV

**DOS ATOS E FORMALIDADES**

SEÇÃO I

*DISPOSIÇÕES GERAIS*

**Art. 78.** O ano judiciário no Tribunal divide-se em dois períodos, recaindo as férias em janeiro e julho.

§ 1º Constituem recesso os feriados forenses compreendidos entre os dias 20 de dezembro e 1º de janeiro, inclusive.

§ 2º Sem prejuízo do disposto no inciso VIII do art. 13 e inciso V-A do art. 21, suspendem-se os trabalhos do Tribunal durante o recesso e as férias, bem como nos sábados, domingos, feriados e nos dias em que o Tribunal o determinar.

▶ § 2º com a redação dada pela ER nº 42, de 2-12-2010.

§ 3º Os Ministros indicarão seu endereço para eventual convocação durante as férias ou recesso.

**Art. 79.** Os atos processuais serão autenticados, conforme o caso, mediante a assinatura ou a rubrica do Presidente, dos Ministros ou dos servidores para tal fim qualificados.

§ 1º É exigida a assinatura usual nos acórdãos, na correspondência oficial, no fecho das cartas de sentença e nas certidões.

§ 2º Os livros necessários ao expediente serão rubricados pelo Presidente ou por funcionário designado.

§ 3º As rubricas e assinaturas usuais dos servidores serão registradas em livro próprio, para identificação do signatário.

**Art. 80.** As peças que devam integrar ato ordinatório ou executório poderão ser-lhe anexadas em cópia autenticadas.

**Art. 81.** A critério do Presidente do Tribunal, dos Presidentes das Turmas ou do relator, conforme o caso, a notificação de ordens ou decisões será feita:

I – por servidor credenciado da Secretaria;

II – por via postal ou por qualquer modo eficaz de telecomunicação, com as cautelas necessárias à autenticação da mensagem e do seu recebimento.

Parágrafo único. Poder-se-á admitir a resposta pela forma indicada no inciso II deste artigo.

**Art. 82.** Da publicação do expediente de cada processo constará, além do nome das partes e o de seu advogado, o número sequencial indicativo de sua posição na edição respectiva.

► *Caput* com a redação dada pela ER nº 6, de 12-6-1996.
► Res. do STF nº 404, de 7-8-2009, dispõe sobre as intimações das decisões proferidas no âmbito do STF em processos físicos ou eletrônicos.

§ 1º Nos recursos, figurarão os nomes dos advogados constituídos pelas partes no processo, salvo se constituído perante o Tribunal outro advogado que requeira a menção de seu nome nas publicações.

§ 2º É suficiente a indicação do nome de um dos advogados, quando a parte houver constituído mais de um, ou o constituído substabelecer a outro com reserva de poderes.

§ 3º As publicações dos expedientes dos diversos processos serão acompanhadas, em cada edição do Diário da Justiça, do índice alfabético dos nomes de todos os advogados neles indicados e do índice numérico dos feitos cujo expediente contar da edição, ambos referidos aos números sequenciais mencionados no *caput* deste artigo.

► §§ 1º a 3º com a redação dada pela ER nº 6, de 12-6-1996.

§ 4º Quando a parte não estiver representada por advogado, constará do índice alfabético o seu nome.

§ 5º O erro ou omissão das referências correspondentes a determinado processo nos índices alfabéticos ou numérico implicará a ineficácia da respectiva publicação.

§ 6º A retificação de publicação no Diário da Justiça, com efeito de intimação, decorrente de incorreções ou omissões, será providenciada pela Secretaria, *ex officio*, ou mediante despacho do Presidente ou do Relator, conforme dispuser ato normativo da Presidência do Tribunal.

► §§ 4º a 6º acrescidos pela ER nº 6, de 12-6-1996.

**Art. 83.** A publicação da pauta de julgamento antecederá quarenta e oito horas, pelo menos, à sessão em que os processos possam ser chamados.

§ 1º Independem de pauta:

I – as questões de ordem sobre a tramitação dos processos;
II – o julgamento do processo remetido pela Turma ao Plenário;
III – o julgamento de *habeas corpus*, de conflitos de jurisdição ou competência e de atribuições, de embargos declaratórios, de agravo regimental e de agravo de instrumento.

§ 2º Havendo expressa concordância das partes, poderá ser dispensada a inclusão de outros processos na pauta de julgamento.

**Art. 84.** Os editais destinados a divulgação de ato poderão conter, apenas, o essencial à defesa ou resposta, observados os requisitos processuais.

§ 1º A parte que requerer a publicação nos termos deste artigo fornecerá o respectivo resumo, respondendo pelas suas deficiências.

§ 2º O prazo do edital será determinado entre vinte e sessenta dias, a critério do relator, e correrá da data de sua publicação, por uma só vez, no *Diário da Justiça*.

§ 3º A publicação do edital deverá ser feita no prazo de vinte dias contados de sua expedição, certificada nos autos, sob pena de extinguir-se o processo, sem julgamento do mérito, se a parte, intimada pelo *Diário da Justiça*, não suprir a falta em dez dias.

§ 4º O prazo para a defesa ou resposta começará a correr do termo do prazo determinado no edital.

**Art. 85.** Nenhuma publicação terá efeito de citação ou intimação, quando ocorrida durante o recesso ou as férias do Tribunal.

**Art. 86.** A vista às partes transcorre na Secretaria, podendo o advogado retirar autos nos casos previstos em lei, mediante recibo, pelo prazo de cinco dias se outro não lhe for assinado, observando-se, em relação ao Procurador-Geral, o disposto nos artigos 50 e 52.

§ 1º Os advogados constituídos após a remessa do processo ao Tribunal poderão, a requerimento, ter vista dos autos, na oportunidade e pelo prazo que o relator estabelecer.

§ 2º O relator indeferirá o pedido, se houver justo motivo.

**Art. 87.** Aos Ministros julgadores será distribuída cópia do relatório antecipadamente:

I – nas representações por inconstitucionalidade ou para interpretação de lei ou ato normativo federal ou estadual;
II – nos feitos em que haja revisor;
III – nas causas avocadas;
IV – nos demais feitos, a critério do relator.

## Seção II

### DAS ATAS E DA RECLAMAÇÃO POR ERRO

**Art. 88.** As atas serão submetidas a aprovação na sessão seguinte.

**Art. 89.** Contra erro contido em ata, poderá o interessado reclamar, dentro de 48 horas, em petição dirigida ao Presidente do Tribunal ou da Turma, conforme o caso.

§ 1º Não se admitirá a reclamação a pretexto de modificar o julgado.

§ 2º A reclamação não suspenderá o prazo para recurso, salvo o disposto no artigo 91.

**Art. 90.** A petição será entregue ao protocolo, e por este encaminhada ao encarregado da ata, que levará a despacho no mesmo dia, com sua informação.

**Art. 91.** Se o pedido for julgado procedente, far-se-á retificação da ata e nova publicação.

**Art. 92.** O despacho que julgar a reclamação será irrecorrível.

## Seção III

### DAS DECISÕES

**Art. 93.** As conclusões do Plenário e das Turmas, em suas decisões, constarão de acórdão, do qual fará parte a transcrição do áudio do julgamento.

▶ *Caput com a redação dada pela ER nº 26, de 22-10-2008.*

Parágrafo único. Dispensam acórdão as decisões de remessa de processo ao Plenário e de provimento de agravo de instrumento.

**Art. 94.** Nos processos julgados no Pleno e nas Turmas, o Relator subscreverá o acórdão, registrando o nome do Presidente.

▶ *Artigo com a redação dada pela ER nº 16, de 25-8-2005.*

Parágrafo único. *Suprimido.* ER nº 16, de 25-8-2005.

**Art. 95.** A publicação do acórdão, por suas conclusões e ementa, far-se-á, para todos os efeitos, no *Diário da Justiça*.

Parágrafo único. Salvo motivo justificado, a publicação no *Diário da Justiça* far-se-á dentro do prazo de sessenta dias, a partir da sessão em que tenha sido proclamado o resultado do julgamento.

**Art. 96.** Em cada julgamento a transcrição do áudio registrará o relatório, a discussão, os votos fundamentados, bem como as perguntas feitas aos advogados e suas respostas, e será juntada aos autos com o acórdão, depois de revista e rubricada.

▶ *Caput com a redação dada pela ER nº 26, de 22-10-2008.*

§ 1º Após a sessão de julgamento, a Secretaria das Sessões procederá à transcrição da discussão, dos votos orais, bem como das perguntas feitas aos advogados e suas respostas.

§ 2º Os gabinetes dos Ministros liberarão o relatório, os votos escritos e a transcrição da discussão, no prazo de vinte dias contados da sessão de julgamento.

§ 3º A Secretaria das Sessões procederá à transcrição do áudio do relatório e dos votos lidos que não tenham sido liberados no prazo do § 2º, com a ressalva de que não foram revistos.

§ 4º A Secretaria das Sessões encaminhará os autos ao Relator sorteado ou ao Relator para o acórdão, para elaboração deste e da ementa no prazo de dez dias.

§ 5º A transcrição do áudio dos feitos julgados conjuntamente será trasladada para os autos do chamado em primeiro lugar e anexada aos demais em cópia autêntica.

▶ *§§ 1º a 5º com a redação dada pela ER nº 26, de 22-10-2008.*

§ 6º As inexatidões materiais e os erros de escrita ou de cálculo, contidos na decisão, podem ser corrigidos por despacho do Relator, mediante reclamação, quando referentes à ata, ou por via de embargos de declaração, quando couberem.

§ 7º O Relator sorteado ou o Relator para o acórdão poderá autorizar, antes da publicação, a divulgação, em texto ou áudio, do teor do julgamento.

▶ *§§ 6º e 7º acrescidos pela ER nº 26, de 22-10-2008.*

**Art. 97.** Também se juntará aos autos, como parte integrante do acórdão, um extrato da ata que conterá:

I – a decisão proclamada pelo Presidente;

II – os nomes do Presidente, do relator, ou, quando vencido, do que for designado, dos demais Ministros que tiverem participado do julgamento, e do Procurador-Geral ou Subprocurador-Geral, quando presente;

III – os nomes dos Ministros impedidos e ausentes;

IV – os nomes dos advogados que tiverem feito sustentação oral.

**Art. 98.** O acórdão de julgamento em sessão secreta será lavrado pelo autor do primeiro voto vencedor, que não se mencionará, e conterá, de forma sucinta, a exposição da controvérsia, a fundamentação adotada e o dispositivo, bem como o enunciado da conclusão de voto divergente se houver.

Parágrafo único. O acórdão será assinado pelo Presidente, que lhe rubricará todas as folhas, e pelos Ministros que houverem participado do julgamento, na ordem decrescente de antiguidade.

## Seção IV

### DA JURISPRUDÊNCIA

**Art. 99.** São repositórios oficiais da jurisprudência do Tribunal:

I – o *Diário da Justiça*, a *Revista Trimestral de Jurisprudência*, a *Súmula da Jurisprudência Predominante do Supremo Tribunal Federal* e outras publicações por ele editadas, bem como as de outras entidades, que venham a ser autorizadas mediante convênio;

II – para períodos anteriores, as seguintes publicações: *Supremo Tribunal Federal-Jurisprudência* (1892-1898); *Revista do Supremo Tribunal Federal*; *Jurisprudência do Supremo Tribunal Federal*, a primeira e a última editadas pela Imprensa Nacional.

Parágrafo único. Além dos consagrados por sua tradição, são repositórios autorizados para indicação de julgados, perante o Tribunal, os repertórios, revistas e periódicos, registrados de conformidade com ato normativo baixado pela Presidência.

**Art. 100.** Constarão do *Diário da Justiça* a ementa e conclusões de todos os acórdãos; e, dentre eles, a Comissão de Jurisprudência selecionará os que devam publicar-se em seu inteiro teor na *Revista Trimestral de Jurisprudência*.

Parágrafo único. A distribuição gratuita das publicações do Tribunal far-se-á de acordo com os planos organizados (Decreto-Lei nº 102, de 13 de janeiro de 1967, alterado pela Lei nº 6.201, de 16 de abril de 1975).

**Art. 101.** A declaração de constitucionalidade ou inconstitucionalidade de lei ou ato normativo, pronunciada por maioria qualificada, aplica-se aos novos feitos submetidos às Turmas ou ao Plenário, salvo o disposto no artigo 103.

**Art. 102.** A jurisprudência assentada pelo Tribunal será compendiada na *Súmula do Supremo Tribunal Federal*.

§ 1º A inclusão de enunciados na *Súmula*, bem como a sua alteração ou cancelamento, serão deliberados em Plenário, por maioria absoluta.

§ 2º Os verbetes cancelados ou alterados guardarão a respectiva numeração com a nota correspondente, tomando novos números os que forem modificados.

§ 3º Os adendos e emendas à *Súmula*, datados e numerados em séries separadas e sucessivas, serão publicados três vezes consecutivas no *Diário da Justiça*.

§ 4º A citação da *Súmula*, pelo número correspondente, dispensará, perante o Tribunal, a referência a outros julgados no mesmo sentido.

**Art. 103.** Qualquer dos Ministros pode propor a revisão da jurisprudência assentada em matéria constitucional e da compendiada na Súmula, procedendo-se ao sobrestamento do feito, se necessário.

## Capítulo V

### DOS PRAZOS

**Art. 104.** Os prazos no Tribunal correm da publicação do ato ou do aviso no *Diário da Justiça*, salvo o disposto nos parágrafos seguintes.

§ 1º As intimações decorrentes de publicação de ato ou aviso consideram-se feitas no dia da circulação do *Diário da Justiça*.

§ 2º Os prazos somente começam a correr a partir do primeiro dia útil após a intimação.

§ 3º As decisões ou despachos designativos de prazos podem determinar que estes corram da intimação pessoal ou da ciência por outro meio eficaz.

§ 4º Os prazos marcados em correspondência postal, telegráfica ou telefônica correm do seu recebimento, a menos que, sendo confirmativa ou *pro memoria*, tal comunicação se refira a prazo com data diversa para o seu começo.

§ 5º Considera-se prorrogado o prazo até o primeiro dia útil imediato, se o vencimento cair em feriado, ou em dia em que for determinado o fechamento da Secretaria ou o encerramento do expediente antes da hora normal.

§ 6º As citações obedecerão ao disposto nas leis processuais.

**Art. 105.** Não correm os prazos nos períodos de férias e recesso, salvo as hipóteses previstas em lei ou neste Regimento.

§ 1º Nos casos deste artigo, os prazos começam ou continuam a fluir no dia de reabertura do expediente.

§ 2º Também não corre prazo, havendo obstáculo judicial ou motivo de força maior comprovado, reconhecido pelo Tribunal.

§ 3º As informações oficiais, apresentadas fora do prazo por justo motivo, podem ser admitidas, se ainda oportuna a sua apreciação.

§ 4º Ficam inalterados, durante os recessos forenses e as férias do Tribunal, os prazos determinados pela Presidência no exercício da competência prevista no art. 13, VIII, deste Regimento Interno.

▶ § 4º acrescido pela ER nº 37, de 11-2-2010.

**Art. 106.** Mediante pedido conjunto de ambas as partes, inclusive por telegrama ou radiograma, o relator pode admitir redução ou prorrogação de prazo dilatório por tempo razoável.

Parágrafo único. Na hipótese deste artigo, cabe às partes diligenciar o conhecimento do despacho concessivo ou denegatório, independente de publicação ou intimação.

**Art. 107.** O prazo para o preparo que deva ser feito no Supremo Tribunal Federal é de dez dias.

**Art. 108.** Os prazos para diligências serão fixados nos atos que as ordenarem, salvo disposição em contrário deste Regimento.

**Art. 109.** Os prazos para editais são os fixados neste Regimento e na lei.

**Art. 110.** Os prazos não especificados neste Regimento:

I – serão fixados pelo Tribunal, pelo Presidente, pelas Turmas ou por seus Presidentes, ou pelo relator, conforme o caso;

II – não tendo sido fixado prazo, nos termos do item anterior, este será de quinze dias para contestação e de cinco dias para interposição de recurso ou qualquer outro ato.

Parágrafo único. O Procurador-Geral da República e a Fazenda Pública em geral têm prazo em quádruplo para contestação e em dobro para interposição de recurso, observando-se, no mais, o que dispõem a lei e o Regimento.

**Art. 111.** Os prazos para os Ministros, salvo acúmulo de serviço, são os seguintes:

I – dez dias para atos administrativos e despachos em geral;

II – vinte dias para o visto do revisor;

III – trinta dias para o visto do relator.

**Art. 112.** Salvo disposição em contrário, os servidores do Tribunal terão o prazo de quarenta e oito horas para os atos do processo.

## TÍTULO II – DAS PROVAS

### Capítulo I

### DISPOSIÇÕES GERAIS

**Art. 113.** A proposição, admissão e produção de provas no Tribunal obedecerão às leis processuais, observados os preceitos especiais deste Título.

### Capítulo II

### DOS DOCUMENTOS E INFORMAÇÕES

**Art. 114.** Se a parte não puder instruir, desde logo, suas alegações, por impedimento ou demora em obter certidões ou cópias autenticadas de notas ou registros em repartições ou estabelecimentos públicos, o Relator conceder-lhe-á prazo para esse fim. Se houver recusa no fornecimento, o Relator as requisitará.

**Art. 115.** Nos recursos interpostos em instância inferior, não se admitirá juntada de documentos desde que recebidos os autos no Tribunal, salvo:

I – para comprovação de textos legais ou de precedentes judiciais, desde que estes últimos não se destinem a suprir, tardiamente, pressuposto recursal não observado;

II – para prova de fatos supervenientes, inclusive decisões em processos conexos, que afetem ou prejudiquem os direitos postulados;

III – em cumprimento de determinação do Relator, do Plenário ou da Turma.

§ 1º O disposto neste artigo aplica-se aos recursos interpostos perante o Tribunal.

§ 2º Após o julgamento, serão devolvidos às partes os documentos que estiverem juntos por linha, salvo se deliberada a sua anexação aos autos.

**Art. 116.** Em caso de impugnação, as partes comprovarão a fidelidade da transcrição de textos de leis e demais atos do poder público, bem como a vigência e o teor de normas pertinentes à causa, quando emanarem de Estado estrangeiro, de organismo internacional ou, no Brasil, de Estado e Municípios.

**Art. 117.** A parte será intimada por publicação no *Diário da Justiça* ou, se o Relator o determinar, pela forma indicada no art. 81, para falar sobre documento junto pela parte contrária, após sua última intervenção no processo.

**Art. 118.** O advogado prestará os esclarecimentos pedidos pelos Ministros, durante o julgamento, sobre peças dos autos e sobre citações que tiver feito de textos legais, precedentes judiciais e trabalhos doutrinários.

CAPÍTULO III

**DA APRESENTAÇÃO DE PESSOAS E OUTRAS DILIGÊNCIAS**

**Art. 119.** No processo em que se fizer necessária a presença da parte ou de terceiro, o Plenário, a Turma ou o Relator poderá, independente de outras sanções legais, expedir ordem de condução da pessoa que, intimada, deixar de comparecer sem motivo justificado.

**Art. 120.** Observar-se-ão as formalidades da lei na realização de exames periciais, arbitramentos, buscas e apreensões, na exibição e conferência de documentos e em quaisquer outras diligências determinadas ou deferidas pelo Plenário, pela Turma ou pelo Relator.

CAPÍTULO IV

**DOS DEPOIMENTOS**

**Art. 121.** Os depoimentos poderão ser gravados e, depois de transcritos, serão assinados pelo Relator e pelo depoente.

▶ *Caput* com a redação dada pela ER nº 26, de 22-10-2008.

Parágrafo único. Aplica-se o disposto neste artigo ao interrogatório dos acusados.

**TÍTULO III – DAS SESSÕES**

CAPÍTULO I

**DISPOSIÇÕES GERAIS**

**Art. 122.** Haverá sessões ordinárias, do Plenário e das Turmas, nos dias designados, e extraordinárias, mediante convocação.

**Art. 123.** As sessões ordinárias do Plenário terão início às 14 horas e terminarão às 18 horas, com intervalo de trinta minutos, podendo ser prorrogadas sempre que o serviço o exigir.

▶ *Caput* com a redação dada pela ER nº 7, de 6-4-1998.

§ 1º As sessões ordinárias das Turmas terão início às 14 horas e terminarão às 18 horas, com intervalo de trinta minutos, podendo ser prorrogadas sempre que o serviço o exigir.

▶ § 1º acrescido pela ER nº 7, de 6-4-1998.

§ 2º As sessões extraordinárias terão início à hora designada e serão encerradas quando cumprido o fim a que se destinem.

▶ Parágrafo único transformado em § 2º pela ER nº 7, de 6-4-1998.

**Art. 124.** As sessões serão públicas, salvo quando este Regimento determinar que sejam secretas, ou assim o deliberar o Plenário ou a Turma.

Parágrafo único. Os advogados ocuparão a tribuna para formularem requerimento, produzirem sustentação oral, ou responderem às perguntas que lhes forem feitas pelos Ministros.

**Art. 125.** Nas sessões do Plenário e das Turmas, observar-se-á a seguinte ordem:

I – verificação do número de Ministros;
II – discussão e aprovação da ata anterior;
III – indicações e propostas;
IV – julgamento dos processos em mesa.

**Art. 126.** Os processos conexos poderão ser objeto de um só julgamento.

Parágrafo único. Se houver mais de um Relator, os relatórios serão feitos sucessivamente, antes do debate e julgamento.

**Art. 127.** Podem ser julgados conjuntamente os processos que versarem a mesma questão jurídica, ainda que apresentem peculiaridades.

Parágrafo único. Na hipótese deste artigo, os relatórios sucessivos reportar-se-ão ao anterior, indicando as peculiaridades do caso.

**Art. 128.** Os julgamentos a que o Regimento não der prioridade realizar-se-ão, sempre que possível, de conformidade com a ordem crescente de numeração dos feitos em cada classe.

§ 1º Os processos serão chamados pela ordem de antiguidade decrescente dos respectivos Relatores. O critério de numeração referir-se-á a cada Relator.

§ 2º O Presidente poderá dar preferência aos julgamentos nos quais os advogados devam produzir sustentação oral.

**Art. 129.** Em caso de urgência, o Relator poderá indicar preferência para o julgamento.

**Art. 130.** Poderá ser deferida preferência a requerimento do Procurador-Geral, de julgamento relativo a processos em que houver medida cautelar.

**Art. 131.** Nos julgamentos, o Presidente do Plenário ou da Turma, feito o relatório, dará a palavra, sucessivamente, ao autor, recorrente, peticionário ou impetrante, e ao réu, recorrido ou impetrado, para sustentação oral.

§ 1º O assistente somente poderá produzir sustentação oral quando já admitido.

§ 2º Não haverá sustentação oral nos julgamentos de agravo, embargos declaratórios, arguição de suspeição e medida cautelar.

§ 3º Admitida a intervenção de terceiros no processo de controle concentrado de constitucionalidade, fica-lhes facultado produzir sustentação oral, aplicando-se, quando for o caso, a regra do § 2º do artigo 132 deste Regimento.

▶ § 3º acrescido pela ER nº 15, de 30-3-2004.

§ 4º No julgamento conjunto de causas ou recursos sobre questão idêntica, a sustentação oral por mais de um advogado obedecerá ao disposto no § 2º do artigo 132.

▶ § 4º acrescido pela ER nº 20, de 16-10-2006.

**Art. 132.** Cada uma das partes falará pelo tempo máximo de quinze minutos, excetuada a ação penal originária, na qual o prazo será de uma hora, prorrogável pelo Presidente.

§ 1º O Procurador-Geral terá prazo igual ao das partes, falando em primeiro lugar se a União for autora ou recorrente.

§ 2º Se houver litisconsortes não representados pelo mesmo advogado, o prazo, que se contará em dobro, será dividido igualmente entre os do mesmo grupo, se diversamente entre eles não se convencionar.

§ 3º O oponente terá prazo próprio para falar, igual ao das partes.

§ 4º Havendo assistente, na ação penal pública, falará depois do Procurador-Geral, a menos que o recurso seja deste.

§ 5º O Procurador-Geral falará depois do autor da ação penal privada.

§ 6º Se, em ação penal, houver recurso de corréus em posição antagônica, cada grupo terá prazo completo para falar.

§ 7º Nos processos criminais, havendo corréus que sejam coautores, se não tiverem o mesmo defensor, o prazo será contado em dobro e dividido igualmente entre os defensores, salvo se estes convencionarem outra divisão do tempo.

**Art. 133.** Cada Ministro poderá falar duas vezes sobre o assunto em discussão e mais uma vez, se for o caso, para explicar a modificação do voto. Nenhum falará sem autorização do Presidente, nem interromperá a quem estiver usando a palavra, salvo para apartes, quando solicitados e concedidos.

Parágrafo único. Os apartes constarão do acórdão, salvo se cancelados pelo Ministro aparteante, caso em que será anotado o cancelamento.

▶ Parágrafo único acrescido pela ER nº 40, de 5-8-2010.

**Art. 134.** Se algum dos Ministros pedir vista dos autos, deverá apresentá-los, para prosseguimento da votação, até a segunda sessão ordinária subsequente.

§ 1º Ao reencetar-se o julgamento, serão computados os votos já proferidos pelos Ministros, ainda que não compareçam ou hajam deixado o exercício do cargo.

§ 2º Não participarão do julgamento os Ministros que não tenham assistido ao relatório ou aos debates, salvo quando se derem por esclarecidos.

▶ § 2º com a redação dada pela ER nº 2, de 4-12-1985.

§ 3º Se, para o efeito do *quorum* ou desempate na votação, for necessário o voto de Ministro nas condições do parágrafo anterior, serão renovados o relatório e a sustentação oral, computando-se os votos anteriormente proferidos.

**Art. 135.** Concluído o debate oral, o Presidente tomará os votos do Relator, do Revisor, se houver, e dos outros Ministros, na ordem inversa da antiguidade.

§ 1º Os Ministros poderão antecipar o voto se o Presidente autorizar.

§ 2º Encerrada a votação, o Presidente proclamará a decisão.

§ 3º Se o Relator for vencido, ficará designado o Revisor para redigir o acórdão.

§ 4º Se não houver Revisor, ou se este também tiver sido vencido, será designado para redigir o acórdão o Ministro que houver proferido o primeiro voto prevalecente.

**Art. 136.** As questões preliminares serão julgadas antes do mérito, deste não se conhecendo se incompatível com a decisão daquelas.

§ 1º Sempre que, no curso do relatório, ou antes dele, algum dos Ministros suscitar preliminar, será ela, antes de julgada, discutida pelas partes, que poderão usar da palavra pelo prazo regimental. Se não acolhida a preliminar, prosseguir-se-á no julgamento.

§ 2º Quando a preliminar versar nulidade suprível, converter-se-á o julgamento em diligência e o Relator, se for necessário, ordenará a remessa dos autos ao juiz de primeira instância ou ao Presidente do Tribunal a *quo* para os fins de direito.

**Art. 137.** Rejeitada a preliminar, ou se com ela for compatível a apreciação do mérito, seguir-se-do a discussão e julgamento da matéria principal, pronunciando-se sobre esta os juízes vencidos na preliminar.

**Art. 138.** Preferirá aos demais, na sua classe, o processo, em mesa, cujo julgamento tenha sido iniciado.

**Art. 139.** O julgamento, uma vez iniciado, ultimar-se-á na mesma sessão, ainda que excedida a hora regimental.

**Art. 140.** O Plenário ou a Turma poderá converter o julgamento em diligência, quando necessária à decisão da causa.

### Capítulo II
### DAS SESSÕES SOLENES

**Art. 141.** O Tribunal reúne-se em sessão solene:

I – para dar posse ao Presidente e ao Vice-Presidente;
II – para dar posse aos Ministros;
III – para receber o Presidente da República;
IV – para receber Chefe de Estado estrangeiro, em visita oficial ao Brasil;
V – para celebrar acontecimento de alta relevância, quando convocada por deliberação plenária em sessão administrativa;
VI – para instalar o ano judiciário.

▶ Inciso VI acrescido pela ER nº 14, de 25-3-2004.

§ 1º A sessão solene a que se refere o inciso VI realizar-se-á sempre no primeiro dia útil do mês de fevereiro de cada ano.

§ 2º Na solenidade de instalação do ano judiciário, integrarão a Mesa, mediante convite, os Presidentes da República, do Congresso Nacional, da Câmara dos Deputados, do Tribunal Superior Eleitoral, do Superior Tribunal de Justiça, do Superior Tribunal Militar, do Tribunal Superior do Trabalho e o Procurador-Geral da República e farão uso da palavra as autoridades indicadas pelo Presidente do Supremo Tribunal Federal.

▶ §§ 1º e 2º acrescidos pela ER nº 14, de 25-3-2004.

**Art. 142.** O cerimonial das sessões solenes será regulado por ato do Presidente.

CAPÍTULO III

DAS SESSÕES DO PLENÁRIO

**Art. 143.** O Plenário, que se reúne com a presença mínima de seis Ministros, é dirigido pelo Presidente do Tribunal.

Parágrafo único. O *quorum* para a votação de matéria constitucional e para a eleição do Presidente e do Vice-Presidente, dos membros do Conselho Nacional da Magistratura e do Tribunal Superior Eleitoral é de oito Ministros.

**Art. 144.** Nas sessões do Plenário, o Presidente tem assento à mesa, na parte central, ficando o Procurador-Geral à sua direita. Os demais Ministros sentar-se-ão, pela ordem decrescente de antiguidade, alternadamente, nos lugares laterais, a começar pela direita.

**Art. 145.** Terão prioridade, no julgamento do Plenário, observados os artigos 128 a 130 e 138:

I – os *habeas corpus*;
II – os pedidos de extradição;
III – as causas criminais, dentre estas, as de réu preso;
IV – os conflitos de jurisdição;
V – os recursos oriundos do Tribunal Superior Eleitoral;
VI – os mandados de segurança;
VII – as reclamações;
VIII – as representações;
IX – os pedidos de avocação e as causas avocadas.

**Art. 146.** Havendo, por ausência ou falta de um Ministro, nos termos do art. 13, IX, empate na votação de matéria cuja solução dependa de maioria absoluta, considerar-se-á julgada a questão proclamando-se a solução contrária à pretendida ou à proposta.

Parágrafo único. No julgamento de *habeas corpus* e de recursos de *habeas corpus* proclamar-se-á, na hipótese de empate, a decisão mais favorável ao paciente.

▶ Art. 146 com a redação dada pela ER nº 35, de 2-12-2009.

CAPÍTULO IV

DAS SESSÕES DAS TURMAS

**Art. 147.** As Turmas reúnem-se com a presença, pelo menos, de três Ministros.

**Art. 148.** Nas sessões das Turmas, o Presidente tem assento à mesa, na parte central, ficando o Procurador-Geral à sua direita. Os demais Ministros sentar-se-ão, pela ordem decrescente de antiguidade, alternadamente, nos lugares laterais, a começar pela direita.

Parágrafo único. Quando o Presidente do Tribunal comparecer à sessão de Turma para julgar processo a que estiver vinculado, ou do qual houver pedido vista, assumir-lhe-á a presidência pelo tempo correspondente ao julgamento.

**Art. 149.** Terão prioridade, no julgamento, observados os artigos 128 a 130 e 138:

I – os *habeas corpus*;
II – as causas criminais, dentre estas as de réu preso;
III – as reclamações.

▶ Inciso III acrescido pela ER nº 9, de 8-10-2001.

**Art. 150.** O Presidente da Turma terá sempre direito a voto.

§ 1º Se ocorrer empate, será adiada a decisão até tomar-se o voto do Ministro que esteve ausente.

§ 2º Persistindo a ausência, ou havendo vaga, impedimento ou licença de Ministro da Turma, por mais de um mês, convocar-se-á Ministro da outra, na ordem decrescente de antiguidade.

§ 3º Nos *habeas corpus* e recursos em matéria criminal, exceto o recurso extraordinário, havendo empate, prevalecerá a decisão mais favorável ao paciente ou réu.

CAPÍTULO V

DAS SESSÕES ADMINISTRATIVAS E DE CONSELHO

**Art. 151.** As sessões serão secretas:

I – quando algum dos Ministros pedir que o Plenário ou a Turma se reúna em Conselho;
II – quando convocadas pelo Presidente para assunto administrativo ou da economia do Tribunal.

**Art. 152.** Nenhuma pessoa, além dos Ministros, será admitida às sessões secretas, salvo quando convocada especialmente.

Parágrafo único. No caso do inciso I do artigo anterior, o julgamento prosseguirá em sessão pública.

**Art. 153.** O registro das sessões secretas conterá somente a data e os nomes dos presentes, exceto quando as deliberações devam ser publicadas.

TÍTULO IV – DAS AUDIÊNCIAS

**Art. 154.** Serão públicas as audiências:

I – *Suprimido*. ER nº 18, de 2-8-2006.
II – para instrução de processo, salvo motivo relevante;
III – para ouvir o depoimento das pessoas de que tratam os artigos 13, inciso XVII, e 21, inciso XVII, deste Regimento.

▶ Inciso III acrescido pela ER nº 29, de 18-2-2009.

Parágrafo único. A audiência prevista no inciso III observará o seguinte procedimento:

I – o despacho que a convocar será amplamente divulgado e fixará prazo para a indicação das pessoas a serem ouvidas;
II – havendo defensores e opositores relativamente à matéria objeto da audiência, será garantida a participação das diversas correntes de opinião;
III – caberá ao Ministro que presidir a audiência pública selecionar as pessoas que serão ouvidas, divulgar a lista dos habilitados, determinando a ordem dos trabalhos e fixando o tempo que cada um disporá para se manifestar;

IV – o depoente deverá limitar-se ao tema ou questão em debate;
V – a audiência pública será transmitida pela TV Justiça e pela Rádio Justiça;
VI – os trabalhos da audiência pública serão registrados e juntados aos autos do processo, quando for o caso, ou arquivados no âmbito da Presidência;
VII – os casos omissos serão resolvidos pelo Ministro que convocar a audiência.

▶ Parágrafo único acrescido pela ER nº 29, de 18-2-2009.

**Art. 155.** O Ministro que presidir a audiência deliberará sobre o que lhe for requerido.

§ 1º Respeitada a prerrogativa dos advogados, nenhum dos presentes se dirigirá ao Presidente da audiência, a não ser de pé e com sua licença.

§ 2º O secretário da audiência fará constar em ata o que nela ocorrer.

## TÍTULO V – DOS PROCESSOS SOBRE COMPETÊNCIA

### Capítulo I

#### DA RECLAMAÇÃO

**Art. 156.** Caberá reclamação do Procurador-Geral da República, ou do interessado na causa, para preservar a competência do Tribunal ou garantir a autoridade das suas decisões.

▶ Súm. nº 734 do STF.

Parágrafo único. A reclamação será instruída com prova documental.

**Art. 157.** O relator requisitará informações da autoridade, a quem for imputada a prática do ato impugnado, que as prestará no prazo de cinco dias.

**Art. 158.** O relator poderá determinar a suspensão do curso do processo em que se tenha verificado o ato reclamado, ou a remessa dos respectivos autos ao Tribunal.

**Art. 159.** Qualquer interessado poderá impugnar o pedido do reclamante.

**Art. 160.** Decorrido o prazo para informações, dar-se-á vista ao Procurador-Geral, quando a reclamação não tenha sido por ele formulada.

**Art. 161.** Julgando procedente a reclamação, o Plenário ou a Turma poderá:

▶ Caput com a redação dada pela ER nº 9, de 8-10-2001.

I – avocar o conhecimento do processo em que se verifique usurpação de sua competência;
II – ordenar que lhe sejam remetidos, com urgência, os autos do recurso para ele interposto;
III – cassar decisão exorbitante de seu julgado, ou determinar medida adequada à observância de sua jurisdição.

Parágrafo único. O Relator poderá julgar a reclamação quando a matéria for objeto de jurisprudência consolidada do Tribunal.

▶ Parágrafo único acrescido pela ER nº 13, de 25-3-2004.

**Art. 162.** O Presidente do Tribunal ou da Turma determinará o imediato cumprimento da decisão, lavrando-se o acórdão posteriormente.

▶ Artigo com a redação dada pela ER nº 9, de 8-10-2001.

### Capítulo II

#### DO CONFLITO DE JURISDIÇÃO OU COMPETÊNCIA E DE ATRIBUIÇÕES

**Art. 163.** O conflito de jurisdição ou competência poderá ocorrer entre autoridades judiciárias; o de atribuições, entre autoridades judiciárias e administrativas.

**Art. 164.** Dar-se-á conflito nos casos previstos nas leis processuais.

**Art. 165.** O conflito poderá ser suscitado pela parte interessada, pelo Ministério Público ou por qualquer das autoridades conflitantes.

**Art. 166.** Poderá o relator, de ofício, ou a requerimento de qualquer das partes, determinar, quando o conflito for positivo, seja sobrestado o processo, e, neste caso, bem assim no de conflito negativo, designar um dos órgãos para resolver, em caráter provisório, as medidas urgentes.

**Art. 167.** Sempre que necessário, o relator mandará ouvir as autoridades em conflito, no prazo de dez dias.

**Art. 168.** Prestadas ou não as informações, o relator dará vista do processo ao Procurador-Geral e, a seguir, apresentá-lo-á em mesa para julgamento.

§ 1º Na decisão do conflito, compreender-se-á como expresso o que nela virtualmente se contenha ou dela resulte.

§ 2º Da decisão de conflito não caberá recurso.

§ 3º No caso de conflito positivo, o Presidente poderá determinar o imediato cumprimento da decisão, lavrando-se o acórdão, posteriormente.

## TÍTULO VI – DA DECLARAÇÃO DE INCONSTITUCIONALIDADE E DA INTERPRETAÇÃO DE LEI

### Capítulo I

#### DA DECLARAÇÃO DE INCONSTITUCIONALIDADE DE LEI OU ATO NORMATIVO

**Art. 169.** O Procurador-Geral da República poderá submeter ao Tribunal, mediante representação, o exame de lei ou ato normativo federal ou estadual, para que seja declarada a sua inconstitucionalidade.

§ 1º Proposta a representação, não se admitirá desistência, ainda que afinal o Procurador-Geral se manifeste pela sua improcedência.

§ 2º Não se admitirá assistência a qualquer das partes.

▶ §§ 1º e 2º com a redação dada pela ER nº 2, de 4-12-1985.

**Art. 170.** O relator pedirá informações à autoridade da qual tiver emanado o ato, bem como ao Congresso Nacional ou à Assembleia Legislativa, se for o caso.

§ 1º Se houver pedido de medida cautelar, o relator submetê-la-á ao Plenário e somente após a decisão solicitará as informações.

§ 2º As informações serão prestadas no prazo de trinta dias, contados do recebimento do pedido, podendo ser dispensadas, em caso de urgência, pelo relator, *ad referendum* do Tribunal.

§ 3º Se, ao receber os autos, ou no curso do processo, o relator entender que a decisão é urgente, em face do relevante interesse de ordem pública que envolve, poderá, com prévia ciência das partes, submetê-lo ao conhecimento do Tribunal, que terá a faculdade de julgá-lo com os elementos de que dispuser.

**Art. 171.** Recebidas as informações, será aberta vista ao Procurador-Geral, pelo prazo de quinze dias, para emitir parecer.

**Art. 172.** Decorrido o prazo do artigo anterior, ou dispensadas as informações em razão da urgência, o relator, lançado o relatório, do qual a Secretaria remeterá cópia a todos os Ministros, pedirá dia para julgamento.

**Art. 173.** Efetuado o julgamento, com o *quorum* do artigo 143, parágrafo único, proclamar-se-á a inconstitucionalidade ou a constitucionalidade do preceito ou do ato impugnados, se num ou noutro sentido se tiverem manifestado seis Ministros.

Parágrafo único. Se não for alcançada a maioria necessária à declaração de inconstitucionalidade, estando licenciados ou ausentes Ministros em número que possa influir no julgamento, este será suspenso a fim de aguardar-se o comparecimento dos Ministros ausentes, até que se atinja o *quorum*.

**Art. 174.** Proclamada a constitucionalidade na forma do artigo anterior, julgar-se-á improcedente a representação.

**Art. 175.** Julgada procedente a representação e declarada a inconstitucionalidade total ou parcial de Constituição Estadual, de lei ou decreto federal ou estadual, de resolução de órgão judiciário ou legislativo, bem como de qualquer outro ato normativo federal ou estadual ou de autoridade da administração direta ou indireta, far-se-á comunicação à autoridade ou órgão responsável pela expedição do ato normativo impugnado.

Parágrafo único. Se a declaração de inconstitucionalidade de lei ou ato estadual se fundar nos incisos VI e VII do artigo 10 da Constituição, a comunicação será feita, logo após a decisão, à autoridade interessada, bem como, depois do trânsito em julgado, ao Presidente da República, para os efeitos do § 2º do artigo 11 da Constituição.

**Art. 176.** Arguida a inconstitucionalidade de lei ou ato normativo federal, estadual ou municipal, em qualquer outro processo submetido ao Plenário, será ela julgada em conformidade com o disposto nos artigos 172 a 174, depois de ouvido o Procurador-Geral.

§ 1º Feita a arguição em processo de competência da Turma, e considerada relevante, será ele submetido ao Plenário, independente de acórdão, depois de ouvido o Procurador-Geral.

§ 2º De igual modo procederão o Presidente do Tribunal e os das Turmas, se a inconstitucionalidade for alegada em processo de sua competência.

**Art. 177.** O Plenário julgará a prejudicial de inconstitucionalidade e as demais questões da causa.

**Art. 178.** Declarada, incidentalmente, a inconstitucionalidade, na forma prevista nos artigos 176 e 177, far-se-á a comunicação, logo após a decisão, à autoridade ou órgão interessado, bem como, depois do trânsito em julgado, ao Senado Federal, para os efeitos do artigo 42, VII, da Constituição.

CAPÍTULO II

## DA INTERPRETAÇÃO DE LEI

**Art. 179.** O Procurador-Geral da República poderá submeter ao Tribunal o exame de lei ou ato normativo federal ou estadual para que este lhe fixe a interpretação.

**Art. 180.** A representação será instruída com o texto integral da lei ou do ato normativo e conterá os motivos que justificam a necessidade de sua interpretação prévia, bem como o entendimento que lhe dá o representante.

**Art. 181.** Proposta a representação, dela não poderá desistir o Procurador-Geral.

Parágrafo único. Não se admitirá assistência a qualquer das partes.

▶ Art. 181 com a redação dada pela ER nº 2, de 4-12-1985.

**Art. 182.** O Relator, se entender que não há motivos que justifiquem a necessidade da interpretação prévia, poderá indeferir, liminarmente, a representação, em despacho fundamentado, do qual caberá agravo regimental.

**Art. 183.** Se não indeferir liminarmente a representação, o Relator solicitará informações à autoridade da qual tiver emanado o ato, bem como ao Congresso Nacional ou à Assembleia Legislativa, se for o caso.

Parágrafo único. As informações, prestadas no prazo de trinta dias, serão acompanhadas, em se tratando de lei, de cópia de todas as peças do processo legislativo.

**Art. 184.** Recebidas as informações, o Relator, lançado o relatório do qual a secretaria remeterá cópia a todos os Ministros, pedirá dia para julgamento.

**Art. 185.** Efetuado o julgamento, com o *quorum* do parágrafo único do art. 143, proclamar-se-á a interpretação que tiver apoio de, pelo menos, seis Ministros.

§ 1º Se não for alcançada a maioria necessária, estando licenciados ou ausentes Ministros em número que possa influir no julgamento, este será suspenso a fim de aguardar-se o comparecimento desses Ministros, até que se atinja o *quorum*.

§ 2º Na hipótese de os votos se dividirem entre mais de duas interpretações, proceder-se-á, em outra sessão designada pelo Presidente, à segunda votação restrita à escolha, pelo *quorum* de seis Ministros, pelo menos, de uma dentre as duas interpretações anteriormente mais votadas.

**Art. 186.** A interpretação adotada no julgamento da representação será imediatamente comunicada, pelo Presidente do Tribunal, à autoridade a quem tiverem sido solicitadas as informações.

**Art. 187.** A partir da publicação do acórdão, por suas conclusões e ementa, no Diário da Justiça da União, a interpretação nele fixada terá força vinculante para todos os efeitos.

## TÍTULO VII – DAS GARANTIAS CONSTITUCIONAIS

CAPÍTULO I

### DO HABEAS CORPUS

**Art. 188.** Dar-se-á *habeas corpus* sempre que alguém sofrer ou se achar ameaçado de sofrer violência ou coação em sua liberdade de locomoção, por ilegalidade ou abuso de poder.

**Art. 189.** O *habeas corpus* pode ser impetrado:

I – por qualquer pessoa, em seu favor ou de outrem;
II – pelo Ministério Público.

**Art. 190.** A petição de *habeas corpus* deverá conter:

I – o nome do impetrante, bem como o do paciente e do coator;
II – os motivos do pedido e, quando possível, a prova documental dos fatos alegados;
III – a assinatura do impetrante ou de alguém a seu rogo, se não souber ou não puder escrever.

**Art. 191.** O Relator requisitará informações do apontado coator e, sem prejuízo do disposto no art. 21, IV e V, poderá:

I – sendo relevante a matéria, nomear advogado para acompanhar e defender oralmente o pedido, se o impetrante não for diplomado em direito;
II – ordenar diligências necessárias à instrução do pedido, no prazo que estabelecer, se a deficiência deste não for imputável ao impetrante;
III – determinar a apresentação do paciente à sessão do julgamento, se entender conveniente;
IV – no *habeas corpus* preventivo, expedir salvo-conduto em favor do paciente, até decisão do feito, se houver grave risco de consumar-se a violência.

**Art. 192.** Quando a matéria for objeto de jurisprudência consolidada do Tribunal, o relator poderá desde logo denegar ou conceder a ordem, ainda que de ofício, à vista da documentação da petição inicial ou do teor das informações.

▶ *Caput* com a redação dada pela ER nº 30, de 29-5-2009.

§ 1º Não se verificando a hipótese do *caput*, instruído o processo e ouvido o Procurador-Geral em dois dias, o relator apresentará o feito em mesa para julgamento na primeira sessão da Turma ou do Plenário, observando-se, quanto à votação, o disposto nos arts. 146, parágrafo único, e 150, § 3º.

§ 2º Não apresentado o processo na primeira sessão, o impetrante poderá requerer seja cientificado pelo Gabinete, por qualquer via, da data do julgamento.

§ 3º Não se conhecerá de pedido desautorizado pelo paciente.

▶ §§ 1º a 3º acrescidos pela ER nº 30, de 29-5-2009.

**Art. 193.** O Tribunal poderá, de ofício:

I – usar da faculdade prevista no art. 191, III;
II – expedir ordem de *habeas corpus* quando, no curso de qualquer processo, verificar que alguém sofre ou se ache ameaçado de sofrer violência ou coação em sua liberdade de locomoção por, ilegalidade ou abuso de poder.

**Art. 194.** A decisão concessiva de *habeas corpus* será imediatamente comunicada às autoridades a quem couber cumpri-la, sem prejuízo da remessa de cópia autenticada do acórdão.

Parágrafo único. A comunicação mediante ofício, telegrama ou radiograma, bem como o salvo-conduto, em caso de ameaça de violência ou coação, serão firmados pelo Presidente do Tribunal ou da Turma.

**Art. 195.** Ordenada a soltura do paciente, em virtude de *habeas corpus*, a autoridade que, por má-fé ou evidente abuso de poder, tiver determinado a coação, será condenada nas custas, remetendo-se ao Ministério Público traslado das peças necessárias à apuração de sua responsabilidade penal.

**Art. 196.** O carcereiro ou diretor da prisão, o escrivão, o oficial de justiça ou a autoridade judiciária, policial ou militar que embaraçarem ou procrastinarem o encaminhamento do pedido de *habeas corpus*, as informações sobre a causa da violência, coação ou ameaça, ou a condução e apresentação do paciente, serão multados na forma da legislação processual vigente, sem prejuízo de outras sanções penais e administrativas.

**Art. 197.** Havendo desobediência ou retardamento abusivo no cumprimento da ordem de *habeas corpus*, por parte do detentor ou carcereiro, o Presidente do Tribunal expedirá mandado de prisão contra o desobediente e oficiará ao Ministério Público, a fim de que promova a ação penal.

Parágrafo único. Na hipótese deste artigo, o Tribunal ou o seu Presidente tomarão as providências necessárias ao cumprimento da decisão, com emprego de meios legais cabíveis, e determinarão, se necessário, a apresentação do paciente ao Relator ou a magistrado local por ele designado.

**Art. 198.** As fianças que se tiverem de prestar perante o Tribunal, em virtude de *habeas corpus*, serão processadas pelo Relator, a menos que este delegue essa atribuição a outro magistrado.

**Art. 199.** Se, pendente o processo de *habeas corpus*, cessar a violência ou coação, julgar-se-á prejudicado o pedido, podendo, porém, o Tribunal declarar a ilegalidade do ato e tomar as providências cabíveis para a punição do responsável.

CAPÍTULO II

### DO MANDADO DE SEGURANÇA

**Art. 200.** Conceder-se-á mandado de segurança para proteger direito líquido e certo não amparado por *habeas corpus*, quando a autoridade responsável pela ilegalidade ou abuso de poder estiver sob a jurisdição do Tribunal.

Parágrafo único. O direito de pedir segurança extingue-se após cento e vinte dias da ciência, pelo interessado, do ato impugnado.

**Art. 201.** Não se dará mandado de segurança quando estiver em causa:

I – ato de que caiba recurso administrativo com efeito suspensivo, independente de caução;
II – despacho ou decisão judicial, de que caiba recurso, ou que seja suscetível de correição;

III – ato disciplinar, salvo se praticado por autoridade incompetente ou com inobservância de formalidade essencial.

**Art. 202.** A petição inicial, que deverá preencher os requisitos dos artigos 282 e 283 do Código de Processo Civil, será apresentada em duas vias, e os documentos que instruírem a primeira deverão ser reproduzidos, por cópia, na segunda, salvo o disposto no artigo 114 deste Regimento.

**Art. 203.** O relator mandará notificar a autoridade coatora para prestar informações no prazo previsto em lei.

§ 1º Quando relevante o fundamento e do ato impugnado puder resultar a ineficácia da medida, caso deferida, o relator determinar-lhe-á a suspensão, salvo nos casos vedados em lei.

§ 2º A notificação será instruída com a segunda via da inicial e cópias dos documentos, bem como do despacho concessivo da liminar, se houver.

**Art. 204.** A medida liminar vigorará pelo prazo de noventa dias, contado de sua efetivação e prorrogável por mais trinta dias, se o acúmulo de serviço o justificar.

Parágrafo único. Se, por ação ou omissão, o beneficiário da liminar der causa à procrastinação do julgamento do pedido, poderá o relator revogar a medida.

**Art. 205.** Recebidas as informações ou transcorrido o respectivo prazo, sem o seu oferecimento, o relator, após vista ao Procurador-Geral, pedirá dia para julgamento, ou, quando a matéria for objeto de jurisprudência consolidada do Tribunal, julgará o pedido.

▶ *Caput* com a redação dada pela ER nº 28, de 18-2-2009.

Parágrafo único. O julgamento de mandado de segurança contra ato do Presidente do Supremo Tribunal Federal ou do Conselho Nacional da Magistratura será presidido pelo Vice-Presidente ou, no caso de ausência ou impedimento, pelo Ministro mais antigo dentre os presentes à sessão. Se lhe couber votar, nos termos do artigo 146, I a III e V, e seu voto produzir empate, observar-se-á o seguinte:

I – não havendo votado algum Ministro, por motivo de ausência ou licença que não deva perdurar por mais de três meses, aguardar-se-á o seu voto;

II – havendo votado todos os Ministros, salvo os impedidos ou licenciados por período remanescente superior a três meses, prevalecerá o ato impugnado.

**Art. 206.** A concessão ou a denegação de segurança na vigência de medida liminar serão imediatamente comunicadas à autoridade apontada como coatora.

### TÍTULO VIII – DOS PROCESSOS ORIUNDOS DE ESTADOS ESTRANGEIROS

#### Capítulo I

#### DA EXTRADIÇÃO

**Art. 207.** Não se concederá extradição sem prévio pronunciamento do Supremo Tribunal Federal sobre a legalidade e a procedência do pedido, observada a legislação vigente.

**Art. 208.** Não terá andamento o pedido de extradição sem que o extraditando seja preso e colocado à disposição do Tribunal.

**Art. 209.** O Relator designará dia e hora para o interrogatório do extraditando e requisitará a sua apresentação.

**Art. 210.** No interrogatório, ou logo após, intimar-se-á o defensor do extraditando para apresentar defesa escrita no prazo de dez dias.

§ 1º O Relator dará advogado ao extraditando que não o tiver, e curador, se for o caso.

§ 2º Será substituído o defensor, constituído ou dativo, que não apresentar a defesa no prazo deste artigo.

**Art. 211.** É facultado ao Relator delegar o interrogatório do extraditando a juiz do local onde estiver preso.

Parágrafo único. Para o fim deste artigo, serão os autos remetidos ao juiz delegado, que os devolverá, uma vez apresentada a defesa ou exaurido o prazo.

**Art. 212.** Junta a defesa e aberta vista por dez dias ao Procurador-Geral, o Relator pedirá dia para julgamento.

Parágrafo único. O Estado requerente da extradição poderá ser representado por advogado para acompanhar o processo perante o Tribunal.

**Art. 213.** O extraditando permanecerá na prisão, à disposição do Tribunal, até o julgamento final.

**Art. 214.** No processo de extradição, não se suspende no recesso e nas férias o prazo fixado por lei para o cumprimento de diligência determinada pelo Relator ou pelo Tribunal.

#### Capítulo II

#### DA HOMOLOGAÇÃO DE SENTENÇA ESTRANGEIRA

▶ A homologação de sentença estrangeira passou a ser da competência do STJ, conforme art. 105, I, *i*, da CF, com a redação dada pela EC nº 45, de 8-12-2004.

▶ Art. 109, X, da CF.

**Art. 215.** A sentença estrangeira não terá eficácia no Brasil sem a prévia homologação pelo Supremo Tribunal Federal ou por seu Presidente.

▶ Artigo com a redação dada pela ER nº 1, de 25-11-1981.

**Art. 216.** Não será homologada sentença que ofenda a soberania nacional, a ordem pública e os bons costumes.

**Art. 217.** Constituem requisitos indispensáveis à homologação da sentença estrangeira:

I – haver sido proferida por juiz competente;
II – terem sido as partes citadas ou haver-se legalmente verificado a revelia;
III – ter passado em julgado e estar revestida das formalidades necessárias à execução no lugar em que foi proferida;
IV – estar autenticada pelo cônsul brasileiro e acompanhada de tradução oficial.

**Art. 218.** A homologação será requerida pela parte interessada, devendo a petição inicial conter as indicações constantes da lei processual, e ser instruída com a certidão ou cópia autêntica do texto integral da sentença estrangeira e com outros documentos indispensáveis, devidamente traduzidos e autenticados.

Parágrafo único. *Revogado.* ER nº 1, de 25-11-1981.

**Art. 219.** Se a petição inicial não preencher os requisitos exigidos no artigo anterior ou apresentar defeitos ou irregularidades que dificultem o julgamento, o Presidente mandará que o requerente a emende ou complete, no prazo de dez dias, sob pena de indeferimento.

Parágrafo único. Se o requerente não promover, no prazo marcado, mediante intimação ao advogado, ato ou diligência que lhe for determinado no curso do processo, será este julgado extinto pelo Presidente ou pelo Plenário, conforme o caso.

▶ Parágrafo único com a redação dada pela ER nº 1, de 25-11-1981.

**Art. 220.** Autuados a petição e os documentos, o Presidente mandará citar o requerido para, em quinze dias, contestar o pedido.

§ 1º O requerido será citado por oficial de justiça, se domiciliado no Brasil, expedindo-se, para isso, carta de ordem; se domiciliado no estrangeiro, pela forma estabelecida na lei do País, expedindo-se carta rogatória.

▶ A concessão de *exequatur* às cartas rogatórias passou a ser da competência do STJ, conforme art. 105, I, *i*, da CF, com a redação dada pela EC nº 45, de 8-12-2004.

§ 2º Certificado pelo oficial de justiça ou afirmado, em qualquer caso, pelo requerente, que o citando se encontra em lugar ignorado, incerto ou inacessível, a citação far-se-á mediante edital.

**Art. 221.** A contestação somente poderá versar sobre a autenticidade dos documentos, a inteligência da sentença e a observância dos requisitos indicados nos artigos 217 e 218.

§ 1º Revel ou incapaz o requerido, dar-se-lhe-á curador especial que será pessoalmente notificado.

§ 2º Apresentada a contestação, será admitida réplica em cinco dias.

§ 3º Transcorrido o prazo da contestação ou da réplica, oficiará o Procurador-Geral no prazo de dez dias.

**Art. 222.** Se o requerido, o curador especial ou o Procurador-Geral não impugnarem o pedido de homologação, sobre ele decidirá o Presidente.

Parágrafo único. Da decisão do Presidente que negar a homologação cabe agravo regimental.

▶ Art. com a redação dada pela ER nº 1, de 25-11-1981.

**Art. 223.** Havendo impugnação à homologação, o processo será distribuído para julgamento pelo Plenário.

Parágrafo único. Caberão ao relator os demais atos relativos ao andamento e à instrução do processo e o pedido de dia para julgamento.

▶ Art. com a redação dada pela ER nº 1, de 25-11-1981.

**Art. 224.** A execução far-se-á por carta de sentença, no juízo competente, observadas as regras estabelecidas para a execução de julgado nacional da mesma natureza.

Capítulo III

### DA CARTA ROGATÓRIA

▶ A concessão de *exequatur* às cartas rogatórias passou a ser da competência do STJ, conforme art. 105, I, *i*, da CF, com a redação dada pela EC nº 45, de 8-12-2004.
▶ Art. 109, X, da CF.

**Art. 225.** Compete ao Presidente do Tribunal conceder *exequatur* a cartas rogatórias de juízos ou Tribunais estrangeiros.

**Art. 226.** Recebida a rogatória, o interessado residente no país será intimado, podendo, no prazo de cinco dias, impugná-la.

▶ *Caput* com a redação dada pela ER nº 2, de 4-12-1985.

§ 1º Findo esse prazo, abrir-se-á vista ao Procurador-Geral, que também poderá impugnar o cumprimento da rogatória.

§ 2º A impugnação só será admitida se a rogatória atentar contra a soberania nacional ou a ordem pública, ou se lhe faltar autenticidade.

▶ §§ 1º e 2º acrescidos pela ER nº 2, de 4-12-1985.

**Art. 227.** Concedido o *exequatur*, seguir-se-á a remessa da rogatória ao juízo no qual deva ser cumprida.

Parágrafo único. Da concessão ou denegação do *exequatur* cabe agravo regimental.

**Art. 228.** No cumprimento da carta rogatória cabem embargos relativos a quaisquer atos que lhe sejam referentes, opostos no prazo de dez dias, por qualquer interessado ou pelo Ministério Público local, julgando-os o Presidente após audiência do Procurador-Geral.

Parágrafo único. Da decisão que julgar os embargos cabe agravo regimental.

▶ Art. 228 com a redação dada pela ER nº 2, de 4-12-1985.

**Art. 229.** Cumprida a rogatória, será devolvida ao Supremo Tribunal Federal, no prazo de dez dias, e por este remetida, em igual prazo, por via diplomática, ao juízo ou Tribunal de origem.

## TÍTULO IX – DAS AÇÕES ORIGINÁRIAS

Capítulo II

### DA AÇÃO CÍVEL ORIGINÁRIA

**Art. 247.** A ação cível originária, prevista no artigo 119, I, *c* e *d*, da Constituição, será processada nos termos deste Regimento e da lei.

§ 1º O prazo para a contestação será fixado pelo relator.

§ 2º O relator poderá delegar atos instrutórios a juiz ou membro de outro Tribunal que tenha competência territorial no local onde devam ser produzidos.

**Art. 248.** Encerrada a fase postulatória, o relator proferirá despacho saneador, nos termos da lei processual.

**Art. 249.** Finda a instrução, o relator dará vista, sucessivamente, ao autor, ao réu e ao Procurador-Geral, se não for parte, para arrazoarem, no prazo de cinco dias.

**Art. 250.** Findos os prazos do artigo anterior, o relator lançará nos autos o relatório, do qual a Secretaria remeterá cópia aos demais Ministros, e pedirá dia para julgamento.

**Art. 251.** Na sessão de julgamento, será dada a palavra às partes e ao Procurador-Geral pelo tempo de trinta minutos, prorrogável pelo Presidente.

## Capítulo III
### DA AVOCAÇÃO DE CAUSAS

**Art. 252.** Quando, de decisão proferida em qualquer Juízo ou Tribunal, decorrer imediato perigo de grave lesão à ordem, à saúde, à segurança ou às finanças públicas, poderá o Procurador-Geral da República requerer a avocação da causa, para que se lhe suspendam os efeitos, devolvendo-se o conhecimento integral do litígio ao Supremo Tribunal Federal, salvo se a decisão se restringir a questão incidente, caso em que o conhecimento a ela se limitará.

Parágrafo único. Não caberá pedido de avocação, se a decisão impugnada houver transitado em julgado, ou admitir recurso com efeito suspensivo.

**Art. 253.** No requerimento, que deverá ser acompanhado de certidão da decisão impugnada e da data de sua intimação, o Procurador-Geral da República identificará a causa a ser avocada e apresentará as razões que justificam a avocação.

**Art. 254.** Distribuído o pedido, poderá o Relator:

I – se entender necessário, solicitar, para serem prestadas em dez dias, informações ao juiz ou Tribunal que houver proferido a decisão;

II – indeferir, liminarmente, por despacho do qual caberá agravo regimental, o pedido que manifestamente não atenda aos requisitos da avocatória;

III – determinar a imediata suspensão dos efeitos da decisão, até a deliberação final do Plenário.

**Art. 255.** Se não indeferir liminarmente o pedido, determinará o Relator ao juiz ou Tribunal de origem que faça intimar os procuradores das partes para que se manifestem nos autos principais no prazo comum de dez dias.

Parágrafo único. Com a manifestação das partes, ou sem ela, subirão os autos principais ao Supremo Tribunal Federal, onde serão apensados aos do pedido de avocação.

**Art. 256.** Observado o disposto no artigo anterior e conclusos os autos ao Relator, deverá este, no prazo de dez dias, mandar incluí-los em pauta para julgamento.

§ 1º Após o relatório, será facultada a palavra ao Procurador-Geral e às partes pelo tempo máximo de quinze minutos.

§ 2º Encerrados os debates, o Tribunal passará a deliberar, em sessão secreta, sem a presença das partes e do Procurador-Geral, e proclamará o resultado do julgamento em sessão pública.

**Art. 257.** Indeferida a avocatória, os autos apensados serão devolvidos à instância de origem, onde os prazos, considerados suspensos (arts. 254, III, e 255), retomarão seu curso, após intimação das partes.

**Art. 258.** Deferido o pedido, os autos da causa avocada serão conclusos ao Relator, que, se não determinar diligência, mandará ouvir, sucessivamente, pelo prazo de cinco dias, as partes e o Procurador-Geral; em seguida, lançará o relatório, do qual a Secretaria remeterá cópia a todos os Ministros, e pedirá dia para julgamento.

## Capítulo IV
### DA AÇÃO RESCISÓRIA

**Art. 259.** Caberá ação rescisória de decisão proferida pelo Plenário ou por Turma do Tribunal, bem assim pelo Presidente, nos casos previstos na lei processual.

**Art. 260.** Distribuída a inicial, o relator mandará citar o réu, fixando-lhe prazo para contestação.

**Art. 261.** Contestada a ação, ou transcorrido o prazo, o relator proferirá despacho saneador e deliberará sobre as provas requeridas.

Parágrafo único. O relator poderá delegar atos instrutórios a juiz ou membro de outro Tribunal que tenha competência territorial no local onde devam ser produzidos.

**Art. 262.** Concluída a instrução, o relator abrirá vista sucessiva às partes, por dez dias, para o oferecimento de razões e, após ouvido o Procurador-Geral, lançará o relatório e passará os autos ao revisor que pedirá dia para julgamento.

## Capítulo VI
### DOS LITÍGIOS COM ESTADOS ESTRANGEIROS OU ORGANISMOS INTERNACIONAIS

**Art. 273.** O processo dos litígios entre Estados estrangeiros e a União, os Estados, o Distrito Federal ou os Territórios observará o rito estabelecido para a ação cível originária.

**Art. 274.** Obedecerão ao mesmo procedimento as ações entre os organismos internacionais, de que o Brasil participe, e as entidades de direito público interno referidas no artigo anterior.

**Art. 275.** A capacidade processual e a legitimidade de representação dos Estados estrangeiros e dos organismos internacionais regulam-se pelas normas estabelecidas nos tratados ratificados pelo Brasil.

## TÍTULO X – DOS PROCESSOS INCIDENTES

## Capítulo I
### DOS IMPEDIMENTOS E DA SUSPEIÇÃO

**Art. 277.** Os Ministros declarar-se-ão impedidos ou suspeitos nos casos previstos em lei.

Parágrafo único. Não estão impedidos os Ministros que, no Tribunal Superior Eleitoral, tenham funcionado no mesmo processo ou no processo originário, os quais devem ser excluídos, se possível, da distribuição.

▶ Antigo § 1º transformado em parágrafo único pela ER nº 2, de 4-12-1985.
▶ § 2º suprimido pela ER nº 2, de 4-12-1985.

**Art. 278.** A suspeição será arguida perante o Presidente, ou o Vice-Presidente, se aquele for o recusado.

Parágrafo único. A petição será instruída com os documentos comprobatórios da arguição e o rol de testemunhas.

**Art. 279.** A suspeição do relator poderá ser suscitada até cinco dias após a distribuição; a do revisor, em igual prazo, após a conclusão dos autos; e a dos demais Ministros, até o início do julgamento.

**Art. 280.** O Presidente mandará arquivar a petição, se manifesta a sua improcedência.

**Art. 281.** Será ilegítima a arguição de suspeição, quando provocada pelo excipiente, ou quando houver ele praticado ato que importe na aceitação do Ministro.

**Art. 282.** Se admitir a arguição, o Presidente ouvirá o Ministro recusado e, a seguir, inquirirá as testemunhas indicadas, submetendo o incidente ao Tribunal em sessão secreta.

**Art. 283.** O Ministro que não reconhecer a suspeição funcionará até o julgamento da arguição.

Parágrafo único. A afirmação de suspeição pelo arguido, ainda que por outro fundamento, põe fim ao incidente.

**Art. 284.** A arguição será sempre individual, não ficando os demais Ministros impedidos de apreciá-la, ainda que também recusados.

**Art. 285.** Afirmada a suspeição pelo arguido, ou declarada pelo Tribunal, ter-se-ão por nulos os atos por ele praticados.

**Art. 286.** Não se fornecerá, salvo ao arguente e ao arguido, certidão de qualquer peça do processo de suspeição, antes de afirmada pelo arguido ou declarada pelo Tribunal.

Parágrafo único. Da certidão constará obrigatoriamente o nome de quem a requereu, bem assim o desfecho que houver tido a arguição.

**Art. 287.** Aplicar-se-á aos impedimentos dos Ministros o processo estabelecido para a suspeição, no que couber.

CAPÍTULO II

## DA HABILITAÇÃO INCIDENTE

**Art. 288.** Em caso de falecimento de alguma das partes:

I – o cônjuge, herdeiro ou legatário requererá sua habilitação, bem como a citação da outra parte para contestá-la no prazo de quinze dias;

II – qualquer dos outros interessados poderá requerer a citação do cônjuge, herdeiro ou legatário para providenciarem sua habilitação em quinze dias.

§ 1º No caso do inciso II deste artigo, se a parte não providenciar a habilitação, o processo correrá à revelia.

§ 2º Na hipótese do parágrafo anterior, nomear-se-á curador ao revel, oficiando também o Procurador-Geral.

**Art. 289.** A citação far-se-á na pessoa do procurador constituído nos autos, mediante publicação no *Diário da Justiça*, ou à parte, pessoalmente, se não estiver representada no processo.

**Art. 290.** Quando incertos os sucessores, a citação far-se-á por edital.

**Art. 291.** O cessionário ou sub-rogado poderão habilitar-se apresentando o documento da cessão ou sub-rogação e pedindo a citação dos interessados.

Parágrafo único. O cessionário de herdeiro somente após a habilitação deste poderá apresentar-se.

**Art. 292.** O Relator, se contestado o pedido, facultará às partes sumária produção de provas, em cinco dias, e julgará, em seguida, a habilitação.

**Art. 293.** Não dependerá de decisão do Relator, processando-se nos autos da causa principal, o pedido de habilitação:

I – do cônjuge e herdeiros necessários que provem por documento sua qualidade e o óbito do falecido;

II – fundado em sentença, com trânsito em julgado, que atribua ao requerente a qualidade de herdeiro ou sucessor;

III – do herdeiro que for incluído sem qualquer oposição no inventário;

IV – quando estiver declarada a ausência ou determinada a arrecadação da herança jacente;

V – quando oferecidos os artigos de habilitação, a parte reconhecer a procedência do pedido e não houver oposição de terceiro.

**Art. 294.** O cessionário ou o adquirente podem prosseguir na causa, juntando aos autos o respectivo título e provando a sua identidade, caso em que sucederão ao cedente ou ao credor originário que houverem falecido.

**Art. 295.** Já havendo pedido de dia para julgamento, não se decidirá o requerimento de habilitação.

**Art. 296.** A parte que não se habilitar perante o Tribunal poderá fazê-lo em outra instância.

CAPÍTULO III

## DA SUSPENSÃO DE SEGURANÇA

**Art. 297.** Pode o Presidente, a requerimento do Procurador-Geral, ou da pessoa jurídica de direito público interessada, e para evitar grave lesão à ordem, à saúde, à segurança e à economia pública, suspender, em despacho fundamentado, a execução de liminar, ou da decisão concessiva de mandado de segurança, proferida em única ou última instância, pelos tribunais locais ou federais.

§ 1º O Presidente pode ouvir o impetrante, em cinco dias, e o Procurador-Geral, quando não for o requerente, em igual prazo.

§ 2º Do despacho que conceder a suspensão caberá agravo regimental.

§ 3º A suspensão de segurança vigorará enquanto pender o recurso, ficando sem efeito, se a decisão concessiva for mantida pelo Supremo Tribunal Federal ou transitar em julgado.

▶ Súm. nº 626 do STF.

CAPÍTULO IV

## DA RECONSTITUIÇÃO DE AUTOS PERDIDOS

**Art. 298.** O pedido de reconstituição de autos, no Tribunal, será apresentado ao Presidente e distribuído ao Relator do processo desaparecido ou ao seu substituto.

**Art. 299.** A parte contrária será citada para contestar o pedido no prazo de cinco dias, cabendo ao Relator exigir as cópias, contrafés e reproduções dos atos e documentos que estiverem em seu poder.

Parágrafo único. Se o citado concordar com a reconstituição, lavrar-se-á o respectivo auto que, assinado pelas partes e homologado pelo Relator, suprirá o processo desaparecido.

**Art. 300.** O Relator determinará as diligências necessárias, solicitando informações e cópias autênticas, se for o caso, a outros juízes e Tribunais.

**Art. 301.** O julgamento de reconstituição caberá ao Plenário ou à Turma competente para o processo extraviado.

**Art. 302.** Quem tiver dado causa à perda ou extravio responderá pelas despesas de reconstituição.

**Art. 303.** Julgada a reconstituição, o processo seguirá os trâmites normais.

Parágrafo único. Encontrado o processo original, nele prosseguirá o feito, apensando-se os autos reconstituídos.

## TÍTULO XI – DOS RECURSOS

CAPÍTULO I

### DISPOSIÇÕES GERAIS

**Art. 304.** Admitir-se-ão medidas cautelares nos recursos, independentemente dos seus efeitos.

**Art. 305.** Não caberá recurso da deliberação da Turma ou do relator que remeter processo ao julgamento do Plenário, ou que determinar, em agravo de instrumento, o processamento de recurso denegado ou procrastinado.

**Art. 306.** Os recursos serão processados, na instância de origem, pelas normas da legislação aplicável, observados os artigos 59, 307 e 308 deste Regimento.

..........

CAPÍTULO III

### DOS AGRAVOS

SEÇÃO I

### DO AGRAVO DE INSTRUMENTO

**Art. 313.** Caberá agravo de instrumento:

I – de decisão de juiz de primeira instância nas causas a que se refere o art. 6º, III, *d*, nos casos admitidos na legislação processual;

► Art. 105, II, c, da CF.

II – de despacho de Presidente de Tribunal que não admitir recurso da competência do Supremo Tribunal Federal;

III – quando se retardar, injustificadamente, por mais de trinta dias, o despacho a que se refere o inciso anterior, ou a remessa do processo ao Tribunal.

Parágrafo único. Na petição do agravo a que se refere o inciso I deste artigo, poderá o agravante requerer que o agravo fique retido nos autos, a fim de que o Tribunal dele conheça, preliminarmente, por ocasião do julgamento da apelação, desde que assim o solicite nas razões ou contrarrazões desta.

**Art. 314.** O agravo de instrumento obedecerá, no juízo ou Tribunal de origem, às normas da legislação processual vigente.

**Art. 315.** Distribuído o agravo e ouvido, se necessário, o Procurador-Geral, o relator o colocará em mesa para julgamento, sem prejuízo das atribuições que lhe confere o artigo 21, nos incisos VI e IX e no seu § 1º.

Parágrafo único. Quando interposto contra despacho que houver indeferido o processamento de arguição de relevância, o agravo de instrumento prescindirá de Relator e será julgado em Conselho, observando-se, no que couber, o disposto no artigo 328, incisos VII e X.

► Texto não recepcionado pela CF/1988.

**Art. 316.** O provimento de agravo de instrumento, ou a determinação do relator para que subam os autos, não prejudica o exame e o julgamento, no momento oportuno, do cabimento do recurso denegado.

§ 1º O provimento será registrado na ata e certificado nos autos, juntando-se ulteriormente a transcrição do áudio.

► § 1º com a redação dada pela ER nº 26, de 22-10-2008.

§ 2º O provimento do agravo de instrumento e a determinação do relator para que suba o recurso serão comunicados ao tribunal de origem pelo Presidente do Tribunal para processamento do recurso.

§ 3º Se os autos principais tiverem subido em virtude de recurso da parte contrária, serão devolvidos à origem para processamento do recurso admitido.

SEÇÃO II

### DO AGRAVO REGIMENTAL

**Art. 317.** Ressalvadas as exceções previstas neste Regimento, caberá agravo regimental, no prazo de cinco dias, de decisão do Presidente do Tribunal, de Presidente de Turma ou do relator, que causar prejuízo ao direito da parte.

§ 1º A petição conterá, sob pena de rejeição liminar, as razões do pedido de reforma da decisão agravada.

§ 2º O agravo regimental será protocolado e, sem qualquer outra formalidade, submetido ao prolator do despacho, que poderá reconsiderar o seu ato ou submeter o agravo ao julgamento do Plenário ou da Turma, a quem caiba a competência, computando-se também o seu voto.

§ 3º Provido o agravo, o Plenário ou a Turma determinará o que for de direito.

§ 4º O agravo regimental não terá efeito suspensivo.

CAPÍTULO IV

### DA APELAÇÃO CÍVEL

**Art. 318.** Caberá apelação nas causas em que forem partes um estado estrangeiro ou organismo internacional, de um lado, e, de outro, município ou pessoa domiciliada ou residente no país.

**Art. 319.** O Relator, após a vista ao Procurador-Geral, pedirá dia para o julgamento.

**Art. 320.** O agravo retido nos autos, se houver, será julgado preliminarmente.

Parágrafo único. Quando não influir na decisão do mérito, o provimento do agravo não impedirá o imediato julgamento da apelação.

CAPÍTULO V

### DO RECURSO EXTRAORDINÁRIO

**Art. 321.** O recurso extraordinário para o Tribunal será interposto no prazo estabelecido na lei processual pertinente, com indicação do dispositivo que o autorize, dentre os casos previstos nos artigos 102, III, *a*, *b*, *c*, e 121, § 3º, da Constituição Federal.

▶ *Caput* com a redação dada pela ER nº 12, de 12-12-2003.

§ 1º Se na causa tiverem sido vencidos autor e réu, qualquer deles poderá aderir ao recurso da outra parte nos termos da lei processual civil.

§ 2º Aplicam-se ao recurso adesivo as normas de admissibilidade, preparo e julgamento do recurso extraordinário, não sendo processado ou conhecido quando houver desistência do recurso principal, ou for este declarado inadmissível ou deserto.

§ 3º Se o recurso extraordinário for admitido pelo Tribunal ou pelo relator do agravo de instrumento, o recorrido poderá interpor recurso adesivo juntamente com a apresentação de suas contrarrazões.

§ 4º O recurso extraordinário não tem efeito suspensivo.

§ 5º *Revogado*. ER nº 21, de 30-4-2007.

**Art. 322.** O Tribunal recusará recurso extraordinário cuja questão constitucional não oferecer repercussão geral, nos termos deste capítulo.

Parágrafo único. Para efeito da repercussão geral, será considerada a existência, ou não, de questões que, relevantes do ponto de vista econômico, político, social ou jurídico, ultrapassem os interesses subjetivos das partes.

▶ Art. 322 com a redação dada pela ER nº 21, de 30-4-2007.

**Art. 323.** Quando não for caso de inadmissibilidade do recurso por outra razão, o(a) Relator(a) ou o Presidente submeterá, por meio eletrônico, aos demais ministros, cópia de sua manifestação sobre a existência, ou não, de repercussão geral.

▶ *Caput* com a redação dada pela ER nº 42, de 2-12-2010.

§ 1º Nos processos em que o Presidente atuar como relator, reconhecida a existência de repercussão geral, seguir-se-á livre distribuição para o julgamento de mérito.

§ 2º Tal procedimento não terá lugar, quando o recurso versar questão cuja repercussão já houver sido reconhecida pelo Tribunal, ou quando impugnar decisão contrária a súmula ou a jurisprudência dominante, casos em que se presume a existência de repercussão geral.

▶ §§ 1º e 2º com a redação dada pela ER nº 42, de 2-12-2010.

§ 3º Mediante decisão irrecorrível, poderá o(a) Relator(a) admitir de ofício ou a requerimento, em prazo que fixar, a manifestação de terceiros, subscrita por procurador habilitado, sobre a questão da repercussão geral.

▶ § 3º acrescido pela ER nº 42, de 2-12-2010.

**Art. 323-A.** O julgamento de mérito de questões com repercussão geral, nos casos de reafirmação de jurisprudência dominante da Corte, também poderá ser realizado por meio eletrônico.

▶ Artigo acrescido pela ER nº 42, de 2-12-2010.

**Art. 324.** Recebida a manifestação do(a) relator(a), os demais ministros encaminhar-lhe-ão, também por meio eletrônico, no prazo comum de 20 (vinte) dias, manifestação sobre a questão da repercussão geral.

▶ *Caput* com a redação dada pela ER nº 31, de 29-5-2009.

§ 1º Decorrido o prazo sem manifestações suficientes para recusa do recurso, reputar-se-á existente a repercussão geral.

▶ Antigo parágrafo único transformado em § 1º pela ER nº 31, de 29-5-2009.

§ 2º Não incide o disposto no parágrafo anterior quando o relator declare que a matéria é infraconstitucional, caso em que a ausência de pronunciamento no prazo será considerada como manifestação de inexistência de repercussão geral, autorizando a aplicação do art. 543-A, § 5º, do Código de Processo Civil.

▶ § 2º acrescido pela ER nº 31, de 29-5-2009.

§ 3º O recurso extraordinário será redistribuído por exclusão do(a) Relator(a) e dos ministros que expressamente o(a) acompanharam nos casos em que ficarem vencidos.

▶ § 3º acrescido pela ER nº 41, de 16-9-2010.

**Art. 325.** O(A) Relator(a) juntará cópia das manifestações aos autos, quando não se tratar de processo informatizado, e, uma vez definida a existência da repercussão geral, julgará o recurso ou pedirá dia para seu julgamento, após vista ao Procurador-Geral, se necessária; negada a existência, formalizará e subscreverá decisão de recusa do recurso.

Parágrafo único. O teor da decisão preliminar sobre a existência da repercussão geral, que deve integrar a decisão monocrática ou o acórdão, constará sempre das publicações dos julgamentos no Diário Oficial, com menção clara à matéria do recurso.

▶ Art. 325 com a redação dada pela ER nº 21, de 30-4-2007.

**Art. 325-A.** Reconhecida a repercussão geral, serão distribuídos ou redistribuídos ao relator do recurso paradigma, por prevenção, os processos relacionados ao mesmo tema.

▶ Artigo acrescido pela ER nº 42, de 2-12-2010.

**Art. 326.** Toda decisão de inexistência de repercussão geral é irrecorrível e, valendo para todos os recursos sobre questão idêntica, deve ser comunicada, pelo(a) Relator(a), à Presidência do Tribunal, para os fins do artigo subsequente e do artigo 329.

▶ Art. 326 com a redação dada pela ER nº 21, de 30-4-2007.

**Art. 327.** A Presidência do Tribunal recusará recursos que não apresentem preliminar formal e fundamentada de repercussão geral, bem como aqueles cuja matéria carecer de repercussão geral, segundo precedente do Tribunal, salvo se a tese tiver sido revista ou estiver em procedimento de revisão.

§ 1º Igual competência exercerá o(a) Relator(a) sorteado, quando o recurso não tiver sido liminarmente recusado pela Presidência.

§ 2º Da decisão que recusar recurso, nos termos deste artigo, caberá agravo.

▶ Art. 327 com a redação dada pela ER nº 21, de 30-4-2007.

**Art. 328.** Protocolado ou distribuído recurso cuja questão for suscetível de reprodução em múltiplos feitos, a Presidência do Tribunal ou o(a) Relator(a), de ofício ou a requerimento da parte interessada, comunicará o fato aos tribunais ou turmas de juizado especial, a fim de que observem o disposto no art. 543-B do Código de Processo Civil, podendo pedir-lhes informações, que deverão ser prestadas em 5 (cinco) dias, e sobrestar todas as demais causas com questão idêntica.

Parágrafo único. Quando se verificar subida ou distribuição de múltiplos recursos com fundamento em idêntica controvérsia, a Presidência do Tribunal ou o(a) Relator(a) selecionará um ou mais representativos da questão e determinará a devolução dos demais aos tribunais ou turmas de juizado especial de origem, para aplicação dos parágrafos do art. 543-B do Código de Processo Civil.

▶ Art. 328 com a redação dada pela ER nº 21, de 30-4-2007.

**Art. 328-A.** Nos casos previstos no art. 543-B, *caput*, do Código de Processo Civil, o Tribunal de origem não emitirá juízo de admissibilidade sobre os recursos extraordinários já sobrestados, nem sobre os que venham a ser interpostos, até que o Supremo Tribunal Federal decida os que tenham sido selecionados nos termos do § 1º daquele artigo.

§ 1º Nos casos anteriores, o Tribunal de origem sobrestará os agravos de instrumento contra decisões que não tenham admitido os recursos extraordinários, julgando-os prejudicados nas hipóteses do art. 543-B, § 2º, e, quando coincidente o teor dos julgamentos, § 3º.

▶ § 1º com a redação dada pela ER nº 28, de 28-11-2008.

§ 2º Julgado o mérito do recurso extraordinário em sentido contrário ao dos acórdãos recorridos, o Tribunal de origem remeterá ao Supremo Tribunal Federal os agravos em que não se retratar.

▶ Art. 328-A acrescido pela ER nº 23, de 11-3-2008.

**Art. 329.** A Presidência do Tribunal promoverá ampla e específica divulgação do teor das decisões sobre repercussão geral, bem como formação e atualização de banco eletrônico de dados a respeito.

▶ Artigo com a redação dada pela ER nº 21, de 30-4-2007.

CAPÍTULO VI

DOS EMBARGOS

SEÇÃO I

DOS EMBARGOS DE DIVERGÊNCIA E DOS EMBARGOS INFRINGENTES

**Art. 330.** Cabem embargos de divergência à decisão de Turma que, em recurso extraordinário ou em agravo de instrumento, divergir de julgado de outra Turma ou do Plenário na interpretação do direito federal.

▶ Súmulas nºs 158, 168, 315, 316 e 420 do STJ.

**Art. 331.** A divergência será comprovada mediante certidão, cópia autenticada ou pela citação do repositório de jurisprudência, oficial ou credenciado, inclusive em mídia eletrônica, em que tiver sido publicada a decisão divergente, ou ainda pela reprodução de julgado disponível na internet, com indicação da respectiva fonte, mencionando, em qualquer caso, as circunstâncias que identifiquem ou assemelhem os casos confrontados.

▶ *Caput* com a redação dada pela ER nº 26, de 22-10-2008.

Parágrafo único. *Revogado*. ER nº 26, de 22-10-2008.

**Art. 332.** Não cabem embargos, se a jurisprudência do Plenário ou de ambas as Turmas estiver firmada no sentido da decisão embargada, salvo o disposto no artigo 103.

**Art. 333.** Cabem embargos infringentes à decisão não unânime do Plenário ou da Turma:

I – que julgar procedente a ação penal;

II – que julgar improcedente a revisão criminal;

III – que julgar a ação rescisória;

IV – que julgar a representação de inconstitucionalidade;

V – que, em recurso criminal ordinário, for desfavorável ao acusado.

Parágrafo único. O cabimento dos embargos, em decisão do Plenário, depende da existência, no mínimo, de quatro votos divergentes, salvo nos casos de julgamento criminal em sessão secreta.

**Art. 334.** Os embargos de divergência e os embargos infringentes serão opostos no prazo de quinze dias, perante a Secretaria, e juntos aos autos, independentemente de despacho.

**Art. 335.** Feita a distribuição, serão conclusos os autos ao relator, para serem ou não admitidos os embargos.

§ 1º Admitidos os embargos, não poderá o relator reformar seu despacho para inadmiti-los.

§ 2º A Secretaria, admitidos os embargos, e efetuado o preparo, abrirá vista ao embargado por dez dias, para impugnação.

§ 3º *Revogado*. ER nº 24, de 20-5-2008.

**Art. 336.** Na sessão de julgamento, aplicar-se-ão, supletivamente, as normas do processo originário, observado o disposto no artigo 146.

Parágrafo único. Recebidos os embargos de divergência, o Plenário julgará a matéria restante, salvo nos casos do artigo 313, I e II, quando determinará a subida do recurso principal.

SEÇÃO II

DOS EMBARGOS DE DECLARAÇÃO

**Art. 337.** Cabem embargos de declaração, quando houver no acórdão obscuridade, dúvida, contradição ou omissão que devam ser sanadas.

§ 1º Os embargos declaratórios serão interpostos no prazo de cinco dias.

§ 2º Independentemente de distribuição ou preparo, a petição será dirigida ao relator do acórdão que, sem qualquer outra formalidade, a submeterá a julgamento na primeira sessão da Turma ou do Plenário, conforme o caso.

**Art. 338.** Se os embargos forem recebidos, a nova decisão se limitará a corrigir a inexatidão, ou a sanar a obscuridade, dúvida, omissão ou contradição, salvo se algum outro aspecto da causa tiver de ser apreciado como consequência necessária.

**Art. 339.** Os embargos declaratórios suspendem o prazo para interposição de outro recurso, salvo na hipótese do § 2º deste artigo.

§ 1º O prazo para interposição de outro recurso, nos termos deste artigo, é suspenso na data de interposição dos embargos de declaração, e o que lhe sobejar começa a correr do primeiro dia útil seguinte à publicação da decisão proferida nos mesmos embargos.

§ 2º Quando meramente protelatórios, assim declarados expressamente, será o embargante condenado a pagar ao embargado multa não excedente de um por cento sobre o valor da causa.

## TÍTULO XII – DA EXECUÇÃO

### Capítulo I

#### DISPOSIÇÕES GERAIS

**Art. 340.** A execução e o cumprimento das decisões do Tribunal observarão o disposto nos artigos 13, VI, e 21, II, do Regimento Interno e, no que couber, à legislação processual.

**Art. 341.** Os atos de execução e de cumprimento das decisões e acórdãos transitados em julgado serão requisitados diretamente ao Ministro que funcionou como relator do processo na fase de conhecimento, observado o disposto nos arts. 38, IV, e 75 do Regimento Interno.

▶ Arts. 340 e 341 com a redação dada pela ER nº 41, de 16-9-2010.

**Art. 342.** Os atos de execução que não dependerem de carta de sentença serão ordenados a quem os deva praticar ou delegados a outras autoridades judiciárias.

**Art. 343.** Se necessário, os incidentes de execução poderão ser levados à apreciação:

I – do Presidente, por qualquer dos Ministros;
II – do Plenário, pelo Presidente, pelo relator ou pelas Turmas ou seus Presidentes;
III – da Turma, por seu Presidente ou pelo relator.

**Art. 344.** *Revogado.* ER nº 41, de 16-9-2010.

### Capítulo II

#### DA EXECUÇÃO CONTRA A FAZENDA PÚBLICA

**Art. 345.** Na execução por quantia certa, fundada em decisão proferida contra a Fazenda Pública em ação da competência originária do Tribunal, citar-se-á a devedora para opor embargos em dez dias; se esta não os opuser, no prazo regimental, observar-se-ão as seguintes regras:

I – o Presidente do Tribunal requisitará o pagamento ao Presidente da República, ao Governador ou ao Prefeito, conforme o caso;
II – far-se-á o pagamento na ordem de apresentação do respectivo pedido e à conta do crédito próprio.

**Art. 346.** Se o credor for preterido no seu direito de preferência, o Presidente do Tribunal poderá, depois de ouvido o Procurador-Geral, em cinco dias, ordenar o sequestro da quantia necessária para satisfazer o débito.

### Capítulo III

#### DA CARTA DE SENTENÇA

**Art. 347.** Será extraída carta de sentença, a requerimento do interessado, para execução da decisão:

I – quando deferida a homologação de sentença estrangeira;

▶ A homologação de sentença estrangeira passou a ser da competência do STJ, conforme art. 105, I, *i*, da CF, com a redação dada pela EC nº 45, de 8-12-2004.
▶ Art. 109, X, da CF.

II – quando o interessado não a houver providenciado na instância de origem e pender de julgamento do Tribunal recurso sem efeito suspensivo.

**Art. 348.** O pedido será dirigido ao Presidente ou ao relator, que o apreciará.

**Art. 349.** A carta de sentença conterá as peças indicadas na lei processual e outras que o requerente indicar; será autenticada pelo funcionário encarregado e assinada pelo Presidente ou relator.

### Capítulo IV

#### DA INTERVENÇÃO FEDERAL NOS ESTADOS

**Art. 350.** A requisição de intervenção federal, prevista no artigo 11, § 1º, *a*, *b* e *c*, da Constituição, será promovida:

I – de ofício, ou mediante pedido do Presidente do Tribunal de Justiça do Estado, no caso do inciso IV do artigo 10 da Constituição, se a coação for exercida contra o Poder Judiciário;
II – de ofício, ou mediante pedido do Presidente do Tribunal de Justiça do Estado ou do Tribunal Federal, quando se tratar de prover a execução de ordem ou decisão judiciária, com ressalva, conforme a matéria, da competência do Tribunal Superior Eleitoral e do disposto no inciso seguinte;
III – de ofício, ou mediante pedido da parte interessada, quando se tratar de prover a execução de ordem ou decisão do Supremo Tribunal Federal;
IV – mediante representação do Procurador-Geral, nos casos do inciso VII do artigo 10 da Constituição, assim como no inciso VI, quando se tratar de prover a execução de lei federal.

**Art. 351.** O Presidente, ao receber o pedido:

I – tomará as providências oficiais que lhe parecerem adequadas para remover, administrativamente, a causa do pedido;
II – mandará arquivá-lo se for manifestamente infundado, cabendo do seu despacho agravo regimental.

**Art. 352.** Realizada a gestão prevista no inciso I do artigo anterior, solicitadas informações à autoridade estadual e ouvido o Procurador-Geral, o pedido será relatado pelo Presidente, em sessão plenária pública ou secreta.

**Art. 353.** O julgamento, se não tiver sido público, será proclamado em sessão pública.

**Art. 354.** Julgado procedente o pedido, o Presidente do Supremo Tribunal Federal imediatamente comunicará a decisão aos órgãos do Poder Público interessados e requisitará a intervenção ao Presidente da República.

## Parte III – DOS SERVIÇOS DO TRIBUNAL

### TÍTULO I – DA SECRETARIA

**Art. 355.** À Secretaria do Tribunal incumbe a execução dos serviços administrativos e judiciários, e será dirigida pelo Diretor-Geral, com habilitação universitária em Direito, Administração, Economia ou Ciências Contábeis, nomeado, em Comissão, pelo Presidente, nos termos da lei e depois de sua indicação, por este, ter sido aprovada pela maioria absoluta do Tribunal, em votação secreta. Enquanto não for aprovada a indicação do novo Diretor-Geral, permanecerá no cargo o anterior, salvo se exonerado a pedido ou em virtude de falta funcional que o incompatibilize com essa permanência.

▶ *Caput* com a redação dada pela ER nº 8, de 8-5-2001.

§ 1º A organização da Secretaria do Tribunal, a competência de seus vários órgãos e as atribuições dos secretários, chefes e servidores serão fixadas, em ato próprio, pelo Tribunal.

▶ § 1º com a redação dada pela ER nº 8, de 8-5-2001.

§ 2º O Secretário de Controle Interno e os demais titulares das Secretarias que integram a Secretaria do Tribunal serão nomeados, em Comissão, pelo Presidente, nos termos da lei.

▶ § 2º com a redação dada pela ER nº 11, de 2-10-2003.

§ 3º O Diretor-Geral, em suas faltas ou impedimentos, será substituído na forma prevista no ato a que se refere o parágrafo anterior.

▶ § 2º transformado em § 3º pela ER nº 8, de 8-5-2001.

§ 4º Além das atribuições fixadas no Regulamento da Secretaria, incumbe ao Diretor-Geral:
a) apresentar ao Presidente todas as petições e papéis dirigidos ao Tribunal;
b) manter sob sua direta fiscalização, e permanentemente atualizado, o assentamento funcional dos Ministros;
c) manter sob sua guarda o selo do Tribunal.

▶ § 3º transformado em § 4º pela ER nº 8, de 8-5-2001.

§ 5º Ao Secretário do Pleno incumbe:
a) secretariar as sessões e lavrar as respectivas atas, assinando-as, com o Presidente, depois de lidas e aprovadas;
b) secretariar as audiências de instrução processual.

▶ § 4º transformado em § 5º pela ER nº 8, de 8-5-2001.

§ 6º As Turmas serão secretariadas pelos funcionários do Quadro da Secretaria que forem designados pelo Presidente do Tribunal.

▶ § 5º transformado em § 6º pela ER nº 8, de 8-5-2001.

§ 7º Os funcionários da Secretaria, quando tiverem de comparecer a serviço perante o Plenário ou Turma, em sessão, usarão vestuário adequado e capa preta.

▶ § 6º transformado em § 7º pela ER nº 8, de 8-5-2001.

§ 8º Salvo se funcionário efetivo do Tribunal, não poderá ser nomeado para cargo em Comissão, ou designado para função gratificada, cônjuge ou parente (arts. 330 a 336 do Código Civil), em linha reta ou colateral, até terceiro grau, inclusive, de qualquer dos Ministros em atividade.

▶ § 7º transformado em § 8º pela ER nº 8, de 8-5-2001.
▶ Refere-se ao CC/1916. Arts. 1.591 a 1.595 do CC/2002.

### TÍTULO II – DO GABINETE DO PRESIDENTE

**Art. 356.** O Gabinete da Presidência, órgão de assessoramento desta no tocante à superintendência administrativa que a ela compete, é dirigido pelo Secretário-Geral da Presidência, bacharel em Direito, nomeado em Comissão pelo Presidente na forma do estabelecido no *caput* do artigo 355.

▶ *Caput* com a redação dada pela ER nº 11, de 2-10-2003.

Parágrafo único. Incumbe ao Presidente, observada a vedação do parágrafo único do artigo 357, organizar seu Gabinete e assessorias, dando-lhes estrutura necessária à execução de suas atribuições e fixando sua lotação.

▶ Parágrafo único com a redação dada pela ER nº 2, de 4-12-1985.

### TÍTULO III – DOS GABINETES DOS MINISTROS

**Art. 357.** Comporão os Gabinetes dos Ministros:

▶ *Caput* com a redação dada pela ER nº 43, de 2-12-2010.

I – um Chefe de Gabinete, portador de diploma de curso de nível superior;
II – cinco Assessores, bacharéis em Direito;
III – dois Assistentes Judiciários, portadores de diploma de curso de nível superior;

▶ Incisos I a III com a redação dada pela ER nº 43, de 2-12-2010.

IV – servidores e funções comissionadas em quantitativo definido pela Corte.

▶ Inciso IV acrescido pela ER nº 43, de 2-12-2010.

§ 1º No mínimo três, do total de cargos em comissão de cada Gabinete de Ministro, deverão ser recrutados do Quadro de Pessoal da Secretaria do Tribunal.

▶ § 1º acrescido pela ER nº 43, de 2-12-2010.

§ 2º Não pode ser nomeado para cargo em comissão, na forma deste artigo, cônjuge ou parente, em linha reta ou colateral, até terceiro grau, inclusive, de qualquer dos Ministros em atividade.

▶ Antigo parágrafo único transformado em § 2º e com a redação dada pela ER nº 43, de 2-12-2010.

**Art. 358.** São atribuições dos Assessores de Ministros:

I – classificar os votos proferidos pelo Ministro e velar pela conservação das cópias e índices necessários à consulta;
II – verificar as pautas, de modo que o Ministro vogal, em casos de julgamento interrompido, ou de embargos, ação rescisória ou reclamação, possa consultar, na sessão, a cópia do voto que houver proferido anteriormente;

III – cooperar na revisão da transcrição do áudio e cópias dos votos e acórdãos do Ministro, antes da juntada nos autos;

▶ Inciso III com a redação dada pela ER nº 26, de 22-10-2008.

IV – selecionar, dentre os processos submetidos ao exame do Ministro, aqueles que versem questões de solução já compendiada na Súmula, para serem conferidos pelo Ministro;
V – fazer pesquisa de doutrina e de jurisprudência;
VI – executar outros trabalhos compatíveis com suas atribuições, que forem determinados pelo Ministro, cujas instruções deverá observar.

Parágrafo único. Quando a nomeação para Assessor de Ministro recair em funcionário efetivo de outro serviço, autarquia, entidade paraestatal ou sociedade de economia mista, dar-se-á prévio entendimento com o seu dirigente.

**Art. 359.** Para trabalhos urgentes, os Ministros poderão requisitar o auxílio do serviço de áudio do Tribunal.

▶ Artigo com a redação dada pela ER nº 26, de 22-10-2008.

**Art. 360.** O horário do pessoal do gabinete, observadas a duração legal e as peculiaridades do serviço, será o determinado pelo Ministro.

PARTE IV – DISPOSIÇÕES FINAIS

TÍTULO ÚNICO – DAS EMENDAS REGIMENTAIS E DEMAIS ATOS NORMATIVOS OU INDIVIDUAIS E DISPOSIÇÕES GERAIS E TRANSITÓRIAS

▶ Denominação do título com a redação dada pela ER nº 1, de 25-11-1981.

CAPÍTULO I
DAS EMENDAS REGIMENTAIS E DEMAIS ATOS NORMATIVOS OU INDIVIDUAIS

**Art. 361.** Os demais atos da competência do Tribunal, normativos ou individuais, obedecem à seguinte nomenclatura:

I – em matéria regimental:

a) Emenda Regimental – para emendar o Regimento Interno, suprimindo-lhe, acrescentando-lhe ou modificando-lhe disposições;
b) Ato Regimental – para complementar o Regimento Interno;

II – em matéria administrativa:

a) Regulamento da Secretaria – para fixar a organização da Secretaria, a competência de seus vários órgãos e as atribuições dos diretores, chefes e servidores, bem assim para complementar, no âmbito do Tribunal, a legislação relativa ao funcionalismo, ou regular sua aplicação;
b) Ato Regulamentar – para introduzir modificações no Regulamento da Secretaria, bem assim para dispor normativamente, quando necessário ou conveniente, sobre matéria correlata com a que nele se regula;
c) Deliberação – para dar solução, sem caráter normativo, a casos determinados.

Parágrafo único. Salvo o Regulamento da Secretaria e a Deliberação, os atos de que trata este artigo são numerados, como segue:

I – a Emenda Regimental e o Ato Regimental, em séries próprias e numeração seguida que prosseguem enquanto vigente o Regimento Interno ao qual se referem;
II – o Ato Regulamentar, em numeração seguida e ininterrupta.

**Art. 362.** Ao Presidente, aos Ministros e às Comissões é facultada a apresentação de propostas de atos normativos da competência do Tribunal.

§ 1º As propostas considerar-se-ão aprovadas se obtiverem o voto favorável da maioria absoluta do Tribunal.

§ 2º A Comissão de Regimento opinará previamente, por escrito, sobre as propostas em matéria regimental, salvo quando subscritas por seus membros ou pela maioria do Tribunal, ou em caso de urgência.

▶ Arts. 361 e 362 com a redação dada pela ER nº1, de 25-11-1981.

**Art. 363.** Os atos da competência própria do Presidente, em matéria regimental ou administrativa, obedecem à seguinte nomenclatura:

▶ Caput com a redação dada pela ER nº 1, de 25-11-1981.

I – Resolução – numerada seguida e ininterruptamente, para complementar o Regimento Interno ou o Regulamento da Secretaria e resolver os casos omissos, bem assim para complementar a legislação relativa ao funcionalismo, ou regular sua aplicação;

II – Portaria – sem numeração, para designar os membros das Comissões Permanentes e Temporárias, nomear, designar, exonerar, demitir e aposentar servidores ou aplicar-lhes penalidades;

▶ Incisos I e II com a redação dada pela ER nº 1, de 25-11-1981.

III – Despacho – para designar a realização de audiência pública de que trata o art. 13, XVII, deste Regimento.

▶ Inciso III acrescido pela ER nº 29, de 18-2-2009.

**Art. 364.** Os atos normativos de que trata este Capítulo entrarão em vigor na data de sua publicação no Diário da Justiça, salvo se dispuserem de modo diverso.

Parágrafo único. No que se referirem apenas à economia interna do Tribunal, os atos normativos entrarão em vigor desde que aprovados.

▶ Art. 364 com a redação dada pela ER nº1, de 25-11-1981.

CAPÍTULO II
DISPOSIÇÕES GERAIS E TRANSITÓRIAS

**Art. 365.** O Tribunal presta homenagem aos Ministros:

I – por motivo de afastamento definitivo do seu serviço;
II – por motivo de falecimento;
III – para celebrar o centenário de nascimento.

§ 1º Por deliberação plenária tomada em sessão administrativa com a presença mínima de oito Ministros e os votos favoráveis de seis, o Tribunal pode homenagear pessoa estranha e falecida, de excepcional relevo no governo do País, na administração da Justiça ou no aperfeiçoamento das instituições jurídicas.

**§ 2º** Quando a homenagem consistir na aposição de busto ou estátua em dependência do Tribunal, dependerá de proposta escrita e justificada de quatro Ministros, pelo menos, sobre a qual opinará fundamentalmente Comissão especial de três Ministros, designada pelo Presidente, e de aprovação do Plenário, por maioria mínima de oito votos, em duas sessões administrativas consecutivas, com intervalo não inferior a seis meses entre uma e outra.

▶ Art. 365 com a redação dada pela ER nº 1, de 25-11-1981.

**Art. 365-A.** Quando requerida a realização de sessão administrativa por três Ministros, pelo menos, o Presidente a convocará de imediato para que o Tribunal aprecie a matéria objeto desse requerimento.

▶ Artigo acrescido pela ER nº 8, de 8-5-2001.

**Art. 366.** Os casos omissos serão resolvidos pelo Presidente, ouvida a Comissão de Regimento.

**Art. 367.** Compete ao Presidente o julgamento do pedido de reexame de decisão do Supremo Tribunal Federal, ou de seu Presidente, que houver homologado sentença estrangeira de divórcio de brasileiro com as restrições inerentes ao art. 7º, § 6º, da Lei de Introdução ao Código Civil, na redação anterior à que lhe deu o art. 49 da Lei nº 6.515, de 26 de dezembro de 1977.

▶ A referida Lei de Introdução ao Código Civil teve a sua ementa alterada para Lei de Introdução às normas do Direito Brasileiro pela Lei nº 12.376, de 30-12-2010.

▶ A homologação de sentença estrangeira passou a ser da competência do STJ, conforme art. 105, I, *i*, da CF, com a redação dada pela EC nº 45, de 8-12-2004.

▶ Lei nº 6.515, de 26-12-1977 (Lei do Divórcio).

**§ 1º** O pedido de reexame poderá ser feito por ambos os cônjuges ou por um deles, devendo processar-se nos próprios autos da homologação.

**§ 2º** Aplicam-se, no que couber, ao pedido de reexame as normas regimentais do procedimento de homologação, inclusive as pertinentes à execução e ao recurso cabível.

**Art. 368.** Este Regimento entrará em vigor em 1º de dezembro de 1980.

Parágrafo único. Às decisões proferidas até 30 de novembro de 1980 continuará aplicável o art. 308 do Regimento Interno aprovado a 18 de junho de 1970, com as modificações introduzidas pelas Emendas Regimentais posteriores.

**Art. 369.** Revogam-se o Regimento Interno aprovado a 18 de junho de 1970, as Emendas Regimentais que lhe alteraram a redação, e as Emendas Regimentais números 6, de 9 de março de 1978, 7, de 23 de agosto de 1978, e 8, de 7 de junho de 1979, bem assim as demais disposições em contrário.

Sala das Sessões, em 15 de outubro de 1980.

**Antonio Neder**

# REGIMENTO INTERNO DO SUPERIOR TRIBUNAL DE JUSTIÇA

▶ Publicado no *DJU* de 7-7-1989.

O Superior Tribunal de Justiça, no uso de suas atribuições, resolve aprovar o seguinte Regimento Interno:

## PARTE I – DA COMPOSIÇÃO, ORGANIZAÇÃO E COMPETÊNCIA

### TÍTULO I – DO TRIBUNAL

**CAPÍTULO I**

#### DA COMPOSIÇÃO E ORGANIZAÇÃO

**Art. 1º** O Superior Tribunal de Justiça, com sede na Capital Federal e Jurisdição em todo o território nacional, compõe-se de trinta e três Ministros.

▶ Art. 33 deste Regimento.

**Art. 2º** O Tribunal funciona:

I – em Plenário e pelo seu órgão especial (Constituição, artigo 93, XI), denominado Corte Especial;
II – em Seções especializadas;
III – em Turmas especializadas.

**§ 1º** O Plenário, constituído da totalidade dos Ministros, é presidido pelo Presidente do Tribunal.

**§ 2º** A Corte Especial será integrada pelos quinze Ministros mais antigos e presidida pelo Presidente do Tribunal.

▶ § 2º com a redação dada pela ER nº 9, de 24-9-2008.

**§ 3º** Há no Tribunal três Seções, integradas pelos componentes das Turmas da respectiva área de especialização. As Seções são presididas pelo Ministro mais antigo, por um período de dois anos, vedada a recondução, até que todos os componentes da Seção hajam exercido a presidência.

**§ 4º** As Seções compreendem seis Turmas, constituídas de cinco Ministros cada uma. A Primeira e a Segunda Turmas compõem a Primeira Seção; a Terceira e a Quarta Turmas, a Segunda Seção; e a Quinta e a Sexta Turmas, a Terceira Seção. O Ministro mais antigo integrante da Turma é o seu vice-presidente, observada a disposição do parágrafo anterior quanto à periodicidade.

▶ § 4º com a redação dada pela ER nº 4, de 2-12-1993.

**§ 5º** Na composição das Turmas, observar-se-á a opção feita pelo Ministro, atendendo-se à ordem de antiguidade.

**§ 6º** Para os fins dos §§ 3º e 4º deste artigo, considerar-se-á a antiguidade dos Ministros no respectivo órgão fracionário.

▶ § 6º acrescido pela ER nº 4, de 2-12-1993.

**Art. 3º** O Presidente e o Vice-Presidente são eleitos pelo Plenário, dentre os seus membros. O Coordenador-Geral da Justiça Federal é o Ministro mais antigo dentre os membros efetivos do Conselho da Justiça Federal.

▶ *Caput* com a redação dada pela ER nº 4, de 2-12-1993.

§ 1º O Presidente, o Vice-Presidente e o Coordenador-Geral da Justiça Federal integram apenas o Plenário e a Corte Especial.

▶ § 1º com a redação dada pela ER nº 4, de 2-12-1993.

§ 2º O Presidente, o Vice-Presidente e o Coordenador-Geral da Justiça Federal, ao concluírem seus mandatos, retornarão às Turmas, observado o seguinte:

▶ § 2º com a redação dada pela ER nº 4, de 2-12-1993.

I – o Presidente e o Coordenador-Geral integrarão, respectivamente, a Turma de que saírem o novo Presidente do Tribunal e o novo Coordenador-Geral; se o novo Presidente for o Vice-Presidente ou o Coordenador-Geral, o Presidente que deixar o cargo comporá a Turma da qual provier o novo Vice-Presidente ou o novo Coordenador-Geral;

▶ Inciso I acrescido pela ER nº 4, de 2-12-1993.

II – o Vice-Presidente, ao deixar o cargo, se não for ocupar o de Presidente do Tribunal, passará a integrar a Turma da qual sair o novo Vice-Presidente.

▶ Alínea b transformada em inciso II pela ER nº 4, de 2-12-1993.

**Art. 4º** O Ministro empossado integrará a Turma onde se deu a vaga para a qual foi nomeado, ou ocupará vaga resultante da transferência de Ministro (artigo 32).

**Art. 5º** O Conselho de Administração será integrado pelos onze Ministros mais antigos e presidido pelo Presidente do Tribunal, competindo-lhe decidir sobre matéria administrativa, nos termos deste Regimento.

▶ Artigo com a redação dada pela ER nº 9, de 24-9-2008.

**Art. 6º** Junto ao Tribunal funciona o Conselho da Justiça Federal, com atuação em todo o território nacional, cabendo-lhe a supervisão administrativa e orçamentária da Justiça Federal de primeiro e segundo graus.

▶ Artigo com a redação dada pela ER nº 4, de 2-12-1993.

**Art. 7º** O Conselho da Justiça Federal é integrado pelo Presidente, Vice-Presidente e três Ministros do Tribunal, eleitos por dois anos, e pelos Presidentes dos cinco Tribunais Regionais Federais.

▶ Caput com a redação dada pela ER nº 4, de 2-12-1993.

§ 1º O Presidente do Tribunal preside o Conselho da Justiça Federal.

▶ § 1º acrescido pela ER nº 4, de 2-12-1993.

§ 2º Ao escolher os três Ministros que integrarão o Conselho, o Tribunal elegerá, também, os respectivos suplentes.

▶ § 2º acrescido pela ER nº 4, de 2-12-1993.

Capítulo II

### DA COMPETÊNCIA DO PLENÁRIO, DA CORTE ESPECIAL, DAS SEÇÕES E DAS TURMAS

Seção I

#### DAS ÁREAS DE ESPECIALIZAÇÃO

**Art. 8º** Há no Tribunal três áreas de especialização estabelecidas em razão da matéria.

▶ Caput com a redação dada pela ER nº 2, de 4-6-1992.

Parágrafo único. A competência da Corte Especial não está sujeita à especialização.

**Art. 9º** A competência das Seções e das respectivas Turmas é fixada em função da natureza da relação jurídica litigiosa.

§ 1º À Primeira Seção cabe processar e julgar os feitos relativos a:

▶ Caput do § 1º com a redação dada pela ER nº 2, de 4-6-1992.

I – licitações e contratos administrativos;
II – nulidade ou anulabilidade de atos administrativos;
III – ensino superior;
IV – inscrição e exercício profissionais;
V – direito sindical;
VI – nacionalidade;
VII – desapropriação, inclusive a indireta;
VIII – responsabilidade civil do Estado;
IX – tributos de modo geral, impostos, taxas, contribuições e empréstimos compulsórios;
X – preços públicos e multas de qualquer natureza;

▶ Incisos I a X com a redação dada pela ER nº 2, de 4-6-1992.

XI – servidores públicos civis e militares;

▶ Inciso XI com a redação dada pela ER nº 11, de 6-4-2010.

XII – *habeas corpus* referentes às matérias de sua competência;

▶ Inciso XII acrescido pela ER nº 11, de 6-4-2010.

*XIII – benefícios previdenciários, inclusive os decorrentes de acidentes do trabalho;*

▶ Inciso XIII com a redação dada pela ER nº 14, de 5-12-2011.

*XIV – direito público em geral.*

▶ Inciso XIV acrescido pela ER nº 14, de 5-12-2011.

§ 2º À Segunda Seção cabe processar e julgar os feitos relativos a:

▶ Caput do § 2º com a redação dada pela ER nº 2, de 4-6-1992.

I – domínio, posse e direitos reais sobre coisa alheia, salvo quando se tratar de desapropriação;
II – obrigações em geral de direito privado, mesmo quando o Estado participar do contrato;
III – responsabilidade civil, salvo quando se tratar de responsabilidade civil do Estado;
IV – direito de família e sucessões;
V – direito do trabalho;
VI – propriedade industrial, mesmo quando envolverem arguição de nulidade do registro;
VII – constituição, dissolução e liquidação de sociedade;
VIII – comércio em geral, inclusive o marítimo e o aéreo, bolsas de valores, instituições financeiras e mercado de capitais;
IX – falências e concordatas;

▶ Lei nº 11.101, de 9-2-2005 (Lei de Recuperação de Empresas e Falências).

X – títulos de crédito;
XI – registros públicos, mesmo quando o Estado participar da demanda;

▶ Incisos I a XI com a redação dada pela ER nº 2, de 4-6-1992.

XII – locação predial urbana;

▶ Inciso XII com a redação dada pela ER nº 11, de 6-4-2010.

XIII – *habeas corpus* referentes às matérias de sua competência;
XIV – direito privado em geral.

▶ Incisos XIII e XIV acrescidos pela ER nº 11, de 6-4-2010.

**§ 3º À Terceira Seção cabe processar e julgar os feitos relativos à matéria penal em geral, salvo os casos de competência originária da Corte Especial e os habeas corpus de competência das Turmas que compõem a Primeira e a Segunda Seção.**

▶ *Caput* do § 3º com a redação dada pela ER nº 14, de 5-12-2011.

*I e II* – Revogados. *ER nº 14, de 5-12-2011;*
III e IV – *Revogados*. ER nº 11, de 6-4-2010.

Seção II

## DA COMPETÊNCIA DO PLENÁRIO

**Art. 10.** Compete ao Plenário:

I – dar posse aos membros do Tribunal;
II – eleger o Presidente e o Vice-Presidente do Tribunal, os Ministros membros do Conselho da Justiça Federal, titulares e suplentes, e o Diretor da Revista do Tribunal, dando-lhes posse;

▶ Inciso II com a redação dada pela ER nº 4, de 2-12-1993.

III – eleger, dentre os Ministros do Tribunal, os que devam compor o Tribunal Superior Eleitoral, na condição de membros efetivos e substitutos;
IV – decidir sobre a disponibilidade e aposentadoria de membro do Tribunal, por interesse público;
V – votar o Regimento Interno e as suas emendas;
VI – elaborar as listas tríplices dos juízes, desembargadores, advogados e membros do Ministério Público que devam compor o Tribunal (Constituição, artigo 104 e seu parágrafo único);

▶ Art. 171, parágrafo único, deste Regimento.

VII – propor ao Poder Legislativo a alteração do número de membros do Tribunal e dos Tribunais Regionais Federais, a criação e a extinção de cargos, e a fixação de vencimentos de seus membros, dos juízes dos Tribunais Regionais e dos Juízes Federais, bem assim a criação ou extinção de Tribunal Regional Federal e a alteração da organização e divisão judiciárias;

▶ Inciso VII com a redação dada pela ER nº 4, de 2-12-1993.

VIII – aprovar o Regimento Interno do Conselho da Justiça Federal.

▶ Inciso VIII acrescido pela ER nº 4, de 2-12-1993.

Seção III

## DA COMPETÊNCIA DA CORTE ESPECIAL

**Art. 11.** Compete à Corte Especial processar e julgar:

I – nos crimes comuns, os Governadores dos Estados e do Distrito Federal e, nestes e nos de responsabilidade, os desembargadores dos Tribunais de Justiça dos Estados e do Distrito Federal, os membros dos Tribunais de Contas dos Estados e do Distrito Federal, dos Tribunais Regionais Federais, dos Tribunais Regionais Eleitorais e do Trabalho, os membros dos Conselhos ou Tribunais de Contas dos Municípios e os do Ministério Público da União que oficiem perante Tribunais;
II – os *habeas corpus*, quando for paciente qualquer das pessoas mencionadas no inciso anterior;
III – os mandados de injunção, quando a elaboração da norma regulamentadora for atribuição de órgão, entidade ou autoridade federal, da administração direta ou indireta, excetuados os casos de competência do Supremo Tribunal Federal e dos órgãos da Justiça Militar, da Justiça Eleitoral, da Justiça do Trabalho e da Justiça Federal;
IV – os mandados de segurança e os *habeas data* contra ato do próprio Tribunal ou de qualquer de seus órgãos;
V – as revisões criminais e as ações rescisórias de seus próprios julgados;
VI – os incidentes de uniformização de jurisprudência, em caso de divergência na interpretação do direito entre as Seções, ou quando a matéria for comum a mais de uma Seção, aprovando a respectiva súmula;
VII – a exceção da verdade, quando o querelante, em virtude de prerrogativa de função, deva ser julgado originariamente pelo Tribunal;
VIII – a requisição de intervenção federal nos Estados e no Distrito Federal, ressalvada a competência do Supremo Tribunal Federal e do Tribunal Superior Eleitoral (Constituição, artigo 36, II e IV);
IX – as arguições de inconstitucionalidade de lei ou ato normativo suscitadas nos processos submetidos ao julgamento do Tribunal;
X – as reclamações para a preservação de sua competência e garantia de suas decisões;
XI – as questões incidentes, em processos da competência das Seções ou Turmas, as quais lhe tenham sido submetidas (artigo 16);
XII – os conflitos de competência entre relatores ou Turmas integrantes de Seções diversas, ou entre estas;
XIII – os embargos de divergência (artigo 266, 2ª parte);
XIV – os embargos infringentes de acórdãos proferidos em ações rescisórias de seus próprios julgados;
XV – as suspeições e impedimentos levantados contra Ministro em processo de sua competência.

Parágrafo único. Compete, ainda, à Corte Especial:

I – prorrogar o prazo para a posse e o início do exercício dos Ministros, na forma da lei;
II – dirimir as dúvidas que lhe forem submetidas pelo Presidente ou pelos Ministros, sobre a interpretação e execução de norma regimental ou a ordem dos processos de sua competência;
III – conceder licença ao Presidente e aos Ministros, bem assim julgar os processos de verificação de invalidez de seus membros;
IV – constituir comissões;
V – elaborar e encaminhar a proposta orçamentária do Superior Tribunal de Justiça, bem como aprovar e encaminhar as propostas orçamentárias dos Tribunais Regionais Federais, da Justiça Federal de primeiro grau e do Conselho da Justiça Federal;

▶ Inciso V com a redação dada pela ER nº 4, de 2-12-1993.

VI – deliberar sobre a substituição de Ministro, nos termos do artigo 56;

▶ Inciso VI com a redação dada pela ER nº 3, de 8-8-1993.

VII – sumular a jurisprudência uniforme comum às Seções e deliberar sobre a alteração e o cancelamento de suas súmulas;
VIII – apreciar e encaminhar ao Poder Legislativo propostas de criação ou extinção de cargos do quadro de servidores do Tribunal e a fixação dos respectivos vencimentos, bem como do Conselho da Justiça Federal e da Justiça Federal de primeiro e segundo graus;
► Inciso VIII com a redação dada pela ER nº 4, de 2-12-1993.

IX – apreciar e encaminhar ao Poder Legislativo projeto de lei sobre o Regimento de Custas da Justiça Federal;
► Inciso IX acrescido pela ER nº 4, de 2-12-1993.

X – autorizar Ministro a se ausentar do País, salvo quando se tratar de férias, de licença e de recesso ou em feriados.
► Inciso X acrescido pela ER nº 7, de 1º-3-2004.

XI – *Suprimido*. ER nº 9, de 24-9-2008.

Seção IV

## DA COMPETÊNCIA DAS SEÇÕES

**Art. 12.** Compete às Seções processar e julgar:

I – os mandados de segurança, os *habeas corpus* e o *habeas data* contra ato de Ministro de Estado;
► Inciso I alterado tacitamente com a nova redação dada ao art. 105, I, *b* e *c*, pela EC nº 23, de 2-9-1999.
► Lei nº 9.507, de 12-11-1997 (Lei do *Habeas Data*).
► Lei nº 12.016, de 7-8-2009 (Lei do Mandado de Segurança Individual e Coletivo).
► Súm. nº 117 do STJ.

II – as revisões criminais e as ações rescisórias de seus julgados e das Turmas que compõem a respectiva área da especialização;
III – as reclamações para a preservação de suas competências e garantia da autoridade de suas decisões e das Turmas;
IV – os conflitos de competência entre quaisquer Tribunais, ressalvada a competência do Supremo Tribunal Federal (Constituição, artigo 102, I, *o*), bem assim entre Tribunal e juízes a ele não vinculados e juízes vinculados a Tribunais diversos;
V – os conflitos de competência entre relatores e Turmas integrantes da Seção;
VI – os conflitos de atribuições entre autoridades administrativas e judiciárias da União, ou entre autoridades judiciárias de um Estado e administrativas de outro, ou do Distrito Federal, ou entre as deste e da União;
VII – as questões incidentes em processos da competência das Turmas da respectiva área de especialização, as quais lhes tenham sido submetidas por essas;
VIII – as suspeições e os impedimentos levantados contra os Ministros, salvo em se tratando de processo da competência da Corte Especial;
IX – os incidentes de uniformização de jurisprudência, quando ocorrer divergência na interpretação do direito entre as Turmas que as integram, fazendo editar a respectiva súmula.

Parágrafo único. Compete, ainda, às Seções:
I – julgar embargos infringentes e de divergência (artigos 260 e 266, 1ª parte);
II – julgar feitos de competência de Turma, e por esta remetidos (artigo 14);

III – sumular a jurisprudência uniforme das Turmas da respectiva área de especialização e deliberar sobre a alteração e o cancelamento de súmulas.

Seção V

## DA COMPETÊNCIA DAS TURMAS

**Art. 13.** Compete às Turmas:

I – processar e julgar, originariamente:

a) os *habeas corpus*, quando for coator governador de Estado e do Distrito Federal, desembargador dos Tribunais de Justiça dos Estados e do Distrito Federal, membro dos Tribunais de Contas dos Estados e do Distrito Federal, dos Tribunais Regionais Federais, dos Tribunais Regionais Eleitorais e do Trabalho, dos Conselhos ou Tribunais de Contas dos Municípios e do Ministério Público da União que oficie perante Tribunais;
b) os *habeas corpus*, quando o coator for Tribunal cujos atos estejam diretamente subordinados à jurisdição do Superior Tribunal de Justiça;

II – julgar em recurso ordinário:
a) os *habeas corpus* decididos em única ou última instância pelos Tribunais Regionais Federais ou pelos Tribunais dos Estados, do Distrito Federal e Territórios, quando denegatória a decisão;
b) os mandados de segurança decididos em única instância pelos Tribunais Regionais Federais ou pelos Tribunais dos Estados, do Distrito Federal e Territórios, quando denegatória a decisão;

III – julgar as apelações e os agravos nas causas em que forem partes Estado estrangeiro ou organismo internacional, de um lado, e, do outro, Município ou pessoa residente ou domiciliada no País;
IV – julgar, em recurso especial, as causas decididas em única ou última instância pelos Tribunais Regionais Federais ou pelos Tribunais dos Estados, do Distrito Federal e Territórios, quando a decisão recorrida:
a) contrariar tratado ou lei federal, ou negar-lhes vigência;
b) julgar válida lei ou ato de governo local contestado em face de lei federal;
c) der à lei federal interpretação divergente da que lhe haja atribuído outro Tribunal.

**Art. 14.** As Turmas remeterão os feitos de sua competência à Seção de que são integrantes:
I – quando algum dos Ministros propuser revisão da jurisprudência assentada em Súmula pela Seção;
II – quando convier pronunciamento da Seção, em razão da relevância da questão, e para prevenir divergência entre as Turmas da mesma Seção;
III – nos incidentes de uniformização de jurisprudência (artigo 118).

Parágrafo único. A remessa do feito à Seção far-se-á independentemente de acórdão, salvo no caso do item III (artigo 118, § 1º).

Seção VI

## DISPOSIÇÕES COMUNS

**Art. 15.** À Corte Especial, às Seções e às Turmas cabe, ainda, nos processos de sua competência:

I – julgar o agravo de instrumento, o regimental, os embargos de declaração e as medidas cautelares e demais arguições;
II – julgar os incidentes de execução que lhes forem submetidos;
III – julgar a restauração de autos perdidos;
IV – representar à autoridade competente, quando, em autos ou documentos de que conhecer, houver indício de crime de ação pública.

**Art. 16.** As Seções e as Turmas remeterão os feitos de sua competência à Corte Especial:

I – quando acolherem a arguição de inconstitucionalidade, desde que a matéria ainda não tenha sido decidida pela Corte Especial;
II – quando algum dos Ministros propuser revisão da jurisprudência assentada em Súmula pela Corte Especial;
III – quando suscitarem incidentes de uniformização de jurisprudência;
IV – quando convier pronunciamento da Corte Especial em razão da relevância da questão jurídica, ou da necessidade de prevenir divergência entre as Seções.

Parágrafo único. A remessa do feito à Corte Especial far-se-á independentemente de acórdão, salvo nos casos dos itens I e III.

CAPÍTULO III

**DO PRESIDENTE E DO VICE-PRESIDENTE**

SEÇÃO I

*DISPOSIÇÕES GERAIS*

**Art. 17.** O Presidente e o Vice-Presidente têm mandato por dois anos, a contar da posse, vedada a reeleição.

§ 1º O disposto neste artigo aplica-se aos Ministros efetivos e suplentes do Conselho da Justiça Federal e ao Diretor da Revista.

▶ § 1º com a redação dada pela ER nº 4, de 2-12-1993.

§ 2º A eleição, por voto secreto do Plenário, dar-se-á trinta dias antes do término do biênio; a posse, no último dia desse. Se as respectivas datas não recaírem em dia útil, a eleição ou a posse serão transferidas para o primeiro dia útil seguinte.

▶ § 2º com a redação dada pela ER nº 5, de 23-5-1995.

§ 3º A eleição far-se-á com a presença de, pelo menos, dois terços dos membros do Tribunal, inclusive o Presidente. Não se verificando *quorum*, será designada sessão extraordinária para a data mais próxima, convocados os Ministros ausentes. Ministro licenciado não participará da eleição.

§ 4º Considera-se eleito, em primeiro escrutínio, o Ministro que obtiver a maioria absoluta dos votos dos membros do Tribunal. Em segundo escrutínio, concorrerão somente os dois Ministros mais votados no primeiro, concorrendo, entretanto, todos os nomes com igual número de votos na última posição a considerar. Se nenhum reunir a maioria absoluta de sufrágios, proclamar-se-á eleito o mais votado, ou o mais antigo, no caso de empate.

§ 5º A eleição do Presidente precederá à do Vice-Presidente, quando ambas se realizarem na mesma sessão.

**Art. 18.** O Vice-Presidente assumirá a Presidência quando ocorrer vacância e imediatamente convocará o Plenário para, no prazo máximo de trinta dias, fazer a eleição.

§ 1º O eleito tomará posse no prazo de quinze dias, exercendo o mandato pelo período fixado no artigo 17.

§ 2º No caso de o Vice-Presidente ser eleito Presidente, na mesma sessão eleger-se-á o seu sucessor, aplicando-se-lhe o disposto no parágrafo anterior.

▶ Art. 18 com a redação dada pela ER nº 5, de 23-5-1995.

**Art. 19.** Se ocorrer vaga no cargo de Vice-Presidente, será o Plenário convocado a fazer eleição. O eleito completará o período de seu antecessor, salvo o caso previsto no § 2º do artigo anterior.

▶ Artigo com a redação dada pela ER nº 5, de 23-5-1995.

**Art. 20.** A eleição dos membros do Conselho da Justiça Federal, seus suplentes e do Diretor da Revista far-se-á juntamente com a do Presidente e do Vice-Presidente, salvo se, por qualquer motivo, não houver coincidência do mandato, caso em que a eleição se realizará no prazo máximo de trinta dias antes do término do biênio.

Parágrafo único. Ocorrendo vaga em qualquer desses cargos, o Plenário será convocado a fazer eleição, assegurado ao eleito o mandato de dois anos.

▶ Art. 20 com a redação dada pela ER nº 5, de 23-5-1995.

SEÇÃO II

*DAS ATRIBUIÇÕES DO PRESIDENTE*

**Art. 21.** São atribuições do Presidente:

I – representar o Tribunal perante os Poderes da República, dos Estados e dos Municípios, e demais autoridades;
II – velar pelas prerrogativas do Tribunal, cumprindo e fazendo cumprir o seu Regimento Interno;
III – dirigir os trabalhos do Tribunal, presidindo as sessões plenárias e da Corte Especial;
IV – convocar as sessões extraordinárias do Plenário e da Corte Especial;
V – designar dia para julgamento dos processos da competência do Plenário e da Corte Especial;
VI – proferir, no Plenário e na Corte Especial, o voto de desempate;
VII – relatar o agravo interposto de seu despacho;
VIII – manter a ordem nas sessões, adotando, para isso, as providências necessárias;
IX – submeter questões de ordem ao Tribunal;
X – executar e fazer executar as ordens e decisões do Tribunal, ressalvadas as atribuições dos presidentes das Seções, das Turmas e dos relatores;
XI – assinar, com o relator, os acórdãos da Corte Especial, bem assim as cartas de sentença e as rogatórias;
XII – *Revogado*. ER nº 10, de 11-11-2009;
XIII – decidir:

a) as petições de recursos para o Supremo Tribunal Federal, resolvendo os incidentes que se suscitarem;
b) os pedidos de suspensão da execução de medida liminar ou de sentença, sendo ele o relator das reclamações para preservar a sua competência ou garantir a autoridade das suas decisões nesses feitos;

▶ Alínea *b* com a redação dada pela ER nº 7, de 1º-3-2004.

c) durante o recesso do Tribunal ou nas férias coletivas dos seus membros, os pedidos de liminar em

mandado de segurança, podendo, ainda, determinar liberdade provisória ou sustação de ordem de prisão, e demais medidas que reclamem urgência;
d) sobre pedidos de livramento condicional, bem assim sobre os incidentes em processos de indulto, anistia e graça;
e) sobre deserção de recursos não preparados no Tribunal;
f) sobre a expedição de ordens de pagamento devido pela Fazenda Pública, despachando os precatórios;
g) sobre o sequestro, no caso do artigo 731 do Código de Processo Civil;
h) os pedidos de extração de carta de sentença;
i) antes da distribuição, os pedidos de assistência judiciária;
j) as reclamações, por erro da ata do Plenário e da Corte Especial, e na publicação de acórdãos;
k) *até eventual distribuição, os habeas corpus e as revisões criminais inadmissíveis por incompetência manifesta, impetrados ou ajuizados em causa própria ou por quem não seja advogado, defensor público ou procurador, encaminhando os autos ao órgão que repute competente.*

▶ Alínea k acrescida pela ER nº 13, de 9-5-2011.

XIV – proferir os despachos do expediente;
XV – dar posse aos Ministros durante o recesso do Tribunal ou nas férias, e conceder-lhes transferências de Seção ou Turma;
XVI – conceder licença aos Ministros *ad referendum* da Corte Especial;
XVII – criar comissões temporárias e designar os seus membros e ainda os das comissões permanentes, com aprovação da Corte Especial;
XVIII – determinar, em cumprimento de deliberação do Tribunal, o início do processo de verificação da invalidez de Ministro;
XIX – nomear curador ao paciente, na hipótese do item anterior, se se tratar de incapacidade mental, bem assim praticar os demais atos preparatórios do procedimento;
XX – baixar as resoluções e instruções normativas referentes à deliberação do Plenário, da Corte Especial ou do Conselho de Administração, bem como as que digam respeito à rotina dos trabalhos de distribuição;

▶ Art. 69 deste Regimento.

XXI – baixar os atos indispensáveis à disciplina dos serviços e à polícia do Tribunal;
XXII – adotar as providências necessárias à elaboração da proposta orçamentária do Tribunal e encaminhar pedidos de abertura de créditos adicionais e especiais;
XXIII – resolver as dúvidas suscitadas na classificação dos feitos e papéis registrados na Secretaria do Tribunal, baixando as instruções necessárias;
XXIV – rubricar os livros necessários ao expediente ou designar funcionário para fazê-lo;
XXV – assinar os atos de provimento e vacância dos cargos e empregos da Secretaria do Tribunal, dando posse aos servidores;
XXVI – assinar os atos relativos à vida funcional dos servidores;

▶ Inciso XXVI com a redação dada pela ER nº 4, de 2-12-1993.

XXVII – impor penas disciplinares aos servidores da Secretaria;
XXVIII – delegar, nos termos da lei, competência ao Diretor-Geral da Secretaria do Tribunal, para a prática de atos administrativos;

▶ Inciso XXVIII com a redação dada pela ER nº 4, de 2-12-1993.

XXIX – velar pela regularidade e exatidão das publicações dos dados estatísticos sobre os trabalhos do Tribunal a cada mês;
XXX – apresentar ao Tribunal, no mês de fevereiro, relatório circunstanciado dos trabalhos efetuados no ano decorrido, bem como mapas dos julgados;
XXXI – praticar todos os demais atos de gestão necessários ao funcionamento dos serviços administrativos.

▶ Inciso XXXI com a redação dada pela ER nº 4, de 2-12-1993.

Seção III

## DAS ATRIBUIÇÕES DO VICE-PRESIDENTE

**Art. 22.** Ao Vice-Presidente incumbe substituir o Presidente nas férias, licenças, ausências e impedimentos eventuais, e sucedê-lo, no caso de vaga, na forma do artigo 18.

§ 1º O Vice-Presidente integra o Plenário e a Corte Especial também nas funções de relator e revisor.

§ 2º Ao Vice-Presidente incumbe, ainda:

I – por delegação do Presidente:
a) decidir as petições de recursos para o Supremo Tribunal Federal, resolvendo os incidentes que se suscitarem;
b) auxiliar na supervisão e fiscalização dos serviços da Secretaria do Tribunal;
c) *Revogada.* ER nº 10, de 11-11-2009.

II – exercer, no Conselho da Justiça Federal, as funções que lhe competirem, de acordo com o Regimento Interno.

§ 3º A delegação das atribuições previstas no item I do parágrafo anterior far-se-á mediante ato do Presidente e de comum acordo com o Vice-Presidente.

Capítulo IV

## DAS ATRIBUIÇÕES DO COORDENADOR-GERAL DA JUSTIÇA FEDERAL

**Art. 23.** O Coordenador-Geral exercerá, no Conselho da Justiça Federal as atribuições que lhe couberem, na conformidade da lei e do seu Regimento Interno e integrará o Plenário e a Corte Especial também nas funções de relator e revisor.

▶ Artigo com a redação dada pela ER nº 4, de 2-12-1993.

Capítulo V

## DAS ATRIBUIÇÕES DO PRESIDENTE DE SEÇÃO

**Art. 24.** Compete ao Presidente de Seção:

I – presidir as sessões, onde terá apenas o voto de desempate;
II – manter a ordem nas sessões;
III – convocar sessões extraordinárias;
IV – mandar incluir em pauta os processos de sua Seção e assinar as atas das sessões;

V – assinar os ofícios executórios e quaisquer comunicações referentes aos processos julgados pela respectiva Seção;
VI – indicar ao Presidente funcionários da Secretaria do Tribunal a serem designados para os cargos de direção de sua Seção;
VII – assinar a correspondência de sua Seção.
▶ Incisos V a VII com a redação dada pela ER nº 6, de 12-8-2002.

CAPÍTULO VI

DAS ATRIBUIÇÕES DO PRESIDENTE DE TURMA

**Art. 25.** Compete ao Presidente de Turma:
I – presidir as sessões de sua Turma, onde terá participação também na condição de relator, revisor ou vogal;
II – manter a ordem nas sessões;
III – convocar as sessões extraordinárias;
IV – mandar incluir em pauta os processos da respectiva Turma e assinar as atas das sessões;
V – assinar os ofícios executórios e quaisquer comunicações referentes aos processos julgados pela respectiva Turma;
VI – indicar ao Presidente funcionários da Secretaria do Tribunal a serem designados para os cargos de direção de sua Turma;
VII – assinar a correspondência de sua Turma.
▶ Incisos V a VII com a redação dada pela ER nº 6, de 12-8-2002.

CAPÍTULO VII

DOS MINISTROS

SEÇÃO I

DISPOSIÇÕES GERAIS

**Art. 26.** A indicação, pelo Superior Tribunal de Justiça, de juízes, desembargadores, advogados e membros do Ministério Público, a serem nomeados pelo Presidente da República, para comporem o Tribunal, far-se-á em lista tríplice.

§ 1º Ocorrendo vaga destinada a advogado ou a membro do Ministério Público, o Presidente do Tribunal, nos cinco dias seguintes, solicitará ao órgão de representação da classe que providencie a lista sêxtupla dos candidatos, observados os requisitos constitucionais (Constituição, artigo 104, parágrafo único).

§ 2º Tratando-se de vaga a ser preenchida por juiz ou desembargador, o Presidente solicitará aos Tribunais Regionais Federais e aos Tribunais de Justiça que enviem, no prazo de dez dias, relação dos magistrados que contem mais de trinta e cinco e menos de sessenta e cinco anos de idade, com indicação das datas de nascimento (Constituição, artigo 104, parágrafo único).

§ 3º Recebida a lista sêxtupla, ou esgotado o prazo indicado no parágrafo anterior, convocará o Presidente, de imediato, sessão do Tribunal para elaboração da lista tríplice.

§ 4º Para a composição da lista tríplice, o Tribunal reunir-se-á, em sessão pública, com o *quorum* de dois terços de seus membros, além do Presidente.

§ 5º Somente constará de lista tríplice o candidato que obtiver, em primeiro ou subsequente escrutínio, a maioria absoluta dos votos dos membros do Tribunal, observado o disposto no artigo 27, § 3º.

§ 6º Os candidatos figurarão na lista de acordo com a ordem decrescente dos sufrágios que obtiverem, respeitado, também, o número de ordem do escrutínio. Em caso de empate, terá preferência o mais idoso.
▶ §§ 5º e 6º com a redação dada pela ER nº 1, de 23-5-1991.

§ 7º A escolha dos nomes que comporão lista tríplice far-se-á em votação secreta, realizando-se tantos escrutínios quantos forem necessários.

§ 8º Para colocação dos nomes na lista, em caso de empate, far-se-á o desempate em favor do candidato mais idoso; se ainda persistir o empate, adotar-se-á o critério do tempo de serviço público no cargo, para os magistrados e membros do Ministério Público, ou o tempo de inscrição na Ordem como advogado, para os advogados.

**Art. 27.** Aberta a sessão, será ela transformada em conselho, para que o Tribunal aprecie aspectos gerais referentes à escolha dos candidatos, seus currículos, vida pregressa e se satisfazem os requisitos constitucionais exigidos. Os membros do Tribunal receberão, quando possível, com antecedência de, no mínimo, setenta e duas horas da data da sessão, relação dos candidatos, instruída com cópia dos respectivos currículos.

§ 1º Tornada pública a sessão, o Presidente designará a Comissão Escrutinadora, que será integrada por três membros do Tribunal.

§ 2º Existindo mais de uma vaga a ser preenchida por advogado ou membro do Ministério Público, para cada lista sêxtupla, será elaborada lista tríplice única, observando-se o que dispõe o § 3º deste artigo.

§ 3º Tratando-se de lista tríplice única, cada Ministro, no primeiro escrutínio, votará em três nomes. Ter-se-á como constituída, se, em primeiro escrutínio, três ou mais candidatos obtiverem maioria absoluta dos votos do Tribunal, hipótese em que figurarão na lista, pela ordem decrescente de sufrágios, os nomes dos três mais votados. Em caso contrário, efetuar-se-á segundo escrutínio, se necessário, novos escrutínios, concorrendo, em cada um, candidatos em número correspondente ao dobro dos nomes a serem inseridos, ainda, na lista, de acordo com a ordem da votação alcançada no escrutínio anterior, incluídos, entretanto, todos os nomes com igual número de votos na última posição a ser considerada. Restando, apenas, uma vaga a preencher, será considerado escolhido o candidato mais votado, com preferência ao mais idoso, em caso de empate.
▶ § 3º com a redação dada pela ER nº 1, de 23-5-1991.

§ 4º Se existirem duas ou mais vagas a serem providas dentre juízes ou desembargadores, o Tribunal deliberará, preliminarmente, se as listas se constituirão, cada uma, com três nomes distintos, ou se, composta a primeira com três nomes, a segunda e subsequentes deverão ser integradas pelos dois nomes remanescentes da lista tríplice, acrescidos de mais um nome.

§ 5º Se o Tribunal deliberar que, em cada lista, constarão três nomes distintos, cada Ministro, no primeiro escrutínio, votará em tantos nomes quantos necessários à constituição das listas tríplices. Nesse caso, na organização simultânea das listas, os nomes que obtiverem, em primeiro escrutínio, maioria absoluta dos votos dos membros do Tribunal, figurarão, pela ordem decrescente de votos, em primeiro lugar, em cada uma das listas, de acordo com sua numeração, e nos lugares subsequentes das listas, horizontalmente considerados, pela mesma ordem, da primeira à última. Se, no primeiro escrutínio, não se preencherem todos os lugares das diversas listas, proceder-se-á a segundo e, se necessário, a novos escrutínios, na forma definida na última parte do § 3º deste artigo, distribuindo-se, nas listas, os nomes escolhidos, de acordo com a ordem prevista para o primeiro escrutínio. No segundo e subsequentes escrutínios, cada Ministro votará em tantos nomes quantos faltarem para serem incluídos nas listas.

§ 6º Se o Tribunal deliberar que, na constituição das listas, será adotado o critério previsto na segunda hipótese do § 4º deste artigo, cada Ministro, em primeiro escrutínio, votará em tantos nomes quantas forem as vagas a preencher e em mais dois. Nessa hipótese, na organização simultânea das listas, atendido o disposto no § 5º do artigo 27, a primeira será integrada, na ordem decrescente dos sufrágios alcançados, por três nomes; a segunda lista constituir-se-á dos dois nomes remanescentes da primeira, mais o nome que tenha obtido a quarta votação; a terceira lista dar-se-á por composta dos dois nomes remanescentes da lista anterior, mais o nome que haja obtido a quinta votação, respeitada a ordem dos escrutínios, e assim sucessivamente. Se, no primeiro escrutínio, não se preencherem todos os lugares das diversas listas, nos termos deste parágrafo, proceder-se-á a segundo e a novos escrutínios, na forma definida no parágrafo anterior e na última parte do § 3º deste artigo.

§ 7º No ofício de encaminhamento ao Poder Executivo, da lista tríplice única ou das diversas listas tríplices, far-se-á referência ao número de votos obtidos pelos indicados e à ordem do escrutínio em que se deu a escolha.

**Art. 28.** Os Ministros tomarão posse, no prazo de trinta dias, em sessão plenária e solene do Tribunal, podendo fazê-lo perante o Presidente, em período de recesso ou férias.

▶ *Caput* com a redação dada pela ER nº 1, de 23-5-1991.

§ 1º No ato da posse, o Ministro prestará compromisso de bem desempenhar os deveres do cargo, e de bem cumprir e fazer cumprir a Constituição e as leis do País.

§ 2º Do compromisso, lavrar-se-á, em livro especial, termo que será assinado pelo Presidente, pelo empossado e pelo Diretor-Geral da Secretaria.

§ 3º Somente será dada posse ao Ministro que antes haja provado:

a) ser brasileiro;
b) contar mais de trinta e cinco e menos de sessenta e cinco anos de idade;
c) satisfazer aos demais requisitos inscritos em lei.

§ 4º O prazo para a posse poderá ser prorrogado pela Corte Especial, na forma da lei.

**Art. 29.** Os Ministros têm as prerrogativas, garantias, direitos e incompatibilidades inerentes ao exercício da Magistratura.

§ 1º Os Ministros receberão o tratamento de Excelência e usarão vestes talares, nas sessões solenes, e capas, nas sessões ordinárias ou extraordinárias; conservarão o título e as honras correspondentes, mesmo depois da aposentadoria.

▶ Antigo parágrafo único transformado em § 1º pela ER nº 1, de 23-5-1991.

§ 2º A Presidência do Tribunal velará pela preservação dos direitos, interesses e prerrogativas dos Ministros aposentados.

▶ § 2º com a redação dada pela ER nº 1, de 23-5-1991.

**Art. 30.** A antiguidade do Ministro no Tribunal, para sua colocação nas sessões, distribuição de serviços, revisão dos processos, substituições e outros quaisquer efeitos legais ou regimentais, é regulada na seguinte ordem:

I – pela posse;
II – pela nomeação;
III – pela idade.

Parágrafo único. Respeitar-se-á, no Superior Tribunal de Justiça, a antiguidade que vinha sendo observada no Tribunal Federal de Recursos, em relação aos seus Ministros.

**Art. 31.** Havendo, dentre os Ministros do Tribunal, cônjuges, parentes consanguíneos ou afins, em linha reta ou no terceiro grau da linha colateral, integrarão Seções diferentes, e o primeiro que conhecer da causa impede que o outro participe do julgamento quando da competência da Corte Especial.

**Art. 32.** Os Ministros têm direito de transferir-se para Seção ou Turma, onde haja vaga, antes da posse de novo Ministro, ou, em caso de permuta, para qualquer outra. Havendo mais de um pedido, terá preferência o do mais antigo.

**Art. 33.** Os Ministros têm jurisdição em todo o território nacional e domicílio no Distrito Federal.

▶ *Caput* com a redação dada pela ER nº 7, de 1º-3-2004.

Parágrafo único. É dever dos Ministros, entre outros estabelecidos em lei e neste Regimento:

I – manter residência no Distrito Federal;
II – comparecer às sessões de julgamento, nelas permanecendo até o seu final, salvo com autorização prévia do Presidente do órgão julgador.

▶ Incisos I e II acrescidos pela ER nº 7, de 1º-3-2004.

SEÇÃO II

*DO RELATOR*

**Art. 34.** São atribuições do relator:

I – ordenar e dirigir o processo;
II – determinar às autoridades judiciárias e administrativas, sujeitas à sua jurisdição, providências relativas ao andamento e à instrução do processo, exceto se forem da competência da Corte Especial, da Seção, da Turma ou de seus Presidentes;
III – delegar atribuições a autoridades judiciárias de instância inferior, nos casos previstos em lei ou neste Regimento;
IV – submeter à Corte Especial, à Seção, à Turma, ou ao Presidente, conforme a competência, questões de ordem para o bom andamento dos processos;
V – submeter à Corte Especial, à Seção ou à Turma, nos processos da competência respectiva, medidas cautelares necessárias à proteção de direito suscetível de

grave dano de incerta reparação, ou ainda destinadas a garantir a eficácia da ulterior decisão da causa;
VI – determinar, em caso de urgência, as medidas do inciso anterior, *ad referendum* da Corte Especial, da Seção ou da Turma;
VII – decidir agravo de instrumento interposto de decisão que inadmitir recurso especial;
VIII – requisitar os autos originais, quando necessário;
IX – homologar as desistências, ainda que o feito se ache em pauta ou em mesa para julgamento;
X – pedir dia para julgamento dos feitos que lhe couberem por distribuição, ou passá-los ao revisor, com o relatório, se for o caso;
XI – julgar prejudicado pedido ou recurso que haja perdido o objeto;
XII – propor à Seção ou à Turma seja o processo submetido à Corte Especial ou à Seção, conforme o caso;
XIII – decidir o pedido de carta de sentença e assiná-la;
XIV – apresentar em mesa para julgamento os feitos que independem de pauta;
XV – redigir o acórdão, quando o seu voto for o vencedor no julgamento;
XVI – determinar a autuação do agravo como recurso especial;
XVII – determinar o arquivamento de inquérito, ou peças informativas, quando o requerer o Ministério Público, ou submeter o requerimento à decisão do órgão competente do Tribunal;
XVIII – negar seguimento a pedido ou recurso manifestamente intempestivo, incabível, improcedente, contrário a súmula do Tribunal, ou quando for evidente a incompetência deste.

▶ Inciso XVIII acrescido pela ER nº 1, de 23-5-1991.

SEÇÃO III

## DO REVISOR

**Art. 35.** Sujeitam-se a revisão os seguintes processos:

I – ação rescisória;
II – ação penal originária;
III – revisão criminal.

▶ Artigo com a redação dada pela ER nº 1, de 23-5-1991.

**Art. 36.** Será revisor o Ministro que se seguir ao relator, na ordem decrescente de antiguidade, no órgão julgador.

Parágrafo único. Em caso de substituição definitiva do relator, será também substituído o revisor, na conformidade do disposto neste artigo.

▶ Parágrafo único com a redação dada pela ER nº 4, de 2-12-1993.

**Art. 37.** Compete ao revisor:

I – sugerir ao relator medidas ordinatórias do processo, que tenham sido omitidas;
II – confirmar, completar ou retificar o relatório;
III – pedir dia para julgamento;
IV – determinar a juntada de petição, enquanto os autos lhe estiverem conclusos, submetendo, conforme o caso, desde logo, a matéria à consideração do relator.

CAPÍTULO VIII

## DO CONSELHO DE ADMINISTRAÇÃO

**Art. 38.** Ao Conselho de Administração incumbe:

I – deliberar sobre a organização dos serviços administrativos da Secretaria do Tribunal;

▶ Inciso I com a redação dada pela ER nº 4, de 2-12-1993.

II – dispor sobre os cargos de direção e assessoramento superiores, as funções de direção e assistência intermediárias e as funções de representação de gabinete, a forma do respectivo provimento, os níveis de vencimentos e gratificação, dentro dos limites estabelecidos em lei;
III – aprovar os critérios para as progressões e ascensões funcionais dos servidores da Secretaria do Tribunal;
IV – deliberar sobre as demais matérias administrativas e referentes a servidores do Tribunal, que lhe sejam submetidas pelo Presidente;
V – exercer as atribuições administrativas não previstas na competência do Plenário, da Corte Especial ou do Presidente ou as que lhe hajam sido delegadas;
VI – autorizar Ministro a se ausentar do País, salvo quando se tratar de férias, de licença e de recesso ou em feriados.

▶ Inciso VI acrescido pela ER nº 9, de 24-9-2008.

**Art. 39.** Dos atos e decisões do Conselho de Administração não cabe recurso administrativo.

CAPÍTULO IX

## DAS COMISSÕES

**Art. 40.** As comissões, permanentes ou temporárias, colaboram no desempenho dos encargos do Tribunal.

§ 1º São comissões permanentes:

I – a Comissão de Regimento Interno;
II – a Comissão de Jurisprudência;
III – a Comissão de Documentação;
IV – a Comissão de Coordenação.

▶ § 1º com a redação dada pela ER nº 2, de 4-6-1992.

§ 2º As Comissões permanentes serão integradas de três Ministros efetivos e um suplente, salvo a de Jurisprudência, que será composta de seis Ministros efetivos, respeitada, em todos os casos, a paridade de representação de cada uma das Seções do Tribunal.

▶ § 2º com a redação dada pela ER nº 2, de 4-6-1992.

§ 3º As Comissões temporárias, que podem ser criadas pela Corte Especial ou pelo Presidente do Tribunal e ter qualquer número de membros, extinguem-se, preenchido o fim a que se destinem.

▶ § 3º acrescido pela ER nº 2, de 4-6-1992.

**Art. 41.** O Presidente designará os membros das comissões, submetendo-os à aprovação da Corte Especial.

§ 1º A comissão será presidida pelo Ministro mais antigo dentre os seus integrantes.

§ 2º O Ministro Diretor da Revista e o Ministro Coordenador-Geral da Justiça Federal integrarão as Comissões de Jurisprudência e Coordenação, respectivamente.

▶ § 2º com a redação dada pela ER nº 4, de 2-12-1993.

**Art. 42.** As comissões permanentes ou temporárias poderão:

I – sugerir ao Presidente do Tribunal normas de serviço relativas à matéria de sua competência;

II – entender-se, por seu Presidente, com outras autoridades ou instituições, nos assuntos de sua competência, por delegação do Presidente do Tribunal.

**Art. 43.** À Comissão de Regimento Interno cabe:

I – velar pela atualização do Regimento, propondo emendas ao texto em vigor e emitindo parecer sobre as emendas de iniciativa de outra comissão ou de Ministro;
II – opinar em processo administrativo, quando consultada pelo Presidente.

**Art. 44.** À Comissão de Jurisprudência cabe:

I – velar pela expansão, atualização e publicação da Súmula da Jurisprudência Predominante do Tribunal;
II – supervisionar os serviços de sistematização da jurisprudência do Tribunal, sugerindo medidas que facilitem a pesquisa de julgados ou processos;
III – orientar iniciativas de coleta e divulgação dos trabalhos dos Ministros que já se afastaram definitivamente do Tribunal;
IV – propor à Corte Especial ou à Seção que seja compendiada em súmula a jurisprudência do Tribunal, quando verificar que as Turmas não divergem na interpretação do direito;
V – sugerir medidas destinadas a abreviar a publicação dos acórdãos.

**Art. 45.** À Comissão de Documentação cabe:

I – supervisionar a administração dos serviços da biblioteca, do arquivo e do museu do Tribunal, sugerindo ao Presidente, medidas tendentes ao seu aperfeiçoamento;
II – acompanhar a política de guarda e conservação de processos, livros, periódicos e documentos históricos do Tribunal;
III – manter, na Secretaria de Documentação, serviço de conservação para recolher elementos que sirvam de subsídio à história do Tribunal, com pastas individuais contendo dados biográficos e bibliográficos dos Ministros;

▶ Incisos I a III com a redação dada pela ER nº 7, de 1º-3-2004.

IV – deliberar sobre questões que excedam a esfera de competência administrativa da Secretaria de Documentação.

▶ Inciso IV acrescido pela ER nº 7, de 1º-3-2004.

**Art. 46.** À Comissão de Coordenação cabe:

I – sugerir ao Presidente medidas tendentes à modernização administrativa do Tribunal;
II – sugerir aos Presidentes do Tribunal, das Seções e das Turmas, medidas destinadas a aumentar o rendimento das sessões, abreviar a publicação dos acórdãos e facilitar a tarefa dos advogados;
III – supervisionar os serviços de informática, fiscalizando a sua execução e propondo as providências para a sua atualização e aperfeiçoamento.

### Capítulo X
### DO CONSELHO DA JUSTIÇA FEDERAL

**Art. 47.** Ao Conselho da Justiça Federal, que funciona junto ao Tribunal, cabe exercer a supervisão administrativa e orçamentária da Justiça Federal de primeiro e segundo graus.

▶ Artigo com a redação dada pela ER nº 4, de 2-12-1993.

**Art. 48.** O Conselho da Justiça Federal elaborará o seu Regimento Interno e o submeterá à aprovação do Plenário do Tribunal.

▶ Artigo com a redação dada pela ER nº 4, de 2-12-1993.

**Art. 49.** Dos atos e decisões do Conselho da Justiça Federal não cabe recurso administrativo.

### Capítulo XI
### DAS LICENÇAS, SUBSTITUIÇÕES E CONVOCAÇÕES

**Art. 50.** A licença é requerida pelo Ministro com a indicação do prazo e do dia do início.

§ 1º Salvo contraindicação médica, o Ministro licenciado poderá proferir decisões em processos de que, antes da licença, haja pedido vista, ou que tenham recebido o seu visto como relator ou revisor.

§ 2º O Ministro licenciado pode reassumir o cargo, a qualquer tempo, entendendo-se que desistiu do restante do prazo.

§ 3º Se a licença for para tratamento da própria saúde, o Ministro somente poderá reassumir o cargo, antes do término do prazo, se não houver contra indicação médica.

**Art. 51.** Nas ausências ou impedimentos eventuais ou temporários, a substituição no Tribunal dar-se-á da seguinte maneira:

I – o Presidente do Tribunal, pelo Vice-Presidente, e este, pelos demais Ministros, na ordem decrescente de antiguidade;
II – o Presidente da Seção, pelo Ministro que o seguir na antiguidade dentre os seus membros;
III – o Presidente da Turma, pelo Ministro que o seguir na antiguidade dentre os seus membros;
IV – os Presidentes das Comissões, pelo mais antigo dentre os seus membros;
V – qualquer dos membros das Comissões, pelo suplente;
VI – o Coordenador-Geral da Justiça Federal, pelo Ministro mais antigo integrante do Conselho da Justiça Federal.

▶ Inciso VI com a redação dada pela ER nº 4, de 2-12-1993.

**Art. 52.** O relator é substituído:

I – no caso de impedimento, ausência ou obstáculos eventuais, em se cogitando da adoção de medidas urgentes, pelo revisor, se houver, ou pelo Ministro imediato em antiguidade, no Plenário, na Corte Especial, na Seção ou na Turma, conforme a competência;
II – quando vencido, em sessão de julgamento, pelo Ministro designado para redigir o acórdão;
III – em caso de ausência por mais de trinta dias, mediante redistribuição;
IV – em caso de transferência para outra Seção, salvo quanto aos processos em que tiver lançado seu visto, e, bem assim, quando de aposentadoria, exoneração ou morte;

▶ Caput do inciso IV com a redação dada pela ER nº 1, de 23-5-1991.

a) pelo Ministro que preencher sua vaga na Turma;
b) pelo Ministro que tiver proferido o primeiro voto vencedor, condizente com o do relator, para lavrar ou assinar os acórdãos dos julgamentos anteriores à abertura da vaga;
c) pela mesma forma da letra *b* deste inciso, e, enquanto não preenchida sua vaga, para assinar carta de sentença e admitir recurso.

▶ Alínea c com a redação dada pela ER nº 1, de 23-5-1991.

**Art. 53.** O revisor é substituído, em caso de vaga, impedimento ou licença por mais de trinta dias, na Corte Especial, Seção ou Turma, pelo Ministro que o seguir em antiguidade.

**Art. 54.** Quando o afastamento for por período superior a três dias, serão redistribuídos, mediante oportuna compensação:
a) os *habeas corpus*;
b) os mandados de segurança e as medidas cautelares quando, consoante fundada alegação do interessado, reclamam solução urgente.

Parágrafo único. Em caso de vaga, ressalvados esses processos, os demais serão atribuídos ao nomeado para preenchê-la.

**Art. 55.** Para as sessões da Corte Especial, nos casos de impedimento de Ministros dela integrantes, serão convocados outros Ministros, obedecida a ordem de antiguidade.

Parágrafo único. Para completar *quorum* em uma das Seções, serão convocados Ministros de outra Seção, e, em uma das Turmas, Ministros de outra Turma, de preferência da mesma Seção, observada, quando possível, a ordem de antiguidade, de modo a que a substituição seja feita por Ministro que ocupe, em sua Seção ou Turma, posição correspondente à do substituído.

▶ Artigo com a redação dada pela ER nº 1, de 23-5-1991.

**Art. 56.** Em caso de vaga ou afastamento de Ministro, por prazo superior a trinta dias, poderá fazer-se a substituição pelo Coordenador-Geral ou ser convocado juiz de Tribunal Regional Federal ou desembargador, sempre pelo voto da maioria absoluta dos membros da Corte Especial.

Parágrafo único. O magistrado convocado receberá a diferença de vencimento correspondente ao cargo de Ministro, inclusive diárias e transporte, se for o caso.

▶ Artigo com a redação dada pela ER nº 3, de 8-8-1993.

CAPÍTULO XII

**DA POLÍCIA DO TRIBUNAL**

**Art. 57.** O Presidente, no exercício da atribuição referente à polícia do Tribunal, poderá requisitar o auxílio de outras autoridades, quando necessário.

**Art. 58.** Ocorrendo infração à lei penal na sede ou dependências, do Tribunal, o Presidente instaurará inquérito, se envolver autoridade ou pessoa sujeita à sua jurisdição, ou delegará esta atribuição a outro Ministro.

§ 1º Nos demais casos, o Presidente poderá proceder na forma deste artigo ou requisitar a instauração de inquérito à autoridade competente.

§ 2º O Ministro incumbido do inquérito designará secretário dentre os servidores do Tribunal.

**Art. 59.** A polícia das sessões e das audiências compete ao seu Presidente.

CAPÍTULO XIII

**DA REPRESENTAÇÃO POR DESOBEDIÊNCIA OU DESACATO**

**Art. 60.** Sempre que tiver conhecimento de desobediência à ordem emanada do Tribunal ou de seus Ministros, no exercício da função, ou de desacato ao Tribunal, ou a seus Ministros, o Presidente comunicará o fato ao órgão competente do Ministério Público, provendo-o dos elementos de que dispuser para a propositura da ação penal.

Parágrafo único. Decorrido o prazo de trinta dias, sem que tenha sido instaurada a ação penal, o Presidente dará ciência ao Tribunal, em sessão secreta, para as providências que julgar necessárias.

TÍTULO II – DO MINISTÉRIO PÚBLICO

▶ LC nº 75, de 20-5-1993 (Lei Orgânica do Ministério Público da União).
▶ Lei nº 8.628, de 19-2-1993, dispõe sobre a regulamentação da Carreira de Apoio Técnico-Administrativo do Ministério Público da União.

**Art. 61.** Perante o Tribunal, funciona o Procurador-Geral da República, ou o Subprocurador-Geral, mediante delegação do Procurador-Geral.

**Art. 62.** O Ministério Público Federal manifestar-se-á nas oportunidades previstas em lei e neste Regimento.

**Art. 63.** Nos processos em que atuar como titular da ação penal, o Procurador-Geral ou o Subprocurador-Geral têm os mesmos poderes e ônus que as partes, ressalvadas as disposições expressas em lei ou neste Regimento.

**Art. 64.** O Ministério Público terá vista dos autos:

I – nas arguições de inconstitucionalidade;
II – nos incidentes de uniformização de jurisprudência;
III – nos mandados de segurança, mandados de injunção, *habeas corpus* e *habeas data*, originários ou em grau de recurso;
IV – nas ações penais originárias e nas revisões criminais;
V – nos conflitos de competência e de atribuições;
VI – nas ações rescisórias e apelações cíveis;
VII – nos pedidos de intervenção federal;
VIII – nas notícias-crime;
IX – nos inquéritos de que possa resultar responsabilidade penal;
X – nos recursos criminais;
XI – nas reclamações que não houver formulado;
XII – nos outros processos em que a lei impuser a intervenção do Ministério Público;
XIII – nos demais feitos quando, pela relevância da matéria, ele a requerer, ou for determinada pelo relator.

▶ Incisos VIII a XIII com a redação dada pela ER nº 4, de 2-12-1993.

Parágrafo único. Salvo na ação penal originária ou nos inquéritos, poderá o relator, quando houver urgência, ou quando sobre a matéria versada no processo já houver a Corte Especial firmado jurisprudência, tomar o parecer do Ministério Público oralmente.

▶ Parágrafo único com a redação dada pela ER nº 4, de 2-12-1993.

**Art. 65.** O Procurador-Geral ou Subprocurador-Geral poderão pedir preferência para julgamento de processo em pauta.

## PARTE II – DO PROCESSO

### TÍTULO I – DISPOSIÇÕES GERAIS

#### CAPÍTULO I
#### DO REGISTRO E CLASSIFICAÇÃO DOS FEITOS

**Art. 66.** As petições e os processos serão registrados no protocolo da Secretaria do Tribunal no mesmo dia do recebimento.

▶ Súm. nº 216 do STJ.

Parágrafo único. O Presidente do Tribunal, mediante instrução normativa, disciplinará o registro e protocolo por meio do sistema de computação de dados.

**Art. 67.** O registro far-se-á em numeração contínua e seriada em cada uma das classes seguintes:

I – Ação Penal (APn);
II – Ação Rescisória (AR);
III – Agravo de Instrumento (Ag);
IV – Apelação Cível (AC);
V – Comunicação (Com);
VI – Conflito de Competência (CC);
VII – Conflito de Atribuições (CAt);
VIII – Exceção de Impedimento (ExImp);
IX – Exceção de Suspeição (ExSusp);
X – Exceção da Verdade (ExVerd);
XI – *Habeas Corpus* (HC);
XII – *Habeas Data* (HD);
XIII – Inquérito (Inq);
XIV – Interpelação Judicial (IJ);
XV – Intervenção Federal (IF);
XVI – Mandado de Injunção (MI);
XVII – Mandado de Segurança (MS);
XVIII – Medida Cautelar (MC);
XIX – Petição (Pet);
XX – Precatório (Prc);
XXI – Processo Administrativo (PA);
XXII – Reclamação (Rcl);
XXIII – Recurso Especial (REsp);
XXIV – Representação (Rp);
XXV – Recurso em *Habeas Corpus* (RHC);
XXVI – Recurso em Mandado de Segurança (RMS);
XXVII – Revisão Criminal (RvCr);
XXVIII – Sindicância (Sd);

▶ Incisos XIII a XVIII com a redação dada pela ER nº 4, de 2-12-1993.

XXIX – Suspensão de Liminar e de Sentença (SLS);

▶ Incisos XIX a XXIX com a redação dada pela ER nº 7, de 14-6-2004.

XXX – Suspensão de Segurança (SS).

▶ Inciso XXX acrescido pela ER nº 7, de 14-6-2004.

Parágrafo único. O Presidente resolverá, mediante instrução normativa, as dúvidas que se suscitarem na classificação dos efeitos e papéis, observando-se as seguintes normas:

▶ § 1º transformado em parágrafo único pela ER nº 4, de 2-12-1993.

I – na classe Comunicação (Com), incluem-se as comunicações de prisão;
II – na classe Recurso Especial (REsp), incluem-se os recursos especiais de modo geral: cíveis, criminais, em mandado de segurança e em *habeas corpus*;
III – a classe Apelação Cível (AC) compreende o recurso ordinário interposto nas causas em que forem partes Estado estrangeiro ou organismo internacional, de um lado, e, do outro, Município ou pessoa residente ou domiciliada no País (Constituição, artigo 105, II, c);
IV – as classes Recurso em *Habeas Corpus* (RHC) e Recurso em Mandado de Segurança (RMS) compreendem os recursos ordinários interpostos na forma do disposto no artigo 105, II, *a* e *b*, da Constituição;

▶ Inciso IV com a redação dada pela ER nº 4, de 2-12-1993.

V – na classe Inquérito (Inq), são incluídos os policiais e os administrativos que possam resultar em responsabilidade penal, e que só passarão à classe Ação Penal (APn) após o oferecimento da denúncia ou queixa;

▶ Inciso V com a redação dada pela ER nº 4, de 2-12-1993.

VI – na classe Sindicância (Sd), são incluídas as administrativas ou policiais, assim como quaisquer informações relativas à prática de ilícitos;

▶ Inciso VI com a redação dada pela ER nº 7, de 14-6-2004.

VII – a classe Intervenção Federal (IF) compreende os pedidos autônomos e os formulados em execução de julgado do Tribunal; estes últimos serão autuados em apenso, salvo se os autos principais tiverem sido enviados a outra instância;
VIII – os expedientes que não tenham classificação específica, nem sejam acessórios ou incidentes, serão incluídos na classe Petição (Pet), se contiverem requerimento, ou na classe Comunicação (Com), em qualquer outro caso;
IX – não se altera a classe do processo:

a) pela interposição de Embargos de Declaração (EDcl), Embargos Infringentes em Ação Rescisória (EAR) e em Apelação Cível (EAC), Embargos de Divergência em Recurso Especial (EREsp) e pela interposição de Agravo Regimental (AgRg);
b) pelos pedidos incidentes ou acessórios, inclusive pela interposição de exceções de impedimento e de suspeição;
c) pela arguição de inconstitucionalidade formulada incidentemente pelas partes;
d) pelos pedidos de execução, salvo a intervenção federal;

X – far-se-á na autuação nota distintiva do recurso ou incidente, quando este não alterar a classe e o número do processo.

#### CAPÍTULO II

### DA DISTRIBUIÇÃO

**Art. 68.** Os processos da competência do Tribunal serão distribuídos por classe, tendo, cada uma, designação distintiva e numeração segundo a ordem em que houverem sido apresentados os feitos, observando-se as classes mencionadas no artigo 67.

Parágrafo único. Fazendo-se a distribuição pelo computador, além da numeração por classe, adotar-se-á numeração geral, que poderá ser a que tomou o feito na instância inferior, desde que integrada no sistema de computação eletrônica do Tribunal.

**Art. 69.** A distribuição dos feitos da competência do Tribunal será feita por sorteio automático, mediante sistema informatizado, conforme instrução normativa prevista no art. 21, XX, deste Regimento.

▶ Artigo com a redação dada pela ER nº 10, de 11-11-2009.

**Art. 70.** Far-se-á a distribuição entre todos os Ministros, inclusive os licenciados por até trinta dias.

§ 1º A distribuição poderá ser dispensada pela Corte Especial.

§ 2º Não será compensada a distribuição que deixar de ser feita ao Vice-Presidente, quando substituir o Presidente.

§ 3º Em caso de impedimento do relator, será feito novo sorteio, compensando-se a distribuição.

§ 4º Haverá também compensação quando o processo tiver de ser distribuído, por prevenção, a determinado Ministro.

§ 5º O Ministro que se deva aposentar por implemento de idade ficará excluído da distribuição, a requerimento seu, durante os sessenta dias que antecederem o afastamento; aplica-se a mesma regra ao que requerer aposentadoria, suspendendo-se a distribuição a partir da apresentação do requerimento e pelo prazo máximo de sessenta dias. Se ocorrer desistência do pedido, proceder-se-á a compensação.

▶ § 5º acrescido pela ER nº 4, de 2-12-1993.

**Art. 71.** A distribuição do mandado de segurança, do *habeas corpus* e do recurso torna preventa a competência do relator para todos os recursos posteriores, tanto na ação quanto na execução referentes ao mesmo processo; e a distribuição do inquérito e da sindicância, bem como a realizada para efeito da concessão de fiança ou de decretação de prisão preventiva ou de qualquer diligência anterior à denúncia ou queixa, prevenirá a da ação penal.

▶ *Caput* com a redação dada pela ER nº 7, de 14-6-2004.

§ 1º Se o relator deixar o Tribunal ou transferir-se de Seção, a prevenção será do órgão julgador.

§ 2º Vencido o relator, a prevenção referir-se-á ao Ministro designado para lavrar o acórdão.

§ 3º Se o recurso tiver subido por decisão do relator no agravo de instrumento, ser-lhe-á distribuído ao seu sucessor.

§ 4º A prevenção, se não for reconhecida de ofício, poderá ser arguida por qualquer das partes ou pelo órgão do Ministério Público, até o início do julgamento.

**Art. 72.** Nos casos de afastamento de Ministro, proceder-se-á da seguinte forma:

I – se o afastamento for por prazo não superior a trinta dias, serão redistribuídos, com oportuna compensação, os processos considerados de natureza urgente. A redistribuição será feita entre os integrantes do órgão julgador do respectivo processo;

II – se o afastamento for por prazo superior a trinta dias e não for convocado substituto, será suspensa a distribuição ao Ministro afastado e os processos a seu cargo, considerados de natureza urgente, serão redistribuídos, com oportuna compensação, aos demais integrantes da respectiva Seção, ou, se for o caso, da Corte Especial;

III – se o afastamento for por prazo superior a trinta dias e for convocado substituto, não haverá redistribuição, o substituto receberá os processos que lhe forem distribuídos e os do substituído; nesta última hipótese, renova-se, se for caso, o pedido de data para o julgamento ou o relatório.

▶ Art. 72 com a redação dada pela ER nº 1, de 23-5-1991.

**Art. 73.** Os embargos declaratórios e as questões incidentes terão como relator o Ministro que redigiu o acórdão embargado.

▶ Artigo com a redação dada pela ER nº 7, de 14-6-2004.

**Art. 74.** No caso de embargos infringentes e de divergência, apenas se fará o sorteio de novo relator.

**Art. 75.** O prolator da decisão impugnada será o relator do agravo regimental, com direito a voto.

**Art. 76.** Na arguição de suspeição a Ministro, observar-se-á o disposto no artigo 276.

▶ Artigo com a redação dada pela ER nº 1, de 23-5-1991.

**Art. 77.** O Ministro eleito Presidente, Vice-Presidente ou Coordenador-Geral da Justiça Federal continuará como relator ou revisor do processo em que tiver lançado o relatório ou aposto o seu visto.

▶ Artigo com a redação dada pela ER nº 4, de 2-12-1993.

**Art. 78.** Se a decisão embargada for de uma Turma, far-se-á distribuição dos embargos dentre os Ministros da outra; se a Corte Especial, serão excluídos da distribuição o relator e o revisor.

**Art. 79.** Na distribuição de ação rescisória e de revisão criminal, será observado o critério estabelecido no artigo anterior.

Parágrafo único. A distribuição do mandado de segurança contra ato do próprio Tribunal, far-se-á de preferência a Ministro que não haja participado da decisão impugnada.

▶ Parágrafo único acrescido pela ER nº 2, de 4-6-1992.

**Art. 80.** O Ministro a quem tocar a distribuição é o preparador e relator do processo.

CAPÍTULO III

**DOS ATOS E FORMALIDADES**

SEÇÃO I

*DISPOSIÇÕES GERAIS*

**Art. 81.** O ano judiciário no Tribunal divide-se em dois períodos, recaindo as férias dos Ministros nos períodos de 2 a 31 de janeiro e de 2 a 31 de julho.

§ 1º O Tribunal iniciará e encerrará seus trabalhos, respectivamente, no primeiro e no último dia útil de cada período, com a realização de sessão da Corte Especial.

§ 2º Além dos fixados em lei, serão feriados no Tribunal:

I – os dias compreendidos entre 20 de dezembro e 1º de janeiro;
II – os dias da Semana Santa, compreendidos desde a quarta-feira até o domingo de Páscoa;
III – os dias de segunda e terça-feira de Carnaval;
IV – os dias 11 de agosto, 1º e 2 de novembro e 8 de dezembro.

**Art. 82.** Se a necessidade do serviço judiciário lhes exigir a contínua presença no Tribunal, gozarão trinta dias consecutivos de férias individuais, por semestre:

I – o Presidente e o Vice-Presidente;
II – o Coordenador-Geral da Justiça Federal.

▶ Inciso II com a redação dada pela ER nº 4, de 2-12-1993.

**Art. 83.** Suspendem-se as atividades judicantes do Tribunal nos feriados, nas férias coletivas e nos dias em que o Tribunal o determinar.

§ 1º Nas hipóteses previstas neste artigo, poderá o Presidente ou seu substituto legal decidir pedidos de liminar em mandado de segurança e *habeas corpus*, determinar liberdade provisória ou sustação de ordem de prisão, e demais medidas que reclamem urgência.

§ 2º Os Ministros indicarão seu endereço para eventual convocação durante as férias.

**Art. 84.** Os atos processuais serão autenticados, conforme o caso, mediante a assinatura ou rubrica dos Ministros ou a dos servidores para tal fim qualificados.

§ 1º É exigida a assinatura usual nos acórdãos, na correspondência oficial, no fecho das cartas de sentença e nas certidões.

§ 2º Os livros necessários ao expediente serão rubricados pelo Presidente ou por funcionário que designar.

§ 3º As rubricas e assinaturas usuais dos servidores serão registradas em livro próprio, para identificação do signatário.

**Art. 85.** As peças que devam integrar ato ordinatório, instrutório ou executório poderão ser a ele anexadas em cópia autenticada.

**Art. 86.** Se as nulidades ou irregularidades no processamento dos feitos forem sanáveis, proceder-se-á pelo modo menos oneroso para as partes e para o serviço do Tribunal.

**Art. 87.** A critério do Presidente do Tribunal, dos Presidentes das Seções, das Turmas ou do relator, conforme o caso, a notificação de ordens ou decisões será feita:

I – por servidor credenciado da Secretaria;
II – por via postal ou por qualquer modo eficaz de telecomunicação, com as cautelas necessárias à autenticação da mensagem e do seu recebimento.

Parágrafo único. Poder-se-á admitir a resposta pela forma indicada no inciso II deste artigo.

**Art. 88.** Da publicação do expediente de cada processo constará, além do nome das partes, o de seu advogado. Nos recursos, figurarão os nomes dos advogados constantes da autuação anterior; quando o advogado, constituído perante o Tribunal, requerer que figure também o seu nome, a Secretaria adotará as medidas necessárias ao atendimento.

§ 1º É suficiente a indicação do nome de um dos advogados, quando a parte houver constituído mais de um ou o constituído substabelecer a outro com reserva de poderes.

§ 2º A retificação de publicação no *Diário da Justiça*, com efeito de intimação, decorrente de incorreções ou omissões, será providenciada pela Secretaria, *ex officio*, ou mediante despacho do Presidente ou do relator, conforme dispuser ato normativo da Presidência do Tribunal.

**Art. 89.** As pautas do Plenário, da Corte Especial, das Seções e das Turmas serão organizadas pelos Secretários, com aprovação dos respectivos Presidentes.

**Art. 90.** A publicação da pauta de julgamento antecederá quarenta e oito horas, pelo menos, à sessão em que os processos possam ser chamados e será certificada nos autos.

§ 1º Em lugar acessível do Tribunal, será afixada a pauta de julgamento.

§ 2º Sempre que, encerrada a sessão, restarem em pauta ou em mesa feitos sem julgamento, o Presidente poderá convocar uma ou mais sessões extraordinárias, destinadas ao julgamento daqueles processos.

**Art. 91.** Independem de pauta:

I – o julgamento de *habeas corpus* e recursos de *habeas corpus*, conflitos de competência e de atribuições, embargos declaratórios, agravo regimental e exceção de suspeição e impedimento;
II – as questões de ordem sobre o processamento de feitos.

Parágrafo único. Havendo expressa concordância das partes, poderá ser dispensada a pauta.

**Art. 92.** Os editais destinados à divulgação do ato poderão conter, apenas, o essencial à defesa ou à resposta, observados os requisitos processuais.

§ 1º A parte que requerer a publicação nos termos deste artigo fornecerá o respectivo resumo, respondendo pelas suas deficiências.

§ 2º O prazo do edital será determinado entre vinte e sessenta dias, a critério do relator, e correrá da data de sua publicação no *Diário da Justiça*, com observância da lei processual.

§ 3º A publicação do edital deverá ser feita no prazo de vinte dias, contados de sua exposição, e certificada nos autos, sob pena de extinguir-se o processo, sem julgamento do mérito, se a parte, intimada pelo *Diário da Justiça*, não suprir a falta em dez dias.

§ 4º O prazo para a defesa ou resposta começará a correr do termo do prazo determinado no edital.

**Art. 93.** Nenhuma publicação terá efeito de citação ou intimação, quando ocorrida nos feriados ou nas férias do Tribunal, salvo nos casos do artigo 83, § 1º.

**Art. 94.** A vista às partes transcorre na Secretaria, podendo o advogado retirar autos nos casos previstos em lei, mediante recibo.

§ 1º Os advogados constituídos após a remessa do processo ao Tribunal poderão, a requerimento, ter vista dos autos, na oportunidade e pelo prazo que o relator estabelecer.

§ 2º O relator indeferirá o pedido, se houver justo motivo.

## SEÇÃO II
### DAS ATAS E DA RECLAMAÇÃO POR ERRO

**Art. 95.** As atas serão lidas e submetidas à aprovação na sessão seguinte.

**Art. 96.** Contra erro contido em ata, poderá o interessado reclamar, dentro de quarenta e oito horas, em petição dirigida ao Presidente do Tribunal, da Seção ou da Turma, conforme o caso.

§ 1º Não se admitirá a reclamação quando importar modificação do julgado.

§ 2º A reclamação não suspenderá o prazo para recurso, salvo o disposto no artigo 98.

**Art. 97.** A petição será entregue ao protocolo, e por este encaminhada ao encarregado da ata, que a levará a despacho no mesmo dia com sua informação.

**Art. 98.** Se o pedido for julgado procedente, far-se-á retificação da ata e nova publicação.

**Art. 99.** A decisão que julgar a reclamação será irrecorrível.

## SEÇÃO III
### DAS DECISÕES E NOTAS TAQUIGRÁFICAS

**Art. 100.** As conclusões da Corte Especial, da Seção e da Turma, em suas decisões, constarão de acórdão no qual o relator se reportará às notas taquigráficas do julgamento, que dele farão parte integrante.

Parágrafo único. Dispensam acórdão:

I – a remessa do feito à Seção ou à Corte Especial, em razão da relevância da questão jurídica, ou da necessidade de prevenir divergência entre as Turmas;

II – a remessa do feito à Corte Especial, ou à Seção respectiva, para o fim de ser compendiada em Súmula a jurisprudência do Tribunal, ou para revisão da Súmula;

III – a conversão do julgamento em diligência;

IV – se o órgão julgador do Tribunal o determinar.

**Art. 101.** Subscreve o acórdão o relator que o lavrou, e, na Corte Especial, também o Ministro que presidiu o julgamento. Se o relator for vencido na questão principal, ficará designado o revisor para redigir o acórdão. Se não houver revisor, ou se este também tiver sido vencido, será designado para redigir o acórdão o Ministro que proferiu o primeiro voto-vencedor (art. 52, II).

▶ Caput com a redação dada pela ER nº 6, de 12-8-2002.

§ 1º Se o relator, por ausência ou outro motivo relevante, não o puder fazer, lavrará o acórdão o revisor, ou o Ministro que o seguir na ordem de antiguidade.

§ 2º Se o Ministro que presidiu o julgamento na Corte Especial, por ausência ou outro motivo relevante, não puder assinar o acórdão, apenas o relator o fará, mencionando-se, no local da assinatura do Presidente, a circunstância.

▶ § 2º com a redação dada pela ER nº 6, de 12-8-2002.

**Art. 102.** A publicação do acórdão, por suas conclusões e ementa, far-se-á, para efeito de intimação às partes, no Diário da Justiça.

Parágrafo único. As partes serão intimadas, das decisões em que se tiver dispensado o acórdão, pela publicação da ata da sessão de julgamento.

**Art. 103.** Em cada julgamento, as notas taquigráficas registrarão o relatório, a discussão, os votos fundamentados, bem como as perguntas feitas aos advogados e suas respostas, e serão juntadas aos autos, com o acórdão, depois de revistas e rubricadas.

§ 1º Prevalecerão as notas taquigráficas, se o seu teor não coincidir com o do acórdão.

§ 2º As inexatidões materiais e os erros de escrita ou cálculo contidos na decisão poderão ser corrigidos por despacho do relator, ou por via de embargos de declaração, quando couberem.

§ 3º Encaminhadas as notas taquigráficas ao Gabinete do Ministro, este as devolverá no prazo improrrogável de vinte dias, devidamente revisadas e rubricadas.

§ 4º Decorridos vinte dias do recebimento das notas taquigráficas, contados da data de entrada no Gabinete do Ministro, os autos serão conclusos ao relator, para que lavre o acórdão.

§ 5º Se a nota taquigráfica não devolvida disser respeito ao relator, será o processo ao mesmo concluso, com cópia da nota taquigráfica não revista, para lavratura do acórdão.

**Art. 104.** Também se juntará aos autos, como parte integrante do acórdão, a minuta do julgamento, que conterá:

I – a decisão proclamada pelo Presidente;

II – os nomes do Presidente do órgão julgador, do relator, ou, quando vencido, do que for designado, dos demais Ministros que tiverem participado do julgamento e do Subprocurador-Geral, quando presente;

III – os nomes dos Ministros impedidos e ausentes;

IV – os nomes dos advogados que tiverem feito sustentação oral.

## SEÇÃO IV
### DOS PRAZOS

**Art. 105.** Os prazos no Tribunal correrão da publicação do ato ou do aviso no Diário da Justiça, mas as decisões ou despachos designativos de prazos poderão determinar que corram da intimação pessoal ou da ciência por outro meio eficaz.

§ 1º A contagem dos prazos será feita com obediência ao que dispuser a lei processual.

▶ Súm. nº 177 do STJ.

§ 2º As citações obedecerão ao disposto na lei processual.

**Art. 106.** Não correm os prazos no período aludido no artigo 81, § 2º, I, e nas férias, salvo nas hipóteses previstas em lei.

▶ Caput com a redação dada pela ER nº 1, de 23-5-1991.

§ 1º Nos casos deste artigo, os prazos começam ou continuam a fluir no dia de reabertura do expediente.

§ 2º Também não corre prazo quando houver obstáculo judicial ou comprovado motivo de força maior, reconhecido pelo Tribunal.

§ 3º As informações oficiais apresentadas fora do prazo por justo motivo poderão ser admitidas, se ainda oportuna a sua apreciação.

**Art. 107.** Mediante pedido conjunto das partes, o relator poderá admitir prorrogação de prazo por tempo razoável.

**Art. 108.** Os prazos para diligências serão fixados nos atos que as ordenarem, salvo disposição em contrário deste Regimento.

**Art. 109.** Os prazos não especificados em lei ou neste Regimento serão fixados pela Corte Especial, pelo Presidente, pelas Seções, pelas Turmas, ou por seus Presidentes, ou pelo relator, conforme o caso.

Parágrafo único. Computar-se-á em quádruplo o prazo para contestar e, em dobro, para recorrer, quando a parte for a Fazenda Pública ou o Ministério Público.

**Art. 110.** Os prazos para os Ministros, salvo acúmulo de serviço, e se de outra forma não dispuser este Regimento, são os seguintes:

I – dez dias para atos administrativos e despachos em geral;
II – vinte dias para o "visto" do revisor;
III – trinta dias para o "visto" do relator.

**Art. 111.** Salvo disposição em contrário, os servidores do Tribunal terão o prazo de quarenta e oito horas para os atos do processo.

SEÇÃO V

## DAS DESPESAS PROCESSUAIS

**Art. 112.** No Tribunal, serão devidas custas nos processos de sua competência originária e recursal, nos termos da lei.

▶ *Caput* com a redação dada pela ER nº 9, de 24-9-2008.

§ 1º Não são custas os preços cobrados pelo fornecimento de cópias autenticadas ou não, ou de certidões e traslados por fotocópia ou processo equivalente de reprodução.

§ 2º O pagamento dos preços será antecipado ou garantido com depósito, consoante tabela aprovada pelo Presidente.

▶ Súm. nº 187 do STJ.

§ 3º O Presidente do Tribunal, anualmente, fará expedir a tabela de custas atualizada segundo o índice estabelecido em lei.

▶ § 3º acrescido pela ER nº 9, de 24-9-2008.

**Art. 113.** O preparo de recursos da competência do Supremo Tribunal Federal será feito no prazo e na forma do disposto no seu Regimento Interno e na "Tabela de Custas do Supremo Tribunal Federal".

SEÇÃO VI

## DA ASSISTÊNCIA JUDICIÁRIA

**Art. 114.** O requerimento dos benefícios da assistência judiciária, no Tribunal, será apresentado ao Presidente ou ao relator, conforme o estado da causa, na forma da Lei nº 1.060/1950, com as alterações introduzidas pela Lei nº 7.510/1986.

▶ Lei nº 1.060, de 5-12-1950 (Lei de Assistência Judiciária).

**Art. 115.** Sem prejuízo da nomeação, quando couber, de defensor ou curador dativo, o pedido de assistência judiciária será decidido de acordo com a legislação em vigor.

§ 1º Não cabe recurso da decisão que se proferir, mas a Corte Especial, a Seção ou a Turma, ao conhecerem do feito, poderão conceder o benefício negado.

§ 2º Prevalecerá no Tribunal a assistência judiciária já concedida em outra instância.

**Art. 116.** Nos crimes de ação privada, o Presidente ou o relator, a requerimento da parte necessitada, nomeará advogado para promover a ação penal, quando de competência originária do Tribunal, ou para prosseguir no processo, quando em grau de recurso.

▶ A Lei nº 1.533, de 31-12-1951, foi revogada pela Lei nº 12.016, de 7-8-2009 (Lei do Mandado de Segurança Individual e Coletivo).

SEÇÃO VII

## DOS DADOS ESTATÍSTICOS

**Art. 117.** Serão divulgados, mensalmente, dados estatísticos sobre os trabalhos do Tribunal no mês anterior, entre os quais: o número de votos que cada Ministro, nominalmente indicado, proferiu como relator ou revisor, o número de feitos que lhe foram distribuídos no mesmo período e o número de processos que recebeu em consequência de pedido de vista ou como revisor.

CAPÍTULO IV

## DA JURISPRUDÊNCIA

SEÇÃO I

## DA UNIFORMIZAÇÃO DE JURISPRUDÊNCIA

**Art. 118.** No processo em que haja sido suscitado o incidente de uniformização de jurisprudência, o julgamento terá por objeto o reconhecimento da divergência acerca da interpretação do direito.

§ 1º Reconhecida a divergência acerca da interpretação do direito, lavrar-se-á o acórdão.

§ 2º Publicado o acórdão, o relator tomará o parecer do Ministério Público no prazo de quinze dias. Findo este, com ou sem parecer, o relator, em igual prazo, lançará relatório nos autos e os encaminhará ao Presidente da Corte Especial ou Seção para designar a sessão de julgamento. A Secretaria expedirá cópias do relatório e dos acórdãos divergentes e fará a sua distribuição aos Ministros.

§ 3º O relator, ainda que não integre a Corte Especial, dela participará no julgamento do incidente, excluindo-se o Ministro mais moderno.

**Art. 119.** No julgamento de uniformização de jurisprudência, a Corte Especial e as Seções se reunirão com o *quorum* mínimo de dois terços de seus membros.

§ 1º O Presidente, em qualquer caso, somente proferirá voto de desempate.

§ 2º No julgamento, o pedido de vista não impede votem os Ministros que se tenham por habilitados a fazê-lo, devendo o Ministro que o formular apresentar o feito em mesa na primeira sessão seguinte.

§ 3º Proferido o julgamento, em decisão tomada pela maioria absoluta dos membros que integram o órgão julgador, o relator deverá dirigir o projeto de Súmula, a ser aprovado pelo Tribunal na mesma sessão ou na primeira sessão ordinária seguinte.

**Art. 120.** Cópia do acórdão será, no prazo para sua publicação, remetida à Comissão de Jurisprudência, que ordenará:

I – seja registrada a Súmula e o acórdão, em sua íntegra, em livro especial, na ordem numérica da apresentação;
II – seja lançado na cópia o número recebido no seu registro e na ordem dessa numeração, arquivando-a em pasta própria;
III – seja a Súmula lançada em ficha que conterá todas as indicações identificadoras do acórdão e o número do registro exigido no inciso I, arquivando-se em ordem alfabética, com base na palavra ou expressão designativa do tema do julgamento;
IV – seja o acórdão publicado na Revista do Tribunal, sob o título "Uniformização de Jurisprudência".

Parágrafo único. Se o acórdão contiver revisão de Súmula compendiada, proceder-se-á na forma determinada neste artigo, fazendo-se, em coluna própria, a sua averbação no registro anterior, bem como referência na ficha do julgamento.

**Art. 121.** Se for interposto recurso extraordinário, em qualquer processo no Tribunal, que tenha por objeto tese de direito compendiada em Súmula, a interposição será comunicada à Comissão de Jurisprudência, que determinará a averbação dessa comunicação em coluna própria do registro no livro especial e a anotará na ficha da Súmula compendiada.

Parágrafo único. A decisão proferida no recurso extraordinário também será averbada e anotada, na forma exigida neste artigo, arquivando-se, na mesma pasta, cópia do acórdão do Supremo Tribunal Federal.

SEÇÃO II

DA SÚMULA

**Art. 122.** A jurisprudência firmada pelo Tribunal será compendiada na Súmula do Superior Tribunal de Justiça.

§ 1º Será objeto da Súmula o julgamento tomado pelo voto da maioria absoluta dos membros que integram a Corte Especial ou cada uma das Seções, em incidente de uniformização de jurisprudência. Também poderão ser inscritos na Súmula os enunciados correspondentes às decisões firmadas por unanimidade dos membros componentes da Corte Especial ou da Seção, em um caso, ou por maioria absoluta em pelo menos dois julgamentos concordantes.

§ 2º A inclusão da matéria objeto de julgamento na Súmula da Jurisprudência do Tribunal será deliberada pela Corte Especial ou pela Seção, por maioria absoluta dos seus membros.

§ 3º Se a Seção entender que a matéria a ser sumulada é comum às Seções, remeterá o feito à Corte Especial.

**Art. 123.** Os enunciados da Súmula, seus adendos e emendas, datados e numerados, serão publicados três vezes no *Diário da União*, em datas próximas.

Parágrafo único. As edições ulteriores da Súmula incluirão os adendos e emendas.

**Art. 124.** A citação da Súmula pelo número correspondente dispensará, perante o Tribunal, a referência a outros julgados no mesmo sentido.

**Art. 125.** Os enunciados da Súmula prevalecem e serão revistos na forma estabelecida neste Regimento Interno.

§ 1º Qualquer dos Ministros poderá propor, em novos feitos, a revisão da jurisprudência compendiada na Súmula, sobrestando-se o julgamento, se necessário.

§ 2º Se algum dos Ministros propuser revisão da jurisprudência compendiada na Súmula, em julgamento perante a Turma, esta, se acolher a proposta, remeterá o feito ao julgamento da Corte Especial, ou da Seção, dispensada a lavratura do acórdão, juntando-se, entretanto, as notas taquigráficas e tomando-se o parecer do Ministério Público Federal.

§ 3º A alteração ou o cancelamento do enunciado da Súmula serão deliberados na Corte Especial ou nas Seções, conforme o caso, por maioria absoluta dos seus membros, com a presença de, no mínimo, dois terços de seus componentes.

§ 4º Ficarão vagos, com a nota correspondente, para efeito de eventual restabelecimento, os números dos enunciados que o Tribunal cancelar ou alterar, tomando os que forem modificados novos números da série.

**Art. 126.** Qualquer Ministro poderá propor, na Turma, a remessa do feito à Corte Especial, ou à Seção, para o fim de ser compendiada em Súmula a jurisprudência do Tribunal, quando verificar que as Turmas não divergem na interpretação do direito.

§ 1º Na hipótese referida neste artigo, dispensam-se a lavratura de acórdão e a juntada de notas taquigráficas, certificada nos autos a decisão da Turma.

§ 2º No julgamento de que cogita o artigo proceder-se-á, no que couber, na forma do artigo 119.

§ 3º A Comissão de Jurisprudência poderá, também, propor à Corte Especial ou à Seção que seja compendiada em Súmula a jurisprudência do Tribunal, quando verificar que as Turmas não divergem na interpretação do direito.

**Art. 127.** Quando convier pronunciamento da Corte Especial ou da Seção, em razão da relevância da questão jurídica, ou da necessidade de prevenir divergências entre as Turmas, o relator, ou outro Ministro, no julgamento de qualquer recurso, poderá propor a remessa do feito à apreciação da Seção respectiva, ou da Corte Especial, se a matéria for comum às Seções.

§ 1º Acolhida a proposta, a Turma remeterá o feito ao julgamento da Seção ou da Corte Especial, dispensada a lavratura do acórdão. Com as notas taquigráficas, os autos irão ao Presidente do órgão do Tribunal, para designar a sessão de julgamento. A Secretaria expedirá cópias autenticadas do relatório e das notas taquigráficas e fará sua distribuição aos Ministros que compuserem o órgão competente para o julgamento.

§ 2º Proferido o julgamento, cópia do acórdão será, no prazo da sua publicação, remetida à Comissão de Jurisprudência, para elaboração de projeto de Súmula, se for o caso.

Seção III

## DA DIVULGAÇÃO DA JURISPRUDÊNCIA

**Art. 128.** A jurisprudência do Tribunal será divulgada pelas seguintes publicações:

▶ *Caput* com a redação dada pela ER nº 1, de 23-5-1991.

I – *Diário da Justiça*;

▶ Inciso I com a redação dada pela ER nº 1, de 23-5-1991.

II – *Revogado*. ER nº 10, de 11-11-2009;
III – *Revista do Superior Tribunal de Justiça*;
IV – repositórios autorizados.

▶ Incisos III e IV com a redação dada pela ER nº 1, de 23-5-1991.

**Art. 129.** Serão publicadas no *Diário da Justiça* as ementas de todos os acórdãos do Tribunal e as decisões dos relatores (artigo 236 do Código de Processo Civil).

▶ *Caput* com a redação dada pela ER nº 1, de 23-5-1991.

§ 1º Autorizando o relator, as suas decisões poderão ser publicadas por ementas.

§ 2º Quando de idêntico conteúdo, as decisões e as ementas de acórdãos e de decisões poderão ser publicadas com única redação, indicando-se o número dos respectivos processos.

▶ §§ 1º e 2º acrescidos pela ER nº 6, de 12-8-2002.

**Art. 130.** *Revogado*. ER nº 10, de 11-11-2009.

**Art. 131.** Na *Revista do Superior Tribunal de Justiça* serão publicados em seu inteiro teor:

I – os acórdãos selecionados pelo Ministro Diretor;
II – os atos normativos expedidos pelo Tribunal e pelo Conselho de Justiça Federal;
III – as Súmulas editadas pela Corte e pelas Seções.

§ 1º As decisões sobre matéria constitucional e as que ensejarem a edição de Súmulas serão, também, publicadas em volumes seriados, distintos da publicação normal da *Revista*.

§ 2º A Comissão de Jurisprudência colaborará na seleção dos acórdãos a publicar, dando-se preferência aos que forem indicados pelos respectivos relatores.

§ 3º A *Revista* poderá editar números especiais, para memória de eventos relevantes do Tribunal.

▶ Art. 131 com a redação dada pela ER nº 1, de 23-5-1991.

**Art. 132.** A direção da *Revista* é exercida por um Ministro, escolhido pelo Tribunal, nos termos do artigo 17 deste Regimento.

▶ *Caput* com a redação dada pela ER nº 4, de 2-12-1993.

Parágrafo único. No caso de vacância, o Tribunal escolherá outro Ministro para completar o período.

▶ Parágrafo único com a redação dada pela ER nº 1, de 23-5-1991.

**Art. 133.** São repositórios autorizados as publicações de entidades oficiais ou particulares, habilitadas na forma deste Regimento.

**Art. 134.** Para a habilitação prevista no artigo anterior, o representante ou editor responsável pela publicação solicitará inscrição por escrito ao Ministro Diretor da Revista, com os seguintes elementos:

I – denominação, sede e endereço da pessoa jurídica que edita a revista;
II – nome de seu diretor ou responsável;
III – um exemplar dos três números antecedentes ao mês do pedido de inscrição, dispensáveis no caso de a Biblioteca do Tribunal já os possuir;
IV – compromisso de os acórdãos selecionados para publicação corresponderem, na íntegra, às cópias fornecidas, gratuitamente, pelo Tribunal, autorizada a supressão do nome das partes e seus advogados.

Parágrafo único. Poderão ser credenciadas como repositório da jurisprudência, para os efeitos do § 1º, *b*, do artigo 255 deste Regimento, publicações especializadas, sem a obrigação de divulgar a jurisprudência deste Tribunal.

**Art. 135.** O deferimento da inscrição implicará a obrigação de fornecer, gratuitamente, dois exemplares de cada publicação subsequente à Biblioteca do Tribunal.

**Art. 136.** A inscrição poderá ser cancelada a qualquer tempo, por conveniência do Tribunal.

**Art. 137.** As publicações inscritas poderão mencionar seu registro como repositórios autorizados de divulgação dos julgados do Tribunal.

**Art. 138.** A direção da Revista manterá em dia o registro das inscrições e cancelamentos, articulando-se com a Biblioteca para efeito de acompanhar o atendimento da obrigação prevista no artigo 135.

▶ Arts. 133 a 138 com a redação dada pela ER nº 1, de 23-5-1991.

## TÍTULO II – DAS PROVAS

Capítulo I

### DISPOSIÇÃO GERAL

**Art. 139.** A proposição, admissão e produção de provas, no Tribunal, obedecerão às leis processuais, observados os preceitos especiais deste título.

Capítulo II

### DOS DOCUMENTOS E INFORMAÇÕES

**Art. 140.** Se a parte não puder instruir, desde logo, suas alegações, por impedimento ou demora em obter certidões ou cópias autenticadas de notas ou registros em estabelecimentos públicos, o relator conceder-lhe-á prazo para esse fim ou as requisitará diretamente àqueles estabelecimentos.

**Art. 141.** Nos recursos interpostos na instância inferior, não se admitirá juntada de documentos, após recebidos os autos no Tribunal, salvo:

I – para comprovação de textos legais ou de precedentes judiciais, desde que estes últimos não se destinem a suprir, tardiamente, pressuposto recursal não observado;
II – para prova de fatos supervenientes, inclusive decisão em processo conexo, os quais possam influenciar nos direitos postulados;
III – em cumprimento de despacho fundamentado do relator, ou de determinação da Corte Especial, da Seção ou da Turma.

§ 1º A regra e as exceções deste artigo aplicam-se, também, aos recursos interpostos perante o Tribunal.

§ 2º Após o julgamento, poderão ser devolvidos às partes os documentos que tiverem sido juntados "por linha", salvo deliberação de serem anexados aos autos.

**Art. 142.** Em caso de impugnação, ou por determinação do relator, as partes deverão provar a fidelidade da transcrição de textos de leis e demais atos do poder público, bem como a vigência e o teor de normas pertinentes à causa, quando emanarem de Estado estrangeiro, de organismo internacional, ou, no Brasil, de Estados e Municípios.

**Art. 143.** A parte será intimada por publicação no *Diário da Justiça* ou, se o relator o determinar, pela forma indicada no artigo 87, para pronunciar-se sobre documento juntado pela parte contrária, após sua última intervenção no processo.

**Art. 144.** Os Ministros poderão solicitar esclarecimentos ao advogado, durante o julgamento, sobre peças dos autos e sobre as citações que tiver feito de textos legais, de precedentes judiciais e de trabalhos doutrinários.

Capítulo III

### DA APRESENTAÇÃO DE PESSOAS E OUTRAS DILIGÊNCIAS

**Art. 145.** Quando, em qualquer processo, for necessária a apresentação da parte ou de terceiro que não tiver atendido à notificação, a Corte Especial, a Seção, a Turma ou o relator poderá expedir ordem de condução de recalcitrante.

**Art. 146.** Observar-se-ão as formalidades da lei na realização de exames periciais, arbitramentos, buscas e apreensões, na exibição e conferência de documentos e em quaisquer outras diligências determinadas ou deferidas pela Corte Especial, pela Seção, pela Turma ou pelo relator.

Capítulo IV

### DOS DEPOIMENTOS

**Art. 147.** Os depoimentos poderão ser estenotipados ou taquigrafados, sendo as tiras ou notas respectivas rubricadas no ato pelo relator, pelo depoente, pelo agente do Ministério Público e advogados. Depois de traduzidas, serão os respectivos termos devidamente assinados. A gravação deve ser usada como técnica de apoio à estenotipia ou taquigrafia.

Parágrafo único. Aplica-se o disposto neste artigo ao interrogatório.

### TÍTULO III – DAS SESSÕES

Capítulo I

### DISPOSIÇÕES GERAIS

**Art. 148.** O Plenário reúne-se, mediante convocação do Presidente, quando houver matéria em pauta.

Parágrafo único. Haverá sessão da Corte Especial, de Seção ou de Turmas nos dias designados e, extraordinariamente, mediante convocação especial.

**Art. 149.** Nas sessões, o Presidente tem assento na parte central da mesa de julgamento, ficando o representante do Ministério Público à sua direita. Os demais Ministros sentar-se-ão, pela ordem de antiguidade, alternadamente, nos lugares laterais, a começar pela direita.

§ 1º Se o Presidente do Tribunal comparecer à Seção ou à Turma, para julgar processo a que estiver vinculado, assumirá a sua presidência.

§ 2º Havendo juiz convocado, este tomará o lugar do Ministro mais moderno; se houver mais de um juiz convocado, a antiguidade será regulada na seguinte ordem:

a) pela data da convocação;
b) pela posse no Tribunal de origem.

**Art. 150.** As sessões ordinárias começarão às quatorze horas, podendo ser prorrogadas após as dezoito horas, sempre que o serviço o exigir.

Parágrafo único. Em caso de acúmulo de processos pendentes de julgamento, poderá a Seção ou a Turma marcar o prosseguimento da sessão para o subsequente dia livre, considerando-se intimados os interessados, mediante o anúncio em sessão.

▶ Parágrafo único com a redação dada pela ER nº 1, de 23-5-1991.

**Art. 151.** As sessões e votações serão públicas, ressalvada a hipótese prevista no artigo 93, IX, da Constituição Federal e as disposições inscritas nos artigos 182, 183 e 184 deste Regimento.

§ 1º Os advogados ocuparão a tribuna para formular requerimento, produzir sustentação oral, ou para responder às perguntas que lhes forem feitas pelos Ministros.

§ 2º Aos advogados é facultado requerer que conste de ata sua presença na sessão de julgamento, podendo prestar esclarecimentos em matéria de fato.

§ 3º Os advogados deverão usar beca sempre que ocuparem a tribuna.

**Art. 152.** Nas sessões do Plenário, da Corte Especial, de Seção e de Turma, observar-se-á a seguinte ordem, no que couber:

I – verificação do número de Ministros;
II – leitura, discussão e aprovação da ata da sessão anterior;
III – indicações e propostas;
IV – julgamento dos processos.

**Art. 153.** Os processos conexos poderão ser objeto de um só julgamento, fazendo-se a oportuna apensação.

Parágrafo único. Os processos que versem sobre a mesma questão jurídica, ainda que apresentem aspectos peculiares, poderão ser julgados conjuntamente.

▶ Parágrafo único com a redação dada pela ER nº 1, de 23-5-1991.

**Art. 154.** No julgamento das ações penais originárias, revisões criminais, pedidos de intervenção federal, recursos especiais, embargos infringentes, embargos de divergência, apelações cíveis, mandados de segurança, recursos ordinários em mandados de segurança, mandados de injunção e ações rescisórias, o relator fará distribuir, sempre que possível, cópia do relatório aos demais integrantes do órgão julgador.

▶ Artigo com a redação dada pela ER nº 1, de 23-5-1991.

**Art. 155.** Os julgamentos a que este Regimento ou a lei não derem prioridade serão realizados, quanto possível, segundo a ordem de antiguidade dos feitos em cada classe.

Parágrafo único. A antiguidade apurar-se-á pela ordem de recebimento dos feitos no protocolo do Tribunal.

**Art. 156.** Em caso de urgência, o Relator indicará preferência para o julgamento dos feitos criminais, de ações cautelares e de ações relativas a direito de família.

**Art. 157.** Quando deferida preferência solicitada pelo representante do Ministério Público, para processo em que houver medida liminar ou acautelatória, o julgamento far-se-á com prioridade.

**Art. 158.** Desejando proferir sustentação oral, poderão os advogados requerer que na sessão imediata seja o feito julgado prioritariamente, sem prejuízo das preferências legais.

Parágrafo único. Se tiverem subscrito o requerimento, ou se estiverem presentes os advogados de todos os interessados, a preferência será concedida para a própria sessão.

**Art. 159.** Não haverá sustentação oral no julgamento de agravo, embargos declaratórios, arguição de suspeição e medida cautelar.

§ 1º Nos demais julgamentos, o Presidente da Corte Especial, da Seção ou da Turma, feito o relatório dará a palavra, sucessivamente, ao autor, recorrente ou impetrante, e ao réu, recorrido ou impetrado, para sustentação de suas alegações.

§ 2º Se o representante do Ministério Público estiver agindo como fiscal da lei, fará uso da palavra após o recorrente e o recorrido.

**Art. 160.** Nos casos do § 1º do artigo anterior, cada uma das partes falará pelo tempo máximo de quinze minutos, excetuado o julgamento da ação penal originária, na qual o prazo será de uma hora (artigo 229, V).

§ 1º O representante do Ministério Público terá prazo igual ao das partes, quando em tal situação processual estiver agindo.

§ 2º Se houver litisconsortes não representados pelo mesmo advogado, o prazo será contado em dobro e dividido igualmente entre os do mesmo grupo, se diversamente não o convencionarem.

§ 3º O opoente falará após as partes originárias e pelo mesmo prazo.

§ 4º O assistente, na ação penal pública, falará depois do representante do Ministério Público, a menos que o recurso seja dele.

§ 5º O representante do Ministério Público falará depois do autor da ação penal privada.

§ 6º Se, em ação penal, houver recurso de corréus, em posição antagônica, cada grupo terá prazo completo para falar.

§ 7º Nos processos criminais, havendo corréus que sejam coautores do delito, se não tiverem o mesmo defensor, o prazo será contado em dobro e dividido igualmente entre os defensores, salvo se convencionarem outra divisão do tempo.

**Art. 161.** Cada Ministro poderá falar duas vezes sobre o assunto em discussão e mais uma vez, se for o caso, para explicar a modificação de voto. Nenhum falará sem que o Presidente lhe conceda a palavra, nem interromperá aquele que a estiver usando.

Parágrafo único. Em qualquer fase do julgamento, posterior ao relatório ou à sustentação oral, poderão os julgadores pedir esclarecimentos ao relator, ao revisor e aos advogados dos litigantes, quando presentes, sobre fatos e circunstâncias pertinentes à matéria em debate, ou, ainda, pedir vista dos autos, caso em que o julgamento será suspenso. Surgindo questão nova, o próprio relator poderá pedir a suspensão do julgamento.

▶ Parágrafo único acrescido pela ER nº 1, de 23-5-1991.

**Art. 162.** Nos julgamentos, o pedido de vista não impede votem os Ministros que se tenham por habilitados a fazê-lo, e o Ministro que o formular restituirá os autos ao Presidente dentro de dez dias, no máximo, contados do dia do pedido, se de outra forma não dispuser este Regimento, devendo prosseguir o julgamento do feito na primeira sessão subsequente a esse prazo.

§ 1º O julgamento que tiver sido iniciado prosseguirá, computando-se os votos já proferidos pelos Ministros, mesmo que não compareçam ou hajam deixado o exercício do cargo, ainda que o Ministro afastado seja o relator.

§ 2º Não participará do julgamento o Ministro que não tenha assistido ao relatório, salvo se se declarar habilitado a votar.

▶ § 2º com a redação dada pela ER nº 6, de 12-8-2002.

§ 3º Se, para efeito do *quorum* ou desempate na votação, for necessário o voto de Ministro nas condições do parágrafo anterior, serão renovados o relatório e a sustentação oral, computando-se os votos anteriormente proferidos.

§ 4º Se o Ministro que houver comparecido ao início do julgamento, e que ainda não tiver votado, estiver ausente, o seu voto será dispensado, desde que obtidos suficientes votos concordantes sobre todas as questões (artigos 174, 178 e 181).

▶ § 4º com a redação dada pela ER nº 1, de 23-5-1991.

§ 5º Ausente o Presidente que iniciou o julgamento, este prosseguirá sob a presidência de seu substituto. Na Corte Especial ou na Seção, a substituição será feita por quem não houver proferido voto.

▶ § 5º acrescido pela ER nº 1, de 23-5-1991.

**Art. 163.** Concluído o debate oral, o Presidente tomará os votos do relator, do revisor, se houver, e dos outros Ministros, que os seguirem na ordem decrescente de antiguidade. Esgotada a lista, o imediato ao Ministro mais moderno será o mais antigo. Encerrada a votação, o Presidente proclamará a decisão.

**Art. 164.** As questões preliminares serão julgadas antes do mérito, deste não se conhecendo se incompatível com a decisão daquelas.

§ 1º Se, antes ou no curso do relatório, algum dos Ministros suscitar preliminar, será ela, antes de julgada, discutida pelas partes, que poderão usar da palavra. Se não for acolhida, o relator fará o relatório, prosseguindo-se no julgamento.

§ 2º Quando a preliminar versar nulidade suprível, converter-se-á o julgamento em diligência e o relator, se for necessário, ordenará a remessa dos autos à instância inferior, para os fins de direito.

**Art. 165.** Se for rejeitada a preliminar, ou, se embora acolhida, não vedar a apreciação do mérito, seguir-se-ão a discussão e o julgamento da matéria principal, e sobre ela também proferirão votos os Ministros vencidos na anterior conclusão.

**Art. 166.** Preferirá aos demais, com dia designado, o processo cujo julgamento houver sido suspenso, salvo se o adiamento tiver resultado de vista e se estiver aguardando a devolução dos autos.

**Art. 167.** O julgamento, uma vez iniciado, ultimar-se-á na mesma sessão, ainda que excedida a hora regimental.

**Art. 168.** A Corte Especial, a Seção ou a Turma poderão converter o julgamento em diligência, quando necessária à decisão da causa. Neste caso, o feito será novamente incluído em pauta.

▶ Artigo com a redação dada pela ER nº 1, de 23-5-1991.

## Capítulo II
### DAS SESSÕES SOLENES

**Art. 169.** O Tribunal, pelo seu Plenário, reúne-se em sessão solene:

I – para dar posse aos Ministros e aos titulares de sua direção;
II – para celebrar acontecimentos de alta relevância, mediante convocação do Presidente.

**Art. 170.** O cerimonial das sessões será regulado por ato do Presidente.

## Capítulo III
### DAS SESSÕES DO PLENÁRIO

**Art. 171.** O Plenário, que se reúne com a presença da maioria absoluta dos seus membros, é dirigido pelo Presidente do Tribunal.

Parágrafo único. Quando o Plenário se reunir para apreciar e deliberar a respeito das matérias inscritas no artigo 10, II, IV, V, VI e VII, deste Regimento, será observado o *quorum* de dois terços dos membros do Tribunal.

## Capítulo IV
### DAS SESSÕES DA CORTE ESPECIAL

**Art. 172.** A Corte Especial, que se reúne com a presença da maioria absoluta de seus membros, é dirigida pelo Presidente do Tribunal.

Parágrafo único. No julgamento de matéria constitucional, intervenção federal, ação penal originária, uniformização da jurisprudência, sumulação de jurisprudência e alteração ou cancelamento de enunciado da súmula, será exigida a presença de dois terços de seus membros.

**Art. 173.** Terão prioridade no julgamento da Corte Especial:

I – as causas criminais, havendo réu preso;
II – o mandado de segurança, o mandado de injunção e o *habeas data*;
III – a requisição de intervenção federal nos Estados;
IV – as reclamações;
V – os conflitos de competência e de atribuições.

**Art. 174.** Excetuados os casos em que se exige o voto de maioria qualificada, as decisões serão tomadas pelo voto da maioria dos Ministros.

**Art. 175.** O Presidente não proferirá voto, salvo:

I – nos casos em que o julgamento depender de *quorum* qualificado para apuração do resultado;
II – em matéria administrativa;
III – nos demais casos, quando ocorrer empate.

## Capítulo V
### DAS SESSÕES DAS SEÇÕES

**Art. 176.** As Seções se reúnem com a presença da maioria absoluta de seus integrantes.

Parágrafo único. No julgamento da uniformização de jurisprudência, sumulação de jurisprudência e alteração ou cancelamento de súmula, será exigida a presença de dois terços de seus membros.

**Art. 177.** Terão prioridade no julgamento da Seção:

I – as causas criminais, havendo réu preso;
II – os *habeas corpus*;
III – o mandado de segurança e o *habeas data*;
IV – os conflitos de competência e de atribuições.

**Art. 178.** Excetuados os casos em que se exige o voto da maioria absoluta dos seus membros, as decisões serão tomadas pelo voto da maioria dos Ministros.

## Capítulo VI
### DAS SESSÕES DAS TURMAS

**Art. 179.** As Turmas reúnem-se com a presença de, pelo menos, três Ministros.

**Art. 180.** Terão prioridade no julgamento das Turmas:

I – as causas criminais, havendo réu preso;
II – os *habeas corpus*.

**Art. 181.** A decisão da Turma será tomada pelo voto da maioria absoluta dos seus membros.

§ 1º O Presidente da Turma participa dos seus julgamentos com as funções de relator, revisor e vogal.

§ 2º Não alcançada a maioria de que trata este artigo, será adiado o julgamento para o fim de ser tomado o voto do Ministro ausente.

§ 3º Persistindo a ausência, ou havendo vaga, impedimento ou licença, por mais de um mês, convocar-se-á Ministro de outra Turma (artigo 55).

§ 4º No *habeas corpus* e no recurso em *habeas corpus*, havendo empate, prevalecerá a decisão mais favorável ao paciente.

## Capítulo VII
### DAS SESSÕES ADMINISTRATIVAS E DE CONSELHO

**Art. 182.** Observado o disposto no artigo 151, serão reservadas as sessões:

I – quando o Presidente ou algum dos Ministros pedir que a Corte Especial, a Seção ou Turma se reúna em Conselho;

II – quando convocadas pelo Presidente para assunto administrativo ou da economia interna do Tribunal.

**Art. 183.** As sessões do Conselho de Administração serão reservadas.

Parágrafo único. Nenhuma pessoa, além dos Ministros, será admitida às sessões reservadas do Conselho de Administração e nos casos do inciso II do artigo anterior.

**Art. 184.** As decisões tomadas em sessão administrativa serão motivadas, sendo as disciplinares tomadas pelo voto da maioria absoluta dos membros do órgão julgador.

## TÍTULO IV – DAS AUDIÊNCIAS

**Art. 185.** Serão públicas as audiências:

I – do Presidente, para distribuição dos feitos;

II – do relator, para instrução do processo, salvo exceção legal.

**Art. 186.** O Ministro que presidir a audiência deliberará sobre o que lhe for requerido, ressalvada a competência da Corte Especial, da Seção, da Turma e dos demais Ministros.

§ 1º Respeitada a prerrogativa dos advogados e dos membros do Ministério Público, nenhum dos presentes se dirigirá ao Presidente da audiência, a não ser de pé e com a sua licença.

§ 2º O Secretário da audiência fará constar em ata o que nela ocorrer.

## TÍTULO V – DOS PROCESSOS SOBRE COMPETÊNCIA

Capítulo I

### DA RECLAMAÇÃO

**Art. 187.** Para preservar a competência do Tribunal ou garantir a autoridade das suas decisões, caberá reclamação da parte interessada ou do Ministério Público.

Parágrafo único. A reclamação, dirigida ao Presidente do Tribunal e instruída com prova documental, será autuada e distribuída ao relator da causa principal, sempre que possível.

**Art. 188.** Ao despachar a reclamação, o relator:

I – requisitará informações da autoridade a quem for imputada a prática do ato impugnado, a qual as prestará no prazo de dez dias;

II – ordenará, se necessário, para evitar dano irreparável, a suspensão do processo ou do ato impugnado.

**Art. 189.** Qualquer interessado poderá impugnar o pedido do reclamante.

**Art. 190.** O Ministério Público, nas reclamações que não houver formulado, terá vista do processo, por cinco dias, após o decurso do prazo para informações.

**Art. 191.** Julgando procedente a reclamação, o Tribunal cassará a decisão exorbitante de seu julgado ou determinará medida adequada à preservação de sua competência.

**Art. 192.** O Presidente determinará o imediato cumprimento da decisão, lavrando-se o acórdão posteriormente.

Capítulo II

### DO CONFLITO DE COMPETÊNCIA E DE ATRIBUIÇÕES

**Art. 193.** O conflito de competência poderá ocorrer entre autoridades judiciárias; o de atribuições, entre autoridades judiciárias e administrativas.

**Art. 194.** Dar-se-á o conflito nos casos previstos nas leis processuais.

**Art. 195.** O conflito poderá ser suscitado pela parte interessada, pelo Ministério Público, ou por qualquer das autoridades conflitantes.

**Art. 196.** Poderá o relator, de ofício, ou a requerimento de qualquer das partes, determinar, quando o conflito for positivo, seja sobrestado o processo, e, neste caso, bem assim no de conflito negativo, designar um dos órgãos para resolver, em caráter provisório, as medidas urgentes.

**Art. 197.** Sempre que necessário, o relator mandará ouvir as autoridades em conflito no prazo de dez dias.

**Art. 198.** Prestadas ou não as informações, o relator dará vista do processo ao Ministério Público, pelo prazo de quinze dias, e, após, apresentá-lo-á em mesa para julgamento.

▶ *Caput* com a redação dada pela ER nº 1, de 23-5-1991.

§ 1º Da decisão será dada ciência, antes mesmo da lavratura do acórdão, por via telegráfica, aos órgãos envolvidos no conflito.

§ 2º No caso de conflito entre relatores ou Turmas integrantes de Seções diversas, ou entre estas, feita a distribuição, proceder-se-á, no que couber, na forma estabelecida no presente capítulo.

## TÍTULO VI – DA DECLARAÇÃO DE INCONSTITUCIONALIDADE DE LEI OU DE ATO NORMATIVO DO PODER PÚBLICO

**Art. 199.** Se, por ocasião do julgamento perante a Corte Especial, for arguida a inconstitucionalidade de lei ou ato normativo do poder público, suspender-se-á o julgamento, a fim de ser tomado o parecer do Ministério Público, no prazo de quinze dias.

§ 1º Devolvidos os autos e lançado o relatório, serão eles encaminhados ao Presidente da Corte Especial para designar a sessão de julgamento. A Secretaria distribuirá cópias autenticadas do relatório aos Ministros.

§ 2º Proclamar-se-á a inconstitucionalidade ou a constitucionalidade do preceito ou do ato impugnado, se num ou noutro sentido se tiver manifestado a maioria absoluta dos membros da Corte Especial.

§ 3º Se não for alcançada a maioria absoluta necessária à declaração de inconstitucionalidade, estando ausentes Ministros em número que possa influir no julgamento, este será suspenso, a fim de aguardar-se o comparecimento dos Ministros ausentes, até que se atinja o *quorum*; não atingido, desta forma, o *quorum*, será convocado Ministro não integrante da Corte, observada a ordem de antiguidade (artigo 162, § 3º).

§ 4º Cópia do acórdão será, no prazo para sua publicação, remetida à Comissão de Jurisprudência que, após registrá-lo, ordenará a sua publicação na Revista do Tribunal.

**Art. 200.** A Seção ou a Turma remeterá o feito ao julgamento da Corte Especial quando a maioria acolher arguição de inconstitucionalidade por ela ainda não decidida.

§ 1º Acolhida a arguição, será publicado o acórdão, ouvido, em seguida, o representante do Ministério Público, em quinze dias.

§ 2º Devolvidos os autos, observar-se-á o disposto nos §§ 1º e 3º do artigo anterior.

§ 3º O relator, ainda que não integre a Corte Especial, dela participará no julgamento do incidente, excluindo-se o Ministro mais moderno.

## TÍTULO VII – DAS GARANTIAS CONSTITUCIONAIS

### Capítulo I

#### DO *HABEAS CORPUS*

**Art. 201.** O relator requisitará informações do apontado coator, no prazo que fixar, podendo, ainda:

I – nomear advogado para acompanhar e defender oralmente o pedido, se o impetrante não for bacharel em Direito;
II – ordenar diligências necessárias a instrução do pedido;
III – se convier ouvir o paciente, determinar sua apresentação à sessão do julgamento;
IV – no *habeas corpus* preventivo, expedir salvo-conduto em favor do paciente, até decisão do feito, se houver grave risco de consumar-se a violência.

**Art. 202.** Instruído o processo e ouvido o Ministério Público, em dois dias, o relator o colocará em mesa para julgamento, na primeira sessão da Turma, da Seção ou da Corte Especial.

§ 1º Opondo-se o paciente, não se conhecerá do pedido.

§ 2º Às comunicações de prisão aplicam-se o procedimento previsto neste artigo e, no que couber, as disposições do presente capítulo.

**Art. 203.** O Tribunal poderá, de ofício:

I – se convier ouvir o paciente, determinar sua apresentação à sessão do julgamento;
II – expedir ordem de *habeas corpus*, quando, no curso de qualquer processo, verificar que alguém sofre ou está na iminência de sofrer coação ilegal.

**Art. 204.** A decisão concessiva de *habeas corpus* será imediatamente comunicada às autoridades a quem couber cumpri-la, sem prejuízo da remessa de cópia do acórdão.

§ 1º A comunicação, mediante ofício ou telegrama, bem como o salvo-conduto, em caso de ameaça de violência ou coação, serão firmados pelo Presidente do órgão julgador que tiver concedido a ordem.

§ 2º Na hipótese de anulação do processo, poderá o Tribunal ou o juiz aguardar o recebimento da cópia do acórdão para o efeito de renovação dos atos processuais.

**Art. 205.** Ordenada a soltura do paciente, em virtude de *habeas corpus*, a autoridade que, por má-fé ou evidente abuso de poder, tiver determinado a coação, será condenada nas custas, remetendo-se ao Ministério Público traslado das peças necessárias à propositura da ação penal.

**Art. 206.** O carcereiro ou o diretor da prisão, o escrivão, o oficial de Justiça ou a autoridade judiciária, policial ou militar, que embaraçarem ou procrastinarem o encaminhamento do pedido de *habeas corpus*, ou as informações sobre a causa da violência, coação ou ameaça, serão multados na forma da legislação processual vigente, sem prejuízo de outras sanções penais ou administrativas.

**Art. 207.** Havendo desobediência ou retardamento abusivo no cumprimento da ordem de *habeas corpus*, de parte do detentor ou carcereiro, o Presidente do Tribunal, Seção ou da Turma expedirá mandado contra o desobediente e oficiará ao Ministério Público, a fim de que promova a ação penal.

Parágrafo único. Na hipótese deste artigo, a Seção, a Turma ou respectivo Presidente tomará as providências necessárias ao cumprimento da decisão, com emprego dos meios legais cabíveis, e determinará, se necessário, a apresentação do paciente ao relator ou ao juiz por ele designado.

**Art. 208.** As fianças que tiverem de ser prestadas perante o Tribunal serão processadas e julgadas pelo relator, a menos que este delegue essa atribuição a outro magistrado.

**Art. 209.** Se, pendente o processo de *habeas corpus*, cessar a violência ou coação, julgar-se-á prejudicado o pedido, podendo, porém, o Tribunal declarar a ilegalidade do ato e tomar as providências cabíveis para punição do responsável.

**Art. 210.** Quando o pedido for manifestamente incabível, ou for manifesta a incompetência do Tribunal para dele tomar conhecimento originariamente, ou for reiteração de outro com os mesmos fundamentos, o relator o indeferirá liminarmente.

### Capítulo II

#### DO MANDADO DE SEGURANÇA

**Art. 211.** O mandado de segurança, de competência originária do Tribunal, terá seu processo iniciado por petição em duplicata que preencherá os requisitos legais e conterá a indicação precisa da autoridade a quem se atribua o ato impugnado.

§ 1º A segunda via da inicial será instruída com cópias de todos os documentos, autenticadas pelo requerente e conferidas pela Secretaria do Tribunal.

§ 2º Se o requerente afirmar que o documento necessário à prova de suas alegações se acha em repartição ou estabelecimento público, ou em poder de autoridade que lhe recuse certidão, o relator requisitará, preliminarmente, por ofício, a exibição do documento, em original ou cópia autenticada, no prazo de dez dias. Se a autoridade indicada pelo requerente for a coatora, a requisição se fará no próprio instrumento da notificação.

§ 3º Nos casos do parágrafo anterior, a Secretaria do Tribunal mandará extrair tantas cópias do documento quantas se tornarem necessárias à instrução do processo.

**Art. 212.** Se for manifesta a incompetência do Tribunal, ou manifestamente incabível a segurança, ou se a petição inicial não atender aos requisitos legais, ou excedido o prazo estabelecido no artigo 18, da Lei nº 1.533, de 1951, poderá o relator indeferir, desde logo, o pedido.

▶ A Lei nº 1.533, de 31-12-1951, foi revogada pela Lei nº 12.016, de 7-8-2009 (Lei do Mandado de Segurança Individual e Coletivo).

**Art. 213.** Ao despachar a inicial, o relator mandará ouvir a autoridade apontada coatora, mediante ofício, acompanhado da segunda via da petição, instruída com as cópias dos documentos, a fim de que preste informações, no prazo de dez dias.

§ 1º Se o relator entender relevante o fundamento do pedido, e do ato impugnado puder resultar a ineficácia da medida, caso deferida, ordenará a respectiva suspensão liminar até o julgamento.

§ 2º Havendo litisconsortes, a citação far-se-á, também, mediante ofício, para o que serão apresentadas tantas cópias quantos forem os citados. O ofício será remetido pelo correio, através de carta registrada, com aviso de recepção, a fim de ser juntado aos autos.

§ 3º A Secretaria juntará aos autos cópia autenticada do ofício e prova de sua remessa ao destinatário.

**Art. 214.** Transcorrido o prazo de dez dias do pedido de informações, com ou sem estas, serão os outros encaminhados ao Ministério Público que emitirá parecer no prazo de cinco dias.

Parágrafo único. Devolvidos os autos, o relator, em cinco dias, pedirá dia para julgamento.

**Art. 215.** Os processos de mandado de segurança terão prioridade sobre todos os feitos, salvo *habeas corpus*.

CAPÍTULO III
### DO MANDADO DE INJUNÇÃO E DO *HABEAS DATA*

**Art. 216.** No mandado de injunção e no *habeas data*, serão observadas as normas da legislação de regência. Enquanto estas não forem promulgadas, observar-se-ão, no que couber, o Código de Processo Civil e a Lei nº 1.533, de 31 de dezembro de 1951.

▶ A Lei nº 1.533, de 31-12-1951, foi revogada pela Lei nº 12.016, de 7-8-2009 (Lei do Mandado de Segurança Individual e Coletivo).

### TÍTULO VIII – DAS AÇÕES ORIGINÁRIAS

CAPÍTULO I
### DA AÇÃO PENAL ORIGINÁRIA

**Art. 217.** Nos crimes de ação penal pública, o Ministério Público terá o prazo de quinze dias para oferecer denúncia ou pedir arquivamento do inquérito ou das peças informativas.

§ 1º Diligências complementares poderão ser deferidas pelo relator, com interrupção do prazo deste artigo.

§ 2º Se o indiciado estiver preso:

a) o prazo para oferecimento da denúncia será de cinco dias;
b) as diligências complementares não interromperão o prazo, salvo se o relator, ao deferi-las, determinar o relaxamento da prisão.

**Art. 218.** O relator será o juiz da instrução, que se realizará segundo o disposto neste capítulo, no Código de Processo Penal, no que for aplicável, e neste Regimento Interno.

Parágrafo único. O relator terá as atribuições que a legislação penal confere aos juízes singulares, podendo submeter diretamente à decisão do órgão colegiado competente as questões surgidas durante a instrução.

▶ Parágrafo único com a redação dada pela ER nº 2, de 4-6-1992.

**Art. 219.** Competirá ao relator:

I – determinar o arquivamento do inquérito ou das peças informativas, quando o requerer o Ministério Público, ou submeter o requerimento à decisão da Corte Especial;
II – decretar a extinção da punibilidade nos casos previstos em lei.

**Art. 220.** Apresentada a denúncia ou a queixa ao Tribunal, far-se-á a notificação do acusado para oferecer resposta no prazo de quinze dias.

§ 1º Com a notificação, serão entregues ao acusado cópia da denúncia ou da queixa, do despacho do relator e dos documentos por este indicados.

§ 2º Se desconhecido o paradeiro do acusado, ou se este criar dificuldades para que o oficial cumpra a diligência, proceder-se-á a sua notificação por edital, contendo o teor resumido da acusação, para que compareça ao Tribunal, em cinco dias, onde terá vista dos autos pelo prazo de quinze dias, a fim de apresentar a resposta prevista neste artigo.

**Art. 221.** Se, com a resposta, forem apresentados novos documentos, será intimada a parte contrária para sobre eles se manifestar no prazo de cinco dias.

Parágrafo único. Na ação penal de iniciativa privada, será ouvido, em igual prazo, o Ministério Público.

**Art. 222.** A seguir, o relator pedirá dia para que a Corte Especial delibere sobre o recebimento ou a rejeição da denúncia ou da queixa, ou sobre a improcedência da acusação, se a decisão não depender de outras provas.

§ 1º No julgamento de que trata este artigo, será facultada sustentação oral pelo prazo de quinze minutos, primeiro à acusação, depois à defesa.

§ 2º Encerrados os debates, a Corte Especial passará a deliberar, determinando o Presidente as pessoas que poderão permanecer no recinto, observado o disposto no artigo 229, VI.

**Art. 223.** Recebida a denúncia ou a queixa, o relator designará dia e hora para o interrogatório, mandando citar o acusado ou querelado, e intimar o órgão do Ministério Público, bem como o querelante ou o assistente, se for o caso.

**Art. 224.** O prazo para defesa prévia será de cinco dias, contado do interrogatório ou da intimação do defensor dativo.

**Art. 225.** A instrução obedecerá, no que couber, ao procedimento comum do Código de Processo Penal.

§ 1º O relator poderá delegar a realização do interrogatório ou de outro ato da instrução a juiz ou membro de Tribunal do local de cumprimento da carta de ordem.

§ 2º Por expressa determinação do relator, as intimações poderão ser feitas por carta registrada com aviso de recebimento.

**Art. 226.** Concluída a inquirição de testemunhas, serão intimadas a acusação e a defesa, para requerimento de diligências no prazo de cinco dias.

▶ Súmulas nºs 158, 168, 315, 316 e 420 do STJ.

**Art. 227.** Realizadas as diligências ou não sendo estas requeridas nem determinadas pelo relator, serão intimadas a acusação e a defesa para, sucessivamente, apresentarem, no prazo de quinze dias, alegações escritas.

§ 1º Será comum o prazo do acusador e do assistente, bem como o dos corréus.

§ 2º Na ação penal de iniciativa privada, o Ministério Público terá vista, por igual prazo, após as alegações das partes.

§ 3º O relator poderá, após as alegações escritas, determinar, de ofício, a realização de provas reputadas imprescindíveis para o julgamento da causa.

**Art. 228.** Finda a instrução, o relator dará vista do processo às partes, pelo prazo de cinco dias, para requererem o que considerarem conveniente apresentar na sessão de julgamento.

§ 1º O relator apreciará e decidirá esses requerimentos para, em seguida, lançando relatório nos autos, encaminhá-los ao revisor, que pedirá dia para o julgamento.

§ 2º Ao designar a sessão de julgamento, o Presidente determinará a intimação das partes e das testemunhas cujos depoimentos o relator tenha deferido.

§ 3º A Secretaria expedirá cópias do relatório e fará sua distribuição aos Ministros.

**Art. 229.** Na sessão de julgamento, observar-se-á o seguinte:

I – a Corte Especial reunir-se-á com a presença de pelo menos dois terços de seus membros, excluído o Presidente;
II – aberta a sessão, apregoadas as partes e as testemunhas arroladas e admitidas, lançado o querelante que deixar de comparecer (Código de Processo Civil, artigo 29) e, salvo o caso do artigo 60, III, do Código de Processo Penal, proceder-se-á às demais diligências preliminares;
III – a seguir, o relator apresentará relatório do feito, resumindo as principais peças dos autos e a prova produzida. Se algum dos Ministros solicitar a leitura integral dos autos ou de partes deles, o relator poderá ordenar seja ela efetuada pelo Secretário;
IV – o relator passará a inquirir as testemunhas cujos depoimentos tenha deferido, podendo repergunta-las os outros Ministros, o órgão do Ministério Público e as partes;
V – findas as inquirições e efetuadas as diligências que o relator ou Tribunal houver determinado, o Presidente dará a palavra, sucessivamente, ao querelante, se houver, ao órgão do Ministério Público e ao acusado, ou ao seu defensor, para sustentação oral, podendo cada um ocupar a tribuna durante uma hora, assegurado ao assistente um quarto do tempo da acusação;
VI – encerrados os debates, a Corte Especial passará a proferir o julgamento, podendo o Presidente limitar a presença no recinto às partes e aos seus advogados, ou somente a estes, se o interesse público o exigir.

**Art. 230.** O julgamento efetuar-se-á em uma ou mais sessões, a critério do Tribunal, observado, no que for aplicável, o disposto no Título XII do Livro I, do Código de Processo Penal (artigos 381 a 393 do Código de Processo Penal).

▶ O art. 393 do CPP foi revogado pela Lei nº 12.403, de 4-5-2011.

**Art. 231.** O acórdão será lavrado pelo relator e, se vencido este, pelo Ministro que for designado (artigo 52, II).

▶ Artigo com a redação dada pela ER nº 1, de 23-5-1991.

**Art. 232.** Nos casos em que somente se procede mediante queixa, considerar-se-á perempta a ação penal quando o querelante deixar de comparecer, sem motivo justificado, a qualquer ato a que deva estar presente, ou deixar de formular o pedido de condenação nas alegações finais, tudo na forma da lei processual.

Capítulo II

## DA AÇÃO RESCISÓRIA

**Art. 233.** A ação rescisória terá início por petição escrita, acompanhada de tantas cópias quantos forem os réus.

**Art. 234.** Distribuída a inicial, preenchendo esta os requisitos legais (Código de Processo Civil, artigos 282, 283, 295, 487, 488 e 490), o relator mandará citar o réu, assinando-lhe prazo nunca inferior a quinze dias, nem superior a trinta, para responder aos termos da ação.

**Art. 235.** Contestada a ação, ou transcorrido o prazo, o relator fará o saneamento do processo, deliberando sobre as provas requeridas.

**Art. 236.** O relator poderá delegar competência a juiz ou a membro de outro Tribunal do local onde deva ser produzida a prova, fixando prazo para a devolução dos autos.

**Art. 237.** Concluída a instrução, o relator abrirá vista, sucessivamente, ao autor e ao réu, pelo prazo de dez dias, para razões finais. O representante do Ministério Público emitirá parecer após o prazo para as razões finais do autor e do réu. Em seguida, o relator lançará relatório nos autos, passando-se ao revisor, que pedirá dia para julgamento.

Parágrafo único. A Secretaria, ao ser incluído o feito em pauta, expedirá cópias autenticadas do relatório e as distribuirá entre os Ministros que compuserem o órgão do Tribunal competente para o julgamento.

**Art. 238.** À distribuição da ação rescisória não concorrerá o Ministro que houver servido como relator do acórdão rescindendo.

## Capítulo III

### DA REVISÃO CRIMINAL

**Art. 239.** À Corte Especial caberá a revisão de decisões criminais que tiver proferido, e à Seção, das decisões suas e das Turmas.

**Art. 240.** No caso do inciso I, primeira parte, do artigo 621 do Código de Processo Penal, caberá a revisão, pelo Tribunal, do processo em que a condenação tiver sido por ele proferida ou mantida no julgamento de recurso especial, se seu fundamento coincidir com a questão federal apreciada.

**Art. 241.** A revisão terá início por uma petição instruída com a certidão de haver passado em julgado a decisão condenatória e com as peças necessárias à comprovação dos fatos arguidos, e será processada e julgada na forma da lei processual.

**Art. 242.** Dirigida ao Presidente, será a petição distribuída, quando possível, a um relator que não haja participado do julgamento objeto da revisão.

§ 1º O relator poderá determinar que se apensem os autos originais, se daí não advier dificuldade à execução normal da sentença.

§ 2º Não estando a petição suficientemente instruída, e julgando o relator inconveniente ao interesse da Justiça que se apensem os autos originais, este a indeferirá liminarmente.

**Art. 243.** Se a petição for recebida, será ouvido o Ministério Público, que dará parecer no prazo de dez dias. Em seguida, o relator, lançando relatório, passará os autos ao revisor, que pedirá dia para julgamento.

Parágrafo único. A Secretaria expedirá cópias do relatório e fará a sua distribuição aos Ministros.

## TÍTULO IX – DOS RECURSOS

### Capítulo I

#### DOS RECURSOS ORDINÁRIOS

*Seção I*

##### DO RECURSO ORDINÁRIO EM HABEAS CORPUS

**Art. 244.** O recurso ordinário em *habeas corpus* será interposto na forma e no prazo estabelecidos na legislação processual vigente.

**Art. 245.** Distribuído o recurso, a Secretaria fará os autos com vista ao Ministério Público pelo prazo de dois dias.

Parágrafo único. Conclusos os autos ao relator, este submeterá o feito a julgamento na primeira sessão que se seguir à data da conclusão.

**Art. 246.** Será aplicado, no que couber, ao processo e julgamento do recurso, o disposto com relação ao pedido originário de *habeas corpus* (artigos 201 e seguintes).

*Seção II*

##### DO RECURSO ORDINÁRIO EM MANDADO DE SEGURANÇA

**Art. 247.** Aplicam-se ao recurso ordinário em mandado de segurança, quanto aos requisitos de admissibilidade e ao procedimento no Tribunal recorrido, as regras do Código de Processo Civil relativas à apelação.

**Art. 248.** Distribuído o recurso, a Secretaria fará os autos com vista ao Ministério Público pelo prazo de cinco dias.

Parágrafo único. Conclusos os autos ao relator, este pedirá dia para julgamento.

*Seção III*

##### DA APELAÇÃO CÍVEL

**Art. 249.** Aplicam-se à apelação, quanto aos requisitos de admissibilidade e ao procedimento no Juízo de origem, as normas do Código de Processo Civil.

**Art. 250.** Distribuída a apelação, será aberta vista ao Ministério Público pelo prazo de vinte dias.

Parágrafo único. Conclusos os autos ao relator, este pedirá dia para julgamento.

**Art. 251.** A apelação não será incluída em pauta antes do agravo de instrumento interposto no mesmo processo.

**Art. 252.** O agravo retido será julgado preliminarmente, na forma estabelecida na lei processual.

*Seção IV*

##### DO AGRAVO DE INSTRUMENTO

**Art. 253.** O agravo de instrumento obedecerá, no Juízo ou Tribunal de origem, às normas da legislação processual vigente.

Parágrafo único. Se interposto de decisão que inadmitiu o recurso especial, além das peças mencionadas no parágrafo único do artigo 523 do Código de Processo Civil, serão obrigatoriamente trasladados o acórdão recorrido, a petição de interposição do recurso especial e as contrarrazões, se houver.

**Art. 254.** Distribuído o agravo e ouvido, se necessário, o Ministério Público, no prazo de cinco dias, o relator, sem prejuízo das atribuições que lhe confere o artigo 34, parágrafo único:

▶ Parágrafo único do art. 34 transformado em inciso XVIII pela ER nº 1, de 23-5-1991.

I – proferirá decisão, dando-lhe ou negando-lhe provimento, quando interposto de decisão que inadmitiu o recurso especial;

II – pedirá dia para o julgamento nos demais casos.

§ 1º O provimento do agravo pelo relator não prejudica o exame e o julgamento pela Turma, do cabimento do recurso especial, no momento processual oportuno.

§ 2º Se o instrumento contiver os elementos necessários ao julgamento do mérito do recurso especial, o relator, ao dar provimento ao agravo, determinará seja ele autuado como recurso especial e incluído em pauta, salvo se houver recurso adesivo.

### Capítulo II

#### DO RECURSO ESPECIAL

**Art. 255.** O recurso especial será interposto na forma e no prazo estabelecidos na legislação processual vigente, e recebido no efeito devolutivo.

▶ Súm. nº 13 do STJ.

§ 1º A comprovação de divergência, nos casos de recursos fundados na alínea c do inciso III do artigo 105 da Constituição, será feita:
► § 1º acrescido pela ER nº 1, de 23-5-1991.

a) por certidões ou cópias autenticadas dos acórdãos apontados divergentes, permitida a declaração de autenticidade do próprio advogado, sob sua responsabilidade pessoal;
► Alínea a com a redação dada ER nº 6, de 12-8-2002.

b) pela citação de repositório oficial, autorizado ou credenciado, em que os mesmos se achem publicados.
► Alínea b acrescida pela ER nº 1, de 23-5-1991.

§ 2º Em qualquer caso, o recorrente deverá transcrever os trechos dos acórdãos que configurem o dissídio, mencionando as circunstâncias que identifiquem ou assemelhem os casos confrontados.

§ 3º São repositórios oficiais de jurisprudência, para o fim do § 1º, b, deste artigo, a *Revista Trimestral de Jurisprudência do Supremo Tribunal Federal*, a *Revista do Superior Tribunal de Justiça* e a *Revista do Tribunal Federal de Recursos*, e, autorizados ou credenciados, os habilitados na forma do artigo 134 e seu parágrafo único deste Regimento.
► §§ 2º e 3º acrescidos pela ER nº 1, de 23-5-1991.

**Art. 256.** Distribuído o recurso, o relator, após vista ao Ministério Público, se necessário, pelo prazo de vinte dias, pedirá dia para julgamento, sem prejuízo da atribuição que lhe confere o artigo 34, parágrafo único.

**Art. 257.** No julgamento do recurso especial, verificar-se-á, preliminarmente, se o recurso é cabível. Decidida a preliminar pela negativa, a Turma não conhecerá do recurso; se pela afirmativa, julgará a causa, aplicando o direito à espécie.
► Súmulas nºs 5 e 7 do STJ.

CAPÍTULO III

DOS RECURSOS DE DECISÕES PROFERIDAS NO TRIBUNAL

SEÇÃO I

DO AGRAVO REGIMENTAL

**Art. 258.** A parte que se considerar agravada por decisão do Presidente da Corte Especial, de Seção, de Turma ou de relator, poderá requerer, dentro de cinco dias, a apresentação do feito em mesa, para que a Corte Especial, a Seção ou a Turma sobre ela se pronuncie, confirmando-a ou reformando-a.
► Súmulas nºs 116 e 316 do STJ.

§ 1º O órgão do Tribunal competente para conhecer do agravo é o que seria competente para o julgamento do pedido ou recurso.

§ 2º Não cabe agravo regimental da decisão do relator que der provimento a agravo de instrumento, para determinar a subida de recurso não admitido.

**Art. 259.** O agravo regimental será submetido ao prolator da decisão, que poderá reconsiderá-la ou submeter o agravo ao julgamento da Corte Especial, da Seção ou da Turma, conforme o caso, computando-se também a seu voto.

Parágrafo único. Se a decisão agravada for do Presidente da Corte Especial ou da Seção, o julgamento será presidido por seu substituto, que votará no caso de empate.

SEÇÃO II

DOS EMBARGOS INFRINGENTES

**Art. 260.** Cabem embargos infringentes, no prazo de quinze dias, quando não for unânime o julgado proferido em apelação e em ação rescisória. Se o desacordo for parcial, os embargos serão restritos à matéria objeto da divergência.
► Súm. nº 169 do STJ.

**Art. 261.** Os embargos serão fundamentados e entregues no protocolo do Tribunal.

§ 1º A Secretaria fará os autos conclusos ao relator do acórdão embargado, a fim de que aprecie o cabimento do recurso.

§ 2º Admitido o recurso, far-se-á o sorteio do relator, que recairá, quando possível, em Ministro que não haja participado do julgamento da apelação ou da ação rescisória.

§ 3º Sorteado o relator, e independentemente de despacho, a Secretaria abrirá vista ao embargado para a impugnação. Impugnados ou não os embargos, serão os autos conclusos ao relator, que, lançando relatório nos autos, pedirá dia para julgamento.

**Art. 262.** A Secretaria do Tribunal, ao serem incluídos em pauta os embargos, expedirá cópias autenticadas do relatório e fará a sua distribuição aos Ministros que compuserem a Seção competente para o julgamento.

SEÇÃO III

DOS EMBARGOS DE DECLARAÇÃO

**Art. 263.** Aos acórdãos proferidos pela Corte Especial, pelas Seções ou pelas Turmas, poderão ser opostos embargos de declaração no prazo de cinco dias, em se tratando de matéria cível, ou, no prazo de dois dias, em se tratando de matéria penal, contados de sua publicação, em petição dirigida ao relator, na qual será indicado o ponto obscuro, duvidoso, contraditório ou omisso, cuja declaração se imponha.
► *Caput* com a redação dada pela ER nº 4, de 2-12-1993.

§ 1º Ausente o relator do acórdão embargado, o processo será encaminhado ao seu substituto.

§ 2º Se os embargos forem manifestamente incabíveis, o relator a eles negará seguimento.

**Art. 264.** O relator porá os embargos em mesa para julgamento, na primeira sessão seguinte, proferindo o seu voto.

Parágrafo único. Quando forem manifestamente protelatórios, o relator ou o Tribunal, declarando expressamente que o são, condenará o embargante a pagar ao embargado multa que não poderá exceder a um por cento sobre o valor da causa.

**Art. 265.** Os embargos de declaração suspendem o prazo para a interposição de recursos por qualquer das partes.

Parágrafo único. Publicada decisão dos embargos de declaração em véspera de feriado, o prazo que sobejar correrá a partir do primeiro dia útil.

▶ Parágrafo único acrescido pela ER nº 1, de 23-5-1991.

SEÇÃO IV
## DOS EMBARGOS DE DIVERGÊNCIA

**Art. 266.** Das decisões da Turma, em recurso especial, poderão, em quinze dias, ser interpostos embargos de divergência, que serão julgados pela Seção competente, quando as Turmas divergirem entre si ou de decisão da mesma Seção. Se a divergência for entre Turmas de Seções diversas, ou entre Turma e outra Seção ou com a Corte Especial, competirá a esta o julgamento dos embargos.

▶ Súmulas nºs 168, 315 e 316 do STJ.

§ 1º A divergência indicada deverá ser comprovada na forma do disposto no artigo 255, §§ 1º e 2º, deste Regimento.

▶ § 1º com a redação dada pela ER nº 1, de 23-5-1991.

§ 2º Os embargos serão juntados aos autos independentemente de despacho e não terão efeito suspensivo.

▶ § 2º com a redação dada pela ER nº 2, de 4-6-1992.

§ 3º Sorteado o relator, este poderá indeferi-los, liminarmente, quando intempestivos, ou quando contrariarem Súmula do Tribunal, ou não se comprovar ou não se configurar a divergência jurisprudencial.

§ 4º Se for caso de ouvir o Ministério Público, este terá vista dos autos por vinte dias.

▶ § 4º acrescido pela ER nº 1, de 23-5-1991.

**Art. 267.** Admitidos os embargos em despacho fundamentado, promover-se-á a publicação, no *Diário da Justiça*, do termo de "vista" ao embargado para apresentar impugnação nos quinze dias subsequentes.

Parágrafo único. Impugnados ou não os embargos, serão os autos conclusos ao relator, que pedirá a inclusão do feito na pauta de julgamento.

CAPÍTULO IV
## DOS RECURSOS PARA O SUPREMO TRIBUNAL FEDERAL

**Art. 268.** Das decisões do Tribunal são cabíveis os seguintes recursos para o Supremo Tribunal Federal:

I – recurso ordinário, nos casos previstos no artigo 102, II, *a*, da Constituição;

II – recurso extraordinário, nos casos previstos no artigo 102, III, *a*, *b*, e *c*, da Constituição.

**Art. 269.** Os recursos serão processados, no âmbito do Tribunal, na conformidade da legislação processual vigente e do Regimento Interno do Supremo Tribunal Federal.

**Art. 270.** O Presidente do Tribunal decidirá a respeito da admissibilidade do recurso.

Parágrafo único. Da decisão que não admitir o recurso, caberá agravo de instrumento para o Supremo Tribunal Federal.

# TÍTULO X – DOS PROCESSOS INCIDENTES

CAPÍTULO I
## DA SUSPENSÃO DE SEGURANÇA, DE LIMINAR E DE SENTENÇA

▶ Capítulo com a redação dada pela ER nº 7, de 1º-3-2004.

**Art. 271.** Poderá o Presidente do Tribunal, a requerimento da pessoa jurídica de direito público interessada ou do Procurador-Geral da República, e para evitar grave lesão à ordem, à saúde, à segurança e à economia públicas, suspender, em despacho fundamentado, a execução de liminar ou de decisão concessiva de mandado de segurança, proferida, em única ou última instância, pelos Tribunais Regionais Federais ou pelos Tribunais dos Estados e do Distrito Federal.

Igualmente, em caso de manifesto interesse público ou de flagrante ilegitimidade e para evitar grave lesão à ordem, à saúde, à segurança e à economia públicas, poderá o Presidente do Tribunal suspender, em despacho fundamentado, a requerimento do Ministério Público ou da pessoa jurídica de direito público interessada, a execução da liminar nas ações movidas contra o Poder Público ou seus agentes que for concedida ou mantida pelos Tribunais Regionais Federais ou pelos Tribunais dos Estados e do Distrito Federal, inclusive em tutela antecipada, bem como suspender a execução de sentença proferida em processo de ação cautelar inominada, em processo de ação popular e em ação civil pública, enquanto não transitada em julgado.

▶ *Caput* com a redação dada pela ER nº 7, de 1º-3-2004.

§ 1º O Presidente poderá ouvir o impetrante, em cinco dias, e, o Procurador-Geral, quando este não for o requerente, em igual prazo.

▶ § 1º com a redação dada pela ER nº 1, de 23-5-1991.

§ 2º Da decisão a que se refere este artigo caberá agravo regimental, no prazo de cinco dias, para a Corte Especial.

▶ § 2º com a redação dada pela ER nº 12, de 1º-9-2010.

§ 3º A suspensão vigorará enquanto pender o recurso, ficando sem efeito se a decisão concessiva for mantida pelo Superior Tribunal de Justiça ou transitar em julgado.

▶ § 3º com a redação dada pela ER nº 1, de 23-5-1991.

CAPÍTULO II
## DOS IMPEDIMENTOS E DA SUSPEIÇÃO

**Art. 272.** Os Ministros se declararão impedidos ou suspeitos nos casos previstos em lei.

Parágrafo único. Poderá o Ministro, ainda, dar-se por suspeito se afirmar a existência de motivo de ordem íntima que, em consciência, o iniba de julgar.

**Art. 273.** Se a suspeição ou impedimento for do relator ou revisor, tal fato será declarado por despacho nos autos. Se for do relator, irá o processo ao Presidente, para nova distribuição; se do revisor, o processo passará ao Ministro que o seguir na ordem de antiguidade.

Parágrafo único. Nos demais casos, o Ministro declarará o seu impedimento verbalmente, registrando-se na ata a declaração.

**Art. 274.** A arguição de suspeição do relator poderá ser suscitada até quinze dias após a distribuição, quando fundada em motivo preexistente; no caso de motivo superveniente, o prazo de quinze dias será contado do fato que a ocasionou. A do revisor, em igual prazo, após a conclusão; a dos demais Ministros, até o início do julgamento.

**Art. 275.** A suspeição deverá ser deduzida em petição assinada pela própria parte, ou procurador com poderes especiais, indicando os fatos que a motivaram e acompanhada de prova documental e rol de testemunhas, se houver.

**Art. 276.** Se o Ministro averbado de suspeito for o relator e reconhecer a suspeição, por despacho nos autos, ordenará a remessa deles ao Presidente, para nova distribuição; se for o revisor, passará ao Ministro que o seguir na ordem de antiguidade.

§ 1º Não aceitando a suspeição, o Ministro continuará vinculado ao feito. Neste caso, será suspenso o julgamento até a solução do incidente, que será autuado em apartado, com designação de relator.

► Antigo parágrafo único transformado em § 1º pela ER nº 1, de 23-5-1991.

§ 2º Em matéria penal, será relator o Presidente do Tribunal ou o Vice-Presidente se aquele for o recusado.

► § 2º acrescido pela ER nº 1, de 23-5-1991.

**Art. 277.** Autuada e distribuída a petição, e se reconhecida, preliminarmente, a relevância da arguição, o relator mandará ouvir o Ministro recusado, no prazo de dez dias, e, com ou sem resposta, ordenará o processo, colhendo as provas.

§ 1º Se a suspeição for de manifesta improcedência, o relator a rejeitará liminarmente.

§ 2º A afirmação de suspeição pelo arguido, ainda que por outro fundamento, põe fim ao incidente.

**Art. 278.** Preenchidas as formalidades do artigo anterior, o relator levará o incidente à mesa, na primeira sessão, quando se procederá ao julgamento, sem a presença do Ministro recusado.

Parágrafo único. Competirá à Seção da qual participe o Ministro recusado o julgamento do incidente, a menos que este haja sido suscitado em processo da competência da Corte Especial, caso em que a esta competirá o julgamento.

**Art. 279.** Reconhecida a procedência da suspeição, se haverá por nulo o que tiver sido processado perante o Ministro recusado, após o fato que ocasionou a suspeição. Caso contrário, o arguente será condenado ao pagamento das custas.

Parágrafo único. Será ilegítima a suspeição quando o arguente a tiver provocado ou, depois de manifestada a causa, praticar qualquer ato que importe a aceitação do Ministro recusado.

**Art. 280.** Afirmados o impedimento ou a suspeição pelo arguido, ter-se-ão por nulos os atos por ele praticados.

**Art. 281.** A arguição será sempre individual, não ficando os demais Ministros impedidos de apreciá-la, ainda que também recusados.

**Art. 282.** Não se fornecerá, salvo ao arguente e ao arguido, certidão de qualquer peça do processo de suspeição.

Parágrafo único. Da certidão constará, obrigatoriamente, o nome do requerente e a decisão que houver sido proferida.

### CAPÍTULO III

### DA HABILITAÇÃO INCIDENTE

**Art. 283.** A habilitação incidente será processada na forma da lei processual.

**Art. 284.** O relator, se contestado o pedido, facultará às partes sumária produção de provas, em cinco dias, e julgará, em seguida, a habilitação, cabendo agravo regimental da decisão.

**Art. 285.** Não dependerá de decisão do relator o pedido de habilitação:

I – do cônjuge e herdeiros necessários que provem por documento sua qualidade e o óbito do *de cujus*, e promovam a citação dos interessados para a renovação da instância;

II – fundado em sentença, com trânsito em julgado, que atribua ao requerente a qualidade de herdeiro necessário ou sucessor;

III – quando confessado ou não impugnado pela outra parte o parentesco, e se não houver oposição de terceiro.

**Art. 286.** Já havendo pedido de dia para julgamento, não se decidirá o requerimento de habilitação.

**Art. 287.** A parte que não se habilitar perante o Tribunal, poderá fazê-lo na instância inferior.

### CAPÍTULO IV

### DAS MEDIDAS CAUTELARES

**Art. 288.** Admitir-se-ão medidas cautelares nas hipóteses e na forma da lei processual.

§ 1º O pedido será autuado em apenso e processado sem interrupção do processo principal.

§ 2º O relator poderá apreciar a liminar e a própria medida cautelar, ou submetê-las ao órgão julgador competente.

► § 2º com a redação dada pela ER nº 7, de 1º-3-2004.

### TÍTULO XI – DOS PROCEDIMENTOS ADMINISTRATIVOS

### CAPÍTULO I

### DA ELEIÇÃO DE MEMBROS DO TRIBUNAL SUPERIOR ELEITORAL

**Art. 289.** A eleição, em escrutínio secreto, de Ministro para integrar o Tribunal Superior Eleitoral, é feita na primeira sessão do Plenário a que se seguir a comunicação de extinção de mandato, feita pelo Presidente do Tribunal Superior Eleitoral.

Parágrafo único. Não podem ser eleitos o Presidente, o Vice-Presidente e o Coordenador-Geral da Justiça Federal.

► Parágrafo único com a redação dada pela ER nº 4, de 2-12-1993.

## Capítulo II
### DA DISPONIBILIDADE E DA APOSENTADORIA POR INTERESSE PÚBLICO

**Art. 290.** O Tribunal poderá determinar por motivo de interesse público, em escrutínio secreto e pelo voto de dois terços de seus membros, a disponibilidade ou a aposentadoria de Ministro do Tribunal, assegurada ampla defesa.

## Capítulo III
### DA VERIFICAÇÃO DE INVALIDEZ

**Art. 291.** O processo de verificação da invalidez do magistrado, para o fim de aposentadoria, terá início a seu requerimento, ou por ordem do Presidente do Tribunal, de ofício, ou em cumprimento de deliberação do Tribunal.

§ 1º Instaurado o processo de verificação da invalidez, o paciente será afastado, desde logo, do exercício do cargo, até final decisão, devendo ficar concluído o processo no prazo de sessenta dias.

§ 2º Tratando-se de incapacidade mental, o Presidente nomeará curador ao paciente, sem prejuízo da defesa que este queira oferecer pessoalmente, ou por procurador que constituir.

**Art. 292.** Como preparador do processo, funcionará o Presidente do Tribunal, até as razões finais, inclusive, efetuando-se, depois delas, a sua distribuição.

**Art. 293.** O paciente será notificado, por ofício do Presidente, para alegar, em dez dias, prorrogáveis por mais dez, o que entender a bem de seus direitos, podendo juntar documentos. Com o ofício, será remetida cópia da ordem inicial.

**Art. 294.** Decorrido o prazo do artigo antecedente, com a resposta, ou sem ela, o Presidente nomeará uma junta de três médicos para proceder ao exame do paciente e ordenará as demais diligências necessárias à averiguação do caso.

Parágrafo único. A recusa do paciente em submeter-se à perícia médica permitirá o julgamento baseado em quaisquer outras provas.

**Art. 295.** Concluídas as diligências, poderá o paciente, ou o seu curador, apresentar alegações no prazo de dez dias. Os autos, a seguir, serão informados pela Secretaria e distribuídos.

**Art. 296.** O julgamento será feito pela Corte Especial, participando o Presidente da votação.

**Art. 297.** A decisão do Tribunal, pela incapacidade do magistrado, será tomada pelo voto da maioria absoluta dos seus membros.

**Art. 298.** A decisão que concluir pela incapacidade do magistrado será imediatamente comunicada ao Poder Executivo, para os devidos fins.

**Art. 299.** O magistrado que, por dois anos consecutivos, afastar-se, ao todo, por seis meses ou mais, para tratamento de saúde, deverá submeter-se, ao requerer nova licença para igual fim, dentro de dois anos, a exame para verificação de invalidez.

**Art. 300.** Na hipótese de a verificação da invalidez houver sido requerida pelo magistrado, o processo, após parecer da junta médica designada pelo Presidente do Tribunal, será informado pela Secretaria e distribuído a um Ministro, observando-se as normas inscritas nos artigos 296 e seguintes.

## TÍTULO XII – DA EXECUÇÃO

## Capítulo I
### DISPOSIÇÕES GERAIS

**Art. 301.** A execução competirá ao Presidente:

I – quanto às suas decisões e ordens;
II – quanto às decisões do Plenário, da Corte Especial e às tomadas em sessão administrativa.

**Art. 302.** Compete ainda a execução:

I – ao Presidente de Seção, quanto às decisões desta e às suas decisões individuais;
II – ao Presidente de Turma, quanto às decisões desta e às suas decisões individuais;
III – ao relator, quanto às suas decisões acautelatórias ou de instrução e direção do processo.

**Art. 303.** Os atos de execução, que não dependerem de carta de sentença, serão requisitados, determinados, notificados ou delegados a quem os deva praticar.

**Art. 304.** Se necessário, os incidentes de execução poderão ser levados à apreciação:

I – da Corte Especial, pelo Presidente, pelo relator, pela Seção ou pela Turma ou por seus Presidentes;
II – da Seção, por seu Presidente ou pelo relator;
III – da Turma, por seu Presidente ou pelo relator.

**Art. 305.** A execução atenderá, no que couber, à legislação processual.

## Capítulo II
### DA CARTA DE SENTENÇA

**Art. 306.** Será extraída carta de sentença, a requerimento do interessado, para execução de decisões:

I – quando o interessado não a houver providenciado na instância de origem e pender de julgamento do Tribunal recurso sem efeito suspensivo;
II – quando, interposto recurso, houver matéria não abrangida por este e, assim, preclusa.

**Art. 307.** O pedido será dirigido ao Presidente do Tribunal, ou ao relator, no caso do item I do artigo antecedente.

**Art. 308.** A carta de sentença conterá as peças indicadas na lei processual e outras que o requerente mencionar; será autenticada pelo funcionário encarregado e pelo Diretor-Geral da Secretaria e assinada pelo Presidente ou relator.

## Capítulo III
### DA EXECUÇÃO CONTRA A FAZENDA PÚBLICA

**Art. 309.** Na execução por quantia certa, fundada em decisão proferida contra a Fazenda Pública em ação da competência originária do Tribunal, citar-se-á a devedora para opor embargos em dez dias; se esta não os opuser, no prazo regimental, observar-se-ão as seguintes regras:

I – o Presidente do Tribunal requisitará o pagamento ao Presidente da República, ao Governador ou ao Prefeito, conforme o caso;

II – far-se-á o pagamento na ordem de apresentação do respectivo pedido e à conta do crédito próprio.

**Art. 310.** Os precatórios de requisição de pagamento das somas a que a Fazenda Pública for condenada serão dirigidos pelo juiz da execução ao Presidente do Tribunal, devendo o instrumento conter o parecer do Procurador da Fazenda e vir devidamente autenticado.

**Art. 311.** Se o credor for preterido no seu direito de preferência, o Presidente do Tribunal poderá, depois de ouvido o Procurador-Geral, em cinco dias, ordenar o sequestro da quantia necessária para satisfazer o débito.

CAPÍTULO IV

### DA INTERVENÇÃO FEDERAL NOS ESTADOS

**Art. 312.** A requisição de intervenção federal, prevista nos artigos 34, VI, e 36, II e IV, da Constituição, será promovida:

I – de ofício, ou mediante pedido do Presidente do Tribunal de Justiça do Estado, ou do Presidente de Tribunal Federal, quando se tratar de prover a execução de ordem ou decisão judicial, com ressalva, conforme a matéria, da competência do Supremo Tribunal Federal ou do Tribunal Superior Eleitoral (Constituição, artigo 34, VI, e artigo 36, II);

II – de ofício, ou mediante pedido da parte interessada, quando se tratar de prover a execução de ordem ou decisão do Superior Tribunal de Justiça (Constituição, artigo 34, VI, e artigo 36, II);

III – mediante representação do Procurador-Geral da República, quando se tratar de prover a execução de lei federal (Constituição, artigo 34, VI, e artigo 36, IV).

**Art. 313.** O Presidente, ao receber o pedido:

I – tomará as providências oficiais que lhe parecerem adequadas para remover, administrativamente, a causa do pedido;

II – mandará arquivá-lo, se for manifestamente infundado, cabendo da sua decisão agravo regimental.

**Art. 314.** Realizada a gestão prevista no inciso I do artigo anterior, solicitadas informações à autoridade estadual, que as deverá prestar, no prazo de trinta dias, e ouvido o Procurador-Geral, em igual prazo, o pedido será distribuído a um relator.

▶ Caput com a redação dada pela ER nº 1, de 23-5-1991.

Parágrafo único. Tendo em vista o interesse público, poderá a Corte Especial limitar a presença no recinto às partes e seus advogados, ou somente a estes.

▶ Parágrafo único acrescido pela ER nº 1, de 23-5-1991.

**Art. 315.** Julgado procedente o pedido, o Presidente do Tribunal comunicará imediatamente a decisão aos órgãos interessados do Poder Público e requisitará a intervenção ao Presidente da República.

### PARTE III – DOS SERVIÇOS ADMINISTRATIVOS

### TÍTULO I – DA SECRETARIA DO TRIBUNAL

**Art. 316.** À Secretaria do Tribunal incumbe a execução dos serviços administrativos do Tribunal.

§ 1º O Diretor-Geral da Secretaria do Tribunal, com formação superior, será nomeado em comissão pelo Presidente do Tribunal.

§ 2º Compete ao Diretor-Geral supervisionar, coordenar e dirigir todas as atividades administrativas da Secretaria, observadas as orientações estabelecidas pelo Presidente e de acordo com as deliberações do Tribunal.

▶ §§ 1º e 2º acrescidos pela ER nº 12, de 1º-9-2010, que também revogou o parágrafo único.

**Art. 317.** A organização da Secretaria do Tribunal será fixada em resolução do Conselho de Administração (artigo 38, I), cabendo ao Presidente, em ato próprio, especificar as atribuições das diversas unidades, bem assim de seus diretores, chefes e servidores.

**Art. 318.** O Diretor-Geral da Secretaria, em suas férias, faltas e impedimentos, será substituído por Diretor de Secretaria, com os requisitos exigidos para o cargo, e designado pelo Presidente.

**Art. 319.** Além das atribuições estabelecidas no ato do Presidente a que se refere o artigo 317, incumbe ao Diretor-Geral da Secretaria:

▶ Caput com a redação dada pela ER nº 4, de 2-12-1993.

I – apresentar ao Presidente as petições e papéis dirigidos ao Tribunal;

II – despachar com o Presidente o expediente da Secretaria;

III – manter sob sua direta fiscalização, e permanentemente atualizado, o assentamento funcional dos Ministros;

IV – relacionar-se, pessoalmente, com os Ministros no encaminhamento dos assuntos administrativos referentes a seus gabinetes, ressalvada a competência do Presidente;

V – secretariar, salvo dispensa do Presidente, as sessões administrativas do Plenário e do Conselho de Administração, lavrando as respectivas atas e assinando-as com o Presidente;

▶ Inciso V com a redação dada pela ER nº 4, de 2-12-1993.

VI – exercer outras atribuições que lhe sejam delegadas pelo Presidente.

**Art. 320.** O Secretário do Plenário e da Corte Especial, das Seções e das Turmas serão designados pelo Presidente do Tribunal, dentre funcionários do Quadro de Pessoal da Secretaria, e mediante indicação do respectivo Presidente, em se tratando das Seções e Turmas.

**Art. 321.** Os secretários dos órgãos julgadores, o Diretor-Geral, qualquer diretor, chefe ou servidor da Secretaria, que tiverem de servir nas sessões do Plenário, da Corte Especial, Seção ou Turma, ou a elas comparecer a serviço, usarão capa e vestuário condigno.

### TÍTULO II – DO GABINETE DO PRESIDENTE

**Art. 322.** Ao Gabinete da Presidência do Tribunal incumbe o exercício das atividades de apoio administrativo à execução das funções do Presidente e a assessoria no planejamento e fixação das diretrizes para a administração do Tribunal, bem assim, no desempenho de suas demais atribuições previstas em lei e neste Regimento, inclusive no que concerne às funções de auditoria e de representação oficial e social do Tribunal.

▶ *Caput* com a redação dada pela ER nº 4, de 2-12-1993.

Parágrafo único. Ao Secretário-Geral da Presidência, bacharel em Direito, Administração ou Economia, nomeado em comissão, compete supervisionar e coordenar as atividades administrativas, e de assessoramento e planejamento do Gabinete, de acordo com a orientação estabelecida pelo Presidente.

▶ Parágrafo único com a redação dada pela ER nº 1, de 23-5-1991.

**Art. 323.** A organização administrativa e dos órgãos de assessoramento, planejamento e auditoria do Gabinete será estabelecida por ato do Presidente.

**Art. 324.** Para a realização de trabalhos urgentes, o Gabinete poderá requisitar o auxílio do serviço taquigráfico do Tribunal.

### TÍTULO III – DO GABINETE DOS MINISTROS

**Art. 325.** Cada Ministro disporá de um gabinete para executar os serviços administrativos e de assessoramento jurídico.

§ 1º Os servidores do Gabinete, de estrita confiança do Ministro, serão por este indicados ao Presidente, que os designará para nele terem exercício.

§ 2º O Assessor de Ministro, bacharel em Direito, nomeado em comissão pelo Presidente, mediante indicação do Ministro, poderá ser recrutado do Quadro de Pessoal da Secretaria, ou não, e permanecerá em exercício, enquanto bem servir, a critério do Ministro.

§ 3º No caso de afastamento definitivo do Ministro, o Assessor permanecerá no exercício das respectivas funções até o encerramento dos trabalhos do Gabinete, não podendo, porém, esse exercício prolongar-se por mais de sessenta dias, devendo, de qualquer modo, cessar à data da nomeação do novo titular.

**Art. 326.** Ao Assessor cabe executar trabalhos e tarefas que lhe forem atribuídos pelo Ministro.

**Art. 327.** O horário do pessoal do Gabinete, observada a duração legal e as peculiaridades do serviço, será o estabelecido pelo Ministro.

Parágrafo único. Para trabalhos urgentes, o Ministro poderá requisitar o auxílio do serviço taquigráfico do Tribunal.

### TÍTULO IV – DA SECRETARIA DO CONSELHO DA JUSTIÇA FEDERAL

**Arts. 328 a 331.** *Revogados.* ER nº 4, de 2-12-1993.

### PARTE IV – DISPOSIÇÕES FINAIS

### TÍTULO I – DAS EMENDAS AO REGIMENTO

**Art. 332.** A iniciativa de emenda ao Regimento Interno cabe a qualquer membro ou Comissão do Tribunal.

Parágrafo único. A proposta de emenda que não for de iniciativa da Comissão de Regimento será encaminhada a ela, que dará seu parecer, dentro de dez dias. Nos casos urgentes, esse prazo poderá ser reduzido.

**Art. 333.** Quando ocorrer mudança na legislação que determine alteração do Regimento Interno esta será proposta ao Tribunal pela Comissão de Regimento, no prazo de dez dias, contados da vigência da lei.

**Art. 334.** As emendas considerar-se-ão aprovadas, se obtiverem o voto favorável de dois terços dos membros do Tribunal, não entrando em vigor antes de sua publicação no *Diário da Justiça*.

**Art. 335.** As emendas aprovadas serão numeradas ordinalmente.

### TÍTULO II – DAS DISPOSIÇÕES GERAIS E TRANSITÓRIAS

**Art. 336.** Ocorrendo alteração do número de Ministros, previsto na data da publicação deste Regimento, a competência do Plenário limitar-se-á às eleições do Presidente do Tribunal, do Vice-Presidente, dos membros do Conselho da Justiça Federal e do Diretor da Revista, transferindo-se para a Corte Especial as demais competências elencadas no artigo 10.

**Art. 337.** O Tribunal presta homenagem aos Ministros:

I – por motivo de afastamento definitivo do seu serviço;
II – por motivo de falecimento;
III – para celebrar centenário de nascimento.

Parágrafo único. Por deliberação da Corte Especial, tomada com a presença de dois terços dos seus membros e pelo voto da maioria absoluta dos seus integrantes, o Tribunal pode homenagear pessoa estranha e falecida, de excepcional relevo no governo do País, na administração da Justiça ou no aperfeiçoamento das instituições jurídicas.

**Art. 338.** O Presidente do Tribunal, mediante instrução normativa, disciplinará a remessa aos Tribunais Regionais Federais, dos feitos da competência destes e que se encontrem na Secretaria do Superior Tribunal de Justiça, pendentes de julgamento.

**Art. 339.** O Conselho da Justiça Federal elaborará o seu Regimento Interno e o submeterá à aprovação da Corte Especial, no prazo de cento e vinte dias da vigência deste Regimento.

**Art. 340.** Os embargos de declaração, interpostos de acórdãos proferidos em processos dos quais o Tribunal haja perdido a competência para julgar, serão encaminhados ao Tribunal Regional Federal respectivo.

**Art. 341.** Os acórdãos proferidos pelo Tribunal Federal de Recursos e ainda não publicados, serão incluídos no expediente de publicação do Tribunal, e aguardarão, na Secretaria deste, a interposição de recurso.

Parágrafo único. Interposto o recurso, serão os autos encaminhados ao Tribunal Regional Federal respectivo, para o seu processamento. Igual procedimento será adotado em relação a recursos interpostos de acórdãos do Tribunal Federal de Recursos, que estejam sendo processados na Secretaria do Superior Tribunal de Justiça.

**Art. 342.** Os feitos da competência do Tribunal Federal de Recursos e incluídos na competência do Superior Tribunal de Justiça serão redistribuídos.

**Art. 343.** Os precatórios de requisição de pagamento das somas a que a Fazenda Pública tiver sido condenada, e em andamento na Secretaria do Tribunal, serão objeto de resolução a ser baixada pela Presidência do Tribunal.

**Art. 344.** Este Regimento Interno entrará em vigor quinze dias após a sua publicação, revogadas as disposições em contrário.

Superior Tribunal de Justiça,
22 de junho de 1989.

**Evandro Gueiros Leite**

# Súmulas

## SÚMULAS VINCULANTES DO SUPREMO TRIBUNAL FEDERAL

**1.** Ofende a garantia constitucional do ato jurídico perfeito a decisão que, sem ponderar as circunstâncias do caso concreto, desconsidera a validez e a eficácia de acordo constante de termo de adesão instituído pela Lei Complementar nº 110/2001.
- Publicada no DOU de 6-6-2007.
- Art. 5º, XXXVI, da CF.
- LC nº 110, de 29-6-2001, institui contribuições sociais, autoriza créditos de complementos de atualização monetária em contas vinculadas do FGTS.

**2.** É inconstitucional a lei ou ato normativo estadual ou distrital que disponha sobre sistemas de consórcios e sorteios, inclusive bingos e loterias.
- Publicada no DOU de 6-6-2007.
- Art. 22, XX, da CF.

**3.** Nos processos perante o Tribunal de Contas da União asseguram-se o contraditório e a ampla defesa quando da decisão puder resultar anulação ou revogação de ato administrativo que beneficie o interessado, excetuada a apreciação da legalidade do ato de concessão inicial de aposentadoria, reforma e pensão.
- Publicada no DOU de 6-6-2007.
- Arts. 5º, LIV, LV, e 71, III, da CF.
- Art. 2º da Lei nº 9.784, de 29-1-1999 (Lei do Processo Administrativo Federal).

**4.** Salvo nos casos previstos na Constituição, o salário mínimo não pode ser usado como indexador de base de cálculo de vantagem de servidor público ou de empregado, nem ser substituído por decisão judicial.
- Publicada no DOU de 9-5-2008.
- Arts. 7º, XXIII, 39, caput, § 1º, 42, § 1º, e 142, X, da CF.

**5.** A falta de defesa técnica por advogado no processo administrativo disciplinar não ofende a Constituição.
- Publicada no DOU de 16-5-2008.
- Art. 5º, LV, da CF.

**6.** Não viola a Constituição o estabelecimento de remuneração inferior ao salário mínimo para as praças prestadoras de serviço militar inicial.
- Publicada no DOU de 16-5-2008.
- Arts. 1º, III, 7º, IV, e 142, § 3º, VIII, da CF.

**7.** A norma do § 3º do artigo 192 da Constituição, revogada pela Emenda Constitucional nº 40/2003, que limitava a taxa de juros reais a 12% ao ano, tinha sua aplicação condicionada à edição de lei complementar.
- Publicada no DOU de 20-6-2008.
- Art. 591 do CC.
- MP nº 2.172-32, de 23-8-2001, que até o encerramento desta edição não havia sido convertida em lei, estabelece a nulidade das disposições contratuais que mencionem e inverte, nas hipóteses que prevê, o ônus da prova nas ações intentadas para sua declaração.

**8.** São inconstitucionais o parágrafo único do artigo 5º do Decreto-Lei nº 1.569/1977 e os artigos 45 e 46 da Lei nº 8.212/1991, que tratam de prescrição e decadência de crédito tributário.
- Publicada no DOU de 20-6-2008.
- Art. 146, III, b, da CF.
- Arts. 173 e 174 do CTN.
- Art. 2º, § 3º, da Lei nº 6.830, de 22-9-1980 (Lei das Execuções Fiscais).
- Art. 348 do Dec. nº 3.048, de 6-5-1999 (Regulamento da Previdência Social).

**9.** O disposto no artigo 127 da Lei nº 7.210/1984 (Lei de Execução Penal) foi recebido pela ordem constitucional vigente, e não se lhe aplica o limite temporal previsto no caput do artigo 58.
- Publicada no DOU de 20-6-2008 e republicada no DOU de 27-6-2008.
- Art. 5º, XXXVI, da CF.

**10.** Viola a cláusula de reserva de plenário (CF, artigo 97) a decisão de órgão fracionário de Tribunal que, embora não declare expressamente a inconstitucionalidade de lei ou ato normativo do poder público, afasta sua incidência, no todo ou em parte.
- Publicada no DOU de 27-6-2008.
- Art. 97 da CF.

**11.** Só é lícito o uso de algemas em casos de resistência e de fundado receio de fuga ou de perigo à integridade física própria ou alheia, por parte do preso ou de terceiros, justificada a excepcionalidade por escrito, sob pena de responsabilidade disciplinar, civil e penal do agente ou da autoridade e de nulidade da prisão ou do ato processual a que se refere, sem prejuízo da responsabilidade civil do Estado.
- Publicada no DOU de 22-8-2008.
- Art. 5º, XLIX, da CF.
- Arts. 23, III, 329 a 331 e 352 do CP.
- Arts. 284 e 292 do CPP.
- Arts. 42, 177, 180, 298 a 301 do CPM.
- Arts. 234 e 242 do CPPM.
- Arts. 3º, i, e 4º, b, da Lei nº 4.898, de 9-12-1965 (Lei do Abuso de Autoridade).
- Art. 40 da LEP.

**12.** A cobrança de taxa de matrícula nas universidades públicas viola o disposto no art. 206, IV, da Constituição Federal.
- Publicada no DOU de 22-8-2008.

**13.** A nomeação de cônjuge, companheiro ou parente em linha reta, colateral ou por afinidade, até o terceiro grau, inclusive, da autoridade nomeante ou de servidor da mesma pessoa jurídica investido em cargo de direção, chefia ou assessoramento, para o exercício de cargo em comissão ou de confiança ou, ainda, de função gratificada na administração pública direta e indireta em qualquer dos Poderes da União, dos Estados, do Distrito Federal e dos Municípios, compreendido o ajuste mediante designações recíprocas, viola a Constituição Federal.
- Publicada no DOU de 29-8-2008.
- Art. 37, caput, da CF.
- Dec. nº 7.203, de 4-6-2010, dispõe sobre a vedação do nepotismo no âmbito da administração pública federal.

**14.** É direito do defensor, no interesse do representado, ter acesso amplo aos elementos de prova que, já

documentados em procedimento investigatório realizado por órgão com competência de polícia judiciária, digam respeito ao exercício do direito de defesa.
- Publicada no *DOU* de 9-2-2009.
- Art. 5º, XXXIII, LIV e LV, da CF.
- Art. 9º do CPP.
- Arts. 6º, parágrafo único, e 7º, XIII e XIV, da Lei nº 8.906, de 4-7-1994 (Estatuto da Advocacia e da OAB).

**15.** O cálculo de gratificações e outras vantagens do servidor público não incide sobre o abono utilizado para se atingir o salário mínimo.
- Publicada no *DOU* de 1º-7-2009.
- Art. 7º, IV, da CF.

**16.** Os artigos 7º, IV, e 39, § 3º (redação da EC nº 19/1998), da Constituição, referem-se ao total da remuneração percebida pelo servidor público.
- Publicada no *DOU* de 1º-7-2009.

**17.** Durante o período previsto no § 1º do artigo 100 da Constituição, não incidem juros de mora sobre os precatórios que nele sejam pagos.
- Publicada no *DOU* de 10-11-2009.
- Refere-se ao art. 100, § 5º, com a redação dada pela EC nº 62, de 9-12-2009.

**18.** A dissolução da sociedade ou do vínculo conjugal, no curso do mandato, não afasta a inelegibilidade prevista no § 7º do artigo 14 da Constituição Federal.
- Publicada no *DOU* de 10-11-2009.

**19.** A taxa cobrada exclusivamente em razão dos serviços públicos de coleta, remoção e tratamento ou destinação de lixo ou resíduos provenientes de imóveis, não viola o artigo 145, II, da Constituição Federal.
- Publicada no *DOU* de 10-11-2009.

**20.** A Gratificação de Desempenho de Atividade Técnico-Administrativa – GDATA, instituída pela Lei nº 10.404/2002, deve ser deferida aos inativos nos valores correspondentes a 37,5 (trinta e sete vírgula cinco) pontos no período de fevereiro a maio de 2002 e, nos termos do artigo 5º, parágrafo único, da Lei nº 10.404/2002, no período de junho de 2002 até a conclusão dos efeitos do último ciclo de avaliação a que se refere o artigo 1º da Medida Provisória nº 198/2004, a partir da qual passa a ser de 60 (sessenta) pontos.
- Publicada no *DOU* de 10-11-2009.
- Art. 40, § 8º, da CF.

**21.** É inconstitucional a exigência de depósito ou arrolamento prévios de dinheiro ou bens para admissibilidade de recurso administrativo.
- Publicada no *DOU* de 10-11-2009.
- Art. 5º, XXXIV, a, e LV, da CF.
- Art. 33, § 2º, do Dec. nº 70.235, de 6-3-1972 (Lei do Processo Administrativo Fiscal).

**22.** A Justiça do Trabalho é competente para processar e julgar as ações de indenização por danos morais e patrimoniais decorrentes de acidente de trabalho propostas por empregado contra empregador, inclusive aquelas que ainda não possuíam sentença de mérito em primeiro grau quando da promulgação da Emenda Constitucional nº 45/2004.
- Publicada no *DOU* de 11-12-2009.
- Arts. 7º, XXVIII, 109, I, e 114 da CF.

- Súm. nº 235 do STF.

**23.** A Justiça do Trabalho é competente para processar e julgar ação possessória ajuizada em decorrência do exercício do direito de greve pelos trabalhadores da iniciativa privada.
- Publicada no *DOU* de 11-12-2009.
- Art. 114, II, da CF.

**24.** Não se tipifica crime material contra a ordem tributária, previsto no art. 1º, incisos I a IV, da Lei nº 8.137/1990, antes do lançamento definitivo do tributo.
- Publicada no *DOU* de 11-12-2009.
- Art. 5º, LV, da CF.
- Art. 142, *caput*, do CTN.
- Lei nº 8.137, de 27-12-1990 (Lei dos Crimes Contra a Ordem Tributária, Econômica e Contra as Relações de Consumo).
- Art. 83 da Lei nº 9.430, de 27-12-1996, que dispõe sobre a legislação tributária federal, as contribuições para a seguridade social e o processo administrativo de consulta.
- Art. 9º, § 2º, da Lei nº 10.684, de 30-5-2003, que dispõe sobre parcelamento de débitos junto à Secretaria da Receita Federal, à Procuradoria-Geral da Fazenda Nacional e ao Instituto Nacional do Seguro Social.

**25.** É ilícita a prisão civil de depositário infiel, qualquer que seja a modalidade do depósito.
- Publicada no *DOU* de 23-12-2009.
- Art. 5º, § 2º, da CF.
- Art. 7º, 7, do Pacto de São José da Costa Rica.
- Súmulas nºs 304, 305 e 419 do STJ.

**26.** Para efeito de progressão de regime no cumprimento de pena por crime hediondo, ou equiparado, o juízo da execução observará a inconstitucionalidade do art. 2º da Lei nº 8.072, de 25 de julho de 1990, sem prejuízo de avaliar se o condenado preenche, ou não, os requisitos objetivos e subjetivos do benefício, podendo determinar, para tal fim, de modo fundamentado, a realização de exame criminológico.
- Publicada no *DOU* de 23-12-2009.
- Art. 5º, XLVI e XLVII, da CF.
- Arts. 33, § 3º, e 59 do CP.
- Art. 66, III, b, da LEP.
- Lei nº 8.072, de 25-7-1990 (Lei dos Crimes Hediondos).
- Súmulas nºs 439 e 471 do STJ.

**27.** Compete à Justiça estadual julgar causas entre consumidor e concessionária de serviço público de telefonia, quando a ANATEL não seja litisconsorte passiva necessária, assistente, nem oponente.
- Publicada no *DOU* de 23-12-2009.
- Arts. 98, I, e 109, I, da CF.

**28.** É inconstitucional a exigência de depósito prévio como requisito de admissibilidade de ação judicial na qual se pretenda discutir a exigibilidade de crédito tributário.
- Publicada no *DOU* de 17-2-2010.
- Art. 5º, XXXV, da CF.
- Súm. nº 112 do STJ.

**29.** É constitucional a adoção, no cálculo do valor de taxa, de um ou mais elementos da base de cálculo própria de determinado imposto, desde que não haja integral identidade entre uma base e outra.

▶ Publicada no *DOU* de 17-2-2010.
▶ Art. 145, § 2º, da CF.

**30.** ..................................................................

▶ O STF decidiu suspender a publicação da Súmula Vinculante nº 30, em razão de questão de ordem levantada pelo Ministro José Antonio Dias Toffoli, em 4-2-2010.

**31.** É inconstitucional a incidência do Imposto sobre Serviços de Qualquer Natureza – ISS sobre operações de locação de bens móveis.

▶ Publicada no *DOU* de 17-2-2010.
▶ Art. 156, III, da CF.
▶ LC nº 116, de 31-4-2003 (Lei do ISS).

**32.** *O ICMS não incide sobre alienação de salvados de sinistro pelas seguradoras.*

▶ Publicada no *DOU* de 24-2-2011.
▶ Art. 153, V, da CF.
▶ Art. 3º, IX, da LC nº 87, de 13-9-1996 (Lei Kandir – ICMS).
▶ Art. 73 do Dec.-lei nº 73, de 21-11-1966, que dispõe sobre o Sistema Nacional de Seguros Privados, e regula as operações de seguros e resseguros.

## SÚMULAS DO SUPREMO TRIBUNAL FEDERAL

**1.** É vedada a expulsão de estrangeiro casado com brasileira, ou que tenha filho brasileiro dependente da economia paterna.

**5.** A sanção do projeto supre a falta de iniciativa do Poder Executivo.

▶ Súmula aplicável na vigência da CF/1946. Representação nº 890/GB.

**7.** Sem prejuízo de recurso para o congresso, não é exequível contrato administrativo a que o tribunal de contas houver negado registro.

**23.** Verificados os pressupostos legais para o licenciamento da obra, não o impede a declaração de utilidade pública para desapropriação do imóvel, mas o valor da obra não se incluirá na indenização, quando a desapropriação for efetivada.

▶ Arts. 7º, 10 e 26 do Dec.-lei nº 3.365, de 21-6-1941 (Lei das Desapropriações).

**25.** A nomeação a termo não impede a livre demissão, pelo Presidente da República, de ocupante de cargo dirigente de autarquia.

**28.** O estabelecimento bancário é responsável pelo pagamento de cheque falso, ressalvadas as hipóteses de culpa exclusiva ou concorrente do correntista.

**35.** Em caso de acidente do trabalho ou de transporte, a concubina tem direito de ser indenizada pela morte do amásio, se entre eles não havia impedimento para o matrimônio.

**40.** A elevação da entrância da comarca não promove automaticamente o juiz, mas não interrompe o exercício de suas funções na mesma comarca.

**42.** É legítima a equiparação de juízes do Tribunal de Contas, em direitos e garantias, aos membros do poder judiciário.

**49.** A cláusula de inalienabilidade inclui a incomunicabilidade dos bens.

▶ Art. 1.848 do CC.

**72.** No julgamento de questão constitucional, vinculada à decisão do Tribunal Superior Eleitoral, não estão impedidos os ministros do Supremo Tribunal Federal que ali tenham funcionado no mesmo processo ou no processo originário.

**80.** Para a retomada de prédio situado fora do domicílio do locador, exige-se a prova da necessidade.

**101.** O mandado de segurança não substitui a ação popular.

**105.** Salvo se tiver havido premeditação, o suicídio do segurado no período contratual de carência não exime o segurador do pagamento do seguro.

▶ Art. 798 do CC.

**111.** É legítima a incidência do Imposto de Transmissão *inter vivos* sobre a restituição, ao antigo proprietário, de imóvel que deixou de servir à finalidade da sua desapropriação.

**112.** O Imposto de Transmissão *causa mortis* é devido pela alíquota vigente ao tempo da abertura da sucessão.

▶ Súmulas nºs 113, 114, 331 e 590 do STF.

**113.** O Imposto de Transmissão *causa mortis* é calculado sobre o valor dos bens na data da avaliação.

▶ Súmulas nºs 112, 114, 115, 331 e 590 do STF.

**114.** O Imposto de Transmissão *causa mortis* não é exigível antes da homologação do cálculo.

▶ Súmulas nºs 112, 113, 331 e 590 do STF.

**115.** Sobre os honorários do advogado contratado pelo inventariante, com a homologação do Juiz, não incide o Imposto de Transmissão *causa mortis*.

**116.** Em desquite, ou inventário, é legítima a cobrança do chamado Imposto de Reposição, quando houver desigualdade dos valores partilhados.

**120.** Parede de tijolos de vidro translúcido pode ser levantada a menos de metro e meio do prédio vizinho, não importando servidão sobre ele.

▶ Art. 1.301 do CC.

**121.** É vedada a capitalização de juros, ainda que expressamente convencionada.

**122.** O enfiteuta pode purgar a mora enquanto não decretado o comisso por sentença.

**147.** A prescrição de crime falimentar começa a correr da data em que deveria estar encerrada a falência, ou do trânsito em julgado da sentença que a encerrar ou que julgar cumprida a concordata.

▶ Lei nº 11.101, de 9-2-2005 (Lei de Recuperação de Empresas e Falências).
▶ Súm. nº 592 do STF.

**149.** É imprescritível a ação de investigação de paternidade, mas não o é a de petição de herança.

**150.** Prescreve a execução no mesmo prazo de prescrição da ação.

**151.** Prescreve em 1 (um) ano a ação do segurador sub-rogado para haver indenização por extravio ou perda de carga transportada por navio.

**153.** Simples protesto cambiário não interrompe a prescrição.

**154.** Simples vistoria não interrompe a prescrição.

**157.** É necessária prévia autorização do Presidente da República para desapropriação, pelos Estados, de empresa de energia elétrica.

**158.** Salvo estipulação contratual averbada no Registro Imobiliário, não responde o adquirente pelas benfeitorias do locatário.

**159.** Cobrança excessiva, mas de boa-fé, não dá lugar às sanções do art. 1.531 do Código Civil.

▶ Refere-se ao CC/1916. Art. 940 do CC/2002.

**161.** Em contrato de transporte, é inoperante a cláusula de não indenizar.

**163.** Salvo contra a Fazenda Pública, sendo a obrigação ilíquida, contam-se os juros moratórios desde a citação inicial para a ação.

▶ Súmula com a primeira parte superada. RE nº 109.156/SP (*DJU* de 7-8-1987).

**164.** No processo de desapropriação, são devidos juros compensatórios desde a antecipada imissão de posse, ordenada pelo juiz, por motivo de urgência.

**165.** A venda realizada diretamente pelo mandante ao mandatário não é atingida pela nulidade do art. 1.133, II, do Código Civil.

▶ Refere-se ao CC/1916. Art. 497 do CC/2002.

**166.** É inadmissível o arrependimento no compromisso de compra e venda sujeito ao regime do Decreto-Lei nº 58, de 10 de dezembro de 1937.

▶ Lei nº 6.766, de 19-12-1979 (Lei do Parcelamento do Solo).

**167.** Não se aplica o regime do Decreto-Lei nº 58, de 10-12-1937, ao compromisso de compra e venda não inscrito no Registro Imobiliário, salvo se o promitente vendedor se obrigou a efetuar o registro.

**168.** Para os efeitos do Decreto-Lei nº 58, de 10 de dezembro de 1937, admite-se a inscrição imobiliária do compromisso de compra e venda no curso da ação.

▶ Lei nº 6.766, de 19-12-1979 (Lei do Parcelamento do Solo).

**169.** Depende de sentença a aplicação da pena de comisso.

**173.** Em caso de obstáculo judicial admite-se a purga da mora, pelo locatário, além do prazo legal.

**174.** Para a retomada do imóvel alugado, não é necessária a comprovação dos requisitos legais na notificação prévia.

**175.** Admite-se a retomada de imóvel alugado para uso de filho que vai contrair matrimônio.

**177.** O cessionário do promitente comprador, nas mesmas condições deste, pode retomar o imóvel locado.

▶ Súm. nº 176 do STF.

**187.** A responsabilidade contratual do transportador, pelo acidente com o passageiro, não é elidida por culpa de terceiro, contra o qual tem ação regressiva.

**188.** O segurador tem ação regressiva contra o causador do dano, pelo que efetivamente pagou, até o limite previsto no contrato de seguro.

**189.** Avais em branco e superpostos consideram-se simultâneos e não sucessivos.

**190.** O não pagamento de título vencido há mais de 30 (trinta) dias, sem protesto, não impede a concordata preventiva.

▶ Lei nº 11.101, de 9-2-2005 (Lei de Recuperação de Empresas e Falências).

**192.** Não se inclui no crédito habilitado em falência a multa fiscal com efeito de pena administrativa.

▶ Súm. nº 565 do STF.

**193.** Para a restituição prevista no artigo 76, § 2º, da Lei das Falências, conta-se o prazo de quinze dias da entrega da coisa e não da sua remessa.

▶ Art. 85, parágrafo único, da Lei nº 11.101, de 9-2-2005 (Lei de Recuperação de Empresas e Falências).

▶ Súmulas nºs 417 e 495 do STF.

**226.** Na ação de desquite, os alimentos são devidos desde a inicial e não da data da decisão que os concede.

**227.** A concordata do empregador não impede a execução de crédito nem a reclamação de empregado na Justiça do Trabalho.

▶ Lei nº 11.101, de 9-2-2005 (Lei de Recuperação de Empresas e Falências).

**229.** A indenização acidentária não exclui a do direito comum, em caso de dolo ou culpa grave do empregador.

**230.** A prescrição da ação de acidente do trabalho conta-se do exame pericial que comprovar a enfermidade ou verificar a natureza da incapacidade.

**231.** O revel, em processo cível, pode produzir provas, desde que compareça em tempo oportuno.

**233.** Salvo em caso de divergência qualificada (Lei nº 623, de 1949), não cabe recurso de embargos contra decisão que nega provimento a agravo ou não conhece de recurso extraordinário, ainda que por maioria de votos.

**234.** São devidos honorários de advogado em ação de acidente do trabalho julgada procedente.

**235.** É competente para a ação de acidente do trabalho a justiça cível comum, inclusive em segunda instância, ainda que seja parte autarquia seguradora.

▶ O STF, no julgamento do Conflito de Competência nº 7.204, definiu a competência da justiça trabalhista, a partir da EC nº 45/2004, para julgamento das ações de indenização por danos morais e patrimoniais decorrentes de acidente do trabalho.

▶ Art. 114, VI, da CF.

▶ Súm. Vinc. nº 22 do STF.

▶ Súm. nº 501 do STF.

▶ Súm. nº 15 do STJ.

**236.** Em ação de acidente do trabalho, a autarquia seguradora não tem isenção de custas.
▶ Súm. nº 445 do STF.

**237.** O usucapião pode ser arguido em defesa.
▶ Súm. nº 445 do STF.

**239.** Decisão que declara indevida a cobrança do imposto em determinado exercício não faz coisa julgada em relação aos posteriores.

**247.** O relator não admitirá os embargos da Lei nº 623, de 19 de fevereiro de 1949, nem deles conhecerá o Supremo Tribunal Federal, quando houver jurisprudência firme do plenário no mesmo sentido da decisão embargada.

**248.** É competente, originariamente, o Supremo Tribunal Federal, para o mandado de segurança contra o ato do Tribunal de Contas da União.
▶ Art. 102, I, d, da CF.

**249.** É competente o Supremo Tribunal Federal para a ação rescisória quando, embora não tendo conhecido do recurso extraordinário, ou havendo negado provimento a agravo, tiver apreciado a questão federal controvertida.
▶ Súm. nº 515 do STF.

**250.** A intervenção da União desloca o processo do juízo cível comum para o fazendário.

**251.** Responde a Rede Ferroviária Federal S.A. perante o foro comum e não perante o juízo especial da Fazenda Nacional, a menos que a União intervenha na causa.

**252.** Na ação rescisória, não estão impedidos juízes que participaram do julgamento rescindendo.

**253.** Nos embargos da Lei nº 623, de 19-2-1949, no Supremo Tribunal Federal, a divergência somente será acolhida, se tiver sido indicada na petição de recurso extraordinário.

**254.** Incluem-se os juros moratórios na liquidação, embora omisso o pedido inicial ou a condenação.

**256.** É dispensável pedido expresso para condenação do réu em honorários, com fundamento nos artigos 63 ou 64 do Código de Processo Civil.
▶ Art. 20 do CPC vigente.

**257.** São cabíveis honorários de advogado na ação regressiva do segurador contra o causador do dano.

**258.** É admissível reconvenção em ação declaratória.

**259.** Para produzir efeito em juízo não é necessária a inscrição, no Registro Público, de documentos de procedência estrangeira, autenticados por via consular.

**260.** O exame de livros comerciais, em ação judicial, fica limitado às transações entre os litigantes.

**261.** Para a ação de indenização, em caso de avaria, é dispensável que a vistoria se faça judicialmente.

**262.** Não cabe medida possessória liminar para liberação alfandegária de automóvel.

**263.** O possuidor deve ser citado pessoalmente para a ação de usucapião.
▶ Súm. nº 391 do STF.

**264.** Verifica-se a prescrição intercorrente pela paralisação da ação rescisória por mais de cinco anos.

**265.** Na apuração de haveres, não prevalece o balanço não aprovado pelo sócio falecido, excluído ou que se retirou.

**266.** Não cabe mandado de segurança contra lei em tese.

**267.** Não cabe mandado de segurança contra ato judicial passível de recurso ou correição.
▶ Art. 5º, II, da Lei nº 12.016, de 7-8-2009 (Lei do Mandado de Segurança Individual e Coletivo).

**268.** Não cabe mandado de segurança contra decisão judicial com trânsito em julgado.
▶ Art. 5º, III, da Lei nº 12.016, de 7-8-2009 (Lei do Mandado de Segurança Individual e Coletivo).

**269.** O mandado de segurança não é substitutivo de ação de cobrança.
▶ Súm. nº 271 do STF.

**270.** Não cabe mandado de segurança para impugnar enquadramento da Lei nº 3.780, de 12 de julho de 1960, que envolva exame de prova ou de situação funcional complexa.

**271.** Concessão de mandado de segurança não produz efeitos patrimoniais em relação a período pretérito, os quais devem ser reclamados administrativamente ou pela via judicial própria.
▶ Súm. nº 269 do STF.

**272.** Não se admite como ordinário recurso extraordinário de decisão denegatória de mandado de segurança.

**273.** Nos embargos da Lei nº 623, de 19 de fevereiro de 1949, a divergência sobre questão prejudicial ou preliminar, suscitada após a interposição do recurso extraordinário, ou do agravo, somente será acolhida se o acórdão-padrão for anterior à decisão embargada.

**279.** Para simples reexame de prova não cabe recurso extraordinário.
▶ Súm. nº 7 do STJ.

**280.** Por ofensa a direito local não cabe recurso extraordinário.

**281.** É inadmissível o recurso extraordinário, quando couber, na justiça de origem, recurso ordinário da decisão impugnada.

**282.** É inadmissível o recurso extraordinário, quando não ventilada, na decisão recorrida, a questão federal suscitada.
▶ Súm. nº 356 do STF.

**283.** É inadmissível o recurso extraordinário, quando a decisão recorrida assenta em mais de um fundamento suficiente e o recurso não abrange todos eles.

**284.** É inadmissível o recurso extraordinário, quando a deficiência na sua fundamentação não permitir a exata compreensão da controvérsia.

**285.** Não sendo razoável a arguição de inconstitucionalidade, não se conhece do recurso extraordinário fundado na letra c do artigo 101, III, da Constituição Federal.

**286.** Não se conhece do recurso extraordinário fundado em divergência jurisprudencial, quando a orien-

tação do plenário do Supremo Tribunal Federal já se firmou no mesmo sentido da decisão recorrida.
▶ Súm. nº 83 do STJ.

**287.** Nega-se provimento ao agravo quando a deficiência na sua fundamentação, ou na do recurso extraordinário, não permitir a exata compreensão da controvérsia.

**288.** Nega-se provimento a agravo para subida de recurso extraordinário, quando faltar no traslado o despacho agravado, a decisão recorrida, a petição de recurso extraordinário ou qualquer peça essencial à compreensão da controvérsia.
▶ Súm. nº 639 do STF.

**289.** O provimento do agravo por uma das turmas do Supremo Tribunal Federal, ainda que sem ressalva, não prejudica a questão do cabimento do recurso extraordinário.
▶ Súm. nº 300 do STF.

**291.** No recurso extraordinário pela letra *d* do art. 101, III, da Constituição, a prova do dissídio jurisprudencial far-se-á por certidão, ou mediante indicação do *Diário da Justiça* ou de repertório de jurisprudência autorizado, com a transcrição do trecho que configure a divergência, mencionadas as circunstâncias que identifiquem ou assemelhem os casos confrontados.
▶ Refere-se à CF/1946.
▶ Art. 541, parágrafo único, do CPC.

**292.** Interposto o recurso extraordinário por mais de um dos fundamentos indicados no artigo 101, III, da Constituição, a admissão apenas por um deles não prejudica o seu conhecimento por qualquer dos outros.
▶ Refere-se à CF/ 1946. Art. 102, III, da CF.

**293.** São inadmissíveis embargos infringentes contra decisão em matéria constitucional submetida ao plenário dos tribunais.
▶ Súm. nº 455 do STF.

**294.** São inadmissíveis embargos infringentes contra decisão do Supremo Tribunal Federal em mandado de segurança.
▶ Art. 25 da Lei nº 12.016, de 7-8-2009 (Lei do Mandado de Segurança Individual e Coletivo).
▶ Súm. nº 597 do STF.
▶ Súm. nº 169 do STJ.

**295.** São inadmissíveis embargos infringentes contra decisão unânime do Supremo Tribunal Federal em ação rescisória.

**296.** São inadmissíveis embargos infringentes sobre matéria não ventilada, pela Turma, do julgamento do recurso extraordinário.
▶ Súm. nº 293 do STF.
▶ Súmulas nºs 20, 30, 55 e 109 do TFR.

**299.** O recurso ordinário e o extraordinário interpostos no mesmo processo de mandado de segurança, ou de *habeas corpus*, serão julgados conjuntamente pelo Tribunal Pleno.

**300.** São incabíveis os embargos da Lei nº 623, de 19 de fevereiro de 1949, contra provimento de agravo para subida de recurso extraordinário.

**304.** Decisão denegatória de mandado de segurança, não fazendo coisa julgada contra o impetrante, não impede o uso da ação própria.

**305.** Acordo de desquite ratificado por ambos os cônjuges não é retratável unilateralmente.

**310.** Quando a intimação tiver lugar na sexta-feira, ou a publicação com efeito de intimação for feita nesse dia, o prazo judicial terá início na segunda-feira imediata, salvo se não houver expediente, caso em que começará no primeiro dia útil que se seguir.
▶ Art. 110, § 1º, do RISTF.

**311.** No típico acidente do trabalho, a existência de ação judicial não exclui a multa pelo retardamento da liquidação.

**314.** Na composição do dano por acidente do trabalho, ou de transporte, não é contrário à lei tomar para base da indenização o salário do tempo da perícia ou da sentença.

**315.** Indispensável o traslado das razões da revista para julgamento, pelo Tribunal Superior do Trabalho, do agravo para sua admissão.

**317.** São improcedentes os embargos declaratórios, quando não pedida a declaração do julgado anterior, em que se verificou a omissão.

**319.** O prazo do recurso ordinário para o Supremo Tribunal Federal, em *habeas corpus* ou mandado de segurança, é de cinco dias.

**320.** A apelação despachada pelo juiz no prazo legal não fica prejudicada pela demora da juntada, por culpa do cartório.
▶ Art. 506 do CPC.

**322.** Não terá seguimento pedido ou recurso dirigido ao Supremo Tribunal Federal, quando manifestamente incabível, ou apresentado fora do prazo, ou quando for evidente a incompetência do tribunal.

**325.** As emendas ao Regimento Interno do Supremo Tribunal Federal, sobre julgamento de questão constitucional, aplicam-se aos pedidos ajuizados e aos recursos interpostos anteriormente à sua aprovação.

**327.** O direito trabalhista admite a prescrição intercorrente.

**328.** É legítima a incidência de Imposto de Transmissão *inter vivos* sobre a doação de imóvel.

**330.** O Supremo Tribunal Federal não é competente para conhecer de mandado de segurança contra atos dos Tribunais de Justiça dos Estados.
▶ Súm. nº 624 do STF.

**331.** É legítima a incidência do Imposto de Transmissão *causa mortis*, no inventário por morte presumida.

**335.** É válida a cláusula de eleição do foro para os processos oriundos do contrato.

**336.** A imunidade da autarquia financiadora, quanto ao contrato de financiamento, não se estende à compra e venda entre particulares, embora constantes os dois atos de um só instrumento.

**337.** A controvérsia entre o empregador e o segurador não suspende o pagamento devido ao empregado por acidente do trabalho.

**338.** Não cabe ação rescisória no âmbito da Justiça do Trabalho.

**340.** Desde a vigência do Código Civil, os bens dominicais, como os demais bens públicos, não podem ser adquiridos por usucapião.
▶ Refere-se ao CC/1916. Art. 100 do CC.

**341.** É presumida a culpa do patrão ou comitente pelo ato culposo do empregado ou preposto.

**342.** Cabe agravo no auto do processo, e não agravo de petição, do despacho que não admite a reconvenção.

**343.** Não cabe ação rescisória por ofensa a literal disposição de lei, quando a decisão rescindenda se tiver baseado em texto legal de interpretação controvertida nos tribunais.

**345.** Na chamada desapropriação indireta, os juros compensatórios são devidos a partir da perícia, desde que tenha atribuído valor atual ao imóvel.
▶ *Súmula superada*. Súmulas nºˢ 164, 628 do STF e 114 do STJ; RE nº 74.803/SP.

**346.** A Administração Pública pode declarar a nulidade dos seus próprios atos.

**349.** A prescrição atinge somente as prestações de mais de dois anos, reclamadas com fundamento em decisão normativa da Justiça do Trabalho, ou em convenção coletiva de trabalho, quando não estiver em causa a própria validade de tais atos.

**353.** São incabíveis os embargos da Lei nº 623, de 19 de fevereiro de 1949, com fundamento em divergência entre decisões da mesma turma do Supremo Tribunal Federal.

**354.** Em caso de embargos infringentes parciais, é definitiva a parte da decisão embargada em que não houve divergência na votação.

**355.** Em caso de embargos infringentes parciais, é tardio o recurso extraordinário interposto após o julgamento dos embargos, quanto à parte da decisão embargada que não fora por eles abrangida.

**356.** O ponto omisso da decisão, sobre o qual não foram opostos embargos declaratórios, não pode ser objeto de recurso extraordinário, por faltar o requisito do pré-questionamento.
▶ Súm. nº 282 do STF.

**360.** Não há prazo de decadência para a representação de inconstitucionalidade prevista no artigo 8º, parágrafo único, da Constituição Federal.
▶ Refere-se à CF/1946. Art. 34, V e VII, da CF/1988.

**363.** A pessoa jurídica de direito privado pode ser demandada no domicílio da agência, ou estabelecimento, em que se praticou o ato.

**365.** Pessoa jurídica não tem legitimidade para propor ação popular.

**368.** Não há embargos infringentes no processo de reclamação.

**369.** Julgados do mesmo tribunal não servem para fundamentar o recurso extraordinário por divergência jurisprudencial.

**374.** Na retomada para construção mais útil, não é necessário que a obra tenha sido ordenada pela autoridade pública.

**377.** No regime de separação legal de bens, comunicam-se os adquiridos na constância do casamento.

**379.** No acordo de desquite não se admite renúncia aos alimentos, que poderão ser pleiteados ulteriormente, verificados os pressupostos legais.

**380.** Comprovada a existência de sociedade de fato entre os concubinos, é cabível a sua dissolução judicial, com a partilha do patrimônio adquirido pelo esforço comum.

**381.** Não se homologa sentença de divórcio obtida por procuração, em país de que os cônjuges não eram nacionais.
▶ Súm. nº 420 do STF.

**382.** A vida em comum sob o mesmo teto, *more uxorio*, não é indispensável à caracterização do concubinato.

**383.** A prescrição em favor da Fazenda Pública recomeça a correr, por dois anos e meio, a partir do ato interruptivo, mas não fica reduzida aquém de cinco anos, embora o titular do direito a interrompa durante a primeira metade do prazo.

**386.** Pela execução de obra musical por artistas remunerados é devido direito autoral, não exigível, porém, quando a orquestra for de amadores.

**387.** A cambial emitida ou aceita com omissões, ou em branco, pode ser completada pelo credor de boa-fé, antes da cobrança ou do protesto.

**389.** Salvo limite legal, a fixação de honorários de advogado, em complemento da condenação, depende das circunstâncias da causa, não dando lugar a recurso extraordinário.

**390.** A exibição judicial de livros comerciais pode ser requerida como medida preventiva.
▶ Súm. nº 439 do STF.

**391.** O confinante certo deve ser citado pessoalmente para a ação de usucapião.
▶ Súm. nº 263 do STF.

**392.** O prazo para recorrer de acórdão concessivo de segurança conta-se da publicação oficial de suas conclusões, e não da anterior ciência à autoridade para cumprimento da decisão.
▶ Lei nº 12.016, de 7-8-2009 (Lei do Mandado de Segurança Individual e Coletivo).

**399.** Não cabe recurso extraordinário por violação de lei federal, quando a ofensa alegada for a regimento de tribunal.

**400.** Decisão que deu razoável interpretação à lei, ainda que não seja a melhor, não autoriza recurso extraordinário pela letra *a* do artigo 101, III, da Constituição Federal.
▶ Refere-se à CF/1946. Art. 102, III, *a* e *b*, da CF/1988.

**401.** Não se conhece do recurso de revista, nem dos embargos de divergência, do processo trabalhista, quando houver jurisprudência firme do Tribunal Superior do Trabalho no mesmo sentido da decisão impugnada, salvo se houver colisão com a jurisprudência do Supremo Tribunal Federal.

**403.** É de decadência o prazo de trinta dias para instauração do inquérito judicial, a contar da suspensão, por falta grave, de empregado estável.

**405.** Denegado o mandado de segurança pela sentença, ou no julgamento do agravo, dela interposto, fica sem efeito a liminar concedida, retroagindo os efeitos da decisão contrária.

**409.** Ao retomante, que tenha mais de um prédio alugado, cabe optar entre eles, salvo abuso de direito.

▶ Súm. nº 410 do STF.

**410.** Se o locador, utilizando prédio próprio para residência ou atividade comercial, pede o imóvel locado para uso próprio, diverso do que tem o por ele ocupado, não está obrigado a provar a necessidade, que se presume.

▶ Súm. nº 409 do STF.

**411.** O locatário autorizado a ceder a locação pode sublocar o imóvel.

▶ Súm. nº 409 do STF.

**412.** No compromisso de compra e venda com cláusula de arrependimento, a devolução do sinal por quem o deu, ou a sua restituição em dobro, por quem a recebeu, exclui indenização maior a título de perdas e danos, salvo os juros moratórios e os encargos do processo.

**413.** O compromisso de compra e venda de imóveis, ainda que não loteados, dá direito à execução compulsória quando reunidos os requisitos legais.

**414.** Não se distingue a visão direta da oblíqua, na proibição de abrir janela, ou fazer terraço, eirado, ou varanda, a menos de metro e meio do prédio de outrem.

**415.** Servidão de trânsito não titulada, mas tornada permanente, sobretudo pela natureza das obras realizadas, considera-se aparente, conferindo direito à proteção possessória.

**416.** Pela demora no pagamento do preço da desapropriação não cabe indenização complementar além dos juros.

**417.** Pode ser objeto de restituição, na falência, dinheiro em poder do falido, recebido em nome de outrem, ou do qual, por lei ou contrato, não tivesse ele a disponibilidade.

▶ Súmulas nºˢ 193 e 495 do STF.

**420.** Não se homologa sentença proferida no estrangeiro, sem prova do trânsito em julgado.

▶ Súm. nº 381 do STF.

**421.** Não impede a extradição a circunstância de ser o extraditando casado com brasileira ou ter filho brasileiro.

▶ Art. 75, II, a e b, da Lei nº 6.815, de 19-8-1980 (Estatuto do Estrangeiro).

**423.** Não transita em julgado a sentença por haver omitido o recurso *ex officio*, que se considera interposto *ex lege*.

**424.** Transita em julgado o despacho saneador de que não houve recurso, excluídas as questões deixadas, explícita ou implicitamente, para a sentença.

▶ Súmula em vigor salvo para as hipóteses previstas no art. 267, § 3º, do CPC vigente. RE nº 104.469-1/DF (*DJU* de 31-5-1985).

**425.** O agravo despachado no prazo legal não fica prejudicado pela demora da juntada, por culpa do cartório; nem o agravo entregue em cartório no prazo legal, embora despachado tardiamente.

▶ Art. 506 do CPC.

**426.** A falta de termo específico não prejudica o agravo nos autos do processo, quando oportuna a interposição por petição ou no termo da audiência.

**428.** Não fica prejudicada a apelação entregue em cartório no prazo legal, embora despachada tardiamente.

**429.** A existência de recurso administrativo com efeito suspensivo não impede o uso do mandado de segurança contra omissão da autoridade.

▶ Art. 5º, I, da Lei nº 12.016, de 7-8-2009 (Lei do Mandado de Segurança Individual e Coletivo).

**430.** Pedido de reconsideração na via administrativa não interrompe o prazo para o mandado de segurança.

**432.** Não cabe recurso extraordinário com fundamento no artigo 101, III, *d*, da Constituição Federal, quando a divergência alegada for entre decisões da Justiça do Trabalho.

**433.** É competente o Tribunal Regional do Trabalho para julgar mandado de segurança contra ato de seu presidente em execução de sentença trabalhista.

▶ Súm. nº 505 do STF.

**434.** A controvérsia entre seguradores indicados pelo empregador na ação de acidente do trabalho não suspende o pagamento devido ao acidentado.

**442.** A inscrição do contrato de locação no Registro de Imóveis, para a validade da cláusula de vigência contra o adquirente do imóvel, ou perante terceiros, dispensa a transcrição no Registro de Títulos e Documentos.

**443.** A prescrição das prestações anteriores ao período previsto em lei não ocorre, quando não tiver sido negado, antes daquele prazo, o próprio direito reclamado, ou a situação jurídica de que ele resulta.

**444.** Na retomada para construção mais útil, de imóvel sujeito ao Decreto nº 24.150, de 20 de abril de 1934, a indenização se limita às despesas de mudança.

**445.** A Lei nº 2.437, de 7 de março de 1955, que reduz prazo prescricional, é aplicável às prescrições em curso na data de sua vigência (1º de janeiro de 1956), salvo quanto aos processos então pendentes.

▶ Súm. nº 237 do STF.

**447.** É válida a disposição testamentária em favor de filho adulterino do testador com sua concubina.

**449.** O valor da causa, na consignatória de aluguel, corresponde a uma anuidade.

**450.** São devidos honorários de advogado sempre que vencedor o beneficiário de justiça gratuita.

**454.** Simples interpretação de cláusulas contratuais não dá lugar a recurso extraordinário.

**455.** Da decisão que se seguir ao julgamento de constitucionalidade pelo Tribunal Pleno, são inadmissíveis embargos infringentes quanto à matéria constitucional.
▶ Súm. nº 293 do STF.

**456.** O Supremo Tribunal Federal, conhecendo do recurso extraordinário, julgará a causa, aplicando o direito à espécie.

**457.** O Tribunal Superior do Trabalho, conhecendo da revista, julgará a causa, aplicando o direito a espécie.

**458.** O processo de execução trabalhista não exclui a remição pelo executado.

**464.** No cálculo da indenização por acidente de trabalho, inclui-se, quando devido, o repouso semanal remunerado.

**472.** A condenação do autor em honorários de advogado, com fundamento no art. 64 do CPC, depende de reconvenção.
▶ Refere-se ao CPC/1939. Art. 20 do CPC.

**473.** A administração pode anular seus próprios atos, quando eivados de vícios que os tornam ilegais, porque deles não se originam direitos; ou revogá-los, por motivo de conveniência ou oportunidade, respeitados os direitos adquiridos, e ressalvada, em todos os casos, a apreciação judicial.

**474.** Não há direito líquido e certo, amparado pelo mandado de segurança, quando se escuda em lei cujos efeitos foram anulados por outra, declarada constitucional pelo Supremo Tribunal Federal.

**475.** A Lei nº 4.686, de 21 de junho de 1965, tem aplicação imediata aos processos em curso, inclusive em grau de recurso extraordinário.

**476.** Desapropriadas as ações de uma sociedade, o poder desapropriante, imitido na posse, pode exercer, desde logo, todos os direitos inerentes aos respectivos títulos.

**477.** As concessões de terras devolutas situadas na faixa de fronteira, feitas pelos Estados, autorizam, apenas, o uso, permanecendo o domínio com a União, ainda que se mantenha inerte ou tolerante, em relação aos possuidores.

**479.** As margens dos rios navegáveis são de domínio público, insuscetíveis de expropriação e, por isso mesmo, excluídas de indenização.

**480.** Pertencem ao domínio e administração da União, nos termos dos artigos 4º, IV, e 186, da Constituição Federal de 1967, as terras ocupadas por silvícolas.

**483.** É dispensável a prova da necessidade, na retomada de prédio situado em localidade para onde o proprietário pretende transferir residência, salvo se mantiver, também, a anterior, quando dita prova será exigida.

**486.** Admite-se a retomada para sociedade da qual o locador, ou seu cônjuge, seja sócio, com participação predominante no capital social.

**487.** Será deferida a posse a quem, evidentemente, tiver o domínio, se com base neste for ela disputada.

**488.** A preferência a que se refere o art. 9º da Lei nº 3.912, de 3 de julho de 1961, constitui direito pessoal. Sua violação resolve-se em perdas e danos.

**489.** A compra e venda de automóvel não prevalece contra terceiros, de boa-fé, se o contrato não foi transcrito no Registro de Títulos e Documentos.

**490.** A pensão correspondente à indenização oriunda de responsabilidade civil deve ser calculada com base no salário mínimo vigente ao tempo da sentença e ajustar-se-á às variações ulteriores.

**491.** É indenizável o acidente que cause a morte de filho menor, ainda que não exerça trabalho remunerado.

**492.** A empresa locadora de veículos responde, civil e solidariamente com o locatário, pelos danos por este causados a terceiros, no uso do carro locado.

**493.** O valor da indenização, se consistente em prestações periódicas e sucessivas, compreenderá, para que se mantenha inalterável na sua fixação, parcelas compensatórias do Imposto de Renda, incidentes sobre os juros do capital gravado ou caucionado, nos termos dos artigos 911 e 912 do Código de Processo Civil.
▶ Art. 475-Q do CPC vigente.

**494.** A ação para anular venda de ascendente a descendente, sem consentimento dos demais, prescreve em vinte anos, contados da data do ato, revogada a Súmula nº 152.

**495.** A restituição em dinheiro da coisa vendida a crédito, entregue nos 15 (quinze) dias anteriores ao pedido de falência ou de concordata, cabe, quando, ainda que consumada ou transformada, não faça o devedor prova de haver sido alienada a terceiro.
▶ Lei nº 11.101, de 9-2-2005 (Lei de Recuperação de Empresas e Falências).
▶ Súmulas nºˢ 193 e 417 do STF.

**496.** São válidos, porque salvaguardas pelas Disposições Constitucionais Transitórias da Constituição Federal de 1967, os Decretos-Leis expedidos entre 24 de janeiro e 15 de março de 1967.

**500.** Não cabe a ação cominatória para compelir-se o réu a cumprir obrigação de dar.

**501.** Compete à Justiça ordinária estadual o processo e o julgamento, em ambas as instâncias, das causas de acidente do trabalho, ainda que promovidas contra a União, suas autarquias, empresas públicas ou sociedades de economia mista.
▶ Art. 114, I, da CF.

**502.** Na aplicação do artigo 839, do Código de Processo Civil, com a redação da Lei nº 4.290, de 5-12-1963, a redução do valor da causa e salário mínimo vigente na capital do estado, ou no território, para o efeito de alçada, deve ser considerada na data do ajuizamento do pedido.
▶ Refere-se ao CPC/1939. Arts. 258 a 261 do CPC.

**503.** A dúvida, suscitada por particular, sobre o direito de tributar manifestado por dois Estados, não configura litígio da competência originária do Supremo Tribunal Federal.

**504.** Compete à Justiça Federal, em ambas as instâncias, o processo e o julgamento das causas fundadas em contrato de seguro marítimo.

**505.** Salvo quando contrariarem a Constituição, não cabe recurso para o Supremo Tribunal Federal, de quaisquer decisões da Justiça do Trabalho, inclusive dos presidentes de seus tribunais.

**507.** A ampliação dos prazos a que se refere o artigo 32 do Código de Processo Civil aplica-se aos executivos fiscais.

**508.** Compete à Justiça Estadual, em ambas as instâncias, processar e julgar as causas que for parte o Banco do Brasil S.A.

▶ Súmulas nºs 251 e 517.

**509.** A Lei nº 4.632, de 18-5-1965, que alterou o artigo 64 do Código de Processo Civil, aplica-se aos processos em andamento, nas instâncias ordinárias.

**510.** Praticado o ato por autoridade, no exercício de competência delegada, contra ela cabe o mandado de segurança ou a medida judicial.

**511.** Compete à Justiça Federal, em ambas as instâncias, processar e julgar as causas entre autarquias federais e entidades públicas locais, inclusive mandados de segurança, ressalvada a ação fiscal, nos termos da Constituição Federal de 1967, artigo 119, § 3º.

▶ Art. 109 da CF.

**512.** Não cabe condenação em honorários de advogados na ação de mandado de segurança.

▶ Art. 25 da Lei nº 12.016, de 7-8-2009 (Lei do Mandado de Segurança Individual e Coletivo).
▶ Súm. nº 105 do STJ.

**513.** A decisão que enseja a interposição de recurso ordinário ou extraordinário, não é a do plenário que resolve o incidente de inconstitucionalidade, mas a do órgão (Câmaras, Grupos ou Turmas) que completa o julgamento do feito.

**514.** Admite-se ação rescisória contra sentença transitada em julgado, ainda que contra ela não se tenham esgotado todos os recursos.

**515.** A competência para a ação rescisória não é do Supremo Tribunal Federal, quando a questão federal, apreciada no recurso extraordinário ou no agravo de instrumento, seja diversa da que foi suscitada no pedido rescisório.

▶ Súm. nº 249 do STF.

**516.** O Serviço Social da Indústria – SESI – está sujeito à jurisdição da Justiça Estadual.

▶ Súm. nº 251 do STF.

**517.** As sociedades de economia mista só têm fórum na Justiça Federal, quando a União intervém como assistente ou oponente.

▶ Súmulas nºs 251 e 508 do STF.

**518.** A intervenção da União, em feito já julgado pela segunda instância e pendente de embargos, não desloca o processo para o Tribunal Federal de Recursos.

**519.** Aplica-se aos executivos fiscais o princípio da sucumbência a que se refere o art. 64 do Código de Processo Civil.

▶ Refere-se ao CPC/1939. Art. 20 do CPC.

**527.** Após a vigência do Ato Institucional nº 6, que deu nova redação ao art. 114, III, da Constituição Federal de 1967, não cabe recurso extraordinário das decisões singular.

**528.** Se a decisão contiver partes autônomas, a admissão parcial, pelo presidente do tribunal *a quo*, de recurso extraordinário que, sobre qualquer delas se manifestar, não limitará a apreciação de todas pelo Supremo Tribunal Federal, independentemente de interposição de agravo de instrumento.

**529.** Subsiste a responsabilidade do empregador pela indenização decorrente de acidente do trabalho, quando o segurador, por haver entrado em liquidação, ou por outro motivo, não se encontrar em condições financeiras, de efetuar, na forma da lei, o pagamento que o seguro obrigatório visava garantir.

**542.** Não é inconstitucional a multa instituída pelo Estado-Membro, como sanção pelo retardamento do início ou da ultimação do inventário.

**556.** É competente a Justiça Comum para julgar as causas em que é parte sociedade de economia mista.

▶ Súm. nº 42 do STJ.

**557.** É competente a Justiça Federal para julgar as causas em que são partes a COBAL e a CIBRAZEM.

**561.** Em desapropriação, é devida a correção monetária até a data do efetivo pagamento da indenização, devendo proceder-se à atualização do cálculo, ainda que por mais de uma vez.

▶ Súm. nº 67 do STJ.

**562.** Na indenização de danos materiais decorrentes de ato ilícito cabe a atualização de seu valor, utilizando-se, para esse fim, dentre outros critérios, os índices de correção monetária.

**565.** A multa fiscal moratória constitui pena administrativa, não se incluindo no crédito habilitado em falência.

▶ Súm. nº 192 do STF.

**590.** Calcula-se o Imposto de Transmissão *causa mortis* sobre o saldo credor da promessa de compra e venda de imóvel, no momento da abertura da sucessão do promitente vendedor.

**596.** As disposições do Decreto nº 22.626 de 1933 não se aplicam às taxas de juros e aos outros encargos cobrados nas operações realizadas por instituições públicas ou privadas, que integram o sistema financeiro nacional.

**597.** Não cabem embargos infringentes de acórdão que, em mandado de segurança, decidiu, por maioria de votos, a apelação.

▶ Art. 25 da Lei nº 12.016, de 7-8-2009 (Lei do Mandado de Segurança Individual e Coletivo).
▶ Súm. nº 281 do STF.
▶ Súm. nº 169 do STJ.

**598.** Nos embargos de divergência não servem como padrão de discordância os mesmos paradigmas invocados para demonstrá-la, mas repelidos como não dissidentes no julgamento do recurso extraordinário.

**600.** Cabe ação executiva contra o emitente e seus avalistas, ainda que não apresentado o cheque ao sacado no prazo legal, desde que não prescrita ação cambiária.

**614.** Somente o Procurador-Geral da Justiça tem legitimidade para propor ação direta interventiva por inconstitucionalidade de lei municipal.

**616.** É permitida a cumulação da multa contratual com os honorários de advogado, após o advento do Código de Processo Civil vigente.

**617.** A base de cálculo dos honorários de advogado em desapropriação é a diferença entre a oferta e a indenização, corrigidas ambas monetariamente.

▶ Súmulas nºˢ 131 e 141 do STJ.

**618.** Na desapropriação, direta ou indireta, a taxa dos juros compensatórios é de 12% (doze por cento) ao ano.

▶ Súm. nº 408 do STJ.

**620.** A sentença proferida contra autarquias não está sujeita a reexame necessário, salvo quando sucumbente em execução de dívida ativa.

▶ Lei nº 9.469, de 10-7-1997, dispõe sobre a intervenção da União nas causas em que figurarem como autores ou réus.

**621.** Não enseja embargos de terceiro à penhora a promessa de compra e venda não inscrita no Registro de Imóveis.

▶ Súm. nº 84 do STJ.

**622.** Não cabe agravo regimental contra decisão do relator que concede ou indefere liminar em mandado de segurança.

▶ Art. 16 da Lei nº 12.016, de 7-8-2009 (Lei do Mandado de Segurança Individual e Coletivo).

**623.** Não gera por si só a competência originária do Supremo Tribunal Federal para conhecer do mandado de segurança com base no art. 102, I, n, da Constituição, dirigir-se o pedido contra deliberação administrativa do tribunal de origem, da qual haja participado a maioria ou a totalidade de seus membros.

**624.** Não compete ao Supremo Tribunal Federal conhecer originariamente de mandado de segurança contra atos de outros tribunais.

▶ Súm. nº 330 do STF.

**625.** Controvérsia sobre matéria de direito não impede concessão de mandado de segurança.

**626.** A suspensão da liminar em mandado de segurança, salvo determinação em contrário da decisão que a deferir, vigorará até o trânsito em julgado da decisão definitiva de concessão da segurança ou, havendo recurso, até a sua manutenção pelo Supremo Tribunal Federal, desde que o objeto da liminar deferida coincida, total ou parcialmente, com o da impetração.

▶ Art. 15 da Lei nº 12.016, de 7-8-2009 (Lei do Mandado de Segurança Individual e Coletivo).

**627.** No mandado de segurança contra a nomeação de magistrado da competência do Presidente da República, este é considerado autoridade coatora, ainda que o fundamento da impetração seja nulidade ocorrida em fase anterior do procedimento.

**628.** Integrante de lista de candidatos a determinada vaga da composição de tribunal é parte legítima para impugnar a validade da nomeação de concorrente.

**629.** A impetração de mandado de segurança coletivo por entidade de classe em favor dos associados independe da autorização destes.

▶ Art. 21 da Lei nº 12.016, de 7-8-2009 (Lei do Mandado de Segurança Individual e Coletivo).

**630.** A entidade de classe tem legitimação para o mandado de segurança ainda quando a pretensão veiculada interesse apenas a uma parte da respectiva categoria.

▶ Art. 21 da Lei nº 12.016, de 7-8-2009 (Lei do Mandado de Segurança Individual e Coletivo).

**631.** Extingue-se o processo de mandado de segurança se o impetrante não promove, no prazo assinado, a citação do litisconsorte passivo necessário.

▶ Art. 47 do CPC.

**632.** É constitucional lei que fixa o prazo de decadência para a impetração de mandado de segurança.

▶ Art. 23 da Lei nº 12.016, de 7-8-2009 (Lei do Mandado de Segurança Individual e Coletivo).

**633.** É incabível a condenação em verba honorária nos recursos extraordinários interpostos em processo trabalhista, exceto nas hipóteses previstas na Lei nº 5.584/1970.

**634.** Não compete ao Supremo Tribunal Federal conceder medida cautelar para dar efeito suspensivo a recurso extraordinário que ainda não foi objeto de juízo de admissibilidade na origem.

**635.** Cabe ao Presidente do Tribunal de origem decidir o pedido de medida cautelar em recurso extraordinário ainda pendente do seu juízo de admissibilidade.

**636.** Não cabe recurso extraordinário por contrariedade ao princípio constitucional da legalidade, quando a sua verificação pressuponha rever a interpretação dada a normas infraconstitucionais pela decisão recorrida.

**637.** Não cabe recurso extraordinário contra acórdão de Tribunal de Justiça que defere pedido de intervenção estadual em Município.

**638.** A controvérsia sobre a incidência, ou não, de correção monetária em operações de crédito rural é de natureza infraconstitucional, não viabilizando recurso extraordinário.

**639.** Aplica-se à Súmula nº 288 quando não constarem do traslado do agravo de instrumento as cópias das peças necessárias à verificação da tempestividade do recurso extraordinário não admitido pela decisão agravada.

**640.** É cabível recurso extraordinário contra decisão proferida por juiz de primeiro grau nas causas de alçada, ou por turma recursal de juizado especial cível e criminal.

**641.** Não se conta em dobro o prazo para recorrer, quando só um dos litisconsortes haja sucumbido.

**642.** Não cabe ação direta de inconstitucionalidade de lei do Distrito Federal derivada da sua competência legislativa municipal.

**643.** O Ministério Público tem legitimidade para promover ação civil pública cujo fundamento seja a ilegalidade de reajuste de mensalidades escolares.

**644.** Ao titular do cargo de procurador de autarquia não se exige a apresentação de instrumento de mandato para representá-la em juízo.
▶ Súmula retificada. *DJU* de 9-12-2003.

**645.** É competente o Município para fixar o horário de funcionamento de estabelecimento comercial.

**646.** Ofende o princípio da livre concorrência lei municipal que impede a instalação de estabelecimentos comerciais do mesmo ramo em determinada área.

**648.** A norma do § 3º do art. 192 da Constituição, revogada pela EC nº 40/2003, que limitava a taxa de juros reais a 12% ao ano, tinha sua aplicabilidade condicionada à edição de lei complementar.

**649.** É inconstitucional a criação, por Constituição estadual, de órgão de controle administrativo do Poder Judiciário do qual participem representantes de outros Poderes ou entidades.

**650.** Os incisos I e XI do art. 20 da CF não alcançam terras de aldeamentos extintos, ainda que ocupadas por indígenas em passado remoto.
▶ Súmula retificada *DJU* de 29-10-2003.

**651.** A medida provisória não apreciada pelo Congresso Nacional podia, até a EC nº 32/2001, ser reeeditada dentro do seu prazo de eficácia de trinta dias, mantidos os efeitos de lei desde a primeira edição.
▶ Súmula retificada *DJU* de 1º-7-2004.

**652.** Não contraria a Constituição o art. 15, § 1º, do Decreto-Lei nº 3.365/1941 (Lei da Desapropriação por utilidade pública).

**654.** A garantia da irretroatividade da lei, prevista no art. 5º, XXXVI, da Constituição da República, não é invocável pela entidade estatal que a tenha editado.

**655.** A exceção prevista no art.100, *caput*, da Constituição, em favor dos créditos de natureza alimentícia, não dispensa a expedição de precatório, limitando-se a isentá-los da observância da ordem cronológica dos precatórios decorrentes de condenações de outra natureza.
▶ Res. do CNJ nº 92, de 13-10-2009, dispõe sobre a Gestão de Precatórios no âmbito do Poder Judiciário.

**667.** Viola a garantia constitucional de acesso à jurisdição a taxa judiciária calculada sem limite sobre o valor da causa.

**683.** O limite de idade para a inscrição em concurso público só se legitima em face do art. 7º, XXX, da Constituição, quando possa ser justificado pela natureza das atribuições do cargo a ser preenchido.

**684.** É inconstitucional o veto não motivado à participação de candidato a concurso público.
▶ Art. 27 da Lei nº 10.741, de 1º-10-2003 (Estatuto do Idoso).

**685.** É inconstitucional toda modalidade de provimento que propicie ao servidor investir-se, sem prévia aprovação em concurso público destinado ao seu provimento, em cargo que não integra a carreira na qual anteriormente investido.

**686.** Só por lei se pode sujeitar a exame psicotécnico a habilitação de candidato a cargo público.

**689.** O segurado pode ajuizar ação contra a instituição previdenciária perante o juízo federal do seu domicílio ou nas varas federais da Capital do Estado-Membro.

**725.** É constitucional o § 2º do art. 6º da Lei nº 8.024/1990, resultante da conversão da Medida-Provisória 168/1990, que fixou o BTN fiscal como índice de correção monetária aplicável aos depósitos bloqueados pelo plano Collor I.

**727.** Não pode o magistrado deixar de encaminhar ao Supremo Tribunal Federal o agravo de instrumento interposto da decisão que não admite recurso extraordinário, ainda que referente a causa instaurada no âmbito dos Juizados Especiais.

**728.** É de três dias o prazo para a interposição de recurso extraordinário contra decisão do Tribunal Superior Eleitoral, contado, quando for o caso, a partir da publicação do acórdão, na própria sessão de julgamento, nos termos do art. 12 da Lei nº 6.055/1974, que não foi revogado pela Lei nº 8.950/1994.

**729.** A decisão na ADC-4 não se aplica à antecipação de tutela em causa de natureza previdenciária.

**731.** Para fim da competência originária do Supremo Tribunal Federal, é de interesse geral da magistratura a questão de saber se, em face da LOMAN, os juízes têm direito à licença-prêmio.

**733.** Não cabe recurso extraordinário contra decisão proferida no processamento de precatórios.

**734.** Não cabe reclamação quando já houver transitado em julgado o ato judicial que se alega tenha desrespeitado decisão do Supremo Tribunal Federal.
▶ Art. 156 do RISTF.

**735.** Não cabe recurso extraordinário contra acórdão que defere medida liminar.

**736.** Compete à Justiça do Trabalho julgar as ações que tenham como causa de pedir o descumprimento de normas trabalhistas relativas à segurança, higiene e saúde dos trabalhadores.
▶ Art. 114 da CF.
▶ Art. 643 da CLT.

## SÚMULAS DO TRIBUNAL FEDERAL DE RECURSOS

▶ As Súmulas abaixo foram publicadas antes da Constituição Federal de 1988, que extinguiu o TFR. Foram mantidas nesta edição por sua importância histórica.

**13.** A Justiça Federal é competente para o processo e julgamento da ação de usucapião, desde que o bem usucapiendo confronte com o imóvel da União, autarquias ou empresas públicas federais.

**14.** O processo e julgamento de ação possessória relativa a terreno do domínio da União, autarquias e empresas públicas federais, somente são da competência da Justiça Federal, quando dela for participar qualquer dessas entidades, como autora, ré, assistente ou opoente.

**15.** Compete à Justiça Federal julgar mandado de segurança contra ato que diga respeito ao ensino superior, praticado por dirigente de estabelecimento particular.

**16.** Compete à Justiça Estadual julgar mandado de segurança contra ato referente ao ensino de 1º e 2º graus e exames supletivos (Lei nº 5.692, de 1971), salvo se praticado por autoridade federal.

**21.** Após a Emenda Constitucional nº 7, de 1977, a competência para o processo e julgamento das ações de indenização, por danos ocorridos em mercadorias, no transporte aéreo, é da Justiça Comum Estadual, ainda quando se discuta a aplicação da Convenção de Varsóvia relativamente ao limite da responsabilidade do transportador.

**24.** A avaliação da indenização devida ao proprietário do solo, em razão de alvará de pesquisa mineral, é processada no juízo estadual da situação do imóvel.

▶ Súm. nº 238 do STJ.

**25.** É aplicável a correção monetária, em razão da mora no pagamento de indenização decorrente de seguro obrigatório.

**32.** Na execução por carta (Código de Processo Civil, artigo 747 c/c artigo 658), os embargos do devedor serão decididos no juízo deprecante, salvo se versarem unicamente vícios ou defeitos da penhora, avaliação ou alienação dos bens.

**33.** O juízo deprecado, na execução por carta, é o competente para julgar os embargos de terceiro, salvo se o bem apreendido foi indicado pelo juízo deprecante.

**34.** O duplo grau de jurisdição (Código de Processo Civil, artigo 475, II) é aplicável quando se trata de sentença proferida contra a União, o Estado e o Município, só incindindo, em relação às autarquias, quando essas forem sucumbentes na execução da dívida ativa (Código de Processo Civil, artigo 475, III).

▶ Lei nº 9.469, de 10-7-1997, dispõe sobre a intervenção da União nas causas em que figurarem como autores ou réus.

**38.** Os Certificados de Quitação e de Regularidade de Situação não podem ser negados, se o débito estiver garantido por penhora regular (Código Tributário Nacional, artigo 206).

**39.** Não está sujeita ao Imposto de Renda a indenização recebida por pessoa jurídica, em decorrência de desapropriação amigável ou judicial.

**40.** A execução fiscal da Fazenda Pública federal será proposta perante o juiz de direito da comarca do domicílio do devedor, desde que não seja ela sede de vara da Justiça Federal.

**42.** Salvo convenção das partes, o processo expropriatório não se suspende por motivo de dúvida fundada sobre o domínio.

**44.** Ajuizada a execução fiscal anteriormente à falência, com penhora realizada antes desta, não ficam os bens penhorados sujeitos à arrecadação do juízo falimentar; proposta a execução fiscal contra a massa fa-

lida, a penhora far-se-á no rosto dos autos do processo da quebra, citando-se o síndico.

▶ Arts. 21 a 25 da Lei nº 11.101, de 9-2-2005 (Lei de Recuperação de Empresas e Falências), que dispõem sobre o administrador judicial.

**45.** As multas fiscais, sejam moratórias ou punitivas, estão sujeitas à correção monetária.

**46.** Nos casos de devolução do depósito efetuado em garantia de instância e de repetição do indébito tributário, a correção monetária é calculada desde a data do depósito ou do pagamento indevido e incide até o efetivo recebimento da importância reclamada.

▶ Súm. nº 162 do STJ.

**47.** Cancelado o débito fiscal, a correção monetária relativa à restituição da importância depositada em garantia de instância, incide a partir da data da efetivação do depósito.

**48.** Não cabem embargos infringentes a acórdão proferido em agravo de petição, em execução fiscal, após a vigência do Código de Processo Civil de 1973.

**49.** Compete à Justiça Estadual processar e julgar as causas em que são partes instituições financeiras em regime de liquidação extrajudicial, salvo se a União Federal, suas entidades autárquicas e empresas públicas forem interessadas na condição de autoras, rés, assistentes ou opoentes.

**51.** Compete à Justiça Estadual decidir pedido de brasileira naturalizada para adicionar patronímico de companheiro brasileiro nato.

**53.** Compete à Justiça Federal processar e julgar questões pertinentes ao Direito de Família, ainda que estas objetivem reivindicação de benefícios previdenciários.

**58.** Não é absoluta a competência definida no artigo 96, do Código de Processo Civil, relativamente à abertura de inventário, ainda que existente interesse de menor, podendo a ação ser ajuizada em foro diverso do domicílio do inventariado.

**59.** A autoridade fiscal de primeiro grau que expede a notificação para pagamento do tributo está legitimada passivamente para a ação de segurança, ainda que sobre a controvérsia haja decisão, em grau de recurso, de conselho de contribuintes.

**60.** Compete à Justiça Federal decidir da admissibilidade de mandado de segurança impetrado contra atos de dirigentes de pessoas jurídicas privadas, ao argumento de estarem agindo por delegação do poder público federal.

**61.** Para configurar a competência da Justiça Federal, é necessário que a União, entidade autárquica ou empresa pública federal, ao intervir como assistente, demonstre legítimo interesse jurídico no deslinde da demanda, não bastando a simples alegação de interesse na causa.

**62.** Compete à Justiça Federal processar e julgar ação de desapropriação promovida por concessionária de energia elétrica, se a União intervém como assistente.

▶ Súm. nº 218 do STF.

**64.** A mulher que dispensou, no acordo de desquite, a prestação de alimentos, conserva, não obstante, o direito à pensão decorrente do óbito do marido, desde que comprovada a necessidade do benefício.

▶ Súm. nº 379 do STF.

**66.** Compete à Justiça do Trabalho processar e julgar os litígios decorrentes das relações de trabalho entre os municípios de território federal e seus empregados.

**67.** Compete à Justiça Federal processar e julgar os litígios decorrentes das relações de trabalho entre os territórios federais e seus empregados.

**68.** A correção monetária não incide nas aquisições de unidades residenciais do INPS, quando a opção de compra tiver sido anterior à vigência do Decreto-Lei nº 19, de 1966, sendo irrelevantes, em face da Lei nº 5.049, de 1966, o valor ou a área do imóvel.

**69.** Incube ao expropriante pagar o salário do assistente técnico do expropriado.

**70.** Os juros moratórios, na desapropriação, fluem a partir do trânsito em julgado da sentença que fixa a indenização.

**71.** A correção monetária incide sobre as prestações de benefícios previdenciários em atraso, observado o critério do salário mínimo vigente na época da liquidação da obrigação.

▶ Súm. nº 148 do STJ.

**72.** Compete à Justiça do Trabalho processar e julgar os litígios decorrentes das relações de trabalho entre as fundações instituídas por lei federal e seus empregados.

**74.** Os juros compensatórios, na desapropriação, incidem a partir da imissão na posse e são calculados, até a data do laudo, sobre o valor simples da indenização e, desde então, sobre referido valor corrigido monetariamente.

▶ Súmulas nº 113 e 114 do STJ.

**75.** Na desapropriação, a correção monetária prevista no § 2º do artigo 26 do Decreto-Lei nº 3.365, de 1941, incide a partir da data do laudo de avaliação, observando-se a Lei nº 5.670, de 1971.

**77.** Cabem embargos infringentes a acórdão não unânime proferido em remessa ex officio (Código de Processo Civil, artigo 475).

**78.** Proposta a ação no prazo fixado para o seu exercício, a demora na citação, por motivos inerentes ao mecanismo da Justiça, não justifica o acolhimento da arguição de prescrição.

▶ Súm. nº 106 do STJ.

**82.** Compete à Justiça do Trabalho processar e julgar as reclamações pertinentes ao cadastramento no Plano de Integração Social (PIS) ou indenização compensatória pela falta deste, desde que não envolvam relações de trabalho dos servidores da União, suas autarquias e empresas públicas.

**83.** Compete à Justiça Federal processar e julgar reclamação trabalhista movida contra representação diplomática de país estrangeiro, inclusive para decidir sobre a preliminar de imunidade de jurisdição.

**87.** Compete à Justiça Comum Estadual o processo e julgamento da ação de cobrança de contribuições sindicais.

**88.** Compete à Justiça do Trabalho o processo e julgamento de reclamação ajuizada contra a Rede Ferroviária Federal S.A., por servidor cedido pela União Federal.

**89.** Compete à Junta de Conciliação e Julgamento, sediada em comarca do interior, cumprir carta precatória expedida por juiz federal, em matéria trabalhista.

▶ A EC nº 24, de 9-12-1999, extinguiu a representação pelos juízes classistas na Justiça do Trabalho e substituiu as Juntas de Conciliação e Julgamento por Varas do Trabalho.

**94.** Provadas as despesas com assistência médico-hospitalar prestada a segurado, vítima de acidente de trânsito, tem o INPS direito à sub-rogação perante a seguradora responsável pelo seguro obrigatório.

**96.** As companhias distribuidoras de títulos e valores mobiliários estão sujeitas a registro nos Conselhos Regionais de Economia.

**99.** A Fazenda Pública, nas execuções fiscais, não está sujeita a prévio depósito para custear despesas do avaliador.

**103.** Compete ao Tribunal Federal de Recursos processar e julgar, originariamente, mandado de segurança impetrado contra ato de órgão colegiado presidido por ministro de Estado.

**105.** Aos prazos em curso no período compreendido entre 20 de dezembro e 6 de janeiro, na Justiça Federal, aplica-se a regra do artigo 179 do Código de Processo Civil.

**107.** A ação de cobrança do crédito previdenciário contra a Fazenda Pública está sujeita à prescrição quinquenal estabelecida no Decreto nº 20.910, de 1932.

**108.** A constituição do crédito previdenciário está sujeita ao prazo de decadência de cinco anos.

**109.** A desapropriação iniciada segundo o procedimento previsto no Decreto-Lei nº 512, de 1969, prosseguirá na forma da Lei das Desapropriações por Utilidade Pública, no caso de manifesta disconcordância do expropriado com o preço oferecido.

**110.** Os juros compensatórios, na desapropriação, são calculados à taxa de doze por cento ao ano.

**111.** Os embargos do devedor devem ser previamente preparados no prazo de trinta dias, contado da intimação do despacho que determinar o seu pagamento.

**112.** Em execução fiscal, a responsabilidade pessoal do sócio-gerente de sociedade por quotas, decorrentes de violação da lei ou excesso de mandato, não atinge a meação de sua mulher.

**114.** Compete à Justiça Comum Estadual processar e julgar as causas entre os sindicatos e seus associados.

**117.** A regra do artigo 236, § 2º, do Código de Processo Civil, não incide quando o procurador da República funciona como advogado da União Federal, ressalvada a disposição inscrita no artigo 25 da Lei nº 6.830, de 1980.

**118.** Na ação expropriatória, a revelia do expropriado não implica em aceitação do valor da oferta e, por isso, não autoriza a dispensa da avaliação.

**119.** A partir da vigência do Código de Processo Civil de 1973, é cabível a cumulação da multa contratual com honorários advocatícios na execução hipotecária, regida pela Lei nº 5.741, de 1971.

**120.** A decisão proferida em processo de retificação do registro civil, a fim de fazer prova junto à administração militar, não faz coisa julgada relativamente à União Federal, se esta não houver sido citada para o feito.

**121.** Não cabe mandado de segurança contra ato ou decisão, de natureza jurisdi-cional, emanado de Relator ou Presidente de turma.

**122.** A companheira, atendidos os requisitos legais, faz jus à pensão do segurado falecido, quer em concorrência com os filhos do casal, quer em sucessão a estes, não constituindo obstáculo a ocorrência do óbito antes da vigência do Decreto-Lei nº 66, de 1966.

**124.** Prescreve em vinte anos a ação do beneficiário, ou do terceiro sub-rogado nos direitos deste, fundada no seguro obrigatório de responsabilidade civil.

**126.** Na cobrança de crédito previdenciário, proveniente da execução de contrato de construção de obra, o proprietário, dono da obra ou condômino de unidade imobiliária, somente será acionado quando não for possível lograr do construtor, através de execução contra ele intentada, a respectiva liquidação.

**129.** É exigível das autarquias o depósito previsto no artigo 488, II, do Código de Processo Civil, para efeito de processamento da ação rescisória.

**133.** Compete à Justiça comum estadual processar e julgar prefeito municipal acusado de desvio de verba recebida em razão de convênio firmado com a União Federal.

**134.** Não cabe ação rescisória por violação de literal disposição de lei se, ao tempo em que foi prolatada a sentença rescindenda, a interpretação era controvertida nos tribunais, embora posteriormente se tenha fixado favoravelmente à pretensão do autor.

**136.** A correção monetária, na desapropriação, deve ser calculada com base na variação nominal das Obrigações Reajustáveis do Tesouro Nacional (ORTN).

**137.** A sentença que, em execução fiscal promovida por autarquia, julga extinto o processo, sem decidir o mérito (Código de Processo Civil, artigo 267), não está sujeita ao duplo grau de jurisdição obrigatório.

▶ Lei nº 9.469, de 10-7-1997, dispõe sobre a intervenção da União nas causas em que figurarem como autores ou réus.

**141.** Nas ações de desapropriação, computam-se, no cálculo da verba advocatícia, as parcelas relativas aos juros compensatórios e moratórios, devidamente corrigidas.

▶ Súmulas nºs 131 e 141 do STJ.

**142.** A limitação administrativa *Non Aedificandi* imposta aos terrenos marginais das estradas de rodagem, em zona rural, não afeta o domínio do proprietário, nem obriga a qualquer indenização.

**145.** Extingue-se o processo de mandado de segurança, se o autor não promover, no prazo assinado, a citação do litisconsorte necessário.

**148.** É competente a Justiça Comum Esta-dual para processar e julgar ação cível proposta contra o Escritório Central de Arrecadação e Distribuição – ECAD.

**150.** Compete à Justiça do Trabalho processar e julgar os litígios entre a administração direta ou indireta do distrito federal e os seus servidores, regidos pela legislação trabalhista.

**154.** A Fazenda Pública, nas execuções fiscais, não está sujeita a prévio depósito para custear despesas do oficial de justiça.

**158.** Compete à Justiça do Trabalho processar e julgar reclamação contra empresa privada, contratada para a prestação de serviços a administração pública.

**159.** É legítima a divisão da pensão previdenciária entre a esposa e a companheira, atendidos os requisitos exigidos.

**163.** Nas relações jurídicas de trato sucessivo, em que a Fazenda Pública figure como devedora, somente prescrevem as prestações vencidas antes do quinquênio anterior à propositura da ação.

**168.** O encargo de vinte por cento, do Decreto-Lei nº 1.025, de 1969, é sempre devido nas execuções fiscais da União e substitui, nos embargos, a condenação do devedor em honorários advocatícios.

**169.** Na comarca em que não foi criada Junta de Conciliação e Julgamento, é competente o juiz de direito para processar e julgar litígios de natureza trabalhista.

▶ A EC nº 24, de 9-12-1999, extinguiu a representação pelos juízes classistas na Justiça do Trabalho e substituiu as Juntas de Conciliação e Julgamento por Varas do Trabalho.

**183.** Compete ao Juiz Federal do Distrito Federal processar e julgar mandado de segurança contra ato do Presidente do BNH.

**184.** Em execução movida contra sociedade por quotas, o sócio-gerente, citado em nome próprio, não tem legitimidade para opor embargos de terceiro, visando livrar da constrição judicial seus bens particulares.

**188.** Na liquidação por cálculo do contador, a apelação da sentença homologatória ressente-se do pressuposto de admissibilidade, quando o apelante não tenha oferecido oportuna impugnação.

**189.** Proposta a execução fiscal, a posterior mudança de domicílio do executado não desloca a competência já fixada.

**190.** A intimação pessoal da penhora ao executado torna dispensável a publicação de que trata o artigo 12 da Lei das Execuções Fiscais.

**195.** O mandado de segurança não é meio processual idôneo para dirimir litígios trabalhistas.

**204.** O fato de a Lei nº 6.439, de 1977, que institui o SINPAS, dizer que as entidades da Previdência Social têm sede e foro no Distrito Federal podendo, provisoriamente, funcionar no Rio de Janeiro, não importa em que as ações contra ele interpostas devem ser necessariamente ajuizadas nesta última cidade.

**207.** Nas ações executivas regidas pela Lei nº 5.741, de 1971, o praceamento do imóvel penhorado independe de avaliação.

**209.** Nas execuções fiscais da Fazenda Nacional, é legítima a cobrança cumulativa de juros de mora e multa moratória.

**210.** Na execução fiscal, não sendo encontrado o devedor, nem bens arrestáveis, é cabível a citação editalícia.

**213.** O exaurimento da via administrativa não é condição para a propositura de ação de natureza previdenciária.

**216.** Compete à Justiça Federal processar e julgar mandado de segurança impetrado contra ato de autoridade previdenciária, ainda que localizada em Comarca do interior.

**217.** No âmbito da Justiça Federal, aplica-se aos feitos trabalhistas o princípio da identidade física do juiz.

**218.** A sentença, proferida em ação expropriatória à qual se tenha atribuído valor igual ou inferior a cinquenta OTNs, não está sujeita ao duplo grau obrigatório, nem enseja recurso de apelação.

**219.** Não havendo antecipação de pagamento, o direito de constituir o crédito previdenciário extingue-se decorridos cinco anos do primeiro dia do exercício seguinte àquele em que ocorreu o fato gerador.

**224.** O fato de não serem adjudicados bens que, levados a leilão, deixaram de ser arrematados, não acarreta a extinção do processo de execução.

**234.** Não cabe medida cautelar em ação rescisória para obstar os efeitos da coisa julgada.

**235.** A falta de peças de traslado obrigatório será suprida com a conversão do agravo de instrumento em diligência.

**240.** A intimação do representante judicial da Fazenda Pública, nos embargos à execução fiscal, será feita pessoalmente.

**242.** O bem alienado fiduciariamente não pode ser objeto de penhora nas execuções ajuizadas contra o devedor fiduciário.

**244.** A intervenção da União, suas autarquias e empresas públicas em concurso de credores ou de preferência não desloca a competência para a Justiça Federal.

**247.** Não constitui pressuposto da ação anulatória do débito fiscal o depósito de que cuida o artigo 38 da Lei nº 6.830, de 1980.

**248.** O prazo da prescrição interrompido pela confissão e parcelamento da dívida fiscal recomeça a fluir no dia em que o devedor deixa de cumprir o acordo celebrado.

**252.** O § 3º do artigo 125 da Constituição Federal institui hipótese de competência relativa, pelo que não elide a competência concorrente da Justiça Federal.

▶ Refere-se à CF/1969.

**253.** A companheira tem direito a concorrer com outros dependentes à pensão militar, sem observância da ordem de preferência.

**256.** A falta de impugnação dos embargos do devedor não produz, em relação à Fazenda Pública, os efeitos de revelia.

**257.** Não rendem juros os depósitos judiciais na Caixa Econômica Federal a que se referem o Decreto-Lei nº 759, de 12 de agosto de 1969, artigo 16, e o Decreto-Lei nº 1.737, de 20 de dezembro de 1979, artigo 3º.

**259.** Não cabe agravo de instrumento em causa sujeita a alçada de que trata a Lei nº 6.825, de 1980, salvo se versar sobre valor da causa ou admissibilidade de recurso.

**261.** No litisconsórcio ativo voluntário, determina-se o valor da causa, para efeito de alçada recursal, dividindo-se o valor global pelo número de litisconsortes.

**262.** Não se vincula ao processo o juiz que não colheu prova em audiência.

**263.** A produção antecipada de prova, por si só, não previne a competência da ação principal.

## SÚMULAS DO SUPERIOR TRIBUNAL DE JUSTIÇA

**1.** O foro do domicílio ou da residência do alimentando é o competente para a ação de investigação de paternidade, quando cumulada com a de alimentos.

▶ Art. 100, II, do CPC.

**2.** Não cabe o *habeas data* (Constituição Federal, artigo 5º, LXXII, a) se não houve recusa de informações por parte da autoridade administrativa.

**3.** Compete ao Tribunal Regional Federal dirimir conflito de competência verificado, na respectiva Região, entre Juiz Federal e Juiz Estadual investido de jurisdição federal.

▶ Art. 108, I, e, da CF.

**4.** Compete à Justiça Estadual julgar causa decorrente do processo eleitoral sindical.

▶ Art. 8º da CF.

**5.** A simples interpretação de cláusula contratual não enseja recurso especial.

▶ Art. 105, III, da CF.
▶ Art. 257 do RISTJ.

**7.** A pretensão de simples reexame de prova não enseja recurso especial.

▶ Art. 257 do RISTJ.

**8.** Aplica-se a correção monetária aos créditos habilitados em concordata preventiva, salvo durante o período compreendido entre as datas de vigência da Lei nº 7.274, de 10 de dezembro de 1984, e do Decreto-Lei nº 2.283, de 27 de fevereiro de 1986.

▶ Lei nº 11.101, de 9-2-2005 (Lei de Recuperação de Empresas e Falências).

**10.** Instalada a Junta de Conciliação e Julgamento, cessa a competência do Juiz de Direito em matéria trabalhista, inclusive para a execução das sentenças por ele proferidas.

▶ EC nº 24, de 9-12-1999, extinguiu a representação pelos juízes classistas na Justiça do Trabalho e substituiu as Juntas de Conciliação e Julgamento por Varas do Trabalho.

**11.** A presença da União ou de qualquer de seus entes, na ação de usucapião especial, não afasta a competência do foro da situação do imóvel.

▶ Art. 109, § 3º, da CF.
▶ Art. 4º, § 1º, da Lei nº 6.969, de 10-12-1981 (Lei da Usucapião Especial).

**12.** Em desapropriação, são cumuláveis juros compensatórios e moratórios.

**13.** A divergência entre julgados do mesmo Tribunal não enseja recurso especial.
- Art. 105, III, c, da CF.
- Art. 255 do RISTJ.

**14.** Arbitrados os honorários advocatícios em percentual sobre o valor da causa, a correção monetária incide a partir do respectivo ajuizamento.

**15.** Compete à Justiça Estadual processar e julgar os litígios decorrentes de acidente do trabalho.
- Art. 114, I, da CF.

**16.** A legislação ordinária sobre crédito rural não veda a incidência da correção monetária.

**19.** A fixação do horário bancário, para atendimento ao público, é da competência da União.
- Art. 4º, VIII, da Lei nº 4.595, de 31-12-1964 (Lei do Sistema Financeiro Nacional).

**22.** Não há conflito de competência entre o Tribunal de Justiça e Tribunal de Alçada do mesmo Estado-Membro.
- Art. 4º da EC nº 45, de 8-12-2004, que determina a extinção dos Tribunais de Alçada.

**23.** O Banco Central do Brasil é parte legítima nas ações fundadas na Res. nº 1.154/1986.

**25.** Nas ações da Lei de Falências o prazo para a interposição de recurso conta-se da intimação da parte.

**26.** O avalista do título de crédito vinculado a contrato de mútuo também responde pelas obrigações pactuadas, quando no contrato figurar como devedor solidário.

**27.** Pode a execução fundar-se em mais de um título extrajudicial relativos ao mesmo negócio.
- Art. 573 do CPC.

**28.** O contrato de alienação fiduciária em garantia pode ter por objeto bem que já integrava o patrimônio do devedor.

**29.** No pagamento em juízo para elidir falência, são devidos correção monetária, juros e honorários de advogado.

**30.** A comissão de permanência e a correção monetária são inacumuláveis.

**31.** A aquisição, pelo segurado, de mais de um imóvel financiado pelo Sistema Financeiro da Habitação, situados na mesma localidade, não exime a seguradora da obrigação de pagamento dos seguros.

**32.** Compete à Justiça Federal processar justificações judiciais destinadas a instruir pedidos perante entidades que nela têm exclusividade de foro, ressalvada a aplicação do artigo 15, II, da Lei nº 5.010/1966.

**33.** A incompetência relativa não pode ser declarada de ofício.

**34.** Compete à Justiça Estadual processar e julgar causa relativa a mensalidade escolar, cobrada por estabelecimento particular de ensino.

**35.** Incide correção monetária sobre as prestações pagas, quando de sua restituição, em virtude da retirada ou exclusão do participante de plano de consórcio.

**36.** A correção monetária integra o valor da restituição, em caso de adiantamento de câmbio, requerida em concordata ou falência.
- Lei nº 11.101, de 9-2-2005 (Lei de Recuperação de Empresas e Falências).

**37.** São cumuláveis as indenizações por dano material e dano moral oriundos do mesmo fato.

**39.** Prescreve em vinte anos a ação para haver indenização, por responsabilidade civil, de sociedade de economia mista.

**41.** O Superior Tribunal de Justiça não tem competência para processar e julgar, originariamente, mandado de segurança contra ato de outros tribunais ou dos respectivos órgãos.
- Art. 105, I, b, da CF.
- Lei nº 12.016, de 7-8-2009 (Lei do Mandado de Segurança Individual e Coletivo).

**42.** Compete à Justiça Comum Estadual processar e julgar as causas cíveis em que é parte sociedade de economia mista e os crimes praticados em seu detrimento.
- Art. 109, I e IV, da CF.

**43.** Incide correção monetária sobre dívida por ato ilícito a partir da data do efetivo prejuízo.

**44.** A definição, em ato regulamentar, de grau mínimo de disacusia, não exclui, por si só, a concessão do benefício previdenciário.

**45.** No reexame necessário, é defeso, ao Tribunal, agravar a condenação imposta à Fazenda Pública.
- Art. 475, I, do CPC.

**46.** Na execução por carta, os embargos do devedor serão decididos no juízo deprecante, salvo se versarem unicamente vícios ou defeitos da penhora, avaliação ou alienação dos bens.
- Arts. 658 e 747 do CPC.
- Art. 20 da Lei nº 6.830, de 22-9-1980 (Lei das Execuções Fiscais).

**54.** Os juros moratórios fluem a partir do evento danoso, em caso de responsabilidade extracontratual.

**55.** Tribunal Regional Federal não é competente para julgar recurso de decisão proferida por juiz estadual não investido de jurisdição federal.
- Art. 108, II, da CF.

**56.** Na desapropriação para instituir servidão administrativa são devidos os juros compensatórios pela limitação de uso da propriedade.

**57.** Compete à Justiça Comum Estadual processar e julgar ação de cumprimento fundada em acordo ou convenção coletiva não homologados pela Justiça do Trabalho.
- Art. 114 da CF.

**58.** Proposta a execução fiscal, a posterior mudança de domicílio do executado não desloca a competência já fixada.

**59.** Não há conflito de competência se já existe sentença com trânsito em julgado, proferida por um dos juízos conflitantes.

**60.** É nula a obrigação cambial assumida por procurador do mutuário vinculado ao mutuante, no exclusivo interesse deste.

**61.** O seguro de vida cobre o suicídio não premeditado.

**63.** São devidos direitos autorais pela retransmissão radiofônica de músicas em estabelecimentos comerciais.

**66.** Compete à Justiça Federal processar e julgar execução fiscal promovida por Conselho de fiscalização profissional.

▶ Art. 109, I, da CF.

**67.** Na desapropriação, cabe a atualização monetária, ainda que por mais de uma vez, independente do decurso de prazo superior a um ano entre o cálculo e o efetivo pagamento da indenização.

**69.** Na desapropriação direta, os juros compensatórios são devidos desde a antecipada imissão na posse e, na desapropriação indireta, a partir da efetiva ocupação do imóvel.

**70.** Os juros moratórios, na desapropriação direta ou indireta, contam-se desde o trânsito em julgado da sentença.

**72.** A comprovação da mora é imprescindível à busca e apreensão do bem alienado fiduciariamente.

▶ Art. 2º, §§ 2º e 3º, do Dec.-lei nº 911, de 1-10-1969 (Lei das Alienações Fiduciárias).

**76.** A falta de registro do compromisso de compra e venda de imóvel não dispensa a prévia interpelação para constituir em mora o devedor.

▶ Art. 22 do Dec.-lei nº 58, de 10-12-1937, que dispõe sobre o loteamento e a venda de terrenos para pagamento em prestações.

**77.** A Caixa Econômica Federal é parte ilegítima para figurar no polo passivo das ações relativas às contribuições para o fundo PIS/PASEP.

**79.** Os bancos comerciais não estão sujeitos a registro nos Conselhos Regionais de Economia.

**82.** Compete à Justiça Federal, excluídas as reclamações trabalhistas, processar e julgar os feitos relativos a movimentação do FGTS.

**83.** Não se conhece do recurso especial pela divergência, quando a orientação do Tribunal se firmou no mesmo sentido da decisão recorrida.

**84.** É admissível a oposição de embargos de terceiro fundados em alegação de posse advinda do compromisso de compra e venda de imóvel, ainda que desprovido do registro.

**85.** Nas relações jurídicas de trato sucessivo em que a Fazenda Pública figure como devedora, quando não tiver sido negado o próprio direito reclamado, a prescrição atinge apenas as prestações vencidas antes do quinquênio anterior à propositura da ação.

**86.** Cabe recurso especial contra acórdão proferido no julgamento de agravo de instrumento.

**88.** São admissíveis embargos infringentes em processo falimentar.

**89.** A ação acidentária prescinde do exaurimento da via administrativa.

**92.** A terceiro de boa-fé não é oponível a alienação fiduciária não anotada no Certificado de Registro do veículo automotor.

**93.** A legislação sobre cédulas de crédito rural, comercial e industrial admite o pacto de capitalização de juros.

**97.** Compete à Justiça do Trabalho processar e julgar reclamação de servidor público relativamente a vantagens trabalhistas anteriores à instituição do regime jurídico único.

▶ Art. 114 da CF.

**98.** Embargos de declaração manifestados com notório propósito de prequestionamento não têm caráter protelatório.

▶ Art. 538, parágrafo único, do CPC.

**99.** O Ministério Público tem legitimidade para recorrer no processo em que oficiou como fiscal da lei, ainda que não haja recurso da parte.

▶ Art. 499 do CPC.

**101.** A ação de indenização do segurado em grupo contra a seguradora prescreve em um ano.

▶ Súmulas nºs 229 e 278 do STJ.

**102.** A incidência dos juros moratórios sobre os compensatórios, nas ações expropriatórias, não constitui anatocismo vedado em lei.

**103.** Incluem-se entre os imóveis funcionais que podem ser vendidos os administrados pelas Forças Armadas e ocupados pelos servidores civis.

**105.** Na ação de mandado de segurança não se admite condenação em honorários advocatícios.

▶ Art. 25 da Lei nº 12.016, de 7-8-2009 (Lei do Mandado de Segurança Individual e Coletivo).
▶ Súm. nº 512 do STF.

**106.** Proposta a ação no prazo fixado para o seu exercício, a demora na citação, por motivos inerentes ao mecanismo da Justiça, não justifica o acolhimento da arguição de prescrição ou decadência.

**109.** O reconhecimento do direito a indenização, por falta de mercadoria transportada via marítima, independe de vistoria.

**110.** A isenção do pagamento de honorários advocatícios, nas ações acidentárias, é restrita ao segurado.

▶ Art. 129, parágrafo único, da Lei nº 8.213, de 24-7-1991 (Lei dos Planos de Benefícios da Previdência Social).

**111.** Os honorários advocatícios, nas ações previdenciárias, não incidem sobre as prestações vencidas após a sentença.

▶ Súmula com redação alterada. DJU de 4-10-2006.

**112.** O depósito somente suspende a exigibilidade do crédito tributário se for integral e em dinheiro.

▶ Art. 151, II, do CTN.
▶ Súm. Vinc. nº 28 do STF.

**113.** Os juros compensatórios, na desapropriação direta, incidem a partir da imissão na posse, calculados sobre o valor da indenização, corrigido monetariamente.

▶ Art. 182, § 3º, da CF.

**114.** Os juros compensatórios, na desapropriação indireta, incidem a partir da ocupação, calculados sobre o valor da indenização, corrigido monetariamente.
▶ Art. 182, § 3º, da CF.

**115.** Na instância especial é inexistente recurso interposto por advogado sem procuração nos autos.
▶ Art. 37 do CPC.

**116.** A Fazenda Pública e o Ministério Público têm o prazo em dobro para interpor agravo regimental no Superior Tribunal de Justiça.
▶ Art. 188 do CPC.
▶ Arts. 258 e 259 do RISTJ.

**117.** A inobservância do prazo de quarenta e oito horas, entre a publicação de pauta e o julgamento sem a presença das partes, acarreta nulidade.
▶ Art. 552, § 1º, do CPC.

**118.** O agravo de instrumento é o recurso cabível da decisão que homologa a atualização do cálculo da liquidação.

**119.** A ação de desapropriação indireta prescreve em vinte anos.

**120.** O oficial de farmácia, inscrito no Conselho Regional de Farmácia, pode ser responsável técnico por drogaria.

**121.** Na Execução Fiscal o devedor deverá ser intimado, pessoalmente, do dia e hora da realização do leilão.

**123.** A decisão que admite, ou não, o Recurso Especial deve ser fundamentada, com o exame dos seus pressupostos gerais e constitucionais.
▶ Arts. 93, IX, e 105, III, a a c, da CF.
▶ Art. 27, § 1º, da Lei nº 8.038, de 28-5-1990, que institui normas procedimentais para os processos que especifica, perante o STJ e o STF.

**126.** É inadmissível recurso especial, quando o acórdão recorrido assenta em fundamentos constitucional e infraconstitucional, qualquer deles suficiente, por si só, para mantê-lo, e a parte vencida não manifesta Recurso Extraordinário.

**127.** É ilegal condicionar a renovação da licença de veículo ao pagamento de multa, da qual o infrator não foi notificado.

**128.** Na Execução Fiscal haverá segundo leilão, se o primeiro não houver lanço superior à avaliação.

**130.** A empresa responde, perante o cliente, pela reparação de dano ou furto de veículo ocorridos em seu estacionamento.

**131.** Nas ações de desapropriação incluem-se no cálculo da verba advocatícia as parcelas relativas aos juros compensatórios e moratórios, devidamente corrigidos.

**132.** A ausência de registro da transferência não implica a responsabilidade do antigo proprietário por dano resultante de acidente que envolva o veículo alienado.

**133.** A restituição da importância adiantada, à conta de contrato de câmbio, independe de ter sido a antecipação efetuada nos quinze dias anteriores ao requerimento da concordata.
▶ Lei nº 11.101, de 9-2-2005 (Lei de Recuperação de Empresas e Falências).

**134.** Embora intimado de penhora em imóvel do casal, o cônjuge do executado pode opor Embargos de Terceiro para defesa de sua meação.

**137.** Compete à Justiça Comum Estadual processar e julgar ação de servidor público municipal, pleiteando direitos relativos ao vínculo estatutário.

**139.** Cabe à Procuradoria da Fazenda Nacional propor Execução Fiscal para cobrança de crédito relativo ao ITR.

**141.** Os honorários de advogado em desapropriação direta são calculados sobre a diferença entre a indenização e a oferta, corrigidos monetariamente.

**143.** Prescreve em cinco anos a ação de perdas e danos pelo uso da marca comercial.

**144.** Os créditos de natureza alimentícia gozam de preferência, desvinculados os precatórios da ordem cronológica dos créditos de natureza diversa.
▶ Art. 100 da CF.
▶ Art. 33, parágrafo único, do ADCT.
▶ Art. 730, I e II, do CPC.
▶ Res. do CNJ nº 92, de 13-10-2009, dispõe sobre a Gestão de Precatórios no âmbito do Poder Judiciário.

**145.** No transporte desinteressado, de simples cortesia, o transportador só será civilmente responsável por danos causados ao transportado quando incorrer em dolo ou culpa grave.

**146.** O segurado, vítima de novo infortúnio, faz jus a um único benefício, somado ao salário de contribuição vigente no dia do acidente.

**148.** Os débitos relativos a benefício previdenciário, vencidos e cobrados em juízo após a vigência da Lei nº 6.899/1981, devem ser corrigidos monetariamente na forma prevista nesse diploma legal.

**149.** A prova exclusivamente testemunhal não basta à comprovação da atividade rurícola, para efeito da obtenção de benefício previdenciário.

**150.** Compete à Justiça Federal decidir sobre a existência de interesse jurídico, que justifique a presença, no processo, da União, suas autarquias ou empresas públicas.
▶ Art. 109 da CF.
▶ Súm. nº 254 do STJ.

**153.** A desistência da execução fiscal, após o oferecimento dos embargos, não exime o exequente dos encargos da sucumbência.

**158.** Não se presta a justificar embargos de divergência, o dissídio com acórdão de Turma ou Seção que não mais tenha competência para a matéria neles versada.
▶ Art. 546, I, do CPC.

**159.** O benefício acidentário, no caso de contribuinte que perceba remuneração variável, deve ser calculado com base na média aritmética dos últimos doze meses de contribuição.

**161.** É da competência da Justiça Estadual autorizar o levantamento dos valores relativos ao PIS/PASEP e FGTS, em decorrência do falecimento do titular da conta.

**162.** Na repetição de indébito tributário, a correção monetária incide a partir do pagamento indevido.
- Art. 165 do CTN.

**168.** Não cabem embargos de divergência, quando a jurisprudência do Tribunal se firmou no mesmo sentido do acórdão embargado.

**169.** São inadmissíveis embargos infringentes no processo de mandado de segurança.
- Art. 25 da Lei nº 12.016, de 7-8-2009 (Lei do Mandado de Segurança Individual e Coletivo).
- Art. 260 do RISTJ.
- Súmulas nºs 294 e 597 do STF.

**170.** Compete ao Juízo onde primeiro for intentada a ação envolvendo acumulação de pedidos, trabalhista e estatutário, decidi-la nos limites da sua jurisdição, sem prejuízo do ajuizamento de nova causa, com o pedido remanescente, no juízo próprio.

**173.** Compete à Justiça Federal processar e julgar o pedido de reintegração em cargo público federal, ainda que o servidor tenha sido dispensado antes da instituição do Regime Jurídico único.
- Art. 109, I, da CF.
- Art. 28 da Lei nº 8.112, de 11-12-1990 (Estatuto dos Servidores Públicos Civis da União, Autarquias e Fundações Públicas Federais).

**175.** Descabe o depósito prévio nas ações rescisórias propostas pelo INSS.

**176.** É nula a cláusula contratual que sujeita o devedor à taxa de juros divulgada pela ANBID/CETIP.

**177.** O Superior Tribunal de Justiça é incompetente para processar e julgar, originariamente, mandado de segurança contra ato de órgão colegiado presidido por Ministro de Estado.
- Art 105, I, b, da CF.

**178.** O INSS não goza de isenção do pagamento de custas e emolumentos, nas ações acidentárias e de benefícios propostas na Justiça Estadual.
- Art. 24, IV, da CF.

**179.** O estabelecimento de crédito que recebe dinheiro, em depósito judicial, responde pelo pagamento da correção monetária relativa aos valores recolhidos.

**180.** Na lide trabalhista, compete ao Tribunal Regional do Trabalho dirimir conflito de competência verificado, na respectiva região, entre Juiz Estadual e Junta de Conciliação e Julgamento.
- A EC nº 24, de 9-12-1999, extinguiu a representação pelos juízes classistas na Justiça do Trabalho e substituiu as Juntas de Conciliação e Julgamento por Varas do Trabalho.
- Arts. 668, 803 e 808 da CLT.
- Lei nº 11.101, de 9-2-2005 (Lei de Recuperação de Empresas e Falências).

**181.** É admissível ação declaratória, visando obter certeza quanto à exata interpretação de cláusula contratual.

**182.** É inviável o agravo do artigo 545 do Código de Processo Civil que deixa de atacar especificamente os fundamentos da decisão agravada.
- Art. 524, II, do CPC.

**185.** Nos depósitos judiciais, não incide o Imposto sobre Operações Financeiras.
- Art. 97, I, do CTN.

**186.** Nas indenizações por ato ilícito, os juros compostos somente são devidos por aquele que praticou o crime.

**187.** É deserto o recurso interposto para o Superior Tribunal de Justiça, quando o recorrente não recolhe, na origem, a importância das despesas de remessa e retorno dos autos.
- Art. 511 do CPC.
- Art. 112 do RISTJ.

**188.** Os juros moratórios, na repetição do indébito tributário, são devidos a partir do trânsito em julgado da sentença.
- Súmula republicada. DJU de 21-11-1997.
- Art. 167, parágrafo único, do CTN.

**189.** É desnecessária a intervenção do Ministério Público nas execuções fiscais.

**190.** Na execução fiscal, processada perante a Justiça Estadual, cumpre à Fazenda Pública antecipar o numerário destinado ao custeio das despesas com o transporte dos oficiais de justiça.

**193.** O direito de uso de linha telefônica pode ser adquirido por usucapião.

**194.** Prescreve em vinte anos a ação para obter, do construtor, indenização por defeitos da obra.
- Art. 43, II, da Lei nº 4.591, de 16-12-1964 (Lei do Condomínio e Incorporações).

**195.** Em embargos de terceiro não se anula ato jurídico, por fraude contra credores.

**196.** Ao executado que, citado por edital ou por hora certa, permanecer revel, será nomeado curador especial, com legitimidade para apresentação de embargos.
- Art. 5º, LV, da CF.
- Arts. 598, 621 e 632 do CPC.

**197.** O divórcio direto pode ser concedido sem que haja prévia partilha dos bens.

**199.** Na execução hipotecária de crédito vinculado ao Sistema Financeiro da Habilitação, nos termos da Lei nº 5.741/1971, a petição inicial deve ser instruída com, pelo menos, dois avisos de cobrança.
- Art. 2º, IV, da Lei nº 5.741, de 1-12-1971 (Lei de Execução Hipotecária).

**201.** Os honorários advocatícios não podem ser fixados em salários mínimos.

**202.** A impetração de segurança por terceiro, contra ato judicial, não se condiciona à interposição de recurso.
- Art. 499, § 1º, do CPC.

**203.** Não cabe recurso especial contra decisão proferida por órgão de segundo grau dos Juizados Especiais.
- Súmula com redação alterada. DJU de 3-6-2002.

**204.** Os juros de mora nas ações relativas a benefícios previdenciários incidem a partir da citação válida.

**205.** A Lei nº 8.009/1990 aplica-se à penhora realizada antes de sua vigência.

**206.** A existência de vara privativa, instituída por lei estadual, não altera a competência territorial resultante das leis de processo.
▶ Art. 99 do CPC.

**207.** É inadmissível recurso especial quando cabíveis embargos infringentes contra o acórdão proferido no tribunal de origem.
▶ Art. 105, III, da CF.
▶ Art. 530 do CPC.

**208.** Compete à Justiça Federal processar e julgar prefeito municipal por desvio de verba sujeita a prestação de contas perante órgão federal.

**209.** Compete à Justiça Estadual processar e julgar prefeito por desvio de verba transferida e incorporada ao patrimônio municipal.
▶ Art. 29, X, da CF.

**210.** A ação de cobrança das contribuições para o FGTS prescreve em trinta anos.
▶ Súmulas n$^{os}$ 154 e 398 do STJ.

**211.** Inadmissível recurso especial quanto à questão que, a despeito da oposição de embargos declaratórios, não foi apreciada pelo tribunal *a quo*.
▶ Art. 535, II, do CPC.
▶ Súm. nº 418 do STJ.

**212.** A compensação de créditos tributários não pode ser deferida em ação cautelar ou por medida liminar cautelar ou antecipatória.
▶ Súmula com redação alterada. *DJU* de 23-5-2005.
▶ Arts. 798 e 799 do CPC.

**213.** O mandado de segurança constitui ação adequada para a declaração do direito à compensação tributária.
▶ Art. 7º, § 2º, da Lei nº 12.016, de 7-8-2009 (Lei do Mandado de Segurança Individual e Coletivo).

**214.** O fiador na locação não responde por obrigações resultantes de aditamento ao qual não anuiu.

**216.** A tempestividade de recurso interposto no Superior Tribunal de Justiça é aferida pelo registro no protocolo da Secretaria e não pela data da entrega na agência do correio.
▶ Arts. 374 e 508 do CPC.
▶ Art. 66 do RISTJ.

**218.** Compete à Justiça dos Estados processar e julgar ação de servidor estadual decorrente de direitos e vantagens estatutários no exercício de cargo em comissão.

**219.** Os créditos decorrentes de serviços prestados à massa falida, inclusive a remuneração do síndico, gozam dos privilégios próprios dos trabalhistas.
▶ Arts. 21 a 25 da Lei nº 11.101, de 9-2-2005 (Lei de Recuperação de Empresas e Falências), que dispõem sobre o administrador judicial.

**221.** São civilmente responsáveis pelo ressarcimento de dano, decorrente de publicação pela imprensa, tanto o autor do escrito quanto o proprietário do veículo de divulgação.

**222.** Compete à Justiça Comum processar e julgar as ações relativas à contribuição sindical prevista no artigo 578 da CLT.

**223.** A certidão de intimação do acórdão recorrido constitui peça obrigatória no instrumento de agravo.

**224.** Excluído do feito o ente federal, cuja presença levara o Juiz Estadual a declinar da competência, deve o Juiz Federal restituir os autos e não suscitar conflito.

**225.** Compete ao Tribunal Regional do Trabalho apreciar recursos contra sentença proferida por órgão de primeiro grau da Justiça Trabalhista, ainda que para declarar-lhe a nulidade em virtude de incompetência.

**226.** O Ministério Público tem legitimidade para recorrer na ação de acidente do trabalho, ainda que o segurado esteja assistido por advogado.
▶ Arts. 82, III, e 499 do CPC.

**227.** A pessoa jurídica pode sofrer dano moral.

**228.** É inadmissível o interdito proibitório para a proteção do direito autoral.

**229.** O pedido de pagamento de indenização à seguradora suspende o prazo de prescrição até que o segurado tenha ciência da decisão.
▶ Súmulas n$^{os}$ 101 e 278 do STJ.

**232.** A Fazenda Pública, quando parte no processo, fica sujeita à exigência do depósito prévio dos honorários do perito.
▶ Art. 39 da Lei nº 6.830, de 22-9-1980 (Lei das Execuções Fiscais).

**233.** O contrato de abertura de crédito, ainda que acompanhado de extrato da conta corrente, não é título executivo.
▶ Súmulas n$^{os}$ 247 e 258 do STJ.

**235.** A conexão não determina a reunião dos processos, se um deles já foi julgado.

**236.** Não compete ao Superior Tribunal de Justiça dirimir conflitos de competência entre juízes trabalhistas vinculados a Tribunais Regionais do Trabalho diversos.

**238.** A avaliação da indenização devida ao proprietário do solo, em razão de alvará de pesquisa mineral, é processada no Juízo Estadual da situação do imóvel.
▶ Súm. nº 24 do TFR.

**239.** O direito à adjudicação compulsória não se condiciona ao registro do compromisso de compra e venda no cartório de imóveis.

**240.** A extinção do processo, por abandono da causa pelo autor, depende de requerimento do réu.
▶ Art. 267, III, do CPC.

**242.** Cabe ação declaratória para reconhecimento de tempo de serviço para fins previdenciários.
▶ Art. 4º, I, do CPC.

**245.** A notificação destinada a comprovar a mora nas dívidas garantidas por alienação fiduciária dispensa a indicação do valor do débito.
▶ Art. 2º, § 2º, do Dec.-lei nº 911, de 1-10-1969 (Lei das Alienações Fiduciárias).

**246.** O valor do seguro obrigatório deve ser deduzido da indenização judicialmente fixada.
▶ Súmulas n$^{os}$ 257 e 426 do STJ.

**247.** O contrato de abertura de crédito em conta-corrente, acompanhado do demonstrativo de débito,

constitui documento hábil para o ajuizamento de ação monitória.
► Art. 1.102-A do CPC.
► Súmulas nºs 233 e 258 do STJ.

**248.** Comprovada a prestação dos serviços, a duplicata não aceita, mas protestada, é título hábil para instruir pedido de falência.

**249.** A Caixa Econômica Federal tem legitimidade passiva para integrar processo em que se discute correção monetária do FGTS.
► Art. 7º da Lei nº 8.036, de 11-5-1990 (Lei do FGTS).
► Súm. nº 445 do STJ.

**250.** É legítima a cobrança de multa fiscal de empresa em regime de concordata.
► Lei nº 11.101, de 9-2-2005 (Lei de Recuperação de Empresas e Falências).

**251.** A meação só responde pelo ato ilícito quando o credor, na execução fiscal, provar que o enriquecimento dele resultante aproveitou ao casal.

**252.** Os saldos das contas do FGTS, pela legislação infraconstitucional, são corrigidos em 42,72% (IPC) quanto às perdas de janeiro de 1989 e 44,80% (IPC) quanto às de abril de 1990, acolhidos pelo STJ os índices de 18,02% (LBC) quanto às perdas de junho de 1987, de 5,38% (BTN) para maio de 1990 e 7,00% (TR) para fevereiro de 1991, de acordo com o entendimento do STF (RE nº 226.855-7-RS).

**253.** O art. 557 do CPC, que autoriza o relator a decidir o recurso, alcança o reexame necessário.

**254.** A decisão do Juízo Federal que exclui da relação processual ente federal não pode ser reexaminada no Juízo Estadual.
► Súm. nº 150 do STJ.

**255.** Cabem embargos infringentes contra acórdão, proferido por maioria, em agravo retido, quando se tratar de matéria de mérito.
► Arts. 522 e 530 do CPC.

**257.** A falta de pagamento do prêmio do seguro obrigatório de Danos Pessoais causados por Veículos Automotores de Vias Terrestres (DPVAT) não é motivo para a recusa do pagamento da indenização.
► Arts. 5º e 7º da Lei nº 6.194, de 19-12-1974 (Lei do Seguro Obrigatório).
► Súmulas nºs 246 e 426 do STJ

**258.** A nota promissória vinculada a contrato de abertura de crédito não goza de autonomia em razão da iliquidez do título que a originou.
► Art. 585, I, do CPC.
► Súmulas nºs 233 e 247 do STJ.

**259.** A ação de prestação de contas pode ser proposta pelo titular de conta-corrente bancária.
► Art. 914, I, do CPC.
► Art. 43, § 2º, do CDC.

**260.** A convenção de condomínio aprovada, ainda que sem registro, é eficaz para regular as relações entre os condôminos.
► Art. 9º da Lei nº 4.591, de 16-12-1964 (Lei do Condomínio e Incorporações).

**261.** A cobrança de direitos autorais pela retransmissão radiofônica de músicas, em estabelecimentos hoteleiros, deve ser feita conforme a taxa média de utilização de equipamento, apurada em liquidação.

**264.** É irrecorrível o ato judicial que apenas manda processar a concordata preventiva.
► Lei nº 11.101, de 9-2-2005 (Lei de Recuperação de Empresas e Falências).

**266.** O diploma ou habilitação legal para o exercício do cargo deve ser exigido na posse e não na inscrição para o concurso público.
► Art. 37, I e II, da CF.

**268.** O fiador que não integrou a relação processual na ação de despejo não responde pela execução do julgado.
► Art. 568 do CPC.

**270.** O protesto pela preferência de crédito apresentado por ente federal em execução que tramita na Justiça Estadual, não desloca a competência para a Justiça Federal.

**271.** A correção monetária dos depósitos judiciais independe de ação específica contra o banco depositário.

**273.** Intimada a defesa da expedição da carta precatória, torna-se desnecessária intimação da data da audiência no juízo deprecado.
► Art. 222 do CPP.

**275.** O auxiliar de farmácia não pode ser responsável técnico por farmácia ou drogaria.

**277.** Julgada procedente a investigação de paternidade, os alimentos são devidos a partir da citação.
► Art. 13, § 2º, da Lei nº 5.478, de 25-7-1968 (Lei da Ação de Alimentos).

**278.** O termo inicial do prazo prescricional, na ação de indenização, é a data em que o segurado teve ciência inequívoca da incapacidade laboral.
► Súmulas nºs 101 e 229 do STJ.

**279.** É cabível execução por título extrajudicial contra a Fazenda Pública.

**280.** O art. 35 do Decreto-Lei nº 7.661, de 1945, que estabelece a prisão administrativa, foi revogado pelos incisos LXI e LXVII do art. 5º da Constituição Federal de 1988.
► Dec.-lei nº 7.661, de 21-6-1945, revogado pela Lei nº 11.101, de 9-2-2005 (Lei de Recuperação de Empresas e Falências).

**281.** A indenização por dano moral não está sujeita à tarifação prevista na Lei de Imprensa.

**282.** Cabe a citação por edital em ação monitória.
► Art. 1.102-B do CPC.

**283.** As empresas administradoras de cartão de crédito são instituições financeiras e, por isso, os juros remuneratórios por elas cobrados não sofrem as limitações da Lei de Usura.
► Art. 4º do Dec. nº 22.626, de 7-4-1933 (Lei da Usura).
► Súm. nº 596 do STF.

**284.** A purga da mora, nos contratos de alienação fiduciária, só é permitida quando já pagos pelo menos 40% (quarenta por cento) do valor financiado.
▶ Art. 53 do CDC.
▶ Art. 3º do Dec.-lei nº 911, de 1º-10-1969 (Lei das Alienações Fiduciárias).

**285.** Nos contratos bancários posteriores ao Código de Defesa do Consumidor incide a multa moratória nele prevista.
▶ Art. 52, § 1º, do CDC.

**286.** A renegociação de contrato bancário ou a confissão da dívida não impede a possibilidade de discussão sobre eventuais ilegalidades dos contratos anteriores.

**287.** A Taxa Básica Financeira (TBF) não pode ser utilizada como indexador de correção monetária nos contratos bancários.

**288.** A Taxa de Juros de Longo Prazo (TJLP) pode ser utilizada como indexador de correção monetária nos contratos bancários.

**289.** A restituição das parcelas pagas a plano de previdência privada deve ser objeto de correção plena, por índice que recomponha a efetiva desvalorização da moeda.

**290.** Nos planos de previdência privada, não cabe ao beneficiário a devolução da contribuição efetuada pelo patrocinador.

**291.** A ação de cobrança de parcelas de complementação de aposentadoria pela previdência privada prescreve em cinco anos.
▶ Súm. nº 427 do STJ.

**292.** A reconvenção é cabível na ação monitória, após a conversão do procedimento em ordinário.
▶ Art. 1.102-C, § 2º, do CPC.

**293.** A cobrança antecipada do valor residual garantido (VRG) não descaracteriza o contrato de arrendamento mercantil.
▶ Lei nº 6.099, de 12-9-1974 (Lei do Arrendamento Mercantil).

**294.** Não é potestativa a cláusula contratual que prevê a comissão de permanência, calculada pela taxa média de mercado apurada pelo Banco Central do Brasil, limitada à taxa do contrato.

**295.** A Taxa Referencial (TR) é indexador válido para contratos posteriores à Lei nº 8.177/1991, desde que pactuada.
▶ Lei nº 8.177, de 1º-3-1991, estabelece regras para a desindexação da economia.

**296.** Os juros remuneratórios, não cumuláveis com a comissão de permanência, são devidos no período de inadimplência, à taxa média de mercado estipulada pelo Banco Central do Brasil, limitada ao percentual contratado.

**297.** O Código de Defesa do Consumidor é aplicável às instituições financeiras.
▶ Art. 3º, § 2º, do CDC.

**298.** O alongamento de dívida originada de crédito rural não constitui faculdade da instituição financeira, mas, direito do devedor nos termos da lei.
▶ Art. 187 da CF.

**299.** É admissível a ação monitória fundada em cheque prescrito.
▶ Art. 1.102-A do CPC.

**300.** O instrumento de confissão de dívida, ainda que originário de contrato de abertura de crédito, constitui título executivo extrajudicial.
▶ Art. 585 do CPC.

**301.** Em ação investigatória, a recusa do suposto pai a submeter-se ao exame de DNA induz presunção *juris tantum* de paternidade.
▶ Art. 334, IV, do CPC.

**302.** É abusiva a cláusula contratual de plano de saúde que limita no tempo a internação hospitalar do segurado.
▶ Art. 51, IV, do CDC.

**303.** Em embargos de terceiro, quem deu causa à constrição indevida deve arcar com os honorários advocatícios.

**304.** É ilegal a decretação da prisão civil daquele que não assume expressamente o encargo de depositário judicial.

**305.** É descabida a prisão civil do depositário quando, decretada a falência da empresa, sobrevém a arrecadação do bem pelo síndico.
▶ Arts. 21 a 25 da Lei nº 11.101, de 9-2-2005 (Lei de Recuperação de Empresas e Falências), que dispõem sobre o administrador judicial.
▶ Súm. nº 419 do STJ.

**306.** Os honorários advocatícios devem ser compensados quando houver sucumbência recíproca, assegurado o direito autônomo do advogado à execução do saldo sem excluir a legitimidade da própria parte.
▶ Art. 23 da Lei nº 8.906, de 4-7-1994 (Estatuto da Advocacia e a OAB).

**307.** A restituição de adiantamento de contrato de câmbio, na falência, deve ser atendida antes de qualquer crédito.
▶ Art. 75, § 3º, da Lei nº 4.728, de 14-7-1965 (Lei do Mercado de Capitais).

**308.** A hipoteca firmada entre a construtora e o agente financeiro, anterior ou posterior à celebração da promessa de compra e venda, não tem eficácia perante os adquirentes do imóvel.
▶ Art. 1.420 do CC.

**309.** O débito alimentar que autoriza a prisão civil do alimentante é o que compreende as três prestações anteriores ao ajuizamento da execução e as que se vencerem no curso do processo.
▶ Súmula com redação alterada *DJU* de 19-4-2006.
▶ Arts. 732 e 733, § 1º, do CPC.

**311.** Os atos do presidente do tribunal que disponham sobre processamento e pagamento de precatório não têm caráter jurisdicional.

**312.** No processo administrativo para imposição de multa de trânsito, são necessárias as notificações da autuação e da aplicação da pena decorrente da infração.
- Art. 5º, LV, da CF.
- Arts. 280, 281 e 282 do CTB.

**313.** Em ação de indenização, procedente o pedido, é necessária a constituição de capital ou caução fidejussória para a garantia de pagamento da pensão, independentemente da situação financeira do demandado.

**314.** Em execução fiscal, não localizados bens penhoráveis, suspende-se o processo por um ano, findo o qual se inicia o prazo da prescrição quinquenal intercorrente.
- Art. 40 da Lei nº 6.830, de 22-9-1980 (Lei das Execuções Fiscais).

**315.** Não cabem embargos de divergência no âmbito do agravo de instrumento que não admite recurso especial.
- Art. 544 do CPC.
- Art. 266 do RISTJ.

**316.** Cabem embargos de divergência contra acórdão que, em agravo regimental, decide recurso especial.
- Art. 266 do RISTJ.

**317.** É definitiva a execução de título extrajudicial, ainda que pendente apelação contra sentença que julgue improcedentes os embargos.
- Arts. 520, V, e 587 do CPC.

**318.** Formulado pedido certo e determinado, somente o autor tem interesse recursal em arguir o vício da sentença ilíquida.
- Art. 459, parágrafo único, do CPC.

**319.** O encargo de depositário de bens penhorados pode ser expressamente recusado.

**320.** A questão federal somente ventilada no voto vencido não atende ao requisito do prequestionamento.

**321.** O Código de Defesa do Consumidor é aplicável à relação jurídica entre a entidade de previdência privada e seus participantes.

**322.** Para a repetição de indébito, nos contratos de abertura de crédito em conta-corrente, não se exige a prova do erro.
- Art. 877 do CC.

**323.** A inscrição do nome do devedor pode ser mantida nos serviços de proteção ao crédito até o prazo máximo de cinco anos, independentemente da prescrição da execução.
- Súmula com a redação alterada. DJE de 16-12-2009.
- Art. 43, §§ 1º e 5º, do CDC.

**324.** Compete à Justiça Federal processar e julgar ações de que participa a Fundação Habitacional do Exército, equiparada à entidade autárquica federal, supervisionada pelo Ministério do Exército.

**325.** A remessa oficial devolve ao Tribunal o reexame de todas as parcelas da condenação suportadas pela Fazenda Pública, inclusive dos honorários de advogado.
- Art. 475, II, do CPC.

**326.** Na ação de indenização por dano moral, a condenação em montante inferior ao postulado na inicial não implica sucumbência recíproca.

**327.** Nas ações referentes ao Sistema Financeiro da Habitação, a Caixa Econômica Federal tem legitimidade como sucessora do Banco Nacional da Habitação.

**328.** Na execução contra instituição financeira, é penhorável o numerário disponível, excluídas as reservas bancárias mantidas no Banco Central.
- Art. 655, I, do CPC.

**329.** O Ministério Público tem legitimidade para propor ação civil pública em defesa do patrimônio público.
- Art. 129, III, da CF.
- Lei nº 7.347, de 24-7-1985 (Lei da Ação Civil Pública).

**331.** A apelação interposta contra sentença que julga embargos à arrematação tem efeito meramente devolutivo.
- Art. 520, V, do CPC.

**332.** A fiança prestada sem autorização de um dos cônjuges implica a ineficácia total da garantia.
- Art. 1.647, III, do CC.

**333.** Cabe mandado de segurança contra ato praticado em licitação promovida por sociedade de economia mista ou empresa pública.
- Arts. 37, XXI, e 173, § 1º, III, da CF.
- Lei nº 8.666, de 21-6-1993 (Lei de Licitações e Contratos Administrativos).
- Lei nº 12.016, de 7-8-2009 (Lei do Mandado de Segurança Individual e Coletivo).

**335.** Nos contratos de locação, é válida a cláusula de renúncia à indenização das benfeitorias e ao direito de retenção.
- Art. 35 da Lei nº 8.245, de 18-10-1991 (Lei das Locações).

**336.** A mulher que renunciou aos alimentos na separação judicial tem direito à pensão previdenciária por morte do ex-marido, comprovada a necessidade econômica superveniente.
- Arts. 201, V, e 226, § 3º, da CF.
- Art. 76, §§ 1º e 2º, da Lei nº 8.213, de 24-7-1991 (Lei dos Planos de Benefícios da Previdência Social).

**339.** É cabível ação monitória contra a Fazenda Pública.

**340.** A lei aplicável à concessão de pensão previdenciária por morte é aquela vigente na data do óbito do segurado.
- Súm. nº 416 do STJ.

**343.** É obrigatória a presença de advogado em todas as fases do processo administrativo disciplinar.
- Arts. 153, 163 e 164 da Lei nº 8.112, de 11-12-1990 (Estatuto dos Servidores Públicos Civis da União, Autarquias e Fundações Públicas Federais).

**344.** A liquidação por forma diversa estabelecida na sentença não ofende a coisa julgada.

**345.** São devidos honorários advocatícios pela Fazenda Pública nas execuções individuais de sentença proferida em ações coletivas, ainda que não embargadas.
- Art. 20, § 4º, do CPC.

▶ Art. 1º-D da Lei nº 9.494, de 10-9-1997, que disciplina a aplicação da tutela antecipada contra a Fazenda Pública.

**349.** Compete à Justiça Federal ou aos juízes com competência delegada o julgamento das execuções fiscais de contribuições devidas pelo empregador ao FGTS.

▶ Art. 2º da Lei nº 8.844, de 20-1-1994, que dispõe sobre a fiscalização, apuração e cobrança judicial as contribuições e multas devidas ao Fundo de Garantia do Tempo de Serviço (FGTS).

**354.** A invasão do imóvel é causa de suspensão do processo expropriatório para fins de reforma agrária.

**356.** É legítima a cobrança da tarifa básica pelo uso dos serviços de telefonia fixa.

▶ Lei nº 9.472, de 16-7-1997, dispõe sobre a organização dos serviços de telecomunicações.

**358.** O cancelamento de pensão alimentícia de filho que atingiu a maioridade está sujeito à decisão judicial, mediante contraditório, ainda que nos próprios autos.

**359.** Cabe ao órgão mantenedor do Cadastro de Proteção ao Crédito a notificação do devedor antes de proceder à inscrição.

▶ Art. 43, § 2º, do CDC.
▶ Súm. nº 404 do STJ.

**361.** A notificação do protesto, para requerimento de falência da empresa devedora, exige a identificação da pessoa que a recebeu.

▶ Art. 94, § 3º, da Lei nº 11.101, de 9-2-2005 (Lei de Recuperação de Empresas e Falências).

**362.** A correção monetária do valor da indenização do dano moral incide desde a data do arbitramento.

**363.** Compete à Justiça estadual processar e julgar a ação de cobrança ajuizada por profissional liberal contra cliente.

**364.** O conceito de impenhorabilidade de bem de família abrange também o imóvel pertencente a pessoas solteiras, separadas e viúvas.

▶ Art. 1º da Lei nº 8.009, de 29-3-1990 (Lei da Impenhorabilidade do Bem de Família).

**367.** A competência estabelecida pela EC nº 45/2004 não alcança os processos já sentenciados.

**368.** Compete à Justiça comum estadual processar e julgar os pedidos de retificação de dados cadastrais da Justiça Eleitoral.

**369.** No contrato de arrendamento mercantil (*leasing*), ainda que haja cláusula resolutiva expressa, é necessária a notificação prévia do arrendatário para constituí-lo em mora.

**370.** Caracteriza dano moral a apresentação antecipada de cheque pré-datado.

▶ Art. 32, parágrafo único, da Lei nº 7.357, de 2-9-1985 (Lei do Cheque).

**371.** Nos contratos de participação financeira para a aquisição de linha telefônica, o Valor Patrimonial da Ação (VPA) é apurado com base no balancete do mês da integralização.

▶ Art. 170, § 1º, I e II, da Lei nº 6.404, de 15-12-1976 (Lei das Sociedades por Ações).

**372.** Na ação de exibição de documentos, não cabe a aplicação de multa cominatória.

▶ Art. 845 do CPC.

**373.** É ilegítima a exigência de depósito prévio para admissibilidade de recurso administrativo.

▶ Art. 5º, XXXIV, *a*, e LV, da CF.
▶ Art. 151, III, do CTN.

**374.** Compete à Justiça Eleitoral processar e julgar a ação para anular débito decorrente de multa eleitoral.

▶ Art. 367, IV, do CE.

**375.** O reconhecimento da fraude à execução depende do registro da penhora do bem alienado ou da prova de má-fé do terceiro adquirente.

▶ Arts. 593, II, e 659, § 4º, do CPC.

**376.** Compete à turma recursal processar e julgar o mandado de segurança contra ato de juizado especial.

▶ Art. 98, I, da CF.
▶ Art. 21, VI, da LC nº 35, de 14-3-1979 (Lei Orgânica da Magistratura Nacional).
▶ Art. 41, § 1º, da Lei nº 9.099, de 26-9-1995 (Lei dos Juizados Especiais).

**377.** O portador de visão monocular tem direito de concorrer, em concurso público, às vagas reservadas aos deficientes.

▶ Art. 37, VIII, da CF.

**378.** Reconhecido o desvio de função, o servidor faz jus às diferenças salariais decorrentes.

**379.** Nos contratos bancários não regidos por legislação específica, os juros moratórios poderão ser convencionados até o limite de 1% ao mês.

▶ Art. 406 do CC.
▶ Art. 161, § 1º, do CTN.
▶ Art. 5º do Dec. nº 22.626, de 7-4-1933(Lei da Usura).

**380.** A simples propositura da ação de revisão de contrato não inibe a caracterização da mora do autor.

▶ Arts. 394 a 401 do CC.

**381.** Nos contratos bancários, é vedado ao julgador conhecer, de ofício, da abusividade das cláusulas.

▶ Art. 51 do CDC.

**382.** A estipulação de juros remuneratórios superiores a 12% ao ano, por si só, não indica abusividade.

**383.** A competência para processar e julgar as ações conexas de interesse de menor é, em princípio, do foro do domicílio do detentor de sua guarda.

▶ Art. 147, I, do ECA.

**384.** Cabe ação monitória para haver saldo remanescente oriundo de venda extrajudicial de bem alienado fiduciariamente em garantia.

▶ Art. 1.102-A do CPC.

**385.** Da anotação irregular em cadastro de proteção ao crédito, não cabe indenização por dano moral, quando preexistente legítima inscrição, ressalvado o direito ao cancelamento.

▶ Art. 43 do CDC.

**387.** É lícita a cumulação das indenizações de dano estético e dano moral.
▶ Art. 5º, X, da CF.

**388.** A simples devolução indevida de cheque caracteriza dano moral.

**389.** A comprovação do pagamento do "custo do serviço" referente ao fornecimento de certidão de assentamentos constantes dos livros da companhia é requisito de procedibilidade da ação de exibição de documentos ajuizada em face da sociedade anônima.
▶ Art. 100, § 1º, da Lei nº 6.404, de 15-12-1976 (Lei das Sociedades por Ações).

**390.** Nas decisões por maioria, em reexame necessário, não se admitem embargos infringentes.

**392.** A Fazenda Pública pode substituir a certidão de dívida ativa (CDA) até a prolação da sentença de embargos, quando se tratar de correção de erro material ou formal, vedada a modificação do sujeito passivo da execução.
▶ Art. 201 do CTN.
▶ Art. 2º, § 8º, da Lei nº 6.830, de 22-9-1980 (Lei das Execuções Fiscais).

**393.** A exceção de pré-executividade é admissível na execução fiscal relativamente às matérias conhecíveis de ofício que não demandem dilação probatória.

**394.** É admissível, em embargos à execução fiscal, compensar os valores de imposto de renda retidos indevidamente na fonte com os valores restituídos apurados na declaração anual.
▶ Súmula republicada. *DJE* de 21-10-2009.

**396.** A Confederação Nacional da Agricultura tem legitimidade ativa para a cobrança da contribuição sindical rural.
▶ Art. 8º, IV, da CF.
▶ Art. 578 da CLT.

**398.** A prescrição da ação para pleitear os juros progressivos sobre os saldos de conta vinculada do FGTS não atinge o fundo de direito, limitando-se às parcelas vencidas.
▶ Súmulas nºs 154 e 210 do STJ.

**400.** O encargo de 20% previsto no Dec.-lei nº 1.025/1969 é exigível na execução fiscal proposta contra a massa falida.

**401.** O prazo decadencial da ação rescisória só se inicia quando não for cabível qualquer recurso do último pronunciamento judicial.
▶ Art. 495 do CPC.

**402.** O contrato de seguro por danos pessoais compreende os danos morais, salvo cláusula expressa de exclusão.

**403.** Independe de prova do prejuízo a indenização pela publicação não autorizada de imagem de pessoa com fins econômicos ou comerciais.
▶ Art. 5º, X, da CF.
▶ Arts. 186 e 927 do CC.

**404.** É dispensável o aviso de recebimento (AR) na carta de comunicação ao consumidor sobre a negativação de seu nome em bancos de dados e cadastros.
▶ Art. 43, § 2º, do CDC.
▶ Súm. nº 359 do STJ.

**405.** A ação de cobrança de seguro obrigatório (DPVAT) prescreve em três anos.
▶ Art. 206, § 3º, IX, do CC.
▶ Art. 8º da Lei nº 6.194, de 19-12-1974 (Lei do Seguro Obrigatório).

**406.** A Fazenda Pública pode recusar a substituição do bem penhorado por precatório.
▶ Arts. 655, XI, e 656 do CPC.
▶ Art. 15 da Lei nº 6.830, de 22-9-1980 (Lei das Execuções Fiscais).

**407.** É legítima a cobrança da tarifa de água fixada de acordo com as categorias de usuários e as faixas de consumo.
▶ Art. 175, parágrafo único, III, da CF.
▶ Lei nº 8.987, de 13-2-1995 (Lei da Concessão e Permissão da Prestação de Serviços Públicos).

**408.** Nas ações de desapropriação, os juros compensatórios incidentes após a Medida Provisória nº 1.577, de 11-6-1997, devem ser fixados em 6% ao ano até 13-9-2001 e, a partir de então, em 12% ao ano, na forma da Súmula nº 618 do Supremo Tribunal Federal.
▶ Dec.-lei nº 3.365, de 21-6-1941 (Lei das Desapropriações).

**409.** Em execução fiscal, a prescrição ocorrida antes da propositura da ação pode ser decretada de ofício (art. 219, § 5º, do CPC).

**410.** A prévia intimação pessoal do devedor constitui condição necessária para a cobrança de multa pelo descumprimento de obrigação de fazer ou não fazer.
▶ Art. 632 do CPC.

**412.** A ação de repetição de indébito de tarifas de água e esgoto sujeita-se ao prazo prescricional estabelecido no Código Civil.
▶ Art. 205 do CC.

**413.** O farmacêutico pode acumular a responsabilidade técnica por uma farmácia e uma drogaria ou por duas drogarias.

**414.** A citação por edital na execução fiscal é cabível quando frustradas as demais modalidades.
▶ Art. 8º, IV, da Lei nº 6.830, de 22-9-1980 (Lei das Execuções Fiscais).

**416.** É devida a pensão por morte aos dependentes do segurado que, apesar de ter perdido essa qualidade, preencheu os requisitos legais para a obtenção de aposentadoria até a data do seu óbito.
▶ Arts. 15, 26, I, 74 e 102, § 2º, da Lei nº 8.213, de 24-7-1991 (Lei dos Planos de Benefícios da Previdência Social).
▶ Súm. nº 340 do STJ.

**417.** Na execução civil, a penhora de dinheiro na ordem de nomeação de bens não tem caráter absoluto.
▶ Arts. 620 e 655, I, do CPC.
▶ Art. 11, I, da Lei nº 6.830, de 22-9-1980 (Lei das Execuções Fiscais).

**418.** É inadmissível o recurso especial interposto antes da publicação do acórdão dos embargos de declaração, sem posterior ratificação.
- Art. 105, III, da CF.
- Art. 538 do CPC.
- Súm. nº 211 do STJ.

**419.** Descabe a prisão civil do depositário judicial infiel.
- Art. 5º, LXVII, da CF.
- Art. 652 do CC.
- Arts. 666, § 3º, e 902 a 906 do CPC.
- Art. 4º, §§ 1º e 2º, da Lei nº 8.866, de 11-4-1994 (Lei do Depositário Infiel).
- Art. 4º do Dec.-lei nº 911, de 1º-10-1969 (Lei das Alienações Fiduciárias).
- Art. 11 do Dec. nº 592, de 6-7-1992, que promulga o Pacto Internacional sobre Direitos Civis e Políticos.
- Art. 7º, 7, do Pacto de São José da Costa Rica.
- Súm. Vinc. nº 25 do STF.
- Súmulas nºs 304 e 305 do STJ.

**420.** Incabível, em embargos de divergência, discutir o valor de indenização por danos morais.
- Art. 5º, X, da CF.
- Arts. 456 e 496, VIII, do CPC.

**421.** Os honorários advocatícios não são devidos à Defensoria Pública quando ela atua contra a pessoa jurídica de direito público à qual pertença.
- Art. 134, § 1º, da CF.
- Art. 381 do CC.
- LC nº 80, de 12-1-1994 (Lei da Defensoria Pública).

**422.** O art. 6º, e, da Lei nº 4.380/1964 não estabelece limitação aos juros remuneratórios nos contratos vinculados ao SFH.
- Lei nº 4.380, de 21-8-1964, institui a correção monetária nos contratos imobiliários de interesse social, o sistema financeiro para aquisição da casa própria, cria o Banco Nacional de Habitação (BNH), e Sociedades de Crédito Imobiliário, as Letras Imobiliárias, o Serviço Federal de Habitação e Urbanismo.
- Lei nº 5.741, de 1º-12-1971, dispõe sobre a proteção do financiamento de bens imóveis vinculados ao Sistema Financeiro da Habitação.
- Art. 9º da Lei nº 8.036, de 11-5-1990 (Lei do FGTS).
- Art. 10, I, do Dec.-lei nº 70, de 21-11-1966 (Lei de Execução de Cédula Hipotecária).
- Art. 1º do Dec.-lei nº 2.291, de 21-11-1986, que extingue o Banco Nacional da Habitação – BNH.

**426.** Os juros de mora na indenização do seguro DPVAT fluem a partir da citação.
- Arts. 405, 757 e 772 do CC.
- Art. 219 do CPC.
- Lei nº 6.194, de 19-12-1974 (Lei do Seguro Obrigatório).
- Súmulas nºs 246 e 257 do STJ.

**427.** A ação de cobrança de diferenças de valores de complementação de aposentadoria prescreve em cinco anos contados da data do pagamento.
- Art. 75 da LC nº 109, de 29-5-2001 (Lei do Regime de Previdência Complementar).

- Art. 103, parágrafo único, da Lei nº 8.213, de 24-7-1991 (Lei dos Planos de Benefícios da Previdência Social).
- Súm. nº 291 do STJ.

**428.** Compete ao Tribunal Regional Federal decidir os conflitos de competência entre juizado especial federal e juízo federal da mesma seção judiciária.
- Art. 109, I, e, da CF.
- Lei nº 10.259, de 12-7-2001 (Lei dos Juizados Especiais Federais).

**429.** A citação postal, quando autorizada por lei, exige o aviso de recebimento.
- Arts. 223 e 241, I, do CPC.
- Art. 8º, I a III, da Lei nº 6.830, de 22-9-1980 (Lei das Execuções Fiscais).
- Art. 39, parágrafo único, da Lei nº 9.307, de 23-9-1996 (Lei da Arbitragem).

**430.** O inadimplemento da obrigação tributária pela sociedade não gera, por si só, a responsabilidade solidária do sócio-gerente.
- Art. 135, III, do CTN.
- Art. 158 da Lei nº 6.404, de 15-12-1976 (Lei das Sociedades por Ações).
- Art. 4º, V, da Lei nº 6.830, de 22-9-1980 (Lei das Execuções Fiscais).

**434.** O pagamento da multa por infração de trânsito não inibe a discussão judicial do débito.
- Arts. 286, § 2º, e 288 do CTB.

**435.** Presume-se dissolvida irregularmente a empresa que deixar de funcionar no seu domicílio fiscal, sem comunicação aos órgãos competentes, legitimando o redirecionamento da execução fiscal para o sócio-gerente.
- Art. 127 do CTN.
- Art. 206 da Lei nº 6.404, de 15-12-1976 (Lei das Sociedades por Ações).
- Art. 4º, V, da Lei nº 6.830, de 22-9-1980 (Lei das Execuções Fiscais).

**447.** Os Estados e o Distrito Federal são partes legítimas na ação de restituição de imposto de renda retido na fonte proposta por seus servidores.
- Art. 157, I, da CF.
- Art. 43 do CTN.

**449.** A vaga de garagem que possui matrícula própria no registro de imóveis não constitui bem de família para efeito de penhora.
- Art. 2º da Lei nº 4.591, de 12-12-1964 (Lei do Condomínio e Incorporações).
- Arts. 260 a 265 da Lei nº 6.015, de 31-12-1973 (Lei dos Registros Públicos).
- Art. 1º da Lei nº 8.009, de 29-3-1990 (Lei da Impenhorabilidade do Bem de Família).

**450.** Nos contratos vinculados ao SFH, a atualização do saldo devedor antecede sua amortização pelo pagamento da prestação.
- Lei nº 4.380, de 21-8-1964, institui a correção monetária nos contratos imobiliários de interesse social, o sistema financeiro para aquisição da casa própria, cria o Banco Nacional da Habitação (BNH), e Sociedades de Crédito Imobiliário, as Letras Imobiliárias, o Serviço Federal de Habitação e Urbanismo.

► Lei nº 5.741, de 1º-12-1971, dispõe sobre a proteção do financiamento de bens imóveis vinculados ao Sistema Financeiro da Habitação.
► Art. 9º da Lei nº 8.036, de 11-5-1990 (Lei do FGTS).
► Art. 10, I, do Dec.-lei nº 70, de 21-11-1966 (Lei de Execução de Cédula Hipotecária).
► Art. 1º do Dec.-lei nº 2.291, de 21-11-1986, que extingue o Banco Nacional da Habitação – BNH.

**451.** É legítima a penhora da sede do estabelecimento comercial.

► Art. 1.142 do CC.
► Art. 649, V, do CPC.
► Art. 11, § 1º, da Lei nº 6.830, de 22-9-1980 (Lei das Execuções Fiscais).

**452.** A extinção das ações de pequeno valor é faculdade da Administração Federal, vedada a atuação judicial de ofício.

► Arts. 1º e 1º-A da Lei nº 9.469, de 10-7-1997, que dispõem sobre a intervenção da União nas causas em que figurarem, como autores ou réus, entes da administração indireta e regula os pagamentos devidos pela Fazenda Pública em virtude de sentença judiciária.

**453.** Os honorários sucumbenciais, quando omitidos em decisão transitada em julgado, não podem ser cobrados em execução ou em ação própria.

► Arts. 20, 463 e 535, II, do CPC.

**454.** Pactuada a correção monetária nos contratos do SFH pelo mesmo índice aplicável à caderneta de poupança, incide a taxa referencial (TR) a partir da vigência da Lei nº 8.177, de 1º-3-1991.

► Lei nº 4.380, de 21-8-1964, instituiu a correção monetária nos contratos imobiliários de interesse social, o sistema financeiro para aquisição da casa própria, cria o Banco Nacional da Habitação (BNH), e Sociedades de Crédito Imobiliário, as Letras Imobiliárias, o Serviço Federal de Habitação e Urbanismo.
► Art. 9º, II, da Lei nº 8.036, de 11-5-1990 (Lei do FGTS).
► Lei nº 8.177, de 1º-3-1991, estabelece regras para a desindexação da economia.
► Art. 1º do Dec.-lei nº 2.291, de 21-11-1986, que extingue o Banco Nacional da Habitação – BNH.

**457.** Os descontos incondicionais nas operações mercantis não se incluem na base de cálculo do ICMS.

► Art. 155, II, da CF.
► Art. 13, § 1º, II, a, da LC nº 87, de 13-9-1996 (Lei Kandir – ICMS).

**458.** A contribuição previdenciária incide sobre a comissão paga ao corretor de seguros.

► Art. 11, parágrafo único, a, da Lei nº 8.212, de 24-7-1991 (Lei Orgânica da Seguridade Social).

**460.** É incabível o mandado de segurança para convalidar a compensação tributária realizada pelo contribuinte.

► Art. 170 do CTN.
► Lei nº 12.016, de 7-8-2009 (Lei do Mandado de Segurança Individual e Coletivo).

**461.** O contribuinte pode optar por receber, por meio de precatório ou por compensação, o indébito tributário certificado por sentença declaratória transitada em julgado.

► Art. 100 da CF.

► Arts. 156, II, 165 e 170 do CTN.
► Art. 66, § 2º, da Lei nº 8.383, de 30-12-1991, que institui a Unidade Fiscal de Referência e altera a legislação do Imposto de Renda.

**462.** Nas ações em que representa o FGTS, a CEF, quando sucumbente, não está isenta de reembolsar as custas antecipadas pela parte vencedora.

► Lei nº 8.036, de 11-5-1990 (Lei do FGTS).
► Art. 24-A, parágrafo único, da Lei nº 9.028, de 12-4-1995, que dispõe sobre o exercício das atribuições institucionais da Advocacia-Geral da União, em caráter emergencial e provisório.

**464.** A regra de imputação de pagamentos estabelecida no art. 354 do Código Civil não se aplica às hipóteses de compensação tributária.

► Art. 170 do CTN.
► Art. 66 da Lei nº 8.383, de 30-12-1991, que institui a Unidade Fiscal de Referência e altera a legislação do Imposto de Renda.
► Art. 74, § 12, da Lei nº 9.430, de 27-12-1996, que dispõe sobre a legislação tributária federal, as contribuições para a seguridade social e o processo administrativo de consulta.

**465.** Ressalvada a hipótese de efetivo agravamento do risco, a seguradora não se exime do dever de indenizar em razão da transferência do veículo sem a sua prévia comunicação.

► Arts. 757 e 785, § 1º, do CC.

**467.** Prescreve em cinco anos, contados do término do processo administrativo, a pretensão da Administração Pública de promover a execução da multa por infração ambiental.

► Art. 1º-A da Lei nº 9.873, de 23-11-1999, que estabelece prazo de prescrição para o exercício de ação punitiva pela Administração Pública Federal, direta e indireta.
► Art. 1º do Dec. nº 20.910, de 6-1-1932, que regula a prescrição quinquenal.
► Art. 21 do Dec. nº 6.514, de 22-7-2008, que dispõe sobre as infrações e sanções administrativas ao meio ambiente e estabelece o processo administrativo federal para apuração destas infrações.

**468.** A base de cálculo do PIS, até a edição da MP nº 1.212/1995, era o faturamento ocorrido no sexto mês anterior ao do fato gerador.

► Art. 6º, parágrafo único, da LC nº 7, de 7-9-1970, que institui o Programa de Integração Social.
► Lei nº 9.715, de 25-11-1998, dispõe sobre as contribuições para os Programas de Integração Social e de Formação do Patrimônio do Servidor Público – PIS/PASEP.
► Lei nº 9.718, de 27-11-1998, altera a Legislação Tributária Federal.
► Dec. nº 4.751, de 17-6-2003, dispõe sobre o Fundo PIS-PASEP, criado pela LC nº 26, de 11-9-1975, sob a denominação de PIS-PASEP.

**469.** Aplica-se o Código de Defesa do Consumidor aos contratos de plano de saúde.

► Lei nº 8.078, de 11-9-1990 (Código de Defesa do Consumidor).
► Lei nº 9.656, de 3-6-1998 (Lei dos Planos e Seguros Privados de Saúde).

**470.** O Ministério Público não tem legitimidade para pleitear, em ação civil pública, a indenização decorrente do DPVAT em benefício do segurado.

> Lei nº 6.194, de 19-12-1974, dispõe sobre Seguro Obrigatório de Danos Pessoais causados por veículos automotores de via terrestre, ou por sua carga, a pessoas transportadas ou não.

## SÚMULAS DO CONSELHO PLENO DO CONSELHO FEDERAL DA ORDEM DOS ADVOGADOS DO BRASIL

### 1. PRESCRIÇÃO.

*I – O termo inicial para contagem do prazo prescricional, na hipótese de processo disciplinar decorrente de representação, a que se refere o caput do art. 43 do EAOAB, é a data da constatação oficial do fato pela OAB, considerada a data do protocolo da representação ou a data das declarações do interessado tomadas por termo perante órgão da OAB, a partir de quando começa a fluir o prazo de cinco (5) anos, o qual será interrompido nas hipóteses dos incisos I e II do § 2º do art. 43 do EAOAB, voltando a correr por inteiro a partir do fato interruptivo.*

*II – Quando a instauração do processo disciplinar se der ex officio, o termo a quo coincidirá com a data em que o órgão competente da OAB tomar conhecimento do fato, seja por documento constante dos autos, seja pela sua notoriedade.*

*III – A prescrição intercorrente de que trata o § 1º do art. 43 do EAOAB, verificada pela paralisação do processo por mais de três (3) anos sem qualquer despacho ou julgamento, é interrompida e recomeça a fluir pelo mesmo prazo, a cada despacho de movimentação do processo.*

> Publicada no DOU de 14-4-2011.

### 2. ADVOCACIA. CONCORRÊNCIA. CONSUMIDOR.

*I – A Lei da Advocacia é especial e exauriente, afastando a aplicação, às relações entre clientes e advogados, do sistema normativo da defesa da concorrência.*

*II – O cliente de serviços de advocacia não se identifica com o consumidor do Código de Defesa do Consumidor – CDC. Os pressupostos filosóficos do CDC e do EAOAB são antípodas e a Lei nº 8.906/1994 esgota toda a matéria, descabendo a aplicação subsidiária do CDC.*

> Publicada no DOU de 25-10-2011.

# Índice por Assuntos da Legislação Complementar ao Código de Processo Civil e Súmulas

## A

**AÇÃO ANULATÓRIA**
- de débito fiscal; pressuposto: Súm. nº 247 do TFR

**AÇÃO CIVIL PÚBLICA**
- danos ao meio ambiente: Lei nº 7.347, de 24-7-1985
- defesa do patrimônio público; legitimidade do Ministério Público para propô-la: Súm. nº 328 do STJ
- liminar: Lei nº 8.437, de 30-6-1992
- Ministério Público; legitimidade para promover: Súm. nº 643 do STF

**AÇÃO DE ALIMENTOS**
- Lei nº 5.478, de 25-7-1968
- débito alimentar que autoriza a prisão civil: Súm. nº 309 do STJ

**AÇÃO DE COBRANÇA**
- contribuição para FGTS; prescrição: Súm. nº 210 do STJ
- contribuição sindical; competência da Justiça Comum Estadual: Súm. nº 87 do TFR

**AÇÃO DE DEPÓSITO**
- prisão de depositário infiel: Súm. nº 619 do STF

**AÇÃO DE DESCUMPRIMENTO DE PRECEITO FUNDAMENTAL**
- Lei nº 9.882, de 3-12-1999

**AÇÃO DE PRESTAÇÃO DE CONTAS**
- propositura por titular de conta corrente: Súm. nº 259 do STJ

**AÇÃO DECLARATÓRIA**
- reconvenção: Súm. nº 258 do STF

**AÇÃO DECLARATÓRIA DE CONSTITUCIONALIDADE**
- Lei nº 9.868, de 10-11-1999
- admissibilidade: arts. 13 a 20 da Lei nº 9.868, de 10-11-1999
- decisão: arts. 22 a 28 da Lei nº 9.868, de 10-11-1999
- medida cautelar: art. 21 da Lei nº 9.868, de 10-11-1999
- procedimento: arts. 13 a 20 da Lei nº 9.868, de 10-11-1999

**AÇÃO DIRETA DE INCONSTITUCIONALIDADE**
- Lei nº 9.868, de 10-11-1999
- admissibilidade: arts. 2º a 9º da Lei nº 9.868, de 10-11-1999
- decisão: arts. 22 a 28 da Lei nº 9.868, de 10-11-1999
- lei do Distrito Federal; competência legislativa municipal: Súm. nº 642 do STF
- medida cautelar: arts. 10 a 12 da Lei nº 9.868, de 10-11-1999
- procedimento: arts. 2º a 9º da Lei nº 9.868, de 10-11-1999

**AÇÃO MONITÓRIA**
- documentos para ajuizamento: Súm. nº 247 do STJ

**AÇÃO PENAL PÚBLICA E PRIVADA**
- perante STF e STJ; normas procedimentais: Lei nº 8.038, de 28-5-1990

**AÇÃO POPULAR**
- Lei nº 4.717, de 29-6-1965
- competência: art. 5º da Lei nº 4.717, de 29-6-1965
- não é substituída por mandado de segurança: Súm. nº 101 do STF
- processo: arts. 7º a 19 da Lei nº 4.717, de 29-6-1965
- proposta por pessoa jurídica: Súm. nº 365 do STF
- sujeitos passivos: art. 6º da Lei nº 4.717, de 29-6-1965

**AÇÃO RESCISÓRIA**
- Súm. nº 249 do STF
- autarquias; exigibilidade de depósito previsto no art. 488, II do CPC: Súm. nº 129 do TFR
- competência; quando não é do STF: Súm. nº 515 do STF
- contra sentença transitada em julgado: Súm. nº 514 do STF
- impedimento: Súm. nº 252 do STF
- medida cautelar: Súm. nº 234 do TFR
- ofensa a literal disposição de lei: Súm. nº 343 do STF
- paralisação: Súm. nº 264 do STF
- proposta pelo INSS; descabimento de depósito: Súm. nº 175 do STJ
- violação de literal disposição de lei; não cabimento: Súm. nº 134 do TFR

**ACIDENTE DE TRABALHO**
- autarquia seguradora: Súm. nº 236 do STF
- benefício calculado com base na média dos últimos doze meses de contribuição: Súm. nº 159 do STJ
- competência da Justiça Comum: Súm. nº 15 do STJ
- competência da Justiça Comum, mesmo que seja contra a União: Súm. nº 501 do STF
- honorários de advogado: Súmulas nºs 234 do STF e 110 do STJ
- indenização: Lei nº 6.338, de 7-6-1976
- indenização para concubina: Súm. nº 35 do STF
- indenização não exclui a do direito comum: Súm. nº 229 do STF
- legitimidade do Ministério Público para recorrer: Súm. nº 226 do STJ
- via administrativa; exaurimento: Súm. nº 89 do STJ

**ADOÇÃO**
- Lei nº 12.010, de 3-8-2009

**ADMINISTRAÇÃO PÚBLICA**
- criação de órgãos de controle administrativo do Poder Judiciário por Constituição Estadual: Súm. nº 649 do STF
- declaração de nulidade dos próprios atos: Súm. nº 346 do STF

**ADOLESCENTE**
- estatuto: Lei nº 8.069, de 13-7-1990

**ADVOCACIA**
- regras do CDC; afasta a aplicação: Súm. nº 2 do CF-OAB.

**ADVOGADO**
- estatuto: Lei nº 8.906, de 4-7-1994
- OAB: Código de Ética da Disciplina da OAB

**AGRAVO**
- cabimento do recurso extraordinário: Súm. nº 289 do STF
- certidão de intimação de acórdão; peça obrigatória no instrumento: Súm. nº 223 do STJ
- de instrumento; falta de peças de traslado: Súm. nº 235 do TFR
- de instrumento; homologação de atualização de cálculo da liquidação: Súm. nº 118 do STJ
- de instrumento interposto contra decisão que não admite recurso extraordinário: Súm. nº 727 do STF
- deficiência na fundamentação: Súm. nº 287 do STF
- demora na juntada: Súm. nº 425 do STF
- em processo penal; prazo: Súm. nº 699 do STF
- indispensável para admissão: Súm. nº 315 do STF
- inviável se deixar de atacar especificamente os fundamentos da decisão agravada: Súm. nº 182 do STJ
- para subida de recurso extraordinário: Súmulas 288, 300 e 639 do STF
- perante STF e STJ, normas procedimentais: Lei nº 8.038, de 28-5-1990

**AGRAVO REGIMENTAL**
- prazo em dobro para a Fazenda Pública e o Ministério Público: Súm. nº 116 do STJ

**ALIENAÇÃO FIDUCIÁRIA**
- Decreto-Lei nº 911, de 1º-10-1969
- em garantia; bem que já integrava patrimônio do devedor: Súm. nº 28 do STJ
- não anotada em documento de veículo automotor; não oponível a terceiro de boa-fé: Súm. nº 92 do STJ

## ALIENAÇÃO PARENTAL
- Lei nº 12.318, de 26-8-2010.

## ALIMENTOS
- ação de: Lei nº 5.478, de 25-7-1968
- ação de desquite: Súm. nº 226 do STF
- débito que autoriza a prisão civil: Súm. nº 309 do STJ
- gravídicos: Lei nº 11.804, de 5-11-2008
- provisórios; fixados cautelarmente; opressão contra criança ou adolescente: Lei nº 12.415/2011

## ANO CIVIL
- Lei nº 810, de 6-9-1949

## APELAÇÃO
- perante STF e STJ; normas procedimentais: Lei nº 8.038, de 28-5-1990
- sentença homologatória de cálculo; pressuposto de admissibilidade: Súm. nº 188 do TFR

## ARBITRAGEM
- Lei nº 9.307, de 23-9-1996

## ÁRBITROS
- Lei nº 9.307, de 23-9-1996

## ASSISTÊNCIA JUDICIÁRIA
- Lei nº 1.060, de 5-2-1950

## ATOS PROCESSUAIS
- sistema de transmissão de dados: Lei nº 9.800, de 26-5-1999

## AUTARQUIAS
- procurador; apresentação de mandato: Súm. nº 644 do STF
- sentença não sujeita a reexame necessário: Súm. nº 620 do STF

## B

## BANCO CENTRAL DO BRASIL
- ações fundadas na Resolução nº 1.154/1986; legitimidade: Súm. nº 23 do STJ

## BANCO DO BRASIL
- competência da Justiça Estadual: Súm. nº 508 do STF

## BANCOS
- não estão sujeitos a registro nos Conselhos Regionais de Economia: Súm. nº 79 do STJ

## BEM DE FAMÍLIA
- impenhorabilidade: Lei nº 8.009, de 29-3-1990
- vaga de garagem com matrícula própria no registro de imóveis; não constituição para efeito de penhora: Súm. nº 449

## BENS E MERCADORIAS ESTRANGEIRAS
- medidas liminares: Lei nº 2.770, de 4-5-1956

## BUSCA E APREENSÃO
- comprovação da mora do bem alienado fiduciariamente: Súm. nº 72 do STJ

## C

## CAIXA ECONÔMICA FEDERAL
- PIS/PASEP; ilegitimidade para figurar no polo passivo: Súm. nº 77 do STJ

## CASAMENTO
- dissolução: Lei nº 6.515, de 26-12-1977

## CÉDULA
- crédito rural, comercial e industrial; pacto de capitalização de juros: Súm. nº 93 do STJ
- hipotecária: Decreto-Lei nº 70, de 21-11-1966
- produto rural: Lei nº 8.929, de 22-8-1994

## CERTIDÕES
- Lei n° 9.051, de 18-5-1995
- expedidas pelos Ofícios do Registro de Distribuição e Distribuidores Judiciais: Lei nº 11.971, de 6-7-2009

## CITAÇÃO
- postal; autorizada por lei; exigência do aviso de recebimento: Súm. nº 429

## CLÁUSULAS CONTRATUAIS
- ação declaratória; ônus da prova: Medida Provisória nº 2.172-32, de 23-8-2001
- nulidade: Medida Provisória nº 2.172-32, de 23-8-2001

## COBRANÇA JUDICIAL
- Fazenda Pública; dívida ativa: Lei nº 6.830, de 22-9-1980

## CÓDIGO DE ÉTICA
- OAB: Código de Ética da Disciplina da OAB
- Magistratura: Código de Ética da Magistratura Nacional

## COMPENSAÇÃO TRIBUTÁRIA
- declaração de direito; mandado de segurança: Súm. nº 213 do STJ
- imputação de pagamentos; não aplicação das regras do art. 354 do CC: Súm. nº 464 do STJ
- não deferimento por medida liminar: Súm. nº 212 do STJ

## COMPETÊNCIA
- conflito; existência de sentença transitada em julgado por um dos juízos: Súm. nº 59 do STJ
- conflito entre Tribunais do mesmo estado: Súm. nº 22 do STJ
- incompetência relativa; declaração de ofício: Súm. nº 33 do STJ
- processos perante STF e STJ; normas procedimentais: Lei nº 8.038, de 28-5-1990

## COMPRA E VENDA
- adjudicação compulsória; não condicionada a registro em cartório: Súm. nº 239 do STJ
- arrependimento; indenização: Súm. nº 412 do STF
- compromisso; arrependimento: Súm. nº 166 do STF
- execução compulsória; direito: Súm. nº 413 do STF
- inscrição no registro imobiliário no curso da ação: Súm. nº 168 do STF
- não inscrito no registro imobiliário: Súm. nº 167 do STF

## CONCORDATA
- conta de contrato de câmbio; restituição de adiantamento: Súm. nº 133 do STJ
- multa fiscal: Súm. nº 250 do STJ
- não pagamento de título: Súm. nº 190 do STF
- preventiva; correção monetária dos créditos habilitados: Súm. nº 8 do STJ
- preventiva: Súm. nº 264 do STJ
- reclamação de empregado na Justiça do Trabalho: Súm. nº 227 do STF
- restituição de dinheiro da coisa vendida a crédito: Súm. nº 495 do STF

## CONCUBINATO
- direito de receber indenização por acidente de trabalho: Súm. nº 35 do STF
- dissolução judicial e partilha de bens: Súm. nº 380 do STF
- pensão por morte do companheiro: Súm. nº 122 do TFR

## CONCURSO DE PREFERÊNCIA
- Súm. nº 563 do STF

## CONSUMIDOR
- Lei nº 8.078, de 11-9-1990
- ação civil pública por danos causados a: Lei nº 7.347, de 24-7-1985
- ações coletivas; coisa julgada: arts. 103 e 104 da Lei nº 8.078, de 11-9-1990
- ações coletivas; interesses individuais e homogêneos: arts. 91 a 100 da Lei nº 8.078, de 11-9-1990
- defesa em juízo: arts. 81 a 90 da Lei nº 8.078, de 11-9-1990
- fornecedores de produtos e serviços; responsabilidade: arts. 101 e 102 da Lei nº 8.078, de 11-9-1990
- interesses individuais e homogêneos; ações coletivas: arts. 91 a 100 da Lei nº 8.078, de 11-9-1990
- produtos e serviços; decadência e prescrição: arts. 26 e 27 da Lei nº 8.078, de 11-9-1990

## Índice por Assuntos do Código de Processo Civil

- produtos e serviços; fornecedores: arts. 101 e 102 da Lei nº 8.078, de 11-9-1990

**CONTRATOS**
- cláusula de eleição de foro: Súm. nº 335 do STF
- cláusula que sujeita o devedor à taxa de juros divulgada pela ANBID/CETIP; nulidade: Súm. nº 176 do STJ

**CORREÇÃO MONETÁRIA**
- adiantamento de câmbio em concordata ou falência; integra o valor da restituição: Súm. nº 36 do STJ
- aquisição de unidades residenciais do INPS: Súm. nº 68 do TFR
- ato ilícito: Súm. nº 43 do STJ
- cancelamento de débito fiscal; incidência a partir da data da efetivação do depósito: Súm. nº 47 do TFR
- comissão de permanência; inacumuláveis: Súm. nº 30 do STJ
- consórcio; prestações pagas: Súm. nº 35 do STJ
- crédito rural; incidência: Súm. nº 16 do STJ
- débitos oriundos de decisão judicial: Lei nº 6.899, de 8-4-1981
- depósitos judiciais: Súm. nº 271 do STJ
- desapropriação; cálculo com base na variação nominal das ORTN: Súm. nº 136 do TFR
- devolução do depósito efetuado em garantia de instância e de repetição de indébito; cálculo desde a data do depósito ou do pagamento indevido: Súm. nº 46 do TFR
- FGTS: Súm. nº 252 do STJ
- FGTS; legitimidade passiva da Caixa Econômica Federal: Súm. nº 249 do STJ
- incidência sobre benefícios previdenciários em atraso: Súm. nº 71 do TFR
- multas fiscais estão sujeitas: Súm. nº 45 do TFR
- repetição de indébito tributário; incidência a partir do pagamento indevido: Súm. nº 162 do STJ

**CRIANÇA**
- estatuto: Lei nº 8.069, de 13-7-1990

**CRIME**
- falimentar; prescrição: Súm. nº 147 do STF

## D

**DANO**
- moral; ação de indenização; condenação em montante inferior ao postulado na inicial que não implica em sucumbência recíproca: Súm. nº 326 do STJ

**DANOS**
- ação regressiva contra causador do dano pelo segurador: Súm. nº 188 do STF
- causados ao meio ambiente, ao consumidor, a bens e direitos de valor artístico, estético, histórico, turístico e paisagístico: Lei nº 7.347, de 24-7-1985
- morais; descabível discussão do valor de indenização nos embargos de divergência: Súm. nº 417 do STJ

**DÉBITO ALIMENTAR**
- prisão civil: Súm. nº 309 do STJ

**DÉBITOS FISCAIS**
- cobrança judicial: Lei nº 6.830, de 22-9-1980

**DÉBITOS JUDICIAIS**
- correção monetária: Lei nº 6.899, de 8-4-1981

**DECISÕES JUDICIAIS**
- Administração Pública Federal: Decreto nº 2.346, de 10-10-1997

**DEPENDENTES**
- pagamento de valores não recebidos em vida: Lei nº 6.858, de 24-11-1980

**DEPOSITÁRIO INFIEL**
- prisão civil; descabimento: Súm. nº 419 do STJ
- valor pertencente à Fazenda Pública: Lei nº 8.866, de 11-4-1994

**DEPÓSITOS JUDICIAIS**
- estabelecimento de crédito; pagamento da correção monetária sobre os valores recolhidos: Súm. nº 179 do STJ
- não incidência de IOF: Súm. nº 185 do STJ

- suspende a exigibilidade do crédito tributário se for integral e em dinheiro: Súm. nº 112 do STJ
- tributos e contribuições estaduais: Lei nº 11.429, de 26-12-2006
- tributos e contribuições federais: Lei nº 9.703, de 17-11-1998
- tributos municipais: Lei nº 10.819, de 16-12-2003

**DESAPROPRIAÇÃO**
- assistente técnico de expropriado; pagamento pelo expropriante: Súm. nº 69 do TFR
- atualização monetária: Súm. nº 67 do STJ
- cálculo de verba advocatícia; parcelas relativas aos juros moratórios: Súm. nº 141 do TFR
- competência da Justiça Federal quando promovida por concessionária de energia elétrica: Súm. nº 62 do TFR
- cumulação de juros moratórios e compensatórios: Súm. nº 12 do STJ
- direta; juros compensatórios devidos desde a antecipada imissão na posse: Súm. nº 69 do STJ
- direta ou indireta; juros moratórios calculados desde o trânsito em julgado da sentença: Súm. nº 70 do STJ
- discordância do preço oferecido pelo expropriado: Súm. nº 109 do TFR
- empresa de energia elétrica: Súm. nº 157 do STF
- honorários advocatícios; cálculo sobre diferença entre a indenização e a oferta: Súm. nº 141 do STJ
- honorários advocatícios; inclusão de parcelas relativas a juros moratórios e compensatórios: Súm. nº 131 do STJ
- indenização; não incidência de imposto de renda: Súm. nº 39 do TFR
- indireta; juros compensatórios: Súmulas 345 do STF, 69 e 114 do STJ
- indireta; prescrição: Súm. nº 119 do STJ
- interesse social: Lei nº 4.132, de 10-9-1962
- juros compensatórios: Súmulas 164 do STF e 110 do TFR
- juros moratórios sobre compensatórios; não constitui anatocismo: Súm. nº 102 do STJ
- margem de rio; indenização: Súm. nº 479 do STF
- por utilidade pública: Dec.-lei nº 3.365, de 21-6-1941
- revelia do expropriado; não aceitação do valor da oferta: Súm. nº 118 do TFR
- servidão administrativa; juros compensatórios: Súm. nº 56 do STJ
- suspensão; dúvida sobre domínio: Súm. nº 42 do TFR
- utilidade pública: Súm. nº 23 do STF

**DESCUMPRIMENTO DE PRECEITO FUNDAMENTAL**
- arguição: Lei nº 9.882, de 3-12-1999

**DESPACHO SANEADOR**
- trânsito em julgado: Súm. nº 424 do STF

**DESPEJO**
- vide LOCAÇÃO

**DIREITOS AUTORAIS**
- interdito proibitório; inadmissibilidade: Súm. nº 228 do STJ
- retransmissão radiofônica de músicas em estabelecimentos comerciais: Súm. nº 63 do STJ

**DISSOLUÇÃO DA SOCIEDADE CONJUGAL E DO CASAMENTO**
- Lei nº 6.515, de 26-12-1977
- acordo e renúncia aos alimentos: Súm. nº 379 do STF
- alimentos: arts. 19 a 23 da Lei nº 6.515, de 26-12-1977
- dispensa da prestação de alimentos pela mulher; direito à pensão por morte do marido: Súm. nº 64 do TFR
- divórcio: arts. 24 a 33 da Lei nº 6.515, de 26-12-1977
- divórcio direto; concessão sem prévia partilha de bens: Súm. nº 197 do STJ
- filhos; proteção dos filhos: arts. 9º a 16 da Lei nº 6.515, de 26-12-1977
- homologação de sentença obtida por procuração: Súm. nº 381 do STF
- imposto de reposição: Súm. nº 116 do STF
- processo: arts. 34 a 39 da Lei nº 6.515, de 26-12-1977
- separação judicial; casos e efeitos: arts. 3º a 8º da Lei nº 6.515, de 26-12-1977

- uso do nome: arts. 17 e 18 da Lei nº 6.515, de 26-12-1977

**DOCUMENTOS ESTRANGEIROS**
- inscrição no registro público: Súm. nº 259 do STF

**DUPLO GRAU DE JURISDIÇÃO**
- ação expropriatória; valor igual ou inferior a cinquenta OTNs: Súm. nº 218 do TFR
- autarquias; incidência quando forem sucumbentes na execução da dívida ativa: Súm. nº 34 do TFR

# E

**EMBARGOS DE DECLARAÇÃO**
- improcedência: Súm. nº 317 do STF
- propósito de prequestionamento; não tem caráter protelatório: Súm. nº 98 do STJ

**EMBARGOS DE DEVEDOR**
- falta de impugnação; efeitos de revelia: Súm. nº 256 do TFR
- prazo; contagem a partir da intimação: Súm. nº 111 do TFR

**EMBARGOS DE DIVERGÊNCIA**
- agravo regimental: Súm. nº 599 do STF
- decisão do Tribunal firmado no mesmo sentido do acórdão embargado; não cabimento: Súm. nº 168 do STJ
- discussão do valor de indenização por danos morais; descabimento: Súm. nº 420 do STJ
- dissídio com acórdão de Turma ou Seção incompetente sobre a matéria versada: Súm. nº 158 do STJ
- padrão de discordância: Súm. nº 598 do STF

**EMBARGOS DE TERCEIRO**
- anulação de ato jurídico por fraude contra credores; inadmissibilidade: Súm. nº 195 do STJ
- cônjuge do executado; defesa de sua meação: Súm. nº 134 do STJ
- juízo deprecado é competente para julgar em caso de execução por carta: Súm. nº 33 do TFR
- promessa de compra e venda: Súmulas 621 do STF e 84 do STJ

**EMBARGOS INFRINGENTES**
- ação rescisória: Súm. nº 295 do STF
- acórdão proferido em agravo de petição, em execução fiscal: Súm. nº 48 do TFR
- em agravo retido: Súm. nº 255 do STJ
- em mandado de segurança: Súm. nº 294 do STF
- falência; admissibilidade: Súm. nº 88 do STJ
- inadmissíveis em mandado de segurança: Súm. nº 169 do STJ
- mandado de segurança: Súm. nº 597 do STF
- matéria constitucional: Súmulas 293 e 455 do STF
- parciais; definitiva parte da decisão em que não houve divergência: Súm. nº 354 do STF
- parciais; recurso extraordinário interposto após julgamento: Súm. nº 355 do STF
- reclamação: Súm. nº 368 do STF
- recurso extraordinário: Súm. nº 296 do STF
- remessa *ex officio*; acórdão não unânime: Súm. nº 77 do TFR

**ESTATUTO DA ADVOCACIA**
- Lei nº 8.906, de 4-7-1994
- advogado; direitos: arts. 6º e 7º da Lei nº 8.906, de 4-7-1994
- advogado; inscrição: arts. 8º a 14 da Lei nº 8.906, de 4-7-1994
- advogado empregado: arts. 18 a 21 da Lei nº 8.906, de 4-7-1994
- atividade de advocacia: arts. 1º a 5º da Lei nº 8.906, de 4-7-1994
- Caixa de Assistência dos Advogados: art. 62 da Lei nº 8.906, de 4-7-1994
- ética: arts. 31 a 33 da Lei nº 8.906, de 4-7-1994
- honorários advocatícios: arts. 22 a 26 da Lei nº 8.906, de 4-7-1994
- impedimentos: art. 30 da Lei nº 8.906, de 4-7-1994
- incompatibilidade: arts. 27 a 29 da Lei nº 8.906, de 4-7-1994
- infrações e sanções disciplinares: arts. 34 a 43 da Lei nº 8.906, de 4-7-1994
- OAB: arts. 44 a 67 da Lei nº 8.906, de 4-7-1994
- OAB; Conselho Federal: arts. 51 a 55 da Lei nº 8.906, de 4-7-1994
- OAB; Conselho Seccional: arts. 56 a 59 da Lei nº 8.906, de 4-7-1994
- OAB; eleições: arts. 63 a 67 da Lei nº 8.906, de 4-7-1994
- OAB; finalidade: arts. 44 a 50 da Lei nº 8.906, de 4-7-1994
- OAB; subseção: arts. 60 e 61 da Lei nº 8.906, de 4-7-1994
- processo: arts. 68 a 77 da Lei nº 8.906, de 4-7-1994
- processo disciplinar: arts. 70 a 74 da Lei nº 8.906, de 4-7-1994
- recursos: arts. 75 a 77 da Lei nº 8.906, de 4-7-1994
- sociedade de advogados: arts. 15 a 17 da Lei nº 8.906, de 4-7-1994

**ESTATUTO DA CRIANÇA E DO ADOLESCENTE**
- Lei nº 8.069, de 13-7-1990
- atos infracionais; apuração: arts. 171 a 190 da Lei nº 8.069, de 13-7-1990
- justiça; acesso: arts. 141 a 224 da Lei nº 8.069, de 13-7-1990
- tutela; destituição: art. 164 da Lei nº 8.069, de 13-7-1990

**ESTATUTO DA TERRA**
- Lei nº 4.504, de 30-11-1964

**EXECUÇÃO**
- avaliação de imóvel penhorado: Súm. nº 207 do TFR
- bens não arrematados em leilão; extinção: Súm. nº 224 do TFR
- contra instituição financeira; penhora de numerário; exclusão das reservas bancárias mantidas no Banco Central: Súm. nº 328 do STJ
- devedor fiduciário; objeto de penhora: Súm. nº 242 do TFR
- hipotecária de crédito; instrução da petição inicial: Súm. nº 199 do STJ
- não apresentação do cheque ao sacado; cabimento: Súm. nº 600 do STF
- nomeação de curador especial, com legitimidade para apresentação de embargos, em caso de revelia: Súm. nº 196 do STJ
- por carta; embargos do devedor: Súmulas 32 do TFR e 46 do STJ
- por carta; juízo deprecado é competente para julgar embargos de terceiros: Súm. nº 33 do TFR
- título extrajudicial: Súm. nº 27 do TFR

**EXECUÇÃO FISCAL**
- Lei nº 6.830, de 22-9-1980
- ajuizada por autarquia; não sujeita a duplo grau de jurisdição: Súm. nº 137 do TFR
- ajuizamento antes da falência; bens penhorados não sujeitos à arrecadação do juízo falimentar: Súm. nº 44 do TFR
- ajuizamento contra massa falida; penhora nos autos do processo de quebra: Súm. nº 44 do TFR
- citação por edital: Súm. nº 210 do TFR
- competência da Justiça Federal para julgar ação promovida por Conselho de fiscalização profissional: Súm. nº 66 do STJ
- crédito de ITR; cabe à Procuradoria da Fazenda Nacional: Súm. nº 139 do STJ
- depósito para custeio de avaliador: Súm. nº 99 do TFR
- desistência após oferecimento dos embargos, não exime dos encargos da sucumbência: Súm. nº 153 do STJ
- embargos; substituição da condenação em honorários advocatícios por encargo de vinte por cento do Decreto-Lei nº 1.025, de 1969: Súm. nº 168 do TFR
- Fazenda Pública Federal; cobrança cumulativa de juros e multa: Súm. nº 209 do TFR
- Fazenda Pública Federal; propositura na comarca do domicílio do devedor: Súm. nº 40 do TFR
- intimação de representante da Fazenda Pública: Súm. nº 240 do TFR
- intimação pessoal do devedor do dia e hora do leilão: Súm. nº 121 do STJ
- leilão; haverá segundo se o primeiro não superar o valor de avaliação: Súm. nº 128 do STJ
- meação: Súm. nº 251 do STJ
- Ministério Público; intervenção desnecessária: Súm. nº 189 do STJ
- mudança de domicílio do executado; competência não deslocada: Súmulas nºs 189 do TFR e 58 do STJ

- penhora; intimação pessoal: Súm. nº 190 do TFR
- prescrição; interrupção pela confissão e parcelamento: Súm. nº 248 do TFR
- processada perante a Justiça Estadual; antecipação de numerário para custeio de despesas: Súm. nº 190 do STJ
- repetição de indébito; juros moratórios devidos a partir do trânsito em julgado da sentença: Súm. nº 188 do STJ
- responsabilidade pessoal do sócio-gerente de sociedade por quotas; não atinge meação de sua mulher: Súm. nº 112 do TFR

**EXTINÇÃO**
- processo por abandono da causa; requerimento do réu: Súm. nº 240 do STJ

# F

**FALÊNCIA**
- créditos decorrentes de serviços à massa falida; privilégios próprios dos trabalhistas: Súm. nº 219 do STJ
- crime falimentar; prescrição: Súm. nº 147 do STF
- duplicata protestada: Súm. nº 248 do STJ
- embargos infringentes; admissibilidade: Súm. nº 88 do STJ
- multa fiscal: Súmulas 192 e 565 do STF
- pagamento para elidir; incidência de correção monetária, juros e honorários advocatícios: Súm. nº 29 do STJ
- recurso; prazo contado a partir da intimação: Súm. nº 25 do STJ
- restituição; objeto: Súm. nº 417 do STF
- restituição de coisa: Súm. nº 193 do STF
- restituição de dinheiro da coisa vendida a crédito: Súm. nº 495 do STF

**FARMÁCIA**
- oficial de farmácia pode ser responsável técnico por drogaria: Súm. nº 120 do STJ

**FAZENDA PÚBLICA**
- depositário infiel: Lei nº 8.866, de 11-4-1994
- devedora em relações jurídicas de trato sucessivo; prescrição das prestações vencidas: Súmulas 163 do TFR e 85 do STJ
- dívida ativa; cobrança: Lei nº 6.830, de 22-9-1980
- execução de título extrajudicial: Súm. nº 279 do STJ
- honorários de perito; sujeita a exigência de depósito prévio: Súm. nº 232 do STJ
- oficial de justiça; não sujeita a prévio depósito: Súm. nº 154 do TFR
- pagamentos devidos pela: Lei nº 9.469, de 10-7-1997
- prazo em dobro para interposição de agravo regimental: Súm. nº 116 do STJ
- reexame necessário; agravamento da condenação: Súm. nº 45 do STJ
- tutela antecipada: Lei nº 9.494, de 10-9-1997

**FERIADOS**
- Lei n° 662, de 6-4-1949
- Lei nº 9.093, de 12-9-1995

# H

**HABEAS CORPUS**
- perante STF e STJ; normas procedimentais: Lei nº 8.038, de 28-5-1990

**HABEAS DATA**
- Lei nº 9.507, de 12-11-1997
- não cabimento: Súm. nº 2 do STJ

**HONORÁRIOS ADVOCATÍCIOS**
- arbitramento sobre o valor da causa; incidência da correção monetária: Súm. nº 14 do STJ
- cálculo em ação de desapropriação: Súm. nº 617 do STF
- cumulação com multa contratual: Súmulas 616 do STF e 119 do TFR
- Defensoria Pública: atuação contra a pessoa jurídica de direito publico pertencente; indevidos: Súm. nº 421 do STJ
- fixação em salários mínimos; inadmissibilidade: Súm. nº 201 do STJ
- não cabimento em mandado de segurança: Súmulas 512 do STF e 105 do STJ

**HONORÁRIOS SUCUMBENCIAIS**
- proibição da cobrança em execução ou em ação própria; omissão de decisão transitada em julgado; Súm. nº 453 do STJ

# I

**IMÓVEL**
- compromisso de compra e venda; prévia interpelação para constituição da mora: Súm. nº 76 do STJ
- financiamento: Lei nº 5.741, de 1º-12-1971
- locação: Lei nº 8.245, de 18-10-1991
- rurais; usucapião especial: Lei nº 6.969, de 10-12-1981

**IMPENHORABILIDADE**
- bem de família: Lei nº 8.009, de 29-3-1990

**IMPOSTO**
- coisa julgada: Súm. nº 239 do STF

**INCONSTITUCIONALIDADE**
- Lei nº 4.337, de 1º-6-1964
- decadência da representação: Súm. nº 360 do STF

**INDENIZAÇÃO**
- acidente de trabalho: Lei nº 6.338, de 7-6-1976
- ato ilícito; atualização pelo índice de correção monetária: Súm. nº 562 do STF
- ato ilícito; juros devidos por quem praticou: Súm. nº 186 do STJ
- avaliação de solo em razão de pesquisa mineral; competência do juízo estadual da situação do imóvel: Súm. nº 238 do STJ
- avaria; vistoria judicial: Súm. nº 261 do STF
- dano decorrente de publicação pela imprensa; responsabilidade civil do autor e do proprietário do veículo de divulgação: Súm. nº 221 do STJ
- dano material e moral oriundos de mesmo fato; cumulação: Súm. nº 37 do STJ
- danos causados a mercadorias em transporte aéreo; competência: Súm. nº 21 do TFR
- desapropriação; não está sujeita a imposto de renda: Súm. nº 39 do TFR
- extravio ou perda de carga: Súm. nº 151 do STF
- falta de mercadoria transportada por via marítima independe de vistoria: Súm. nº 109 do STF
- pagamento a segurado; suspensão do prazo de prescrição: Súm. nº 229 do STJ
- pensão; ajuste ao salário mínimo: Súm. nº 490 do STF
- pesquisa mineral; competência: Súm. nº 24 do TFR
- por defeito em obra; prescrição: Súm. nº 194 do STJ
- prescrição; responsabilidade civil de sociedade de economia mista: Súm. nº 39 do STJ
- prescrição: Súm. nº 278 do STJ
- prestações periódicas e sucessivas: Súm. nº 493 do STF
- responsabilidade extracontratual; juros moratórios: Súm. nº 54 do STJ
- seguro obrigatório; correção monetária: Súm. nº 25 do TFR
- seguro obrigatório; prescrição: Súm. nº 124 do TFR
- transporte desinteressado de simples cortesia; danos causados ao transportado não serão de responsabilidade do transportador: Súm. nº 145 do STF

**INFORMATIZAÇÃO**
- do processo judicial; disposições: Lei nº 11.419, de 19-12-2006

**INSTITUIÇÃO FINANCEIRA**
- em regime de liquidação; competência da Justiça Estadual: Súm. nº 49 do TFR
- execução contra; penhora de numerário; exclusão de reservas mantidas no Banco Central: Súm. nº 328 do STJ

**INTERVENÇÃO DA UNIÃO**
- perante STF e STJ; normas procedimentais: Lei nº 8.038, de 28-5-1990

**INTIMAÇÃO**
- Súm. nº 310 do STF

## INVENTÁRIO
- competência definida no art. 96 do CPC não é absoluta com relação à abertura de inventário: Súm. nº 58 do TFR
- multa instituída por Estado-membro: Súm. nº 542 do STF

## INVESTIGAÇÃO DE PATERNIDADE
- Súm. nº 149 do STF
- alimentos devidos a partir da citação de quando procede a ação: Súm. nº 277 do STJ
- exame de DNA; recusa do suposto pai: Súm. nº 301 do STJ
- cumulada com alimentos; foro do domicílio do alimentando: Súm. nº 1 do STJ
- débito alimentar que autoriza a prisão civil: Súm. nº 309 do STJ

## J

## JUIZADOS ESPECIAIS
- Lei nº 9.099, de 26-9-1995
- atos processuais: arts. 12 e 13 da Lei nº 9.099, de 26-9-1995
- citações e intimações: arts. 18 e 19 da Lei nº 9.099, de 26-9-1995
- conciliação: arts. 21 a 26 da Lei nº 9.099, de 26-9-1995
- competência: arts. 3º e 4º da Lei nº 9.099, de 26-9-1995
- da fazenda pública: Lei nº 12.153, de 22-12-2009
- despesas: arts. 54 e 55 da Lei nº 9.099, de 26-9-1995
- embargos de declaração: arts. 48 a 50 da Lei nº 9.099, de 26-9-1995
- execução: arts. 52 e 53 da Lei nº 9.099, de 26-9-1995
- extinção sem julgamento do mérito: art. 51 da Lei nº 9.099, de 26-9-1995
- instrução e julgamento: arts. 27 a 29 da Lei nº 9.099, de 26-9-1995
- juiz, conciliadores e juízes leigos: arts. 5º a 7º da Lei nº 9.099, de 26-9-1995
- juizados especiais criminais: arts. 72 e 74 da Lei nº 9.099, de 26-9-1995
- juízo arbitral: arts. 21 a 26 da Lei nº 9.099, de 26-9-1995
- Justiça Federal: Lei nº 10.259, de 12-7-2001
- partes: arts. 8º a 11 da Lei nº 9.099, de 26-9-1995
- pedido: arts. 14 a 17 da Lei nº 9.099, de 26-9-1995
- provas: arts. 32 a 37 da Lei nº 9.099, de 26-9-1995
- resposta do réu: arts. 30 e 31 da Lei nº 9.099, de 26-9-1995
- revelia: art. 20 da Lei nº 9.099, de 26-9-1995
- sentença: arts. 38 a 47 da Lei nº 9.099, de 26-9-1995

## JUIZADOS ESPECIAIS DA JUSTIÇA FEDERAL
- Lei nº 10.259, de 12-7-2001

## JUÍZO ARBITRAL
- vide ARBITRAGEM

## JUROS
- contagem desde a citação inicial: Súm. nº 163 do STF
- desapropriação; fluem a partir do trânsito em julgado da sentença de indenização: Súm. nº 70 do TFR
- desapropriação; incidência a partir da imissão na posse: Súm. nº 74 do TFR
- desapropriação; incidência a partir da data do laudo de avaliação: Súm. nº 75 do TFR
- moratórios; liquidação: Súm. nº 254 do STF

## JUSTIÇA COMUM ESTADUAL
- ação cível contra ECAD: Súm. nº 148 do TFR
- ação de cumprimento de acordo ou convenção coletiva de trabalho: Súm. nº 57 do STJ
- ação de servidor estadual decorrente de direitos e vantagens estatutários em cargo de comissão: Súm. nº 218 do STJ
- causas entre sindicatos e associados: Súm. nº 114 do TFR
- competência para julgar ações relativas a contribuição sindical: Súm. nº 222 do STJ
- competência para julgar prefeito por desvio de verba de convênio com a União: Súm. nº 133 do TFR
- competência para julgar prefeito por desvio de verba transferida e incorporada ao patrimônio municipal: Súm. nº 209 do STJ
- delito decorrente de acidente de trânsito envolvendo viatura da Polícia Militar; competência: Súm. nº 6 do STJ
- indígena; competência para julgar crimes em que esteja envolvido: Súm. nº 140 do STJ
- levantamento de valores relativos a PIS/PASEP e FGTS, em decorrência de falecimento do titular da conta: Súm. nº 161 do STJ
- mensalidade escolar: Súm. nº 34 do STJ
- processo eleitoral sindical: Súm. nº 4 do STJ
- servidor público municipal pleiteando direitos relativos ao vínculo estatutário; competência: Súm. nº 137 do STJ
- vara especial; não alteração da competência territorial resultante das leis de processo: Súm. nº 206 do STJ

## JUSTIÇA DO TRABALHO
- comarcas sem Varas do Trabalho; competência do juiz de direito: Súm. nº 169 do TFR
- competência; litígio contra a Rede Ferroviária Federal S.A., por servidor cedido pela União: Súm. nº 88 do TFR
- competência; litígios decorrentes de relação de trabalho entre fundações instituídas por lei federal e seus empregados: Súm. nº 72 do TFR
- competência; litígios decorrentes de relação de trabalho entre municípios e seus empregados: Súm. nº 66 do TFR
- competência; reclamação de servidor público relativo a vantagens anteriores à instituição do regime jurídico único: Súm. nº 97 do STJ
- competência do juiz de direito; cessação após instalação da Junta de Conciliação e Julgamento: Súm. nº 10 do STJ
- decisões; não cabe recurso ao STF: Súm. nº 505 do STF
- descumprimento de normas trabalhistas relativas à segurança, higiene e saúde dos trabalhadores; competência: Súm. nº 736 do STF
- reclamações pertinentes ao PIS ou indenização compensatória pela falta deste: Súm. nº 82 do TFR
- sociedade de economia mista; crimes praticados em seu detrimento: Súm. nº 42 do STJ

## JUSTIÇA FEDERAL
- Lei nº 9.289, de 4-7-1996
- ação possessória relativa a terreno de domínio da União, autarquias e empresas públicas federais; competência: Súm. nº 14 do TFR
- causas em que são partes a COBAL e a CIBRAZEM: Súm. nº 557 do STF
- causas entre autarquias federais e entidades públicas locais; competência: Súm. nº 511 do STF
- competência; execução fiscal promovida por Conselho de fiscalização profissional: Súm. nº 66 do STJ
- competência; feitos relativos a movimentação do FGTS: Súm. nº 82 do STJ
- competência; litígios decorrentes das relações de trabalho entre territórios federais e empregados: Súm. nº 67 do TFR
- competência; necessidade que a União, autarquias ou empresas públicas demonstre legítimo interesse jurídico na demanda: Súm. nº 61 do STJ
- competência; reclamação trabalhista movida contra representação diplomática de país estrangeiro: Súm. nº 83 do STJ
- competência para decidir sobre interesse jurídico da presença da União no processo: Súm. nº 150 do STJ
- competência para processar e julgar ações de que participa a Fundação Habitacional do Exército: Súm. nº 324 do STJ
- competência: Súm. nº 15 do TFR
- competente para julgar prefeito municipal por desvio de verbas sujeitas à prestação de contas perante órgão federal: Súm. nº 208 do STJ
- concurso de credores; intervenção da União não desloca a competência: Súm. nº 244 do TFR
- custas devidas à União: Lei nº 9.289, de 4-7-1996
- desapropriação promovida por concessionária de energia elétrica; competência: Súm. nº 62 do TFR
- direito de família; competência para julgar ainda que objetivem reivindicação de benefícios previdenciários: Súm. nº 53 do TFR
- exclusão de ente federal; não reexame pela Justiça Comum: Súmulas 224 e 254 do STJ
- identidade física do juiz; feitos trabalhistas: Súm. nº 217 do TFR

- instituição previdenciária; ajuizamento de ação: Súm. nº 689 do STF
- intervenção da União em feito já julgado pela segunda instância: Súm. nº 518 do STF
- juizados especiais: Lei nº 10.259, de 12-7-2001
- justificações judiciais: Súm. nº 32 do STJ
- mandado de segurança; ato de dirigente de pessoa jurídica privada: Súm. nº 60 do TFR
- pedido de reintegração em cargo público: Súm. nº 173 do STJ
- protesto pela preferência de crédito de ente federal não transfere a competência da justiça comum: Súm. nº 270 do STJ
- usucapião de bem confronte a imóvel da União, autarquias ou empresas públicas; competência: Súm. nº 13 do TFR

## L

### LEI DE INTRODUÇÃO ÀS NORMAS DO DIREITO BRASILEIRO
- Dec.-lei nº 4.657/1942

### LEI DO INQUILINATO
- vide LOCAÇÃO

### LEI ORGÂNICA DA MAGISTRATURA
- Lei Complementar nº 35, de 14-3-1979
- aposentadoria: arts. 74 a 77 da Lei Complementar nº 35, de 14-3-1979
- concessões: arts. 72 e 73 da Lei Complementar nº 35, de 14-3-1979
- Conselho Nacional da Magistratura: arts. 50 a 60 da Lei Complementar nº 35, de 14-3-1979
- férias: arts. 66 a 68 da Lei Complementar nº 35, de 14-3-1979
- inamovibilidade: arts. 30 e 31 da Lei Complementar nº 35, de 14-3-1979
- ingresso: arts. 78 e 79 da Lei Complementar nº 35, de 14-3-1979
- irredutibilidade de vencimentos: art. 32 da Lei Complementar nº 35, de 14-3-1979
- Justiça de Paz: arts. 112 e 113 da Lei Complementar nº 35, de 14-3-1979
- Justiça do Trabalho: arts. 91 a 94 da Lei Complementar nº 35, de 14-3-1979
- licença-prêmio: Súm. nº 731 do STF
- licenças: arts. 69 a 71 da Lei Complementar nº 35, de 14-3-1979
- magistrados: arts. 22 a 24 da Lei Complementar nº 35, de 14-3-1979
- magistrados; deveres: arts. 35 a 39 da Lei Complementar nº 35, de 14-3-1979
- magistrados; penalidades: arts. 40 a 48 da Lei Complementar nº 35, de 14-3-1979
- magistrados; prerrogativas: arts. 33 e 34 da Lei Complementar nº 35, de 14-3-1979
- magistrados; responsabilidade civil: art. 49 da Lei Complementar nº 35, de 14-3-1979
- organização judiciária: arts. 95 a 98 da Lei Complementar nº 35, de 14-3-1979
- órgãos do judiciário: arts. 1º a 20 da Lei Complementar nº 35, de 14-3-1979
- promoção, remoção e acesso: arts. 80 a 88 da Lei Complementar nº 35, de 14-3-1979
- substituição nos tribunais: arts. 114 a 119 da Lei Complementar nº 35, de 14-3-1979
- tribunais: art. 21 da Lei Complementar nº 35, de 14-3-1979
- Tribunais de Justiça: arts. 99 a 107 da Lei Complementar nº 35, de 14-3-1979
- vencimentos e vantagens pecuniárias: arts. 61 a 65 da Lei Complementar nº 35, de 14-3-1979
- vitaliciedade: arts. 25 a 29 da Lei Complementar nº 35, de 14-3-1979

### LIBERAÇÃO DE BENS, MERCADORIAS E COISAS ESTRANGEIRAS
- Lei nº 2.770, de 4-5-1956

### LOCAÇÃO
- Lei nº 8.245, de 18-10-1991
- ação de consignação de aluguel: art. 67 da Lei nº 8.245, de 18-10-1991
- ação de consignação de aluguel; valor da causa: Súm. nº 449 do STF
- ação de despejo: arts. 59 a 66 da Lei nº 8.245, de 18-10-1991
- ação de despejo; fiador que não integrou a relação processual: Súm. nº 268 do STJ
- ação renovatória: arts. 71 a 75 da Lei nº 8.245, de 18-10-1991
- ação revisional de aluguel: arts. 68 a 70 da Lei nº 8.245, de 18-10-1991
- benfeitorias feitas pelo locatário: Súm. nº 158 do STF
- fiador; não responde por aditamento ao qual não anuiu: Súm. nº 214 do STJ
- inscrição do contrato de locação no Registro de Imóveis: Súm. nº 442 do STF
- purgação da mora pelo locatário além do prazo: Súm. nº 173 do STF
- retomada de prédio: Súm. nº 483 do STF
- retomada de prédio fora do domicílio do locador: Súm. nº 80 do STF
- retomada do imóvel; comprovação de requisitos legais: Súm. nº 174 do STF
- retomada do imóvel para cessionário do promitente comprador: Súm. nº 177 do STF
- retomada do imóvel para filho que vai contrair matrimônio: Súm. nº 175 do STF
- retomada do imóvel para uso próprio: Súm. nº 410 do STF
- retomante com mais de um prédio alugado: Súm. nº 409 do STF
- sublocação: Súm. nº 411 do STF

## M

### MAGISTRADOS
- vide LEI ORGÂNICA DA MAGISTRATURA
- Magistratura: Código de Ética da Magistratura Nacional

### MANDADO DE SEGURANÇA
- Lei nº 12.016, de 7-8-2009
- agravo regimental: Súm. nº 622 do STF
- ato de autoridade no exercício de competência delegada: Súm. nº 510 do STF
- ato de dirigente de estabelecimento de ensino superior; competência da Justiça Federal: Súm. nº 15 do TFR
- ato de outros Tribunais; incompetência do STJ: Súm. nº 41 do STJ
- ato do Tribunal de Contas da União; competência: Súm. nº 248 do STF
- ato do Tribunal de Justiça dos Estados: Súm. nº 330 do STF
- ato judicial; impetração por terceiro não condiciona a interposição de recurso: Súm. nº 202 do STJ
- ato judicial passível de recurso: Súm. nº 267 do STF
- ato ou decisão de natureza jurisdicional, emanado de relator ou presidente de turma: Súm. nº 121 do TFR
- ato referente a ensino de 1º e 2º graus e exames supletivos; competência da justiça estadual: Súm. nº 16 do TFR
- citação do litisconsorte passivo; extinção: Súm. nº 631 do STF
- compensação tributária: Súm. nº 213 do STJ
- competência do Tribunal Regional do Trabalho: Súm. nº 433 do STF
- competência originária do STF: Súmulas 623 e 624 do STF
- controvérsia sobre matéria de direito: Súm. nº 625 do STF
- decadência para impetração: Súm. nº 632 do STF
- decisão denegatória não impede uso da ação própria: Súm. nº 304 do STF
- decisão judicial com trânsito em julgado: Súm. nº 268 do STF
- denegação pela sentença: Súm. nº 405 do STF
- direito líquido e certo: Súm. nº 474 do STF
- efeitos patrimoniais: Súm. nº 271 do STF
- embargos infringentes; inadmissível: Súm. nº 169 do STJ
- extinção; citação de litisconsorte necessário: Súm. nº 145 do TFR
- honorários advocatícios; não cabimento: Súmulas 512 do STF e 105 do STJ
- legitimidade passiva da autoridade fiscal de primeiro grau que expede a notificação para pagamento de tributo: Súm. nº 59 do TFR

- lei em tese: Súm. nº 266 do STF
- litígios trabalhistas: Súm. nº 195 do TFR
- não substitui a ação de cobrança: Súm. nº 269 do STF
- não substitui a ação popular: Súm. nº 101 do STF
- nomeação de magistrado: Súm. nº 627 do STF
- omissão de autoridade: Súm. nº 429 do STF
- pedido de reconsideração; via administrativa: Súm. nº 430 do STF
- presidente do BNH; competência do juiz federal do Distrito Federal: Súm. nº 183 do TFR
- suspensão da liminar; vigora até trânsito em julgado de decisão definitiva: Súm. nº 626 do STF

**MANDADO DE SEGURANÇA COLETIVO**
- art. 2º da Lei nº 8.437, de 30-6-1992
- entidade de classe; autorização para impetração: Súm. nº 629 do STF
- entidade de classe ; legitimidade: Súm. nº 630 do STF

**MEDIDA CAUTELAR**
- atos Poder Público: Lei nº 8.437, de 30-6-1992

**MEDIDA CAUTELAR FISCAL**
- Lei nº 8.397, de 6-1-1992

**MEDIDA LIMINAR**
- compensação de crédito tributário; inadmissibilidade: Súm. nº 212 do STJ

**MEIO AMBIENTE**
- ação civil pública; responsabilidade por danos causados: Lei nº 7.347, de 24-7-1985

**MINISTÉRIO PÚBLICO**
- Lei nº 8.625, de 12-2-1993
- execução fiscal; intervenção desnecessária: Súm. nº 189 do STJ
- legitimidade para propor ação civil pública em defesa do patrimônio público: Súm. nº 328 do STJ
- legitimidade para recorrer em ação de acidente de trabalho: Súm. nº 226 do STJ
- legitimidade para recorrer em processo que oficiou como fiscal da lei : Súm. nº 99 do STJ
- prazo em dobro para interposição de agravo regimental: Súm. nº 116 do STJ

# O

**OBRIGAÇÃO**
- cambial assumida por procurador do mutuário vinculado ao mutuante: Súm. nº 60 do STJ

# P

**PENHORA**
- de dinheiro na execução civil; ordem de nomeação de bens não tem caráter absoluto: Súm. nº 417 do STJ
- de numerário; execução contra instituição financeira; exclusão de reservas mantidas no Banco Central: Súm. nº 328 do STJ
- sede do estabelecimento comercial; legitimidade: Súm. nº 451 do STJ
- vaga de garagem que possui matrícula própria no registro de imóveis; não constituição do bem de família: Súm. nº 449 do STJ

**PERDAS E DANOS**
- uso da marca comercial; prescrição: Súm. nº 143 do STJ

**PESSOA JURÍDICA**
- pode sofrer dano moral: Súm. nº 227 do STJ

**POSSE**
- a quem tiver domínio: Súm. nº 487 do STF
- Decreto-Lei nº 1.075, de 22-1-1970

**PRAZOS JUDICIAIS**
- Lei nº 1.408, de 9-8-1951
- perante STF e STJ; normas procedimentais: Lei nº 8.038, de 28-5-1990
- prorrogação de vencimento: Lei nº 1.408, de 9-8-1951

- quarenta e oito horas entre a publicação de pauta e o julgamento sem a presença das partes acarreta nulidade: Súm. nº 117 do STJ

**PRECATÓRIOS**
- atos do Presidente do Tribunal sobre processamento e pagamento: Súm. nº 311 do STJ
- créditos de natureza alimentícia: Súm. nº 655 do STF
- processamento; não cabe recurso extraordinário: Súm. nº 733 do STF

**PRESCRIÇÃO**
- ação de cobrança das contribuições de FGTS: Súm. nº 210 do STJ
- ação de indenização: Súm. nº 278 do STJ
- ação de indenização por extravio de carga: Súm. nº 151 do STF
- contagem; processo disciplinar decorrente de representação: Súm. nº 1 do CF-OAB
- demora na citação não justifica arguição de prescrição: Súmulas 78 do TFR e 106 do STJ
- em favor da Fazenda Pública: Súm. nº 383 do STF
- execução: Súm. nº 150 do STF
- não interrompida pela vistoria: Súm. nº 154 do STF
- não interrompida pelo protesto cambiário: Súm. nº 153 do STF
- prestações anteriores ao período previsto em lei: Súm. nº 443 do STF
- redução do prazo prescricional: Súm. nº 445 do STF
- venda de ascendente para descendente: Súm. nº 494 do STF

**PREVIDENCIÁRIO**
- ajuizamento de ação perante a Justiça Federal: Súm. nº 689 do STF
- antecipação de tutela: Súm. nº 729 do STF
- atividade ruricula; prova testemunhal não basta para comprovação: Súm. nº 149 do STJ
- ato de autoridade; competência para julgar mandado de segurança: Súm. nº 216 do TFR
- benefício; concessão: Súm. nº 44 do STJ
- crédito previdenciário; decadência: Súm. nº 108 do TFR
- crédito previdenciário; prescrição: Súm. nº 219 do TFR
- débitos previdenciários; cancelamento previsto no art. 29 do Decreto-Lei nº 2.303/1986: Súm. nº 65 do STJ
- débitos previdenciários; correção monetária: Súm. nº 148 do STJ
- honorários advocatícios; não incidência sobre prestações vincendas: Súm. nº 111 do STJ
- juros de mora; incidência a partir da citação válida: Súm. nº 204 do STJ
- pagamento de custas e emolumentos pelo INSS; não isento nas ações acidentárias e de benefícios propostas na Justiça Estadual: Súm. nº 178 do STJ
- propositura de ação; exaurimento das vias administrativas: Súm. nº 213 do TFR
- segurado vítima de novo infortúnio; apenas um benefício: Súm. nº 146 do STJ
- SINPAS; foro: Súm. nº 204 do TFR

**PRISÃO CIVIL**
- débito alimentar que a autoriza: Súm. nº 309 do STJ

**PROCEDIMENTO ARBITRAL**
- Lei nº 9.307, de 23-9-1996

**PROCESSO ADMINISTRATIVO**
- para imposição de multa de trânsito: Súm. nº 312 do STJ

**PROCESSO JUDICIAL**
- informatização; disposições: Lei nº 11.419, de 19-12-2006

**PROVA**
- documental: Lei nº 7.115, de 29-8-1983
- produção antecipada; competência da ação principal: Súm. nº 263 do TFR
- vínculo ao processo: Súm. nº 262 do TFR

# R

**RECLAMAÇÃO**
- ato judicial transitado em julgado; não cabimento: Súm. nº 734 do STF

Índice por Assuntos do Código de Processo Civil 617

- perante STF e STJ; normas procedimentais: Lei nº 8.038, de 28-5-1990

**RECURSO ESPECIAL**
- acórdão proferido no julgamento de agravo de instrumento: Súm. nº 86 do STJ
- cláusula contratual; interpretação: Súm. nº 5 do STJ
- decisão proferida por órgão de segundo grau dos Juizados Especiais; não cabimento: Súm. nº 203 do STJ
- decisão que admite ou não, deve ser fundamentada: Súm. nº 123 do STJ
- divergência entre julgados do mesmo Tribunal: Súm. nº 13 do STJ
- inadmissibilidade: Súm. nº 126 do STJ
- inadmissível quando cabível embargos infringentes: Súm. nº 207 do STJ
- perante o STJ; normas procedimentais: Lei nº 8.038, de 28-5-1990
- questão não apreciada pelo tribunal *a quo*: Súm. nº 211 do STJ
- reexame de prova: Súm. nº 7 do STJ

**RECURSO EXTRAORDINÁRIO**
- admissão por apenas um fundamento: Súm. nº 292 do STF
- aplicação imediata da Lei nº 4.686/1965: Súm. nº 475 do STF
- contrariedade ao princípio constitucional da legalidade; não cabimento: Súm. nº 636 do STF
- controvérsia sobre incidência de correção monetária em operações de crédito rural: Súm. nº 638 do STF
- decisões da Justiça do Trabalho: Súm. nº 432 do STF
- decisões do TSE, prazo para interposição: Súm. nº 728 do STF
- direito local: Súm. nº 280 do STF
- divergência jurisprudencial: Súm. nº 286 do STF
- inadmissível: Súm. nº 282 do STF
- inadmissível quando couber recurso ordinário: Súm. nº 281
- inadmissível quando não abrange todos os fundamentos: Súm. nº 283 do STF
- inadmissível quando não houver exata compreensão da controvérsia: Súm. nº 284 do STF
- inconstitucionalidade: Súm. nº 285 do STF
- interposição antes da publicação de acórdão dos embargos de declaração; inadmissibilidade: Súm. nº 418 do STJ
- intervenção estadual em Município; não cabimento: Súm. nº 637 do STF
- juiz singular: Súm. nº 527 do STF
- julgamento da causa aplicando o direito à espécie: Súm. nº 456 do STF
- medida cautelar com efeito suspensivo: Súm. nº 634 do STJ
- medida cautelar pendente do seu juízo de admissibilidade: Súm. nº 635 do STJ
- medida liminar; acórdão que defere: Súm. nº 735 do STF
- perante o STF; normas procedimentais: Lei nº 8.038, de 28-5-1990
- ponto omisso no qual não foram opostos embargos declaratórios: Súm. nº 356 do STF
- processamento de precatório; não cabimento: Súm. nº 733 do STF
- razoável interpretação à lei: Súm. nº 400 do STF
- reexame de prova: Súm. nº 279 do STF
- violação de lei federal: Súm. nº 399 do STF

**RECURSO ORDINÁRIO**
- em *habeas corpus* e mandado de segurança; normas procedimentais para processos perante o STF e STJ: Lei nº 8.038, de 28-5-1990
- perante STF e STJ; normas procedimentais: Lei nº 8.038, de 28-5-1990

**RECURSOS**
- contagem em dobro: Súm. nº 641 do STF
- embargos; não cabimento: Súm. nº 233 do STF
- interposto por advogado sem procuração nos autos; inexistência: Súm. nº 115 do STJ
- não recolhimento das despesas de remessa; deserção: Súm. nº 187 do STJ
- não seguimento: Súm. nº 322 do STF

- normas procedimentais perante o STF e o STJ: Lei nº 8.038, de 28-5-1990
- reexame necessário: Súm. nº 253 do STJ
- trânsito em julgado: Súm. nº 423 do STF

**REGIMENTO INTERNO DO STF**
- ação cível originária: arts. 247 a 251
- ação rescisória: arts. 259 a 262
- agravo de instrumento: arts. 313 a 316
- agravo regimental: art. 317
- atas e reclamação por erro: arts. 88 a 98
- atos e formalidades: arts. 78 a 87
- carta rogatória: arts. 225 a 229
- declaração de inconstitucionalidade de lei ou ato normativo: arts. 169 a 178
- deserção: arts. 57 a 65
- embargos de declaração: arts. 337 a 339
- embargos infringentes e de divergência: arts. 330 a 336
- emendas regimentais e demais atos normativos: arts. 361 a 364
- emendas sobre julgamento de questão constitucional: Súm. nº 325 do STF
- estados estrangeiros ou organismos internacionais; litígio: arts. 273 a 275
- execução: arts. 340 a 354
- execução; carta de sentença: arts. 347 a 349
- execução contra Fazenda Pública: arts. 345 a 346
- garantias constitucionais: arts. 200 a 206
- intervenção federal nos estados: arts. 350 a 354
- jurisprudência: arts. 99 a 103
- mandado de segurança: arts. 200 a 206
- prazos: arts. 104 a 112
- preparo: arts. 57 a 65
- processos de competência: arts. 156 a 168
- processos de competência; conflito de jurisdição ou competência: arts. 163 a 168
- processos de competência; reclamação: arts. 156 a 162
- processos incidentes; impedimentos e suspensão: arts. 277 a 287
- processos incidentes; suspensão de segurança: art. 297
- recurso extraordinário: arts. 321 a 324
- sentença estrangeira; homologação: arts. 215 a 224

**REGIMENTO INTERNO DO STJ**
- ação penal originária: arts. 217 a 232
- ação rescisória: arts. 233 a 238
- agravo de instrumento: arts. 253 e 254
- agravo regimental: arts. 258 e 259
- apelação cível: arts. 249 a 252
- aposentadoria por interesse público: art. 290
- áreas de especialização: arts. 8º e 9º
- assistência judiciária: arts. 114 a 116
- atas e reclamação por erro: arts. 95 a 99
- atos e formalidades: arts. 81 a 94
- audiências: arts. 185 e 186
- comissões: arts. 40 a 46
- competência da corte especial: art. 11
- competência das seções: art. 12
- competência das turmas: arts. 13 e 14
- competência do plenário: art. 10
- composição e organização: arts. 1º a 7º
- conflitos de competência e atribuições: arts. 193 a 198
- conselho da Justiça Federal: arts. 47 a 49
- conselho de administração: arts. 38 e 39
- coordenação-geral da Justiça Federal; atribuições: art. 23
- dados estatísticos: art. 117
- declaração de inconstitucionalidade de lei ou ato normativo: arts. 199 e 200
- decisões e notas taquigráficas: arts. 100 a 104
- desacato ou desobediência; representação: art. 60
- despesas processuais: arts. 112 e 113
- embargos de declaração: arts. 263 a 265
- embargos de divergência: arts. 266 e 267
- embargos infringentes: arts. 260 a 262
- emendas regimentais: arts. 332 a 335

- execução: arts. 301 a 315
- execução; carta de sentença: arts. 306 a 308
- execução; contra a Fazenda Pública: arts. 309 a 311
- feitos; distribuição: arts. 68 a 80
- feitos; registro e classificação: arts. 66 e 67
- gabinete do presidente: arts. 322 a 324
- *habeas corpus*: arts. 201 a 210
- *habeas data*: art. 216
- intervenção federal nos estados: arts. 312 a 315
- invalidez; verificação: arts. 291 a 300
- jurisprudência; divulgação: arts. 128 a 138
- jurisprudência; súmula: arts. 122 a 127
- jurisprudência; uniformização: arts. 118 a 121
- licenças, substituições e convocações: arts. 50 a 56
- mandado de injunção: art. 216
- mandado de segurança: arts. 211 a 215
- Ministério Público: arts. 61 a 65
- Ministros: arts. 26 a 37
- polícia do tribunal: arts. 57 a 59
- prazos: arts. 105 a 111
- presidente; atribuições: art. 21
- presidente de seção: art. 24
- presidente de turma: art. 25
- presidente e vice-presidente: arts. 17 a 20
- processos de competência; reclamação: arts. 187 a 192
- processos incidentes; habilitação incidente: arts. 283 a 287
- processos incidentes; impedimentos e suspensão: arts. 272 a 282
- processos incidentes; medidas cautelares: art. 288
- processos incidentes; suspensão de segurança: art. 271
- provas; apresentação de pessoas e outras diligências: arts. 145 e 146
- provas; depoimentos: art. 147
- provas; documentos e informações: arts. 140 a 144
- provas: arts. 139 a 147
- recurso especial: arts. 255 a 257
- recurso ordinário em *habeas corpus*: arts. 244 a 246
- recurso ordinário em mandado de segurança: arts. 247 e 248
- recursos para o STF: arts. 268 a 270
- regimento; emendas: arts. 332 a 335
- relator: art. 34
- revisão criminal: arts. 239 a 243
- revisor: arts. 35 a 37
- secretaria do Tribunal: arts. 316 a 321
- sessões: arts. 148 a 184
- sessões administrativas e de conselho: arts. 182 a 184
- sessões da corte especial: arts. 172 a 175
- sessões das seções: arts. 176 a 178
- sessões das turmas: arts. 179 a 181
- sessões do plenário: art. 171
- sessões solenes: arts. 169 a 170
- TSE; eleição de membros: art. 289
- vice-presidente; atribuições: art. 22

**REGISTRO CIVIL**
- Lei nº 6.015, de 31-12-1973
- anotações: arts. 106 a 108 da Lei nº 6.015, de 31-12-1973
- averbação: arts. 97 a 105 da Lei nº 6.015, de 31-12-1973
- casamento: arts. 67 e 68 da Lei nº 6.015, de 31-12-1973
- imóveis: arts. 198 a 288 da Lei nº 6.015, de 31-12-1973
- retificação; rito sumaríssimo: Lei nº 3.764, de 25-4-1960
- retificação para prova junto à administração militar: Súm. nº 120 do TFR
- retificações, restaurações e suprimentos: arts. 109 a 113 da Lei nº 6.015, de 31-12-1973

**REGISTRO DE IMÓVEIS**
- arts. 198 a 288 da Lei nº 6.015, de 31-12-1973
- bem de família: arts. 260 a 265 da Lei nº 6.015, de 31-12-1973
- registro Torrens: arts. 277 a 288 da Lei nº 6.015, de 31-12-1973

**REGISTROS PÚBLICOS**
- Lei nº 6.015, de 31-12-1973

**REMESSA OFICIAL**
- devolução ao Tribunal do reexame de todas as parcelas da condenação suportada pela Fazenda Pública, inclusive dos honorários de advogado: Súm. nº 325 do STJ

**REPRESENTAÇÃO**
- intervenção; processo e julgamento: Lei nº 12.562, de 23-12-2011

**RESPONSABILIDADE**
- ação civil pública de responsabilidade por danos causados ao meio ambiente, ao consumidor, a bens e direitos de valor artístico, estético, histórico, turístico e paisagístico: Lei nº 7.347, de 24-7-1985.

**REVELIA**
- produção de provas: Súm. nº 231 do STF

**RITO SUMARÍSSIMO**
- retificação de registro civil: Lei nº 3.764, de 25-4-1960

# S

**SEGURO**
- aquisição de mais de um imóvel na mesma localidade pelo segurado: Súm. nº 31 do STJ
- de vida; suicídio não premeditado: Súm. nº 61 do STJ
- indenização do segurado em grupo; prescrição: Súm. nº 101 do STJ
- venda de bens salvados pelo segurador; incidência de ICMS: Súm. nº 152 do STJ

**SENTENÇA ARBITRAL**
- Lei nº 9.307, de 23-9-1996

**SENTENÇA ARBITRAL ESTRANGEIRA**
- Lei nº 9.307, de 23-9-1996

**SENTENÇA ESTRANGEIRA**
- prova de trânsito em julgado: Súm. nº 420 do STF

**SERVIÇO SOCIAL DA INDÚSTRIA – SESI**
- jurisdição da Justiça Estadual: Súm. nº 516 do STF

**SISTEMA DE TRANSMISSÃO DE DADOS**
- atos processuais: Lei nº 9.800, de 26-5-1999

**SISTEMA FINANCEIRO DE HABITAÇÃO**
- Lei nº 5.741, de 1º-12-1971
- ações; legitimidade da Caixa Econômica Federal como sucessora do Banco Nacional da Habitação: Súm. nº 327 do STJ

**SOCIEDADE**
- ações; desapropriação: Súm. nº 476 do STF
- economia mista; competência da Justiça Comum: Súm. nº 556 do STF
- por quotas; embargos de terceiro opostos por sócio-gerente em seu próprio nome: Súm. nº 184 do TFR
- retomada: Súm. nº 486 do STF

**SOCIEDADE CONJUGAL**
- acordo para dissolução; renúncia aos alimentos: Súm. nº 379 do STF
- dissolução: Lei nº 6.515, de 26-12-1977

**SOLO URBANO**
- parcelamento: Lei nº 6.766, de 19-12-1979

**SUCESSÃO**
- imposto *causa mortis*; alíquota: Súm. nº 112 do STF
- imposto *causa mortis*; cálculo: Súm. nº 113 do STF
- imposto *causa mortis*; não exigido antes da homologação do cálculo: Súm. nº 114 do STF
- imposto *causa mortis*; não incide sobre os honorários advocatícios: Súm. nº 115 do STF
- imposto de reposição: Súm. nº 116 do STF
- pagamento de valores não recebidos em vida: Lei nº 6.858, de 24-11-1980

## SUCUMBÊNCIA
- recíproca; inaplicabilidade no caso de condenação em montante inferior ao postulado na inicial: Súm. nº 326 do STJ

## SÚMULA
- vinculante; disciplinação pelo Supremo Tribunal Federal: Lei nº 11.417, de 19-12-2006

## SUPERIOR TRIBUNAL DE JUSTIÇA
- Lei nº 8.038, de 28-5-1990
- agravo de instrumento: arts. 36 e 37 da Lei nº 8.038, de 28-5-1990
- apelação cível: arts. 36 e 37 da Lei nº 8.038, de 28-5-1990
- competência originária: arts. 13 a 25 da Lei nº 8.038, de 28-5-1990
- intervenção federal: arts. 19 a 22 da Lei nº 8.038, de 28-5-1990
- mandado de segurança: arts. 33 a 35 da Lei nº 8.038, de 28-5-1990
- mandado de segurança contra ato de órgão colegiado presidido por Ministro de Estado; incompetência: Súm. nº 177 do STJ
- mandado de segurança contra ato de outros tribunais; competência: Súm. nº 41 do STJ
- outros procedimentos: arts. 24 e 25 da Lei nº 8.038, de 28-5-1990
- protocolo integrado; não aplicabilidade a recursos dirigidos ao STJ: Súm. nº 256 do STJ
- reclamação: arts. 13 a 18 da Lei nº 8.038, de 28-5-1990
- recurso especial: arts. 26 a 29 da Lei nº 8.038, de 28-5-1990
- recurso extraordinário: arts. 26 a 29 da Lei nº 8.038, de 28-5-1990
- recurso ordinário: arts. 33 a 35 da Lei nº 8.038, de 28-5-1990
- recursos: arts. 26 a 37 da Lei nº 8.038, de 28-5-1990

## SUPREMO TRIBUNAL FEDERAL
- Lei nº 8.038, de 28-5-1990
- ação declaratória de constitucionalidade: Lei nº 9.868, de 10-11-1999
- ação direta de inconstitucionalidade: Lei nº 9.868, de 10-11-1999
- agravo de instrumento: arts. 36 e 37 da Lei nº 8.038, de 28-5-1990
- apelação cível: arts. 36 e 37 da Lei nº 8.038, de 28-5-1990
- competência originária: arts. 13 a 25 da Lei nº 8.038, de 28-5-1990
- dúvida sobre direito de tributar; não é competência originária: Súm. nº 503 do STF
- intervenção federal: arts. 19 a 22 da Lei nº 8.038, de 28-5-1990
- mandado de segurança: arts. 33 a 35 da Lei nº 8.038, de 28-5-1990
- outros procedimentos: arts. 24 e 25 da Lei nº 8.038, de 28-5-1990
- reclamação: arts. 13 a 18 da Lei nº 8.038, de 28-5-1990
- recurso especial: arts. 26 a 29 da Lei nº 8.038, de 28-5-1990
- recurso extraordinário: arts. 26 a 29 da Lei nº 8.038, de 28-5-1990
- recurso ordinário: arts. 33 a 35 da Lei nº 8.038, de 28-5-1990
- recursos: arts. 26 a 37 da Lei nº 8.038, de 28-5-1990

## SUPREMO TRIBUNAL FEDERAL
- súmula vinculante; disciplinação: Lei nº 11.417, de 19-12-2006

# T

## TÍTULO DE CRÉDITO
- contrato de abertura de crédito; não é título executivo: Súm. nº 233 do STJ
- industrial; ação de cobrança: Decreto-Lei nº 413, de 9-1-1969
- nota promissória vinculada a contrato de abertura de crédito: Súm. nº 258 do STJ
- rural; ação de cobrança: Decreto-Lei nº 167, de 14-2-1967
- vinculado a contrato de mútuo; avalista responde pelas obrigações pactuadas: Súm. nº 26 do STJ

## TRIBUNAL REGIONAL DO TRABALHO
- apreciação de recursos contra sentença proferida por órgão de primeiro grau: Súm. nº 225 do STJ
- conflitos de competência entre Juiz Estadual e Junta de Conciliação e Julgamento; competência: Súm. nº 180 do STJ

## TRIBUNAL REGIONAL FEDERAL
- competência: Súm. nº 55 do STJ
- conflito de competência; competência para dirimir: Súm. nº 3 do STJ

## TRIBUNAL SUPERIOR ELEITORAL
- Ministros do STF; impedimento: Súm. nº 72 do STF

## TRIBUTOS MUNICIPAIS
- depósitos judiciais: Lei nº 10.819, de 16-12-2003

## TUTELA ANTECIPADA
- contra Fazenda Pública: Lei nº 9.494, de 10-9-1997

# U

## USUCAPIÃO
- Súm. nº 237 do STF
- bem confronte com imóvel da União, autarquias ou empresas públicas federais; competência da Justiça Federal: Súm. nº 13 do TFR
- bens dominicais: Súm. nº 340 do STF
- citação: Súm. nº 263 do STF
- direito de uso de linha telefônica: Súm. nº 193 do STJ
- especial; presença da União não afasta a competência do foro de situação do imóvel: Súm. nº 11 do STJ
- imóveis rurais: Lei nº 6.969, de 10-12-1981

# V

## VALOR DA CAUSA
- litisconsórcio ativo voluntário: Súm. nº 261 do TFR
- taxa judiciária calculada sem limite: Súm. nº 667 do STF

## VEÍCULO
- ausência de registro de transferência não implica a responsabilidade a antigo proprietário: Súm. nº 132 do STJ
- dano ou furto ocorrido em estacionamento de empresa: Súm. nº 130 do STJ
- locação; responsabilidade civil: Súm. nº 492 do STF
- multa; renovação de licença condicionada ao pagamento: Súm. nº 127 do STJ